U0469829

宁乡罗家冲

（上册）

长沙市文物考古研究所　编著

科学出版社

北　京

内 容 简 介

宁乡罗家冲遗址为沩水流域支流流沙河上游的一处重要遗址，2013年至2017年长沙市文物考古研究所会同宁乡县文物管理局（后更名为宁乡市文物局，现已撤销）对该遗址进行了考古调查及两次主动性考古发掘工作。本报告分上下两篇，上篇分单位详细客观地介绍了罗家冲遗址全部考古调查及发掘资料，下篇主要对早期遗存各类遗迹及出土遗物进行了系统归纳，总结其文化特点，并通过对邻近省份同时期或时代相近遗址的对比研究，以分析该遗址早期遗存不同文化因素、区域文化交流、相关遗物及聚落形态研究等。

该遗址出土文化内涵非常丰富，文化因素复杂，遗址主体年代跨度较大，从新石器时代末期至战国早中期，为近年湘中地区为数不多的年代序列相对完整的遗址之一，该遗址的发现及发掘，对于探索沩水流域乃至湘江流域新石器时代末期至商周时期的区域文化面貌、文化谱系、文化交流及探索炭河里文化源头、宁乡铜器群出土背景等具有重要的学术价值。

本书可供考古学、历史学等学科研究者，以及高等院校相关专业师生和广大文物考古爱好者参考、阅读。

图书在版编目（CIP）数据

宁乡罗家冲：全二册 / 长沙市文物考古研究所编著 .—北京：科学出版社，2023.12
 ISBN 978-7-03-077879-6

Ⅰ.①宁⋯ Ⅱ.①长⋯ Ⅲ.①文化遗址–考古发掘–发掘报告–长沙 Ⅳ.①K878.05

中国国家版本馆CIP数据核字（2024）第015523号

责任编辑：王光明　王　钰 / 责任校对：张亚丹
责任印制：肖　兴 / 封面设计：张　放

科 学 出 版 社 出版
北京东黄城根北街16号
邮政编码：100717
http://www.sciencep.com

北京汇瑞嘉合文化发展有限公司 印刷
科学出版社发行　各地新华书店经销

*

2023年12月第 一 版　　开本：889×1194　1/16
2023年12月第一次印刷　印张：59 3/4　插页：70
字数：1 960 000
定价：858.00元（全二册）
（如有印装质量问题，我社负责调换）

目　录

上篇　考古发掘报告

第一章　概说 …………………………………………………………………（3）

第一节　自然与人文环境 ………………………………………………（3）
第二节　历史沿革与行政区划 …………………………………………（5）
第三节　遗址发现与调查经过 …………………………………………（6）
一、考古工作缘起 ……………………………………………………（6）
二、遗址发现与调查 …………………………………………………（7）
第四节　罗家冲遗址概貌与周边遗址点分布情况 ……………………（8）
一、罗家冲遗址概貌 …………………………………………………（8）
二、罗家冲遗址周边遗址点分布情况 ………………………………（9）

第二章　遗址发掘及报告编写 ……………………………………………（14）

第一节　遗址发掘概况 …………………………………………………（14）
一、2013年探沟 ……………………………………………………（14）
二、2014~2015年度发掘 …………………………………………（14）
三、2016~2017年度发掘 …………………………………………（15）
四、2017年探沟 ……………………………………………………（16）
第二节　专家及领导指导工作 …………………………………………（16）
第三节　整理经过 ………………………………………………………（17）
第四节　整理方法 ………………………………………………………（18）

第三章　遗址地层堆积与文化分期 ……………………………………………（20）

第一节　地层堆积 …………………………………………………………（20）
第二节　典型地层堆积举例 ………………………………………………（21）
第三节　典型层位关系 ……………………………………………………（25）
第四节　文化分期 …………………………………………………………（26）

第四章　遗物标本介绍原则及类、型划分标准 ……………………………（28）

第一节　遗物标本介绍原则 ………………………………………………（28）
第二节　早期遗存石器及陶器标本类、型划分标准 ……………………（29）
一、石器 …………………………………………………………………（29）
二、陶器 …………………………………………………………………（36）

第五章　2013年探沟发掘 ……………………………………………………（51）

第一节　2013TG1 …………………………………………………………（51）
一、概况 …………………………………………………………………（51）
二、地层堆积 ……………………………………………………………（51）
三、出土遗物 ……………………………………………………………（52）
第二节　2013TG2 …………………………………………………………（63）
一、概况 …………………………………………………………………（63）
二、地层堆积 ……………………………………………………………（63）
三、出土遗物 ……………………………………………………………（63）
第三节　2013TG3 …………………………………………………………（72）
一、概况 …………………………………………………………………（72）
二、地层堆积 ……………………………………………………………（72）
三、出土遗物 ……………………………………………………………（73）

第六章　早一期遗存 …………………………………………………………（76）

第一节　概况 ………………………………………………………………（76）
第二节　第6层出土遗物 …………………………………………………（76）
一、石器 …………………………………………………………………（76）

二、陶器 ………………………………………………………………………………（85）

　第三节　遗迹 ……………………………………………………………………………（99）

　　一、房址 …………………………………………………………………………………（99）

　　二、大型柱坑 …………………………………………………………………………（102）

　　三、长方形坑状遗迹 …………………………………………………………………（103）

　　四、灰坑 …………………………………………………………………………………（108）

　　五、沟 ……………………………………………………………………………………（150）

　　六、早一期遗迹出土陶器统计 ………………………………………………………（178）

第七章　早二期遗存 …………………………………………………………………（181）

　第一节　概况 ……………………………………………………………………………（181）

　第二节　第5层出土遗物 ………………………………………………………………（181）

　　一、石器 …………………………………………………………………………………（181）

　　二、陶器 …………………………………………………………………………………（206）

　第三节　遗迹 ……………………………………………………………………………（230）

　　一、房址 …………………………………………………………………………………（230）

　　二、灰坑 …………………………………………………………………………………（317）

　　三、沟 ……………………………………………………………………………………（331）

　　四、红烧土堆积 ………………………………………………………………………（373）

第八章　早三期遗存 …………………………………………………………………（378）

　第一节　概况 ……………………………………………………………………………（378）

　第二节　第4层出土遗物 ………………………………………………………………（378）

　　一、石器 …………………………………………………………………………………（378）

　　二、陶器 …………………………………………………………………………………（464）

　　三、玉器 …………………………………………………………………………………（512）

　　四、石英石 ……………………………………………………………………………（513）

　　五、青铜器 ……………………………………………………………………………（514）

　　六、骨器 …………………………………………………………………………………（514）

　第三节　遗迹 ……………………………………………………………………………（514）

　　一、柱洞群 ……………………………………………………………………………（514）

　　二、灰坑 …………………………………………………………………………………（517）

三、灶（2016Z1）……………………………………………………………………（532）
　　四、井………………………………………………………………………………（533）
　　五、祭祀台…………………………………………………………………………（537）

第九章　晚期遗存……………………………………………………………………（540）

第一节　晚一期遗存…………………………………………………………………（540）
　　一、灰坑……………………………………………………………………………（540）
　　二、沟（2014G2）…………………………………………………………………（543）
　　三、灶（2016Z2）…………………………………………………………………（548）

第二节　晚二期遗存…………………………………………………………………（548）
　　一、地层出土遗物…………………………………………………………………（548）
　　二、遗迹……………………………………………………………………………（598）

第十章　采集遗物……………………………………………………………………（607）
　　一、石器……………………………………………………………………………（607）
　　二、青铜器…………………………………………………………………………（623）
　　三、玉器……………………………………………………………………………（623）
　　四、陶器……………………………………………………………………………（623）

第十一章　遗物与采集样品的检测与分析…………………………………………（632）

第一节　采集土样浮选及植物遗存检测与分析……………………………………（632）

第二节　石器检测……………………………………………………………………（632）

第三节　出土遗物含铜成分检测……………………………………………………（633）

第四节　^{14}C测年样品的采集、检测数据、年代分析…………………………（633）
　　一、^{14}C测年样品的采集及检测数据…………………………………………（633）
　　二、早期遗存的年代分析…………………………………………………………（635）

下篇　发掘资料研究

第一章　早期遗存文化特点 ……………………………………………………（639）

第一节　早一期遗存文化特点 ……………………………………………（639）
　　一、房址研究 …………………………………………………………（639）
　　二、长方形坑状遗迹研究 ……………………………………………（644）
　　三、遗物研究 …………………………………………………………（650）

第二节　早二期遗存文化特点 ……………………………………………（652）
　　一、房址研究 …………………………………………………………（652）
　　二、2014G1研究 ………………………………………………………（658）
　　三、遗物研究 …………………………………………………………（660）

第三节　早三期遗存文化特点 ……………………………………………（661）
　　一、祭祀台研究 ………………………………………………………（661）
　　二、遗物研究 …………………………………………………………（662）

第二章　早期文化因素分析及文化类型研究 …………………………………（664）

第一节　早一期文化因素分析 ……………………………………………（664）
　　一、与早一期文化因素相近遗址的比较 ……………………………（665）
　　二、早一期本地土著文化因素溯源分析 ……………………………（706）
　　三、早一期文化因素 …………………………………………………（717）
　　四、早一期文化属性及湘中地区新石器时代文化发展序列 ………（718）

第二节　早二期文化因素分析 ……………………………………………（723）
　　一、与早二期文化因素相近遗址的比较 ……………………………（724）
　　二、早二期文化因素 …………………………………………………（737）

第三节　早三期文化因素分析 ……………………………………………（740）

第三章　各期文化遗存埋藏特点及堆积成因分析 ……………………………（741）

第一节　早期文化遗存埋藏特点及堆积成因分析 ………………………（741）
　　一、早期遗存埋藏特点 ………………………………………………（741）
　　二、早期遗存堆积成因分析 …………………………………………（741）

第二节 晚期文化遗存埋藏特点及堆积成因分析 ……………………………（742）

一、晚一期文化遗存特点及堆积成因分析 …………………………………（742）

二、晚二期文化遗存特点及堆积成因分析 …………………………………（743）

第四章 相关遗物研究 ……………………………………………………………（744）

第一节 石器综合研究 ………………………………………………………（744）

一、石器特点 ……………………………………………………………………（744）

二、石器加工工艺及石器"操作链" ……………………………………………（745）

三、石器用途分析 ………………………………………………………………（747）

第二节 陶器制作工艺观察 …………………………………………………（749）

一、陶器坯体成形观察 …………………………………………………………（749）

二、纹饰装饰工艺观察 …………………………………………………………（750）

第三节 纺轮 …………………………………………………………………（751）

第五章 聚落形态研究 ……………………………………………………………（754）

一、罗家冲遗址群的聚落形态研究 ……………………………………………（754）

二、罗家冲遗址所反映的古居民生业模式 ……………………………………（754）

附表 …………………………………………………………………………………（757）

附表一　罗家冲遗址遗迹统计表 ………………………………………………（757）

附表二　罗家冲遗址F2～F4柱洞统计表 ……………………………………（779）

附表三　罗家冲遗址第6层下大型柱坑统计表 ………………………………（815）

附表四　罗家冲遗址第4层下柱洞登记表 ……………………………………（816）

附表五　罗家冲遗址出土未编号石器（含砺石、坯料、石片及石料）统计表
　　　　………………………………………………………………………（818）

附表六　罗家冲遗址出土石器标本器型统计表 ………………………………（附页）

附表七　罗家冲遗址出土陶纺轮统计表 ………………………………………（819）

附表八　罗家冲遗址出土陶纺轮纹饰统计表 …………………………………（821）

附录···（825）

    附录一 罗家冲遗址炭化植物遗存分析···（825）

    附录二 罗家冲遗址出土石器岩性鉴定报告···（836）

    附录三 罗家冲遗址出土石器微痕分析报告···（843）

    附录四 罗家冲遗址部分石器微痕观察记录···（849）

    附录五 罗家冲遗址出土磨制石器微痕检测照片··（855）

    附录六 罗家冲遗址出土遗物的科技检测报告··（881）

    附录七 北京大学^{14}C测年报告··（890）

    附录八 BETA实验室^{14}C测年报告··（891）

后记···（915）

插图目录

图一　罗家冲遗址位置示意图 ………………………………………………………（9）
图二　流沙河流域先秦遗址分布示意图 ……………………………………………（10）
图三　罗家冲遗址探方（探沟）分布图 ……………………………………………（15）
图四　T0201~T0205探方西壁剖面图 ………………………………………………（插页）
图五　T0203~T0205探方东壁剖面图 ………………………………………………（23）
图六　T0302~T0502东扩方探方北壁剖面图 ………………………………………（23）
图七　T0306、T0406探方北壁剖面图 ………………………………………………（24）
图八　T0405~T0407探方西壁剖面图 ………………………………………………（24）
图九　典型层位关系图 ………………………………………………………………（25）
图一〇　2013TG1遗迹分布图及东壁剖面图 ………………………………………（52）
图一一　2013TG1第5层出土石器 …………………………………………………（53）
图一二　2013TG1第5层陶器方格纹拓片 …………………………………………（54）
图一三　2013TG1第6层出土石器 …………………………………………………（55）
图一四　2013TG1第6层陶器纹饰拓片 ……………………………………………（57）
图一五　2013TG1第6A层、第7层陶器纹饰拓片 …………………………………（58）
图一六　2013TG1第4层、第6层、第8层出土遗物 ………………………………（59）
图一七　2013TG1第7层、第8层出土石器 …………………………………………（60）
图一八　2013TG1第7层出土陶器 …………………………………………………（61）
图一九　2013TG1第7层、2013TG2、2013TG3陶器纹饰拓片 ……………………（62）
图二〇　2013TG2出土石镞 …………………………………………………………（64）
图二一　2013TG2出土石器 …………………………………………………………（66）
图二二　2013TG2出土陶鼎足 ………………………………………………………（68）
图二三　2013TG2出土陶器 …………………………………………………………（69）
图二四　2013TG2出土陶器 …………………………………………………………（70）
图二五　2013TG2陶器纹饰拓片 ……………………………………………………（71）
图二六　2013TG2陶器纹饰拓片 ……………………………………………………（72）
图二七　2013TG3出土遗物 …………………………………………………………（74）
图二八　第6层出土石镞 ……………………………………………………………（77）

图二九	第6层出土石镞	（79）
图三〇	第6层出土石斧	（81）
图三一	第6层出土石斧	（82）
图三二	第6层出土石锛	（83）
图三三	第6层出土石器	（84）
图三四	第6层出土石器	（85）
图三五	第6层出土陶器纹饰拓片	（88）
图三六	第6层出土陶器纹饰拓片	（89）
图三七	第6层出土陶纺轮	（90）
图三八	第6层出土陶纺轮纹饰拓片	（91）
图三九	第6层出土陶鼎足	（92）
图四〇	第6层出土陶鼎足	（93）
图四一	第6层、2014H36出土陶鼎足纹饰拓片	（94）
图四二	第6层出土陶器	（95）
图四三	第6层出土陶釜鼎口沿	（96）
图四四	第6层出土陶鬶、鬶足	（97）
图四五	第6层出土陶器	（98）
图四六	F2～F4柱洞及大型柱坑分布图	（附页）
图四七	F4典型柱洞形制举例	（101）
图四八	F3典型柱洞形制举例	（101）
图四九	F2典型柱洞形制举例	（101）
图五〇	F2典型柱洞形制举例	（102）
图五一	第6层下大型柱坑平面分布图	（102）
图五二	第6层下大型柱坑平、剖面图	（103）
图五三	长方形坑状遗迹分布图	（104）
图五四	2014H33平、剖面图	（105）
图五五	2014H45平、剖面图	（105）
图五六	2014H46平、剖面图	（105）
图五七	2014H47平、剖面图	（105）
图五八	2014H48平、剖面图	（106）
图五九	2014H49平、剖面图	（106）
图六〇	2014H50平、剖面图	（106）
图六一	2014H46、2014H50出土陶器	（107）
图六二	2014H52平、剖面图	（107）
图六三	2014H38平、剖面图	（108）
图六四	2014H43平、剖面图	（109）

图六五	2014H72平、剖面图	（109）
图六六	2016H7平、剖面图	（110）
图六七	2016H14平、剖面图	（110）
图六八	2014H43、2016H7、2016H14、2014H35、2014H55出土遗物	（110）
图六九	2014H35平、剖面图	（111）
图七〇	2014H37平、剖面图	（111）
图七一	2014H55平、剖面图	（112）
图七二	2014H65平、剖面图	（112）
图七三	2014H65出土遗物	（113）
图七四	2014H66平、剖面图	（114）
图七五	2014H67平、剖面图	（114）
图七六	2014H70平、剖面图	（115）
图七七	2016H15平、剖面图	（115）
图七八	2016H16平、剖面图	（115）
图七九	2014H40平、剖面图	（116）
图八〇	2014H53平、剖面图	（117）
图八一	2014H59平、剖面图	（117）
图八二	2014H59出土遗物	（117）
图八三	2014H61平、剖面图	（118）
图八四	2014H42平、剖面图	（118）
图八五	2014H26平、剖面图	（119）
图八六	2014H70、2014H26出土遗物	（120）
图八七	2014H26出土石器	（121）
图八八	2014H26出土陶器	（123）
图八九	2014H26出土陶器	（124）
图九〇	早一期灰坑及沟出土陶鼎足纹饰拓片	（125）
图九一	早一期灰坑及沟出土陶器方格纹拓片	（126）
图九二	2014H27平、剖面图	（127）
图九三	2014H28平、剖面图	（128）
图九四	2014H29平、剖面图	（129）
图九五	2014H36平、剖面图	（129）
图九六	2014H36出土石器	（130）
图九七	2014H36出土石器	（132）
图九八	2014H36出土陶器	（133）
图九九	2014H36出土陶器	（134）
图一〇〇	2014H39平、剖面图	（135）

图一〇一	2014H39出土遗物	（136）
图一〇二	2014H39出土石器	（137）
图一〇三	2014H39出土陶器	（138）
图一〇四	2014H39出土陶器	（139）
图一〇五	早一期灰坑及沟出土陶器纹饰拓片	（140）
图一〇六	2014H41平、剖面图	（141）
图一〇七	2014H54平、剖面图	（142）
图一〇八	2014H56平、剖面图	（142）
图一〇九	2014H63平、剖面图	（143）
图一一〇	2014H27、2014H29、2014H63出土遗物	（144）
图一一一	2014H64平、剖面图	（145）
图一一二	2014H64出土遗物	（146）
图一一三	2014H71平、剖面图	（146）
图一一四	2016H9平、剖面图	（147）
图一一五	2016H17平、剖面图	（147）
图一一六	2016H9、2016H17、2016H19出土遗物	（148）
图一一七	2016H19平、剖面图	（149）
图一一八	2016H20平、剖面图	（149）
图一一九	G3平、剖面图	（150）
图一二〇	G3第2层出土石镞	（151）
图一二一	G3第2层出土Aa型石斧	（153）
图一二二	G3第2层出土石斧	（154）
图一二三	G3第2层出土Aa型石锛	（155）
图一二四	G3第2层出土石锛	（156）
图一二五	G3第2层出土（穿孔）石刀	（157）
图一二六	G3第2层出土石器	（158）
图一二七	G3第2层出土石器	（159）
图一二八	G3第2层出土陶纺轮	（160）
图一二九	G3第2层出土陶器	（161）
图一三〇	G3第2层出土陶器	（162）
图一三一	早一期灰坑及沟出土陶器纹饰拓片	（163）
图一三二	2014G5平、剖面图	（163）
图一三三	2014G5出土石镞	（165）
图一三四	2014G5出土石器	（167）
图一三五	2014G5出土石器	（168）
图一三六	2014G5出土石器	（169）

图一三七	2014G5出土陶器	（170）
图一三八	2016G4平、剖面图	（171）
图一三九	2016G4出土遗物	（171）
图一四〇	2016G4出土陶器	（172）
图一四一	2016G5平、剖面图	（173）
图一四二	2016G5第1层出土遗物	（174）
图一四三	2016G5第2层出土遗物	（175）
图一四四	2016G7平、剖面图	（176）
图一四五	2016G7出土陶器	（177）
图一四六	2016G8平、剖面图	（177）
图一四七	第5层出土Aa型石镞	（182）
图一四八	第5层出土Aa型石镞	（184）
图一四九	第5层出土Ab型石镞	（186）
图一五〇	第5层出土石镞	（188）
图一五一	第5层出土A型而亚型不明石镞	（189）
图一五二	第5层出土B型石镞	（191）
图一五三	第5层出土Aa型石斧	（193）
图一五四	第5层出土Aa型石斧	（194）
图一五五	第5层出土石斧	（195）
图一五六	第5层出土Aa型石锛	（196）
图一五七	第5层出土石锛	（197）
图一五八	第5层出土Ca型石锛	（198）
图一五九	第5层出土石锛	（199）
图一六〇	第5层出土石矛	（201）
图一六一	第5层出土穿孔石刀	（202）
图一六二	第5层出土石器	（203）
图一六三	第5层出土残损不明石器、坯料	（204）
图一六四	第5层出土磨棒及残损不明石器、坯料	（205）
图一六五	第5层出土陶器纹饰拓片	（209）
图一六六	第5层出土陶器纹饰拓片	（210）
图一六七	第5层出土陶器纹饰拓片	（211）
图一六八	第5层出土陶器纹饰拓片	（212）
图一六九	第5层出土陶器纹饰拓片	（213）
图一七〇	第5层出土A型陶纺轮	（214）
图一七一	第5层、2013H2第1层出土陶纺轮纹饰拓片	（215）
图一七二	第5层出土陶器	（216）

图一七三	第5层出土Ba型陶鼎足	（217）
图一七四	第5层出土Ba型陶鼎足	（218）
图一七五	第5层出土陶鼎足	（219）
图一七六	第5层出土陶鼎足	（220）
图一七七	第5层出土陶鼎足纹饰拓片	（221）
图一七八	第5层出土陶器	（222）
图一七九	第5层出土陶器	（223）
图一八〇	第5层出土陶器	（224）
图一八一	第5层出土陶器	（225）
图一八二	第5层出土陶器	（226）
图一八三	第5层出土Aa型陶豆柄	（227）
图一八四	第5层出土陶器盖	（228）
图一八五	第5层出土陶器	（229）
图一八六	F1平、剖面图	（232）
图一八七	F1第1层出土Aa型石镞	（234）
图一八八	F1第1层出土Aa型石镞	（235）
图一八九	F1第1层出土石镞	（237）
图一九〇	F1第1层出土Ab型石镞	（239）
图一九一	F1第1层出土Ac型石镞	（241）
图一九二	F1第1层出土石镞	（243）
图一九三	F1第1层出土A型而亚型不明石镞	（244）
图一九四	F1第1层出土A型而亚型不明石镞	（246）
图一九五	F1第1层出土石镞	（247）
图一九六	F1第1层出土石斧	（249）
图一九七	F1第1层出土Aa型石斧	（250）
图一九八	F1第1层出土石斧	（251）
图一九九	F1第1层出土石斧	（252）
图二〇〇	F1第1层出土石锛	（254）
图二〇一	F1第1层出土石锛	（255）
图二〇二	F1第1层出土（穿孔）石刀	（256）
图二〇三	F1第1层出土石器	（258）
图二〇四	F1第1层出土石器	（259）
图二〇五	F1出土陶器纹饰拓片	（263）
图二〇六	F1出土陶器纹饰拓片	（264）
图二〇七	F1出土陶器纹饰拓片	（265）
图二〇八	F1出土陶器纹饰拓片	（266）

图二〇九	F1第1层出土陶纺轮	（267）
图二一〇	F1第1层出土陶纺轮	（268）
图二一一	F1第1层出土Ab型陶纺轮	（269）
图二一二	F1出土陶纺轮纹饰拓片	（270）
图二一三	F1第1层出土Aa型陶鼎足	（271）
图二一四	F1第1层出土陶鼎足	（272）
图二一五	F1第1层出土陶鼎足	（273）
图二一六	F1出土陶鼎足纹饰拓片	（274）
图二一七	F1第1层出土陶器	（275）
图二一八	F1第1层出土陶器	（276）
图二一九	F1第1层出土陶器	（277）
图二二〇	F1第1层出土陶器	（279）
图二二一	F1第1层出土遗物	（280）
图二二二	F1第2层出土Aa型石镞	（282）
图二二三	F1第2层出土石镞	（284）
图二二四	F1第2层出土石镞	（285）
图二二五	F1第2层出土Aa型石斧	（287）
图二二六	F1第2层出土石斧	（288）
图二二七	F1第2层出土石器	（290）
图二二八	F1第2层出土石器	（291）
图二二九	F1第2层出土石器	（292）
图二三〇	F1第2层出土石器	（293）
图二三一	F1第2层出土残损不明石器、坯料	（294）
图二三二	F1第2层出土陶器纹饰拓片	（298）
图二三三	F1第2层、第3层出土陶器纹饰拓片	（298）
图二三四	F1第2层出土陶纺轮	（299）
图二三五	F1第2层出土Aa型陶鼎足	（300）
图二三六	F1第2层出土陶鼎足	（301）
图二三七	F1第2层出土陶鼎足、鬲足	（302）
图二三八	F1第2层出土陶器	（303）
图二三九	F1第2层出土陶器	（304）
图二四〇	F1第2层出土陶器	（305）
图二四一	F1第2层出土陶器盖（纽）	（306）
图二四二	F1第3层出土石镞	（307）
图二四三	F1第3层出土石斧	（309）
图二四四	F1第3层出土石器	（311）

图二四五	F1第3层出土石器	（312）
图二四六	F1第3层出土陶器	（314）
图二四七	F1北基槽出土遗物	（315）
图二四八	2016H1平、剖面图	（318）
图二四九	2016H1出土陶器纹饰拓片	（318）
图二五〇	2016H8平、剖面图	（319）
图二五一	2016H11平、剖面图	（319）
图二五二	2014H31平、剖面图	（319）
图二五三	2014H32平、剖面图	（320）
图二五四	2014H25平、剖面图	（321）
图二五五	2013H2平、剖面图	（321）
图二五六	2016H1、2013H2第1层出土石器	（322）
图二五七	2013H2第1层出土石器	（323）
图二五八	2013H2第1层出土陶器	（324）
图二五九	2013H2第1层出土陶器	（325）
图二六〇	2013H2第1层、第2层、2014H32出土遗物	（326）
图二六一	早二期灰坑及沟出土陶器纹饰拓片	（327）
图二六二	2016H10平、剖面图	（328）
图二六三	2014H11平、剖面图	（328）
图二六四	2014H11出土遗物	（329）
图二六五	2014H34平、剖面图	（330）
图二六六	2016H12平、剖面图	（331）
图二六七	2016H13平、剖面图	（331）
图二六八	2014G1平、剖面图	（332）
图二六九	2014G1第1层出土石器	（334）
图二七〇	2014G1第1层、第2层出土遗物	（337）
图二七一	2014G1第3层出土遗物	（340）
图二七二	2014G1第3层、第4层出土遗物	（343）
图二七三	2014G1第4层出土石斧	（345）
图二七四	2014G1第4层出土石器	（346）
图二七五	2014G1第4层出土石器	（348）
图二七六	2014G1第4层出土遗物	（351）
图二七七	2014G1第3层、第4层出土陶器纹饰拓片	（353）
图二七八	2014G1第4层出土陶器	（354）
图二七九	2014G1第4层出土陶器	（355）
图二八〇	2017TG1遗迹平面分布图及南壁剖面图	（357）

图二八一	2017TG1第3层、第4层、第5层出土石器	（359）
图二八二	2017TG1第4层出土瓷器	（360）
图二八三	2017TG1H1平、剖面图	（361）
图二八四	2017TG1G1平、剖面图	（361）
图二八五	2017TG1第4层、2017TG1G1出土遗物	（362）
图二八六	2017TG2遗迹平面分布图及西壁剖面图	（363）
图二八七	2017TG2G1第2层、2017TG2第2层、第3层出土遗物	（364）
图二八八	2017TG2第4层、第6层出土遗物	（365）
图二八九	2017TG2第5层出土遗物	（366）
图二九〇	2017TG2G1平、剖面图	（367）
图二九一	2017TG2G1第1层出土遗物	（368）
图二九二	2017TG2G1第2层出土遗物	（369）
图二九三	2017TG2H1平、剖面图	（370）
图二九四	2017TG2G2平、剖面图	（371）
图二九五	2014G4平、剖面图	（371）
图二九六	2014G4出土遗物	（372）
图二九七	红烧土堆积平、剖面图	（374）
图二九八	红烧土堆积出土石器	（375）
图二九九	红烧土堆积出土陶器	（376）
图三〇〇	第4层出土Aa型石镞	（380）
图三〇一	第4层出土Aa型石镞	（382）
图三〇二	第4层出土Aa型石镞	（384）
图三〇三	第4层出土Aa型石镞	（386）
图三〇四	第4层出土Ab型石镞	（388）
图三〇五	第4层出土Ab型石镞	（390）
图三〇六	第4层出土Ac型石镞	（392）
图三〇七	第4层出土Ac型石镞	（394）
图三〇八	第4层出土Ac型石镞	（396）
图三〇九	第4层出土Ad型石镞	（397）
图三一〇	第4层出土Ae型石镞	（398）
图三一一	第4层出土石镞	（400）
图三一二	第4层出土A型而亚型不明石镞	（402）
图三一三	第4层出土A型而亚型不明石镞	（404）
图三一四	第4层出土A型而亚型不明石镞	（406）
图三一五	第4层出土A型而亚型不明石镞	（407）
图三一六	第4层出土Ba型石镞	（408）

图三一七	第4层出土Bb型石镞	（410）
图三一八	第4层出土石镞	（412）
图三一九	第4层出土Aa型石斧	（414）
图三二〇	第4层出土Aa型石斧	（415）
图三二一	第4层出土Aa型石斧	（416）
图三二二	第4层出土Aa型石斧	（418）
图三二三	第4层出土Aa型石斧	（419）
图三二四	第4层出土Aa型石斧	（420）
图三二五	第4层出土Aa型石斧	（421）
图三二六	第4层出土石斧	（422）
图三二七	第4层出土Ab型石斧	（423）
图三二八	第4层出土石斧	（424）
图三二九	第4层出土C型石斧	（425）
图三三〇	第4层出土C型石斧	（426）
图三三一	第4层出土形制不明石斧	（427）
图三三二	第4层出土石器	（428）
图三三三	第4层出土Aa型石锛	（430）
图三三四	第4层出土Aa型石锛	（431）
图三三五	第4层出土Aa型石锛	（432）
图三三六	第4层出土Ab型石锛	（433）
图三三七	第4层出土Ab型石锛	（434）
图三三八	第4层出土石锛	（436）
图三三九	第4层出土石锛	（437）
图三四〇	第4层出土Cb型石锛	（438）
图三四一	第4层出土形制不明石锛	（440）
图三四二	第4层出土穿孔石刀	（441）
图三四三	第4层出土B型穿孔石刀	（442）
图三四四	第4层出土B型穿孔石刀	（443）
图三四五	第4层出土石刀	（445）
图三四六	第4层出土石刀	（446）
图三四七	第4层出土不明形制石刀	（447）
图三四八	第4层出土石矛	（448）
图三四九	第4层出土石矛	（449）
图三五〇	第4层出土A型石凿	（450）
图三五一	第4层出土B型石凿	（451）
图三五二	第4层出土石铲	（452）

图三五三	第4层出土石器	（453）
图三五四	第4层出土石器	（454）
图三五五	第4层出土A型砺石	（456）
图三五六	第4层出土砺石	（457）
图三五七	第4层出土残损不明石器、坯料	（458）
图三五八	第4层出土残损不明石器、坯料	（460）
图三五九	第4层出土残损不明石器、坯料	（461）
图三六〇	第4层出土残损不明石器、坯料	（462）
图三六一	第4层出土残损不明石器、坯料	（463）
图三六二	第4层出土陶器绳纹拓片	（471）
图三六三	第4层出土陶器粗绳纹拓片	（472）
图三六四	第4层出土陶器纹饰拓片	（473）
图三六五	第4层出土陶器弦断绳纹拓片	（474）
图三六六	第4层出土陶器方格纹拓片	（475）
图三六七	第4层出土陶器大方格纹拓片	（476）
图三六八	第4层出土陶器麻布纹拓片	（477）
图三六九	第4层出土陶器纹饰拓片	（478）
图三七〇	第4层出土陶器纹饰拓片	（479）
图三七一	第4层出土陶器纹饰拓片	（480）
图三七二	第4层出土陶器纹饰拓片	（481）
图三七三	第4层出土陶器重回字纹+菱形纹拓片	（482）
图三七四	第4层出土陶器纹饰拓片	（483）
图三七五	第4层出土陶器纹饰拓片	（483）
图三七六	第4层出土陶器纹饰拓片	（484）
图三七七	第4层出土陶纺轮	（486）
图三七八	第4层出土陶纺轮	（487）
图三七九	第4层出土陶纺轮	（488）
图三八〇	第4层出土陶纺轮	（489）
图三八一	第4层出土陶纺轮纹饰拓片	（490）
图三八二	第4层出土陶鼎足	（491）
图三八三	第4层出土陶鼎足	（492）
图三八四	第4层出土Ba型陶鼎足	（493）
图三八五	第4层出土Ca型陶鼎足	（494）
图三八六	第4层出土Ca型陶鼎足	（495）
图三八七	第4层出土陶鼎足纹饰拓片	（496）
图三八八	第4层出土陶鬲口沿、鬲足	（497）

图三八九	第4层出土B型陶高领罐（口沿）	（499）
图三九〇	第4层出土陶高领罐口沿、矮领罐口沿	（500）
图三九一	第4层出土陶矮领罐口沿	（501）
图三九二	第4层出土陶矮领罐口沿	（502）
图三九三	第4层出土陶罐底	（502）
图三九四	第4层出土陶釜鼎口沿	（503）
图三九五	第4层出土陶釜鼎口沿	（503）
图三九六	第4层出土陶器	（505）
图三九七	第4层出土陶器	（506）
图三九八	第4层出土陶器	（507）
图三九九	第4层出土陶支座	（508）
图四〇〇	第4层出土陶器	（509）
图四〇一	第4层出土陶器	（510）
图四〇二	第4层出土陶器	（511）
图四〇三	第4层出土陶器	（512）
图四〇四	第4层出土遗物	（513）
图四〇五	第4层下柱洞群分布图	（515）
图四〇六	第4层下典型柱洞平、剖面图	（516）
图四〇七	2014H21平、剖面图	（517）
图四〇八	2016H3平、剖面图	（517）
图四〇九	2014H2平、剖面图	（518）
图四一〇	2014H3平、剖面图	（519）
图四一一	2014H5平、剖面图	（520）
图四一二	2014H10平、剖面图	（520）
图四一三	2016H3、2014H2、2014H3、2014H10出土遗物	（521）
图四一四	2014H14平、剖面图	（522）
图四一五	2016H4平、剖面图	（522）
图四一六	2014H15平、剖面图	（522）
图四一七	2014H16平、剖面图	（522）
图四一八	2014H17平、剖面图	（524）
图四一九	2014H19平、剖面图	（524）
图四二〇	2014H20平、剖面图	（524）
图四二一	2014H22平、剖面图	（524）
图四二二	2014H6平、剖面图	（525）
图四二三	2014H7平、剖面图	（525）
图四二四	2014H22、2014H6、2014H7出土遗物	（526）

图四二五	2016H5平、剖面图	（527）
图四二六	2016H5、2014H4、2016H2出土遗物	（528）
图四二七	2014H4平、剖面图	（528）
图四二八	2014H13平、剖面图	（529）
图四二九	2014H13出土遗物	（530）
图四三〇	2014H18平、剖面图	（531）
图四三一	2016H2平、剖面图	（531）
图四三二	2016H18平、剖面图	（532）
图四三三	2016Z1平、剖面图	（533）
图四三四	2014J1平、剖面图	（534）
图四三五	2014J2平、剖面图	（535）
图四三六	2014J1、2014J2出土遗物	（536）
图四三七	早三期灰坑、井出土陶器纹饰拓片	（538）
图四三八	祭祀台平、剖面图	（539）
图四三九	2014H23平、剖面图	（540）
图四四〇	2014H12平、剖面图	（541）
图四四一	2014H1平、剖面图	（542）
图四四二	2014H23第1层、2014H12、2014H1出土遗物	（542）
图四四三	2014G2平、剖面图	（543）
图四四四	2014G2出土石器	（544）
图四四五	2014G2出土遗物	（546）
图四四六	2014G2出土陶器	（547）
图四四七	2016Z2平、剖面图	（548）
图四四八	第1层出土石镞	（549）
图四四九	第1层出土石斧	（551）
图四五〇	第1层出土石锛	（552）
图四五一	第1层出土石器	（553）
图四五二	第1层出土遗物	（554）
图四五三	第2层出土石镞	（556）
图四五四	第2层出土石器	（558）
图四五五	第2层出土石器	（560）
图四五六	第2层出土石锛	（561）
图四五七	第2层出土石器	（562）
图四五八	第2层出土残损不明石器、坯料	（563）
图四五九	第2层出土陶器	（564）
图四六〇	第1层、第2层出土铜钱拓片	（565）

图四六一	第3层出土Aa型石镞	（566）
图四六二	第3层出土石镞	（568）
图四六三	第3层出土石镞	（570）
图四六四	第3层出土石镞	（572）
图四六五	第3层出土A型而亚型不明石镞	（573）
图四六六	第3层出土石镞	（575）
图四六七	第3层出土石矛	（576）
图四六八	第3层出土Aa型石斧	（577）
图四六九	第3层出土Aa型石斧	（579）
图四七〇	第3层出土Aa型石斧	（580）
图四七一	第3层出土Aa型石斧	（581）
图四七二	第3层出土石斧	（582）
图四七三	第3层出土C型石斧	（583）
图四七四	第3层出土石斧	（584）
图四七五	第3层出土Aa型石锛	（585）
图四七六	第3层出土石锛	（586）
图四七七	第3层出土Ca型石锛	（587）
图四七八	第3层出土石锛	（588）
图四七九	第3层出土石器	（590）
图四八〇	第3层出土石器	（591）
图四八一	第3层出土石器	（592）
图四八二	第3层出土残损不明石器、坯料	（593）
图四八三	第3层出土陶纺轮	（595）
图四八四	第3层出土陶器	（596）
图四八五	第3层出土铜钱及陶器纹饰拓片	（597）
图四八六	第3层出土青瓷器	（598）
图四八七	2014H9平、剖面图	（599）
图四八八	2014H8平、剖面图	（599）
图四八九	2014H8出土遗物	（600）
图四九〇	2016G1平、剖面图	（600）
图四九一	2016G2平、剖面图	（601）
图四九二	2016G6平、剖面图	（602）
图四九三	2016G1、2016G6出土遗物	（603）
图四九四	2016Y1平、剖面图	（604）
图四九五	2016Y1窑室第2层出土遗物	（605）
图四九六	采集石镞	（608）

图四九七	采集石镞及铜镞	（610）
图四九八	采集Aa型石斧	（611）
图四九九	采集Aa型石斧	（613）
图五〇〇	采集Aa型石斧	（614）
图五〇一	采集石斧	（615）
图五〇二	采集C型石斧	（616）
图五〇三	采集Aa型石锛	（617）
图五〇四	采集石锛	（618）
图五〇五	采集石锛	（619）
图五〇六	采集石器	（620）
图五〇七	采集（穿孔）石铲	（621）
图五〇八	采集石器、玉器	（622）
图五〇九	采集残损不明石器、坯料	（623）
图五一〇	采集陶纺轮	（624）
图五一一	采集陶鼎足	（625）
图五一二	采集Ba型陶鼎足	（626）
图五一三	采集陶鼎足	（627）
图五一四	采集陶釜鼎口沿	（628）
图五一五	采集陶器	（629）
图五一六	采集陶器	（630）
图五一七	采集陶器	（631）
图五一八	F4平面分布复原图	（附页）
图五一九	F3平面分布复原图	（附页）
图五二〇	F2平面分布复原图	（附页）
图五二一	江西拾年山遗址M57平面图	（648）
图五二二	F1平面分布复原图	（653）
图五二三	2014G1走向示意图	（659）
图五二四	湖北谭家岭遗址同类型陶器	（666）
图五二五	湖北邓家湾遗址同类型陶器	（667）
图五二六	湖北肖家屋脊遗址同类型陶器	（668）
图五二七	湖北通城尧家林遗址同类型陶器	（670）
图五二八	湖北阳新大路铺新石器时代遗址同类型陶器	（672）
图五二九	湖北武汉黄陂张西湾遗址同类型陶器	（674）
图五三〇	湖北宜都石板巷子遗址同类型陶器	（675）
图五三一	湖南安乡划城岗遗址同类型陶器	（676）
图五三二	湖南澧县城头山遗址石家河文化晚期同类型陶器	（678）

图五三三	湖南澧县城头山遗址石家河文化晚期同类型陶器	（679）
图五三四	湖南澧县孙家岗遗址同类型陶器	（681）
图五三五	湖南湘乡岱子坪遗址同类型陶器	（683）
图五三六	湖南株洲磨山遗址晚期遗存同类型陶器	（684）
图五三七	湖南长沙腰塘遗址及月亮山遗址调查采集的同类型器	（686）
图五三八	湖南长沙腰塘遗址发掘出土部分陶器	（687）
图五三九	湖南平江舵上坪遗址同类型陶器	（689）
图五四〇	江西湖口城墩坂遗址出土同类型陶器	（690）
图五四一	江西湖口史家桥遗址同类型陶器	（692）
图五四二	江西铜鼓平顶垴遗址新石器时代遗存同类型陶器	（693）
图五四三	江西乐安石田村遗址新石器时代遗存同类型陶器	（694）
图五四四	江西广丰社山头遗址新石器时代晚期同类型陶器	（695）
图五四五	江西抚河流域新石器时代同类型陶器	（697）
图五四六	广西石脚山遗址同类型陶器	（699）
图五四七	广东乌骚岭墓葬群、银洲贝丘遗址同类型陶器	（700）
图五四八	广东南海鱿鱼岗贝丘遗址同类型陶器	（702）
图五四九	广东佛山河宕遗址及肇庆高要县茅岗新石器时代晚期遗存同类型陶器	（704）
图五五〇	湖南湘潭堆子岭遗址同类型陶器	（708）
图五五一	湖南宁乡花草坪遗址同类型陶器	（709）
图五五二	湖南湘阴青山遗址同类型陶器	（711）
图五五三	湖南湘阴青山遗址同类型陶器	（712）
图五五四	湖南株洲磨山遗址早期遗存同类型陶器	（713）
图五五五	湖南长沙竹山湾遗址同类型陶器	（714）
图五五六	湖北阳新大路铺商周时期类同陶器	（725）
图五五七	湖南石门皂市商代遗址同类型陶器	（727）
图五五八	湖南岳阳地区商代遗址同类型陶器	（729）
图五五九	湖南宁乡炭河里遗址同类型陶器	（730）
图五六〇	湖南望城高砂脊遗址同类型陶器	（731）
图五六一	湖南攸县商周遗址同类型陶器	（732）
图五六二	湖南宁远山门脚遗址同类型陶器	（733）
图五六三	湖南东安坐果山遗址同类型陶器	（735）
图五六四	江西吴城遗址同类型遗物	（736）
图五六五	江西铜鼓平顶垴遗址商周遗存同类型陶器	（738）

插 表 目 录

表一	罗家冲遗址各探方层位分布统计表	（20）
表二	罗家冲遗址遗存分期表	（26）
表三	2013年探沟与发掘区层位对应表	（75）
表四	罗家冲遗址第6层出土陶器器形统计表	（86）
表五	罗家冲遗址第6层出土陶器纹饰统计表	（87）
表六	罗家冲遗址早一期遗迹出土陶器器形统计表	（179）
表七	罗家冲遗早一期遗迹出土陶器纹饰统计表	（180）
表八	罗家冲遗址第5层出土陶器器形统计表	（206）
表九	罗家冲遗址第5层出土陶器纹饰统计表	（207）
表一〇	罗家冲遗址F1第1层出土陶器器形统计表	（260）
表一一	罗家冲遗址F1第1层出土陶器纹饰统计表	（261）
表一二	罗家冲遗址F1第2层出土陶器器形统计表	（295）
表一三	罗家冲遗址F1第2层出土陶器纹饰统计表	（296）
表一四	罗家冲遗址F1第3层出土陶器器形统计表	（312）
表一五	罗家冲遗址F1第3层出土陶器纹饰统计表	（313）
表一六	罗家冲遗址F1北基槽出土陶器器形统计表	（316）
表一七	罗家冲遗址F1北基槽出土陶器纹饰统计表	（317）
表一八	罗家冲遗址2014G1第1层出土陶器器形统计表	（335）
表一九	罗家冲遗址2014G1第1层出土陶器纹饰统计表	（335）
表二〇	罗家冲遗址2014G1第2层出土陶器器形统计表	（338）
表二一	罗家冲遗址2014G1第2层出土陶器纹饰统计表	（338）
表二二	罗家冲遗址2014G1第3层出土陶器器形统计表	（341）
表二三	罗家冲遗址2014G1第3层出土陶器纹饰统计表	（341）
表二四	罗家冲遗址2014G1第4层出土陶器器形统计表	（349）
表二五	罗家冲遗址2014G1第4层出土陶器纹饰统计表	（350）
表二六	罗家冲遗址第4层出土陶器器形统计表	（465）
表二七	罗家冲遗址第4层出土陶器纹饰统计表	（467）

图表目录

图表一（1-1） 镞分型表 …………………………………………………………（30）
图表一（1-2） 斧分型表 …………………………………………………………（31）
图表一（1-3） 锛分型表 …………………………………………………………（32）
图表一（1-4） 穿孔刀分型表 ……………………………………………………（33）
图表一（1-5） 刀分型表 …………………………………………………………（34）
图表一（1-6） 凿分型表 …………………………………………………………（35）
图表一（1-7） 砺石分型表 ………………………………………………………（35）
图表一（1-8） 纺轮分型表 ………………………………………………………（36）
图表一（1-9） 鼎足分型表 ………………………………………………………（38）
图表一（1-10） 鬲足分型表 ………………………………………………………（39）
图表一（1-11） 高领罐（口沿）分型表 …………………………………………（40）
图表一（1-12） 矮领罐（口沿）分型表 …………………………………………（41）
图表一（1-13） 罐肩腹残片分型表 ………………………………………………（42）
图表一（1-14） 罐底分型表 ………………………………………………………（42）
图表一（1-15） 豆盘分型表 ………………………………………………………（43）
图表一（1-16） 豆柄分型表 ………………………………………………………（44）
图表一（1-17） 杯分型表 …………………………………………………………（44）
图表一（1-18） 鬶分型表 …………………………………………………………（45）
图表一（1-19） 鬶足分型表 ………………………………………………………（46）
图表一（1-20） 支座分型表 ………………………………………………………（46）
图表一（1-21） 圈足分型表 ………………………………………………………（47）
图表一（1-22） 把手分型表 ………………………………………………………（48）
图表一（1-23） 器盖分型表 ………………………………………………………（49）
图表一（1-24） 盆分型表 …………………………………………………………（50）
图表二 与F1关联层位及典型遗迹出土典型遗物参照图 ………………………（656）

图版目录

图版一　　罗家冲遗址位置及远景

图版二　　2014年、2016年考古发掘证照

图版三　　2013年调查及探沟开设工作照

图版四　　2013年探沟及大园塘底部柱洞分布情况

图版五　　2014年、2016年探方分布

图版六　　罗家冲遗址航拍图片及F2～F4航拍图片

图版七　　F2典型柱洞D10

图版八　　F2典型柱洞D113

图版九　　F2、F3典型柱洞

图版一〇　第6层下大型柱坑

图版一一　2014H47

图版一二　2014H48

图版一三　2014H26、2014H55

图版一四　F1西侧整体情况

图版一五　F1西侧解剖后及F1第1层清理后情况

图版一六　F1西侧东西向解剖沟及层位堆积

图版一七　F1西侧南北向解剖沟及北侧层位堆积

图版一八　F1东侧及北基槽堆积

图版一九　F1东侧北基槽及出土器物

图版二〇　F1东侧及基槽

图版二一　2014G1

图版二二　2014G1层位堆积

图版二三　2017TG1、2017TG2

图版二四　2014H13

图版二五　2016Z1

图版二六　2014J1、2014J2

图版二七　祭祀台及层位堆积

图版二八　祭祀台解剖及出土器物

图版二九　2014H23
图版三〇　2016Y1
图版三一　发掘工作照
图版三二　发掘及测量工作照
图版三三　发掘工作照
图版三四　采样及浮选工作照
图版三五　公众考古活动
图版三六　资料整理工作照
图版三七　张忠培先生现场检查指导工作
图版三八　专家检查指导工作
图版三九　2013TG1出土器物
图版四〇　2013TG2出土器物
图版四一　2013TG2、2013TG3出土器物
图版四二　第6层出土石器
图版四三　第6层出土石器
图版四四　第6层出土陶纺轮
图版四五　第6层出土陶鼎足
图版四六　第6层出土陶器
图版四七　第6层出土陶器
图版四八　早一期长方形坑状遗迹及灰坑出土器物
图版四九　早一期灰坑出土陶器
图版五〇　2014H26出土器物
图版五一　2014H26出土陶器
图版五二　早一期灰坑出土器物
图版五三　早一期灰坑出土器物
图版五四　G3第2层出土石器
图版五五　G3第2层出土石器
图版五六　G3第2层出土石器
图版五七　G3第2层出土陶器
图版五八　G3第2层出土陶器
图版五九　2014G5出土石器
图版六〇　早一期沟出土陶器
图版六一　早一期沟出土器物
图版六二　第5层出土石器
图版六三　第5层出土石器
图版六四　第5层出土石矛

图版六五　第5层出土石器
图版六六　第5层出土陶器
图版六七　第5层出土陶器
图版六八　第5层出土陶器
图版六九　第5层出土陶器
图版七〇　第5层出土陶器
图版七一　F1出土石镞
图版七二　F1出土石镞
图版七三　F1出土石镞
图版七四　F1出土石镞
图版七五　F1出土石器
图版七六　F1出土石斧
图版七七　F1出土器物
图版七八　F1出土石器
图版七九　F1出土石器
图版八〇　F1出土石器
图版八一　F1出土陶纺轮
图版八二　F1出土陶器
图版八三　F1出土陶鼎足
图版八四　F1出土陶鼎足
图版八五　F1出土陶器
图版八六　F1出土陶器
图版八七　F1出土陶器
图版八八　F1出土陶器
图版八九　F1出土陶器
图版九〇　F1出土陶器
图版九一　早二期灰坑出土器物
图版九二　2014G1出土石器
图版九三　2014G1出土石锛
图版九四　2014G1出土器物
图版九五　2014G1出土器物
图版九六　2017TG1第4层出土瓷器
图版九七　第4层出土石镞
图版九八　第4层出土石镞
图版九九　第4层出土石镞
图版一〇〇　第4层出土石镞

图版一〇一　第4层出土石镞
图版一〇二　第4层出土石镞
图版一〇三　第4层出土石镞
图版一〇四　第4层出土石镞
图版一〇五　第4层出土石器
图版一〇六　第4层出土石斧
图版一〇七　第4层出土石斧
图版一〇八　第4层出土石斧
图版一〇九　第4层出土石器
图版一一〇　第4层出土石锛
图版一一一　第4层出土石锛
图版一一二　第4层出土石器
图版一一三　第4层出土石器
图版一一四　第4层出土石器
图版一一五　第4层出土石器
图版一一六　第4层出土石器
图版一一七　第4层出土陶纺轮
图版一一八　第4层出土陶器
图版一一九　第4层出土陶鼎足
图版一二〇　第4层出土陶器
图版一二一　第4层出土陶鬲足
图版一二二　第4层出土陶器
图版一二三　第4层出土陶器
图版一二四　第4层出土陶器
图版一二五　第4层出土陶器
图版一二六　第4层出土器物
图版一二七　第4层出土器物
图版一二八　早三期灰坑出土石器
图版一二九　晚期遗存出土器物
图版一三〇　第3层出土器物
图版一三一　第3层、2016Y1出土器物
图版一三二　采集器物

上 篇
考古发掘报告

第一章 概　　说

第一节　自然与人文环境

宁乡市位于湘东偏北的洞庭湖南缘地区，地理坐标为东经111°53′112°46′，北纬27°55′28°29′，地处长沙、湘潭、娄底、益阳4个地级市包围之中，与11个县（市、区）相邻，即东邻望城区、岳麓区和雨湖区，南接湘潭县、韶山市、湘乡市和娄星区，西与安化县、涟源市交界，北与赫山区、桃江县毗连。东西最大跨度88千米，南北纵长69千米，境域总面积2906平方千米。

宁乡境内多为丘陵地带，西部的沩山区域是雪峰山庞大东部地带的南侧主干区，往东则是雪峰山余脉向东北滨湖平原过渡地带，境内地貌有山地、丘岗、平原。地表轮廓大体是北、西、南缘山地环绕，东南丘陵伏，北部岗地平缓，东北低平开阔，整个地势由西向东呈阶梯状逐级倾斜。

宁乡境内有沩水、乌江、流沙河、靳江四条主要河流，其中沩水、靳江为湘江一级支流，流沙河、乌江是沩水一级支流，黄材水库为全国三大土坝水利工程之一。沩水河，又名"沩水"，古名"玉潭江"，发源于湖南省宁乡市的沩山，自西向东流入长沙市区境内，在长沙市望城区的新康乡与高塘岭街道交界处汇入湘江，全长144千米，流域面积2750平方千米，被誉为宁乡市的母亲河。

宁乡属中亚热带向北亚热带过渡的大陆性季风湿润气候，四季分明，降水量充沛，冬冷期短，夏热期长，春温多变，寒潮频繁，回暖较早，秋温呈阶段性急降。炎热期长。全县年日平均气温16.8℃，一月日平均4.5℃，七月日平均28.9℃。年平均无霜期274天，年平均日照1737.6小时，境内雨水充足，年均降水量1358.3毫米，年平均相对湿度81%。

宁乡矿产丰富，已探明的有40多种，已开发利用的有煤、铁、锰、铀、金刚石、海泡石、花岗岩等20多种。青山桥镇矿产资源主要为花岗岩、锰矿石、钾长石。花岗岩分布以芙蓉山为中心。储量达上亿立方米，矿石类型单一，属于深灰白色中细粒黑云母二长花岗岩。锰矿石主要分布于位于娄霞新村的洪家大山和竹峰村的尖顶山中。其中娄霞新村矿区锰矿石主要成分为碳酸锰，竹峰矿区主要成分为氧化锰。钾长石主要分布于靠近心田村。

宁乡交通便利，是湖南省会长沙通往湘中、湘北之要冲，沟通湘西北之咽喉，东连长沙，西屏国家森林公园张家界，南接名人故里韶山，北望浩渺八百里洞庭，属长（沙）株（洲）

（湘）潭、武陵源、洞庭湖三大旅游圈连接地带。宁乡市区距长沙黄花国际机场60千米，境内石长铁路、长张高速、长韶娄高速、G319国道横贯东西，洛湛铁路、益娄衡高速、G230、G234国道连通南北，多条省道贯穿县境，金洲大道、岳宁大道直通省会长沙，构成了宁乡四通八达的交通网络，两个小时车程可以辐射湘鄂赣11个地级市。

宁乡人文历史厚重、旅游资源丰富，是国之重器四羊方尊的出土地，黄材炭河里遗址被誉为"南中国青铜文明中心"；是佛教南禅沩仰宗的发源地，唐代古刹密印寺举世闻名。拥有全国重点文物保护单位炭河里遗址、刘少奇故居、何叔衡故居、谢觉哉故居、张栻墓（含张浚墓）5处。拥有沩山国家级风景名胜区、香山国家森林公园、金洲湖国家湿地公园和花明楼省级风景名胜区、靳江省级湿地公园等自然保护地，是中国首批17个旅游强县之一。宁乡物产丰饶，是全国闻名的"鱼米之乡""牲猪之乡""茶叶之乡"，先后被列为全国优质米、瘦肉型猪、水产品生产基地，宁乡花猪、沩山毛尖是国家地理标志保护产品。

罗家冲遗址所在地青山桥镇地处宁乡市西南边境，名称来历因镇政府驻地有横跨流沙河的古桥名"青山"，遂地以桥名，后镇以地名。2019年，青山桥镇下辖青山桥1个社区和田坪、石狮桥、上流、花园、心田、田心、芙蓉、竹峰8个村，镇政府机关驻青山桥集镇塔子石。镇域面积132.32平方千米，距宁乡市城区72千米，距长沙市110千米，离湘乡市60千米，距娄底市28千米。益娄衡高速与长韶娄高速在镇南边缘设有互通和出口，国道G324和湖南省道S328呈"十"字型贯穿全境，城乡公路纵横交错，交通便利。

青山桥镇地形西北高、东南低，周边大山拱护，有芙蓉山、红霞大山、三角寨、摘星仑等。镇域大部为中低丘陵地貌，地面高程一般在海拔200～500米。最高点芙蓉山位于田坪村境内，海拔860余米。唐代诗人刘长卿曾至此游览，写下了《逢雪宿芙蓉山主人》："日暮苍山远，天寒白屋贫，柴门闻犬吠，风雪夜归人。"至今广为传诵。山顶有佛教圣地普济寺，寺院始建于明代，相传寺内有清庵祖师骑虎借火，济世救民。

青山桥镇地处流沙河之源。流沙河系沩水第二大支流，有南北两源，北源在芙蓉村和龙田镇交界的扇子排北麓，由西北向东南流经田坪村、花园村、青山村社区至罗家冲遗址南，转东北方向后与发源于上流村且由西向东流经石狮桥村的南源交汇，沿青山村社区、石狮桥村交界线流沙河镇境内，再经老粮仓镇、横市镇注入沩水。北源田坪村境内有田坪水库，建于20世纪70年代，是宁乡市第二大水库，面积为4.2平方千米，总库容为4416万立方米，是一座以灌溉为主，兼有发电、防洪、养殖功能的中型水库。

农业耕地以水田为主，旱地为辅，主要种植水稻、油菜、红薯、烟草、药材等农作物及经济作物。

第二节　历史沿革与行政区划

　　宁乡历史文化源远流长，经考古调查及发掘工作可知，宁乡境内分布着多处史前遗址，如近年发掘的堆子岭文化时期老粮仓镇花草坪遗址[①]及邻近的刘家湾遗址等，这些说明宁乡史前已有先民繁衍生息。

　　夏、商、周时期先后属三苗及越族势力范围[②][③]。商末周初，随着商人的南迁，并与本地土著居民融合在黄材盆地炭河里建立了大型城址，出现了高度发达的青铜文明，从20世纪30年代至今，宁乡出土了以四羊方尊、人面纹方鼎等为代表的商周青铜器多达350余件，堪称"中国南方青铜文明中心"。其中人面纹方鼎之"大禾"铭文据研究系商代农官之长[④]。

　　春秋晚至战国属楚国黔中郡，秦从长沙郡（另一说为洞庭郡[⑤]）。

　　西汉高祖五年（前202年），初置长沙国，下辖13县。宁乡之地分属临湘县、益阳县。青山桥镇域属益阳县。

　　新朝初始元年王莽废汉孺子（刘婴）为安定公，改国号为新，建都常安（今西安汉长安城遗址），史称新莽。次年，废长沙国为"填蛮郡"（又名"镇蛮郡"）。改临湘县为抚睦县。宁乡地分属抚睦县、益阳县，青山桥镇域属益阳县。

　　东汉建武二年（26年），废除填蛮郡，复建长沙国；废除抚睦县，复置临湘县。建武十三年（37年），除长沙国，改为长沙郡。宁乡地分属长沙郡的临湘县、益阳县，青山桥镇域属益阳县。建安二十年（215年），宁乡地属刘蜀；二十四年（219年），归孙吴。

　　吴初，析益阳县地置新阳县，隶长沙郡。太平二年（257年），析长沙郡西部都尉辖地置衡阳郡，并析临湘县湘水以西置湘西县。宁乡地分属衡阳郡的湘西县、新阳县、益阳县。

　　西晋太康元年（280年），改新阳县为新康县。宁乡地分属衡阳郡的湘西县、新康县、益阳县。

　　南朝宋置长沙国，兼置湘州，宁乡地沿袭晋制。齐时新康县域向东、向南扩展，原湘西县部分地域纳入新康县版图。宁乡地分属衡阳郡的新康县、益阳县，青山桥镇域属新康县。梁、陈沿袭。

　　隋开皇九年（589年），平定湘州；置潭州，并新康县入益阳县。宁乡地包括青山桥镇域属益阳县，隶潭州。大业三年（607年），改潭州为长沙郡。

---

　　① 山东大学历史文化学院、湖南省文物考古研究所：《湖南宁乡花草坪遗址新石器时代遗存发掘简报》，《江汉考古》2021年第5期。
　　② 喻立新：《试揭开宁乡青铜器之谜》，《长沙大学学报》2012年第4期。
　　③ 向桃初：《古国遗都炭河里》，湖南人民出版社，2017年。
　　④ 冯时：《大禾与后稷》，《江汉考古》2020年第2期。
　　⑤ 喻立新：《楚汉青阳今何在》，《长沙大学学报》2014年第1期。

唐武德四年（621年），析益阳县复置新康县；七年（624年），省新康县，其地分入邵阳、湘乡、长沙、衡山四县。宁乡地分属长沙县、湘乡县、益阳县，青山桥镇域属湘乡县。贞观元年（627年）以"乡土安宁"之意置宁乡县，县治迁玉潭镇（即今宁乡县城）。

五代马殷建楚国，改潭州为长沙府。宁乡地分属长沙县、湘乡县、益阳县，青山桥镇域属湘乡县。后汉年间（947~951年），析长沙县置新喜县。又割湘乡县安乡九里、玉潭镇、温泉里并入新喜县。宁乡地分属长沙府的新喜、益阳两县，青山桥镇域属新喜县。

宋代太祖建隆元年（960年），废长沙府，复置潭州。乾德元年（963年），罢新喜县，置常丰县；宁乡地包括青山桥镇域均属常丰。开宝年，废除常丰县入长沙县。

宋太平兴国二年（977年）析益阳、长沙、湘乡部分地置宁乡县，隶潭州长沙郡。元隶湖广行中书省湖南道宣慰司天临路。明隶湖广布政使司长沙府。清隶湖南省长沙府。明代宁乡属长沙府，清承明制。民国三年（1914年），宁乡属湘江道。民国二十七年（1938年），宁乡属湖南省第一行政督察区。民国二十九年（1940年），宁乡属湖南省第五行政督察区。新中国成立后，宁乡初属益阳专区。1952年11月20日，划归湘潭专区。1962年12月5日，复属益阳专区。1983年7月1日，划归长沙市。

2017年4月10日，中华人民共和国民政部批复同意撤销宁乡县，设立县级宁乡市，由湖南省直辖，长沙市代管。

第三节　遗址发现与调查经过

一、考古工作缘起

沩水发源于宁乡县西部的沩山，自西向东贯穿整个宁乡县境，经望城新康、靖港入湘江，全长144千米，流域面积2447平方千米。是湘江下游西侧的一级支流。

沩水流域是湖南省乃至我国南方出土先秦时期青铜器比较集中的地区之一。自20世纪30年代以来，这里陆续出土的青铜器已达300余件，其中炭河里城址所在的黄材盆地及周边地区又是沩水流域甚至是整个湘江流域出土商周铜器数量最多、分布最密集的地区。宁乡一带出土的商周铜器不仅数量多、种类丰富，而且造型优美、装饰华丽、工艺精湛，堪称中国古代青铜文明的奇葩，为中原和其他地区所不见，学术界将湖南湘江流域出土的商周铜器统称为"宁乡铜器群"。这对于研究南方地区青铜文明的起源和形成乃至中国青铜文明的发展体系具有十分重要的作用，一直是海内外学术界高度关注的领域。沩水流域地处长江以南，在中原华夏文化的传统观念中属"南蛮""未化"之地，却惊现如此发达的青铜文明，但是，由于这些铜器多数属于非科学发掘品，缺乏与之有关的考古学文化背景信息，相关的史前至商周文化遗址考古调查、发掘及研究工作整体进展也非常缓慢，导致对于该区域发现的青铜器的性质、来源、生存背景等问题一直没有取得突破，其历史文化背景的探讨是长期以来困扰国内外学术界的重大学术课题。

近年来，虽然随着望城高砂脊、宁乡炭河里等一批商周遗址和墓葬的发掘，为"宁乡铜器群"文化属性的深入研究提供了新的线索，但直接证据尚缺，随之而来的是又提出了与这些遗址本身相关的文化来源、文化属性、同时期文化遗址点的分布等新的问题。

从文化的延续性而言，湘江流域的青铜文化应是在该地区新石器时代文化的基础上孕育产生的，然而湘江流域新石器时代至商周段的考古发现和研究工作还较薄弱，两者之间尚有缺环，文化发展序列还需要进一步地完善，尤其是对于沩水流域新石器时代的文化发展序列和总体面貌等还不甚了解，相关的研究尚属空白。

本次调查的主要任务是发现和确认新石器至商周时期考古学文化遗址，其中以炭河里遗址所处的黄材盆地为重点，关注对象是史前及商周时期考古遗存，为探索炭河里文化乃至于湖南地区出土商周青铜器的来源、文化源流、种族、文化遗址的数量、性质、时空分布关系及文化谱系等提供新的资料，为更深层次的考古学研究和文化遗产保护提供依据。调查尽量以区域系统调查、民间走访及自然科学技术相结合的方式进行。遗址的确认以发现原生文化堆积为准，同时密切关注次生文化堆积。

为此，长沙市文物考古研究所组织专业人员，联合宁乡县文物局组建"沩水流域史前及商周文化遗址调查"课题组，自2012年7月开始至2014年1月，对沩水三条支流十余处史前至商周文化遗址，即塅溪的转耳仑遗址、涓水的九牯洞遗址、流沙河上游的钦家塅遗址、罗家冲遗址群（罗家冲、石家湾、月形山、景德观遗址）、堆子山遗址、石门口遗址等展开科学系统的田野考古调查与研究。

二、遗址发现与调查

1986~1988年，长沙市文物工作队（现长沙市文物考古研究所）与宁乡县文物管理所（后更名为宁乡市文物局；现已撤销）联合对宁乡开展第二次文物普查时，对宁乡县古文化遗址进行了一次全面调查工作，共发现新石器时代至东周时期的遗址点25处，并将此次调查资料单独装订成册，经查阅调查资料可知，1986年12月调查组在青山桥乡调查时发现两处遗址点，一处为石塘遗址，位于景德村罗家组，发现暴露的遗迹有灰坑，采集器物有扁平状陶鼎足、圜底陶釜、平底陶钵、石斧、石锛、石镞等，陶质以夹砂陶居多，有少量泥质灰陶及黑皮灰陶，纹饰以细绳纹和刻划纹为主，其中以各种形式的扁平状鼎足为主要特征。遗址面积约1.2万平方米，时代为龙山文化阶段。另一处为月形山遗址，位于景德村四组，地表采集器物有石斧、砺石、陶鼎足、陶罐、陶釜、陶盆、陶缸、陶豆等，陶器以夹砂居多，有红陶及灰陶之分，纹饰以细绳纹和篮纹为主，其次为弦纹、锥刺纹、方格纹及附加堆纹。遗址面积约2万平方米，时代为龙山阶段至西周时期。当时参加调查的人员有何强、王自明、俞春辉、罗文浏、黄晓庭等[1]。

---

[1] 长沙市文物工作队（现长沙市文物考古研究所）内部调查资料：《宁乡县古文化遗址调查资料汇编》，1989年3月。

按照沩水流域史前及商周文化遗址调查组的工作进度，2013年10月开始对流沙河上游青山桥镇至流沙河镇境内踏查，首先对二普及三普时登记的堆子山、石门口、石塘、月形山、钦家煅等遗址点进行复查，在行至青山桥镇桥北村罗家冲遗址时，发现遗址南侧的断面有较厚的文化层，并采集部分陶鼎足、夹砂陶片及钻孔石刀等，其后，我们在遗址所在的台地上调查时，桥北村村委会正对其上分布的大园塘、小园塘、草塘三处水塘进行冬季水利清淤，我们在清淤过程中翻上来的淤土里发现较多的陶鼎足、陶釜鼎口沿、石斧、石镞及大量陶片等遗物，结合二普及三普资料可知，该遗址在二普时因在遗址东侧的草塘区域发现有文化层堆积并采集到部分遗物，当时登记为石塘遗址，后在2010年三普时找到遗址的中心分布区，根据考古学定名原则，将该遗址点定为罗家冲遗址，鉴于遗址保存状况，我们随后对该遗址进行了以下三项工作：首先，对清淤翻上来的淤泥进行了深翻，采集相关遗物；其次，结合地形地貌，通过踏查、清理断面等方法对罗家冲遗址的分布范围、堆积层次、保存现状及遗址年代等进行了初步调查及判断；再次，对大园塘底部刮面，查看是否有相关遗迹。

最后，我们在清淤后的大园塘底部的生土面上，发现了一批分布较有规律的柱洞遗迹，约120处，其口径、深浅及填土略有不同。直径分为14~25、30~50、65~80厘米三种规格，现存深度在5~50厘米之间，部分柱洞内有柱础石或陶片。这批柱洞大致分布于塘底的北侧和东侧，除少量柱洞存在打破关系外，每侧各有两排平行分布，据此我们初步确定该遗址为一处新石器时代末期至商周时期的台地遗址，并且存在一处规模较大的建筑基址。

考虑到该遗址的重要性以及避免继续遭人为破坏，我们决定重点在罗家冲遗址开展进一步的考古工作。

第四节　罗家冲遗址概貌与周边遗址点分布情况

一、罗家冲遗址概貌

罗家冲遗址位于湖南省宁乡市青山桥镇青山镇桥北村一组，东北距宁乡市区约77千米，东距湘乡岱子坪遗址约36千米，为宁乡、湘乡、娄星三市（区）交界区域。该遗址系第二次全国文物普查时发现，中心点地理坐标为（北纬27°57′28.3″，东经112°03′37.7″，海拔161米）。遗址地处沩水支流流沙河北岸的二级台地上（图一；图版一，1），西距青山桥集镇约3800米，遗址南侧为低山、丘陵环绕的狭长形山间盆地，沩水支流流沙河自盆地中部自西而东穿境而过，该台地略呈南北向长方形，南北长约195、东西宽约110米，加上东侧缓坡地带，现存面积约2.5万平方米，东侧地势略呈缓坡状，现已成居民区，南侧紧邻S209省道，西侧为地势较低的山间沟壑，北侧为地势较高的东西向山体，地表现为水稻田及菜地。遗址所在的台地北部、中部及东南部分布有5处为灌溉农田而开挖的水塘，对遗址造成了严重的破坏。遗址分布区域地表种植有水稻、蔬菜等（图版一，2）。

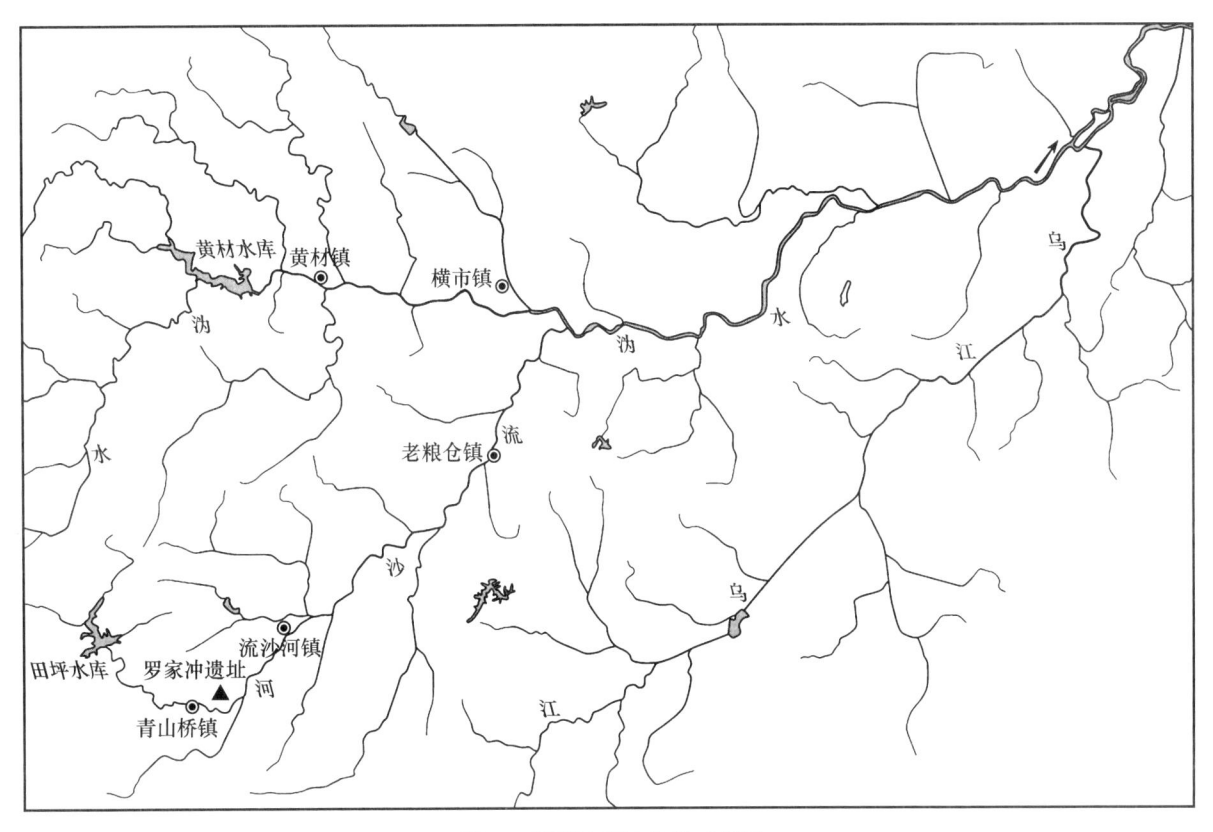

图一　罗家冲遗址位置示意图

二、罗家冲遗址周边遗址点分布情况

通过查询宁乡地区二普、三普资料及我们从2013年至2019年对流沙河流域系统调查可知，该区域堆子岭文化时期、石家河文化及商周时期的遗址点多达41处（图二），其中在流沙河上游青山桥镇至流沙河集镇发现与罗家冲同时期遗址26处，分为两个相对集中区域，分别为田坪遗址群及罗家冲遗址群[①]。

（一）田坪遗址群

有7处遗址，分别有石门口遗址、中心林场遗址、聂家冲遗址、杨家塅遗址、白鹤山遗址、螺丝冲遗址、学堂坳遗址，简要介绍如下。

---

① 长沙市文物考古研究所、宁乡市文化旅游广电体育局：《湖南宁乡市楚江流域先秦遗址考古调查简报》，《考古学集刊》第23集，社会科学文献出版社，2020年。

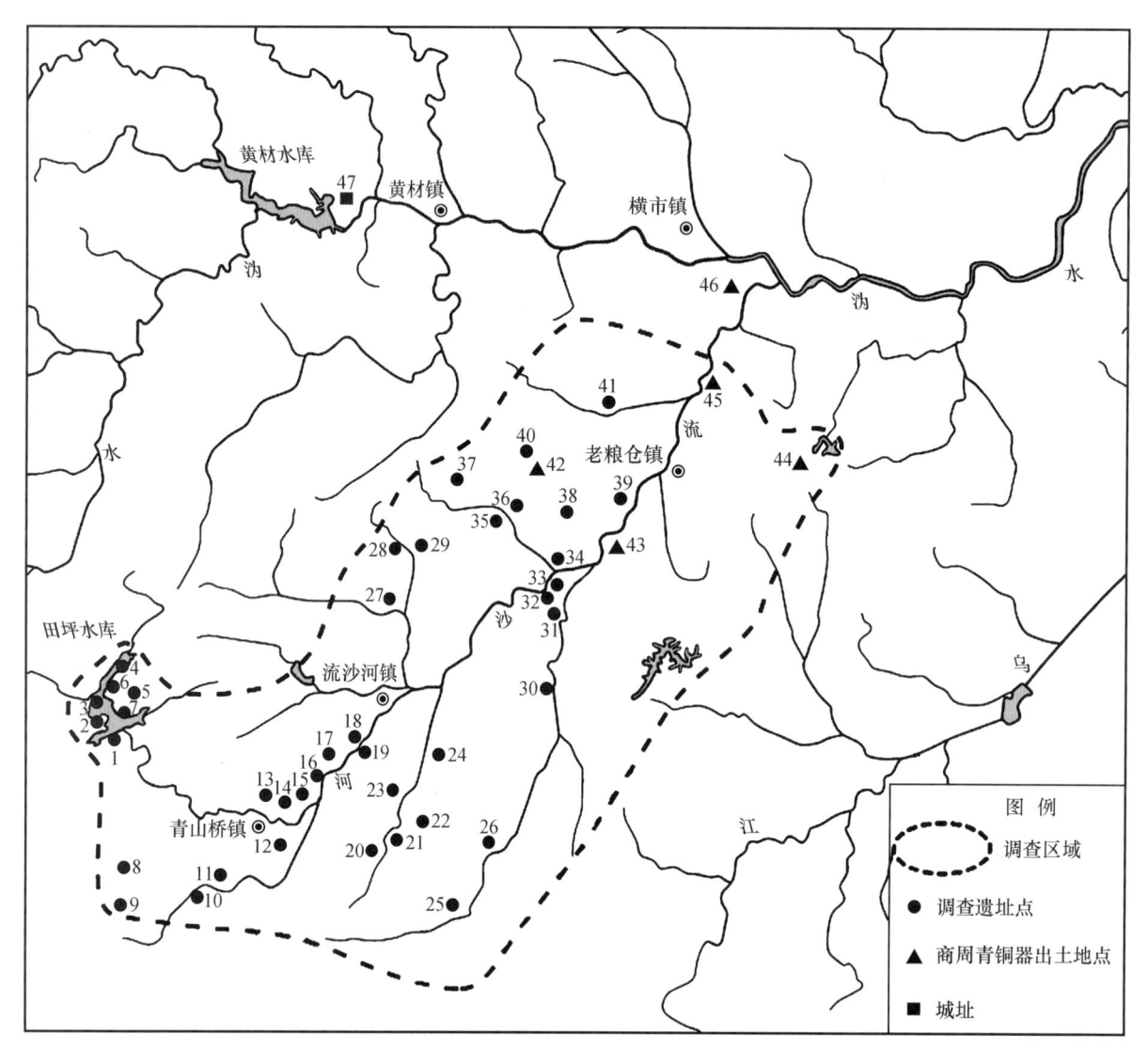

图二　流沙河流域先秦遗址分布示意图

1.石门口遗址　2.中心林场遗址　3.聂家冲遗址　4.杨家塅遗址　5.白鹤山遗址　6.螺丝冲遗址　7.学堂坳遗址　8.花园塘遗址　9.阴三坝遗址　10.梅家湾遗址　11.堆子山遗址　12.颜家冲遗址　13.罗家冲遗址　14.石家湾遗址　15.月形山遗址　16.景德观遗址　17.兰玉山遗址　18.钦家塅遗址　19.仓上遗址　20.谢家滩遗址　21.罗家滩遗址　22.罗家咀遗址　23.田塅里遗址　24.唐家塅遗址　25.鸡坪遗址　26.赤塅遗址　27.老屋湾遗址　28.后湾里遗址　29.白园遗址　30.华丰桥遗址　31.笋子坳遗址　32.小胡山遗址　33.向家洲遗址　34.花草坪遗址　35.大沙冲遗址　36.庙滩上遗址　37.台上湾遗址　38.金沙湾遗址　39.刘家湾遗址　40.桐子山遗址　41.划船湾遗址　42.毛公桥（铜甬钟1件）　43.唐市（铜铙1件）　44.师古寨（铜铙17件）　45.北峰滩（铜铙2件）　46.滩山村（铜卣1件）　47.炭河里遗址

1. 石门口遗址

位于宁乡市青山桥镇竹峰村六组田坪水库南侧岸边的台地上，在20世纪70年代修建水库时对遗址造成严重破坏，现存面积约1000平方米。岸边暴露有黄褐色文化层堆积，厚0.5米，采集的遗物有石镞、石斧、石铲、石锛、陶鼎足等。

2. 中心林场遗址

位于宁乡市青山桥镇竹峰村中心林场田坪水库西侧的台地上，在20世纪70年代修建水库时已将遗址破坏殆尽，残存面积约250平方米。岸边断面暴露有黄褐色文化层堆积，厚约0.8米，采集遗物有石斧、陶圈足等。

3. 聂家冲遗址

位于宁乡市青山桥镇竹峰村八组田坪水库西侧的台地上（水位上涨时悬于水库中，成为孤岛），20世纪70年代修建水库时将遗址所在台地四周挖断，现存面积约1万平方米。岸边断面暴露的文化层堆积厚约1.5米，采集遗物有石斧、石锛、石镰、石镞、石料、陶鼎足以及印纹硬陶残片等。

4. 杨家塅遗址

位于宁乡市青山桥镇田坪村二组田坪水库东北部台地上，遗址西侧在20世纪70年代修建水库时被破坏，当水位上涨时遗址即淹没于水库中，现存面积约3000平方米。岸边断面暴露的文化层堆积可分为两大层：上层灰褐色堆积，厚1.5～2.1米；下层黄褐色堆积，厚约1米。采集遗物有石斧、石刀、石锛、石铲、石镞、陶鼎足等。

5. 白鹤山遗址

位于宁乡市青山桥镇田坪村张家组白鹤山山前的台地上，现存面积约2400平方米。在灰色泥沙层下分布有一层黄褐色文化层堆积，厚约0.6米。二普调查时采集的遗物有石斧、石凿、陶罐等，陶器纹饰有弦纹、篮纹、绳纹、弦断绳纹、方格纹等[①]。因客观原因，该遗址未能进行复查。

6. 螺丝冲遗址

位于宁乡市青山桥镇田坪村三组田坪水库东北部的台地上，遗址南部在20世纪70年代修建水库时被破坏，现存面积约1万平方米。水库岸边台地断面暴露的灰褐色文化层堆积厚约1米，采集遗物有石斧、石铲、石锛、石镞、陶鼎足、陶圈足等。

7. 学堂坳遗址

位于宁乡市青山桥镇田坪村田坪水库东南部的台地上，遗址主体部分在20世纪70年代修建水库时被破坏，现存面积约8000平方米。水库岸边断面暴露的黄褐色文化层堆积厚约0.8米，采集遗物有陶鼎足、陶圈足等。

---

① 长沙市文物工作队（现长沙市文物考古研究所）内部调查资料：《宁乡县古文化遗址调查资料汇编》，1989年3月。

（二）罗家冲遗址群

有7处，分别有罗家冲遗址、石家湾遗址、月形山遗址、景德观遗址、兰玉山遗址、钦家塅遗址、仑上遗址，除罗家冲遗址外简要介绍如下。

1. 石家湾遗址

位于宁乡市青山桥镇桥北村（现为青山社区）二组流沙河北岸的二级台地上，南侧紧邻209省道，台地高出下面一级台地5~6米，地表现为农田，台地面积约2万平方米，20世纪80年代当地村民在台地区域取土烧砖时对遗址造成了严重破坏。罗家冲遗址发掘期间曾组织人员对遗址所在台地进行了详细调查和钻探，未发现文化层堆积，遗址面积不详，复查时在探孔内采集到石环、地表采集到夹砂红陶鼎足、石斧等。

2. 月形山遗址

位于宁乡市青山桥镇桥北村（现为青山社区）二组（原景德村四组）流沙河北岸的二级台地上，南侧紧邻209省道，台地高出南侧一级台地农田地面约6米。二普调查时登记的遗址面积为2万平方米，断面暴露的灰色文化层堆积厚0.6~1.5米，采集的遗物有石斧、砺石，陶片26块，可辨器形有釜鼎口沿、罐、缸、尊、盆、豆柄、鼎足等，纹饰有绳纹、弦纹、方格纹、锥刺纹、镂孔等。在罗家冲遗址发掘期间曾组织人员对月形山遗址进行了详细复查，发现自20世纪80年代以来当地村民烧砖取土和建房平整土地等活动对遗址造成严重破坏，文化层堆积已被破坏殆尽，复查时采集有石斧、石锛以及表面饰方格纹和弦纹+方格纹的印纹硬陶残片，可辨器形为罐口沿。

3. 景德观遗址

位于宁乡市青山桥镇桥北村（现为青山社区）六组流沙河北岸的二级台地上，南侧紧邻209省道，台地高出一级台地农田约5米，地表现为民居和荒地，面积约1万平方米。台地上分布的民居和水塘对遗址造成了一定程度的破坏，复查时在台地东北部发现有残存的浅灰色文化层堆积，厚约0.3米。采集有石锛1件、陶片8块，质地有夹砂红陶、夹砂灰陶、泥质灰陶和印纹硬陶（器表饰方格纹），可辨器形有鼎足、罐底。

4. 兰玉山遗址

位于宁乡市流沙河镇合兴村兰玉山组流沙河北岸的二级台地上（又称万猪塘），东侧紧邻209省道，北部有一废弃的砖窑。台地高出一级台地约6米，地表现为农田，台地上分布的水塘、早年当地村民烧砖取土以及近期修建乡村公路等生产活动对遗址造成了严重的破坏，现存面积约3000平方米。水塘断面暴露的文化层堆积可分为两层：上层灰褐色堆积，厚0.5米，下层浅黄色堆积，厚0.5米。采集的遗物有砺石、陶鼎足、陶纺轮、陶器盖、陶鬶足等。

5. 钦家塅遗址

位于宁乡市流沙河镇荷叶村七组流沙河北岸的二级台地上，高出一级台地约1米，南侧紧邻209省道，地表现为民居和农田。二普调查时确认遗址面积约1万平方米，农耕土下分布的灰褐色文化层厚0.6米，采集遗物有陶鼎足、陶豆盘、陶釜鼎口沿、陶罐口沿、石斧、石镞、石锛等。复查发现遗址被开挖水塘、平整土地开田和村民建房等活动破坏严重，文化层已几乎不存，采集的遗物有陶鼎足。

6. 仑上遗址

位于宁乡市流沙河镇楚洪富村四组（原荷塘村蔡家组）流沙河南岸的二级台地上，北侧紧邻流沙河，与钦家塅遗址隔流沙河相望，直线距离约600米，台地高出周围一级台地约5米，地表现为农田，面积约2万平方米。中部水塘断面暴露的文化层堆积可分为两层：上层灰褐色堆积（包含大块红烧土），厚0.4米；下层浅黄色堆积，厚0.6米。采集的遗物有砺石、陶鼎足、陶豆柄等及部分饰绳纹、方格纹的陶片。

其余12处遗址分布在流沙河的支流，可能也属于罗家冲遗址群范围内，但相对分散，这里不做赘述。

第二章 遗址发掘及报告编写

第一节 遗址发掘概况

一、2013年探沟

2013年11月份我们在遗址中部清淤的大园塘底部及周边开展了调查及钻探工作（图版三，1），在塘底北部发现尚有部分文化层残留区域，为了有效判断遗址的层位堆积、年代及获取原生文化层遗物，选择在该区域布设3条探沟，编号分别为2013TG1、2013TG2、2013TG3，规格为10米×3米、9米×4米、5米×5米，进行了抢救性试掘工作，发掘面积共91平方米（图版三，2；图版四，1）。

二、2014~2015年度发掘

为了更好地了解该遗址的文化内涵及避免进一步的人为破坏，我们计划对该遗址进行发掘工作，2014年3月，向国家文物局申请对该遗址进行第一次考古发掘并获批，发掘执照编号为考执字（2014）第144号（图版二，1）。考虑到罗家冲遗址发掘工作的长期性和连续性，我们在遗址西南角设置了测量基点，确定了遗址的三维坐标系统，采取象限法根据遗址坐标系统布设虚拟探方，对遗址所在的台地区域进行了探方网格化。根据前期调查、勘探对该遗址的掌握的情况，由于该遗址地层堆积较为单一，且发掘对象主要为揭露2013年调查发现的建筑基址（图版四，2）；根据遗址的遗迹分布及层位堆积情况，在大园塘西侧、南侧房屋建筑基址分布区域，布设10米×10米的探方5个（图版五，1），编号分别为T0203、T0204、T0205、T0302、T0402，后又根据发掘需要，主要围绕大园塘边侧布设探方T0301、T0303、T0304、T0305、T0401、T0403（均为探方的残余局部），发掘面积共700平方米（图三；图版三一；图版三二，1）。

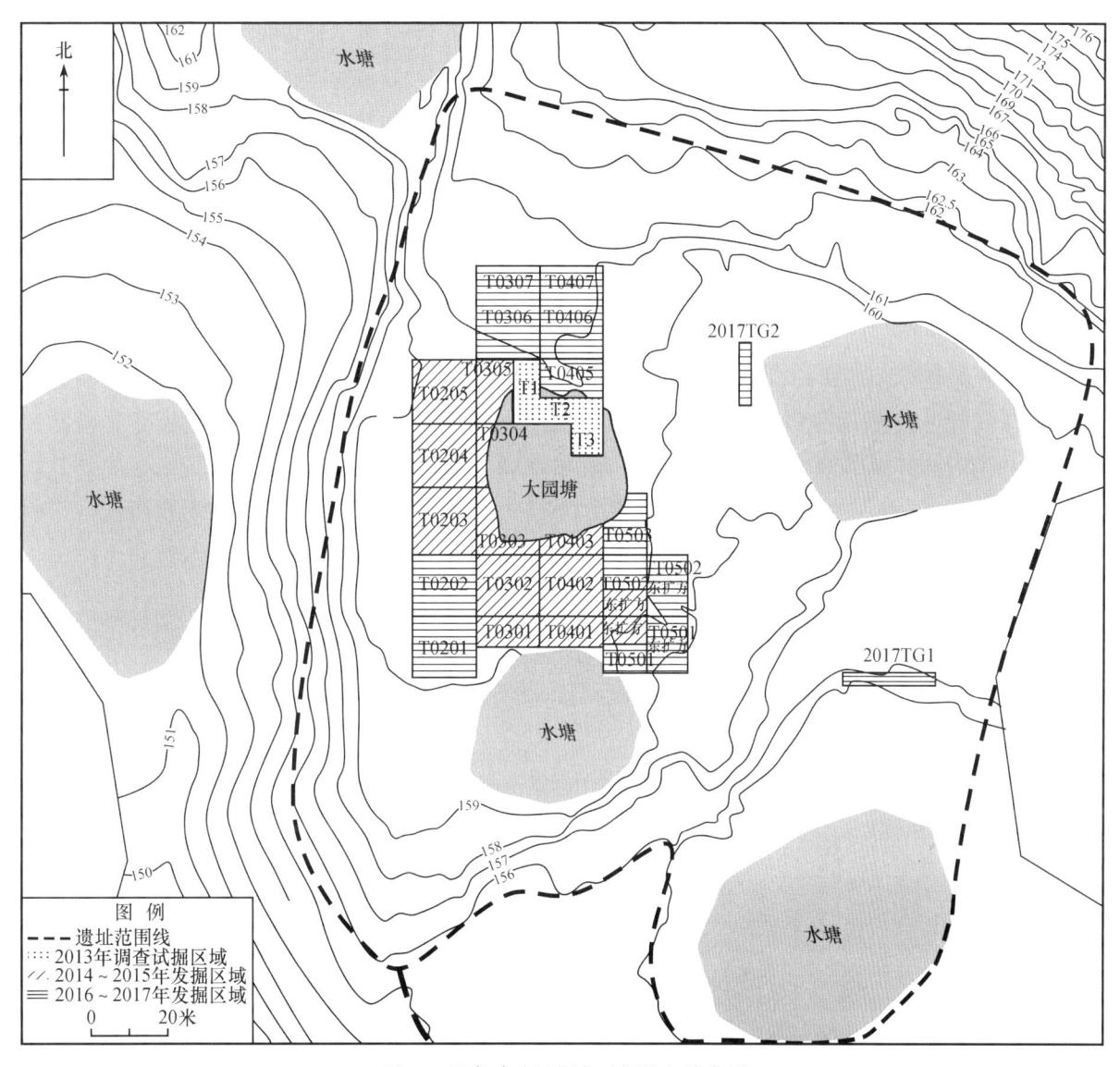

图三　罗家冲遗址探方（探沟）分布图

三、2016～2017年度发掘

通过2014～2015年度的考古发掘，我们已经初步认识到罗家冲遗址似为一处社会等级较高的聚落遗址中心区域。由于受原发掘面积的限制，为了将发现的新石器时代末期及商周时期两大建筑遗迹（编号为F1及F2）的分布范围及整体布局完整揭露出来，以确定其性质、社会功能等问题，进而更深入地掌握该遗址在整个聚落群中的地位及重要价值，这对于我们全面认识和研究罗家冲遗址的聚落等级、功能分区、经济形态、社会性质和社会发展阶段等问题具有重要意义。2016年3月，我们向国家文物局申请对该遗址进行第二次考古发掘并获批，申报发掘面积600平方米，发掘执照编号为考执字（2016）第112号（图版二，2）。根据已发现的建筑遗迹等重要遗迹分布情况、延伸方向并结合2014～2015年度的发掘情况及对发掘区周边的钻探情况分析，我们选定在2014年发掘区的西南、东南及北部布设10米×10米的探方6个（图版五，2），编号分别为T0201、T0202、T0501、T0502、T0306、T0406，后因工作需要扩方，布设T0307、T0407、T0405、T0503、T0501东扩方、T0502东扩方，发掘面积共878平方米，此次是对2014~2015年度考古发掘工作的补充（图三；图版三二，2；图版三三）。

四、2017年探沟

为了解2014G1的走向及形制情况，我们对其延伸部分进行了勘探，发现该条沟整体呈曲尺形，在发掘区向东延伸后再向南折并延伸至台地南侧土圹下，所以在勘探的基础上选择在2014G1向南及向东延伸区域开挖两条探沟，编号分别为2017TG1及2017TG2。

其中2017TG1位于发掘区的东南侧，为2014G1向南的延伸部分，探沟规格为东西长15、南北宽6米；2017TG2位于发掘区的东北侧，为2014G1向东的延伸部分，探沟规格为南北长10、东西宽3.8米，发掘面积共128平方米（图三）。

综合以上，罗家冲遗址2013~2017年发掘面积共计1797平方米（图三；图版六，1）。

发掘过程中，为了普及考古知识及扩大宣传，我们邀请了考古爱好者及相关媒体，在现场组织了数次公众考古活动（图版三五）。

第二节　专家及领导指导工作

在发掘过程中，得到了著名考古学家张忠培先生及省市考古专家及领导的指导及亲切慰问。2014年10月11日，长沙市文化广电新闻出版局副局长聂勇、长沙市文物局局长曹凛及本所所长何旭红到工地检查指导工作。2014年10月25日，长沙市文化广电新闻出版局局长杨长江、宁乡县文物局局长李乔生及本所所长何旭红到工地检查指导工地。2014年11月20日，湖南大学向桃初教授、湖南省文物考古研究所尹检顺研究员、原宁乡县文物局局长张筱林及湖南大学10名考古专业硕士生到工地指导及观摩，2015年1月7日，湖南省文物局组织专家到工地检查验收，分别有湖南省文物局文物处处长熊建华、副处长陈利文、湖南省文物考古研究所所长郭伟民及本所所长何旭红（图版三八，2）。2015年7月7日湖南省文化厅纪委书记廖星一行参观工地，2016年1月19日原湖南省博物馆馆长高至喜先生、聂菲研究员、杨慧婷副研究员参观指导工地。2016年7月6日社科院考古研究所刘煜研究员及湖南省文物考古研究所副所长高成林来工地指导，2016年7月13日，长沙市文化广电新闻出版局副局长聂勇、长沙市文物局局长曹凛及本所所长何旭红、副所长黄朴华到工地检查指导工作。2016年8月29日上午，著名考古学家、原中国考古学会理事长、原故宫博物院院长张忠培先生亲临考古现场指导田野发掘工作（图版三七；图版三八，1），湖南省文物局副局长江文辉、长沙市文物局局长曹凛、宁乡县政府副县长钟利仁、县政府副调研员孔秋生、县文体广局局长喻国军、县文物局局长李乔生、青山桥镇党委书记杨新貌、镇长丁吉志等一同参加了此次考察。2017年11月10日，湖南省文物局组织专家到工地检查验收，分别有湖南省文物局文物处副处长陈利文、湖南省文物考古研究所所长郭伟民、副所长高成林及本所副所长黄朴华等。

为了做好遗址发掘后续保护工作，2018年1月16日，在宁乡市青山桥镇镇政府召开了宁乡罗家冲遗址考古发掘成果汇报及后期回填保护论证会，参会的专家及领导有湖南省文物局文物处副处长陈利文、湖南省文物考古研究所所长郭伟民、尹检顺研究员、湖南大学岳麓书院向桃初教授、长沙市文物局局长曹凛、宁乡市文物局局长李乔生、副局长贺德权、本所所长何旭红、副所长黄朴华及青山桥镇人民政府镇长丁吉志、青山桥镇党委副书记胡志辉、青山社区总支书记戴梅初、青山桥镇文化站站长廖继辉、青山社区罗家冲组组长胡岳乔等，会后，对遗址发掘区进行了回填式保护。

2018年9月12日，长沙市文化旅游广电局副局长彭勇到工地指导工作。2018年12月15、16日，中山大学人类学系郭立新教授、台湾中正大学郭静云教授到工地指导工作。

第三节　整理经过

该发掘报告资料开始整理是伴随着考古调查及发掘同时开展的，在2013年调查及2014年~2017年发掘过程中，我们就对部分遗迹及遗物进行了初步整理工作。

2017年底发掘临近结束时，我们制定了考古发掘资料整理方案，并进行了人员及工作分工，其中发掘报告整理由项目领队何佳总负责，其中何佳负责报告提纲撰写，并整理2013年及2017年探沟及F1、第4层发掘遗物及相关遗迹的整理工作，现场负责人曹栋洋负责整理第1层、第2层、第3层、第5层、第6层及相关遗迹和所有采集标本的整理工作，技工尚金山负责遗迹图纸的核对及线描工作，陶瓷器修复工作由尚金山、曾尚录、曾博完成，铜器修复由莫泽完成，器物绘图由尚金山、曾心鑫、高铁完成，曹栋洋、胡明武、李义红、何晓亮等进行出土陶片的分类统计等工作。王常雄、肖昱、唐小红、曹伯亨、刘文雯开展器物拓片工作，王常雄、肖昱还进行了陶片及纹饰统计资料录入工作（图版三六，2），何佳根据出土遗物的类型分析，制定了部分遗物标本的分类分型标准。为了考古发掘报告的体例统一，全面体现石器原貌，对原绘制的石器图纸进行了修改，增加了石器纹理的绘制。

2018年5月至2021年8月由何佳、曹栋洋开展考古发掘报告各自负责部分中章节的撰写工作，何佳制作了拓片插图、彩版排版及相关统计表，2021年9~11月，由何佳对发掘报告进行校对及统稿工作。

第四节 整理方法

为了考古发掘报告的资料完整性及科学性，整理过程中遵循以下整理原则：

1. 发掘资料全报道

对该遗址调查及发掘过程中采集到的所有器物进行整理，按照发掘顺序，逐一介绍层位堆积、遗迹形制、出土遗物。

2. 科学挑选标本

在整理工作前，设立挑选各类质地遗物标本的标准。

石器：对采集及发掘出土的除少量砺石、残损严重不能辨明具体器形、少量坯料、石片及卵石等之外所有能辨别器形的石器均逐一编号、统计、绘图及描述，并分两大类介绍，第一类为能分清具体型或亚型的器物按型及亚型介绍，第二类为对不能分清具体亚型的石器全部归入到不明石器或坯料中介绍。

陶器：首先是分类挑选所有能辨别器形的遗物，在此基础上，在同类型遗物中筛选保存较好或典型的作为标本进行逐一编号、统计、绘图并分型描述介绍，对于形制较多或残碎无法辨别具体形制的仅做器形及纹饰统计，挑选的纹饰标本也予以编号，部分典型纹饰做了拓片并按单位及期别介绍。

对铜器、玉器、石英石等其他质地可辨器形的遗物全部编号、统计、绘图及描述介绍。

3. 统计

为了能全面介绍遗物，主要对石器及陶器进行了统计。其中石器统计分标本统计及未编号石器统计两大类。其中石器标本器形统计主要是对各遗存单位出土石器进行分型统计，未编号石器分为砺石、坯料、石片及石料三大类统计。

陶器主要对早期遗存中第4层、第5层、第6层及F1、2014G1等出土遗物较多的单位中标本及可辨器形的陶片进行了器形及纹饰统计，纹饰是对除纺轮之外的所有陶器进行统计，其他单位的统计均未纳入本报告。

4. 科学检测

为了考古发掘报告的科学性，更大限度地获取早期遗存相关信息，我们有针对性地对部分出土遗物及采集样品采用科技手段开展了以下五项检测及分析工作：

（1）^{14}C测年。

（2）采集土样浮选及植物遗存检测。

（3）石器岩性检测。

（4）出土遗物含铜成分检测。

（5）石器微痕检测。

5. 报告编写

在报告编写过程中，主要采取现在通行的总分总的格式，采用分篇介绍与研究。报告分上下两篇：其中上篇为考古发掘报告，报告中先对遗址发掘情况及分期进行简要概括，其后再根据地层、各类遗迹及各单位出土遗物分时代全面客观地介绍发掘资料，尽可能不含个人的研究观点及认识；下篇为考古发掘资料研究，主要根据发掘资料查找长沙乃至于湖南其他地区及与该遗址出土遗物、时代、文化因素相近的湖北、江西、广东等省份的相关遗址进行对比分析，总结出该遗址的文化特征、文化因素及对各区域遗址的文化交流等相关学术问题进行探讨，从而总结出该遗址早晚文化的发展脉络。

6. 整理过程中相关问题的说明

（1）遗迹编号：在发掘工作中，遗迹的编号除F1～F4、G3外，其他遗迹均以2014及2016发掘年度按顺序编号，其中2013H1为现代坑，2014H62、2014H68、2014H69、2014H73、2014H74、2014H75、2014H78、2014H81改编号为第6层下大型柱坑（ZK），2014H30、2014H44、2014H51、2016H21改编号为F2柱洞D838、D522、D837、D836。2014H24、2014H57、2014H58、2014H60、2014H76、2014H77、2014H79、2014H80、2016H6等在发掘及整理过程中销号。2013TG1中的G1当时编号为2013G1，该条沟与2014G1为同一条沟，在报告整理中编号为2014G1，仅在2013TG1部分使用2013G1。在发掘现场我们对第4层下的柱洞群、第6层下F2～F4的所有柱洞按发掘年度分别编号，为了报告整理的需要，我们对以上所有柱洞（柱坑）均在原编号的基础上进行了统一编号。

采样编号：在采集测年炭样过程中，我们对采集的炭样也按照单位及顺序编号，与器物编号并列，分属两个编号系统。

遗物分型：分型中主要以器物的平面形制及规整程度为主，兼具其细部特征，其中石刀一类又以是否有钻孔，分为穿孔石刀及石刀两大类，其中有钻孔的无论残存状况如何，均归入穿孔石刀，而部分残损石刀由于未残存有钻孔，并入石刀分类统计。

遗物数量：报告正文中均为标本数量，其他未编号陶器遗物，可参见各遗存出土陶器器形统计表及纹饰统计表，未编号石器遗物，可参见附表六（见附页）。

（2）资料介绍顺序：由于2013H1由于属于近现代遗存，故未介绍，2013H2经过了2013年及2014年两次发掘，所以归入到发掘部分介绍。2017TG1、2017TG2由于发掘目的均是追寻2014G1向西及向南的延伸部分，所以接入2014G1之后介绍，包括其上部的层位及晚期遗存一并按顺序介绍，而未放置到晚期遗存部分。

该遗址大部分遗存由于后期的生产活动而扰动严重，各期遗物中出现了较多早晚遗物混杂现象，由于长沙地区以往史前至商周时期的考古工作开展得相对较少，从而导致这段时期的文化面貌及内涵较为模糊，所以给整理工作带来诸多不便与困扰，为了客观报道考古资料，本报告在介绍遗物时是按期别及遗存单位介绍，而未区分单个遗迹中的早晚遗物。

第三章 遗址地层堆积与文化分期

第一节 地层堆积

罗家冲遗址2014~2016年两次考古发掘，为了便于资料记录及整理，全发掘区统一地层（表一），根据地层叠压情况，自上而下共分六层，现以T0203~T0205东壁剖面为例分述如下：

第1层：青灰色淤泥，为2013年大园塘清淤堆积形成。厚8~35厘米。

第2层：黄褐色砂土，土质致密，为近现代耕土层。厚25~60厘米。

第3层：根据土质土色差异分为两小层。

第3A层：棕褐色沙土，土质疏松。厚0~40厘米。

第3B层：黄褐色沙土，土质疏松。厚0~75厘米。

第4层：根据土质土色差异分为三小层。

第4A层：灰褐色土，夹红烧土颗粒，土质致密。厚0~35厘米。

第4B层：灰褐色土，土质致密。厚0~37厘米。

第4C层：黄色细沙土，土质致密坚硬呈块状。厚0~25厘米。

第5层：黄褐色沙土，含红烧土颗粒，土质致密。厚0~39厘米。

第6层：青灰色沙土，夹杂红烧土颗粒，土质致密。厚0~58厘米。

表一 罗家冲遗址各探方层位分布统计表

探方号	第1层	第2层	第3层			第4层			第5层	第6层	探方布设情况
			第3A层	第3B层	第3C层	第4A层	第4B层	第4C层			
T0201	√	√	√			√			√		2016年布设探方
T0202		√	√			√			√		2016年布设探方
T0203	√	√	√			√			√	√	2014年布设探方
T0204	√					√					2014年布设探方
T0205	√					√	√	√	√	√	2014年布设探方
T0301						√					2014年扩方区域
T0302	√					√			√		2014年布设探方
T0303				√							2014年扩方区域

续表

探方号	第1层	第2层	第3层			第4层			第5层	第6层	探方布设情况
			第3A层	第3B层	第3C层	第4A层	第4B层	第4C层			
T0304						√			√	√	2014年扩方区域
T0305	√	√	√	√		√	√		√	√	2014年扩方区域
T0306	√	√		√	√	√					2016年布设探方
T0307			√	√		√					2016年扩方区域
T0401		√				√					2014年扩方区域
T0401东扩方		√	√			√					2014年扩方区域
T0402	√	√				√			√		2014年布设探方
T0402东扩方						√					2014年扩方区域
T0403						√					2014年扩方区域
T0405	√	√		√	√	√	√		√		2016年扩方区域
T0406	√	√	√	√	√	√	√			√	2016年布设探方
T0407	√	√	√			√					2016年扩方区域
T0501						√					2016年布设探方
T0501东扩方		√				√					2016年扩方区域
T0502		√				√			√		2016年布设探方
T0502东扩方		√				√					2016年扩方区域
T0503	√	√	√			√	√		√	√	2016年扩方区域

第二节　典型地层堆积举例

现以T0201～T0205探方西壁剖面、T0203～T0205探方东壁剖面、T0302～T0502东扩方北壁剖面、T0306、T0406探方北壁剖面、T0405～T0407探方西壁剖面等五个剖面为例介绍发掘区地层堆积。

1. T0201～T0205探方西壁剖面（图四）

第1层：青灰色土，呈胶泥状，为耕土层。厚15～30厘米。

第2层：黄褐色沙土，结构较致密。厚10～42厘米。

第3A层：棕褐色沙土，结构致密。厚8～35厘米。

第3B层：黄褐色沙土，结构疏松。厚0～70厘米。

第4A层：浅褐色土，夹红烧土颗粒，结构较致密。厚15～50厘米。

第4B层：灰褐色土，结构致密。厚0～35厘米。

第5层：黄褐灰土，结构较致密。厚0～65厘米。

第6层：黄灰土，结构较致密。厚0～20厘米。

2. T0203~T0205探方东壁剖面（图五）

第1层：青灰色淤泥，为2013年底大园塘清淤堆积层。厚8~35厘米。

第2层：黄褐色沙土，土质致密，为近现代耕土层。厚25~60厘米。

第3A层：棕褐色沙土，土质疏松。厚0~40厘米。

第3B层：黄褐色沙土，土质疏松。厚0~75厘米。

第4A层：灰褐色土，夹红烧土颗粒，土质致密。厚0~35厘米。

第4B层：灰褐色土，土质致密。厚0~37厘米。

第4C层：黄色细沙土，土质致密坚硬呈块状。厚0~25厘米。

第5层：黄褐色沙土，含红烧土颗粒，土质致密。厚0~39厘米。

第6层：青灰色沙土，夹杂红烧土颗粒，土质致密。厚0~58厘米。

3. T0302~T0502东扩方北壁剖面（图六）

第1层：青灰色淤泥，为2013年大园塘清淤堆积。厚5~20厘米。

第2层：黄褐色砂土，土质致密，为近现代耕土层。厚30~45厘米。

第3A层：棕褐色沙土，土质疏松。厚0~20厘米。

第4A层：灰褐色土，夹红烧土颗粒，土质致密。厚0~35厘米。F1开口于该层下，分三层。

F1①层：红褐色土掺杂较多红烧土颗粒及红烧土块，为分布于F1东、南、西侧墙基基槽及外侧地势低洼处铺垫而成的室外活动面。厚20~35厘米。

F1②层：黄褐色土，为房基垫土。厚0~50厘米。

F1③层：灰褐色土，为房基垫土。厚0~25厘米。

第5层：黄褐色沙土，含红烧土颗粒，土质致密，主要分布于发掘区的中部及西南部。

第6层：青灰色沙土，夹杂红烧土颗粒，土质致密，分布于发掘区西部及南部少量区域，厚0~35厘米。

4. T0306、T0406探方北壁剖面（图七）

第1层：灰褐色土，夹杂灰黄土块及小石子，土质较松、较黏，结构较致密，含植物根系。厚20~45厘米。

第2层：黄褐色土，夹杂小石子，土质稍硬、较黏，结构较致密。厚10~55厘米。

第3A层：黄褐色土，土质稍硬、较黏，结构较致密。厚10~25厘米。

第3B层：深褐色土，含粗砂颗粒，土质疏松。厚10~80厘米。

第4A层：灰褐色土，含少量红烧土颗粒，土质稍硬、较黏，结构较致密。厚15~40厘米。

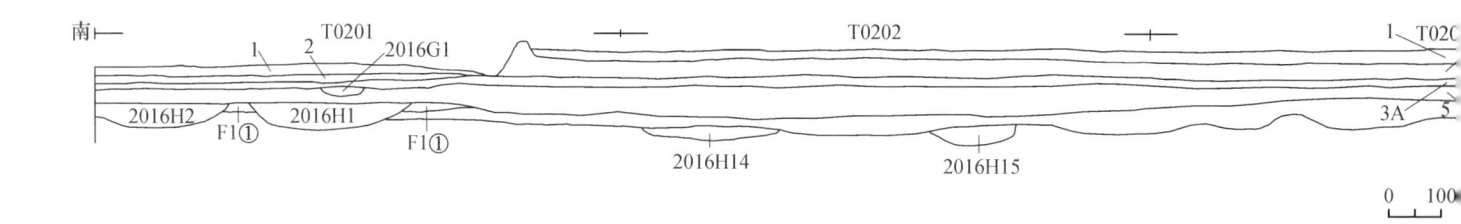

南 1 T0201 2016G1   T0202   1 T020
     2
  2016H2   2016H1   3A 5
   F1①   F1①   2016H14   2016H15

0 100

图四 T0201~T0205

厘米

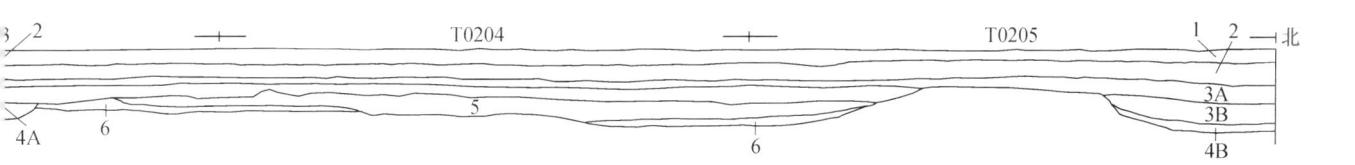

方西壁剖面图

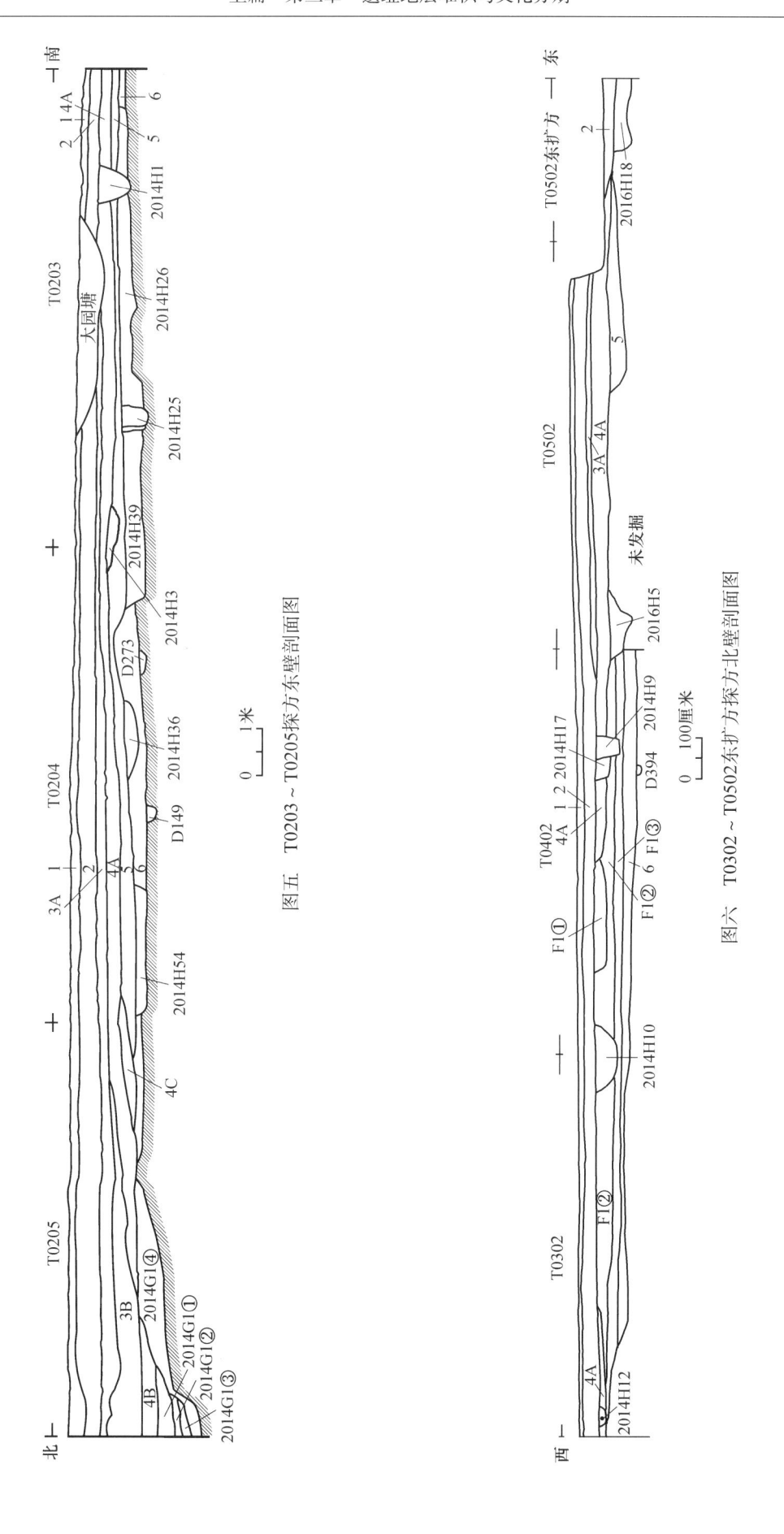

图五 T0203~T0205探方东壁剖面图

图六 T0302~T0502东扩方探方北壁剖面图

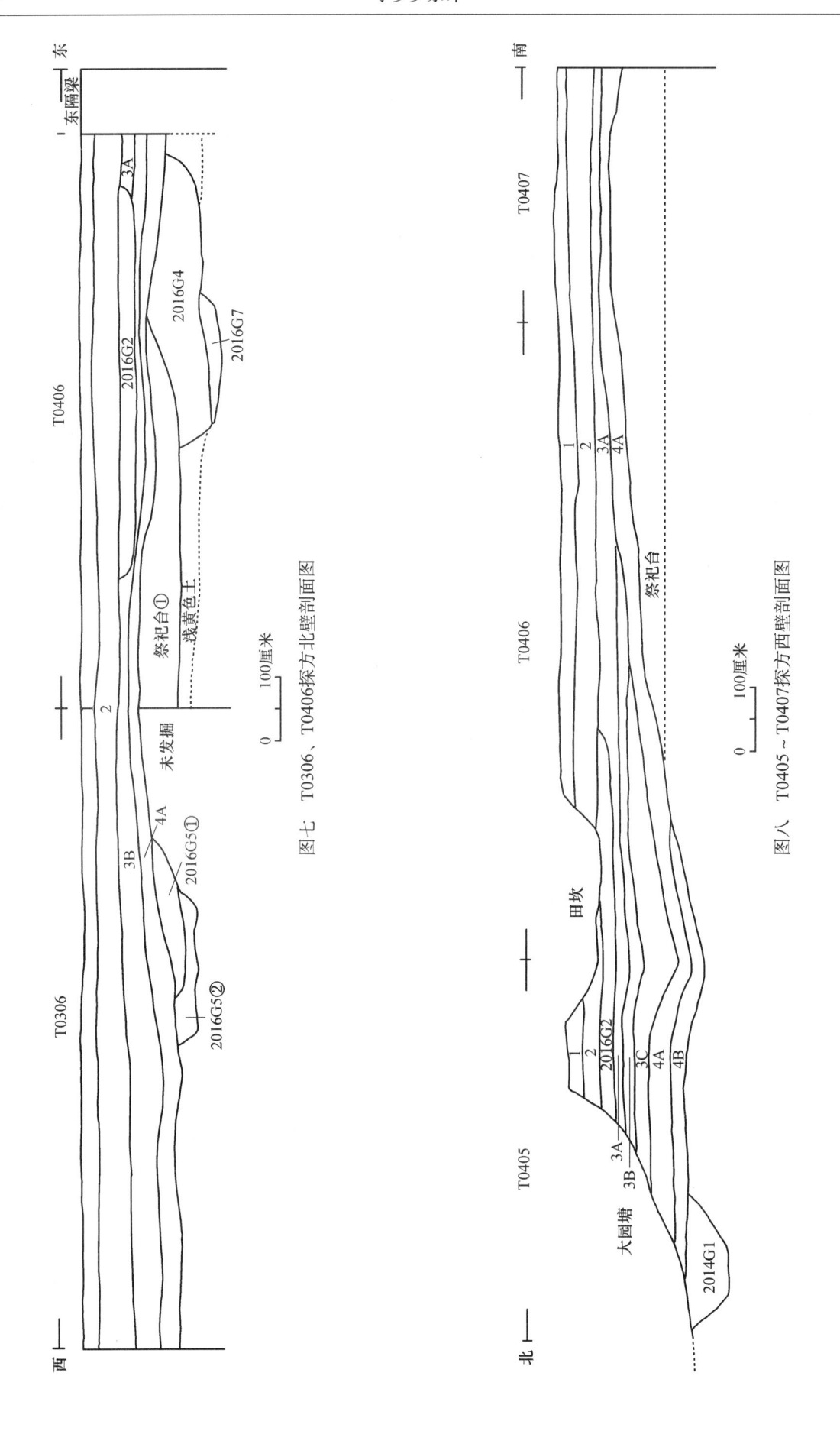

图七 T0306、T0406探方北壁剖面图

图八 T0405~T0407探方西壁剖面图

5. T0405~T0407探方西壁剖面（图八）

第1层：灰褐色土，夹杂灰黄土块及小石子，土质较松，结构较致密，含有植物根系。厚20~35厘米。

第2层：黄褐色土，夹杂小石子，土质稍硬，结构较致密。厚10~35厘米。

第3A层：黄褐色土，土质稍硬，结构较致密。厚10~30厘米。

第3B层：深褐色土，含粗砂颗粒，土质疏松。厚20~50厘米。

第3C层：浅红褐色土，含少量粗砂颗粒，土质疏松。厚25~50厘米。

第4A层：灰褐色土，含少量沙粒，土质稍硬、较黏，结构较致密。厚20~40厘米。

第4B层：黄褐色土，含少量红烧土颗粒，土质稍硬，结构较致密。厚20~50厘米。

第三节　典型层位关系

根据部分地层、遗迹的叠压关系及出土遗物的时代特征共梳理出10组典型叠压关系如下（图九）：

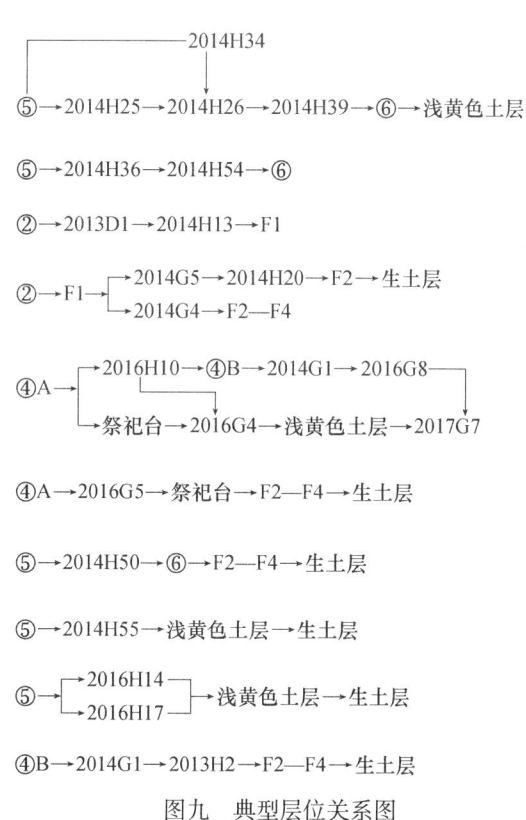

```
                  ┌─────────→2014H34
                  │              ↓
⑤→2014H25→2014H26→2014H39→⑥→浅黄色土层

⑤→2014H36→2014H54→⑥

②→2013D1→2014H13→F1

     ┌→2014G5→2014H20→F2→生土层
②→F1┤
     └→2014G4→F2—F4

      ┌→2016H10→④B→2014G1→2016G8─┐
④A→──┤                              │
      └→祭祀台→2016G4→浅黄色土层→2017G7

④A→2016G5→祭祀台→F2—F4→生土层

⑤→2014H50→⑥→F2—F4→生土层

⑤→2014H55→浅黄色土层→生土层

   ┌→2016H14─┐
⑤→┤         ├→浅黄色土层→生土层
   └→2016H17─┘

④B→2014G1→2013H2→F2—F4→生土层
```

图九　典型层位关系图

第四节 文化分期

罗家冲遗址文化层从上至下共分6层，各类遗迹共110个（附表一），其中房址4座、大型柱坑1处、柱洞群1处、灰坑84个（含长方形坑状遗迹8个）、沟13条、灶2个、古井2座、红烧土堆积1处、祭祀台1座、窑1座。为了重点且系统地介绍发掘资料，我们根据对各文化层、遗迹叠压关系、出土遗物特征并结合^{14}C测年数据综合分析，将罗家冲遗址各遗存按时代分为早期遗存及晚期遗存，其中早期遗存分三期，晚期遗存分二期（表二）。

表二 罗家冲遗址遗存分期表

期别		类别					
		地层	房址	灰坑	沟	灶	井	其他
早期遗存	早一期	第6层	F2 F3 F4 大型柱坑	长方形坑状遗迹：2014H33、2014H45~2014H50、2014H52 灰坑：2014H26~2014H29、2014H35~2014H43、2014H53~2014H56、2014H59、2014H61、2014H63~2014H67、2014H70~2014H72、2016H7、2016H9、2016H14~2016H17、2016H19、2016H20、2017TG2H1	G3 2014G5 2016G4 2016G5 2016G7 2016G8 2017TG2G2			
	早二期	第5层	F1	2013H2、2014H11、2014H25、2014H31、2014H32、2014H34、2016H1、2016H8、2016H10~2016H13	2014G1 2014G4			红烧土堆积
	早三期	第4层	柱洞群	2014H2~2014H7、2014H10、2014H13~2014H22、2016H2~2016H5、2016H18		2016Z1	2014J1 2014J2	祭祀台
晚期遗存	晚一期			2014H1、2014H12、2014H23	2014G2	2016Z2		
	晚二期	第1层 第2层 第3层		2014H8、2014H9、2017TG1H1	2016G1 2016G2 2016G6			2016Y1

注：其中2014H62、2014H68、2014H69、2014H73、2014H74、2014H75、2014H78、2014H81改编号为第6层下大型柱坑（ZK）。2014H30、2014H44、2014H51、2016H21改编号为F2柱洞D838、D522、D837、D836。

1. 早期遗存

时代从新石器晚期至商周，分三期。

第一期（简称早一期）：新石器时代末期至夏。

第二期（简称早二期）：商代晚期至西周。

第三期（简称早三期）：春秋晚期至战国早中期。

2. 晚期遗存

时代从汉至近现代，分二期。

第一期（简称晚一期）：汉至六朝时期。

第二期（简称晚二期）：唐宋至近现代。

第四章　遗物标本介绍原则及类、型划分标准

第一节　遗物标本介绍原则

1. 标本全介绍原则

本报告本着全面报告出土遗物的初衷，对各期遗存中挑选的各类标本不管残损或形制重复与否，均予介绍。

2. 按照遗存单位进行介绍

为了客观介绍各遗物标本出土情况，纵然有部分早晚遗物混杂现象，我们严格按照器物出土的遗存单位进行介绍，不加人为划分早晚关系。

3. 遗物标本类、型划分原则

为了系统且有序地介绍出土遗物，我们通过观察各时段遗物标本种类及形制对早晚遗存标本采取不同的介绍方式。

早期遗存标本：由于早期遗存出土遗物种类较丰富，大部分遗物形制相同或接近，目前可辨仅有少量时代特征明显的遗物存在早晚的消亡或增加，这可能是由于存在遗物早晚混杂现象所导致，部分也可能是时代延续所致，为了全面掌握各时段遗物类型情况及以后分析各时段遗物的类型演变或继承关系等研究需要，主要对出土的8类石器及18类陶器等遗物标本按照统一的类、型划分标准进行介绍，而未进行与时代演变相关的分式介绍，而其他质地或形制单一的遗物标本则未分类型。

晚期遗存遗物标本：晚期遗存中的早期遗物属于后期扰乱混杂所致，所以在介绍器物标本时，早期遗物标本按照早期遗物介绍原则，而晚期遗物标本由于数量较少且时代特征明显，所以未纳入早期遗物标本类、型划分体系中而进行单独介绍。

第二节　早期遗存石器及陶器标本类、型划分标准

按照以上的器物标本类型划分原则，在制订类型划分标准时，先对器物标本进行分类，在各类中主要按照器物的平面形制及大的剖面不同进行分型，再在大型的基础上根据局部形态、大小及是否钻孔等不同分亚型介绍，对于每型中由于残损而导致的型或亚型不明的，都紧跟其后为"不明形制"或"某型而亚型不明"，对于石器中由于残损严重或坯料之类完全不能辨别其大类别的，命名为"残损石器、坯料"。以下为早期遗存石器及陶器类、型划分标准（图表一）。

一、石　器

出土石器种类较多，主要对镞、斧、锛、穿孔石刀、刀、凿、砺石等8类进行分型及亚型介绍，其他种类石器由于形制单一均未分型，直接介绍。

1. 镞

根据整体平面形状及截面等不同形制差别分为两大型，十亚型（图表一，1-1）。

A型　扁平形，镞身截面呈菱形或多棱形，根据镞身及铤部不同分为七亚型。

Aa型：镞身呈柳叶形，镞身与铤交界处在后端，镞身后端两侧直收呈短三角形铤或短梯形铤。

Ab型：镞身呈梭状柳叶形，最大径在中部。

Ac型：镞身呈柳叶形，镞身与铤交界处在后端，镞身后端两侧向内折或内弧并收缩呈扁三角形铤或扁锥形铤。

Ad型：镞身呈短宽叶形，最大径在中部，平面呈菱形或圆角菱形。

Ae型：镞身呈短宽叶形，镞身后端两侧向内折或内弧并收缩呈短三角形铤或扁梯形铤。

Af型：无铤或铤不明显。

Ag型：特殊形制，与上述六种亚型均不同。

A型而亚型不明　由于残损严重，仅存局部，属于A型而亚型不明。

B型　三棱形，根据镞身及铤部不同分为三亚型。

Ba型：铤身呈三棱形，镞身后端两侧直收呈圆锥形铤或扁锥形铤。

Bb型：铤身前端呈三棱形，后端呈圆柱形，镞身后端两侧内折收缩呈短圆锥形铤或扁锥形铤。

Bc型：特殊形制，与上述两种亚型不同。

B型而亚型不明　由于残损严重，仅存局部，属于B型而亚型不明。

图表一（1-1） 镞分型表

型	亚型	主要特征	典型器物	
A型	Aa型	镞身呈柳叶形，镞身与铤交界处在后端，镞身后端两侧直收呈短三角形铤或短梯形铤	F1①：47	F1①：247
	Ab型	镞身呈梭状柳叶形，最大径在中部	F1①：182	T0501④A：30
	Ac型	镞身呈柳叶形，镞身与铤交界处在后端，镞身后端两侧向内折或内弧并收缩呈扁三角形铤或扁锥形铤	F1①：13	T0203④A：15
	Ad型	镞身呈短宽叶形，最大径在中部，平面呈菱形或圆角菱形	F1①：149	T0204④A：17
	Ae型	镞身呈短宽叶形，镞身后端两侧向内折或内弧并收缩呈短三角形铤或扁梯形铤	F1①：214	T0203④A：51
	Af型	无铤或铤不明显	F1①：146	T0302④A：18
	Ag型	特殊形	F1①：276	T0403④A：10
B型	Ba型	镞身呈三棱形，镞身后端两侧直收呈圆锥形铤或扁锥形铤	F1①：216	T0203④A：43
	Bb型	镞身前端呈三棱形，后端呈圆柱形，镞身后端两侧内折收缩呈圆锥形铤或扁锥形铤	F1①：229	T0501④A：23
	Bc型	特殊三棱形	F1①：350	T0502④A：57

2. 斧

根据平面形制不同可分为四型（图表一，1-2）。

A型　梯形。根据长、宽尺寸不同可分为两亚型。

Aa型：长身形，长度大于宽度，长宽差在1厘米以内。

Ab型：宽扁形，长度略等于或小于宽度。

B型　倒梯形。

C型　平面呈长方形。

D型　亚腰形。

不明具体形制　由于残损严重，仅存局部，具体形制不明。

图表一（1-2）　斧分型表

型	亚型	主要特征	典型器物	
A型	Aa型	长身形，长度大于宽度，长宽差在1厘米以内	F1①：117	T0203④A：53
	Ab型	宽扁形，长度略等于或小于宽度	F1①：114	T0202④A：31
B型		倒梯形	F1①：12	T0205④C：5
C型		平面呈长方形	F1①：158	T0205④A：37
D型		亚腰形	T0205③A：12	T0305③A：2

3. 锛

根据平面形制及大小不同可分为四型（图表一，1-3）。

A型 梯形。根据长、宽比例及是否有穿孔可分为三亚型。

Aa型：长身梯形，长度大于宽度1厘米以上，长度大于5厘米。

图表一（1-3） 锛分型表

型	亚型	主要特征	典型器物	
A型	Aa型	长身梯形，长度大于宽度1厘米以上，长度大于5厘米	F1①：187	T0306④A：22
A型	Ab型	宽扁梯形，长度略等于或小于宽度	F1①：193	T0306④A：12
A型	Ac型	窄梯形（部分顶端有穿孔）	T0401④A：2	
B型		倒梯形	T0204④A：23	T0205④A：39
C型	Ca型	形体较大，长度大于5厘米	F1②：160	T0204④A：29
C型	Cb型	形体较小，长度小于5厘米（部分顶端有穿孔）	F1②：107	F1①：101
D型		平面呈横长方形	F1②：34	

Ab型：宽扁梯形，长度略等于或小于宽度。

Ac型：窄梯形（部分顶端有穿孔）。

B型　倒梯形。

C型　平面呈纵长方形。根据长度不同可分为两亚型。

Ca型：形体较大，长度大于5厘米。

Cb型：形体较小，长度小于5厘米（部分顶端有穿孔）。

D型　平面呈横长方形。

4. 穿孔刀

根据平面形制不同分为六型（图表一，1-4）。

图表一（1-4）　穿孔刀分型表

型	主要特征	典型器物
A型	平面呈弓背形	T0401④A：1
B型	梯形或长方形，直刃	F1①：43　　T0205④B：5
C型	梯形或长方形，圆弧刃	F1①：249　　T0302④A：30
D型	平面呈马鞍形	T0204④A：16
E型	平面呈凸字形	F1②：45
F型	梯形，内弧刃	T0302⑥：12

A型　平面呈弓背形。

B型　梯形或长方形，直刃。

C型　梯形或长方形，圆弧刃。

D型　平面呈马鞍形。

E型　平面呈凸字形。

F型　梯形，内弧刃。

5. 刀

主要包括未穿孔石刀及部分可能为穿孔石刀的残件，但残存部位无穿孔，根据平面形制分为四型（图表一，1-5）。

A型　平面呈弓背形。

B型　平面呈长方形或梯形。

C型　平面呈凸字形。

D型　平面呈凹字形。

图表一（1-5）　刀分型表

型	主要特征	典型器物
A型	平面呈弓背形	F1①：75　　T0204④A：58
B型	平面呈长方形或梯形	T0201④A：19
C型	平面呈凸字形	T0502④A：52
D型	平面呈凹字形	T0203④A：58

6. 凿

根据形制及刃部不同可分为两型（图表一，1-6）。

A型　下端两侧交叉刃或一侧刃。

B型　下端双面或一面刃。

图表一（1-6）　凿分型表

型	主要特征	典型器物	
A型	下端两侧交叉刃或一侧刃	F1①：245	T0503④A：2
B型	下端双面或一面刃	T0503④A：1	T0501东扩方④A：16

7. 砺石

根据规整程度可分为两型（图表一，1-7）：

A型　规则形。

B型　不规则形。

图表一（1-7）　砺石分型表

型	主要特征	典型器物	
A型	规则形	F1②：75	T0503④A：38
B型	不规则形	2014H7：4	

二、陶　　器

出土陶器种类较多，主要对纺轮、鼎足、鬲足、釜鼎口沿、高领罐（口沿）、矮领罐（口沿）、罐肩腹残片、罐底、豆盘、豆柄、杯、鬶、鬶足、支座、圈足、陶銎、器盖（纽）、盆18类遗物进行分型及亚型介绍，而其他种类陶器由于形制单一均未分型，直接介绍。

1. 纺轮

根据截面形制不同可分为三型（图表一，1-8）：

A型　饼形，厚在1厘米以下，直边或斜边。根据中部是否凸可分为两亚型。

Aa型：饼形，双面平。

Ab型：饼形，中部一面或双面略凸。

B型　厚饼形或圆台形，厚度在1厘米以上，直边或斜边。

C型　斗笠形，一面中间凸，根据凸高矮可分为两亚型。

Ca型：高斗笠形，一面中间凸较高呈喇叭状。

Cb型：矮斗笠形，一面中间凸呈梯形斜坡状。

图表一（1-8）　纺轮分型表

型		特征	典型器物
A型	Aa型	饼形，双面平	F1①：5　　T0202④A：35　　T0501④A：37
	Ab型	饼形，中部一面或双面略凸	T0402⑥：15　　F1①：169　　T0306④A：32
B型		厚饼形或圆台形	T0304⑥：16　　F1①：237

续表

型		特征	典型器物
C型	Ca型	高斗笠形	T0202④A∶17　　T0503④A∶4
	Cb型	矮斗笠形	T0205④A∶38　　T0401东扩方④A∶4

2. 鼎足

根据平面形制及装法不同可分为五型（图表一，1-9）。

A型　宽扁形足，根据是否外撇可分为两亚型。

Aa型：直宽扁形足。此类足一般外饰麻花状附加堆纹、瓦棱纹及按窝，从出土器物分析，似为盆形鼎足。

Ab型：外撇宽扁形足。

B型　扁锥形，根据装法不同可分为两亚型。

Ba型：正装扁锥形足。

Bb型：侧装扁锥形足。

C型　圆锥形足，根据是否外撇可分为两亚型。

Ca型：正装圆锥形足。

Cb型：外撇圆锥形足。

D型　柱状足。

E型　舌状足。

图表一（1-9） 鼎足分型表

型		主要特征	典型器物
A型	Aa型	直宽扁形足	T0503⑥：14　　F1①：323　　T0406④B：22
	Ab型	外撇宽扁形足	T0202④A：21
B型	Ba型	正装扁锥形足	T0402⑥：36　　F1③：55　　T0201④A：37
	Bb型	侧装扁锥形足	T0202⑤：39　　T0203④A：69
C型	Ca型	正装圆锥形足	T0402⑥：39　　F1①：288　　T0203④A：66
	Cb型	外撇圆锥形足	T0202④A：61

续表

型	主要特征	典型器物
D型	柱状足	2014H39:19　　2016G4:11　　F1①:284
E型	舌状足	F1①:295　　F1①:305

3. 鬲足

根据形制不同可分为四型（图表一，1-10）。

图表一（1-10） 鬲足分型表

型	主要特征	典型器物
A型	粗矮锥状足	F1②:126
B型	矮粗柱状足	T0501④A:53　　2013H2①:20
C型	细高柱状足	T0305④B:21
D型	兽蹄状足	T0406④A:64

A型　粗矮锥状足。

B型　矮粗柱状足。

C型　细高柱状足。

D型　兽蹄状足。

4. 高领罐（口沿）

根据口沿及领部不同可分为四型（图表一，1-11）。

A型　喇叭口，高束领。

B型　高直（斜）领。

C型　盘口，高束领。

D型　短卷沿，高束领。

图表一（1-11）　高领罐（口沿）分型表

型	主要特征	典型器物图
A型	喇叭口，高束领	T0302⑥：34　　2014H65：5　　T0406④A：58
B型	高直（斜）领	T0304⑥：19　　F1①：163
C型	盘口，高束领	T0503⑤：39　　F1①：320
D型	短卷沿，高束领	T0202④A：77

5. 矮领罐（口沿）

根据口沿不同可分为六型（图表一，1-12）。

A型　短外斜沿。

B型　宽外斜沿。

C型　短直沿。

D型　短平沿或外卷沿，短束颈。
E型　内凹沿。
F型　敛口罐。

图表一（1-12）　矮领罐（口沿）分型表

型	主要特征	典型器物图
A型	短外斜沿	T0302⑥∶33　　T0201④A∶52
B型	宽外斜沿	G3②∶87　　F1①∶297
C型	短直沿	T0201④A∶55
D型	短平沿或外卷沿，短束颈	T0202④A∶78
E型	内凹沿	T0503④A∶59
F型	敛口罐	T0202⑤∶63

6. 罐肩腹残片

根据肩、腹部不同可分为三型（图表一，1-13）。

A型　折肩罐。
B型　弧腹罐，中腹有凸棱。
C型　弧腹罐，中腹有把手。

图表一（1-13） 罐肩腹残片分型表

型	主要特征	典型器物
A型	折肩罐	F1①：291
B型	弧腹罐，中腹有凸棱	F1①：331
C型	弧腹罐，中腹有把手	F1③：52

7. 罐底

根据罐底形制不同可分为三型（图表一，1-14）。

A型　平底罐。

B型　圜底罐。

C型　圈足罐。

图表一（1-14） 罐底分型表

型	主要特征	典型器物
A型	平底罐	F1①：319　　T0406④B：25
B型	圜底罐	T0202④A：79　　T0403④A：18
C型	圈足罐	T0204⑤：78

8. 豆盘

根据豆盘形制不同可分为三型（图表一，1-15）。

A型　折沿豆盘。根据深浅可分为两亚型。

Aa型：深腹折沿豆盘。

Ab型：浅腹折沿豆盘。

B型　敞口弧腹豆盘。

C型　卷沿折腹豆盘。

图表一（1-15）　豆盘分型表

型	主要特征		典型器物	
A型	Aa型	深腹折沿豆盘	2014G5：52	T0406④A：63
	Ab型	浅腹折沿豆盘	T0202⑤：58	2014G5：55
B型	敞口弧腹豆盘		T0204⑤：75	T0202④A：81
C型	卷沿折腹豆盘		F1①：143	F1①：281

9. 豆柄

根据豆柄形制不同可分为三型（图表一，1-16）。

A型　高粗中空柄。

B型　高细中空柄。

C型　细柱状柄。

10. 杯

根据形制不同可分为四型（图表一，1-17）。

A型　曲腹杯。

B型　圈足敞口杯。

C型　斜腹杯。

D型　圜底（平底）小杯。

图表一（1-16） 豆柄分型表

型	主要特征	典型器物
A型	高粗中空柄	T0402⑥:42　　F1③:51　　T0503④A:50
B型	高细中空柄	T0406④A:60
C型	细柱状柄	T0203④A:77　　T0501④A:76

图表一（1-17） 杯分型表

型	主要特征	典型器物
A型	曲腹杯	T0302④A:42
B型	圈足敞口杯	T0407④A:8
C型	斜腹杯	2014H46:1　　F1①:301　　T0501④A:81
D型	圜底（平底）小杯	T0502④A:55

11. 鬶

未出土完整器，大部分仅存鬶口、颈部及鬶足，为便于统一介绍，其中鬶口及颈部部分根据口、流及颈部不同可分为两型（图表一，1-18）。鬶足另根据不同形制分型介绍。

A型　小口、细长颈、卷叶流。

B型　粗口、矮粗颈、捏流。

图表一（1-18）　鬶分型表

型	主要特征	典型器物
A型	小口、细长颈、卷叶流	T0402⑥：20　　2014H64：7　　T0201⑤：36
B型	粗口、矮粗颈、捏流	T0503⑥：11

12. 鬶足

根据高矮不同及形制不同可分为四型（图表一，1-19）。

A型　高锥状足。

B型　乳钉状足。

C型　薄壁袋状足。

D型　细高柱足。

13. 支座

根据形制不同可分为四型（图表一，1-20）。

A型　圆柱状中空。

B型　圆柱（锥）状实心。

C型　方形中空或实心。

D型　长方形中空上端卷曲。

图表一（1-19） 鬲足分型表

型	主要特征	典型器物
A型	高锥状足	T0402⑥：24　　T0202⑤：49　　F1①：304
B型	乳钉状足	T0202⑤：50　　T0304④A：9　　T0503④A：57
C型	薄壁袋状足	T0406④B：28
D型	细高柱足	T0202⑤：48

图表一（1-20） 支座分型表

型	主要特征	典型器物
A型	圆柱状中空	T0501东扩方④A：20
B型	圆柱（锥）状实心	T0302④A：40

续表

型	主要特征	典型器物
C型	方形中空或实心	T0501东扩方④A：19
D型	长方形中空上端卷曲	2014G1④：54

14. 圈足

根据形制不同可分为两型（图表一，1-21）。

A型　喇叭状圈足。

B型　直圈足。

图表一（1-21）　圈足分型表

型	主要特征	典型器物
A型	喇叭状圈足	T0501④A：78　　T0501④A：63
B型	直圈足	2014H50：3

15. 把手

根据形制不同可分为三型（图表一，1-22）。

A型　麻花状"C"形。

B型　条带状"C"形。

C型　条带状"〔"形。

图表一（1-22）　把手分型表

型	主要特征	典型器物图
A型	麻花状"C"形	2016G5②：4　　T0305④A：41
B型	条带状"C"形	F1①：289
C型	条带状"〔"形	T0205④C：9

16. 器盖（纽）

器盖由于大部分残碎，多为纽部，根据盖纽不同可分为七型（图表一，1-23）。

A型　圈足状纽。

B型　小喇叭状纽。

C型　铃铛状纽。

D型　束腰状纽。

E型　柱状纽。

F型　饼形纽。

G型　尖顶高直柄纽。

若纽残失，仅存器身部分，则不分型。

图表一（1-23） 器盖分型表

型	主要特征	典型器物
A型	圈足状纽	T0202⑤：70　　F1②：139
B型	小喇叭状纽	F1②：177
C型	铃铛状纽	F1①：151
D型	束腰状纽	2014G1①：13
E型	柱状纽	2016G4：3
F型	饼形纽	T0503⑥：17　　T0406④A：59
G型	尖顶高直柄纽	T0402⑥：5

17. 盆

根据沿部不同可分为两型（图表一，1-24）。

A型　宽平（卷）沿。

B型　窄平（卷）沿。

图表一（1-24） 盆分型表

型	主要特征	典型器物	
A型	宽平（卷）沿	2016G5①：8	F1②：113
B型	窄平（卷）沿	T0302⑥：35	F1②：115

第五章　2013年探沟发掘

第一节　2013TG1

一、概　　况

2013TG1位于大园塘的西北部，呈南北向，横跨大园塘塘底、塘坎和北侧外围稻田区域，规格为10米×3米。

二、地层堆积

根据层位堆积情况，2013TG1从上至下，共分8层，其中第1~3层为近现代填土层，第4~8层为文化堆积层，层位堆积介绍如下。

第1层：灰褐色表土，质地略硬，含草根、小石块等。厚0~40厘米。开口于该层下的遗迹有2013H1，为现代坑，此不作介绍。

第2层：褐色沙土，土质致密，含少量砂卵石块、植物根系。厚0~35厘米。

第3层：红褐色河沙堆积，质地疏松。厚0~27厘米。该层在该剖面缺失。

第4层：分为两小层。

4A层：灰褐色土，土质致密。厚7.5~40厘米。

4B层：深灰色砂土堆积，局部呈红褐色，土质松软、细腻，含卵石块、砂石颗粒等。厚0~45厘米。

第5层：浅灰褐色土，土质致密。厚0~75厘米。

第6层：分为两小层。

6A层：浅红褐色土，局部呈深灰色，结构紧密，含卵石及红烧土块等。厚0~75厘米。

6B层：青灰色土，土质致密。厚0~32厘米。

第7层：褐色花斑土，局部呈灰褐色，质地疏松，含木炭、烧土块、卵石块等。厚0~65厘米。

其下叠压2013G1，打破第8层、浅黄色土层及生土层，沟内分两层。

2013G1①层：灰褐色细沙土，质地疏松，含小石块、草木灰等。厚30～90厘米。

2013G1②层：黄灰色沙土，质地略硬。厚19～40厘米。

第8层：深灰褐色土，含细沙，质地纯净，含卵石块、红烧土颗粒等。厚3～35厘米。

其下为浅黄色土层及生土层（图一〇）。

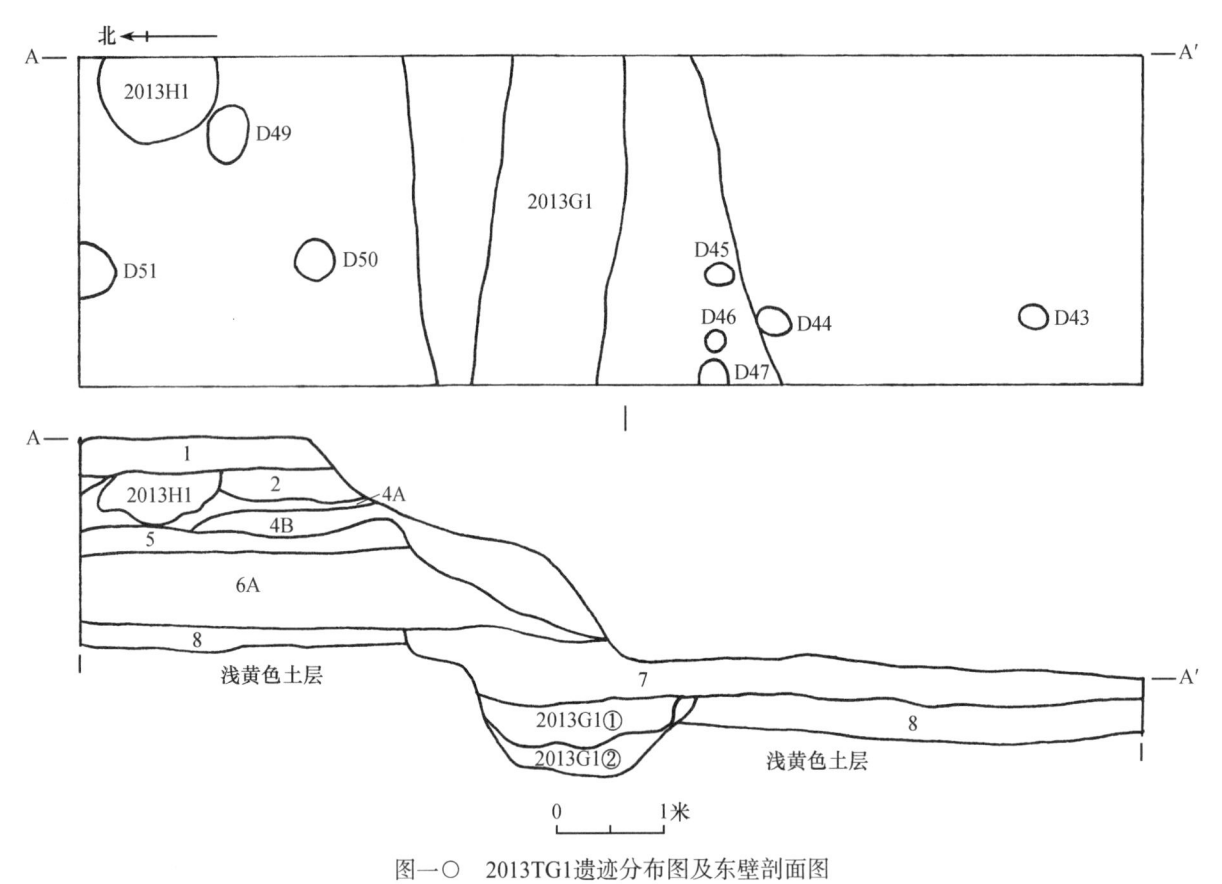

图一〇 2013TG1遗迹分布图及东壁剖面图

三、出土遗物

第1～4A、第6B层未出土早期可辨遗物，其余层位均挑选有遗物标本。

1. 第4B层出土遗物

石斧　Aa型，1件。标本2013TG1④B∶1，青灰色石料。下端残，梯形，弧顶，下端双面刃。残长9.8、宽6.3～7.4、厚2.8厘米（图一六，7）。

2. 第5层出土遗物

石器　5件。

镞　Aa型，1件。标本2013TG1⑤∶1，青灰色石料。镞尖及边侧残，双面有脊，两侧刃，扁锥形铤。残长4.3、残宽1.8、厚0.5厘米（图一一，1）。

斧　Aa型，1件。标本2013TG1⑤∶4，青灰色石料。上端残，梯形，弧顶，下端双面刃。

图一一　2013TG1第5层出土石器

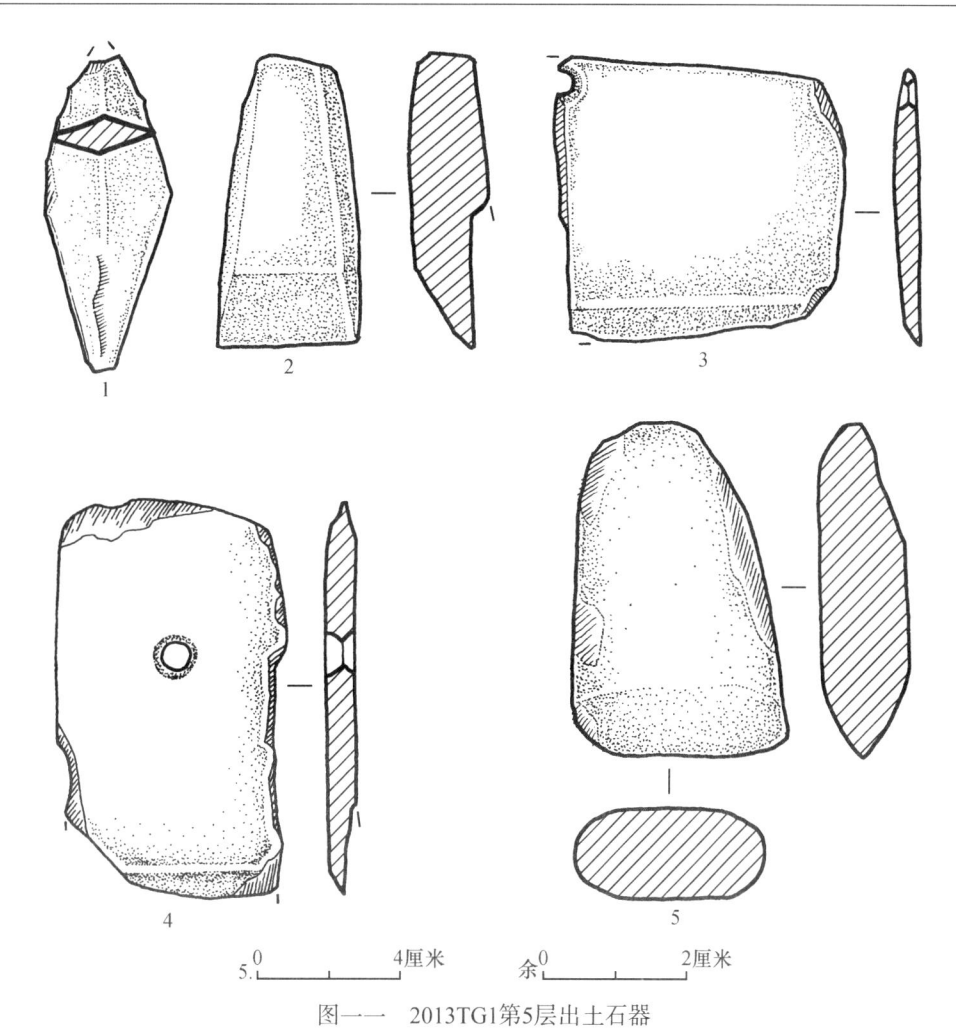

1. Aa型镞（2013TG1⑤：1）　2. B型凿（2013TG1⑤：5）　3. C型穿孔刀（2013TG1⑤：2）　4. 穿孔铲（2013TG1⑤：3）
5. Aa型斧（2013TG1⑤：4）

残长9.2、宽4~6.2、厚2.5厘米（图一一，5）。

凿　B型　1件。标本2013TG1⑤：5，深青灰色石料。一面下端残，梯形，弧顶，下端一面刃。残长4、宽1.2~2、厚1.2厘米（图一一，2）。

穿孔刀　C型　1件。标本2013TG1⑤：2，青灰色石料。仅存一端，平顶，残存一个对穿孔，下端一面弧刃。残长4.1、残宽4、厚0.4厘米（图一一，3）。

穿孔铲　1件。标本2013TG1⑤：3，青灰色石料。仅存局部，略呈长方形，中部有一个对穿孔。残长5.5、残宽3.2、厚0.5厘米（图一一，4）。

陶器　均为陶器残片，典型纹饰主要有方格纹（图一二）。

3. 第6A层出土遗物

石器　14件。

镞　2件。均为A型。

Aa型，1件。标本2013TG1⑥A：7，青灰色石料。镞身前端残，双面平，两侧刃，梯形

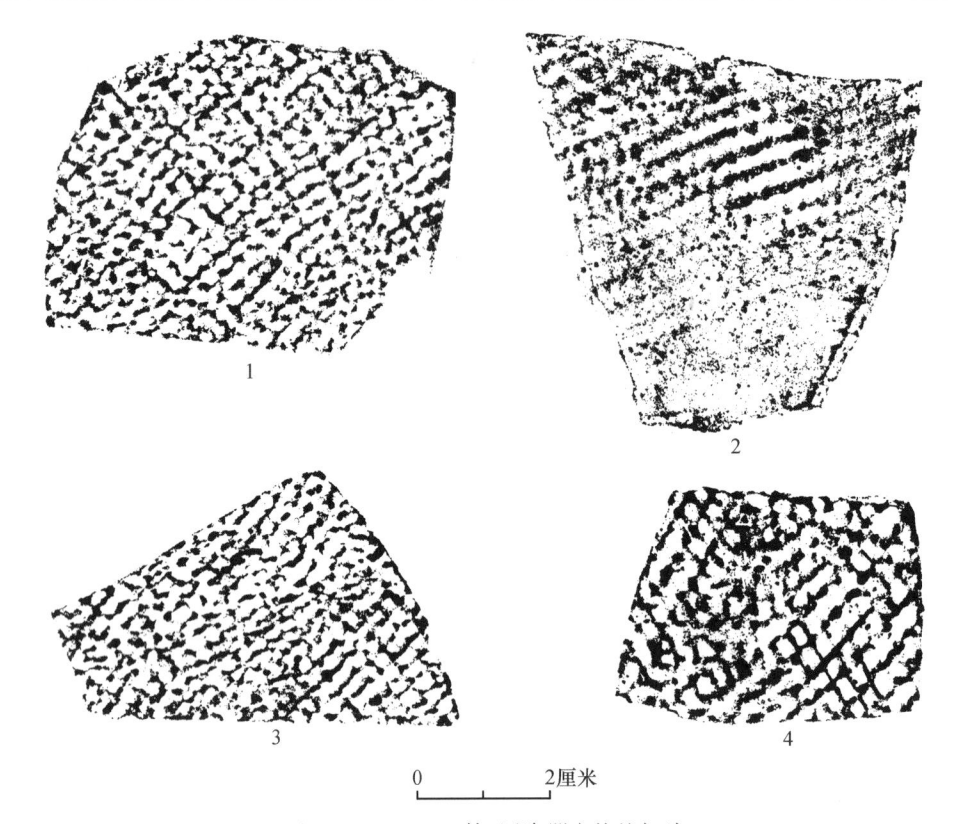

图一二 2013TG1第5层陶器方格纹拓片
1. 2013TG1⑤：6　2. 2013TG1⑤：8　3. 2013TG1⑤：7　4. 2013TG1⑤：9

铤。残长3.5、残宽1.8、厚0.3厘米（图一三，1）。

A型而亚型不明，1件。标本2013TG1⑥A：13，青灰色石料。仅存镞身前端，双面平，两侧刃，截面呈多棱形。残长3、残宽2、厚0.4厘米（图一三，2）。

斧　4件。

A型　3件。

Aa型，2件。标本2013TG1⑥A：4，青灰色石料。梯形，弧顶，下端双面刃。残长15.4、残宽14.8、厚7厘米（图一三，7；图版三九，1）。标本2013TG1⑥A：6，青灰色石料。下端双面刃部残，弧顶，梯形，下端双面刃。残长13.2、宽5.6～7、厚3.6厘米（图一三，3；图版三九，2）。

Ab型，1件。标本2013TG1⑥A：5，青灰色石料。下端双面刃部残，弧顶，梯形，下端双面刃。残长6、宽4.4～5.4、厚1.6厘米（图一三，5）。

C型　1件。标本2013TG1⑥A：1，青灰色石料。下端残，平顶，长条形，下端双面刃。残长6.8、残宽5.4、厚2厘米（图一三，4）。

凿　B型　1件。标本2013TG1⑥A：8，青灰色石料。上端残，倒梯形，下端双面刃。残长5.2、宽2.6～3.6、厚0.4～1厘米（图一三，6）。

矛　1件。标本2013TG1⑥A：11，青灰色石料。仅存矛身前端，宽柳叶形，两面无脊，两侧刃。残长8.9、残宽3.5、厚1.8厘米（图一三，8）。

3~5、7. 0 4厘米   余 0 2厘米

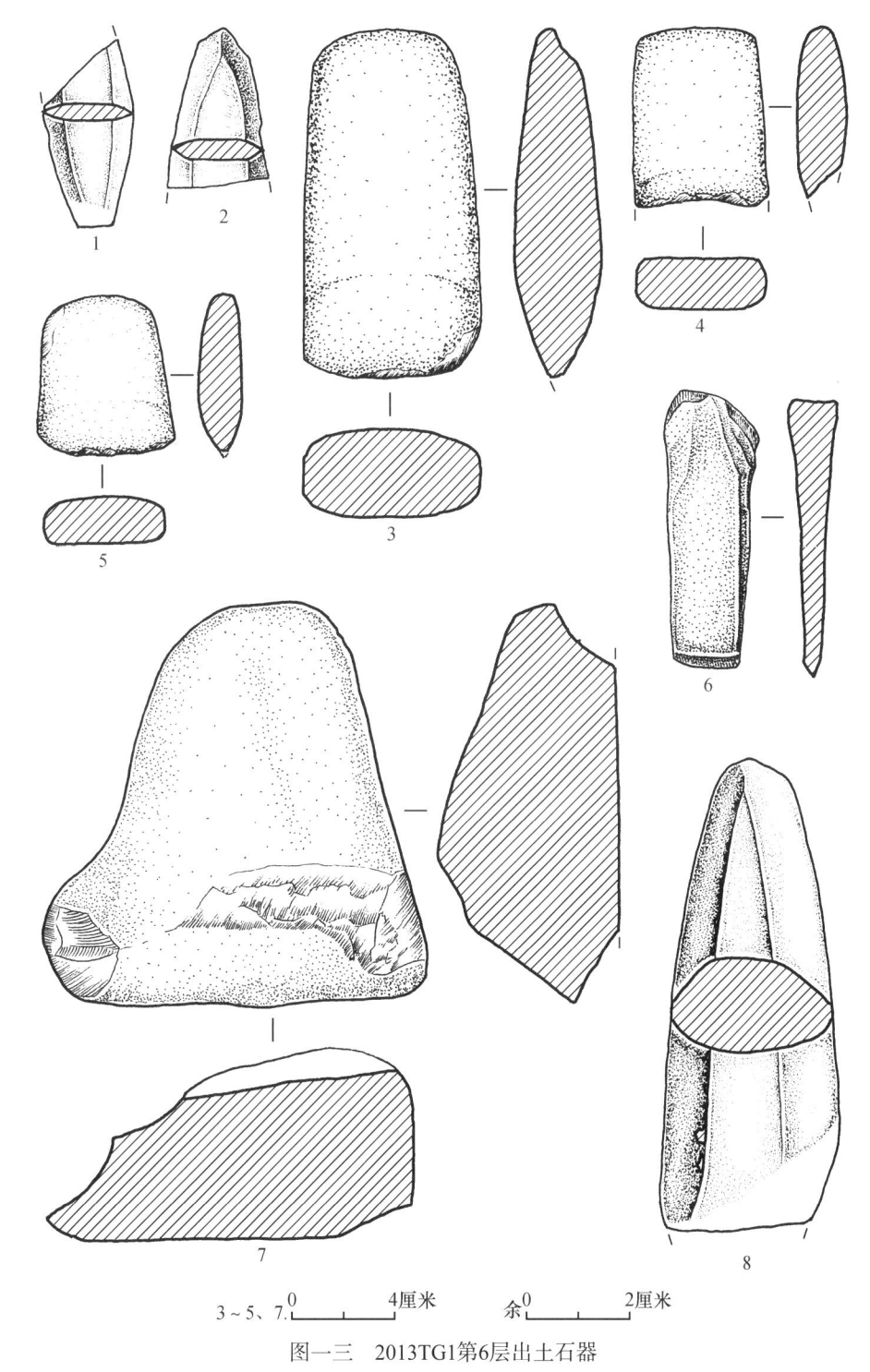

图一三 2013TG1第6层出土石器

1. Aa型镞（2013TG1⑥A：7） 2. A型而亚型不明镞（2013TG1⑥A：13） 3、7. Aa型斧（3. 2013TG1⑥A：6、7. 2013TG1⑥A：4）
4. C型斧（2013TG1⑥A：1） 5. Ab型斧（2013TG1⑥A：5） 6. B型凿（2013TG1⑥A：8） 8. 矛（2013TG1⑥A：11）

球　1件。标本2013TG1⑥A：3，灰色石料。鸡蛋状。长径13、短径9.2厘米（图一六，5）。

砺石　A型　1件。标本2013TG1⑥A：14，灰白色石料。一端残，长方形，一端厚，一端薄，两面为磨砺面，边侧有打制痕迹。残长11.6、宽11、厚1.4~4厘米（图一六，6）。

残损不明石器、坯料　4件。标本2013TG1⑥A：2，青灰色石料。扁平椭圆状，一端双面有磨痕。残长5.5、宽2.8、厚0.6厘米（图一六，1）。标本2013TG1⑥A：9，青灰色石料。长方形，边侧有打制痕迹。长11.6、宽6.5、厚5.2厘米（图一六，2）。标本2013TG1⑥A：10，青灰色石料。仅存一侧局部，扁平状。残长5.8、残宽3.5、厚1.6厘米（图一六，3）。标本2013TG1⑥A：12，青灰色石料。一面平整，一面凹凸不平，边侧有打制痕迹。残长8.8、残宽3.1、厚0.8厘米（图一六，4）。

陶器：均为陶器残片，典型纹饰主要有弦断绳纹、交错绳纹、弦断刻划菱形纹、小方格纹等（图一四、图一五）。

4. 第7层出土遗物

石器　9件。

镞　A型而亚型不明，2件。标本2013TG1⑦：3，青灰色石料。两端残，双面有脊，两侧刃。残长4.9、残宽1.8、厚0.8厘米（图一七，1）。标本2013TG1⑦：6，深青灰色石料。仅存铤，双面扁平，后端双面刃。残长4、残宽2.3、厚0.4厘米（图一七，2）。

锛　3件。

Ab型，1件。标本2013TG1⑦：5，青灰色石料。基本完整，梯形，平顶，下端一面刃。长4.7、宽2.1~2.8、厚0.7厘米（图一七，8）。

Ca型，2件。标本2013TG1⑦：1，灰白色石料。长条形，一侧残，下端一面刃。长5、宽1.6、厚1.5厘米（图一七，3）。标本2013TG1⑦：4，青灰色石料。长条形，弧顶，下端双面刃，一面宽刃，一面窄刃。长5.8、宽1.8、厚0.5厘米（图一七，4）。

斧　C型　1件。标本2013TG1⑦：2，深青灰色石料。上端残，下端双面刃。残长6.8、残宽5.6、厚2.4厘米（图一七，5）。

铲　1件。标本2013TG1⑦：11，青灰色石料。打制，长方形，下端双面刃。长12、宽5、厚1.8厘米（图一七，9）。

残损不明石器、坯料　2件。标本2013TG1⑦：7，青灰色石料。仅存上端，梯形，平顶。残长3.7、宽2.4、厚0.7厘米（图一七，7）。2013TG1⑦：8，青灰色石料。仅存下端双面刃部局部，一面刃。残长3.2、残宽4.3、厚0.8厘米（图一七，6）。

陶器　11件。

纺轮　Aa型，2件。标本2013TG1⑦：9，泥质灰陶。局部残，饼形，直边，一面饰两周细凹弦纹，之间饰竖向戳点纹，中部穿孔。直径3.4、穿径0.3、厚0.7厘米（图一八，1；图一九，1；图版三九，3）。标本2013TG1⑦：10，泥质灰陶。边侧残，饼形，直边，一面边缘饰两周细凹弦纹，之间饰戳点纹，内侧以穿孔为中心分呈六等分扇形，其中三个扇形内饰戳点

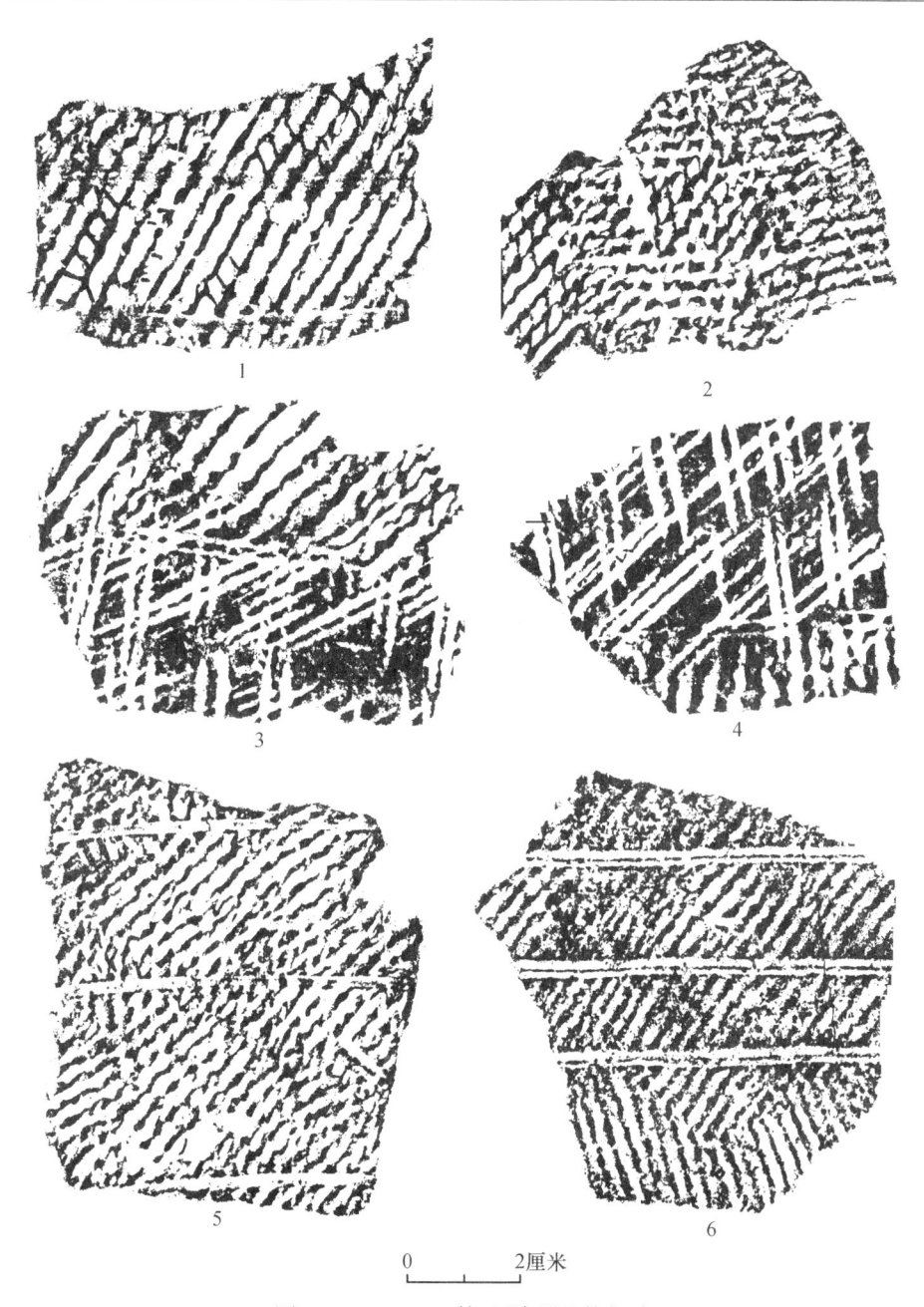

图一四　2013TG1第6层陶器纹饰拓片

1、5、6. 弦断绳纹（1. 2013TG1⑥A：20、5. 2013TG1⑥A：23、6. 2013TG1⑥A：27）　2~4. 交错绳纹（2. 2013TG1⑥A：24、3. 2013TG1⑥A：25、4. 2013TG1⑥A：26）

纹，中部穿孔。直径3.6、穿径0.3、厚0.6厘米（图一八，2；图一九，2）。

鼎足　2件。

Aa型，1件。标本2013TG1⑦：13，泥质橙黄陶。宽扁足，上端及下端残，下端外撇，足外饰三道长凸棱纹。残长11.4、残宽9.2、厚0.9~2.6厘米（图一八，7）。

Ca型，1件。标本2013TG1⑦：12，泥质红陶。锥形足，下端残，足外上端饰一按窝，其下饰一道竖向刻划纹。残长8.6、残宽6.5厘米（图一八，8）。

·58·　　宁乡罗家冲

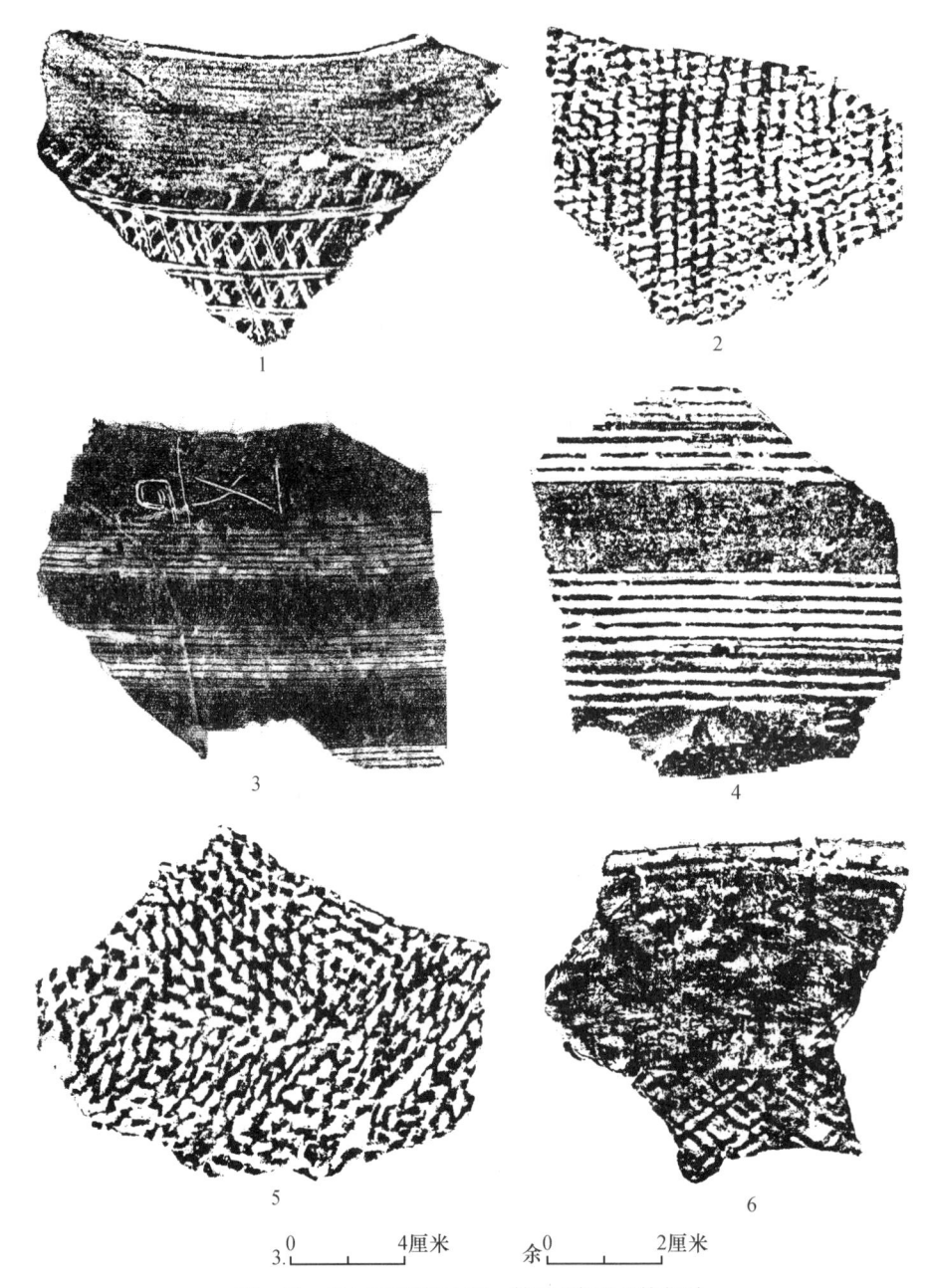

图一五　2013TG1第6A层、第7层陶器纹饰拓片
1. 弦断菱形纹（2013TG1⑥A：21）　2. 小方格纹（2013TG1⑥A：22）　3. 弦纹+刻划符号（2013TG1⑦：20）
4. 弦纹（2013TG1⑦：21）　5. 中绳纹（2013TG1⑦：22）　6. 大方格纹（2013TG1⑦：24）

大口缸底　1件。标本2013TG1⑦：14，夹砂红陶。仅存底部，厚胎，直壁，平底，内底均内凹。残高4.8、残宽9、厚1.5厘米（图一八，9）。

豆柄　A型　1件。标本2013TG1⑦：18，泥质灰陶。仅存豆柄，下端残，高粗中空柄，上端饰两周凸棱纹。残高9.2、残宽8.8、厚0.8厘米（图一八，6；图版三九，4）。

圈足盘　2件。标本2013TG1⑦：16，泥质红陶。仅存盘底及圈足，盘底内凹，矮粗中空柄，圈足下端外敞。残高4.2、残宽14、厚0.5厘米（图一八，4）。标本2013TG1⑦：17，泥

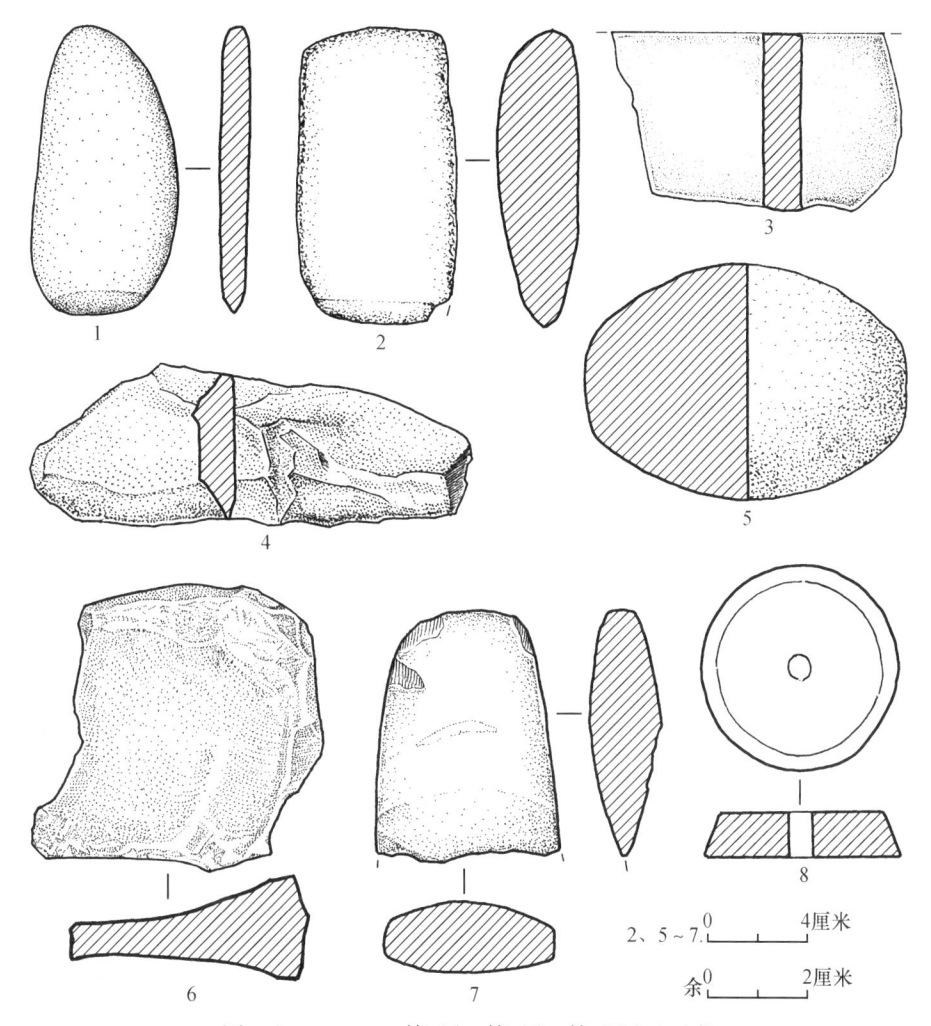

图一六　2013TG1第4层、第6层、第8层出土遗物

1~4.残损不明石器、坯料（1.2013TG1⑥A：2，2.2013TG1⑥A：9，3.2013TG1⑥A：10，4.2013TG1⑥A：12）
5.石球（2013TG1⑥A：3）　6.A型砺石（2013TG1⑥A：14）　7.Aa型石斧（2013TG1④B：1）　8.Aa型陶纺轮（2013TG1⑧：2）

质灰陶。仅存圈足，下端残，矮粗中空柄，喇叭状圈足。残高5、残宽10.6、厚0.2厘米（图一八，5）。

大口尊残片　1件。标本2013TG1⑦：20，泥质黑皮红陶。外饰三道细弦纹带，另有两个刻划符号。残高11.3、残宽15.5、厚0.7厘米（图一八，3；图版三九，5、6）。

矮领罐口沿　A型　1件。标本2013TG1⑦：19，泥质灰陶。斜敞口，束颈，广肩，肩饰绳纹。残高4、复原口径18、厚0.4厘米（图一八，10）。

支座　A型　1件。标本2013TG1⑦：15，夹砂红陶。柱状，中空，上下端残，上细下粗，上端外翻。残高14.6、上径7.6、下径8.8、厚0.7厘米（图一八，11）。

陶器除纺轮及鼎足上的纹饰外，还有绳纹、弦纹、方格纹、刻划纹、指甲纹等（图一九）。

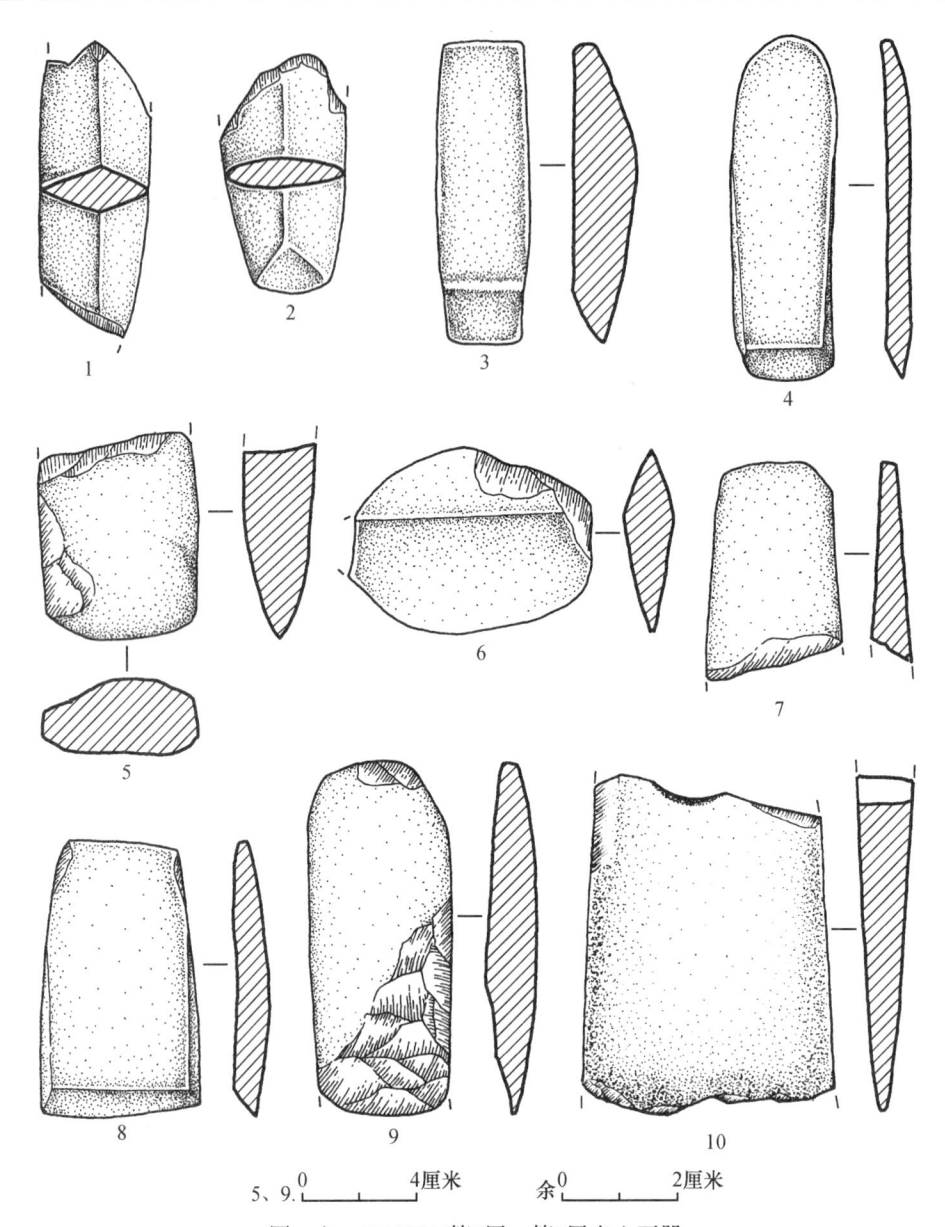

图一七　2013TG1第7层、第8层出土石器

1、2. A型而亚型不明镞（1. 2013TG1⑦：3、2. 2013TG1⑦：6）　3、4. Ca型锛（3. 2013TG1⑦：1、4. 2013TG1⑦：4）
5. C型斧（2013TG1⑦：2）　6、7. 残损不明石器、坯料（6. 2013TG1⑦：8、7. 2013TG1⑦：7）　8. Ab型锛（2013TG1⑦：5）
9. 铲（2013TG1⑦：11）　10. Aa型锛（2013TG1⑧：1）

5. 第8层出土遗物

石斧　Aa型，1件。标本2013TG1⑧：1，深青灰色石料。上端及下端残，长方形，下端双面刃。残长5.7、残宽4.1～4.4、厚1厘米（图一七，10）。

陶纺轮　Aa型，1件。标本2013TG1⑧：2，泥质灰陶。饼形，斜边，中部穿孔。短径3.3、长径4、穿径0.5、厚0.9厘米（图一六，8）。

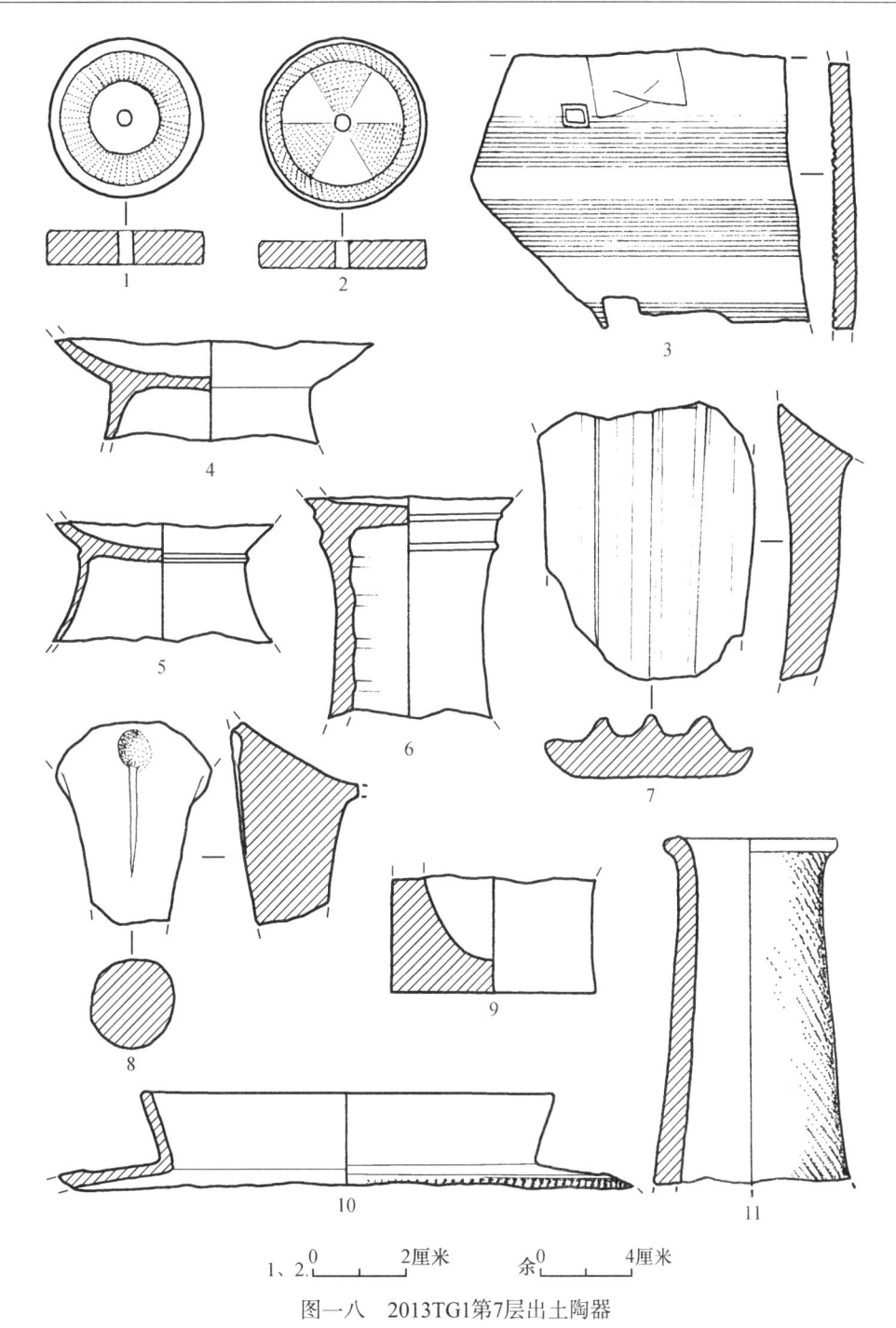

图一八 2013TG1第7层出土陶器

1、2. Aa型纺轮（1. 2013TG1⑦：9、2. 2013TG1⑦：10） 3. 大口尊口沿（2013TG1⑦：20） 4、5. 圈足盘（4. 2013TG1⑦：16、5. 2013TG1⑦：17） 6. A型豆柄（2013TG1⑦：18） 7. Aa型鼎足（2013TG1⑦：13） 8. Ca型鼎足（2013TG1⑦：12） 9. 大口缸底（2013TG1⑦：14） 10. A型矮领罐口沿（2013TG1⑦：19） 11. A型支座（2013TG1⑦：15）

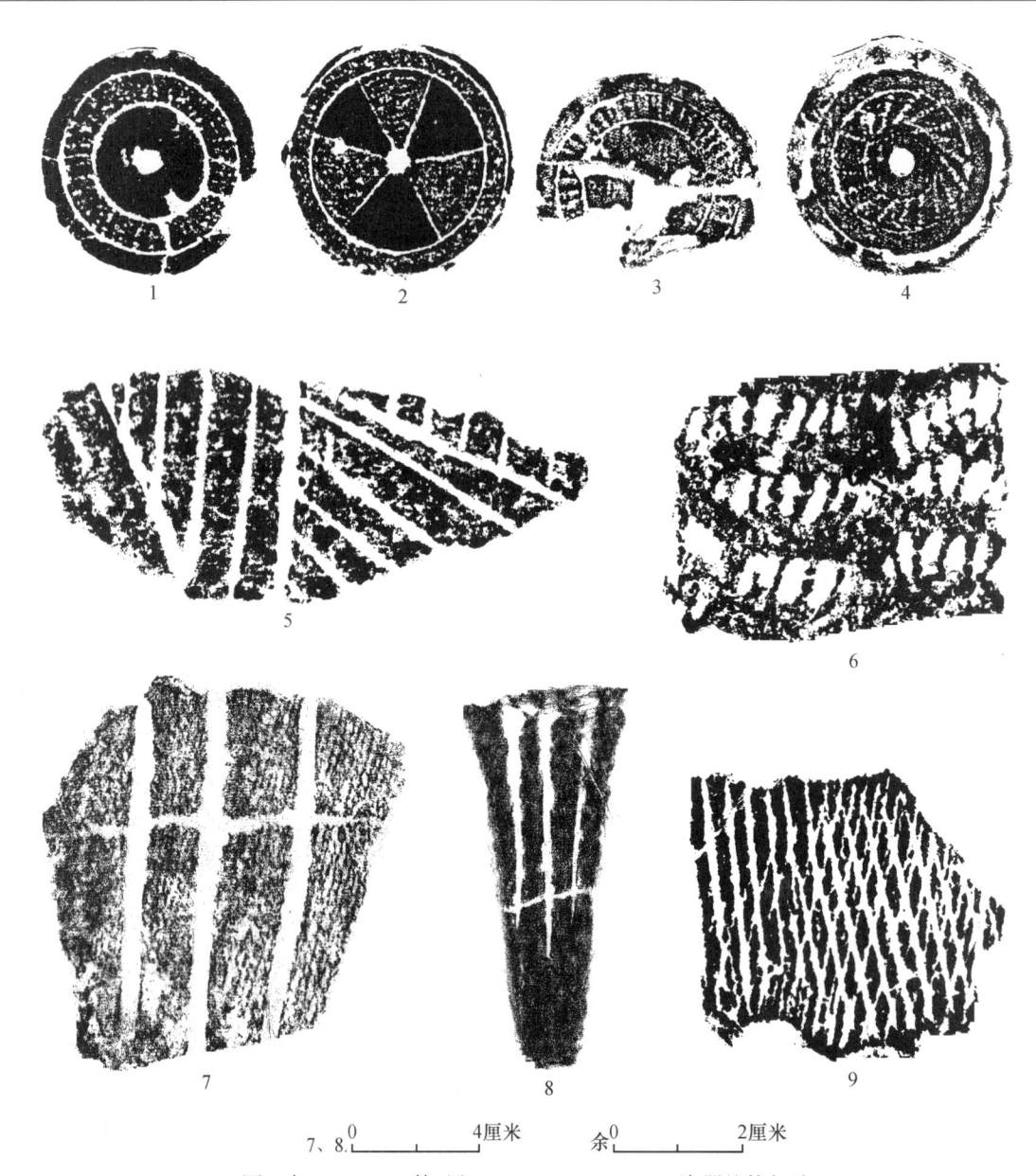

图一九 2013TG1第7层、2013TG2、2013TG3陶器纹饰拓片

1、3、4.弦纹+戳点纹纺轮（1.2013TG1⑦：9、3.2013TG3：1、4.2013TG3：6） 2.弦纹+扇形+戳点纹纺轮（2013TG1⑦：10）
5.刻划纹（2013TG1⑦：23） 6.指甲纹（2013TG1⑦：25） 7.绳纹+三刻槽鼎足（2013TG2：52）
8.三刻槽鼎足（2013TG2：57） 9.交错绳纹（2013TG2：75）

第二节 2013TG2

一、概　　况

位于大园塘塘底北部。规格为9米×4米，呈东西向，发掘前的原始地表为塘底淤泥。

二、地 层 堆 积

仅一层，全方分布。灰褐色土，含卵石块及烧土块等。厚0～55厘米。

三、出 土 遗 物

石器　28件。

石镞　18件。均为A型。

Aa型，4件。标本2013TG2：4，深青灰色石料。仅存镞身后端及铤，双面有脊，两侧刃，三角形铤。残长3.3、宽1.9、厚0.4厘米（图二〇，1）。标本2013TG2：17，深青灰色石料。前锋、镞身后端及铤残，双面有脊，两侧刃。残长4.2、宽1.7、厚0.3厘米（图二〇，2）。标本2013TG2：18，深青灰色石料。前后端残，一面有脊，一面扁平，两侧刃。残长4.5、宽2、厚0.4厘米（图二〇，4）。标本2013TG2：27，青灰色石料。两侧残，形体较小，双面平。残长3.7、宽1.5、厚0.2厘米（图二〇，3）。

Ab型，4件。标本2013TG2：6，青灰色石料。仅存镞身中部，梭状柳叶形，双面平，两侧刃，截面呈多棱形。残长4.2、宽2、厚0.4厘米（图二〇，5）。标本2013TG2：9，青灰色石料。镞身前端残，梭状柳叶形，双面有脊，两侧刃。残长4、宽1.6、厚0.4厘米（图二〇，6）。标本2013TG2：10，青灰色石料。两端稍残，梭状柳叶形，双面平，两侧刃，截面呈多棱形。残长5、宽1.6、厚0.3厘米（图二〇，7；图版四〇，1）。标本2013TG2：28，深青灰色石料。镞身前端残，梭状柳叶形，一面有脊，两侧刃，末端两面刃。残长4.1、宽1.8、厚0.3厘米（图二〇，8）。

Ae型，1件。标本2013TG2：14，深青灰色石料。镞身前端残，镞身呈宽叶形，后有翼，两侧刃，窄扁锥形铤。残长5、宽2.5、厚0.5厘米（图二〇，9）。

Af型，1件。标本2013TG2：16，深青灰色石料。镞身前端残，柳叶形，双面脊不明显，两侧刃，无铤，末端双面刃。残长4、残宽1.9、厚0.3厘米（图二〇，10）。

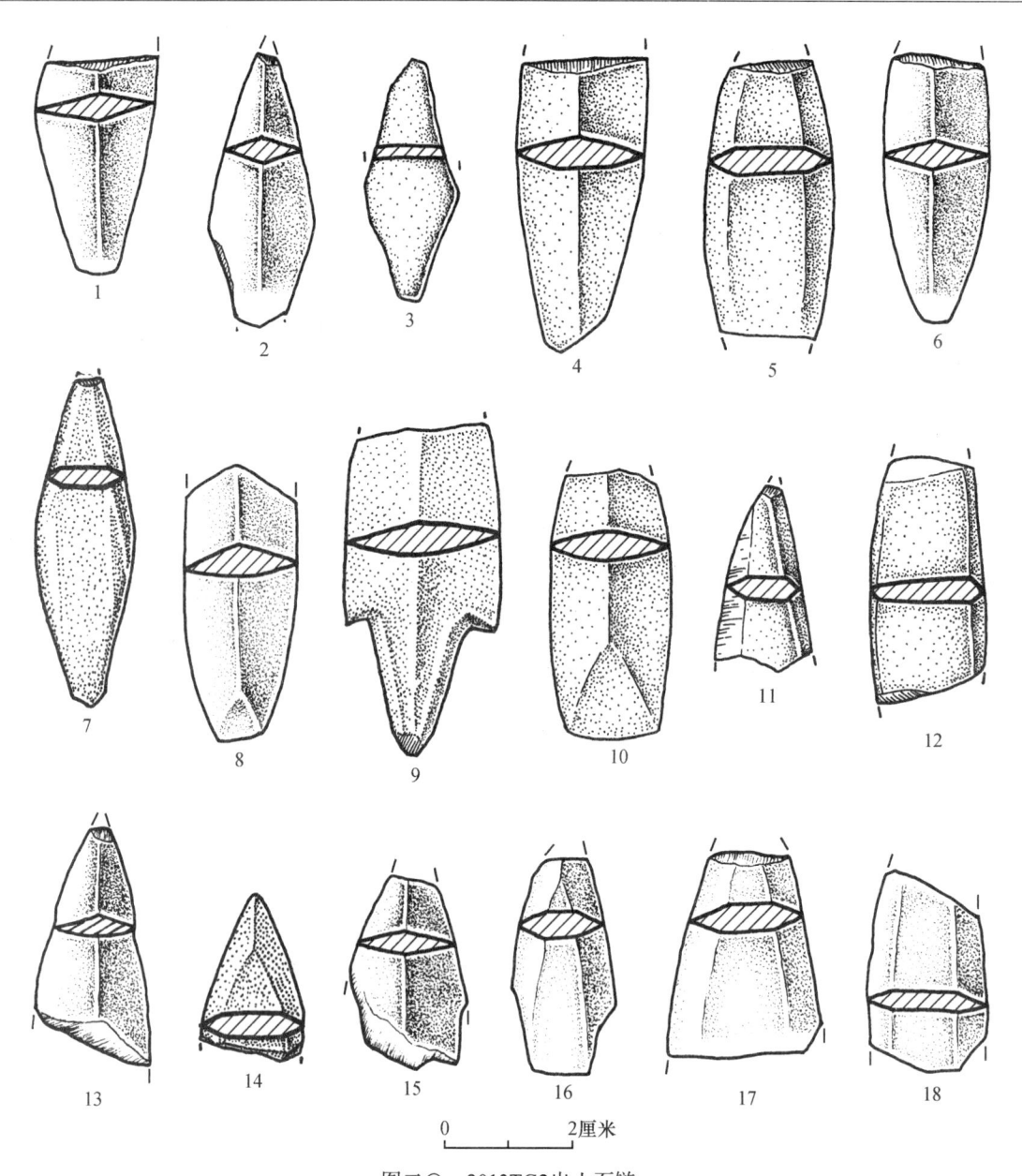

图二〇　2013TG2出土石镞

1~4. Aa型（1. 2013TG2∶4、2. 2013TG2∶17、3. 2013TG2∶27、4. 2013TG2∶18）　5~8. Ab型（5. 2013TG2∶6、6. 2013TG2∶9、7. 2013TG2∶10、8. 2013TG2∶28）　9. Ae型（2013TG2∶14）　10. Af型（2013TG2∶16）　11~18. A型而亚型不明（11. 2013TG2∶5、12. 2013TG2∶7、13. 2013TG2∶19、14. 2013TG2∶20、15. 2013TG2∶21、16. 2013TG2∶22、17. 2013TG2∶23、18. 2013TG2∶24）

A型而亚型不明，8件。标本2013TG2：5，青灰色石料。仅存镞身前端，双面平，两侧刃，截面呈多棱形。残长2.8、宽1.5、厚0.3厘米（图二〇，11）。标本2013TG2：7，青灰色石料。仅存镞身中部，双面平。残长3.7、残宽1.8、厚0.3厘米（图二〇，12）。标本2013TG2：19，青灰色石料。仅存镞身前端，一面有脊，两侧刃。残长3.5、宽1.8、厚0.3厘米（图二〇，13）。标本2013TG2：20，青灰色石料。仅存镞身前端，前锋双面有脊，后端双面平，两侧刃，截面呈多棱形。残长2.5、宽1.6、厚0.4厘米（图二〇，14）。标本2013TG2：21，青灰色石料。仅存镞身前端，双面有脊，两侧刃。残长3、宽1.8、厚0.3厘米（图二〇，15）。标本2013TG2：22，青灰色石料。仅存镞身前端部分，前端有脊，后端双面平，两侧刃，截面呈多棱形。残长3.3、宽1.5、厚0.3厘米（图二〇，16）。标本2013TG2：23，青灰色石料。仅存镞身前端，双面平，两侧刃，截面呈多棱形。残长3.2、宽2.5、厚0.4厘米（图二〇，17）。标本2013TG2：24，青灰色石料。仅存镞身中部，两面平，两侧刃，截面呈多棱形。残长3、宽2、厚0.3厘米（图二〇，18）。

石斧　6件。

A型　5件。

Aa型，4件。标本2013TG2：25，青灰色石料。上端及下端残，梯形，下端双面刃。残长10.2、宽5~7、厚2.5厘米（图二一，1）。标本2013TG2：26，青灰色石料。上端及下端残，梯形，下端双面刃。残长14、宽6.2~8.8、厚3.6厘米（图二一，2）。标本2013TG2：29，深青灰色石料。仅存一侧，下端双面刃。残长5.9、残宽2.9、厚1.7厘米（图二一，3）。标本2013TG2：30，青灰色石料。下端残，梯形，弧顶，下端双面刃。残长11.7、宽4~5.8、厚3.6厘米（图二一，4）。

Ab型，1件。标本2013TG2：8，深青灰色石料。仅存下端一角，梯形，下端双面刃。残长6.8、残宽6.5、厚2.1厘米（图二一，5）。

不明形制　1件。标本2013TG2：3，青灰色石料。仅存下端中部，双面刃。残长4.6、残宽4、厚1.9厘米（图二一，9）。

石锛　3件。

Aa型，1件。标本2013TG2：2，深青灰色石料。上端残，下端双面刃，一面宽刃、一面窄刃。残长3.4、残宽5.7、厚1.2厘米（图二一，6）。

C型　2件。

Ca型，1件。标本2013TG2：13，青灰色石料。两侧残，平顶，下端双面刃。残长6、残宽3.4、厚1.8厘米（图二一，7）。

Cb型，1件。标本2013TG2：11，青灰色石料。上端残，长条形，下端双面弧刃。残长4、残宽1.8、厚0.5厘米（图二一，8）。

石凿　B型　1件。标本2013TG2：15，青灰色石料。上端及下端一面残，锥形，下端一面刃。残长7.4、宽1.5~2.6厘米（图二一，10）。

·66·　　宁乡罗家冲

图二一　2013TG2出土石器

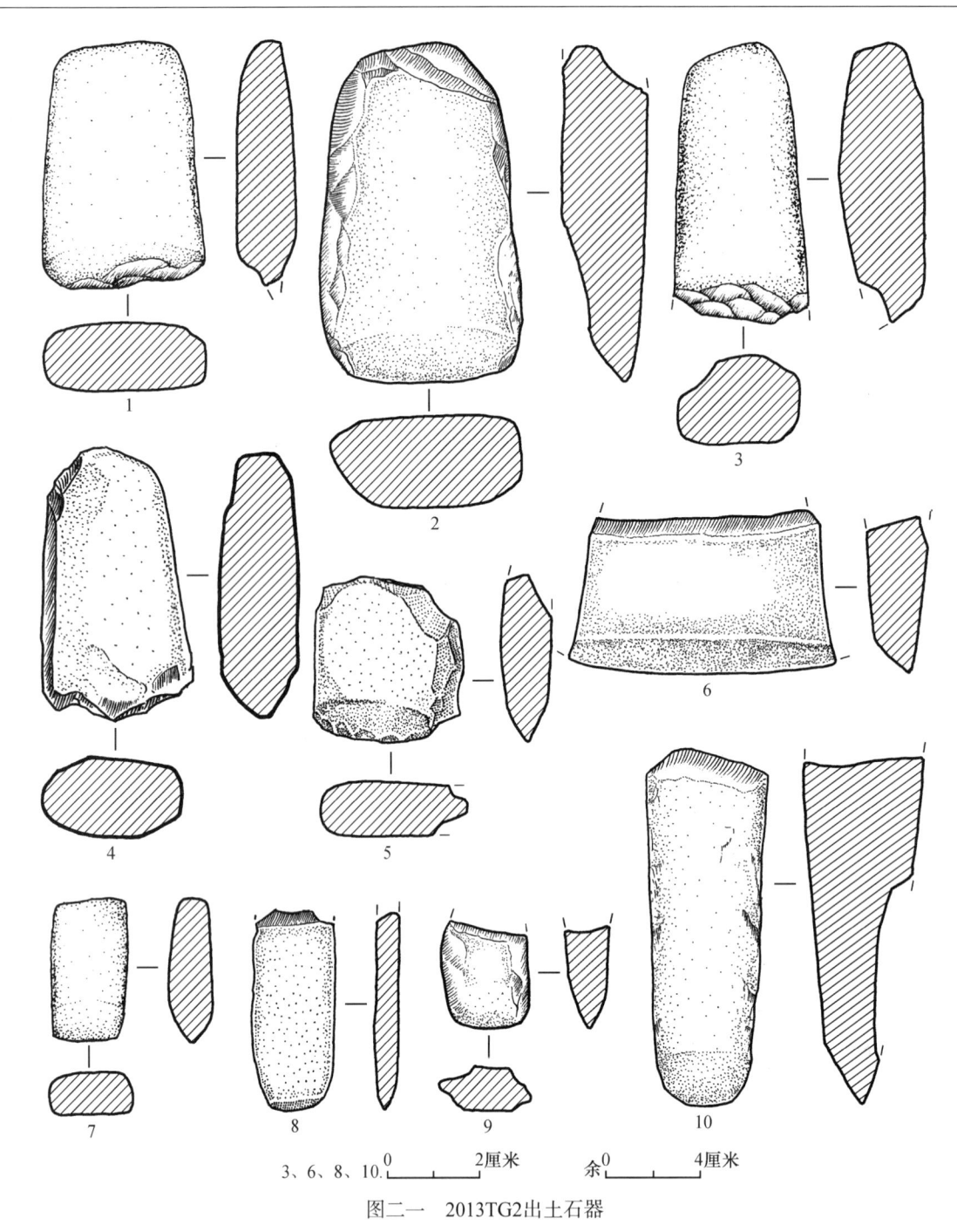

1~4. Aa型斧（1. 2013TG2：25、2. 2013TG2：26、3. 2013TG2：29、4. 2013TG2：30）　5. Ab型斧（2013TG2：8）
6. Aa型锛（2013TG2：2）　7. Ca型锛（2013TG2：13）　8. Cb型锛（2013TG2：11）　9. 不明形制斧（2013TG2：3）
10. B型凿（2013TG2：15）

陶器　33件。

纺轮　Aa型，1件。标本2013TG2：1，泥质红陶。饼形，直边，一面中部饰一周浅凹弦纹，外饰竖状戳点纹，中部穿孔。直径2.7、穿径0.5、厚0.6厘米（图二三，1）。

拍　1件。标本2013TG2：12，泥质灰陶。上端呈圆柱形，下端呈蘑菇状。高5.2、上端直径2.5、下端直径5厘米（图二三，2）。

鼎足　11件。

Ba型，6件。标本2013TG2：31，夹砂红陶。宽扁锥形，上端残，足外饰绳纹。残高13.6、宽1.6～6.5、厚1.2～3厘米（图二二，9）。标本2013TG2：32，夹砂红陶。宽扁锥形，上端残，足外饰绳纹。残高12、宽2.2～6.2、厚1.6～2.6厘米（图二二，10）。标本2013TG2：35，夹砂红陶。宽扁锥形，下端残，足外饰两道竖向刻划纹，之间饰一排竖向扁窝纹，内侧饰绳纹。残高5.2、残宽6.3、厚2.6厘米（图二二，1）。标本2013TG2：38，夹砂红陶。宽扁形，上端残，足外饰三道竖向刻划纹，在下端相交。残高8.2、宽4.2～6.4、厚1.6厘米（图二二，2）。标本2013TG2：37，夹砂红陶。扁锥形，上端残，足外饰三道竖向刻划纹。残高10.5、宽2.5～4.8、厚1.6厘米（图二二，8）。标本2013TG2：52，夹砂红陶。宽扁形，上端及下端残，足外饰三道竖向刻划纹及绳纹（图一九，7）。残高12、宽8～11.6、厚1.1厘米（图二二，5）。

Ca型，5件。标本2013TG2：33，夹砂红陶。圆锥形，下端残，足外饰一道竖向刻划纹。残高8.2、残宽6.7厘米（图二二，6）。标本2013TG2：34，夹砂红陶。扁锥形，下端残，足外饰一道竖向刻划纹。残高9.2、残宽5.6、厚1.4厘米（图二二，4）。标本2013TG2：36，夹砂红陶。扁锥形，下端残，足外饰三道竖向刻划纹。残高9.4、残宽7.1、厚2.3厘米（图二二，7）。标本2013TG2：57，夹砂红陶。扁锥形，足外饰三道竖向刻划纹（图一九，8）。残高11.8、宽2.4～5.8、厚1.4～3厘米（图二二，11；图版四〇，2）。标本2013TG2：58，夹砂红陶。宽扁形，上端及下端残。残高9.4、残宽5.6、厚1.4厘米（图二二，3）。

豆柄　5件。均为A型。

A型　5件。标本2013TG2：39，泥质灰陶。仅存圈足，高粗中空柄，下端外敞，上端饰一周凸棱纹。残高9.6、残宽11.5、厚0.5厘米（图二三，3）。标本2013TG2：40，泥质灰陶。仅存圈足，高粗中空柄，下端呈喇叭状，圈足边缘平折。残高10、底径8.3、厚0.6厘米（图二三，4；图版四〇，5）。标本2013TG2：41，泥质灰陶。仅存圈足，下端残，高粗中空柄，下端呈喇叭状。残高9、残宽8、厚0.5厘米（图二三，5）。标本2013TG2：42，泥质灰陶。仅存圈足，上端残，高喇叭状圈足，足边内侧饰两道凹弦纹。残高6.6、复原底径16、厚0.6厘米（图二三，7）。标本2013TG2：54，泥质灰陶。仅存圈足，下端残，高喇叭状圈足。残高7.4、残宽11.3、厚0.4厘米（图二三，6）。

钵　1件。标本2013TG2：61，泥质红陶。仅存口沿局部，敛口，外包沿，弧腹。复原口径17、残高5.8、厚0.5厘米（图二三，8）。

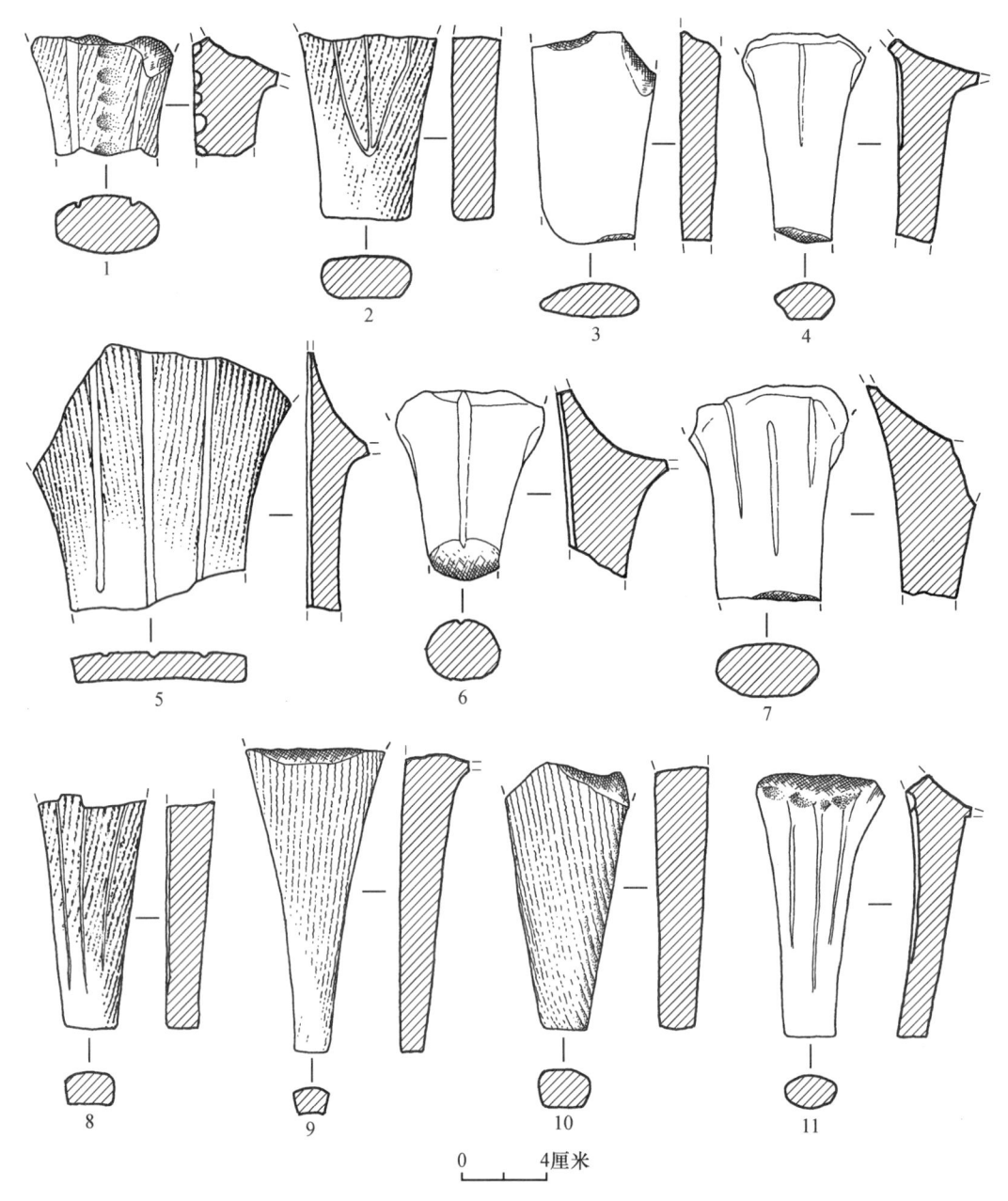

图二二 2013TG2出土陶鼎足

1、2、5、8~10. Ba型（1.2013TG2：35、2.2013TG2：38、5.2013TG2：52、8.2013TG2：37、9.2013TG2：31、10.2013TG2：32）
3、4、6、7、11. Ca型（3.2013TG2：58、4.2013TG2：34、6.2013TG2：33、7.2013TG2：36、11.2013TG2：57）

鬶足 A型 3件。标本2013TG2：43，泥质红陶。仅存足底，高锥状，深足窝，胎质较薄。残高6.4、残宽4、厚0.2厘米（图二三，9；图版四一，1）。标本2013TG2：44，泥质红陶。仅存足底，高锥状，深足窝，胎质较薄。残高6.2、残宽3.6、厚0.3厘米（图二三，10；图版四一，1）。标本2013TG2：45，泥质红陶。仅存足底，高锥状，深足窝，胎质较薄。残高5.6、残宽3.6、厚0.2厘米（图二三，11）。

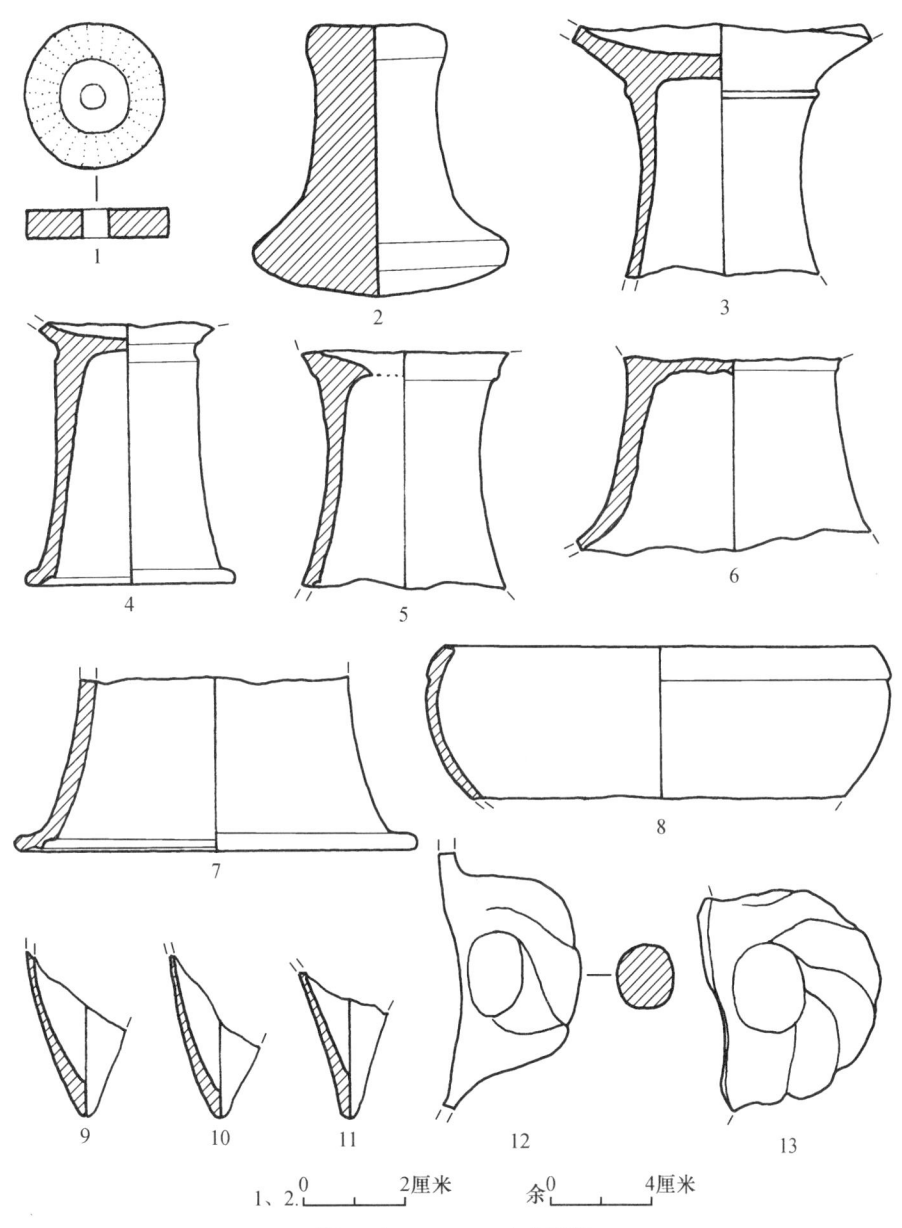

图二三　2013TG2出土陶器

1. Aa型纺轮（2013TG2：1）　2. 拍（2013TG2：12）　3~7. A型豆柄（3. 2013TG2：39、4. 2013TG2：40、5. 2013TG2：41、6. 2013TG2：54、7. 2013TG2：42）　8. 钵（2013TG2：61）　9~11. A型鬶足（9. 2013TG2：43、10. 2013TG2：44、11. 2013TG2：45）　12、13. A型把手（12. 2013TG2：47、13. 2013TG2：53）

把手　A型　2件。标本2013TG2：47，泥质灰陶。两股麻花状"C"形。宽7.3、厚2.3厘米（图二三，12）。标本2013TG2：53，泥质灰陶。两股麻花状"C"形。长8.5、宽7.4、厚2.6厘米（图二三，13；图版四一，2）。

矮领罐口沿　A型　2件。标本2013TG2：46，泥质灰陶。仅存口沿局部，斜敞口，束颈，广肩，肩饰绳纹。残高4.2、复原口径18、厚0.4厘米（图二四，1）。标本2013TG2：55，泥质灰白陶。仅存口沿局部，斜敞口，口沿内侧下端有一道凹槽，束颈，广肩，肩饰绳纹。残高4、复原口径16、厚0.3厘米（图二四，2）。

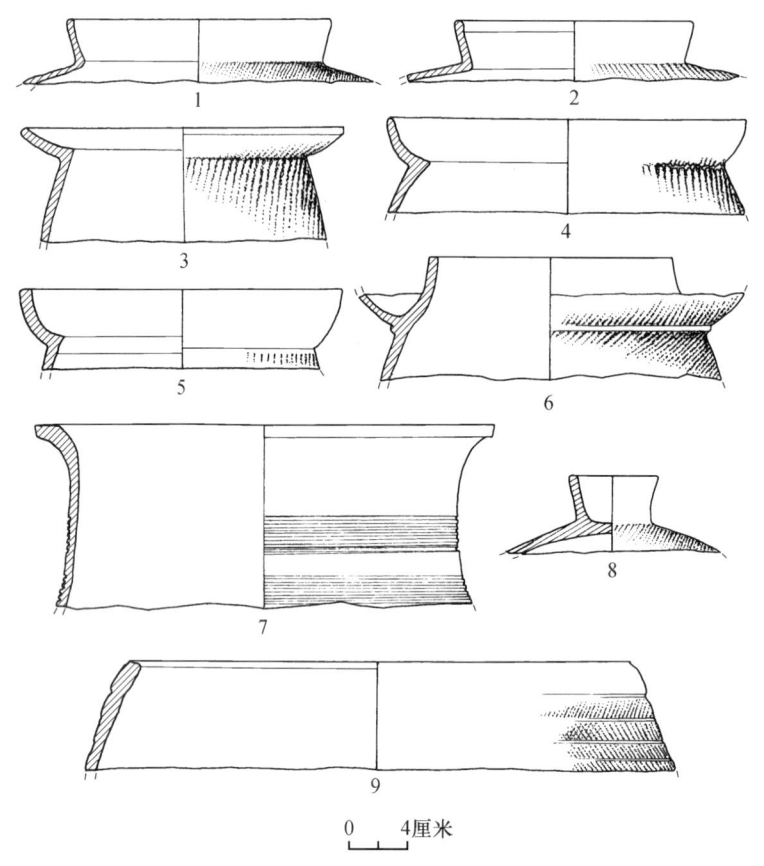

图二四　2013TG2出土陶器

1、2.A型矮领罐口沿（1.2013TG2∶46、2.2013TG2∶55）　3~5.釜鼎口沿（3.2013TG2∶51、4.2013TG2∶59、5.2013TG2∶60）
6.双沿坛口沿（2013TG2∶50）　7.A型高领罐口沿（2013TG2∶48）　8.A型器盖（纽）（2013TG2∶49）
9.瓮口沿（2013TG2∶56）

釜鼎口沿　3件。标本2013TG2∶51，夹砂红陶。仅存口沿局部，宽外折沿，沿面内凹，束颈，鼓肩，肩饰绳纹，外存烟苔痕。复原口径22、残高7.6、厚0.5厘米（图二四，3；图版四〇，3）。标本2013TG2∶59，夹砂灰陶。仅存口沿局部，宽外折沿，沿面内凹，束颈，鼓肩，肩饰绳纹，外存烟苔痕。复原口径24、残高6.2、厚0.5厘米（图二四，4）。标本2013TG2∶60，夹砂灰陶。仅存口沿局部，宽外折沿，沿面内凹，束颈。复原口径22、残高5.2、厚0.6厘米（图二四，5）。

双沿坛口沿　1件。标本2013TG2∶50，夹砂红陶。仅存口沿局部，内直沿内敛，外直沿外斜，溜肩，肩饰绳纹。残高8、复原内口径16、复原外口径27.2、厚0.5厘米（图二四，6）。

高领罐口沿　A型　1件。标本2013TG2∶48，泥质灰陶。仅存口沿局部，短卷沿，高束颈，领饰两组七道细凹弦纹。残高11.8、复原口径28、厚0.6厘米（图二四，7；图版四〇，4）。

器盖（纽）　A型　1件。标本2013TG2∶49，夹砂灰陶。仅存中部局部，圈足状，盖面弧，外饰绳纹。残高5、残宽14.2、厚0.4厘米（图二四，8）。

图二五 2013TG2陶器纹饰拓片
1、2. 弦断绳纹（1. 2013TG2：62、2. 2013TG2：71） 3. 交错细绳纹（2013TG2：65） 4、5. 粗绳纹（4. 2013TG2：70、5. 2013TG2：77） 6. 菱形纹（2013TG2：67）

瓮口沿　1件。标本2013TG2：56，泥质灰陶。仅存口沿局部，敛口，斜腹，腹饰凹弦纹间隔斜绳纹。复原口径34、残高7、厚0.7厘米（图二四，9；图版四一，3）。

陶器除纺轮及鼎足上的纹饰外，还有各类绳纹，如交错绳纹、交错绳纹+弦纹、弦断绳纹、刻划菱形纹、方格纹、篮纹、弦断重圈纹等（图二五、图二六）。

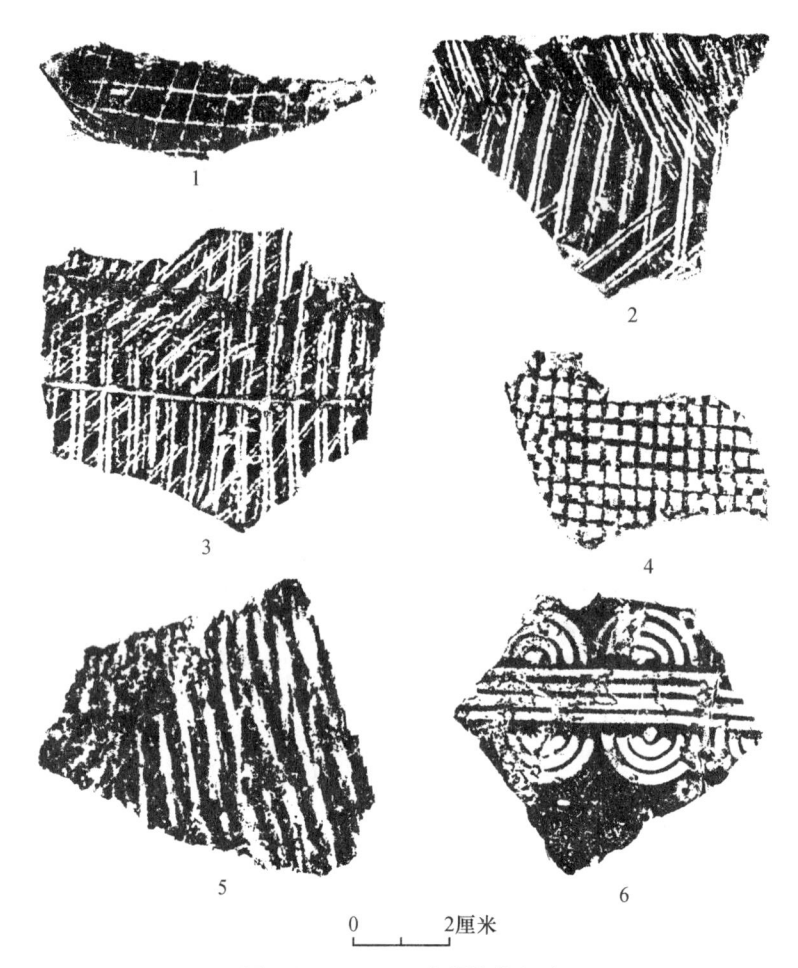

图二六　2013TG2陶器纹饰拓片
1. 菱形纹（2013TG2∶79）　2. 交错绳纹（2013TG2∶68）　3. 交错绳纹+弦纹（2013TG2∶73）　4. 方格纹（2013TG2∶80）
5. 篮纹（2013TG2∶69）　6. 弦断重圈纹（2013TG2∶78）

第三节　2013TG3

一、概　　况

2013TG3位于大园塘塘底东北部。呈南北向，探方规格为5米×5米。

二、地层堆积

仅一层，全方分布。灰褐色土，含卵石块及烧土块等。厚0～40厘米。

三、出土遗物

石器　10件。

镞　3件。

A型　2件。

Aa型，1件。标本2013TG3：5，青灰色石料。形体较小，镞身前、后端残，柳叶形，一面有脊，一面平，两侧刃。残长4.4、宽1.6、厚0.3厘米（图二七，1）。

Ac型，1件。标本2013TG3：8，青灰色石料。镞身前端残，柳叶形，双面有脊，两侧刃，长扁锥形铤。残长8.5、宽2.2、厚0.6厘米（图二七，2）。

Ba型，1件。标本2013TG3：4，深青灰色石料。镞身前端呈三棱形，后端呈圆柱形，短锥形铤。长8、宽1厘米（图二七，3；图版四一，4）。

锛　3件。

Aa型，2件。标本2013TG3：2，深青灰色石料。长方形，一侧、一面及下端残，平顶，下端一面刃。残长5.5、残宽2.9、厚0.5厘米（图二七，5）。标本2013TG3：9，青灰色石料。上端及下端残，梯形，下端单面刃。残长6.8、宽4~5.4、厚1.8厘米（图二七，4）。

Cb型，1件。标本2013TG3：7，灰色石料。形体较小，长方形，下端双面刃。长2.8、宽1.6、厚0.4厘米（图二七，6）。

（穿孔）铲　2件。标本2013TG3：11，青灰色石料。仅存一小块，扁平状，残存一单面穿孔。残长5、残宽3.7、厚0.3厘米（图二七，8）。标本2013TG3：12，青灰色石料。上端及下端残，梯形，下端双面刃。残长14.4、宽5~7、厚2厘米（图二七，9）。

球　1件。标本2013TG3：10，灰色石料。扁球形。直径8.2、长4.2厘米（图二七，10）。

残损不明石器　1件。标本2013TG3：3，青灰色石料。仅存下端双面刃部局部，双面弧刃。残长2、残宽4.6、厚0.6厘米（图二七，7）。

陶器　2件。

纺轮　Aa型，2件。标本2013TG3：1，泥质灰陶。局部残，饼形，直边，一面饰两周细凹弦纹，内饰竖状戳点纹，中部穿孔（图一九，3）。直径3.6、穿径0.3、厚0.6厘米（图二七，11）。标本2013TG3：6，泥质灰陶。局部残，饼形，直边，一面饰三周细凹弦纹，内侧两线之间饰斜状戳点纹，中部穿孔（图一九，4）。直径3.4、穿径0.4、厚0.6厘米（图二七，12；图版四一，5）。

从试掘探沟及探方的土质土色及包含物分析，2013TG1、2013TG2、2013TG3的地层与发掘区统一地层的对应关系如下（表三）：

·74·　　　宁乡罗家冲

图二七　2013TG3出土遗物

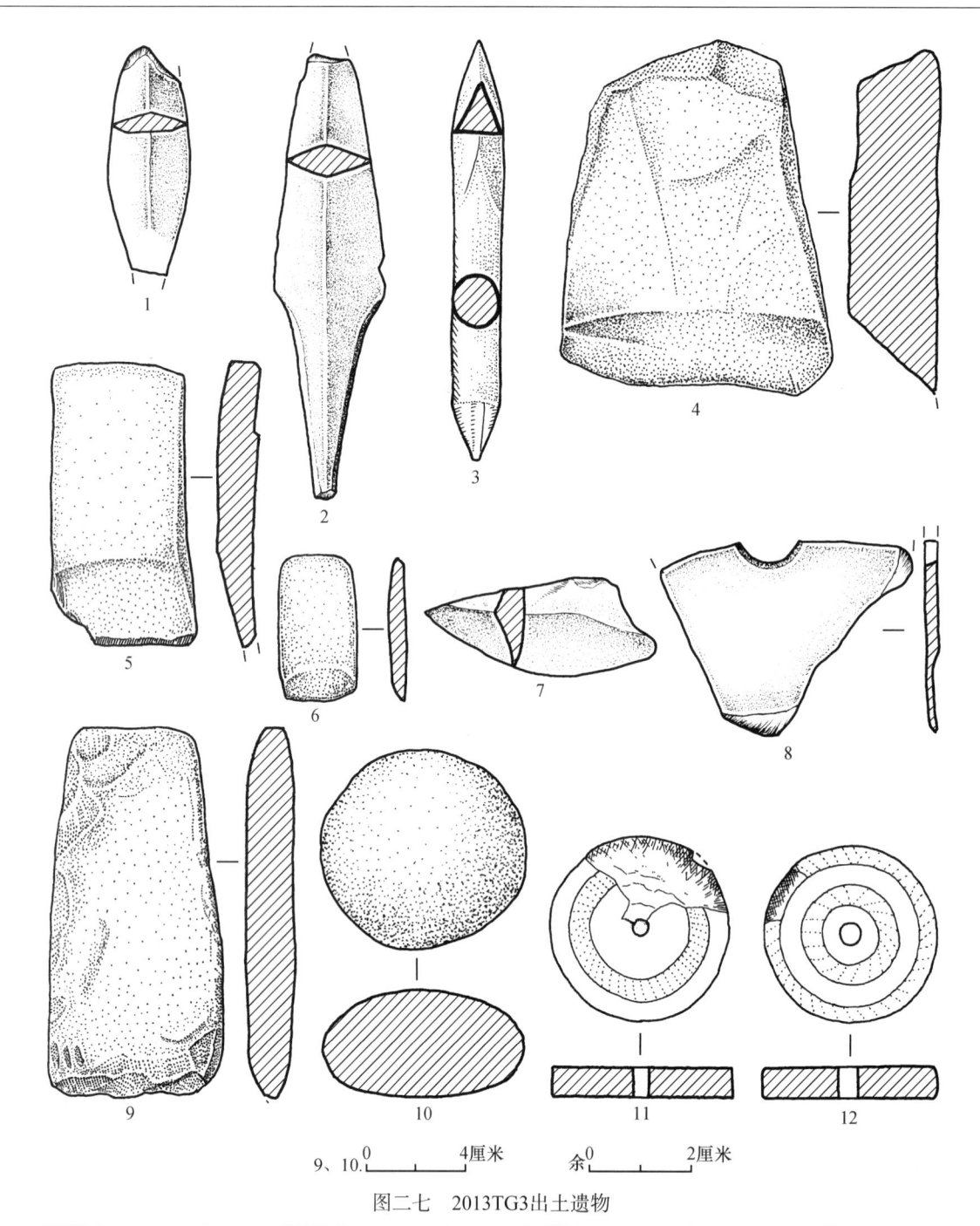

1. Aa型石镞（2013TG3∶5）　2. Ac型石镞（2013TG3∶8）　3. Ba型石镞（2013TG3∶4）　4、5. Aa型石锛（4. 2013TG3∶9、5. 2013TG3∶2）　6. Cb型石锛（2013TG3∶7）　7. 残损不明石器（2013TG3∶3）　8. 穿孔石铲（2013TG3∶11）　9. 石铲（2013TG3∶12）　10. 石球（2013TG3∶10）　11、12. Aa型陶纺轮（11. 2013TG3∶1、12. 2013TG3∶6）

表三 2013年探沟与发掘区层位对应表

编号	层位编号							
2013TG1	第1层	第2层	第3层	第4层	第5层	第6层	第7层	第8层
2013TG2							第1层	
2013TG3							第1层	
发掘区	第2层	第3A层	第3A层	第3A层	2016G2	第3C层	第4A层	第6层

第六章　早一期遗存

第一节　概　　况

早一期遗存最为丰富，该期是该遗址最为繁盛时期，属于早一期遗存单位有六大类：第6层、房址（F2、F3、F4）、大型柱坑、长方形坑状遗迹（2014H33、2014H45~2014H50、2014H52）、灰坑（2014H26~2014H29、2014H35~2014H43、2014H53~2014H56、2014H59、2014H61、2014H63~2014H67、2014H70~2014H72、2016H7、2016H9、2016H14~2016H17、2016H19、2016H20）、沟（G3、2014G5、2016G4、2016G5、2016G7、2016G8）等。

第二节　第6层出土遗物

第6层出土有石器与陶器。

一、石　　器

镞　36件。

A型　35件。

Aa型，11件。标本T0203⑥:1，青灰色石料。镞身前端残。柳叶形，双面有脊，两侧刃。残长3.5、宽1.4、厚0.4厘米（图二八，1）。标本T0203⑥:2，青灰色石料。前锋残，双面有脊，两侧刃。残长4.7、宽1.6、厚0.5厘米（图二八，4）。标本T0203⑥:6，青灰色石料。前锋及铤后端残，双面有脊，部分残损不明显，扁三角形铤。残长5.8、宽1.8、厚0.5厘米（图二八，5）。标本T0302⑥:17，青灰色石料。镞身前端残，一面有脊，一面扁平，两侧刃，截面呈多棱形，扁三角形铤。残长5、宽2.3、厚0.4厘米（图二八，6）。标本T0304⑥:4，深灰色石料。镞身前端残，双面有脊，两侧刃。残长5.5、宽1.7、厚0.55厘米（图二八，7）。标本T0304⑥:6，青灰色石料。镞身前端、一侧及铤后端残，双面扁平，一

图二八　第6层出土石镞

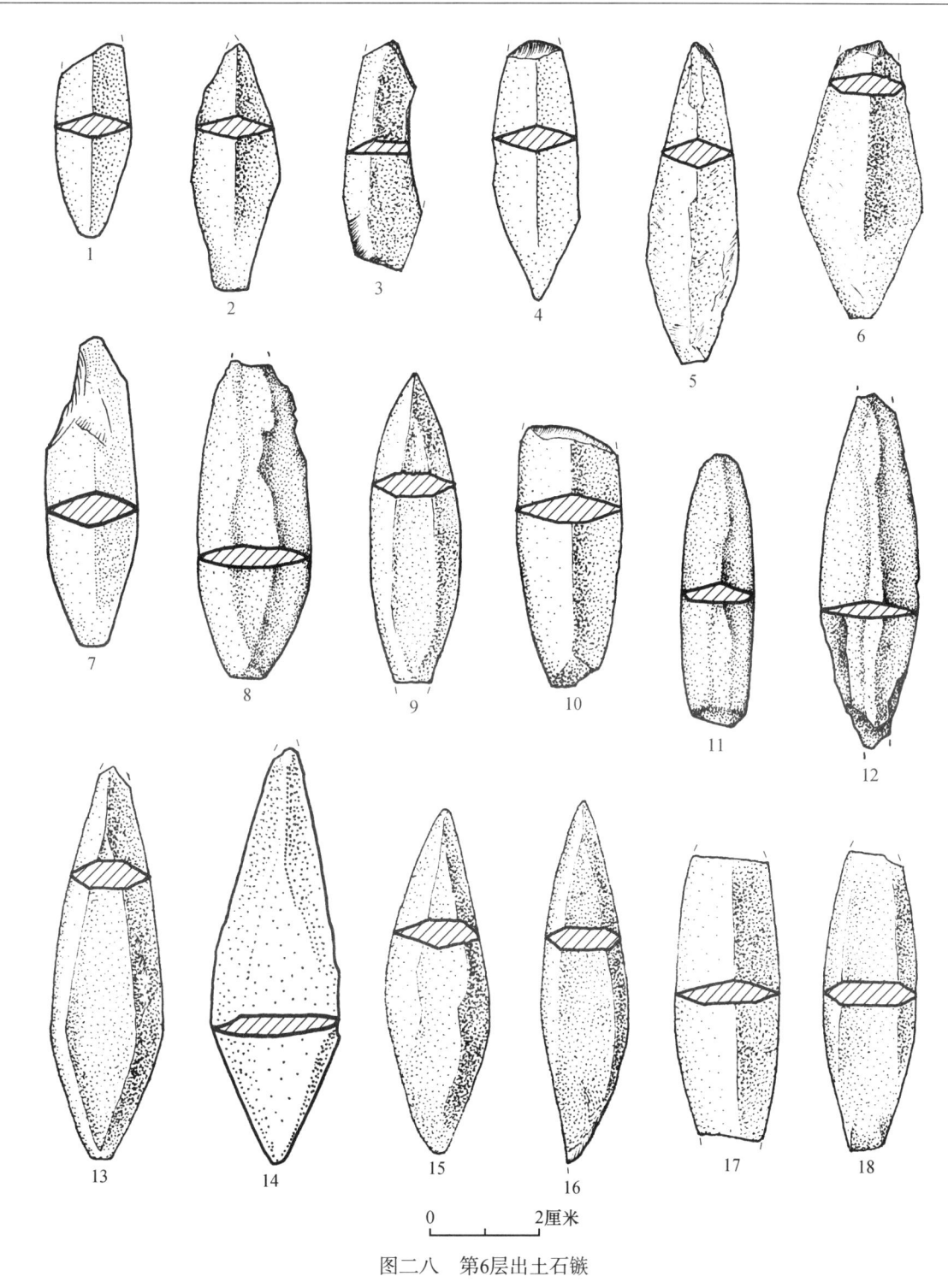

1~8、12~14. Aa型（1. T0203⑥：1、2. T0402⑥：16、3. T0304⑥：6、4. T0203⑥：2、5. T0203⑥：6、6. T0302⑥：17、7. T0304⑥：4、8. T0503⑥：8、12. T0503⑥：21、13. T0402⑥：12、14. T0503⑥：7）　9~11、15~18. Ab型（9. T0304⑥：3、10. T0402⑥：11、11. T0503⑥：3、15. T0304⑥：13、16. T0304⑥：14、17. T0304⑥：5、18. T0402⑥：7）

侧刃。残长4、残宽1.4、厚0.2厘米（图二八，3）。标本T0402⑥：12，青灰色石料。前锋残，柳叶形，双面扁平，两侧刃，截面呈多棱形。残长7.1、宽2、厚0.45厘米（图二八，13）。标本T0402⑥：16，青绿色石料。锋尖及边侧残，双面有脊，两侧刃，扁梯形铤。残长4.4、宽1.7、厚0.4厘米（图二八，2）。标本T0503⑥：7，青绿色石料。前端双面有脊，后端至铤双面扁平，两侧刃，扁三角形铤。残长7.4、宽2.4、厚0.4厘米（图二八，14；图版四二，1）。标本T0503⑥：8，青灰色石料。镞身前端残，双面扁平，两侧刃。残长5.7、宽2.1、厚0.4厘米（图二八，8）。标本T0503⑥：21，青灰色石料。前锋及铤后端残，一面有脊，部分残损，一面扁平，两侧刃。残长6.35、宽1.8、厚0.3厘米（图二八，12）。

Ab型，9件。标本T0304⑥：3，灰色石料。铤后端残，梭状柳叶形，前锋有脊，镞身双面扁平，两侧刃，截面呈多棱形。残长5.5、宽1.6、厚0.4厘米（图二八，9）。标本T0304⑥：5，深灰色石料。镞身前端及铤后端残，梭状柳叶形，一面有脊，一面扁平，两侧刃，截面呈多棱形。残长5.1、宽2、厚0.5厘米（图二八，17）。标本T0304⑥：13，深灰色石料。梭状柳叶形，双面扁平，两侧刃，截面呈多棱形。残长6.1、宽1.9、厚0.5厘米（图二八，15）。标本T0304⑥：14，灰色石料。梭状柳叶形，双面扁平，两侧刃，截面呈多棱形。残长6.5、宽1.6、厚0.4厘米（图二八，16）。标本T0402⑥：7，青灰色石料。镞身前端残，双面扁平，两侧刃，截面呈多棱形。残长5.3、宽1.8、厚0.4厘米（图二八，18）。标本T0402⑥：11，青灰色石料。镞身前端残，梭状柳叶形，双面有脊，两侧刃。残长4.7、宽1.9、厚0.5厘米（图二八，10）。标本T0503⑥：3，青灰色石料。镞身前端及铤后端残，窄梭状柳叶形，一面有脊，部分残损，一面扁平。长4.9、宽1.35、厚0.3厘米（图二八，11）。标本T0503⑥：4，青灰色石料。镞身前端、一侧及铤后端残，梭状柳叶形，一面残损，一面扁平。残长7.2、宽2、厚0.5厘米（图二九，1）。标本T0503⑥：6，青灰色石料。镞身前端及铤后端残，梭状柳叶形，一面有脊因残损不明显，一面扁平，两侧刃。残长4.8、宽1.9、厚0.5厘米（图二九，2）。

Ad型，1件。标本T0302⑥：14，青绿色石料。铤后端残，菱形，双面扁平，两侧刃较钝。残长5.2、宽2.2、厚0.3厘米（图二九，3）。

Ae型，2件。标本T0302⑥：8，青绿色石料。铤后端残，镞身呈桃形，双面有脊，两侧刃，长方扁平状铤。残长4.5、宽2.6、厚0.5厘米（图二九，6；图版四二，2）。标本T0503⑥：5，青绿色石料。前锋及镞身表面部分残，镞身呈宽扁三角形，双面扁平，短扁三角形铤。残长6.7、宽2.5、厚0.5厘米（图二九，4）。

Af型，4件。标本T0302⑥：19，青灰色石料。镞身前端残，长条形，双面有脊，两侧刃，无铤，末端两面刃。残长5.3、宽1.7、厚0.5厘米（图二九，5）。标本T0304⑥：17，灰色石料。镞身前端残，双面扁平，两侧刃，无铤，末端两面刃。残长4.6、宽2、厚0.4厘米（图二九，8）。标本T0402⑥：10，灰褐色石料。镞身前端残，双面有脊，局部残损不明显，两侧刃，无铤，末端单面刃。残长4.9、宽2.1、厚0.6厘米（图二九，9）。标本T0302⑥：18，青灰色石料。前、后端残，长条形，双面扁平，两侧刃，截面呈多棱形，末端两面刃。残长3.5、宽1.5、厚0.4厘米（图二九，10）。

图二九　第6层出土石镞

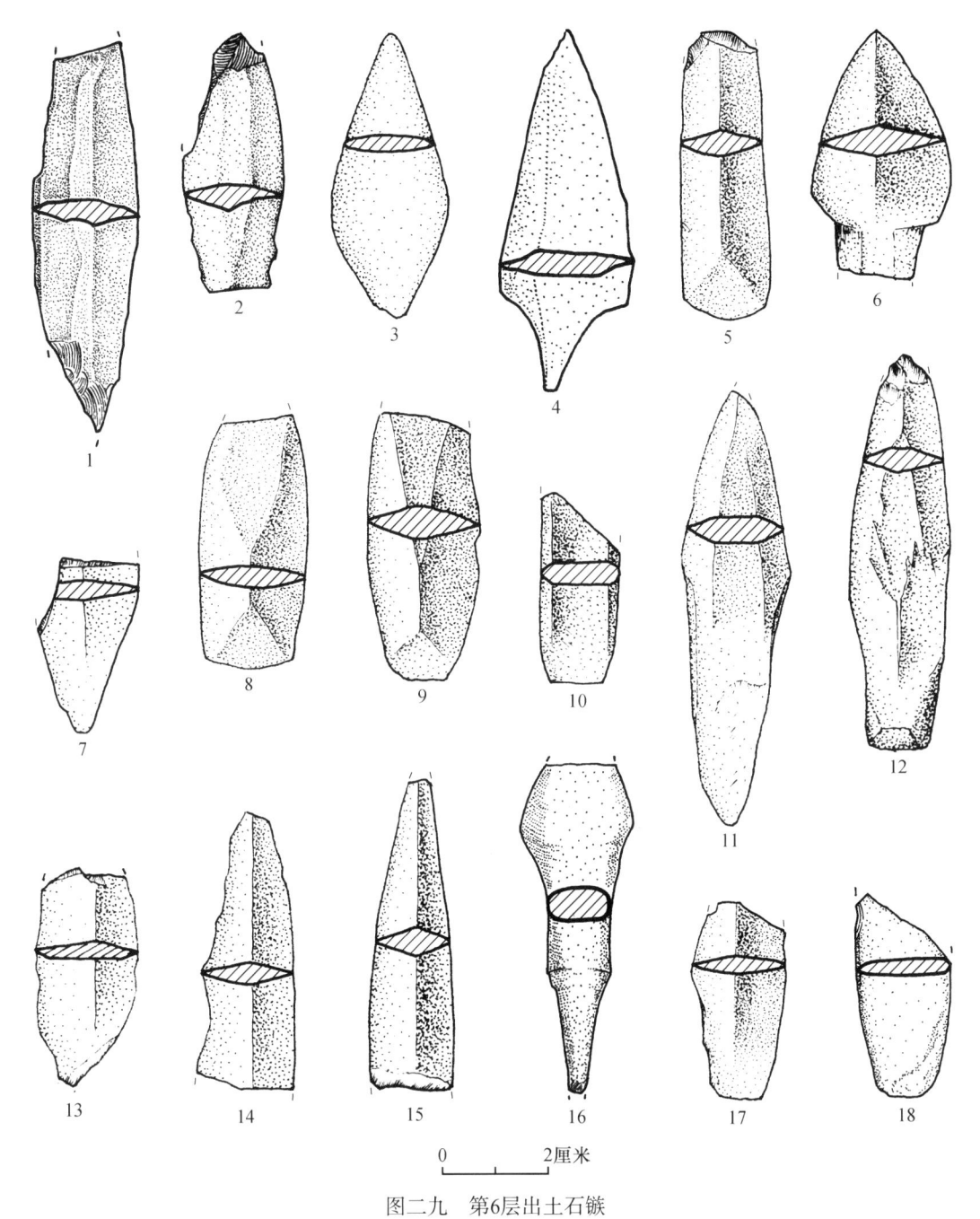

1、2. Ab型（1. T0503⑥：4、2. T0503⑥：6）　3. Ad型（T0302⑥：14）　4、6. Ae型（4. T0503⑥：5、6. T0302⑥：8）
5、8~10. Af型（5. T0302⑥：19、8. T0304⑥：17、9. T0402⑥：10、10. T0302⑥：18）　7、13~15、17、18. A型而亚型不明
（7. T0203⑥：3、13. T0302⑥：10、14. T0302⑥：13、15. T0304⑥：12、17. T0402⑥：13、18. T0503⑥：26）
11、12. Ag型（11. T0304⑥：8、12. T0402⑥：1）　16. Bc型（T0305⑥：1）

Ag型，2件。标本T0304⑥：8，深灰色石料。前锋残，镞身较短，双面扁平，两侧刃，截面呈多棱形，不规整扁长三角形铤。残长8、宽2.1、厚0.5厘米（图二九，11）。标本T0402⑥：1，青灰色石料。前锋及镞身表面残损，镞身呈柳叶形，脊线不明显，扁长方形铤，制作粗糙。残长7.3、宽1.8、厚0.4厘米（图二九，12）。

A型而亚型不明，6件。标本T0203⑥：3，青灰色石料。仅有铤后端，双面有脊，两侧刃。残长3.3、宽1.7、厚0.4厘米（图二九，7）。标本T0302⑥：10，深灰色石料。仅存镞身后端，一面有脊，一面扁平，两侧刃。残长4、宽1.9、残厚0.3厘米（图二九，13）。标本T0302⑥：13，青灰色石料。仅存镞身前端，一侧残，柳叶形，双面有脊，两侧刃。残长5.1、残宽1.9、厚0.4厘米（图二九，14）。标本T0304⑥：12，青灰色石料。前锋及镞身后端残，细柳叶形，双面有脊，两侧刃。残长5.8、宽1.6、厚0.55厘米（图二九，15）。标本T0402⑥：13，青绿色石料。仅存镞身后端及铤，一面有脊，一面扁平，两侧刃，扁梯形铤。残长3.7、宽1.8、厚0.3厘米（图二九，17）。标本T0503⑥：26，青灰色石料。仅存镞身后端及铤，两面扁平，扁梯形铤。残长3.8、宽1.9、厚0.3厘米（图二九，18）。

Bc型，1件。标本T0305⑥：1，灰色石料。镞身前端残，镞身中部呈圆箍状，后端收缩呈扁柱状，其后两次收缩呈细圆锥状铤。残长6、宽2.1厘米（图二九，16）。

斧　13件。

A型　8件。

Aa型，6件。标本T0302⑥：2，青绿色石料。顶部略残，弧顶，下端两面起弧刃。残长8、宽4.6~6.5、厚2.5厘米（图三〇，1；图版四二，3）。标本T0302⑥：3，青灰色石料。刃部残，平面呈梯形，弧顶，下端两面刃。残长9.8、宽6.2~7.4、厚2.6厘米（图三〇，5）。标本T0302⑥：11，青灰色石料。顶部及刃部残，平面呈梯形，下端两面刃。残长9、宽6~7、厚2.6厘米（图三〇，4）。标本T0302⑥：16，青灰色石料。顶部略残，平顶，下端两面刃。长7.6、宽4.7~5.6、厚2.2厘米（图三〇，2；图版四二，4）。标本T0302⑥：23，灰褐色石料。弧顶，平面呈梯形，下端两面起弧刃。长7.5、宽4.5~5.8、厚1.9厘米（图三〇，3）。标本T0503⑥：25，青灰色石料。边侧及刃部残，平面呈梯形，弧顶。残长8.4、宽4.8~5.8、厚2.3厘米（图三〇，6）。

Ab型，2件。标本T0302⑥：4，深灰色石料。顶部残，平面呈扁梯形，下端两面起弧刃。长9.2、宽7.6~9、厚2.3厘米（图三〇，8）。标本T0402⑥：9，青灰色石料。顶部残，平面呈扁梯形，下端两面起弧刃。残长8.8、宽7.5~8.2、厚2.7厘米（图三〇，7）。

C型　4件。标本T0203⑥：5，浅灰色石料。下部残断，平面呈长方形，平顶，一面平，一面拱起。残长7.1、顶宽4.2、厚2.1厘米（图三一，1）。标本T0302⑥：15，灰色石料。平面呈长方形，平顶，下端两面起直刃。长8.5、宽5.6、厚2.4厘米（图三一，3；图版四二，5）。标本T0402⑥：3，浅红褐色石料。上端、一面及刃部残，平面呈长方形，下端两面刃。残长7.6、宽6.2、厚2.4厘米（图三一，4）。标本T0503⑥：2，青灰色石料。刃部残，平面呈长方形，下端呈弧刃。残长7.6、宽4、厚2.5厘米（图三一，2）。

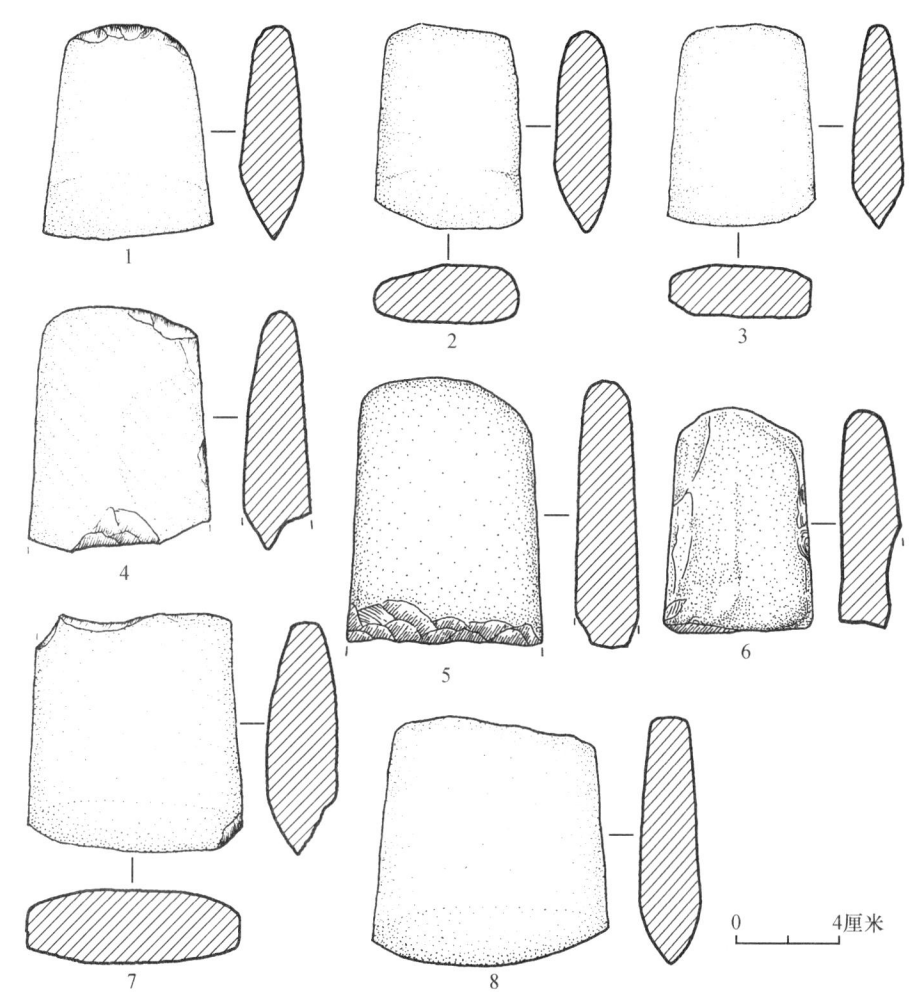

图三〇　第6层出土石斧
1~6. Aa型（1. T0302⑥：2、2. T0302⑥：16、3. T0302⑥：23、4. T0302⑥：11、5. T0302⑥：3、6. T0503⑥：25）
7、8. Ab型（7. T0402⑥：9、8. T0302⑥：4）

不明形制　1件。标本T0302⑥：5，青灰色石料。仅存刃部，两面起弧刃。残长5.2、宽10.7、厚1.8厘米（图三一，5）。

锛　9件。

A型　4件。

Aa型，2件。标本T0402⑥：17，青灰色石料。边侧残，平面呈梯形，平顶，下端两面起弧刃，一面宽刃，一面窄刃。长6.7、宽2.6~3.8、厚1.5厘米（图三二，1；图版四二，6）。标本T0503⑥：1，灰白色石料。边侧残，平面呈梯形，平顶，一面平，一面拱起，下端两面起直刃，一面起宽刃，一面起窄刃。长6.1、宽2.9~4、厚1.2厘米（图三二，2；图版四三，1）。

Ab型，1件。标本T0503⑥：24，灰褐色石料。边侧及刃部略残，下端两面起直刃，一面起宽刃，一面起窄刃。长3.8、宽3.1~3.7、厚0.5厘米（图三二，3；图版四三，2）。

Ac型，1件。标本T0304⑥：10，深灰色石料。完整，平面呈梯形，下端两面起弧刃，一面宽刃，一面窄刃。长4.8、宽1.8~2.1、厚0.4厘米（图三二，5）。

图三一　第6层出土石斧

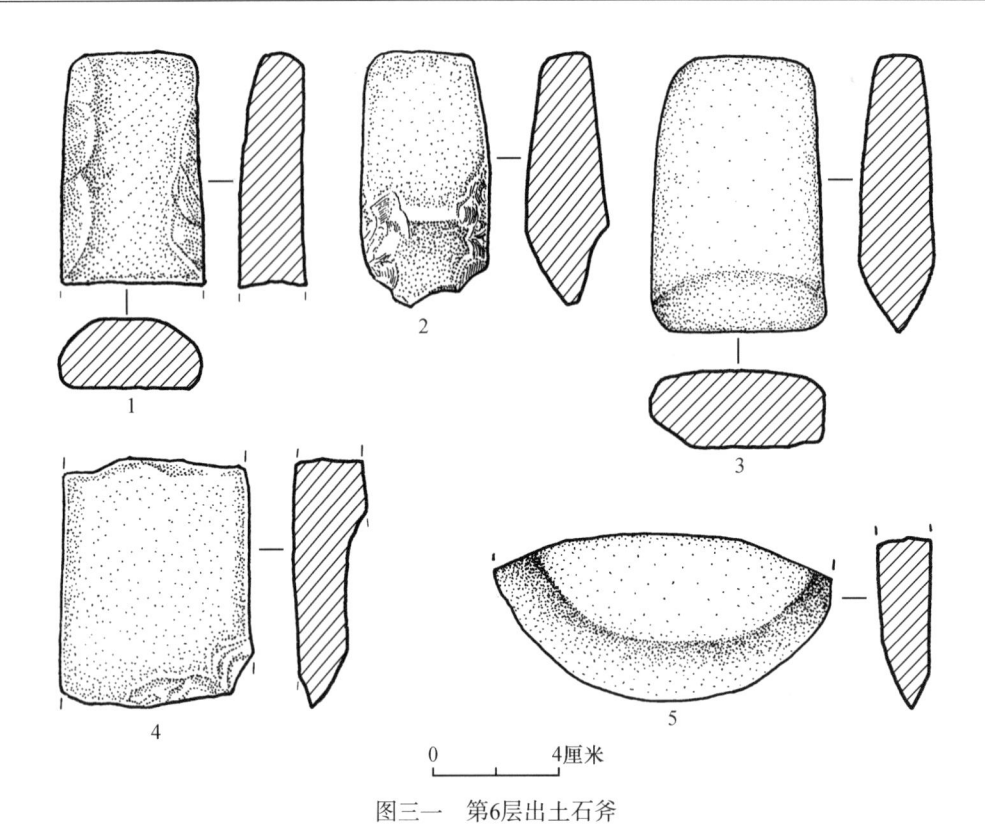

1~4. C型（1. T0203⑥：5、2. T0503⑥：2、3. T0302⑥：15、4. T0402⑥：3）　5. 不明形制（T0302⑥：5）

B型　1件。标本T0402⑥：18，青灰色石料。上端及边侧残，平面呈倒梯形，下端两面刃。残长7.8、宽4.4、厚1.8厘米（图三二，7）。

C型　2件。

Ca型，1件。标本T0203⑥：7，深灰色石料。顶部略残，平顶，下端两面起弧刃。长5.7、宽3.6、厚0.7厘米（图三二，4；图版四三，3）。

Cb型，1件。标本T0304⑥：9，深灰色石料。刃部略残，平面近长方形，上端有一个对穿孔，下端两面刃。长4.2、宽1.7、厚0.4厘米（图三二，6）。

不明形制　2件。标本T0302⑥：9，青灰色石料。上下端残，平面呈长方形。残长4.8、宽2.7、厚0.4厘米（图三二，9）。标本T0304⑥：15，灰色石料。上端残，平面呈长方形，下端两面刃。残长3.6、宽2.1、厚0.5厘米（图三二，8）。

钺　1件。标本T0402⑥：14，青灰色石料。顶部及下端残，梯形，平顶，上端中部有一个单面穿孔。残长14.8、宽7.6~9、厚0.9、孔径1.3~1.8厘米（图三三，10；图版四三，5）。

矛　1件。标本T0304⑥：7，灰色石料。仅存矛身前端，前锋残，双面有脊，两侧刃。残长4.5、宽3.6、厚0.5厘米（图三三，9）。

穿孔刀　2件。

F型　1件。标本T0302⑥：12，青绿色石料。梯形，上端有两个对穿孔，下端双面内弧刃。长3.5、宽1.7~2.5、厚0.3厘米（图三三，2）。

上篇　第六章　早一期遗存　　　　　　　　　　　　　　　　　　　　　　　　· 83 ·

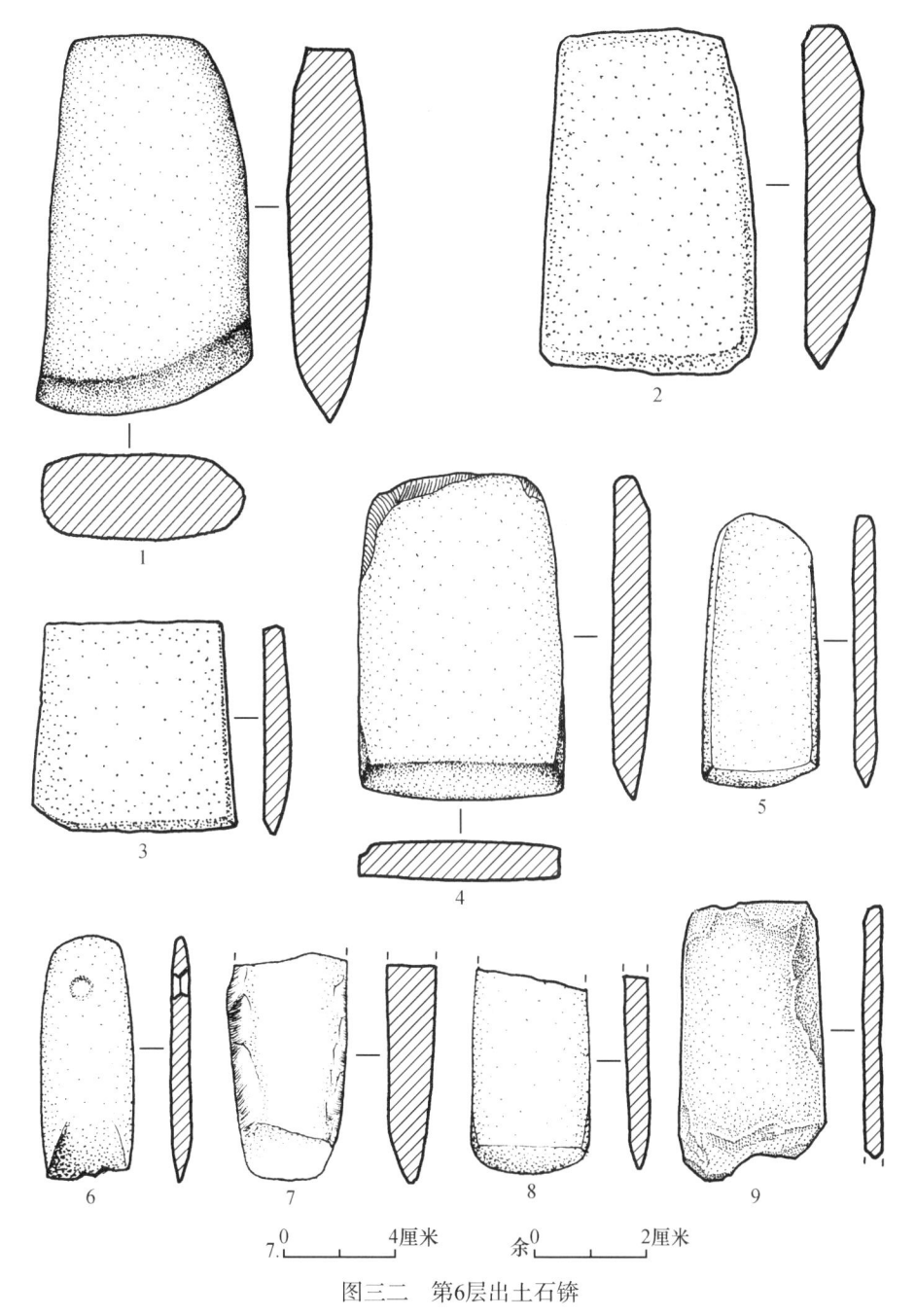

图三二　第6层出土石锛

1、2. Aa型（1. T0402⑥：17，2. T0503⑥：1）　3. Ab型（T0503⑥：24）　4. Ca型（T0203⑥：7）　5. Ac型（T0304⑥：10）
6. Cb型（T0304⑥：9）　7. B型（T0402⑥：18）　8、9. 不明形制（8. T0304⑥：15，9. T0302⑥：9）

不明形制　1件。标本T0203⑥：4，青灰色石料。仅存上端局部，残存两个对穿孔。残长2.6、宽2.5、厚0.25厘米（图三三，1）。

刀　2件。

不明形制　2件。标本T0402⑥：6，青绿色石料。仅存下端，双面刃。残长4.8、残宽3、厚0.35厘米（图三三，4）。标本T0503⑥：22，青灰色石料。仅存一角，下端双面弧刃。残长4.3、残宽5.3、厚0.6厘米（图三三，3）。

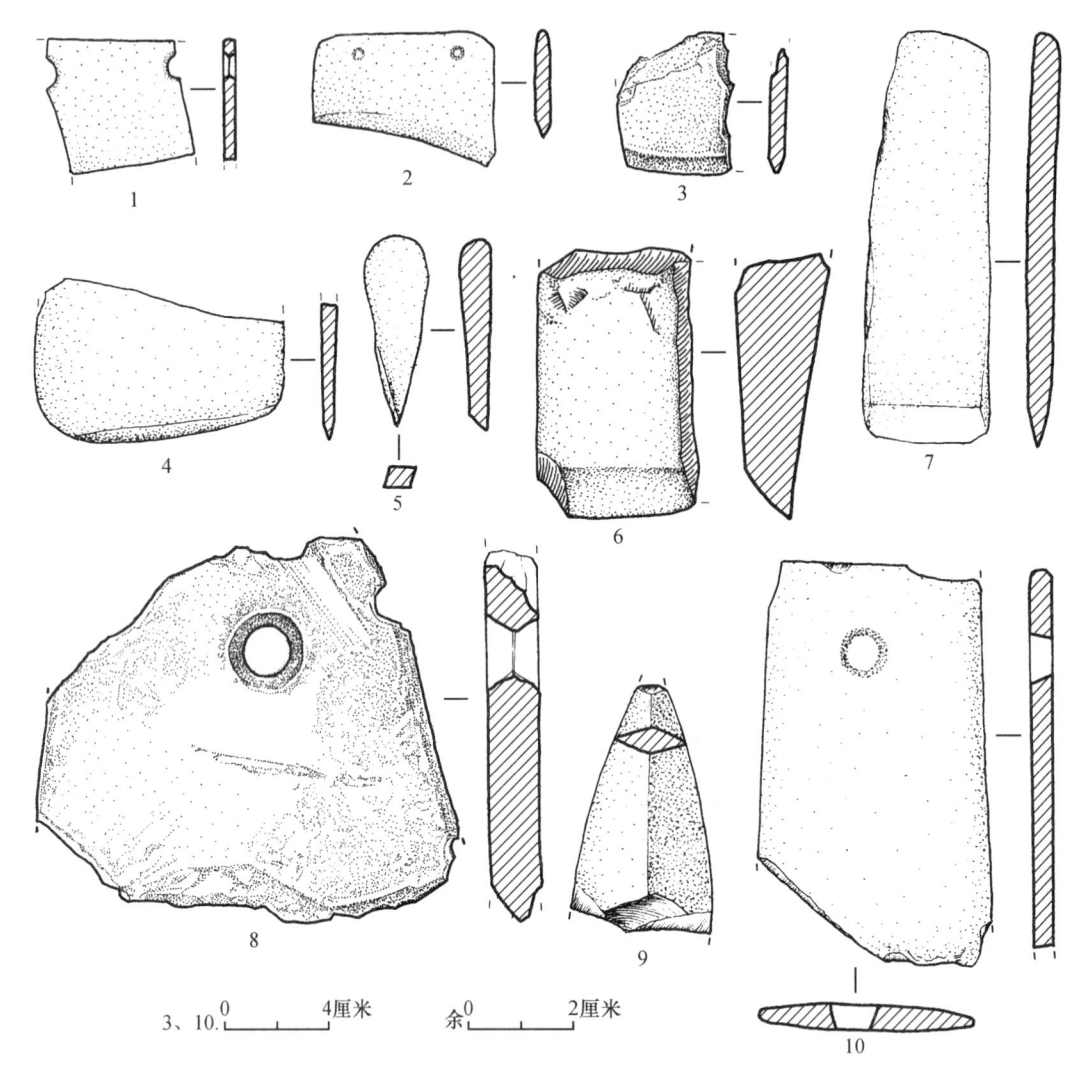

图三三　第6层出土石器

1. 不明形制穿孔刀（T0203⑥：4）　2. F型穿孔刀（T0302⑥：12）　3、4. 不明形制刀（3. T0503⑥：22，4. T0402⑥：6）
5. A型凿（T0304⑥：2）　6、7. B型凿（6. T0302⑥：6，7. T0302⑥：21）　8. 犁（T0503⑥：23）　9. 矛（T0304⑥：7）
10. 钺（T0402⑥：14）

凿　3件。

A型　1件。标本T0304⑥：2，深灰色石料。刃部略残。平面形状呈三角形，弧顶，下端两侧交叉刃。长3.5、宽1.25、厚0.6厘米（图三三，5）。

B型　2件。标本T0302⑥：6，青灰色石料。仅存刃部一角，平面呈长方形，单面弧刃。残长4.8、残宽3、厚1.8厘米（图三三，6）。标本T0302⑥：21，浅灰色石料。边侧略残，平面呈长梯形，下端双面刃，一面宽刃，一面窄刃。长7.6、宽2.4、厚0.6厘米（图三三，7；图版四三，4）。

犁　1件。标本T0503⑥：23，浅灰色石料。仅存中部，平面呈三角形，上端中部有一个对穿孔。残长7.2、宽8、厚1厘米（图三三，8；图版四三，6）。

砺石　B型　1件。标本T0204⑥：5，浅黄色石料。不规则形，正反两面及侧面均有磨面，磨面下凹。残长10、宽7.8、厚3厘米（图三四，1）。

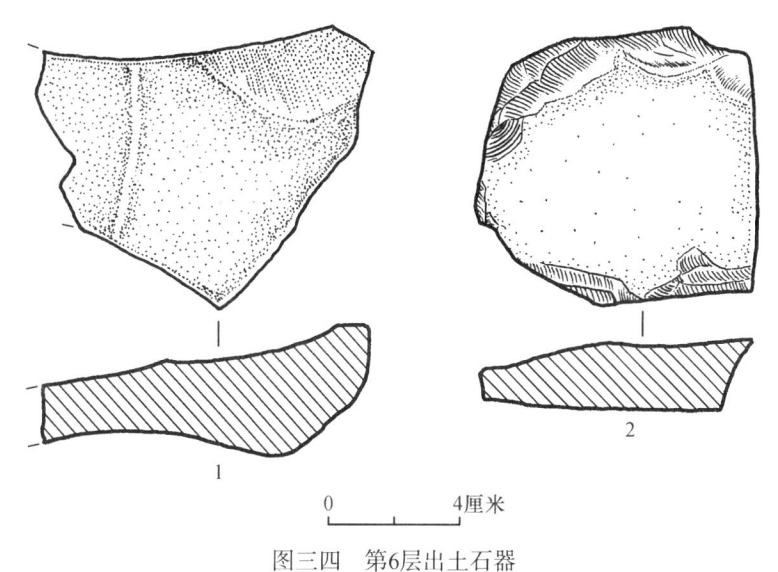

图三四　第6层出土石器
1. B型砺石（T0204⑥：5）　2. 残损不明石器（T0402⑥：4）

残损不明石器　1件。标本T0402⑥：4，青灰色石料。仅存中部一块，边缘打制，似为石斧废料（图三四，2）。

二、陶　　器

1. 陶器统计

为了掌握第6层出土陶器情况，对该层2394件（块）陶器（含标本及陶片）进行了陶系及纹饰统计，对544件（块）可辨器形（含标本及陶片）进行了器形统计，统计情况如下（表四、表五）。

（1）陶系：该层出土陶器按陶质可分为夹砂及泥质两大类，分别占57.07%、44.93%。其中夹砂陶中以夹砂红陶、夹砂褐陶及为主，其次为夹砂灰陶及夹砂黑陶，分别占22.51%、16.91%、11.98%、5.17%，少量夹砂黑皮红陶，仅占0.5%；泥质陶中以泥质灰陶及泥质黑皮红陶为主，其次为泥质褐陶、泥质红陶，少量泥质黑皮灰陶及泥质黑陶，分别占21.34%、8.43%、5.68%、3.75%、2.84%、1.16%（表五）。

（2）器形：可辨器形中夹砂陶占83.09%，泥质陶占16.91%。器形主要以鼎足、釜鼎口沿及各类罐为主，分别占43.92%、26.65%、10.47%，其次为圈足盘、豆、鬶、盆等，分别占7.35%、3.12%、2.57%、1.65%，其他器类有纺轮、壶、器耳、拍、瓮、器盖（纽）、支座、球、大口缸、板瓦等，数量均较少。

每类器形及对应的陶系，鼎足及釜鼎口沿均为夹砂陶，其中鼎足以夹砂红陶及夹砂褐陶为主，少量夹砂灰陶；釜鼎口沿中这三种陶系大体相当，少量夹砂黑陶。其他器形中罐、圈足盘、壶、盆、瓮以泥质灰陶为主，鬶以泥质红陶为主，而器耳、器盖（纽）、支座、球、拍、大口缸、板瓦等均为夹砂陶（表四）。

表四　罗家冲遗址第6层出土陶器器形统计表　　　　　　　　　　　（单位：件）

器形	陶系	夹砂 红陶	夹砂 灰陶	夹砂 褐陶	夹砂 黑陶	夹砂 黑皮红陶	泥质 红陶	泥质 灰陶	泥质 褐陶	泥质 黑陶	泥质 黑皮红陶	泥质 黑皮灰陶	合计	百分比（%）	
纺轮			2	4						2			8	1.47	
鼎足	宽扁形	20		8									28	5.14	43.92
	扁锥形	63		25									88	16.17	
	圆锥形	88	5	30									123	22.61	
釜鼎口沿		32	47	55	11								145	26.65	
罐（各类罐）		7	9	8	4		3	14	6		6		57	10.47	
鬶（含鬶足）		4		3	3		2	1			1		14	2.57	
豆（盘、柄）							5	1	7		4		17	3.12	
圈足盘		3		5			4	14	1	2	11		40	7.35	
盆		1	1		2		4			1			9	1.65	
壶								1					1	0.18	
器耳				2									2	0.36	
拍		2											2	0.36	
瓮							2						2	0.36	
器盖（纽）		1		1	1								3	0.55	
支座		2											2	0.36	
球		1											1	0.18	
大口缸				1									1	0.18	
板瓦				1									1	0.18	
合计		224	62	139	27	0	9	41	8	11	23	0	544	100	
百分比（%）		41.18	11.4	25.55	4.96	0	1.65	7.54	1.47	2.02	4.23	0		100	
		\multicolumn{5}{c}{83.09}		\multicolumn{6}{c}{16.91}				

注：陶系中褐陶含红褐陶及黄褐陶，灰陶含浅灰陶及灰白陶；器形中部分仅做大器类或型统计，而未按小器类或亚型统计，如鼎足、罐、鬶、豆等。部分陶质无可辨器形者统计为"0"。

（3）纹饰：陶器器表素面占53.42%，其余均有纹饰。从纹饰对应的陶系分析，纹饰主要装饰在夹砂红陶及泥质灰陶上，其次为夹砂褐陶、夹砂灰陶及泥质黑皮红陶，其他陶质上纹饰较少。

纹饰以绳纹为主，占36.34%，其次为鼎足上的各类纹饰，分别有刻槽、按窝、瓦棱及绳纹+刻槽、按窝+刻槽、凸棱+刻槽、绳纹+刻槽+按窝等多种组合纹饰，其中各类刻槽鼎足占5.32%、按窝鼎足占1.78%，其他纹饰中以弦纹最多，占2%，其次为方格纹、篮纹及镂孔，各占0.62%、0.54%、0.37%，另有附加堆纹、刻划纹、戳印纹、几何印纹及弦断绳纹、绳纹+附加堆纹、绳纹+弦纹、方格纹+附加堆纹等组合纹饰，数量均较少（图三五、图三六；表五）。

表五　罗家冲遗址第6层出土陶器纹饰统计表　　　　　　　　　　　（单位：件）

纹饰\陶系	夹砂 红陶	夹砂 灰陶	夹砂 褐陶	夹砂 黑陶	夹砂 黑皮红陶	泥质 红陶	泥质 灰陶	泥质 褐陶	泥质 黑陶	泥质 黑皮红陶	泥质 黑皮灰陶	合计	百分比（%）
素面	218	61	151	34		72	383	98	27	177	58	1279	53.42
绳纹	200	213	219	86	9	12	99	20		8	4	870	36.34
弦断绳纹									1			1	0.04
刻槽	49	2	26									77	3.21
刻槽+刻划纹	1											1	0.04
绳纹+刻槽	17											17	0.71
按窝	12		1									13	0.54
绳纹+按窝	1											1	0.04
按窝+刻槽	22	1	3									26	1.08
绳纹+刻槽+按窝	2											2	0.08
瓦棱	3			1								4	0.16
附加堆纹+瓦棱	1											1	0.04
凸棱+刻槽	1	1	1							1		4	0.16
凸棱+按窝+刻槽	1											1	0.04
附加堆纹	1	2				1	2			1		7	0.29
绳纹+附加堆纹							2					2	0.08
弦纹	4	2			1		21	7		10	3	48	2.00
绳纹+弦纹							2					2	0.08
凸棱+戳印纹		1										1	0.04
方格纹		2	2	2	1	2	3			1	2	15	0.62
方格纹+附加堆纹				1								1	0.04
篮纹	5	2	1				1	4				13	0.54
刻划纹	1		1				2			1		5	0.20
戳印纹						1						1	0.04
几何印纹			1									1	0.04
镂孔						3	1	1		3	1	9	0.37
合计	539	287	405	124	12	90	511	136	28	202	68	2394	100
百分比（%）	22.51	11.98	16.91	5.17	0.50	3.75	21.34	5.68	1.16	8.43	2.84	100	
	57.07					42.93							

注：本统计表未含纺轮；陶系中褐陶含红褐陶及黄褐陶，灰陶含浅灰陶及灰白陶；纹饰中绳纹含各类粗细绳纹，方格纹含各类大小方格纹，弦纹含凹凸弦纹。

图三五　第6层出土陶器纹饰拓片

1、2. 中绳纹（1. T0204⑥：6、2. T0304⑥：21）　3. 粗绳纹（T0204⑥：7）　4. 绳切纹（T0304⑥：22）
5、6. 大方格纹（5. T0204⑥：8、6. T0503⑥：19）

2. 标本

纺轮　8件。

A型　7件。

Aa型，5件。标本T0302⑥：20，夹砂褐陶。饼形，斜边，宽面饰四组对称三弧线刻划纹，中部穿孔。短径3.2、长径4.1、孔径0.4、厚0.9厘米（图三七，2；图三八，3；图版四四，1）。标本T0302⑥：24，夹砂黑陶。边侧残，饼形，斜边。两面有纹饰，宽面饰一周戳点纹及四组对称三弧线刻划纹，窄面饰一周戳点纹及"十"字戳点纹，侧边饰一周戳点纹，中部穿孔。短径3.5、长径3.9、孔径0.4、厚0.9厘米（图三七，5；图三八，2；图版四四，3、4）。标本T0304⑥：11，泥质黑陶。饼形，斜边，宽面中部及边侧各饰一周凹弦纹+"十"字刻划纹，分隔的四格中饰对称羊角刻划纹，中部穿孔。短径4.7、长径5、孔径0.4、厚0.6厘米（图三七，3；图三八，5；图版四四，2）。标本T0402⑥：8，夹砂黑陶。边侧残，饼形，斜边，

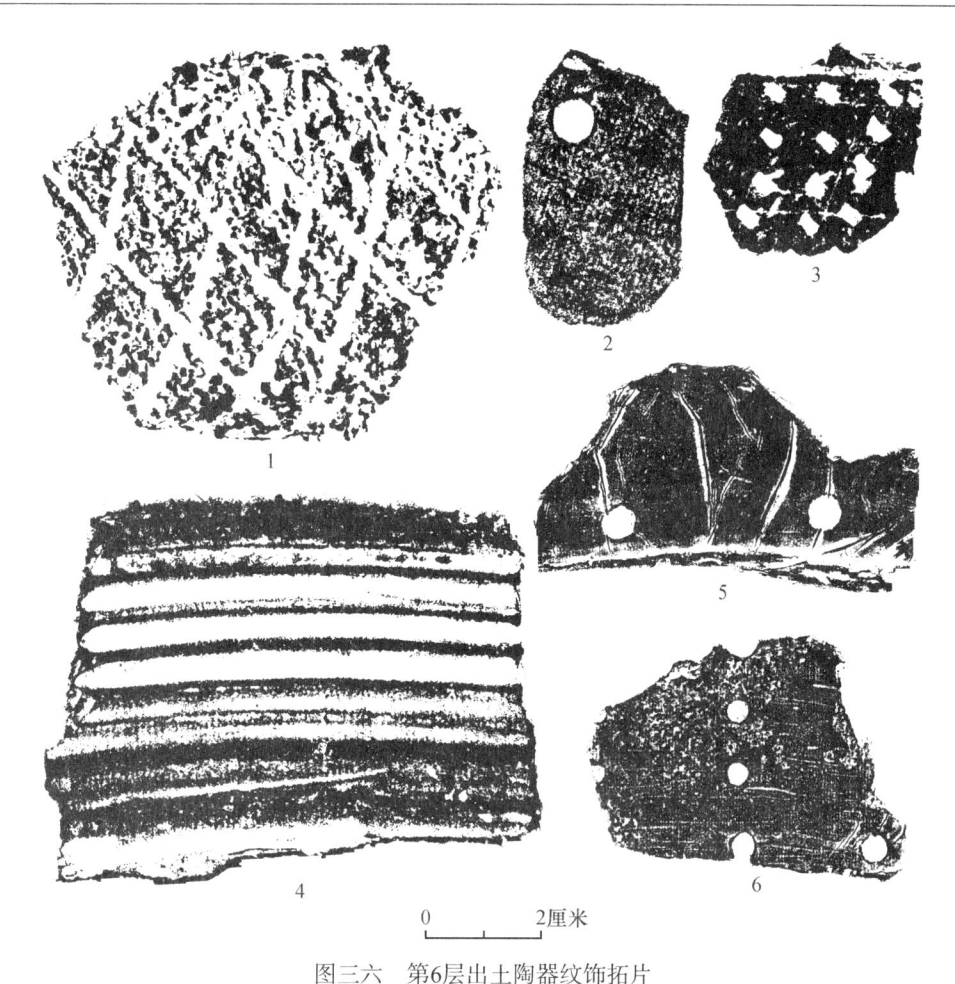

图三六　第6层出土陶器纹饰拓片

1. 菱形纹（T0302⑥:40）　2、3、5、6.镂孔（2.T0204⑥:9，3.T0302⑥:41，5.T0402⑥:42，6.T0402⑥:43）
4. 凸弦纹（T0402⑥:44）

宽面饰一条中分刻划线及四组对称双弧线刻划纹，中部穿孔。短径4、长径4.5、孔径0.4、厚0.8厘米（图三七，4；图三八，1；图版四四，5）。标本T0402⑥:2，夹砂黑陶。饼形，弧边，一面饰四组对称三弧线刻划纹，中部穿孔。最大径4.2、孔径0.4、厚0.9厘米（图三七，6；图三八，4）。

Ab型，2件。标本T0402⑥:15，夹砂黑陶。仅存一半，饼形，斜边，窄面中部略凸，宽面饰对称双弧线刻划纹，中部穿孔。短径4.4、长径4.8、孔径0.4、厚0.6厘米（图三七，7）。标本T0302⑥:7，泥质黑陶。仅存一半，饼形，斜边，窄面中部略凸，素面，中部穿孔。短径3.2、长径3.7、孔径0.4、厚0.8厘米（图三七，1）。

B型　1件。标本T0304⑥:16，夹砂褐陶。圆台形，斜弧边，素面。短径3.8、长径4.5、最大腹径5、孔径0.5、厚3厘米（图三七，8；图版四四，6）。

鼎足　18件。

Aa型，2件。标本T0503⑥:14，夹砂红陶。仅存上端，宽扁足，足面饰二道凸棱，凸棱中间饰七道刻槽。残高5厘米（图三九，1）。标本T0402⑥:37，夹砂红陶。仅存下端，宽扁足，正面饰二道瓦棱。残高6.2厘米（图三九，2；图四一，6；图版四五，1）。

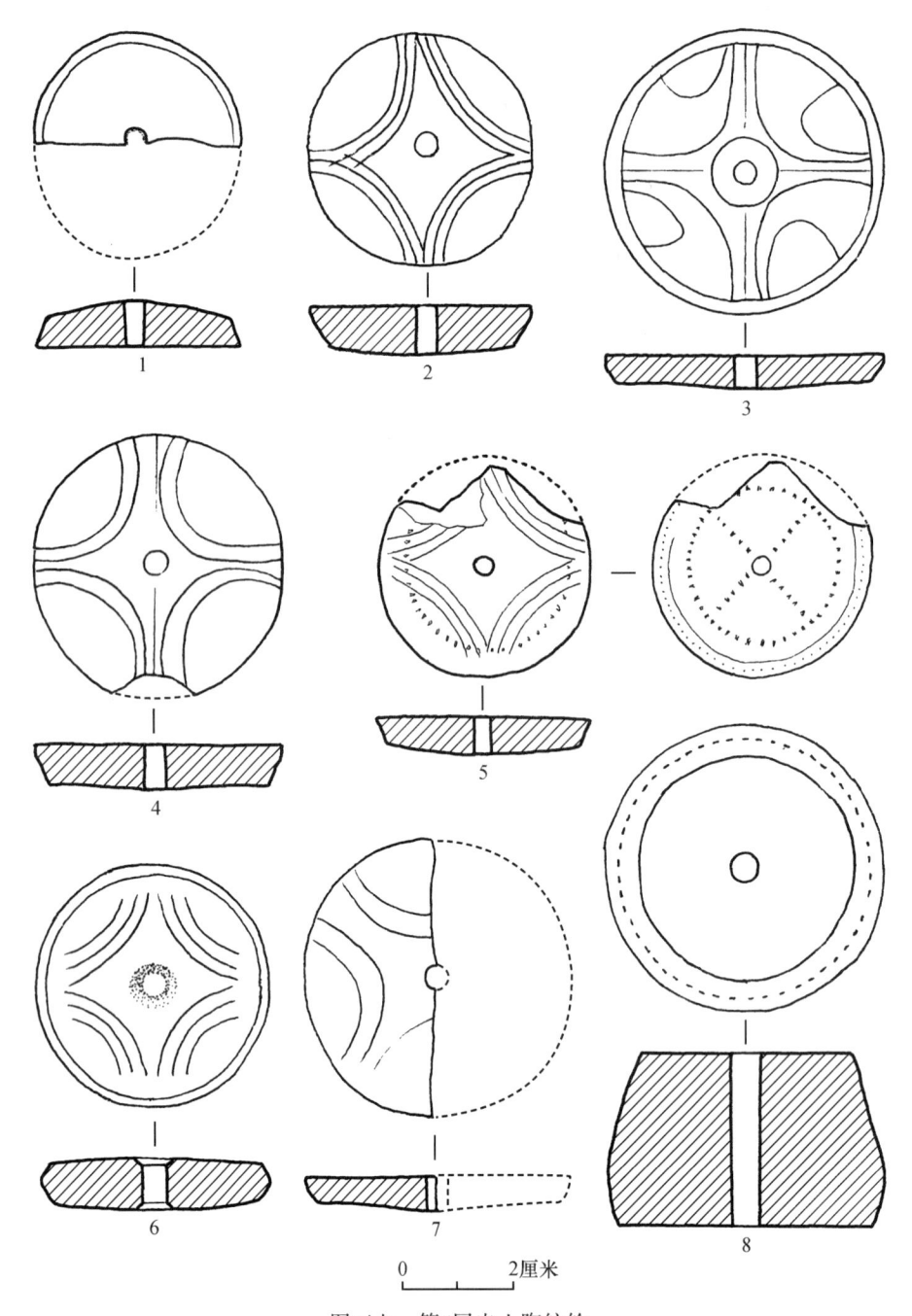

图三七　第6层出土陶纺轮

1、7. Ab型（1. T0302⑥∶7、7. T0402⑥∶15）　2~6. Aa型（2. T0302⑥∶20、3. T0304⑥∶11、4. T0402⑥∶8、5. T0302⑥∶24、6. T0402⑥∶2）　8. B型（T0304⑥∶16）

图三八　第6层出土陶纺轮纹饰拓片

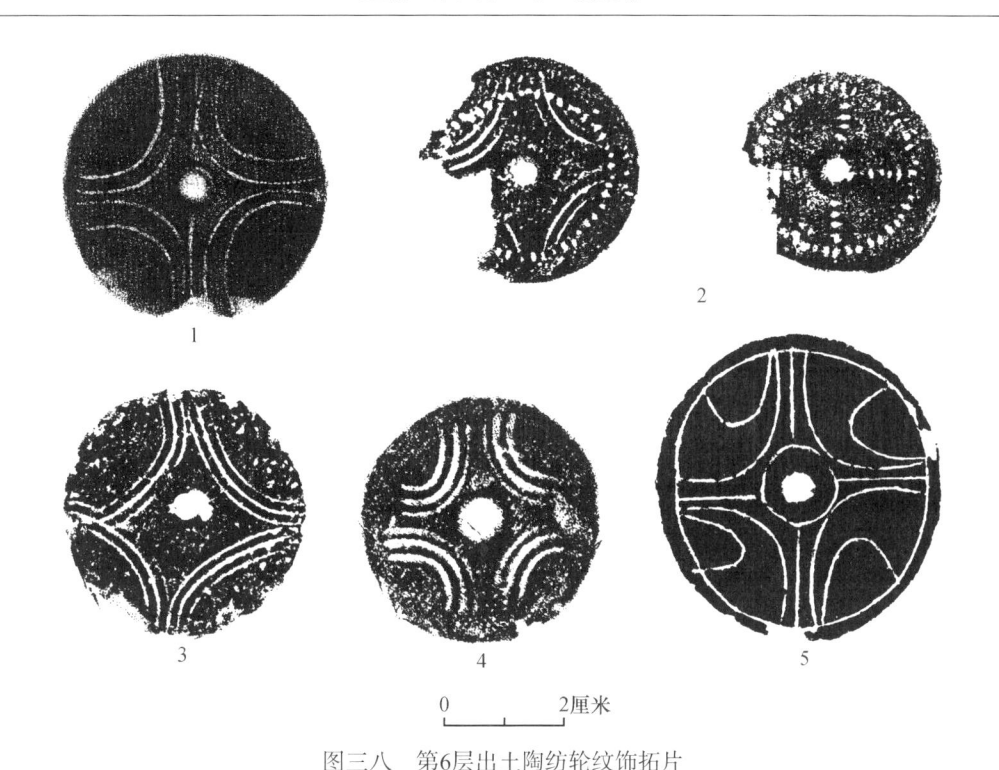

1. 双弧线纹纺轮（T0402⑥：8）　2. 三弧线+戳点纹纺轮（T0302⑥：24，左为正面、右为背面）　3、4. 三弧线纹纺轮
（3. T0302⑥：20、4. T0402⑥：2）　5. 羊角纹纺轮（T0304⑥：11）

Ba型，7件。标本T0204⑥：1，夹砂褐陶。下端残，扁锥形，外饰交错细绳纹。残高10厘米（图三九，3）。标本T0402⑥：31，夹砂红陶。上下端残，扁锥足，足外饰三道刻槽+短刻划纹。残高10.8厘米（图三九，4；图四一，5；图版四五，2）。标本T0402⑥：32，夹砂红陶。下端残，扁锥足，足根饰二道凸棱及三个按窝，其下饰三道刻槽。残高10.5厘米（图三九，5；图版四五，3）。标本T0402⑥：33，夹砂红陶。椭圆锥足，足外饰二道竖向刻槽。残高16.3厘米（图三九，7；图四一，2；图版四五，4）。标本T0402⑥：34，夹砂红陶。上端残，扁锥足，外饰绳纹。残高11厘米（图三九，6；图版四五，5）。标本T0402⑥：35，夹砂红陶。扁锥足，足外饰细绳纹，足根饰一个按窝。残高8.6厘米（图三九，8；图版四五，6）。标本T0402⑥：36，夹砂红褐陶。下端残，扁锥足，足外饰绳纹，上部及足面正中各饰一道锯齿状附加堆纹。残高9厘米（图三九，9；图四一，3；图版四六，1）。

Bb型，2件。标本T0302⑥：25，夹砂红陶。下端残，侧装扁锥足，足根饰粗绳纹。残高10.4厘米（图四〇，1）。标本T0503⑥：16，夹砂红陶。下部残，侧面足根饰按窝，正面饰二道短刻槽。残高5.3厘米（图四〇，2）。

Ca型，7件。标本T0204⑥：2，夹砂褐陶。圆锥足，下端残，上端饰二道长条状浅按窝。残高8.5厘米（图四〇，3）。标本T0402⑥：38，夹砂红陶。下部残，圆锥足，足根饰一个按窝，其下饰一道短刻槽。残高14.6厘米（图四〇，7；图四一，1）。标本T0402⑥：39，夹砂红陶。圆锥足，足根饰一个按窝，其下饰一道竖向刻槽，在足上端与鼎身交接处饰菱形纹。残高14.2厘米（图四〇，5；图版四六，2）。标本T0402⑥：40，夹砂灰陶。圆锥足，

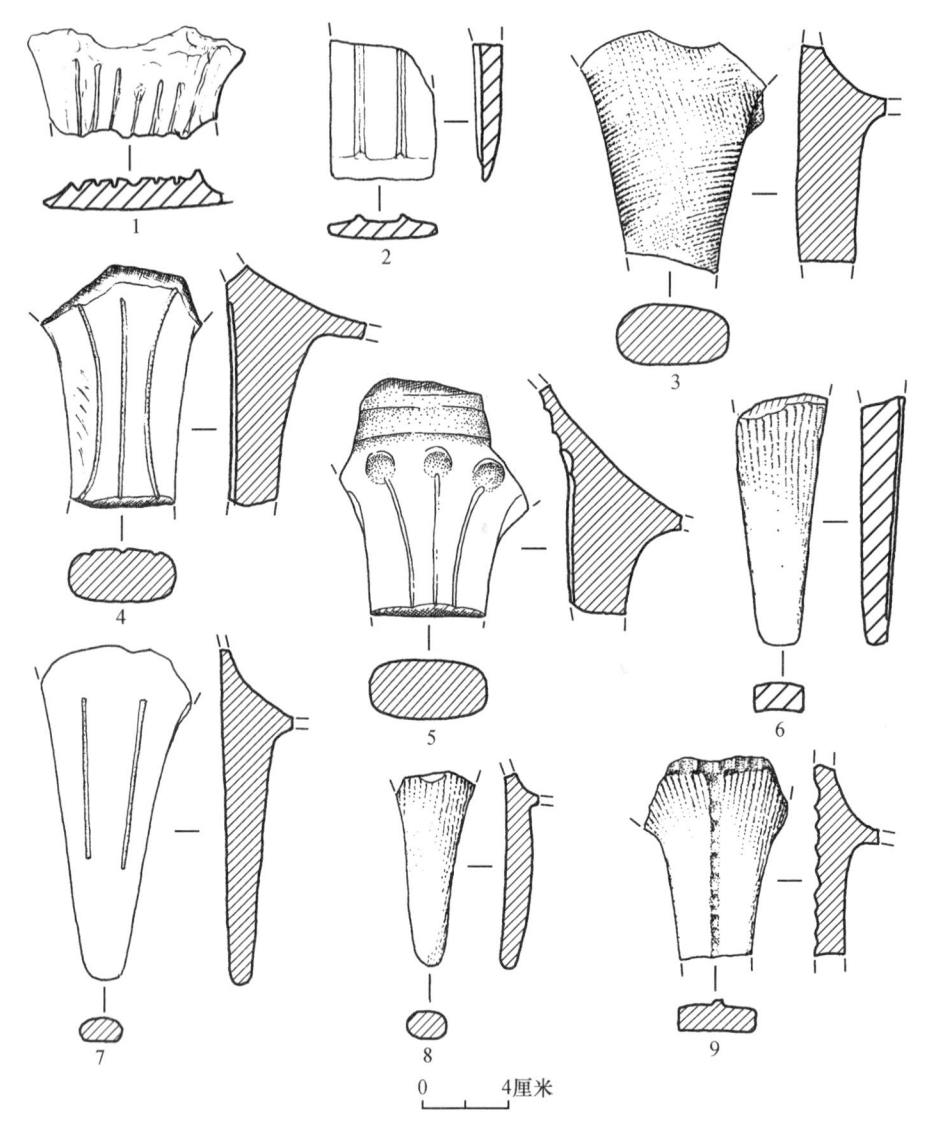

图三九　第6层出土陶鼎足
1、2. Aa型（1. T0503⑥：14、2. T0402⑥：37）　3~9. Ba型（3. T0204⑥：1、4. T0402⑥：31、5. T0402⑥：32、
6. T0402⑥：34、7. T0402⑥：33、8. T0402⑥：35、9. T0402⑥：36）

足外饰三条短刻槽，捏足跟。残高11厘米（图四〇，6；图四一，7；图版四六，3）。标本T0402⑥：41，夹砂灰陶。上端残，圆锥足，外饰一道短刻槽。残高9.6厘米（图四〇，8）。标本T0503⑥：13，夹砂红陶。下部残，圆锥足，足根饰一个按窝，其下饰一道短刻槽。残高7.3厘米（图四〇，4）。标本T0503⑥：15，夹砂红陶。下端残。圆锥足，足根饰一个按窝。残高6.8厘米（图四〇，9）。

　　高领罐口沿　4件。

　　A型　1件。标本T0302⑥：34，泥质灰陶。外卷沿，高直领，素面。残高5.4、口径7厘米（图四五，8；图版四六，4）。

　　B型　3件。标本T0302⑥：30，夹砂红陶。直口微侈，圆唇，广肩，沿外及肩部饰绳纹。残高7.4、复原口径14厘米（图四二，9）。标本T0304⑥：19，泥质红陶。直口微侈，溜肩，

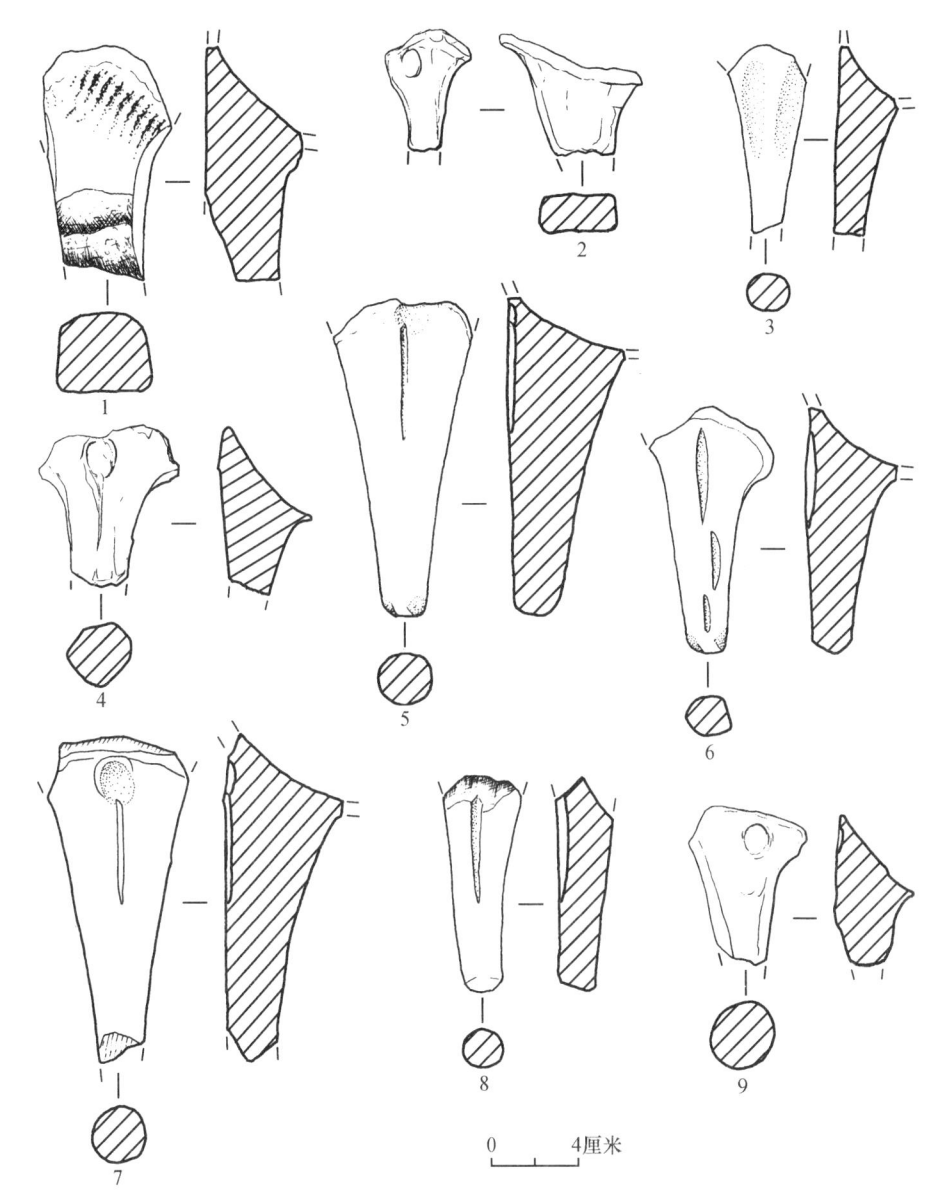

图四〇 第6层出土陶鼎足

1、2. Bb型（1. T0302⑥：25, 2. T0503⑥：16） 3~9. Ca型（3. T0204⑥：2, 4. T0503⑥：13, 5. T0402⑥：39,
6. T0402⑥：40, 7. T0402⑥：38, 8. T0402⑥：41, 9. T0503⑥：15）

素面。残高5厘米（图四二，3）。标本T0402⑥：19，泥质褐陶。上端残，直口，溜肩，颈部有轮旋状细弦纹。口径9、残高12厘米（图四五，6；图版四六，5）。

矮领罐口沿 A型 1件。标本T0302⑥：33，夹砂灰陶。短折沿，圆唇，斜肩，素面。残高4.8、复原口径13厘米（图四二，2）。

子母口罐 2件。标本T0302⑥：31，夹砂灰陶。下腹部残，敛口，圆唇，口沿与颈部交界处形成一道折棱，束颈，弧腹，肩部饰二道凸棱。残高15、复原口径12厘米（图四二，1）。
标本T0302⑥：32，夹砂黑陶。下腹部残，敛口，圆唇，口沿与颈部交界处形有一道折棱，束颈，溜肩，肩部有桥形鋬。残高10、复原口径12厘米（图四二，4）。

圈足盘 3件。标本T0302⑥：38，泥质灰陶。圜底，矮圈足微外撇，素面。残高3.4、复

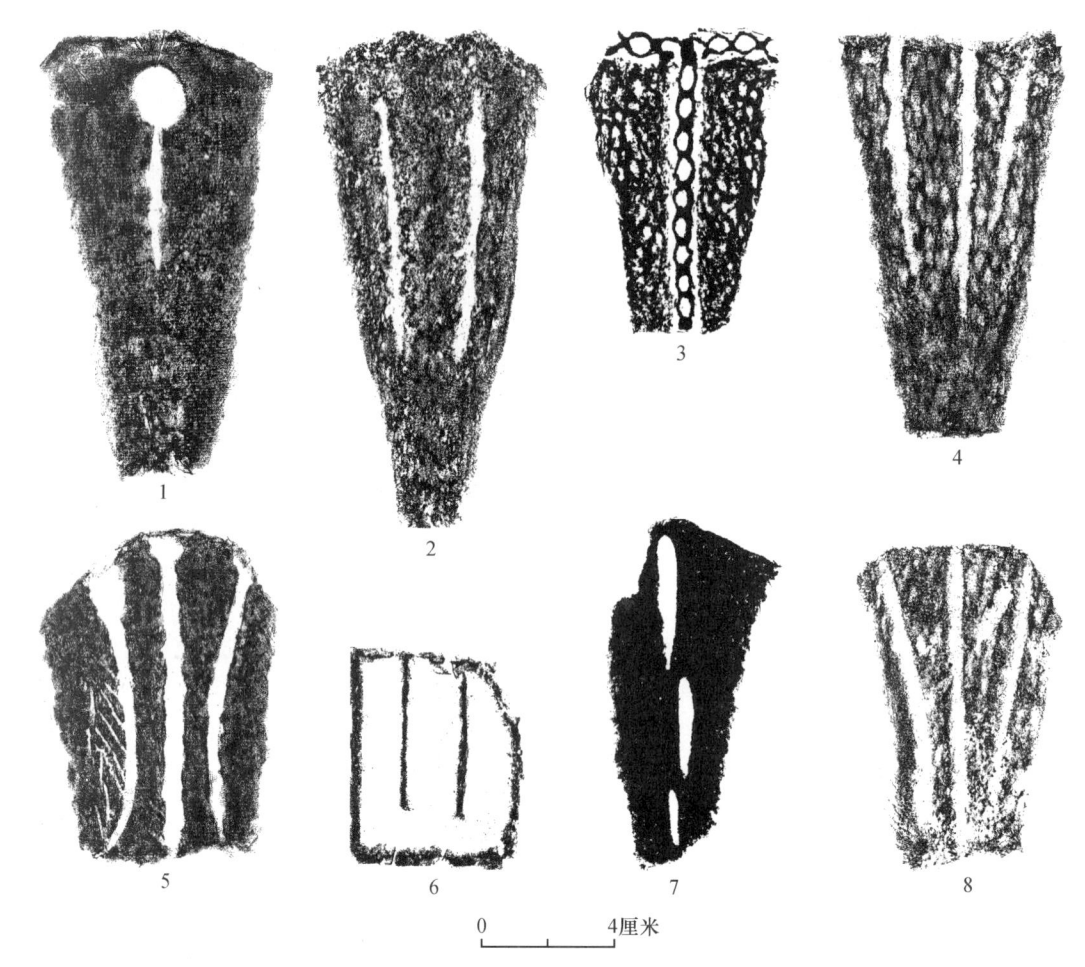

图四一　第6层、2014H36出土陶鼎足纹饰拓片

1. 按窝+单刻槽鼎足（T0402⑥：38）　2. 双刻槽鼎足（T0402⑥：33）　3. 绳纹+附加堆纹鼎足（T0402⑥：36）　4、8. 绳纹+三刻槽鼎足（4.2014H36：32、8.2014H36：33）　5. 三刻槽+刻划纹鼎足（T0402⑥：31）　6. 瓦棱鼎足（T0402⑥：37）　7. 刻槽鼎足（T0402⑥：40）

原底径18厘米（图四二，8）。标本T0302⑥：37，泥质灰陶。圜底，圈足外撇，素面。残高3、复原底径11厘米（图四二，7）。标本T0402⑥：30，泥质黑陶。圜底，圈足外撇，素面。底径9、残高3厘米（图四二，6）。

圈足　1件。标本T0203⑥：10，夹砂灰陶。底部有凸棱，器身饰戳印纹。残高4厘米（图四二，5）。

釜鼎口沿　9件。标本T0203⑥：8，夹砂褐陶。宽折沿，沿面微凹，方唇，肩部饰细绳纹。残高6厘米（图四三，8）。标本T0203⑥：9，夹砂褐陶。宽折沿，沿面微凹，方唇，沿外及肩部饰细绳纹。残高4.4厘米（图四三，7）。标本T0204⑥：4，夹砂黑陶。宽折沿，圆唇，唇上部饰一道凹弦纹，肩部饰绳纹。残高5.7厘米（图四三，5）。标本T0302⑥：29，夹砂红陶。宽折沿，沿面内凹，圆唇，沿外底部饰绳纹。复原口径42、残高4.6厘米（图四三，6）。标本T0402⑥：26，夹砂褐陶。宽折沿，方唇，束颈，溜肩，口外及肩部饰粗绳纹。复原口径38、残高8.6厘米（图四三，9）。标本T0402⑥：27，夹砂褐陶。宽折沿，沿面微凹，

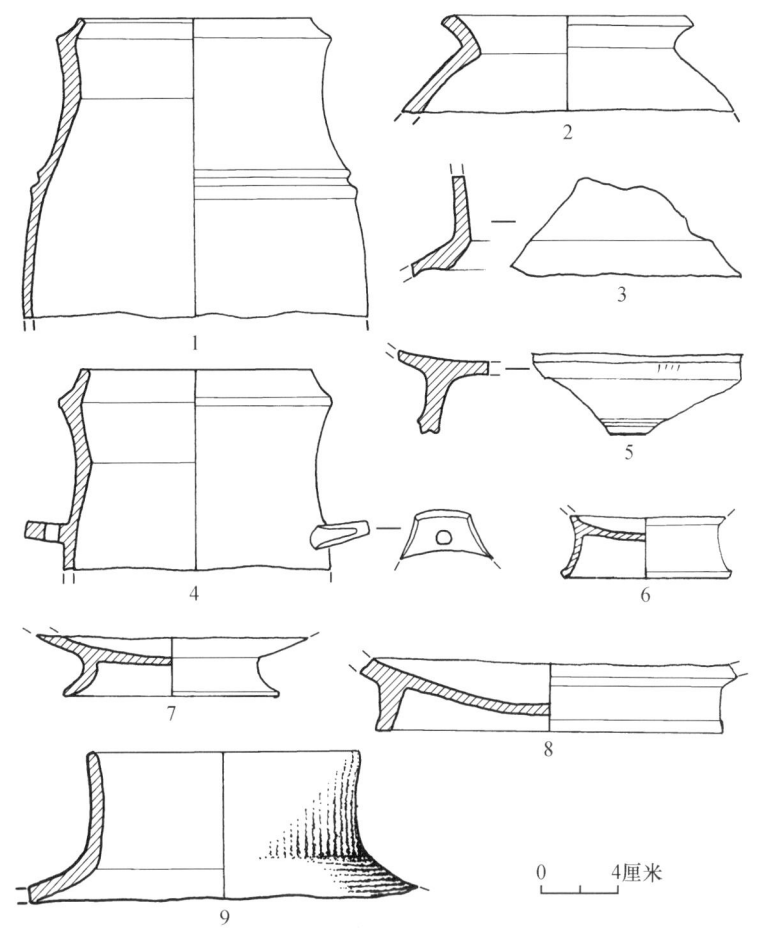

图四二 第6层出土陶器

1、4. 子母口罐（1. T0302⑥：31、4. T0302⑥：32） 2. A型矮领罐口沿（T0302⑥：33） 3、9. B型高领罐口沿（3. T0304⑥：19、9. T0302⑥：30） 5. 圈足（T0203⑥：10） 6~8. 圈足盘（6. T0402⑥：30、7. T0302⑥：37、8. T0302⑥：38）

方唇，束颈，溜肩，沿外及肩部饰粗绳纹。复原口径28、残高8.4厘米（图四三，1）。标本T0402⑥：28，夹砂红陶。宽折沿，方唇，束颈，弧肩，沿外及肩部饰绳纹。复原口径26、残高8厘米（图四三，2）。标本T0503⑥：9，夹砂褐陶。宽折沿，方唇，溜肩，肩部饰粗绳纹。复原口径28.8、残高10厘米（图四三，4）。标本T0503⑥：10，夹砂褐陶。宽折沿，沿面微凹，圆唇，束颈，溜肩，肩部饰细绳纹。复原口径24.4、残高6厘米（图四三，3）。

鬶 5件。

A型 2件。标本T0402⑥：20，泥质红陶。仅存口沿及颈部，卷叶流，流口朝上，细长颈，下端有把手，素面。残高12.3厘米（图四四，4；图版四七，1）。标本T0402⑥：22，泥质红陶。仅存颈部，细长颈，下端有把手，素面。残高8.6厘米（图四四，1）。

B型 3件。标本T0503⑥：12，夹砂褐陶。仅存口沿及颈部，捏状流，矮粗颈，素面。残高11.4厘米（图四四，2；图版四七，2）。标本T0402⑥：21，夹砂红陶。仅存口沿及颈部上端，捏状流，矮粗颈，素面。残高8.4厘米（图四四，3；图版四七，3）。标本T0503⑥：11，夹砂褐陶。仅存口沿及颈部，捏状流，矮粗颈，素面。残高10.4厘米（图四四，5；图版

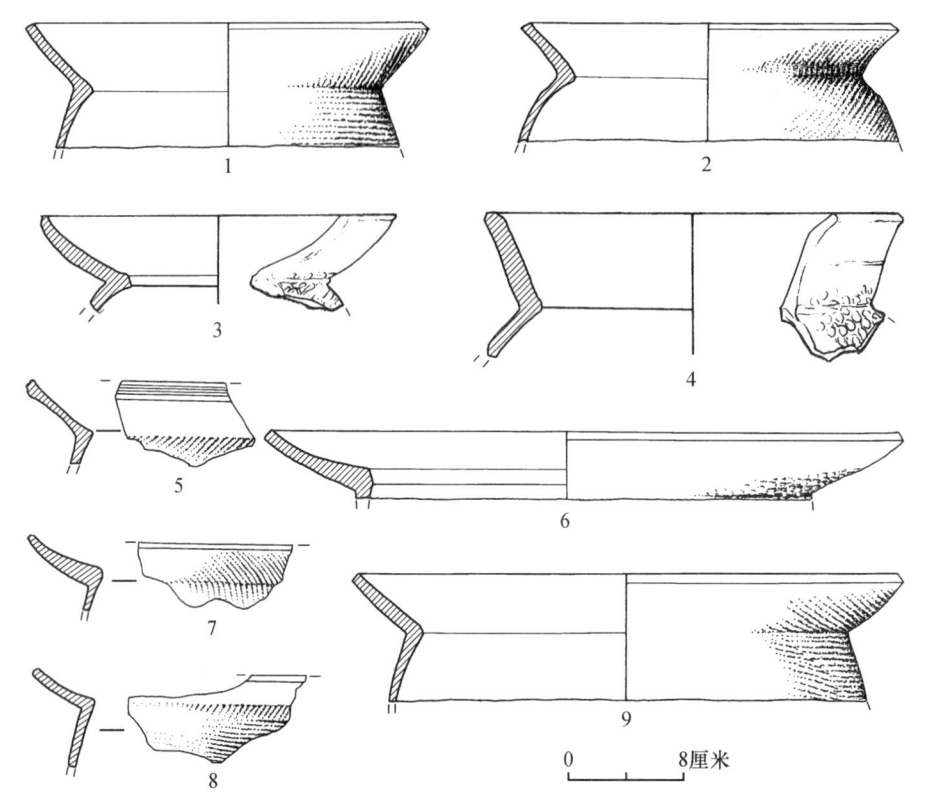

图四三 第6层出土陶釜鼎口沿
1. T0402⑥:27 2. T0402⑥:28 3. T0503⑥:10 4. T0503⑥:9 5. T0204⑥:4 6. T0302⑥:29 7. T0203⑥:9
8. T0203⑥:8 9. T0402⑥:26

四七，4）。

鬲足　A型　7件。标本T0204⑥:3，夹砂红陶。高锥状足，素面。残高4.4厘米（图四四，10）。标本T0302⑥:28，夹砂红陶。高锥状足，素面。残高4厘米（图四四，11）。标本T0304⑥:20，夹砂红陶。高锥状足，素面。残高4.4厘米（图四四，6）。标本T0402⑥:23，夹砂黑陶。高锥状足，素面。残高6.8厘米（图四四，9）。标本T0402⑥:24，夹砂红褐陶。高锥状足，素面。残高6厘米（图四四，12）。标本T0402⑥:25，夹砂黑陶。高锥状足，素面。残高4.6厘米（图四四，7）。标本T0503⑥:18，夹砂黑陶。高锥状足，素面。残高5.8厘米（图四四，8）。

豆柄　A型　1件。标本T0402⑥:42，泥质褐陶。下端残，高粗中空喇叭柄，上部饰三个对称的圆形镂孔。残高7厘米（图四五，9）。

器盖纽　2件。

F型　1件。标本T0503⑥:17，夹砂红陶。仅存盖纽，平顶内凹，素面。复原顶径10、残高2.8厘米（图四五，7）。

G型　1件。标本T0402⑥:5，夹砂黑陶。仅存盖纽，下端残，上端为尖顶，中部为饼形，下端为细柱状，素面。残高6.8厘米（图四五，4；图版四六，6）。

盆口沿　3件。

A型　2件。标本T0302⑥:36，夹砂黑陶。宽平沿，圆唇，直腹，沿面及腹部饰凸棱纹。

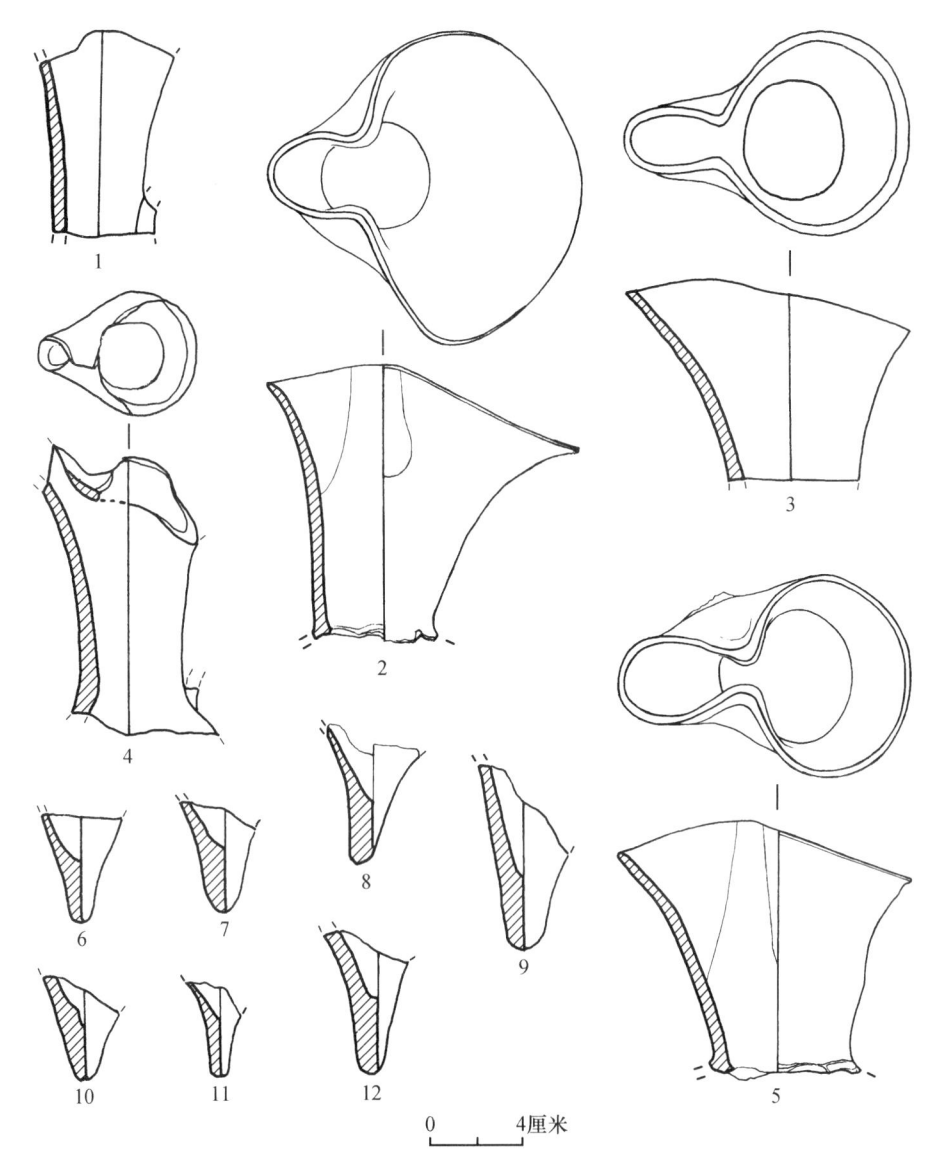

图四四 第6层出土陶鬶、鬶足

1、4. A型鬶（1. T0402⑥：22、4. T0402⑥：20） 2、3、5. B型鬶（2. T0503⑥：12、3. T0402⑥：21、5. T0503⑥：11）
6~12. A型鬶足（6. T0304⑥：20、7. T0402⑥：25、8. T0503⑥：18、9. T0402⑥：23、10. T0204⑥：3、11. T0302⑥：28、12. T0402⑥：24）

复原口径40、残高5.6厘米（图四五，1）。标本T0402⑥：29，夹砂黑陶。宽折沿，沿面内凹，圆唇，素面。复原口径36、残高5厘米（图四五，3）。

B型 1件。标本T0302⑥：25，泥质灰陶。短卷沿，圆唇，弧腹，素面。残高4.8、复原口径26厘米（图四五，2）。

支座 2件。

B型 1件。标本T0302⑥：26，夹砂红陶。上端残，圆锥体，素面。残高5.8、复原底径6厘米（图四五，11）。

C型 1件。标本T0302⑥：27，夹砂红陶。上端残，长方体，素面。残高6.2、宽6.4、厚

4.1厘米（图四五，10；图版四七，5）。

球　1件。标本T0302⑥：1，夹砂红陶。近似椭圆形，素面。直径3.4~4.5厘米（图四五，12；图版四七，6）。

大口缸底　1件。标本T0304⑥：18，夹砂褐陶。直腹，平底微凹，表面饰绳纹。复原底径14、残高4.8厘米（图四五，13）。

板瓦　1件。标本T0302⑥：39，夹砂黄褐陶。边侧残，弧形，素面。残长17.7、残宽11.2、厚1.2厘米（图四五，5）。

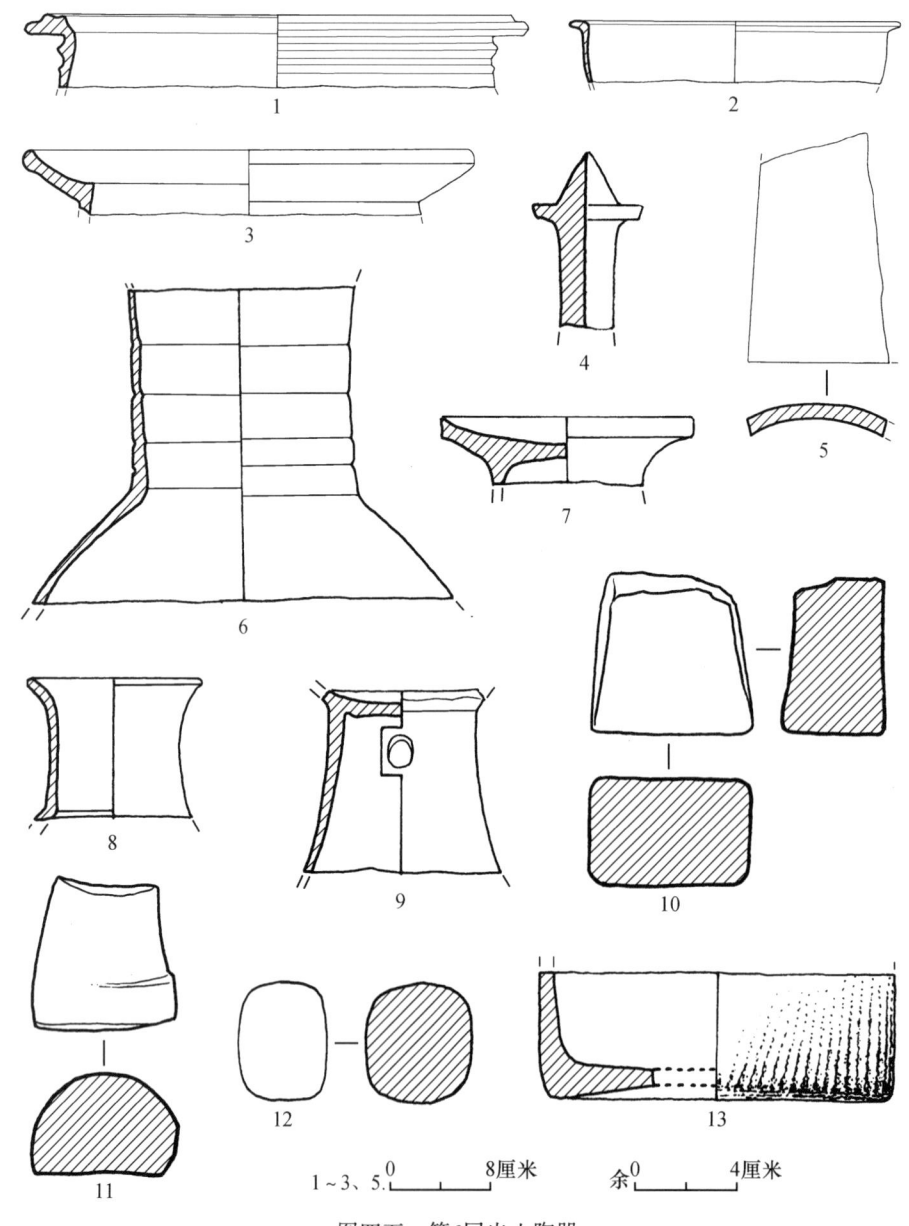

图四五　第6层出土陶器

1、3. A型盆口沿（1. T0302⑥：36、3. T0402⑥：29）　2. B型盆口沿（T0302⑥：25）　4. G型器盖纽（T0402⑥：5）
5. 板瓦（T0302⑥：39）　6. B型高领罐口沿（T0402⑥：19）　7. F型器盖纽（T0503⑥：17）　8. A型高领罐口沿（T0302⑥：34）
9. A型豆柄（T0402⑥：42）　10. C型支座（T0302⑥：27）　11. B型支座（T0302⑥：26）　12. 球（T0302⑥：1）
13. 大口缸底（T0304⑥：18）

第三节 遗　　迹

一、房　　址

在2013年考古调查和2014～2015年、2016～2017年考古发掘过程中在发掘区第6层下及大园塘底部发现一批早一期与房址有关密集分布且大小不一的柱洞遗迹，柱洞数量有838个，直径8～108厘米，在西侧及北侧第6层下部分区域残存着散乱分布、厚薄不均的一层浅黄色土层，部分柱洞打破这层浅黄色土层，而在浅黄色土层缺失区域是直接打破生土层，而在部分第6层缺失区域的柱洞直接被第5层、第4层及F1垫土所叠压。对于浅黄色土层由于后期破坏而导致分布零散且厚薄不均，无法判断。柱洞平面以圆形为主，少量椭圆形或方形，多弧壁圜底，少量斜壁或平底。柱洞内填土多为浅灰土或灰黑土，也有少量黄褐色或青褐色土，大部分夹炭屑、炭粒、红烧土颗粒及陶器残片等，另有部分在柱洞底部有石块或陶片柱础石，也有的在柱洞口分布有小卵石或陶片用于加固柱子（附表二）。由于这批柱洞从层位关系上判断均叠压在第6层下，且大多分布无规律，加之部分柱洞破坏无存，很显然是长期连续使用的不同房址的遗存，且受不同时期人类的反复活动以及现代开挖大园塘对房址造成了严重的破坏，这就对柱洞群归属不同房址的区分造成很大困扰，无法准确判断其归属。

我们主要是依据柱洞规格大小、整体分布及走向等情况大致判断其归属，将不同尺寸的柱洞大致区分为从早到晚的三组房址，编号分别为F4、F3、F2。其中F2为一批尺寸较大且分布相对有规律的柱洞，而F3、F4柱洞尺寸明显较F2小，分布均无明显规律可循，我们将此类柱洞中较大的一组定为F3、柱洞尺寸较小的一组定为F4。根据柱洞分布走向及分布可知，三组房址的分布范围均延伸至发掘区之外，由于受发掘面积的限制，均未能完整揭露，加之三组房址的柱洞分布错综复杂，无法确认其完整布局（图版六，2）。现分别介绍三组房址如下。

1. F4

大部分由10～20厘米的小柱洞所组成的房屋建筑群，柱洞大部分开挖于生土面之上，形制结构主要为直壁、平底或弧壁、圜底两类，个别为斜壁，形制略有不同（图四七），部分柱洞叠压在2014H27、2014H29、2014H39、2014H64和G3、2014G5的底部，个别柱洞被F2、F3柱洞打破。从柱洞整体分布情况分析，该批柱洞在发掘区似呈十余个相对分散分布但柱洞又相对集中的片状区域，在每个区域中仅有少量柱洞似可围成圆形或椭圆形的房址，也有部分柱洞呈直角分布，而大部分柱洞分布无规律。

另在南侧中部有3排南北向较规整的小型柱洞呈线状分布，柱洞直径多为8～20厘米，每排南北向间距约1.6米，似为一双廊道，由于破坏严重，南北走向及布局不明，南部被G3、2014G5打破，个别柱洞分布于其底部。其余区域由于后期破坏或揭示不全，柱洞分布较为散落且无规律。

2. F3

大部分由直径20～30厘米的柱洞组成的房屋基址，柱洞也是大多建造于生土之上，形制主要分为直壁平底和弧壁圜底两类（图四八；图版九，1），少量柱洞分布于2014H36、2014H39、2014H64和G3的底部，个别柱洞被F2柱洞打破。该批柱洞与F4一样，从整体布局分析，该批柱洞在发掘区似呈十余个相对分散分布但柱洞又相对集中的片状区域，每个区域内的柱洞呈散乱无规律分布，仅有中部少量柱洞似呈圆形分布，但由于破坏严重，布局不明。

3. F2

主要包含柱洞尺寸较大且相对有规律分布的柱洞，少量柱洞直径为50～100厘米，其他大部分直径为30～45厘米不等，柱洞形制类别较多，主要为斜壁、平底及斜壁弧底，部分中部有中心柱坑或柱础（图四九、图五〇）。这些柱洞部分呈等距离分布或局部有规律分布，从F2的建造方式、柱洞尺寸及布局分析，该房址应为一处中部主体建筑、四周附属建筑相结合的大型建筑群（见附页图四六），是在F4及F3废弃后经过整体布局规划后建造的，其建造方式是在F4及F3废弃面上开挖柱洞并立柱所建，局部地势低洼的区域铺垫了一层厚薄不均的浅黄色土层，由于后期破坏，部分区域无存。

从柱洞分布情况分析，房址中部为东西向呈长方形的大型回廊式主体建筑，是由北、东、南及西北部两排较为规整的柱洞围合而成，其中北部及东部柱洞保存较好，分布密集，西北部为一转角，南部少量柱洞尚存，西南部一线未发现整体排列的柱洞，南北回廊之间跨度约13.5米，东西回廊之间跨度约12.5米，整体面积近170平方米。其中北侧回廊中北列一线柱洞尺寸相对较小，直径为25～30厘米，柱洞间距为0.2～0.75米，南列主要有5个大型柱洞，直径为50～80厘米，其中东侧4个柱洞大体呈等距离分布，间距为1.2米，西侧1个柱洞间距为1.8米，南北两列柱洞间距约1.5米；东侧回廊中东西两列柱洞均为直径大小不一的柱洞组成，直径为25～65厘米，部分为一个大柱洞带边侧1至2个存在打破关系的小柱洞组成，可能为主、附柱洞的关系，每列柱洞间距为0.3～1.1米，东西两列柱洞间距为0.85～1米；南侧回廊中柱洞尺寸为0.3～0.5米，由于该处柱洞大多破坏不全，每列柱洞间距大致为0.8～1.3米，南北柱洞间距0.8～0.9米；西北转角方向主要有4个柱洞，其间夹杂1个小柱洞，大柱洞尺寸为40～50厘米，东西两列柱洞间距为1.5米。以上每列柱洞间还夹杂部分尺寸更小的柱洞，可能系加固的并柱现象。在西南侧未发现成排的柱洞，推测门道可能位于此处，但具体形制已不明。

主体建筑四周之外还有部分较为分散的柱洞遗存，柱洞尺寸多为25～40厘米，从柱洞分布格局分析，部分也似呈两排直角分布或单线分布，还有一些零星散状无规律分布的柱洞，另在T0501西南部分布有4个尺寸较大的柱洞，这些可能为围绕在主体建筑之外的规格较小的附属建筑，由于破坏较为严重，其具体建筑布局不明。

F2的柱洞平面形状分圆形、椭圆形和方形三种，大部分为圆形竖坑柱洞，平底或圜底（图版七），少量柱洞底部有中心柱坑（图版八，1、2），另有部分柱洞内铺垫有柱础石或红烧土块（图版九，2~4），这些也可反映出当时立柱的方式。

综合以上三组房址柱洞的分布及打破关系等分析，推断其早晚关系为F2→F3→F4。

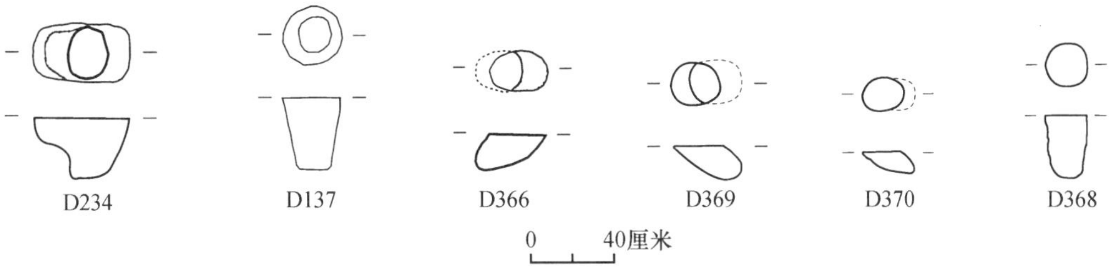

图四七　F4典型柱洞形制举例

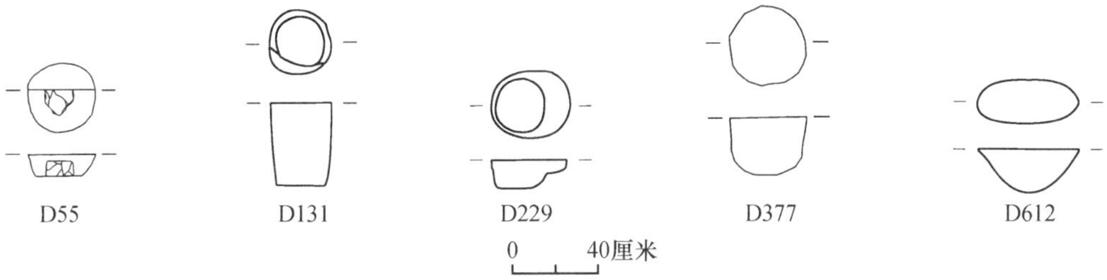

图四八　F3典型柱洞形制举例

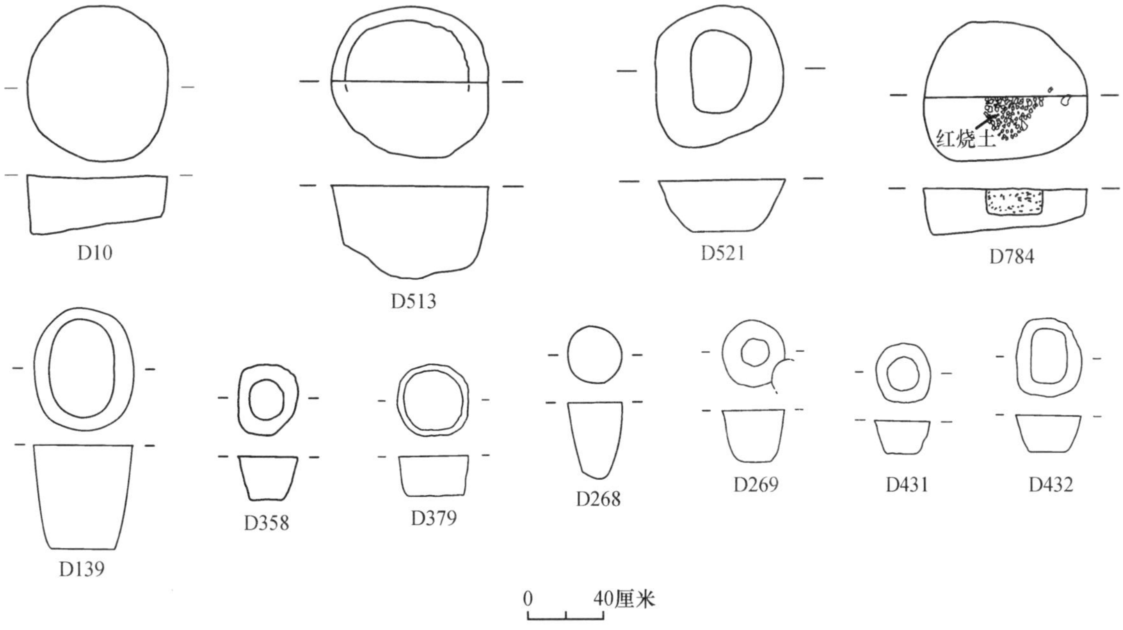

图四九　F2典型柱洞形制举例

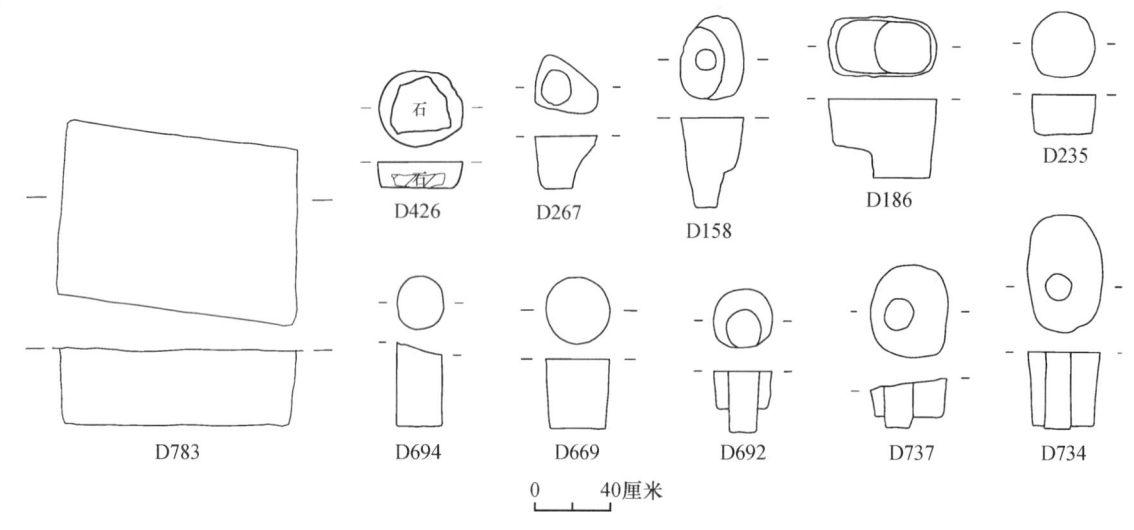

D426　D267　D158　D186　D235

D783　D694　D669　D692　D737　D734

0　40厘米

图五〇　F2典型柱洞形制举例

二、大型柱坑

在T0302西北部、T0402西北角分布有8个较周围柱洞尺寸较大的大型柱坑，编号分别为ZK1~ZK8（附页图四六、图五一），其中ZK1~ZK5平面呈椭圆形或不规则椭圆形，ZK6~ZK8平面呈圆形或不规则圆形，柱坑尺寸普遍较大，部分柱坑中部有中心柱坑，或底部有卵石（图版一〇）。除ZK7、ZK8较小外，其余6个直径在1米以上，部分底部有中心柱坑或石块（图五二）。层位关系上，除ZK1叠压在F1①层下外，其余均叠压在第6层下，另ZK5打破F2柱洞（D498、D499）、ZK6打破F2柱洞（D515），从平面分布并结合打破关系分析，该批大型柱坑应晚于F2~F4，但具体用途不明。需要说明的是，在发掘过程中，由于该批柱坑的形

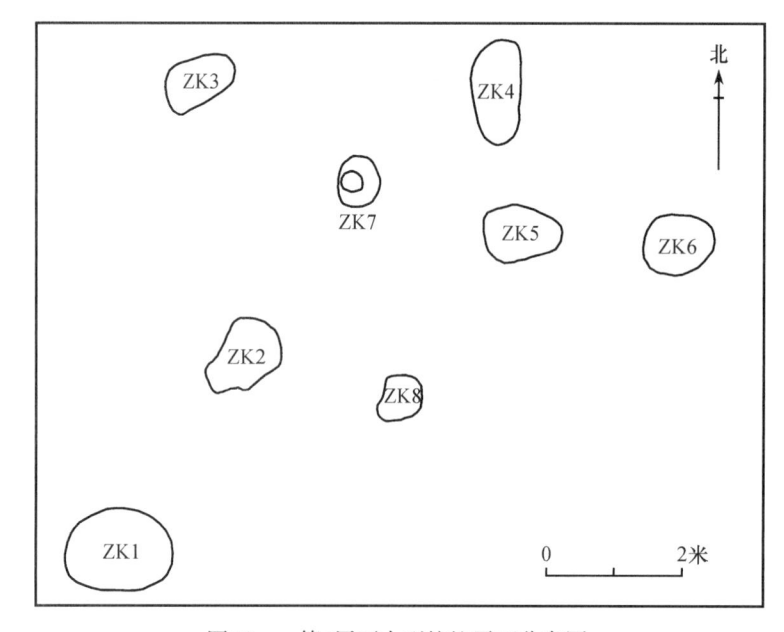

图五一　第6层下大型柱坑平面分布图

图五二 第6层下大型柱坑平、剖面图

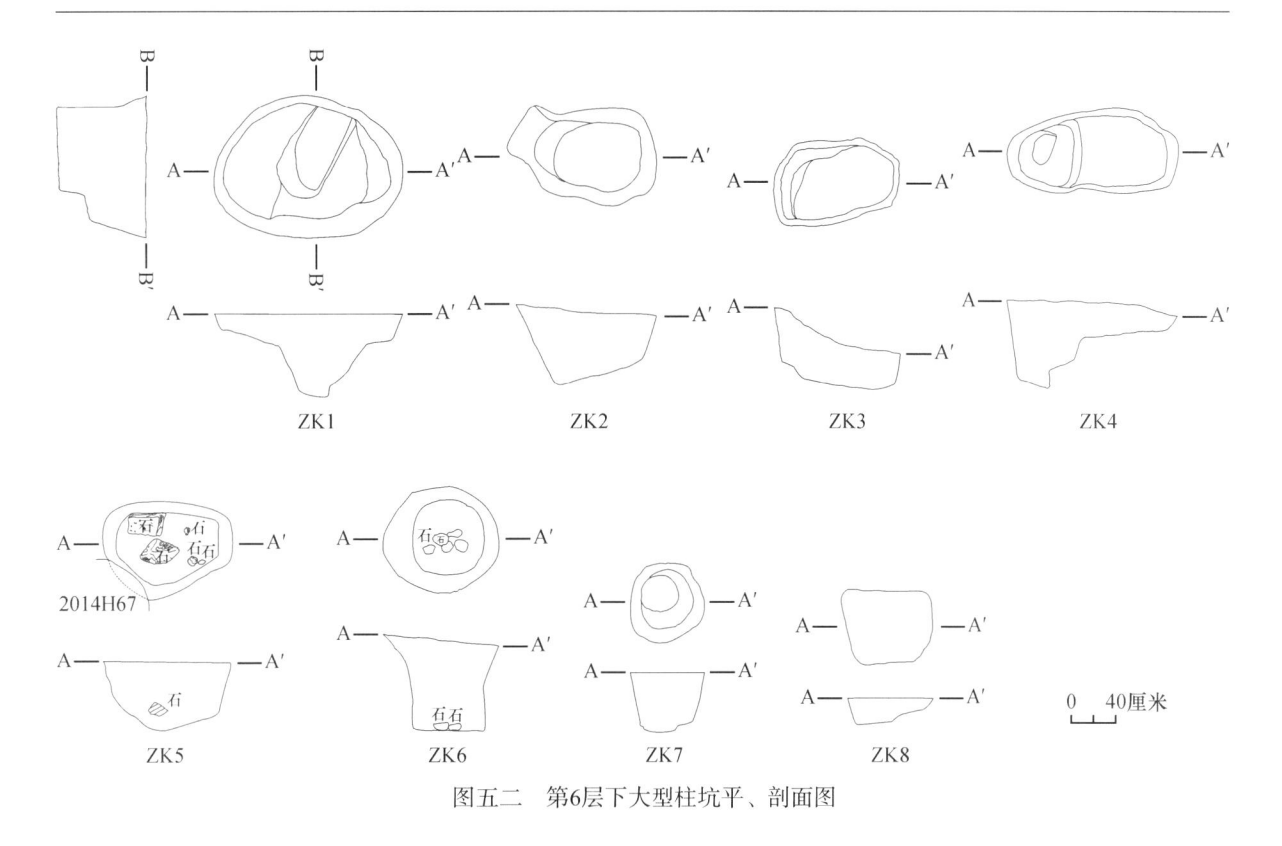

制较大，我们对其性质进行了数次调整，先是按灰坑编号，再调整为按柱洞编号，最后考虑其分布范围较集中，且晚于F2～F4，所以最终确定为大型柱坑（附表三）。

三、长方形坑状遗迹

共8个，编号分别为2014H33、2014H45～2014H50、2014H52，开口于第5层下，部分打破第6层、早期灰坑及浅黄色土层。该批坑位于发掘区西北侧的T0203、T0204、T0205三个探方内，其中除2014H47为南北向外，其余大致呈东西向分布，平面形状呈长方形或近似长方形，直壁，平底，距地表1～1.4米（图五三）。尺寸一般为长0.7～1.1、宽0.5～0.8、深0.06～0.34米。坑内填土为灰黑色灰烬，质地疏松，含红烧土颗粒、炭屑、碎骨渣、陶器残片等，部分坑内出土陶罐、釜及斜腹杯等。

1. 2014H33

（1）位置及层位关系：位于T0203中部。开口于第5层下，被2014H28打破，打破浅黄色土层。

（2）形制：平面形状近似长方形，直壁，平底。长0.92、宽0.8、深0.34米（图五四）。坑内填土为深灰色黏土，结构致密，含石块、红烧土颗粒、炭屑、骨渣等。

（3）出土遗物：出土少量陶器残片，器形不辨。

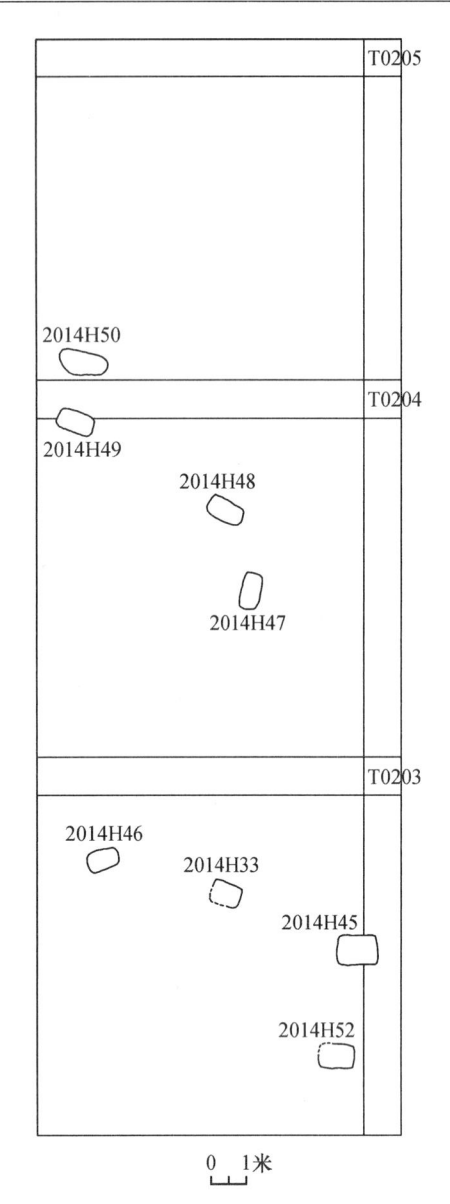

图五三　长方形坑状遗迹分布图

2. 2014H45

（1）位置及层位关系：位于T0203东部。开口于第5层下，上部被2014H26叠压，打破2014H72及浅黄色土层。

（2）形制：平面形状为长方形，直壁，平底。长1.1、宽0.66、深0.26米（图五五）。坑内填土为灰黑色草木灰，质地疏松，含红烧土颗粒、炭屑等。

（3）出土遗物：出土少量陶器残片及骨渣等。

3. 2014H46

（1）位置及层位关系：位于T0203西北部。开口于第5层下，打破浅黄色土层。

（2）形制：平面形状为长方形，直壁，平底。长0.7、宽0.5、深0.28米（图五六）。坑内

图五四　2014H33平、剖面图

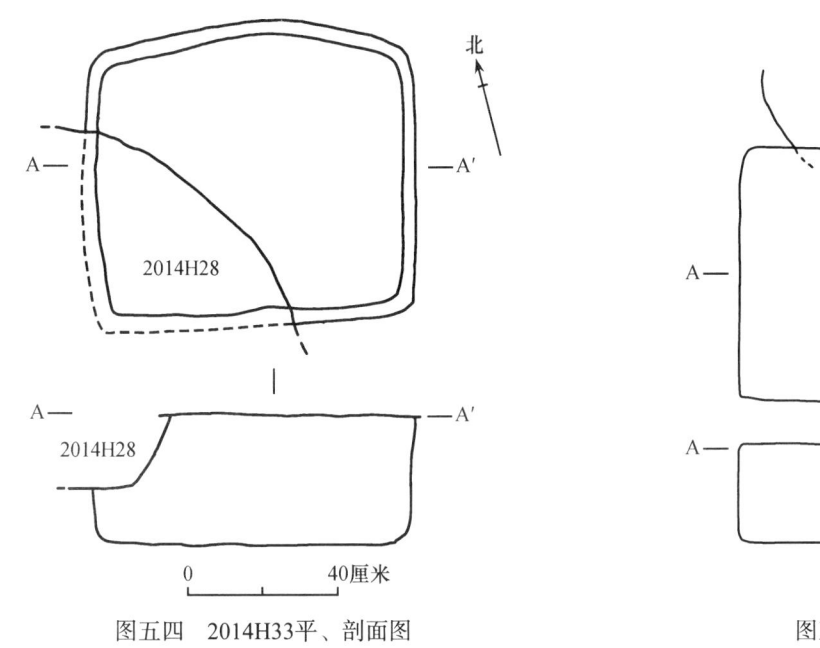

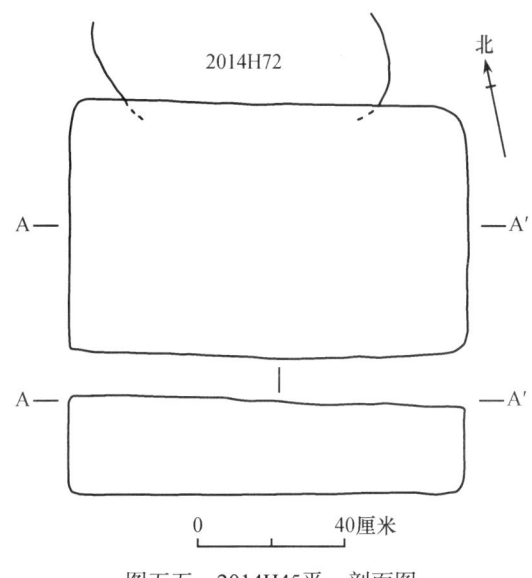

图五五　2014H45平、剖面图

填土为灰黑色草木灰，质地疏松，含红烧土颗粒、炭屑等。

（3）出土遗物：出土少量陶片，仅1件杯可修复。

杯　C型　1件。标本2014H46：1，泥质灰陶。斜腹杯，直口微侈，尖唇，斜直壁，平底微凹，素面。口径9、底径7、高8.8厘米（图六一，1；图版四八，1）。

4. 2014H47

（1）位置及层位关系：位于T0204中部偏东。开口于第5层下，被2014H38叠压，打破浅黄色土层。

（2）形制：平面形状为长方形，直壁，平底。长0.88、宽0.6、残深0.06米（图五七）。坑内填土为灰黑色灰烬土，质地疏松，含红烧土颗粒、炭屑等（图版一一）。

（3）出土遗物：出土少量陶器残片及骨渣等。

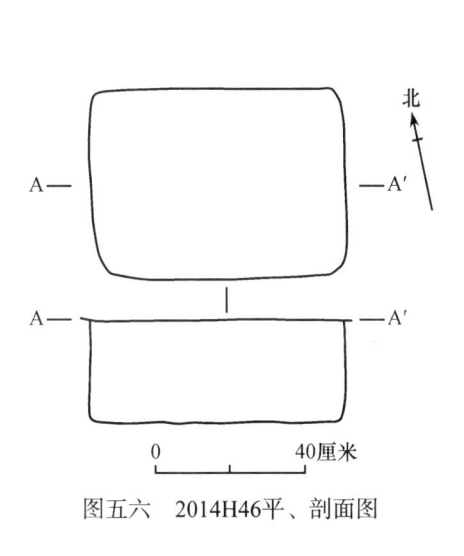

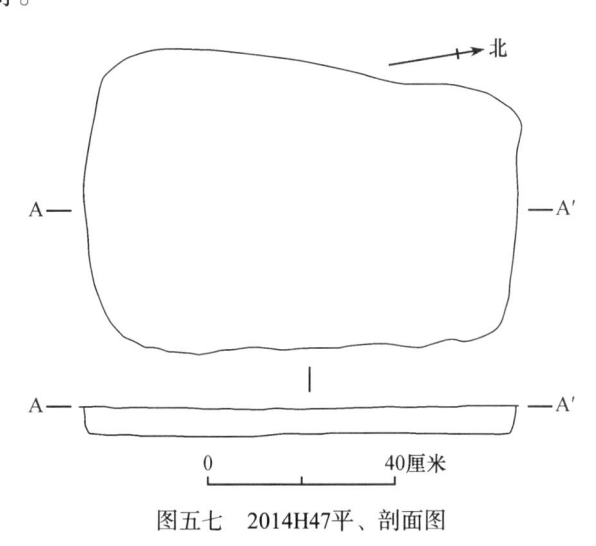

图五六　2014H46平、剖面图

图五七　2014H47平、剖面图

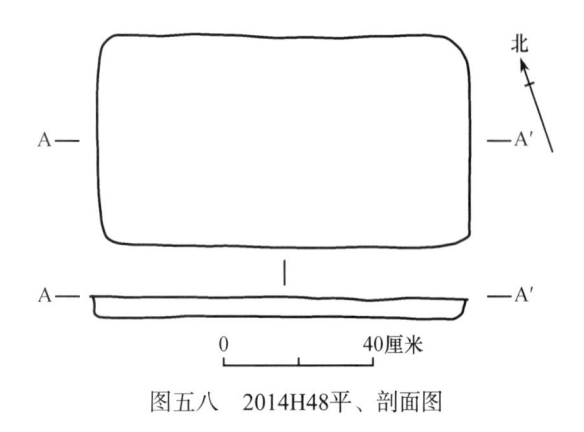

图五八 2014H48平、剖面图

5. 2014H48

（1）位置及层位关系：位于T0204北部。开口于第5层下，打破第6层及浅黄色土层。

（2）形制：平面形状为长方形，直壁，平底。长1.02、宽0.56、残深0.06米（图五八）。坑内填土为灰黑色草木灰夹黄褐色黏土，质地疏松，含红烧土颗粒、炭屑等（图版一二）。

（3）出土遗物：出土少量陶器残片，器形不辨。

6. 2014H49

（1）位置及层位关系：位于T0204西北角。开口于第5层下，打破第6层及浅黄色土层。

（2）形制：平面形状为长方形，直壁，平底。长0.88、宽0.56~0.64、残深0.07米（图五九）。坑内填土为灰黑色草木灰夹灰褐色黏土，质地疏松，含红烧土颗粒、炭屑等。

（3）出土遗物：无。

7. 2014H50

（1）位置及层位关系：位于T0205西南角。开口于第5层下，打破第6层。

（2）形制：平面形状近长方形，直壁，底部不平。长1、宽0.4~0.5、残深0.1~0.2米（图六〇）。坑内填土为灰褐色黏土夹少量草木灰，质地疏松，含红烧土颗粒、炭屑等。

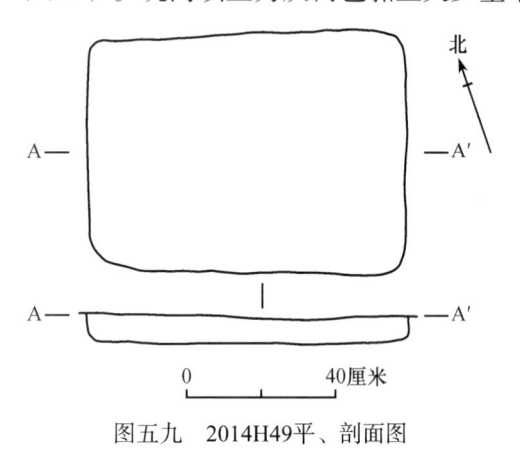

图五九 2014H49平、剖面图

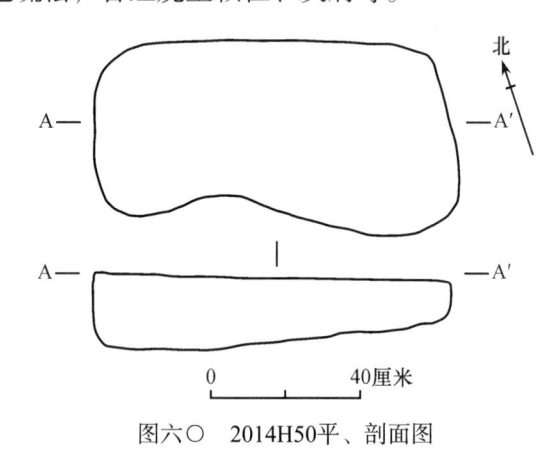

图六〇 2014H50平、剖面图

（3）出土遗物：

陶折腹壶　标本2014H50：1，泥质灰陶。颈部及圈足残，直颈，折腹，圈足，素面。腹径11.2、残高7.2厘米（图六一，2；图版四八，3）。

陶釜　标本2014H50：2，夹砂黑陶。短外折沿，方唇，矮领，折腹，圜底，外饰粗绳纹。口径7、腹径8.8、高6厘米（图六一，4；图版四八，2）。

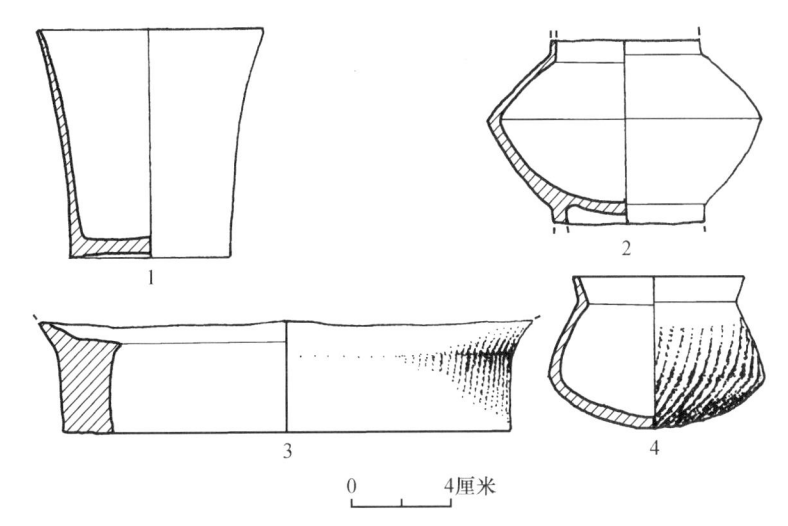

图六一　2014H46、2014H50出土陶器
1.C型杯（2014H46∶1）　2.折腹壶（2014H50∶1）　3.B型圈足（2014H50∶3）　4.釜（2014H50∶2）

陶圈足　B型　1件。标本2014H50∶3，夹砂黑陶。直圈足，外饰细绳纹。底径18、残高5.4、厚2厘米（图六一，3）。

8. 2014H52

（1）位置及层位关系：位于T0203东南部。开口于第5层下，局部被2014H26、F2柱洞（D837）打破，打破浅黄色土层。

（2）形制：平面形状为长方形，直壁，平底。长0.96、宽0.56、深0.3米（图六二）。坑内填土为深灰色黏土夹杂草木灰，结构致密，含红烧土颗粒、炭屑等。

（3）出土遗物：无。

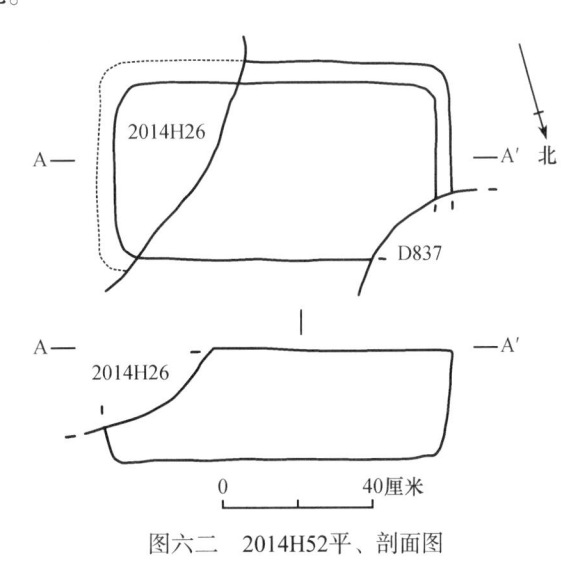

图六二　2014H52平、剖面图

四、灰　　坑

该期灰坑共36个，编号分别为2014H26～2014H29、2014H35～2014H43、2014H53～2014H56、2014H59、2014H61、2014H63～2014H67、2014H70～2014H72、2016H7、2016H9、2016H14～2016H17、2016H19、2016H20、2017TG2H1（在2017TG2部分介绍），部分灰坑之间存在相互叠压打破关系，根据平面形状可分为圆形（5个）、椭圆形（10个，2017TG2H1在后文单独介绍）、长方形（4个）、长条形（1个）和不规则形（16个）。

（一）圆形

1. 2014H38

（1）位置及层位关系：位于T0204东部。开口于第5层下，打破第6层，叠压2014H47。

（2）形制：平面形状近圆形，弧壁，圜底。宽2.4、深0.12米（图六三）。坑内填土为深灰色黏土，含石块、红烧土颗粒、炭屑等。

（3）出土遗物：出土少量陶器残片，器形不辨。

2. 2014H43

（1）位置及层位关系：位于T0203、T0303内。开口于第5层下，上部被2014H25、2014H26叠压，打破浅黄色土层。

（2）形制：平面形状为圆形，弧壁，圜底。直径1.5、深0.36米（图六四）。坑内填土为灰褐色黏土，结构致密，含石块、红烧土颗粒、炭屑等。

（3）出土遗物：

石斧　Aa型，1件。标本2014H43：1，青灰色石料。上端略残，梯形，弧顶，下端双面弧刃。长8.6、宽5.6、厚2.2厘米（图六八，1；图版四八，4）。

陶鼎足　D型　1件。标本2014H43：2，夹砂浅黄陶。上端残，圆柱状，素面。残高9、底径4厘米（图六八，2；图版四八，5）。

陶器盖　A型　1件。标本2014H43：3，夹砂黑陶。圈足状纽，表面饰绳纹。残高3.6厘米（图六八，6）。

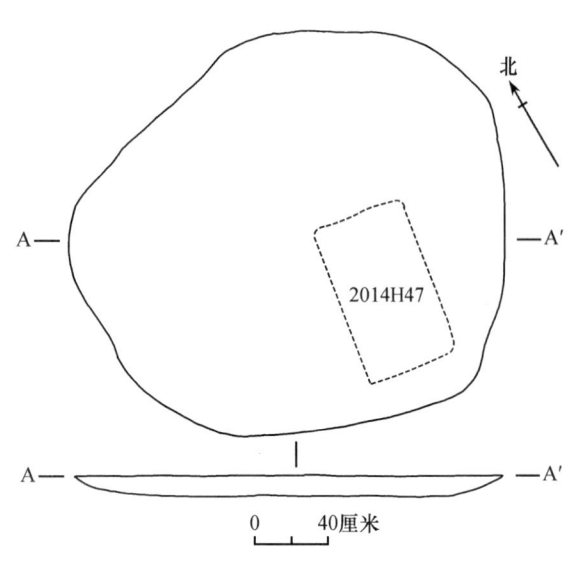

图六三　2014H38平、剖面图

3. 2014H72

（1）位置及层位关系：位于T0203东部。开口于第6层下，南部被2014H45打破，打破浅黄色土层。

（2）形制：平面形状近似半圆形，浅弧壁，平底。直径0.8、深0.15米（图六五）。坑内填土为浅灰色土，土质疏松，含红烧土、炭屑等。

（3）出土遗物：无。

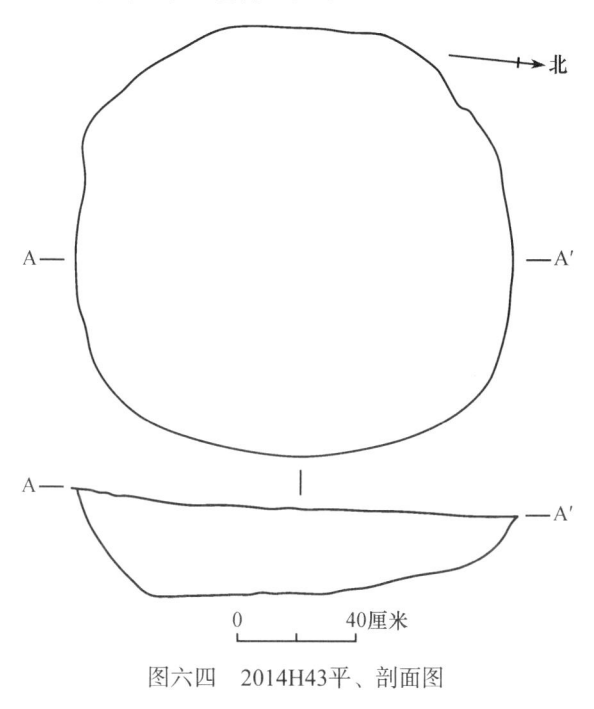

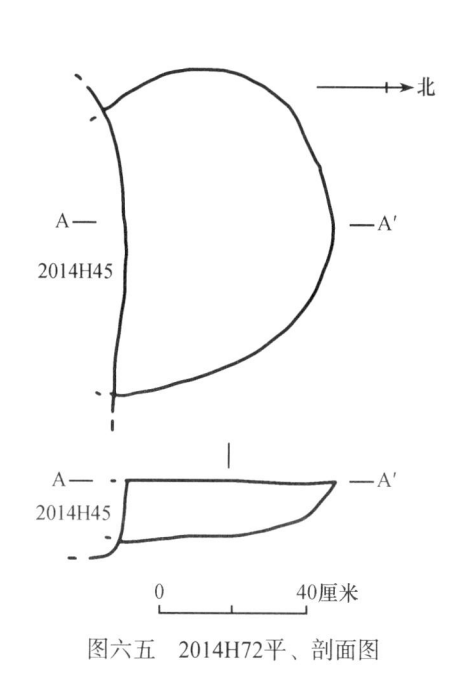

图六四　2014H43平、剖面图

图六五　2014H72平、剖面图

4. 2016H7

（1）位置及层位关系：位于T0307西南部。开口于第4A层下，打破生土层。

（2）形制：平面呈圆形，弧壁，圜底。口径0.5、深0.28米（图六六）。坑内填土灰褐色土，含卵石、红烧土块、炭屑等。

（3）出土遗物：

石斧　Aa型　1件。标本2016H7：1，青灰色石料。上端残，梯形，下端双面直刃。长8、下宽4.3、厚1.9厘米（图六八，3）。

5. 2016H14

（1）位置及层位关系：位于T0202西南角，延伸至西壁。开口于第5层下，打破浅黄色土层。

（2）形制：平面形状近半圆形，弧壁，圜底，底部分布有较为集中的卵石块，性质不明。口径2.46、深0.26米（图六七）。坑内填土为黄灰色土，土质致密，含少量石块。

· 110 · 宁乡罗家冲

图六六　2016H7平、剖面图

图六七　2016H14平、剖面图

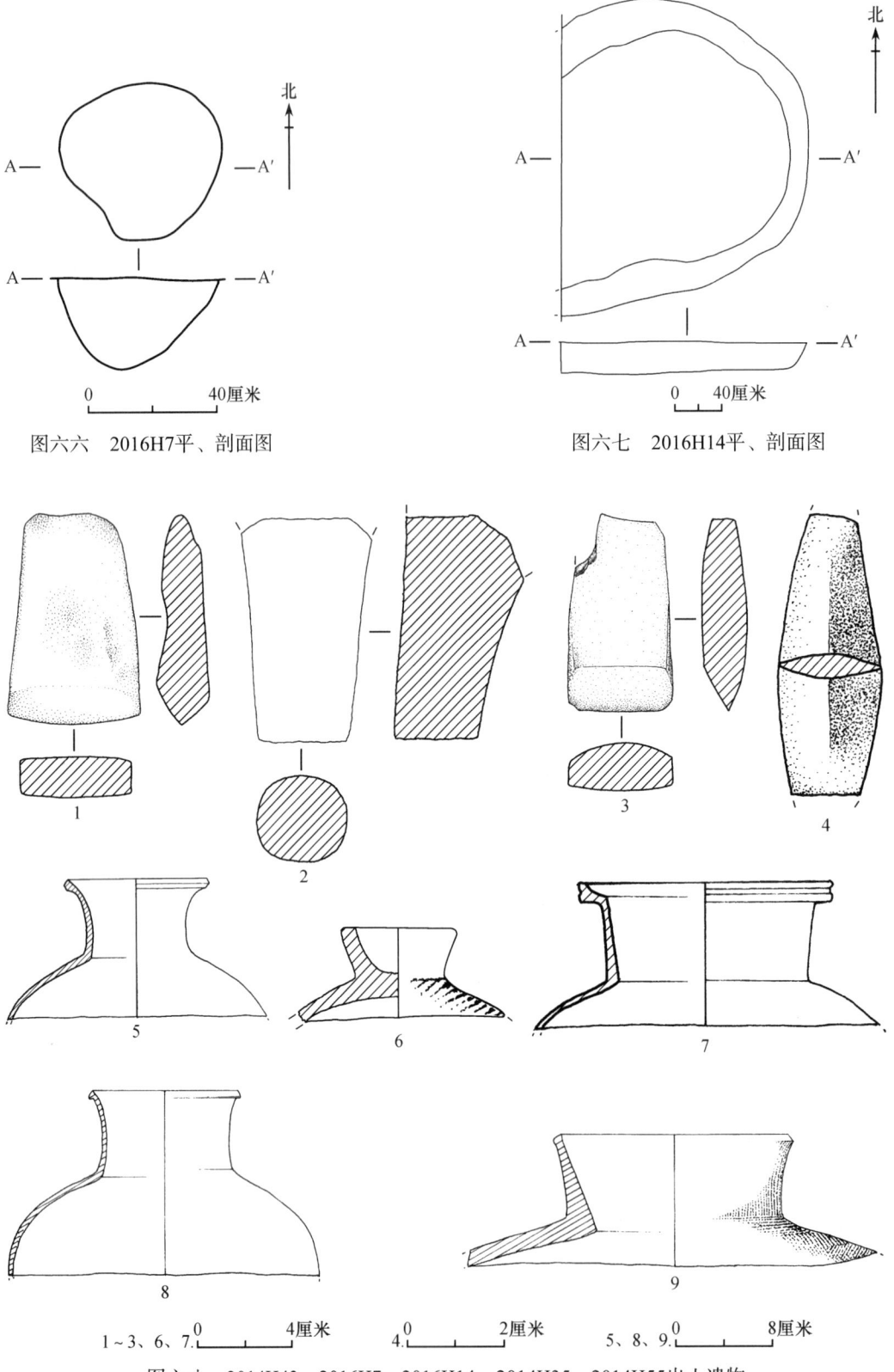

图六八　2014H43、2016H7、2016H14、2014H35、2014H55出土遗物
1、3. Aa型石斧（1. 2014H43：1、3. 2016H7：1）　2. D型陶鼎足（2014H43：2）　4. Ab型石锛（2014H35：1）
5、7、8. A型陶高领罐口沿（5. 2016H14：1、7. 2016H14：2、8. 2014H55：2）　6. A型陶器盖（2014H43：3）
9. B型陶矮领罐口沿（2014H55：1）

（3）出土遗物：

陶高领罐口沿　A型　2件。标本2016H14：1，夹砂黑皮红陶。外卷口，方唇，高束领，鼓肩，素面。口径11.6、残高11.2厘米（图六八，5；图版四八，6）。标本2016H14：2，夹砂黑皮胎陶。短外折平沿，方唇，唇口中部饰一道凹弦纹，高斜颈，鼓肩，素面。口径10.6、残高4.8厘米（图六八，7；图版四九，1）。

（二）椭圆形

1. 2014H35

（1）位置及层位关系：位于T0203东部。开口于第5层下，打破第6层。

（2）形制：平面形状为椭圆形，弧壁，圜底。长2.1、宽1.58、深0.32米（图六九）。坑内填土为浅灰色黏土，结构致密，含石块、红烧土颗粒、炭屑等。

（3）出土遗物：出土1件石镞及少量陶器残片，器形不辨。

石镞　Ab型，1件。标本2014H35：1，青灰色石料。前锋及铤后端残，梭状柳叶形，双面脊不明显，两侧刃。残长5.6、宽2.2、厚0.5厘米（图六八，4）。

2. 2014H37

（1）位置及层位关系：位于T0204西南部。开口于第5层下，打破第6层。

（2）形制：平面形状近椭圆形，斜壁，平底。长1.16、宽0.72、深0.25米（图七〇）。坑内填土为深灰色黏土，结构致密，含红烧土颗粒、炭屑等。

（3）出土遗物：出土少量陶器残片，器形不辨。

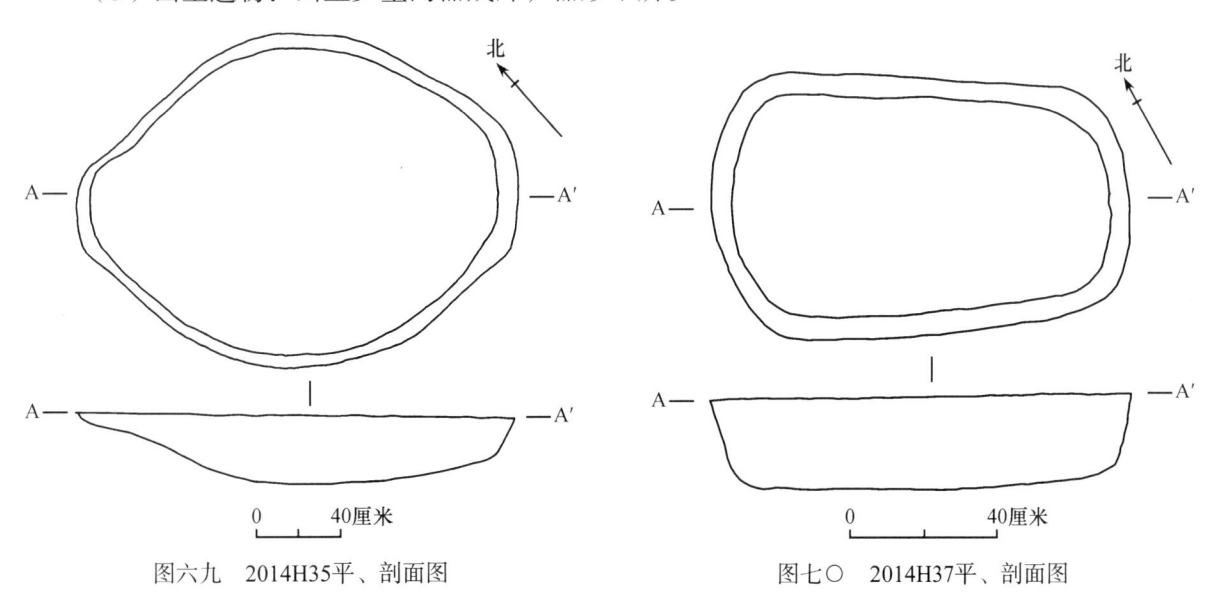

图六九　2014H35平、剖面图

图七〇　2014H37平、剖面图

3. 2014H55

（1）位置及层位关系：位于T0205南部。开口于第5层下，打破浅黄色土层及生土层。

（2）形制：平面形状为椭圆形，直壁，平底。长0.65、宽0.46、深0.32～0.48米（图七一）。坑内填土为灰褐色黏土，结构致密，含卵石块（图版一三，2）。

（3）出土遗物：

陶矮领罐口沿　B型　1件。标本2014H55：1，夹砂红陶。宽外折沿，方唇，广肩，外饰细绳纹。口径20、残高10.6厘米（图六八，9；图版四九，2）。

陶高领罐口沿　A型　1件。标本2014H55：2，泥质黑皮红陶。外卷沿，高束领，鼓肩，素面。口径12.8、残高15厘米（图六八，8；图版四九，3）。

4. 2014H65

（1）位置及层位关系：位于T0202、T0302内。开口于G3下，打破生土层。

（2）形制：平面形状近似椭圆形，弧壁，底部近平。长3、宽1.74、残深0.3～0.42米（图七二）。填土为棕褐色黏土，土质结构疏松，含少量石块。

（3）出土遗物：

石器　3件。

斧　Aa型，1件。标本2014H65：1，深灰色石料。顶部及刃部略残，梯形，弧顶，下端双面

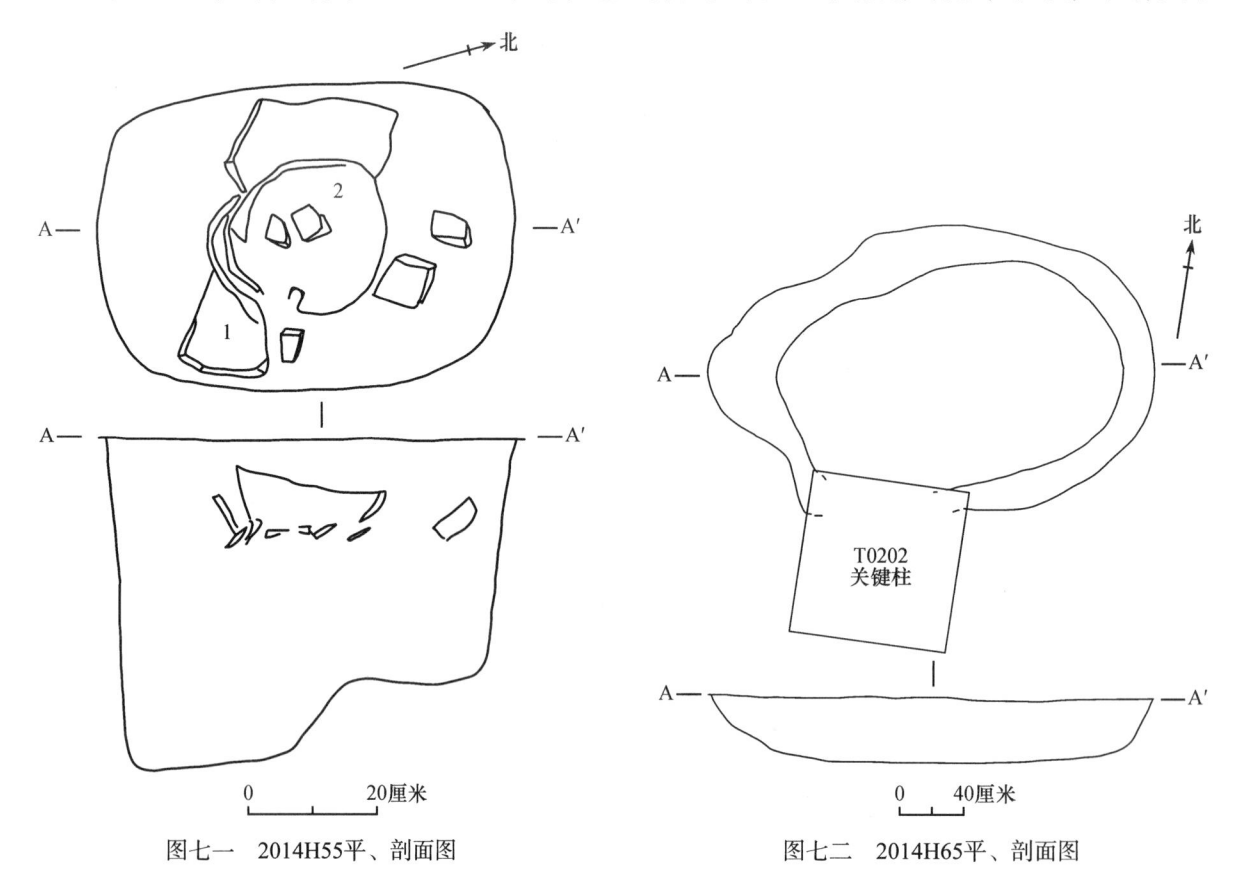

图七一　2014H55平、剖面图

图七二　2014H65平、剖面图

刃。长6.5、宽4.9、厚2.2厘米（图七三，1）。

矛　1件。标本2014H65：2，青灰色石料。上下端残，柳叶形，中部有脊，两侧刃。残长7、宽2.9、厚0.8厘米（图七三，4）。

砺石　B型　1件。标本2014H65：9，青灰色石料。仅存中部，上部为磨砺面，均内凹。残长8.7、残宽3.7、厚2.4~3.2厘米（图七三，6）。

陶器　6件。

釜鼎口沿　1件。标本2014H65：3，夹砂褐陶。敛口，短平沿，沿面微凹，斜腹，素面。口径28、残高3.4厘米（图七三，9）。

鼎足　3件。

Aa型，1件。标本2014H65：6，夹砂浅黄陶。上下端残，宽扁形，足外饰六道浅刻槽。残高8.8厘米（图七三，2）。

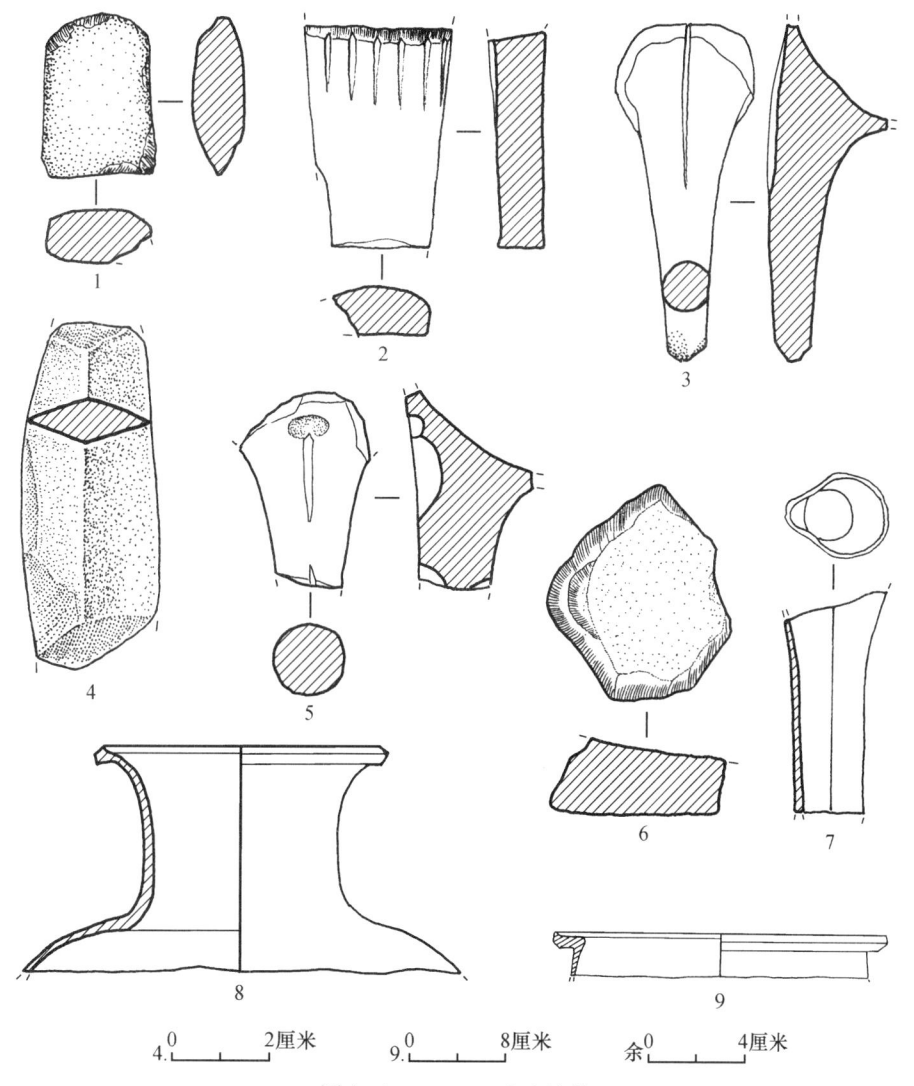

图七三　2014H65出土遗物
1. Aa型石斧（2014H65：1）　2. Aa型陶鼎足（2014H65：6）　3、5. Ca型陶鼎足（3. 2014H65：4、5. 2014H65：7）
4. 石矛（2014H65：2）　6. B型砺石（2014H65：9）　7. A型陶鬶（2014H65：8）　8. A型陶高领罐口沿（2014H65：5）
9. 陶釜鼎口沿（2014H65：3）

Ca型，2件。标本2014H65：4，夹砂红陶。圆锥形，足根有削痕，足外饰一道竖向刻槽。残高13.6厘米（图七三，3；图版四九，4）。标本2014H65：7，夹砂红陶。下端残，圆锥形，正面饰一个浅按窝及一道竖向刻槽。残高7.8厘米（图七三，5）。

高领罐口沿　A型　1件。标本2014H65：5，泥质灰陶。外卷沿，尖唇，高束领，鼓肩，素面。口径12、残高9厘米（图七三，8；图版四九，5）。

鬹　A型　1件。标本2014H65：8，泥质红陶。仅存颈部，细长颈。残高9厘米（图七三，7）。

5. 2014H66

（1）位置及层位关系：位于T0402东扩方内。上部被2014H63叠压，打破生土层。

（2）形制：平面形状为椭圆形，直壁，平底。长1.04、宽0.66、残深0.16~0.2米（图七四）。填土为黄褐色黏土，土质结构疏松，含少量烧土颗粒。

（3）出土遗物：无。

6. 2014H67

（1）位置及层位关系：位于T0302东北部。开口于第6层下，打破浅黄色土层。

（2）形制：平面形状近似椭圆形，斜壁，平底。东西长2.67、南北宽1.36、残深0.3米（图七五）。填土为浅灰色黏土，土质疏松，含少量红烧土块。

（3）出土遗物：出土少量陶器残片，器形不辨。

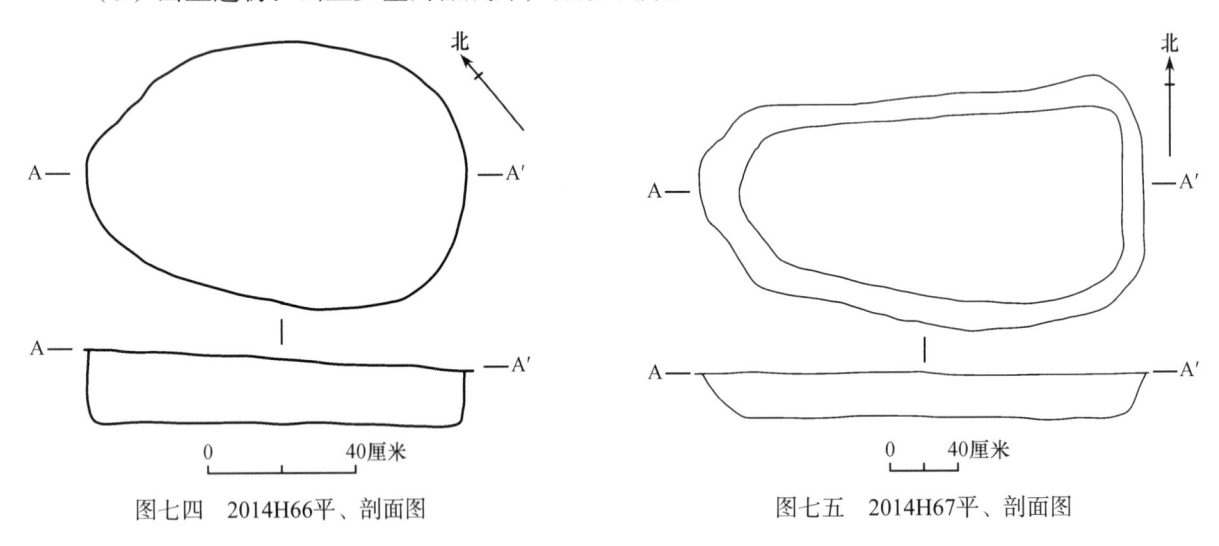

图七四　2014H66平、剖面图

图七五　2014H67平、剖面图

7. 2014H70

（1）位置及层位关系：位于T0203西北角，延伸至西壁内。开口于第6层下，打破浅黄色土层。

（2）形制：平面形状呈半椭圆形，斜壁，平底。南北长0.8、深0.1米（图七六）。填土为浅灰色土，质地疏松，含红烧土颗粒、炭屑等。

（3）出土遗物：

石镞　A型而亚型不明，2件。标本2014H70：1，浅灰色石料。仅存镞身前端。柳叶形，双面有脊，两侧刃。残长6.7、残宽2.2、厚0.4厘米（图八六，1）。标本2014H70：2，青灰色石料。仅存镞身后端及铤，双面扁平，两侧刃，截面呈多棱形。残长3、宽2、厚0.4厘米（图八六，2）。

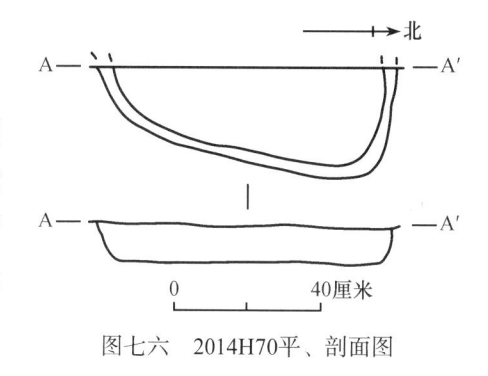

图七六　2014H70平、剖面图

8. 2016H15

（1）位置及层位关系：位于T0202西北部，延伸至西壁。开口于第5层下，叠压D716、D719，打破浅黄色土层。

（2）形制：平面形状呈不规则椭圆形，弧壁，底部不平整。长1.7、宽1.65、深0.36米（图七七）。坑内填土为黄褐色土，局部为深褐色，土质致密，含红烧土颗粒、石块等。

（3）出土遗物：无。

9. 2016H16

（1）位置及层位关系：位于T0201北部。开口于第5层下，打破浅黄色土层。

（2）形制：平面形状近似不规则椭圆形，弧壁，圜底。长2.2、宽1.34、深0.34米（图七八）。坑内填土为浅灰色黏土，结构致密，含红烧土块、石块等。

（3）出土遗物：出土少量陶器残片，典型纹饰有方格纹（图九一，6）。

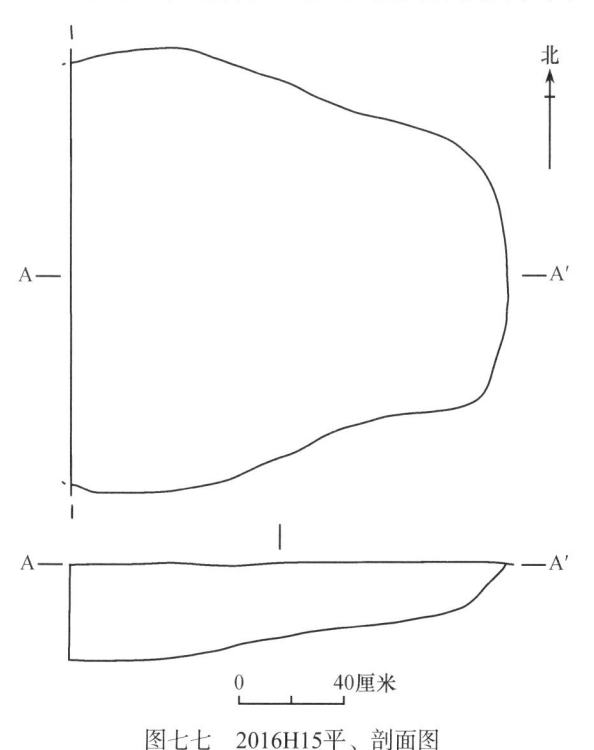

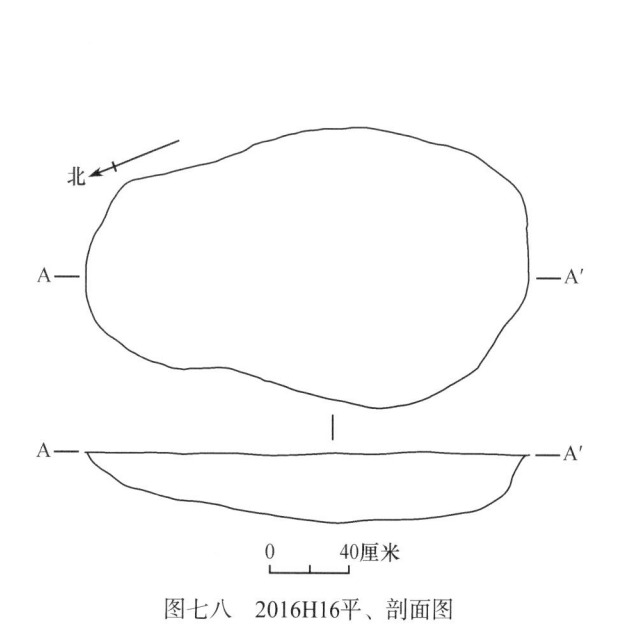

图七七　2016H15平、剖面图

图七八　2016H16平、剖面图

（三）长方形

1. 2014H40

（1）位置及层位关系：位于T0203东南部。开口于第5层下，上部被2014H26、2014H27打破，打破第6层、2014H41及浅黄色土层。

（2）形制：平面形状呈长方形，直壁，平底。长1.9、宽0.6、深0.35～0.68米（图七九）。坑内填土为浅灰色黏土，结构致密，含石块、红烧土颗粒、炭屑等。

（3）出土遗物：出土少量陶器残片，器形不辨。

2. 2014H53

（1）位置及层位关系：位于T0203探方西北部。开口于第5层下，打破浅黄色土层及生土层。

（2）形制：平面形状呈长方形，直壁，平底。长1.6、宽0.9、深0.3米（图八〇）。坑内填土为浅灰色黏土，结构致密，含红烧土颗粒、炭屑等。

（3）出土遗物：出土少量陶器残片，器形不辨。

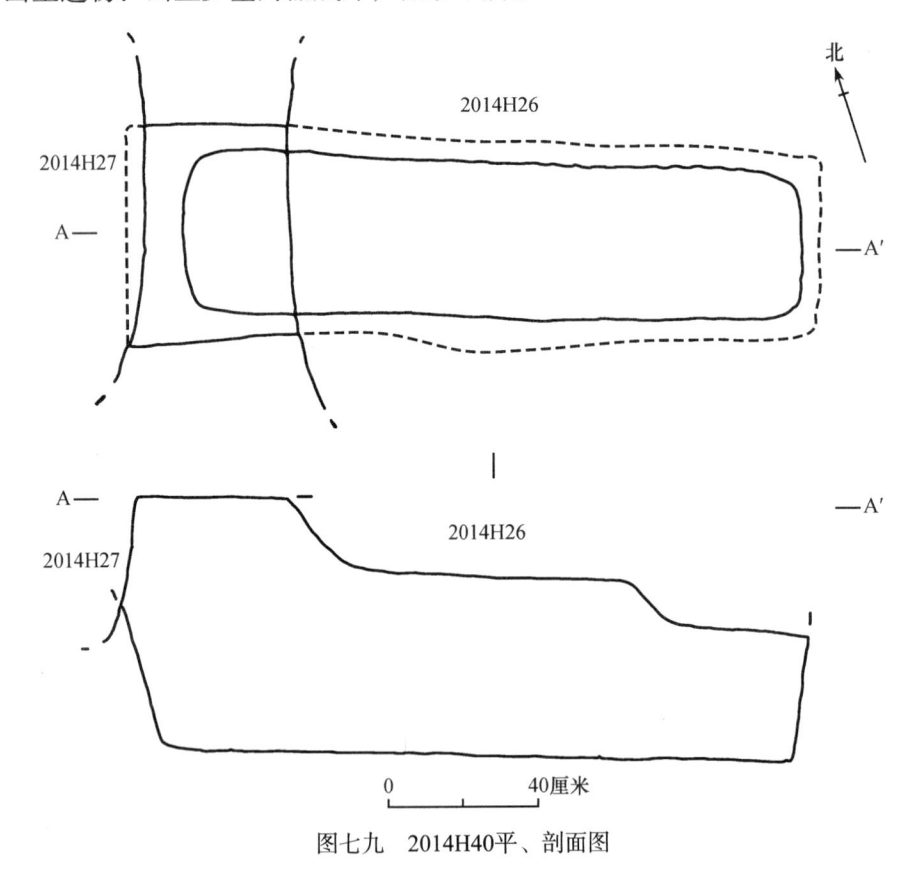

图七九　2014H40平、剖面图

3. 2014H59

（1）位置及地层关系：位于T0401、T0402东扩方西部。开口于F1②层下，打破第6层及浅黄色土层。

（2）形制：平面呈长方形，口大底小，直壁，底部北高南低。口长1.9、口宽0.58、底长1.74、底宽0.48、深0.2~0.52米（图八一）。填土为灰黄色黏土，土质结构疏松，含红烧土颗粒。

（3）出土遗物：

石锛　Ca型，1件。标本2014H59：1，青灰色石料。上下端残，长条形，一端有一个对穿孔，下端双面刃，一面宽刃，一面窄刃。残长7.8、宽2.5、厚1.2厘米（图八二，1）。

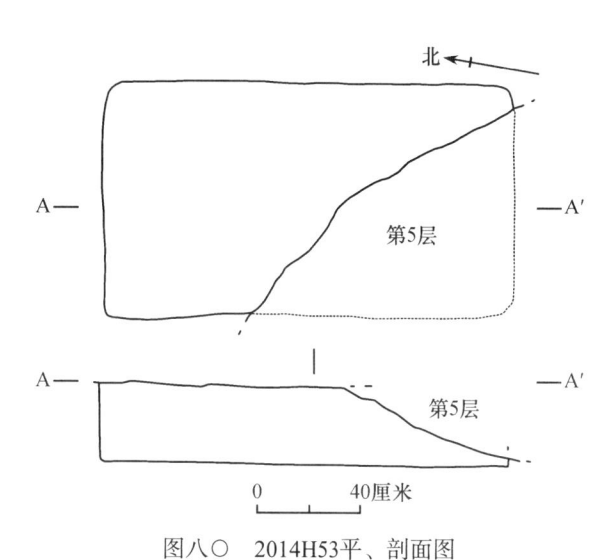

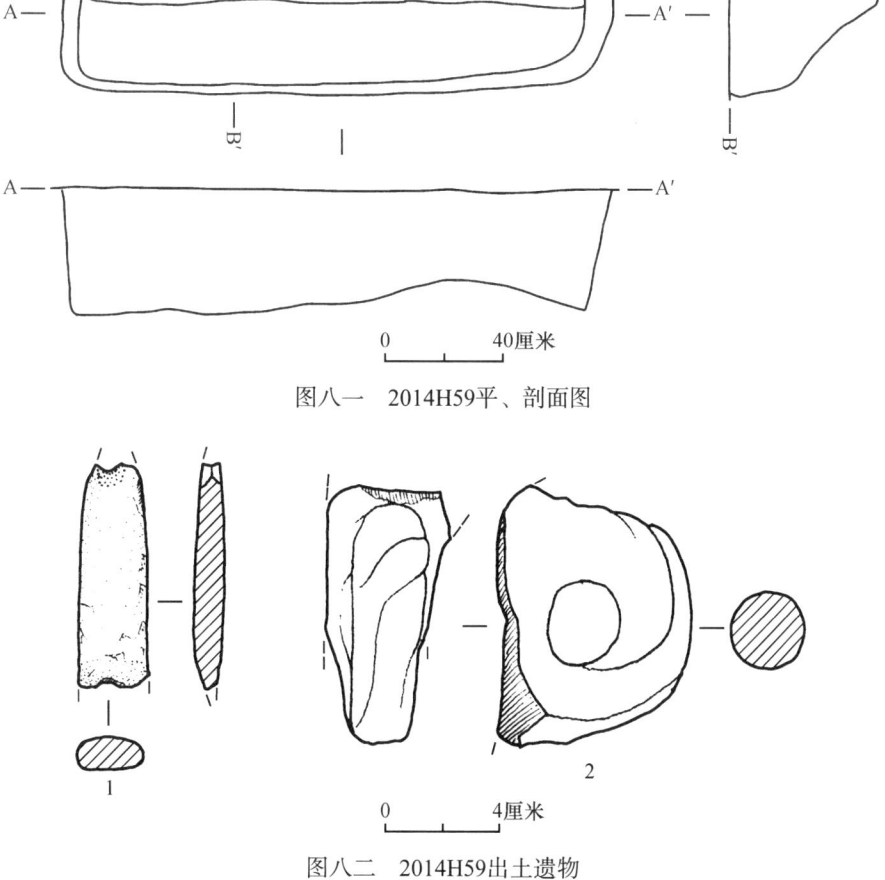

图八〇　2014H53平、剖面图

图八一　2014H59平、剖面图

图八二　2014H59出土遗物
1. Ca型穿孔石锛（2014H59：1）　2. A型陶把手（2014H59：2）

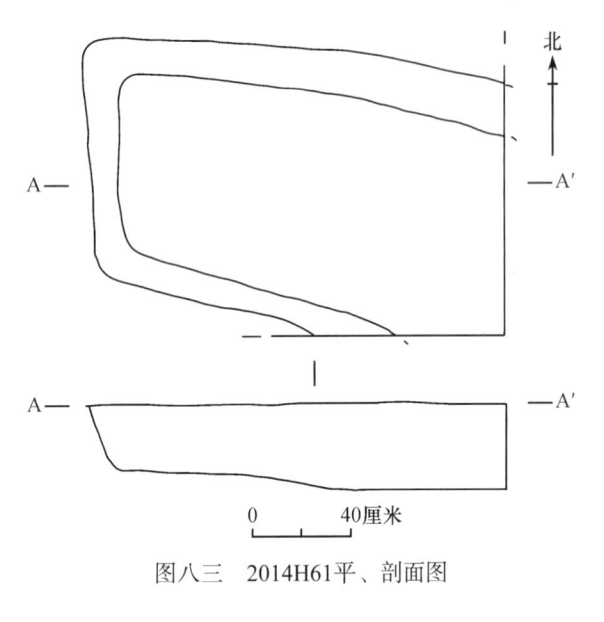

陶把手　A型　1件。标本2014H59：2，泥质灰陶。三股麻花状，呈半圆形。高8.8、宽7厘米（图八二，2）。

4. 2014H61

（1）位置及地层关系：位于T0401东南角，东南两侧延伸至发掘区之外。开口于F1①层下，打破浅黄色土层。

（2）形制：仅发掘一部分，平面呈长方形，口大底小，斜壁，底略倾斜。口长1.76、口宽1.2、底长1.6、底宽1.04、深0.26～0.34米（图八三）。填土为黄褐色土，含较多红烧土块。

图八三　2014H61平、剖面图

（3）出土遗物：出土少量陶器残片，器形不辨。

（四）长条形（2014H42）

（1）位置及层位关系：位于T0203南部，延伸至南壁内。开口于第5层下，北部坑边被2014H27打破，打破第6层及浅黄色土层。

（2）形制：平面形状呈不规则长条形，直壁，底部高低不平。长2.4、宽0.7、深0.2～0.28米（图八四）。坑内填土为浅灰色黏土，结构致密，含红烧土颗粒、炭屑等。

（3）出土遗物：出土少量陶器残片，器形不辨。

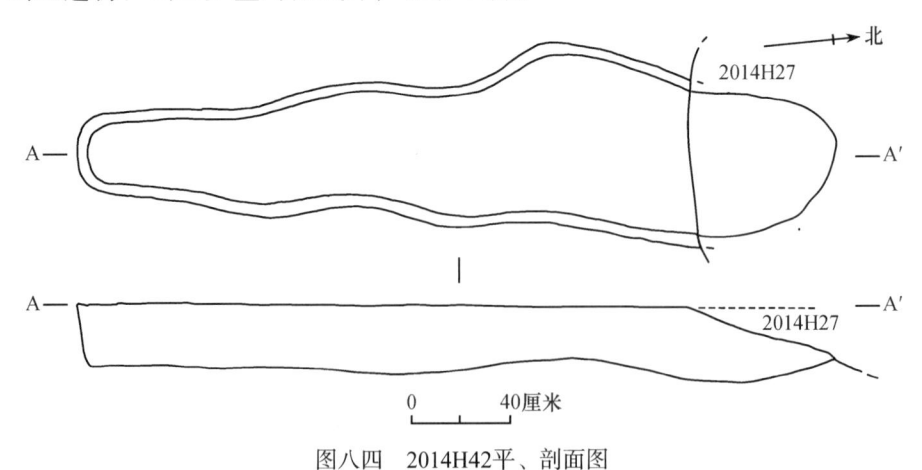

图八四　2014H42平、剖面图

（五）不规则形

1. 2014H26

（1）位置及层位关系：位于T0203、T0204、T0303、T0304内。开口于第5层下，被2014H1、2014H25及大园塘打破，叠压2014H43、2014H45、2014H52、2014H72、F2柱洞（D522、D837），打破2014H39、2014H40、2014H41及第6层。

（2）形制：平面形状呈不规则形，坑壁呈不规则台阶状，向内斜收，底部不平。长10.6、宽4.5、深0.25～0.55米（图八五）。坑内填土为灰褐色黏土，结构致密，含石块、红烧土颗粒、炭屑等。

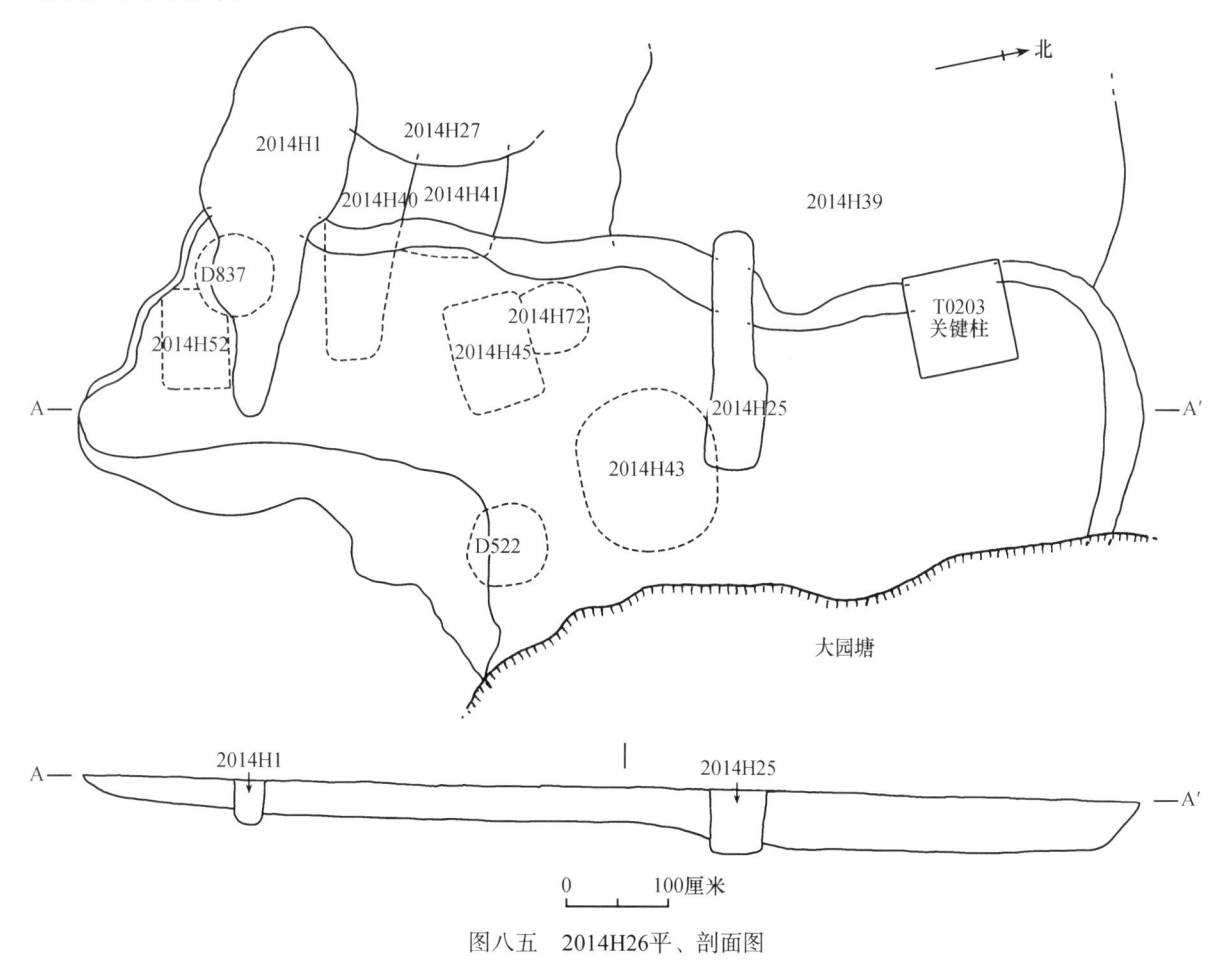

图八五　2014H26平、剖面图

（3）出土遗物：

石器　16件。

镞　8件。均为A型。

Aa型，4件。标本2014H26：3，深灰色石料。前锋及铤后端残，双面有脊，部分残损，两侧刃。残长5.1、宽1.6、厚0.5厘米（图八六，3）。标本2014H26：8，灰褐色石料，镞身前端及铤后端残。镞身至铤双面扁平，两侧刃，截面呈多棱形。残长5.6、宽1.9、厚0.4厘米（图八六，4）。标本2014H26：10，褐色石料。前锋及铤后端残，双面有脊，两侧刃。残长3.8、宽1.6、厚0.45厘米（图八六，5）。标本2014H26：18，青绿色石料。前锋及铤后端残，扁平状，两侧较钝，似为半成品。残长7.6、宽2.4、厚0.9厘米（图八六，6）。

Ab型，1件。标本2014H26：4，深灰色石料。边侧残，宽梭形柳叶形，双面扁平，两侧刃，较钝，似为半成品。残长9、宽3.1、厚0.6厘米（图八六，10）。

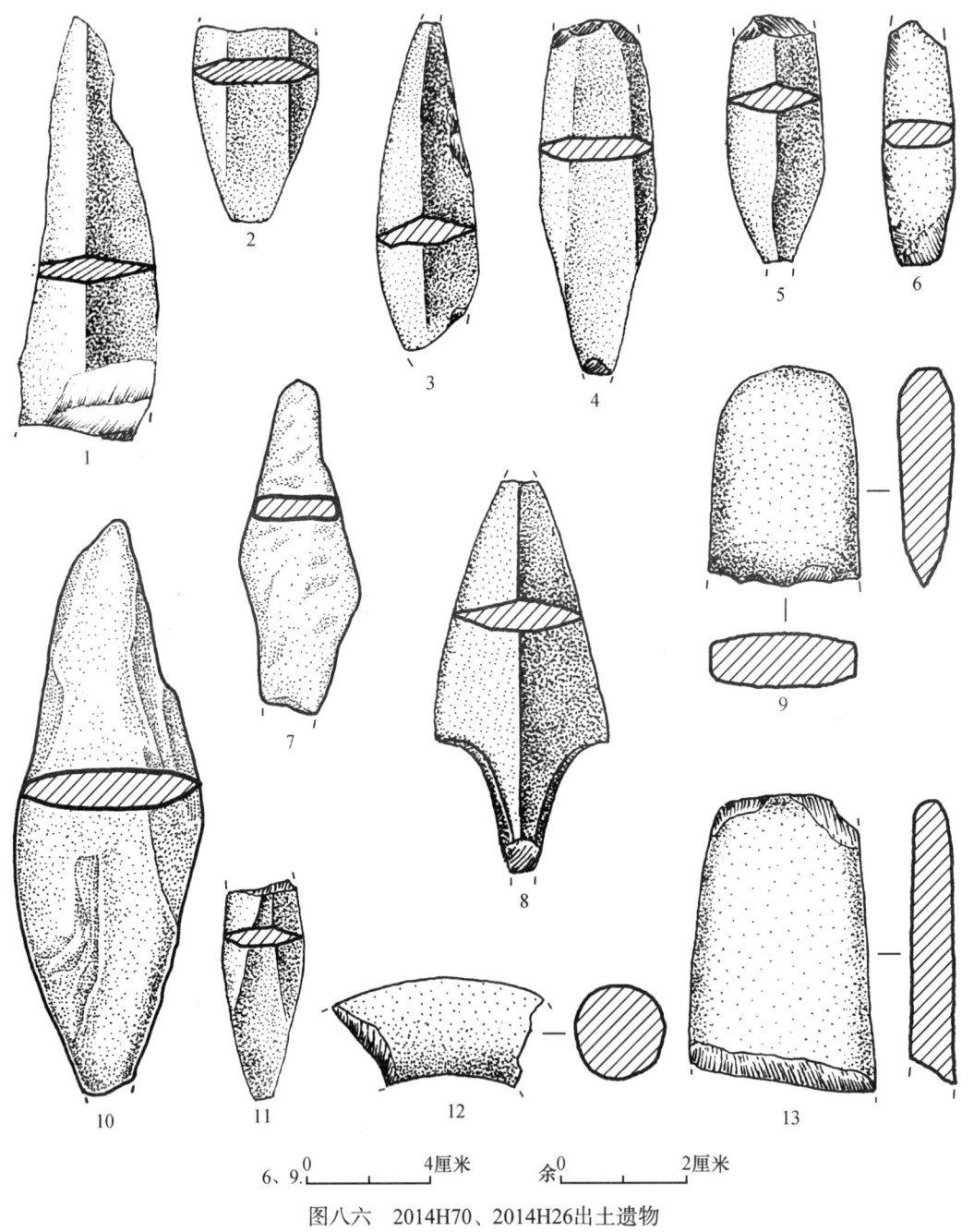

图八六 2014H70、2014H26出土遗物

1、2、7、11.A型亚型不明石镞（1.2014H70：1、2.2014H70：2、7.2014H26：2、11.2014H26：6） 3~6.Aa型石镞（3.2014H26：3、4.2014H26：8、5.2014H26：10、6.2014H26：18） 8.Ae型石镞（2014H26：1） 9.Aa型石斧（2014H26：11） 10.Ab型石镞（2014H26：4） 12.玉环（2014H26：7） 13.不明形制石锛（2014H26：9）

Ae型，1件。标本2014H26：1，浅灰色石料。前锋及铤后端残，镞身呈宽叶形，镞身一面有脊，一面扁平，短锥形铤。残长6.1、宽2.8、厚0.55厘米（图八六，8；图版五〇，1）。

A型而亚型不明，2件。标本2014H26：2，青绿色石料。铤后端残，镞身扁平无脊，粗略打制而成，似为半成品。残长5.2、宽2、厚0.4厘米（图八六，7）。标本2014H26：6，灰色石料。镞身前端残，双面扁平，两侧刃，截面呈多棱形，扁三角形铤。残长3.4、宽1.4、厚0.3厘米（图八六，11）。

斧　Aa型，1件。标本2014H26：11，灰褐色石料。刃部残，梯形，弧顶，下端双面刃。残长6.9、宽4~5、厚2厘米（图八六，9；图版五〇，2）。

锛　不明形制　1件。标本2014H26：9，青灰色石料。下端残，梯形。残长4.6、宽2.4~3、厚0.7厘米（图八六，13）。

砺石　B型　1件。标本2014H26：12，浅灰色石料。不规则形，上下两面均为磨砺面，均内凹。残长13.4、宽14.8、厚2.6~6.4厘米（图八七，1）。

残损不明石器、坯料　5件。标本2014H26：13，青绿色石料。近似半月形，边侧有打制痕迹。长12.2、宽5.6、厚1.4厘米（图八七，2）。标本2014H26：14，青绿色石料。不规则形，

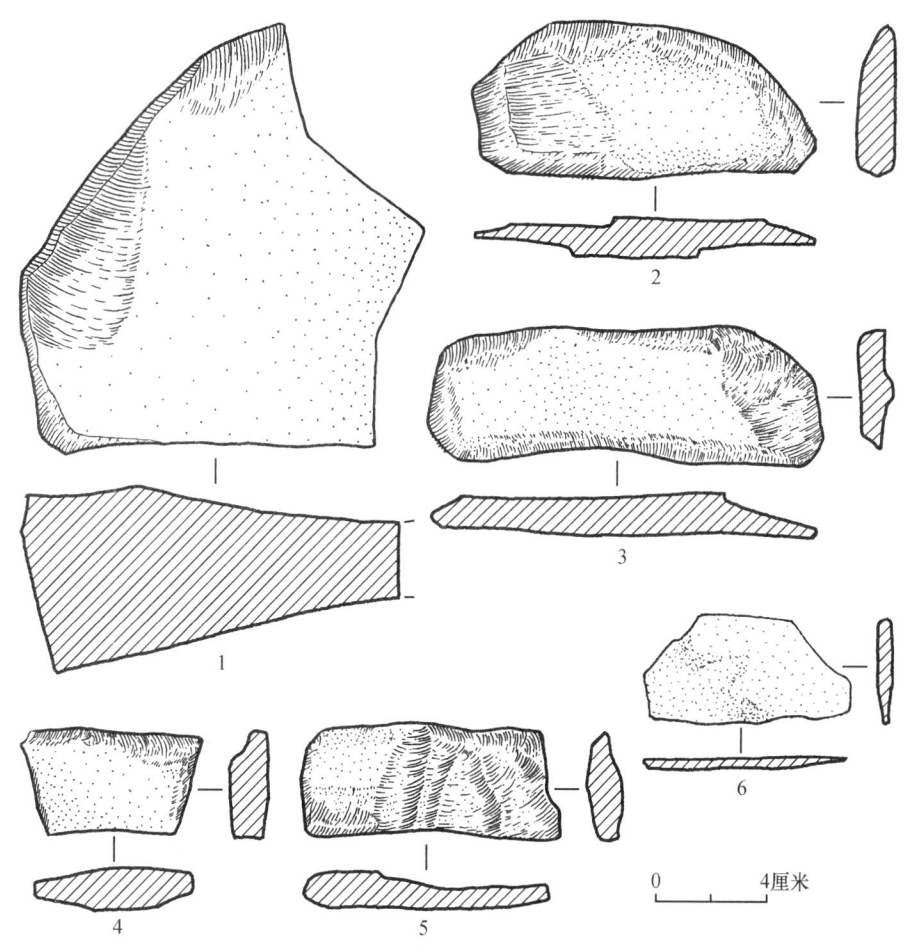

图八七　2014H26出土石器

1. B型砺石（2014H26：12）　2~6. 残损不明石器、坯料（2. 2014H26：13、3. 2014H26：14、4. 2014H26：16、5. 2014H26：15、6. 2014H26：17）

边侧有打制痕迹。长14.4、宽5、厚1.7厘米（图八七，3）。标本2014H26：15，青绿色石料。近似长方形，边侧有打制痕迹。长9.2、宽4、厚1.4厘米（图八七，5）。标本2014H26：16，青绿色石料。梯形，边侧有打制痕迹。长3.4~6.4、宽3.8、厚0.75厘米（图八七，4）。标本2014H26：17，灰色石料。不规则扁平状。长7.6、宽4、厚0.6厘米（图八七，6）。

玉环　1件。标本2014H26：7，青白色玉料。仅存一段。直径1.5厘米（图八六，12；图版五〇，3）。

陶器　20件。可辨器形有鼎足、釜鼎口沿、矮领罐口沿、盆口沿、鬶、鬶足、豆盘、豆柄、长颈壶、盂形器、器盖纽，另有少量陶器残片，典型纹饰有方格纹（图九一，2）。

鼎足　6件。

Aa型，4件。标本2014H26：29，夹砂红褐陶。下端残，宽扁形，足根部饰横排五个按窝。残高7厘米（图八八，1；图九〇，10；图版五〇，4）。标本2014H26：30，夹砂浅黄陶。上下端残，宽扁形，正面饰二道凸棱，凸棱中间饰五道竖向短刻槽。残高7.2厘米（图八八，2；图九〇，1；图版五〇，5）。标本2014H26：31，夹砂红陶。上下端残，宽扁形，正面饰七道竖向短刻槽。残高4.6厘米（图八八，3）。标本2014H26：32，夹砂红陶。下端残，横截面呈扁椭圆形，足根部饰横排六个按窝。残高5.2厘米（图八八，4）。

Ca型，2件。标本2014H26：27，夹砂红陶。下端残，圆锥形，足根饰一个按窝。残高8.4厘米（图八八，5；图九〇，8）。标本2014H26：28，夹砂红陶。下端残，圆锥形，足根饰一个按窝，其下饰一道深刻槽。残高8厘米（图八八，9）。

釜鼎口沿　1件。标本2014H26：34，夹砂红陶。宽折沿，沿面内凹，方唇，束颈，溜肩，肩部饰粗绳纹。残高4.5厘米（图八八，7）。

矮领罐口沿　A型　1件。标本2014H26：35，夹砂褐陶。窄折沿，沿面微凹，方唇，腹部斜直，素面。残高4.8厘米（图八八，8）。

盆口沿　B型　1件。标本2014H26：36，夹砂浅黄陶。口微敛，短平沿，尖唇，腹部斜直，外饰细绳纹。残高6.8厘米（图八八，11）。

鬶　A型　1件。标本2014H26：26，泥质红陶。仅存颈部，细长颈，素面。残高6厘米（图八八，6）。

鬶足　A型　1件。标本2014H26：33，夹砂黑陶。高锥状足，素面。残高4.2厘米（图八八，10）。

豆盘　B型　2件。标本2014H26：19，泥质红陶。敞口，尖唇，斜弧腹，平底，底部有二道凹槽。复原口径18.4、高5.8厘米（图八九，1；图版五一，1、2）。标本2014H26：20，泥质浅灰陶。敞口，尖唇，斜弧腹，平底，底部有四道凹槽。复原口径18.6、高4.6厘米（图八九，5；图版五一，3、4）。

豆柄　A型　4件。标本2014H26：21，泥质黑陶。仅存上部，饰一道凸棱。残高3.5厘米（图八九，2）。标本2014H26：22，泥质褐陶。仅存上部，外饰二道凸棱及上下两排圆形镂孔。残高5.8厘米（图八九，4）。标本2014H26：23，泥质黑皮红陶。表面饰二道凹弦纹及圆形镂孔。残高4.2厘米（图八九，3）。标本2014H26：24，泥质黑陶。仅存下端，素面。残高

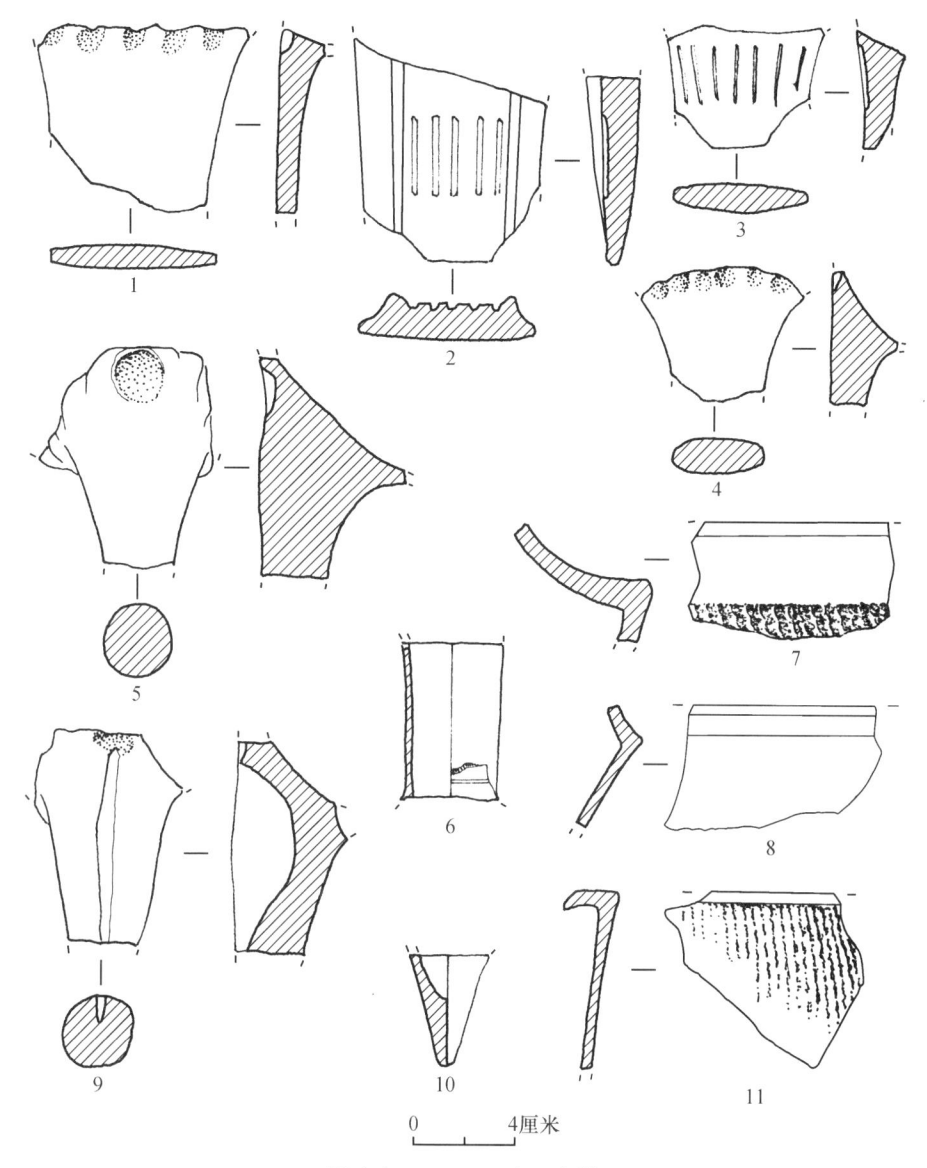

图八八　2014H26出土陶器

1～4.Aa型鼎足（1.2014H26：29、2.2014H26：30、3.2014H26：31、4.2014H26：32）　5、9.Ca型鼎足（5.2014H26：27、9.2014H26：28）　6.A型鬶（2014H26：26）　7.釜鼎口沿（2014H26：34）　8.A型矮领罐口沿（2014H26：35）　10.A型鬶足（2014H26：33）　11.B型盆口沿（2014H26：36）

3厘米（图八九，7）。

长颈壶　1件。标本2014H26：5，泥质红陶。修复完整，短外卷口，尖圆唇，高直颈，弧折肩，高斜腹，矮圈足，底部饰一道凸棱。口径7.2、底径4.4、通高22厘米（图八九，9；图版一三，1；图版五一，5、6）。

盂形器　1件。标本2014H26：25，泥质红褐陶。仅存上部，敛口，短外斜沿，折腹，素面。口径6.6、残高4厘米（图八九，8；图版五〇，6）。

器盖纽　D型　1件。标本2014H26：37，夹砂红陶。束腰状纽，素面。高4.4、外径4、内径3.2厘米（图八九，6）。

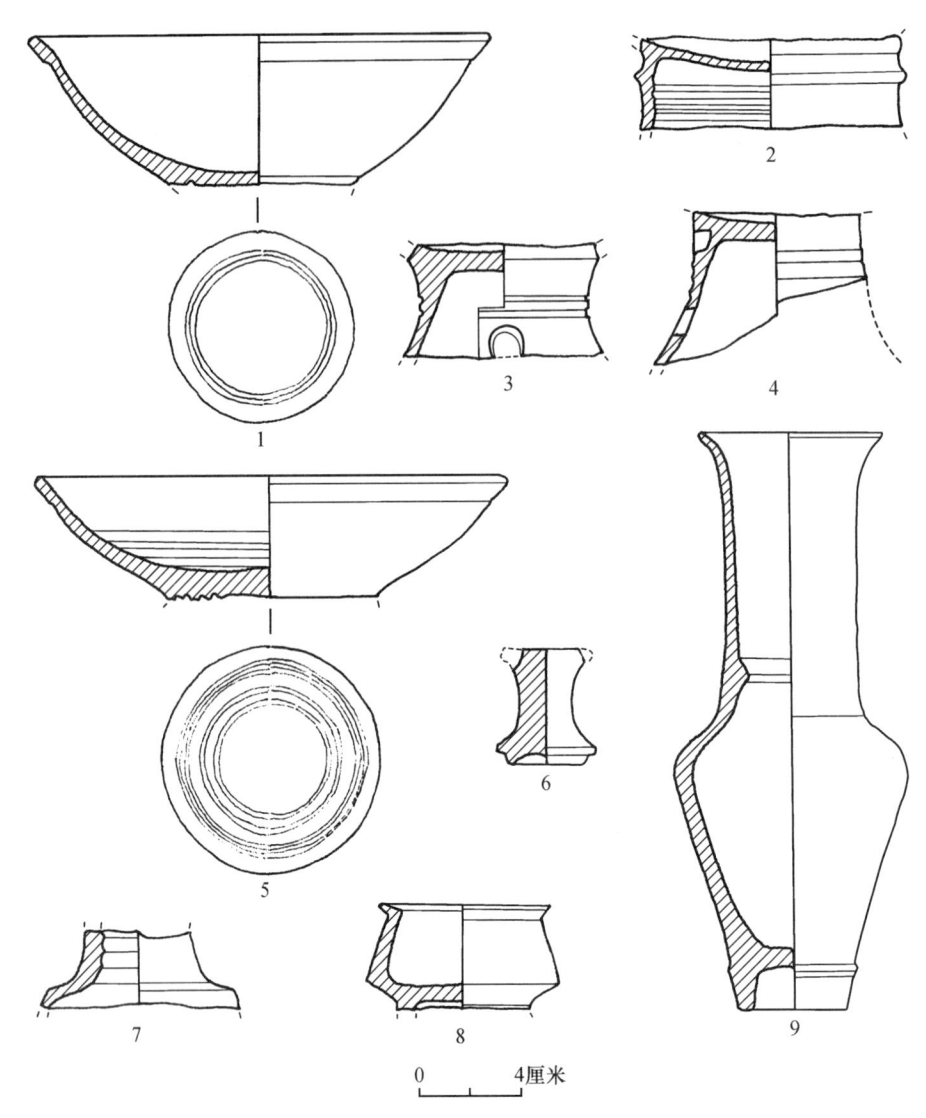

图八九　2014H26出土陶器

1、5.B型豆盘（1.2014H26：19、5.2014H26：20）　2~4、7.A型豆柄（2.2014H26：21、3.2014H26：23、4.2014H26：22、7.2014H26：24）　6.D型器盖纽（2014H26：37）　8.盂形器（2014H26：25）　9.长颈壶（2014H26：5）

2. 2014H27

（1）位置及层位关系：位于T0203探方中部。开口于第5层下，东南部被2014H1打破，打破2014H28、2014H29、2014H40、2014H41、2014H42及浅黄色土层。

（2）形制：平面形状呈不规则形，弧壁，坑底不平。长3.75、宽3.3、深0.2~0.42米（图九二）。坑内填土为深灰色黏土，土质致密，含石块、红烧土颗粒、炭屑等。

（3）出土器物：

石镞　A型而亚型不明，1件。标本2014H27：1，青绿色石料。前锋、镞身后端及铤残，柳叶形，双面有脊，两侧刃。残长5.5、宽1.5、厚0.5厘米（图一一○，1）。

石锛　Ac型，1件。标本2014H27：2，青灰色石料。刃部略残，梯形，弧顶，下端双面刃。残长4.25、宽1.4、厚0.3厘米（图一一○，2）。

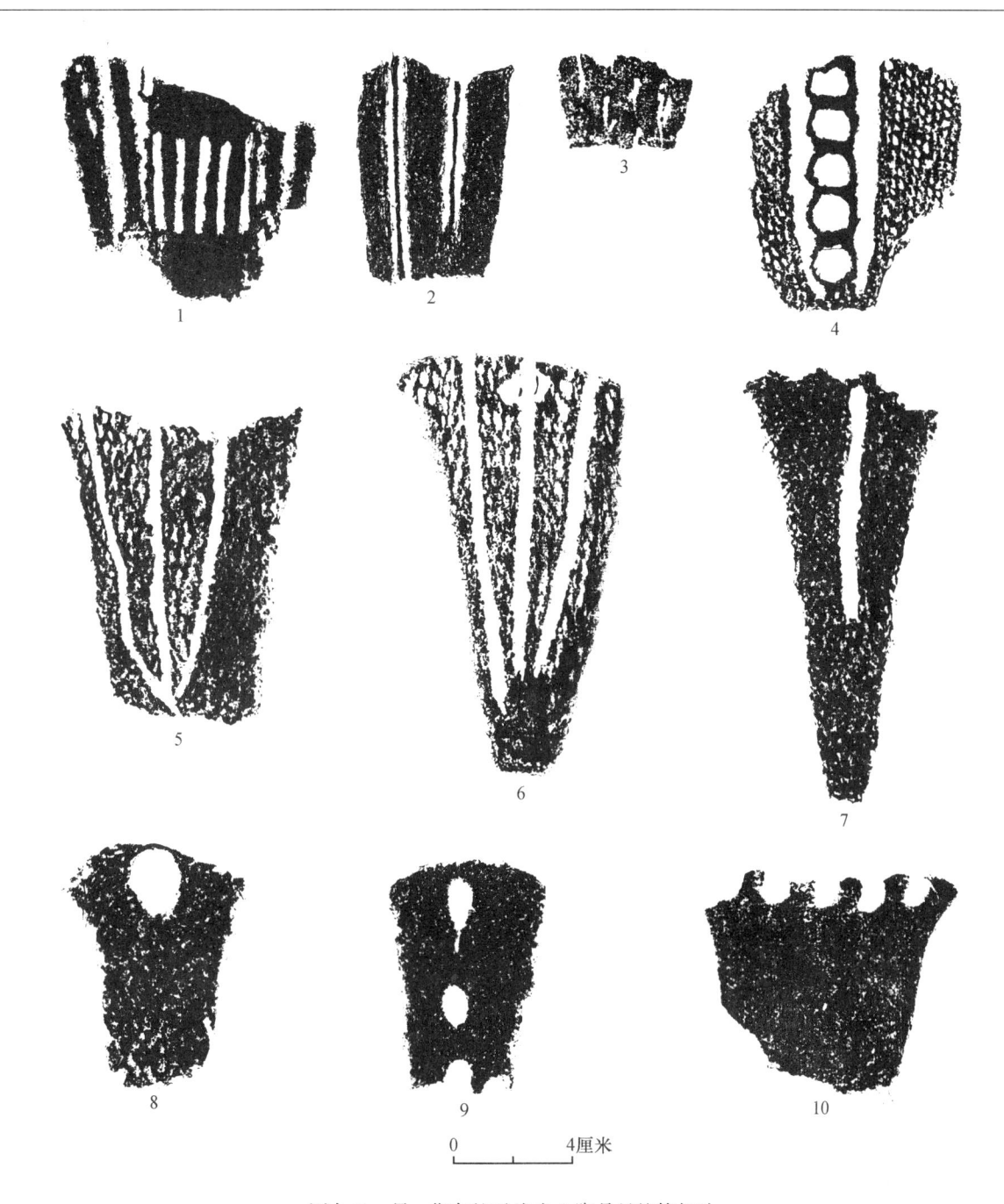

图九〇 早一期灰坑及沟出土陶鼎足纹饰拓片

1. A型刻槽鼎足（2014H26：30） 2. A型瓦棱纹鼎足（2016H17：3） 3. A型戳点纹鼎足（G3②：101） 4. B型绳纹+按窝+刻槽鼎足（G3②：95） 5、6. B型绳纹+刻槽鼎足（5. 2014H36：34、6. 2014H39：16） 7. Ba型刻槽鼎足（2014H39：15） 8~10. 按窝鼎足（8. 2014H26：27、9. 2016H17：4、10. 2014H26：29）

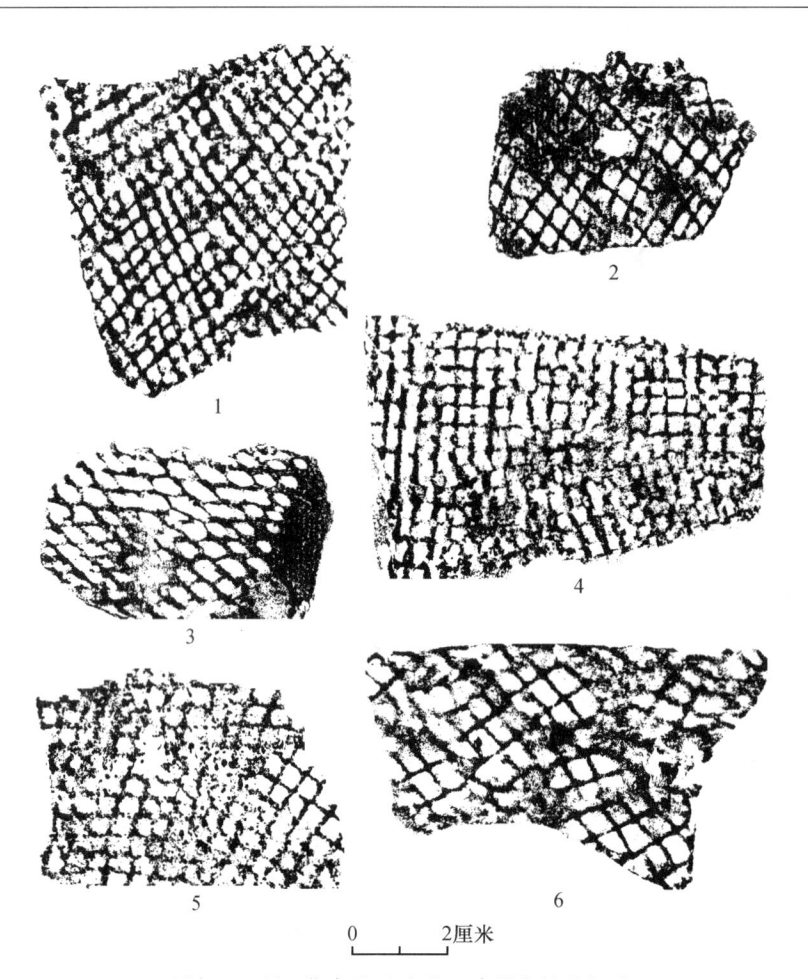

图九一 早一期灰坑及沟出土陶器方格纹拓片
1. G3②:99 2. 2014H26:39 3. 2014G5:60 4. 2014G5:57 5. 2016H19:4 6. 2016H16:1

穿孔石刀 2件。

B型 1件。标本2014H27:3，青灰色石料。一端残，平面呈长方形，平背，上端中部有一个对穿孔，下端双面刃。残长4.5、宽2.2、厚0.4厘米（图一一〇，7）。

D型 1件。标本2014H27:4，青绿色石料。一角残，平面呈马鞍形，上端中部有两个对穿孔，下端一面刃。残长7、宽4、厚0.3厘米（图一一〇，4；图版五二，1）。

3. 2014H28

（1）位置及层位关系：位于T0203中部偏北。开口于第5层下，南部被2014H27打破，打破2014H33及浅黄色土层。

（2）形制：平面形状呈不规则形，坑壁倾斜内收，平底。残长1.5、宽1.4、深0.2米（图九三）。坑内填土为深灰色黏土，土质结构致密，含石块、红烧土颗粒、炭屑等。

（3）出土遗物：出土少量陶器残片，器形不辨。

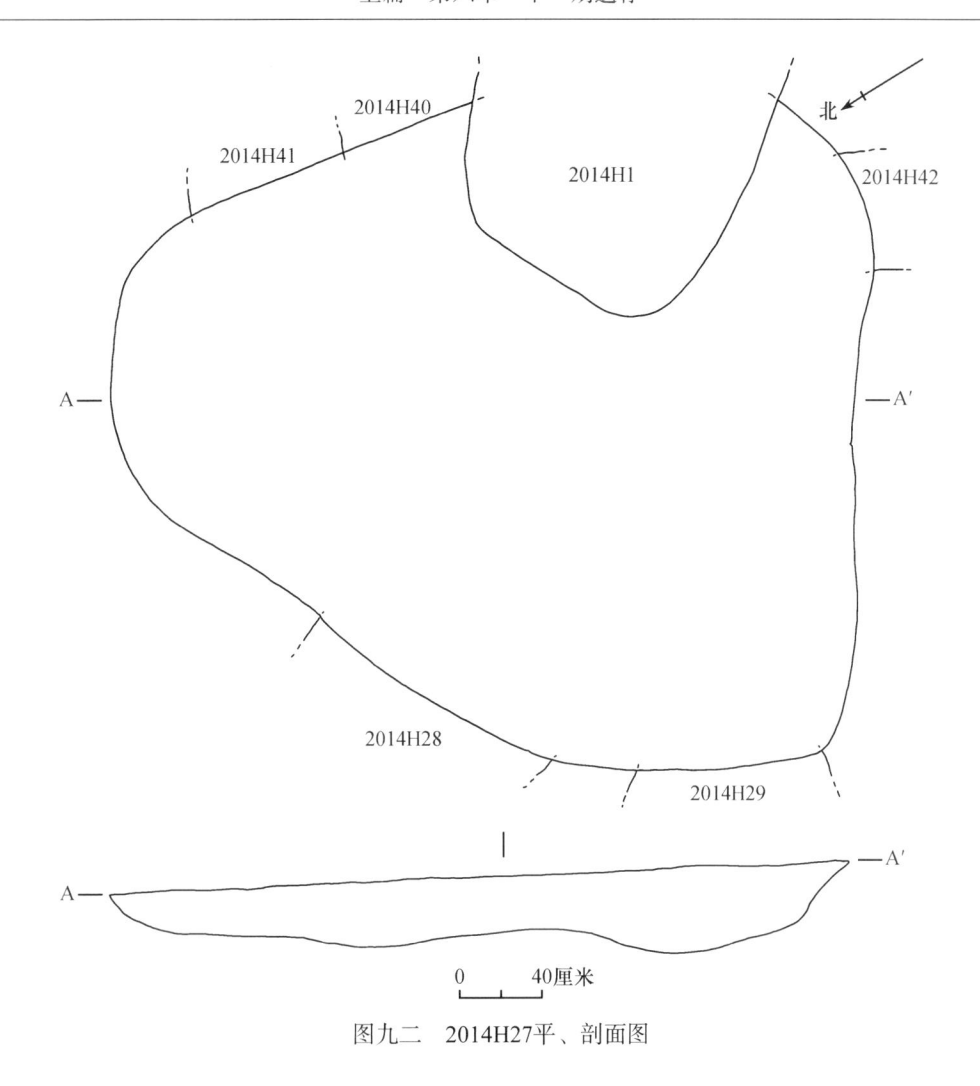

图九二 2014H27平、剖面图

4. 2014H29

（1）位置及层位关系：位于T0203中部偏西。开口于第5层下，南侧坑边被2014H27打破，打破浅黄色土层。

（2）形制：平面形状呈不规则形，斜壁，底部高低不平。长2.08、宽1.6、深0.16~0.38米（图九四）。坑内填土为深灰色黏土，结构致密，含红烧土颗粒、炭屑等。

（3）出土遗物：

鼎足　Ca型，1件。标本2014H29：1，夹砂褐陶。圆锥形，足面饰一道刻槽，足跟有削制痕迹。残高10.6厘米（图一一〇，5；图版五三，1）。

5. 2014H36

（1）位置及层位关系：位于T0204、T0304、T0305内。开口于第5层下，东部被大园塘破坏，打破2014H54、第6层及浅黄色土层。

（2）形制：平面形状呈不规则形，斜壁，平底。长5.25、宽4、深0.26~0.35米（图九五）。填土为浅灰色黏土，结构致密，包含石块、红烧土颗粒、炭屑等。

图九三　2014H28平、剖面图

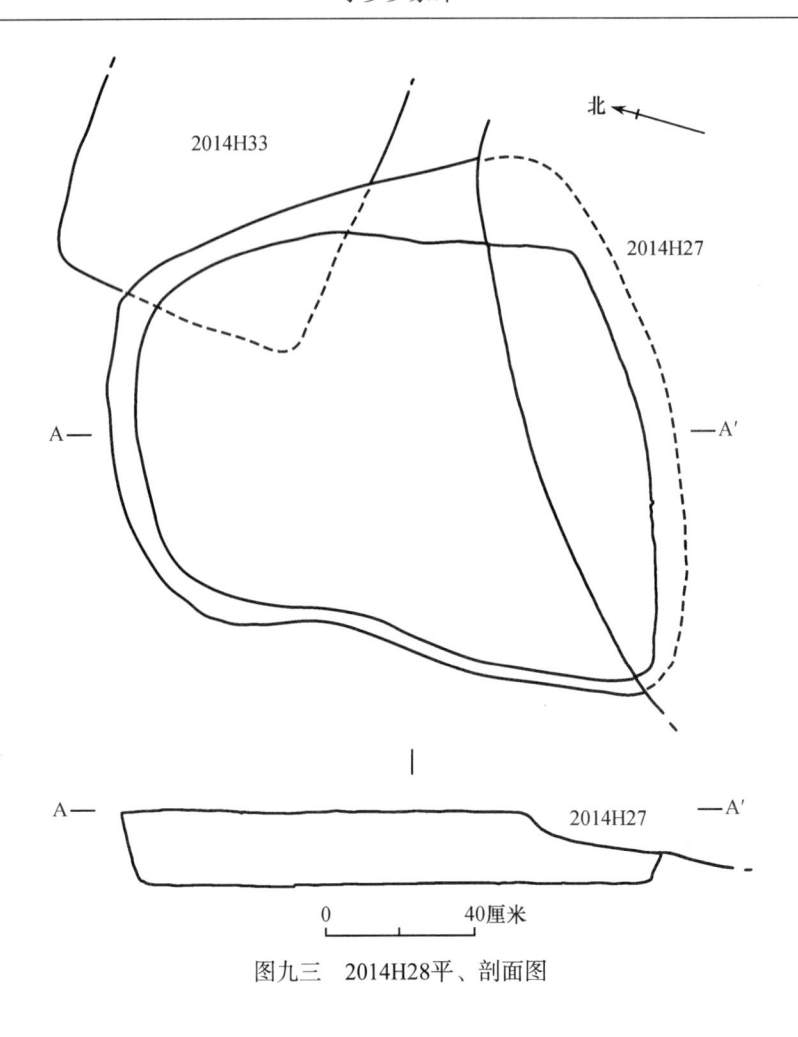

（3）出土遗物：

石器　29件。

镞　17件。均为A型。

Aa型，9件。标本2014H36：1，灰褐色石料。镞身前端及铤后端残，双面脊线不明显，两侧刃，较钝。残长3.6、宽1.5、厚0.4厘米（图九六，1）。标本2014H36：3，青绿色石料。铤后端残，柳叶形，一面有脊，一面平，两侧刃。残长4.3、宽1.8、厚0.4厘米（图九六，2）。标本2014H36：8，青灰色石料。一侧残，柳叶形，侧面有刃。残长6.3、残宽1.5、厚0.6厘米（图九六，3）。标本2014H36：10，青绿色石料。前锋及铤后端残，柳叶形，双面有脊，两侧刃。残长5.7、宽1.6、厚0.4厘米（图九六，4）。标本2014H36：14，青绿色石料。镞身前端残，双面扁平，三角形铤。残长4.2、宽1.8、厚0.2厘米（图九六，5）。标本2014H36：16，青灰色石料。镞身前端残，双面有脊，两侧刃。残长4.4、宽1.8、厚0.7厘米（图九六，6）。标本2014H36：17，青灰色石料。镞身前端残，双面扁平，截面呈多棱形，扁梯形铤。残长4.1、宽1.8、厚0.5厘米（图九六，7）。标本2014H36：20，青灰色石料。镞身前端残，双面有脊，两侧刃。残长4.15、宽2.2、厚0.6厘米（图九六，8）。标本2014H36：28，褐色石料。镞身前端残，脊不明显，两侧刃。残长4.4、宽1.6、厚0.5厘米（图九六，12）。

图九四　2014H29平、剖面图

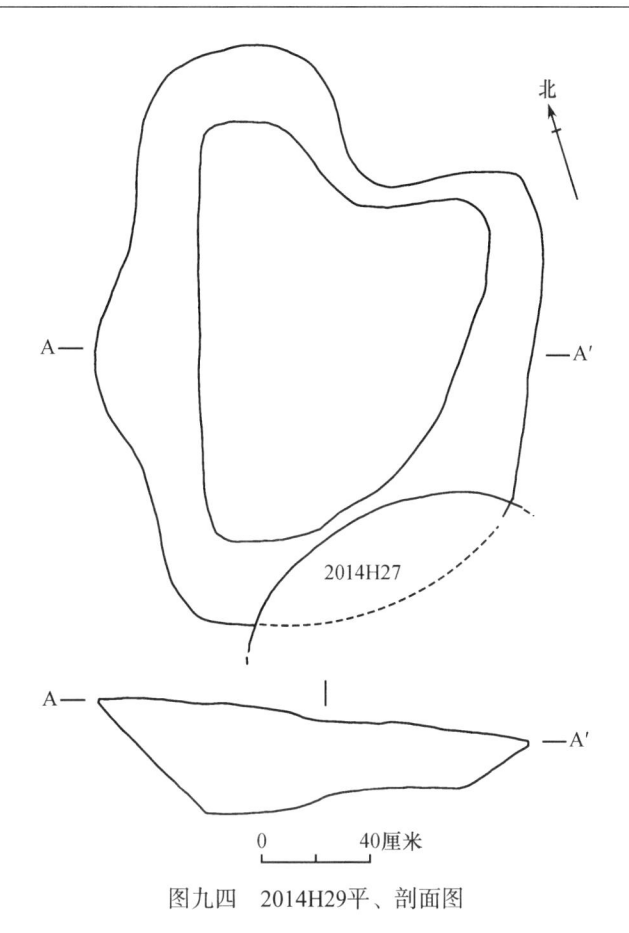

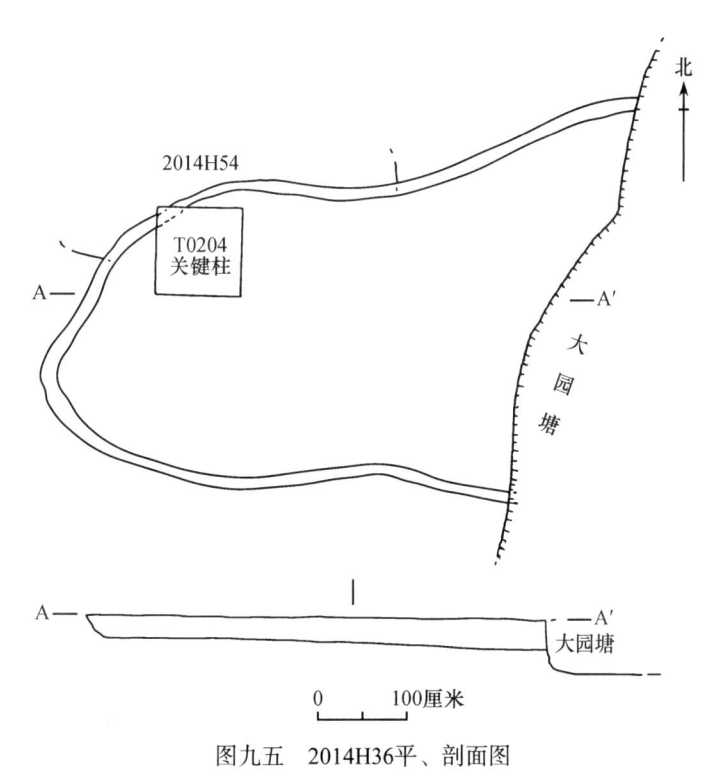

图九五　2014H36平、剖面图

图九六 2014H36出土石器

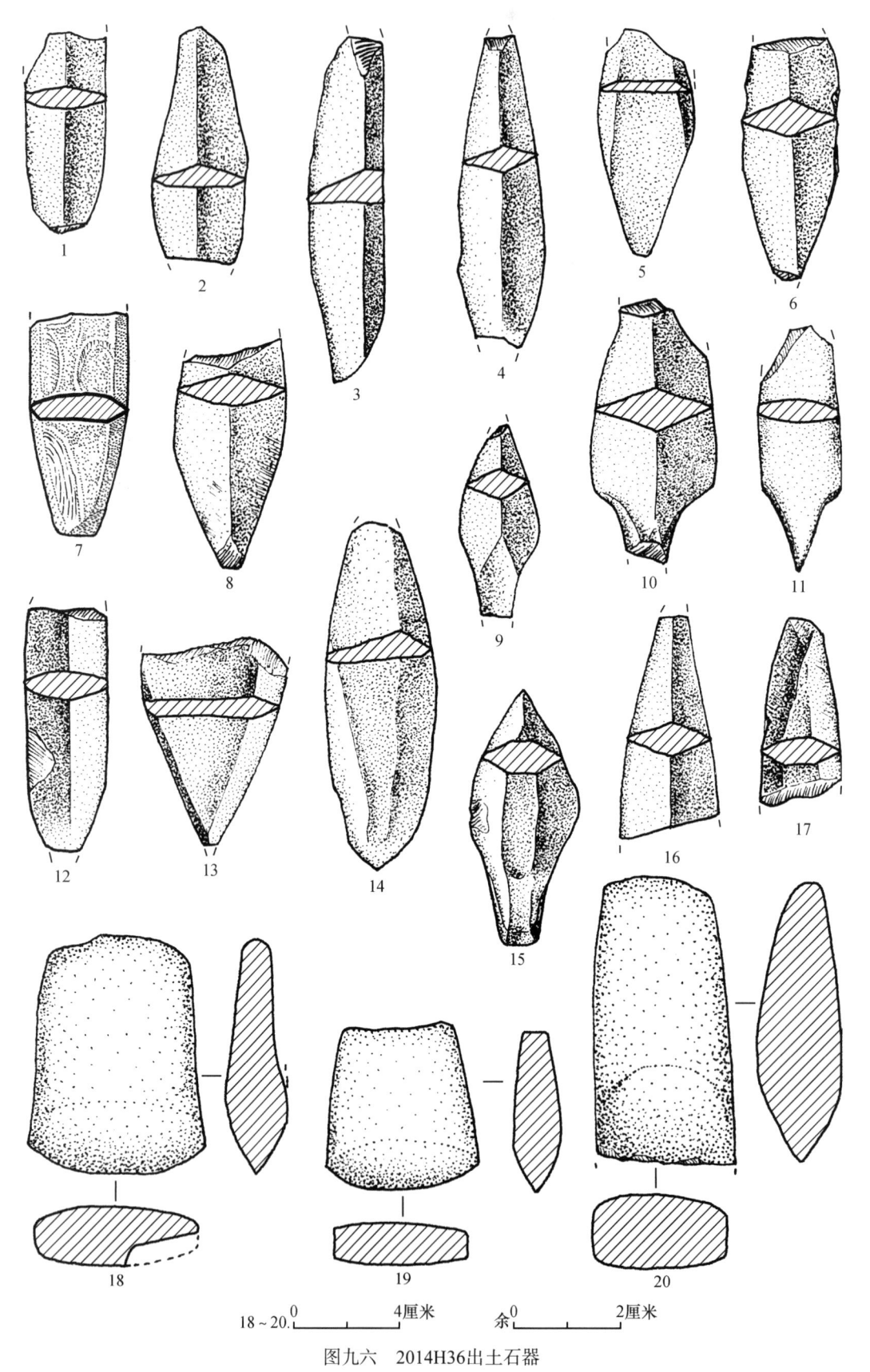

1~8、12. Aa型镞（1. 2014H36：1，2. 2014H36：3，3. 2014H36：8，4. 2014H36：10，5. 2014H36：14，6. 2014H36：16，7. 2014H36：17，8. 2014H36：20，12. 2014H36：28） 9、10、15. Ae型镞（9. 2014H36：13，10. 2014H36：5，15. 2014H36：27）
11. Ac型镞（2014H36：29） 13、16、17. A型而亚型不明镞（13. 2014H36：23，16. 2014H36：18，17. 2014H36：25）
14. Ab型镞（2014H36：6） 18. Aa型斧（2014H36：19） 19. Ab型斧（2014H36：9） 20. C型斧（2014H36：22）

Ab型，1件。标本2014H36：6，青绿色石料。梭状柳叶形，一面残，一面平，两侧刃。残长6.2、宽2.1、厚0.5厘米（图九六，14）。

Ac型，1件。标本2014H36：29，青绿色石料。镞身前端残，镞身扁平无脊，两侧刃，短锥形铤。残长4.4、宽1.6、厚0.5厘米（图九六，11）。

Ae型，3件。标本2014H36：5，浅灰色石料。镞身前端及铤后端残，镞身双面有脊，两侧刃，扁圆锥形铤。残长4.7、宽2.4、厚0.8厘米（图九六，10）。标本2014H36：13，青灰色石料。前锋及铤后端残，短镞身，双面有脊，两侧刃，截面呈菱形，扁平状铤。残长3.5、宽1.5、厚0.6厘米（图九六，9）。标本2014H36：27，深青灰色石料。短镞身，前锋有脊，镞身双面扁平，两侧刃。截面呈多棱形，扁锥形铤。长4.6、宽2、厚0.6厘米（图九六，15；图版五三，2）。

A型而亚型不明，3件。标本2014H36：18，青灰色石料。前锋及镞身后端残，柳叶形，双面有脊，两侧刃。残长4、宽1.8、厚0.6厘米（图九六，16）。标本2014H36：23，青灰色石料。残存铤部，呈宽短三角形，两侧刃。残长3.8、宽2.8、厚0.4厘米（图九六，13）。标本2014H36：25，青灰色石料。仅存镞身前端，双面扁平，两侧刃，截面呈多棱形。残长3.4、宽1.5、厚0.5厘米（图九六，17）。

斧　3件。

A型　2件。

Aa型，1件。标本2014H36：19，青灰色石料。一面残，梯形，弧顶，器身上薄下厚，下端双面弧刃。长8.7、宽6.6、厚2.8厘米（图九六，18）。

Ab型，1件。标本2014H36：9，青灰色石料。上端略残，梯形，下端双面刃。长6.2、宽5.8、厚1.9厘米（图九六，19）。

C型　1件。标本2014H36：22，青灰色石料。刃部略残，平面呈长方形，顶部微弧，两侧平直，下端双面刃。残长10.4、宽5.2、厚3.2厘米（图九六，20；图版五三，3）。

锛　5件。

A型　2件。

Aa型，1件。标本2014H36：11，灰白色石料。一侧及刃部略残，弧背，下端双面刃，一面宽刃，一面窄刃。长6.4、宽3.4、厚0.5厘米（图九七，1）。

Ab型，1件。标本2014H36：26，青灰色石料。背部及刃部略残，弧顶，下端双面刃，一面宽刃，一面窄刃。长2.4、宽1.8、厚0.35厘米（图九七，2）。

C型　3件。

Ca型，1件。标本2014H36：12，青灰色石料。刃部略残，弧背，下端双面刃，一面宽刃，一面窄刃。长7.8、宽3.6、厚0.85厘米（图九七，3；图版五三，4）。

Cb型，2件。标本2014H36：7，青绿色石料。上端残，平背，下端双面刃，一面宽刃，一面窄刃。残长3.7、宽2、厚0.5厘米（图九七，4）。标本2014H36：21，青绿色石料。上端残，器身扁薄，下端双面刃，一面宽刃，一面窄刃。残长4、宽3.6、厚0.6厘米（图九七，5）。

穿孔刀　B型　1件。标本2014H36：24，青绿色石料。一角略残，平背，上端中部有两个对穿孔，单面刃。长6.3、宽2.9、厚0.4厘米（图九七，8；图版五三，5）。

不明形制刀　1件。标本2014H36：2，青灰色石料。仅存小块刃部，单面弧刃。残长2.7、残宽2.1、厚0.3厘米（图九七，6）。

镰　1件。标本2014H36：15，青灰色石料。上端略残，半月形，弧刃。长9.1、宽3.2、厚1.3厘米（图九七，7；图版五三，6）。

砺石　B型　1件。标本2014H36：30，青灰色石料。一端残，四面均为磨砺面，均内凹。残长23.2、宽9、厚5.4厘米（图九七，9）。

陶器　17件。

纺轮　Ab型，1件。标本2014H36：4，泥质红褐陶。仅存一半，饼形，斜边，窄面中部略凸，宽面饰对称三弧刻划线纹，中部穿孔。短径4、长径4.5、孔径0.4、厚0.6~0.8厘米（图九八，1）。

鼎足　6件。

Ab型，1件。标本2014H36：44，夹砂红陶。上端残，宽扁形，足跟外撇，素面。残高7厘

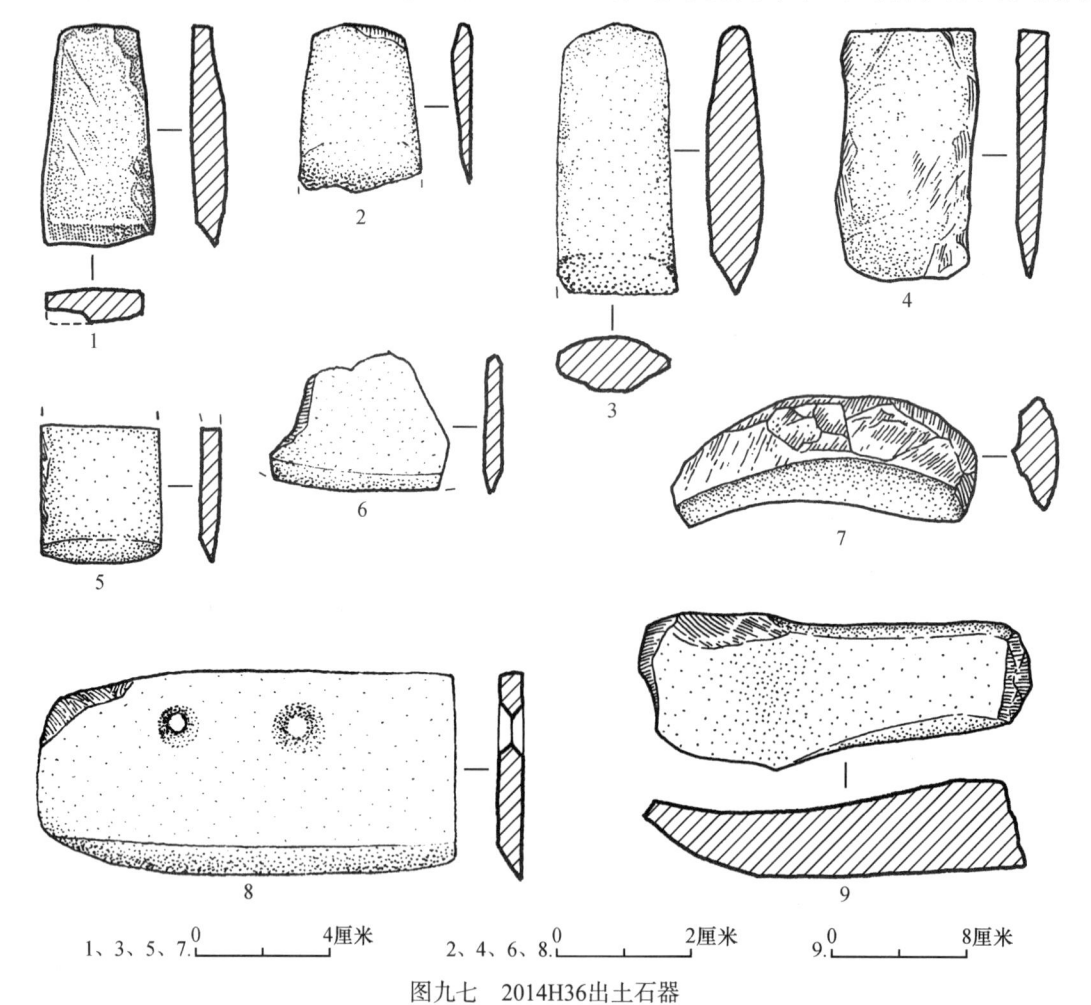

图九七　2014H36出土石器
1. Aa型锛（2014H36：11）　2. Ab型锛（2014H36：26）　3. Ca型锛（2014H36：12）　4、5. Cb型锛（4. 2014H36：7、5. 2014H36：21）　6. 不明形制刀（2014H36：2）　7. 镰（2014H36：15）　8. B型穿孔刀（2014H36：24）
9. B型砺石（2014H36：30）

米（图九八，2）。

Ba型，4件。标本2014H36：31，夹砂红陶。上下端略残，扁锥形，外饰绳纹。残高13.8厘米（图九八，5）。标本2014H36：32，夹砂红陶。上端残，扁锥形，足面饰绳纹及三道竖向刻槽。残高12.6厘米（图九八，4）。标本2014H36：33，夹砂红陶。上下端残，扁锥形，足面饰绳纹及三道竖向刻槽。残高9.4厘米（图九八，6）。标本2014H36：34，夹砂红陶。上端残，扁锥形，足面饰绳纹及三道竖向刻槽。残高11厘米（图九八，3；图九〇，5）。

Ca型，1件。标本2014H36：46，夹砂褐陶。圆锥形，足根饰一个按窝，其下饰一道竖向刻槽，足底有削迹。残高13.8厘米（图九九，1）。

高领罐口沿　A型　1件。标本2014H36：38，夹砂浅黄陶。短卷沿，尖唇，高束领，素面。口径13、残高5.6厘米（图九八，8）。

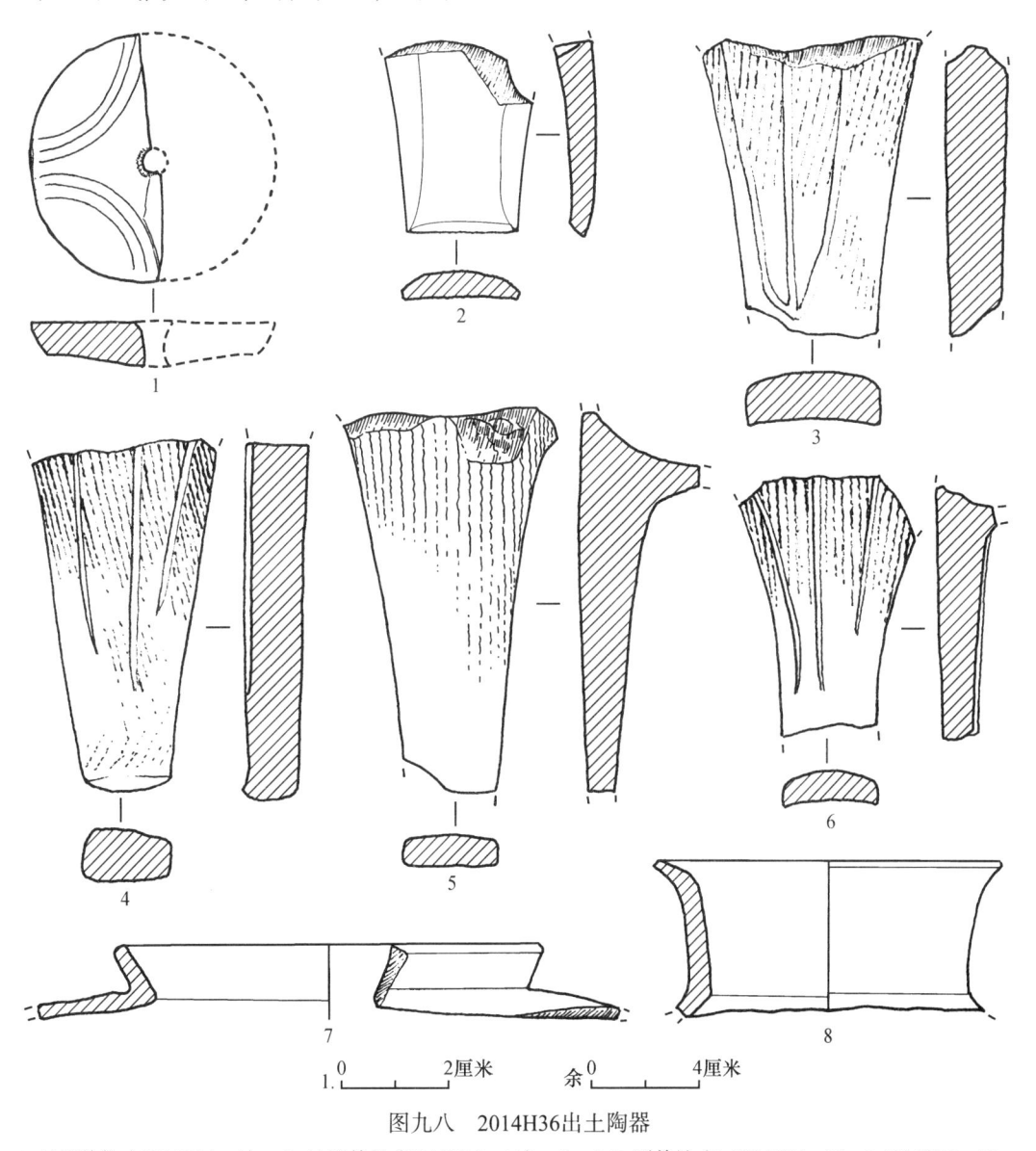

图九八　2014H36出土陶器

1. Ab型纺轮（2014H36：4）　2. Ab型鼎足（2014H36：44）　3~6. Ba型鼎足（3. 2014H36：34、4. 2014H36：32、5. 2014H36：31、6. 2014H36：33）　7. A型矮领罐口沿（2014H36：40）　8. A型高领罐口沿（2014H36：38）

矮领罐口沿　A型　1件。标本2014H36：40，泥质黑陶。短折沿，圆唇，广肩，素面。复原口径16、残高2.6厘米（图九八，7）。

釜鼎口沿　3件。标本2014H36：41，夹砂褐陶。宽折沿，沿面微凹，腹部饰绳纹。复原口径26、残高7.6厘米（图九九，2）。标本2014H36：42，夹砂褐陶。宽折沿，口沿及肩部饰绳纹。复原口径32、残高8.5厘米（图九九，3）。标本2014H36：43，夹砂红陶。口沿及腹部饰绳纹。复原口径18、残高6.2厘米（图九九，7）。

鬶　A型　1件。标本2014H36：39，夹砂褐陶。仅存颈部，细长颈，内有盘筑痕迹，素面。残高6.5厘米（图九九，5）。

鬶足　A型　1件。标本2014H36：45，夹砂褐陶。素面。残高4.2厘米（图九九，4）。

圈足盘　2件。标本2014H36：36，夹砂褐陶。仅存圈足，底部外撇，中间饰一道凹弦纹。复原底径18、残高4.6厘米（图九九，8）。标本2014H36：37，夹砂褐陶。仅存圈足，底部外撇，素面。复原底径12、残高3.5厘米（图九九，9）。

大口缸底　1件。标本2014H36：35，夹砂褐陶。仅存底部，斜腹，平底。外饰绳纹。复原底径16、残高4.6厘米（图九九，6）。

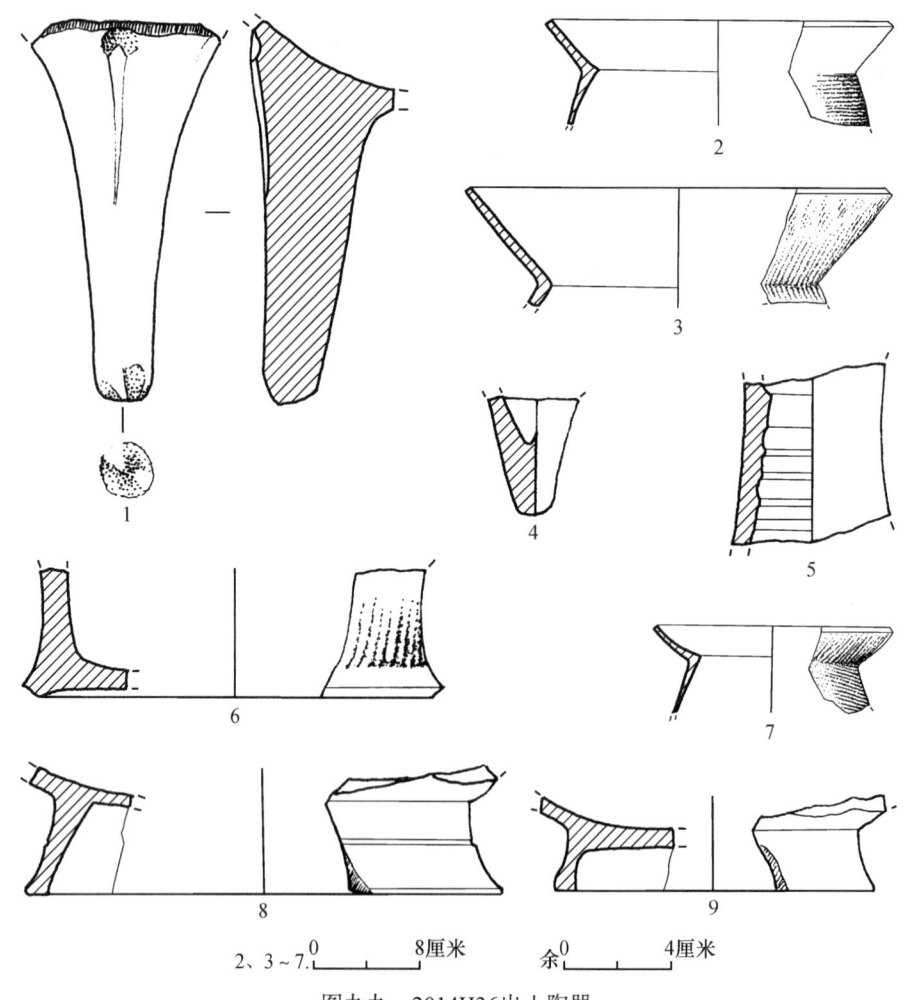

图九九　2014H36出土陶器

1. Ca型鼎足（2014H36：46）　2、3、7. 釜鼎口沿（2. 2014H36：41、3. 2014H36：42、7. 2014H36：43）　4. A型鬶足（2014H36：45）　5. A型鬶（2014H36：39）　6. 大口缸底（2014H36：35）　8、9. 圈足盘（8. 2014H36：36、9. 2014H36：37）

6. 2014H39

（1）位置及层位关系：位于T0203北部，向北延伸至T0204南部。开口于第5层下，局部被2014H25、2014H26、2014H34打破，打破第6层及F2、F3。

（2）形制：平面形状呈不规则形，坑壁倾斜内收，底部不平。长5.75、宽4.9、深0.5米（图一〇〇）。填土为浅灰色黏土，结构致密，含石块、红烧土块及颗粒、炭屑等。

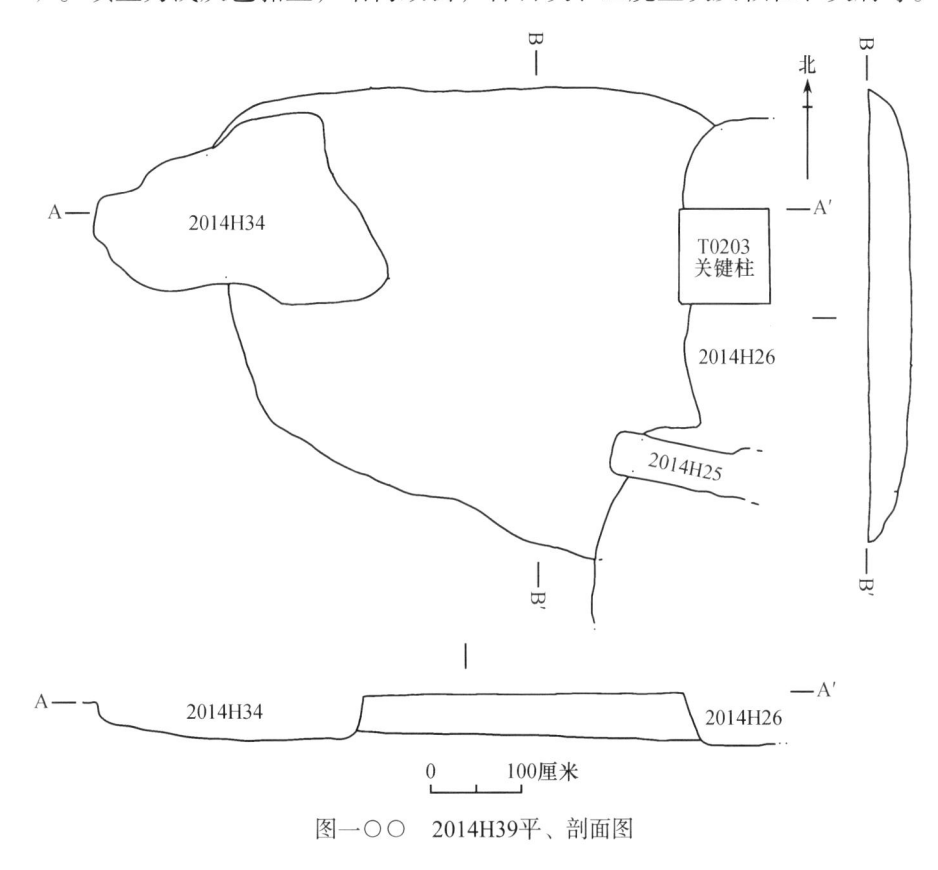

图一〇〇　2014H39平、剖面图

（3）出土遗物：

石器　15件。

镞　4件。均为A型。

Ab型，3件。标本2014H39：7，青灰色石料。镞身前端及铤后端残，宽梭形，一面有脊，两侧刃。残长4.5、宽2.25、厚0.4厘米（图一〇一，7）。标本2014H39：11，青灰色石料。铤后端残，梭状柳叶形，双面有脊，一侧刃较钝。残长4.3、宽1.4、厚0.4厘米（图一〇一，8）。标本2014H39：12，青灰色石料。前、后端残，梭状柳叶形，双面有脊，两侧刃。残长5.6、宽1.4、厚0.5厘米（图一〇一，9）。

A型而亚型不明　1件。标本2014H39：2，青灰色石料。仅存镞身前端，双面有脊，两侧刃。残长3.6、残宽1.6、厚0.4厘米（图一〇一，11）。

斧　6件。

A型　5件。

Aa型，4件。标本2014H39：1，灰色石料。刃部残，梯形，弧顶，下端双面刃。残长9.1、宽4.2～5.2、厚2厘米（图一〇一，1）。标本2014H39：3，灰色石料。刃部残，梯形，下端双面刃。残长7.2、宽2.4～3.8、厚1.6厘米（图一〇一，2）。标本2014H39：6，灰色石料。刃部略残，梯形，下端双面刃。残长11.8、宽4.8～6.2、厚2.7厘米（图一〇一，5）。标本2014H39：14，青灰色石料。刃部略残，梯形，下端双面刃。残长9.5、宽3.2～5.4、厚2厘米（图一〇一，4）。

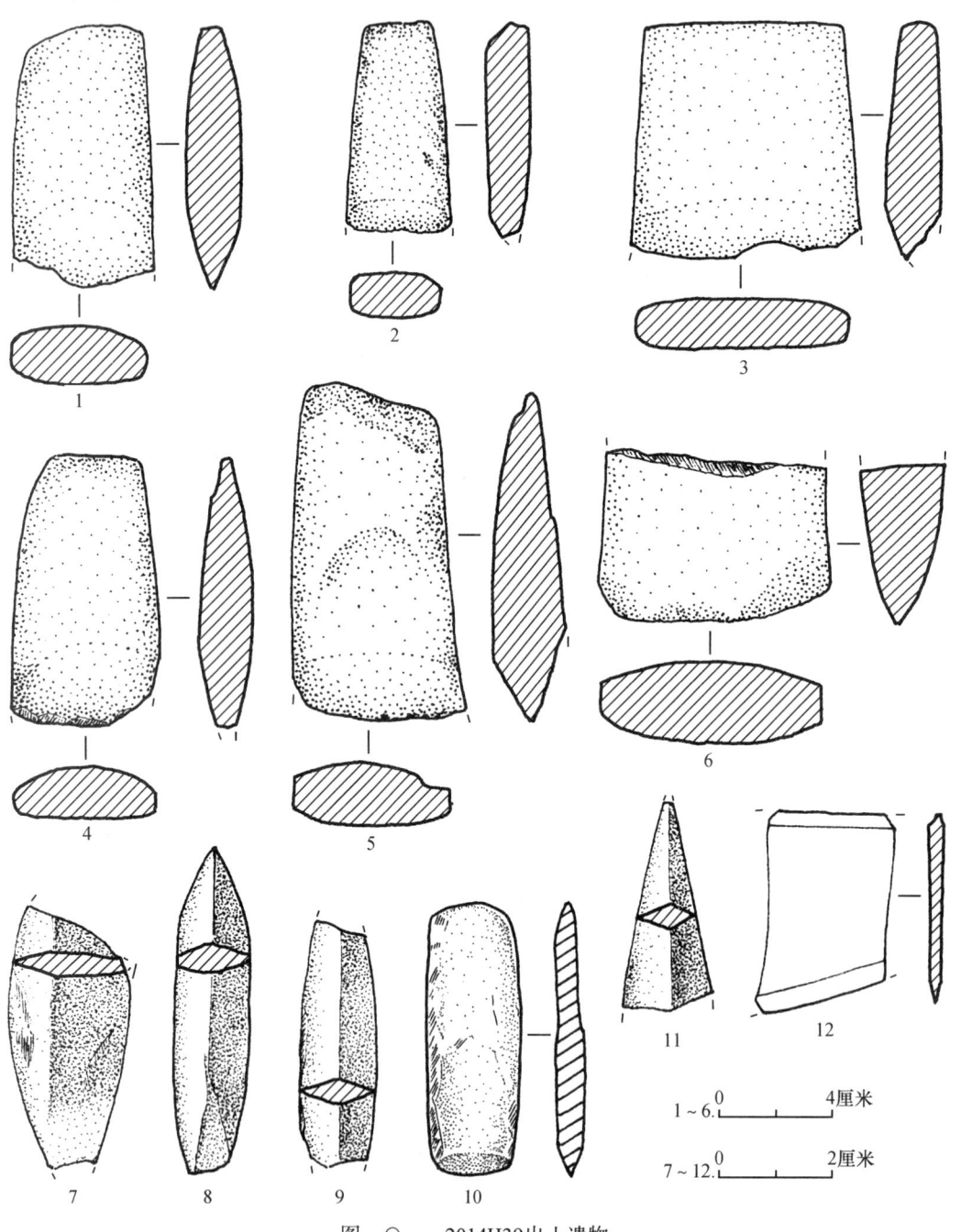

图一〇一　2014H39出土遗物

1、2、4、5. Aa型石斧（1. 2014H39：1，2. 2014H39：3，4. 2014H39：14，5. 2014H39：6）　3. Ab型石斧（2014H39：8）
6. 不明形制石斧（2014H39：4）　7～9. Ab型石镞（7. 2014H39：7，8. 2014H39：11，9. 2014H39：12）
10. Cb型石锛（2014H39：10）　11. A型而亚型不明石镞（2014H39：2）　12. 玉刀（2014H39：13）

Ab型，1件。标本2014H39：8，灰色石料。刃部残，梯形，平顶，下端双面刃。残长8.2、宽7～8.2、厚2厘米（图一〇一，3）。

不明形制　1件。标本2014H39：4，灰色石料。上端残，梯形，下端双面刃。残长6、宽8.2、厚3厘米（图一〇一，6）。

锛　Cb型，1件。标本2014H39：10，青灰色石料。平面呈长方形，器身扁薄，弧刃，局部磨光。长4.7、宽1.7、厚0.6厘米（图一〇一，10）。

砺石　B型　2件。标本2014H39：34，灰色石料。残，不规则形，磨砺面均内凹。残长11.6、宽14.6、厚1.6～3.8厘米（图一〇二，1）。标本2014H39：35，灰色石料。残，不规则形，上下两面均为磨砺面，均内凹。残长11.8、宽6.6、厚4.4～6.2厘米（图一〇二，2）。

坯料　2件。标本2014H39：36，灰色石料。平面近似长方形，似为石斧坯料。长14.4、宽9.2、厚4.8厘米（图一〇二，3）。标本2014H39：37，灰色石料。残，长条形，粗略打制，似为石镞坯料。残长7.1、宽2.7、厚1厘米（图一〇二，4）。

玉刀　1件。标本2014H39：13，鸡骨白。仅存一段，下端斜刃。残长2.2、残宽2.9～3.5、厚0.3厘米（图一〇一，12；图版五二，2）。

陶器　19件。

纺轮　2件。

Aa型，1件。标本2014H39：5，夹砂红褐陶。残裂，饼形，斜边。宽面饰对称三弧线刻划

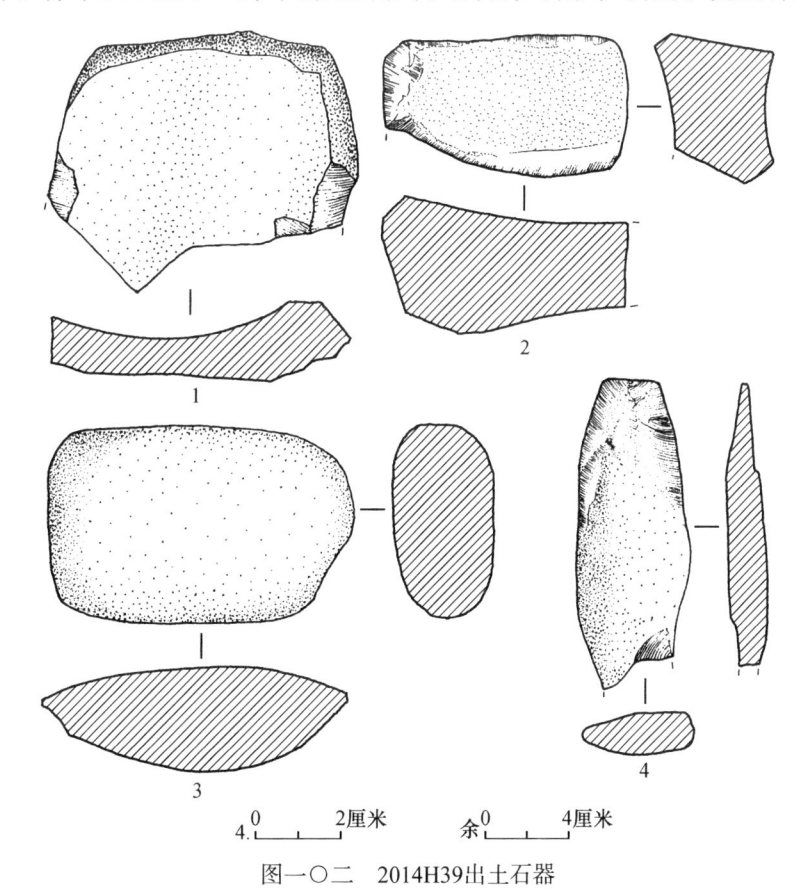

图一〇二　2014H39出土石器
1、2. B型砺石（1.2014H39：34、2.2014H39：35）　3、4. 坯料（3.2014H39：36、4.2014H39：37）

纹，中部穿孔。短径4、长径4.5、孔径0.3、厚0.6厘米（图一〇三，1）。

Ab型，1件。标本2014H39：9，夹砂黑陶。仅存小半，斜边，窄面中部略凸。宽面饰有羊角刻划纹，中部穿孔。短径3.3、长径4、厚0.7厘米（图一〇三，2）。

鼎足　5件。

Aa型　1件。标本2014H39：17，夹砂红陶。上下端残，宽扁形，素面。残高11.8厘米（图一〇三，4）。

Ba型，2件。标本2014H39：15，夹砂红陶。扁锥形，外饰绳纹及一道竖向刻槽。残高14.8厘米（图一〇三，6；图九〇，7）。标本2014H39：16，夹砂红陶。扁锥形，外饰绳纹及三道竖向刻槽。残高13.6厘米（图一〇三，5；图九〇，6）。

D型　2件。标本2014H39：19，夹砂红陶。上端残，柱状，外饰一道深刻槽。残高13.4厘米（图一〇三，7）。标本2014H39：20，夹砂红陶。仅存足跟部，柱状，素面。残高5厘米（图一〇三，3）。

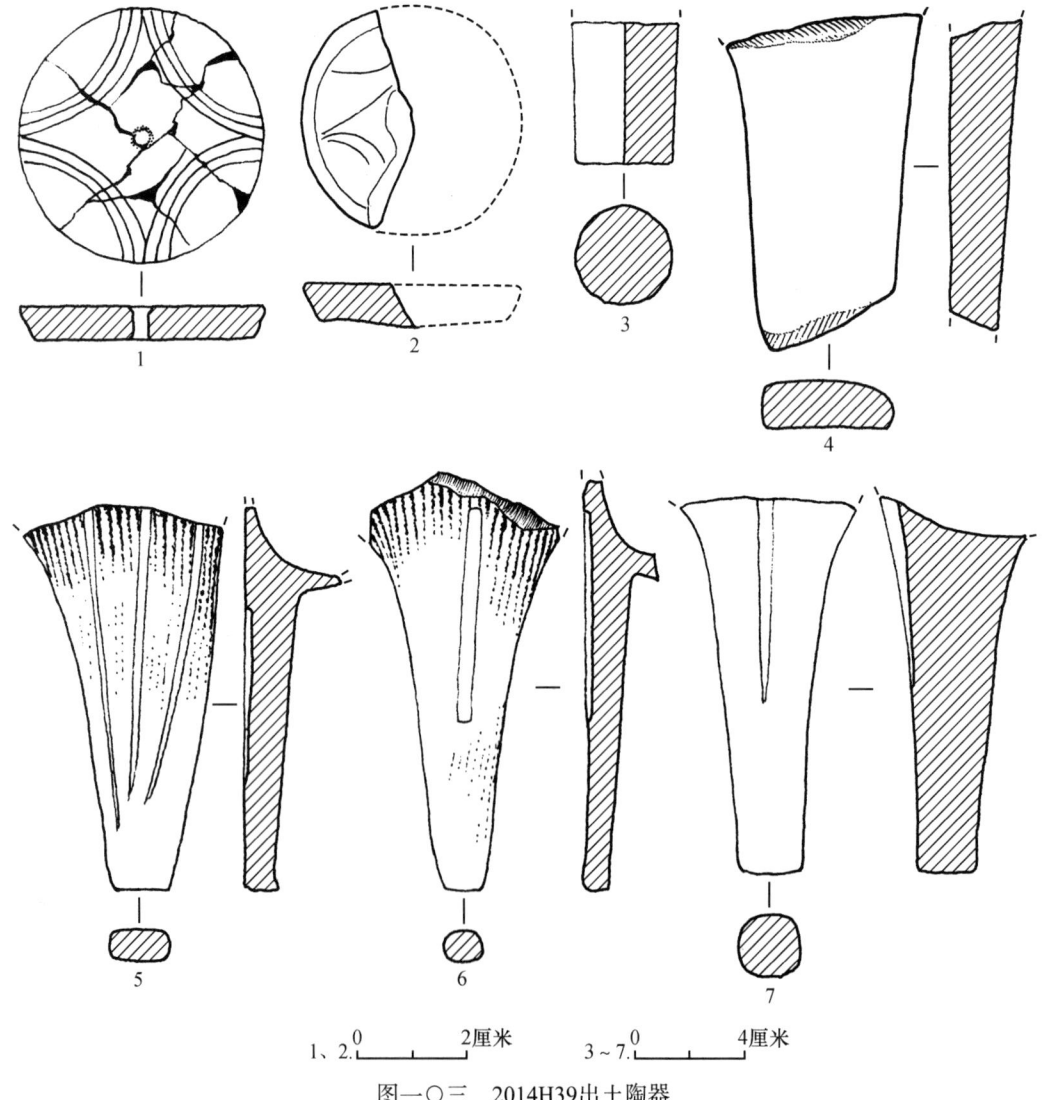

图一〇三　2014H39出土陶器

1. Aa型纺轮（2014H39：5）　2. Ab型纺轮（2014H39：9）　3、7. D型鼎足（3. 2014H39：20、7. 2014H39：19）
4. Aa型鼎足（2014H39：17）　5、6. Ba型鼎足（5. 2014H39：16、6. 2014H39：15）

釜鼎口沿　3件。标本2014H39：21，夹砂褐陶。宽折沿，沿面微凹，肩部饰细绳纹。复原口径30、残高7厘米（图一〇四，4）。标本2014H39：25，夹砂褐陶。宽折沿，沿面微凹，素面。复原口径32、残高8厘米（图一〇四，3）。标本2014H39：26，夹砂灰陶。宽折沿，素面。复原口径36、残高5厘米（图一〇四，1）。

矮领罐口沿　A型　1件。标本2014H39：30，夹砂灰陶。外折沿，沿面外翻，尖唇，束颈，广肩，素面。口径16、残高6.4厘米（图一〇四，7）。

器盖　4件。

A型　2件。标本2014H39：27，夹砂褐陶。圈足状纽，表面饰绳纹。残高5厘米（图一〇四，2）。标本2014H39：28，夹砂红陶。圈足状纽，平顶，素面。残高4、顶径3厘米（图一〇四，10）。

F型　1件。标本2014H39：29，泥质黑皮红陶。素面。残高4.8、顶径5.2厘米（图一〇四，5）。

不明形制器盖　1件。标本2014H39：24，泥质灰陶。顶残，覆钵状，圆唇，子母口，素

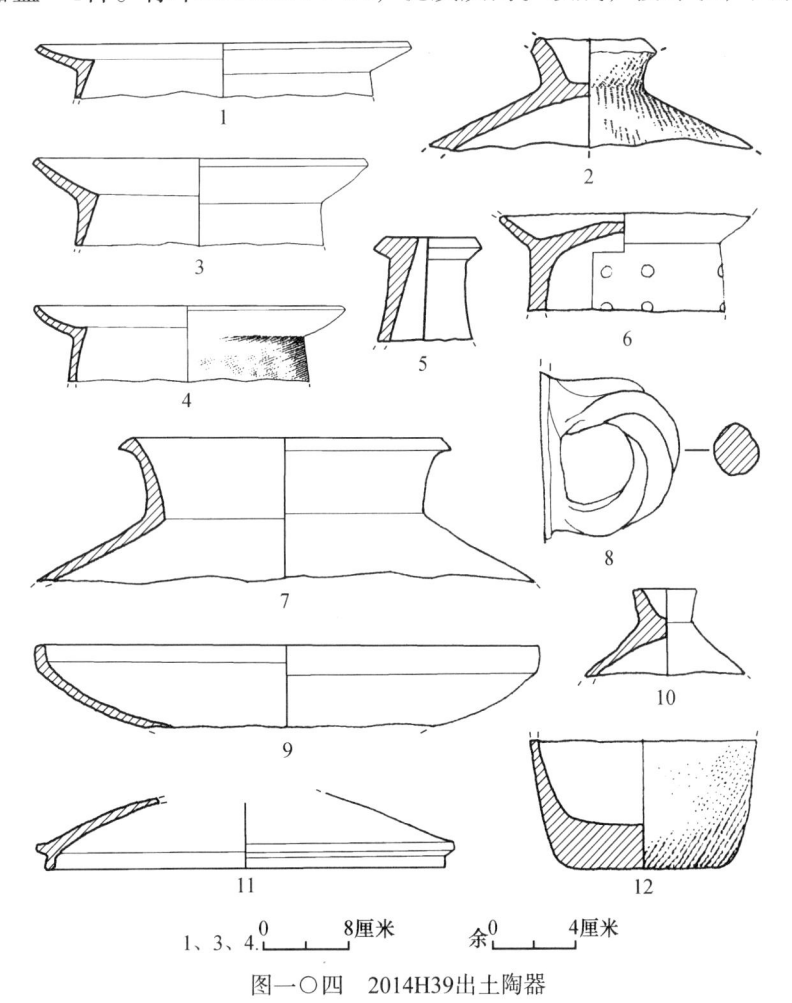

图一〇四　2014H39出土陶器
1、3、4.釜鼎口沿（1.2014H39：26、3.2014H39：25、4.2014H39：21）　2、10.A型器盖（2.2014H39：27、10.2014H39：28）
5.F型器盖（2014H39：29）　6.A型豆柄（2014H39：23）　7.A型矮领罐口沿（2014H39：30）　8.A型把手（2014H39：31）
9.Ab型豆盘（2014H39：22）　11.不明形制器盖（2014H39：24）　12.大口缸底（2014H39：18）

面。复原口径20、残高3.4厘米（图一〇四，11）。

豆盘　Ab型　1件。标本2014H39：22，泥质黑皮红陶。折沿浅腹，素面。复原口径24、残高3.8厘米（图一〇四，9）。

豆柄　A型　1件。标本2014H39：23，夹砂黑皮红陶。粗中空柄，外饰四组对称圆形镂孔。残高4.6厘米（图一〇四，6）。

把手　A型　1件。标本2014H39：31，夹砂黑陶。麻花状。残高7.6、宽6.8厘米（图一〇四，8）。

大口缸底　1件。标本2014H39：18，夹砂灰陶。斜腹，厚胎平底，外饰细绳纹。残高6、底径9厘米（图一〇四，12；图版五二，3）。

7. 2014H41

（1）位置及层位关系：位于T0203东南部。开口于第5层下，上部被2014H1、2014H26、2014H27、2014H40打破，打破第6层。

（2）形制：残存平面形状为不规则形，斜壁，圜底。东西残长1.55、南北宽0.85、深

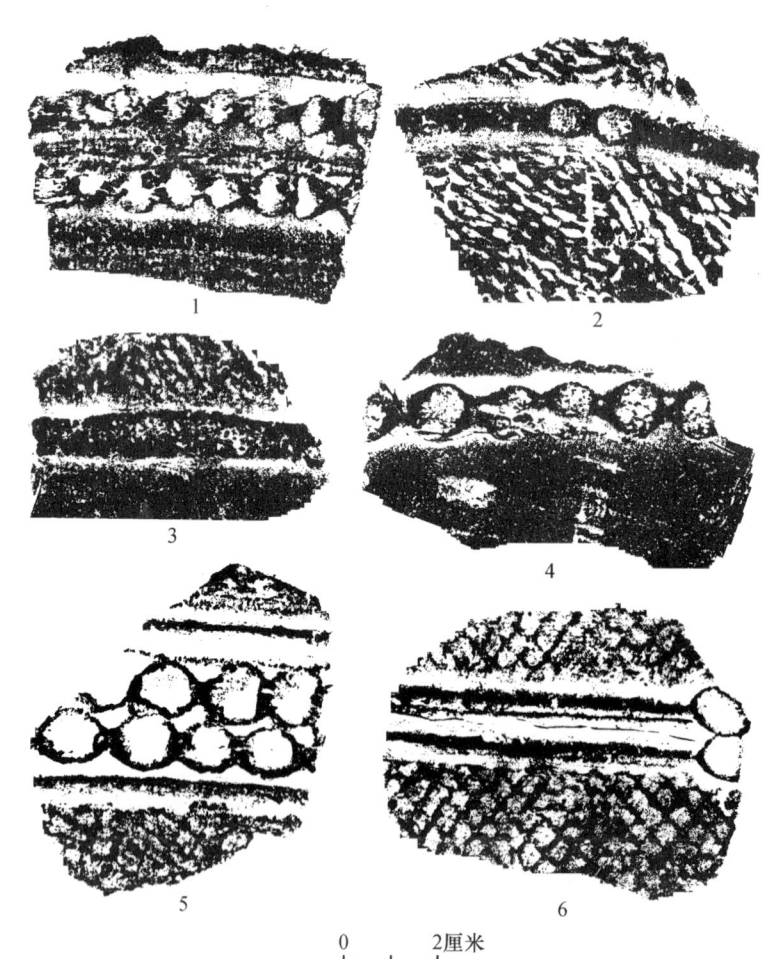

图一〇五　早一期灰坑及沟出土陶器纹饰拓片

1. 弦纹+附加堆纹（2014H26：38）　2、3、5、6. 绳纹+弦纹+附加堆纹（2. 2014H39：32、3. 2014H39：33、5. 2014H64：8、6. G3②：98）　4. 附加堆纹（2014H39：38）

0.14~0.3米（图一〇六）。坑内填土为浅灰色黏土，结构致密，含红烧土颗粒、炭屑等。

（3）出土遗物：出土少量陶器残片，器形不辨。

8. 2014H54

（1）位置及层位关系：位于T0305西南角，西侧延伸至西壁中。开口于第5层下，局部开口于第4C层下，南部坑边被2014H36打破，叠压D174，打破第6层。

（2）形制：平面形状为不规则形，弧壁，圜底。南北宽2.1、东西残长1.6、深0.2米（图一〇七）。坑内填土为黄灰色土，含卵石块、红烧土块等。

（3）出土遗物：出土少量陶器残片及残碎石器，器形不辨。

9. 2014H56

（1）位置及层位关系：位于T0205西南部。开口于第6层下，局部被D188打破，打破D353及浅黄色土层。

（2）形制：平面形状为不规则形，弧壁，平底。残长1.1、宽0.42、深0.18米（图一〇八）。坑内填土为深灰色土，质地疏松，含石块、炭屑等。

（3）出土遗物：出土少量陶器残片，器形不辨。

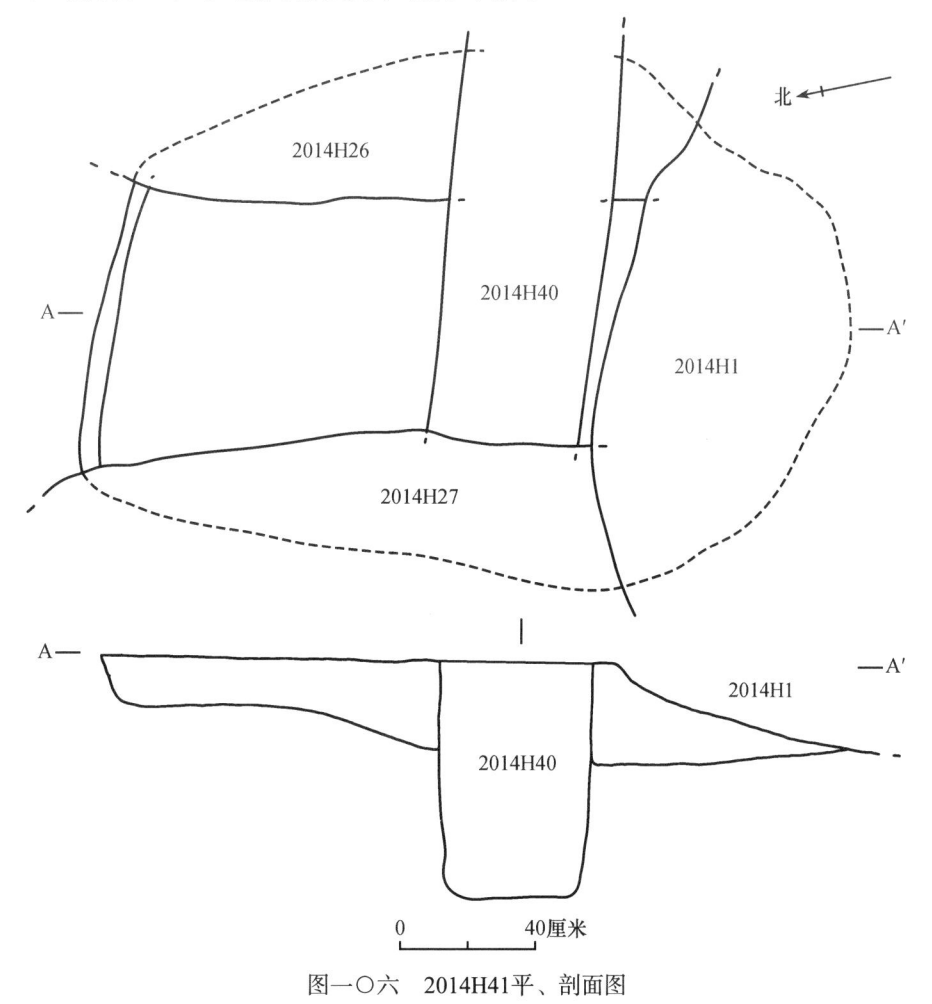

图一〇六　2014H41平、剖面图

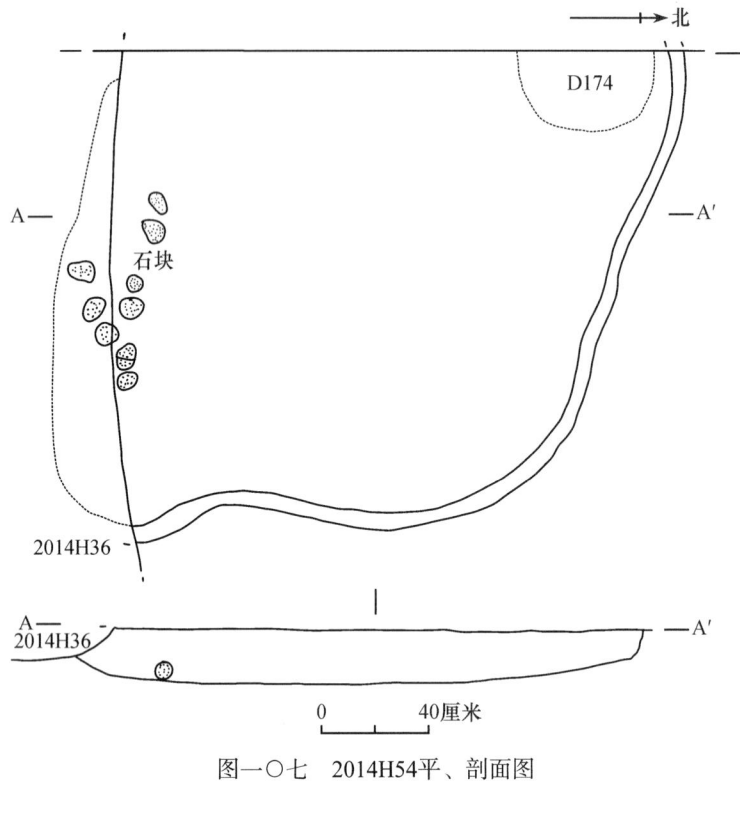

图一〇七 2014H54平、剖面图

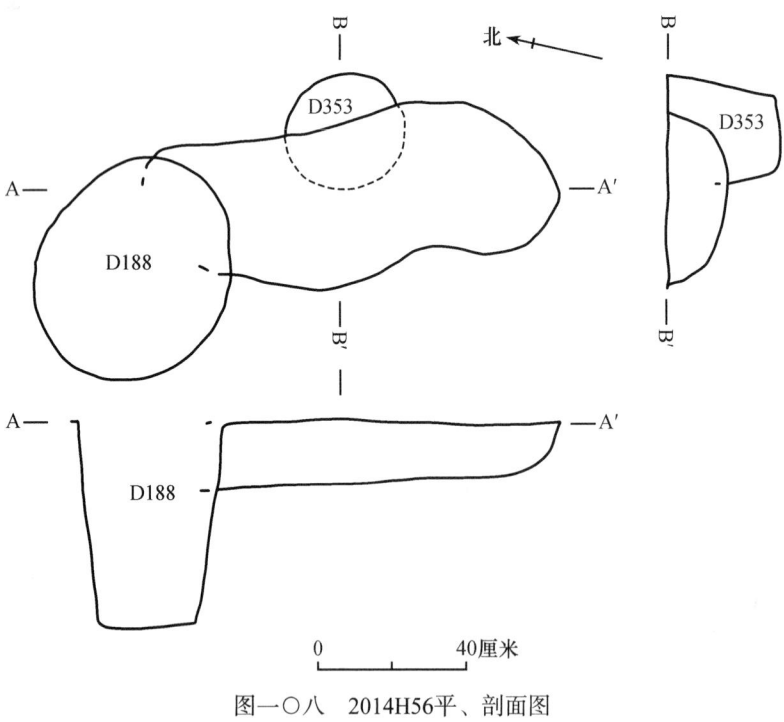

图一〇八 2014H56平、剖面图

10. 2014H63

（1）位置及层位关系：位于T0402及东扩方内，东侧延伸至T0502内。开口于第6层下，叠压2014H66及6个柱洞（D461~D464、D503、D504），打破浅黄色土层及生土层。

（2）形制：平面形状为不规则形，弧壁，圜底。东西长3.6、南北宽2米，残深0.12~0.28米（图一〇九）。填土为黄褐色黏土，土质结构疏松，含少量红烧土颗粒。

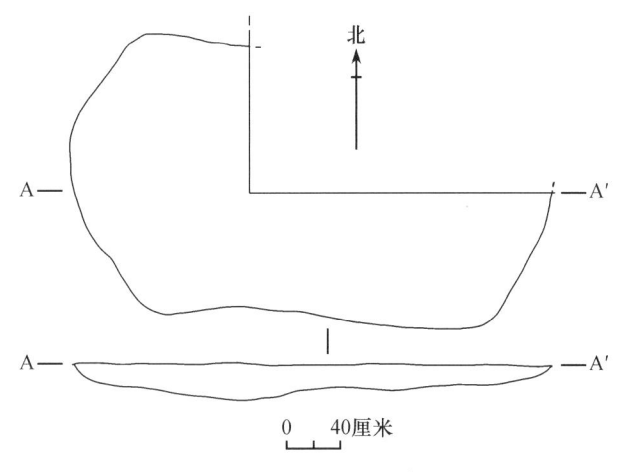

图一〇九 2014H63平、剖面图

（3）出土遗物：

石镞 A型而亚型不明，3件。标本2014H63：1，青绿色石料。仅存镞身后端及铤，双面扁平，两侧刃，截面呈多棱形，两侧刃。残长4.2、宽2、厚0.4厘米（图一一〇，3）。标本2014H63：2，青灰色石料。镞身后端残，细长柳叶形，双面有脊，两侧刃。残长6、宽1、厚0.5厘米（图一一〇，11）。标本2014H63：3，青绿色石料。镞身前端、一侧及铤后端残，一面平，一面拱，似为石镞残损器。残长6.9、宽2.25、厚0.5厘米（图一一〇，12）。

陶鼎足 3件。

Aa型，1件。标本2014H63：4，夹砂红陶。上下端残，宽扁形，足面内凹，足根饰一排指甲纹。残高7.2厘米（图一一〇，6）。

Ca型，2件。标本2014H63：7，夹砂褐陶。圆锥形，足根饰一个按窝，其下饰一道深刻槽。残高9.4厘米（图一一〇，9）。标本2014H63：8，夹砂浅黄陶。下端残，圆锥形，足根饰一个按窝，其下饰二道斜向短刻槽。残高7.6厘米（图一一〇，10）。

陶壶形器 1件。标本2014H63：5，泥质黑陶。仅存颈部至腹部一小块，直口，折腹，素面。残高3.2厘米（图一一〇，8）。

陶器盖 1件。标本2014H63：6，泥质灰陶。顶部残，覆钵状，子母口，圆唇，素面。口径20.6、残高5.4厘米（图一一〇，13）。

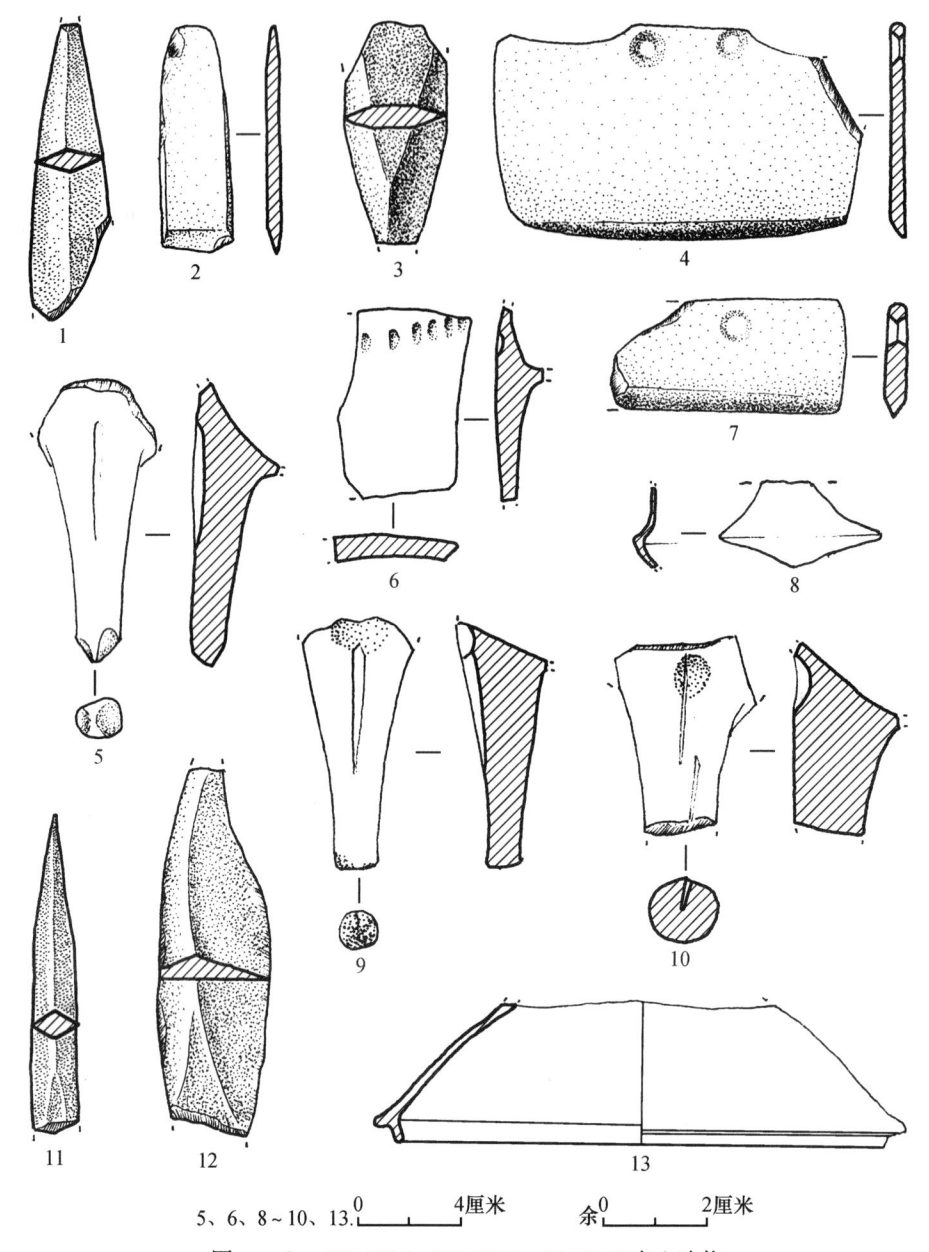

5、6、8~10、13. $\underset{0}{\vdash\!\!\!\!\vdash\!\!\!\!\vdash\!\!\!\!\vdash\!\!\!\!\vdash}$ 4厘米　余 $\underset{0}{\vdash\!\!\!\!\vdash\!\!\!\!\vdash}$ 2厘米

图一一〇　2014H27、2014H29、2014H63出土遗物

1、3、11、12.A型而亚型不明石镞（1.2014H27：1、3.2014H63：1、11.2014H63：2、12.2014H63：3）　2.Ac型石锛（2014H27：2）　4.D型穿孔石刀（2014H27：4）　5、9、10.Ca型陶鼎足（5.2014H29：1、9.2014H63：7、10.2014H63：8）　6.Aa型陶鼎足（2014H63：4）　7.B型穿孔石刀（2014H27：3）　8.陶壶形器（2014H63：5）　13.陶器盖（2014H63：6）

11. 2014H64

（1）位置及层位关系：位于T0301、T0302内。南侧坑边被G3打破、北侧被ZK1打破，打破F2~F4及生土层。

（2）形制：平面形状呈不规则形，斜壁，底部近平。长4.2、宽2.94、残深0.18~0.27米（图一一一）。填土为灰褐色土，土质结构疏松，含烧土颗粒、石块等。

图一一一 2014H64平、剖面图

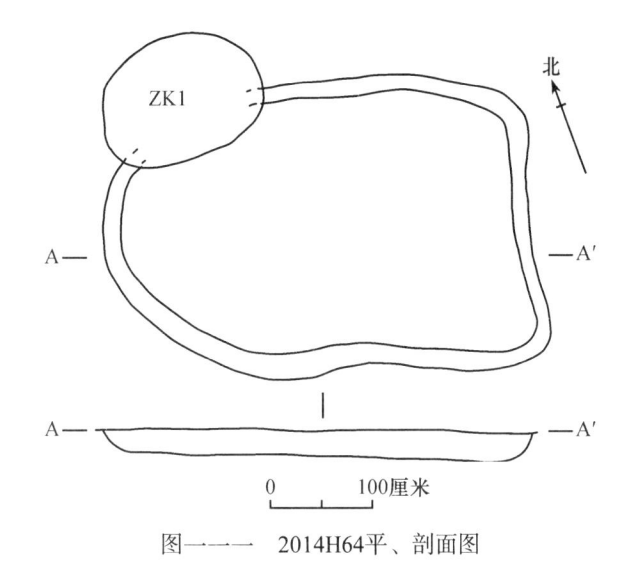

（3）出土遗物：

石斧 Aa型，2件。标本2014H64：1，浅灰色石料，一侧残。弧顶，下端双面刃。残长10、残宽7.6、厚2.2厘米（图一一二，1）。标本2014H64：2，浅灰色石料。梯形，弧顶，下端双面斜刃。长10.8、宽7.8、厚2.4厘米（图一一二，2；图版五二，4）。

石锛 Aa型，1件。标本2014H64：3，青灰色石料。梯形，平顶，弓背，单面弧刃，磨制光滑，表面留有琢击疤痕。长6.1、宽4、厚1.7厘米（图一一二，3；图版五二，5）。

陶高领罐口沿 A型 1件。标本2014H64：5，泥质黑皮红陶。外卷沿，圆唇，高束领，素面。口径12、残高9.2厘米（图一一二，4）。

陶罐底 A型 1件。标本2014H64：6，泥质灰陶。平底，内壁有轮修痕迹。底径6、残高3厘米（图一一二，5）。

陶鬶 A型 1件。标本2014H64：7，泥质红陶，残。细长颈，捏流，上端封闭。残高10.5厘米（图一一二，6；图版五二，6）。

陶盆口沿 B型 1件。标本2014H64：4，泥质黑皮红陶，下部残。短卷沿，尖圆唇，斜腹，素面。口径28、残高4.6厘米（图一一二，7）。

12. 2014H71

（1）位置及层位关系：位于T0203南部，延伸至南壁内。开口于第6层下，打破浅黄色土层。

（2）形制：平面形状呈不规则形，弧壁，底部平整。南北长1.28、东西宽0.65、深0.2米（图一一三）。坑内填土为黄灰色土，质地疏松，含红烧土颗粒、炭屑等。

（3）出土遗物：无。

图一一二　2014H64出土遗物

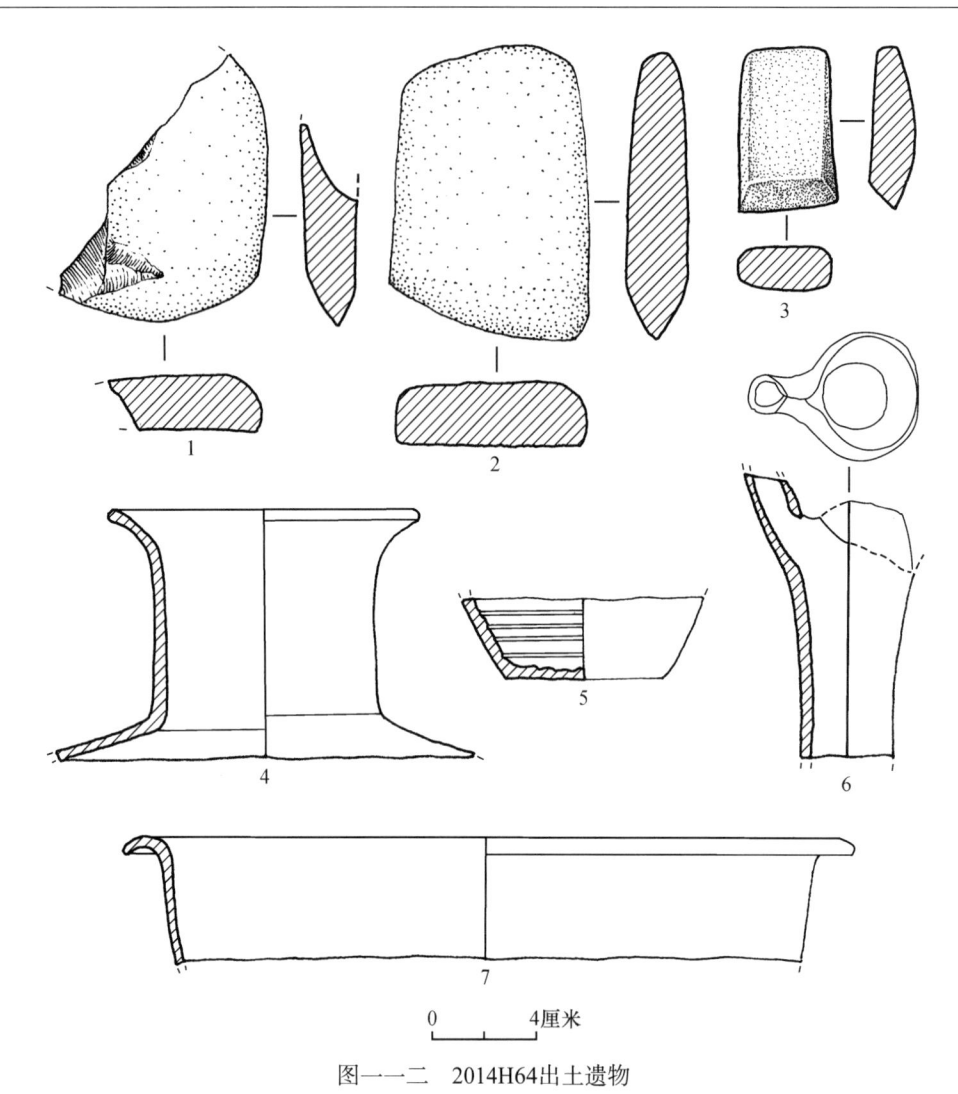

1、2. Aa型石斧（1. 2014H64：1、2. 2014H64：2）　3. Aa型石锛（2014H64：3）　4. A型陶高领罐口沿（2014H64：5）
5. A型陶罐底（2014H64：6）　6. A型陶鬶（2014H64：7）　7. B型陶盆口沿（2014H64：4）

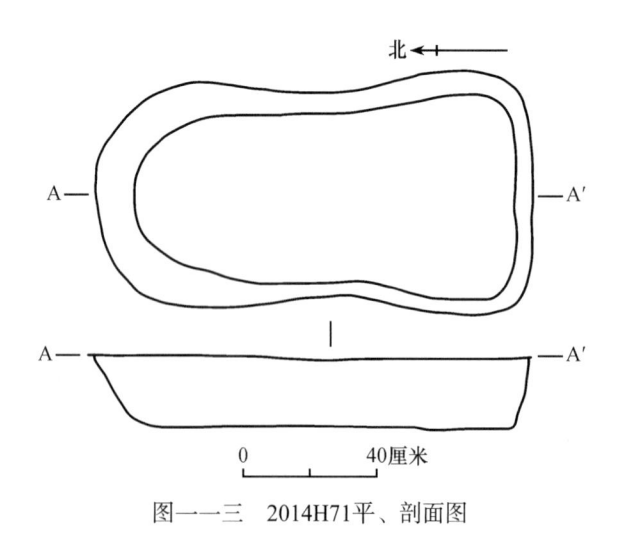

图一一三　2014H71平、剖面图

13. 2016H9

（1）位置及层位关系：位于T0406东南部。开口于第4B层下，打破浅黄色土层。

（2）形制：平面呈不规则形，坑壁陡直，底部高低不平。长2.1、宽1.65、深0.1~0.26米（图一一四）。坑内堆积为灰黑色土，含红烧土、炭屑等。

（3）出土遗物：出土石斧2件及圈足、罐腹等陶器残片。

石斧　Aa型，2件。标本2016H9：1，灰色石料，边侧略残。梯形，弧顶，下端双面刃。残长10、宽6.4、厚2厘米（图一一六，1）。标本2016H9：2，青灰色石料，刃部一角残。平顶，横断面为长方形。长10.4、宽6.4、厚2.1厘米（图一一六，2）。

14. 2016H17

（1）位置及层位关系：位于T0201西北部，延伸至T0202内。开口于第5层下，东南部被2016Z1叠压，打破浅黄色土层。

（2）形制：平面形状为不规则形，弧壁，圜底。东西长2.2、南北宽2、深0.34米（图一一五）。坑内填土为黄褐色土，结构致密，含红烧土颗粒、炭屑、石块等。

（3）出土遗物：

石斧　2件。

C型　1件。标本2016H17：1，青灰色石料，刃部残。斜背，下端双面刃。残长7.8、宽7.8、厚2.8厘米（图一一六，3）。

不明形制　1件。标本2016H17：2，青灰色石料，上端残。下端双面刃。残长4、宽4.2、

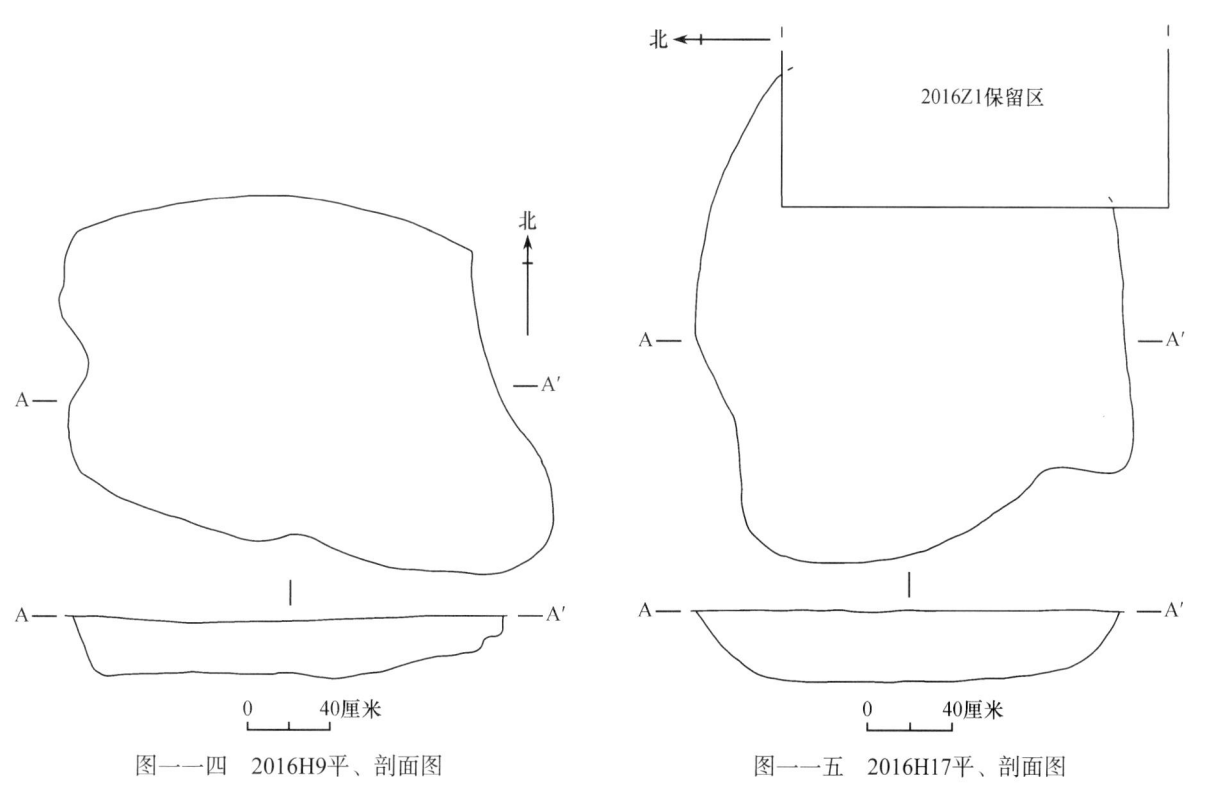

图一一四　2016H9平、剖面图

图一一五　2016H17平、剖面图

厚1.8厘米（图一一六，6）。

陶鼎足　2件。

Aa型，1件。标本2016H17：3，夹砂红陶，上下端残。宽扁形，中间饰两道瓦棱纹。残高7.6厘米（图一一六，4；图九〇，2）。

Ca型，1件。标本2016H17：4，夹砂红陶，下端残。圆锥形，足外饰三个按窝。残高8.8厘米（图一一六，8）。

陶高领罐口沿　A型　1件。标本2016H17：5，泥质红褐陶。外卷口，高束领，素面。残高6.6厘米（图一一六，5）。

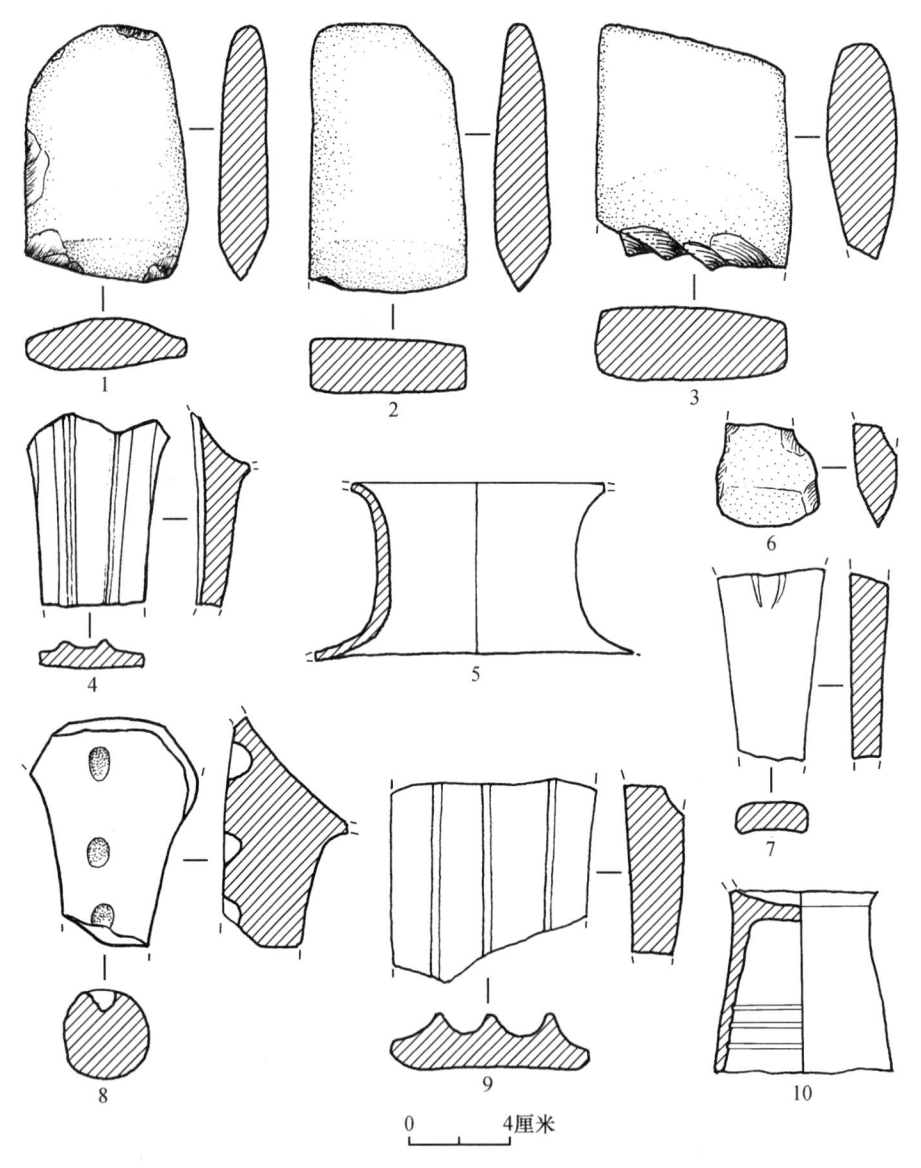

图一一六　2016H9、2016H17、2016H19出土遗物
1、2. Aa型石斧（1. 2016H9：1、2. 2016H9：2）　3. C型石斧（2016H17：1）　4、9. Aa型陶鼎足（4. 2016H17：3、9. 2016H19：1）
5. A型陶高领罐口沿（2016H17：5）　6. 不明形制石斧（2016H17：2）　7. Ba型陶鼎足（2016H19：2）
8. Ca型陶鼎足（2016H17：4）　10. A型陶豆柄（2016H19：3）

15. 2016H19

（1）位置及层位关系：位于T0307南部。开口于第4A层下，打破浅黄色土层。

（2）形制：平面呈不规则形，弧壁，底部高低不平。长1.2、宽1.1、深0.1～0.14米（图一一七）。坑内填土为灰褐色土，含红烧土块、卵石等。

（3）出土遗物：均为陶器，可辨器形有鼎足、豆柄，另有少量陶器残片，典型纹饰有方格纹（图九一，5）。

鼎足 2件。

Aa型，1件。标本2016H19：1，夹砂红陶，仅存中部。宽扁形，足外饰三道瓦棱纹。残高7.6厘米（图一一六，9）。

Ba型，1件。标本2016H19：2，夹砂浅黄陶，上下端残。扁锥形，外饰刻槽。残高7.5厘米（图一一六，7）。

豆柄 A型 1件。标本2016H19：3，泥质黑皮红陶，残。粗中空柄，内侧有轮修痕迹。残高7厘米（图一一六，10）。

16. 2016H20

（1）位置及层位关系：位于T0501西部。开口于2014G5下，打破F2部分柱洞。

（2）形制：平面呈不规则长方形，弧壁，圜底。长0.75～0.95、宽0.5、深0.16米（图一一八）。坑内填土为灰褐色土，含红烧土块、炭屑等。

（3）出土遗物：出土少量陶器残片，器形不辨。

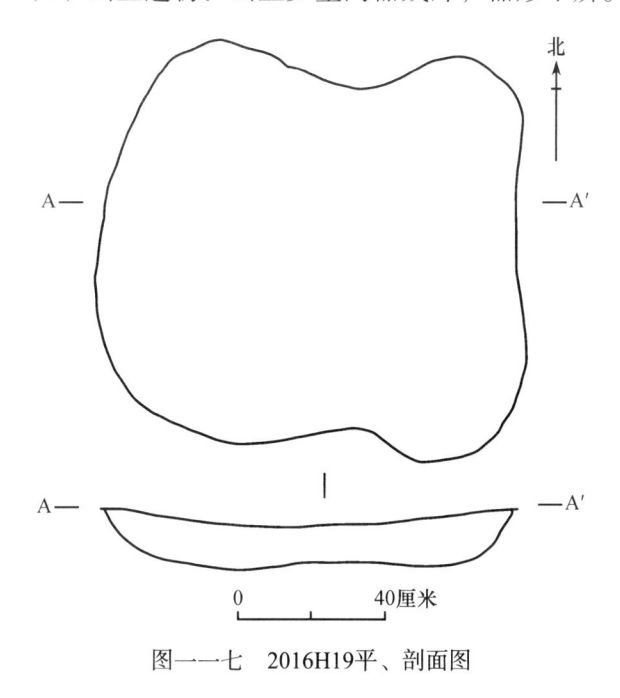

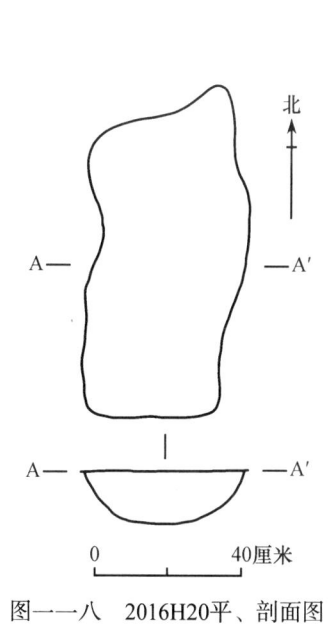

图一一七 2016H19平、剖面图

图一一八 2016H20平、剖面图

五、沟

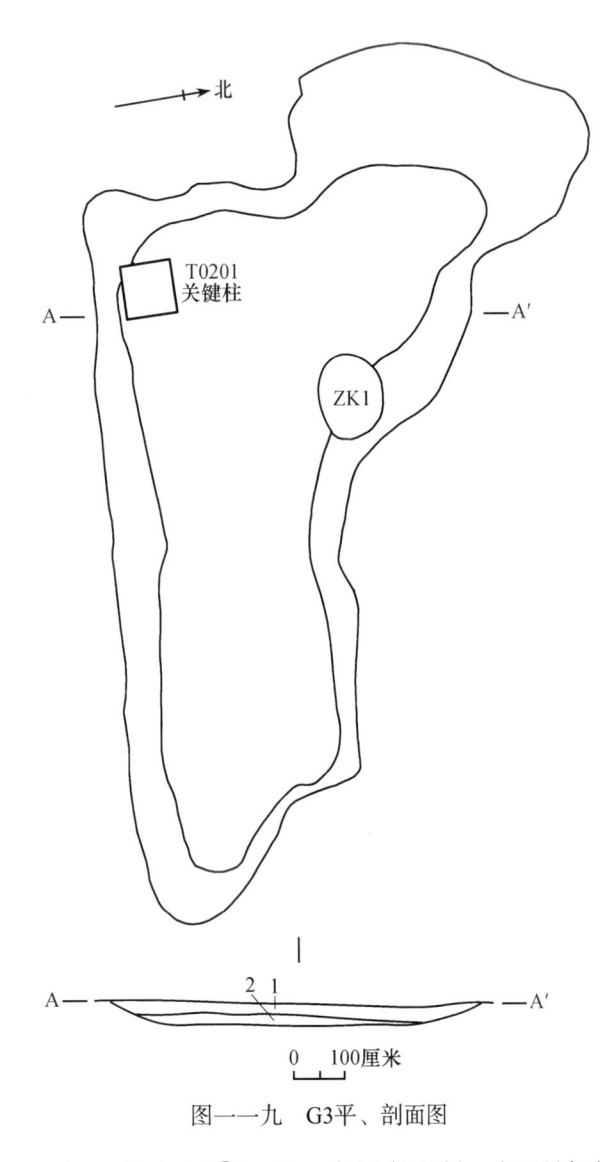

该期灰沟共7条，编号分别为G3、2014G5、2016G4、2016G5、2016G7、2016G8及2017TG2G2（在2017TG2部分介绍）。分别介绍如下。

1. G3

（1）位置及层位关系：位于T0201、T0202、T0301、T0302、T0401、T0402内，呈东西走向。开口于F1①层下，北侧沟边被ZK1打破，打破F2~F4及生土层。

（2）形制：平面形状呈不规则形，弧壁，沟底近平。东西长16.5、南北宽4.5~9.5、深0.5米。沟内填土分2层（图一一九）。

第1层：灰褐色土夹红烧土颗粒堆积。厚20~50厘米。

第2层：灰土夹黄沙土堆积，土质结构致密，含少量烧土颗粒等。厚5~22厘米。

（3）出土遗物：仅第2层出土遗物。

石器　78件。

镞　21件。均为A型。

Aa型，3件。标本G3②：40，青绿色石料，前锋及铤后端略残。柳叶形，无脊，两侧刃。残长5.5、宽1.9、厚0.4厘米（图一二〇，

图一一九　G3平、剖面图

1）。标本G3②：58，青绿色石料，铤后端残。柳叶形，一面有脊，一面崩损脊线不甚明显，两侧刃。残长5.7、宽1.8、厚0.5厘米（图一二〇，2）。标本G3②：80，青绿色石料，镞身前端及铤后端残。双面脊线不明显，两侧刃。残长6.7、宽1.8、厚0.4厘米（图一二〇，3）。

Ab型，4件。标本G3②：1，青灰色石料，前锋及铤后端略残。梭状柳叶形，镞身双面中部打制，两侧刃，截面呈多棱形，两侧刃。残长5.3、宽1.7、厚0.45厘米（图一二〇，4）。标本G3②：36，青灰色石料，前锋及铤后端略残。狭长梭状柳叶形，镞身前端双面脊较明显，后端脊部残损，两侧刃。残长6.8、宽1.6、厚0.4厘米（图一二〇，5）。标本G3②：75，青绿色石料，前锋及铤后端略残。狭长梭状柳叶形，镞身前端双面脊较明显，后端脊部残损，两侧刃。残长5.9、宽1.5、厚0.5厘米（图一二〇，6）。标本G3②：78，青灰色石料，铤后端一面残损。梭状柳叶形，双面有脊，两侧刃。长5.2、宽1.4、厚0.6厘米（图一二〇，7）。

Ac型，1件。标本G3②：47，青绿色石料，前锋略残。镞身呈柳叶形，前锋双面有脊，后端无脊，两侧刃，镞身后端两次向内收缩呈扁锥形铤。残长7.1、宽1.7、厚0.4厘米（图一二○，8；图版五四，1）。

Ad型，1件。标本G3②：66，青灰色石料，前锋及铤后端略残。宽菱形，脊未居中，两侧刃，打磨粗糙。残长5.5、宽2.3、厚0.35厘米（图一二○，11）。

Ae型，1件。标本G3②：28，浅灰色石料，镞身前端及铤后端残。宽短镞身，双面有脊，

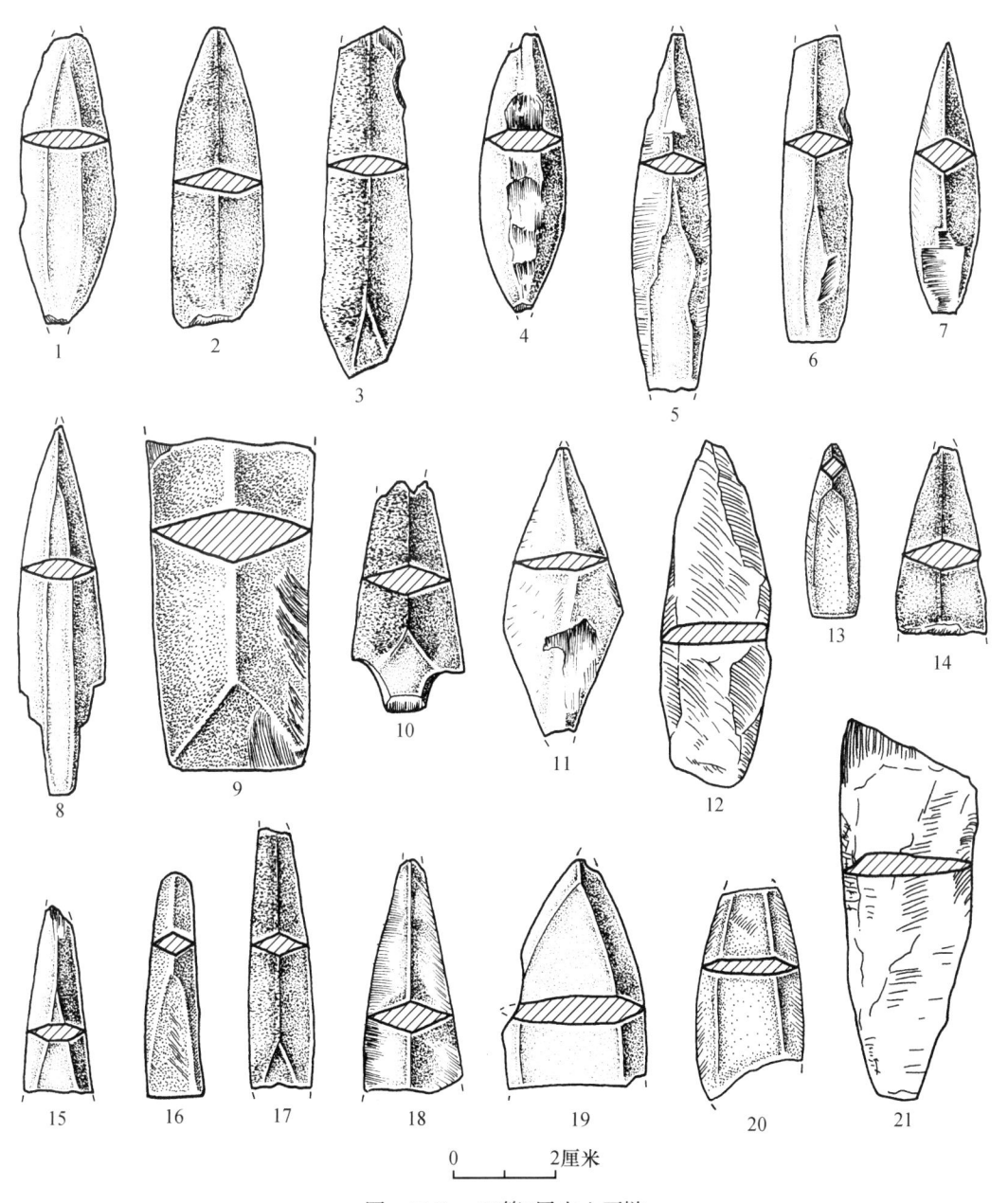

图一二○　G3第2层出土石镞

1~3. Aa型（1. G3②：40、2. G3②：58、3. G3②：80）　4~7. Ab型（4. G3②：1、5. G3②：36、6. G3②：75、7. G3②：78）　8. Ac型（G3②：47）　9、13、16、17. Af型（9. G3②：15、13. G3②：16、16. G3②：17、17. G3②：34）　10. Ae型（G3②：28）　11. Ad型（G3②：66）　12、21. 坯料（12. G3②：30、21. G3②：5）　14、15、18~20. A型而亚型不明（14. G3②：52、15. G3②：8、18. G3②：82、19. G3②：49、20. G3②：83）

两侧刃，扁锥形铤。残长4.4、宽2.2、厚0.6厘米（图一二〇，10）。

Af型，4件。标本G3②：15，青灰色石料，仅存镞身后端。镞身前端双面有脊，后端扁平，两侧刃，无铤，末端两面刃。残长6.3、宽3.4、厚1厘米（图一二〇，9）。标本G3②：16，青灰色石料，前锋略残。形体较小，镞身前端呈三角形，双面有脊，后端呈长方形，无铤。残长3.3、宽1.1、厚0.5厘米（图一二〇，13）。标本G3②：17，青灰色石料。窄条形，镞身前端双面有脊，两侧刃，后端扁平，无铤。长4.2、宽1.2、厚0.4厘米（图一二〇，16；图版五四，2）。标本G3②：34，青灰色石料，前锋残。狭长柳叶形，双面有脊，两侧刃，无铤。残长5、宽1.3、厚0.5厘米（图一二〇，17）。

A型而亚型不明，5件。标本G3②：8，青灰色石料，仅存镞身前端。前端双面有脊，后端扁平，两侧刃，截面呈多棱形。残长3.6、宽1.4、厚0.35厘米（图一二〇，15）。标本G3②：49，青绿色石料，仅存镞身前端。宽镞身，双面平，两侧刃部钝厚，似为半成品。残长4.4、宽2.8、厚0.6厘米（图一二〇，19）。标本G3②：52，深灰色石料，仅存镞身前端。双面有脊，两侧刃。残长3.6、宽1.8、厚0.6厘米（图一二〇，14）。标本G3②：82，青灰色石料，仅存镞身前端。双面有脊，两侧刃。残长4.5、宽2、厚0.6厘米（图一二〇，18）。标本G3②：83，青绿色石料，仅存镞身前端。双面平，两侧刃，截面呈多棱形。残长4、宽2.2、厚0.3厘米（图一二〇，20）。

A型石镞坯料，2件。标本G3②：5，青绿色石料，前端残。器身打制，似为石镞坯料。残长7.4、宽2.4、厚0.6厘米（图一二〇，21）。标本G3②：30，青绿色石料。双面平，边侧打制，似为石镞坯料。残长6.7、宽2.3、厚0.5厘米（图一二〇，12）。

斧 18件。

A型 12件。

Aa型，11件。标本G3②：18，灰色石料，刃部略残。梯形，弧顶，下端双面斜刃。残长10.8、宽4.2～6、厚2.7厘米（图一二一，1）。标本G3②：27，青灰色石料。梯形，弧顶，下端双面斜刃。长9.35、宽4.6～6.5、厚2.5厘米（图一二一，2；图版五四，3）。标本G3②：43，青绿色石料，上下端略残。器身厚重，梯形，弧顶，下端双面斜刃。长9.6、宽5.4～6.9、厚3.15厘米（图一二一，3；图版五四，4）。标本G3②：45，灰褐色石料，刃部略残。梯形，弧顶，下端双面斜刃。长9.5、宽5.8～7、厚2.6厘米（图一二一，4）。标本G3②：50，青灰色石料，上端残。梯形，弧顶，下端双面刃。残长7.7、宽4～5.1、厚2.5厘米（图一二一，5；图版五四，5）。标本G3②：61，青灰色石料，上下端略残。梯形，弧顶，下端双面刃。长8.3、宽3.6～5.6、厚2.65厘米（图一二一，6）。标本G3②：63，青灰色石料，下端残。斜弧顶，下端双面刃。残长11、宽6.2～8.1、厚2.7厘米（图一二一，8）。标本G3②：68，青灰色石料，上下端残。梯形，顶部微弧，下端双面刃。残长9.2、宽3～5.3、厚2.2厘米（图一二一，9）。标本G3②：70，灰色石料，刃部略残。平顶，下端双面弧刃。残长7.4、宽4～5.6、厚2.1厘米（图一二一，7）。标本G3②：74，青灰色石料，上端残。梯形，平顶，下端双面弧刃。长7.4、宽5.6～6.2、厚2.1厘米（图一二二，1）。标本G3②：76，青灰色石料，上下端各一角残。梯形，平顶，下端双面刃。残长8.4、宽3.6～5.7、厚2厘米（图一二二，2）。

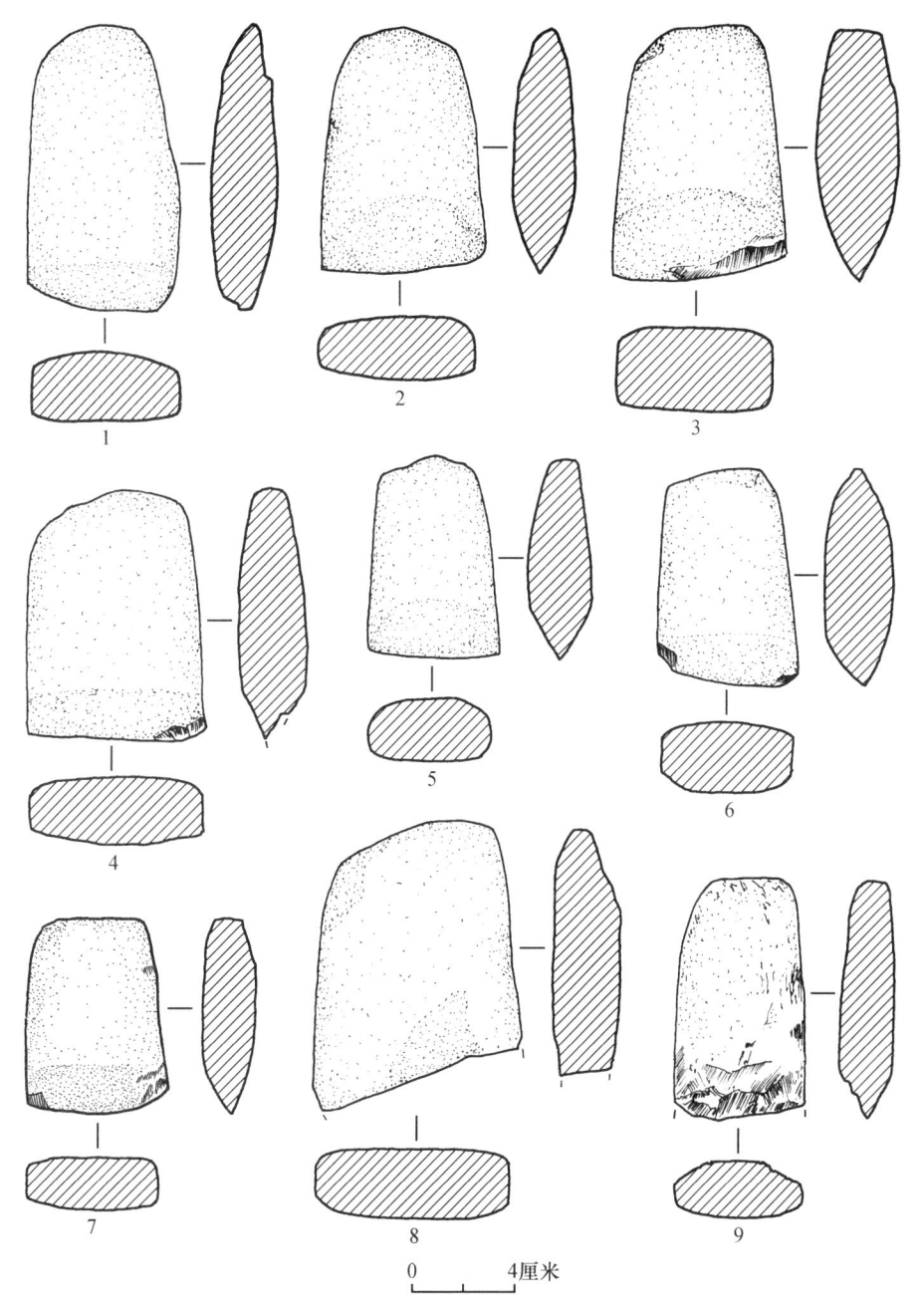

图一二一　G3第2层出土Aa型石斧
1. G3②：18 2. G3②：27 3. G3②：43 4. G3②：45 5. G3②：50 6. G3②：61 7. G3②：70 8. G3②：63 9. G3②：68

Ab型，1件。标本G3②：79，青灰色石料，上端残。梯形，下端双面弧刃。长6、宽5.8~6.8、厚2.2厘米（图一二二，3）。

B型　1件。标本G3②：73，青灰色石料，上端及刃部残。倒梯形，下端双面刃。残长9.4、宽5.6、厚2.7厘米（图一二二，4）。

C型　5件。标本G3②：13，青灰色石料，上下端残。平面呈长方形，平顶，下端双面刃。长8.75、宽6.5、厚2.4厘米（图一二二，5）。标本G3②：21，青灰色石料，上端残。平面呈长方形，下端双面斜刃。长11.5、宽6.5、厚2.5厘米（图一二二，6）。标本G3②：46，青灰色石料，上下端残。器身厚重，平面呈长方形，弧顶，下端双面刃。长10.3、宽5.8、厚3厘米（图一二二，7）。标本G3②：62，青灰色石料，上端及刃部残。平面呈长方形，下端双面弧刃。长9.4、宽5.8、厚2.7厘米（图一二二，8；图版五四，6）。标本G3②：77，青灰色石料，上端及下端残。平面呈长方形，器身一面微凹一面为弧形，粗略打制而呈未经磨制，似为石斧坯料或残损器。残长9.9、宽5.9、厚3.4厘米（图一二二，9）。

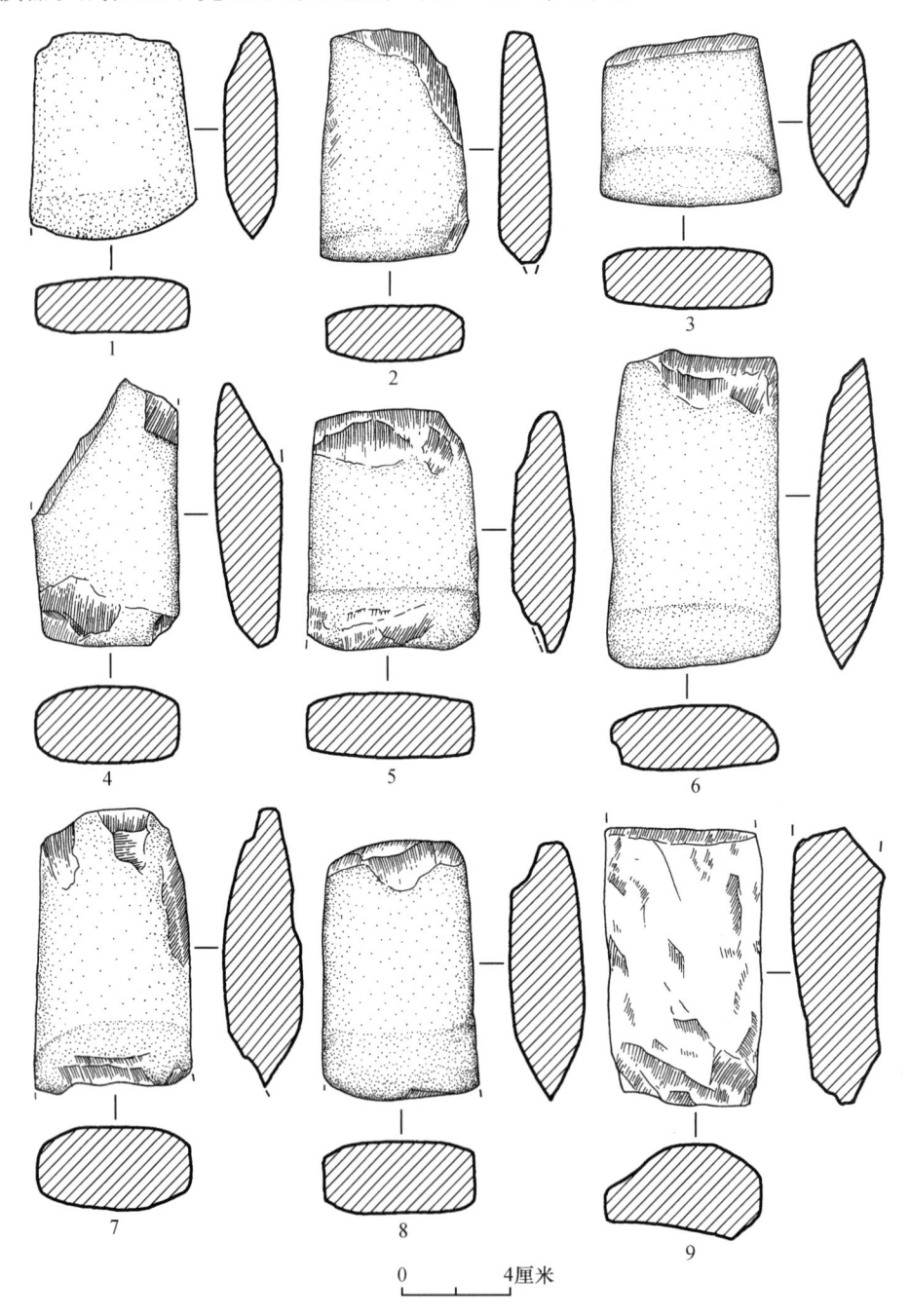

图一二二　G3第2层出土石斧

1、2.Aa型（1.G3②：74、2.G3②：76）　3.Ab型（G3②：79）　4.B型（G3②：73）　5～9.C型（5.G3②：13、6.G3②：21、7.G3②：46、8.G3②：62、9.G3②：77）

锛　15件。

A型　11件。

Aa型，6件。标本G3②：14，灰色石料，顶部、侧面积刃部略残。梯形，顶部微弧，下端双面刃，一面宽刃，一面窄刃。长7.4、宽2.8～4.2、厚1.4厘米（图一二三，1；图版五五，1）。标本G3②：26，灰色石料，侧面略残。弧顶，下端双面刃，一面宽刃，一面窄刃。长5.8、宽3.4～4.2、厚1.6厘米（图一二三，2；图版五五，2）。标本G3②：35，深灰色石料，一角刃部残。梯形，顶部微弧，下端双面刃，一面宽刃，一面窄刃。残长5、宽2.1～2.9、厚1厘米（图一二三，3）。标本G3②：56，浅灰色石料，上端件。梯形，下端双面刃，一面宽刃，一面窄刃。残长6.1、宽3.8～4.8、厚1.2厘米（图一二三，4）。标本G3②：64，浅黄色石料，顶残。梯形，平顶，下端双面刃，一面有段宽刃，一面窄刃。长5.9、宽2.8～3.4、厚1.4厘米（图一二三，5；图版五五，3）。标本G3②：85，青灰色石料，下端残。梯形，平顶。残长6.6、宽2.4～3.3、厚0.7厘米（图一二三，6）。

Ab型，1件。标本G3②：11，青绿色石料。上部打制，下端双面刃，一面宽刃，一面窄刃。长5.1、宽3.6～5.1、厚0.9厘米（图一二四，1）。

Ac型，4件。标本G3②：7，青灰色石料，刃部略残。平面呈长方形，平顶，顶部有一个对穿孔，下端双面刃。长6.1、宽2.8～2.9、厚0.6厘米（图一二四，2；图版五五，4）。标本G3②：9，青绿色石料，顶部及侧面略残。形体较小，平顶，下端双面刃，一面宽刃，一面窄

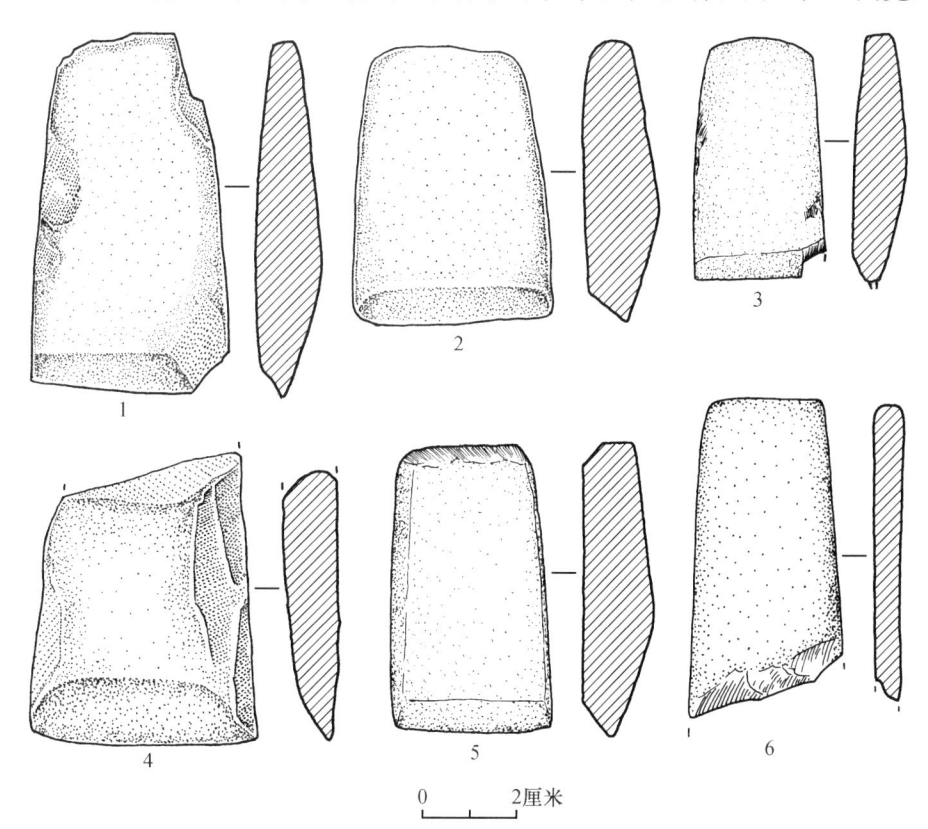

图一二三　G3第2层出土Aa型石锛

1. G3②：14　2. G3②：26　3. G3②：35　4. G3②：56　5. G3②：64　6. G3②：85

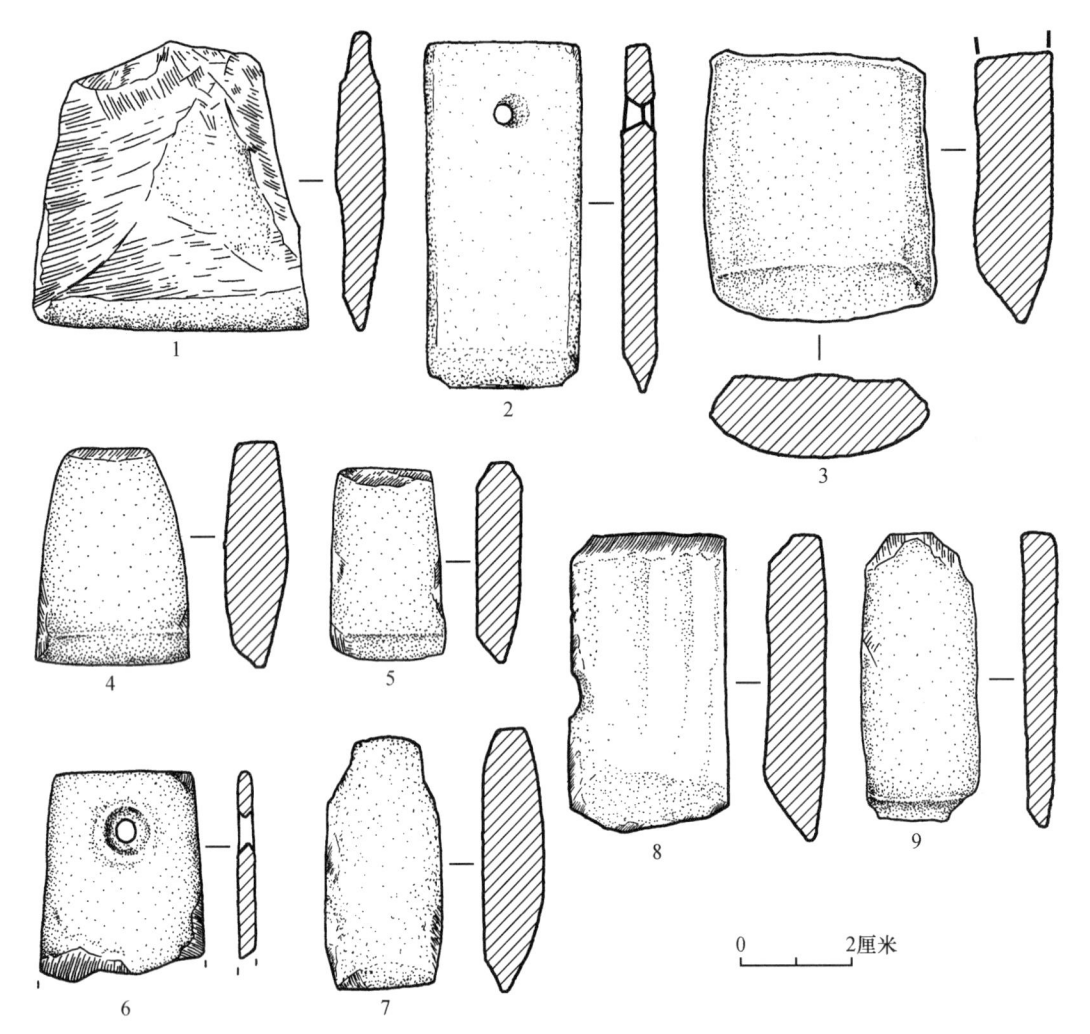

图一二四　G3第2层出土石锛

1. Ab型（G3②：11）　2、4、5、6. Ac型（2. G3②：7、4. G3②：39、5. G3②：9、6. G3②：57）　3、8、9. Ca型（3. G3②：53、8. G3②：22、9. G3②：48）　7. Cb型（G3②：32）

刃。长3.4、宽1.7～2.1、厚0.7厘米（图一二四，5）。标本G3②：39，青灰色石料，顶部及侧面略残。形体较小，平顶，下端双面刃，一面宽刃，一面窄刃。长3.9、宽1.6～2.8、厚1厘米（图一二四，4；图版五五，5）。标本G3②：57，青灰色石料，下端残。梯形，平顶，上端中部有一对穿孔。残长3.7、宽2.8～3.1、厚0.4厘米（图一二四，6）。

C型　4件。

Ca型，3件。标本G3②：22，青灰色石料，顶端及刃部略残。平面呈长方形，下端单面刃。残长5.3、宽2.9、厚1厘米（图一二四，8）。标本G3②：48，浅灰色石料，上端及刃部略残。弧顶，下端双面刃，一面宽刃，一面窄刃。残长5.2、宽2.3、厚0.6厘米（图一二四，9）。标本G3②：53，青灰色石料，上端残。下端双面弧刃，一面宽刃，一面窄刃。残长4.75、宽4.15、厚1.5厘米（图一二四，3）。

Cb型，1件。标本G3②：32，灰色石料。下端略残，形体较小，下端双面刃，一面宽刃，一面窄刃。长4.5、宽2.2、厚1厘米（图一二四，7）。

穿孔刀　6件。

B型　1件。标本G3②：81，青绿色石料，仅存一端。上端残存一个对穿孔，下端双面刃。残长4.5、宽4.05、厚0.5厘米（图一二五，1）。

C型　3件。标本G3②：2，青灰色石料，仅存一端。上端内凹，中部残存一个对穿孔，下端一面弧刃。残长6.4、宽4.4、厚0.35厘米（图一二五，3；图版五六，1）。标本G3②：31，青绿色石料，一端残。平背，侧面向内斜收，下端一面弧刃，上端中部有两个对穿孔。残长13、宽4.55、厚0.45厘米（图一二五，5；图版五六，2）。标本G3②：42，青灰色石料，一端残。背略弧，上端残存一个对穿孔，下端弧刃，侧面亦有刃。残长6.4、宽3.9、厚0.55厘米（图一二五，4）。

E型　1件。标本G3②：71，青绿色石料，一端残。凸字形，凸处有两个对穿孔，单面弧刃。残长8.4、宽4、厚0.35厘米（图一二五，2；图版五六，3）。

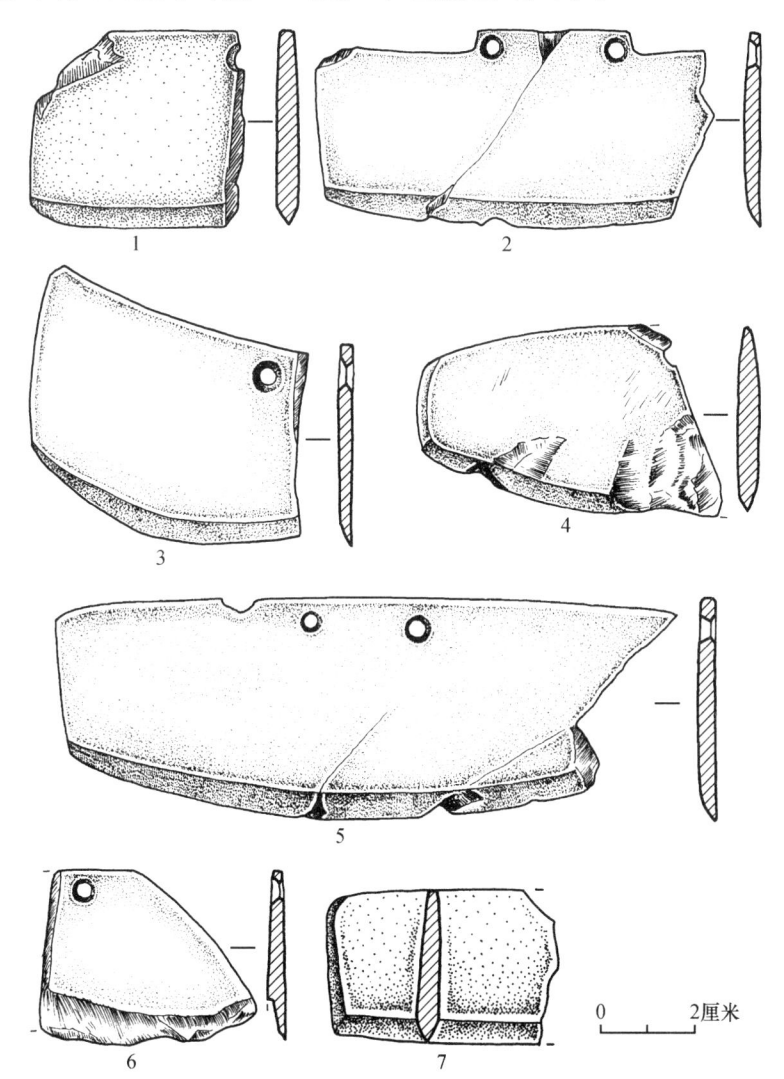

图一二五　G3第2层出土（穿孔）石刀

1. B型穿孔刀（G3②：81）　2. E型穿孔刀（G3②：71）　3～5. C型穿孔刀（3. G3②：2、4. G3②：42、5. G3②：31）
6. 不明形制穿孔刀（G3②：67）　7. B型刀（G3②：41）

不明形制　1件。标本G3②：67，青灰色石料，仅存一端，刃部残。平背，侧面向上斜收，上端残存一个对穿孔。残长4.5、宽3.6、厚0.4厘米（图一二五，6）。

刀　2件。

B型　1件。标本G3②：41，青绿色石料，仅存一端。平面呈长方形，器体扁薄。残长5、宽3.25、厚0.5厘米（图一二五，7）。

不明形制　1件。标本G3②：24，青绿色石料，上端残。下端双面刃。残长4.7、残宽3.1、厚0.4厘米（图一二六，1）。

钺　2件。标本G3②：19，青灰色石料，下端残。梯形，上端中部有一个对穿孔。残长13.3、宽13.4、厚0.9厘米（图一二六，2；图版五六，5）。标本G3②：44，深灰色石料，下端残。梯形，上端中部有一个对穿孔。残长10、宽8.6、厚1.1厘米（图一二六，3；图版

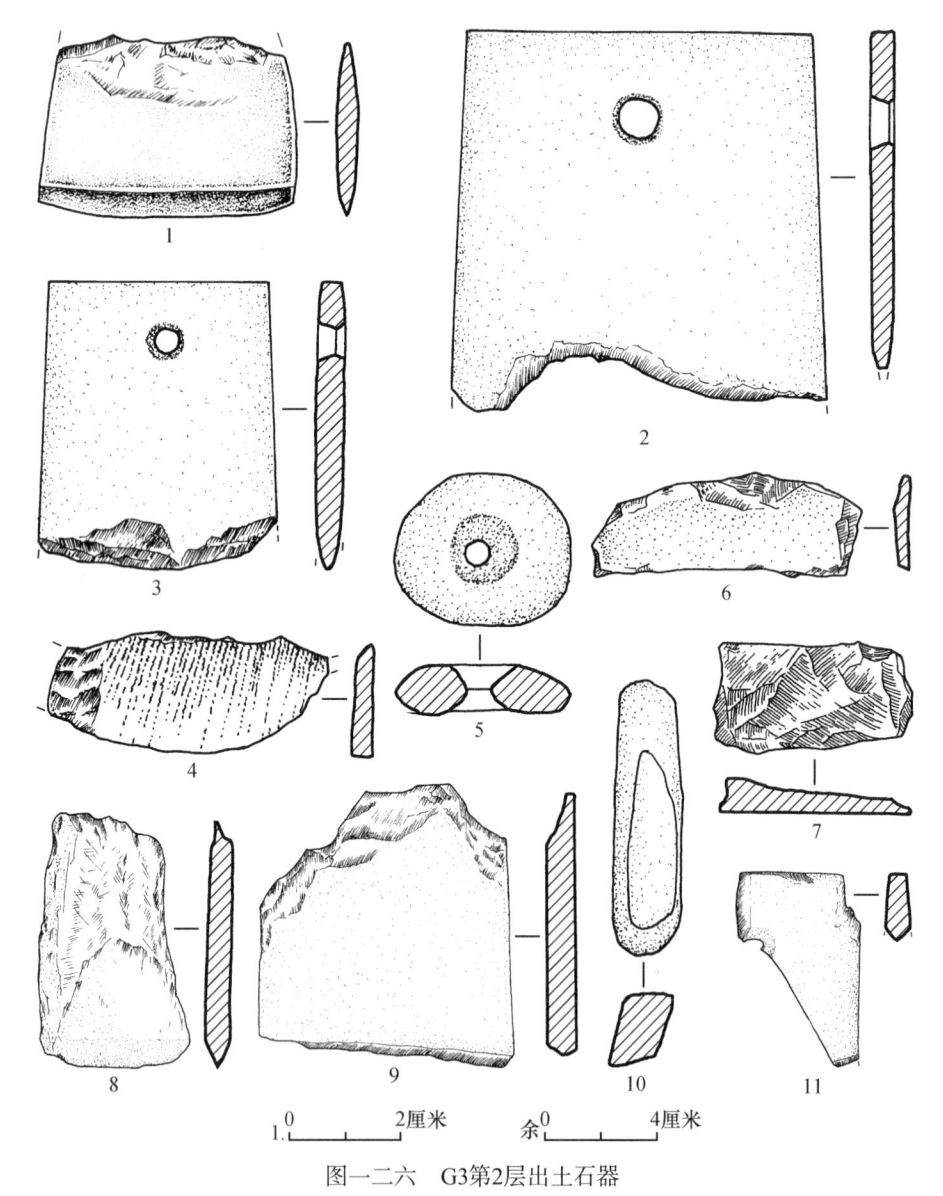

图一二六　G3第2层出土石器

1.不明形制刀（G3②：24）　2、3.钺（2.G3②：19、3.G3②：44）　4、6~11.残损不明石器、坯料（4.G3②：4、6.G3②：10、7.G3②：12、8.G3②：20、9.G3②：60、10.G3②：25、11.G3②：55）　5.穿孔饼形器（G3②：72）

五六，6）。

穿孔饼形器　1件。标本G3②：72，浅灰色石料。平面呈椭圆形，中厚边薄，中间有一个对穿孔。径5.3~6.3、厚1.8、孔外径2.4、孔内径0.8厘米（图一二六，5；图版五五，6）。

砺石　A型　2件。标本G3②：6，青灰色石料。平面呈长方形，边侧打制，上下两面均为磨砺面，均内凹。长15.8、宽13、厚4.2~5.6厘米（图一二七，5）。标本G3②：86，黄褐色石料，一侧残。平面呈长条形，正面及侧面均为磨砺面，均内凹。残长22.4、宽5.5~8.8、厚1.2~6.7厘米（图一二七，6）。

残损不明石器、坯料　11件。标本G3②：4，青灰色石料。平面近似半月形，薄片状，边侧打制，似为石刀坯料。残长10、宽4.1、厚0.9厘米（图一二六，4）。标本G3②：10，青绿色石料。平面近似半月形，薄片状，边侧打制，似为石刀坯料。残长9.6、宽3.6、厚0.6厘米（图一二六，6；图版五六，4）。标本G3②：12，青绿色石料。不规则形，一面刃，一面打制。残长7.1、宽3.8、厚1.2厘米（图一二六，7）。标本G3②：20，青灰色石料，上端残。梯形，上部大制，下端双面刃。残长8.8、残宽5.5、厚1厘米（图一二六，8）。标本G3②：25，青灰色石料。平面呈长条状。长9.6、宽2.5、厚2.6厘米（图一二六，10）。标本G3②：54，灰色石料。上端及两侧打制，下端双面刃。残长5、宽3.3、厚0.7厘米（图一二七，1）。标本G3②：55，青灰色石料，残存一角。平顶。残长6.7、宽4.4、厚1厘米（图一二六，11）。标本G3②：60，青灰色石料，上下端残。双面打刃整。残长9.8、残宽9.2、厚1.1厘米（图一二六，9）。标本G3②：65，青灰色石料，残存一角。下端双面刃，残长5.2、宽2.4、厚0.6厘米（图一二七，2）。标本G3②：84，青灰色石料，残存中部一小段。双面打刃整。残长4.9、宽5.4、厚0.8厘米（图一二七，3）。标本G3②：98，暗黄色石料。梯形，双面打刃整。长5.2、宽5、厚1厘米（图一二七，4）。

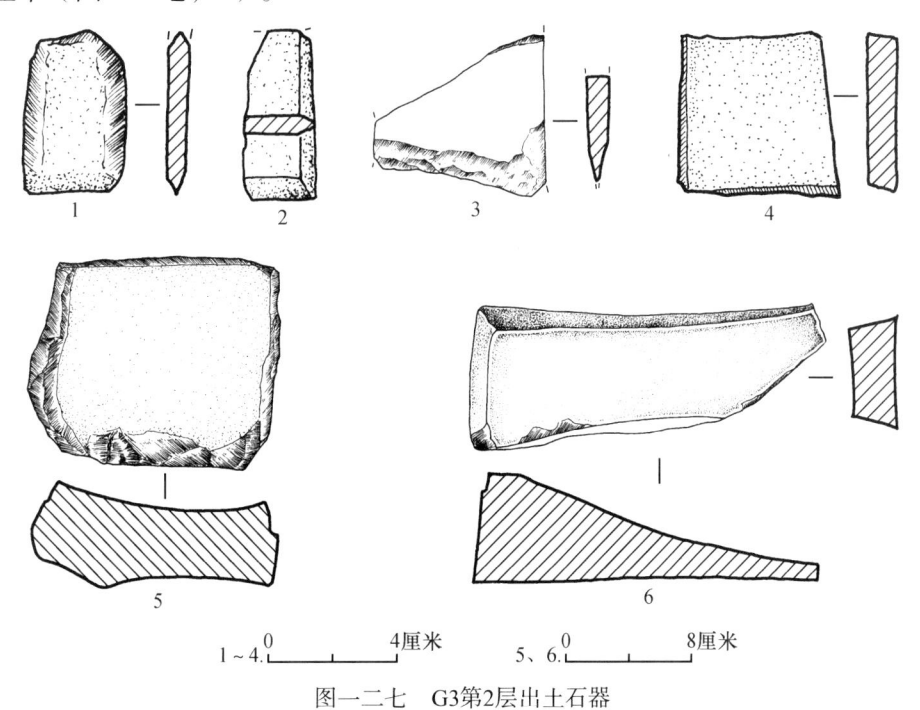

图一二七　G3第2层出土石器

1~4.残损不明石器、坯料（1.G3②：54，2.G3②：65，3.G3②：84，4.G3②：98）　5、6.A型砺石（5.G3②：6，6.G3②：86）

陶器　20件。可辨器形有纺轮、盆形鼎、鼎足、矮领罐口沿、罐底、盆、豆柄、把手、器盖、杯、圈足杯、支座、拍等，另有少量陶器残片，典型纹饰有方格纹（图九一，1）。

纺轮　6件。

A型　5件。

Aa型，3件。标本G3②：3，泥质红陶，边侧残。饼形，体薄，正面微凹，斜边。素面，中部穿孔。短径3.1、长径3.5、孔径0.3、厚0.5厘米（图一二八，1；图版五七，1）。标本G3②：23，夹砂黑陶，残。饼形，斜边，宽面饰四组对称三弧线刻划纹，中部穿孔。短径3.7、长径4.6、孔径0.4、厚0.7厘米（图一二八，2）。标本G3②：29，泥质黑陶，残。饼形，斜边，宽面饰四组对称三弧线刻划纹，中部穿孔。短径2.6、长径3.3、孔径0.3、厚0.6厘米（图一二八，5）。

Ab型，2件。标本G3②：38，夹砂黑陶，残。饼形，斜边，宽面中部略凸，饰四组对称三弧线刻划纹，中部穿孔。短径3.6、长径4、孔径0.4、厚0.7厘米（图一二八，3；图版五七，2）。标本G3②：69，夹砂黑陶，残。饼形，斜边，窄面中部略凸，宽面饰四组对称三弧线刻划纹，中部穿孔。短径3.8、长径4.2、孔径0.4、厚0.8厘米（图一二八，6）。

B型　1件。标本G3②：37，夹砂黑陶。厚饼形，弧边，素面，中部穿孔。直径4、孔径0.4、厚1.1厘米（图一二八，4；图版五七，3）。

盆形鼎　2件。标本G3②：33，夹砂褐陶。残，窄折沿，圆唇，折腹圜底，折腹处有凸

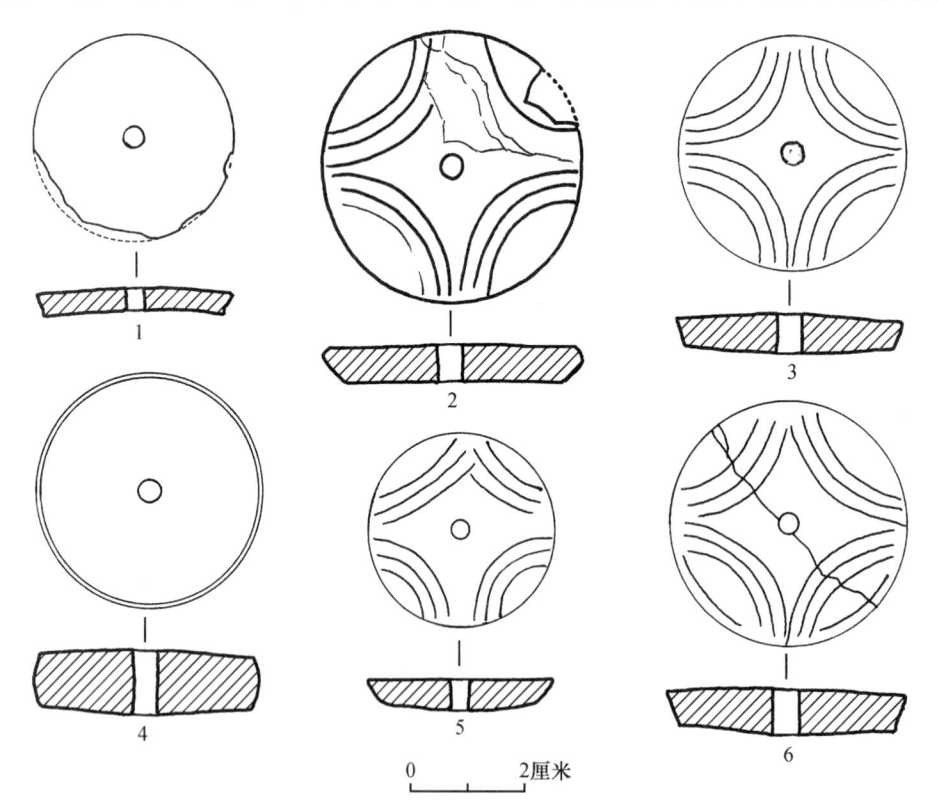

图一二八　G3第2层出土陶纺轮

1、2、5.Aa型（1.G3②：3、2.G3②：23、5.G3②：29）　3、6.Ab型（3.G3②：38、6.G3②：69）

4.B型（G3②：37）

棱，宽扁瓦棱纹鼎足。口径31、通高16厘米（图一二九，1；图版五七，4）。标本G3②：97，夹砂褐陶。下部残，窄折沿，尖圆唇，折腹，腹部以下残，素面。口径26.4、残高8厘米（图一二九，2；图版五八，1）。

鼎足　Ba型，1件。标本G3②：95，夹砂红陶。上下端残，扁锥形，正面饰细绳纹+按窝+刻槽。残高8.8厘米（图一二九，6；图九〇，4；图版五八，2）。

矮领罐口沿　B型　1件。标本G3②：87，夹砂红陶。宽外折沿，方唇，束颈，溜肩，沿面及肩部饰细绳纹。复原口径28、残高12厘米（图一二九，4；图版五七，5）。

罐底　A型　1件。标本G3②：96，夹砂红陶。外饰方格纹。底径20、残高10厘米（图一二九，5）。

盆口沿　A型　1件。标本G3②：92，泥质黑皮红陶。宽平沿，圆唇，直腹。素面。复原口径30、残高7厘米（图一二九，3）。

豆柄　A型　1件。标本G3②：88，泥质黑皮红陶。下端残，高粗中空柄，下端呈喇叭口。残高7厘米（图一三〇，6；图版五七，6）。

把手　A型　1件。标本G3②：93，夹砂黑陶。残，麻花状。外径5.6～6.7厘米（图一三〇，7）。

器盖　A型　1件。标本G3②：59，泥质黑陶。圈足状纽，整体呈倒扣圈足碗状。素面。口径11.6、底径5.6、高4.4厘米（图一三〇，3；图版五八，3）。

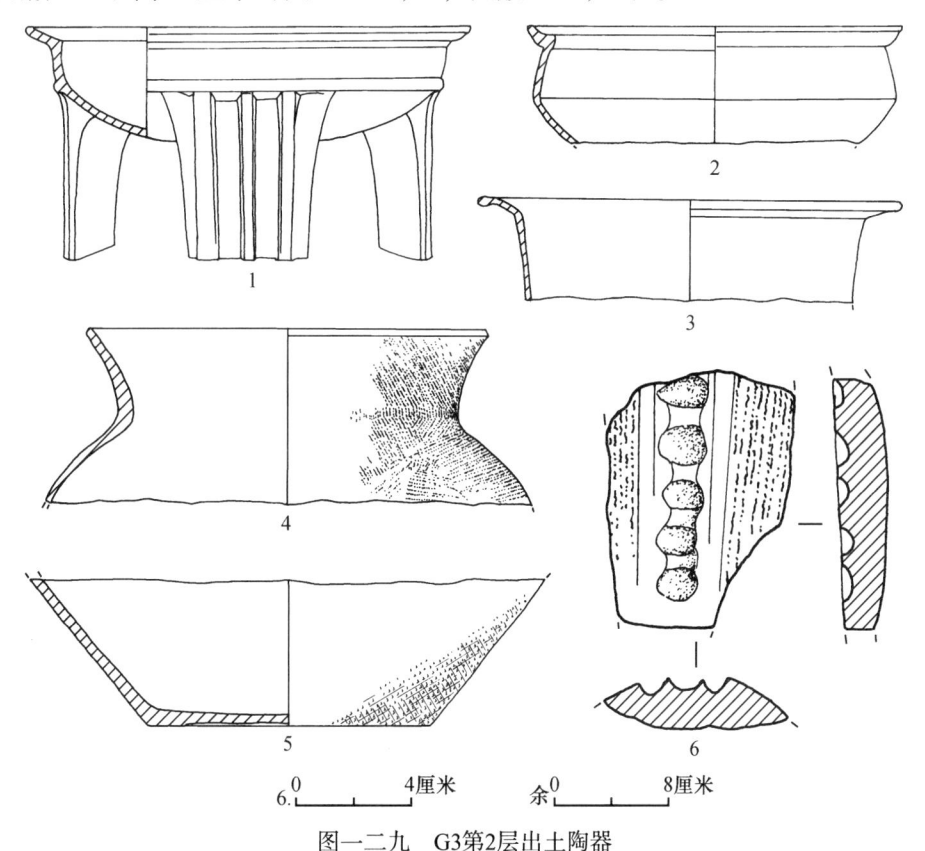

图一二九　G3第2层出土陶器
1、2.盆形鼎（1.G3②：33、2.G3②：97）　3.A型盆口沿（G3②：92）　4.B型矮领罐口沿（G3②：87）
5.A型罐底（G3②：96）　6.Ba型鼎足（G3②：95）

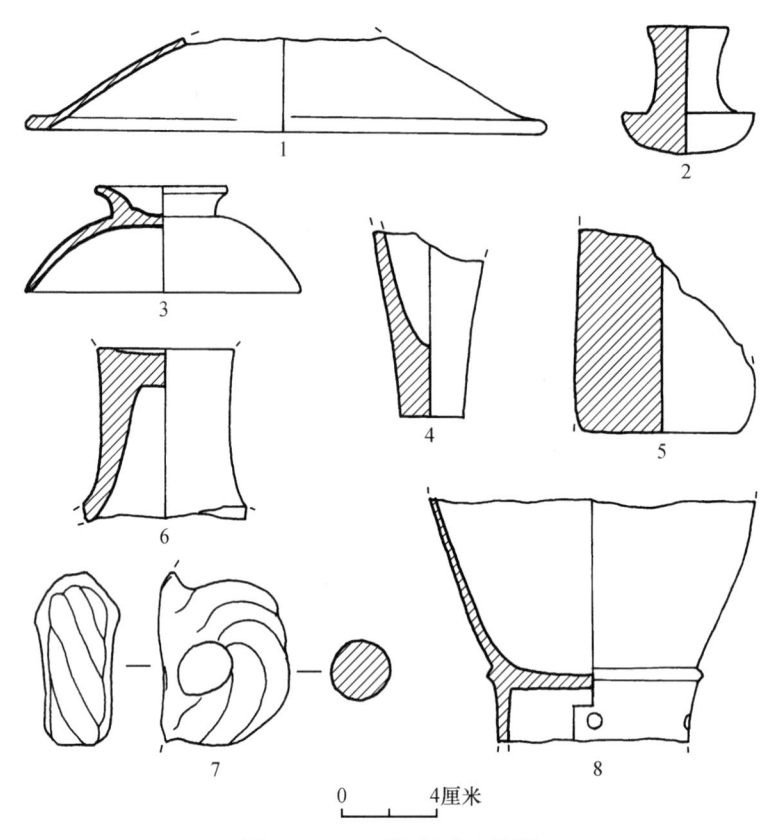

图一三〇　G3第2层出土陶器
1. 不明形制器盖（G3②：89）　2. 拍（G3②：51）　3. A型器盖（G3②：59）　4. C型杯（G3②：91）
5. B型支座（G3②：90）　6. A形豆柄（G3②：88）　7. A型把手（G3②：93）　8. 圈足杯（G3②：94）

不明形制器盖　1件。标本G3②：89，泥质灰陶。上部残，覆钵状，边缘平折。素面。复原口径22、残高3.8厘米（图一三〇，1）。

杯　C型　1件。标本G3②：91，泥质红陶。上端残，斜腹，小平底。素面。残高7.6、底径2.6厘米（图一三〇，4；图版五八，4）。

圈足杯　1件。标本G3②：94，夹砂黑皮红陶。上下端残，斜腹，高粗中空圈足，圈足上部饰一道凸棱，其下饰对称的圆形镂孔。残高10厘米（图一三〇，8；图版五八，5）。

支座　B型　1件。标本G3②：90，夹砂红陶。仅存下端，实心圆柱状。素面。底径6.6、残高8.3厘米（图一三〇，5）。

拍　1件。标本G3②：51，夹砂浅黄陶。残，倒蘑菇状，圆柱束腰状柄，垫面隆，呈圆弧形。素面。高5.3、垫面直径5.5厘米（图一三〇，2；图版五八，6）。

2. 2014G5

（1）位置及层位关系：位于T0401、T0501探方内，延伸至发掘区之外。上部被F1①、F1②层所叠压，东侧被2016Y1打破。叠压2016H20，柱洞D784～D799及浅黄色土层。

（2）形制：平面形状呈东南—西北走向长条形，上窄下宽，平底。东西残长14.25、南北宽2～6.1、深0.45～0.63米（图一三二）。沟内填土为灰色沙土，土质结构致密，含红烧土颗粒。

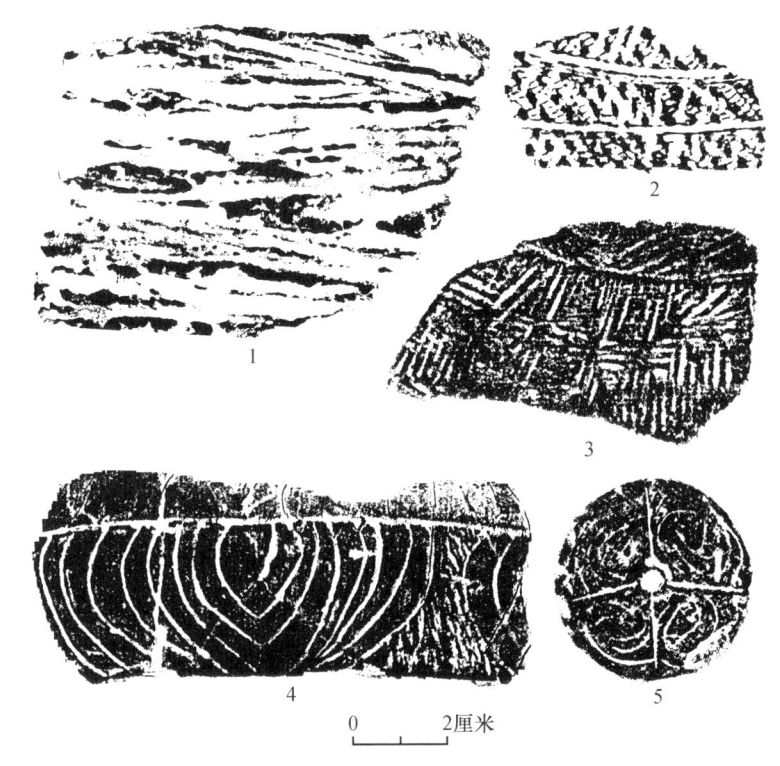

图一三一　早一期灰坑及沟出土陶器纹饰拓片

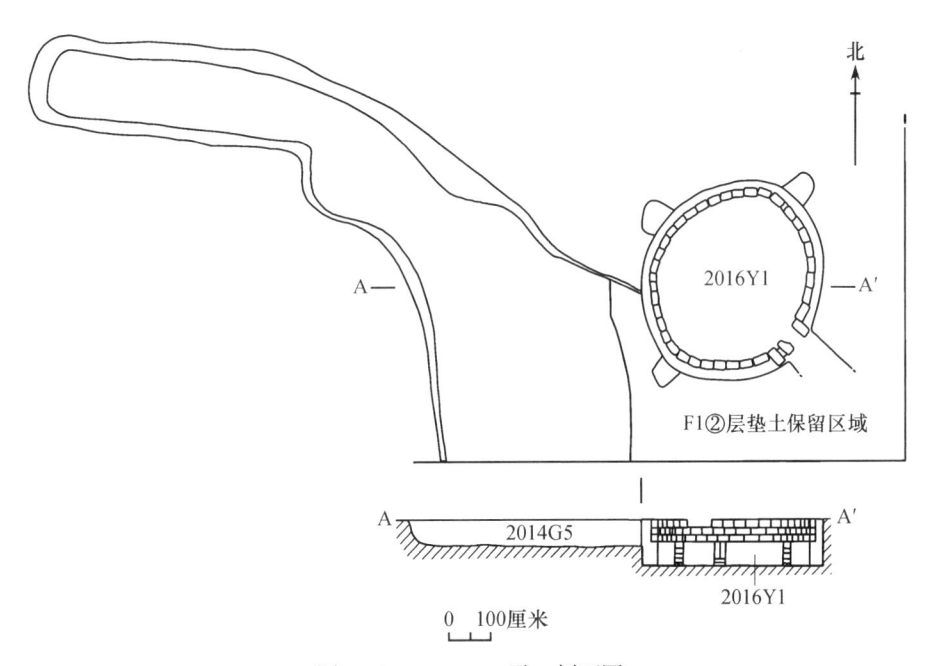

1. 红烧土压印纹（G3②：102）　2. 弦纹+戳印纹（G3②：100）　3. 折线纹（2014G5：59）　4. 弦纹+刻划纹+戳点纹（2014G5：2）
5. 卷云纹纺轮（2016G4：4）

图一三二　2014G5平、剖面图

（3）出土遗物：

石器

镞　23件。均为A型。

Aa型，9件。标本2014G5：5，青灰色石料。前后端残，形体较小，双面无脊，两侧刃。残长4、宽1.5、厚0.3厘米（图一三三，1）。标本2014G5：6，青灰色石料。前、后端残，体宽，双面无脊，两侧刃。残长8.2、宽2.8、厚0.3厘米（图一三三，3）。标本2014G5：7，深灰色石料。前锋及铤后端略残，一面有脊，一面扁平，两侧刃。残长5.2、宽1.8、厚0.3厘米（图一三三，4；图版五九，1）。标本2014G5：11，深灰色石料。镞身前端残，一面有脊，一面因镞身中部崩损脊线不甚明显，两侧刃。残长6.3、宽1.6、厚0.4厘米（图一三三，5）。标本2014G5：12，深灰色石料。前锋残，双面有脊，两侧刃。残长6、宽1.5、厚0.4厘米（图一三三，6）。标本2014G5：20，青灰色石料。镞身前端及铤后端残，扁平无脊，两侧刃。残长3.5、宽1.6、厚0.2厘米（图一三三，14）。标本2014G5：21，青灰色石料。仅存镞身后端及铤，一面有脊，一面扁平，两侧刃。残长4.2、残宽1.8、厚0.4厘米（图一三三，2）。标本2014G5：43，青灰色石料。镞身前端残，双面有脊，扁三角形铤。残长4.9、宽1.5、厚0.3厘米（图一三三，8）。标本2014G5：47，青灰色石料。镞身前端残，双面有脊，两侧刃，扁三角形铤。残长8.2、宽2.3、厚0.4厘米（图一三三，10；图版五九，2）。

Ab型，1件。标本2014G5：51，深灰色石料。前锋及铤后端残，梭状柳叶形，双面脊不明显，两侧刃。残长6.5、宽2、厚0.6厘米（图一三三，11）。

Ac型，4件。标本2014G5：23，深灰色石料。前锋残，镞身双面有脊，两侧刃，细扁锥形铤。残长5.5、宽1.6、厚0.5厘米（图一三三，9）。标本2014G5：25，深灰色石料。镞身前端及铤后端残，体宽，镞身双面有脊，两侧刃，细扁锥形铤。残长6.4、宽2.6、厚0.6厘米（图一三三，12）。标本2014G5：27，深灰色石料。镞身至铤双面有脊，两侧刃，圆锥形铤。长6.2、宽1.4、厚0.7厘米（图一三三，13；图版五九，3）。标本2014G5：42，青灰色石料。前锋残，镞身双面有脊，一面脊部略残，两侧刃，短扁锥形铤。残长7.4、宽2.2、厚0.5厘米（图一三三，7）。

Ad型，3件。标本2014G5：9，灰色石料。镞身面局部残，整体略呈菱形，镞身双面有脊，两侧刃。残长7.6、宽2.4、厚0.5厘米（图一三三，18；图版五九，4）。标本2014G5：16，青灰色石料。前锋及铤后端残，整体呈宽短菱形，双面有脊，两侧刃。残长3.3、宽2、厚0.3厘米（图一三三，16）。标本2014G5：22，灰色石料。前锋及铤后端残，整体略呈菱形，双面有脊，两侧刃。残长4.4、宽1.6、厚0.5厘米（图一三三，17）。

Af型，1件。标本2014G5：41，浅灰色石料。前锋残，镞身狭长，双面有脊，两侧刃，无铤，末端双面刃。残长6.2、宽1.4、厚0.4厘米（图一三三，19）。

A型而亚型不明，5件。标本2014G5：13，深灰色石料。仅存镞身前端，双面有脊，两侧刃。残长3.2、宽2.1、厚0.5厘米（图一三三，15）。标本2014G5：14，深灰色石料。镞身前端及铤后端残，双面脊部残损，两侧刃。残长5.2、宽1.9、厚0.4厘米（图一三三，22）。标本2014G5：19，青灰色石料。前锋及镞身后端残，双面有脊，两侧刃。残长5、宽1.9、厚0.4厘米

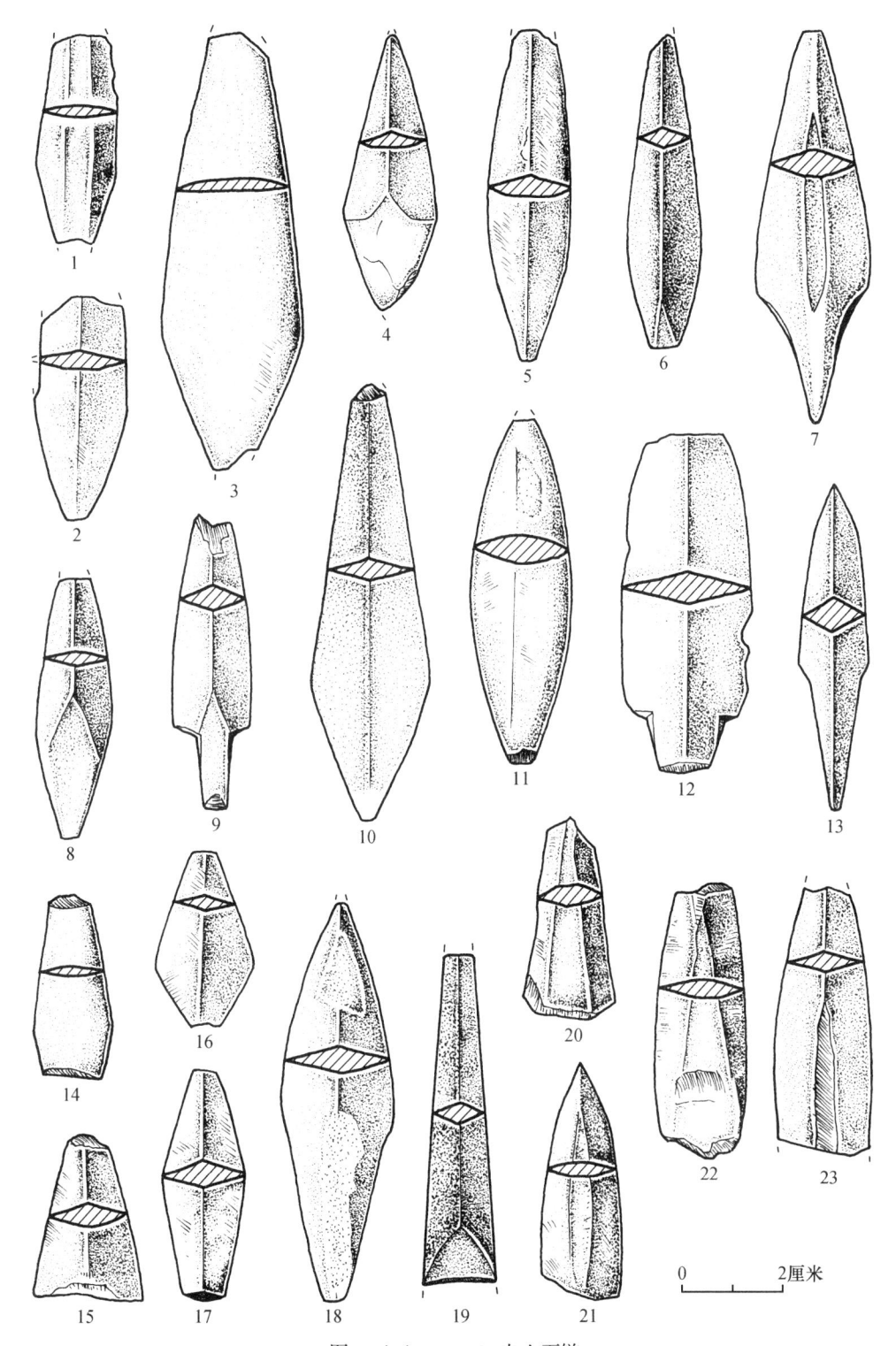

图一三三　2014G5出土石镞

1~6、8、10、14. Aa型（1. 2014G5：5、2. 2014G5：21、3. 2014G5：6、4. 2014G5：7、5. 2014G5：11、6. 2014G5：12、8. 2014G5：43、10. 2014G5：47、14. 2014G5：20）　7、9、12、13. Ac型（7. 2014G5：42、9. 2014G5：23、12. 2014G5：25、13. 2014G5：27）　11. Ab型（2014G5：51）　15、20~23. A型而亚型不明（15. 2014G5：13、20. 2014G5：36、21. 2014G5：40、22. 2014G5：14、23. 2014G5：19）　16~18. Ad型（16. 2014G5：16、17. 2014G5：22、18. 2014G5：9）
19. Af型（2014G5：41）

（图一三三，23）。标本2014G5：36，深灰色石料。仅存镞身前端，双面中部扁平，两侧刃，截面呈多棱形。残长3.8、宽1.8、厚0.4厘米（图一三三，20）。标本2014G5：40，深灰色石料。镞身后端残，双面中部扁平，两侧刃。残长4.5、宽1.6、厚0.3厘米（图一三三，21）。

斧 7件。

Aa型，5件。标本2014G5：28，浅灰色石料。刃部残，梯形，斜顶，下端双面刃。残长10.6、宽4.4~5.7、厚2.2厘米（图一三四，1）。标本2014G5：34，灰色石料。一侧及刃部残，梯形，顶部微弧，下端双面刃。长8.6、宽5~6.6、厚3厘米（图一三四，2）。标本2014G5：37，深灰色石料。刃部残，梯形，器形厚重，弧顶，下端双面刃。残长11.2、宽5.6~6.6、厚3.6厘米（图一三四，3）。标本2014G5：39，青灰色石料。顶部及刃部残，梯形，下端双面刃。残长8.6、宽5~5.6、厚2.4厘米（图一三四，4）。标本2014G5：50，浅灰色石料。上端残，梯形，下端双面弧刃。残长7.4、宽6.2~7、厚2.4厘米（图一三四，5）。

C型 2件。标本2014G5：38，青灰色石料。上端残，平面呈长方形，下端双面弧刃。残长6.6、宽7、厚2.4厘米（图一三四，7）。标本2014G5：45，青灰色石料。刃部一角残，平面呈长方形，平顶，下端双面直刃。长7.7、宽6.6、厚2.4厘米（图一三四，6）。

锛 Ac型，2件。标本2014G5：17，浅灰色石料。形体较小，梯形，体薄，制作粗糙，仅刃部双面磨光。长4.4、宽1.8~2.2、厚0.5厘米（图一三四，8）。标本2014G5：24，青灰色石料。完整，形体较小，梯形，体薄，平顶，上部有一个对穿孔，下端单面刃。长3.2、宽1.4~1.8、厚0.2厘米（图一三四，9；图版五九，5）。

Cb型，1件。标本2014G5：35，灰色石料。上端及一侧略残，形体较小，平面呈窄长方形，平顶，下端双面弧刃。残长3.5、宽1.7、厚0.8厘米（图一三四，10）。

穿孔刀 B型 1件。标本2014G5：32，青灰色石料。仅存中间一段，平背，近背处有一个对穿孔，下端双面刃部钝厚。残长2.2、宽3、厚0.3厘米（图一三五，3）。

刀 A型 1件。标本2014G5：30，青灰色石料。弓背形，一角略残，整体打制而呈，下端双面弧刃。长7.4、宽3.6、厚0.7厘米（图一三五，1；图版五九，6）。

钺 1件。标本2014G5：53，青灰色石料。仅存刃部一角，下端双面刃。残长6.6、残宽7.8、厚1厘米（图一三五，2）。

铲 3件。标本2014G5：18，青灰色石料。上端残，平面形状呈梯形，下端双面刃，一面宽刃，一面窄刃。残长5.5、宽4.4、厚0.5厘米（图一三五，4）。标本2014G5：31，青灰色石料。仅存中部一块，平面形状呈长方形，整体打制而成，下端双面弧刃，一面宽刃，一面窄刃。残长6.1、残宽4、厚0.5厘米（图一三五，5）。标本2014G5：44，灰色石料。仅存刃部一角，体薄，下端双面直刃，通体磨光。残长4、残宽3、厚0.3厘米（图一三五，6）。

砺石 B型 2件。标本2014G5：1，浅灰色石料，残。不规则形，上下双面均有磨砺面，磨砺面均内凹。残长38.8、宽20.4、厚8.2厘米（图一三六，1）。标本2014G5：3，黄褐色石料。残，不规则形，一面为磨砺面，均内凹，其余面为打制。残长10、宽12.4、厚1.5~4厘米（图一三六，6）。

残损不明石器、坯料 6件。标本2014G5：2，浅灰色石料。不规则形，粗略打制而呈。长

图一三四　2014G5出土石器

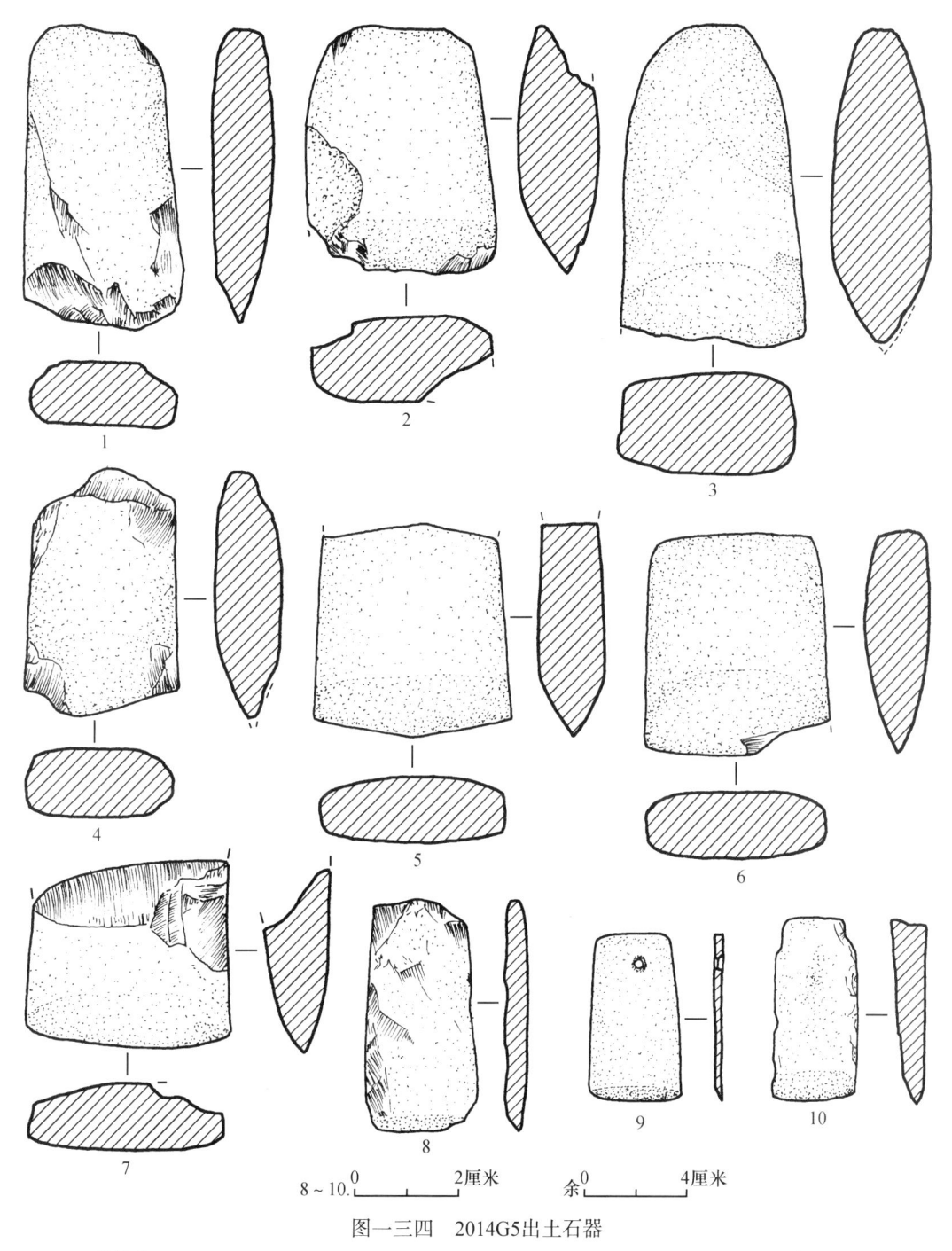

1~5. Aa型斧（1. 2014G5：28、2. 2014G5：34、3. 2014G5：37、4. 2014G5：39、5. 2014G5：50）　6、7. C型斧（6. 2014G5：45、7. 2014G5：38）　8、9. Ac型锛（8. 2014G5：17、9. 2014G5：24）　10. Cb型锛（2014G5：35）

9.4、宽4.4、厚1.8厘米（图一三六，3）。标本2014G5：4，浅灰色石料。上端残，上薄下厚。残长4.3、宽2、厚0.9厘米（图一三六，8）。标本2014G5：8，青灰色石料。不规则形，打制而呈。长7.8、宽2.6、厚1.8厘米（图一三六，2）。标本2014G5：15，青灰色石料。平面呈长梯形，未经打磨。残长7、宽2.6、厚0.5厘米（图一三六，4）。标本2014G5：29，青灰色石料。不规则形，打制而呈。长8、宽2.8、厚0.86厘米（图一三六，5）。标本2014G5：33，深灰色石

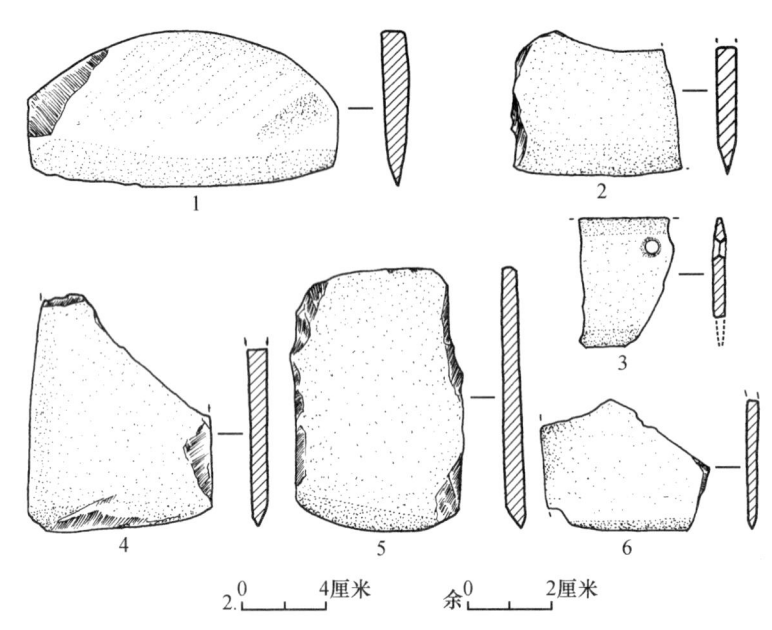

图一三五　2014G5出土石器

1.A型刀（2014G5：30）　2.钺（2014G5：53）　3.B型穿孔刀（2014G5：32）　4～6.铲（4.2014G5：18、5.2014G5：31、6.2014G5：44）

料。仅存刃部，下端双面弧刃。残长2.1、宽4.2、厚0.8厘米（图一三六，7）。

陶器　9件。可辨器形有纺轮、高领罐口沿、豆盘、盂形器、拍、大口缸口沿等，另有少量陶器残片，典型纹饰有方格纹（图九一，3、4）。

纺轮　3件。

Aa型，1件。标本2014G5：49，泥质黑陶。仅存一半。饼形，斜边，宽面饰对称双弧线刻划纹，中部穿孔。短径2.4、长径2.8、孔径0.3、厚0.4厘米（图一三七，2）。

Ab型，1件。标本2014G5：48，泥质黑陶。残，饼形，斜边，窄面中部略凸，宽面饰四组对称三弧线刻划纹，中部穿孔。短径4、长径4.4、孔径0.4、厚0.9厘米（图一三七，1）。

B型　1件。标本2014G5：26，泥质黑皮红陶。残裂，厚饼形，弧边，一面饰戳点纹，中部穿孔。直径4.8、孔径0.6、厚1.3厘米（图一三七，7）。

高领罐口沿　A型　1件。标本2014G5：54，泥质黑皮红陶。外卷沿，圆唇，高直颈，素面。残高8.8、口径13.2厘米（图一三七，4）。

豆盘　2件。

Aa型，1件。标本2014G5：52，泥质灰陶。残，折沿直口，圆唇，唇沿下饰一道凹弦纹，深弧腹。残高7.6、复原口径24厘米（图一三七，5）。

Ab型，1件。标本2014G5：55，泥质黑陶。残，短折沿直口，尖圆唇，浅斜弧腹，素面。残高4、复原口径22厘米（图一三七，6）。

盂形器　1件。标本2014G5：46，泥质黑陶。修复完整，短折沿，尖唇，矮弧腹，内折高圈足，圈足下端外撇，素面。通高10.6、口径7.4、腹径8.7、底径6.4厘米（图一三七，9；图版六〇，2）。

图一三六　2014G5出土石器

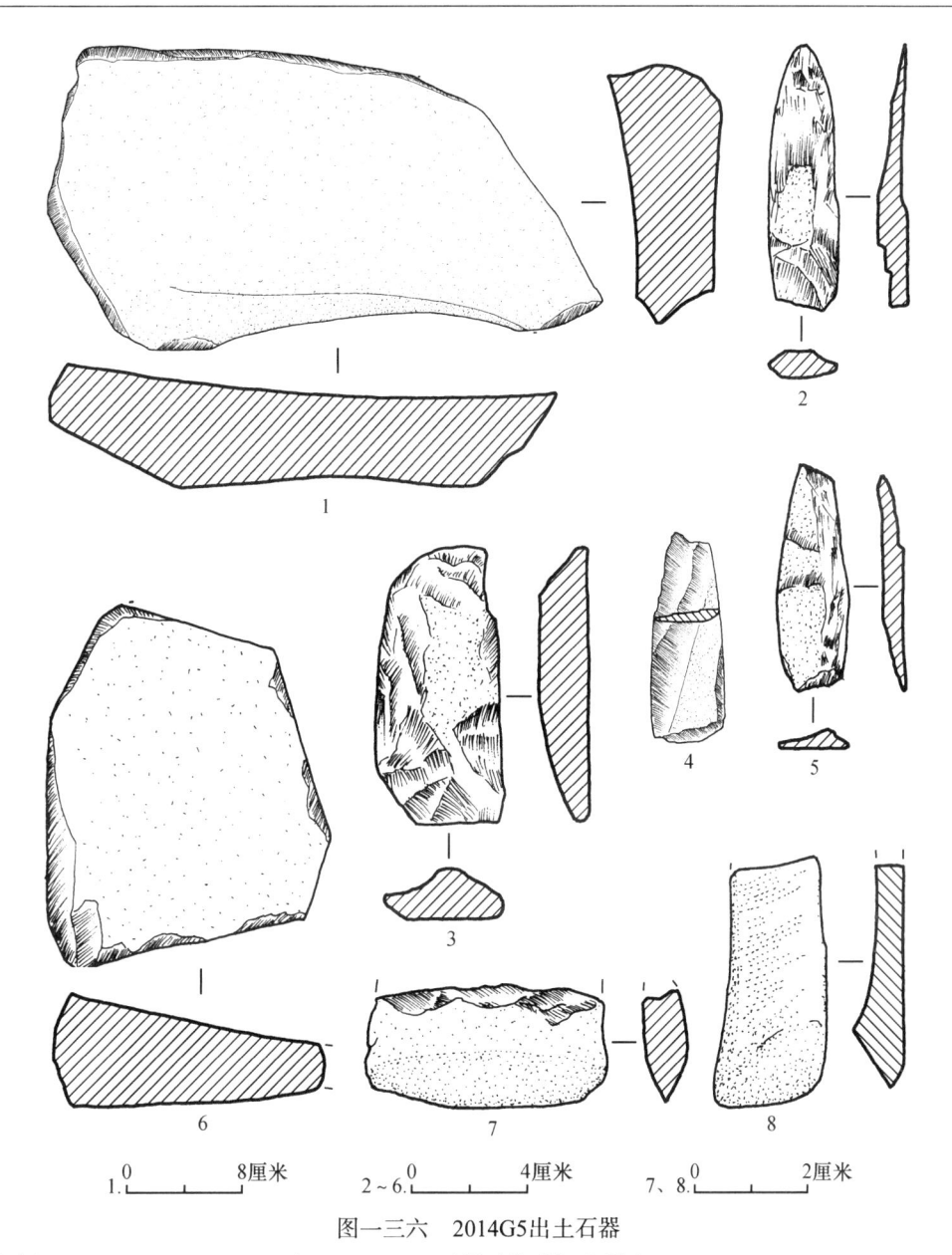

1、6. B型砺石（1.2014G5：1、6.2014G5：3）　2~5、7、8.残损不明石器、坯料（2.2014G5：8、3.2014G5：2、4.2014G5：15、5.2014G5：29、7.2014G5：33、8.2014G5：4）

拍　1件。标本2014G5：10，夹砂褐陶。略残，蘑菇形，圆柱状柄，中空，垫面隆，呈圆弧形，素面。高5.4、垫面直径4.4、孔径1.5厘米（图一三七，3；图版六〇，1）。

大口缸口沿　1件。标本2014G5：56，夹砂红陶。直口外敞，口外一指宽均内凹，斜直腹，表面饰绳纹。残高13.2、厚2厘米（图一三七，8）。

图一三七　2014G5出土陶器

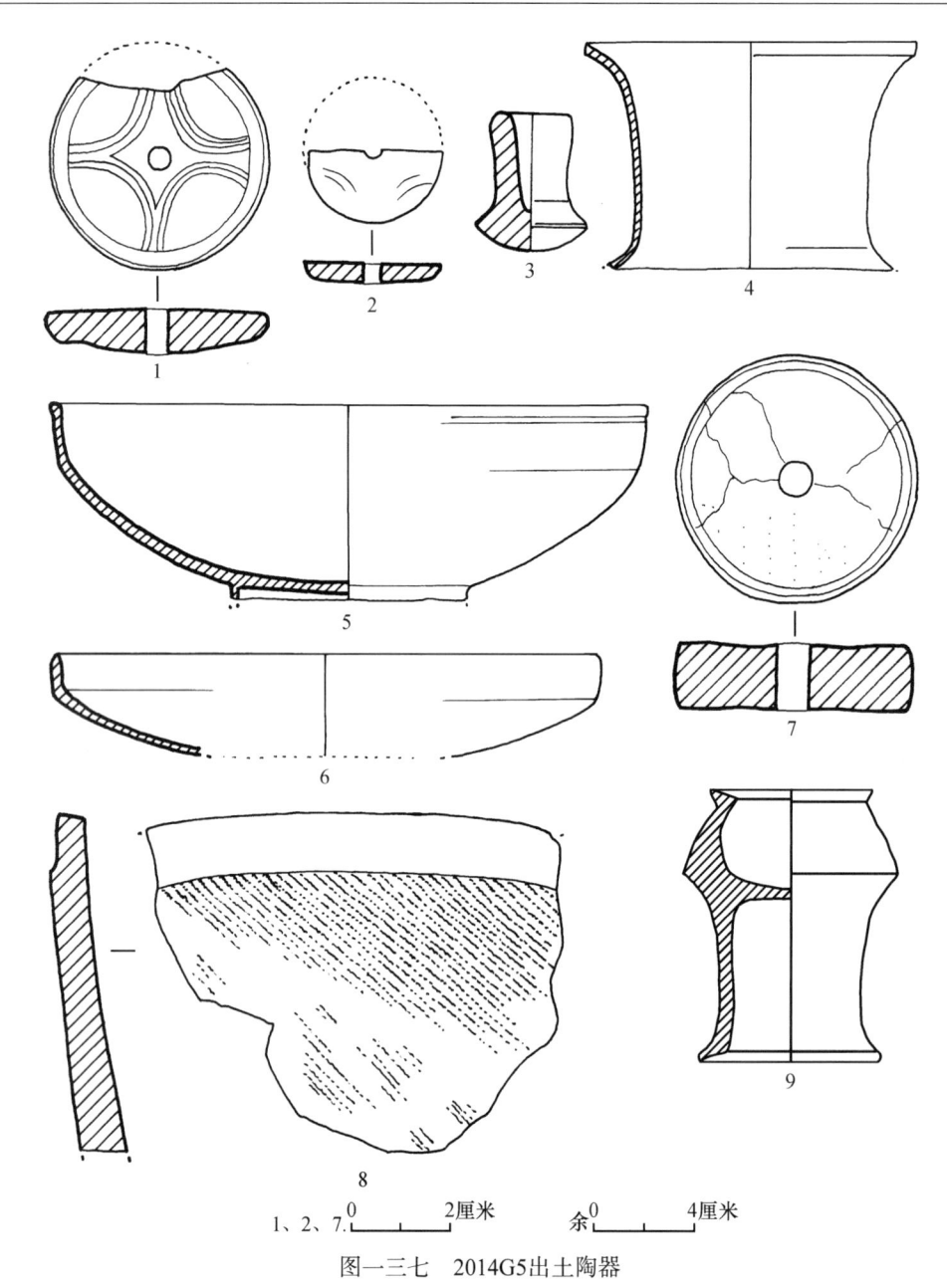

1. Ab型纺轮（2014G5：48）　2. Aa型纺轮（2014G5：49）　3. 拍（2014G5：10）　4. A型高领罐口沿（2014G5：54）
5. Aa型豆盘（2014G5：52）　6. Ab型豆盘（2014G5：55）　7. B型纺轮（2014G5：26）　8. 大口缸口沿（2014G5：56）
9. 盂形器（2014G5：46）

3. 2016G4

（1）位置及层位关系：位于T0406、T0407内。北侧延伸至发掘区之外。西北侧被祭祀台叠压，被2016H10打破，打破浅黄色土层。

（2）形制：平面呈长条形，弧壁，底部不平。南北长6.5、东西宽4.5、深0.45~0.9米（图一三八）。沟内填土为深灰褐色土，土质结构疏松，含红烧土颗粒、炭屑等。

（3）出土遗物：

石器　3件。

镞　Af型，1件。标本2016G4：6，青灰色石料。一侧残，柳叶形，双面有脊，两侧刃，无铤，末端两面刃。残长6、宽1.75、厚0.6厘米（图一三九，1）。

锛　2件。均为A型。

Aa型，1件。标本2016G4：2，青灰色石料。顶部残，下端一面弧刃。残长7、宽3.3～4.1、厚1.5厘米（图一三九，2）。

Ab型，1件。标本2016G4：5，灰黄色石料。边侧略残，平顶，一面弓背，一面平，下端双面弧刃。长2.5、宽2～2.6、厚0.75厘米（图一三九，3；图版六一，1）。

陶器　12件。

纺轮　3件。

Aa型，1件。标本2016G4：4，夹砂黑陶。残裂，饼形，斜边，宽面饰"十"字刻划纹分隔的四组对称卷云

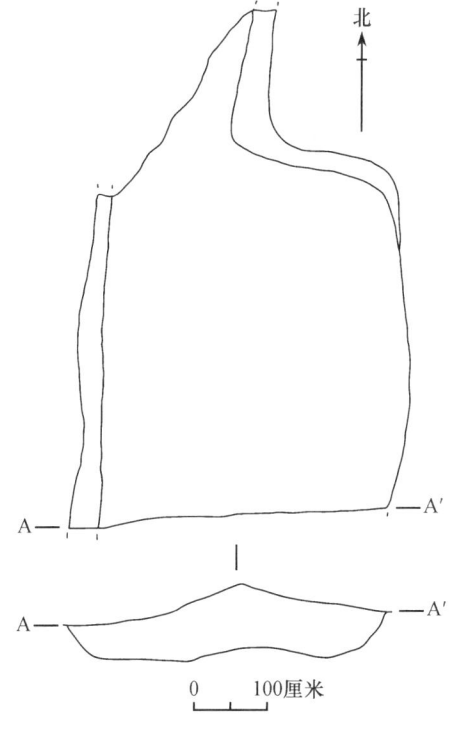

图一三八　2016G4平、剖面图

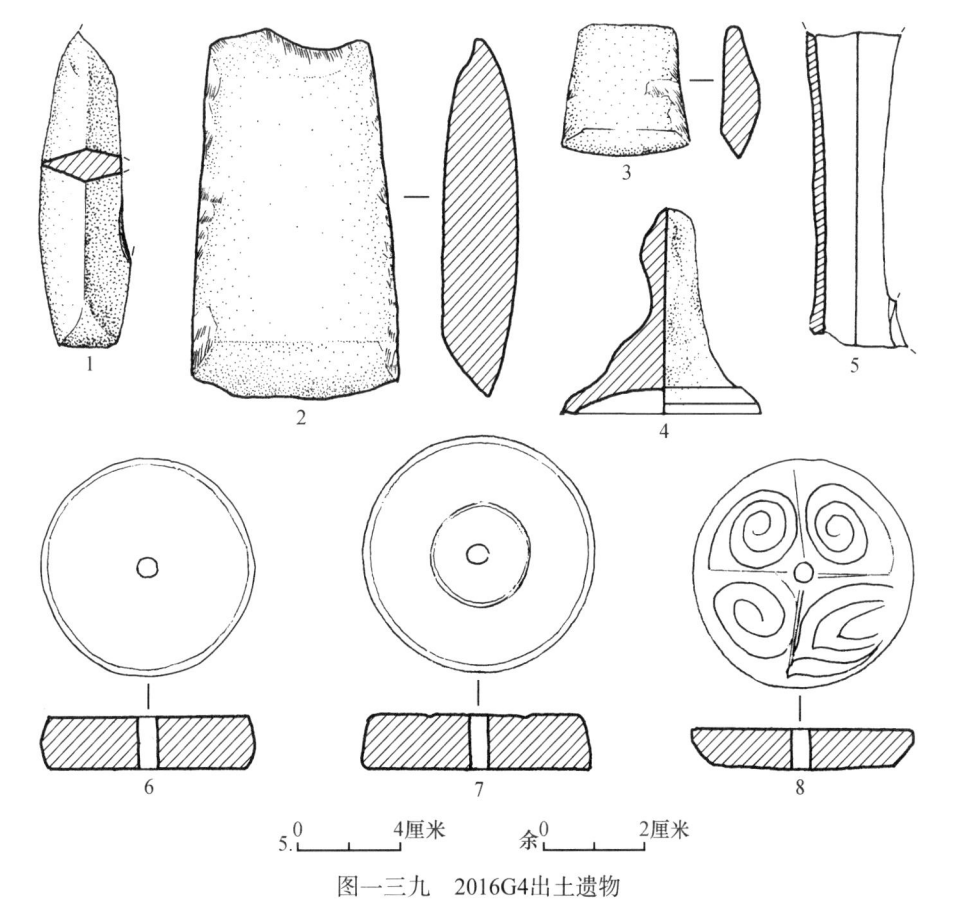

图一三九　2016G4出土遗物
1. Af型石镞（2016G4：6）　2. Aa型石锛（2016G4：2）　3. Ab型石锛（2016G4：5）　4. E型陶器盖（2016G4：3）
5. A型陶鬶（2016G4：14）　6、7. B型陶纺轮（6. 2016G4：7、7. 2016G4：1）　8. Aa型陶纺轮（2016G4：4）

纹，中部穿孔。短径3.6、长径4.3、孔径0.4、厚0.8厘米（图一三九，8）。

B型　2件。标本2016G4：1，泥质灰陶。略残，圆台形，斜边，窄面中部饰一周凹弦纹，中部穿孔。短径4.2、长径4.6、孔径0.4、厚1.05厘米（图一三九，7）。标本2016G4：7，泥质黑陶。略残，厚饼形，弧边，素面，中部穿孔。直径4.2、孔径0.4、厚1厘米（图一三九，6）。

鼎足　2件。

Ba型，1件。标本2016G4：12，夹砂红陶。上端残，扁锥形，足外饰绳纹，下端纹饰残损无存。残高14厘米（图一四〇，1）。

D型　1件。标本2016G4：11，夹砂浅黄陶。上端略残，柱状，足外饰一道深刻槽。残高12.2厘米（图一四〇，2；图版六一，2）。

高领罐口沿　A型　1件。标本2016G4：10，夹砂灰陶。外卷沿，高束领，方唇，素面。复原口径14、残高7.2厘米（图一四〇，4）。

鬶　A型　2件。标本2016G4：13，泥质红陶。下端残，卷叶流，流口朝上，细长颈，素面。残高9.6厘米（图一四〇，3；图版六一，3）。标本2016G4：14，泥质红陶。仅存颈部，细长颈，下端有把手，素面。残高12厘米（图一三九，5）。

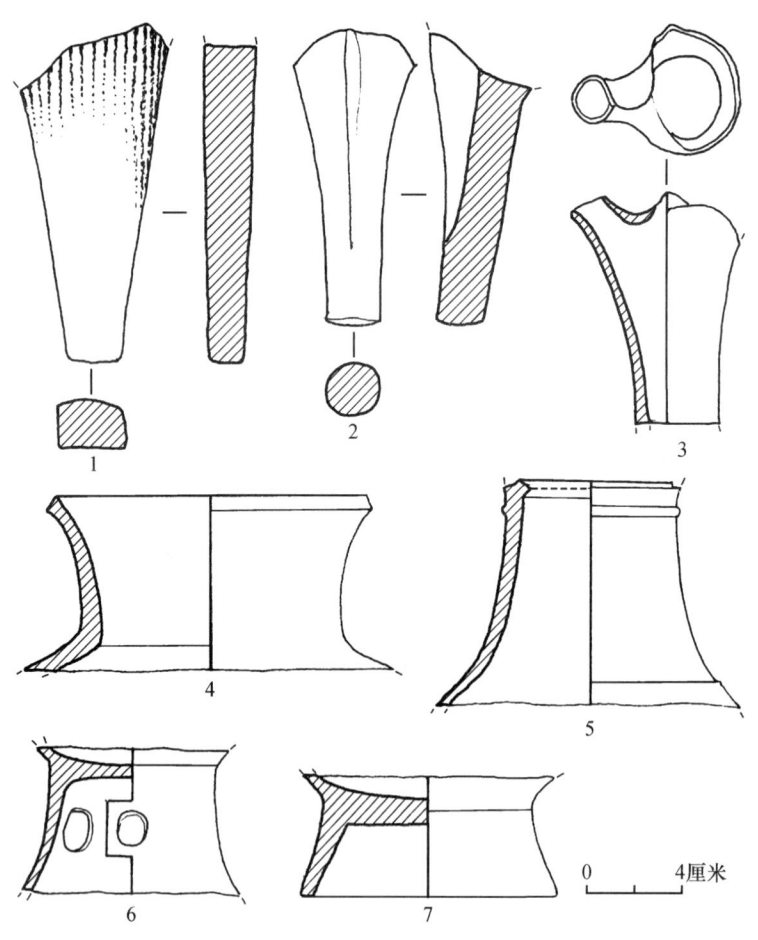

图一四〇　2016G4出土陶器

1. Ba型鼎足（2016G4：12）　2. D型鼎足（2016G4：11）　3. A型鬶（2016G4：13）　4. A型高领罐口沿（2016G4：10）
5、6. A型豆柄（5. 2016G4：15，6. 2016G4：9）　7. 圈足盘（2016G4：8）

豆柄　A型　2件。标本2016G4：9，泥质灰陶。下端残，高粗中空喇叭形，中部饰三个对称圆形镂孔。残高6、孔径1.4～2厘米（图一四〇，6）。标本2016G4：15，夹砂灰陶。下端残，高粗中空喇叭形，上部饰一道凸棱。残高9.2厘米（图一四〇，5）。

圈足盘　1件。标本2016G4：8，夹砂红陶。仅存圈足，素面。残高5、底径11厘米（图一四〇，7）。

器盖　E型　1件。标本2016G4：3，泥质红陶。盖纽为捏制的不规则柱状，盖体呈小覆钵状，素面。高3.9、底径3.9厘米（图一三九，4；图版六一，5、6）。

4. 2016G5

（1）位置及层位关系：位于T0306、T0307内，北侧延伸至发掘区之外。开口于第4A层下，打破浅黄色土层。

（2）形制：平面近似长条形，弧壁，底部高低不平。南北残长11、宽2.3～3.9、深0.25～0.65米（图一四一）。

沟内填土分两层：

第1层：深褐色土，夹杂红烧土颗粒，土质结构疏松，仅分布于北部。厚0～0.35米。

第2层：浅灰色土，土质较板结。厚0～0.45米。

（3）出土遗物：

2016G5①层出土标本

石镞　Ae型，1件。标本2016G5①：3，青绿色石料。镞身边侧略残。镞身呈宽叶形，一面有脊，一面平，两侧刃，扁平状铤。长5.85、宽2.3、厚0.5厘米（图一四二，1）。

石锛　3件。

Aa型，2件。标本2016G5①：1，青灰色石料。刃部残，梯形，平顶，下端双面刃。残长5.7、残宽3～4.2、厚0.8厘米（图一四二，2）。标本2016G5①：6，青灰色石料。下端残，平

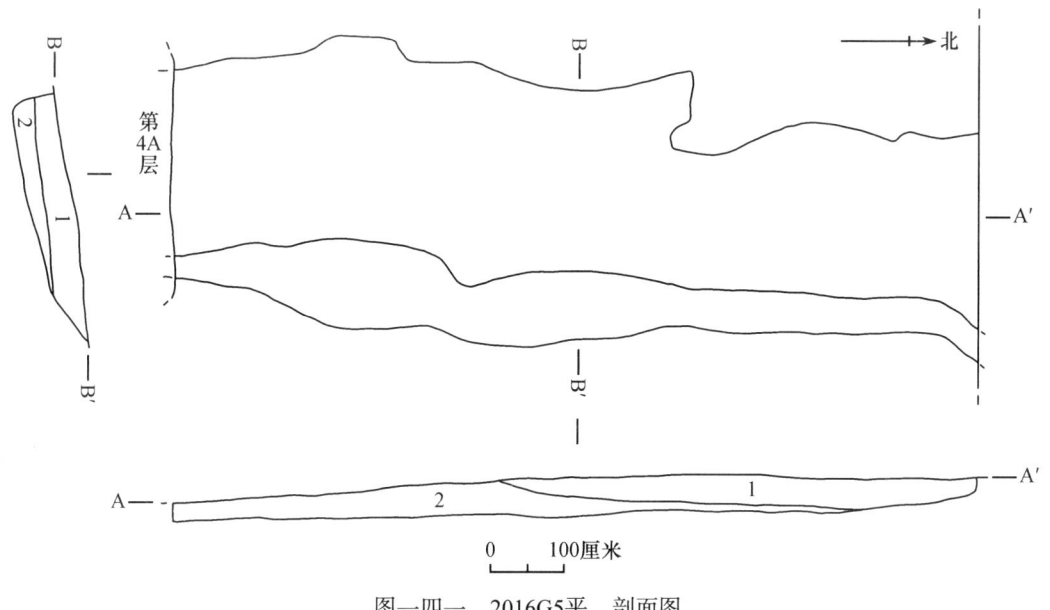

图一四一　2016G5平、剖面图

顶。残长5.2、宽3.2~3.8、厚1厘米（图一四二，3）。

Ca型，1件。标本2016G5①：2，青灰色石料。上端残，长方形，下端双面刃。残长4、宽4.9、厚1厘米（图一四二，4）。

Cb型，1件。标本2016G5①：5，青绿色石料。上端残，形体较小，细条形，下端双面刃。残长3.2、宽1.4、厚0.5厘米（图一四二，5）。

石斧　Aa型，1件。标本2016G5①：4，灰色石料。刃部残，梯形，弧顶，下端双面刃。长7.3、宽5.4~6.4、厚2厘米（图一四二，6）。

陶大口缸底　1件。标本2016G5①：7，夹砂红陶，器表黑衣。厚胎，杯状，斜腹，平底。外饰绳纹。复原底径8、残高6.6厘米（图一四二，7；图版六〇，3）。

陶盆　A型　1件。标本2016G5①：8，泥质黑皮红陶。宽卷沿，敞口，圆唇，弧腹，素面。复原口径22、残高7厘米（图一四二，8）。

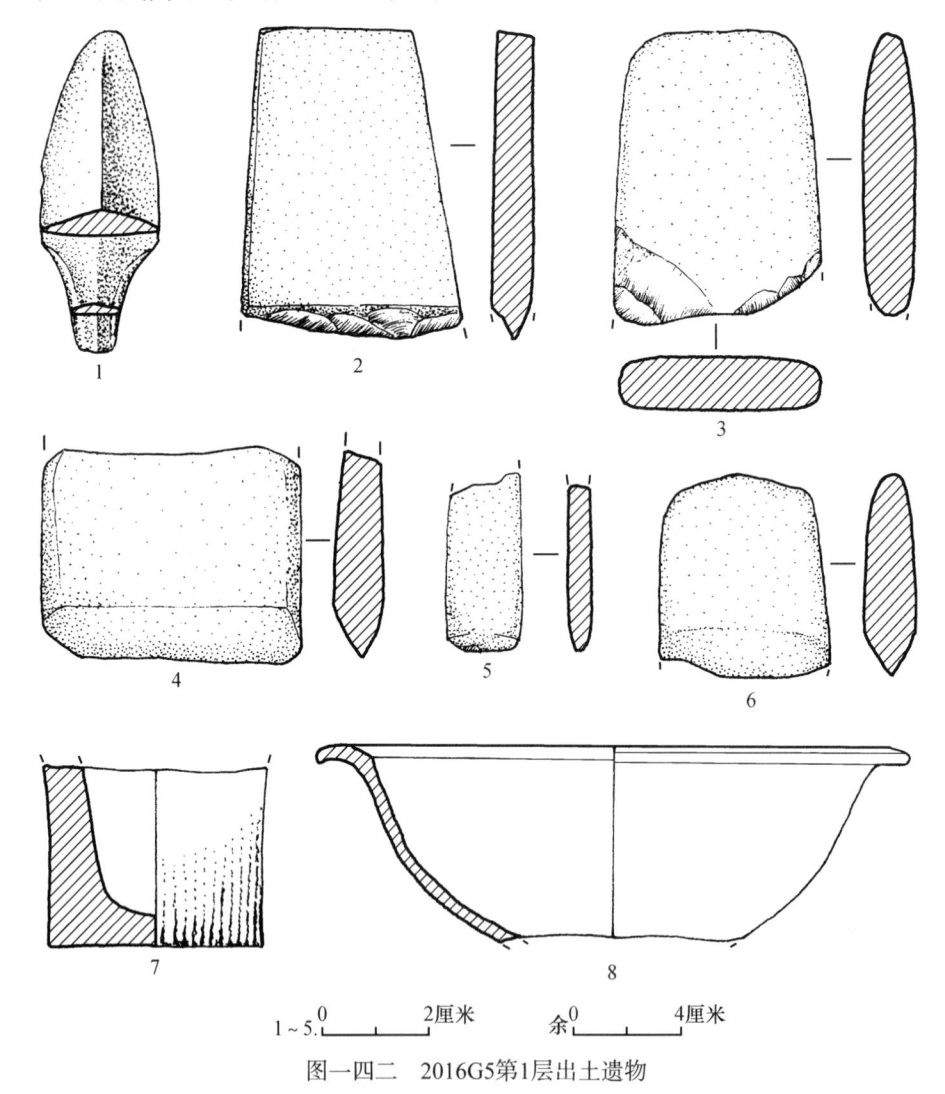

图一四二　2016G5第1层出土遗物
1. Ae型石镞（2016G5①：3）　2、3. Aa型石锛（2. 2016G5①：1、3. 2016G5①：6）　4. Ca型石锛（2016G5①：2）
5. Cb型石锛（2016G5①：5）　6. Aa型石斧（2016G5①：4）　7. 陶大口缸底（2016G5①：7）　8. A型陶盆（2016G5①：8）

2016G5②层出土标本：

石锛　Ab型，1件。标本2016G5②：2，青灰色石料。上端残，下端一面直刃。残长4.4、宽3.3~3.5、厚1厘米（图一四三，1）。

陶纺轮　Aa型，2件。标本2016G5②：1，夹砂灰陶。边侧略残，饼形，斜边。宽面外侧饰一周细凹弦纹，内侧饰四组对称三弧线刻划纹，中部穿孔。短径4.5、长径4.9、孔径0.4、厚0.8厘米（图一四三，2）。标本2016G5②：3，夹砂灰陶。边侧略残，饼形，斜边。宽面饰"十"字刻划纹分隔的四组重叶状刻划纹，中部穿孔。短径3.8、长径4.4、孔径0.4、厚0.8厘米（图一四三，3；图版六〇，4）。

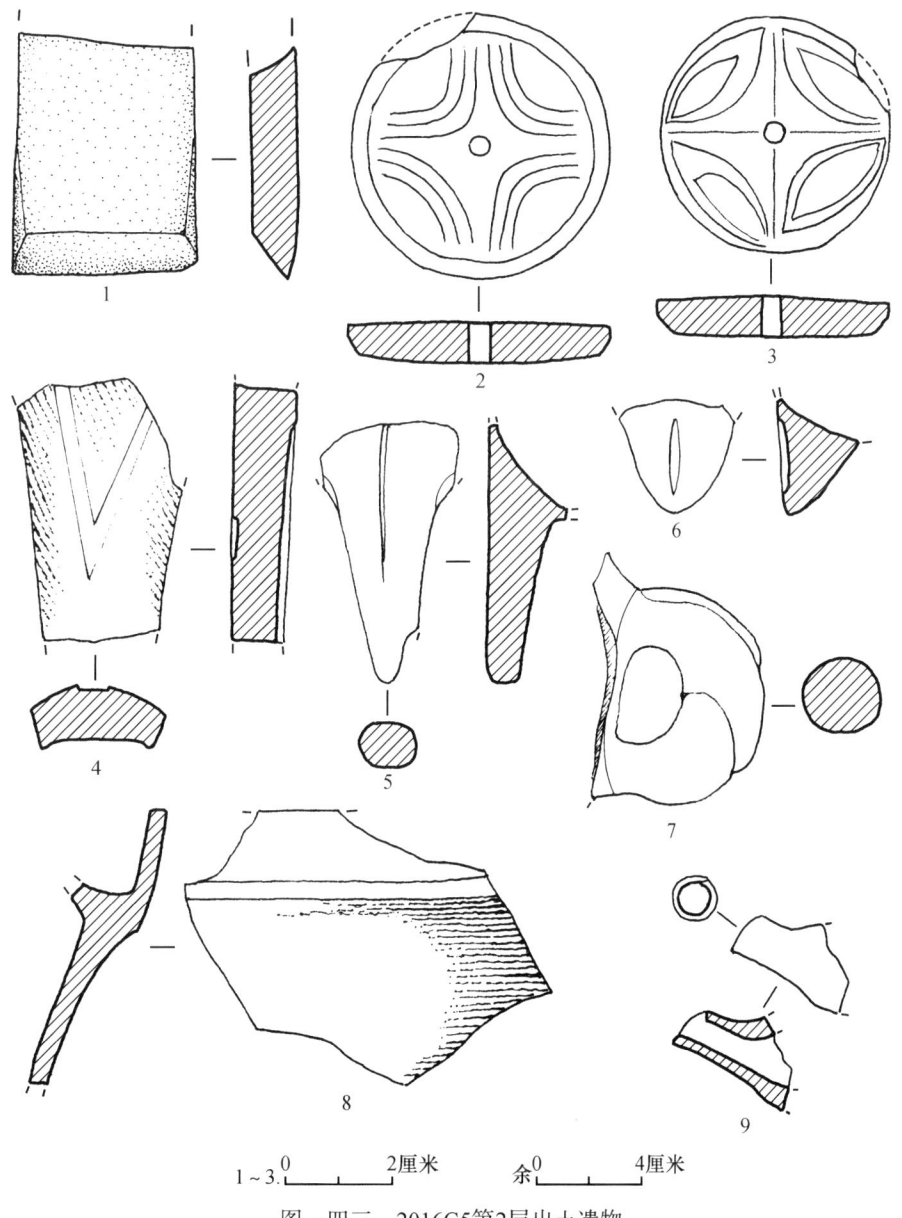

图一四三　2016G5第2层出土遗物

1. Ab型石锛（2016G5②：2）　2、3. Aa型陶纺轮（2. 2016G5②：1、3. 2016G5②：3）　4. Ba型陶鼎足（2016G5②：7）
5. Ca型陶鼎足（2016G5②：6）　6. E型陶鼎足（2016G5②：5）　7. A型陶把手（2016G5②：4）　8. 陶双沿坛口沿（2016G5②：9）
9. 陶器流（2016G5②：8）

陶鼎足　3件。

Ba型，1件。标本2016G5②：7，夹砂褐陶。上下端残，扁锥形，足内侧微凹，足外饰绳纹+刻槽。残高9.6厘米（图一四三，4）。

Ca型，1件。标本2016G5②：6，夹砂红陶。足跟残，圆锥形，足外饰一道竖向刻槽。残高9.5厘米（图一四三，5）。

E型　1件。标本2016G5②：5，夹砂红陶。舌状，外饰一道竖向刻槽。残高4.2厘米（图一四三，6；图版六〇，5）。

陶把手　A型　1件。标本2016G5②：4，夹砂褐陶。麻花状。高9、宽7.5厘米（图一四三，7）。

陶双沿坛口沿　1件。标本2016G5②：9，夹砂灰陶。内口为敛口，方唇，外沿残，弧腹，外饰绳纹。残高10厘米（图一四三，8；图版六〇，6）。

陶器流　1件。标本2016G5②：8，泥质红陶。仅存流口，短流，圆口。残长4.8、口径1.9厘米（图一四三，9）。

5. 2016G7

（1）位置及层位关系：位于T0406、T0407内。北侧被祭祀台及浅黄色土层叠压，南部被2016G8打破，打破生土层。

（2）形制：平面呈不规则弧状长条形，弧壁，圜底。南北长9.5～10.85、宽1.55～2.4、深0.4米（图一四四）。沟内填土为浅灰色黏土，含红烧土颗粒、炭屑等。

（3）出土陶器：

釜鼎口沿　1件。标本2016G7：6，夹砂红陶。宽外折沿，方唇，沿外及肩饰绳纹。复原口径32、残高6厘米（图一四五，1）。

钵　1件。标本2016G7：5，泥质灰陶。敛口，尖圆唇，折肩，斜腹。素面。复原口径22、残高4.6厘米（图一四五，2）。

鬶足　A型　1件。标本2016G7：2，夹砂褐陶。残高6.3厘米（图一四五，3）。

把手　A型　1件。标本2016G7：1，夹砂黑陶。麻花状。高6.4、宽6.2厘米（图一四五，4；图版六一，4）。

豆柄　A型　2件。标本2016G7：3，夹砂灰陶。

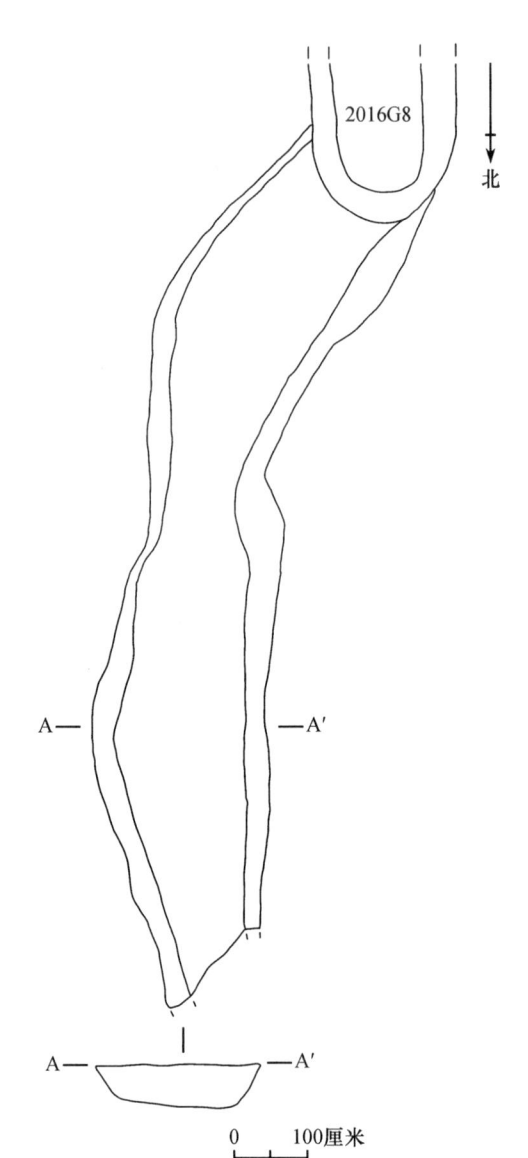

图一四四　2016G7平、剖面图

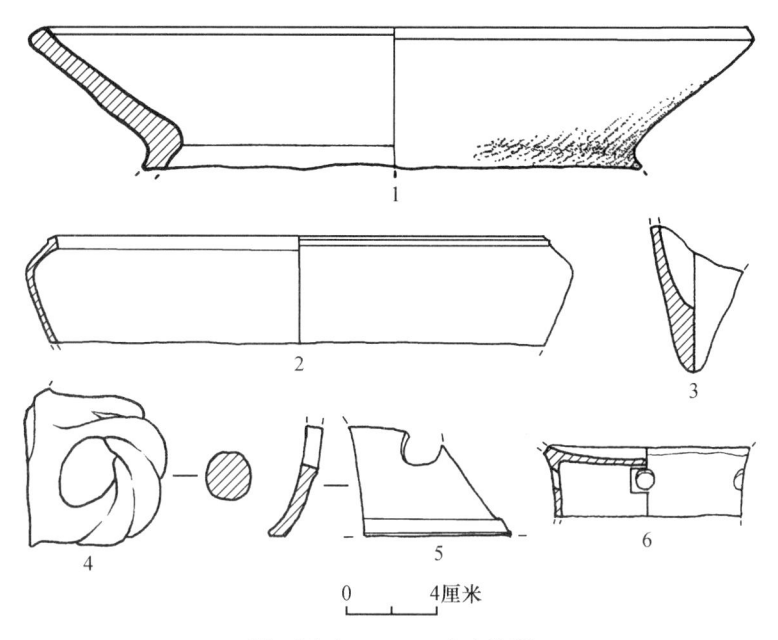

图一四五　2016G7出土陶器
1. 釜鼎口沿（2016G7∶6）　2. 钵（2016G7∶5）　3. A型鬶足（2016G7∶2）　4. A型把手（2016G7∶1）
5、6. A型豆柄（5. 2016G7∶3、6. 2016G7∶4）

仅存圈足底部，喇叭状圈足，外饰圆形镂孔。残高4.8、孔径1.8厘米（图一四五，5）。标本2016G7∶4，泥质黑皮红陶。圈足下端残，上端饰对称圆形镂孔。残高3、孔径0.8厘米（图一四五，6）。

6. 2016G8

（1）位置及层位关系：分布于T0405、T0406内。开口于第4B层下，北侧被浅黄色土层叠压，南部被2014G1打破，打破2016G7及生土层，其下叠压6个柱洞（编号D823~D828）。

（2）形制：平面呈不规则长条形，弧壁，底部北高南低。南北长6.2、东西宽3、深0.5~0.9米（图一四六）。沟内填土为浅黄色土，含红烧土颗粒。

（3）出土遗物：出土少量陶器残片，器形不辨。

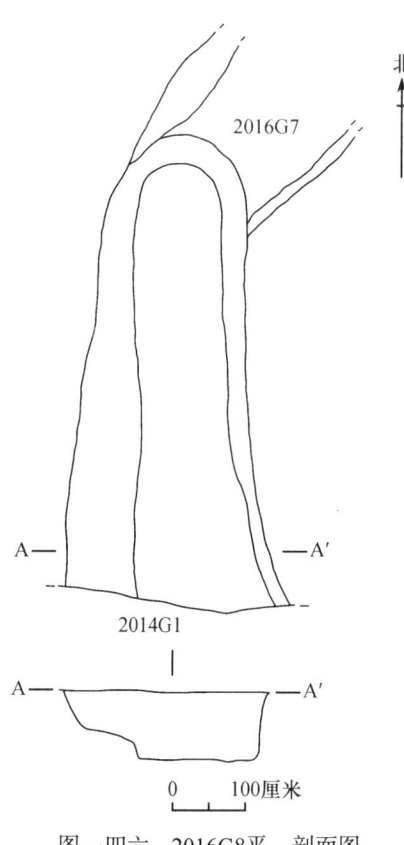

图一四六　2016G8平、剖面图

六、早一期遗迹出土陶器统计

由于早一期各遗迹时代较为单一，无早晚遗物混杂现象，所以为了掌握早一期各遗迹出土陶器情况，对4156件（块）陶器（含标本及陶片）进行了陶系及纹饰统计，对929件（块）可辨器形（含标本及陶片）进行了器形统计，统计情况如下（表六、表七）。

（1）陶系：该层出土陶器按陶质可分为夹砂及泥质两大类，分别占53.27%、46.73%。其中夹砂陶中以夹砂褐陶为主，占比为24.3%，其次为夹砂红陶及夹砂灰陶，少量夹砂浅黄陶、夹砂黑皮红陶及夹砂黑陶，分别占12.44%、11.02%、3.92%、1.44%、0.14%；泥质陶中以泥质灰陶为主，占比为22.04%，其次为泥质黑陶、泥质黑皮红陶，少量泥质红陶及泥质褐陶，分别占8.54%、7.15%、5.77%、3.22%（表七）。

（2）器形：可辨器形中夹砂陶占70.72%，泥质陶占29.28%。器形主要以鼎足、釜鼎口沿、各类罐及豆为主，分别占39.72%、17.65%、13.67%、12.92%，其次为盆、器盖（纽）、圈足（盘）、纺轮等，分别占4.95%、2.26%、1.93%、1.83%，其他器类有鬶、壶（含折腹壶、长颈壶）、壶形器、钵、碗、支座、瓮、杯、盂形器、双沿坛、拍、把手、器流、大口缸等，数量均较少。

每类器形及对应的陶系，鼎足、盆形鼎及釜鼎口沿均为夹砂陶，其中鼎足以夹砂红陶及夹砂褐陶为主，少量夹砂灰陶及浅黄陶；釜鼎口沿以夹砂褐陶为主，其次为夹砂灰陶及夹砂红陶，少量夹砂黑陶。其他器形中罐、豆、圈足盘、盆、器盖（纽）以泥质灰陶为主，鬶以泥质红陶为主，而支座、拍、大口缸等均为夹砂陶（表六）。

（3）纹饰：陶器器表素面占50.84%，其余均有纹饰。从纹饰对应的陶系分析，纹饰主要装饰在夹砂褐陶、泥质灰陶、夹砂红陶及夹砂灰陶上，其次为泥质黑陶、泥质黑皮红陶、泥质红陶，其他陶质上纹饰较少。

纹饰以绳纹为主，占比为37.92%，其次为鼎足上的各类纹饰，分别有刻槽、按窝、瓦棱及绳纹+刻槽、绳纹+按窝、按窝+刻槽、凸棱+刻槽、绳纹+刻槽+按窝等，其中各类刻槽鼎足占5.15%、按窝鼎足占1.03%，鼎足以外的纹饰中以方格纹为主，占比为2.05%，其次为弦纹、凸棱纹、镂孔等，各占0.96%、0.79%、0.36%，其余纹饰有附加堆纹、刻划纹、戳印纹、篮纹、绳索纹、指甲纹、折线纹及绳纹+镂孔、凸棱+镂孔、弦纹+镂孔、绳纹+弦纹、弦纹+戳印纹、弦纹+刻划纹+戳点纹、方格纹+凸棱纹、方格纹+附加堆纹、方格纹+弦纹、绳纹+附加堆纹、绳纹+弦纹+附加堆纹、弦纹+附加堆纹、绳纹+凸棱纹等组合纹饰，数量均较少（图九〇、图九一、图一〇五、图一三一；表七）。

表六 罗家冲遗址早一期遗迹出土陶器器形统计表　　　　　　（单位：件）

陶系 器形	夹砂 红陶	夹砂 灰陶	夹砂 褐陶	夹砂 浅黄陶	夹砂 黑陶	夹砂 黑皮红陶	泥质 红陶	泥质 灰陶	泥质 褐陶	泥质 黑陶	泥质 黑皮红陶	合计	百分比（%）
纺轮		2	2		5		1	1		5	1	17	1.83
鼎足 宽扁形	135	3	63	2								203	21.85
鼎足 扁锥形	34	1	54	2								91	9.80
鼎足 圆锥形	5		64	1								70	7.53
鼎足 圆柱形	3			2								5	0.54
盆形鼎			2									2	0.22
釜鼎口沿	16	51	90		7							164	17.65
罐（各类罐）	19	22	24	1	12	2	3	30	3	7	4	127	13.67
鬶（含鬶足）	1		1				8	1				11	1.18
壶										2		2	0.22
折腹壶								1				1	0.11
长颈壶							1					1	0.11
壶形器										1		1	0.11
豆（盘、柄）					2			51	10	50	7	120	12.92
圈足盘		2						4		1		7	0.75
圈足	1			1			1	2	1	2	3	11	1.18
钵								1		1		2	0.22
盆			1				2	24	6	6	7	46	4.95
器盖（纽）		1	6					9	1	4		21	2.26
支座			2									2	0.22
碗								1				1	0.11
瓮										1		1	0.11
杯					1		1	1				3	0.32
盂形器								1		1		2	0.22
双沿坛			1									1	0.11
拍			2	1								3	0.32
把手		1	1		3			2		1		8	0.86
器流							1					1	0.11
大口缸	3	1	1									5	0.54
合计	217	84	313	10	28	5	18	127	24	79	24	929	
百分比（%）	23.36	9.04	33.69	1.08	3.01	0.54	1.94	13.67	2.58	8.50	2.58	100	100
	70.72						29.28						

鼎足合计百分比 39.72

注：陶系中褐陶含红褐陶及黄褐陶，灰陶含浅灰陶及灰白陶；器形中部分仅做大器类或型统计，而未按小器类或亚型统计，如鼎足、罐、鬶、豆等。

表七　罗家冲遗早一期遗迹出土陶器纹饰统计表　　　　　　　　　　　　　（单位：件）

纹饰\陶系	夹砂 红陶	夹砂 灰陶	夹砂 褐陶	夹砂 浅黄陶	夹砂 黑陶	夹砂 黑皮红陶	泥质 红陶	泥质 灰陶	泥质 褐陶	泥质 黑陶	泥质 黑皮红陶	合计	百分比（%）
素面	133	49	171		60	37	201	779	103	309	271	2113	50.84
绳纹	202	392	728	1	87	16	12	101	20	13	4	1576	37.92
绳索纹	1							2				3	0.07
刻槽	36	1	45	3								85	2.05
绳纹+刻槽	70	4	39									113	2.72
按窝	13		10									23	0.55
绳纹+按窝	5											5	0.12
按窝+刻槽	7		5	1								13	0.31
凸棱纹+刻槽			1									1	0.02
绳纹+按窝+刻槽			2									2	0.05
瓦棱纹	5											5	0.12
弦纹		2	1					8	2	20	7	40	0.96
附加堆纹	4		2		6		3	3			1	19	0.46
绳纹+附加堆纹	1		1				3	3				8	0.19
绳纹+弦纹+附加堆纹												0	0.00
弦纹+附加堆纹							1					1	0.02
凸棱纹	14		1		2	3		2		3	8	33	0.79
绳纹+凸棱	2											2	0.05
方格纹	15	8	1		5	4	12	7	7	5		64	1.54
方格纹+凸棱	2						6					8	0.19
方格纹+附加堆纹	4						2			1		7	0.17
方格纹+弦纹					1							1	0.02
戳印纹	1											1	0.02
篮纹	1		4					1				6	0.14
刻划纹		1										1	0.02
镂孔		1					6	1		4	3	15	0.36
绳纹+镂孔					2							2	0.05
绳纹+弦纹								2				2	0.05
凸棱+镂孔								1			1	2	0.05
弦纹+镂孔											1	1	0.02
弦纹+戳印纹								1				1	0.02
弦纹+刻划纹+戳点纹											1	1	0.02
指甲纹	1											1	0.02
折线纹								1				1	0.02
合计	517	458	1010	6	163	60	240	916	134	355	297	4156	100
百分比（%）	12.44	11.02	24.30	3.92	0.14	1.44	5.77	22.04	3.22	8.54	7.15		100
			53.27						46.73				

注：本统计表未含纺轮；陶系中褐陶含红褐陶及黄褐陶，灰陶含浅灰陶及灰白陶；纹饰中绳纹含各类粗细绳纹、方格纹含各类大小方格纹，弦纹含凹凸弦纹。

第七章　早二期遗存

第一节　概　　况

属于早二期的遗存单位：第5层、房址（F1）、灰坑（2013H2、2014H11、2014H25、2014H31、2014H32、2014H34、2016H1、2016H8、2016H10～2016H13）、沟（2014G1、2014G4）、红烧土堆积等。

第二节　第5层出土遗物

一、石　　器

镞　116件。

A型　98件。

Aa型，36件。标本T0201⑤：1，深灰色石料。镞身前端残，双面有脊，两侧刃，三角形铤。残长4.4、宽2.2、厚0.4厘米（图一四七，1）。标本T0201⑤：2，深灰色石料。镞身前端残，形体较小，双面扁平，两侧刃，截面呈多棱形，扁平三角形铤。残长4.2、宽2.1、厚0.2厘米（图一四七，2）。标本T0201⑤：3，深灰色石料。锋尖残，双面扁平，两侧刃，截面呈多棱形，扁梯形铤。残长5.5、宽2.2、厚0.4厘米（图一四七，3）。标本T0201⑤：7，深灰色石料。镞身前端残，柳叶形，一面有脊，一面扁平，梯形铤。残长3.5、宽1.6、厚0.3厘米（图一四七，4）。标本T0201⑤：15，深灰色石料。前、后端残，柳叶形，镞身双面有脊，两侧刃，扁三角形铤。残长4.7、宽1.7、厚0.4厘米（图一四七，5）。标本T0201⑤：16，深灰色石料。前锋及边侧残，形体较小，柳叶形，双面有脊，两侧刃，三角形铤。残长4.5、宽1.7、厚0.4厘米（图一四七，6）。标本T0201⑤：17，青灰色石料。镞身前端残，柳叶形，双面有脊，两侧刃，三角形铤。残长6、宽1.8、厚0.4厘米（图一四七，7）。标本T0201⑤：18，青灰色石料。镞身前端、边侧及铤残，双面有脊，两侧刃。残长5.1、宽1.9、厚0.4厘米（图一四七，8）。标本T0201⑤：19，青绿色石料。镞身前端及铤后端残，双面扁平，截面呈多棱

·182·　宁乡罗家冲

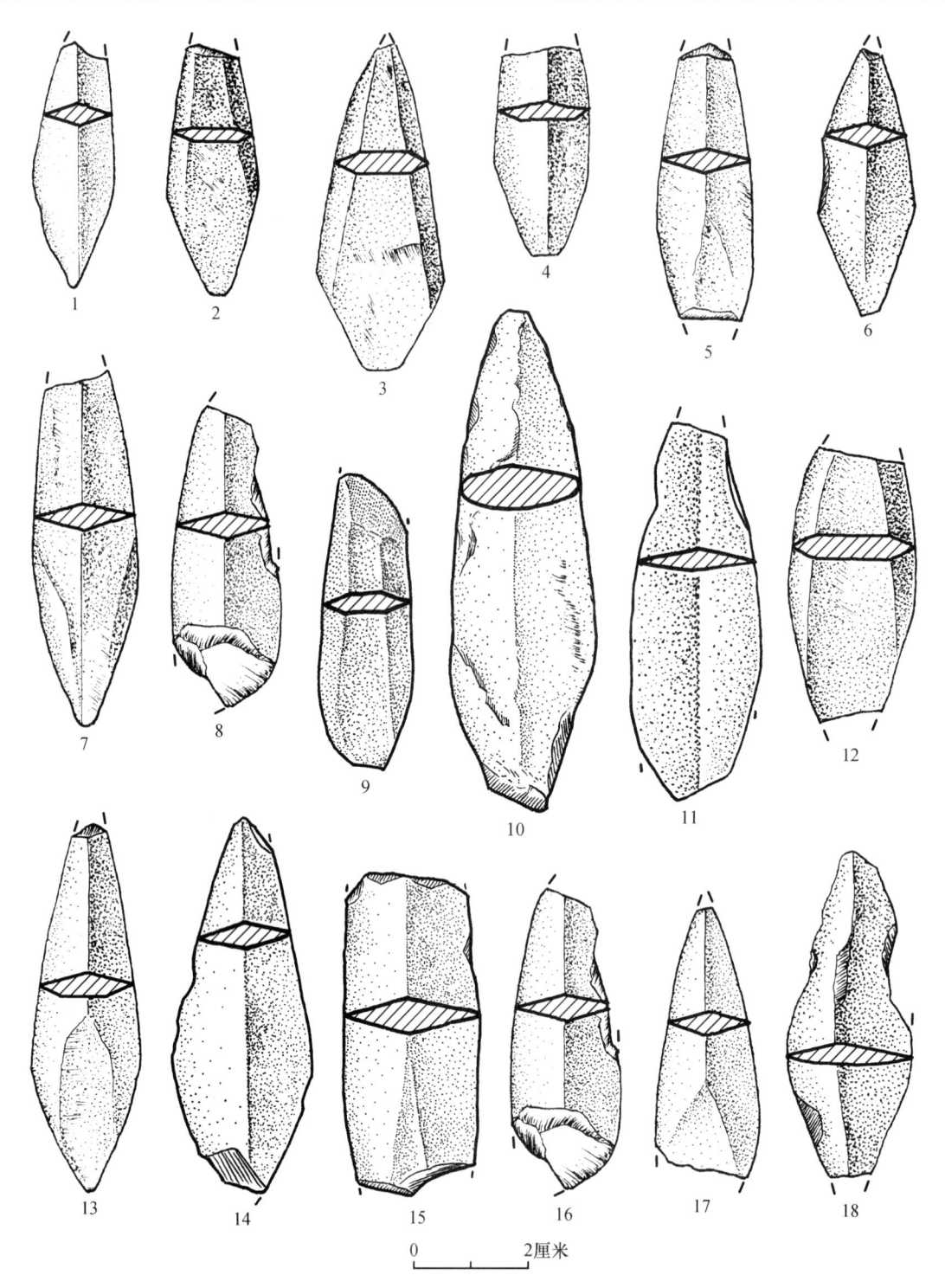

图一四七　第5层出土Aa型石镞
1. T0201⑤：1　2. T0201⑤：2　3. T0201⑤：3　4. T0201⑤：7　5. T0201⑤：15　6. T0201⑤：16　7. T0201⑤：17
8. T0201⑤：18　9. T0201⑤：19　10. T0203⑤：10　11. T0202⑤：5　12. T0202⑤：11　13. T0202⑤：20　14. T0202⑤：33
15. T0203⑤：5　16. T0203⑤：7　17. T0201⑤：26　18. T0203⑤：8

形，扁平铤。残长5、宽1.7、厚0.3厘米（图一四七，9）。标本T0201⑤：26，深灰色石料。镞尖及铤后端残，双面有脊，两侧刃，扁三角形铤。残长4.6、宽1.8、厚0.4厘米（图一四七，17）。标本T0202⑤：5，青灰色石料。镞身前端及铤后端残，镞身至铤双面有脊，两侧刃，短三角形铤。残长6.4、宽2.3、厚0.3厘米（图一四七，11）。标本T0202⑤：11，深灰色石料。镞身前端及铤后端残，双面扁平，两侧刃，截面呈多棱形，扁平铤。残长4.7、宽2.2、厚0.4厘米（图一四七，12）。标本T0202⑤：20，青灰色石料。镞尖残，镞身一面有脊，一面扁平，两侧刃，截面呈多棱形，扁平三角形铤。残长6.2、宽1.9、厚0.4厘米（图一四七，13）。标本T0202⑤：33，青灰色石料。前锋及铤后端残，柳叶形，双面有脊，两侧刃，三角形铤。残长6.4、宽2.5、厚0.4厘米（图一四七，14）。标本T0203⑤：5，青灰色石料，镞身前端及铤后端残，双面有脊，两侧刃。残长5.4、宽2.45、厚0.6厘米（图一四七，15）。标本T0203⑤：7，青灰色石料。前后端及一侧残，柳叶形，双面有脊，两侧刃，扁三角形铤。残长5.45、宽1.6、厚0.5厘米（图一四七，16）。标本T0203⑤：8，青灰色石料。镞身前端、边侧及铤后端残，镞身一面残损，一面扁平，两侧刃，三角形铤。残长5.5、宽2.2、厚0.4厘米（图一四七，18）。标本T0203⑤：10，青灰色石料。镞身边侧及铤后端残，两侧斜平且厚，刃部未开磨，似为半成品。残长8.5、宽2.5、厚0.8厘米（图一四七，10）。标本T0203⑤：22，深灰色石料。镞身前端及铤后端残，形体较小，双面有脊，两侧刃，铤不规整。残长3、宽1.4、厚0.4厘米（图一四八，1）。标本T0203⑤：51，青灰色石料。镞身前端及铤后端残，双面扁平，两侧刃，截面呈多棱形，扁三角形铤。残长4.6、宽2.35、厚0.4厘米（图一四八，2）。标本T0203⑤：59，青灰色石料。铤后端残，形体较小，双面扁平，两侧刃，截面呈多棱形。残长3.7、宽1.6、厚0.4厘米（图一四八，3）。标本T0204⑤：5，青灰色石料。镞身前端及铤后端残，细柳叶形，双面有脊，两侧刃，扁三角形铤。残长4.75、宽1.7、厚0.5厘米（图一四八，4）。标本T0204⑤：11，青灰色石料。镞身前端残，双面有脊，两侧刃，扁三角形铤。残长4、宽2、厚0.5厘米（图一四八，5）。标本T0204⑤：21，青灰色石料。铤后端残，双面有脊，两侧刃，三角形铤。残长4.8、宽1.8、厚0.4厘米（图一四八，6）。标本T0204⑤：31，深灰色石料。完整。细柳叶形，双面有脊，两侧刃部钝厚，似为半成品。长4.75、宽1.2、厚0.55厘米（图一四八，7）。标本T0204⑤：33，青灰色石料。镞尖及铤后端残，双面扁平，两侧刃，截面呈多棱形，扁平铤。残长5.1、宽2、厚0.4厘米（图一四八，8）。标本T0204⑤：45，青灰色石料。镞身及铤后端残，形体较小，一面有脊，一面扁平，两侧刃。残长4.5、宽1.4、厚0.55厘米（图一四八，9）。标本T0204⑤：46，青灰色石料。镞身前端残，双面扁平，扁三角形铤。残长3.8、宽2.1、厚0.2厘米（图一四八，10）。标本T0204⑤：47，深灰色石料。镞身前端残，双面无脊，两侧刃，截面呈多棱形，扁梯形铤。残长4.1、宽1.5、厚0.4厘米（图一四八，11）。标本T0204⑤：49，青灰色石料。前锋残，宽柳叶形，双面有脊，两侧刃，三角形铤。残长7、宽2.8、厚0.5厘米（图一四八，12）。标本T0204⑤：60，青灰色石料。镞身前端及铤残，双面无脊，两侧刃。残长3.8、宽2.2、厚0.4厘米（图一四八，16）。标本T0304⑤：2，浅灰色石料。镞身前端残，双面扁平，两侧刃，截面呈多棱形，扁梯形铤。残长3.5、宽1.7、厚0.15厘米（图一四八，17）。标本T0304⑤：4，深灰色石料。镞身前端及铤

·184·　　宁乡罗家冲

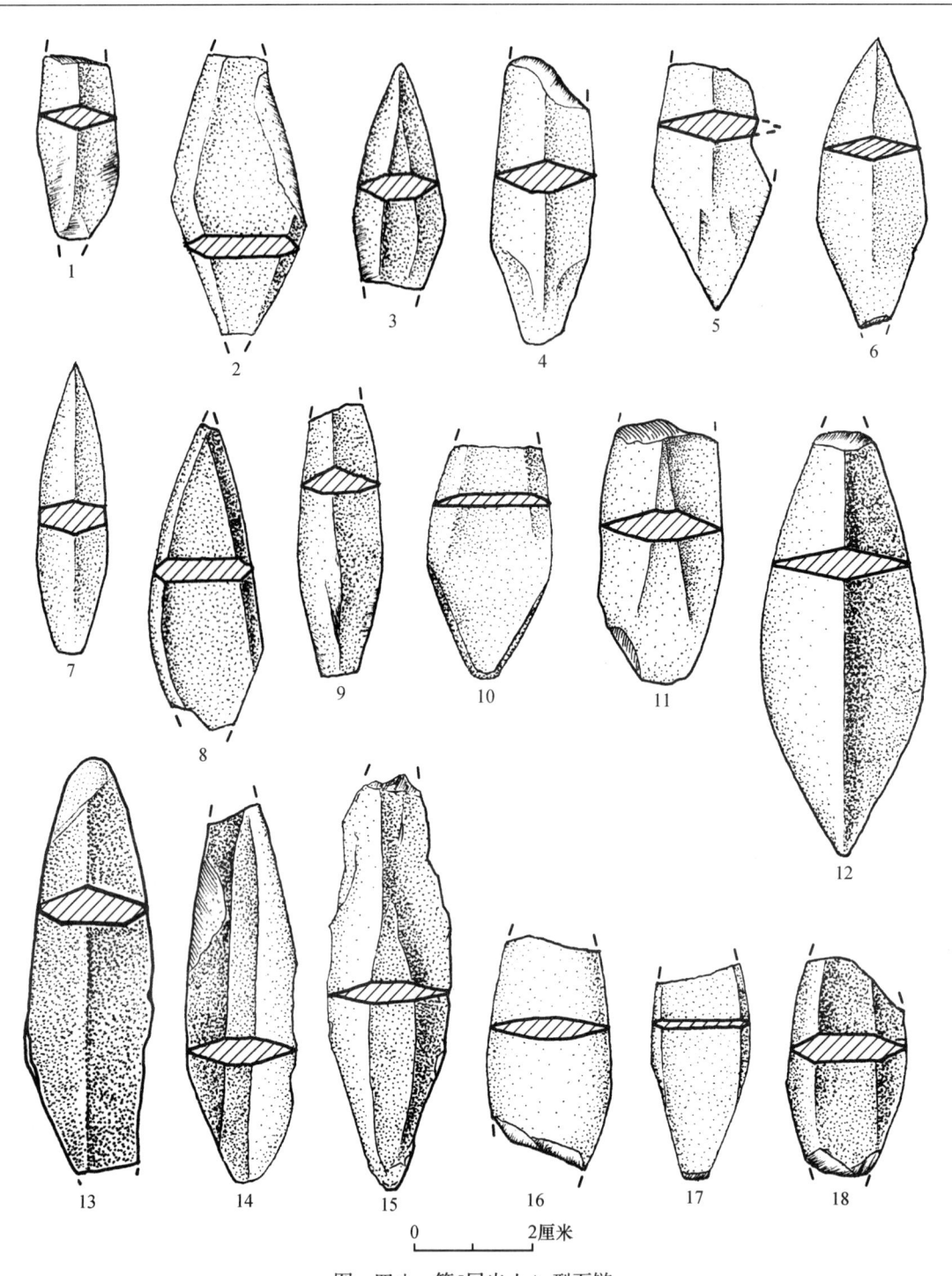

图一四八　第5层出土Aa型石镞
1. T0203⑤：22　2. T0203⑤：51　3. T0203⑤：59　4. T0204⑤：5　5. T0204⑤：11　6. T0204⑤：21　7. T0204⑤：31
8. T0204⑤：33　9. T0204⑤：45　10. T0204⑤：46　11. T0204⑤：47　12. T0204⑤：49　13. T0502东扩方⑤：1
14. T0502东扩方⑤：2　15. T0503⑤：8　16. T0204⑤：60　17. T0304⑤：2　18. T0304⑤：4

后端残，双面扁平，两侧刃，截面呈多棱形，扁平铤。残长3.6、宽2、厚0.5厘米（图一四八，18）。标本T0502东扩方⑤：1，浅灰色石料。镞尖及铤后端残，一面有脊，一面扁平，边刃钝厚，截面呈多棱形，铤不规整，似为半成品。残长6.9、宽2.2、厚0.5厘米（图一四八，13）。标本T0502东扩方⑤：2，青灰色石料。镞身前端及边侧残，双面无脊，两侧刃，短三角形铤。残长6.3、宽1.9、厚0.4厘米（图一四八，14）。标本T0503⑤：8，青绿色石料。镞身前端及边侧残，双面残损扁平，两侧刃，扁三角形铤。残长6.8、宽2.1、厚0.35厘米（图一四八，15）。

Ab型，17件。标本T0201⑤：4，深灰色石料。仅存中部，梭状柳叶形，双面无脊，两侧刃。残长4.6、宽2.2、厚0.4厘米（图一四九，1）。标本T0201⑤：6，灰褐色石料。镞身前端残，细梭状柳叶形，双面脊不明显，两侧刃。残长5.2、宽1.4、厚0.4厘米（图一四九，2）。标本T0201⑤：25，浅灰色石料。铤后端残，梭状柳叶形，一面有脊，一面扁平，两侧刃，截面呈多棱形。残长5.9、宽1.9、厚0.3厘米（图一四九，3）。标本T0202⑤：19，深灰色石料。镞身前端残，梭状柳叶形，双面有脊，两侧刃。残长4.6、宽1.9、厚0.5厘米（图一四九，4）。标本T0203⑤：6，青灰色石料。镞尖及铤后端残，细梭状柳叶形，一面有脊，一面扁平，两侧刃，截面呈多棱形。残长7.2、宽1.5、厚0.4厘米（图一四九，5）。标本T0203⑤：35，青灰色石料。镞尖及铤后端残，梭状柳叶形，双面扁平，两侧刃，截面呈多棱形。残长5.4、宽1.65、厚0.5厘米（图一四九，6）。标本T0203⑤：50，青灰色石料。仅存中部，梭状柳叶形，双面有脊，边侧未开刃。残长4.4、宽1.9、厚0.5厘米（图一四九，7）。标本T0203⑤：57，深灰色石料。镞尖及镞身后端残，梭状柳叶形，双面扁平，两侧刃，截面呈多棱形。残长4.6、宽1.9、厚0.4厘米（图一四九，8）。标本T0204⑤：1，青灰色石料。镞身两侧残，形体较小，一面有脊，一面扁平，截面呈多棱形。残长4.7、宽1.2、厚0.4厘米（图一四九，9）。标本T0204⑤：2，深灰色石料。镞尖及铤后端残，梭状柳叶形，双面扁平，两侧刃，截面呈多棱形。残长4.6、宽1.5、厚0.45厘米（图一四九，14）。标本T0204⑤：35，深灰色石料。前后端残，梭状柳叶形，镞身前端双面有脊，两侧刃部钝厚，似为半成品。残长4.1、宽1.5、厚0.6厘米（图一四九，11）。标本T0204⑤：40，深灰色石料。镞尖及铤后端残，梭状柳叶形，一面有脊，一面扁平，两侧刃，截面呈多棱形。残长6.1、宽1.8、厚0.5厘米（图一四九，13）。标本T0204⑤：43，深灰色石料。镞尖及铤后端残，短梭形，双面扁平，两侧刃，截面呈多棱形。残长3.6、宽1.7、厚0.45厘米（图一四九，17）。标本T0204⑤：54，深灰色石料。前后端残，细长梭状柳叶形，双面无脊，两侧刃。残长7.2、宽1.8、厚0.8厘米（图一四九，12）。标本T0204⑤：56，深灰色石料。镞尖及铤后端残，梭状柳叶形，一面平，一面拱起脊部平，截面呈多棱形，刃部未磨薄，似为残损器或半成品。残长6.2、宽1.7、残厚0.35厘米（图一四九，10）。标本T0503⑤：5，青绿色石料。镞尖及铤后端残，细梭状柳叶形，双面扁平，两侧刃。残长5.3、宽1.6、厚0.3厘米（图一四九，15）。标本T0503⑤：25，青灰色石料。铤后端残，梭状柳叶形，双面有脊，两侧刃。残长4.7、宽1.7、厚0.3厘米（图一四九，16）。

Ac型，11件。标本T0202⑤：8，浅灰色石料。镞尖及铤后端残，镞身双面有脊，两侧刃，短锥形铤。残长6.3、宽2.6、厚0.5厘米（图一五〇，1）。标本T0202⑤：13，浅灰色石

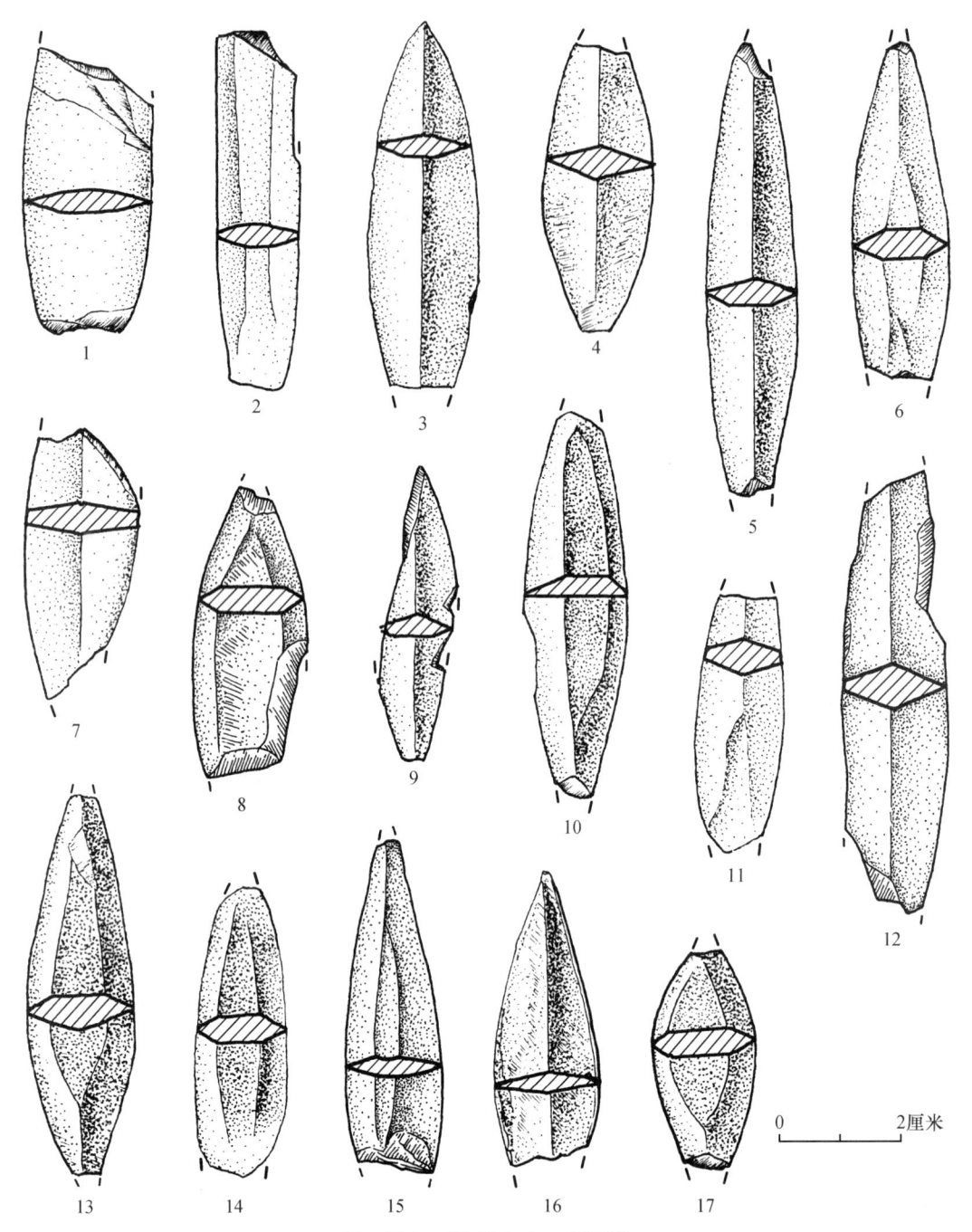

图一四九　第5层出土Ab型石镞

1. T0201⑤：4　2. T0201⑤：6　3. T0201⑤：25　4. T0202⑤：19　5. T0203⑤：6　6. T0203⑤：35　7. T0203⑤：50
8. T0203⑤：57　9. T0204⑤：1　10. T0204⑤：56　11. T0204⑤：35　12. T0204⑤：54　13. T0204⑤：40　14. T0204⑤：2
15. T0503⑤：5　16. T0503⑤：25　17. T0204⑤：43

料。镞身前端残，柳叶形，镞身至铤双面有脊，两侧刃，锥形铤。残长6.4、宽1.8、厚0.5厘米（图一五〇，2）。标本T0202⑤：34，青灰色石料。镞尖及铤后端残，镞身双面有脊，两侧刃，短锥形铤。残长5.4、宽2、厚0.3厘米（图一五〇，3）。标本T0203⑤：1，青灰色石料。镞身前端残，镞身双面有脊，两侧刃，扁锥形铤。残长3.55、宽1.3、厚0.5厘米（图一五〇，11）。标本T0203⑤：26，青灰色石料。镞身前端及一侧残。镞身双面有脊，两侧刃，短锥形铤。残长4.9、宽1.9、厚0.55厘米（图一五〇，5）。标本T0203⑤：31，浅灰色石料。镞尖、一侧及铤面残，镞身双面有脊，两侧较钝。残长7.1、残宽2.1、厚0.6厘米（图一五〇，4）。标本T0203⑤：40，青灰色石料。边侧残，形体较小，镞身双面扁平，两侧刃，截面呈多棱形，扁锥状铤。长4.2、宽1.5、厚0.35厘米（图一五〇，12）。标本T0203⑤：60，青灰色石料。完整，镞身双面无脊，两侧刃，扁锥形铤。长9.3、宽2.8、厚0.5厘米（图一五〇，13）。标本T0204⑤：37，深灰色石料。锋尖及铤端残，镞身细长，镞身至铤双面有脊，两侧刃，短锥形铤。残长7.9、宽1.9、厚0.6厘米（图一五〇，9）。标本T0204⑤：39，青灰色石料。镞身前端及一侧残，镞身双面扁平，两侧刃，截面呈多棱形，扁锥状铤。残长5、宽1.6、厚0.5厘米（图一五〇，6）。标本T0204⑤：41，深灰色石料。镞身前端残，镞身细长，镞身至铤双面有脊，两侧刃，长扁锥形铤。残长6、宽1.5、厚0.8厘米（图一五〇，7）。

Ae型，1件。标本T0204⑤：18，灰色石料。锋尖残，双面有脊，两侧刃，扁锥形铤。残长4.75、宽1.9、厚0.45厘米（图一五〇，8）。

Af型，5件。标本T0202⑤：7，深灰色石料。镞身前端残，细长条形，无铤，后端扁平。残长5.5、宽1.2、厚0.4厘米（图一五〇，10）。标本T0202⑤：35，深灰色石料。镞身前端残，双面扁平，两侧刃，截面呈多棱形，无铤，后端扁平。残长4.5、宽2.2、厚0.4厘米（图一五〇，16）。标本T0203⑤：42，青灰色石料。镞身前端残，细长条形，双面扁平，两侧刃，无铤。残长4.3、宽1.4、厚0.3厘米（图一五〇，17）。标本T0203⑤：43，青灰色石料。镞身前端残，双面有脊，两侧刃，无铤，后端扁平。残长4.4、宽1.9、厚0.5厘米（图一五〇，18）。标本T0503⑤：23，青灰色石料。镞身前端残，双面扁平，两侧刃，无铤。残长4.2、宽1.9、厚0.3厘米（图一五〇，19）。

Ag型，2件。标本T0204⑤：29，灰褐色石料。镞尖残，镞身呈梭状柳叶形，刃部钝厚，短小锥状铤。似为半成品。残长5.7、宽1.9、厚0.45厘米（图一五〇，14）。标本T0204⑤：62，青灰色石料。前锋及铤后端残，镞身较短，脊不明显，两侧刃，长扁三角形铤。残长5.2、宽2.2、厚0.4厘米（图一五〇，15）。

A型而亚型不明，26件。标本T0201⑤：9，深灰色石料。仅存铤，双面有脊，两侧刃。残长3.6、宽2、厚0.5厘米（图一五一，1）。标本T0203⑤：17，青灰色石料。仅存镞身前端，脊线未居中，两侧刃。残长3、宽1.9、厚0.4厘米（图一五一，2）。标本T0203⑤：20，深灰色石料。仅存镞尖，双面有脊，两侧刃。残长2、宽1.4、厚0.3厘米（图一五一，6）。标本T0203⑤：21，深灰色石料，仅存镞身中部，双面有脊，两侧刃。残长3.1、宽1.9、厚0.65厘米（图一五一，4）。标本T0203⑤：24，青灰色石料。仅存镞身中部，双面有脊，两侧刃。残长4.3、宽2.2、厚0.45厘米（图一五一，5）。标本T0203⑤：34，青灰色石料，仅存镞身前

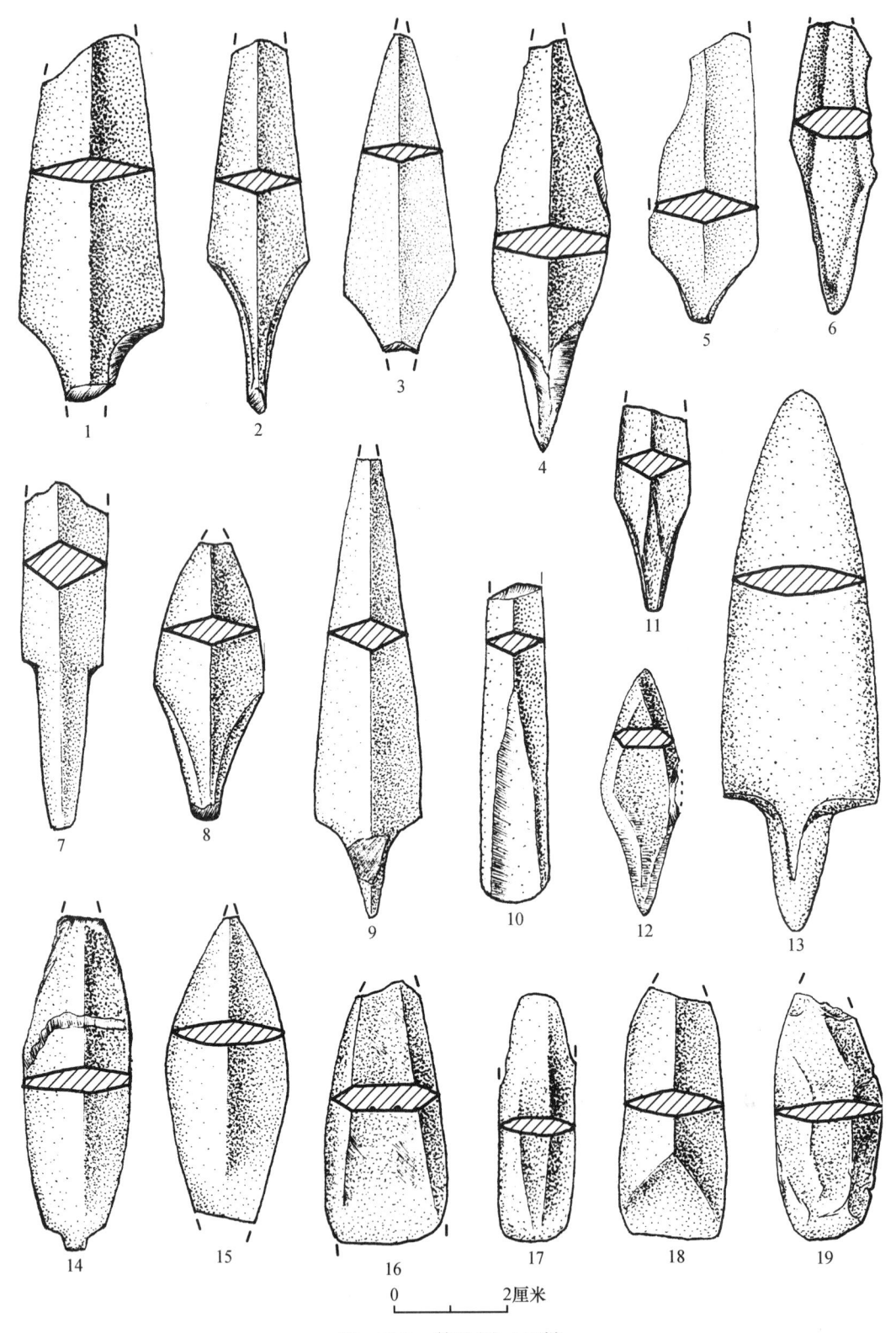

图一五〇 第5层出土石镞

1～7、9、11～13. Ac型（1. T0202⑤：8、2. T0202⑤：13、3. T0202⑤：34、4. T0203⑤：31、5. T0203⑤：26、6. T0204⑤：39、7. T0204⑤：41、9. T0204⑤：37、11. T0203⑤：1、12. T0203⑤：40、13. T0203⑤：60） 8. Ae型（T0204⑤：18）

10、16～19. Af型（10. T0202⑤：7、16. T0202⑤：35、17. T0203⑤：42、18. T0203⑤：43、19. T0503⑤：23）

14、15. Ag型（14. T0204⑤：29、15. T0204⑤：62）

上篇　第七章　早二期遗存

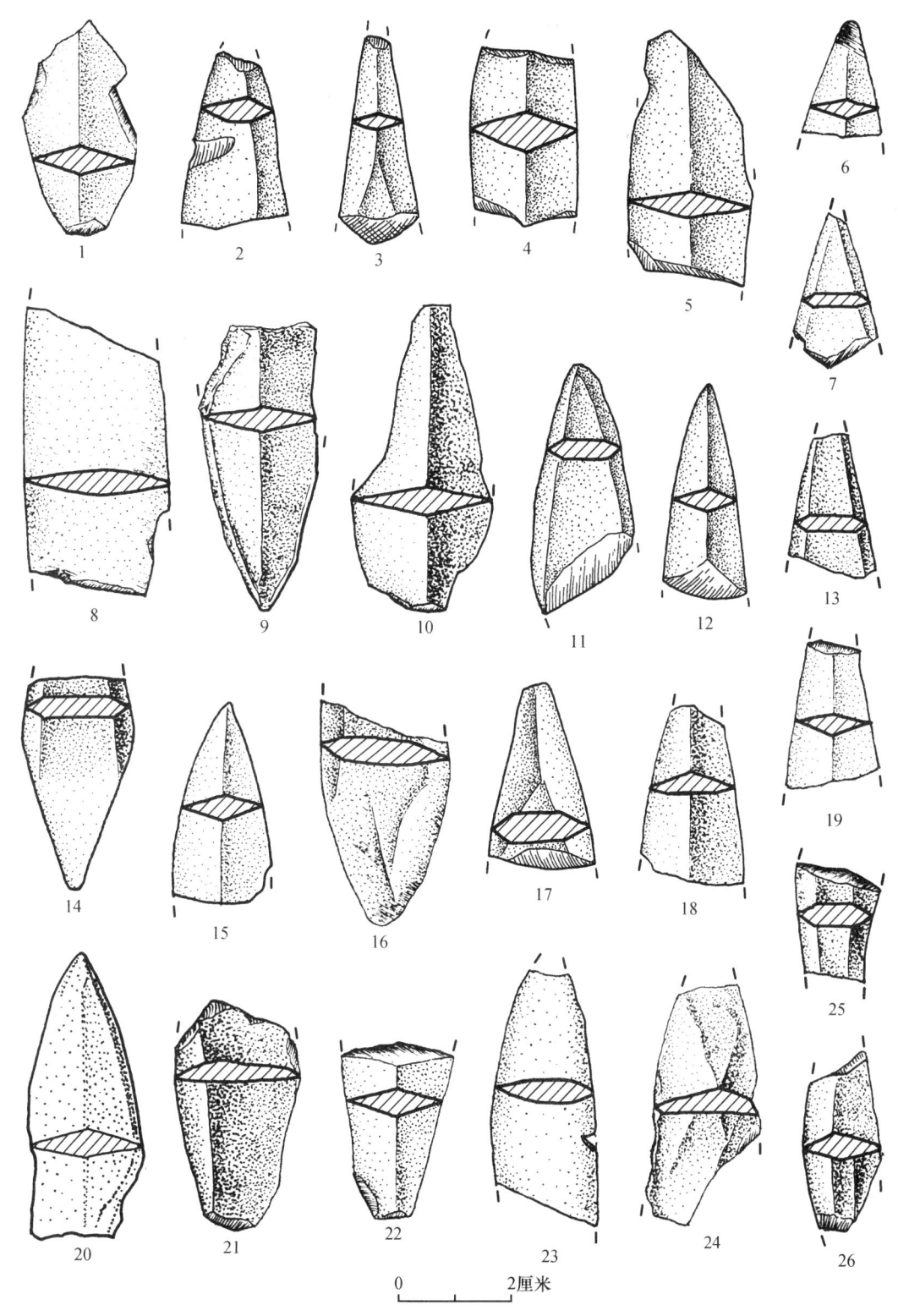

图一五一　第5层出土A型而亚型不明石镞
1. T0201⑤：9　2. T0203⑤：17　3. T0203⑤：34　4. T0203⑤：21　5. T0203⑤：24　6. T0203⑤：20　7. T0203⑤：37　
8. T0203⑤：53　9. T0204⑤：16　10. T0204⑤：48　11. T0204⑤：7　12. T0204⑤：6　13. T0203⑤：58　14. T0204⑤：10　
15. T0204⑤：17　16. T0204⑤：24　17. T0204⑤：53　18. T0204⑤：58　19. T0204⑤：9　20. T0503⑤：12　21. T0503⑤：13　
22. T0304⑤：3　23. T0304⑤：6　24. T0503⑤：2　25. T0204⑤：42　26. T0503⑤：3

端，双面有脊，两侧刃。残长3.6、宽1.4、厚0.3厘米（图一五一，3）。标本T0203⑤：37，青灰色石料。仅存镞身前端，双面扁平，两侧刃，截面呈多棱形。残长2.6、宽1.5、厚0.2厘米（图一五一，7）。标本T0203⑤：53，青灰色石料。仅存镞身中部，双面无脊，两侧刃。残长4.9、宽2.6、厚0.6厘米（图一五一，8）。标本T0203⑤：58，深灰色石料。仅存镞身前端，双面扁平，两侧刃，截面呈多棱形。残长2.45、宽1.6、厚0.3厘米（图一五一，13）。标本T0204⑤：6，深灰色石料。仅存镞身前端，双面有脊，两侧刃。残长3.8、宽1.5、厚0.4厘米（图一五一，12）。标本T0204⑤：7，青灰色石料。仅存镞身前端，双面扁平，两侧刃，截面呈多棱形。残长4.2、宽1.8、厚0.3厘米（图一五一，11）。标本T0204⑤：9，青灰色石料。仅存镞身前端，双面有脊，两侧刃。残长2.5、宽1.7、厚0.35厘米（图一五一，19）。标本T0204⑤：10，青灰色石料。仅存镞身后端及铤，双面扁平，截面呈多棱形，扁平三角形铤。残长3.6、宽2.1、厚0.4厘米（图一五一，14）。标本T0204⑤：16，深灰色石料。仅存镞身后端及铤，双面有脊，两侧刃。残长4.35、宽2.2、厚0.5厘米（图一五一，9）。标本T0204⑤：17，灰色石料。仅存镞身前端，双面有脊，两侧刃。残长3.4、宽1.7、厚0.5厘米（图一五一，15）。标本T0204⑤：24，深灰色石料。仅存镞身后端及铤，双面扁平，两侧刃，截面呈多棱形，扁平三角形铤。残长3.7、宽2.4、厚0.5厘米（图一五一，16）。标本T0204⑤：42，深灰色石料。仅存部分铤，双面扁平，两侧刃，截面呈多棱形。残长2、宽1.5、厚0.4厘米（图一五一，25）。标本T0204⑤：48，青灰色石料。仅存中部，双面有脊，两侧刃。残长5.2、宽2.6、厚0.5厘米（图一五一，10）。标本T0204⑤：53，深灰色石料。仅存镞身前端，镞尖双面有脊，后端双面扁平，两侧刃。残长3.15、宽1.9、厚0.5厘米（图一五一，17）。标本T0204⑤：58，深灰色石料。仅存镞身前端，一面有脊，一面扁平，两侧刃。残长3.1、宽1.8、厚0.4厘米（图一五一，18）。标本T0304⑤：3，青灰色石料。仅存铤，双面有脊，两侧刃。残长3、宽2、厚0.55厘米（图一五一，22）。标本T0304⑤：6，浅灰色石料。仅存镞身前端，双面无脊，两侧刃。残长4.2、宽1.8、厚0.4厘米（图一五一，23）。标本T0503⑤：2，青灰色石料。仅存镞身前端，一面平，一面残损。残长4.1、宽2.1、厚0.4厘米（图一五一，24）。标本T0503⑤：3，青绿色石料。仅存中部，脊线未居中，两侧刃。残长3.1、宽1.5、厚0.5厘米（图一五一，26）。标本T0503⑤：12，青绿色石料。仅存铤，双面有脊，两侧刃。残长5、宽2、厚0.4厘米（图一五一，20）。标本T0503⑤：13，青灰色石料。仅存铤，后端残，不规则扁三角形铤，一面扁平，一面残损，残长3.9、宽2.2、厚0.3厘米（图一五一，21）。

B型 18件。

Ba型，5件。标本T0203⑤：25，青灰色石料。镞身前端及铤后端残，镞身呈三棱形，锥状铤。残长4.8、宽1.1厘米（图一五二，1）。标本T0203⑤：62，深灰色石料。前锋及铤后端残，镞身呈三棱形，有残损，圆柱形铤。残长5、宽1.4厘米（图一五二，2）。标本T0204⑤：15，深灰色石料。镞尖及铤后端残，镞身呈三棱形，短锥状铤。残长6、宽1.3厘米（图一五二，3）。标本T0204⑤：19，深灰色石料。完整，镞身呈三棱形，短锥状铤。长6.3、宽0.95厘米（图一五二，4；图版六二，1）。标本T0503⑤：10，青灰色石料。镞身前端

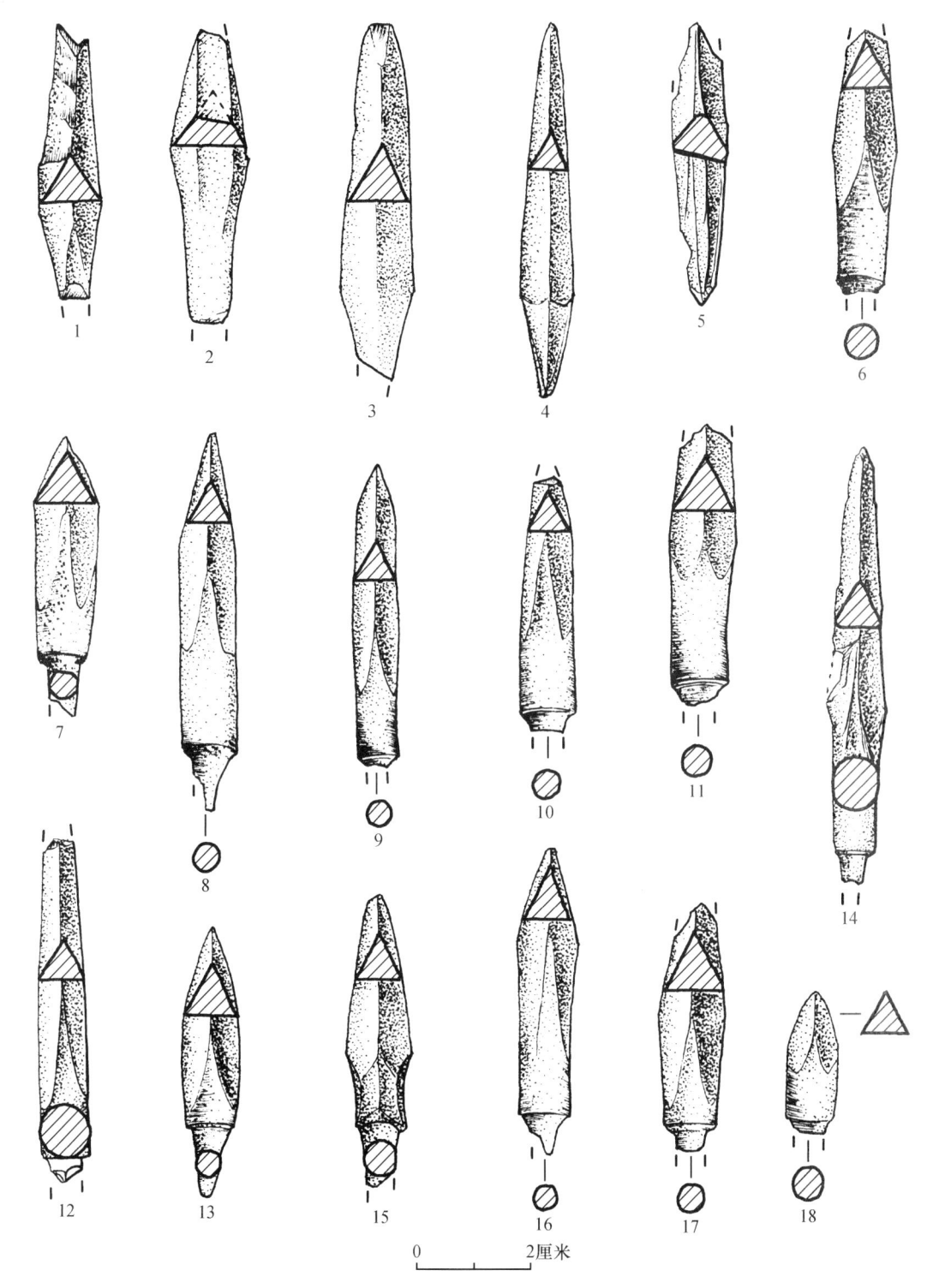

图一五二 第5层出土B型石镞

1~5. Ba型（1. T0203⑤：25、2. T0203⑤：62、3. T0204⑤：15、4. T0204⑤：19、5. T0503⑤：10） 6~17. Bb型
（6. T0203⑤：13、7. T0203⑤：27、8. T0203⑤：29、9. T0204⑤：14、10. T0203⑤：30、11. T0204⑤：20、12. T0503⑤：11、
13. T0204⑤：28、14. T0503⑤：19、15. T0204⑤：59、16. T0204⑤：22、17. T0204⑤：51） 18. Bc型（T0203⑤：19）

及铤后端残，镞身呈三棱形，锥状铤。残长4.8、宽0.9、厚0.7厘米（图一五二，5）。

Bb型，12件。标本T0203⑤：13，青灰色石料。锋尖及铤残，镞身前端呈三棱形，后端呈圆柱形，细柱状铤。残长4.4、宽1.15厘米（图一五二，6）。标本T0203⑤：27，青灰色石料。锋尖及铤后端残。镞身前端呈三棱形，后端呈圆柱形，细柱状铤。残长4.7、宽1.2厘米（图一五二，7）。标本T0203⑤：29，青灰色石料，铤后端残，镞身前端呈三棱形，后端呈圆柱形，细柱状铤。残长6.3、宽1厘米（图一五二，8）。标本T0203⑤：30，青灰色石料。锋尖及铤后端残。镞身前端呈三棱形，后端呈圆柱形，细柱状铤。残长4.3、宽1厘米（图一五二，10）。标本T0204⑤：14，深灰色石料。铤后端残，镞身前端呈三棱形，后端呈圆柱形，细柱状铤。残长5.1、宽0.8厘米（图一五二，9）。标本T0204⑤：20，深灰色石料。镞身前端及铤残，镞身前端呈三棱形，后端呈圆柱形，细柱状铤。残长4.8、宽1.2厘米（图一五二，11）。标本T0204⑤：22，青灰色石料。锋尖及铤残。镞身前端呈三棱形，后端呈圆柱形，细柱状铤。残长5.2、残宽1.1厘米（图一五二，16）。标本T0204⑤：28，深灰色石料。镞身前端呈三棱形，后端呈圆柱形，短锥状铤。长4.6、宽1厘米（图一五二，13；图版六二，2）。标本T0204⑤：51，深灰色石料。锋尖及铤残，镞身前端呈三棱形，后端呈圆柱形，细柱状铤。长4.2、宽1.2厘米（图一五二，17）。标本T0204⑤：59，青灰色石料。锋尖及铤后端残，镞身前端呈三棱形，后端收束呈多棱形，细柱状铤。残长5、宽1.2厘米（图一五二，15）。标本T0503⑤：11，青灰色石料。镞身前端及铤后端残，镞身前端呈三棱形，后端呈圆柱形，细柱状铤。残长5.8、宽0.9厘米（图一五二，12）。标本T0503⑤：19，青灰色石料。镞身边侧及铤后端残，镞身前端呈三棱形，后端呈圆柱形，细柱状铤。残长7.4、宽1厘米（图一五二，14）。

Bc型，1件。标本T0203⑤：19，青灰色石料。铤残，形体较小，镞身前端呈三棱形，后端呈圆柱形，短锥状铤。残长2.5、宽0.9厘米（图一五二，18）。

斧　25件。

A型　19件。

Aa型，14件。标本T0201⑤：27，浅灰色石料。边侧及刃部残，长梯形，弧顶，下端双面弧刃。长15.2、宽5～7.2、厚2.6厘米（图一五三，1）。标本T0202⑤：14，深灰色石料。边侧残，平顶，刃部较钝，似为半成品。长6.4、宽2.6～3.4、厚1.4厘米（图一五三，3）。标本T0202⑤：21，灰色石料，刃部残，梯形，平顶，下端双面刃。残长9.6、宽5～6.8、厚2.6厘米（图一五三，6）。标本T0202⑤：26，灰色石料。刃部残断，梯形，弧顶。残长8、宽3～4.6、厚2.4厘米（图一五三，4）。标本T0202⑤：29，灰色石料。顶部一角及刃部残，梯形，平顶，下端双面刃。长10.4、宽6.4～8.6、厚2.2厘米（图一五三，2）。标本T0202⑤：32，浅灰色石料。顶部及边侧残，梯形，弧顶，下端双面刃。残长8.8、残宽4.2～5.2、厚2.6厘米（图一五三，7）。标本T0203⑤：12，灰色石料。器身及刃部略残，梯形，斜顶，下端双面弧刃。残长9.3、宽6.2～6.7、厚3.2厘米（图一五三，5）。标本T0203⑤：47，浅灰色石料。下部残，弧顶，梯形。残长11.9、宽6.3～7.6、厚2厘米（图一五四，1）。标本T0204⑤：34，深灰色石料。顶部残，梯形，器身上薄下厚，下端双面刃。残长7、宽4～5、厚1.8厘米（图一五四，3；图版六二，3）。标本T0204⑤：55，青灰色石

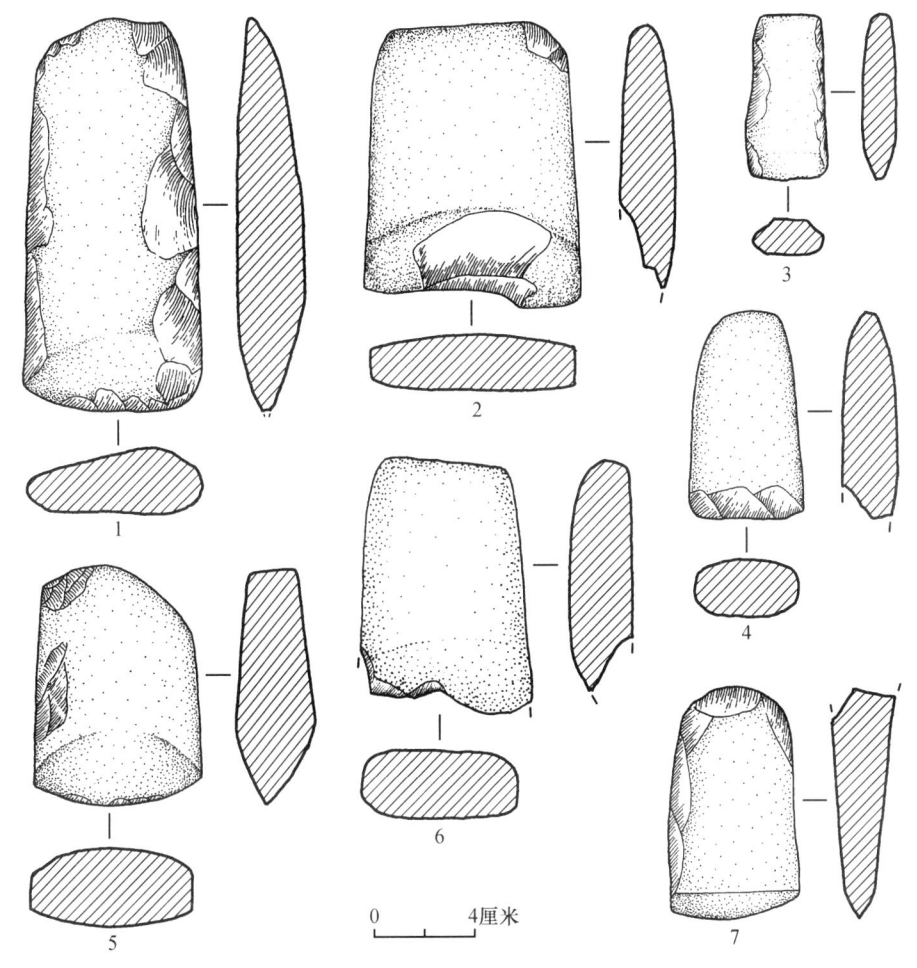

图一五三　第5层出土Aa型石斧
1. T0201⑤∶27　2. T0202⑤∶29　3. T0202⑤∶14　4. T0202⑤∶26　5. T0203⑤∶12　6. T0202⑤∶21　7. T0202⑤∶32

料。刃部略残，梯形，上薄下厚，下端双面弧刃。长9.4、宽4~5.6、厚3.2厘米（图一五四，2；图版六二，4）。标本T0304⑤∶1，灰色石料。刃部残，梯形，顶部斜直，下端双面刃。残长9、宽5.3~6.8、厚2.2厘米（图一五四，4）。标本T0304⑤∶5，灰色石料。刃部残，梯形，平顶，下端双面弧刃。残长9.3、宽6.3~7.2、厚2.4厘米（图一五四，5）。标本T0305⑤∶3，浅灰色石料。完整。平顶，下端双面刃，通体打制。长6.4、宽2.2~3.2、厚1.2厘米（图一五四，6）。标本T0503⑤∶15，青灰色石料。刃部残，梯形，弧顶，下端双面刃。残长9.8、宽5.6~6.3、厚2.5厘米（图一五四，7）。

Ab型，5件。标本T0201⑤∶22，青灰色石料。顶部略残，扁梯形，平顶，下端双面弧刃。长7.4、宽5.4~6.6、厚2.4厘米（图一五四，8）。标本T0202⑤∶2，青灰色石料。顶部及刃部残，平顶，下端双面弧刃。长8、残宽7.2~7.4、厚2.2厘米（图一五五，1）。标本T0203⑤∶3，青灰色石料。刃部残，下端双面刃。残长8.4、宽6.1~7.2、厚2厘米（图一五五，2）。标本T0204⑤∶32，深灰色石料。顶部及刃部残，下端双面弧刃。长7.3、宽5.8~6.6、厚2.4厘米（图一五五，4）。标本T0502东扩方⑤∶3，灰色石料。刃部残，下端双面弧刃。长6.4、宽4.5~5.8、厚1.8厘米（图一五四，9）。

图一五四　第5层出土Aa型石斧
1~7. Aa型（1. T0203⑤：47、2. T0204⑤：55、3. T0204⑤：34、4. T0304⑤：1、5. T0304⑤：5、6. T0305⑤：3、7. T0503⑤：15）　8、9. Ab型（8. T0201⑤：22、9. T0502东扩方⑤：3）

C型　4件。标本T0202⑤：10，深灰色石料。顶部残，近长方形，一面平，一面弧形，下端双面弧刃。长6.4、宽3.8、厚1.9厘米（图一五五，3；图版六二，6）。标本T0202⑤：27，灰白色石料。上下端残，长方形。残长9.4、宽8、厚3厘米（图一五五，6）。标本T0205⑤：2，灰色石料。顶部及刃部残，长方形，未经打磨。残长9.5、宽5.2、厚2.4厘米（图一五五，5）。标本T0205⑤：3，灰色石料。一侧残，一面扁平，一面弧形，下端双面弧刃，似为半成品或残损器。长8.2、宽7.5、厚2.5厘米（图一五五，7）。

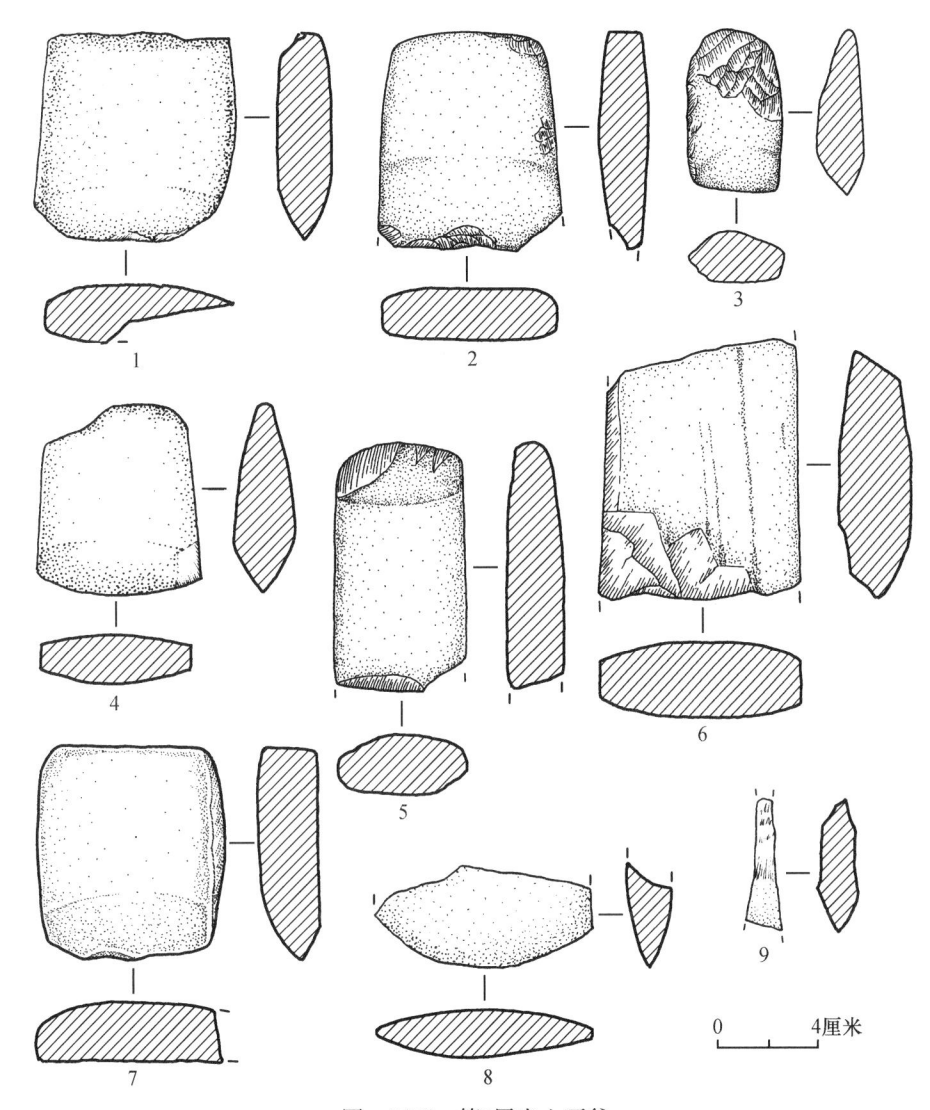

图一五五　第5层出土石斧

1、2、4. Ab型（1. T0202⑤∶2、2. T0203⑤∶3、4. T0204⑤∶32）　3、5~7. C型（3. T0202⑤∶10、5. T0205⑤∶2、6. T0202⑤∶27、7. T0205⑤∶3）　8、9. 不明形制（8. T0205⑤∶5、9. T0205⑤∶4）

不明形制　2件。标本T0205⑤∶4，深灰色石料。仅存刃部一小块，下端双面刃。残长5.1、残宽1.4厘米（图一五五，9）。标本T0205⑤∶5，深灰色石料。仅存刃部，弧刃。残长4、宽8.6、厚2厘米（图一五五，8）。

锛　31件。

A型　15件。

Aa型，10件。标本T0202⑤∶12，深灰色石料。一侧残，梯形，弧顶，下端双面弧刃，一面宽刃，一面窄刃。长6.3、宽1.34~3.8、厚1.4厘米（图一五六，1）。标本T0202⑤∶28，浅灰色石料。弧顶，梯形，下端双面弧刃，一面宽刃，一面窄刃。长6.2、宽3~4.6、厚1.4厘米（图一五六，6）。标本T0202⑤∶37，深灰色石料。两侧残，梯形，平顶，下端双面直刃，一面宽刃，一面窄刃。长5.8、宽1.9~4.2、厚1.6厘米（图一五六，4）。标本T0203⑤∶11，

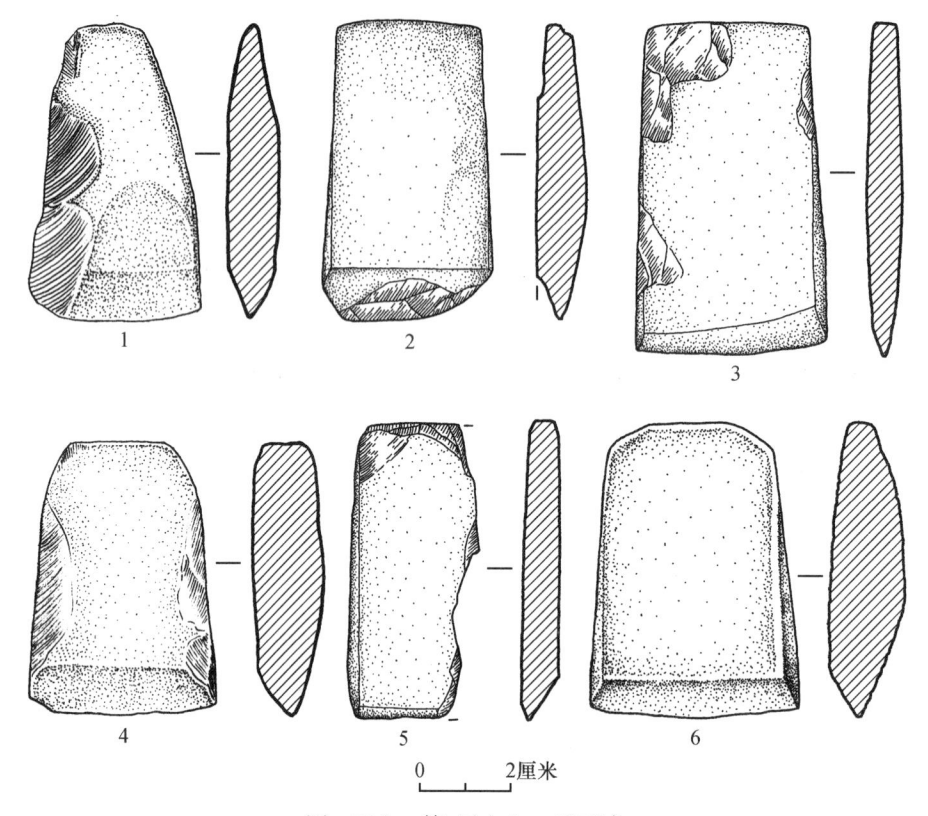

图一五六　第5层出土Aa型石锛
1. T0202⑤:12　2. T0203⑤:39　3. T0203⑤:11　4. T0202⑤:37　5. T0203⑤:33　6. T0202⑤:28

青灰色石料。边侧残，梯形，平顶，下端双面刃，一面宽刃，一面窄刃。长7、宽3.5～4.15、厚0.75厘米（图一五六，3；图版六二，5）。标本T0203⑤:33，青灰色石料。一侧残，平顶，下端一面窄刃。长6.3、残宽2.8、厚0.8厘米（图一五六，5）。标本T0203⑤:39，深灰色石料。刃部残，梯形，平顶，下端双面弧刃，一面宽刃，一面窄刃。长6.4、宽3.2～3.7、厚1.2厘米（图一五六，2）。标本T0203⑤:45，青灰色石料。顶部及刃部一角残，梯形，弧顶，单面弧刃。长5.5、宽2.7～3.2、厚0.2厘米（图一五七，2）。标本T0204⑤:44，灰色石料。梯形，弧顶，下端双面弧刃，一面宽刃，一面窄刃。长7.5、宽4.5～6、厚1.25厘米（图一五七，1）。标本T0503⑤:17，青灰色石料。刃部略残，梯形，顶部斜直，下端双面弧刃，一面宽刃，一面窄刃。长6.1、宽3.1～3.8、厚1.5厘米（图一五七，4；图版六三，1）。标本T0503⑤:26，青灰色石料。上端及一侧残，边侧有一个穿孔，下端双面弧刃。残长6.8、宽2.5～4.3、厚1.5厘米（图一五七，5）。

Ac型，5件。标本T0201⑤:8，浅灰色石料。梯形，弧顶，下端一面窄刃。长4.1、宽1.4～1.8、厚0.3厘米（图一五七，6）。标本T0202⑤:3，浅灰色石料。完整，梯形，平顶，下端双面刃，一面宽刃，一面窄刃。长4.8、宽1.8～2.8、厚0.8厘米（图一五七，3）。标本T0203⑤:9，青灰色石料。边侧及刃部一角残，梯形，平顶，下端一面窄刃。长4、宽2～2.6、厚0.5厘米（图一五七，8）。标本T0204⑤:38，灰色石料，完整，形体较小，梯形，弧顶，下端两面刃。长2.8、宽1.1～1.4、厚0.3厘米（图一五七，7；图版六三，2）。标本

图一五七　第5层出土石锛

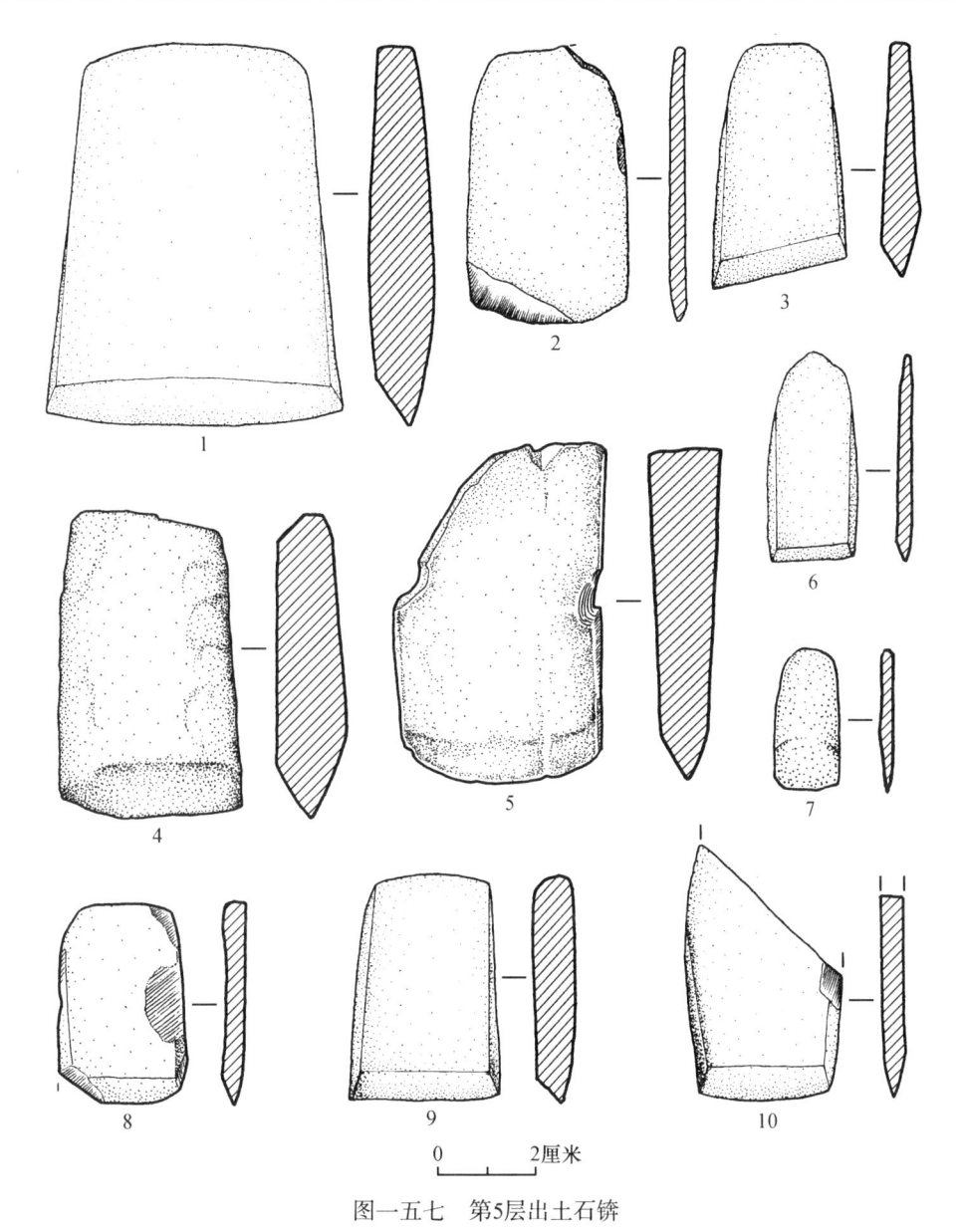

1、2、4、5. Aa型（1. T0204⑤：44，2. T0203⑤：45，4. T0503⑤：17，5. T0503⑤：26）　3、6~9. Ac型（3. T0202⑤：3、6. T0201⑤：8，7. T0204⑤：38，8. T0203⑤：9，9. T0204⑤：63）　10. B型（T0204⑤：8）

T0204⑤：63，深灰色石料。完整，梯形，弧顶，下端双面刃，一面宽刃，一面窄刃。长4.5、宽2.4~3、厚0.8厘米（图一五七，9）。

B型　1件。标本T0204⑤：8，深灰色石料。上端残，倒梯形，下端一面弧刃。残长5、宽3.2、厚0.5厘米（图一五七，10）。

C型　13件。

Ca型，7件。标本T0201⑤：13，浅灰色石料，两侧残，长条形，平顶，下端双面刃，一面宽刃，一面窄刃。长6.3、宽2、厚0.8厘米（图一五八，4；图版六三，3）。标本T0202⑤：38，青绿色石料。边侧残，长方形，平顶，下端双面弧刃，一面宽刃，一面窄刃。

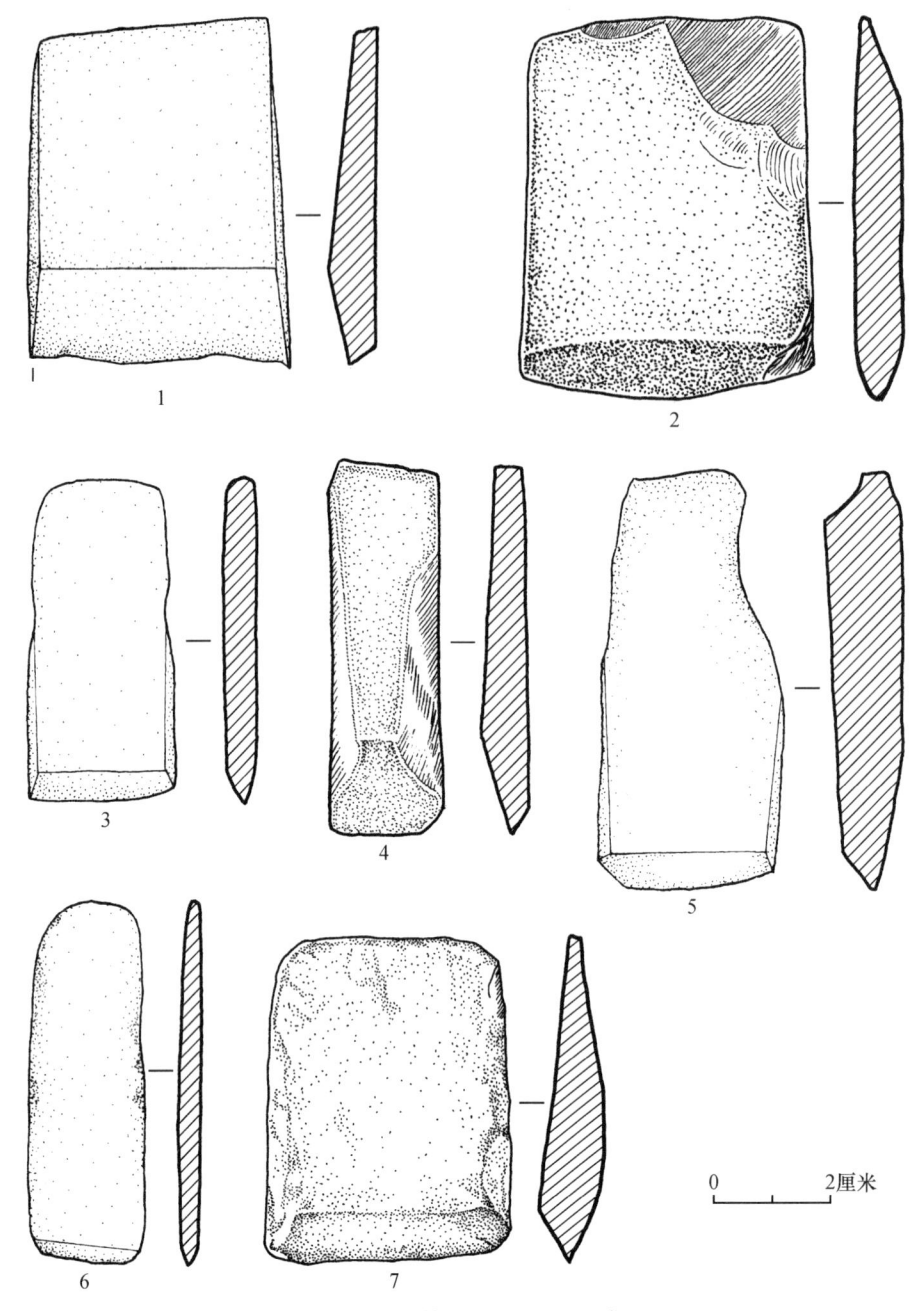

图一五八　第5层出土Ca型石锛
1. T0203⑤：28　2. T0202⑤：38　3. T0203⑤：4　4. T0201⑤：13　5. T0204⑤：3　6. T0305⑤：2　7. T0503⑤：16

长6.4、宽5、厚0.8厘米（图一五八，2）。标本T0203⑤：4，深灰色石料。顶部一角微残，平顶，下端双面刃，一面宽刃，一面窄刃。长5.4、宽2.6、厚0.6厘米（图一五八，3）。标本T0203⑤：28，青灰色石料，刃部残，长方形，斜顶，下端双面刃，一面宽刃，一面窄刃。残长5.8、宽4.5、厚0.8厘米（图一五八，1）。标本T0204⑤：3，灰色石料。完整，近长方形，上端一侧内凹，平顶，下端双面刃，一面宽刃，一面窄刃。长7、宽3.1、厚1.35厘米（图一五八，5）。标本T0305⑤：2，浅灰色石料。完整，长条形，弧顶，下端双面斜刃。长6.1、宽2、厚0.4厘米（图一五八，6）。标本T0503⑤：16，青灰色石料。边侧残，上薄下厚，平顶，下端双面弧刃，一面宽刃，一面窄刃。长5.4、宽4.2、厚1厘米（图一五八，7；图版六三，4）。

Cb型，6件。标本T0202⑤：6，青灰色石料。平顶，下端双面弧刃，一面宽刃，一面窄刃。长4.8、宽4.2、厚1.4厘米（图一五九，1）。标本T0202⑤：9，青灰色石料。上端残，下端双面刃，一面宽刃，一面窄刃。残长4.7、宽3.4、厚1厘米（图一五九，4）。标本T0203⑤：32，青灰色石料。顶部略残，长条形，弧顶，下端双面刃。残长4.9、宽1.7、厚0.7厘米（图一五九，2）。标本T0203⑤：36，青灰色石料。顶部一角残。形体较小，弧顶，下端双面刃，一面宽刃，一面窄刃。长3.3、宽1.6、厚0.5厘米（图一五九，5）。标本T0204⑤：23，青灰色石料。顶部及边侧残，弧顶、下端一面弧刃。长4.6、宽3.8、厚1.1厘米（图一五九，6）。标本T0503⑤：4，灰褐色石料。顶部及一侧残，下端双面弧刃。长4.3、宽2.3、厚0.5厘米

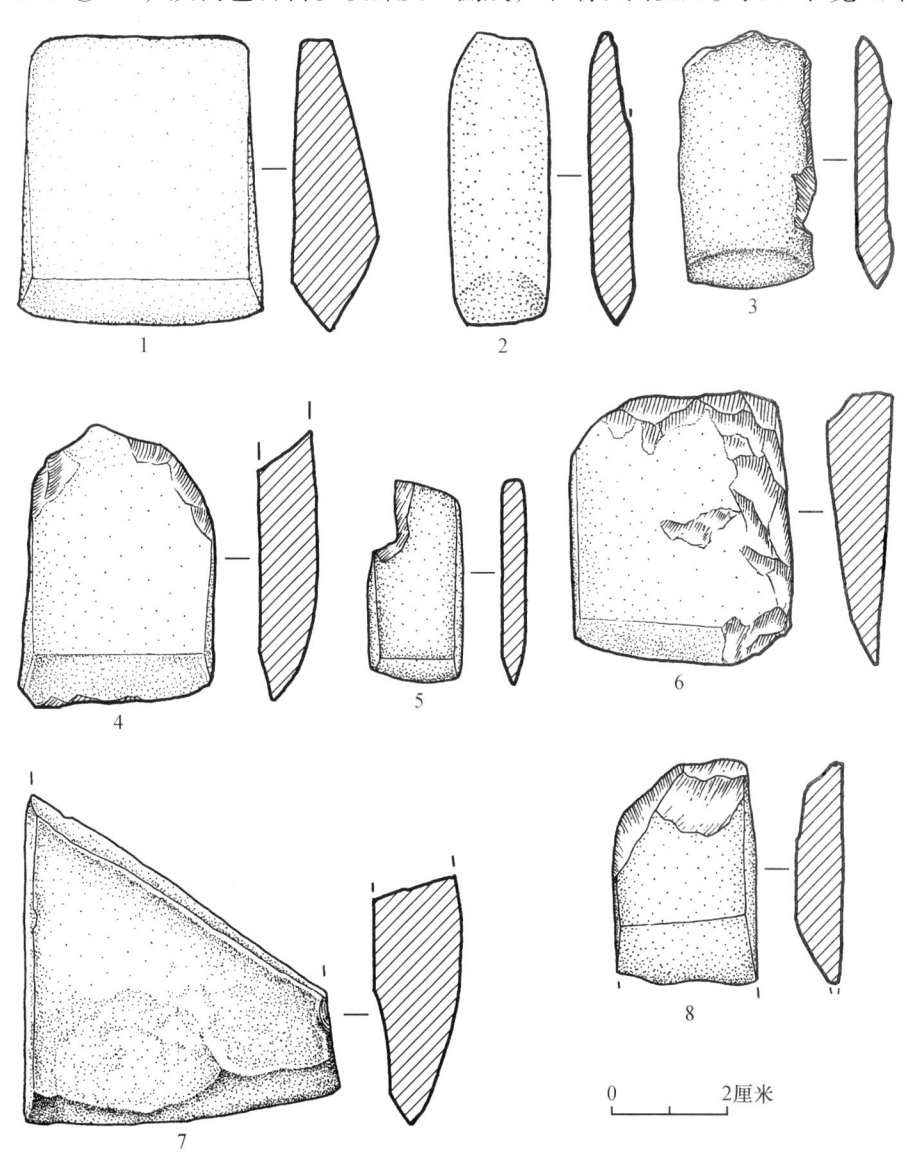

图一五九　第5层出土石锛

1～6. Cb型（1. T0202⑤：6、2. T0203⑤：32、3. T0503⑤：4、4. T0202⑤：9、5. T0203⑤：36、6. T0204⑤：23）
7、8. 形制不明（7. T0503⑤：24、8. T0204⑤：30）

（图一五九，3）。

形制不明　2件。标本T0204⑤：30，青灰色石料。上端及刃部残，下端一面刃。残长3.7、宽2.5、厚0.8厘米（图一五九，8）。标本T0503⑤：24，青灰色石料。仅存下端一角，下端双面刃，一面宽刃，一面窄刃。残长5.5、宽5.4、厚1.5厘米（图一五九，7）。

矛　11件。标本T0201⑤：5，青绿色石料。仅存矛身前端局部，双面有脊，两侧刃。残长3.6、宽2.6、厚0.4厘米（图一六〇，7）。标本T0201⑤：23，青灰色石料。前锋及骹部残，矛身双面有脊，两侧刃，扁长方形骹。残长7.5、宽3、厚1厘米（图一六〇，11；图版六四，1）。标本T0201⑤：24，青绿色石料。矛身前端残，双面扁平无脊，扁长方形骹。残长6.9、宽3.4、厚0.6厘米（图一六〇，10；图版六四，2）。标本T0202⑤：17，深灰色石料。一侧残，梭状柳叶形，双面有脊，两侧刃。残长10.4、宽2.4、厚0.8厘米（图一六〇，3；图版六四，3）。标本T0202⑤：25，青灰色石料。仅存矛身后端，双面有脊，两侧刃。残长4.9、宽2.7、厚0.9厘米（图一六〇，5）。标本T0203⑤：15，青灰色石料。锋尖及矛身后端残，双面有脊，两侧刃。残长9.1、宽2.9、厚0.6厘米（图一六〇，2；图版六四，4）。标本T0203⑤：16，深灰色石料。仅存矛身局部，双面扁平无脊，两侧刃，似为石矛的残损器。残长8.3、宽3.3、厚0.6厘米（图一六〇，4）。标本T0203⑤：38，深灰色石料。仅存矛身前端局部，双面有脊，两侧刃。残长3.1、宽2.5、厚0.75厘米（图一六〇，6）。标本T0203⑤：48，青灰色石料。矛身前端略残，双面有脊，两侧刃，矛身后端收缩呈扁圆形，扁长方形骹。残长14.8、宽3.4、厚1.15厘米（图一六〇，1；图版六四，5）。标本T0203⑤：52，深灰色石料。仅存矛身后端骹前端，矛身双面有脊，两侧刃，扁椭圆形骹。残长5.6、宽2.9、厚1厘米（图一六〇，9）。标本T0204⑤：13，深灰色石料。仅存矛身后端骹前端，矛身双面有脊，两侧刃较钝，扁长方形骹。残长6.8、宽2.8、厚0.8厘米（图一六〇，8；图版六四，6）。

穿孔刀　12件。

A型　3件。标本T0202⑤：23，青灰色石料。仅存一端，弓背形，近背处有一个对穿孔，下端双面刃。残长4.8、宽3.3、厚0.3厘米（图一六一，3）。标本T0203⑤：18，青灰色石料。仅存一端，弓背形，近背处与器身中部各有一个对穿孔，双面弧刃，斜边。残长4.7、宽4.1、厚0.4厘米（图一六一，2）。标本T0304⑤：7，青灰色石料。仅存一端，弓背形，近背处有一个对穿孔，下端双面刃。残长6.8、宽2.6、厚0.3厘米（图一六一，1）。

B型　4件。标本T0204⑤：25，青灰色石料。仅存一端，长方形，平背，近背处有一个对穿孔，下端单面直刃。残长4.8、宽3.7、厚0.5厘米（图一六一，4）。标本T0503⑤：1，青灰色石料。仅存一端，长方形，平背，近背处有一个对穿孔，下端单面直刃。残长4.9、宽3.5、厚0.4厘米（图一六一，5）。标本T0503⑤：21，青灰色石料。仅存一端，长方形，平背，近背处有一个对穿孔，下端单面直刃。残长4.4、宽3.7、厚0.3厘米（图一六一，6）。标本T0503⑤：22，青绿色石料。仅存一端，端侧残，长方形，平背，近背处有一个对穿孔，下端单面直刃。残长5.5、宽3.3、厚0.3厘米（图一六一，7）。

C型　3件。标本T0202⑤：18，青灰色石料。仅存一端，平背，近背处有一个对穿孔，下端双面弧刃。残长4.2、宽3、厚0.4厘米（图一六一，8）。标本T0203⑤：41，青灰色石料。

图一六〇 第5层出土石矛

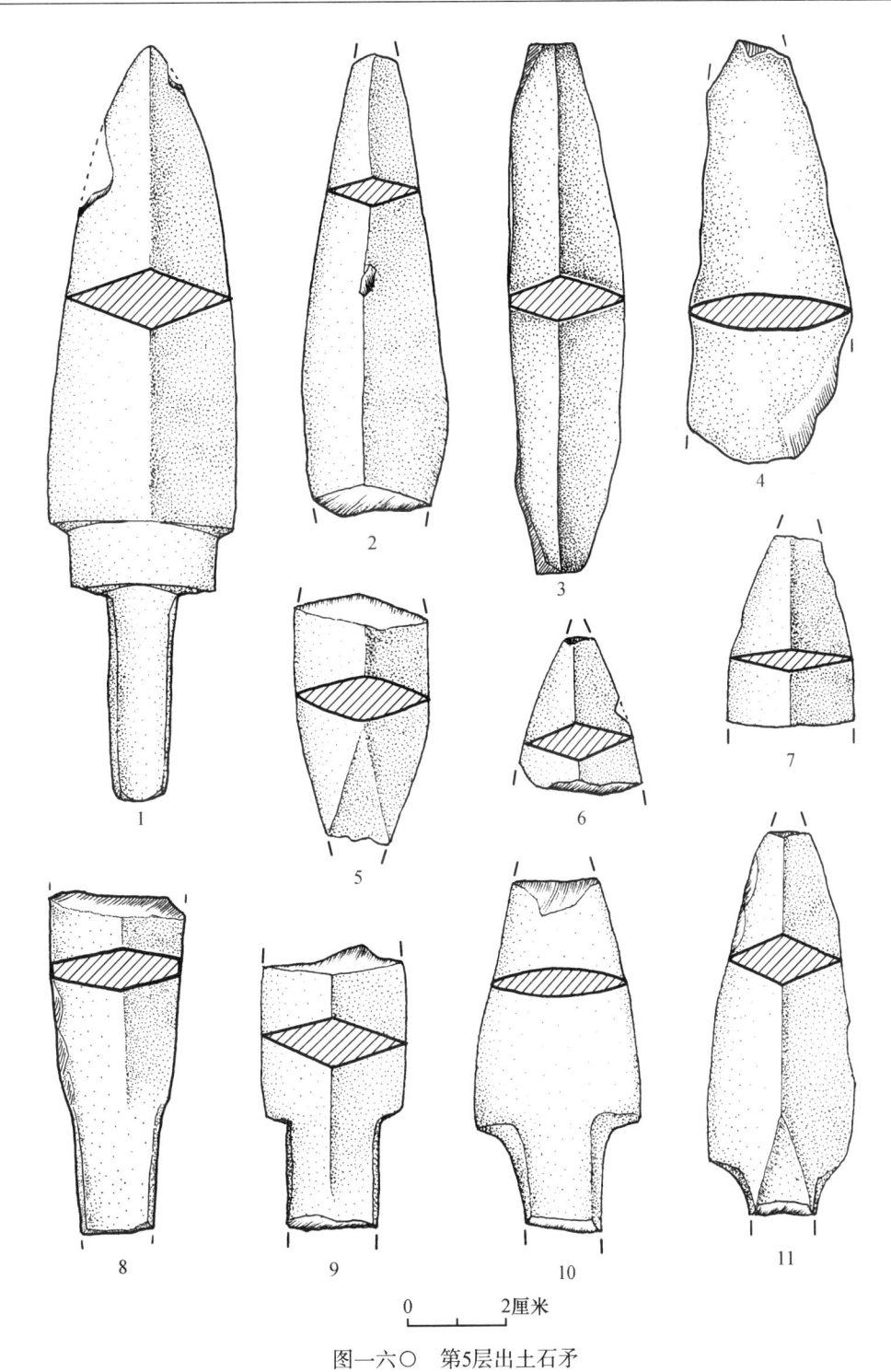

1. T0203⑤∶48 2. T0203⑤∶15 3. T0202⑤∶17 4. T0203⑤∶16 5. T0202⑤∶25 6. T0203⑤∶38 7. T0201⑤∶5
8. T0204⑤∶13 9. T0203⑤∶52 10. T0201⑤∶24 11. T0201⑤∶23

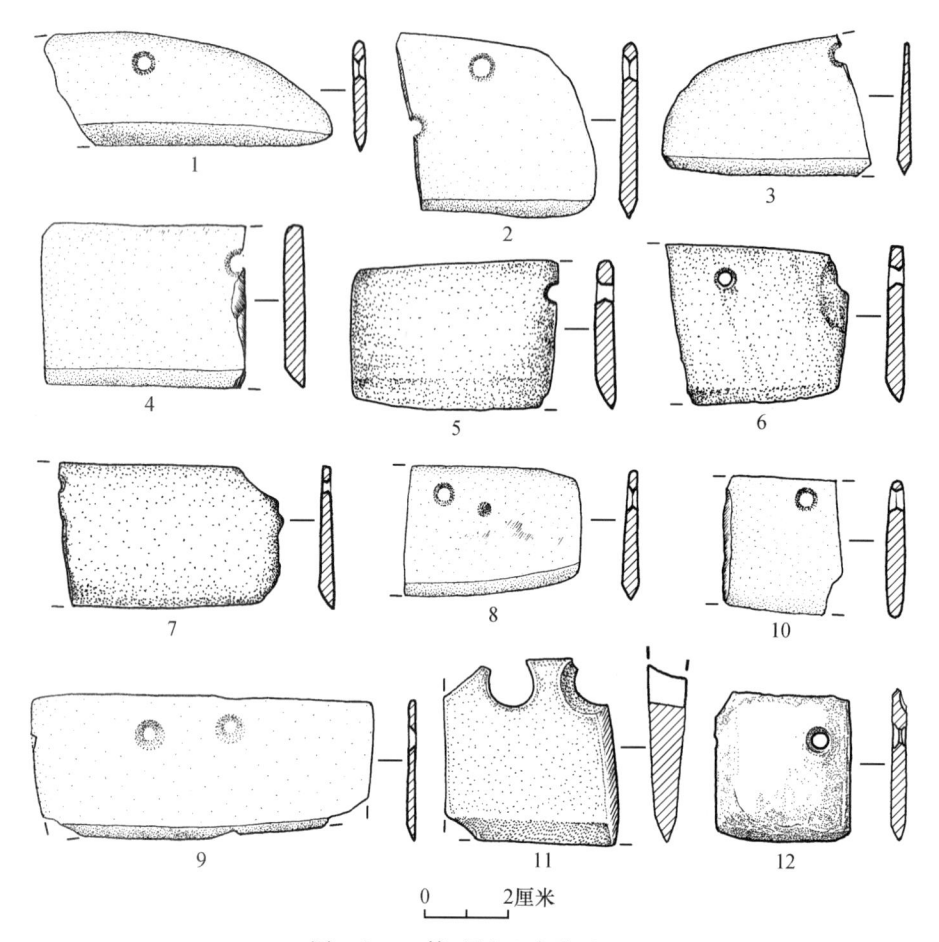

图一六一 第5层出土穿孔石刀

1~3. A型（1. T0304⑤：7、2. T0203⑤：18、3. T0202⑤：23） 4~7. B型（4. T0204⑤：25、5. T0503⑤：1、6. T0503⑤：21、7. T0503⑤：22） 8~10. C型（8. T0202⑤：18、9. T0203⑤：41、10. T0203⑤：55） 11、12. 形制不明（11. T0202⑤：30、12. T0503⑤：20）

两端刃部略残，平背，近背中部有二个单面穿孔，下端单面弧刃。长8.1、宽3.4、厚0.2厘米（图一六一，9；图版六三，5）。标本T0203⑤：55，青灰色石料。仅存中部一段，平背，近背处有一个单面穿孔，下端弧刃，刃部较钝，似为半成品。残长2.8、宽3.1、厚0.5厘米（图一六一，10）。

形制不明　2件。标本T0202⑤：30，深灰色石料。仅存刃部一块，上端二个单面穿孔，下端双面直刃。残长4.3、残宽4.1、厚0.9厘米（图一六一，11）。标本T0503⑤：20，青灰色石料。边侧残，长方形，上端一角有一个对穿孔，双面弧刃，似为石刀改制而成。残长2.5、宽3.3、厚0.4厘米（图一六一，12；图版六三，6）。

刀　2件。

B型　1件。标本T0203⑤：54，青灰色石料。仅存中部一段，长方形，平背，下端单面刃。残长1.8、宽3.1、厚0.2厘米（图一六二，7）。

形制不明　1件。标本T0203⑤：2，青灰色石料。仅存中部一段，平面近梯形，下端单面斜刃。残长3.1、宽3.5、厚0.2厘米（图一六二，9）。

铲 5件。标本T0202⑤：15，浅灰色石料。长条形，下端双面刃。残长10.3、残宽3.7、厚0.8厘米（图一六二，5；图版六五，1）。标本T0202⑤：22，青灰色石料。背部一角及一侧残，梯形，下端双面弧刃，一面宽刃，一面窄刃。长7.1、宽3.8、厚0.6厘米（图一六二，1）。标本T0204⑤：4，深灰色石料。仅存下端，下端双面刃，一面宽刃，一面窄刃。残长2.8、宽5.5、厚0.6厘米（图一六二，3）。标本T0204⑤：12，灰色石料。上端及刃部残，长梯形，平顶，下端单面直刃。长6.9、宽3.85、厚0.6厘米（图一六二，2）。标本T0204⑤：26，灰色石料。仅存上下端残，长方形，上端有一个单面穿孔。残长5、宽4.8、厚1.2厘米（图一六二，4）。

凿 B型 4件。标本T0202⑤：1，灰褐色石料。长条形，弧顶，中部宽，下端单面弧刃。长5.3、宽2.3、厚0.65厘米（图一六二，10）。标本T0202⑤：31，深灰色石料。边侧打制，细长条形，仅下端单面刃。残长10.4、宽2、厚1.4厘米（图一六二，8）。标本T0205⑤：1，深灰色石料。刃部残，细长条形，下端单面刃。残长5.4、宽1.3、厚0.8厘米（图

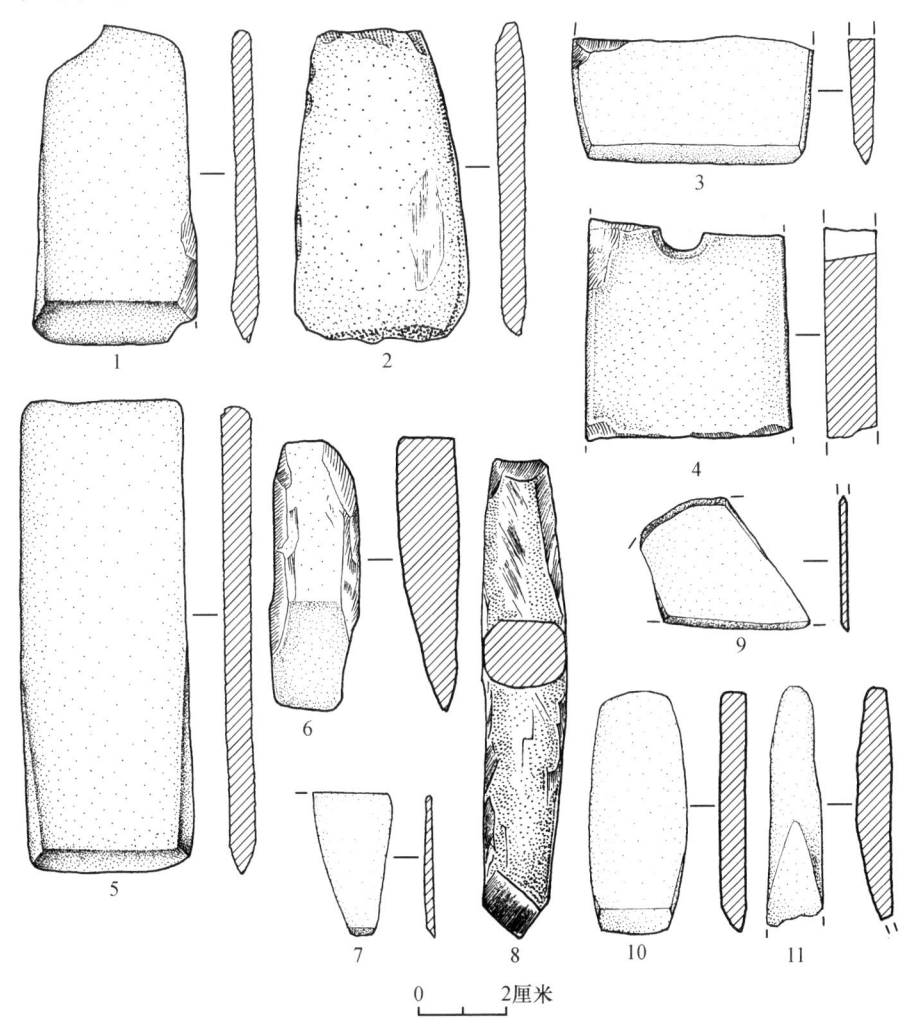

图一六二 第5层出土石器
1~5.铲（1.T0202⑤：22、2.T0204⑤：12、3.T0204⑤：4、4.T0204⑤：26、5.T0202⑤：15） 6、8、10、11.凿
（6.T0305⑤：4、8.T0202⑤：31、10.T0202⑤：1、11.T0205⑤：1） 7.B型刀（T0203⑤：54）
9.形制不明刀（T0203⑤：2）

一六二，11）。标本T0305⑤：4，深灰色石料。边侧打制，细长条形，下端单面刃。长6、宽2、厚1.4厘米（图一六二，6）。

范（臼） 1件。标本T0204⑤：50，灰色石料。船形，顶面平，内凹，边侧打制。长13.5、宽7、边厚1.6、底厚2厘米（图一六三，9；图版六五，2）。

磨棒 1件。标本T0503⑤：18，灰褐色石料。长条圆柱状，一端平，一端斜，斜端似有磨

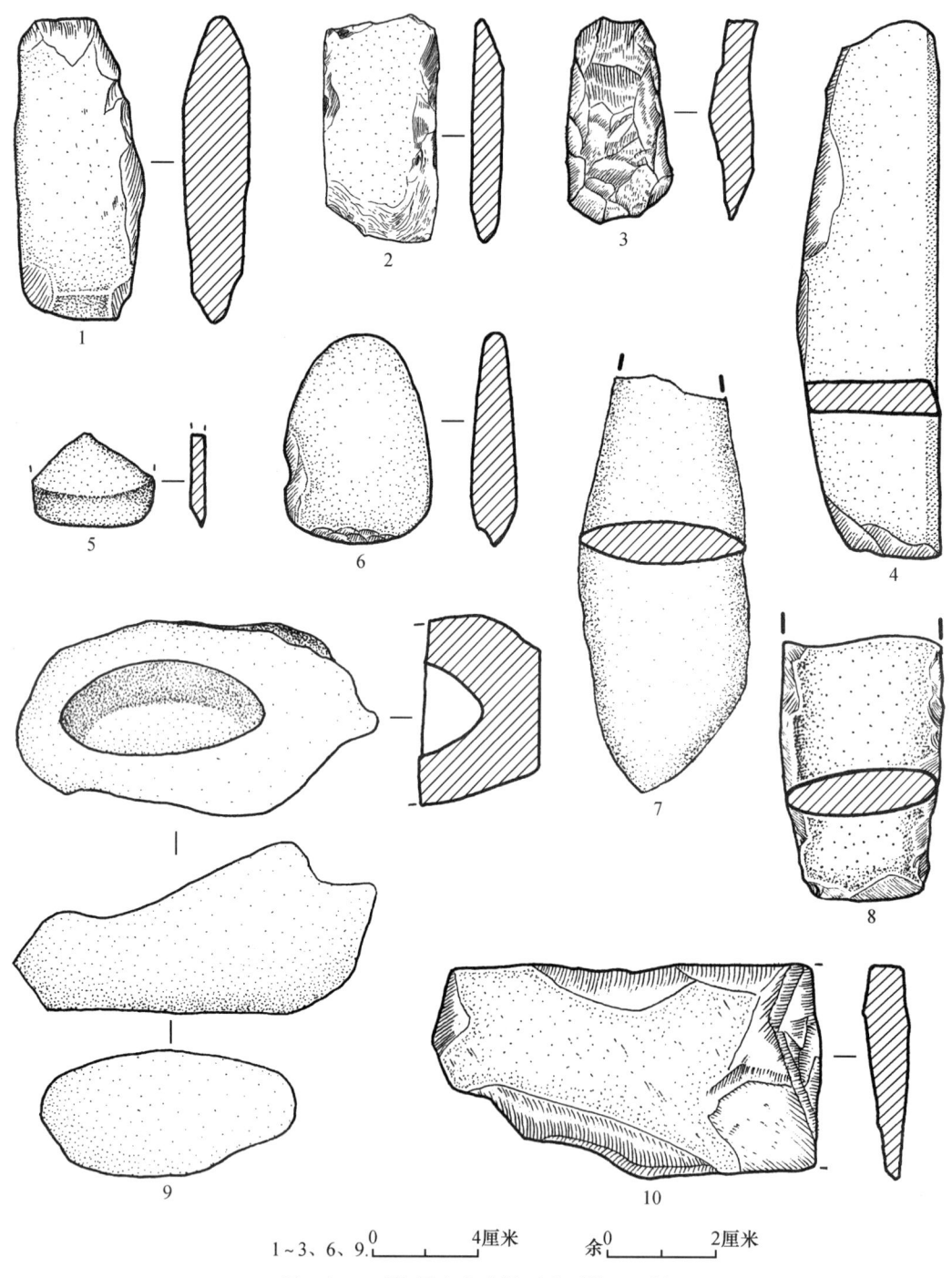

图一六三 第5层出土残损不明石器、坯料

1~8、10.残损不明石器、坯料（1.T0202⑤：4，2.T0203⑤：14，3.T0203⑤：44，4.T0204⑤：57，5.T0203⑤：23，6.T0203⑤：46，7.T0204⑤：61，8.T0305⑤：1，10.T0305⑤：5） 9.范（臼）（T0204⑤：50）

制痕迹。长15.5、宽5.3、厚4.1厘米（图一六四，2；图版六五，3）。

残损不明石器、坯料　13件。标本T0202⑤：4，灰色石料。上端及一侧残，近长方形，下端一面刃。长11、宽5、厚2.4厘米（图一六三，1）。标本T0203⑤：14，青灰色石料。边侧打制，两面平，近长方形。残长8.3、宽4.3、厚1.05厘米（图一六三，2）。标本T0203⑤：23，红褐色石料。仅存刃部，单面弧刃。残长1.8、宽2.3、厚0.3厘米（图一六三，5）。标本T0203⑤：44，深灰色石料。打制，梯形，单面刃，应为石器坯料。残长7.5、宽4、厚1.5厘米（图一六三，3；图版六五，4）。标本T0203⑤：46，青灰色石料。边侧及下端残，梯形，弧顶，下端双面弧刃，似为石斧坯料。长7.5、宽5.6、厚1.6厘米（图一六三，6）。标本T0204⑤：57，青灰色石料。仅存一侧，两面扁平。残长9.7、宽2.6、厚0.6厘米（图一六三，4）。标本T0204⑤：61，青灰色石料。上端残，两面无脊，应为石镞坯料。残长7.5、宽3.2、厚0.7厘米（图一六三，7）。标本T0305⑤：1，灰色石料。上端残，扁平，边侧打制。残长4.8、宽3、厚0.8厘米（图一六三，8）。标本T0305⑤：5，浅灰色石料。残存中部一块，边侧打制。残长7.3、残宽3.8、厚0.8厘米（图一六三，10）。标本T0503⑤：6，青灰色石料。弓背形，下端直，打制，似为石刀坯料。长8.4、宽3.5、厚1.5厘米（图一六四，1；图版六五，5）。标本T0503⑤：7，浅灰色石料。仅存刃部一角，下端单面刃。残长5、宽4.8、厚0.7厘米（图一六四，3）。标本T0503⑤：9，青绿色石料。近长方形，器身扁薄。长3.6、宽1.4、厚0.3厘米（图一六四，5）。标本T0503⑤：14，青灰色石料。仅存下端一角，器身扁薄。残长4.2、宽2.5、厚0.4厘米（图一六四，4）。

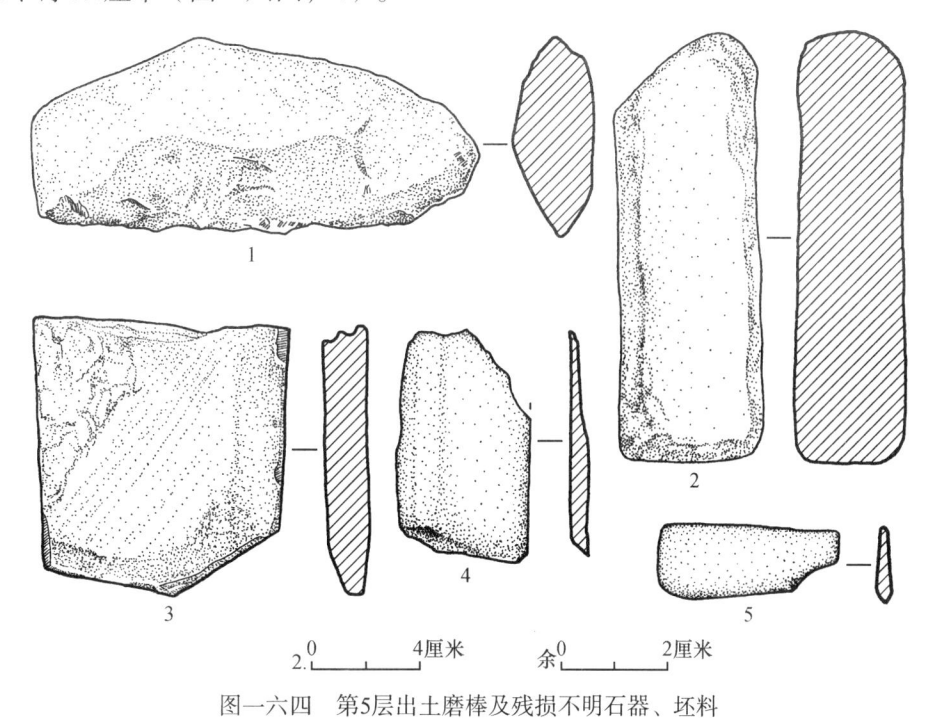

图一六四　第5层出土磨棒及残损不明石器、坯料
1、3~5.残损不明石器、坯料（1.T0503⑤：6，3.T0503⑤：7，4.T0503⑤：14，5.T0503⑤：9）　2.磨棒（T0503⑤：18）

二、陶　　器

（一）陶器统计

为了掌握第5层出土陶器情况，对该层5979件（块）陶器（含标本及陶片）进行了陶系及纹饰统计，对1660件（块）可辨器形（含标本及陶片）进行了器形统计，统计情况如下（表八、表九）。

表八　罗家冲遗址第5层出土陶器器形统计表　　　　　（单位：件）

陶系 器形	夹砂 红陶	夹砂 灰陶	夹砂 褐陶	夹砂 浅黄陶	夹砂 黑陶	夹砂 黑皮红陶	泥质 红陶	泥质 灰陶	泥质 褐陶	泥质 黑陶	泥质 黑皮红陶	泥质 黑皮灰陶	硬陶 灰陶	硬陶 红陶	合计	百分比（%）	
纺轮			1		5			1	3						10	0.60	
鼎足 宽扁形	151	5	123												279	16.81	
鼎足 扁锥形	109		96		2										207	12.47	38.92
鼎足 圆锥形	87	2	68	1	2										160	9.64	
釜鼎口沿	54	71	172		5										302	18.19	
罐（各类罐）	30	50	34	1	25		13	23	10	6	14	5	3		214	12.89	
双沿坛	1	1			1										3	0.18	
鬶（含鬶足）	1		2				10								13	0.78	
豆（盘、柄）	1	1		1		7	14	100	5	1	68	28			226	13.61	
豆形器		1													1	0.06	
圈足盘	9		1				4	17	3	6	9	12			61	3.67	
盆		2					1	57	12		7	14			93	5.60	
壶								2			2	1			5	0.30	
器盖（纽）	2		31		1		1	4	1	2	11	9			62	3.73	
碗								1		1		1			3	0.18	
瓮							5	1							6	0.36	
瓠形器			2												2	0.12	
大口尊	1														1	0.06	
大口缸	2														2	0.12	
拍	1		3												4	0.24	
鋬手		1													1	0.06	
支座	1														1	0.06	

续表

陶系器形	夹砂						泥质						硬陶		合计	百分比（%）
	红陶	灰陶	褐陶	浅黄陶	黑陶	黑皮红陶	红陶	灰陶	褐陶	黑陶	黑皮红陶	黑皮灰陶	灰陶	红陶		
板瓦	2	1	1												4	0.24
合计	452	135	534	3	41	7	48	203	35	18	112	69	3	0	1660	100
百分比（%）	27.23	8.13	32.17	0.18	2.47	0.42	2.89	12.23	2.11	1.08	6.75	4.16	0.18	0	100	
	70.60						29.22						0.18			

注：陶系中褐陶含红褐陶及黄褐陶，灰陶含浅灰陶及灰白陶；器形中部分仅做大器类或型统计，而未按小器类或亚型统计，如鼎足、罐、鬶、豆等。部分陶质无可辨器形者统计为"0"。

（1）陶系：该层出土陶器按陶质可分为夹砂、泥质及硬陶三大类，分别占54.93%、45.04%、0.03%。其中夹砂陶中以夹砂褐陶、夹砂红陶及夹砂灰陶为主，分别占21.79%、17.13%、13.53%，少量夹砂黑陶及黑皮红陶；泥质陶中以泥质灰陶为主，其次为泥质褐陶、泥质黑皮红陶及泥质红陶，分别占18.87%、11.11%、7.14%、5.15%，少量泥质黑陶及泥质黑皮灰陶；硬陶分红陶及灰陶，数量均较少（表九）。

表九　罗家冲遗址第5层出土陶器纹饰统计表　　　　　（单位：件）

陶系纹饰	夹砂						泥质						硬陶		合计	百分比（%）
	红陶	灰陶	褐陶	浅黄陶	黑陶	黑皮红陶	红陶	灰陶	褐陶	黑陶	黑皮红陶	黑皮灰陶	灰陶	红陶		
素面	255	156	168		29	3	238	828	401	64	312	82			2536	42.41
绳纹	517	640	956		98		35	199	230	9	73	1			2758	46.12
间断绳纹			1		1		2	6	3		2				15	0.25
刻槽	53	2	27												82	1.37
绳纹+刻槽	117		95												212	3.55
绳纹+刻划	5		0					1							6	0.10
按窝	9		4					2							15	0.25
绳纹+按窝	19		5												24	0.40
按窝+刻槽	23		16	1											40	0.67
绳纹+刻槽+按窝	5		2												7	0.12
瓦棱	5	1	1												7	0.12
附加堆纹+瓦棱								1							1	0.02
绳纹+附加堆纹	2		3				1	2	4						12	0.20
凸棱+刻槽	1		1												2	0.03
绳纹+弦纹								2	3						5	0.08
附加堆纹								5			3				8	0.13
绳纹+弦纹			1					2	1	5					9	0.15

续表

陶系\纹饰	夹砂 红陶	夹砂 灰陶	夹砂 褐陶	夹砂 浅黄陶	夹砂 黑陶	夹砂 黑皮红陶	泥质 红陶	泥质 灰陶	泥质 褐陶	泥质 黑陶	泥质 黑皮红陶	泥质 黑皮灰陶	硬陶 灰陶	硬陶 红陶	合计	百分比（%）
绳纹+凸棱	2		4		2										8	0.13
凸棱	8	4	16	2	1		0	7	4		4	1			47	0.79
弦纹		2	1		1		9	38	7	1	18	5			82	1.37
弦纹+篮纹								1							1	0.02
弦纹+刻划纹								1							1	0.02
弦纹+水波纹								1							1	0.02
方格纹	1		3		5		9	8	8		3			1	38	0.64
方格纹+附加堆纹							1								1	0.02
篮纹		2			3		1								6	0.10
刻划纹	1						2	3			2				8	0.13
戳印纹								1							1	0.02
叶脉纹		1						2							3	0.05
曲折纹	1							3							4	0.07
鸡冠耳								1							1	0.02
菱形填线纹								1					1		2	0.03
（重）菱形纹								2							2	0.03
镂孔					1		5	11	2		12				31	0.52
弦纹+镂孔								1			1				2	0.03
凸棱+镂孔					1										1	0.02
合计	1024	809	1303	1	140	7	308	1128	664	74	427	92	1	1	5979	100
百分比（%）	17.13	13.53	21.79	0.02	2.34	0.12	5.15	18.87	11.11	1.24	7.14	1.54	0.02	0.02		100
			54.93						45.04				0.03			

注：本统计表未含纺轮；陶系中褐陶含红褐陶及黄褐陶，灰陶含浅灰陶及灰白陶；纹饰中绳纹含各类粗细绳纹、方格纹含各类大小方格纹，弦纹含凹凸弦纹。

（2）器形：可辨器形中夹砂陶占70.6%，泥质陶占29.22%，硬陶占0.18%。器形主要以鼎足、釜鼎口沿、豆及各类罐为主，分别占38.92%、18.19%、13.61%、12.89%，其次为盆、器盖（纽）、圈足盘等，分别占5.6%、3.73%、3.67%，其他器类有纺轮、双沿坛、鬶、豆形器、壶、碗、瓮、甗腰形器、大口尊、大口缸、拍、銎手、支座、板瓦等，数量均较少。

每类器形及对应的陶系，鼎足、釜鼎口沿均为夹砂陶，其中鼎足以夹砂红陶及夹砂褐陶为主，少量夹砂灰陶、夹砂黑陶及浅黄陶；釜鼎口沿以夹砂褐陶为主，其次为夹砂灰陶及夹砂红陶，少量夹砂黑陶；罐以夹砂陶及泥质灰陶为主；豆以泥质灰陶为主，另有较多泥质黑皮红陶及黑皮灰陶；器盖（纽）以夹砂褐陶及泥质黑皮红陶为主；其他器形中圈足盘、盆、瓮等以泥质陶为主，鬶以泥质红陶为主，而甗形器、大口尊、大口缸、拍、支座、拍、大口缸等均为夹砂陶（表八）。

（3）纹饰：陶器器表素面占42.41%，其余均有纹饰。从纹饰对应的陶系分析，纹饰主要装饰在夹砂褐陶、泥质灰陶、夹砂红陶及夹砂灰陶上，其次为泥质褐陶、泥质黑皮红陶、泥质红陶，其他陶质上纹饰较少。

图一六五　第5层出土陶器纹饰拓片

1. 凹弦纹（T0201⑤：49）　2、3. 凸弦纹（2. T0205⑤：12、3. T0202⑤：69）　4. 弦纹+篮纹（T0204⑤：107）
5. 重菱形纹（T0205⑤：8）　6. 弦纹+水波纹（T0503⑤：36）

纹饰以绳纹为主，占比为46.12%，其次为鼎足上的各类纹饰，分别有刻槽、按窝、瓦棱及绳纹+刻槽、绳纹+按窝、按窝+刻槽、绳纹+刻划纹、凸棱+刻槽、绳纹+刻槽+按窝、附加堆纹+瓦棱等，其中各类带刻槽鼎足占5.74%、带按窝鼎足占1.44%，鼎足以外的纹饰中以弦纹为主，占比为1.37%，其次为凸棱纹、方格纹、镂孔等，各占0.79%、0.64%、0.52%，另有附加堆纹、篮纹、刻划纹、戳印纹、叶脉纹、曲折纹、鸡冠纹及弦断绳纹、绳纹+附加堆纹、绳纹+弦纹、绳纹+凸棱、弦纹+篮纹、弦纹+刻划纹、弦纹+水波纹、方格纹+附加堆纹、菱形填线纹、弦纹+镂孔等组合纹饰，数量均较少（图一六五~图一六九；表九）。

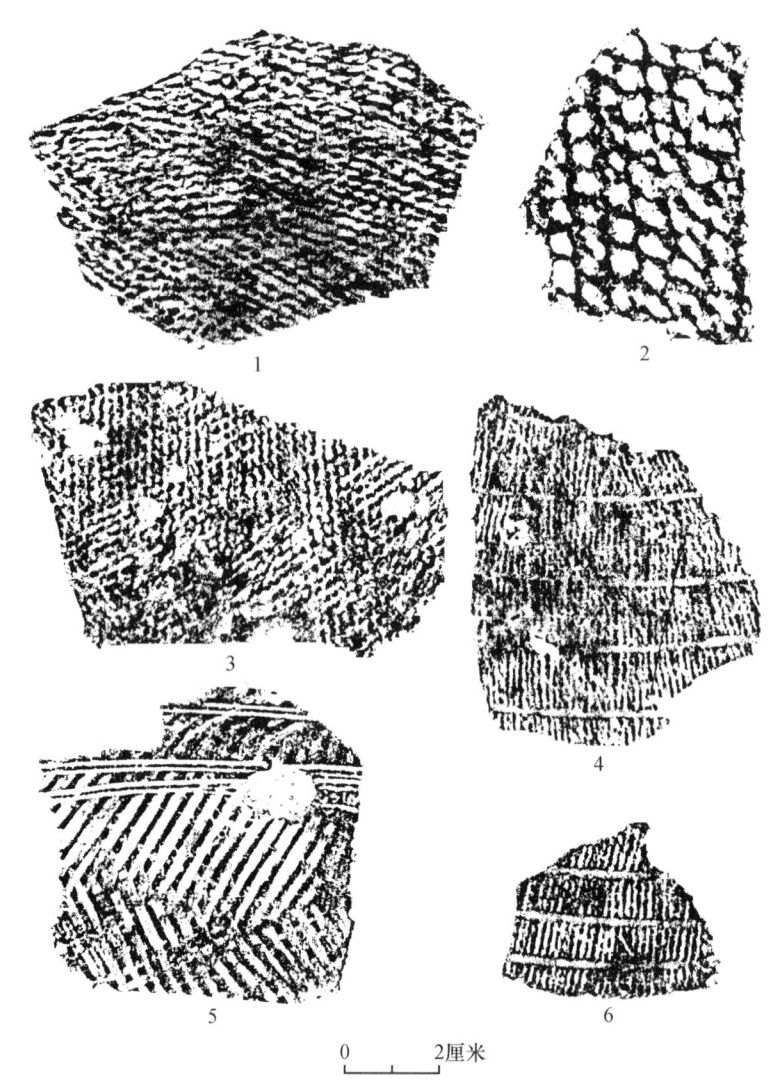

图一六六 第5层出土陶器纹饰拓片
1、3. 细绳纹（1. T0204⑤：98、3. T0204⑤：99） 2. 粗绳纹（T0304⑤：11） 4~6. 弦断绳纹（4. T0204⑤：106、5. T0201⑤：50、6. T0205⑤：10）

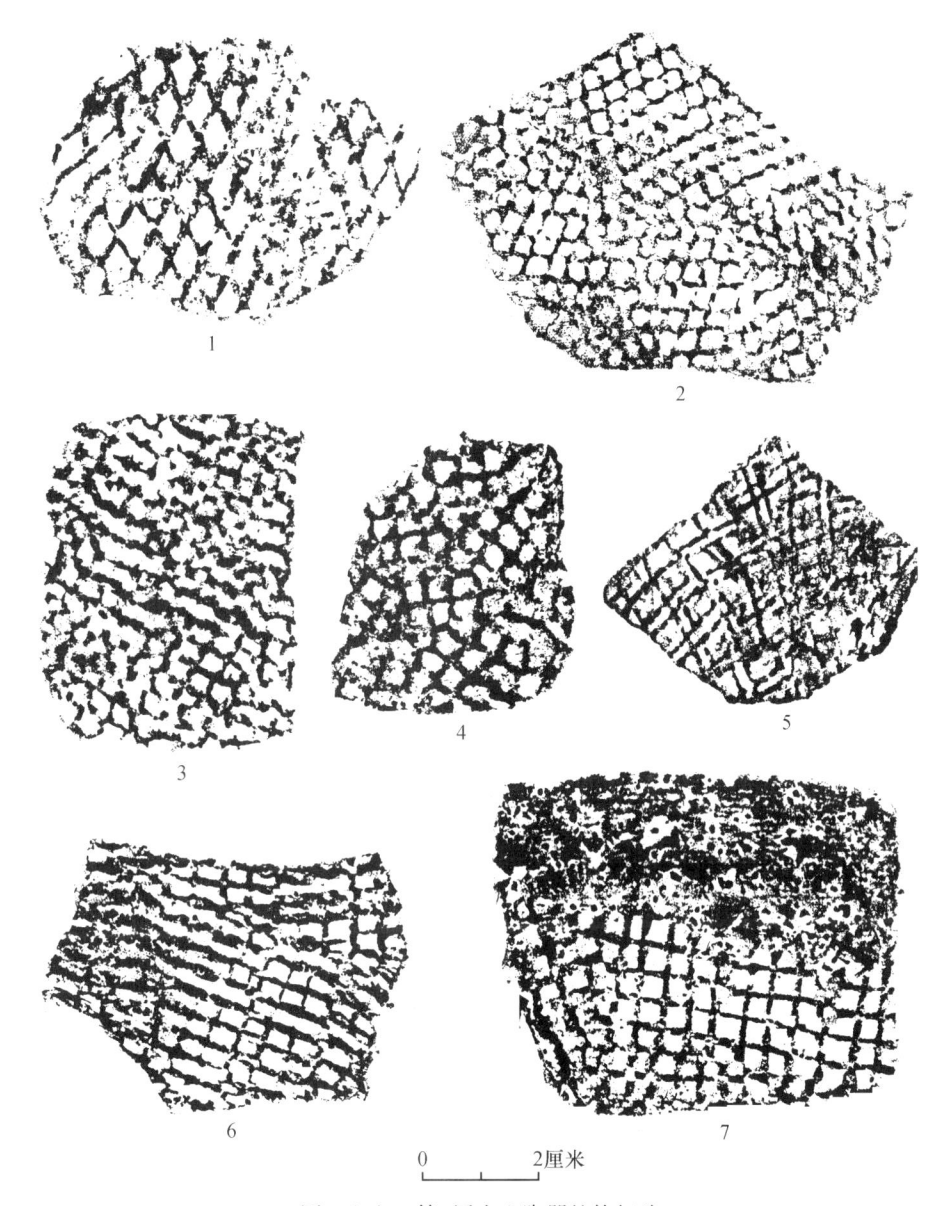

图一六七　第5层出土陶器纹饰拓片

1. 菱形纹（T0201⑤：51）　2~4. 中方格纹（2. T0202⑤：76，3. T0204⑤：100，4. T0304⑤：12）
5~7. 大方格纹（5. T0205⑤：9，6. T0503⑤：35，7. T0503⑤：38）

（二）标本

纺轮　10件。分A、B二型。

A型　9件。

Aa型，6件。标本T0201⑤：11，泥质黑陶。边侧残，饼形，斜边，宽面饰四组对称双角刻划纹，中部穿孔。短径4.4、长径4.8、孔径0.4、厚0.6厘米（图一七〇，1；图一七一，1）。标本T0201⑤：14，夹砂黑陶。饼形，斜边，素面，中部穿孔。短径3.6、长径4.1、孔径0.3、厚0.6厘米（图一七〇，3）。标本T0201⑤：12，泥质黑陶。残，饼形，斜边，宽面饰四组对

图一六八　第5层出土陶器纹饰拓片

1、4. 绳纹+附加堆纹（1. T0204⑤：97、4. T0503⑤：40）　2、3、5. 附加堆纹（2. T0204⑤：103、3. T0503⑤：39、5. T0503⑤：42）
6. 曲折纹（T0205⑤：11）　7. 叶脉纹（T0503⑤：34）

称羊角刻划纹，内填戳点，中部穿孔。短径3.9、长径4.6、孔径0.4、厚0.8厘米（图一七〇，2；图一七一，2）。标本T0202⑤：24，夹砂黑陶。残，饼形，斜边，素面，中部穿孔。短径3.7、长径4.2、孔径0.4、厚0.8厘米（图一七〇，4）。标本T0203⑤：61，夹砂黑陶。残裂，饼形，斜边，宽面饰对称八角星纹和四花瓣刻划纹，内填戳点，中部穿孔。短径3.2、长径4.2、孔径0.4、厚1厘米（图一七〇，5；图一七一，4；图版六六，1）。标本T0204⑤：36，夹砂黑陶。边侧残，饼形，斜边，宽面饰八花瓣内填戳点纹，中部穿孔。短径3.3、长径4、孔径0.4、厚0.8厘米（图一七〇，6；图一七一，5；图版六六，2）。

Ab型，3件。标本T0201⑤：10，泥质褐陶。饼形，斜边，窄面中部略凸，宽面饰四组对称三弧线刻划纹，中部穿孔。短径3.5、长径3.8、孔径0.4、厚0.8厘米（图一七〇，7）。标本T0201⑤：21，泥质黑陶。残，饼形，斜边，窄面中部略凸，宽面饰四组对称三弧线刻划纹，中部穿孔。短径4.2、长径4.8、孔径0.5、厚0.8厘米（图一七〇，9；图一七一，3）。标本T0203⑤：56，夹砂黑陶。仅存一半，饼形，斜边，窄面中部略凸，宽面饰四组对称三弧线刻划纹，中部穿孔。短径3.6、长径4.2、孔径0.35、厚0.6厘米（图一七〇，8）。

图一六九　第5层出土陶器纹饰拓片

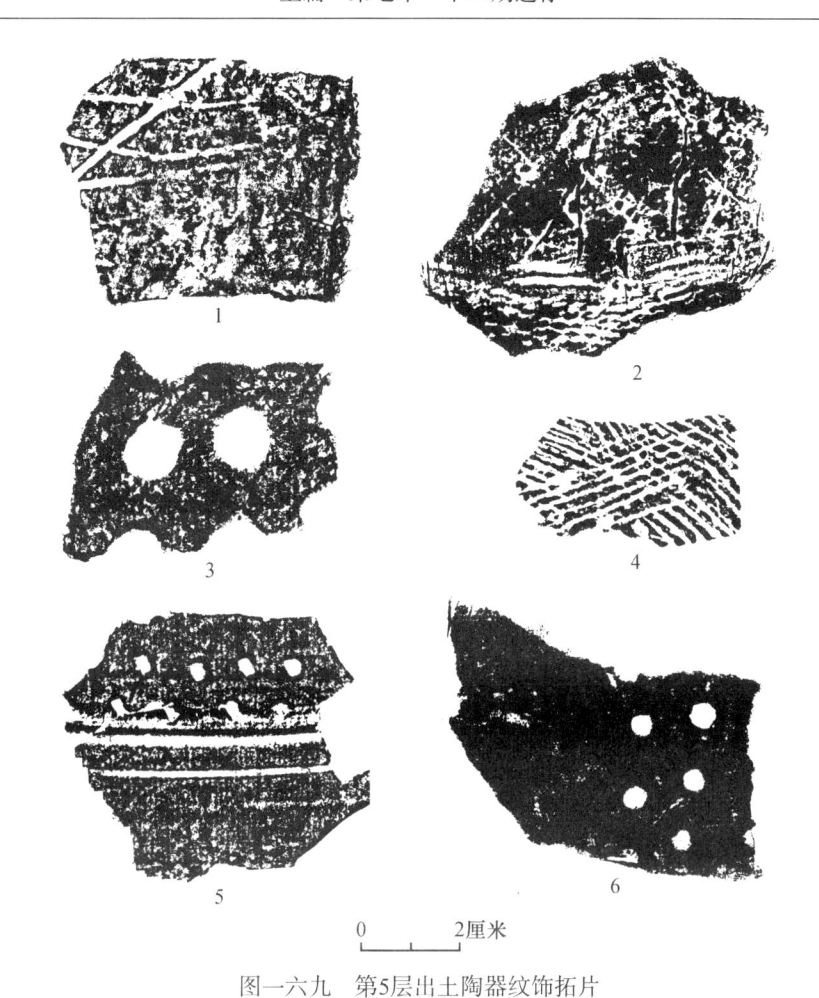

1、2、4.刻划纹（1.T0204⑤：104、2.T0503⑤：44、4.T0205⑤：13）　3、6.镂孔（3.T0203⑤：74、6.T0503⑤：43）
5.凸弦纹+镂孔（T0204⑤：105）

B型　1件。标本T0204⑤：52，夹砂红褐陶。边侧残，圆台形，斜边，素面，中部穿孔。短径3.2、长径4、孔径0.45、厚1.3厘米（图一七二，1）。

釜形鼎　2件。标本T0202⑤：47，夹砂黑陶。仅存足根部，贴足部位饰二道细刻槽，弧腹，器表饰绳纹。残高11厘米（图一七二，4；图版六七，3）。标本T0202⑤：74，夹砂褐陶。足残，外折沿，方唇，束颈，溜肩，垂腹，圜底，肩以下饰绳纹，鼎足为扁锥形，外饰绳纹及三道刻槽。口径14、残高13.4厘米（图一七二，2；图版六七，4）。

鼎足　34件。

A型　4件。

Aa型，3件。标本T0202⑤：42，夹砂红陶。下端残，宽扁足，边缘饰二道凸棱，凸棱中间二排短刻槽。残高7.2、宽7～8.4、厚1.3～1.6厘米（图一七二，5；图一七七，1；图版六六，6）。标本T0202⑤：43，夹砂红陶。下端残，宽扁足，足根饰一道链条状附加堆纹。残高9.8、宽5.8～7、厚1厘米（图一七二，3；图一七七，2；图版六六，3）。标本T0304⑤：8，夹砂红陶。上端残，宽扁足，外饰绳纹。残高6.4、宽6.8～10.2、厚1.2厘米（图一七二，7；图版六六，4）。

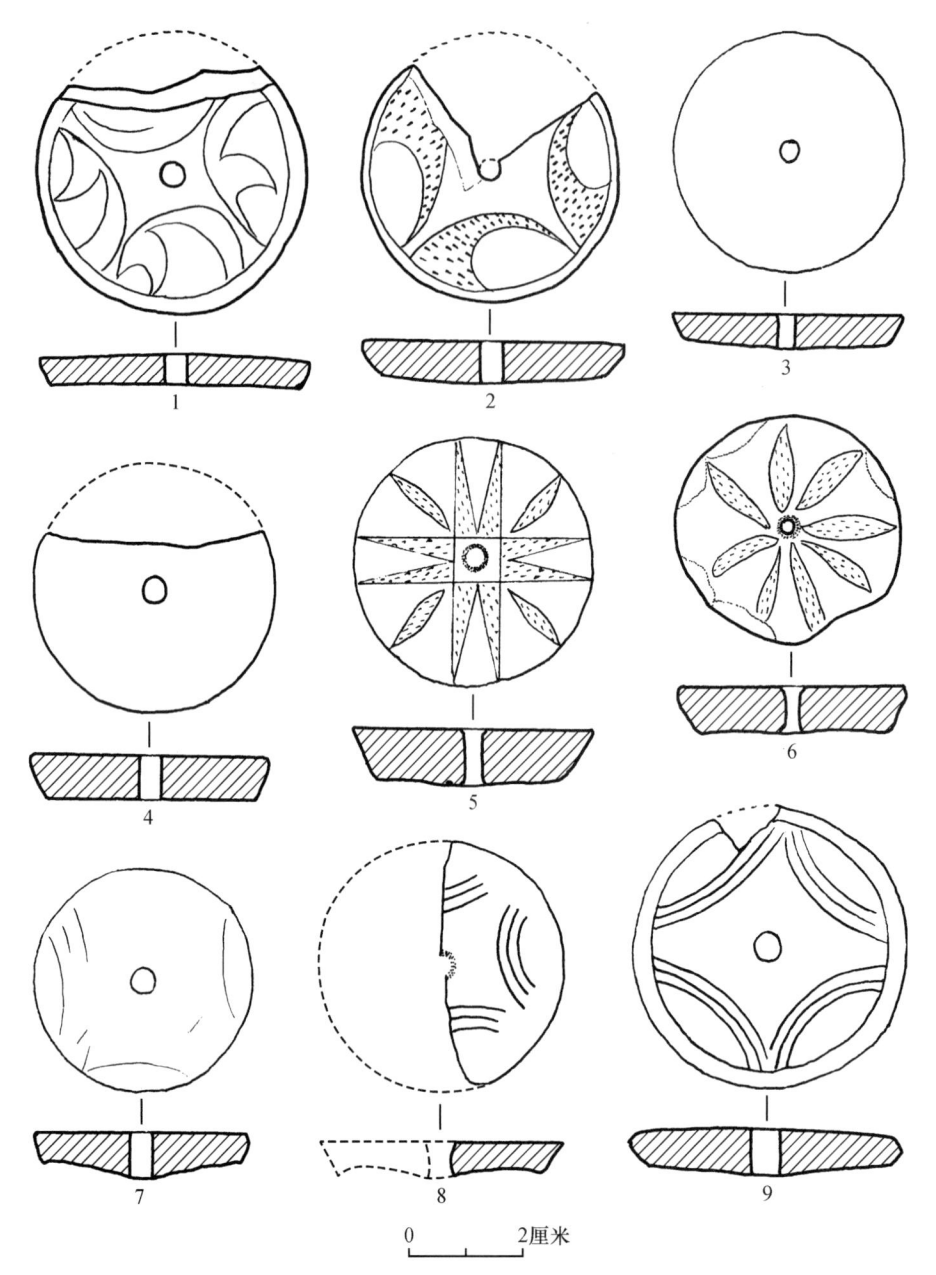

图一七〇　第5层出土A型陶纺轮

1~6. Aa型（1. T0201⑤：11、2. T0201⑤：12、3. T0201⑤：14、4. T0202⑤：24、5. T0203⑤：61、6. T0204⑤：36）
7~9. Ab型（7. T0201⑤：10、8. T0203⑤：56、9. T0201⑤：21）

Ab型，1件。标本T0202⑤：40，夹砂褐陶。宽扁足，下端外撇，素面，在足上端与鼎身交接处饰一道横向凹槽。残高11.2、宽4~6.6、厚0.8厘米（图一七二，8；图版六六，5）。

B型　18件。

Ba型，17件。标本T0201⑤：43，夹砂黑陶。上端残，扁锥足，足面饰三道交叉的宽凹槽，在足上端与鼎身交接处饰三个按窝。残高12.8、宽3.8~7.2、厚1.4厘米（图一七三，1；图一七七，8；图版六七，1）。标本T0201⑤：32，夹砂红陶。上端残，扁锥足，外饰绳纹。残高8.2、宽2.8~4.7、厚0.8厘米（图一七二，6）。标本T0201⑤：44，夹砂红陶。上

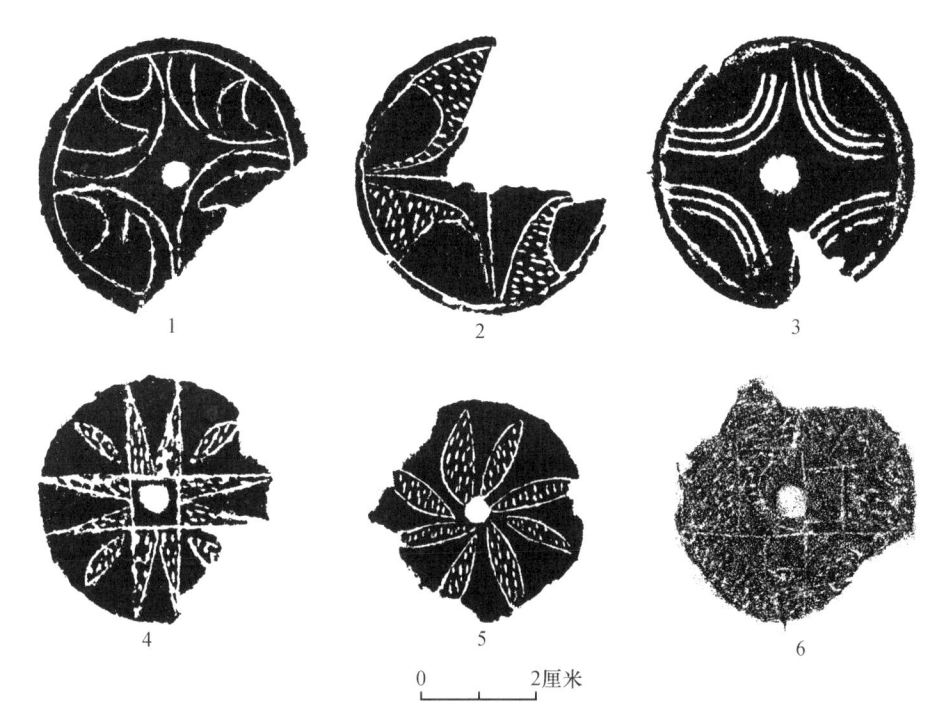

图一七一 第5层、2013H2第1层出土陶纺轮纹饰拓片
1. 双角刻划纹纺轮（T0201⑤：11） 2. 羊角纹纺轮（T0201⑤：12） 3. 三弧线纹纺轮（T0201⑤：21）
4、5. 花瓣纹纺轮（4. T0203⑤：61、5. T0204⑤：36） 6. 几何纹纺轮（2013H2①：2）

端残，扁锥足，足面饰二道竖刻槽。残高13.4、宽4.4～9.4、厚2.4厘米（图一七三，2）。标本T0201⑤：45，夹砂红陶。上下端残，扁锥足，外饰绳纹及一道竖向刻槽。残高11.6、宽3～5.6、厚1.2厘米（图一七三，3；图一七七，11）。标本T0202⑤：44，夹砂褐陶。上端残，扁锥足，外饰绳纹及二道刻槽。残高8.4、宽4.2～5.4、厚1.8厘米（图一七三，4；图一七七，9）。标本T0202⑤：45，夹砂红陶。上端残，扁锥足，外饰绳纹及三道刻槽。残高11.8、宽2.6～5.2、厚1.4厘米（图一七二，9；图一七七，10）。标本T0202⑤：46，夹砂褐陶。上端残，扁锥足，足面饰二道浅凹槽。残高14.2、厚2～6、厚1.6厘米（图一七四，1；图版六七，2）。标本T0203⑤：63，夹砂红陶。仅存上端，扁锥足，外饰绳纹，正中饰一排指甲纹。残高7.8、残宽4～7.6、厚2厘米（图一七三，6；图一七七，6）。标本T0203⑤：67，夹砂红陶。仅存上端，扁锥足，外饰细绳纹及一排按窝。残高7.6、宽5.2～6.8、厚1.6厘米（图一七三，7；图一七七，7）。标本T0203⑤：75，夹砂红陶。上端残，扁锥足，外饰细绳纹及三道竖向浅刻槽。残高10.4、宽2.4～3.9、厚1.4～2.2厘米（图一七三，5）。标本T0203⑤：76，夹砂红陶。下端残，扁锥足，足面饰细绳纹及二道竖向刻槽。残高8.2、宽2.8～5、厚1.5厘米（图一七四，2）。标本T0203⑤：78，夹砂红陶。上下端残，扁锥足，外饰绳纹。残高9.6、宽4.9～7.2、厚1.9厘米（图一七四，3）。标本T0204⑤：64，夹砂红陶。下端残，扁锥足，足面两侧饰链状附加堆纹，中间饰细绳纹。残高8.3、宽3.6～6.8、厚1.2～2.2厘米（图一七四，4）。标本T0204⑤：65，夹砂褐陶。上下端残，扁锥足，外饰绳纹。残高9.8、宽3.2～6.8、厚1.6～2.4厘米（图一七四，5）。标本T0204⑤：66，夹砂褐陶。仅存上端，扁锥足，外

图一七二 第5层出土陶器

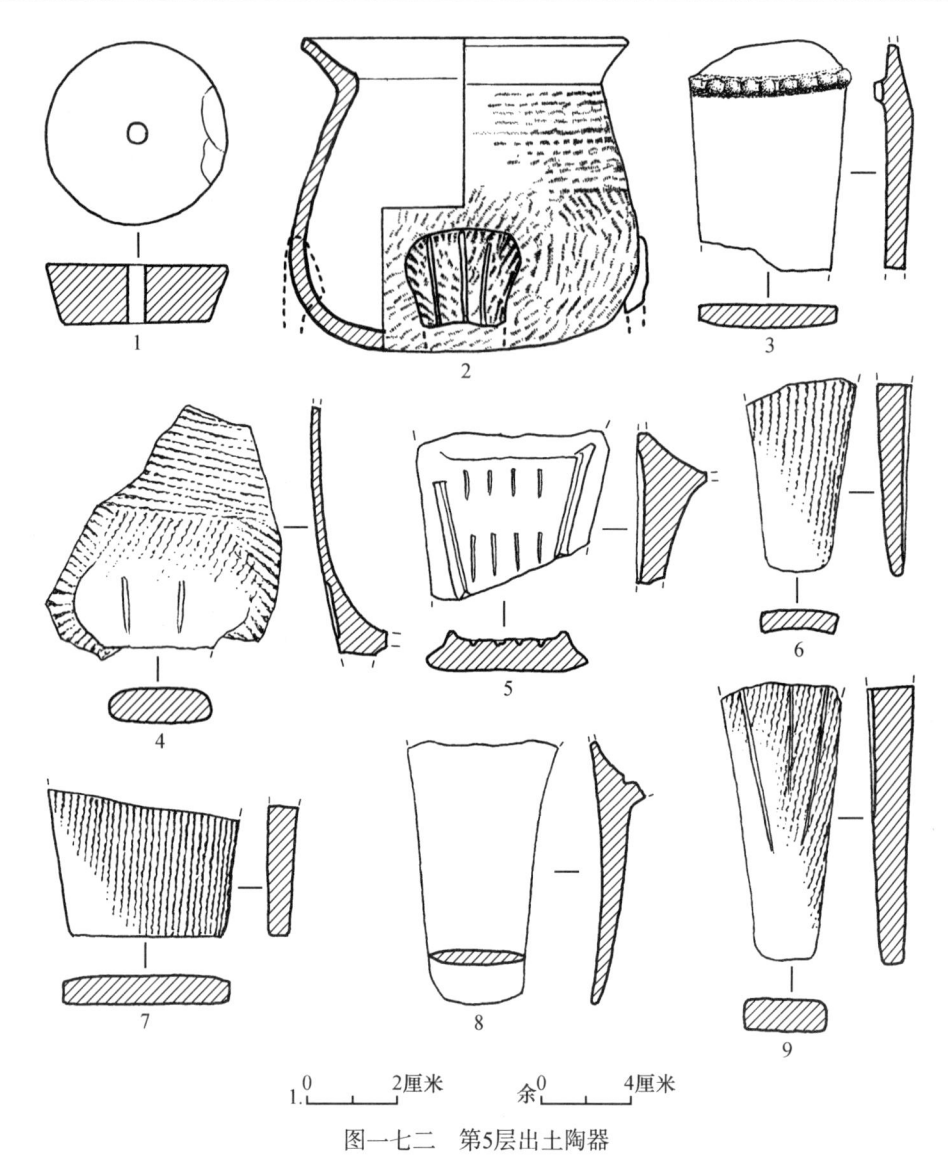

1. B型纺轮（T0204⑤:52） 2、4.釜形鼎（2.T0202⑤:74、4.T0202⑤:47） 3、5、7.Aa型鼎足（3.T0202⑤:43、5.T0202⑤:42、7.T0304⑤:8） 8.Ab型鼎足（T0202⑤:40） 6、9.Ba型鼎足（6.T0201⑤:32、9.T0202⑤:45）

饰绳纹。残高8.2、宽4.4~7、厚2.4~3.1厘米（图一七四，6）。标本T0204⑤:67，夹砂红陶。下端残，扁锥足，素面。残高8、宽2.4~6.5、厚1.4~2.1厘米（图一七四，7）。标本T0503⑤:32，夹砂浅黄陶。下端残，扁锥足，足根饰一个按窝，其下饰四道刻槽。残高8.6、宽5.5~8.2、厚2.2~2.8（图一七四，8；图一七七，3）。

Bb型，1件。标本T0202⑤:39，夹砂红陶。侧装扁锥足，两侧各饰一道浅刻槽，足跟捏制。残高11.8、宽5厘米（图一七五，1；图版六七，6）。

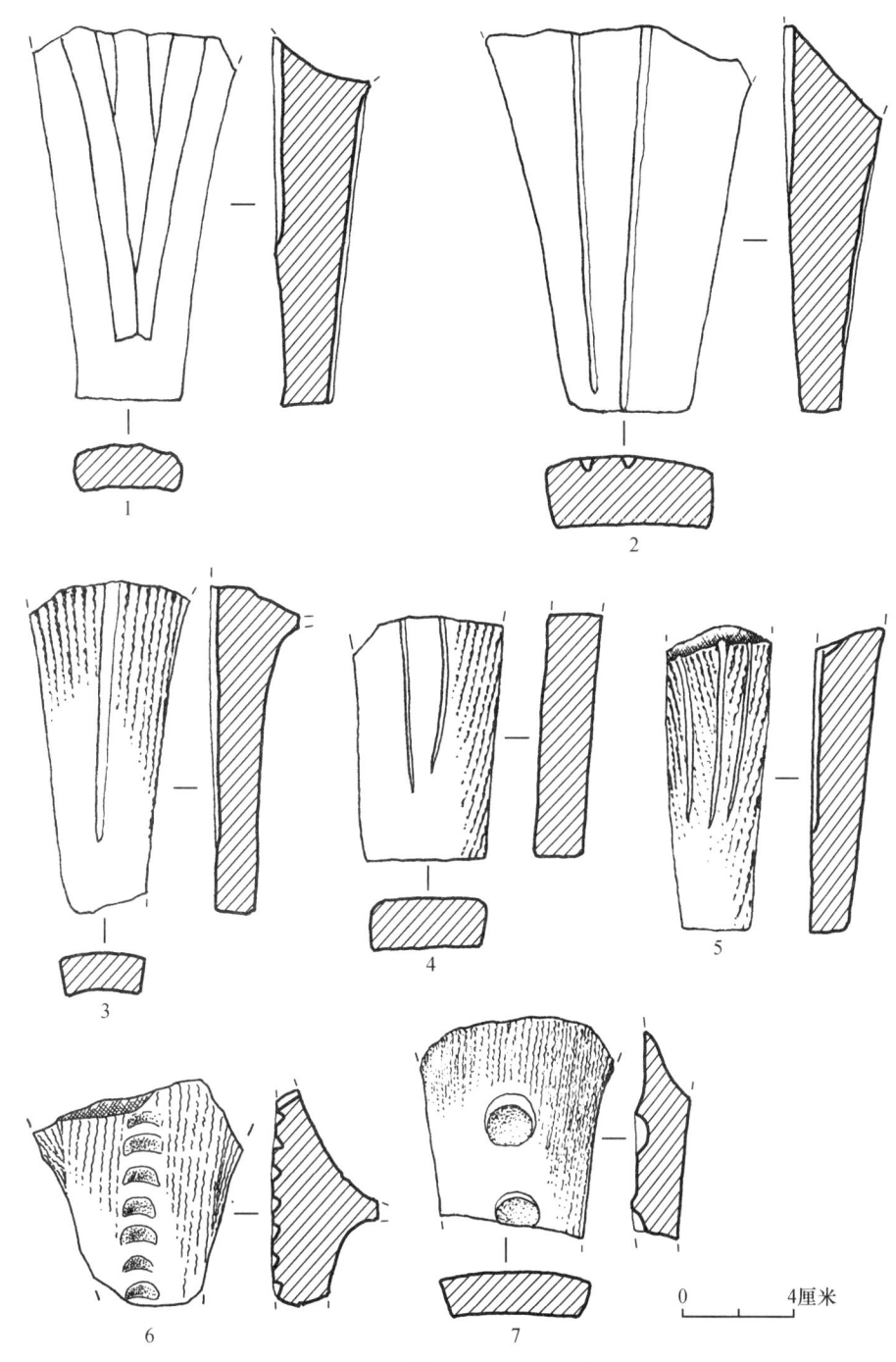

图一七三 第5层出土Ba型陶鼎足

1. T0201⑤：43　2. T0201⑤：44　3. T0201⑤：45　4. T0202⑤：44　5. T0203⑤：75　6. T0203⑤：63　7. T0203⑤：67

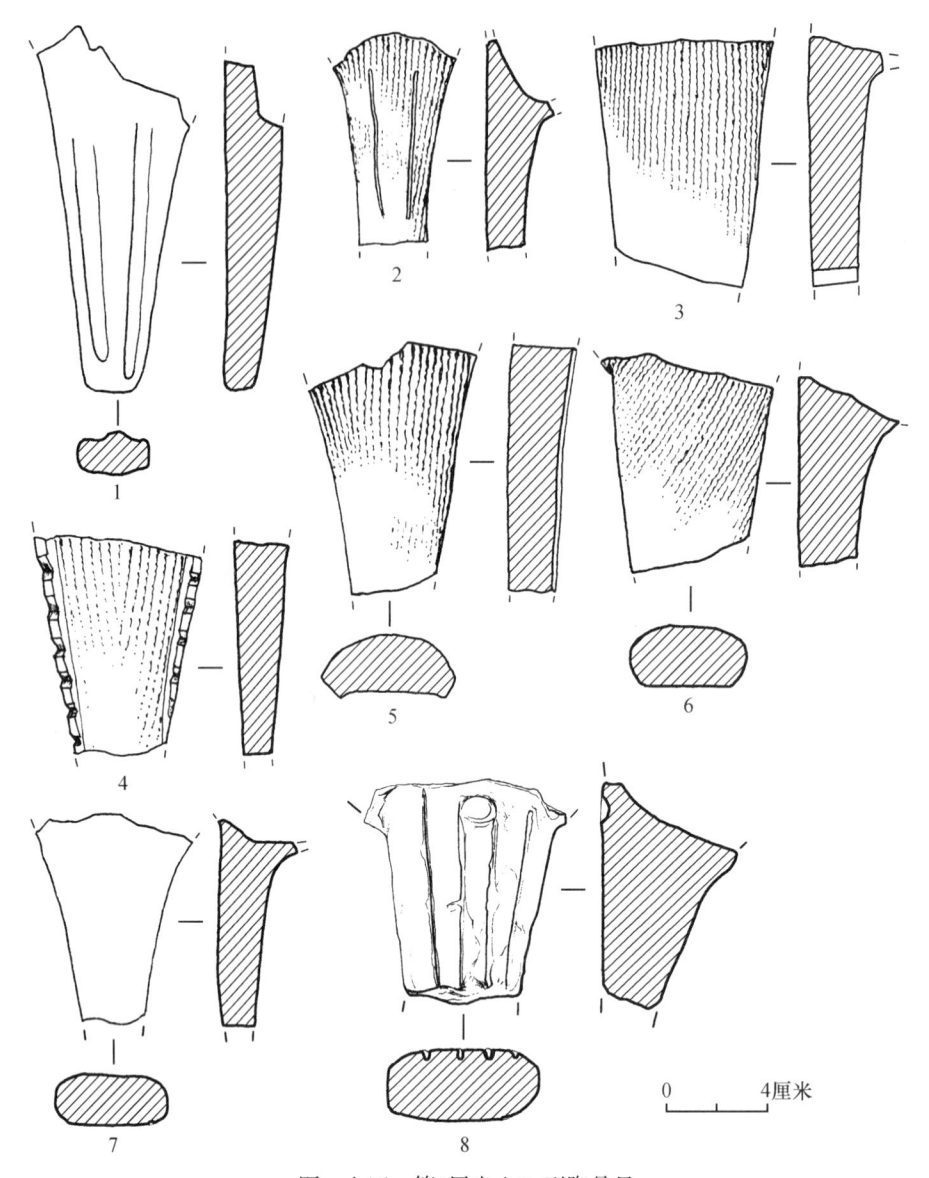

图一七四　第5层出土Ba型陶鼎足

1. T0202⑤:46　2. T0203⑤:76　3. T0203⑤:78　4. T0204⑤:64　5. T0204⑤:65　6. T0204⑤:66
7. T0204⑤:67　8. T0503⑤:32

C型　12件。

Ca型，11件。标本T0201⑤:28，夹砂红陶。圆锥足，足根饰一个按窝，其下饰一道竖向刻槽，足跟捏制。残高15.4厘米（图一七五，2；图一七七，4；图版六七，5）。标本T0201⑤:29，夹砂红陶。圆锥足，足面饰一道竖向浅刻槽，足跟捏制。残高11.8厘米（图一七五，3）。标本T0201⑤:30，夹砂红陶。圆锥足，足跟饰一个按窝，足跟捏制。残高10.5厘米（图一七五，4）。标本T0201⑤:31，夹砂红陶。上端残，圆锥足，足跟捏制，素面。残高9.6厘米（图一七五，5）。标本T0202⑤:41，夹砂红褐陶。圆锥足，足根饰一个按窝，其下饰一道竖向刻槽，足跟捏制。残高10.2厘米（图一七五，6）。标本T0203⑤:77，夹砂红陶。下端残，圆锥足，足面饰一道竖向深刻槽。残高8.6厘米（图一七六，1）。标本

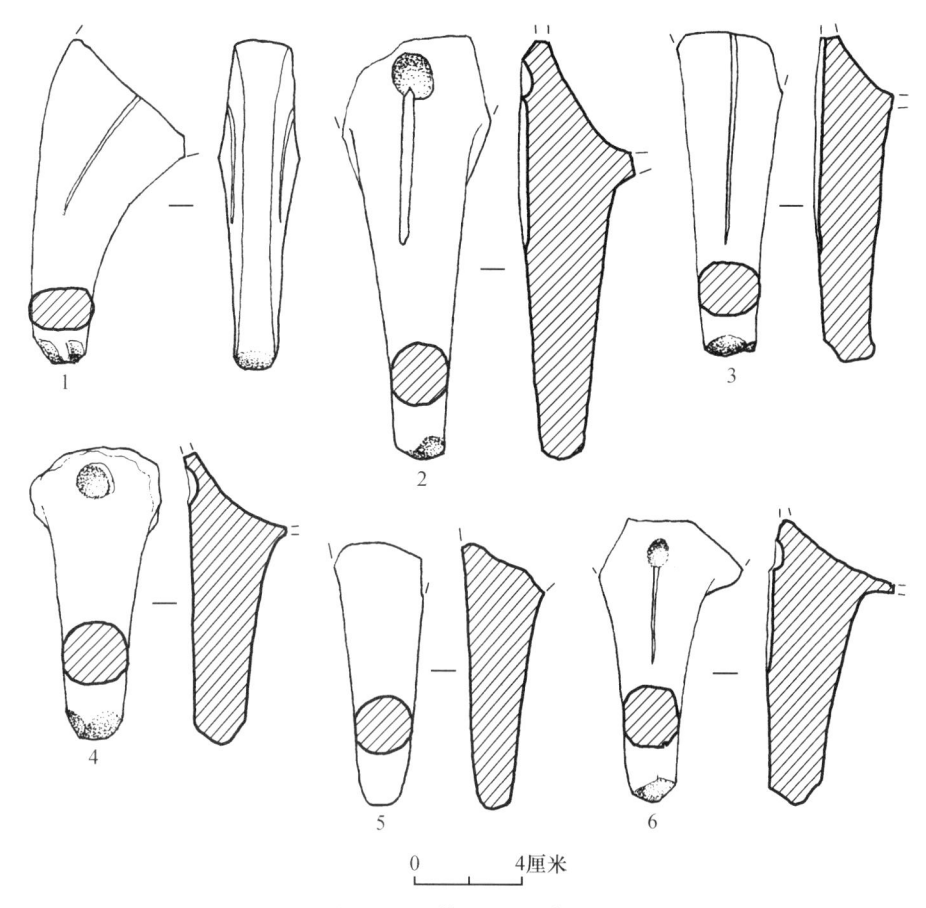

图一七五　第5层出土陶鼎足
1. Bb型（T0202⑤：39）　2~6. Ca型（2. T0201⑤：28、3. T0201⑤：29、4. T0201⑤：30、5. T0201⑤：31、6. T0202⑤：41）

T0204⑤：69，夹砂黑陶。上端残，圆锥足，足面饰一道刻槽。残高12厘米（图一七六，2）。标本T0502⑤：5，夹砂浅黄陶。上下端残，圆锥足，足根饰一个按窝，其下饰一道竖向刻槽。残高13.8厘米（图一七六，3）。标本T0502⑤：6，夹砂红陶。下端残，圆锥足，足面饰竖向三个按窝。残高9.5厘米（图一七六，4）。标本T0502⑤：7，夹砂红陶。仅存上端，圆锥足，足根饰三个按窝，其下饰三道浅刻槽。残高6.2厘米（图一七六，5）。标本T0503⑤：31，夹砂红陶。仅存上端，圆锥足，足根饰一个按窝，其下饰六道刻槽。残高9.2厘米（图一七六，6；图一七七，5）。

Cb型，1件。标本T0204⑤：68，夹砂红陶。圆锥足，足跟外撇，足根饰一个按窝，其下饰三道刻槽。残高10厘米（图一七六，7；图版六八，1）。

矮领罐口沿　8件。

A型　3件。标本T0204⑤：79，泥质浅黄陶。短外斜沿，圆唇，素面。复原口径16、残高3.6厘米（图一七八，1）。标本T0204⑤：82，夹砂褐陶。短外斜沿，圆唇，肩部饰绳纹。复原口径13.2、残高4厘米（图一七八，2）。标本T0304⑤：10，夹砂褐陶。短外斜沿，圆唇，沿外及肩部饰绳纹。复原口径15、残高5.5厘米（图一七八，3）。

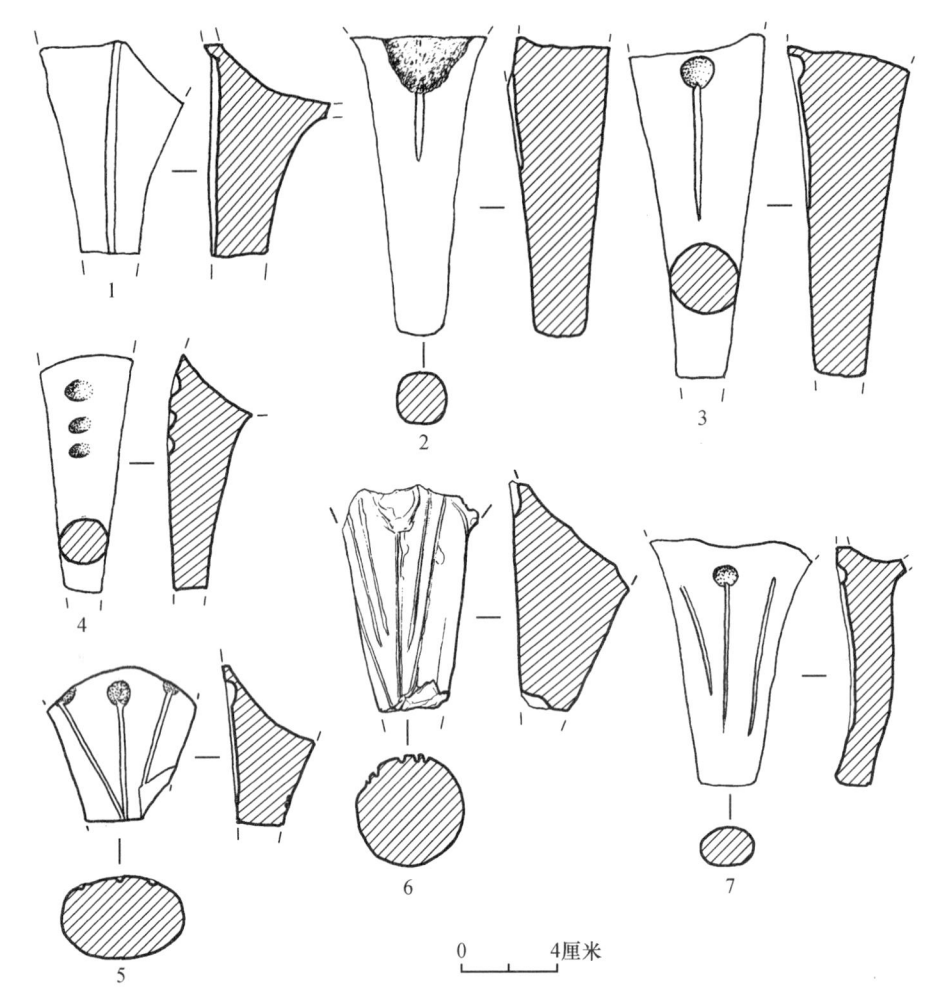

图一七六　第5层出土陶鼎足
1~6. Ca型（1. T0203⑤：77、2. T0204⑤：69、3. T0502⑤：5、4. T0502⑤：6、5. T0502⑤：7、6. T0503⑤：31）
7. Cb型（T0204⑤：68）

B型　1件。标本T0203⑤：70，泥质黑皮红陶。宽外斜沿，沿面内凹，圆唇，素面。残高4.6厘米（图一七八，4）。

C型　3件。标本T0203⑤：69，泥质黑陶。短直口微侈，厚唇，广肩，肩部饰交错细绳纹。口径14、残高5厘米（图一七八，5；图版六八，2）。标本T0204⑤：80，泥质黑陶。短直口微侈，圆唇，肩部饰绳纹。复原口径16、残高4.7厘米（图一七八，7）。标本T0204⑤：81，泥质硬灰陶。短直口，方唇，肩部饰小方格纹。复原口径10、残高5厘米（图一七八，9）。

F型　1件。标本T0202⑤：63，泥质黑皮红陶。凹沿，敛口，尖圆唇，颈肩交界处饰一道凸棱。残高1.7厘米（图一七八，6）。

双沿坛口沿　2件。标本T0201⑤：38，夹砂红陶。仅存口沿局部，沿上端残，内沿敛，外沿敞，溜肩，素面。残高6厘米（图一七八，8；图版七〇，1）。标本T0304⑤：13，夹砂灰陶。内沿直，沿外饰二道凹弦纹，外沿敞，溜肩。内径11.2、外径19.2、残高7厘米（图

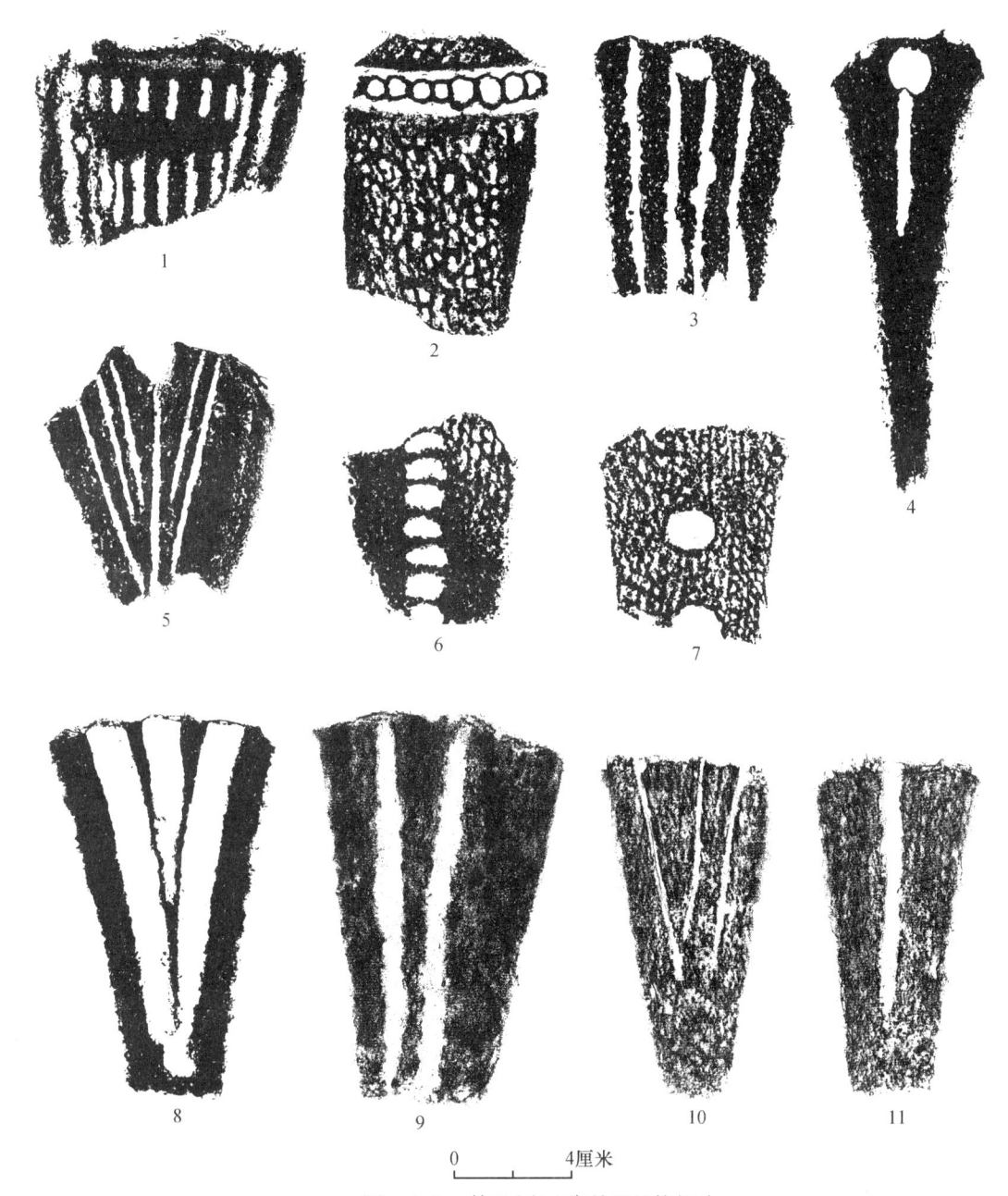

图一七七　第5层出土陶鼎足纹饰拓片

1. 刻槽+刻划纹（T0202⑤：42）　2. 绳纹+附加堆纹（T0202⑤：43）　3. 按窝+四刻槽（T0503⑤：32）　4. 按窝+单刻槽（T0201⑤：28）　5. 六刻槽（T0503⑤：31）　6、7. 绳纹+按窝（6. T0203⑤：63、7. T0203⑤：67）　8、10. 三刻槽（8. T0201⑤：43、10. T0202⑤：45）　9. 双刻槽（T0405⑤：44）　11. 单刻槽（T0201⑤：45）

一七八，11；图版七〇，2）。

罐底　4件。

A型　2件。标本T0202⑤：73，泥质灰陶。弧腹，平底，素面。底径10、残高4.8厘米（图一七八，10）。标本T0203⑤：92，泥质黑皮红陶。斜腹，平底微凹，素面。底径7.8、残高3厘米（图一七八，12）。

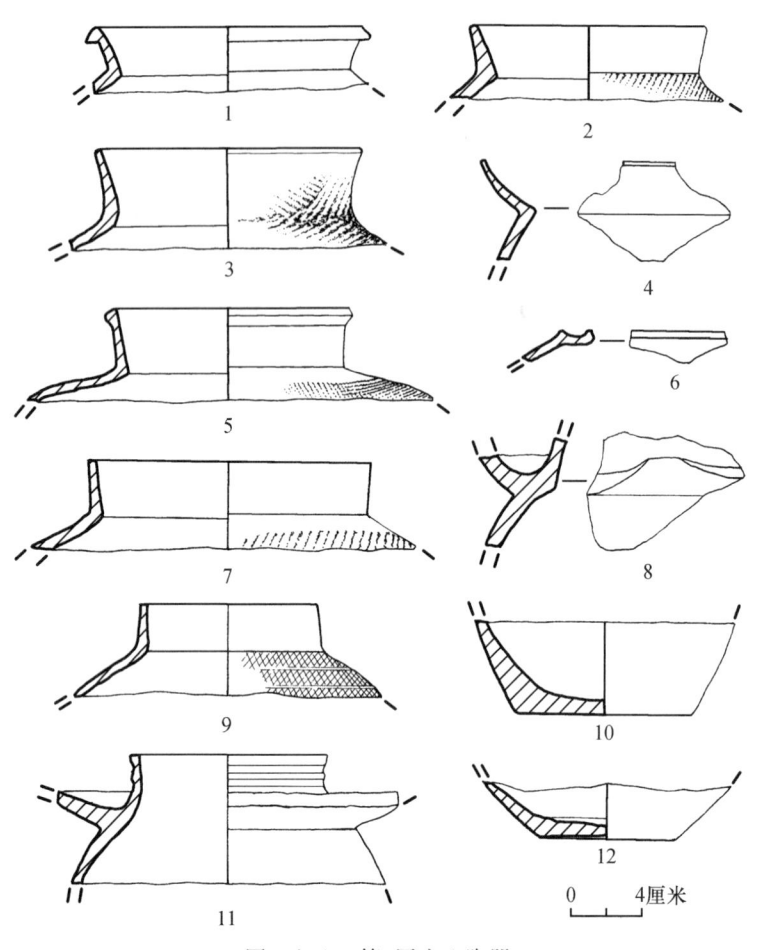

图一七八　第5层出土陶器

1~3. A型矮领罐口沿（1. T0204⑤：79、2. T0204⑤：82、3. T0304⑤：10）　4. B型矮领罐口沿（T0203⑤：70）
5、7、9. C型矮领罐口沿（5. T0203⑤：69、7. T0204⑤：80、9. T0204⑤：81）　6. F型矮领罐口沿（T0202⑤：63）
8、11. 双沿坛口沿（8. T0201⑤：38、11. T0304⑤：13）　10、12. A型罐底（10. T0202⑤：73、12. T0203⑤：92）

F型　2件。标本T0204⑤：78，泥质灰陶。圜底，圈足外撇，下腹及底部饰绳纹。底径10.4、残高3.2厘米（图一七九，1）。标本T0503⑤：28，夹砂黑陶。圜底，圈足外撇，腹部饰细绳纹。底径17、残高5厘米（图一七九，4）。

高领罐口沿　10件。

A型　8件。标本T0201⑤：35，泥质黑皮红陶。外卷沿，圆唇，高束领，素面。复原口径12、残高7.4厘米（图一七九，5）。标本T0201⑤：39，泥质灰陶。外卷沿，方唇，高束领，素面。复原口径14、残高4.4厘米（图一七九，2）。标本T0202⑤：51，夹砂褐陶。外卷沿，圆唇，高束领，颈、肩部饰细绳纹。残高9.2厘米（图一七九，6）。标本T0202⑤：60，泥质浅灰陶。短折沿，沿面内凹，尖圆唇，高束领，素面。复原口径12、残高4.6厘米（图一七九，9）。标本T0202⑤：62，夹砂褐陶。外卷沿，圆唇，高束领，肩部饰细绳纹。残高6厘米（图一七九，3）。标本T0202⑤：75，泥质灰陶。外卷沿，圆唇，高束领，素面，内壁有轮修旋纹。口径13、残高8.4厘米（图一七九，8）。标本T0304⑤：9，夹砂红陶。外卷沿，方唇，高束领，颈、肩交界处饰一道泥条状附加堆纹。复原口径15、残高6.5厘米（图一七九，

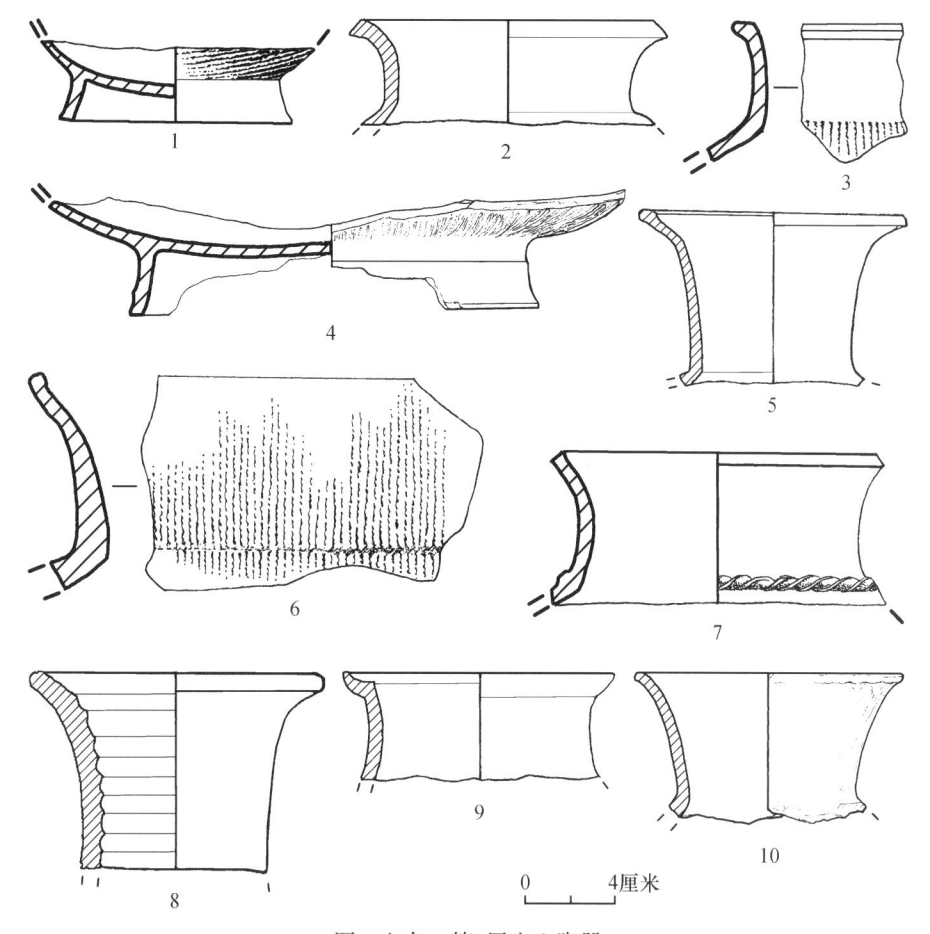

图一七九　第5层出土陶器
1、4.F型罐底（1.T0204⑤：78、4.T0503⑤：28）　2、3、5～10.A型高领罐口沿（2.T0201⑤：39、3.T0202⑤：62、5.T0201⑤：35、6.T0202⑤：51、7.T0304⑤：9、8.T0202⑤：75、9.T0202⑤：60、10.T0503⑤：29）

7）。标本T0503⑤：29，夹砂褐陶。外卷沿，圆唇，高束领，素面。口径12、残高6.4厘米（图一七九，10）。

B型　1件。标本T0202⑤：59，夹砂黑皮红陶。高直领，领部饰篮纹，颈部饰二道凸棱，肩部拍印方格纹。残高9.6厘米（图一八〇，1；图版六八，3）。

C型　1件。标本T0503⑤：39，泥质黑陶。盘口，圆唇，高束领，外饰凸棱纹。口径25.6、底径18、残高9厘米（图一八〇，3；图版六八，4）。

釜鼎口沿　15件。标本T0201⑤：42，夹砂灰陶。宽外斜沿，圆唇，溜肩，素面。复原口径34、残高11厘米（图一八〇，2；图版六八，5）。标本T0202⑤：52，夹砂褐陶。宽外斜沿，方唇，沿外及肩部饰粗绳纹。残高7厘米（图一八〇，5）。标本T0202⑤：53，夹砂红陶。宽外斜沿，方唇，颈肩部饰粗绳纹，纹饰模糊。复原口径19、残高4.4厘米（图一八〇，6）。标本T0202⑤：54，夹砂红陶。外斜沿，方唇，颈、肩部饰细绳纹。残高7.7厘米（图一八〇，4）。标本T0202⑤：55，夹砂褐陶。外斜沿，方唇，溜肩，弧腹，肩、腹部饰细绳纹。残高9.4厘米（图一八〇，8）。标本T0202⑤：64，夹砂浅灰陶。宽外斜沿，沿面内凹，圆唇，素面。复原口径37、残高6厘米（图一八〇，7）。标本T0203⑤：68，夹砂褐陶。外

·224·　　宁乡罗家冲

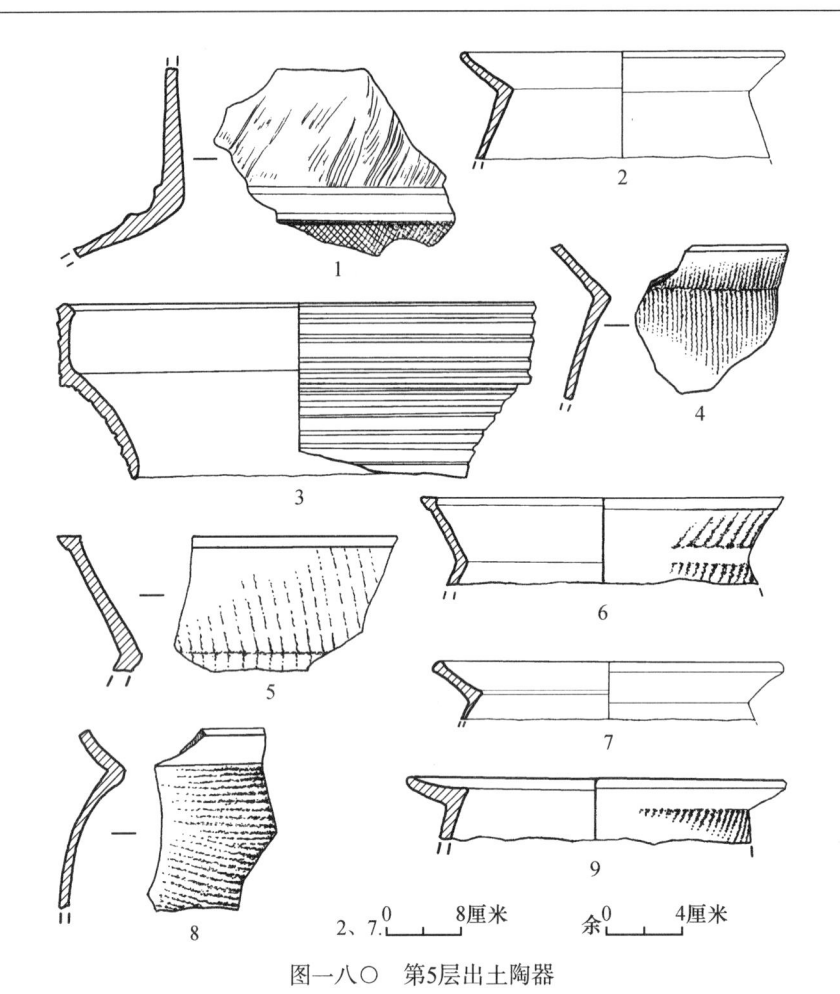

图一八〇　第5层出土陶器
1. B型高领罐口沿（T0202⑤:59）　2、4~9.釜鼎口沿（2.T0201⑤:42、4.T0202⑤:54、5.T0202⑤:52、6.T0202⑤:53、7.T0202⑤:64、8.T0202⑤:55、9.T0203⑤:68）　3. C型高领罐口沿（T0503⑤:39）

斜沿，沿面内凹，圆唇，口颈相接处形成凸出台面，肩部饰有绳纹。复原口径20、残高3.2厘米（图一八〇，9）。标本T0204⑤:71，夹砂褐陶。宽外斜沿，沿面内凹，方唇，沿外及颈部饰绳纹。残高4.4厘米（图一八一，1）。标本T0204⑤:72，夹砂褐陶。宽外斜沿，沿面内凹，尖圆唇，素面。残高6厘米（图一八一，4）。标本T0204⑤:73，夹砂红陶。外斜沿，方唇，沿外及颈部饰绳纹。复原口径30、残高3.6厘米（图一八一，2）。标本T0204⑤:74，夹砂红陶。外斜沿，方唇，颈、肩部饰绳纹。复原口径24、残高4厘米（图一八一，3）。标本T0204⑤:83，夹砂红陶。宽外斜沿，圆唇，素面。复原口径38、残高6.4厘米（图一八一，5）。标本T0204⑤:84，夹砂灰陶。宽外斜沿，沿面内凹，方唇，中部有一道凹槽，肩部饰绳纹。复原口径30、残高6.6厘米（图一八一，6）。标本T0204⑤:85，夹砂红陶。外斜沿，沿面微凹，方唇，颈、肩部饰绳纹。复原口径30、残高6.2厘米（图一八一，8）。标本T0503⑤:27，夹砂红褐陶。宽外斜沿，沿面内凹，尖圆唇，弧肩，肩部饰绳纹。复原口径37、残高4.5厘米（图一八一，5）。

折腹壶　1件。标本T0201⑤:20，泥质黑皮红陶。口部残。长颈，折腹，素面。残高9、腹径6.5、底径4.4厘米（图一八一，9；图版六八，6）。

图一八一　第5层出土陶器

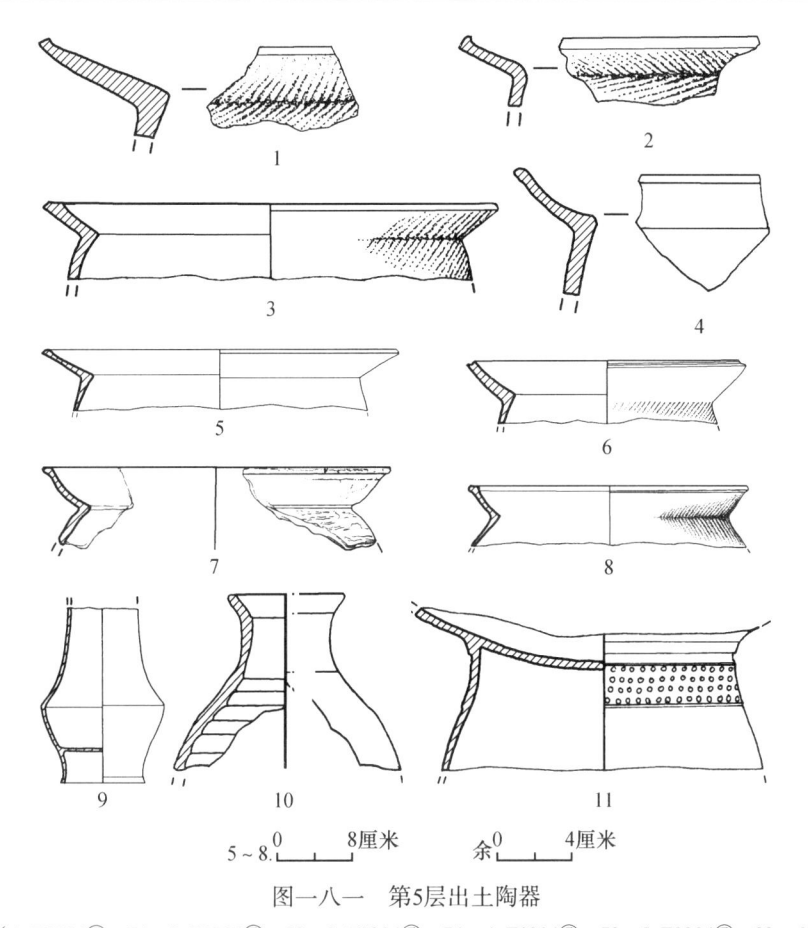

1~8. 釜鼎口沿（1. T0204⑤：71、2. T0204⑤：73、3. T0204⑤：74、4. T0204⑤：72、5. T0204⑤：83、6. T0204⑤：84、7. T0503⑤：27、8. T0204⑤：85）　9. 折腹壶（T0201⑤：20）　10. 壶（T0203⑤：49）　11. 圈足盘（T0502东扩方⑤：4）

壶　1件。标本T0203⑤：49，泥质红褐陶。外卷口，圆唇，束颈，溜肩，素面，内壁有泥条盘筑痕迹。口径6.2、残高9.2厘米（图一八一，10）。

圈足盘　2件。标本T0502东扩方⑤：4，泥质黑陶。圈足下端外撇，上端饰三道弦纹，下面两道弦纹间饰四排小镂孔。底径17.2、残高8.5厘米（图一八一，11；图版六九，1）。标本T0503⑤：30，泥质黑陶。圈足外撇，素面。底径12、残高3.6厘米（图一八二，1）。

豆盘　2件。

Ab型，1件。标本T0202⑤：58，夹砂黑皮红陶。折沿，圆唇，浅腹，素面。复原口径18、残高4厘米（图一八二，3）。

B型　1件。标本T0204⑤：75，泥质浅黄陶。敞口，圆唇，弧腹，素面。复原口径20、残高4.4厘米（图一八二，4）。

豆形器　1件。标本T0204⑤：88，夹砂灰陶。上部呈弧腹豆盘形，圆唇，底部有孔，素面。复原口径24、残高6、孔径8~9.2厘米（图一八二，2）。

豆柄　Aa型，11件。标本T0201⑤：34，泥质黑陶。仅存豆柄上部，高粗中空柄，中部饰三个对称圆形镂孔。残高5.4厘米（图一八三，2）。标本T0201⑤：40，泥质灰陶。豆柄下端残，高粗中空柄，外饰上下两圈四组对称圆形镂孔。孔径1、残高7厘米（图一八三，1）。标

图一八二 第5层出土陶器

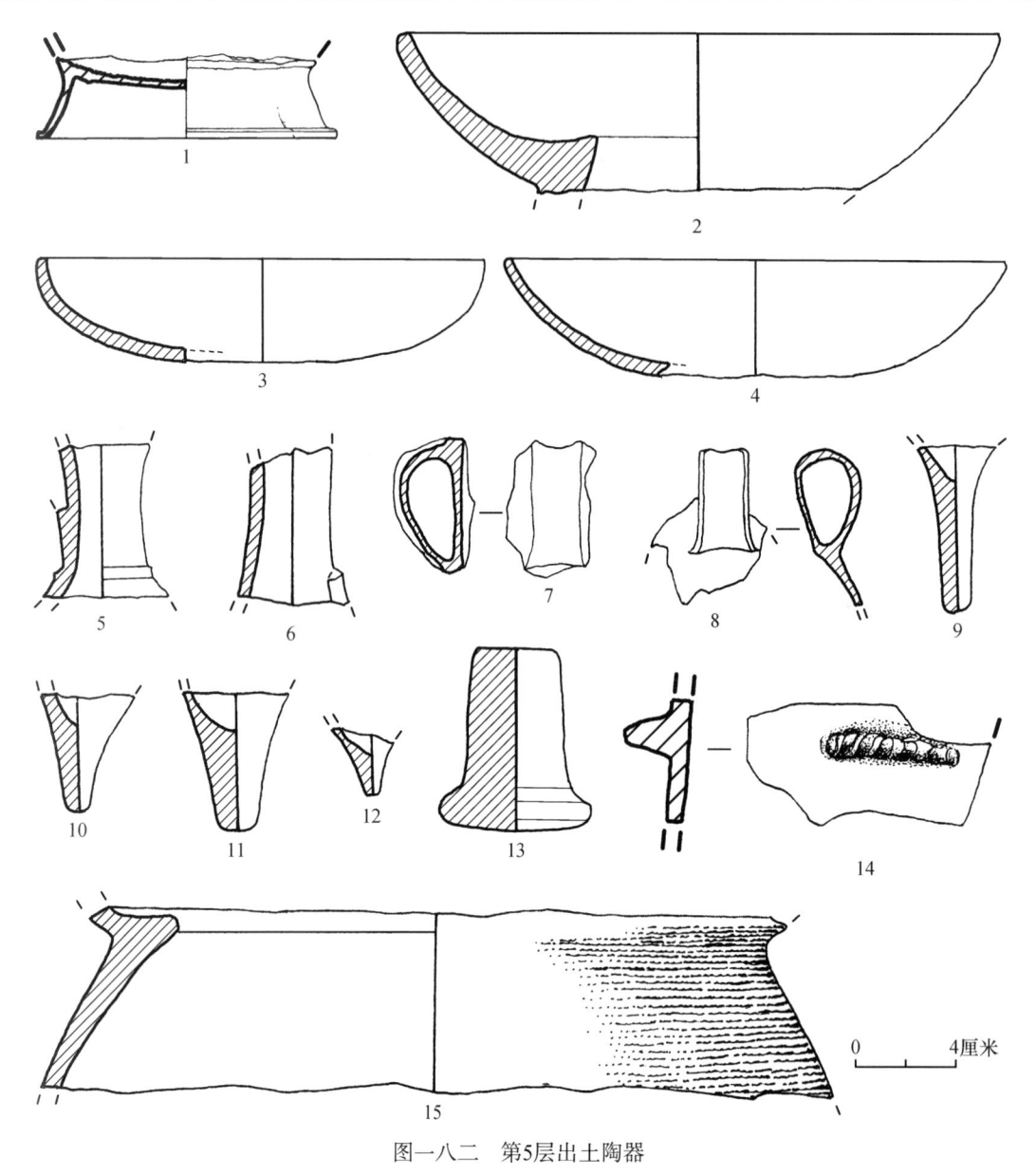

1. 圈足盘（T0503⑤：30） 2. 豆形器（T0204⑤：88） 3. Ab型豆盘（T0202⑤：58） 4. B型豆盘（T0204⑤：75）
5、6. A型鬶（5. T0201⑤：36、6. T0203⑤：64） 7、8. 鬶鋬（7. T0201⑤：37、8. T0203⑤：91） 9. D型鬶足（T0202⑤：48）
10、11. A型鬶足（10. T0201⑤：33、11. T0202⑤：49） 12. B型鬶足（T0202⑤：50） 13. 拍（T0204⑤：27）
14. 鋬手（T0202⑤：65） 15. 甗形器（T0204⑤：89）

本T0202⑤：56，夹砂黑皮红陶。高粗中空柄，柄上部饰圆形镂孔。残高4.8厘米（图一八三，4）。标本T0202⑤：57，夹砂黑皮红陶。仅存豆盘底部及豆柄上部，高粗中空柄，素面。残高4厘米（图一八三，3）。标本T0203⑤：65，夹砂黑皮红陶。仅存豆盘底部及豆柄上部，高粗中空柄，柄上部饰一道凸弦纹。残高6.6厘米（图一八三，5）。标本T0203⑤：72，夹砂灰陶。高粗中空柄，柄上端有凸棱，素面。残高3.4厘米（图一八三，11）。标本T0204⑤：76，夹砂红陶。仅存豆盘底部及豆柄上部，高粗中空柄，柄上部饰一道凹弦纹及两个圆形镂孔，柄内壁有数道轮修纹。残高4厘米（图一八三，10）。标本T0204⑤：77，泥质灰陶。高粗

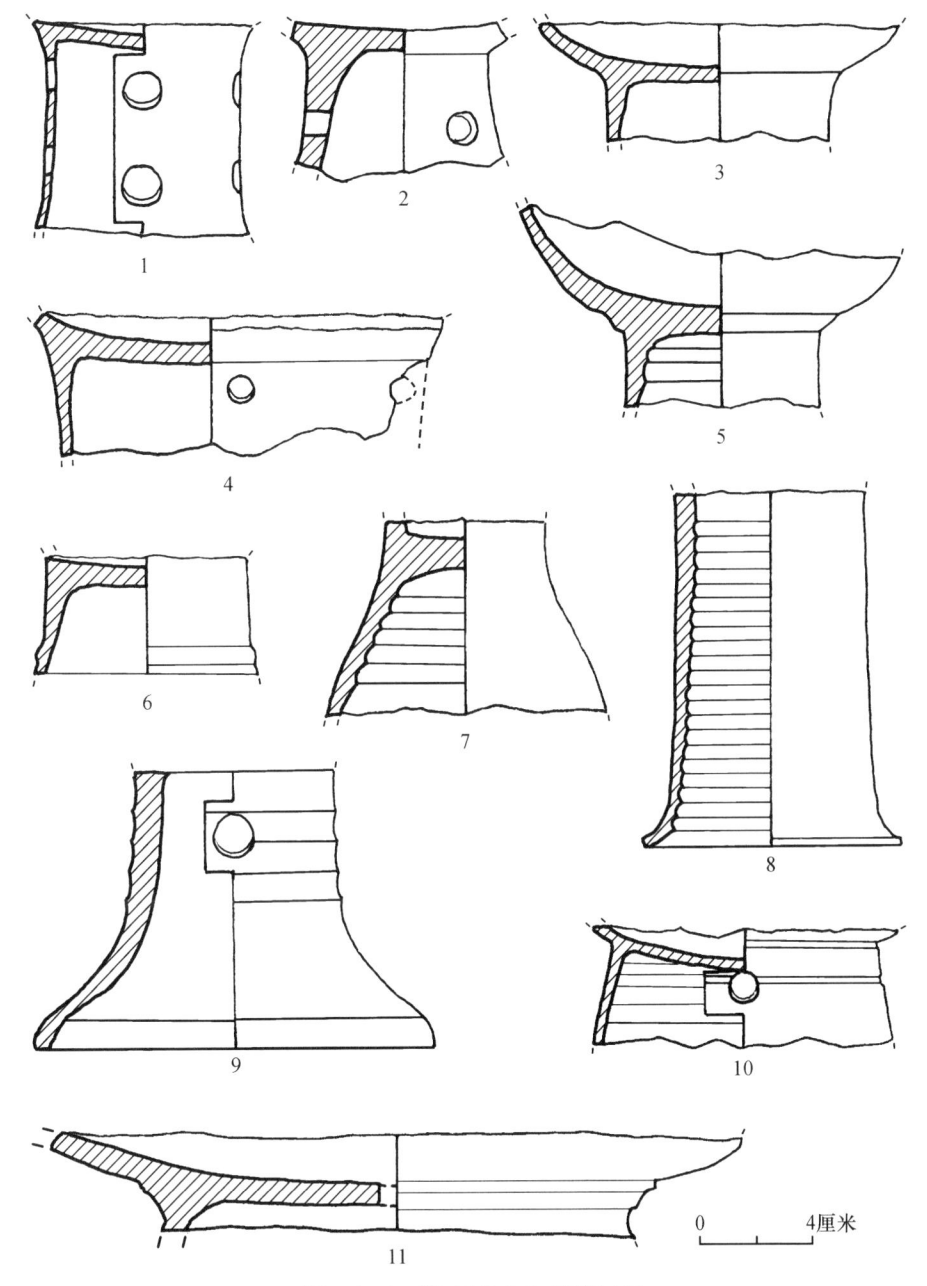

图一八三 第5层出土Aa型陶豆柄

1. T0201⑤：40 2. T0201⑤：34 3. T0202⑤：57 4. T0202⑤：56 5. T0203⑤：65 6. T0304⑤：14 7. T0204⑤：95
8. T0204⑤：77 9. T0204⑤：87 10. T0204⑤：76 11. T0203⑤：72

中空柄，圈足外撇，素面，内壁有轮修纹。底径9.2、残高12厘米（图一八三，8）。标本T0204⑤：87，泥质黑皮红陶。高粗中空柄，圈足呈喇叭状，柄上部饰四道凸棱纹及两个对称圆形镂孔。复原底径14、残高9.4、孔径1.4厘米（图一八三，9；图版七〇，5）。标本T0204⑤：95，泥质黑皮红陶。豆柄下端残，高粗中空柄，内壁有数道轮修纹。残高6.6厘米（图一八三，7）。标本T0304⑤：14，泥质黑皮红陶。仅存豆柄上部，高粗中空柄，中部饰一道凸棱。残高4厘米（图一八三，6）。

甗形器　1件。标本T0204⑤：89，夹砂褐陶。仅存中部，束腰，下腹外弧，外饰绳纹。残高7厘米（图一八二，15）。

器盖　8件。

A型　6件。标本T0201⑤：46，泥质黑陶。圈足状纽，外侧饰四道凸棱。残高4.2厘米（图一八四，1）。标本T0201⑤：47，夹砂红陶。圈足状纽，素面。残高3.4厘米（图一八四，2）。标本T0201⑤：48，夹砂黑陶。圈足状纽，素面。残高2厘米（图一八四，7）。标本T0202⑤：70，夹砂褐陶。圈足状纽，外饰绳纹。残高4.6、复原直径8厘米（图一八四，4）。标本T0202⑤：71，泥质灰陶。圈足状纽，纽上端外折，素面。残高3、底径8厘米（图一八四，3）。标本T0204⑤：93，夹砂褐陶。圈足状纽，盖呈覆钵状，外饰粗绳纹。残高4.4厘米（图一八四，5）。

形制不明　2件。标本T0202⑤：72，泥质灰陶。盖纽残失，覆钵状，尖圆唇，盖沿外翻，素面。复原口径28、残高5厘米（图一八四，8）。标本T0204⑤：94，泥质黑陶。盖纽残失，覆钵状，盖沿外翻，素面。复原口径24、残高4厘米（图一八四，6）。

鬶　A型　2件。标本T0201⑤：36，泥质红陶。仅存颈下端，细长颈，下端有一道凸棱及把手残存，素面。残高6厘米（图一八二，5）。标本T0203⑤：64，泥质红陶。仅存颈下端，细长颈，下端有把手残存，素面。残高6厘米（图一八二，6）。

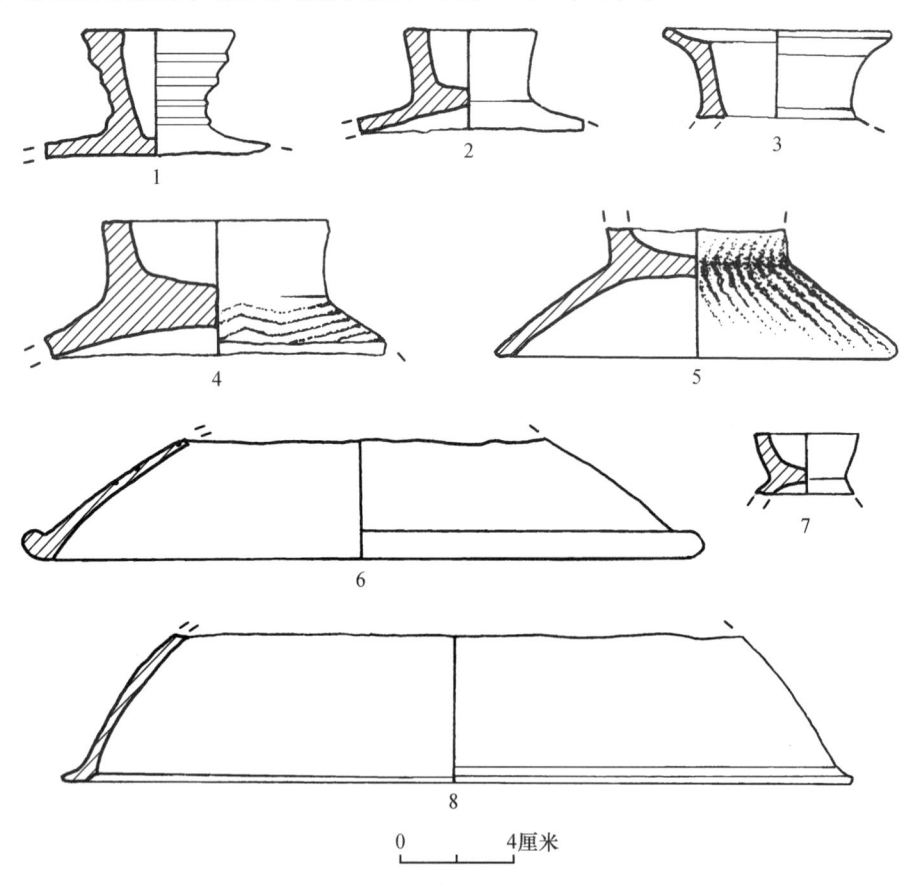

图一八四　第5层出土陶器盖

1~5、7. A型（1. T0201⑤：46、2. T0201⑤：47、3. T0202⑤：71、4. T0202⑤：70、5. T0204⑤：93、7. T0201⑤：48）
6、8. 形制不明（6. T0204⑤：94、8. T0202⑤：72）

鬹鋬 2件。标本T0201⑤∶37，泥质红陶。宽扁耳状，素面。残高5.4厘米（图一八二，7；图版六九，2）。标本T0203⑤∶91，泥质红陶。宽扁耳状，素面。残高6厘米（图一八二，8；图版六九，3）。

鬹足 4件。

A型 2件。标本T0201⑤∶33，夹砂褐陶。高锥状足，素面。残高4.4厘米（图一八二，10）。标本T0202⑤∶49，夹砂褐陶。高锥状足，素面。残高5.4厘米（图一八二，11；图版六九，4）。

B型 1件。标本T0202⑤∶50，泥质红陶。乳钉状，素面。残高2.6厘米（图一八二，12；图版六九，5）。

D型 1件。标本T0202⑤∶48，泥质红陶。细高柱足，素面。残高6.4厘米（图一八二，9；图版六九，6）。

鋬手 1件。标本T0202⑤∶65，夹砂浅灰陶。半椭圆形。残宽9.7、残高4.8厘米（图一八二，14）。

大口尊口沿 1件。标本T0202⑤∶69，夹砂红陶。侈口，圆唇，腹部斜直，沿外饰凸弦纹和附加堆纹。残高5.8厘米（图一八五，2）。

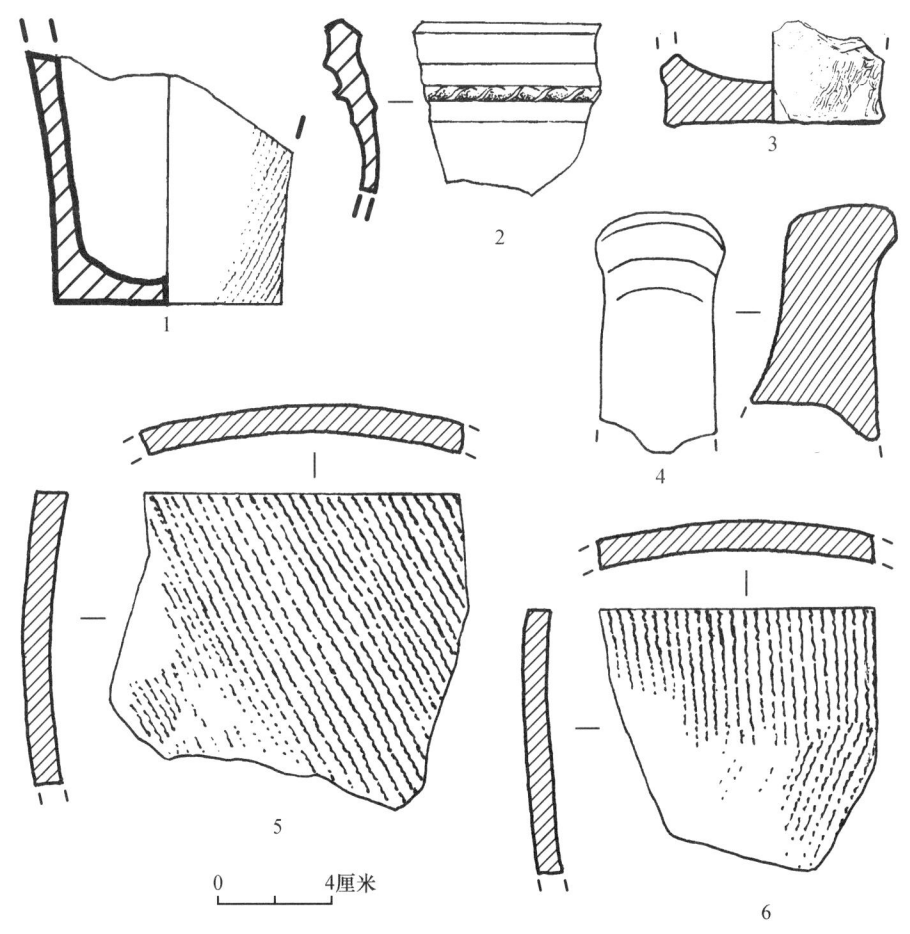

图一八五 第5层出土陶器
1、3. 大口缸底（1. T0203⑤∶66、3. T0503⑤∶33） 2. 大口尊口沿（T0202⑤∶69） 4. 支座（T0204⑤∶70）
5、6. 板瓦（5. T0201⑤∶41、6. T0204⑤∶96）

拍　1件。标本T0204⑤：27，夹砂红陶。蘑菇形，圆柱状柄，圆形垫面隆，素面。高7、垫面直径6厘米（图一八二，13；图版七〇，6）。

大口缸底　2件。标本T0203⑤：66，夹砂红陶。圆柱形，中空，平底，外饰细绳纹。残高8.6、底径8厘米（图一八五，1；图版七〇，3、4）。标本T0503⑤：33，夹砂红陶。圆柱形，斜腹，平底，外饰细绳纹。底径8、残高3.5厘米（图一八五，3）。

支座　1件。标本T0204⑤：70，夹砂红陶。下部残，圆柱状，顶部外凸，素面。残高8厘米（图一八五，4）。

板瓦　2件。标本T0201⑤：41，夹砂红陶。仅存中部一块，外饰绳纹。残长10.6、残宽11.4、厚1.2厘米（图一八五，5）。标本T0204⑤：96，夹砂红陶。仅存中部一块，外饰绳纹。残长9、残宽9.8、厚1厘米（图一八五，6）。

第三节　遗　　迹

一、房　　址

F1位于发掘区的南侧，于2014年及2016年两次发掘，其中2014年发掘了F1的西侧部分（图版一四），当时为了更详细地了解F1的建造方式及地层堆积关系，选择在F1的中部呈"十"形布设东西向及南北向各一条解剖沟（图版一五；图版一六，1；图版一七，1）。2016年发掘了F1的东侧部分（图版一八，1）。由于F1属于不同年度发掘且受发掘面积的限制，导致没能一次性完整揭露，造成了一定的遗憾，但通过发掘，基本可以了解F1的布局及建造方式。

（一）F1位置、叠压关系及结构

1. F1位置及叠压关系

主要分布在T0301、T0302、T0303、T0401、T0402、T0403、T0501、T0502八个探方内，F1位于遗址的中部，发掘区的南部，大部分区域开口于第2层下，局部开口于第4A层下，上部被部分晚期灰坑、柱洞及窑址等打破，叠压第5层、第6层及F2等早期遗存。

2. F1结构

F1平面布局为东西向大型长方形进深一间的三连间排房式地面建筑，北部遭大园塘破坏，方向5°，东西总长31米，南北残宽10米，总面积在310平方米以上。其中F1西侧两间建造及格局相同，自西向东第一间房屋开间宽7.5米，第2间宽9米，由于北墙基槽遭大园塘破坏不存，但以现存情况分析，南北进深每间至少在8米以上，各间门道位置不详。东侧第三间较小，略呈正方形，长、宽均为6.5米（图版一八，1；图版二〇，2），二、三号房间之间的隔墙基槽中间有一过道，宽0.5米，门道位于东南侧，宽4米。由于西侧一、二间与东侧第三间的北墙基槽连接部位被2016H5及2014H8破坏，导致连接方式不明。

从建造结构上分析，F1上部遭破坏，仅存基础部分，是由房基垫土、基槽及室外垫土等三大部分构成。

房基垫土：F1的房基垫土分布于整个房址四周边墙基槽外围的底部，东西长约35、宽约12米，从堆积层次上分两层，编号分别为F1②层、F1③层，其中F1②层为黄灰褐色沙土，夹少量红烧土颗粒，部分区域夹少量浅黄土块，大致呈水平状分布，在南墙基基槽外侧呈坡状分布，其上部由四周的墙基基槽分隔成各间的室内居住面，厚0~75厘米。F1③层为青灰色沙土，夹少量红烧土颗粒及陶器残片，厚0~30厘米。

房基基槽：基槽分为边墙基槽及隔墙基槽，其中西侧一、二间区域现存一条东西向南侧边墙基槽、一条南北向西侧边墙基槽及一条南北向隔墙基槽，北侧基槽被大园塘破坏无存，基槽均呈条带状分布，其中南侧边墙基槽残长26.4、宽2.5~2.7米；西侧边墙基槽仅存中部一小块，残长2.3、宽22.7米；隔墙基槽残长8、宽2.5~3米，在该条基槽的东侧填充一线纯净的浅黄土，推测应为加固墙基的垫土。墙基基槽由于部分区域遭破坏，大部分较浅，从解剖剖面观察，基槽下凹较为明显，深0.15~0.2米。基槽内均填充捣碎的红烧土块（图版一六，2）。而东侧第三间由北侧东西向边墙基槽和东侧南北向边墙基槽围合构成，基槽建造方式与西侧一、二间基槽不同，一是墙基较窄，二是基槽内填土为浅灰褐土，未填充红烧土，其中北墙基槽现存东西长11米，上部遭后期扰动较宽，上宽1~2、下宽0.6、深0.72~0.75米（图版一八，2；图版一九），东侧墙基基槽保存较好，南北长6.5、上宽0.75、下宽0.4、深0.6米（图版二〇，1）。其中二、三房屋之间的北隔墙基槽长4.7、宽1.4米；南隔墙基槽长3.25、宽1.5米。

室外垫土：在房址南侧由于有早期沟G3及2014G5及西侧等地势低洼区域，为了使房基周边平整，在这些地势低洼区域使用浅灰色土掺杂均匀的红烧土颗粒及红烧土碎块（编号为F1①层）等垫土铺垫平整，从而形成平整的室外活动面（图一八六）。整个垫土层东西长26.6~36、宽3.9~16.4米，从下至上分两层，其中下部沿F1南侧红烧土基槽边缘至南侧黄土台之间呈内凹底状铺垫大量红烧土碎块，南侧厚30厘米，上部也沿F1南侧基槽边缘向南及向西铺垫含烧土块或颗粒的浅灰色土至南侧的黄土台平齐，后被六朝时期的2014G2打破，发掘时其东西两侧由于后期破坏，垫土面呈坡状分布。

从建造方式分析，F1是先东西向铺设两层房基垫土（F1③、F1②）（图版一七，2），其次在房基垫土上开挖墙基基槽，再在基槽内立柱或砌墙以建造房屋。三间房屋从建造风格及规模大小等判断，建造是有先后顺序，即先开挖西侧两间主体建筑的墙基基槽，槽内填充捣碎的红烧土块，西侧两间房屋建造完成后，再出于某种需要，在东侧再加建开挖一间小型的附属建筑，该建筑墙基基槽较窄、较深，由于西侧两间主体建筑北墙基槽与东侧一间北墙基槽连接部位被2016H5及2014H8破坏，所以导致主体建筑与附属建筑北墙基连接方式不明，最后再在F1南侧及西侧等地势低洼区域使用F1①层铺垫，填充至与F1房基垫土层及南侧黄土台在同一平面，从而形成平整的室外活动面。

图一八六 F1平、剖面图

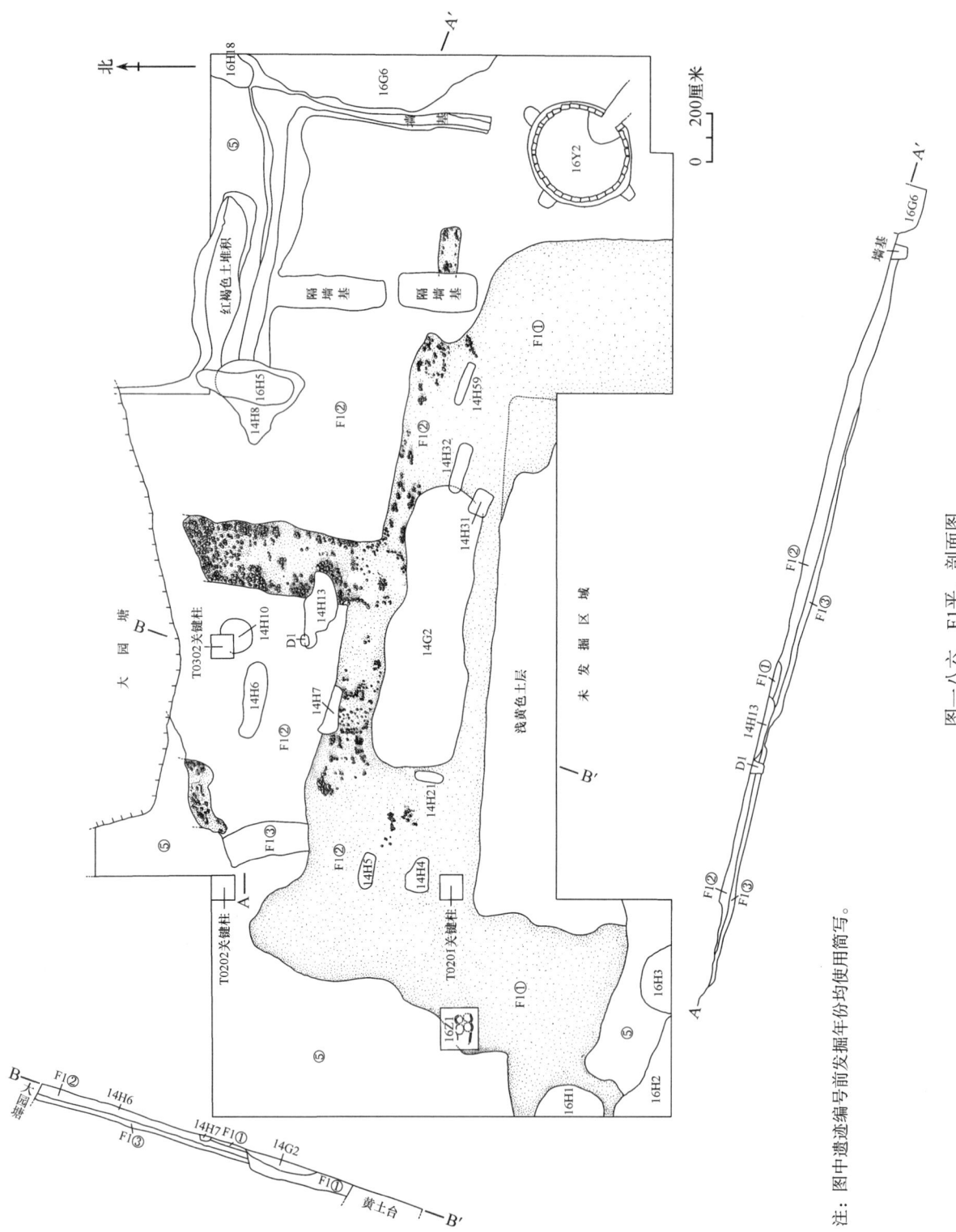

注：图中遗迹编号前发掘年份均使用简写。

（二）F1出土遗物

F1各层位出土遗物按质地可分为石器、陶器、玉器、青铜器等四大类，分述如下。

1. F1①层出土遗物

（1）石器

镞　156件。

A型　142件。

Aa型，43件。标本F1①：4，深青灰色石料。仅存镞身后端及铤，柳叶形，一面有脊，两侧刃，扁三角形铤。残长4.5、宽2.2、厚0.5厘米（图一八七，3）。标本F1①：7，深青灰色石料。镞身前端残，柳叶形，双面有脊，两侧刃，扁三角形铤。残长4.6、宽1.5、厚0.5厘米（图一八七，4）。标本F1①：9，青灰色石料。镞身前端及铤后端残，柳叶形，镞身双面有脊，两侧刃，扁三角形铤。残长4.5、宽1.4、厚0.4厘米（图一八七，5）。标本F1①：21，青灰色石料。镞身前端残，柳叶形，双面有脊，两侧刃，短扁三角形铤。残长4.7、宽1.7、厚0.4厘米（图一八七，6）。标本F1①：24，青灰色石料。前锋残，柳叶形，镞身前端双面有脊，两侧刃，短扁三角形铤。残长6.7、宽2、厚0.3厘米（图一八七，1）。标本F1①：25，深青灰色石料。镞身前端残，柳叶形，双面有脊，两侧刃，扁梯形铤。残长7、宽2.2、厚0.4厘米（图一八七，2）。标本F1①：29，青灰色石料。镞身前端残，柳叶形，无脊，两侧刃，扁梯形铤。残长4.5、宽2、厚0.4厘米（图一八七，10）。标本F1①：32，青灰色石料。镞身前端及铤后端残，柳叶形，双面有脊，两侧刃，铤两侧斜收。残长3.6、宽1.5、厚0.2厘米（图一八七，11）。标本F1①：39，青灰色石料。镞身前端残，柳叶形，一面有脊，一面平，两侧刃，扁三角形铤。残长5.5、宽2.5、厚0.2厘米（图一八七，15）。标本F1①：41，深青灰色石料。镞身前端及一侧残，柳叶形，双面有脊，两侧刃，扁梯形铤。残长5、残宽1.5、厚0.3厘米（图一八七，16）。标本F1①：42，青灰色石料。前锋及铤后端残，柳叶形，双面有脊，两侧刃，铤两侧斜收。残长5.8、宽1.8、厚0.4厘米（图一八七，9）。标本F1①：46，深青灰色石料。前锋及铤后端残，柳叶形，双面有脊，两侧刃，铤两侧斜收。残长5.5、宽1.3、厚0.3厘米（图一八七，17）。标本F1①：47，青灰色石料。前锋残，柳叶形，双面有脊，两侧刃，扁三角形铤。残长9.2、宽2.2、厚0.4厘米（图一八七，7；图版七一，1）。标本F1①：48，青灰色石料。镞身前端残，柳叶形，双面有脊，两侧刃，短扁三角形铤。残长4.2、宽1.7、厚0.2厘米（图一八七，8）。标本F1①：55，灰色石料。镞身前端残，宽柳叶形，双面平，扁三角形铤。残长4.6、宽2.3、厚0.4厘米（图一八七，12）。标本F1①：65，紫红色石料。前锋及铤后端残，柳叶形，镞身前端双面有脊，两侧刃，铤两侧斜收扁平。残长4.1、宽1.6、厚0.3厘米（图一八七，13）。标本F1①：70，青灰色石料。镞后端残，柳叶形，双面有脊，两侧刃，铤两侧斜收。残长5、宽1.8、厚0.6厘米（图一八八，1）。标本F1①：71，深青灰色石料。仅存镞身后端及铤，双面无脊，两侧刃，扁三角形铤。残长4.3、宽2.3、厚0.4厘米（图一八七，

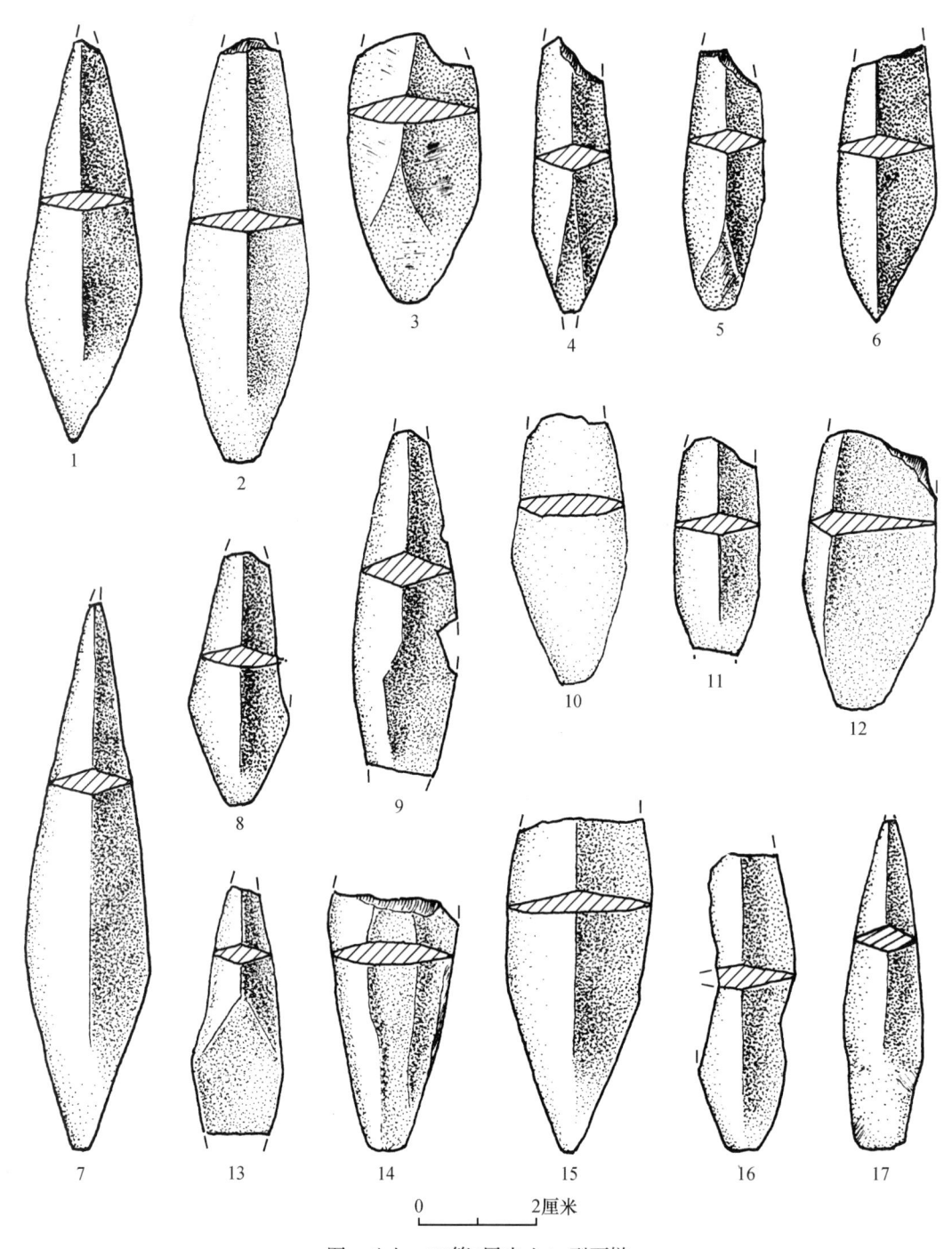

图一八七　F1第1层出土Aa型石镞
1. F1①：24　2. F1①：25　3. F1①：4　4. F1①：7　5. F1①：9　6. F1①：21　7. F1①：47　8. F1①：48　9. F1①：42
10. F1①：29　11. F1①：32　12. F1①：55　13. F1①：65　14. F1①：71　15. F1①：39　16. F1①：41　17. F1①：46

上篇　第七章　早二期遗存　　·235·

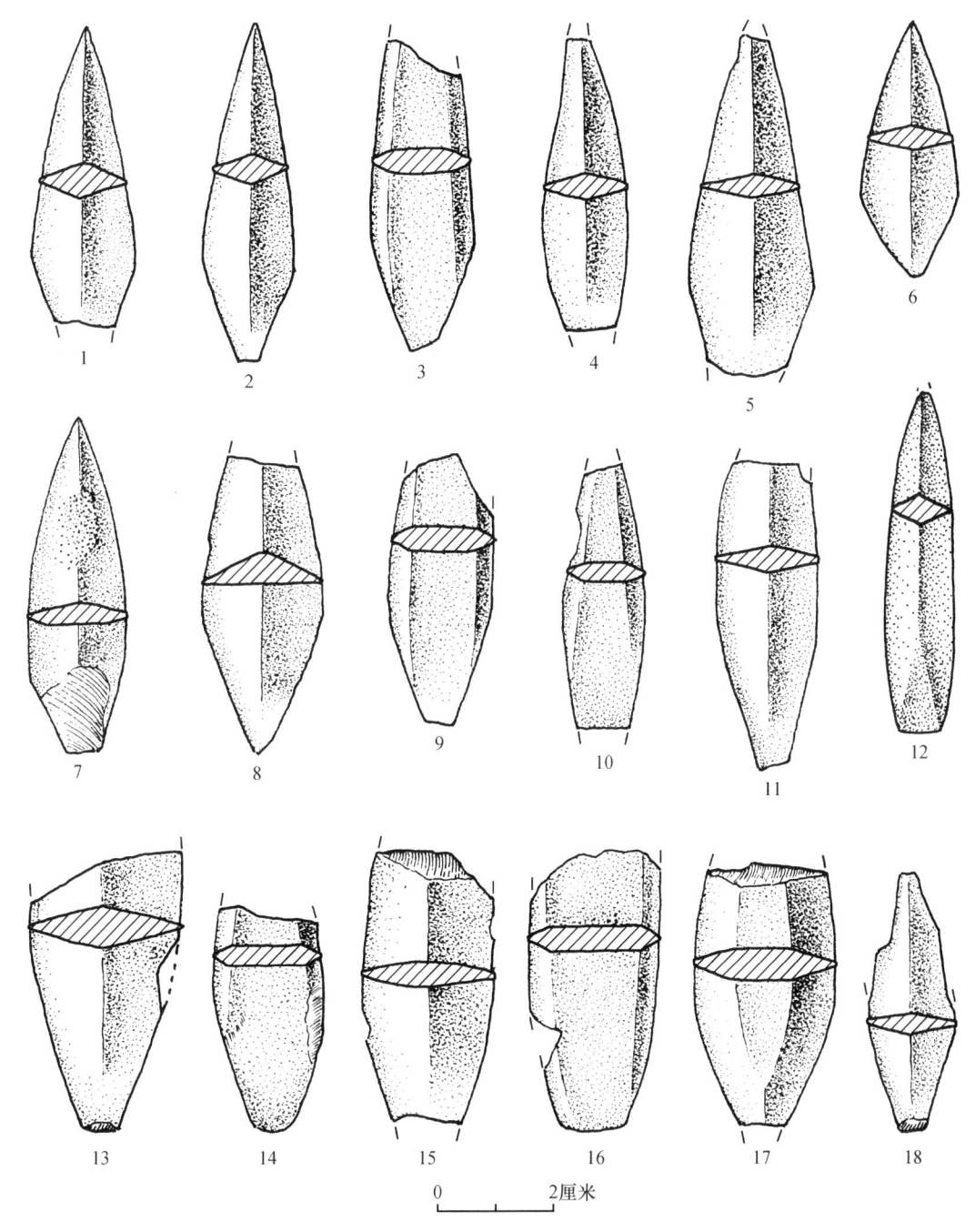

图一八八　F1第1层出土Aa型石镞
1. F1①：70　2. F1①：82　3. F1①：99　4. F1①：108　5. F1①：137　6. F1①：104　7. F1①：198　8. F1①：110　9. F1①：140　10. F1①：194　11. F1①：200　12. F1①：81　13. F1①：153　14. F1①：87　15. F1①：111　16. F1①：85　17. F1①：177　18. F1①：173

14）。标本F1①：81，深青灰色石料。前锋残，柳叶形，双面有脊，两侧刃，扁梯形铤。残长5.8、宽1.2、厚0.5厘米（图一八八，12）。标本F1①：82，深青灰色石料。柳叶形，双面有脊，两侧刃，扁梯形铤。长5.7、宽1.6、厚0.4厘米（图一八八，2；图版七一，2）。标本F1①：85，深青灰色石料。镞身前端残，柳叶形，双面平，两侧刃，截面呈多棱形，扁梯形铤。残长4.8、宽2.3、厚0.4厘米（图一八八，16）。标本F1①：87，青灰色石料。镞身前端残，柳叶形，双面平，两侧刃，截面呈多棱形，扁梯形铤。残长3.8、宽1.8、厚0.3厘米（图一八八，14）。标本F1①：99，青灰色石料。镞身前端残，柳叶形，双面平，两侧刃，截面呈多棱形，扁三角形铤。残长5.2、宽1.8、厚0.4厘米（图一八八，3）。标本F1①：104，深青灰色石料。形体较小，短柳叶形，双面有脊，两侧刃，扁三角形铤。长4.4、宽1.7、厚0.4厘米（图一八八，6；图版七一，3）。标本F1①：108，深青灰色石料。前锋及铤后端残，柳叶形，双面有脊，两侧刃，铤两侧斜收。残长5、宽1.5、厚0.4厘米（图一八八，4）。标本F1①：110，青灰色石料。镞身前端残，柳叶形，一面至铤有脊，一面平，两侧刃，三角形铤。残长5、宽2.1、厚0.5厘米（图一八八，8）。标本F1①：111，青灰色石料。镞身前端及铤后端残，柳叶形，一面有脊，两侧刃，铤两侧斜收。残长4.5、宽2.3、厚0.4厘米（图一八八，15）。标本F1①：137，青灰色石料。前锋及铤后端残，柳叶形，双面有脊，两侧刃，扁梯形铤。残长5.8、宽2.2、厚0.3厘米（图一八八，5）。标本F1①：140，深青灰色石料。镞身前端残，柳叶形，双面平，两侧刃，截面呈多棱形，扁梯形铤。残长4.5、宽1.8、厚0.4厘米（图一八八，9）。标本F1①：153，青灰色石料。仅存镞身后端及铤，一面有脊，两侧刃，扁梯形铤。残长4.7、宽2.7、厚0.7厘米（图一八八，13）。标本F1①：173，青灰色石料。形体较小，镞身前端及两侧残，柳叶形，双面有脊，两侧刃，扁三角形铤。残长4.3、宽1.5、厚0.2厘米（图一八八，18）。标本F1①：177，青灰色石料。镞身前端残，柳叶形，双面平，两侧刃，截面呈多棱形，扁梯形铤。残长4.4、宽2.5、厚0.5厘米（图一八八，17）。标本F1①：194，青灰色石料。前锋及铤后端残，柳叶形，双面平，两侧刃，截面呈多棱形，扁梯形铤。残长4.5、宽1.5、厚0.3厘米（图一八八，10）。标本F1①：198，青灰色石料。柳叶形，一面有脊，一面平，两侧刃，扁梯形铤。残长5.7、宽1.7、厚0.3厘米（图一八八，7）。标本F1①：200，深青灰色石料。前锋及铤后端残，柳叶形，双面有脊，两侧刃。残长5.2、宽1.8、厚0.4厘米（图一八八，11）。标本F1①：201，青灰色石料。镞身前端及一侧残，柳叶形，双面脊，不居中，两侧刃，短三角形铤。残长10、宽2.4、厚0.3厘米（图一八九，1）。标本F1①：203，青灰色石料。镞身前端及铤后端残，柳叶形，双面有脊，两侧刃，铤两侧斜收。残长5.3、宽1.8、厚0.4厘米（图一八九，5）。标本F1①：233，青灰色石料。镞身前端残，柳叶形，双面平，两侧刃，截面呈多棱形，三角形铤。残长5.1、宽2.2、厚0.4厘米（图一八九，6）。标本F1①：244，青灰色石料。铤后端残，柳叶形，前端双面有脊，两侧刃，铤两侧斜收。残长8.1、宽2.5、厚0.4厘米（图一八九，3）。标本F1①：247，青灰色石料。前锋及铤后端残，柳叶形，双面有脊，两侧刃，扁锥形铤。残长7.7、宽1.6、厚0.4厘米（图一八九，2；图版七一，4）。标本F1①：248，青灰色石料。镞身前端及铤后端残，柳叶形，双面有脊，两侧刃。残长7.6、残宽2.6、厚0.8厘米（图一八九，4）。标本F1①：265，青灰色石料。前锋及铤

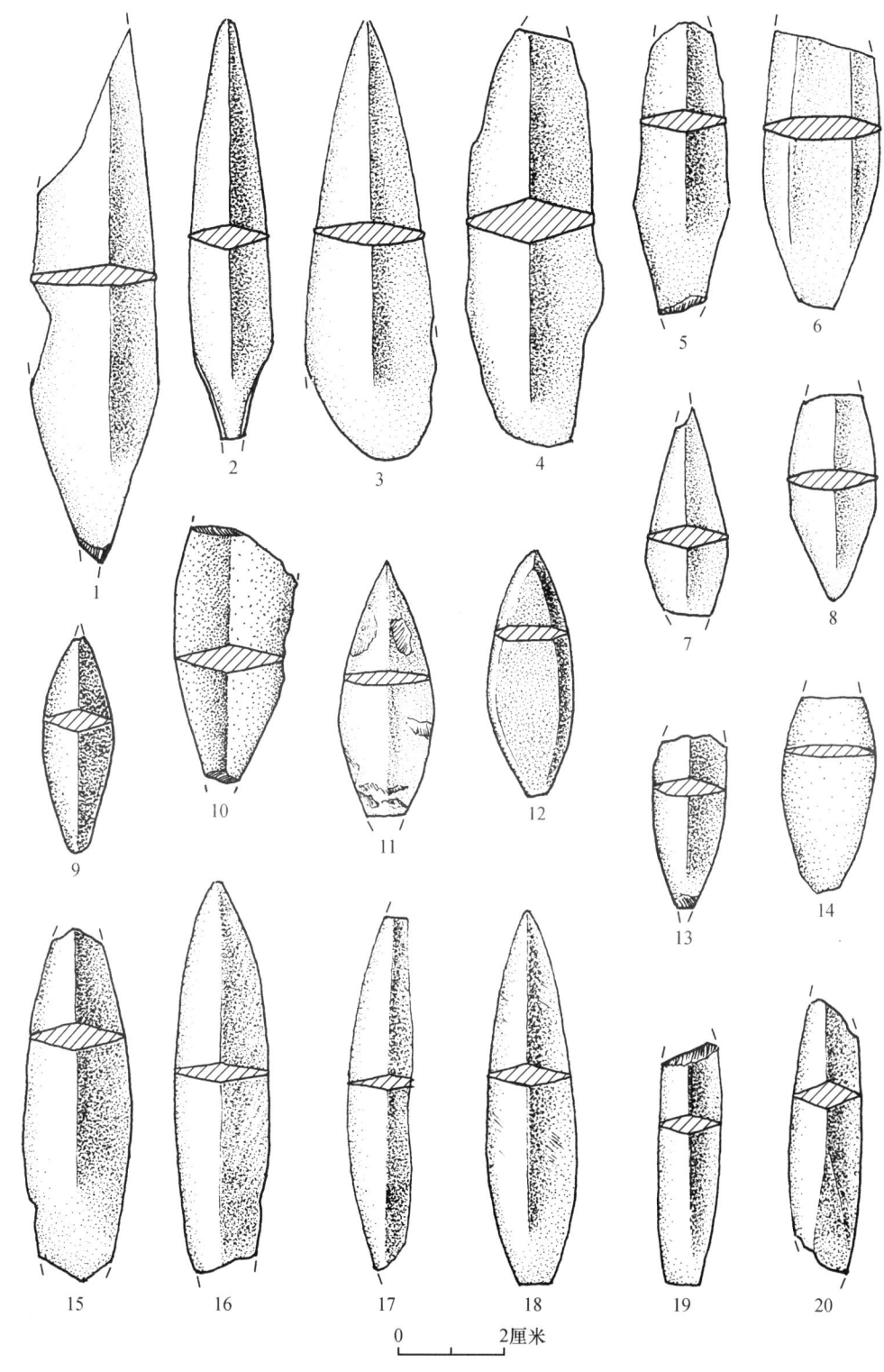

图一八九 F1第1层出土石镞

1~8.Aa型（1.F1①：201、2.F1①：247、3.F1①：244、4.F1①：248、5.F1①：203、6.F1①：233、7.F1①：265、8.F1①：275）
9~20.Ab型（9.F1①：11、10.F1①：18、11.F1①：28、12.F1①：37、13.F1①：40、14.F1①：79、15.F1①：45、16.F1①：58、17.F1①：59、18.F1①：92、19.F1①：33、20.F1①：76）

后端残，形体较小，柳叶形，双面有脊，两侧刃，铤两侧斜收。残长4、宽1.6、厚0.4厘米（图一八九，7）。标本F1①：275，青灰色石料。镞身前端残，形体较小，柳叶形，双面有脊，两侧刃，三角形铤。残长3.8、宽1.6、厚0.4厘米（图一八九，8）。

Ab型，31件。标本F1①：11，青灰色石料。前锋残，形体较小，梭状柳叶形，双面有脊，两侧刃。残长3.9、宽1.9、厚0.4厘米（图一八九，9；图版七二，1）。标本F1①：18，深青灰色石料。镞身前端及铤后端残，梭状柳叶形，两侧刃，扁三角形铤。残长4.7、宽2.3、厚0.5厘米（图一八九，10）。标本F1①：28，深青灰色石料。铤后端残，梭状柳叶形，两侧未开刃较钝，似为半成品。长4.8、宽1.9、厚0.3厘米（图一八九，11）。标本F1①：33，青灰色石料。镞身前端残，细长条梭状柳叶形，双面有脊，两侧刃。残长4.4、宽1.2、厚0.2厘米（图一八九，19）。标本F1①：37，青灰色石料。形体较小，梭状柳叶形，双面平，两侧刃，截面呈多棱形，扁三角形铤。残长4.5、宽1.6、厚0.2厘米（图一八九，12）。标本F1①：40，深青灰色石料。镞身前端残，形体较小，梭状柳叶形，两侧刃，扁三角形铤。残长3.2、宽1.4、厚0.2厘米（图一八九，13）。标本F1①：45，深青灰色石料。镞身前端及铤后端残，梭状柳叶形，双面有脊，两侧刃。残长6.5、宽2、厚0.3厘米（图一八九，15）。标本F1①：58，青灰色石料。铤后端残，梭状柳叶形，双面有脊，两侧刃。长7.1、宽1.8、厚0.3厘米（图一八九，16）。标本F1①：59，青灰色石料。镞身至铤一侧残，长条梭状柳叶形，双面有脊，两侧刃。残长6.4、残宽1.2、厚0.2厘米（图一八九，17）。标本F1①：76，深青灰色石料。镞身前端及铤后端残，长条梭状柳叶形，双面有脊，两侧刃，扁三角形铤。残长5、宽1.3、厚0.5厘米（图一八九，20）。标本F1①：79，青灰色石料。镞身前端残，梭状柳叶形，双面扁平，两侧刃，扁三角形铤。残长3.6、宽1.8、厚0.2厘米（图一八九，14）。标本F1①：92，深青灰色石料。梭状柳叶形，双面有脊，两侧刃。长6.8、宽1.7、厚0.4厘米（图一八九，18）。标本F1①：97，青灰色石料。镞身前端及铤后端残，梭状柳叶形，双面扁平，两侧刃，截面呈多棱形。残长5.8、宽2.2、厚0.3厘米（图一九〇，1）。标本F1①：103，青灰色石料。镞身前端残，梭状柳叶形，双面平，两侧刃。残长4.6、宽1.8、厚0.3厘米（图一九〇，3）。标本F1①：105，青灰色石料。边侧残，长条梭状柳叶形，双面有脊，两侧刃。残长6.6、宽1.6、厚0.3厘米（图一九〇，2）。标本F1①：113，深青灰色石料。两端残，长梭状柳叶形，双面有脊，两侧刃。残长4.7、宽1.3、厚0.4厘米（图一九〇，4）。标本F1①：119，深青灰色石料。前锋及铤后端残，梭状柳叶形，镞身两面平，两侧刃，截面呈多棱形。残长4.2、宽1.7、厚0.3厘米（图一九〇，7）。标本F1①：122，青灰色石料。镞身前端及铤后端残，梭状柳叶形，双面有脊，两侧刃。残长3.4、宽1.5、厚0.4厘米（图一九〇，8）。标本F1①：124，青灰色石料。前锋及铤后端残，宽梭状柳叶形，双面有脊，两侧刃。残长5.9、宽2.4、厚0.4厘米（图一九〇，14）。标本F1①：128，青灰色石料。镞身前端残，长梭状柳叶形，双面有脊，两侧刃，长扁梯形铤。残长5.2、宽1.7、厚0.4厘米（图一九〇，5）。标本F1①：132，灰色石料。镞身前端残，梭状柳叶形，双面有脊，两侧刃。残长3.3、宽1.6、厚0.3厘米（图一九〇，10）。标本F1①：138，深青灰色石料。镞身前端残，长梭状柳叶形，两侧刃，双面有脊，扁梯形铤。残长5.2、宽2、厚0.6厘米（图一九〇，6）。标本F1①：147，青灰色石料。双面有

上篇 第七章 早二期遗存 ·239·

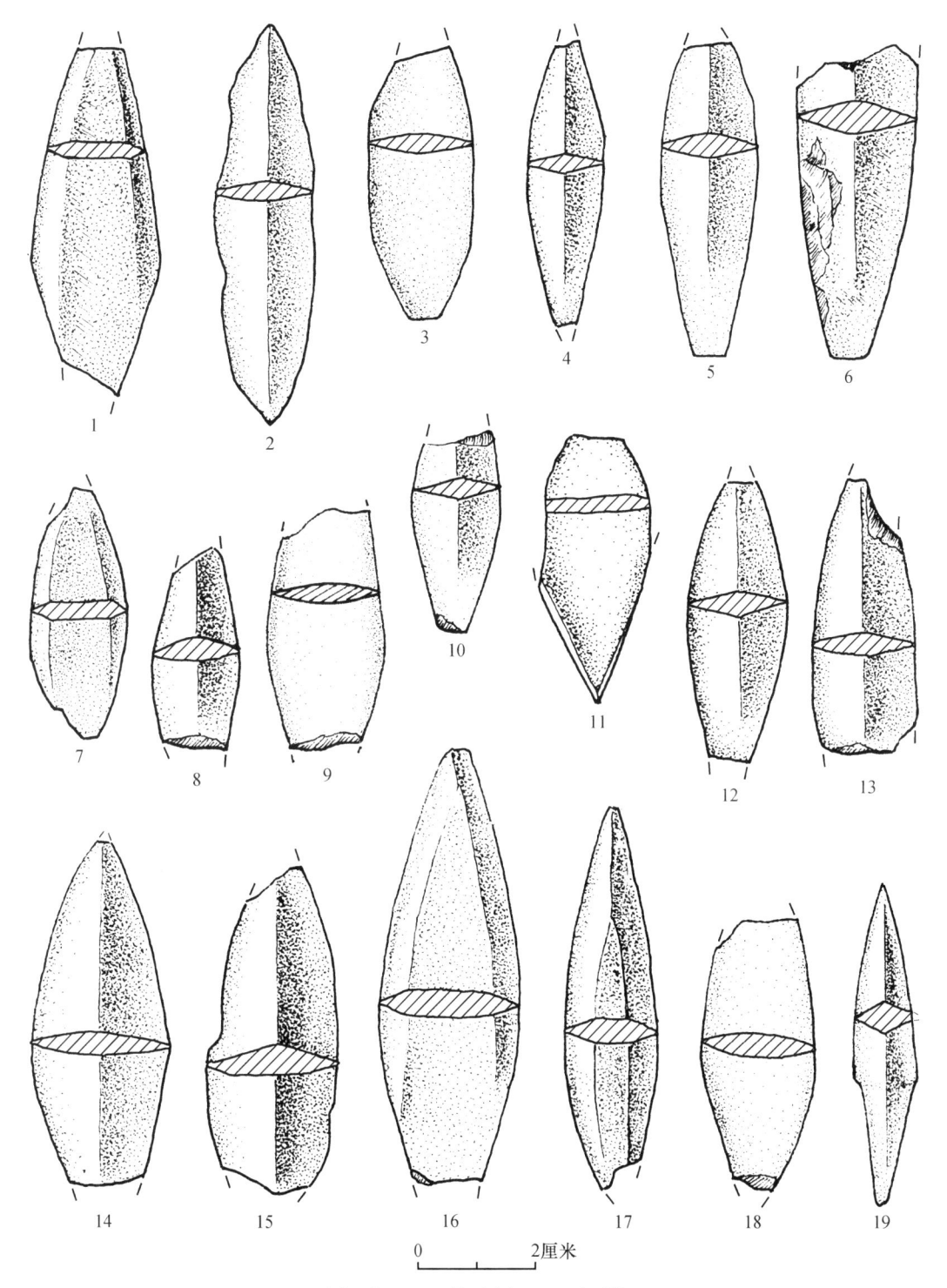

图一九〇 F1第1层出土Ab型石镞
1. F1①：97 2. F1①：105 3. F1①：103 4. F1①：113 5. F1①：128 6. F1①：138 7. F1①：119 8. F1①：122
9. F1①：278 10. F1①：132 11. F1①：155 12. F1①：170 13. F1①：176 14. F1①：124 15. F1①：172 16. F1①：147
17. F1①：182 18. F1①：189 19. F1①：192

脊，前锋及铤后端残，宽梭状柳叶形，双面平，两侧刃，截面呈多棱形。残长7.2、宽2.5、厚0.5厘米（图一九〇，16；图版七二，2）。标本F1①：155，青灰色石料。镞身前端残，梭状柳叶形，双面平，两侧刃，扁三角形铤。残长4.4、宽2、厚0.3厘米（图一九〇，11）。标本F1①：170，深青灰色石料。前后端残，梭状柳叶形，双面有脊，两侧刃，扁梯形铤。残长4.7、宽1.8、厚0.4厘米（图一九〇，12）。标本F1①：172，青灰色石料。镞身前端及铤后端残，梭状柳叶形，一面有脊，一面平，两侧刃，扁梯形铤。残长5.4、宽2.2、厚0.5厘米（图一九〇，15）。标本F1①：176，紫灰色石料。镞身前端及铤后端残，梭状柳叶形，双面有脊，两侧刃。残长4.5、宽1.7、厚0.4厘米（图一九〇，13）。标本F1①：182，青灰色石料。前锋及铤后端残，长梭状柳叶形，镞身前端双面有脊，后端双面平，两侧刃，截面呈多棱形。残长6.3、宽1.6、厚0.4厘米（图一九〇，17）。标本F1①：189，青灰色石料。镞身前端及铤后端残，梭状柳叶形，双面无脊，两侧刃，扁梯形铤。残长4.5、宽2、厚0.4厘米（图一九〇，18）。标本F1①：192，青灰色石料。细梭状柳叶形，双面有脊，两侧刃，扁锥形铤。长5.4、宽1、铤长2、厚0.5厘米（图一九〇，19）。标本F1①：278，深青灰色石料。镞身前端及铤后端残，柳叶形，双面无脊，两侧刃，铤两侧斜收。残长4、宽2、厚0.4厘米（图一九〇，9）。

Ac型，17件。标本F1①：8，深青灰色石料。镞身前端及铤后端残，镞身呈柳叶形，双面有脊，两侧刃，扁三角形铤。残长5.9、宽1.7、厚0.5厘米（图一九一，6）。标本F1①：13，青灰色石料。镞身呈柳叶形，前端双面有脊，后端两面平，两侧刃，截面呈多棱形，镞身收缩呈扁三角形铤。长8.6、宽1.8、铤长2.1、厚0.3厘米（图一九一，1；图版七二，4）。标本F1①：36，深青灰色石料。镞身前端残，镞身呈柳叶形，双面有脊，两侧刃，镞身与铤有明显交界，锥形铤。残长5.3、宽1.5、铤长1.7、厚0.6厘米（图一九一，11）。标本F1①：83，灰色石料。制作不规整，镞身呈柳叶形，镞身前端两面有脊，后端两面平，两侧刃，截面呈多棱形，扁长方形铤。长7.5、宽2、铤长1.6、厚0.4厘米（图一九一，3；图版七二，5）。标本F1①：107，青灰色石料。前锋及铤后端残，镞身呈柳叶形，双面有脊，两侧刃，扁锥形铤。残长6.6、宽1.7、厚0.5厘米（图一九一，4；图版七二，6）。标本F1①：181，灰色石料。镞身前端及铤后端残，镞身呈柳叶形，双面有脊，两侧刃，细扁锥形铤。残长4、宽1.8、厚0.6厘米（图一九一，8）。标本F1①：188，青灰色石料。前锋及铤后端残，镞身呈柳叶形，两侧刃，扁长方形铤。残长5、宽2.2、厚0.4厘米（图一九一，7）。标本F1①：202，深青灰色石料。镞身前端及铤残，镞身呈柳叶形，双面有脊，两侧刃，长方形铤。残长4.5、宽1.8、厚0.6厘米（图一九一，9）。标本F1①：206，灰色石料。镞身前端残，镞身呈柳叶形，双面有脊，两侧刃，短扁锥形铤。残长3.7、宽1.6、铤长2.2、厚0.5厘米（图一九一，14）。标本F1①：208，青灰色石料。镞身前端及铤残，镞身呈柳叶形，双面有脊，两侧刃，扁锥形铤。残长5、宽1.8、厚0.6厘米（图一九一，10）。标本F1①：215，灰色石料。镞身前端残，镞身呈柳叶形，镞身两面平，两侧刃，细锥形铤。残长5.8、宽2.5、铤长2.6、厚0.5厘米（图一九一，16）。标本F1①：234，青灰色石料。前锋残，镞身呈柳叶形，双面有脊，两侧刃，镞身后端两侧有后翼，扁锥形铤。残长8.9、宽1.9、铤长2、厚0.5厘米（图一九一，2；图版七三，1）。标本F1①：236，深青灰色石料。仅存镞身后端及铤，镞身呈柳叶形，双面有脊，

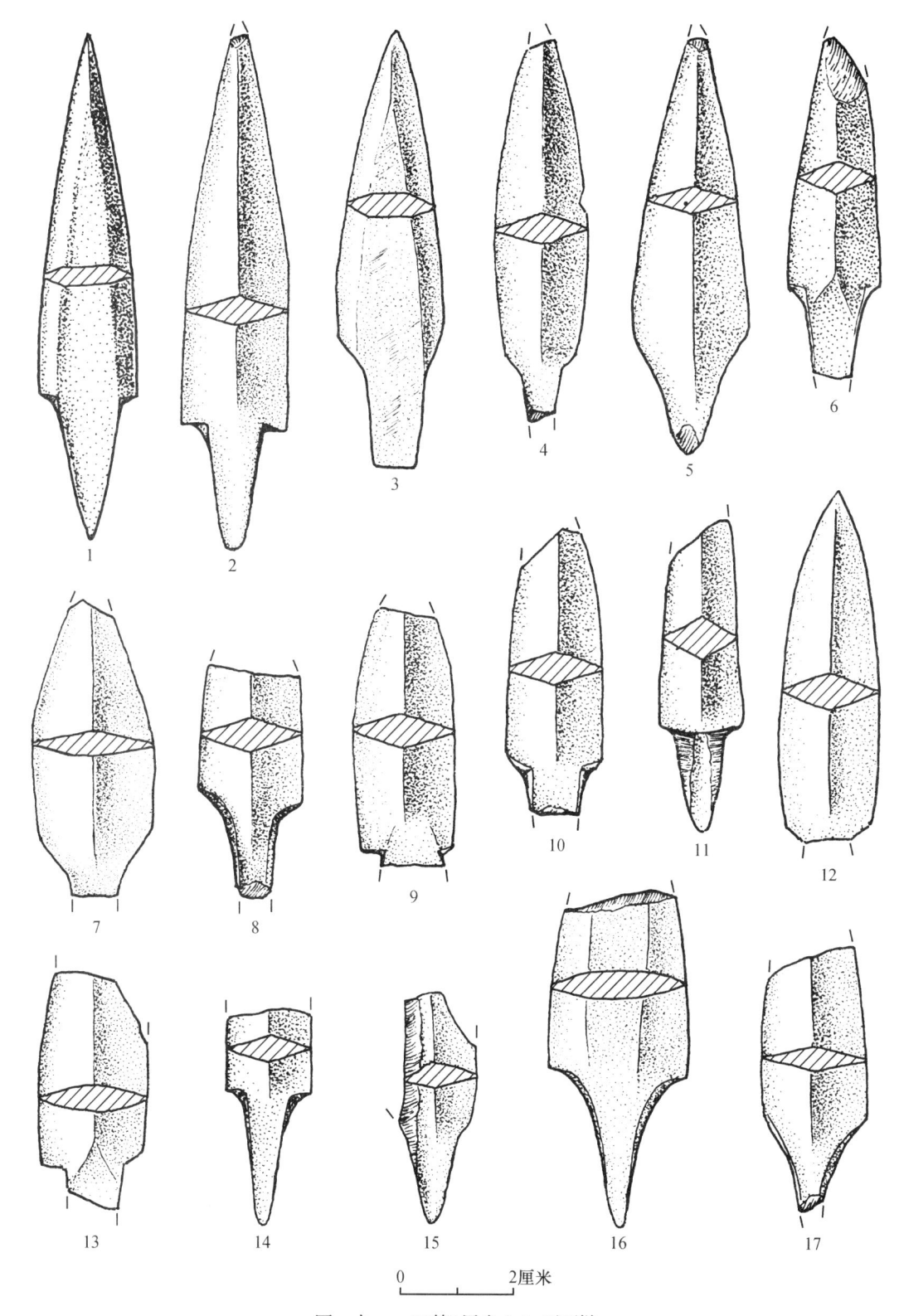

图一九一 F1第1层出土Ac型石镞

1. F1①：13 2. F1①：234 3. F1①：83 4. F1①：107 5. F1①：257 6. F1①：8 7. F1①：188 8. F1①：181 9. F1①：202
10. F1①：208 11. F1①：36 12. F1①：260 13. F1①：269 14. F1①：206 15. F1①：236 16. F1①：215 17. F1①：241

两侧刃，短锥形铤。残长4、残宽1.4、厚0.4厘米（图一九一，15）。标本F1①：241，青灰色石料。镞身前端及铤后端残，镞身呈柳叶形，双面有脊，两侧刃，短锥形铤。残长4.6、宽1.9、厚0.4厘米（图一九一，17）。标本F1①：257，青灰色石料。前锋及铤后端残，镞身呈柳叶形，双面有脊，两侧刃，扁锥形铤。残长7、宽2、厚0.5厘米（图一九一，5；图版七三，2）。标本F1①：260，青灰色石料。镞身后端及铤残，镞身呈柳叶形，双面有脊，两侧刃，长方形铤。残长6、宽1.8、厚0.6厘米（图一九一，12）。标本F1①：269，深青灰色石料。镞身前端及铤后端残，镞身呈柳叶形，双面有脊，两侧刃，长方形铤。残长4、宽2、厚0.5厘米（图一九一，13）。

Ad型，3件。标本F1①：136，深青灰色石料。菱形，双面有脊，两侧刃，扁梯形铤。残长4、宽1.6、厚0.4厘米（图一九二，1）。标本F1①：149，青灰色石料。菱形，双面有脊，两侧刃。长5.2、宽2、厚0.4厘米（图一九二，2）。标本F1①：154，青灰色石料。菱形，镞身前端及铤后端残，一面有脊，一面平，两侧刃。残长4.5、宽1.8、厚0.3厘米（图一九二，3）。

Ae型，3件。标本F1①：180，青灰色石料。前锋残，镞身呈宽短三角形，两面平，两侧刃，截面呈多棱形，扁锥形铤。残长8、宽2.7、厚0.5厘米（图一九二，4；图版七三，5）。标本F1①：214，青灰色石料。前锋较厚钝，镞身呈短三角形，双面有脊，两侧刃，长扁锥形铤。长4.5、宽2.1、铤长1.8、厚0.6厘米（图一九二，5；图版七三，6）。标本F1①：218，青灰色石料。铤后端残，镞身呈短三角形，双面有脊，两侧刃，锥形铤。残长4.3、宽1.5、厚0.5厘米（图一九二，10）。

Af型，5件。标本F1①：91，深青灰色石料。上端残，镞身两侧刃，双面有脊，后端一面刃，无铤。残长3.6、宽2、厚0.5厘米（图一九二，9）。标本F1①：146，青灰色石料。镞身两面平，两侧刃，截面呈多棱形，后端双面刃，无铤。长3.6、宽1.5、厚0.3厘米（图一九二，6；图版七四，1）。标本F1①：174，灰色石料。两侧刃，后端双面刃，无铤。长3.7、宽1.6、厚0.5厘米（图一九二，7）。标本F1①：230，青灰色石料。柳叶形，无脊，两侧刃，后端双面刃，无铤。长6.5、宽1.2~2.4、厚1厘米（图一九二，16）。标本F1①：273，青灰色石料。镞身前端及铤后端残，柳叶形，镞身两面平，两侧刃，截面呈多棱形，无铤。残长3.8、宽2、厚0.4厘米（图一九二，8）。

Ag型，5件。标本F1①：73，青灰色石料。铤后端残，镞身双面有脊，两侧刃，圆锥形铤。残长4.6、宽1.2、厚0.6厘米（图一九二，14）。标本F1①：112，深青灰色石料。镞身后端及铤残，双面有脊，前锋端呈三角形，后端呈长方形，刃较钝。残长4.1、宽1.1、厚0.4厘米（图一九二，15）。标本F1①：243，青灰色石料。镞身前端残，细柳叶形，双面有脊，两侧刃，圆锥形铤。残长6.2、宽1.2厘米（图一九二，13）。标本F1①：276，青灰色石料。镞身前端残，柳叶形，镞身前端短呈三角形，后端呈长方形，镞身前端双面脊，镞身后端两面平，两侧刃，截面呈多棱形，扁锥形铤。残长6.8、宽1.8、厚0.6厘米（图一九二，12；图版七四，3）。标本F1①：277，深青灰色石料。镞身前端、一侧及铤后端残，两面平，两侧刃，截面呈多棱形，圆柱形铤。残长6.8、宽1.3厘米（图一九二，11）。

A型而亚型不明，35件。标本F1①：2，青灰色石料。前锋及镞身后端残，柳叶形，双面

上篇 第七章 早二期遗存 ·243·

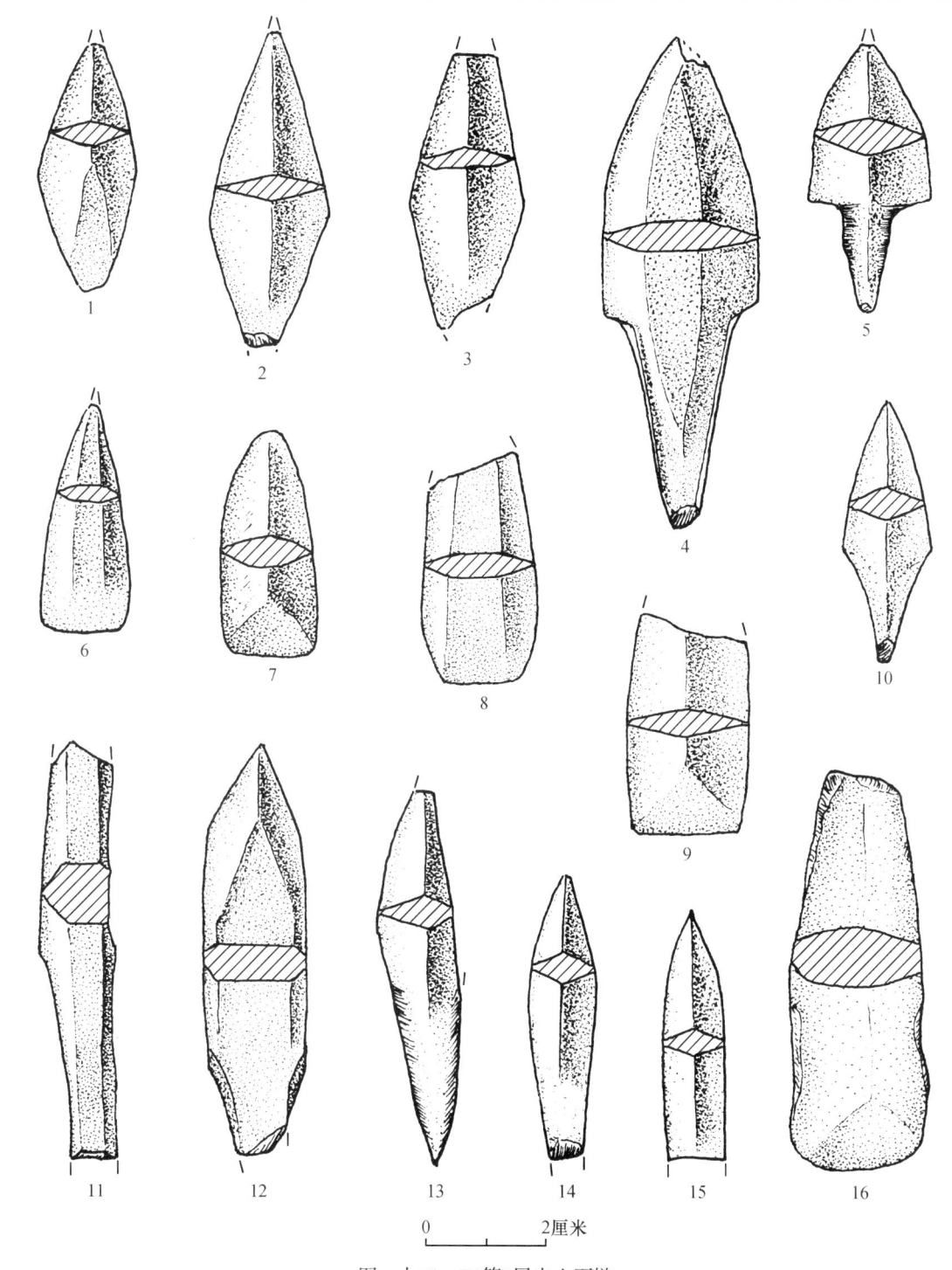

图一九二 F1第1层出土石镞
1~3. Ad型（1. F1①：136、2. F1①：149、3. F1①：154） 4、5、10. Ae型（4. F1①：180、5. F1①：214、10. F1①：218）
6~9、16. Af型（6. F1①：146、7. F1①：174、8. F1①：273、9. F1①：91、16. F1①：230） 11~15. Ag型（11. F1①：277、
12. F1①：276、13. F1①：243、14. F1①：73、15. F1①：112）

有脊，两侧刃。残长4、宽1.6、厚0.4厘米（图一九三，1）。标本F1①：10，青灰色石料。仅存镞身前端，双面有脊，两侧刃。残长3.7、宽1.4、厚0.6厘米（图一九三，2）。标本F1①：16，青灰色石料。铤后端残，柳叶形，双面平，两侧刃，截面呈多棱形。残长4.7、宽1.8、厚0.3厘米（图一九三，3）。标本F1①：34，深青灰色石料。仅存镞身前端，双面平，两侧刃，截面呈多棱形。残长4.5、宽2.2、厚0.2厘米（图一九三，4）。标本F1①：35，深青灰色石料。前锋及镞身后端残，柳叶形，双面有脊，两侧刃。残长5、宽1.8、厚0.4厘米（图一九三，5）。标本F1①：49，深青灰色石料。仅存镞身后端，一面有脊，两侧刃。残长2.4、宽1.9、厚0.4厘米（图一九三，6）。标本F1①：50，青灰色石料。镞身前端残，双面有脊，两侧刃，末端双面刃。残长3.4、宽1.8、厚0.3厘米（图一九三，7）。标本F1①：51，深青灰色石

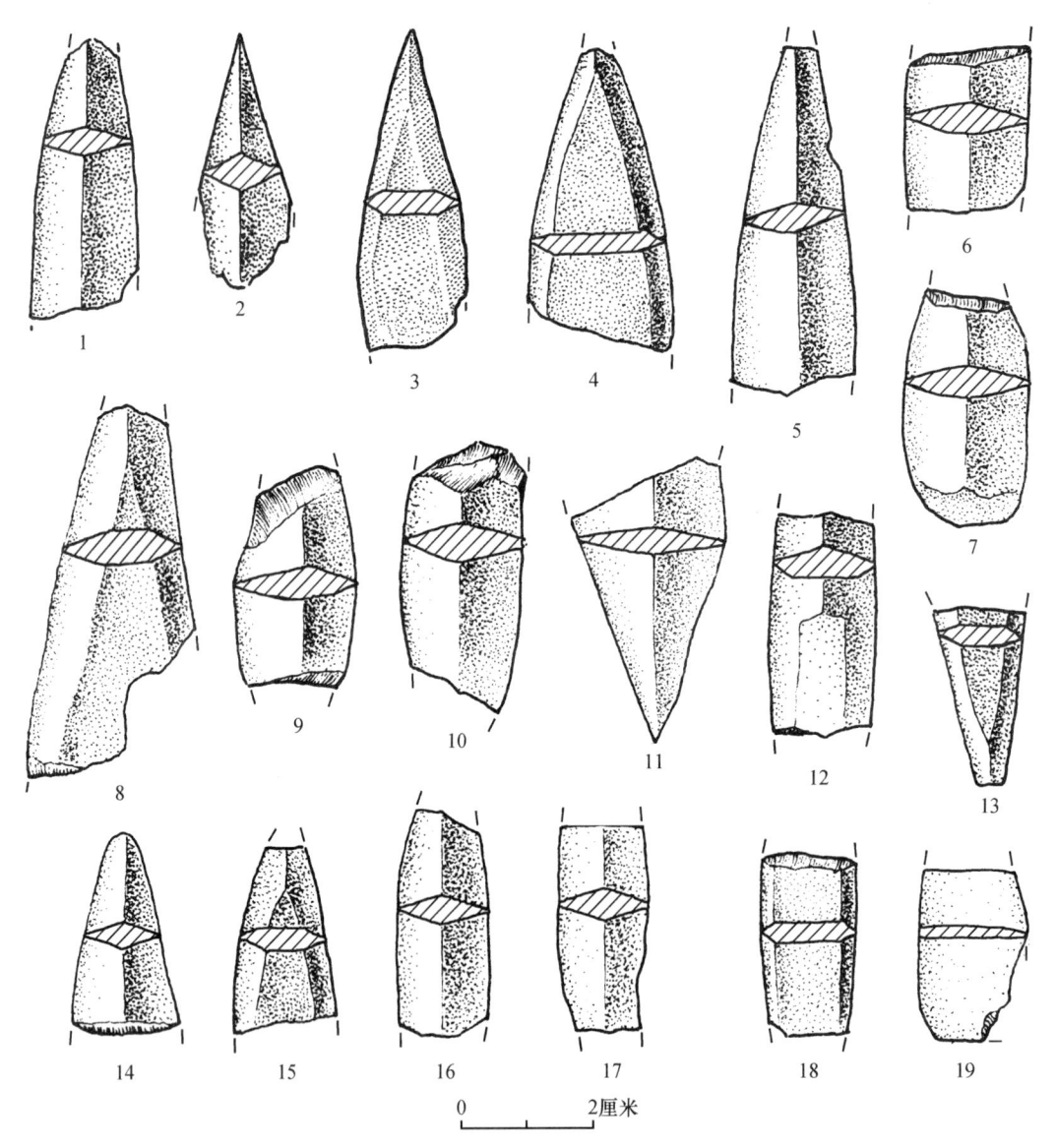

图一九三　F1第1层出土A型而亚型不明石镞

1. F1①：2　2. F1①：10　3. F1①：16　4. F1①：34　5. F1①：35　6. F1①：49　7. F1①：50　8. F1①：53　9. F1①：51　10. F1①：52　11. F1①：69　12. F1①：77　13. F1①：80　14. F1①：86　15. F1①：90　16. F1①：125　17. F1①：127　18. F1①：129　19. F1①：131

料。仅存镞身中部，一面有脊，两侧刃。残长3.2、宽1.8、厚0.4厘米（图一九三，9）。标本F1①：52，深青灰色石料。仅存镞身中部，双面有脊，两侧刃。残长3.9、宽1.8、厚0.4厘米（图一九三，10）。标本F1①：53，青灰色石料。仅存镞身前端，前端双面有脊，后端双面平，两侧刃，截面呈多棱形。残长5.4、宽2.3、厚0.3厘米（图一九三，8）。标本F1①：60，青灰色石料。仅存镞身前端，双面平，两侧较钝。长4.5、残宽2.5、厚0.3厘米（图一九四，1）。标本F1①：69，青灰色石料。仅存镞身后端及铤，双面有脊，两侧刃，扁三角形铤。残长4.2、宽2.3、厚0.4厘米（图一九三，11）。标本F1①：77，青灰色石料。仅存镞身中部，一面有脊，一面扁平，两侧刃。残长3.3、宽1.6、厚0.5厘米（图一九三，12）。标本F1①：80，青灰色石料。仅存铤后端，扁三角形，双面平，两侧刃，截面呈多棱形。残长2.7、宽1.4、厚0.3厘米（图一九三，13）。标本F1①：86，青灰色石料。仅存镞身前端，双面有脊，两侧刃。残长2.8、宽1.6、厚0.4厘米（图一九三，14）。标本F1①：90，深青灰色石料。仅存镞身前端，两面平，两侧刃，截面呈多棱形。残长2.8、宽1.6、厚0.3厘米（图一九三，15）。标本F1①：106，青灰色石料。仅存铤，长三角形，双面有脊，两侧刃。残长5.8、宽2.3、厚0.3厘米（图一九四，12）。标本F1①：120，青灰色石料。仅存镞身前端，柳叶形，双面有脊，两侧刃。残长4.3、宽1.7、厚0.4厘米（图一九四，2）。标本F1①：125，深青灰色石料。仅存镞身中部，双面有脊，两侧刃。残长3.4、宽1.4、厚0.4厘米（图一九三，16）。标本F1①：127，深青灰色石料。仅存镞身中部，双面有脊，两侧刃。残长3、宽1.4、厚0.5厘米（图一九三，17）。标本F1①：129，深青灰色石料。仅存镞身中部，双面平，两侧刃，截面呈多棱形。残长2.7、宽1.5、厚0.3厘米（图一九三，18）。标本F1①：130，青灰色石料。仅存铤后端，柳叶形，双面有脊，两侧刃。残长5.6、宽2、厚0.4厘米（图一九四，13）。标本F1①：131，青灰色石料。仅存镞身中部，双面扁平。残长2.5、宽1.7、厚0.2厘米（图一九三，19）。标本F1①：141，紫灰色石料。仅存镞身前端，双面有脊，两侧刃。残长4.7、宽2、厚0.3厘米（图一九四，3）。标本F1①：142，深青灰色石料。仅存镞身前端，双面有脊，两侧刃。残长3.9、宽1.9、厚0.3厘米（图一九四，4）。标本F1①：145，青灰色石料。仅存镞身后端及铤，两面平，两侧刃，截面呈多棱形。残长3.9、宽2.2、厚0.3厘米（图一九四，5）。标本F1①：183，青灰色石料。柳叶形，仅存铤端部分，长三角形，双面有脊，两侧刃。残长6.6、宽1.5、厚0.3厘米（图一九四，14）。标本F1①：210，深青灰色石料。镞身前端及铤残，柳叶形，双面有脊，两侧刃。残长3.5、宽1.5、厚0.4厘米（图一九四，6）。标本F1①：223，灰色石料。仅存铤后端，双面有脊，两侧刃。残长3.5、宽2、厚0.5厘米（图一九四，7）。标本F1①：224，深青灰色石料。镞身前端及后端残，一面有脊，一面平，两侧刃。残长3.6、宽2、厚0.4厘米（图一九四，8）。标本F1①：225，青灰色石料。仅存镞身中部，一面有脊，两侧刃。残长4.1、宽2、厚0.3厘米（图一九四，9）。标本F1①：240，青灰色石料。仅存镞身前端，柳叶形，双面有脊，两侧刃。残长5.4、宽1.6、厚0.6厘米（图一九四，15）。标本F1①：271，深青灰色石料。镞身前端及铤后端残，双面有脊，两侧刃。残长3.8、宽1.7、厚0.4厘米（图一九四，10）。标本F1①：272，深青灰色石料。镞身前端及铤残，柳叶形，双面有脊，两侧刃。残长5.4、宽2、厚0.6厘米（图一九四，16）。标本F1①：351，青灰色石料。镞身前端及铤后端残，双面扁平无脊。残长4.2、宽1.9、厚0.3厘米（图一九四，11）。

B型　14件。

Ba型，3件。标本F1①：216，深青灰色石料。前锋及铤后端残，镞身呈三棱形，圆锥形铤。残长6.8、厚1.2厘米（图一九五，1）。标本F1①：262，深青灰色石料。铤后端残，镞身呈三棱形，圆锥形铤。残长5.3、宽1.2厘米（图一九五，2）。标本F1①：264，深青灰色石

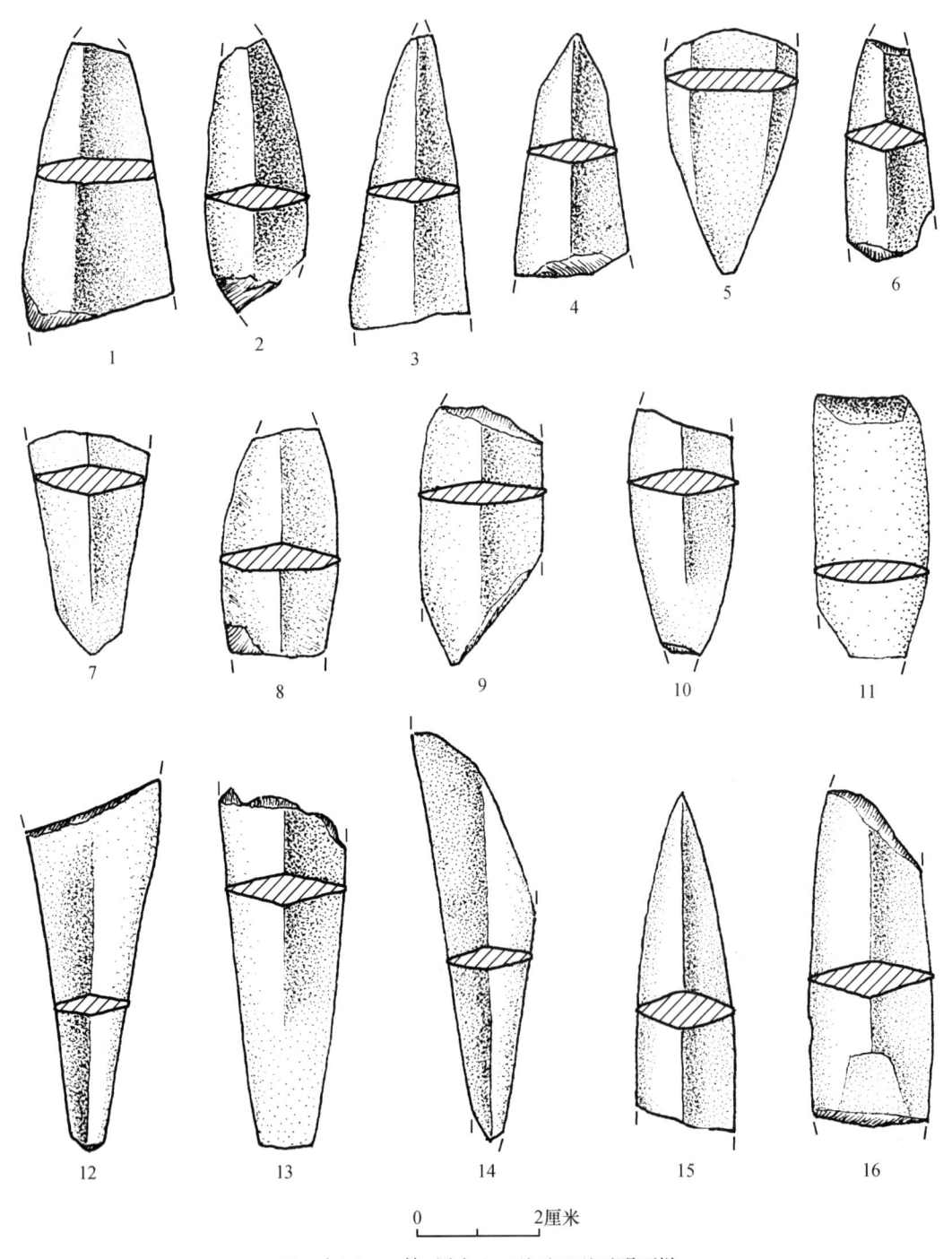

图一九四　F1第1层出土A型而亚型不明石镞

1. F1①：60　2. F1①：120　3. F1①：141　4. F1①：142　5. F1①：145　6. F1①：210　7. F1①：223　8. F1①：224　9. F1①：225　10. F1①：271　11. F1①：351　12. F1①：106　13. F1①：130　14. F1①：183　15. F1①：240　16. F1①：272

料。镞身前端及铤后端残，镞身呈三棱形，细锥形铤。残长5.3、宽1.3厘米（图一九五，3；图版七四，5）。

Bb型，8件。标本F1①：74，深青灰色石料。仅存镞身一侧及铤，镞身前端呈三棱形，后端呈圆柱形，圆锥形铤。残长5.8、宽1.2、铤长1.7厘米（图一九五，4）。标本F1①：123，灰色石料。镞身前端残，镞身呈三棱形，其中下面宽，左右面窄，扁锥形铤。残长4.8、厚0.8厘米（图一九五，12）。标本F1①：217，深青灰色石料。前锋及铤残，镞身前端呈三棱形，后端呈圆柱形，细圆柱形铤。残长7.5、镞身后径0.8厘米（图一九五，5）。标本F1①：221，深

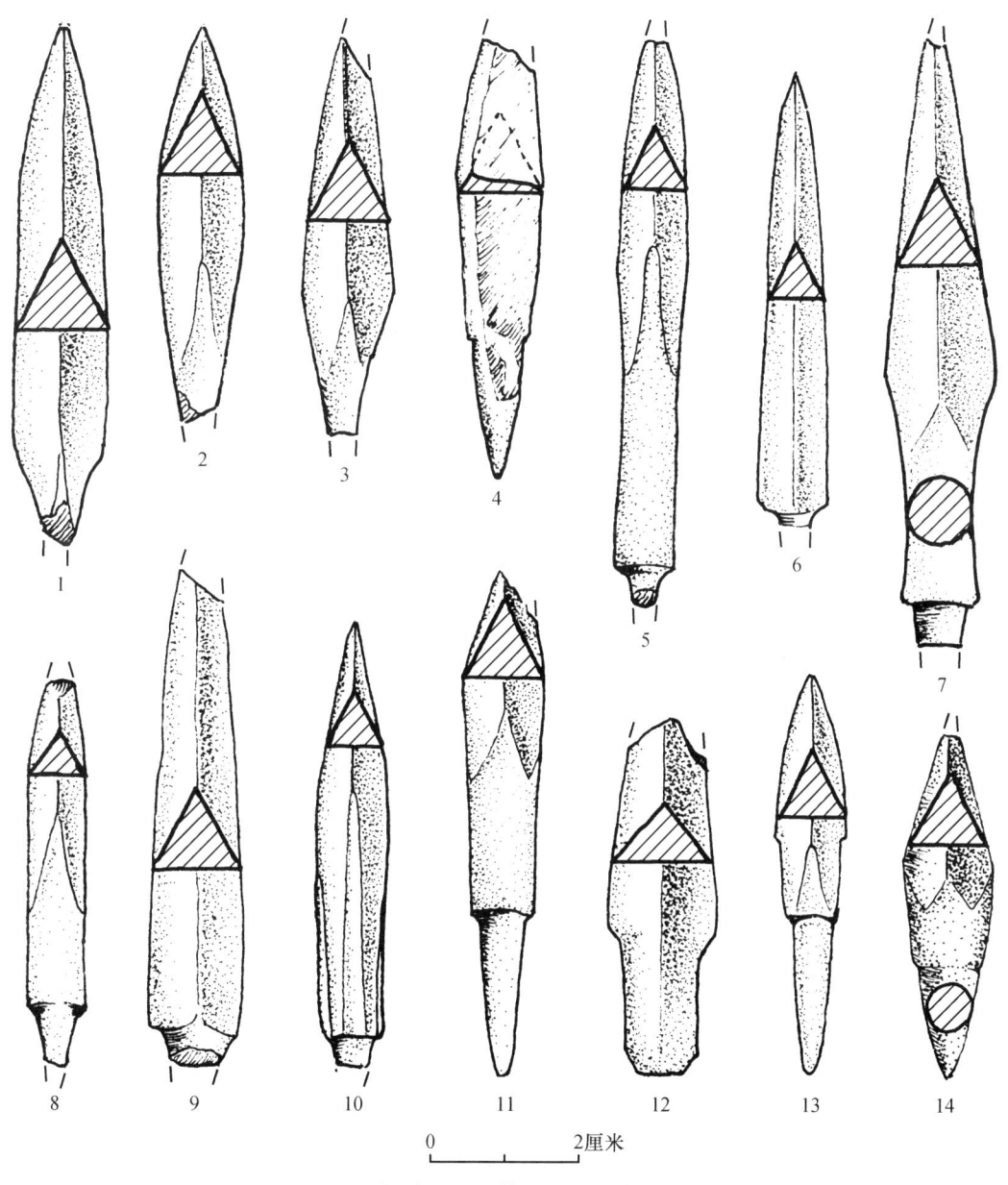

图一九五　F1第1层出土石镞

1～3. Ba型（1. F1①：216、2. F1①：262、3. F1①：264）　4～6、8～12. Bb型（4. F1①：74、5. F1①：217、6. F1①：221、8. F1①：229、9. F1①：235、10. F1①：263、11. F1①：266、12. F1①：123）　7、13、14. Bc型（7. F1①：251、13. F1①：227、14. F1①：350）

青灰色石料。铤残，镞身呈三棱形，圆锥形铤。残长5.8、厚0.8厘米（图一九五，6）。标本F1①：229，深青灰色石料。镞身前端及铤后端残，镞身前端呈三棱形，后端呈圆柱形，锥形铤。残长5.2、镞身后端径0.8厘米（图一九五，8）。标本F1①：235，深青灰色石料。前锋及铤残，镞身呈三棱形，细锥形铤。残长6.6、宽1.3厘米（图一九五，9）。标本F1①：263，深青灰色石料。镞身前端呈三棱形，后端呈扁柱形，细锥形铤。残长5.9、宽1厘米（图一九五，10）。标本F1①：266，青灰色石料。镞身前端残，镞身前端呈三棱形，后端呈圆柱形，细圆锥形铤。残长6.8、宽1.1、镞身后端径0.8、铤长2.1厘米（图一九五，11；图版七五，1）。

Bc型，3件。标本F1①：227，青灰色石料。镞身前端呈短三棱形，后端呈圆柱形，锥形铤。长5.3、铤长2.2、厚1厘米（图一九五，13；图版七五，2）。标本F1①：251，深青灰色石料。铤后端残，镞身前端呈三棱形，后端呈束腰形，细锥形铤。残长8、宽1.5厘米（图一九五，7；图版七五，3）。标本F1①：350，深青灰色石料。铤身呈短三棱形，锥形铤。残长4.6、宽1.2厘米（图一九五，14；图版七四，6）。

斧　36件。

A型　25件。

Aa型，22件。标本F1①：14，深青灰色石料。上端略残，梯形，弧顶，下端双面刃。残长9.6、宽4.8、厚0.6~1.4厘米（图一九六，1）。标本F1①：15，青灰色石料。顶部残，梯形，平顶，下端双面刃。长7.5、宽3.8~5.8、厚1.3厘米（图一九六，2）。标本F1①：17，青灰色石料。梯形，弧顶，下端双面斜刃。长6.8、宽4.2~4.8、厚1.3厘米（图一九六，3）。标本F1①：27，青灰色石料。梯形，弧顶，下端双面刃。长9.5、宽3.6~6.4、厚0.4~2.3厘米（图一九六，4）。标本F1①：62，灰白色石料。下端一角及刃部残，梯形，平顶，下端双面刃，一面宽刃，一面窄刃。残长8.5、宽4.5~5.2、厚1.8厘米（图一九六，5）。标本F1①：88，灰色石料。梯形，平顶，一面弧鼓，一面平，平面下端一面刃。长8.4、宽4.4~6.6、厚1.8厘米（图一九六，7；图版七五，5）。标本F1①：102，青灰色石料。梯形，弧顶，下端双面弧刃。长10.5、宽4~6.6、厚2.3厘米（图一九六，6）。标本F1①：116，青灰色石料。梯形，弧顶，下端双面刃。长13.7、宽5~7.4、厚3厘米（图一九七，1）。标本F1①：117，深青灰色石料。梯形，弧顶，下端双面弧刃。长15.6、宽5~7.6、厚3厘米（图一九七，2）。标本F1①：144，青灰色石料。梯形，弧顶，下端双面刃。长8.5、宽4~6、厚2.2厘米（图一九七，3；图版七五，6）。标本F1①：152，青灰色石料。梯形，下端双面刃。长13.9、宽4.2~8、厚3厘米（图一九七，4）。标本F1①：156，青灰色石料。梯形，弧顶，下端双面刃。长9.2、宽5.6~7.4、厚2.8厘米（图一九七，5；图版七六，1）。标本F1①：191，青灰色石料。仅存下端，梯形，下端双面刃。残长4、宽6.8~7.1、厚2.7厘米（图一九七，6）。标本F1①：195，青灰色石料。上端残，梯形，下端双面弧刃。残长5.8、宽5.4~5.8、厚2.5厘米（图一九七，7）。标本F1①：197，青灰色石料。梯形，平顶，下端双面弧刃。长6.3、宽3.2~5、厚1.8厘米（图一九八，1；图版七六，2）。标本F1①：207，青灰色石料。一侧刃部残，梯形，平顶，下端双面刃。长10.2、宽4~5.8、厚2.5厘米（图一九八，2）。标本F1①：220，青灰色石料。梯形，下端双面刃。长5.7、宽3.5~4.4、厚1.6厘米（图一九八，8）。标本F1①：231，

上篇 第七章 早二期遗存 ·249·

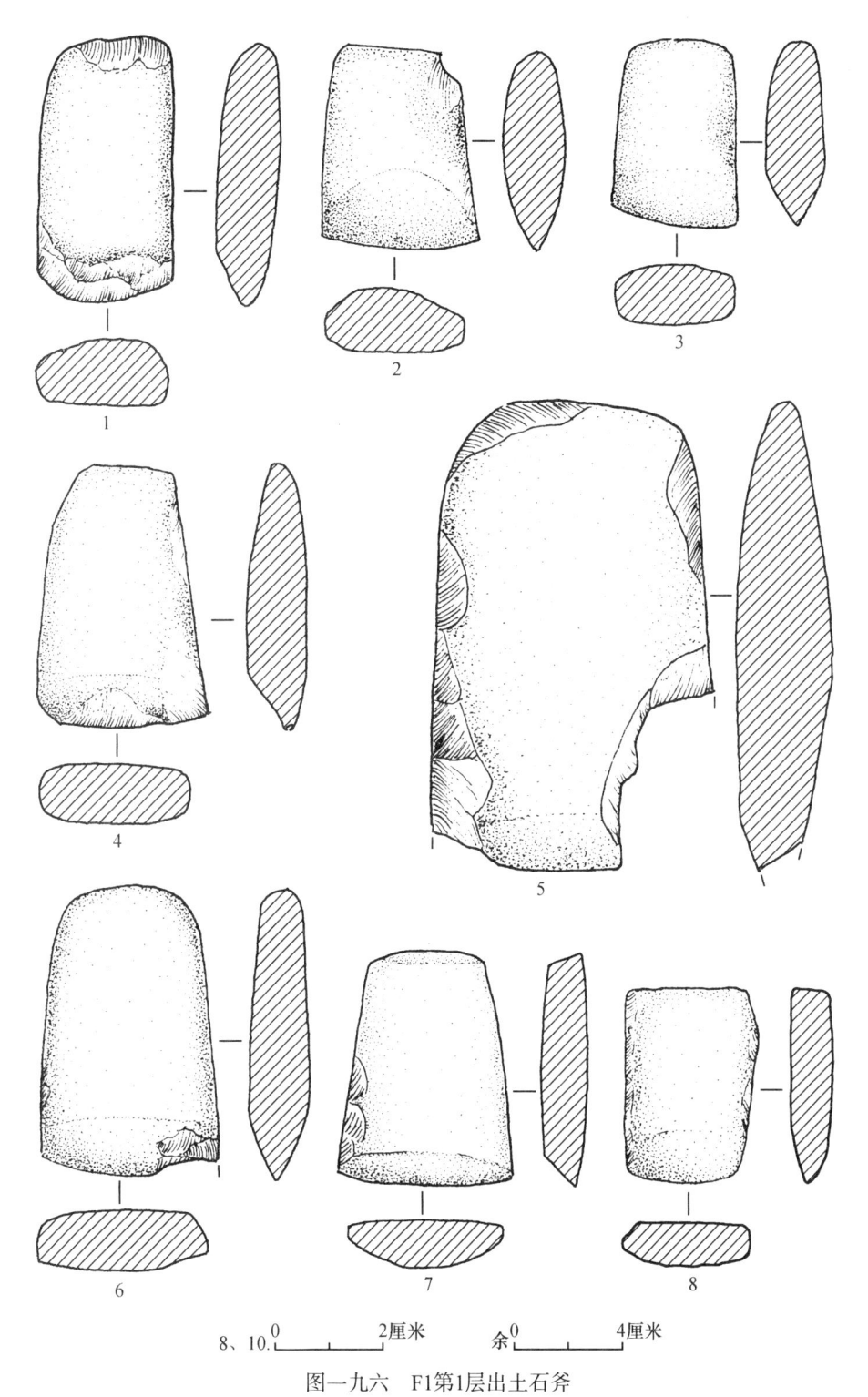

图一九六 F1第1层出土石斧
1~7. Aa型（1. F1①：14、2. F1①：15、3. F1①：17、4. F1①：27、5. F1①：62、6. F1①：102、7. F1①：88）
8. B型（F1①：12）

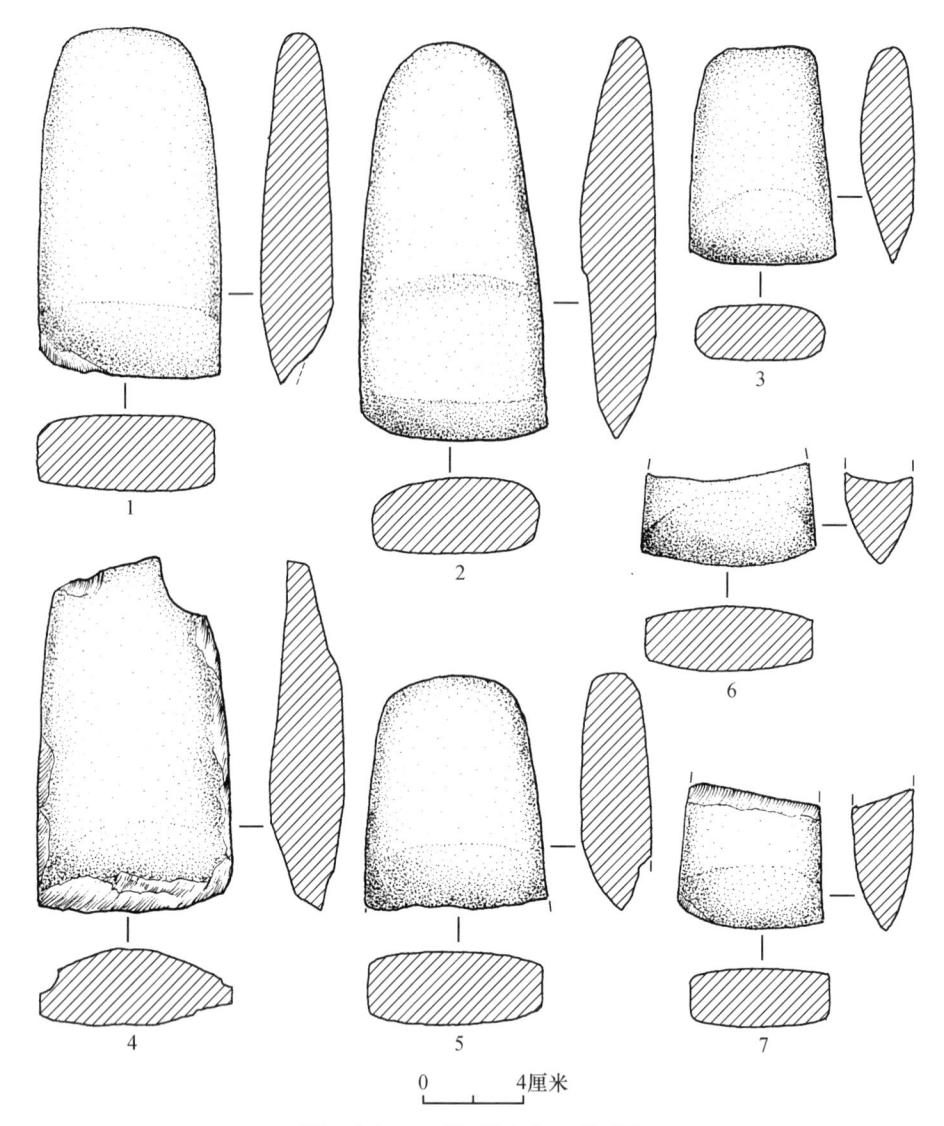

图一九七　F1第1层出土Aa型石斧
1. F1①：116　2. F1①：117　3. F1①：144　4. F1①：152　5. F1①：156　6. F1①：191　7. F1①：195

青灰色石料。梯形，弧顶，下端双面弧刃。长10.6、宽6~7.8、厚2.6厘米（图一九八，3；图版七六，3）。标本F1①：253，青灰色石料。梯形，弧顶，下端双面刃。长8.2、宽4~7.4、厚2.6厘米（图一九八，5）。标本F1①：254，灰色石料。梯形，平顶，下端双面刃，一面磨制，宽刃，一面打制，窄刃。长7.6、宽4~4.8、厚2.5厘米（图一九八，6）。标本F1①：274，深青灰色石料。刃部残，梯形，弧顶，下端双面刃。残长10.2、宽4.6~6、厚2.7厘米（图一九八，7）。标本F1①：349，青灰色石料。刃部略残，梯形，上端呈弧形，下端双面弧刃。长8.2、宽4.3~5.2、厚2.6厘米（图一九八，4）。

Ab型，3件。标本F1①：114，青灰色石料。梯形，弧顶，下端双面刃。长7.2、宽5.6~6.8、厚2厘米（图一九九，1；图版七七，1）。标本F1①：242，深青灰色石料。梯形，弧顶，下端双面弧刃，一面宽刃，一面窄刃。长7.5、宽5.4~7、厚1.6厘米（图一九九，2）。标本F1①：250，灰色石料。梯形，弧顶，下端双面刃。长8.6、宽6.6~7.8、厚2.6厘米（图

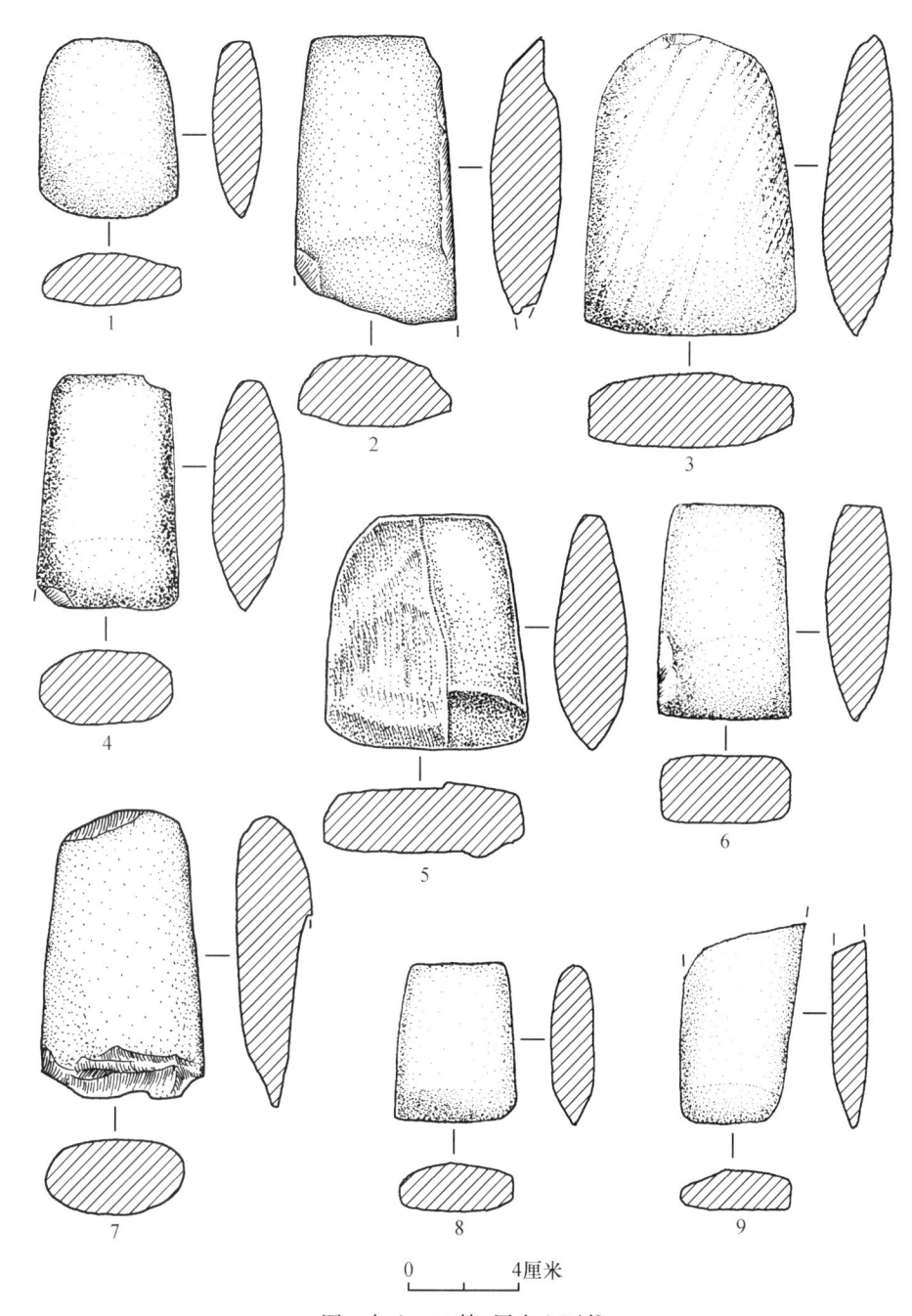

图一九八　F1第1层出土石斧

1～8. Aa型（1. F1①：197、2. F1①：207、3. F1①：231、4. F1①：349、5. F1①：253、6. F1①：254、7. F1①：274、8. F1①：220）　9. B型（F1①：67）

一九九，3）。

B型　2件。标本F1①：12，青灰色石料。上端残，倒梯形，下端双面刃，较钝。残长3.5、宽2.2～2.5、厚0.8厘米（图一九六，8）。标本F1①：67，灰色石料。上端残，倒梯形，下端双面刃。残长7、残宽3.6～4.7、厚1.4厘米（图一九八，9）。

C型　8件。标本F1①：158，灰白色石料。平面呈长方形，下端双面刃。长10.8、宽4.8、厚2.6厘米（图一九九，4）。标本F1①：159，青灰色石料。上端及刃部残，平面呈长方形，

图一九九　F1第1层出土石斧

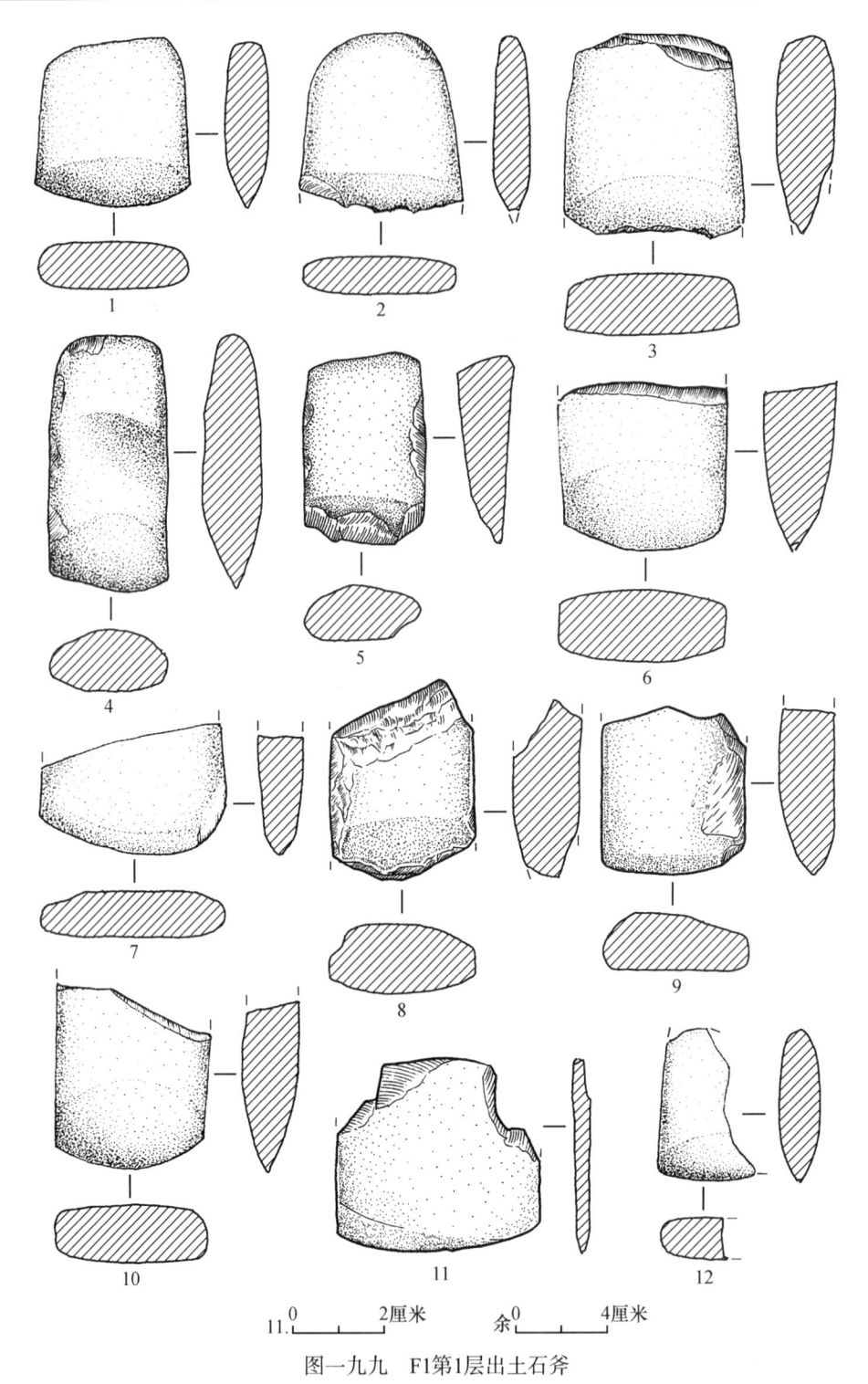

1~3. Ab型（1. F1①:114、2. F1①:242、3. F1①:250）　4~11. C型（4. F1①:158、5. F1①:159、6. F1①:199、7. F1①:255、8. F1①:222、9. F1①:258、10. F1①:279、11. F1①:246）　12. 不明形制（F1①:134）

下端双面弧刃。残长8.2、宽5.2、厚2.4厘米（图一九九，5）。标本F1①：199，深青灰色石料。上端残，平面呈长方形，下端双面弧刃。残长7.2、宽7.1、厚3厘米（图一九九，6）。标本F1①：222，灰色石料。上端及刃部残，平面呈长方形，下端双面弧刃。残长8.4、宽6.2、厚3厘米（图一九九，8）。标本F1①：246，深青灰色石料。上端残，平面呈长方形，下端双面刃。长4.1、宽4.5、厚0.4厘米（图一九九，11）。标本F1①：255，青灰色石料。上端残，平面呈长方形，下端双面弧刃。残长5.2、宽8、厚2厘米（图一九九，7）。标本F1①：258，灰色石料。上端残，平面呈长方形，下端双面刃，一面宽刃，一面窄刃。残长7、宽6、厚2.4厘米（图一九九，9）。标本F1①：279，深青灰色石料。上端残，平面呈长方形，下端双面弧刃。残长7.8、宽6.6、厚2.6厘米（图一九九，10）。

不明形制　1件。标本F1①：134，深青灰色石料。上端及一侧残，下端双面刃。残长6.4、残宽4.2、厚1.8厘米（图一九九，12）。

锛　19件。

A型　13件。

Aa型，6件。标本F1①：22，深青灰色石料。顶残，梯形，下端双面刃。残长5.2、宽2.1～2.2、厚0.4厘米（图二〇〇，1）。标本F1①：30，灰白色石料。两侧残，梯形，似有肩，下端双面刃。残长5.1、宽1.4～2.7、厚0.6厘米（图二〇〇，2）。标本F1①：31，青灰色石料。梯形，平顶，下端双面刃，一面宽刃，一面窄刃。长6.8、宽4.3～5、厚1.2厘米（图二〇〇，3）。标本F1①：38，深青灰色石料。上端残，梯形，两侧有切割痕迹，下端双面刃，似为制作的半成品。残长5.5、宽2～2.8、厚0.7厘米（图二〇〇，4）。标本F1①：93，灰白色石料。梯形，弧顶，下端双面刃，一面宽刃，一面窄刃。长11.8、宽4～4.8、厚1.5厘米（图二〇〇，5）。标本F1①：187，青灰色石料。梯形，平顶，下端双面刃，一面宽刃，一面窄刃。长5.2、宽3～3.5、厚0.9厘米（图二〇〇，6）。

Ab型，7件。标本F1①：61，紫红色石料。上端残，梯形，下端双面刃，一面宽刃，一面窄刃，磨制较精细。残长2.6、宽1.9～2.2、厚0.8厘米（图二〇〇，7）。标本F1①：100，青灰色石料。形制较小，梯形，平顶，下端一面刃。长4、宽1.9～2.1、厚0.2厘米（图二〇〇，8）。标本F1①：175，青灰色石料。形制较小，梯形，下端双面刃，一面宽刃，一面窄刃。长4.9、宽2.1～2.8、厚0.5厘米（图二〇〇，9）。标本F1①：193，深青灰色石料。梯形，平顶，下端双面刃。长4.2、宽2.8～3.6、厚1厘米（图二〇〇，10；图版七七，3）。标本F1①：252，青灰色石料。上端残，长方形，下端双面刃，一面宽刃，一面窄刃。长3.2、宽3～3.4、厚1.2厘米（图二〇一，1）。标本F1①：256，青灰色石料。梯形，平顶，下端双面刃，一面宽刃，一面窄刃。长4.8、宽2.8～3.8、厚1.1厘米（图二〇一，2；图版七七，4）。标本F1①：259，深青灰色石料。上端残，梯形，下端双面刃，一面宽刃，一面窄刃。残长3.8、宽2.2～2.6、厚0.8厘米（图二〇一，3）。

图二〇〇　F1第1层出土石锛

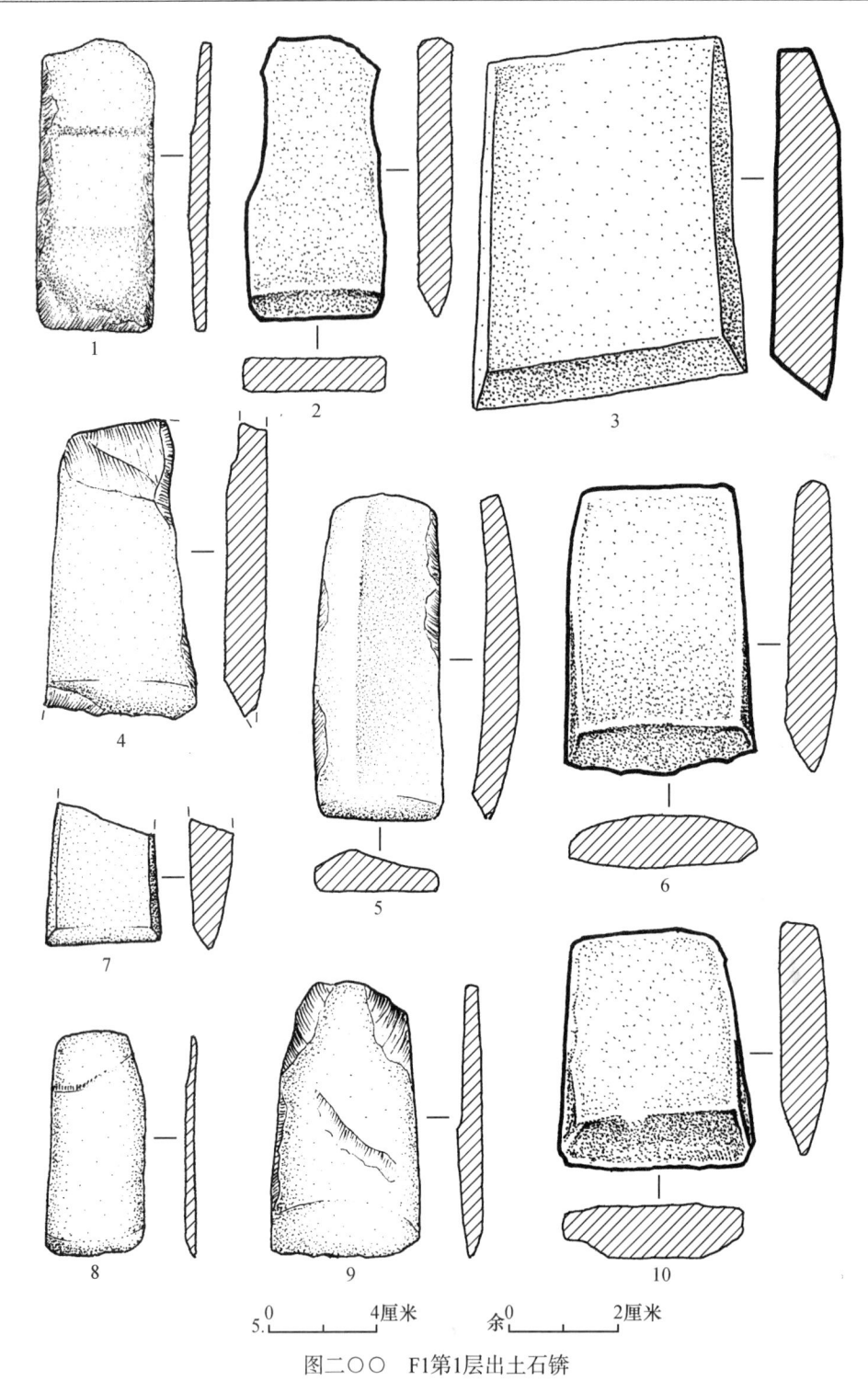

1~6.Aa型（1.F1①：22、2.F1①：30、3.F1①：31、4.F1①：38、5.F1①：93、6.F1①：187）　7~10.Ab型（7.F1①：61、8.F1①：100、9.F1①：175、10.F1①：193）

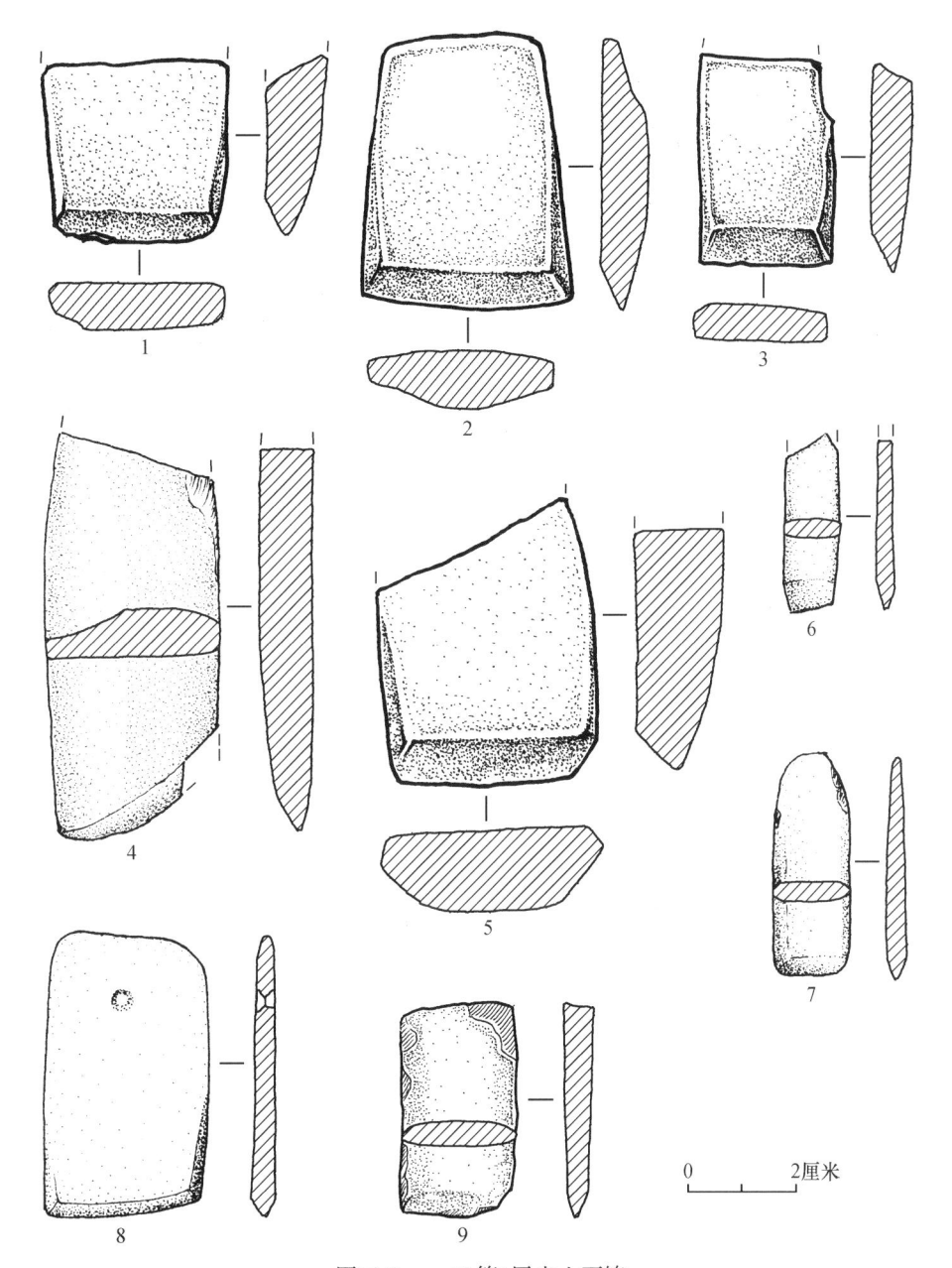

图二〇一　F1第1层出土石锛
1~3. Ab型（1. F1①：252、2. F1①：256、3. F1①：259）　4、5. Ca型（4. F1①：171、5. F1①：165）
6~9. Cb型（6. F1①：26、7. F1①：66、8. F1①：101、9. F1①：139）

C型　6件。

Ca型，2件。标本F1①：165，青灰色石料。上端及两侧残，长方形，下端双面刃，一面宽刃，一面窄刃。残长5、宽4、厚1.6厘米（图二〇一，5）。标本F1①：171，青灰色石料。上端及刃局部残，长方形，下端双面斜弧刃，一面宽刃，一面窄刃。残长7.2、宽3.2、厚1厘米（图二〇一，4）。

Cb型，4件。标本F1①：26，深青灰色石料。形体较小，上端残，长条形，下端双面刃。残长3、宽1、厚0.4厘米（图二〇一，6）。标本F1①：66，灰色石料。形制较小，长条形，弧顶，下端双面刃。长4、宽1.5、厚0.4厘米（图二〇一，7）。标本F1①：101，青灰色石料。长方形，下端及一侧面双面刃，上端有一个对穿孔。长5.1、宽3、穿径0.2、厚0.5厘米（图二〇一，8；图版七八，1）。标本F1①：139，深青灰色石料。小长条形，上端残，下端双面刃。残长3.8、宽2、厚0.6厘米（图二〇一，9）。

穿孔刀　10件。

A型　4件。标本F1①：89，青灰色石料。仅存一段，顶呈弓背形，上有一个对穿孔。残长3.5、残宽2.3、孔径0.3、厚0.3厘米（图二〇二，10）。标本F1①：164，青灰色石料。仅存

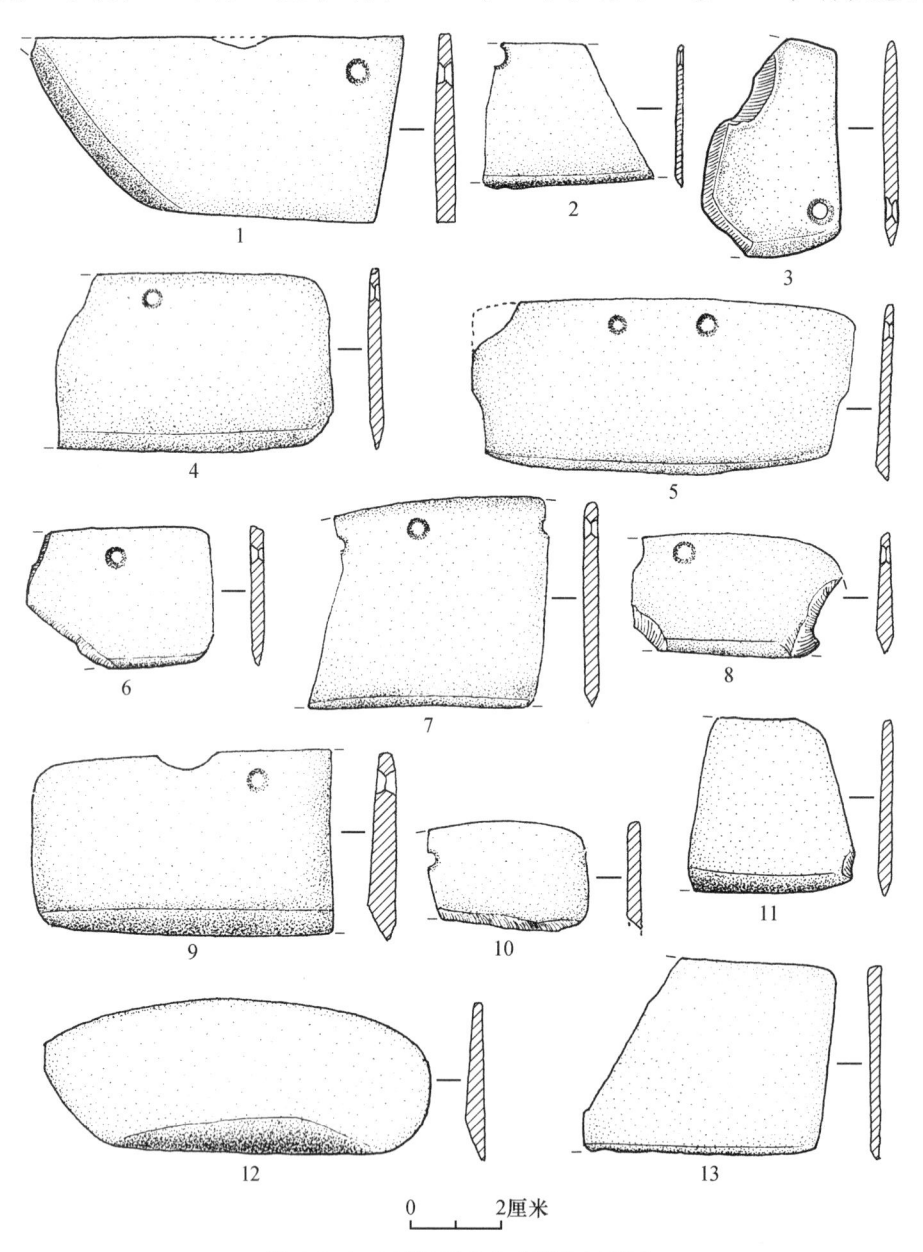

图二〇二　F1第1层出土（穿孔）石刀

1~4、6.B型穿孔刀（1.F1①：43、2.F1①：19、3.F1①：54、4.F1①：261、6.F1①：63）　5.C型穿孔刀（F1①：249）　7~10.A型穿孔刀（7.F1①：205、8.F1①：232、9.F1①：164、10.F1①：89）　11、13.B型刀（11.F1①：148、13.F1①：268）　12.A型刀（F1①：75）

一段，顶呈弓背形，下端及侧面双面刃，上有一个对穿孔。残长6.7、残宽4、孔径0.3、厚0.6厘米（图二〇二，9；图版七九，1）。标本F1①：205，深青灰色石料。仅存一段，顶呈弓背形，下端双面刃，上有两个对穿孔。残长5.2、残宽4.5、孔径0.3、厚0.3厘米（图二〇二，7）。标本F1①：232，深青灰色石料。仅存一段，顶呈弓背形，下端双面刃，上有一个对穿孔。残长4.6、残宽2.6、孔径0.3、厚0.4厘米（图二〇二，8）。

B型　5件。标本F1①：19，青灰色石料。仅存一段，长方形，一面刃，上有一个对穿孔。残长3.6、残宽3、孔径0.4、厚0.2厘米（图二〇二，2）。标本F1①：43，青灰色石料。仅存一半，倒梯形，侧端为斜边，双面刃，上端中部有一个对穿孔。残长8.2、残宽4、孔径0.4、厚0.5厘米（图二〇二，1）。标本F1①：54，青灰色石料。仅存上端，圆角长方形，平顶，两侧外弧，并刃，下端一侧有一个对穿孔。残长3、残宽4.6、孔径0.3、厚0.3厘米（图二〇二，3）。标本F1①：63，深青灰色石料。仅存一端，长方形，下端双面刃，一面宽刃，一面窄刃，上端有一个对穿孔。残长4、残宽3、孔径0.3、厚0.3厘米（图二〇二，6）。标本F1①：261，深青灰色石料。一端残，长方形，下端双面刃，上有一个对穿孔。残长6、残宽3.7、孔径0.3、厚0.3厘米（图二〇二，4）。

C型　1件。标本F1①：249，青灰色石料。平顶，下端双面弧刃，上有两个对穿孔。残长8.3、宽3.7、孔径0.2~0.3、厚0.3厘米（图二〇二，5；图版七九，3）。

刀　3件。

A型　1件。标本F1①：75，青灰色石料。顶呈弓背形，下端一面刃。残长8.6、宽3.2、厚0.4厘米（图二〇二，12；图版七九，6）。

B型　2件。标本F1①：148，青灰色石料。仅存一段，长方形，平顶，下端双面刃。长3.7、残宽3.7、厚0.3厘米（图二〇二，11）。标本F1①：268，青灰色石料。仅存一段，长方形，下端一面刃。残长5、残宽4.2、厚0.3厘米（图二〇二，13）。

穿孔钺　1件。标本F1①：95，青灰色石料。梯形，平顶，下端双面弧刃，上端有一个单面穿孔。长19.4、宽8.6~11、穿径1.2、厚0.8~1.4厘米（图二〇三，1；图版七八，6）。

矛　5件。标本F1①：3，青灰色石料。仅存矛身后端及骸前端，矛身后端两侧有短翼，矛身两侧刃，长方形骸。残长5.8、残宽4、厚0.8厘米（图二〇三，4）。标本F1①：44，青灰色石料。矛身前端残，矛身双面有脊，两侧刃，短长方形骸。残长9、宽2.8、厚0.5厘米（图二〇三，2；图版七八，4）。标本F1①：68，青灰色石料。矛尖及骸后端残，矛身双面有脊，两侧刃，长方形骸。残长11.6、宽3、厚1厘米（图二〇三，3；图版七八，5）。标本F1①：238，深青灰色石料。仅存矛身一段，矛身一面有脊，两侧刃。残长5、宽4、厚0.8厘米（图二〇三，5）。标本F1①：239，灰色石料。仅存矛身一段，矛身双面有脊，两侧刃。残长6.8、宽3.2、厚0.8厘米（图二〇三，7）。

凿　A型　1件。标本F1①：245，深青灰色石料。平顶，两侧束腰，下端两侧向内刃，长5.8、宽2.2、厚1厘米（图二〇三，6；图版八〇，3）。

环　1件。标本F1①：72，深青灰色石料。仅存一段。残长7.3、宽1.2、厚0.5厘米（图二〇三，8；图版八〇，4）。

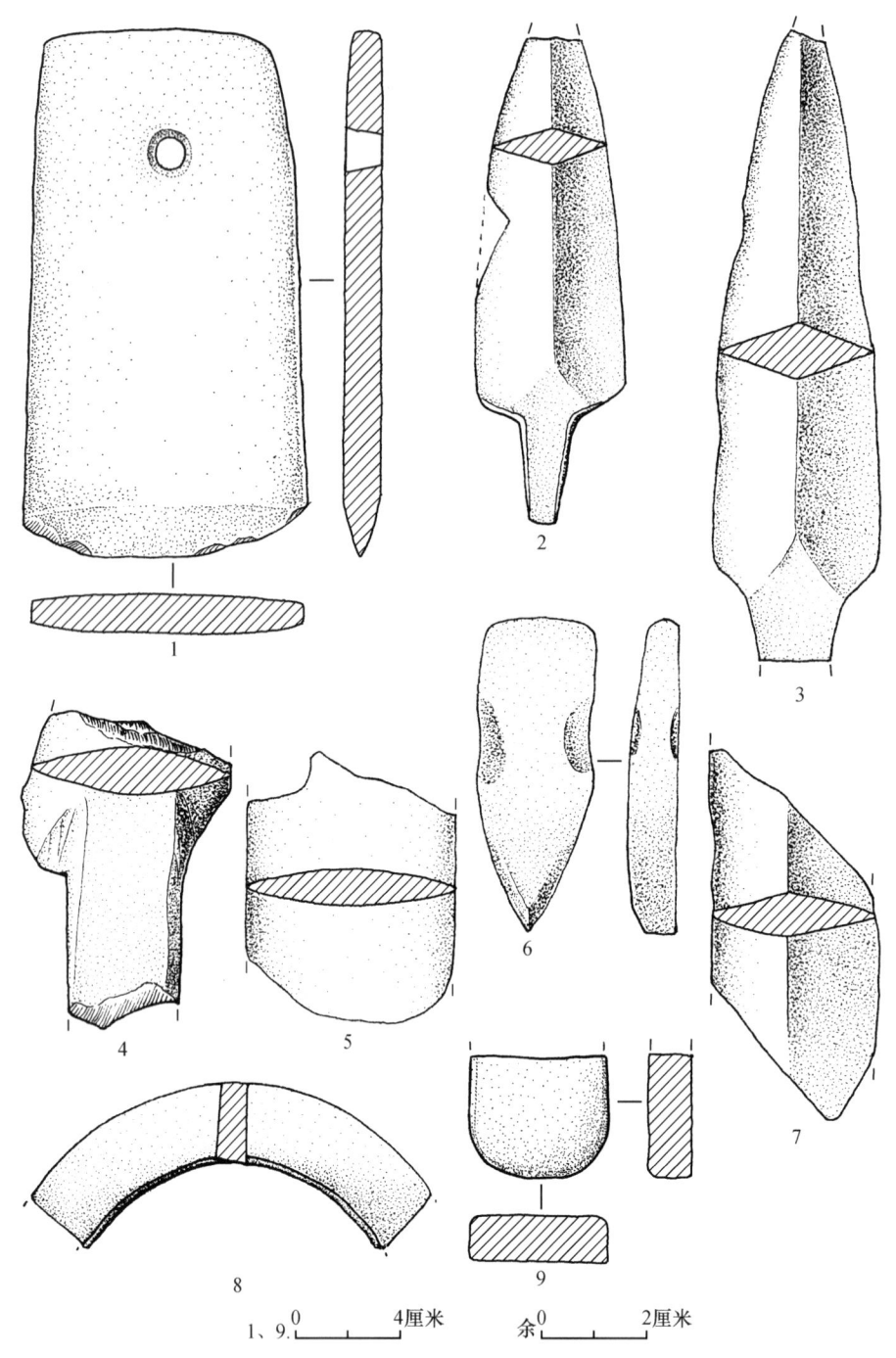

图二〇三 F1第1层出土石器

1. 穿孔钺（F1①：95） 2~5、7.A型矛（2.F1①：44、3.F1①：68、4.F1①：3、5.F1①：238、7.F1①：239）
6.A型凿（F1①：245） 8.环（F1①：72） 9.坯料（F1①：20）

磨棒 1件。标本F1①：96，灰色石料。锥形，顶端光滑，似为研磨器。长13.6厘米（图二〇四，4；图版八〇，5）。

砺石 A型 1件。标本F1①：150，青灰色石料，略呈长方形，一端较规整，另一端及边侧打制不平，一面为磨砺面，内凹。残长28.5、宽17.6、厚17厘米（图二〇四，1）。

残损不明石器、坯料 7件。标本F1①：6，青灰色石料。长条形，两端尖，打制而成，似为半成品。长12.8、宽3.8、厚1厘米（图二〇四，5）。标本F1①：20，青灰色石料。仅存上端，弧顶，两侧直。残长4.6、宽5.2、厚1.7厘米（图二〇三，9）。标本F1①：23，深青灰色石料。上端残，下端打制弧刃，似为残损器物改制的半成品。残长8.5、宽5.2、厚0.2～0.7厘米（图二〇四，3）。标本F1①：98，灰色石料。长条形，弧顶。长11.8、宽4.6、厚0.6～1.9厘米（图二〇四，2）。标本F1①：178，青灰色石料。长条形，下端一面刃，似为石锛的半成品。长7.5、宽2.6、厚1.2厘米（图二〇四，8）。标本F1①：226，深青灰色石料。仅残存一角，下端双面刃，残端侧面有切割痕迹。残长3.5、残宽3.2、厚0.8厘米（图二〇四，6）。标本F1①：270，灰白色石料。下端残，平顶，两侧打制，似为残损器重新打制的半成品。残长5.2、宽5、厚1.5厘米（图二〇四，7）。

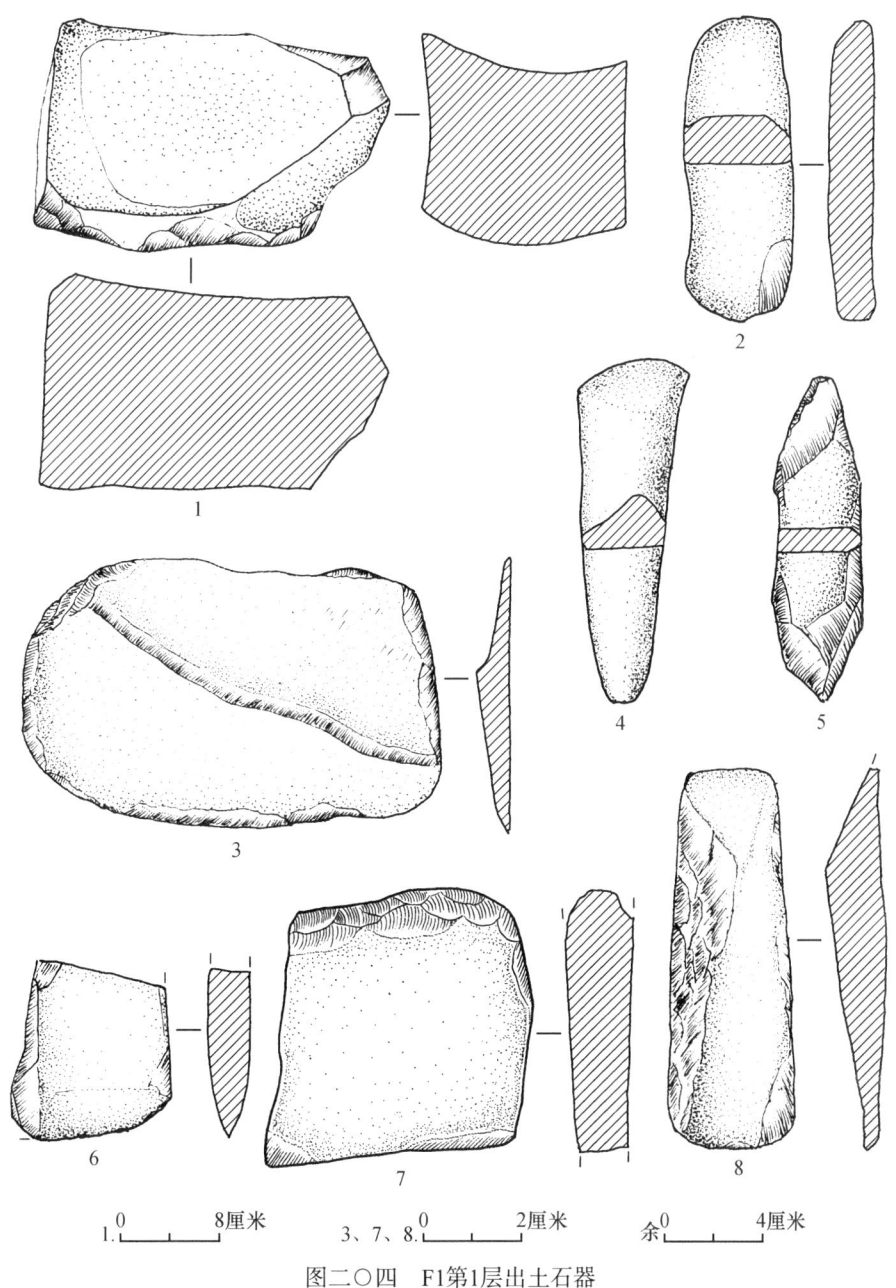

图二〇四　F1第1层出土石器

1. A型砺石（F1①：150）　2、3、5～8.残损不明石器、坯料（2.F1①：98、3.F1①：23、5.F1①：6、6.F1①：226、7.F1①：270、8.F1①：178）　4.磨棒（F1①：96）

（2）陶器

①陶器统计

为了掌握F1①层出土陶器情况，对该层2519件（块）陶器（含标本及陶片）进行了陶系及纹饰统计，对442件（块）可辨器形（含标本及陶片）进行了器形统计，统计情况如下（表一〇、表一一）。

表一〇 罗家冲遗址F1第1层出土陶器器形统计表 （单位：件）

陶系\器形	夹砂						泥质						硬陶	合计	百分比（%）	
	红陶	灰陶	褐陶	浅黄陶	黑陶	黑皮红陶	红陶	灰陶	褐陶	浅黄陶	黑陶	黑皮红陶	灰陶			
纺轮		1					3	21	2					27	6.11	
鼎足	宽扁形	23	3	1											27	6.11	
	扁锥形	8	1												9	2.04	12.67
	圆锥形	12	2	2											16	3.62	
	圆柱形	2													2	0.45	
	舌形	1	1												2	0.45	
釜								1							1	0.23	
釜鼎口沿	9	36	29												74	16.74	
罐（各类罐）	5	1	3			1	29	53	1		2	4			99	22.40	
鬶（含鬶足）							3		2						5	1.13	
豆（盘、柄）							8	111	2		2	8			131	29.64	
圈足盘	1		2				1	1				1			6	1.36	
盆							4	10	2		1	2			19	4.30	
长颈壶								1							1	0.23	
折腹壶								1							1	0.23	
擂钵状器	1														1	0.23	
器盖（纽）		1						3							4	0.90	
杯							1								1	0.23	
大口缸	1														1	0.23	
大口尊								1							1	0.23	
甑		1													1	0.23	
支座	1		6	1											8	1.81	
把手		2	1												3	0.68	
球										1					1	0.23	
板瓦		1													1	0.23	
合计	64	48	46	1	0	1	52	200	10	0	5	15	0	442	100	
百分比（%）	14.48	10.86	10.41	0.23	0	0.23	11.76	45.25	2.26	0	1.13	3.39	0		100	
	36.21						63.79										

注：陶系中褐陶含红褐陶及黄褐陶，灰陶含浅灰陶及灰白陶；器形中部分仅做大器类或型统计，而未按小器类或亚型统计，如鼎足、罐、鬶、豆等。部分陶质无可辨器形者统计为"0"。

表一一　罗家冲遗址F1第1层出土陶器纹饰统计表　　　　　　　　　（单位：件）

陶系 纹饰	夹砂 红陶	夹砂 灰陶	夹砂 褐陶	夹砂 浅黄陶	夹砂 黑陶	夹砂 黑皮红陶	泥质 红陶	泥质 灰陶	泥质 褐陶	泥质 浅黄陶	泥质 黑陶	泥质 黑皮红陶	硬陶 灰陶	合计	百分比（%）
素面	168	53	92	1	16	5	171	461	6	20	103	208		1304	51.77
绳纹	176	200	335		25	10	12	73	10			12	1	854	33.90
绳切纹											1			1	0.04
弦断绳纹								5						5	0.20
绳索纹	2	2	1											5	0.20
刻槽	19		2											21	0.83
绳纹+刻槽	27	10			3									40	1.59
绳纹+附加堆纹			1											1	0.04
按窝	13													13	0.52
刻槽+按窝	32	3	6											41	1.63
绳纹+按窝			1											1	0.04
瓦棱	7		2											9	0.36
附加堆纹	4				1		8							13	0.52
方格纹+附加堆纹	2						2	3						7	0.28
按窝+附加堆纹											1			1	0.04
按窝+附加堆纹+菱形纹+刻划纹							1							1	0.04
凸棱	16		4		1	3	4					1		29	1.15
凸棱+附加堆纹	5													5	0.20
弦纹		2	1		1	1	2	17	2		2	1		29	1.15
凸棱+弦纹								1						1	0.04
弦纹+刻划纹							1	1						2	0.08
弦纹+篮纹								2						2	0.08
绳纹+弦纹							1							1	0.04
方格纹	19		17			2	12	15			4	6		75	2.98
方格纹+弦纹								1						1	0.04
弦纹+凸棱纹+方格纹							1							1	0.04
篮纹	21		1		1			1						24	0.95
刻划纹	3		1											4	0.16
绳纹+刻划纹	4													4	0.16
按窝+刻划纹	1													1	0.04
菱形纹	1						1							2	0.08
叶脉纹							1							1	0.04
戳点纹	1													1	0.04
镂孔							1	5	2			1		9	0.36

续表

陶系 纹饰	夹砂						泥质						硬陶	合计	百分比（%）
	红陶	灰陶	褐陶	浅黄陶	黑陶	黑皮红陶	红陶	灰陶	褐陶	浅黄陶	黑陶	黑皮红陶	灰陶		
弦纹+镂孔								1						1	0.04
附加堆纹+弦纹+网格纹							1							1	0.04
凸棱+绳纹	1		1											2	0.08
方格纹+附加堆纹							3	1				1		5	0.20
重环纹+戳点纹								1						1	0.04
合计	522	270	465	1	47	22	208	601	21	20	110	231	1	2519	100
百分比（%）	20.72	10.72	18.46	0.04	1.87	0.87	8.26	23.86	0.83	0.79	4.37	9.17	0.04	100	
	52.68						47.28						0.04		

注：本统计表未含纺轮；陶系中褐陶含红褐陶及黄褐陶，灰陶含浅灰陶及灰白陶；纹饰中绳纹含各类粗细绳纹、方格纹含各类大小方格纹，弦纹含凹凸弦纹。

陶系：该层出土陶器按陶质可分为夹砂、泥质及硬陶三大类，分别占52.68%、47.28%、0.04%。其中夹砂陶中以夹砂红陶、夹砂褐陶及夹砂灰陶为主，分别占20.72%、18.46%、10.72%，少量夹砂黑陶、夹砂黑皮红陶及夹砂浅黄陶；泥质陶中以泥质灰陶为主，其次为泥质黑皮红陶、泥质红陶及泥质黑陶，分别占23.86%、9.17%、8.26%、4.37%，少量泥质褐陶及泥质浅黄陶；硬陶为灰陶，数量均较少（表一〇）。

器形：可辨器形中夹砂陶占36.21%，泥质陶占63.79%。器形主要以豆、罐、釜鼎口沿及鼎足为主，分别占29.64%、22.4%、16.74%、12.67%，其次为纺轮、盆、圈足盘、鬶等，分别占6.11%、4.3%、1.36%、1.13%，其他器类有长颈壶、折腹壶、擂钵状器、器盖（纽）、杯、大口缸、大口尊、甑、支座、把手、球、板瓦等，数量均较少。

每类器形及对应的陶系，鼎足、釜鼎口沿均为夹砂陶，其中鼎足以夹砂红陶及夹砂褐陶为主，少量夹砂灰陶及夹砂褐陶；釜鼎口沿以夹砂灰陶及夹砂褐陶为主，其次为夹砂红陶；罐以泥质灰陶及泥质红陶为主；豆以泥质灰陶为主；鬶以泥质红陶为主；纺轮均为泥质陶，以泥质灰陶为主；其他器形中盆、器盖（纽）等以泥质陶为主，而擂钵状器、大口缸、大口尊、支座、把手等均为夹砂陶（表一〇）。

纹饰：陶器器表素面占51.77%，其余均有纹饰。从纹饰对应的陶系分析，纹饰主要装饰在泥质灰陶、夹砂红陶、夹砂褐陶及夹砂灰陶上，其次为泥质黑皮红陶、泥质红陶、泥质黑陶，其他陶质上纹饰较少。

纹饰以绳纹为主，占比为33.90%，其次为鼎足上的各类纹饰，分别有刻槽、按窝、瓦棱及绳纹+刻槽、绳纹+附加堆纹、刻槽+按窝、绳纹+按窝、按窝+附加堆纹、按窝+刻划纹、按窝+附加堆纹+菱形纹+刻划纹等，其中各类刻槽鼎足占4.05%、按窝鼎足占2.31%，鼎足以外的纹饰中以方格纹为主，分别占2.98%，其次为凸棱纹、弦纹、附加堆等，分别占1.15%、1.15%、

0.52%，另有绳索纹、篮纹、刻划纹、菱形纹、叶脉纹、戳点纹、镂孔及弦断绳纹、凸棱+附加堆纹、凸棱+弦纹、弦纹+刻划纹、弦纹+篮纹、绳纹+弦纹、方格纹+弦纹、弦纹+凸棱棱+方格纹、绳纹+刻划纹、弦纹+镂孔、附加堆纹+弦纹+网格纹、凸棱+绳纹、方格纹+附加堆纹、重圈纹+戳点纹等组合纹饰，数量均较少（图二〇五～图二〇八；表一一）。

②标本　94件。

纺轮　27件。

A型　24件。

Aa型，8件。标本F1①：5，泥质灰陶。局部残，饼形，斜边，宽面饰四组对称三弧线刻划纹，中部穿孔。短径3.4、长径3.8、孔径0.4、厚0.6厘米（图二〇九，1；图二一二，3；图版八一，1）。标本F1①：57，泥质灰陶。仅存小半，饼形，斜边，宽面饰四组对称三弧线刻划纹，中部穿孔。残长4、残宽1.8、厚0.5厘米（图二〇九，2）。标本F1①：94，泥质灰陶。饼

图二〇五　F1出土陶器纹饰拓片
1. 细绳纹（F1①：336）　2～4. 中绳纹（2. F1②：147、3. F1①：338、4. F1②：148）　5. 粗绳纹（F1②：142）
6. 弦纹+刻划纹（F1①：340）

图二〇六　F1出土陶器纹饰拓片

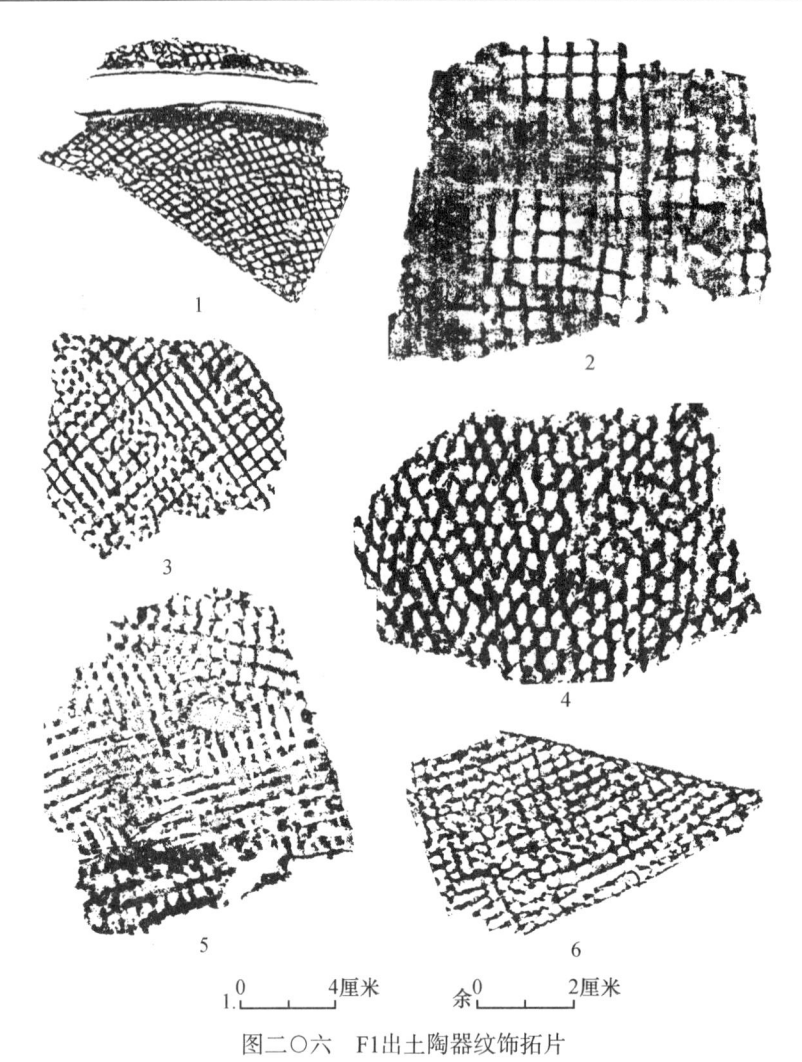

1. 小方格纹+弦纹（F1①：291）　2. 大方格纹（F1①：335）　3~6. 中方格纹（3. F1①：339、4. F1①：345、5. F1③：47、6. F1②：155）

形，斜边，中部穿孔，有轮制痕迹。短径3.5、长径4、孔径0.3、厚0.6~0.8厘米（图二〇九，3）。标本F1①：109，泥质灰陶。残存一半，饼形，斜边，宽面饰四组对称三弧线刻划纹，中部穿孔。短径3.8、长径4.4、孔径0.4、厚0.3~0.5厘米（图二〇九，4）。标本F1①：185，泥质红陶。仅存一半，饼形，斜边，宽面边侧饰一周细凹线纹，中部穿孔。短径3.8、长径4、孔径0.4、厚0.3厘米（图二〇九，6）。标本F1①：211，泥质红陶。局部残，饼形，一面内凹，斜边，侧边饰一圈细篦点纹，中部穿孔。短径4、长径4.4、孔径0.4、厚0.5厘米（图二〇九，7）。标本F1①：213，泥质红陶。饼形，一面内凹，斜边，侧边饰一圈细篦点纹，中部穿孔。短径3、长径3.4、孔径0.2、厚0.4厘米（图二〇九，8）。标本F1①：348，泥质黄褐陶。边缘残，饼形，斜边，中部穿孔。短径3.2、长径3.5、孔径0.4、厚0.6厘米（图二一〇，2）。

Ab型，16件。标本F1①：56，泥质灰陶。局部残，饼形，斜边，窄面中部略凸，宽面饰四组对称三弧线刻划纹，中部穿孔。短径3.6、长径4、孔径0.4、厚0.5~0.7厘米（图二一〇，3）。标本F1①：78，泥质灰陶。饼形，斜边，宽面中部略凸，中部穿孔。短径3.5、长径3.9、

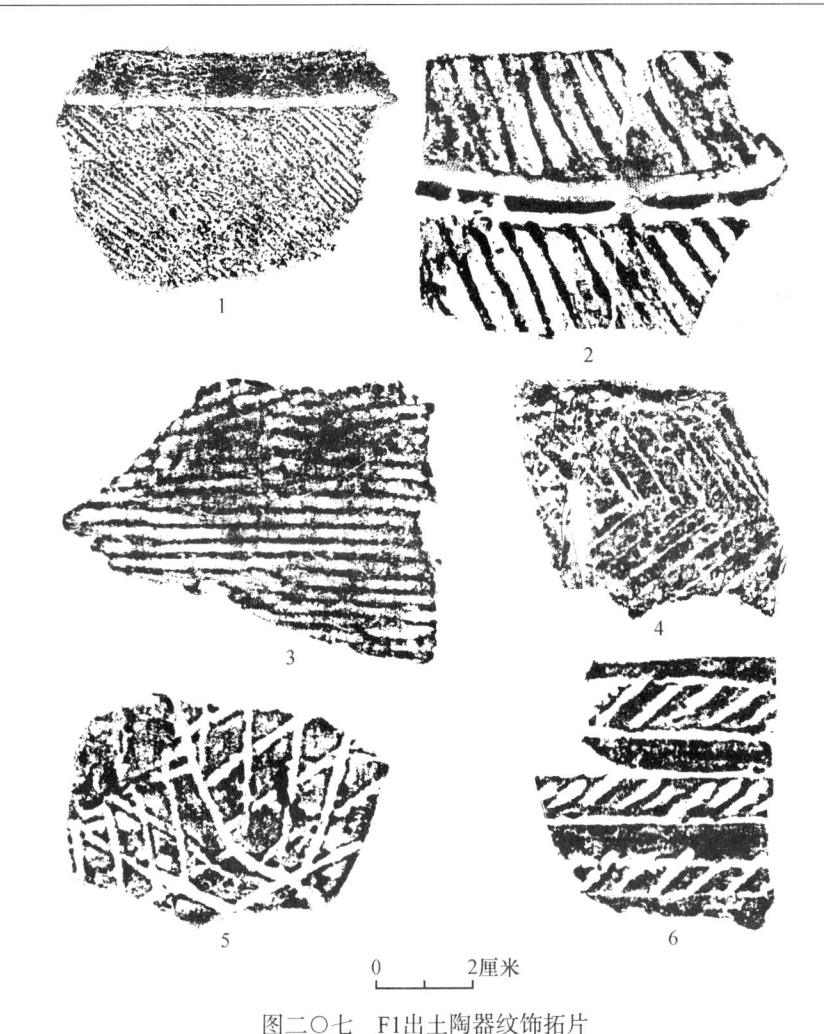

图二〇七　F1出土陶器纹饰拓片
1、2. 弦纹+篮纹（1. F1①：282、2. F1②：152）　3. 篮纹（F1③：49）　4. 叶脉纹（F1①：333）　5. 菱形纹（F1①：334）
6. 弦断刻划纹（F1①：352）

孔径0.4、厚0.5~0.8厘米（图二一〇，4）。标本F1①：135，泥质灰陶。饼形，斜边，窄面中部略凸，宽面边侧饰一周细凹弦纹，中间"十"字刻划纹将平面分成四等格，每格饰对称单弧线刻划纹，中部穿孔。短径4.4、长径5、孔径0.5、厚0.7~1厘米（图二一〇，5；图二一二，1；图版八一，6）。标本F1①：160，泥质灰陶。残裂，饼形，斜边，窄面中部略凸，宽面饰四组对称三弧线刻划纹，中部穿孔。短径3.8、长径4.2、孔径0.4、厚0.4~0.8厘米（图二一〇，6）。标本F1①：161，泥质灰陶。局部残，饼形，斜边，窄面中部略凸，宽面饰四组对称三弧线刻划纹，中部穿孔。短径3.2、长径3.8、孔径0.4、厚0.4~0.7厘米（图二一〇，7）。标本F1①：162，泥质灰陶。饼形，斜边，窄面中部略凸，宽面饰四组对称三弧线刻划纹，中部穿孔。短径4、长径4.8、孔径0.5、厚0.5~0.8厘米（图二一〇，9）。标本F1①：166，泥质灰陶。局部残，饼形，斜边，窄面中部略凸，宽面饰四组对称三弧线刻划纹，中部穿孔。短径3.2、长径3.6、孔径0.4、厚0.5~0.8厘米（图二一〇，8）。标本F1①：167，泥质灰陶。两侧残，饼形，斜边，窄面中部略凸，宽面饰四组对称三弧线刻划纹，中部穿孔。短径4.2、长

· 266 ·　　宁乡罗家冲

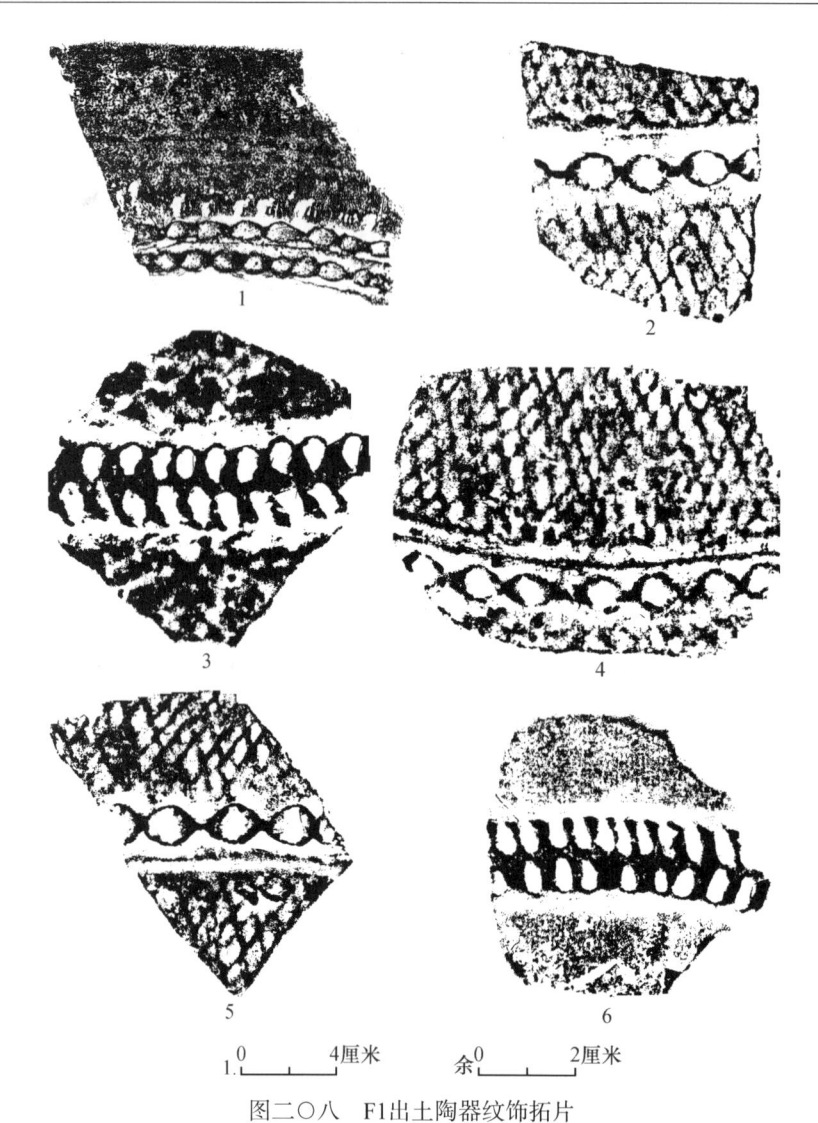

图二〇八　F1出土陶器纹饰拓片

1、3、6. 连珠附加堆纹（1.F1①：315、3.F1①：342、6.F1②：150）　2、4、5. 方格纹+连珠附加堆纹（2.F1①：337、4.F1①：343、5.F1①：344）

径4.6、孔径0.4、厚0.5～0.8厘米（图二一一，1）。标本F1①：169，泥质灰陶。边缘残，饼形，斜边，窄面中部略凸，宽面边侧饰一周凹弦纹，内饰八角星刻划纹，部分角内饰戳点纹，中部穿孔。短径3.6、长径4.2、孔径0.4、厚0.7～0.8厘米（图二一一，2；图二一二，9；图版八二，1）。标本F1①：184，泥质灰陶。饼形，斜边，窄面中部略凸，中部穿孔。短径3.2、长径3.4、孔径0.3、厚0.3～0.5厘米（图二一一，3）。标本F1①：186，泥质灰陶。饼形，斜边，宽面中部略凸，宽面饰四组对称三弧线刻划纹，中部穿孔。短径3、长径3.4、孔径0.4、厚0.5～0.7厘米（图二一一，4）。标本F1①：190，泥质灰陶。饼形，仅存一半，斜边，窄面中部略凸，宽面饰四组对称三弧线刻划纹，中部穿孔。短径3.6、长径4、孔径0.4、厚0.4～0.6厘米（图二一一，5）。标本F1①：204，泥质灰陶。饼形，斜边，宽面中部略凸，中部穿孔。短径3、长径3.3、孔径0.3、厚0.5～0.6厘米（图二一一，9）。标本F1①：212，泥质灰陶。局部残，饼形，斜边，窄面中部略凸，宽面边侧饰一周凹弦纹，内饰四组对称三弧线刻划纹，

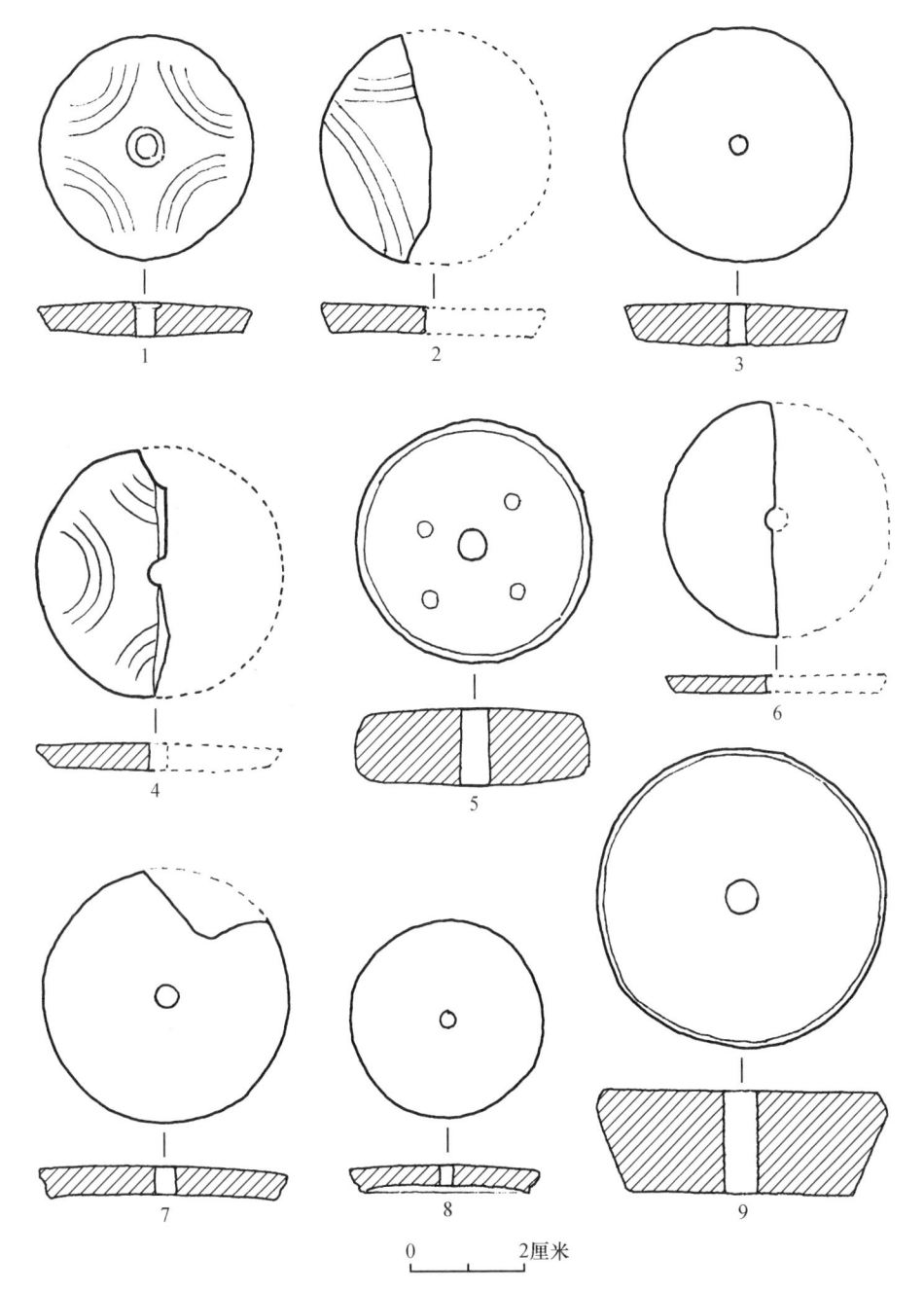

图二〇九　F1第1层出土陶纺轮

1~4、6~8.Aa型（1.F1①∶5、2.F1①∶57、3.F1①∶94、4.F1①∶109、6.F1①∶185、7.F1①∶211、8.F1①∶213）
5、9.B型（5.F1①∶118、9.F1①∶209）

中部穿孔。短径3.6、长径4.4、孔径0.4、厚0.8~1厘米（图二一一，6；图二一二，4）。标本F1①∶219，泥质灰陶。残存大半，饼形，斜边，窄面中部略凸，宽面中间"十"字刻划纹将平面分呈四等格，每格饰对称羊角刻划纹，中部穿孔，中部穿孔。短径4、长径4.4、孔径0.4、厚0.6~0.8厘米（图二一一，7；图二一二，6）。标本F1①∶228，泥质灰陶。残存大半，饼形，斜边，窄面中部略凸，宽面饰四组对称三弧线刻划纹，中部穿孔。短径3.6、长径4.6、孔径0.4、厚0.7~1厘米（图二一一，8）。

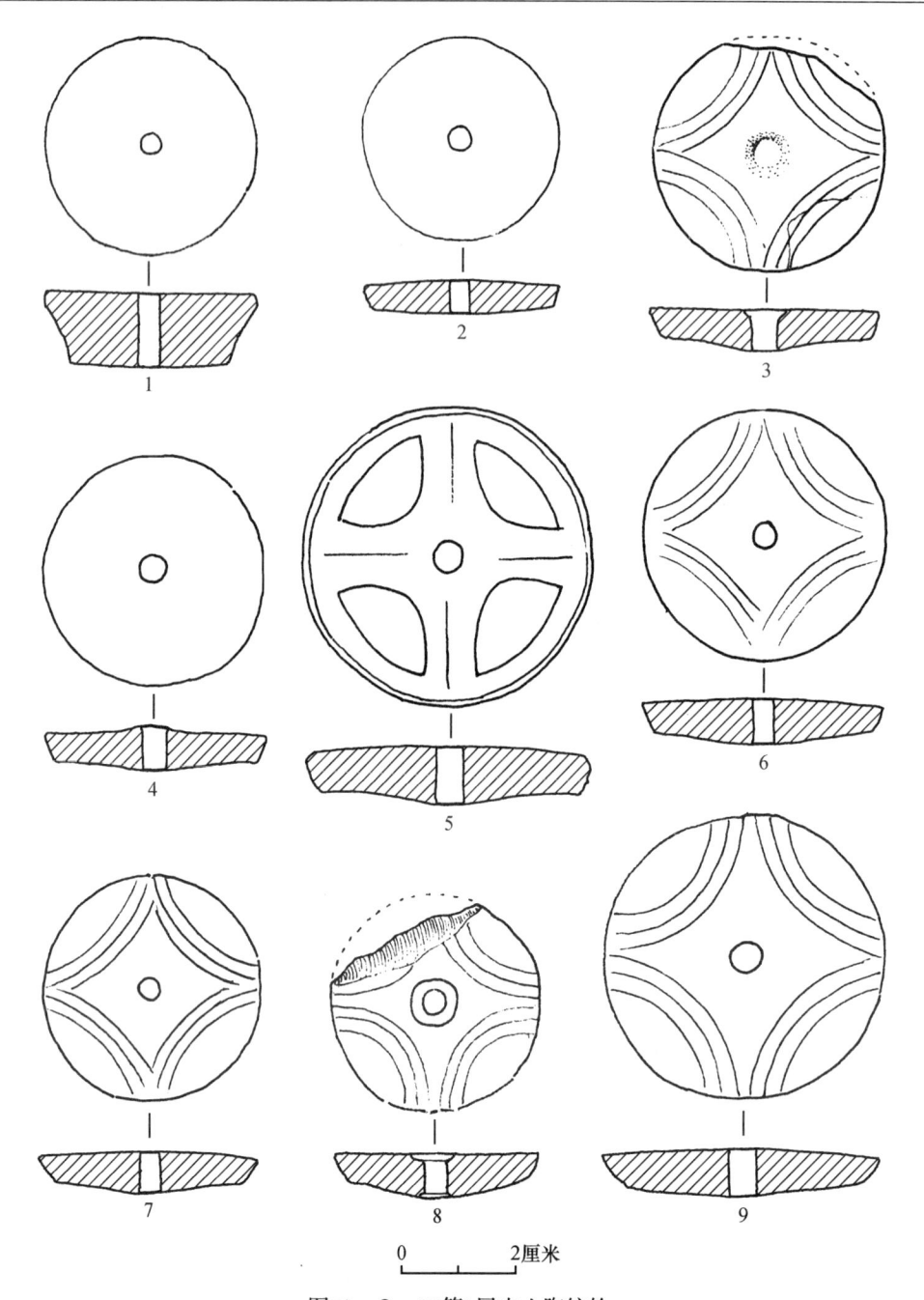

图二一〇 F1第1层出土陶纺轮

1. B型（F1①：237）　2. Aa型（F1①：348）　3~9. Ab型（3. F1①：56、4. F1①：78、5. F1①：135、6. F1①：160、7. F1①：161、8. F1①：166、9. F1①：162）

B型　3件。标本F1①：118，泥质灰陶。局部残，厚饼形，弧边，一面外侧饰一周细凹弦纹，内侧饰四个对称圆点纹，中部穿孔。直径4.1、孔径0.4、厚1.1~1.4厘米（图二〇九，5；图二一二，8；图版八二，2）。标本F1①：209，夹砂灰陶。圆台形，斜边，中部穿孔。短径4、长径5、孔径0.6、厚1.8厘米（图二〇九，9）。标本F1①：237，泥质黄褐陶。圆台形，斜边，中部穿孔。短径2.8、长径3.7、孔径0.3、厚1.3厘米（图二一〇，1）。

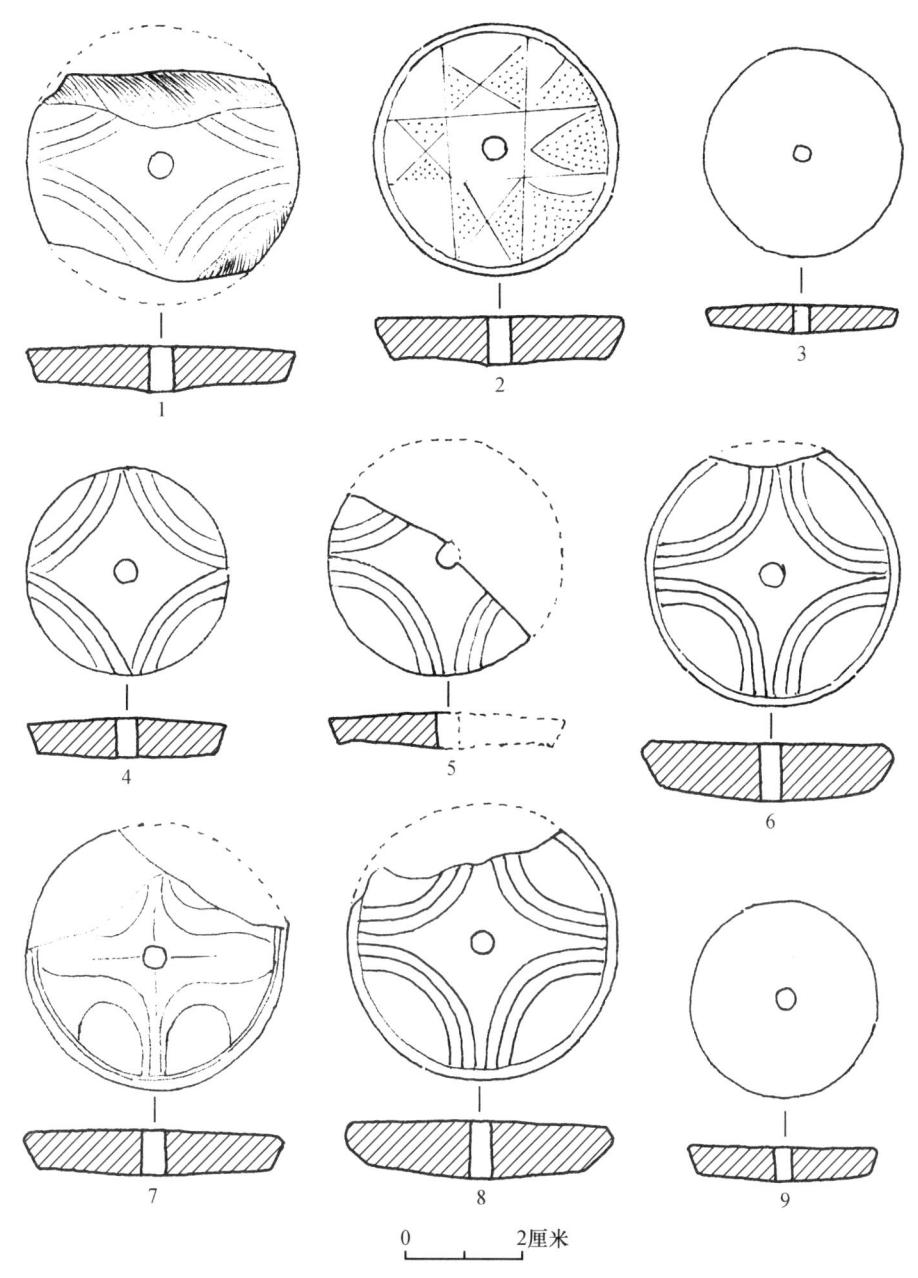

图二一一　F1第1层出土Ab型陶纺轮
1. F1①：167　2. F1①：169　3. F1①：184　4. F1①：186　5. F1①：190　6. F1①：212　7. F1①：219　8. F1①：228
9. F1①：204

鼎足　24件。

Aa型，11件。标本F1①：283，夹砂红陶。上端残，宽扁足，向外翻，外饰二道瓦棱。残高6.6、宽4~5.2、厚1厘米（图二一三，1）。标本F1①：299，夹砂红陶。下端残，宽扁足，略向外翻，足上端饰麻花状附加堆纹，下端饰三道瓦棱，内侧上端有一排戳点纹。残高12.2、宽10.6、厚0.7厘米（图二一三，2；图二一六，2）。标本F1①：302，夹砂红陶。下端残，宽扁足，足外饰二排共六个按窝。残高9.2、宽3.8~6.8、厚2厘米（图二一三，9；图版八二，3）。标本F1①：306，夹砂红陶。下端残，宽扁足，足外上端饰麻花状附加堆纹，下端饰二

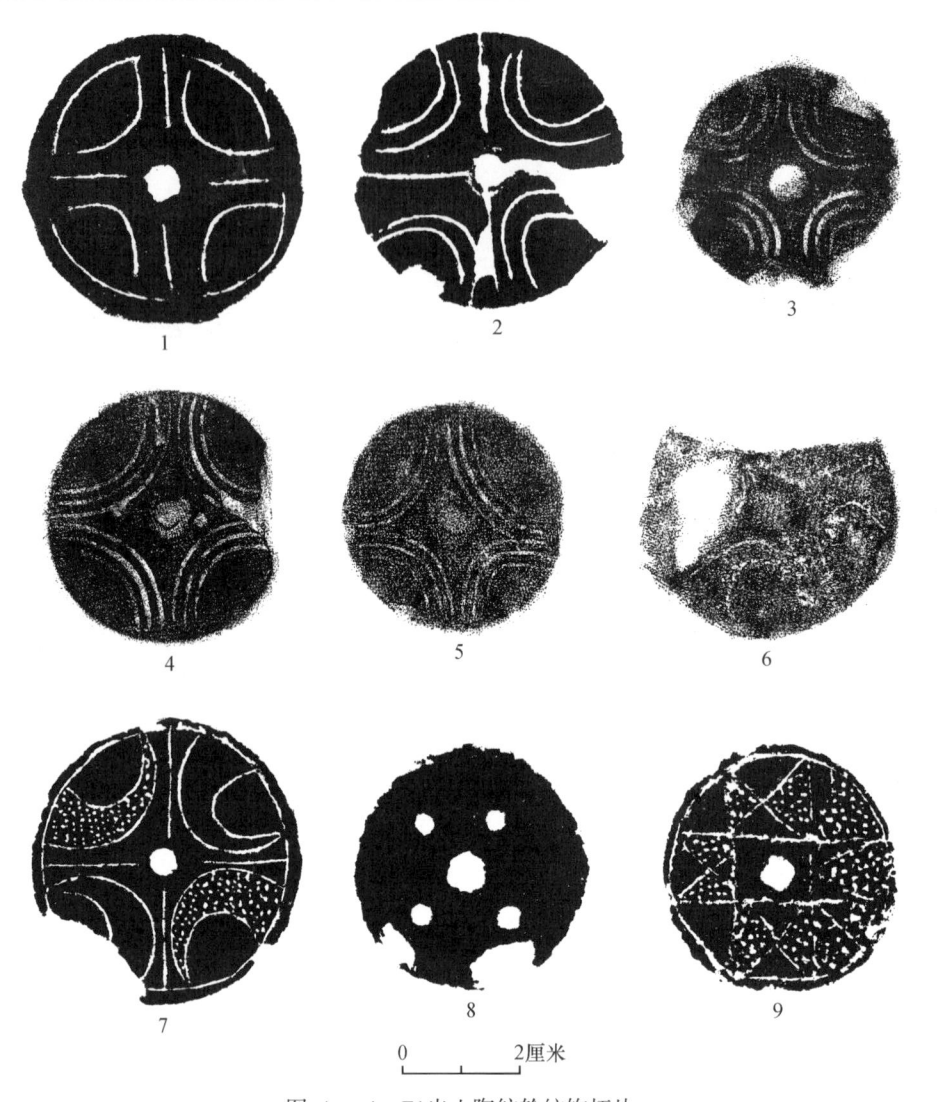

图二一二　F1出土陶纺轮纹饰拓片

1. 单弧线纺轮（F1①：135）　2. 双弧线纺轮（F1②：85）　3~5. 三弧线纺轮（3. F1①：5、4. F1①：212、5. F1②：163）
6、7. 羊角纹纺轮（6. F1①：219、7. F1②：73）　8. 圆点纹纺轮（F1①：118）　9. 八角星纹纺轮（F1①：169）

道瓦棱。残高7、残宽9.3、厚1厘米（图二一三，5；图版八二，4）。标本F1①：309，夹砂红陶。下端残，宽扁足，足外上端饰一排按窝。残高6.4、残宽7、厚1.3厘米（图二一三，6）。标本F1①：310，夹砂红陶。上下端及一侧残，宽扁足，足外饰数排短戳点纹。残高9.8、残宽5.2、厚1.1厘米（图二一四，1；图二一六，3）。标本F1①：317，夹砂红陶。下端残，宽扁足，足外上端饰麻花状附加堆纹，下端饰二道瓦棱。残高8.2、宽6.6~8.2、厚0.8厘米（图二一三，4）。标本F1①：318，夹砂红陶。下端残，宽扁足，足外上端饰麻花状附加堆纹，下端饰三道瓦棱。残高9.7、宽7~10、厚1厘米（图二一三，3）。标本F1①：323，夹砂红陶。下端残，宽扁足，足外上端饰麻花状附加堆纹，下端饰三道瓦棱。残高9、宽11.8、厚0.8厘米（图二一三，7；图二一六，1；图版八二，5）。标本F1①：328，夹砂灰陶。下端残，宽扁足，足外上端饰五个按窝，内侧饰五道刻槽。残高6.3、宽4.5~8.6、厚1厘米（图二一三，8；图二一六，5）。标本F1①：329，夹砂红陶。下端残，宽扁足，足外上端饰一排按窝。残高

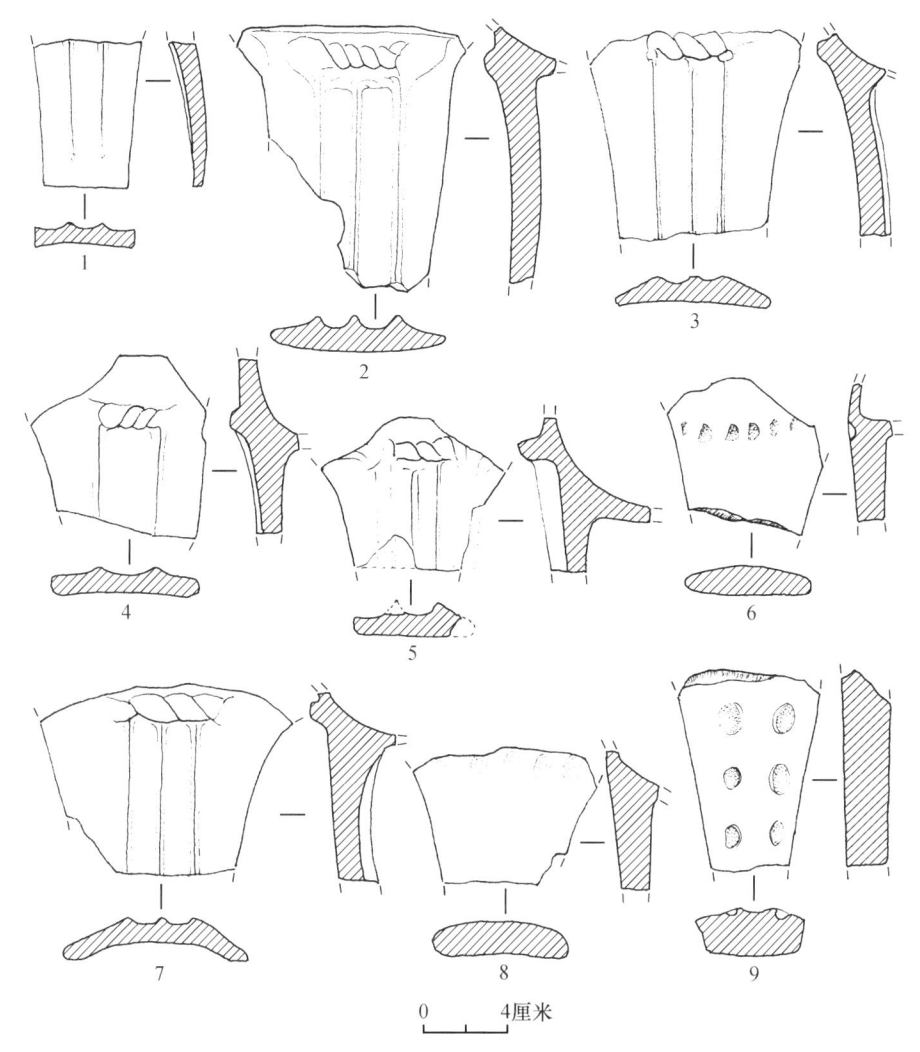

图二一三　F1第1层出土Aa型陶鼎足
1. F1①：283　2. F1①：299　3. F1①：318　4. F1①：317　5. F1①：306　6. F1①：309　7. F1①：323　8. F1①：328
9. F1①：302

6.2、宽1.8~5、厚1.5厘米（图二一四，2）。

Ba型，3件。标本F1①：179，夹砂红陶。扁锥足，平底，外饰绳纹及一道竖向刻槽。高13.6、宽1.6~5.4、厚1~2.2厘米（图二一四，3）。标本F1①：285，夹砂红陶。下端残，扁锥足，向外翻，倒梯形，足外饰二道竖向刻槽，腹部饰绳纹。残高15、宽6.7~12.8、厚2厘米（图二一四，5）。标本F1①：316，夹砂红陶。上端残，扁锥足，倒梯形，足外饰绳纹及三道竖向刻槽。残高17、宽3~8.6、厚1.1厘米（图二一四，4；图二一六，9）。

Ca型，6件。标本F1①：288，夹砂红陶。上端残，圆锥足，足外上端饰按窝，其下饰一道竖向刻槽。高9、足底径1厘米（图二一五，3；图二一六，7）。标本F1①：300，夹砂红陶。圆锥足，足外饰二道竖向刻槽。高9.4厘米（图二一五，2；图二一六，6）。标本F1①：303，夹砂红陶。下端残，锥状足，足根向外凸。残高7厘米（图二一五，5）。标本F1①：307，夹砂红陶。锥状足，足外饰一道竖向刻槽。高11厘米（图二一五，1；图版八五，1）。标本

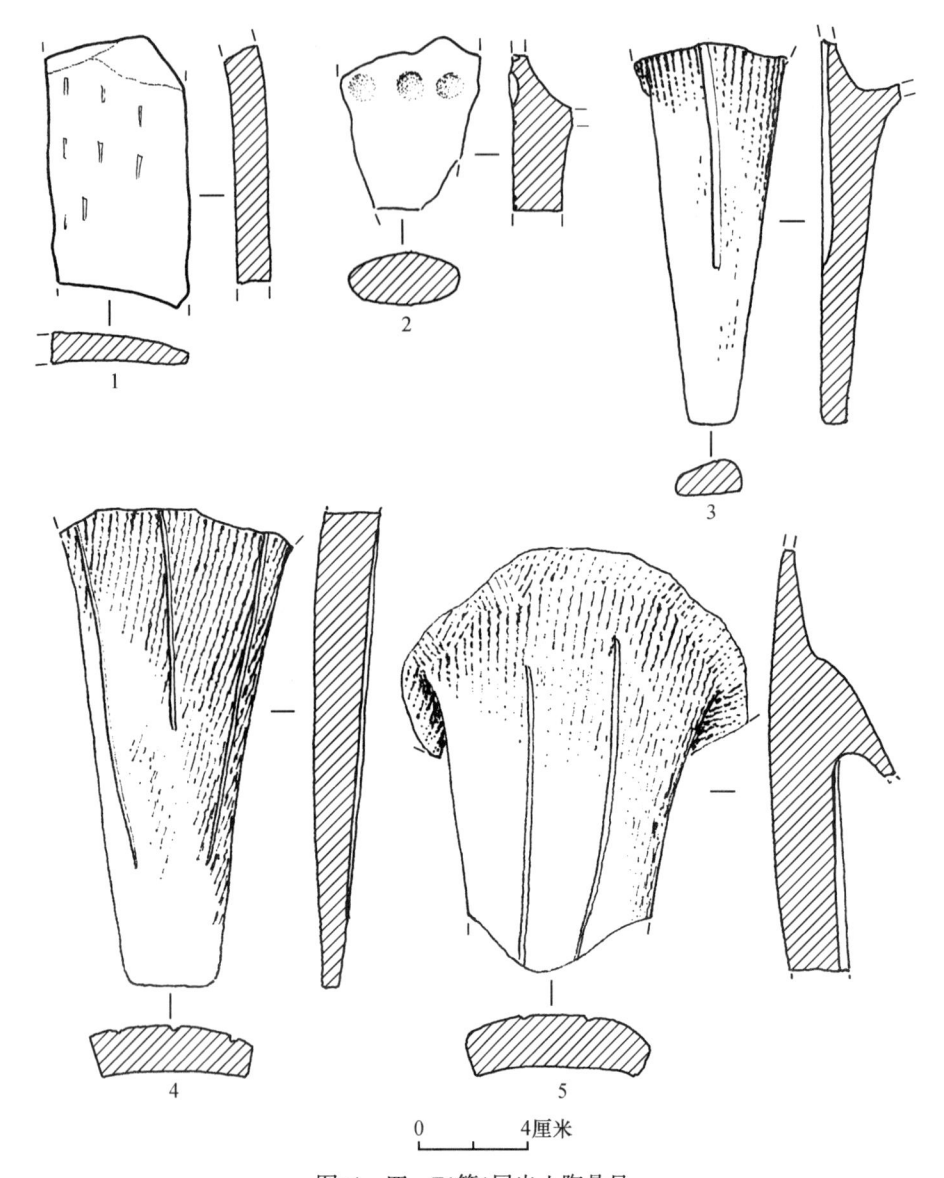

图二一四　F1第1层出土陶鼎足
1、2. Aa型（1. F1①：310、2. F1①：329）　3~5. Ba型（3. F1①：179、4. F1①：316、5. F1①：285）

F1①：312，夹砂红陶。下端残，锥状足，足外上端饰按窝，其下饰一道竖向刻槽。残高9.2厘米（图二一五，4）。标本F1①：327，夹砂红陶。下端残，扁锥状足，有足窝。残高6、宽2.2厘米（图二一五，6）。

D型　2件。标本F1①：284，夹砂红陶。上端残，柱状，外饰一道竖向刻槽。残高11.6、足底径2厘米（图二一五，8）。标本F1①：308，夹砂红陶。上端残，柱状，足外饰一道竖向刻槽，足底有按窝。残高10、足底径2.3厘米（图二一五，7；图版八五，2）。

E型　2件。标本F1①：295，夹砂红陶。上端残，舌状足。残高5、上宽4、厚1.5厘米（图二一五，9）。标本F1①：305，夹砂灰陶。矮舌状足，内侧凹。残高3.2、宽5、厚1.2厘米（图二一五，10；图版八四，6）。

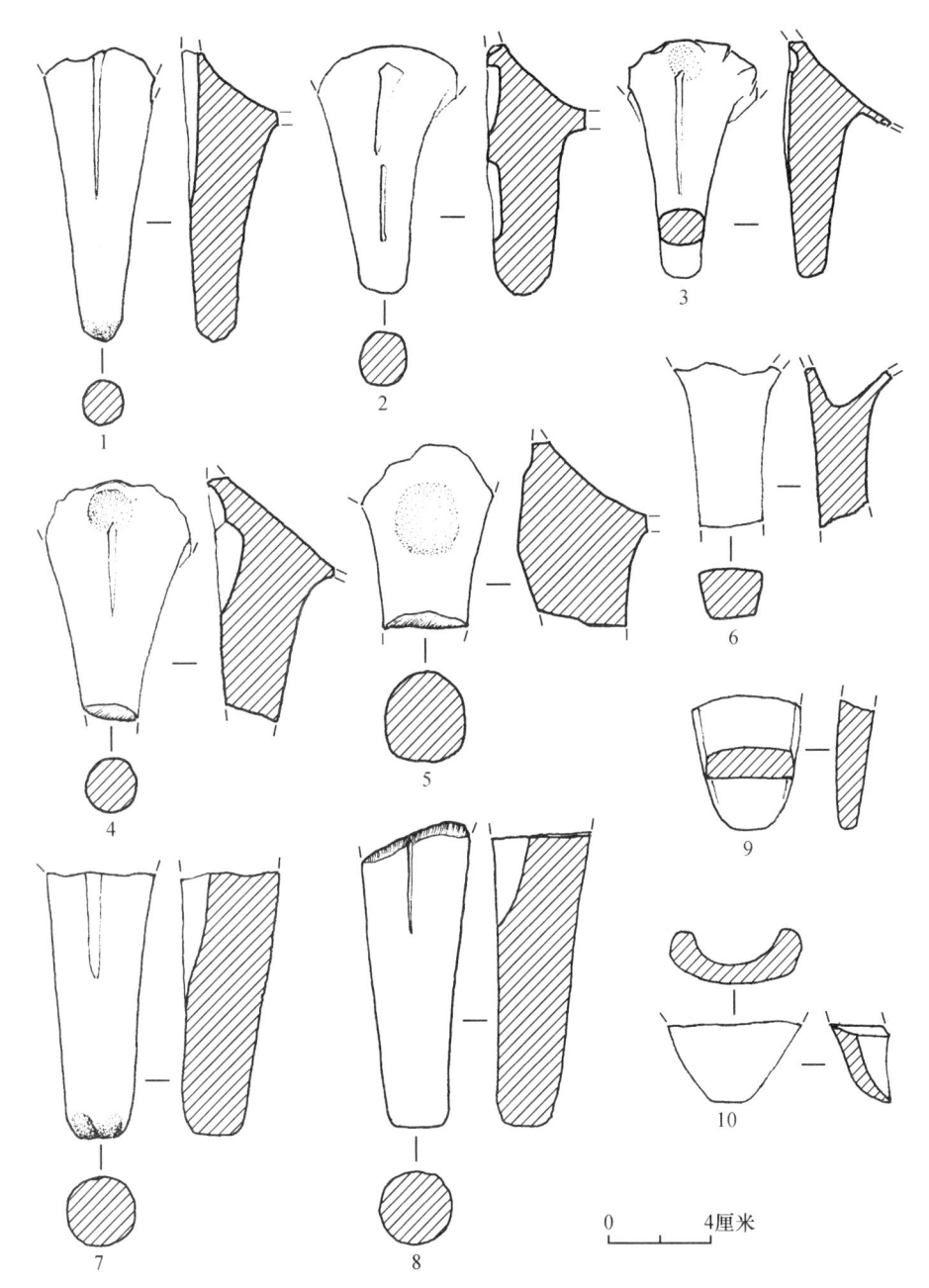

图二一五　F1第1层出土陶鼎足

1~6.Ca型（1.F1①:307、2.F1①:300、3.F1①:288、4.F1①:312、5.F1①:303、6.F1①:327）　7、8.D型（7.F1①:308、8.F1①:284）　9、10.E型（9.F1①:295、10.F1①:305）

矮领罐口沿　3件。

A型　2件。标本F1①:311，夹砂红陶。仅存口沿局部，短斜沿，束颈，鼓肩，肩饰压印方格纹。残高5、复原口径15、厚0.5厘米（图二一七，1）。标本F1①:325，泥质灰陶。仅存口沿局部，短外斜凹沿，束颈，鼓肩，肩饰压印菱形纹。残高6、复原口径18、厚0.3厘米（图二一七，2）。

B型　1件。标本F1①:297，泥质灰陶。仅存口沿局部，宽折沿，斜肩，肩饰细绳纹。残

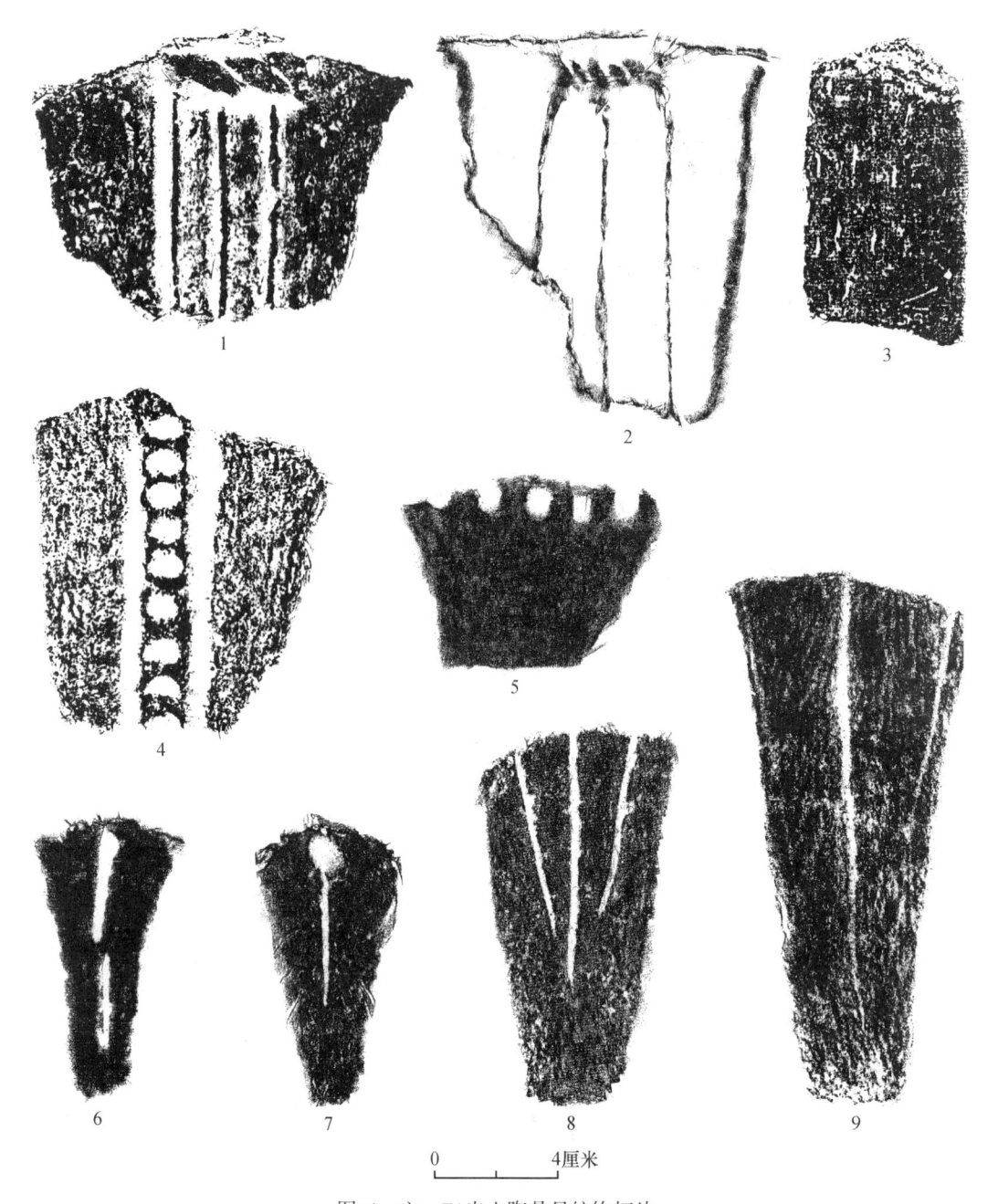

图二一六　F1出土陶鼎足纹饰拓片

1、2.附加堆纹+瓦棱纹（1.F1①：323，2.F1①：299）　3.戳点纹（F1①：310）　4.绳纹+刻槽+附加堆纹+按窝（F1②：169）　5.按窝（F1①：328）　6.双刻槽（F1①：300）　7.按窝+刻槽（F1①：288）　8.三刻槽（F1②：191）　9.绳纹+三刻槽（F1①：316）

高8.4、复原口径28、厚0.8厘米（图二一七，9；图版八六，1）。

罐腹残片　2件。

A型　1件。标本F1①：291，泥质黑皮红陶。仅存肩腹交界处，折肩，肩腹交界处饰凹槽，肩、腹部饰压印方格纹。残高5.6、残宽14.7、厚0.8厘米（图二一七，3；图版八六，2）。

图二一七　F1第1层出土陶器

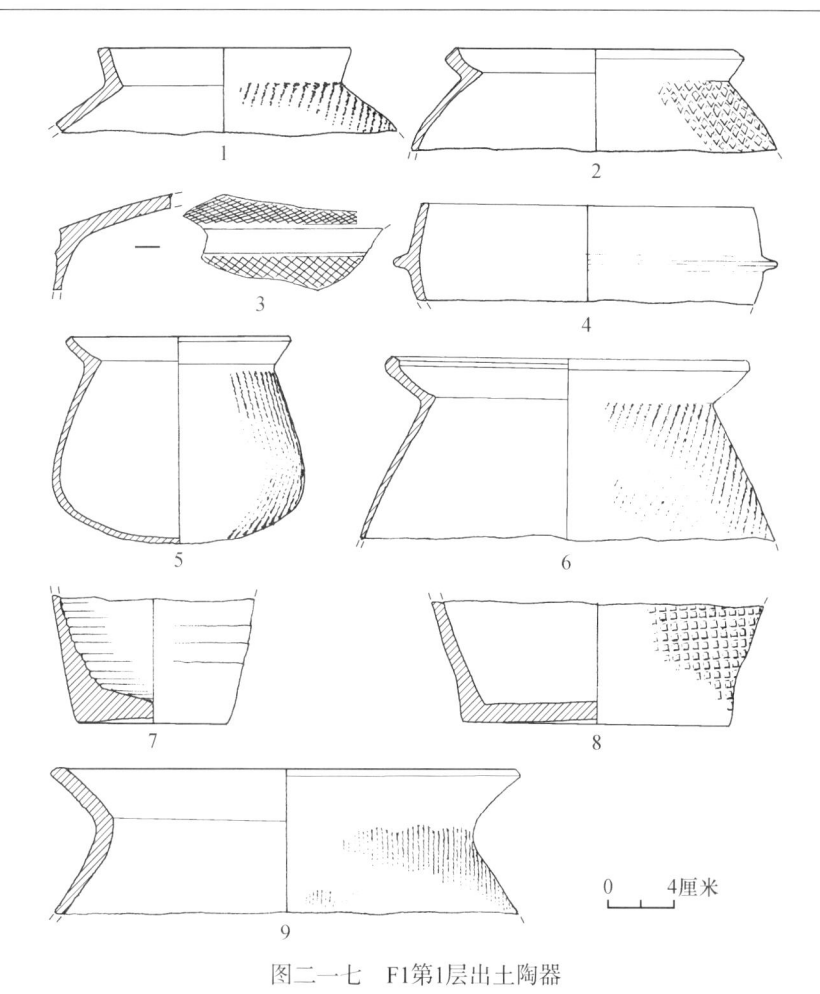

1、2.A型矮领罐口沿（1.F1①：311、2.F1①：325）　3.A型罐腹残片（F1①：291）　4.B型罐腹残片（F1①：331）
5.釜（F1①：133）　6.A型釜鼎口沿（F1①：126）　7、8.A型罐底（7.F1①：293、8.F1①：319）
9.B型矮领罐口沿（F1①：297）

B型　1件。标本F1①：331，泥质灰陶。仅存中部一块，敛口，弧腹，中腹有一圈凸棱。残高5.6、复原口径20、厚0.9厘米（图二一七，4）。

罐底　A型　2件。标本F1①：293，泥质灰陶。仅存底部，下腹斜收，平底内凹。残高7.4、底径8.6、厚0.7厘米（图二一七，7）。标本F1①：319，泥质灰陶。仅存底部，下腹斜收，平底内凹，外饰方格纹。残高7、底径16、厚0.9厘米（图二一七，8）。

高领罐（口沿）　8件。

A型　6件。标本F1①：115，泥质灰陶。修复完整，高直领，短卷口，斜肩，上腹外鼓，下腹斜收，平底。素面。高11.2、复原口径5.8、腹径10.3、底径5厘米（图二一八，1；图版八八，2）。标本F1①：280，夹砂红陶。仅存口沿局部，高直领，短外卷沿，广肩。残高9.8、复原口径18、厚0.6厘米（图二一八，7；图版八七，1）。标本F1①：298，泥质灰陶。仅存口沿局部，短凹沿，高直领。残高6.8、复原口径15、厚0.7厘米（图二一八，5）。标本F1①：313，夹砂灰陶。仅存口沿局部，高直口，无沿，外饰两道凹弦纹，高领，领饰数组两条一组的凸棱纹。残高9.4、残宽9.5、厚1.2厘米（图二一八，4）。标本F1①：321，泥质灰陶。仅存口沿局部，高束领，喇叭口。残高7、复原口径17、厚0.5厘米（图二一八，8；图版八七，2）。标本F1①：322，泥质黑陶。仅存口沿局部，高直领，短斜沿。残高5.8、复原口径13、厚0.7厘米（图二一八，3）。

B型　1件。标本F1①：163，泥质红陶。仅存口沿及肩局部，高直领，无沿，广肩，口外上端饰横凹弦纹，中下端饰斜凹弦纹，口下端及肩上端饰两道凸棱纹，肩饰压印方格纹。残高19.6、口径14.8、残宽44.3、厚0.4厘米（图二一八，2；图版八七，4）。

C型　1件。标本F1①：320，夹砂红陶，器表黑衣。仅存口沿局部，盘口，高束领，沿外饰三道凹弦纹。残高8、复原口径21、厚0.6厘米（图二一八，9；图版八七，5）。

长颈壶　1件。标本F1①：121，泥质红陶。仅存口沿及肩局部，高直领，短平沿，斜肩，

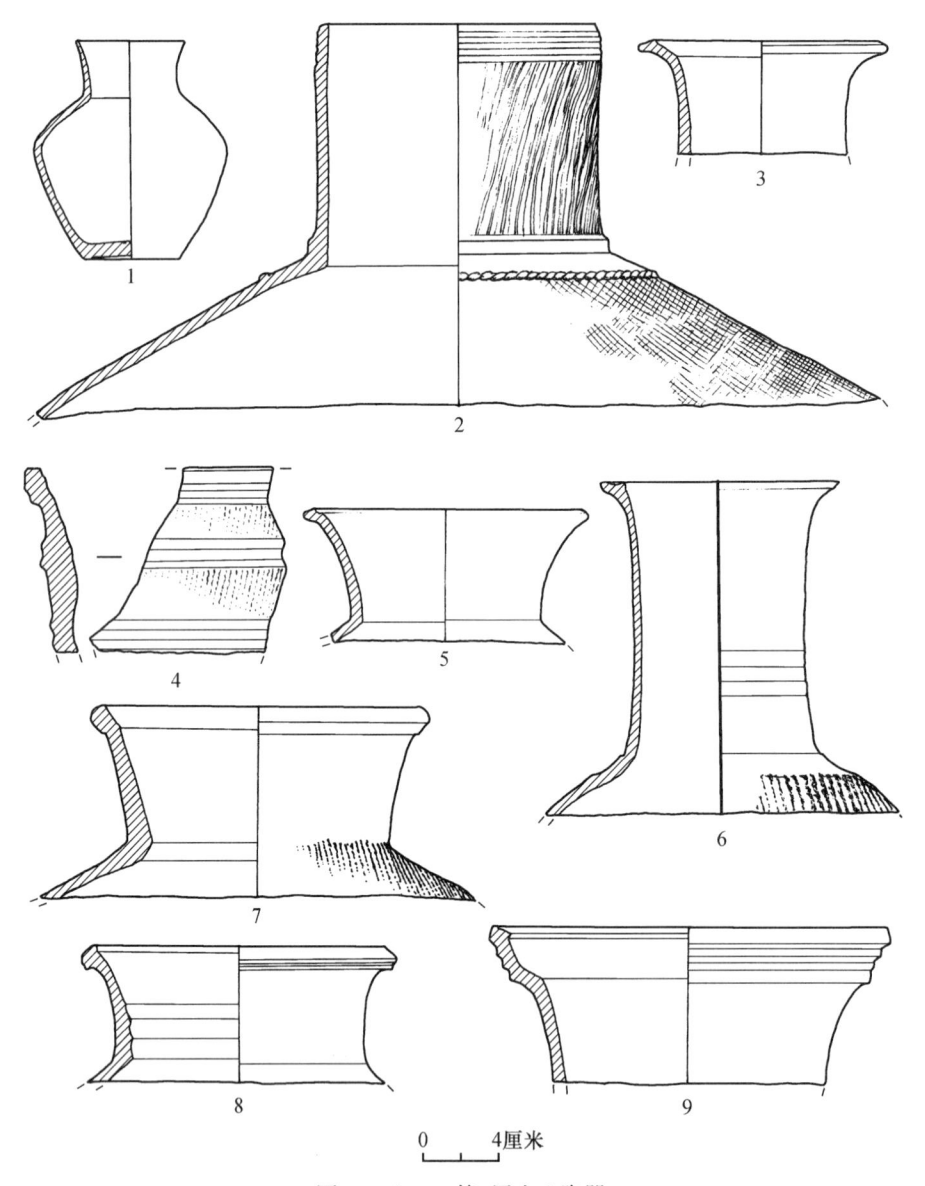

图二一八　F1第1层出土陶器
1、3~5、7、8.A型高领罐（口沿）（1.F1①：115、3.F1①：322、4.F1①：313、5.F1①：298、7.F1①：280、8.F1①：321）
2.B型高领罐（口沿）（F1①：163）　6.长颈壶（F1①：121）　9.C型高领罐（口沿）（F1①：320）

颈饰四道凹弦纹，肩饰绳纹。残高17、复原口径12.4、残宽18、厚0.5厘米（图二一八，6；图版八七，6）。

釜　1件。标本F1①：133，泥质灰陶。修复完整，宽折沿，中部微凹，束颈，斜肩，腹下垂，圜底，肩、腹饰绳纹。高12、复原口径13.2厘米（图二一七，5；图版八八，3）。

釜鼎口沿　1件。标本F1①：126，夹砂灰陶。仅存口沿及肩局部，宽折沿，沿外端上卷，束颈，斜肩。残高10.6、口径21.8、厚0.2厘米（图二一七，6；图版八五，5）。

豆盘　3件。

C型　2件。标本F1①：143，泥质灰陶，仅存豆盘，大喇叭口外卷，近底折腹，内折处有一凸棱，底部有数道凹弦纹，为圈足接痕。残高8.4、口径29.6厘米（图二一九，1；图版八九，1）。标本F1①：281，泥质红陶。仅存豆盘局部，喇叭口外卷，近底折腹，内折处有一

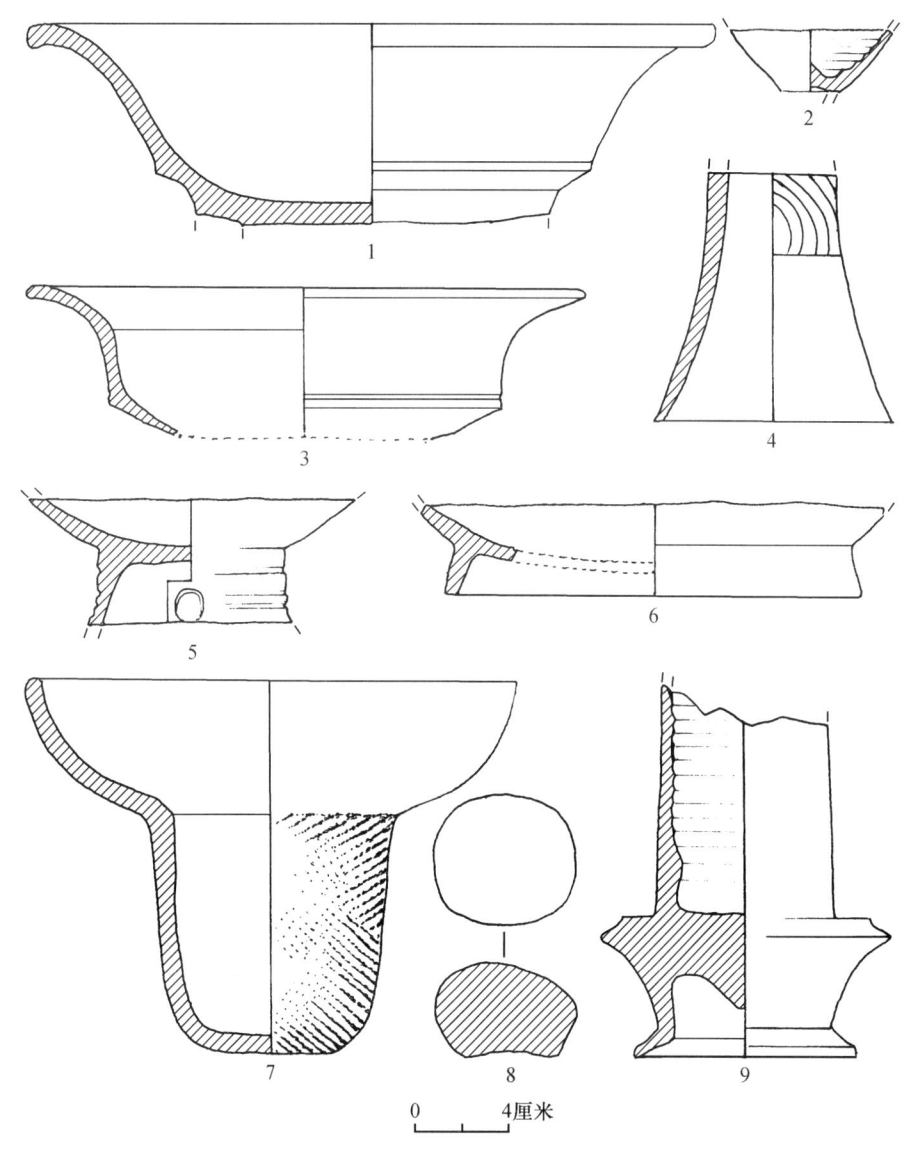

图二一九　F1第1层出土陶器

1、3. C型豆盘（1. F1①：143、3. F1①：281）　2. 不明形制豆盘（F1①：267）　4、5. A型陶豆柄（4. F1①：84、5. F1①：168）
6. 圈足盘（F1①：314）　7. 擂钵状器（F1①：196）　8. 球（F1①：157）　9. 折腹壶（F1①：1）

凸棱。残高6.2、复原口径24、厚0.5厘米（图二一九，3）。

不明形制　1件。标本F1①：267，泥质灰陶。仅存豆盘底部，呈小杯状，具体形制不明。残高2.6、残宽7.2、厚0.2厘米（图二一九，2）。

豆柄　A型　2件。标本F1①：84，泥质黄褐陶。上残，高粗中空圈足，上端呈粗中空柄，下端喇叭口，上部饰两组重环纹以及戳点纹。残高10.4、上外径5.6、底外径10.4、厚0.8厘米（图二一九，4）。标本F1①：168，泥质灰陶。仅存豆盘底部及圈足上部，豆盘圜底，矮粗中空圈足，外饰凹弦纹及圆孔形镂孔。残高5.2、残宽12、厚0.6厘米（图二一九，5）。

圈足盘　1件。标本F1①：314，泥质黑皮红陶。仅存盘底及圈足一半，矮粗圈足，圈足外撇。残高3.8、残口径26.7、厚0.7厘米（图二一九，6）。

擂钵状器　1件。标本F1①：196，夹砂红陶。修复完整，漏斗形，上部呈喇叭口，下部呈筒形，外饰绳纹，圜底。复原口径21、底径8.2、高15.6、厚0.7厘米（图二一九，7；图版八八，4）。

球　1件。标本F1①：157，泥质黄褐陶。扁球状，上部饰压印纹。高3.3、直径5.8厘米（图二一九，8；图版九〇，6）。

折腹壶　1件。标本F1①：1，泥质红陶。上端残，高直腹，覆斗状圈足，上端有一凸棱，向下斜收，圈足。残高15.5、残口径7.2、底径9.6、厚0.4厘米（图二一九，9；图版八八，5）。

把手　2件。

A型　1件。标本F1①：324，夹砂灰陶。麻花状，系用两泥条捏制而成。高8.8、宽5.8、径2.2厘米（图二二〇，2）。

B型　1件。标本F1①：289，夹砂灰陶。条带状。高6.2、宽2.2、厚1.8厘米（图二二〇，1）。

支座　A型　1件。标本F1①：292，夹砂浅黄陶。下端残，筒形，中空，束腰，胎壁较厚。残高10.6、口径8.8、厚0.9厘米（图二二〇，3；图版九〇，1）。

鬹　A型　1件。标本F1①：330，泥质红陶。仅存中部，上粗下细，下端有把手。残高9.2、残宽4、厚0.5厘米（图二二〇，4）。

鬹足　A型　1件。标本F1①：304，夹砂红陶。仅存足。高锥足，内空。残高8、残宽5.5、厚0.5厘米（图二二〇，5；图版八八，6）。

杯　C型　1件。标本F1①：301，泥质红陶。斜腹杯，上端残，小平底内凹。残高8、底径2.7、厚0.6厘米（图二二〇，6；图版九〇，2）。

器盖纽　2件。

A型　1件。标本F1①：294，泥质灰陶。仅存纽，圈足状纽。残高3.6、上径5、厚0.5厘米（图二二〇，8）。

C型　1件。标本F1①：151，泥质灰陶。下端残，铃铛状，上部呈乳钉状，下部有三道凹槽。残高5、残宽4厘米（图二二〇，9；图版八九，6）。

器盖　1件。标本F1①：332，泥质灰陶。仅存器盖下半部分，伞状，边缘略平。残高

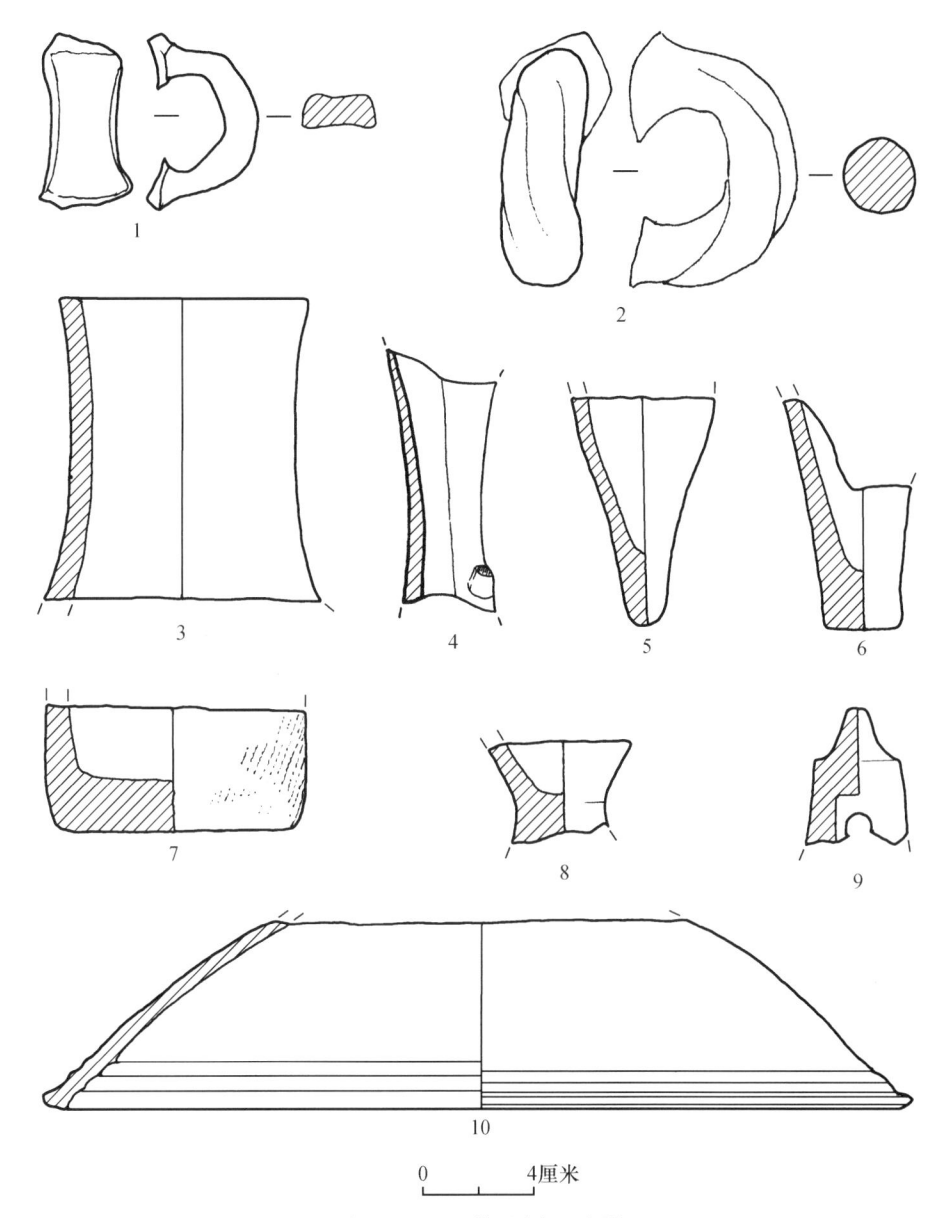

图二二〇　F1第1层出土陶器

1. B形把手（F1①：289）　2. A形把手（F1①：324）　3. A型支座（F1①：292）　4. 鬶（F1①：330）　5. A型鬶足（F1①：304）
6. C型杯（F1①：301）　7. 大口缸底（F1①：290）　8. A型器盖纽（F1①：294）　9. C型器盖纽（F1①：151）
10. 器盖（F1①：332）

6.6、底径31.4、厚0.8厘米（图二二〇，10）。

大口尊口沿　1件。标本F1①：326，泥质红陶。仅存口沿局部，喇叭口，斜腹，沿外饰一凸棱，沿下有两道附加堆纹+按窝，腹部饰压印菱形纹及斜向刻划纹。残高14、复原口径40、厚0.5厘米（图二二一，1；图版九〇，4）。

大口缸口沿　2件。标本F1①：282，夹砂红陶。仅存口沿局部，直口，直腹，腹外饰绳纹。残高9.8、残宽14、厚2.2厘米（图二二一，4）。标本F1①：315，泥质黑皮红陶。仅存口沿局部，口外敞，束颈，颈部饰一道戳点状压印纹，其下饰两道按窝状附加堆纹。残高9.8、

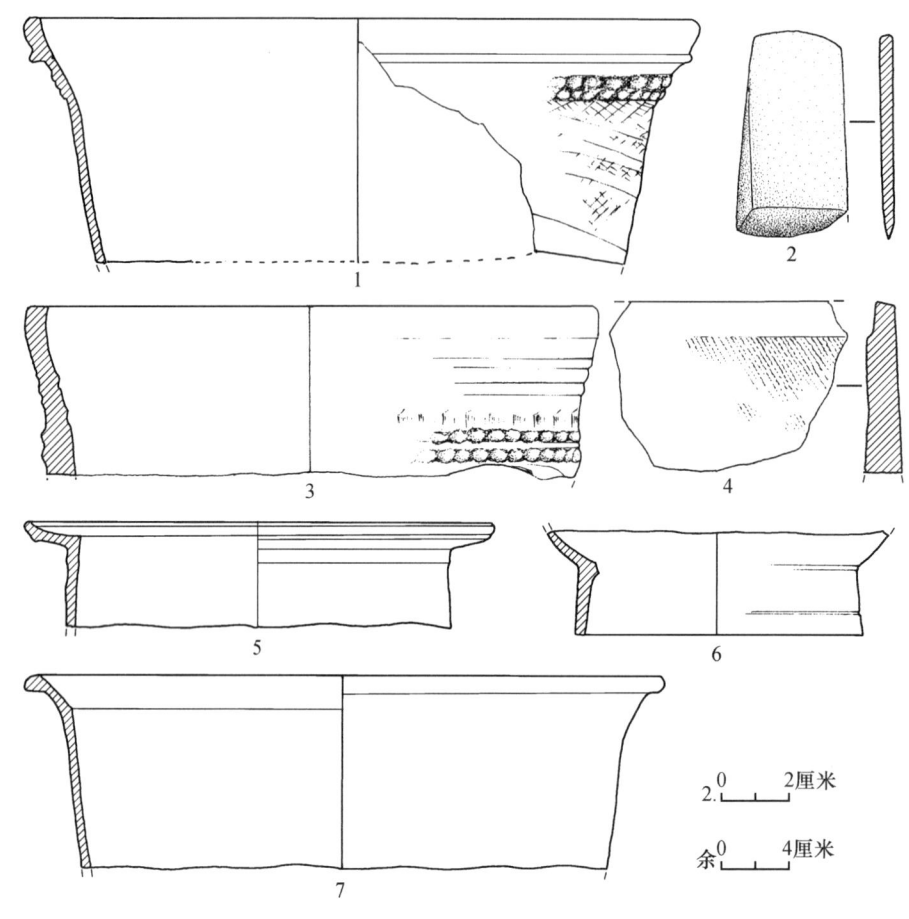

图二二一　F1第1层出土遗物

1. 陶大口尊口沿（F1①:326）　2. 玉铲（F1①:64）　3、4. 陶大口缸口沿（3. F1①:315、4. F1①:282）
5、7. A型陶盆口沿（5. F1①:286、7. F1①:296）　6. 陶甑（F1①:287）

复原口径34、厚1.3厘米（图二二一, 3）。

大口缸底　1件。标本F1①:290，夹砂红陶。仅存底部，胎壁较厚，杯状，平底，内底有黑色残存物。残高4.4、底径8.4、厚0.5厘米（图二二〇, 7；图版九〇, 5）。

盆口沿　A型　2件。标本F1①:286，泥质灰陶。口微敛，宽平沿，沿外上卷，腹斜收。残高6、复原口径28、厚0.5厘米（图二二一, 5）。标本F1①:296，泥质黑皮红陶。敞口，宽平沿，沿外下卷，腹斜收。残高11、复原口径38、厚0.5厘米（图二二一, 7；图版八六, 4）。

甑　1件。标本F1①:287，夹砂褐陶。仅存下部及圈足，下腹内收，圈足外撇，圈足外侧饰细弦纹。残高6、残宽20、底径17、厚0.5厘米（图二二一, 6）。

（3）玉器

铲　1件。标本F1①:64，青白玉。梯形，弧顶，下端双面刃。长5.9、宽2.5～3.3、厚0.4厘米（图二二一, 2；图版七七, 6）。

2. F1②层出土遗物

（1）石器

镞　58件。

A型　57件。

Aa型，28件。标本F1②：2，青灰色石料。镞身前端及铤后端残，柳叶形，双面扁平，两侧刃，截面呈多棱形，铤两侧斜收。残长3.5、宽2、厚0.4厘米（图二二二，1）。标本F1②：4，青灰色石料。锋尖及后端一侧残，柳叶形，双面有脊，两侧刃，铤两侧斜收。残长4、宽1.2、厚0.3厘米（图二二二，2）。标本F1②：5，青灰色石料。镞身一侧及铤后端一侧残，长柳叶形，一面平，一面弧形，两侧未开刃，短铤，似为镞的半成品。残长8.4、宽1.8、厚0.7厘米（图二二二，7）。标本F1②：6，青色石料。前锋及铤后端残，柳叶形，双面有脊，两侧刃，短梯形铤，后端两侧刃。残长6、宽1.8、厚0.4厘米（图二二二，9）。标本F1②：9，青色石料。铤后端残，柳叶形，双面有脊，两侧刃，三角形铤。残长8.4、宽2.4、厚0.4厘米（图二二二，8；图版七一，5）。标本F1②：11，青色石料。镞身前端及一侧残，柳叶形，一面平，两侧刃，铤两侧斜收。残长5.6、残宽1.5、厚0.3厘米（图二二二，3）。标本F1②：15，深紫灰色石料。铤后端残，细长柳叶形，双面有脊，两侧刃，短铤，两侧斜收。残长6.8、宽1.4、厚0.5厘米（图二二二，10）。标本F1②：16，青灰色石料。锋尖及铤后端残，形体较小，柳叶形，双面扁平，两侧刃，截面呈多棱形，梯形铤。残长3.2、宽1.1、厚0.2厘米（图二二二，4）。标本F1②：24，青灰色石料。镞身前端残，双面扁平，两侧刃，截面呈多棱形，扁平梯形铤。残长3.6、宽1.6、厚0.4厘米（图二二二，5）。标本F1②：27，青灰色石料。前锋及铤后端残，柳叶形，双面有脊，两侧刃，铤两侧斜收。残长4.5、宽1.6、厚0.5厘米（图二二二，6）。标本F1②：33，青色石料。铤后端残，柳叶形，镞身前端双面有脊，后端双面扁平，两侧刃，截面呈多棱形，铤两侧斜收。残长5.6、宽2、厚0.3厘米（图二二二，11）。标本F1②：43，青灰色石料。前锋及一侧残，柳叶形，一面有脊，两侧刃，短三角铤。残长6.8、宽1.5、厚0.4厘米（图二二二，12）。标本F1②：53，深青灰色石料。前锋及铤后端残，柳叶形，一面有脊，两侧刃，铤两侧斜收。残长4.5、宽1.5、厚0.3厘米（图二二二，13）。标本F1②：54，青灰色石料。镞身前端残，柳叶形，双面有脊，两侧刃，长三角形铤。残长4.8、宽1.8、厚0.4厘米（图二二二，16）。标本F1②：64，深青灰色石料。前锋及铤后端残，柳叶形，双面有脊，两侧刃，铤两侧斜收。残长4.5、宽1.8、厚0.6厘米（图二二二，15）。标本F1②：66，深青灰色石料。镞身前端残，柳叶形，双面有脊，两侧刃，梯形铤。残长4、宽1.6、厚0.4厘米（图二二二，14）。标本F1②：80，深青灰色石料。镞身前端残。柳叶形，一面有脊，两侧刃，短梯形铤。残长4.4、宽1.6、厚0.5厘米（图二二二，18）。标本F1②：83，深青灰色石料。铤后端残。柳叶形，双面有脊，两侧刃，短三角形铤。残长5.8、宽1.8、厚0.5厘米（图二二二，17）。标本F1②：86，青灰色石料。锋尖及铤后端残，长柳叶形，双面有脊，两侧刃，短铤，铤两侧斜收。残长7、宽1.8、厚0.5厘米（图二二三，1）。标本F1②：87，青灰色石料。锋尖及铤后端残，柳叶形，双面有脊，两侧刃，铤两侧斜收。残

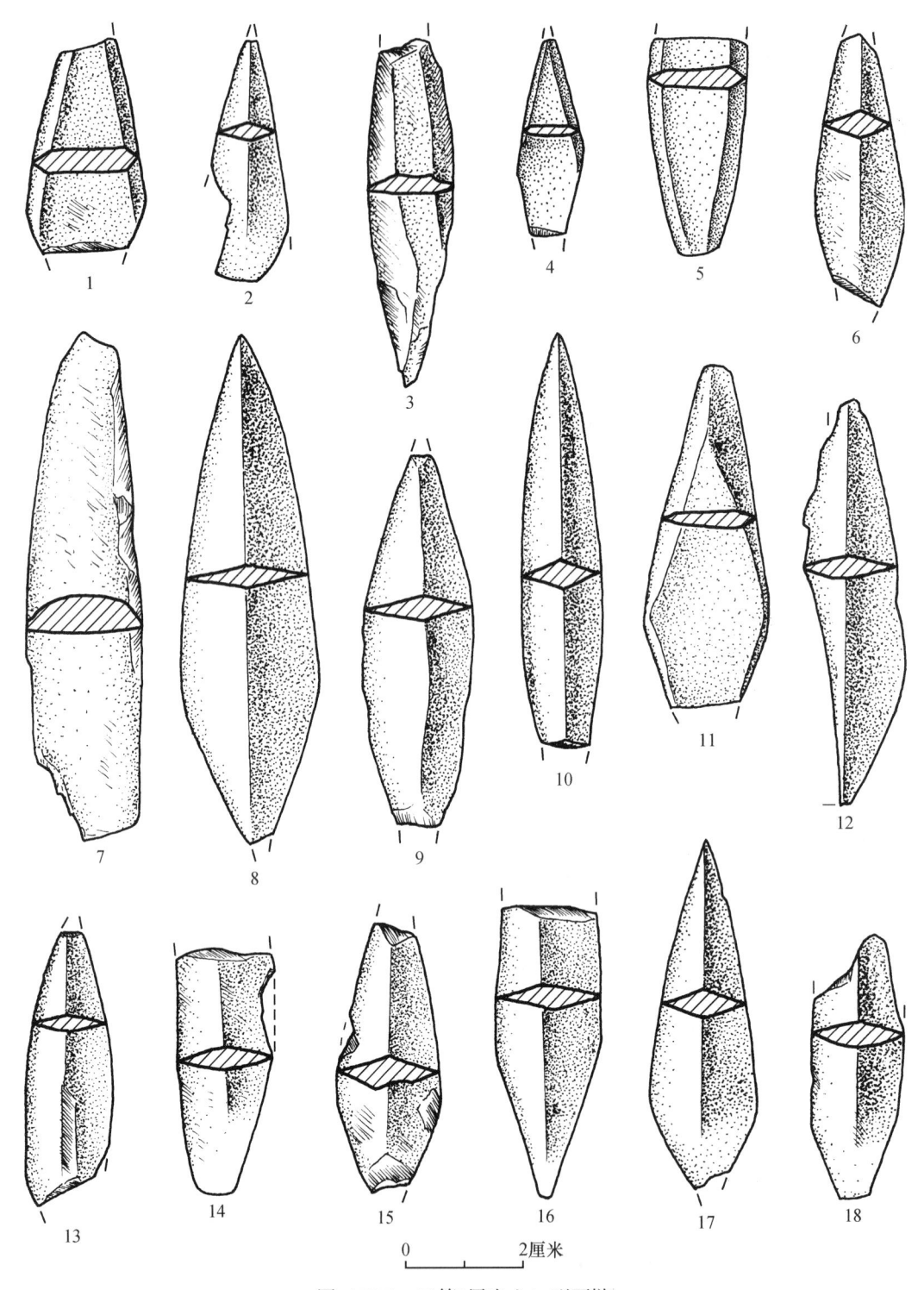

图二二二　F1第2层出土Aa型石镞

1. F1②∶2　2. F1②∶4　3. F1②∶11　4. F1②∶16　5. F1②∶24　6. F1②∶27　7. F1②∶5　8. F1②∶9　9. F1②∶6　10. F1②∶15　11. F1②∶33　12. F1②∶43　13. F1②∶53　14. F1②∶66　15. F1②∶64　16. F1②∶54　17. F1②∶83　18. F1②∶80

长5.7、宽1.8、厚0.3厘米（图二二三，2）。标本F1②：88，青灰色石料。锋尖及铤后端残，柳叶形，双面无脊，两侧刃，铤两侧斜收。残长5.6、宽2、厚0.3厘米（图二二三，3）。标本F1②：89，青灰色石料。镞身前端残，柳叶形，双面有脊，两侧刃，长三角形铤。残长4、宽1.8、厚0.6厘米（图二二三，4）。标本F1②：91，青灰色石料。镞身前端及铤后端残，长柳叶形，一面有脊，一面平，短柱状铤。残长4.7、宽1.8、厚0.5厘米（图二二三，5）。标本F1②：102，青灰色石料。锋尖及铤后端残，柳叶形，双面扁平，两侧刃，三角形铤。残长4.7、宽1.6、厚0.3厘米（图二二三，6）。标本F1②：110，青灰色石料。锋尖及铤后端残，柳叶形，双面扁平，两侧刃，截面呈多棱形，短三角形铤。残长7、宽2、厚0.4厘米（图二二三，7）。标本F1②：167，青绿色石料。镞身前端及铤后端残，柳叶形，双面有脊，两侧刃，三角形铤。残长7.1、宽2.4、厚0.5厘米（图二二三，8）。标本F1②：168，青灰色石料。前锋及铤后端残，柳叶形，双面无脊，两侧刃，三角形铤。残长8、宽2.3、厚0.5厘米（图二二三，9）。标本F1②：184，青灰色石料。前锋及铤后端残，形体较小，柳叶形，双面有脊，两侧刃，三角形铤。残长4.3、残宽1.3、厚0.65厘米（图二二三，12）。

Ab型，3件。标本F1②：25，深青灰色石料。前锋及铤后端残，梭状柳叶形，一面有脊，两侧刃。残长5.6、宽1.8、厚0.4厘米（图二二三，10）。标本F1②：29，青灰色石料。前锋及铤后端残，梭状柳叶形，双面扁平，两侧刃，截面呈多棱形。残长6、宽1.8、厚0.4厘米（图二二三，11）。标本F1②：188，青灰色石料。前锋残，梭状柳叶形，双面有脊，两侧刃。长5.3、宽1.7、厚0.5厘米（图二二三，13）。

Ac型，4件。标本F1②：12，青色石料。镞身前端及铤后端残，柳叶形，镞身两侧后端有短翼，双面有脊，两侧刃，扁长方形铤。残长4.4、残宽2、厚0.8厘米（图二二三，14）。标本F1②：30，青灰色石料。前锋及铤后端残，柳叶形，双面有脊，两侧刃，扁锥形铤。残长7、宽2.4、厚0.7厘米（图二二三，16）。标本F1②：106，青灰色石料。镞身前端及铤后端残，柳叶形，双面有脊，两侧刃，扁长方形铤。残长4.6、宽2.2、厚0.8厘米（图二二三，15）。标本F1②：165，青绿色石料。锋尖及铤后端残，柳叶形，双面有脊，两侧刃，扁长方形铤。残长7、宽1.9、厚0.8厘米（图二二三，17）。

Ad型，2件。标本F1②：40，深青灰色石料。前锋及铤后端残，形体较小，宽菱形，双面扁平，两侧刃，截面呈多棱形。残长3.5、宽1.8、厚0.3厘米（图二二三，18）。标本F1②：84，青灰色石料。菱形，一面有脊，一面扁平，两侧刃，短三角铤。长5、宽2、厚0.4厘米（图二二三，19；图版七三，4）。

Af型，3件。标本F1②：13，青灰色石料。铤尖及铤后端残，柳叶形，镞身前端双面有脊，后端双面扁平，两侧刃，截面呈多棱形，无铤，后端双面刃。残长4.6、宽1.6、厚0.4厘米（图二二四，1）。标本F1②：82，青灰色石料。镞身前端及一侧残，柳叶形，两面扁平，两侧刃，截面呈多棱形，无铤，后端双面刃。残长5、宽1.6、厚0.4厘米（图二二四，2）。标本F1②：189，青灰色石料。镞身前端残，柳叶形，双面有脊，两侧刃，无铤。残长4.8、宽2.1、厚0.5厘米（图二二四，3）。

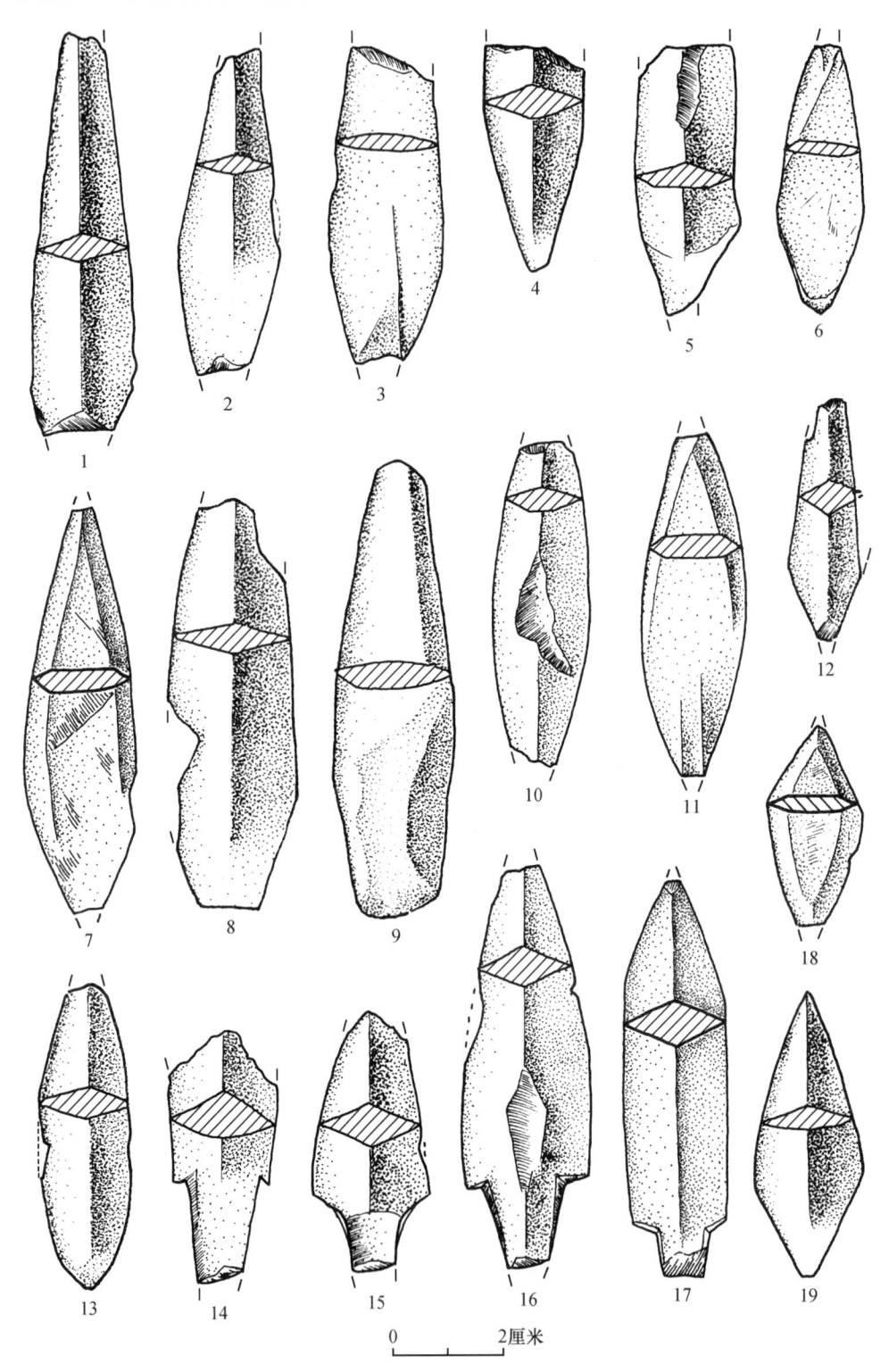

图二二三　F1第2层出土石镞

1~9、12. Aa型（1. F1②：86、2. F1②：87、3. F1②：88、4. F1②：89、5. F1②：91、6. F1②：102、7. F1②：110、8. F1②：167、9. F1②：168、12. F1②：184）　10、11、13. Ab型（10. F1②：25、11. F1②：29、13. F1②：188）　14~17. Ac型（14. F1②：12、15. F1②：106、16. F1②：30、17. F1②：165）　18、19. Ad型（18. F1②：40、19. F1②：84）

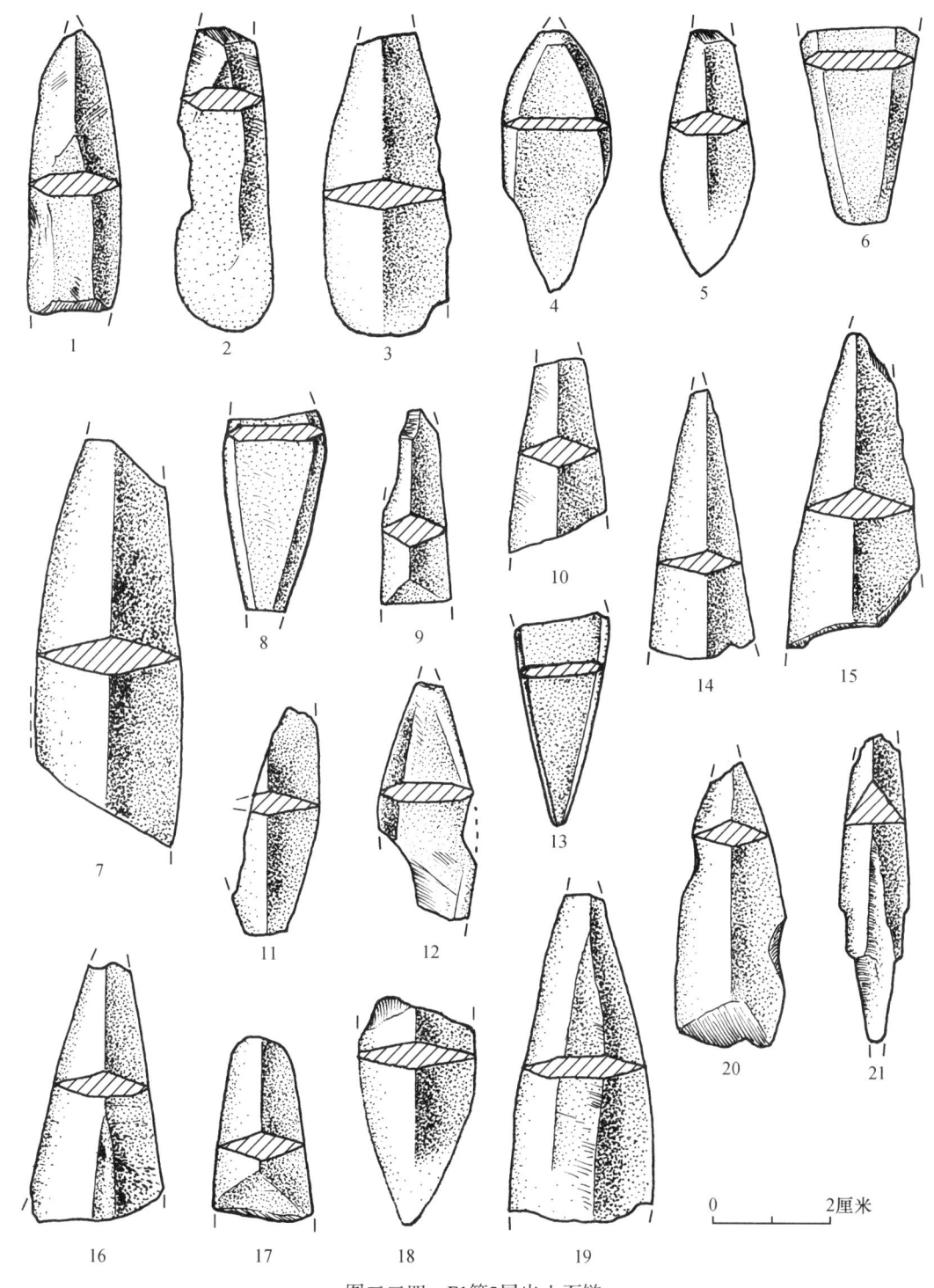

图二二四　F1第2层出土石镞

1~3. Af型（1. F1②：13、2. F1②：82、3. F1②：189）　4、5. Ag型（4. F1②：74、5. F1②：90）　6~20. A型而亚型不明（6. F1②：14、7. F1②：17、8. F1②：19、9. F1②：32、10. F1②：35、11. F1②：41、12. F1②：57、13. F1②：93、14. F1②：39、15. F1②：92、16. F1②：48、17. F1②：65、18. F1②：162、19. F1②：99、20. F1②：112）　21. Ba型（F1②：51）

Ag型，2件。标本F1②：74，青灰色石料。锋尖残，镞身呈椭圆形，双面扁平，两侧刃，截面呈多棱形，短三角形铤。长4.2、宽1.8、厚0.2厘米（图二二四，4；图版七四，4）。标本F1②：90，青灰色石料。锋尖残，柳叶形，一面有脊，一面平，两侧刃，宽扁三角铤。残长4、宽1.6、厚0.4厘米（图二二四，5）。

A型而亚型不明，15件。标本F1②：14，青灰色石料。仅存铤后端，双面扁平，截面呈多棱形，铤两侧及末端刃。残长3.1、残宽2、厚0.3厘米（图二二四，6）。标本F1②：17，青灰色石料。仅存镞身中部，双面有脊，两侧刃。残长6.5、宽2.5、厚0.6厘米（图二二四，7）。标本F1②：19，青灰色石料。镞身前端及铤后端残，柳叶形，双面扁平，两侧刃，截面呈多棱形，铤两侧斜收。残长3.3、宽1.7、厚0.3厘米（图二二四，8）。标本F1②：32，青灰色石料。仅存镞身前端部分，柳叶形，双面有脊，两侧刃。残长3.2、宽1.2、厚0.6厘米（图二二四，9）。标本F1②：35，深青色石料。仅存镞身前端部分，双面有脊，两侧刃。残长3.2、宽1.6、厚0.5厘米（图二二四，10）。标本F1②：39，青灰色石料。仅存镞身前端，长柳叶形，双面有脊，两侧刃。残长4.4、宽1.8、厚0.4厘米（图二二四，14）。标本F1②：41，青灰色石料。仅存镞身一侧，双面有脊，两侧刃。残长3.7、残宽1.2、厚0.4厘米（图二二四，11）。标本F1②：48，青灰色石料。前锋及镞后端残，柳叶形，一面有脊，两侧刃。残长4.2、残宽2.3、厚0.4厘米（图二二四，16）。标本F1②：57，深青灰色石料。前锋及镞后端残，双面扁平，两侧刃，截面呈多棱形。残长3.8、残宽1.6、厚0.3厘米（图二二四，12）。标本F1②：65，灰色石料。仅有镞身前端，双面有脊，两侧刃。残长3、残宽1.7、厚0.5厘米（图二二四，17）。标本F1②：92，青灰色石料。仅存镞身前端，一面有脊，两侧刃。残长5.1、宽2.2、厚0.5厘米（图二二四，15）。标本F1②：93，青灰色石料。仅存铤后端，长三角铤，双面扁平，两侧刃，截面呈多棱形。残长3.3、宽1.6、厚0.2厘米（图二二四，13）。标本F1②：99，青灰色石料。仅存镞身前端，双面扁平，两侧刃，截面呈多棱形。残长5.3、宽2.4、厚0.4厘米（图二二四，19）。标本F1②：112，青灰色石料。锋尖及镞身后端残，柳叶形，双面有脊，两侧刃。残长4.6、宽2、厚0.4厘米（图二二四，20）。标本F1②：162，青灰色石料。仅存镞后端及铤，短三角形铤，双面有脊，两侧刃。残长3.7、宽2、厚0.4厘米（图二二四，18）。

Ba型，1件。标本F1②：51，深青灰色石料。前锋及铤后端残，镞身呈三棱状，圆锥形铤。残长5、宽1.2厘米（图二二四，21）。

斧　21件。

A型　16件。

Aa型，14件。标本F1②：7，深青灰色石料。平顶，一面残，梯形，下端双面刃。长8.7、宽4~6.2、残厚1.3厘米（图二二五，1）。标本F1②：8，青灰色石料。弧顶，梯形，下端双面刃，仅刃部磨光。长9、宽4~5.5、厚2厘米（图二二五，2）。标本F1②：28，青灰色石料。弧顶，梯形，下端双面刃。长8.8、宽5.2~6.3、厚2.5厘米（图二二五，3；图版七六，4）。标本F1②：56，青灰色石料。梯形，平顶，部分残，下端双面刃，一面宽刃，一面窄刃。长6、宽4.4~4.9、厚1.2厘米（图二二五，5）。标本F1②：58，青灰色石料。梯形，平顶，下端

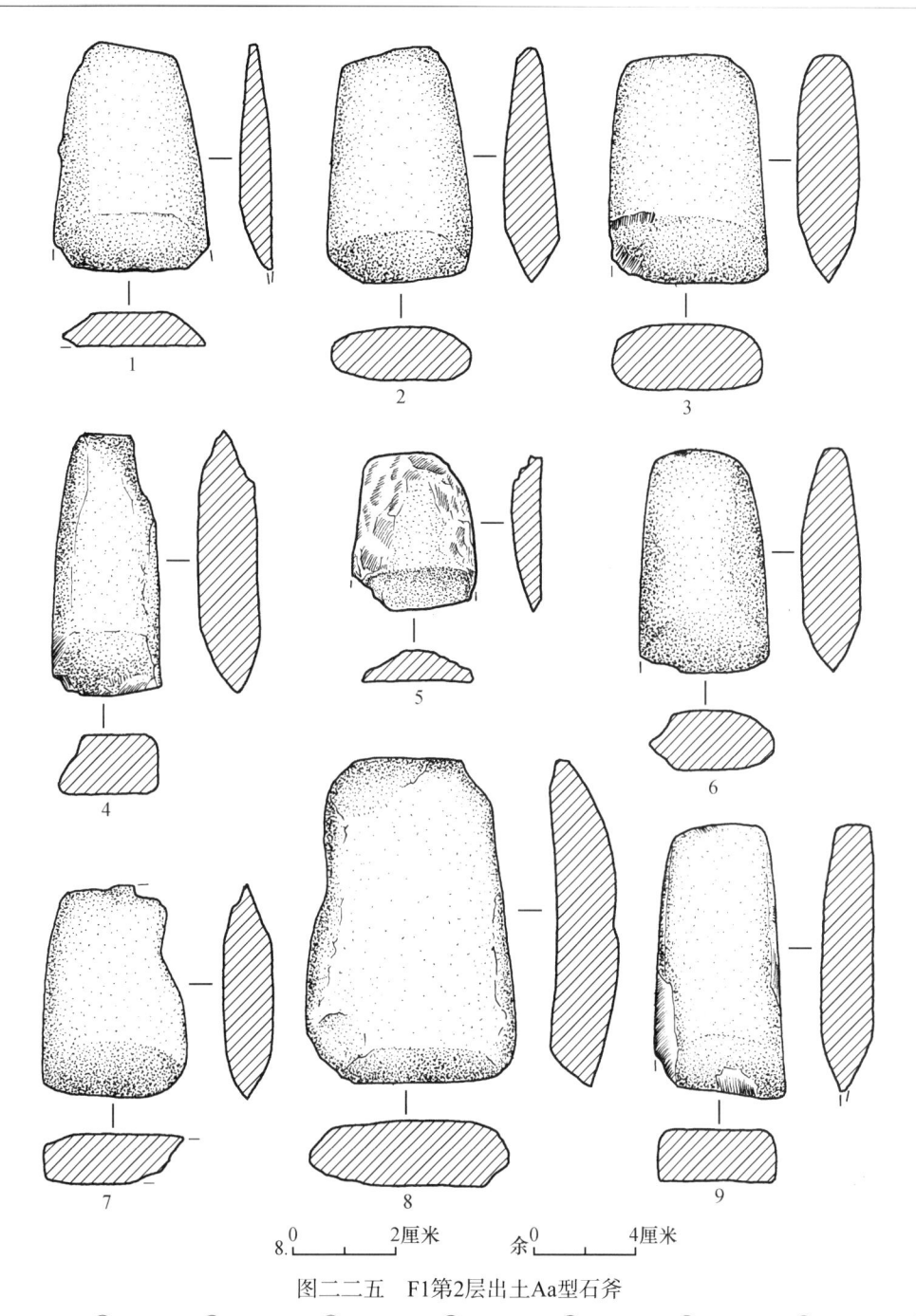

图二二五　F1第2层出土Aa型石斧

1. F1②:7　2. F1②:8　3. F1②:28　4. F1②:58　5. F1②:56　6. F1②:60　7. F1②:68　8. F1②:59　9. F1②:78

双面刃。长10、宽2.6~4.3、厚2.4厘米（图二二五，4）。标本F1②:59，深青灰色石料。梯形，平顶，下端双面刃，一面宽刃，一面窄刃。长6.2、宽3.3~4.1、厚1.4厘米（图二二五，8）。标本F1②:60，深青灰色石料。梯形，弧顶，下端双面刃。长8.5、宽4.2~5、厚2.3厘米（图二二五，6）。标本F1②:68，青灰色石料。上端及一侧残，梯形，下端双面刃。残长8、残宽4.2~5.8、厚2厘米（图二二五，7）。标本F1②:70，深青灰色石料。部分残，梯形，弧顶，下端双面刃，一面宽刃，一面窄刃。长8.8、残宽6.2~6.8、厚2厘米（图二二六，2）。标本F1②:76，青灰色石料。上端残，梯形，下端双面刃，一面宽刃，一面窄刃。残长6.4、宽4.3~4.8、厚1.7厘米（图二二六，1）。标本F1②：78，青灰色石料。梯形，平顶，下端斜刃，一面宽刃，一面窄刃。长10.5、宽4~5.3、厚2厘米（图二二五，9）。标本F1②：101，青灰色石料。顶局部残，梯形，下端双面刃。长8.7、宽5.3~6.5、厚2.2厘米（图二二六，3）。标本F1②：105，深青灰色石料。顶及刃局部残，梯形，平顶，下端双面刃。长9.8、宽6.2~6.4、厚2.2厘米（图二二六，4）。标本F1②：108，灰色石料。平顶，梯形，下端双面刃。长10、宽5.6~8.7、厚3厘米（图二二六，5）。

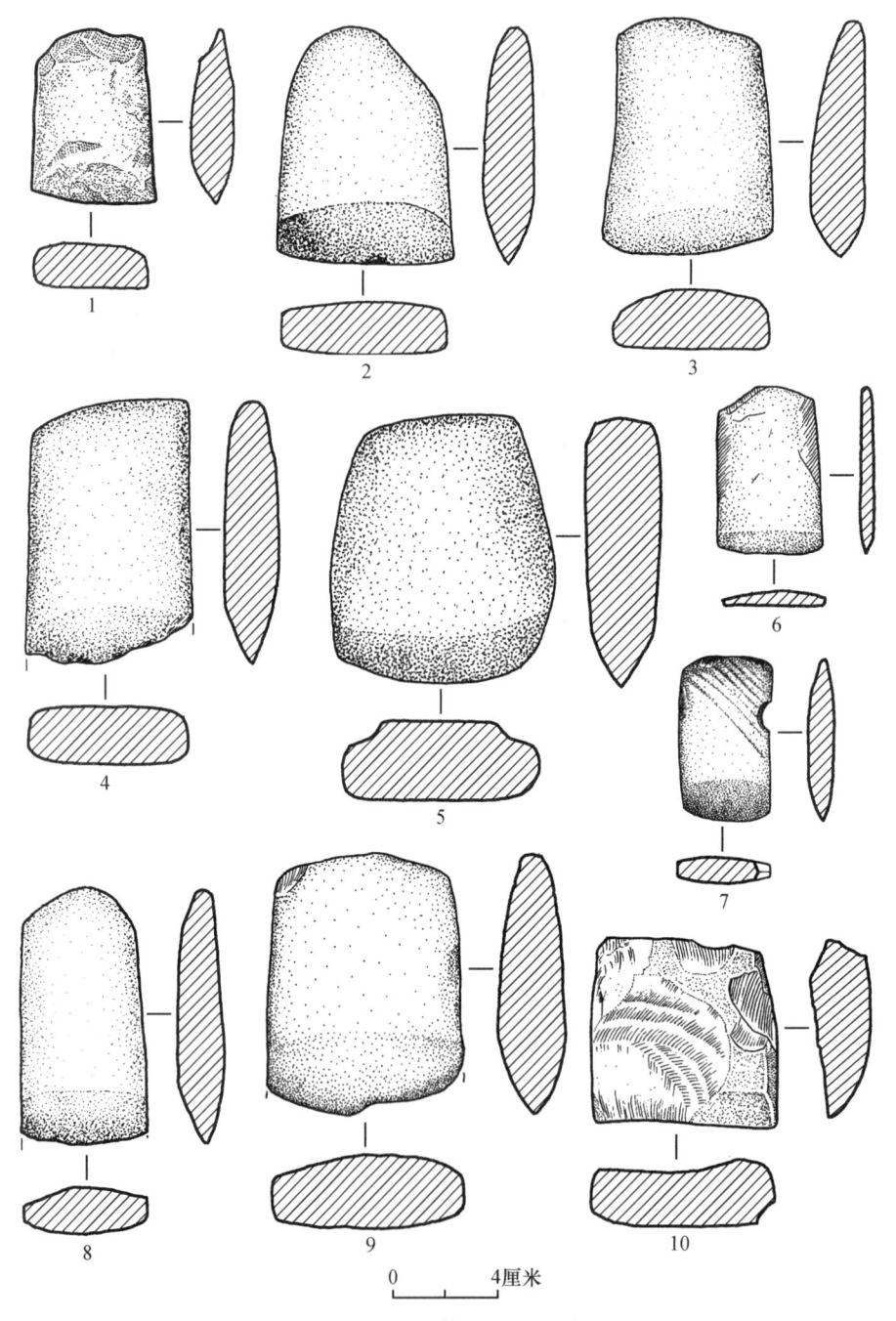

图二二六　F1第2层出土石斧

1~5.Aa型（1.F1②：76、2.F1②：70、3.F1②：101、4.F1②：105、5.F1②：108）　6~8.C型（6.F1②：42、7.F1②：180、8.F1②：186）　9、10.Ab型（9.F1②：185、10.F1②：3）

Ab型，2件。标本F1②：3，深青灰色石料。平顶，梯形，下端双面刃。长6.7、宽6.2~6.9、厚2.6厘米（图二二六，10）。标本F1②：185，青灰色石料。上端及下端残。梯形，弧顶，下端双面刃。残长9.5、宽6.5~7.7、厚2.6厘米（图二二六，9）。

C型　3件。标本F1②：42，青灰色石料。弧顶，扁平长方形，下端双面刃，一面宽刃，一面窄刃。长6.2、宽4、厚0.7厘米（图二二六，6）。标本F1②：180，青灰色石料。平面呈长方形，右侧边缘残存半个对穿孔，上下两端均为双面弧刃，似为石铲改制而成。长6、宽3.5、厚1厘米（图二二六，7；图版七七，2）。标本F1②：186，青灰色石料。边侧略残，梯形，弧顶，下端双面刃。长9.3、宽4.8、厚1.8厘米（图二二六，8）。

形制不明　2件。标本F1②：22，青灰色石料。上端残，下端弧刃。残长6.3、残宽8、厚2.5厘米（图二二七，2）。标本F1②：187，灰色石料。仅存下端，下端双面刃，一面宽刃，一面窄刃。残长4.6、宽6、厚1.6厘米（图二二七，1）。

锛　19件。

A型　7件。

Aa型，2件。标本F1②：109，青灰色石料。梯形，下端双面刃。长6.4、宽2.1~3、厚0.6厘米（图二二七，4）。标本F1②：181，青灰色石料。上端残，梯形，下端一面宽刃，一面窄刃。长5.7、残宽2~2.7、厚1.1厘米（图二二七，5）。

Ab型，4件。标本F1②：18，青灰色石料。形体较小，平顶，梯形，下端双面刃。长3.9、宽1.9~2、厚0.3厘米（图二二七，3）。标本F1②：67，青灰色石料。顶残，梯形，下端双面刃。长4、宽1.4~1.8、厚0.3厘米（图二二七，6）。标本F1②：183，灰褐色石料。边侧略残，平顶，下端双面刃。长4.3、宽2.5~3.6、厚1厘米（图二二七，8）。标本F1②：190，青绿色石料。下端一角略残。弧顶，下端双面刃，一面宽刃，一面窄刃。长3、宽2.4~2.7、厚0.4厘米（图二二七，10）。

Ac型，1件。标本F1②：81，深青灰色石料。仅存上端，弓背形顶，中部有一个对穿孔。残长2.9、宽2、孔径0.3、厚0.4厘米（图二二九，8）。

B型　2件。标本F1②：10，青灰色石料。形体较小，倒梯形，平顶，下端双面刃。长4.2、宽2、厚0.3厘米（图二二七，7）。标本F1②：103，青灰色石料。倒梯形，下端双面刃。长4.6、宽2.2、厚0.4厘米（图二二七，9）。

C型　9件。

Ca型，1件。标本F1②：160，青灰色石料。纵长方形，上端一角及下端双面刃部一角残，下端双面刃。长8.6、宽2.9、厚1.3厘米（图二二八，1）。

Cb型，8件。标本F1②：23，青灰色石料。长方形，平顶，下端双面刃。长3.8、宽2.2、厚0.4厘米（图二二八，2）。标本F1②：37，灰色石料。长条形，平顶，下端双面刃。长3.2、宽1.6、厚0.3厘米（图二二八，3）。标本F1②：38，青灰色石料。长方形，平顶，下端一面宽刃，一面窄刃。长3.5、宽2.7、厚0.5厘米（图二二八，6）。标本F1②：71，青灰色石料。顶残，长条形，下端双面刃。残长4.5、宽2.7、厚0.5厘米（图二二八，9）。标本F1②：77，灰色石料。长方形，弧顶，下端双面刃。长3.8、宽2.8、厚0.7厘米（图二二八，7）。标本

图二二七　F1第2层出土石器

1、2.形制不明斧（1.F1②：187、2.F1②：22）　3、6、8、10.Ab型锛（3.F1②：18、6.F1②：67、8.F1②：183、10.F1②：190）　4、5.Aa型锛（4.F1②：109、5.F1②：181）　7、9.B型锛（7.F1②：10、9.F1②：103）

F1②：97，青灰色石料。形体较小，长方形，下端双面内凹刃，呈月牙状，上端有一面钻孔，未穿。长2.7、宽2.2、厚0.3厘米（图二二八，5；图版七八，2）。标本F1②：107，青灰色石料。长方形，平顶，下端双面刃。长3.6、宽2.3、厚0.6厘米（图二二八，10）。标本F1②：111，深青灰色石料。窄长条形，下端双面刃。长3.7、宽1.2、厚0.4厘米（图二二八，4）。

D型　1件。标本F1②：34，青灰色石料。横长方形，平顶，下端一面斜刃，磨制精细。长2.1、宽2.9、厚0.6厘米（图二二八，8；图版七八，3）。

图二二八　F1第2层出土石器

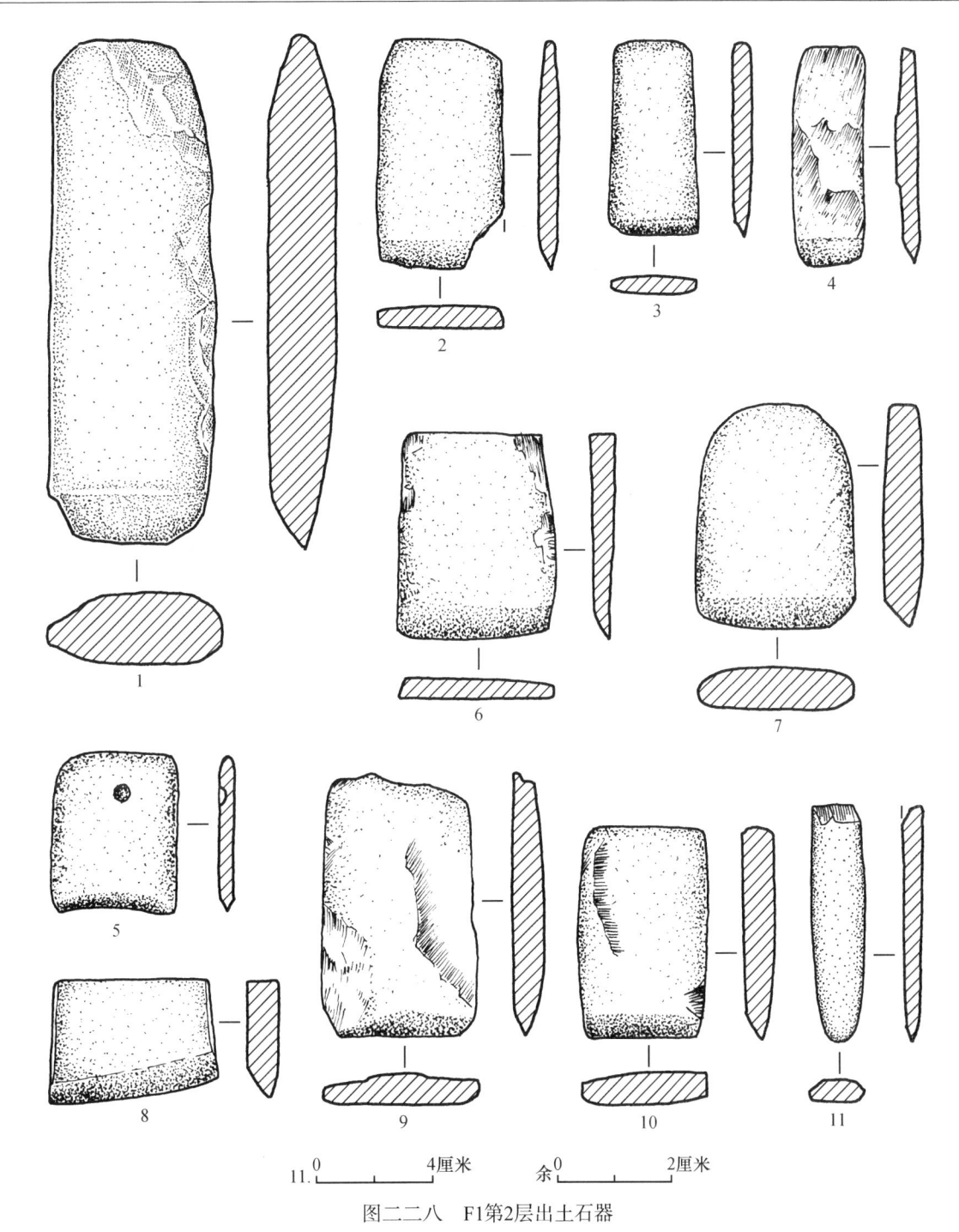

1. Ca型锛（F1②：160）　2~7、9、10. Cb型锛（2. F1②：23、3. F1②：37、4. F1②：111、5. F1②：97、6. F1②：38、7. F1②：77、9. F1②：71、10. F1②：107）　8. D型锛（F1②：34）　11. A型凿（F1②：49）

凿　A型　1件。标本F1②：49，青灰色石料。上端残，长条形，下端弧刃。残长8、宽2、厚0.8厘米（图二二八，11）。

穿孔刀　3件。

B型　2件。标本F1②：44，青灰色石料。仅存一侧，梯形，下端及侧面刃，上部有一个对穿孔。长3.6、残宽7.8、孔径0.4、厚0.4厘米（图二二九，2；图版七九，4）。标本F1②：46，青灰色石料。仅存一侧，长方形，下端及侧面刃，上部有一个对穿孔。残长5.8、宽4.4、孔径0.4、厚0.5厘米（图二二九，1）。

E型　1件。标本F1②：45，青灰色石料。仅存一侧，凸字形，下端双面刃，上中部有一个对穿孔。长2.9、残宽4.7、孔径0.3、厚0.4厘米（图二二九，3；图版七九，5）。

刀　C型　1件。标本F1②：166，青灰色石料。仅存一端，背部呈凸字形，下端一面弧刃。残长5、残宽3.8、厚0.4厘米（图二二九，9）。

穿孔铲（钺）　3件。标本F1②：31，深青灰色石料。仅存一角，梯形，中部有一个单

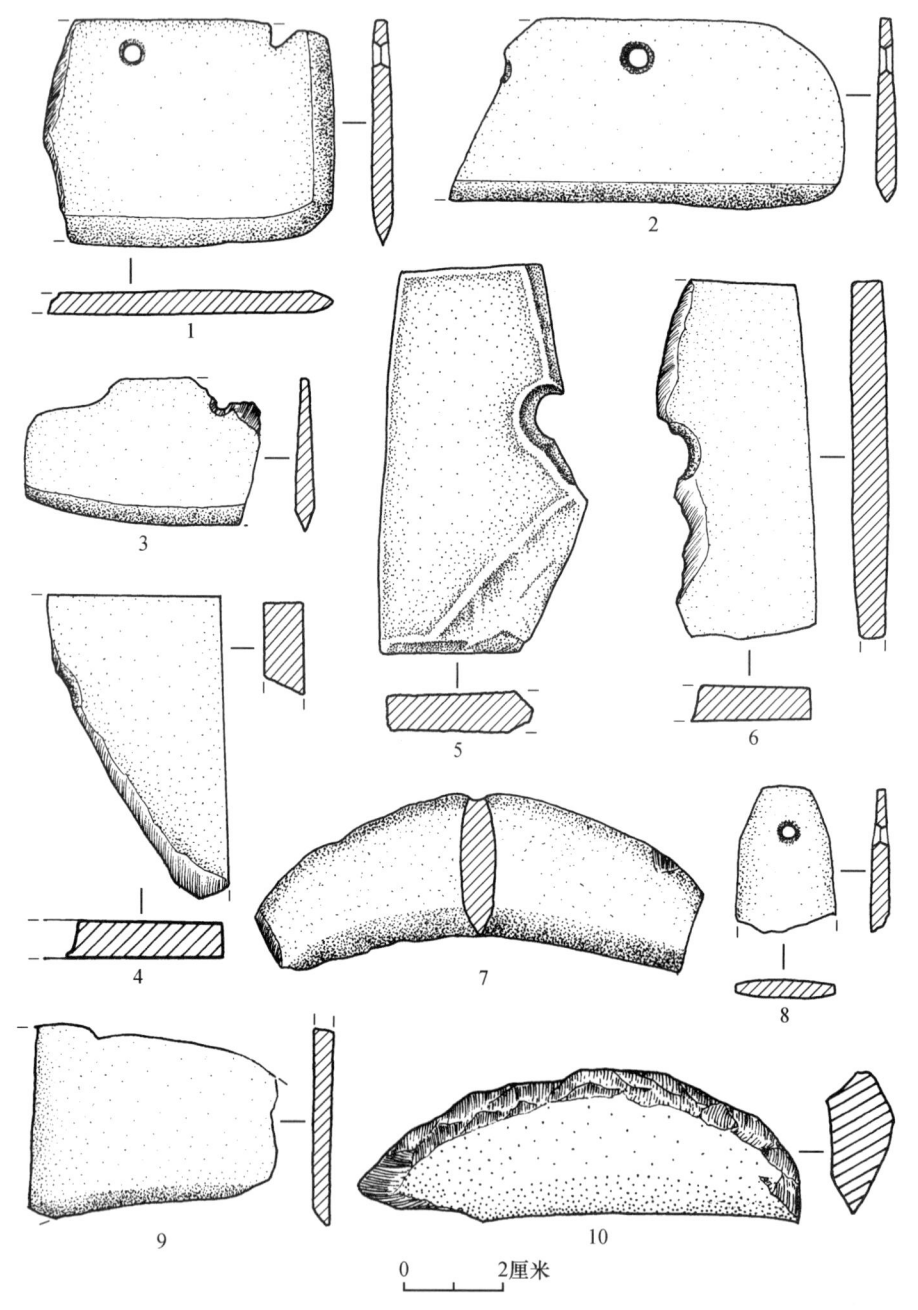

图二二九　F1第2层出土石器

1、2.B型穿孔刀（1.F1②：46、2.F1②：44）　3.E型穿孔刀（F1②：45）　4~6.穿孔铲（钺）（4.F1②：47、5.F1②：31、6.F1②：79）　7、10.镰（7.F1②：100、10.F1②：158）　8.Ac型锛（F1②：81）　9.C型刀（F1②：166）

面穿孔。残长7.6、残宽4、厚0.9厘米（图二二九，5）。标本F1②：47，青灰色石料。仅存一角，长方形，上部有一个单面穿孔。残长5.8、残宽3.5、厚0.8厘米（图二二九，4）。标本F1②：79，深青灰色石料。仅存上端，平顶，中部有一个对穿孔。残长7、残宽3、厚0.7厘米（图二二九，6）。

矛　2件。标本F1②：50，青灰色石料。仅残存一段，无脊，两侧刃。残长3、宽3.2、厚0.7厘米（图二三〇，1）。标本F1②：55，青灰色石料。矛尖及矛后端残，宽柳叶形，双面有脊，两侧刃。残长7.3、宽2.3、厚0.6厘米（图二三〇，2）。

镰　2件。标本F1②：100，深青灰色石料。月牙状，两端残，下端双面刃。长2.8、残宽8.9、厚0.7厘米（图二二九，7；图版八〇，1）。标本F1②：158，青灰色石料。半月形，弧背，下端双面直刃。长8.8、宽2.8、厚1.4厘米（图二二九，10；图版八〇，2）。

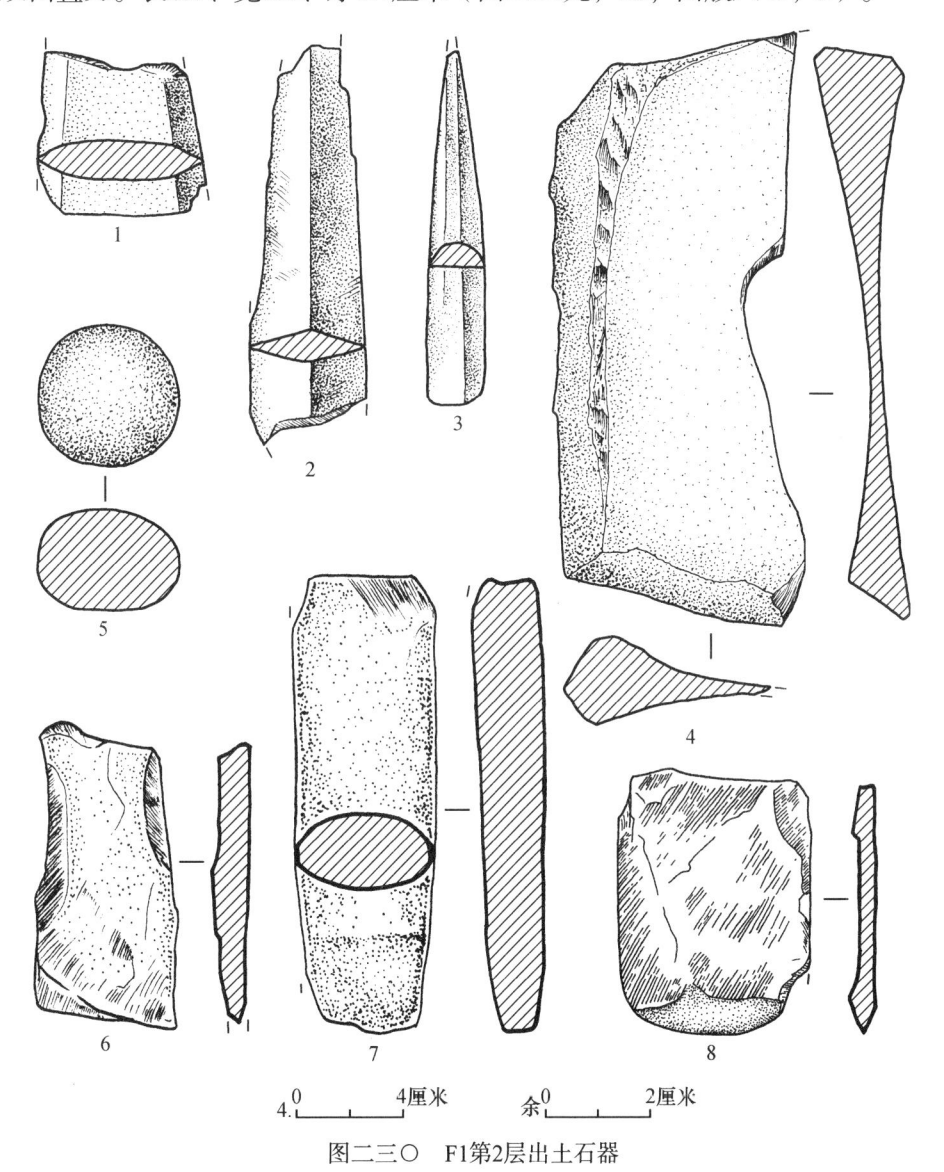

图二三〇　F1第2层出土石器

1、2. 矛（1. F1②：50、2. F1②：55）　3. 锥（F1②：52）　4. A型砺石（F1②：75）　5. 球（F1②：1）
6～8. 残损不明石器、坯料（6. F1②：36、7. F1②：21、8. F1②：20）

锥　1件。标本F1②：52，青灰色石料。锥尖残，长条锥形，锥身一面平，一面拱。长6.5、宽1、厚0.5厘米（图二三〇，3）。

球　1件。标本F1②：1，灰白色石料。扁球状。直径2.6、厚1.9厘米（图二三〇，5）。

砺石　A型　1件。标本F1②：75，青灰色石料。边侧残，梯形，三边厚一边薄，上下两面均为磨砺面，均内凹。边长9.4、中长7.3、宽19.6～21.8、厚2.2～3.5厘米（图二三〇，4；图版八〇，6）。

残损不明石器、坯料　10件。标本F1②：20，深青灰色石料。长方形，下端弧刃。长4.8、宽3.7、厚0.5厘米（图二三〇，8）。标本F1②：21，青灰色石料。长条状，截面呈椭圆形，下端略窄，一面磨制，其余部位均为打制。长8.4、宽2.8、厚1.4厘米（图二三〇，7）。标本F1②：26，青灰色石料。前端为椭圆柱状，后端为短圆柱状，似为三棱形箭镞的半成品。长7.5、宽1.3、厚1厘米（图二三一，1）。标本F1②：36，青灰色石料。长条形，上端截面呈椭圆形，下端双面打制刃，似为锛的半成品。长5.6、宽2.6、厚0.8厘米（图二三〇，6）。标本F1②：61，青灰色石料。长方形，一面平，一面拱，通体打制。长10.8、宽6.7、厚2.4厘

图二三一　F1第2层出土残损不明石器、坯料
1. F1②：26　2. F1②：69　3. F1②：98　4. F1②：159　5. F1②：61　6. F1②：161　7. F1②：63

米（图二三一，5）。标本F1②：63，青灰色石料。长条形，两端残，两侧磨光。残长10.8、宽2.4、厚1厘米（图二三一，7）。标本F1②：69，青灰色石料。扁平状，仅存下端一角，下端双面刃。残长5、残宽3.8、厚0.6厘米（图二三一，2）。标本F1②：98，灰色石料。仅存下端中部，下端双面刃。残长4.3、残宽5.7、厚0.9厘米（图二三一，3）。标本F1②：159，青灰色石料。整体呈三角形，一侧有斜面。长10.1、宽3、厚0.8厘米（图二三一，4）。标本F1②：161，青灰色石料。仅存中间一段，下端一面刃。残长6.3、残宽3.1、厚0.5厘米（图二三一，6）。

（2）陶器

①陶器统计

为了掌握F1②层出土陶器情况，对该层1434件（块）陶器（含标本及陶片）进行了陶系及纹饰统计，对233件（块）可辨器形（含标本及陶片）进行了器形统计，统计情况如下（表一二、表一三）。

表一二　罗家冲遗址F1第2层出土陶器器形统计表　　　　　　　　（单位：件）

器形 \ 陶系	夹砂 红陶	夹砂 灰陶	夹砂 褐陶	夹砂 黑陶	夹砂 黑皮红陶	泥质 红陶	泥质 灰陶	泥质 褐陶	泥质 黑皮红陶	泥质 黑皮灰陶	合计	百分比（%）
纺轮						1	6	1			8	3.43
鼎足 宽扁形	22		28								50	21.46
鼎足 扁锥形	55		13								68	29.18
鼎足 圆锥形	38		14								52	22.32
釜鼎口沿		2	9								11	4.72
罐（各类罐）	9						16				25	10.73
豆（盘、柄）		1									1	0.43
圈足盘						1	1				2	0.86
盆						1	1				2	0.86
酒杯状器						1					1	0.43
铲状器							1				1	0.43
器盖（纽）	1		1			2	1	1			6	2.58
双沿坛			1								1	0.43
瓮	1										1	0.43
支座	1										1	0.43
把手			1				1				2	0.86
鬲（口沿、足）			1								1	0.43
合计	127	3	67	1	0	6	27	2	0	0	233	100
百分比（%）	54.51	1.29	28.76	0.43	0	2.58	11.59	0.86	0	0		100
	\multicolumn{5}{} 84.98			\multicolumn{4}{} 15.02				

鼎足合计百分比：72.96

注：陶系中褐陶含红褐陶及黄褐陶，灰陶含浅灰陶及灰白陶；器形中部分仅做大器类或型统计，而未按小器类或亚型统计，如鼎足、罐、豆等。部分陶质无可辨器形者统计为"0"。

陶系：该层出土陶器按陶质可分为夹砂、泥质两大类，分别占58.09%、41.91%。其中夹砂陶中以夹砂红陶、夹砂褐陶为主，分别占27.89%、18.9%，其次为夹砂黑陶、夹砂灰陶及黑皮红陶；泥质陶中以泥质灰陶、泥质黑皮红陶、泥质红陶为主，分别占15.34%、14.64%、7.04%，其次为泥质褐陶、泥质黑皮灰陶，数量均较少（表一三）。

表一三 罗家冲遗址F1第2层出土陶器纹饰统计表 （单位：件）

纹饰＼陶系	夹砂红陶	夹砂灰陶	夹砂褐陶	夹砂黑陶	夹砂黑皮红陶	泥质红陶	泥质灰陶	泥质褐陶	泥质黑皮红陶	泥质黑皮灰陶	合计	百分比（%）
素面	186	22	106	26	5	87	206	31	206	28	903	62.97
绳纹	164	21	157	75	7	9	9	7	2	2	453	31.59
绳索纹	4	1		1							6	0.42
刻槽	3										3	0.21
绳纹+刻槽			2								2	0.14
绳纹+按窝+弦纹	1										1	0.07
按窝			1								1	0.07
按窝+刻槽			2								2	0.14
瓦棱+附加堆纹			1								1	0.07
弦纹+附加堆纹									1		1	0.07
凸棱	37										37	2.58
绳纹+凸棱							1				1	0.07
弦纹							1				1	0.07
附加堆纹+弦纹+方格纹	1										1	0.07
篮纹	1			2	1	2		1	1	1	9	0.63
刻划纹	3		2			1	1		1		8	0.56
曲折纹		1					1				2	0.14
指窝纹						1					1	0.07
镂孔									1		1	0.07
合计	400	45	271	103	14	101	220	39	210	31	1434	100
百分比（%）	27.89	3.14	18.90	7.18	0.98	7.04	15.34	2.72	14.64	2.16	100	
	58.09					41.91						

注：本统计表未含纺轮；陶系中褐陶含红褐陶及黄褐陶，灰陶含浅灰陶及灰白陶；纹饰中绳纹含各类粗细绳纹、方格纹含各类大小方格纹，弦纹含凹凸弦纹。

器形：可辨器形中夹砂陶占84.98%，泥质陶占15.02%。器形主要以鼎足、罐为主，分别占72.96%、10.73%，其次为釜鼎口沿、纺轮、器盖（纽），分别占总数的4.72%、3.43%、2.58%，其他器类有圈足盘、盆、把手，均占0.86%，豆、酒杯状器、铲状器、双沿坛、瓮、支座、鬲等，数量均较少。

每类器形及对应的陶系，鼎足、釜鼎口沿均为夹砂陶，其中鼎足为夹砂红陶及夹砂褐陶；釜鼎口沿以夹砂褐陶为主，少量夹砂灰陶；罐以泥质灰陶为主，少量夹砂红陶；其他器形中盆、圈足盘等为泥质陶，而双沿坛、瓮、支座、把手、鬲等均为夹砂陶（表一二）。

纹饰：陶器器表素面占62.97%，其余均有纹饰。从纹饰对应的陶系分析，纹饰主要装饰在夹砂红陶、夹砂褐陶、泥质灰陶及泥质黑皮红陶上，其次为夹砂黑陶、泥质红陶、夹砂灰陶，其他陶质上纹饰较少。

纹饰以绳纹为主，占比为31.59%，其次为鼎足上的各类纹饰，分别有刻槽、按窝及绳纹+刻槽、绳纹+按窝+弦纹、按窝+刻槽、瓦棱+附加堆纹等，其中各类刻槽鼎足占0.49%、按窝鼎足占0.14%，其他纹饰以凸棱为主，占2.58%，其次为篮纹及刻划纹等，分别占0.63%、0.56%，另有绳索纹、弦纹、曲折纹、指窝纹、镂孔及弦纹+附加堆纹、绳纹+凸棱纹、附加堆纹+弦纹+方格纹等组合纹饰，数量均较少（图二三二、图二三三；表一三）。

②标本　59件。

纺轮　8件。

Aa型，6件。标本F1②：73，泥质灰陶。局部残，饼形，斜边，宽面边侧饰一圈凹线纹，中间"十"字刻划纹将平面分成四等格，每格饰对称羊角刻划纹，其中对称一组羊角纹内饰戳点纹，中部穿孔。短径3.8、长径4.7、穿径0.4、厚0.8厘米（图二三四，1；图二一二，7；图版八一，2）。标本F1②：85，泥质灰陶。局部残，饼形，斜边，宽面"十"字刻划纹将平面分成四等格，每格饰对称双弧线刻划纹，中部穿孔。短径4、长径4.5、孔径0.4、厚0.7厘米（图二三四，2；图二一二，2）。标本F1②：104，泥质灰陶。残裂，饼形，弧边，一面边侧饰一周凹线纹，内饰四组对称三弧线刻划纹，中部穿孔。直径4.6、孔径0.5、厚0.6厘米（图二三四，5）。标本F1②：163，泥质灰陶。饼形，斜边，宽面饰四组对称三弧线刻划纹，中部穿孔。短径3.5、长径3.8、孔径0.5、厚0.7厘米（图二三四，6；图二一二，5；图版八一，3）。标本F1②：164，泥质红陶。饼形，斜凹边，中部穿孔。直径4.5、孔径0.4、厚0.5厘米（图二三四，7；图版八一，4）。标本F1②：182，夹砂灰陶，边侧残。饼形，斜边，宽面饰圆形戳点纹，中部穿孔。短径3.7、长径4.5、孔径0.5、厚0.85厘米（图二三四，8；图版八一，5）。

B型　2件。标本F1②：62，泥质黄褐陶。厚饼形，弧边，中部穿孔。直径4、穿径0.5、厚1.3厘米（图二三四，3）。标本F1②：95，泥质灰陶。厚饼形，中部穿孔。直径3.6、孔径0.4、厚1.2厘米（图二三四，4）。

鼎足　21件。

Aa型，10件。标本F1②：117，夹砂红褐陶。下端残，宽扁足，外翻，足上部贴麻花状附加堆纹，足外饰二道瓦棱。残高8、残宽7.8厘米（图二三五，1；图版八二，6）。标本F1②：119，夹砂红褐陶。上下残，宽扁足，内侧两端向内有折边。残高14.2、宽8.6～9.2、厚1.8厘米（图二三五，2）。标本F1②：131，夹砂红褐陶。上下残，宽扁弧状足，外饰短线刻划纹，内饰一道刻槽。残高8、残宽8、厚1.5厘米（图二三五，3）。标本F1②：132，夹砂红褐陶。下残，宽扁足，足上端饰一排按窝，内侧上端饰六道刻槽。残高7、残宽6.8～12.6、厚0.7厘米（图二三五，4）。标本F1②：133，夹砂红褐陶。上残，宽扁足，平底。足外饰上下三组不同形式的刻划纹。残高6.4、残宽3.9～4.8、厚2.1厘米（图二三五，6）。标本F1②：171，夹砂红

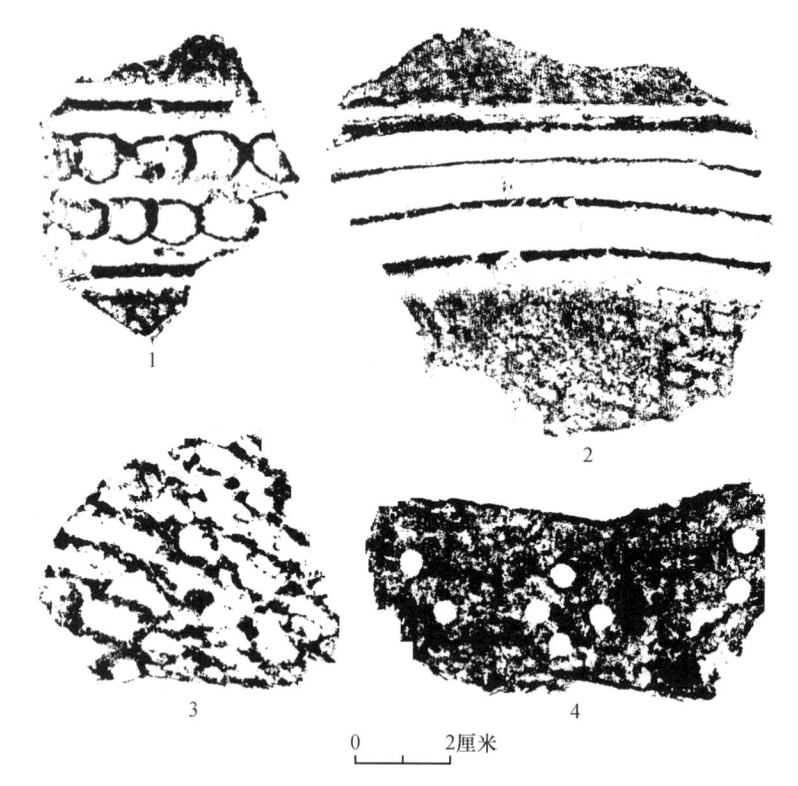

图二三二　F1第2层出土陶器纹饰拓片

1. 凸弦纹+连珠附加堆纹（F1②:150）　2. 绳纹+凸棱（F1②:143）　3. 指窝纹（F1②:142）　4. 镂孔（F1②:145）

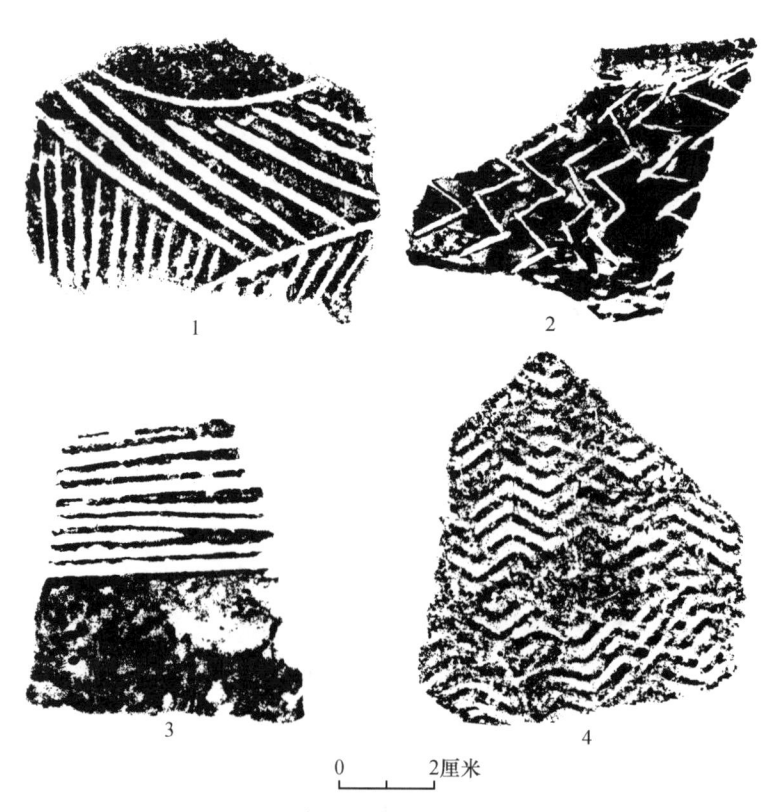

图二三三　F1第2层、第3层出土陶器纹饰拓片

1、3. 刻划纹（1. F1②:144、3. F1②:151）　2、4. 曲折纹（2. F1②:149、4. F1③:48）

图二三四　F1第2层出土陶纺轮

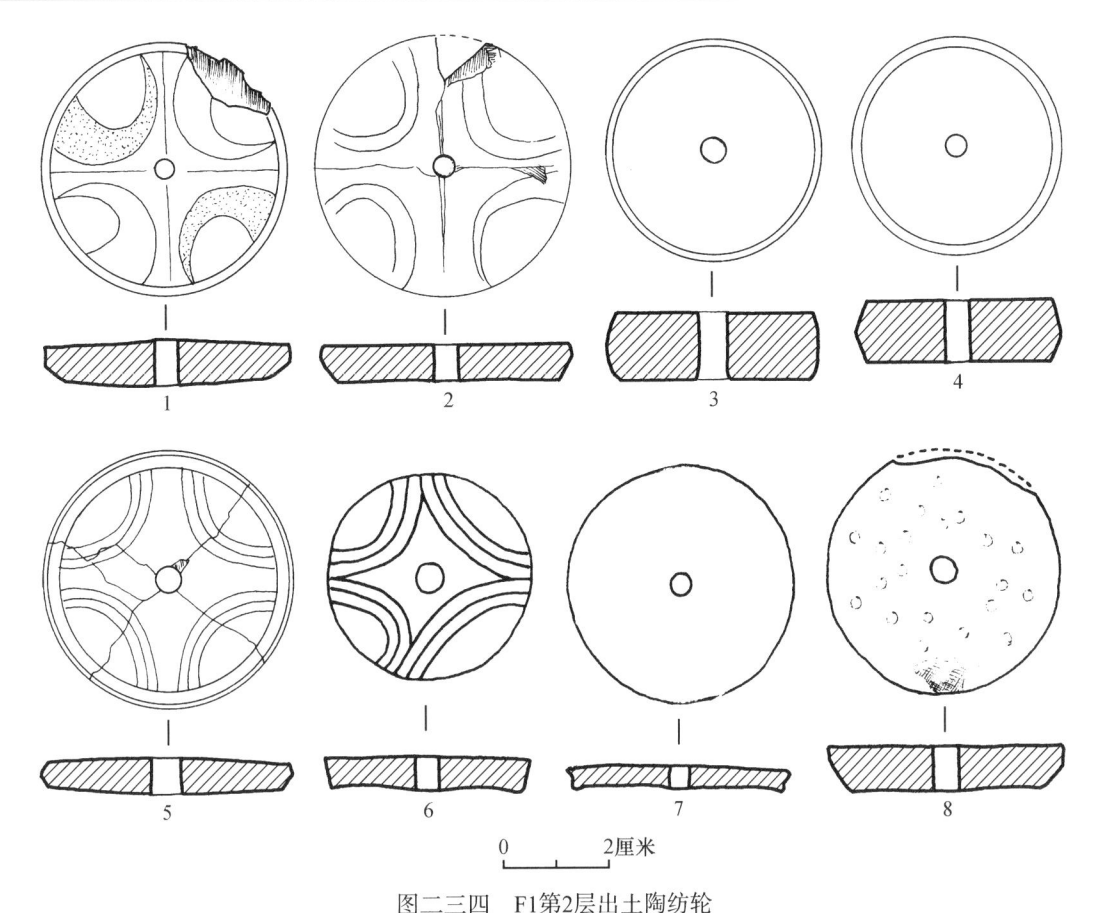

1、2、5～8.Aa型（1.F1②：73、2.F1②：85、5.F1②：104、6.F1②：163、7.F1②：164、8.F1②：182）
3、4.B型（3.F1②：62、4.F1②：95）

陶。上端及下端残，宽扁足，足外中部饰一条纵向凸棱。残高12.3、残宽5.7～8.3、厚2厘米（图二三五，5；图版八三，1）。标本F1②：172，夹砂红陶。上端及下端一侧残，宽扁足，弧状，素面。残高11、残宽3.2～6.3、厚1.1厘米（图二三五，7；图版八三，2）。标本F1②：173，夹砂红陶。上端及下端残，宽扁足，足外中部凸。残高7.2、残宽4.2～5.7、厚0.8厘米（图二三六，1）。标本F1②：174，夹砂红陶。上端及下端一侧残，宽扁足，足外饰竖向细刻划纹。残高19.5、宽9、厚1.15厘米（图二三六，4；图版八三，3、4）。标本F1②：175，夹砂红陶。上端残，素面。残高13、宽8.7、厚1.7厘米（图二三六，3）。

Ba型，7件。标本F1②：125，夹砂红褐陶。扁锥状足，平底，外饰绳纹及三道竖向刻槽。残高17、宽2.1～6.8、厚1.8厘米（图二三七，1；图版八三，5）。标本F1②：127，夹砂红褐陶。上残，宽扁足，平底，外饰绳纹及三道竖向刻槽。残高10、宽4.2～6.4、厚1.8厘米（图二三六，2；图版八四，1）。标本F1②：128，夹砂红陶。扁锥状足，浅足窝，外饰绳纹及一道竖向刻槽。高12.6、宽2～6厘米（图二三七，2）。标本F1②：130，夹砂红褐陶。上残，扁锥状足，外饰绳纹。残高14.8、宽2.2～7.4、厚1.9厘米（图二三七，3；图版八四，2）。标本F1②：169，夹砂红陶。下残，宽扁足，足外饰绳纹，中间加饰二条纵向凹槽，中间饰一排纵向按窝。残高11、宽7.8厘米（图二三六，5；图二一六，4；图版八四，3）。标本

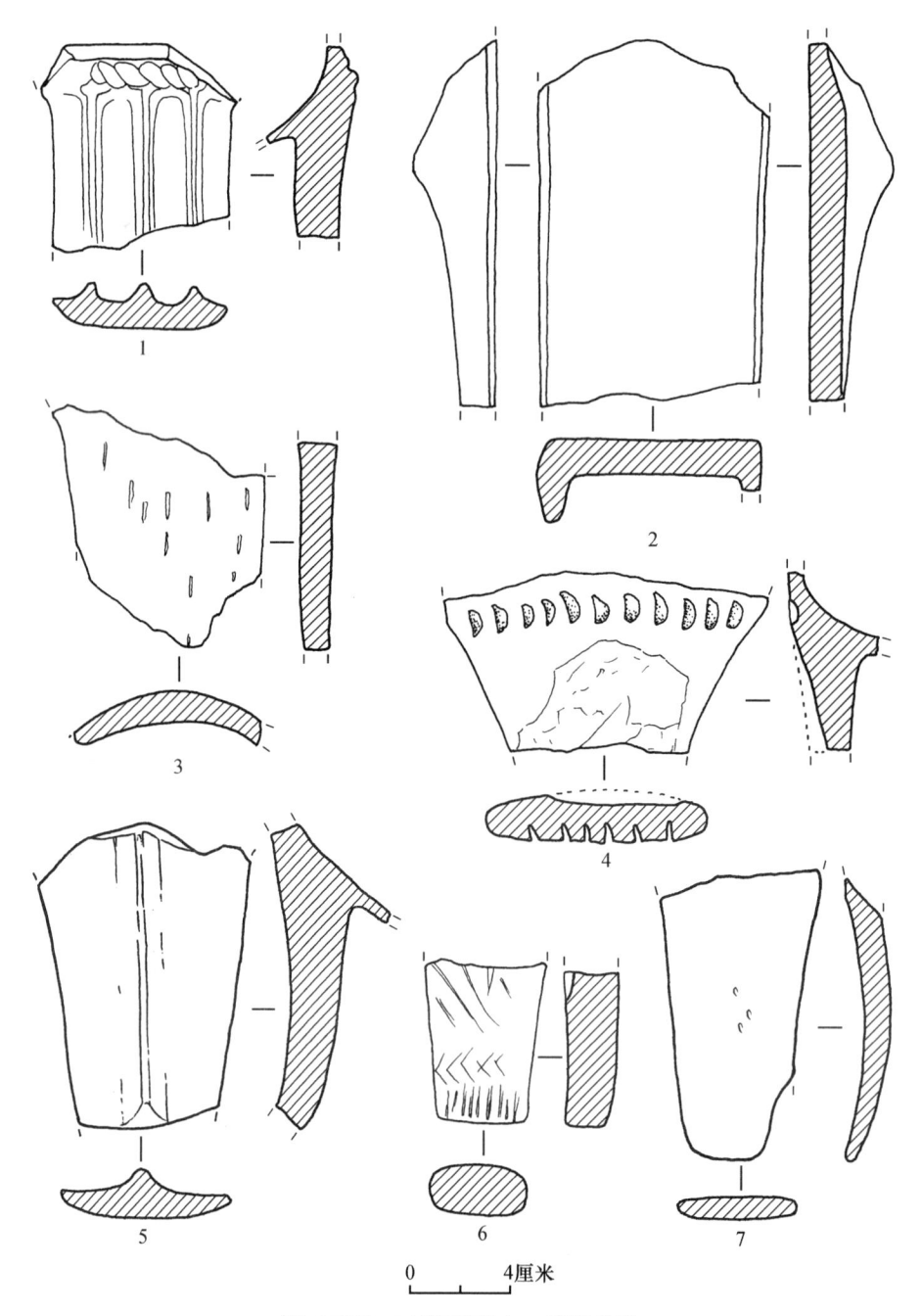

图二三五　F1第2层出土Aa型陶鼎足
1. F1②：117　2. F1②：119　3. F1②：131　4. F1②：132　5. F1②：171　6. F1②：133　7. F1②：172

F1②：170，夹砂红陶。上端残，宽扁足，足外饰绳纹。残高10厘米（图二三六，6）。标本F1②：191，夹砂红陶。扁锥状足。足外饰绳纹及三条刻槽。残高12.3厘米（图二三七，4；图二一六，8）。

Ca型，4件。标本F1②：120，夹砂红陶。锥状足，足外有上下二道刻槽。高12厘米（图二三七，5）。标本F1②：124，夹砂红陶。锥状足，足外有一道刻槽。高13.6厘米（图二三七，6；图版八五，3）。标本F1②：192，夹砂褐陶。锥状足。足外上端饰一个按窝，中

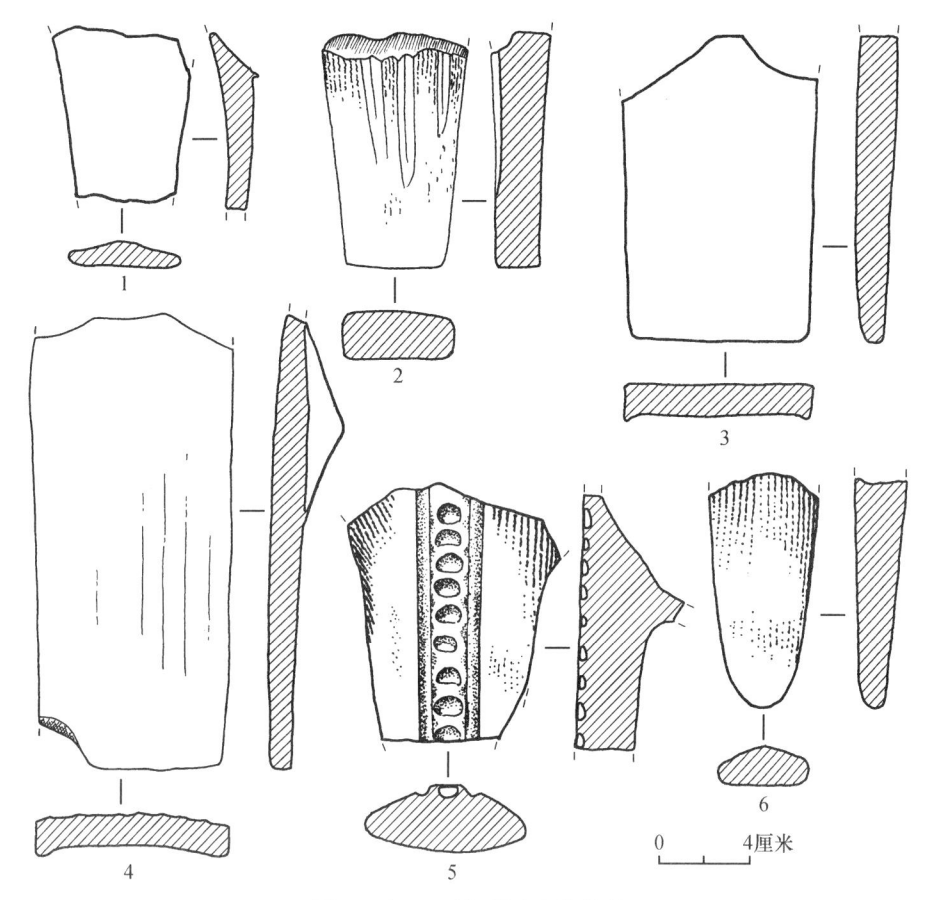

图二三六　F1第2层出土陶鼎足
1、3、4. Aa型（1. F1②：173、3. F1②：175、4. F1②：174）　2、5、6. Ba型（2. F1②：127、5. F1②：169、6. F1②：170）

部饰一道刻槽。残高9.4厘米（图二三七，9）。标本F1②：193，夹砂褐陶。锥状足。足外上端饰一个按窝，中部饰二道刻划纹，足底有削痕。残高11.3厘米（图二三七，8）。

鬲足　A型　1件。标本F1②：126，夹砂红褐陶。下端残，锥状足，浅足窝。外饰绳纹。残宽6.8、残高8.8厘米（图二三七，7；图版八五，4）。

矮领罐口沿　3件。

A型　2件。标本F1②：194，泥质灰陶。外折沿，沿面内凹，敞口，圆唇，溜肩。复原口径16、残高4.2厘米（图二三八，1）。标本F1②：136，泥质灰陶。短直口，广肩，肩部饰数道凹弦纹。复原口径16、残高4.2、厚0.6厘米（图二三八，10）。

B型　1件。标本F1②：137，泥质灰陶。宽斜沿，鼓肩，外饰绳纹，残存烟炱痕。复原口径9、残高7.6、厚0.5厘米（图二三八，5）。

高领罐口沿　A型　1件。标本F1②：135，泥质灰陶。外卷沿，尖唇，高束领。复原口径12、残高5.8、厚0.4厘米（图二三八，3）。

釜鼎口沿　8件。标本F1②：121，夹砂红褐陶。短沿外斜，鼓肩。复原口径30、残高6、厚0.5厘米（图二三八，4）。标本F1②：134，夹砂灰陶。敛口，宽折沿，弧鼓肩，肩饰绳纹。复原口径28、残高6.8、厚0.7厘米（图二三八，6）。标本F1②：140，夹砂红褐陶。宽折

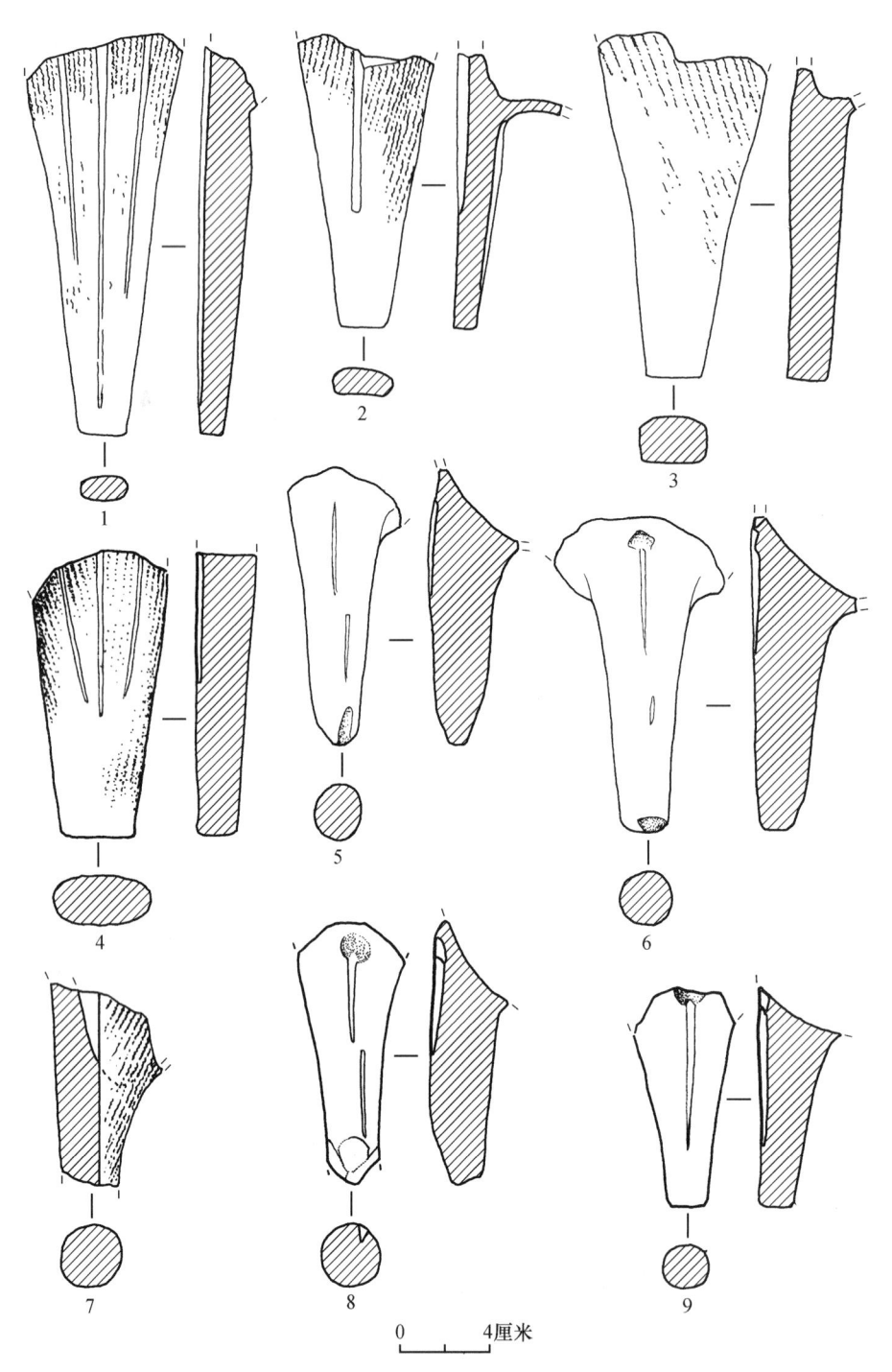

图二三七　F1第2层出土陶鼎足、鬲足
1~4. Ba型鼎足（1. F1②：125、2. F1②：128、3. F1②：130、4. F1②：191）　5、6、8、9. Ca型鼎足（5. F1②：120、6. F1②：124、8. F1②：193、9. F1②：192）　7. A型鬲足（F1②：126）

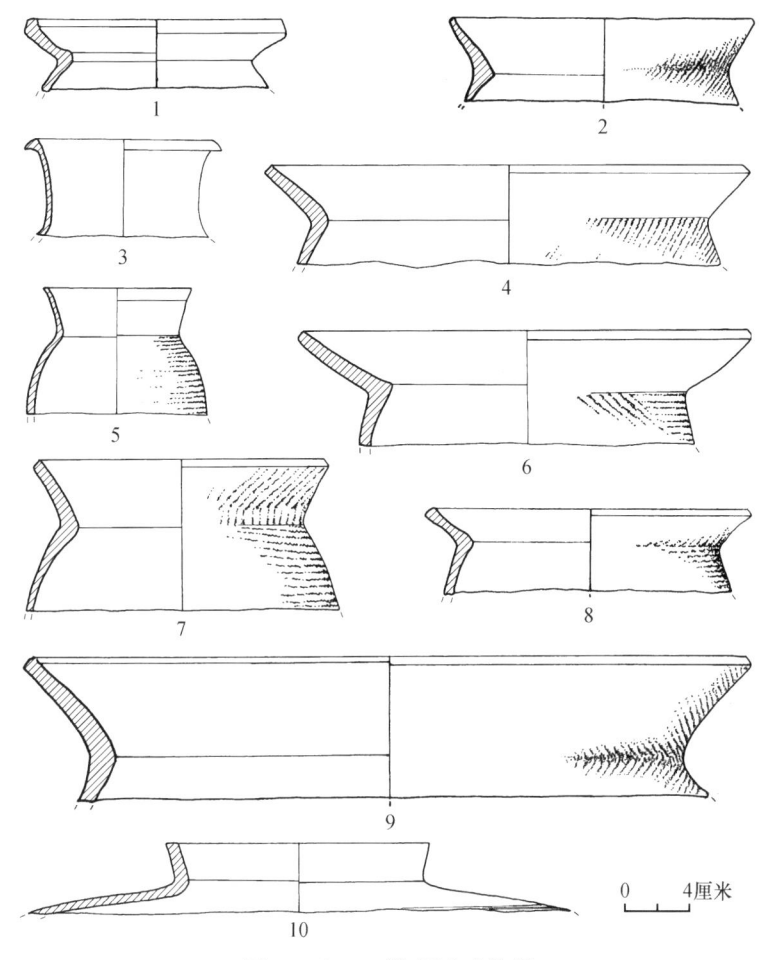

图二三八　F1第2层出土陶器
1、10.A型矮领罐口沿（1.F1②：194、10.F1②：136）　2、4、6~9.釜鼎口沿（2.F1②：179、4.F1②：121、6.F1②：134、7.F1②：140、8.F1②：196、9.F1②：199）　3.A型高领罐口沿（F1②：135）　5.B型矮领罐口沿（F1②：137）

沿，鼓肩，外饰绳纹，残存烟炱痕。复原口径18、残高9、厚0.4厘米（图二三八，7）。标本F1②：179，夹砂褐陶。仅存口沿。折沿，敞口，尖唇，束颈，口沿及颈部饰绳纹。复原口径19、残高5厘米（图二三八，2）。标本F1②：196，夹砂褐陶。仅存口沿。折沿，敞口，尖圆唇，溜肩，肩部饰绳纹。复原口径20、残高5厘米（图二三八，8）。标本F1②：197，夹砂褐陶。仅存口沿。折沿，敞口，方唇，溜肩，口沿及肩部饰绳纹。复原口径24、残高5厘米（图二三九，1）。标本F1②：198，夹砂褐陶。仅存口沿。宽折沿，敞口，方唇，溜肩，肩部饰绳纹。复原口径28、残高5厘米（图二三九，3）。标本F1②：199，夹砂褐陶。宽折沿，敞口，方唇，束颈，口沿及肩部饰绳纹。复原口径44、残高8.5厘米（图二三八，9）。

豆盘　B型　1件。标本F1②：195，夹砂灰陶。仅存盘，敞口，斜腹，沿下饰一道凹弦纹。复原口径12、残高4厘米（图二三九，8）。

圈足盘　2件。标本F1②：114，泥质黑皮红陶。仅存盘底外侧及圈足，粗圈足，足底外卷。残高4.5、底径14、厚0.4厘米（图二三九，2）。标本F1②：138，泥质灰陶。仅存底部，喇叭口圈足，足底内凹，饰绳纹。残宽13.3、残高2.6、底径10、厚0.5厘米（图二三九，4）。

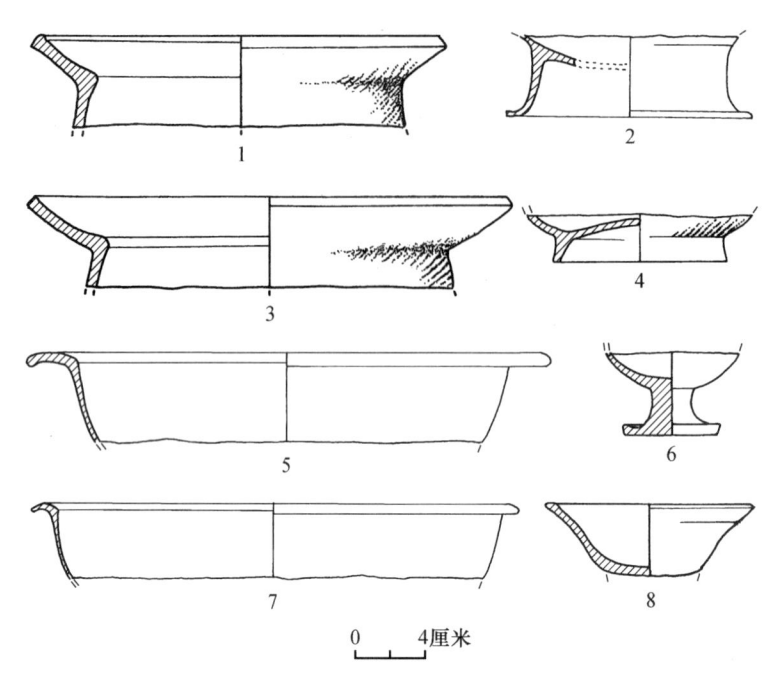

图二三九　F1第2层出土陶器

1、3. 釜鼎口沿（1. F1②：197、3. F1②：198）　2、4. 圈足盘（2. F1②：114、4. F1②：138）　5. A型盆口沿（F1②：113）　6. 酒杯状器（F1②：116）　7. B型盆口沿（F1②：115）　8. B型豆盘（F1②：195）

盆口沿　2件。

A型　1件。标本F1②：113，泥质灰陶。宽平沿，弧腹。复原口径30、残高5、厚0.3厘米（图二三九，5）。

B型　1件。标本F1②：115，泥质黑皮红陶。短平沿，沿外下卷，弧腹。复原口径28、残高4.2、厚0.3厘米（图二三九，7）。

瓮口沿　1件。标本F1②：72，夹砂红陶。仅存口沿及肩部小部分，敛口，弧鼓肩，圆唇，沿下饰一凸弦纹，肩部饰两条凸弦纹内夹两道压平连珠状附加堆纹，其余区域饰方格纹，肩部贴一纽，残失。残高13.2、残宽20.3、厚1厘米（图二四〇，1；图版九〇，3）。

把手　A型　2件。标本F1②：122，夹砂红褐陶。三股麻花状。宽6.5、残高8.5厘米（图二四〇，4；图版八六，5）。标本F1②：123，泥质灰陶。三股麻花状。宽5.4、残高7.5厘米（图二四〇，2；图版八六，6）。

酒杯状器　1件。标本F1②：116，泥质黑皮红陶。覆钵形，饼状纽。纽径5.4、通高4.6厘米（图二三九，6）。

铲状器　1件。标本F1②：96，泥质灰陶。仅存下端，两侧有肩，中有穿孔，下端呈半圆状，较薄。残高4.8、宽6.7、厚1.5厘米（图二四〇，3）。

支座　B型　1件。标本F1②：176，夹砂红陶。上端残，实心圆柱状，素面。残高4.4、复原底径9厘米（图二四〇，6）。

双沿坛口沿　1件。标本F1②：141，夹砂红褐陶。宽外沿外敞，斜唇有凹槽，内沿敛口，鼓肩，肩饰绳纹。复原外口径27、复原内口径14、残高7.6、厚0.4厘米（图二四〇，5）。

图二四〇　F1第2层出土陶器

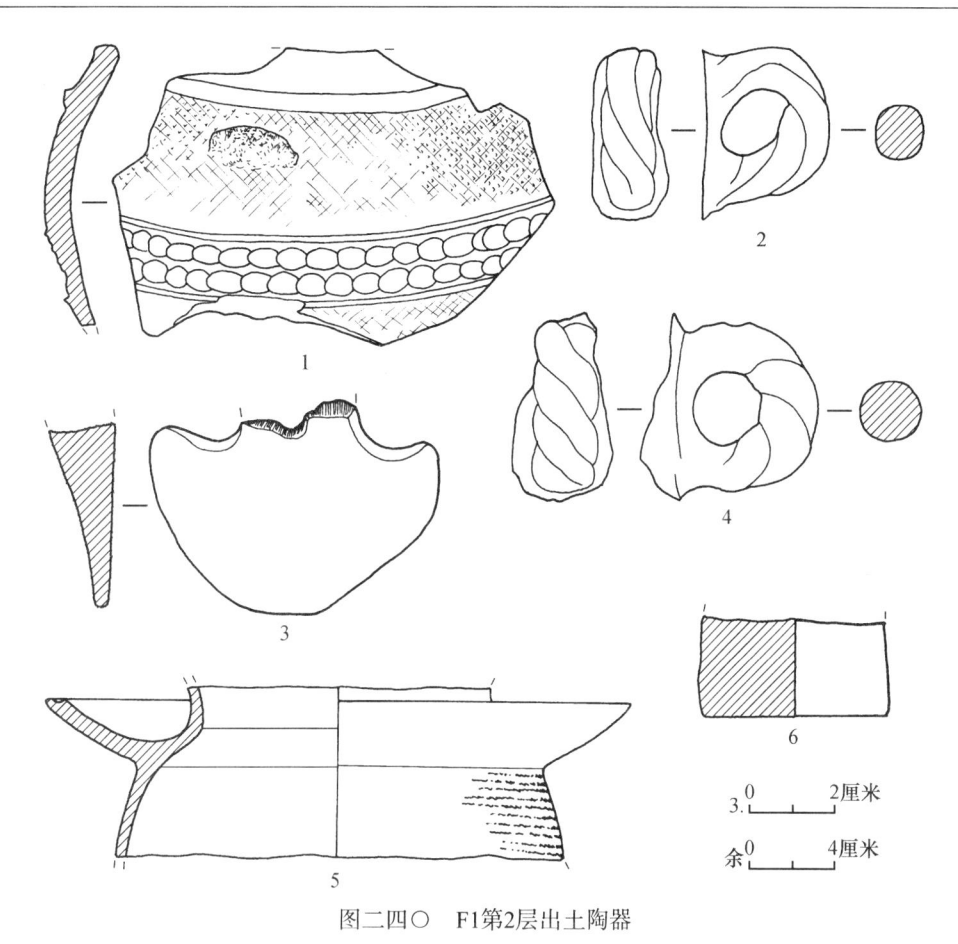

1.瓮口沿（F1②：72）　2、4.A型把手（2.F1②：123、4.F1②：122）　3.铲状器（F1②：96）　5.双沿坛口沿（F1②：141）
6.B型支座（F1②：176）

器盖（纽）　6件。

A型　5件。标本F1②：94，泥质灰陶。仅存盖纽，圆形内凹。残高1.8、纽径4.8厘米（图二四一，1）。标本F1②：118，夹砂红陶。下残，纽呈圈足状，盖外饰绳纹。残高7、纽径8厘米（图二四一，3；图版八九，4）。标本F1②：129，泥质黑皮红陶。覆钵形，盖沿有母口，纽上残，圈足状纽。残高10.6、口径28厘米（图二四一，6；图版八九，5）。标本F1②：139，泥质黑皮红陶。盖残，纽呈圈足状，短平沿。残高2.6、纽径6.2厘米（图二四一，2）。标本F1②：178，夹砂黑陶。高圈足状纽，盖呈伞状，素面。残高4.4、纽径7.6厘米（图二四一，5）。

B型　1件。标本F1②：177，泥质褐陶。仅存盖纽，喇叭口状纽。残高3.6、复原纽径5厘米（图二四一，4）。

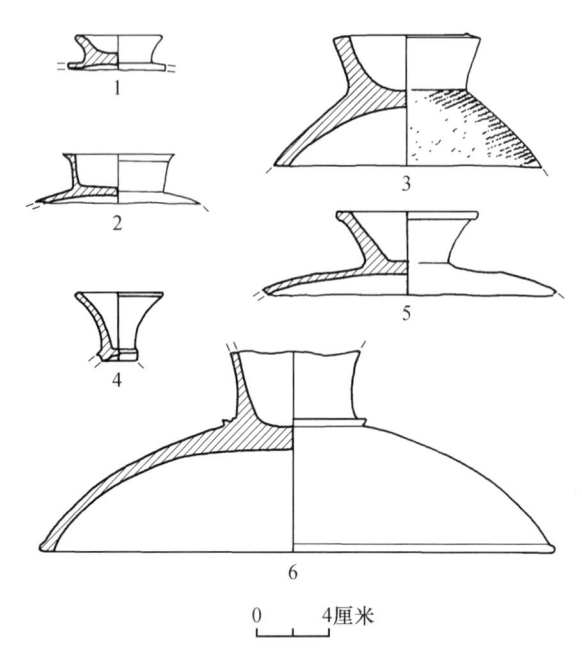

图二四一 F1第2层出土陶器盖（纽）
1~3、5、6.A型（1.F1②：94, 2.F1②：139, 3.F1②：118, 5.F1②：178, 6.F1②：129） 4.B型（F1②：177）

3. F1③层出土遗物

（1）石器

镞 22件。

A型 21件。

Aa型，9件。标本F1③：4，深青灰色石料。镞身前端残，柳叶形，双面扁平，两侧刃，截面呈多棱形，三角形铤。残长5、宽1.8、厚0.4厘米（图二四二，1）。标本F1③：8，青灰色石料。前锋残，柳叶形，双面有脊，两侧刃，三角形铤。残长6.5、宽1.8、厚0.5厘米（图二四二，2；图版七一，6）。标本F1③：16，青灰色石料。镞身前端残，柳叶形，双面有脊，两侧刃，梯形铤。残长5.7、宽1.4、厚0.6厘米（图二四二，3）。标本F1③：22，深青灰色石料。锋尖及铤后端残，柳叶形，双面扁平，两侧刃，截面呈多棱形，铤两侧斜收。残长4、宽1.4、厚0.3厘米（图二四二，5）。标本F1③：23，深青灰色石料。镞身前端及铤后端残，柳叶形，一面有脊，一面平，两侧刃，梯形铤。残长6.2、宽1.8、厚0.4厘米（图二四二，4）。标本F1③：27，深青灰色石料。锋尖残，柳叶形，双面有脊，两侧刃，三角形铤。残长4.5、宽1.6、厚0.4厘米（图二四二，6）。标本F1③：31，青灰色石料。仅存镞身及铤交界处，柳叶形，无脊，两侧刃，铤两侧斜收。残长3、宽1.7、厚0.3厘米（图二四二，7）。标本F1③：32，青灰色石料。锋尖及铤后端残，柳叶形，一面有脊，两侧刃，梯形铤。残长5.2、宽1.7、厚0.4厘米（图二四二，8）。标本F1③：37，深青灰色石料。前锋及铤后端残，柳叶形，双面有脊，两侧刃，铤两侧斜收。残长5.2、宽1.7、厚0.4厘米（图二四二，9）。

Ab型，2件。标本F1③：11，青灰色石料。锋尖残，棱状柳叶形，双面扁平，两侧刃，截面呈多棱形，三角形铤。残长5、宽1.9、厚0.3厘米（图二四二，10）。标本F1③：39，深青

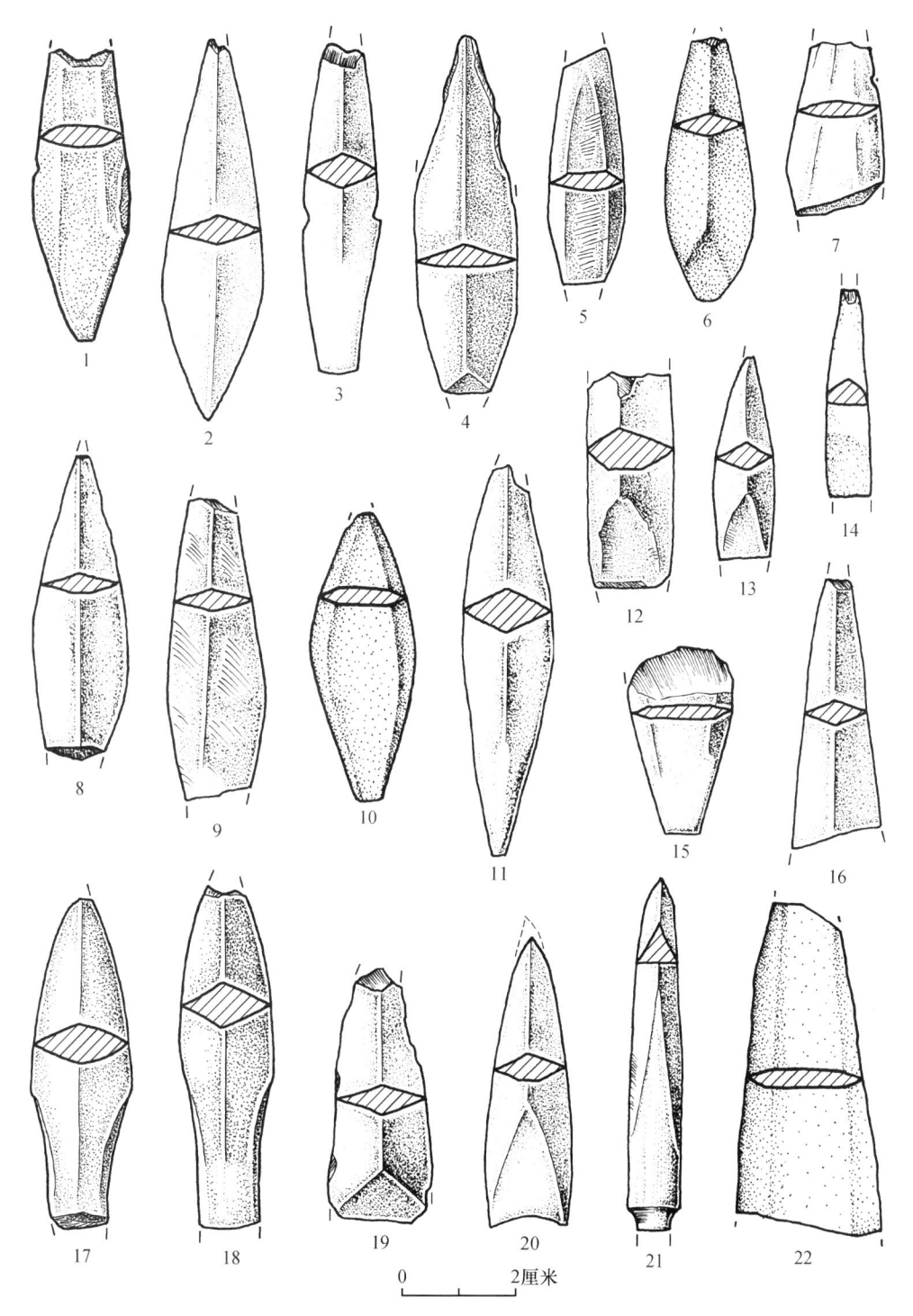

图二四二 F1第3层出土石镞

1~9. Aa型（1. F1③：4、2. F1③：8、3. F1③：16、4. F1③：23、5. F1③：22、6. F1③：27、7. F1③：31、8. F1③：32、9. F1③：37） 10、11. Ab型（10. F1③：11、11. F1③：39） 12~14、19、20. Af型（12. F1③：9、13. F1③：3、14. F1③：35、19. F1③：38、20. F1③：20） 15、16、22. A型而亚型不明（15. F1③：34、16. F1③：29、22. F1③：18） 17、18. Ac型（17. F1③：6、18. F1③：24） 21. Ba型（F1③：15）

灰色石料。前锋残，梭状柳叶形，双面有脊，两侧刃，三角形铤。残长6.7、宽1.6、厚0.8厘米（图二四二，11；图版七二，3）。

Ac型，2件。标本F1③：6，深青灰色石料。锋尖及铤后端残，双面有脊，两侧刃，扁柱形铤。残长5.7、宽1.8、厚0.7厘米（图二四二，17）。标本F1③：24，青灰色石料。前锋及铤后端残，双面有脊，两侧刃，扁柱状铤。残长5.9、宽1.7、厚0.8厘米（图二四二，18；图版七三，3）。

Af型，5件。标本F1③：3，深青灰色石料。锋尖及后端残，双面有脊，两侧刃，无铤，后端双面刃。残长3.5、宽1.1、厚0.5厘米（图二四二，13）。标本F1③：9，青灰色石料。仅存镞身与铤交界处，柳叶形，双面有脊，两侧刃，无铤，末端双面刃。残长3.7、宽1.6、厚0.5厘米（图二四二，12）。标本F1③：20，青灰色石料。锋尖残，柳叶形，双面有脊，两侧刃，无铤，后端内凹，双面刃。残长5、宽1.6、厚0.5厘米（图二四二，20；图版七四，2）。标本F1③：35，深青灰色石料。前锋及后端残，细长柳叶形，一面弧形，一面平，两侧未开刃，无铤，末端双面刃。残长3.6、宽0.9、厚0.4厘米（图二四二，14；图版七五，4）。标本F1③：38，深青灰色石料。前锋残，柳叶形，双面有脊，两侧刃，双面无铤，末端双面刃。残长4.3、宽1.8、厚0.5厘米（图二四二，19）。

A型而亚型不明，3件。标本F1③：18，青灰色石料。镞身前端及后端残，双面扁平，两侧刃，截面呈多棱形。残长5.6、宽2.6、厚0.4厘米（图二四二，22）。标本F1③：29，深青灰色石料。仅存镞身前端，柳叶形，双面有脊，两侧刃。残长4.6、宽1.6、厚0.4厘米（图二四二，16）。标本F1③：34，深青灰色石料。仅存铤后端，双面扁平，两侧刃，截面呈多棱形。残长3.2、宽1.9、厚0.2厘米（图二四二，15）。

Ba型，1件。标本F1③：15，深青色石料。铤残，镞身前端呈三棱形，后端呈圆柱形，细锥形铤。残长6、径1厘米（图二四二，21）。

斧 10件。

Aa型，6件。标本F1③：1，青灰色石料。梯形，弧顶，下端双面刃。长6.7、宽3.8～4.7、厚2.3厘米（图二四三，1；图版七六，5）。标本F1③：10，青灰色石料。刃部两侧残，平顶，梯形，下端双面刃。长7.5、宽4.3～5.4、厚2.2厘米（图二四三，2）。标本F1③：14，青灰色石料。长身形，梯形，弧顶，下端双面刃。长12.4、宽3.2～5.8、厚2.8厘米（图二四三，5）。标本F1③：26，青灰色石料。梯形，顶残，下端双面斜刃，两侧及刃部有打击痕迹。残长6.6、宽3.3～4.4、厚1.8厘米（图二四三，3）。标本F1③：30，深青灰色石料。弧顶，梯形，下端双面刃。长7.3、宽5～6、厚1.7厘米（图二四三，4）。标本F1③：45，青灰色石料。梯形，平顶，下端双面刃，一面宽刃，一面窄刃。长9.7、宽3～5.5、厚2.3厘米（图二四三，6；图版七六，6）。

C型 1件。标本F1③：42，深青灰色石料。平顶，长方形，两侧直边，下端双面刃，一面宽刃，一面窄刃。长6、宽4.6、厚1.3厘米（图二四三，7）。

不明形制 3件。标本F1③：7，灰色石料，似玉质。仅存刃部一角，双面刃，通体磨光。残长4.9、残宽4、厚0.9厘米（图二四三，8）。标本F1③：13，青灰色石料。一侧残，平顶，下端双面刃。残长5.5、残宽4.4、厚2厘米（图二四三，9）。标本F1③：43，青灰色石料。下

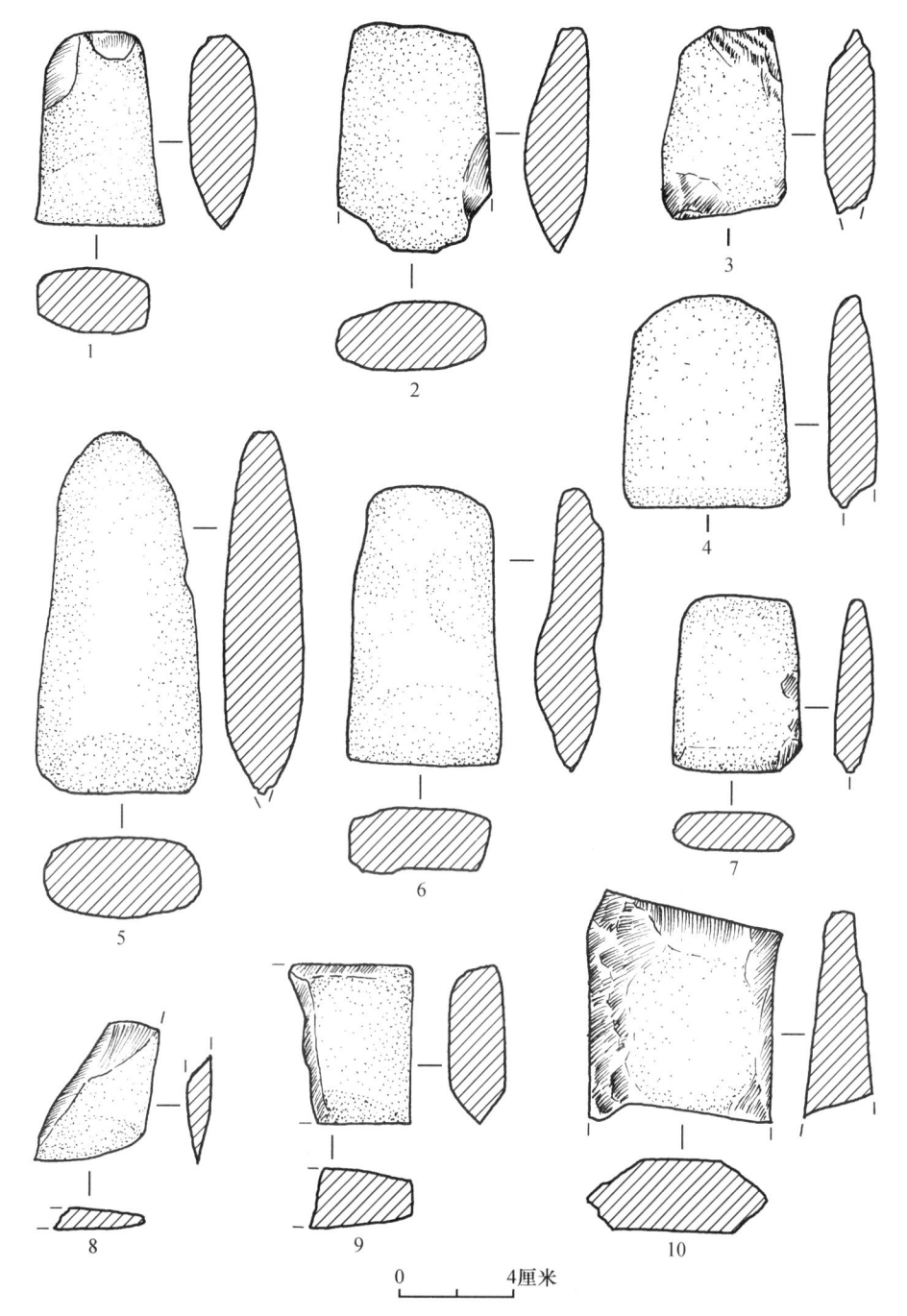

图二四三　F1第3层出土石斧
1~6. Aa型（1. F1③：1、2. F1③：10、3. F1③：26、4. F1③：30、5. F1③：14、6. F1③：45）　7. C型（F1③：42）
8~10. 不明形制（8. F1③：7、9. F1③：13、10. F1③：43）

端残，长方形，平顶，两侧直边，通体打制。残长7.9、宽6.8、厚2.5厘米（图二四三，10）。

锛　3件。

Ab型，1件。标本F1③：17，灰色石料。梯形，平顶，下端双面刃。长4.7、宽2.3~2.9、厚0.4厘米（图二四四，1；图版七七，5）。

B型　2件。标本F1③：2，青灰色石料。上端残，长方形，下端双面刃，一面宽刃，一面窄刃。残长3.5、宽4.5、厚1.4厘米（图二四四，2）。标本F1③：28，青灰色石料。上端残，形体较小，长方形，下端双面刃，刃局部残。残长3.4、宽2、厚0.5厘米（图二四四，3）。

刀　A型　1件。标本F1③：41，青灰色石料。仅存一端，弓背形。残长6.4、残长5.5、厚0.4厘米（图二四四，4）。

穿孔铲（钺）　6件。标本F1③：12，灰色石料。仅存刃部一角，双面刃。残长5、残宽6.3、厚0.7厘米（图二四五，2）。标本F1③：21，深青灰色石料。仅存上部一小块，平顶。残长5.1、残宽4.8、厚0.7厘米（图二四五，6）。标本F1③：36，深青灰色石料。仅存中下端一部分，下端双面刃，边侧打制，上部正中有一个单面穿孔，似为石钺残损件。长8.5、宽5.3、穿径1.2、厚1厘米（图二四四，5）。标本F1③：40，青灰色石料。仅存中部一块，有一个单面穿孔，似为石钺残损件。残长7.2、残宽5.5、穿径1.2、厚0.9厘米（图二四四，6）。标本F1③：44，深青灰色石料。仅存侧面一小块，直边。残长5.4、残宽2.4、厚0.7厘米（图二四五，4）。标本F1③：46，青灰色石料。残存一角，有一个单面穿孔，似为石钺残损件。残长6.3、残宽5.5、穿径1.7、厚0.9厘米（图二四四，7）。

残损不明石器、坯料　3件。标本F1③：5，青灰色石料。上下端残，扁平状。残长3.5、残宽3.3、厚0.3厘米（图二四五，1）。标本F1③：25，深青灰色石料。仅存刃部一角，双面刃。残长4.7、残宽2.8、厚0.4厘米（图二四五，3）。标本F1③：33，青灰色石料。略呈菱形，四边刃，一侧钻孔。长4.6、宽3、厚0.3厘米（图二四五，5）。

（2）陶器

①陶器统计

为了掌握F1③层出土陶器情况，对该层277件（块）陶器（含标本及陶片）进行了陶系及纹饰统计，对68件（块）可辨器形（含标本及陶片）进行了器形统计，统计情况如下（表一四、表一五）。

陶系：该层出土陶器按陶质可分为夹砂、泥质两大类，分别占58.84%、41.16%。其中夹砂陶中以夹砂红陶、夹砂褐陶为主，分别占27.8%、22.38%，其次为夹砂灰陶及夹砂黑陶，均占4.33%；泥质陶中以泥质黑皮红陶、泥质红陶及泥质灰陶为主，分别占20.58%、7.58%、7.58%，其次为泥质黑皮灰陶、泥质褐陶，数量均较少（表一五）。

器形：可辨器形中夹砂陶占72.06%，泥质陶占27.94%。器形主要以鼎足、罐、豆（盘、柄）为主，分别占50%、30.88%、7.36%，其次为圈足盘、器盖（纽），均占4.41%，其他器类有纺轮、釜鼎口沿等，数量均较少。

每类器形及对应的陶系，鼎足、釜鼎口沿均为夹砂陶，其中鼎足为夹砂红陶及夹砂褐陶；罐以夹砂褐陶为主，其次为泥质灰陶、泥质红陶及夹砂红陶；其他器形中豆、圈足盘、器盖（纽）等大部分为泥质陶（表一四）。

纹饰：陶器器表素面占56.32%，其余均有纹饰。从纹饰对应的陶系分析，纹饰主要装饰在夹砂红陶、夹砂褐陶、泥质黑皮红陶上，其次为泥质灰陶及泥质红陶，其他陶质上纹饰较少。

纹饰以绳纹为主，占比为38.27%，其次为鼎足上的各类纹饰，分别有刻槽、绳纹+刻槽、绳纹+刻槽+按窝、绳纹+刻槽+附加堆纹、附加堆纹+瓦棱等，其中各类刻槽鼎足占5.05%、按窝鼎足占0.36%（表一五）。

图二四四　F1第3层出土石器

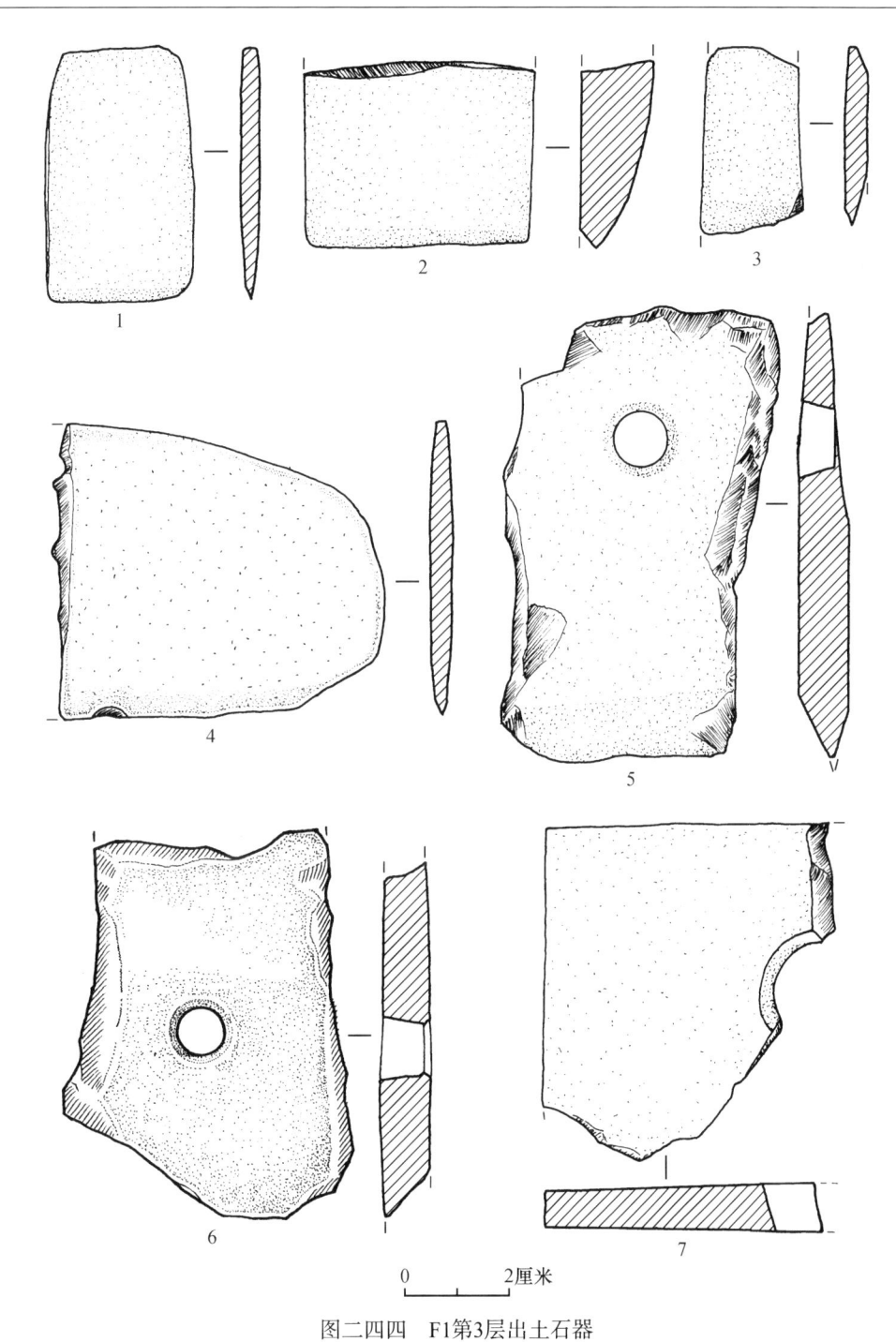

1. Ab型锛（F1③：17）　2、3. B型锛（2. F1③：2、3. F1③：28）　4. A型刀（F1③：41）　5~7. 穿孔铲（钺）（5. F1③：36、6. F1③：40、7. F1③：46）

图二四五　F1第3层出土石器

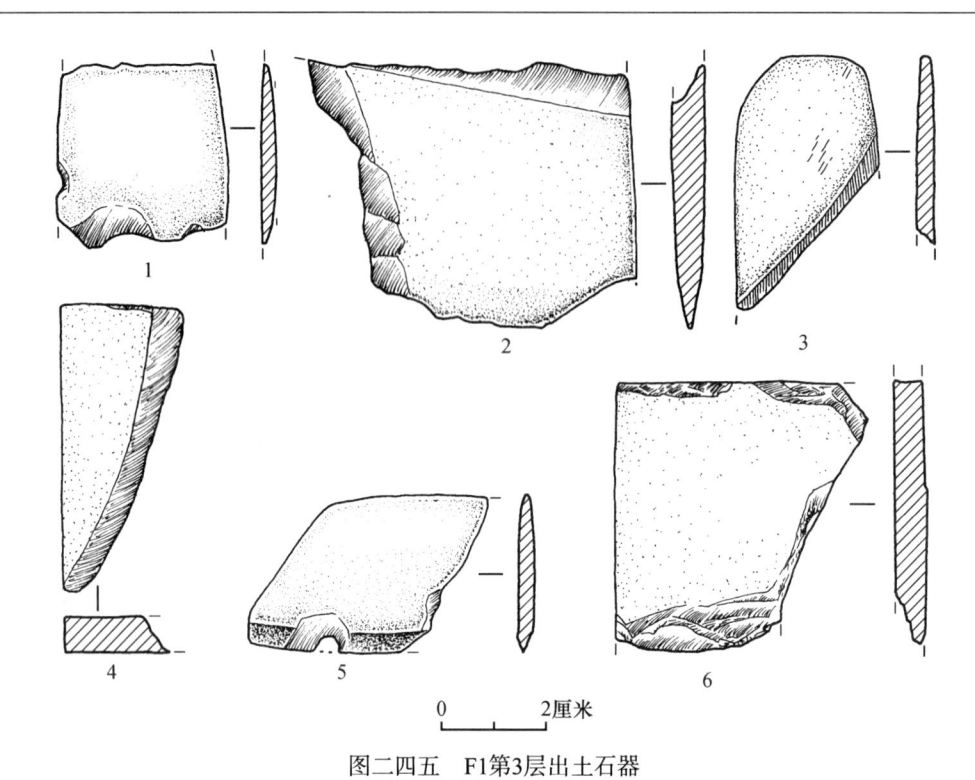

1、3、5. 残损不明石器、坯料（1. F1③：5、3. F1③：25、5. F1③：33）　2、4、6. 穿孔铲（钺）（2. F1③：12、4. F1③：44、6. F1③：21）

表一四　罗家冲遗址F1第3层出土陶器器形统计表　　（单位：件）

陶系 器形		夹砂				泥质					合计	百分比（%）	
		红陶	灰陶	褐陶	黑陶	红陶	灰陶	褐陶	黑皮红陶	黑皮灰陶			
纺轮						1					1	1.47	
鼎足	宽扁形	1		3							4	5.88	50
	扁锥形	16		6							22	32.35	
	圆锥形	6		2							8	11.77	
釜鼎口沿				1							1	1.47	
罐（各类罐）		3		9		3	4			2	21	30.88	
豆（盘、柄）			1			1	1		1	1	5	7.36	
圈足盘							1	1		1	3	4.41	
器盖（纽）			1						2		3	4.41	
合计		26	1	22	0	5	6	1	3	4	68	100	
百分比（%）		38.24	1.47	32.35	0	7.35	8.82	1.47	4.41	5.88	100		
		72.06				27.94							

注：陶系中褐陶含红褐陶及黄褐陶，灰陶含浅灰陶及灰白陶；器形中部分仅做大器类或型统计，而未按小器类或亚型统计，如鼎足、罐、豆等。部分陶质无可辨器形者统计为"0"。

表一五　罗家冲遗址F1第3层出土陶器纹饰统计表　　　　　（单位：件）

纹饰\陶系	夹砂				泥质					合计	百分比（%）
	红陶	灰陶	褐陶	黑陶	红陶	灰陶	褐陶	黑皮红陶	黑皮灰陶		
素面	23	9	11		21	20	4	57	11	156	56.32
绳纹	41	3	49	12		1				106	38.27
刻槽	8									8	2.89
绳纹+刻槽	4									4	1.44
绳纹+刻槽+按窝			1							1	0.36
绳纹+刻槽+附加堆纹	1									1	0.36
附加堆纹+瓦棱			1							1	0.36
合计	77	12	62	12	21	21	4	57	11	277	100
百分比（%）	27.80	4.33	22.38	4.33	7.58	7.58	1.44	20.58	3.97	100	
	58.84				41.16						

注：本统计表未含纺轮；陶系中褐陶含红褐陶及黄褐陶，灰陶含浅灰陶及灰白陶；纹饰中绳纹含各类粗细绳纹、方格纹含各类大小方格纹，弦纹含凹凸弦纹。

②标本　9件。

纺轮　Aa型，1件。标本F1③：19，泥质红陶。饼形，斜边，中部穿孔。短径3.6、长径3.9、孔径0.3、厚0.5厘米（图二四六，5）。

鼎足　3件。

Aa型，1件。标本F1③：54，夹砂红褐陶。下端残，宽扁足外翻，足上部贴麻花状附加堆纹，足外饰二道瓦棱纹。残高16.4、宽6.2~8.2厘米（图二四六，1；图版八三，6）。

Ba型，2件。标本F1③：55，夹砂红陶。下端残，宽扁直足，足上部贴一圈附加堆纹，足外饰细绳纹及三道竖向刻槽。残高18.3、宽4~10.4厘米（图二四六，2；图版八四，4）。标本F1③：57，夹砂红褐陶。上下端残，宽扁足，截面呈椭圆形，足外饰绳纹，两侧各饰一道凹槽，中部饰一排竖向按窝。残高7.6、宽6~7.6厘米（图二四六，3；图版八四，5）。

罐肩腹残片　C型　1件。标本F1③：52，泥质黑皮红陶。仅存肩腹部残片，直腹，腹部有一凸棱，棱上贴半圆耳，有穿孔。复原口径16.8、残高5.8厘米（图二四六，4；图版八六，3）。

高领罐口沿　A型　1件。标本F1③：56，泥质灰陶。外卷口，尖唇，高直领。口径14、残高7.8厘米（图二四六，7；图版八七，3）。

釜鼎口沿　1件。标本F1③：53，夹砂黄褐陶。敛口，宽外折沿，弧鼓肩，肩饰绳纹。复原口径28、残高7.6厘米（图二四六，6；图版八五，6）。

豆柄　A型　2件。标本F1③：50，泥质黑皮红陶。高喇叭状中空柄。残高12.8、底径12厘米（图二四六，9；图版八九，2）。标本F1③：51，泥质灰陶。盘底内凹，粗中空圈足，饰三组镂孔，每组镂孔各三排。残高9.2、圈足径8.6厘米（图二四六，8；图版八九，3）。

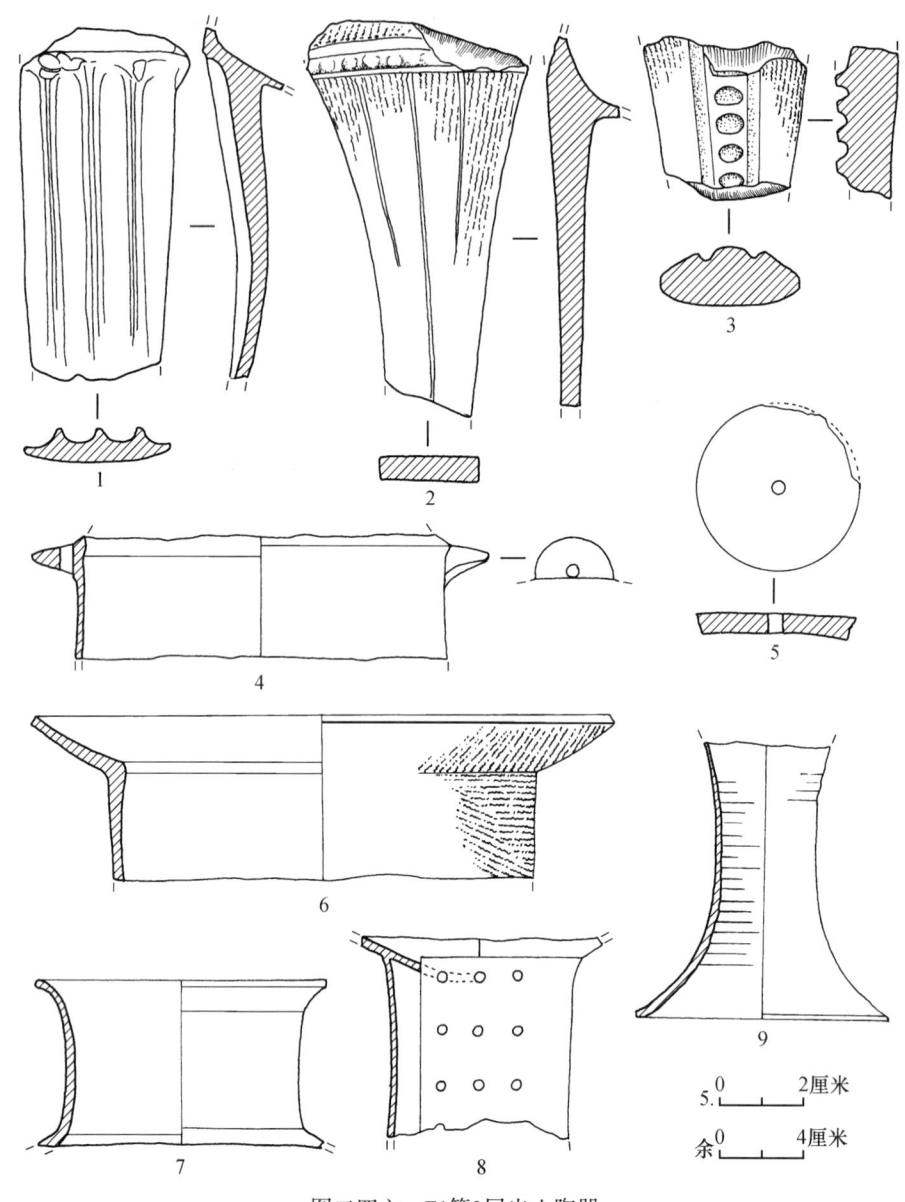

图二四六　F1第3层出土陶器

1. Aa型鼎足（F1③：54）　2、3. Ba型鼎足（2. F1③：55、3. F1③：57）　4. C型罐肩腹残片（F1③：52）
5. Aa型纺轮（F1③：19）　6. 釜鼎口沿（F1③：53）　7. A型高领罐口沿（F1③：56）　8、9. A型豆柄（8. F1③：51、9. F1③：50）

4. F1东侧北基槽内出土遗物

（1）石器

镞　2件。均为A型。

Ab型，1件。标本F1北基槽：5，深青灰色石料。镞身前端及铤后端残，梭状柳叶形，双面无脊，两侧刃，扁锥形铤。残长4.6、宽1、厚0.4厘米（图二四七，2）。

Ad型，1件。标本F1北基槽：6，深青灰色石料。锋尖及铤后端残，菱形，镞身前端双面有脊，两侧刃，铤两侧斜收。残长4.3、宽2.5、厚0.4厘米（图二四七，1）。

锛　Ab型，1件。标本F1北基槽：3，青灰色石料。梯形，上部及刃部略残，平顶，下端

图二四七 F1北基槽出土遗物

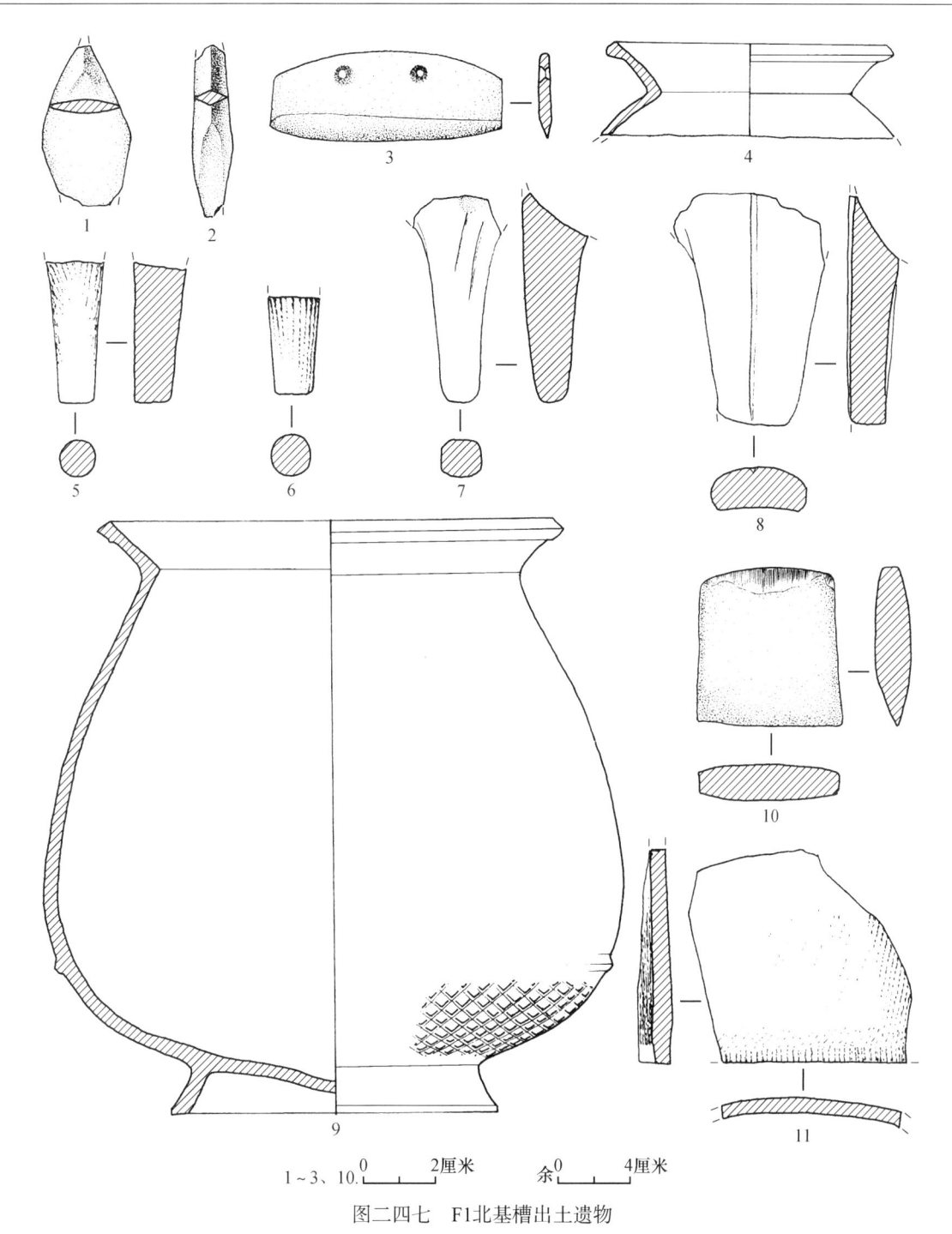

1. Ad型石镞（F1北基槽：6） 2. Ab型石镞（F1北基槽：5） 3. A型穿孔石刀（F1北基槽：4） 4. A型陶矮领罐口沿（F1北基槽：9） 5、6. B型陶鬲足（5. F1北基槽：8、6. F1北基槽：11） 7、8. Ca型陶鼎足（7. F1北基槽：7、8. F1北基槽：10） 9. 陶垂腹圈足罐（F1北基槽：1） 10. Ab型石锛（F1北基槽：3） 11. 陶板瓦（F1北基槽：2）

双面刃。长4.2、宽3.7~4、厚1厘米（图二四七，10）。

穿孔刀　A型　1件。标本F1北基槽：4，青灰色石料。基本完整，上端呈弓背形，中部有两个对穿孔，下端双面刃。长2.4、宽6.4、穿径0.2、厚0.4厘米（图二四七，3；图版七九，2）。

（2）陶器

①陶器统计

为了掌握F1北基槽出土陶器情况，对北基槽出土的198件（块）陶器（含标本及陶片）进行了陶系及纹饰统计，对48件（块）可辨器形（含标本及陶片）进行了器形统计，统计情况如下（表一六、表一七）。

陶系：北基槽出土陶器按陶质可分为夹砂、泥质两大类，分别占62.12%、37.88%。其中夹砂陶中以夹砂红陶、夹砂褐陶为主，均占30.81%；泥质陶中以泥质黑陶及泥质灰陶为主，分别占17.17%、12.63%，少量泥质红陶（表一七）。

器形：可辨器形中夹砂陶占89.58%，泥质陶占10.42%。器形主要以鼎足、釜鼎口沿、板瓦为主，分别占58.33%、16.67%、10.42%，其次为罐、器盖（纽）、盆等，分别占6.25%、6.25%、2.08%。

每类器形及对应的陶系，鼎足、釜鼎口沿均为夹砂红陶；罐、盆均为泥质陶，器盖（纽）及板瓦以夹砂陶为主（表一六）。

纹饰：陶器器表素面占67.17%，其余均有纹饰。从纹饰对应的陶系分析，纹饰主要装饰在夹砂红陶及夹砂褐陶上，其次为泥质黑陶、泥质灰陶及泥质红陶。

纹饰以绳纹为主，占比为19.7%，其次为鼎足上的各类纹饰，分别有刻槽、绳纹+刻槽、按窝+刻槽等，其中各类刻槽鼎足占10.11%、按窝鼎足占1.52%（表一七）。

表一六　罗家冲遗址F1北基槽出土陶器器形统计表　　　　（单位：件）

器形	陶系	夹砂 红陶	夹砂 灰陶	夹砂 褐陶	泥质 红陶	泥质 灰陶	泥质 黑陶	合计	百分比（%）	
鼎足	宽扁形	19						19	39.58	58.33
	扁锥形	2						2	4.17	
	圆锥形	7						7	14.58	
釜鼎口沿		8						8	16.67	
罐（含各类罐）					1	2		3	6.25	
盆					1			1	2.08	
器盖（纽）				2	1			3	6.25	
板瓦			1	4				5	10.42	
合计		36	1	6	3	2	0	48	100	
百分比（%）		75.00	2.08	12.50	6.25	4.17	0		100	
			89.58			10.42				

注：陶系中褐陶含红褐陶及黄褐陶，灰陶含浅灰陶及灰白陶；器形中部分仅做大器类或型统计，而未按小器类或亚型统计，如鼎足、罐等。部分陶质无可辨器形者统计为"0"。

表一七　罗家冲遗址F1北基槽出土陶器纹饰统计表　　　　　　　　　（单位：件）

纹饰 \ 陶系	夹砂 红陶	夹砂 灰陶	夹砂 褐陶	泥质 红陶	泥质 灰陶	泥质 黑陶	合计	百分比（%）
素面	32	1	34	16	20	30	133	67.17
绳纹	6		27		4	2	39	19.70
弦断绳纹					1	1	2	1.01
绳纹+刻槽	1						1	0.51
刻槽	16						16	8.08
按窝+刻槽	3						3	1.52
附加堆纹	3						3	1.52
弦纹+水波纹						1	1	0.51
合计	61	1	61	16	25	34	198	100
百分比（%）	30.81	0.51	30.81	8.08	12.63	17.17	100	
	62.12			37.88				

注：本统计表未含纺轮；陶系中褐陶含红褐陶及黄褐陶，灰陶含浅灰陶及灰白陶；纹饰中绳纹含各类粗细绳纹。

②标本　7件

鼎足　Ca型，2件。标本F1北基槽：7，夹砂红陶。圆锥状足，足外上部饰二道斜向刻槽。残高11.2、残宽4.8厘米（图二四七，7）。标本F1北基槽：10，夹砂红陶。下端残，足外饰一道刻槽。残高12.6、残宽8.2厘米（图二四七，8）。

鬲足　B型　2件。标本F1北基槽：8，上端残，夹砂红陶。柱状足，外饰绳纹。残高7.6、足底径2厘米（图二四七，5）。标本F1北基槽：11，上端残，夹砂红陶。柱状足，外饰绳纹。残高5.3、足底径2.2厘米（图二四七，6）。

垂腹圈足罐　1件。标本F1北基槽：1，泥质灰陶。修复完整，敛口，宽外斜沿，束颈，垂腹，下腹外鼓，近底斜收，圈足。高32、口径25.6、腹径32、底径18厘米（图二四七，9；图版八八，1）。

矮领罐口沿　A型　1件。标本F1北基槽：9，泥质红陶。敛口，宽外斜沿，束颈，广肩。残高5、复原口径16、厚0.4厘米（图二四七，4）。

板瓦　1件。标本F1北基槽：2，夹砂灰白陶。仅存边侧一小块，横截面呈弧形，内外饰错乱绳纹。残高11.6、残宽11.5、厚1厘米（图二四七，11）。

二、灰　　坑

该期灰坑共12个，编号分别为2013H2、2014H11、2014H25、2014H31、2014H32、2014H34、2016H1、2016H8、2016H10～2016H13，部分灰坑之间存在相互叠压打破关系，平面形制主要分为椭圆形（3个）、长方形（2个）、长条形（1个）和不规则形（6个）。

（一）椭圆形

1. 2016H1

（1）位置及地层关系：位于T0201中西部。开口于第4A层下，打破第5层。

（2）形制：仅发掘1/2，平面呈半圆形，圜底。长3、宽1.2、深0.5米。填土为浅灰色，结构疏松，含红烧土颗粒、炭屑等（图二四八）。

（3）出土遗物：出土1件石范及少量陶器残片，可辨器形有鼎足、罐、盆、豆等，器表纹饰有交错绳纹、方格纹+附加堆纹、弦纹+按窝、叶脉纹、重菱形纹等（图二四九）。

石范　1件。标本2016H1：1，紫红色砂岩。呈半圆柱体，范平面有斧形凹槽，刃端浅，銎端深，范背圆弧。长7、直径5.2、槽宽3.2、槽深0.8厘米（图二五六，9；图版九一，1、2）。

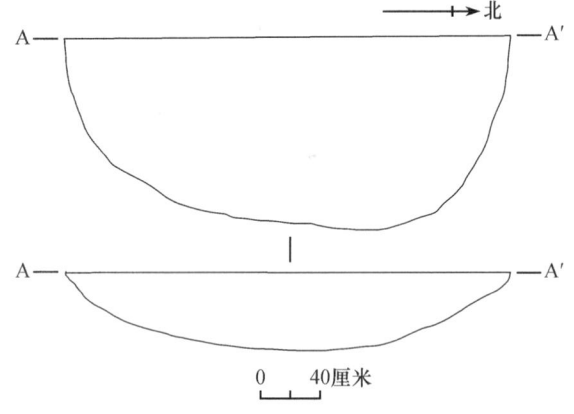

图二四八　2016H1平、剖面图

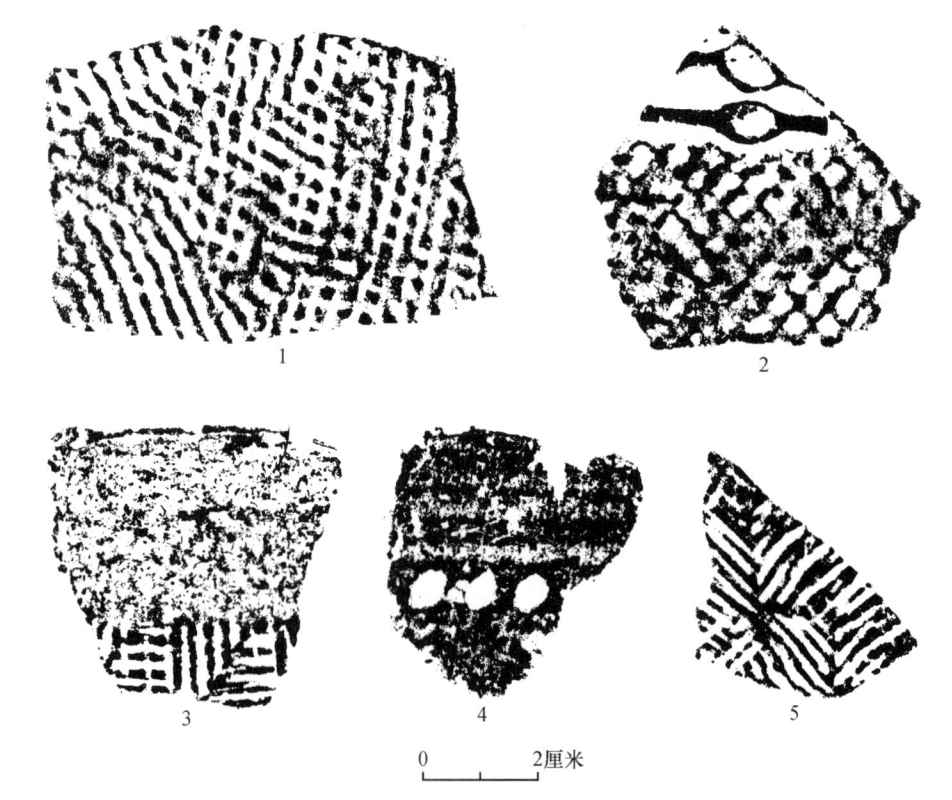

图二四九　2016H1出土陶器纹饰拓片
1. 交错绳纹（2016H1：2）　2. 方格纹+附加堆纹（2016H1：4）　3. 叶脉纹（2016H1：8）　4. 弦纹+按窝（2016H1：5）
5. 重菱形纹（2016H1：6）

2. 2016H8

（1）位置及地层关系：位于T0202东南部。开口于F1①层下，打破浅黄色土层。

（2）形制：平面形状呈不规则椭圆形，弧壁，圜底。长1.65、宽1.32、深0.16米（图二五〇）。填土为黄褐色土，结构致密，含炭屑、红烧土颗粒、石块等。

（3）出土遗物：出土少量陶器残片，器形不辨。

3. 2016H11

（1）位置及地层关系：位于T0306西部。开口于第4B层下，打破黄色粗沙土层。

（2）形制：平面呈不规则椭圆形，弧壁，平底。长0.82、宽0.75、深0.16米。填土为灰黑色，结构致密（图二五一）。

（3）出土遗物：无。

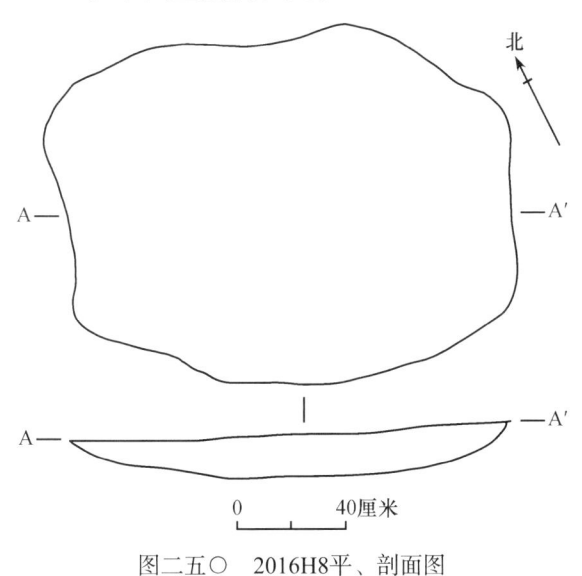

图二五〇　2016H8平、剖面图

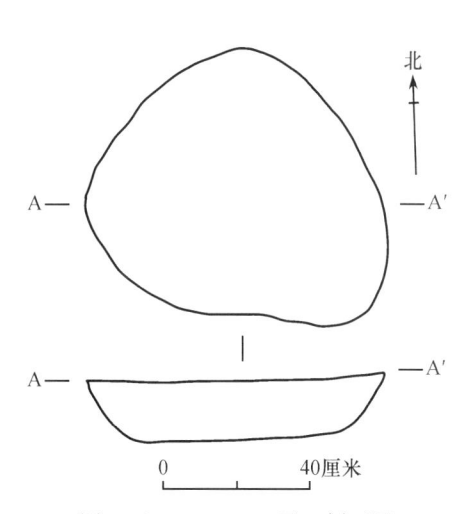

图二五一　2016H11平、剖面图

（二）长方形

1. 2014H31

（1）位置及地层关系：位于T0401北中部，开口于第2层下，打破F1①层。

（2）形制：平面呈长方形，口大底小，斜壁，平底。口长1.04、口宽0.8、底长0.96、底宽0.75、深0.18米。填土为灰褐色黏土，结构致密，含少量红烧土颗粒（图二五二）。

（3）出土遗物：出土少量陶器残片，器形不辨。

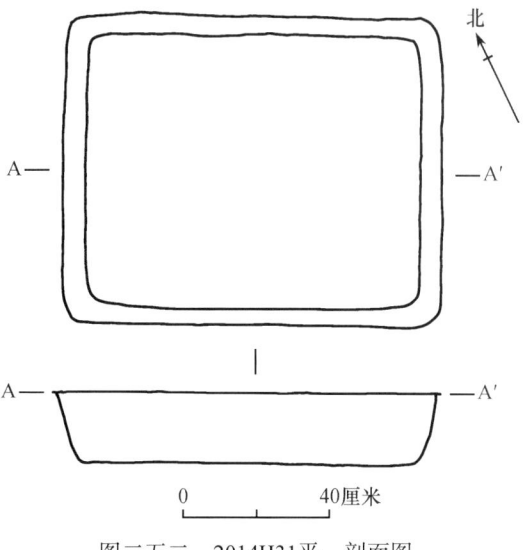

图二五二　2014H31平、剖面图

2. 2014H32

（1）位置及地层关系：位于T0401北部。开口于第2层下，上部被第4层下D19打破，打破F1①层。

（2）形制：平面略呈长方形，口大底小，斜壁，平底。口长2.04、口宽0.38~0.5、底长1.96、底宽0.32~0.42、深0.2米。填土为灰褐色黏土，结构致密，含少量红烧土颗粒（图二五三）。

（3）出土遗物：出土1件石镞及少量陶器残片，器形不辨。

石镞　A型而亚型不明，1件。标本2014H32：1，深青灰色石料。仅存镞身前端，柳叶形，双面有脊，两侧刃。残长3.5、宽0.9、厚0.2厘米（图二六〇，4）。

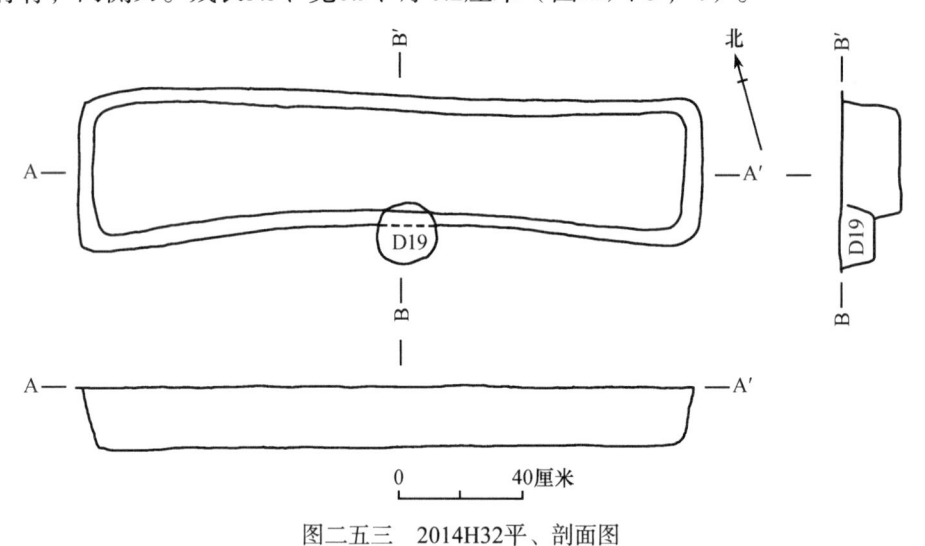

图二五三　2014H32平、剖面图

（三）长条形

2014H25

（1）位置及层位关系：位于T0203、T0303内。开口于第5层下，打破2014H39、2014H43及第6层。

（2）形制：平面形状呈长条刀形，坑壁陡直，底平。长2.15、宽0.45~0.55、深0.23~0.32米（图二五四）。坑内填土为浅灰色黏土，结构致密，含红烧土颗粒、炭屑等。

（3）出土遗物：出土少量陶器残片，器形不辨。

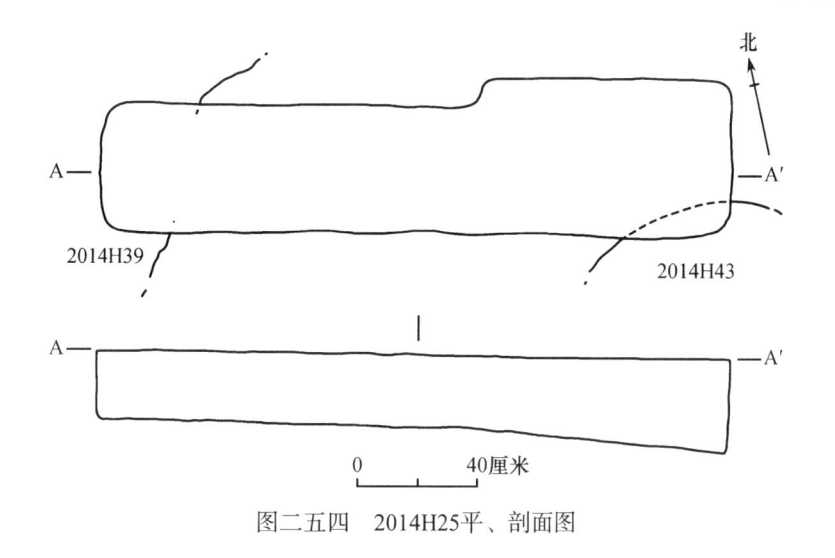

图二五四　2014H25平、剖面图

（四）不规则型

1. 2013H2

（1）位置及地层关系：位于大园塘底部，跨T0304、T0305、T0405等探方，东部延伸至探方外。开口于第4A层下，北部被2014G1打破，打破F2及生土层。

（2）形制：平面呈不规则形，东西长12.75、南北宽3.95~8.35、深0.3~0.5米。填土分两层（图二五五）：

第1层：深褐色土层，土质致密，含炭屑、草木灰及卵石块等。厚8厘米。

第2层：黄褐色砂土层，局部呈灰褐色，质地较硬，板结，含白色砂石颗粒及卵石块等。厚34厘米。

（3）出土遗物

2013H2①层出土遗物：

石器　16件。

镞　8件。均为A型。

Aa型，2件。标本2013H2①：6，青灰色石料。镞身前端、一侧及铤后端残，柳叶形，双面有脊，两侧刃，梯形铤。残长4.9、残宽1.8、厚0.3厘米（图二五六，1）。标本2013H2①：12，青灰色石料。铤后端残，柳叶形，一面有脊，一面平，两侧刃，铤两侧斜收。残长5.4、残宽2.1、厚0.3厘米（图二五六，2）。

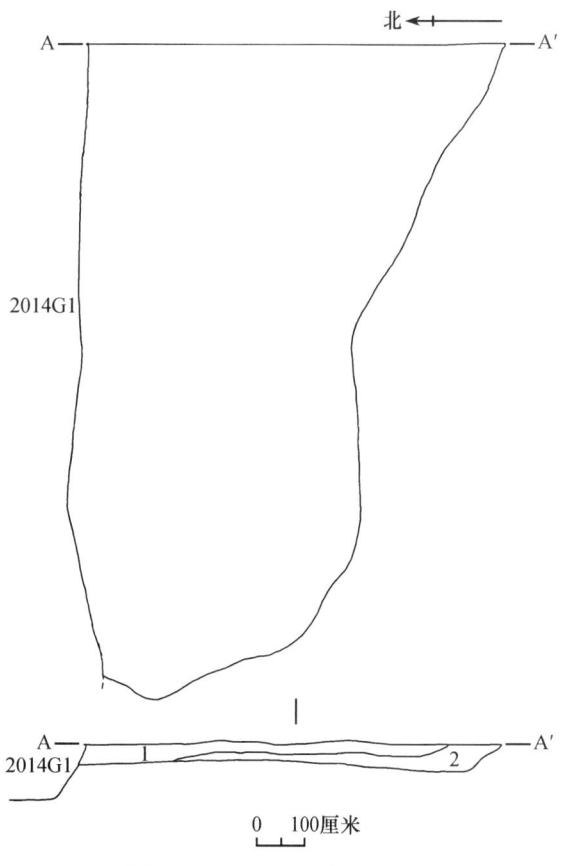

图二五五　2013H2平、剖面图

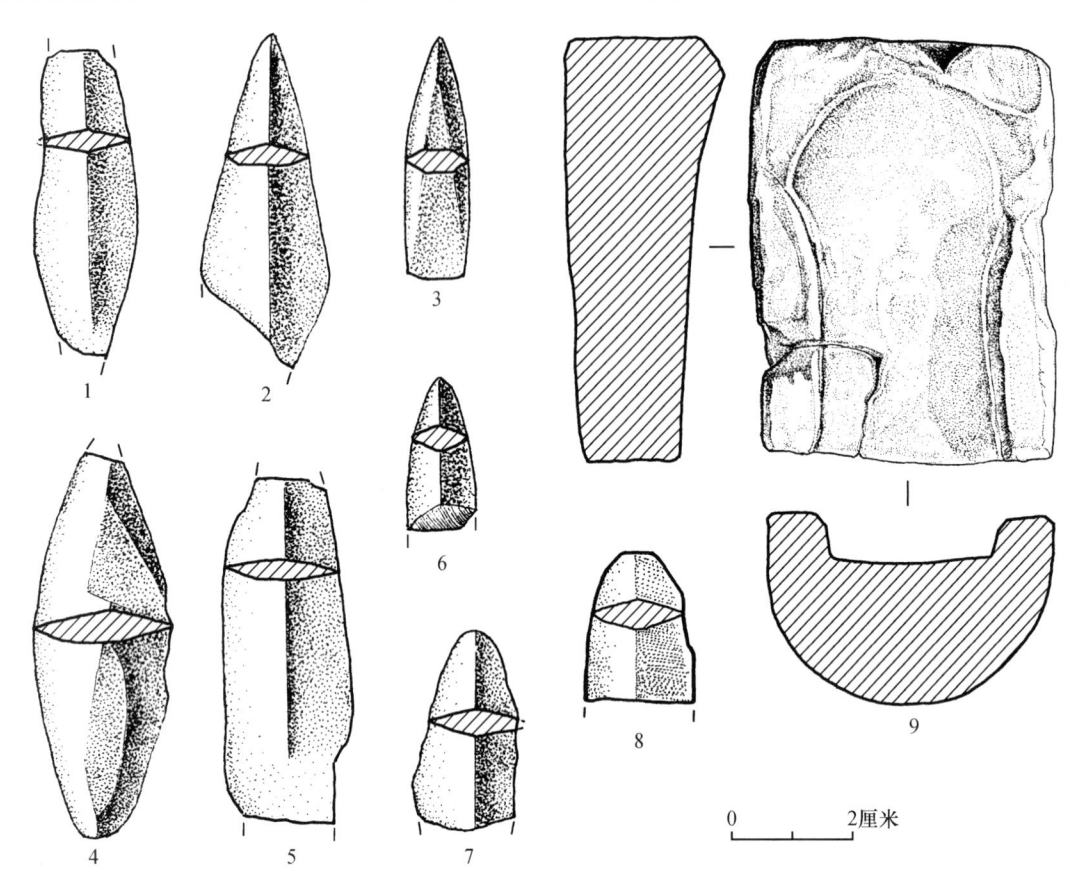

图二五六　2016H1、2013H2第1层出土石器
1、2. Aa型镞（1. 2013H2①：6、2. 2013H2①：12）　3. Af型镞（2013H2①：7）　4. Ab型镞（2013H2①：15）
5~8. A型而亚型不明镞（5. 2013H2①：5、6. 2013H2①：9、7. 2013H2①：14、8. 2013H2①：13）　9. 范（2016H1：1）

Ab型，1件。标本2013H2①：15，青灰色石料。前锋残，梭状柳叶形，一面有脊，两侧刃。残长6.3、残宽2.3、厚0.5厘米（图二五六，4）。

Af型，1件。标本2013H2①：7，青灰色石料。镞身呈三角形，双面扁平，两侧刃，截面呈多棱形，无铤。残长3.9、残宽1.1、厚0.3厘米（图二五六，3）。

A型而亚型不明，4件。标本2013H2①：5，青灰色石料。仅存镞身中部，柳叶形，双面有脊，两侧刃。残长5.6、残宽2.2、厚0.3厘米（图二五六，5）。标本2013H2①：9，青灰色石料。仅存镞身前端，双面有脊，两侧刃。残长2.5、残宽1.2、厚0.4厘米（图二五六，6）。标本2013H2①：13，青灰色石料。仅存镞身前端，呈扁锥形，双面有脊，两侧刃。残长2.5、残宽1.8、厚0.4厘米（图二五六，8）。标本2013H2①：14，青灰色石料。仅存镞身前端，一面有脊，两侧刃。残长3.3、残宽1.8、厚0.4厘米（图二五六，7）。

斧　5件。均为A型。

Aa型，4件。标本2013H2①：3，青灰色石料。一侧略残，长方形，下端双面刃。长11.5、残宽5.5、厚3.1厘米（图二五七，2）。标本2013H2①：4，深青灰色石料。打制而成，梯形，平顶，下端双面弧刃。长9.3、宽4.5~5.7、厚2.5厘米（图二五七，1）。标本2013H2①：29，青灰色石料，上端及下端残，梯形，下端双面刃。残长12、宽4~5.5、厚2.4厘米（图二五七，

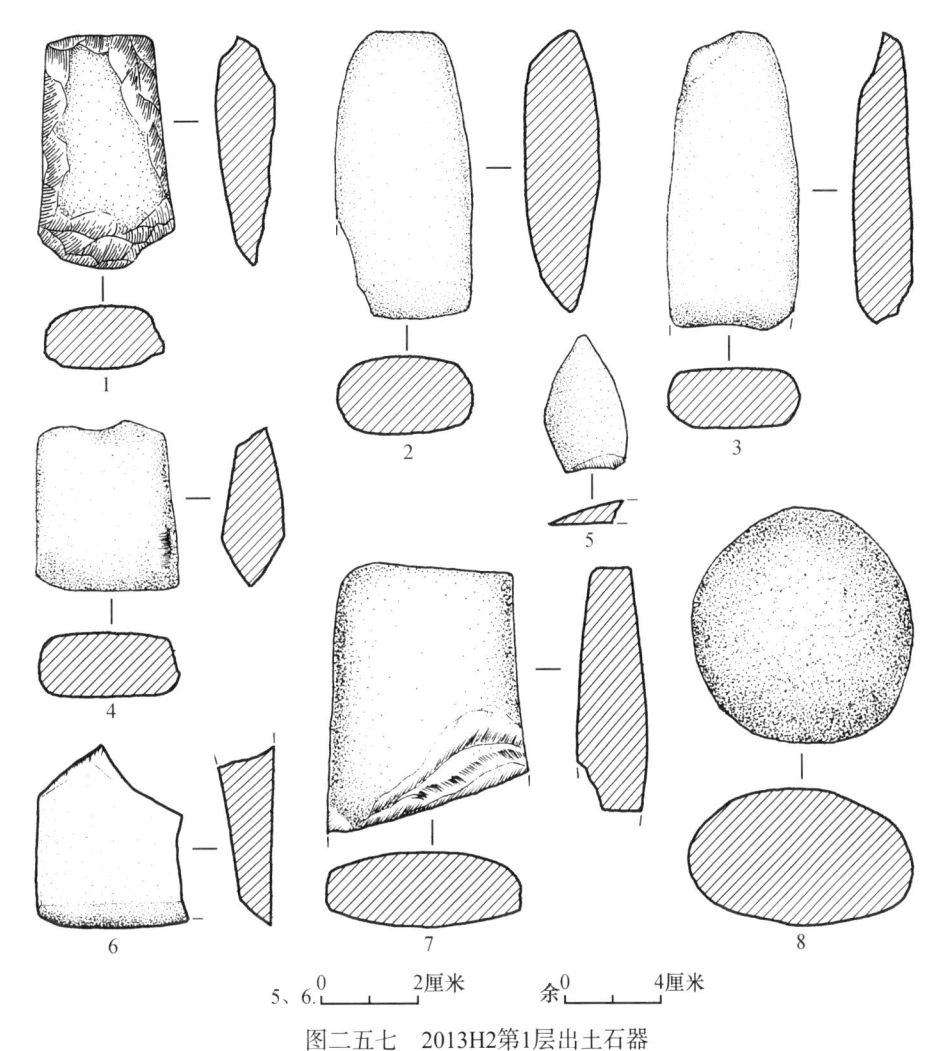

图二五七　2013H2第1层出土石器

1~3、7.Aa型斧（1.2013H2①：4、2.2013H2①：3、3.2013H2①：29、7.2013H2①：31）　4.Ab型斧（2013H2①：8）
5.残损不明石器（2013H2①：10）　6.锛（2013H2①：11）　8.球（2013H2①：30）

3）。标本2013H2①：31，青灰色石料。仅存上端，梯形，平顶。残长10.8、宽6.8~8.2、厚1.8~3厘米（图二五七，7）。

Ab型，1件。标本2013H2①：8，深青灰色石料。上端略残，倒梯形，下端双面刃。长6.6、宽5.3~5.8、厚2厘米（图二五七，4）。

锛　形制不明　1件。标本2013H2①：11，青灰色石料。上端及一侧残，下端一面刃。残长3.7、残宽3.1、厚1厘米（图二五七，6）。

球　1件。标本2013H2①：30，灰色石料，扁球形。直径9.3、长5.4厘米（图二五七，8）。

残损不明石器　1件。标本2013H2①：10，青灰色石料。仅存下端一小块，一面磨制。残长2.7、残宽1.7、厚0.5厘米（图二五七，5）。

陶器　18件。可辨器形有纺轮、鼎足、鬲足、豆柄、釜鼎口沿、矮领罐口沿、罐底、鬶足等，另有部分陶器残片，器表纹饰有交错绳纹、刻划纹、弦纹+附加堆纹等（图二六一，

3~5）。

纺轮　Aa型，2件。标本2013H2①：1，泥质灰陶。饼形，斜边，宽面饰四组对称三弧线刻划纹，中部穿孔。短径3.2、长径3.8、穿径0.4、厚0.6厘米（图二五八，1）。标本2013H2①：2，泥质灰陶。局部残，饼形，斜边，宽面饰羊角状及几何刻划纹，部分内填戳点纹，中部穿孔。短径3.8、长径4.2、穿径0.4、厚0.9厘米（图二五八，2）。

鼎足　Ca型，4件。标本2013H2①：16，夹砂红陶。下端残，锥状足，足跟外凸，并饰戳点纹。残高6.8、残宽4.6、足径3厘米（图二五八，3）。标本2013H2①：17，夹砂橙黄陶。下端略残，锥状足，足跟平，足外上端饰一道竖向刻槽。高15、宽6.3、足径2.4厘米（图二五八，5）。标本2013H2①：18，夹砂橙黄陶。锥状足，略外撇，足外上端饰一道竖向刻槽。高11.2、宽6.2、足径2厘米（图二五八，6；图版九一，3）。标本2013H2①：19，夹砂橙黄陶。锥状足，足跟平，足外上端饰三道竖向刻槽。高13.6、宽6.4、足径2.4厘米（图二五八，7；图版九一，4）。

鬲足　B型　1件。标本2013H2①：20，夹砂红陶。粗矮柱状足，浅足窝，素面。残高

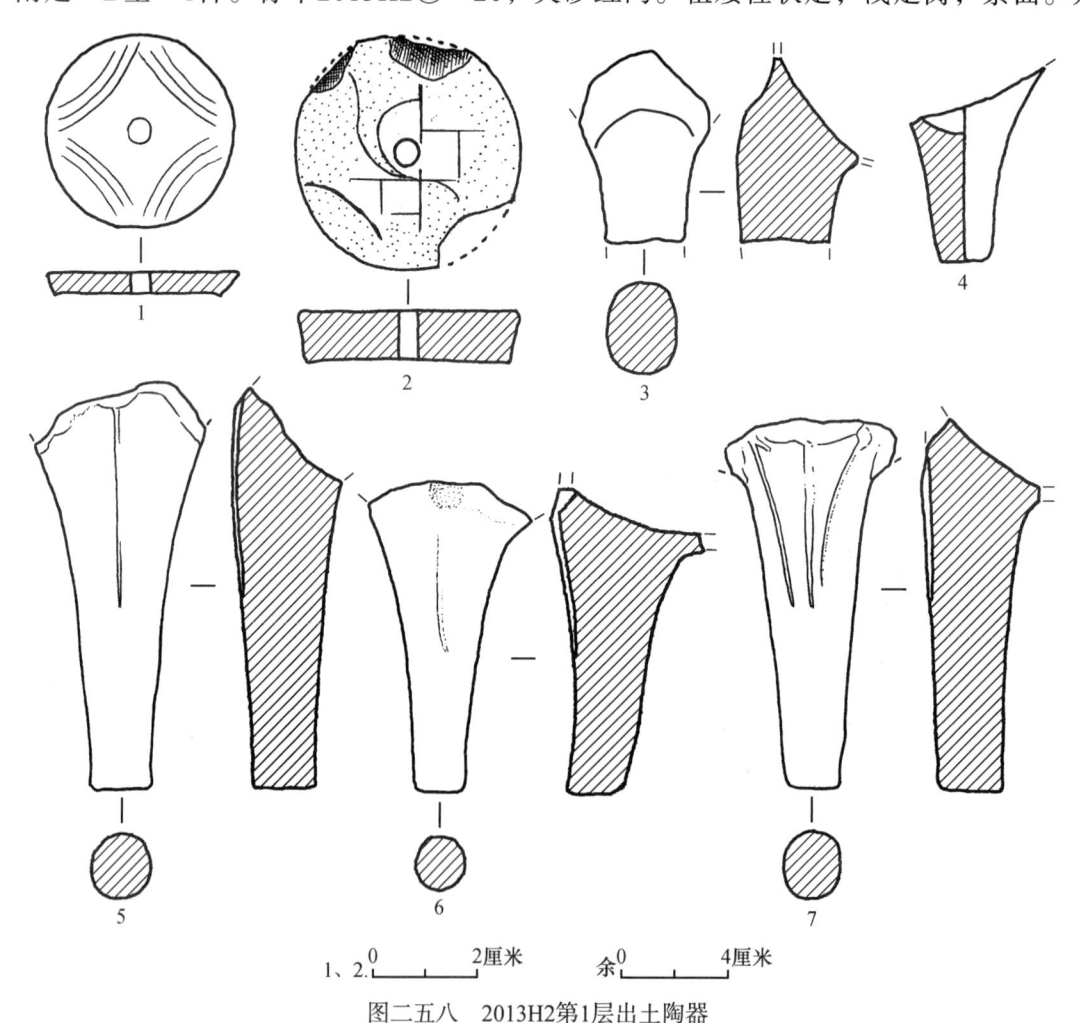

图二五八　2013H2第1层出土陶器

1、2.Aa型纺轮（1.2013H2①：1、2.2013H2①：2）　3、5~7.Ca型鼎足（3.2013H2①：16、5.2013H2①：17、6.2013H2①：18、7.2013H2①：19）　4.B型鬲足（2013H2①：20）

7.6、残宽5、足径2厘米（图二五八，4；图版九一，5）。

豆柄　A型　3件。标本2013H2①：21，泥质灰陶。仅存豆柄，高粗中空柄，下端呈喇叭状圈足，上端饰一凸棱。残高7、底径12.3、厚0.5厘米（图二五九，1）。标本2013H2①：22，泥质灰陶。仅存豆柄，下端残，矮粗中空柄，下端呈喇叭状圈足，上端饰一周凹弦纹棱。残高5.8、底径12.4、厚0.4厘米（图二五九，2）。标本2013H2①：27，泥质灰陶。仅存一半豆柄，矮粗中空柄，直壁。残高3.7、底径8、厚0.6厘米（图二五九，3）。

釜鼎口沿　4件。标本2013H2①：24，夹砂橙黄陶。窄外斜沿，沿中部内凹，敛口，束颈，溜肩，肩饰绳纹。复原口径24、残高5、厚0.3厘米（图二五九，8）。标本2013H2①：23，夹砂灰陶。宽折沿，沿中部内凹，敛口，束颈，溜肩。复原口径40、残高6、厚0.8厘米（图

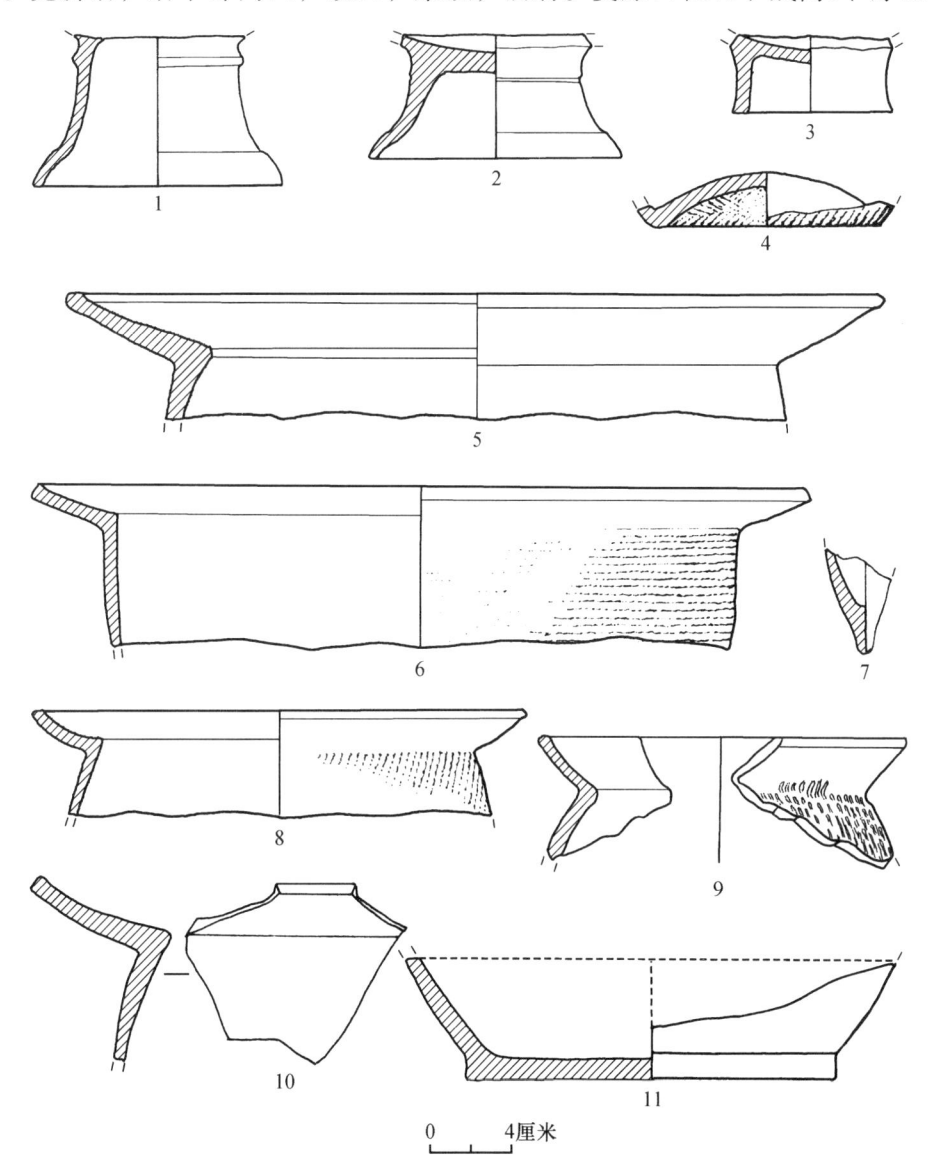

图二五九　2013H2第1层出土陶器

1~3.A型豆柄（1.2013H2①：21，2.2013H2①：22，3.2013H2①：27）　4.B型罐底（2013H2①：26）　5、6、8、10.釜鼎口沿（5.2013H2①：23，6.2013H2①：25，8.2013H2①：24，10.2013H2①：33）　7.鬶足（2013H2①：28）　9.A型矮领罐口沿（2013H2①：32）　11.A型罐底（2013H2①：34）

二五九，5）。标本2013H2①：25，夹砂灰陶。宽斜沿，沿中部略内凹，敛口，束颈，溜肩。复原口径38、残高7.5、厚0.5厘米（图二五九，6）。标本2013H2①：33，泥质橙黄陶。宽斜沿，沿中部略内凹，束颈，溜肩。残高8.6、残宽10.8、厚0.5厘米（图二五九，10）。

矮领罐口沿　A型　1件。标本2013H2①：32，夹砂红陶。短外斜沿，敛口，束颈，广肩，肩饰绳纹。复原口径18.2、残高6.5、厚0.6厘米（图二五九，9）。

罐底　2件。

A型　1件。标本2013H2①：34，夹砂橙黄陶。仅存底部，下腹斜收，平底。残高5.6、复原底径18、厚0.7厘米（图二五九，11）。

B型　1件。标本2013H2①：26，泥质灰陶。仅存底部，圜底内凹，外饰绳纹。残高2.6、宽13.8、底径11.5、厚0.5厘米（图二五九，4）。

鬶足　A型　1件。标本2013H2①：28，泥质红陶。高锥状足，浅足窝。残高5、残宽3.4、厚0.4厘米（图二五九，7）。

2013H2②层出土遗物：

石器　2件。均为石刀。

刀　A型　2件。标本2013H2②：2，青灰色石料。上端打制，呈弓背形，下端双面直刃。长2.9、宽9.1、厚1.3厘米（图二六〇，1；图版九一，6）。标本2013H2②：3，青灰色石料。上端残，长条形，下端双面刃，一面宽刃，一面窄刃，表面不规整，部分系打制而成。残长6.3、宽3.4、厚0.8厘米（图二六〇，3）。

陶器　1件。

纺轮　Aa型，1件。标本2013H2②：1，泥质红陶。仅存一半，饼形，斜边，素面，中部穿孔。短径4.5、长径4.8、穿径0.4、厚0.7厘米（图二六〇，2）。

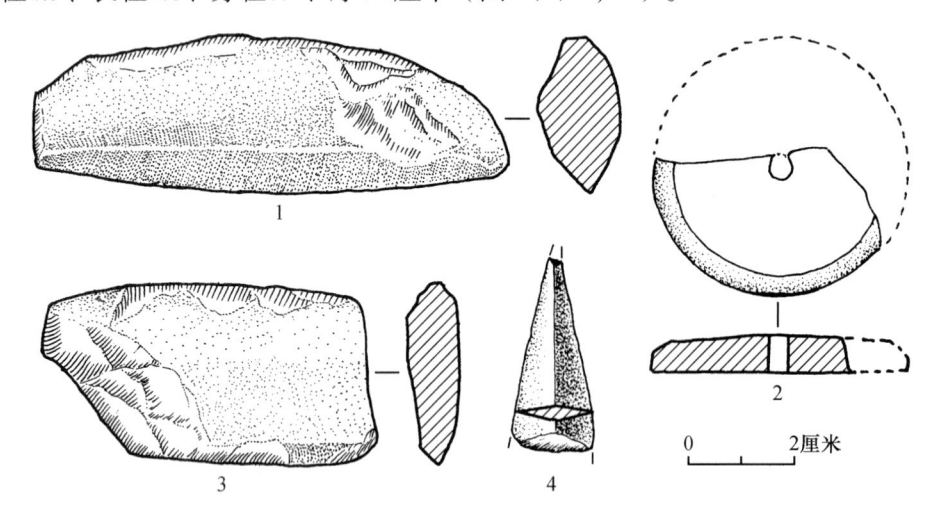

图二六〇　2013H2第1层、第2层、2014H32出土遗物

1、3.A型石刀（1.2013H2②：2、3.2013H2②：3）　2.Aa型陶纺轮（2013H2②：1）　4.A型亚型不明石镞（2014H32：1）

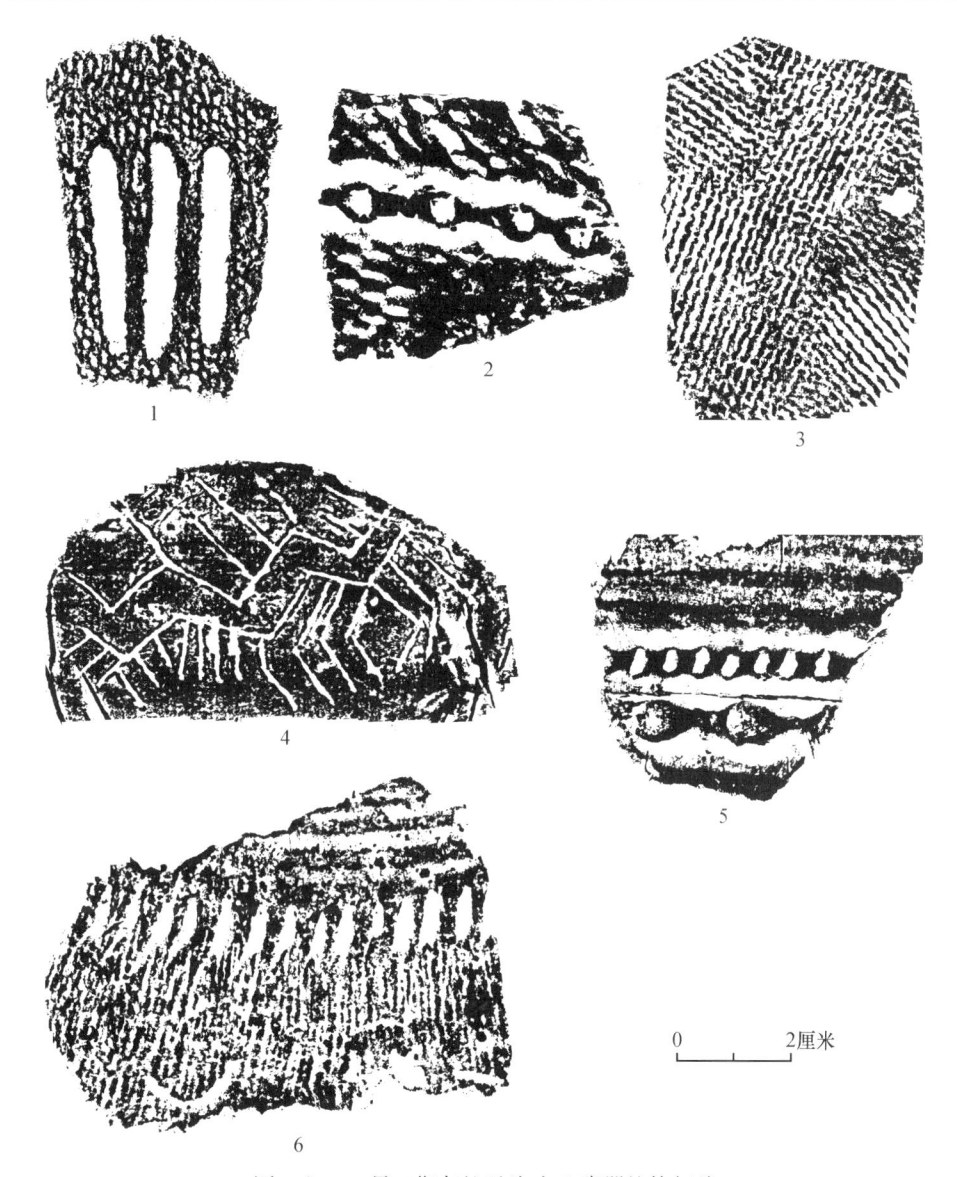

图二六一　早二期灰坑及沟出土陶器纹饰拓片

1. 绳纹+刻槽（2014G4：5）　2. 绳纹+附加堆纹（红烧土堆积：22）　3. 交错绳纹（2013H2①：36）
4. 刻划纹（2013H2①：35）　5. 弦纹+附加堆纹（2013H2①：37）　6. 绳纹+弦纹+指甲纹（2014H11：11）

2. 2016H10

（1）位置及地层关系：位于T0406东北部，延伸至东壁。开口于第4A层下，打破第4B层、祭祀台及2016G4。

（2）形制：平面呈不规则形，弧壁，底斜。长2.9、宽0.15～2.3、深0.15～0.48米。填土为灰黑色，结构致密（图二六二）。

（3）出土遗物：出土少量陶器残片，器形不辨。

图二六二　2016H10平、剖面图　　　　　　图二六三　2014H11平、剖面图

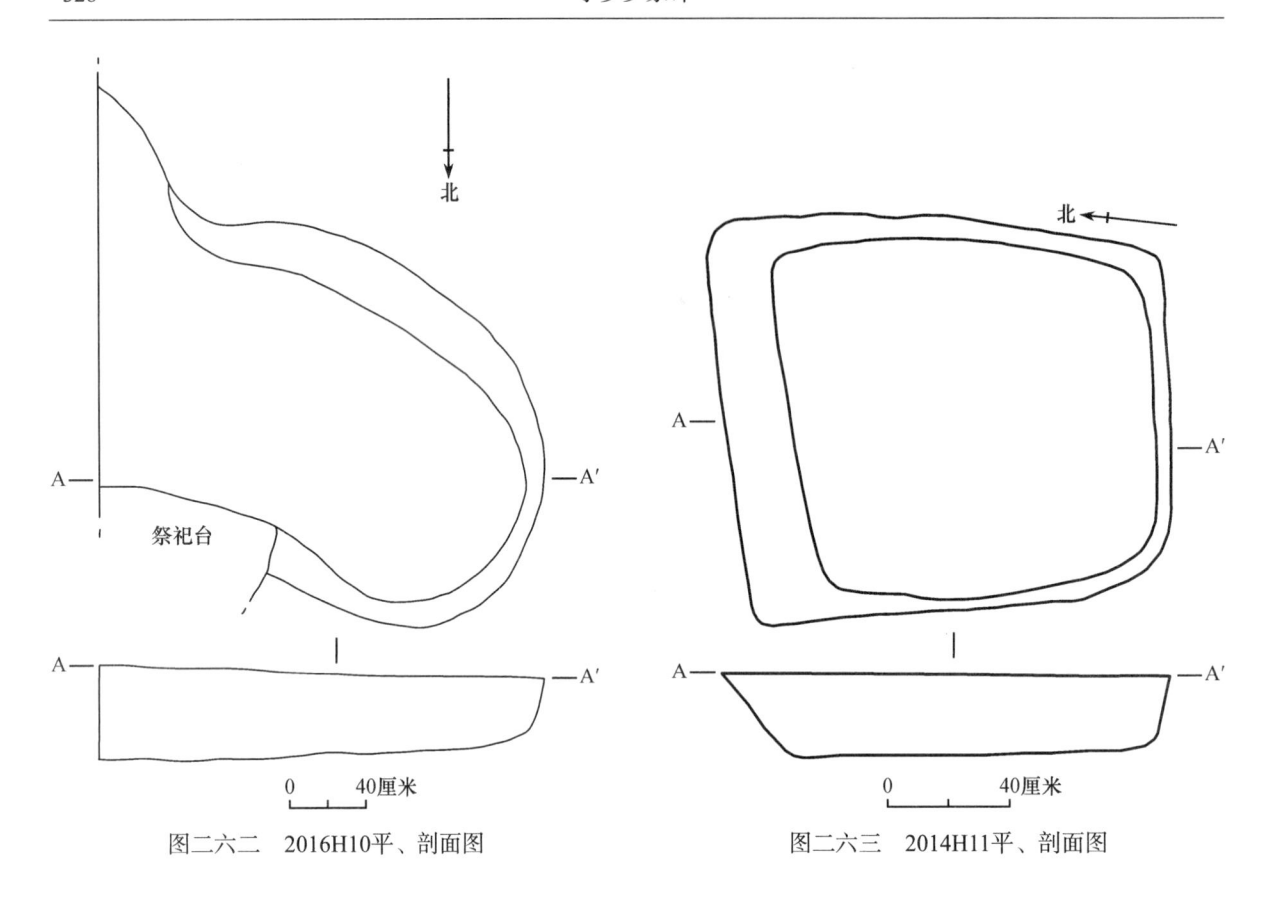

3. 2014H11

（1）位置及地层关系：位于T0204东北部，开口于第4A层下，打破第5层。

（2）形制：平面呈圆角梯形，口大底小，斜壁，平底。口长1.4～1.5、口宽1～1.3、底长1.2、底宽1.16、深0.22～0.26米。填土为深灰色砂质黏土，结构疏松，含红烧土颗粒、炭屑、石块等（图二六三）。

（3）出土遗物：

石器　5件。

镞　A型而亚型不明，1件。标本2014H11：3，青灰色石料。仅存镞身前端，柳叶形，双面有脊，两侧刃。残长4.4、宽1.6、厚0.3厘米（图二六四，3）。

斧　Aa型，1件。2014H11：2，青灰色石料。刃部略残，梯形，弧顶，下端双面刃。残长6.8、宽4.5～5.8、厚2厘米（图二六四，2）。

锛　不明具体形制　1件。标本2014H11：4，青灰色石料。仅存刃局部，下端一面刃。残长2.3、残宽4.4、厚0.9厘米（图二六四，4）。

凿　B型　1件。标本2014H11：5，青灰色石料。基本完整，形体较小，梯形，平顶，下端双面刃，一面宽刃，一面窄刃。长3.5、宽1～1.5、厚0.7厘米（图二六四，5）。

钺　1件。标本2014H11：1，青灰色石料。仅存顶端局部，中间有一个单面穿孔。残长2.3、残宽8.6、穿径1、厚1厘米（图二六四，1）。

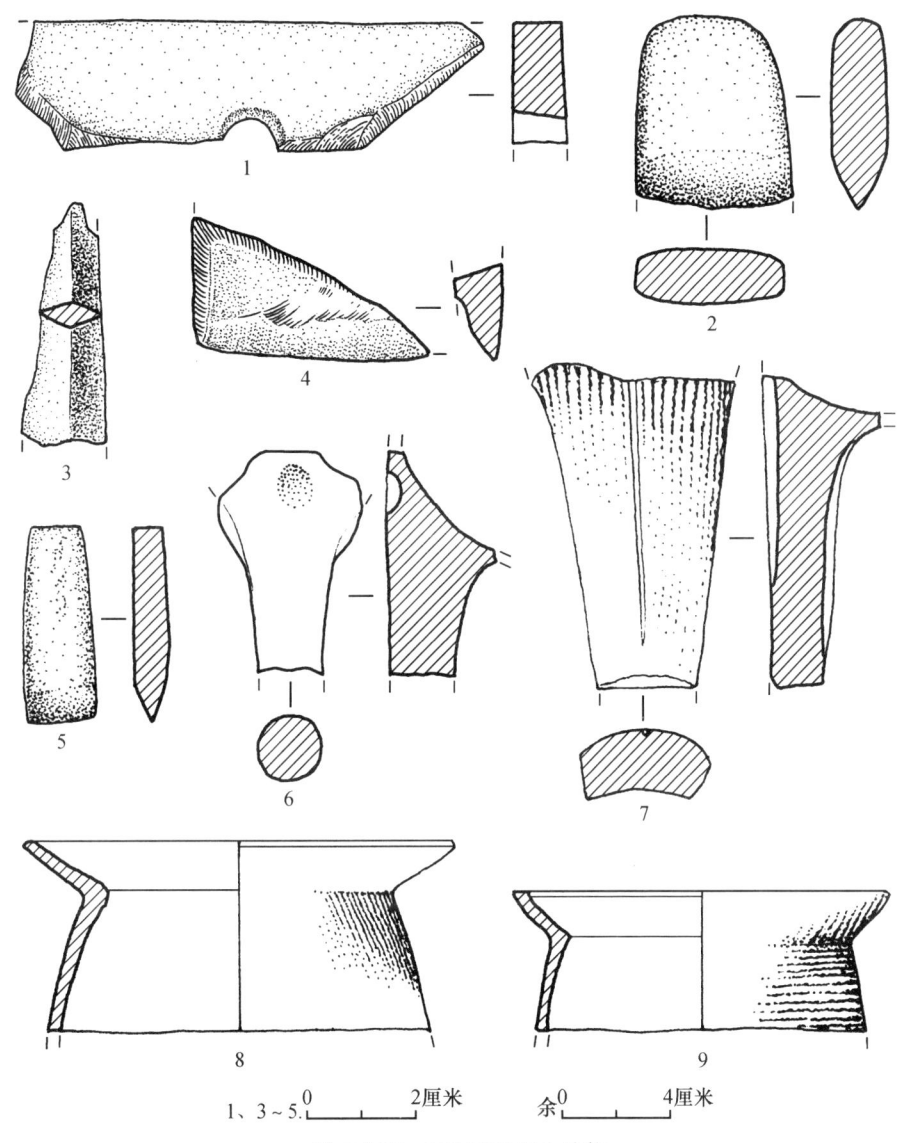

图二六四 2014H11出土遗物

1. 石钺（2014H11∶1） 2. Aa型石斧（2014H11∶2） 3. A型亚型不明石镞（2014H11∶3） 4. 不明形制石锛（2014H11∶4）
5. B型石凿（2014H11∶5） 6. Ca型陶鼎足（2014H11∶7） 7. Ba型陶鼎足（2014H11∶6） 8、9. 陶釜鼎口沿（8. 2014H11∶8、9. 2014H11∶9）

陶器 4件。可辨器形有鼎足、釜鼎口沿等，器表纹饰有刻划纹、按窝及绳纹+弦纹+指甲纹等（图二六一，6）。

鼎足 2件。

Ba型，1件。标本2014H11∶6，夹砂红陶。宽扁足，足外侧饰一道竖向刻槽，内侧内凹。高11.6、宽3.6～7.6、厚2～4.4厘米（图二六四，7）。

Ca型，1件。标本2014H11∶7，夹砂红陶。下端残，锥状足，足外上端饰一个按窝。残高8、残宽5.6厘米（图二六四，6）。

釜鼎口沿　2件。标本2014H11：8，夹砂橙黄陶。敛口，宽斜沿，束颈，广肩。残高6.8、复原口径16厘米（图二六四，8）。标本2014H11：9，夹砂橙黄陶。敛口，宽斜沿，束颈，弧肩。残高5、复原口径14厘米（图二六四，9）。

4. 2014H34

（1）位置及层位关系：位于T0203、T0204内。开口于第5层下，打破第6层及浅黄色土层。

（2）形制：平面形状呈不规则形，斜壁，底部不平。长3、宽2、深0.16～0.32米（图二六五）。坑内填土为深灰色黏土，结构致密，含红烧土颗粒、炭屑等。

（3）出土遗物：出土少量陶器残片，器形不辨。

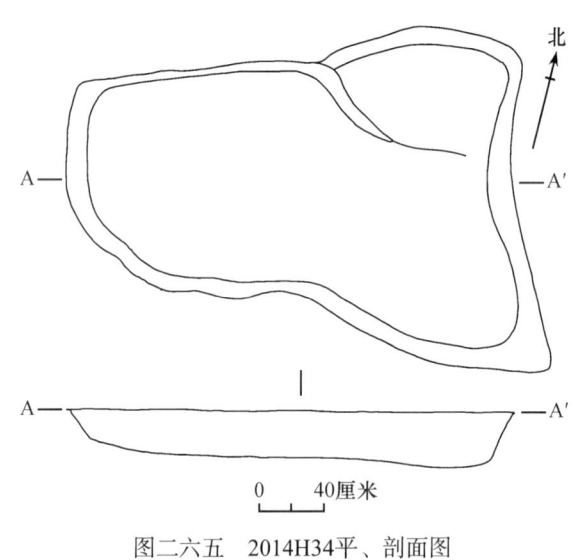

图二六五　2014H34平、剖面图

5. 2016H12

（1）位置及层位关系：位于T0406东南部，延伸至东壁。开口于第4B层下，打破黄色粗沙土层。

（2）形制：平面形状呈不规则椭圆形，坑壁较光滑，底部不平，呈西高东低。东西长1.2、南北宽0.5～0.85、深0.2～0.55米（图二六六）。填土为灰黑色，结构致密。

（3）出土遗物：无。

6. 2016H13

（1）位置及层位关系：位于T0406东南部，延伸至东壁。开口于第4B层下，打破生土层。

（2）形制：形状为不规则形，坑壁较光滑，底部不平，呈西高东低。东西长1.44、南北宽0.6～1.4、深0.32米（图二六七）。填土为灰黑色，结构致密。

（3）出土遗物：无。

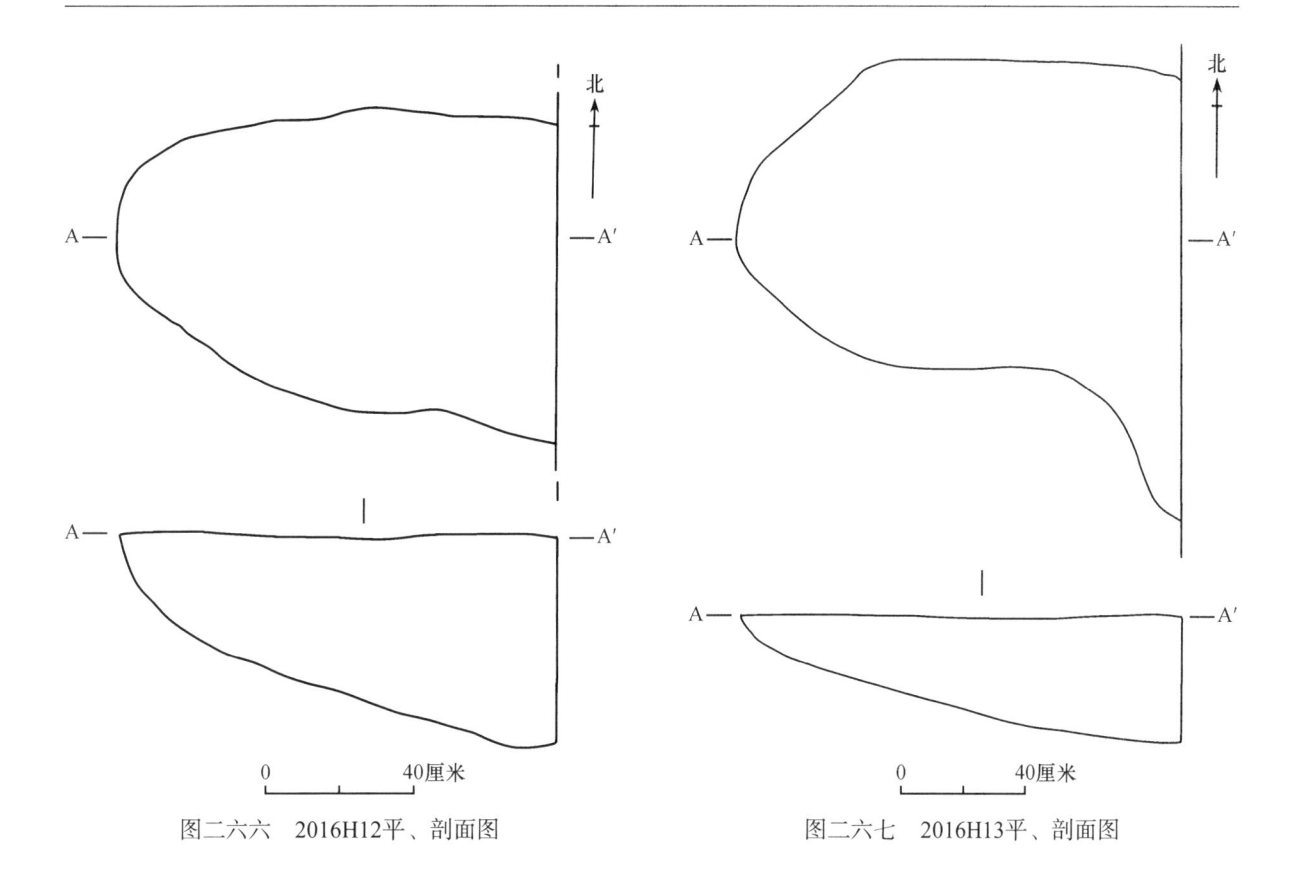

图二六六　2016H12平、剖面图　　　　　图二六七　2016H13平、剖面图

三、沟

该期沟共2条，编号分别为2014G1、2014G4。

（一）2014G1

1. 位置及地层关系

位于T0205、T0305、T0405内。开口于第4B层下，打破第5层、F2、浅黄色土层及生土层。

2. 形制

平面形状略呈弧形，大致呈东南—西北走向。发掘长度13.5米，上部沟口不甚规整，局部被破坏，外侧沟边宽3.1~5.6、内侧沟边宽2.2~2.75、底宽1.1~1.4、深0.25~1.35米（图二六八；图版二一）。

2014G1内填土堆积共分为四层（图版二二）：

第1层：灰褐色细沙土，质地疏松，含青石块、草木灰等。厚31~50厘米。

第2层：黄灰色沙土，质地略硬。厚18.8~25厘米。

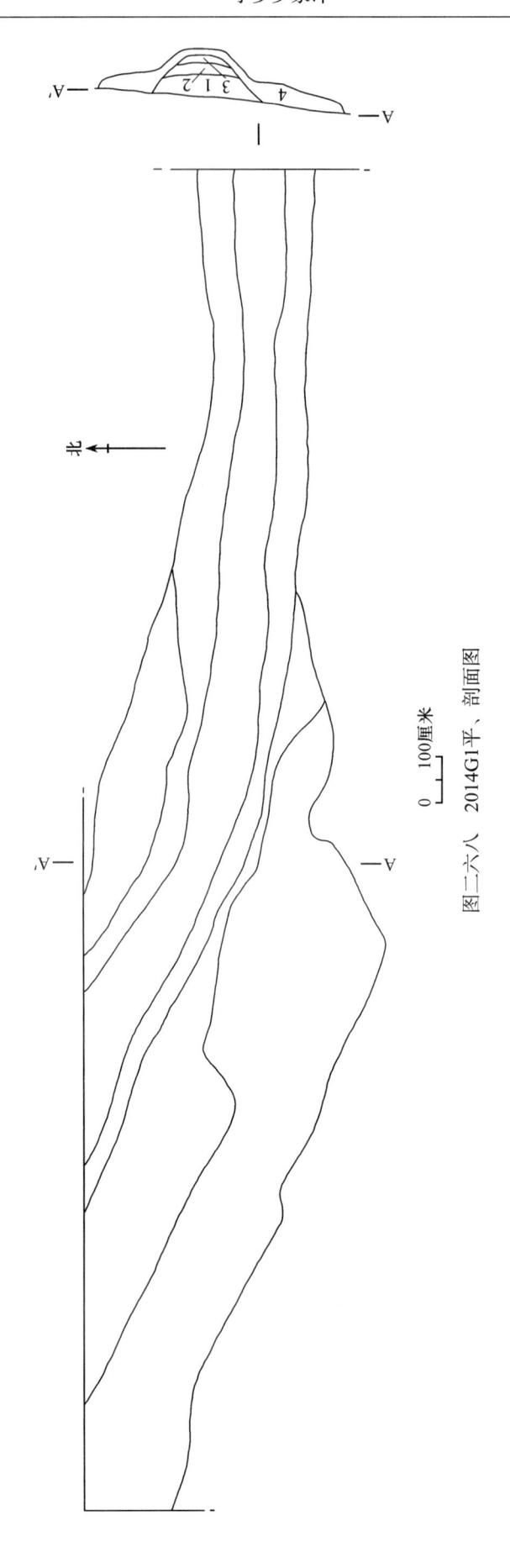

图二六八 2014G1平、剖面图

第3层：灰褐色细沙土，质地疏松。厚0～18.6厘米。

第4层：青灰色粉砂土，夹杂少量黄色黏土，局部为黄褐色细沙土，质地坚硬呈块状，土质致密，含草木灰。厚12.5～50厘米。

3. 出土遗物

（1）2014G1①层出土遗物

1）石器　12件。

镞　3件。均为A型。

Aa型，2件。标本2014G1①：9，青灰色石料。仅存镞身至铤交界处，柳叶形，双面扁平，两侧刃，截面呈多棱形，铤两侧斜收。残长3.2、宽2.1、厚0.2厘米（图二六九，1）。标本2014G1①：12，青灰色石料。铤后端残，形体较小，柳叶形，镞身呈三角形，双面有脊，两侧刃，短三角形铤。长3.2、宽1.2、厚0.2厘米（图二六九，2）。

Af型，1件。标本2014G1①：4，灰色石料。镞身前端残，镞身呈三角形，后端呈长方形，双面有脊，两侧刃，无铤，后端双面刃。残长4.4、宽2、厚0.5厘米（图二六九，3）。

锛　Ab型，1件。标本2014G1①：6，深青灰色石料。形体较小，弧顶，下端双面斜刃，磨制精细。左长2.6、右长2、宽2、厚0.4厘米（图二六九，4；图版九三，1）。

穿孔刀　B型　1件。标本2014G1①：3，青灰色石料。仅存一端，长方形，下端单面刃，上端残存一个单面穿孔。残长5.6、宽4、孔径0.3、厚0.1～0.4厘米（图二六九，6）。

斧　5件。

Aa型，4件。标本2014G1①：1，青灰色石料。梯形，刃部残，弧顶，下端双面刃。残长10、宽4.8～6.4、厚3厘米（图二六九，10）。标本2014G1①：2，青灰色石料。梯形，顶部及侧面有打制痕迹，下端双面刃。残长7、宽3.9～5、厚2厘米（图二六九，5）。标本2014G1①：5，青灰色石料。梯形，一侧刃部略残，平顶，下端双面刃。残长8.3、宽4.4～5.8、厚2.2厘米（图二六九，11）。标本2014G1①：8，青灰色石料。梯形，刃部残，平顶，下端双面刃。残长6.9、宽4.8～5.7、厚2厘米（图二六九，7）。

C型　1件。标本2014G1①：7，青灰色石料。长方形，平顶，下端双面弧刃。长7.6、宽4.5、厚2厘米（图二六九，12；图版九二，5）。

残损不明石器、坯料　2件。标本2014G1①：10，青灰色石料。部规则长条椭圆形，一面略平，一端残，另一端较细。残长5.8、宽1.2、厚0.8厘米（图二六九，8）。标本2014G1①：11，青灰色石料。两端残，一端略呈四方形，另一端呈锥形。残长6.7、厚1.5厘米（图二六九，9）。

2）陶器

①2014G1①层陶器统计

为了掌握2014G1①层出土陶器情况，对该层出土的439件（块）陶器（含标本及陶片）进行了陶系及纹饰统计，对33件（块）可辨器形（含标本及陶片）进行了器形统计，统计情况如下（表一八、表一九）。

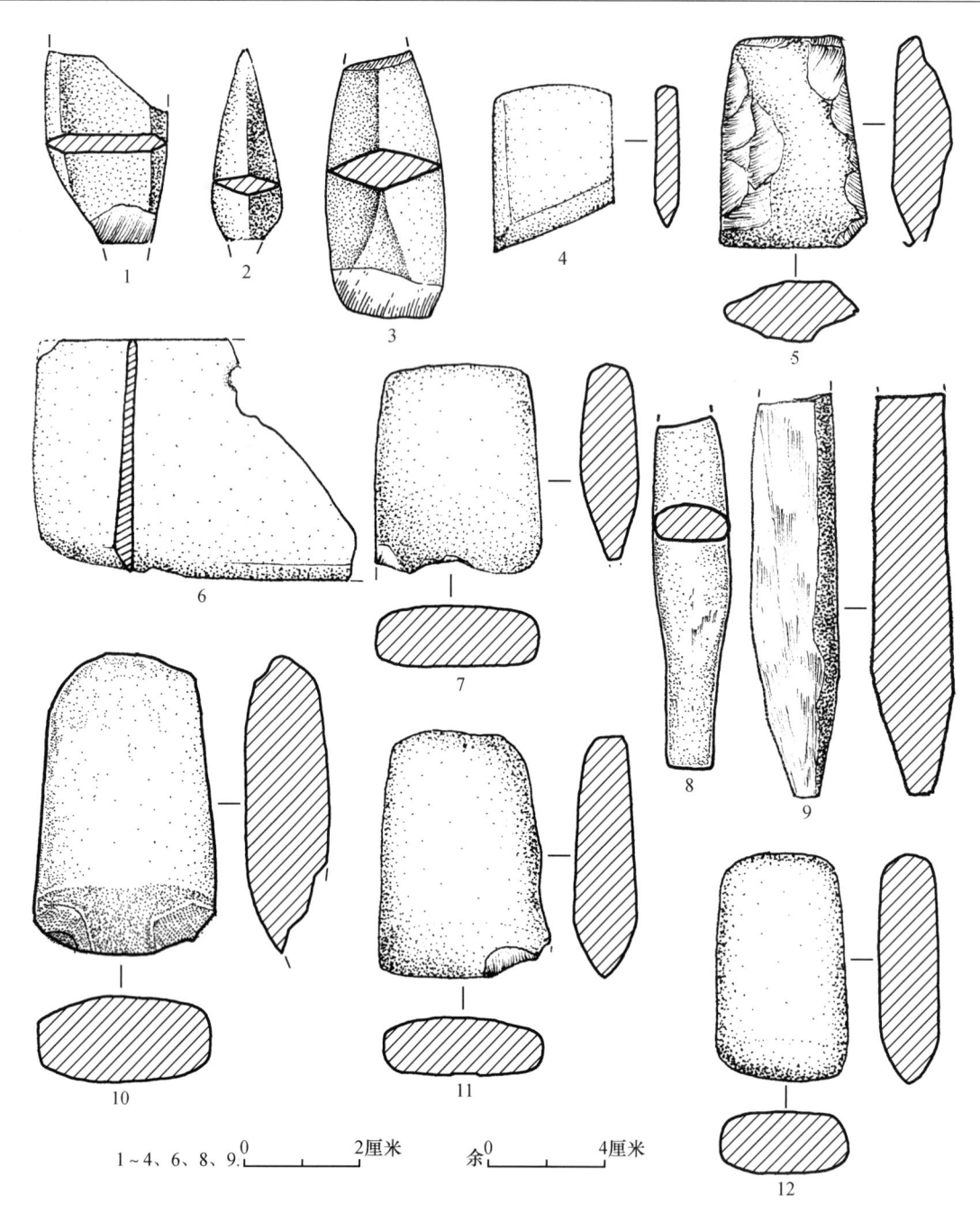

图二六九　2014G1第1层出土石器
1、2. Aa型锛（1. 2014G1①：9、2. 2014G1①：12）　3. Af型锛（2014G1①：4）　4. Ab型锛（2014G1①：6）
5、7、10、11. Aa型斧（5. 2014G1①：2、7. 2014G1①：8、10. 2014G1①：1、11. 2014G1①：5）　6. B型穿孔刀（2014G1①：3）
8、9. 残损不明石器、坯料（8. 2014G1①：10、9. 2014G1①：11）　12. C型斧（2014G1①：7）

陶系：陶器按陶质可分为夹砂陶、泥质陶及硬陶三大类，分别占49.2%、49.66%、1.14%。其中夹砂陶中以夹砂褐陶及夹砂红陶为主，分别占30.52%、16.63%；泥质陶中以泥质褐陶及泥质红陶为主，分别占28.02%、10.71%（表一九）。

表一八　罗家冲遗址2014G1第1层出土陶器器形统计表　　　（单位：件）

器形	陶系	夹砂				泥质				硬陶	合计	百分比（%）	
		红陶	灰陶	褐陶	黑陶	红陶	灰陶	褐陶	黑陶	黑皮红陶	灰陶			
鼎足	宽扁形	2	7									9	27.27	
	扁锥形	2										2	6.06	48.48
	圆锥形	1		2	2							5	15.15	
釜鼎口沿		1										1	3.03	
罐（含各类罐）		1		2		5	1			1		10	30.30	
鬶（含鬶足）		1										1	3.03	
鬲（口沿、足）		2										2	6.06	
豆									1			1	3.03	
器盖（纽）						1						1	3.03	
穿孔饼形器						1						1	3.03	
合计		10	7	4	2	7	1	0	0	1	1	33	100	
百分比（%）		30.30	21.21	12.12	6.06	21.21	3.03	0	0	3.03	3.03	100		
		69.70				27.27					3.03			

注：陶系中褐陶含红褐陶及黄褐陶，灰陶含浅灰陶及灰白陶；器形中部分仅做大器类或型统计，而未按小器类或亚型统计，如鼎足、罐等。部分陶质无可辨器形者统计为"0"。

表一九　罗家冲遗址2014G1第1层出土陶器纹饰统计表　　　（单位：件）

纹饰	夹砂				泥质					硬陶	合计	百分比（%）
陶系	红陶	灰陶	褐陶	黑陶	红陶	灰陶	褐陶	黑陶	黑皮红陶	灰陶		
素面	49		99	3	21	11	68	6	6	1	264	60.14
绳纹	18		25	5	18		18	13			97	22.10
弦断绳纹			2	1	1	1	9	5			19	4.33
刻槽	3		6								9	2.05
绳纹+刻槽+按窝			1								1	0.23
瓦棱	1				1						2	0.46
弦纹	1		1		2		12	1	1		18	4.10
方格纹					1	1	2		1	1	6	1.37
篮纹	1										1	0.23
刻划纹										3	3	0.68
刻划纹+弦纹					1						1	0.23
填线纹					2	1	14				17	3.87
弦纹+圆圈纹								1			1	0.23
合计	73	0	134	9	47	14	123	26	8	5	439	100
百分比（%）	16.63	0	30.52	2.05	10.71	3.19	28.02	5.92	1.82	1.14	100	
	49.20				49.66					1.14		

注：本统计表未含纺轮；陶系中褐陶含红褐陶及黄褐陶，灰陶含浅灰陶及灰白陶；纹饰中绳纹含各类粗细绳纹、方格纹含各类大小方格纹，弦纹含凹凸弦纹。

器形：可辨器形中夹砂陶占69.7%，泥质陶占27.27%，硬陶占3.03%。器形主要以鼎足及罐为主，分别占48.48%、30.3%，其他器形有釜鼎口沿、鬶、鬲、豆、器盖（纽）、穿孔饼形器，数量均较少。

每类器形及对应的陶系，鼎足、釜鼎口沿均为夹砂陶；罐多为泥质红陶（表一八）。

纹饰：陶器器表素面占60.14%，其余均有纹饰。从纹饰对应的陶系分析，纹饰主要装饰在夹砂褐陶及泥质褐陶上，其次为夹砂红陶、泥质红陶及泥质黑陶，其他陶质上纹饰较少。

纹饰以绳纹为主，占比为22.1%，其次为弦断绳纹、弦纹、填线纹，分别占4.33%、4.1%、3.87%，鼎足上的纹饰有刻槽、瓦棱纹、绳纹+刻槽+按窝等（表一九）。

②标本　9件。

鼎足　B型　1件。标本2014G1①：18，夹砂红陶。上端残，宽扁足，外饰绳纹。残高6.5、宽4.6~6.4、厚0.8~1厘米（图二七〇，1）。

鬲足　A型　1件。标本2014G1①：17，夹砂红陶。下端残，粗锥状足，浅足窝，外饰绳纹。残高6、残宽4.2厘米（图二七〇，2）。

矮领罐口沿　D型　4件。标本2014G1①：15，泥质红陶。外卷口，短平沿，短束颈，外饰细绳纹。残高5.8、复原口径14厘米（图二七〇，6）。标本2014G1①：16，泥质灰陶。短平沿，敛口，短束颈，溜肩，肩饰刻划细方格纹。残高5.6、复原口径14厘米（图二七〇，8）。标本2014G1①：20，泥质红陶。外卷口，短平沿，短束颈，外饰绳纹。残高3.6、复原口径24厘米（图二七〇，11）。标本2014G1①：21，泥质黑皮红陶。短平沿，敛口，短束颈，溜肩，外饰细方格纹。残高5、复原口径14厘米（图二七〇，9）。

鬶足　A型　1件。标本2014G1①：19，夹砂红陶。高锥状足，浅足窝。残高5.4、残宽3.8、厚0.7厘米（图二七〇，3）。

器盖纽　D型　1件。标本2014G1①：13，泥质灰陶。蘑菇状，束颈，中间有穿孔。残高3、宽2.8、穿径0.3厘米（图二七〇，12；图版九五，1）。

穿孔饼形器　1件。标本2014G1①：14，泥质红陶。饼形，局部残，中部穿孔，系陶片磨制而成。残径7.6、穿径0.4、厚1厘米（图二七〇，10；图版九五，5）。

（2）2014G1②层出土遗物

1）石器　3件。

镞　A型而亚型不明，2件。标本2014G1②：1，青灰色石料。仅存镞身前端，三角形，双面有脊，两侧刃。残长3.1、宽1.2、厚0.5厘米（图二七〇，4）。标本2014G1②：3，青灰色石料。仅存镞身前端，三角形，镞身前端两面有脊，后端双面扁平，两侧刃，截面呈多棱形。残长3.6、宽1.4、厚0.2厘米（图二七〇，5）。

斧　Aa型，1件。标本2014G1②：2，青灰色石料。梯形，边侧及刃部残，有打制痕迹。残长10.3、宽4.6~6、厚1.6厘米（图二七〇，7）。

2）陶器　均为陶器残片，统计如下：

为了掌握2014G1②层出土陶器情况，对该层出土的61件（块）陶器（含标本及陶片）进行了陶系及纹饰统计，对3件（块）可辨器形（含标本及陶片）进行了器形统计，统计情况如下

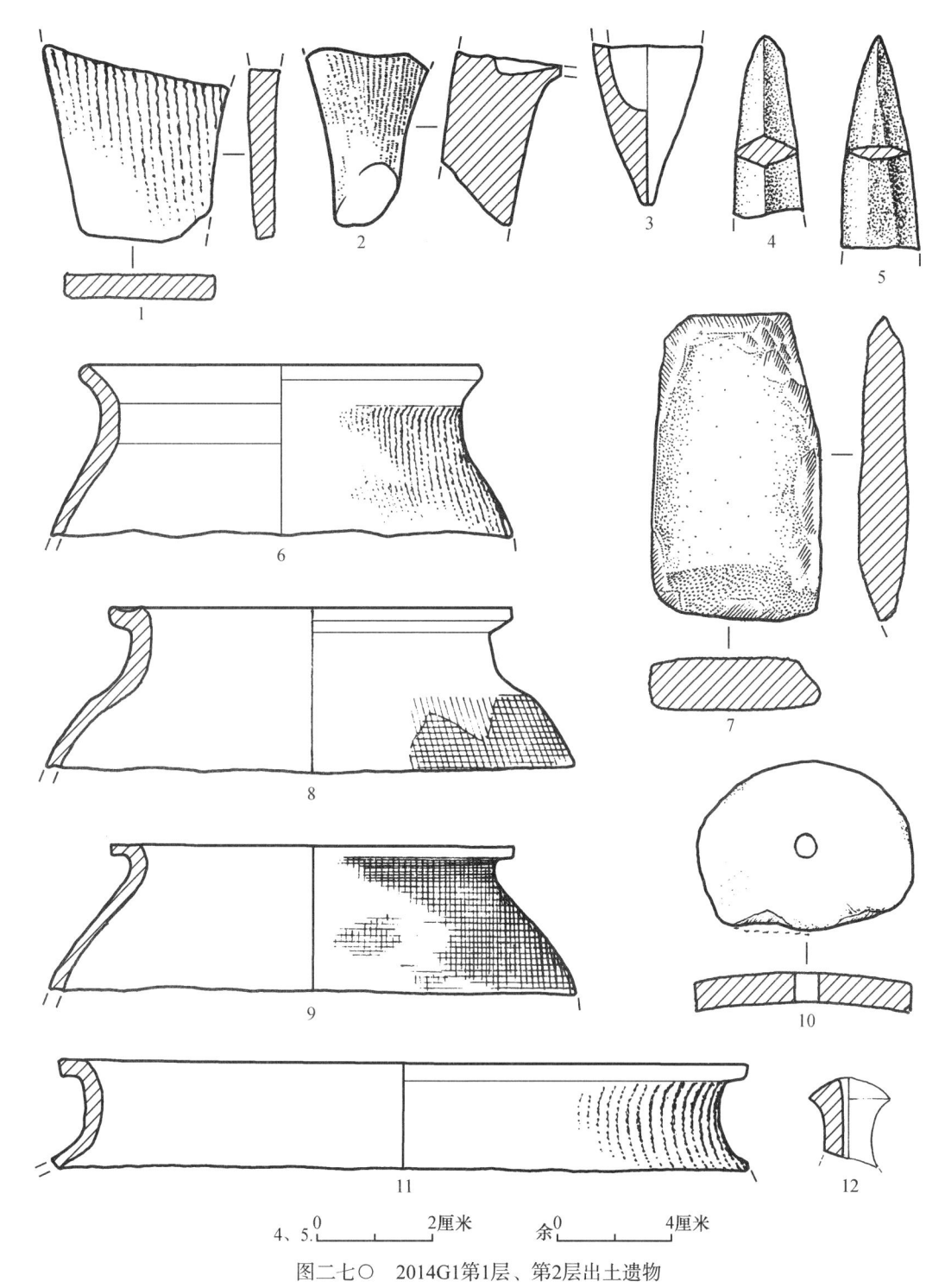

图二七〇　2014G1第1层、第2层出土遗物

1. B型陶鼎足（2014G1①：18）　2. A型陶鬲足（2014G1①：17）　3. A型陶鬶足（2014G1①：19）　4、5. A型不明亚型石镞（4. 2014G1②：1、5. 2014G1②：3）　6、8、9、11. D型陶矮领罐口沿（6. 2014G1①：15、8. 2014G1①：16、9. 2014G1①：21、11. 2014G1①：20）　7. Aa型石斧（2014G1②：2）　10. 陶穿孔饼形器（2014G1①：14）　12. D型陶器盖纽（2014G1①：13）

（表二〇、表二一）。

陶系：陶器按陶质可分为夹砂陶及泥质陶两大类，分别占62.3%、37.7%。其中夹砂陶中以夹砂褐陶及夹砂红陶为主，分别占27.87%、22.95%；泥质陶中以泥质黑陶及泥质红陶为主，分别占18.03%、16.39%，少量泥质黑皮红陶（表二一）。

器形：可辨器形较少，分别为夹砂红陶鼎足1件，夹砂灰陶及夹砂黑皮红陶豆柄各1件（表二〇）。

纹饰：陶器器表素面占59.02%，其余均有纹饰。从纹饰对应的陶系分析，纹饰主要装饰在夹砂褐陶、夹砂红陶、泥质黑陶、泥质红陶上，其次为夹砂黑陶及泥质黑皮红陶，其他陶质上纹饰较少。

纹饰以绳纹为主，占比为27.87%，其次为弦断绳纹、弦纹、绳纹+附加堆纹、方格纹（表二一）。

表二〇 罗家冲遗址2014G1第2层出土陶器器形统计表 （单位：件）

器形＼陶系	夹砂					泥质			合计	百分比（%）
	红陶	灰陶	褐陶	黑陶	黑皮红陶	红陶	黑陶	黑皮红陶		
圆锥形鼎足	1								1	33.33
豆柄		1			1				2	66.67
合计									3	100
百分比（%）	33.33	33.33	0	0	33.33	0	0	0	100	
	100					0				

注：部分陶质无可辨器形者统计为"0"。

表二一 罗家冲遗址2014G1第2层出土陶器纹饰统计表 （单位：件）

纹饰＼陶系	夹砂					泥质			合计	百分比（%）
	红陶	灰陶	褐陶	黑陶	黑皮红陶	红陶	黑陶	黑皮红陶		
素面	13	1	10	1	1	7	2	1	36	59.02
绳纹			6	2		1	8		17	27.87
弦断绳纹			2			1			3	4.92
弦纹							1	1	2	3.28
方格纹			1						1	1.64
绳纹+附加堆纹	1					1			2	3.28
合计	14	1	17	5	1	10	11	2	61	100
百分比（%）	22.95	1.64	27.87	8.20	1.64	16.39	18.03	3.28	100	
	62.30					37.70				

注：本统计表未含纺轮；陶系中褐陶含红褐陶及黄褐陶；纹饰中绳纹含各类粗细绳纹，弦纹含凹凸弦纹。

（3）2014G1③层出土遗物

1）石器 10件。

斧 2件。

Aa型，1件。标本2014G1③：3，青灰色石料。一面及刃部略残，梯形，弧顶，下端打制刃。长9.5、宽3.8~6、厚2.4厘米（图二七一，1）。

C型 1件。标本2014G1③：9，青灰色石料。长方形，弧顶，下端双面刃。长10.4、宽5、厚2.2厘米（图二七一，2）。

锛 Ab型，1件。标本2014G1③：10，青灰色石料。形体较小，梯形，平顶，下端双面刃，一面宽刃，一面窄刃。长2.9、宽1.5~2、厚1厘米（图二七一，3；图版九三，2）。

穿孔器 3件。标本2014G1③：1，青灰色石料。形体较小，长方形，上薄下厚，上端正中有一个对穿孔。长3、宽2.6、穿径0.4、厚0.2~0.5厘米（图二七一，4）。标本2014G1③：2，青灰色石料。下端残，长方形，正中有一个对穿孔。残长2.7、宽2.9、穿径0.7、厚0.3~0.6厘米（图二七一，7）。标本2014G1③：6，深青灰色石料。仅存中部一段，长方形，正中有一个对穿孔。残长3.3、宽2.8、穿径0.6、厚1厘米（图二七一，8）。

犁 1件。标本2014G1③：5，青灰色石料。三角形，上端及尖端残，中厚边薄，两侧刃。残长5.7、残宽7.1、厚0.8厘米（图二七一，6；图版九四，1）。

残损不明石器、坯料 3件。标本2014G1③：4，青灰色石料。仅存一角，长方形，边薄中厚。残长5.6、残宽5.2、厚1厘米（图二七一，11）。标本2014G1③：7，深青灰色石料。形体较小，长条形，三边刃。残长3.7、宽1.9、厚0.2厘米（图二七一，5）。标本2014G1③：11，深青灰色石料。仅存上端，长方形，平顶。残长4.5、宽3、厚1~1.6厘米（图二七一，9）。

2）陶器：

①陶器统计

为了掌握2014G1③层出土陶器情况，对该层出土的138件（块）陶器（含标本及陶片）进行了陶系及纹饰统计，对11件（块）可辨器形（含标本及陶片）进行了器形统计，统计情况如下（表二二、表二三）。

陶系：陶器按陶质可分为夹砂及泥质两大类，分别占47.1%、52.9%。其中夹砂陶中以夹砂红陶及夹砂褐陶为主，分别占39.13%、5.8%，少量夹砂黑陶；泥质陶中以泥质褐陶及泥质灰陶为主，分别占19.57%、18.12%，少量泥质红陶、泥质黑陶及泥质黑皮红陶（表二三）。

器形：可辨器形中夹砂陶占72.73%，泥质陶占27.27%。器形主要以鼎足及器盖（纽）为主，分别占63.64%、18.18%，其他器形有纺轮、豆，数量均较少。

每类器形及对应的陶系，鼎足均为夹砂陶；纺轮及豆均泥质陶（表二二）。

纹饰：陶器器表素面占63.77%，其余均有纹饰。从纹饰对应的陶系分析，纹饰主要装饰在夹砂红陶、泥质褐陶及泥质灰陶上，其次为夹砂褐陶、泥质黑皮红陶、泥质红陶、泥质黑陶及夹砂黑陶。

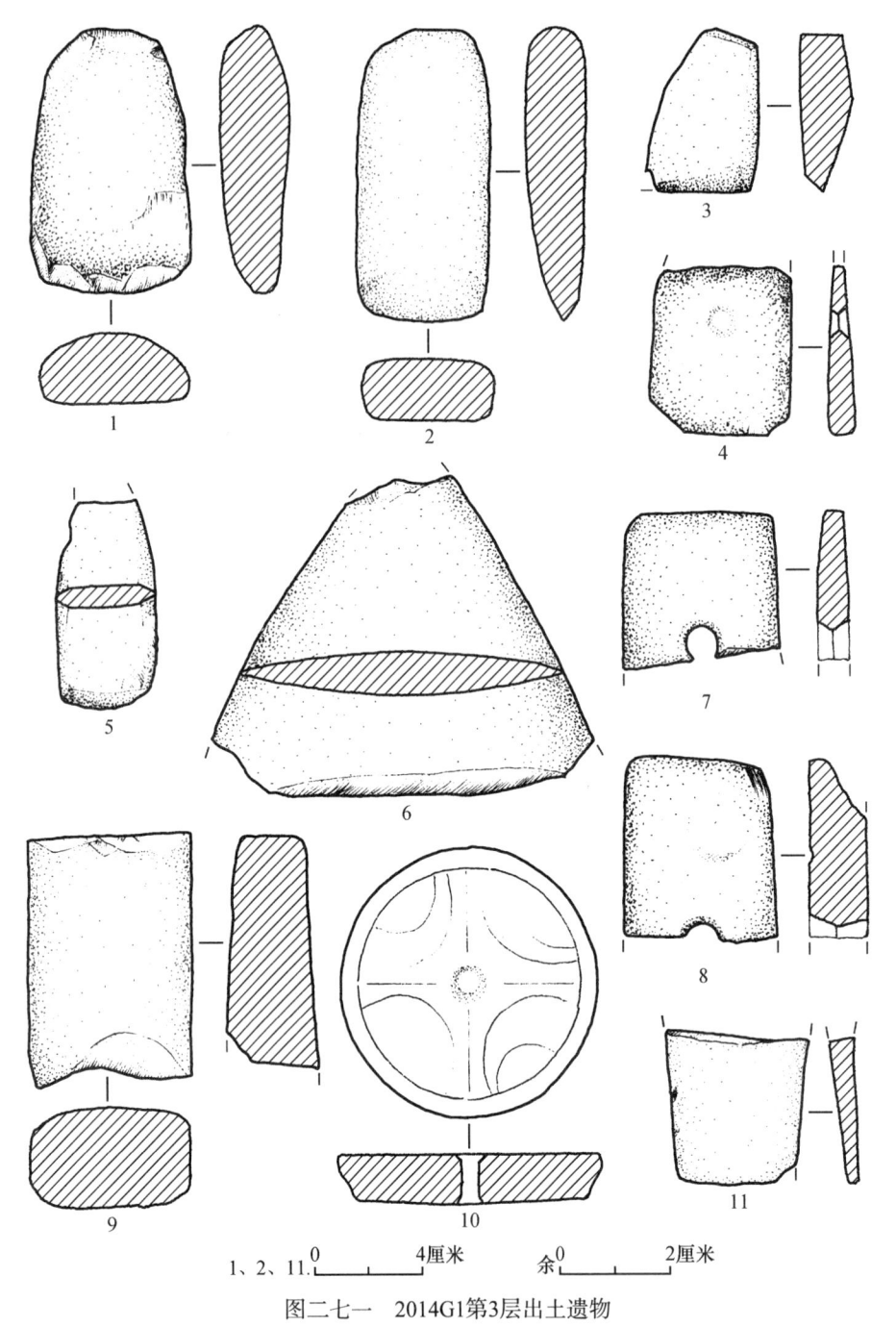

图二七一 2014G1第3层出土遗物

1. Aa型石斧（2014G1③:3） 2. C型石斧（2014G1③:9） 3. Ab型石锛（2014G1③:10） 4、7、8. 穿孔石器（4.2014G1③:1、7.2014G1③:2、8.2014G1③:6） 5、9、11. 残损不明石器、坯料（5.2014G1③:7、9.2014G1③:11、11.2014G1③:4） 6. 石犁（2014G1③:5） 10. Aa型陶纺轮（2014G1③:8）

表二二　罗家冲遗址2014G1第3层出土陶器器形统计表　　　　　　（单位：件）

陶系	夹砂			泥质					合计	百分比（%）	
器形	红陶	褐陶	黑陶	红陶	灰陶	褐陶	黑陶	黑皮红陶			
纺轮					1				1	9.09	
鼎足　宽扁形	2								2	18.18	
扁锥形	3								3	27.27	63.64
圆锥形	1	1							2	18.18	
豆				1					1	9.09	
器盖（纽）	1			1					2	18.18	
合计	7	1	0	2	1	0	0	0	11	100	
百分比（%）	63.64	9.09	0	18.18	9.09	0	0	0	100		
	72.73			27.27							

注：陶系中褐陶为黄褐陶；器形中部分仅做大器类或型统计，而未按小器类或亚型统计。部分陶质无可辨器形者统计为"0"。

纹饰以绳纹为主，占比为15.22%，其次为弦断绳纹、刻槽及弦纹，分别占4.35%、3.62%、3.62%，其他纹饰有方格纹、刻划纹、指甲纹及按窝+刻槽、绳纹+刻划纹、弦纹+刻划纹等组合纹饰（表二三）。

表二三　罗家冲遗址2014G1第3层出土陶器纹饰统计表　　　　　　（单位：件）

陶系	夹砂			泥质					合计	百分比（%）
纹饰	红陶	褐陶	黑陶	红陶	灰陶	褐陶	黑陶	黑皮红陶		
素面	35	5		4	19	15	4	6	88	63.77
绳纹	10	2	1	1	3	3	1		21	15.22
弦断绳纹						6			6	4.35
刻槽	4	1							5	3.62
按窝+刻槽	1								1	0.72
弦纹					2	2		1	5	3.62
凸弦纹					1			1	2	1.45
方格纹	3								3	2.17
刻划纹				1		1			2	1.45
绳纹+刻划纹					1	1			2	1.45
指甲纹	1								1	0.72
弦纹+刻划纹			1				1		2	1.45
合计	54	8	3	7	25	27	6	8	138	100
百分比（%）	39.13	5.80	2.17	5.07	18.12	19.57	4.35	5.80	100	
	47.10			52.90						

注：本统计表未含纺轮；陶系中褐陶含红褐陶及黄褐陶，灰陶含浅灰陶及灰白陶；纹饰中绳纹含各类粗细绳纹、方格纹含各类大小方格纹，弦纹含凹凸弦纹。

②标本 3件。

纺轮 Aa型，1件。标本2014G1③：8，泥质灰陶。局部残，饼形，斜边，宽面边侧饰一周凹线纹，中间"十"字凹线纹将平面分成四等格，每格内饰对称羊角刻划纹，中部穿孔。短径4.2、长径4.8、孔径0.4、厚0.9厘米（图二七一，10）。

鼎足 C型 2件。标本2014G1③：12，夹砂黄褐陶。上端残，锥状足，外饰三道刻槽。残高11、足径1.8厘米（图二七二，1；图二七七，1）。标本2014G1③：13，夹砂红陶。下端残，锥状足，足外上部饰一个按窝，下饰一道刻槽。残高8.2、残宽6.2厘米（图二七二，2；图二七七，2）。

（4）2014G1④层出土遗物

1）石器 51件。

镞 13件。均为A型。

Aa型，2件。标本2014G1④：25，青灰色石料。柳叶形，双面有脊，两侧刃较钝，扁锥形铤。残长6.5、宽1.5、厚0.4厘米（图二七二，6；图版九二，1）。标本2014G1④：44，青灰色石料。镞身前端残，柳叶形，双面扁平，两侧刃，铤两侧斜收。残长4.7、宽2.2、厚0.5厘米（图二七二，3）。

Ab型，2件。标本2014G1④：4，青灰色石料。镞身前端残，形体较小，梭状柳叶形，双面有脊，两侧刃，扁三角形铤。残长3.1、宽1.3、厚0.2厘米（图二七二，4）。标本2014G1④：12，青灰色石料。镞身前端残，梭状柳叶形，双面扁平，两侧刃，铤两侧斜收。残长4.8、宽2.2、厚0.3厘米（图二七二，5）。

Ac型，1件。标本2014G1④：26，青灰色石料。镞身前端残，柳叶形，双面有脊，两侧刃，短锥形铤。残长5、宽2.3、厚0.4厘米（图二七二，7）。

Ad型，1件。标本2014G1④：52，青灰色石料。前锋及铤后端残，整体呈菱形，双面扁平，两侧刃。残长5、宽1.8、厚0.2厘米（图二七二，8）。

Ae型，2件。标本2014G1④：41，深青灰色石料。前锋残，形体较小，镞身呈短三角形，双面有脊，两侧刃，细长方形铤。残长3.6、宽1.5、厚0.3厘米（图二七二，9；图版九二，2）。标本2014G1④：51，深青灰色石料。基本完整，镞身呈短三角形，一面有脊，两侧刃，细长方形铤。长4.6、宽1.8、厚0.4厘米（图二七二，15；图版九二，3）。

A型而亚型不明，5件。标本2014G1④：1，青灰色石料。镞身后端残，柳叶形，双面扁平，两侧刃。残长4.3、宽1.5、厚0.2厘米（图二七二，10）。标本2014G1④：31，深青灰色石料。仅存镞身后端及铤，镞身双面有脊，两侧刃。残长2.9、宽1.4、厚0.2厘米（图二七二，11）。标本2014G1④：35，青灰色石料。仅存铤，双面有脊，两侧刃。残长3.1、宽1.8、厚0.4厘米（图二七二，12）。标本2014G1④：43，青灰色石料。仅存镞身前端，双面扁平，两侧刃，截面呈多棱形。残长3.7、宽1.7、厚0.2厘米（图二七二，13）。标本2014G1④：53，深青灰色石料。仅存镞身前端，柳叶形，双面有脊，两侧刃。残长5.3、宽1.5、厚0.4厘米（图二七二，14）。

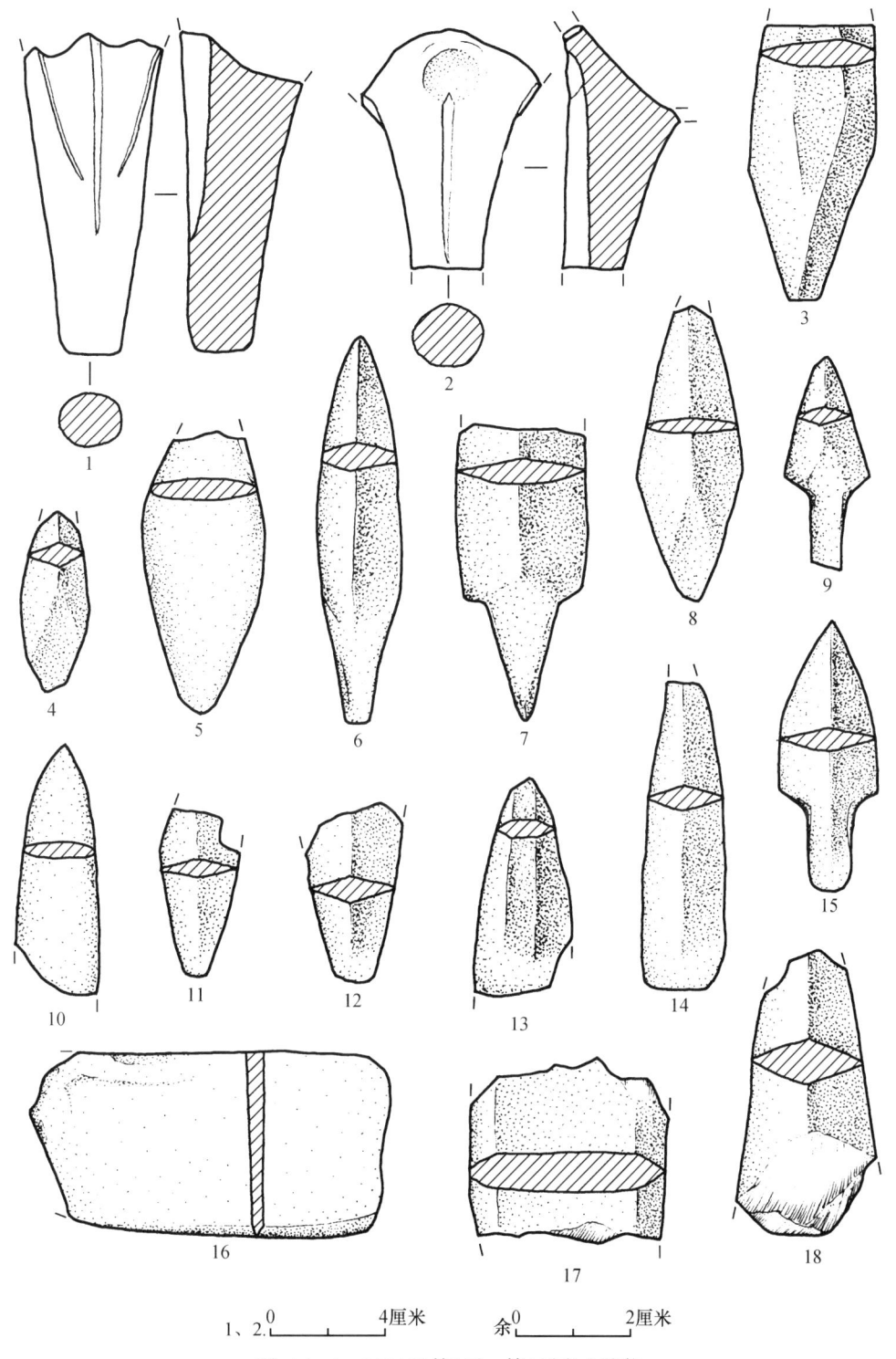

图二七二 2014G1第3层、第4层出土遗物

1、2. C型陶鼎足（1. 2014G1③：12，2. 2014G1③：13） 3、6. Aa型石镞（3. 2014G1④：44、6. 2014G1④：25）
4、5. Ab型石镞（4. 2014G1④：4，5. 2014G1④：12） 7. Ac型石镞（2014G1④：26） 8. Ad型石镞（2014G1④：52）
9、15. Ae型石镞（9. 2014G1④：41，15. 2014G1④：51） 10~14. A型而亚型不明石镞（10. 2014G1④：1，11. 2014G1④：31，
12. 2014G1④：35，13. 2014G1④：43，14. 2014G1④：53） 16. B型石刀（2014G1④：17） 17、18. 石矛（17. 2014G1④：3，
18. 2014G1④：48）

矛　2件。标本2014G1④：3，青灰色石料。仅存矛身后端，双面扁平，截面呈多棱形，两侧刃。残长3.2、宽3.5、厚0.6厘米（图二七二，17）。标本2014G1④：48，青灰色石料。仅存矛身中部一段，双面有脊，两侧刃。残长5、宽2.4、厚0.8厘米（图二七二，18）。

斧　14件。

A型　9件。

Aa型，8件。标本2014G1④：9，青灰色石料。刃部残，梯形，弧顶，下端双面刃。残长12.6、宽3.5～6.4、厚2.4厘米（图二七三，1）。标本2014G1④：19，青灰色石料。顶部及刃部残，梯形，下端双面刃。残长9.4、宽4.3～5.8、厚2.8厘米（图二七三，2）。标本2014G1④：21，青灰色石料。刃部残，梯形，弧顶，下端双面刃。残长7.8、宽4.3～5.6、厚2.8厘米（图二七三，3）。标本2014G1④：22，深青灰色石料。顶部及一侧残，梯形，下端双面刃。残长8.6、宽2.5～4.4、厚1.2厘米（图二七三，4）。标本2014G1④：24，青灰色石料。刃部残，梯形，弧顶，下端双面刃。残长13.4、宽4.5～6.7、厚2.8厘米（图二七三，6）。标本2014G1④：38，青灰色石料。顶部及刃部略残，梯形，弧顶，下端双面刃。残长10.3、宽5.5～6.8、厚1.8厘米（图二七三，5）。标本2014G1④：46，青灰色石料。梯形，顶部及刃部略残，下端双面刃，一面宽刃，一面窄刃，一面有打制痕迹。残长9、宽3.6～4.3、厚1.8厘米（图二七三，7）。标本2014G1④：47，青灰色石料。顶部及刃部略残，梯形，弧顶，下端双面刃。残长8.4、宽5～7、厚2.6厘米（图二七三，8；图版九二，4）。

Ab型，1件。标本2014G1④：56，青灰色石料。顶部及刃部略残，梯形，平顶，下端双面刃。残长7.2、宽5～6.6、厚1.8厘米（图二七三，9）。

B型　1件。标本2014G1④：6，青灰色石料。顶部及刃部略残，倒梯形，平顶，下端双面刃。残长9.3、宽3.7～4.7、厚2厘米（图二七四，1）。

C型　3件。标本2014G1④：15，青灰色石料。顶部及一侧残，梯形，下端双面刃。残长10、宽5.6、厚2厘米（图二七四，2）。标本2014G1④：33，青灰色石料。长方形，顶部及刃部略残，下端双面刃。残长7、宽4、厚1.6厘米（图二七四，3）。标本2014G1④：55，青灰色石料。顶部残，梯形，下端双面刃。残长6.8、宽6、厚3.4厘米（图二七四，4）。

不明形制　1件。标本2014G1④：50，青灰色石料。仅存刃部一角，下端双面刃。残长3、残宽4.3、厚1.8厘米（图二七四，5）。

锛　5件。

Ab型，4件。标本2014G1④：11，深青灰色石料。形体较小，梯形，平顶，下端双面刃，一面宽刃。长3.7、宽1.8～2.1、厚0.5厘米（图二七四，6；图版九三，3）。标本2014G1④：20，青灰色石料。梯形，平顶，下端双面刃，一面宽刃，一面窄刃。长4.2、宽3～3.8、厚0.5厘米（图二七四，8；图版九三，4）。标本2014G1④：29，青灰色石料。梯形，平顶，下端双面刃，一面宽刃，一面窄刃。长4.4、宽2.1～3、厚1.2厘米（图二七四，9；图版九三，5）。标本2014G1④：42，青灰色石料。形体较小，梯形，下端双面弧刃。长3.2、宽1.5～2.1、厚0.2厘米（图二七四，7；图版九三，6）。

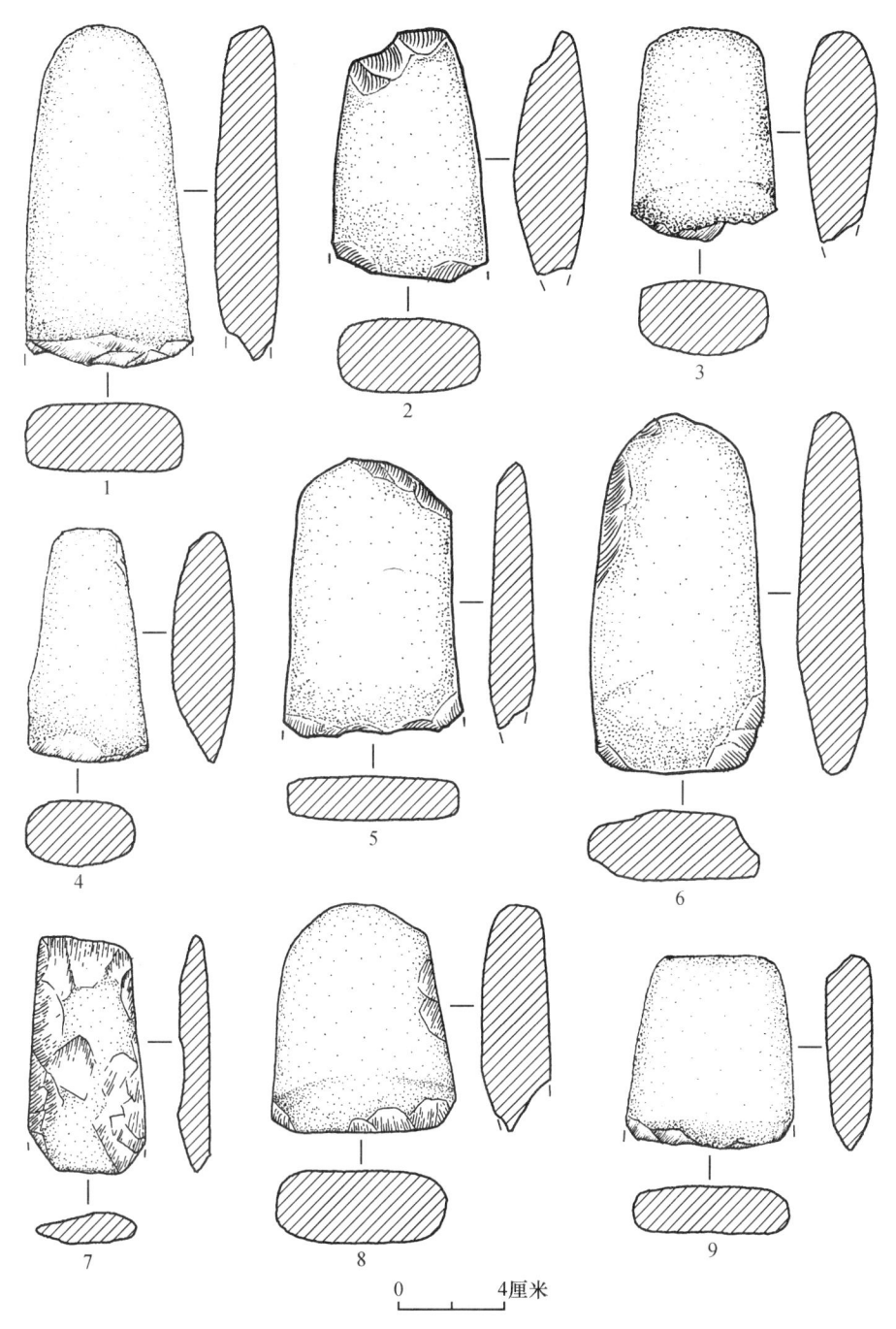

图二七三 2014G1第4层出土石斧

1~8. Aa型（1. 2014G1④：9、2. 2014G1④：19、3. 2014G1④：21、4. 2014G1④：22、5. 2014G1④：38、6. 2014G1④：24、7. 2014G1④：46、8. 2014G1④：47） 9. Ab型（2014G1④：56）

·346·　宁乡罗家冲

图二七四　2014G1第4层出土石器

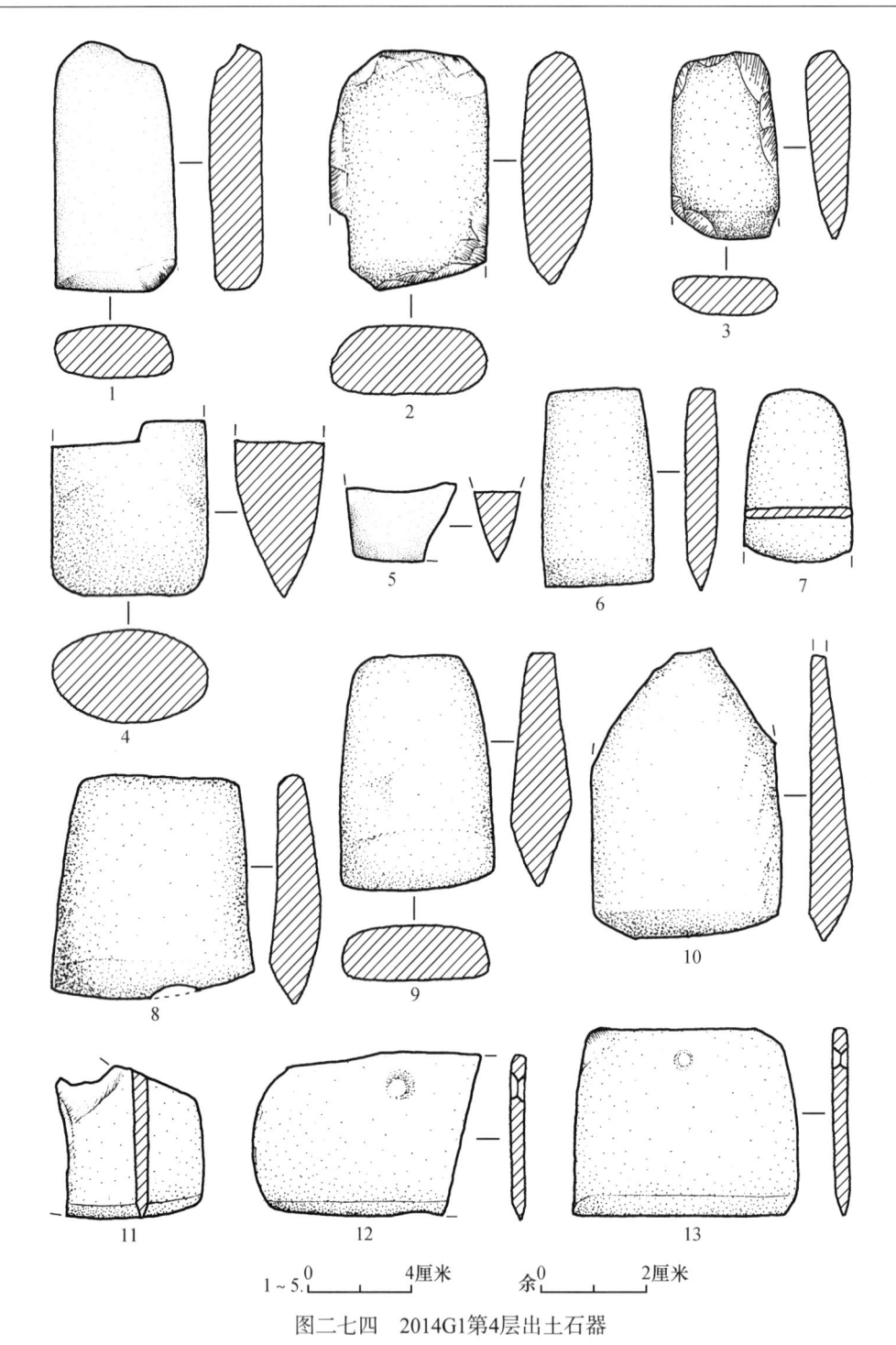

1. B型斧（2014G1④：6）　2~4. C型斧（2. 2014G1④：15、3. 2014G1④：33、4. 2014G1④：55）　5. 不明形制斧（2014G1④：50）
6~9. Ab型锛（6. 2014G1④：11、7. 2014G1④：42、8. 2014G1④：20、9. 2014G1④：29）　10. Ca型锛（2014G1④：40）
11. 不明形制刀（2014G1④：36）　12. A型穿孔刀（2014G1④：45）　13. B型穿孔刀（2014G1④：49）

Ca型，1件。标本2014G1④：40，青灰色石料。上端及刃部残，长方形，下端双面刃。残长5.4、宽3.6、厚0.3厘米（图二七四，10）。

穿孔刀　2件。

A型　1件。标本2014G1④：45，青灰色石料。仅存一端，上端呈弓背形，下端双面刃，上端有一个单面穿孔。残长4.4、宽3.1、穿径0.5、厚0.3厘米（图二七四，12）。

B型　1件。标本2014G1④：49，青灰色石料。梯形，下端双面刃，上端正中有一个对穿孔。长4.3、宽3.5、穿径0.4、厚0.3厘米（图二七四，13）。

刀　2件。

B型　1件。标本2014G1④：17，青灰色石料。长方形，仅存中间一段，下端双面刃。残长6.4、宽3.2、厚0.3厘米（图二七二，16）。

形制不明　1件。标本2014G1④：36，青灰色石料。仅存一角，下端双面刃。残长2.9、残宽2.8、厚0.3厘米（图二七四，11）。

穿孔器　3件。标本2014G1④：8，青灰色石料。仅存一端，端侧正中有一个对穿孔。残长2.6、宽2.5、厚0.2厘米（图二七五，3）。标本2014G1④：32，青灰色石料。不规则桃心形，上端有一个单面穿孔，似为饰品。残长5.4、长3.8、穿径0.3、厚0.6厘米（图二七五，5；图版九四，2）。标本2014G1④：73，青灰色石料。扁平状，仅存一角，边侧有一个对穿孔。残长4.8、残宽6.8、孔径1、厚0.6厘米（图二七五，7）。

凿　3件。

A型　2件。标本2014G1④：5，青灰色石料。上端残，下端两侧交叉刃。残长3.3、厚1.9、宽0.9～1.3厘米（图二七五，2）。标本2014G1④：23，青灰色石料。长条形，平顶，下端两侧交叉刃。长9、厚2.5、宽1.2厘米（图二七五，1；图版九二，6）。

B型　1件。标本2014G1④：2，深青灰色石料。长条形，上端残，一面平，下端双面刃。残长7、宽2.5、厚1.5厘米（图二七五，4）。

砺石　A型　3件。标本2014G1④：27，灰色石料。长方体，一角残，一面磨砺面，内凹。长10.6、宽2.6～4.4、厚5.7厘米（图二七六，1；图版九四，3）。标本2014G1④：28，灰色石料。不规则长方体，一端残，除左右两端外，其余四面均为磨砺面，均内凹。长14.8、宽3.3～5.8、厚5.8厘米（图二七六，6）。标本2014G1④：30，青灰色石料。不规则长方形，一端残，一端为斜边，上下两面均为磨砺面，均内凹。残长20.2、宽10、厚1.4～3.2厘米（图二七六，8）。

残损不明石器、坯料　4件。标本2014G1④：7，青灰色石料。仅存一端，长条形，一端向下倾斜。残长6、宽4、厚2.4厘米（图二七五，8）。标本2014G1④：10，深青灰色石料。仅存中间一段，扁圆柱形。残长3.9、宽1.3、厚1厘米（图二七五，6）。标本2014G1④：13，青灰色石料。仅存一角，下端双面斜刃。残长4.8、残宽3.7、厚0.9厘米（图二七五，10）。标本2014G1④：39，青灰色石料。长方形，下端及一面残。残长6.2、宽3.5、厚1厘米（图二七五，9）。

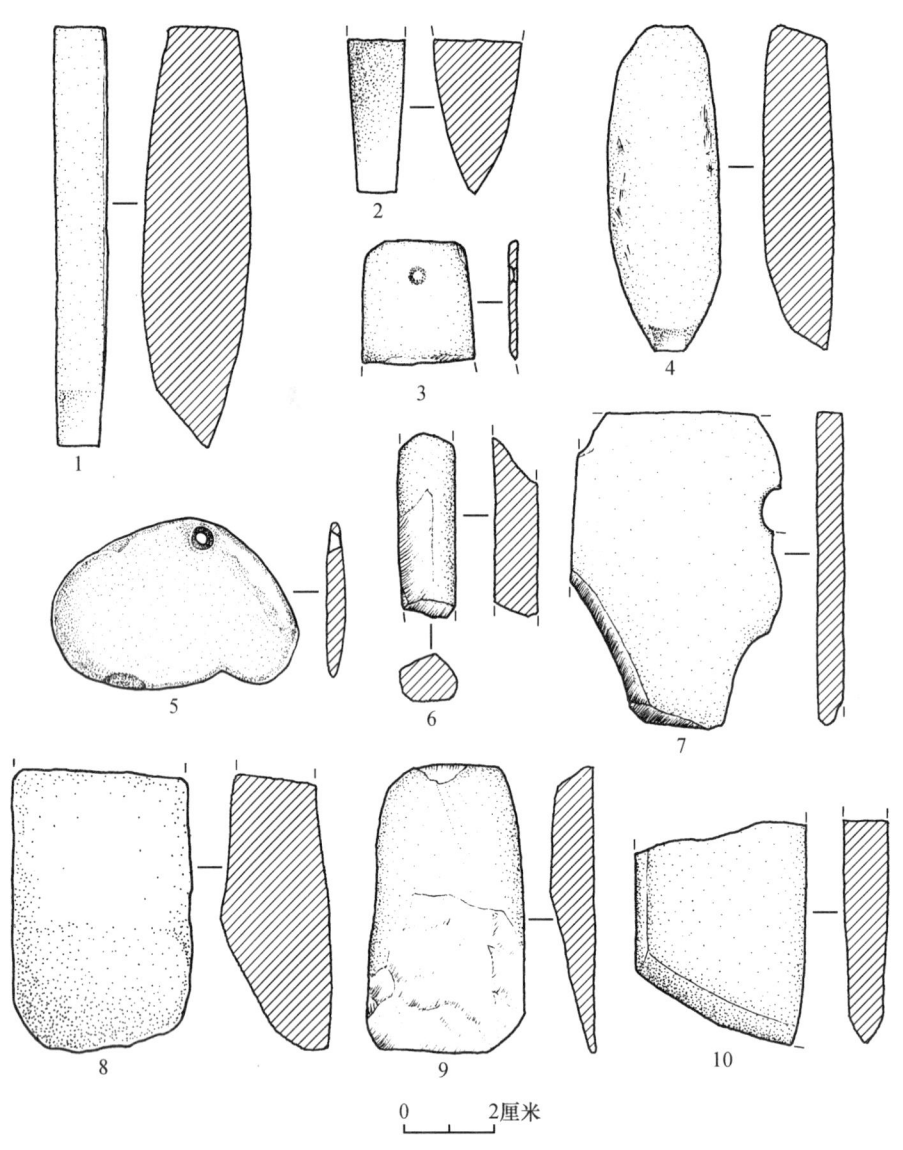

图二七五　2014G1第4层出土石器

1、2. A型凿（1.2014G1④：23、2.2014G1④：5）　3、5、7. 穿孔器（3.2014G1④：8、5.2014G1④：32、7.2014G1④：73）
4. B型凿（2014G1④：2）　6、8~10. 残损不明石器、坯料（6.2014G1④：10、8.2014G1④：7、9.2014G1④：39、10.2014G1④：13）

2）陶器

①2014G1④层陶器统计

为了掌握2014G1④层出土陶器情况，对该层出土的1481件（块）陶器（含标本及陶片）进行了陶系及纹饰统计，对136件（块）可辨器形（含标本及陶片）进行了器形统计，统计情况如下（表二四、表二五）。

陶系：陶器按陶质可分为夹砂陶、泥质陶、硬陶三大类，分别占45.38%、54.42%、0.2%。其中夹砂陶中以夹砂褐陶及夹砂红陶为主，分别占22.15%、19.92%，少量夹砂灰陶及夹砂黑陶；泥质陶中以泥质灰陶、泥质褐陶及泥质红陶为主，分别占18.57%、18.1%、

10.53%，少量泥质黑陶及泥质黑皮红陶；硬陶均为灰陶（表二五）。

器形：可辨器形中夹砂陶占72.06%，泥质陶占27.94%，硬陶器形不明。器形主要以鼎足、罐及釜鼎口沿为主，分别占48.52%、16.17%、9.56%，其他器形有纺轮、鬹、豆、圈足盘、器盖（纽）、把手、鬲、大口尊等，数量均较少。

每类器形及对应的陶系，鼎足及釜鼎口沿均为夹砂陶；纺轮、豆均泥质陶，鬹主要为夹砂红陶及泥质灰陶（表二四）。

纹饰：陶器器表素面占61.51%，其余均有纹饰。从纹饰对应的陶系分析，纹饰主要装饰在夹砂褐陶、夹砂红陶、泥质灰陶、泥质褐陶及泥质红陶上，其余陶质纹饰较少。

纹饰以绳纹为主，占比为24.38%，其次为弦断绳纹及弦纹，分别占6.75%、3.17%，鼎足上纹饰有刻槽、绳纹+刻槽、绳纹+曲折纹、按窝+刻槽、扉棱+绳纹、瓦棱纹等，其中带刻槽鼎足占1.63%，按窝鼎足仅占0.34%，其他纹饰有绳索纹、附加堆纹、刻划纹、篮纹、方格纹、凸棱纹、圆圈纹、按窝、镂孔及绳纹+附加堆纹、凸棱+方格纹、凸棱纹+弦纹、绳纹+刻划纹+戳印纹、附加堆纹+环纹+镂孔、菱形填弦纹等组合纹饰（图二七七；表二五）。

表二四　罗家冲遗址2014G1第4层出土陶器器形统计表　　　　（单位：件）

陶系 器形		夹砂				泥质				硬陶	合计	百分比（%）	
		红陶	灰陶	褐陶	黑陶	红陶	灰陶	褐陶	黑陶	黑皮红陶	灰陶			
纺轮							4					4	2.94	
鼎足	宽扁形	28		2								30	22.05	48.52
	扁锥形	10		5								15	11.03	
	圆锥形	21										21	15.44	
釜鼎口沿		10		3								13	9.56	
罐（含各类罐）		5		3	1	4	5	4				22	16.17	
鬹（含鬹足）		4					1	3				8	5.88	
豆						1	5		1			7	5.15	
圈足盘		2					8					11	8.09	
器盖（纽）		1										1	0.74	
把手		1										1	0.74	
鬲		2										2	1.47	
大口尊							1					1	0.74	
合计		84	0	13	1	8	25	4	1	0	0	136	100	
百分比（%）		61.76	0	9.56	0.74	5.88	18.38	2.94	0.74	0	0	100		
		72.06				27.94					0			

注：陶系中褐陶含红褐陶及黄褐陶，灰陶含浅灰陶及灰白陶；器形中部分仅做大器类或型统计，而未按小器类或亚型统计，如鼎足、罐、鬹、豆等。部分陶质无可辨器形者统计为"0"。

表二五　罗家冲遗址2014G1第4层出土陶器纹饰统计表　　　　　　　　　　（单位：件）

纹饰 \ 陶系	夹砂 红陶	夹砂 灰陶	夹砂 褐陶	夹砂 黑陶	泥质 红陶	泥质 灰陶	泥质 褐陶	泥质 黑陶	泥质 黑皮红陶	硬陶 灰陶	合计	百分比（%）
素面	161		220	21	100	164	191	28	24	2	911	61.51
绳纹	78	11	101	11	31	39	56	24	10		361	24.38
弦断绳纹	10	3	5		12	43	15	9	3		100	6.75
绳索纹	2										2	0.14
绳纹+刻槽	13										13	0.88
绳纹+曲折纹	1										1	0.07
刻槽	6										6	0.41
按窝+刻槽	5										5	0.34
扉棱+绳纹	2										2	0.14
附加堆纹+绳纹		1				1					2	0.14
瓦棱纹	5	1									6	0.41
附加堆纹	1										1	0.07
凸棱+方格纹					1						1	0.07
刻划纹	1										1	0.07
弦纹	5		2	1	9	22	2	3	3		47	3.17
篮纹						2	1	1			4	0.27
方格纹	2				2					1	5	0.34
凸棱纹	1				1	1		2			5	0.34
凸棱纹+弦纹						1					1	0.07
绳纹+刻划+戳印纹						1					1	0.07
圆圈纹						2					2	0.14
按窝	1										1	0.07
附加堆纹+环纹+镂孔	1										1	0.07
镂孔							1				1	0.07
菱形填线纹							1				1	0.07
合计	295	16	328	33	156	275	268	67	40	3	1481	100
百分比（%）	19.92	1.08	22.15	2.23	10.53	18.57	18.10	4.52	2.70	0.20	100	
	45.38				54.42					0.20		

注：本统计表未含纺轮；陶系中褐陶含红褐陶及黄褐陶，灰陶含浅灰陶及灰白陶；纹饰中绳纹含各类粗细绳纹、方格纹含各类大小方格纹，弦纹含凹凸弦纹。

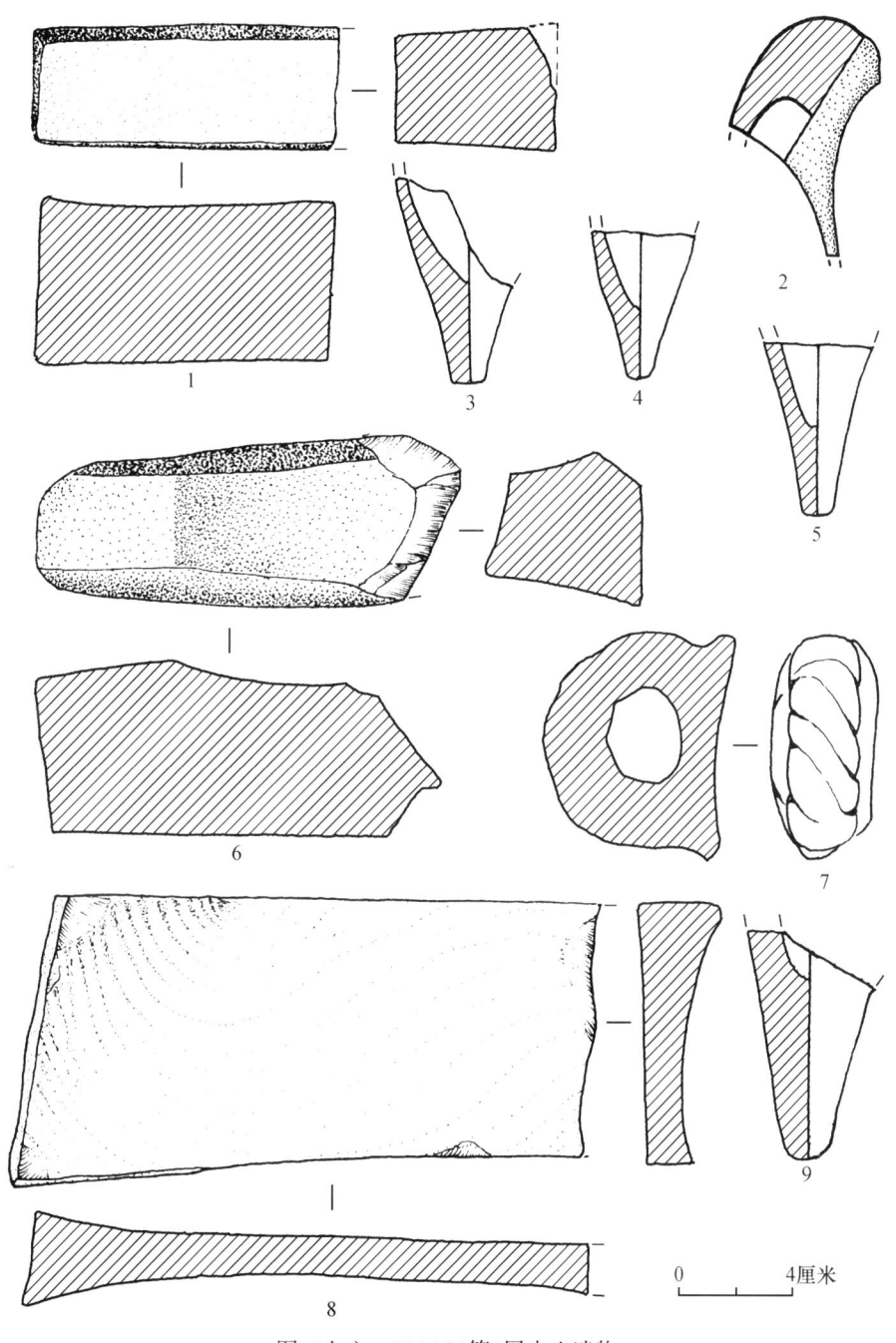

图二七六 2014G1第4层出土遗物

1、6、8. A型砺石（1. 2014G1④：27、6. 2014G1④：28、8. 2014G1④：30） 2. D型陶支座（2014G1④：54） 3~5. A型陶鬶足（3. 2014G1④：60、4. 2014G1④：69、5. 2014G1④：70） 7. A型陶把手（2014G1④：59） 9. A型陶鬲足（2014G1④：65）

②标本 26件。

纺轮 4件。均为A型。

Aa型，3件。标本2014G1④：18，泥质灰陶。局部残，饼形，直边，一面边侧饰一周细凹弦纹，中部饰三周细凹弦纹，外侧两周凹弦纹内饰竖向戳点纹，中部穿孔。直径3.8、孔径0.3、厚0.6厘米（图二七八，2）。标本2014G1④：34，泥质灰陶。饼形，直边，一面饰四周等距细凹弦纹，第一、二周及第三、四周凹弦纹之间饰戳点纹。直径3.6、孔径0.2、厚0.6厘米（图二七八，3；图版九四，4）。标本2014G1④：37，泥质灰陶。饼形，直边，边侧残，一面边侧及中部各饰一周细凹弦纹，弦纹之间饰戳点纹。直径3、孔径0.2、厚0.5厘米（图二七八，4）。

Ab型，1件。标本2014G1④：16，泥质灰陶。局部残，饼形，斜边，窄面中部略凸，并饰两周细凹弦纹，中部穿孔。短径3.2、长径3.6、孔径0.3、厚0.5厘米（图二七八，1；图二七七，9）。

鼎足 6件。

Aa型，2件。标本2014G1④：57，夹砂黄褐陶。下端残，宽扁足，外饰二道瓦棱纹。残高9.2、宽6.5～8.4、厚0.6～2厘米（图二七八，5；图二七七，4）。标本2014G1④：63，夹砂红陶。宽扁足，下端残，倒梯形，外饰四条凸棱纹。残高11、宽9.6～12.6、厚1.8厘米（图二七八，6）。

Ba型，2件。标本2014G1④：61，夹砂黄褐陶。扁锥足，外饰绳纹。高9、宽2.4～4.2、厚1.4厘米（图二七八，7）。标本2014G1④：72，夹砂黄褐陶。下端残，扁锥足，内侧平，外饰绳纹。残高10、宽3.2～5.6、厚2.6～3.4厘米（图二七八，10）。

Ca型，2件。标本2014G1④：64，夹砂红陶。圆锥足，外饰三道刻槽。高12.6、足底径1.8、厚1.8～4.4厘米（图二七九，1；图二七七，5）。标本2014G1④：66，夹砂红陶。圆锥足，下端残，外饰二道刻划纹。残高6.6、宽2～3.8厘米（图二七八，9；图二七七，3）。

矮领罐口沿 A型 1件。标本2014G1④：58，泥质灰陶。短外斜沿，广肩，肩饰绳纹。残高3.2、复原口径14.4、厚0.5厘米（图二七九，3）。

罐底 B型 1件。标本2014G1④：67，泥质灰陶。圜底内凹，外饰绳纹。残高1.8、底径9.8、厚0.5厘米（图二七九，4）。

高领罐口沿 A型 2件。标本2014G1④：76，泥质红陶。高束领，素面。残高5、复原口径12、厚0.4厘米（图二七九，5）。标本2014G1④：78，泥质灰陶。高束领，中上部饰一条凸棱，上部饰细凹弦纹，下部饰若干个四条一组的细凹弦纹。残高6.5、复原口径14、厚0.8厘米（图二七九，2）。

釜鼎口沿 1件。标本2014G1④：75，夹砂红陶。宽折沿，沿面内凹，上腹外斜，肩饰绳纹。残高4、复原口径22、厚0.7厘米（图二七九，8）。

豆柄 A型 1件。标本2014G1④：74，泥质灰陶。下端残。高粗中空柄，中部束腰，下端饰一道凸棱。残高10、残宽9、厚0.7厘米（图二七九，9；图版九四，5）。

圈足盘 2件。标本2014G1④：68，泥质红陶。下端残。圈足，圜底。残高3.6、残宽12、

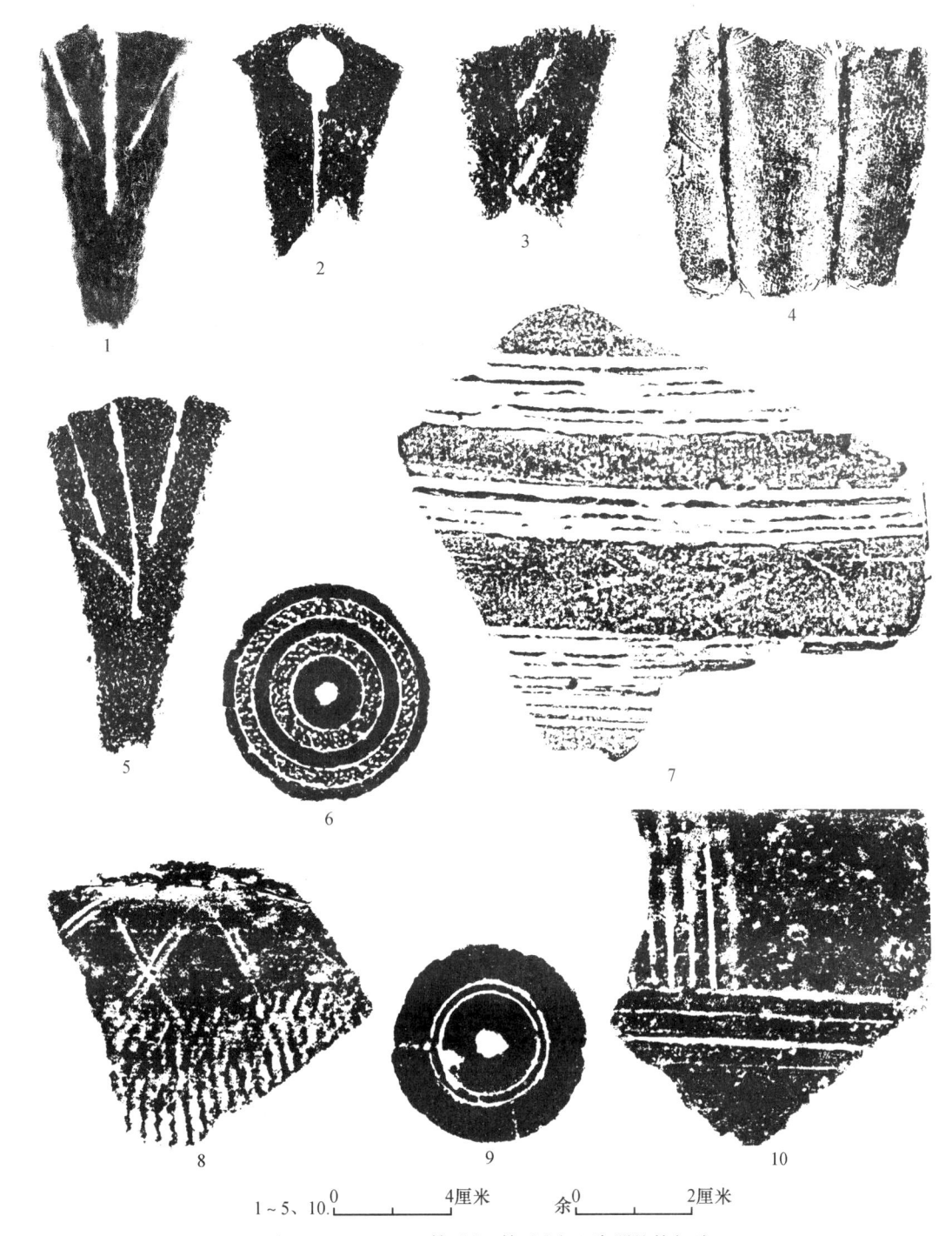

图二七七　2014G1第3层、第4层出土陶器纹饰拓片

1、3、5. 刻槽（1. 2014G1③：12、3. 2014G1④：66、5. 2014G1④：64）　2. 按窝+单刻槽（2014G1③：13）
4. 瓦棱纹（2014G1④：57）　6. 凹弦纹+戳点纹（2014G1④：34）　7. 弦纹（2014G1③：16）　8. 绳纹+刻划纹（2014G1③：15）
9. 凹弦纹（2014G1④：16）　10. 刻划纹（2014G1③：14）

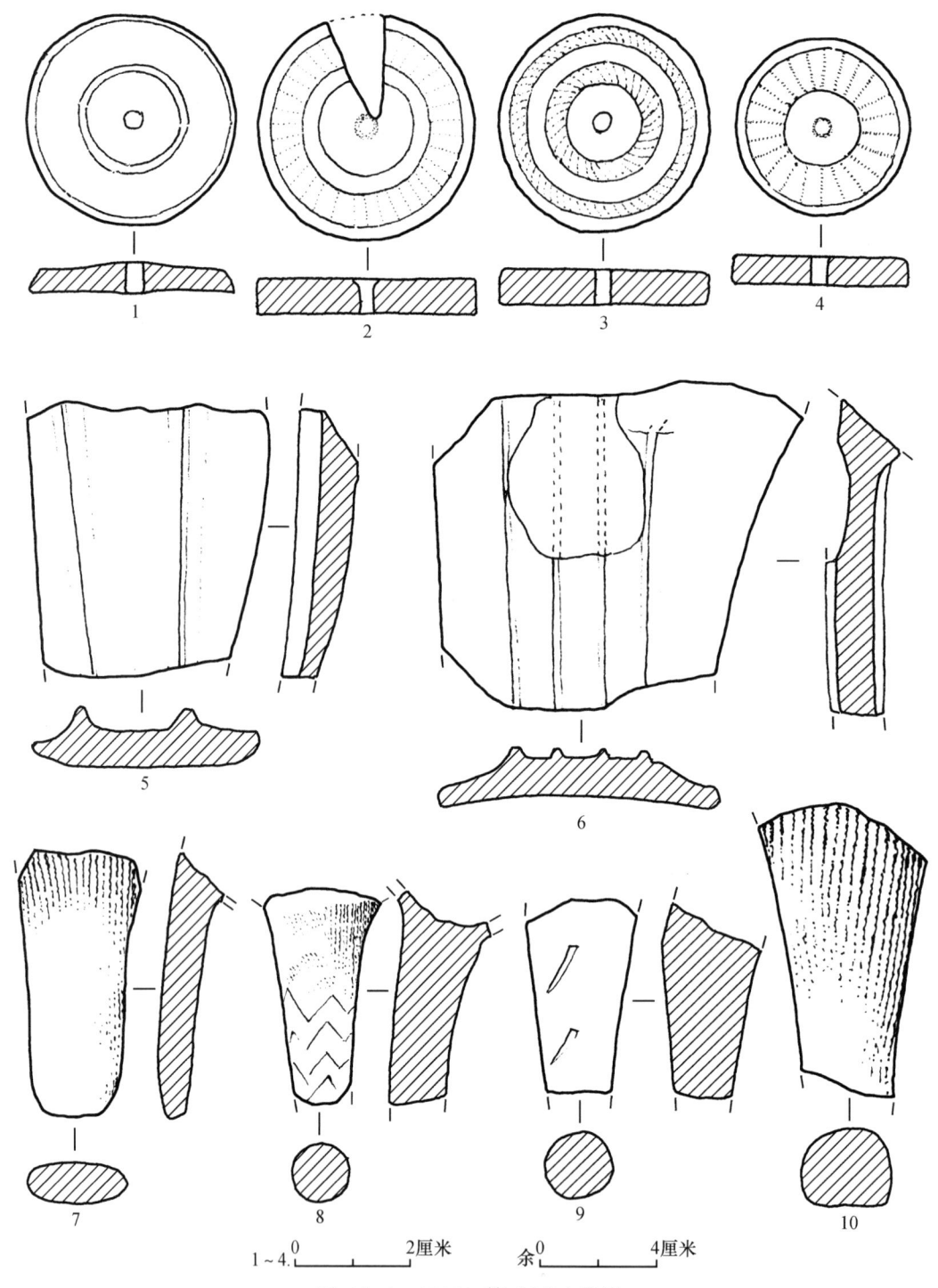

图二七八　2014G1第4层出土陶器

1. Ab型纺轮（2014G1④：16）　2~4. Aa型纺轮（2. 2014G1④：18、3. 2014G1④：34、4. 2014G1④：37）　5、6. Aa型鼎足（5. 2014G1④：57、6. 2014G1④：63）　7、10. Ba型鼎足（7. 2014G1④：61、10. 2014G1④：72）　8. A型鬲足（2014G1④：62）　9. Ca型鼎足（2014G1④：66）

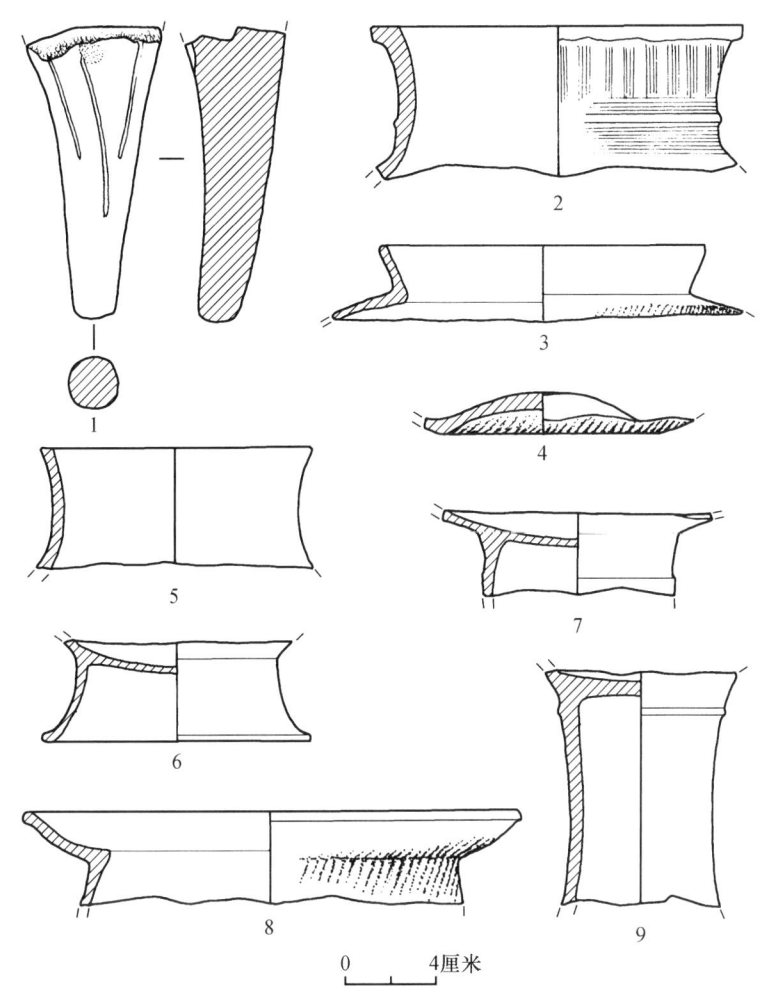

图二七九　2014G1第4层出土陶器

1. Ca型鼎足（2014G1④：64）　2、5. A型高领罐口沿（2. 2014G1④：78、5. 2014G1④：76）　3. A型矮领罐口沿（2014G1④：58）
4. B型罐底（2014G1④：67）　6、7. 圈足盘（6. 2014G1④：71、7. 2014G1④：68）　8. 釜鼎口沿（2014G1④：75）
9. A型豆柄（2014G1④：74）

柄径8.4、厚0.5厘米（图二七九，7）。标本2014G1④：71，泥质灰陶。矮粗中空柄，喇叭口状圈足。残高4.3、底径12、厚0.3厘米（图二七九，6；图版九四，6）。

支座　D型　1件。标本2014G1④：54，夹砂红陶。仅存上端，下部呈方形中空状，上端向内卷曲。残高6.8、宽6、壁厚0.8厘米（图二七六，2）。

鬲足　A型　2件。标本2014G1④：62，夹砂红陶。锥状足，下端残，浅足窝，外饰绳纹+曲折纹。残高7.4、宽2~4、厚2厘米（图二七八，8；图版九五，2）。标本2014G1④：65，夹砂红陶。锥状足，浅足窝，外饰绳纹。残高8、残宽4.8厘米（图二七六，9；图版九五，3）。

把手　A型　1件。标本2014G1④：59，夹砂红陶。三股麻花状。残高7.4、宽6.8、耳孔长3.2、宽2.6厘米（图二七六，7）。

鬶足　A型　3件。标本2014G1④：60，泥质灰陶。高锥足，深足窝。残高7、残宽4.2、厚0.4厘米（图二七六，3）。标本2014G1④：69，夹砂红陶。高锥足，浅足窝。残高5、残宽3.7、厚0.5厘米（图二七六，4）。标本2014G1④：70，泥质灰陶。高锥足，浅足窝。残高5.8、残宽3.6、厚0.5厘米（图二七六，5；图版九五，4）。

3）其他

铜块　1件。标本2014G1④：14，由于锈蚀严重，仅存少量铜渣，器形不辨（图版九五，6）。

（二）2014G1外延部分探沟发掘情况

1. 钻探概况

为了探寻2014G1向外延伸情况，我们沿2014G1的发掘区外东西两侧进行了钻探，通过钻探可知，2014G1从发掘区向西延伸至断坎下，沿东壁向东延伸约45米左右后在东南侧向南转角，并被一现代水塘（石塘）所叠压，淹没在水面以下，向南一直延伸至南侧遗址所在台地断坎圹下。从地形上分析，遗址北高南低，从钻探情况分析，2014G1是依据地形坡度开挖而成，其中G1向南的断坎出口处均为岩石层，并有部分杂乱的大石块分布。

2. 探沟概况

为了解G1向东及向南的走向及形制情况，选择在G1向南及向东延伸区域开挖两条探沟，编号分别为2017TG1及2017TG2，具体发掘情况如下：

（1）2017TG1

概况：位于G1向南折延伸部分，探沟西南基点距发掘区基点以东80米，以南1.5米，为南北正方向布设，探沟东西长15、南北宽6米（图版二三，1）。

层位堆积：自上而下可分5层（图二八〇）。

第1层：灰褐色表土层，结构致密，包含有植物根系、石块及现代陶瓷残片等。厚30～45厘米。该层为表土层。

在第1层下西南侧有个较大的近现代扰土坑，可分二层，第1层为黄褐色土，土质较疏松，深0～180厘米。第2层为青灰土，土质较致密，呈胶泥状，包含石块、砖块、瓦片、木头、瓷片等近现代遗物。深0～85厘米。

第2层：浅灰色土层，土质较黏，北高南低，呈坡状分布，包含有石块、红烧土颗粒、炭屑、瓷片及现代陶瓷片等。厚30～45厘米。该层为近现代垫土层。

第3层：黄褐色土层，土质致密，北高南低，呈坡状分布，包含石块及陶瓷片等。厚5～80厘米。该层为近现代垫土层。

第4层：灰褐色土层，夹杂有黄褐色土层，结构致密，北高南低，呈坡状分布，含石块、瓷片及陶片等。厚15～130厘米。该层为宋代地层。

第5层：浅灰褐色土层，结构致密，北高南低，呈坡状分布，含石块、红烧土颗粒、炭屑及陶片等。厚5～60厘米。该层为早一期地层。

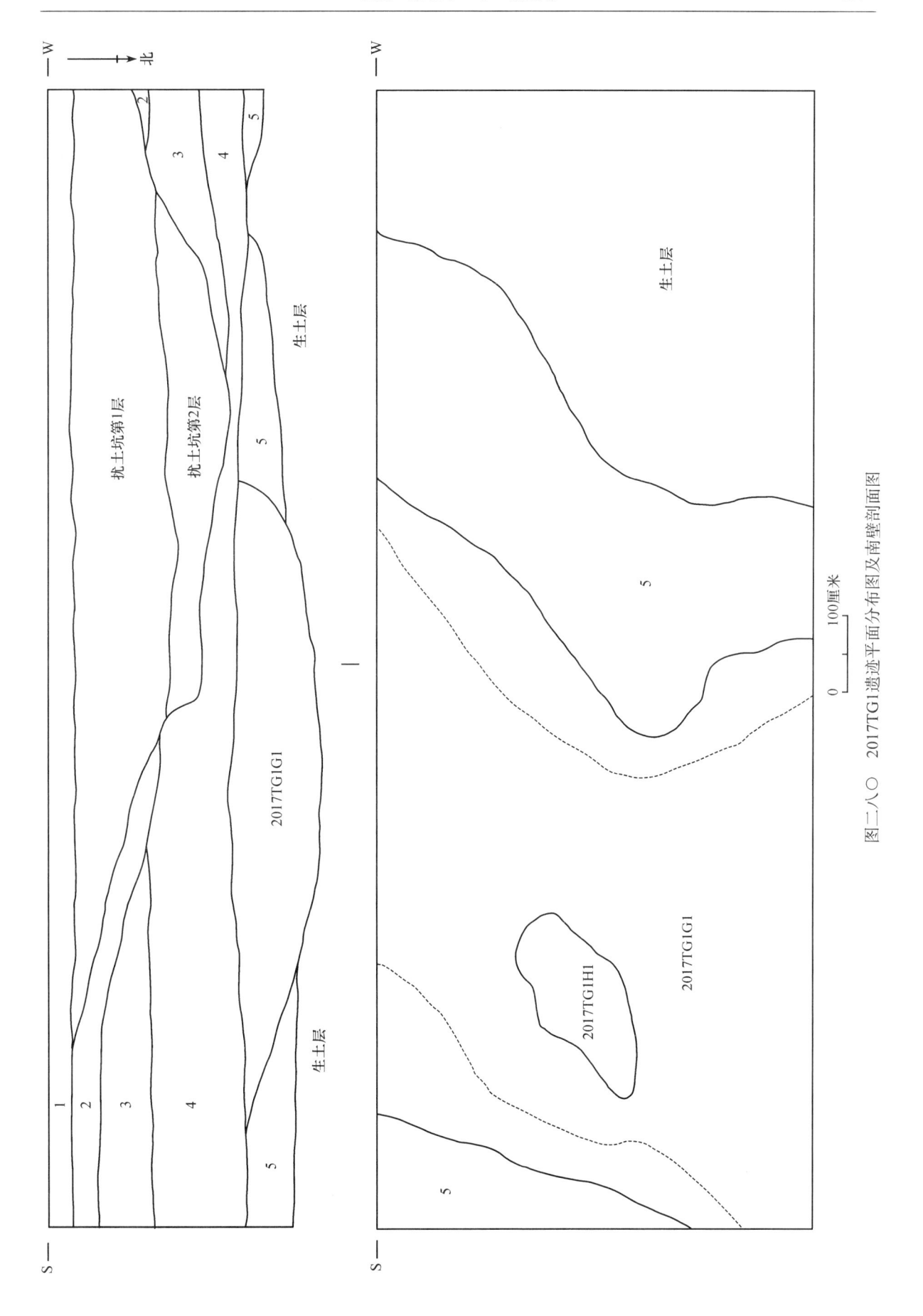

图二八〇 2017TG1G1遗迹平面分布图及南壁剖面图

2017TG1地层出土遗物：第1、2层未出土遗物，第3~5层出土有遗物。

第3层出土遗物：

石镞　1件。标本2017TG1③：1，青灰色石料。铤后端残，镞身呈圆锥形，细短圆锥形铤。残长5.5、镞身后径1.1厘米（图二八一，1）。

第4层出土遗物：

石镞　4件。均为A型。

Aa型，2件。标本2017TG1④：1，青灰色石料。镞身前端残，宽柳叶形，镞身一面有脊，一面扁平，短三角形铤。残长5.4、宽2.5、厚0.5厘米（图二八一，2）。标本2017TG1④：2，青灰色石料。形体较小，镞身前端残，柳叶形，双面扁平，两侧刃，短三角形铤。残长4.7、宽1.6、厚0.3厘米（图二八一，3）。

Ac型，1件。标本2017TG1④：4，青灰色石料。形体较小，镞身前端残，柳叶形，双面有脊，两侧刃，扁锥形铤。残长5.2、宽1.2、厚0.6厘米（图二八一，4）。

A型不明亚型，1件。标本2017TG1④：5，青灰色石料。仅存镞身前端，柳叶形，一面有脊，一面扁平，两侧刃。残长3.3、宽1.4、厚0.5厘米（图二八一，5）。

石斧　2件。

Aa型，1件。标本2017TG1④：18，青灰色石料。梯形，弧顶，下端双面刃。长9.2、宽4.8~6.3、厚2.8厘米（图二八一，8）。

C型　1件。标本2017TG1④：3，深青灰色石料。上端残，长方形，下端双面弧刃。残长6.8、宽6、厚2.2厘米（图二八一，7）。

石锛　4件。

A型　2件。

Aa型，1件。标本2017TG1④：16，青灰色石料。上端略残，梯形，平顶，下端双面刃。残长7、宽4~4.6、厚1厘米（图二八一，11）。

Ab型，1件。标本2017TG1④：17，青灰色石料。两侧打制，平面呈长梯形，下端双面刃。长6.7、宽1~2.6、厚0.6厘米（图二八一，6）。

Ca型，2件。标本2017TG1④：6，青灰色石料。上端残，长方形，下端双面刃。残长5、宽2.2、厚0.5厘米（图二八一，9）。标本2017TG1④：15，青灰色石料，上端及刃部残。长方形，下端双面刃。残长6.2、宽4.2、厚1.6厘米（图二八一，10）。

青瓷碗　4件。根据碗口形制及深浅不同分二型。

A型　2件。标本2017TG1④：7，敞口，浅弧腹，矮圈足。口径15.6、底径4.8、高3.7厘米（图二八二，1；图版九六，1）。标本2017TG1④：11，敞口，浅弧腹，矮圈足。口径16、底径4.6、高4厘米（图二八二，2；图版九六，5）。

B型　2件。标本2017TG1④：12，外卷口，深弧腹，矮圈足。口径17.7、底径5.6、高5厘米（图二八二，4；图版九六，6）。标本2017TG1④：13，外卷口，深弧腹，矮圈足。口径16、底径5.1、高5.7厘米（图二八二，3）。

青瓷钵　1件。标本2017TG1④：14，敞口、斜直腹，平底。口径14、底径9、高2.6厘米

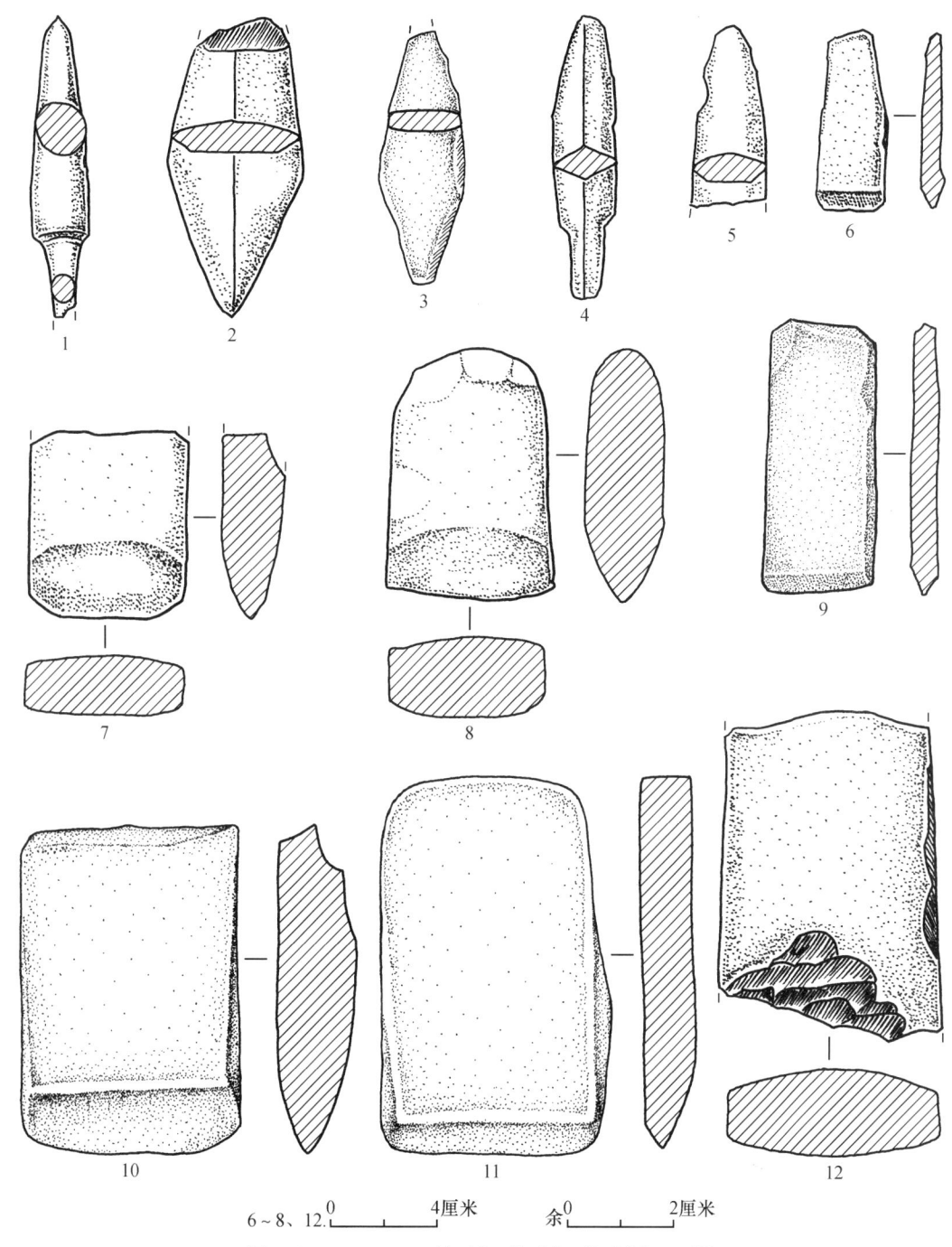

图二八一　2017TG1第3层、第4层、第5层出土石器

1.锥（2017TG1③：1）　2、3.Aa型镞（2.2017TG1④：1、3.2017TG1④：2）　4.Ac型镞（2017TG1④：4）　5.A型不明亚型镞（2017TG1④：5）　6.Ab型锛（2017TG1④：17）　7.C型斧（2017TG1④：3）　8.Aa型斧（2017TG1④：18）　9、10.Ca型锛（9.2017TG1④：6、10.2017TG1④：15）　11.Aa型锛（2017TG1④：16）　12.Aa型斧（2017TG1⑤：1）

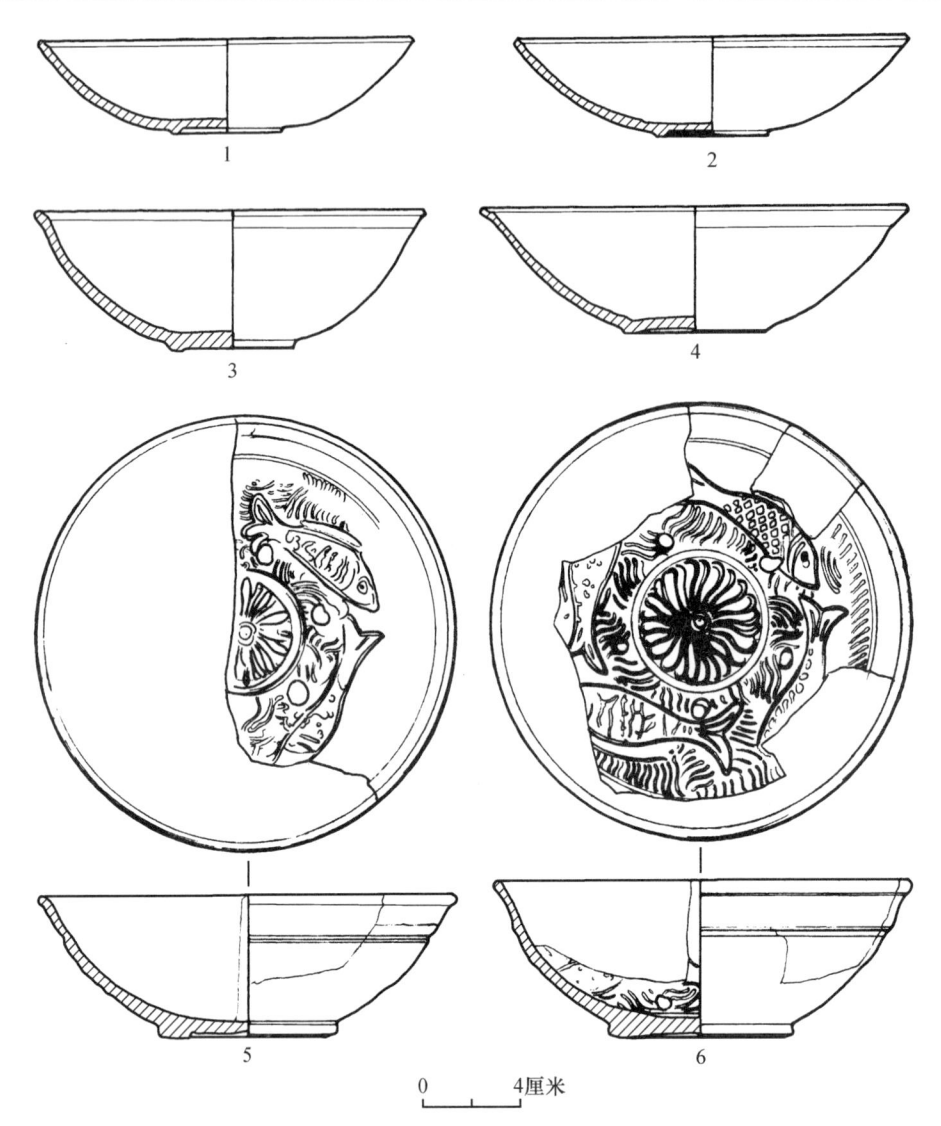

图二八二　2017TG1第4层出土瓷器

1、2. A型青瓷碗（1. 2017TG1④：7、2. 2017TG1④：11）　3、4. B型青瓷碗（3. 2017TG1④：13、4. 2017TG1④：12）
5、6. 酱釉印花碗（5. 2017TG1④：8、6. 2017TG1④：9）

（图二八五，3）。

酱釉印花碗　2件。标本2017TG1④：8，口微外卷，深弧腹，矮圈足，外壁沿下饰一道凹弦纹，内壁碗底模印圆形太阳花纹，中部模印四鱼纹及水草纹，上部饰一道凹弦纹及竖向刻划纹。口径17.4、底径7.4、高5.8厘米（图二八二，5；图版九六，2）。标本2017TG1④：9，口微外卷，深弧腹，矮圈足，外壁沿下饰一道凹弦纹，内壁碗底模印圆形太阳花纹，中部模印四鱼纹及水草纹，上部饰一道凹弦纹及竖向刻划纹。口径17.4、底径7.5、高6.3厘米（图二八二，6；图版九六，3）。

酱黑釉罐　1件。标本2017TG1④：10，短直口，鼓肩，下腹斜收，平底。口至肩施黑釉，肩以下露胎。口径9、底径8.2、高9.4厘米（图二八五，4；图版九六，4）。

第5层出土遗物：

石斧　Aa型，1件。标本2017TG1⑤：1，深青灰色石料。上端及刃部残，梯形，下端双面刃。残长12、宽7.8~8.6、厚3.2厘米（图二八一，12）。

1）2017TG1H1

位于2017TG1的东部，开口于2017TG1④层下，打破2017TG1⑤层及2014G1延伸部分。

平面呈不规则形，坑壁内弧，圜底。填土为黄灰色土，呈胶泥状，含石块及红烧土块等。南北长2.65、东西宽1.25、深0.7米（图二八三）。从出土遗物分析时代为宋代。

仅出土少量陶器残片，器形不辨。

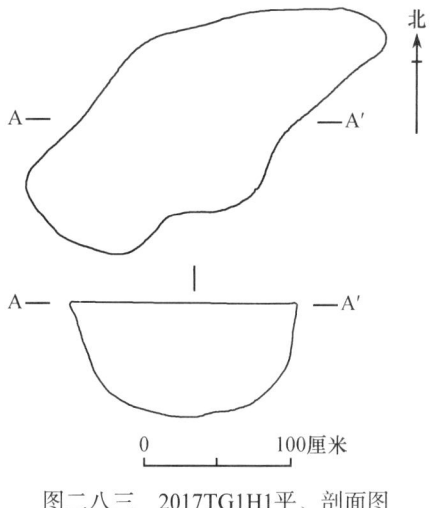

图二八三　2017TG1H1平、剖面图

2）2014G1外延部分：编号2017TG1G1

位于2017TG1中部，叠压在第4层下，上部被2017TG1H1打破，打破第5层及生土层。

平面呈不规则形长条形，在探沟内呈东北向西南方向延伸，沟底呈坡状内收，沟壁不规整，沟内填土为青灰色淤泥层，土质较黏，上部呈胶泥状，下部含沙较多，呈软泥状，含石块及陶片等。东西宽8.4、深0~1.2米（图二八四）。

出土遗物：

石镞　Aa型，1件。标本2017TG1G1：1，深青灰色石料。镞身前端及两侧残，柳叶形，双面有脊，双面刃，梯形铤。残长5.7、宽2、厚0.7厘米（图二八五，1）。

石斧　Aa型，1件。标本2017TG1G1：3，青灰色石料。上端略残，梯形，下端双面斜刃。

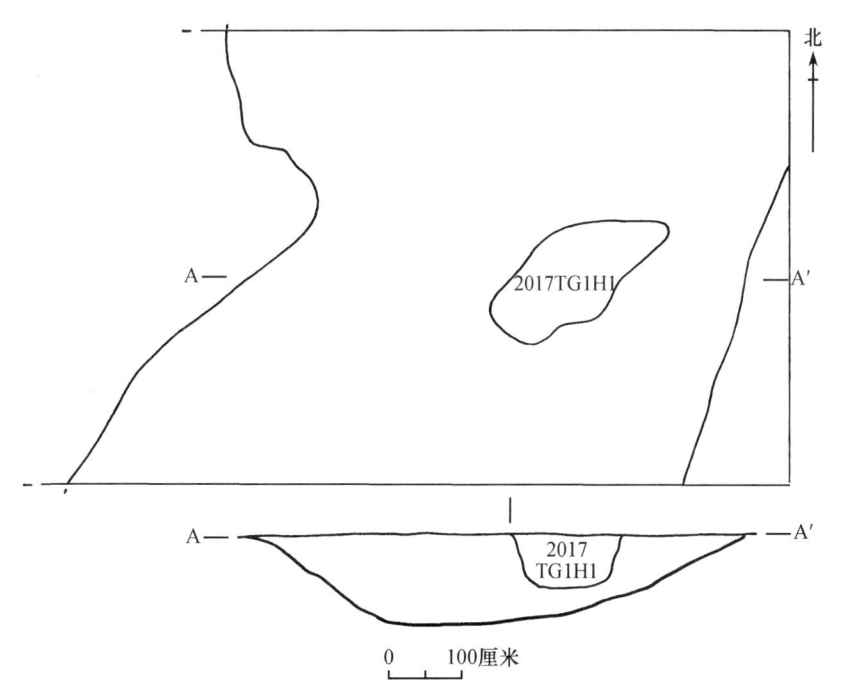

图二八四　2017TG1G1平、剖面图

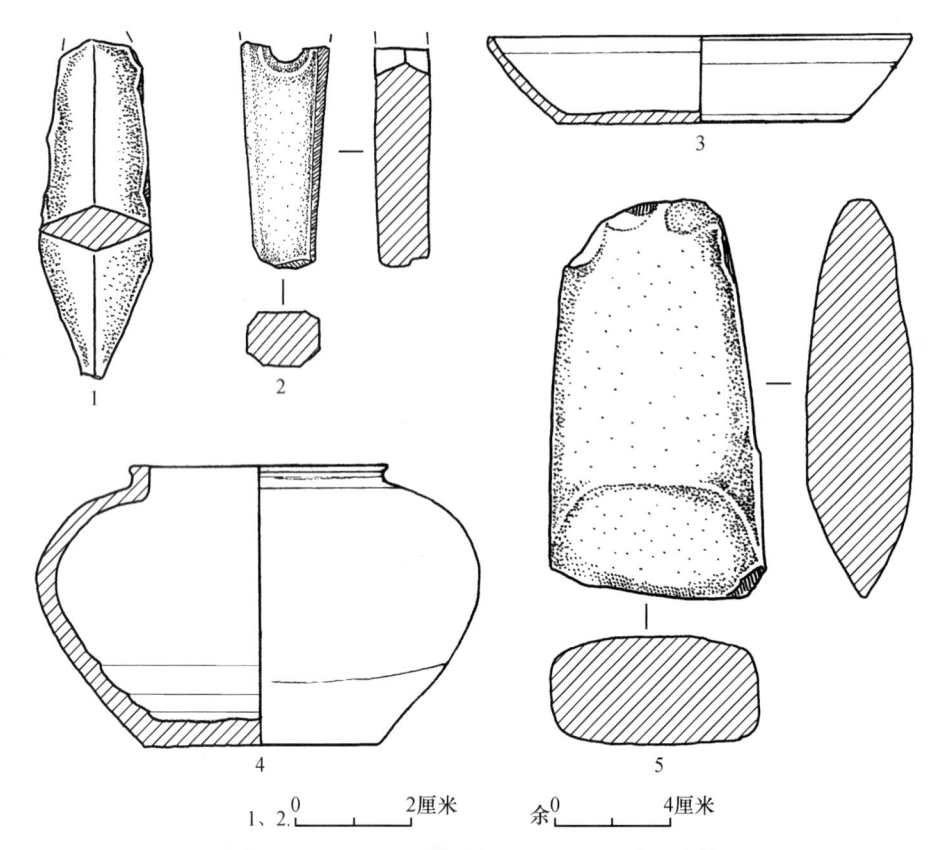

图二八五　2017TG1第4层、2017TG1G1出土遗物

1. Aa型石镞（2017TG1G1∶1）　2. 穿孔石器（2017TG1G1∶2）　3. 青瓷钵（2017TG1④∶14）　4. 酱黑釉罐（2017TG1④∶10）
5. Aa型石斧（2017TG1G1∶3）

残长13.2、宽5～7.4、厚3.6厘米（图二八五，5）。

穿孔石器　1件。标本2017TG1G1∶2，青灰色石料。扁锥形，梯形，中部有一个对穿孔。残长3.7、宽1～1.5、厚0.9厘米（图二八五，2）。

（2）2017TG2

概况：位于G1向东延伸部分，探沟西南基点距发掘区基点以东55米，以北60米，为南北正方向布设，南北长10、东西宽3.8米（图版二三，2）。

层位堆积：自上至下可分6层（图二八六）。

第1层：灰褐色表土层，结构致密，包含有植物根系、石块及现代陶瓷残片等。厚10～20厘米。为表土层。

第2层：黄褐色土层，土质致密，西高东低，呈坡状分布，包含有石块、红烧土颗粒、瓷片及现代陶瓷片，另出土1枚"乾隆通宝"铜钱。厚40～135厘米。为近现代垫土层。

第3层：棕褐色土层，土质致密，呈坡状分布，包含石块、板瓦、红烧土颗粒及陶瓷片等。厚20～100厘米。为垫土层。

第4层：灰褐色土层，结构致密，呈坡状分布，含石块、红烧土颗粒及陶片等。厚20～100厘米。为近现代垫土层。

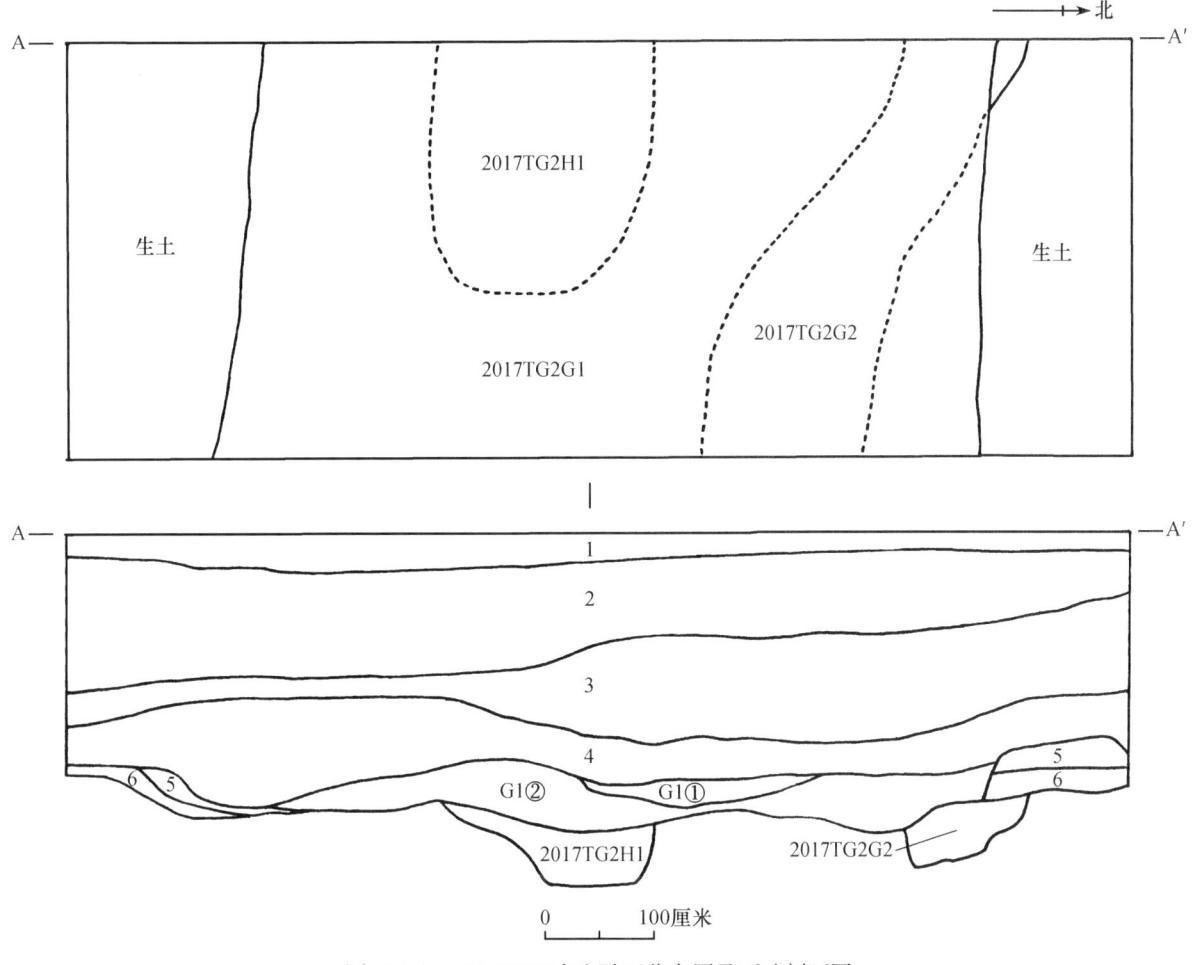

图二八六　2017TG2遗迹平面分布图及西壁剖面图

第5层：黄褐色土层，结构致密，呈坡状分布，含沙较多，另含石块、红烧土颗粒、炭屑等。厚10~30厘米。为早一期文化层。

第6层：灰褐色土层，呈坡状分布，含沙较多，另含石块、红烧土颗粒、炭屑及陶片等。厚10~45厘米。为早一期文化层。

2017TG2地层出土遗物：第1层未出土遗物，第2~6层出土有遗物。

第2层出土遗物：

标本2017TG2②：1，铜钱，保存完整，为"乾隆通宝"，背面为满文，字迹清楚，直径2.3、孔径0.6厘米（图二八七，9）。

第3层出土遗物：

石锛　3件。

Aa型，2件。标本2017TG2③：2，深青灰色石料。上下端略残，梯形，平顶，一面平，一面弧形，下端单面刃。长5.9、宽2.4~3、厚0.4~1.4厘米（图二八七，4）。标本2017TG2③：4，青灰色石料。上端一面及刃部略残，梯形，弧顶，下端双面刃，一面宽刃，一面窄刃。长7.3、宽4.8~5.6、厚1.6厘米（图二八七，7）。

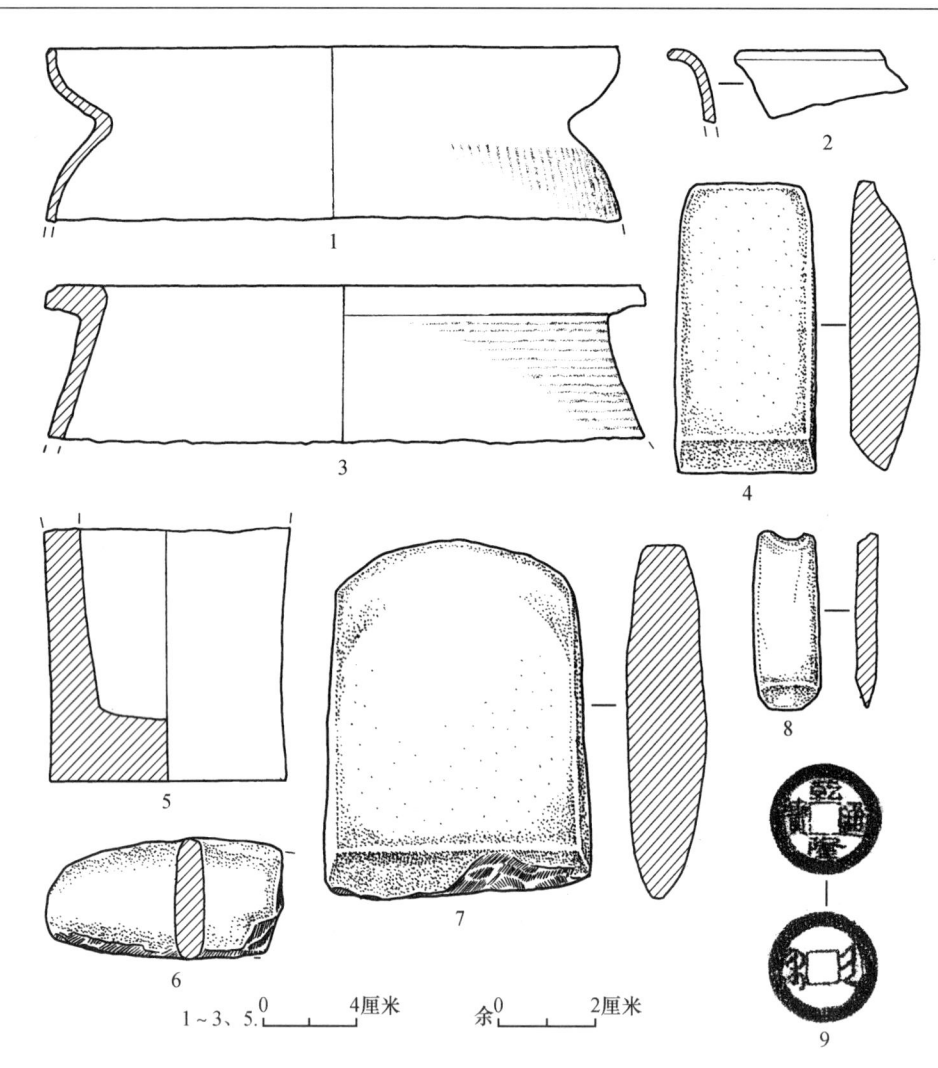

图二八七　2017TG2G1第2层、2017TG2第2层、第3层出土遗物

1. 陶釜鼎口沿（2017TG2G1②：5）　2、3. B型陶盆口沿（2. 2017TG2G1②：7、3. 2017TG2G1②：6）　4、7. Aa型石锛（4. 2017TG2③：2、7. 2017TG2③：4）　5. 陶大口缸底（2017TG2G1②：12）　6. A型石刀（2017TG2③：1）　8. Cb型石锛（2017TG2③：3）　9. 乾隆通宝（2017TG2②：1）

Cb型，1件。标本2017TG2③：3，深青灰色石料。上端残，形体较小，长方形，上端有一个单面穿孔，下端双面刃。残长3.7、宽1.4、孔径0.6、厚0.2厘米（图二八七，8）。

石刀　A型　1件。标本2017TG2③：1，深青灰色石料。仅存一半，弓背形，未刃，似为半成品。残长1~2.4、残宽4.9、厚0.6厘米（图二八七，6）。

第4层出土遗物：

石斧　Aa型，1件。标本2017TG2④：1，深青灰色石料。下端一面及刃部略残，梯形，平顶，下端双面刃。长6.6、宽5~5.9、厚2.2厘米（图二八八，1）。

陶矮领罐口沿　A型　1件。标本2017TG2④：2，夹砂红陶。短外斜沿，束颈，外饰绳纹。残高4、残宽7.5、厚0.4厘米（图二八八，2）。

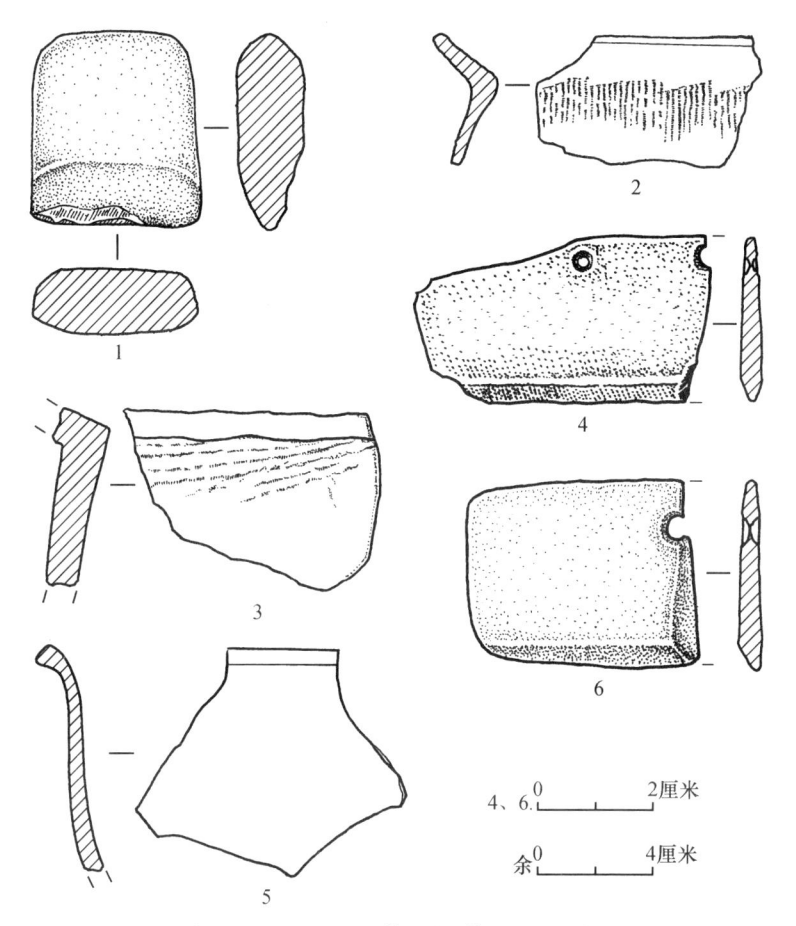

图二八八　2017TG2第4层、第6层出土遗物

1. Aa型石斧（2017TG2④：1）　2. A型陶矮领罐口沿（2017TG2④：2）　3. 陶大口缸口沿（2017TG2⑥：3）　4. A型穿孔石刀（2017TG2⑥：1）　5. 陶盆口沿（2017TG2⑥：4）　6. B型穿孔石刀（2017TG2⑥：2）

第5层出土遗物：

石镞　2件。均为A型。

Aa型，1件。标本2017TG2⑤：4，青灰色石料。镞身前端残，柳叶形，双面有脊，两侧刃，三角形铤。残长5.2、宽1.9、厚0.5厘米（图二八九，3）。

Af型，1件。标本2017TG2⑤：2，青灰色石料。镞身前端残，柳叶形，两侧刃，后端双面刃，无铤。残长4.2、宽1.6、厚0.4厘米（图二八九，2）。

石斧　Aa型，2件。标本2017TG2⑤：3，青灰色石料。上端及刃部略残，梯形，平顶，下端双面刃。长7.8、宽5～5.8、厚2厘米（图二八九，5）。标本2017TG2⑤：5，石斧，深青灰色石料。上端及刃部略残，梯形，平顶，下端双面刃。长8.2、宽4.4～5.6、厚2.8厘米（图二八九，6）。

石锛　Aa型，1件。标本2017TG2⑤：6，深青灰色石料。刃部略残，梯形，平顶，下端双面刃，一面宽刃，一面窄刃。长8.4、宽4.4～5.4、厚2.8厘米（图二八九，7）。

石刀　不明形制　1件。标本2017TG2⑤：7，灰白色石料。仅存一端，长方形，下端双面刃。长4、残宽2.7、厚0.5厘米（图二八九，4）。

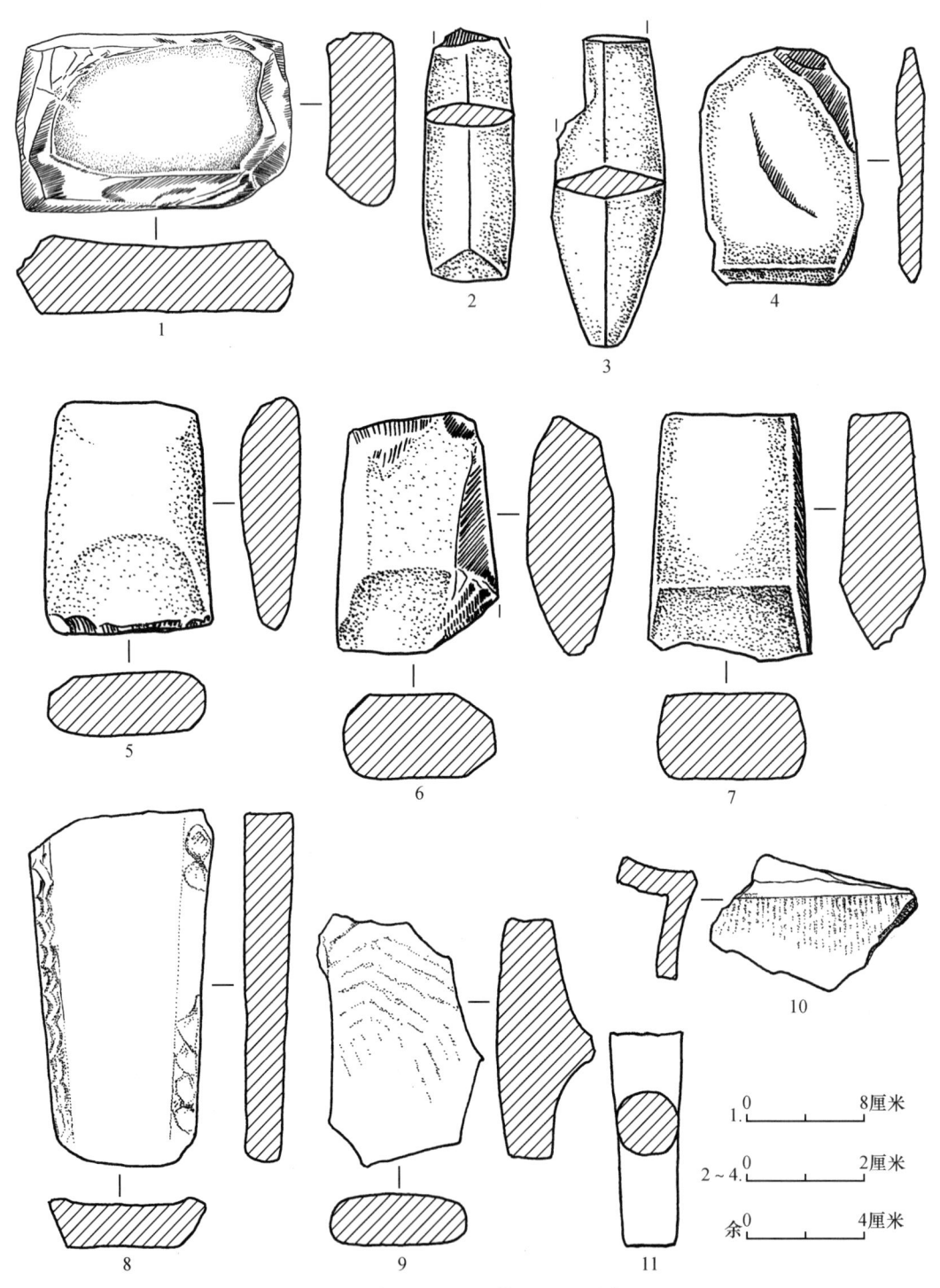

图二八九 2017TG2第5层出土遗物

1.A型砺石（2017TG2⑤:1） 2.Af型石镞（2017TG2⑤:2） 3.Aa型石镞（2017TG2⑤:4） 4.不明形制石刀（2017TG2⑤:7）
5、6.Aa型石斧（5.2017TG2⑤:3、6.2017TG2⑤:5） 7.Aa型石锛（2017TG2⑤:6） 8.A型陶鼎足（2017TG2⑤:8）
9.B型陶鼎足（2017TG2⑤:9） 10.A型陶矮领罐口沿（2017TG2⑤:11） 11.D型陶鼎足（2017TG2⑤:10）

砺石　A型　1件。标本2017TG2⑤：1，灰白色石料。长方形，经过简单加工，一面为磨砺面，略内凹。长19、宽8~12、厚4.4~5.2厘米（图二八九，1）。

陶鼎足　3件。

A型　1件。标本2017TG2⑤：8，夹砂红陶。上端残，宽扁足，两侧下端外凸并饰连珠按窝。残高11.8、宽4.8~6.2、厚1厘米（图二八九，8）。

B型　1件。标本2017TG2⑤：9，夹砂红陶。下端残，宽扁足，外饰绳纹。残高8.7、残宽5.4、厚1.1厘米（图二八九，9）。

D型　1件。标本2017TG2⑤：10，夹砂红陶。上端残，柱状足。残高7、上径2.5、底径1.5厘米（图二八九，11）。

陶矮领罐口沿　A型　1件。标本2017TG2⑤：11，夹砂红陶。短折沿，溜肩，肩饰绳纹。残高4.6、残宽7厘米（图二八九，10）。

第6层出土遗物：

穿孔石刀　2件。

A型　1件。标本2017TG2⑥：1，青灰色石料。仅存一端，弓背形，上端残存二个对穿孔，下端双面刃。长2.1~2.8、残宽5.1、孔径0.2~0.3、厚0.3厘米（图二八八，4）。

B型　1件。标本2017TG2⑥：2，青灰色石料。仅存一端，梯形，弧刃上端残存一个对穿孔，下端一面刃。长2.6~3.1、残宽4、孔径0.4、厚0.3厘米（图二八八，6）。

陶大口缸口沿　1件。标本2017TG2⑥：3，夹砂红陶，厚胎。折沿，残，直腹。残高6.6、残宽8.5、厚1厘米（图二八八，3）。

陶盆口沿　B型　1件。标本2017TG2⑥：4，泥质黑皮灰陶。外卷沿，弧腹。残高8、残宽9.1、厚0.5厘米（图二八八，5）。

1）2014G1外延部分：编号为2017TG2G1。

位于TG2中部，叠压在第4层下，打破第5层及第6层。

平面呈不规则形长条形，在探沟内呈西北向东南方向延伸，沟底内凹，南侧沟壁相对规整，边缘铺垫一线红烧土颗粒，而北侧沟壁不规则。沟宽6.9~7.2、深0~0.55米。沟内填土分2层（图二九〇）。

第1层：青灰色淤泥层，含石块及陶片等。厚15~35厘米。

第2层：灰褐色土层，南侧边缘含沙较多，含石块、石器及陶片等。厚10~55厘米。

2017TG2G1第1层出土遗物：

石斧　B型　1件。标本2017TG2G1①：5，深青灰色石料。上端残，刃部略残，倒梯形，下端双面刃。残长7.5、宽4.8~5.4、残厚2.4厘米（图二九一，5）。

陶鼎足　3件。

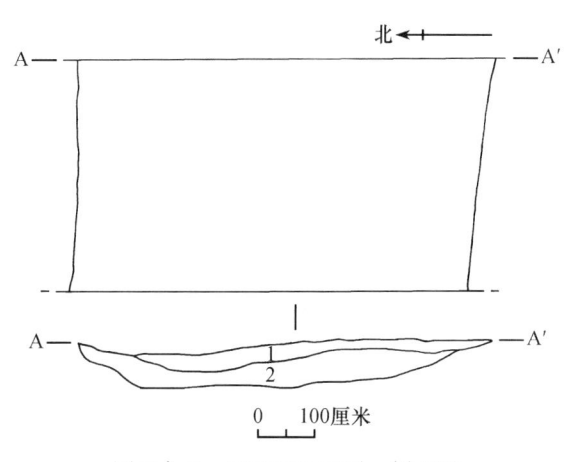

图二九〇　2017TG2G1平、剖面图

Aa型，1件。标本2017TG2G1①：6，泥质红陶。宽扁足，足外饰上下两排竖向短刻槽，每排四道。高5.5、宽3.5~4.5、厚0.7厘米（图二九一，6）。

Ba型，2件。标本2017TG2G1①：1，夹砂红陶。下端残，宽扁足，足外饰绳纹及三道竖向刻槽。残高8、宽6.8~9.5、厚1.5厘米（图二九一，1）。标本2017TG2G1①：2，夹砂黄褐陶。下端残，宽扁足，外饰绳纹及一道竖向刻槽。残高9、宽3.5~5.5、厚1.2厘米（图二九一，2）。

陶釜鼎口沿　1件。标本2017TG2G1①：3，夹砂红陶。宽斜沿，沿面微凹，束颈。残高5.6、残宽6.8、厚1.2厘米（图二九一，3）。

陶器盖（纽）　A型　1件。标本2017TG2G1①：4，夹砂红陶。残存局部，圈足状纽。残高5、残宽12.8、厚1.2厘米（图二九一，4）。

陶豆柄　A型　1件。标本2017TG2G1①：7，泥质黑皮灰陶。上下端残，高圈足，上端有一道凸棱。残高4.6、残宽7.8、厚0.6厘米（图二九一，7）。

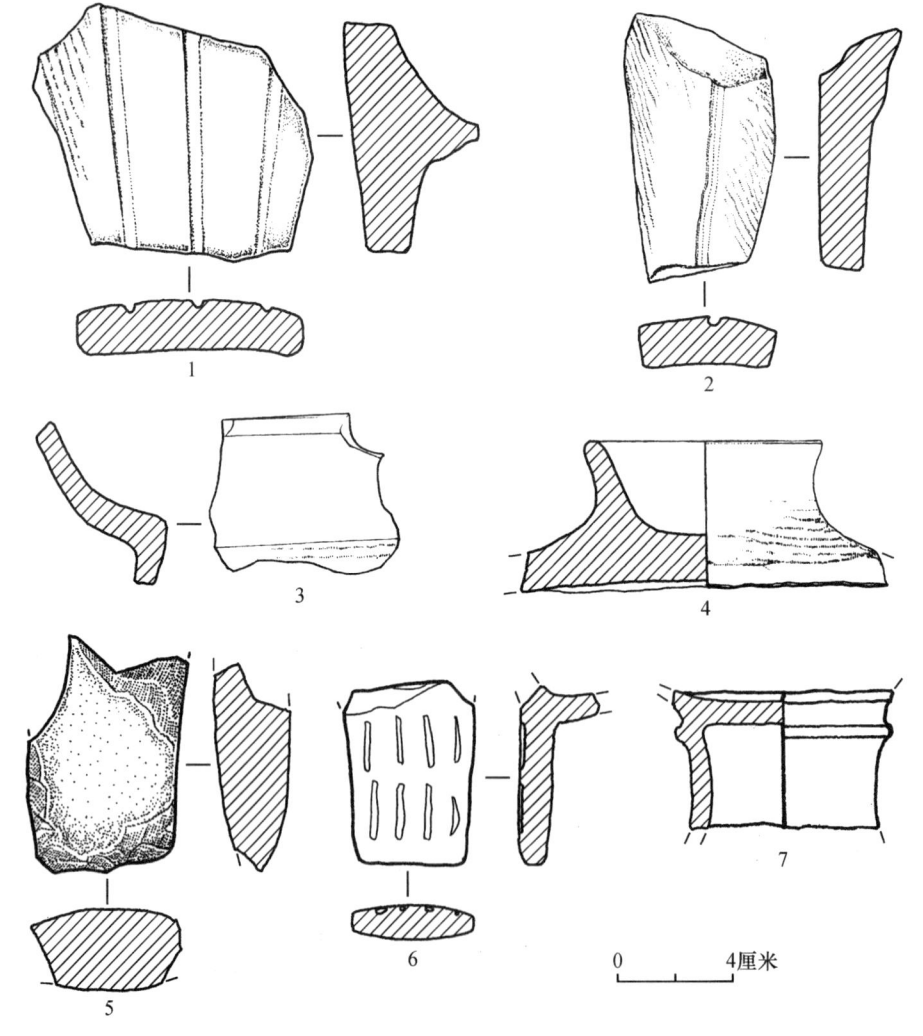

图二九一　2017TG2G1第1层出土遗物

1、2.Ba型陶鼎足（1.2017TG2G1①：1，2.2017TG2G1①：2）　3.陶釜鼎口沿（2017TG2G1①：3）　4.A型陶器盖（纽）（2017TG2G1①：4）　5.B型石斧（2017TG2G1①：5）　6.Aa型陶鼎足（2017TG2G1①：6）　7.A型陶豆柄（2017TG2G1①：7）

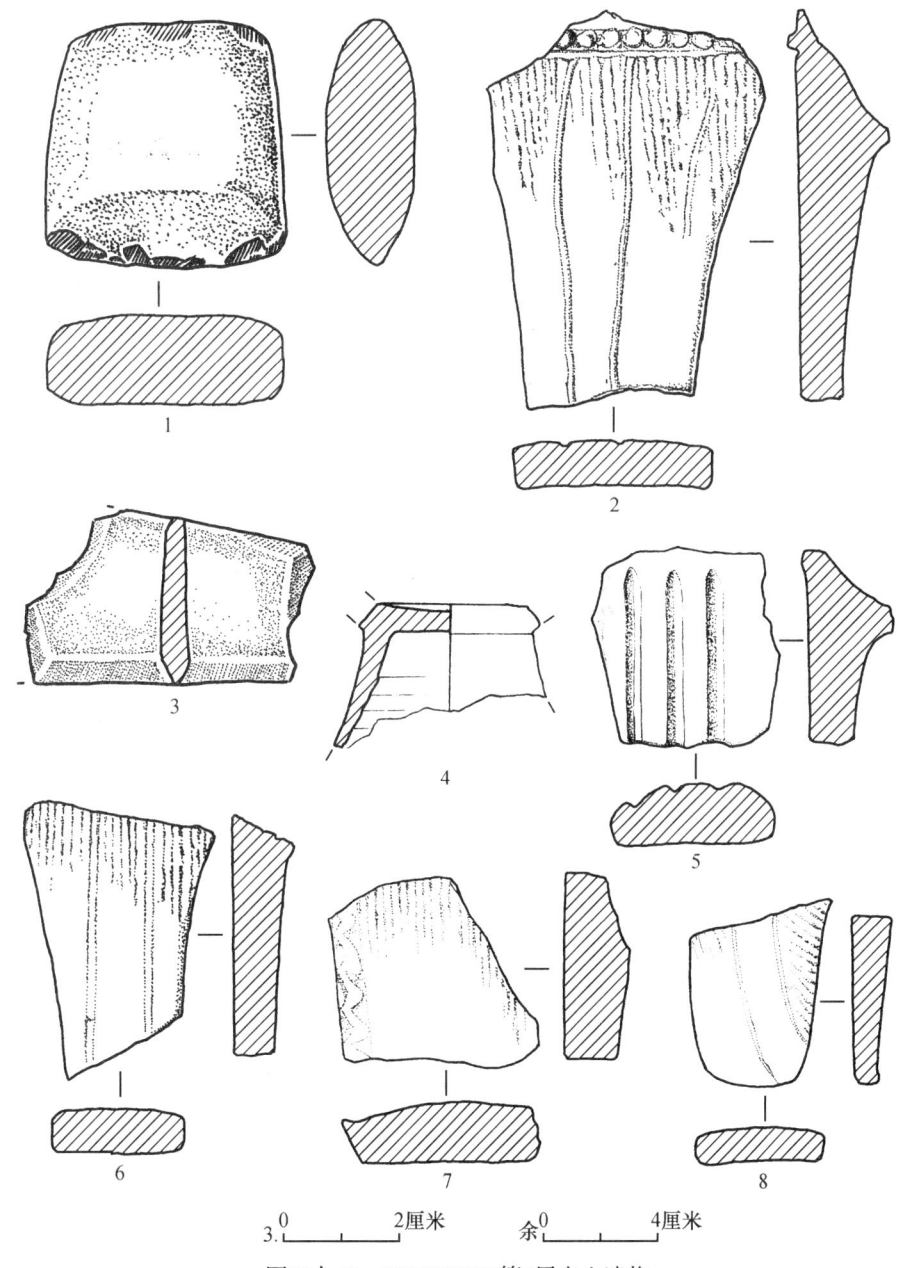

2017TG2G1第2层出土遗物：

石斧　Ab型，1件。标本2017TG2G1②：1，青灰色石料。平顶，刃部略残，梯形，下端双面刃。残长8.4、宽6.6~8.3、厚3厘米（图二九二，1）。

石刀　A型　1件。标本2017TG2G1②：2，深青灰色石料。仅存一端，弓背形，下端双面直刃。残长2.4~3、残宽5、厚0.5厘米（图二九二，3）。

陶鼎足　5件。

A型　1件。标本2017TG2G1②：9，夹砂红陶。宽扁足，下端残，足外饰三道竖向刻槽。残高6.7、宽5~6、厚1.6厘米（图二九二，5）。

图二九二　2017TG2G1第2层出土遗物

1. Ab型石斧（2017TG2G1②：1）　2、6~8. B型陶鼎足（2. 2017TG2G1②：3、6. 2017TG2G1②：4、7. 2017TG2G1②：10、8. 2017TG2G1②：11）　3. 石刀（2017TG2G1②：2）　4. 陶圈足盘（2017TG2G1②：8）　5. A型陶鼎足（2017TG2G1②：9）

B型　4件。标本2017TG2G1②：3，夹砂红陶。宽扁足，足根饰一道凸棱夹戳点纹，足外饰三道竖向刻槽。残高13.2、宽5.8~9、厚1.8厘米（图二九二，2）。标本2017TG2G1②：4，夹砂红陶。宽扁足，上下端残，足根饰竖向绳纹，足外饰两道竖向刻槽。残高9.5、宽4.1~6.7、厚1.8厘米（图二九二，6）。标本2017TG2G1②：10，夹砂红陶。宽扁足，上下端及一侧残，足外饰细绳纹，足边饰绳索状附加堆纹。残高6、残宽6.8、厚1.6厘米（图二九二，7）。标本2017TG2G1②：11，夹砂红陶。宽扁足，上端残，足外饰二道细刻槽。残高6.2、宽3.2~5、厚0.7~1厘米（图二九二，8）。

陶圈足盘　1件。标本2017TG2G1②：8，泥质黑皮灰陶。下端残，喇叭状圈足。残高4.5、残宽7.8、厚0.4厘米（图二九二，4）。

陶釜鼎口沿　1件。2017TG2G1②：5，夹砂红陶。宽折沿，沿面凹，束颈，肩饰绳纹。复原口径28.2、残高8.3、厚0.3厘米（图二八七，1）。

陶盆口沿　B型　2件。标本2017TG2G1②：6，夹砂红陶。沿外侧残，短平沿，深直腹，外饰篮纹。复原口径29.2、残高7.6、厚0.5厘米（图二八七，3）。标本2017TG2G1②：7，泥质黑皮灰陶。短卷沿，直腹。残高3.2、残宽8.3、厚0.4厘米（图二八七，2）。

陶大口缸底　1件。标本2017TG2G1②：12，夹砂红陶，厚胎。上端及一侧残，圆筒形，直腹，平底。残高10、底径9.5、厚1.8厘米（图二八七，5）。

2）2017TG2G1底部叠压一个灰坑及一条沟，编号分别为2017TG2H1及2017TG2G2。

2017TG2H1：

位于2017TG2中部，开口于2017TG2G1下，打破生土层。

平面呈椭圆形，仅发掘东侧部分，斜壁，平底。坑口东西长2.3、南北宽2.1、坑底东西长2.2、南北宽1.38、深0.5米。填土为灰褐色，土质致密，含砂粒、石块等（图二九三）。

出土少量陶器残片，器形不辨。

从层位叠压关系及出土遗物分析，时代为早一期。

2017TG2G2：

位于2017TG2北部，开口于2017TG2G1及第6层下，打破生土层。

仅发掘一段，平面呈西北—东南向长条形，沟壁向内斜收，底部不平。长3.7、宽1~1.65、深0.35~0.55米。填土为青灰色淤土，土质细腻，结构致密，含少量石块（图二九四）。

出土少量陶器残片，器形不辨。

从层位叠压关系及出土遗物分析，时代为早一期。

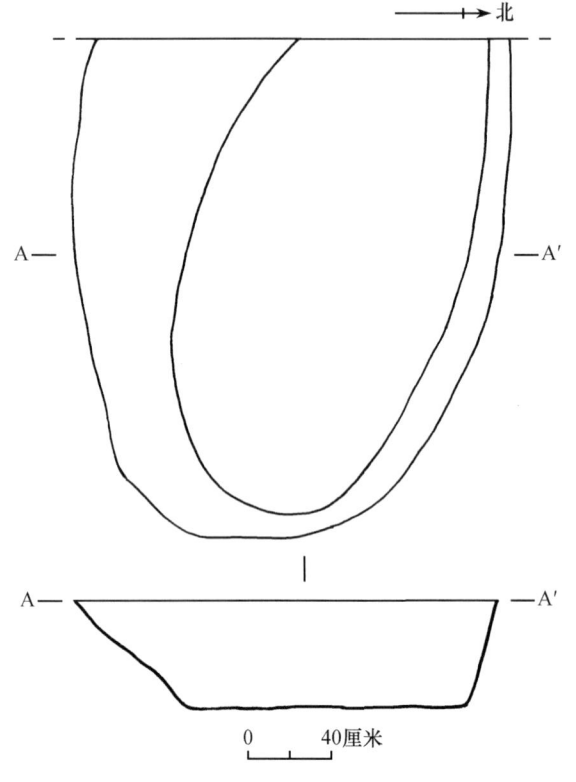

图二九三　2017TG2H1平、剖面图

（三）2014G4

1. 位置及地层关系

位于T0401、T0402、T0501及T0501东扩方区域内。开口于F1①层、F1②层下，东南部被2016Y1打破，打破F3、F4及生土层。

2. 形制

平面呈西北—东南走向的长条形，弧壁、圜底。东西长11、南北宽0.5～3.7、深0.2～0.5米。沟内填土为灰土夹杂黄沙土堆积，土质结构致密，含红烧土颗粒（图二九五）。

3. 出土遗物

在底部灰土夹黄沙土堆积中出土器物标本4件，器形有石镞、石斧、石铲、石坯等。

石器　4件。

镞　Aa型，1件。标本2014G4∶1，青灰色石料。镞身前端及铤后端残，双面扁平，两侧刃。残长5.3、

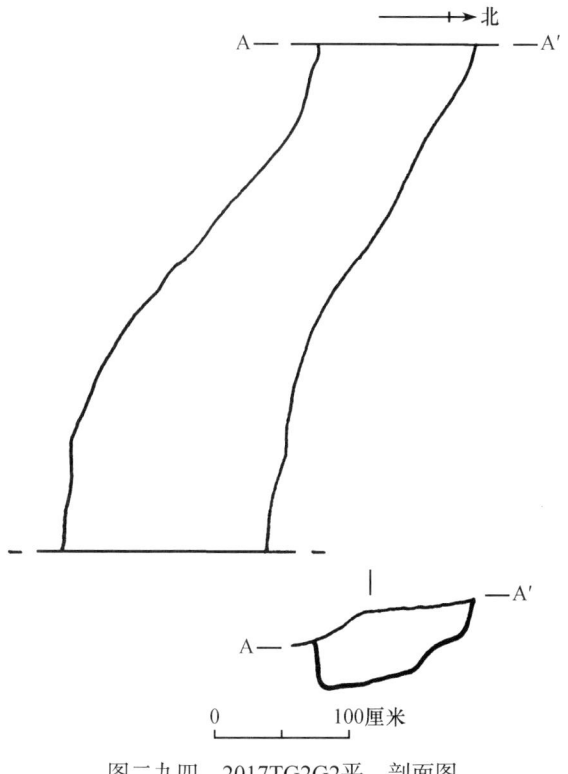

图二九四　2017TG2G2平、剖面图

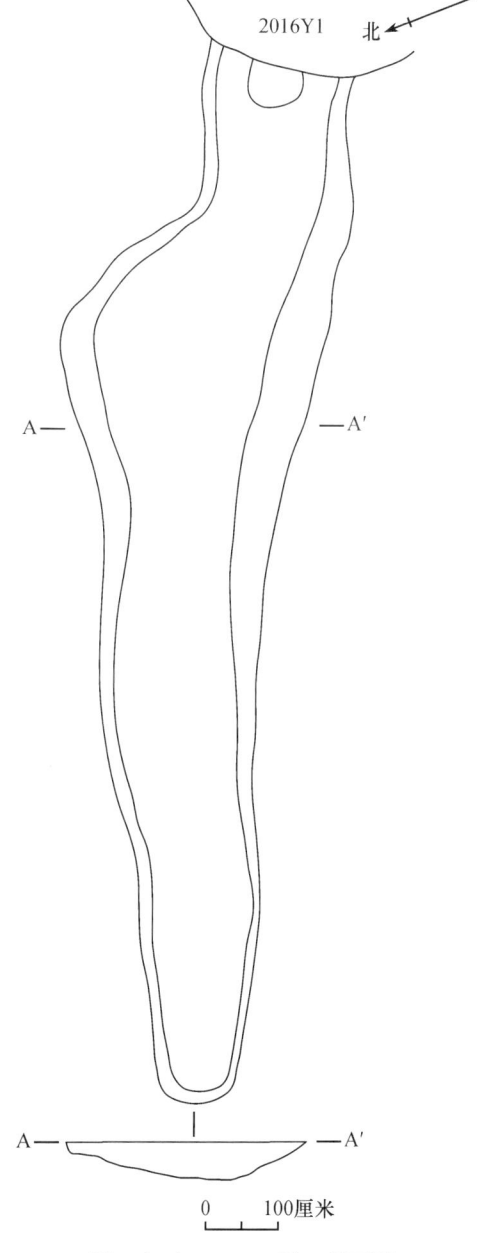

图二九五　2014G4平、剖面图

宽2.2、厚0.45厘米（图二九六，1）。

斧　Aa型，1件。标本2014G4：4，浅灰色石料。梯形，弧顶，刃部较钝，似为石斧坯料。长10.5、宽8.4、厚2.6厘米（图二九六，3）。

铲　1件。标本2014G4：2，青绿色石料。上端及刃部一角残，梯形，器身扁薄，下端双面刃。残长10.2、宽6.8、厚0.4厘米（图二九六，2）。

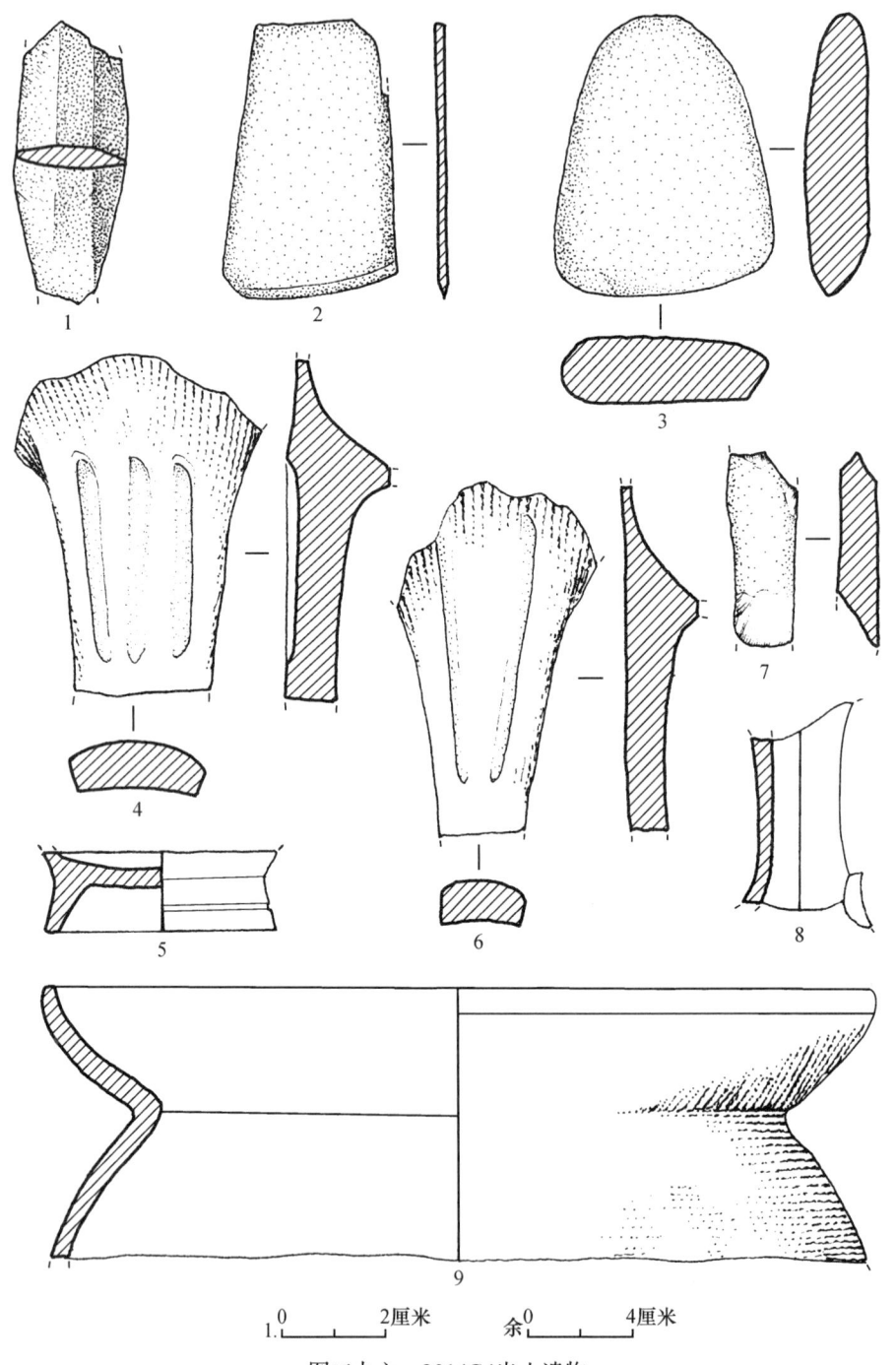

图二九六　2014G4出土遗物

1. Aa型石镞（2014G4：1）　2. 石铲（2014G4：2）　3. Aa型石斧（2014G4：4）　4、6. Ba型陶鼎足（4. 2014G4：5、6. 2014G4：9）　5. 陶圈足盘（2014G4：8）　7. 残损不明石器、坯料（2014G4：3）　8. A型陶鬶（2014G4：6）　9. 陶釜鼎口沿（2014G4：7）

残损不明石器　1件。标本2014G4：3，灰色石料。上下端残，圆柱状。残长7.2、残宽2.5、厚1.6厘米（图二九六，7）。

陶器　4件。

鼎足　Ba型，2件。标本2014G4：5，夹砂褐陶。下端残，扁锥形，外饰绳纹+三道竖向宽刻槽。残高12.6厘米（图二九六，4；图二六一，1）。标本2014G4：9，夹砂红陶。上下端残，扁锥形，外饰绳纹+二道竖向宽刻槽。残高13.2厘米（图二九六，6）。

釜鼎口沿　1件。标本2014G4：7，夹砂褐陶。宽折沿，沿面内凹，方唇，束颈，溜肩，沿面及肩部饰绳纹。残高10.2、口径31.8厘米（图二九六，9）。

鬶　A型　1件。标本2014G4：6，泥质红陶。残存颈部，细长颈，下端有把手，素面。残高8.4厘米（图二九六，8）。

圈足盘　1件。标本2014G4：8，泥质黑陶。仅存圈足，圈足外撇，底部饰一道凹弦纹。残高3、底径9厘米（图二九六，5）。

四、红烧土堆积

1. 位置及地层关系

位于T0204西侧。开口于第4A层下，打破第5层、第6层及生土层。

2. 形制

平面呈不规则椭圆形，为大小不一的红烧土块堆积夹杂少量灰褐色土堆积而成（图二九七）。

3. 出土遗物

石镞　8件。均为A型。

Aa型，4件。标本红烧土堆积：3，青灰色石料。前锋残，柳叶形，双面无脊，两侧刃，梯形铤。残长6.4、宽2.4、厚0.3厘米（图二九八，1）。标本红烧土堆积：4，青灰色石料。镞身前端及一侧残，柳叶形，双面有脊，两侧刃，短三角形铤。残长8.2、宽2.3、厚0.5厘米（图二九八，6）。标本红烧土堆积：7，青灰色石料。铤后端残，柳叶形，双面有脊，两侧刃，铤两侧内收。残长4.5、宽1.9、厚0.5厘米（图二九八，2）。标本红烧土堆积：14，青灰色石料。镞身前端及铤后端残，柳叶形，双面有脊，两侧刃，梯形铤。残长5.5、宽1.8、厚0.6厘米（图二九八，3）。

Ad型，1件。标本红烧土堆积：2，青灰色石料。前锋残，梭状柳叶形，双面扁平，两侧刃，截面呈多棱形，三角形铤。残长4.5、宽2、厚0.3厘米（图二九八，4）。

A型而亚型不明，3件。标本红烧土堆积：9，青灰色石料。前后端残，柳叶形，双面有脊，两侧刃。残长4.4、宽1.7、厚0.8厘米（图二九八，5）。标本红烧土堆积：13，青灰色

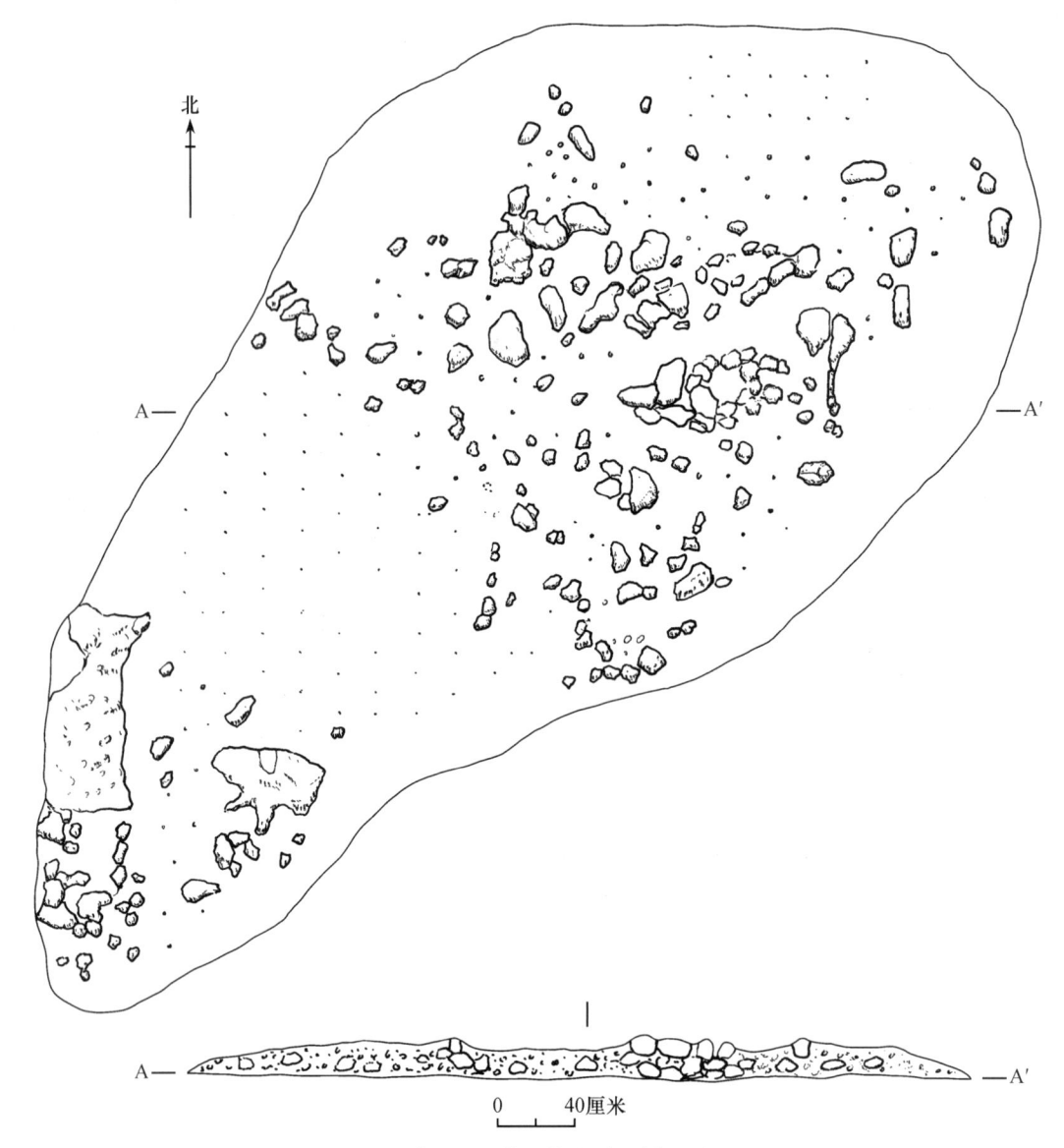

图二九七　红烧土堆积平、剖面图

石料。仅存镞身前端，双面扁平，两侧刃，截面呈多棱形。残长3、宽1.7、厚0.2厘米（图二九八，10）。标本红烧土堆积：15，青灰色石料。仅存镞身前端，双面扁平，两侧刃，截面呈多棱形。残长3.4、宽2、厚0.6厘米（图二九八，11）。

石刀　不明形制　1件。标本红烧土堆积：8，青灰色石料。仅存中部一段，上部有一浅穿孔，未穿，下端双面刃。残长5.5、残宽3.2、厚0.5厘米（图二九八，13）。

石斧　2件。

Aa型，1件。标本红烧土堆积：10，青灰色石料。上端残，梯形，下端双面刃。残长6、宽5.8～6.4、厚2.2厘米（图二九八，14）。

不明形制　1件。标本红烧土堆积：11，青灰色石料。上端及一侧残，下端单面刃。残长5.7、残宽4、厚0.9厘米（图二九八，12）。

石凿　B型　2件。标本红烧土堆积：6，青灰色石料。形体较小，上端残，长条形，下端

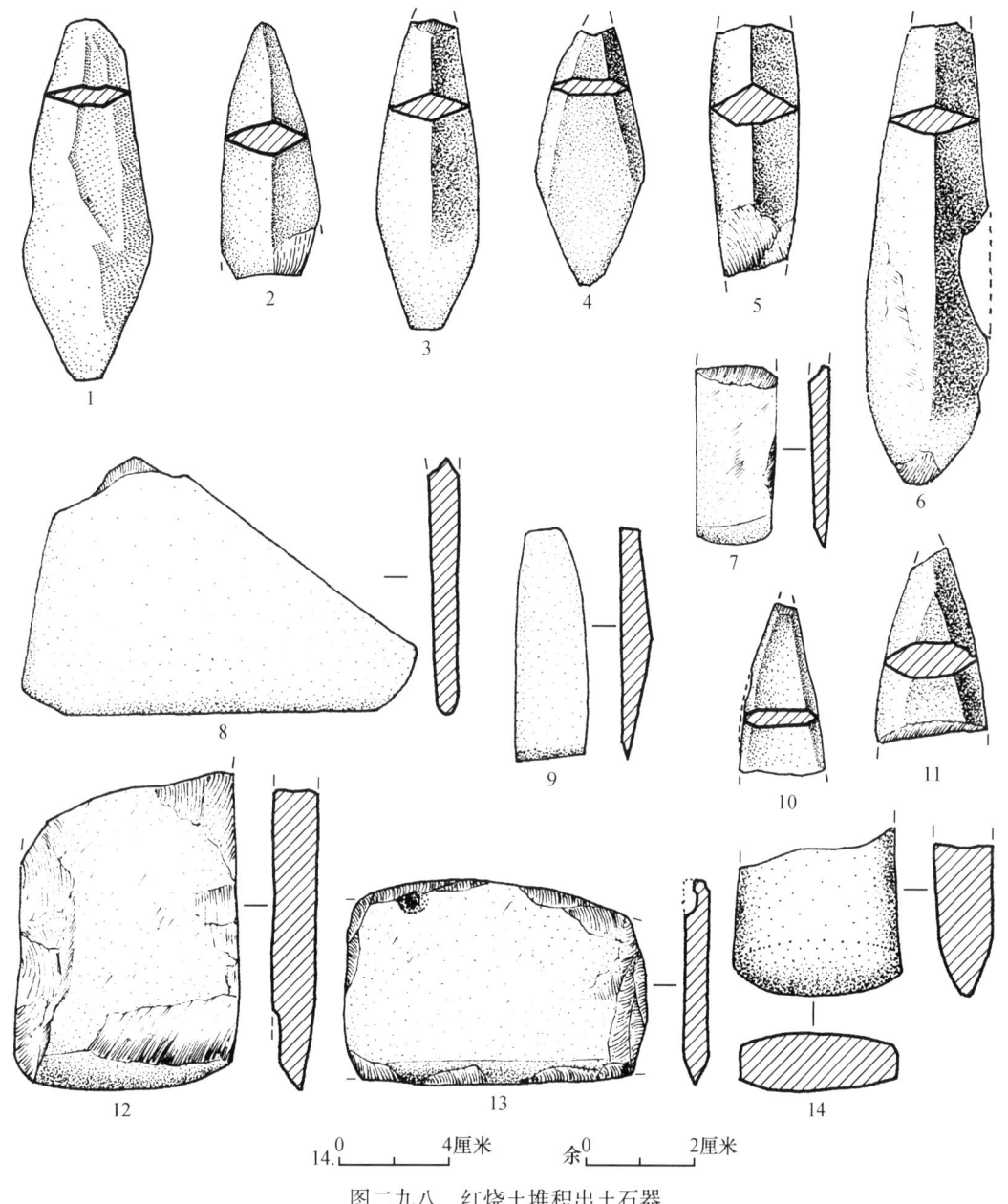

图二九八 红烧土堆积出土石器

1~3、6.Aa型锛（1.红烧土堆积：3、2.红烧土堆积：7、3.红烧土堆积：14、6.红烧土堆积：4） 4.Ad型锛（红烧土堆积：2）
5、10、11.A型而亚型不明锛（5.红烧土堆积：9、10.红烧土堆积：13、11.红烧土堆积：15） 7、9.B型凿
（7.红烧土堆积：6、9.红烧土堆积：12） 8.残损不明石器（红烧土堆积：1） 12.不明形制斧（红烧土堆积：11）
13.刀（红烧土堆积：8） 14.Aa型斧（红烧土堆积：10）

单面刃。残长3.2、宽1.5、厚0.4厘米（图二九八，7）。标本红烧土堆积：12，青灰色石料。平顶，梯形，下端一面窄刃。残长4.1、宽1.3、厚1.1厘米（图二九八，9）。

残损不明石器 1件。标本红烧土堆积：1，青灰色石料。残，扁平状，双面磨光，大致呈三角形。残长4.6、宽7.2、厚0.6厘米（图二九八，8）。

陶器 8件。器形有纺轮、鼎足、碗、釜鼎口沿、鬶、盆口沿，另有少量陶器残片，纹饰以绳纹为主，部分为绳纹+附加堆纹（图二六一，2）。

纺轮　Aa型，1件。标本红烧土堆积：5，泥质灰陶。饼形，斜边，素面，中部穿孔。短径2.8、长径3.4、孔径0.3、厚0.6厘米（图二九九，7）。

鼎足　2件。

Ba型，1件。标本红烧土堆积：18，夹砂红陶。扁锥足，上端残，足底平，外饰绳纹，足外饰三道刻槽。残高12.4、宽2.7~6、厚1~2厘米（图二九九，2）。

Ca型，1件。标本红烧土堆积：21，夹砂橙黄陶。锥形足，上粗下细，足底平，足外饰一道竖刻槽。高10.4、足底径2.4厘米（图二九九，6）。

碗　1件。标本红烧土堆积：16，泥质红陶。斜弧腹，圈足。复原口径18、底径7.2、高6厘米（图二九九，5）。

釜鼎口沿　1件。标本红烧土堆积：19，夹砂灰陶。宽斜沿，内凹，束颈，弧肩。残高6、

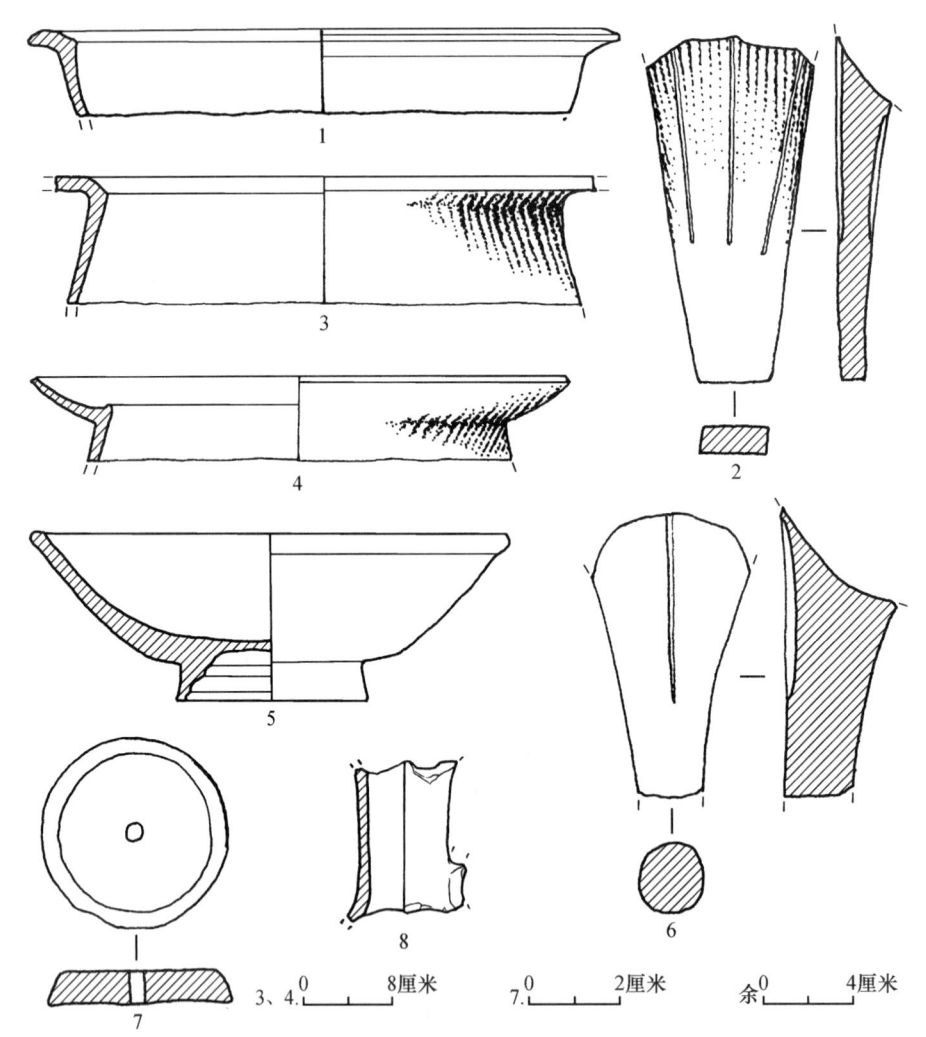

图二九九　红烧土堆积出土陶器
1. B型盆口沿（红烧土堆积：22）　2. Ba型鼎足（红烧土堆积：18）　3. A型盆口沿（红烧土堆积：20）　4. 釜鼎口沿（红烧土堆积：19）　5. 碗（红烧土堆积：16）　6. Ca型鼎足（红烧土堆积：21）　7. Aa型纺轮（红烧土堆积：5）　8. 鬶（红烧土堆积：17）

复原口径40厘米（图二九九，4）。

鬹　A型　1件。标本红烧土堆积：17，泥质红陶。仅存颈部，细长颈，外贴把手，泥条盘制。残高7、残宽4.6、厚0.4厘米（图二九九，8）。

盆口沿　2件。

A型　1件。标本红烧土堆积：20，夹砂灰白陶。敛口，宽平沿，溜肩，外饰绳纹。残高9、复原口径40、厚1厘米（图二九九，3）。

B型　1件。标本红烧土堆积：22，泥质黑皮灰陶。短平沿，尖唇，斜腹。残高3、复原口径22厘米（图二九九，1）。

第八章　早三期遗存

第一节　概　　况

属于早三期的遗存单位有第4层、柱洞群、灰坑（2014H2～2014H7、2014H10、2014H13～2014H22、2016H2～2016H5、2016H18）、灶（2016Z1）、井（2014J1、2014J2）及祭祀台遗迹等。

第二节　第4层出土遗物

第4层除南侧少量区域外，基本分布于整个发掘区，该层堆积较厚，出土遗物丰富，按质地可分为石器、陶器、玉器及青铜器等几大类。

一、石　　器

镞　388件。

A型　325件。

Aa型，93件。标本T0201④A：15，青灰色石料。镞身前端及铤后端残，柳叶形，双面有脊，两侧刃，扁锥形铤。残长5.2、宽1.8、厚0.7厘米（图三〇〇，1）。标本T0202④A：24，深青灰色石料。前锋及铤后端残，柳叶形，镞身两面扁平，两侧刃，截面呈多棱形，梯形铤，末端刃。残长6.5、宽1.6、厚0.4厘米（图三〇〇，2）。标本T0202④A：39，青灰色石料。柳叶形，镞身前端两面有脊，后端双面扁平，两侧刃，截面呈多棱形，短梯形铤。残长4.7、宽1.4、厚0.4厘米（图三〇〇，4；图版九七，1）。标本T0202④A：54，青灰色石料。镞身前端残，柳叶形，双面有脊，双面刃，三角形铤。残长5.3、宽1.8、厚0.3厘米（图三〇〇，5）。标本T0202④A：69，青灰色石料。镞身前端及铤后端残，长柳叶形，双面有脊，两侧刃，三角形铤。残长7.9、宽2.2、厚0.6厘米（图三〇〇，3）。标本T0203④A：29，青灰色石料。镞身前端残，柳叶形，双面有脊，两侧刃，三角形铤。残长6、宽1.6、厚0.4厘米（图三〇〇，

6）。标本T0203④A：33，深青灰色石料。仅存镞身后端及铤，柳叶形，双面有脊，两侧刃，短三角形铤。残长4.3、宽1.85、厚0.4厘米（图三〇〇，7）。标本T0203④A：49，灰色石料。前锋及铤后端残，柳叶形，双面有脊，两侧刃，三角形铤。残长4.8、宽1.4、厚0.3厘米（图三〇〇，8）。标本T0203④A：54，深青灰色石料。镞身前端及铤残，双面有脊，两侧刃，三角锥形铤。残长4.2、宽1.7、厚0.9厘米（图三〇〇，9）。标本T0204④A：4，青灰色石料。柳叶形，镞身前端及铤后端残，双面有脊，两侧刃，扁平三角形铤。残长4.8、宽2.2、厚0.2厘米（图三〇〇，10）。标本T0204④A：8，青灰色石料。基本完整，前锋呈三角形，两面扁平，梯形铤，后端双面刃。长4.9、宽2、厚0.2厘米（图三〇〇，11）。标本T0204④A：42，青灰色石料。仅存镞身后端及铤，双面扁平，两侧刃，扁三角形铤。残长3.4、宽2.1、厚0.3厘米（图三〇〇，12）。标本T0204④A：51，青灰色石料。镞身前端及铤后端残，柳叶形，双面有脊，两侧刃。残长4.2、宽1.7、厚0.3厘米（图三〇〇，13）。标本T0204④A：52，深青灰色石料。仅存镞身后端及铤，一面有脊，一面平，两侧刃，圆角三角形铤。残长3.8、宽1.9、厚0.3厘米（图三〇〇，14）。标本T0205④A：9，灰白色石料。镞身前端及铤残，柳叶形，双面有脊，两侧刃，三角形铤。残长5.6、宽1.6、厚0.5厘米（图三〇〇，15）。标本T0205④A：21，青色石料。镞身前端及铤后端残，柳叶形，脊不明显，两侧刃，三角形铤。残长3.9、宽2.1、厚0.4厘米（图三〇〇，16）。标本T0205④A：36，青色石料。镞身前端残，柳叶形，一面有脊，两侧刃，三角形铤。残长4、宽1.4、厚0.3厘米（图三〇三，11）。标本T0205④A：44，青灰色石料。镞身前端及铤后端残，柳叶形，双面有脊，两侧刃，三角形铤。残长5.6、宽2.2、厚0.5厘米（图三〇〇，17）。标本T0205④A：51，青灰色石料。镞身前端残，柳叶形，前端有脊，两侧刃，梯形铤。残长3.3、宽1.3、厚0.3厘米（图三〇〇，24）。标本T0205④B：3，青灰色石料。仅存镞身后端及铤，双面扁平，梯形铤。残长3.3、宽1.3、厚0.2厘米（图三〇〇，21）。标本T0301④A：2，深青灰色石料。铤后端一侧残，长柳叶形，双面有脊，两侧刃。残长7.3、残宽1.7、厚0.6厘米（图三〇〇，18）。标本T0302④A：7，青灰色石料。仅存一侧，一面有脊，两侧刃，三角形铤。残长6.2、残宽1.7、厚0.3厘米（图三〇〇，20）。标本T0302④A：21，深青灰色石料。基本完整，形体较小，柳叶形，双面有脊，两侧刃，短三角形铤。长5、宽1.2、厚0.4厘米（图三〇〇，22）。标本T0302④A：38，青灰色石料。铤后端残，柳叶形，近前锋部分双面有脊，两侧刃，镞身与铤无明显交界。残长5、残宽1.9、厚0.5厘米（图三〇〇，23）。标本T0304④A：2，青灰色石料。前锋残，柳叶形，两侧刃，镞身与铤无明显交界。残长5.6、宽1.6、厚0.4厘米（图三〇〇，19）。标本T0304④A：5，青灰色石料。仅存镞身与铤交界处一段，脊不明显，两侧刃。残长3.2、宽2.6、厚0.6厘米（图三〇一，1）。标本T0305④A：12，灰色石料。基本完整，柳叶形，一面有脊，一面平，两侧刃，前锋部分平，梯形铤。长5、宽1.9、厚0.5厘米（图三〇一，2）。标本T0305④A：13，青灰色石料。镞身前端及铤后端残，双面有脊，两侧刃，铤斜收。残长3.4、宽2、厚0.3厘米（图三〇一，3）。标本T0305④A：14，青灰色石料。仅存镞身与铤交界处，双面有脊，两侧刃，铤两侧斜收。残长2.5、宽2、厚0.3厘米（图三〇一，4）。标本T0305④B：3，青灰色

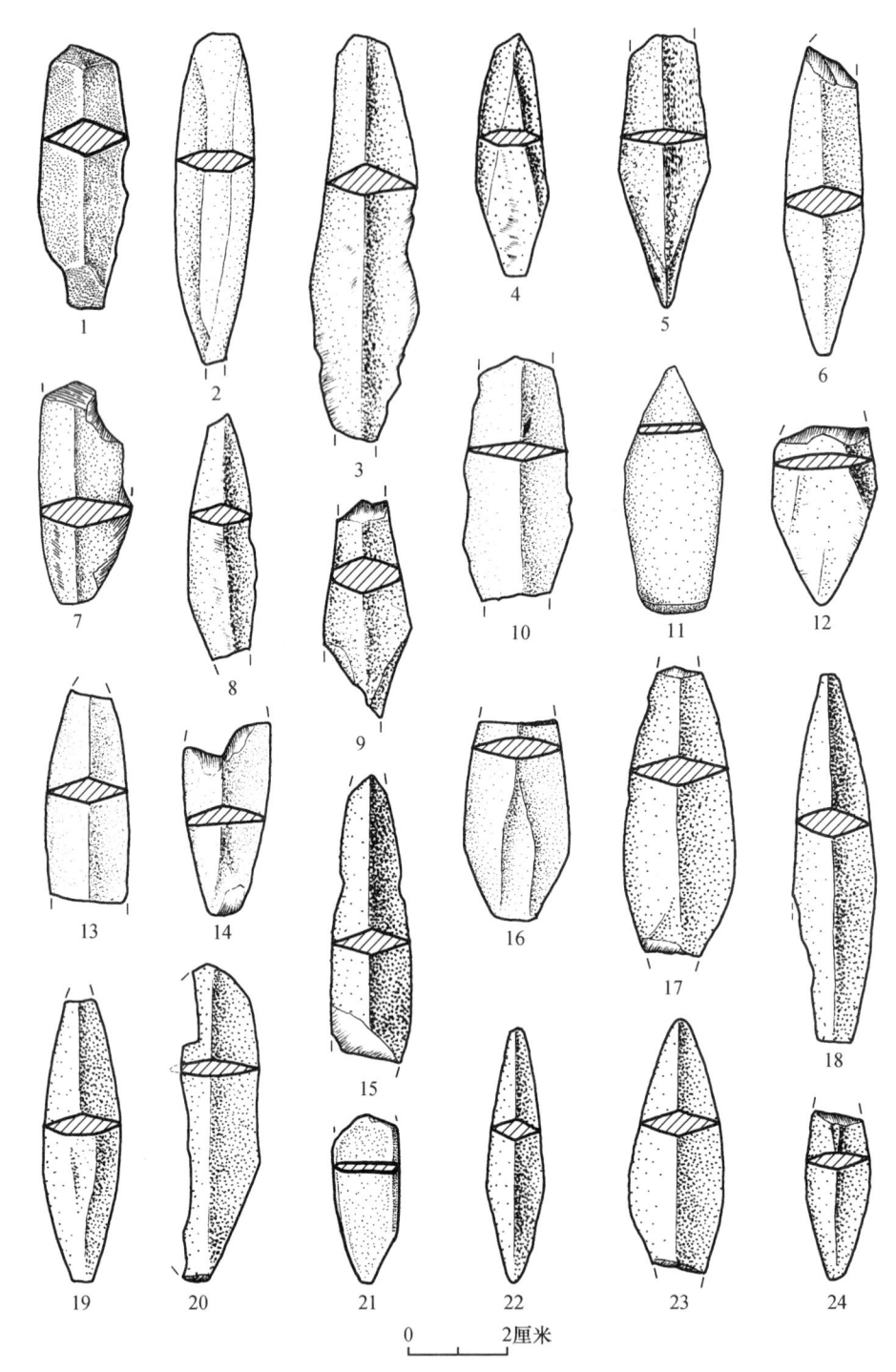

图三〇〇 第4层出土Aa型石镞

1. T0201④A：15 2. T0202④A：24 3. T0202④A：69 4. T0202④A：39 5. T0202④A：54 6. T0203④A：29 7. T0203④A：33 8. T0203④A：49 9. T0203④A：54 10. T0204④A：4 11. T0204④A：8 12. T0204④A：42 13. T0204④A：51 14. T0204④A：52 15. T0205④A：9 16. T0205④A：21 17. T0205④A：44 18. T0301④A：2 19. T0304④A：2 20. T0302④A：7 21. T0205④B：3 22. T0302④A：21 23. T0302④A：38 24. T0205④A：51

石料。仅存镞身与铤交界处，双面有脊，两侧刃，铤两侧斜收。残长2.9、宽2.4、厚0.4厘米（图三〇一，5）。标本T0305④B：18，青灰色石料。铤末端及锋尖残，柳叶形，双面有脊，两侧刃，三角形铤。长6.3、宽1.6、厚0.5厘米（图三〇一，6；图版九七，2）。标本T0306④A：10，青灰色石料。两端残，柳叶形，双面扁平，两侧刃，截面呈多棱形，三角形铤。残长5.1、宽1.9、厚0.4厘米（图三〇一，8）。标本T0306④A：15，青灰色石料。两端残，柳叶形，一面有脊，两侧刃，铤两侧斜收。残长6.1、宽2、厚0.3厘米（图三〇一，9）。标本T0306④A：19，青灰色石料。仅存镞身后端及铤，双面有脊，两侧刃，三角形铤。残长4.8、宽1.6、厚0.6厘米（图三〇一，10）。标本T0306④A：27，青灰色石料。镞身前端残，柳叶形，一面有脊，两侧刃，三角形铤。残长4.2、宽1.7、厚0.4厘米（图三〇一，12）。标本T0306④A：29，黄褐色石料。铤后端残，柳叶形，双面扁平，两侧刃，截面呈多棱形，三角形铤。残长6、宽1.7、厚0.5厘米（图三〇一，11）。标本T0307④A：2，深青灰色石料。镞身前端残，柳叶形，一面有脊，两侧刃，三角形铤。残长4.4、宽2.2、厚0.5厘米（图三〇一，13）。标本T0307④A：4，青灰色石料。镞身前端及铤后端残，柳叶形，形体较小，双面有脊，两侧刃，三角形铤。残长3.9、宽1.8、厚0.4厘米（图三〇一，14）。标本T0307④A：9，青灰色石料。镞身前端及铤后端残，柳叶形，双面有脊，两侧刃，三角形铤。残长5.2、宽2.1、厚0.5厘米（图三〇一，15）。标本T0307④A：23，青灰色石料。仅存镞身后端及铤，柳叶形，两侧刃，三角形铤。残长4.4、宽2.1、厚0.5厘米（图三〇一，16）。标本T0401④A：6，青灰色石料。镞身前端残，柳叶形，双面有脊，两侧刃，三角形铤。残长7.6、宽2.1、厚0.5厘米（图三〇一，7）。标本T0401东扩方④A：1，青灰色石料。两端及两侧稍残，柳叶形，镞身前端双面有脊，两侧刃，短三角形铤。残长9.7、宽2.4、厚0.35厘米（图三〇一，23；图版九七，3）。标本T0401东扩方④A：7，深青灰色石料。镞身前端残，柳叶形，一面有脊，两侧刃，梯形铤，末端扁平。残长5.4、宽1.9、厚0.4厘米（图三〇一，17）。标本T0401东扩方④A：8，青灰色石料。两端残，柳叶形，双面有脊，两侧刃，短三角形铤。残长4.5、宽1.8、厚0.4厘米（图三〇一，18）。标本T0401东扩方④A：9，青灰色石料。镞身前端及铤后端残，柳叶形，一面有脊，两侧刃，三角形铤。残长4.4、宽1.5、厚0.3厘米（图三〇一，19）。标本T0402④A：4，青灰色石料。仅存镞身与铤交界处，双面有脊，两侧刃，铤两侧内收。残长2.5、宽2、厚0.3厘米（图三〇一，22）。标本T0402④A：9，深青灰色石料。镞身前端残，柳叶形，双面有脊，两侧刃，三角形铤。残长4.4、宽1.7、厚0.3厘米（图三〇一，20）。标本T0402④A：13，深青灰色石料。前锋及铤后端残，柳叶形，双面有脊，两侧刃，三角形铤。残长6.8、宽1.8、厚0.3厘米（图三〇一，21）。标本T0402④A：17，青灰色石料。基本完整，柳叶形，双面有脊，两侧刃，梯形铤。长7、宽2.3、厚0.5厘米（图三〇二，1；图版九七，4）。标本T0403④A：5，青灰色石料。仅存镞身后端及铤，双面扁平，三角形铤。残长4.4、宽2.5、厚0.4厘米（图三〇二，2）。标本T0403④A：6，青灰色石料。镞身前端残，柳叶形，双面扁平，两侧刃，三角形铤。残长4.7、宽2.1、厚0.3厘米（图三〇二，3）。标本T0405④A：2，青灰色石料。仅存镞身及铤前端部分，细柳叶形，双面有脊，两侧刃，铤两侧斜收。残长3.6、宽1、厚0.4厘米（图三〇二，4）。标本T0405④A：5，青灰色石

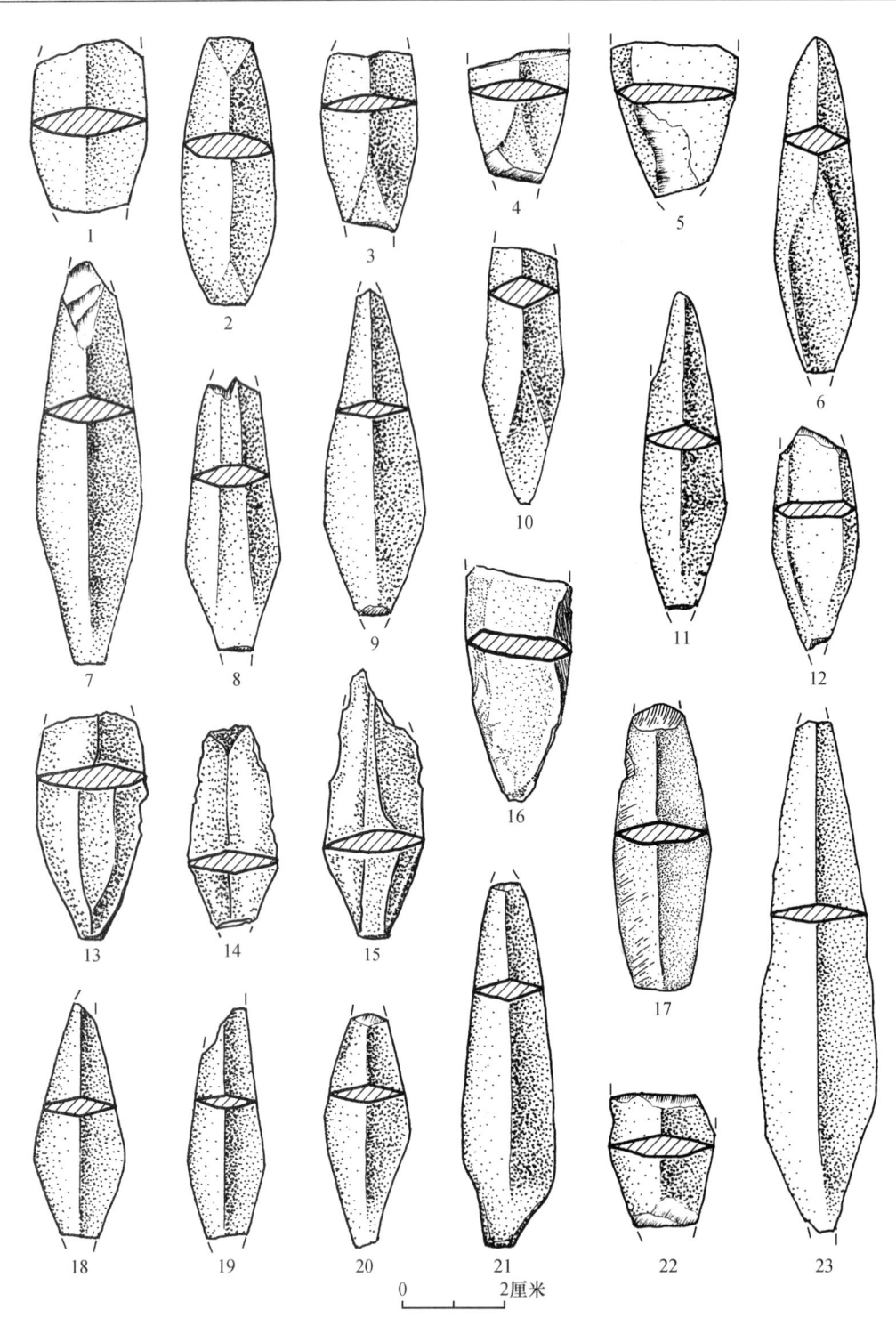

图三〇一　第4层出土Aa型石镞

1. T0304④A：5　2. T0305④A：12　3. T0305④A：13　4. T0305④A：14　5. T0305④B：3　6. T0305④B：18　7. T0401④A：6
8. T0306④A：10　9. T0306④A：15　10. T0306④A：19　11. T0306④A：29　12. T0306④A：27　13. T0307④A：2
14. T0307④A：4　15. T0307④A：9　16. T0307④A：23　17. T0401东扩方④A：7　18. T0401东扩方④A：8
19. T0401东扩方④A：9　20. T0402④A：9　21. T0402④A：13　22. T0402④A：4　23. T0401东扩方④A：1

料。镞身前端及铤后端残，镞身前端呈三角形，双面有脊，两侧刃，铤两侧斜收。残长5.8、宽2.6、厚0.5厘米（图三〇二，5）。标本T0405④A：9，青灰色石料。前锋及铤后端残，柳叶形，双面有脊，两侧刃，铤两侧斜收。残长5.8、宽1.8、厚0.4厘米（图三〇二，6）。标本T0405④A：11，青灰色石料。仅存镞身与铤交界处，双面有脊，两侧刃，梯形铤。残长4.2、宽1.9、厚0.6厘米（图三〇二，7）。标本T0405④A：12，青灰色石料。仅存镞身后端及铤，形体较小，柳叶形，一面脊不明显，两侧刃，细三角形铤。残长3、宽1.3、厚0.2厘米（图三〇二，8）。标本T0405④A：15，青灰色石料。仅存镞身后端及铤，双面有脊，两侧刃，三角形铤。残长3.4、宽1.7、厚0.4厘米（图三〇二，9）。标本T0405④A：19，青灰色石料。镞身前端残，两侧刃，三角形铤。残长4.8、宽1.8、厚0.4厘米（图三〇二，10）。标本T0405④B：3，青灰色石料。镞身前端及铤后端残，镞身前端双面有脊，后端两面扁平，两侧刃，截面呈多棱形，长三角形铤。残长6.5、宽2.2、厚0.6厘米（图三〇二，11）。标本T0405④B：4，青灰色石料。仅存镞身与铤交界处，双面扁平，两侧刃，铤两侧斜收。残长3.9、宽2.3、厚0.4厘米（图三〇二，12）。标本T0405④B：5，深青灰色石料。镞身前端残，柳叶形，一面有脊，两侧刃，三角形铤。残长5.4、宽1.9、厚0.4厘米（图三〇二，19）。标本T0405④B：6，青灰色石料。镞身前端及铤后端残，双面有脊，两侧刃，铤两侧斜收。残长3.8、宽1.7、厚0.4厘米（图三〇二，13）。标本T0405④B：9，深青灰色石料。镞身前端及铤后端残，柳叶形，一面有脊，一面平，两侧刃，三角形铤。残长5.3、宽2、厚0.5厘米（图三〇二，14）。标本T0406④A：11，青灰色石料。仅存铤，呈扁三角形，双面有脊，两侧刃。残长3.6、宽2.5、厚0.4厘米（图三〇二，15）。标本T0406④A：14，深青灰色石料。仅存镞身与铤交界处，双面扁平，两侧刃，铤两侧斜收。残长3、宽1.7、厚0.4厘米（图三〇二，16）。标本T0406④A：22，青灰色石料。仅存镞身与铤交界处，镞身至铤双面有脊，两侧刃，铤两侧弧收。残长3.4、宽2.4、厚0.6厘米（图三〇二，17）。标本T0406④A：23，青灰色石料。镞身前端残，双面扁平，两侧刃，截面呈多棱形，三角形铤。残长4.3、宽1.6、厚0.4厘米（图三〇二，20）。标本T0406④A：29，青灰色石料。镞身前端残，柳叶形，双面无脊，两侧刃，长三角形铤。残长5.2、宽1.6、厚0.4厘米（图三〇二，21）。标本T0406④A：30，青灰色石料。仅存镞身与铤交界处，一面有脊，两侧刃，铤两侧斜收。残长3、宽2、厚0.4厘米（图三〇二，22）。标本T0406④A：33，青灰色石料。前锋残，镞身呈三角形，双面有脊，两侧刃，短三角形铤，末端双面刃。残长4.5、宽2.2、厚0.5厘米（图三〇二，23）。标本T0406④A：39，青灰色石料。前锋及铤后端残，柳叶形，双面有脊，两侧刃，铤两侧斜收。残长7.2、宽2、厚0.3厘米（图三〇二，18）。标本T0406④A：49，青灰色石料。镞身前端残，柳叶形，双面扁平，两侧刃，梯形铤。残长5.4、宽2、厚0.4厘米（图三〇三，1）。标本T0406④A：53，青灰色石料。镞身前端及铤后端残，柳叶形，双面扁平，两侧刃，铤两侧弧收。残长5.2、宽1.8、厚0.4厘米（图三〇三，2）。标本T0406④A：54，青灰色石料。镞身前端残，柳叶形，双面有脊，两侧刃，三角形铤。残长4.8、宽1.7、厚0.5厘米（图三〇三，3）。标本T0406④B：15，青灰色石料。镞身前端及铤后端残，柳叶形，双面有脊，两侧刃，梯形铤。残长6.1、宽1.9、厚0.4厘米（图三〇三，4）。标本T0407④A：15，青灰色石料。前

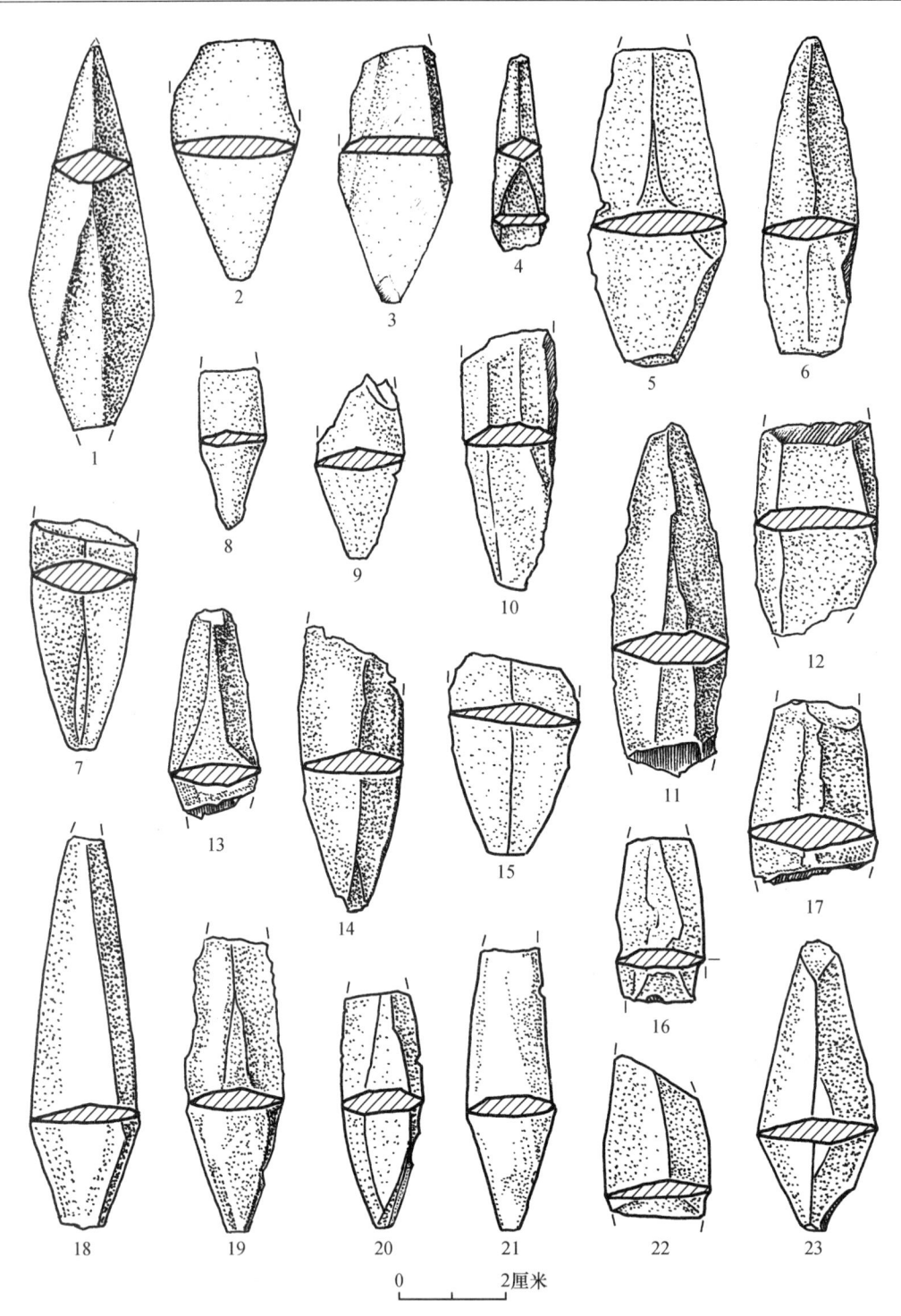

图三〇二　第4层出土Aa型石镞

1. T0402④A：17　2. T0403④A：5　3. T0403④A：6　4. T0405④A：2　5. T0405④A：5　6. T0405④A：9　7. T0405④A：11　8. T0405④A：12　9. T0405④A：15　10. T0405④A：19　11. T0405④B：3　12. T0405④B：4　13. T0405④B：6　14. T0405④B：9　15. T0406④A：11　16. T0406④A：14　17. T0406④A：22　18. T0406④A：39　19. T0405④B：5　20. T0406④A：23　21. T0406④A：29　22. T0406④A：30　23. T0406④A：33

锋及铤后端残，细柳叶形，双面有脊，两侧刃，铤两侧斜收。残长4.8、宽1.4、厚0.5厘米（图三〇三，5）。标本T0407④A：22，青灰色石料。镞身前端及铤后端残，镞身至铤双面有脊，两侧刃，梯形铤。残长4.8、宽1.7、厚0.7厘米（图三〇三，6）。标本T0501④A：44，深青灰色石料。前锋及铤后端残，柳叶形，双面有脊，两侧刃，三角形铤。残长4.8、宽1.5、厚0.3厘米（图三〇三，8）。标本T0501④A：47，青灰色石料。前锋及铤后端残，柳叶形，双面有脊，两侧刃，铤两侧斜收。残长4.6、宽1.7、厚0.3厘米（图三〇三，7）。标本T0501④A：64，深青灰色石料。形体较小，柳叶形，双面有脊，两侧刃，三角锥形铤。长3.8、宽1、厚0.2厘米（图三〇三，13；图版九七，5）。标本T0502④A：2，青灰色石料。镞身前端及铤残，柳叶形，一面有脊，两侧刃，铤两侧斜收。残长7.1、宽2.5、厚0.4厘米（图三〇三，10）。标本T0502④A：23，青灰色石料。仅存镞身后端及铤，柳叶形，一面有脊，两侧刃，三角形铤。残长3.8、宽1.4、厚0.2厘米（图三〇三，9）。标本T0502④A：24，青灰色石料。前锋及铤后端残，柳叶形，双面有脊，两侧刃，梯形铤。残长4.4、宽1.2、厚0.4厘米（图三〇三，12；图版九七，6）。标本T0502④A：27，青灰色石料。镞身一侧及铤后端残，柳叶形，双面有脊，两侧刃，三角形铤。残长5.2、宽2、厚0.3厘米（图三〇三，14）。标本T0502④A：28，青灰色石料。前锋残，柳叶形，双面有脊，两侧刃，短三角形铤。残长4.5、宽1.7、厚0.3厘米（图三〇三，18；图版九八，1）。标本T0502④A：38，青灰色石料。前锋残，柳叶形，双面有脊，两侧刃，短梯形铤。残长5.2、宽1.8、厚0.3厘米（图三〇三，15）。标本T0502④A：43，青灰色石料。仅存镞身后端及铤，双面扁平，两侧刃，三角形铤。残长3.2、宽1.6、厚0.3厘米（图三〇三，19）。标本T0502④A：54，深青灰色石料。镞身前端及铤后端残，柳叶形，双面有脊，两侧刃，镞身边侧有一个对穿孔，铤两侧斜收。残长6.1、宽2.2、孔径0.3、厚0.3厘米（图三〇三，17）。标本T0503④A：7，青灰色石料。仅存镞身后端及铤交界处，柳叶形，双面有脊，两侧刃，铤两侧斜收。残长3、宽1.4、厚0.3厘米（图三〇三，16）。标本T0503④A：14，深青灰色石料。镞身前端及铤残，柳叶形，双面有脊，两侧刃，铤两侧斜收。残长4、宽1.6、厚0.3厘米（图三〇三，23）。标本T0503④A：39，青灰色石料。镞身前端残，柳叶形，双面有脊，两侧刃，三角形铤。残长6.3、宽2.2、厚0.2厘米（图三〇三，21）。标本T0503④A：47，青灰色石料。前锋残，柳叶形，双面有脊，双面刃，三角形铤。残长4.4、宽1.3、厚0.3厘米（图三〇三，20）。标本T0503④A：52，青灰色石料。前锋及镞身面残，柳叶形，双面有脊，两侧刃，梯形铤。残长6、宽2、厚0.3厘米（图三〇三，22）。

Ab型，46件。标本T0201④A：35，深青灰色石料。铤后端残，梭状柳叶形，镞身前端一面有脊，一面扁平，两侧刃。残长5、宽1.7、厚0.3厘米（图三〇四，1；图版九八，2）。标本T0202④A：41，深青灰色石料。铤后端残，梭状柳叶形，镞身前端双面有脊，后端两面扁平，两侧刃，截面呈多棱形，两侧刃。残长6.1、宽2、厚0.5厘米（图三〇四，3）。标本T0203④A：13，深青灰色石料。镞身前端及铤末端残，梭状柳叶形，双面有脊，两侧刃。残长6.4、宽2.4、厚0.3厘米（图三〇四，2）。标本T0203④A：19，青灰色石料。前锋及铤后端残，梭状柳叶形，双面有脊，两侧刃，三角形铤。残长3.7、宽1.8、厚0.3厘米（图三〇四，4）。标本T0203④A：38，青灰色石料。镞身前端及铤后端残，梭状柳叶形，双面有脊，两

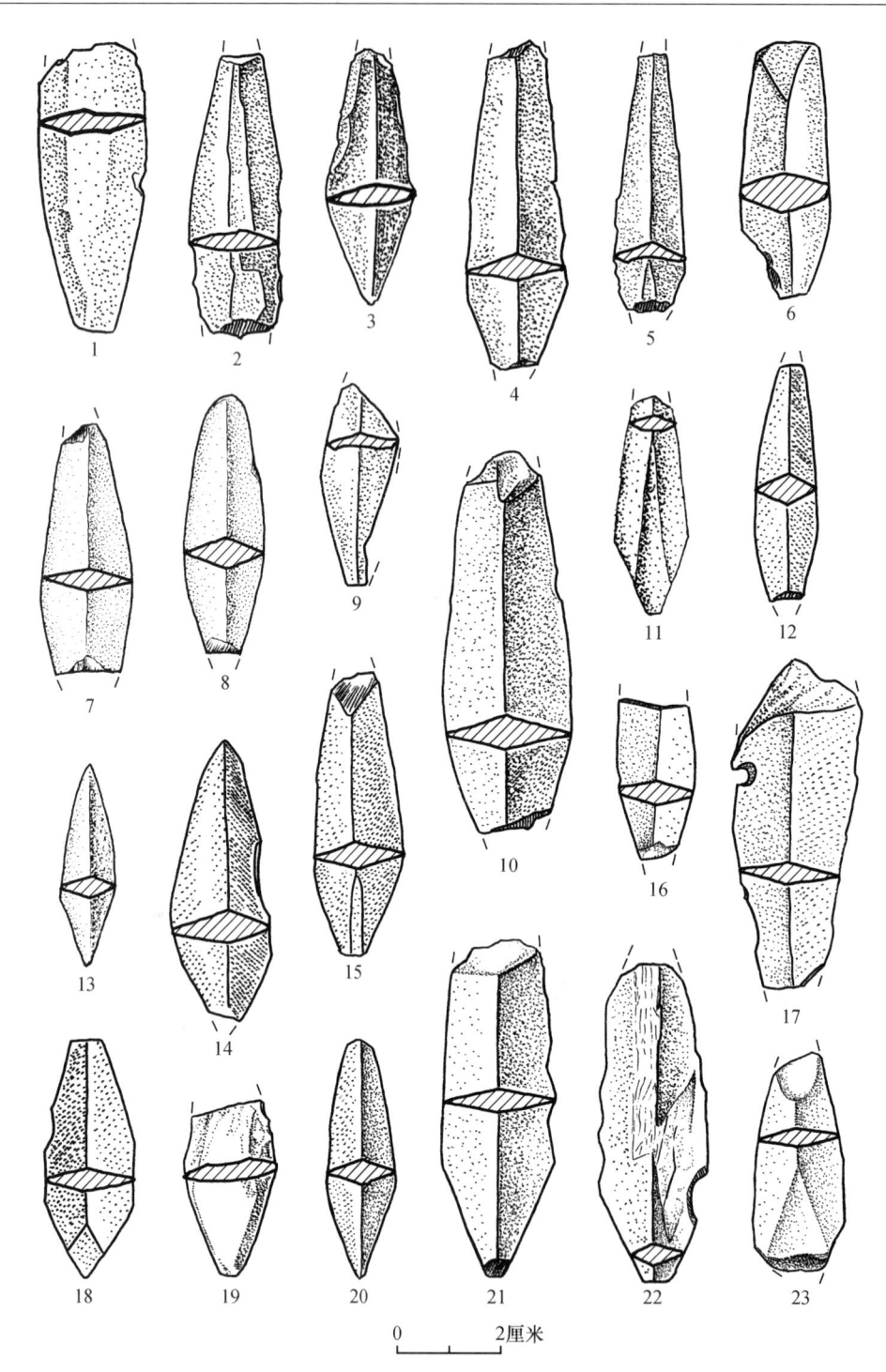

图三〇三 第4层出土Aa型石镞

1. T0406④A：49 2. T0406④A：53 3. T0406④A：54 4. T0406④B：15 5. T0407④A：15 6. T0407④A：22 7. T0501④A：47 8. T0501④A：44 9. T0502④A：23 10. T0502④A：2 11. T0205④A：36 12. T0502④A：24 13. T0501④A：64 14. T0502④A：27 15. T0502④A：38 16. T0503④A：7 17. T0502④A：54 18. T0502④A：28 19. T0502④A：43 20. T0503④A：47 21. T0503④A：39 22. T0503④A：52 23. T0503④A：14

侧刃。残长5.2、宽1.75、厚0.2厘米（图三〇四，5）。标本T0204④A：33，深青灰色石料。前锋及铤后端残，梭状柳叶形，双面有脊，两侧刃。残长5.5、宽1.5、厚0.5厘米（图三〇四，6）。标本T0204④A：54，青灰色石料。镞身前端及铤后端残，梭状柳叶形，双面扁平，两侧刃，截面呈多棱形。残长3.5、残宽1.9、厚0.2厘米（图三〇四，7）。标本T0204④A：55，深青灰色石料。镞身前端及铤后端残，梭状柳叶形，双面扁平，两侧刃，截面呈多棱形，扁三角形铤。残长4.1、残宽2.1、厚0.3厘米（图三〇四，9）。标本T0205④A：6，青色石料。镞身前端及铤末端残，梭状柳叶形，双面有脊，两侧刃。长5.8、中宽1.9、厚0.5厘米（图三〇四，8）。标本T0205④A：7，青灰色石料。梭状柳叶形，双面扁平，两侧刃，截面呈多棱形。长4.7、宽1.4、厚0.2厘米（图三〇四，10；图版九八，3）。标本T0205④A：62，青灰色石料。镞身前端残，梭状柳叶形，脊不明显，两侧刃，三角形铤。残长5.2、残宽1.9、厚0.3厘米（图三〇四，11）。标本T0205④B：1，灰色石料。两端残，梭状柳叶形，双面扁平，两侧刃，截面呈多棱形。残长5.5、宽1.9、厚0.4厘米（图三〇四，12）。标本T0302④A：34，深青灰色石料。前锋及铤后端残，梭状柳叶形，双面有脊，两侧刃。残长5.5、残宽1.7、厚0.4厘米（图三〇四，13）。标本T0305④A：33，青灰色石料。两端及镞身中部一侧残，梭状柳叶形，双面有脊，两侧刃。残长5.5、宽1.6、厚0.4厘米（图三〇四，14）。标本T0305④B：1，深灰色石料。锋尖及铤末端残，细梭状柳叶形，双面有脊，两侧刃，圆柱状铤。长5.7、宽1.3、厚0.5厘米（图三〇四，15）。标本T0305④B：2，青灰色石料。锋尖及铤末端残，梭状柳叶形，双面有脊，两侧刃。长5.4、宽1.4、厚0.2厘米（图三〇四，16）。标本T0306④A：6，灰色石料。前锋及铤残，梭状柳叶形，一面有脊，两侧刃。残长5.2、宽1.8、厚0.4厘米（图三〇四，19）。标本T0306④A：18，青灰色石料。两端残，梭状柳叶形，一面有脊，两侧刃。残长5、宽2、厚0.4厘米（图三〇四，17；图版九八，4）。标本T0306④A：30，青灰色石料。两端残，梭状柳叶形，一面有脊，一面扁平，两侧刃，铤两侧斜收。残长5.4、宽1.8、厚0.5厘米（图三〇四，18）。标本T0307④A：10，青灰色石料。两端残，梭状柳叶形，形体较小，一面有脊，一面扁平，两侧刃。残长4.3、宽1.6、厚0.4厘米（图三〇四，26）。标本T0402④A：2，青灰色石料。镞身前端残，梭状柳叶形，一面有脊，两侧刃。残长3.4、宽1.6、厚0.3厘米（图三〇四，25）。标本T0402④A：16，青灰色石料。镞身前端及铤残，梭状柳叶形，两侧刃，三角形铤。残长5.3、宽2、厚0.3厘米（图三〇四，23）。标本T0405④A：4，青灰色石料。前锋残，梭状柳叶形，双面扁平，两侧刃，截面呈多棱形，梯形铤，后端双面刃。残长6.1、宽1.9、厚0.6厘米（图三〇四，20）。标本T0405④B：16，深青灰色石料。镞身前端及铤后端残，梭状柳叶形，双面扁平，两侧刃。残长4.3、宽1.9、厚0.5厘米（图三〇四，24）。标本T0405④B：19，深青灰色石料。梭状柳叶形，双面扁平，两侧刃，截面呈多棱形，前锋及铤后端扁平。残长6.3、宽1.9、厚0.4厘米（图三〇四，21；图版九八，5）。标本T0406④A：15，青灰色石料。镞身前端残，梭状柳叶形，脊不明显，两侧刃，铤两侧弧收。残长4.4、宽1.4、厚0.4厘米（图三〇四，22）。标本T0406④A：16，青灰色石料。镞身前端及铤后端残，梭状柳叶形，双面扁平，两侧刃，截面呈多棱形，铤两侧弧收。残长4.5、宽2、厚0.7厘米（图三〇四，27）。标本T0406④A：27，青灰色石料。镞身前端及铤后端残，梭状

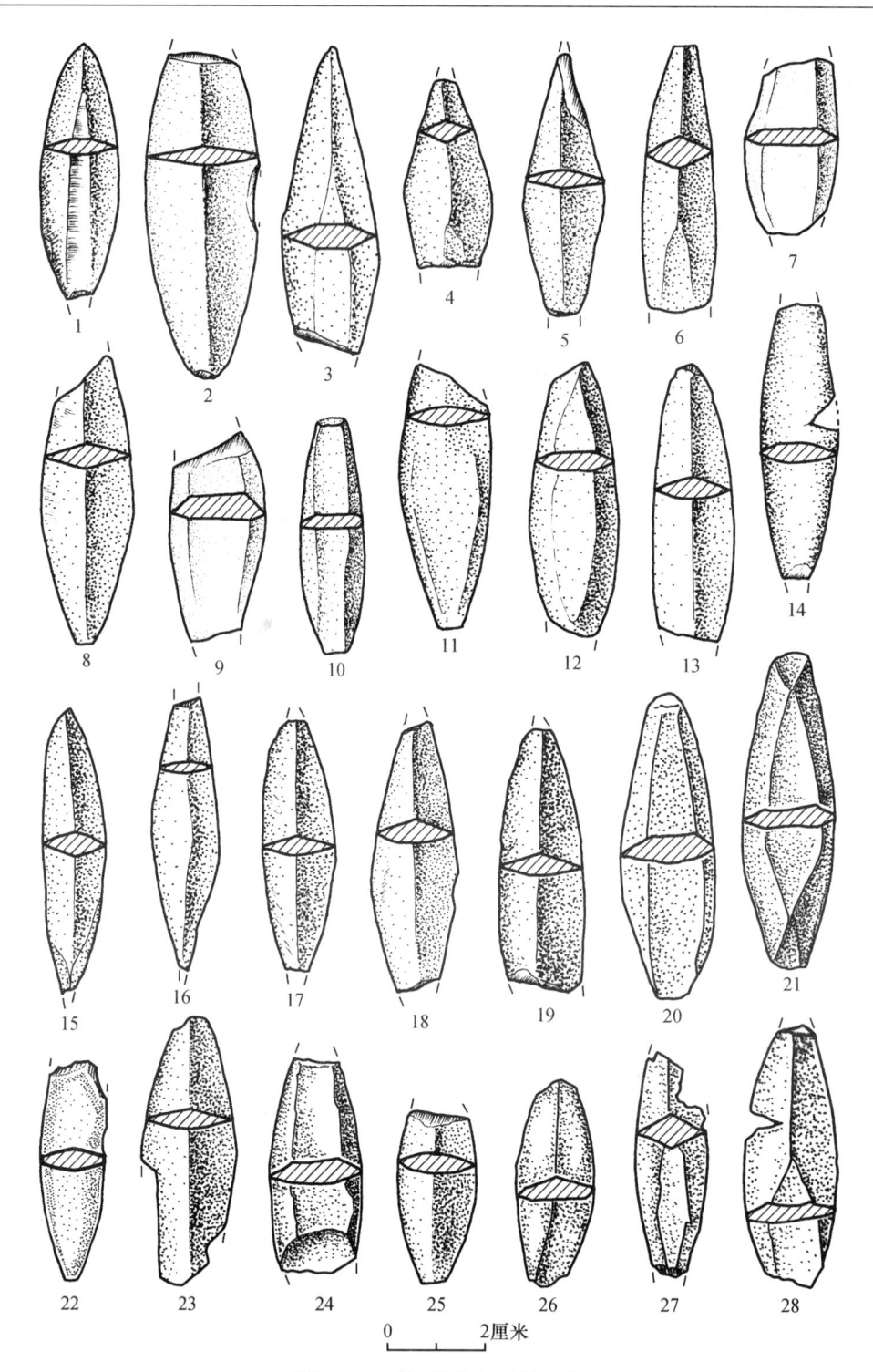

图三〇四　第4层出土Ab型石镞

1. T0201④A：35　2. T0203④A：13　3. T0202④A：41　4. T0203④A：19　5. T0203④A：38　6. T0204④A：33　7. T0204④A：54　8. T0205④A：6　9. T0204④A：55　10. T0205④A：7　11. T0205④A：62　12. T0205④B：1　13. T0302④A：34　14. T0305④A：33　15. T0305④B：1　16. T0305④B：2　17. T0306④A：18　18. T0306④A：30　19. T0306④A：6　20. T0405④A：4　21. T0405④B：19　22. T0406④A：15　23. T0402④A：16　24. T0405④B：16　25. T0402④A：2　26. T0307④A：10　27. T0406④A：16　28. T0406④A：27

柳叶形，镞身前端双面有脊，两侧刃。残长5.2、宽1.9、厚0.4厘米（图三〇四，28）。标本T0406④A：28，青灰色石料。铤后端残，梭状柳叶形，双面扁平，两侧刃，截面呈多棱形，三角形铤。残长5.3、宽1.8、厚0.3厘米（图三〇五，1）。标本T0406④A：40，青灰色石料。形体较小，梭状柳叶形，双面无脊，两侧刃。长3.9、宽1.3、厚0.3厘米（图三〇五，2）。标本T0406④A：50，青灰色石料。镞身前端残，梭状柳叶形，双面有脊，两侧刃。残长5.6、宽2、厚0.6厘米（图三〇五，3）。标本T0407④A：21，青灰色石料。前锋残，梭状柳叶形，双面有脊，两侧刃。残长5.5、宽1.9、厚0.7厘米（图三〇五，4）。标本T0501④A：11，深青灰色石料。铤后端残，梭状柳叶形，双面有脊，两侧刃，扁平三角形铤。残长5.2、宽1.1、厚0.5厘米（图三〇五，5）。标本T0501④A：30，深青灰色石料。两端残，梭状柳叶形，双面无脊，两侧刃，短扁三角铤。残长4.3、宽1.2、厚0.3厘米（图三〇五，6；图版九八，6）。标本T0501④A：39，深青灰色石料。两端残，梭状柳叶形，双面扁平，两侧刃，截面呈多棱形。残长5.7、宽2、厚0.4厘米（图三〇五，7）。标本T0501④A：50，灰色石料。镞身前端及铤后端残，梭状柳叶形，双面有脊，两侧刃。残长4、宽1.7、厚0.3厘米（图三〇五，9）。标本T0501东扩方④A：5，青灰色石料。铤后端残，梭状柳叶形，双面有脊，两侧刃。残长5.2、宽1.3、厚0.5厘米（图三〇五，10）。标本T0502④A：18，青灰色石料。镞身前端一侧及铤后端残，梭状柳叶形，双面有脊，两侧刃，三角形铤。残长6.3、宽1.9、厚0.3厘米（图三〇五，8）。标本T0502④A：22，青灰色石料。前锋及铤后端残，梭状柳叶形，双面有脊，两侧刃。残长5、宽1.2、厚0.4厘米（图三〇五，11）。标本T0502④A：26，深青灰色石料。仅存中部，梭状柳叶形，一面有脊，一面扁平。残长4.5、宽2、厚0.2厘米（图三〇五，12）。标本T0502④A：39，青灰色石料。铤后端残，梭状柳叶形，双面有脊，两侧刃。残长5.2、宽1.2、厚0.3厘米（图三〇五，13）。标本T0502④A：53，青灰色石料。两端残，梭状柳叶形，双面扁平，两侧刃，截面呈多棱形。残长5.5、宽2.1、厚0.3厘米（图三〇五，14）。标本T0503④A：16，青灰色石料。前锋及铤后端残，梭状柳叶形，双面有脊，两侧刃。残长5.8、宽2、厚0.2厘米（图三〇五，16）。标本T0503④A：22，深青灰色石料。前锋及铤后端残，梭状柳叶形，镞身前端双面有脊，两侧刃。残长7.5、宽1.8、厚0.5厘米（图三〇五，18；图版九九，1）。标本T0503④A：46，青灰色石料。基本完整，梭状柳叶形，双面有脊，两侧刃，扁锥形铤。长6.7、宽1.8、厚0.4厘米（图三〇五，15；图版九九，2）。标本T0503④A：53，深青灰色石料。前锋及铤后端残，梭状柳叶形，双面有脊，两侧刃。残长4.3、宽1.5、厚0.3厘米（图三〇五，17）。

Ac型，56件。标本T0201④A：34，灰色石料。镞身前端及铤后端残，双面有脊，两侧刃，窄长方锥形铤。残长5.4、宽2.4、厚0.4厘米（图三〇六，1）。标本T0202④A：5，灰色石料。镞身前端及铤后端残，一面有脊，两侧刃，短锥形铤。残长3、宽1.5、厚0.5厘米（图三〇六，2）。标本T0202④A：8，青灰色石料。镞身前端残，一面有脊，两侧刃，短锥形铤。残长3.9、宽1.8、厚0.3厘米（图三〇六，3）。标本T0202④A：9，青灰色石料。镞身前端残，一面有脊，两侧刃，扁锥状形铤。残长5.7、宽1.8、厚0.5厘米（图三〇六，4）。标本T0202④A：14，深青灰色石料。镞身前端及铤残，双面有脊，两侧刃，短锥形铤。残长5.2、

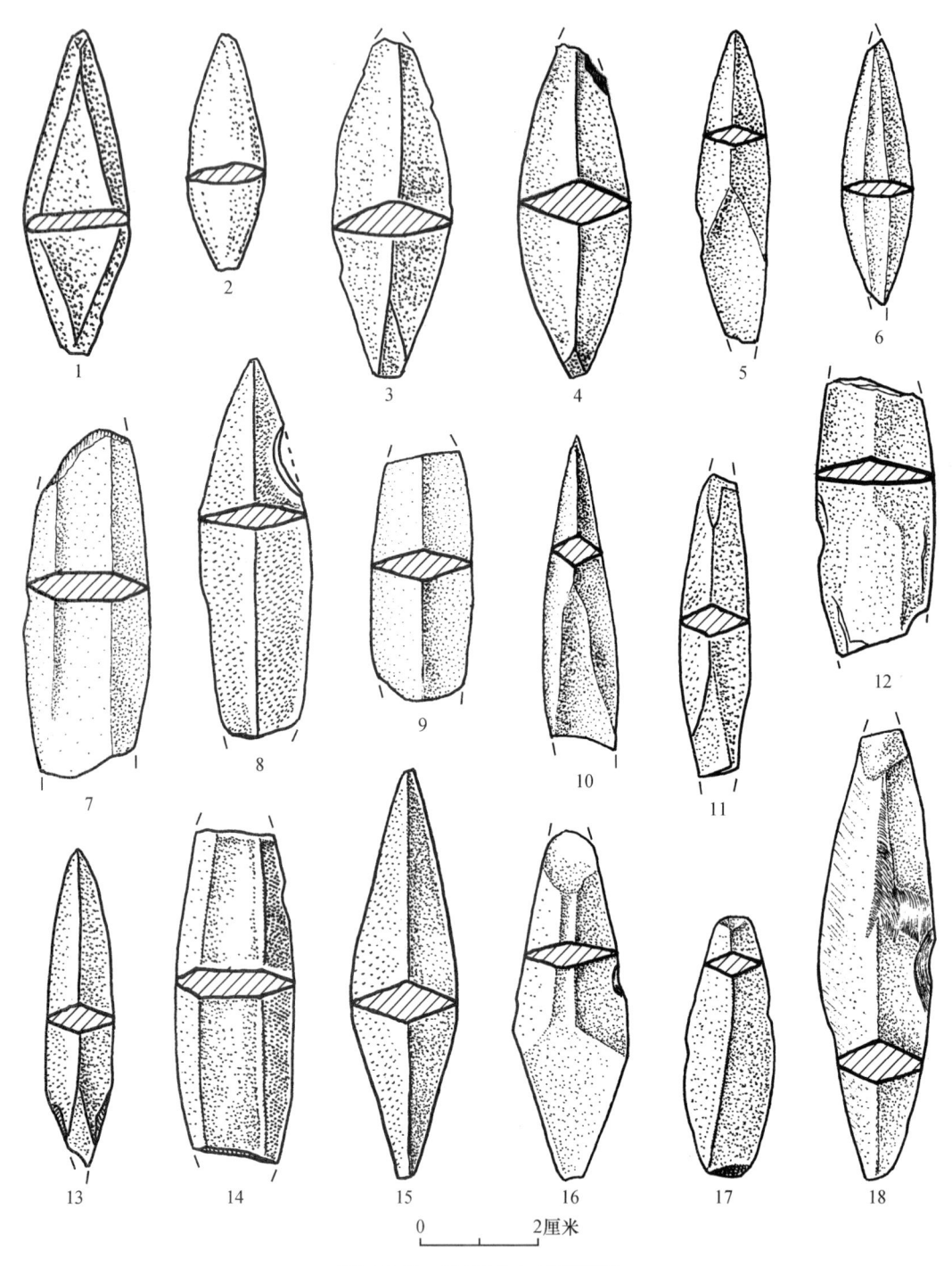

图三〇五 第4层出土Ab型石镞

1. T0406④A：28　2. T0406④A：40　3. T0406④A：50　4. T0407④A：21　5. T0501④A：11　6. T0501④A：30　7. T0501④A：39
8. T0502④A：18　9. T0501④A：50　10. T0501东扩方④A：5　11. T0502④A：22　12. T0502④A：26　13. T0502④A：39
14. T0502④A：53　15. T0503④A：46　16. T0503④A：16　17. T0503④A：53　18. T0503④A：22

宽2、厚0.4厘米（图三〇六，5）。标本T0202④A：26，青灰色石料。镞身一侧及铤后端残，镞身前端一面有脊，两侧刃，后端呈椭圆形，细锥形铤。残长7.7、残宽1.8、厚1.2厘米（图三〇六，14）。标本T0202④A：44，青灰色石料。镞身前端及铤后端残，镞身呈柳叶形，双面有脊，两侧刃，短扁锥形铤。残长7.4、宽2.2、厚0.6厘米（图三〇六，6；图版九九，3）。标本T0202④A：49，青灰色石料。镞身前端及铤后端残，双面有脊，两侧刃，扁锥形铤。残长4.5、宽2.8、厚0.5厘米（图三〇六，7）。标本T0202④A：66，青灰色石料。镞身前端残，双面扁平，两侧刃，截面呈多棱形，短扁锥形铤。残长5.3、宽2.4、厚0.5厘米（图三〇六，9）。标本T0203④A：15，灰白色石料。铤后端残，镞身双面高脊，两侧刃，锥形铤。残长5.4、宽1.3、厚0.7厘米（图三〇六，10）。标本T0203④A：16，深青灰色石料。镞身前端及铤后端残，双面有脊，两侧刃，短锥形铤。残长6.6、宽2、厚0.5厘米（图三〇六，8）。标本T0203④A：28，青灰色石料。前锋残，镞身呈柳叶形，双面有脊，两侧刃，细锥形铤。长6.8、宽1.6、厚0.5厘米（图三〇六，11；图版九九，4）。标本T0203④A：30，青灰色石料。镞前端残，双面有脊，两侧刃，短锥形铤。残长3.3、宽2.1、厚0.5厘米（图三〇六，12）。标本T0203④A：32，深青灰色石料。铤后端残，镞身呈柳叶形，双面有脊，两侧刃，短长方形铤。残长5.5、宽1.25、厚0.5厘米（图三〇六，13；图版九九，5）。标本T0203④A：45，深青灰色石料。镞身前端残，双面有脊，两侧刃，扁锥形铤。残长3.3、宽1.6、厚0.3厘米（图三〇六，18）。标本T0203④A：47，青灰色石料。镞身前端及铤后端残，双面有脊，两侧刃，扁锥形铤。残长4.5、宽1.8、厚0.3厘米（图三〇六，16）。标本T0204④A：11，青灰色石料。仅存镞身前端，柳叶形，双面有脊，两侧刃。残长4.4、宽1.8、厚0.4厘米（图三〇六，17）。标本T0204④A：26，青灰色石料。前锋及铤后端残，镞身呈柳叶形，双面有脊，两侧刃，短扁锥形铤。残长7.3、宽2.5、厚0.5厘米（图三〇六，15）。标本T0205④A：1，青灰色石料。前锋及铤后端残，镞身呈柳叶形，双面有脊，两侧刃，扁锥形铤。残长3.8、宽1.4、厚0.3厘米（图三〇六，19）。标本T0205④A：2，青灰色石料。镞身前端残，镞身呈柳叶形，双面有脊，两侧刃，短锥形铤。残长6、宽1.8、厚0.5厘米（图三〇七，1）。标本T0205④A：19，青色石料。铤后端残，镞身呈柳叶形，镞身前端有脊，两侧刃，扁锥形铤。残长6.5、宽1.8、厚0.6厘米（图三〇七，2）。标本T0205④A：43，青色石料。镞身前端残，镞身呈长三角，双面有脊，两侧刃，短锥状铤。残长5.1、宽1.7、厚0.5厘米（图三〇七，3）。标本T0205④A：50，青灰色石料。前锋及镞身一侧残，双面扁平，两侧刃，扁锥状铤。残长4、宽1.4、厚0.3厘米（图三〇七，4）。标本T0302④A：8，灰色石料。镞身前端及铤后端残，镞身呈柳叶形，双面有脊，两侧刃，扁锥形铤。残长5.5、残宽1.7、厚0.6厘米（图三〇七，5）。标本T0302④A：28，青灰色石料。铤残，镞身前端呈柳叶形，后端内束，双面有脊，两侧刃，扁锥状铤。残长4.9、残宽1.7、厚0.5厘米（图三〇七，6）。标本T0302④A：31，深青灰色石料。前锋及铤后端残，镞身呈柳叶形，双面有脊，两侧刃，短锥形铤。残长6.2、残宽1.9、厚0.6厘米（图三〇七，7）。标本T0302④A：32，深青灰色石料。前锋及铤后端残，镞身呈柳叶形，双面有脊，两侧刃，短锥形铤。残长7、残宽1.9、厚0.6厘米（图三〇七，8）。标本T0305④A：6，青灰色石料。镞身前端及铤后端残，双面有脊，两侧刃，扁锥形铤。残长3.8、

0   2厘米

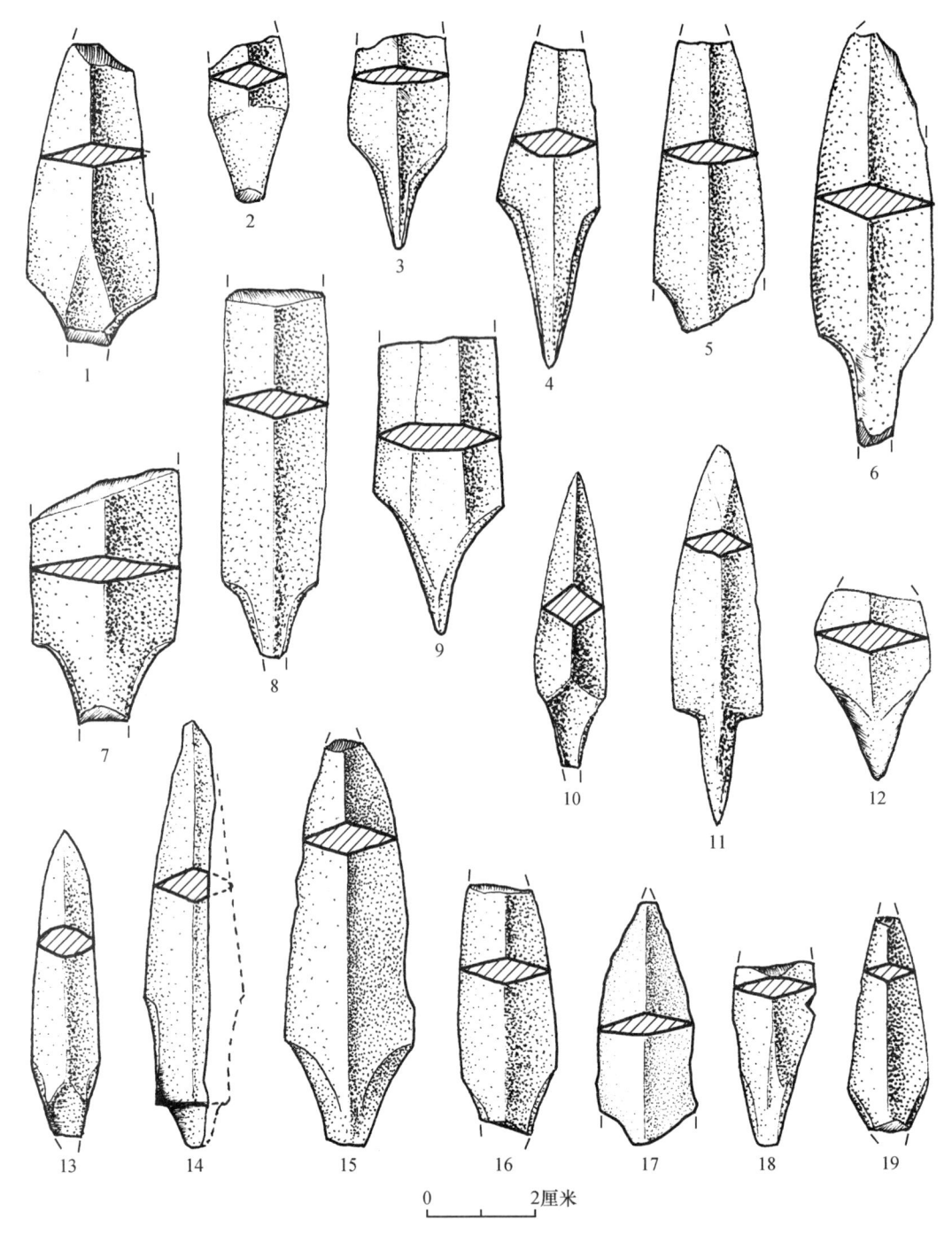

图三〇六 第4层出土Ac型石镞

1. T0201④A：34 2. T0202④A：5 3. T0202④A：8 4. T0202④A：9 5. T0202④A：14 6. T0202④A：44 7. T0202④A：49
8. T0203④A：16 9. T0202④A：66 10. T0203④A：15 11. T0203④A：28 12. T0203④A：30 13. T0203④A：32
14. T0202④A：26 15. T0204④A：26 16. T0203④A：47 17. T0204④A：11 18. T0203④A：45 19. T0205④A：1

宽2、厚0.5厘米（图三〇七，9）。标本T0305④A：34，深青灰色石料。镞身一侧刃部及铤后端残，镞身呈三角形，双面有脊，两侧刃，细锥形铤。残长7、宽2.3、厚0.5厘米（图三〇七，10）。标本T0307④A：5，深青灰色石料。柳叶形，镞身前端及铤后端残，一面有脊，一面不平，两侧刃，扁锥形铤。残长6、宽1.9、厚0.4厘米（图三〇七，11）。标本T0307④A：18，青灰色石料。柳叶形，镞身前端残，双面有脊，两侧刃，细锥形铤。残长6.8、宽1.7、厚0.9厘米（图三〇七，12）。标本T0401东扩方④A：15，深青灰色石料。镞身前端及铤后端残，镞身呈柳叶形，双面有脊，两侧刃，短锥形铤。残长5.9、宽2、厚0.5厘米（图三〇七，13）。标本T0405④A：16，青灰色石料。仅存镞身后端及铤前端，一面有脊，一面扁平，两侧刃，窄长方形铤。残长4.4、宽2.6、厚0.6厘米（图三〇七，14）。标本T0405④B：13，深青灰色石料。前锋及铤后端残，双面有脊，两侧刃，扁长方形铤。残长4.4、宽1.5、厚0.5厘米（图三〇七，17）。标本T0406④A：9，深青灰色石料。镞身前端残，镞身呈柳叶形，双面有脊，两侧刃，短锥形铤。残长5.5、宽2、厚0.5厘米（图三〇七，16）。标本T0406④A：17，青灰色石料。仅存镞身后端至铤，一面有脊，一面扁平，长扁锥形铤。残长6.8、宽2.1、厚0.4厘米（图三〇七，15）。标本T0406④A：32，青灰色石料。前锋及铤后端残，柳叶形，双面有脊，两侧刃，扁锥形铤。残长4.8、宽1.8、厚0.8厘米（图三〇七，18）。标本T0406④A：42，青灰色石料。镞身前端残，镞身呈柳叶形，双面有脊，两侧刃，细锥形铤。残长8.1、宽1.6、厚0.9厘米（图三〇八，1）。标本T0406④A：44，深青灰色石料。铤后端残，细柳叶形，双面高脊，两侧刃，扁锥形铤。残长4.9、宽1、厚0.8厘米（图三〇八，2）。标本T0406④A：55，青灰色石料。仅存铤，扁长方形，双面有脊。残长4.2、宽0.9、厚0.7厘米（图三〇八，3）。标本T0406④B：3，青灰色石料。前锋及铤后端残，柳叶形，双面有脊，两侧刃，扁锥形铤。残长6.3、宽1.9、厚0.4厘米（图三〇八，4）。标本T0406④B：4，青灰色石料。镞身前端残，双面有脊，两侧刃，短锥形铤。残长4.1、宽1.8、厚0.5厘米（图三〇八，5）。标本T0406④B：6，青灰色石料。镞身前端残，镞身较短，双面有脊，两侧刃，长扁锥形铤。残长5.2、宽1.5、厚0.8厘米（图三〇八，6）。标本T0501④A：4，青灰色石料。前锋及铤后端残，镞身呈柳叶形，双面有脊，两侧刃，短扁锥状铤。残长6、宽1.7、厚0.3厘米（图三〇八，12）。标本T0501④A：8，青灰色石料。仅存镞身与铤交界处，柳叶形，两侧刃，扁锥形铤。残长3.8、宽1.6、厚0.4厘米（图三〇八，15）。标本T0501④A：31，青灰色石料。镞身前端及铤后端残，镞身呈柳叶形，双面有脊，两侧刃，短锥形铤。残长6.3、宽2、厚0.4厘米（图三〇八，8）。标本T0501④A：67，灰色石料。前锋及铤后端残，细长柳叶形，双面高脊，细长铤。残长6.8厘米（图三〇八，11；图版九九，6）。标本T0501④A：70，青灰色石料。镞身前端两侧及铤后端残，镞身呈柳叶形，双面有脊，两侧刃，扁锥形铤。残长6.5、宽1.8、厚0.4厘米（图三〇八，9）。标本T0501东扩方④A：8，青灰色石料。镞身前端残，双面有脊，两侧刃，短细锥形铤。残长4.5、宽2.6、厚0.5厘米（图三〇八，10）。标本T0502④A：37，青灰色石料。镞身前端残，双面有脊，两侧刃，扁锥形铤。残长4、宽1.4、厚0.4、铤长1.8厘米（图三〇八，13）。标本T0502④A：51，青灰色石料。镞前端残，双面有脊，两侧刃，镞身后端两次收束呈短圆锥形铤。残长4.9、宽2、厚0.6厘米（图三〇八，7）。标本T0503④A：6，

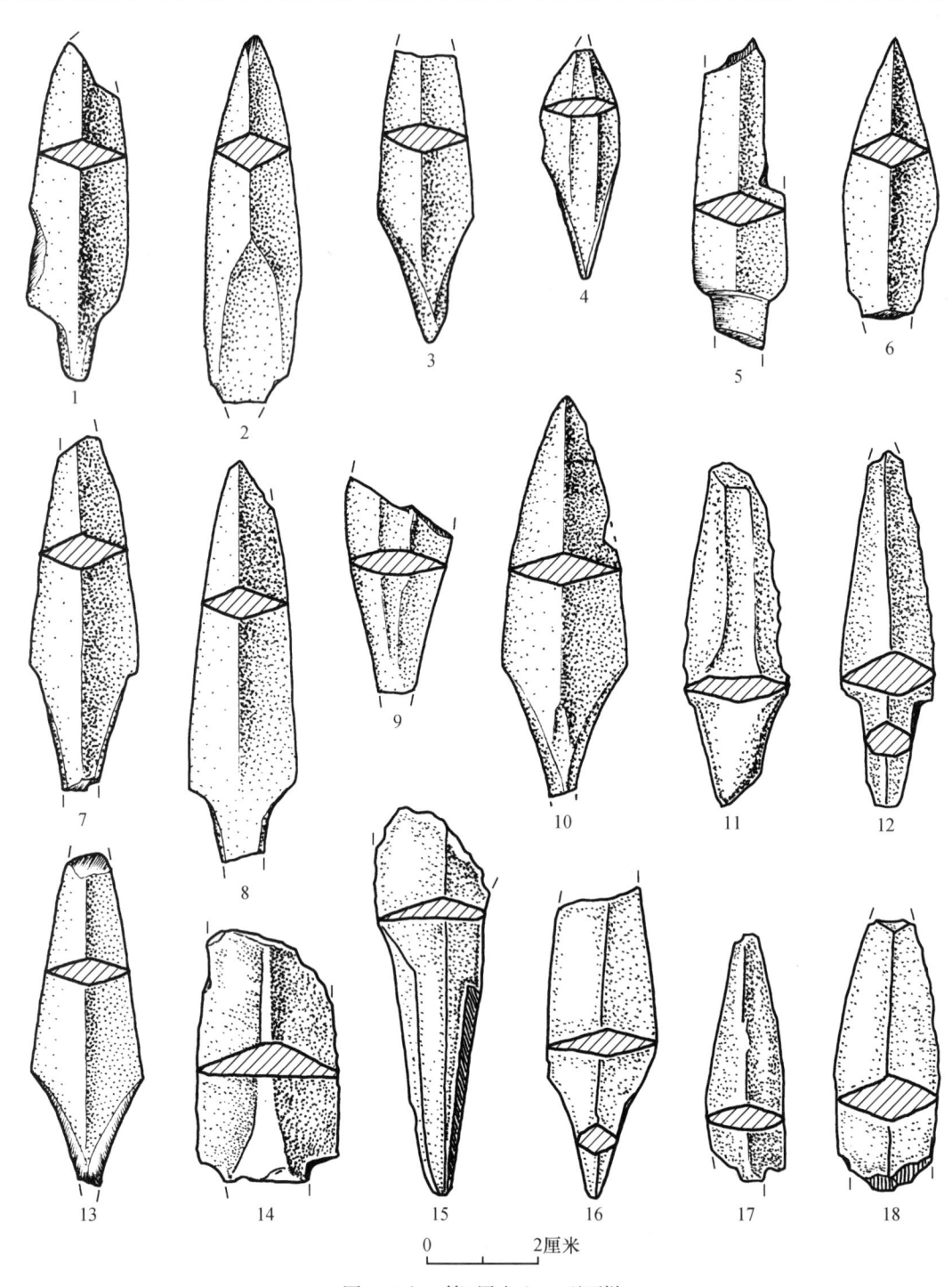

图三〇七　第4层出土Ac型石镞

1. T0205④A：2　2. T0205④A：19　3. T0205④A：43　4. T0205④A：50　5. T0302④A：8　6. T0302④A：28　7. T0302④A：31
8. T0302④A：32　9. T0305④A：6　10. T0305④A：34　11. T0307④A：5　12. T0307④A：18　13. T0401东扩方④A：15
14. T0405④A：16　15. T0406④A：17　16. T0406④A：9　17. T0405④B：13　18. T0406④A：32

深青灰色石料。镞身前端残，镞身呈柳叶形，前端双面有脊，两侧刃，短锥形铤。残长4.2、宽1.5、厚0.3厘米（图三〇八，14）。标本T0503④A∶18，青灰色石料。镞身前端残，双面有脊，两侧刃，短细锥形铤。残长3.4、宽1.5、厚0.3厘米（图三〇八，19）。标本T0503④A∶23，青灰色石料。镞身前端及铤后端残，双面有脊，两侧刃，细锥形铤。残长4.8、宽2、厚0.5厘米（图三〇八，18）。标本T0503④A∶27，青色石料。前锋残，镞身呈三角形，双面有脊，两侧刃，短细锥形铤。残长6.5、宽2、厚0.5厘米（图三〇八，17；图版一〇〇，1）。标本T0503④A∶40，深青灰色石料。基本完整，镞身呈柳叶形，双面高脊，两侧刃，细锥形铤。长5.8、宽1.2厘米（图三〇八，16；图版一〇〇，2）。

Ad型，18件。标本T0201④A∶3，青灰色石料。前锋及铤后端残，圆角菱形，双面有脊，两侧刃。残长5.2、宽2.5、厚0.5厘米（图三〇九，1）。标本T0202④A∶59，青色石料。前锋及铤后端残，呈圆角菱形，双面脊不明显，两侧刃。残长4.9、宽2.2、厚0.4厘米（图三〇九，2）。标本T0203④A∶50，深青灰色石料。镞身前端及铤后端残，菱形，双面脊不明显，两侧刃。残长4.5、宽2、厚0.2厘米（图三〇九，3）。标本T0204④A∶17，青灰色石料。前锋残，菱形，双面有脊，两侧刃，三角形铤。残长4.4、宽1.6、厚0.3厘米（图三〇九，4；图版一〇〇，3）。标本T0204④A∶37，青灰色石料。铤后端残，镞身呈宽叶三角形，镞身前端双面有脊，后端两面扁平，两侧刃，截面呈多棱形，三角形铤。残长4.4、宽2.2、厚0.3厘米（图三〇九，5）。标本T0204④A∶45，青灰色石料。前锋及铤后端残，菱形，双面有脊，两侧刃，三角形铤。残长5.2、宽1.8、厚0.3厘米（图三〇九，6）。标本T0205④A∶5，青灰色石料。菱形，双面扁平，两侧刃，截面呈多棱形。长4.5、中宽1.8、厚0.3厘米（图三〇九，7）。标本T0205④A∶18，青色石料。两端残，菱形，双面扁平，两侧刃，截面呈多棱形。残长4.3、中宽2.3、厚0.3厘米（图三〇九，8）。标本T0205④A∶29，青色石料。两端残，菱形，脊不明显，两侧刃。残长3、宽1.8、厚0.3厘米（图三〇九，9）。标本T0205④C∶4，青灰色石料。两端残，菱形，双面有脊，两侧刃。残长3.4、宽1.8、厚0.3厘米（图三〇九，10）。标本T0205④C∶6，青灰色石料。两端残，菱形，双面有脊，两侧刃。残长3.7、宽2.3、厚0.3厘米（图三〇九，11）。标本T0307④A∶13，深青灰色石料。镞身前端残，宽扁菱形，一面有脊，一面扁平，两侧刃。残长4.6、宽2.9、厚0.5厘米（图三〇九，12）。标本T0307④A∶24，青灰色石料。镞身前端残，短宽菱形，双面扁平。残长3.9、宽2.2、厚0.4厘米（图三〇九，13）。标本T0403④A∶15，灰色石料。两端残，菱形，双面有脊，两侧刃。残长4.9、宽1.9、厚0.5厘米（图三〇九，14）。标本T0406④A∶7，青灰色石料。两端残，宽叶菱形，双面扁平，两侧刃。残长4.6、宽2.2、厚0.4厘米（图三〇九，15）。标本T0406④A∶38，青灰色石料。镞身前端残，宽叶菱形，一面脊不明显，一面扁平，两侧刃。残长5.6、宽2.5、厚0.4厘米（图三〇九，16；图版一〇〇，4）。标本T0501④A∶2，灰色石料。两端残，宽叶菱形，双面扁平，两侧刃，三角形铤。残长3.5、宽2.1、厚0.2厘米（图三〇九，17）。标本T0503④A∶48，青灰色石料。仅存镞身后端及铤，宽叶菱形，双面扁平，两侧刃。残长2.8、宽1.6、厚0.2厘米（图三〇九，18）。

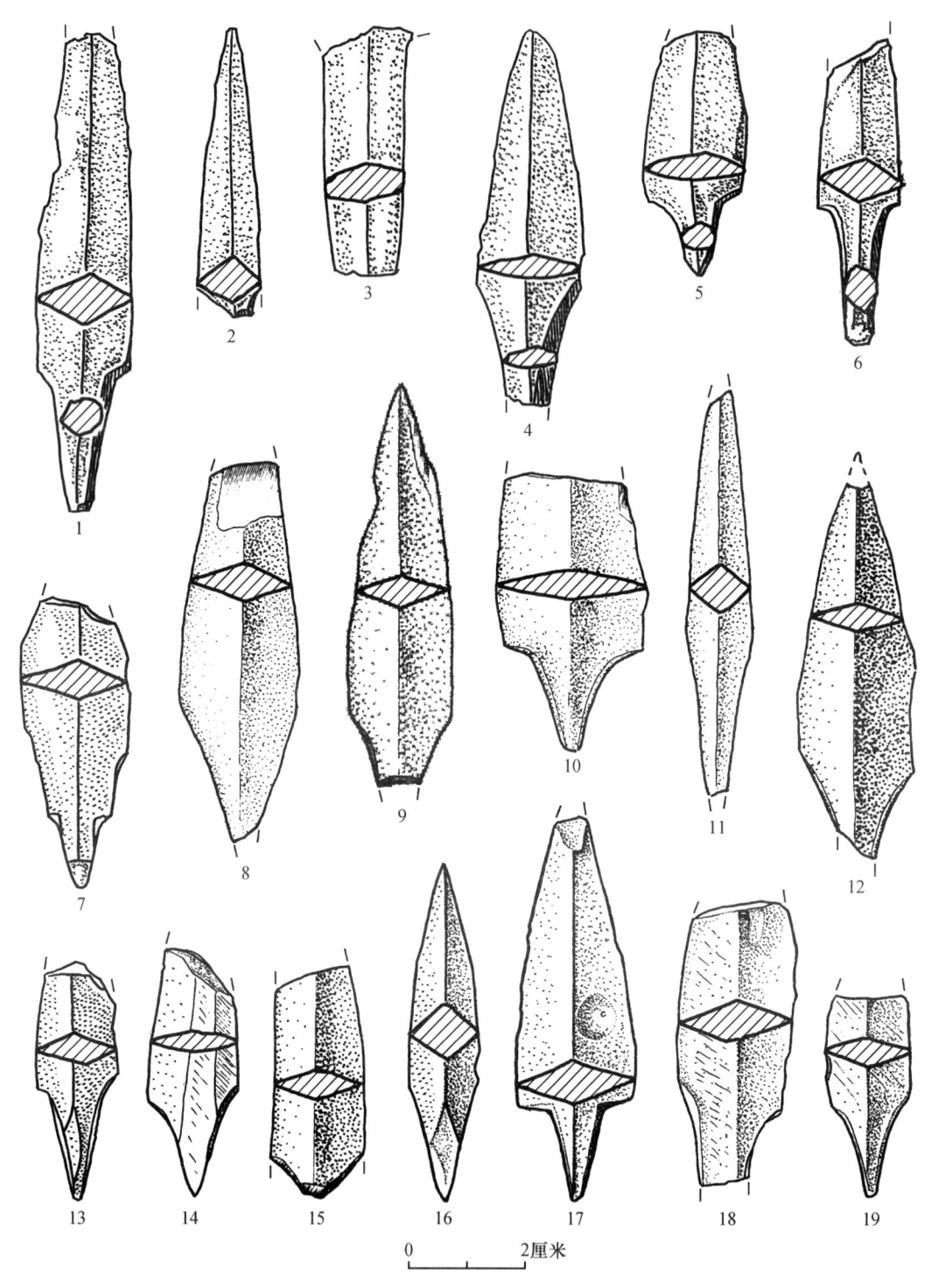

图三〇八 第4层出土Ac型石镞

1. T0406④A：42 2. T0406④A：44 3. T0406④A：55 4. T0406④B：3 5. T0406④B：4 6. T0406④B：6 7. T0502④A：51
8. T0501④A：31 9. T0501④A：70 10. T0501东扩方④A：8 11. T0501④A：67 12. T0501④A：4 13. T0502④A：37
14. T0503④A：6 15. T0501④A：8 16. T0503④A：40 17. T0503④A：27 18. T0503④A：23 19. T0503④A：18

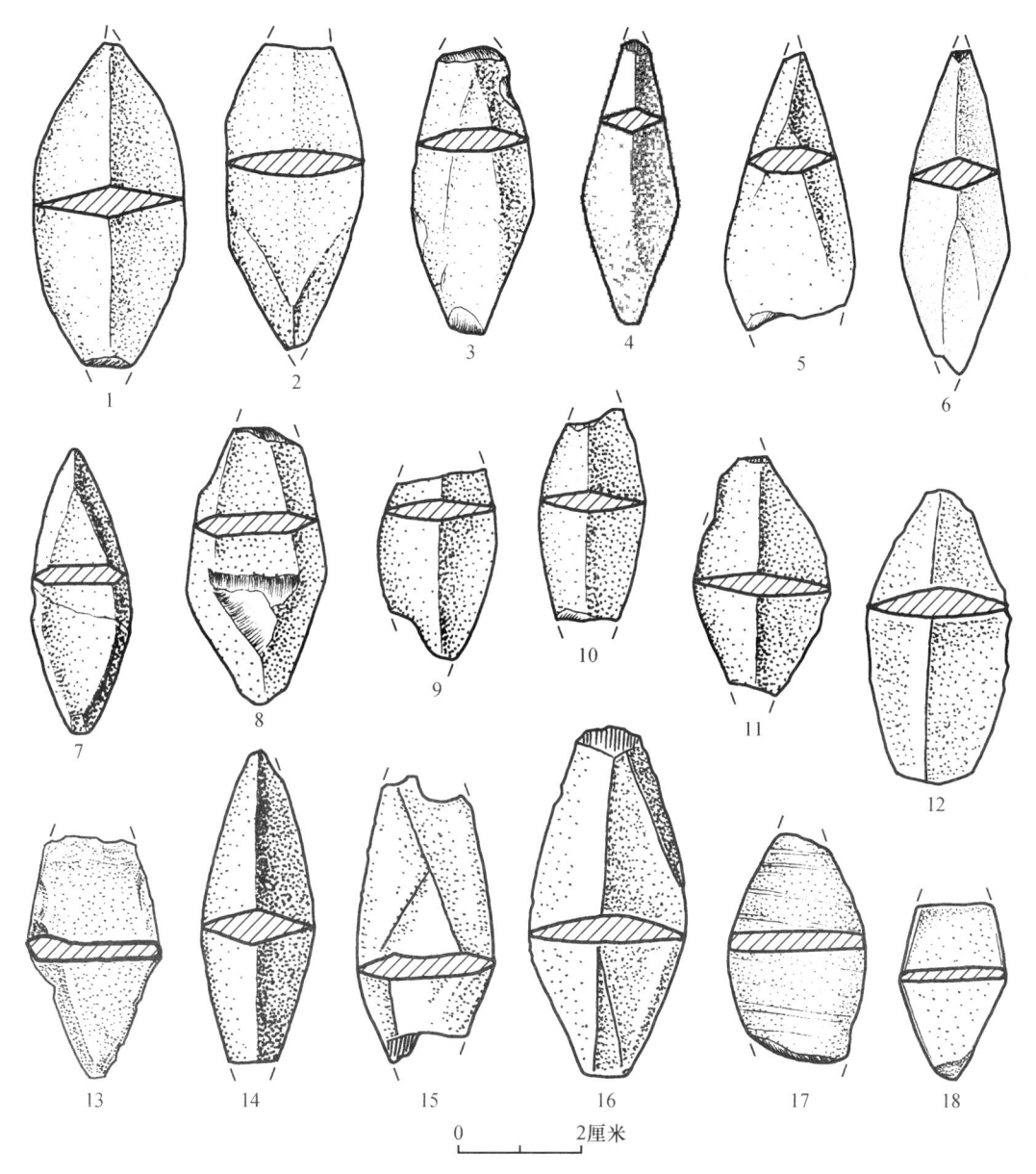

图三○九　第4层出土Ad型石镞

1. T0201④A：3　2. T0202④A：59　3. T0203④A：50　4. T0204④A：17　5. T0204④A：37　6. T0204④A：45　7. T0205④A：5　8. T0205④A：18　9. T0205④A：29　10. T0205④C：4　11. T0205④C：6　12. T0307④A：13　13. T0307④A：24　14. T0403④A：15　15. T0406④A：7　16. T0406④A：38　17. T0501④A：2　18. T0503④A：48

Ae型，13件。标本T0201④A：17，青灰色石料。镞身前端及铤后端残，双面有脊，两侧刃，扁锥形铤。残长5、宽2、厚0.6厘米（图三一○，1）。标本T0201④A：33，青灰色石料。前锋及铤后端残，双面有脊，两侧刃，扁锥形铤。残长7、宽3、厚0.6厘米（图三一○，2）。标本T0202④A：25，深青灰色石料。铤后端残，镞身前端双面有脊，两侧刃，细扁锥形铤。残长5、宽1.6、厚0.4厘米（图三一○，6）。标本T0202④A：28，深青灰色石料。铤后端残，双面有脊，两侧刃，短扁三角形铤。残长6.2、宽2、厚0.2厘米（图三一○，3；图版一○○，5）。标本T0202④A：47，青灰色石料。前锋及铤后端残，宽镞身，双面有脊，两侧刃，长方形铤。残长6.8、宽3、厚0.8厘米（图三一〇，4；图版一〇〇，6）。标本T0203④A：51，青灰色石料。镞身呈宽扁三角形，前锋有脊，双面无脊，两侧刃，短扁三角形铤。长6.4、宽2.75、厚0.3厘米（图三一〇，7；图版一〇一，1）。标本T0204④A：20，青灰色石料。镞身前端残，短镞身，双面有脊，两侧刃，细长方形铤，末端双面刃。残长8、宽2.5、厚0.9厘米（图三一〇，5）。标本T0205④B：2，青灰色石料。仅存镞身后端及铤，镞身宽叶形，双面扁平，两侧刃，扁锥形铤。残长5.1、宽2.8厘米（图三一〇，11）。标本T0501④A：29，深青灰色石料。两端残，镞身呈宽扁三角形，双面有脊，两侧刃，短扁三角形铤。残长3.3、宽

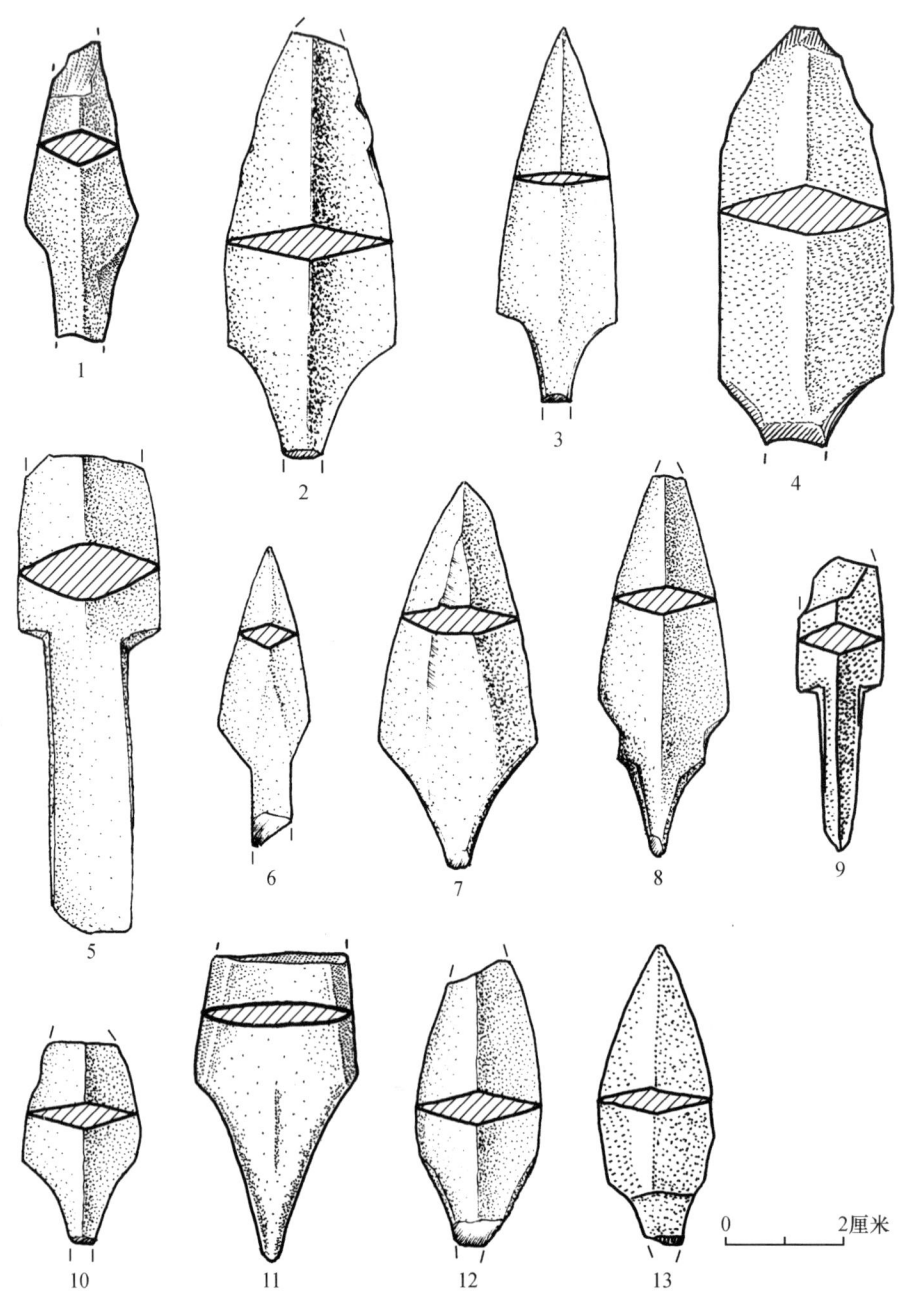

图三一〇　第4层出土Ae型石镞

1. T0201④A：17　2. T0201④A：33　3. T0202④A：28　4. T0202④A：47　5. T0204④A：20　6. T0202④A：25　7. T0203④A：51
8. T0501东扩方④A：18　9. T0502④A：31　10. T0501④A：29　11. T0205④B：2　12. T0501④A：36　13. T0502④A：36

1.9、厚0.3厘米（图三一〇，10）。标本T0501④A：36，青灰色石料。前锋及铤后端残，镞身呈宽叶形，双面有脊，两侧刃，短扁锥形铤。残长4.8、宽2.1、厚0.4厘米（图三一〇，12）。标本T0501东扩方④A：18，青灰色石料。前锋残，镞身呈三角形，双面有脊，两侧刃，镞身后端两次内弧成圆锥形铤。残长6.3、宽2.2、厚0.5厘米（图三一〇，8；图版一〇一，2）。标本T0502④A：31，青灰色石料。镞身前端残，双面有脊，两侧刃，细长圆锥形铤。残长4.9、宽1.5、厚0.5、铤长2.6厘米（图三一〇，9）。标本T0502④A：36，灰色石料。铤后端残，镞身呈宽叶三角形，一面有脊，两侧刃，镞身后端两次内弧成细扁长方形铤。残长5、宽2、厚0.3厘米（图三一〇，13；图版一〇一，3）。

Af型，10件。标本T0203④A：31，深青灰色石料。前锋及铤后端残，镞身呈三角形，近前端双面有脊，无铤，末端双面刃。残长3.7、宽1.6、厚0.3厘米（图三一一，1）。标本T0203④A：35，青灰色石料。仅存镞身后端，双面扁平，无铤，后端双面刃。残长4.1、宽1.8、厚0.2厘米（图三一一，2）。标本T0203④A：40，深青灰色石料。镞身前端残，双面有脊，两侧刃，无铤，末端双面刃。残长3.4、宽1.2、厚0.2厘米（图三一一，3）。标本T0204④A：5，灰色石料。前锋残，形体较小，柳叶形，双面有脊，两侧刃，无铤，末端双面刃。残长3.7、宽1.2、厚0.3厘米（图三一一，4）。标本T0205④C：3，青灰色石料。形体较小，柳叶形，双面扁平，无铤，末端双面刃。残长4.2、宽1.7、厚0.2厘米（图三一一，5；图版一〇二，1）。标本T0302④A：18，青灰色石料。完整，柳叶形，双面有脊，两侧刃，无铤，后端呈扁平状。长4.4、宽1.2、厚0.3厘米（图三一一，6）。标本T0307④A：21，青灰色石料。镞身前端残，双面扁平，无铤，末端双面刃。残长4.5、宽1.7、厚0.2厘米（图三一一，7）。标本T0405④A：21，青灰色石料。镞身前端残，双面脊不明显，两侧刃，无铤，末端双面刃。残长4.1、宽1.8、厚0.3厘米（图三一一，8）。标本T0405④B：18，青灰色石料。铤后端残，柳叶形，双面有脊，两侧刃，无铤。残长5.9、宽2、厚0.5厘米（图三一一，9）。标本T0501④A：42，灰色石料。镞身前端一侧及铤后端残，柳叶形，双面有脊，两侧刃。残长4.2、宽1.1、厚0.2厘米（图三一一，10）。

Ag型，5件。标本T0305④B：15，青灰色石料。镞身前端及铤末端残，形体扁平，双面有脊，两侧刃，扁锥状不对称铤。残长3.5、宽1.7、厚0.3厘米（图三一一，11）。标本T0402④A：18，青灰色石料。镞身前端残，柳叶形，双面有脊，两侧刃，长扁梯形铤。残长5.3、宽1.6、厚0.3厘米（图三一一，12）。标本T0403④A：10，灰色石料。基本完整，镞身呈宽短柳叶形，双面有脊，两侧刃，短小三角形铤。长4.7、宽1.9、厚0.5厘米（图三一一，14；图版一〇一，4）。标本T0406④B：1，青灰色石料。基本完整，镞身呈宽短柳叶形，双面有脊，两侧刃，短锥形铤。长4.7、宽1.8、厚0.6厘米（图三一一，15；图版一〇一，5）。标本T0501东扩方④A：6，青灰色石料。镞身呈宽扁圆角菱形，双面脊不明显，两侧刃。长6.6、宽3.6、厚0.8厘米（图三一一，13；图版一〇一，6）。

A型而亚型不明，84件。标本T0201④A：4，深青灰色石料。仅存镞身前端，双面有脊，两侧刃。残长3.8、宽2.2、厚0.3厘米（图三一二，1）。标本T0202④A：3，深青灰色石料。镞身前端残，一面有脊，两侧刃，末端弧形。残长3.5、宽1.7、厚0.3厘米（图三一二，2）。标

图三一一　第4层出土石镞

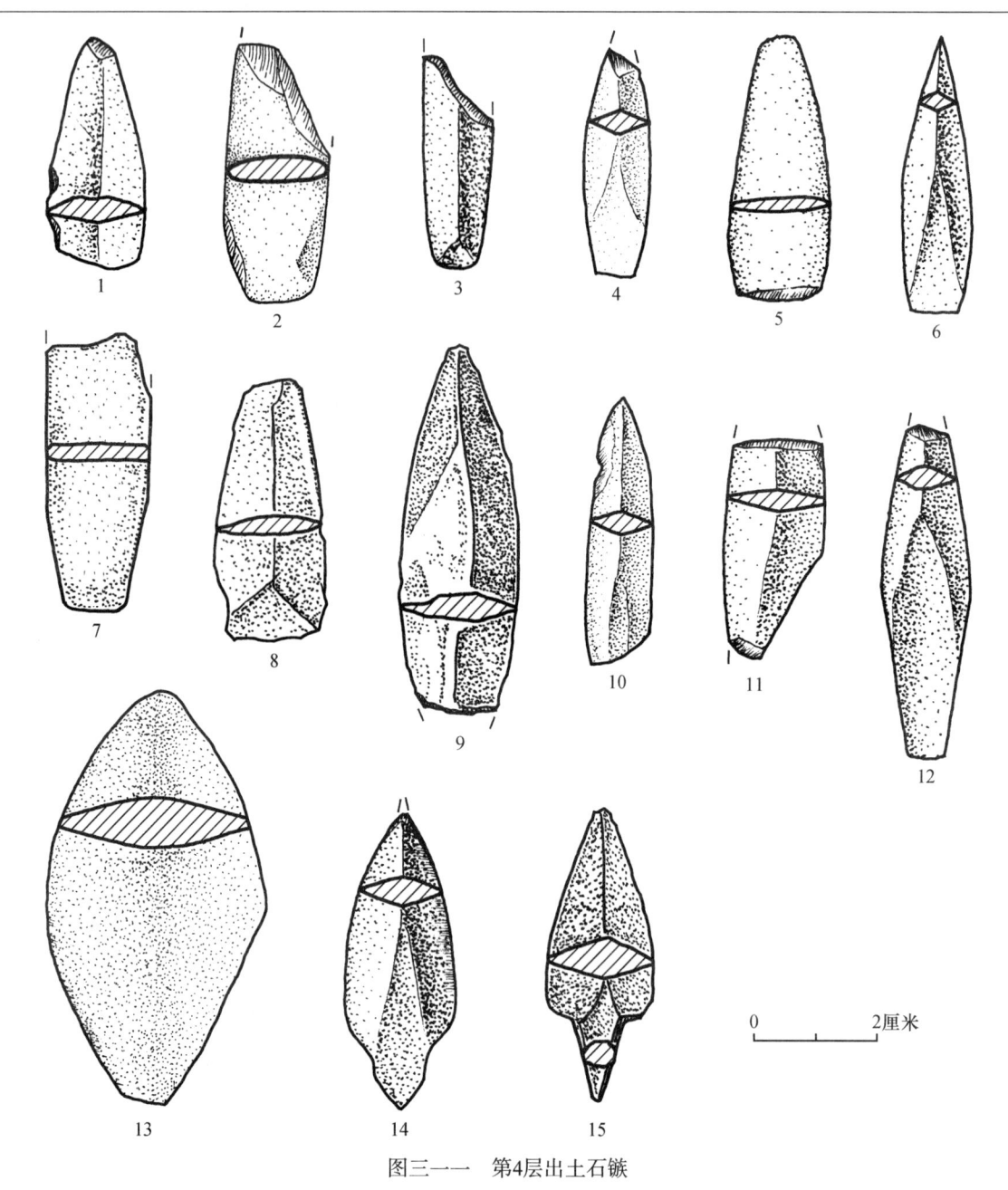

1~10. Af型（1. T0203④A：31、2. T0203④A：35、3. T0203④A：40、4. T0204④A：5、5. T0205④C：3、6. T0302④A：18、7. T0307④A：21、8. T0405④A：21、9. T0405④B：18、10. T0501④A：42）　11~15. Ag型（11. T0305④B：15、12. T0402④A：18、13. T0501东扩方④A：6、14. T0403④A：10、15. T0406④B：1）

本T0203④A：6，青灰色石料。仅存铤，双面扁平，两侧刃。残长3.3、宽1.6、厚0.2厘米（图三一二，3）。标本T0203④A：21，青灰色石料。仅存镞身与铤交界部分，双面有脊，两侧刃。残长4.1、宽2.1、厚0.3厘米（图三一二，4）。标本T0203④A：22，青灰色石料。仅存镞身与铤交界部分，两侧刃，扁平三角形铤。残长4.5、宽2.4、厚0.3厘米（图三一二，5）。标本T0203④A：25，青灰色石料。仅存铤，双面扁平，两侧刃。残长3.9、宽1.9、厚0.3厘米（图三一二，6）。标本T0203④A：27，青灰色石料。仅存镞身前端，长柳叶形，双面有脊，两侧刃。残长5.6、宽2.1、厚0.3厘米（图三一二，7）。标本T0203④A：60，青灰色石料。仅存镞身部分，一面有脊，两侧刃。残长4.8、宽2.1、厚0.2厘米（图三一二，8）。标本T0203④A：61，青灰色石料。仅存镞身后端及铤，双面有脊，两侧刃。残长3.7、宽1.8、厚0.2厘米（图三一二，9）。标本T0204④A：7，灰色石料。仅存镞身前端，双面有脊，两侧刃。残长2.8、宽1.5、厚0.5厘米（图三一二，10）。标本T0204④A：13，青灰色石料。仅存镞身中部，柳叶形，双面有脊，两侧刃。残长4.1、宽1.4、厚0.4厘米（图三一二，11）。标本T0204④A：18，青灰色石料。仅存铤，梯形，双面扁平，两侧刃。残长3.8、宽2.15、厚0.3厘米（图三一二，12）。标本T0204④A：24，青灰色石料。仅存镞身部分，双面有脊，两侧刃。残长5.4、宽2.3、厚0.3厘米（图三一二，15）。标本T0204④A：27，深青灰色石料。仅存镞身后端及铤，双面有脊，两侧较钝，细三角形铤。残长3.4、宽1.6、厚0.7厘米（图三一二，13）。标本T0204④A：31，深青灰色石料。仅存镞身后端及铤前端，双面扁平，两侧刃，短梯形铤。残长3.4、宽2、厚0.4厘米（图三一二，14）。标本T0204④A：34，青灰色石料。仅存镞身中部，双面扁平，两侧刃，截面呈多棱形。残长2.9、宽1.8、厚0.2厘米（图三一二，17）。标本T0204④A：38，青灰色石料。仅存镞身中部，柳叶形，双面有脊，两侧刃。残长3.9、宽2、厚0.4厘米（图三一二，16）。标本T0204④A：39，青灰色石料。仅存镞身前端，柳叶形，双面有脊，两侧刃。残长3.7、宽1.8、厚0.6厘米（图三一二，18）。标本T0204④A：46，深青灰色石料。仅存镞身前端，双面有脊，两侧刃。残长3.5、残宽1.8、厚0.7厘米（图三一二，19）。T0204④A：49，深青灰色石料。前锋及铤残，柳叶形，双面有脊，两侧刃。残长4.6、宽1.5、厚0.3厘米（图三一二，20）。标本T0204④A：50，青灰色石料。仅存镞身中部，柳叶形，双面有脊，两侧刃。残长3.5、宽1.8、厚0.3厘米（图三一二，21）。标本T0204④A：56，深青灰色石料。仅存铤后端，双面扁平，两侧刃，截面呈多棱形。残长3.5、残宽1.2、厚0.2厘米（图三一二，22）。标本T0205④A：4，青灰色石料。仅存镞身前端，锋尖残，细长柳叶形，双面有脊，两侧刃。残长3.9、宽1.3、厚0.3厘米（图三一二，23）。标本T0205④A：12，青灰色石料。仅存铤后端，三角形，双面有脊，两侧刃。残长2.5、宽1.9、厚0.3厘米（图三一二，24）。标本T0205④A：14，青灰色石料。仅存镞身部分，双面有脊，两侧刃。残长4.3、宽1.6、厚0.5厘米（图三一三，1）。标本T0205④A：26，青灰色石料。仅存镞身中部，双面有脊，两侧刃。残长2.2、宽2、厚0.4厘米（图三一三，2）。标本T0205④A：27，灰色石料。仅存镞身中部，柳叶形，双面扁平，两侧刃，截面呈多棱形。残长3.5、宽1.7、厚0.4厘米（图三一三，3）。标本T0205④A：30，青灰色石料。仅存镞身前端，一面有脊，一面扁平，两侧刃。残长2.7、宽1.8、厚0.3厘米（图三一三，4）。标本T0205④A：40，青灰色石料。镞身前锋、两侧及铤残，柳叶形，双面有脊，两侧刃。残长5、宽1.7、厚0.4厘米（图三一三，5）。标本T0205④C：2，青灰色石料。仅存镞身中部，双面有脊，两侧刃。残长3、宽2、厚0.4厘米（图三一三，6）。标本T0301④A：3，青灰色石料。仅存镞身前端，柳叶形，双面有脊，两侧刃。残长3.6、残宽1.4、厚0.3厘米（图三一三，7）。标本T0301④A：8，青灰色石料。仅存铤，双面扁平，两侧刃，截面呈多棱形。残长2.6、残宽1.9、厚0.2厘米（图三一三，11）。标本T0302④A：9，青灰色石料。仅存镞身部分，柳叶形，双面扁平，两侧刃，截面呈多棱形。残长4.8、残宽2、厚0.3厘米（图三一三，8）。标本T0302④A：10，灰色石料。

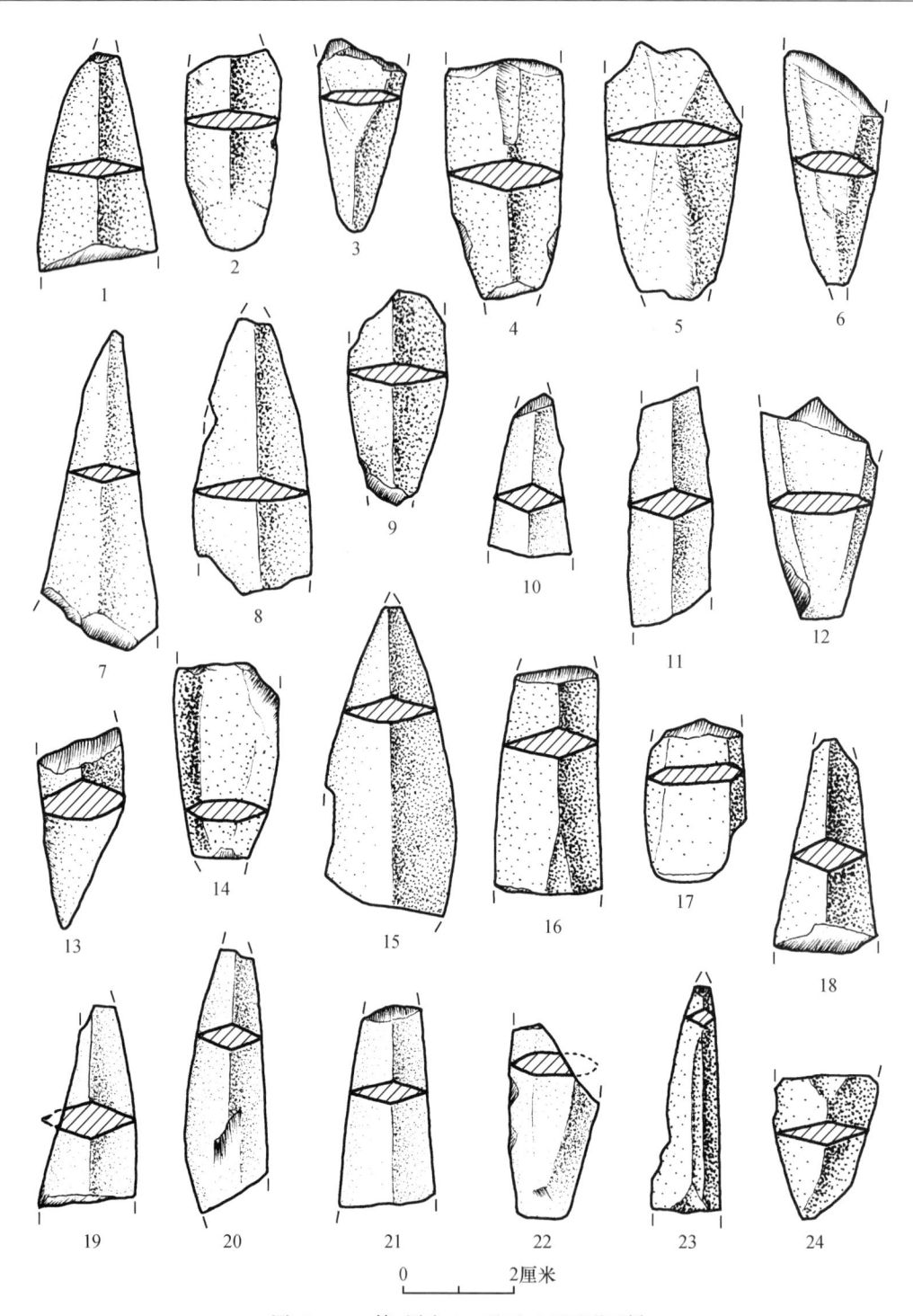

图三一二　第4层出土A型而亚型不明石镞

1. T0201④A：4　2. T0202④A：3　3. T0203④A：6　4. T0203④A：21　5. T0203④A：22　6. T0203④A：25　7. T0203④A：27
8. T0203④A：60　9. T0203④A：61　10. T0204④A：7　11. T0204④A：13　12. T0204④A：18　13. T0204④A：27
14. T0204④A：31　15. T0204④A：24　16. T0204④A：38　17. T0204④A：34　18. T0204④A：39　19. T0204④A：46
20. T0204④A：49　21. T0204④A：50　22. T0204④A：56　23. T0205④A：4　24. T0205④A：12

仅存镞身前端，双面扁平，两侧刃。残长3.4、残宽2.2、厚0.5厘米（图三一三，9）。标本T0302④A：16，青灰色石料。仅存镞身前端部分，柳叶形，双面有脊，两侧刃。残长3.9、残宽1.8、厚0.3厘米（图三一三，10）。标本T0302④A：17，深青灰色石料。仅存铤，三角形，双面有脊，两侧刃。残长2.4、残宽1.7、厚0.5厘米（图三一三，13）。标本T0302④A：19，青灰色石料。仅存镞身部分，细长柳叶形，双面扁平，两侧刃，截面呈多棱形。残长4.4、残宽1.4、厚0.3厘米（图三一三，12）。标本T0302④A：20，深青灰色石料。仅存镞身中部，柳叶形，一面有脊，一面扁平，两侧刃。残长3.5、残宽1.7、厚0.5厘米（图三一三，15）。标本T0302④A：22，青灰色石料。仅存镞身与铤交界处，双面有脊，两侧刃。残长3、残宽1.7、厚0.3厘米（图三一三，14）。标本T0302④A：23，青灰色石料。仅存镞身后端及铤前端，柳叶形，两面扁平。残长4.3、残宽1.4、厚0.3厘米（图三一三，16）。标本T0302④A：37，青灰色石料。仅存镞身部分，三角形，双面有脊，两侧刃。残长4、残宽2.3、厚0.6厘米（图三一三，17）。标本T0304④A：3，青灰色石料。仅存镞身中部，双面扁平，两侧刃，截面呈多棱形。残长2、宽1.5、厚0.4厘米（图三一三，18）。标本T0305④A：17，青灰色石料。仅存镞身后端，形体宽大，双面有脊，两侧刃。残长3.8、宽3、厚0.2厘米（图三一三，19）。标本T0305④A：31，青灰色石料。仅存镞身前端部分，细柳叶形，双面有脊，两侧刃。残长2.9、宽1.3、厚0.3厘米（图三一三，20）。标本T0306④A：3，青灰色石料。仅存镞身一侧，边侧刃。残长4.1、残宽1.2、厚0.5厘米（图三一三，21）。标本T0306④A：8，灰色石料。镞身后端及铤后端残，柳叶形，形体较小，双面扁平，两侧刃，截面呈多棱形。残长2.9、宽1.1、厚0.3厘米（图三一三，22）。标本T0306④A：9，青灰色石料。仅存镞身前端，双面扁平，两侧刃，截面呈多棱形。残长3、宽1.3、厚0.3厘米（图三一三，23）。标本T0306④A：28，青灰色石料。仅存镞身后端及铤前端，一面有脊，两侧刃。残长3.6、宽1.7、厚0.4厘米（图三一三，24）。标本T0307④A：1，青灰色石料。镞身前端及铤残，宽柳叶形，一面有脊，两侧刃。残长5.5、宽2.5、厚0.5厘米（图三一四，1）。标本T0307④A：12，青灰色石料。仅存镞身部分，柳叶形，双面有脊，两侧刃。残长5.3、宽1.8、厚0.5厘米（图三一四，2）。标本T0307④A：19，青灰色石料。仅存铤后端，一面扁平，扁锥形。残长4.1、宽1.9、厚0.5厘米（图三一四，3）。标本T0401④A：5，青灰色石料。仅存镞身前端部分，双面有脊，两侧刃。残长2.8、宽1.7、厚0.4厘米（图三一四，4）。标本T0402④A：11，灰色石料。前锋及铤后端残，柳叶形，双面扁平，两侧刃，截面呈多棱形。残长3.8、宽1.25、厚0.3厘米（图三一四，5）。标本T0402④A：15，青灰色石料。仅存镞身部分，形体较小，三角形，双面有脊，两侧刃。残长1.8、宽0.9、厚0.3厘米（图三一四，6）。标本T0403④A：4，青灰色石料。仅存铤后端，三角形，双面扁平。残长2.6、宽1.7、厚0.3厘米（图三一四，7）。标本T0403④A：8，青灰色石料。仅存镞身前端，柳叶形，双面有脊，两侧刃。残长3.9、残宽2、厚0.5厘米（图三一四，8）。标本T0403④A：11，青灰色石料。仅存镞身前端，细柳叶形，双面有脊，两侧刃。残长3.1、残宽0.7、厚0.4厘米（图三一四，9）。标本T0405④A：20，青灰色石料。仅存镞身中部，双面有脊，两侧刃。残长4.7、宽2、厚0.5厘米（图三一四，10）。标本T0405④B：11，青灰色石料。仅存镞身后端，柳叶形，双面扁平，两侧刃。残长4.3、宽2、

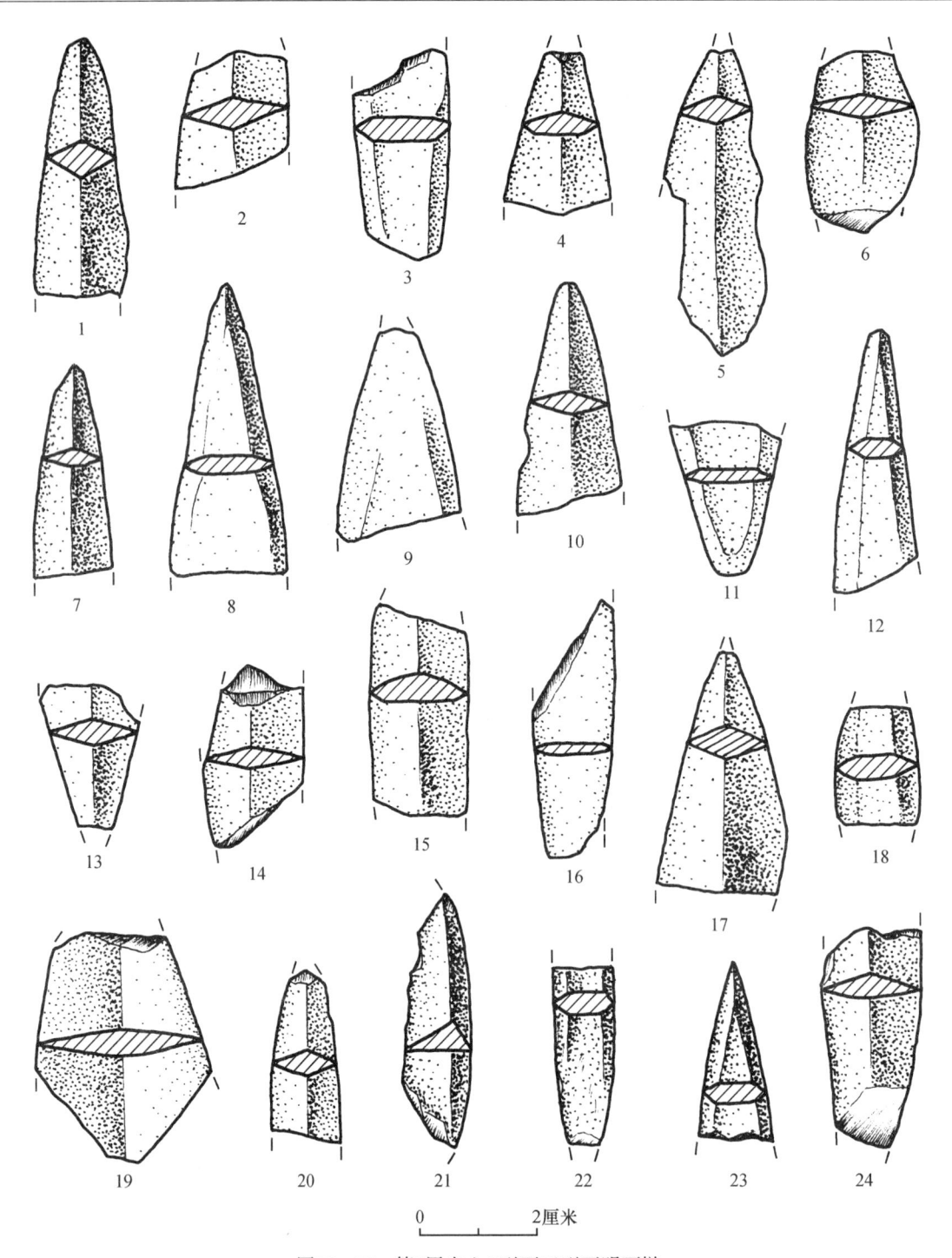

图三一三 第4层出土A型而亚型不明石镞

1. T0205④A：14 2. T0205④A：26 3. T0205④A：27 4. T0205④A：30 5. T0205④A：40 6. T0205④C：2 7. T0301④A：3
8. T0302④A：9 9. T0302④A：10 10. T0302④A：16 11. T0301④A：8 12. T0302④A：19 13. T0302④A：17
14. T0302④A：22 15. T0302④A：20 16. T0302④A：23 17. T0302④A：37 18. T0304④A：3 19. T0305④A：17
20. T0305④A：31 21. T0306④A：3 22. T0306④A：8 23. T0306④A：9 24. T0306④A：28

厚0.4厘米（图三一四，11）。标本T0406④A∶8，灰白色石料。仅存镞身与铤交界处，柳叶形，双面扁平，两侧刃。残长5.1、宽2.1、厚0.5厘米（图三一四，12）。标本T0406④A∶10，深青灰色石料。前锋及铤残，柳叶形，一面有脊，两侧刃。残长3.5、宽1.5、厚0.2厘米（图三一四，15）。标本T0406④A∶12，深青灰色石料。仅存镞身前端，三角形，双面扁平，两侧刃。残长3、宽1.5、厚0.3厘米（图三一四，14）。标本T0406④A∶24，青灰色石料。仅存镞身前端，长柳叶形，双面扁平，两侧刃。残长5.5、宽1.9、厚0.4厘米（图三一四，13）。标本T0406④A∶26，深青灰色石料。铤残，柳叶形，镞身前端双面有脊，后端双面扁平，两侧刃。残长5、宽1.5、厚0.4厘米（图三一四，17）。标本T0406④B∶16，青灰色石料。镞身前端及铤残，柳叶形，双面有脊，后端脊残，两侧刃。残长4.9、宽1.2、厚0.7厘米（图三一四，18）。标本T0501④A∶26，深青灰色石料。仅存铤后端，三角形，双面扁平，前端有一穿孔。残长2.4、宽1.3、穿径0.7、厚0.3厘米（图三一四，16）。标本T0501④A∶28，青灰色石料。仅存镞身前端，柳叶形。双面有脊，两侧刃。残长3.3、宽1.7、厚0.3厘米（图三一五，1）。标本T0501④A∶33，青灰色石料。仅存镞身前端，细长柳叶形，双面有脊，两侧刃。残长2.4、宽0.8、厚0.2厘米（图三一五，2）。标本T0501④A∶34，青灰色石料。仅存镞身前端，双面有脊，两侧刃。残长3.5、宽1.4、厚0.4厘米（图三一五，3）。标本T0501④A∶43，青灰色石料。仅存镞身前端，双面有脊，两侧刃。残长2.9、宽1、厚0.4厘米（图三一五，4）。标本T0501④A∶45，青灰色石料。仅存镞身前端，双面有脊，两侧刃。残长3.4、宽1.6、厚0.3厘米（图三一五，5）。标本T0501④A∶60，深青灰色石料。仅存铤后端，扁三角形，双面有脊，两侧刃。残长3.9、宽1.4、厚0.3厘米（图三一五，6）。标本T0502④A∶19，青灰色石料。仅存镞身前端，双面扁平，两侧刃，截面呈多棱形。残长2.6、宽1.4、厚0.3厘米（图三一五，7）。标本T0502④A∶33，青灰色石料。仅存中部，一侧残失，双面中脊部位扁平，两侧刃，截面呈多棱形。残长3.7、宽1.6、厚0.4厘米（图三一五，8）。标本T0502④A∶35，深青灰色石料。铤残，双面有脊，两侧刃。残长3.9、宽2、厚0.2厘米（图三一五，9）。标本T0502④A∶45，青灰色石料。仅存镞身前端，双面有脊，两侧刃。残长3.6、宽1.7、厚0.2厘米（图三一五，10）。标本T0502④A∶56，深青灰色石料。前锋及铤残，双面有脊，两侧刃。残长3.7、宽1.6、厚0.3厘米（图三一五，11）。标本T0503④A∶8，青灰色石料。仅存镞身后端，双面有脊，两侧刃。残长3、宽2、厚0.3厘米（图三一五，12）。标本T0503④A∶17，青灰色石料。仅存镞身后端，双面有脊，两侧刃。残长3.5、宽2.6、厚0.4厘米（图三一五，15）。标本T0503④A∶19，青灰色石料。仅存镞身前端，双面有脊，两侧刃。残长3.4、宽1.5、厚0.3厘米（图三一五，16）。标本T0503④A∶21，红褐色石料。仅存镞身前端，柳叶形，双面近弧形，两侧刃。残长4.8、宽1.6、厚0.6厘米（图三一五，13）。标本T0503④A∶25，青灰色石料。仅存镞身中部一段，前端双面有脊，两侧刃。残长3.6、宽1.2、厚0.3厘米（图三一五，17）。标本T0503④A∶26，青色石料。前锋及铤后端残，柳叶形，双面有脊，两侧刃。残长5.4、宽2、厚0.6厘米（图三一五，14）。标本T0503④A∶28，青色石料。形体较小，铤残，双面有脊，两侧刃。残长3.2、宽0.8、厚0.3厘米（图三一五，18）。

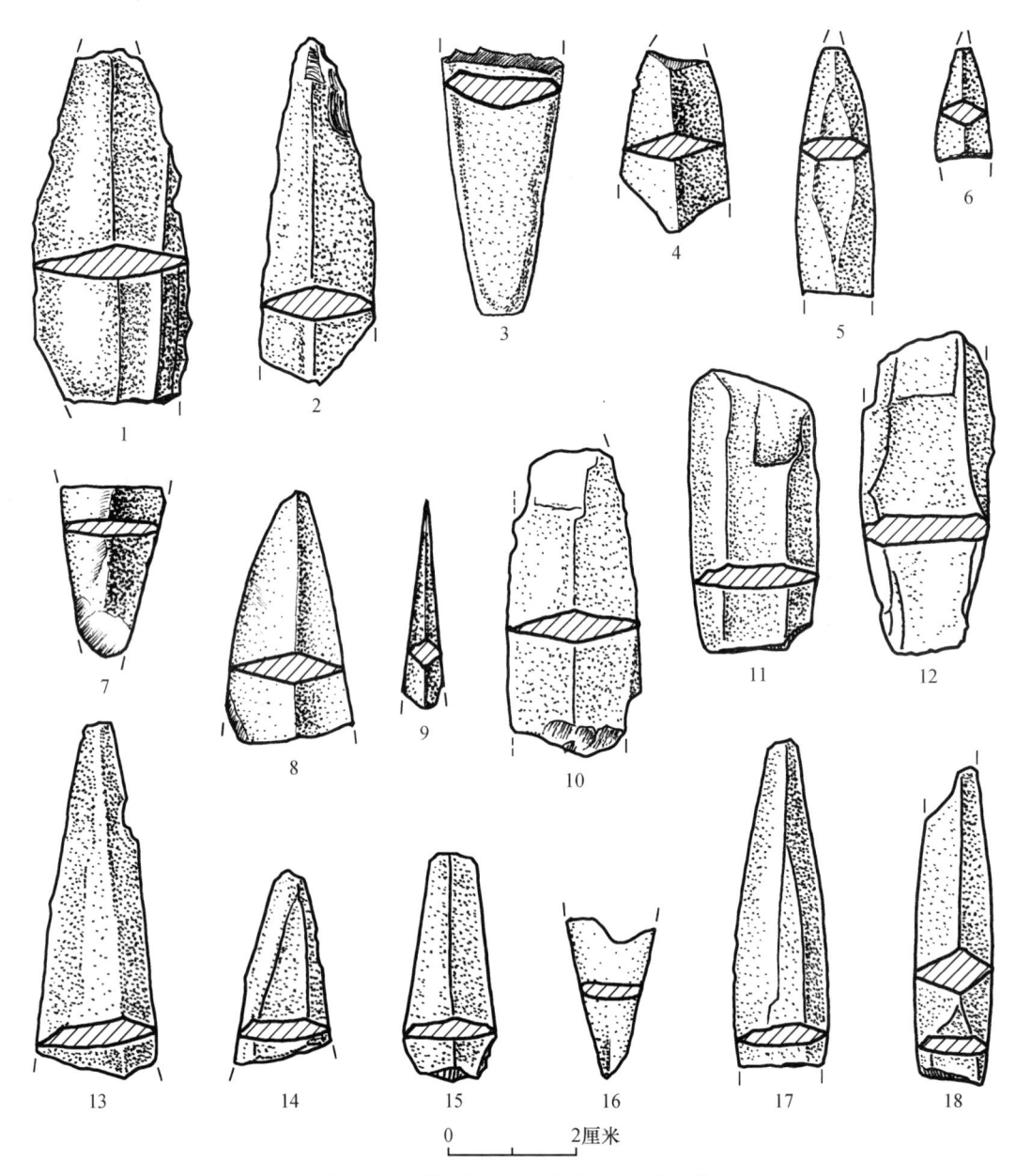

图三一四 第4层出土A型而亚型不明石镞
1. T0307④A：1 2. T0307④A：12 3. T0307④A：19 4. T0401④A：5 5. T0402④A：11 6. T0402④A：15 7. T0403④A：4
8. T0403④A：8 9. T0403④A：11 10. T0405④A：20 11. T0405④B：11 12. T0406④A：8 13. T0406④A：24
14. T0406④A：12 15. T0406④A：10 16. T0501④A：26 17. T0406④A：26 18. T0406④B：16

B型　63件。

Ba型，25件。标本T0202④A：20，深青灰色石料。前锋及铤后端残，三棱形，细锥形铤。残长6.3、厚1.2厘米（图三一六，1）。标本T0202④A：33，深青灰色石料。镞身前端残，三棱形，短圆锥形铤。残长6.6、宽1.2厘米（图三一六，2；图版一〇二，2）。标本T0202④A：68，青灰色石料。镞身后端及铤残，三棱形，锥形铤。残长5.5、厚1厘米（图三一六，3）。标本T0203④A：5，深青灰色石料。镞身前端及铤后端残，三棱形，锥形铤。残长4.4、宽1.1厘米（图三一六，4）。标本T0203④A：8，青灰色石料。前锋残，三棱形，短

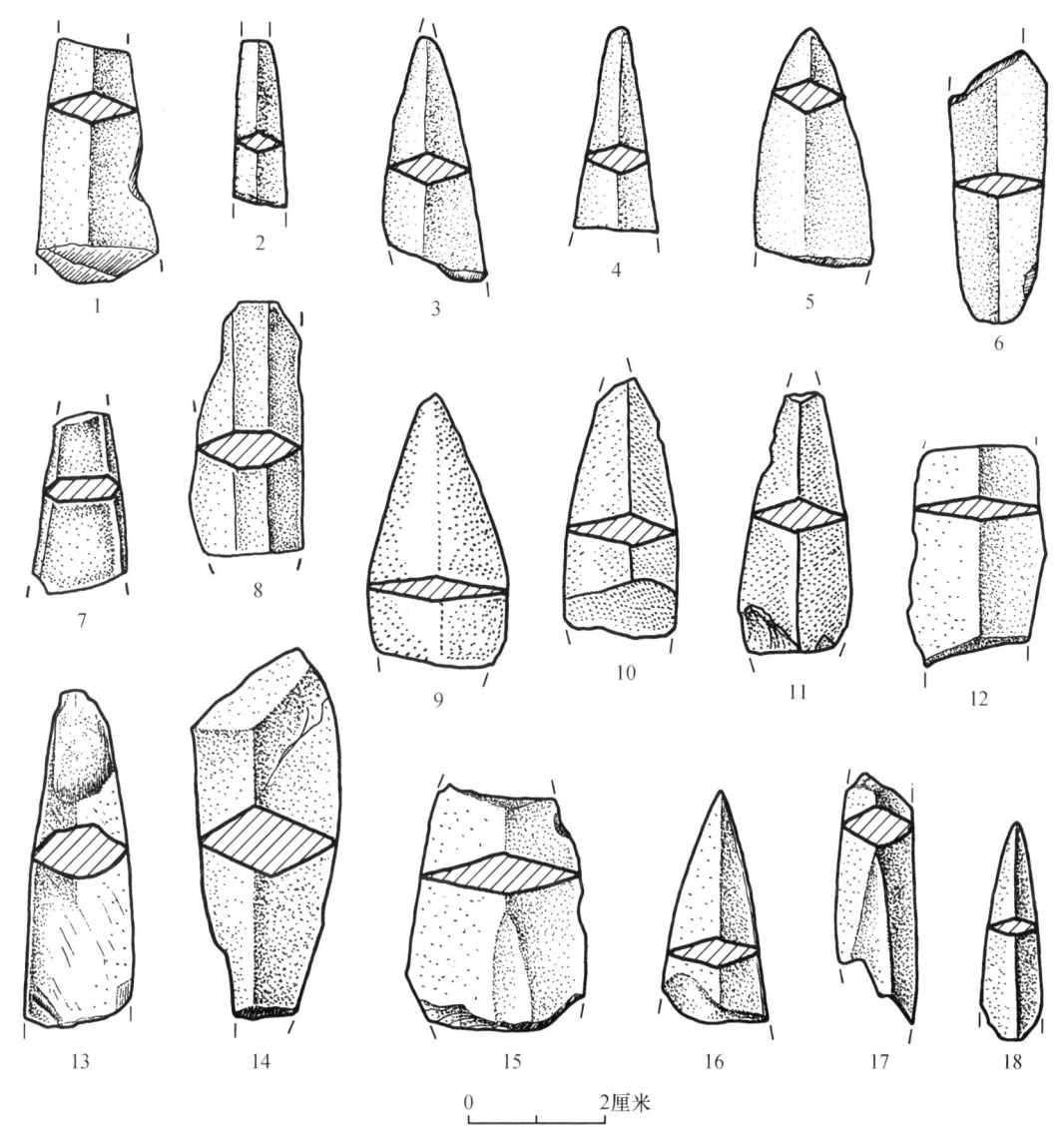

图三一五 第4层出土A型而亚型不明石镞

1. T0501④A：28 2. T0501④A：33 3. T0501④A：34 4. T0501④A：43 5. T0501④A：45 6. T0501④A：60 7. T0502④A：19 8. T0502④A：33 9. T0502④A：35 10. T0502④A：45 11. T0502④A：56 12. T0503④A：8 13. T0503④A：21 14. T0503④A：26 15. T0503④A：17 16. T0503④A：19 17. T0503④A：25 18. T0503④A：28

锥形铤。残长7、宽1.3厘米（图三一六，5；图版一〇二，3）。标本T0203④A：9，青灰色石料。前锋及铤残，三棱形，短锥形铤。残长4.7、宽1厘米（图三一六，6）。标本T0203④A：26，深青灰色石料。前锋及铤后端残，三棱形，锥形铤。残长6.7、宽1.1厘米（图三一六，7；图版一〇二，4）。标本T0203④A：42，深青灰色石料。前锋残，三棱形，锥形铤。残长5.7、宽1厘米（图三一六，8）。标本T0203④A：43，深青灰色石料。镞身前端呈三棱形，后端呈圆柱形，锥形铤。长6.7、宽1厘米（图三一六，9；图版一〇二，5）。标本T0203④A：59，青灰色石料。镞身前端及铤后端残，三棱形，锥形铤。残长4、宽1.2厘米（图三一六，10）。标本T0204④A：6，深青灰色石料。前锋及铤残，镞身前端呈三棱形，后端呈圆柱形，锥形铤。

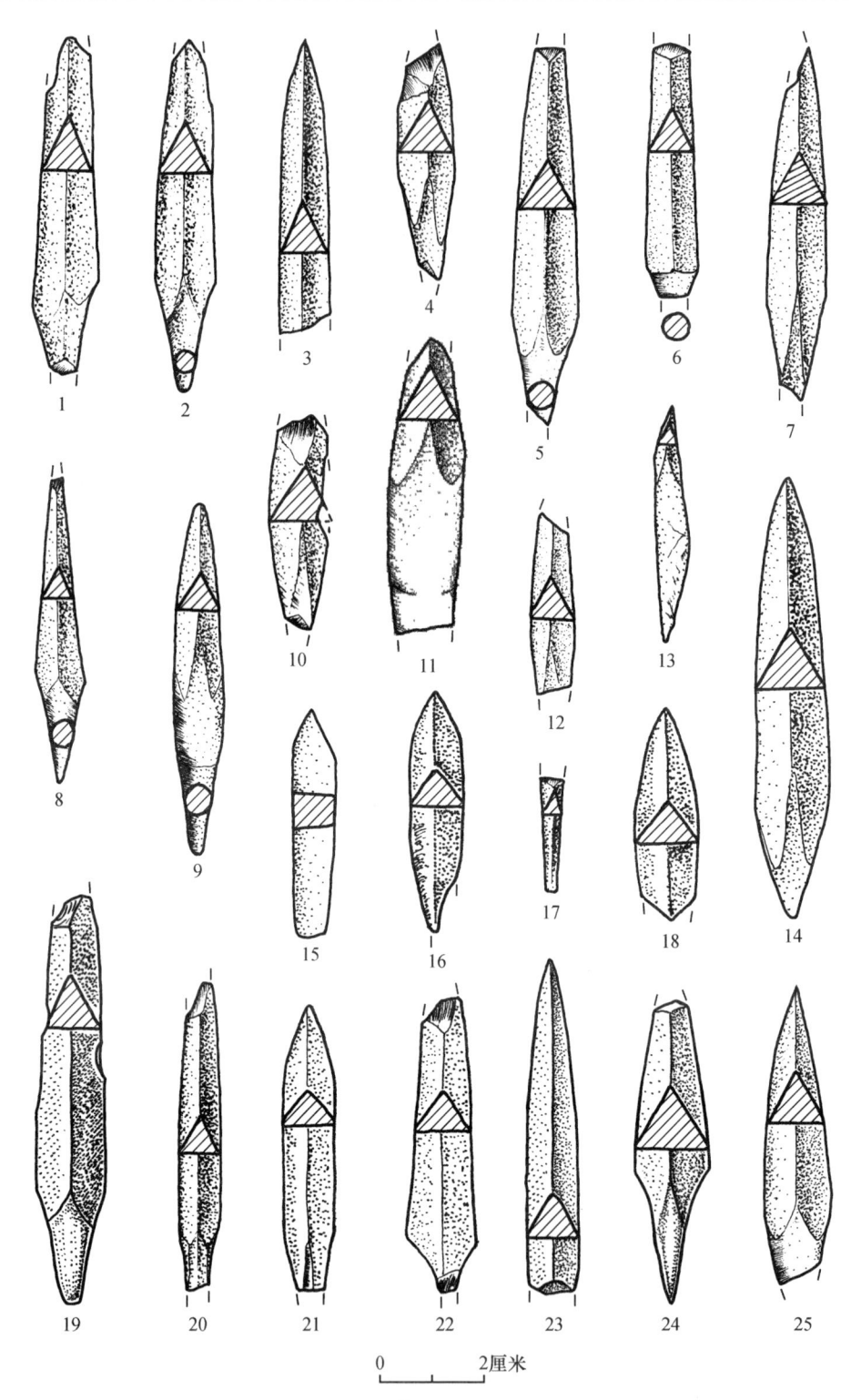

图三一六 第4层出土Ba型石镞

1. T0202④A：20 2. T0202④A：33 3. T0202④A：68 4. T0203④A：5 5. T0203④A：8 6. T0203④A：9 7. T0203④A：26 8. T0203④A：42 9. T0203④A：43 10. T0203④A：59 11. T0204④A：6 12. T0204④A：53 13. T0205④A：49 14. T0305④B：4 15. T0501④A：5 16. T0501④A：16 17. T0403④A：7 18. T0503④A：32 19. T0502④A：48 20. T0403④A：14 21. T0501④A：27 22. T0501④A：12 23. T0503④A：41 24. T0503④A：36 25. T0501东扩方④A：11

残长5.6、直径1.4厘米（图三一六，11）。标本T0204④A：53，深青灰色石料。镞身前端及铤后端残，三棱形，三棱锥形铤。残长3.4、宽0.9厘米（图三一六，12）。标本T0205④A：49，青灰色石料。镞身前端呈三棱形，铤后端略呈锥形。长4.4、宽0.6厘米（图三一六，13；图版一〇二，6）。标本T0305④B：4，青灰色石料。较完整，三棱形，短锥状铤。长8.2、宽1.3厘米（图三一六，14；图版一〇三，1）。标本T0403④A：7，深青灰色石料。形体较细小，仅存铤及镞身后端，三棱形，细锥形铤。残长2.1、宽0.5、厚0.5厘米（图三一六，17）。标本T0403④A：14，深青灰色石料。前锋及铤后端残，三棱形，短锥形铤。残长5.8、宽0.8、厚0.7厘米（图三一六，20）。标本T0501④A：5，青灰色石料。三棱形，圆锥状铤。长4.3、宽0.8厘米（图三一六，15）。标本T0501④A：12，青灰色石料。前锋及铤后端残，三棱形，细圆锥形铤。残长5.5厘米（图三一六，22）。标本T0501④A：16，紫灰色石料。三棱形，短锥状铤。长4.5厘米（图三一六，16）。标本T0501④A：27，青灰色石料。铤后端残，三棱形，细圆锥形铤。残长5.4厘米（图三一六，21）。标本T0501东扩方④A：11，深青灰色石料。铤后端残，三棱形，锥形铤。残长5.6、宽13厘米（图三一六，25）。标本T0502④A：48，深青灰色石料。前锋及铤后端残，三棱形，短圆锥形铤。残长7.7、宽1.3厘米（图三一六，19；图版一〇三，2）。标本T0503④A：32，青灰色石料。镞身前端残，三棱形，三棱锥形铤。残长4.1、宽1.2厘米（图三一六，18）。标本T0503④A：36，深青灰色石料。镞身前端残，三棱形，细锥形铤。残长5.8、宽1.4厘米（图三一六，24；图版一〇三，3）。标本T0503④A：41，深青灰色石料。仅存镞身及铤前端，三棱形，锥形铤。残长6.3、宽1厘米（图三一六，23；图版一〇三，4）。

Bb型，31件。标本T0201④A：36，深青灰色石料。镞身前端呈三棱形，后端呈圆柱形，短圆锥形铤。残长6.5、宽1厘米（图三一七，1；图版一〇三，5）。标本T0202④A：13，青灰色石料。前锋及铤后端残，镞身前端呈三棱形，后端呈圆柱形，细圆锥形铤。残长5、厚1厘米（图三一七，2；图版一〇三，6）。标本T0202④A：16，深青灰色石料。镞身前端及铤残，镞身前端呈三棱形，后端为圆柱形，细锥形铤。残长5、厚1厘米（图三一七，3）。标本T0202④A：19，深青灰色石料。前锋及铤残，镞身前端呈三棱形，后端为圆柱形，细锥形铤。残长4.6、厚1厘米（图三一七，4）。标本T0202④A：27，深青灰色石料。镞身前端及铤后端残，镞身前端呈三棱形，后端呈圆柱形，细锥形铤。残长3.4、厚0.8厘米（图三一七，5）。标本T0202④A：57，深青灰色石料。镞身前端及铤后端残，三棱形，短扁锥形铤。残长5.6、厚1.4厘米（图三一七，6）。标本T0202④A：63，深青灰色石料。铤残，镞身前端呈三棱形，后端呈圆柱形，细锥形铤。残长4.9、厚0.8厘米（图三一七，8）。标本T0203④A：4，深青灰色石料。镞身前端残，镞身前端呈三棱形，后端呈圆柱形，锥形铤。残长4.1、宽0.9厘米（图三一七，7）。标本T0203④A：18，深青灰色石料。铤残，镞身前端呈三棱形，后端呈圆柱形，锥形铤。残长5.2、宽0.9厘米（图三一七，9）。标本T0203④A：37，青灰色石料。铤残，镞身前端呈三棱形，后端呈圆柱形。残长4.3、宽1.05、后径0.9厘米（图三一七，10）。标本T0204④A：1，深青灰色石料。前锋及铤残，镞身前端呈三棱形，后端呈圆柱形，细锥形铤。残长5、直径1厘米（图三一七，11）。标本T0204④A：2，深青灰色石料。前锋

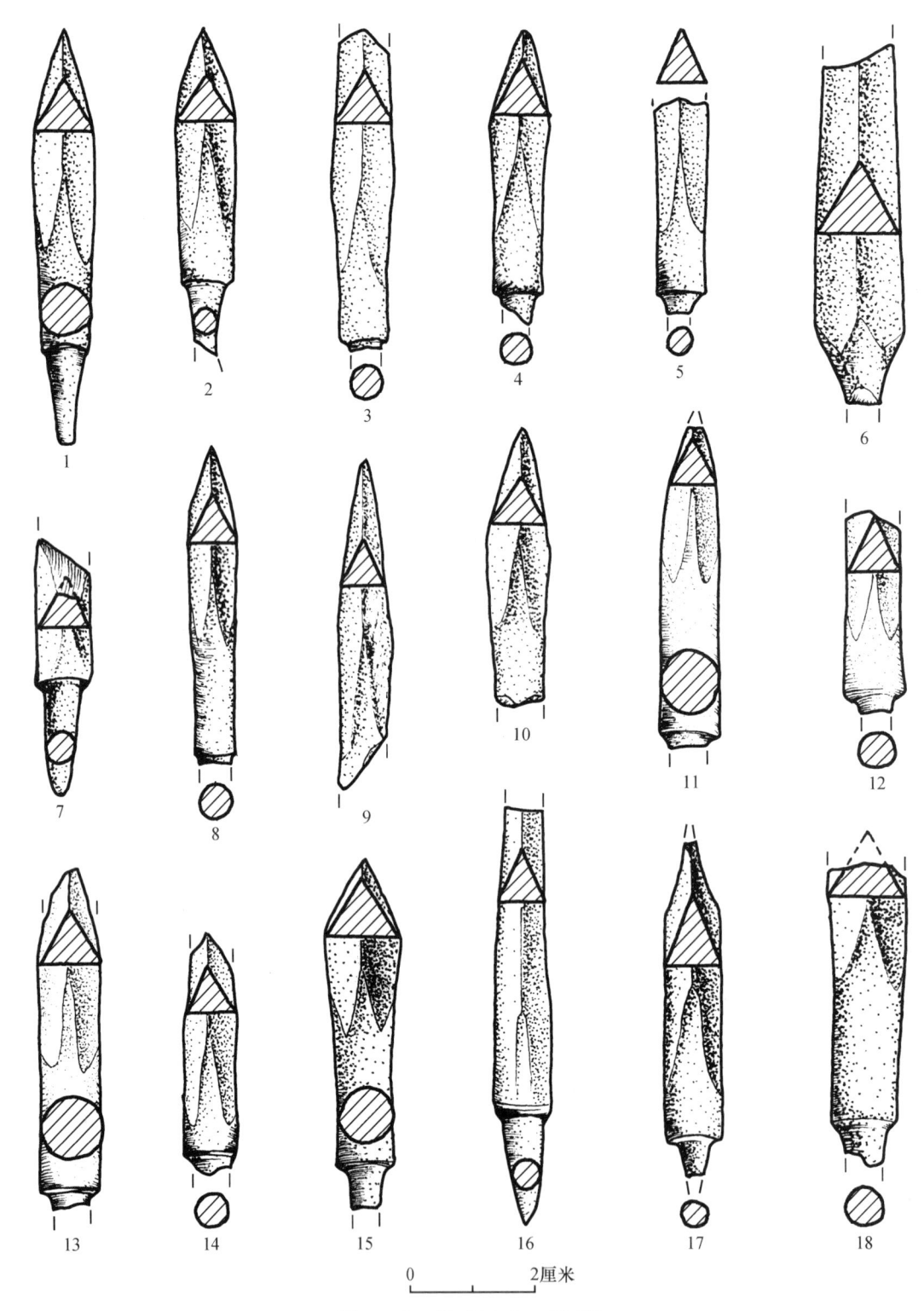

图三一七　第4层出土Bb型石镞

1. T0201④A∶36　2. T0202④A∶13　3. T0202④A∶16　4. T0202④A∶19　5. T0202④A∶27　6. T0202④A∶57　7. T0203④A∶4　8. T0202④A∶63　9. T0203④A∶18　10. T0203④A∶37　11. T0204④A∶1　12. T0204④A∶2　13. T0204④A∶9　14. T0204④A∶19　15. T0204④A∶36　16. T0205④A∶23　17. T0205④A∶64　18. T0302④A∶15

及铤残，镞身前端呈三棱形，后端呈圆柱形，细锥形铤。残长3.2、直径1厘米（图三一七，12）。标本T0204④A∶9，深青灰色石料。前锋及铤残，镞身前端呈三棱形，后端呈圆柱形，细锥形铤。残长5.3、直径1厘米（图三一七，13）。标本T0204④A∶19，深青灰色石料。前锋及铤残，镞身前端呈三棱形，后端呈圆柱形，细锥形铤。残长3.8、直径0.9厘米（图三一七，14）。标本T0204④A∶36，深青灰色石料。前锋及铤后端残，镞身前端呈三棱形，后端呈圆柱形，细锥形铤。残长5.5、镞身前端宽1.25、后端直径0.8厘米（图三一七，15；图版一〇四，1）。标本T0205④A∶23，青灰色石料。前端残，镞身前端呈三棱形，后端呈圆柱状，短锥状铤。残长6.5、宽1厘米（图三一七，16）。标本T0205④A∶64，青灰色石料。铤及镞身前端残，镞身前端呈三棱形，后端呈圆柱状，细锥形铤。残长5.2、宽0.9厘米（图三一七，17）。标本T0302④A∶15，青灰色石料。镞身前端及铤后端残，镞身前端呈三棱形，后端呈圆柱形，细锥形铤。残长4.7、残宽1.3厘米（图三一七，18）。标本T0305④A∶11，深青灰色石料。前锋及铤残，镞身前端呈三棱形，后端呈圆柱形，短锥形铤。残长4、宽1厘米（图三一八，1）。标本T0405④A∶22，青灰色石料。镞身前端及铤残，镞身前端呈三棱形，后端呈圆柱形，细圆锥形铤。残长5.4、宽1、厚0.9厘米（图三一八，2）。标本T0406④A∶6，深青灰色石料。镞身前端及铤后端残，镞身前端呈三棱形，后端呈圆柱形，短锥形铤。残长5.3、宽0.8厘米（图三一八，3）。标本T0501④A∶21，深青灰色石料。仅存镞身后端，镞身前端呈三棱形，后端呈圆柱状，细圆锥形铤。残长5厘米（图三一八，4）。标本T0501④A∶23，深青灰色石料。铤后端残，镞身前端呈三棱形，后端呈圆柱形，细圆锥状铤。残长5.5厘米（图三一八，5；图版一〇四，4）。标本T0501④A∶35，深青灰色石料。前锋及铤后端残，为扁平形与三棱形的结合体，镞身前端呈长菱形，后端呈圆柱形，细圆锥形铤。残长3.9厘米（图三一八，6）。标本T0501④A∶48，灰色石料。仅存镞身前端，长菱形，后端呈圆柱形。残长4.5厘米（图三一八，7）。标本T0501④A∶62，紫红色石料。镞身前端及铤残，镞身前端呈三棱形，后端呈圆柱形，圆锥形铤。残长3厘米（图三一八，8）。标本T0501④A∶72，深青灰色石料。镞身前端及铤残，镞身前端呈三棱形，后端呈圆柱形，细锥形铤。残长4.5厘米（图三一八，9）。标本T0501东扩方④A∶10，深青灰色石料。铤后端残，镞身前端呈三棱形，后端呈圆柱形，圆锥形铤。残长4.1、宽1厘米（图三一八，10）。标本T0501东扩方④A∶15，深青灰色石料。镞身前端及铤后端残，镞身前端呈三棱形，后端呈圆柱形，短锥形铤。残长4.7、宽0.9厘米（图三一八，11）。标本T0503④A∶24，深青灰色石料。前锋及铤后端残，镞身前端呈三棱形，后端呈圆柱形，细锥形铤。残长5.5、镞身径0.8、铤径0.5厘米（图三一八，12）。标本T0503④A∶29，深青灰色石料。镞身前端及铤后端残，镞身前端呈三棱形，后端呈圆柱形，细锥形铤。残长4、镞身后径0.8厘米（图三一八，13）。

Bc型，6件。标本T0302④A∶36，深青灰色石料。形体较短，铤后端残，镞身前端呈三棱形，后端呈短圆柱形，短锥形铤。残长3.4、残宽1.3厘米（图三一八，14）。标本T0305④A∶4，深青灰色石料。前锋残，较短，镞身前端呈三棱形，后端呈圆柱形，短锥形铤。残长4、宽1厘米（图三一八，15；图版一〇四，2）。标本T0305④A∶32，青灰色石料。镞身前端及铤后端残，为扁平形与三棱形的结合体，镞身前端双面有脊，两侧刃，后端呈圆柱形，细锥形

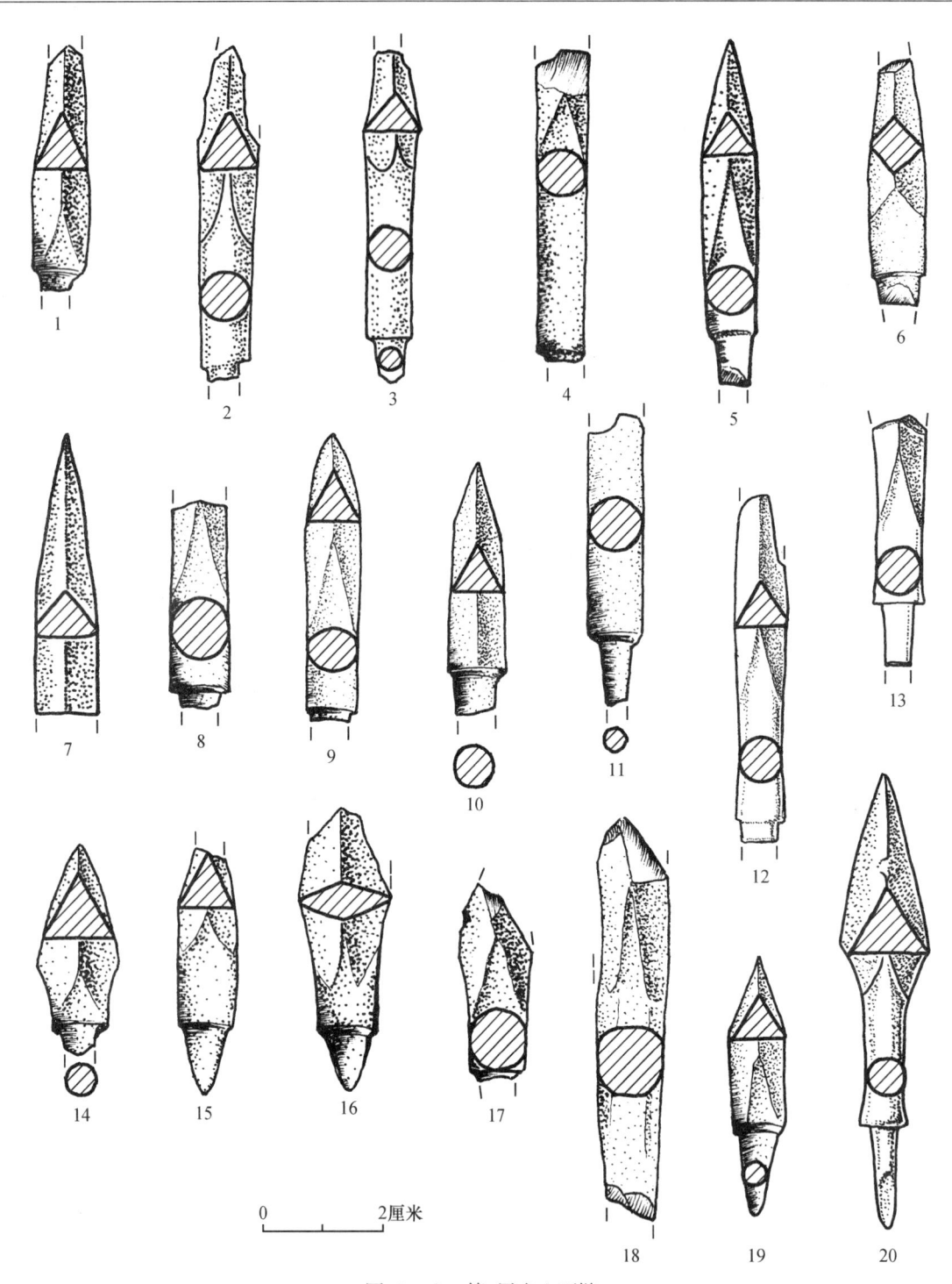

图三一八 第4层出土石镞

1~13. Bb型（1. T0305④A：11、2. T0405④A：22、3. T0406④A：6、4. T0501④A：21、5. T0501④A：23、6. T0501④A：35、7. T0501④A：48、8. T0501④A：62、9. T0501④A：72、10. T0501东扩方④A：10、11. T0501东扩方④A：15、12. T0503④A：24、13. T0503④A：29）　14~17、19、20. Bc型（14. T0302④A：36、15. T0305④A：4、16. T0305④A：32、17. T0401东扩方④A：3、19. T0501东扩方④A：12、20. T0502④A：57）　18. B型而亚型不明（T0203④A：41）

铤。残长4.5、宽1.5、厚0.8厘米（图三一八，16；图版一〇四，3）。标本T0401东扩方④A：3，深青灰色石料。仅存镞身后端及铤前端，镞身前端呈三棱形，后端呈圆柱形，圆锥形铤。残长3.1、宽1.2、厚1.1厘米（图三一八，17）。标本T0501东扩方④A：12，青灰色石料。基本完整，镞身前端呈三棱形，后端呈圆柱形，圆锥形铤。长4.1、宽0.9厘米（图三一八，19；图版一〇四，5）。标本T0502④A：57，青灰色石料。铤后端残，镞身前端呈三棱形，后端呈束腰形，细圆锥形铤。残长7.3、镞身后端径0.9、铤残长1.7厘米（图三一八，20；图版一〇五，1）。

B型而亚型不明，1件。标本T0203④A：41，深青灰色石料。镞身前端及铤后端残，镞身前端呈三棱形，后端呈圆柱形。残长6.5、后径1.2厘米（图三一八，18）。

石斧　121件。

A型　84件。

Aa型，67件。标本T0201④A：1，青灰色石料。梯形，平顶，下端双面刃。长10、宽4~6.7、厚2.7厘米（图三一九，1）。标本T0201④A：11，青灰色石料。上端及一侧残，梯形，下端双面刃。残长7.5、残宽1.8~5、厚1.7厘米（图三一九，2）。标本T0201④A：18，青灰色石料。上端残，梯形，下端双面刃。残长7、宽3.8~4.6、厚2.4厘米（图三一九，3；图版一〇七，1）。标本T0201④A：25，青灰色石料。梯形，弧顶，下端双面弧刃。长9.6、宽5.2~6.4、厚2.8厘米（图三一九，5）。标本T0201④A：30，深青灰色石料。梯形，弧顶，下端双面刃，一面宽刃，一面窄刃，仅刃部磨制，系一天然石头磨制而成。长8.5、宽3.2~4.2、厚1.9厘米（图三一九，4）。标本T0201④A：32，青灰色石料。梯形，弧顶，下端双面刃，在磨制的基础上有打制痕迹。长10.8、宽4~6.2、厚3厘米（图三一九，6）。标本T0202④A：6，灰色石料。平顶，梯形，下端双面刃。长8.6、宽5~6、厚1.6厘米（图三一九，7）。标本T0202④A：10，青灰色石料。平顶，梯形，下端双面刃。长8.4、宽3.6~4.1、厚2.1厘米（图三一九，8）。标本T0202④A：32，深青灰色石料。上端残，梯形，较厚，下端双面刃。残长8、宽5.5~6.2、厚3.5厘米（图三一九，9）。标本T0202④A：34，青灰色石料。平顶，梯形，下端双面刃。长10、宽2~5.4、厚2.6厘米（图三二〇，1）。标本T0202④A：36，灰色石料。弧顶，梯形，下端双面刃。长10.6、宽4.6~5.4、厚0.8~3厘米（图三二〇，2）。标本T0202④A：46，深青灰色石料。上端局部残，梯形，弧顶，下端双面弧刃。长11、宽3.6~6、厚0.4~2.8厘米（图三二〇，3）。标本T0202④A：51，深青灰色石料。上端局部残，梯形，平顶，下端双面弧刃。长10.6、宽8.8~9.2、厚3.6厘米（图三二〇，4）。标本T0202④A：55，青灰色石料。刃前端残，梯形，斜顶，下端双面刃。残长8.5、宽5~5.8、厚0.6~2.2厘米（图三二〇，6）。标本T0202④A：60，青灰色石料。上端局部残，梯形，平顶，下端双面刃。长7.3、宽5.4~6.6、厚0.2~2.2厘米（图三二〇，7；图版一〇五，2）。标本T0202④A：67，灰白色石料。梯形，斜顶，下端双面刃。长6.3、宽3.6~4.6、厚1.5厘米（图三二〇，5；图版一〇五，3）。标本T0203④A：20，深青灰色石料。梯形，平顶，下端双面刃，一面宽刃，一面窄刃。长6.6、宽3.3~4.6、厚1.5厘米（图三二一，1；图版一〇五，5）。标本T0203④A：23，灰白色石料。梯形，刃部略残，弧顶，下端双面刃。残

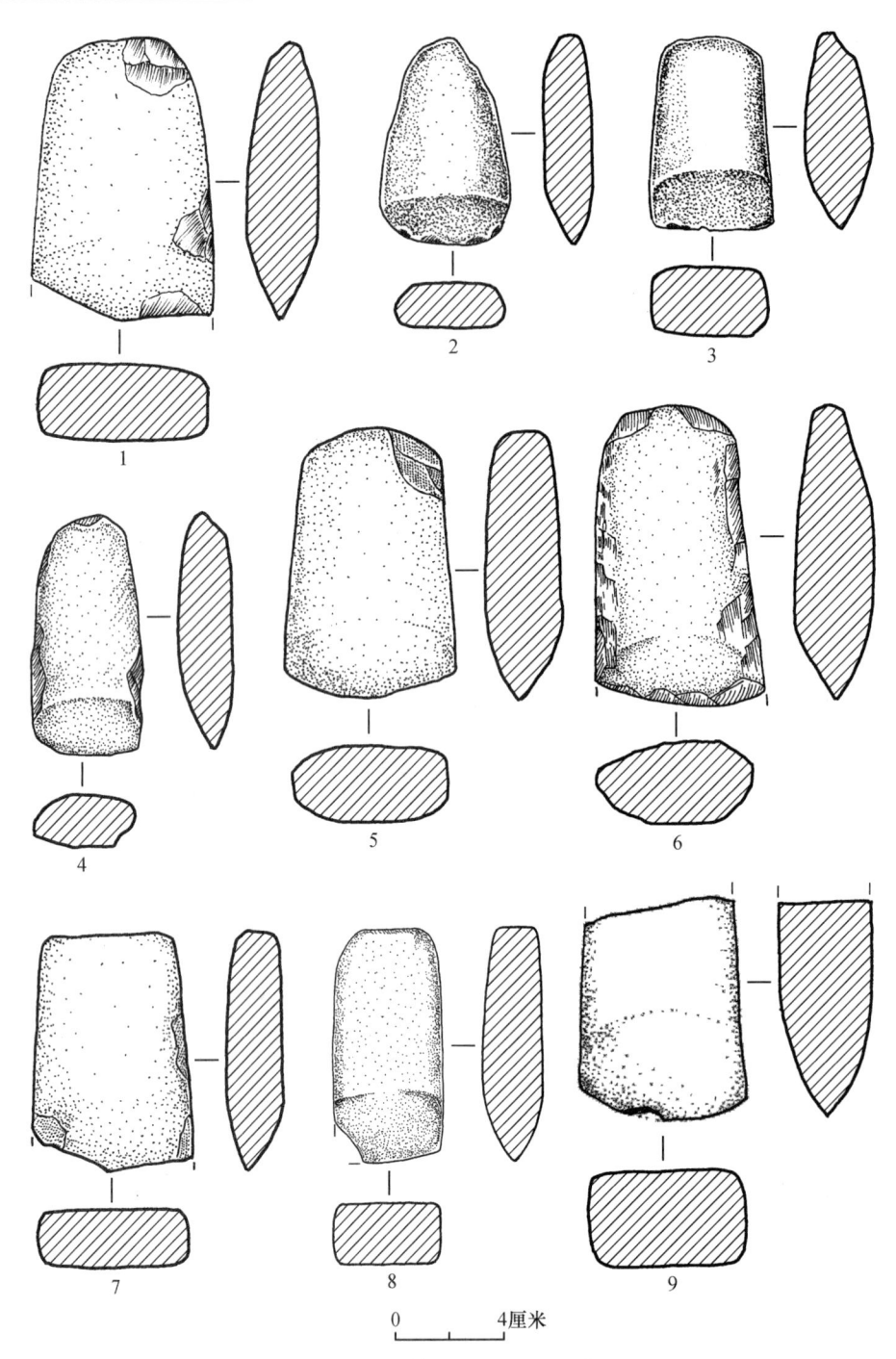

图三一九 第4层出土Aa型石斧

1. T0201④A：1 2. T0201④A：11 3. T0201④A：18 4. T0201④A：30 5. T0201④A：25 6. T0201④A：32 7. T0202④A：6 8. T0202④A：10 9. T0202④A：32

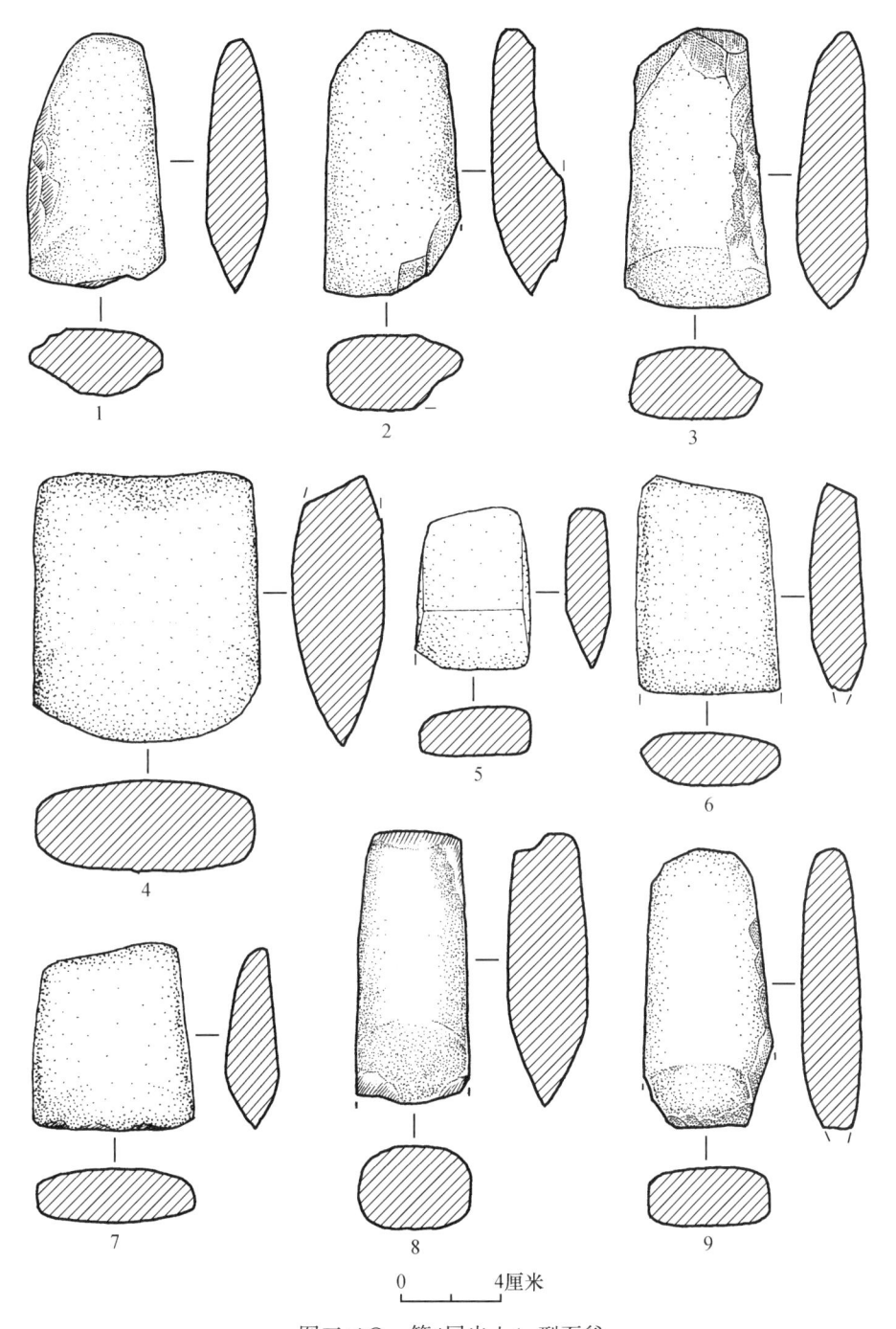

图三二〇　第4层出土Aa型石斧
1. T0202④A：34　2. T0202④A：36　3. T0202④A：46　4. T0202④A：51　5. T0202④A：67　6. T0202④A：55
7. T0202④A：60　8. T0306④A：7　9. T0205④A：8

长11.6、宽5.2~6.5、厚3.1厘米（图三二一，4）。标本T0203④A：34，青灰色石料。一侧残，梯形，弧顶，下端双面刃。残长6.3、残宽3、厚1.9厘米（图三二一，2）。标本T0203④A：53，灰色石料。梯形，弧顶，下端双面刃。长13.4、宽4.2~7、厚3.1厘米（图三二一，5；图版一○五，6）。标本T0204④A：3，青灰色石料。上端及两侧稍残，梯形，下端双面直刃。残长7.9、宽3~3.5、厚1.5厘米（图三二三，1）。标本T0205④A：8，青灰色石料。刃残，梯形，弧顶，两侧斜直，下端双面刃。残长11、宽3.6~5.4、厚2.4厘米（图三二○，9）。标本T0205④A：11，青灰色石料。顶残，梯形，两侧斜直，下端双面刃。残长8.6、宽3.5~4.1、

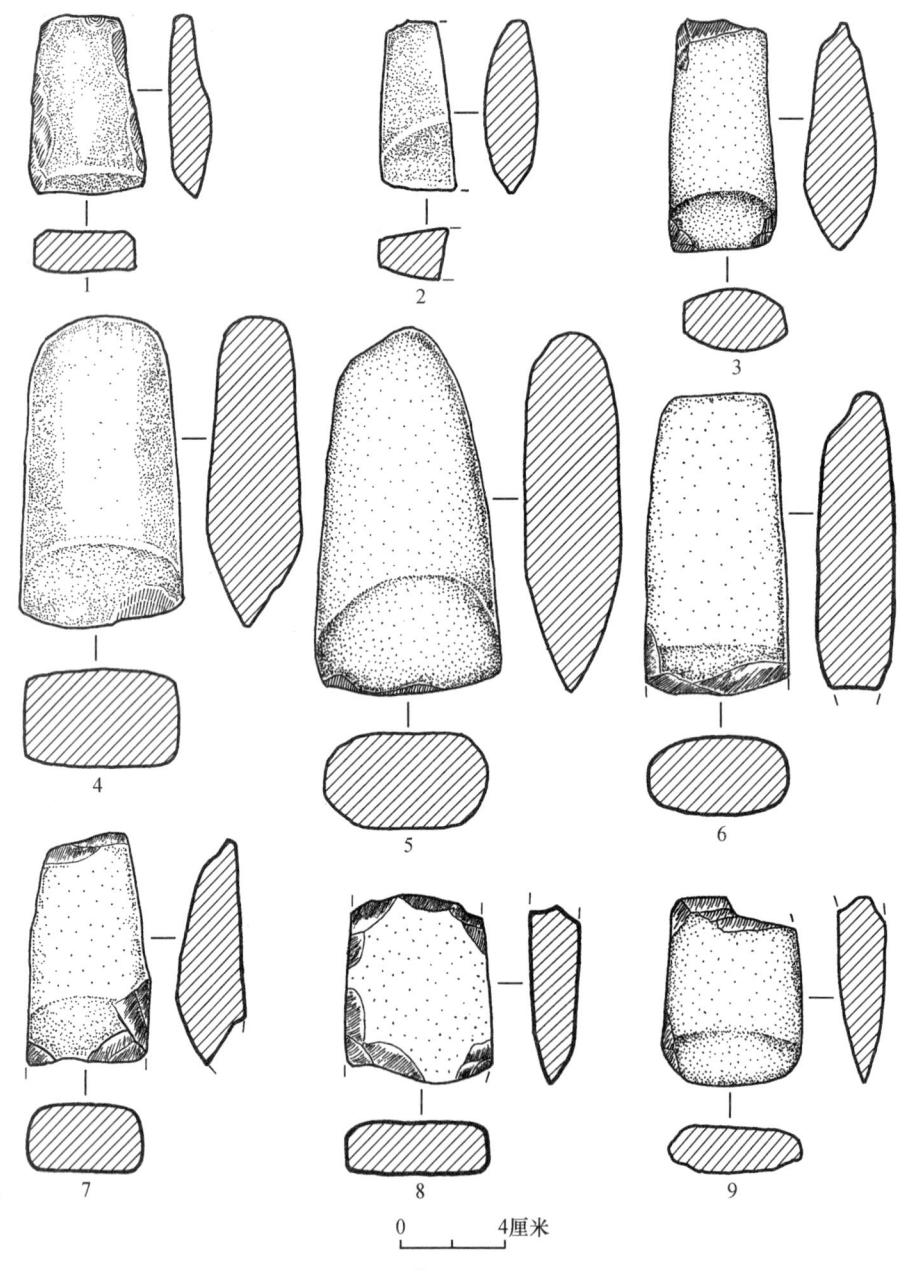

图三二一　第4层出土Aa型石斧

1. T0203④A：20　2. T0203④A：34　3. T0205④A：11　4. T0203④A：23　5. T0203④A：53　6. T0302④A：2　7. T0302④A：12
8. T0305④A：5　9. T0305④A：7

厚2.5厘米（图三二一，3）。标本T0302④A：2，青灰色砂岩石料。下端残，梯形，平顶。残长11.1、宽3.8~5.5、厚3厘米（图三二一，6）。标本T0302④A：12，青灰色石料。下端残，梯形，平顶，下端双面刃。残长8.6、宽3.2~4.7、厚2.8厘米（图三二一，7）。标本T0305④A：5，青灰色石料。上端残，梯形，下端双面刃。残长7、宽5.2~5.6、厚2厘米（图三二一，8）。标本T0305④A：7，青灰色石料。上端残，梯形，下端双面刃。残长7、宽4.8~5.4、厚1.8厘米（图三二一，9）。标本T0305④A：8，青灰色石料。上端略残，弧顶，梯形，下端双面刃。残长7、宽3.2~4、厚1.4厘米（图三二二，1）。标本T0305④A：19，青灰色石料。下端一侧残，梯形，平顶，下端双面刃。长7、宽2.9~4.8、厚1.8厘米（图三二二，2）。标本T0305④A：35，深青灰色石料。梯形，平顶，下端双面刃。长7.6、宽3.3~4.6、厚2厘米（图三二二，3；图版一〇六，1）。标本T0305④A：36，青灰色石料。刃部残，梯形，平顶，下端双面刃。残长7.6、宽4.8~5.6、厚2厘米（图三二二，4）。标本T0305④A：38，青灰色石料。梯形，弧顶，下端双面刃，一面宽刃，一面窄刃。长7.4、宽4.8~5.3、厚1.8厘米（图三二二，5）。标本T0305④B：6，青灰色石料。局部残，梯形，弧顶，两侧弧，下端双面弧刃。长7.4、宽3~5、厚2.2厘米（图三二二，6）。标本T0305④B：11，灰色石料。局部残，梯形，弧顶，两侧斜直，下端双面刃。长6.2、宽4~5、厚1.6厘米（图三二二，7）。标本T0305④B：14，灰色石料。两端残，梯形，两侧斜直，单面刃。一面光滑，一面残缺凹凸不平。残长9.3、宽5.1~5.6、厚1~2厘米（图三二二，8）。标本T0305④B：16，青灰色粗砂石料。梯形，弧顶，两侧斜直，下端双面刃。长7.6、宽5.5~6.4、厚2.4厘米（图三二二，9）。标本T0306④A：1，青灰色石料。梯形，平顶，下端双面刃。长8.7、宽5~6.3、厚2.8厘米（图三二二，10；图版一〇六，2）。标本T0306④A：7，青灰色石料。梯形，平顶，下端双面刃。残长10.7、宽3.7~4.7、厚3.3厘米（图三二〇，8）。标本T0306④A：13，青灰色石料。下端残，梯形，平顶。残长5.9、宽4~4.6、厚1.2厘米（图三二三，6）。标本T0306④A：16，青灰色石料。梯形，弧顶，下端双面刃。长9、宽5.2~6.5、厚2.9厘米（图三二三，3；图版一〇六，3）。标本T0306④A：21，青灰色石料。梯形，下端双面刃，斧身打制。长7.7、宽3.3~4.3、厚1.6厘米（图三二三，4；图版一〇六，4）。标本T0401东扩方④A：2，青灰色石料。侧面及下端残，梯形，弧顶，下端双面刃。残长8.8、宽5~6.3、厚0.4~2.4厘米（图三二三，5）。标本T0402④A：6，青灰色石料。刃部略残，梯形，弧顶，下端双面刃。残长7.8、宽4.5~5.9、厚1.7厘米（图三二三，2）。标本T0405④A：1，青灰色石料。梯形，上端略残，下端双面弧刃。长9.8、宽3.8~5.2、厚2.8厘米（图三二四，1；图版一〇六，5）。标本T0405④A：7，青灰色石料。梯形，上端略残，平顶，下端双面刃。长9.2、宽3~4.6、厚2.8厘米（图三二四，2）。标本T0405④A：10，青灰色石料。梯形，上端及刃部略残，弧顶，下端双面刃。长9.6、宽5.3~7、厚2.6厘米（图三二四，3）。标本T0405④A：18，青灰色石料。梯形，上端及边侧略残，下端双面刃，一面宽刃，一面窄刃。长6.7、宽4~5.9、厚1.6厘米（图三二四，4）。标本T0405④B：10，灰色石料。梯形，上端及下端残，下端双面刃。残长8.2、宽4.5~5.5、厚2.5厘米（图三二四，6）。标本T0405④B：15，灰白色石料。形制较大，上端略残，梯形，下端双面弧刃。残长7.3、宽3.6~4.1、厚1.5厘米（图三二五，7）。

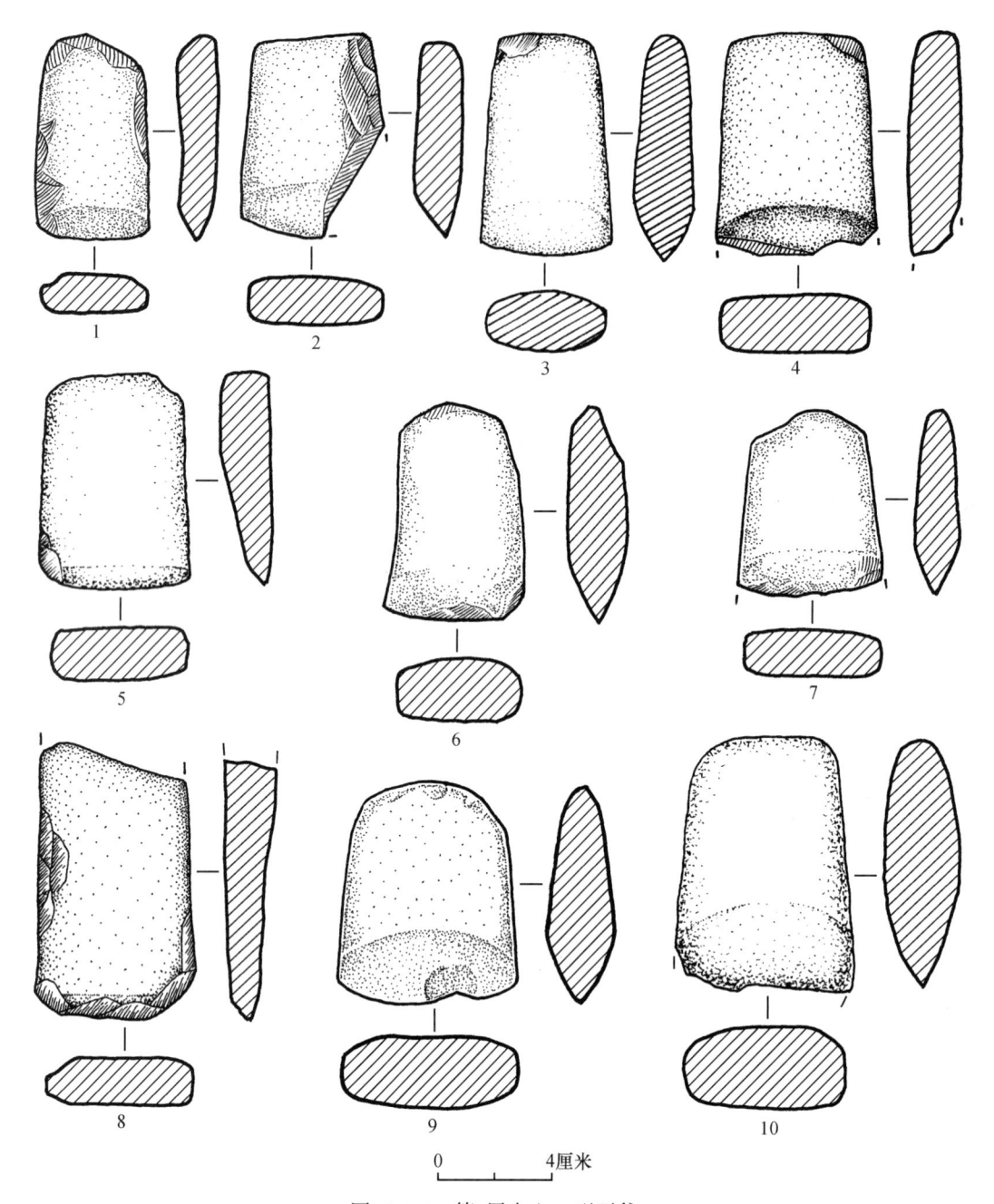

图三二二　第4层出土Aa型石斧

1. T0305④A：8　2. T0305④A：19　3. T0305④A：35　4. T0305④A：36　5. T0305④A：38　6. T0305④B：6　7. T0305④B：11
8. T0305④B：14　9. T0305④B：16　10. T0306④A：1

标本T0406④A：25，青灰色石料。梯形，弧顶，下端双面弧刃。长9、宽4.5～6.5、厚2.6厘米（图三二四，5）。标本T0406④A：34，青灰色石料。梯形，弧顶，下端双面弧刃。长8.3、宽5～6.3、厚2.3厘米（图三二四，7；图版一〇六，6）。标本T0406④A：36，青灰色石料。上端残，梯形，下端双面刃，一面宽刃，一面窄刃。残长6.1、宽3.5～4.9、厚1.3厘米（图三二四，8）。标本T0406④A：52，青灰色石料。上下端残，长方形，下端双面刃。残长7.4、宽4.9～5.2、厚1.8厘米（图三二五，2）。标本T0406④B：12，深青灰色石料。上端略残，梯

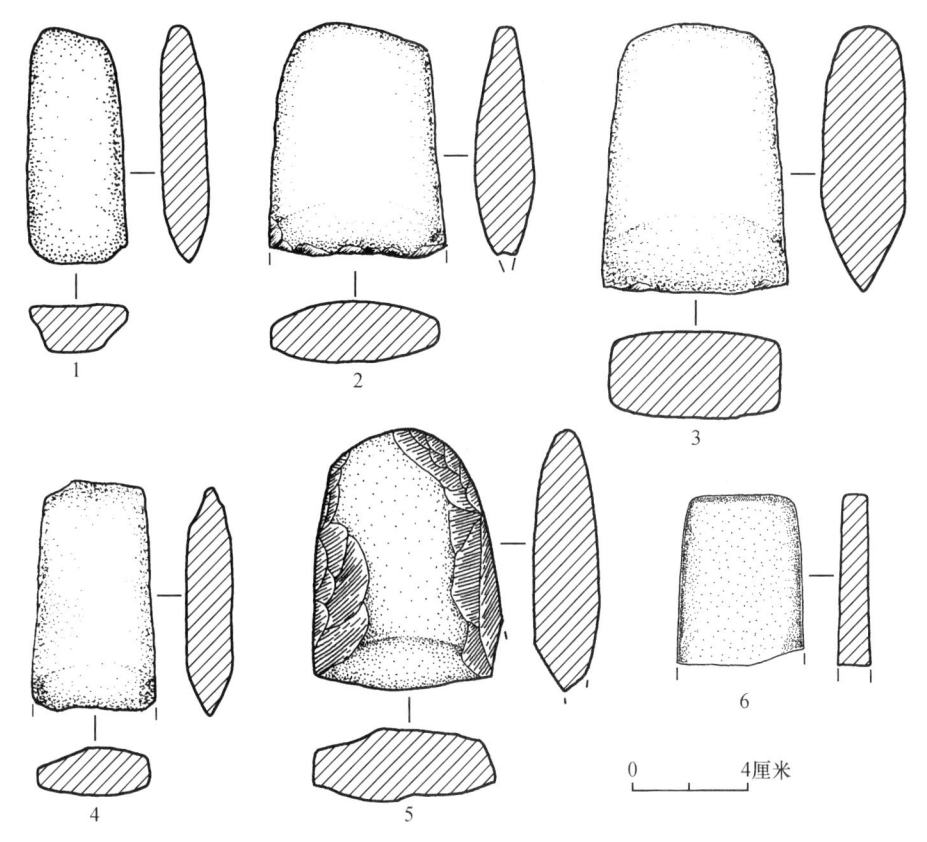

图三二三　第4层出土Aa型石斧
1. T0204④A：3　2. T0402④A：6　3. T0306④A：16　4. T0306④A：21　5. T0401东扩方④A：2　6. T0306④A：13

形，平顶，下端双面刃。残长8.5、宽5.3~6.8、厚2.5厘米（图三二四，9；图版一〇七，2）。标本T0406④B：18，青灰色石料。上端略残，梯形，下端双面刃。残长11.5、宽4.3~5.8、厚2厘米（图三二五，1）。标本T0501④A：55，灰色石料。梯形，弧顶，下端双面刃。长7.9、宽2.3~4.1、厚2厘米（图三二五，3）。标本T0501东扩方④A：9，青灰色石料。上端略残，梯形，弧顶，下端双面刃。残长8.5、宽6.5、厚2.4厘米（图三二五，5）。标本T0502④A：4，青灰色石料。梯形，顶斜，表面有打制痕迹，下端双面刃。长6、宽2.7~3.7、厚1.2厘米（图三二五，8）。标本T0502④A：9，深青灰色石料。刃部略残，梯形，顶平，下端双面刃，一面宽刃，一面窄刃。长8.2、宽3.1~4.4、厚1.8厘米（图三二五，4；图版一〇七，3）。标本T0502④A：13，灰白色石料。梯形，弧顶，下端双面刃。长11.2、宽6.2~7.3、厚2.4厘米（图三二五，6；图版一〇七，4）。标本T0502④A：42，深青灰色石料。梯形，弧顶，下端残，有打制痕迹以及局部磨制痕迹，似为改制成其他器物的半成品。长9.4、宽6~7.6、厚1.6厘米（图三二五，9；图版一〇七，5）。标本T0502④A：58，灰色石料。梯形，顶斜，下端双面斜刃。长9.8、宽5.4~6.9、厚1.5厘米（图三二六，1）。标本T0502④A：62，青灰色石料。刃部略残，梯形，平顶，下端双面刃。长7.6、宽4.8~5.6、厚1.5厘米（图三二六，2；图版一〇七，6）。标本T0503④A：9，青灰色石料。上端略残，梯形，平顶，下端双面斜刃。长4.8、宽2.9~3.5、厚1~1.4厘米（图三二六，4）。标本T0503④A：11，青灰色石料。基本完

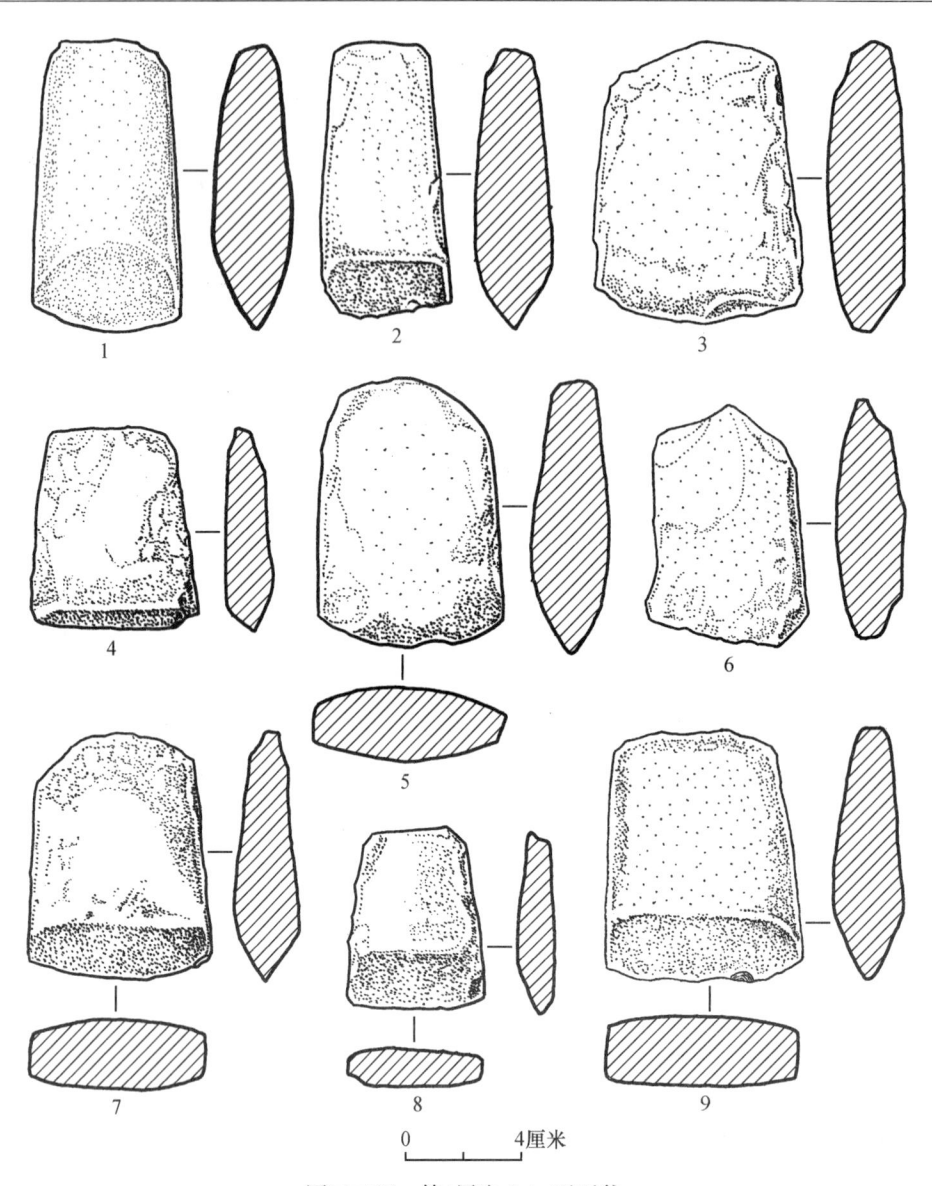

图三二四　第4层出土Aa型石斧
1. T0405④A：1　2. T0405④A：7　3. T0405④A：10　4. T0405④A：18　5. T0406④A：25　6. T0405④B：10　7. T0406④A：34
8. T0406④A：36　9. T0406④B：12

整，梯形，平顶，下端双面弧刃。长5.6、宽3.3~4.8、厚0.9~1.4厘米（图三二六，3；图版一〇八，1）。标本T0503④A：30，青灰色石料。下端一角残，梯形，平顶，下端双面刃。长8.3、宽6.7、厚1.9厘米（图三二六，5）。标本T0503④A：31，青灰色石料。下端双面刃部残，梯形，平顶，下端双面刃。残长5.2、宽3.1~3.8、厚1.2~1.6厘米（图三二六，6；图版一〇八，2）。

Ab型，17件。标本T0202④A：31，灰色石料。弧顶，梯形，下端双面刃。长7.4、宽6.2~7.4、厚2.6厘米（图三二六，7；图版一〇八，3）。标本T0202④A：58，灰色石料。上端残，梯形，下端双面刃。残长5.4、宽7.2~7.6、厚2.2厘米（图三二六，8）。标本T0203④A：3，灰白色石料。梯形，弧顶，下端双面刃。长6.7、宽5.1~6.5、厚2.2厘米（图三二六，9；图版

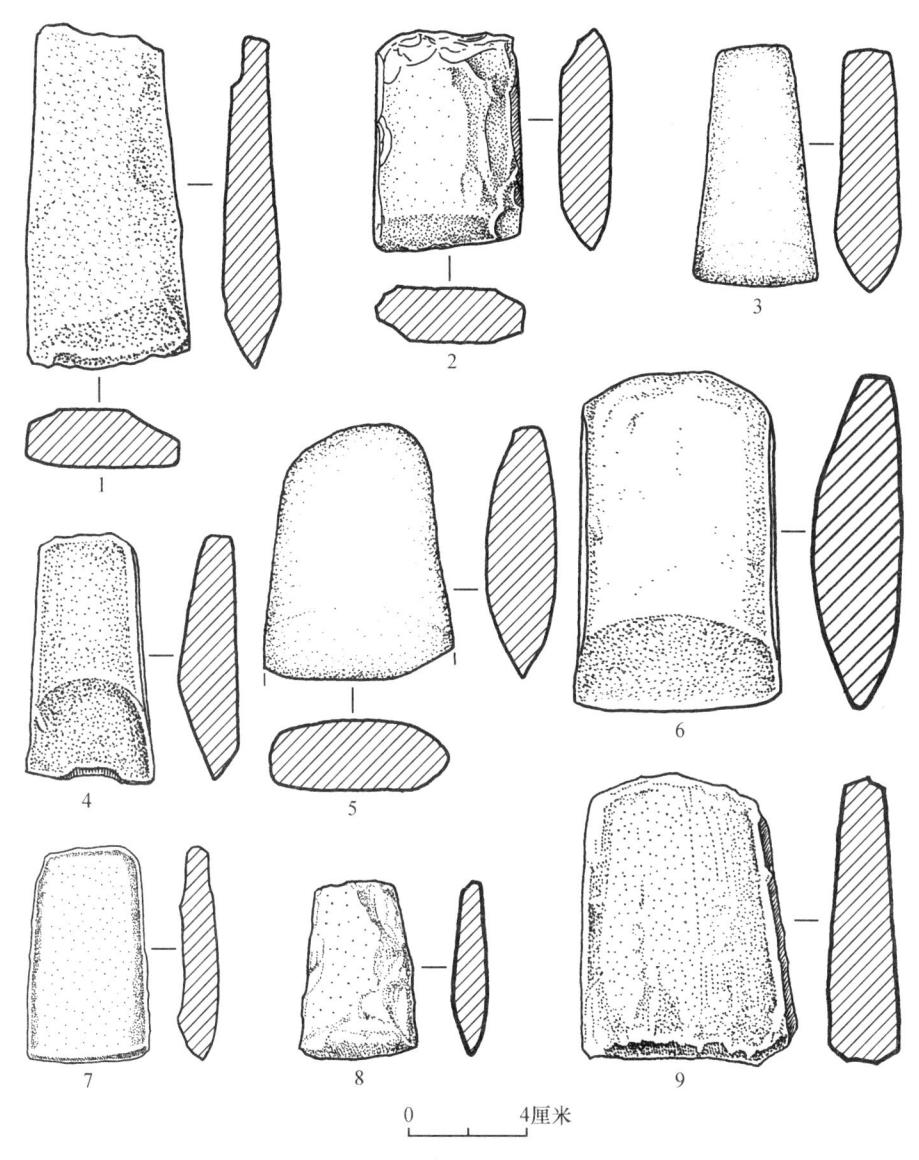

图三二五　第4层出土 Aa 型石斧
1. T0406④B：18　2. T0406④A：52　3. T0501④A：55　4. T0502④A：9　5. T0501东扩方④A：9　6. T0502④A：13
7. T0405④B：15　8. T0502④A：4　9. T0502④A：42

一〇八，4）。标本T0203④A：46，深青灰色石料。梯形，平顶，下端双面斜刃。长6.7、宽5.2～6.8、厚1.2厘米（图三二七，1；图版一〇八，5）。标本T0204④A：48，深青灰色石料。刃部及一面残，梯形，平顶，下端双面直刃。残长6.3、宽5.8～6.5、厚1.1厘米（图三二七，2）。标本T0205④A：34，青灰色石料。仅存一面，弧顶，一侧弧，刃部明显，残长4.8、残宽5.4、厚0.5～0.8厘米（图三二七，3）。标本T0205④A：45，青灰色石料。刃部略残，梯形，平顶，两侧斜直，下端双面刃。长5.6、宽4～5、厚0.6～1.8厘米（图三二七，4；图版一〇八，6）。标本T0305④A：16，青灰色石料。上端残，梯形，下端双面刃，一面宽刃，一面窄刃。残长6、宽5.2～5.4、厚2.6厘米（图三二七，5）。标本T0305④A：27，青灰色石料。梯形，弧顶，下端双面刃。长6.5、宽4.5～6.2、厚2.2厘米（图三二七，6；图版一〇九，

·422·　　宁乡罗家冲

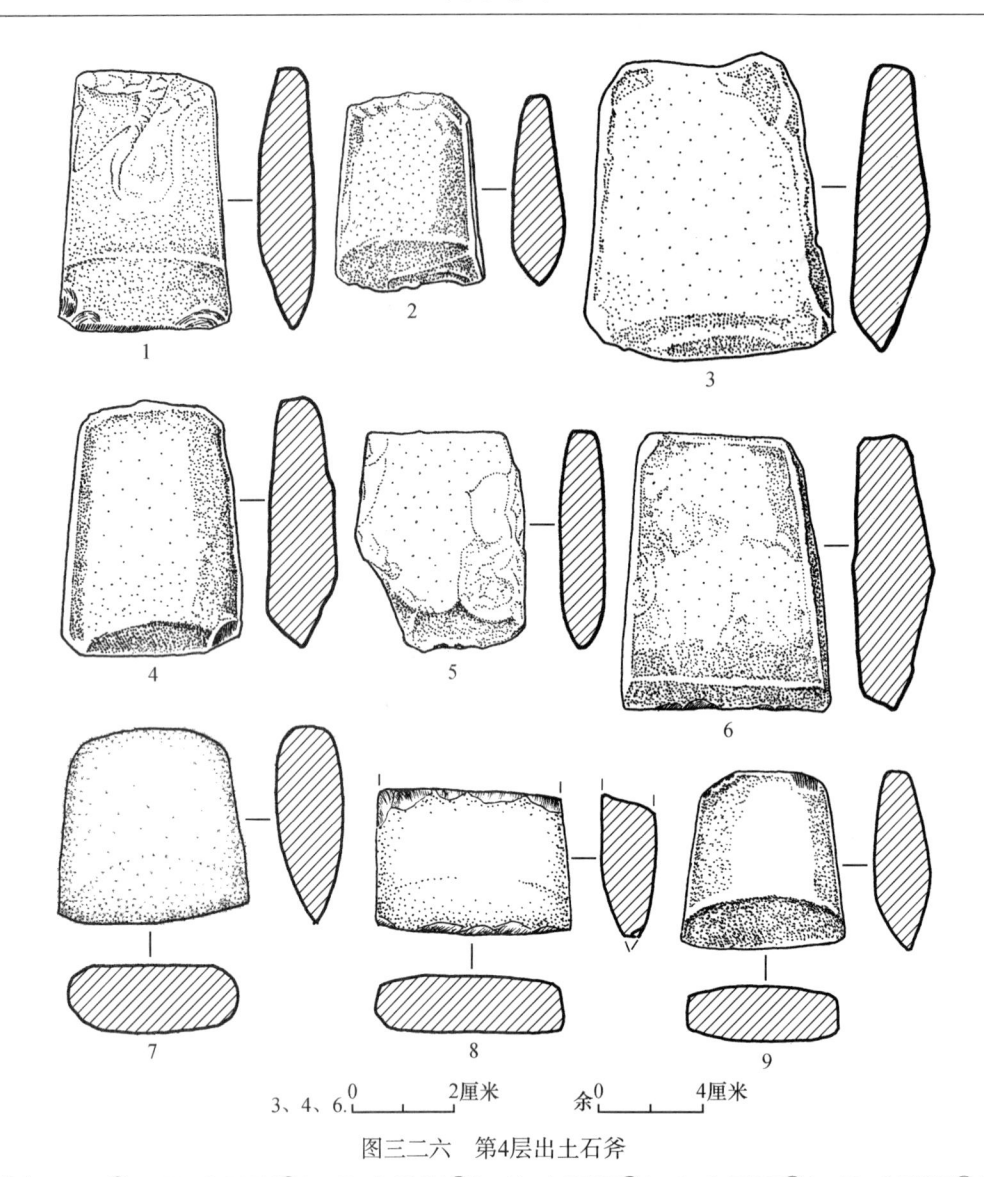

图三二六　第4层出土石斧
1～6. Aa型（1. T0502④A：58、2. T0502④A：62、3. T0503④A：11、4. T0503④A：9、5. T0503④A：30、6. T0503④A：31）
7～9. Ab型石斧（7. T0202④A：31、8. T0202④A：58、9. T0203④A：3）

1）。标本T0307④A：15，青灰色石料。上端及刃部残，梯形，下端双面刃。残长8.5、宽6.4～7.6、厚2.4厘米（图三二七，7）。标本T0405④A：3，青灰色石料。梯形，上端残，下端双面刃。长6.7、宽6～6.9、厚2厘米（图三二七，8）。标本T0406④A：13，青灰色石料。梯形，平顶，下端双面刃。长8.5、宽6.1～7.4、厚2.3厘米（图三二七，9；图版一〇九，3）。标本T0405④B：7，青灰色石料。基本完整，梯形，弧顶，下端双面刃。长6.5、宽4.3～5.8、厚2厘米（图三二七，10；图版一〇九，2）。标本T0406④B：9，深青灰色石料。梯形，平顶，下端双面弧刃。长4.7、宽3.5～4.5、厚1厘米（图三二七，11；图版一一二，1）。标本T0406④B：19，深青灰色石料。上端略残，梯形，平顶，下端双面刃。残长5.6、宽5～5.6、厚2厘米（图三二八，1）。标本T0406④B：21，深青灰色石料。上端残，梯形，下端双面弧刃。残长7.2、宽8.3～9、厚3.2厘米（图三二八，2）。标本T0501④A：15，青灰色石料。上端

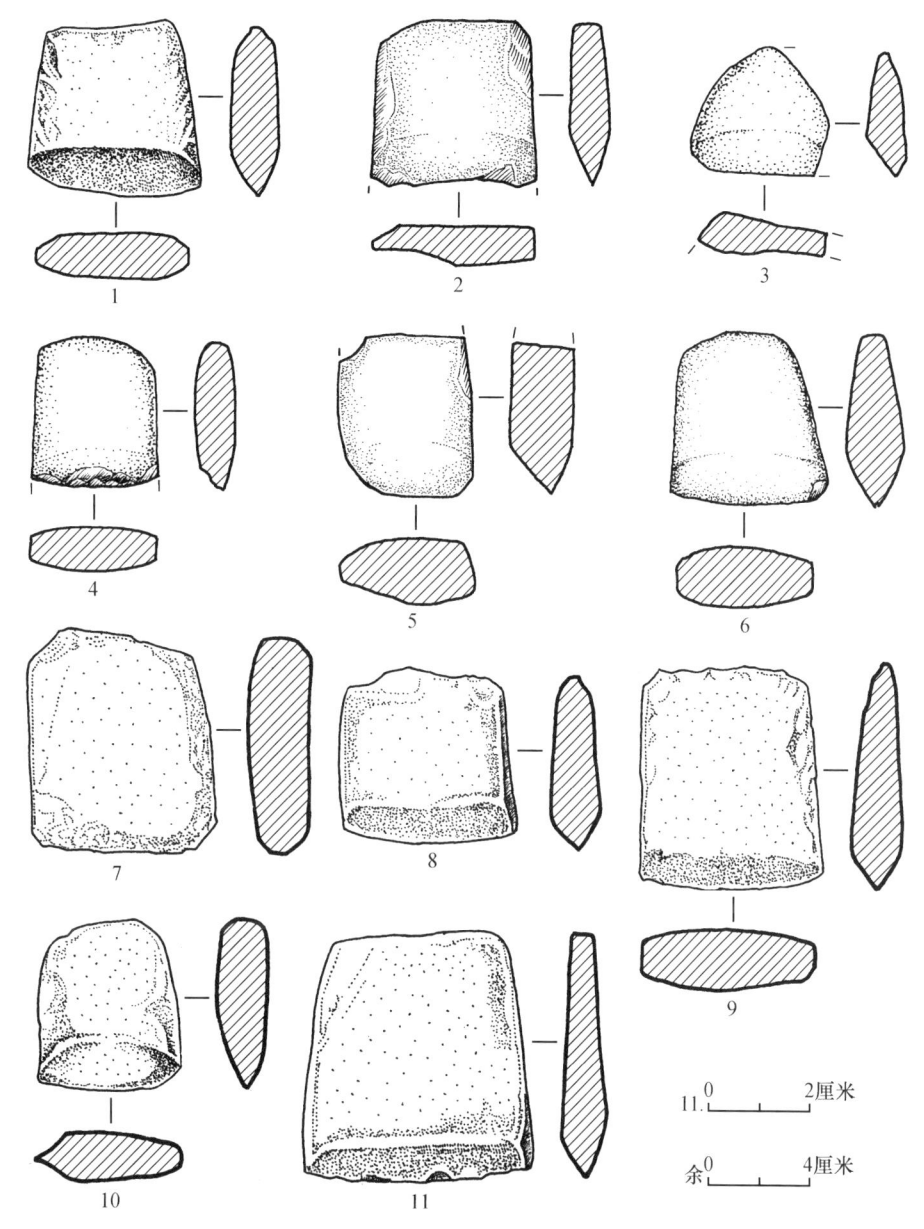

图三二七　第4层出土Ab型石斧
1. T0203④A：46　2. T0204④A：48　3. T0205④A：34　4. T0205④A：45　5. T0305④A：16　6. T0305④A：27
7. T0307④A：15　8. T0405④A：3　9. T0406④A：13　10. T0405④B：7　11. T0406④B：9

残，梯形，下端双面刃。残长5.1、宽5.4~6、厚1.5厘米（图三二八，3）。

B型　6件。标本T0205④C：5，青灰色石料。上端残，倒梯形，下端双面刃。残长7.4、宽4.8~5.2、厚2.6厘米（图三二八，4）。标本T0304④A：4，深青灰色石料。仅存刃部一角，倒梯形，下端双面刃。残长4.2、残宽4.2、厚1.2厘米（图三二八，5）。标本T0305④A：10，紫灰色石料。上端残，倒梯形，下端双面刃。残长7.2、宽6~6.7、厚2.2厘米（图三二八，6）。标本T0305④A：29，灰色石料。上端残，倒梯形，下端双面弧刃。残长5.5、宽7、厚3.6厘米（图三二八，7）。标本T0406④A：35，青灰色石料。一侧残，倒梯形，平顶，下端双面弧刃。长10、残宽5.7、厚2厘米（图三二八，8）。标本T0406④B：20，深青灰色石料。上端

图三二八 第4层出土石斧

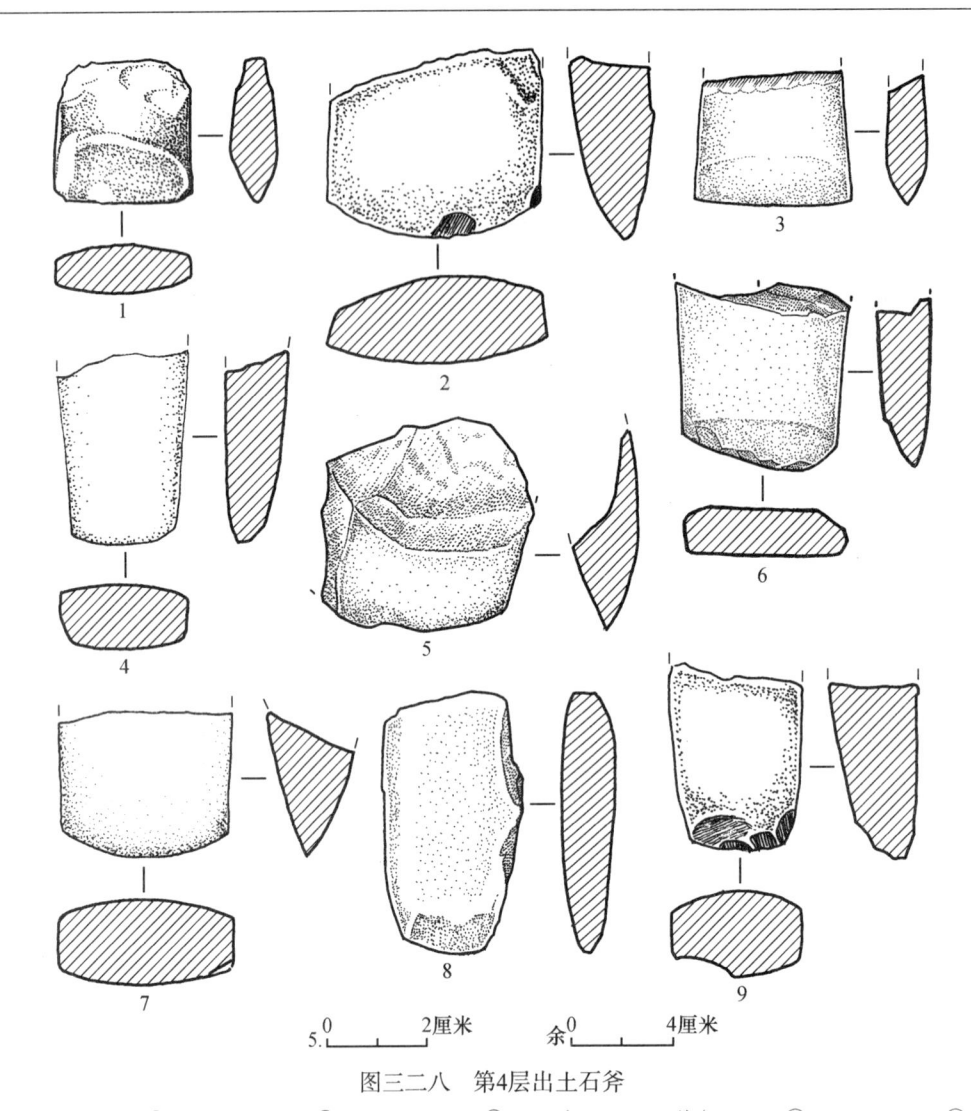

1~3. Ab型（1. T0406④B：19、2. T0406④B：21、3. T0501④A：15） 4~9. B型（4. T0205④C：5、5. T0304④A：4、6. T0305④A：10、7. T0305④A：29、8. T0406④A：35、9. T0406④B：20）

残，倒梯形，下端双面弧刃。残长7.6、宽3.8~5.2、厚3.4厘米（图三二八，9）。

C型 21件。标本T0202④A：45，青灰色石料。上端及下端双面刃局部残，平面呈长方形，下端双面刃。残长4.8、宽5、厚2.2厘米（图三二九，1）。标本T0204④A：41，青灰色石料。上端残，平面呈长方形，下端双面弧刃。残长6.8、宽4.4、厚2.5厘米（图三二九，7）。标本T0205④A：37，灰色石料。顶残，平面呈长方形，两侧直，下端双面刃。残长7.6、宽4.5、厚2.4厘米（图三二九，4）。标本T0205④A：42，青灰色石料。顶及刃部残，平面呈长方形，两侧直，下端双面刃。残长6.8、宽3.6、厚0.8~1.2厘米（图三二九，3）。标本T0205④A：47，灰色石料。刃残，平顶，平面呈长方形，下端双面刃。长7、宽5.6、厚2厘米（图三二九，5）。标本T0205④A：48，灰色石料。顶残，平面呈长方形，下端双面刃。残长5、宽5、厚2厘米（图三二九，9）。标本T0205④A：53，灰色粗石料。顶残，平面呈长方形，两侧直，下端双面刃。残长10.6、宽6.4、厚3厘米（图三二九，6）。标本T0205④A：

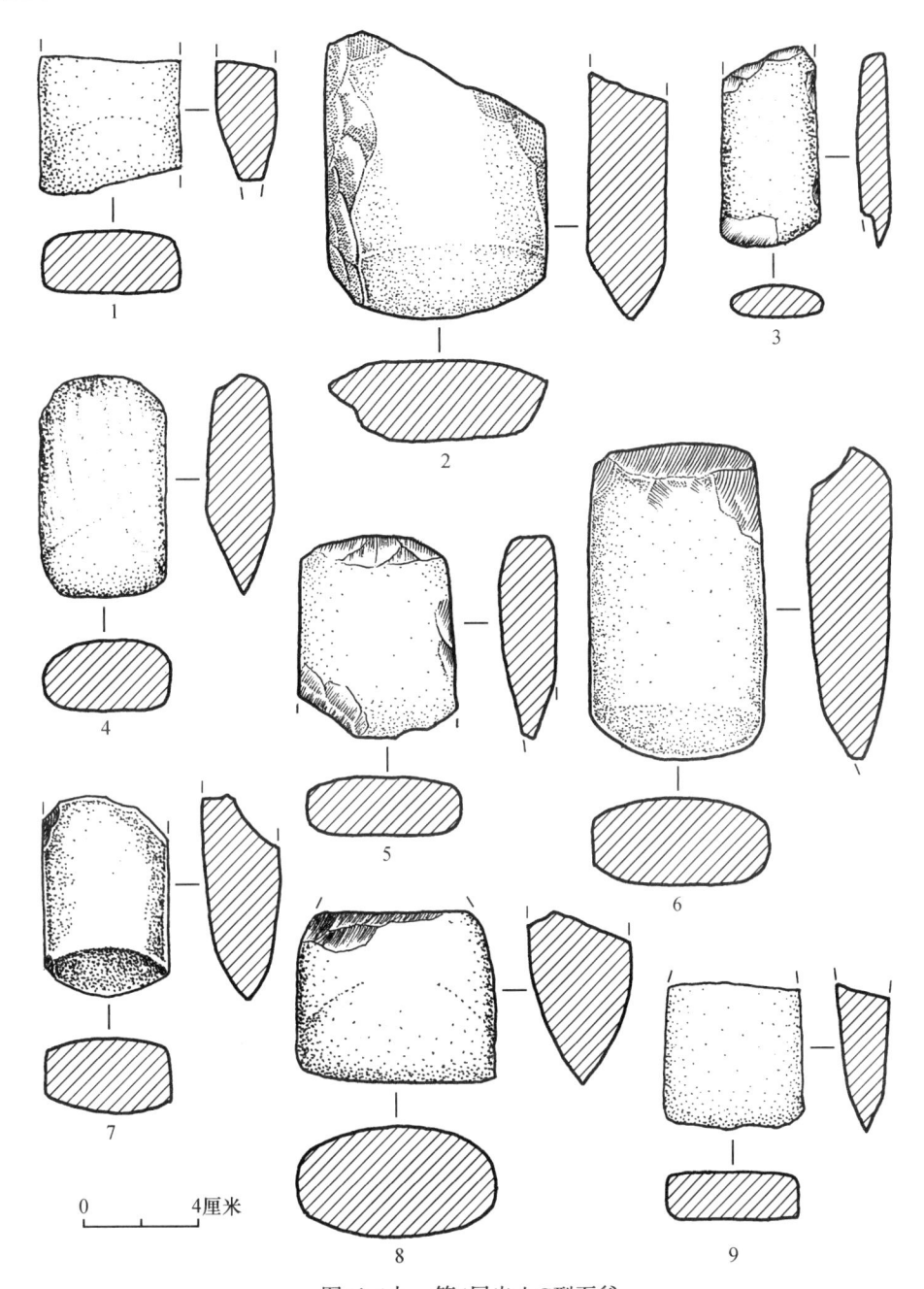

图三二九　第4层出土C型石斧

1. T0202④A：45　2. T0302④A：29　3. T0205④A：42　4. T0205④A：37　5. T0205④A：47　6. T0205④A：53
7. T0204④A：41　8. T0205④A：59　9. T0205④A：48

59，青灰色石料。上端残，平面呈长方形，下端双面刃。残长5.8、宽7、厚3.8厘米（图三二九，8）。标本T0302④A：29，青灰色石料。上端残，平面呈长方形，下端双面弧刃。残长9.7、宽7.6、厚2.8厘米（图三二九，2）。标本T0305④A：18，青灰色石料。上端残，平面呈长方形，下端双面刃。残长10.2、宽6.2、厚1.8厘米（图三三〇，1）。标本T0401东扩方④A：6，青灰色石料。一侧及上端残，平面略呈长方形，下端双面刃。残长8、宽5.1、厚1.8厘米（图三三〇，2）。标本T0406④A：51，青灰色石料。形体较大，上端残，平面呈长方

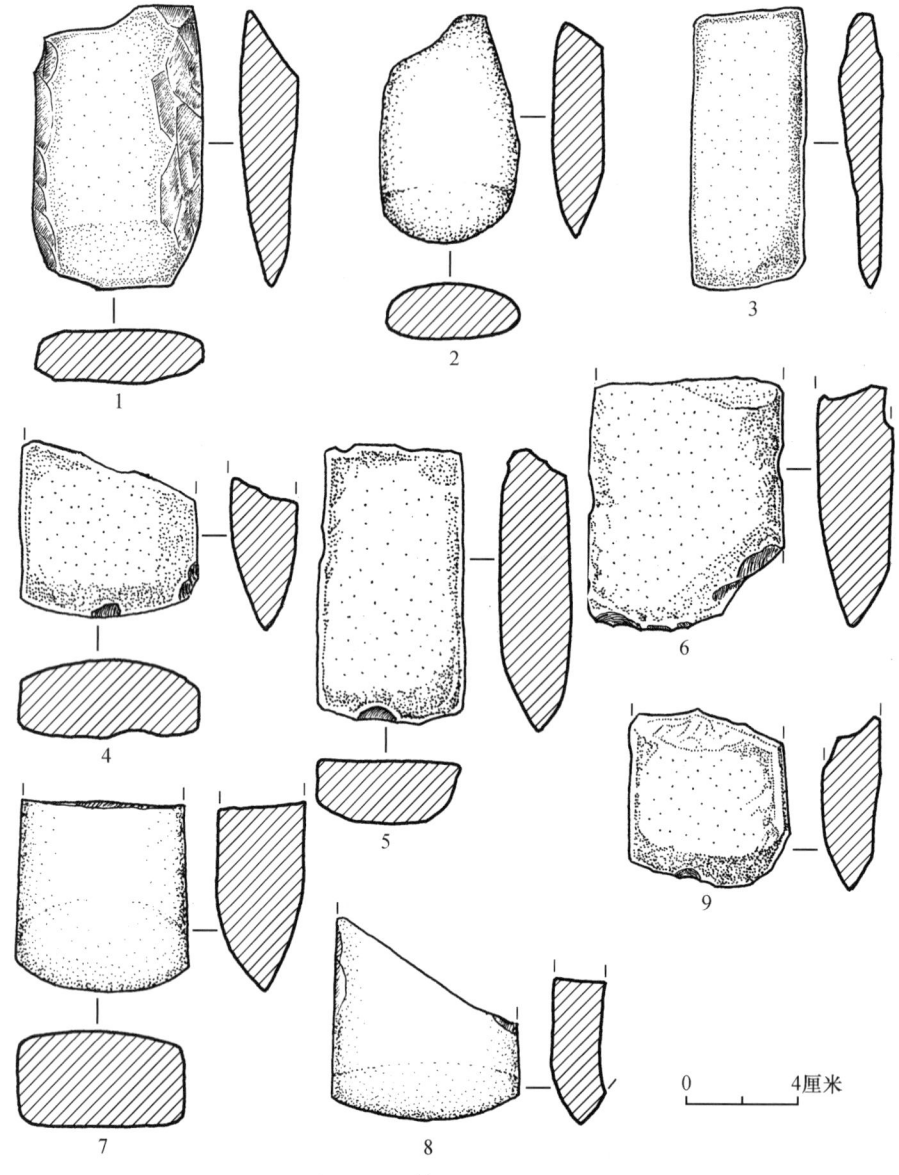

图三三〇　第4层出土C型石斧

1. T0305④A：18　2. T0401东扩方④A：6　3. T0406④A：51　4. T0406④B：11　5. T0406④B：5　6. T0407④A：2
7. T0501东扩方④A：7　8. T0501④A：61　9. T0502④A：7

形，下端双面刃。残长10、宽4.1、厚0.7~1.6厘米（图三三〇，3；图版一〇九，4）。标本T0406④B：5，青灰色石料。上端残，平面呈长方形，下端双面弧刃。残长9.9、宽5.4、厚2.5厘米（图三三〇，5）。标本T0406④B：11，深青灰色石料。上端残，平面呈长方形，下端双面弧刃。残长6、宽6.4、厚2.5厘米（图三三〇，4）。标本T0407④A：2，青灰色石料。上端及下端残，平面呈长方形，下端双面刃。残长8.8、宽7、厚3.1厘米（图三三〇，6）。标本T0501④A：61，深青灰色石料。上端残，平面呈长方形，下端双面刃。残长6.6、宽6.8、厚1.8厘米（图三三〇，8）。标本T0501东扩方④A：7，青灰色石料。上端残，平面呈长方形，下端双面弧刃。残长6.6、宽6.2、厚3.3厘米（图三三〇，7）。标本T0502④A：7，青灰色石料。

上端残，平面呈长方形，下端双面弧刃。残长6.1、宽5.8、厚2.3厘米（图三三〇，9）。标本T0502④A：34，深青灰色石料。仅存刃端局部，平面呈长方形，下端双面刃，一面宽刃，一面窄刃。残长3.9、残宽4.3、厚1.3厘米（图三三二，1）。标本T0503④A：37，青灰色石料。平面略呈长方形，表面残损较多，下端单面刃。残长6.5、残宽4.6、厚1.6厘米（图三三二，5）。标本T0503④A：45，青灰色石料。上端一角残，平面呈长方形，下端双面弧刃，一面宽刃，一面窄刃。长11、宽7、厚2厘米（图三三二，3）。

形制不明　10件。标本T0201④A：14，青灰色石料。仅存刃部一角，一面平，下端单面刃。残长3.5、残宽5、厚1.3厘米（图三三一，1）。标本T0201④A：28，深青灰色石料。上端及两侧均残损，下端双面刃。残长7、残宽5.3、厚2.1厘米（图三三一，3）。标本T0202④A：1，深青灰色石料。上端残，下端双面弧刃。残长4、宽8、厚2厘米（图三三一，2）。标本T0203④A：56，青灰色石料。上端残，下端双面斜弧刃。残长6.6、宽7.2、厚2.3厘米（图三三一，4）。标本T0403④A：12，青灰色石料。梯形，上端及一侧残，下端双面刃，一面宽刃。残长5、残宽3.7~4.2、厚2.2厘米（图三三一，5）。标本T0405④B：12，青灰色石料。仅

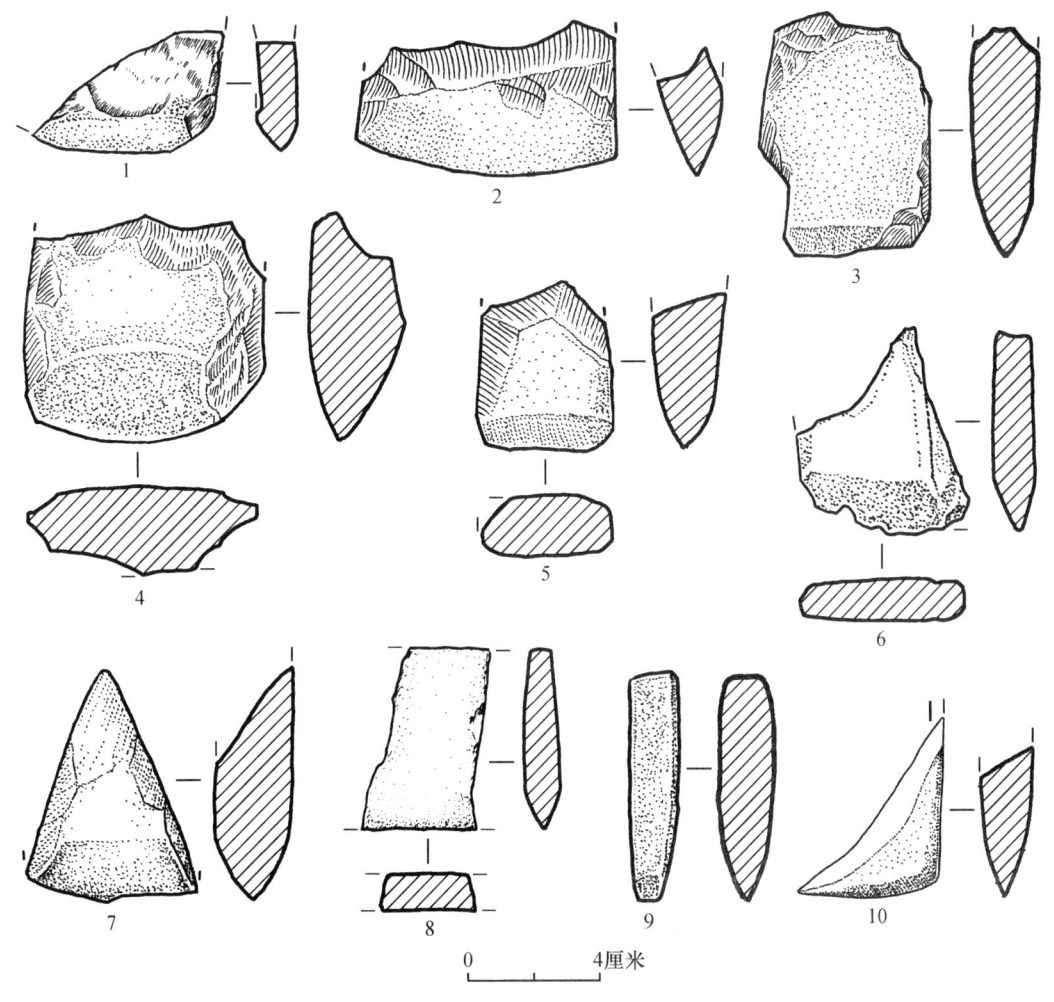

图三三一　第4层出土形制不明石斧

1. T0201④A：14　2. T0202④A：1　3. T0201④A：28　4. T0203④A：56　5. T0403④A：12　6. T0405④B：12　7. T0501④A：13
8. T0501东扩方④A：3　9. T0502④A：60　10. T0503④A：10

存刃部局部，一面有一道磨痕，下端双面刃。残长6、残宽5.3、厚1.3厘米（图三三一，6）。标本T0501东扩方④A：3，灰白色石料。形体较大，两侧残，平顶，下端双面刃。残长5.5、宽3.5、厚1厘米（图三三一，8）。标本T0501④A：13，青灰色石料。仅存刃部一段，下端双面弧刃，一面宽刃，一面窄刃。残长6.9、残宽5、厚2.4厘米（图三三一，7）。标本T0502④A：60，灰白色石料。仅存一侧，下端双面刃。长6.7、残宽1.7、厚2厘米（图三三一，9）。标本T0503④A：10，青灰色石料。残存下端一角，双面弧刃。残长5.4、残宽4.5、厚1.8厘米（图三三一，10）。

钺 3件。标本T0202④A：29，深青灰色石料。上端及刃部残，梯形，下端双面刃，上端中部有一个单面穿孔，通体磨光。残长9.2、宽5~5.6、穿径1.1、厚1.5厘米（图三三二，4；图版一一五，1）。标本T0307④A：3，青灰色石料。仅存下端，平面呈长方形，下端双面刃。残长6.2、宽8.3、厚1.3厘米（图三三二，2）。标本T0502④A：49，灰色石料。仅存一侧，下端残，平顶，上端中部有一个单面穿孔。残长14.3、残宽4、厚0.5厘米（图三三二，9）。

镰 3件。标本T0306④A：5，灰色石料。梳子状，两端残，弧顶，下端双面刃，一面宽刃，一面窄刃。残长12.6、宽4.5、厚1.2厘米（图三三二，6；图版一一五，5）。标本

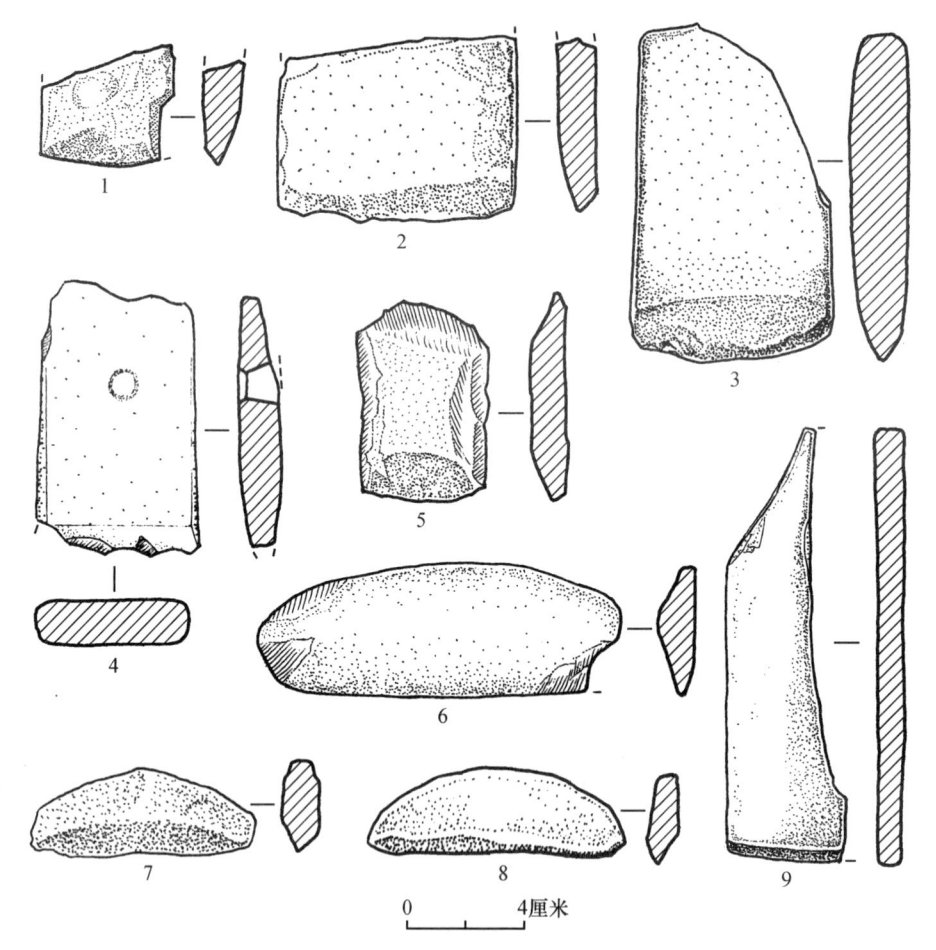

图三三二　第4层出土石器

1、3、5. C型斧（1. T0502④A：34、3. T0503④A：45、5. T0503④A：37）　2、4、9. 钺（2. T0307④A：3、4. T0202④A：29、9. T0502④A：49）　6~8. 镰（6. T0306④A：5、7. T0405④B：24、8. T0407④A：19）

T0405④B：24，灰色石料。梳子状，上端及两端残，弧顶，下端双面刃。残长7.8、宽3、厚1.4厘米（图三三二，7）。标本T0407④A：19，深青灰色石料。梳子状，下端双面刃，一面宽刃，一面窄刃。长8.9、宽3、厚1.2厘米（图三三二，8；图版一一五，6）。

锛　101件。

A型　51件。

Aa型，27件。标本T0203④A：1，深青灰色石料。形体较大，梯形，平顶，下端双面刃，一面宽刃，一面窄刃。长5.2、宽4～4.4、厚1.1厘米（图三三三，5；图版一〇五，4）。标本T0203④A：44，灰白色石料。形体较大，梯形，下端两侧刃，一面宽刃，一面窄刃。长8.4、宽2.5～3.4、厚1厘米（图三三三，1）。标本T0203④A：48，深青灰色石料。形体较大，梯形，弧顶，下端两侧刃。长6.6、宽2.7～3.5、厚0.7厘米（图三三三，2）。标本T0204④A：12，灰色石料。上端及一面稍残，形体较大，梯形，下端一面直刃。残长4.6、宽1.7～2、厚0.4厘米（图三三三，4）。标本T0204④A：28，青灰色石料。刃部稍残，形体较大，梯形，平顶，下端双面直刃，一面宽刃，一面窄刃。长7.6、宽2.3～3.2、厚0.7厘米（图三三三，6；图版一〇九，5）。标本T0204④A：35，青灰色石料。上端残，梯形，下端双面直刃，一面宽刃，一面窄刃。残长4.2、宽4～4.4、厚1厘米（图三三五，1）。标本T0205④A：33，青灰色石料。梯形，形体较大，平顶，单面刃，通体磨光。长5.9、宽0.8～2.1、厚1厘米（图三三三，7）。标本T0302④A：6，青灰色石料。形体较大，一侧及刃部残，梯形，下端双面刃。残长6.7、宽1.9～2.9、厚0.7厘米（图三三三，8）。标本T0305④A：24，青灰色石料。形制较小，上端及刃部略残，梯形，下端双面刃。残长4.9、宽2.5～3、厚0.9厘米（图三三五，2）。标本T0306④A：22，青灰色石料。形体较大，梯形，下端双面刃，一面宽刃，一面窄刃。长5.3、宽3.1～3.8、厚1.5厘米（图三三三，3；图版一〇九，6）。标本T0306④A：25，青灰色石料。形体较大，梯形，下端双面刃，一面宽刃，一面窄刃。长5.3、宽3.2～3.8、厚1.3厘米（图三三三，9）。标本T0306④A：33，青灰色石料。形体较大，梯形，下端双面刃，一面宽刃，一面窄刃。长5.8、宽3.3～4.1、厚0.8厘米（图三三四，1；图版一一〇，1）。标本T0403④A：1，青灰色石料。双面均有残损，梯形，顶端平，下端双面刃，一面宽刃，一面窄刃。长5.4、宽4.3～5、厚1.5厘米（图三三四，2）。标本T0403④A：16，青灰色石料。梯形，顶端平，下端双面刃，一面宽刃，一面窄刃。长7、宽4.3～5、厚1.7厘米（图三三四，3）。标本T0406④A：4，青灰色石料。形体较大，梯形，弧顶，下端双面刃，一面宽刃，一面窄刃。长5.2、宽3.3～3.9、厚1.5厘米（图三三四，4；图版一一〇，2）。标本T0406④A：5，灰白色石料。形制较小，梯形，弧顶，下端双面刃，一面宽刃，一面窄刃。长5.2、宽2.1～3.1、厚1.1厘米（图三三五，4；图版一一〇，3）。标本T0406④B：7，深青灰色石料。下端略残，形体较大，梯形，下端双面刃，一面宽刃，一面窄刃。残长6.6、宽2.5～3.3、厚1厘米（图三三四，5）。标本T0407④A：3，青灰色石料。上端及下端残，梯形，下端双面刃，一面宽刃，一面窄刃。残长7.2、宽5～5.9、厚1.8厘米（图三三四，6）。标本T0407④A：20，青灰色石料。形体较大，上端及下端残，梯形，下端双面刃，一面宽刃，一面窄刃。残长6.5、宽3.4～4、厚1.6厘米（图三三四，7）。标本T0501④A：49，青灰色石料。形体较大，梯形，

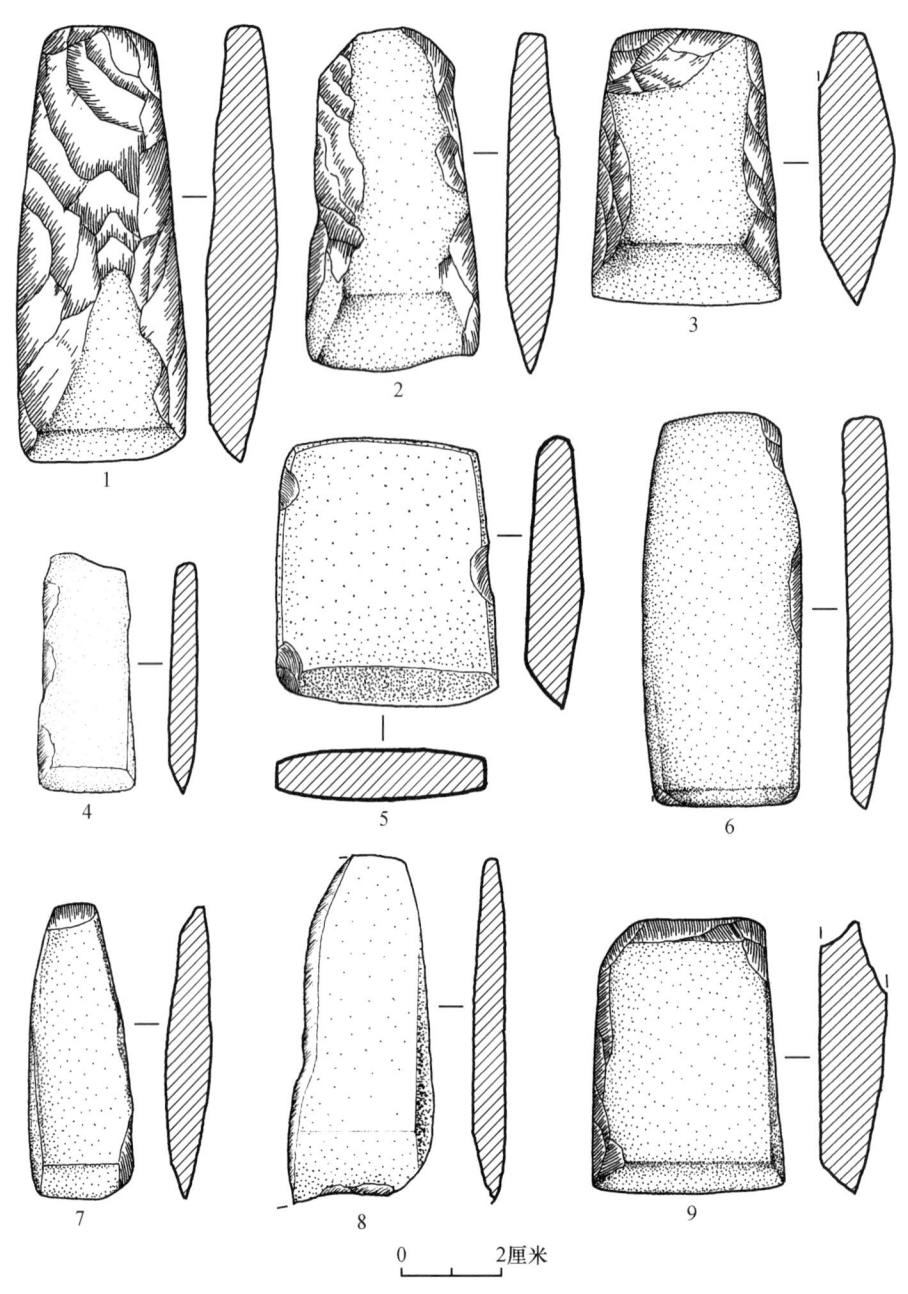

图三三三　第4层出土Aa型石锛

1. T0203④A：44　2. T0203④A：48　3. T0306④A：22　4. T0204④A：12　5. T0203④A：1　6. T0204④A：28　7. T0205④A：33
8. T0302④A：6　9. T0306④A：25

平顶，下端双面刃，一面宽刃，一面窄刃。长6、宽2.5~3、厚1.5厘米（图三三四，8）。标本T0501④A：57，深青灰色石料。形制较大，梯形，上端残，下端双面刃，一面宽刃，一面窄刃。残长3、宽4.5~4.9、厚1厘米（图三三五，6）。标本T0501东扩方④A：4，深青灰色石料。上端残，梯形，下端双面刃，一面宽刃，一面窄刃。残长4.8、宽5.6、厚1.4厘米（图三三五，3）。标本T0502④A：10，灰色石料。梯形，平顶，下端双面刃，一面宽刃，一面窄刃。长6.5、宽3.7~4.3、厚1.1厘米（图三三四，9；图版一一〇，4）。标本T0502④A：50，

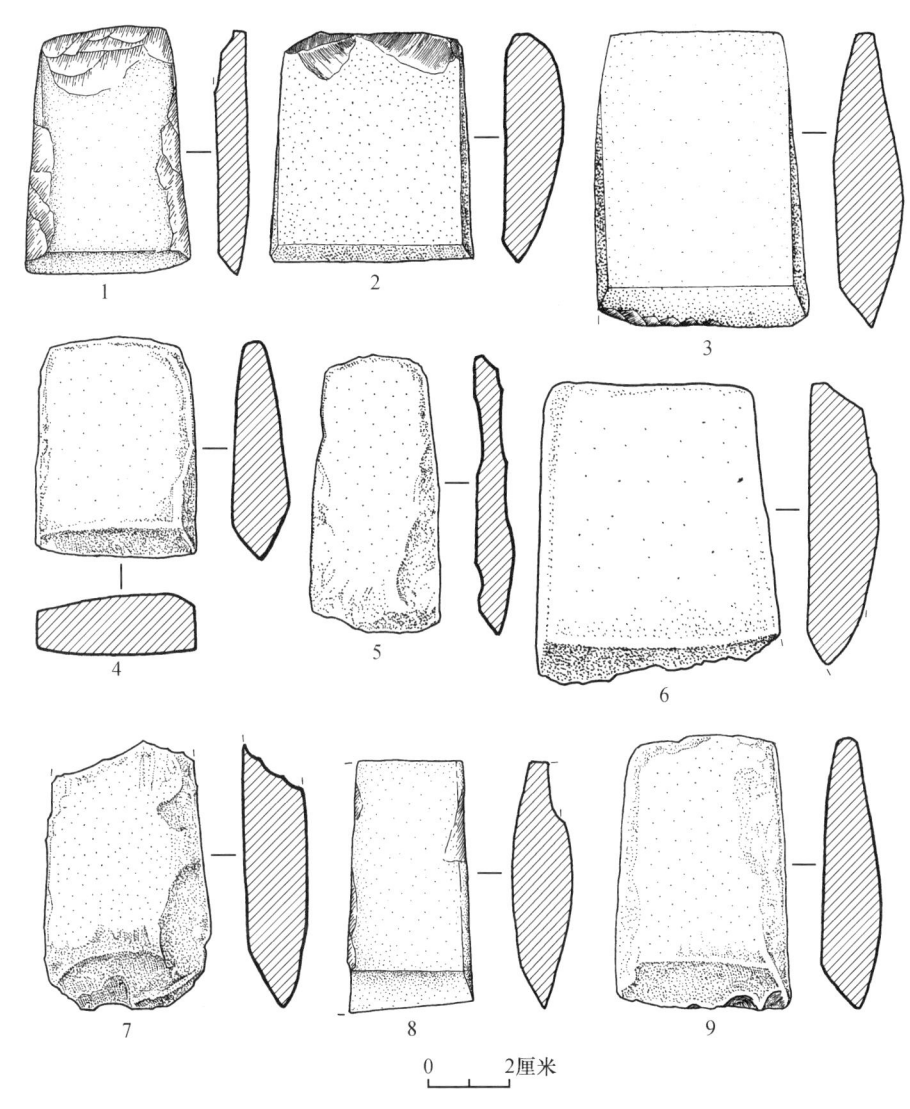

图三三四　第4层出土Aa型石锛
1. T0306④A:33　2. T0403④A:1　3. T0403④A:16　4. T0406④A:4　5. T0406④B:7　6. T0407④A:3　7. T0407④A:20
8. T0501④A:49　9. T0502④A:10

深青灰色石料。形体较大，上端残，梯形，下端双面刃，一面宽刃，一面窄刃。残长7、宽3.8～4.3、厚1.8厘米（图三三五，7）。标本T0503④A:5，青灰色石料。基本完整，梯形，平顶，下端双面斜刃，一面宽刃，一面窄刃。长4.8、宽4.2～4.9、厚1.5厘米（图三三五，5；图版一一○，5）。标本T0503④A:44，白色石料。形体较大，上端一角略残，梯形，平顶，下端双面刃，一面宽刃，一面窄刃。长7.5、宽2～3、厚1.2厘米（图三三五，9；图版一一○，6）。标本T0503④A:51，青灰色石料。形体较大，梯形，平顶，下端双面刃，一面宽刃，一面窄刃。长6.6、宽2.6～3.8、厚0.6～1.1厘米（图三三五，8；图版一一一，1）。

Ab型，23件。标本T0204④A:59，青灰色石料。仅存一角，梯形，平顶，下端双面直刃。长4.9、宽2.1～2.4、厚0.3厘米（图三三六，9）。标本T0205④A:20，青色石料。上端残，形体较小，梯形，下端双面刃。残长3.4、宽1.4～1.7、厚0.4厘米（图三三六，1）。标本

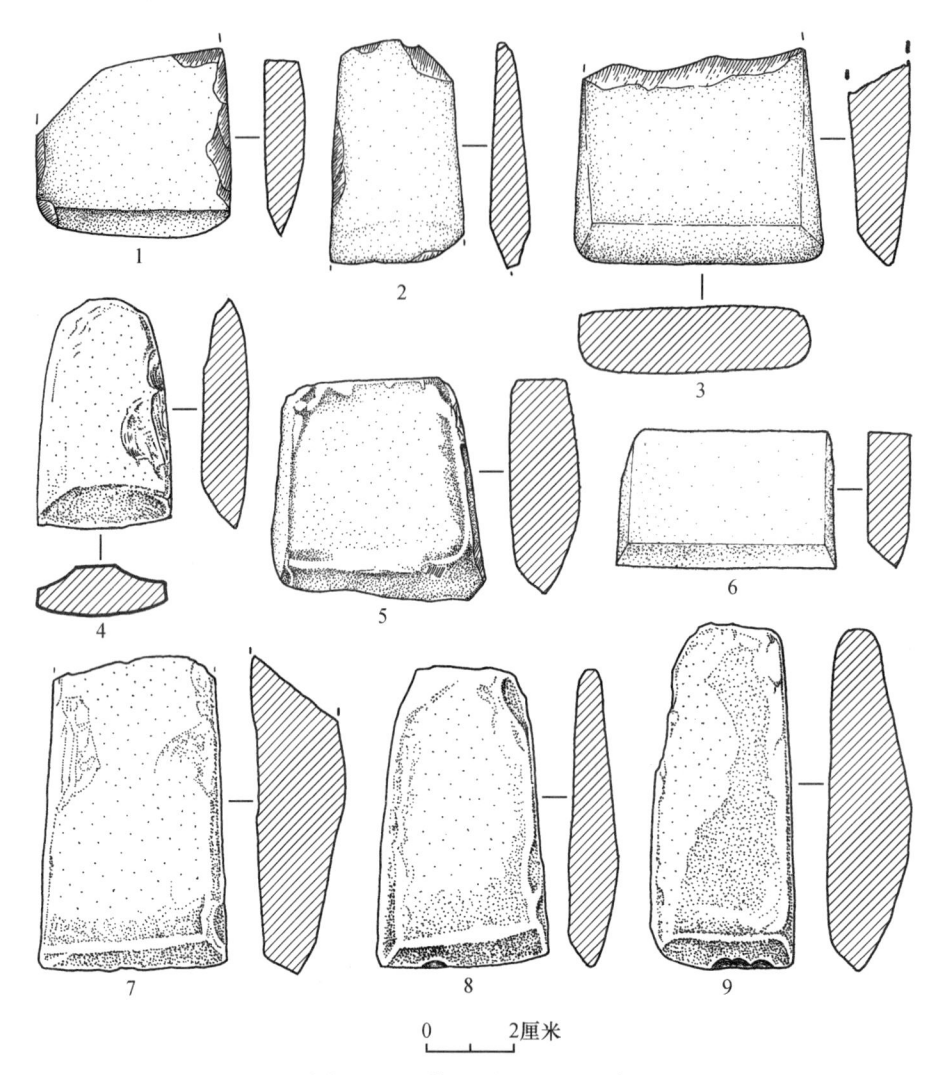

图三三五　第4层出土Aa型石锛
1. T0204④A：35　2. T0305④A：24　3. T0501东扩方④A：4　4. T0406④A：5　5. T0503④A：5　6. T0501④A：57
7. T0502④A：50　8. T0503④A：51　9. T0503④A：44

T0205④A：24，灰白色石料。上端残，梯形，下端双面刃。残长2.8、宽2～2.5、厚0.3～0.5厘米（图三三六，2；图版一一一，2）。标本T0301④A：5，深青灰色石料。基本完整，形体较小，梯形，平顶，有一半圆形凹槽，下端双面弧刃。长2.8、宽1.9～2.2、厚0.6厘米（图三三六，3）。标本T0302④A：24，深青灰色石料。形体较小，基本完整，梯形，弧顶，下端双面刃。长4.7、宽0.75～1.7、厚0.5厘米（图三三六，6；图版一一一，3）。标本T0302④A：33，青灰色石料。形体较小，上端略残，梯形，平顶，下端双面刃。长3.9、宽0.75～1.5、厚0.3厘米（图三三六，7）。标本T0306④A：12，灰色石料。形体较小，梯形，下端双面刃，一面宽刃，一面窄刃。长2.7、宽2.1～2.4、厚0.8厘米（图三三六，4；图版一一一，4）。标本T0402④A：5，青灰色石料。基本完整，形体较小，梯形，下端双面刃。长2.6、宽0.9～1.2、厚0.2厘米（图三三六，5；图版一一一，5）。标本T0402④A：8，灰色石料。形体较小，梯形，弧顶，下端双面刃。长3.9、宽1.6～2.2、厚0.5厘米（图三三六，8）。标本T0405④B：2，

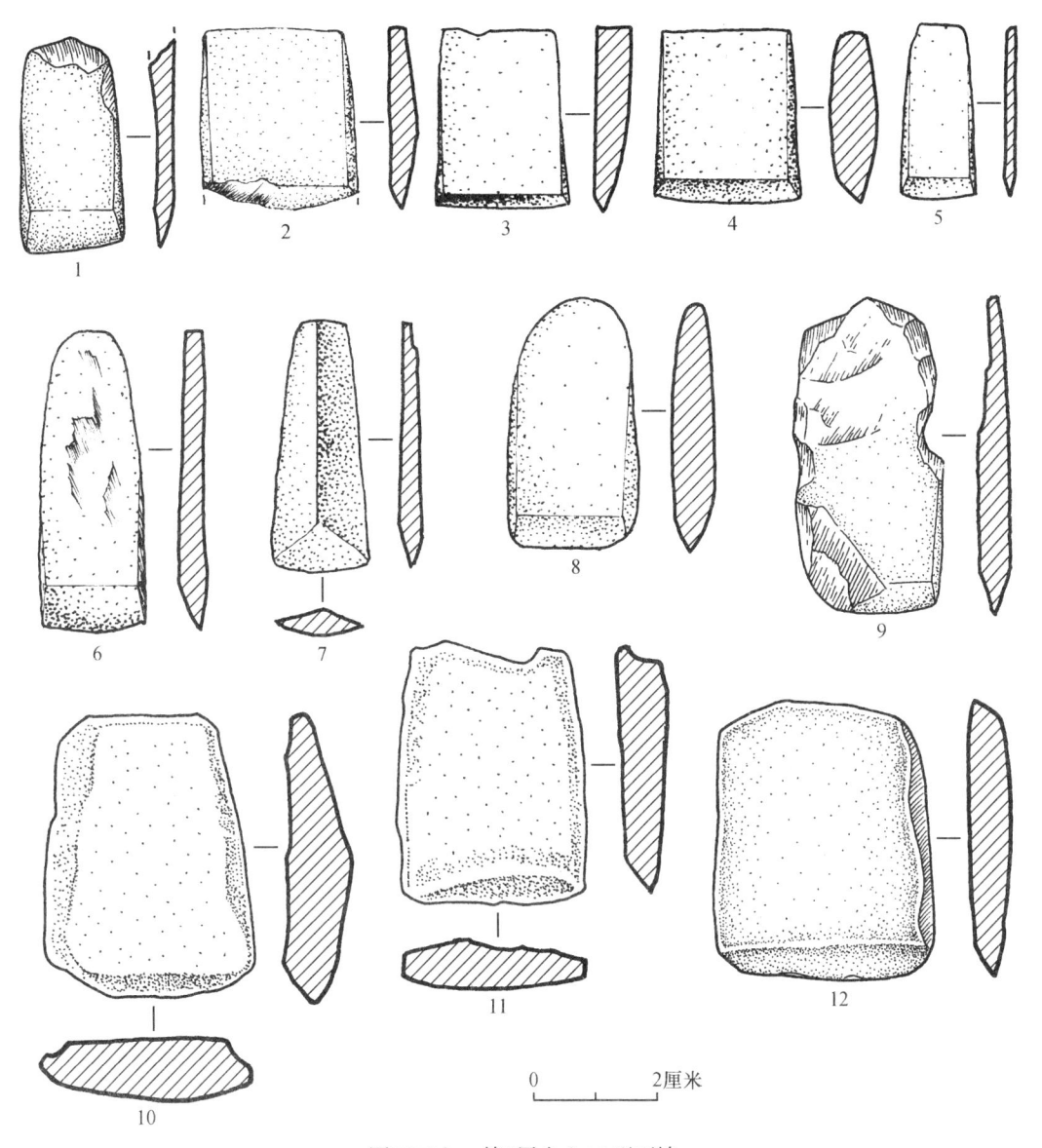

图三三六　第4层出土Ab型石锛

1. T0205④A：20　2. T0205④A：24　3. T0301④A：5　4. T0306④A：12　5. T0402④A：5　6. T0302④A：24　7. T0302④A：33
8. T0402④A：8　9. T0204④A：59　10. T0405④B：2　11. T0405④B：8　12. T0502④A：8

青灰色石料。一面略残，形体较小，梯形，下端双面弧刃，一面宽刃，一面窄刃。长4.5、宽2.5~3.4、厚1.1厘米（图三三六，10）。标本T0405④B：8，青灰色石料。上端略残，形制较小，梯形，下端双面弧刃，一面宽刃，一面窄刃。残长4.1、宽2.7~3、厚0.9厘米（图三三六，11）。标本T0406④A：2，青灰色石料。上端残，形体较小，梯形，下端双面刃。残长2.5、宽1.3~1.7、厚0.4厘米（图三三七，1；图版一一一，6）。标本T0406④A：21，深青灰色石料。上端残，形体较小，梯形，两侧及下端双面刃。残长3.2、宽0.9~2、厚0.5厘米（图三三七，2）。标本T0406④A：31，青灰色石料。上端残，形体较小，梯形，下端双面刃。残长4.1、宽1.7~2、厚0.2厘米（图三三七，6）。标本T0406④A：47，青灰色石料。形体较小，梯形，下端双面刃。长4.2、宽2.5、厚0.1厘米（图三三七，7）。标本T0406④B：

8，青灰色石料。上端略残，形体较小，梯形，下端双面刃。残长4.6、宽1.4~1.9、厚0.4厘米（图三三七，9）。标本T0501④A：19，灰色石料。上端残，形体较小，倒梯形，下端弧刃。残长4、残宽2.6、厚0.6厘米（图三三七，8）。标本T0502④A：8，深青灰色石料。梯形，弧顶，下端双面刃，一面宽刃，一面窄刃。长4.3、宽3.2~3.7、厚0.5厘米（图三三六，12）。标本T0502④A：21，青灰色石料。下端残，形体较小，梯形，平顶。残长3.4、宽2~2.3、厚0.3厘米（图三三七，5）。标本T0502④A：25，深青灰色石料。上端残，形体较小，梯形，下端双面刃。残长2.7、宽1.3~2、厚0.3厘米（图三三七，3；图版一一二，2）。标本T0502④A：41，深青灰色石料。上端及一面残，形体较小，梯形，下端双面斜刃。残长4.8、宽2~2.2、厚0.4厘米（图三三七，10）。标本T0502④A：61，深青灰色石料。形体较小，梯形，平顶，下端双面刃。长2.7、宽1.2~1.5、厚0.3厘米（图三三七，4；图版一一二，3）。标本T0503④A：54，青色石料。下端一角残，形体较小，梯形，平顶，下端双面刃。长3.6、宽1.2~1.6、厚0.2厘米（图三三七，11）。

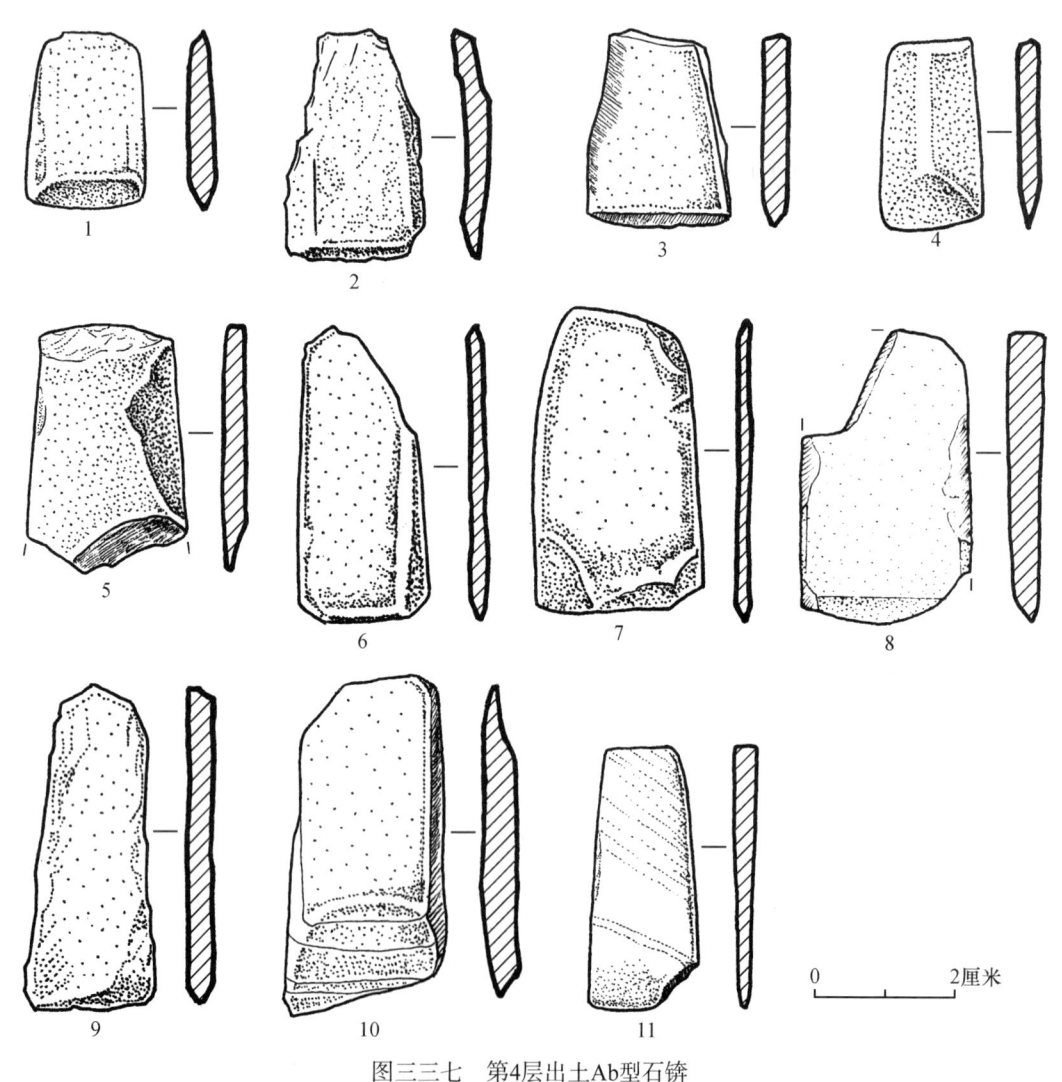

图三三七　第4层出土Ab型石锛
1. T0406④A：2　2. T0406④A：21　3. T0502④A：25　4. T0502④A：61　5. T0502④A：21　6. T0406④A：31　7. T0406④A：47
8. T0501④A：19　9. T0406④B：8　10. T0502④A：41　11. T0503④A：54

Ac型，1件。标本T0401④A：2，青灰色石料。上端略残，形体薄小，长方形，上端中部有一个穿孔，下端双面刃。残长2.9、宽1.4、孔径0.2、厚0.2厘米（图三三八，1；图版一一三，3）。

B型 7件。标本T0204④A：23，青灰色石料。完整，形体较小，倒梯形，平顶，下端双面直刃。长2.1、宽0.8～1、厚0.3厘米（图三三八，2；图版一一二，4）。标本T0205④A：16，青白色石料。上端残，倒梯形，下端双面刃。残长4.5、宽2～3、厚0.9厘米（图三三八，3）。标本T0205④A：39，青白色石料。上端残，倒梯形，下端双面刃。残长5.7、宽1.5～2.3、厚0.6厘米（图三三八，4）。标本T0205④A：61，灰白色石料。上端残，倒梯形，一侧磨光，另一侧打制，系使用废旧石器改制而成，下端双面刃。残长4.7、宽2～3、厚1.8厘米（图三三八，5）。标本T0305④A：21，青灰色石料。上端残，形体较大，倒梯形，下端双面刃，一面宽刃，一面窄刃。残长5.7、宽1.8～2.6、厚0.9厘米（图三三八，6）。标本T0305④B：7，青灰色石料。上端残，形制较小，倒梯形，下端双面刃。残长4.6、宽1.5～1.8、厚0.6厘米（图三三八，7）。标本T0407④A：1，青灰色石料。上端残，形体较小，倒梯形，下端双面刃。残长4.7、宽1.5～3、厚0.8厘米（图三三八，8）。

C型 32件。

Ca型，9件。标本T0202④A：43，灰色石料。长条形，下端双面刃。长6.8、宽1.2～1.7、厚0.7～1厘米（图三三八，13）。标本T0203④A：2，青灰色石料。上端残，平面呈长方形，下端两侧刃，一面宽刃，一面窄刃。残长5.1、宽2、厚0.7厘米（图三三八，10）。标本T0204④A：29，青灰色石料。一侧稍残，形体较大，平顶，下端双面直刃，一面宽刃，一面窄刃。长6、宽2.6、厚1厘米（图三三八，11）。标本T0205④A：60，青灰色石料。上端残，形体较大，平面呈长方形，侧面直边，单面刃。残长6.3、宽4.2、厚1.3厘米（图三三九，1）。标本T0305④B：8，青灰色石料。形体较大，长条形，下端双面刃。长6.9、宽1.9～2.1、厚1厘米（图三三九，3）。标本T0403④A：3，青灰色石料。长条形，顶端平，下端双面刃，一面宽刃，一面窄刃。长5.8、宽3.2、厚1.4厘米（图三三八，12）。标本T0405④B：1，青灰色石料。形体较大，长条形，上端残，下端双面刃。残长9.8、宽3、厚1.1厘米（图三三九，2）。标本T0501④A：22，青灰色石料。形体较大，平面呈长方形，上端残，下端双面刃。残长5.4、残宽3.6、厚0.5～0.8厘米（图三三九，4）。标本T0503④A：55，深青灰色石料。形体较大，长条形，下端双面刃，一面宽刃，一面窄刃。长5.5、宽2.8、厚0.6厘米（图三三八，9）。

Cb型，23件。标本T0201④A：7，青灰色石料。形体较小，平面呈长方形，下端双面刃。长3.3、宽1.5、厚0.3厘米（图三三九，5）。标本T0203④A：7，青灰色石料。形体较小，平顶，平面呈长方形，下端双面刃。长3.15、宽1.8、厚0.4厘米（图三三九，6）。标本T0203④A：10，深青黑色石料，质光亮。弧顶，平面呈长方形，下端双面刃，一面宽刃，一面窄刃。长3.8、宽1.8、厚0.5厘米（图三三九，7）。标本T0203④A：11，青灰色石料。形体较小，上端残，平面呈长方形，下端双面刃。残长4.2、宽2.6、厚0.6厘米（图三三九，8）。标本T0203④A：62，深青灰色石料。形体较小，上端残，平面呈长方形，下端双面刃。残长

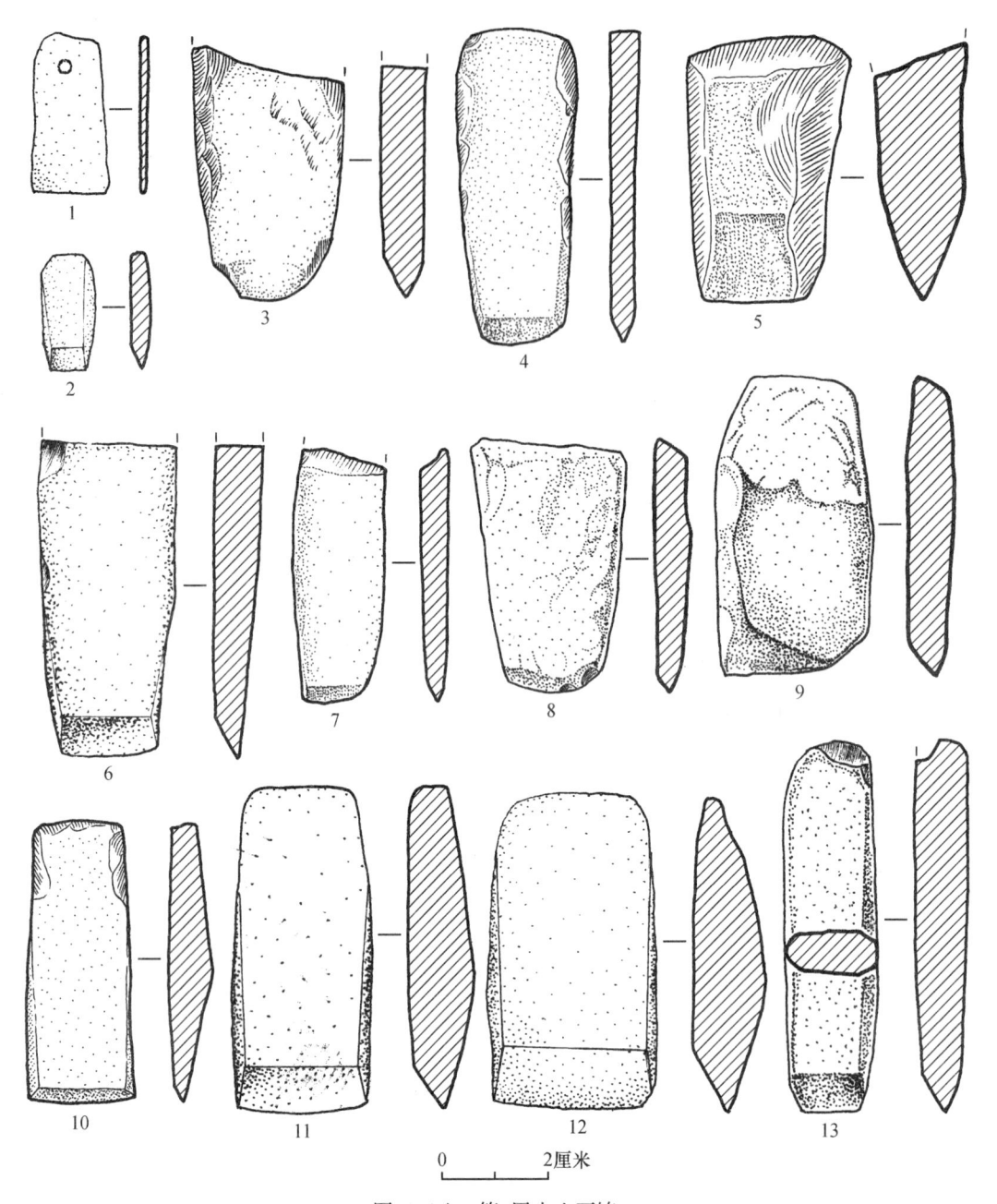

图三三八　第4层出土石锛

1. Ac型（T0401④A∶2）　2~8. B型（2. T0204④A∶23、3. T0205④A∶16、4. T0205④A∶39、5. T0205④A∶61、6. T0305④A∶21、7. T0305④B∶7、8. T0407④A∶1）　9~13. Ca型（9. T0503④A∶55、10. T0203④A∶2、11. T0204④A∶29、12. T0403④A∶3、13. T0202④A∶43）

3.7、宽2.9、厚0.2厘米（图三三九，9）。标本T0204④A∶22，青灰色石料。形体较小，上端及一面稍残，平面呈长方形，下端双面直刃，一面宽刃、一面窄刃。残长4.2、宽2.9、厚1厘米（图三三九，10）。标本T0204④A∶47，青灰色石料。形体较小，平面呈长方形，上端及刃部残，下端双面刃，一面宽刃、一面窄刃。残长3.5、宽2.4、厚0.3厘米（图三三九，11）。标本T0205④A∶22，青灰色石料。形体较小，平面呈长方形，弧顶，单面刃。长4.7、宽2.6、厚0.9厘米（图三三九，13；图版一一二，5）。标本T0205④A∶57，青色石料。形体较小，

上篇　第八章　早三期遗存

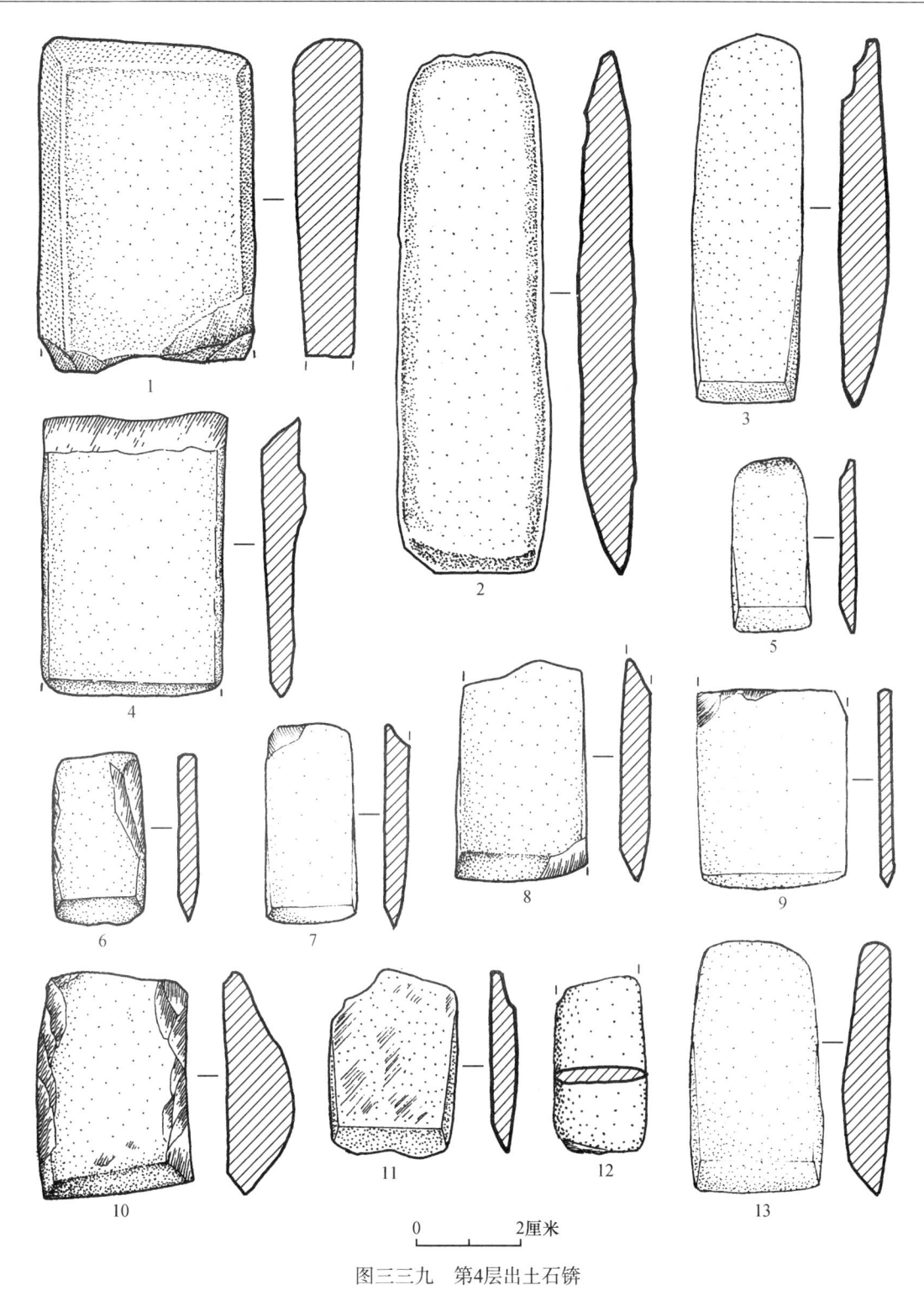

图三三九　第4层出土石锛
1~4. Ca型（1. T0205④A：60、2. T0405④B：1、3. T0305④B：8、4. T0501④A：22）　5~13. Cb型（5. T0201④A：7、6. T0203④A：7、7. T0203④A：10、8. T0203④A：11、9. T0203④A：62、10. T0204④A：22、11. T0204④A：47、12. T0205④A：57、13. T0205④A：22）

平面呈长方形，上端残，下端双面刃。残长3.3、宽1.8、厚0.3厘米（图三三九，12）。标本T0205④A：67，青色石料。形体较小，平面呈长方形，上端残，下端双面刃。残长3.7、宽1.75、厚0.5厘米（图三四〇，2）。标本T0205④C：1，青灰色石料。形体较小，平面呈长方形，下端双面刃。残长2.6、宽2.1厘米（图三四〇，1）。标本T0302④A：3，青灰色石料。上下端残，长条形，下端双面刃，一面宽刃，一面窄刃。残长4.4、残宽2、厚0.3厘米（图三四〇，4）。标本T0304④A：1，青灰色石料。仅存下端，形体较小，平面呈长方形，一面拱，一面平，下端平面刃，一面宽刃，一面窄刃。残长2.5、宽2.4、厚0.7厘米（图三四〇，3）。标本T0306④A：14，青灰色石料。上端残，形体较小，长条形，下端双面刃。宽2.2、残长2.2、厚0.4厘米（图三四〇，6）。标本T0306④A：24，深灰色石料。形体较小，平面呈

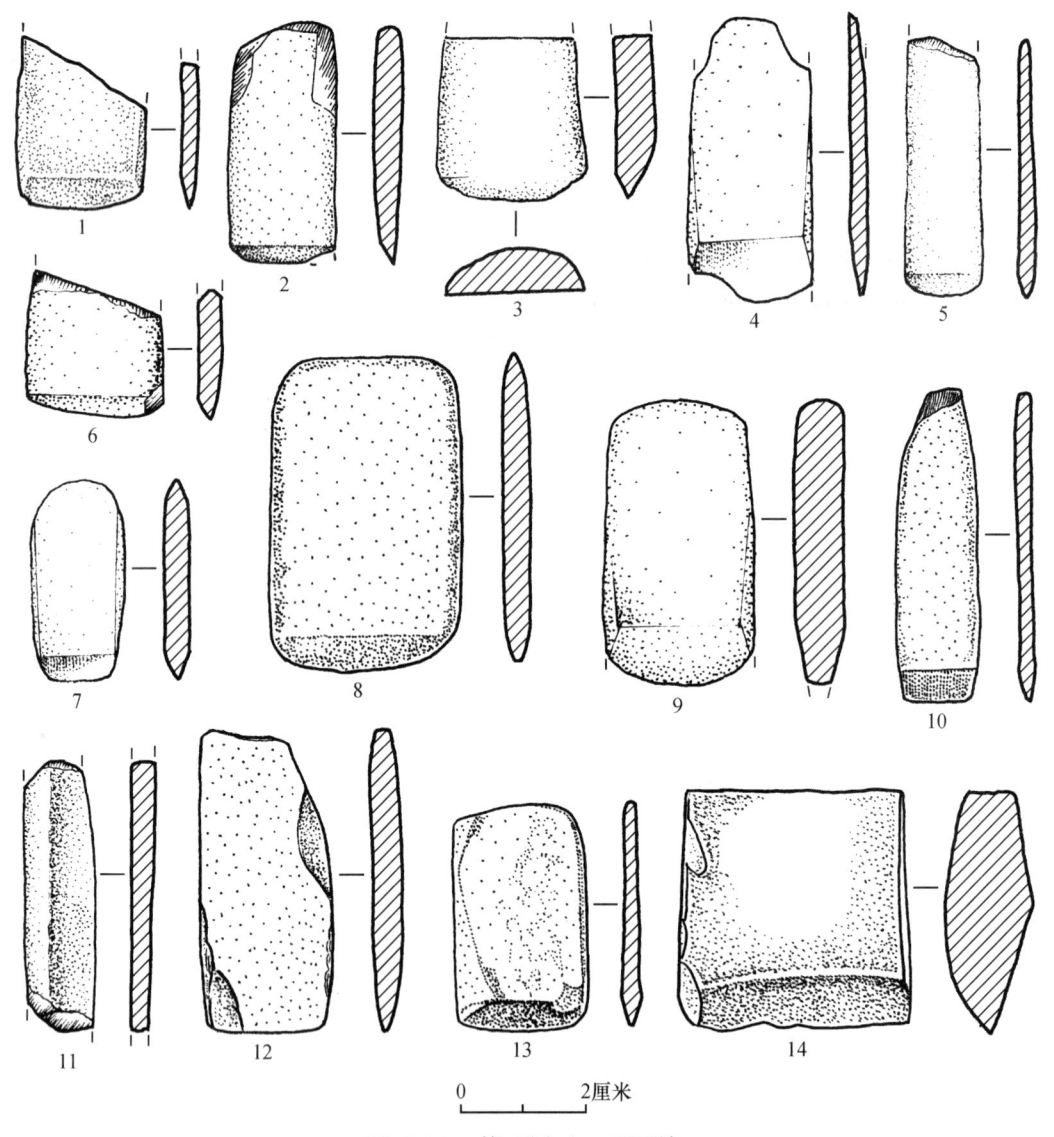

图三四〇　第4层出土Cb型石锛
1. T0205④C：1　2. T0205④A：67　3. T0304④A：1　4. T0302④A：3　5. T0501④A：17　6. T0306④A：14　7. T0501④A：14
8. T0306④A：24　9. T0402④A：14　10. T0501④A：68　11. T0501④A：71　12. T0502④A：20　13. T0503④A：33
14. T0502④A：46

长方形，上下两端双面刃。长4.8、宽3、厚0.4厘米（图三四〇，8）。标本T0402④A∶14，青灰色石料。下端残，形体较小，下端一面宽刃。长4.4、宽2.4、厚0.6厘米（图三四〇，9）。标本T0501④A∶14，深青灰色石料。形体较小，平面呈长方形，弧顶，下端双面刃，一面宽刃，一面窄刃。长3.1、宽1.5、厚0.4厘米（图三四〇，7；图版一一二，6）。标本T0501④A∶17，青灰色石料。上端残，形体较小，长条形，下端双面刃。残长4、宽1.3、厚0.3厘米（图三四〇，5）。标本T0501④A∶68，青灰色石料。形体较小，长条形，尖顶，下端双面刃，一面宽刃，一面窄刃。长4.8、宽1.2、厚0.2厘米（图三四〇，10）。标本T0501④A∶71，深青灰色石料。上端及下端残，形体较小，长条形，形体较小，下端双面刃。残长4.2、宽1.1、厚0.4厘米（图三四〇，11）。标本T0502④A∶20，青灰色石料。上端残，形制较小，平面呈长方形，下端双面刃。残长4.7、宽2.1、厚0.3厘米（图三四〇，12）。标本T0502④A∶46，青灰色石料。形体较小，平面呈长方形，平顶，下端双面刃，一面宽刃，一面窄刃。长3.7、宽3.5、厚0.9厘米（图三四〇，14；图版一一三，1）。标本T0503④A∶33，青灰色石料。形体较小，平面呈长方形，弧顶，下端双面弧刃。长3.5、宽2、厚0.2厘米（图三四〇，13；图版一一三，2）。

形制不明　11件。标本T0203④A∶39，灰白色石料。下端残，形体较小，梯形。残长3.9、残宽1.6、厚0.4厘米（图三四一，1）。标本T0205④A∶46，青白色石料。仅存刃部一角，侧直，下端双面刃。残长3.8、残宽3.5、厚1.2厘米（图三四一，2）。标本T0205④A∶55，灰白色石料。仅存刃部一角，侧面直边，下端双面刃。残长3.2、宽2.5、厚0.3厘米（图三四一，3）。标本T0205④A∶66，青灰色石料。仅存刃部一角，一面刃。残长6.2、残宽5、厚1.9厘米（图三四一，5）。标本T0302④A∶11，青灰色石料。上端及一侧残，下端双面刃。残长3.3、残宽2.2、厚1厘米（图三四一，4）。标本T0305④A∶2，青灰色石料。形体较大，上端及一侧残，下端双面刃，一面宽刃，一面窄刃。残长5.1、残宽2.8、厚0.9厘米（图三四一，6）。标本T0405④A∶8，青灰色石料。仅存下端局部，下端单面刃。残长5.3、残宽4、厚1.7厘米（图三四一，7）。标本T0405④A∶14，青灰色石料。上端及一侧残，下端双面刃。残长5.6、残宽2.8、厚1.5厘米（图三四一，8）。标本T0501④A∶46，青灰色石料。仅存下端一角，一面磨光，一面残，下端单面刃。残长6.9、残宽3.7、厚1.2厘米（图三四一，9）。标本T0501④A∶59，青灰色石料。仅存下端一角，倒梯形，下端单面刃。残长2.2、残宽1.2、厚0.2厘米（图三四一，10）。标本T0502④A∶44，青灰色石料。形体较大，仅存一侧，下端双面刃，一面宽刃，一面窄刃。长5.4、残宽2、厚1.6厘米（图三四一，11）。

穿孔刀　34件。

A型　6件。标本T0302④A∶13，青灰色石料。仅存中间一段，呈弓背形，上部残存一个对穿孔，下端双面刃。残长3.8、残宽2.7、穿径0.9、厚0.4厘米（图三四二，8）。标本T0306④A∶11，灰色石料。两侧及刃部残，呈弓背形，上部有一个斜穿孔。残长3.2、残宽3.2、孔径0.5、厚0.5厘米（图三四二，10）。标本T0307④A∶22，青灰色石料。仅存中间一段，呈弓背形，中部有一个对穿孔，下端双面直刃。残长6.9、残宽3.5、孔径0.3、厚0.4厘米（图三四二，5；图版一一三，4）。标本T0401④A∶1，青灰色石料。基本完整，顶呈

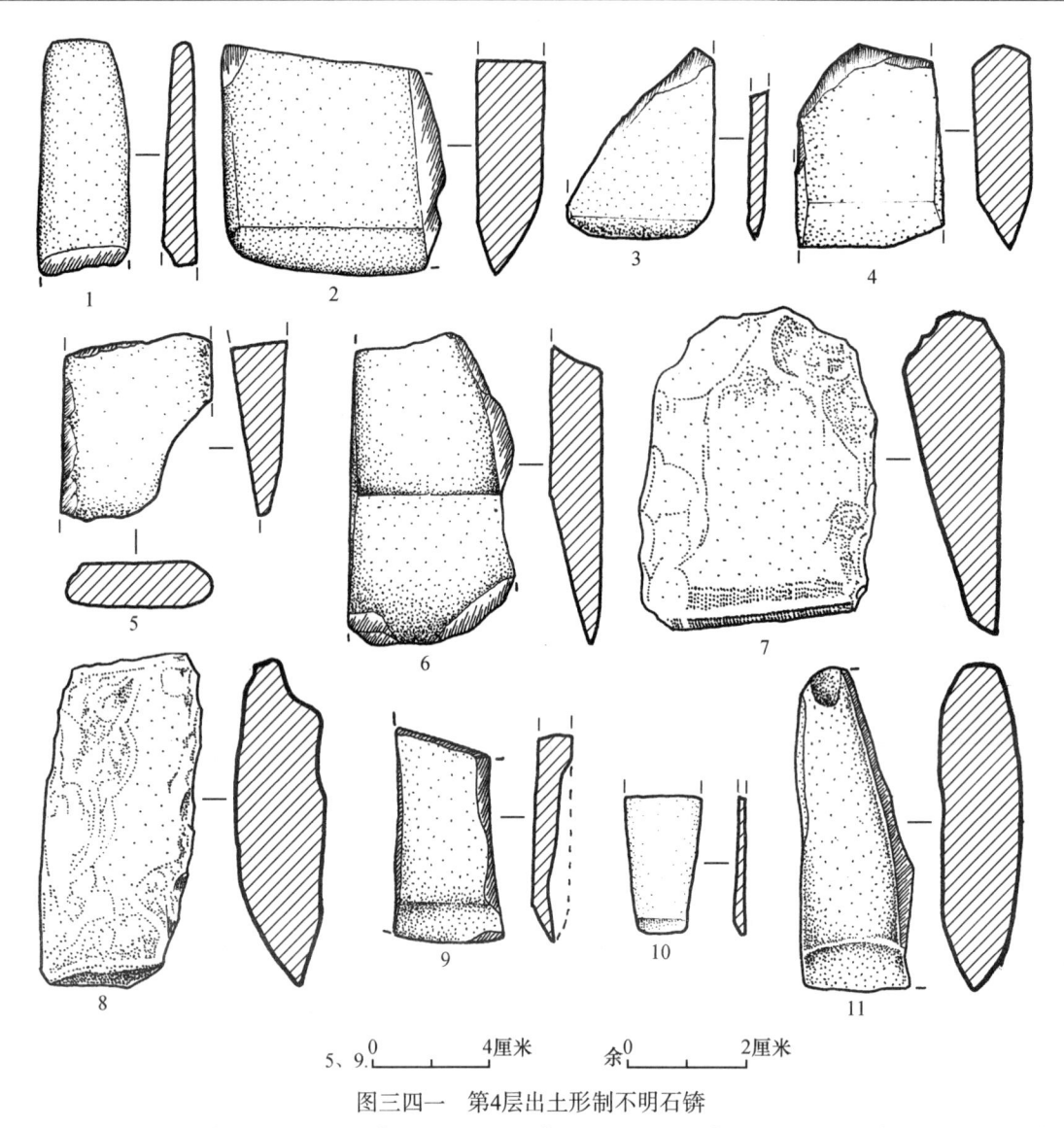

图三四一 第4层出土形制不明石锛

1. T0203④A：39 2. T0205④A：46 3. T0205④A：55 4. T0302④A：11 5. T0205④A：66 6. T0305④A：2 7. T0405④A：8
8. T0405④A：14 9. T0501④A：46 10. T0501④A：59 11. T0502④A：44

弓背形，其下有两个对穿孔，两端斜边，下端双面凹刃。长7.8、宽2.6、穿径0.2、厚0.4厘米（图三四二，7）。标本T0402④A：3，青灰色石料。两端残，上端呈弓背形，中部有一个对穿孔，下端双面凹刃。残长3.4、残宽2.9、穿径0.2、厚0.3厘米（图三四二，6）。标本T0402④A：19，青灰色石料。一端残，上端呈弓背形，并有一个单面穿孔，四周双面均刃。残长5.2、残宽2.8、穿径0.2、厚0.3厘米（图三四二，9）。

B型　21件。标本T0201④A：10，青灰色石料。仅存一段，平面呈长方形，下端单面刃，上有一个对穿孔及一个未穿孔。残长3.6、残宽3.9、穿径0.3、厚0.3厘米（图三四三，1）。标本T0202④A：40，深青灰色石料。一侧残，梯形，下端单面刃，上端中部有一个对穿孔。残长5.4、残宽3、厚0.4厘米（图三四三，2）。标本T0202④A：42，灰色石料。仅存一端，平面呈长方形，一端残存一半穿孔，下端较薄，无刃，似为半成品或残损器。

图三四二　第4层出土穿孔石刀

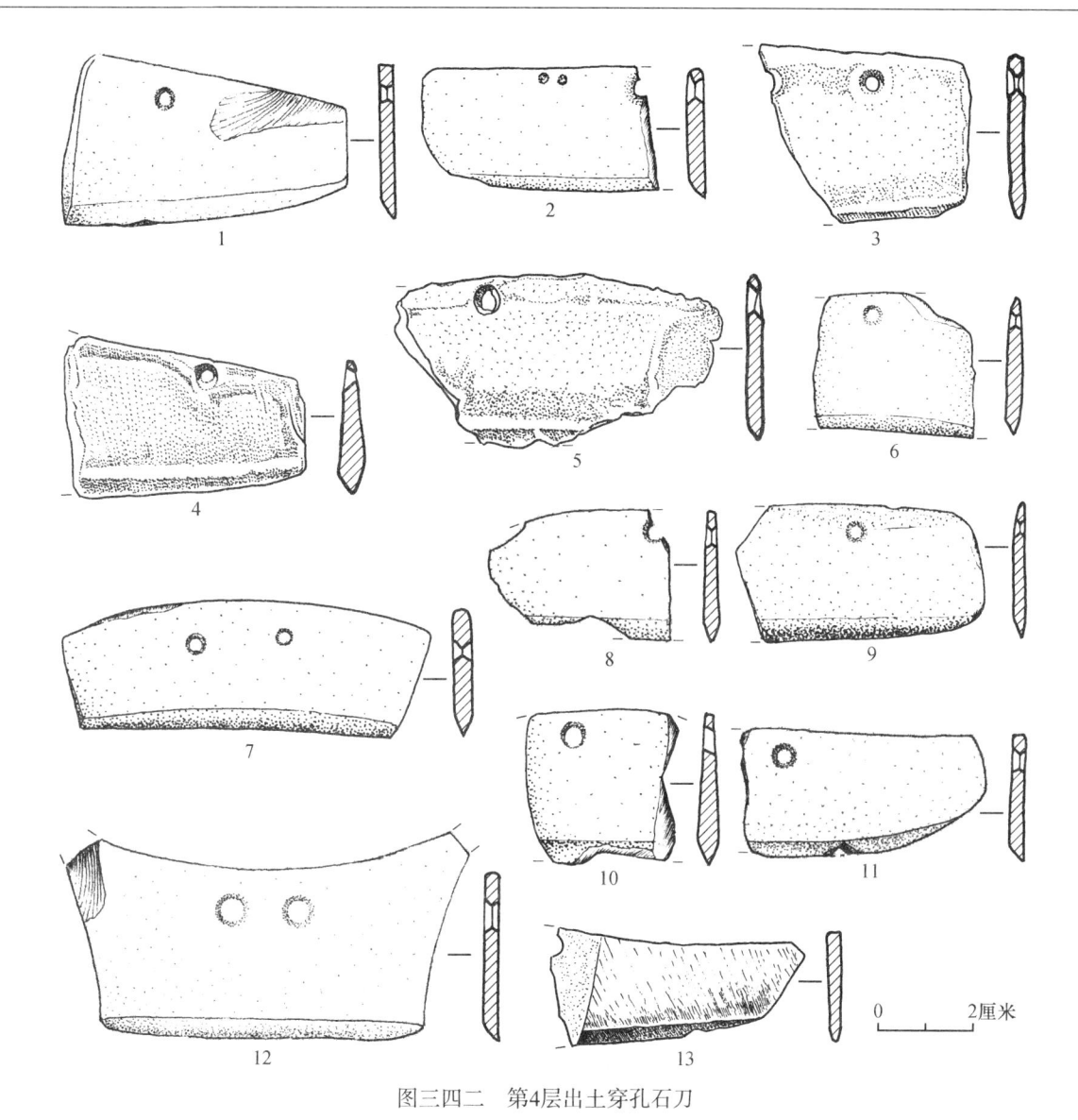

1~4、11、13. C型（1. T0203④A：12、2. T0302④A：30、3. T0307④A：14、4. T0307④A：17、11. T0501④A：7、13. T0502④A：47）　5~10. A型（5. T0307④A：22、6. T0402④A：3、7. T0401④A：1、8. T0302④A：13、9. T0402④A：19、10. T0306④A：11）　12. D型（T0204④A：16）

残长6.4、残宽4.4、穿径1.5、背厚0.3~0.7厘米（图三四三，4）。标本T0203④A：36，深青灰色石料。仅存一端，平面呈长方形，下端单面刃，上端残存一个对穿孔。残长4.2、残宽3.1、孔径0.2、厚0.4厘米（图三四三，3）。标本T0203④A：64，深青灰色石料。仅存一端，平面呈长方形，下端单面刃，上端有一个对穿孔。残长3.8、残宽2.9、孔径0.3、厚0.2厘米（图三四三，5）。标本T0204④A：25，青灰色石料。仅存一端，平面呈长方形，端侧弧，平顶，下端一侧直刃，中部有一个对穿孔。残长2.8、残宽3.15、厚0.3、孔径0.5厘米（图三四三，6）。标本T0205④B：5，青色石料。两端残，平面呈长方形，上部有一个对穿孔，下端单面刃。残长4.2、残宽2.7、厚0.3~0.4厘米（图三四三，7）。标本T0301④A：4，青灰色石料。两端残，平面呈长方形，平顶，上部有两个对穿孔，下端双面刃。残长5.1、残宽3.4、孔径0.4、厚0.4厘米（图三四三，9）。标本T0301④A：7，青灰色石料。两端残，平面呈长方形，平顶，上部有一个单面穿孔，下端双面弧刃。残长6.2、残宽2.9、孔径0.3、厚0.5厘米（图三四三，10）。标本T0301④A：9，青灰色石料。一端残，平面呈长方形，凹顶，上部有一个对穿孔，下端双面刃。残长5.4、残宽2.5、孔径0.4、厚0.5厘米（图三四三，11）。标本T0307④A：8，青灰色石料。仅存上端中部一段，长方形，上端有两个对穿孔。残长3.4、残宽2.2、孔径0.2、厚0.4厘米（图三四三，8）。标本T0406④A：18，青灰色石料。一端残，平面呈长方形，顶端微凹，有一个对穿孔，下端单面刃。残长5.3、残宽2.9、穿径0.3、厚0.4厘米（图三四四，1）。标本T0406④B：13，青灰色石料。两端残，平面呈长方形，平顶，有两个对穿孔，下端单面刃。残长4.5、残宽2.7、穿径0.3、厚0.6厘

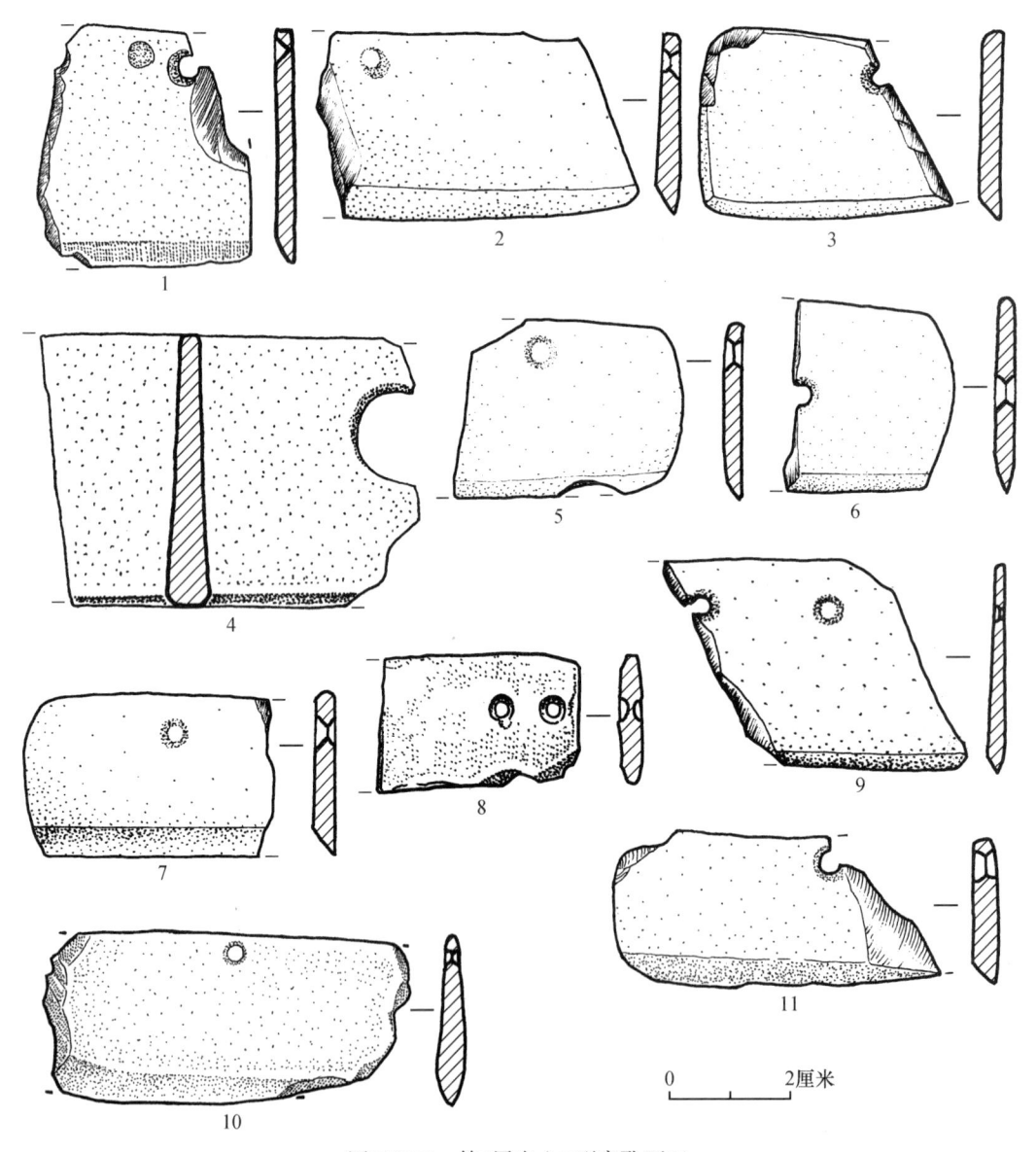

图三四三　第4层出土B型穿孔石刀
1. T0201④A：10　2. T0202④A：40　3. T0203④A：36　4. T0202④A：42　5. T0203④A：64　6. T0204④A：25　7. T0205④B：5
8. T0307④A：8　9. T0301④A：4　10. T0301④A：7　11. T0301④A：9

米（图三四四，2）。标本T0407④A∶16，青灰色石料。一侧残，平面呈长方形，上端中部有一个对穿孔，下端双面刃。残长4.5、残宽3、孔径0.5、厚0.3厘米（图三四四，3）。标本T0501④A∶10，青灰色石料。仅存中部一段，平面呈长方形，上端有一个对穿孔，下端单面刃。残长3、残宽3.1、穿径0.3、厚0.3厘米（图三四四，4）。标本T0501④A∶18，青灰色石料。仅存中部一段，平面呈长方形，上端有两个对穿孔，下端单面刃。残长3、残宽4.2、穿径0.3、厚0.3厘米（图三四四，5）。标本T0501④A∶41，青灰色石料。仅存中部一段，平面呈长方形，上端有一个对穿孔，下端单面刃。残长3.5、残宽3.3、穿径0.2、厚0.3厘米（图三四四，7）。标本T0501④A∶51，青灰色石料。仅存一端，梯形，上端有一个对穿孔，下端单面刃。残长5.2、残宽2.2、穿径0.3、厚0.3厘米（图三四四，6；图版一一三，5）。标本T0501东扩方④A∶17，青灰色石料。两端残，平面呈长方形，上端中部有一个对穿孔，下端单面刃。残长2.9、残宽2.7、穿径0.2、厚0.3厘米（图三四四，8）。标本T0503④A∶15，灰色石料。仅存中部一段，平面呈长方形，上部残存两个对穿孔，下端单面刃。残长2.8、残宽3.8、穿径0.3、厚0.5厘米（图三四四，9）。标本T0503④A∶34，灰色石料。仅存一端，平面呈长方形，上部残存一个对穿孔，下端单面刃。残长3.5、残宽3、穿径0.3、厚0.3厘米（图三四四，10）。

C型　6件。标本T0203④A∶12，青灰色石料。平顶，下端双面弧刃，上部有一个对穿

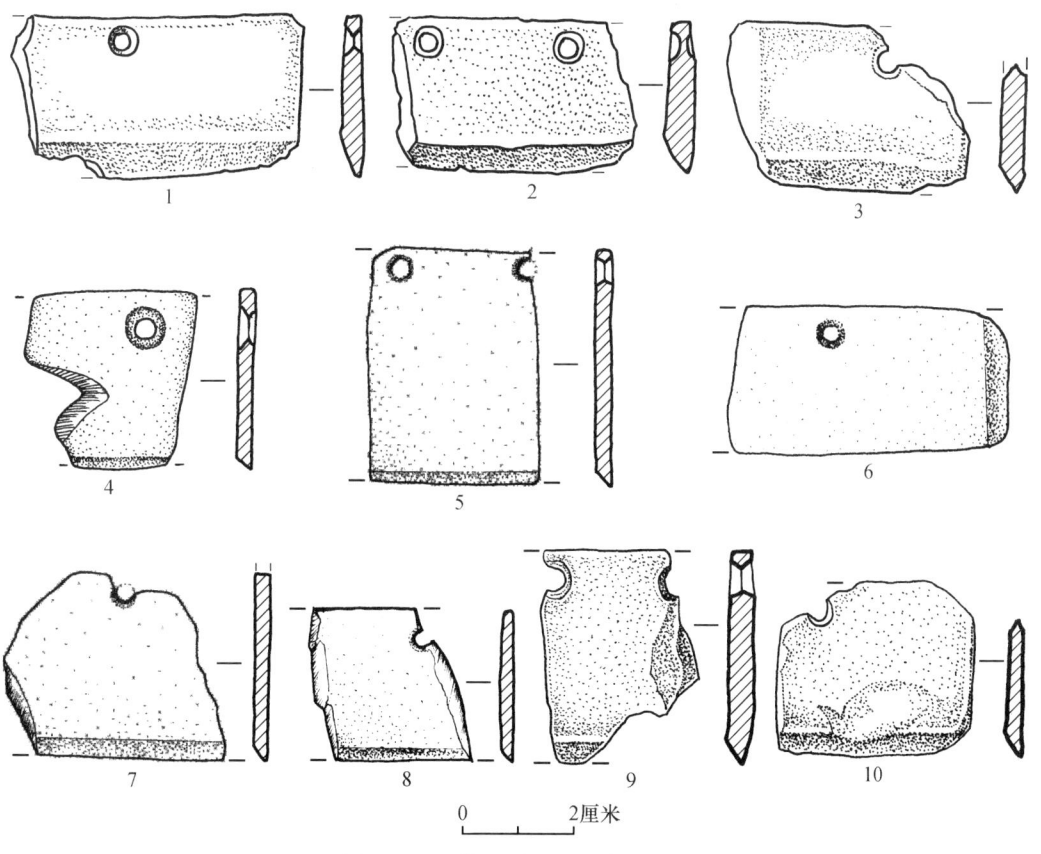

图三四四　第4层出土B型穿孔石刀

1. T0406④A∶18　2. T0406④B∶13　3. T0407④A∶16　4. T0501④A∶10　5. T0501④A∶18　6. T0501④A∶51
7. T0501④A∶41　8. T0501东扩方④A∶17　9. T0503④A∶15　10. T0503④A∶34

孔。残长6、残宽1.8~3.6、厚0.3厘米（图三四二，1；图版一一三，6）。标本T0302④A：30，青灰色石料。一端残，平顶，刃部呈弧形，上有一对穿孔，另一面有三个未穿孔，下端单面刃。残长4.9、宽2.6、厚0.4、穿径0.4厘米（图三四二，2）。标本T0307④A：14，青灰色石料。仅存一端，平顶，刃部呈弧形，上端残存两个对穿孔，下端双面直刃。残长4.5、残宽3.6、孔径0.2、厚0.4厘米（图三四二，3）。标本T0307④A：17，青灰色石料。仅存一端，平顶，刃部呈弧形，边侧有一个对穿孔，下端双面弧刃。残长5.1、残宽3.2、孔径0.2、厚0.6厘米（图三四二，4）。标本T0501④A：7，青灰色石料。仅存一端，梯形，上端有一个对穿孔，下端单面弧刃，边侧向上斜。残长5.1、残宽2.5、穿径0.3、厚0.3厘米（图三四二，11；图版一一四，1）。标本T0502④A：47，灰色石料。仅残存一端，梯形，上端残存一个穿孔，下端双面弧刃，侧面向内斜。残长5.4、残宽2.9、穿径0.3、厚0.2厘米（图三四二，13）。

D型　1件。标本T0204④A：16，青灰色石料。平面呈马鞍形，上端两角残，两端内斜，上端内弧，下端一面直刃，上中部有两个单面穿孔。残长8.5、宽4.3、孔径0.5、厚0.2厘米（图三四二，12；图版一一四，2）。

刀　21件。

A型　4件。标本T0203④A：17，青灰色石料。一侧残，弓背形，下端稍内凹，一侧及下端单面刃，侧面脊下端有打制痕迹，似为半成品或残损器。残长9.2、宽3.4、厚0.6厘米（图三四五，1）。标本T0204④A：58，青灰色石料。形体较小，呈弓背形，两侧向下外斜，下端两侧直刃。残长3.8、宽2、厚0.3厘米（图三四五，2）。标本T0302④A：39，青灰色石料。一端残，弓背形，端侧面呈弧形，下端双面刃。残长6.2、残宽2.4、厚0.1~0.6厘米（图三四五，3）。标本T0502④A：59，青灰色石料。弓背形，仅残存一端，上部呈弓背形，下端双面直刃。残长6、残宽3.2、厚0.3厘米（图三四五，4）。

B型　10件。标本T0201④A：16，青灰色石料。仅存一端，平面呈长方形，下端单面刃。残长6、残宽4.2、厚0.4厘米（图三四五，5）。标本T0201④A：19，青灰色石料。仅存一端，平面呈长方形，中间宽，下端一面弧刃。长3.6、残宽6.8、厚0.3厘米（图三四五，6）。标本T0202④A：11，灰色石料。一侧及上端残，平面呈长方形，侧面及下端刃。残长4、残宽2.4、厚0.3厘米（图三四六，6）。标本T0202④A：64，灰色石料。仅存一段，平面呈长方形，下端单面刃。残长3.6、残宽3.6、厚0.3厘米（图三四五，7）。标本T0203④A：24，青灰色石料。平面呈长方形，一侧及一面残，上、下两端及侧面刃。残长5.7、残宽3.6、厚0.4厘米（图三四五，8）。标本T0205④A：10，青灰色石料。平面呈长方形，一端残，下端双面刃。残长4.2、残宽2.2、厚0.5厘米（图三四六，1）。标本T0205④A：28，青灰色石料。平面呈长方形，仅存刃部一角，侧面及下端单面刃。残长4、残宽1.8、厚0.4厘米（图三四六，2）。标本T0305④B：9，灰色石料。平面呈长方形，上端及两端残，下端双面刃。残长4.3、残宽2.7、厚0.4厘米（图三四六，3）。标本T0305④B：13，青灰色石料。梯形，上端及两端残，下端一侧斜直刃。残长3.8、宽1.4、厚0.3厘米（图三四六，4）。标本T0307④A：20，青灰色石料。平面呈长方形，一端残，另一端及下端双面刃。残长4.9、宽2.3、厚0.5厘米（图三四六，5）。

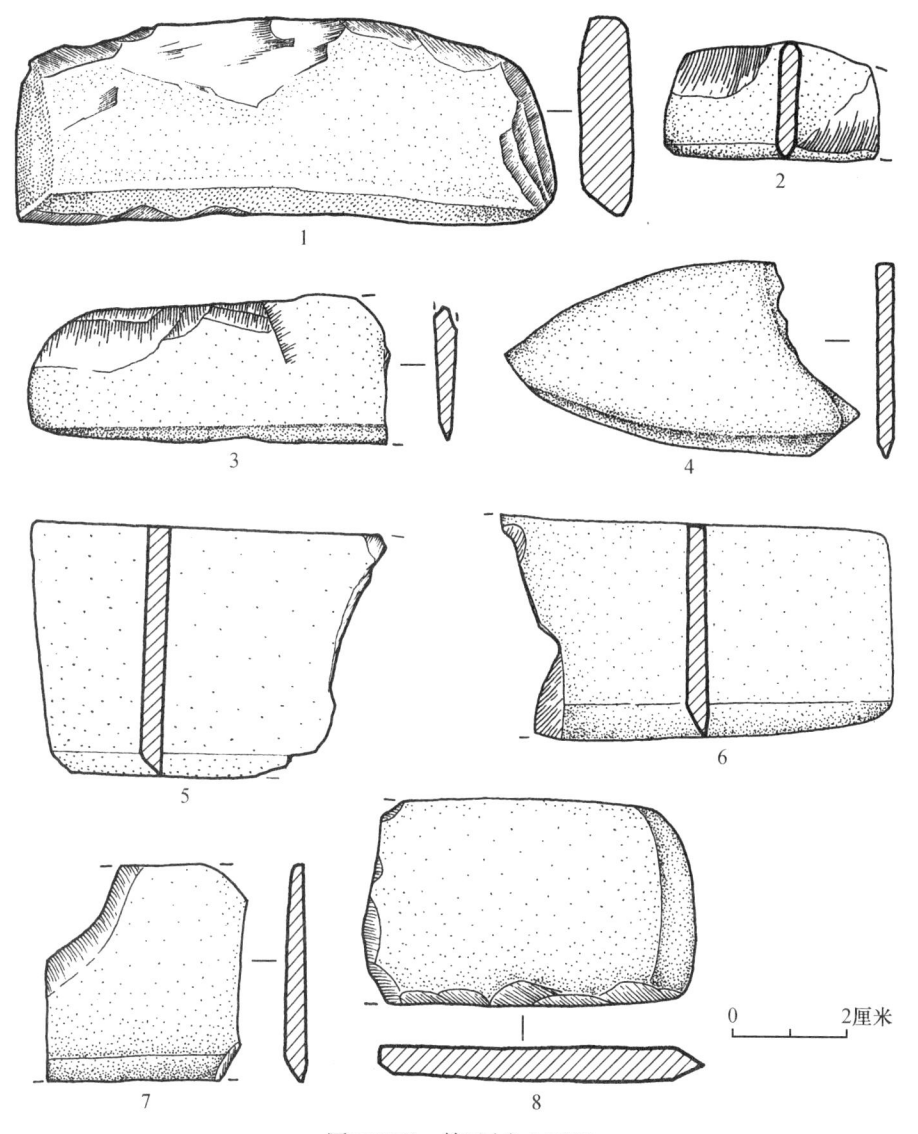

图三四五　第4层出土石刀

1~4.A型（1.T0203④A：17、2.T0204④A：58、3.T0302④A：39、4.T0502④A：59）　5~8.B型（5.T0201④A：16、6.T0201④A：19、7.T0202④A：64、8.T0203④A：24）

C型　1件。标本T0502④A：52，灰色石料。仅残存一端，平面呈弓背凸字形，下端双面直刃。残长4.2、残宽2.9、厚0.4厘米（图三四六，7）。

D型　1件。标本T0203④A：58，深青灰色石料。一侧残，一角凸，呈凹字形，下端单面刃。残长3.65、残宽3.1、厚0.2厘米（图三四六，8）。

不明形制　5件。标本T0201④A：20，青灰色石料。仅存下端一段，下端单面刃。残长5.6、残宽3.5、厚0.6厘米（图三四七，1）。标本T0501④A：3，深青灰色石料。仅存下端一部分，下端双面刃。残长5、残宽2.8、厚0.6厘米（图三四七，2）。标本T0502④A：6，深青灰色石料。仅残存一段，下端一面直刃。残长5、残宽3.3、厚0.3厘米（图三四七，3）。标本T0502④A：11，灰色石料。仅残存刃部一段，下端双面刃。残长4.1、残宽2.6、厚0.5厘米（图三四七，4）。标本T0502④A：17，灰色石料。仅残存刃部一段，下端双面刃。残长7.3、残宽

图三四六 第4层出土石刀

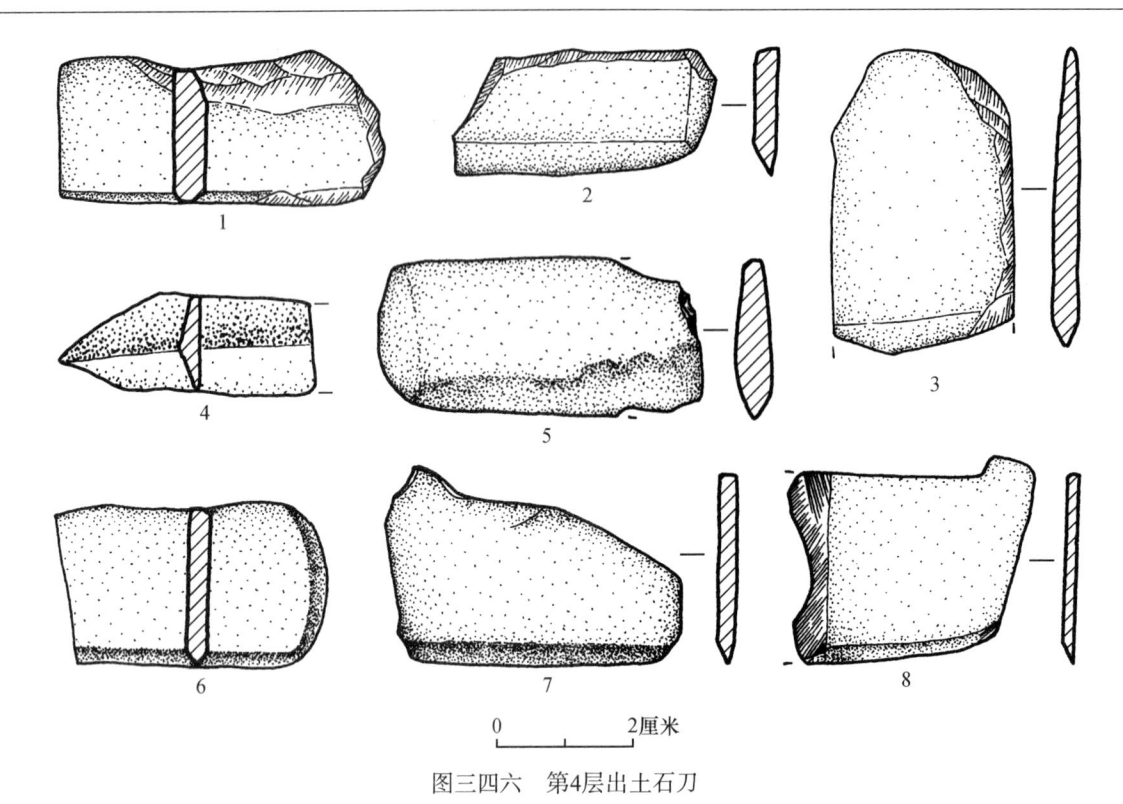

1~6. B型（1. T0205④A：10、2. T0205④A：28、3. T0305④B：9、4. T0305④B：13、5. T0307④A：20、6. T0202④A：11）
7. C型（T0502④A：52） 8. D型（T0203④A：58）

2.9、厚0.4厘米（图三四七，5）。

矛 14件。标本T0305④A：37，青灰色石料。矛身前端及骹后端残，矛身呈扁平状，窄长方形骹。残长7.6、宽3.4、厚0.8厘米（图三四八，5）。标本T0306④A：23，青灰色石料。矛头前端残，双面中部有脊，两侧刃，截面为菱形，扁长条形骹。残长15.4、宽3.6、厚1.3厘米（图三四八，4；图版一一四，3）。标本T0306④A：31，青灰色石料。矛头前端残，双面中部有脊，两侧刃，截面为菱形，扁长条形骹。残长9.6、宽3.2、厚0.9厘米（图三四八，1；图版一一四，4）。标本T0406④A：1，青灰色石料。矛身前端及骹后端残，矛身呈三角形，两侧刃，矛身后端两侧有磨制短翼，细扁长方形骹。残长6.4、宽3.5、厚1厘米（图三四八，7；图版一一四，6）。标本T0406④A：41，青灰色石料。矛身前端残，矛身呈三角形，双面有脊，两侧刃，窄长方形骹。残长9.8、矛身宽3.1、铤宽1.8、厚0.9厘米（图三四八，3；图版一一四，5）。标本T0501④A：20，深青灰色石料。仅存矛身后端及铤，矛身双面有脊，两侧刃，短平长方形骹。残长5.5、残宽3.3、厚1厘米（图三四八，2）。标本T0501东扩方④A：1，青灰色石料。一面平，矛身呈柳叶形，短扁锥形骹。长10.3、宽3、厚0.6厘米（图三四八，6）。标本T0201④A：31，青灰色石料。矛尖及矛身后端残，近矛尖双面有脊，两侧刃。残长5.4、宽2.9、厚0.4厘米（图三四九，1）。标本T0203④A：52，深青灰色石料。仅存矛身前端，两侧刃。残长9.2、残宽3.7、厚1.1厘米（图三四九，2）。标本T0203④A：55，青灰色石料。仅存矛身前端，中部残，两侧刃，后端有两个对穿孔。残长7.2、残宽3.1、孔径0.3、厚

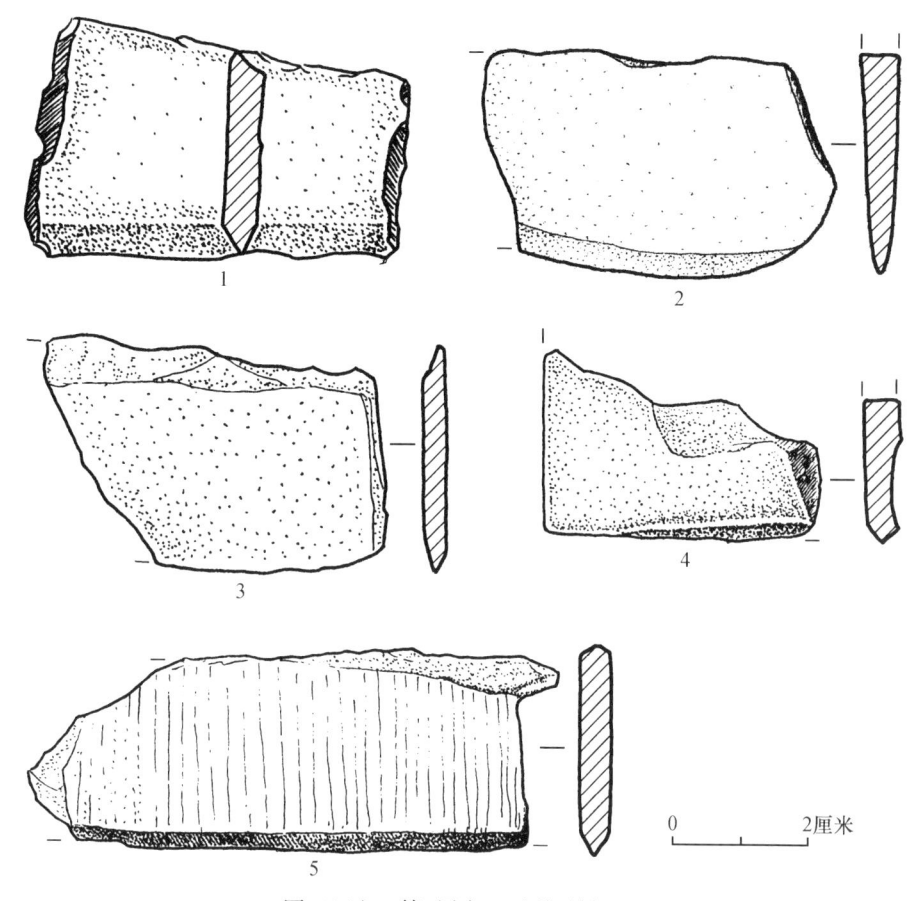

图三四七　第4层出土不明形制石刀
1. T0201④A：20　2. T0501④A：3　3. T0502④A：6　4. T0502④A：11　5. T0502④A：17

0.3厘米（图三四九，3）。标本T0203④A：57，青灰色石料。仅存矛身前端，双面有脊，两侧刃。残长5.3、残宽2.9、厚0.7厘米（图三四九，4）。标本T0302④A：35，青灰色石料。仅存矛身中部一段，双面有脊，两侧刃。残长9.8、残宽2.9、厚1.1厘米（图三四九，7）。标本T0401④：3，青灰色石料。仅存矛身前端，三角形，矛身前端双面有脊，两侧刃。残长5.5、宽3.1、厚0.5厘米（图三四九，5）。标本T0406④B：10，青灰色石料。仅存矛身中部一段，双面有脊，两侧刃。残长6.8、宽2.2、厚1.3厘米（图三四九，6）。

凿　18件。

A型　12件。标本T0201④A：5，深青灰色石料。上端呈长条形，下端两侧交叉刃。长8、宽0.7、厚2厘米（图三五〇，1；图版一一五，2）。标本T0201④A：8，青灰色石料。上端呈长条形，上端尚存未切割掉的石片，下端两侧交叉刃，除刃部外周身打制。长7.8、宽2.4、厚2.2厘米（图三五〇，2）。标本T0203④A：14，深青灰色石料。顶端残，上端呈长条形，下端两侧交叉刃。残长6、宽1.3、厚3.2厘米（图三五〇，9）。标本T0204④A：30，青灰色石料。上端残，下端两侧交叉刃。残长4、宽0.7、厚2.3厘米（图三五〇，4）。标本T0204④A：43，青灰色石料。长条形，刃部稍残，平顶，下端两侧交叉刃。残长4.2、宽0.8、厚1.2厘米（图三五〇，5）。标本T0205④A：35，青灰色石料。上端残，下端两侧交叉刃。残长5、残宽1、

图三四八　第4层出土石矛

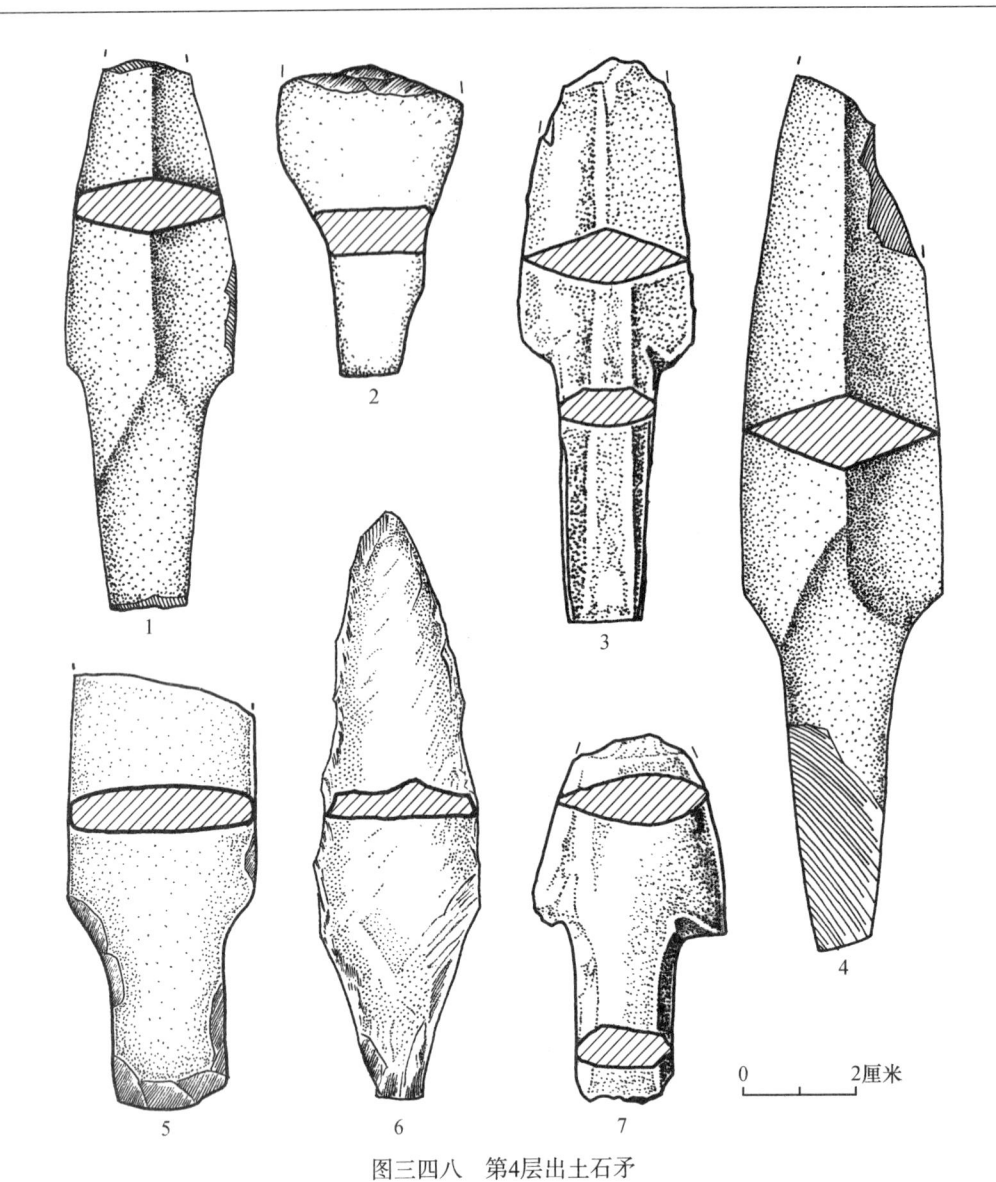

1. T0306④A：31　2. T0501④A：20　3. T0406④A：41　4. T0306④A：23　5. T0305④A：37　6. T0501东扩方④A：1
7. T0406④A：1

厚2.2厘米（图三五〇，7）。标本T0205④A：56，青灰色石料。长条形，上端残，下端两侧交叉刃，通体磨光。残长5、残宽1、厚1.8厘米（图三五〇，6）。标本T0401东扩方④A：5，青灰色石料。上端及一侧残，下端一侧刃。残长6.7、残宽2.2、厚1.4厘米（图三五〇，10）。标本T0406④A：19，青灰色石料。仅存刃部一块，一侧刃。残长3.4、残宽1.7、厚1.3厘米（图三五〇，8）。标本T0501④A：66，青灰色石料。上端及下端残，长条锥形，下端两侧交叉斜刃。残长8.6、残宽1.1、厚1.8厘米（图三五〇，3）。标本T0502④A：63，青灰色石料。弧顶，下端两侧交叉刃。长8.7、宽1.7、厚3.8厘米（图三五〇，11）。标本T0503④A：2，深青灰色石料。基本完整，平顶，下端两侧交叉刃。长5.2、宽1.2、厚2.2厘米（图三五〇，12；图版一一五，3）。

上篇　第八章　早三期遗存 ·449·

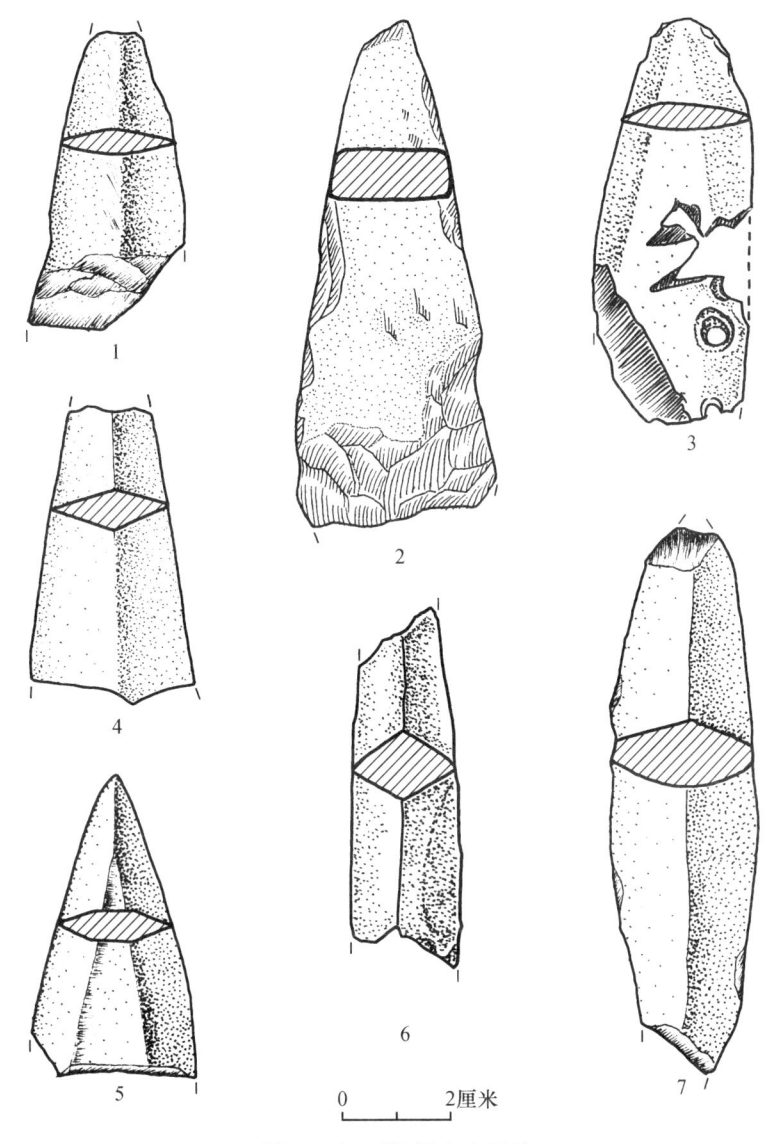

图三四九　第4层出土石矛
1. T0201④A：31　2. T0203④A：52　3. T0203④A：55　4. T0203④A：57　5. T0401④：3　6. T0406④B：10　7. T0302④A：35

B型　6件。标本T0202④A：12，青灰色石料。上端残，倒梯形，上端打制，下端磨制，双面刃，一面宽刃，一面窄刃。残长8.5、宽1.7~3.1、厚2厘米（图三五一，1）。标本T0204④A：32，深青灰色石料。长条形，上端残，两侧打制不规整，下端双面刃。残长4.7、宽1.6、厚0.9厘米（图三五一，3）。标本T0501东扩方④A：16，深青灰色石料。长条形，平顶，下端单面刃。长4.5、宽1.5、厚0.8厘米（图三五一，4）。标本T0502④A：40，青灰色石料。上端残，倒梯形，下端双面刃。残长6.2、宽1.9~2.3、厚0.5厘米（图三五一，6）。标本T0503④A：1，深青灰色石料。基本完整，弧顶，下端双面刃。长8.5、宽3.2、厚2.5厘米（图三五一，2；图版一一五，4）。标本T0503④A：42，深青灰色石料。长条形，下端双面刃，一面宽刃，一面窄刃。长5.2、宽1.3、厚0.6厘米（图三五一，5）。

图三五〇 第4层出土A型石凿

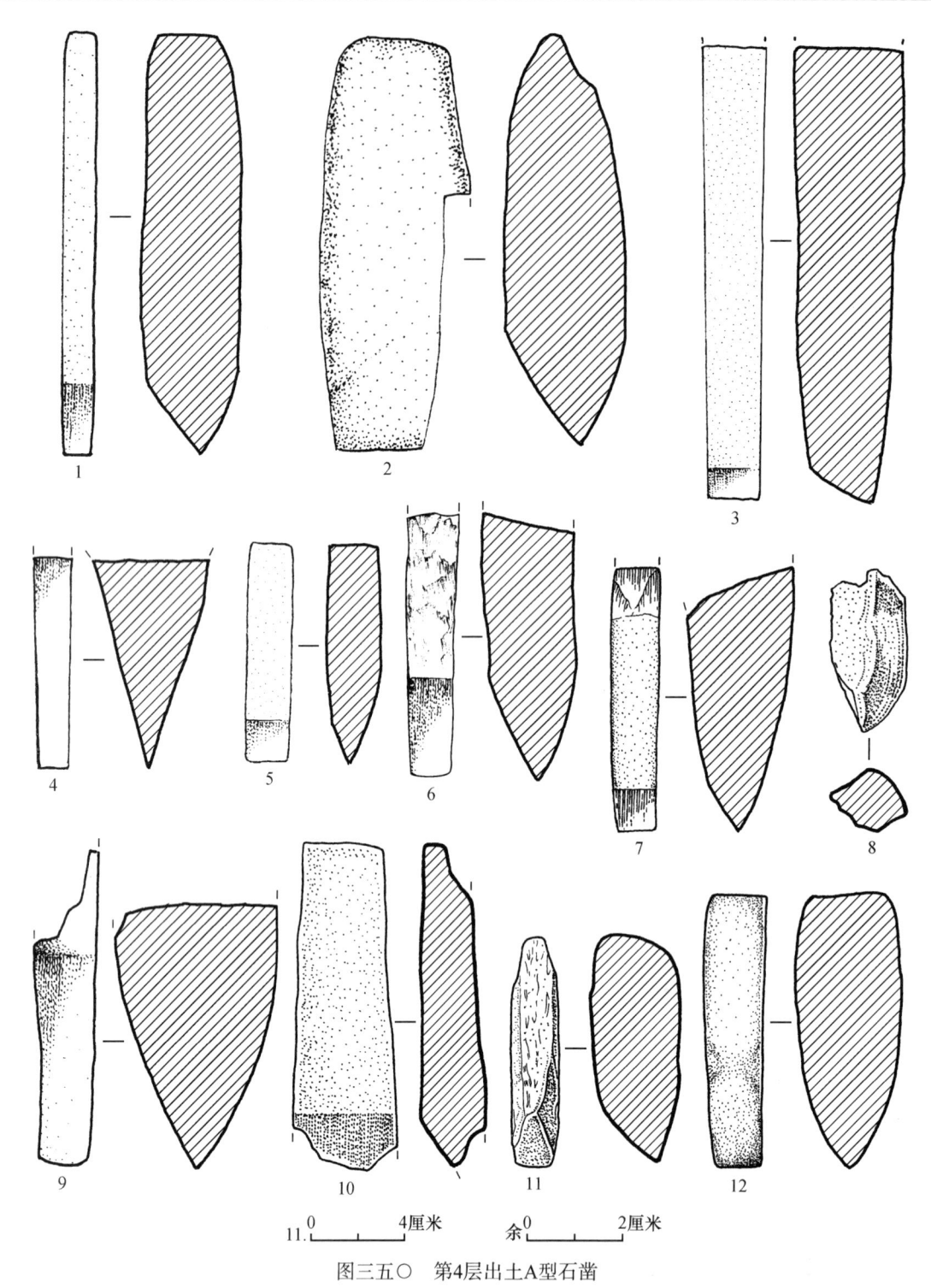

1. T0201④A：5　2. T0201④A：8　3. T0501④A：66　4. T0204④A：30　5. T0204④A：43　6. T0205④A：56　7. T0205④A：35
8. T0406④A：19　9. T0203④A：14　10. T0401东扩方④A：5　11. T0502④A：63　12. T0503④A：2

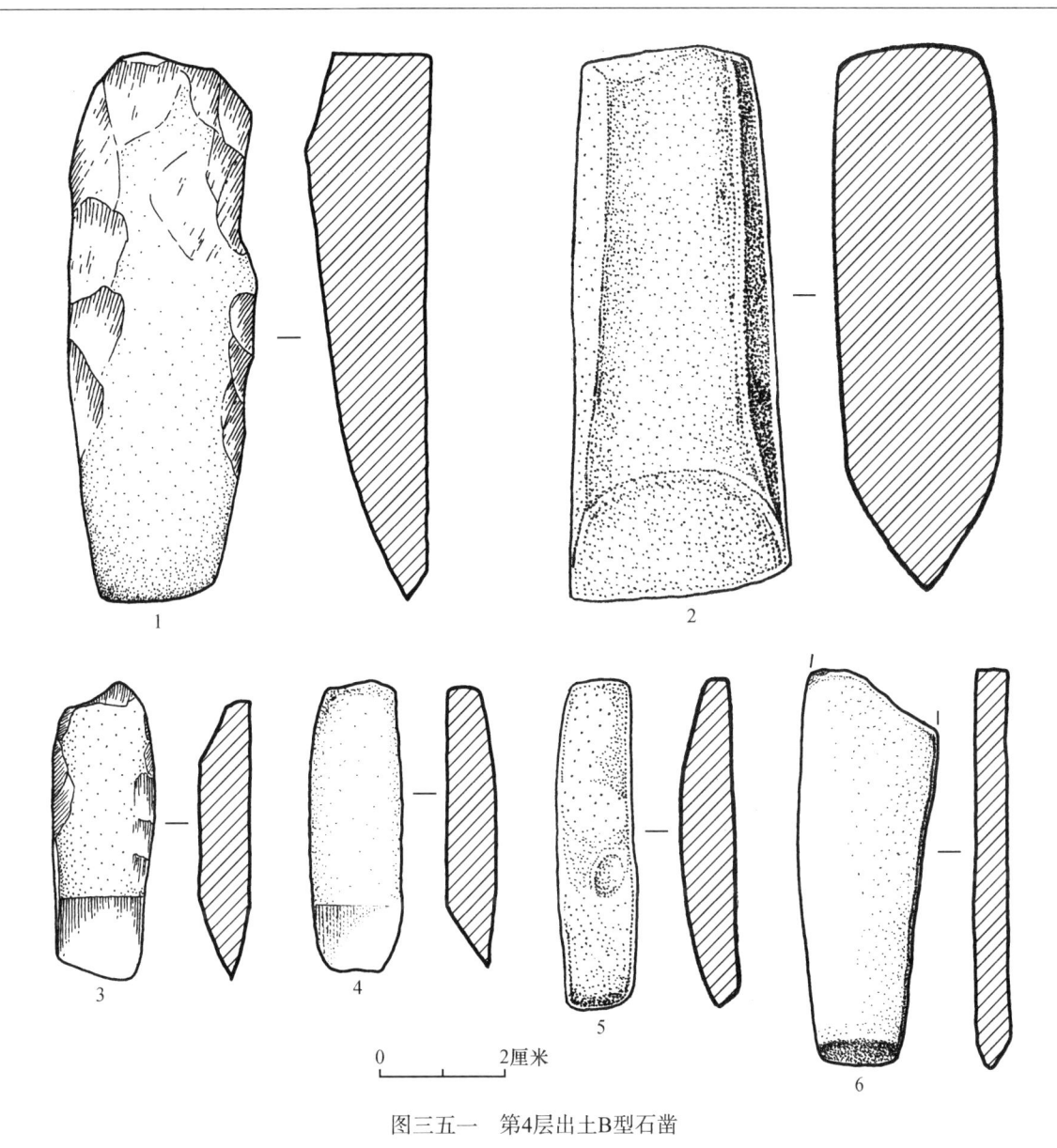

图三五一　第4层出土B型石凿
1. T0202④A：12　2. T0503④A：1　3. T0204④A：32　4. T0501东扩方④A：16　5. T0503④A：42　6. T0502④A：40

铲　6件。标本T0202④A：65，深青灰色石料。上端及刃局部残，下端双面刃。残长7.5、宽5.7、厚0.8厘米（图三五二，1）。标本T0205④A：65，青灰色石料。长方形，上端残，两侧直边，刃部打制，未磨。残长4、宽5.4、厚0.6厘米（图三五二，2）。标本T0402④A：10，青灰色石料。仅存刃部一角，下端双面刃。残长3.2、残宽3.4、厚0.3厘米（图三五二，3）。标本T0406④A：3，青灰色石料。上端残，长方形，下端双面刃。残长6、宽4.5、厚0.5厘米（图三五二，6）。标本T0502④A：1，青灰色石料。下端残，梯形，平顶。残长7.2、宽2.7~3.2、厚0.5厘米（图三五二，4）。标本T0503④A：43，青灰色石料。长条形，上端略残，下端双面刃。残长13.5、宽5.6、厚2厘米（图三五二，5）。

穿孔铲　7件。标本T0201④A：27，青灰色石料。倒梯形，平顶，下端单面刃，上有一个对穿孔。长5.5、宽2.5~3.5、穿径0.3、厚0.6厘米（图三五三，1；图版一一六，1）。标

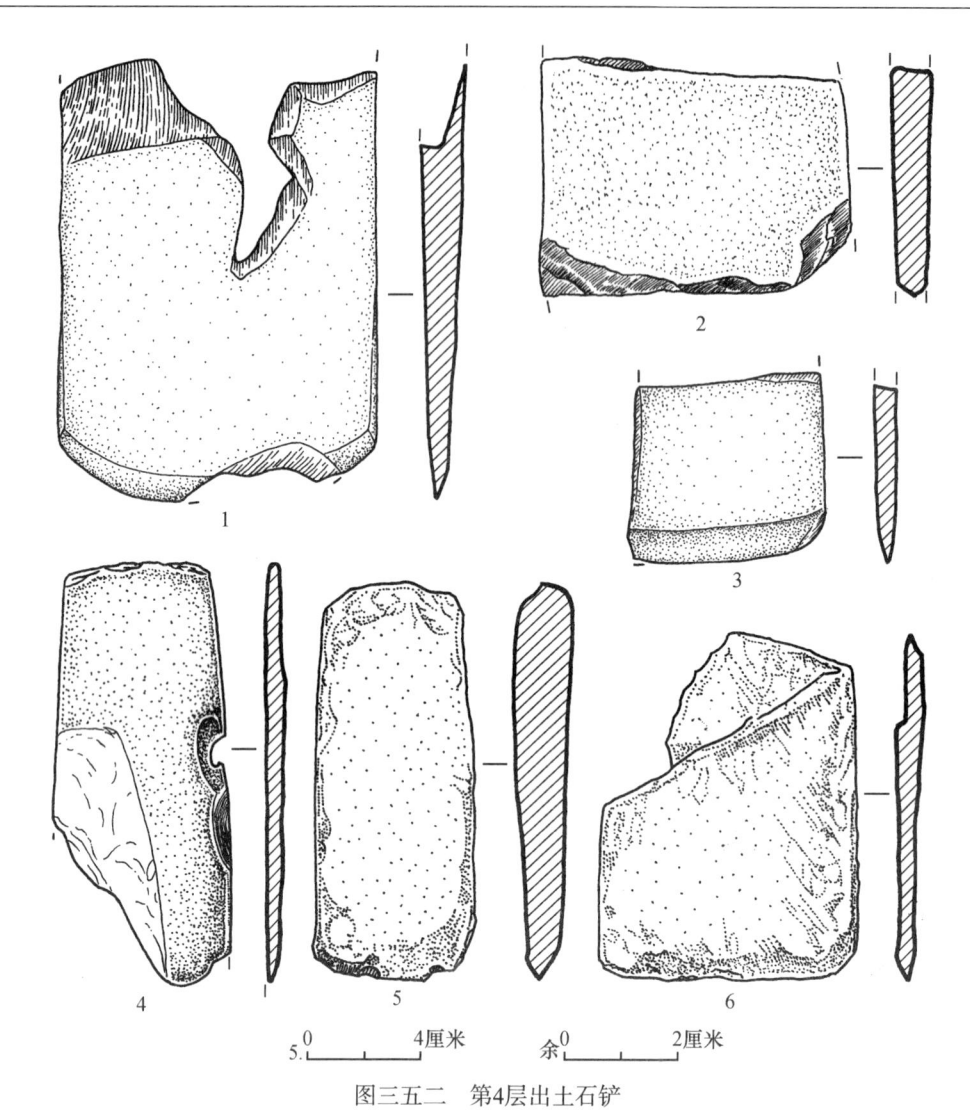

图三五二　第4层出土石铲
1. T0202④A：65　2. T0205④A：65　3. T0402④A：10　4. T0502④A：1　5. T0503④A：43　6. T0406④A：3

本T0205④A：52，青色石料。上下残，长方形，两侧直边，上端中有一个穿孔。残长6.7、宽4.8、厚0.5~0.7厘米（图三五三，2）。标本T0305④B：5，青灰色石料。梯形，两端残，上部中间有一个对穿孔。残长6.3、宽4.3~4.6、穿径1、厚1厘米（图三五三，4）。标本T0306④A：26，灰色石料。一侧残，梯形，一侧有一个半圆穿孔，双面有切割痕迹，下端双面刃。长9.3、宽4.5~5.3、厚0.9厘米（图三五三，5）。标本T0402④A：7，青灰色石料。仅存上端一角，中部有一个单面穿孔。残长5.8、残宽4.4、穿径1.5、厚0.5厘米（图三五三，3）。标本T0407④A：17，青灰色石料。仅存上端一小块，中部有一个单面穿孔。残长4.3、残宽3.7、孔径1.5、厚0.3~0.7厘米（图三五三，6）。标本T0503④A：20，棕色石料。下端残，倒梯形，平顶，中部有一个单面穿孔。残长7、宽4.9~5.1、穿径1、厚0.6厘米（图三五三，9）。

穿孔器　7件。标本T0205④A：32，青色石料。仅存一方角，薄片状，上端中部有一个对穿孔。残长4.4、残宽3、穿径0.3、厚0.2厘米（图三五三，8）。标本T0205④A：58，青

图三五三　第4层出土石器

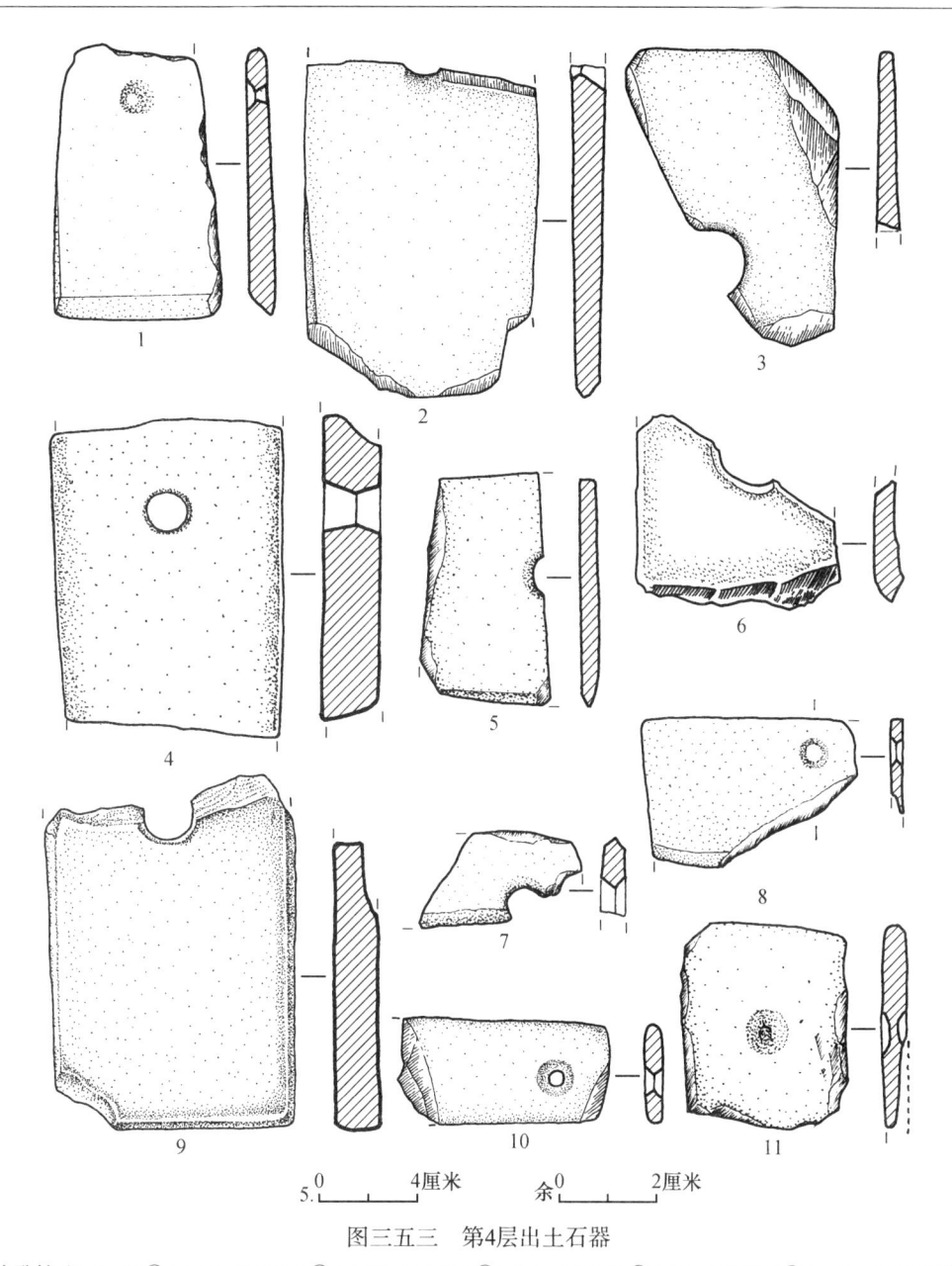

1~6、9.穿孔铲（1.T0201④A：27、2.T0205④A：52、3.T0402④A：7、4.T0305④B：5、5.T0306④A：26、6.T0407④A：17、9.T0503④A：20）　7、8、10、11.穿孔器（7.T0205④A：58、8.T0205④A：32、10.T0305④B：12、11.T0205④B：4）

白色石料。残，仅存一小块，中部有一个对穿孔。残长3.3、宽1.8、穿径0.9、厚0.5厘米（图三五三，7）。标本T0205④B：4，青灰色石料。残，长方形，中部有一个对穿孔，未穿。长4.1、宽3.5、厚0.6厘米（图三五三，11）。标本T0302④A：1，灰白色石料。仅存一小块，呈片状，上部残存一个单面穿孔。残长7.4、宽4.8、穿径0.9、厚0.8厘米（图三五四，1）。标本T0302④A：27，青色石料。仅存中间一段，下端单面刃，刃部残存一个穿孔。残长5.5、残宽4.6、穿径0.5、厚0.7厘米（图三五四，2）。标本T0305④B：12，青灰色石料。两端残，梯形，上部中间有一个对穿孔。残长4.3、宽2~2.1、穿径0.7、厚0.4厘米（图三五三，10）。标本T0305④B：17，青灰色石料。仅存一角，中部有一个对穿孔。残长3、宽4.5、穿径1.3、厚

图三五四　第4层出土石器

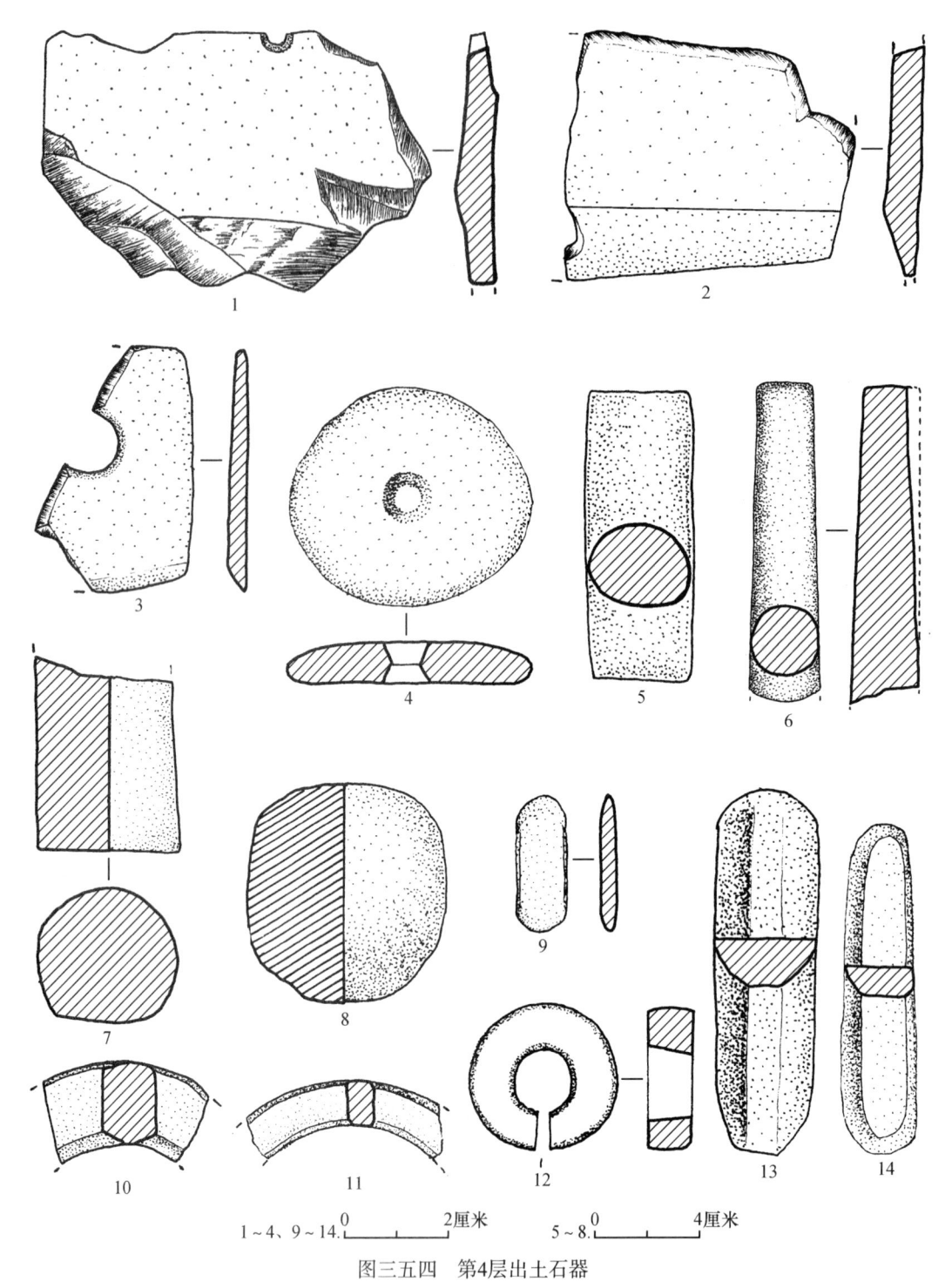

1～3.穿孔器（1.T0302④A：1、2.T0302④A：27、3.T0305④B：17）　4.纺轮（T0205④A：54）　5～7.柱状器（5.T0202④A：37、6.T0203④A：65、7.T0205④A：15）　8.球（T0201④A：26）　9、13、14.圆角长方形器（9.T0204④A：21、13.T0202④A：50、14.T0205④A：31）　10、11.环（10.T0501④A：9、11.T0204④A：60）　12.玦（T0302④A：5）

0.4厘米（图三五四，3）。

纺轮 1件。标本T0205④A∶54，青灰色石料。饼形，弧边，中部有对穿孔。直径4.1～4.7、穿径0.8、厚0.8厘米（图三五四，4）。

柱状器 3件。标本T0202④A∶37，青灰色石料。上细下粗，截面呈椭圆形。长10.8、直径3～4厘米（图三五四，5）。标本T0203④A∶65，青灰色石料。下端残，圆锥状。残长12、上径2.7、下径1.9厘米（图三五四，6）。标本T0205④A∶15，青灰色石料。圆柱状，上端残，平底。残长7.2、直径5.5厘米（图三五四，7；图版一一六，6）。

球 1件。标本T0201④A∶26，灰白色石料。球形，打制。直径7.8～8.2厘米（图三五四，8；图版一一六，3）。

环 2件。标本T0204④A∶60，深青灰色石料。仅存一段，环状。残长3.8、厚0.5厘米（图三五四，11）。标本T0501④A∶9，深青灰色石料。仅存一段，环状。残长3、宽1.5、厚1厘米（图三五四，10；图版一一六，2）。

玦 1件。标本T0302④A∶5，深青灰色石料。一面略残，环状，有一缺口。外径2.8、内径1、厚0.9厘米（图三五四，12；图版一一六，4）。

圆角长方形器 3件。标本T0202④A∶50，青灰色石料。形体较大，圆角长条形，弧顶，下端收窄呈弧状，一面平。长6.8、宽1.8、厚0.9厘米（图三五四，13）。标本T0204④A∶21，灰色石料。形体较小，圆角长条形，磨制较规整。长2.6、宽1、厚0.3厘米（图三五四，9；图版一一六，5）。标本T0205④A∶31，青灰色石料。形体较大，圆角长条形，尖顶，下端圆角，双面刃，通体磨光。长6.2、宽1.1～1.5、厚0.6厘米（图三五四，14）。

砺石 12件。

A型 8件。标本T0202④A∶22，青灰色石料。长方体，一角不规整，上下两面均为磨砺面，均内凹。长11.4、宽10、厚3.8厘米（图三五五，1）。标本T0204④A∶78，青灰色石料。一端残，长方体，上下双面均为磨砺面，均内凹。残长11、宽7～8、厚2.2厘米（图三五五，5）。标本T0401东扩方④A∶11，灰色石料。残损，一端残，长方体，上面及前后面均为磨砺面，均内凹。残长13.4、宽5.6～6.2、厚5.6～6厘米（图三五五，2）。标本T0401东扩方④A∶12，灰色石料。一端残，长方体，一端斜边，上部为磨砺面，内凹。残长12.3、宽9.6、厚5.6厘米（图三五五，3）。标本T0401东扩方④A∶13，灰色石料。两端残，长方体，上面及前后面均为磨砺面，均内凹。残长21.2、宽4.8～6.4、厚6.8～8.8厘米（图三五六，1）。标本T0403④A∶17，青灰色石料。仅存一侧局部，不规则长方体，上下两面均为磨砺面，均内凹。残长10.2、宽2.2～4.5、厚0.9～1.2厘米（图三五五，4）。标本T0406④A∶48，灰色石料。略呈长方体，一端厚一端薄，上下两面均为磨砺面，均内凹。残长11、残宽7、厚4厘米（图三五五，6）。标本T0503④A∶38，灰色石料，砂岩。方锥体，截面呈长方形，四面均为磨砺面，均内凹。长20、宽4.5～6.4、厚3.6～6.2厘米（图三五五，7）。

B型 4件。标本T0202④A∶23，青灰色石料。残损，不规则形，上下两面均为磨砺面，均内凹。长17、宽14.4、厚5.4厘米（图三五六，2）。标本T0406④A∶43，灰色石料。仅存中部一块，不规整形，仅上面为磨砺面，均内凹，其余面均未经加工。残长23、残宽16、厚9厘

图三五五　第4层出土A型砺石
1. T0202④A：22　2. T0401东扩方④A：11　3. T0401东扩方④A：12　4. T0403④A：17　5. T0204④A：78　6. T0406④A：48
7. T0503④A：38

米（图三五六，3）。标本T0406④A：57，灰色石料。仅存中部一块，不规整形，仅上面为磨砺面，内凹，其余面均未经加工。残长10.5、残宽10.5、厚5.6厘米（图三五六，4）。标本T0407④A：4，灰色石料。不规则形，上面为磨砺面，内凹，其余面均为打制。残长18.5、残宽16、厚7.2厘米（图三五六，5）。

残损不明石器、坯料　63件。主要为石器的半成品、不明器形的残损石器及制作石器时剥离的较为规整的石片等。标本T0201④A：2，青灰色石料。梯形，双面打制，两侧磨制，为石器半成品。长9.4、宽4.2~6.2、厚1厘米（图三五七，1）。标本T0201④A：23，青

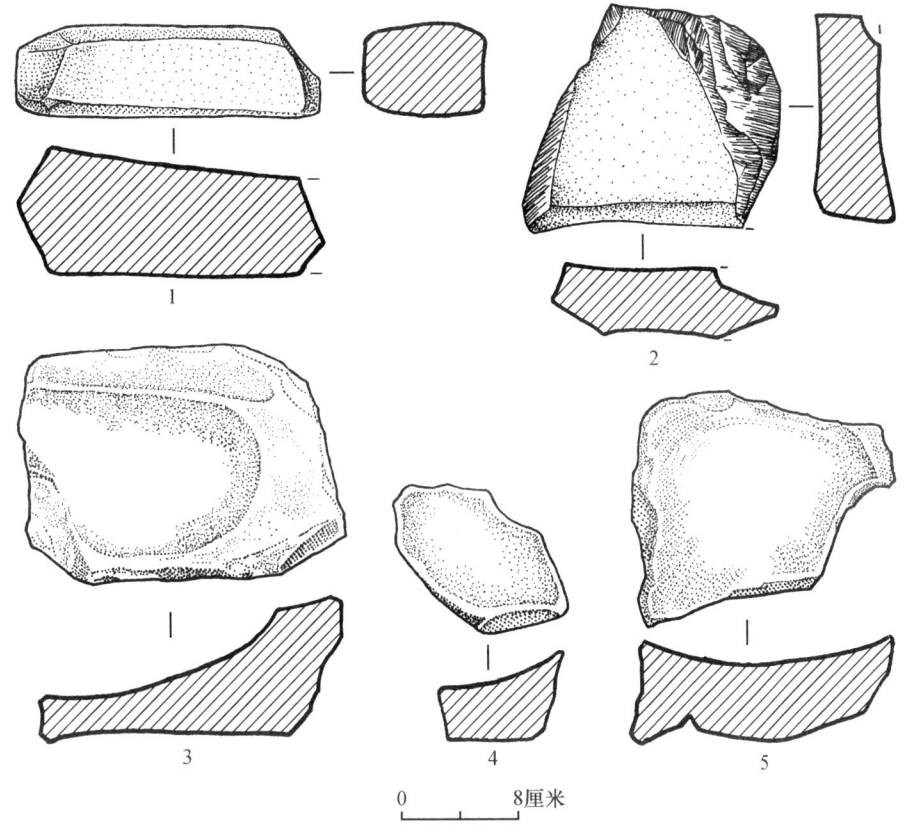

图三五六 第4层出土砺石

1. A型（T0401东扩方④A∶13） 2~5. B型（2. T0202④A∶23、3. T0406④A∶43、4. T0406④A∶57、5. T0407④A∶4）

灰色石料。柳叶形，打制，为石镞半成品。长8、宽2.4、厚0.7厘米（图三五七，2）。标本T0202④A∶4，灰色石料。两端细，中间宽，一面平，打制而成，为石镞半成品。长10.4、宽3.5、厚1.2厘米（图三五七，3）。标本T0202④A∶30，青灰色石料。上端残，下端双面刃。残长3、宽4.2、厚0.3厘米（图三五七，6）。标本T0202④A∶38，深青灰色石料。柱状，一端打制刃，为石凿半成品。长11.8、宽1.9、厚2.2厘米（图三五七，7）。标本T0202④A∶48，青灰色石料。仅存一段，下端单面刃。残长4.6、残宽3.2、厚0.4厘米（图三五七，5）。标本T0202④A∶52，灰白色石料。仅存一角，梯形，下端双面刃。残长8、残宽3~7.2、厚0.8~1.6厘米（图三五七，4）。标本T0202④A∶53，深青灰色石料。上端残，长条锥形，通体打制，似为石器坯料。长12.8、宽2厘米（图三五七，8）。标本T0204④A∶14，深青灰色石料。两端尖、中间宽，通体有打制痕迹，似为石器坯料。长9.7、宽2.5、厚1.3厘米（图三五八，1）。标本T0204④A∶15，青灰色石料。下端残，梯形，弧顶，磨制较光滑，似为残损器。残长10.6、宽3.8~5、厚0.8厘米（图三五七，9）。标本T0204④A∶44，青灰色石料。圆柱状，一端及一侧残。残长7.6、宽3厘米（图三五八，2）。标本T0204④A∶57，青灰色石料。长条形，下端残，弧顶，似为残损器，器形不明。残长4.4、宽2.4、厚0.6厘米（图三五七，10）。标本T0205④A∶3，青灰色石料。不规则形，为打制石器剥离的石片。长5.2、宽4.2、厚0.5厘米（图三五八，3）。标本T0205④A∶13，青灰色石料。形体较小，一端宽、

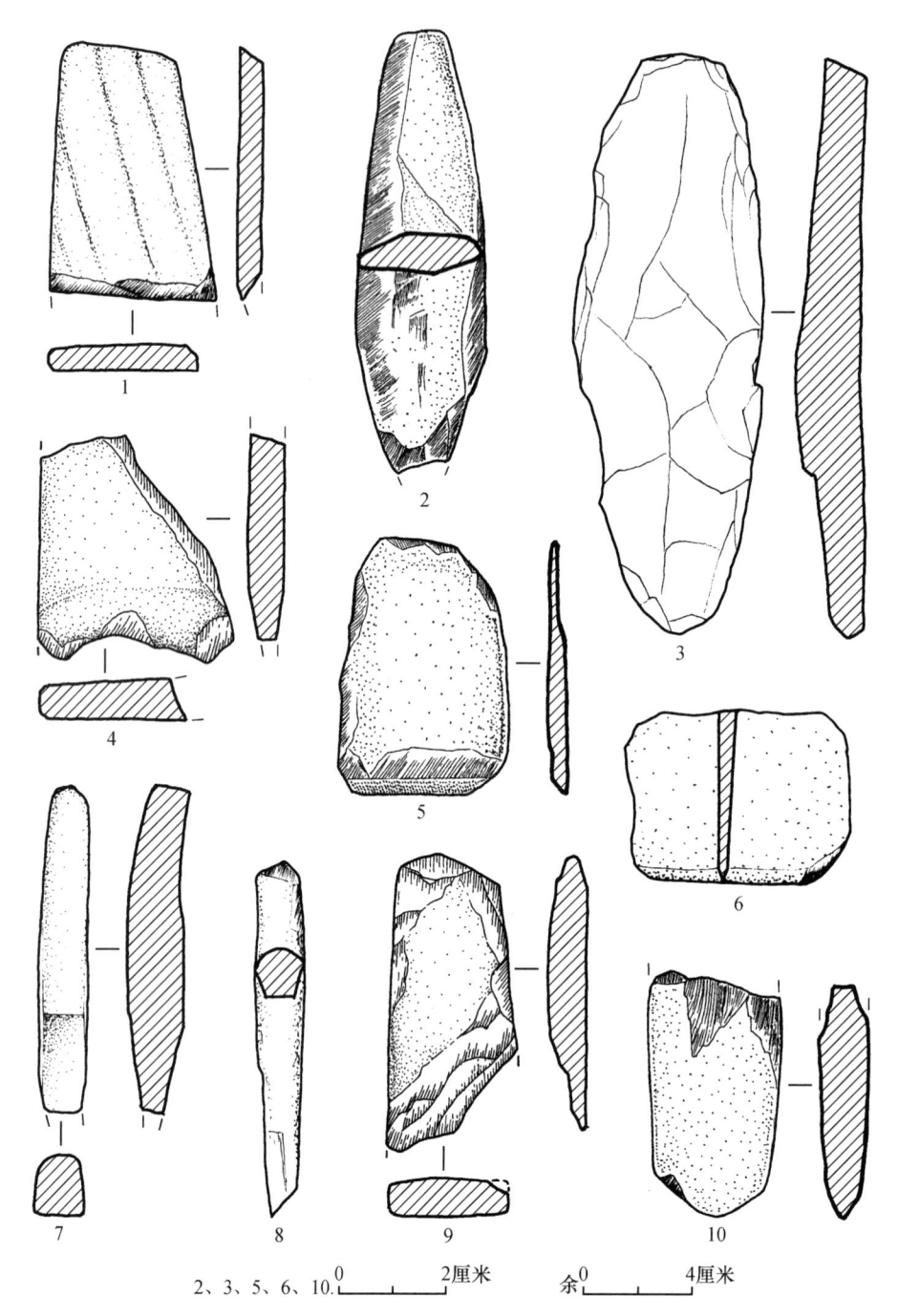

图三五七 第4层出土残损不明石器、坯料
1. T0201④A：2 2. T0201④A：23 3. T0202④A：4 4. T0202④A：52 5. T0202④A：48 6. T0202④A：30 7. T0202④A：38
8. T0202④A：53 9. T0204④A：15 10. T0204④A：57

一端窄。长3.5、宽1~1.5、厚0.5厘米（图三五八，4）。标本T0205④A：25，青灰色石料。长条形，上端及两侧为打制，下端磨制，单面刃。长5.4、宽3.6、厚0.4厘米（图三五八，5）。标本T0205④A：41，青灰色石料。三角形，边侧未磨制，仅尖端有少量磨制痕迹。长5.3、宽3.2、厚0.5厘米（图三五八，14）。标本T0301④A：10，青灰色石料。长条形，上端厚，下端薄，表面均为打制痕迹。长7.3、宽2.9、厚0.9厘米（图三五八，8）。标本T0302④A：4，青灰色石料。长方形，打制，下端单面刃。残长6.6、残宽6、厚2厘米（图三五九，1）。标本T0302④A：14，青灰色石料。不规则长条三棱形。残长7.7、残宽1.9厘米（图三五八，9）。标本T0302④A：25，深青灰色石料。长条形，一面磨制。残长7、残宽3.4、厚2.6厘米（图三五八，6）。标本T0302④A：26，深青灰色石料。长条圆锥形。残长6、直径1.8厘米（图三五八，10）。标本T0305④A：1，青灰色石料。上端残，下端呈圆角扁平状，边侧及下端单面刃。残长3、残宽2.2、厚0.3厘米（图三五八，11）。标本T0305④A：9，青灰色石料。仅存一端，扁平长方形，两侧及端面双面刃。残长2.9、残宽1.6、厚0.2厘米（图三五八，12）。标本T0305④A：15，深青灰色石料。圆柱状，两端残，仅存一段，外侧有打制痕迹。残长8.8、残宽1.6~2厘米（图三五八，7）。标本T0305④A：20，青灰色石料。梯形，平顶。残长6.6、宽3~3.8、厚2.5厘米（图三五九，4）。标本T0305④A：23，深青灰色石料。仅存一端，倒梯形，一面平。残长7.5、宽2~2.9、厚0.3~1.2厘米（图三五九，5）。标本T0305④A：25，青灰色石料。仅存一端，圆锥状，细端双面有打磨刃痕迹。残长6.4、残宽2.9、厚2.2厘米（图三五九，2）。标本T0305④A：28，青灰色石料。上端残，长方形，一面平，下端双面刃。残长3.9、宽2.7、厚0.5厘米（图三五八，13）。标本T0305④B：10，青灰色石料。长条形，两端残，一面磨光。残长5.1、宽2、厚0.7厘米（图三五九，3）。标本T0306④A：2，青灰色石料。扁平状，上端残，下端双面刃部较钝。残长8.2、宽6.6、厚1.5厘米（图三五九，7）。标本T0306④A：20，青灰色石料。上端及一侧残，梯形，下端双面刃。残长6.3、宽1.2~3.6、厚0.6厘米（图三五九，6）。标本T0401东扩方④A：10，青灰色石料。不规则长方形，一面及一侧磨光。长6.8、宽5.6、厚1.3~2.2厘米（图三五九，8）。标本T0401东扩方④A：14，青灰色石料。两端残，长条形。残长9.8、宽3.2、厚0.9~1.1厘米（图三六〇，1）。标本T0401东扩方④A：16，青灰色石料。仅存下端局部，下端双面刃。残长4.2、残宽3.4、厚0.5厘米（图三五九，10）。标本T0402④A：12，青灰色石料。打制，长条形。长5.7、宽2.1、厚0.5厘米（图三六〇，2）。标本T0403④A：2，青灰色石料。两端残，呈多棱长条形。残长4.4、宽0.9、厚0.5厘米（图三六〇，3）。标本T0403④A：9，青灰色石料。仅存下端双面刃部，双面刃，似为石斧残件。残长4.4、宽2.3、厚1.5厘米（图三六〇，4）。标本T0403④A：13，青灰色石料。仅存下端双面刃部，双面刃，似为石斧残件。残长3.8、宽2.2、厚1.2厘米（图三六〇，5）。标本T0405④A：13，青灰色石料。细长条形。长3.6、宽0.8、厚0.1厘米（图三六〇，6）。标本T0405④B：14，青灰色石料。上端及两侧残，倒梯形，一面平，下端单面刃。长7.4、宽2.5~4.2、厚1.3厘米（图三六〇，7）。标本T0405④B：17，青灰色石料。上下端残，后端窄薄。长5.3、宽2.8、厚1厘米（图三六〇，8）。标本T0406④A：37，青灰色石料。三角形，双面磨制，边侧打制。残长11.3、宽4.1、厚1厘米（图三六〇，10）。标

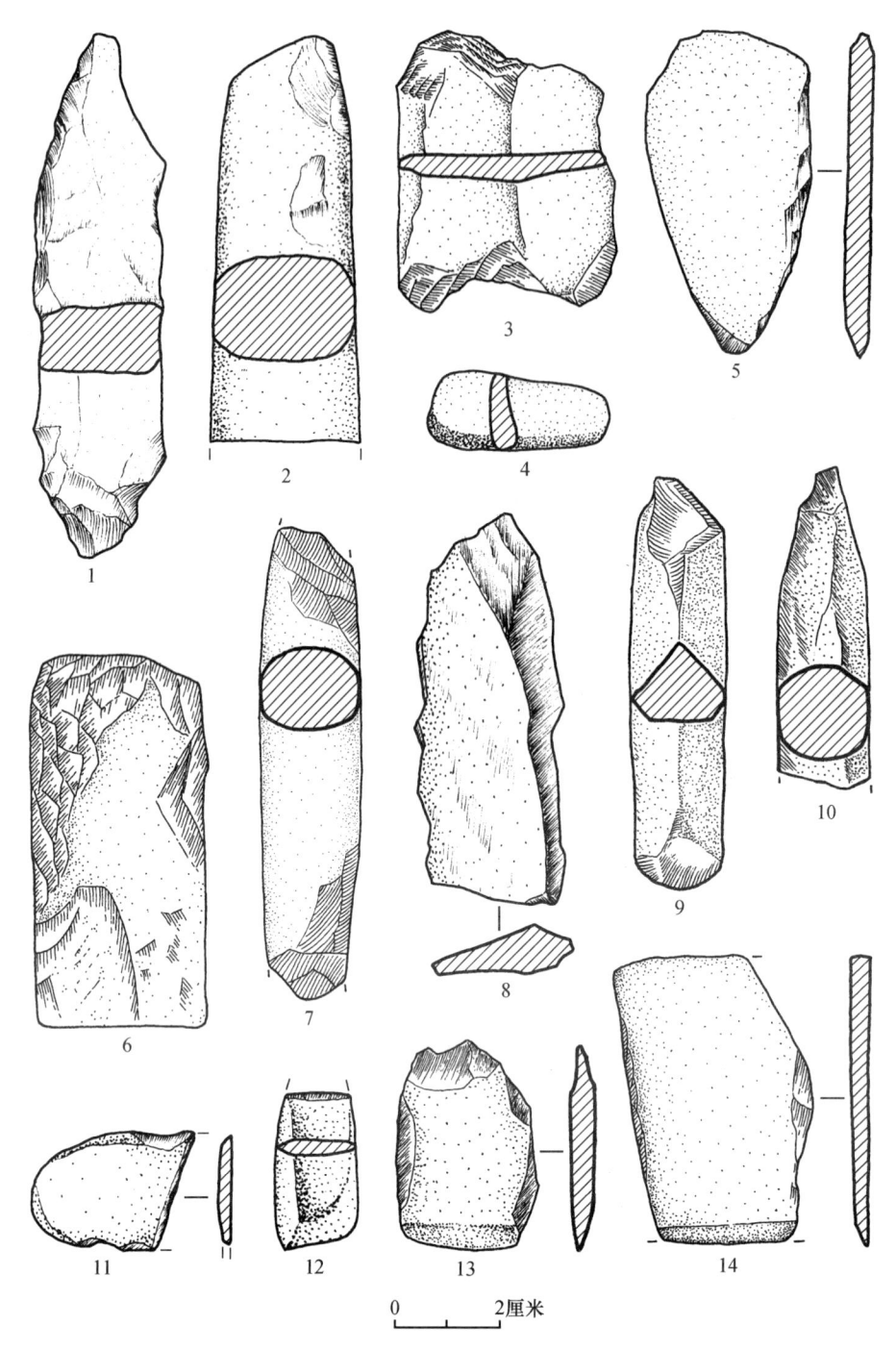

图三五八　第4层出土残损不明石器、坯料

1. T0204④A：14　2. T0204④A：44　3. T0205④A：3　4. T0205④A：13　5. T0205④A：25　6. T0302④A：25　7. T0305④A：15
8. T0301④A：10　9. T0302④A：14　10. T0302④A：26　11. T0305④A：1　12. T0305④A：9　13. T0305④A：28
14. T0205④A：41

图三五九　第4层出土残损不明石器、坯料

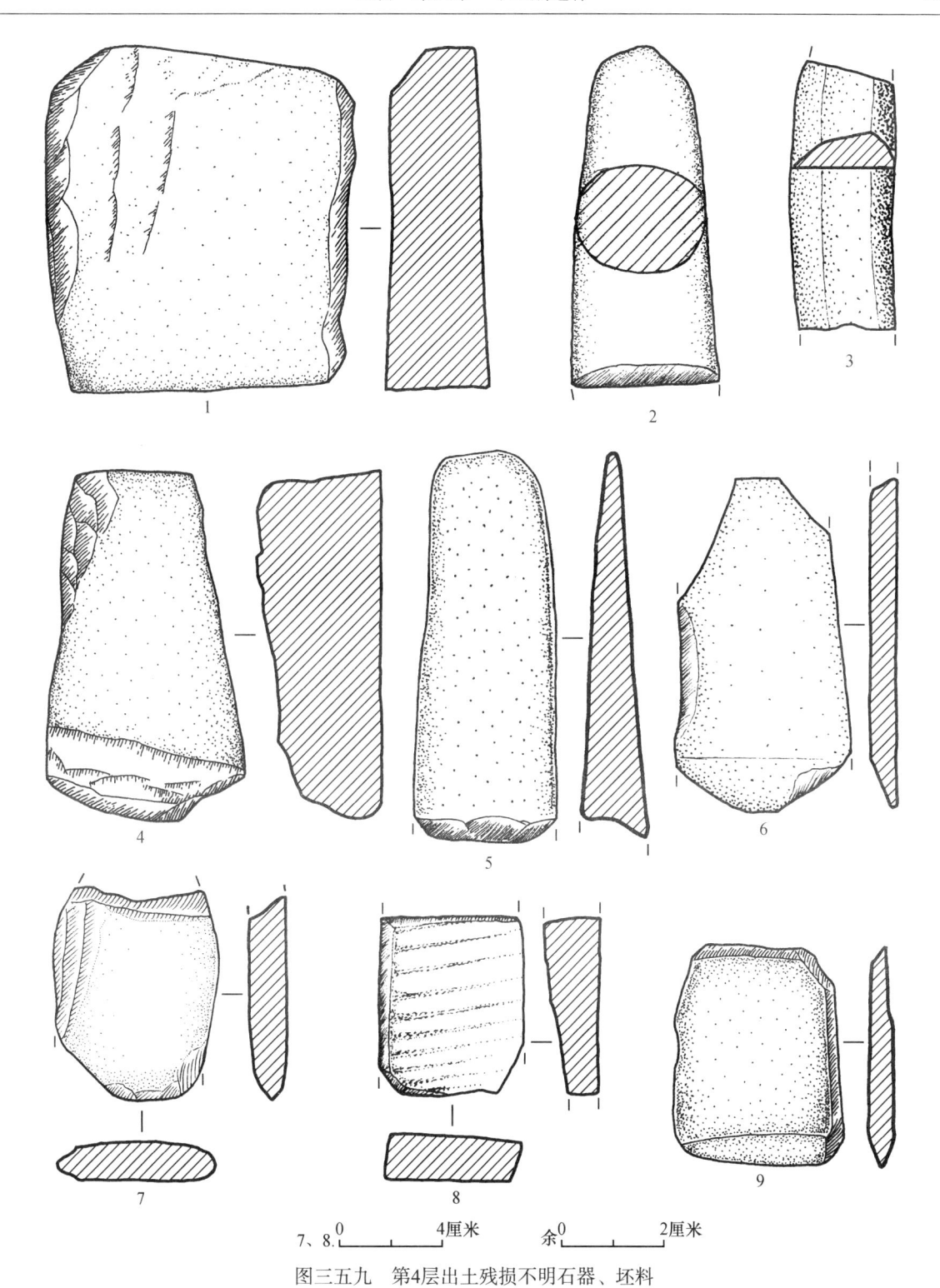

1. T0302④A：4　2. T0305④A：25　3. T0305④B：10　4. T0305④A：20　5. T0305④A：23　6. T0306④A：20　7. T0306④A：2
8. T0401东扩方④A：10　9. T0401东扩方④A：16

本T0407④A：18，灰白色石料。长条形。长7.9、宽2、厚0.5～0.7厘米（图三六一，1）。标本T0501④A：1，深青灰色石料。长条锥形，前端双面刃，后端打制呈锥形，似为B型石镞坯料。残长6.7、宽1.2厘米（图三六一，2）。标本T0501④A：6，灰色石料。仅存一端，长方形，一角为斜角，似为石刀半成品。长3.9、残宽3.1、厚0.3厘米（图三六〇，11）。标本T0501④A：24（两个），灰色石料。形体较小，一个呈锥状，一个呈棒状。长3.7、宽1厘米（图三六〇，12）。标本T0501④A：32，紫红色石料。长条形，两端刃。长7、宽1.9、厚0.6

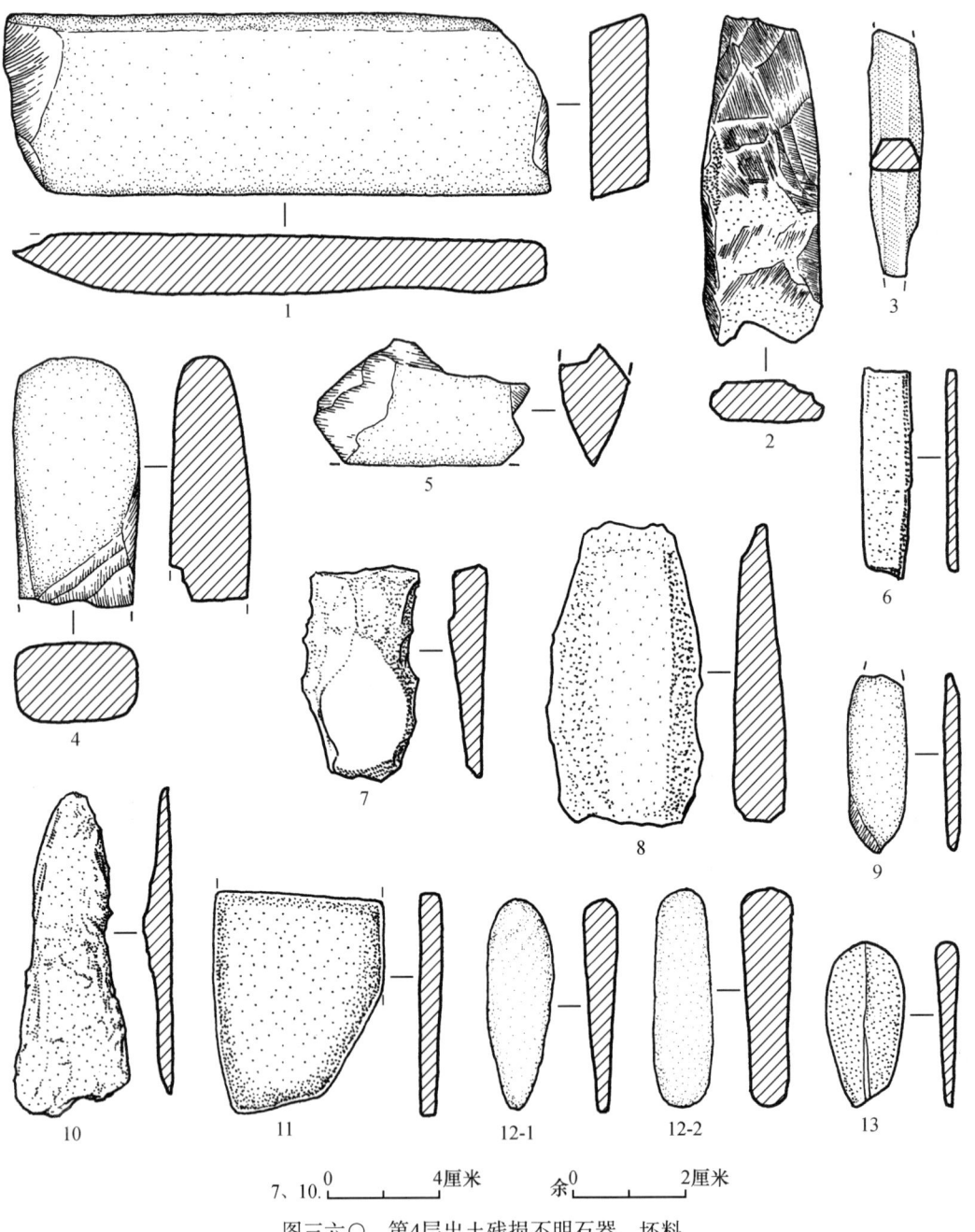

图三六〇　第4层出土残损不明石器、坯料

1. T0401东扩方④A：14　2. T0402④A：12　3. T0403④A：2　4. T0403④A：9　5. T0403④A：13　6. T0405④A：13
7. T0405④B：14　8. T0405④B：17　9. T0501④A：56　10. T0406④A：37　11. T0501④A：6　12. T0501④A：24（两个）
13. T0501④A：58

图三六一　第4层出土残损不明石器、坯料

1. T0407④A：18　2. T0501④A：1　3. T0501④A：32　4. T0501④A：38　5. T0501④A：65　6. T0501④A：52　7. T0502④A：15
8. T0501东扩方④A：2　9. T0501东扩方④A：13　10. T0501东扩方④A：14　11. T0502④A：29　12. T0503④A：3
13. T0502④A：16　14. T0503④A：12　15. T0502④A：12　16. T0503④A：35　17. T0502④A：30

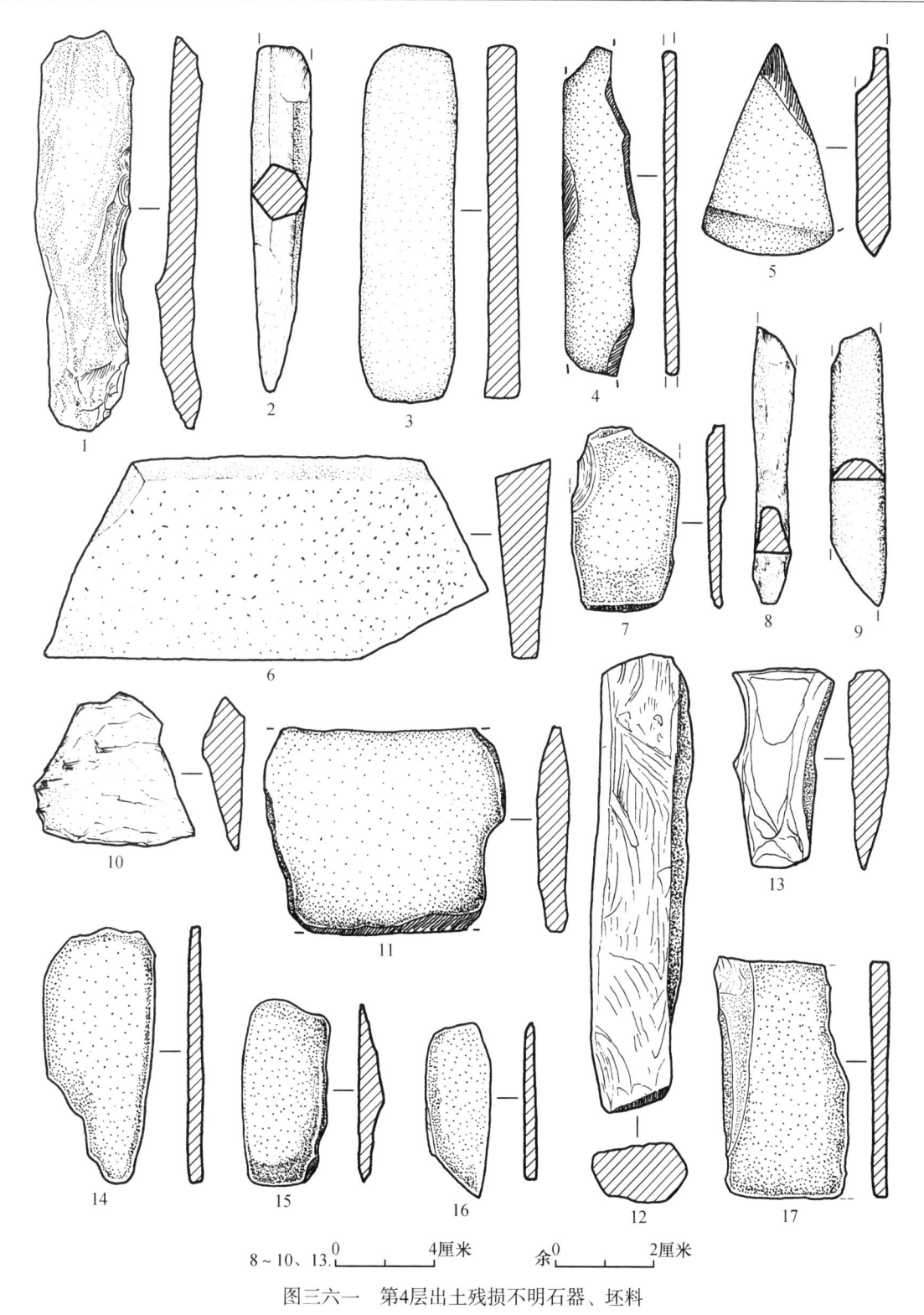

厘米（图三六一，3）。标本T0501④A：38，青灰色石料。残存一侧。残长6.4、残宽1.6、厚0.2厘米（图三六一，4）。标本T0501④A：56，青灰色石料。形体较小，长条形，两端残，似为石锛残件。残长3、宽1、厚0.2厘米（图三六〇，9）。标本T0501④A：58，青灰色石料。形体较小，长扁椭圆形。长2.8、宽1.4、厚0.2厘米（图三六〇，13）。标本T0501④A：52，青灰色石料。两端残，长方形，上端厚，下端薄。长4、残宽9.2、上厚1.2、下厚0.5厘米（图三六一，6）。标本T0501④A：65，青灰色石料。仅存下端双面刃部一块，下端双面弧刃。残长4.1、残宽2.6、厚0.7厘米（图三六一，5）。标本T0501东扩方④A：2，深青灰色石料。长条形，表面打制不平。长11、宽1.8厘米（图三六一，8）。标本T0501东扩方④A：13，青灰色石料。一面平，截面呈半圆形。长11、宽2.3、厚0.8厘米（图三六一，9）。标本T0501东扩方④A：14，青灰色石料。不规则三角形，一面平，一端厚，一端薄，表面有打制痕迹。长6、宽6.7、厚1.6厘米（图三六一，10）。标本T0502④A：12，深青灰色石料。长方形，一侧残，边侧刃。残长3.7、宽1.7、厚0.3厘米（图三六一，15）。标本T0502④A：15，青灰色石料。长方形，仅存一端，上厚下薄，端侧双面窄刃。残长3.7、宽2.2、厚0.4厘米（图三六一，7）。标本T0502④A：16，青灰色石料。倒梯形，下端单面刃，大部分有打制痕迹。残长7.9、宽1.8～3.9、厚1.5厘米（图三六一，13）。标本T0502④A：29，青灰色石料。长方形，仅存中间一段，局部磨制。残长5、宽4、厚0.5厘米（图三六一，11）。标本T0502④A：30，青灰色石料。长方形，仅存中间一段，一面局部磨制。残长4.7、宽2.6、厚0.4厘米（图三六一，17）。标本T0503④A：3，深青灰色石料。长条状，边侧有打制痕迹。长9、宽1.7、厚1.4厘米（图三六一，12）。标本T0503④A：12，青灰色石料。长条片状，两端残。残长5.1、宽2.2、厚0.2厘米（图三六一，14）。标本T0503④A：35，青灰色石料。形体较小，类似石镞，一端残。残长3.5、宽1.3、厚0.2厘米（图三六一，16）。

二、陶　　器

（一）陶器统计

为了掌握第4层出土陶器情况，对该层7934件（块）陶器（含标本及陶片）进行了陶系及纹饰统计，对1374件（块）可辨器形（含标本及陶片）进行了器形统计，统计情况如下（表二六、表二七）。

（1）陶系：该层出土陶器按陶质可分为夹砂陶、泥质陶、硬陶三大类，分别占48.50%、48.96%、2.54%。其中夹砂陶中以夹砂褐陶、夹砂红陶为主，分别占20.29%、19.56%，其次为夹砂灰陶、夹砂黑陶、夹砂浅黄陶及夹砂黑皮红陶；泥质陶中以泥质灰陶、泥质黑皮红陶、泥质红陶为主，分别占17.89%、8.18%、7.85%，其次为泥质黑陶、泥质褐陶、泥质黑皮灰陶及泥质浅黄陶；硬陶以灰陶为主，占2.07%，红陶及褐陶较少（表二七）。

表二六　罗家冲遗址第4层出土陶器器形统计表

(单位：件)

陶系		夹砂						泥质						硬陶			合计	百分比(%)
器形		红陶	灰陶	褐陶	浅黄陶	黑陶	黑皮红陶	红陶	灰陶	褐陶	黑陶	浅黄陶	黑皮红陶	黑皮灰陶	红陶	灰陶	褐陶		
纺轮																		36	2.62
鼎足	宽扁形	211	10	52		1		8	16	7			3					274	19.94	41.12
	扁锥形	127	8	63														198	14.41
	圆锥形（含鬶足）	54	11	27														92	6.70
	舌形	1																1	0.07
釜鼎残片		83	136	125		2	1											356	25.91
罐（各类罐）		36	31	68		1		9	15	11			16	5	1	14		207	15.07
鬲（口、足）		8	8	5														21	1.53
鬶（含鬶足）		3	2					6										11	0.80
豆（盘、柄）			1	1			1	5	27	1			20					56	4.08
圈足盘		1						4	5	1								23	1.67
盆		1	4	5				2	2	3				3		9	3	35	2.55
壶				1				1	1	2			2				1	8	0.58
器盖（纽）		8	5	4		1		1	1						2		13	18	1.31
双泊坛																		1	0.07
瓮									1									1	0.07
钵								1	2									3	0.22
筒形器																		2	0.15
碗			1										3					3	0.22
擂钵状器																		1	0.07
瓿		2						2		1								3	0.22
大口尊		2						1										3	0.22
大口缸		3						1										4	0.29
小杯状器								1										1	0.07

续表

陶系	夹砂							泥质							硬陶			合计	百分比(%)
器形	红陶	灰陶	褐陶	浅黄陶	黑陶	黑皮红陶	红陶	灰陶	褐陶	黑陶	浅黄陶	黑皮红陶	黑皮灰陶	红陶	灰陶	褐陶		
杯(各类杯)							2	1	1								4	0.29
把手							1	1	1								3	0.22
鏊手							1										1	0.07
拍							1										1	0.07
猪首								1									1	0.07
支座	3	1															4	0.29
柱状器	1																1	0.07
板瓦							1										1	0.07
合计	544	218	351	0	6	2	46	73	28	0	0	44	10	12	23	17	1374	100
百分比(%)	39.59	15.87	25.55	0	0.44	0.15	3.35	5.31	2.04	0	0	3.20	0.73	0.87	1.67	1.24	100	
	81.59						14.63							3.78				

注：陶系中褐陶含红褐陶及黄褐陶，灰陶含浅灰陶及灰白陶；器形中部仅做大器类或型统计，而未按小器类亚型统计，如鼎足、罐、鬲、豆、杯等。部分陶质中无可辨器形者统计为"0"。

表二七 罗家冲遗址第4层出土陶器纹饰统计表

(单位：件)

纹饰 \ 陶系	夹砂红陶	夹砂灰陶	夹砂褐陶	夹砂浅黄陶	夹砂黑陶	夹砂黑皮红陶	泥质红陶	泥质灰陶	泥质褐陶	泥质浅黄陶	泥质黑陶	泥质黑皮红陶	泥质黑皮灰陶	硬陶红陶	硬陶灰陶	硬陶褐陶	合计	百分比(%)
素面	694	121	622	3	101		409	948	264	35	335	509	130	6	38	4	4219	53.18
绳纹	530	315	883	1	96		129	341	168	20	92	72	22		13	1	2683	33.82
弦断绳纹	6	6	6		4		16	25	10	6	21	22	2		2		126	1.59
绳素纹		1						1									1	0.01
弦断绳纹+水波纹									1								1	0.01
刻槽	127	2	36														166	2.09
绳纹+刻槽	89	2	22					1									113	1.42
按窝	10		2														12	0.15
按窝+刻槽	15		8														23	0.29
凸棱+按窝	2																2	0.03
凸棱+按窝+弦纹	1		1														1	0.01
绳纹+按窝	1				1												1	0.01
按窝+按窝+刻槽	1																1	0.01
附加堆纹	3		2		1		7	1									14	0.18
绳纹+附加堆纹	2		1				1	2	1		1						8	0.10
绳纹+瓦棱	8		1														9	0.11
附加堆纹+瓦棱	3	1															5	0.06
弦纹+瓦棱			4														4	0.05
附加堆纹+方格纹	1																1	0.01
附加堆纹+刻划纹	2											1					3	0.04
附加堆纹+篦点纹	1																1	0.01
重回字纹+菱形纹	2																8	0.10
弦纹	14	5	3		7		31	23	8		5	28	5	3		12	144	1.81

续表

陶系	夹砂						泥质						硬陶			合计	百分比(%)
纹饰	红陶	灰陶	褐陶	浅黄陶	黑陶	黑皮红陶	红陶	灰陶	褐陶	浅黄陶	黑陶	黑皮红陶	黑皮灰陶	红陶	灰陶	褐陶		
绳纹+弦纹	25	4	6		3			1	1			2					4	0.05
弦纹+圆点纹			1					1									1	0.01
方格纹							11	23	2		31	10	2	9	79		205	2.58
方格纹+弦纹			1				2	4	2								9	0.11
(重)菱形纹								2	2								4	0.05
菱形填线纹	1							5							3		9	0.11
叶脉纹							3	7	2						5		14	0.18
云雷纹																	3	0.04
凸棱	3	3	10	1	1			4	3		7						32	0.40
凸棱+篮纹									1			1					1	0.01
凸棱+刻划纹												1					1	0.01
凸棱+镂孔																	1	0.01
篮纹	1	2	1				3	2			3	1					9	0.11
篮纹+弦纹					1	1											1	0.01
刻划纹	8	1	1				1	5	5								25	0.32
圆圈纹							2	3									5	0.06
梯格纹								2									3	0.04
水波纹							1					1			3		4	0.05
绳纹+水波纹								1									1	0.01
方格纹+水波纹+圆圈纹								1									1	0.01
绳纹+水波纹+弦纹							1					1			3		1	0.01
几何印纹															3		5	0.06
曲折纹								1							6		7	0.09

续表

纹饰\陶系	夹砂							泥质						硬陶			合计	百分比（%）
	红陶	灰陶	褐陶	浅黄陶	黑陶	黑皮红陶	红陶	灰陶	褐陶	浅黄陶	黑陶	黑皮红陶	黑皮灰陶	红陶	灰陶	褐陶		
戳点纹	3							2									5	0.06
镂孔		2			1		3	7	1	1	3	1				2	19	0.24
弦纹+镂孔							1	2									3	0.04
麻布纹								1							11		14	0.18
弦断麻布纹															1		1	0.01
合计	1552	465	1610	5	216	1	623	1419	471	62	498	649	162	18	164	19	7934	100
百分比（%）	19.56	5.86	20.29	0.06	2.72	0.01	7.85	17.89	5.94	0.78	6.28	8.18	2.04	0.23	2.07	0.24	100	
	48.50						48.96							2.54				

注：本统计表未含纺轮；陶系中褐陶含红褐陶皮黄褐陶，灰陶含浅灰陶及灰白陶；纹饰中绳纹含各类粗细绳纹，方格纹含各类大小方格纹，弦纹含凹凸弦纹。

（2）器形：可辨器形中夹砂陶占81.59%，泥质陶占14.63%，硬陶占3.78%。器形主要以鼎足、釜鼎残片、罐为主，分别占41.12%、25.91%、15.07%，其次为豆、纺轮、盆、圈足盘、鬲、器盖（纽）等，分别占4.08%、2.62%、2.55%、1.67%、1.53%、1.31%，其他器类有鬶、壶、双沿坛、瓮、钵、碗、筒形器、甗、大口尊、大口缸、擂钵状器、小杯状器、杯、把手、錾手、拍、支座、柱状器、猪首、板瓦等，数量均较少。

每类器形及对应的陶系，鼎足、釜鼎残片均为夹砂陶，其中鼎足多为夹砂红陶及夹砂褐陶，夹砂灰陶及夹砂黑陶较少；釜鼎残片以夹砂灰陶及夹砂褐陶为主，少量夹砂红陶；罐以夹砂陶为主，泥质黑皮红陶及泥质灰陶次之；纺轮均为泥质陶，以泥质灰陶为主；其他器形中器盖（纽）、鬲、筒形器、大口缸、支座等多为夹砂陶，而豆、钵、碗、杯等多为泥质陶（表二六）。

（3）纹饰：陶器器表素面占53.18%，其余均有纹饰。从纹饰对应的陶系分析，纹饰主要装饰在夹砂褐陶、夹砂红陶、泥质灰陶上，其次为泥质黑皮红陶、泥质红陶、泥质黑陶、泥质褐陶、夹砂灰陶，其他陶质上纹饰较少。

纹饰以绳纹为主，占比为33.82%，其次为鼎足上的各类纹饰，分别有刻槽、按窝及绳纹+刻槽、按窝+刻槽、绳纹+按窝、绳纹+附加堆纹、凸棱+按窝+刻槽、凸棱+按窝+弦纹、绳纹+按窝+刻槽、绳纹+瓦棱、弦纹+瓦棱、附加堆纹+瓦棱等，其中各类刻槽鼎足占3.84%、按窝鼎足占0.49%，其次以方格纹、弦纹、弦断绳纹为主，分别占2.58%、1.81%、1.59%，其他纹饰有绳索纹、附加堆纹、菱形纹、叶脉纹、云雷纹、凸棱纹、篮纹、刻划纹、圆圈纹、水波纹、几何印纹、曲折纹、戳点纹、镂孔、麻布纹及附加堆纹+方格纹、附加堆纹+刻划纹、附加堆纹+篦点纹、重回字纹+菱形纹、绳纹+弦纹、弦纹+圆点纹、方格纹+弦纹、菱形填线纹、凸棱+篮纹、凸棱+刻划纹、凸棱+镂孔、篮纹+弦纹、绳纹+水波纹、方格纹+水波纹+圆圈纹、绳纹+水波纹+弦纹、弦纹+镂孔、弦断麻布纹等组合纹饰，数量均较少（图三六二~图三七六；表二七）。

（二）标本

该层典型陶器标本器形有纺轮、鼎足、鬲口沿、鬲足、高领罐（口沿）、长颈壶、矮领罐口沿、罐底、釜鼎口沿、豆盘、豆柄、圈足盘、圈足、器盖纽、盆口沿、小杯状器、把手、支座、杯、鬶、鬶足、碗、钵、印纹硬陶罐口沿、大口缸口沿、大口缸底、大口尊口沿、錾手、擂钵状器、猪首、拍、壶流、柱状器等。

纺轮　36件。

A型　27件。

Aa型，21件。标本T0201④A：9，泥质灰陶。饼形，弧边，中部穿孔。直径3.6、穿径0.4、厚1厘米（图三七七，1）。标本T0201④A：12，泥质红陶。饼形，斜边，中部穿孔。短径2.7、长径3、穿径0.3、厚0.4厘米（图三七七，2）。标本T0201④A：22，泥质红陶。仅存一

图三六二　第4层出土陶器绳纹拓片

1、2. 中绳纹（1. T0202④A：82、2. T0403④A：19）　3~6. 交错绳纹（3. T0205④A：85、4. T0405④B：32、5. T0305④A：46、6. T0503④A：59）

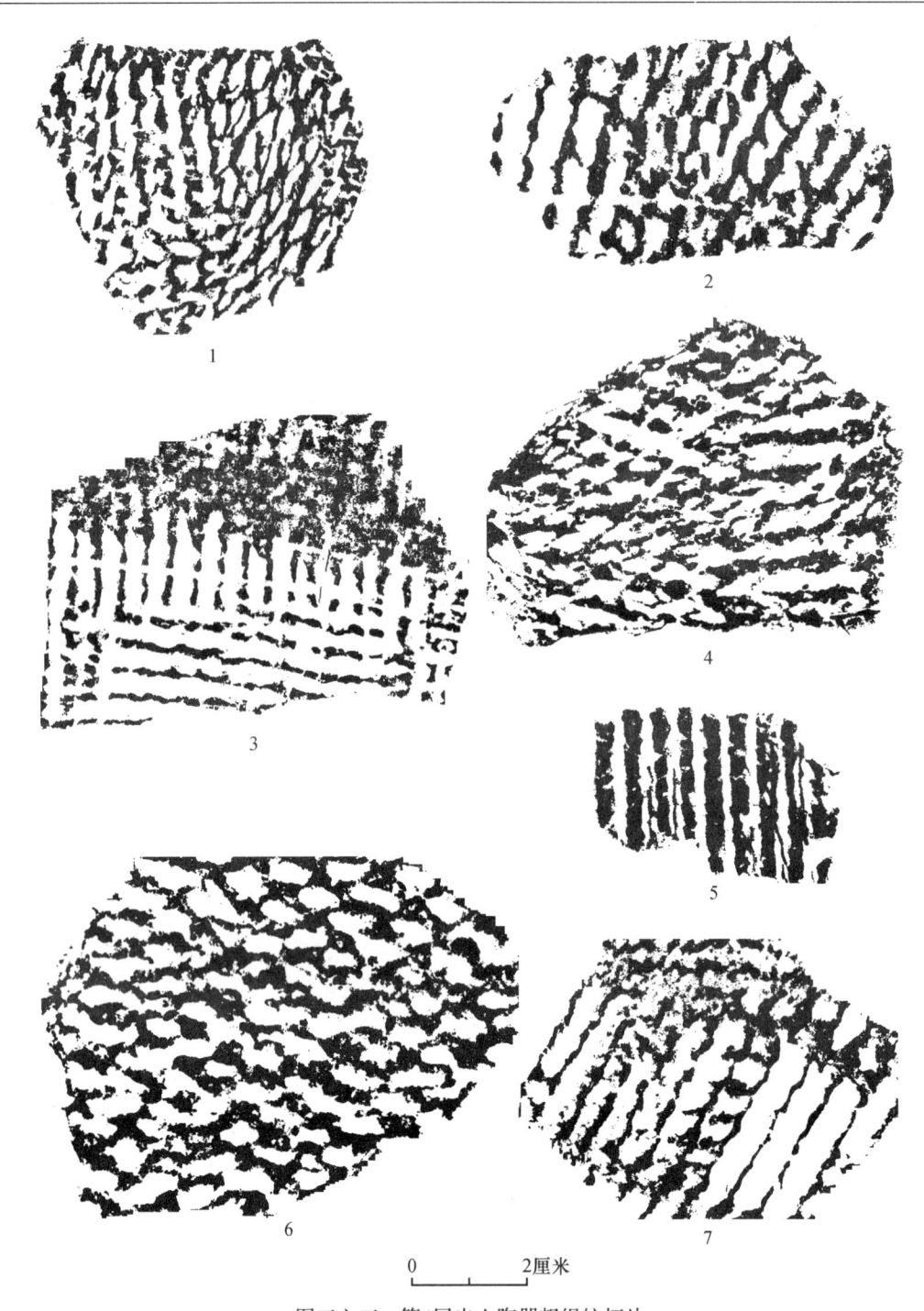

图三六三　第4层出土陶器粗绳纹拓片

1. T0202④A：84　2. T0203④A：85　3. T0204④A：79　4. T0405④B：34　5. T0205④A：88　6. T0302④A：44　7. T0205④B：8

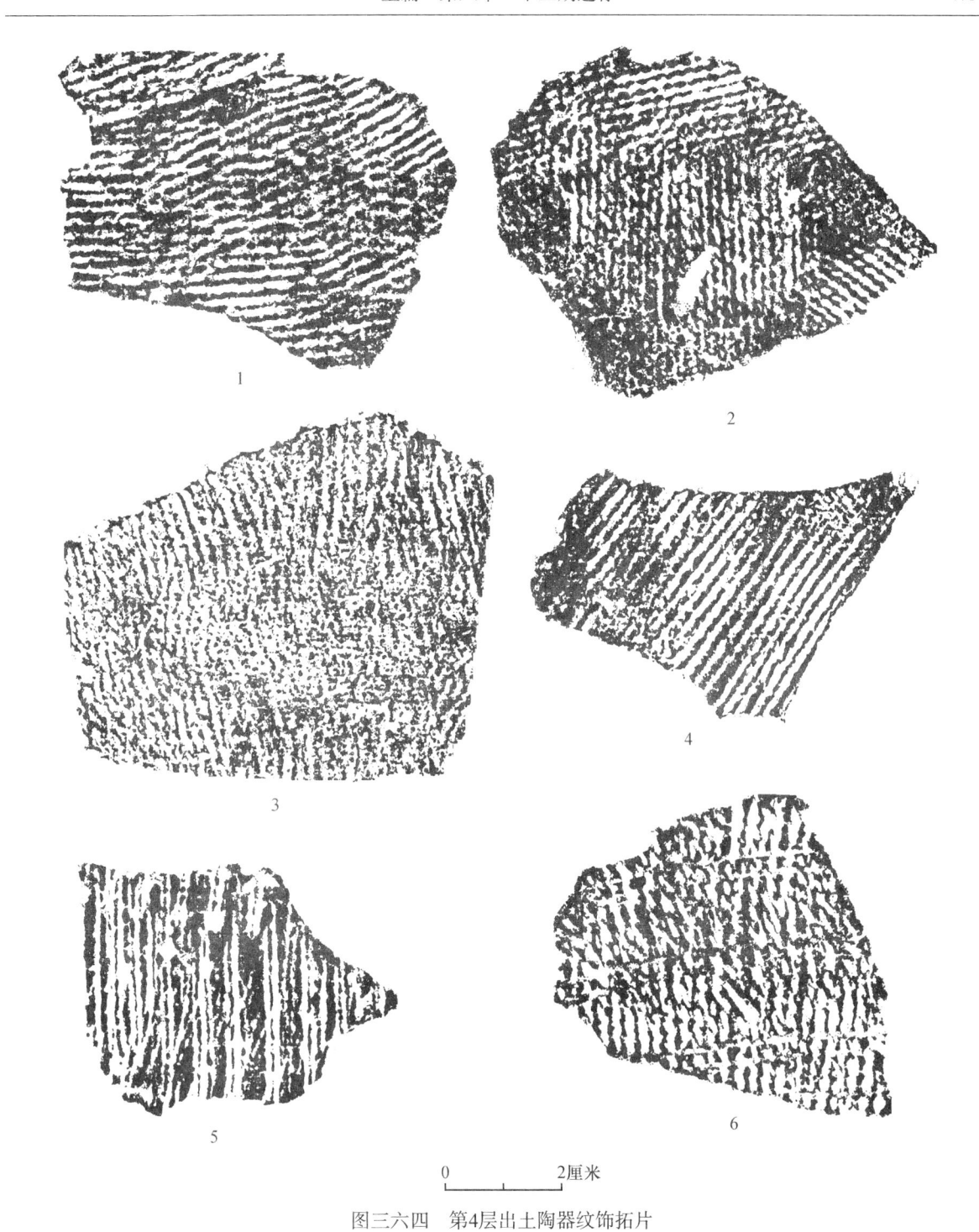

图三六四　第4层出土陶器纹饰拓片

1~5. 细绳纹（1. T0205④A：79、2. T0405④B：39、3. T0405④B：40、4. T0405④B：38、5. T0305④A：48）
6. 弦断绳纹（T0202④A：85）

图三六五　第4层出土陶器弦断绳纹拓片

1. T0204④A：83　2. T0205④A：83　3. T0204④A：80　4. T0204④A：81　5. T0205④A：77　6. T0305④A：44

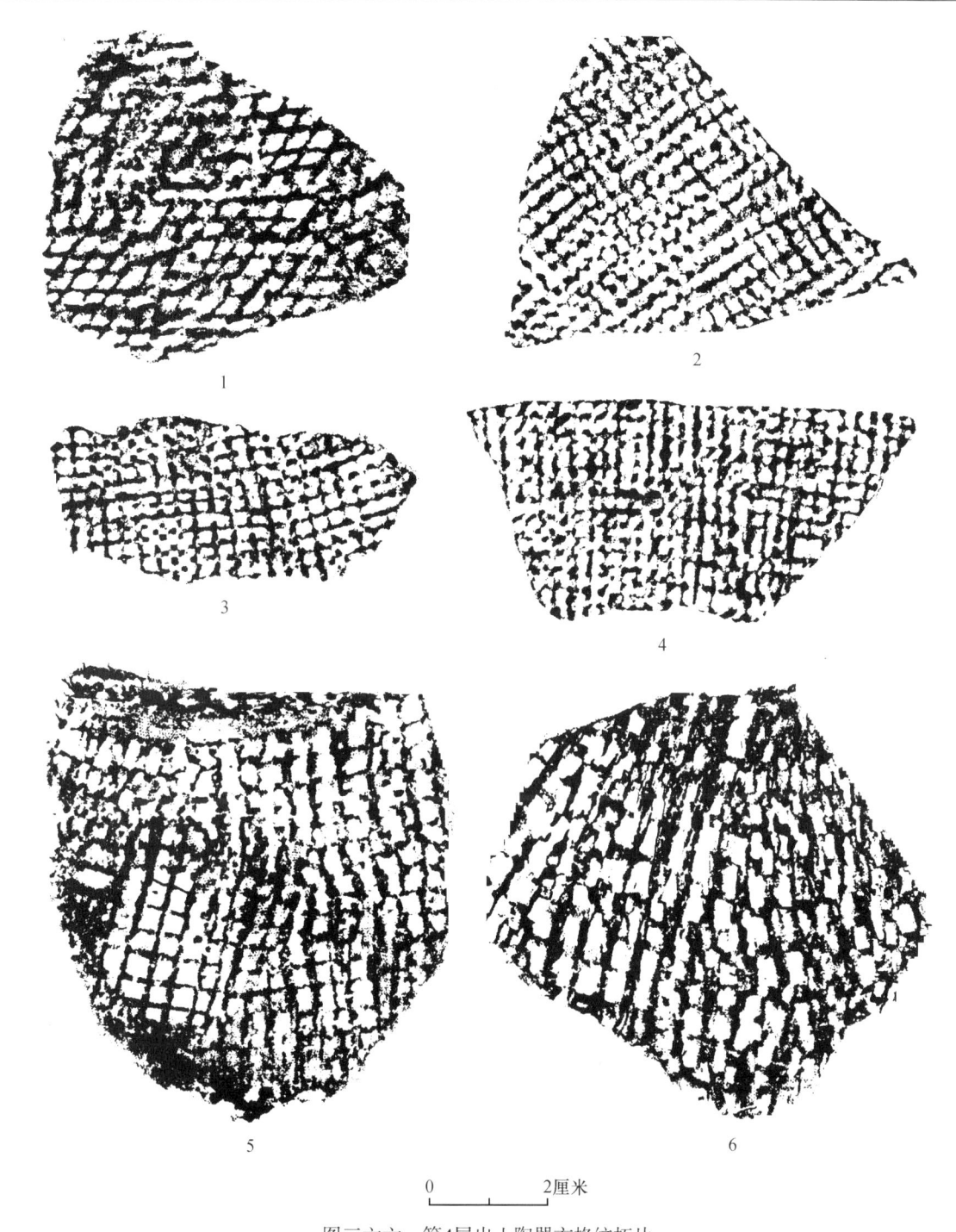

图三六六 第4层出土陶器方格纹拓片

1~4.中方格纹（1.T0203④A：88、2.T0305④A：47、3.T0205④A：86、4.T0305④B：24） 5、6.大方格纹（5.T0406④A：68、6.T0407④A：14）

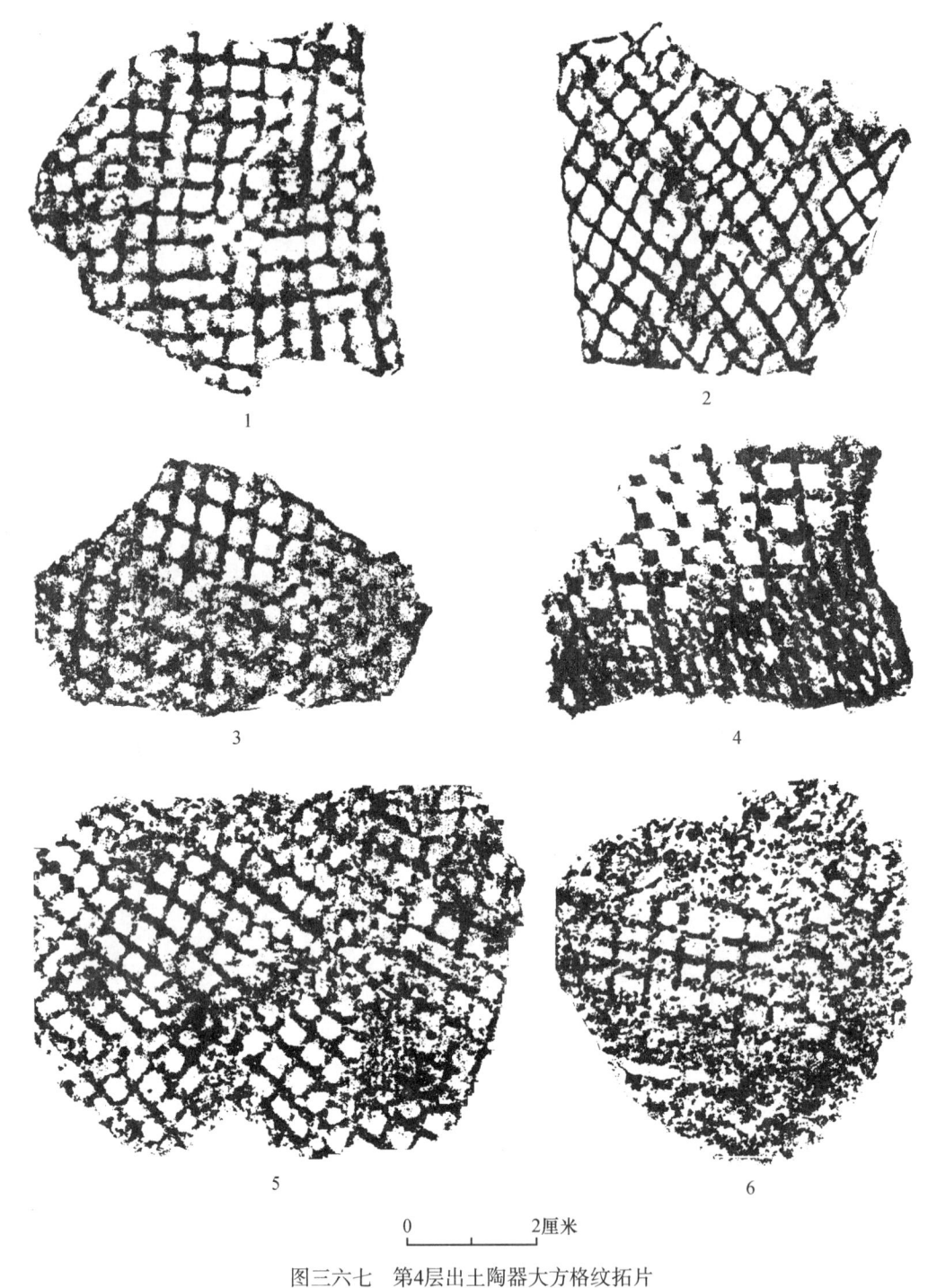

图三六七 第4层出土陶器大方格纹拓片

1. T0202④A：86 2. T0203④A：86 3. T0204④A：85 4. T0405④B：37 5. T0405④B：30 6. T0407④A：13

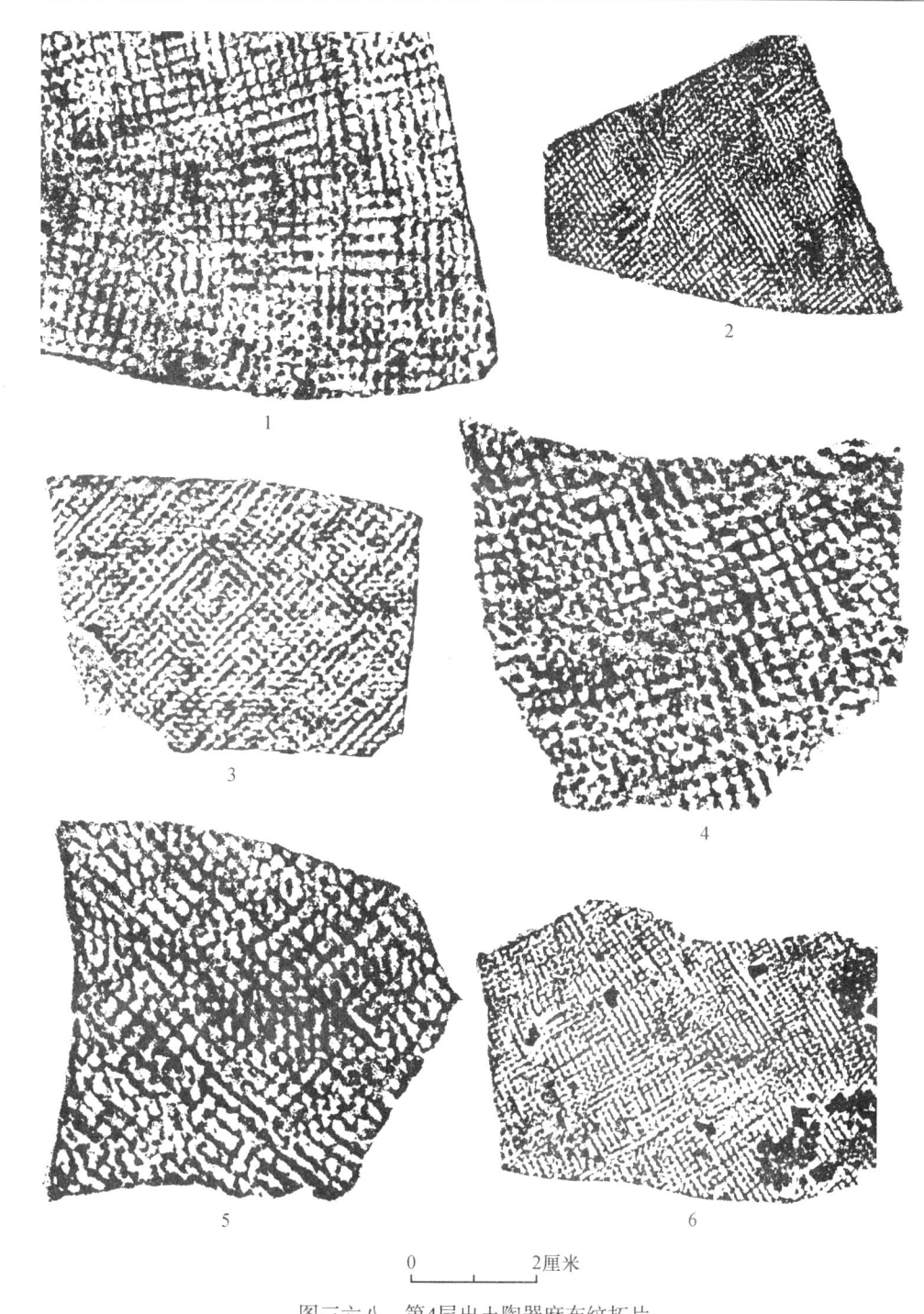

图三六八　第4层出土陶器麻布纹拓片

1. T0202④A：87　2. T0202④A：93　3. T0204④A：88　4. T0305④B：23　5. T0403④A：21　6. T0501④A：89

图三六九　第4层出土陶器纹饰拓片

1~4.弦断方格纹（1.T0203④A：83、2.T0203④A：89、3.T0204④A：84、4.T0204④A：86）　5.弦断麻布纹（T0402东扩方④A：22）　6、7.凹弦纹（6.T0205④A：87、7.T0205④A：76）

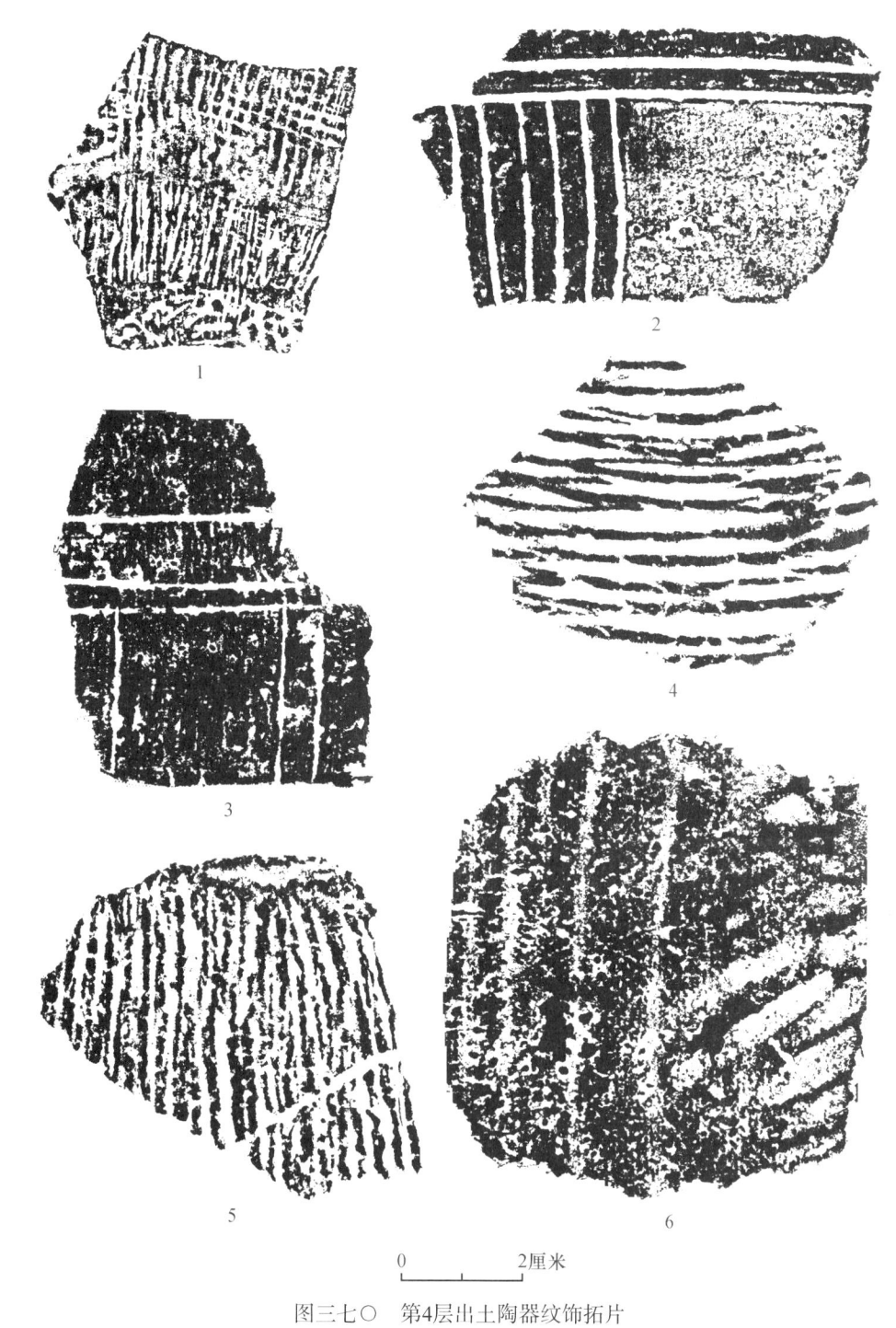

图三七〇　第4层出土陶器纹饰拓片

1~3. 刻划纹（1. T0204④A：89、2. T0205④A：80、3. T0503④A：64）　4~6. 篮纹（4. T0205④A：78、5. T0205④C：10、6. T0405④B：36）

图三七一 第4层出土陶器纹饰拓片

1~3. 凸弦纹（1. T0406④A：69、2. T0406④A：70、3. T0503④A：65） 4~6. 圆圈纹（4. T0201④A：59、5. T0205④A：89、6. T0305④A：49）

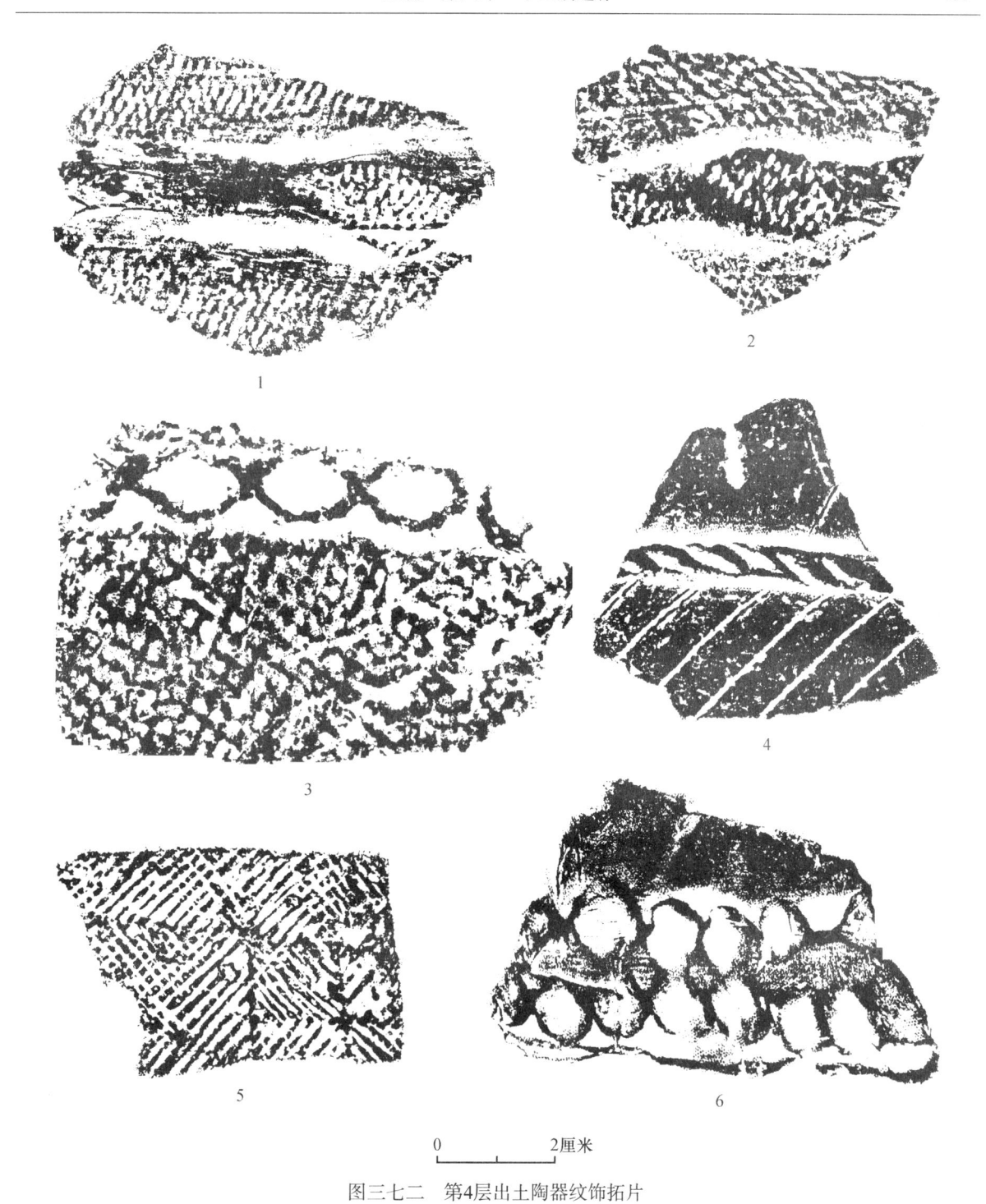

图三七二　第4层出土陶器纹饰拓片

1~3. 绳纹+附加堆纹（1. T0202④A：90、2. T0503④B：25、3. T0405④A：23）　4. 附加堆纹+刻划纹（T0501④A：86）
5. 菱形填线纹（T0201④A：60）　6. 附加堆纹（T0503④A：60）

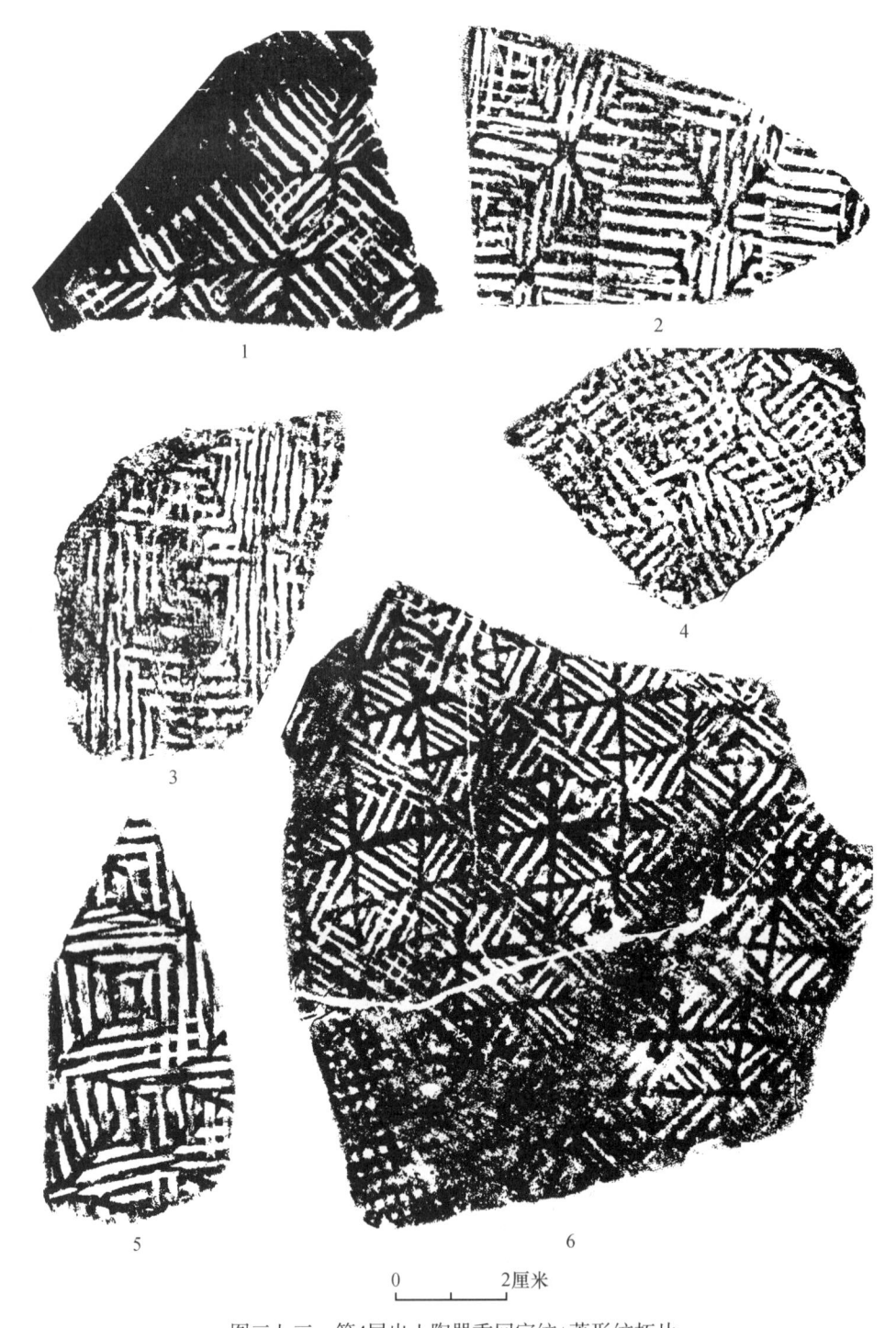

图三七三　第4层出土陶器重回字纹+菱形纹拓片

1. T0201④A : 64-1　2. T0201④A : 64-2　3. T0201④A : 62　4. T0405④B : 35　5. T0501④A : 87　6. T0501④A : 88

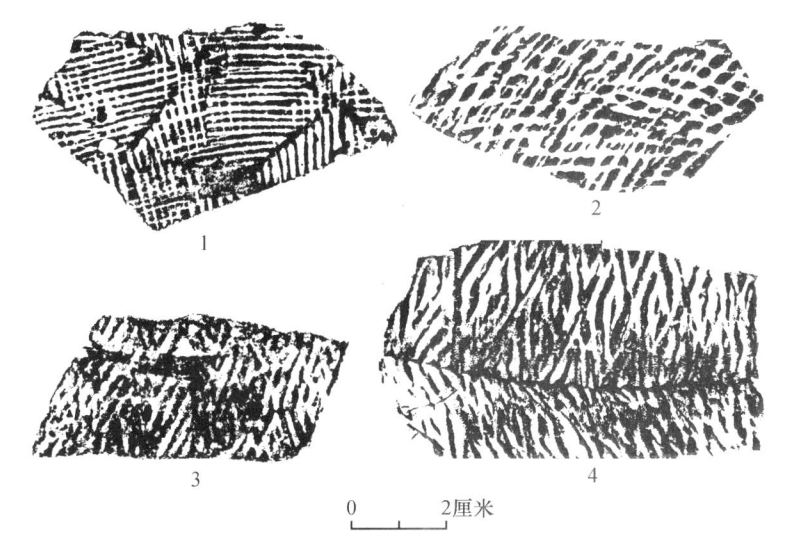

图三七四 第4层出土陶器纹饰拓片

1. 菱形填线纹（T0202④A：92） 2. 菱形纹（T0405④B：31） 3、4. 重菱形纹（3. T0205④A：82、4. T0406④A：66）

图三七五 第4层出土陶器纹饰拓片

1~4. 曲折纹（1. T0203④A：87、2. T0405④A：24、3. T0503④A：61、4. T0503④A：62） 5. 绳索纹（T0302④A：45）
6. 圆形镂孔（T0204④A：68） 7. 弦纹+圆形镂孔（T0405④B：33）

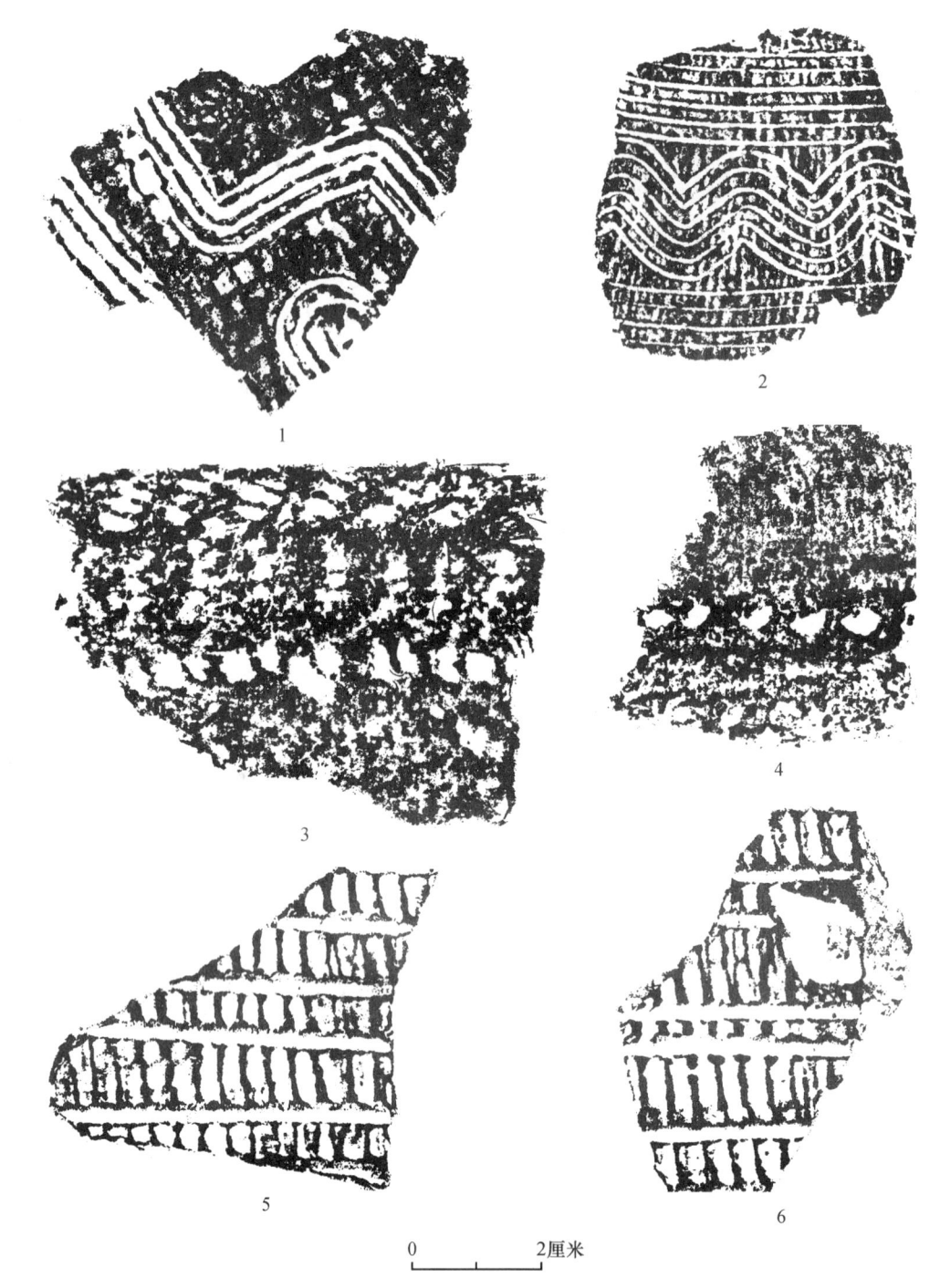

图三七六 第4层出土陶器纹饰拓片

1. 水波纹+重圈纹+方格纹（T0202④A：91） 2. 水波纹+弦纹+细绳纹（T0205④A：84） 3、4. 戳点纹（3. T0203④A：84、4. T0305④B：26） 5、6. 梯格纹（5. T0503④A：63、6. T0503④A：66）

半，饼形，斜边，中部穿孔。短径3.5、长径3.9、穿径0.4、厚0.5~0.7厘米（图三七七，3）。标本T0202④A：35，泥质黑皮红陶。边缘残，饼形，弧边，一面饰两周细凹弦纹，弦纹之间饰四组对称"十"字三短线刻划纹，中部穿孔。直径3.4、穿径0.3、厚0.8厘米（图三七七，4；图三八一，6；图版一一七，1）。标本T0202④A：56，泥质红陶。残存大半，饼形，斜边，中部穿孔。短径4.2、长径4.7、穿径0.5、厚0.5厘米（图三七七，5）。标本T0204④A：10，泥质灰陶。饼形，直边，中部穿孔。直径4、穿径0.3、厚0.5厘米（图三七七，6）。标本T0204④A：61，泥质红陶。残存一半，饼形，斜边，中部穿孔。短径3.25、长径4.15、穿径0.5、厚0.8厘米（图三七七，8）。标本T0305④A：30，泥质红陶。一面残，饼形，直边，中部穿孔。直径3.6、穿径0.5、残厚0.3厘米（图三七八，2）。标本T0307④A：6，泥质灰陶。饼状，斜边，宽面饰四组对称三弧线刻划纹，中部穿孔。短径4.4、长径4.9、穿径0.4、厚0.4厘米（图三七八，3；图三八一，3）。标本T0307④A：11，泥质灰陶。边缘略残，饼形，斜边，宽面饰四组对称三弧线刻划纹，中部穿孔。短径3、长径3.3、穿径0.2、厚0.8厘米（图三七八，4）。标本T0402④A：1，泥质黑皮红陶。饼形，斜边，一面饰四组对称三弧线刻划纹，中部穿孔。短径3.6、长径4、穿径0.4、厚0.6厘米（图三七八，5；图三八一，5）。标本T0406④A：20，泥质黑皮褐陶。局部残，饼形，直边，一面中间"十"字凹线纹将平面分成四等格，每格饰一道弧线刻划纹，中部穿孔。直径4.7、穿径0.5、厚0.8厘米（图三七八，7；图三八一，1）。标本T0406④A：46，泥质黑皮红陶。边缘残，饼形，直边，一面饰两周凹弦纹，凹弦纹之间饰小戳点纹，中部穿孔。直径3.7、穿径0.3、厚1厘米（图三七八，6；图三八一，8）。标本T0406④B：14，泥质灰白陶。饼形，直边，一面饰三周凹弦纹，中部穿孔。直径3.7、穿径0.4、厚0.5厘米（图三七八，8；图三八一，7；图版一一七，2）。标本T0406④B：17，泥质黄褐陶。饼形，斜边，中部穿孔。短径3.6、长径4、穿径0.4、厚0.5厘米（图三七八，9）。标本T0501④A：37，泥质红陶。边侧稍残，饼形，斜边，一面平，一面边缘凸，中部穿孔。短径4.4、长径4.8、穿径0.6、厚0.9厘米（图三八〇，9）。标本T0501④A：69，泥质红陶。饼形，斜边，残裂，宽面饰一周凹弦纹，中部穿孔。短径3.9、长径4.2、穿径0.4、厚0.4厘米（图三七九，1）。标本T0502④A：14，泥质灰陶。略残，饼形，斜边，宽面饰四组对称五至八道弧线刻划纹，中部穿孔。短径3.4、长径3.6、穿径0.4、厚0.4厘米（图三七九，2；图版一一七，3）。标本T0502④A：32，泥质灰白陶。局部残，饼形，弧边，素面，中部穿孔。直径3.4、穿径0.4、厚0.6厘米（图三七九，3）。标本T0503④A：13，泥质灰陶。局部残，饼形，斜边，宽面中间"十"字凹线纹将平面分成四等格，每格饰三弧线刻划纹，中部穿孔。短径5.1、长径5.4、穿径0.5、厚0.5厘米（图三七九，4）。标本T0503④A：49，泥质灰陶。局部残，饼形，斜边，宽面饰两个对称羊角状及三角弧线刻划纹，内填戳点纹，中部穿孔。短径3.6、长径4.3、穿径0.4、厚0.9厘米（图三七九，5；图三八一，9；图版一一七，4）。

Ab型，6件。标本T0202④A：15，泥质黄褐陶。饼状，直边，一面中部略凸，平面边侧饰两周细凹弦纹，中部穿孔。直径3.3、穿径0.2、厚0.8厘米（图三八〇，1；图版一一七，5）。标本T0306④A：32，泥质灰陶。仅存一半，饼形，直边，双面中间略凸，边缘薄，一

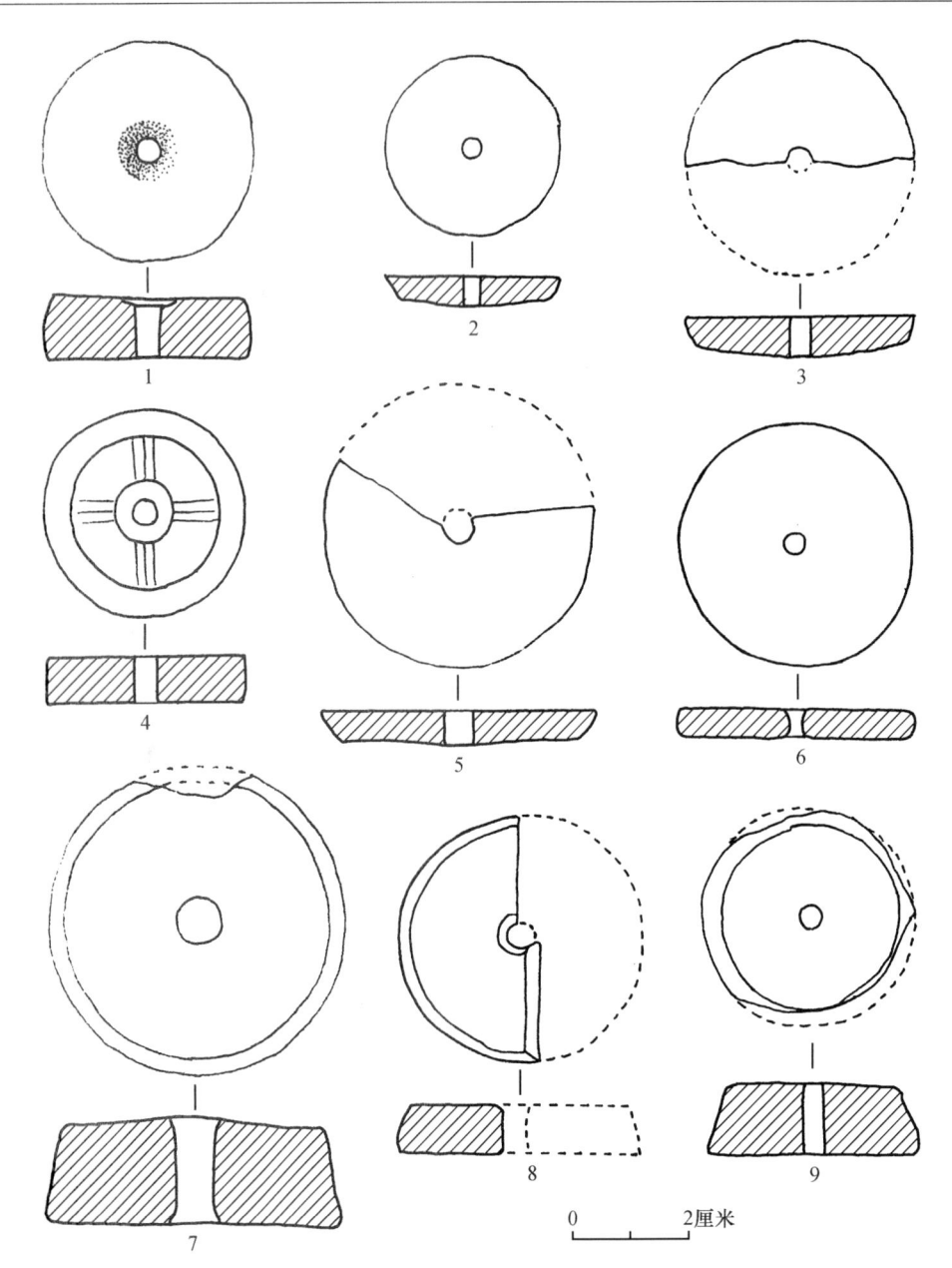

图三七七　第4层出土陶纺轮

1~6、8. Aa型（1. T0201④A：9、2. T0201④A：12、3. T0201④A：22、4. T0202④A：35、5. T0202④A：56、6. T0204④A：10、8. T0204④A：61）　7、9. B型（7. T0205④A：17、9. T0205④A：68）

面饰几何状刻划纹，中部穿孔。直径4.6、孔径0.6、厚0.4~0.8厘米（图三七九，6）。标本T0307④A：16，泥质灰陶。饼形，斜边，窄面中部略凸，宽面边侧饰一周凹弦纹，内饰四组对称三弧线刻划纹，中部穿孔。短径4、长径4.6、穿径0.3、厚1厘米（图三八〇，4；图三八一，4）。标本T0406④A：45，泥质黑皮褐陶。局部残，饼形，斜边，窄面中部略凸，宽面边侧饰一周凹弦纹，内饰四组对称三弧线刻划纹，中部穿孔。短径4.2、长径4.7、穿径0.4、厚0.5~1厘米（图三八〇，6）。标本T0406④B：2，泥质黄褐陶。局部残，饼形，直边，窄面中部略凸，边缘薄，中部穿孔。直径4.2、穿径0.5、厚0.4~0.8厘米（图三八〇，7）。标本

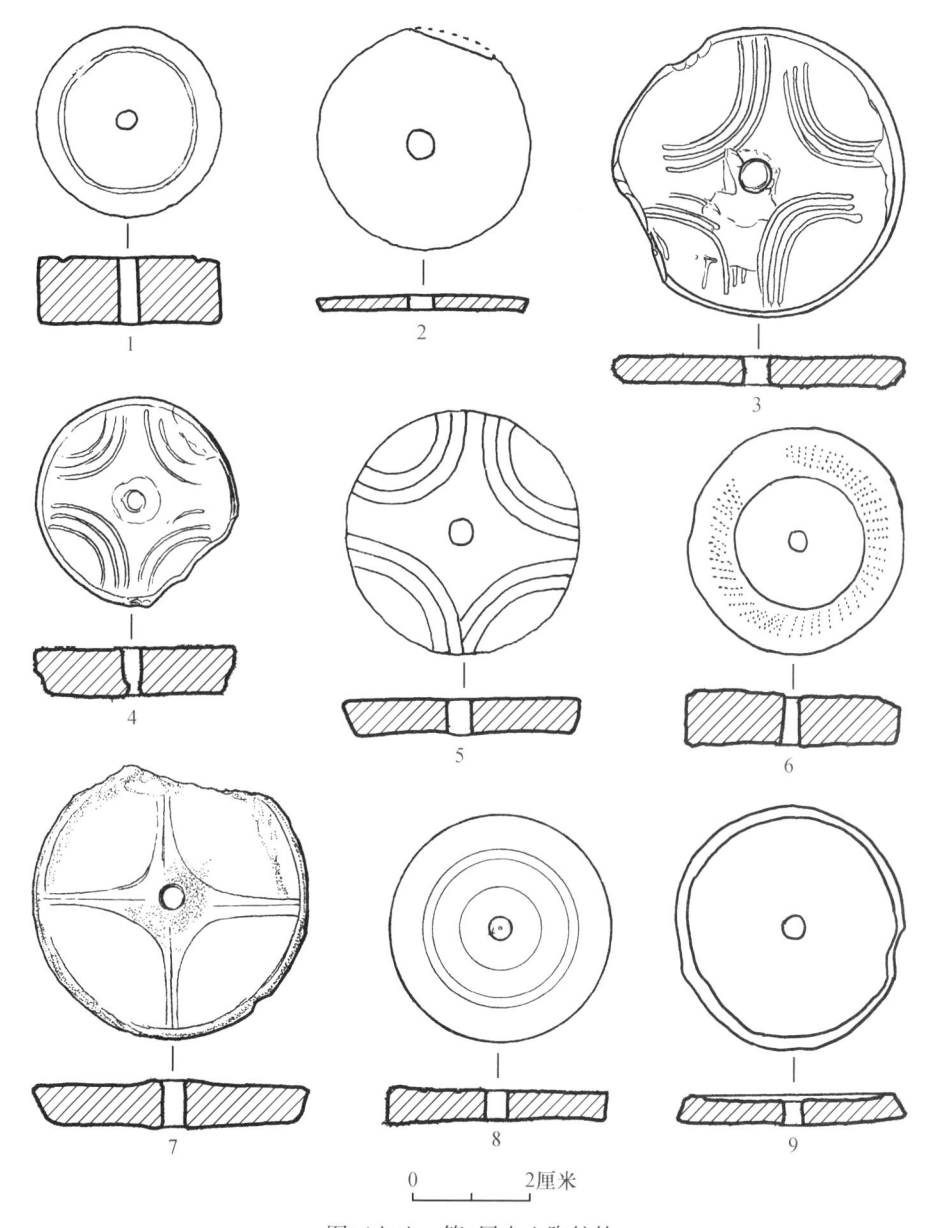

图三七八　第4层出土陶纺轮

1. B型（T0305④A：22）　2～9. Aa型（2. T0305④A：30、3. T0307④A：6、4. T0307④A：11、5. T0402④A：1、6. T0406④A：46、7. T0406④A：20、8. T0406④B：14、9. T0406④B：17）

T0501④A：40，泥质灰陶。局部残，饼形，斜边，窄面中部略凸，宽面饰四组对称三弧线刻划纹，中部穿孔。短径3.8、长径4、穿径0.4、厚0.6厘米（图三八〇，8）。

B型　3件。标本T0205④A：17，夹砂黄褐陶。局部残，圆台形，斜边，中部穿孔。短径4.5、长径5.2、穿径0.8、厚1.8厘米（图三七七，7）。标本T0205④A：68，泥质黄褐陶。局部残，圆台形，斜边，中部穿孔。短径3、长径3.6、穿径0.3、厚1.2厘米（图三七七，9）。标本T0305④A：22，泥质灰陶。一面边缘残，厚饼形，直边，一面边侧饰一周细凹弦纹，中部穿孔。直径3.2、穿径0.4、厚1.1厘米（图三七八，1）。

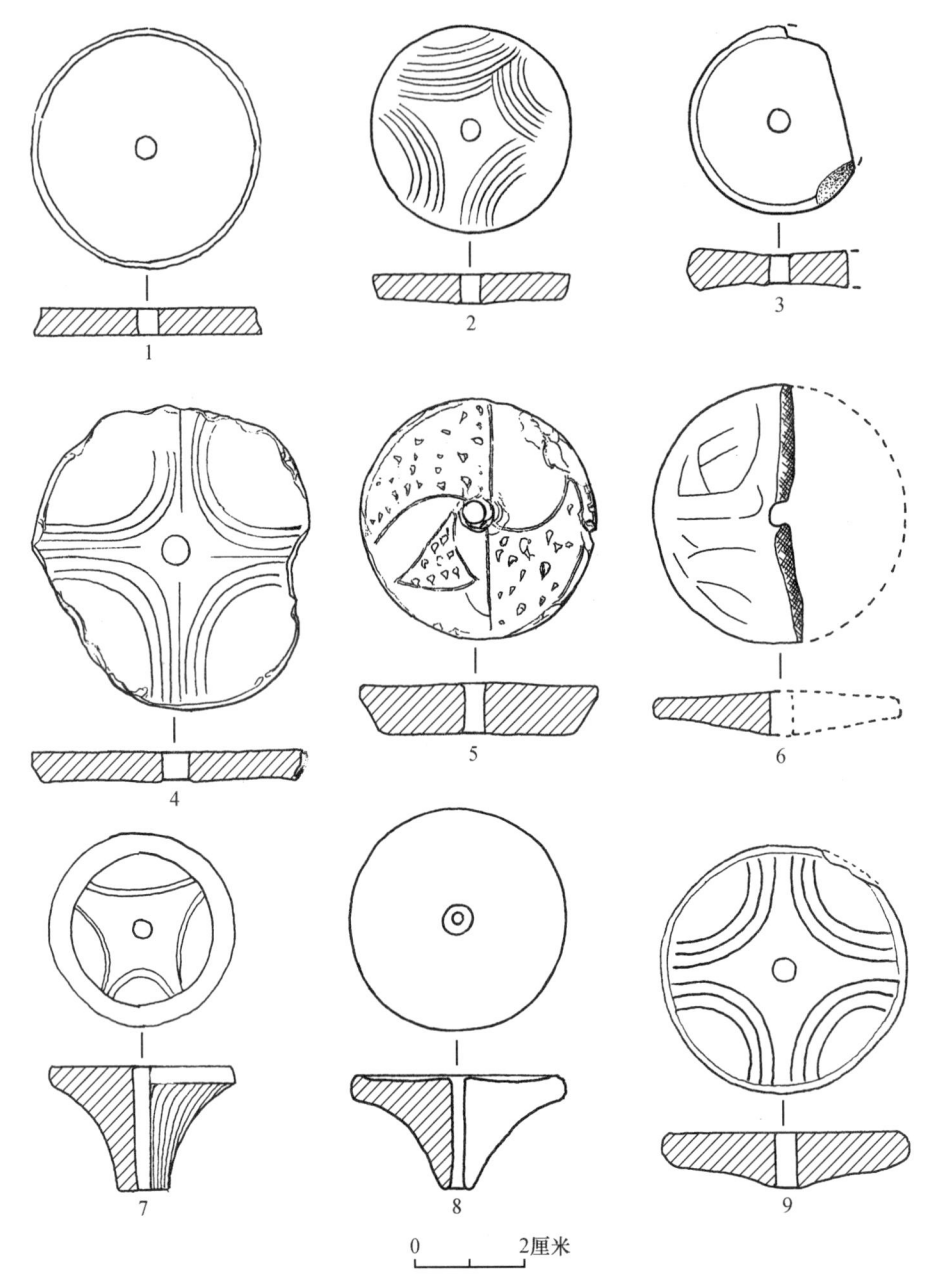

图三七九　第4层出土陶纺轮

1~5. Aa型（1. T0501④A：69、2. T0502④A：14、3. T0502④A：32、4. T0503④A：13、5. T0503④A：49）
6. Ab型（T0306④A：32）　7、8. Ca型（7. T0202④A：17、8. T0503④A：4）　9. Cb型（T0201④A：6）

C型　6件。

Ca型，2件。标本T0202④A：17，泥质灰陶。局部残，高斗笠状。凸面饰绳纹，平面边侧饰一周细凹弦纹，内部饰四组对称双弧线刻划纹，中部穿孔。短径1、长径3.4、底径1、穿径0.2、厚0.43~2.2厘米（图三七九，7；图三八一，2；图版一一七，6）。标本T0503④A：4，泥质灰陶。高斗笠状，素面，中部穿孔。短径0.6、长径4、穿径0.2、厚0.5~2厘米（图三七九，8）。

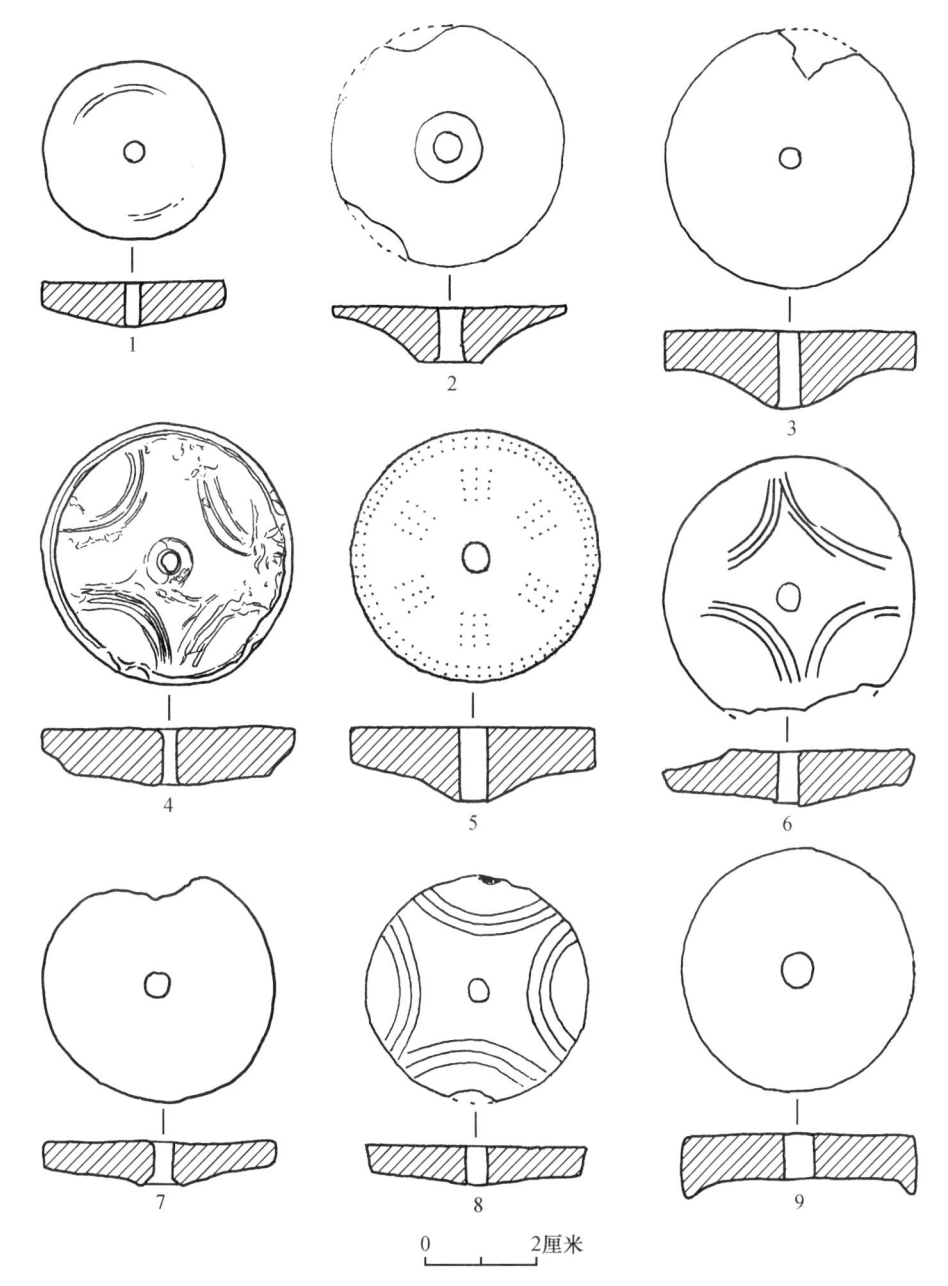

图三八〇　第4层出土陶纺轮

1、4、6~8. Ab型（1. T0202④A：15, 4. T0307④A：16, 6. T0406④A：45、7. T0406④B：2、8. T0501④A：40）
2、3、5. Cb型（2. T0205④A：38, 3. T0205④A：63, 5. T0401东扩方④A：4）　9. Aa型（T0501④A：37）

Cb型，4件。标本T0201④A：6，泥质灰陶。略残，短斗笠状，弧边，一面中部凸，宽面饰四组对称三周弧状凹弦纹，中部穿孔。直径4.5、穿径0.4、厚0.65~1厘米（图三七九，9）。标本T0205④A：38，泥质黄褐陶。局部残，短斗笠状，直边，一面凸呈梯形斜坡状，中部穿孔。直径4.2、穿径0.5、厚0.2~1厘米（图三八〇，2）。标本T0205④A：63，泥质黄褐陶。局部残，短斗笠状，直边，中部穿孔。直径4.6、厚0.7~1.4厘米（图三八〇，3）。标本T0401东扩方④A：4，泥质红陶。短斗笠状，直边，宽面边侧饰两周戳点纹，中部饰六组戳点

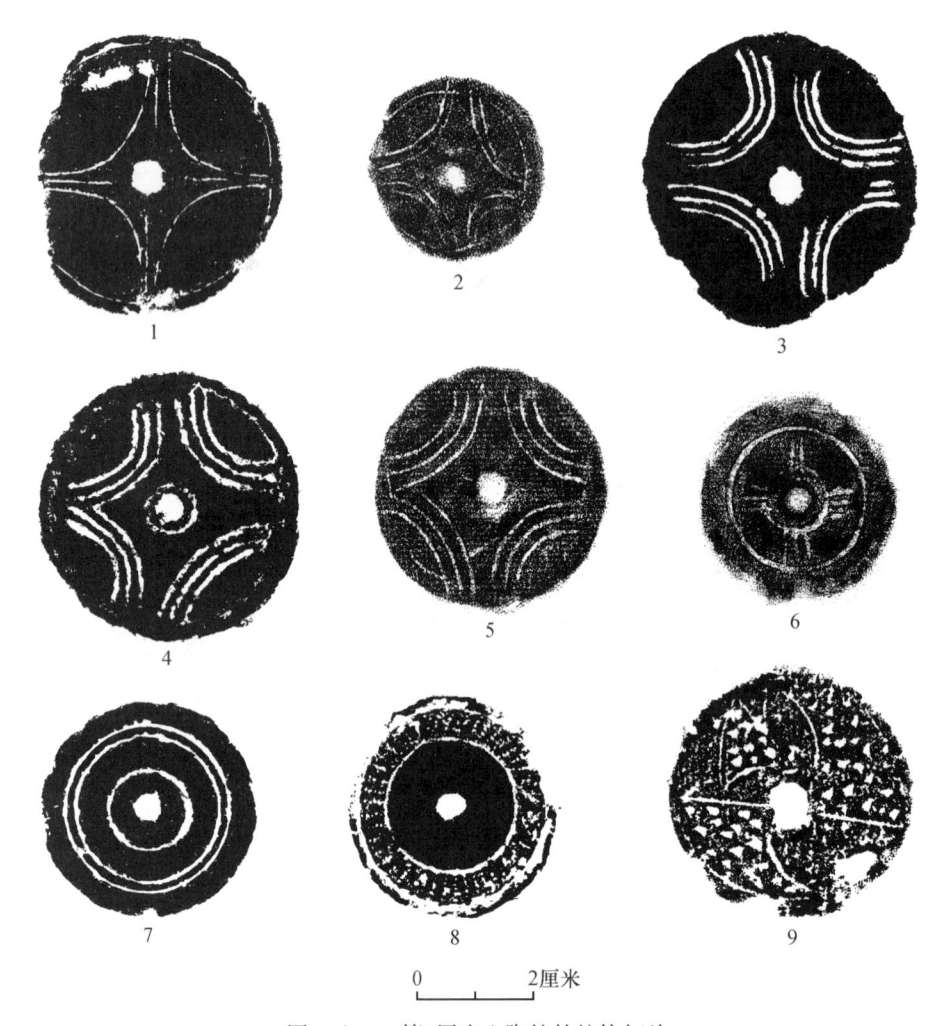

图三八一　第4层出土陶纺轮纹饰拓片

1. 单弧线（T0406④A∶20）　2. 双弧线（T0202④A∶17）　3～5. 三弧线（3. T0307④∶6、4. T0307④A∶16、5. T0402④A∶1）　6. "十"字三短线（T0202④A∶35）　7. 重圈纹（T0406④B∶14）　8. 重圈戳印纹（T0406④A∶46）　9. 刻划多角戳点纹（T0503④A∶49）

纹，中部穿孔。直径4.4、孔径0.5、厚0.6～1.3厘米（图三八〇，5；图版一一八，1）。

鼎足　39件。

A型　12件。

Aa型，8件。标本T0201④A∶38，夹砂黄褐陶。足下端残，宽扁直足。残高8.4、宽8.2、厚0.8～1.6厘米（图三八二，1）。标本T0202④A∶72，夹砂红陶。足下端残，宽扁足，足上端饰一排戳点纹。残高6.6、宽5～7.6、厚1～1.6厘米（图三八二，2）。标本T0202④A∶74，夹砂红陶。上端残，宽扁足，足外饰三道瓦棱纹。残高6、宽5～6.8、厚0.2～1.2厘米（图三八二，3）。标本T0204④A∶63，夹砂红陶。下端残，宽扁足，外饰上下数道斜向刻划纹。残高6.8、宽6.7～8、厚1.4～2厘米（图三八二，4）。标本T0304④A∶7，夹砂灰陶。下端及一侧残，宽扁足，足外上端饰麻花状附加堆纹，下端饰二道瓦棱纹。残高6.4、残宽6.5、厚1～2厘米（图三八二，5）。标本T0406④B∶22，夹砂红陶。下端残，宽扁形足，足外上端饰凹弦

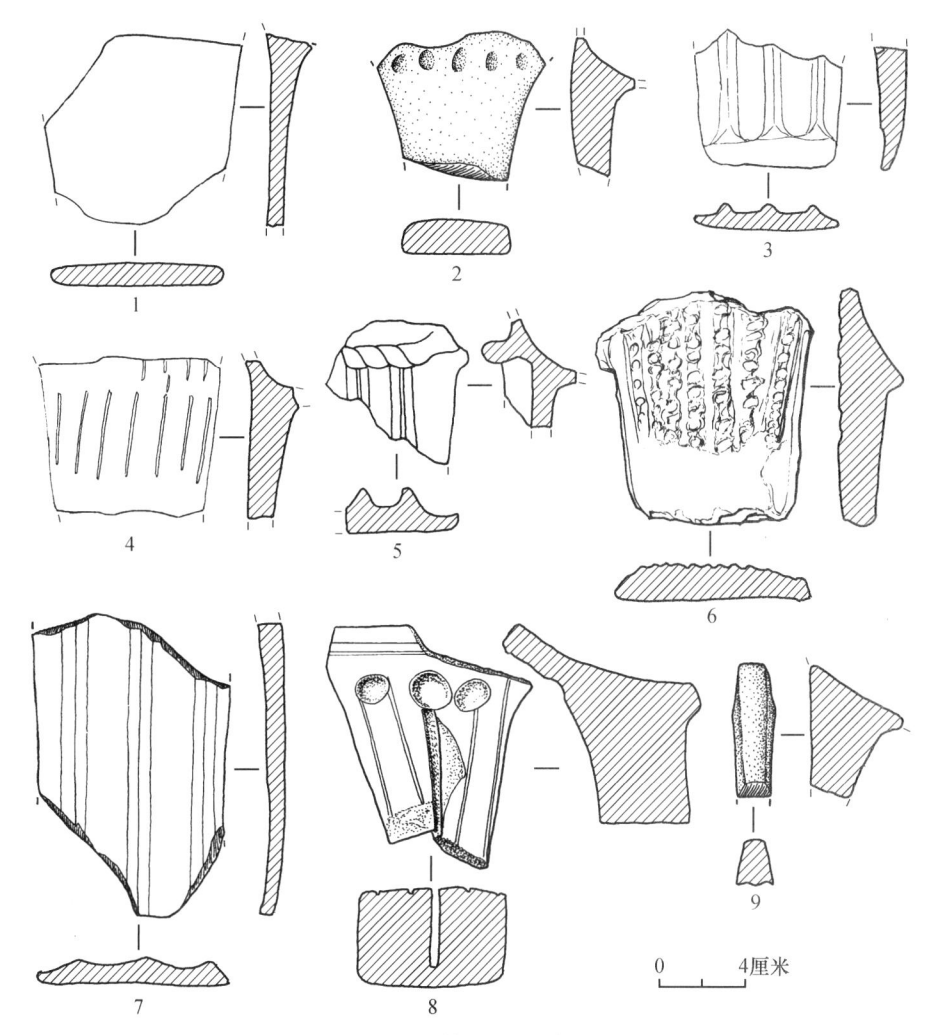

图三八二　第4层出土陶鼎足

1~8. Aa型（1. T0201④A：38、2. T0202④A：72、3. T0202④A：74、4. T0204④A：63、5. T0304④A：7、6. T0406④B：22、7. T0501④A：82、8. T0502④A：64）　9. Bb型（T0203④A：69）

纹间隔戳点纹，内侧平。残高10.4、宽7.2~10、厚1.5~2.5厘米（图三八二，6；图版一一八，2）。标本T0501④A：82，夹砂红陶。上下端残，宽扁足，足外饰三道瓦棱纹。残高12.8、残宽8.8、厚1.1厘米（图三八二，7）。标本T0502④A：64，夹砂红陶。下端残，宽扁厚足，足外上端饰一条凸棱，其下饰三个按窝及五道竖向刻槽。残高10.8、宽4.5~9、厚5厘米（图三八二，8；图三八七，6；图版一一八，3）。

Ab型，4件。标本T0202④A：7，夹砂黄褐陶。外撇宽扁足，足底平。残高13.4、宽5.4~7.4、厚1.6~4厘米（图三八三，1；图版一一八，4）。标本T0202④A：21，夹砂黄褐陶。足底残，外撇宽扁足。残高7.2、宽2.8~4.8、厚0.7~1.4厘米（图三八三，4）。标本T0405④B：22，夹砂红陶，外撇宽扁足，上端残，足外上端饰一道横向附加堆纹，中部饰数道竖向刻划纹。残高15、宽3~6.3、厚1厘米（图三八三，3；图三八七，10）。标本T0502④A：68，夹砂红陶。外撇宽扁足，足外饰四道凸棱状附加堆纹，上部再饰篦点纹。残

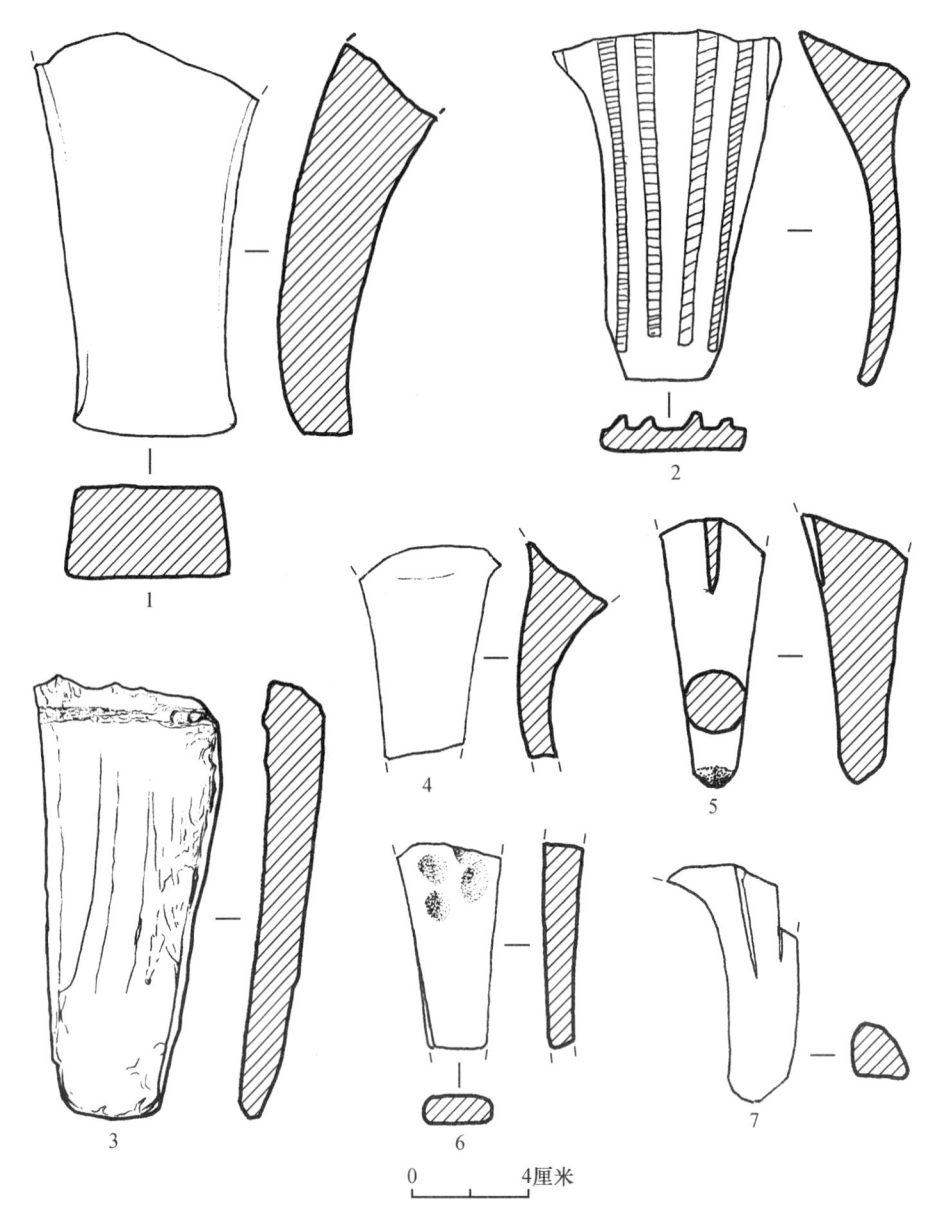

图三八三　第4层出土陶鼎足

1~4. Ab型（1. T0202④A：7、2. T0502④A：68、3. T0405④B：22、4. T0202④A：21）　5、6. Ca型（5. T0501④A：84、6. T0501东扩方④A：22）　7. Cb型（T0202④A：61）

高11.6、宽2.8~7.8、厚0.7厘米（图三八三，2；图三八七，9）。

B型　9件。

Ba型，8件。标本T0201④A：37，夹砂灰白陶。扁锥足，足底平，足外饰绳纹及四道竖向刻槽。残高13.4、宽2.8~6.8、厚1~2厘米（图三八四，1；图三八七，8；图版一一八，5）。标本T0202④A：71，夹砂红陶。足上端残，宽扁形足，足底平，足外饰三道竖刻划纹。残高9.8、宽1.9~3.8、厚1.3~1.8厘米（图三八四，2；图三八七，4）。标本T0204④A：64，夹砂红陶。上端残，扁锥足，外饰三道竖向刻槽。残高9.2、宽2.6~5、厚1.4~2.2厘米（图三八四，4）。标本T0304④A：6，夹砂灰陶。下端残，扁锥足，外饰绳纹。残高13.4、宽4.5~9.6、厚2~3厘米（图三八四，3）。标本T0305④A：42，夹砂红陶。上下残，扁锥足，足外饰绳纹及一排竖向按窝。残高8.6、宽2.8~3、厚1.5厘米（图三八四，5）。标本T0405④B：21，夹砂灰陶。扁锥足，足外下端饰二道凹槽。高16.6、宽2.6~8、厚2.5厘米（图三八四，6；图版一一八，6）。标本T0501④A：83，夹砂红陶。上端残，扁锥足，外饰绳纹。残高7.8、宽3~5、厚3厘米（图三八四，7）。标本T0502④A：3，夹砂灰白陶。扁锥足，下端平，外饰三道竖向刻槽。残高13.6、宽3~7.8、厚1.8厘米（图三八四，8；图三八七，3；图版一一九，1）。

Bb型，1件。标本T0203④A：69，夹砂黄褐陶。下端残，宽扁锥形足，侧装。残高6、残宽1.3~1.8、厚2~4.2厘米（图三八二，9）。

C型　18件。

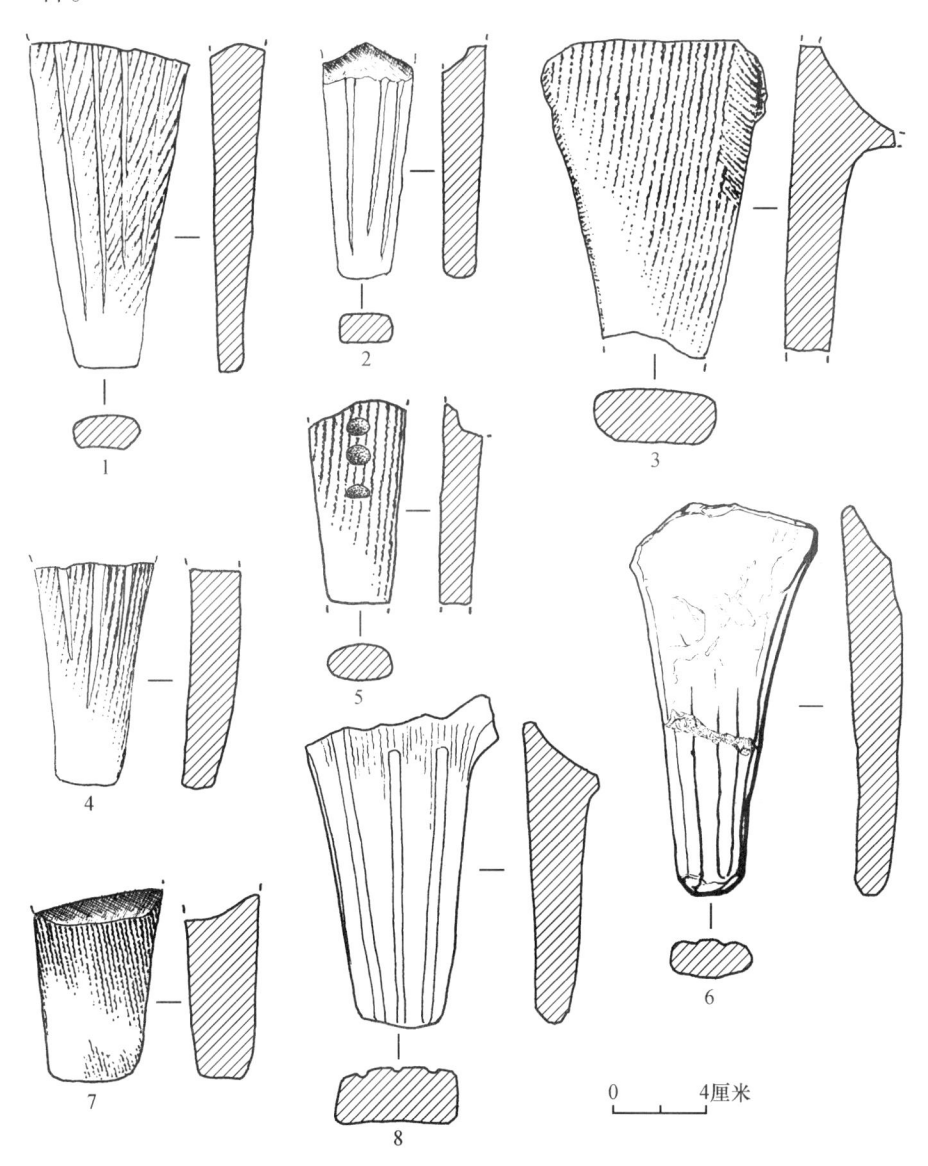

图三八四　第4层出土Ba型陶鼎足
1. T0201④A：37　2. T0202④A：71　3. T0304④A：6　4. T0204④A：64　5. T0305④A：42　6. T0405④B：21　7. T0501④A：83
8. T0502④A：3

Ca型，17件。标本T0201④A：39，夹砂红陶。下端残，圆锥足，足外上部饰一排竖向按窝。残高6厘米（图三八五，1）。标本T0201④A：40，夹砂红陶。圆锥足，足外饰上下二道斜向刻划纹。残高7.4厘米（图三八五，2）。标本T0202④A：70，夹砂红陶。圆锥足，足上端饰一个按窝，其下饰一道竖向刻槽，足底有削痕。高13.2、底径2厘米（图三八五，4）。标本T0202④A：73，夹砂红陶。足上端残，圆锥形足，足外饰一道竖向刻槽，足底尖，有削痕。残高7.4厘米（图三八五，3）。标本T0203④A：66，夹砂黄褐陶。圆锥形足，足外上端饰三个按窝，其下饰三道刻槽。残高13、底径1.7厘米（图三八五，5；图版一一九，2）。标本T0204④A：62，夹砂红陶。下端残，锥状足，足外上端饰按窝，其下饰三道竖向刻槽。残高8.4厘米（图三八五，6）。标本T0204④A：65，夹砂灰陶。下端残，圆锥足，足根外凸并饰一个按窝。残高8.8、残宽6厘米（图三八五，7；图版一一九，4）。标本T0203④A：68，

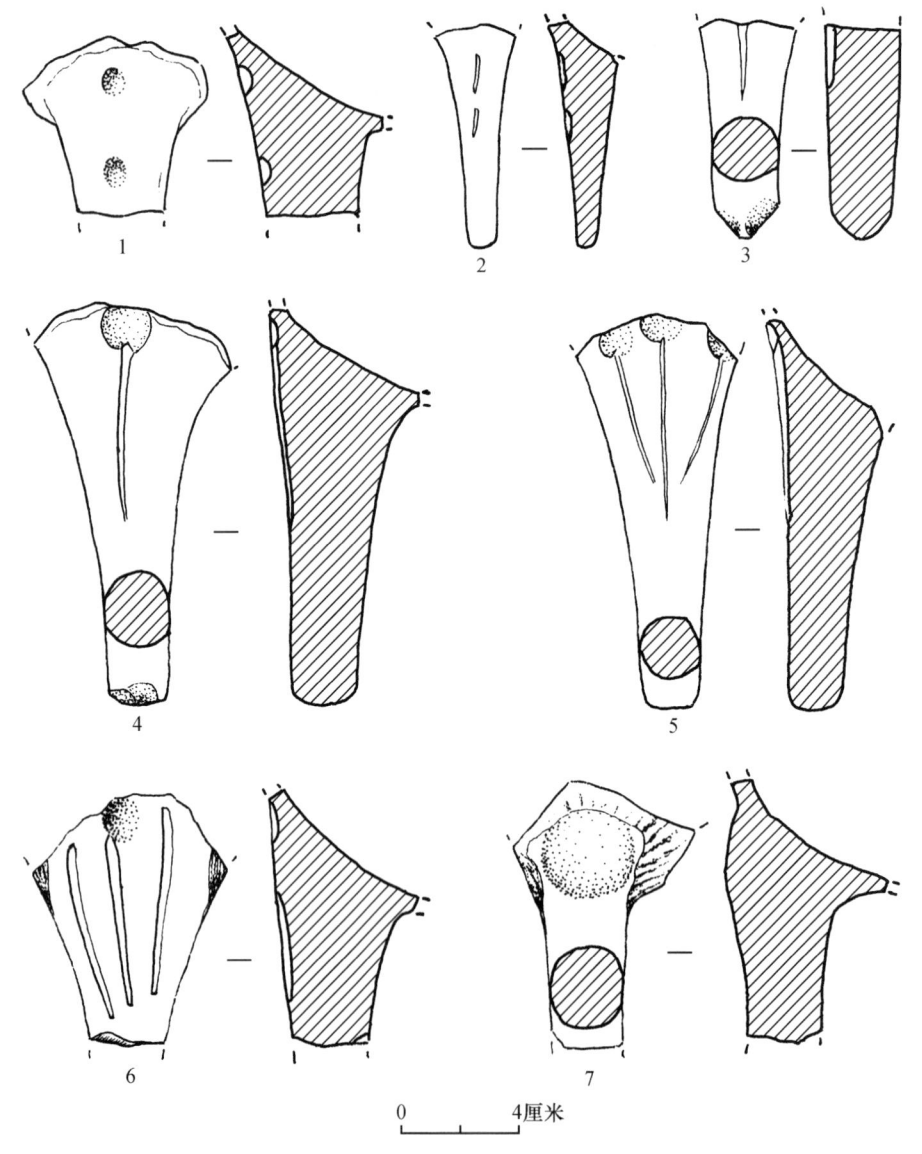

图三八五　第4层出土Ca型陶鼎足

1. T0201④A：39　2. T0201④A：40　3. T0202④A：73　4. T0202④A：70　5. T0203④A：66　6. T0204④A：62
7. T0204④A：65

夹砂黄褐陶。圆锥足，外饰上下二道竖向刻槽，尖足底，有削痕。残高10.8、残宽4.6厘米（图三八六，1；图版一一九，3）。标本T0305④A：43，夹砂黄褐陶。下端残，圆锥足，足根饰三个按窝。残高6.6厘米（图三八六，2）。标本T0306④A：4，夹砂黄褐陶。圆锥足，足根饰一个按窝，其下饰一道竖向刻槽。高13.8厘米（图三八六，3；图版一一九，5）。标本T0405④B：23，夹砂红陶。圆锥足。高10.8厘米（图三八六，4；图版一一九，6）。标本T0405④B：25，夹砂红陶。上端残，圆锥足，足外饰三道竖向刻槽。残高8.3厘米（图三八六，5；图三八七，5）。标本T0406④B：27，夹砂红陶。扁锥状足，足外上端饰一道竖向刻槽。高14.2、宽1.5～6、厚3.1厘米（图三八六，6）。标本T0407④A：5，夹砂红陶。圆锥足，足外上端饰一个按窝，其下饰一道竖向刻槽。高12、足底径1.5厘米（图三八六，7；图

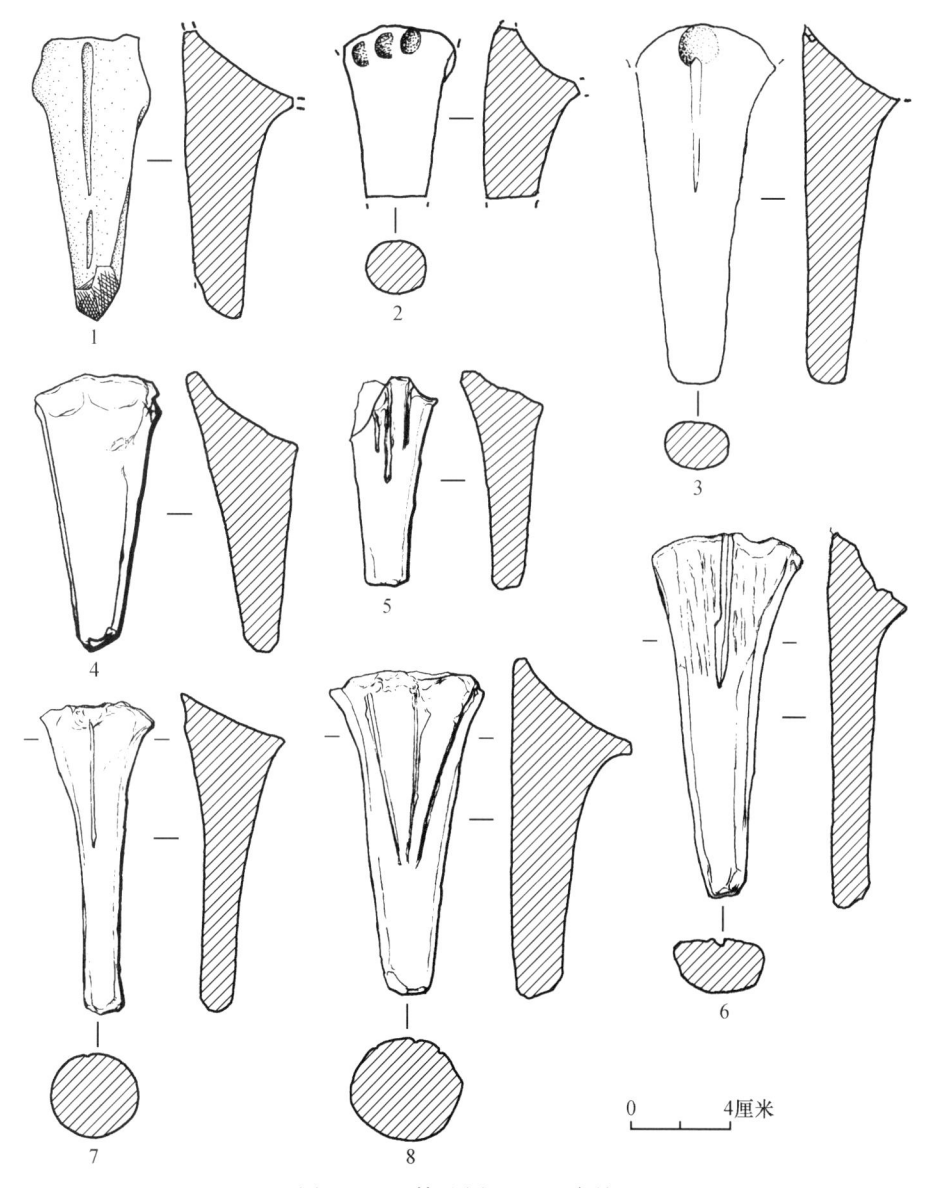

图三八六　第4层出土Ca型陶鼎足

1. T0203④A：68　2. T0305④A：43　3. T0306④A：4　4. T0405④B：23　5. T0405④B：25　6. T0406④B：27　7. T0407④A：5
8. T0407④A：6

三八七，1；图版一二〇，1）。标本T0407④A∶6，夹砂红陶，圆锥足，足外上端饰三道竖向刻槽。高12.5、上宽6.2、足底径1.5厘米（图三八六，8；图三八七，2；图版一二〇，2）。标本T0501④A∶84，夹砂黄褐陶。圆锥状足，上端残，足外上端饰一道竖向刻槽。残高8.8、残宽1.4～3.2厘米（图三八三，5）。标本T0501东扩方④A∶22，夹砂红陶。上端残，扁锥足，足根饰四个按窝。残高7、宽1.9～3.7、厚0.8～1.4厘米（图三八三，6）。

Cb型，1件。标本T0202④A∶61，夹砂红陶。侧装圆锥状足，足底两侧向内削尖，足上端两

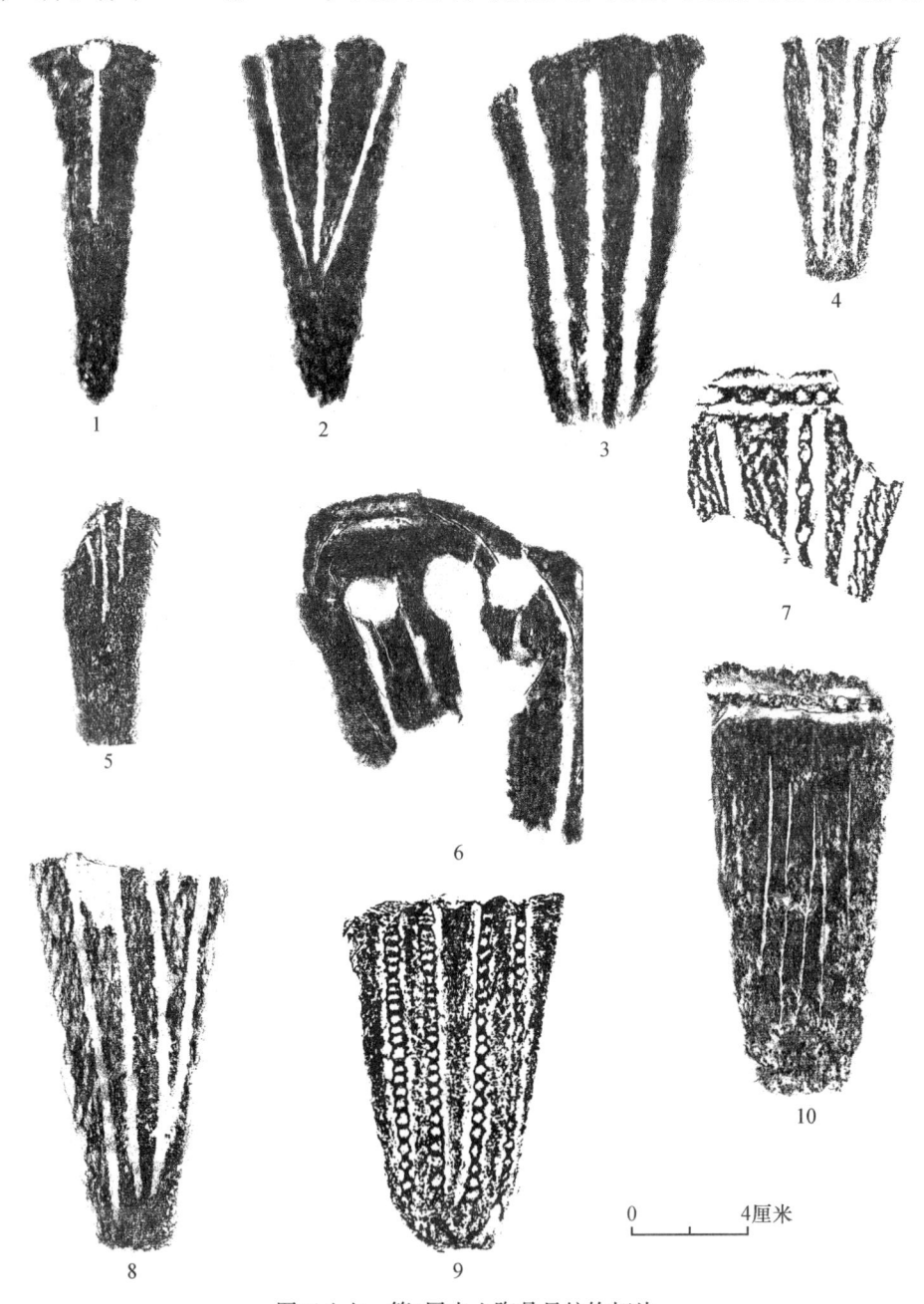

图三八七　第4层出土陶鼎足纹饰拓片

1. 按窝+刻槽（T0407④A∶5）　2～5. 三刻槽（2. T0407④A∶6、3. T0502④A∶3、4. T0202④A∶71、5. T0405④B∶25）
6. 三按窝+三刻槽（T0502④A∶64）　7. 附加堆纹+绳纹+刻槽（T0302④A∶45）　8. 四刻槽（T0201④A∶37）
9. 附加堆纹（T0502④A∶68）　10. 附加堆纹+细刻槽（T0405④B∶22）

侧各饰一道竖向刻槽。高7.8、宽2~3.8、厚1.6~2.1厘米（图三八三，7；图版一二〇，3）。

鬲口沿　5件。标本T0201④A：56，夹砂黄褐陶。短沿外斜，斜度较大，弧肩，肩饰绳纹。残高3.4、复原口径20、厚0.5厘米（图三八八，1）。标本T0204④A：71，夹砂灰陶。短外斜沿，束颈，弧肩，肩饰绳纹。残高4、残宽7、厚0.3厘米（图三八八，2）。标本T0204④A：72，泥质灰陶。仅存口沿局部，外卷口，短平沿，斜唇，束颈，弧腹，腹饰绳纹。残高4.4、残宽4.4、厚0.3厘米（图三八八，3）。标本T0501④A：75，泥质灰陶。仅存口沿局部，外卷口，短平沿，斜唇，束颈，弧腹。肩、腹饰绳纹。残高4.6、残宽10.7、厚0.4厘米（图三八八，4；图版一二〇，4）。标本T0502④A：67，泥质灰陶。外卷口，短平沿，束

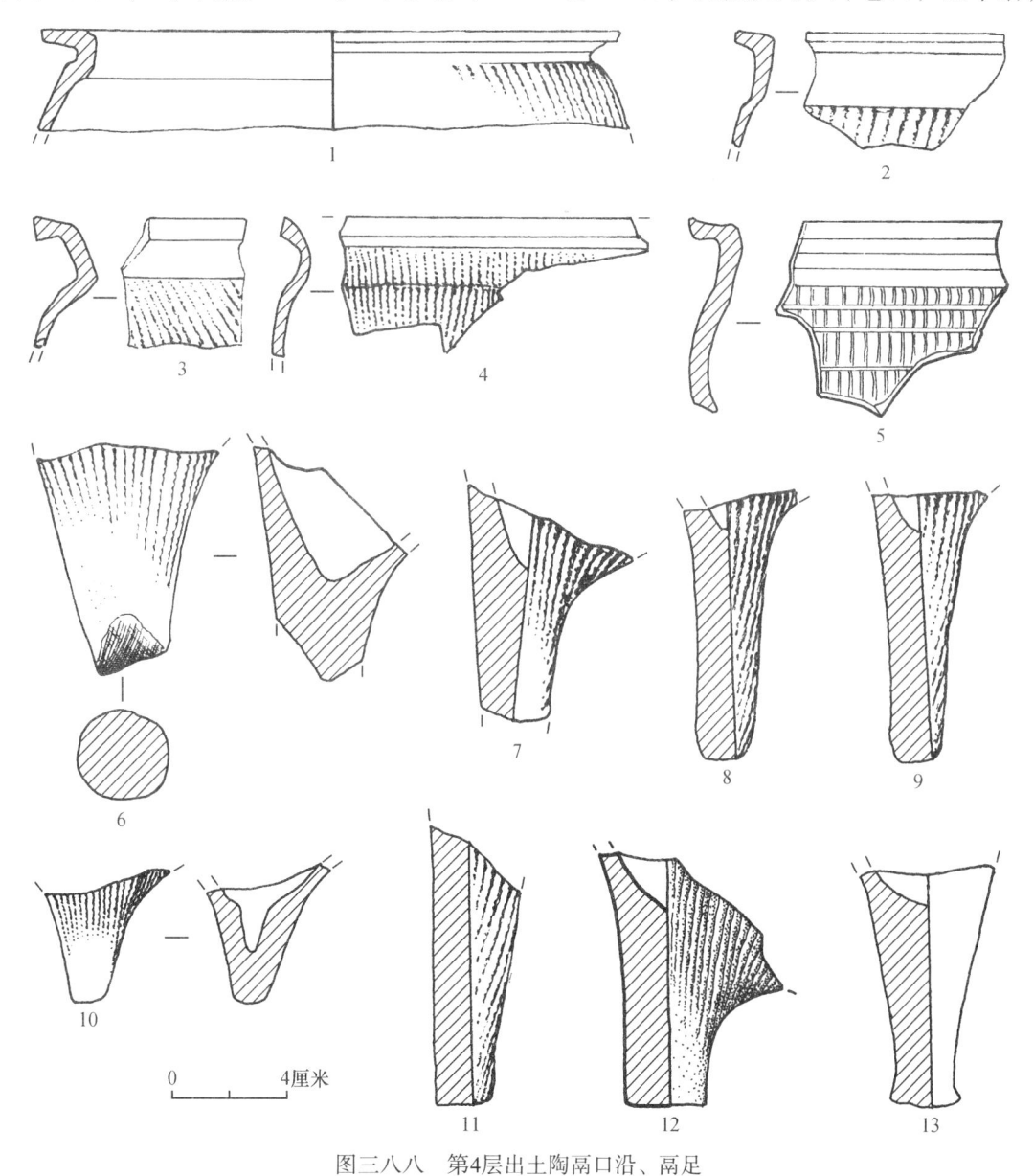

图三八八　第4层出土陶鬲口沿、鬲足

1~5.鬲口沿（1. T0201④A：56、2. T0204④A：71、3. T0204④A：72、4. T0501④A：75、5. T0502④A：67）　6、7、10. A型鬲足（6. T0201④A：42、7. T0501④A：54、10. T0205④A：71）　8、9、11. C型鬲足（8. T0205④B：6、9. T0305④B：21、11. T0305④B：22）　12. B型鬲足（T0501④A：53）　13. D型鬲足（T0406④A：64）

颈，肩部凹弦纹间隔绳纹。残高6.6、残宽8.5、厚0.6厘米（图三八八，5；图版一二〇，5）。

鬲足　8件。

A型　3件。标本T0201④A：42，夹砂黄褐陶。下端残，粗锥状足，浅足窝，外饰绳纹。残高8厘米（图三八八，6；图版一二一，1）。标本T0205④A：71，夹砂红陶。矮锥状足，浅足窝。残高4.6厘米（图三八八，10）。标本T0501④A：54，夹砂红陶。下端残，粗锥状足，浅足窝。残高7.5、残宽5.8、厚1厘米（图三八八，7）。

B型　1件。标本T0501④A：53，夹砂红陶。短柱状足，平足跟。残高8.4、足底径2.8厘米（图三八八，12；图版一二一，2）。

C型　3件。标本T0205④B：6，夹砂灰陶。细柱状足，浅足窝，足外饰绳纹。残高9厘米（图三八八，8；图版一二一，3）。标本T0305④B：21，夹砂红陶。细柱状足，浅足窝，足外饰绳纹。残高9.2、足径2~3.2厘米（图三八八，9；图版一二一，4）。标本T0305④B：22，夹砂红陶。上端残，细柱状足，足底平，足外饰绳纹。残高9.4、足径2~3厘米（图三八八，11；图版一二一，5）。

D型　1件。标本T0406④A：64，夹砂红陶。上端残，兽蹄状足，平底，浅足窝，素面。残高8.2、上宽4.5、足底径2.3厘米（图三八八，13；图版一二一，6）。

高领罐口沿　11件。

A型　3件。标本T0307④A：7，泥质黑皮红陶。外卷口，高束领。口径12、残高7、厚0.4厘米（图三九〇，1；图版一二二，5）。标本T0406④A：58，泥质灰陶。外卷口，高束领，鼓肩。复原口径12.3、残高7.6、厚0.9厘米（图三九〇，2）。标本T0406④B：26，泥质灰陶。喇叭口，高束领。残高6、复原口径16、厚0.7厘米（图三九〇，3）。

B型　7件。标本T0201④A：24，夹砂黑皮红陶。高直领，溜肩，领肩交界处贴半椭圆形捏手，领部饰两周水波压印纹，肩部饰竖绳纹。残高8.8、残宽8.9、厚0.8厘米（图三八九，1）。标本T0203④A：71，夹砂黄褐陶。高折领，外饰绳纹。残高9.4、残宽9、厚0.6厘米（图三八九，2）。标本T0203④A：82，泥质黄褐陶。高直领，外饰竖向细密刻划纹，领下饰一周凸棱。残高5.8、残宽10、厚0.9厘米（图三八九，3）。标本T0204④A：76，泥质黄褐陶。短平沿，高直领。残高5.8、残宽6.8、厚0.6厘米（图三八九，5）。标本T0302④A：41，夹砂红陶。侈口，高直领，外饰竖向细密刻划纹。口径14、残高6.4、厚0.6厘米（图三八九，4）。标本T0401东扩方④A：17，泥质灰陶。仅存口沿至腹部局部，侈口，短平沿，尖唇，高直领，溜肩，鼓腹，领饰斜绳纹，肩饰细弦纹，腹部饰间断绳纹，内壁口沿至肩饰横向绳纹。残高24、复原口径30、厚0.8厘米（图三八九，7；图版一二二，6）。标本T0502④A：65，夹砂红陶。仅存颈、肩交界处局部，高直领，斜肩，外饰绳纹，胎体较厚。残高7.8、残宽11.2、厚1.5厘米（图三八九，6）。

D型　1件。标本T0202④A：77，泥质灰陶。外卷口，方唇，高束领，外饰竖绳纹。残高4.8、残宽4~6.2、厚0.5厘米（图三九〇，4）。

矮领罐口沿　21件。

A型　8件。标本T0201④A：52，夹砂黄褐陶。短斜沿，弧肩，肩饰绳纹。残高4.2、复原

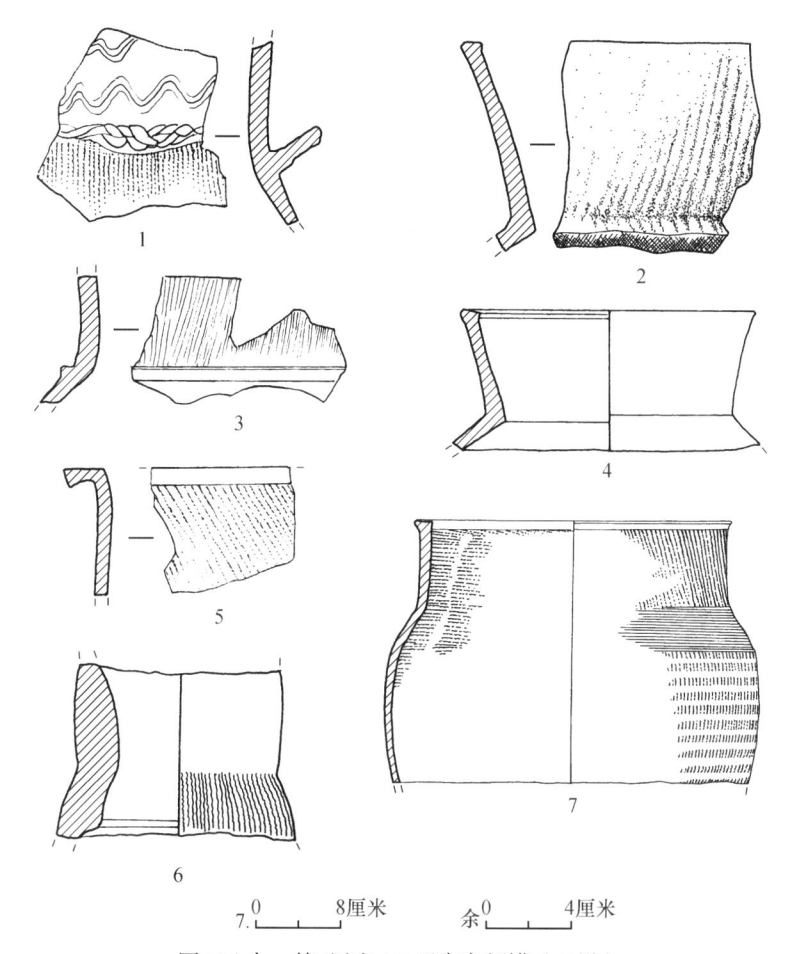

图三八九　第4层出土B型陶高领罐（口沿）

1. T0201④A：24　2. T0203④A：71　3. T0203④A：82　4. T0302④A：41　5. T0204④A：76　6. T0502④A：65
7. T0401东扩方④A：17

口径14、厚0.6厘米（图三九〇，5）。标本T0201④A：53，泥质黄褐陶。短斜沿，弧肩，肩饰绳纹+凹弦纹。残高3.5、复原口径10、厚0.4厘米（图三九〇，6）。标本T0203④A：76，夹砂黄褐陶。短斜沿，斜度较大，方唇，弧鼓肩，肩饰绳纹。残高6.6、残宽8.4、厚0.4厘米（图三九〇，7）。标本T0203④A：80，夹砂黄褐陶。短斜沿，弧肩。残高4、残宽6、厚0.4厘米（图三九〇，9）。标本T0205④A：73，泥质灰陶。胎体较厚，短斜沿，广肩。复原口径14、残高4.6厘米（图三九〇，8）。标本T0305④A：39，泥质灰陶。短斜沿，广肩，肩饰绳纹。复原口径20、残高5厘米（图三九〇，10）。标本T0305④B：20，泥质黄褐陶。短斜沿，尖唇，束颈，鼓肩，肩饰细绳纹。残高5、残宽5.2~8.2厘米（图三九〇，11）。标本T0406④A：61，夹砂灰陶。短斜沿，鼓肩，肩饰绳纹。复原口径17、残高5、厚0.4厘米（图三九〇，12；图版一二二，1）。

B型　6件。标本T0201④A：49，夹砂红陶。宽斜沿，弧肩，肩饰竖绳纹。残高7.8、复原口径18、厚0.9厘米（图三九一，1）。标本T0201④A：50，夹砂红陶。宽斜沿，弧肩，肩饰竖绳纹。残高6、复原口径20、厚0.5厘米（图三九一，3）。标本T0201④A：51，夹砂黄褐陶。宽斜沿，敞口，弧肩，肩饰绳纹。残高4、复原口径18、厚0.4厘米（图三九一，5）。标

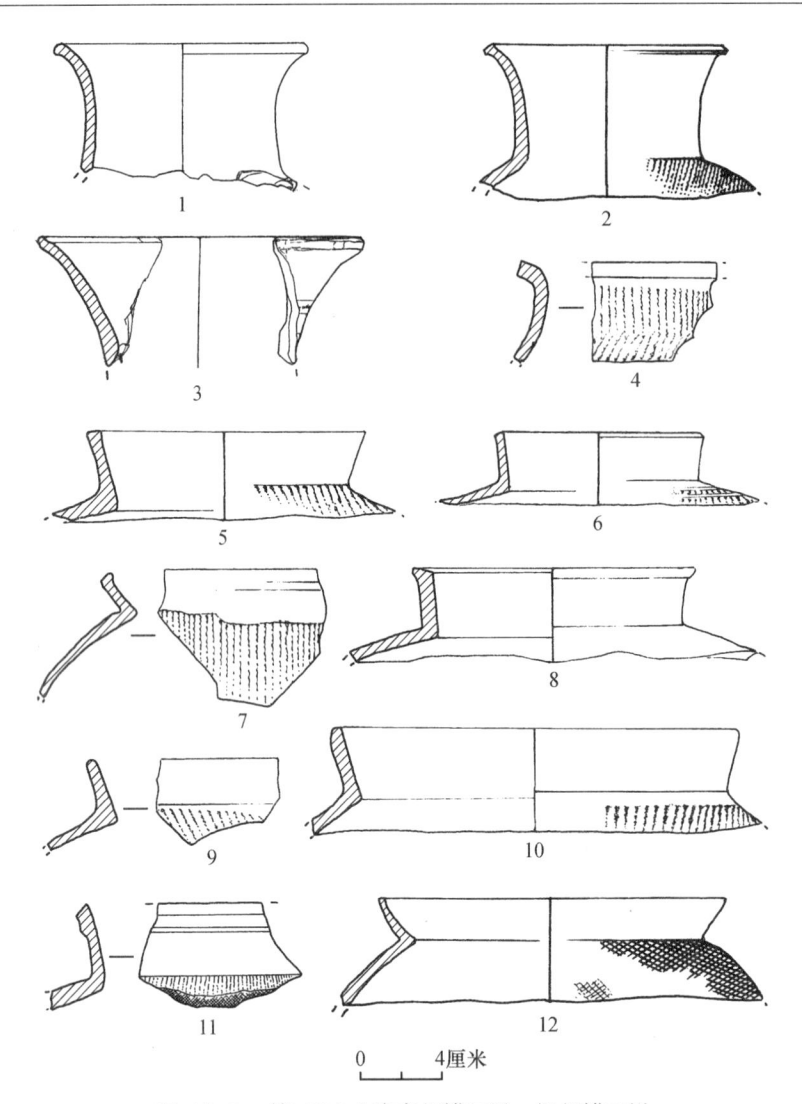

图三九〇 第4层出土陶高领罐口沿、矮领罐口沿

1~3. A型高领罐口沿（1. T0307④A：7、2. T0406④A：58、3. T0406④B：26） 4. D型高领罐（T0202④A：77）
5~12. A型矮领罐口沿（5. T0201④A：52、6. T0201④A：53、7. T0203④A：76、8. T0205④A：73、9. T0203④A：80、
10. T0305④A：39、11. T0305④B：20、12. T0406④A：61）

本T0203④A：81，夹砂黄褐陶。宽斜沿，肩饰细密刻划纹。残高3、残宽7、厚0.5厘米（图三九一，6）。T0406④B：23，夹砂红陶。宽斜沿，鼓肩，肩饰绳纹。残高7.5、复原口径16、厚0.6厘米（图三九一，7；图版一二二，2）。标本T0501④A：74，夹砂灰陶。仅存口肩部分，敞口，宽斜沿，沿面内凹，束颈，弧肩。残高10、残宽16、厚0.8厘米（图三九一，8；图版一二二，3）。

C型 3件。标本T0201④A：55，泥质黑皮灰陶。短直口，弧肩，肩梯格纹。残高3.6、复原口径20、厚0.7厘米（图三九一，9）。标本T0203④A：79，泥质黑皮红陶。短直口，广弧肩，肩饰绳纹。残高3.4、残宽10、厚0.5厘米（图三九一，2）。标本T0204④A：75，泥质灰陶。短直口，弧肩。残高3.6、残宽8、厚0.5厘米（图三九一，4）。

D型 3件。标本T0202④A：78，泥质黄褐陶。外卷沿，短束颈，弧鼓肩，肩饰竖绳

上篇 第八章 早三期遗存

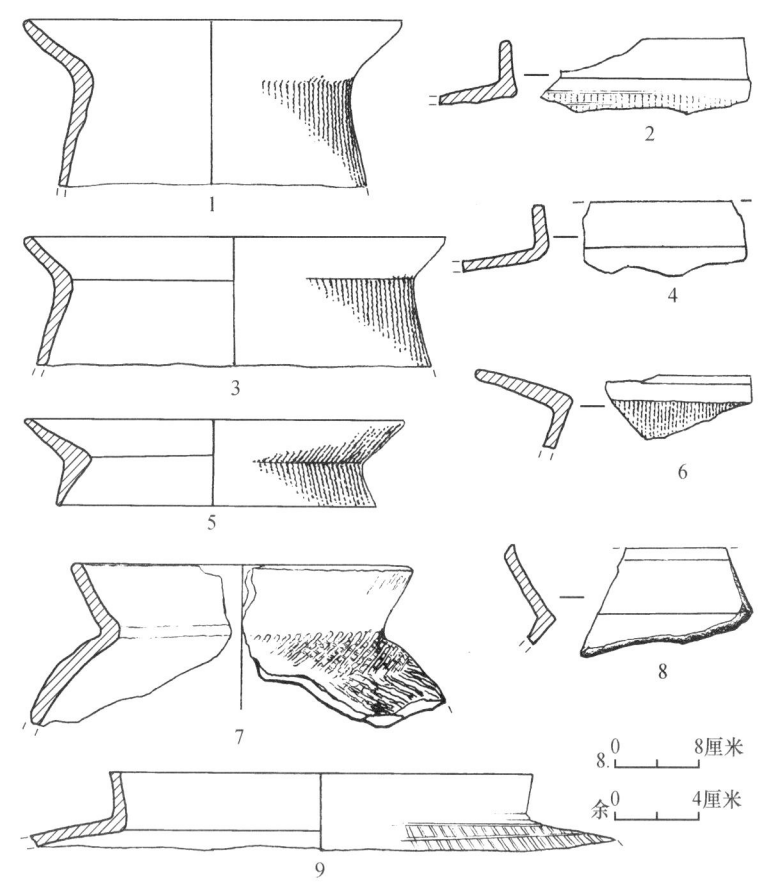

图三九一 第4层出土陶矮领罐口沿
1、3、5~8. B型（1. T0201④A：49、3. T0201④A：50、5. T0201④A：51、6. T0203④A：81、7. T0406④B：23、8. T0501④A：74） 2、4、9. C型（2. T0203④A：79、4. T0204④A：75、9. T0201④A：55）

纹。残高5、残宽8.6、厚0.4厘米（图三九二，1）。标本T0406④A：62，泥质黑皮红陶。外卷沿，短束颈，鼓肩。肩饰绳纹。复原口径18、残高4.6、厚0.5厘米（图三九二，2）。标本T0502④A：66，泥质黑皮红陶。外卷沿，短束颈，肩饰绳纹。残高4.6、残宽9.6、厚0.5厘米（图三九二，3）。

E型 1件。标本T0503④A：59，泥质灰陶。仅存口沿及肩部局部，内凹沿，短束颈，鼓肩，颈部饰两道绳索附加堆纹，肩饰绳纹。复原口径13、残高11.1、厚0.3厘米（图三九二，4；图版一二二，4）。

罐底 5件。

A型 2件。标本T0406④B：25，泥质黑皮红陶。仅存罐底部分，下腹斜收，小平底。残高3.7、宽11.2、底径6、厚0.9厘米（图三九三，1）。标本T0501东扩方④A：21，泥质灰陶。仅存罐底局部，下腹内收，平底。残高5、底径20、残宽22.4、厚1.3厘米（图三九三，5）。

B型 3件。标本T0202④A：79，夹砂灰陶。仅存底部，圜底内凹，外饰绳纹。残高1.6、底径10、厚0.5厘米（图三九三，3）。标本T0204④A：74，泥质黑皮灰陶。仅存底部，圜底内凹，外饰弦断绳纹。残高2.6、残宽9.6、厚0.6厘米（图三九三，2）。标本T0403④A：18，泥

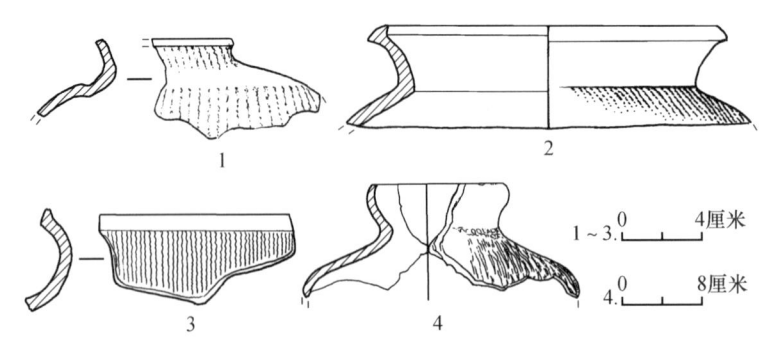

图三九二　第4层出土陶矮领罐口沿
1~3. D型（1. T0202④A∶78、2. T0406④A∶62、3. T0502④A∶66）　4. E型（T0503④A∶59）

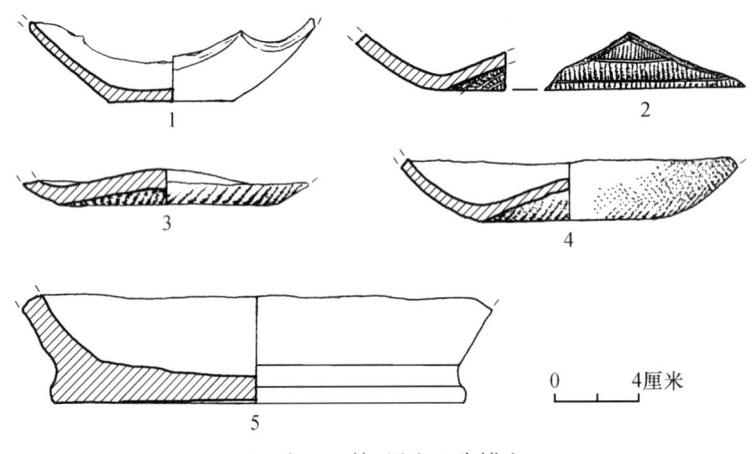

图三九三　第4层出土陶罐底
1、5. A型（1. T0406④B∶25、5. T0501东扩方④A∶21）　2~4. B型（2. T0204④A∶74、3. T0202④A∶79、4. T0403④A∶18）

质灰陶。仅存底部，圜底内凹，外饰绳纹。残宽16.5、残高2.8、厚0.5厘米（图三九三，4）。

釜鼎口沿　17件。标本T0407④A∶9，夹砂灰陶。外折沿，束颈，鼓肩，肩饰绳纹。口径24.5、残高9.2、厚0.5厘米（图三九五，7；图版一二〇，6）。标本T0201④A∶43，夹砂黄褐陶。宽折沿，沿面内凹。复原口径40、残高3.4、厚0.6厘米（图三九四，1）。标本T0201④A∶44，夹砂红陶。宽折沿。复原口径40、残高4.5、厚0.6厘米（图三九四，3）。标本T0201④A∶45，夹砂红陶。宽折沿，沿内侧有一道凸斜棱。复原口径38、残高4、厚0.7厘米（图三九四，4）。标本T0201④A∶46，夹砂黄褐陶。宽折沿，沿面内凹。复原口径38、残高4.4、厚0.4厘米（图三九四，6）。标本T0201④A∶47，夹砂黄褐陶。宽折沿，沿面内凹，弧肩，肩饰绳纹。复原口径40、残高3.4、厚0.5厘米（图三九四，7）。标本T0201④A∶48，夹砂灰陶。宽折沿，沿面内凹，侈口，弧肩，肩饰绳纹。残高4.8、复原口径22、厚0.5厘米（图三九四，9）。标本T0202④A∶75，夹砂红陶。宽斜沿，外饰竖绳纹。残高6、复原口径29、厚0.5厘米（图三九五，2）。标本T0202④A∶76，夹砂黄褐陶。短斜沿，弧鼓肩，肩饰竖绳纹。复原口径20、残高6.4、厚0.7厘米（图三九五，1）。标本T0203④A∶72，夹砂红陶。宽斜沿，沿面内凹，肩饰绳纹。残高4.6、残宽12.8、厚0.5厘米（图三九四，8）。标本T0203④A∶73，夹砂红陶。宽斜沿，沿面内凹。残高5.6、残宽8、厚0.8厘米（图三九五，

上篇 第八章 早三期遗存 ·503·

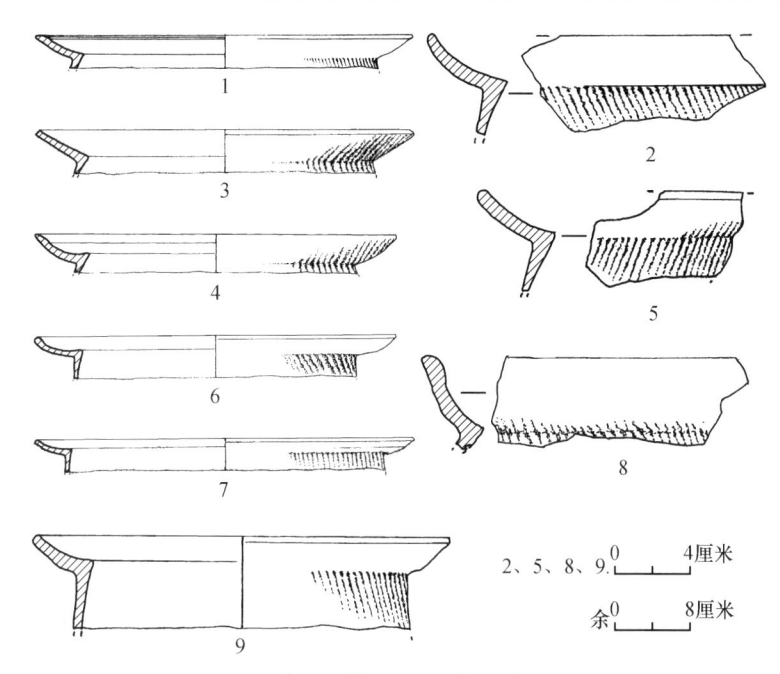

图三九四 第4层出土陶釜鼎口沿
1. T0201④A：43　2. T0305④B：19　3. T0201④A：44　4. T0201④A：45　5. T0305④A：40　6. T0201④A：46
7. T0201④A：47　8. T0203④A：72　9. T0201④A：48

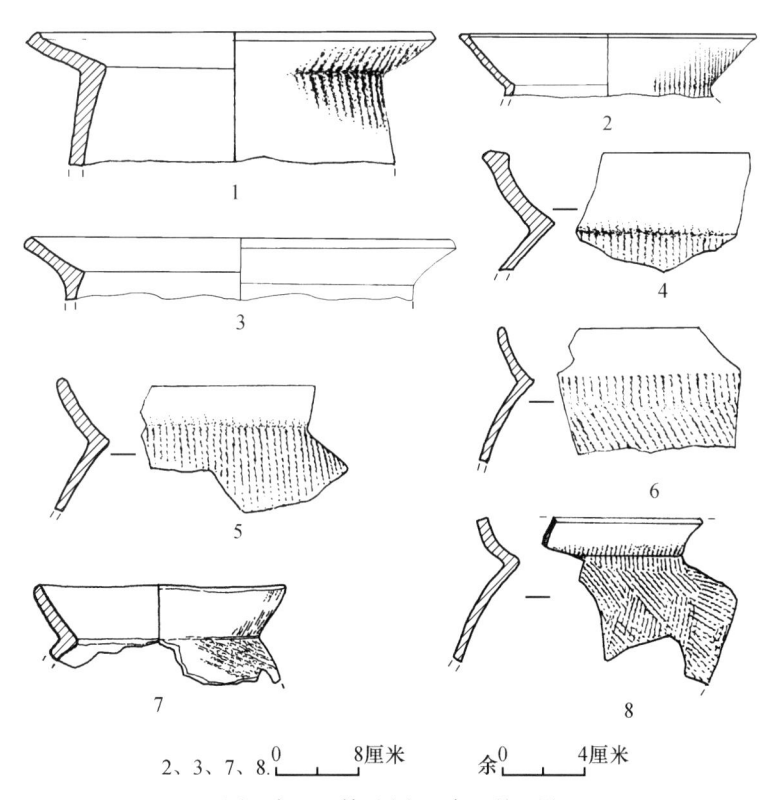

图三九五 第4层出土陶釜鼎口沿
1. T0202④A：76　2. T0202④A：75　3. T0205④A：69　4. T0203④A：73　5. T0203④A：74　6. T0203④A：75　7. T0407④A：9
8. T0501④A：73

4）。标本T0203④A：74，夹砂黄褐陶。宽斜沿，弧鼓肩，肩饰绳纹。残高6、残宽9.5、厚0.5厘米（图三九五，5）。标本T0203④A：75，夹砂黄褐陶。短斜沿，弧鼓肩，肩饰绳纹。残高6.2、残宽9、厚0.4厘米（图三九五，6）。标本T0205④A：69，泥质灰陶。胎体较厚，宽斜沿。复原口径42、残高6厘米（图三九五，3）。标本T0305④A：40，夹砂黄褐陶。宽斜沿，沿面内凹，圆唇，弧鼓肩，外饰绳纹。残高5、残宽8厘米（图三九四，5）。标本T0305④B：19，夹砂黄褐陶。宽折沿，沿面内凹，圆唇，弧鼓肩，外饰绳纹。残高5、残宽12、厚0.4厘米（图三九四，2）。标本T0501④A：73，夹砂灰陶。短折沿，沿面内凹，束颈，弧肩，肩饰绳纹。残高13.6、残宽19、厚0.6厘米（图三九五，8）。

豆盘　4件。

A型　3件。

Aa型，2件。标本T0204④A：67，泥质灰陶。仅存豆盘局部，折沿深腹。残高3.4、残宽8、厚0.4厘米（图三九六，2）。标本T0406④A：63，泥质黑皮红陶。仅存豆盘局部，折沿深腹。残高5.6、残宽8.2、厚0.5厘米（图三九六，3）。

Ab型，1件。标本T0205④C：7，泥质灰陶。仅存豆盘及豆柄上部，折沿浅腹盘，盘边缘粗中空柄。复原口径28、残高5厘米（图三九六，7）。

B型　1件。标本T0202④A：81，泥质黑皮红陶。仅存豆盘局部，斜腹，浅盘。残高4、复原口径18、厚0.5厘米（图三九六，1）。

豆柄　13件。

A型　9件。标本T0204④A：68，泥质灰陶。仅存豆柄局部，高粗中空柄，外饰圆形镂孔。残高5.8、柄径16、厚0.4~1.8厘米（图三九六，4）。标本T0204④A：70，泥质灰陶。仅存豆盘与豆柄交界处局部，高粗中空柄，外饰绳纹。残高2.6、残宽12、厚0.7厘米（图三九六，5）。标本T0205④C：8，泥质红陶。仅存豆盘底部，平底，高粗中空柄，外饰镂孔。底径10厘米（图三九六，8）。标本T0405④A：6，泥质灰陶。仅存圈足下端，高粗中空柄，喇叭状圈足。残高7.1、残宽9、底径7.2、厚0.5厘米（图三九七，10）。标本T0406④A：71，泥质灰陶。仅存圈足下端，高粗中空柄，喇叭状圈足。中部饰四道凹弦纹。残高14.2、底径12.4、厚0.4厘米（图三九六，10；图版一二三，1）。标本T0407④A：10，泥质红陶。仅存圈足上端部分，高粗中空柄，外饰镂孔。残高5.6、残宽9.6、厚0.4厘米（图三九六，6）。标本T0407④A：12，泥质红陶。仅存圈足上端部分，高粗中空柄，上饰凸弦纹，下端饰镂孔。残高6.3、残宽7.2、厚0.5厘米（图三九六，9）。标本T0503④A：50，泥质灰陶。仅存下短圈足部分，高粗中空柄，喇叭状圈足。残高9、底径11.6、厚0.3厘米（图三九六，11；图版一二三，2）。标本T0503④A：56，泥质黑皮红陶。仅存圈足上端，豆盘底内凹，高粗中空柄，下端外敞。残高6、残宽10、厚0.3厘米（图三九六，12）。

B型　1件。标本T0406④A：60，泥质灰陶。仅存圈足上端部分，高细中空柄。残高13.5、残宽8、厚0.7厘米（图三九七，5；图版一二三，3）。

C型　3件。标本T0203④A：77，夹砂黄褐陶。仅存盘底及豆柄上端，细柱状柄。复原口径13、残高5.4厘米（图三九七，1；图版一二三，4）。标本T0203④A：78，夹砂灰白陶。仅

图三九六　第4层出土陶器

1. B型豆盘（T0202④A∶81）　2、3. Aa型豆盘（2. T0204④A∶67、3. T0406④A∶63）　4~6、8~12. A型豆柄（4. T0204④A∶68、5. T0204④A∶70、6. T0407④A∶10、8. T0205④C∶8、9. T0407④A∶12、10. T0406④A∶71、11. T0503④A∶50、12. T0503④A∶56）　7. Ab型豆盘（T0205④C∶7）

存豆柄下端及圈足，细柱状柄，中空，喇叭状圈足。残高4.6、底径7.2厘米（图三九七，3；图版一二三，5）。标本T0501④A∶76，泥质黑皮红陶。仅存豆柄圈足上端。残高4.5、残宽6.3、柄径3.7厘米（图三九七，2）。

圈足盘　4件。标本T0202④A∶80，泥质灰陶。仅存圈足，矮粗中空柄，喇叭状圈足，足边外卷。残高2.4、底径9.2、厚0.3厘米（图三九七，4）。标本T0203④A∶67，泥质灰陶。圈足及盘上部残，浅盘，矮粗中空柄，喇叭状圈足。残高7、残宽15、底径11厘米（图三九七，6；图版一二四，2）。标本T0204④A∶66，泥质灰陶。上下端残，浅盘，矮中空柄，喇叭状圈足。残高6.6、残宽12、厚0.5厘米（图三九七，7）。标本T0204④A∶69，夹砂红陶。仅存圈足，矮喇叭状圈足，足边外撇。残高4、底径9.2、厚0.5厘米（图三九七，8）。

圈足　A型　2件。标本T0501④A：78，泥质灰陶。仅存圈足局部，喇叭状圈足，足外有一包边。残高5.5、残宽11.2、厚0.4厘米（图三九七，9）。标本T0501④A：63，泥质灰陶。上端残，束腰式圈足。残高5、上径8.5、底径9.3、厚0.6厘米（图三九七，11；图版一二四，3）。

器盖纽　F型　1件。标本T0406④A：59，夹砂红陶。仅存器盖纽，饼形顶，中部有一周凹槽，中空筒状颈，外饰小长方形浅凹槽。残高5、顶径10.2、厚0.8厘米（图三九七，12；图版一二六，1）。

图三九七　第4层出土陶器

1~3. C型豆柄（1. T0203④A：77、2. T0501④A：76、3. T0203④A：78）　4、6~8. 圈足盘（4. T0202④A：80、6. T0203④A：67、7. T0204④A：66、8. T0204④A：69）　5. B型豆柄（T0406④A：60）　9、11. A型圈足（9. T0501④A：78、11. T0501④A：63）　10. A型豆柄（T0405④A：6）　12. F型器盖纽（T0406④A：59）

盆口沿　B型　3件。标本T0205④A：72，泥质黄褐陶。敛口，短平沿，弧鼓腹。上腹部饰竖向绳纹及二道细凹弦纹。复原口径22、残高6厘米（图三九八，1）。标本T0205④A：74，夹砂红陶。胎体较厚，直口，短平沿，直腹。沿下有一凸棱，饰菱形按窝，腹部饰数道细凹弦纹。复原口径28、残高6厘米（图三九八，4）。标本T0405④B：26，夹砂黄褐陶。敛口，短凹沿，腹部弧鼓。复原口径31、残高4.4、厚0.4厘米（图三九八，3；图版一二四，1）。

小杯状器　1件。标本T0305④A：26，泥质红陶。盖状，一面平，一面中空，边缘厚薄不均，底部正中有一穿孔。底径3.5、穿径0.4、残高1.6厘米（图三九八，2）。

把手　2件。

A型　2件。标本T0204④A：73，泥质黄褐陶。三股麻花状。残高7.5、宽6.2、厚2.3厘米（图三九八，5；图版一二五，3）。标本T0305④A：41，泥质灰陶。三股麻花状。残高8.5、厚2.2厘米（图三九八，6）。

C型　1件。标本T0205④C：9，泥质红陶。条带状"〔"形，两侧各贴两泥条，中间为两泥条编制的绳索状附加堆纹。残高10.4、宽2.8、厚1.2厘米（图四〇二，1）。

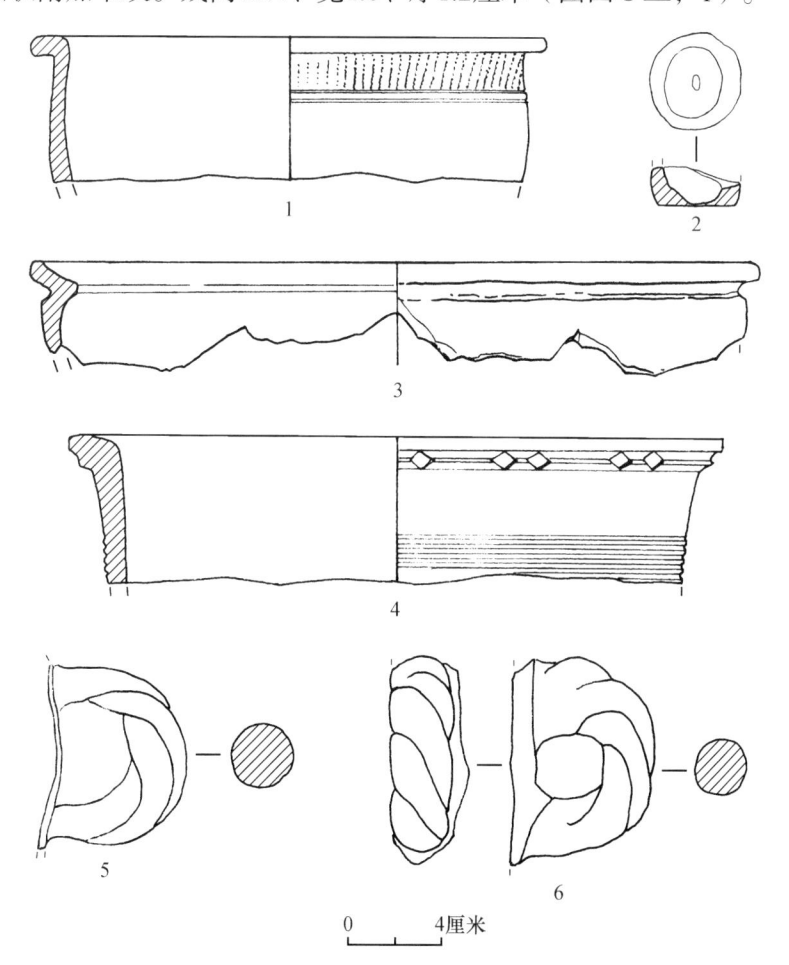

图三九八　第4层出土陶器

1、3、4. B型盆口沿（1. T0205④A：72、3. T0405④B：26、4. T0205④A：74）　2. 小杯状器（T0305④A：26）
5、6. A型把手（5. T0204④A：73、6. T0305④A：41）

支座　4件。

A型　2件。标本T0204④A：77，夹砂红陶。仅存局部，筒状，中空，胎壁较厚。残高10、复原口径10、底径9、厚1.6厘米（图三九九，1）。标本T0501东扩方④A：20，夹砂红陶。上端残，筒状，中空，下腹部微束，胎壁较厚。残高7.8、底外径9.6、底内径7.8、厚1.5厘米（图三九九，2）。

B型　1件。标本T0302④A：40，夹砂红陶。修复完整，锥柱状，实心，上细下粗。高15.4、上径6、底径11.3厘米（图三九九，3；图版一二五，1）。

C型　1件。标本T0501东扩方④A：19，夹砂灰陶。上端残，长方筒形，中空，上小下大，胎壁较厚。残高10.5、底长11.6、底宽10.5、厚2厘米（图三九九，4；图版一二五，2）。

杯　4件。

A型　1件。标本T0302④A：42，泥质灰陶。修复完整，曲腹杯，敛口，上腹弧鼓，下腹内收，平底内凹，上下腹交界处饰一周凸棱。高7.6、腹径9、底径5.4厘米（图四〇〇，1；图版一二四，4）。

B型　1件。标本T0407④A：8，泥质黑皮红陶。仅存1/3，敞口，斜腹，平底，圈足。残高5、残宽11.2、厚0.6厘米（图四〇〇，2）。

C型　1件。标本T0501④A：81，泥质黄褐陶。仅存底部，形体较小，直腹，平底。残高3、底径3.5、厚0.3厘米（图四〇〇，3）。

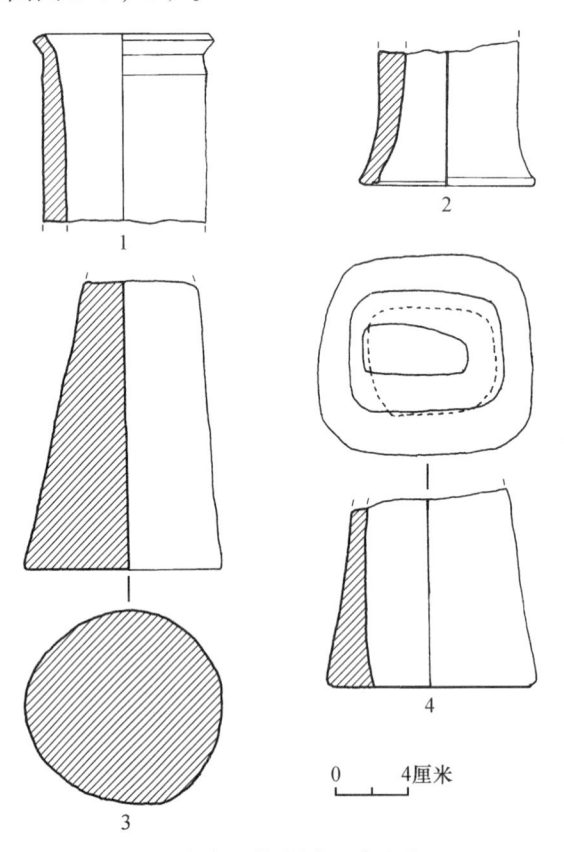

图三九九　第4层出土陶支座
1、2.A型（1.T0204④A：77，2.T0501东扩方④A：20）　3.B型（T0302④A：40）　4.C型（T0501东扩方④A：19）

D型　1件。标本T0502④A∶55，泥质红陶。器形较小，直壁，圜底。残口径3.3、高2.4、厚0.3厘米（图四〇〇，4；图版一二四，5）。

鬶　A型　2件。标本T0205④A∶70，泥质红陶。上下残，圆柱状，内空，外贴把手，捏制。残高6.8、直径3.2~4厘米（图四〇〇，5）。标本T0503④A∶58，泥质红陶。仅存颈、腹交界处，细长颈，外贴把手，腹部外鼓。残高7.3、残宽7、厚0.4厘米（图四〇〇，6）。

鬶足　7件。

A型　2件。标本T0203④A∶70，泥质红陶。高锥状足。残高6.8、足底径1.2厘米（图四〇〇，7）。标本T0405④B∶29，夹砂红陶。高锥状足。残高6.5、残宽4.4、厚0.6厘米（图四〇〇，12）。

B型　4件。标本T0304④A∶8，夹砂灰陶。乳钉状足。残高4.8、厚0.5厘米（图四〇〇，9）。标本T0304④A∶9，夹砂红陶。乳钉状足。残高3、厚0.4厘米（图四〇〇，10）。标本T0405④B∶28，夹砂灰陶。乳钉状足，上部外鼓。残高9.8、残宽6、厚0.6厘米（图四〇〇，11；图版一二五，4）。标本T0503④A∶57，泥质红陶。鼓腹，乳钉状足。残高6.6、残宽8、厚0.3厘米（图四〇〇，8；图版一二五，5）。

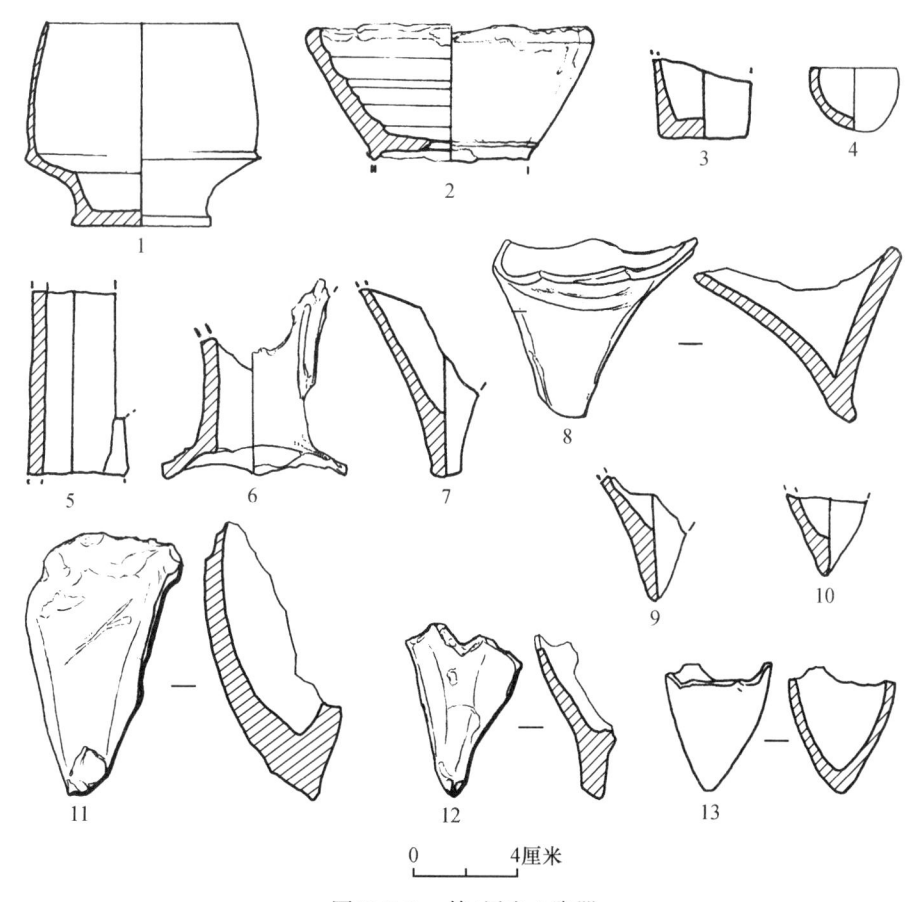

图四〇〇　第4层出土陶器
1. A型杯（T0302④A∶42）　2. B型杯（T0407④A∶8）　3. C型杯（T0501④A∶81）　4. D型杯（T0502④A∶55）
5、6. A型鬶（5. T0205④A∶70、6. T0503④A∶58）　7、12. A型鬶足（7. T0203④A∶70、12. T0405④B∶29）　8~11. B型鬶足（8. T0503④A∶57、9. T0304④A∶8、10. T0304④A∶9、11. T0405④B∶28）　13. C型鬶足（T0406④B∶28）

C型　1件。标本T0406④B：28，夹砂红陶。薄壁袋状足。残高5、残宽4、厚0.2厘米（图四〇〇，13；图版一二五，6）。

碗　3件。标本T0406④B：24，泥质红陶。敞口，鼓腹，下腹斜收，中腹饰一周凹弦纹。复原口径18、残高6、厚0.3厘米（图四〇一，1）。标本T0407④A：11，泥质黑皮红陶。仅存底部，矮圈足。残高2、残宽11.6、底径8、厚0.4厘米（图四〇一，2）。标本T0501④A：77，泥质黑皮红陶。仅存底部，矮圈足。残高2.1、残宽11、底径8.8、厚0.3厘米（图四〇一，4）。

钵　2件。标本T0406④A：65，泥质灰白陶。仅存口沿局部，敞口，短沿，沿外有一道凹槽，上腹外鼓，下腹斜收。残高4.9、复原口径22、厚0.5厘米（图四〇一，3）。标本T0501④A：79，泥质灰陶。仅存局部，敞口，短沿，弧腹。残高4、残宽8.5、厚0.4厘米（图四〇一，5）。

印纹硬陶罐口沿　2件。标本T0201④A：54，泥质灰陶。外斜沿，方唇，唇上饰两道凹弦纹，鼓肩，肩饰压印麻布纹。复原口径12、残高3.4、厚0.6厘米（图四〇一，6）。标本T0405④A：23，泥质灰陶。仅存口沿及腹部部分残片，敛口，外斜沿，鼓肩，肩上部饰两道凹弦纹，以下饰压印麻布纹。复原口径16、残高7、厚0.6厘米（图四〇一，7）。

大口缸底　2件。标本T0302④A：43，夹砂红陶。仅存底部，厚胎，杯状，直壁，平底，外饰斜刻线纹。残高4.4、底径12、厚0.8厘米（图四〇二，2）。标本T0306④A：17，夹砂红陶。仅存一半，上端残，胎体较厚，斜壁，上粗下细，平底，外饰绳纹。残高11、底径8.2、壁

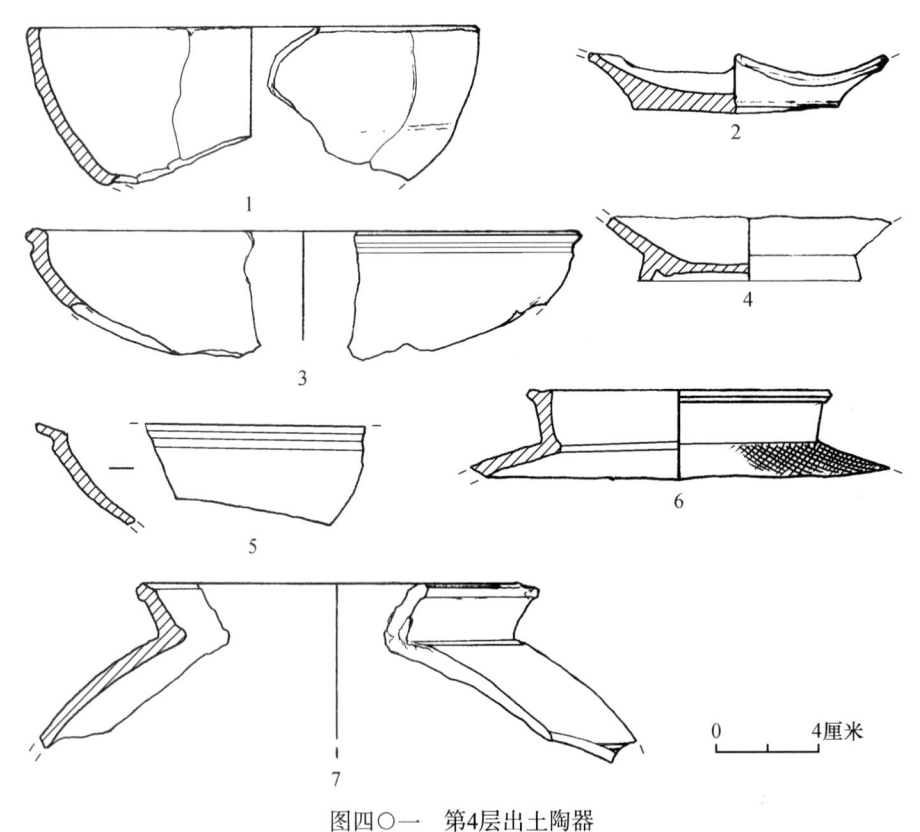

图四〇一　第4层出土陶器

1、2、4.碗（1.T0406④B：24、2.T0407④A：11、4.T0501④A：77）　3、5.钵（3.T0406④A：65、5.T0501④A：79）
6、7.印纹硬陶罐口沿（6.T0201④A：54、7.T0405④A：23）

厚1.2厘米（图四〇二，5）。

大口缸口沿　2件。标本T0405④B：27，夹砂红陶。直口，直腹，腹饰绳纹。残高17、残宽8.5、厚1.8厘米（图四〇二，3）。标本T0501④A：80，泥质红陶。直口，微外敞，沿外有一包边，颈部饰两道绳索状附加堆纹，肩饰凹弦纹。残宽8.9、残高6.5厘米（图四〇二，7）。

大口尊口沿　1件。标本T0205④A：75，泥质黄褐陶。喇叭口，外敞，沿外有一包边，颈下饰数道横向细凹弦纹。复原口径42、残高10.6厘米（图四〇二，6）。

錾手　1件。标本T0201④A：41，泥质红陶。短舌状。高5.2、宽2.9、厚1.1厘米（图四〇二，4）。

擂钵状器　1件。标本T0502④A：5，夹砂灰陶。上端残，下端呈圆筒状，平底，上端呈喇叭口状。残高14.4、残宽11.8、底径8、厚0.7厘米（图四〇三，1；图版一二三，6）。

猪首　1件。标本T0405④B：20，泥质灰陶。猪首，椭圆形头，内侧内凹，长嘴张开，长方形猪角，两眼均内凹。高3.7、残长8.9、宽5.8、厚0.9厘米（图四〇三，3；图版一二六，2）。

拍　1件。标本T0201④A：21，泥质红陶。倒蘑菇状，上端呈柱状中部有一个穿孔，下端呈饼状。残高8、残宽6、柄径4、孔径1厘米（图四〇三，5；图版一二六，3）。

壶流　1件。标本T0202④A：18，泥质灰陶。直流，内粗外细，中空。高14.6、上径3.5、

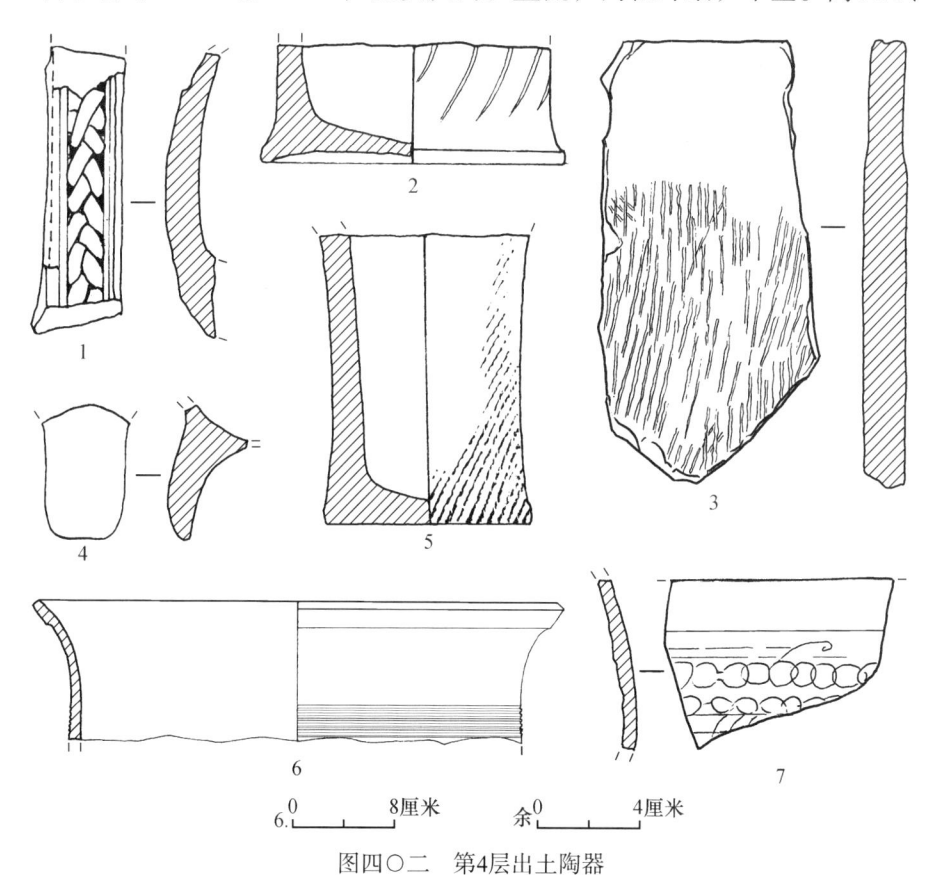

图四〇二　第4层出土陶器
1. C型把手（T0205④C：9）　2、5. 大口缸底（2. T0302④A：43、5. T0306④A：17）　3、7. 大口缸口沿（3. T0405④B：27、7. T0501④A：80）　4. 錾手（T0201④A：41）　6. 大口尊口沿（T0205④A：75）

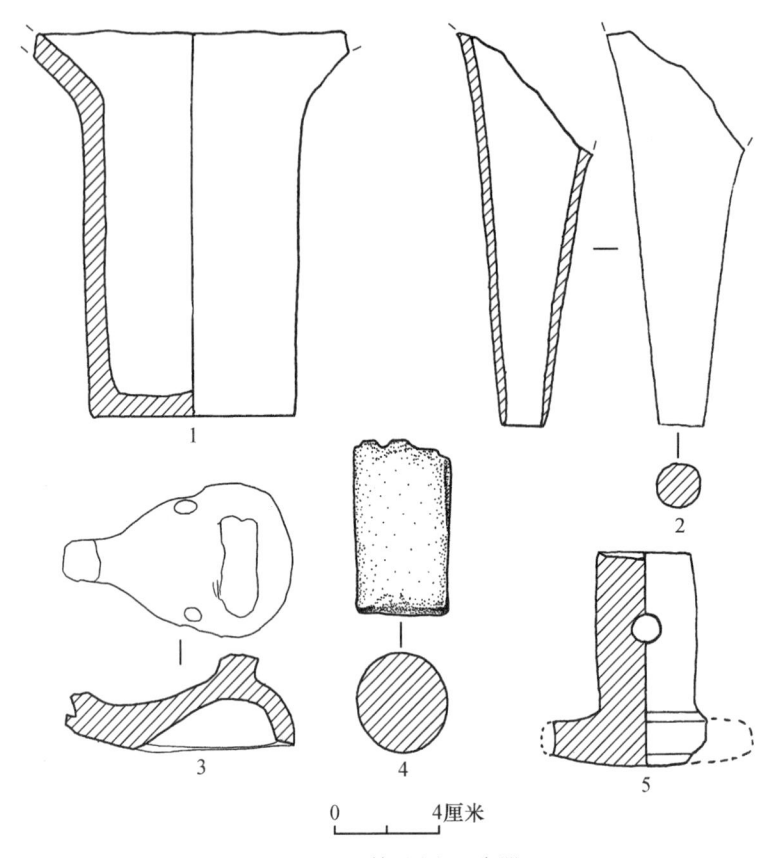

图四〇三　第4层出土陶器
1. 擂钵状器（T0502④A：5）　2. 壶流（T0202④A：18）　3. 猪首（T0405④B：20）　4. 柱状器（T0407④A：7）
5. 拍（T0201④A：21）

下径1.3、厚0.4厘米（图四〇三，2）。

柱状器　1件。标本T0407④A：7，夹砂红陶。仅存下端，柱状。残高6.6、直径3.6厘米（图四〇三，4；图版一二六，4）。

三、玉　　器

共4件。

璜　1件。标本T0202④A：2，白玉。一端残，一侧边缘有一个钻孔，未穿。残长4.2、宽1.2、厚0.3厘米（图四〇四，1；图版一二七，1）。

锛　2件。标本T0203④A：63，黄褐色。上端残，梯形，下端一面刃。残长2~2.5、宽2.3~2.5、厚0.1~0.3厘米（图四〇四，2；图版一二七，2）。标本T0406④A：56，青绿色。上端残，长条形，下端双面刃。残长2.2、宽1.8、厚0.3厘米（图四〇四，3；图版一二七，3）。

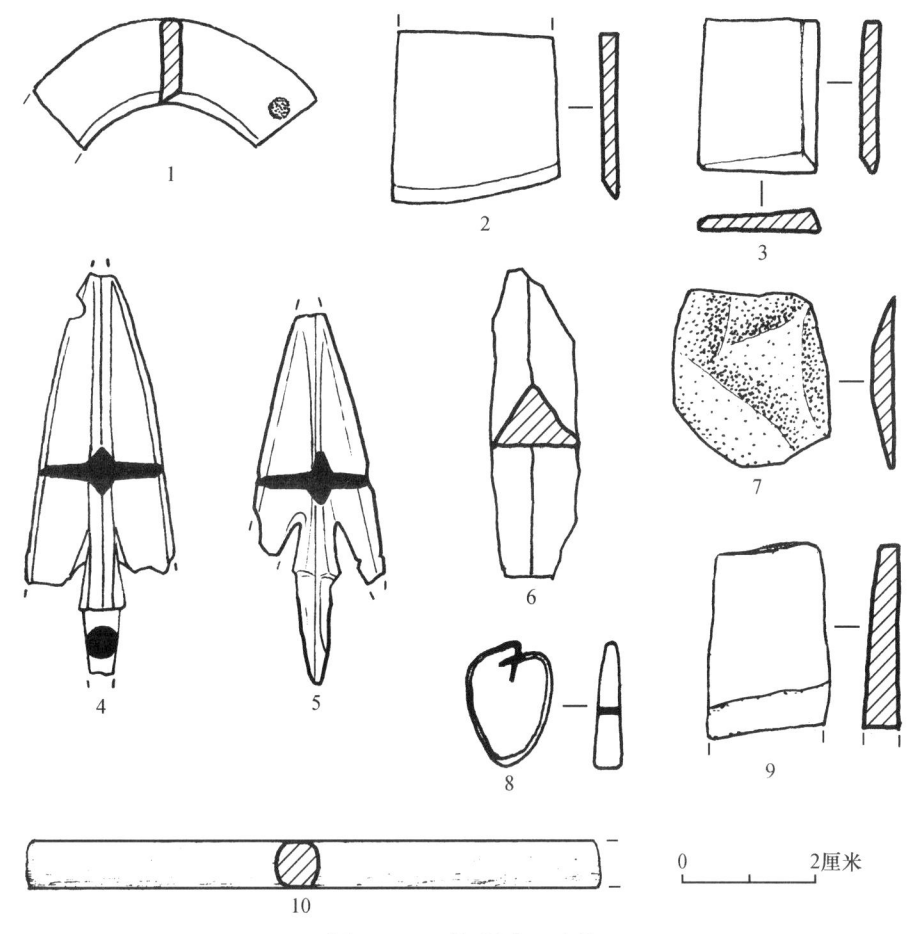

图四〇四　第4层出土遗物

1. 玉璜（T0202④A：2）　2、3. 玉锛（2. T0203④A：63、3. T0406④A：56）　4、5. 铜镞（4. T0501④A：25、5. T0204④A：40）
6、9. 石英石（6. T0405④A：17、9. T0301④A：6）　7. 玉片（T0305④A：3）　8. 铜耳环（T0301④A：1）　10. 骨棒（T0201④A：13）

片　1件。标本T0305④A：3，白色。片状，不规则形，边侧有磨痕。长2.5、宽2.3、厚0.3厘米（图四〇四，7）。

四、石　英　石

3件。标本T0301④A：6-1、2，白色透明状。两块，一块大，一块小。大块长2.7、宽1.9、厚0.6厘米（图四〇四，9）。标本T0405④A：17，白色透明状。略呈长条三棱形，一面光滑。长4.5、宽1.3、厚0.9厘米（图四〇四，6；图版一二六，5）。

五、青铜器

共4件。

铜镞 2件。标本T0204④A：40，前锋及铤后端残，镞身前端呈三角形，双面有脊，两侧刃，镞身后端两侧有三角形翼，铤前端呈六棱锥形，后端呈四棱锥形。残长5.4、残宽2.1、脊厚0.7厘米（图四○四，5；图版一二七，4）。标本T0501④A：25，前锋及铤后端残，镞身前端呈三角形，双面有脊，两侧刃，镞身后端两侧有三角形翼，残断，铤前端呈六棱形，后端呈细圆柱形。残长5.8、宽2.2、脊厚0.6厘米（图四○四，4；图版一二七，5）。

铜耳环 1件。标本T0301④A：1，系细青铜片折成环状，上端交叉。长1.8、宽0.1~0.45、厚0.065~0.15厘米（图四○四，8；图版一二七，6）。

铜残片 1件。T0401④A：4，仅存少量铜残片，残损严重，器形不辨。

六、骨器

1件。为骨棒，T0201④A：13，白色。一端残，圆柱状。残长8.5、直径0.7厘米（图四○四，10；图版一二六，6）。

第三节 遗迹

该期遗迹有柱洞群、灰坑、灶、井、祭祀台等。

一、柱洞群

位于T0201、T0301、T0302、T0402、T0402东扩方、T0502东扩方内，为一批分布散乱的柱洞遗迹，共有50个（图四○五）。开口于第4层下，打破F1，柱洞直径在13~122厘米不等，平面形状分圆形和椭圆形两类，以直壁平底居多，部分为斜壁圜底，少量中部有中心柱坑（图四○六）。由于后期破坏，柱洞无规律可循，不能确定其布局及归属，所以仅对柱洞进行了编号及统计（附表四），而未编房址号，定名为柱洞群。

上篇 第八章 早三期遗存

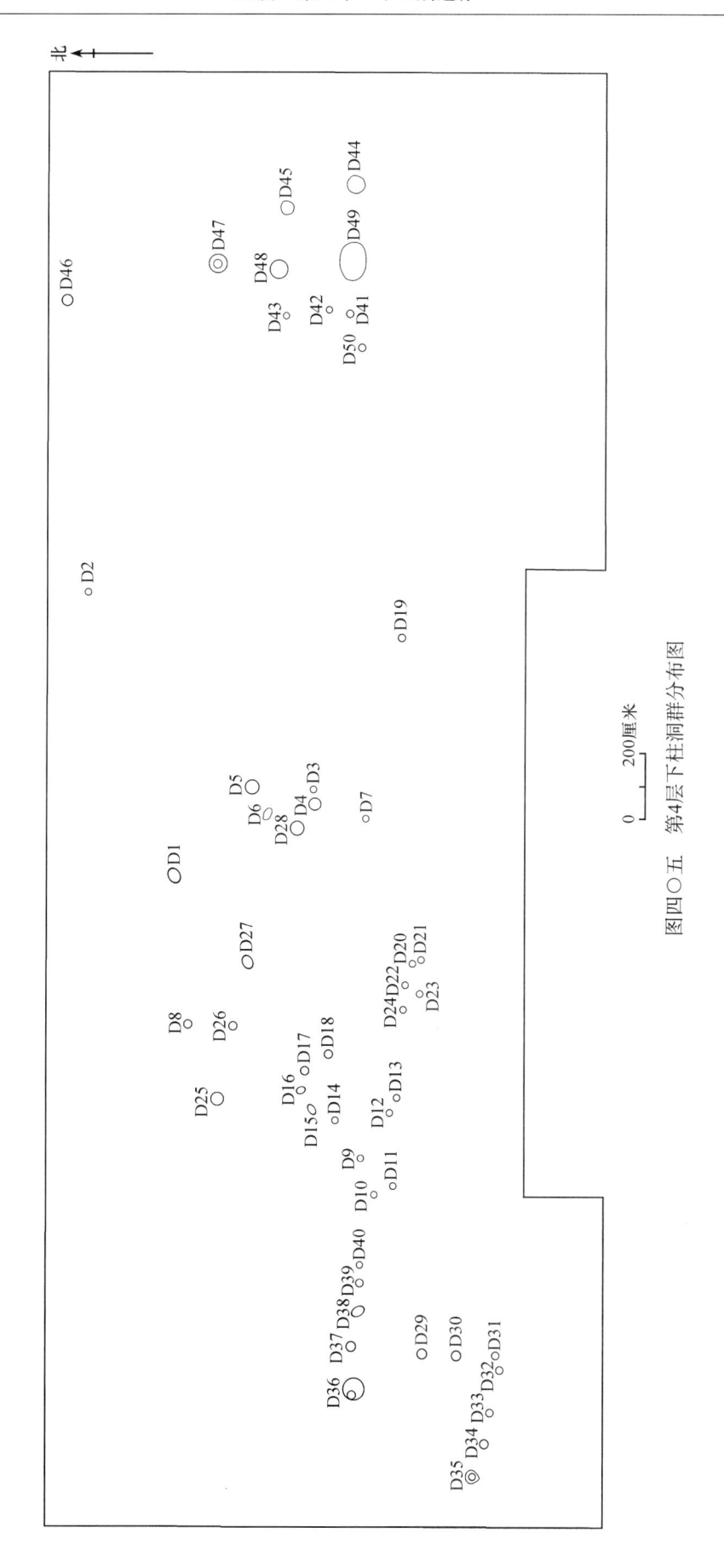

图四〇五 第4层下柱洞群分布图

·516·　宁乡罗家冲

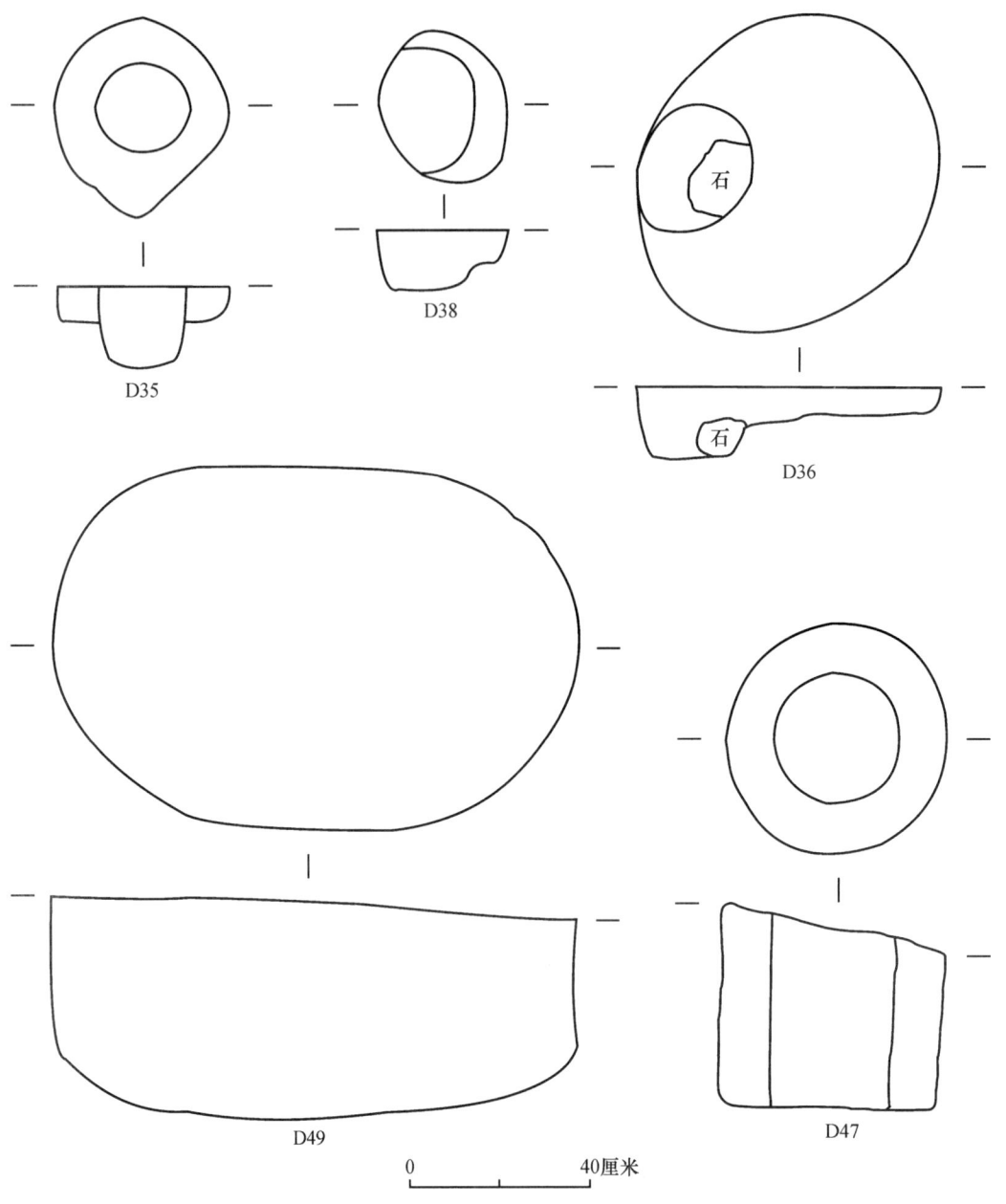

图四〇六　第4层下典型柱洞平、剖面图

二、灰　　坑

该期灰坑共22个，编号分别为：2014H2～2014H7、2014H10、2014H13～2014H22、2016H2～2016H5、2016H18，部分灰坑之间存在相互叠压打破关系，根据平面形状可分为圆形（2个）、椭圆形（6个）、长方形（6个）、长条形（3个）、不规则形（5个）等五种。

（一）圆形

1. 2014H21

（1）位置及地层关系：位于T0402东扩方东南部，延伸至南壁。开口于第4A层下，打破第5层。

（2）形制：平面呈半圆形，口大底小，斜壁，斜底。口长0.8、口宽0.3、底长0.72、底宽0.26、深0.22～0.3米（图四〇七）。填土为灰褐色黏土，结构疏松。

（3）出土遗物：出土少量陶器残片，器形不辨。

2. 2016H3

（1）位置及地层关系：位于T0201南中部，延伸至南壁。开口于第4A层下，打破F1②层及第5层。

（2）形制：仅发掘1/2，平面呈半圆形，弧壁，平底。长2.85、宽1.4、深0.4米（图四〇八）。填土为灰黄色，含红烧土块粒、炭屑、石块等。

（3）出土遗物：

石镞　Aa型，1件。标本2016H3∶2，深青灰色石料。铤后端残，柳叶形，镞身双面有脊，两侧刃，细三角形铤。残长8.1、宽1.9、厚0.5厘米（图四一三，1）。

石斧　形制不明　1件。标本2016H3∶1，青灰色石料。仅存刃部一角，下端双面刃。残长

图四〇七　2014H21平、剖面图

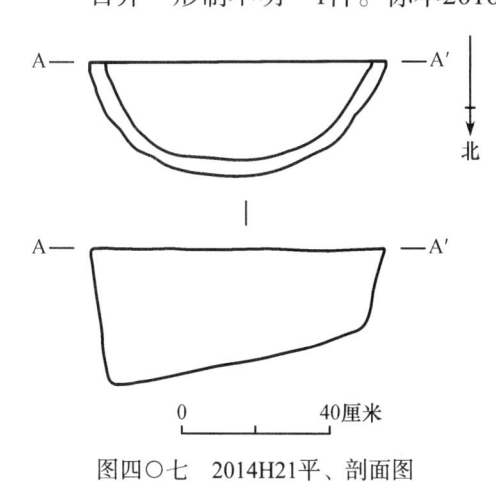

图四〇八　2016H3平、剖面图

4.8、残宽3.6、厚2.4厘米（图四一三，2）。

陶鼎足　Ca型，1件。标本2016H3：3，夹砂红陶。上端残，圆锥状足，外饰两道斜向刻槽。残高8、宽2.2~3.6、厚1.4~2.2厘米（图四一三，3）。

（二）椭圆形

1. 2014H2

（1）位置及地层关系：位于T0204西北部。开口于第4A层下，打破第5层。

（2）形制：平面呈椭圆形，口大底小，平底。口长2.6、口宽1.8、底长1.9、底宽1.25、深0.24米（图四〇九）。填土为深灰色土，土质较疏松，含红烧土颗粒、炭屑、石块等。

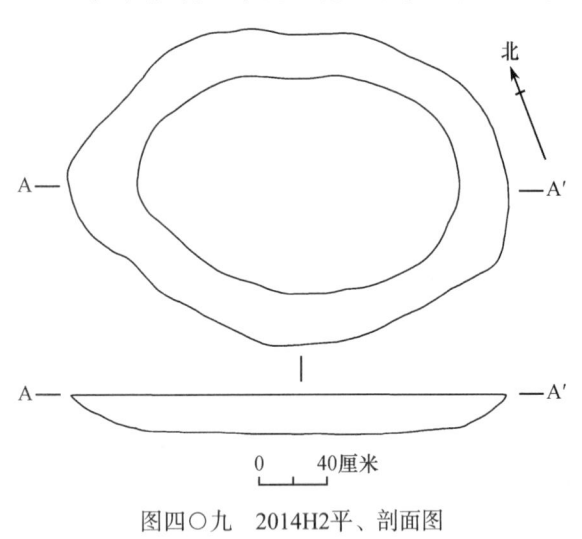

（3）出土遗物：

石凿　A型　1件。标本2014H2：1，青灰色石料。基本完整，长条形，平顶，下端双面刃。长8.5、宽1.9、厚1.6厘米（图四一三，4；图版一二八，1）。

陶鬲口沿　1件。标本2014H2：2，泥质黑皮灰陶。外卷口，方唇，束颈，弧鼓肩，外饰绳纹。残高5.6、复原口径24厘米（图四一三，12）。

图四〇九　2014H2平、剖面图

2. 2014H3

（1）位置及地层关系：位于T0204东南部，延伸至T0203、T0303、T0304内，东侧局部遭破坏。开口于第4A层下，打破第5层。

（2）形制：平面呈长椭圆形，口大底小，弧壁，平底。口长4.96、口宽1.58、底长4.5、底宽1.16、深0.2米（图四一〇）。填土为深灰色黏土，结构疏松，含红烧土颗粒、炭屑、石块等。

（3）出土遗物：石器及陶器。

石镞　4件。

A型　3件。

Af型，1件。标本2014H3：2，青灰色石料。前锋残，柳叶形，镞身前端有脊，后端双面扁平，两侧刃，截面呈多棱形，无铤。残长4.1、宽1.5、厚0.4厘米（图四一三，7）。

A型而亚型不明，2件。标本2014H3：1，青灰色石料。仅存镞身前端，柳叶形，镞身双面扁平，两侧刃，截面呈多棱形。残长3.8、宽1.6、厚0.4厘米（图四一三，8）。标本2014H3：4，青灰色石料。镞身前端及铤后端残，扁条形，双面扁平，两侧刃，截面呈多棱形。残长3.2、

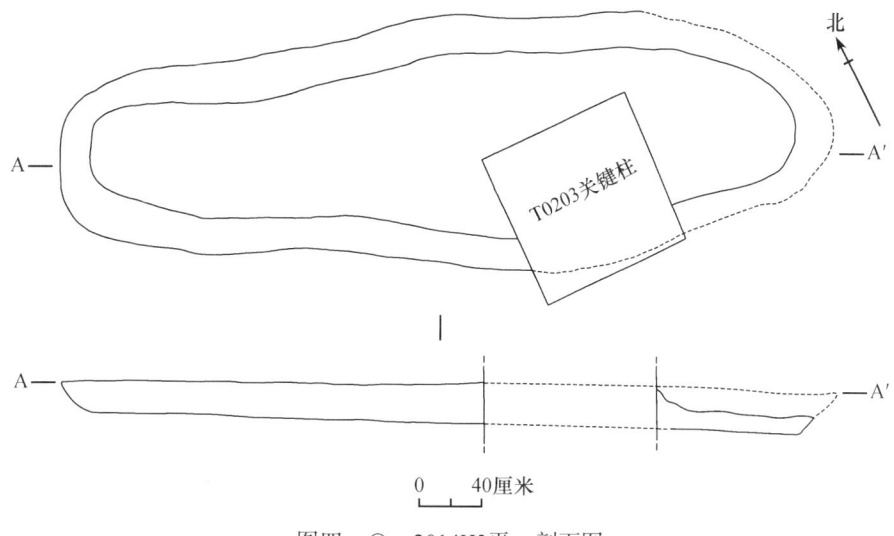

图四一〇 2014H3平、剖面图

宽1.7、厚0.3厘米（图四一三，9）。

Ba型，1件。标本2014H3：3，青灰色石料。镞身前端残，镞身呈三菱形，细锥形铤。残长4.8、宽1.1厘米（图四一三，6）。

陶罐腹残片　C型　1件。标本2014H3：5，夹砂灰陶，仅存腹部一块，外贴一半圆形把手，把手边缘饰按窝，腹部饰绳纹。残高3.6、残宽5.3、厚0.3厘米（图四一三，5）。

3. 2014H5

（1）位置及地层关系：位于T0302西南部，延伸至T0202内。开口于第2层下，打破第4A层。

（2）形制：平面呈不规则椭圆形，口大底小，平底。坑口东西长1、南北宽0.56、坑底东西长1.5、南北宽0.52~0.68、深0.46米（图四一一）。填土为黑色黏土，结构疏松，含红烧土颗粒。

（3）出土遗物：出土少量陶器残片，可辨器形有鼎足、瓮口沿、圈足、罐等，均残碎，未挑选标本。

4. 2014H10

（1）位置及地层关系：位于T0402西北部，延伸至T0302内。开口于第2层下，打破F1②层。

（2）形制：平面呈椭圆形，坑壁呈锅底状。长1.52、宽1.26、深0.5米（图四一二）。填土为灰褐色砂质黏土，结构疏松，含红烧土颗粒、石块等。

（3）出土遗物：

穿孔石刀　B型　1件。标本2014H10：1，青灰色石料。仅存中间一段，长方形，上端有一个对穿孔，下端双面刃。长3.4、残宽3.5、穿径0.3、厚0.3厘米（图四一三，10）。

图四一一　2014H5平、剖面图

图四一二　2014H10平、剖面图

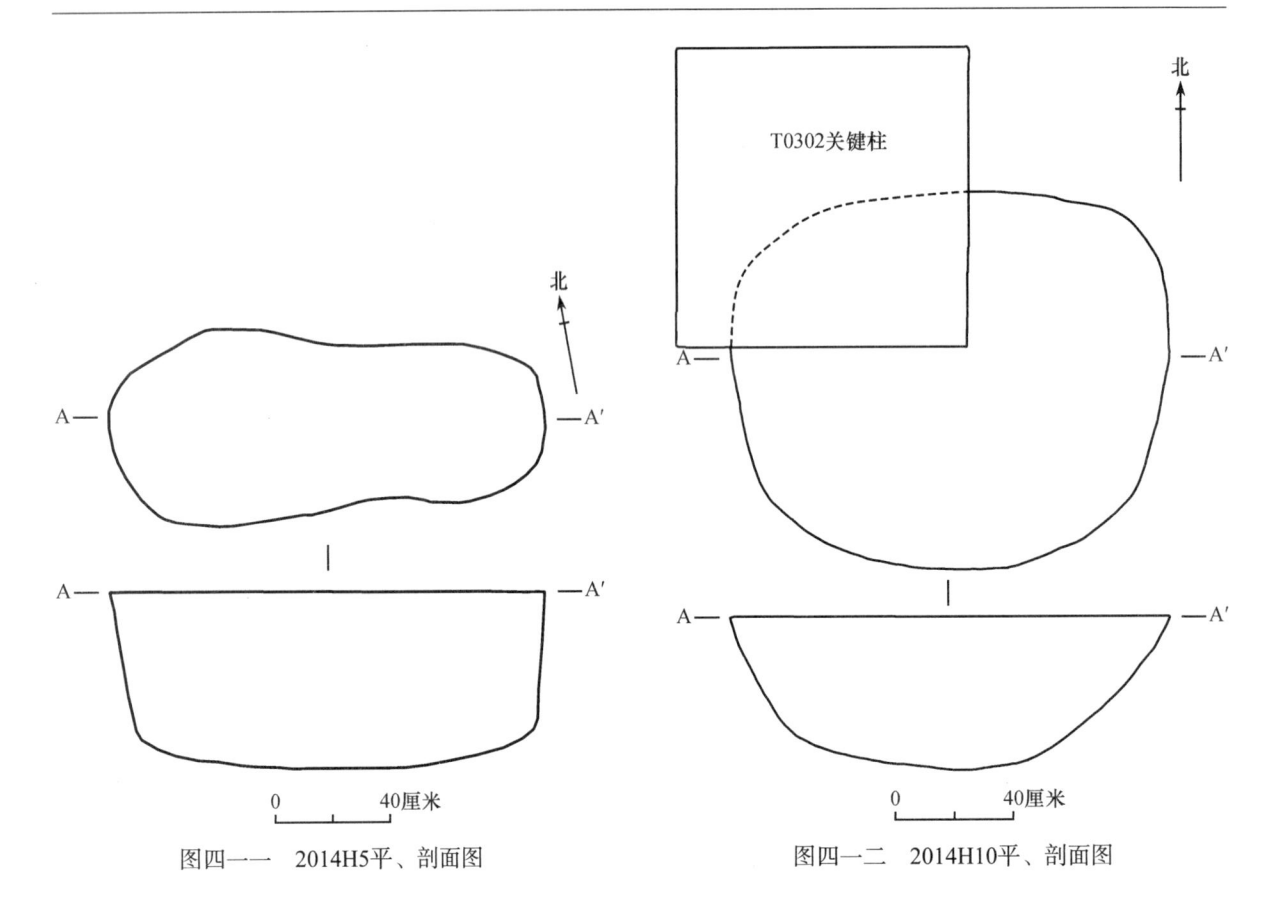

陶鼎足　D型　1件。标本2014H10：2，夹砂黄褐陶。上端残，柱状足，内侧有浅足窝。残高9.6、残宽4、足底径2.4厘米（图四一三，11）。

5. 2014H14

（1）位置及地层关系：位于T0402东北部，延伸至T0403。开口于第2层下，打破第4A层。

（2）形制：平面呈长条椭圆形，口大底小，弧壁，平底。口长2.4、口宽0.48、底长2.26、底宽0.35、深0.1~0.14米（图四一四）。填土为深灰色黏土，结构疏松，含红烧土颗粒、炭屑等。

（3）出土遗物：出土少量陶器残片，器形不辨。

6. 2016H4

（1）位置及地层关系：位于T0502中北部。开口于第4A层下，打破F1。

（2）形制：平面呈椭圆形，斜壁，平底。长2.4、宽1.04、深0.76米（图四一五）。填土为灰黑色，结构疏松。

（3）出土遗物：出土少量陶器残片，器形不辨。

上篇 第八章 早三期遗存 ·521·

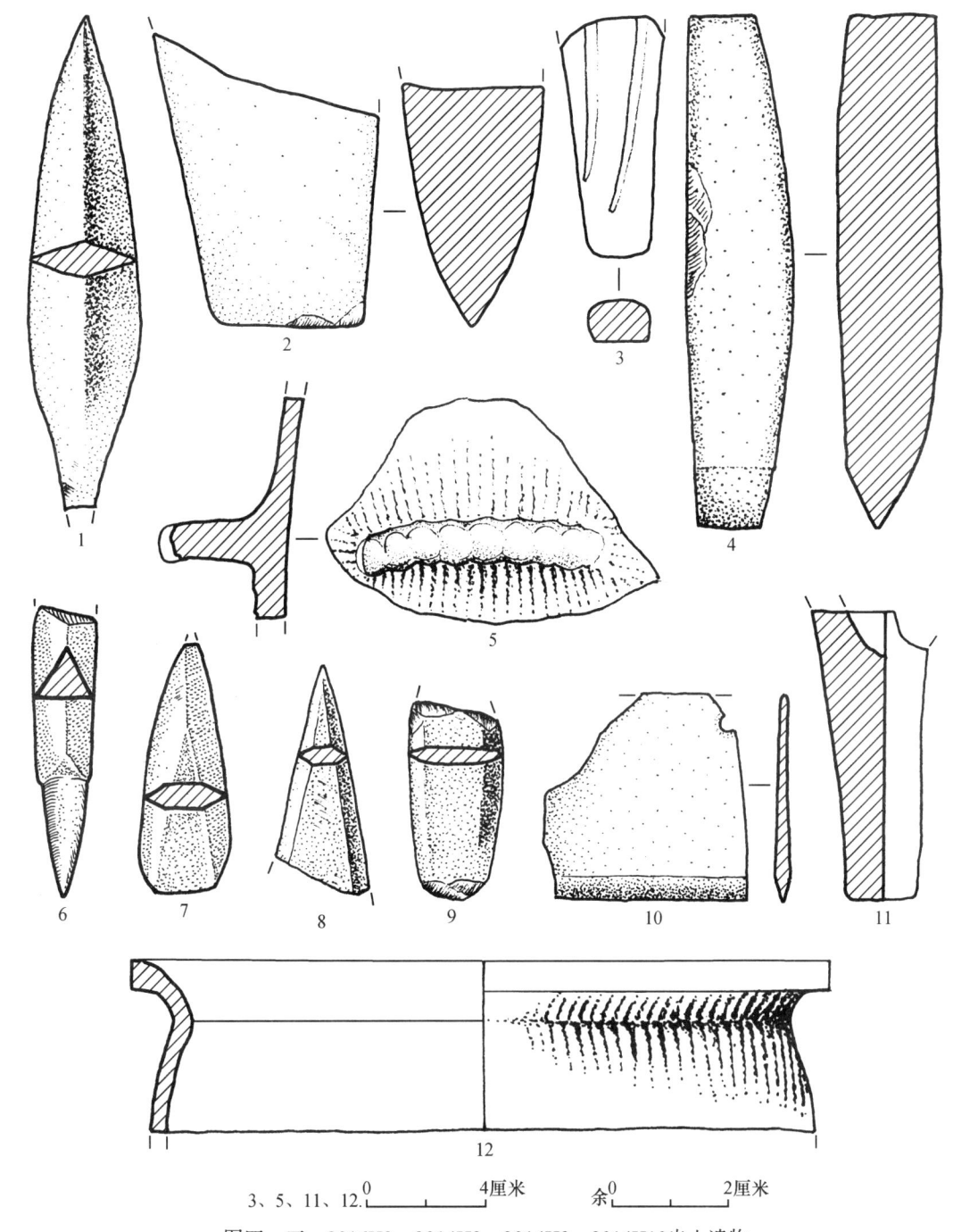

3、5、11、12. 0 ⸺ 4厘米 余 0 ⸺ 2厘米

图四一三 2016H3、2014H2、2014H3、2014H10出土遗物

1. Aa型石镞（2016H3∶2） 2. 形制不明石斧（2016H3∶1） 3. Ca型陶鼎足（2016H3∶3） 4. A型石凿（2014H2∶1）
5. C型陶罐腹残片（2014H3∶5） 6. Ba型石镞（2014H3∶3） 7. Af型石镞（2014H3∶2） 8、9. A型而亚型不明石镞
（8. 2014H3∶1、9. 2014H3∶4） 10. B型穿孔石刀（2014H10∶1） 11. D型陶鼎足（2014H10∶2）
12. 陶鬲口沿（2014H2∶2）

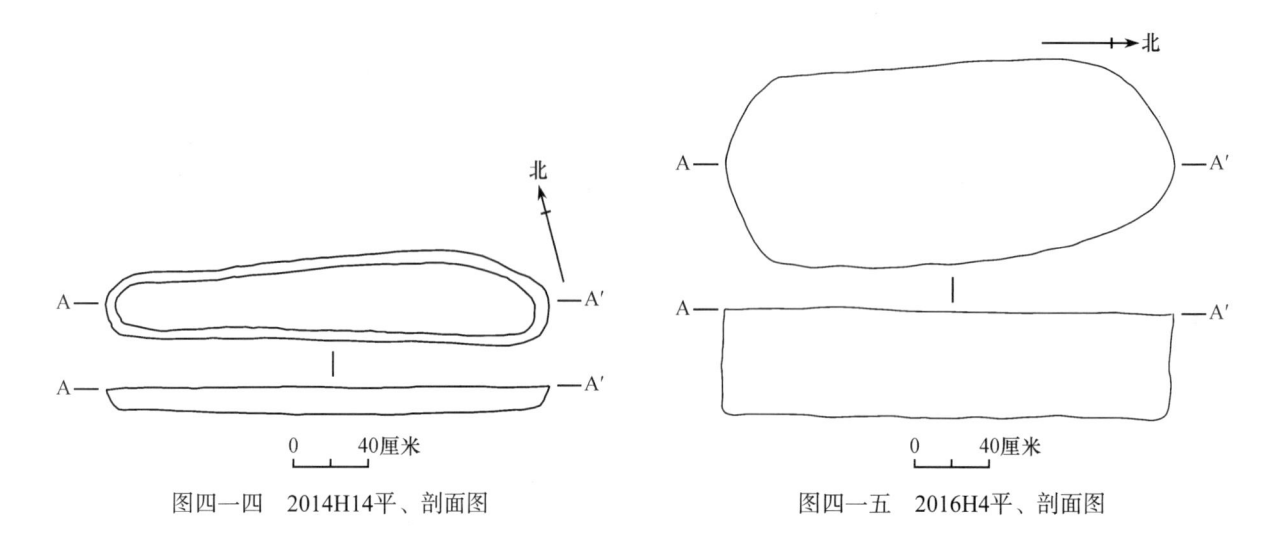

图四一四　2014H14平、剖面图

图四一五　2016H4平、剖面图

（三）长方形

1. 2014H15

（1）位置及地层关系：位于T0204西南部，延伸至T0203。开口于第4A层下，打破第5层。

（2）形制：平面呈长方形，口大底小，底略平。口长1.55、口宽0.3～0.4、底长1.45、底宽0.26～0.32、深0.12～0.22米（图四一六）。填土为深灰色黏土，结构疏松，含红烧土颗粒、炭屑、石块等。

（3）出土遗物：出土少量陶器残片，可辨器形有鼎、罐、盆等，均残碎，未挑选标本。

2. 2014H16

（1）位置及地层关系：位于T0403东南部。开口于第4A层下，打破F1②层。

（2）形制：平面呈长方形，口大底小，弧壁，平底。口长0.68、口宽0.36、底长0.54、底宽0.27、深0.24米（图四一七）。填土为灰褐色土，质软，结构疏松，含红烧土颗粒等。

（3）出土遗物：出土少量陶器残片，器形不辨。

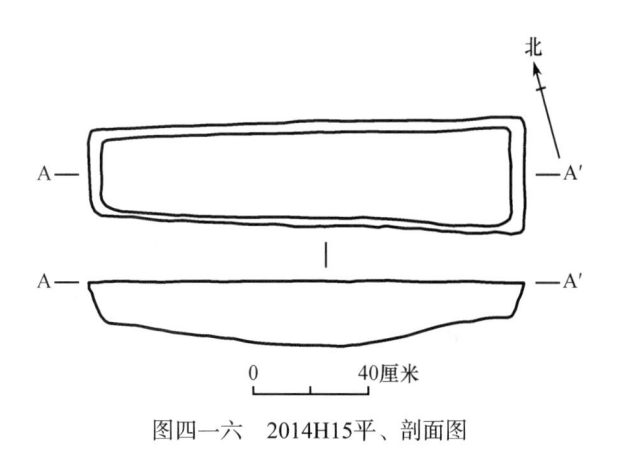

图四一六　2014H15平、剖面图

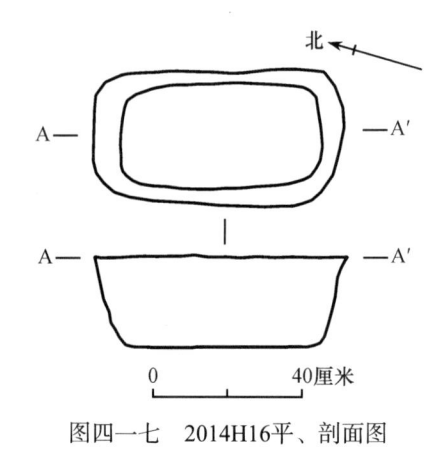

图四一七　2014H16平、剖面图

3. 2014H17

（1）位置及地层关系：位于T0402东北部，延伸至北隔梁。开口于第4A层下，东部被2014H9打破。

（2）形制：平面呈圆角长方形，口大底小，斜壁，平底。口长0.65、口宽0.5、底长0.6、底宽0.4、深0.42～0.46米（图四一八）。填土为黄褐色黏土，结构疏松，含红烧土颗粒等。

（3）出土遗物：出土少量陶器残片，器形不辨。

4. 2014H19

（1）位置及地层关系：位于T0305中部靠近断坎处。开口于第4B层下，打破2014G1①层。

（2）形制：平面圆角长方形，口大底小，斜壁，平底。口长0.72、口残宽0.4、底长0.74、底残宽0.38、深0.18米（图四一九）。填土为灰黄色土，含少量卵石。

（3）出土遗物：出土少量陶器残片，器形不辨，器表纹饰有重菱形纹（图四三七，1）。

5. 2014H20

（1）位置及地层关系：位于T0305中部靠近断坎处。开口于第4B层下，打破2014G1①层。

（2）形制：由于水塘破坏，残存部分平面呈圆角长方形，口大底小，斜壁，平底。口长1.04、口残宽0.4、底长1、底残宽0.38、深0.12～0.2米（图四二〇）。填土为灰色沙土，结构疏松。

（3）出土遗物：出土少量碎陶片，器形不辨。

6. 2014H22

（1）位置及地层关系：位于T0302南部，并延伸至南壁。开口于第2层下，打破F1②层。

（2）形制：平面呈长方形，口大底小，斜壁，平底。口长1、口宽0.36～0.4、底长0.8、底宽0.2～0.26、深0.28米（图四二一）。填土为灰褐色黏土，结构较致密，含少量红烧土颗粒。

（3）出土遗物：出土1件石锛及少量陶器残片，器形不辨。

石锛　Ab型，1件。2014H22：1，深青灰色石料。上端残，梯形，下端双面刃，一面宽刃，一面窄刃。残长4.1、宽2.7～3.3、厚0.8厘米（图四二四，1）。

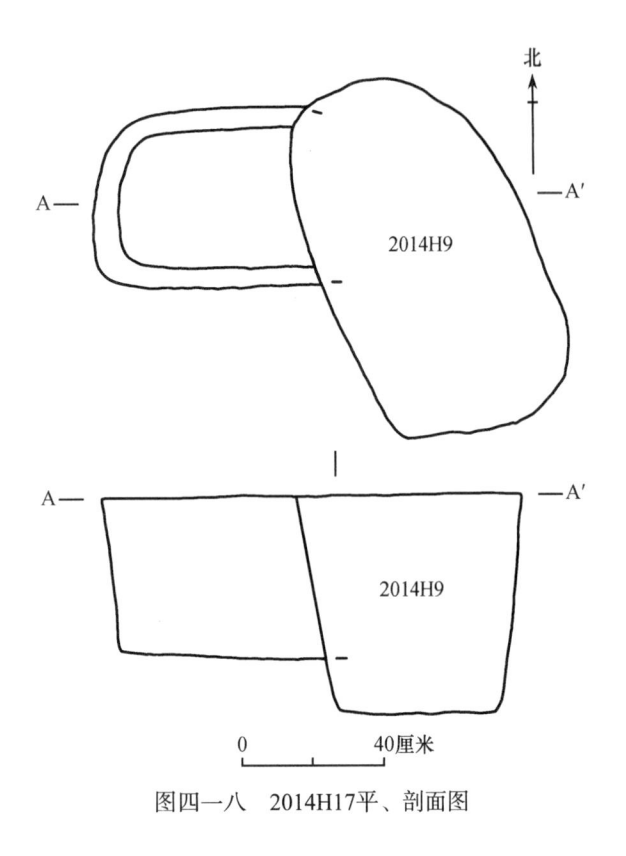

图四一八　2014H17平、剖面图

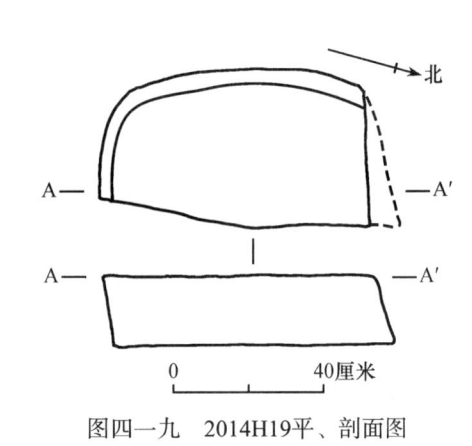

图四一九　2014H19平、剖面图

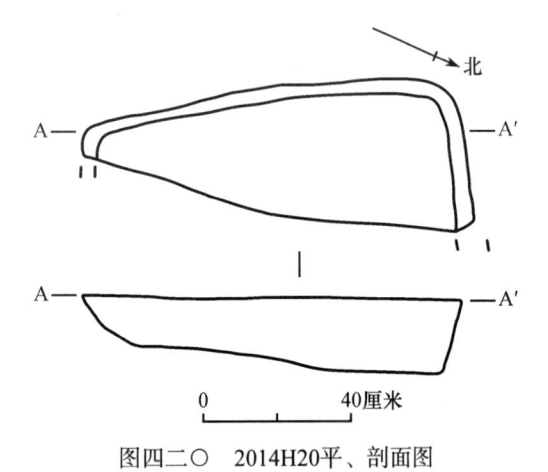

图四二〇　2014H20平、剖面图

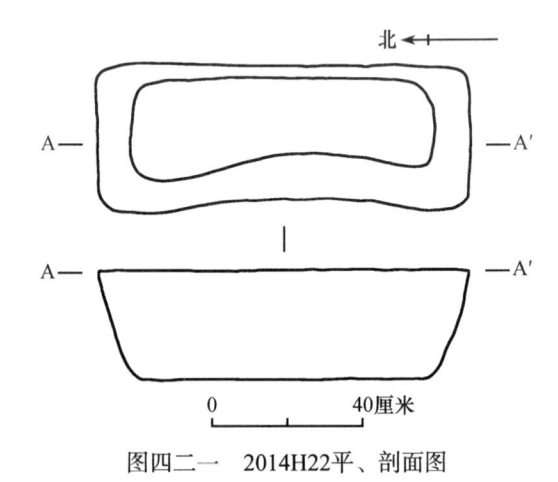

图四二一　2014H22平、剖面图

（四）长条形

1. 2014H6

（1）位置及地层关系：位于T0302东北部。开口于第2层下，打破第4A层。

（2）形制：平面呈圆角长条形，口大底小，平底。坑口长3.1、宽1.02、坑底长2.96、宽0.95、深0.2～0.26米（图四二二）。填土为深灰色土，结构疏松，含红烧土颗粒、石块等。

（3）出土遗物：

石镞　Ag型，1件。标本2014H6:2，青灰色石料。前锋呈椭圆形，短桃形铤，双面扁平。长4.5、宽1.8、厚0.3厘米（图四二四，2）。

石锛　Ab型，1件。标本2014H6:1，青灰色石料。基本完整，梯形，平顶，下端双面刃，一面宽刃，一面窄刃。长2.9、宽1.6～1.9、厚0.6厘米（图四二四，6；图版一二八，2）。

陶鼎足　Ca型，1件。标本2014H6:3，夹砂灰白陶。圆锥状足，足上端饰五道竖向刻槽。高7.2、宽4.8厘米（图四二四，3）。

2. 2014H7

（1）位置及地层关系：位于T0302东中部。开口于第2层下，打破第4A层。

（2）形制：平面呈长条形，口大底小，底部两端均内凹。口长2.05、口宽0.55、底长1.86、底宽0.45、深0.46～0.6米（图四二三）。填土为灰褐色黏土，结构疏松，含红烧土颗粒、石块等。

（3）出土遗物：

石镞　Aa型，1件。标本2014H7:3，青灰色石料。仅存镞身后端及铤，镞身双面有脊，两侧刃，铤两侧斜收。残长3.4、宽1.6、厚0.6厘米（图四二四，7）。

穿孔石刀　B型　1件。标本2014H7:1，青灰色石料。仅存一端，倒梯形，上端中部有一个对穿孔，下端一面刃。长3.4、宽4.1～5.2、厚0.4厘米（图四二四，4）。

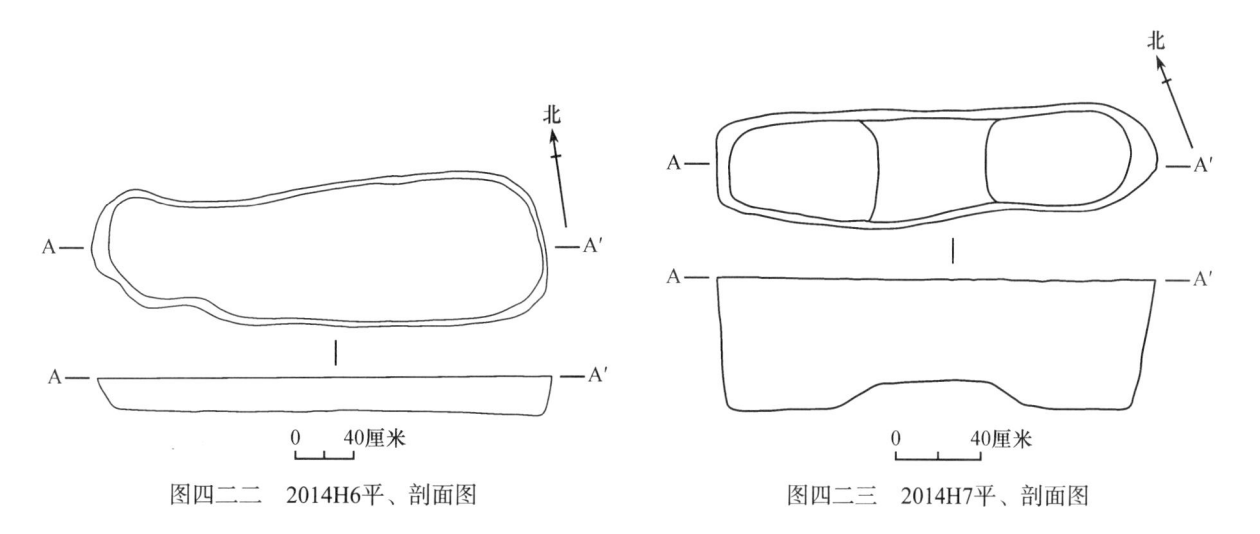

图四二二　2014H6平、剖面图

图四二三　2014H7平、剖面图

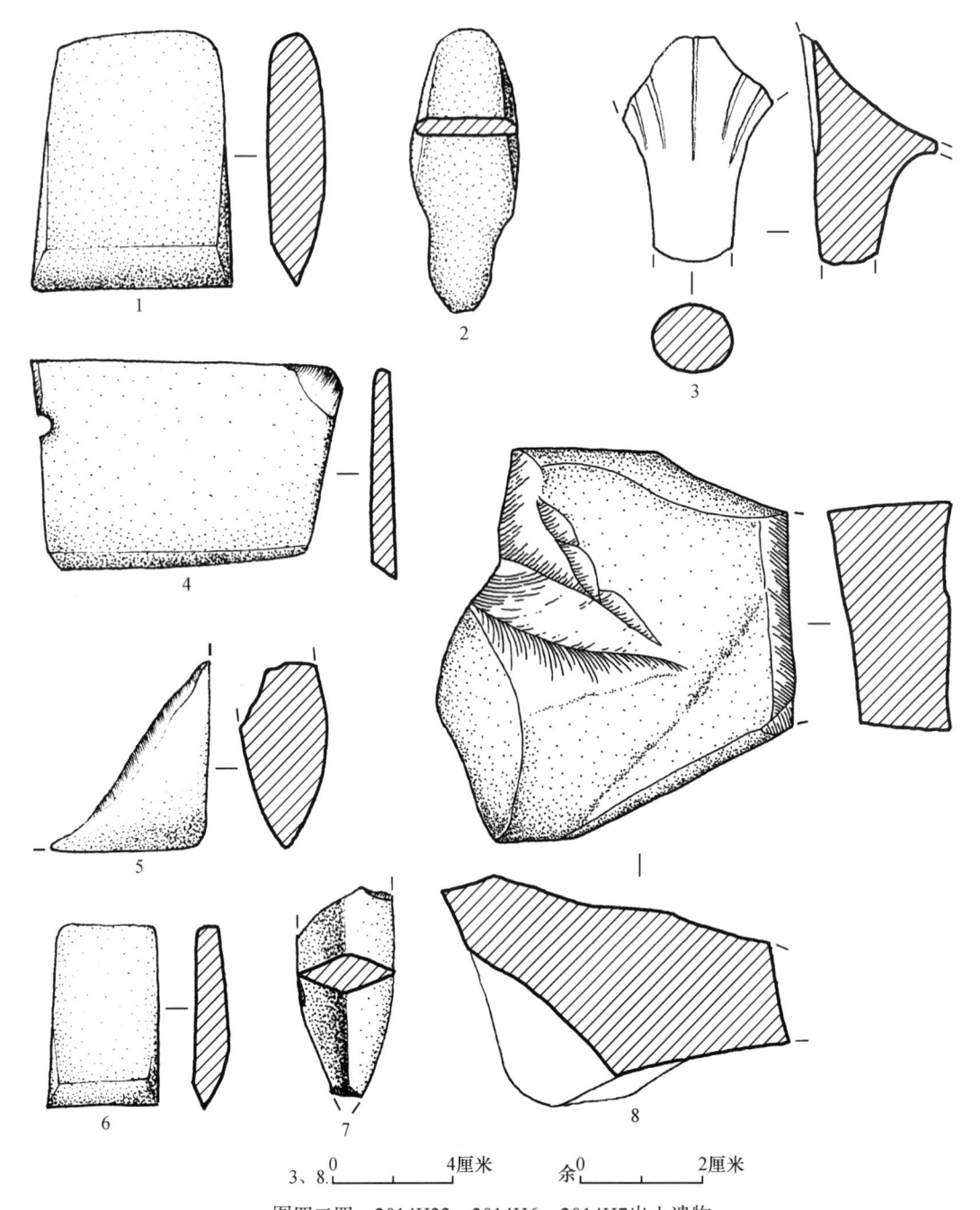

图四二四 2014H22、2014H6、2014H7出土遗物

1、6.Ab型石锛（1.2014H22：1、6.2014H6：1） 2.Ag型石镞（2014H6：2） 3.Ca型陶鼎足（2014H6：3） 4.B型穿孔石刀（2014H7：1） 5.不明形制石斧（2014H7：2） 7.Aa型石镞（2014H7：3） 8.B型砺石（2014H7：4）

石斧 不明形制 1件。标本2014H7：2，青灰色石料。仅存刃部一角，双面刃。残长3、残宽2.6、厚1.5厘米（图四二四，5）。

砺石 B型 1件。标本2014H7：4，青灰色石料。不规则形，共有九处磨砺面，大多均内凹。残长12.6、残宽11.8、厚2.9～7.4厘米（图四二四，8；图版一二八，3）。

3. 2016H5

（1）位置及地层关系：位于T0502西北部，延伸至T0402。开口于第4A层下，打破F1②层。

（2）形制：平面呈不规则长条形，口大底小，底部不平。口长3.38~4.63、口宽0.8~1.4、底长3.1~4.24、底宽0.56~1、深0.46~0.6米（图四二五）。填土为灰褐色，结构疏松，含少量红烧土颗粒。

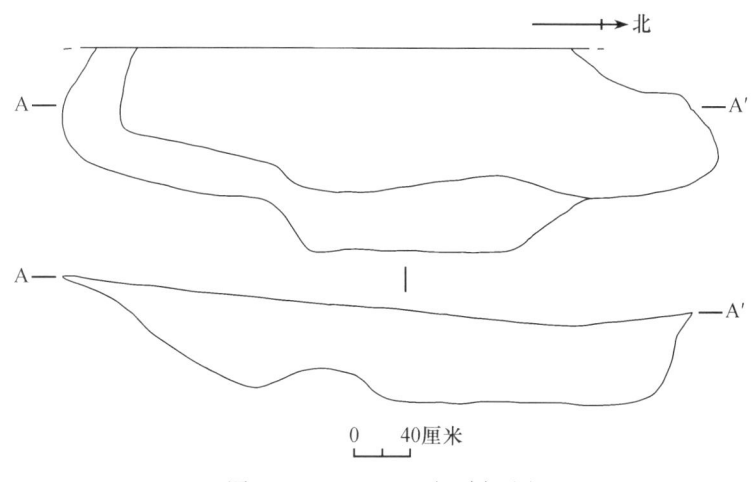

图四二五　2016H5平、剖面图

（3）出土遗物：

石镞　6件。

A型　5件。

Aa型，3件。标本2016H5：1，深青灰色石料。镞身前端残，柳叶形，双面无脊，两侧刃，梯形铤。残长4.8、宽2、厚0.45厘米（图四二六，1）。标本2016H5：3，深青灰色石料。仅存镞身一侧中间一段，边侧刃。残长3.4、宽1.2、厚0.4厘米（图四二六，3）。标本2016H5：7，深青灰色石料。铤后端残，形体较小，柳叶形，双面有脊，两侧刃，短三角形铤。残长4.6、宽1.1、厚0.2厘米（图四二六，2；图版一二八，4）。

Ac型，1件。标本2016H5：5，深青灰色石料。仅存镞身后端及铤前端，柳叶形，双面有脊，两侧刃，扁锥形铤。残长2.7、宽1.4、厚0.4厘米（图四二六，8）。

A形而亚型不明，1件。标本2016H5：2，青灰色石料。仅存镞身中间一段，双面有脊，两侧刃。残长2.2、宽2.2、厚0.55厘米（图四二六，4）。

Ba型，1件。标本2016H5：4，深青灰色石料。基本完整，镞身呈三棱形，圆柱形铤。长5.6、宽0.9、铤径0.6~0.9厘米（图四二六，5）。

石钻芯　1件。标本2016H5：6，白色石料。呈圆形，边侧有凸棱，似为钻孔的孔芯。直径4.8、厚1.6厘米（图四二六，10；图版一二八，5）。

陶鬲足　A型　1件。标本2016H5：8，泥质红陶。矮锥状足，浅足窝，外饰绳纹。高8.8、残宽5、厚0.9厘米（图四二六，6）。

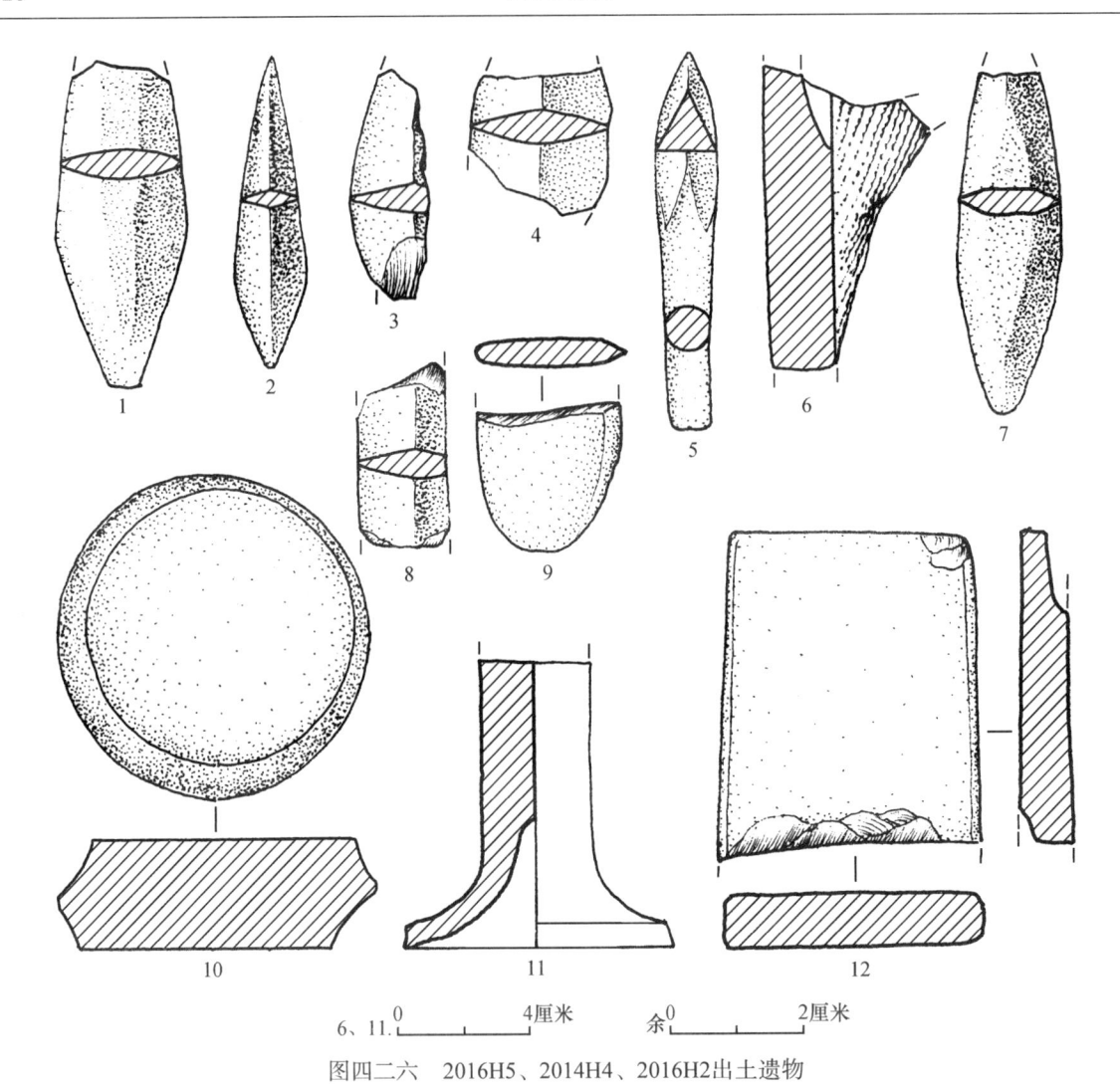

图四二六　2016H5、2014H4、2016H2出土遗物

1~3. Aa型石镞（1. 2016H5：1、2. 2016H5：7、3. 2016H5：3）　4、9. A型而亚型不明石镞（4. 2016H5：2、9. 2014H4：1）
5. Ba型石镞（2016H5：4）　6. A型陶鬲足（2016H5：8）　7. Ab型石镞（2016H2：1）　8. Ac型石镞（2016H5：5）
10. 石钻芯（2016H5：6）　11. C型陶豆柄（2016H2：3）　12. Aa型石锛（2016H2：2）

（五）不规则形

1. 2014H4

（1）位置及地层关系：位于T0302西南部，延伸至T0202。开口于第4A层下，打破F1②层。

（2）形制：平面呈不规则形，口大底小，弧壁，平底。长0.7~1.58、宽1.02、深0.22米（图四二七）。填土为灰黑色黏土，结构疏松，含红烧土颗粒。

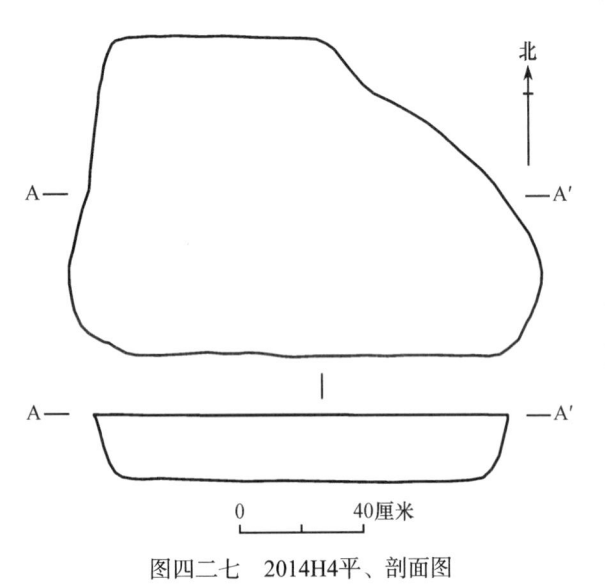

图四二七　2014H4平、剖面图

（3）出土遗物：

石镞　A型不明亚型，1件。标本2014H4：1，青灰色石料。仅存铤后端，扁椭圆形，双面扁平。残长2.2、宽2.3、厚0.5厘米（图四二六，9）。

2. 2014H13

（1）位置及地层关系：位于T0402西中部，延伸至T0302。开口于第2层下，被第4层下D1打破，打破F1①层、F1②层。

（2）形制：平面呈不规则形，口大底小，底部不平。口长3.15、口宽1.23、底长1.94、底宽0.98、深0.38~0.58米（图四二八）。填土为灰黑色砂质黏土，结构疏松，含红烧土颗粒、炭屑、石块等（图版二四）。

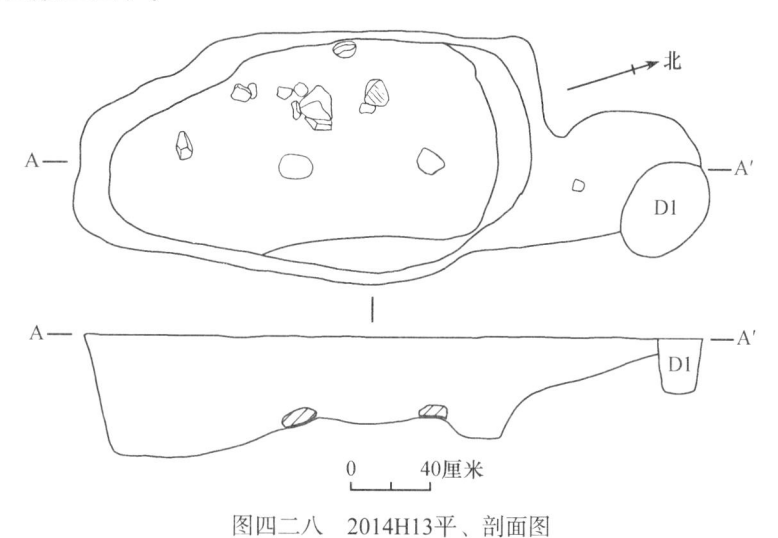

图四二八　2014H13平、剖面图

（3）出土遗物：

石器　4件。

镞　3件。均为A型。

Aa型，1件。标本2014H13：4，紫红色石料。仅存镞身及铤前端，柳叶形，双面有脊，两侧刃，铤两侧斜收。残长4.9、宽2.2、厚0.6厘米（图四二九，3）。

Ab型，1件。标本2014H13：1，深青灰色石料。镞身前端残，梭状柳叶形，前锋有脊，双面扁平，两侧刃，截面呈多棱形，短三角形铤。残长5.7、宽1.5、厚0.3厘米（图四二九，1）。

A型而亚型不明，1件。标本2014H13：2，青灰色石料。仅存镞身前端，双面有脊，两侧刃。残长2.8、宽1.5、厚0.3厘米（图四二九，2）。

锛　Aa型，1件。标本2014H13：3，深青灰色石料。基本完整，梯形，平顶，下端双面刃，一面宽刃，一面窄刃。长6.2、宽3.8~4.7、厚1.2厘米（图四二九，4；图版一二八，6）。

陶器　3件。可辨器形有鼎足、钵，另有少量陶器残片，器表纹饰有弦断绳纹（图四三七，2）。

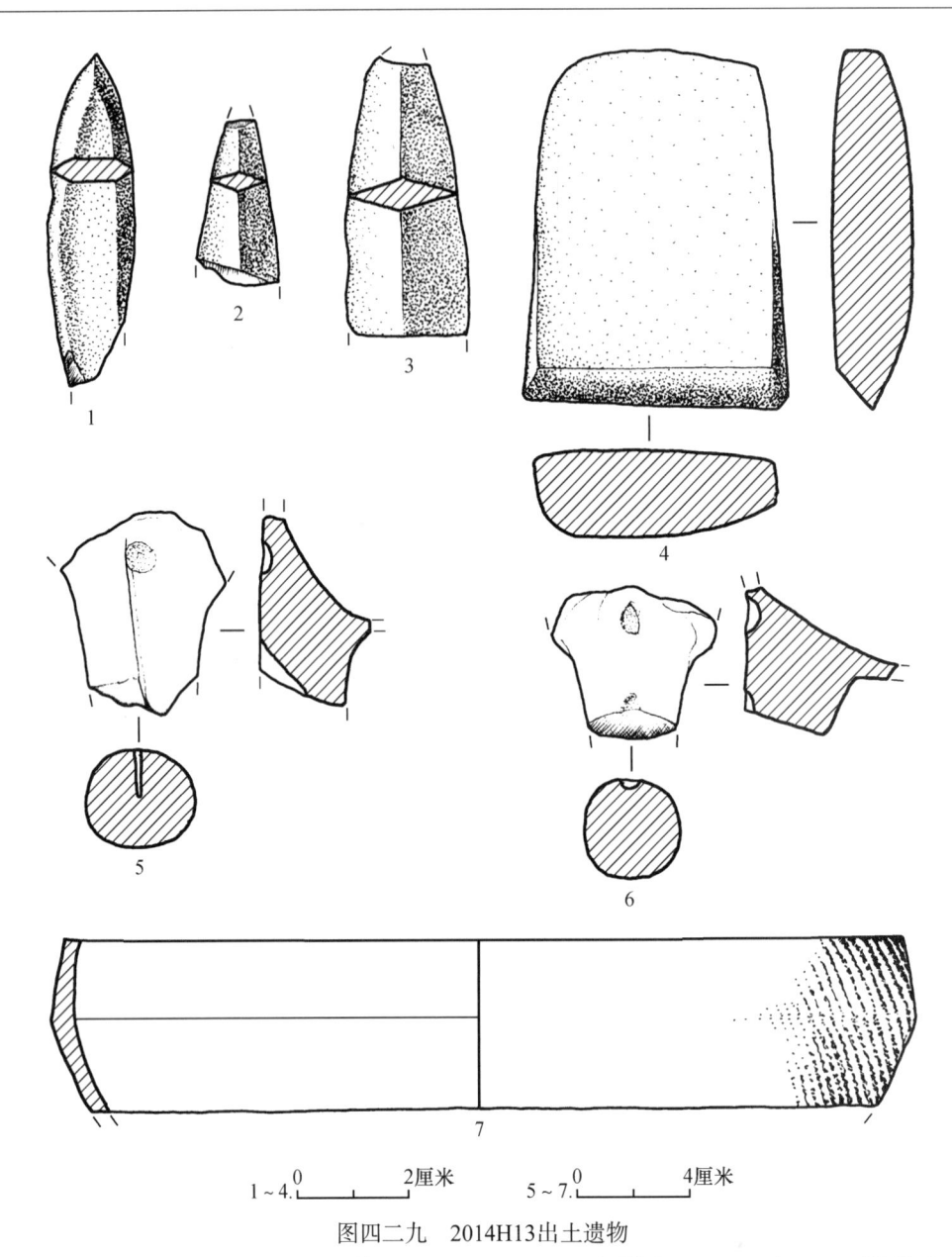

图四二九　2014H13出土遗物

1. Ab型石镞（2014H13：1）　2. A型而亚型不明石镞（2014H13：2）　3. Aa型石镞（2014H13：4）　4. Aa型石锛（2014H13：3）
5、6. Ca型陶鼎足（5. 2014H13：6，6. 2014H13：7）　7. 陶钵（2014H13：5）

鼎足　Ca型，2件。标本2014H13：6，夹砂红陶。下端残，锥状足，足外上端饰一个按窝及一道竖向刻槽。残高7、残宽5.5厘米（图四二九，5）。标本2014H13：7，夹砂红陶。下端残，锥状足，足外竖向饰按窝。残高5.2、残宽5.6厘米（图四二九，6）。

钵　1件。标本2014H13：5，夹砂红陶。敛口，无沿，折肩，斜腹。复原口径30、残高6、厚0.5厘米（图四二九，7）。

3. 2014H18

（1）位置及地层关系：位于T0305西南部靠近断坎处。开口于第4B层下，打破2014G1①层。

（2）形制：平面呈不规则形，底部近断坎处加深。残长0.86、宽0.68、深0.1~0.19米（图四三○）。填土为黄灰色细沙土，质地略硬呈块状，含少量石块。

（3）出土遗物：出土少量陶器残片，器形不辨。

4. 2016H2

（1）位置及地层关系：位于T0201西南部，延伸至南壁及西壁。开口于第4A层下，打破第5层。

（2）形制：仅发掘1/4，平面呈不规则形，弧壁。长4、宽2.5、深0.45米（图四三一）。填土为浅灰色，结构疏松，含红烧土块粒、炭屑、石块等。

（3）出土遗物：

石器　2件。

镞　Ab型，1件。标本2016H2：1，深青灰色石料。镞身前端残，梭状柳叶形，镞身前端双面有脊，两侧刃。残长5、宽1.6、厚0.4厘米（图四二六，7）。

锛　Aa型，1件。标本2016H2：2，深青灰色石料。仅存上端，梯形，平顶。残长4.6、宽3.5~4、厚0.8厘米（图四二六，12）。

陶器　可辨器形为豆柄，另有少量碎陶片，器表纹饰有绳纹+弦纹+水波纹（图四三七，5）。

豆柄　C型　1件。标本2016H2：3，夹砂红陶。柱状实心柄，喇叭口圈足。残高8.4、柄径3、足径8.2厘米（图四二六，11）。

图四三○　2014H18平、剖面图

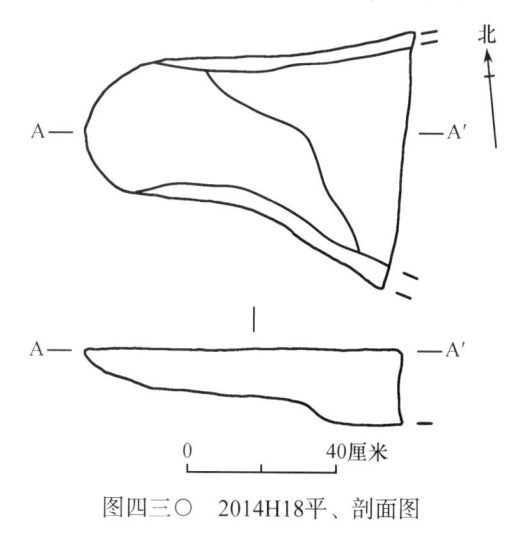

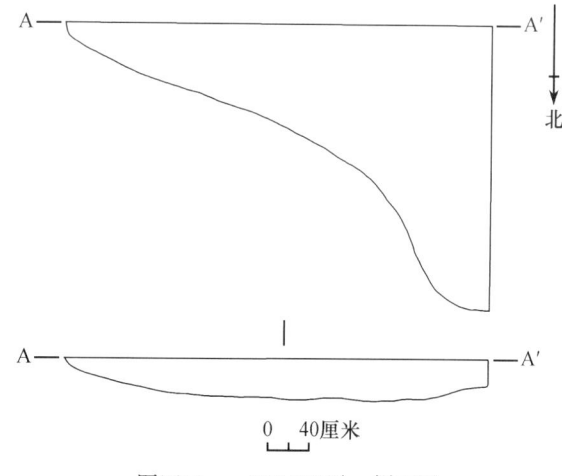

图四三一　2016H2平、剖面图

5. 2016H18

（1）位置及层位关系：位于T0502东扩方的东北部。开口于第2层下，打破生土层。

（2）形制：平面形状呈不规则形，坑壁较光滑，底部不平，呈中间高两端低。坑口长1.86、宽1.34~1.7、深0.23~0.4米（图四三二）。填土为红褐色沙质黏土及青灰色黏土，土质较黏。

（3）出土遗物：出土少量陶器残片，可辨器形有釜鼎口沿，残碎过甚，未选标本。

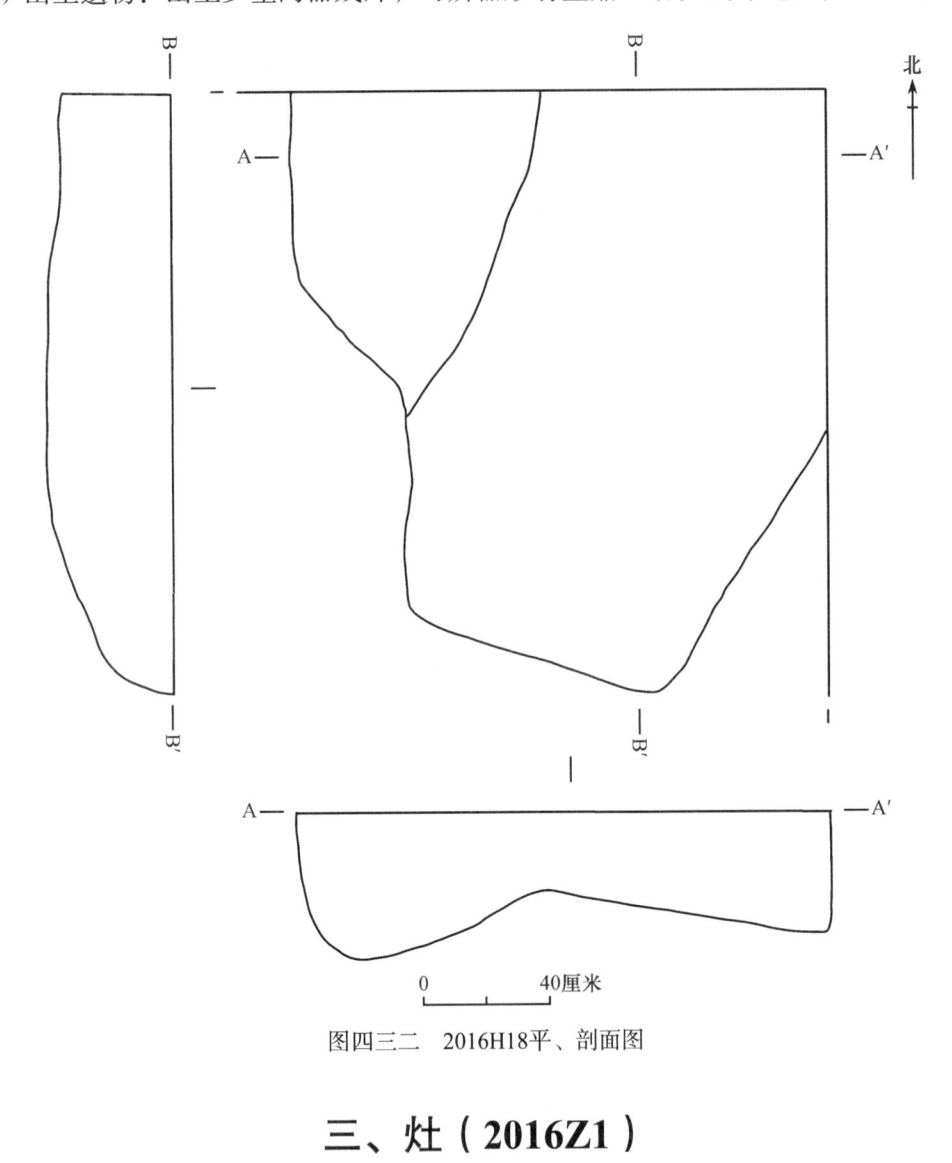

图四三二　2016H18平、剖面图

三、灶（2016Z1）

（1）位置及地层关系：位于T0201北中部偏西，方向275°。开口于第4A层下，打破F1①层及第5层。

（2）形制：整体呈马蹄形，为四眼灶，东西向分布，由火门、火塘、火道及火眼四部分组成，四部分内侧表面均有一层红色烧结面，其中火门在西，火眼在东。整体东西长1.1、宽

0.85米（图四三三；图版二五）。

火门：位于西侧，残长0.2、宽0.5、深0.1米，烧结面厚0.02~0.05米。

火塘：前与火门、后与火塘相通，进深长0.25、宽0.5、深0.25米。

火道：火塘后分南北两侧通向火眼，火道通向火眼底面呈坡状，其中北侧火道上通北侧两火眼，南侧火道上通南侧两火眼。

火眼：4个，圆形，口小底大，口径0.3、底径0.4米，对称分布，其中东北角火眼底部放置一块方形石块，边长0.15、厚0.05米。

填土为深灰色，结构致密。含红烧土颗粒、炭屑、石块等。

（3）出土遗物：含少量陶器残片，器形不辨。

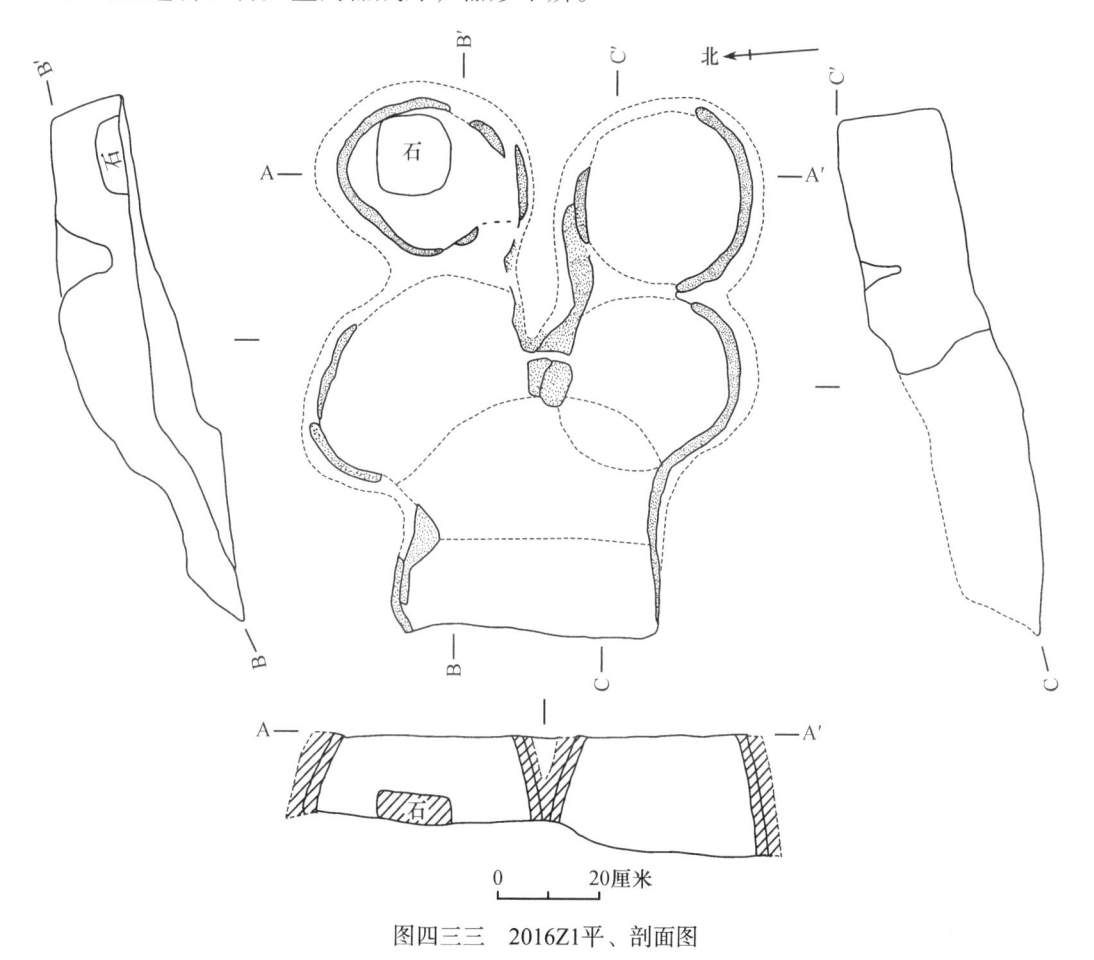

图四三三　2016Z1平、剖面图

四、井

该期井2座，编号分别为2014J1及2014J2。

1. 2014J1

（1）位置及层位关系：位于T0301东部和T0401西部。开口于第2层下，上部被2014H23打破，打破第4A层及南侧浅黄色土层。

（2）形制：平面为圆形，直壁。口径1.9~2.2米，根据钻探可知井深6.9米，由于井内堆积大石块较多并部分井壁垮塌，故发掘至2.9米处停挖，底部形制不明（图版二六，1）。发掘部分填土堆积分为3层（图四三四）。

第1层：灰褐色土，夹杂红烧土块，土质结构疏松。厚2.23米。

第2层：浅黄色土，夹杂红烧土块。厚0.31米。

第3层：灰褐色土，夹杂红烧土碎块。发掘厚约0.36米处停挖。

（3）出土遗物：仅第1、2层出土遗物，第3层未出土遗物。

第1层出土遗物：

石镞　Af型，2件。标本2014J1①：2，灰褐色石料。平面呈长条形，双面有脊，后端双面刃。长9.8、宽2.6、厚1.8厘米（图四三六，6）。标本2014J1①：4，青灰色石料。前锋残，形体较小，镞身较短，双面有脊，无铤，后端双面刃。残长3.7、宽2.2、厚0.4厘米（图四三六，1）。

石斧　3件。

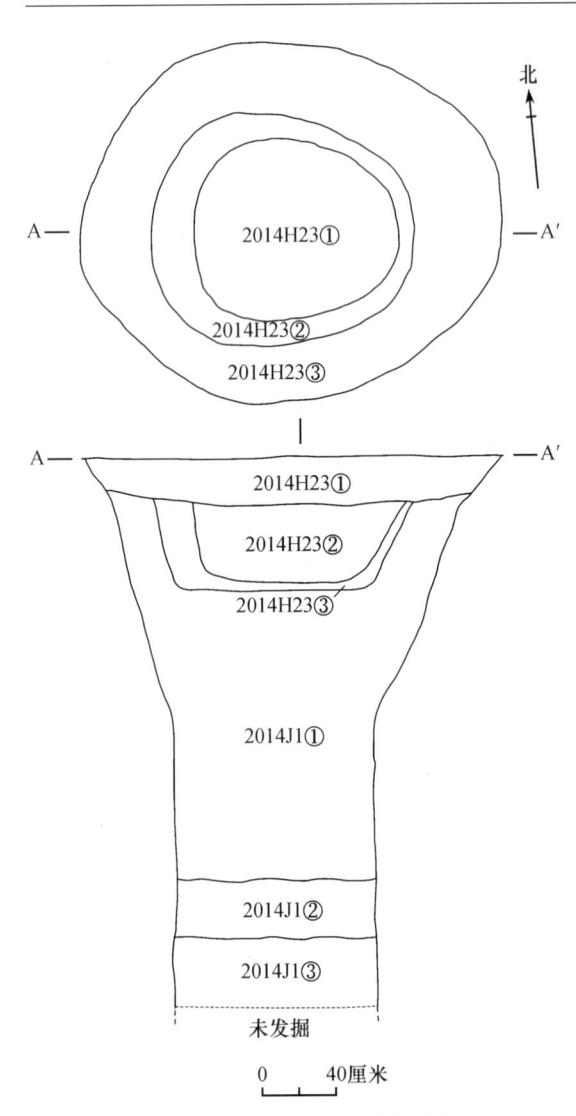

图四三四　2014J1平、剖面图

Aa型，1件。标本2014J1①：1，青灰色石料。边侧及刃部残，梯形，顶部微弧，下端双面刃。残长8.3、宽5.6、厚1.8厘米（图四三六，2）。

B型　1件。标本2014J1①：3，青灰色石料。仅存下端，倒梯形，下端双面刃。残长6.8、宽5.6、厚2.6厘米（图四三六，3）。

不明形制　1件。标本2014J1①：5，青绿色石料。仅存下端局部，下端双面刃。残长6、残宽4、厚1厘米（图四三六，4）。

陶鬲足　C型　1件。标本2014J1①：6，夹砂红陶。高柱状足，外饰细绳纹。残高11厘米（图四三六，10）。

第2层出土遗物：均为陶器，可辨器形有盆口沿，另有少量陶器残片，器表纹饰有绳纹+草叶按窝（图四三七，3）。

陶盆口沿　A型　1件。标本2014J1②：1，泥质灰陶。宽平沿，方唇，沿下饰有凹弦纹。复原口径36、残高3.6厘米（图四三六，7）。

2. 2014J2

（1）位置及层位关系：位于T0401西南部。开口于第2层下，打破第4层及南侧浅黄色土层。

（2）形制：平面呈圆形，直壁，平底。口径1.9、底径0.96、深7.8米（图版二六，2）。井内填土分为7层（图四三五）。

第1层：灰褐色土夹红烧土块，结构疏松。厚2.05米。

第2层：浅黄色土夹红烧土块，结构疏松。厚0.15米。

第3层：灰褐色土夹红烧土块，结构疏松。厚0.7米。

第4层：黄褐色土夹红烧土块，结构疏松。厚1.7米。

第5层：黄褐色土夹青灰色沙土及少量红烧土块，结构疏松。厚0.8米。

第6层：青灰色淤泥。厚1米。

第7层：深灰色淤泥。厚1.4米。

根据堆积性质分析，第1层至第5层为废弃堆积，第6层、第7层为J2使用时期形成的堆积。

（3）出土遗物：

仅在第1层、第4层、第7层挑选了可辨器形的标本，其余层位由于均为陶器残片，未挑选标本。

第1层出土遗物：

石镞　3件。

A型　2件。

Ab型，1件。标本2014J2①：1，青灰色石料。仅存镞身与铤交接处，梭状柳叶形，镞身前端双面有脊，两侧刃。残长4.3、宽1.4、厚0.4厘米（图四三六，5）。

Ac型，1件。标本2014J2①：2，青灰色石料。镞身前端残，镞身呈柳叶形，扁三角形铤。残长5.9、宽1.5、厚0.5厘米（图四三六，15）。

Bb型，1件。标本2014J2①：3，青灰色石料。镞身前端残，镞身后端呈圆柱形，短锥形铤。残长4.5、直径1.2厘米（图四三六，12）。

第4层出土遗物：

石镞　Aa型，1件。标本2014J2④：1，青绿色石料。镞

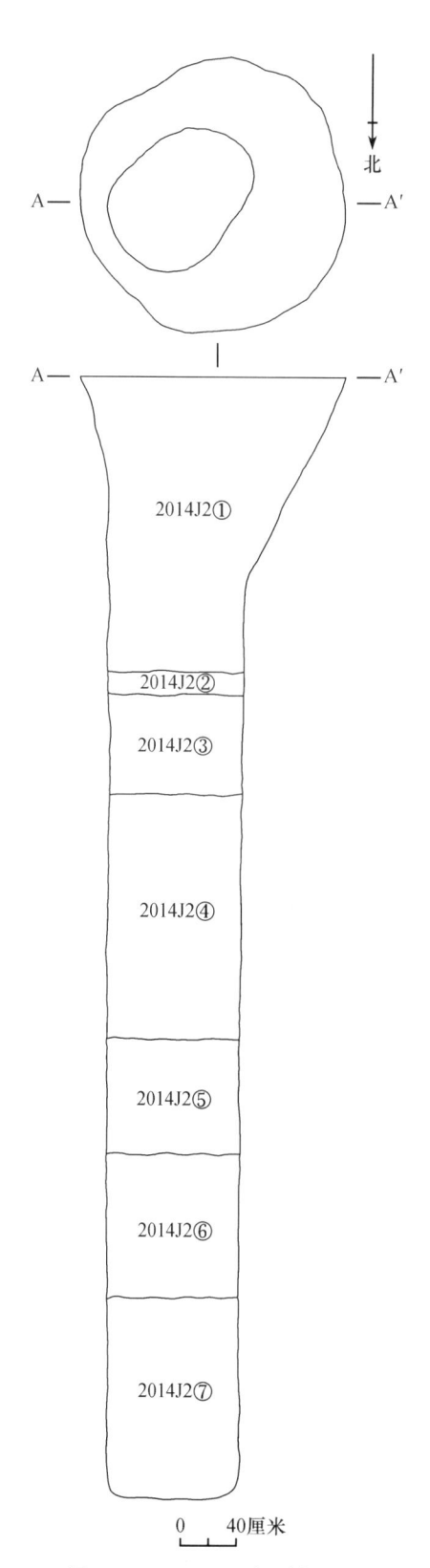

图四三五　2014J2平、剖面图

图四三六 2014J1、2014J2出土遗物

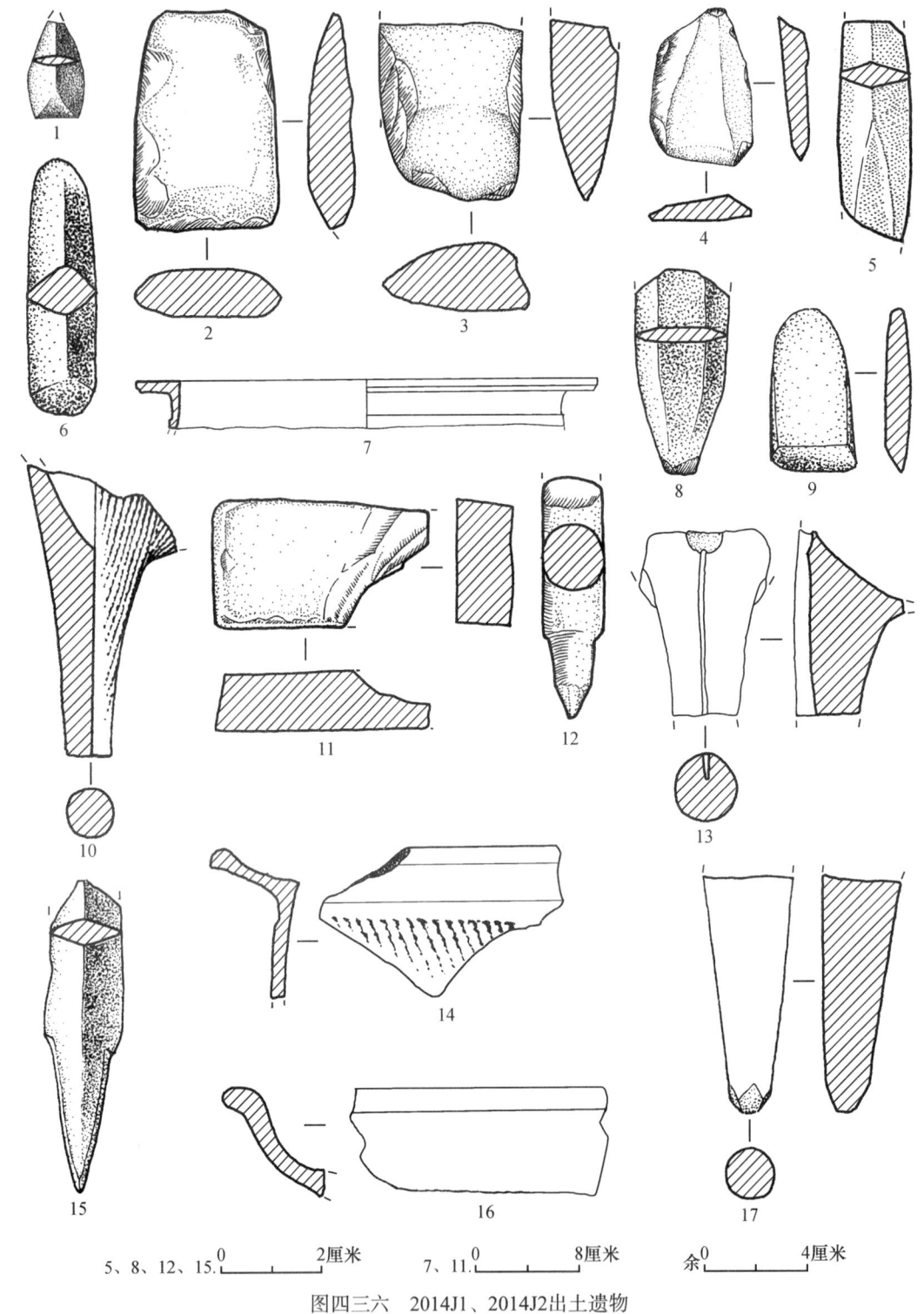

1、6. Af型石镞（1. 2014J1①：4、6. 2014J1①：2） 2. Aa型石斧（2014J1①：1） 3. B型石斧（2014J1①：3）
4. 不明形制石斧（2014J1①：5） 5. Ab型石镞（2014J2①：1） 7. A型陶盆口沿（2014J1②：1） 8. Aa型石镞（2014J2④：1）
9. Aa型石锛（2014J2⑦：1） 10. C型陶鬲足（2014J1①：6） 11. A型砺石（2014J2⑦：2） 12. Bb型石镞（2014J2①：3）
13、17. Ca型陶鼎足（13. 2014J2⑦：4、17. 2014J2⑦：5） 14、16. 陶釜鼎口沿（14. 2014J2⑦：3、16. 2014J2⑦：6）
15. Ac型石镞（2014J2①：2）

身前端残，镞身呈柳叶形，两面扁平，两侧刃，截面呈多棱形，扁三角形铤。残长4、宽1.9、厚0.25厘米（图四三六，8）。

第7层出土遗物：

石器 2件。

石锛 Aa型，1件。标本2014J2⑦：1，灰褐色石料。梯形，弧顶，下端单面刃。长6.2、宽3.4、厚1厘米（图四三六，9）。

砺石 A型 1件。标本2014J2⑦：2，青灰色石料。一端残，长方体，上面为磨砺面，略内凹。残长17、宽9.8、厚4.6厘米（图四三六，11）。

陶器：可辨器形有鼎足、釜鼎口沿等，另有少量陶器残片，器表纹饰有折线纹及菱形填线纹等（图四三七，4、6）。

鼎足 Ca型，2件。标本2014J2⑦：4，夹砂红陶。下端残，圆锥状足，足面饰一个按窝及一条竖向刻槽。残高7厘米（图四三六，13）。标本2014J2⑦：5，夹砂红陶。上端残，圆锥状足，捏足有削痕，素面。残高8厘米（图四三六，17）。

釜鼎口沿 2件。标本2014J2⑦：3，夹砂褐陶。宽折沿，沿面内凹，圆唇，颈部略内凹，腹部饰粗绳纹。残高5.7厘米（图四三六，14）。标本2014J2⑦：6，夹砂褐陶。宽折沿，沿面内凹，圆唇，素面。残高4.2厘米（图四三六，16）。

五、祭 祀 台

（1）位置及地层关系：位于T0306、T0307、T0406、T0407内。开口于第4A层下，叠压2016G4及浅黄色土层。

（2）形制：平面大致呈南北向圆角长方形，北侧保存较好，东西两侧及南侧遭部分破坏，南侧区域被破坏呈缓坡状分布。南北残长12、东西残宽8.2、厚0.7米。祭祀台由上至下可分三层（图四三八；图版二七）。

第1层：浅黄色沙土层，含少量红烧土颗粒，中部堆积较薄，四周堆积较厚，与第2层形成互补。厚0.3~0.5米。

第2层：灰褐色土层，含少量红烧土及炭屑等，中部堆积较厚，四周堆积较薄。厚0~0.3米。

第3层：浅黄色细沙土层，局部夹青灰色土，未发掘至底。厚0.1~0.3米。

（3）出土遗物：通过对祭祀台北侧较高位置进行解剖发掘，在第2层底层中部出土一组陶器残片，可辨器形有鼎足、罐、釜鼎口沿等残片，均残碎，未挑选标本（图版二八）。

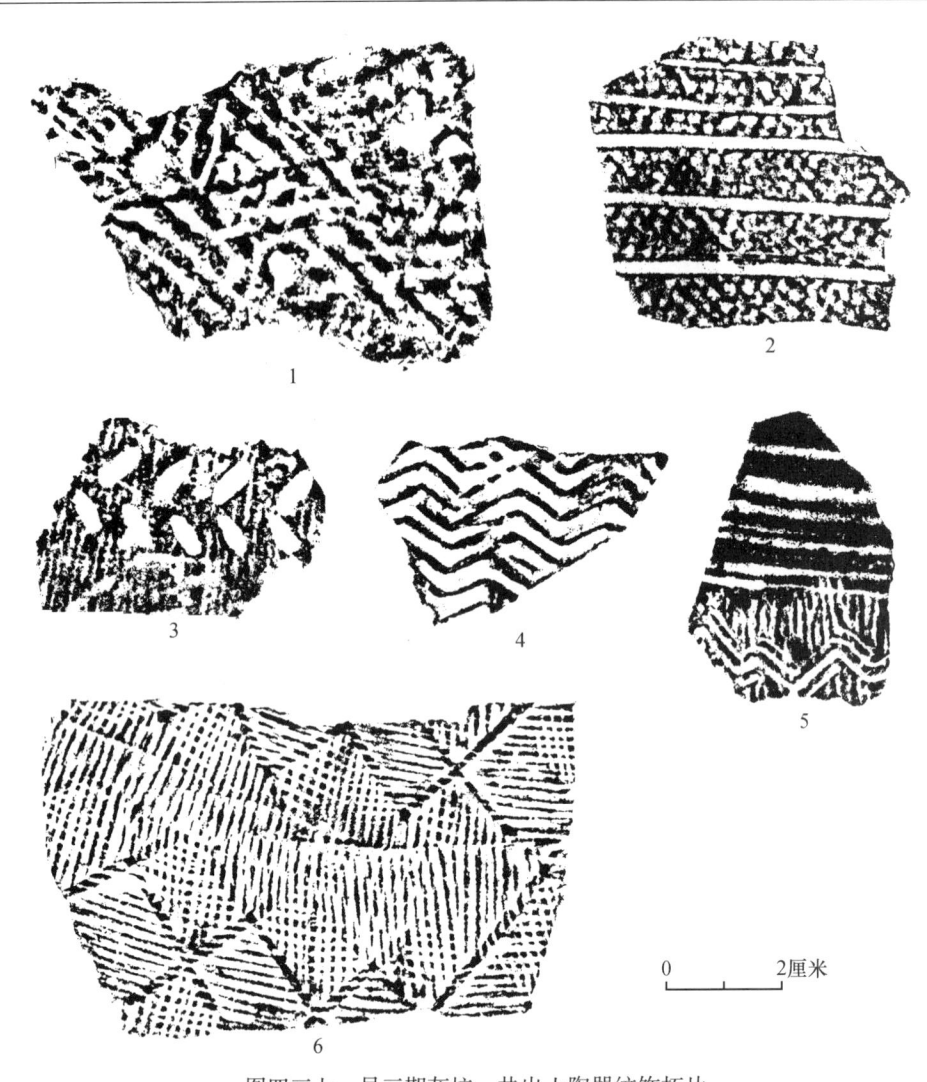

图四三七　早三期灰坑、井出土陶器纹饰拓片

1. 重菱形纹（2014H19：2）　2. 弦断绳纹（2014H13：8）　3. 绳纹+按窝（2014J1②：2）　4. 折线纹（2014J2⑦：8）
5. 绳纹+弦纹+水波纹（2016H2：4）　6. 菱形填线纹（2014J2⑦：7）

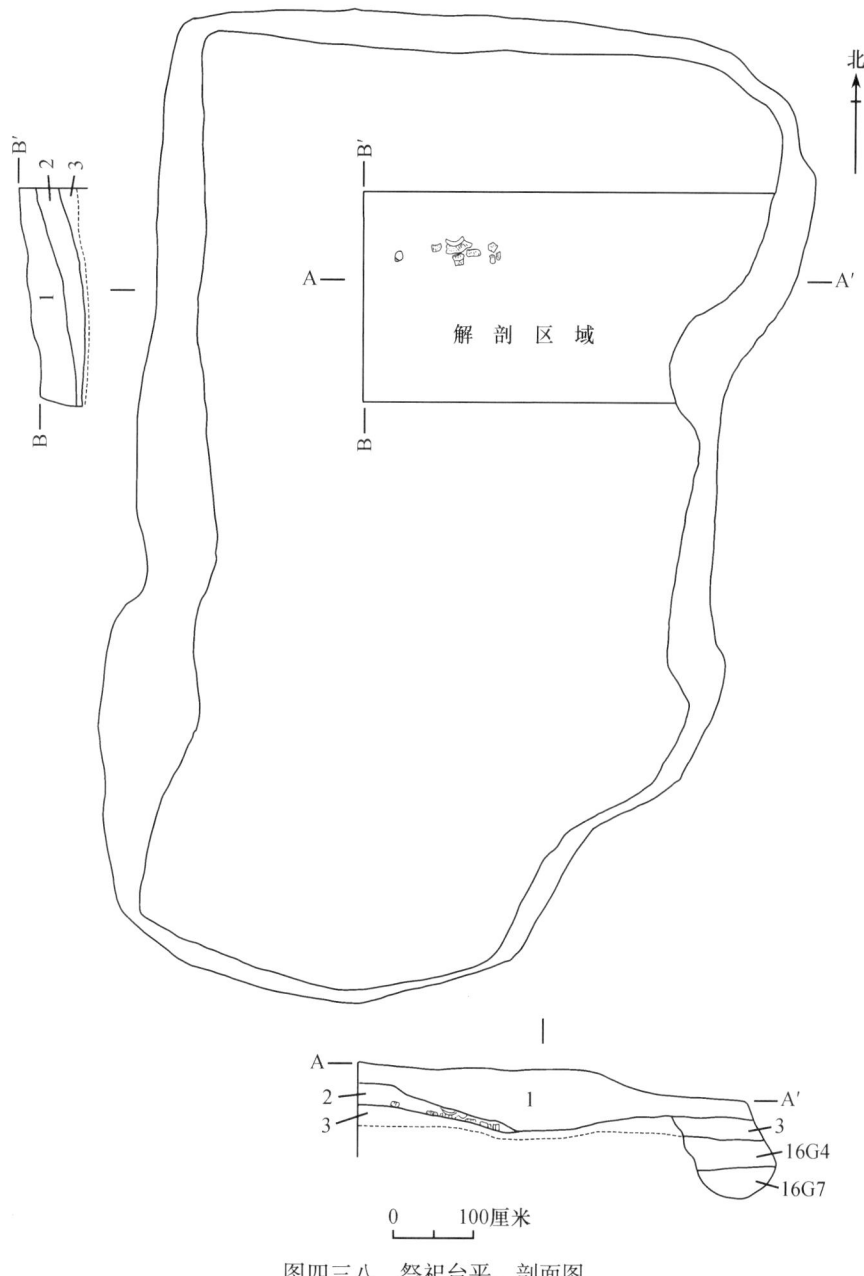

图四三八 祭祀台平、剖面图

第九章 晚期遗存

第一节 晚一期遗存

该时期遗迹有灰坑、沟及灶，其中灰坑3个，编号为2014H1、2014H12、2014H23，沟1条，编号为2014G2，灶1个，编号为2016Z2。

一、灰　　坑

该期灰坑3个，编号分别为：2014H1、2014H12、2014H23，根据平面形状可分为圆形、椭圆形、不规则形各1个。

1. 圆形（2014H23）

（1）位置及层位关系：位于T0301东部和T0401西部。开口于第2层下，打破J1①层及浅黄色土层。

（2）形制：平面呈不规则圆形，弧壁平底，坑壁及底部有一层红烧土夹杂草木灰的烧结面。口径1.3～1.5、深0.7米，烧结面厚0.05～0.2米（图版二九）。坑内填土分2层（图四三九）。

第1层：黄褐色黏土，土质疏松，含烧土块、草木灰、卵石等。厚25厘米。

第2层：浅灰土，土质疏松，含红烧土块、红烧土颗粒等。厚42厘米。

第3层：红烧土，土质疏松，含灰土。厚5～20厘米。

（3）出土遗物：仅第1层出土遗物，有石器、少量陶器及青瓷残片。

石锛　Cb型，1件。标本2014H23①∶1，

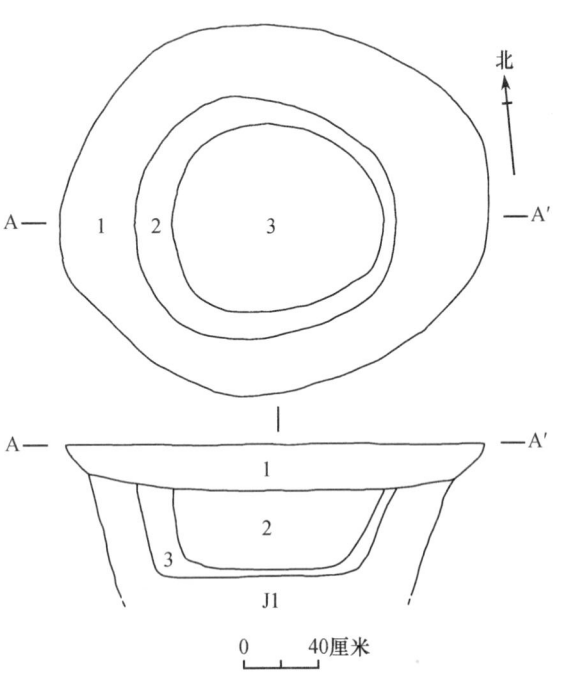

图四三九　2014H23平、剖面图

青灰色石料。刃部略残。平面呈长方形，平背，下端双面刃，一面宽刃，一面窄刃。长4.4、宽2.2、厚0.8厘米（图四四二，1；图版一二九，1）。

残损不明石器、坯料 2件。标本2014H23①：2，青灰色石料。仅存一小块。平面近梯形，一面平，另一面及边侧打制。长6.7、残宽4.3厘米（图四四二，2）。标本2014H23①：3，灰褐色石料。仅存上端，边侧打制。残长4、残宽5.5、厚1厘米（图四四二，3）。

（4）时代及用途：根据形制结构及出土的青瓷残片推测为六朝时期的用火遗迹或陶灶。

2. 椭圆形（2014H12）

（1）位置及层位关系：位于T0302东北部，北侧延伸至T0303内。开口于第2层下，打破F1②层。

（2）形制：平面呈椭圆形，弧壁，平底。长1.8、宽1.15、深0.25米（图四四〇）。坑内填土为黄灰色黏土，结构疏松，含红烧土颗粒、炭屑、石块等。

（3）出土遗物：出土石镞及石刀各1件，少量陶器残片及青褐釉瓷片。

石镞 Aa型，1件。标本2014H12：2，青灰色石料。仅有镞身及铤交界处，无脊，铤斜收。残长3.2、宽1.7、厚0.35厘米（图四四二，4）。

石刀 A型 1件。标本2014H12：1，青灰色石料。仅存中部，上端呈弓背形，下端双面刃。残长4、宽3.3、厚0.4厘米（图四四二，6）。

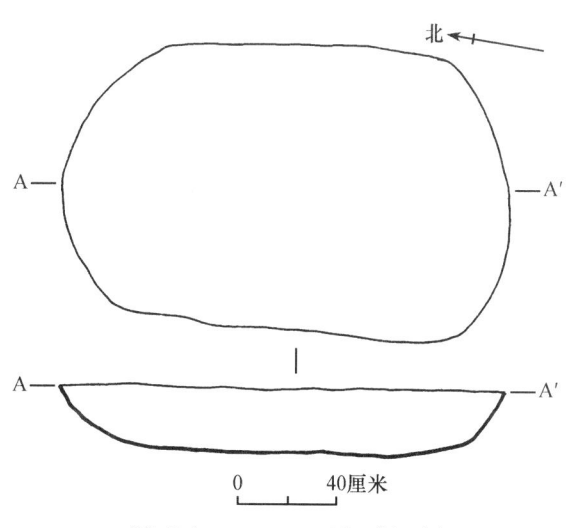

图四四〇 2014H12平、剖面图

（4）时代：从出土的青褐釉瓷片推测时代为六朝时期。

3. 不规则形（2014H1）

（1）位置及层位关系：位于T0203东南部。开口于第2层下，打破第4A层、第5层及浅黄色土层。

（2）形制：平面呈不规则长条形，弧壁，底部高低不平。长4.2、宽1.6、深0.2~0.45米（图四四一）。坑内填土为深灰色黏土，土质结构疏松，含石块、烧土颗粒、炭屑等。

（3）出土遗物：出土石器、陶器及青釉瓷片4块。

残损不明石器 1件。标本2014H1：3，青绿色石料。仅存边侧一块，扁平状。残长5.6、残宽4.5、厚1.2厘米（图四四二，7）。

陶釜鼎口沿 1件。标本2014H1：1，夹砂红陶。折沿，敞口，圆唇，肩部饰篮纹。残高4.4、残宽11厘米（图四四二，5）。

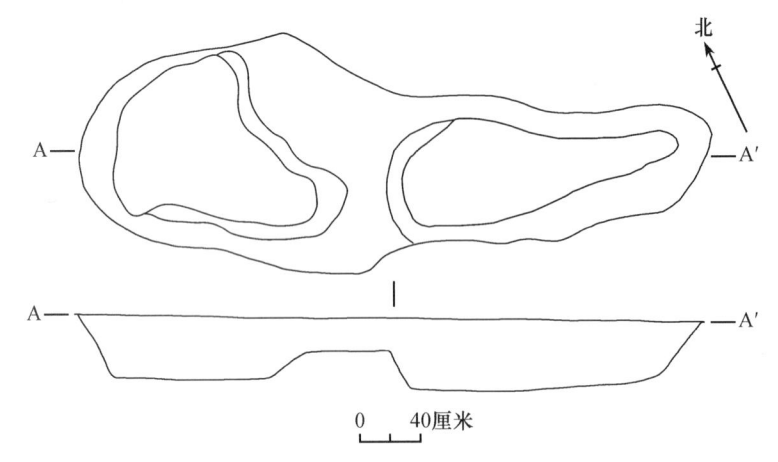

图四四一　2014H1平、剖面图

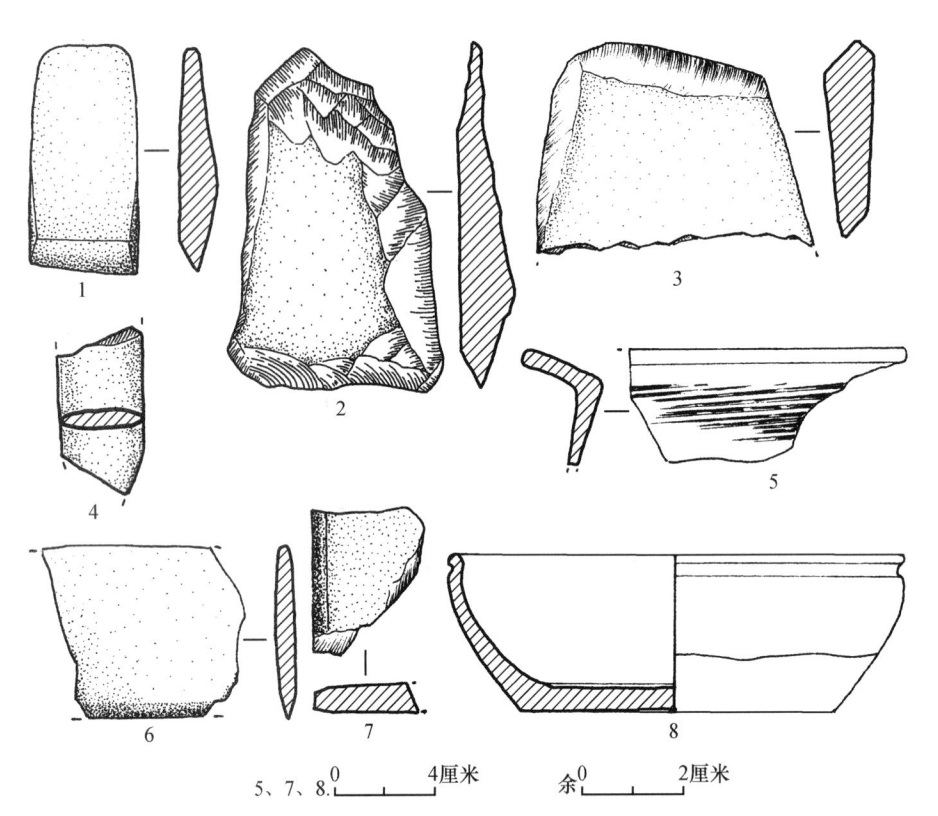

图四四二　2014H23第1层、2014H12、2014H1出土遗物
1. Cb型石锛（2014H23①：1）　2、3、7.残损不明石器、坯料（2.2014H23①：2、3.2014H23①：3、7.2014H1：3）
4. Aa型石镞（2014H12：2）　5.陶釜鼎口沿（2014H1：1）　6.A型石刀（2014H12：1）　8.青瓷钵（2014H1：2）

青瓷钵　1件。标本2014H1：2，残。侈口，圆唇，弧腹，平底，内外施青釉，外釉不及底，釉层剥落严重，口沿下饰一道凹弦纹，内底饰有细弦纹。口径18、底径12.4、高6厘米（图四四二，8）。

（4）时代：从出土的青褐釉瓷片推测时代为六朝时期。

二、沟（2014G2）

（1）位置及层位关系：为跨方遗迹，位于T0301、T0302、T0401、T0402内。开口于第2层下，打破F1①层。

（2）形制：平面呈长条形，弧壁，圜底，未见加工痕迹。东西长11.76、南北宽3.7、深0.5米（图四四三）。沟内填土为黄褐色土，土质略硬，含红烧土颗粒、炭屑等。

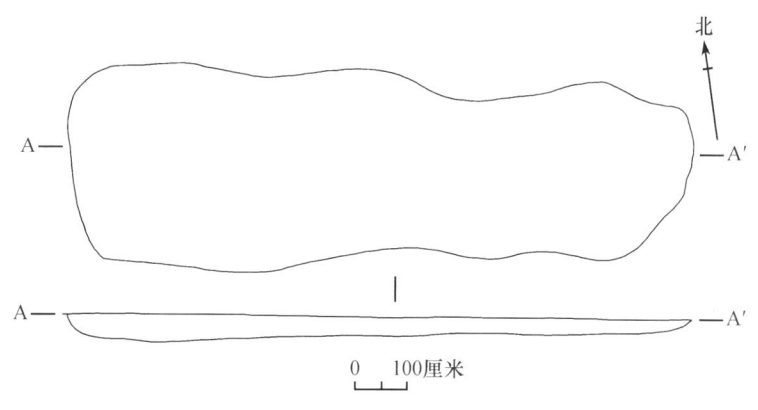

图四四三　2014G2平、剖面图

（3）出土遗物：出土有石器、陶器及青釉瓷碗口沿残片等。

石镞　13件。均为A型。

Aa型，5件。标本2014G2：4，青绿色石料。镞身前端及铤后端残，柳叶形，双面有脊，两侧刃，铤斜收。长4.9、宽1.7、厚0.3厘米（图四四四，1）。标本2014G2：5，青绿色石料。锋尖残，柳叶形，一面有脊，一面扁平，两侧刃，三角形铤。残长8、宽2、厚0.35厘米（图四四四，2）。标本2014G2：9，青灰色石料。镞身前端及铤后端残，脊不明显，两侧刃。残长5、宽2.6、厚0.35厘米（图四四四，3）。标本2014G2：12，青绿色石料。镞身前端及铤后端残，柳叶形，双面有脊，两侧刃，短三角形铤。残长6、宽1.6、厚0.4厘米（图四四四，4）。标本2014G2：17，青灰色石料。镞身前端残，柳叶形，镞身一面有脊，一面扁平，两侧刃，三角形铤。残长6.3、宽2、厚0.3厘米（图四四四，5）。

Ab型，1件。标本2014G2：19，青绿色石料。镞身前端及铤后端残，梭状柳叶形，双面脊不居中，两侧刃。残长5.2、宽1.7、厚0.5厘米（图四四四，6）。

Af型，1件。标本2014G2：11，红褐色石料。镞身前端残，一面扁平，一面有脊，无铤，后端一面有刃。残长2.6、宽1.8、厚0.45厘米（图四四四，15）。

A型而亚型不明，4件。标本2014G2：7，青绿色石料，镞身前端及后端残，柳叶形，双面有脊，两侧刃。残长4.6、宽1.9、厚0.3厘米（图四四四，7）。标本2014G2：20，青绿色石料。镞身前端及后端残，柳叶形，双面有脊，两侧刃。残长5.6、宽1.9、厚0.3厘米（图四四四，9）。标本2014G2：21，青灰色石料。仅存镞身前端，双面有脊，两侧刃。残长2.8、宽1.5、厚0.3厘米（图四四四，8）。标本2014G2：22，青灰色石料。仅存镞身后端及铤，双面

图四四四 2014G2出土石器

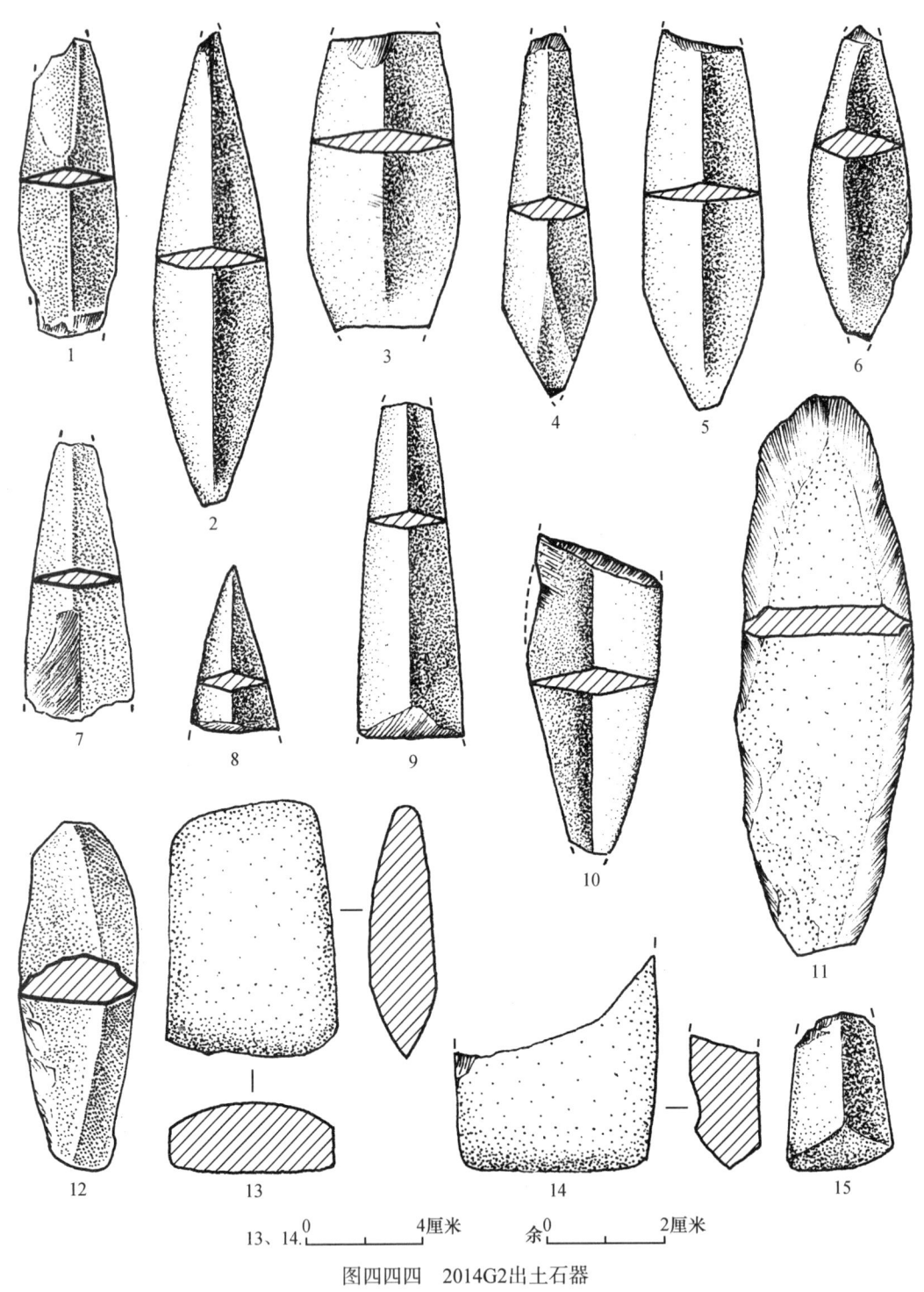

1~5. Aa型锛（1. 2014G2：4、2. 2014G2：5、3. 2014G2：9、4. 2014G2：12、5. 2014G2：17） 6. Ab型锛（2014G2：19） 7~10. A型而亚型不明锛（7. 2014G2：7、8. 2014G2：21、9. 2014G2：20、10. 2014G2：22） 11、12. A型锛坯料（11. 2014G2：10、12. 2014G2：23） 13. Aa型斧（2014G2：13） 14. 不明形制斧（2014G2：3） 15. Af型锛（2014G2：11）

有脊，两侧刃，三角形铤。残长5.3、宽2.3、厚0.4厘米（图四四四，10）。

坯料　A型　2件。标本2014G2：10，青绿色石料。梭状柳叶形，双面略平，边侧打制，似为Ab型石镞的坯料。残长9.3、宽3、厚0.5厘米（图四四四，11）。标本2014G2：23，灰褐色石料。梭状柳叶形，一面平，一面拱，表面粗糙，似为Ab型石镞的坯料。长5.7、宽2.1、厚0.8厘米（图四四四，12）。

石斧　3件。

Aa型，1件。标本2014G2：13，青灰色石料。刃部略残，梯形，斜顶，下端双面刃。长8.5、宽5.2～6、厚2.4厘米（图四四四，13）。

不明形制　2件。标本2014G2：3，青灰色石料。仅存下端，平面略呈长方形，下端双面刃，似为石斧残损器，表面粗糙。残长7.4、宽6.9、厚2.4厘米（图四四四，14）。标本2014G2：24，青灰色石料仅存下端小部分。边侧残，下端双面刃，似为石斧残损器。残长5.8、残宽5.5、残厚0.7厘米（图四四五，2）。

石锛　4件。

A型　3件。

Aa型，1件。标本2014G2：1，青灰色石料，残。弧背，长6.3、残宽4～5.3、厚1.3厘米（图四四五，1）。

Ab型，1件。标本2014G2：2，青灰色石料。边侧残，平顶，下端双面刃，一面宽刃，一面窄刃。长3.85、宽2.8～3.4、厚0.9厘米（图四四五，6）。

Ac型，1件。标本2014G2：18，青灰色石料。边侧略残，梯形，平顶，近顶部有一个未穿孔，下端双面刃。长4.8、宽1.2～2.1、厚0.25厘米（图四四五，5）。

B型　1件。标本2014G2：14，青绿色石料。上端残，倒梯形，下端双面刃。长4、宽1.8、厚0.3厘米（图四四五，3）。

石器坯料　1件。标本2014G2：6，青绿色石料。一端残，平面呈长方形，下端未刃，似为石刀坯料。残长8、残宽3.2、厚0.3厘米（图四四五，4）。

陶纺轮　Aa型，3件。标本2014G2：8，夹砂黑陶。边侧残，饼状，斜边，宽面饰四组三弧线刻划纹，中部穿孔。短径2.9、长径3.1、孔径0.3、厚0.4～0.6厘米（图四四五，7）。标本2014G2：15，夹砂灰陶。边侧残，饼状，斜边，宽面饰"十"字分隔对称花瓣刻划纹，中部穿孔。短径3.6、长径4.2、孔径0.4、厚0.65厘米（图四四五，8）。标本2014G2：16，夹砂褐陶。饼状，斜边，宽面饰四花瓣状戳点纹，中部穿孔。短径3.4、长径4.1、孔径0.4、厚0.8厘米（图四四五，9）。

陶鼎足　4件。

Aa型，2件。标本2014G2：25，夹砂红陶。下端残，足面上端贴麻花状附加堆纹，其下饰二道瓦棱纹。残高12.6厘米（图四四五，10）。标本2014G2：28，夹砂红陶。下端残，足面饰三道纵向凹槽。残高6.2厘米（图四四五，11）。

Ba型，1件。标本2014G2：26，夹砂红陶。上端残，扁锥形，正面饰绳纹及三道刻槽。残高11.4厘米（图四四六，1）。

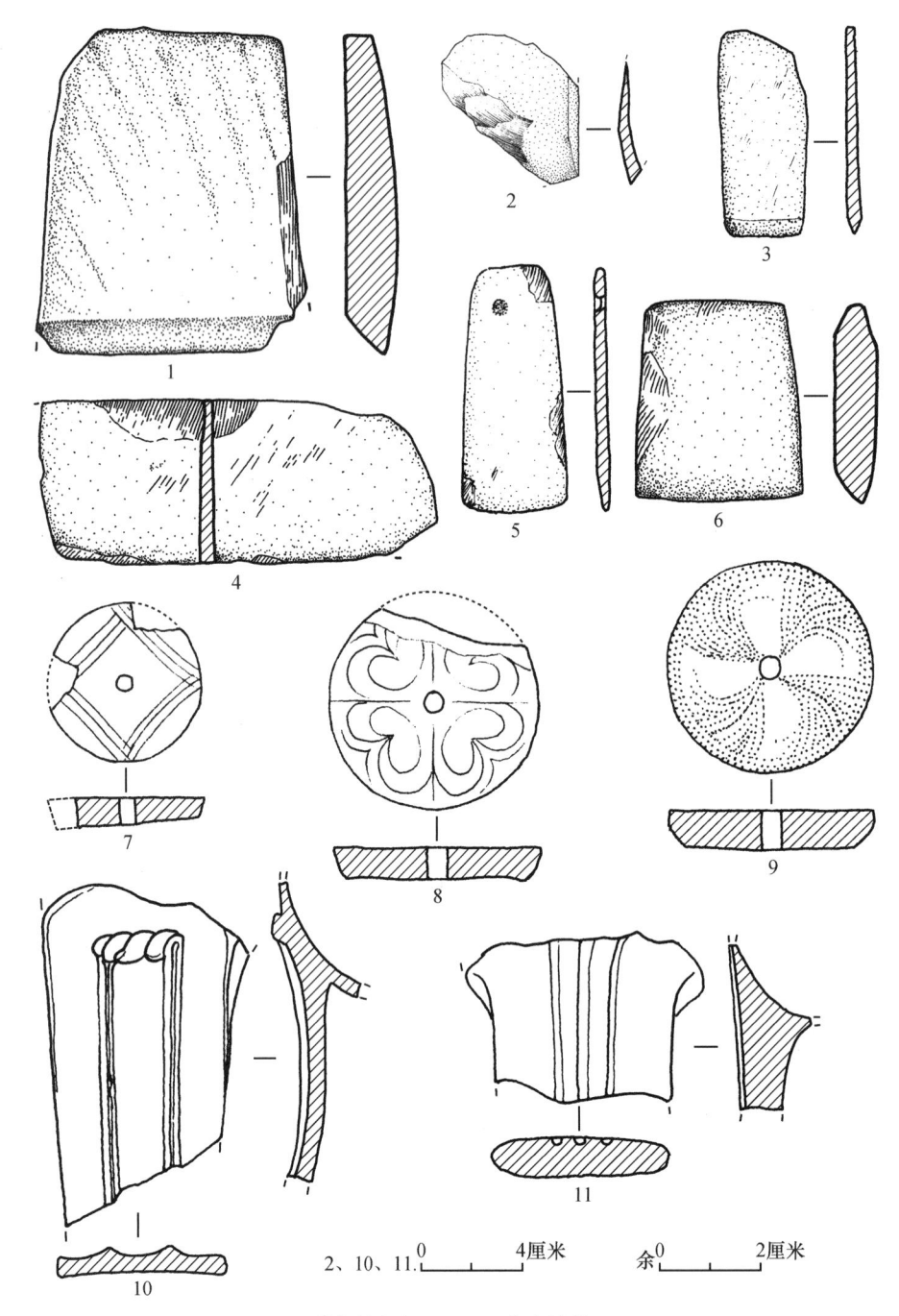

图四四五 2014G2出土遗物

1. Aa型石锛（2014G2：1） 2. 不明形制石斧（2014G2：24） 3. B型石锛（2014G2：14） 4. 石器坯料（2014G2：6）
5. Ac型石锛（2014G2：18） 6. Ab型石锛（2014G2：2） 7~9. Aa型陶纺轮（7. 2014G2：8、8. 2014G2：15、9. 2014G2：16）
10、11. Aa型陶鼎足（10. 2014G2：25、11. 2014G2：28）

图四四六 2014G2出土陶器

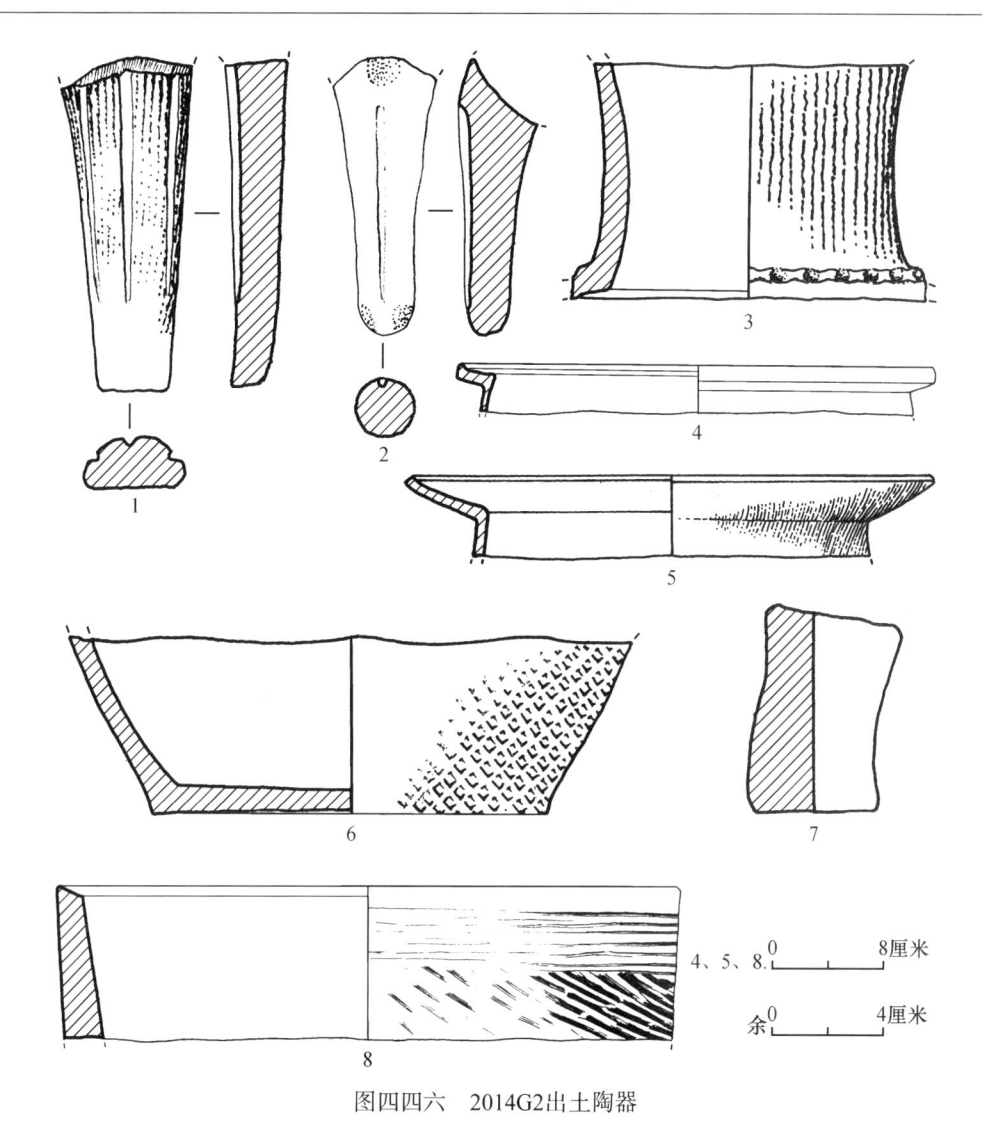

1. Ba型鼎足（2014G2：26） 2. Ca型鼎足（2014G2：27） 3. B型高领罐口沿（2014G2：31） 4、5. 釜鼎口沿（4. 2014G2：29、5. 2014G2：30） 6. A型罐底（2014G2：32） 7. B型支座（2014G2：34） 8. 大口缸口沿（2014G2：33）

Ca型，1件。标本2014G2：27，夹砂浅黄陶。足面饰一个按窝及一道刻槽。残高9.4厘米（图四四六，2）。

陶釜鼎口沿 2件。标本2014G2：29，夹砂褐陶。窄折沿，方唇，沿面微凹，素面。复原口径34、残高3.2厘米（图四四六，4）。标本2014G2：30，夹砂红陶。宽折沿，方唇，口沿及腹部饰绳纹。复原口径38、残高5.5厘米（图四四六，5）。

陶高领罐口沿 B型 1件。标本2014G2：31，夹砂红陶。仅存领部，高直领，微束，外饰绳纹，下端饰一周附加堆纹。残高8厘米（图四四六，3）。

陶支座 B型 1件。标本2014G2：34，夹砂红陶。圆柱状，略变形，素面。高7、直径4.8厘米（图四四六，7）。

陶罐底 A型 1件。标本2014G2：32，夹砂灰陶。斜腹，平底，外饰方格纹。底径14、残高6厘米（图四四六，6）。

陶大口缸口沿　1件。标本2014G2：33，夹砂红陶。直口微侈，方唇，斜腹，表面饰篮纹。复原口径44、残高10.4厘米（图四四六，8；图版一二九，2）。

三、灶（2016Z2）

（1）位置及层位关系：位于T0405北部。开口于第3C层下，打破第4A层，南部被破坏。

（2）形制：残存平面形状呈长方形，直壁，平底，灶壁及底部有一层厚0.04~0.05米的红烧壁，残长0.85、宽0.32~0.46、深0.16米（图四四七）。填土为灰黑色土，含红烧土颗粒、炭屑等，北侧底部有一层黑色灰烬。

（3）出土遗物：无。

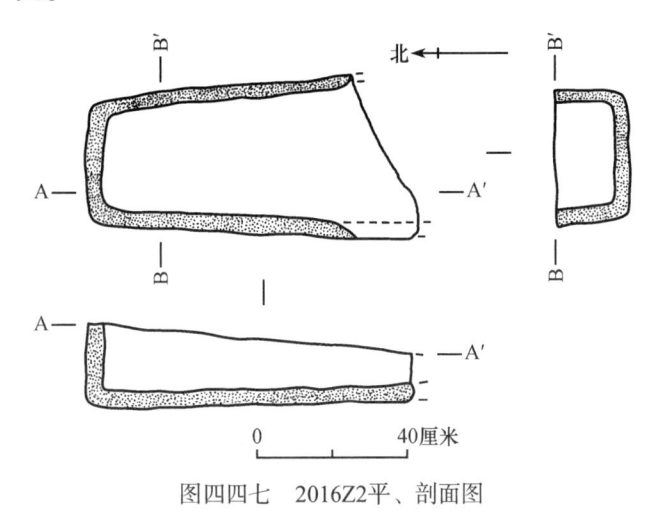

图四四七　2016Z2平、剖面图

第二节　晚二期遗存

该期主要遗存为第1层、第2层、第3层、2014H8、2014H9、2016G1、2016G2、2016G6、2016Y1、2017G1H1（在2017TG1部分介绍）。

一、地层出土遗物

（一）第1层出土遗物

1. 石器

镞　13件。

A型　11件。

Aa型，4件。标本T0204①：1，深灰色石料。镞身前端及边侧残，双面有脊，两侧刃，扁平三角形铤。残长5.2、宽2.2、厚0.5厘米（图四四八，1）。标本T0205①：4，浅灰色石料。镞身前端及铤后端残，双面脊不明显，两侧刃。残长3.2、宽2.1、厚0.3厘米（图四四八，2）。标本T0305①：1，青灰色石料。镞身前端残，双面脊部残损，两侧刃，三角形铤。残长3.7、宽2、厚0.4厘米（图四四八，3）。标本T0503①：8，青灰色石料。镞身前端及铤残，脊部扁平，截面呈多棱形。残长3.9、宽2、厚0.4厘米（图四四八，4）。

Ab型，4件。标本T0503①：11，灰色石料。前锋残，梭状柳叶形，脊部残损，两侧刃。

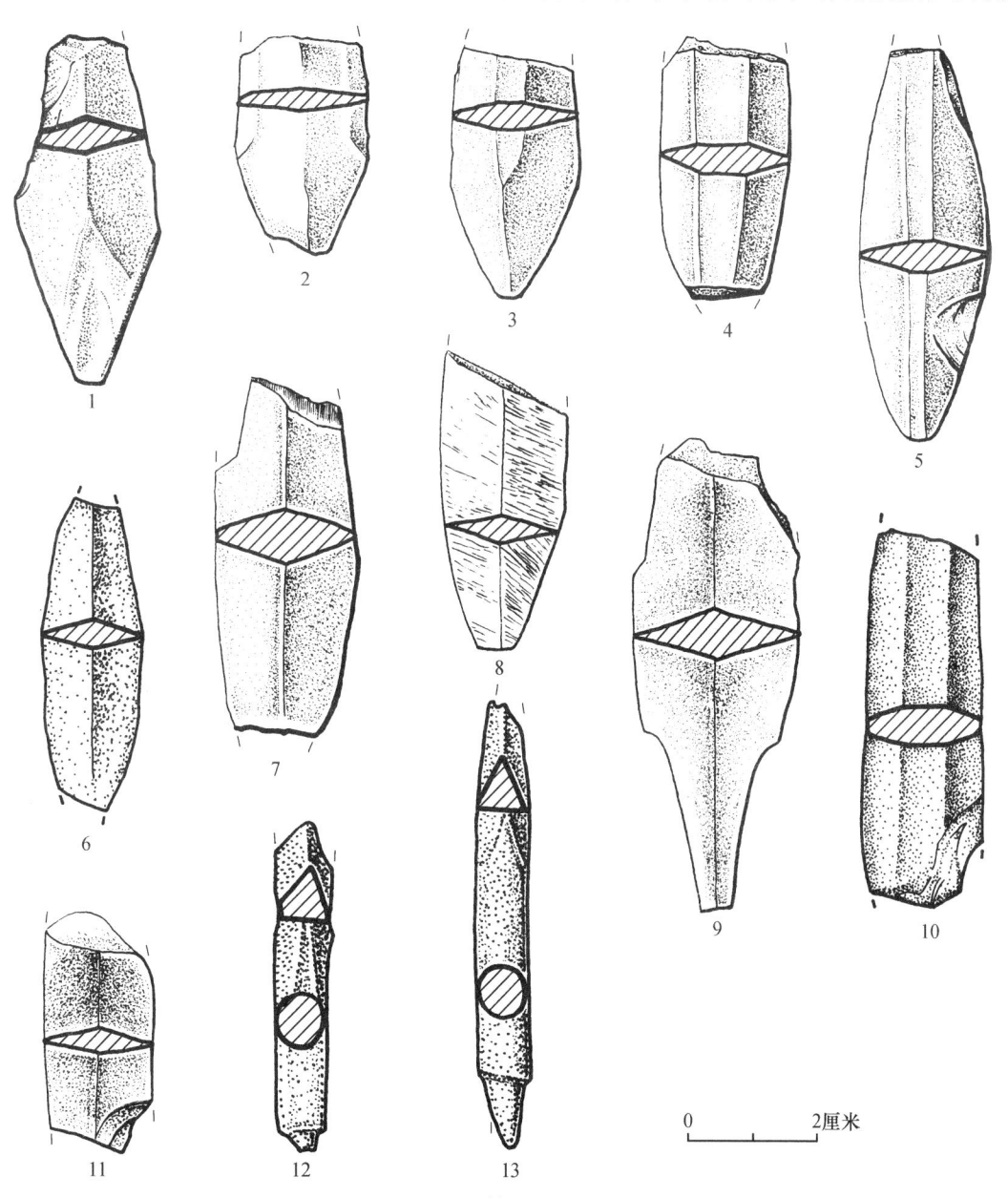

图四四八　第1层出土石镞

1~4.Aa型（1.T0204①：1、2.T0205①：4、3.T0305①：1、4.T0503①：8）　5~8.Ab型（5.T0503①：11、6.T0302①：3、7.T0306①：2、8.T0503①：9）　9.Ac型（T0503①：7）　10、11.A型而亚型不明（10.T0503①：12、11.T0501①：4）
12、13.Bb型（12.T0405①：2、13.T0501①：5）

残长5.8、宽2、厚0.5厘米（图四四八，5）。标本T0302①：3，灰褐色石料。锋尖及铤后端残，梭状柳叶形，双面有脊，两侧刃。残长4.6、宽1.6、厚0.4厘米（图四四八，6）。标本T0306①：2，灰白色石料。镞身前端及铤残，梭状柳叶形，双面有脊，两侧刃。残长5.4、宽2.2、厚0.8厘米（图四四八，7）。标本T0503①：9，深灰色石料。镞身前端残，梭状柳叶形，双面有脊，两侧刃。残长4.4、宽2、厚0.4厘米（图四四八，8）。

Ac型，1件。标本T0503①：7，青绿色石料。镞身前端残，双面有脊，两侧刃，长菱形锥状足。残长7、宽2.5、厚0.65厘米（图四四八，9）。

A型而亚型不明，2件。标本T0501①：4，青灰色石料。镞身前端及铤残，双面有脊，两侧刃。残长3.55、宽1.7、厚0.3厘米（图四四八，11）。标本T0503①：12，深灰色石料。镞身前端及铤残，长条形，脊部扁平，截面呈多棱形，两侧刃部较钝，似为半成品。残长5.6、宽1.9、厚0.6厘米（图四四八，10）。

Bb型，2件。标本T0405①：2，灰色石料。镞身前端及铤残，镞身前端呈三棱形，后端呈圆柱形，细圆柱铤。残长5、宽0.8、厚0.8厘米（图四四八，12）。标本T0501①：5，深灰色石料。前锋及铤后端残，镞身前端呈三棱形，后端呈圆柱形，短圆锥铤。残长6.3、宽0.9、厚0.9厘米（图四四八，13）。

斧　9件。

A型　6件。

Aa型，4件。标本T0405①：5，灰色石料。边侧及刃部残，梯形，顶部微弧，下端双面弧刃，较钝。残长9、宽5～7、厚2.4厘米（图四四九，1）。标本T0501①：1，青灰色石料。一侧及下端残，梯形，上薄下厚，弧顶。残长12.5、残宽4.2～6.2、厚2.5厘米（图四四九，2）。标本T0503①：1，青灰色石料。上端及刃部残，梯形，弧顶，下端双面弧刃。长8.9、宽4.2～5.8、厚2.6厘米（图四四九，8）。标本T0503①：5，青灰色石料。上端及刃部残，梯形，平顶，上薄下厚，下端双面刃。残长11、宽4.2～7、厚3.2厘米（图四四九，3）。

Ab型，2件。标本T0302①：5，浅灰色石料。刃部残，扁梯形，平顶，下端双面刃。长5.4、宽4.3～4.9、厚1.6厘米（图四四九，5）。标本T0402①：1，青灰色石料。刃部残，扁梯形，弧顶，下端单面刃。残长6.6、宽5～5.6、厚1.6厘米（图四四九，6）。

C型　3件。标本T0205①：1，青灰色石料。顶部及刃部残，长方形，弧顶，下端双面弧刃。长8、宽6、厚2.7厘米（图四四九，4）。标本T0406①：2，青灰色石料。上端及刃部残，长方形，下端双面刃。残长6.4、宽7.4、厚2.2厘米（图四四九，9）。标本T0503①：6，青灰色石料。顶部及边侧残，长条形，下端双面弧刃。长10、宽4.4、厚2厘米（图四四九，7）。

锛　9件。

Aa型，2件。标本T0405①：1，灰色石料。边侧残，梯形，弧顶，下端单面斜刃。长6、宽2～3.3、厚1.2厘米（图四五〇，1）。标本T0407①：1，青灰色石料。边侧及刃部残，梯形，弧顶，下端单面直刃。长6.6、宽2.2～3.2、厚1.5厘米（图四五〇，2）。

B型　1件。标本T0405①：4，青灰色石料。边侧及刃部残，倒梯形，弧顶，下端单面直刃。长7.7、宽1.8～2.8、厚1厘米（图四五〇，4）。

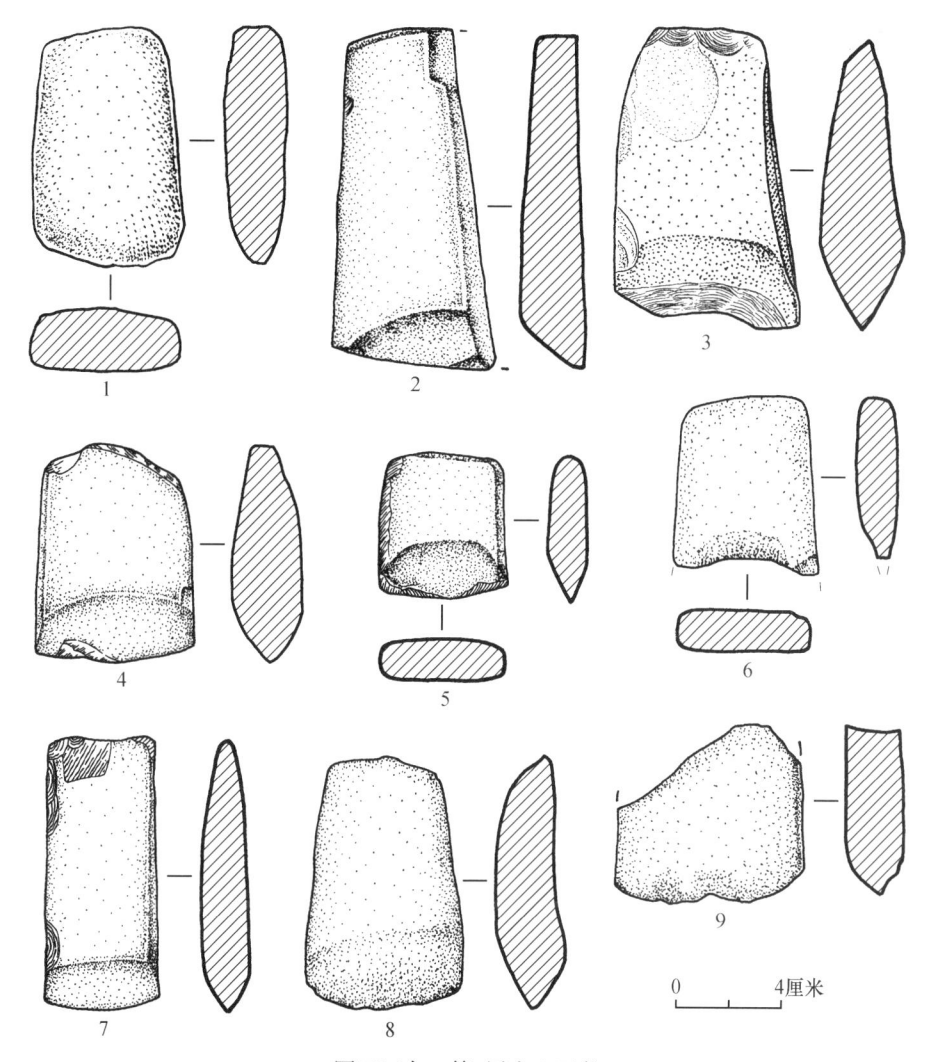

图四四九　第1层出土石斧

1~3、8. Aa型（1. T0405①∶5、2. T0501①∶1、3. T0503①∶5、8. T0503①∶1）　4、7、9. C型（4. T0205①∶1、
7. T0503①∶6、9. T0406①∶2）　5、6. Ab型（5. T0302①∶5、6. T0402①∶1）

C型　6件。

Ca型，3件。标本T0306①∶1，青灰色石料。平顶，长方形，弧背，下端单面直刃。长6.6、宽3、厚1.8厘米（图四五〇，3）。标本T0503①∶3，青灰色石料。边侧残，平顶，下端双面直刃。长7、宽2.9、厚0.8厘米（图四五〇，5）。标本T0201①∶1，青灰色石料。边侧残，斜顶，下端单面直刃。残长6.8、宽2.3、厚0.8厘米（图四五〇，6）。

Cb型，3件。标本T0502①∶1，浅灰色石料。顶部残，形体较小，长方形，下端双面弧刃。长3.4、宽2.3、厚0.5厘米（图四五一，9）。标本T0503①∶15，灰色石料。长条形，器体扁薄，下端单面弧刃。长4.2、宽1.45、厚0.3厘米（图四五一，7）。标本T0501①∶2，青灰色石料。刃部一角残，长方形，下端双面直刃。长3.1、宽2.1、厚0.5厘米（图四五一，8）。

穿孔器　1件。标本T0502①∶2，灰白色石料。上端及边侧残，中间有一个对穿孔。残长3.5、宽1.8、厚0.3厘米（图四五一，2）。

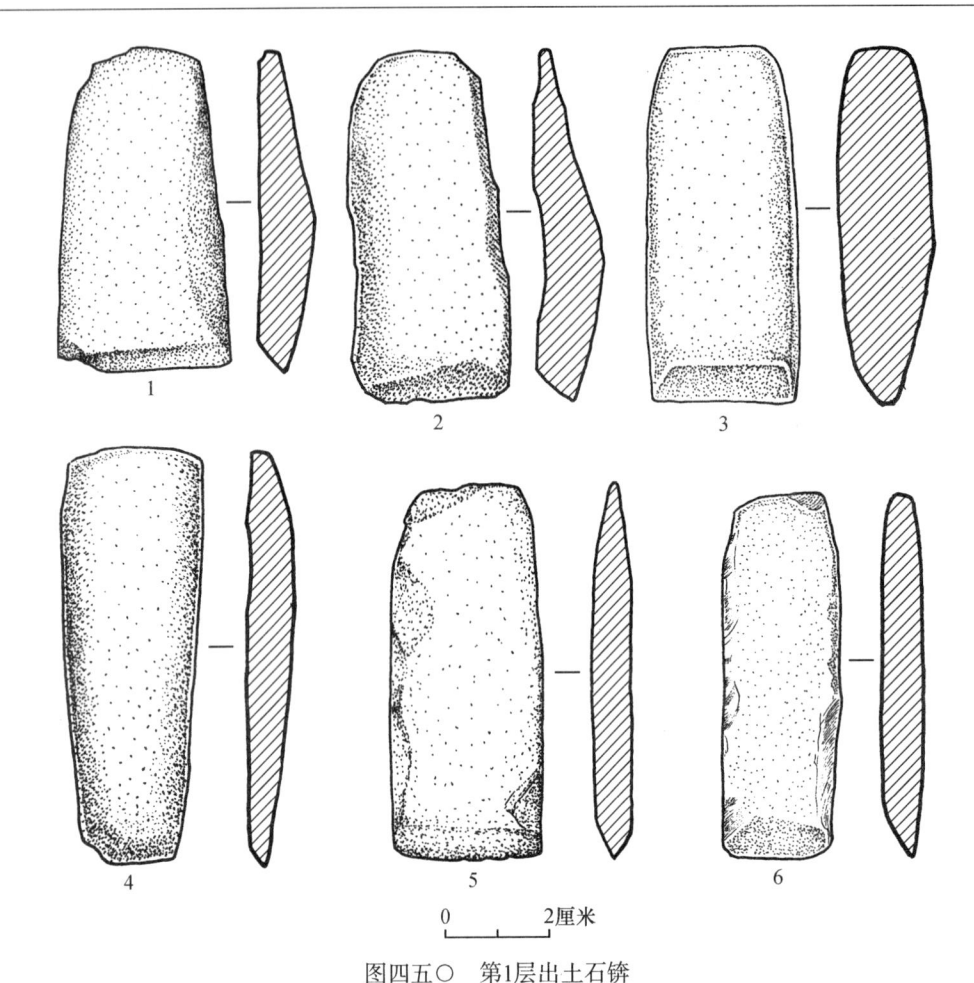

图四五〇　第1层出土石锛
1、2. Aa型（1. T0405①∶1、2. T0407①∶1）　3、5、6. Ca型（3. T0306①∶1、5. T0503①∶3、6. T0201①∶1）
4. B型（T0405①∶4）

凿　B型　4件。标本T0302①∶1，青灰色石料。边侧残，长条形，下端单面刃。长7.6、宽1.75、厚1.3厘米（图四五一，1）。标本T0302①∶4，灰色石料。一侧及刃部残。长方形，下端双面直刃，一面宽刃，一面窄刃。残长6、宽2.1、厚1厘米（图四五一，4）。标本T0503①∶4，青灰色石料。上端及边侧残，长条形，下端双面弧刃。残长6.35、残宽1.9、厚0.5厘米（图四五一，3）。标本T0503①∶10，深灰色石料。一侧残，长条形，下端双面斜刃，一面宽刃，一面窄刃。长7.9、宽1.4、厚1.25厘米（图四五一，5）。

穿孔刀　B型　1件。标本T0405①∶3，青灰色石料。仅存一端，近长方形，边侧宽，中间窄，近背处有一个对穿孔，下端双面直刃。残长6.4、宽3.4、厚0.4厘米（图四五一，6）。

残损不明石器、坯料　8件。标本T0205①∶3，深灰色石料。上端残，器身扁平，下端双面弧刃。残长2.8、残宽2.3、厚0.3厘米（图四五二，7）。标本T0302①∶2，灰色石料。仅存一小块，边侧打制，两面磨平。残长6.8、宽5.9、厚2厘米（图四五二，6）。标本T0306①∶3，浅灰色石料。长椭圆形，上薄下厚，两面平。长13、宽5.5、厚3.5厘米（图四五二，4）。标本T0501①∶3，青灰色石料。边侧打制，梯形，器身扁薄，下端有磨痕。长4.7、宽3.1、厚0.3厘米（图四五二，8）。标本T0502①∶3，青灰色石料。仅存一小块，器身

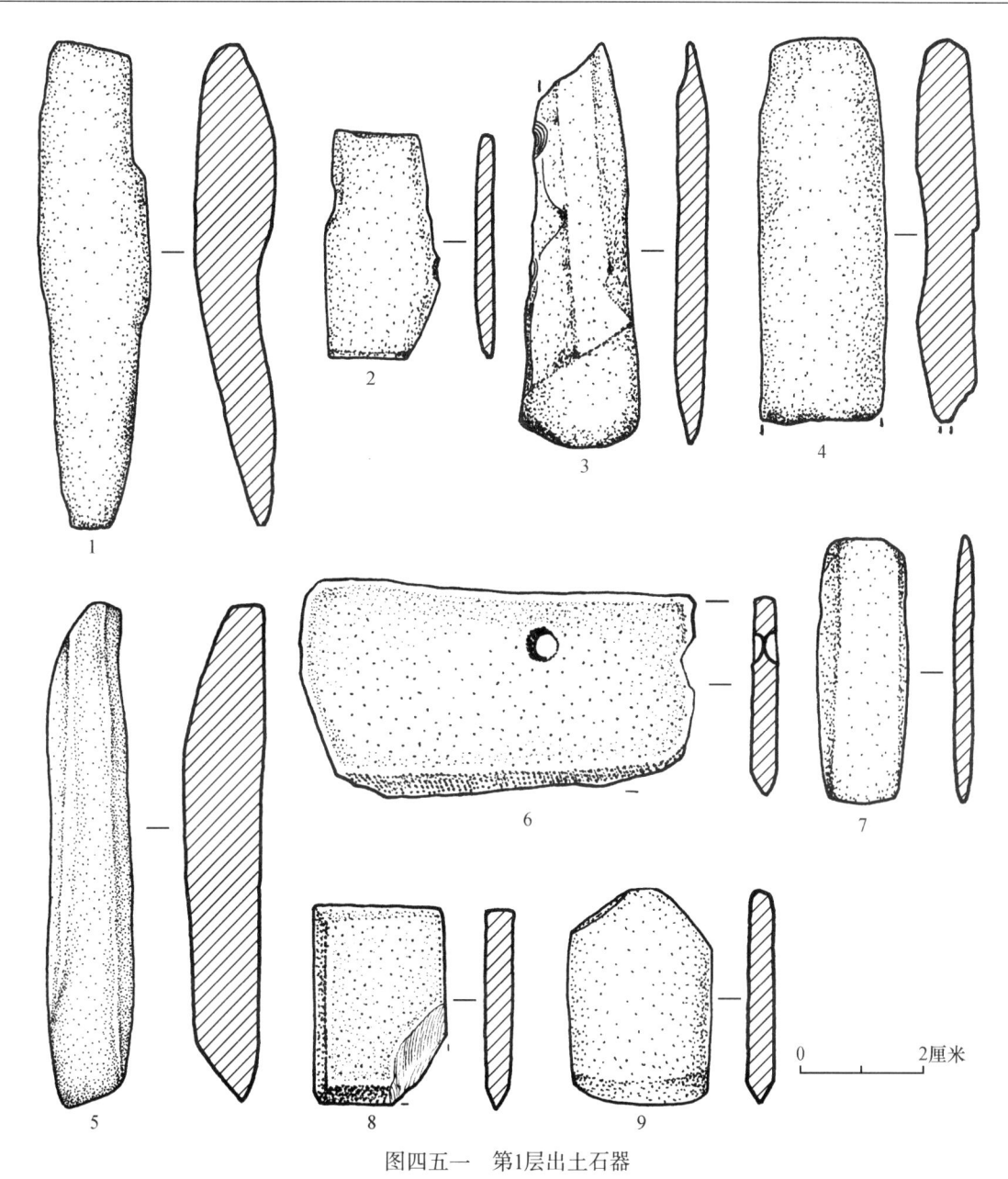

图四五一　第1层出土石器
1、3~5. B型凿（1. T0302①：1、3. T0503①：4、4. T0302①：4、5. T0503①：10）　2. 穿孔器（T0502①：2）
6. B型穿孔刀（T0405①：3）　7~9. Cb型锛（7. T0503①：15、8. T0501①：2、9. T0502①：1）

扁薄。残长3.1、宽4.7、厚0.4厘米（图四五二，3）。标本T0503①：2，青灰色石料。细长条形，似为石凿坯料。长11.6、宽2.8厘米（图四五二，1）。标本T0503①：13，青灰色石料。细长条形，似为石凿坯料。长12.4、宽2.2厘米（图四五二，2）。标本T0503①：14，青灰色石料。细条形，似为石凿坯料。长7.6、宽1.3厘米（图四五二，5）。

2. 陶器

纺轮　Aa型，2件，标本T0203①：1，夹砂黑陶。残，饼形，斜边，宽面饰四组对称羊角刻划纹，中部穿孔。短径4.5、长径5、孔径0.5、厚0.7厘米（图四五二，10）。标本

图四五二　第1层出土遗物

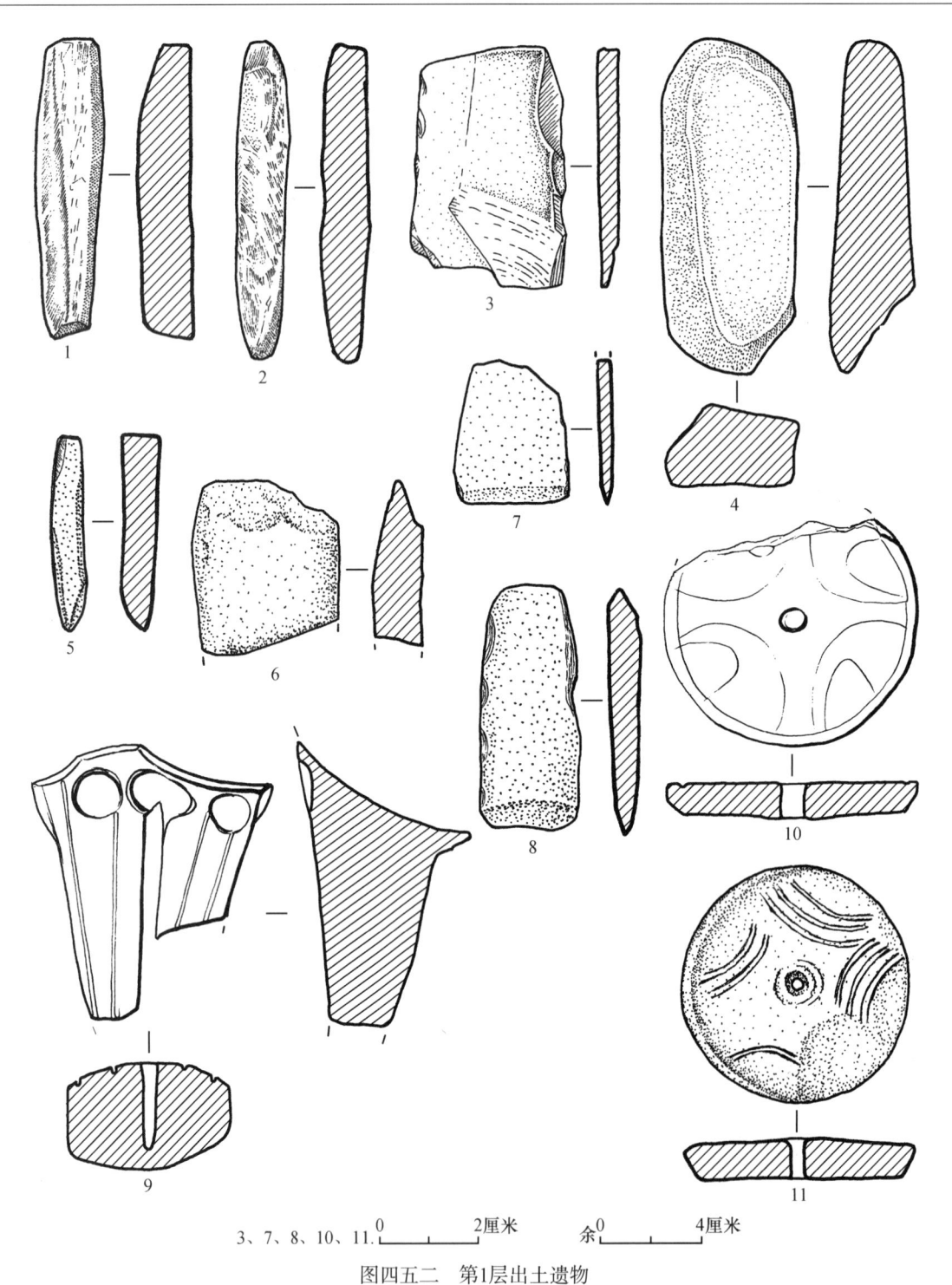

1~8. 残损不明石器、坯料（1. T0503①:2、2. T0503①:13、3. T0502①:3、4. T0306①:3、5. T0503①:14、6. T0302①:2、7. T0205①:3、8. T0501①:3）　9. Ba型陶鼎足（T0502①:4）　10、11. Aa型陶纺轮（10. T0203①:1、11. T0405①:6）

T0405①：6，夹砂黑陶。饼形，斜边，宽面饰四组对称三弧线刻划纹，中部穿孔。短径4、长径4.5、孔径0.4、厚0.8厘米（图四五二，11）。

鼎足　Ba型，1件。标本T0502①：4，夹砂浅黄陶。下端残，扁锥足，足跟饰三个按窝，其下饰五道刻槽，中部有制作时的粘接裂痕。残高10.6厘米（图四五二，9）。

3. 铜钱

2枚。标本T0205①：1，正隆元宝。钱径2.4、穿径0.6厘米（图四六○，1）。标本T0406①：1，乾隆通宝。钱径2.3、穿径0.6厘米（图四六○，3）。

（二）第2层出土遗物

1. 石器

镞　31件。

A型　24件。

Aa型，4件。标本T0201②：2，深灰色石料。前锋及铤后端残，一面有脊，一面扁平，截面呈多棱形，残长4.2、宽1.8、厚0.6厘米（图四五三，1）。标本T0502东扩方②：3，浅灰色石料。镞身前端残，一面有脊，两侧刃，三角形铤。残长4.6、宽1.8、厚0.6厘米（图四五三，2）。标本T0502东扩方②：5，浅灰色石料。镞身前端残，形体较小，双面无脊，三角形铤。残长3.3、宽1.2、厚0.3厘米（图四五三，19）。标本T0502东扩方②：28，浅灰色石料。前锋及边侧残，柳叶形，镞身至铤双面有脊，两侧刃，三角形铤。长8.4、宽1.8、厚0.5厘米（图四五三，7）。

Ab型，4件。标本T0306②：2，青灰色石料。镞身前端及铤后端残，梭状柳叶形，双面有脊，两侧刃。残长3.9、宽2.2、厚0.5厘米（图四五三，3）。标本T0401东扩方②：4，青绿色石料。镞身前端及铤后端残，梭状柳叶形，双面有脊，两侧刃。残长5.8、宽2.05、厚0.8厘米（图四五三，6）。标本T0502东扩方②：18，浅灰色石料。前锋及铤边侧残，梭状柳叶形，双面有脊，两侧刃。残长6.3、宽1.6、厚0.5厘米（图四五三，4）。标本T0502东扩方②：31，深灰色石料。镞身前端及边侧残，梭状柳叶形，双面有脊，两侧刃。残长5.9、宽1.5、厚0.45厘米（图四五三，5）。

Ac型，6件。标本T0302②：2，青灰色石料。镞身前端、一侧及铤残，镞身呈柳叶形，双面有脊，两侧刃，扁锥菱形铤。残长4.9、宽1.7、厚0.4厘米（图四五三，16）。标本T0401东扩方②：3，浅灰色石料。前锋及铤后端残，镞身呈柳叶形，双面有脊，两侧刃，扁锥菱形铤。残长6.5、宽1.6、厚0.6厘米（图四五三，11）。标本T0402②：3，青绿色石料。镞身前端及铤后端残，双面有脊，两侧刃，扁锥菱形铤。残长3.7、宽1.7、厚0.5厘米（图四五三，13）。标本T0406②：4，青灰色石料。前锋及铤后端残，双面有脊，两侧刃，扁锥菱形铤。残长4.2、宽0.8、厚0.4厘米（图四五三，14）。标本T0407②：2，青绿色石料。前锋残。镞

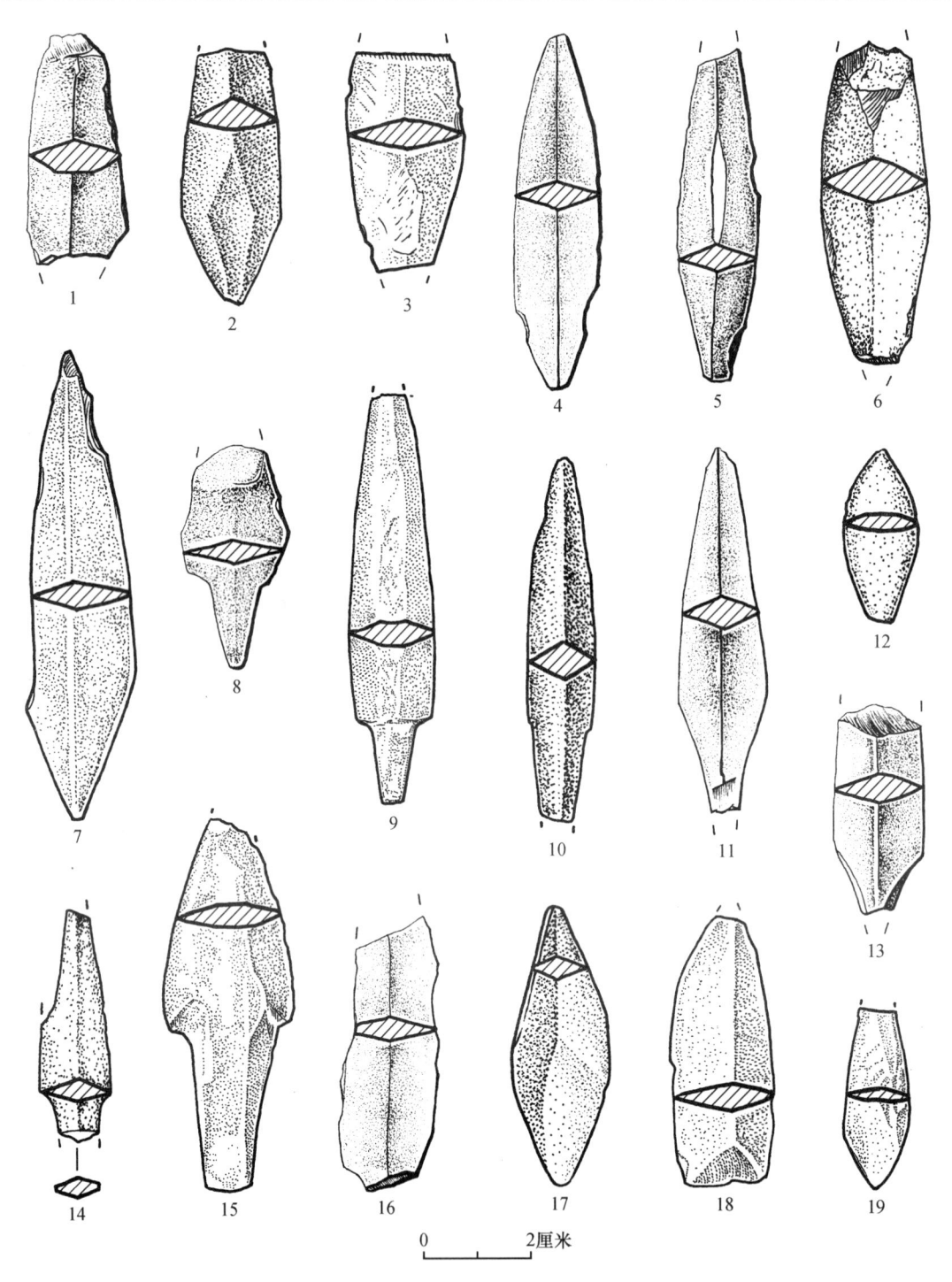

图四五三 第2层出土石镞

1、2、7、19. Aa型（1. T0201②：2、2. T0502东扩方②：3、7. T0502东扩方②：28、19. T0502东扩方②：5） 3～6. Ab型（3. T0306②：2、4. T0502东扩方②：18、5. T0502东扩方②：31、6. T0401东扩方②：4） 8、15. Ae型（8. T0502东扩方②：20、15. T0502东扩方②：32） 9～11、13、14、16. Ac型（9. T0407②：2、10. T0502东扩方②：34、11. T0401东扩方②：3、13. T0402②：3、14. T0406②：4、16. T0302②：2） 12、17. Ad型（12. T0501②：3、17. T0502东扩方②：29） 18. Af型（T0502东扩方②：30）

身呈柳叶形，脊部扁平无脊，两侧刃，短扁锥形铤。残长7.4、宽1.6、厚0.5厘米（图四五三，9）。标本T0502东扩方②：34，浅灰色石料。铤后端残，镞身呈细柳叶形，双面有脊，两侧刃，扁锥菱形铤。残长6.5、宽1.2、厚0.7厘米（图四五三，10）。

Ad型，2件。标本T0501②：3，深灰色石料。前锋残，形体较小，圆角菱形，双面扁平无脊，两侧刃。残长3、宽1.4、厚0.3厘米（图四五三，12）。标本T0502东扩方②：29，青灰色石料。边侧残，圆角菱形，镞身前端双面有脊，两侧刃。残长5、宽1.8、厚0.4厘米（图四五三，17）。

Ae型，2件。标本T0502东扩方②：20，浅灰色石料。仅存镞身后端及铤，镞身呈短宽叶形，双面有脊，两侧刃，扁锥形铤。残长4、宽2、厚0.4厘米（图四五三，8）。标本T0502东扩方②：32，灰褐色石料。前锋残，镞身呈短宽叶形，双面扁平无脊，两侧刃，扁长方形铤。残长6.6、宽2.3、厚0.55厘米（图四五三，15）。

Af型，2件。标本T0302②：3，灰色石料。镞身前端残，双面扁平无脊，两侧刃，无铤，后端扁平。残长3.7、宽1.6、厚0.4厘米（图四五四，1）。标本T0502东扩方②：30，青灰色石料。前锋残，双面有脊，两侧刃，无铤，后端磨平。残长4.8、宽1.9、厚0.4厘米（图四五三，18）。

A型而亚型不明，4件。标本T0502东扩方②：4，青灰色石料。仅存镞身前端，双面有脊，两侧未开刃。残长3.4、宽1.8、厚0.6厘米（图四五四，2）。标本T0502东扩方②：21，浅灰色石料。仅存镞身前端，双面有脊，两侧刃。残长4.2、宽1.4、厚0.5厘米（图四五四，3）。标本T0502东扩方②：22，青灰色石料。仅存镞身前端，双面有脊，两侧刃。残长4、宽1.6、厚0.5厘米（图四五四，4）。标本T0502东扩方②：23，深灰色石料。仅存镞身一段，双面残损，截面呈多棱形。残长3.6、宽2、厚0.55厘米（图四五四，5）。

B型　7件。

Ba型，2件。标本T0402②：5，青灰色石料。前锋及边侧残，镞身三棱形，短圆锥形铤，磨制粗糙，似为石镞坯料。残长6.3、宽1.4厘米（图四五四，8）。标本T0406②：1，灰褐色石料。前锋及铤残，镞身三棱形，前端一棱残损，锥形铤。残长6.2、宽1.1、厚1厘米（图四五四，9）。

Bb型，5件。标本T0201②：1，深灰色石料。前锋及铤残，镞身前端三棱形，后端圆柱形，微束，圆锥形铤。残长4.4、宽1、厚1厘米（图四五四，10）。标本T0401东扩方②：6，青灰色石料。前锋残，镞身前端三棱形，后端呈圆柱形，短圆锥形铤。残长6.4、宽1.2、厚1.2厘米（图四五四，11；图版一二九，3）。标本T0402②：4，青灰色石料。镞前端边侧残，镞身前端三棱形，后端圆柱形，短圆锥形铤。残长4.4、残宽1厘米（图四五四，12）。标本T0501②：2，青灰色石料。铤残，镞身前端三棱形，后端圆柱形，圆锥形铤。残长4、宽1、厚0.9厘米（图四五四，6）。标本T0502东扩方②：12，深灰色石料。前锋及铤残，镞身前端三棱形，后端圆柱形，圆锥形铤。残长5.3、宽0.95、厚0.95厘米（图四五四，7）。

斧　9件。

Aa型，3件。标本T0402东扩方②：1，青灰色石料。边侧及刃部略残，梯形，弧顶，下端双面弧刃。长10.3、宽3.5~5.8、厚2.6厘米（图四五四，13）。标本T0402东扩方②：7，青灰

图四五四　第2层出土石器

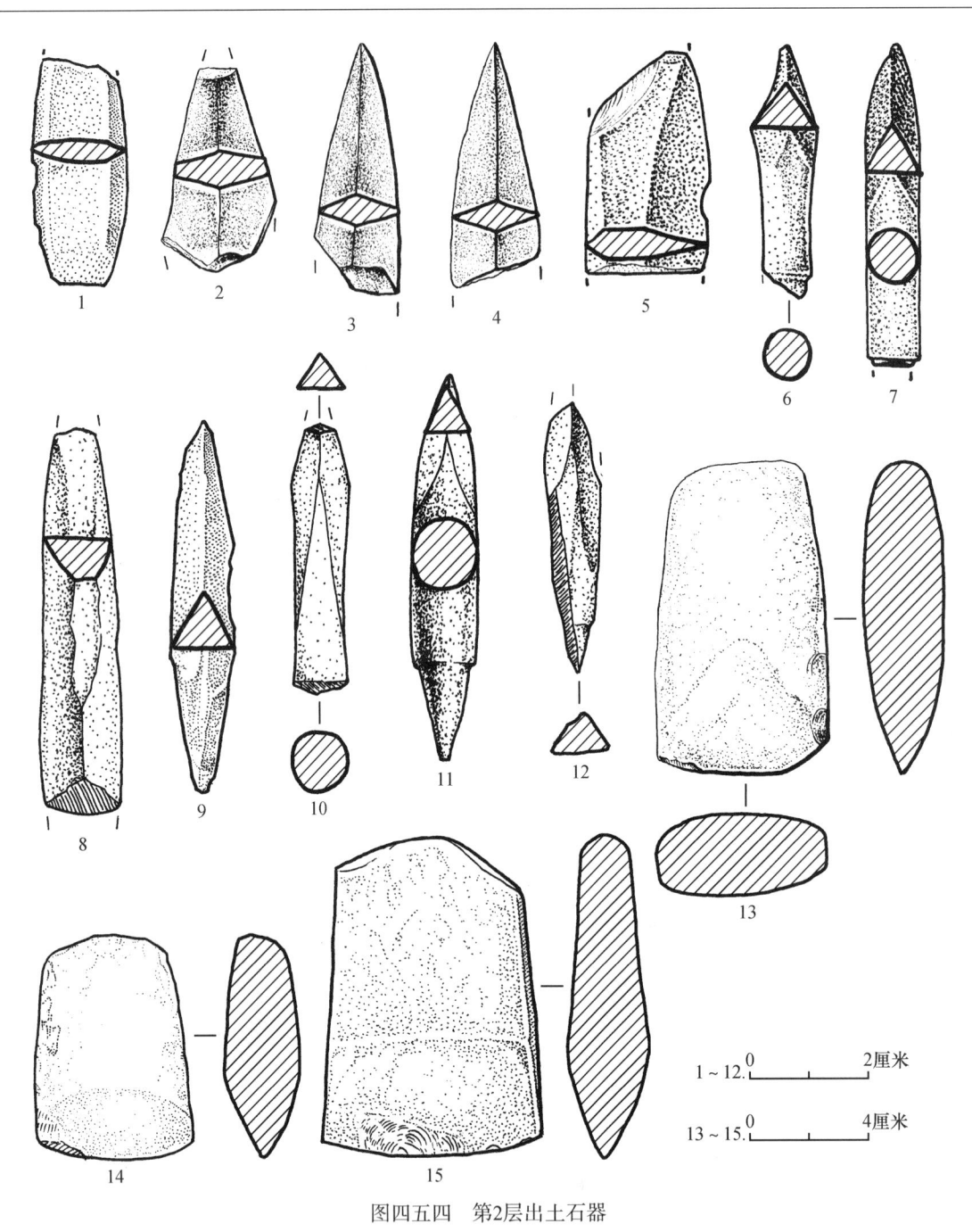

1. Af型镞（T0302②：3）　2～5. A型而亚型不明镞（2. T0502东扩方②：4、3. T0502东扩方②：21、4. T0502东扩方②：22、5. T0502东扩方②：23）　6、7、10～12. Bb型镞（6. T0501②：2、7. T0502东扩方②：12、10. T0201②：1、11. T0401东扩方②：6、12. T0402②：4）　8、9. Ba型镞（8. T0402②：5、9. T0406②：1）　13～15. Aa型斧（13. T0402东扩方②：1、14. T0402东扩方②：7、15. T0501②：5）

色石料。边侧残，梯形，弧顶，下端双面弧刃。长7.4、宽4.4~5.4、厚2.5厘米（图四五四，14）。标本T0501②：5，灰褐色石料。顶部及刃部略残，梯形，弧顶，下端双面弧刃。长10.6、宽6.4~7.6、厚2.4厘米（图四五四，15）。

C型　5件。标本T0306②：1，浅灰色石料。边侧及刃部残，长方形，斜顶，下端双面弧刃。残长6.8、宽4.9、厚2.2厘米（图四五五，8）。标本T0306②：3，青灰色石料。刃部略残，长方形，平顶，下端双面直刃。残长8.1、宽4.7、厚2.4厘米（图四五五，2）。标本T0401②：2，青灰色石料。上端残，长方形，下端单面弧刃。残长4.3、宽4.2、厚1.7厘米（图四五五，9）。标本T0406②：2，灰色石料。顶部及一面残，长方形，平顶，下端双面弧刃。残长9.4、宽7、厚2.4厘米（图四五五，3）。标本T0502东扩方②：8，灰色石料。边侧残，长方形，平顶，下端双面弧刃。长6.8、宽5.9、厚1.85厘米（图四五五，7）。

形制不明　1件。标本T0205②：2，深灰色石料。仅存刃部一角，双面弧刃。残长5.2、残宽1.8、厚2厘米（图四五五，10）。

锛　15件。

A型　9件。

Aa型，4件。标本T0202②：1，浅灰色石料。边侧残，窄长梯形，平顶，下端单面弧刃。长7、宽2~2.6、厚0.9厘米（图四五五，4）。标本T0406②：3，浅灰色石料。边侧残，窄长梯形，平顶，下端双面弧刃。长6.3、宽2.1~2.4、厚0.5厘米（图四五五，6）。标本T0502东扩方②：9，浅灰色石料。边侧残，梯形有段石锛，弧顶，下端双面弧刃，一面宽刃，一面窄刃。长5.6、宽3.9、厚1.1厘米（图四五五，1）。标本T0502东扩方②：13，深灰色石料。顶部一角及器表残，平顶，下端单面弧刃。长8.1、宽4.5、厚1.15厘米（图四五五，5）。

Ab型，4件。标本T0205②：3，浅灰色石料。梯形有段石锛，平顶，下端双面弧刃，一面宽刃，一面窄刃。长6.2、宽3.2~4.6、厚1.8厘米（图四五六，6）。标本T0502东扩方②：6，青灰色石料。边侧残，弧顶，下端双面弧刃。长4.3、宽1.7~2.5、厚0.7厘米（图四五六，4）。标本T0502东扩方②：15，灰白色石料。刃部略残，梯形有段石锛，弧顶，下端双面斜刃，一面宽刃，一面窄刃。长4.6、宽2~3.2、厚1.15厘米（图四五六，3）。标本T0503②：1，青灰色石料。刃部残，梯形，上薄下厚，下端双面刃，一面宽刃，一面窄刃。残长4.4、宽2.3~2.9、厚0.5厘米（图四五六，8）。

Ac型，1件。标本T0501②：6，灰褐色石料。边侧残，梯形，形体较小，下端双面弧刃。长4、宽2.9、厚0.5厘米（图四五六，5）。

C型　6件。

Ca型，2件。标本T0302②：1，灰色石料，残。器身扁薄，平顶，平刃，表面粗糙，未经打磨。长6.2、宽2.5、厚0.7厘米（图四五六，11）。标本T0502东扩方②：16，青灰色石料。边侧及刃部略残，长方形有段石锛，平顶，下端单面弧刃，较钝，似为半成品。残长7.3、宽5.1、厚1.4厘米（图四五六，1）。

Cb型，4件。标本T0204②：1，青灰色石料。顶部略残，形体较小，长方形，平顶，下端单面直刃。残长3.4、宽2、厚0.6厘米（图四五六，7）。标本T0402②：2，青灰色石料。边侧

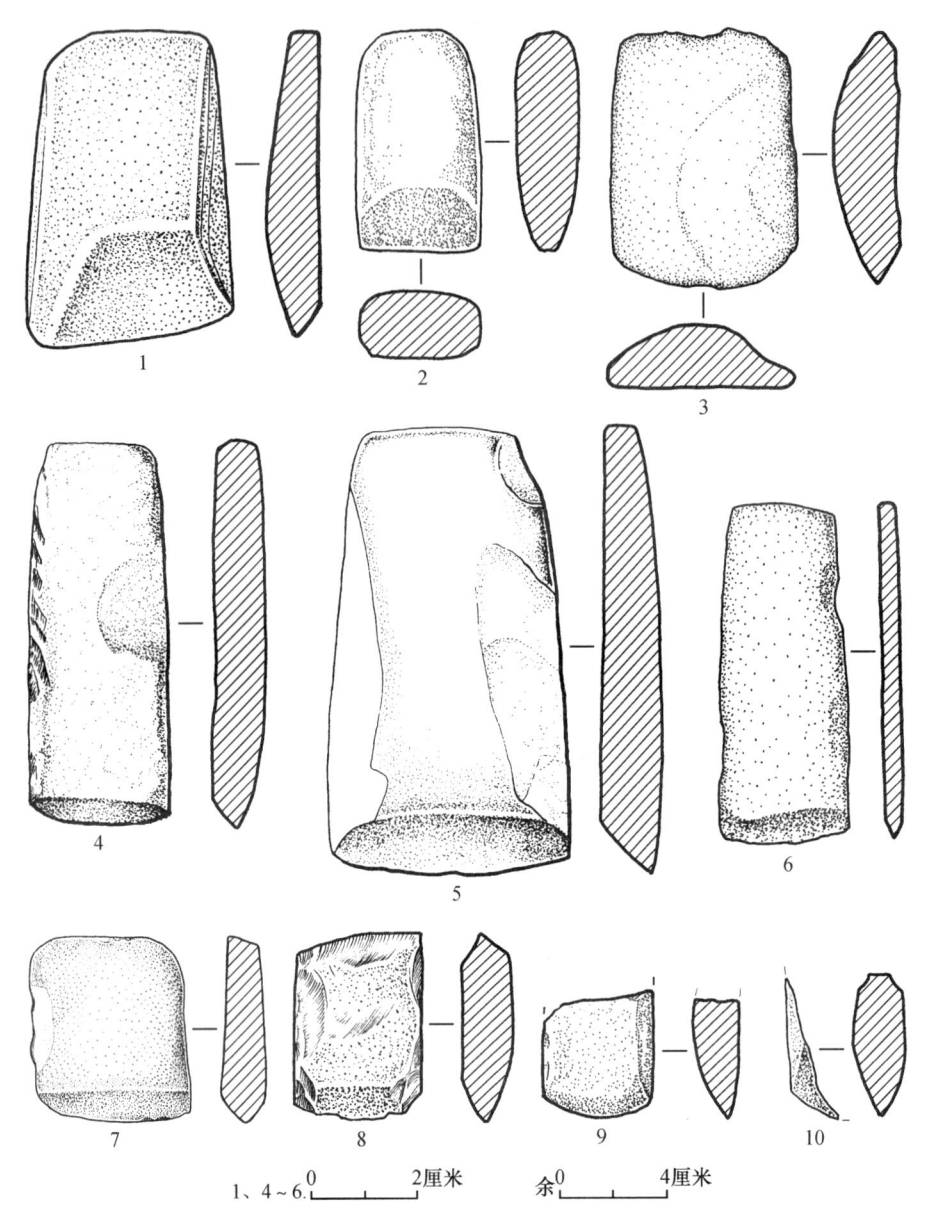

图四五五　第2层出土石器

1、4~6. Aa型锛（1. T0502东扩方②：9、4. T0202②：1、5. T0502东扩方②：13、6. T0406②：3）　2、3、7~9. C型斧（2. T0306②：3、3. T0406②：2、7. T0502东扩方②：8、8. T0306②：1、9. T0401②：2）　10. 形制不明斧（T0205②：2）

残，长方形，下端单面弧刃。长4.4、宽1.4、厚0.4厘米（图四五六，10）。标本T0502东扩方②：11，浅灰色石料。顶部一角残，长方形，形体较小，下端双面弧刃。残长3.5、宽2、厚0.4厘米（图四五六，2）。标本T0502东扩方②：14，青灰色石料。边侧残，形体较小，长方形，平顶，下端双面弧刃。长3.8、宽2.15、厚0.8厘米（图四五六，9）。

刀　3件。

A型　2件。标本T0405②：2，青灰色石料。两端略残，弓背形，下端两面刃。残长7.2、宽2.2、厚1.6厘米（图四五七，4）。标本T0501②：1，青灰色石料。顶部及一端残，弓背形，下端两面直刃。残长6.9、宽2.25、厚0.8厘米（图四五七，5）。

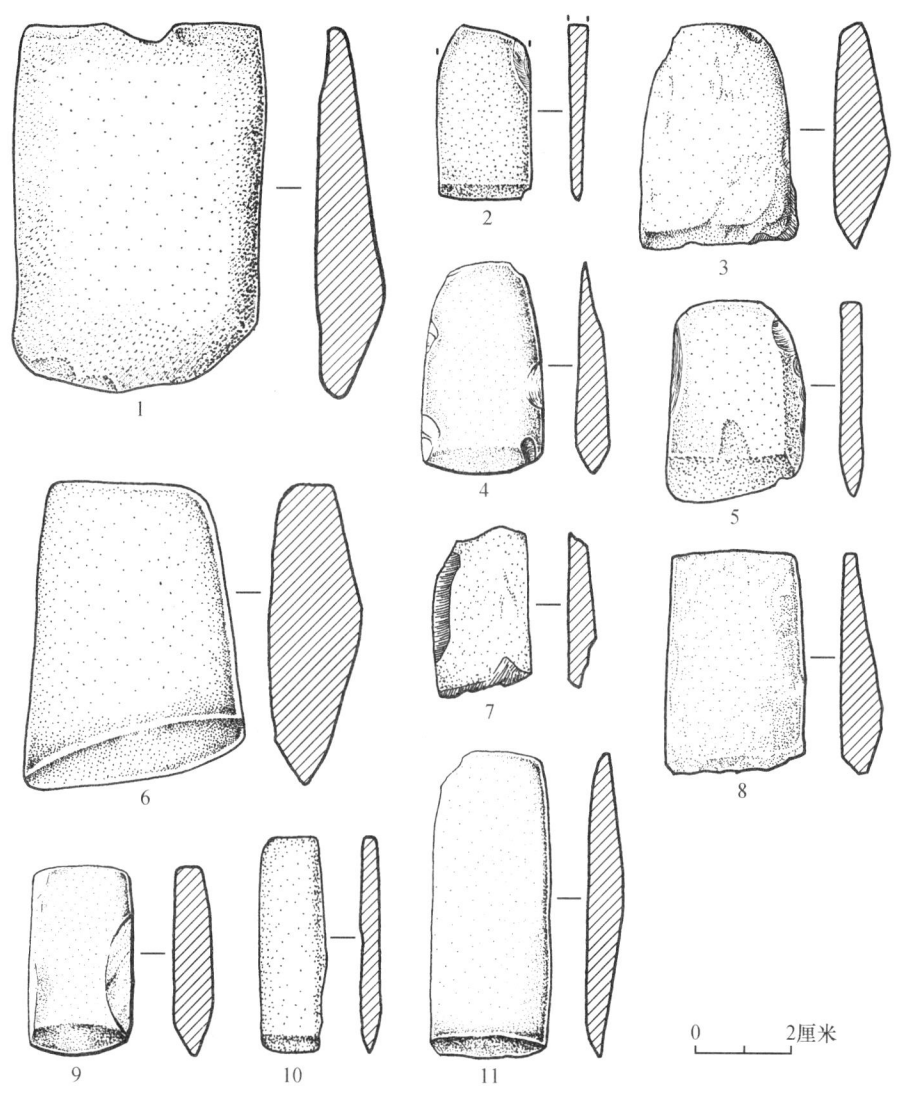

图四五六　第2层出土石锛

1、11. Ca型（1. T0502东扩方②：16、11. T0302②：1）　2、7、9、10. Cb型（2. T0502东扩方②：11、7. T0204②：1、9. T0502东扩方②：14、10. T0402②：2）　3、4、6、8. Ab型（3. T0502东扩方②：15、4. T0502东扩方②：6、6. T0205②：3、8. T0503②：1）　5. Ac型（T0501②：6）

B型　1件。标本T0401②：3，青灰色石料。一端残，长方形，平背，下端双面刃，较钝。残长8、宽3、厚0.6厘米（图四五七，6）。

矛　1件。标本T0502东扩方②：17，浅灰色石料。仅存矛身后端及骹，矛身一面有脊，一面拱起，三角扁平状骹。残长5.8、宽3、厚0.7厘米（图四五七，8）。

凿　B型　1件。标本T0502东扩方②：7，青灰色石料。顶部及边侧残，细长条形，边侧打制，下端双面刃，似为石凿坯料。残长7.4、宽1.2、厚1.6厘米（图四五七，1）。

穿孔铲（钺）　1件。标本T0405②：1，灰褐色石料。仅存中部一块，中部有一个单面穿孔。残长4.9、宽3.6、厚1.3厘米（图四五七，9）。

砺石　3件。

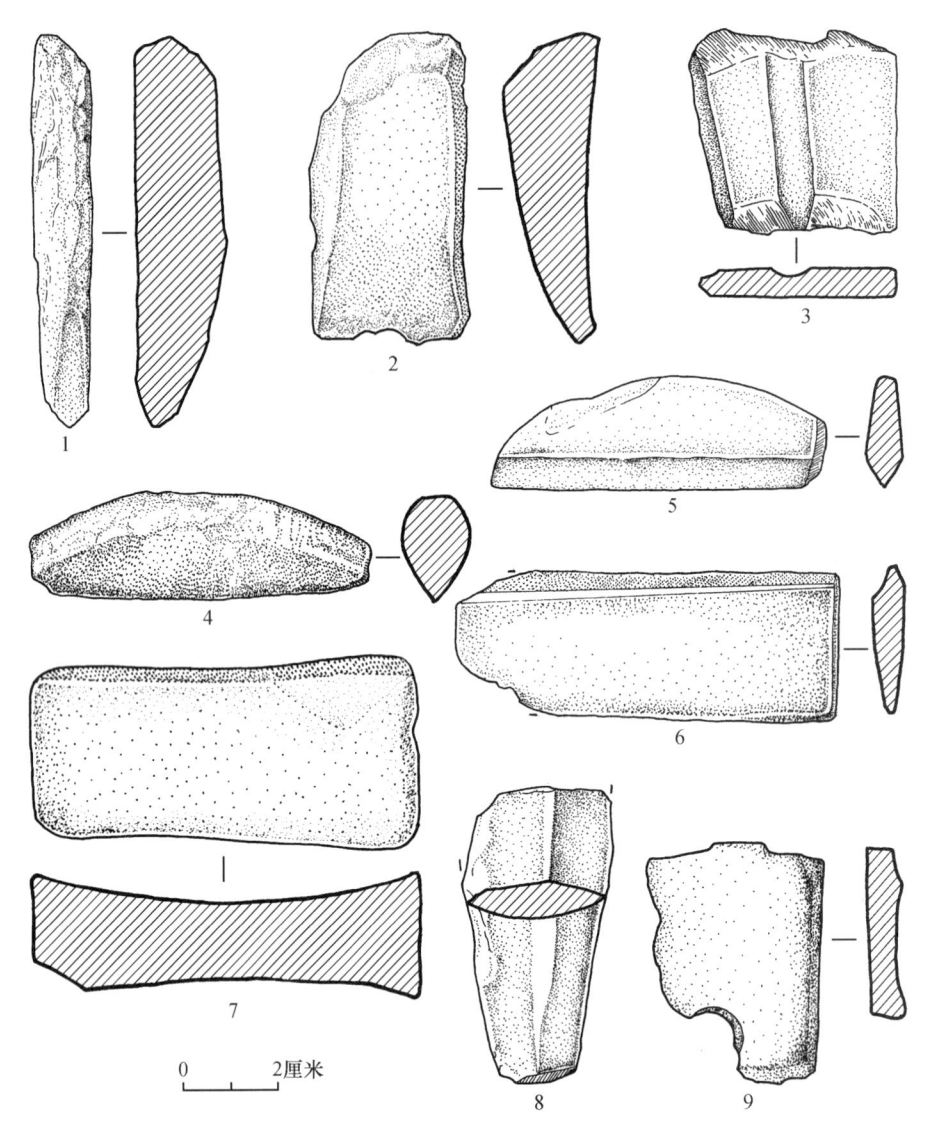

图四五七　第2层出土石器

1. B型凿（T0502东扩方②：7）　2. B型砺石（T0401东扩方②：5）　3、7. A型砺石（3. T0305②：2、7. T0502东扩方②：33）　4、5. A型刀（4. T0405②：2、5. T0501②：1）　6. B型刀（T0401②：3）　8. 矛（T0502东扩方②：17）　9. 穿孔铲（钺）（T0405②：1）

A型　2件。标本T0305②：2，青灰色石料。两端残，近长方形，上面为磨砺面，中部有一道磨凹槽。残长4.1、宽4.3、厚0.6厘米（图四五七，3）。标本T0502东扩方②：33，黄褐色石料。一角残，长方形，上下两面均为磨砺面，内凹且有磨痕。长8.1、宽3.9、厚1.1～2.4厘米（图四五七，7）。

B型　1件。标本T0401东扩方②：5，青灰色石料。边侧残，一端厚一端薄，上下两面均为磨砺面，上面由顶至边下斜，下面内凹。残长6、宽3.2、厚0.2～1.2厘米（图四五七，2）。

残损不明石器、坯料　12件。标本T0202②：2，青灰色石料。细长条锥形，打制。残长10.7、残宽2.5、厚1.3厘米（图四五八，4）。标本T0305②：1，灰褐色石料。长方形，一面平，一面边侧有棱，未经磨制。长7.3、宽2.6、厚1厘米（图四五八，10）。标本T0401东扩方②：2，青灰色石料。边侧及下端残，长方形，未经打磨。长6.4、宽3.4、厚1.2厘米（图四五八，11）。标本T0402②：6，青灰色石料。上端及一残，下端双面弧刃，似为石钺或石铲的残损器。残长6.5、残宽3.2、厚0.5厘米（图四五八，1）。标本T0501②：7，青灰色石料。仅存一侧，细长条形。残长3.4、宽1、厚0.4厘米（图四五八，12）。标本T0502②：1，青灰色石料。长条形，打制，似为石镞坯料。残长11、宽2.7、厚1.4厘米（图四五八，2）。标本T0502②：2，浅灰色石料。刃部残，长方形，一面残损不规整，斜顶，下端单面刃。长5、宽4.6、厚0.55厘米（图四五八，3）。标本T0502东扩方②：10，浅灰色石料。边侧残，梯形，

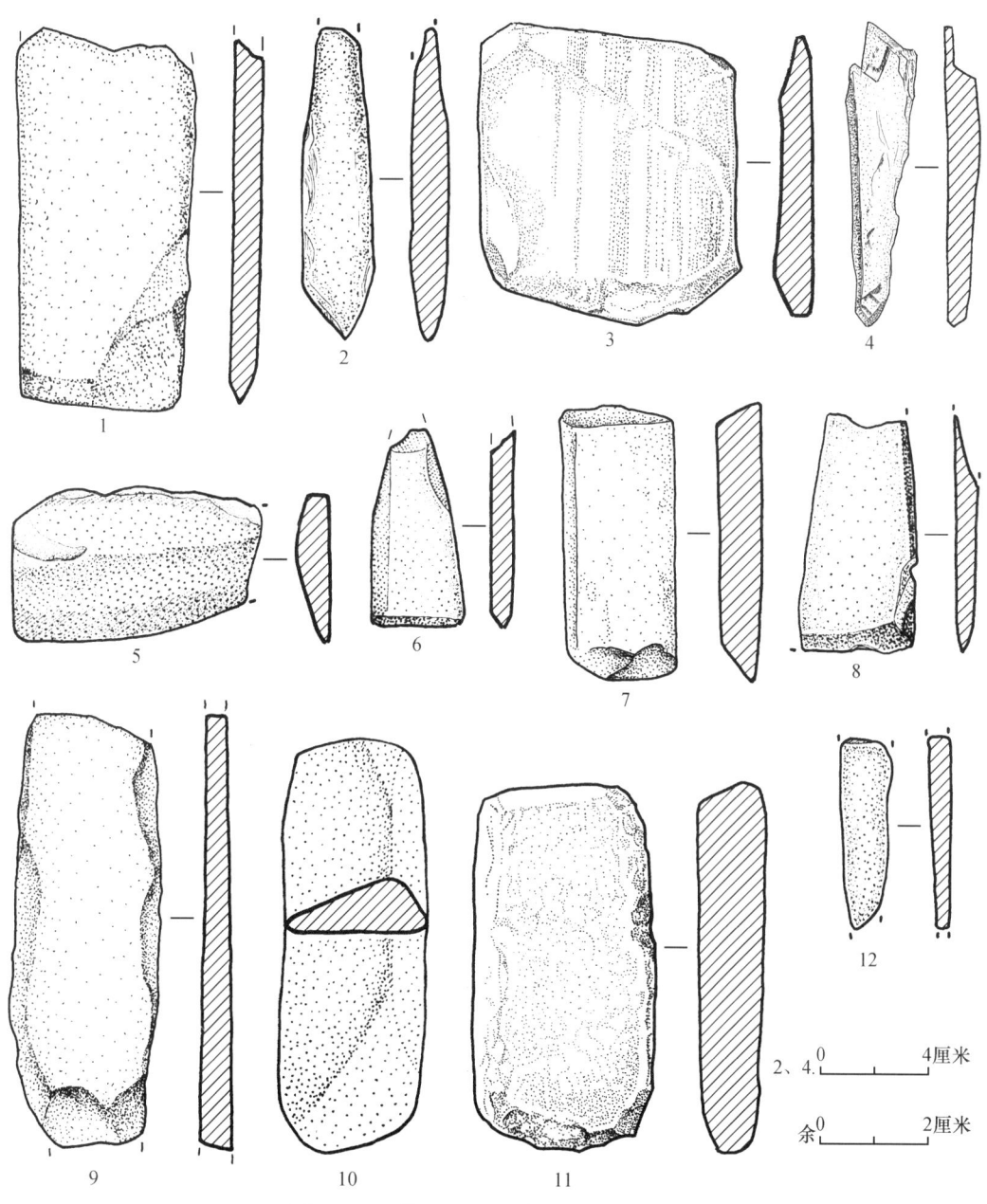

图四五八　第2层出土残损不明石器、坯料

1. T0402②：6　2. T0502②：1　3. T0502②：2　4. T0202②：2　5. T0502东扩方②：25　6. T0502东扩方②：19　7. T0502东扩方②：26　8. T0502东扩方②：10　9. T0502东扩方②：27　10. T0305②：1　11. T0401东扩方②：2　12. T0501②：7

下端双面刃。残长4.2、残宽2.2、厚0.4厘米（图四五八，8）。标本T0502东扩方②：19，青灰色石料。顶部残，梯形，下端双面弧刃。残长3.5、残宽1.7、厚0.4厘米（图四五八，6）。标本T0502东扩方②：25，灰色石料。仅存下端，上厚下薄。残长4.6、残宽2.7、厚0.6厘米（图四五八，5）。标本T0502东扩方②：26，灰褐色石料。下端残，小长条形，未经磨制。残长4.9、宽2、厚0.8厘米（图四五八，7）。标本T0502东扩方②：27，浅灰色石料。边侧残，长条形。残长7.7、宽2.7、厚0.6厘米（图四五八，9）。

2. 陶器

纺轮　Aa型，2件。标本T0501②：4，泥质黑陶。仅存一半，饼形，斜弧边，素面，中部穿孔。短径3.9、长径4.3、孔径0.3、厚0.8厘米（图四五九，3）。标本T0502东扩方②：24，泥质红褐陶。饼形，斜边，窄面饰四组对称三弧线刻划纹。短径4.3、长径4.8、孔径0.7、厚0.7厘米（图四五九，1）。

鼎足　Ca型，1件。标本T0502东扩方②：35，夹砂红陶。下端残，圆锥足，足根饰两个按窝。残高11.6厘米（图四五九，2）。

罐底　B型　1件。标本T0203②：1，泥质红胎黑皮陶。圜底内凹，外饰细绳纹。底径8、残高3.4厘米（图四五九，4）。

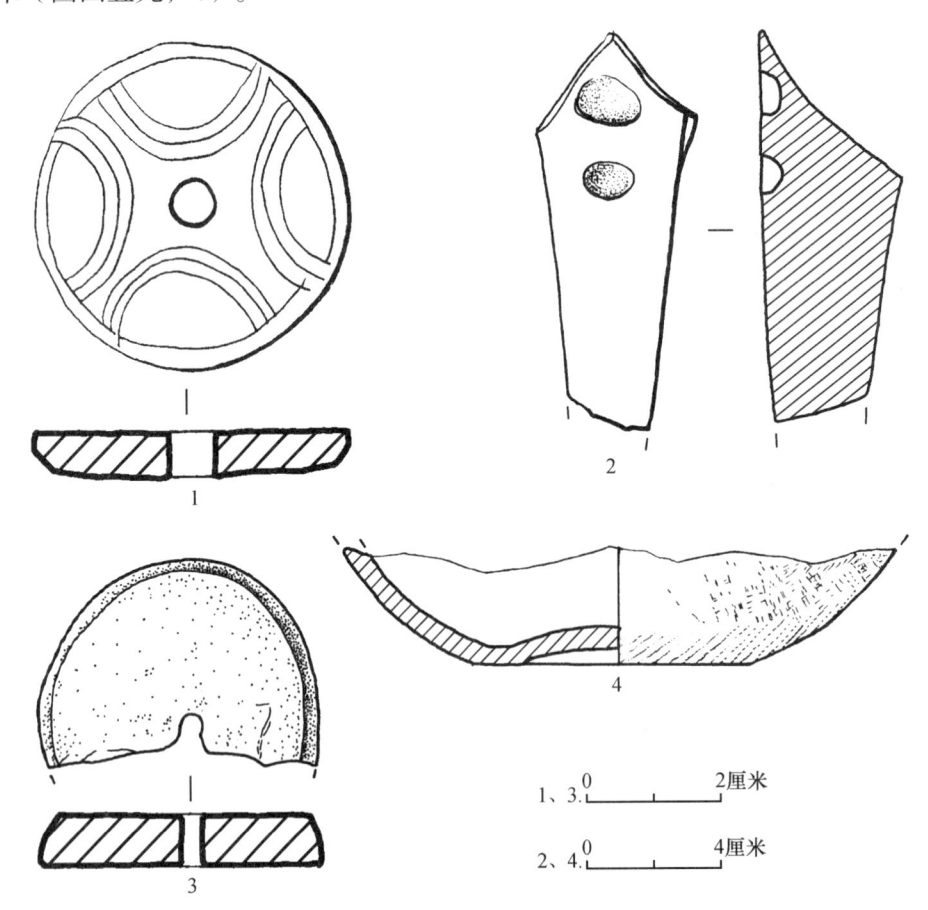

图四五九　第2层出土陶器
1、3. Aa型纺轮（1. T0502东扩方②：24、3. T0501②：4）　2. Ca型鼎足（T0502东扩方②：35）　4. B型罐底（T0203②：1）

3. 铜钱

3枚。标本T0205②：1，铜钱，康熙通宝。钱径2.1、穿径0.5厘米（图四六〇，2）。标本T0402②：1，铜钱，乾隆通宝。钱径2.3、穿径0.5厘米（图四六〇，4）。标本T0407②：1，机铸铜币，湖南省造双旗币，民国。钱径3.2厘米（图四六〇，5）。

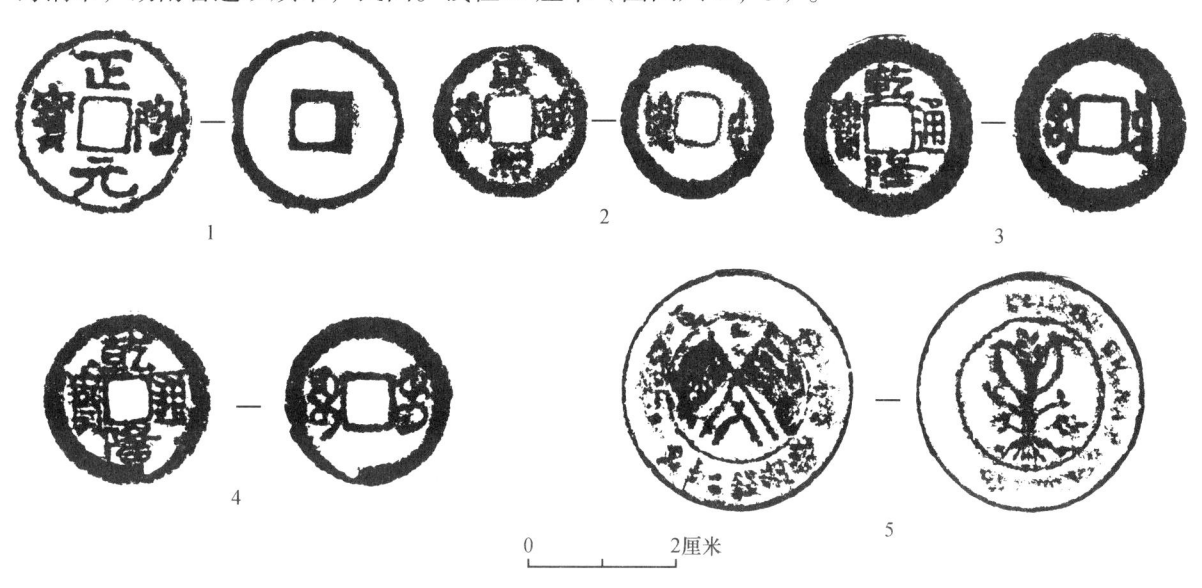

图四六〇 第1层、第2层出土铜钱拓片
1.正隆元宝（T0205①：1） 2.康熙通宝（T0205②：1） 3、4.乾隆通宝（3.T0406①：1、4.T0402②：1）
5.湖南省造双旗币（T0407②：1）

（三）第3层出土遗物

1. 石器

镞 108件。

A型 89件。

Aa型，21件。标本T0201③A：2，浅灰色石料。镞身前端及铤后端残，双面有脊，两侧刃，三角形铤。残长3.2、宽1.5、厚0.4厘米（图四六一，1）。标本T0203③A：2，浅灰色石料。仅存镞身后端及铤，双面扁平，两侧刃，扁三角形铤。残长4.1、宽2.5、厚0.25厘米（图四六一，2）。标本T0204③A：4，浅灰石料。镞身前端及铤后端残，柳叶形，双面有脊，两侧刃，三角形铤。残长3.8、宽2、厚0.4厘米（图四六一，3）。标本T0204③A：7，浅灰色石料。镞身前端及铤后端残，柳叶形，双面有脊，两侧刃，三角形铤。残长4.4、宽2.3、厚0.4厘米（图四六一，4）。标本T0205③A：13，浅灰色石料。镞身前端残，柳叶形，一面有脊，一面扁平，截面呈多棱形，两侧刃，三角形铤。残长6.2、宽2.5、厚0.35厘米（图四六一，5）。标本T0205③A：17，浅灰色石料。镞身前端残，两面脊部扁平，截面呈多棱形，扁三角形铤。残长3.6、宽1.8、厚0.4厘米（图四六一，6）。标本T0205③A：19，浅灰色石料。镞身前

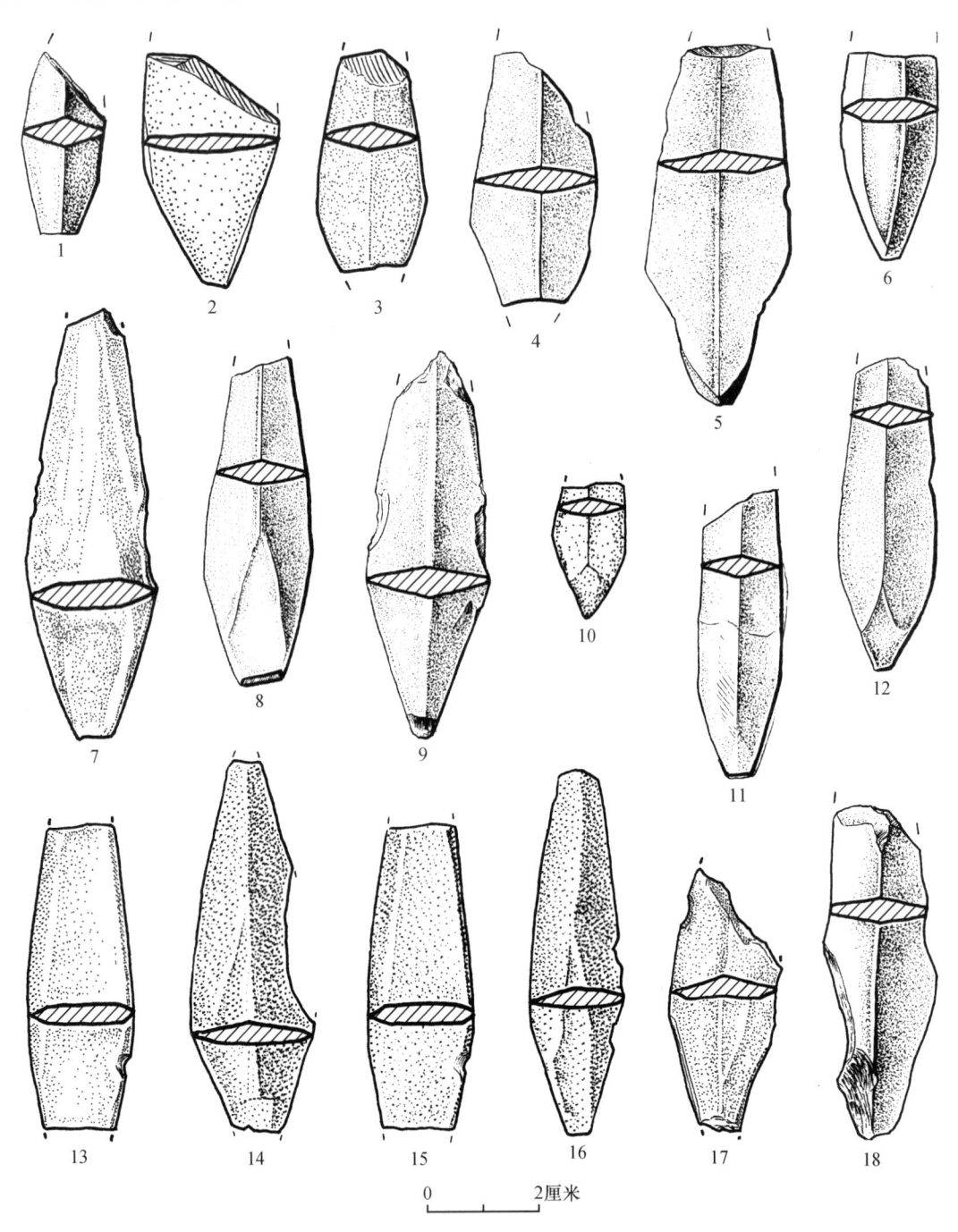

图四六一　第3层出土Aa型石镞

1.T0201③A：2　2.T0203③A：2　3.T0204③A：4　4.T0204③A：7　5.T0205③A：13　6.T0205③A：17　7.T0307③B：6　8.T0306③B：2　9.T0307③B：7　10.T0306③C：4　11.T0306③C：36　12.T0205③A：19　13.T0406③C：11　14.T0406③C：17　15.T0405③C：8　16.T0406③C：19　17.T0502③A：1　18.T0501③A：3

端残，柳叶形，双面有脊，两侧刃，扁三角形铤。残长5.4、宽1.7、厚0.4厘米（图四六一，12）。标本T0306③B：2，青绿色石料。镞身前端及铤后端残，双面有脊，两侧刃，三角形铤。残长5.7、宽2、厚0.4厘米（图四六一，8）。标本T0306③C：4，青灰色石料。镞身前端残，柳叶形，双面有脊，两侧刃，三角形铤。残长2.4、宽1.4、厚0.3厘米（图四六一，10）。标本T0306③C：36，青灰色石料。镞身前端及铤后端残，柳叶形，双面有脊，两侧刃，三角形铤。残长5、宽1.5、厚0.3厘米（图四六一，11）。标本T0307③B：6，青灰色石料。镞身前端及铤后端残，柳叶形，双面扁平，两侧刃，截面呈多棱形，扁三角形铤。残长7.5、宽2.3、厚0.5厘米（图四六一，7）。标本T0307③B：7，青绿色石料。镞身前端及铤后端残，柳叶形，双面有脊，两侧刃，三角形铤。残长6.8、宽2.2、厚0.5厘米（图四六一，9）。标本T0307③B：8，青绿色石料。镞身前端及铤后端残，柳叶形，双面有脊，两侧刃，短三角形铤。残长4.4、宽1.6、厚0.4厘米（图四六二，1）。标本T0405③C：8，浅灰色石料。镞身前端残，柳叶形，两面扁平，两侧刃，扁梯形铤。残长5.8、宽2、厚0.3厘米（图四六一，15）。标本T0406③C：11，青绿色石料。镞身前端及铤后端残，柳叶形，双面扁平，两侧刃，截面呈多棱形，扁铤。残长5.4、宽1.9、厚0.3厘米（图四六一，13）。标本T0406③C：17，青绿色石料。镞身前端、边侧及铤后端残，柳叶形，双面有脊，两侧刃，三角形铤。残长6.5、宽2.2、厚0.4厘米（图四六一，14）。标本T0406③C：19，青绿色石料。镞身前端及铤后端残，柳叶形，一面脊部明显，一面扁，两侧刃，三角形铤。残长6.4、宽1.7、厚0.3厘米（图四六一，16）。标本T0501③A：3，青绿色石料。镞身前端及边侧残，柳叶形，双面有脊，两侧刃，扁三角形铤。残长5.8、宽1.8、厚0.5厘米（图四六一，18）。标本T0502③A：1，灰褐色石料。镞身前端及铤后端残，一面有脊，一面扁平，截面呈多棱形，三角形铤。残长4.6、宽1.9、厚0.3厘米（图四六一，17）。标本T0502③A：9，青灰色石料。镞身前端及铤后端残，柳叶形，双面有脊，两侧刃，三角形铤。残长5.4、宽1.8、厚0.4厘米（图四六二，2）。标本T0502③A：18，青灰色石料。镞身前端残，柳叶形，双面扁平，两侧刃，截面呈多棱形，扁梯形铤。残长6.85、宽2.2、厚0.5厘米（图四六二，3）。

Ab型，15件。标本T0203③A：6，青灰色石料。镞身前端残，梭状柳叶形，双面脊线不居中，两侧刃。残长5.4、宽2.3、厚0.6厘米（图四六二，4）。标本T0204③A：15，青灰色石料。镞身前端及铤一侧残，梭状柳叶形，双面有脊，两侧刃。残长4.2、宽1.8、厚0.6厘米（图四六二，5）。标本T0205③A：16，青灰色石料。镞身前端及铤后端残，梭状柳叶形，双面有脊，局部有残损，两侧刃。残长5、宽2、厚0.6厘米（图四六二，6）。标本T0205③A：11，浅灰色石料。梭状柳叶形，双面无脊，两侧刃，末端扁平。长5.65、宽1.9、厚0.5厘米（图四六二，7）。标本T0205③B：9，浅灰色石料。镞身前端残，狭长形，双面有脊，两侧刃。残长4.5、宽1、厚0.5厘米（图四六二，8）。标本T0305③B：5，青绿色石料。形体较小，仅存镞身后端及铤，梭状柳叶形，一面拱，一面扁平，刃较钝。残长2.5、宽1.25、厚0.3厘米（图四六二，9）。标本T0306③B：7，青灰色石料。仅存镞身后端及铤，双面有脊，两侧刃。残长4.3、宽1.8、厚0.5厘米（图四六二，12）。标本T0306③B：13，深灰色石料。铤后端残，梭状柳叶形，双面脊不明显。残长6.5、宽1.9、厚0.4厘米（图四六二，

图四六二　第3层出土石镞

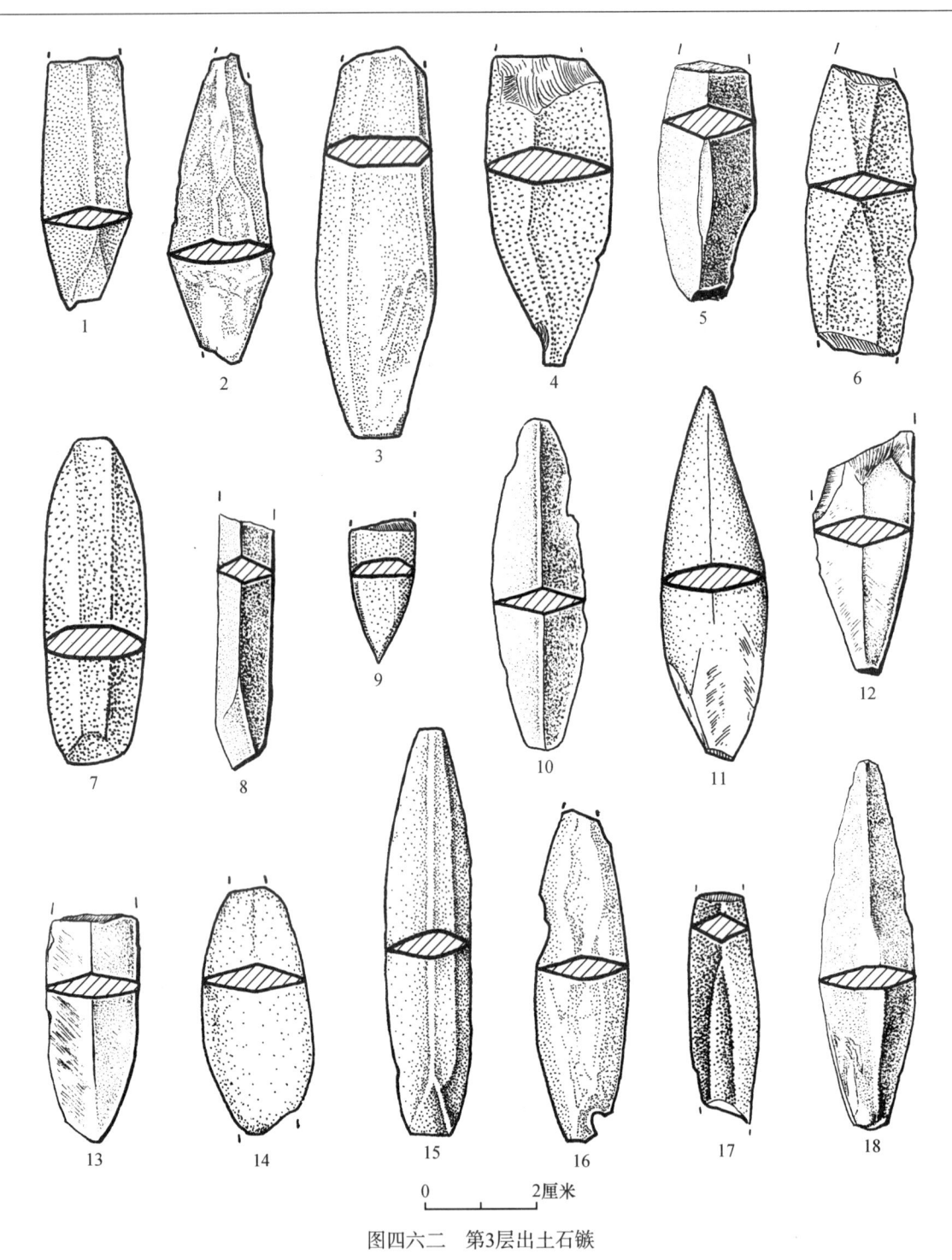

1~3. Aa型（1. T0307③B：8、2. T0502③A：9、3. T0502③A：18）　4~18. Ab型（4. T0203③A：6、5. T0204③A：15、6. T0205③A：16、7. T0205③A：11、8. T0205③B：9、9. T0305③B：5、10. T0502③A：2、11. T0306③B：13、12. T0306③B：7、13. T0306③C：13、14. T0501③A：8、15. T0406③C：9、16. T0405③C：19、17. T0502③A：10、18. T0405③C：17）

11）。标本T0306③C：13，灰色石料。镞身前端残，梭状柳叶形，双面有脊，两侧刃。残长4、宽1.7、厚0.45厘米（图四六二，13）。标本T0405③C：17，青绿色石料。梭状柳叶形，双面脊不明显，两侧刃。残长6.4、宽1.7、厚0.5厘米（图四六二，18）。标本T0405③C：19，青灰色石料。镞身前端及边侧残，梭状柳叶形，双面脊不明显，两侧刃，后端有一个穿孔。残长5.8、宽1.7、厚0.4厘米（图四六二，16）。标本T0406③C：9，青灰色石料。细梭状柳叶形，双面有脊，两侧刃。长7.1、宽1.5、厚0.5厘米（图四六二，15）。标本T0501③A：8，青灰色石料。镞身前端及铤后端残，短梭形，双面有脊，两侧刃。残长4.35、宽2、厚0.5厘米（图四六二，14）。标本T0502③A：2，浅灰色石料。边侧略残，梭状柳叶形，双面有脊，两侧刃。残长5.8、宽1.65、厚0.4厘米（图四六二，10）。标本T0502③A：10，青灰色石料。前后端残，细长柳叶形，双面有脊，局部残，两侧刃。残长4、宽1.3、厚0.4厘米（图四六二，17）。

Ac型，16件。标本T0201③A：3，青灰色石料。前锋残，镞身呈柳叶形，双面有脊，两侧刃，短锥形铤。残长6.1、宽1.9、厚0.4厘米（图四六三，1）。标本T0204③A：9，青灰色石料。前锋及铤后端残，镞身双面有脊，两侧刃，扁锥形铤。残长5.1、宽1.8、厚0.5厘米（图四六三，2）。标本T0205③A：9，灰褐色石料。镞身边侧略残，镞身呈柳叶形，双面有脊，两侧刃，镞身后端内收，圆锥形铤。残长8、宽1.5、厚0.7厘米（图四六三，3；图版一二九，4）。标本T0305③A：4，青灰色石料。镞身前端残，双面有脊，两侧刃，扁三角形铤。残长5、宽2、厚0.35厘米（图四六三，4）。标本T0306③B：10，青灰色石料。铤边侧及后端残，双面脊不明显，扁锥形铤。残长6.6、宽2.1、厚0.4厘米（图四六三，5）。标本T0306③C：5，青灰色石料。锋尖残，镞身呈柳叶形，双面有脊，两侧刃，两次内折扁锥形铤。残长6.7、宽1.8、厚0.5厘米（图四六三，6；图版一二九，5）。标本T0306③C：10，青灰色石料。前锋及铤后端残，形体较细小，镞身双面有脊，两侧刃，扁锥形铤。残长2.9、宽0.9、厚0.4厘米（图四六三，16）。标本T0306③C：24，青灰色石料。前锋及铤残，镞身呈细柳叶形，双面有脊，两侧刃，扁锥形铤。残长4.3、宽1.3、厚0.6厘米（图四六三，7）。标本T0306③C：31，青绿色石料。前锋残，双面有脊，两侧刃，长扁锥形铤。残长5.5、宽1.5、厚0.5厘米（图四六三，8）。标本T0307③A：3，青绿色石料。镞身前端及铤后端残，镞身两面扁平，扁锥形铤。残长3.4、宽1.6、厚0.3厘米（图四六三，9）。标本T0405③C：11，青绿色石料。镞身前端及铤后端残，镞身前端双面有脊，后端脊不明显，两侧刃，扁锥形铤。残长6、宽2、厚0.5厘米（图四六三，10）。标本T0405③C：14，青灰色石料。仅存镞身后端及铤，镞身双面有脊，两侧刃，圆锥形铤。残长4.5、宽1.7、厚0.9厘米（图四六三，11）。标本T0501③A：2，青绿色石料。镞身前端残，镞身呈细柳叶形，双面有脊，两侧刃，长扁锥形铤。残长5.8、宽1.7、厚0.3厘米（图四六三，14）。标本T0501③A：6，青绿色石料。仅存镞身后端及铤，镞身双面有脊，两侧刃，扁锥形铤。残长4.2、宽2.2、厚0.6厘米（图四六三，12）。标本T0502③A：20，浅灰色石料。镞身前端及铤后端残，双面有脊，两侧刃，扁锥形铤。残长3.45、宽1.4、厚0.5厘米（图四六三，13）。标本T0503③A：12，深灰色石料。镞身前端及铤后端残，双面有脊，两侧刃，扁锥形铤。残长4.9、宽1.9、厚0.4厘米（图四六三，15）。

图四六三 第3层出土石镞

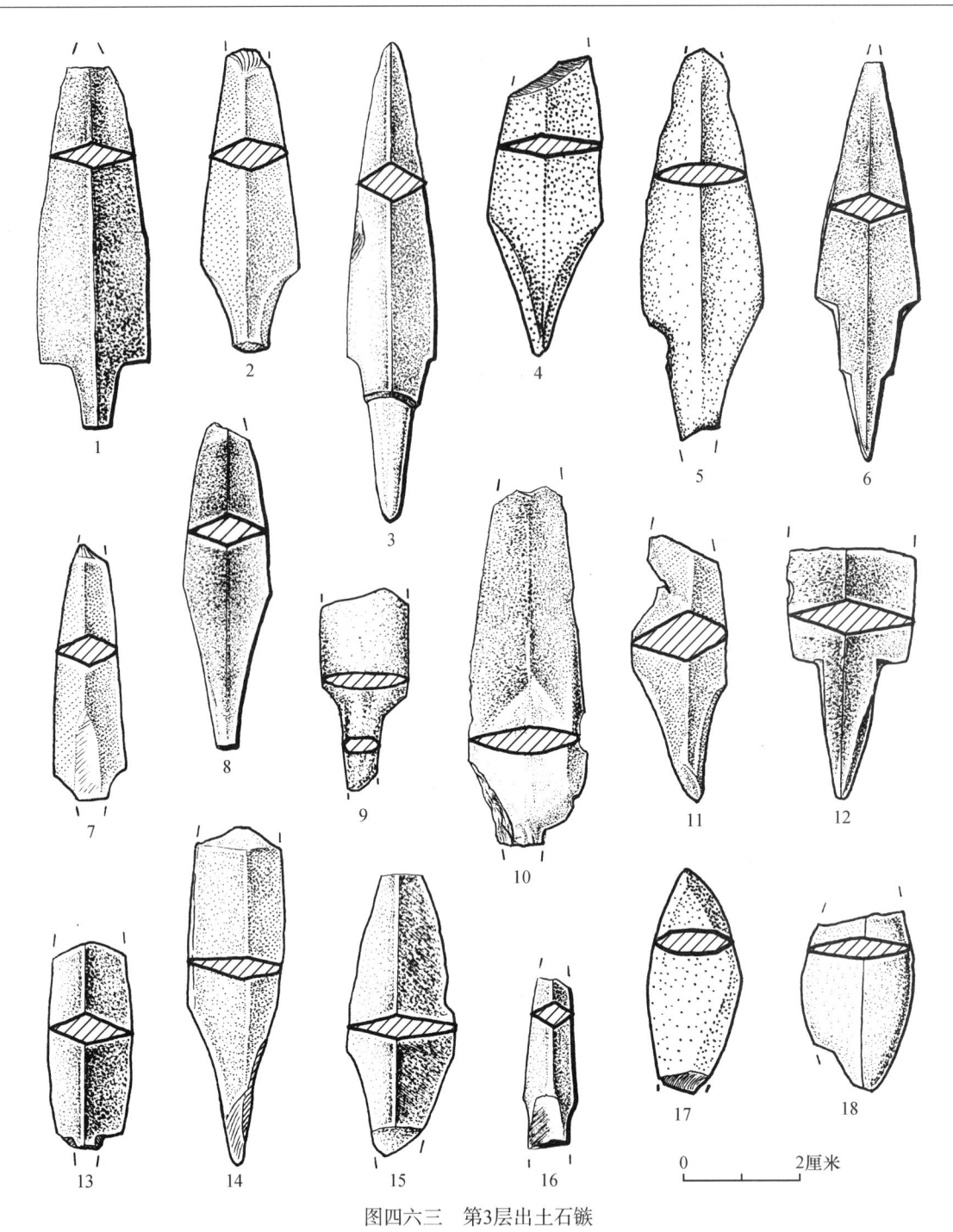

1~16. Ac型（1. T0201③A：3、2. T0204③A：9、3. T0205③A：9、4. T0305③A：4、5. T0306③B：10、6. T0306③C：5、7. T0306③C：24、8. T0306③C：31、9. T0307③A：3、10. T0405③C：11、11. T0405③C：14、12. T0501③A：6、13. T0502③A：20、14. T0501③A：2、15. T0503③A：12、16. T0306③C：10）　17、18. Ad型（17. T0204③A：11、18. T0205③A：29）

Ad型，2件。标本T0204③A∶11，青灰色石料。铤后端残，不规则圆角菱形，双面扁平，两侧刃，截面呈多棱形。残长3.85、宽1.65、厚0.4厘米（图四六三，17）。标本T0205③A∶29，深灰色石料。镞身前端及铤后端残，短圆角菱形，双面有脊，两侧刃。残长2.7、宽1.8、厚0.35厘米（图四六三，18）。

Ae型，4件。标本T0204③A∶2，青灰色石料。锋尖残，短镞身，双面脊部明显，两侧刃，扁长方形铤。残长4.8、宽2、厚0.3厘米（图四六四，1）。标本T0205③A∶14，深灰色石料。锋尖及铤后端残，短镞身，双面扁平，截面呈多棱形，扁锥形铤。残长4.4、宽2.1、厚0.4厘米（图四六四，2）。标本T0306③C∶3，青绿色石料。锋尖及铤后端残，短镞身，双面有脊，两侧刃，扁锥形铤。残长3.9、宽1.9、厚0.35厘米（图四六四，3）。标本T0405③C∶3，青灰色石料。铤残，短镞身，一面有脊，一面扁平，短锥形铤。残长3.1、宽1.6、厚0.4厘米（图四六四，4）。

Af型，3件。标本T0405③C∶4，浅灰色石料。镞身前端残，双面有脊，两侧刃，无铤，末端扁平。残长3.4、宽1.8、厚0.5厘米（图四六四，5）。标本T0406③C∶12，灰褐色石料。镞身前端残，双面有脊，两侧刃，无铤，末端扁平。残长4.2、宽1.2、厚0.7厘米（图四六四，6）。标本T0502③A∶6，灰褐色石料。镞身前端残，柳叶形，一面有脊，一面扁平，末端扁平。残长3.3、宽1.4、厚0.3厘米（图四六四，7）。

Ag型，4件。标本T0306③C∶11，青灰色石料。镞身前端、边侧及铤残，镞身前端双面有脊，两侧未开刃，后端束腰，圆锥形铤。残长5、宽2.1、厚0.6厘米（图四六四，8）。标本T0405③C∶6，青灰色石料。短厚镞身，双面有脊，两侧刃，扁锥形铤。残长5.2、宽1.6、厚0.8厘米（图四六四，9）。标本T0502③A∶13，灰色石料。一侧及铤后端残，镞身前端呈短三角形，后端呈长条形，双面有脊，两侧刃，扁三角形铤。残长6.4、残宽1.6、厚0.4厘米（图四六四，10）。标本T0503③A∶3，青绿色石料。边侧残，镞身前端呈短三角形，后端呈长条形，两面扁平，两侧刃，短斜角形铤。长3.7、宽1.1、厚0.2厘米（图四六四，11）。

A型而亚型不明，24件。标本T0201③A∶4，青灰色石料。仅存镞身前端，双面有脊，两侧刃。残长4.3、宽2、厚0.4厘米（图四六四，12）。标本T0205③A∶20，浅灰色石料。仅存镞身前端，一面有脊，一面扁平，两侧刃，边侧有一个对穿孔。残长3.3、宽2、厚0.3厘米（图四六四，14）。标本T0306③B∶3，深灰色石料。镞身前端及边侧残，细梭状柳叶形，一面有脊，一面扁平，两侧刃。残长4.8、宽1.8、厚0.45厘米（图四六五，1）。标本T0306③B∶9，青绿色石料。镞身后端残，细长柳叶形，双面有脊，两侧刃。残长7、宽1.8、厚0.7厘米（图四六四，13）。标本T0306③C∶12，浅灰色石料。仅存镞身一段，双面扁平，两侧刃。残长1.6、宽1.9、厚0.3厘米（图四六四，15）。标本T0306③C∶27，青绿色石料。仅存镞身前端，双面有脊，两侧刃。残长2.8、宽1.4、厚0.3厘米（图四六四，16）。标本T0306③C∶30，浅灰色石料。仅存铤，三角形，两面扁平，截面呈多棱形。残长3、宽2.1、厚0.4厘米（图四六四，17）。标本T0306③C∶32，青绿色石料。仅存铤后端中部，扁三角形铤。残长2.5、宽1.35、厚0.2厘米（图四六四，19）。标本T0306③C∶35，青灰色石料。仅存铤后端，扁梯形，一面有脊。残长3.4、宽2、厚0.5厘米（图四六四，20）。标本T0306③C∶37，红褐色石料。仅存

·572·　　　　　　　　　　　　　　　　　　　　宁乡罗家冲

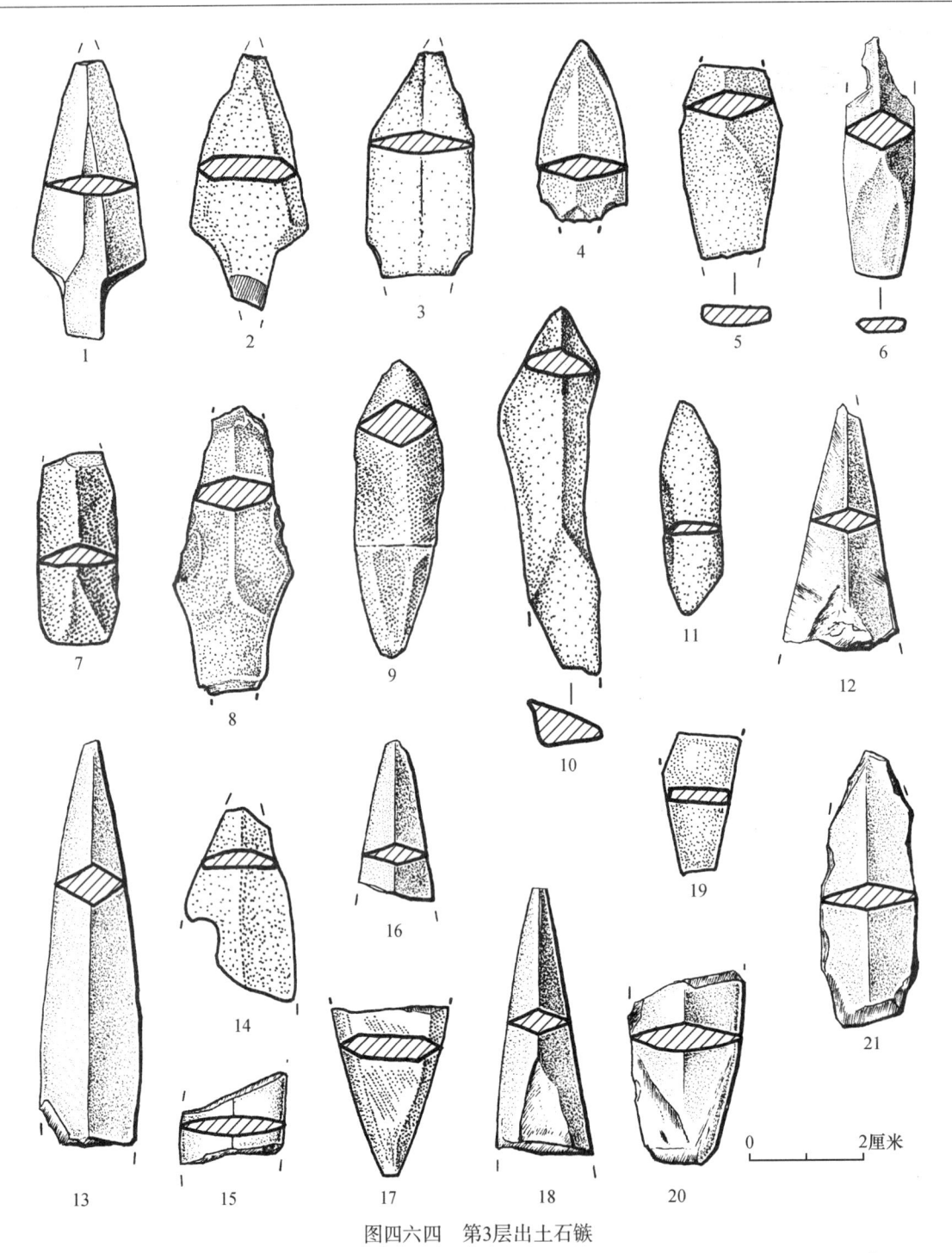

图四六四　第3层出土石镞

1~4. Ae型（1. T0204③A：2、2. T0205③A：14、3. T0306③C：3、4. T0405③C：3）　5~7. Af型（5. T0405③C：4、6. T0406③C：12、7. T0502③A：6）　8~11. Ag型（8. T0306③C：11、9. T0405③C：6、10. T0502③A：13、11. T0503③A：3）　12~21. A型而亚型不明（12. T0201③A：4、13. T0306③B：9、14. T0205③A：20、15. T0306③C：12、16. T0306③C：27、17. T0306③C：30、18. T0306③C：40、19. T0306③C：32、20. T0306③C：35、21. T0306③C：37）

镞身，边侧残，柳叶形，双面有脊，两侧刃。残长4.8、宽1.7、厚0.5厘米（图四六四，21）。标本T0306③C：40，青灰色石料。仅存镞身前端，双面有脊，两侧刃。残长4.9、宽1.7、厚0.4厘米（图四六四，18）。标本T0306③C：41，青灰色石料。仅存镞身中部，双面脊不明显，两侧刃。残长4.4、宽2.1、厚0.4厘米（图四六五，2）。标本T0405③C：2，青灰色石料。仅存镞身前端，一面有脊，一面扁平，两侧刃。残长3.9、宽1.8、厚0.5厘米（图四六五，3）。标本T0405③C：12，浅灰色石料。镞身前端及后端残，一面有脊，一面脊不明显，两侧刃。残长3.5、宽2.1、厚0.5厘米（图四六五，4）。标本T0405③C：13，青灰色石料。仅存镞身中部，双面扁平，两侧刃，截面呈多棱形。残长4.5、宽1.5、厚0.5厘米（图四六五，5）。标本T0406③C：13，青灰色石料。仅存镞身边侧局部，双面扁平。残长3.8、残宽1.1、厚0.2厘米（图四六五，10）。标本T0406③C：14，青灰色石料。仅存铤，三角形，双面有脊，两侧刃。残长3.2、宽1.6、厚0.5厘米（图四六五，11）。标本T0501③A：11，青灰色石料。仅存镞身前端，双面扁平，两侧刃，截面呈多棱形。残长2.6、宽1.9、厚0.35厘米（图四六五，6）。标本T0502③A：3，青灰色石料。仅存镞身后端及铤，双面脊部扁平，截面呈多棱形，扁三角形铤。残长2.2、厚0.35厘米（图四六五，7）。标本T0502③A：7，浅灰色石料。仅存镞身后端及铤，双面扁平，截面呈多棱形。残长2.5、宽1.4、厚0.4厘米（图四六五，9）。标本T0502③A：12，青灰色石料。仅存镞身后端及铤，双面扁平，扁锥形铤。残长2.8、宽1.75、厚0.25厘米（图四六五，12）。标本T0503③A：11，青绿色石料。仅存镞身前端，双面有脊，两侧刃。残长4.5、宽1.8、厚0.4厘米（图四六五，13）。标本T0503③A：5，青绿色石料。

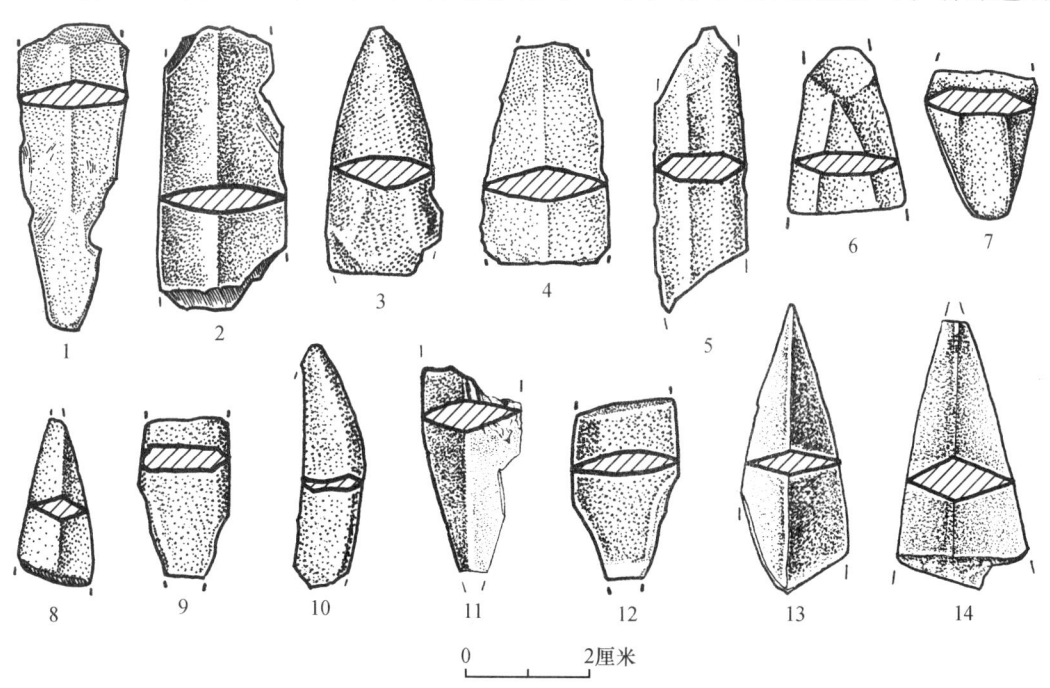

图四六五　第3层出土A型而亚型不明石镞

1. T0306③B：31　2. T0306③C：41　3. T0405③C：2　4. T0405③C：12　5. T0405③C：13　6. T0501③A：11　7. T0502③A：3
8. T0503③A：5　9. T0502③A：7　10. T0406③C：13　11. T0406③C：14　12. T0502③A：12　13. T0503③A：11
14. T0503③A：14

仅存镞身前端，双面有脊，两侧刃。残长2.6、宽1.25、厚0.35厘米（图四六五，8）。标本T0503③A：14，浅灰色石料。仅存镞身前端，双面有脊，两侧刃。残长4.2、宽2.1、厚0.65厘米（图四六五，14）。

B型　19件。

Ba型，6件。标本T0201③A：1，灰褐色石料。镞身前端、一面及铤后端残。镞身呈细长三棱形，锥形铤。残长7.2、宽1.2、厚0.7厘米（图四六六，1）。标本T0202③A：5，青灰色石料。镞身前端及铤后残，镞身呈三棱形，锥形铤。残长7.7、宽1.6、厚1厘米（图四六六，2）。标本T0205③A：21，浅灰色石料。前锋及边侧残，镞身呈三棱形，锥形铤。残长5.3、宽0.9、厚0.6厘米（图四六六，3）。标本T0306③B：1，青灰色石料。前锋及边侧残，镞身呈细长三棱形，圆锥形铤。残长7、宽1.1、厚0.6厘米（图四六六，4）。标本T0306③B：8，青绿色石料。镞身呈三棱形，圆锥形铤。长6.6、宽1.1、厚0.8厘米（图四六六，5）。标本T0306③C：21，青灰色石料。前锋及铤后端残，镞身呈三棱形，圆锥形铤。残长5.4、宽0.9、厚0.8厘米（图四六六，6）。

Bb型，13件。标本T0203③A：5，青灰色石料。镞身前端呈三棱形，后端呈圆柱形，圆锥形铤。长6.4、宽1.2、厚1厘米（图四六六，9）。标本T0204③A：5，深灰色石料。锋尖及铤残，镞身前端呈三棱形，后端呈圆柱形，细圆锥形铤。残长4.8、宽0.9、厚0.7厘米（图四六六，7）。标本T0205③A：8，青灰色石料。镞身前端及铤后端残，镞身前端呈三棱形，后端呈圆柱形，细圆锥形铤。残长4.8、宽1、厚1厘米（图四六六，8）。标本T0205③B：13，青灰色石料。镞身前端及后端残，镞身前端呈三棱形，后端呈圆柱形。残长3.8、宽1.4、厚1厘米（图四六六，10）。标本T0303③A：1，青灰色石料。镞身前端及铤后端残，镞身前端呈三棱形，后端呈圆柱形，细圆锥形铤。残长5、宽0.9、厚0.9厘米（图四六六，11）。标本T0306③A：3，青灰色石料。铤残，短镞身，镞身前端呈三棱形，后端呈圆柱形，细圆锥形铤。残长3.5、宽0.9、厚1厘米（图四六六，12）。标本T0306③C：1，青灰色石料。铤残，镞身前端呈三棱形，后端呈圆柱形，细圆锥形铤。残长4.5、宽1、厚0.8厘米（图四六六，14）。标本T0306③C：7，灰褐色石料。锋尖及铤残，镞身前端及铤后端残，镞身前端呈三棱形，后端呈圆柱形，细圆锥形铤。残长4.1、宽1、厚0.9厘米（图四六六，15）。标本T0306③C：14，青灰色石料。锋尖及铤残，镞身前端及铤后端残，镞身前端呈三棱形，后端呈圆柱形，细圆锥形铤。残长3.6、宽1、厚0.8厘米（图四六六，13）。标本T0501③A：9，青灰色石料。锋尖及铤残，镞身前端及铤后端残，镞身前端呈三棱形，后端呈圆柱形，细圆锥形铤。残长4.9、宽0.9、厚0.9厘米（图四六六，16）。标本T0501③A：12，灰褐色石料。镞身前端及铤后端残，镞身前端呈三棱形，后端呈圆柱形，细圆锥形铤。残长5.6、宽1、厚1厘米（图四六六，18）。标本T0503③A：1，青灰色石料。镞身后端残，镞身前端呈三棱形，后端呈圆柱形。残长5.6、宽1.1、厚1厘米（图四六六，17）。标本T0503③A：4，青灰色石料。仅存镞身后端及铤，镞身后端呈圆柱形，细圆锥形铤。残长3、直径0.9厘米（图四六六，19）。

矛　7件。标本T0205③B：14，青绿色石料。仅存矛身前端局部，双面无脊，两侧刃。残长7.3、宽4.2、厚0.8厘米（图四六七，1）。标本T0305③B：4，青绿色石料。仅存矛身前

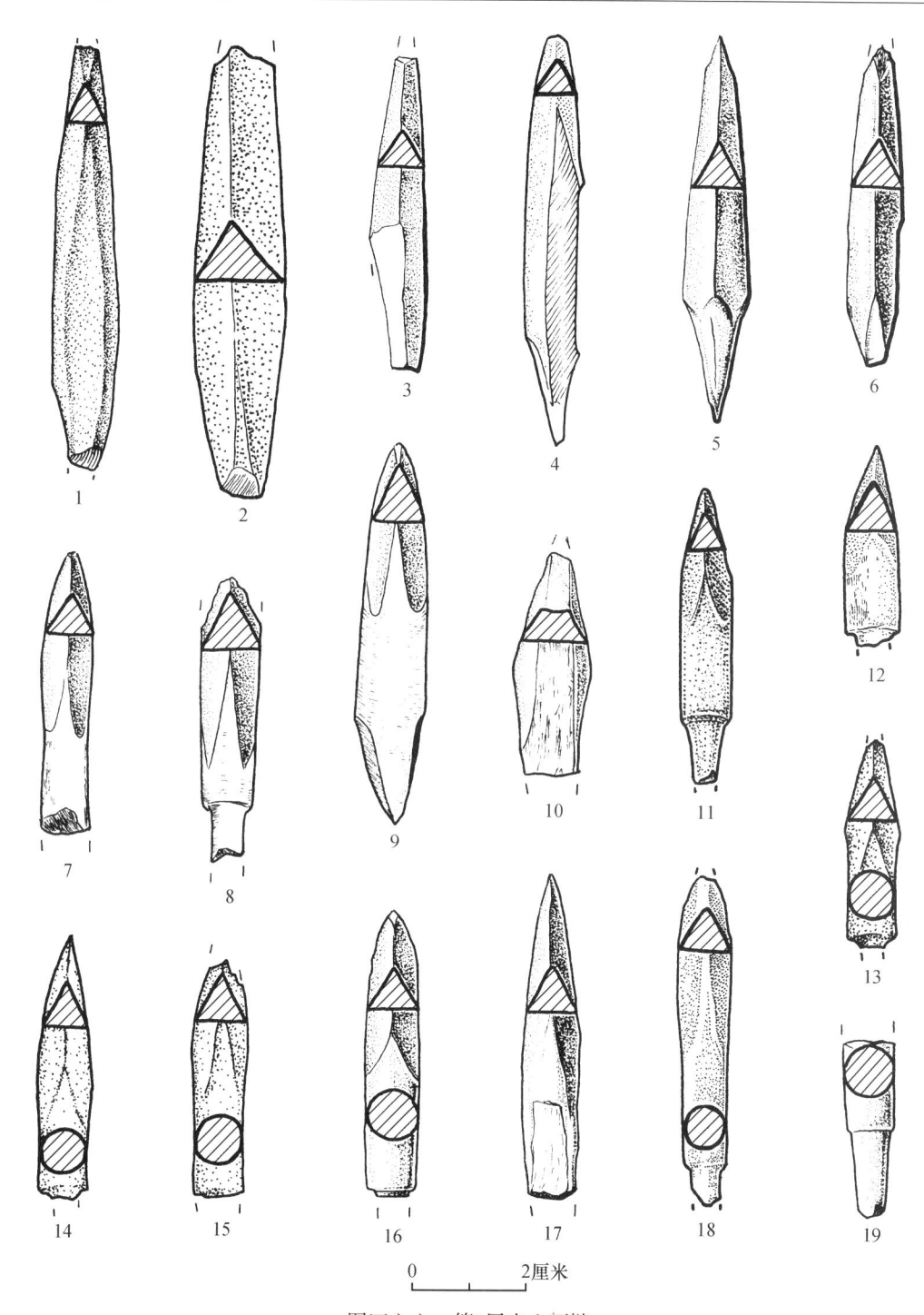

图四六六 第3层出土石镞

1~6. Ba型（1. T0201③A：1、2. T0202③A：5、3. T0205③A：21、4. T0306③B：1、5. T0306③B：8、6. T0306③C：21）
7~19. Bb型（7. T0204③A：5、8. T0205③A：8、9. T0203③A：5、10. T0205③B：13、11. T0303③A：1、12. T0306③A：3、13. T0306③C：14、14. T0306③C：1、15. T0306③C：7、16. T0501③A：9、17. T0503③A：1、18. T0501③A：12、19. T0503③A：4）

端局部，双面扁平，两侧刃，截面呈多棱形。残长5.6、宽3、厚0.9厘米（图四六七，7）。标本T0306③A：6，青灰色石料。仅存矛身后端及骹前端，矛身双面扁平，长方形骹。残长7、宽3.7、厚1厘米（图四六七，3）。标本T0405③C：18，浅灰色石料。矛尖残，矛身呈宽柳叶形，双面有脊，两侧刃，扁梯形骹。残长7.1、宽2.3、厚0.7厘米（图四六七，4）。标本T0406③C：18，青绿色石料。矛身边侧及骹后端残，矛身呈宽柳叶形，双面有脊，两侧刃，扁梯形骹。残长7.6、宽2.1、厚0.8厘米（图四六七，6）。标本T0501③A：4，青灰色石料。仅存矛身前端局部，一面有脊，一面扁平，两侧刃。残长4.2、宽2.6、厚0.4厘米（图四六七，2）。标本T0502③A：22，浅灰色石料。仅存矛身局部，前端一面有脊，一面扁平，两侧刃，后端双面扁平。残长5.1、宽3.1、厚0.6厘米（图四六七，5）。

斧　58件。

A型　41件。

Aa型，35件。标本T0203③A：4，灰色石料。一面及刃部残，梯形，顶部微弧，下端双面刃，一面宽刃，一面窄刃。长9、宽4.5～5.9、厚2.5厘米（图四六八，1）。标本

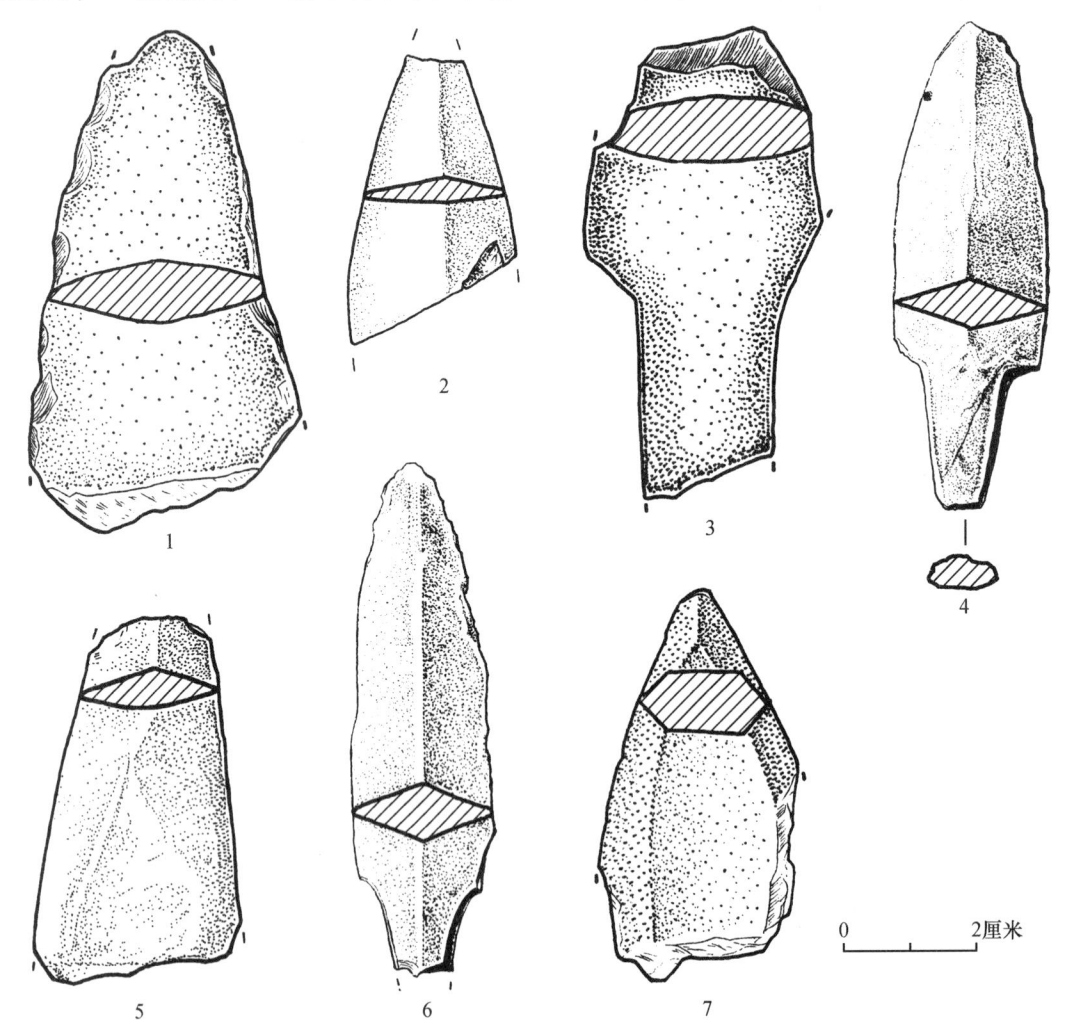

图四六七　第3层出土石矛
1. T0205③B：14　2. T0501③A：4　3. T0306③A：6　4. T0405③C：18　5. T0502③A：22　6. T0406③C：18　7. T0305③B：4

T0204③A：3，青灰色石料。刃部残，梯形，平顶，下端双面刃。残长11.2、宽4.2～6、厚2.2厘米（图四六八，2）。标本T0204③A：13，灰色石料。顶部及刃部残，梯形，平顶，下端双面弧刃。长8.4、宽4.4～5.5、厚2.5厘米（图四六八，3）。标本T0204③A：16，灰色石料。刃部残，梯形，弧顶，下端双面直刃。残长7.8、宽3～4、厚1.6厘米（图四六八，5）。标本T0205③A：23，青灰色石料。顶部及刃部略残，梯形，斜顶，下端双面弧刃。长9、宽6.4～7.1、厚2.4厘米（图四六八，6）。标本T0205③A：28，青灰色石料。刃部残，梯形，弧

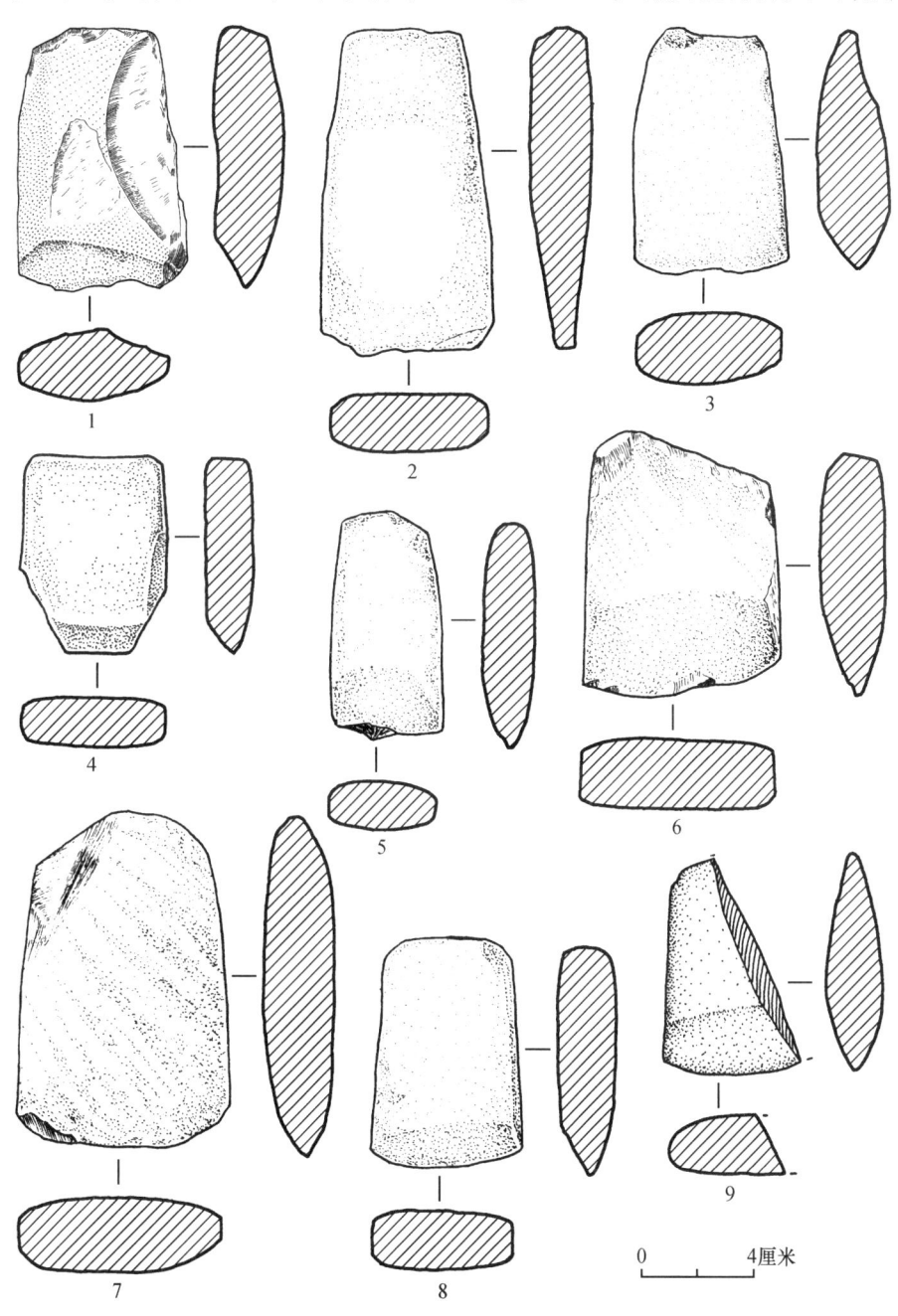

图四六八　第3层出土Aa型石斧

1. T0203③A：4　2. T0204③A：3　3. T0204③A：13　4. T0205③B：3　5. T0204③A：16　6. T0205③A：23　7. T0205③A：28
8. T0205③B：5　9. T0205③B：6

顶，下端双面弧刃。长11.6、宽6.2~7.4、厚2.6厘米（图四六八，7）。标本T0205③B：3，青灰色石料。刃部两角残，梯形，平顶，下端双面直刃。长6.8、宽2.4~5.2、厚0.8厘米（图四六八，4）。标本T0205③B：5，青灰色石料。梯形，平顶，下端双面弧刃。长7.8、宽4.6~5.3、厚1厘米（图四六八，8）。标本T0205③B：6，青灰色石料。一侧残，梯形，弧顶，下端双面弧刃。长7.4、残宽2.2~5、厚2.1厘米（图四六八，9）。标本T0205③B：7，灰褐色石料。平顶，梯形，下端双面弧刃。长7、残宽3.8~4.8、厚1.7厘米（图四六九，7）。标本T0205③B：10，深灰色石料。刃部残，梯形，弧顶，下端双面弧刃。残长8、残宽4.8~5.6、厚1.9厘米（图四六九，2）。标本T0205③B：11，青灰色石料。下端残，梯形，斜顶。残长7、残宽3.8~5、厚3厘米（图四六九，4）。标本T0305③A：3，青灰色石料。平顶，梯形，下端双面弧刃。长6.3、宽3.5~4.4、厚1.4厘米（图四六九，6）。标本T0305③A：8，灰褐色石料。刃部残，梯形，斜顶，下端双面刃。残长9.4、宽5~6.2、厚2厘米（图四六九，8）。标本T0306③B：6，灰褐色石料。刃部一角残，梯形，弧顶，下端双面直刃。长7.8、宽4.2~4.8、厚1.8厘米（图四六九，5）。标本T0306③B：11，深灰色石料。顶部残，梯形，弧顶，下端双面弧刃。长6.9、残宽4.5~5.2、厚2.2厘米（图四六九，3）。标本T0306③C：42，青灰色石料。刃部残，梯形，弧顶，下端双面刃。残长12.5、宽4.5~6.3、厚2.3厘米（图四六九，1）。标本T0306③C：43，青灰色石料。边侧及刃部略残，梯形，平顶，下端双面直刃。残长8、宽4~4.7、厚1.8厘米（图四六九，9）。标本T0306③C：44，青灰色石料。刃部略残，梯形，平顶，下端双面弧刃。长7.4、宽4.7~5.5、厚2厘米（图四七〇，2）。标本T0405③C：1，青灰色石料。顶残，梯形，平顶，下端双面弧刃。长7.1、宽3.5~4.2、厚2.2厘米（图四七〇，9）。标本T0405③C：7，灰白色石料。一侧残，梯形，斜弧顶，下端双面弧刃。长8.2、宽3.3~3.9、厚2.2厘米（图四七〇，8）。标本T0406③B：1，青绿色石料。刃部略残，梯形，平顶，器身一面扁平一面为弧形，下端双面弧刃，一面宽刃，一面窄刃。长9、宽6~6.6、厚2.4厘米（图四七〇，4）。标本T0406③B：2，青灰色石料。上下端残，梯形，形体较大。残长10.6、残宽7.5~8.4、厚3.4厘米（图四七〇，1）。标本T0406③B：5，深灰色石料。梯形，弧顶，下端双面弧刃。长8.3、宽4.8~6、厚2.5厘米（图四七〇，6）。标本T0406③B：6，青灰色石料。一侧残，梯形，顶部微弧，下端双面弧刃。长9、残宽4~4.8、厚2.6厘米（图四七〇，5）。标本T0406③C：2，灰色石料。仅存中部一段，梯形，双面不规整。残长5.2、残宽6.4、厚2.6厘米（图四七〇，3）。标本T0406③C：4，灰色石料。顶部一角残，梯形，弧顶，下端双面弧刃。长9、宽4~5.8、厚2.4厘米（图四七〇，7）。标本T0406③C：6，灰色石料。顶部及刃部一角残，梯形，弧顶，下端双面斜刃。残长7.5、宽3.7~5、厚2厘米（图四七一，3）。标本T0406③C：7，青灰色石料。顶部及下端残，梯形，形体较大。残长12.5、宽9、厚4厘米（图四七一，4）。标本T0501③A：5，青灰色石料。顶部、表面及刃部残，梯形，下端双面刃。残长12.5、宽5.6~6.3、厚3.2厘米（图四七一，1）。标本T0501③A：7，青灰色石料。顶部略残，梯形，顶部略残，弧顶，下端双面斜刃。长9、宽5.5~7、厚2.1厘米（图四七一，2）。标本T0502③A：11，灰色石料。顶部及刃部略残，梯形，下端双面弧刃，一面宽刃，一面窄刃。长8.2、宽5.7~6.8、厚1.9厘米（图四七一，

图四六九　第3层出土Aa型石斧
1. T0306③C：42　2. T0205③B：10　3. T0306③B：11　4. T0205③B：11　5. T0306③B：6　6. T0305③A：3　7. T0205③B：7
8. T0305③A：8　9. T0306③C：43

5）。标本T0502③A：17，深灰色石料。一侧残，梯形，斜顶，下端双面斜弧刃。长8.6、宽3～4.6、厚2厘米（图四七一，6）。标本T0502③A：25，灰色石料。顶部斜直，梯形，下端双面直刃。长6.4、宽3.2～4、厚1.8厘米（图四七一，8）。标本T0502③A：26，青灰色石料。刃部残，梯形，下端双面弧刃。长7.6、宽4.4～5.5、厚1.8厘米（图四七一，7）。

Ab型，6件。标本T0201③A：5，青灰色石料。一面残损较多，梯形，局部打制，平顶，一面扁平，一面不规整弧形，下端单面弧刃。长6.6、宽4～6.8、厚2厘米（图四七二，4）。标本T0305③A：5，青灰色石料。顶部一角残，梯形，弧顶，下端双面弧刃。长9.4、宽

图四七〇　第3层出土Aa型石斧
1. T0406③B：2　2. T0306③C：44　3. T0406③C：2　4. T0406③B：1　5. T0406③B：6　6. T0406③B：5　7. T0406③C：4
8. T0405③C：7　9. T0405③C：1

7.4~8.4、厚2.8厘米（图四七二，6）。标本T0306③C：2，青灰色石料。边侧略残，梯形，平顶，下端双面弧刃。残长8.4、宽6.4~7.6、厚2.2厘米（图四七二，3）。标本T0306③C：20，青灰色石料。边侧及刃部残，梯形，平顶，下端双面斜弧刃，一面宽刃，一面窄刃。残长5.4、宽4.6~5.4、厚1.6厘米（图四七二，1）。标本T0406③C：8，青灰色石料。器表残损较多，梯形，下端双面弧刃，一面宽刃，一面窄刃。残长6.8、宽6.7、厚1.6厘米（图四七二，5）。标本T0406③C：10，浅灰色石料。顶部残，梯形，弧顶，下端双面弧刃。长8、宽6.4~7.3、厚2厘米（图四七二，2）。

C型　12件。标本T0204③A：14，青灰色石料。仅存下端，双面弧刃。残长4.1、宽6.5厘米（图四七二，7）。标本T0205③A：2，深灰色石料。顶部残，形体较小，下端双面直刃，

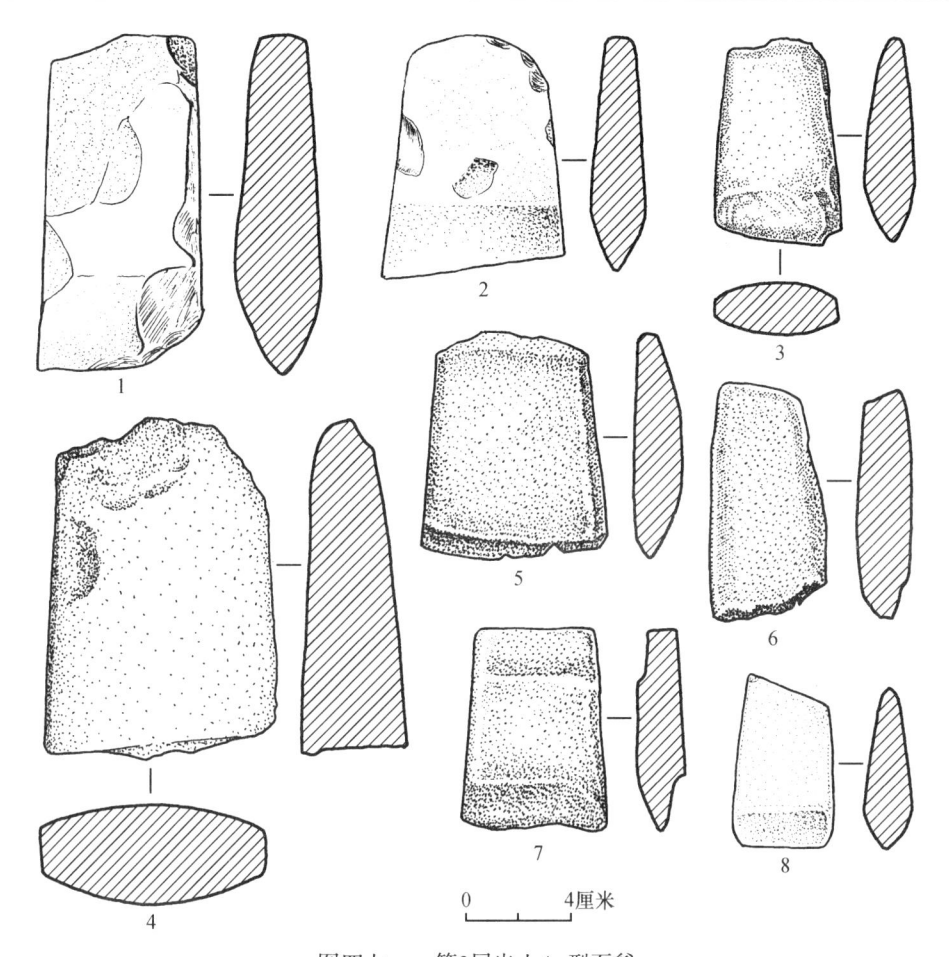

图四七一　第3层出土Aa型石斧
1. T0501③A：5　2. T0501③A：7　3. T0406③C：6　4. T0406③C：7　5. T0502③A：11　6. T0502③A：17　7. T0502③A：26
8. T0502③A：25

一面宽刃，一面窄刃。残长4.5、宽3、厚0.9厘米（图四七三，7）。标本T0205③B：2，青灰色石料。刃部残，长方形，平顶，下端双面直刃，一面宽刃，一面窄刃。长7.4、宽6.2、厚2.1厘米（图四七三，9）。标本T0305③A：7，白色石料。顶部残，形体较小，下端双面弧刃，一面宽刃，一面窄刃。残长4.2、宽3.9、厚1.3厘米（图四七三，8）。标本T0305③B：2，青灰色石料。仅存下端，双面弧刃。残长4.5、宽6、厚2.8厘米（图四七三，11）。标本T0306③C：6，青灰色石料。刃部残，长方形，斜顶，下端双面弧刃。残长10.5、宽6.8、厚3.1厘米（图四七三，1）。标本T0306③C：25，青灰色石料。上端残，长方形，下端双面弧刃。残长8.8、宽6.3、厚3厘米（图四七三，3）。标本T0306③C：33，灰色石料。顶部一角残，长方形，平顶，下端双面弧刃。长8.7、宽4.1、厚2.05厘米（图四七三，6）。标本T0306③C：34，浅灰色石料。边侧及刃部残，长方形，弧顶，下端双面直刃。长7.8、宽5.2、厚2.2厘米（图四七三，10）。标本T0306③C：39，灰白色石料。刃部残，长方形，弧顶，下端双面斜刃。长7.2、宽6.4、厚1.8厘米（图四七三，5）。标本T0406③B：3，灰褐色石料。顶部及刃部残。圆角长方形，弧顶，下端双面弧刃。残长9.2、宽5.4、厚3.5厘米（图四七三，

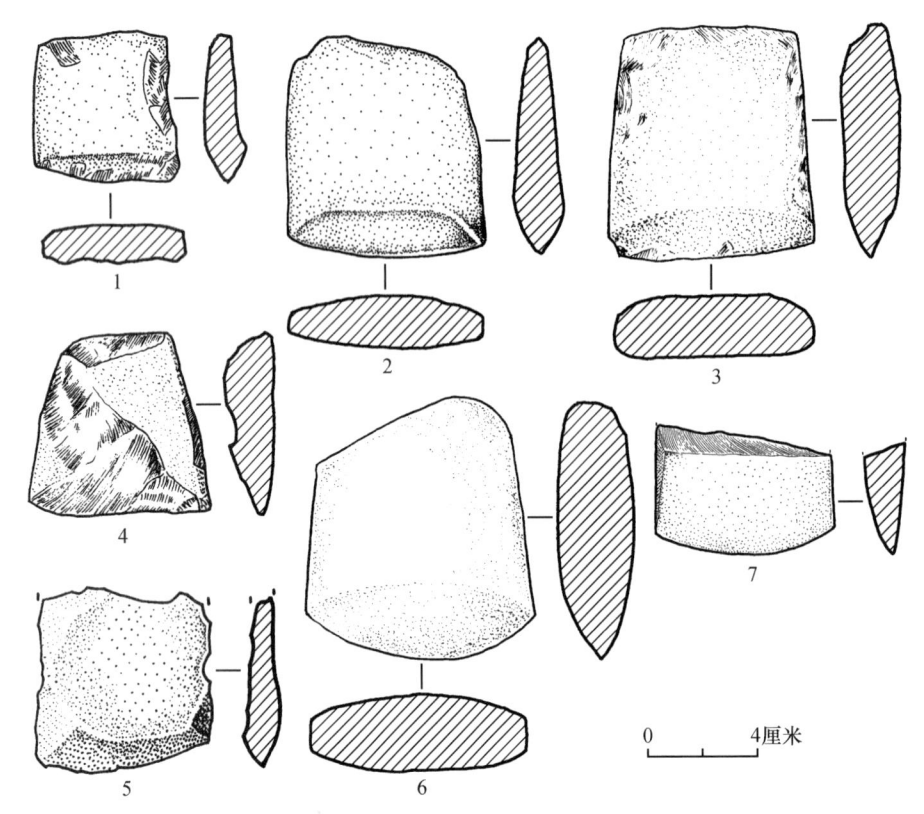

图四七二　第3层出土石斧
1~6. Ab型（1. T0306③C∶20、2. T0406③C∶10、3. T0306③C∶2、4. T0201③A∶5、5. T0406③C∶8、6. T0305③A∶5）
7. C型（T0204③A∶14）

2）。标本T0406③C∶1，青灰色石料。一侧残，长方形，下端双面弧刃。长6.7、宽3.1、厚1.6厘米（图四七三，4）。

D型　2件。标本T0205③A∶12，青灰色石料。亚腰形，斜顶，下端双面弧刃。长8.5、宽6.1、厚3.15厘米（图四七四，1）。标本T0305③A∶2，浅灰色石料。边侧残，亚腰形，平顶，下端单面弧刃。残长9.7、宽5.1、厚1.1厘米（图四七四，2）。

形制不明　3件。标本T0203③A∶1，青灰色石料。仅存下端一角，双面直刃，一面宽刃，一面窄刃。残长5.3、残宽2.2、厚1.5厘米（图四七四，3）。标本T0205③A∶1，青灰色石料。仅存刃部一角，器身残损，双面弧刃。残长5.4、残宽4.8、厚1.8厘米（图四七四，4）。标本T0205③A∶3，青灰色石料。仅存一侧，弧顶，下端双面弧刃。残长8.2、残宽3.3、厚2.6厘米（图四七四，5）。

锛　43件。

A型　16件。

Aa型，8件。标本T0306③A∶2，青灰色石料。边侧及刃部一角残，平顶，下端单面刃。长5.8、宽3.1、厚0.8厘米（图四七五，3）。标本T0306③A∶5，灰白色石料。边侧及刃部残，长梯形，下端单面刃。残长6.8、宽3.4~3.7、厚1.2厘米（图四七五，4）。标本T0306③B∶15，浅灰色石料。边侧残，长梯形，平顶，下端双面直刃，一面宽刃，一面窄

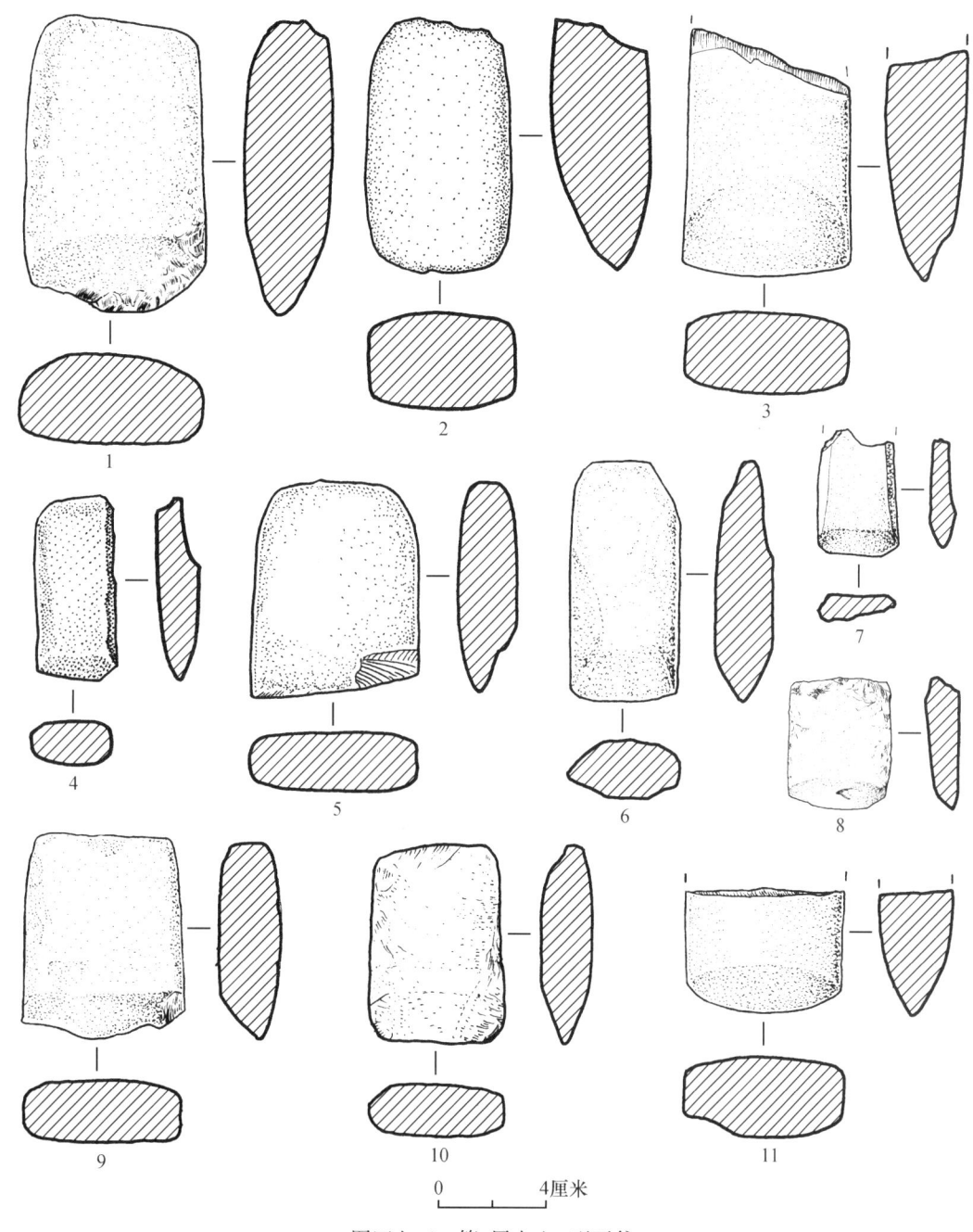

图四七三　第3层出土C型石斧

1. T0306③C：6　2. T0406③B：3　3. T0306③C：25　4. T0406③C：1　5. T0306③C：39　6. T0306③C：33　7. T0205③A：2
8. T0305③A：7　9. T0205③B：2　10. T0306③C：34　11. T0305③B：2

刃。长7.3、宽3~5、厚1.9厘米（图四七五，2）。标本T0307③B：1，青灰色石料。顶部及刃部残，长梯形，下端双面直刃，一面宽刃，一面窄刃。长8.5、宽2.4~3.1、厚1.8厘米（图四七五，5）。标本T0307③B：2，青灰色石料。顶部、边侧及刃部残，长梯形，下端双面直刃，一面宽刃，一面窄刃。长9.8、宽2.9~5.4、厚1.7厘米（图四七五，1）。标本T0405③B：1，灰色石料。边侧及刃部残，长梯形，弧斜顶，下端双面直刃，一面宽刃，一面窄刃。长5.6、宽2.4~3.2、厚0.7厘米（图四七六，1）。标本T0406③B：4，深灰色石

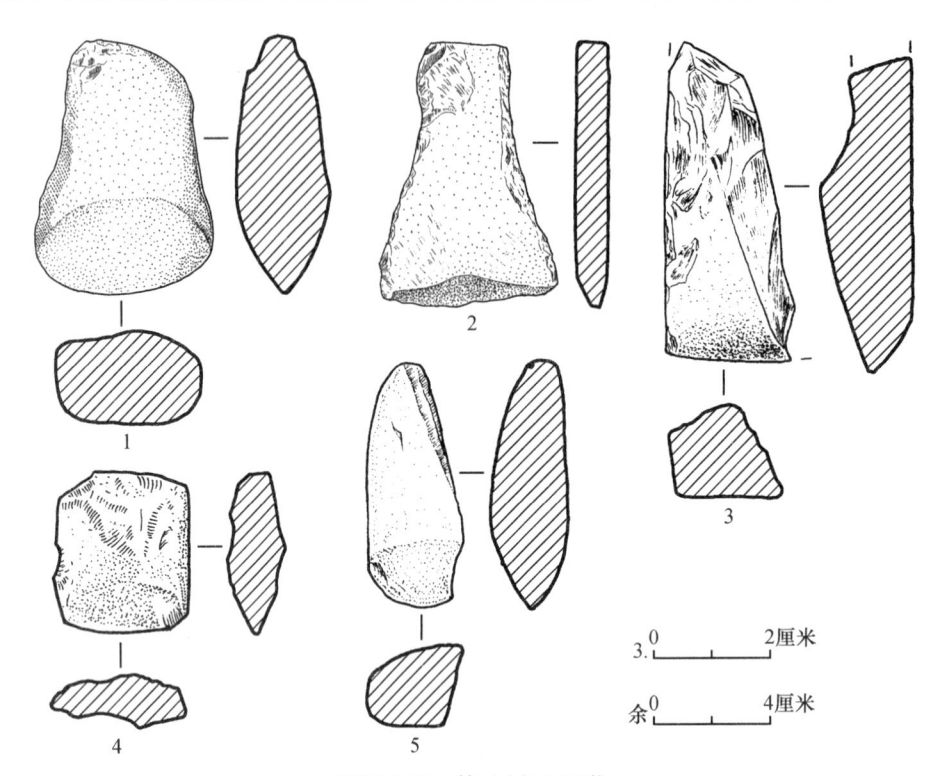

图四七四 第3层出土石斧
1、2. D型（1. T0205③A：12、2. T0305③A：2） 3~5. 形制不明（3. T0203③A：1、4. T0205③A：1、5. T0205③A：3）

料。长梯形，平顶，下端双面直刃，一面宽刃，一面窄刃。长6、宽2.4~3.5、厚0.9厘米（图四七六，2；图版一二九，6）。标本T0406③C：15，青灰色石料。长梯形，顶部残，下端单面弧刃。残长7.2、宽3.4~4.5、厚1.4厘米（图四七六，3）。

Ab型，5件。标本T0202③A：1，黄灰色石料。边侧残，宽扁梯形，下端双面弧刃，一面宽刃，一面窄刃。长4.5、宽3~3.5、厚1.1厘米（图四七六，5）。标本T0205③A：24，青灰色石料。上端及侧面略残，背部微弧，下端双面弧刃。长3.8、宽3.5~3.7、厚0.75厘米（图四七六，4）。标本T0306③B：14，浅灰色石料。刃部略残，宽扁梯形，下端双面弧刃，一面宽刃，一面窄刃。长4.5、宽3.3~4.1、厚1.1厘米（图四七六，6；图版一三〇，1）。标本T0502③A：23，青灰色石料。边侧及刃部略残，宽扁梯形，平顶，下端双面弧刃，一面宽刃，一面窄刃。长5.2、宽3.5~4.7、厚1.4厘米（图四七六，11）。标本T0502③A：29，灰色石料。刃部略残，宽扁梯形，平顶，下端双面弧刃，一面宽刃，一面窄刃。长6.4、宽4.8~5.8、厚1.1厘米（图四七六，9）。

Ac型，3件。标本T0306③C：19，青灰色石料。上端残，细长梯形，下端双面直刃。长3.6、宽0.5~0.9、厚0.2厘米（图四七六，8）。标本T0405③C：15，青灰色石料。顶部残，梯形，斜顶，下端双面弧刃。长4.2、宽1.7~2.2、厚0.4厘米（图四七六，10）。标本T0503③A：8，青绿色石料。上端残，梯形，下端双面斜刃。残长3.85、宽1.5~1.9、厚0.25厘米（图四七六，7）。

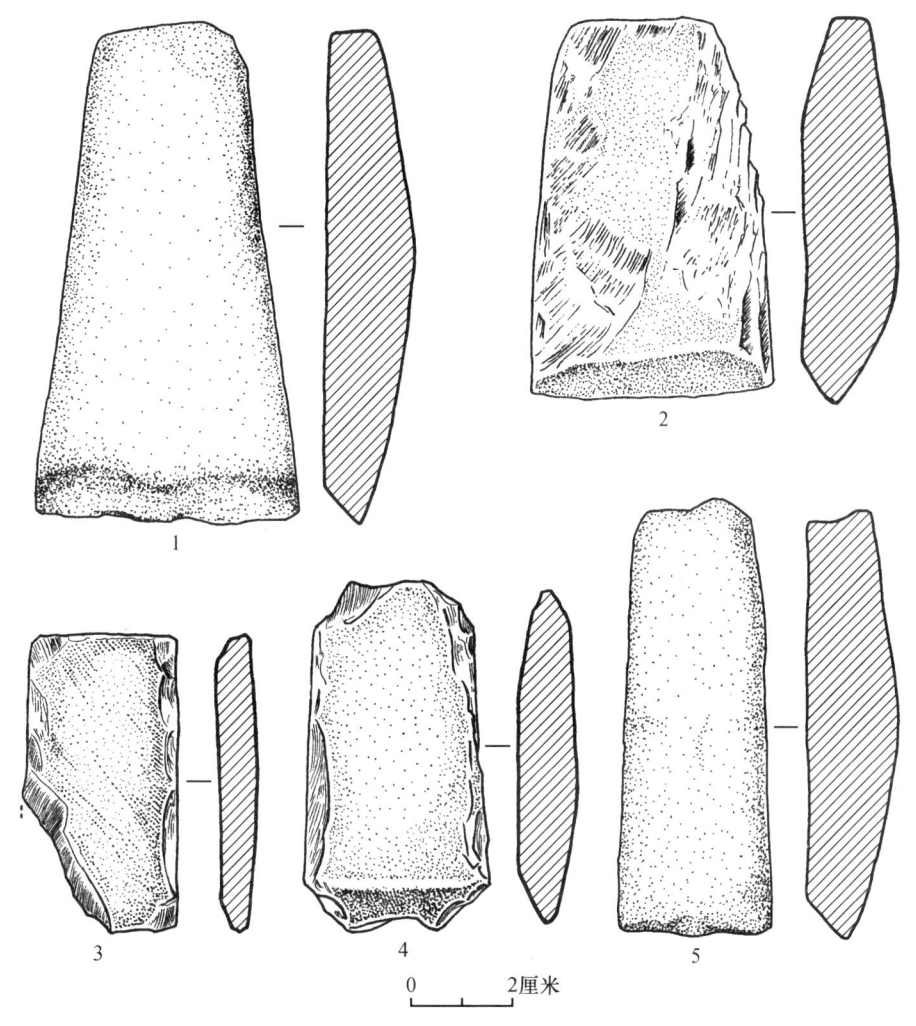

图四七五　第3层出土Aa型石锛
1. T0307③B：2　2. T0306③B：15　3. T0306③A：2　4. T0306③A：5　5. T0307③B：1

C型　20件。

Ca型，8件。标本T0204③A：1，青灰色石料。边侧残，长方形，平顶，下端双面弧刃，一面宽刃，一面窄刃。长6.1、宽3.5、厚1.4厘米（图四七七，2）。标本T0306③A：4，灰褐色石料。边侧略残，长方形，下端单面直刃。长5.9、宽2.9、厚1厘米（图四七七，8）。标本T0306③B：12，青灰色石料。边侧略残，长方形，平顶，下端双面直刃，一面宽刃，一面窄刃。长7、宽4.2、厚2.1厘米（图四七七，1；图版一三〇，2）。标本T0306③C：17，青灰色石料。边侧残，长方形，下端双面直刃，一面宽刃，一面窄刃。长7、宽2.8、厚2厘米（图四七七，7；图版一三〇，3）。标本T0306③C：23，青灰色石料。边侧略残，长方形，下端双面直刃，一面宽刃，一面窄刃。长6.4、宽4.4、厚1.8厘米（图四七七，4）。标本T0501③A：10，青灰色石料。上端及刃部残，近似长方形，上厚下薄，下端双面弧刃。残长4.8、宽1.85、厚0.5厘米（图四七七，3）。标本T0502③A：15，青灰色石料。上端一面略残，长方形，平顶，下端单面向内磨制，但未开刃。长7.6、宽2.8、厚1.2厘米（图四七七，6）。

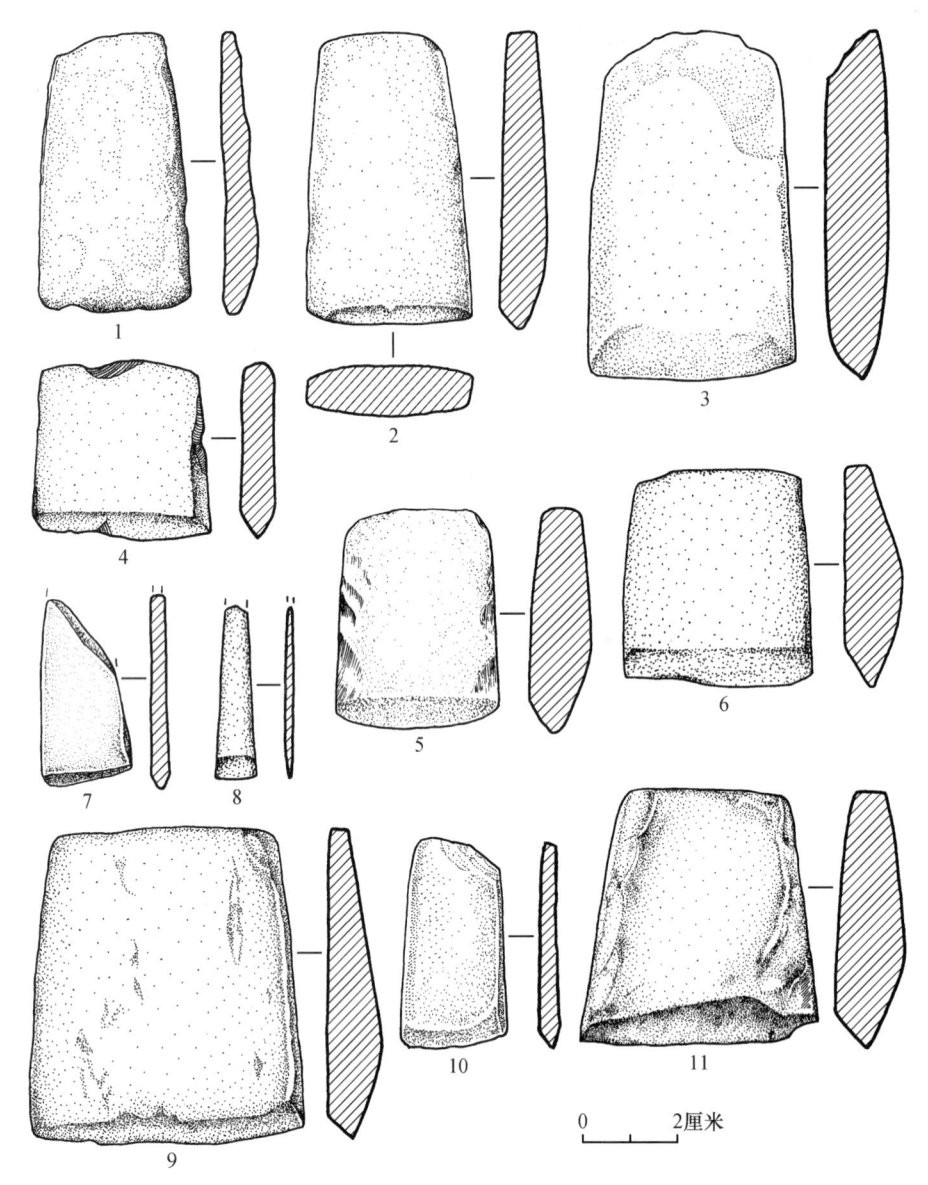

图四七六 第3层出土石锛

1~3. Aa型（1. T0405③B：1、2. T0406③B：4、3. T0406③C：15）　4~6、9、11. Ab型（4. T0205③A：24、5. T0202③A：1、6. T0306③B：14、9. T0502③A：29、11. T0502③A：23）　7、8、10. Ac型（7. T0503③A：8、8. T0306③C：19、10. T0405③C：15）

标本T0502③A：19，灰褐色石料。顶部及刃部残，长方形，弧顶，下端双面直刃，一面宽刃，一面窄刃。长7.8、宽5、厚1.35厘米（图四七七，5）。

Cb型，12件。标本T0204③A：6，浅灰色石料。上端残，长方形，边侧打制，下端双面弧刃。残长4.4、宽2.6、厚0.65厘米（图四七八，5）。标本T0205③A：4，浅灰色石料。顶部及一侧残，弧背，下端单面弧刃。长4.6、宽3.25、厚0.3厘米（图四七八，11）。标本T0205③A：10，青灰色石料。长方形，斜顶，下端单面直刃。长3.25、宽1.4、厚0.3厘米（图四七八，2）。标本T0305③A：1，青灰色石料。上端残，长方形，下端双面弧刃，一面宽刃，一面窄刃。残长2.6、宽1.5、厚0.5厘米（图四七八，10）。标本T0305③B：1，浅

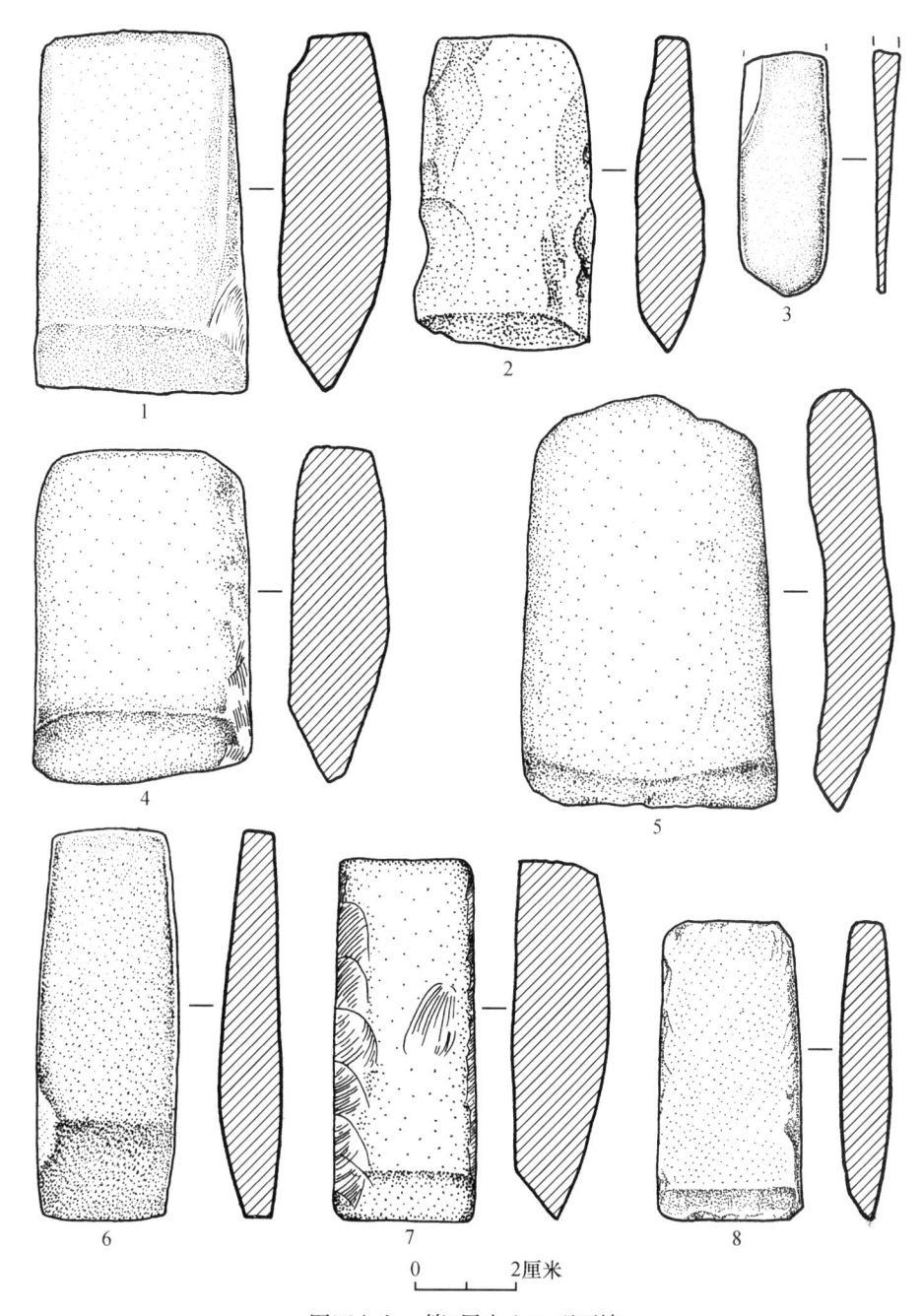

图四七七 第3层出土Ca型石锛
1. T0306③B∶12 2. T0204③A∶1 3. T0501③A∶10 4. T0306③C∶23 5. T0502③A∶19 6. T0502③A∶15
7. T0306③C∶17 8. T0306③A∶4

灰色石料。长方形，平顶，下端单面斜刃。长3、宽2、厚0.45厘米（图四七八，3）。标本T0306③B∶4，浅灰色石料。顶部残，长方形，下端单面直刃。长3.7、宽4、厚0.75厘米（图四七八，4）。标本T0306③B∶5，深灰色石料。平顶，长方形，下端单面直刃。长3.6、宽2.2、厚0.65厘米（图四七八，12）。标本T0306③C∶9，青灰色石料。长方形，弧顶，下端单面直刃。长2.6、宽1.9、厚0.2厘米（图四七八，7）。标本T0306③C∶28，青灰色石料。上端残，下端单面直刃。残长2.5、宽3.2、厚0.6厘米（图四七八，13）。标本T0306③C：29，青灰色石料。顶部残，长方形，下端单面弧刃。残长4.3、宽2.6、厚0.5厘米（图四七八，8）。标本T0407③A：1，青灰色石料。长方形，斜顶，下端双面弧刃，顶部一角有一个对穿孔，应是从穿孔石刀改制而成。长3.9、宽2.8、厚0.6厘米（图四七八，1；图版一三〇，4）。标本T0502③A：16，青灰色石料。边侧残，长方形，平顶，下端双面弧刃。长4.7、宽2.3、厚0.3厘

图四七八　第3层出土石锛

1~8、10~13. Cb型（1. T0407③A：1、2. T0205③A：10、3. T0305③B：1、4. T0306③B：4、5. T0204③A：6、6. T0502③A：16、7. T0306③C：9、8. T0306③C：29、10. T0305③A：1、11. T0205③A：4、12. T0306③B：5、13. T0306③C：28）　9、14、15. 形制不明（9. T0307③B：9、14. T0306③C：15、15. T0406③C：16）

米（图四七八，6）。

形制不明　7件。标本T0306③C：15，浅灰色石料。仅存下端，单面斜刃。残长4.6、宽4.2、厚1.75厘米（图四七八，14）。标本T0307③B：9，青灰色石料。上端残，一面平，一面拱起并打制，下端单面直刃。残长4.8、宽2.6、厚1厘米（图四七八，9）。标本T0406③C：16，青灰色石料。仅存刃部一角，双面弧刃，一面宽刃，一面窄刃。残长3.4、残宽3.7、厚1厘米（图四七八，15）。标本T0501东扩方③A：1，青灰色石料。仅存下端，单面斜刃。残长4.2、宽3.6、厚1.4厘米（图四七九，11）。标本T0502③A：21，灰色石料。仅存一侧，平顶，下端双面直刃，一面宽刃，一面窄刃。长5.3、宽1.9、厚0.9厘米（图四七九，4）。标本T0502③A：24，灰褐色石料。仅存刃部一角，下端双面弧刃。残长4.3、残宽2厘米（图四七九，7）。标本T0503③A：7，青灰色石料。仅存刃部一角，下端双面弧刃。残长6.2、残宽1.8、厚1.2厘米（图四七九，3）。

穿孔刀　8件。

B型　5件。标本T0202③A：2，青灰色石料。仅存中部一段，长方形，近背处有一个对穿孔，单面直刃。残长4.6、宽2.8、厚0.3厘米（图四七九，5）。标本T0205③A：5，浅灰色石料。边侧及刃部略残，近长方形，近背中部有两个对穿孔，双面直刃。残长8.5、宽3、厚0.4厘米（图四七九，1）。标本T0205③A：6，浅灰色石料。仅存一端，长方形，残存一个对穿孔，单面直刃。残长5.1、宽3.5、厚0.3厘米（图四七九，8）。标本T0205③A：26，浅灰色石料。仅存一端，长方形，平背，近背处残存一个对穿孔，单面弧刃，端侧及下端单面直刃。残长3.9、宽3、厚0.3厘米（图四七九，12）。标本T0502③A：27，青灰色石料。边侧略残，近长方形，近背中部有两大两小共四个对穿孔，单面弧刃。长7.7、宽2.8、厚0.3厘米（图四七九，2；图版一三〇，5）。

形制不明　3件。标本T0204③A：8，浅灰色石料。仅存刃部一角，残存一个对穿孔，双面弧刃。残长3、残宽3、厚0.35厘米（图四七九，6）。标本T0204③A：12，浅灰色石料。仅存刃部一角，残存一个对穿孔，双面弧刃。残长2.9、残宽2.7、厚0.3厘米（图四七九，10）。标本T0204③A：10，浅灰色石料。仅存背部一角，平背，近背处残存一个对穿孔。残长3.7、残宽2.7、厚0.4厘米（图四七九，9）。

刀　6件。

A型　2件。标本T0202③A：3，青灰色石料。仅存中部一段，弓背形，下端双面直刃。残长3.5、宽3.6、厚0.9厘米（图四八〇，1）。标本T0306③C：38，灰褐色石料。下端一角残，半月弓背形，下端双面直刃。长9.4、宽3.2、厚1.6厘米（图四八〇，2）。

B型　4件。标本T0205③A：18，青灰色石料。仅存一端，长方形，平背，两面直刃。残长4.4、宽3.4、厚0.2厘米（图四八〇，3）。标本T0205③B：12，青灰色石料。仅存中部一段，长方形，下端单面直刃。残长2.2、宽2.7、厚0.7厘米（图四八〇，4）。标本T0502③A：8，浅灰色石料。刃部一角残，不规则长方形，下端双面弧刃。长3.9、宽2.6、厚0.3厘米（图四八〇，8）。标本T0503③A：10，青绿色石料。顶部一角残，长方形，平背，单面弧刃。长6.4、宽3、厚0.3厘米（图四八〇，5）。

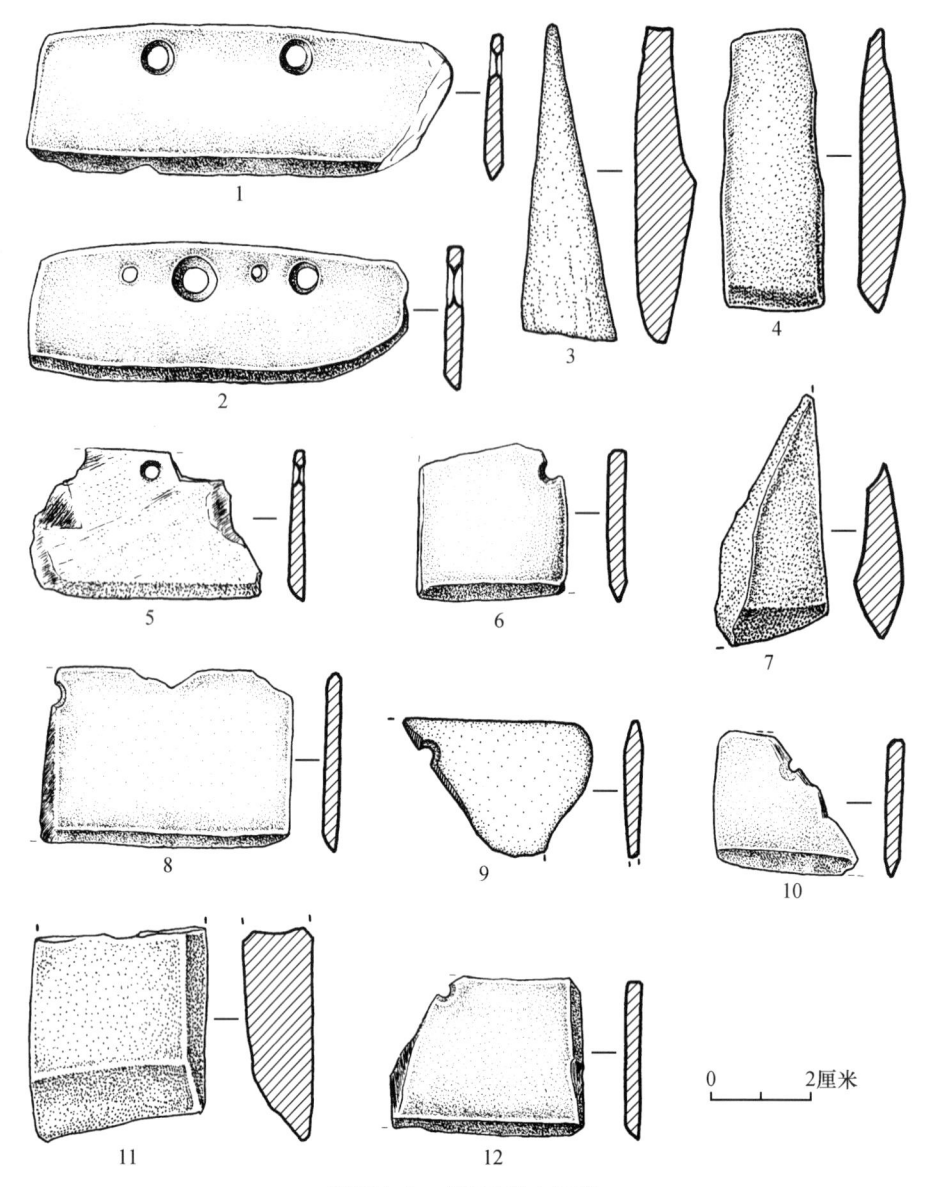

图四七九　第3层出土石器

1、2、5、8、12. B型穿孔刀（1. T0205③A：5、2. T0502③A：27、5. T0202③A：2、8. T0205③A：6、12. T0205③A：26）

3、4、7、11. 形制不明锛（3. T0503③A：7、4. T0502③A：21、7. T0502③A：24、11. T0501东扩方③A：1）

6、9、10. 形制不明刀（6. T0204③A：8、9. T0204③A：10、10. T0204③A：12）

钺　1件。标本T0305③B：3，青灰色石料。仅存上端一角，梯形，平顶，中部残存一个对穿孔。残长5.6、残宽4.8、厚0.8厘米（图四八〇，6）。

铲　1件。标本T0202③A：4，青灰色石料。仅存上端，梯形，平顶。残长3.2、残宽4、厚0.8厘米（图四八〇，7）。

凿　7件。

A型　5件。标本T0405③C：5，红褐色石料。长条形，平顶，下端两侧交叉刃。长6.4、宽1.4、厚1.7厘米（图四八一，1）。标本T0405③C：10，青灰色石料。一面上端边侧及刃部残，下端两侧交叉刃。残长6.5、宽2.2、厚1.6厘米（图四八一，2）。标本T0501③A：13，红

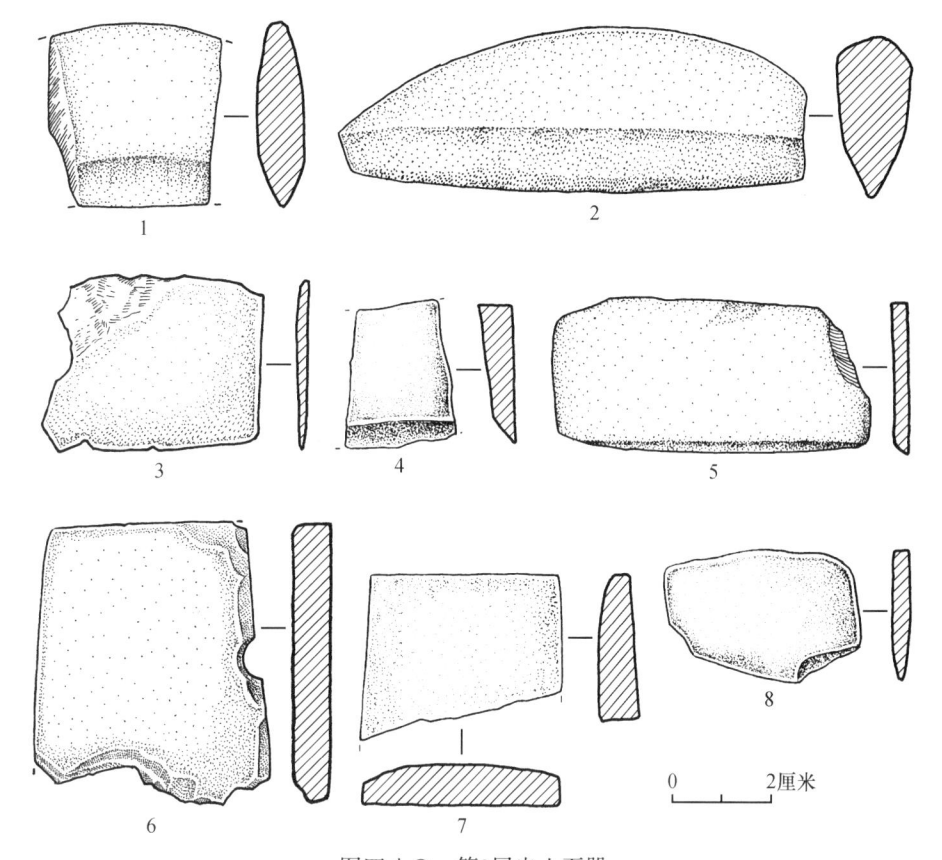

图四八〇 第3层出土石器

1、2.A型刀（1.T0202③A：3、2.T0306③C：38） 3～5、8.B型刀（3.T0205③A：18、4.T0205③B：12、5.T0503③A：10、8.T0502③A：8） 6.钺（T0305③B：3） 7.铲（T0202③A：4）

褐色石料。长条形，弧顶，下端两侧交叉刃。长4.85、宽0.9、厚1.4厘米（图四八一，3）。标本T0205③B：4，灰褐色石料。上端残，长条形，下端两侧交叉刃。残长4.5、宽1.5、厚2厘米（图四八一，4）。标本T0306③C：22，青灰色石料。长条形，下端两侧交叉刃。长5、残宽0.5、厚0.7厘米（图四八一，5）。

B型 2件。标本T0205③A：7，青灰色石料。小长方形，单面直刃，未经打磨。长3、宽1.5、厚1厘米（图四八一，6）。标本T0305③A：6，青灰色石料。长条形，下端双面弧刃，一面宽刃，一面窄刃。长7.7、宽2.3、厚0.8厘米（图四八一，7）。

环 1件。标本T0205③B：15，浅灰色石料。仅存一段。复原直径8.8、内径5.8、厚0.4厘米（图四八一，8）。

砺石 5件。

A型 1件。标本T0501③A：1，浅灰色石料。一端残，近似长方形，上下两面均为磨砺面，磨痕明显。残长6、宽4.5、0.2～2厘米（图四八一，9）。

B型 4件。标本T0307③B：5，灰色石料。仅粗存中部一段，一端厚一端薄，上下两面均为磨砺面，均内凹，磨痕明显。残长12.8、残宽9、厚1～5.5厘米（图四八一，13）。标本T0503③A：6，红褐色石料。仅存一端，不规则形，一面为磨砺面，略内凹。残长15、残宽

11、厚1.6~3厘米（图四八一，10）。标本T0306③C：8，青灰色石料。仅存一端，一端厚一端薄，上下两面均为磨砺面，均内凹，磨痕明显。残长10.2、残宽11.5、厚0.3~7.8厘米（图四八一，11）。标本T0503③A：2，浅灰色石料。正面及侧面均为磨砺面，侧面磨痕明显。残长12.2、宽6.2、厚5.4厘米（图四八一，12）。

残损不明石器、坯料　9件。标本T0203③A：3，青灰色石料。上下端残，不规则梯形，器身扁平，中间有一道凹槽，似为砺石残件。残长7、宽5.6、厚1.4厘米（图四八二，1）。

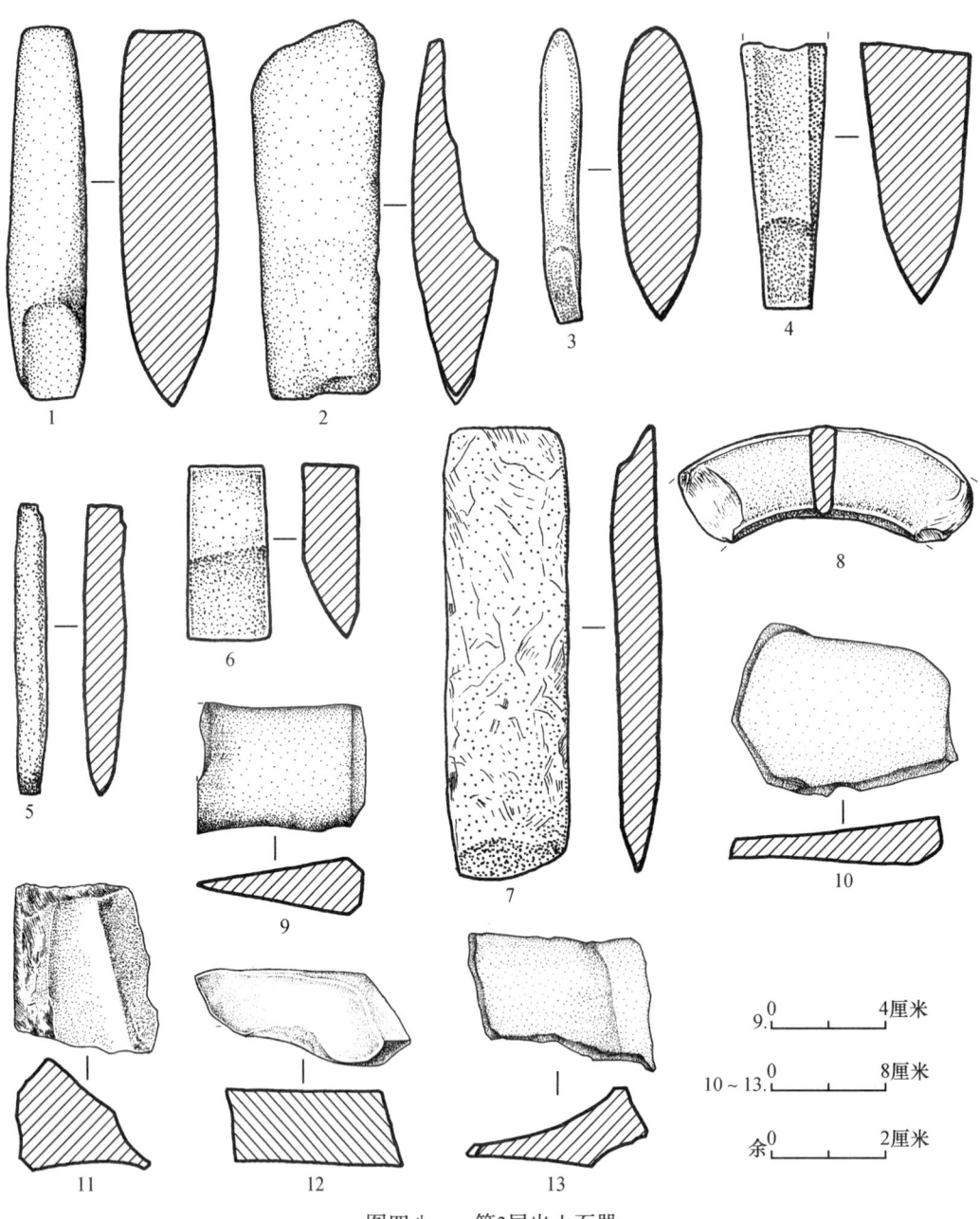

图四八一　第3层出土石器

1~5. A型凿（1. T0405③C：5、2. T0405③C：10、3. T0501③A：13、4. T0205③B：4、5. T0306③C：22）
6、7. B型凿（6. T0205③A：7、7. T0305③A：6）　8. 环（T0205③B：15）　9. A型砺石（T0501③A：1）
10~13. B型砺石（10. T0503③A：6、11. T0306③C：8、12. T0503③A：2、13. T0307③B：5）

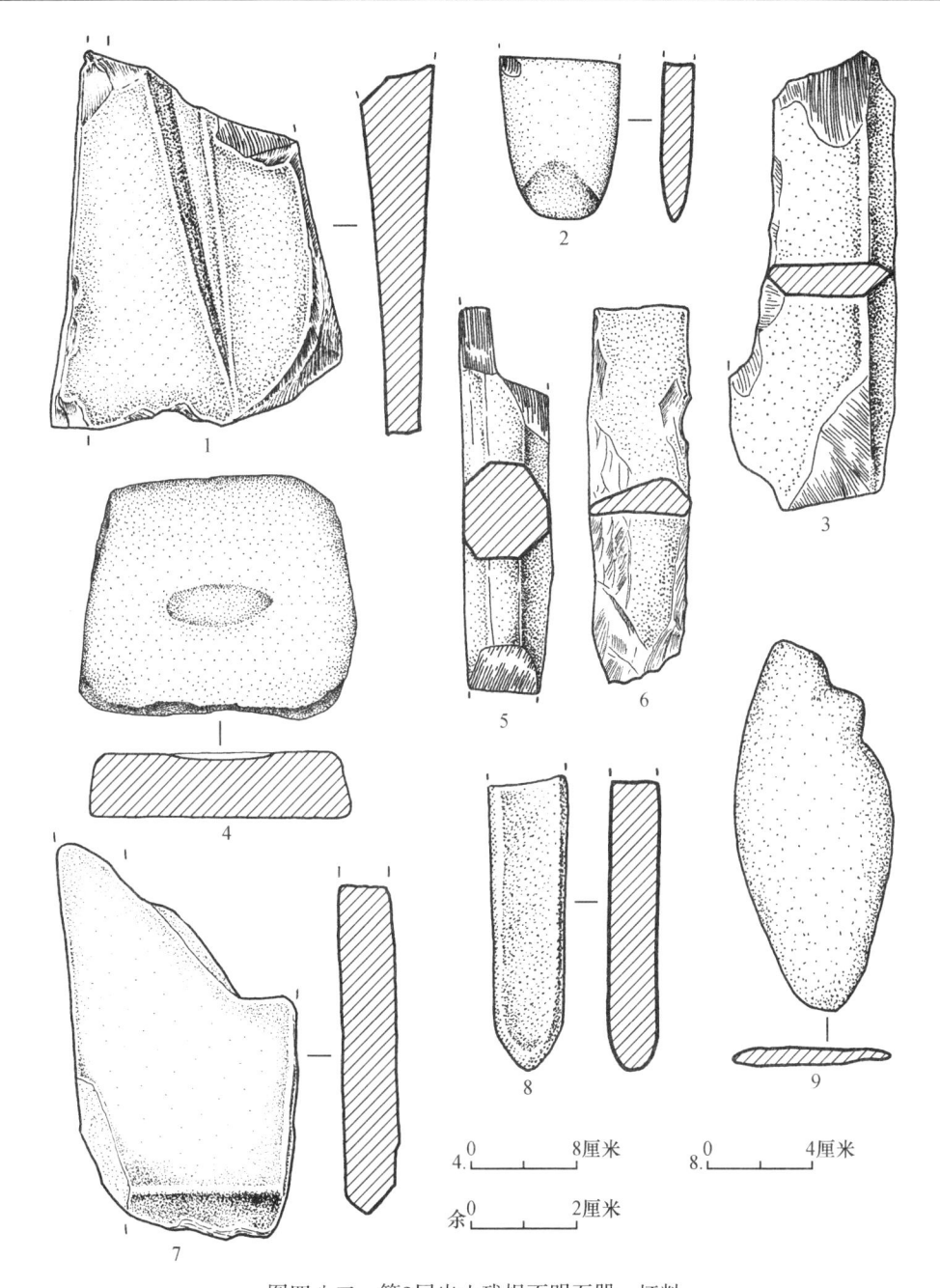

图四八二　第3层出土残损不明石器、坯料
1. T0203③A：3　2. T0205③B：1　3. T0306③A：1　4. T0406③C：3　5. T0306③C：16　6. T0501东扩方③A：2
7. T0502③A：4　8. T0502③A：28　9. T0503③A：13

标本T0205③B：1，青灰色石料。仅残刃部，双面弧刃。残长3、宽2.25、厚0.6厘米（图四八二，2）。标本T0306③A：1，青绿色石料。仅存边侧一段，双面平，似为石铲或石钺残件。残长8.4、残宽3.2、厚0.6厘米（图四八二，3）。标本T0306③C：16，灰褐色石料。上端残，多棱柱状，下端双面直刃，似为石凿坯料。残长7.1、宽1.8厘米（图四八二，5）。标本T0406③C：3，青灰色石料。梯形，一面中部内凹。长21、宽18、厚4.9厘米（图四八二，4）。标本T0501东扩方③A：2，青灰色石料。下端残，长条形，一面平，一面弧。残长6.8、宽2、厚0.6厘米（图四八二，6）。标本T0502③A：4，浅灰色石料。仅存下端一角，两面刃，似为石铲残件。残长6、残宽4.3、厚1厘米（图四八二，7）。标本T0502③A：28，浅灰色石料。上端残，长条柱状。残长10.4、宽3、厚2厘米（图四八二，8）。标本T0503③A：13，青绿色石料。上端残，梭形，体薄，应为石镞改制而成。长6.8、宽3、厚0.3厘米（图四八二，9）。

2. 陶器

（1）标本

纺轮　9件。

Aa型，6件。标本T0205③A：15，泥质红陶。边侧残，饼形，直边，一面饰一周凹弦纹，中部穿孔。直径3.3、孔径0.4、厚0.6厘米（图四八三，1）。标本T0205③A：27，夹砂灰陶。仅存一半，饼形，略厚，斜边，宽面饰对称内填戳点花瓣纹，中部穿孔。短径3.5、长径3.8、孔径0.4、厚0.9厘米（图四八三，4）。标本T0205③B：8，夹砂黑陶。饼形，略厚，弧边，一面边缘饰一周凹弦纹，至边缘饰斜线纹，中部穿孔。直径3.7、孔径0.7、厚0.9厘米（图四八三，7）。标本T0306③C：26，泥质灰陶。饼形，直边，一面饰两周凹弦纹，内填斜线纹。直径3.9、孔径0.4、厚0.7厘米（图四八三，3）。标本T0405③C：9，泥质红陶。饼形，斜边，宽面饰四组对称单弧线刻划纹，中部穿孔。短径3.4、长径3.9、孔径0.3、厚0.5厘米（图四八三，5）。标本T0501③A：14，泥质灰陶。饼形，斜边，素面，中部穿孔。短径2.1、长径2.3、孔径0.15、厚0.5厘米（图四八三，9）。

Ab型，3件。标本T0205③A：22，泥质黑陶。边侧残，饼形，斜边，两面中部略凸，宽面边缘饰一道凹弦纹，弦纹至穿孔之间饰戳点纹，中部穿孔。短径3.4、长径3.6、孔径0.4、厚0.7厘米（图四八三，2）。标本T0205③A：25，夹砂黑陶。仅存1/3，饼形，斜边，窄面中部略凸，宽面饰对称双弧线刻划纹，中部穿孔。复原短径3.9、长径4.4、孔径0.4、厚0.9厘米（图四八三，6）。标本T0502③A：5，泥质浅黄陶。边侧残，饼形，斜边，素面。短径2.9、长径3.2、孔径0.2、厚0.4厘米（图四八三，8）。

矮领罐口沿　2件。

A型　1件。标本T0205③A：32，夹砂褐陶。短斜沿，尖圆唇，广肩，肩部饰两道凹弦纹。口径12、残高4厘米（图四八四，8）。

C型　1件。标本T0205③A：31，泥质灰硬陶。短直沿，方唇，广肩，肩部饰网格纹。口径12、残高5厘米（图四八四，5）。

双沿坛口沿　1件。标本T0406③C：21，夹砂黑陶。内沿高敛口，方唇，外沿短敞口，圆唇，溜肩，肩部饰绳纹。复原口径13、残高9厘米（图四八四，3）。

豆柄　3件。

A型　2件。标本T0406③C：20，泥质灰陶。圈足下端残，高粗喇叭状，素面。残高7.2厘米（图四八四，2）。标本T0205③A：33，泥质灰陶。高粗喇叭状，圈足底部边缘饰一道凸棱。素面。残宽8.7、残高8.4厘米（图四八四，4）。

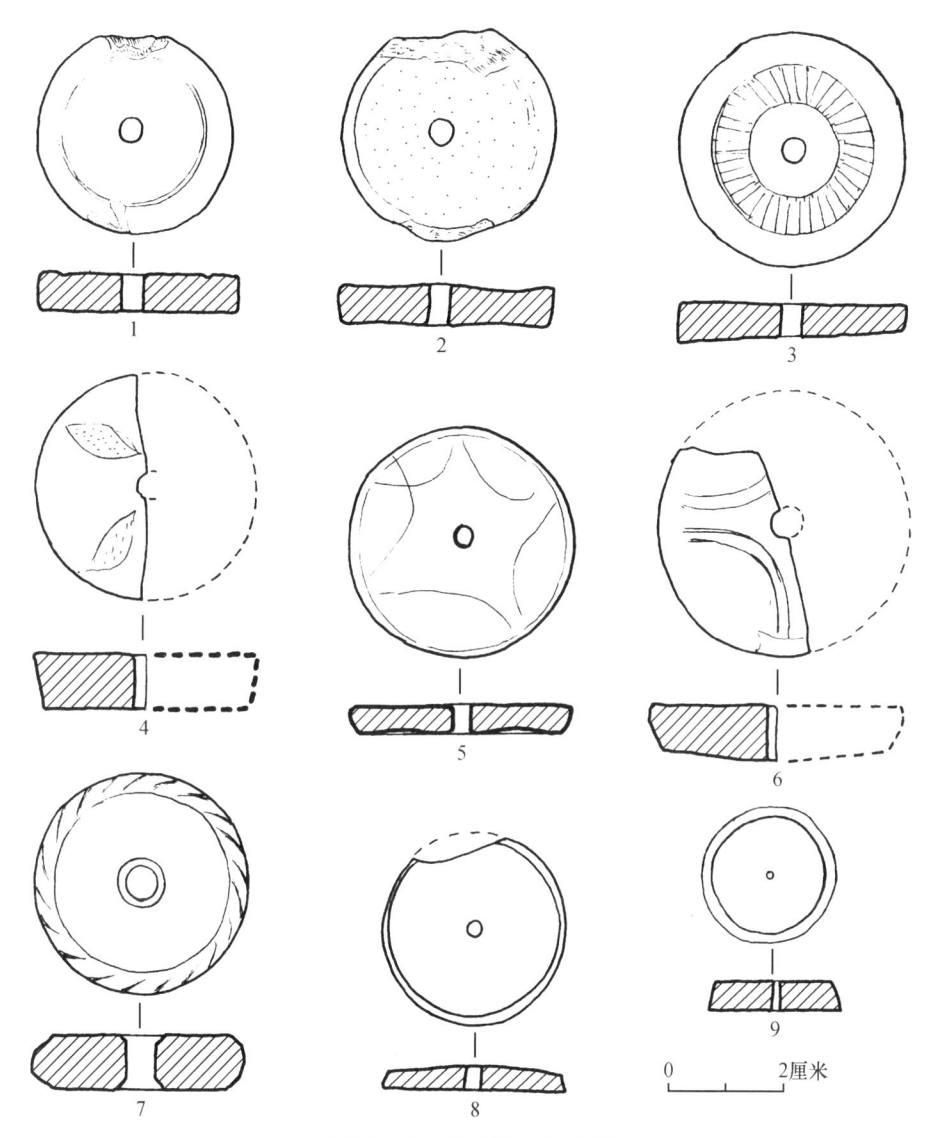

图四八三 第3层出土陶纺轮

1、3~5、7、9. Aa型（1. T0205③A：15、3. T0306③C：26、4. T0205③A：27、5. T0405③C：9、7. T0205③B：8、9. T0501③A：14） 2、6、8. Ab型（2. T0205③A：22、6. T0205③A：25、8. T0502③A：5）

C型　1件。标本T0502③A：14，泥质灰陶。仅存下端，细柱状柄，内空，喇叭状圈足，素面。底径7.6、残高6.7厘米（图四八四，9）。

圈足盘　1件。标本T0305③A：9，泥质黑陶。矮圈足，外撇，底部外侧饰一道凸棱，素面。底径10、残高3厘米（图四八四，7）。

杯　D型　1件。标本T0503③A：9，夹砂红陶。形体较小，敛口，尖唇，弧腹，平底，素面。口径2.5、高2.5~3、底径2.2厘米（图四八四，6；图版一三〇，6）。

盆口沿　A型　1件。标本T0205③A：30，泥质灰硬陶。宽平沿，沿面饰凹弦纹，敛口，方唇，弧腹，腹部饰网格纹及二道凹弦纹。口径26、残高5.4厘米（图四八四，1）。

器座　1件。标本T0305③A：10，夹砂灰陶。下端残，弧腹状沿，敛口，圆唇，直筒状颈，沿下饰一道凸棱，其余部位饰刻划席纹。口径26.4、残高10厘米（图四八四，11；图版

图四八四　第3层出土陶器

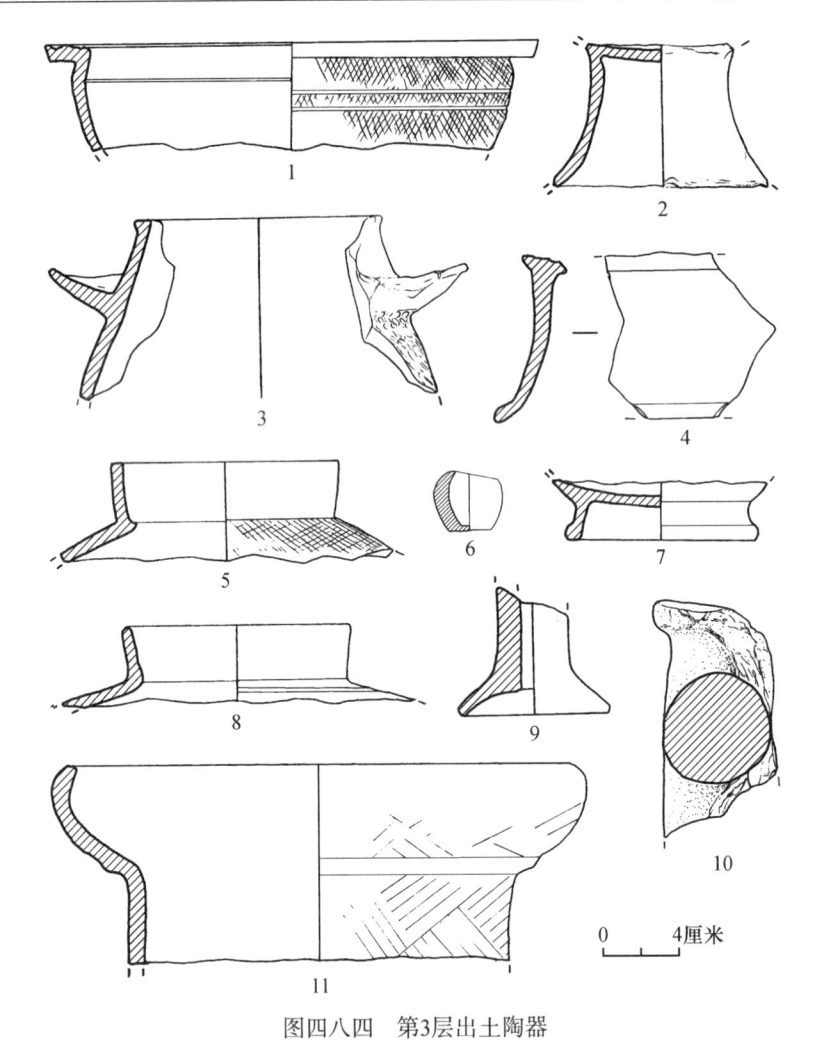

1. A型盆口沿（T0205③A：30）　2、4. A型豆柄（2. T0406③C：20、4. T0205③A：33）　3. 双沿坛口沿（T0406③C：21）
5. C型矮领罐口沿（T0205③A：31）　6. D型杯（T0503③A：9）　7. 圈足盘（T0305③A：9）　8. A型矮领罐口沿
（T0205③A：32）　9. C型豆柄（T0502③A：14）　10. B型支座（T0501③A：15）　11. 器座（T0305③A：10）

一三一，1）。

支座　B型，1件。标本T0501③A：15，夹砂红陶。仅存顶部，实心圆柱状，上端外凸，素面。残高12厘米（图四八四，10）。

（2）陶器纹饰

第3层除上述标本外，该层还出土部分早期陶器残片，器表典型纹饰有中方格纹、大方格纹、绳纹、弦纹+刻划菱形纹及重菱形纹等（图四八五）。

3. 青瓷器

3件。

钵　1件。标本T0401东扩方③A：1，侈口，尖唇，弧腹，平底，内外施青釉，外釉不及底，釉面有冰裂纹，剥落严重。口径12、底径8、高3.5厘米（图四八六，1；图版一三一，2）。

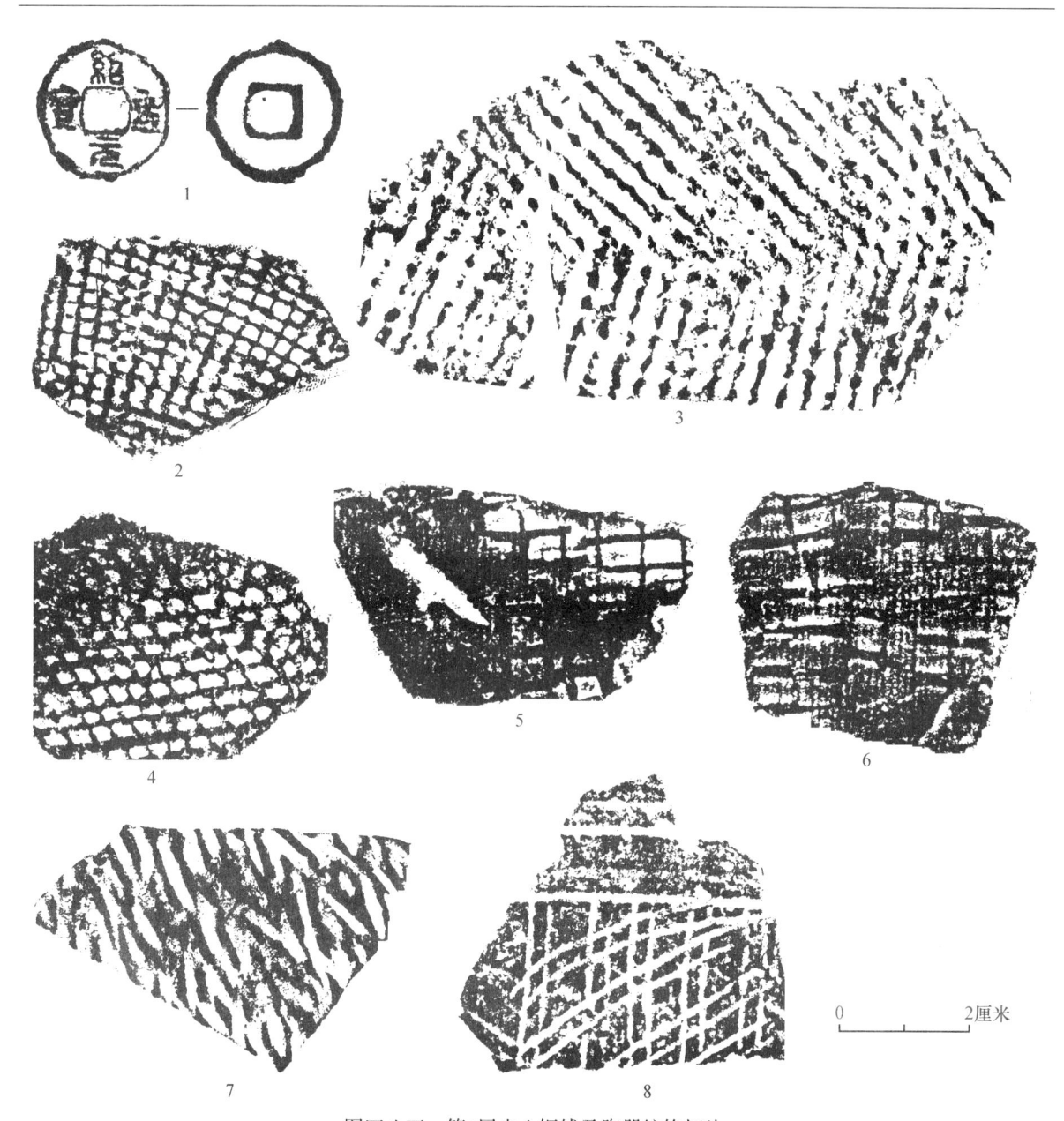

图四八五　第3层出土铜钱及陶器纹饰拓片

1. 绍圣元宝（T0406③A：1）　2、4. 中方格纹（2. T0406③C：23、4. T0406③C：24）　3. 绳纹（T0305③A：11）
5、6. 大方格纹（5. T0406③C：25、6. T0406③C：26）　7. 重菱形纹（T0305③B：7）　8. 弦纹+刻划菱形纹（T0305③B：6）

碗　2件。根据口沿及腹部不同可分二型。

A型　1件。标本T0406③C：5，折直口，尖唇，斜腹，矮圈足，内外施青黄釉，外釉不及底，釉层剥落严重。口径11.6、底径3、高5厘米（图四八六，2；图版一三一，3）。

B型　1件。标本T0406③C：22，外卷沿，敞口，尖圆唇，弧腹，矮圈足，沿下饰一道凹弦纹，内外施青釉，芒口，底部未施釉。口径15.6、底径5、通高4.7厘米（图四八六，3；图版一三一，4）。

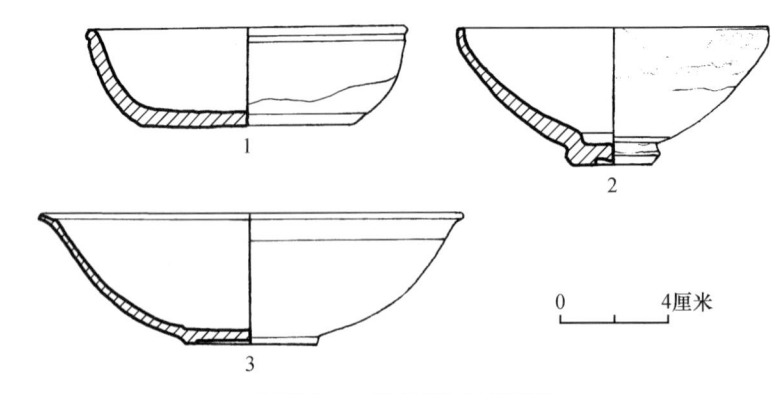

图四八六　第3层出土青瓷器
1. 钵（T0401东扩方③A∶1）　2. A型碗（T0406③C∶5）　3. B型碗（T0406③C∶22）

4. 铜钱

1枚。标本T0406③A∶1，绍圣元宝。钱径2.1、穿径0.6厘米（图四八五，1）。

二、遗　迹

（一）灰坑

该期灰坑2个，编号为2014H8、2014H9，根据平面形状可分为椭圆形及不规则形各1个。

1. 椭圆形（2014H9）

（1）位置及地层关系：位于T0402东北部，延伸至北隔梁。开口于第2层下，打破第3层、第4A层及2014H17。

（2）形制：平面呈椭圆形，口大底小，坑壁斜收，平底。口长1.05、口宽0.56、底长0.92、底宽0.46、深0.6米（图四八七）。填土为灰褐色砂质黏土，结构疏松，含红烧土颗粒、石块等。

（3）出土遗物：仅出土少量陶器残片，可辨器形有鼎足、罐等，均残碎，未挑选标本。

（4）时代：从层位关系分析时代为明清时期。

2. 不规则形（2014H8）

（1）位置及地层关系：位于T0402东北部，延伸至东隔梁内。开口于第2层下，打破第3层。

（2）形制：平面呈不规则形，口大底小，底部一端下凹。口长1.12、口宽1.5、底长1、底宽1.14、深0.32～0.48米（图四八八）。填土为灰褐色砂质黏土，结构疏松。含红烧土颗粒、炭屑、石块等。

图四八七　2014H9平、剖面图

图四八八　2014H8平、剖面图

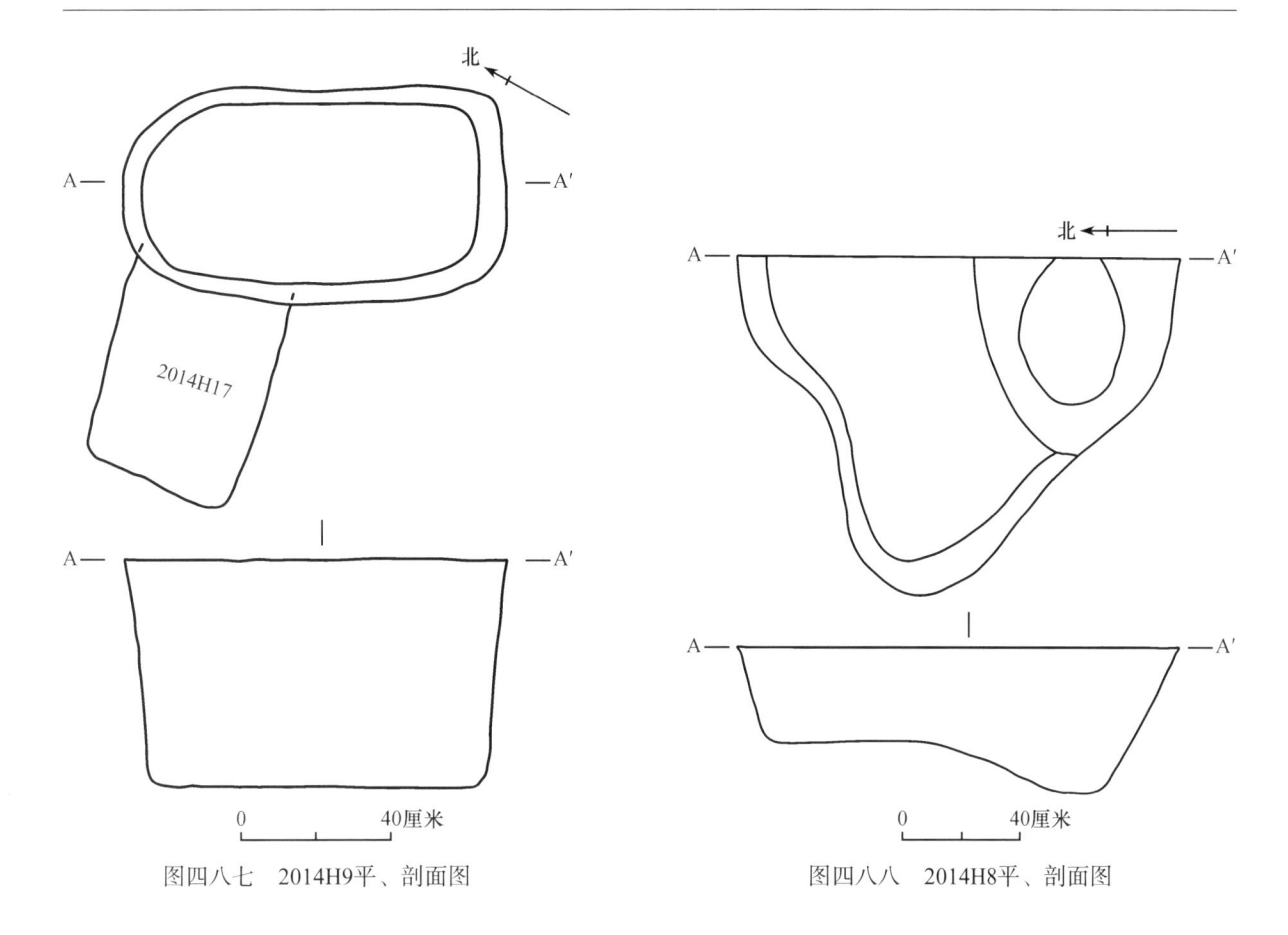

（3）出土遗物：

石镞　A型而亚型不明，1件。标本2014H8：3，青灰色石料。仅存镞身后端边侧一小块，边侧刃。残长3.5、残宽2、厚0.3厘米（图四八九，3）。

石锛　Cb型，1件。标本2014H8：2，青灰色石料。顶端略残，长条形，下端双面刃，一面宽刃，一面窄刃。长4.6、宽2.5、厚0.6厘米（图四八九，2）。

残损不明石器　1件。标本2014H8：1，深青灰色石料。长条形，打制而成。长6.4、宽3.6、厚1.5厘米（图四八九，1）。

陶鼎足　Ca型，1件。标本2014H8：4，夹砂红陶。下端残，圆锥状足，足外饰一道竖向刻槽。残高8、宽7厘米（图四八九，4）。

（4）时代：从层位关系及出土遗物分析，时代为明清时期。

图四八九　2014H8出土遗物

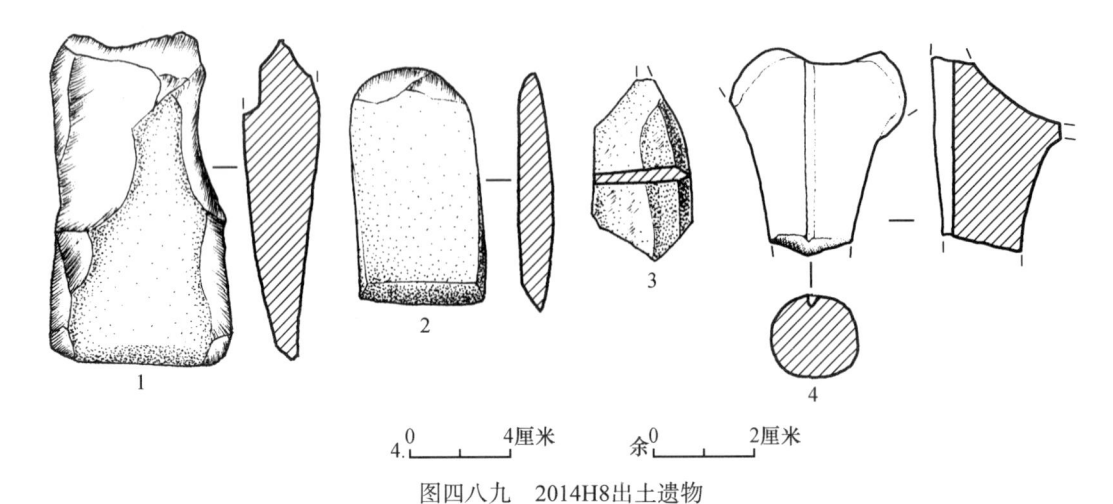

1. 残损不明石器（2014H8：1）　2. Cb型石锛（2014H8：2）　3. A型Ⅲ亚型不明石镞（2014H8：3）
4. Ca型陶鼎足（2014H8：4）

（二）沟

该期沟3条，编号分别为2016G1、2016G2、2016G6。

1. 2016G1

（1）位置及层位关系：位于T0201南部，东西两侧延伸至东壁和发掘区之外。开口于第3层下，打破第4A层。

（2）形制：平面形状呈不规则长条形，直壁，平底，长9.85、宽0.65～1.5、深0.2米（图四九〇）。沟内填土为浅灰色土，夹杂黄色土块，含少量石块。

（3）出土遗物：出土有石器、陶器、酱釉瓷片及青花瓷片等。

石镞　Aa型，2件。标本2016G1：3，青绿色石料。镞身前端残，中部有脊，两侧刃，扁三角形铤。残长4.7、宽1.6、厚0.3厘米（图四九三，1）。标本2016G1：4，深灰色石料。铤后端残，双面有脊，两侧刃。残长4.6、宽1.8、厚0.4厘米（图四九三，2）。

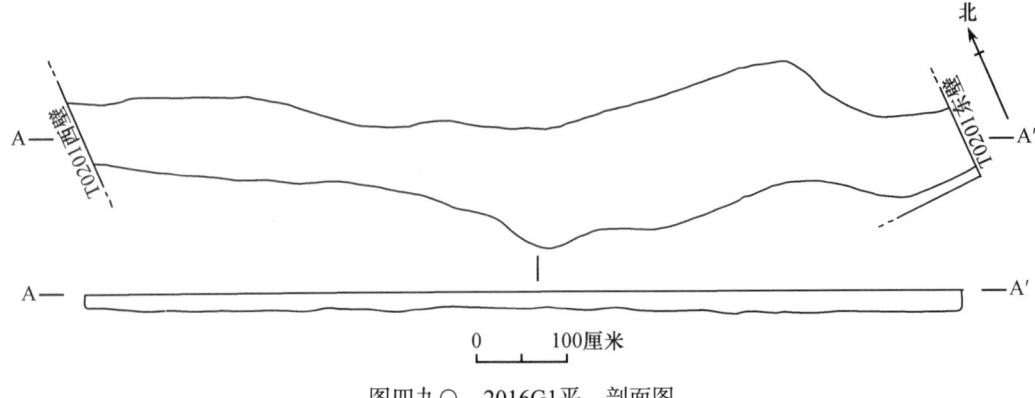

图四九〇　2016G1平、剖面图

石斧　Aa型，1件。标本2016G1：1，青灰色石料。刃部略残，梯形，平顶，下端双面刃。长7.2、宽4、厚2.2厘米（图四九三，3）。

石锛　Cb型，1件。标本2016G1：2，浅灰色石料。上端残，长方形，中部残存一个对穿孔，下端双面刃。残长3、宽1.9、厚0.45厘米（图四九三，4）。

陶矮领罐口沿　D型　1件。标本2016G1：5，泥质灰陶。短平沿，短束颈，素面。残高5.2、残宽6、厚0.4厘米（图四九三，6）。

（4）时代：从层位关系及出土遗物分析，时代为明清时期。

2. 2016G2

（1）位置及层位关系：位于T0405、T0406、T0407内，南部被大园塘破坏，北部延伸至发掘区之外。开口于第2层下，打破第3A层。

（2）形制：平面形状呈东北—西南走向的长方形，残长15、宽5.8、深0.3米，边线规整，直壁，平底（图四九一）。沟内填土为浅灰色黏土。

（3）出土遗物：出土有少量陶瓷片，可辨器形有罐耳、鼎足、豆柄及酱釉、青黄釉、青花、素胎等陶瓷片，均残碎，未挑选标本。

（4）时代：从层位关系及出土遗物分析，时代为明清时期。

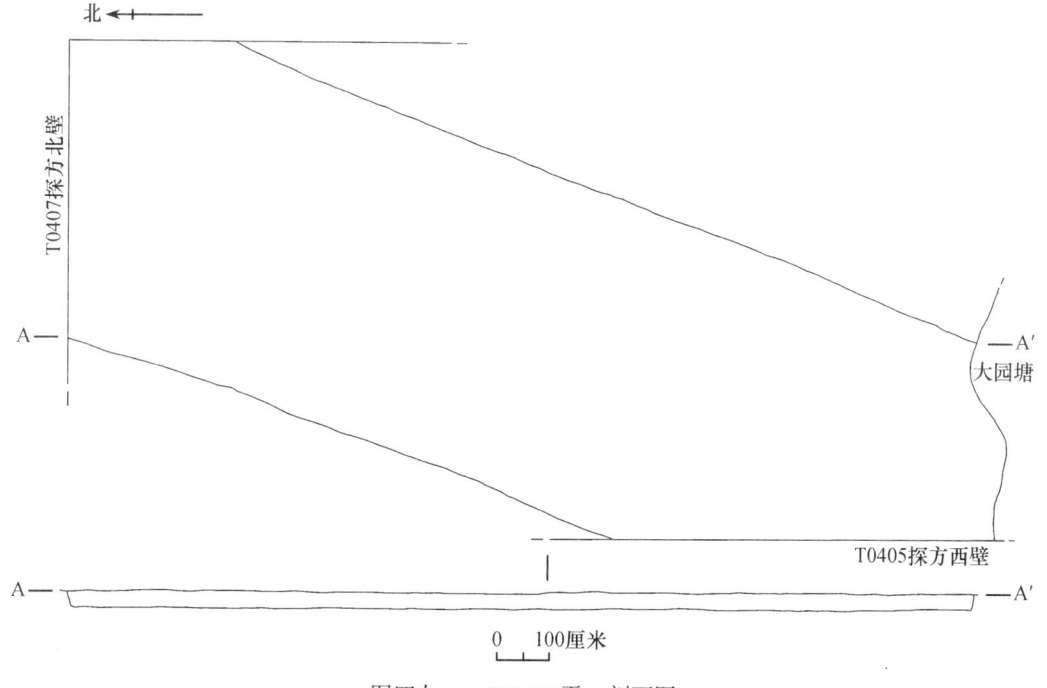

图四九一　2016G2平、剖面图

3. 2016G6

（1）位置及层位关系：位于T0501、T0502东扩方东部，东侧延伸至发掘区之外。开口于第2层下，打破F1东侧基槽。

（2）形制：平面呈不规则形，坑壁陡直，底部平整。长10.8、宽2.42、深0.6~0.8米（图四九二）。沟内填土为灰褐色土。

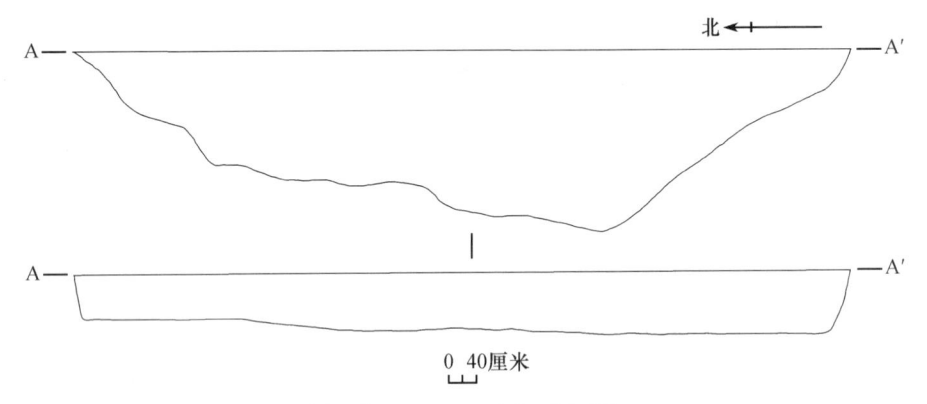

图四九二　2016G6平、剖面图

（3）出土遗物：

石镞　7件。均为A型。

Aa型，5件。标本2016G6：1，青灰色石料。镞身前端及铤后端残，双面扁平，截面呈多棱形，两侧刃，扁三角形铤。残长3.6、宽1.6、厚0.3厘米（图四九三，5）。标本2016G6：2，青灰色石料。前锋及镞身一侧残，双面有脊，两侧刃，三角形铤。残长6、宽1.7、厚0.6厘米（图四九三，9）。标本2016G6：3，红褐色石料。镞身前端及一侧残，镞身一面平一面有脊，扁三角形铤。残长6.5、宽2.2、厚0.45厘米（图四九三，10）。标本2016G6：7，浅灰色石料。仅存镞身后端及铤，双面有脊，两侧刃。残长3.7、宽1.75、厚0.3厘米（图四九三，7）。标本2016G6：10，深灰色石料。仅存镞身后端及铤，双面有脊，两侧刃，扁三角形铤。残长3.9、宽1.75、厚0.4厘米（图四九三，11）。

Af型，1件。标本2016G6：4，深灰色石料。仅存镞身后端，双面有脊，两侧刃，无铤，后端双面刃。残长3.6、宽2.1、厚0.5厘米（图四九三，12）。

A型而亚型不明，1件。标本2016G6：8，灰色石料。仅存镞身前端，双面扁平，截面呈多棱形，两侧刃。残长2.6、宽1.45、厚0.25厘米（图四九三，8）。

石斧　C型　1件。标本2016G6：5，青绿色石料。上端残，长方形，下端双面刃。残长5.1、宽3.9、厚0.8厘米（图四九三，15）。

石锛　Aa型，1件。标本2016G6：6，深灰色石料。梯形，平顶，下端双面刃，一面宽刃，一面窄刃。长5.4、宽1.5~2.4、厚0.8厘米（图四九三，13）。

石凿　B型　1件。标本2016G6：9，深灰色石料。长条形，单面刃。长5.25、宽1.45、厚0.85厘米（图四九三，14）。

（4）时代：从层位关系及出土遗物分析，时代为明清时期。

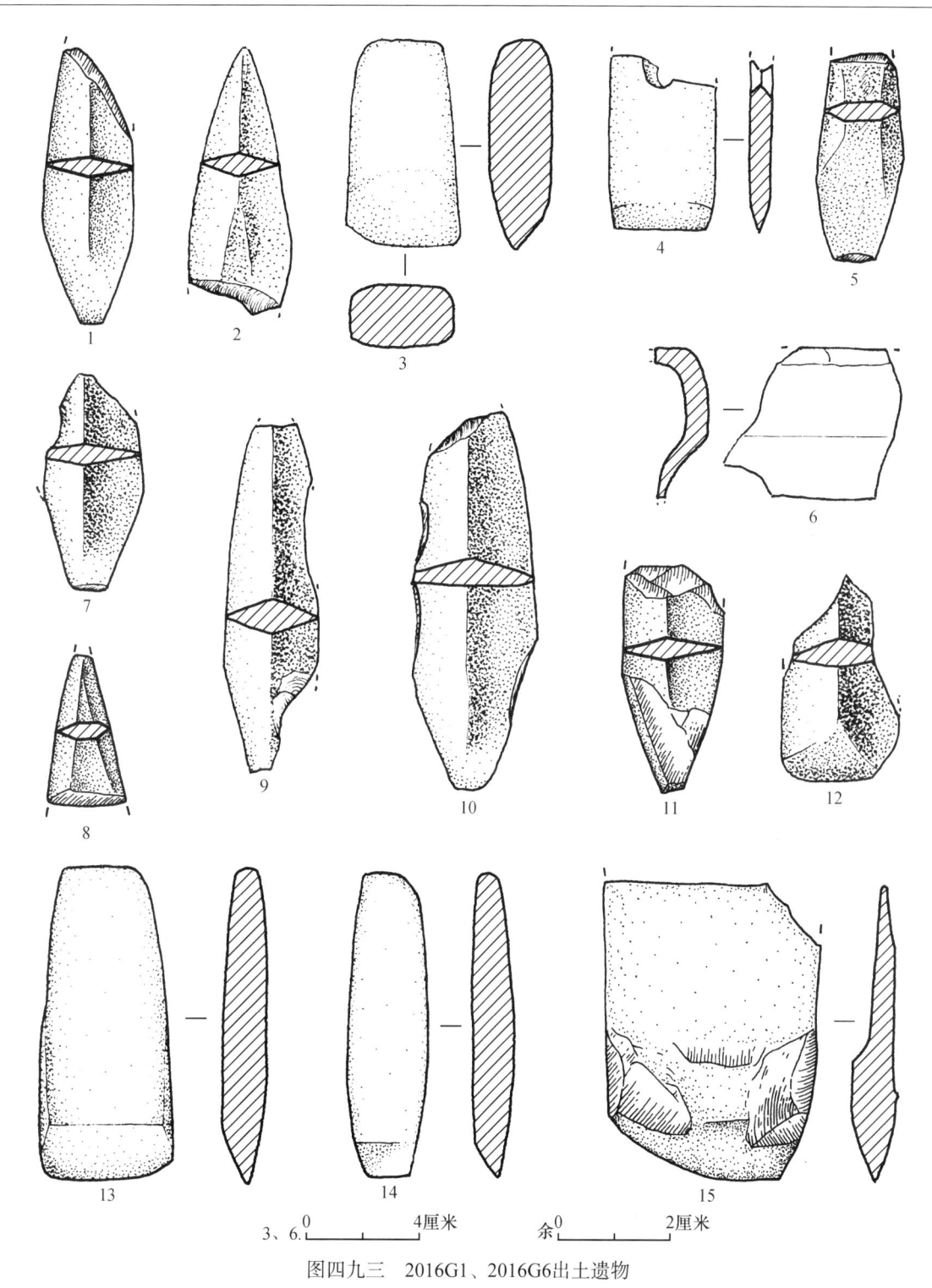

图四九三 2016G1、2016G6出土遗物

1、2、5、7、9~11. Aa型石镞（1. 2016G1：3、2. 2016G1：4、5. 2016G6：1、7. 2016G6：7、9. 2016G6：2、10. 2016G6：3、11. 2016G6：10） 3. Aa型石斧（2016G1：1） 4. Cb型石镞（2016G1：2） 6. D型陶矮领罐口沿（2016G1：5） 8. A型而亚型不明石镞（2016G6：8） 12. Af型石镞（2016G6：4） 13. Aa型石锛（2016G6：6） 14. B型石凿（2016G6：9） 15. C型石斧（2016G6：5）

（三）窑（2016Y1）

（1）位置及层位关系：位于T0501东扩方的南部。开口于第2层下，向下打破第3层、第4层、2014G4、2014G5及生土层。

（2）形制：整体呈带柄圆形，东西长5.72、南北长6.52米。由窑室、烟囱、火膛、窑门、操作间五部分组成。由于损毁严重，窑顶已不存，操作间仅残存一段（图四九四；图版三〇）。

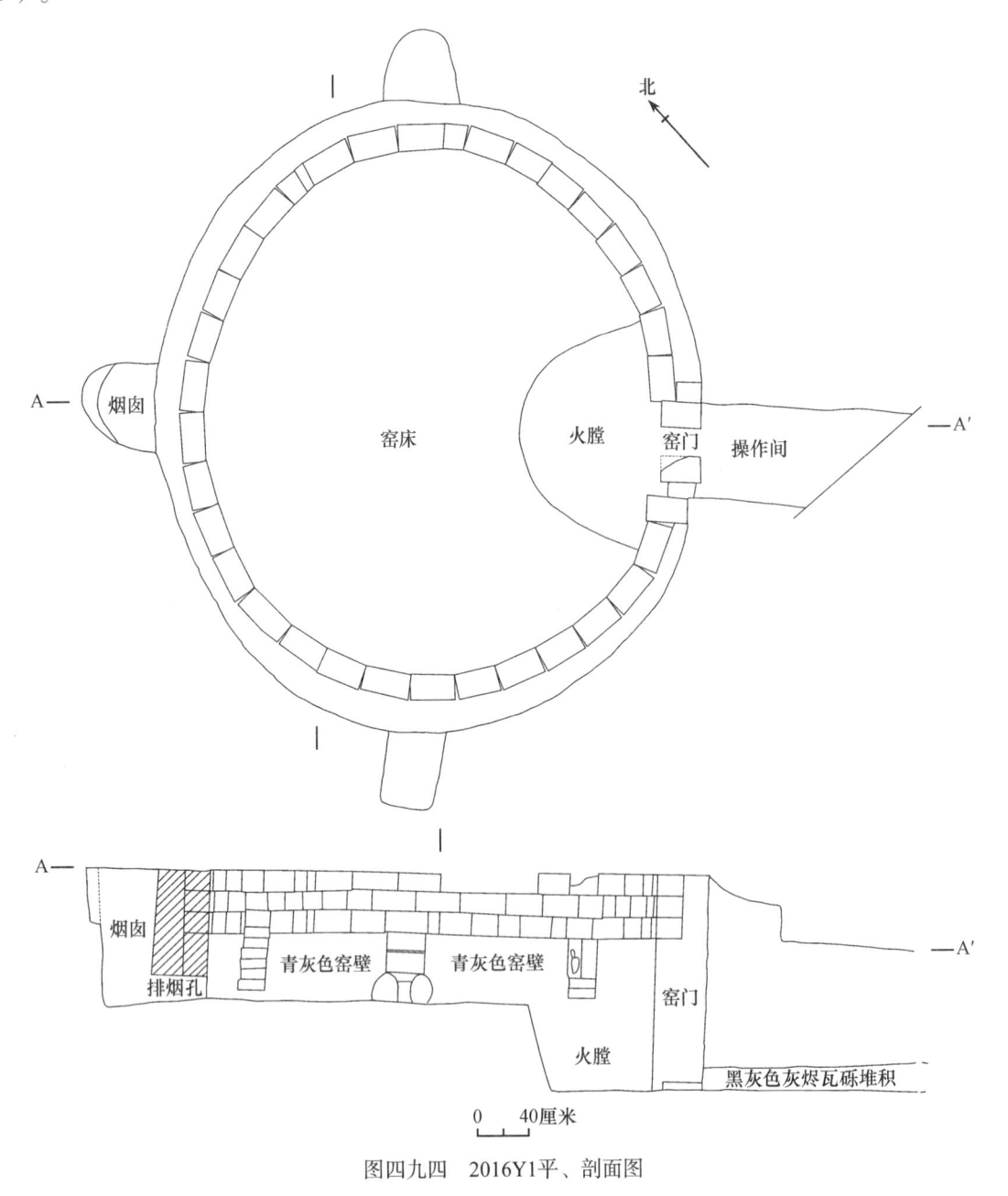

图四九四 2016Y1平、剖面图

窑室：形制呈椭圆筒形，窑室外围土圹南北长4.7、东西宽4.3、残高0.95~1.05米，土圹周壁较光滑。土圹内为圆形砖砌窑壁，内径南北长3.95、东西宽3.5、残高0.85~0.95米，窑壁上部用（0.34×0.2×0.14）米的青砖错缝平砌三层，下部为青灰色烧结面及用（0.22×0.16×0.08）米或（0.3×0.12×0.08）米规格的青砖"两顺两丁"砌成的四个等距离砖柱，间距为2.4米。窑床为呈东高西低的青灰色烧结面。窑室内填土堆积由上至下分为两层：第1层为黄褐色土，含有少量青灰土块及红烧土块，土质较硬，厚0.1~0.2米；第2层为灰褐色土，夹杂有红烧土块及散砖块，土质稍硬，厚0.75~0.95米。

烟囱：分3组，分别位于窑壁外的北、东、西三面，间距在1.75~1.85米之间，平面呈半圆形或长方形，长0.56~0.58、宽0.45~0.65、残深1~1.05米，周壁为厚0.08~0.1米的红烧土烧结面，在窑室内壁底部与烟囱对应处也有三组排烟孔直通烟囱内，排烟孔底低于窑床0.08~0.09米，其中排烟孔每组两个，间隔为0.08~0.1米，排烟孔宽0.15~0.2、长0.16~0.2、进深0.44米。烟囱内填土为灰黄色土，夹杂有红烧土颗粒，土质疏松。

火膛：位于窑床南侧，平面形状近半圆形，口大底小，上口长1.7、宽1米；下口长1.5、宽0.8米，低于窑床0.65米，火膛周壁为青灰色烧结面，底部残存有0.18~0.23米厚的黑灰色灰烬。

窑门：位于窑室南侧的操作间与火膛之间，呈长方形，残长1.62、宽0.7、进深0.4米，填土为灰黄色，夹杂有红烧土颗粒，土质疏松，出土有青花瓷碗残片、灰陶片等。

操作间：位于窑门外，形状近长方形，由于损毁严重，仅存一段，残长1.65、宽0.7~0.74、残高1.05~1.6米。填土由上至下分两层：第1层为灰褐色土，土质疏松，包含物有残砖块，厚0.8~1.4米；第2层为黑灰色灰烬及瓦砾，厚0.18~0.2米。

（3）出土遗物：在窑室第2层出土有1件石斧、2件陶器盖（图版一三一，5、6）及青花瓷片、残砖块等。

石斧　Aa型，1件。标本2016Y1②：1，青灰色石料。两侧及刃部残，弧顶，下端两面刃。长11.8、宽5.5、厚2.5厘米（图四九五，1）。

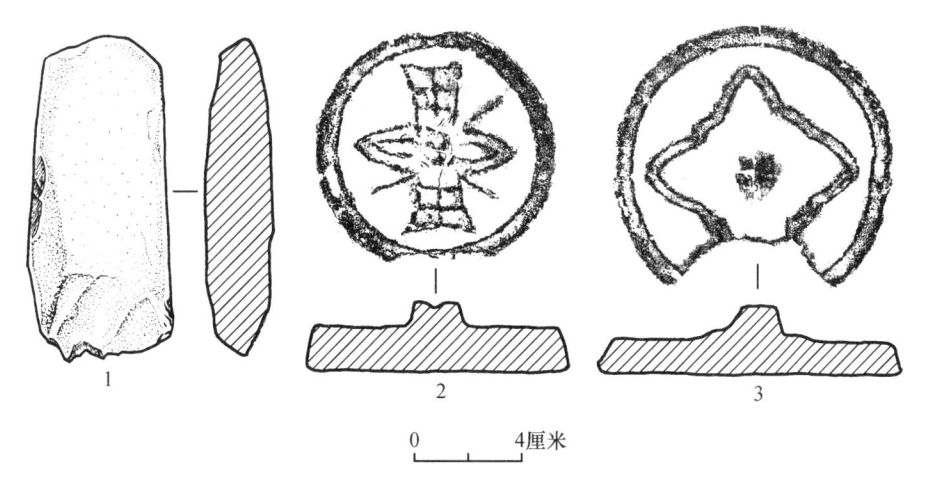

图四九五　2016Y1窑室第2层出土遗物
1. Aa型石斧（2016Y1②：1）　2、3. 陶器盖（2. 2016Y1②：1、3. 2016Y1②：3）

陶器盖　2件。标本2016Y1②：2，泥质灰陶。边侧略残，饼形，盖面外侧饰一周凸弦纹，内侧饰对称花篮纹，中部有纽。直径9.7、厚2.8厘米（图四九五，2）。标本2016Y1②：3，残，饼形，盖面外侧饰一周凸弦纹，内侧饰花瓣菱形纹，中部有纽。直径11.5、厚2.7厘米（图四九五，3）。

（4）时代：从层位关系、出土遗物及走访情况分析，时代为清代晚期至民国时期。

第十章 采集遗物

主要为2013年~2017年调查及发掘过程中采集遗物，可分为石器、陶器及青铜器三大类。

一、石　器

镞　35件。

A型　28件。

Aa型，5件。标本2014采：23，深灰色石料。前锋残，细柳叶形，双面无脊呈弧形，扁三角形铤。残长5.9、宽1.6、厚0.4厘米（图四九六，2）。标本2014采：46，深灰色石料。前锋残。柳叶形，双面有脊，两侧边刃钝厚，三角形铤，似为半成品。残长7.5、宽2.1、厚1.1厘米（图四九六，1）。标本2015采：40，青灰色石料。前锋残，形体较小，一面有脊，一面扁平，三角形铤。残长4、宽1.6、厚0.3厘米（图四九六，4）。标本2016采：33，青绿色石料。仅存镞身后端及铤，双面有脊，两侧刃，三角形铤。残长5.3、宽2.6、厚0.6厘米（图四九六，3）。标本2016采：40，灰褐色石料。前锋残，形体较小，一面有脊，一面扁平，三角形铤。残长4、宽1.5、厚0.3厘米（图四九六，5）。

Ab型，8件。标本2013采：92，灰褐色石料。镞身前端残，形体较小，细柳叶形，双面扁平，两侧刃，截面呈多棱形。残长3.6、宽1.2、厚0.5厘米（图四九六，6）。标本2013采：112，青灰色石料。边侧残，梭状柳叶形，一面与脊，一面弧形，两侧刃，后端双面刃。长6.3、宽1.9、厚0.45厘米（图四九六，7）。标本2014采：14，青灰色石料。前锋及铤后端残，梭状柳叶形，双面无脊，两侧刃。残长5.8、宽1.5、厚0.4厘米（图四九六，8）。标本2014采：37，青灰色石料。铤后端残，宽梭形，双面有脊，部分残，两侧刃。残长6.3、宽2.3、厚0.7厘米（图四九六，9）。标本2014采：43，青灰色石料。锋尖残，梭状柳叶形，双面有脊，两侧刃。残长7.8、宽1.8、厚0.4厘米（图四九六，12）。标本2015采：12，青灰色石料。镞身前端残，细梭状柳叶形，双面扁平，两侧刃，截面呈多棱形。残长5.2、宽1.9、厚0.4厘米（图四九六，13）。标本2015采：33，灰褐色石料。边侧及镞身后端残，细柳叶形，双面有脊，两侧刃。残长5.9、宽1.4、厚0.4厘米（图四九六，10）。标本2016采：25，青灰色石料。锋尖及铤后端残，梭状柳叶形，双面有脊，两侧刃。残长7.2、宽2、厚0.5厘米（图四九六，11）。

图四九六　采集石镞

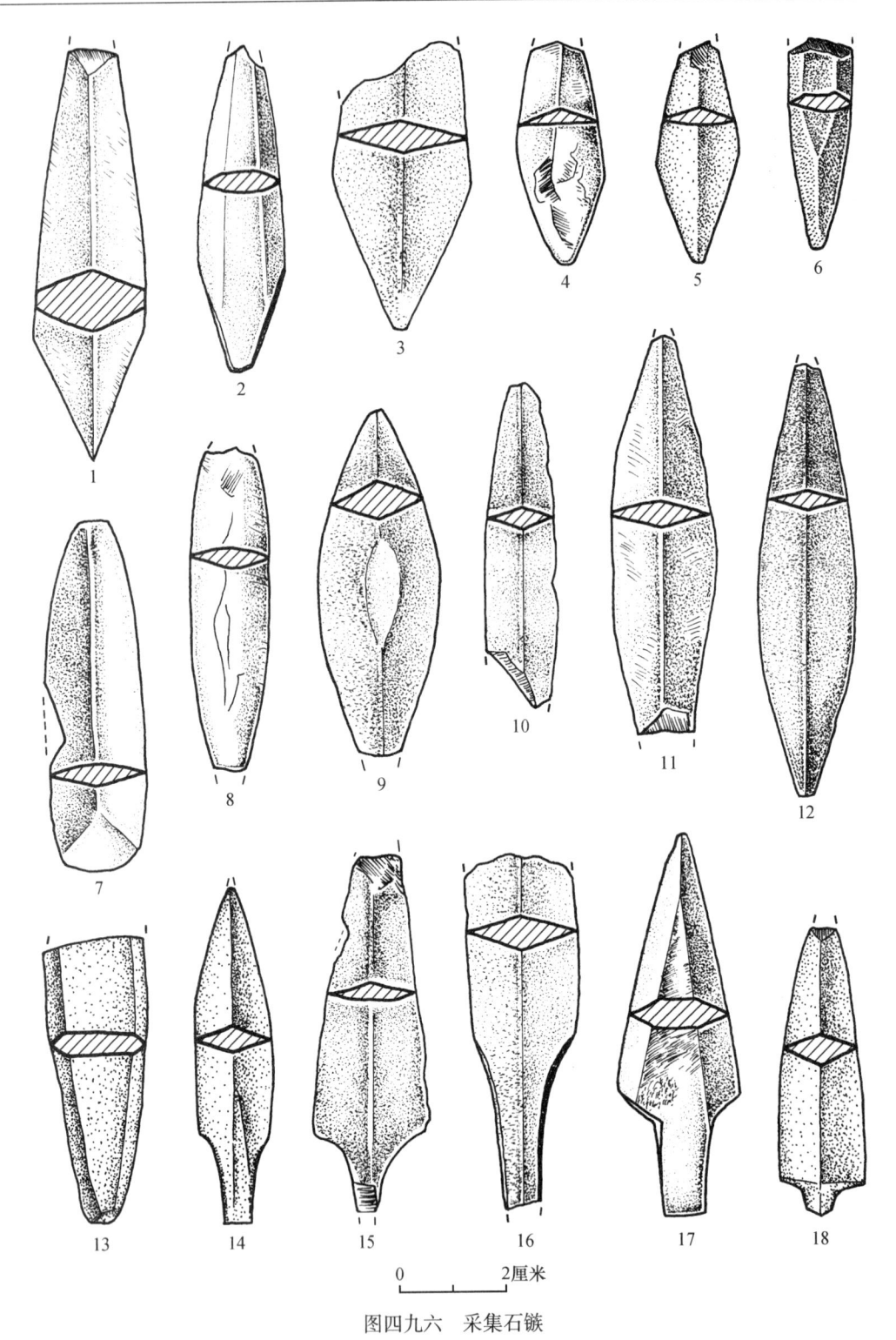

1~5. Aa型（1. 2014采：46、2. 2014采：23、3. 2016采：33、4. 2015采：40、5. 2016采：40）　6~13. Ab型（6. 2013采：92、7. 2013采：112、8. 2014采：14、9. 2014采：37、10. 2015采：33、11. 2016采：25、12. 2014采：43、13. 2015采：12）
14~18. Ac型（14. 2013采：66、15. 2013采：93、16. 2014采：10、17. 2014采：45、18. 2016采：38）

Ac型，6件。标本2013采：66，青灰色石料。锋尖残，镞身呈柳叶形，双面有脊，两侧刃，扁长方形铤。残长6.1、宽1.5、厚0.5厘米（图四九六，14）。标本2013采：93，青灰色石料。镞身前端及铤后端残，镞身呈柳叶形，一面有脊，一面扁平，两侧刃，截面呈多棱形，扁锥形铤。残长6.4、宽2.2、厚0.35厘米（图四九六，15）。标本2014采：10，青灰色石料。镞身前端及铤后端残，镞身呈细柳叶形，至铤双面有脊，两侧刃，细扁长条形铤。残长6.4、宽2.1、厚0.6厘米（图四九六，16）。标本2014采：45，青灰色石料。镞身扁平，两侧刃，截面呈多棱形，扁长方形铤。长6.9、宽2.3、厚0.5厘米（图四九六，17；图版一三二，1）。标本2016采：35，青灰色石料。锋尖及铤残，镞身呈宽叶形，双面有脊，两侧刃，扁锥形铤。残长6.6、宽2.6、厚0.3厘米（图四九七，1）。标本2016采：38，灰色石料。锋尖及铤后端残，镞身呈柳叶形，双面有脊，两侧刃，扁锥形铤。残长5.2、宽1.6、厚0.6厘米（图四九六，18）。

Ad型，1件。标本2014采：19，青灰色石料。前锋残，短圆角菱形，双面扁平，两侧刃。残长4、宽1.8、厚0.3厘米（图四九七，2）。

Ae型，2件。标本2013采：67，青灰色石料。镞身前端残，镞身呈短宽叶形，双面有脊，两侧刃，扁锥形铤。残长5.2、宽2.2、厚0.5厘米（图四九七，3）。标本2016采：7，青灰色石料。镞身前端残，双面无脊呈弧形，两侧刃，宽扁长方形铤。残长6.6、宽2.2、厚0.5厘米（图四九七，4）。

Af型，4件。标本2013采：75，青灰色石料。镞身前端残，一面有脊，一面扁平，两侧刃，无铤，后端双面刃。残长3、宽1.8、厚0.3厘米（图四九七，5）。标本2013采：124，青灰色石料。镞身前端残，双面无脊，两侧刃，无铤，后端双面刃。残长3.6、宽1.9、厚0.4厘米（图四九七，6）。标本2015采：32，青灰色石料。前锋残，器身短小，双面扁平，两侧刃，无铤，后端双面刃。残长3.6、宽1.7、厚0.3厘米（图四九七，7）。标本2016采：12，青灰色石料。镞身前端残，双面扁平无脊，两侧刃，截面呈多棱形，无铤，后端双面刃。残长5、宽1.4、厚0.5厘米（图四九七，8）。

A型而亚型不明，2件。标本2014采：4，浅灰色石料。仅存镞身前端，细柳叶形，双面有脊，两侧刃。残长3.4、宽1.2、厚0.4厘米（图四九七，9）。标本2015采：23，浅灰色石料。仅存镞身前端，双面有脊，两侧刃。残长4.7、宽1.7、厚0.6厘米（图四九七，10）。

B型　7件。

Ba型，3件。标本2013采：94，青灰色石料。镞身呈三棱形，圆锥形铤。长4.9、宽1厘米（图四九七，11）。标本2013采：117，黄褐色石料。仅存镞身前端，三棱形。残长3、宽0.8、厚0.7厘米（图四九七，12）。标本2016采：8，青灰色石料。前锋残，镞身呈三棱形，圆锥形铤。残长4.6、宽1.2厘米（图四九七，13）。

Bb型，3件。标本2015采：34，青灰色石料。前锋及铤残，镞身前端呈三棱形，后端呈圆柱形，细圆锥形铤。残长6.9、宽1.2厘米（图四九七，15）。标本2015采：41，青灰色石料。前锋残，镞身前端呈三棱形，后端呈圆柱形，细圆锥形铤。长6、宽1.2厘米（图四九七，14）。标本2016采：24，青灰色石料。铤后端残，镞身前端呈三棱形，后端呈圆柱形，细圆锥形铤。残长6、宽1厘米（图四九七，16）。

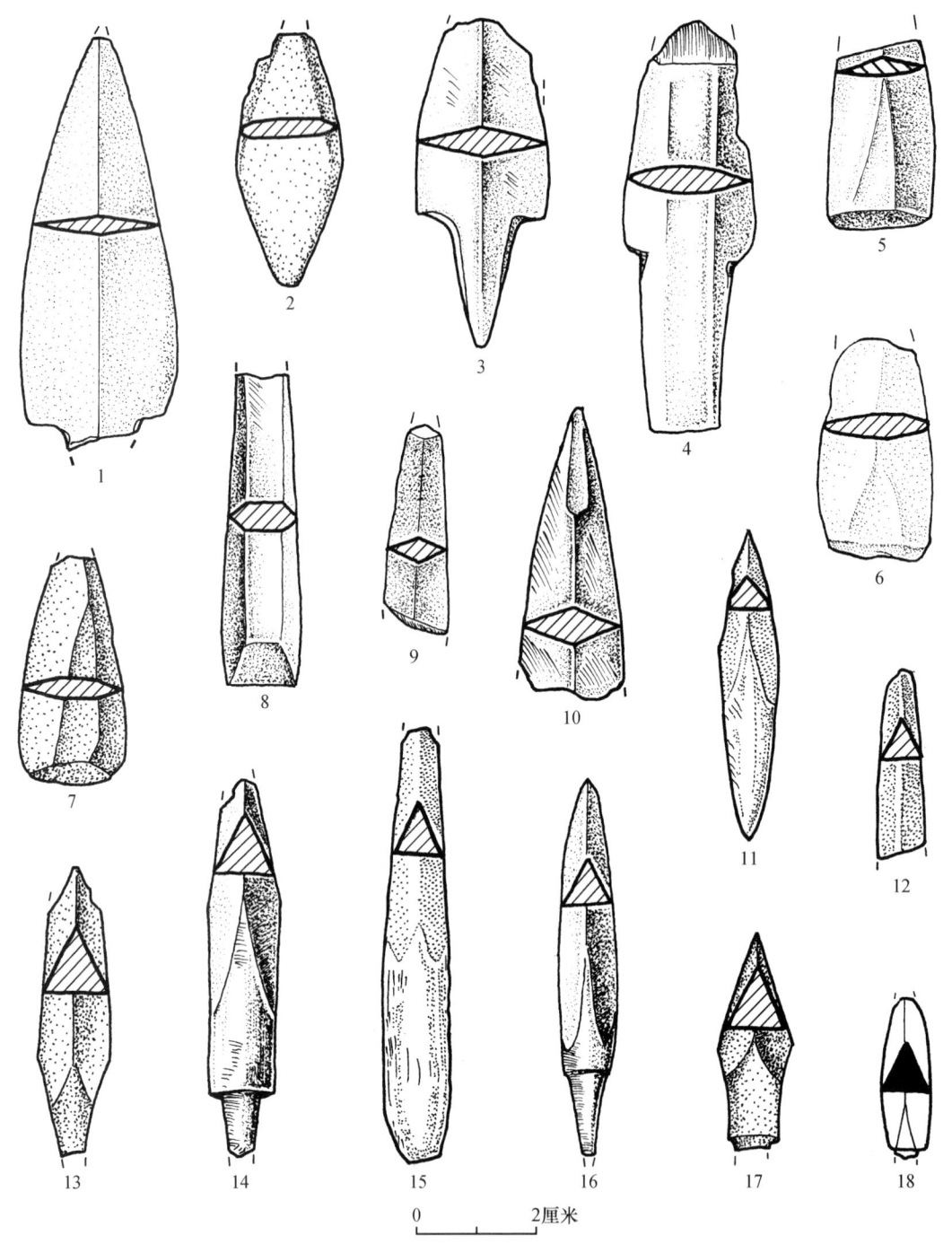

图四九七 采集石镞及铜镞

1. Ac型石镞（2016采：35） 2. Ad型石镞（2014采：19） 3、4. Ae型石镞（3. 2013采：67、4. 2016采：7） 5～8. Af型石镞（5. 2013采：75、6. 2013采：124、7. 2015采：32、8. 2016采：12） 9、10. A型而亚型不明石镞（9. 2014采：4、10. 2015采：23） 11～13. Ba型石镞（11. 2013采：94、12. 2013采：117、13. 2016采：8） 14～16. Bb型石镞（14. 2015采：41、15. 2015采：34、16. 2016采：24） 17. Bc型石镞（2015采：39） 18. 铜镞（2016采：34）

Bc型，1件。标本2015采：39，青灰色石料。铤残，短镞身，前端呈三棱形，后端呈圆柱形，细锥形铤。残长3.5、宽1.2厘米（图四九七，17）。

斧 41件。

A型 35件。

Aa型，31件。标本2013采：28，青灰色石料。梯形，弧顶，下端双面弧刃。长9.6、宽6.4~7.4、厚3.2厘米（图四九八，1）。标本2013采：35，青灰色石料。刃部残，梯形，平顶，下端双面刃。长8.6、宽3.4~5.4、厚2.1厘米（图四九八，2）。标本2013采：42，青灰色石料。梯形，上端残，下端未开刃，钝厚。长11.4、宽3.4~6.8、厚2.2厘米（图四九八，3）。

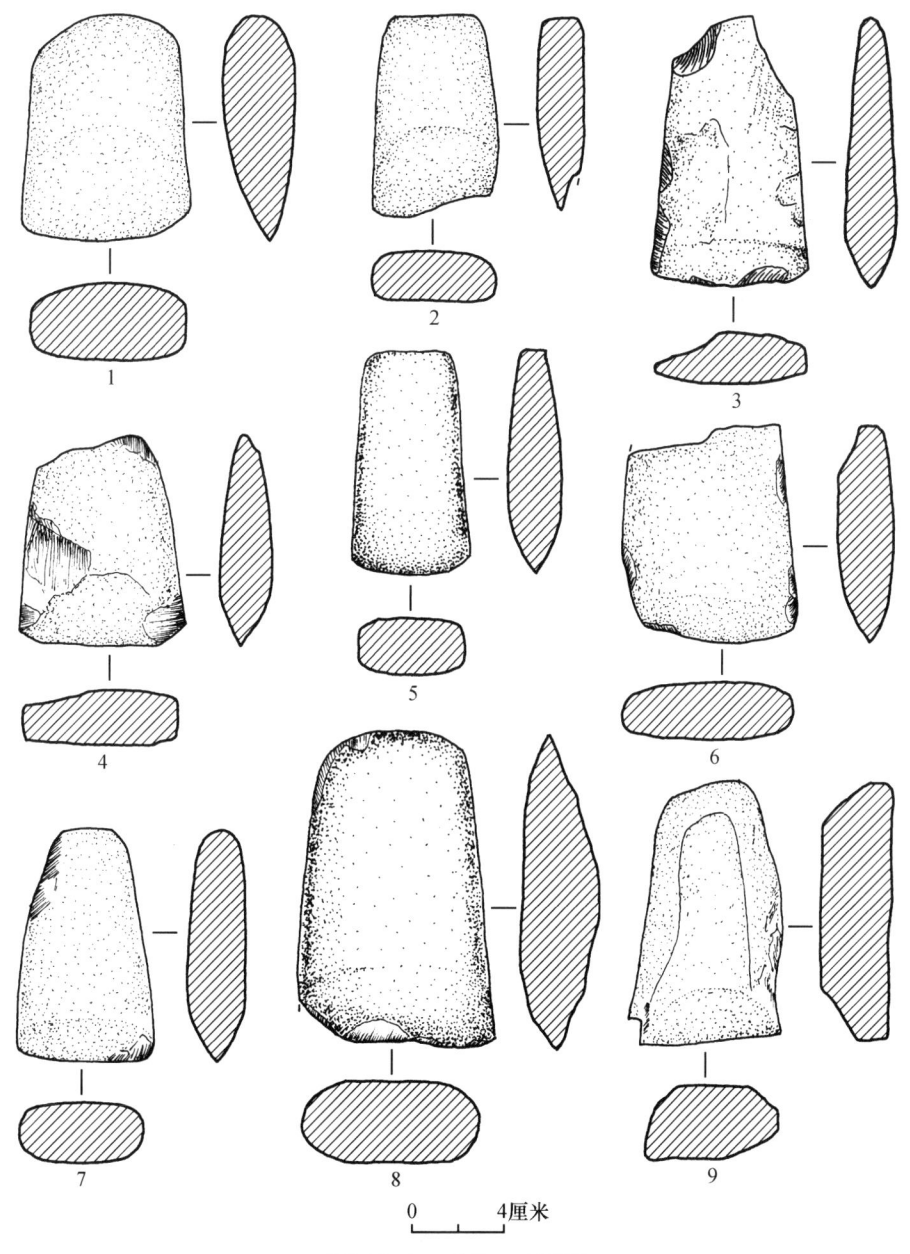

图四九八 采集Aa型石斧

1. 2013采：28　2. 2013采：35　3. 2013采：42　4. 2013采：43　5. 2013采：54　6. 2013采：47　7. 2013采：59　8. 2013采：51
9. 2015采：26

标本2013采：43，青灰色石料。边侧残，梯形，斜顶，下端双面弧刃。长9、宽5.6~7.2、厚2.4厘米（图四九八，4）。标本2013采：54，灰色石料。梯形，平顶，下端双面刃，表面粗糙，刃部磨光。长9.4、宽4~5、厚2.4厘米（图四九八，5）。标本2013采：47，青灰色石料。顶部及边缘残，梯形，下端双面弧刃。长9.2、宽6.8~7.6、厚2.5厘米（图四九八，6）。标本2013采：51，青灰色石料。梯形，顶部及刃部一角略残，下端双面弧刃。长13.4、宽6.8~8.5、厚3.4厘米（图四九八，8）。标本2015采：26，灰褐色石料。顶部及下端两侧残，梯形，边侧不规整，下端双面斜刃。长12.6、宽5.8、厚3.6厘米（图四九八，9）。标本2013采：59，青灰色石料。刃部残，梯形，弧顶，下端双面弧刃。长9.8、宽2~6、厚2.6厘米（图四九八，7）。标本2013采：60，青灰色石料。顶部残，梯形，弧顶，下端双面弧斜刃。长8.2、宽5.2~6、厚2.5厘米（图四九九，1）。标本2013采：70，青灰色石料。顶部及刃部略残，梯形，斜顶，器身一面扁平，一面弧形，下端双面弧刃。长7.2、宽3.8~5、厚2厘米（图四九九，2）。标本2013采：72，青灰色石料。顶部残，梯形，弧顶，下端双面弧刃。长8.3、宽5~6、厚2.4厘米（图四九九，3）。标本2013采：83，青灰色石料。顶部略残，梯形，弧顶，下端双面弧刃。长11、宽5.4~7、厚3.7厘米（图五〇〇，3）。标本2016采：18，灰褐色石料。顶部略残，梯形，平顶，下端双面弧刃。长11.2、宽3.8~6.5、厚3.5厘米（图四九九，5）。标本2014采：7，浅灰色石料。斜顶，梯形，下端双面弧刃。长7.8、宽3.2~4.4、厚2.5厘米（图四九九，6）。标本2014采：11，灰褐色石料。刃部略残，梯形，弧顶，下端双面直刃。残长9、宽4.6~5.7、厚2.5厘米（图四九九，7）。标本2014采：12，灰褐色石料。刃部残，梯形，弧顶，下端双面刃。残长6.8、宽4.6~5.6、厚1.5厘米（图四九九，8）。标本2014采：27，浅灰色石料。顶部、边侧及刃部残，梯形，下端双面弧刃，表面粗糙。残长9.6、宽5.6~7.2、厚3.2厘米（图四九九，9）。标本2014采：35，青灰色石料。上端残，梯形，下端双面弧刃。残长7、宽4.4~5.8、厚1.8厘米（图五〇〇，1）。标本2014采：38，灰褐色石料。刃部残，梯形，斜顶，下端残薄。残长8.8、宽6~7.2、厚2.6厘米（图五〇〇，2）。标本2015采：5，灰色石料。刃部残，梯形，下端双面刃，刃部钝厚。长10.6、宽3.2~5.3、厚2.2厘米（图四九九，4）。标本2015采：10，青灰色石料。顶部、边侧及刃部一角残，梯形，平顶，下端双面直刃，较钝，似为半成品或废料。残长7.8、宽4.6~5.8、厚2.1厘米（图五〇〇，4）。标本2015采：15，青灰色石料。边侧略残，梯形，弧顶，下端双面斜刃。残长9.2、宽5.4~6.6、厚2.2厘米（图五〇〇，5）。标本2015采：17，浅灰色石料。顶部残，梯形，下端双面弧刃。残长8.3、宽5~5.4、厚2.2厘米（图五〇〇，6）。标本2015采：18，青灰色石料。顶部及刃部略残，梯形，弧顶，下端双面弧刃。长8、宽3.4~4.5、厚2.4厘米（图五〇〇，8）。标本2013采：56，浅灰色石料。顶部一角残，梯形，弧顶，下端双面弧刃。残长11.2、宽2.4~6.8、厚3.2厘米（图五〇〇，7）。标本2016采：1，灰色石料。刃部略残。梯形，弧顶，下端双面弧刃。长8.7、宽5~6.6、厚2.8厘米（图五〇〇，9）。标本2016采：14，深灰色石料。刃部残，梯形，弧顶，下端双面弧斜刃。长7.3、宽4~6.4、厚2厘米（图五〇一，1）。标本2013采：127，灰色石料。刃部残，梯形，斜弧顶，下端双面弧刃。长11.2、宽6、厚3厘米（图五〇一，2）。标本2016采：36，青灰色石料。刃部残，梯形，斜弧顶，下端双面直刃。

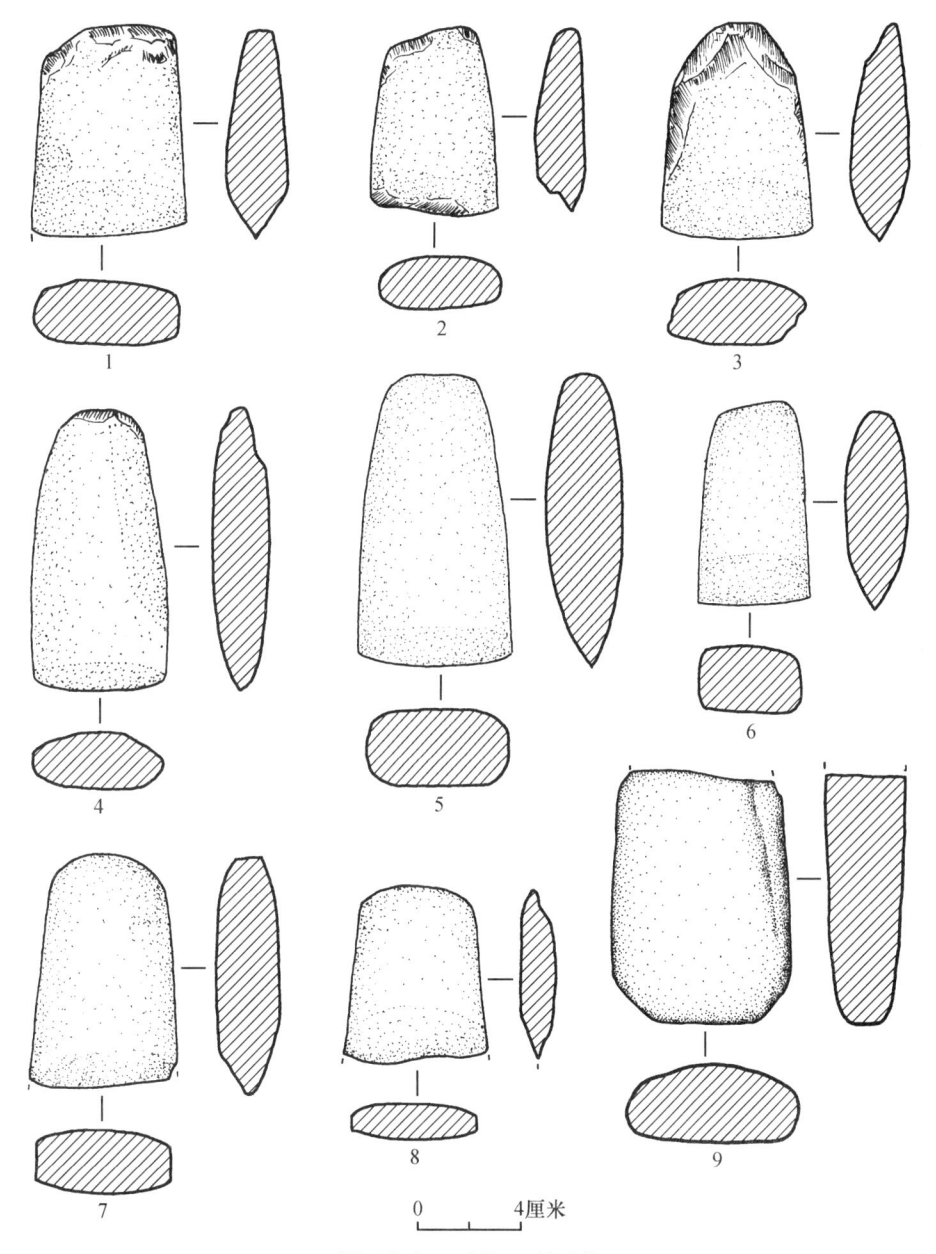

图四九九　采集Aa型石斧
1.2013采：60　2.2013采：70　3.2013采：72　4.2015采：5　5.2016采：18　6.2014采：7　7.2014采：11　8.2014采：12
9.2014采：27

长8.4、宽5.2~6.2、厚2.4厘米（图五〇一，3）。标本2016采：39，黄褐色石料。边侧略残，梯形，斜弧顶，下端双面弧刃。长9.6、宽4.6~6.2、厚3厘米（图五〇一，4）。

Ab型，4件。标本2013采：44，青灰色石料。顶部及刃部残，扁梯形，斜弧顶，下端双面弧刃。长7.2、宽6.8~7.2、厚1.9厘米（图五〇一，5）。标本2013采：50，青灰色石料。平顶，扁梯形，下端双面弧刃。长6.6、宽4~5.8、厚2.2厘米（图五〇一，8）。标本2013采：57，青灰色石料。刃部略残，扁梯形，平顶，下端双面斜弧刃。长7、宽5.4~6.8、厚2厘米（图五〇一，7）。标本2016采：5，灰色石料。边侧残，扁梯形，弧顶，下端双弧刃。长

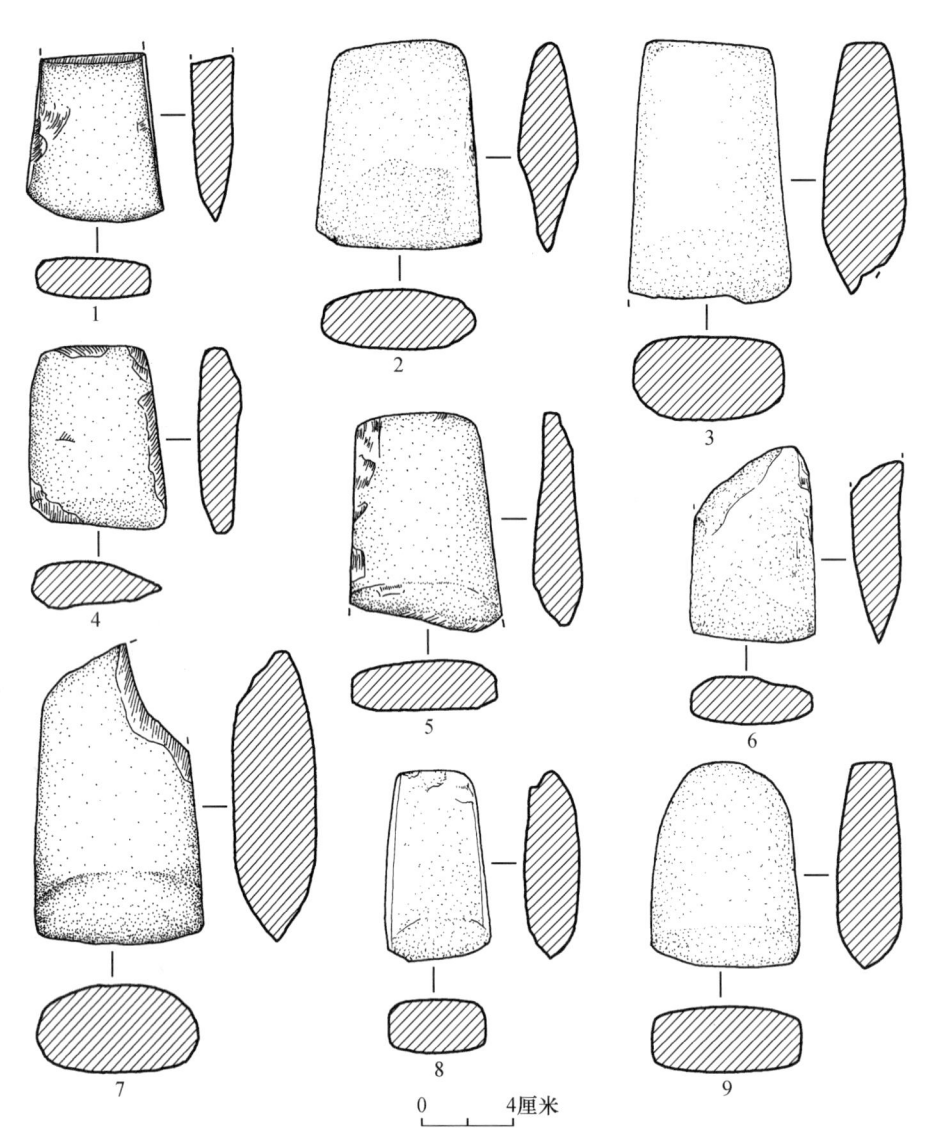

图五〇〇 采集Aa型石斧

1. 2014采：35 2. 2014采：38 3. 2013采：83 4. 2015采：10 5. 2015采：15 6. 2015采：17 7. 2013采：56 8. 2015采：18
9. 2016采：1

8.4、宽6.8~7.6、厚2.5厘米（图五〇一，6）。

C型　6件。标本2013采：31，青灰色石料。上端残，长方形，形体较大，下端双面弧刃。残长10、宽11.2、厚2.8厘米（图五〇二，1）。标本2013采：37，灰褐色石料。顶部残，长方形，下端单面弧刃。长8、宽4.8、厚2厘米（图五〇二，2）。标本2013采：45，青灰色石料，残。平顶，横断面为扁椭圆形，刃部残断，整体打制而成。残长11.6、宽6.2、厚3厘米（图五〇二，6）。标本2013采：46，灰褐色石料。刃部略残，长方形，平顶，下端双面直刃。长6、宽5.8、厚1.6厘米（图五〇二，3）。标本2013采：128，青灰色石料。顶部及刃部残，长方形，平顶，下端双面弧刃。长8.6、宽4.8、厚1.8厘米（图五〇二，4）。标本2015采：14，青灰色石料。顶部及刃部略残，长方形，平顶，下端双面直刃。残长7.2、宽5.8、厚2.2厘米（图五〇二，5）。

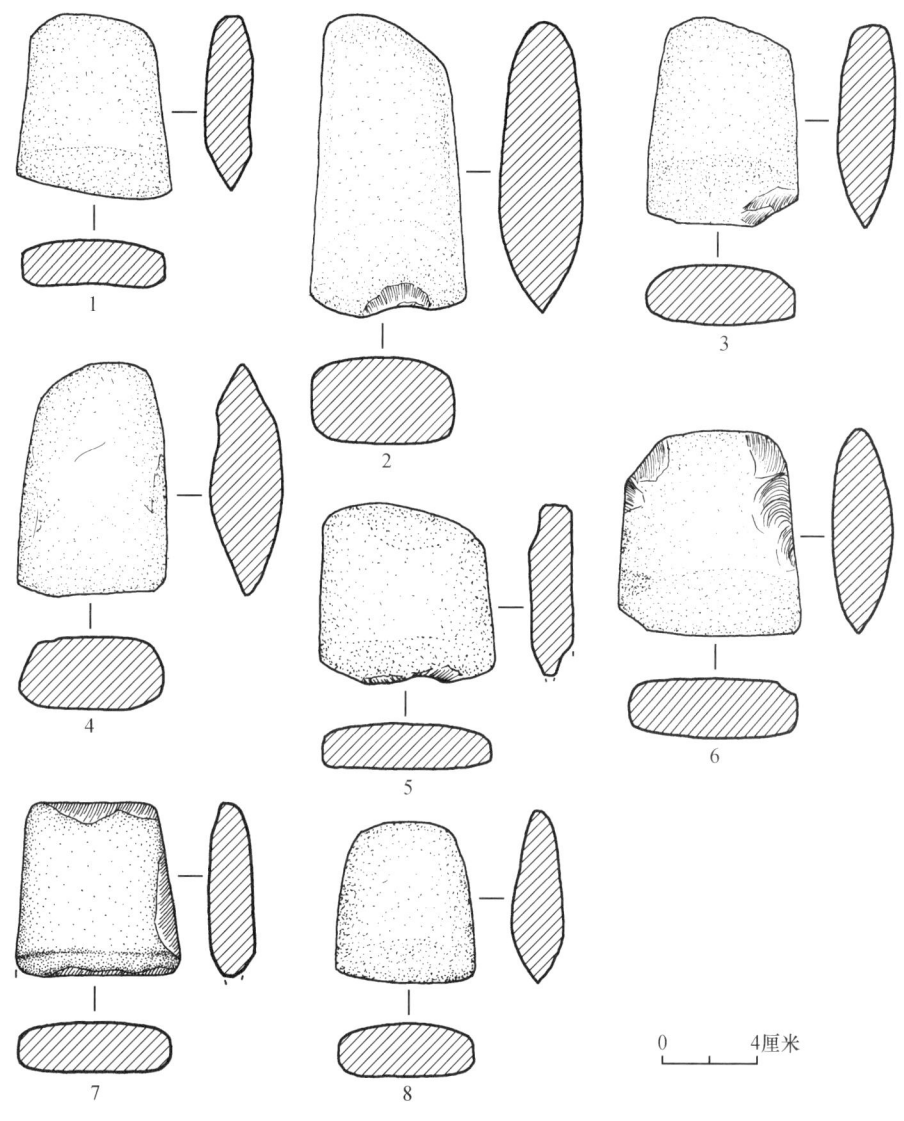

图五〇一 采集石斧

1~4.Aa型（1.2016采：14、2.2013采：127、3.2016采：36、4.2016采：39） 5~8.Ab型（5.2013采：44、6.2016采：5、7.2013采：57、8.2013采：50）

锛 24件。

A型 13件。

Aa型，5件。标本2013采：14，浅灰色石料。平顶，下端双面弧刃，一面宽刃，一面窄刃。长5.5、宽2.5~2.8、厚1厘米（图五〇三，5）。标本2013采：68，浅灰色石料。顶部一角及刃部残，平顶，下端单面刃。长8、宽2.9~6.8、厚1.8厘米（图五〇三，1）。标本2013采：88，青灰色石料。边侧及刃部残，平顶，下端双面刃，一面宽刃，一面窄刃。长6.2、宽3.8~4.2、厚1.2厘米（图五〇三，3）。标本2014采：9，红灰色石料。平顶，上部一面有段，下端双面弧刃，一面宽刃，一面窄刃。长11.2、宽3.8~5.3、厚1.1厘米（图五〇三，2）。标本2016采：2，青绿色石料。顶部、边侧及刃部略残，弧顶，下端双面直刃。长6、宽2.7~3.2、厚0.5厘米（图五〇三，4）。

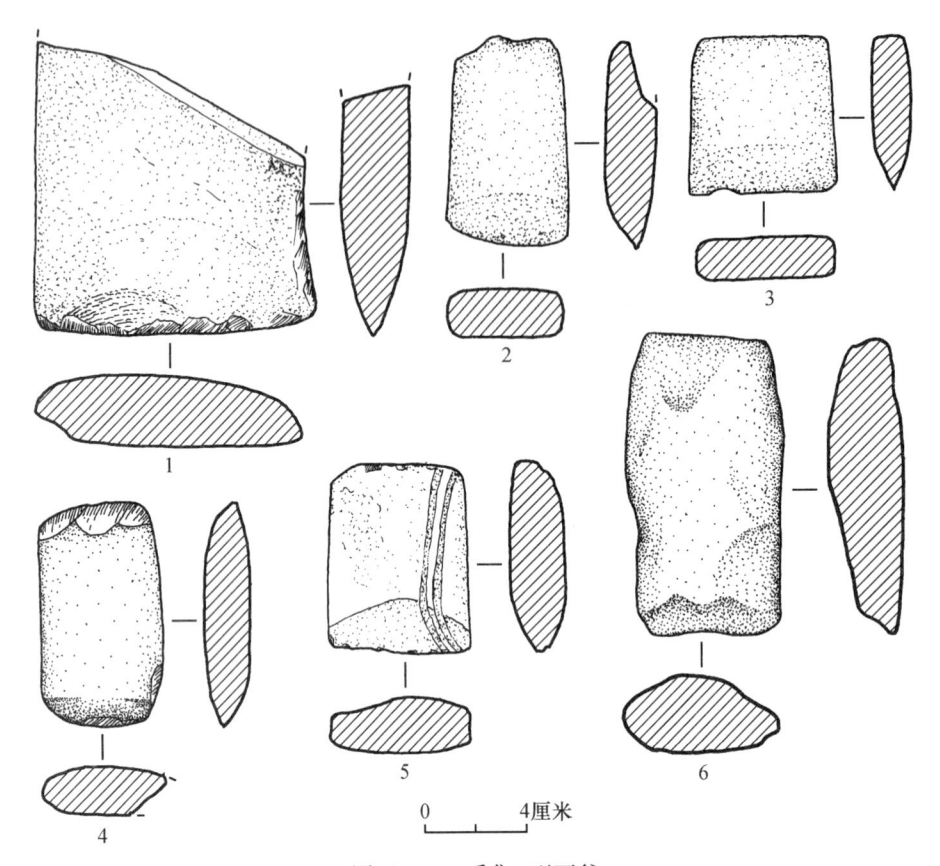

图五〇二 采集C型石斧
1. 2013采：31 2. 2013采：37 3. 2013采：46 4. 2013采：128 5. 2015采：14 6. 2013采：45

Ab型，5件。标本2013采：109，青灰色石料。顶部及刃部两侧残，弧顶，下端双面弧刃。长4.9、宽2.4~3.3、厚0.5厘米（图五〇四，1）。标本2013采：119，黄褐色石料。顶部、边侧及刃部略残，弧顶，下端双面刃，一面宽刃，一面窄刃。长3.6、宽2.3~2.7、厚0.6厘米（图五〇四，2）。标本2013采：121，深褐色石料。顶部略残，平顶，上端一面有段，下端双面直刃，一面宽刃，一面窄刃。长3、宽1.6~2、厚0.85厘米（图五〇四，3）。标本2016采：16，浅灰色石料。边侧残，平顶，下端双面弧刃。长4.1、宽2.9~3.1、厚0.5厘米（图五〇四，4）。标本2016采：27，黄褐色石料。边侧残，平顶，下端单面直刃。长4.6、宽2.4~3.6、厚0.8厘米（图五〇四，5）。

Ac型，3件。标本2016采：22，灰色石料。平顶，下端双面直刃，一面宽刃，一面窄刃。长4.2、宽1.4~1.8、厚0.8厘米（图五〇四，6）。标本2014采：8，青灰色石料。上端残，下端双面斜刃。残长4.2、宽1.6~2、厚0.6厘米（图五〇四，8）。标本2015采：43，青灰色石料。下端残，梯形，平顶，器身扁薄，顶部有一对穿孔。残长4.6、宽2.4~2.7、厚0.3厘米（图五〇四，7）。

B型 1件。标本2013采：85，灰色石料。边侧残，倒梯形，顶端不规整，下端双面直刃，一面宽刃，一面窄刃。长4、宽1.8、厚0.5厘米（图五〇四，9）。

C型 10件。

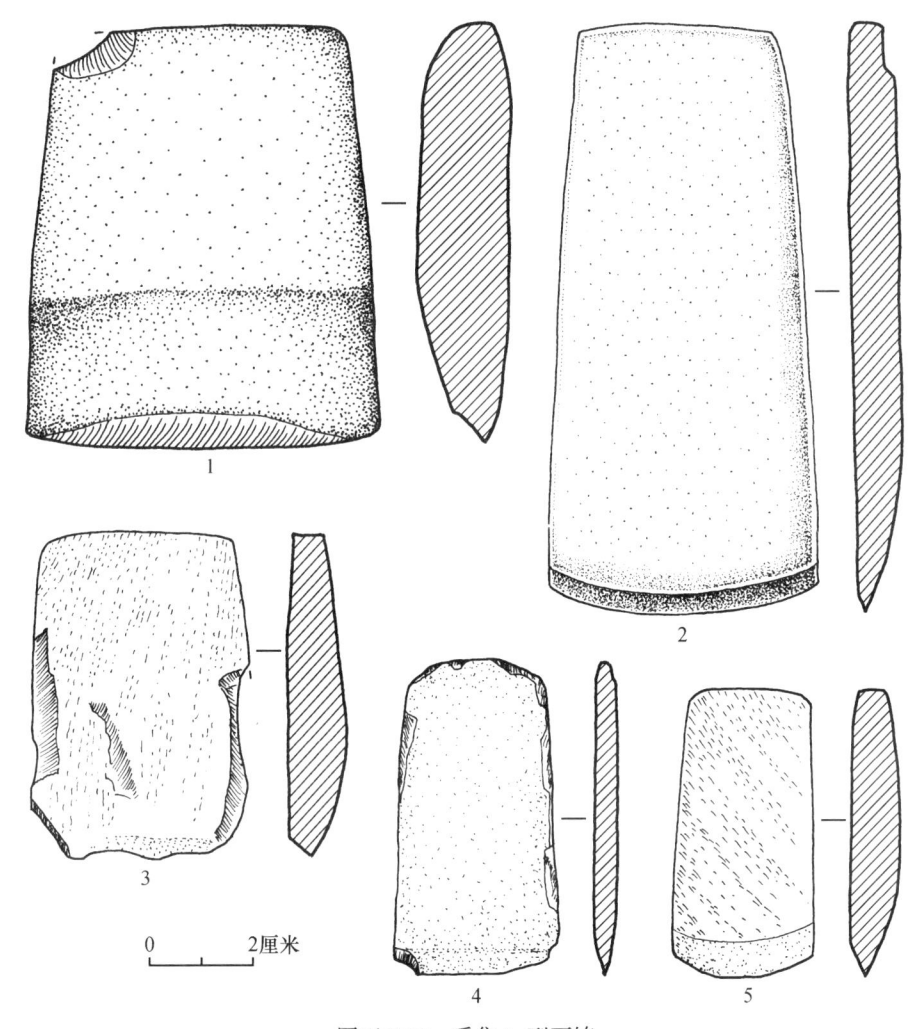

图五〇三　采集Aa型石锛
1. 2013采：68　2. 2014采：9　3. 2013采：88　4. 2016采：2　5. 2013采：14

Ca型，5件。标本2013采：78，青灰色石料。顶部及边侧残，长方形，弧顶，下端单面直刃。长5.5、宽3、厚0.9厘米（图五〇五，1）。标本2013采：101，浅灰色石料。刃部残，长方形，弧顶，下端双面刃，一面宽刃，一面窄刃。长5.1、宽2.6、厚0.9厘米（图五〇五，2）。标本2013采：103，灰色石料。刃部残，长方形，弧顶，体薄，下端单面弧刃。长5.5、宽3、厚0.6厘米（图五〇五，3）。标本2015采：22，灰褐色石料。上端残，下端双面直刃，一面宽刃，一面窄刃。长5.6、宽3.4、厚1.2厘米（图五〇五，4）。标本2016采：26，青绿色石料。顶部及边侧残，体薄，下端双面直刃。长5.6、宽2.4、厚0.3厘米（图五〇五，5）。

Cb型，5件。标本2013采：48，青灰色石料。上端残，细长条形，上端残存一个对穿孔，下端双面直刃。残长3.1、宽1.1、厚0.3厘米（图五〇五，6）。标本2013采：123，浅灰色石料。长方形，顶部及边侧残，下端双面弧刃，一面宽刃，一面窄刃。残长4.9、宽2.4、厚0.6厘米（图五〇五，8）。标本2013采：102，青灰色石料。长方形，体薄，下端双面直刃。长4.7、宽2.2、厚0.2厘米（图五〇五，9）。标本2015采：3，浅灰色石料。下端残，细长条形，弧顶，近背处有一个对穿孔。长4.1、宽1.3、厚0.2厘米（图五〇五，7）。标本2016采：37，

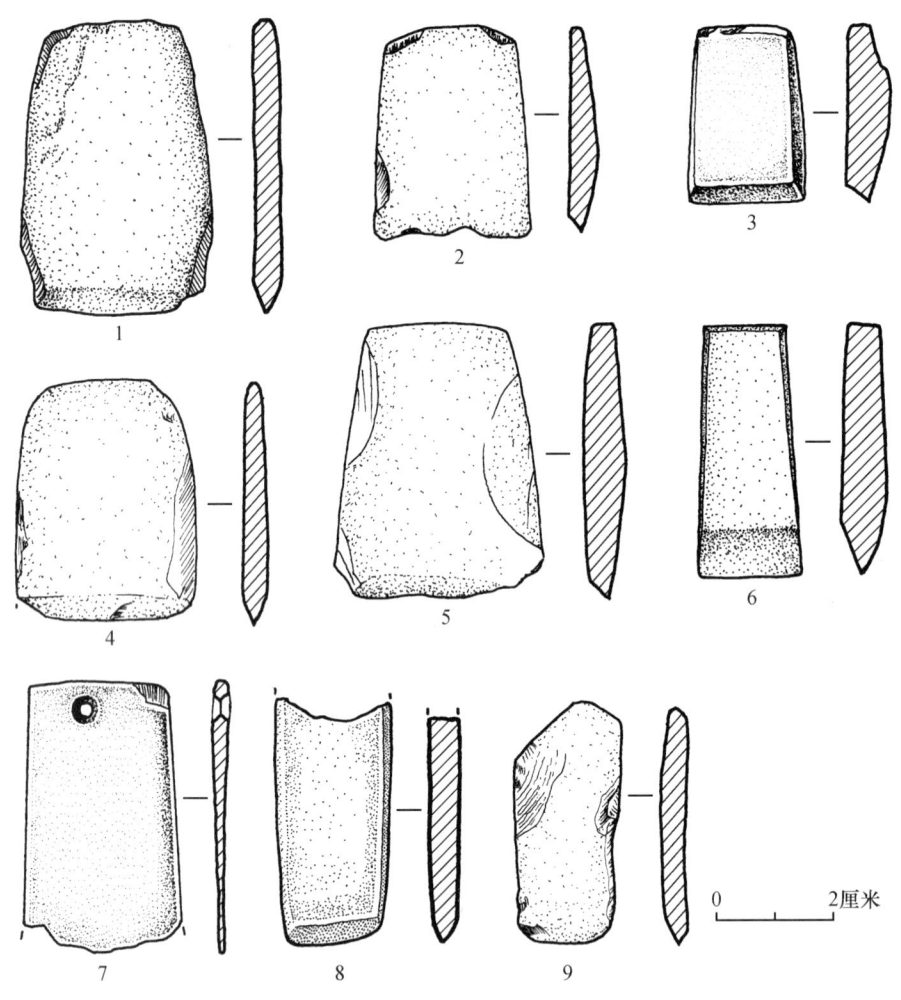

图五〇四 采集石锛

1~5.Ab型（1.2013采：109、2.2013采：119、3.2013采：121、4.2016采：16、5.2016采：27） 6~8.Ac型（6.2016采：22、7.2015采：43、8.2014采：8） 9.B型（2013采：85）

青绿色石料。边侧略残，斜顶，下端双面直刃。长4.5、宽1.9、厚0.3厘米（图五〇五，10）。

穿孔刀 5件。

A型 1件。标本2014采：29，青灰色石料。仅存一端，弓背形，近背处有一个对穿孔，上下端均双面刃。残长3.9、宽4.8、厚0.6厘米（图五〇六，1）。

B型 2件。标本2013采：7，青绿色石料。仅存一端，长方形，下端双面直刃，近背处残存一个对穿孔。残长3、宽2.9、厚0.4厘米（图五〇六，2）。标本2013采：71，青灰色石料。仅存中部一段，长方形，近背部残存一个对穿孔，单面直刃。残长2.9、残宽2.6、厚0.3厘米（图五〇六，3）。

D型 1件。标本2013采：11，青灰色石料。仅存一端，马鞍形，近背处残存二个对穿孔，下端单面直刃。残长5.9、宽4.3、厚0.4厘米（图五〇六，4；图版一三二，2）。

E型 1件。标本2013采：32，青灰色石料。仅存一端，凸字形，近背处残存二个对穿孔，下端双面弧刃。残长6.3、残宽3.5、厚0.3厘米（图五〇六，5；图版一三二，3）。

图五〇五 采集石锛

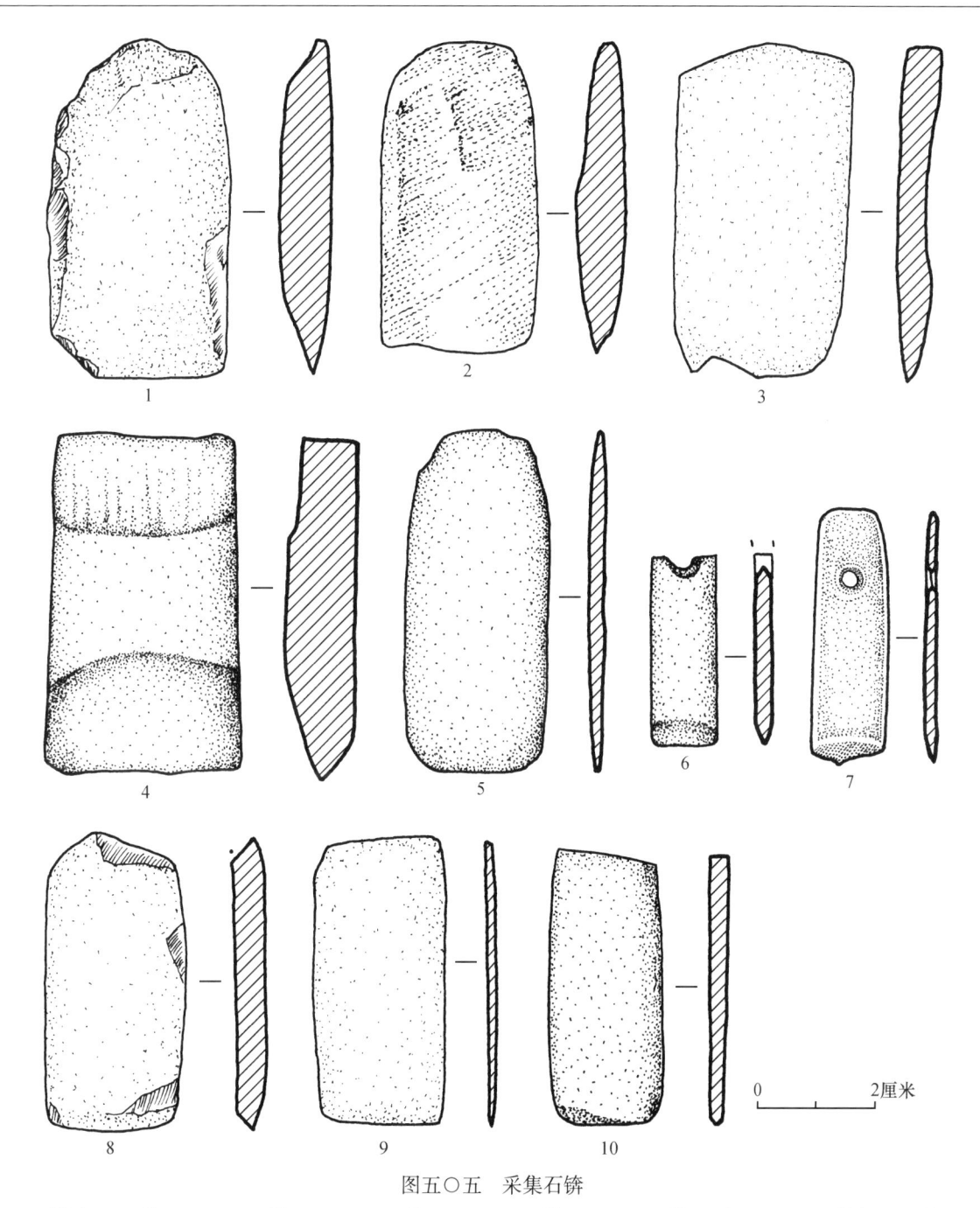

1~5. Ca型（1. 2013采：78、2. 2013采：101、3. 2013采：103、4. 2015采：22、5. 2016采：26） 6~10. Cb型（6. 2013采：48、7. 2015采：3、8. 2013采：123、9. 2013采：102、10. 2016采：37）

刀 3件。

A型 2件。标本2013采：77，青灰色石料。背部残，弓背形，一面平，一面拱，下端单面直刃。残长8.8、宽3.9、厚1.2厘米（图五〇六，6）。标本2015采：30，红褐色石料。背部及端侧残，弓背形，下端双面直刃，略内凹。长10.8、宽4.2、厚1.5厘米（图五〇六，7）。

B型 1件。标本2013采：10，浅灰色石料。仅存一端，长方形，下端双面刃。残长3.2、

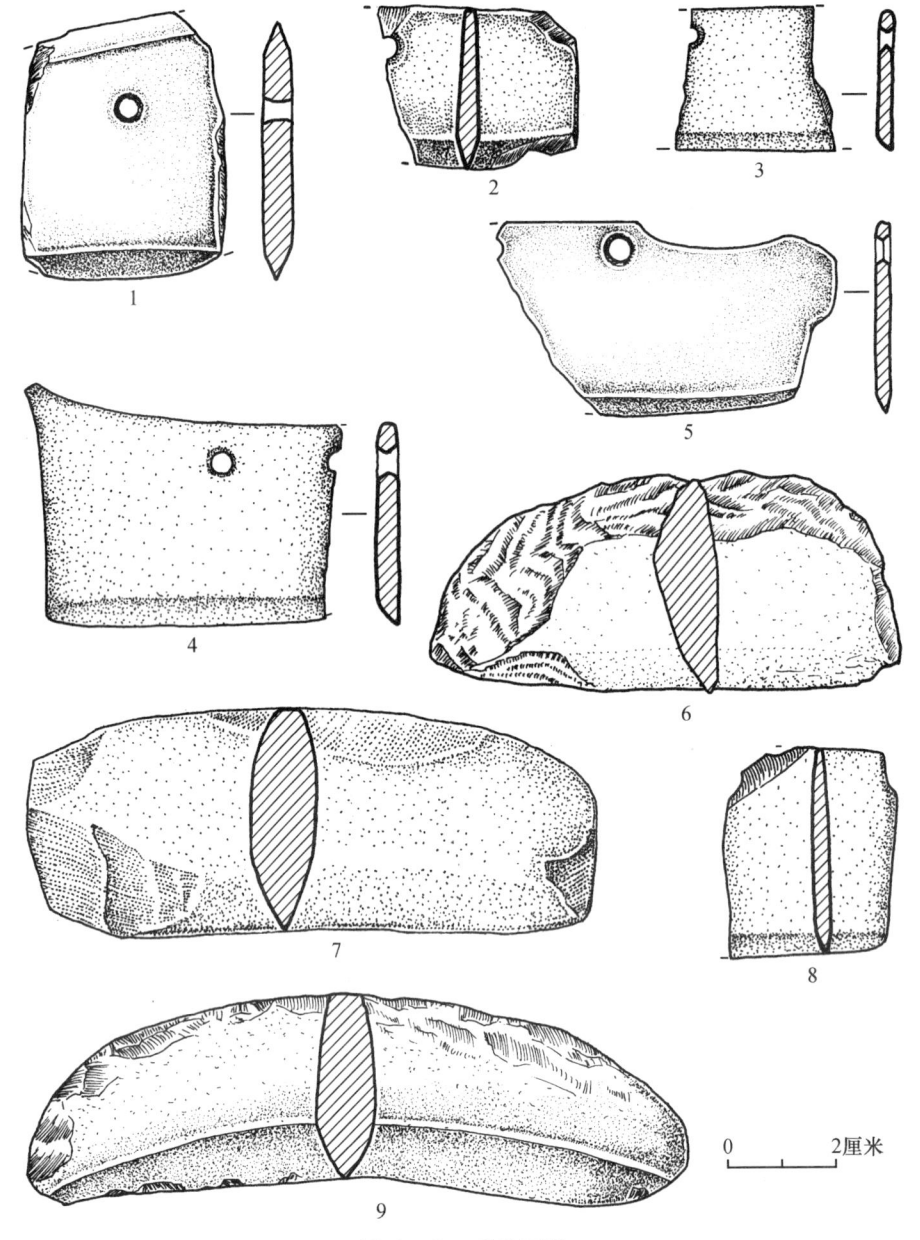

图五〇六　采集石器

1. A型穿孔刀（2014采：29）　2、3. B型穿孔刀（2. 2013采：7、3. 2013采：71）　4. D型穿孔刀（2013采：11）
5. E型穿孔刀（2013采：32）　6、7. A型刀（6. 2013采：77、7. 2015采：30）　8. B型刀（2013采：10）
9. 镰（2013采：13）

宽3.8、厚0.3厘米（图五〇六，8）。

镰　1件。标本2013采：13，青灰色石料。背部及刃部略残，月牙形，弓背，双面内凹刃。长12.4、宽3.4、厚1.4厘米（图五〇六，9）。

（穿孔）铲　8件。标本2013采：2，青灰色石料。仅存上端一角，平顶，中部有一个对穿孔。残长7.2、残宽3.7、厚0.8厘米（图五〇七，1）。标本2013采：27，青褐色石料。仅存下端，双面弧刃。残长3.5、宽4.4、厚0.7厘米（图五〇七，7）。标本2013采：76，青灰色石料。仅存中部一块，中部有一个对穿孔。残长5.2、残宽4.8、厚1厘米（图五〇七，2）。标本

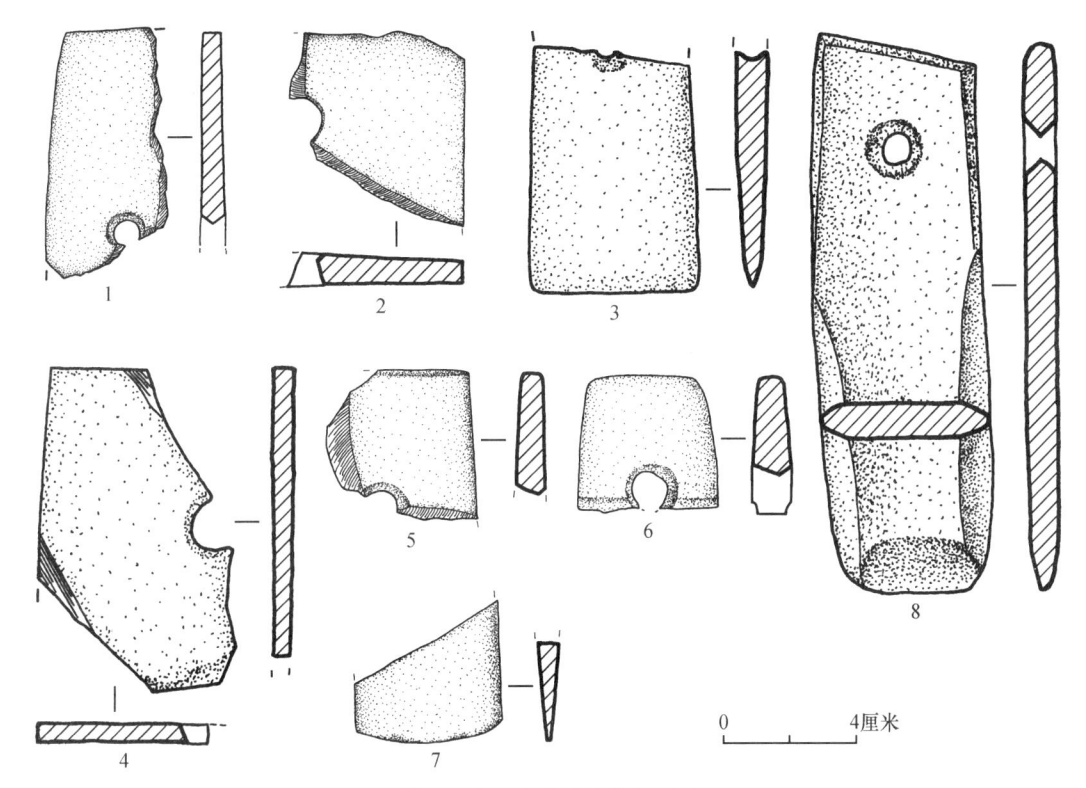

图五〇七　采集（穿孔）石铲

1. 2013采：2　2. 2013采：76　3. 2015采：9　4. 2015采：21　5. 2013采：82　6. 2015采：19　7. 2013采：27　8. 2016采：15

2013采：82，青灰色石料。仅存上端一角，平顶，中部有一个双面穿孔。残长4.4、残宽4.3、厚0.9厘米（图五〇七，5）。标本2015采：9，深灰色石料。上端残，梯形，器身扁上端残存一个对穿钻，下端双面直刃。长7.2、宽5.1、厚1厘米（图五〇七，3）。标本2015采：19，灰褐色石料。仅存上端，仅背处有一个单面穿孔。残长4、宽4.2、厚1.6厘米（图五〇七，6）。标本2016采：15，青灰色石料。长条长方形，斜顶，仅背处有一个对穿孔，下端两侧双面刃，下端双面直刃。长15.4～16.4、宽5.2、厚1厘米（图五〇七，8）。标本2015采：21，浅灰色石料。仅存上端一角，平顶，中部有一个单面穿孔。残长9.4、残宽6、厚0.6厘米（图五〇七，4）。

凿　2件。

A型　1件。标本2014采：26，青灰色石料。仅存下的，两侧交叉刃。残长5、宽1.1、厚2.5厘米（图五〇八，3）。

B型　1件。标本2013采：18，青灰色石料。上端残，下端单面弧刃。残长5、残宽2.6、厚2.5厘米（图五〇八，9）。

环　2件。标本2013采：29，青灰色石料。一端磨平，另一端残断。残长3～4.1、宽0.9～1、厚0.5厘米（图五〇八，7）。标本2016采：13，青灰色石料。一端磨平，另一端残断。残长6.4、宽0.8～1、厚0.5厘米（图五〇八，8；图版一三二，4）。

球　2件。标本2013采：21，浅灰色石料。椭圆形。直径4.8厘米（图五〇八，1）。标本2013采：98，灰褐色石料。圆球形。直径4厘米（图五〇八，2）。

纺轮　1件。标本2015采：1，深灰色石料。饼形，弧边，中厚边薄，素面，中部穿孔。直

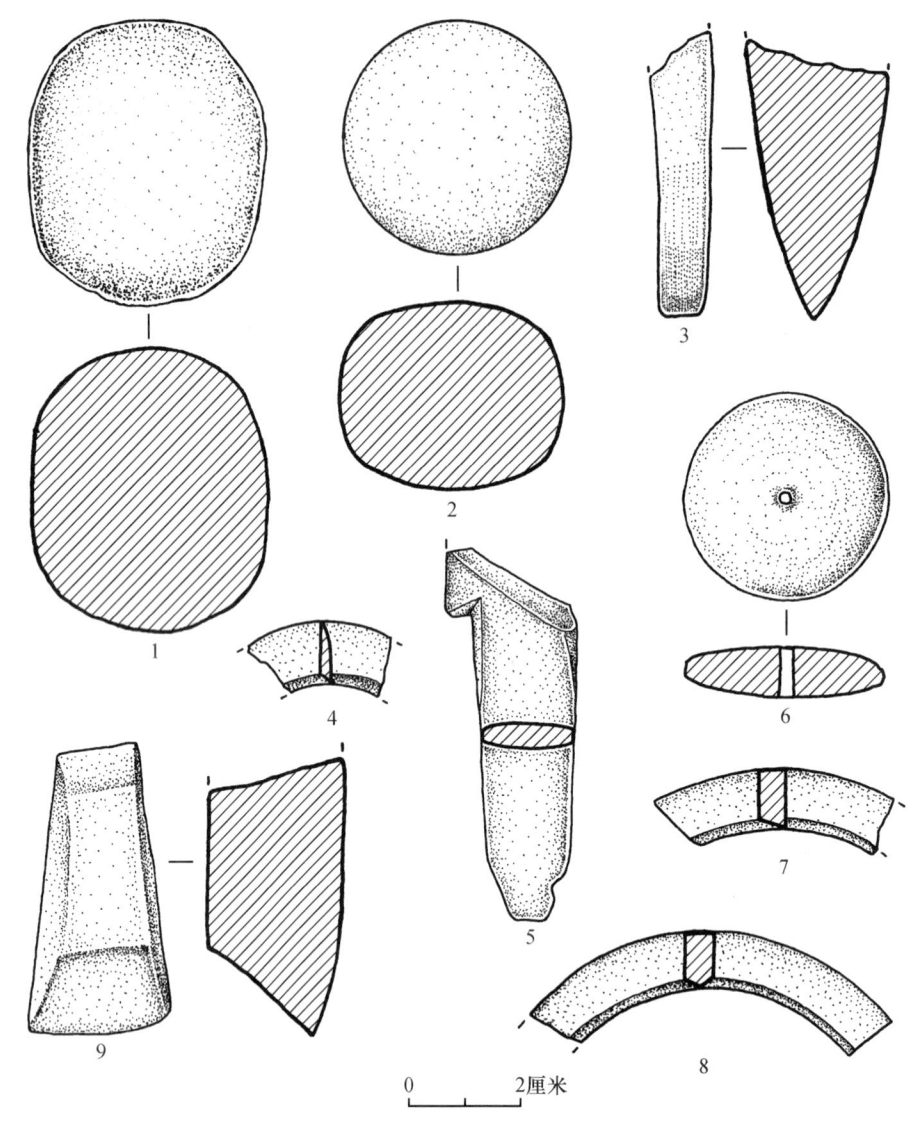

图五〇八 采集石器、玉器

1、2. 石球（1. 2013采：21、2. 2013采：98） 3. A型石凿（2014采：26） 4. 玉环（2016采：21） 5. 石矛（2013采：116）
6. 石纺轮（2015采：1） 7、8. 石环（7. 2013采：29、8. 2016采：13） 9. B型石凿（2013采：18）

径3.6、孔径0.2、厚0.9厘米（图五〇八，6；图版一三二，5）。

矛 1件。标本2013采：116，灰褐色石料。仅存后翼及骹部，短翼，扁长方形骹。残长6.4厘米（图五〇八，5）。

残损不明石器、坯料 7件。标本2013采：8，灰褐色石料。长条形，双面打制，平顶，下端弧，似为石锛坯料。长17.8、宽6、厚2.8厘米（图五〇九，2）。标本2013采：95，青灰色石料。不规则形，周身打制。长9.4、宽10.2、厚5厘米（图五〇九，6）。标本2013采：97，青灰色石料。不规则形，边侧打制。长7.8、厚1.5厘米（图五〇九，5）。标本2014采：20，浅灰色石料。上端打制，下端部分磨制，似为石斧坯料。残长13.4、宽7.6、厚3厘米（图五〇九，3）。标本2015采：13，浅灰色石料。边侧残，长条形，上薄下厚。长9.2、宽4、厚1.4厘米（图五〇九，7）。标本2015采：29，深灰色石料。不规则形，器身扁平。残长22.8、

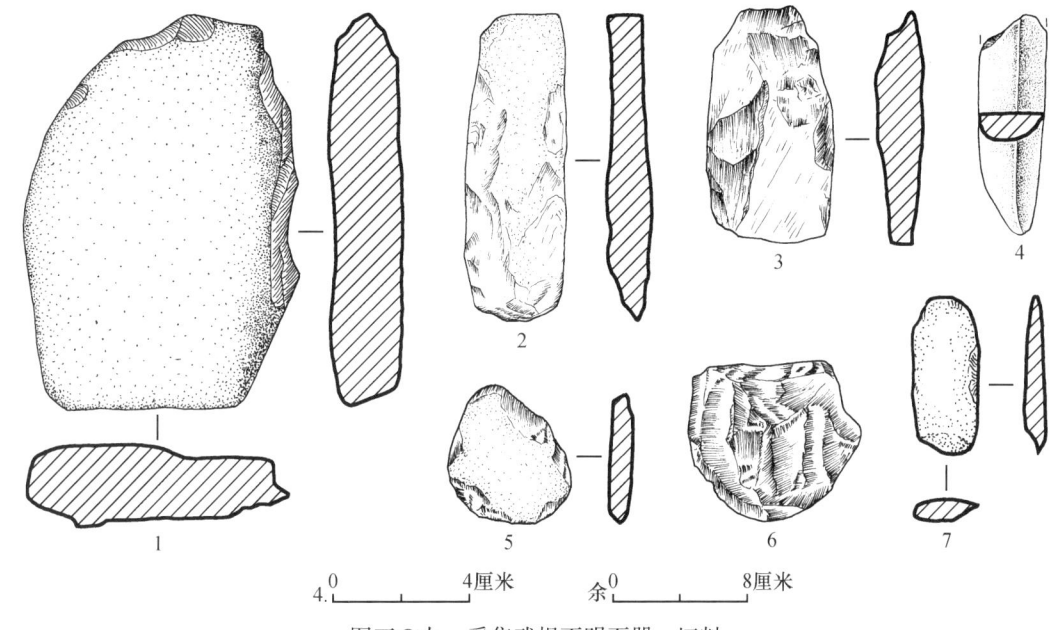

图五〇九 采集残损不明石器、坯料
1. 2015采：29　2. 2013采：8　3. 2014采：20　4. 2016采：19　5. 2013采：97　6. 2013采：95　7. 2015采：13

残宽15.6、厚4.4厘米（图五〇九，1）。标本2016采：19，浅灰色石料。上端残，细条形，一面平，一面拱，下端斜角，似为石镞坯料。残长6.3、宽2、厚0.8厘米（图五〇九，4）。

二、青 铜 器

1件。镞，标本2016采：34，镞身为三棱形。残长2.6、宽0.8厘米（图四九七，18；图版一三二，6）。

三、玉 器

1件。环，标本2016采：21，白色玉料，残件。残长2.5、宽1.1、厚0.2厘米（图五〇八，4）。

四、陶 器

纺轮　9件。

Aa型，6件。标本2013采：53，夹砂黑陶。边侧略残，饼形，直边，一面边侧饰一周凹弦纹，内饰双线"十"字刻划纹，内填戳点纹，中部穿孔。直径3.5、孔径0.4、厚0.6厘米（图五一〇，1）。标本2013采：135，夹砂红陶。饼形，斜边，素面，中部穿孔。短径3.5、长径3.8、孔径0.4、厚0.6厘米（图五一〇，2）。标本2014采：34，夹砂红陶。形体较小，饼形，斜边，素面，中部穿孔。短径2、长径2.5、孔径0.2、厚0.4厘米（图五一〇，9）。标本2014采：42，夹砂黑陶。饼形，斜边，窄面饰"十"字刻划纹及四组对称三弧线刻划纹，中部穿孔。短径3.4、长径4.5、孔径0.5、厚0.9厘米（图五一〇，4）。标本2015采：27，夹砂红陶。边侧残，饼形，直边，一面饰一周凹弦纹，其外至边饰斜向篦点纹，中部穿孔。直径3.6、孔径0.4、厚0.9厘米（图五一〇，3）。标本2016采：31，夹砂黑陶。饼形，斜边，宽面饰"十"字刻划纹及四组对称的三弧线刻划纹。短径4.6、长径5.1、孔径0.5、厚0.8厘米（图五一〇，5）。

Ab型，1件。标本2015采：31，夹砂黑陶。饼形，两面斜边，上下两面中部略凸，宽面饰

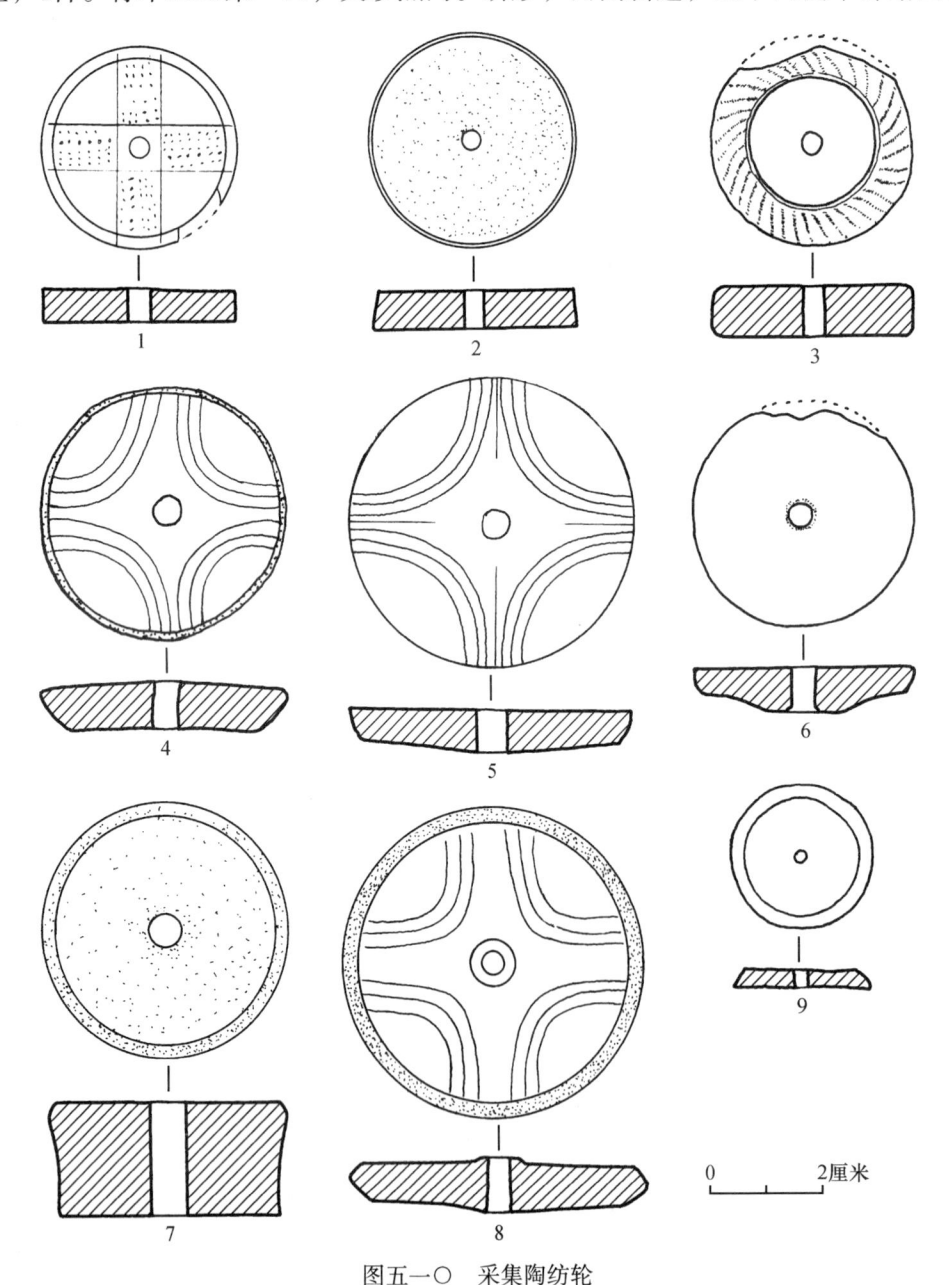

图五一〇　采集陶纺轮

1~5、9. Aa型（1. 2013采：53、2. 2013采：135、3. 2015采：27、4. 2014采：42、5. 2016采：31、9. 2014采：34）
6. Cb型（2015采：2）　7. B型（2013采：80）　8. Ab型（2015采：31）

对称三弧线刻划纹，中部穿孔。最大径5.4、孔径0.4、厚1厘米（图五一〇，8）。

B型　1件。标本2013采：80，夹砂黑陶。厚饼形，斜边微凹，素面，中部穿孔。短径4、长径4.4、孔径0.6、厚2厘米（图五一〇，7）。

Cb型，1件。标本2015采：2，夹砂黑陶。边侧残，矮斗笠形，斜边，窄面中部凸呈斜坡状，素面，中部穿孔。短径1.3、长径4、孔径0.6、厚0.8厘米（图五一〇，6）。

鼎足　19件。

Aa型，2件。标本2013采：151，夹砂红陶。宽扁形，素面。残高13.4厘米（图五一一，1）。标本2013采：170，夹砂红陶。下端残，宽扁足，足外饰二道瓦棱纹。残高7.2厘米（图五一一，2）。

Ba型，11件。标本2013采：146，夹砂红陶。上端残，扁锥足，外饰绳纹。残高14.8厘米（图五一一，3）。标本2013采：147，夹砂红陶。上端残，扁锥足，足外饰七道短刻槽。残高15厘米（图五一一，4）。标本2013采：148，夹砂红陶。上端残，扁锥足，足外饰绳纹，中部加饰一道竖向凸棱。残高12.8厘米（图五一二，1）。标本2013采：150，夹砂红陶。上端残，扁锥足，足外上端饰刻槽，足内侧及足跟底部饰绳纹。残高14厘米（图五一二，3）。标本

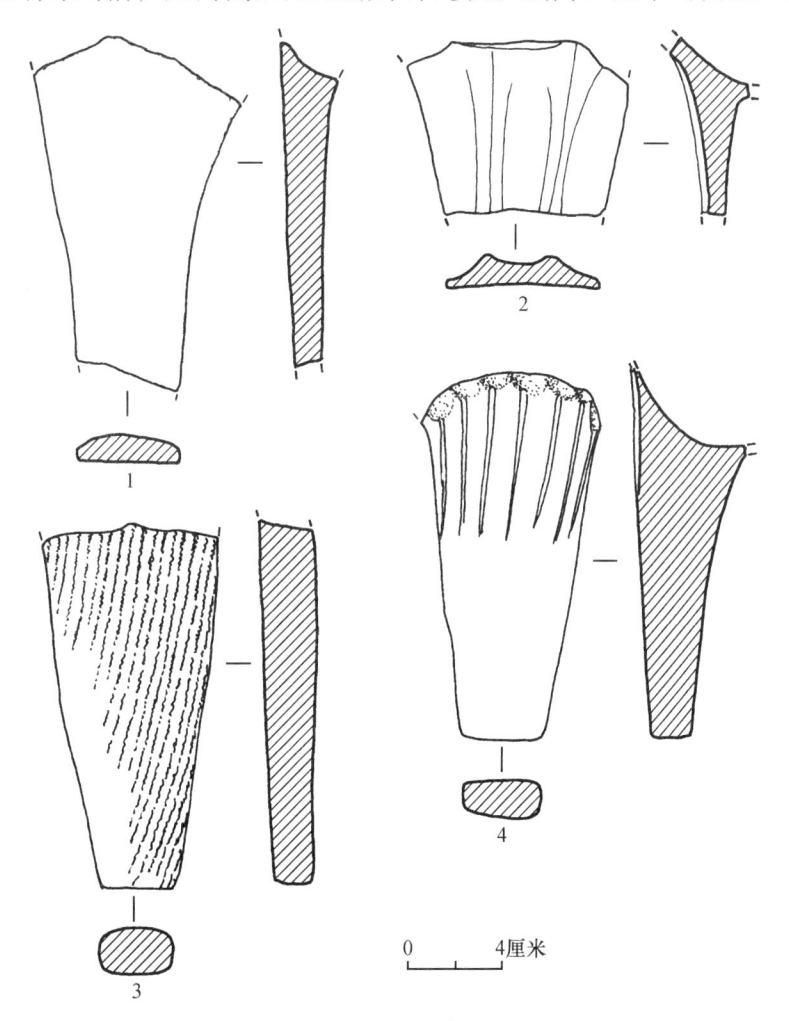

图五一一　采集陶鼎足

1、2. Aa型（1. 2013采：151、2. 2013采：170）　3、4. Ba型（3. 2013采：146、4. 2013采：147）

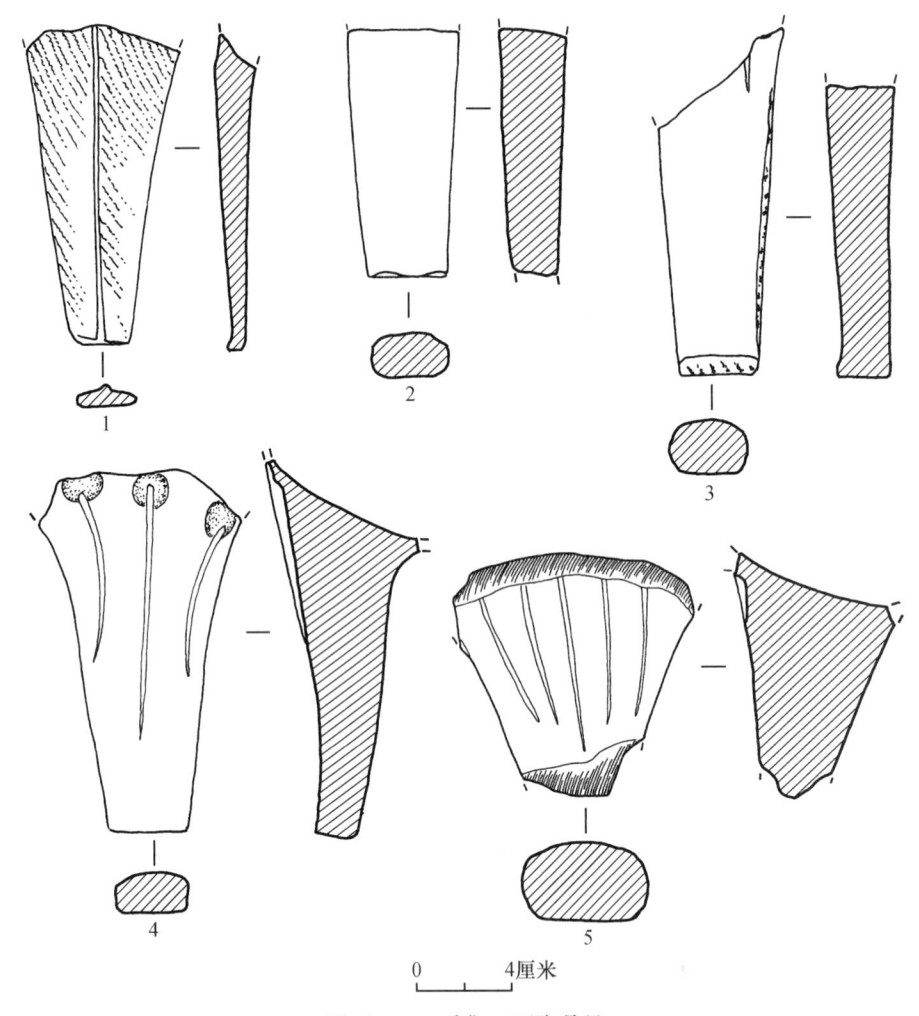

图五一二　采集Ba型陶鼎足
1. 2013采：148　2. 2013采：152　3. 2013采：150　4. 2013采：167　5. 2013采：168

2013采：152，夹砂褐陶。上下端残，扁锥足，素面。残高10厘米（图五一二，2）。标本2013采：167，夹砂红陶。扁锥足，足跟外撇，足根饰三个按窝，其下饰三道刻槽。残高14.6厘米（图五一二，4）。标本2013采：168，夹砂红陶。下端残，扁锥足，足外饰五道浅刻槽。残高9.8厘米（图五一二，5）。标本2013采：169，夹砂红陶。上下端残，扁锥足，足外中部饰一条纵向附加堆纹。残高6.6厘米（图五一三，1）。标本2013采：171，夹砂褐陶。下端残，扁锥足，足外饰三道浅刻槽。残高10.4厘米（图五一三，2）。标本2013采：173，夹砂褐陶。仅存上端，扁锥足，足外饰纵向指甲纹。残高5.8厘米（图五一三，4）。标本2014采：31，夹砂褐陶。扁锥足，足外饰粗绳纹。残高8.4厘米（图五一三，3）。

Ca型，6件。标本2013采：155，夹砂红陶。仅存上端，圆锥足，足根饰一个按窝，其下饰一道竖向刻槽。残高6厘米（图五一三，5）。标本2013采：156，夹砂红陶。仅存上端，圆锥足，足根饰一个按窝，其下饰一道竖向刻槽。残高7.4厘米（图五一三，7）。标本2013采：157，夹砂红陶。上端残，圆锥足，上端饰一道竖向浅刻槽。残高8.2厘米（图五一三，6）。标本2013采：158，夹砂褐陶。仅存上端，圆锥足，足根饰一个按窝，其下饰一道竖向刻

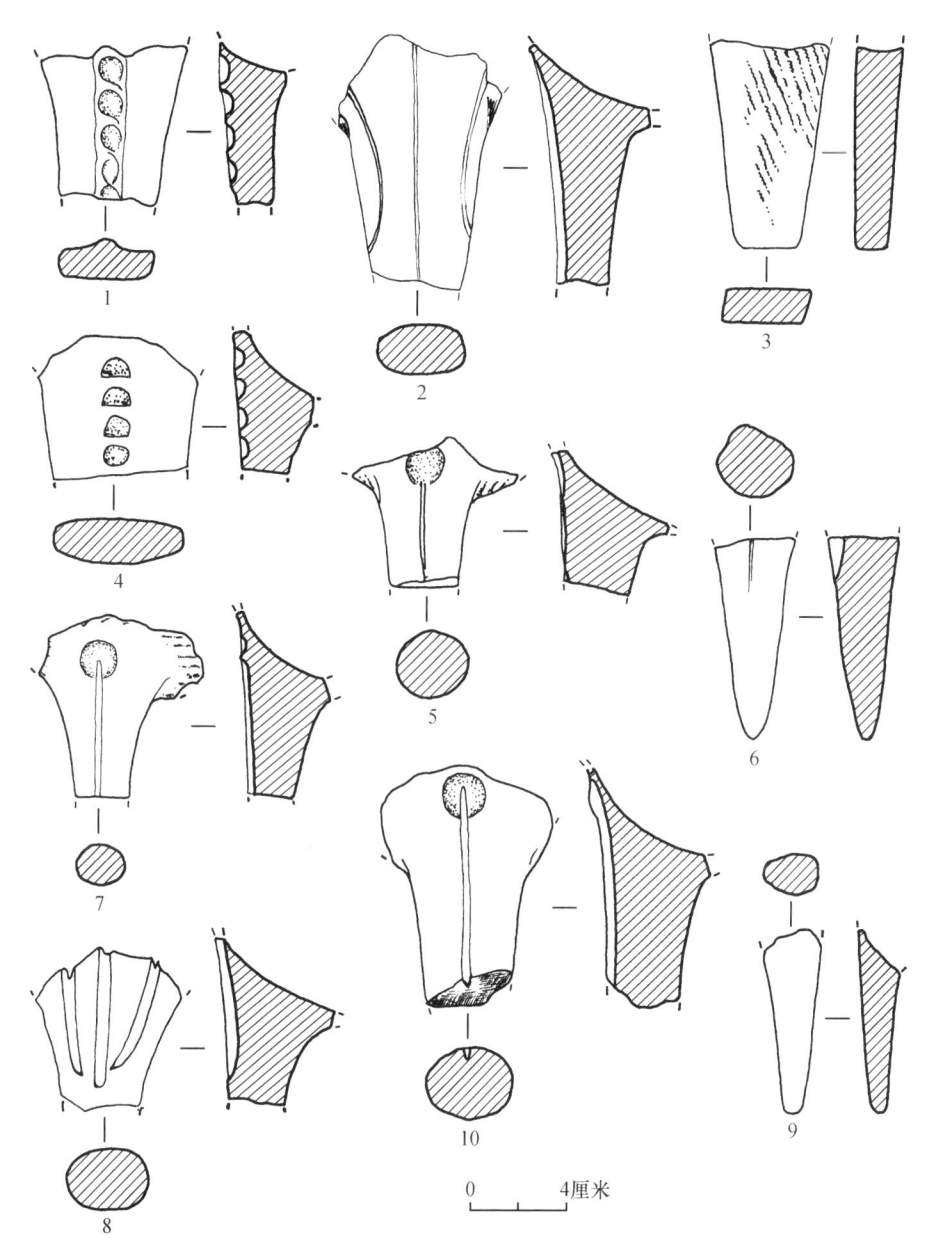

图五一三 采集陶鼎足

1~4. Ba型（1. 2013采：169、2. 2013采：171、3. 2014采：31、4. 2013采：173） 5~10. Ca型（5. 2013采：155、6. 2013采：157、7. 2013采：156、8. 2013采：172、9. 2013采：161、10. 2013采：158）

槽。残高9.6厘米（图五一三，10）。标本2013采：161，夹砂黑陶。圆锥足，素面。残高7.4厘米（图五一三，9）。标本2013采：172，夹砂红陶。仅存上端，圆锥足，足外饰三道深刻槽。残高6.4厘米（图五一三，8）。

釜鼎口沿 7件。标本2013采：130，夹砂褐陶。宽折沿，方唇，斜肩，沿外及肩饰绳纹。残高11.8厘米（图五一四，1）。标本2013采：134，夹砂浅黄陶。宽折沿，方唇，斜肩，素面。残高4厘米（图五一四，4）。标本2013采：137，夹砂红陶。宽折沿，沿面内凹，圆唇，斜肩，肩饰绳纹。残高4厘米（图五一四，7）。标本2013采：140，夹砂黑陶。宽折沿，方

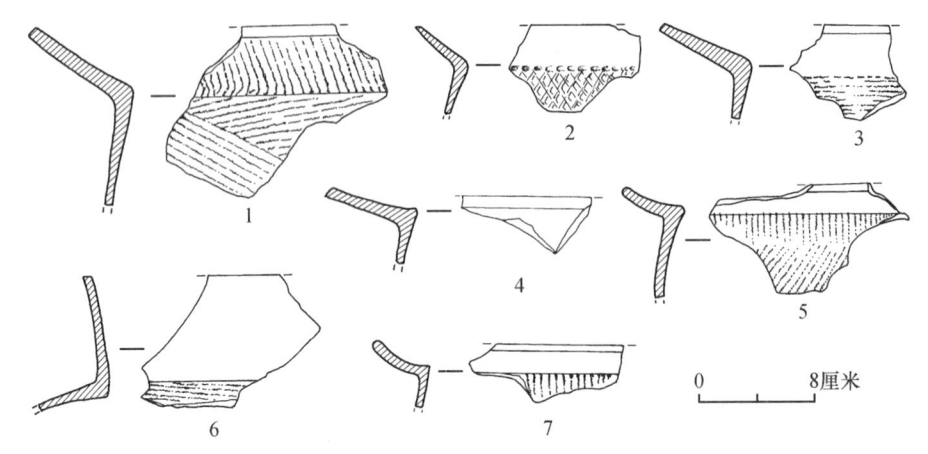

图五一四 采集陶釜鼎口沿

1.2013采：130 2.2013采：145 3.2013采：138 4.2013采：134 5.2013采：165 6.2013采：140 7.2013采：137

唇，广肩，肩饰绳纹。残高9厘米（图五一四，6）。标本2013采：138，夹砂褐陶。宽折沿，方唇，斜肩，肩饰绳纹。残高6.5厘米（图五一四，3）。标本2013采：145，夹砂褐陶。宽折沿，方唇，溜肩，肩饰斜方格纹。残高6厘米（图五一四，2）。标本2013采：165，夹砂褐陶。宽折沿，沿面内凹，圆唇，溜肩，肩饰绳纹。残高7.6厘米（图五一四，5）。

矮领罐口沿 5件。

A型 4件。标本2013采：131，夹砂灰陶。短外斜沿，圆唇，广肩，肩饰绳纹。残高3.6厘米（图五一五，1）。标本2013采：143，夹砂褐陶。短折沿，沿面内凹，尖唇，弧肩，素面。残高3.8厘米（图五一五，2）。标本2013采：162，印纹硬陶。短外斜沿，方唇，肩饰小方格纹。残高3.4厘米（图五一五，3）。标本2013采：176，夹砂黑陶。短外斜沿，圆唇，广肩，肩部饰绳纹。残高3.4、复原口径10.8厘米（图五一五，4）。

C型 1件。标本2013采：174，夹砂红胎黑皮陶。短直口，微敛，圆唇，广肩，素面。残高4.2、复原口径12厘米（图五一五，5）。

罐底 A型 2件。标本2013采：163，泥质灰陶。下腹弧斜，平底。残高5、复原底径13.2厘米（图五一五，10）。标本2013采：164，泥质灰陶。下腹斜收，平底。复原底径8、残高4厘米（图五一五，6）。

双沿坛口沿 3件。标本2013采：132，夹砂灰陶。短内沿，敛口，外敞沿，肩饰绳纹。残高8厘米（图五一五，9）。标本2013采：133，泥质灰陶。内沿残，敛口，外沿敞，弧肩，肩饰绳纹。残高6厘米（图五一五，8）。标本2013采：135，夹砂红陶。内外沿上端残，内沿外卷，外沿敞，圆唇，弧肩，肩饰绳纹。残高4.4厘米（图五一五，7）。

鬹 A型 3件。标本2013采：139，泥质红陶。残存颈部，细长颈，下端有把手，素面。残高9.4厘米（图五一六，1）。标本2013采：180，泥质红陶。残存颈部，细长颈，素面。残高8.9厘米（图五一六，2）。标本2014采：24，泥质红陶。仅存口、颈部，卷叶流，细长颈，素面。残高10.2厘米（图五一六，3）。

鬹足 2件。

A型 1件。标本2013采：159，夹砂褐陶。高锥状足，素面。残高5.8厘米（图

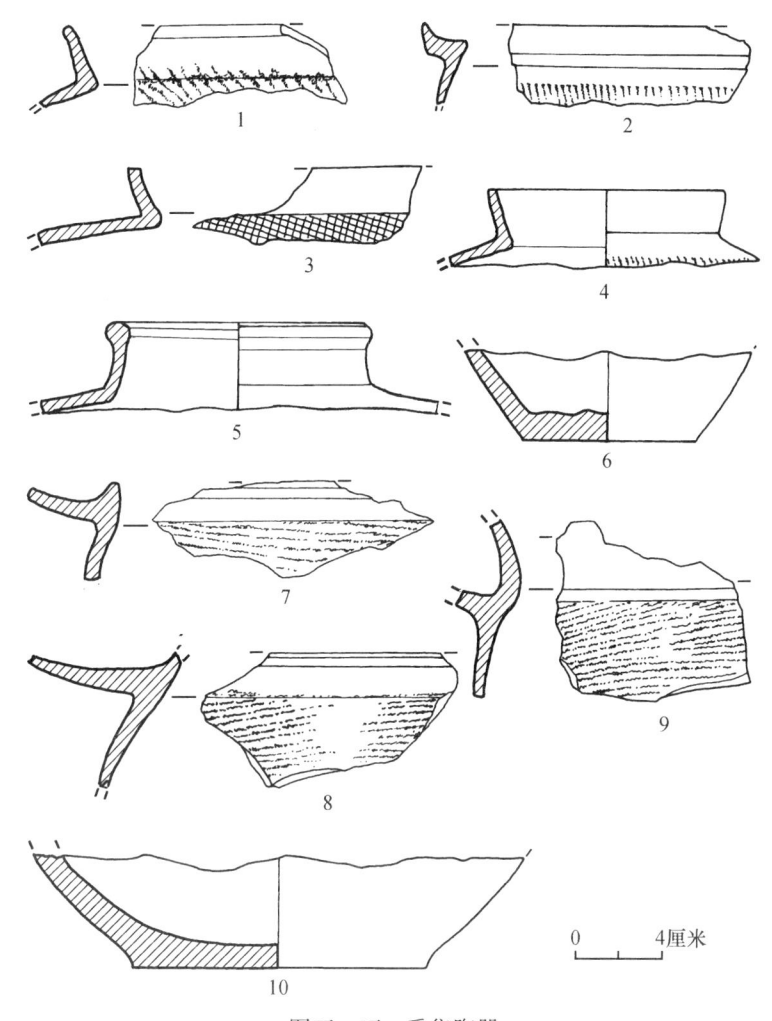

图五一五　采集陶器

1~4.A型矮领罐口沿（1.2013采：131、2.2013采：143、3.2013采：162、4.2013采：176）　5.C型矮领罐口沿（2013采：174）　6、10.A型罐底（6.2013采：164、10.2013采：163）　7~9.双沿坛口沿（7.2013采：135、8.2013采：133、9.2013采：132）

五一六，8）。

B型　1件。标本2013采：160，泥质黑陶。乳钉状足，素面。残高2.8厘米（图五一六，7）。

鬲足　C型　1件。标本2013采：154，夹砂红陶。下端残，细高柱状，外饰绳纹。残高5.8厘米（图五一六，6）。

鸡冠形錾　1件。标本2015采：25，泥质红陶。半圆形，外饰戳点纹。残长5、宽2.4、厚1.3厘米（图五一六，4）。

拍　1件。标本2013采：5，夹砂红陶。柄部上端残，蘑菇状，素面。残高3.6厘米（图五一六，5）。

穿孔饼形器　1件。标本2013采：79，夹砂红陶。边侧残，形体较小，薄饼状，中部穿孔，素面。直径2.6~2.8、孔径0.7、厚0.2厘米（图五一六，10）。

把手　A型　2件。标本2013采：62，夹砂黑陶。麻花状。高8、宽6厘米（图五一六，11）。标本2013采：65，夹砂黑陶。麻花状。高7、宽6厘米（图五一六，9）。

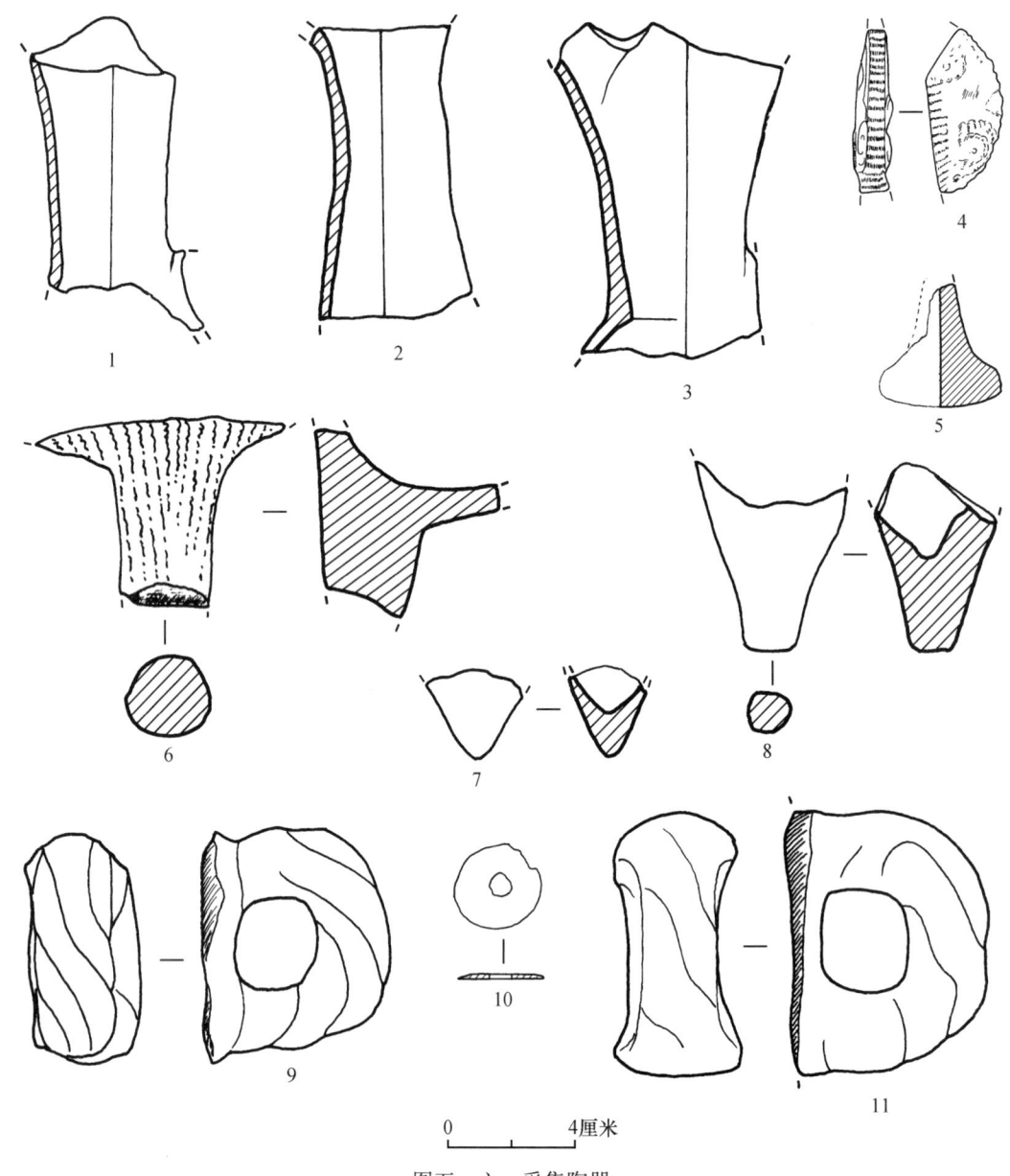

图五一六 采集陶器
1~3. A型鬶（1. 2013采：139、2. 2013采：180、3. 2014采：24） 4. 鸡冠形錾（2015采：25） 5. 拍（2013采：5）
6. C型鬲足（2013采：154） 7. B型鬶足（2013采：160） 8. A型鬶足（2013采：159） 9、11. A型把手（9. 2013采：65、
11. 2013采：62） 10. 穿孔饼形器（2013采：79）

豆柄 A型 1件。标本2013采：175，泥质黑陶。高粗中空柄，上部饰三个对称的圆形镂孔。残高9厘米（图五一七，4）。

壶 1件。标本2013采：181，泥质灰陶。仅存颈部及肩部，高直颈，弧肩，素面。残高11厘米（图五一七，5）。

豆盘 C型 1件。标本2013采：177，泥质黑陶。外卷口，圆唇，折腹，外饰一道凸棱。残高7.2、复原口径26厘米（图五一七，3）。

盆口沿 A型 1件。标本2013采：136，夹砂红陶。宽仰折沿，圆唇，斜腹，素面。残高

2厘米（图五一七，9）。

支座　B型　2件。标本2013采：153，夹砂红陶。上下端残，扁锥状，上粗下细，上部有一个穿孔。残高9、孔径1.4厘米（图五一七，7）。标本2013采：179，夹砂褐陶。上端残，圆柱状，上细下粗，素面。残高5.8、底径4.6厘米（图五一七，6）。

大口尊口沿　1件。标本2013采：178，泥质灰陶。高沿外侈，方唇，沿外饰弦纹+刻划网格纹。残高12.5、复原口径32厘米（图五一七，1）。

大口缸口沿　2件。标本2013采：142，夹砂褐陶。敞口，圆唇，沿外饰一道凸棱，其下饰绳纹。残高8.7厘米（图五一七，2）。标本2013采：166，夹砂褐陶。敞口，圆唇，沿外饰一道凸棱，其下饰绳纹。残高10.6厘米（图五一七，8）。

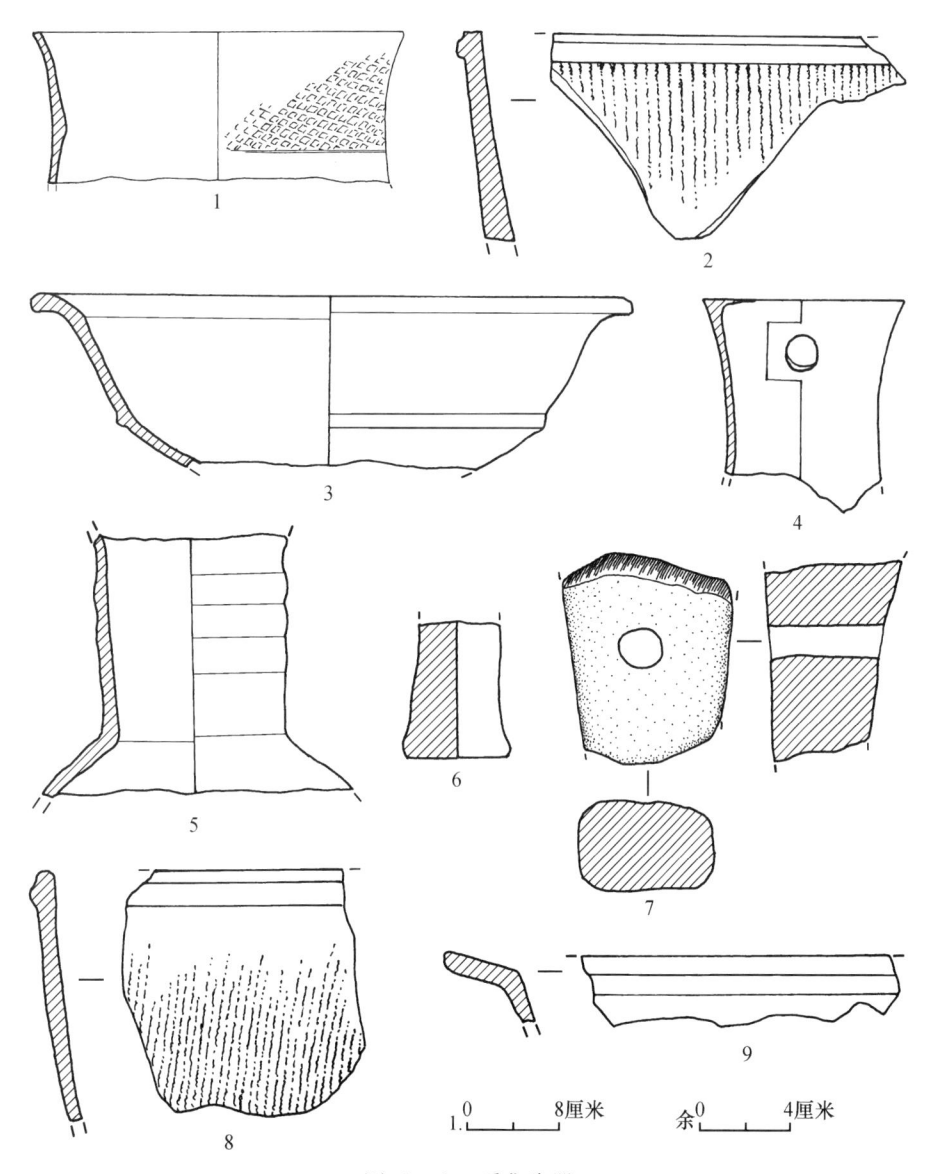

图五一七　采集陶器

1. 大口尊口沿（2013采：178）　2、8. 大口缸口沿（2.2013采：142、8.2013采：166）　3. C型豆盘（2013采：177）
4. A型豆柄（2013采：175）　5. 壶（2013采：181）　6、7. B型支座（6.2013采：179、7.2013采：153）
9. A型盆口沿（2013采：136）

第十一章　遗物与采集样品的检测与分析

第一节　采集土样浮选及植物遗存检测与分析

为了有效掌握该遗址早期植物遗存情况，在发掘现场由王传明负责在早期文化层、房址、灰沟、灰坑、柱洞、水井等遗存单位采集相关土样（图版三四，1），并对土样进行了浮选、筛洗、筛选等工作（图版三四，2），挑选出浮选土样64份交由山东大学文化遗产研究院进行了炭化植物遗存检测与分析（附录一）。通过检测获取了63粒炭化种子、果壳，其中农作物包括粟、黍、稻和大麦，非农作物则有胡枝子、铁苋菜、稗属、牡荆属、黍亚科、蓼科、伞形科以及少量硬果壳核等。通过研究可知，在新石器时代末期至早商时期，罗家冲遗址的先民已开始利用粟、黍、大麦类旱作植物，很可能已经开始了旱稻混作的农业生产模式，东周时期在延续这种混作模式的同时，兼有对蓼科、黍亚科、稗属、果类等植物的利用。

第二节　石器检测

1. 石器岩性检测与结果

为了有效掌握该遗址出土石器的岩性，2019年1月，在中山大学人类学系郭立新教授及台湾中正大学郭静云教授的推荐下，特邀请台湾中正大学博士研究生范梓浩对挑选的各期遗存共170件不同类型及色泽的石器进行了岩性检测（图版三六，1）。检测结果表明，罗家冲遗址石器的石料应主要为沉积岩，只有少数的侵入性火成岩和变质岩（附录二）。

2. 石器微痕检测与研究结果

为了了解遗址出土不同类型石器的功能及使用情况，2021年1月16日~17日，武汉大学历史学院考古系李英华教授与其博士生韦璇到单位考察遗址出土石器情况，并对石器检测及研究给出了相关建议。2021年3月29日至4月1日，我们挑选了50件不同类型的石器，委托浙江大学文物与博物馆学系陈虹团队进行了石器微痕检测，此次微痕分析共涉及磨制石器12种器型，包括锛、斧、铲、刀、镰、凿、犁、矛、镞、磨棒、砺石及石球，通过石器微痕及相关残留物检测分析可大致了解相关石器的功用涉及皮革加工、木材加工、植物收割、土地整治、狩猎、碾磨等，此次检测几乎涵盖了罗家冲遗址出土石器的所有类型，这些证据能够帮助我们管窥罗家冲遗址先民的部分行为，更全面地了解遗址的内涵，也为下一步更多的石器分析及研究提供线索，但此次石器检测数量仅占罗家冲遗址出土石器总数的1.7%左右，为石器的第一期检测报告（附录三、附录四、附录五），后续将开展出土石器的综合分析及研究，以提供更多有关该遗址出土石器功能和人类行为的证据。

第三节 出土遗物含铜成分检测

为了对该遗址出土的部分遗物表面是否残留含铜成分，2020年11月30日～12月2日，我们挑选出2件石器标本和8件陶器标本，从其器表刮取粉末样品，委托中山大学测试中心利用热场发射扫描电镜和能谱仪（SEM-EDS）、X射线衍射仪（XRD）、X射线微区荧光光谱仪（XRF）等进行检测，并由中山大学人类学系对检测结果进行了分析，结果表明，检测的10件遗物所含化学元素基本一致。制陶所用之陶土属于普通易熔黏土，陶土经过淘洗，夹杂有人工羼入的小沙砾。石器与陶器的主要物相组成是石英。陶缸器表多含有微量氧化铜、二氧化铜、铝铜钛等残留物，表明部分陶缸可能是人工冶炼用具（附录六）。

第四节 ^{14}C测年样品的采集、检测数据、年代分析

一、^{14}C测年样品的采集及检测数据

为了准确掌握该遗址早期各文化层及相关遗迹的绝对年代，我们在发掘过程中在早期部分遗存单位采集了一批含炭样品，主要为木炭及含炭土样。2017年3月，挑选了13个含炭样品委托北京大学加速器质谱实验室开展了^{14}C测年工作，通过检测，其中仅有6个有效检测样品（附录七）。2018年12月，又委托美国BETA实验室开展了12个含炭采集品的测年工作，仅有11个有效检测样品（附录八），检测结果如下。

北京大学加速器质谱实验室罗家冲遗址¹⁴C年代数据表

实验室编号	样品编号	样品类型	¹⁴C年代（BP）	树轮校正后年代 68.2%	树轮校正后年代 95.4%
BA170319	2014H13：1	含炭土样	3930 ± 25BP	2474BC（33.4%）2436BC 2421BC（13.0%）2404BC 2379BC（21.8%）2349BC	2547BC（0.3%）2544BC 2489BC（93.6%）2338BC 2321BC（1.4%）2309BC
BA170320	2014H47：1	含炭土样	3810 ± 25 BP	2286BC（68.2%）2206BC	2340BC（88.5%）2195BC 2174BC（6.9%）2145BC
BA170321	2014H49：1	含炭土样	4090 ± 30 BP	2836BC（12.0%）2816BC 2671BC（56.2%）2577BC	2860BC（19.3%）2808BC 2754BC（6.6%）2721BC 2703BC（66.1%）2568BC 2519BC（3.4%）2499BC
BA170326	T0203⑤：2	含炭土样	4035 ± 35 BP	2617BC（3.1%）2611BC 2581BC（24.1%）2546BC 2541BC（41.1%）2488BC	2834BC（2.6%）2818BC 2661BC（1.5%）2648BC 2636BC（91.3%）2471BC
BA170330	2016G7：2（原编号2016G4②：2）	木炭	4240 ± 25 BP	2901BC（68.2%）2875BC	2909BC（78.7%）2864BC 2806BC（16.7%）2759BC
BA170331	2016Z2：1	木炭	2020 ± 30 BP	50BC（68.2%）22AD	107BC（95.4%）59AD

说明：所用¹⁴C半衰期为5568年，BP为距1950年的年代。

BETA实验室罗家冲遗址¹⁴C年代数据表

实验室编号	样品编号	样品类型	¹⁴C年代（BP）	树轮校正后年代（BC）68.2%	树轮校正后年代（BC）95.4%
513877	T0406④A：1	木炭	4080 ±30 BP	（56.3%）2665 - 2572 cal BC （9.8%）2835 - 2817 cal BC （2.1%）2511 - 2506 cal BC	（68.0%）2699 - 2565 cal BC （15.9%）2857 - 2811 cal BC （7.8%）2532 - 2496 cal BC （3.7%）2748 - 2724 cal BC
513878	T0501F1①：2	木炭	3940 ± 30 BP	（39.3%）2488 - 2435 cal BC （17.9%）2380 - 2349 cal BC （11.0%）2421 - 2403 cal BC	（85.2%）2496 - 2338 cal BC （8.9%）2565 - 2532 cal BC （1.4%）2321 - 2309 cal BC
513879	T0501F1①：3	木炭	4220 ± 30 BP	（34.5%）2894 - 2866 cal BC （33.7%）2805 - 2762 cal BC	（42.8%）2905 - 2853 cal BC （42.8%）2813 - 2743 cal BC （9.9%）2727 - 2696 cal BC
513880	2014G1①：1	含炭土样	2780 ± 30 BP	（68.2%）980 - 896 cal BC	（95.4%）1004 - 844 cal BC
513881	2014G1②：2	木炭	2720 ± 30 BP	（68.2%）896 - 833 cal BC	（95.4%）918 - 811 cal BC
513882	2016祭祀台①：1	木炭	2320 ± 30 BP	（68.2%）406 - 378 cal BC	（90.1%）429 - 357 cal BC （5.3%）286 - 235 cal BC
513883	T0203H46：1	木炭	3840 ± 30 BP	（40.4%）2346 - 2272 cal BC （26.5%）2258 - 2207 cal BC （1.4%）2390 - 2386 cal BC	（87.0%）2409 - 2202 cal BC （8.4%）2457 - 2417 cal BC

续表

实验室编号	样品编号	样品类型	^{14}C年代（BP）	树轮校正后年代（BC）68.2%	树轮校正后年代（BC）95.4%
513884	T0204H48：1	木炭	3820 ± 30 BP	（68.2%）2299 - 2203 cal BC	（84.9%）2350 - 2193 cal BC （5.3%）2177 - 2144 cal BC （3.5%）2405 - 2378 cal BC （1.4%）2436 - 2420 cal BC （0.2%）2448 - 2446 cal BC
513885	T0501D317：1	木炭	3980 ± 30 BP	（36.8%）2565 - 2526 cal BC （31.4%）2496 - 2469 cal BC	（95.4%）2578 - 2457 cal BC
513888	T0307④A：1	木炭	4100 ± 30 BP	（53.6%）2678 - 2579 cal BC （14.6%）2840 - 2814 cal BC	（62.3%）2707 - 2571 cal BC （22.0%）2863 - 2807 cal BC （9.9%）2759 - 2717 cal BC （1.1%）2513 - 2503 cal BC
516104	T0402F1①：4	木炭	4100 ± 30 BP	（53.6%）2678 - 2579 cal BC （14.6%）2840 - 2814 cal BC	（62.3%）2707 - 2571 cal BC （22.0%）2863 - 2807 cal BC （9.9%）2759 - 2717 cal BC （1.1%）2513 - 2503 cal BC

说明：所用^{14}C半衰期为5568年，BP为距1950年的年代。

注：①测年采样编号与遗物标本编号为两个编号系统。

②北京大学及BETA实验室测年样品编号均以上表中实验室编号对应的样品编号为准。

二、早期遗存的年代分析

通过以上^{14}C测年数据可知，该遗址早期遗存的测年数据大致可分三个时期，基本与该遗址早期各段遗物特征相吻合，但由于该遗址早期遗存受后期的不断开挖与破坏，导致出现了早晚遗物及采集测年样品的混杂现象，如属于早二期的T0402F1①：4测年校正数据为公元前2707～前2571年，甚至早三期的T0307④A：1测年校正数据也为公元前2707～前2571年，这些显然都应属于早一期的年代范畴，这种情况在该遗址的^{14}C测年中多见，应为早期炭样混杂到晚期遗存所致，从考古层位学的角度分析这是属于合理的，所以综合以上测年数据分析，我们能基本掌握该遗址早期各段的大致年代。

早一期：测年数据属于该期年代范围的共有13个，其中测年数据最早的两个标本为2016G7：2及T0501F1①：3，测年校正数据分别为公元前2909～前2864年及公元前2905～前2743年，最晚的两个标本为T0204H48：1及T0203H46：1，测年校正数据分别为公元前2350～前2193年及公元前2409～前2202年，综合测年数据及出土遗物分析，推断该期的实际年代大致为公元前2500～前2000年。

早二期：测年数据属于该期年代范围的共有2个，其中2014G1①：1的测年校正数据为公元前1004～前844年，2014G1②：2的测年校正数据为公元前918～前811年。综合测年数据及出土遗物分析，推断该期的实际年代大致为公元前1004～前810年。

早三期：测年数据属于该期年代范围的仅有1个，即2016祭祀台①∶1，推断该期的实际年代大致为公元前429～前357年。

以上仅是针对该遗址所采集含炭样品的测年数据分析，但针对一个遗址发掘而言，通常所采集到的含炭样品具有一定的偶然性，并不是所有的遗存单位均能采集到测年样品，更不用说涵盖各期每个时段的测年样品，所以具体判断各期遗存的年代，应以此为基础并结合各遗存所出土的遗物综合分析，方能掌握各遗存的大致年代。

宁乡罗家冲

（下册）

长沙市文物考古研究所 编著

科学出版社
北 京

内 容 简 介

宁乡罗家冲遗址为沩水流域支流流沙河上游的一处重要遗址，2013年至2017年长沙市文物考古研究所会同宁乡县文物管理局（后更名为宁乡市文物局，现已撤销）对该遗址进行了考古调查及两次主动性考古发掘工作。本报告分上下两篇，上篇分单位详细客观地介绍了罗家冲遗址全部考古调查及发掘资料，下篇主要对早期遗存各类遗迹及出土遗物进行了系统归纳，总结其文化特点，并通过对邻近省份同时期或时代相近遗址的对比研究，以分析该遗址早期遗存不同文化因素、区域文化交流、相关遗物及聚落形态研究等。

该遗址出土文化内涵非常丰富，文化因素复杂，遗址主体年代跨度较大，从新石器时代末期至战国早中期，为近年湘中地区为数不多的年代序列相对完整的遗址之一，该遗址的发现及发掘，对于探索沩水流域乃至湘江流域新石器时代末期至商周时期的区域文化面貌、文化谱系、文化交流及探索炭河里文化源头、宁乡铜器群出土背景等具有重要的学术价值。

本书可供考古学、历史学等学科研究者，以及高等院校相关专业师生和广大文物考古爱好者参考、阅读。

图书在版编目（CIP）数据

宁乡罗家冲：全二册/长沙市文物考古研究所编著.—北京：科学出版社，2023.12
　ISBN 978-7-03-077879-6

Ⅰ.①宁⋯　Ⅱ.①长⋯　Ⅲ.①文化遗址-考古发掘-发掘报告-长沙
Ⅳ.①K878.05

中国国家版本馆CIP数据核字（2024）第015523号

责任编辑：王光明　王　钰　/　责任校对：张亚丹
责任印制：肖　兴　/　封面设计：张　放

科学出版社 出版
北京东黄城根北街16号
邮政编码：100717
http://www.sciencep.com

北京汇瑞嘉合文化发展有限公司 印刷
科学出版社发行　各地新华书店经销
*
2023年12月第 一 版　开本：889×1194　1/16
2023年12月第一次印刷　印张：59 3/4　插页：70
字数：1 960 000
定价：858.00元（全二册）
（如有印装质量问题，我社负责调换）

下篇

发掘资料研究

第一章　早期遗存文化特点

第一节　早一期遗存文化特点

早一期主要文化遗存以第6层、房址（F2～F4）及长方形坑状遗迹等为代表。该期系该遗址最早的文化遗存，也是文化最为繁盛时期，无论是房址类型还是出土遗物均代表了该时期的文化特点。

一、房址研究

该时期具有早晚关系的三组房址均由分布密集的柱洞组成，虽然我们依据柱洞的尺寸大小、整体分布、走向及打破关系等情况大致判断其归属，将不同柱洞区分为从早到晚的三组房址（F4、F3、F2），但这三组房址的柱洞从形制、规模、分布规律等均有所不同，这些差异点应代表着罗家冲遗址在早一期不同时段的房址类型、性质及在聚落中的等级情况，以下对各组房址进行初步分析。

（一）对F4的认识

1. 分布特点及形制

F4为一处大范围密集分布的细小柱洞群，柱洞直径8～20厘米不等，均位于生土之上。从柱洞分布情况看，位于南侧中部三排相对规整走向的小型柱洞，可能为搭建的某种走廊通道性质的建筑，而其他柱洞似可分为十余个相对集中的分布区域，每处代表的可能为单体房址，虽然每个区域内柱洞散乱分布，无一定规律，但有少量似可连成圆形或直角形，从柱洞尺寸及分布特点分析，这种小型且分布相对密集的柱洞不像是立柱式土木泥墙之类的地面式建筑，推测可能系干栏式建筑或其他建筑形式（见附页图五一八）。

2. 性质

这种呈散状分布的建筑群，推测应为当时本地普通聚落中呈散状分布的房址遗存，代表了最早人群进驻罗家冲遗址后采用的建筑方式，该时该遗址应为一处原始聚落的普通居民点。

3. 年代

从部分柱洞打破关系分析，F4的个别柱洞被F2、F3的柱洞所打破，所以其年代应早于F3及F2。

（二）对F3的认识

1. 分布特点及形制

F3柱洞与F4一样，也是大多建造于生土之上，直径25~40厘米，虽然普遍较F4的柱洞略大，少量打破F4的柱洞，但从柱洞分布规律分析，F3的单体建筑及整体布局与F4一样，在发掘区亦可大致分为十余个相对集中的区域，少量似可连成圆形（见附页图五一九），所以可能依旧延续F4的建筑形式及布局。

2. 性质

从建筑结构及整体布局分析，该房址性质依旧延续F4的建筑形态，为本地普通聚落中呈散状分布的小型普通居民房址遗存。

3. 年代

从柱洞的打破关系分析，F3的部分柱洞打破F4的柱洞，而F2的部分柱洞又打破F3的柱洞，所以F4的年代应晚于F3而早于F2，时代介于F4及F2之间。

（三）对F2的认识

1. 布局及建造特点

从F2的柱洞规格及整体布局分析，该房址是在F4及F3废弃面上立柱建造的，与早期F3、F4的建筑格局完全不同，从整体布局而言，F2系一处中部为主体回廊式建筑，四周为各类附属建筑相结合的向心式大型建筑群（见附页图五二〇），其中心主体建筑布局在早一期三座房址中是最清楚的，规模也是最大的，其下的浅黄色土层在各房址区域虽然由于后期破坏而分布不均、厚薄不一，但从整体分析，可能主要是为建造F2所铺垫的，推测原来该层垫土较厚，但在建造后期F1之时被大面积破坏了。中部的大型方形回廊式建筑单体面积近140平方米，北、东、南及西北角均有两排并列的柱洞分布，较为规整且等距离分布，可能为主体建筑墙体之外的廊庑设施，尤其是北侧廊道内侧中部5个直径达85～90厘米的大型柱洞，与其他小型柱洞显然不同，可能与主体建筑的主要部位的擎檐柱或主要支撑柱有关，抑或许有某种礼制性质。而在主体建筑的外围分布规格较小的附属建筑，虽然单体建筑格局不甚清楚，但部分似可连成直角或小型回廊，显然是以主体建筑为中心整体规划及建造的，无论从房屋的建造方式还是整体布局分析都是极其讲究的。

通过查本省及邻近省份湖北、江西等地区的考古资料可知，该时期前后的房址多为地面式建筑，在建造方式上基本大同小异，一般地面式建筑可分为立柱式、基槽式及基槽加立柱式三大类，这在澧县孙家岗遗址居住区均有发现[1]。通常是先平整居住面或铺垫房基垫土，再在其上开挖基槽或直接立柱建造墙体。从房屋布局及规模分析，主要是根据房址的等级及功用属性不同而有所区别。

如在肖家屋脊石家河文化早期的6座房址均有柱洞，多则7个，少则1个，大多在室内居住面上，少数在墙内，柱洞大多为圆形，少量椭圆形，直径一般在0.15～0.3、最大者0.5米，房址平面形状多呈长方形，分单间和多间两种，面积最大的近95平方米（F9），最小的残存约5平方米（F10），一般在20平方米左右。晚期房址仅1座，为地面式分间房址，由于破坏严重，仅存部分墙基、柱洞及居住面，残长11、宽8.72米，东南部的小房子保存较完整，残长4.8、宽1.82米[2]。从两期房址布局及规模分析，推测应为普通居民的房址。

城头山遗址作为早期大型城址，发现有大溪文化时期、屈家岭文化时期、石家河文化时期等三个时期的房址，多为地面基槽加立柱式建筑。其中大溪及石家河文化时期均未见较为集中的居住区及高等级房址，一般分布较为零散，面积从几平方米至几十平方米不等，应该属于等级较低的普通居民房址。而屈家岭时期建筑中心区发现几座规格较高的房址，均筑有四面坡下的黄土台基，尔后再在台基面上挖基槽，修整居住面，其后起建，平面形状多为方形或长方形的连间房址，房间的室内面积由于功能不同而有较大差别，作为公共活动的房屋，室内面积有的达63平方米（F87），而周围等级较低的单个房址面积仅3～5平方米（F57），可以看出，房屋因使用功能不同而出现的结构上的变化，是这一时期房屋建筑的一大特点[3]。

澧县孙家岗遗址为一处以肖家屋脊文化堆积为主体，且规模较大的新石器时代末期至夏代早期的遗址，该遗址发现的房址类型较多，基本涵盖了大部分的地面式建筑类型，该遗址的房址可分为南北两大区域，其中北部区域地势较低，文化遗存以生活废弃堆积为主，发现的房址面积均较小，建造方式相对简单，应为从早到晚一直延续的普通聚落居民居住生活区。而在南部地势较高的区域，近年发现了一处坐落于大型人工堆筑台基之上的大型房址F13，系一座由多条基槽和成排成列的柱洞围构而成的以夯土为墙体的四连间并带廊道的多间建筑，房址面积达153平方米，该房址建造工艺较为讲究，即在修建过程中首先以较纯净的黄、灰及褐色黏土

---

[1] 湖南省文物考古研究所：《湖湘文化——考古之旅2021》，2021年，内部资料。
[2] 湖北省荆州博物馆、湖北省文物考古研究所、北京大学考古学系：《肖家屋脊》，文物出版社，1999年。
[3] 湖南省文物考古研究所：《澧县城头山——新石器时代遗址发掘报告》，文物出版社，2007年。

混杂垫平台基表面，然后按建筑房间规划在台基表面开挖基槽，再之后在基槽底部立柱，最后从基槽底部以较纯净的黏土向上夯筑夯土墙体，在夯筑墙体的过程中也会在墙体两侧或墙体内增加立柱，以支撑加固墙体。从房址建造工艺及布局分析，该房址为一处规格及等级较高的建筑，从而也说明房址所在的南部区域为氏族公共活动区或聚落上层阶层的居住生活区，南北之间是存在功能区划或区域分化的[①]。

在江西广丰社山头遗址发现的房址较多，其中第一、二期的房址均呈方形或圆形，房址一般规模较小，建造工艺简单，可能为一般居民房址或制作石器的场所，而第三期发现一座大型三连间式地面式建筑F1，各间均长4.3、宽3.7米，其建造过程是先夯打居住面，再挖基槽，在基槽内立柱并烧烤，在外墙用红烧土护坡，在居住面抹有厚3～5厘米的白灰面[②]，由此可见，该房址规模较大且建造工艺较为复杂，可能为一处等级较高或具有特殊功用的房址。

通过以上资料并综合罗家冲遗址F2可知，该时期前后的房址大多采用先铺垫房基或居住面垫土再开挖基槽立柱或直接立柱的建造方式，这种方式既能平整房基、居住面，又能防潮且使立柱坚固，这在史前时期既是建设技术的革命，又是新文化因素的体现[③]。至于房基基槽，上述遗址有些房址有基槽，且基槽内有柱洞，而有些遗址的房址仅见柱洞而无基槽，无一定规律，这应是立柱方式或地域差别所致。在房址布局及规模上，一般普通居民区多为方形、长方形或圆形的单体房址，且大部分为开间较小的小型房址，而处在聚落中心区的管理阶层或具有公共活动性质的高等级建筑多为布局规整且规模较大的长方形连间式房址或有廊道的房址。

2. 性质

从F2的规模及布局分析，这种以大型回廊式主体建筑为中心，四周围绕附属建筑的大型建筑群的布局比早期的F4及F3更加规整、等级更高，说明此时遗址的性质已从原来的普通居民点转变成了本地聚落中心所在地。此类建筑布局在周边邻近省份的同时期遗址中基本不见，虽然在孙家岗遗址F13北侧也发现有一排廊道，但整体布局与罗家冲遗址F2还是有很大的区别，显然可以作为该时期大型建筑的典型代表。

另从遗物种类及形制分析，该时期的遗存中出土了一大批代表本地土著文化因素及代表外来文化因素的石家河文化、河宕文化典型特征的遗物，说明该时期遗址随着外来文化因素的人群进入该区域并与当地土著居民相互融合，使得该区域的聚落点及人群数量较早期大大增多，并出现了石器、陶器制作的不同人群社会分工，从石器的丰富程度，推测甚至出现了早期商品经济，社会生产力与文化发展都较前有了很大的提高，聚落结构也发生了较大的变化，结合该遗址周边分布的月形山、景德观及其他同时期小型遗址分布情况，说明罗家冲遗址在该时期随

---

① 湖南省文物考古研究所：《湖湘文化——考古之旅2021》，2021年，内部资料。
② 江西省文物考古研究所、厦门大学历史系考古专业、广丰县文物管理所：《江西广丰社山头遗址第三次发掘》，《南方文物》1997年第1期。
③ 江西省文物考古研究所、厦门大学历史系考古专业、广丰县文物管理所：《江西广丰社山头遗址第三次发掘》，《南方文物》1997年第1期。

着这些外来文化因素的融合下逐渐由原来的单一居民点演变成为该区域一处规模最大且等级最高的聚落点，而F2则正是在遗址区最繁盛时期所建造的。从房址不同布局及功用分析，位于F2中部的大型回廊式建筑由于其特别的建筑形式，其形制应为该区域聚落中心供大型集会或祭祀性质的公共建筑，而其周边的附属建筑则可能是普通民居或工具加工作坊等。从整体而言，这种由多种性质的房屋组成的大型建筑群，其性质应属于新石器时代的公共活动兼居住建筑[1]。

3. 年代

与F2年代直接相关的为第6层及第5层下的一批长方形坑状遗迹，从层位关系分析，第6层应该为F2的废弃后堆积，长方形坑状遗迹应为F2废弃后一段时间的遗存，时代较F2稍晚，根据BETA实验室^{14}C测年数据分析，F2柱洞D317、2014H46及2014H48的炭样测年校正数据分别为公元前2578~前2457年、公元前2409~前2202年及公元前2350~前2193年，结合F2层位关系，推断F2的实际年代可能为公元前2450~前2200年。

以上是对早一期三组不同时期房址的初步认识，虽然整体是按照柱洞大小及走向区分的，但对于部分大小不一且存在打破关系的柱洞由于是处在同一条走向线上，且部分紧挨并有深浅之别，考虑到不同时期房址的建造工艺或后期修补、并柱等原因，所以也将其归属为同一房址，并未严格按照考古学上辨别早晚的打破关系来区分不同柱洞的归属，但三组房址建筑形态的改变让我们大致可以看出该遗址从普通聚落向中心聚落转变的过程。

（四）柱洞群分析余论

如前所述，由于罗家冲遗址早一期三组房址的柱洞大多处在同一平面上，对于判断柱洞的确切归属造成很大的困惑，虽然仅F2中部主体建筑格局较为清晰，但F3、F4这种无规律密集分布的柱洞群，对其建筑结构、布局及建造方式很难做出精准判断，仅能作以上初步推断。通过查找相关资料可知，与此大致同时且在同一平面分布密集的柱洞群在广东佛山河宕遗址也曾发现过，该遗址在第2层尤其是第3层的底部发现密集分布有大小不一的柱洞或洞穴，整理者将口径在10~30厘米的称为柱洞，将口径在35厘米以上的称之为洞穴，按此归类，其中柱洞数量约为340个，洞穴数量约为102个，并将第3层柱洞根据分布情况粗略分为5座房址，但对柱洞各自的归属至今尚不明确[2]。与此相似的是，在罗家冲遗址T0302西北部、T0402西北角的第6层下也分布有8个大型柱坑，从与F2部分柱洞打破关系分析，该批大型柱坑明显晚于F2，由于分布散乱，其性质亦是不明，所不同的是，未发现河宕遗址中大量可能与房址相关的不同形态的红烧土遗迹。另从本地早期文化房址考察，在腰塘遗址的底部也发现大批分布极不规则的柱洞，

---

[1] 吴诗池：《浅谈中国新石器时代建筑艺术》，《史前研究2013》，西北大学出版社，2015年。
[2] 广东省博物馆、佛山市博物馆：《佛山河宕遗址——1977年冬至1978年夏发掘报告》，广东人民出版社，2006年。

且地面不平整，其作用及用途不明①。另在距离罗家冲遗址较近的堆子岭文化时期的花草坪遗址类似房址也有发现，如该遗址F1共发现37个柱洞，均开口在第6层下，打破生土层，部分被H60~H62打破，柱洞分布密集且无规律，整体形状不规则，大小不一，直径在15~63厘米，有圆形与椭圆形两种，多为斜壁、圜底，还有小部分为斜壁、斜底②。由此可见，类似罗家冲遗址F3、F4散乱分布的柱洞群可能承袭了本地自堆子岭文化时期以来的建筑风格，与河宕遗址的柱洞群分布情况也大致类同，这或许代表着本地自堆子岭文化时期至罗家冲遗址F2之前某种特定风格的房址形态。与F3、F4不同的是，到了罗家冲遗址F2时期，房屋建筑的柱洞分布已有一定规律可循，为经过整体规划的主、附属结合的大型建筑群，可能是在以石家河文化、河宕文化等为代表的外来因素影响下，罗家冲遗址在本地聚落中等级逐步提高的背景下建造的，但由于受发掘面积的限制，其建筑整体布局尚未能完全揭示出来。

以上对罗家冲遗址早一期柱洞群初步划分的三座房址相关分析只能作为一种参考，具体的分属、分布情况及建造工艺有待日后进一步研究。

二、长方形坑状遗迹研究

（一）形制特点

罗家冲遗址长方形坑状遗迹共发现8个（2014H33、2014H45~2014H50、2014H52），集中分布于遗址的西北部，开口于第5层下，打破浅黄色土层。此类坑形制较规整，方向大部分略呈东西向，少量南北向，平面形状为长方形或近似长方形，直壁平底，长0.7~1.1、宽0.5~0.8、深0.06~0.34米。坑内填土均为灰黑色灰烬层，含烧土颗粒、炭屑、碎骨渣、陶片等，少量坑内出土部分可辨形制器物，如2014H46出土有泥质灰陶斜腹杯、2014H50出土有陶折腹壶、绳纹陶釜及陶圈足。

（二）对比研究

通过查找其他区域相关考古资料可知，此类长方形浅坑内填灰黑色灰烬土或炭末的坑状遗迹广泛分布于鄂东南、湘北、湘中、江西、广东珠三角等地区，可与之对比的遗址自北向南分别有湖北尧家林、湘北彭头山、八十垱、城头山、安乡划城岗、湘中岱子坪、株洲磨山、临湘托坝、江西拾年山、广东乌骚岭、鱿鱼岗等一大批遗址。

---

① 何强：《长沙县腰塘新石器时代遗址》，《中国考古学年鉴1989》，文物出版社，1990年，第207页。
② 山东大学历史文化学院、湖南省文物考古研究所：《湖南宁乡花草坪遗址新石器时代遗存发掘简报》，《江汉考古》2021年第5期。

1. 鄂东南地区

鄂东南此类烧土坑主要见于石首走马岭遗址及尧家林遗址。其中走马岭遗址主要见于第四、五期，此类坑分布比较集中，排列有序，且都为人工挖成，十分规整，一般为长方形，个别呈不规则形，长0.7～1、宽0.5～0.6、深0.15～0.3米，坑内填土呈黑色，多掺杂草木灰、木炭、红烧土块等。包含物多动物骨渣，陶片不多，但多置完整陶器和大块陶片。如第四期H16出土部分陶片和1件陶壶、1件高柄杯及1件小罐，第五期H25出土石刀、陶鬶、陶杯、陶罐及少量陶片等[①]。尧家林遗址此类坑从其分布、形制、尺寸、填土及出土遗物情况均与罗家冲遗址烧土坑较相似。该遗址2C层下的24个烧坑形状多为圆角方形或长圆形，均东西向，直壁平底，坑壁经烧烤呈浅红色，长0.5～1.25、宽0.25～0.42、深0.2～0.46米，坑内填土上层为灰杂土，下层为纯净的黑灰烬，烧坑内出土遗物极少，仅S5出土平底小陶碗1个，S14出土陶器盖1个，烧坑分布密集，坑与坑之间独立存在，无连通现象[②]，这些烧坑无论从形制、填土还是出土遗物等方面均与罗家冲遗址第5层下的烧土坑较为相似，两者性质应该大致相同。

2. 湘北地区

湘北地区的彭头山遗址及八十垱遗址时代较早，为彭头山文化时期。这两处遗址的墓葬填土中均发现有填充红烧土、炭末及灰烬的情况。其中彭头山遗址此类墓葬较少，仅M35、M40、M41，其他墓葬无此葬俗。而八十垱遗址此类葬俗较为普遍，该遗址墓葬分为A、B、C、D四型，其中A型为长方形，B型为浅坑椭圆形，C型为深坑椭圆形，D型为不规则形，这四类墓葬除个别外，墓坑填土均为黑色或黑（黄）褐色黏土，含较多红烧土颗粒、草木灰及炭末，大部分未见骨架，少量发现有骨渣（M34、M40），随葬器物3～6件，其中除A型属一次葬外，其余三型均属二次葬[③]。其中A型墓葬分为窄长方形（Aa）及宽长方形（Ab）两亚型，墓葬长一般为0.9～1.5、宽0.3～0.7、深0.2～0.3米，从墓葬形制分析，Ab型墓葬与罗家冲遗址此类烧土坑形制相近。

湘北城头山遗址的49个祭坑中，大部分为规格较大的圆形或椭圆形，其中仅有三个叠压在第14层下长方形灰坑，无论从形制还是填土、出土器物等都与此类坑形制相近，其中H313长1、宽0.65、深0.3米，填土为灰黑色黏土夹大量草木灰，出土残破的陶釜、钵等；H315长0.9、宽0.66、深1.1米，填土为黑褐色黏土夹草木灰，出土陶釜1件；H356长0.7、宽0.6、深0.6米，填土为疏松的草木灰，未出遗物。时代均为大溪文化一期[④]。

---

① 荆州市博物馆、石首市博物馆、武汉大学历史系考古专业：《湖北石首市走马岭新石器时代遗址发掘简报》，《考古》1998年第4期。

② 武汉大学历史系考古专业、咸宁地区博物馆、通城县文化馆：《湖北通城尧家林遗址的试掘》，《江汉考古》1983年第3期。

③ 湖南省文物考古研究所：《彭头山与八十垱》，科学出版社，2006年。

④ 湖南省文物考古研究所：《澧县城头山——新石器时代遗址发掘报告》，文物出版社，2007年。

湘北安乡划城岗遗址丙类遗存中也发现此类小坑墓，如M123长1.1、宽0.5、深0.3米，墓内填土为灰黑色，随葬品集中置于头向左侧，出土有陶鼎2件、甑、碗、瓶、盖各1件，时代为屈家岭时期[①]。

3. 湘中地区

湘中地区的岱子坪遗址在第一期仅有2座墓葬，其中M43墓坑不清，M62为长方形土坑竖穴，长0.95、宽0.5、深0.3米，填土为黄褐色土，出土陶器中除1件泥质红陶豆外，其余均为泥质磨光黑陶。与此葬俗不同的是，在第二期遗存中95座墓葬均有清晰的墓坑，此类墓葬均为小型长方形浅穴墓，一般长1、宽0.5、深0.15～0.3米，坑底积满草木灰、炭渣，并夹杂大量烧烤并经砍碎的兽骨，不见人骨，整理者认为属于二次葬。其中7座无随葬品，88座有1～17件不等的随葬品[②]，多为陶质实用器及少量石器，与罗家冲遗址出土同时期实用器种类及形制相近，时代应该相近。从第一、二期墓葬对比可知，第二期M49、M56打破第一期的M62，具有明确的早晚关系，两期墓葬葬俗及出土遗物的差别说明了与罗家冲遗址早一期相同的文化因素在岱子坪第二期才在本地逐渐形成。

株洲磨山遗址晚期遗存中24座墓葬均为长方形浅坑竖穴，墓坑狭小，一般长0.5～0.9、宽0.3～0.5、深0.18～0.7米，墓葬为二次葬，部分墓坑底堆积厚度不一的草木灰，少数墓中有人骨碎块，随葬品数量多寡不一，12座有随葬品，多者9件，少者1件，常见器物为陶釜、罐、豆、壶等[③]，时代与罗家冲遗址相近。

临湘托坝遗址发掘时在一村民取土坑中发现8个烧土坑，仅清理1座，为长方形竖穴坑，四壁规整，长0.65、宽0.55、深0.25米，坑内填灰黑色土，含少量烧土颗粒及炭末，出土少量陶片及小砾石。整理者认为这些坑形制独特，绝非一般灰坑，可能具有某种特殊用途，这类坑在澧县城头山、丁家岗、王家厂等遗址中都曾发现，多数研究这倾向与祭祀有关，推断时间为大溪文化时期[④]。

4. 江西地区

江西拾年山遗址1986年～1987年共发掘出土49座有圹墓，均为二次葬，多为东西向，少数为南北向，墓为长方形竖穴土坑，口大底小，墓壁和底均经火烤，被烤壁面厚1～1.5厘米，墓口长0.54～1.8、宽0.28～0.78、底长0.48～1.69、深0.24～0.96米，其中墓口长度在1.2米以上者

---

① 湖南省文物考古研究所、常德市文物处、安乡县文物管理所：《湖南安乡划城岗遗址第二次发掘报告》，《考古学报》2005年第1期。或湖南省文物考古研究所：《湖南安乡县划城岗遗址第二次发掘简报》，《考古》2001年第4期。
② 湖南省博物馆：《湘乡岱子坪新石器时代遗址》，《湖南考古辑刊》第2辑，岳麓书社，1984年。
③ 湖南省文物考古研究所、株洲市博物馆：《株洲县磨山新石器时代遗址试掘报告》，《湖南考古辑刊》第6辑，岳麓书社，1994年。
④ 湖南省文物考古研究所、岳阳市文物考古研究所、临湘市文物管理所：《临湘托坝遗址试掘报告》，《湖南考古辑刊》第8辑，岳麓书社，2009年。

24座，1~1.2米的有17座，其余8座长度在1米以下，墓葬填土大部分有两层，其中上层为黄褐土或红褐土，下层为黑色灰烬土，骨骸在墓底，腐朽严重，多为骨渣，只发现少量骨骸，骨骸上覆盖厚10~43厘米的黑色灰烬土，内含大量炭粒，土质松软。绝大多数墓未见葬具，只有个别墓内有单层木椁痕迹，随葬器物分别放置在黑色灰烬土上或墓底，这批墓29座有随葬品，多为1~4件，最多者有11件，以陶器为主，多为鼎、豆、壶，个别随葬石器。

另有30座无圹墓，均未见葬具痕迹，人骨多腐朽，仅存残骸与骨渣，墓底垫有黑色灰烬土，随葬品均为陶器，一般1~4件，大多数墓在垫土上见骨渣，少数骨骸集聚。少数墓底部垫有红烧土，烧土之上覆盖厚1厘米的黑灰土，在黑灰土上置随葬器物。此类墓在第二、三期一直存在，时代处于薛家岗三期至山背文化时期，大致在距今5000~4800年①。

5. 广东地区

广东乌骚岭遗址清理的111座墓葬，均为小型竖穴土坑墓，墓坑一般长0.5~0.7、宽0.35~0.5、深0.1~0.35米，墓内填土为含有较多的竹木炭灰的灰黑色沙土，随葬品较少，其中26座无随葬品，最多的七八件，少的仅有一两件。随葬陶器多为鼎，除纺轮外，无一完整器。墓葬年代大致在4600~3900年前②。

广东南海市鱿鱼岗贝丘遗址中墓葬有36座，分成人墓与儿童墓，其中成人墓墓口长均在1.6米以上，儿童墓墓口一般长1.1、宽0.5~0.6、深多在0.5米左右，墓坑中填土为灰褐色或黑灰色，多数含有少量贝壳、红烧土颗粒和破碎陶片。多数墓葬随葬一两件器物，最多的也只有3件③。

广东三水市银洲贝丘遗址中墓葬有40多座，均为长方形竖穴土坑墓，分成人墓及儿童墓，成人墓一般长在2米以上，宽0.6~0.9米，儿童墓长为1.1米左右，宽0.34米左右，墓坑内填土一般为灰色土，杂有少量炭屑和红烧土颗粒，随葬品一般仅有一两件，主要为豆、罐、釜等陶器，也有随葬陶纺轮、石锛、石镞、石串珠及木饰等④。

6. 性质

此类长方形小浅坑内一般填灰黑土、草木灰、炭屑或红烧土颗粒等特殊加工的材料，有的为不同材料隔层填充，部分坑壁有较厚的烧结面，部分发掘者认为此类坑的性质为灰坑，或许

---

① 江西省文物考古研究所、厦门大学人类学系、新余市博物馆：《江西新余拾年山遗址》，《考古学报》1991年第3期。

② 广东省文物考古研究所、封开县博物馆：《封开县乌骚岭新石器时代墓葬群发掘简报》，《文物》1991年第11期。

③ 广东省文物考古研究所、北京大学考古系实习队：《广东南海市鱿鱼岗贝丘遗址的发掘》，《考古》1997年第6期。

④ 广东省文物考古研究所、北京大学考古学系、三水市博物馆：《广东三水市银洲贝丘遗址发掘简报》，《考古》2000年第6期。

还与某种原始宗教和祭祀有关[①②]。但从上述对比材料可知，此类坑的性质可能均为墓葬（城头山遗址除外，可能为墓葬），一般有成人墓、儿童墓及一次葬、二次葬之别，其中成人墓及一次葬长度一般在1米以上，而儿童墓及二次葬墓坑较小，长度在0.7米以下，随葬器物一般在一两件，也有部分均为陶器残片。最能表明此类坑性质为墓葬的是拾年山遗址部分墓葬发现有单层木椁痕迹，如M57在墓底周边还发现炭化木，并在黑灰土中发现有人的头骨、门齿等尸骨遗存（图五二一），在M72中还发现头、胸、手、足等骨骼集聚呈圆盘状，整理者认为此类墓葬似为一种拾骨火葬习俗[③]，还有研究者认为此类墓其空间分布西起湘中，东到赣中，南至粤北、粤西，北抵鄂东南，属于一种食尸火葬墓[④]，或者认为是我国南方地区自新石器时代流行的用柴草烧燎墓坑的特殊暖坑丧葬习俗[⑤]，目的是用火来处理埋葬死者的墓坑或墓葬空间，期盼逝者在死后世界得到更好保护以便转生或达到永生，这种行为也可能与华南地区常年潮湿多雨的气候条件有关，目的之一是防潮[⑥]。略有差别的是，广东鱿鱼岗遗址及银洲遗址墓葬尺寸较其他地区大，墓葬填土主体为灰色土，但其中夹杂有炭屑及红烧土颗粒，这种习俗应该与此类烧土坑墓葬性质大致相同，可能为此类葬俗的边缘地带。

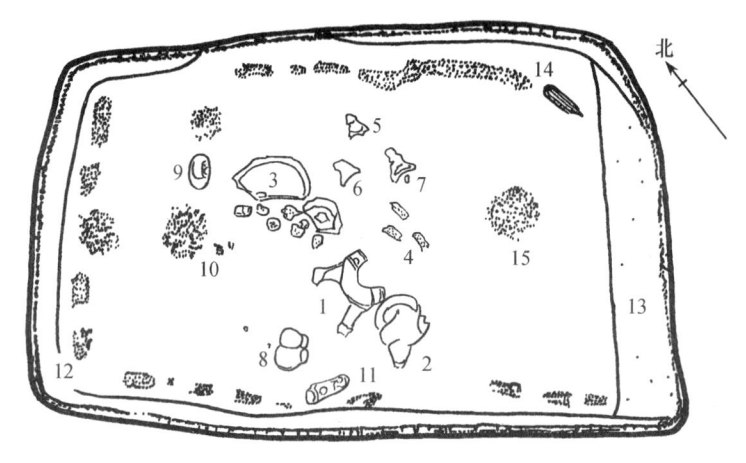

图五二一　江西拾年山遗址M57平面图
1、2、11. BⅡ式陶鼎　3. BⅡ式陶豆　4. CⅡ式陶盖　5~7. CⅡ式陶豆　8. AⅢ式陶钵　9. 人牙　10. 人头骨残片　12. 烧壁　13. 烧土　14. 炭化木　15. 骨渣

---

① 荆州市博物馆、石首市博物馆、武汉大学历史系考古专业：《湖北石首市走马岭新石器时代遗址发掘简报》，《考古》1998年第4期。
② 湖南省文物考古研究所：《彭头山与八十垱》，科学出版社，2006年。
③ 江西省文物考古研究所、厦门大学人类学系、新余市博物馆：《江西新余市拾年山遗址》，《考古学报》1991年第3期。
④ 陈晓华：《南方新石器时代小坑墓初探》，《湖南考古辑刊》第7集，岳麓书社，1999年。
⑤ 徐吉军：《中国丧葬史》，江西高校出版社，1998年。
⑥ 沈江：《试析江西新余拾年山遗址火烧墓坑葬俗》，《湖南考古辑刊》第15集，科学出版社，2021年。

除上述列举的对比遗址外，另在株洲茶陵独岭坳[①]、大汶口文化的邹县野店[②]、薛家岗文化的湖北黄梅陆墩墓地[③]、湖北房县七里河遗址[④]、江西清江樊城堆[⑤]、广东曲江石峡[⑥]等遗址也发现类似小型长方形土坑浅穴，部分坑壁经过火烤，遗物较少，还有的填土并非灰黑土或草木灰，所以在此未作详细对比。

罗家冲遗址此类坑无论从形制、填土及随葬器物等方面分析，均与上述遗址的小型二次墓葬较为接近，且部分也发现有骨渣，性质应为特殊葬俗的墓葬。

从总体而言，此类遗迹不管是长方形还是椭圆形或不规则形，由于其坑壁经过火烧或填土含红烧土颗粒或草木灰等，显然是在填埋时经过特殊处理的，所以其性质及反映的风俗应大体相近。

此类烧土坑（二次葬）形制延续时间较长，源头可追溯到彭头山文化时期，距今9000~7600年，后经大溪文化、屈家岭及石家河文化晚期，甚至在岳阳的温家山墓地及宁远县山门脚等商周时期遗址中也有发现，如在岳阳温家山商代遗址中发现坑状遗迹31个，其平面有圆角长方形、圆形、椭圆形、半圆形等形态，多数坑内为黄红土夹黑灰土或黄红土夹灰褐土两种堆积，一般是坑的底部为黑灰土或灰褐土，且含有较多的木炭或草木灰，坑的中部或上部为黄褐色土堆积，也有自坑底向上连续堆积的，坑内或多或少含有木炭的灰烬颗粒，坑内的器物多根据土色不同分层分布，而每种不同土色的结合面必有一组器物分布，器物主要分布在坑的东部或东北部一线，且器物底多有烟熏的痕迹，有的器体内还有白色的沉淀物或很小的骨痕，坑内的填土也有骨痕的现象，但未发现棺痕和人骨架痕迹的情况[⑦]。

这种特殊的填埋方式代表的应为特定区域的一种特殊葬俗，往往为一个民族所独有，属于某一部族的特有葬俗[⑧]，有研究者认为从洞庭湖北岸至粤西这一广大地域内发现的小坑浅穴火烧墓，随葬品组合却千差万别，因此这种葬俗的起源可能存在两种可能，一是自彭头山文化时期由湘北扩散至鄱阳湖平原，或是由两地同时发源[⑨]。柴焕波先生认为："温家山墓地、山门脚遗址所发现的这些坑应属岱子坪、乌骚岭二次葬俗的延伸，从族属上看，它们应该属于同一个族群。目前，这种类似的墓葬，还在湖北通城尧家林遗址、株洲磨山遗址、茶陵独岭坳遗址、江

---

① 株洲市文物管理处：《茶陵独岭坳新石器时代遗址发掘简报》，《湖南考古辑刊》第7集，岳麓书社，1999年。

② 山东省博物馆、山东省文物考古研究所：《邹县野店》，文物出版社，1985年。

③ 中国社会科学院考古研究所湖北工作队：《湖北黄梅陆墩新石器时代墓葬》，《考古》1991年第6期。

④ 湖北省文物考古研究所：《房县七里河》，文物出版社，2008年。

⑤ 江西省文物工作队、清江县博物馆、中山大学人类学系考古专业：《清江樊城堆遗址发掘简报》，《南方文物》1985年第2期。

⑥ 广东省博物馆、曲江县文化局石峡发掘小组：《广东曲江石峡墓葬发掘简报》，《文物》1978年第7期。

⑦ 湖南省岳阳市文物管理处：《湖南岳阳温家山上时期坑状遗迹发掘简报》，《江汉考古》2005年第1期。或岳阳市文物考古研究所：《岳阳县温家山商代墓群发掘简报》，《巴陵古文化探索》，华夏出版社，2003年。

⑧ 陈晓华：《南方新石器时代小坑墓初探》，《湖南考古辑刊》第7集，岳麓书社，1999年。

⑨ 王菁：《岱子坪墓地研究》，吉林大学硕士学位论文，2013年。

西新余拾年山遗址、广西曲江石峡遗址等广泛发现过，文化特征与周边地区截然有别，时间跨度为新石器时代晚期到商时期，地理空间正好勾勒出石家河人南遁的踪迹，它们很可能就是先秦史料上所指的'杨越'，即以后苗瑶语族人群的祖先。"[1]或是越民族中南越人的祖先[2]。

7. 年代

通过以上对比并结合^{14}C测年数据分析，共有四个测年数据，其中2014H46及2014H48的炭样测年校正数据（BETA实验室）分别为公元前2409~前2202年及公元前2350~前2193年，2014H47及2014H49的炭样测年校正数据（北大加速器质谱实验室）分别为公元前2340~前2195年及公元前2703~前2568年，推断该组长方形坑状遗迹的实际年代大致为公元前2350~前2200年。

三、遗物研究

早一期文化最为发达，为遗址的繁荣期，以F2为代表的大型回廊式建筑表明该遗址为区域聚落中心所在，该时期出土的各类遗物非常丰富，以石器及陶器占大宗，部分遗物还被大量扰动至晚期遗存，遗物的形制充分体现了该遗址本期的典型文化特点，也代表了不同文化的相互交融。

1. 石器研究

早一期遗存出土的石器从种类及数量在该区域乃至全国其他省份同时期遗址中极为罕见，石器种类较多，多通体磨光，分别有镞、斧、锛、石刀、穿孔石刀、犁、凿、矛、钺、砺石等，基本涵盖了该时期大部分石器类型。其中以石镞、石斧及石锛为主，其他器类相对较少，从形制分析，石镞以A型为主，石斧及石锛以形体较大的梯形及长方形为主，小型器类较少，穿孔石器中钻孔主要为双面对钻，少量单面钻孔。

除成品磨制石器外，还出土了大量的残损器、半成品及石器加工过程中的坯料、废料、砺石等，可以看出是拥有了一套完整的石器"操作链"，体现了发达的石器制作手工业传统，由于石器的数量远远大于该遗址本身的需求量，所以推测可能除本聚落使用外还供应周边其他聚落，甚至与原始商品经济有关。经过与附近河道及周边地表采集的石料对比可知，该遗址用于加工石器的原料基本是来自于本地河流及邻近区域。

2. 陶器研究

早一期陶器形制多样，综合早一期及混杂在晚期遗存但具有早一期遗物特征的陶器分析，该期陶器按陶质可分为夹砂陶及泥质陶两大类，以夹砂陶居多，其中夹砂陶中又以夹砂红陶及

---

[1] 湖南省文物考古研究所：《坐果山与望子岗》，科学出版社，2010年。
[2] 陈晓华：《南方新石器时代小坑墓初探》，《湖南考古辑刊》第7集，岳麓书社，1999年。

夹砂褐陶为主，少量夹砂灰陶、夹砂黑陶及泥质夹砂黑皮红陶。泥质陶以灰陶为主，其次为黑皮红陶及红陶。夹砂陶既与器类有关，也应与本地的土壤结构有关，本地大部分区域土壤含砂量较重，无论是地势低洼的河滩地还是地势较高的山体，土质皆如此，仅有少量区域的生土系第四纪网纹红土或浅黄色土质，当时在制作陶器时，一般的器物就地取材烧造而成，其他特殊功用的器物如鬻、纺轮等制作原料可能经过了特殊处理。

器类以釜、鼎类炊器为主，器形以鼎类三足器、釜类圜底器、A型豆及圈足盘等圈足器、A型高领罐、刻划纹纺轮、细长颈鬻、麻花状把手、大口缸等八类最具代表性，平底器较少，其他器形有短折沿矮领罐、双沿坛、折腹壶、斜腹杯、盂形器、盆、器盖（纽）、瓮、拍、支座、球等，数量均较少。

具体到每类器形，各类陶器根据功用不同其陶质也各不相同，其中鼎、釜类炊具及大口缸、支座等多为夹砂陶，而其他日常生活用器则多为泥质陶。

其中鼎完整器较少，鼎足数量最多，大多为正装足，侧装足较少，根据出土鼎、鼎足及相关装饰等综合分析，该遗址的鼎足可分为A型、B型、C型三大类，应分别代表了不同类别的鼎，其功用可能各不相同。其中A型鼎足代表性器物为盆形鼎（G3②：33），为窄折沿，圆唇，折腹圜底，腹部有折棱，宽扁瓦棱纹鼎足。由此可以推断，此类宽扁形鼎足应为盆形鼎，一般足根饰横向麻花状附加堆纹，下饰瓦棱纹，也有部分为素面。B型鼎足为扁锥形，大多饰绳纹，在此基础上再加饰刻槽，此类鼎未发现可修复器，但在第5层出土1件釜形鼎（T0202⑤：74），形制为方唇，束颈，溜肩，垂腹，圜底，口沿以下饰绳纹，鼎足为扁锥形，外饰绳纹+刻槽。由此推断B型鼎足所代表的应为釜形鼎，此类鼎足装饰一般分三类，一种是在足外绳纹的基础上饰一至三道竖向刻槽，第二种是足外中部为凸棱，第三种为在足面饰竖向刻槽+按窝。C型鼎也无完整器，仅见鼎足，多为夹砂红陶圆锥形鼎足，未发现与鼎身相连部位，足外一般有三种装饰风格，一种是足外饰一至三道不等的竖向刻槽，第二种是在足根或足面饰一至三个不等的按窝，第三种是在足根饰按窝、其下饰刻槽，此类鼎足足尖多经过削整（T0402⑥：38），从陶质、陶色及形制特征等分析，该类第二种装饰鼎足结合岱子坪二期釜形鼎（M78：3）推测可能也为釜形鼎，或结合本遗址所出A型高领罐口沿（F1①：280）及湖北襄樊牌坊岗遗址同类鼎（T4②：11、T4②：21）足及罐形鼎（T4②：24、T7②：12）[①]，可能代表的为以A型高领罐为鼎身的罐形鼎。

釜可修复器仅1件（2014H50：3），其余大多残碎，从器形分析，当时釜及釜形鼎器身多通用，若无完整器，仅存口沿很难区分其具体形制。一般分大小两大类，形体较大的一类口沿较宽，部分沿面稍内凹，而较小的一类口沿较窄，器表沿外以下或通体饰绳纹。

豆无完整器，主要为豆盘及豆柄两大类，多为泥质灰陶，其次为泥质红陶，少量为黑皮红陶，豆盘以A型为主，折沿，分深腹（Aa型）及浅腹（Ab型）两种，而B型、C型较少，豆柄均为高中空柄，以A型为主，下端呈喇叭口，柄上部多饰一两条凸棱或对称圆形镂孔。

高领罐多泥质灰陶，部分为泥质红陶及泥质黑皮红陶，形制以A型为主，短卷沿，高竖

---

① 襄樊市考古队：《襄樊市牌坊岗新石器时代遗址发掘简报》，《江汉考古》2007年第4期。

领，多素面，少量外饰绳纹。

鬶多为泥质红陶，少量夹砂红陶，从形制上分A型及B型两类，其中A型为细长颈捏流鬶，捏流部位大多封闭，而B型鬶为矮颈捏流鬶（T0402⑥：20），颈部较A型宽，捏流部位一般不封闭（T0402⑥：21）为代表。

该遗址出土的麻花状把手（G3②：93、2016G7：1）在其他遗址中少见，以夹砂黑陶及泥质灰陶为主，少量夹砂灰陶、夹砂褐陶及泥质黑陶，形制为两股泥条编织而成，由于残存严重，基本仅存把手，从把手外侧残存的薄胎及形制分析，推测可能属于B型鬶把手。

大口缸多存器底，为夹粗砂厚胎红陶，一般呈平底杯状，大部分器底较器身厚，如2016G5①：7及T0304⑥：18。

该期遗物器表纹饰较丰富，除上述的鼎足、釜、釜鼎口沿及纺轮装饰纹饰外，其他器物装饰纹饰以绳纹为主，绳纹可分为粗、中、细三类，多为交错绳纹或弦断绳纹，其次为弦纹、方格纹及附加堆纹，其他纹饰有刻划纹、篮纹、戳印纹、曲线纹、指甲纹、镂孔、几何印纹及绳纹+附加堆纹、绳纹+弦纹、方格纹+弦纹、方格纹+附加堆纹、绳纹+凸棱、弦纹+镂孔等组合纹饰。

第二节　早二期遗存文化特点

早二期遗存出土遗物虽然较多，但大部分可能为早一期遗物混杂所致，从该期典型遗物及遗迹综合分析，推测该期遗址较早一期衰落，此时普通居民区已经外迁，但以F1为代表的大型公共建筑及围绕在周边的2014G1说明其聚落中心等级依然延续。

一、房址研究

1. 布局及建筑方法

从平面布局分析，F1为东西向进深一间三连间排房式地面建筑，其中西侧1、2间房屋开间略大，且格局及建造方法相同，应为同时建造，而东侧1间开间较小，且其基槽较窄，槽内未填充红烧土，显然与西侧两间建造方法不同，推测应是在西侧两间的基础上在后期加建而成的附属建筑。房址的南侧为铺垫平整的室外活动面（图五二二）。

F1这种排房式建筑格局自新石器时代晚期至商周时期均有发现，如江西广丰社山头遗址第三期F1就为东西向三连间式房址，其整体布局及建造方法与罗家冲F1较为接近[①]，各间均长4.3、宽3.7米，建造时先夯打居住面，再挖基槽，外墙宽35~40厘米，槽内有等距离柱洞，外

---

① 江西省文物考古研究所、厦门大学人类学系、广丰县文物管理所：《江西广丰社山头遗址发掘》，《东南文化》1993年第4期。

下篇　第一章　早期遗存文化特点

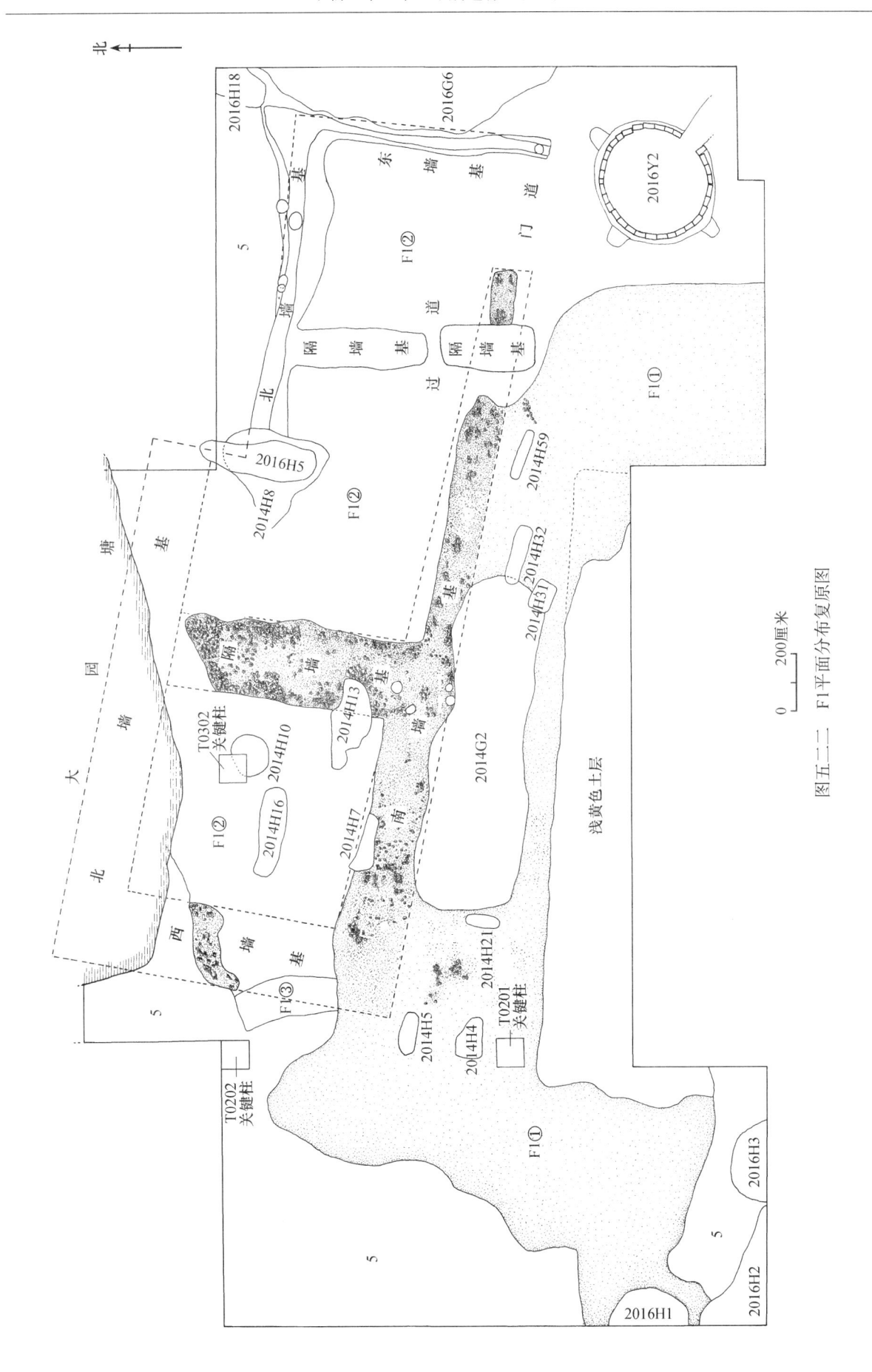

图五二　F1平面分布复原图

墙外系红烧土护坡，隔墙直接建于居住面上。所不同的是，罗家冲遗址F1的规模远比该房址大，但就房址布局而言，这应该是此类房址类型的延续。

在夏时期的偃师二里头二号建筑基址为一座完整的大型院落式建筑，其中位于中部的殿堂即为三连间式排房建筑，其墙基东西长26.5、南北宽7.1、墙基基槽宽0.75米，房屋面阔从东到西依次为7.4、8.1、7.7米，进深5.55～5.6米。所不同的是，该殿堂建筑四周有回廊，且基槽内有较为密集的柱洞[1]。

在商代，目前中原地区发现的大型建筑布局均为这种进深一间的排房式建筑，如商代早期的偃师商城八号建筑基址是一座坐北朝南的窄长方形单体建筑，夯土台基东西长71、南北宽约7.7米，八间房一字排列，进深均为4.5米，各间面阔则有不同，其中东侧四间面阔各约9.3米，东数第五、六、七间面阔各7米，第八间面阔最小，仅5.7米[2]。洹北商城一号建筑的主体殿堂由十间房屋一字排列而成（第八间与第九间之间有一通道，除外），各间房屋的面积相当，进深5.2米，面阔8米[3]。另偃师商城四号建筑[4]、洹北商城二号建筑[5]的主体殿堂均由四间呈一字排列的房屋组成。南方地区的湖北盘龙城F1殿堂也为一座坐北朝南的窄长方形单体建筑，其夯土台基东西长39.8米，南北宽12.3米，其上房屋共有四间，中间两间较大，外侧两间稍小，各室之间不相连通，墙壁均为木骨泥墙，总面阔33.9米，进深6～6.4米[6]。

此类排房式布局与陕西岐山凤雏西周建筑基址内的东西厢房格局也基本类似，虽然该建筑为一座四合院式的大型建筑，但东西厢房均为排房式建筑，各有八间房屋，南北并列、左右对称，每间面阔在4.2～6.2米，进深2.6米[7]。

可以看出，在商周时期此类进深一间排房式建筑布局均为等级较高的大型建筑，所以从房屋布局上足以说明罗家冲F1的等级之高。

从建筑方法分析，F1与该遗址早一期F2直接立柱式的建筑方法有所不同，系采用底部东西向大面积铺垫两层房基垫土，再在房基上开挖墙基基槽而建。这种铺垫房基垫土并开挖基槽的方式自新石器时代至商周时期普遍存在。如前所述的新石器时代城头山遗址屈家岭时期几座高

---

[1] 中国社会科学院考古研究所：《偃师二里头：1959年～1978年考古发掘报告》，中国大百科全书出版社，1999年。

[2] 中国社会科学院考古研究所河南第二工作队：《河南偃师商城宫城第八号宫殿建筑基址的发掘》，《考古》2006年第6期。

[3] 中国社会科学院考古研究所安阳工作队：《河南安阳市洹北商城宫殿区1号基址发掘简报》，《考古》2003年第5期。唐际根、荆志淳、何毓灵：《洹北商城宫殿区一、二号夯土基址建筑复原研究》，《考古》2010年第1期。

[4] 中国社会科学院考古研究所河南队：《1984年春偃师尸乡沟商城宫城遗址发掘简报》，《考古》1985年第4期。

[5] 中国社会科学院考古研究所河南工作队：《河南安阳市洹北商城宫殿区二号基址发掘简报》，《考古》2010年第1期。

[6] 湖北省文物考古研究所：《盘龙城：一九六三年——一九九四年考古发掘报告》，文物出版社，2001年。

[7] 陈全方：《陕西岐山凤雏村西周建筑基址发掘简报》，《文物》1979年第10期。

等级房址、后石家河文化时期的孙家岗遗址F13以及夏商周时期的各类大型建筑均是建造在大型人工堆筑的台基之上，再在台基上开挖基槽，小型房址亦如此，如肖家屋脊石家河文化时期的F9下的房基垫土分5层，依次为红烧土、浅黄土、颗粒加大的红烧土、夹少量陶片的黄褐色土、夹较多陶片的红烧土，南北墙体之下有基槽。

另从F1西侧1、2间基槽内填充红烧土的构筑方法分析，这种采用红烧土作为墙基填充材料或建筑材料的工艺，同样是在新石器时代中晚期至夏商时期的房址建筑中常见，如在大溪文化时期的荆南寺遗址F3的墙基槽内填灰黑土和红烧土[1]，在株洲磨山遗址T4F1及T4F2的墙基均是由红烧土掺和黄泥黏土或灰褐土夯筑而成[2]，在江西修水山背地区跑马岭遗址F1的墙基使用红砂土羼入稻秆和谷壳筑成，再经焙烧，墙壁部分呈红色或灰黑色[3]，在湖北罗家柏岭遗址石家河二期建筑基址中的直墙系黄色烧土筑成，墙外沟及长方形土台四周围沟底均使用碎红烧土铺垫[4]，在湖北通城尧家林遗址F1中的墙基沟槽内填烧土渣和木炭屑[5]。在夏商时期的荆南寺遗址F13墙基内填红烧土、黄灰沙土及缸片等[6]，此外，还有部分该时期的房址墙基或墙体经过火烤，如1973年江西吴城遗址F2的墙基经过焙烧，呈青灰色[7]，这种做法与1975年安阳殷墟发现的殷代晚期F10及F11中墙壁经火烤并将烧过的夯土块及草拌泥红烧土作为建筑材料较为相似[8]，应是用于加固墙基或墙体之用，与墙基内填充红烧土的做法异曲同工。所不同的是，以上房址的墙基槽内大多有成排的柱洞，而罗家冲F1的墙基部位则未见柱洞，另F1西侧1、2间房基基槽相对较宽，从宽度及深度分析，这应与房址基础上部被破坏现仅存底部有关，推测原来的房基垫土应更厚且基槽更深，在基槽上部正中可能有立柱，以建造较窄的房屋墙体。

2. 性质与功用

从F1整体布局及建造方法综合分析，这种进深一间三连间排房式建筑在该时期一般为高等级建筑的布局，虽然目前仅存房基底部，且北侧被大园塘所破坏而导致南北跨度不详，但从现存房址的整体布局、规模、房间跨度、墙基宽度及建造工艺等方面分析，这在当时应该是规模大且等级较高的建筑，所以推测F1延续了早一期F2的性质，应该为该区域聚落中心的大型公共建筑。

---

[1] 荆州博物馆：《荆州荆南寺》，文物出版社，2009年。

[2] 湖南省文物考古研究所、株洲市博物馆：《株洲县磨山新石器时代遗址试掘报告》，《湖南考古辑刊》第6集，岳麓书社，1994年。

[3] 江西省文物管理委员会：《江西修水山背地区考古调查与试掘》，《考古》1962年第7期。

[4] 湖北省文物考古研究所、中国社会科学院考古研究所：《湖北石家河罗家柏岭新石器时代遗址》，《考古学报》1994年第2期。

[5] 武汉大学历史系考古专业、咸宁地区博物馆、通城县文化馆：《湖北通城尧家林遗址的试掘》，《江汉考古》1983年第3期。

[6] 荆州博物馆：《荆州荆南寺》，文物出版社，2009年。

[7] 江西省文物考古研究所、樟树市博物馆：《吴城：1973~2002年考古发掘报告》，科学出版社，2005年。

[8] 中国科学院考古研究所安阳发掘队：《1975年安阳殷墟的新发现》，《考古》1976年第4期。

3. 年代

一座建筑的年代可分为建造、使用及废弃年代，F1仅存房基底部，上部及废弃堆积已遭后代破坏及扰动，这就为判断F1的相关时代带来一定的难度，要判断F1的年代可从叠压在其上的第4A层、打破F1东侧北墙基槽的2016H5、F1的基槽及垫土、与F1共存的2014G1及叠压在F1之下的第5层等叠压关系及各单位中出土的时代最晚的典型器物进行分析（图表二）。

图表二　与F1关联层位及典型遗迹出土典型遗物参照图

与F1的关系	地层及典型遗迹	位置	典型遗物
叠压关系	第4A层及第4B层	叠压于F1之上	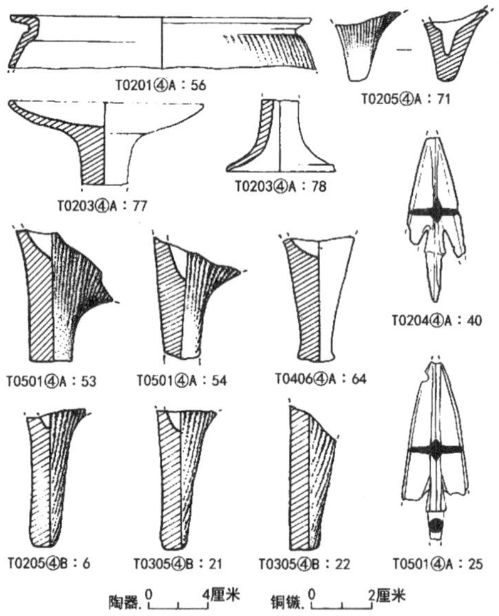T0201④A：56 T0205④A：71 T0203④A：77 T0203④A：78 T0204④A：40 T0501④A：53 T0501④A：54 T0406④A：64 T0205④B：6 T0305④B：21 T0305④B：22 T0501④A：25 陶器. 0 4厘米 铜镞. 0 2厘米
打破关系	2016H5	打破F1东侧北墙基槽	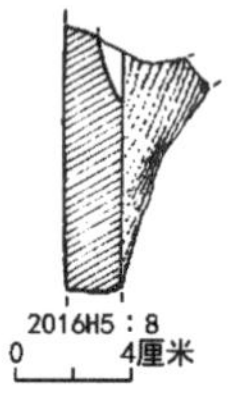2016H5：8 0 4厘米
共时关系	F1	F1垫土层	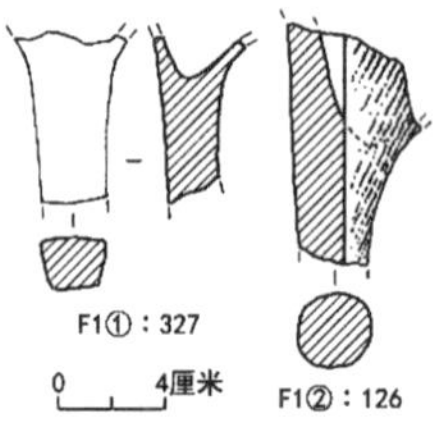F1①：327 0 4厘米 F1②：126
		F1东侧北墙基槽（前）、隔墙基槽（后）	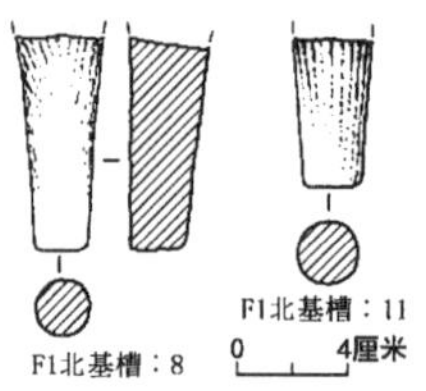F1北基槽：11 F1北基槽：8 0 4厘米

续表

与F1的关系	地层及典型遗迹	位置	典型遗物
共时关系	2014G1	位于F1北侧，叠压在第4A层下，呈东西向分布	2014G1①：20　2014G1①：17　2014G1④：65
被叠压关系	第5层	叠压于F1之下	T0204⑤：89　T0304⑤：13　T0502东扩方⑤：4

由图表二可以看出，叠压于F1之上的第4A层及第4B层出土的鬲足大部分为夹砂红陶柱状鬲足，3件C型细柱状鬲足（T0205④B：6及T0305④B：21、T0305④B：22）与长沙楚墓二期二段CⅠ式长柱状鬲足（M103：4）风格接近[1]，具有典型的战国早期楚式鬲足的风格，而较粗短的B型矮柱状鬲足（T0501④A：53）与湖北襄樊邓城遗址出土的春秋时期的鬲足（T2③：9）及湖北枣阳周台遗址J1出土的第1、2层出土的春晚期至战国早期的夹砂红陶鼎足（J1①：5、J1②：19）形态接近[2][3]，出土的敞口细柄豆与长沙楚墓二期三段AⅡ式豆（M106：4）及湖北兴山县甘家坡遗址春秋时期Ⅱ式豆（T0106⑤：6、T0306⑤：7）形制接近[4][5]，出土的两件铜镞与陕西扶风云塘西周晚期建筑基址出土的铜镞（T0910④：2）及荆南寺遗址东周时期的铜镞（J2：1）形制类同[6][7]，具有西周晚期至战国中期的特点。从这些可以大致卡出F1的年代下限。

从打破F1基槽的2016H5及F1第1层及第2层、F1北基槽出土的几件柱状鬲足均略呈锥状风格，这些与炭河里遗址B型弧裆鬲高柱状鬲足（05G5⑦：3）、阳新大路铺商周时期遗址A型柱状绳纹鬲足均较接近[8][9]。A型陶釜（F1①：133）与望城高砂脊遗址C型釜（AM14：6）

---

[1] 湖南省博物馆、湖南省文物考古研究所、长沙市博物馆等：《长沙楚墓》，文物出版社，2000年。
[2] 襄樊市博物馆：《湖北省襄樊市邓城遗址试掘简报》，《江汉考古》2004年第2期。
[3] 湖北省文物考古研究所、枣阳市文体旅游新局、枣阳市博物馆：《湖北枣阳周台遗址J1、J2发掘简报》，《江汉考古》2020年第5期。
[4] 湖南省博物馆、湖南省文物考古研究所、长沙市博物馆等：《长沙楚墓》，文物出版社，2000年。
[5] 咸宁市博物馆：《甘家坡遗址发掘简报》，《江汉考古》2007年第2期。
[6] 周原考古队：《陕西扶风县云塘、齐镇西周建筑基址1999～2000年度发掘简报》，《考古》2002年第9期。
[7] 荆州博物馆：《荆州荆南寺》，文物出版社，2009年。
[8] 湖南省文物考古研究所、长沙市考古研究所、宁乡县文物管理所：《湖南宁乡炭河里西周城址与墓葬发掘简报》，《文物》2006年第6期。
[9] 湖北省文物考古研究所、湖北省黄石市博物馆、湖北省阳新县博物馆：《阳新大路铺》，文物出版社，2013年。

及炭河里遗址C型釜（05G5⑥：83）形制相似[①][②]，C型折沿罐（F1①：311）与吴城遗址BbⅣ式罐（1974秋QSWT4②：3）相似，肩部也均饰方格纹[③]。另2014G1与F1均叠压在第4层下，出土器物风格接近，时间上为共存或时代接近，出土的锥状鬲足（2014G1①：17、2014G1④：65）分别与湖北房县孙家坪遗址A型鬲足（T0④：25）及C型鬲足（T0④：29）形制接近[④]。

从F1之下第5层出土的双沿坛口沿（T0304⑤：17）与江西铜鼓平顶垴遗址商周时期遗物的B型双唇罐相似[⑤]，只是沿较宽，甗形器（T0204⑤：89）与吴城遗址BⅢ式甗形器［1993ZW（H）T8③：1］接近[⑥]，圈足盘（T0502东扩方⑤：4）与石门皂市遗址圈足盘（TB9②：36）接近，这些都具有商代晚期风格[⑦]。从这些大致可以卡出F1的年代上限。

根据BETA实验室对F1及2014G1取样进行^{14}C测年数据分析，其中F1的3个^{14}C测年校正数据为公元前2905～前2853年、公元前2707～前2571年、公元前2496～前2338年，数据明显偏早，与早一期年代接近，这应是由于测年标本均采集于F1房基垫土这种早期文化堆积所致[⑧]。而与2014G1的测年数据及上述器物分析年代接近，综合以上层位关系、^{14}C测年及从打破F1东侧北墙基槽2016H5出土的柱状鬲足与F1垫土层出土的鬲足（F1②：126）形制基本相同等情况分析，推测F1的年代大致在商代晚期至西周早中期。

二、2014G1研究

1. 形制与布局

通过发掘区及发掘区东侧2017TG2及东南侧2017TG1的发掘情况可知，推测2014G1整体呈曲尺形分布，其中北侧呈东西向贯穿整个台地，其西侧从发掘区延伸至台地西侧的土圹外，东侧依地势从发掘区向下倾斜延伸至遗址东北侧水塘中，在此处向南折，依地势再向南通向遗址所在台地的土圹外（图五二三）。

---

① 湖南省文物考古研究所、长沙市博物馆、长沙市考古研究所等：《湖南望城县高砂脊商周遗址的发掘》，《考古》2001第4期。

② 湖南省文物考古研究所、长沙市考古研究所、宁乡县文物管理所：《湖南宁乡炭河里西周城址与墓葬发掘简报》，《文物》2006年第6期。

③ 江西省文物考古研究所、樟树市博物馆：《吴城：1973～2002年考古发掘报告》，科学出版社，2005年。

④ 湖北省文物考古研究所：《湖北房县孙家坪遗址发掘简报》，《江汉考古》2012年第3期。

⑤ 江西省文物考古研究所、铜鼓县秋收起义纪念馆：《江西铜鼓平顶垴遗址发掘简报》，《文物》2012年第6期。

⑥ 江西省文物考古研究所、樟树市博物馆：《吴城：1973～2002年考古发掘报告》，科学出版社，2005年。

⑦ 湖南省文物考古研究所：《湖南石门皂市商代遗存》，《考古学报》1992年第1期。

⑧ 长沙市文物考古研究所、宁乡市文化旅游广电体育局：《湖南宁乡罗家冲遗址1号建筑基址考古发掘简报》，《中原文物》2020年第4期。

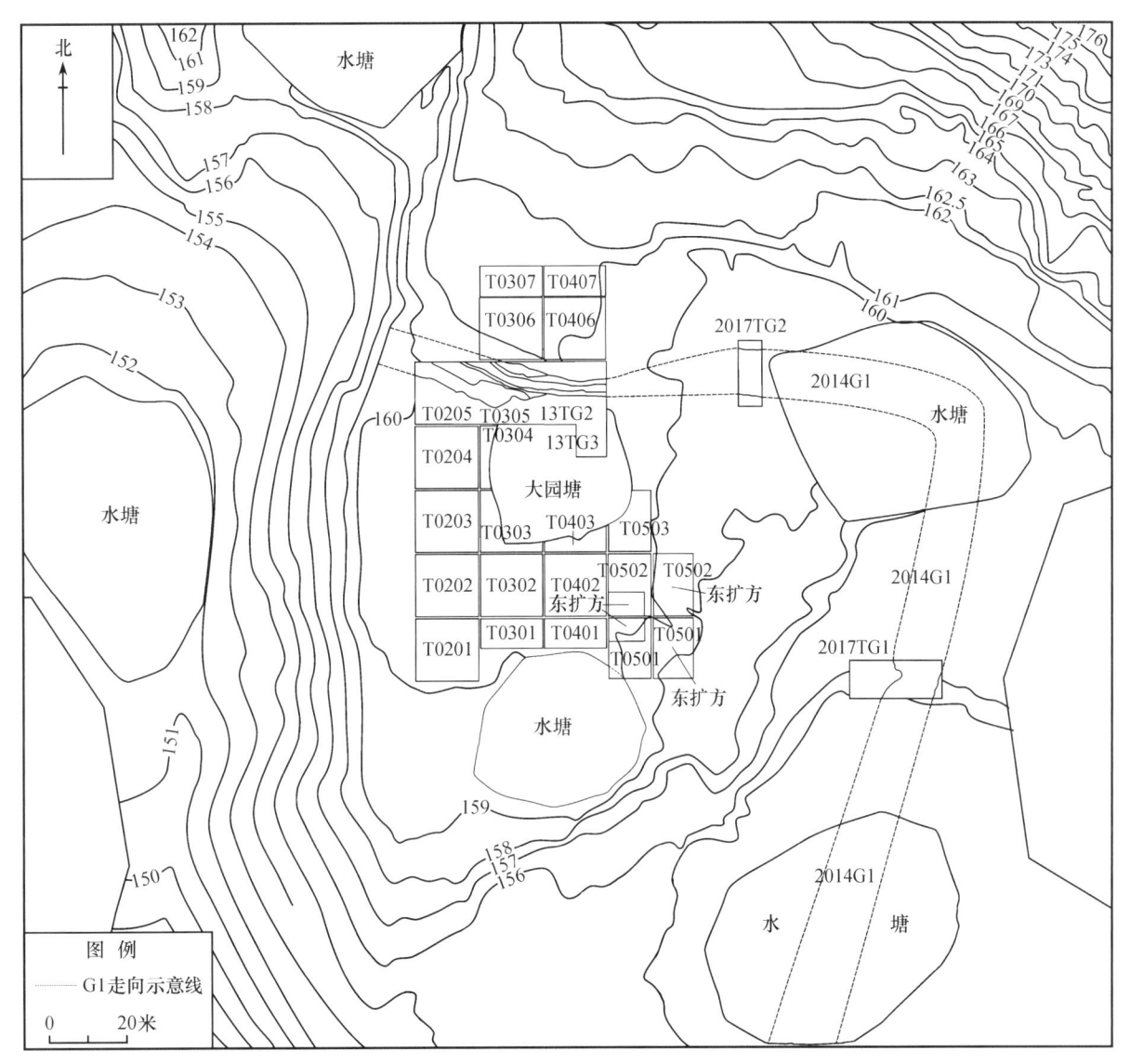

图五二三　2014G1走向示意图

从具体形制分析，2014G1在发掘区长度为13.5米，沟内填土从上至下分4层，其中外侧沟边较宽，局部遭破坏而宽窄不一，内侧沟边较窄且规则。

从2017年探沟发掘情况分析，2014G1向东延伸的探沟区域（2017TG2）平面呈不规则形长条形，沟底内凹，南侧沟壁相对规整，边缘铺垫一线红烧土颗粒，而北侧沟壁不规则，沟宽6.9~7.2、深0~0.55米。向南延伸在探沟区域（2017TG1）呈东北至西南方向，沟底呈坡状内收，沟壁不规整，沟口距地表2.7、东西宽8.4、深1.2米。

2. 性质与功用

从2014G1的整体布局、层位关系、形制等综合分析，该条呈曲尺形沟贯穿遗址所在台地北侧及东侧，可能为早二期的外围边界线，其使用年代大致与F1同时，由于F1推测为该区域聚落中心的大型公共建筑，所以2014G1是为以F1为中心在外围人工开挖而成的沟渠，其性质可能为壕沟，具有防御兼排水功能。

3. 年代

从上述F1的年代分析，2014G1与F1的年代大致相近，但从沟内各层位出土遗物分析，其中第1层出土遗物与第2~4层出土器物形制存在明显差别，其中前者出土的饰方格纹短沿敛口罐、锥状鬲足等明显晚于后者出土器物风格，这说明沟内堆积可能存在两个时间段分别代表着使用及废弃堆积。另从BETA实验室对2014G1采集的2件含炭样品测年分析，其中第1层测年校正数据为公元前1004~前844年，第2层测年校正数据为公元前918~前811年。结合以上综合分析，2014G1的使用年代大致在商代晚期至西周中期，废弃年代可能到了西周晚期。

三、遗物研究

早二期各遗存出土遗物中，仍以早一期遗物为主，这一方面可能是部分早期遗物扰乱所致，但数量如此之多，也可能是由于受地域限制及文化发展的滞后性原因，在早二期依然保留了大量早一期的文化因素，在此基础上仅新出现了少量早二期典型器物特征。

1. 石器研究

该期石器种类及形制继续沿用早一期特点，所不同的是石镞以Aa型、Ab型、Ac型为主，开始大量出现B型三棱形石镞，以Ba型、Bb型为主，从石镞形态及制作工艺分析，B型石镞较A型石镞制作更加复杂，杀伤力更大，结合相关研究，此类石镞在早一期就已出现，应是石家河文化向南扩张中的文化辐射所致[1]，在早二期得到了广泛应用。另石刀及穿孔石刀的数量及种类也较早一期丰富，出现了具有典型时代特征的马鞍形石刀（T0204④A∶16），这件石刀虽然出土于第4层，但从形制分析应为早二期遗物混杂至早三期遗存所致，这些均说明此时较早一期的石器制作技术进一步提高。

2. 陶器研究

该期遗存出土陶器与石器情况相同，大多具有早一期遗物类型及形制特点，这应是早期遗物扰动所致，但就本期陶器而言，从陶质分析，在早一期夹砂陶及泥质陶的基础上出现了硬陶，器形以罐为主，但数量较少。

从器类及形制方面分析，该时期继续延续早一期以釜、C型鼎、双沿坛、A型高领罐、麻花状把手等为代表的部分土著文化因素，但不同的是，新出现了一批具有典型商至西周时期的遗物，如饰方格纹垂腹圈足罐（F1北基槽∶1）、鬲足（F1②∶126、F1北基槽∶8、F1北基槽∶11、2014G1①∶17）、绳纹圜底罐（2014G1④∶67）、大口缸（F1①∶315、F1①∶282）、外饰附加堆纹的陶瓮（F1②∶72）、绳纹甗腰形器（T0204⑤∶89）、大口尊（T0202⑤∶69、F1①∶326）等，豆盘在原来的A型的基础上出现了B型（T0204⑤∶75）及C

---

[1] 王清刚：《试论龙山时期的三棱镞》，《江汉考古》2017年第5期。

型（F1①：143、F1①：281），各类罐、大口缸、双沿坛数量增加，其中双沿坛除器表饰绳纹外，还出现素面双沿坛。值得注意的是，有1件圜底擂钵状器（F1①：196），从形制上与早一期其他遗址具有石家河文化风格的同类型器形制接近，但这件器物内壁无放射性刻划纹，且为圜底，推测可能为早一期经过改良后的遗物。

陶器装饰依旧延续早一期特点，以各种绳纹为主，分粗、中、细三种，器底多为交错绳纹，另有弦断绳纹及绳纹与附加堆纹、凸棱纹等其他纹饰的组合纹饰。鼎足装饰依旧延续早一期风格，以各种刻槽、按窝、瓦棱及刻槽+按窝、瓦棱+麻花状附加堆纹等组合纹饰。此外，该期流行方格纹，分粗、中、细三种，大部分压印在肩部及下腹部，如A型折肩罐（F1①：291）及罐底（F1①：319）压印方格纹、A型高领罐（F1①：163）除饰凹凸弦纹外，还在肩部饰压印方格纹，垂腹圈足罐（F1北基槽：1）上部素面，下腹部凸棱以下饰方格纹，此时出现较多连珠状或按窝状附加堆纹，多饰在器物肩部或领部，如陶瓮（F1②：72）在肩部饰两条凸弦纹内夹两道压平连珠状附加堆纹，其余区域饰方格纹。此外还在原来的篮纹、刻划纹、指甲纹、曲线纹及镂孔的基础上出现了菱形纹及重菱形纹，如A型矮领罐口沿（F1①：325）肩部压印菱形纹、罐腹（T0205⑤：8）饰重菱形纹。另有菱形填线纹、叶脉纹、水波纹、弦断刻划菱形纹、圆圈纹等。

3. 石范

该期虽然未发现青铜器，但在该期发现两件石范，其中一件为2016H1中出土的紫红色砂岩半圆柱体石范（2016H1：1），系石范的一边，从范腔形状分析，有明显的型腔边线和轮廓似为铸造铜斧的石范，此类形制的石范在2016年炭河里遗址钟家湾地点商周遗存中也发现了3件，均为工具石范（TN90W54③：3、H78：1、TN91W57③：1），形制为半圆体范，年代在商末至西周中期[①]，与罗家冲遗址本期遗存时代相当。另一件为第5层疑似石范或石臼的遗物（T0204⑤：50），可能与青铜冶铸有关，这些均说明此时该遗址已经具备了铸造小件青铜工具的能力。

第三节 早三期遗存文化特点

一、祭祀台研究

1. 形制与功用

祭祀台位于发掘区北侧，叠压在第4A层下，平面大致呈圆角长方形，东西两侧及南侧遭部

---

① 湖南省文物考古研究所、湖南大学岳麓书院、宁乡市文物局：《湖南宁乡市炭河里遗址钟家湾地点商周遗存发掘简报》，《考古》2021年第4期。

分破坏，南北长12、东西宽8.2、厚0.7米。其中北侧两端圆角较为明显，南侧上部遭破坏，向下倾斜，两圆角已不存。分上下两层构筑，第1层为较为纯净的浅黄土，内含少量陶片，中部堆积较薄，四周堆积较厚，第2层为深黄褐色土，中部堆积较厚，四周堆积较薄。上下两层堆积形成互补，从而形成一个平台，两层土质细腻，似为人工筛选堆积而成，通过解剖发掘在第2层下中部分布一线陶片，虽然陶片残碎不堪，但明显系人为堆积而成，推测应是在建造时与某种祭祀活动有关。

从祭祀台形制分析，这与太湖西北部邱承墩遗址第二期祭台形制较为相似，邱承墩祭台有两个，形制均为顶部隆，底部呈圆角正方形，其中JS1底边东西长12.55、南北宽11.5、高1.1米，堆积分6层，在祭台顶部正中置2件从腹部切割的夹砂陶罐，陶罐底部平置，口部扣置，呈两排并列置放，四周有经过烧烤后留下的不规则烧土。JS2底边东西长10.9、南北宽11.5、高1.5米，堆积分4层，在祭台顶部正中置2件从腹部切割的夹砂陶罐，陶罐底部平置，口部扣置，呈"十"字形交叉置放，其中1件陶器内并置石块，四周有经过烧烤后留下的不规则烧土。通过对比可知，罗家冲祭祀台与邱承墩祭台在平面形制、堆积方式及中部置放器物等较相似，所不同的是前者形制为圆角长方形平台，器物置于第1层下中部[①]。

2. 年代

从层位关系分析，祭祀台叠压在第4A层之下，从测年数据分析，BETA实验室对祭祀台所采集的含炭样品测年校正数据为公元前429～前357年。从年代分析，邱承墩两个祭台时代均为崧泽文化与良渚文化之交，年代为公元前3300年前后，可以看出，罗家冲祭祀台的年代远晚于邱承墩祭台，但两者的相似性说明罗家冲祭祀台形制可能是受到了后者文化因素的影响。

二、遗物研究

该期遗存出土遗物数量较前进一步增加，与前两期埋藏情况相同，依旧出现了大量早晚遗物混杂现象，从遗物数量及堆积情况分析，该期遗物主要出土于第4层，该层堆积厚且分布面积广，系该期对整个遗址进行的大规模平整而成。虽然该期典型遗物较少，但时代特征较明显。

1. 石器及玉器

该期遗存出土石器较前2期数量大大增加，从器形上分析，石镞、石斧、石锛依旧为主要石器类型，其中石镞以Aa型、Ab型、Ac型为主，B型石镞以Ba型、Bb型为主，石斧以Aa型、Ab型及C型为主，石锛以Aa型、Ab型及Cb型为主，石刀及穿孔石刀数量较前更多，均以B型

[①] 南京博物院、江苏省考古研究所、无锡市锡山区文物管理委员会：《邱承墩：太湖西北部新石器时代遗址发掘报告》，科学出版社，2010年。

为主。另还出现了具有礼制性的石环（T0501④A：9、T0204④A：60）、石玦（T0302④A：5）、玉锛（T0203④A：63、T0406④A：56）、玉璜（T0202④A：2）等器类，石矛数量增加，还出现了两侧磨制类似短翼的石矛（T0406④A：1），说明石器制作技术及功用较前两期进一步拓展。

2. 陶器

该期遗存出土的陶器数量及种类较前两期更加丰富，从陶质分析，以夹砂陶、泥质陶为主，泥质陶的数量超过了夹砂陶，硬陶在该期大量出现。其中夹砂陶多为夹砂红陶及夹砂褐陶，其次为夹砂灰陶及夹砂黑陶；泥质陶以灰陶及黑皮红陶为主，其次为红陶、黑陶及褐陶，此外还出现了黑皮灰陶。

主要器类依旧为鼎、釜、罐三大类，盆、甗腰形器、支座、器盖等数量及形制较前增加，双沿坛、瓮等数量减少，其他器类数量基本持平，区别明显的是，绳纹圜底罐数量较前增加（T0204④A：74、T0202④A：79、T0403④A：18）。

从典型器物形制分析，该期遗存出土的陶器除含有早一期及早二期的同类型器形外，最富时代特征的是开始出现一批具有楚式风格的器物，如前判断F1下限时所列举的鬲足对比资料外，还出现D型兽状鬲足（T0406④A：64）、鬲口沿（T0204④A：72、T0501④A：75）、C型细柱状实心柄豆（T0203④A：77、T0203④A：78）等，此类遗物虽然较少，但这些充分说明该遗址此时已经受到了楚文化南下的强烈影响。

在器物装饰方面较前期多样化，首先该期依旧以各种绳纹为主，尤其是与绳纹的组合纹饰增多，此外方格纹数量较前两期增多，出现较多弦断方格纹。硬陶器表装饰也以方格纹为主，部分为印纹硬陶，以标本T0201④A：54及T0405④A：23为代表，肩饰压印麻布纹。重回字纹+菱形纹（T0201④A：64、T0501④A：88）、重菱形纹（T0406④A：66）及菱形填线纹（T0202④A：92）大多饰于器物肩部及下腹部，此外，除原有的凹凸弦纹、刻划纹、篮纹、连珠附加堆纹、折线纹、戳点纹及镂孔外，还出现较多圆圈纹（T0201④A：59）、云雷纹、水波纹及梯格纹，部分为组合纹饰（T0202④A：91、T0205④A：84、T0503④A：63）。

3. 青铜器

该期开始出现小型青铜器，在第4层出土两件铜镞（T0204④A：40、T0501④A：25）、采集一件（2016采：34），另有铜耳环（T0301④A：1），这些说明该遗址此时青铜铸造技术已被广泛应用。

第二章　早期文化因素分析及文化类型研究

　　长沙地区由于以往史前至商周时期考古工作开展得较少，致使新石器时代至商周时期的考古学文化面貌及发展序列模糊不清，以下尝试通过系统整理罗家冲遗址出土遗物，并结合对比周边及邻近省份同时期遗址的异同，主要分析早期文化因素及变迁。

　　研究一个区域的考古学文化因素，主要是通过研究考古发现的不同时期各类遗存及出土遗物的种类、形制特点、装饰特点等加以分析对比，看以哪种文化因素占比最多，则将其定为哪种文化或某个文化类型。一般在对比遗物研究方面，由于石器延续时间较长且形制变化较慢，所以一般在文化断代及文化因素分析中应用得较少，但部分形制及时代特征明显的石器也在判断时代方面有一定的辅助作用，而陶器由于大多为日常生活用器，种类多且易碎，其陶质陶色、形制、器表装饰等差别最能体现出不同文化因素，也易随着不同文化或人群变迁，从而使得在文化断代及文化因素分析中应用得较多且较准确。

　　罗家冲遗址早期文化遗存中，出土了大量陶器，由于属于生活类遗址，完整及可修复陶器较少，大多为器物残片，从该遗址不同时期遗存中出土陶器类型分析，出土的陶器明显存在早晚混杂现象，如以晚期的第2层、第3层、早期第4层、第5层及各类遗迹为例，在晚期遗存除出土的各时代对应的遗物外，同时还伴出了较多的早期遗物，这应该主要是受遗址台地面积的限制，加之遗址在不同时期人类的反复活动及经不同时代的扰动所致，但经过认真梳理，基本能掌握各期的陶器类别及组合，以与其他遗址相比较。

第一节　早一期文化因素分析

　　通过查找相关资料并结合罗家冲遗址早期出土陶器形制对比可知，与罗家冲早一期遗存出土的陶器形制相近的一大批同时期遗址由北至南主要分布在从湖北石家河文化分布中心区以及鄂东南、湖南的湘北、湘中地区、江西的赣西北地区、广西及广东的粤西及粤中等区域内，无论从出土遗物形制或器物组合方面都存在相似之处，部分遗址也存在以上多种文化因素的陶器，充分显现出了文化交流及扩张的多元性，以下主要通过梳理这些遗址出土与罗家冲遗址同时期陶器的种类、形制特点等分析各期的文化因素及相对年代。

　　通过对比，我们可将罗家冲遗址早一期各遗存及早二、早三期中可能属于早一期的陶器分为以下四大类，分别代表着不同的文化因素。

第一类：陶器组合以釜、釜鼎口沿及以扁锥形鼎足外饰绳纹及刻槽所代表的釜形鼎（足）、以圆锥形鼎足外饰按窝及刻槽所代表的釜形鼎或罐形鼎、短斜沿矮领罐、双沿坛、A型高领罐、圈足上饰圆形镂孔装饰的A型高喇叭柄豆、圈足盘、折沿大口缸、麻花状把手等，代表着本地自堆子岭文化以来的土著文化因素。

第二类：陶器组合以饰瓦棱纹为主的A型宽扁足盆形鼎、斜腹杯、鬶、擂钵状器、A型圈足状纽器盖、盂形器等，代表着石家河文化因素。

第三类：以各类弧线刻划纹为主的纺轮，代表着以广东佛山河宕遗址为代表的珠江三角洲地区新石器末期的河宕文化因素。

第四类：为文化因素不明显的陶器，分别有盆、碗、拍、支座等器类，在不同区域文化并存。

明确了以上不同文化因素中典型陶器分类及组合，即可进行相关遗址中不同文化因素的比较研究。

一、与早一期文化因素相近遗址的比较

（一）湖北地区

1. 与天门石家河文化中心区同时期相同文化因素的比较

（1）与谭家岭遗址的比较

罗家冲遗址早一期与天门石家河古城中西部谭家岭遗址发掘报告中的第五、六期石家河文化时期部分陶器形制接近[1]，尤其是与该遗址2011年发掘的石家河文化晚期及后石家河文化时期（绝对年代在距今4200～4000年）出土遗物有较多相似之处，形制相近的遗物有细长颈鬶（H1①：27）、斜腹杯（ⅢT0619⑨：64）、袋状鬶足（ⅢT0620③：8）、圈足状纽器盖（ⅢT0619⑨：81）、戳印纹纺轮（ⅢT0619③：1）、擂钵（ⅢT0620⑨：41、ⅢT0620⑨：2）、圈足盘（ⅢT0619③：49、H1①：3）、高圈足豆（ⅢT0619③：91）等（图五二四）[2]。

（2）与邓家湾遗址的比较

与石家河古城西北部邓家湾遗址同时期遗物对比，其中BⅣ式盆形鼎（H54：4）、Ⅰ式细长颈捏流鬶（H30：3）、Ab型高领罐（H107：2、H54：82）、擂钵（AT201③：9）、AⅠ式斜腹杯（H119：3）、BⅠ式豆（H43：1）、BⅡ式豆（H42：6）等遗物形制相近（图五二五）[3]。

---

[1] 湖北省荆州博物馆、北京大学考古学系、湖北省文物考古研究所：《谭家岭》，文物出版社，2011年。
[2] 湖北省文物考古研究所、北京大学考古文博学院：《湖北天门市石家河古城谭家岭遗址2011年的发掘》，《考古》2015年第3期。
[3] 湖北省文物考古研究所、北京大学考古学系、湖北省荆州博物馆：《邓家湾》，文物出版社，2007年。

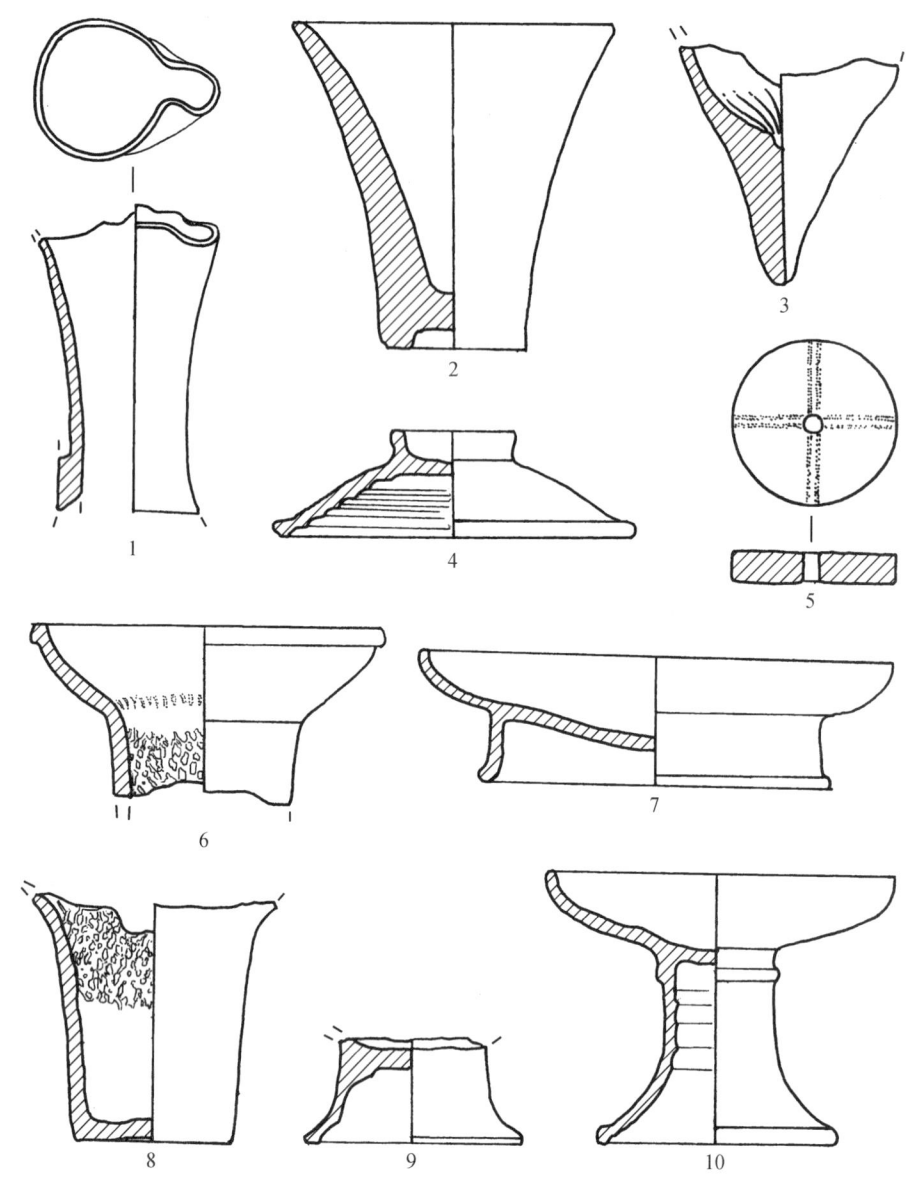

图五二四 湖北谭家岭遗址同类型陶器
1. 鬹（H1①：27） 2. 斜腹杯（ⅢT0619⑨：64） 3. 鬹足（ⅢT0620③：8） 4. 器盖（ⅢT0619⑨：81）
5. 纺轮（ⅢT0619③：1） 6、8. 擂钵（6. ⅢT0620⑨：41、8. ⅢT0620⑨：2） 7. 圈足盘（ⅢT0619③：49）
9. 豆圈足（H1①：3） 10. 豆（ⅢT0619③：91）

（3）与肖家屋脊遗址的比较

与肖家屋脊遗址早期的AⅠ式、AⅡ式宽扁形足盆形鼎（H497：98、H161①：44）、足面饰麻花状附加堆纹及双瓦棱宽扁形鼎足（H360：1、AT1818③：13）、三凸棱宽扁形鼎足（H497：31）、饰竖刻划纹及戳点纹宽扁形鼎足（H58：58、H58：24）、B型饰双"十"字刻划纹及戳印纹纺轮（AT2805③：2、H539：2）、BⅠ式圈足状纽器盖（H54：24）、C型圈足盘（H442：5）、晚期AⅥ式高圈足豆（H538：3）、AⅠ式细长颈捏流鬹（H450：47）、

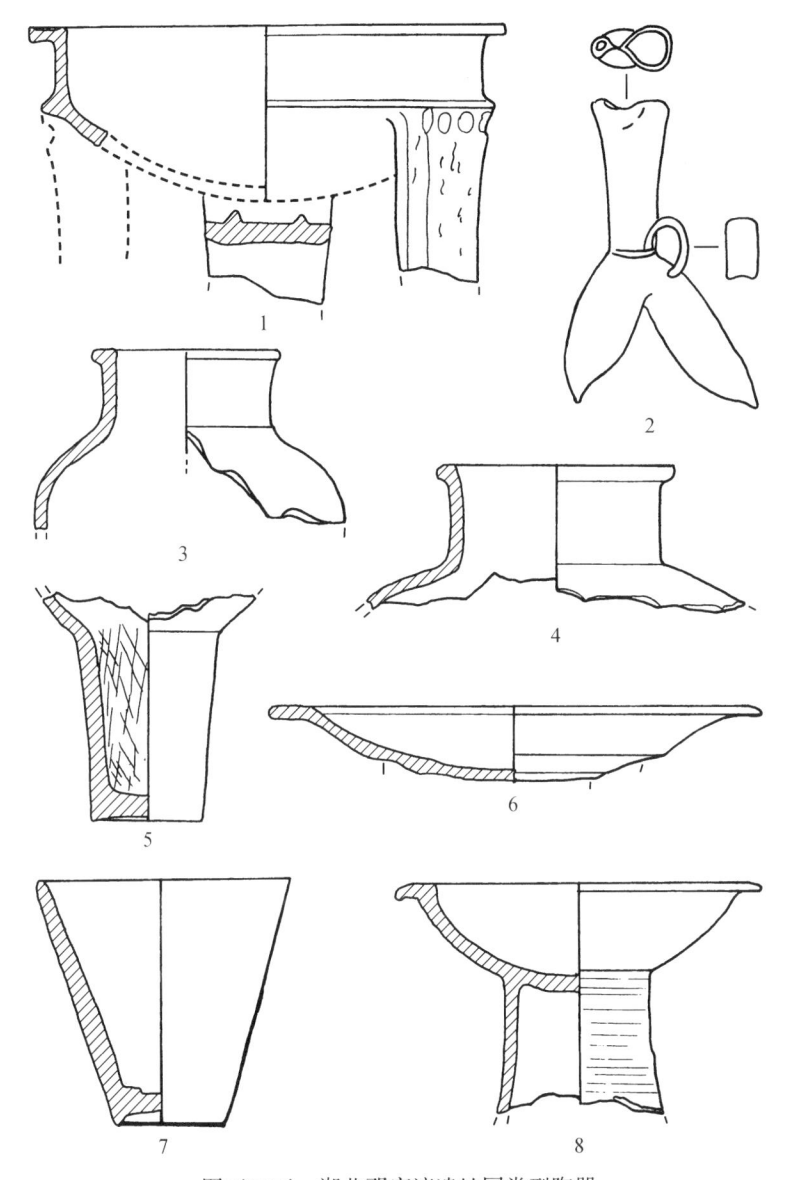

图五二五　湖北邓家湾遗址同类型陶器

1. BⅣ式盆形鼎（H54:4）　2. Ⅰ式鬶（H30:3）　3、4. Ab型高领罐（3. H107:2、4. H54:82）
5. 擂钵（AT201③:9）　6. BⅡ式豆（H42:6）　7. AⅠ式斜腹杯（H119:3）　8. BⅠ式豆（H43:1）

AⅡ式擂钵（H43:20）、BⅡ式斜腹杯（H2:2）等形制接近（图五二六）[①]。

通过对比可知，以上石家河古城及相关遗址中同时期遗物主要与罗家冲遗址第二类部分陶器形制接近，如宽扁足盆形鼎、细长颈捏流鬶、壶形器、圈足盘、高圈足豆、圈足纽形器盖、擂钵等，体现的为典型石家河文化因素。除以上相似之处外，区别也是很大的，如罗家冲遗址出土较多宽折沿绳纹陶釜，在石家河文化中心区遗址中却很少见到，带凸棱宽扁形鼎足虽然在邓家湾遗址及肖家屋脊早期也能见到，到肖家屋脊晚期逐渐出现少量刻划纹宽扁形鼎足，但数量及装饰风格远远不及罗家冲遗址丰富，罗家冲遗址出土的擂钵状器虽然与上述石家河文化遗

[①] 湖北省荆州博物馆、湖北省文物考古研究所、北京大学考古学系：《肖家屋脊》，文物出版社，1999年。

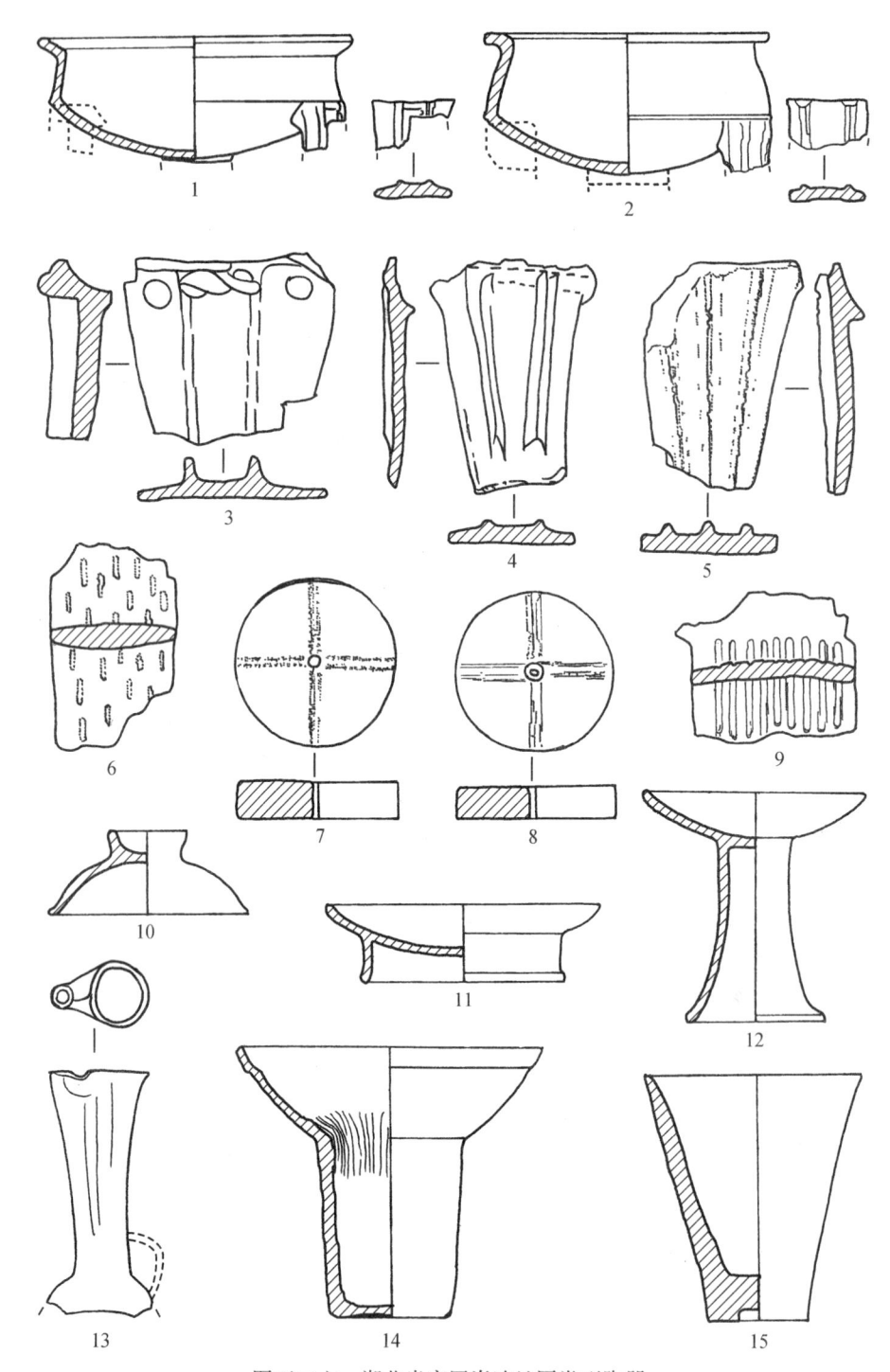

图五二六 湖北肖家屋脊遗址同类型陶器

1. AⅠ式盆形鼎（H497∶98） 2. AⅡ式盆形鼎（H161①∶44） 3~6、9. 鼎足（3. H360∶1、4. AT1818③∶13、5. H497∶31、6. H58∶24、9. H58∶58） 7、8. B型纺轮（7. AT2805③∶2、8. H539∶2） 10. BⅠ式器盖（H54∶24） 11. C型圈足盘（H442∶5） 12. AⅥ式豆（H538∶3） 13. AⅠ式鬶（H450∶47） 14. AⅡ式擂钵（H43∶20） 15. BⅡ式斜腹杯（H2∶2）

址中同类型器整体造型相似，但罗家冲遗址出土的这件口部无流、内壁无刻槽、底部呈圜底，区别也挺大。具有其他典型石家河文化因素的陶器如三纽器盖、亚腰形器座、圈足盆、三足杯、深腹折沿罐、扁腹罐、三足罐、三足杯、圈足碗、各类碟、钵、深腹筒形缸等器形及各类彩绘纺轮等却在罗家冲遗址中未见，肖家屋脊遗址中的矮粗袋足鬶及盉也未见于罗家冲遗址，就纺轮纹饰而言，在谭家岭遗址、肖家屋脊遗址虽然也出土有少量戳印"十"字纹纺轮，但一是此类刻划纹纺轮数量少，二是与罗家冲遗址的弧线刻划纹纺轮及其他多种刻划纹装饰却有较大区别。另罗家冲遗址出土的宽扁足盆形鼎虽然与邓家湾遗址及肖家屋脊遗址中同类型鼎形制相近，尤其是肖家屋脊遗址中宽扁鼎足相似性更多，但罗家冲遗址中以B型、C型鼎足为代表的釜形鼎及罐形鼎却在以上石家河遗址中未见，且鼎足的总体数量也是罗家冲遗址最多，更不见罗家冲遗址中第一类及第三类陶器类型在以上石家河遗址中出现。从陶质比较，石家河文化遗物以泥质陶为主，夹砂陶次之，这与罗家冲遗址以夹砂陶为主的情况正好相反。从以上的区别可以看出罗家冲遗址虽然受到了石家河文化向南扩张的影响，但还是在土著文化因素的基础上有选择性地吸收了部分石家河文化因素所致。

2. 与鄂东南地区同时期文化遗址相同文化因素的比较

（1）与鄂东南通城尧家林遗址的比较

尧家林遗址位于湖北省通城县原麦市公社，遗址地处鄂东南山间河谷小盆地，东南越白沙岭与江西省修水县接壤，西南隔黄龙山与湖南省平江县比邻，1982年发掘100平方米，从出土遗物对比，罗家冲遗址出土遗物与该遗址晚期遗物相似度较高，所处时代应大致相同。

该遗址首先是石器数量丰富，种类有镞、斧、锛、铲、矛、穿孔刀、环、砺石等，这些无论是从器类还是形制都与罗家冲遗址同类型器相近。

陶器中以夹砂陶为主，泥质陶也占一定比例，陶色以红、红黄、褐红为主，黑、灰等诸色次之，器表装饰以素面为主，纹饰以绳纹、篮纹、附加宽带为多，其次有弦纹、方格纹、刻划纹、压印纹、镂孔等，附加宽带、刻划纹多饰在鼎足上，弦纹、镂孔多等饰在豆、盘等圈足及器座壁上。

与同类型器物对比，Ⅶ式、Ⅵ式足面饰一或两道瓦棱纹盆形鼎（T1H2：5、T3④B：47），Ⅰ式圈足纽器盖（T3③B：13）、Ⅱ式细长颈鬶（T1②D：69）、盉型器（T1②B：62）、Ⅲ式折腹杯（T4④A：14）、Ⅵ式、Ⅴ式高圈足豆（T4②D：71、T2②E：72）、Ⅲ式高圈足盘（T2HG：34）、Ⅱ式袋状鬶足（T3④B）等器形均与罗家冲遗址同类型器物形制相近。Ⅱ式纺轮（T3②D：14）形制及装饰图案也相近，"一面饰对称的四分弧线和锥刺纹"[①]，这与罗家冲遗址及河宕遗址中四分弧线纺轮的纹饰较为接近（图五二七）。但此类纺轮较少，且纹饰单一，没有后两处遗址纺轮纹饰丰富。

---

① 武汉大学历史系考古专业、咸宁地区博物馆、通城县文化馆：《湖北通城尧家林遗址的试掘》，《江汉考古》1983年第3期。

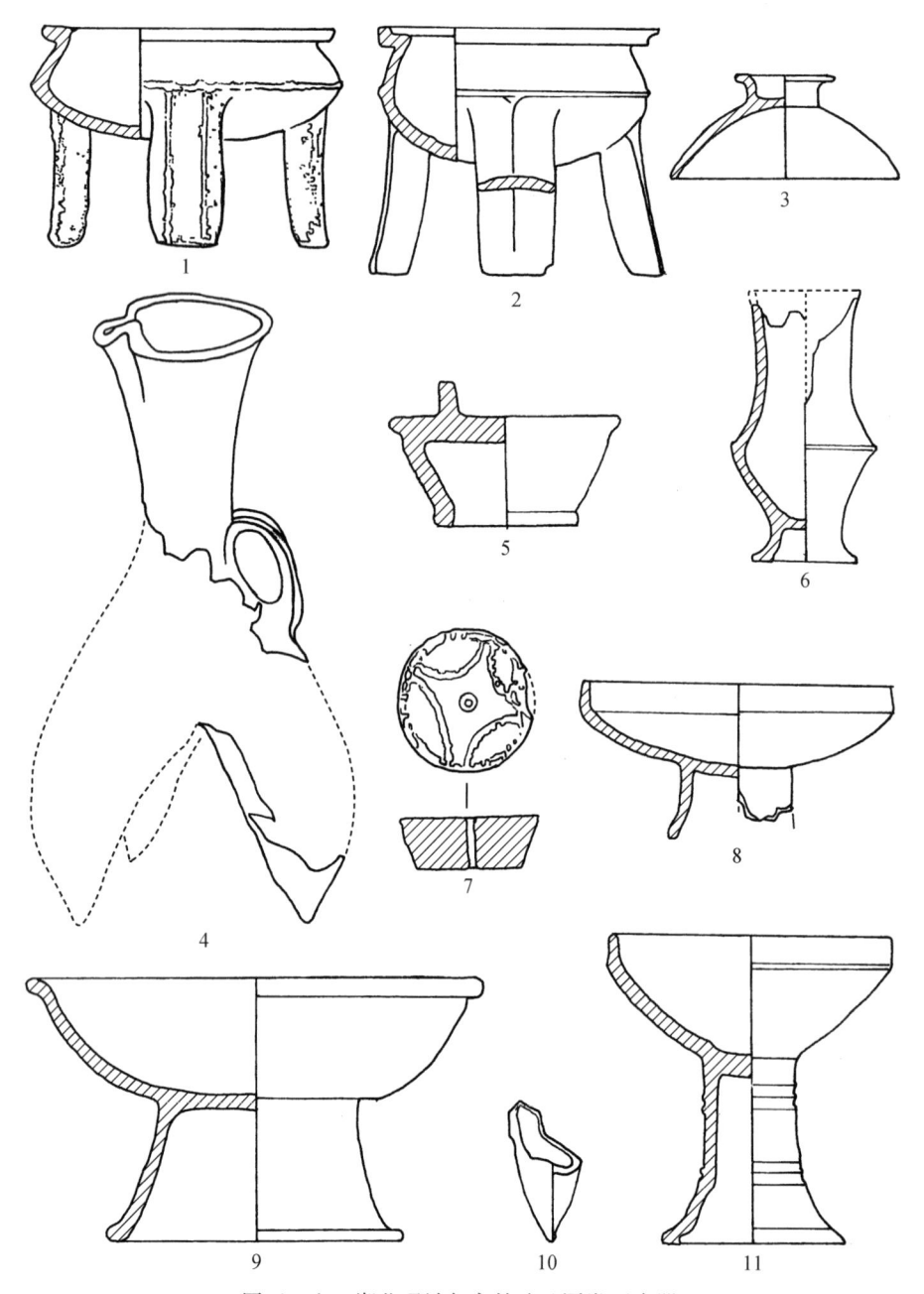

图五二七　湖北通城尧家林遗址同类型陶器
1. Ⅶ式盆形鼎（T1H2：5）　2. Ⅵ式盆形鼎（T3④B：47）　3. Ⅰ式器盖（T3③B：13）　4. Ⅱ式鬶（T1②D：69）
5. 盂型器（T1②B：62）　6. Ⅲ式折腹杯（T4④A：14）　7. Ⅱ式纺轮（T3②D：14）　8. Ⅵ式豆（T4②D：71）
9. Ⅲ式圈足盘（T2HG：34）　10. Ⅱ式鬶足（T3④B）　11. Ⅴ式豆（T2②E：72）

从以上对比可知，尧家林遗址与罗家冲遗址同类型基本均为第二类陶器器形，为典型石家河文化遗物，而未见到罗家冲遗址中的第一类器形，类似于第三类陶器中的四弧线纺轮有少量发现，但数量及种类远没有罗家冲遗址丰富。

（2）与鄂东南阳新大路铺遗址的比较

阳新大路铺遗址位于鄂东南地区阳新县白沙镇土库村保块组，处于幕埠山脉北麓，东南紧邻江西省瑞昌县，西南接湖北通山县及江西武宁县。该遗址为一处丘岗台地遗址，为配合基本建设曾进行过四次发掘，总发掘面积1682.5平方米。

该遗址新石器时期的器物形制与罗家冲遗址相比较，仅有少量器物形制接近，如陶器中相近的有Ⅱ式细长颈鬶（90EH12∶11）、AⅡ式双沿罐（03ET2307⑦∶75）、DaⅠ式圈足状纽器盖（03ET2507⑧∶46）、CaⅡ式及CaⅢ式乳钉状器盖纽（03ET2507⑦∶37、03ET2307⑦∶51）、DaⅡ式喇叭状纽器盖（03ET2406⑦∶64）、Aa型戳点纹纺轮（03ET2407⑧∶8）、Ab型"十"字及弧线刻划纹（90ET217⑧∶18、90ET217⑧∶13）、Ba型宽扁饰戳窝纹及刻划纹鼎足（03EH62∶1、03ET2406⑦∶38）、Bb型凹槽带按窝鼎足（03ET2507⑦∶9）、AaⅢ式高领罐（壶）（03EH31∶28、03EH31∶10）、Aa型喇叭状及带镂孔圈足（84ET1⑦∶4、84WT2⑦∶9）等形制相似（图五二八）。

通过以上对比可知，大路铺遗址与罗家冲遗址同类型器也主要是石家河文化遗物，此外，也有罗家冲遗址第一类中的双沿坛及第三类中的四分弧线纺轮，但数量及种类较少。除相同文化因素外，区别也是较大的，首先是器物种类所有差别，该遗址新石器时代出土的甗、鬲、壶、簋、深腹平底钵（84NM5∶2）、圜底钵（03ET2507⑧∶50）、圈足状器座（03ET2407⑧∶9）、球、陀螺等器形均未见于罗家冲遗址，鼎的形制差别也很大，与石家河文化中心遗址相同，仅有罗家冲遗址中的A型宽扁足鼎，而无B型、C型鼎，另外该遗址中的壶形鼎也未见于罗家冲遗址，相比而言，大路铺的鼎腹普遍较深，流行侧装鼎足，鸭嘴状足及凿形足，器表多饰篮纹及弦纹，而罗家冲遗址则多浅腹、正装鼎足，器表多饰绳纹、刻划纹及按窝等。

罐多为短折沿罐，而罗家冲遗址罐的形制较多，以A型高领罐为主，少量折沿罐及直领罐。杯形制也不同，大路铺杯形制较多，而罗家冲主要为斜腹杯，形制较单一。此外大路铺B型花（边）瓣形纽器盖（03ET2406⑦∶6）及E型圆饼形纽（03EH31∶24）[①]，也未见于罗家冲遗址。

这些说明该遗址主体文化虽属于石家河文化，但也出现了少量与罗家冲遗址中第一类及第三类陶器所代表的湘中地区及河宕文化等相同文化因素，说明该遗址的年代虽然与罗家冲遗址大致相近，但其文化因素更加复杂，地域文化的差异也是非常明显。

3. 与鄂东北武汉黄陂张西湾遗址的比较

张西湾遗址地处江汉平原东北部，位于武汉市黄陂区祁家湾镇建安村，东南距黄陂城区8千米，遗址位于一个东西向台地上，西部地势较高，东部及南部地势低平，2008年湖北省文物考古研究所等单位为配合石武高速铁路建设对该遗址进行了发掘，发掘面积425平方米。

该遗址为一处石家河文化时期城址，该遗址出土的陶器数量较多，器形有鼎、罐、壶、盆、擂钵、缸、瓮、钵、碗、豆、圈足盘、杯、鬶、器盖、器座、纺轮等，这些器类大多与罗家冲遗址陶器形制较为接近，如A型鼎（TG1⑤∶4）与罗家冲遗址盆形鼎（G3∶33）形制

[①] 湖北省文物考古研究所、湖北省黄石市博物馆、湖北省阳新县博物馆：《阳新大路铺》，文物出版社，2013年。

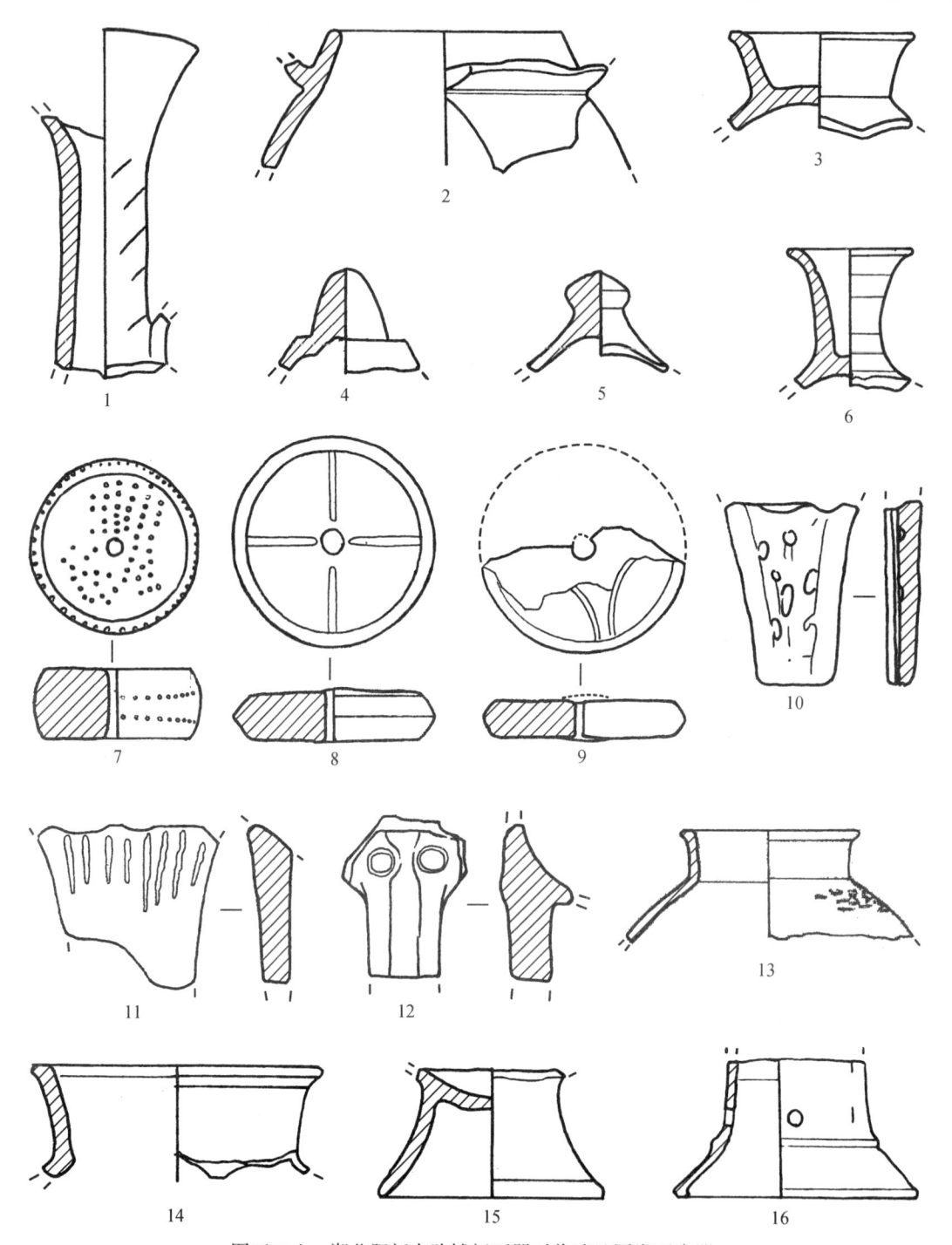

图五二八 湖北阳新大路铺新石器时代遗址同类型陶器
1. Ⅱ式鬲（90EH12∶11） 2. AⅡ式双沿罐（03ET2307⑦∶75） 3. DaⅠ式器盖（03ET2507⑧∶46） 4. CaⅡ式器盖（03ET2507⑦∶37） 5. CaⅢ式器盖（03ET2307⑦∶51） 6. DaⅡ式器盖（03ET2406⑦∶64） 7. Aa型纺轮（03ET2407⑧∶8） 8、9. Ab型纺轮（8.90ET217⑧∶18、9.90ET217⑧∶13） 10、11. Ba型鼎足（10.03EH62∶1、11.03ET2406⑦∶38） 12. Bb型鼎足（03ET2507⑦∶9） 13、14. AaⅢ式高领罐（13.03EH31∶28、14.03EH31∶10） 15、16. Aa型圈足（15.84ET1⑦∶4、16.84WT2⑦∶9）

相近，足根饰麻花状附加堆纹宽扁形鼎足（T0906③：39）与罗家冲F1出土的鼎足大体相似（F1①：299、F1①：318），刻槽宽扁鼎足（T1007④：47）与H65出土的同类型鼎足（H65：6）相近，AⅡ式短折沿陶罐（TG1④：74）与罗家冲A型罐（T0302⑥：33）形制接近，AⅠ式高领罐（T0603⑥：10、T0704⑤：1）及AⅡ式高领罐（TG1⑤：91）与罗家冲遗址A型高领罐形制相近，BⅠ式盆（T0806⑥：49）与罗家冲盆（T0302⑥：25）接近，高圈足豆柄（G1：25）与罗家冲遗址同类型器接近，圈足上部饰有一圈凸棱，CⅡ式折沿豆（T0503⑥：16）及BⅡ式圈足盘（G2：21）与罗家冲遗址同类型器（2014G5：55、T0502东扩方⑤：4）形制相近，BⅠ式斜腹杯（T1007④：1）与罗家冲2014H46：1、圈足杯（T0504⑥：10）与罗家冲G3：94、鬶足TG1③A：24与罗家冲T0402⑥：23，AⅠ式圈足状纽器盖（TG1⑥：23）及E型高柱状纽器盖（T0705⑥：2）与罗家冲G3：59、2016G4：3等同类型器均相近（图五二四）[①]。

通过对比可知，该遗址与罗家冲遗址中的第二类器形基本相同，为典型石家河文化因素。但未见罗家冲遗址中的第一类及第三类陶器所代表的文化因素。

4. 与鄂西南地区宜都石板巷子遗址相同文化因素的比较

石板巷子遗址位于宜都县原姚店公社，地处江汉平原与鄂西山地的缓冲地带，1983年共发掘282平方米，发掘面积不大，但出土遗物非常丰富，该遗址与罗家冲遗址出土的遗物相似度较大，其中石器数量较多，种类及形制与罗家冲遗址石器相近。陶器方面器形也大多相近，陶质以夹砂陶为主，器形以鼎、釜、高领罐、瓮、豆、器盖、圈足盘、杯、器座等为主，形制方面鼎足数量较多，以宽扁形为主，另有扁锥形、圆锥形，纹饰有锥刺纹、刻划纹、附加堆纹、戳印纹、按窝及绳纹等，如刻划纹宽扁形鼎足、Ⅲ式宽扁足釜形鼎（T14H4：3）、Ⅰ式釜鼎口沿（T2G2：11）等，另Ⅳ式直口高领罐（T3④：6）、高圈足豆柄（T13H8：4、T14④：9）、小圈足盘（碗）（T14④：11、T15H1：4）及大圈足盘（T11④：17）、豆盘（T13④：6）等均与罗家冲遗址同类型器物形态接近，各类纺轮虽然整体形制相近，但无罗家冲遗址中的各类刻划纹。组合方面，"主要炊器为鼎、釜并用"，鼎也为釜形，所不同的是，石板巷子遗址中的"鼎足以竖安三角形扁足为主"[②]，而罗家冲遗址中的宽扁鼎足仅少量为竖装，大多为横装（图五三〇）。

通过对比可知，该遗址也与罗家冲遗址中的第二类器形基本相同，为典型石家河文化因素。但未见罗家冲遗址中的第一类及第三类陶器所代表的文化因素。

---

① 湖北省文物考古研究所、武汉市黄陂区文物管理所：《武汉市黄陂区张西湾新石器时代城址发掘简报》，《考古》2012年第8期。

② 宜都考古发掘队：《湖北宜都石板巷子新石器时代遗址》，《考古》1985年第11期。

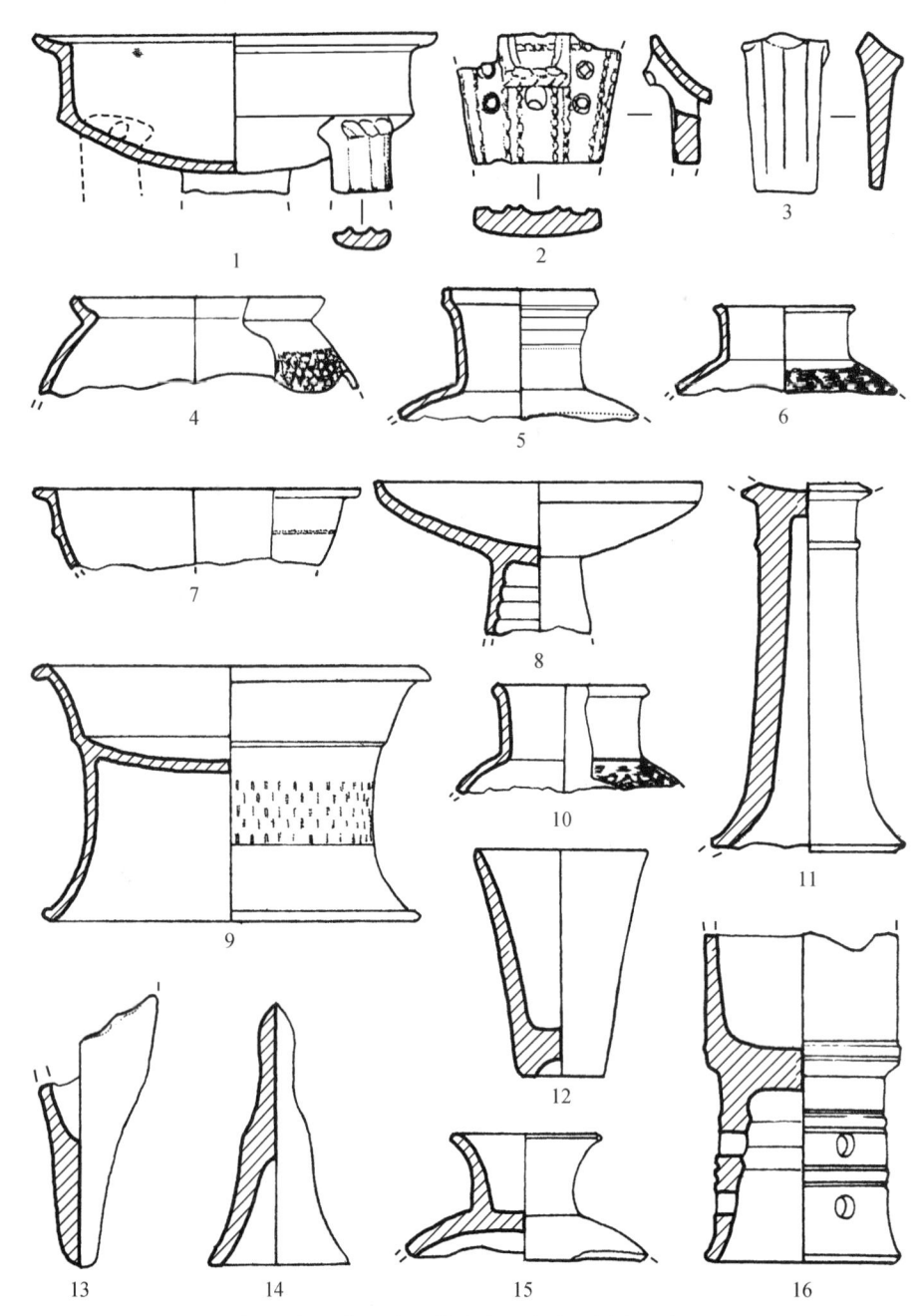

图五二九　湖北武汉黄陂张西湾遗址同类型陶器

1. A型鼎（TG1⑤:4）　2、3.鼎足（2.T0906③:39、3.T1007④:47）　4.AⅡ式折沿罐（TG1④:74）　5、6.AⅠ式高领罐（5.T0603⑥:10、6.T0704⑤:1）　7.BⅠ式盆（T0806⑥:49）　8.CⅡ式豆（T0503⑥:16）　9.BⅡ式圈足盘（G2:21）　10.AⅡ式高领罐（TG1⑤:91）　11.高圈足豆柄（G1:25）　12.BⅠ式斜腹杯（T1007④:1）　13.鬶足（TG1③A:24）　14.E型器盖（T0705⑥:2）　15.AⅠ式器盖（TG1⑥:23）　16.AⅡ式圈足杯（T0504⑥:10）

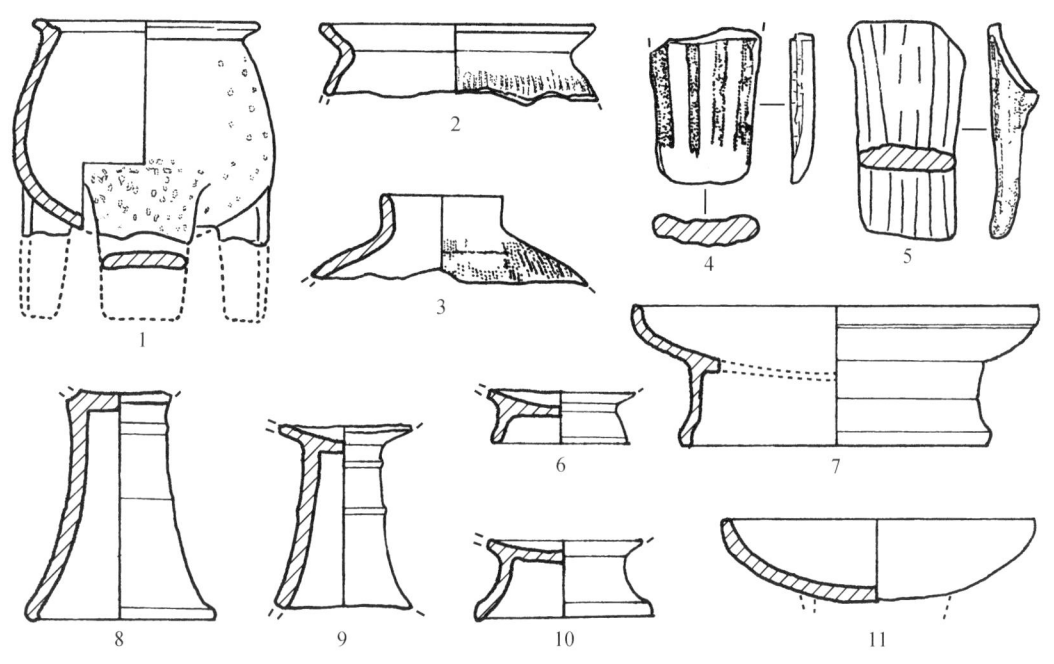

图五三〇　湖北宜都石板巷子遗址同类型陶器

1. Ⅲ式鼎（T14H4：3）　2. Ⅰ式鼎口沿（T2G2：11）　3. Ⅳ式高领罐（T3④：6）　4、5. 鼎足　6、10. 圈足盘（碗）（6.T14④：11、10.T15H1：4）　7. CⅢ式圈足盘（T11④：17）　8、9. 豆柄（8.T13H8：4、9.T14④：9）　11. 豆盘（T13④：6）

（二）湖南地区

1. 与湘北地区同时期遗址相同文化因素的比较

（1）与安乡划城岗新石器时代遗址晚期遗存的比较

划城岗新石器时代遗址位于湖南省北部的安乡县城以北9千米处，西约1千米为松滋河，遗址为高出周围地面3～4米的台地遗址，1980年发掘了200平方米。

该遗址分早、中、晚三期遗存，其中晚期遗存与罗家冲遗址早一期遗存部分出土遗物较为接近，首先是石器数量较多，种类有镞、斧、锛、凿、铲、砺石等，部分形制也较接近。陶器中夹砂红陶较多，器物形制方面，Ⅰ式折沿深腹盘（T7③：3）、Ⅷ式圈足式捉手器盖（T7②：1）、Ⅰ式罐（T7②：1）、高圈足豆（T10③：4）、Ⅱ式瓦棱状宽扁鼎足（M35：2、H1：2、T9②：3）、Ⅲ式带按窝锥状鼎足（T9③：5、T9③：6）、Ⅰ式刻划带按窝宽扁鼎足（T4③：5、T9②：2）、盂形器（T4③：4）、细长颈袋状鬶（M52：1、T9③：4）、Ⅵ式斜腹杯（T7③：12）等都与罗家冲遗址同类型器接近（图五三一）[①]。

通过对比可知，该遗址也与罗家冲遗址中的第二类器形大多相同，为典型石家河文化因素。但不同的是，该遗址未见石家河文化中的宽扁足折腹盆形鼎，而多见宽扁足折沿深腹釜形鼎，并出现类似罗家冲遗址第一类中的C型按窝锥形鼎足，但足较矮，按窝多饰于鼎足上部，

---

① 湖南省博物馆：《安乡划城岗新石器时代遗址》，《考古学报》1983年第4期。

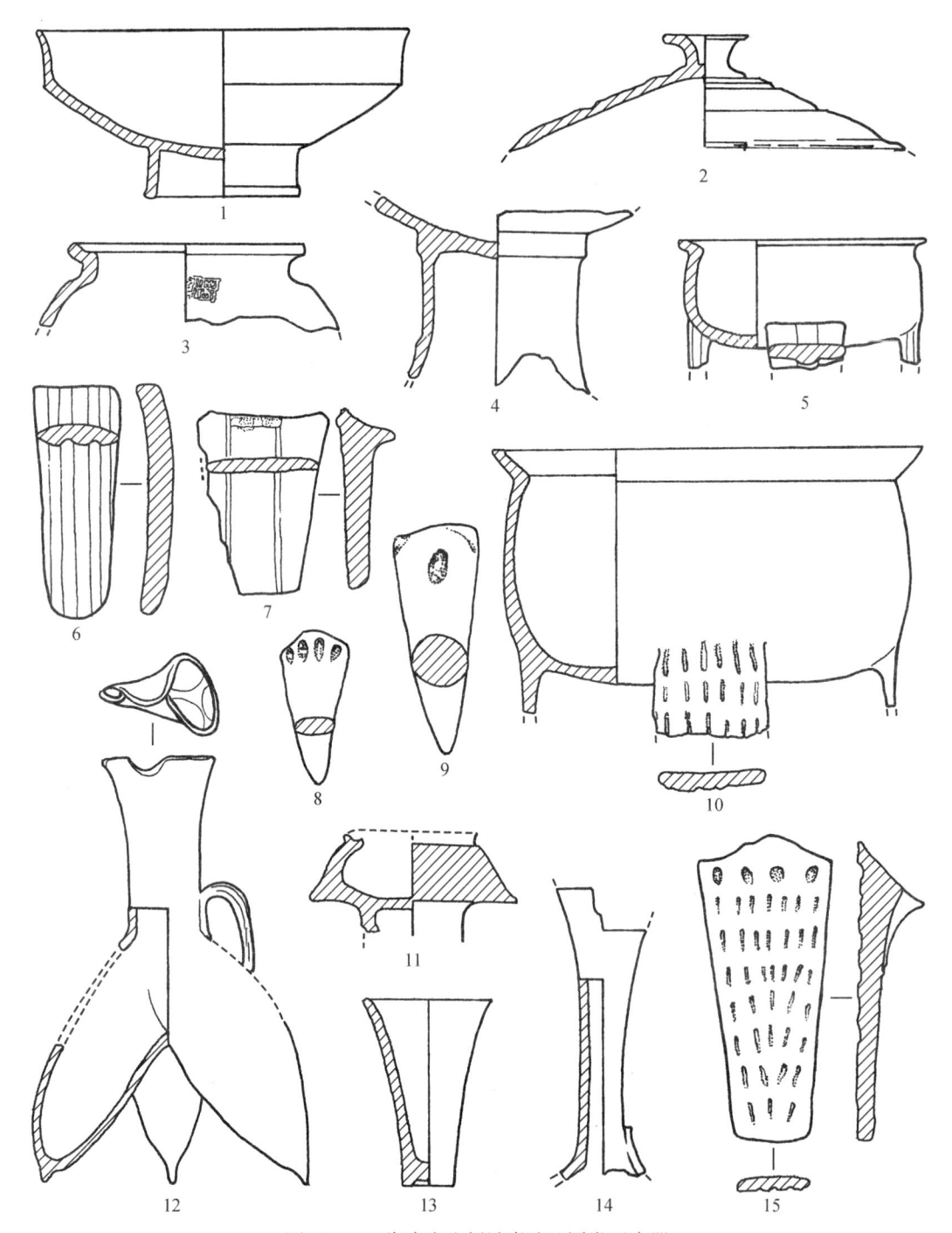

图五三一　湖南安乡划城岗遗址同类型陶器

1. Ⅰ式盘（T7③：3）　2. Ⅷ式器盖（T7②：1）　3. Ⅰ式罐（T7③：1）　4. 圈足（T10③：4）　5～7. Ⅱ式鼎（足）（5. M35：2、6. H1：2、7. T9②：3）　8、9. Ⅲ式鼎足（8. T9③：5、9. T9③：6）　10、15. Ⅰ式鼎（足）（10. T4③：5、15. T9②：2）　11. 盂形器（T4③：4）　12、14. 鬶（12. M52：1、14. T9③：4）　13. Ⅵ式斜腹杯（T7③：12）

似具有本地土著文化因素堆子岭文化时期或较晚时期鼎足的风格。未见罗家冲遗址中的第三类陶器所代表的河宕文化因素。

（2）与澧县城头山遗址石家河文化晚期遗存的比较

城头山遗址位于湘西北的澧县车溪乡南岳村，东距澧县县城直线距离约10千米，遗址坐落于徐家岗南部东端，该遗址为目前中国发现最早且最完整的古城之一，该遗址经过数十年的发掘，发现的遗迹遗物非常丰富，从早至晚分别有汤家岗文化、大溪文化、屈家岭文化、石家河文化，文化序列较为完整。

该遗址石家河文化晚期出土陶器的陶质陶色、纹饰及形制等与罗家冲遗址早一期陶器比较具有较多的形似性。如陶质可分为泥质、夹砂及夹炭三大类，陶色分为灰、红、黑、黑褐陶，灰陶从早到晚增多，泥质红陶到晚期增多，纹饰中以绳纹为主，其次为方格纹、戳印纹、窝点纹、刻划纹、篮纹、弦纹、附加堆纹、镂孔等，另有少量辫索状把手等。

具体器形相似的有B型广肩短折沿罐（T1353⑦：1）、AⅠ式绳纹高领罐（H478：1）、AⅠ式盆形鼎（M214：1）、装饰多样的A型、C型及Ⅰ型宽扁形鼎足（T5261③D：5、T5260④B：3、T5260③B：1、T5311③A：2、T5260③B：5、T5408③A：2），足面装饰有凸棱、按窝、麻花状附加堆纹、瓦棱、竖向刻槽及多种纹饰混合使用等，在足根部饰一至多个按窝的G型锥状鼎足（T5410④B：3），另与A型细长颈捏流鬹（T5360④A：2）、B型矮粗颈鬹（T5311③B：4）、A型及B型袋状鬹足（T5260④B：4、T5311③B：5）、CⅠ式擂钵（T3019④：1）、A型高圈足豆柄（T5211③B：1）、C型豆柄（T5309④A：1）及AⅡ式豆盘（T5360③A：1）、宽折釜及釜口沿（T5159③B：1、T5360③B：1）、CⅠ式及D型圈足盘（T1625④C：1、H394：2）、AⅡ式及BⅡ式圈足状纽器盖（T5209③C：1、T1674④C：3）等同类型器形制相近（图五三二、图五三三）[①]。

通过对比可知，城头山遗址石家河文化晚期更多的是与罗家冲遗址早一期第二类石家河文化因素相近，虽然也有罗家冲遗址少量第一类文化因素，但区别也是很明显的，如虽然也有釜，但釜的数量远不及罗家冲遗址丰富，另前者的釜身多素面或饰方格纹，而后者器表多饰绳纹。鼎足多石家河文化的宽扁形，而基本未见罗家冲遗址中具有土著文化因素的B型、C型鼎足，这显然是由于该遗址地处湘北地区，距离石家河文化中心区域较近的缘故，受石家河文化的影响更深更彻底，而罗家冲遗址则由于地处湘中地区，虽然受到了石家河文化的影响，但更多的则是继承了本地自大溪文化时期堆子岭文化的影响，A型、B型、C型鼎足并行。

（3）与澧县孙家岗遗址的比较

孙家岗遗址位于澧阳平原中西部的澧县大坪乡大杨村三组，1991年湖南省考古研究所对遗址墓葬区进行发掘，共清理32座新石器时代晚期墓葬[②]。2015年至今连续对该遗址进行了钻探与发掘工作，确认为一处以肖家屋脊文化堆积为主体，且规模较大的新石器时代末期至夏代早

---

① 湖南省文物考古研究所：《澧县城头山——新石器时代遗址发掘报告》，文物出版社，2007年。
② 湖南省文物考古研究所、澧县文物管理处：《澧县孙家岗新石器时代墓群发掘简报》，《文物》2000年第12期。

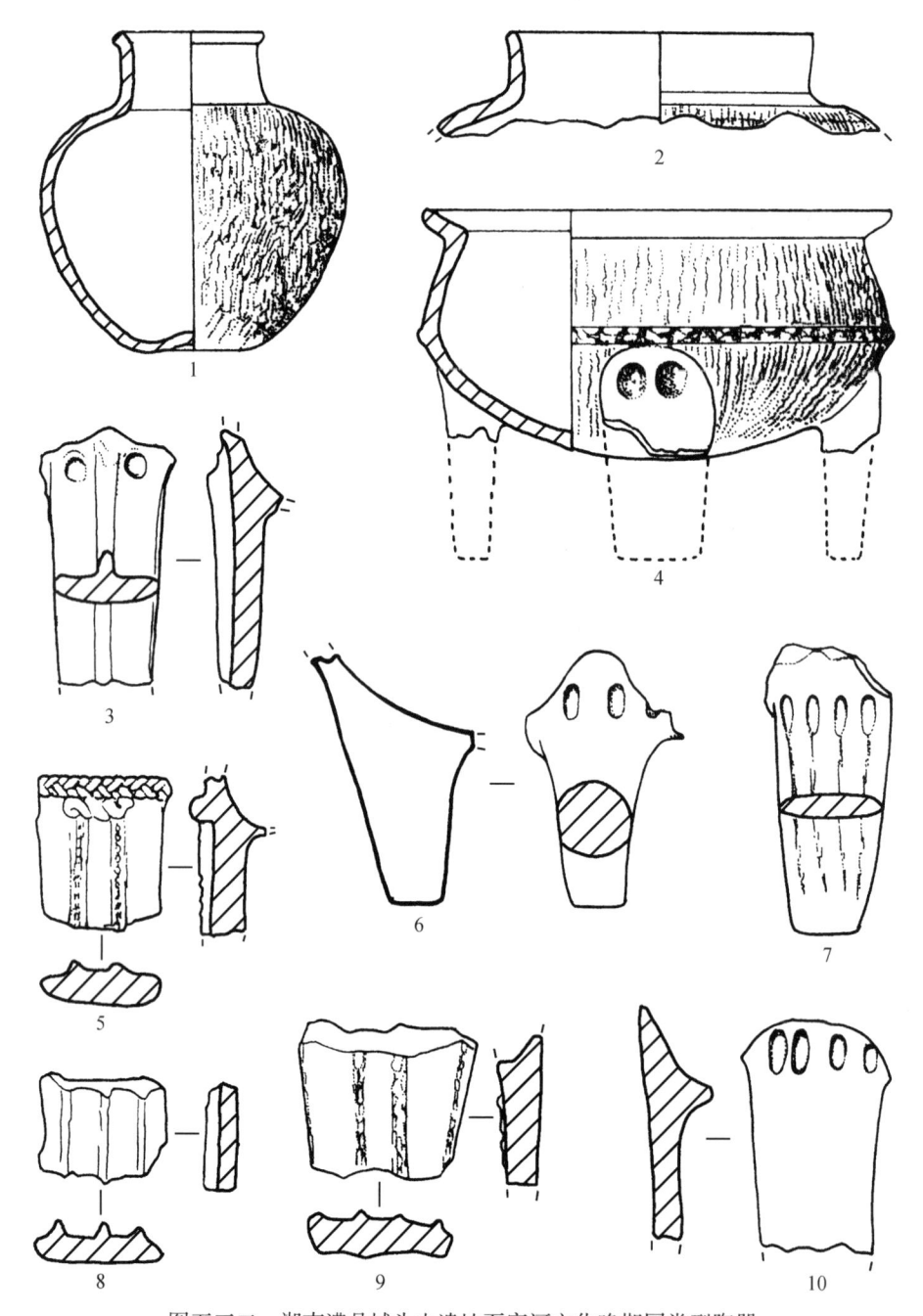

图五三二 湖南澧县城头山遗址石家河文化晚期同类型陶器
1. AⅠ式高领罐（H478∶1） 2. B型广肩罐（T1353⑦∶1） 3. AⅠ式鼎足（T5261③D∶5） 4. AⅠ式鼎（M214∶1）
5、9. AⅡ式鼎足（5. T5260④B∶3、9. T5260③B∶5） 6. G型鼎足（T5410④B∶3） 7. CⅠ式鼎足（T5260③B∶1）
8. AⅢ式鼎足（T5311③A∶2） 10. I型鼎足（T5408③A∶2）

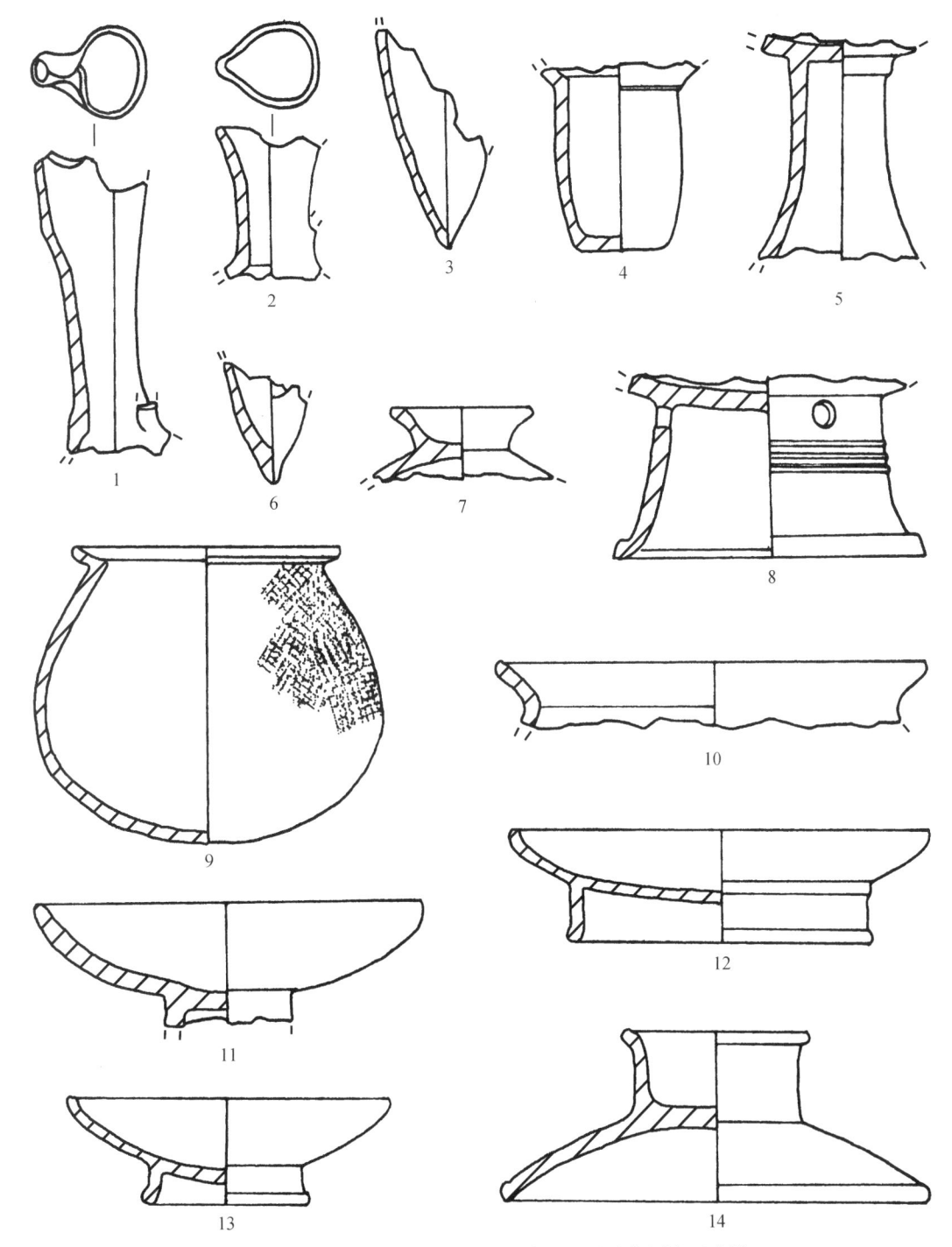

图五三三 湖南澧县城头山遗址石家河文化晚期同类型陶器
1. A型鬶（T5360④A：2） 2. B型鬶（T5311③B：4） 3. A型鬶足（T5260④B：4） 4. CⅠ式擂钵（T3019④：1）
5. A型豆柄（T5211③B：1） 6. B型鬶足（T5311③B：5） 7. AⅡ式器盖（T5209③C：1） 8. C型豆柄（T5309④A：1）
9. C型釜（T5159③B：1） 10. AⅢ式釜口沿（T5360③B：1） 11. AⅡ式豆盘（T5360③A：1） 12. CⅠ式圈足盘（T1625④C：1）
13. D型圈足盘（H394：2） 14. BⅡ式器盖（T1674④C：3）

期具有三期环壕及两期围垣的大型遗址[①]。

首先从陶系对比分析，该遗址出土的陶器有泥质、夹砂及夹炭三种，以泥质陶为主，占比超80%，主要有黑衣陶、白衣陶、灰陶、灰衣陶和橙红陶，少量橙黄陶、黑陶及红陶，泥质黑陶多磨光。夹砂陶较少，以白衣陶、橙红陶及红褐陶为主，也有少量黑衣、灰衣、灰与橙黄陶。夹炭陶较少，占比不足1%，陶色有橙与橙黄。陶器纹饰以绳纹、篮纹和方格纹最多，主要见于罐、盆类器肩、腹部，弦纹、戳印纹、刻划纹也较多，弦纹主要见于豆、盘类圈足，戳印纹与刻划纹主要见于鼎足正面，也有弦断绳纹、弦断篮纹及弦纹与戳印纹是组合纹饰，在罐、盆类的肩腹部还见有少量的网格纹和陶索纹。而罗家冲遗址的陶器是以夹砂红陶及红褐陶为主，其次为泥质灰陶及红陶，很显然是更多地继承了本地早期文化以来的制陶风格，并与当地的沙性土质也有很大的关系。但器表纹饰较为接近，都是以绳纹为主，其他纹饰也类似。

器类方面，该遗址可辨器形最多的是罐、豆、鼎、钵、盆、碗，其次是盘、缸、瓮、杯、器盖和纺轮，也见有少量的鬶、擂钵、碟和器座等。相比而言，该遗址的大部分器类及形制与罗家冲遗址早一期较为接近，但区别是罗家冲遗址较多的釜则在该遗址基本不见。

具体器形方面，该遗址出土的罐虽然较多，但以两类矮领折沿罐为主，形制没有罗家冲遗址种类多，尤其是未见罗家冲较多的各类高领罐，其中Ba型带领罐（壕沟④f：2）与罗家冲遗址B型矮领罐口沿（2014H55：1）形制接近，且外饰绳纹。C型折沿罐（H20：2）与罗家冲遗址A型矮领罐（F1①：325）形制接近，短折凹沿，溜肩。鼎足数量较多，其中多见带数道刻槽或足根部饰按窝的宽扁鼎足，这与罗家冲A型宽扁鼎足形制及装饰风格相近，如A型鼎足（BTS23E01③：1、壕沟⑦b：3）与罗家冲A型鼎足（2014H26：29、T0503⑥：14）形制及装饰基本相近，足面饰两道凸棱的宽扁鼎足（M28：6）与罗家冲A型鼎足（T0402⑥：37、2014G1④：57）形制基本相同，B型刻槽鼎足（H1：2）与罗家冲Ba型鼎足（T0503⑤：32）形制接近，另足面带纵向凸棱的B型鼎足（壕沟⑦b：2）与罗家冲Ba型鼎足（T0402⑥：36）形制相近，带数个按窝的E型鼎足（壕沟③a：1）与罗家冲Aa型鼎足（F1①：302）装饰风格较为接近，不同的是，该遗址基本未见罗家冲遗址常见的锥形刻槽或带按窝的C型鼎足，而罗家冲遗址也未见该遗址出土的柱状鼎足。豆盘形制单一，多见罗家冲遗址的Ab型浅腹折沿豆盘，如A型豆盘（环壕Ⅱ⑩：3），而其他类型少见或基本未见，豆柄形制与罗家冲早一期A型、B型基本相同，分高粗中空柄及细中空柄两大类，部分在豆柄上部有凸棱或饰圆形镂孔，如B型豆（TS32W15⑩：1）、C型豆（壕沟③d：1）及D型豆（环壕Ⅱ③：6），圈足盘（TS32W15⑰C：2）与罗家冲的圈足盘（T0402⑥：30）形制基本一致，盆的形制较罗家冲遗址丰富，仅Aa型盆（壕沟③f：3）与罗家冲遗址B型盆（T0302⑥：35）形制接近。斜腹杯（壕沟⑦b：10）与罗家冲C型杯（2014H46：1）形制基本相同，器盖仅见罗家冲的A型圈足状器盖，如器盖（G3：1），所不同的是该遗址的器盖圈足部位饰有圆形镂孔，A型细颈鬶（壕沟⑦b：11）及B型粗颈捏流鬶口沿（G5：2）基本与罗家冲遗址的两类鬶形制基本相同，A型

[①] 湖南省文物考古研究所、澧县文物局：《湖南澧县孙家岗遗址2016年发掘简报》，《江汉考古》2018年第3期。及湖南省文物考古研究所：《湖湘文化——考古之旅2021》，2021年，内部资料。

鬶足（壕沟③e：3）及B型鬶足（TS34W15⑪a：5）形制与罗家冲的A型、B型鬶足接近（图五三四）。

除以上相似点外，不同点在于该遗址虽然也出土有较多的纺轮，但均为素面，未见罗家冲常见的刻划纹纺轮，另该遗址出土的钵、碗、碟、缸、瓮、高柄杯等在罗家冲遗址少见或不见。

通过以上对比可知，孙家岗遗址与城头山石家河文化晚期一样，更多的是与罗家冲遗址早一期第二类石家河文化陶器风格相同，而基本未见罗家冲遗址中代表的湘中地区土著文化因素及河宕文化因素，从年代上分析，孙家岗遗址的年代上限不早于公元前2200年，下限则已进入

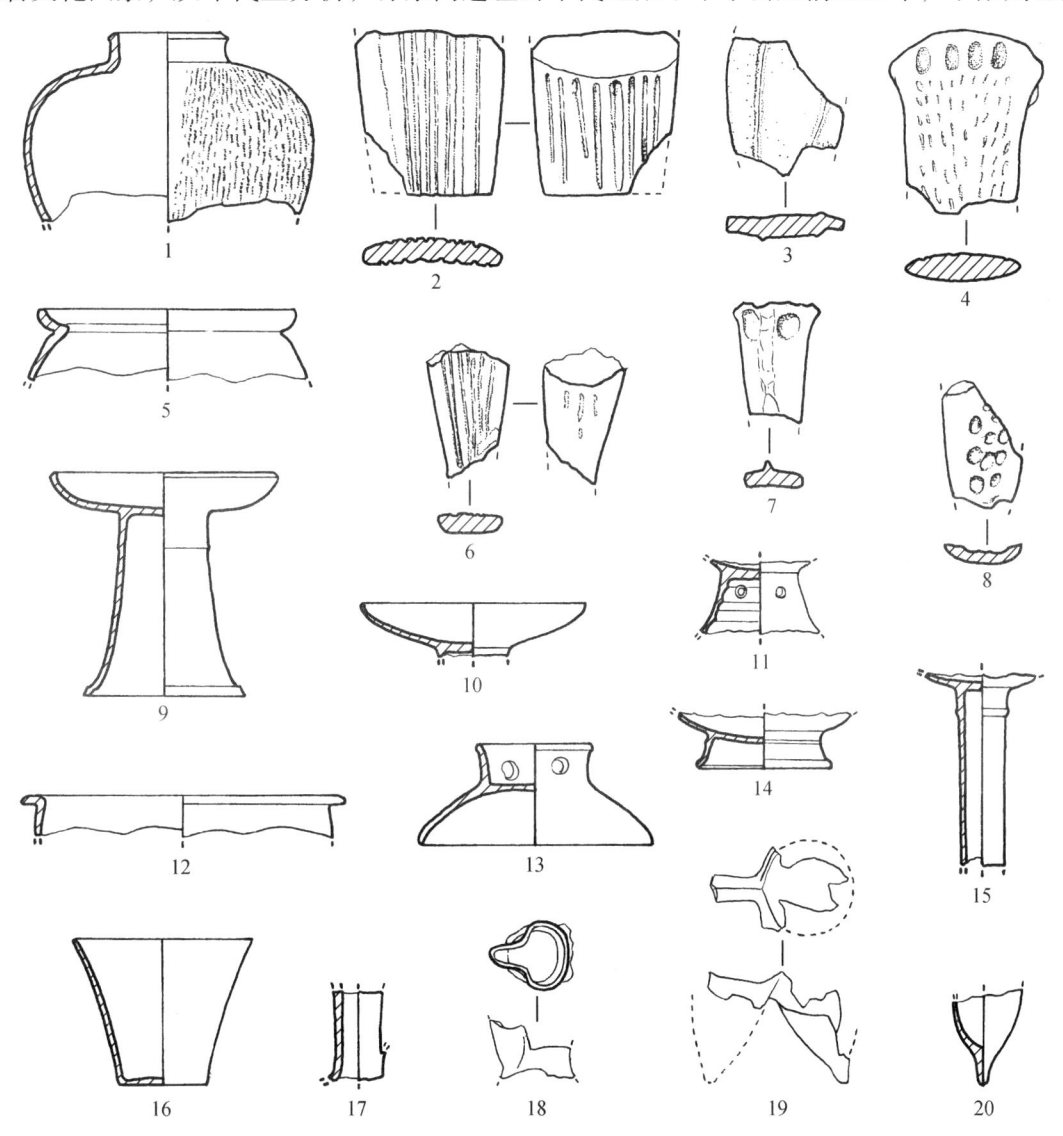

图五三四　湖南澧县孙家岗遗址同类型陶器

1. Ba型带领罐（壕沟④f：2）　2、4. A型鼎足（2. BTS23E01③：1、4. 壕沟⑦b：3）　3. 宽扁鼎足（M28：6）　5. C型折沿罐（H20：2）　6、7. B型鼎足（6. H1：2、7. 壕沟⑦b：2）　8. E型鼎足（壕沟③a：1）　9. B型豆（TS32W15⑩：1）　10. A型豆盘（环壕Ⅱ⑩：3）　11. C型豆（壕沟③d：1）　12. Aa型盆（壕沟③f：3）　13. 器盖（G3：1）　14. 圈足盘（TS32W15⑰C：2）　15. D型豆（环壕Ⅱ③：6）　16. 斜腹杯（壕沟⑦b：10）　17. A型鬶（壕沟⑦b：11）　18. B型鬶（G5：2）　19. B型鬶足（TS34W15⑪a：5）　20. A型鬶足（壕沟③e：3）

公元前1800年以内，与罗家冲早一期大致同时，但孙家岗遗址的主体文化遗存属于后石家河文化，而罗家冲遗址则由于地处湘中地区的山间丘陵地带，文化因素相对复杂且发展较为滞后，具有典型的区域文化特征。

2. 与湘中地区同时期文化遗址相同文化因素的比较

（1）与湘乡岱子坪遗址二、三期的比较

湘乡岱子坪遗址位于湘乡县西北部，该遗址于1975年发现并进行了调查与发掘，1980年5月进行了再次发掘，发掘面积347平方米，该遗址分二期遗存。

罗家冲遗址与岱子坪遗址同处于湘中地区，两处遗址距离较近，从整体文化面貌分析，罗家冲遗址早一期与湘乡岱子坪遗址第二、三期出土的遗物相似度较高，该遗址所代表的文化因素是目前距离罗家冲遗址最近的同时期遗址。

该遗址第二期遗存出土陶器与罗家冲遗址早一期部分同类型陶器形制较为接近，如DⅢ式折沿圜底釜（M97：5）、BⅢ式釜形鼎（M78：3）、E型盆状豆（M82：13）、A型细长颈捏流鬶（M11：1）、B型盉（M22：1）、DⅡ式细长颈壶（M34：3）、FⅡ式圈足盘（M40：5）、CⅡ式斜腹杯（M48：3）等，另E型折腹带镂孔高圈足豆盘（M63：2、M48：6）也与罗家冲遗址混入晚期遗存的C型豆盘（F1①：143、F1①：281）形制基本相同。

第三期相似度最高，一是石器数量明显增多，出土43件，种类丰富，有镞、斧、锛、刀、铲，这是第一、二期所没有的，陶器中除以上部分相似器物外，还与CⅢ式宽扁形瓦棱鼎足［T1（三）：30、T14（三）：6］、BⅢ式锥状带按窝及刻划纹鼎足［T14（三）：5、T6（三）：8］等与罗家冲遗址中同类型器相同[①]（图五三五）。

该遗址第二、三期出现了以细长颈鬶、宽扁形瓦棱形鼎足、斜腹杯、细长颈壶等一批具有典型石家河文化因素的器物，说明该时期石家河文化因素已经影响到了该区域，与本地土著文化因素相融合，整体文化面貌与罗家遗址早一期遗存基本一致，所处时代应大体相当，但代表第三类文化因素的弧线刻划纹纺轮却在该遗址未发现，这是两个遗址的最大区别，这可能是文化因素地域差别，抑或是发掘工作的偶然因素所致，相信日后在该遗址可能会发现以四分弧线纹代表的河宕文化因素遗物。

（2）与株洲县磨山遗址晚期遗存的比较

磨山遗址处于湘中地区，位于株洲县城以东8千米处，西北距株洲市区16千米，南面3.5千米处是渌水，西面10千米是湘江，为一处平坦农田中高出约10米的山包，西南有一小溪由北向南流过。1987年发掘96平方米。

株洲磨山遗址分早、晚两期遗存，其中早期遗存的时代为大溪文化时期，而晚期遗存与岱子坪二、三期遗存时代相当，为新石器时代晚期。

磨山遗址晚期文化遗存与罗家冲遗址早一期遗存有诸多相似之处，陶器中多夹砂灰陶釜、多绳纹，常见器物为釜、罐、豆、鼎足、钵、碗、壶、盆等，豆柄均为粗高柄，柄多饰镂孔，

---

① 湖南省博物馆：《湘乡岱子坪新石器时代遗址》，《湖南考古辑刊》第2集，岳麓书社，1984年。

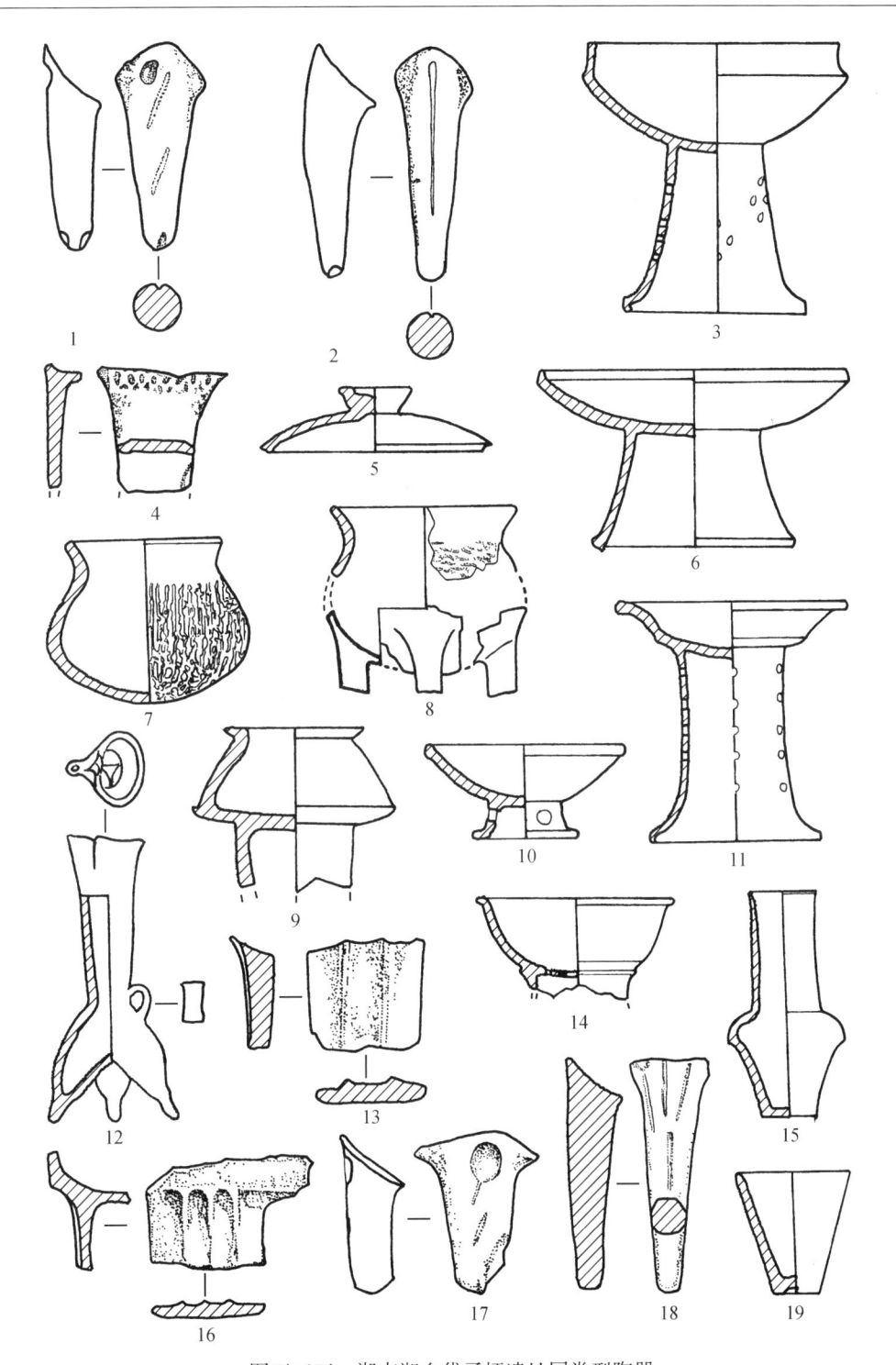

图五三五 湖南湘乡岱子坪遗址同类型陶器

第一期遗物：1、2. BⅢ式鼎足[1.T1（六）:15、2.T1（五）:5] 3. AⅤ式豆（M43:15） 4. BⅠ式鼎足[T1（六）:18]
5. BⅠ式器盖（M43:5） 6. AⅦ式豆（M43:14）

第二期遗物：7. DⅢ式釜（M97:5） 8. BⅢ式鼎（M78:3） 9. B型盉（M22:1） 10. FⅡ式圈足盘（M40:5）
11、14. E型豆（11. M48:6、14. M82:13） 12. A型鬶（M11:1） 15. DⅡ式壶（M34:3）
19. CⅡ式斜腹杯（M48:3）

第三期遗物：13、16. CⅢ式鼎足[13. T1（三）:30、16. T14（三）:6] 17、18. BⅢ式鼎足[17. T14（三）:5、
18. T6（三）:8]

其中Ⅰ式矮领罐（T3②：11、T4①：6、T4①：7）与罗家冲遗址A型罐口沿形制相近，BⅠ式及EⅠ式宽折沿釜（T6M2：1、T3②：32）与罗家冲遗址B型釜形制相近；短折沿高领罐（T3②：8）、釜形鼎（T6M3：6）、CⅡ式细长颈壶（T7M7：1）、AⅡ式直沿罐（T7M17：1）、细长颈鬶（T6M12：1、T7M17：14）、AⅠ式高圈足豆（T7M20：2、T7M17：7）、D型圈足豆（盘）（T6M12：3）等分别与罗家冲遗址同类型器物形制相近（图五三六）[①]。

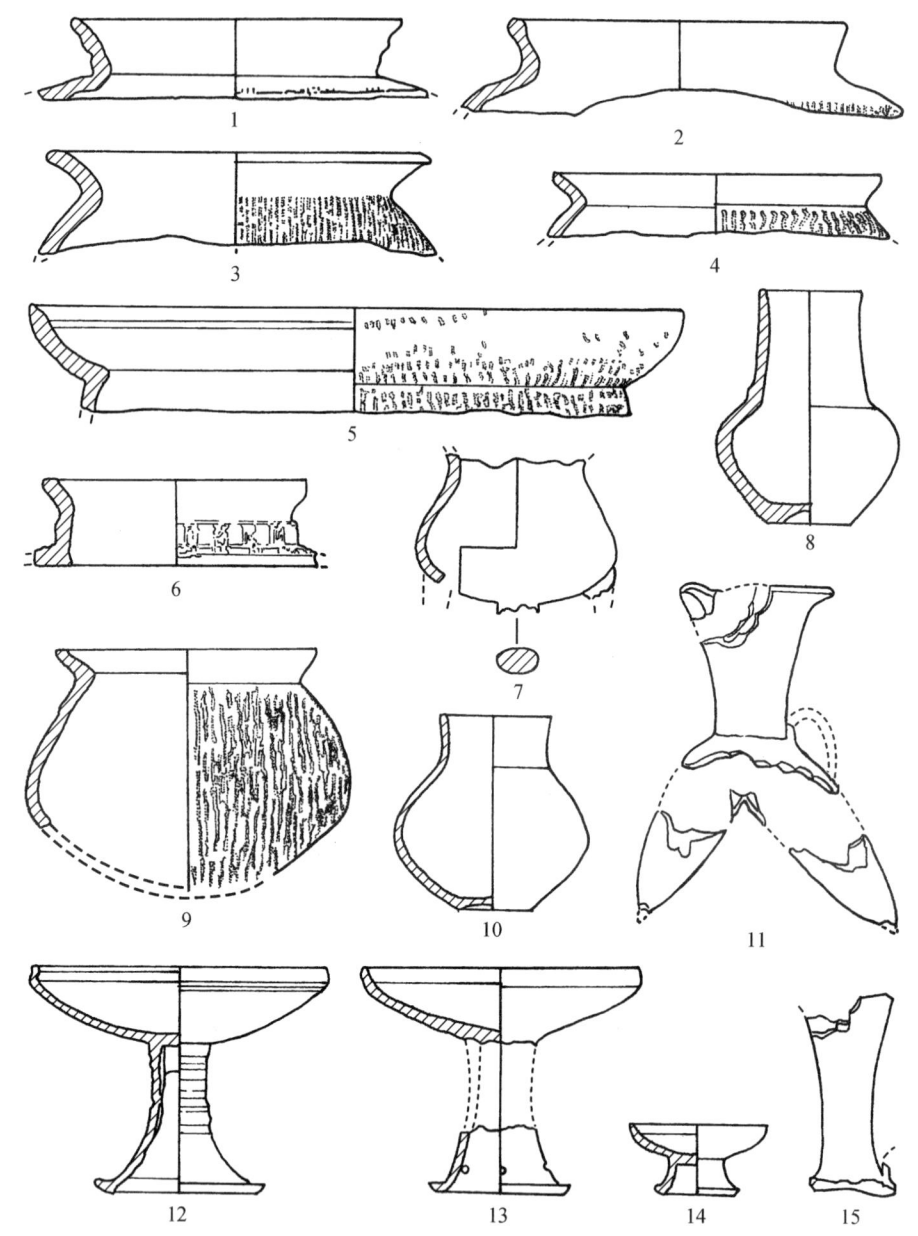

图五三六 湖南株洲磨山遗址晚期遗存同类型陶器

晚期遗存：1、3、4.Ⅰ式矮领罐（1.T3②：11、3.T4①：6、4.T4①：7） 2.V式矮领罐（T3②：9） 5.EⅠ式釜（T3②：32） 6.高领罐（T3②：8） 7.釜形鼎（T6M3：6） 8.CⅡ式壶（T7M7：1） 9.BⅠ式釜（T6M2：1） 10.AⅡ式罐（T7M17：1） 11、15.鬶（11.T6M12：1、15.T7M17：14） 12、13.AⅠ式豆（12.T7M20：2、13.T7M17：7） 14.D型圈足豆（盘）（T6M12：3）

---

① 湖南省文物考古研究所、株洲市博物馆：《株洲县磨山新石器时代遗址试掘报告》，《湖南考古辑刊》第6集，岳麓书社，1994年。

通过对比可知，磨山遗址晚期文化遗存部分遗物主要与罗家冲遗址第一、二类陶器形制相近，具有本地土著文化因素及石家河文化因素，而未见第三种文化因素，也应为地域文化的差别，抑或是两者时代略有早晚之别。

（3）与长沙地区同时期遗址同类型陶器的比较

长沙地区目前发掘资料中与罗家冲遗址早一期大致同时期的遗址经过发掘的有长沙县腰塘遗址第三期遗存及月亮山（鹿芝岭）遗址早期晚段遗存，另有部分为长沙县的调查资料。

A. 与长沙县腰塘遗址第三期遗存的比较

该遗址位于长沙县东北部的广福乡梅薮村大里上，地处捞刀河支流冯家河东岸的台地上，遗址面积约1.8万平方米，1985年全国第二次文物普查时进行了调查，1988年12月至1989年1月由长沙市文物工作队在遗址北部进行了小面积发掘，发掘面积214平方米，文化层堆积厚度为0.3~1.5米。

该遗址调查时采集的石器以磨制为主，器形有镞、斧、锛、刀、矛等。陶器以夹砂红陶为主，有一定数量的夹砂灰陶及少量的泥质黑陶、红胎黑皮陶，纹饰流行细绳纹、篦点纹、戳印纹、弦纹及鼎足上的按窝、刻划纹等。器形有鼎足、豆、罐、器座、器鏊、纺轮等，尤以鼎足为盛。这些大部分与罗家冲遗址同类型器形制相近。就具体器形分析，陶器中腰塘遗址采集的CⅢ式带刻划纹宽扁形鼎足（腰采：40）与罗家冲遗址A型鼎足相近，D型、E型带按窝及刻槽的锥形鼎足（腰采：19、腰采：42、腰采：24、腰采：27）与罗家冲遗址C型鼎足相近，Ⅱ式折沿罐（腰采：26）、支座（腰采：39）、豆柄（腰采：45）、Ⅰ式饰篦点纹的纺轮（腰采：11）等[①]，这些都与罗家冲遗址早一期同类型器接近（图五三七）。

该遗址在发掘中分三期，目前发掘资料尚未整理发表，但从已披露的资料及实地查看出土陶器实物可知，第三期以第3层、第4层为代表，出土陶器以夹砂红陶为主，有少量橙黄陶、泥质灰陶及黑陶。器形以各类圆锥形鼎足及釜口沿为主，其中大部分鼎足足跟横排饰一至三个按窝或竖排饰一至四个按窝及一到两道竖向刻槽，少量正装及侧装宽扁形鼎足。另有泥质红陶细长颈鬶及鬶足、细长黑陶豆柄、豆圈足、折沿豆盘、拍、颈部带凸棱的高领罐、泥质灰陶圈足盘、矮折曲纹凹底罐、长颈方格纹泥质灰胎黑陶壶、两组对称六弧线刻划纹纺轮及厚胎大口缸等（图五三八），纹饰以绳纹为主[②③]。这些大部分均与罗家冲遗址早一期陶器形制大体相近，显示出是以本地土著文化因素为主，也兼有部分石家河文化因素，时代应与罗家冲遗址早一期同时或略早。

B. 与长沙县月亮山（鹿芝岭）遗址早期晚段遗存的比较

月亮山（鹿芝岭）遗址位于长沙县仙人市乡鹿芝岭月亮山，地处浏阳河北岸的台地上，1976年湖南省博物馆、长沙市文化局文化管理组联合对该遗址进行了发掘，发掘面积100平方米，1985年在第二次全国文物普查时进行了进一步调查工作。

---

① 长沙市文物工作队：《长沙县新石器时代遗址普查简报》，《湖南考古辑刊》第5集，岳麓书社，1989年。
② 何强：《长沙县腰塘新石器时代遗址》，《中国考古学年鉴1989》，文物出版社，1990年，第206、207页。
③ 长沙市志编纂委员会：《长沙市志》第十三卷《文物名胜》，1996年；长沙市博物馆发掘资料。

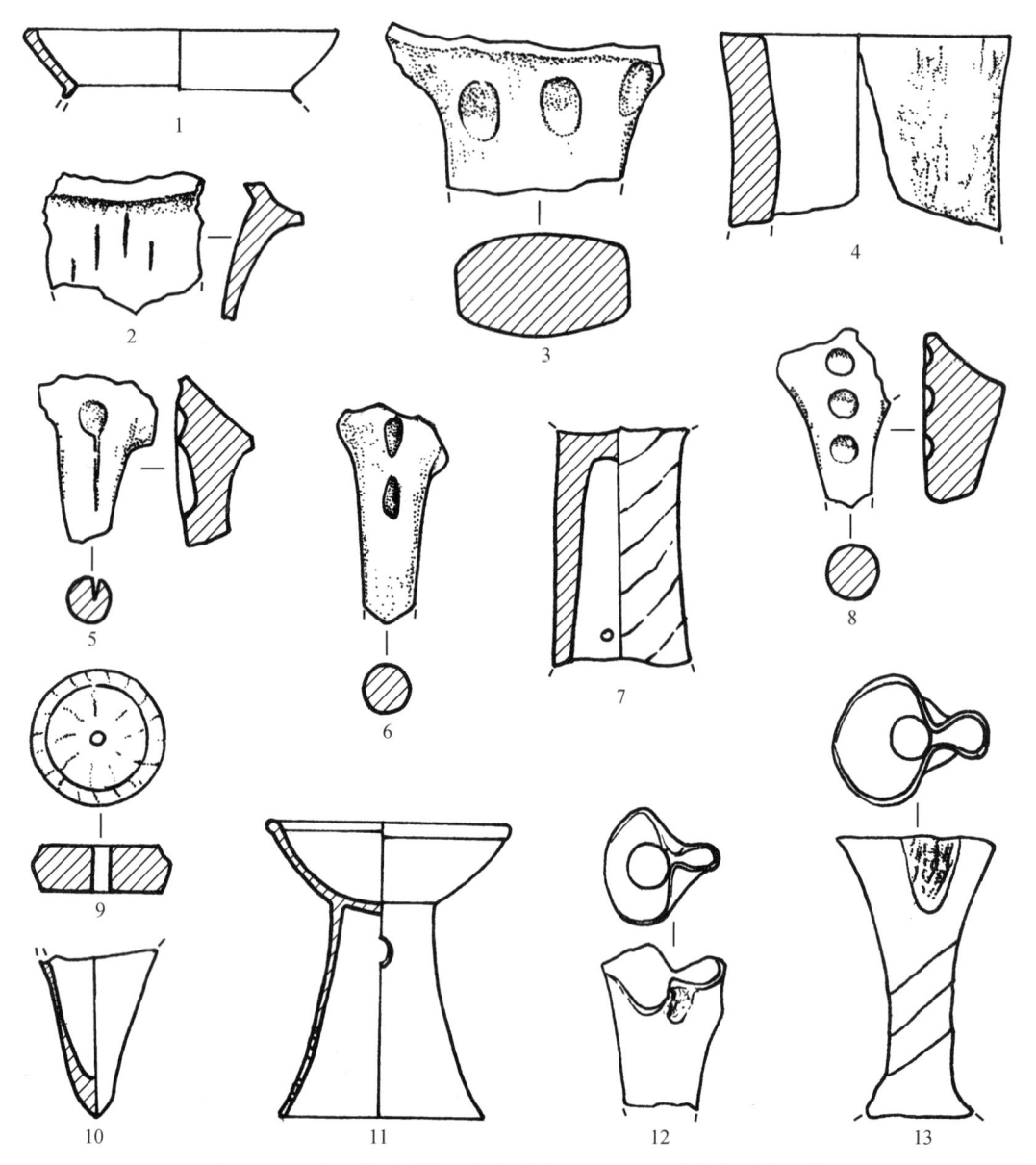

图五三七 湖南长沙腰塘遗址及月亮山遗址调查采集的同类型器
1. Ⅱ式折沿罐（腰采：26） 2. CⅢ式鼎足（腰采：40） 3. D型鼎足（腰采：19） 4. 支座（腰采：39） 5. EⅡ式鼎足（腰采：27） 6、8. EⅠ式鼎足（6.腰采：42、8.腰采：24） 7. 豆柄（腰采：45） 9. Ⅰ式纺轮（腰采：11） 10. 鬶足（月采：10） 11. Ⅱ式豆（月采掘品） 12、13. 鬶（12.月采：11、13.月采：9）

该遗址发掘中文化堆积分为早、晚两期，其中早期为新石器时代文化遗存，晚期为商代遗存。该遗址发掘资料尚未整理发表，从目前披露的资料中未说明月亮山遗址早期遗存未分期，但从遗物特征分析，早期遗存应分早、晚两段。其中早期晚段出土有细长颈袋足鬶、高柄喇叭足豆，石器有斧、凿等[①]。调查资料中早期陶器有泥质黑陶、泥质红陶、夹砂红陶、夹砂灰陶等，器形有纺轮、C型宽扁形带刻划纹及按窝鼎足、D型扁锥形带按窝鼎足、C型圆锥形带按窝及刻槽鼎足、高柄豆、拍、细长颈袋足鬶。具体器形中鬶（月采：11、月采：9）、鬶足（月

---

① 长沙市志编纂委员会：《长沙市志》第十三卷《文物名胜》，1996年。

采：10)、高中空柄豆等都与罗家冲遗址同类型陶器形制有较多相似之处（图五三七），大部分遗物与罗家冲早一期形制相近，具有较多本地土著文化因素及少量石家河文化因素，该期时代与罗家冲早一期同时或略早。

调查整理者认为腰塘遗址与月亮山遗址时代均属于岱子坪一期，但又认为"它们之间同样存在一定的差异，如它不像岱子坪一期有诸多屈家岭文化因素，时代上也许有一些距离"。从

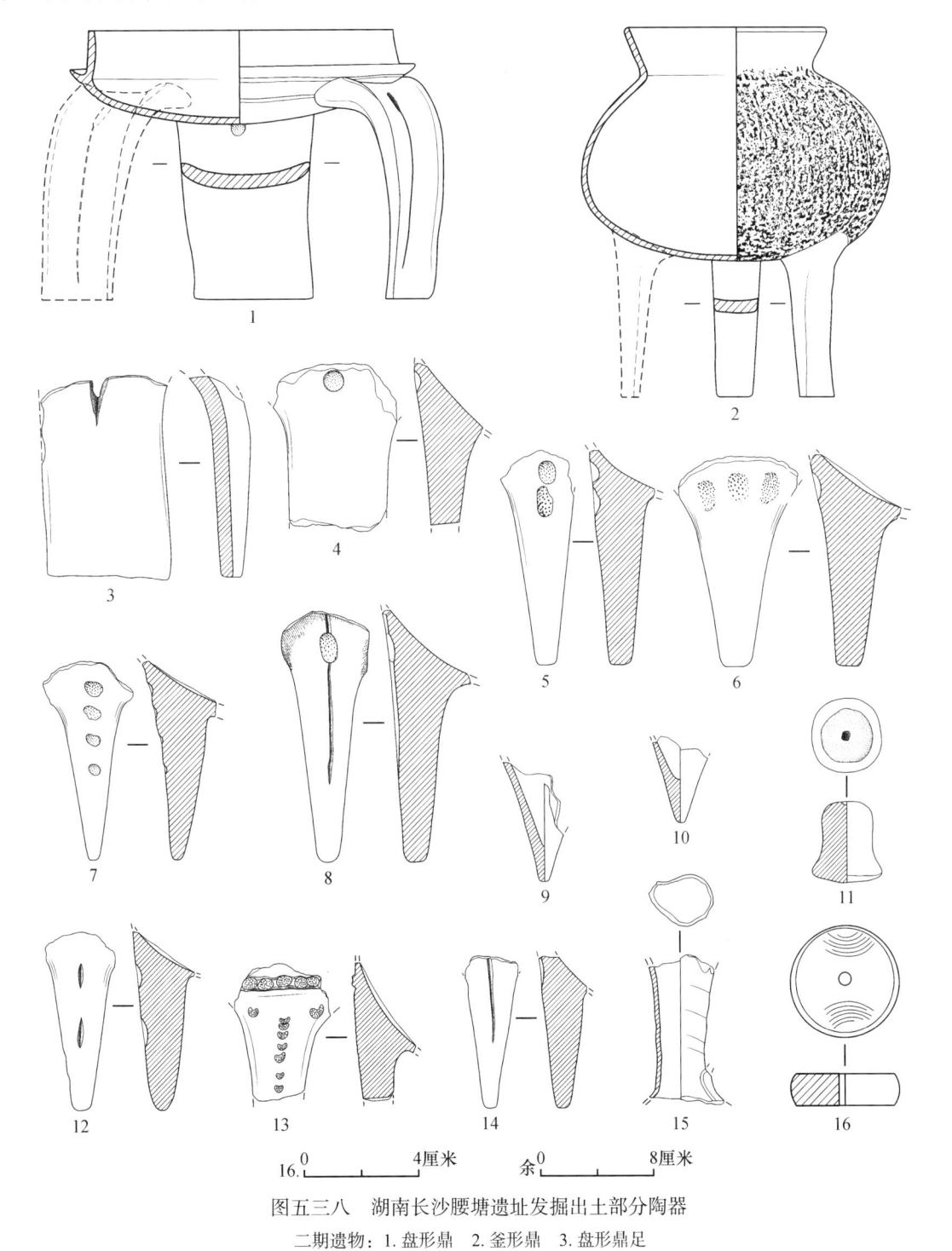

图五三八　湖南长沙腰塘遗址发掘出土部分陶器
二期遗物：1. 盘形鼎　2. 釜形鼎　3. 盘形鼎足
三期遗物：4~8、12~14. 鼎足　9、10. 鬶足　11. 拍　15. 鬶　16. 纺轮

层位关系及遗物特征整体对比分析，腰塘遗址第二期与月亮山遗址早期早段遗存均有以盘形鼎为代表的具有江西樊城堆及广东石峡遗址三期文化因素，说明这两个遗址都存在比罗家冲遗址早一期更早阶段的时代特征，时代应处在岱子坪一期。而早期晚段遗存大部分遗物就与罗家冲遗址早一期第一、二类陶器形制相近了，其时代大致处在岱子坪遗址二、三期之间，基本与罗家冲遗址早一期接近或同时。

除以上两处遗址外，1985年还在长沙县牌楼乡明田村团山里、福临乡占上村樊家墩、双江乡同心村赤马殿、麻林乡新屋坡、开慧乡山田村罗家屋场、白沙乡石燕村坝上墩等遗址采集了一大批石器及陶器，其中陶器多为夹砂红陶与夹砂灰陶，泥质陶较少，器形有鼎、罐、盆、拍等，纹饰流行方格纹、绳纹、间断绳纹、弦纹、篮纹、由绳纹组成的方格纹等[1]。其中圆锥形带按窝、扁锥形带刻槽鼎足等形制均与罗家冲早一期同类型器相近，时代应与罗家冲早一期接近或略晚。

由于这些遗址调查及发掘资料尚未完全公布，文化内涵及年代尚无法具体区分，有待日后相关资料公布再行比较研究。

3. 与湘东北地区平江舵上坪遗址相同文化因素的比较

舵上坪遗址位于湘东北的岳阳平江县献冲乡五星村，1975年经省博物馆试掘，出土了一批文物，目前发掘资料尚未公布，据查找相关资料可知，该遗址出土的石器有刀、斧、钻、凿、矛，陶器有鼎、豆、盘、罐、鬶、擂钵、支座等[2]，其中与罗家冲早一期相近的陶器类型有宽扁足盆形鼎、高圈足豆、圈足盘、宽口鬶、擂钵等，这些器形虽然与罗家冲早一期第二种文化因素接近，更多的是受到了石家河文化的影响，但与罗家冲遗址早一期陶器具体形制尚存在一定的差异（图五三九），这应是时代略有差别或地域差别所致。

此外，罗家冲遗址早一期出土石器及陶器还与该地区的华容县车轱山遗址晚期遗存同类型器有较多相近之处[3]，如出土的石镞数量较多，且形制多与罗家冲遗址的石镞相同，另斧、锛的形制也基本相同。陶器中以夹砂红陶为多，次为泥质灰陶与黑陶，还有泥质红陶、夹砂褐陶、黑皮陶和黄皮陶。纹饰以绳纹居多，还有篮纹、按窝、弦纹、镂孔等，附加堆纹呈绳索状。所不同的是该遗址各类方格纹也较多。器形中三足器为大宗，圈足器及平底器次之，器形有缸、瓮、罐、杯、碗、盖，以盆形大鼎、宽扁"麻面"鼎足、圈足盘、绳纹罐、长颈壶、鬶等为代表性器物。具体器形如长颈鬶（T2④:35）、宽扁带扉棱鼎足（T1③:132）、宽扁瓦棱纹鼎足（T2④:91）、宽扁刻槽鼎足（T1③:90）等都与罗家冲遗址早一期同类型陶器陶系及形制十分接近。另出土的纺轮较多，其中1件红陶纺轮（T3④:30），形同伞盖，面以孔为中心饰辐射状极纤细的篦划纹，底以孔为对称中心，刻划出四个半圆弧形，内填锥点纹，以刻

---

[1] 长沙市文物工作队：《长沙县新石器时代遗址普查简报》，《湖南考古辑刊》第5集，岳麓书社，1989年。

[2] 尹检顺：《湘江流域原始文化初论》，《南方文物》1999年第4期。

[3] 湖南省岳阳地区文物工作队：《华容车轱山新石器时代遗址第一次发掘简报》，《湖南考古辑刊》第3集，岳麓书社，1986年。

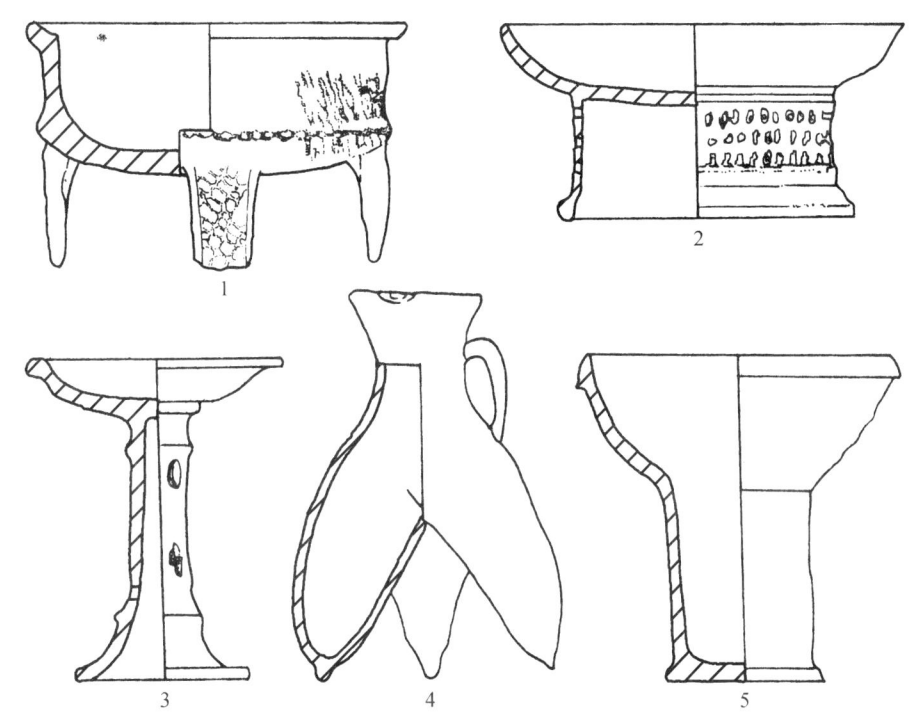

图五三九　湖南平江舵上坪遗址同类型陶器
1. 鼎　2. 圈足盘　3. 豆　4. 鬶　5. 擂钵

划横线相连，组成四分式几何图案，这种形制及刻划纹饰与罗家冲遗址第4层出土的Ca型纺轮（标本T0202④A：17）基本相近。

（三）江西地区

1. 与江西湖口城墩坂遗址的比较

湖口城墩坂遗址位于江西省湖口县城双钟镇南15千米的文桥乡饶大屋村，该遗址于1983年通过调查，获取了一批遗物，首先是石器种类较多，有斧、镰、犁、锛、凿、铲、钺、镞等，形制大多与罗家冲遗址同类型器形制相近。

陶器方面，鼎及鼎足大多为夹砂红陶，鼎足主要分宽扁形及圆锥形两种，其中宽扁形鼎足面多饰瓦棱纹、刻槽等，另折腹钵形豆盘、Ⅰ式双沿罐（宽沿器）、Ⅰ式盆、中腹有棱罐、圈足盘（豆）、Ⅲ式粗高柄豆、Ⅱ式圈足状器盖、折沿罐、Ⅲ式高领罐（壶）、麻花状把手及纺轮等都与罗家冲遗址出土的同类型器形制较为相近，其中纺轮一面饰有月牙纹四组，呈扇形排列，与罗家冲遗址刻划纹纺轮对比，虽然具体纹饰不同，但四分组的刻划纹表现手法却是相似的。该遗址未经过发掘，但通过器物对比可知[①]，该遗址具有与罗家冲遗址相同的本地土著文化因素及石家河文化因素，时代应与罗家冲遗址早一期大致同时（图五四〇）。

---

① 石钟山文物管理所：《江西湖口城墩坂新石器时代遗址》，《南方文物》1997年第5期。

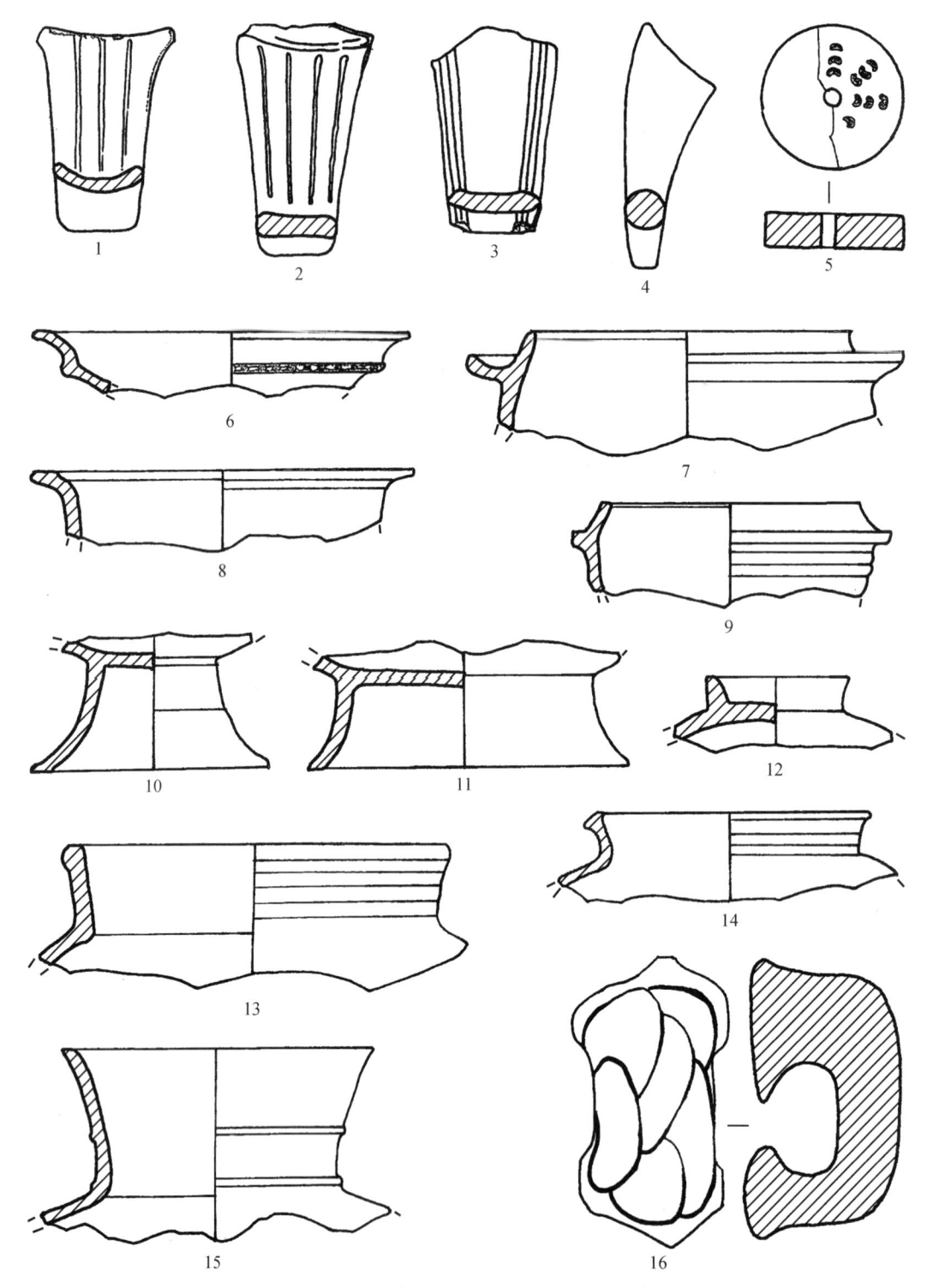

图五四〇 江西湖口城墩坂遗址出土同类型陶器
1~4.鼎足 5.纺轮 6.豆盘 7.Ⅰ式双沿罐 8.Ⅰ式盆 9.腰沿器 10.Ⅲ式豆 11.圈足盘 12.Ⅱ式器盖 13.Ⅱ式罐
14.翻唇罐 15.Ⅲ式高领罐（壶） 16.鬶鋬

2. 与江西湖口史家桥遗址的比较

史家桥遗址位于湖口县城双钟镇东12千米的流泗镇西境史家桥，该遗址于1990年调查，获取一批遗物，部分与罗家冲遗址同类型器形制相近。

首先形制相近的是磨制石器，种类有镞、斧、锛、凿、镰、刀等。陶器中鼎足主要分宽扁足及圆锥状足两大类，其中宽扁足外以竖向刻划纹为主，圆锥状足面饰按窝及刻划纹、敛口钵、折腹钵与罗家冲遗址同类型豆盘形制接近，此外，Ⅵ式豆柄及Ⅺ式豆柄、Ⅵ式豆、腰沿器、Ⅳ式壶（高领罐）、Ⅴ式折沿敛口釜（罐）、Ⅳ式折沿罐、杯形器盖、Ⅺ式釜、麻花状鬶把、袋状鬲足等形制均与罗家冲遗址同类型器形态相近①（图五四一），说明具有与罗家冲遗址早一期相同的本地土著文化因素及少量石家河文化因素，两者时代应大致同时。

3. 与江西铜鼓平顶垴遗址新石器时代遗存的比较

铜鼓平顶垴遗址位于江西省铜鼓县温泉镇金星村刘庄南约100米的平顶垴上，为一处坡状台地遗址，温泉河由西向东流经遗址南侧，入定江河后汇入修水。2010年发掘面积1350平方米。

该遗址发掘出土了一批新石器时代及商周时期的遗物，有部分与罗家冲遗址器物形态较为接近。

新石器时代遗存中石器数量较少，主要有锛、镞、砺石等，石镞形制为截面呈菱形的柳叶形，与罗家冲遗址Ac型石镞形制相同，而且也有砺石，石器似为本地制作。

陶器夹砂陶占90%以上，夹细砂，主要为橙黄陶，另有少量灰陶，主要器形有鼎、豆、壶、鬶、罐、盆、纺轮等，与罗家冲遗址早一期相同的陶器形制有以下几类：鼎足与罗家冲遗址相同，分扁平状及锥状鼎足，鼎足装饰丰富，足内外侧多饰刻槽及按窝，如AⅠ式宽扁形鼎足（H30：2），外侧有三道竖向刻槽，BⅠ式鼎足（H41：7）及BⅡ式鼎足（H30：4）均为锥状鼎足，外饰竖向刻槽，上有圆形按窝；高圈足豆柄（H35：1）外侧饰凸棱；鼎（罐）口沿（H30：1）及A型罐口沿（H41：4）分别与罗家冲B型、D型相近，袋状鬲足（H41：3）与罗家冲A型鬲足接近，刻划连弧纹纺轮（H30：8）与罗家冲遗址同类型纺轮装饰风格相同②（图五四二）。

从整体分析，该遗址与罗家冲遗址三种陶器形制均有相似之处，说明该遗址的时代、文化因素及文化面貌均与罗家冲遗址早一期基本接近。

4. 与江西省乐安县石田村遗址新石器时代晚期遗存的比较

石田村遗址位于江西乐安县鳌溪镇石田村西北面，地处恩江支流增田河西面的二级台地上，属于丘陵山坡类型遗址，与东面的秋田遗址、赖村松山遗址组成一个较大的遗址群。该遗

---

① 杨赤宇：《江西湖口史家桥新石器时代遗址》，《南方文物》1998年第3期。
② 江西省文物考古研究所、铜鼓县秋收起义纪念馆：《江西铜鼓平顶垴遗址发掘简报》，《文物》2012年第6期。

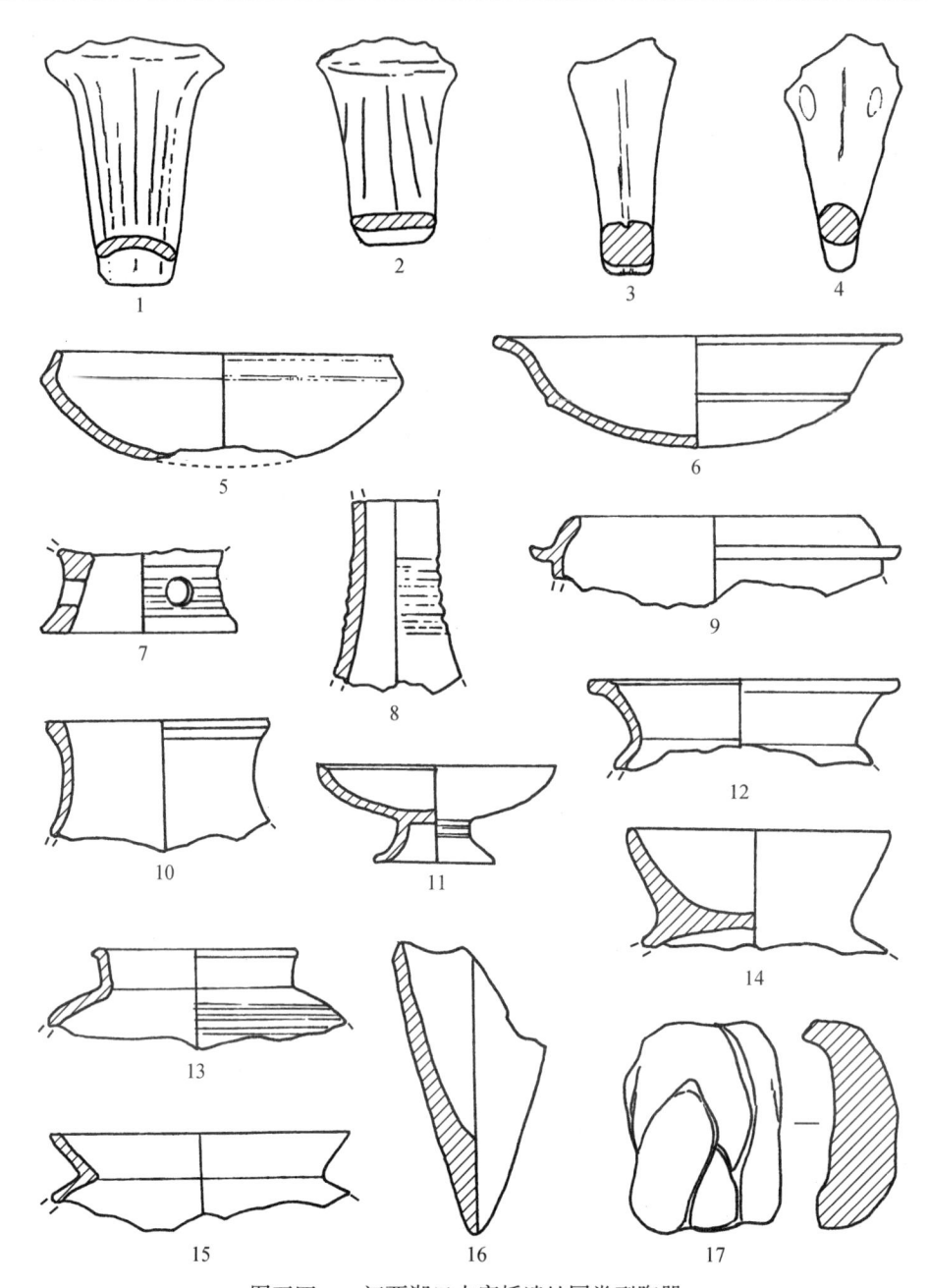

图五四一 江西湖口史家桥遗址同类型陶器
1~4.鼎足 5.敛口钵 6.折腹钵 7.XI式豆柄 8.VI式豆柄 9.腰沿器 10.IV式壶（高领罐） 11.VI式豆 12.V式折沿敛口釜（罐） 13.IV式折沿罐 14.杯型器盖 15.XI式釜 16.鬶足 17.鬶鋬

址由王家排山遗址、鼓楼西遗址、王坑破遗址、鼓楼东遗址四个遗址组成，2011年7月~9月对前三个遗址进行了发掘，发掘面积2800平方米。遗址类型与罗家冲遗址聚落形态相近，为众多小型遗址组合而成的遗址群。

该遗址出土遗物最丰富的为王家排山遗址，石器种类有镞、锛、穿孔石刀、砺石等，形制均与罗家冲遗址出土石器形制基本相同。

该遗址与罗家冲遗址环境相似，地层堆积主要分三层，整理者认为该遗址为新石器时代至

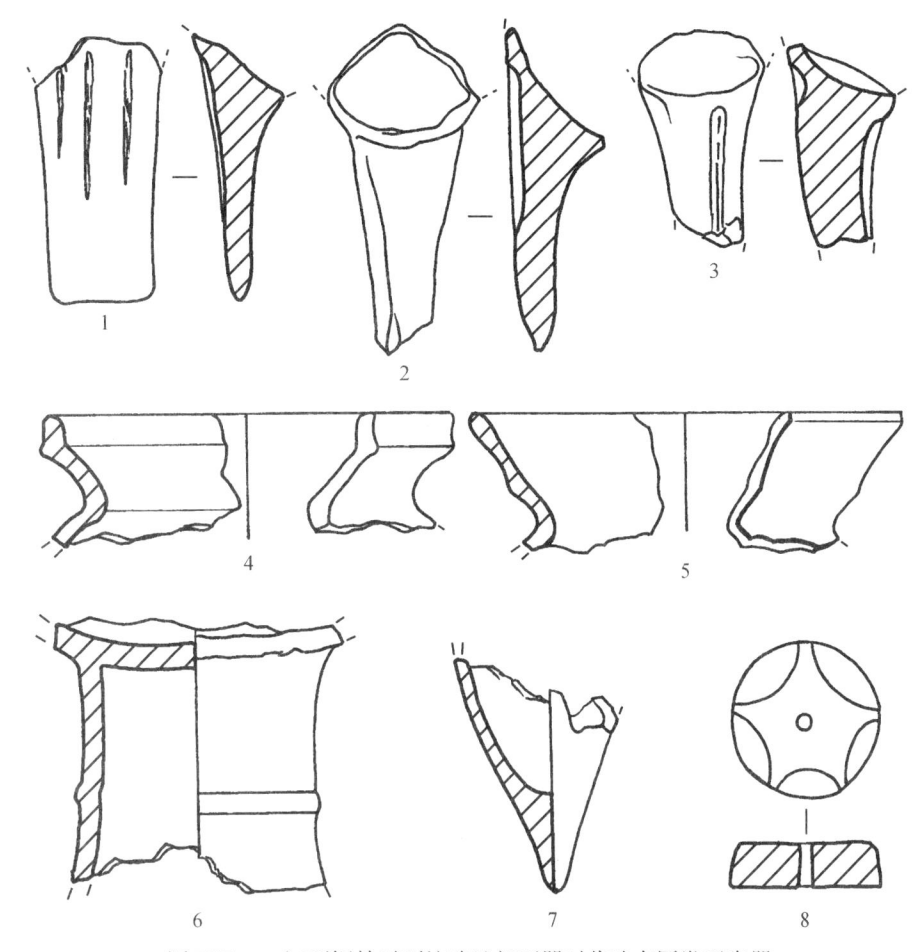

图五四二　江西铜鼓平顶垴遗址新石器时代遗存同类型陶器

1. AⅠ式鼎足（H30∶2）　2. BⅡ式鼎足（H30∶4）　3. BⅠ式鼎足（H41∶7）　4. 鼎（罐）口沿（H30∶1）　5. A型罐口沿（H41∶4）
6. 豆柄（H35∶1）　7. 鬶足（H41∶3）　8. 纺轮（H30∶8）

商周时期的聚落群，但未详细区分各时期的遗物，结合地层关系及罗家冲出土器物分析，第3层似为新石器时代晚期遗存，第2层以上可能延续到了商周时期，有部分早期遗物混杂到了晚期地层的现象，陶器中宽扁鼎足足面饰有瓦棱纹刻划纹、凸棱纹等，圆（扁）锥形鼎足足面多饰刻划纹，另短平沿束颈高领罐、折沿釜、圈足豆柄、纺轮及不同形制的鬶足等器物大多似为新石器时代晚期遗物[①]。这些与罗家冲第一、二类陶器形制有较多相似性（图五四三），但未见第三类陶器形制，推测时代与罗家冲遗址早一期相近。

5. 与江西广丰社山头遗址的比较

广丰社山头遗址位于赣东北上饶地区广丰县城东南约10千米的前山乡罗家村，该区域为低山、丘陵、台地、小盆地错综密布，遗址为一处山间盆地中相对独立的台地，呈圆土墩形，

---

① 江西省文物考古研究所、江西乐安县博物馆、江西抚州市博物馆等：《抚吉高速乐安县石田村古遗址发掘简报》，《南方文物》2013年第1期。

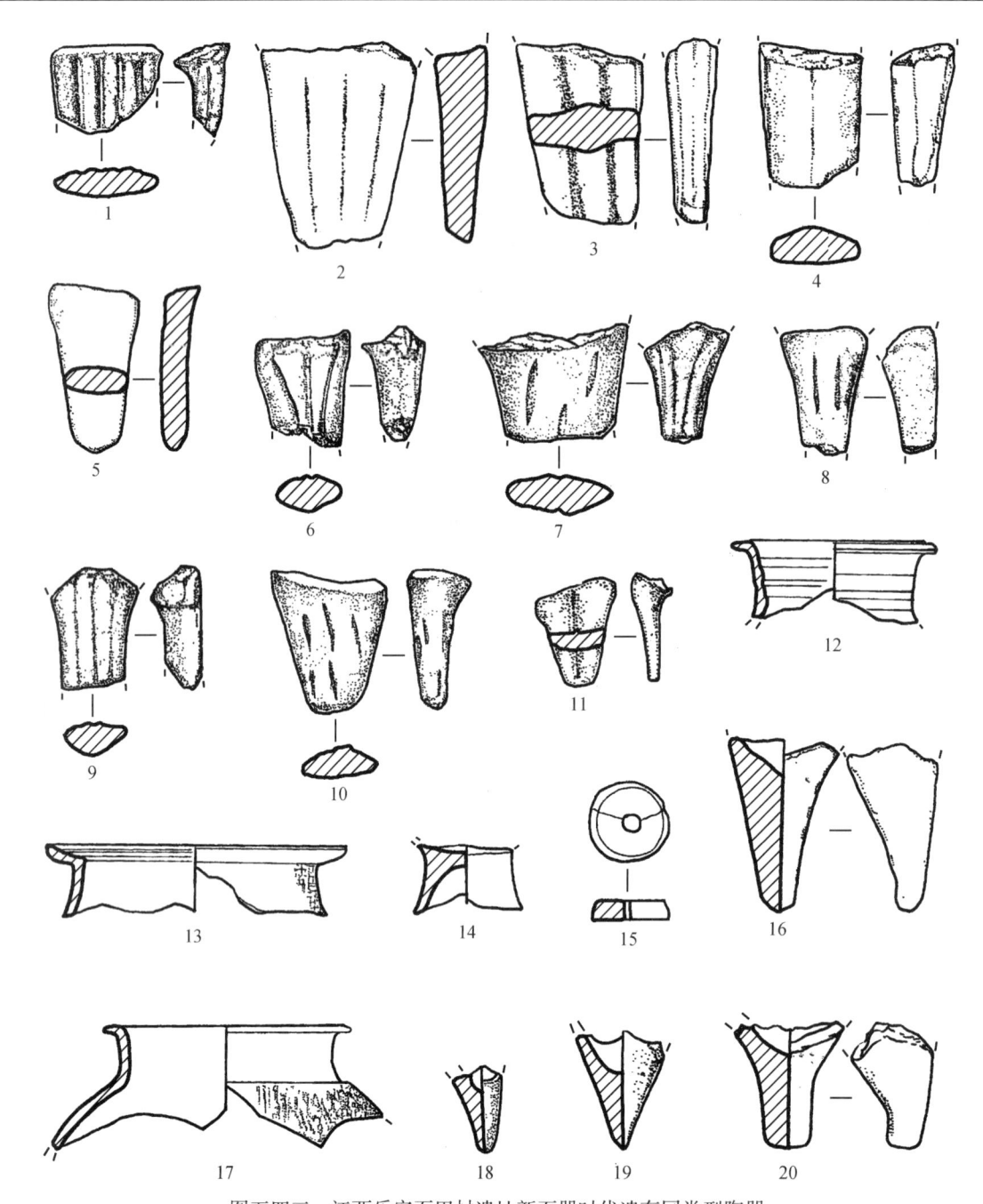

图五四三 江西乐安石田村遗址新石器时代遗存同类型陶器

1~4. 宽扁状鼎足（1. T37②：22、2. T33③：5、3. T33③：1、4. T28③：3） 5~10. 圆（扁）锥状鼎足（5. T13②：30、6. T28③：1、7. T32②：2、8. T61②：2、9. T37②：13、10. T53②：2） 11. 舌状鼎足（H1：15） 12、17. 高领罐（12. H1：5、17. H1：7） 13. 釜口沿（WT31③：13） 14. 豆柄（T36②：2） 15. 纺轮（T37②：7） 16、18~20. 鬶足（16. T33③：8、18. T32①：1、19. T34②：5、20. T25③：10）

顶面平整，高出四周农田4~5米，遗址北侧1千米处为丰溪河自东南向西北流过，北缘有一支流从东向西绕过，在遗址的东、南、西三面的丘陵或台地上均发现有新石器时代晚期至商周时期文化遗存。1983年进行了抢救性发掘，1991~1992年进行了第二次发掘，共发掘面积545平方米。

该遗址第一、二期出土的陶器以夹砂红陶为主，表面以素面为主，豆、盆、罐、钵、器盖及纺轮等为主，在器物的圈足、把手或足部，多见刻划、戳刺、拍印和镂孔等纹饰，器物形制中有少量与罗家冲遗址早一期同类型器接近，如第一期中的饰刻划纹宽扁形足盆形鼎（T19⑥:5）、圈足盘（T18⑥）、柱状柄器盖（F15:8）、高领罐（T12⑦:1）及第二期中的鬶（T4⑤:2）、高圈足豆（T4⑤:11、T4⑤:50）、戳点纹纺轮（T1⑤:15）、圈足纽器盖（T6⑤:4）、刻划纹宽扁形鼎足（T6⑤）及带按窝及刻划纹扁锥形鼎足（T4⑤）等[①]，这

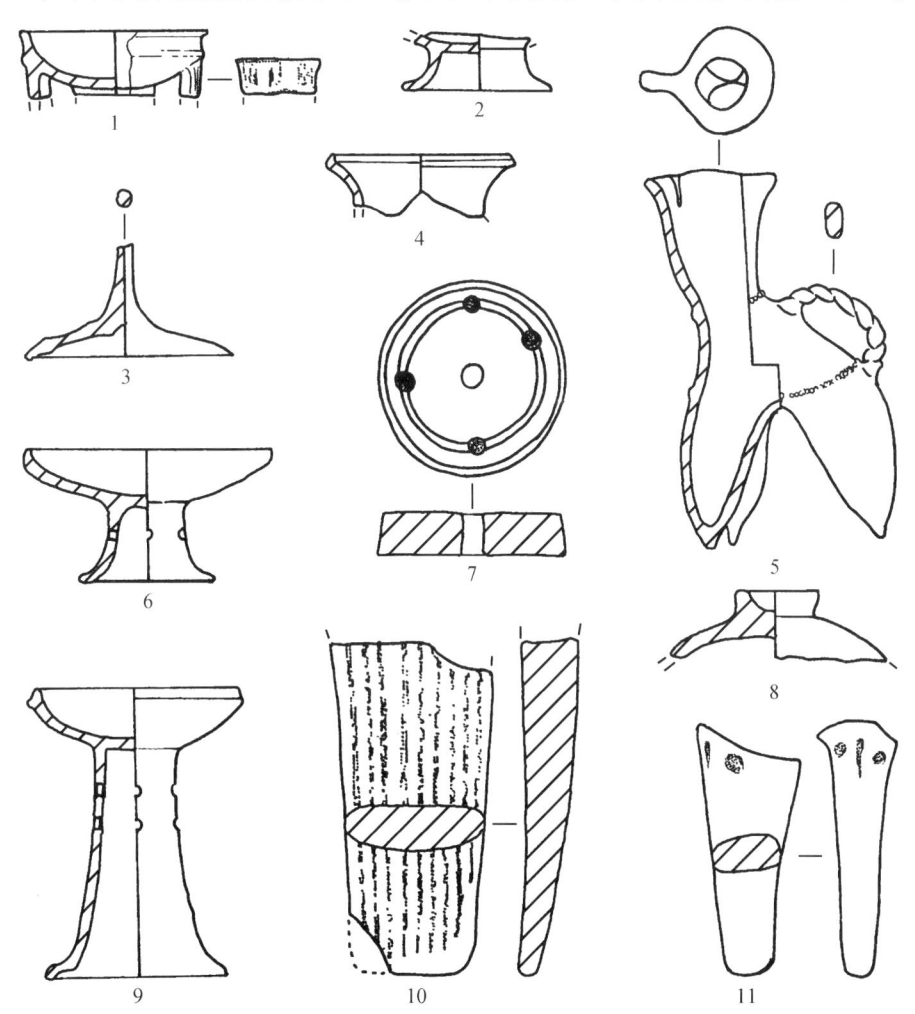

图五四四　江西广丰社山头遗址新石器时代晚期同类型陶器
1. 盆形鼎（T19⑥:5）　2. 圈足盘（T18⑥）　3. 器盖（F15:8）　4. 高领罐（T12⑦:1）　5. 鬶（T4⑤:2）　6、9. 圈足豆（6. T4⑤:11、9. T4⑤:50）　7. 纺轮（T1⑤:15）　8. 器盖（T6⑤:4）　10. 宽扁形鼎足（T6⑤）　11. 扁锥形鼎足（T4⑤）

---

① 江西省文物考古研究所、厦门大学人类学系、广丰县文物管理所：《江西广丰社山头遗址发掘》，《东南文化》1993年第4期。

些与罗家冲第一、二类陶器形制具有较多相似性（图五四四），而第三类陶器形制不够典型，这说明罗家冲遗址与该遗址的年代及部分文化因素大致接近。

此外，从文化渊源分析，赣中地区清江樊城堆遗址下层出土的鬻、圈足状器盖、圆形镂孔圈足盘[①]，清江筑卫城遗址下层的鬻（T7②：2）、折沿高领罐（T9③：3）、圆形镂孔高圈足豆（T3③：6）等少量器物类型及形制均与罗家冲早一期同类型器相近[②]，这些遗址虽然时代上与湘中地区的岱子坪一期时期大致同时，呈现的为罗家冲遗址早一期更早阶段的文化面貌，但相近的文化因素表明湘中及赣中清江地区在更早的时期已经有文化交流了，其后或部分影响了以罗家冲遗址早一期为代表的湘中地区古文化。

近年江西省文物考古研究所等单位在江西乐安县及宜黄县的抚河流域开展了先秦时期遗址考古调查，其中在乐安县发现了一批与罗家冲遗址早一期遗物形制相近的遗址（图五四五），典型的有乐安县的双牛山遗址、月形山遗址、角峰山遗址、赖村松山遗址等。

（1）双牛山遗址：采集的石器有石杵、石刀（穿孔石刀）、石斧、石矛等。陶器中较多鼎足，主要分为A型椭圆或扁状素面足及B型宽扁状刻槽足两大类，其中Ba型鼎足（2015LSN：24、2015LSN：28）足面外饰三道竖向刻槽，其装饰风格与罗家冲遗址早一期出土同类型器较为接近，所不同的是，前者陶质是以夹砂灰褐陶为主，而后者以夹砂红陶为主，整理者认为以B型鼎足为代表的年代与赣江中游筑卫城下层年代遗址接近，时代为新石器时代晚期。

（2）月形山遗址：采集的石器有石斧、石刀（穿孔石刀）、石凿、石锛、石杵、石镞等。陶器主要有宽扁或扁锥状鼎足，足面以刻槽及按窝装饰为主，陶质以夹砂红陶及红褐陶为主，如A型鼎足（2015LYX：39、2015LYX：45）及D型鼎足（2015LYX：43）与罗家冲同类型鼎足形制相似，另有部分高粗豆柄（2015LYX：34）、圈足盘、鬻足等，这些应与罗家冲遗址早一期遗存年代大致接近，整理者不能确定这种宽扁刻槽鼎足与按窝装饰的鼎足是否代表了不同时代或不同文化类型。

（3）角峰山遗址：采集的石器有斧、锛、铲、矛、镞、砺石等。陶器中的鼎足也主要分为椭圆或扁状素面足及宽扁状刻槽足两大类，如B型鼎足（2015LJF：33）、C型鼎足（2015LJF：20）等与罗家冲同类型鼎足形制相近，此外，高粗中空豆柄、圈足盘等器物形态也与罗家冲遗址同类型器相近。

（4）赖村松山遗址：采集的石器有斧、锛、刀（穿孔刀）、镞等。陶器中鼎足陶质以夹砂红陶为主，形制主要有宽扁足外饰凸棱、刻槽及按窝等，其中B型鼎足（2015LLS：85）及圈足（2015LLS：104）、鬻足（2015LLS：98）等与罗家冲同类型鼎足形制相近，时代似为新石器时代晚期。

---

① 江西省文物工作队、清江县博物馆、中山大学人类学系考古专业：《清江樊城堆遗址发掘简报》，《江西历史文物》1985年第2期。

② 江西省博物馆、北京大学历史系考古专业、清江县博物馆：《清江筑卫城遗址发掘简报》，《考古》1976年第6期。

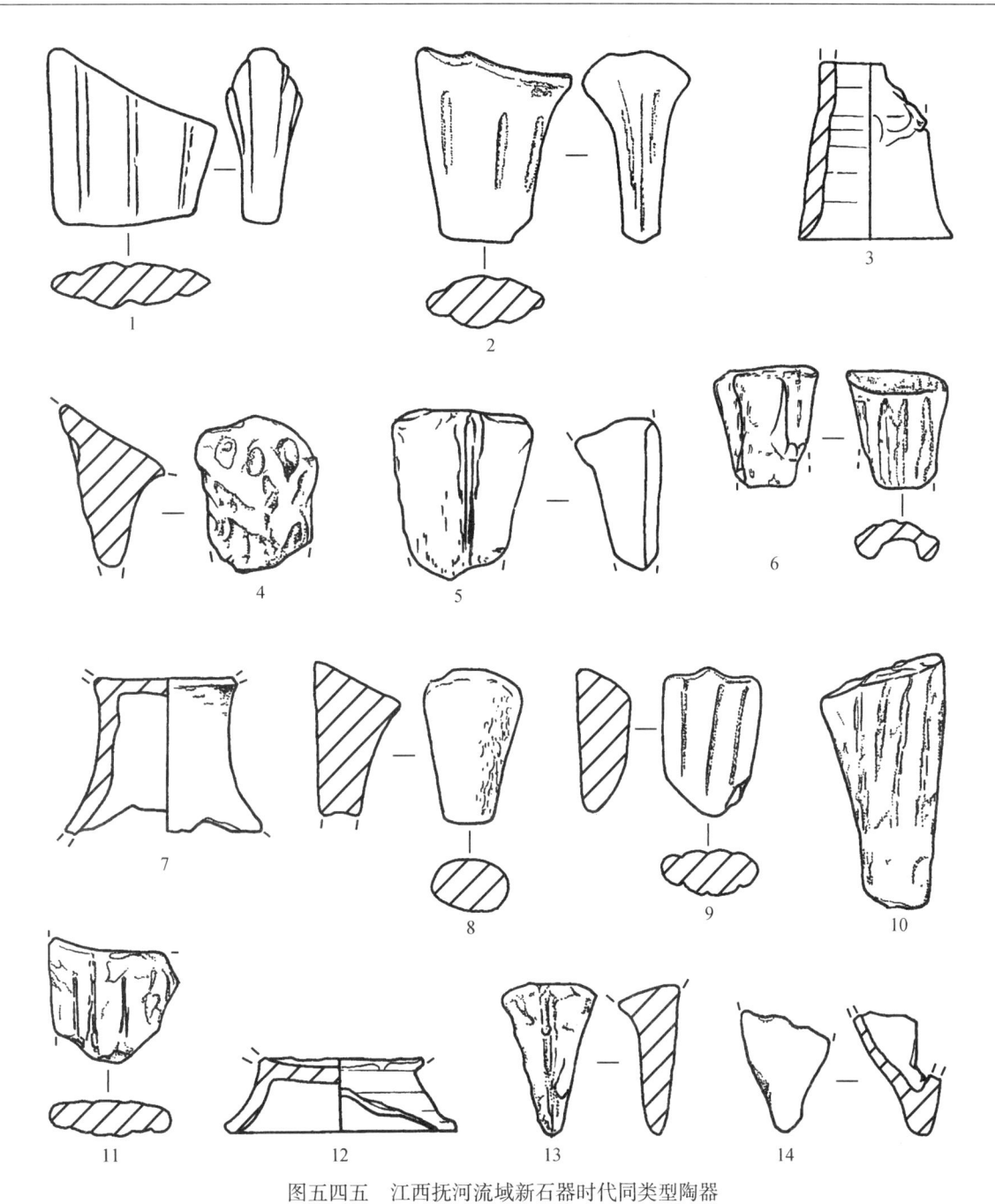

图五四五　江西抚河流域新石器时代同类型陶器

1、2. Ba型鼎足（1.双2015LSN：24、2.双2015LSN：28）　3. 豆柄（月2015LYX：34）　4、5. A型鼎足（4.月2015LYX：39、5.月2015LYX：45）　6. D型鼎足（月2015LYX：43）　7. 豆柄（角2015LJF：27）　8、10、11、13. B型鼎足（8.角2015LJF：33、10.鼓2015LGL：30、11.秋2015LQT：12、13.赖2015LLS：85）　9. C型鼎足（角2015LJF：20）　12. 圈足（赖2015LLS：104）　14. 鬲足（赖2015LLS：98）

除以上主要遗址外，还有鼓楼上遗址的B型鼎足（2015LGL：30）、秋田遗址的B型鼎足（2015LQT：12）也与罗家冲鼎足形制接近，应是当地早期遗存的延续。这些与罗家冲遗址早一期同类器物形制相比，推测年代可能与罗家冲早一期大致同时或稍晚。

与乐安县相比，宜黄县却未发现与罗家冲早一期同时期的遗址，但新亭下遗址、凿石圳Ⅰ号、Ⅱ号遗址等地均采集到一批素面扁锥状鼎足，少量足面饰刻划纹，陶质以夹砂灰陶为主，少量夹砂红陶，这类器物报告认为属于西周晚期至春秋时期，这应是继承早期器物文化因素的表现[①]。出现两县文化因素的差异，整理者认为其一主要是所处自然环境尤其是水系不同，而且有山岭相隔，从而导致了两地文化联系的疏远及不同，由此看出地理环境对古文化的发展与交流至关重要，关于这两种不同形制鼎足的早晚关系，还有待后期考古工作的进一步研究。

（四）广西地区（与广西平南县石脚山遗址的比较）

广西地域与罗家冲遗址同时期的遗址较少，可资对比的为平南县石脚山遗址。

该遗址属于岩洞遗址，位于广西平南县大新乡新和村石脚山村西南约800米的石脚山上，山上有山顶洞、灯盏岩、牛鼻岩、大岩、通天岩等岩洞，除后两个岩洞外，其余均有文化堆积层。1991年抢救性发掘15平方米，获取了一批考古资料。该遗址从上至下共分9层，第2层、第3层出土新石器时代遗物，另有部分采集遗物。

该遗址陶器以灰褐陶为主，其次为黑皮陶、红褐陶、黄陶及少量白陶。器类主要有釜、鼎、罐、豆、盘、纺轮等，器表纹饰以绳纹为主，分粗、中、细三种，此外有压印几何纹、曲折纹、篮纹、划纹、戳点纹、划纹和绳纹组合纹、席纹与划纹组合纹及少量箆划纹、网格纹等。

遗物中折沿釜鼎口沿（74采：19、74采：20）、圈足盘（74采：12）、直高领罐（T1②：6）、粗中空柄豆（74采：13）、按窝锥形鼎足（T1②：8）、纺轮（74采：17、74采：16）等与罗家冲遗址同类型陶器形制略为接近，不同的是，该遗址的鼎足足根部虽然也有圆形按窝，但多为横排分布，未发现向下竖排分布的情况，圆台形纺轮（74采：16）形制虽与罗家冲遗址Cb型纺轮相近，但拱面饰绳纹（图五四六）[②]，而罗家冲遗址此类纺轮多素面或四弧线刻划纹。

通过对比可知，该遗址出土的遗物文化因素较为单一，更多是与罗家冲遗址早一期中第一类本地土著文化因素有某些接近之处，不同之处显示了地域上或时代上略有早晚之别。

---

① 江西省文物考古研究所、西北大学文化遗产学院、抚州市文物博物管理所等：《江西抚河流域先秦时期遗址考古调查报告Ⅰ·乐安县、宜黄县》，文物出版社，2015年。

② 广西壮族自治区文物工作队、平南县博物馆：《广西平南县石脚山遗址发掘简报》，《考古》2003年第1期。

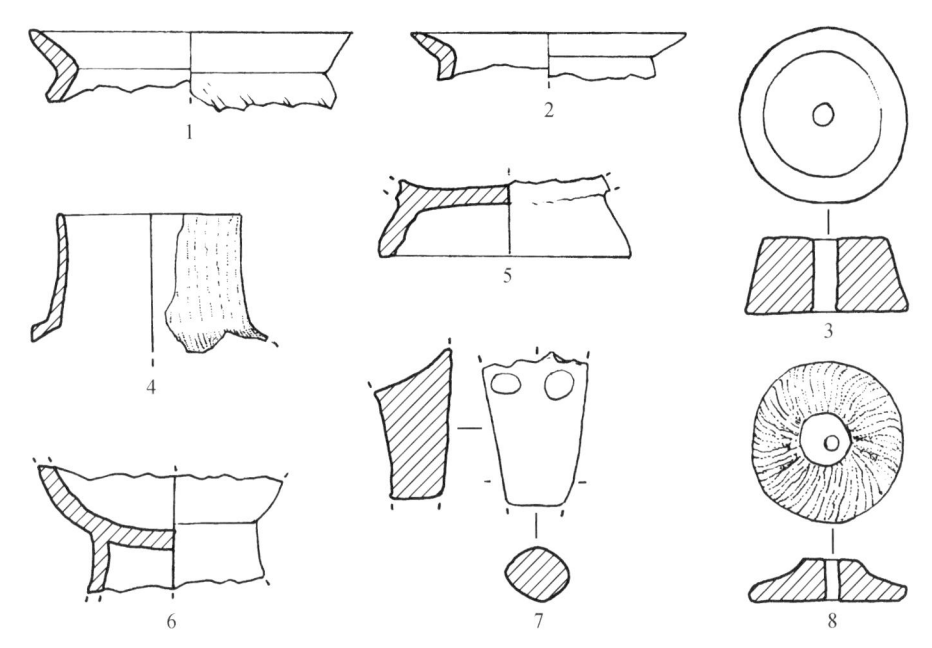

图五四六　广西石脚山遗址同类型陶器

1、2. 釜鼎口沿（1.74采：19、2.74采：20）　3、8. 纺轮（3.74采：17、8.74采：16）　4. 高领罐（T1②：6）
5. 圈足盘（74采：12）　6. 豆（74采：13）　7. 鼎足（T1②：8）

（五）广东地区

1. 与广东西部封开县乌骚岭墓葬群的比较

乌骚岭墓葬群位于广东西部的封开县杏花镇东南约3千米的乌骚岭山脊上，与广西梧州市接壤。墓葬形制上文已经简单论述，与罗家冲遗址长方形烧土坑形制接近，均为独特葬俗的二次葬。墓葬出土遗物中，石器数量较多，且以锛、斧、凿、刀、镞等小型生产工具为主，多与罗家冲遗址同类型石器形制接近。陶器中以夹砂灰陶釜形鼎及盆形鼎为主，陶片纹饰多为绳纹，其中釜形鼎足多为锥形或细锥形，且足根部饰一两个按窝，如AⅠ式鼎足（M17：1）、AⅡ式鼎足（M88：1、M100：3、M81：2）等均与罗家冲遗址第一类本地文化因素中带按窝的圆锥形鼎足较为接近（图五四七）。所不同的是，该遗址虽然也有盆形鼎，鼎足多为扁锥形足，足跟也饰按窝或足截面呈"V"形，但该类鼎足与罗家冲早一期的石家河文化盆形鼎足形制截然不同，纺轮多为素面，未见弧线纹装饰。发掘者认为乌骚岭墓群的年代大致在距今4600~3900年[1]，这与罗家冲早一期部分同时。

---

[1] 广东省文物考古研究所、封开县博物馆：《封开县乌骚岭新石器时代墓葬发掘简报》，《文物》1991年第11期。

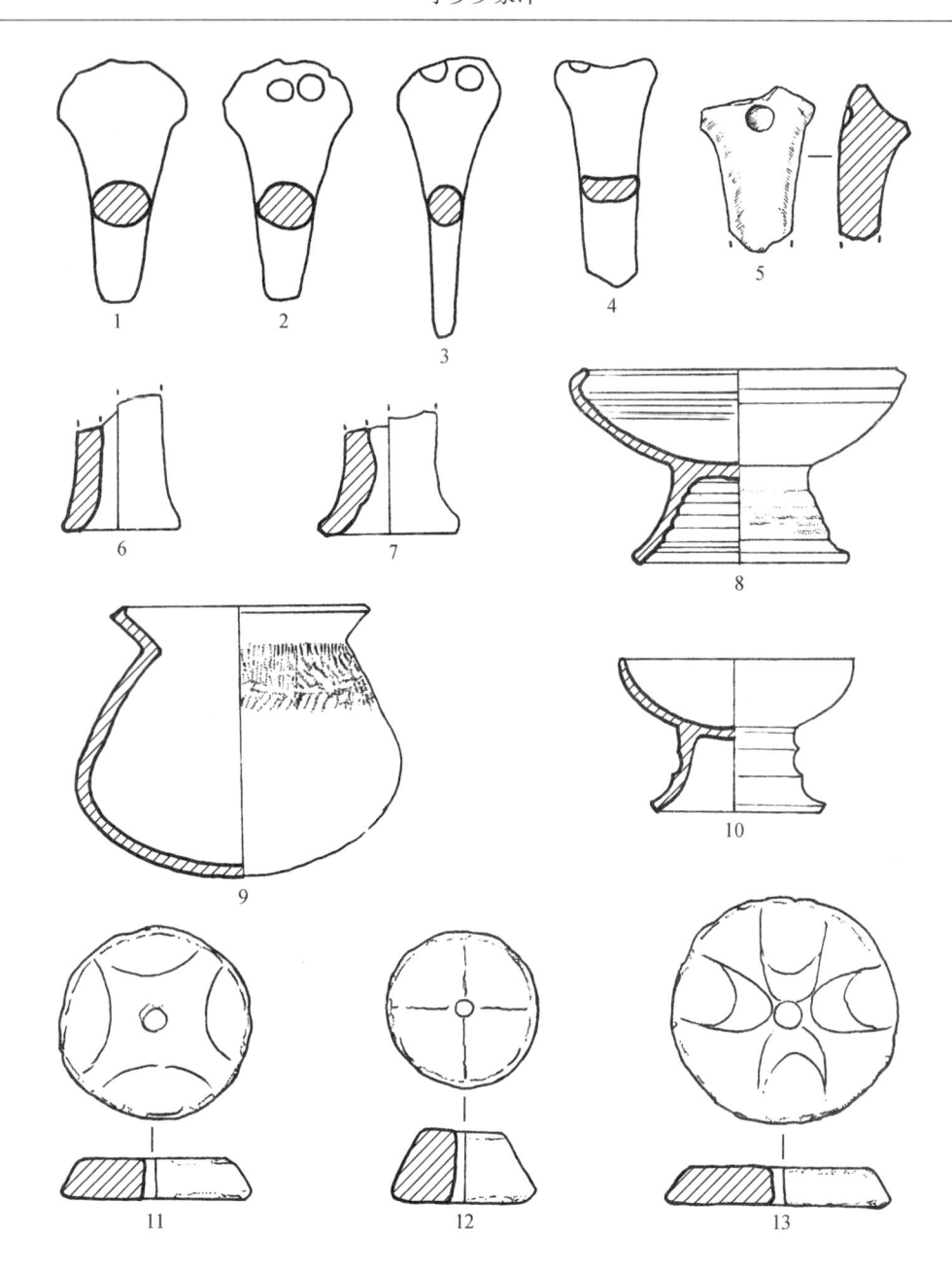

图五四七 广东乌骚岭墓葬群、银洲贝丘遗址同类型陶器

1. AⅠ式鼎足（M17∶1） 2~4. AⅡ式鼎足（2. M88∶1、3. M100∶3、4. M81∶2） 5. 锥形鼎足（采∶4） 6、7. 器座（6. T2③∶32、7. TE5S1③∶1） 8、10. 豆（8. M30∶3、10. H11∶2） 9. 釜（M32∶2） 11~13. 纺轮（11. T2③∶31、12. T2③∶28、13. T2③∶4）

（1~4为乌骚岭墓葬群出土器物，5~13为银洲贝丘遗址出土器物）

2. 与广东三水市银洲贝丘遗址的比较

银洲贝丘遗址位于三水区白坭镇东南6千米处银洲村东侧一座孤立的椭圆形山岗上，遗址范围遍布整个岗地，面积约3.5万平方米。该遗址于1983年文物普查时发现，1992年至1993年共进行了三次考古发掘工作。

该遗址前两次发掘共清理墓葬40余座、灰坑70余座及2处房址。墓葬分成人墓与儿童墓，墓坑内填土多为灰色土，含少量炭屑、红烧土颗粒及陶片，从葬俗分析，与罗家冲遗址早一期的烧土坑（墓葬）形制较为相似。出土器物主要为夹砂陶及泥质陶两大类，夹砂陶质粗胎厚、陶色有灰、黑、红、褐等，泥质陶多数胎质细腻，部分夹有细砂，陶色有灰、橙黄、米黄、黑等，器表纹饰有条纹、绳纹、叶脉纹、曲折纹、云雷纹、方格纹等，多施单一纹饰，少量为组合纹饰。器物流行圈足器、圜底器与凹底器，少量三足器，器类有釜、罐、豆、鼎、器座、器盖等，这些部分与罗家冲遗址早一期遗物种类及形制较为接近，但也有一些区别。其中釜的数量较多，且以折沿釜居多，少量卷沿釜，釜多垂腹，这与罗家冲遗址同类型器形制接近，如该遗址的折沿垂腹釜（M32∶2）与罗家冲遗址的釜形制基本相同（2014H50∶2），所不同的是，该遗址的釜器表多饰绳纹及条纹，而罗家冲的釜基本全饰绳纹。该遗址的鼎足数量较少，也与罗家冲遗址有所不同，但从采集的按窝锥状鼎足（采∶4）形制分析，与罗家冲遗址Ca型鼎足形制相近，而其他类型的鼎足在该遗址尚未见到。豆盘也有与罗家冲遗址相似的A型折沿豆盘（M30∶3）及B型敞口弧腹豆盘（H11∶2）两大类。厚胎夹砂红陶圆筒中空状器座（T2③∶32、TE5S1③∶1）与罗家冲遗址同类型器形制接近。最为相似的是纺轮上多刻划纹装饰，其中四弧线及"十"字刻划纹纺轮（T2③∶31、T2③∶28）与罗家冲遗址纺轮纹饰大致相同，另还有弯月形刻划纹纺轮（T2③∶4）（图五四七），但整体纹饰没有罗家冲遗址丰富。该遗址的年代推测为石峡文化晚期至早商之间。通过以上对比说明，该遗址与罗家冲遗址早一期的第一、三类器物形制接近，时代上与罗家冲早一期大致相当或稍晚[①]，但存在地域文化上的差别。

3. 与广东南海市鱿鱼岗贝丘遗址的比较

广东南海市鱿鱼岗贝丘遗址位于南海市西南约20千米的百西乡水边村北的一处低矮的岗丘上，遗址遍布整个岗丘，现存面积约1.8万平方米，1982年文物普查时发现，1985年进行了发掘，发掘面积255平方米。

该遗址清理古墓葬36座、灰坑12座、房址4处。其中24座墓圹清楚的墓葬均为长方形土坑竖穴墓，分成人墓与儿童墓两类，墓坑内填土为灰褐色或黑灰色，多数含有少量贝壳、红烧土颗粒和破碎陶片，葬俗与罗家冲遗址的烧土坑（墓葬）较为相似。出土陶器分夹砂陶及泥质陶两大类，泥质陶以橙黄陶为主，灰白陶、灰陶及黑灰陶次之，夹砂陶质地粗糙，陶色有橙黄、

[①] 广东省文物考古研究所、北京大学考古学系、三水市博物馆：《广东三水市银洲贝丘遗址发掘简报》，《考古》2000年第6期。

灰、褐、灰白等，陶器纹饰有曲折纹、方格纹、叶脉纹、云雷纹、条纹、绳纹、水波纹、梯格纹、编织纹、圈点纹、菱格纹、复线方格纹、刻划纹等，多为单一纹饰，少量复合纹饰，器形流行圈足器及圜底器，主要器类有釜、罐、豆、钵、器座等，这些器类及形制部分与罗家冲遗址同类型器较为接近，但该遗址不见鼎类三足器，是与罗家冲遗址最大区别之处。

该遗址出土釜的数量较多，大部分为夹砂折沿釜，其中AⅡ式釜（M9∶1）与罗家冲遗址同类型器接近（2014H50∶2），最大径在下腹部，但纹饰有所不同，AⅠ式折沿罐（T114③∶1）及Ⅱ式器座（T115②A∶20）分别与罗家冲遗址A型矮领折沿罐及A型器座形制接近，Ⅰ式及Ⅱ式刻划纹纺轮也是典型相似器物，多为"十"字或"十"字+双曲线刻划纹（T211③∶15、T132D43∶10、T132②B∶26），这些与罗家冲遗址的"十"字+四弧线纹装饰风格较为接近（图五四八）。

整理者认为该遗址可分早、晚两期，其中第一期与石峡文化晚期接近，第二期测年数据为距今3455年±150年及3840年±125年（树轮校正值），整体年代在石峡文化晚期至夏商之际。

通过对比可知，该遗址出土陶器主要与罗家冲第一、三类器形相近，整体器类没有罗家冲遗址丰富，时代上与罗家冲遗址早一期相当或略晚[①]。

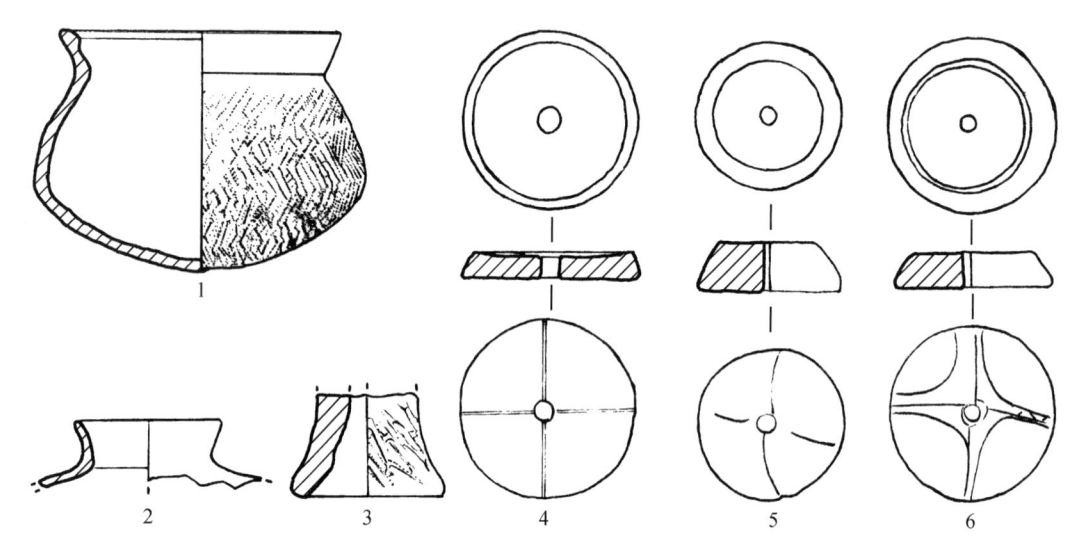

图五四八　广东南海鱿鱼岗贝丘遗址同类型陶器
1. AⅡ式釜（M9∶1）　2. AⅠ式折沿罐（T114③∶1）　3. Ⅱ式器座（T115②A∶20）　4、6. Ⅰ式纺轮（4.T211③∶15、6.T132D43∶10）　5. Ⅱ式纺轮（T132②B∶26）

4. 与佛山河宕遗址新石器时代晚期遗存的比较

河宕遗址地处珠江三角洲，位于广东省佛山市澜石镇河宕乡河南村旧墟，东北距佛山市政府6千米，遗址为一处高出东南周围农田，海拔约15米高的土墩类贝丘类遗址，遗址南北长110、东西宽9米，面积约1万平方米。

[①] 广东省文物考古研究所、北京大学考古系实习队：《广东南海市鱿鱼岗贝丘遗址的发掘》，《考古》1997年第6期。

20世纪60年代在文物普查中发现该遗址，1977年至1978年对遗址进行了发掘，面积总计776平方米[①]。该遗址主要为第3层及第2层所代表的早、晚两期遗存，分别代表了新石器时代晚期同一支考古学文化的两个不同的发展阶段。

该遗址出土的遗物与罗家冲遗址早一期器物种类及形制多相近。首先是石器，与罗家冲遗址共同点在于，其一是数量较多，如第3文化层有400多件，第2文化层有190多件。其二是器类丰富、形制接近，以中小型为主，大型石器较少，器类大多相同，有锛、斧、穿孔铲形器、凿、镞、矛、穿孔器、尖状器、砺石、环、石芯、白色半透明状石英料等。所不同的是，河宕遗址石器以锛为主，大部分为有肩锛及有段锛，而罗家冲遗址则以镞、斧、锛并重，锛多为普通梯形或长方形锛。

河宕遗址发现较多骨器，但罗家冲遗址仅在第4层仅发现1件骨棒（T0201④A：13），鉴于湖南地区多属于酸性土壤，骨质遗物多腐朽无存，所以是否在罗家冲遗址早一期大量使用骨器目前不得而知。

该遗址第一期出土的陶器与罗家冲遗址早一期陶器有大量相近的因素，但也有少量不同之处，如陶器中夹粗砂者多为炊具圜底釜，夹细砂者多为储盛器圈足罐或圜底罐。泥质软陶包括素面红陶、磨光红陶、橙红陶、橙黄陶、灰黄陶、灰白陶、白陶、黑皮陶等。盛行圈足器（主要是罐类、盘豆类）、圜底器（主要是夹砂圜底罐、泥质圜底罐或缶），缺乏三足器和平底器，少见器盖和耳、纽、鋬等附饰物。而罗家冲遗址中则是以釜为代表的圜底器、以鼎为代表三足器及以豆盘为代表的圈足器并重。

从具体形制分析，该遗址与罗家冲遗址同类型陶器相近的主要有纺轮、折沿釜、按窝锥形鼎足、折沿罐、高领罐、圈足盘、中空状支座等。其中ⅡA型釜（罐）（甲T9③）及ⅢA型罐（甲T2③H1）、Ⅸ型罐（甲T9③：111）、Ⅵ型罐（甲T1③：102）、Ⅲ型罐（甲T10②：72）、ⅠA型釜（甲T12③）、ⅠB型釜（甲T9②）、中空支座（甲T11③H6）、ⅣB型圈足盘（乙T7③：86）等均与罗家冲遗址同类型较为相近。不同的是，该遗址以鼎为代表的三足器较少，但从采集的1件按窝鼎足对比，与罗家冲遗址Ca型鼎足较为接近，但仅有按窝而无刻槽。

其中最具特色且与罗家冲遗址形制相同的一类器物就是各类刻划"十"字+弧线刻划纹的纺轮，主体纹饰是以"十"字四分单弧线或双弧线刻划纹（甲T9③、甲T2③、甲T11③），四分双弧线（甲T10②）及三或四道弧线纹（甲T4—T12隔梁③）为主（图五四九），此外，还有单线五弧线纹（甲T11③）、三分双弧线纹（甲T10③）、多重圈纹（甲T1③）、"十"字纹（甲T9③）、三分指甲纹（乙T2③）等，这些大部分刻划纹饰的构图与罗家冲遗址如出一辙。

不同之处在于，陶器纹饰方面罗家冲遗址较河宕遗址单一，河宕遗址中的夹砂釜是以绳纹为主，还有较多方格纹、篮纹、条纹及少量"S"纹、箆划波浪纹等，泥质陶器中仍以印纹居多，主要纹饰种类有颈下或折肩处饰一至三周各种云雷纹或方形凸块纹、叶脉纹、曲折纹、方

[①] 广东省博物馆、佛山市博物馆：《佛山河宕遗址——1977年冬至1978年夏发掘报告》，广东人民出版社，2006年。

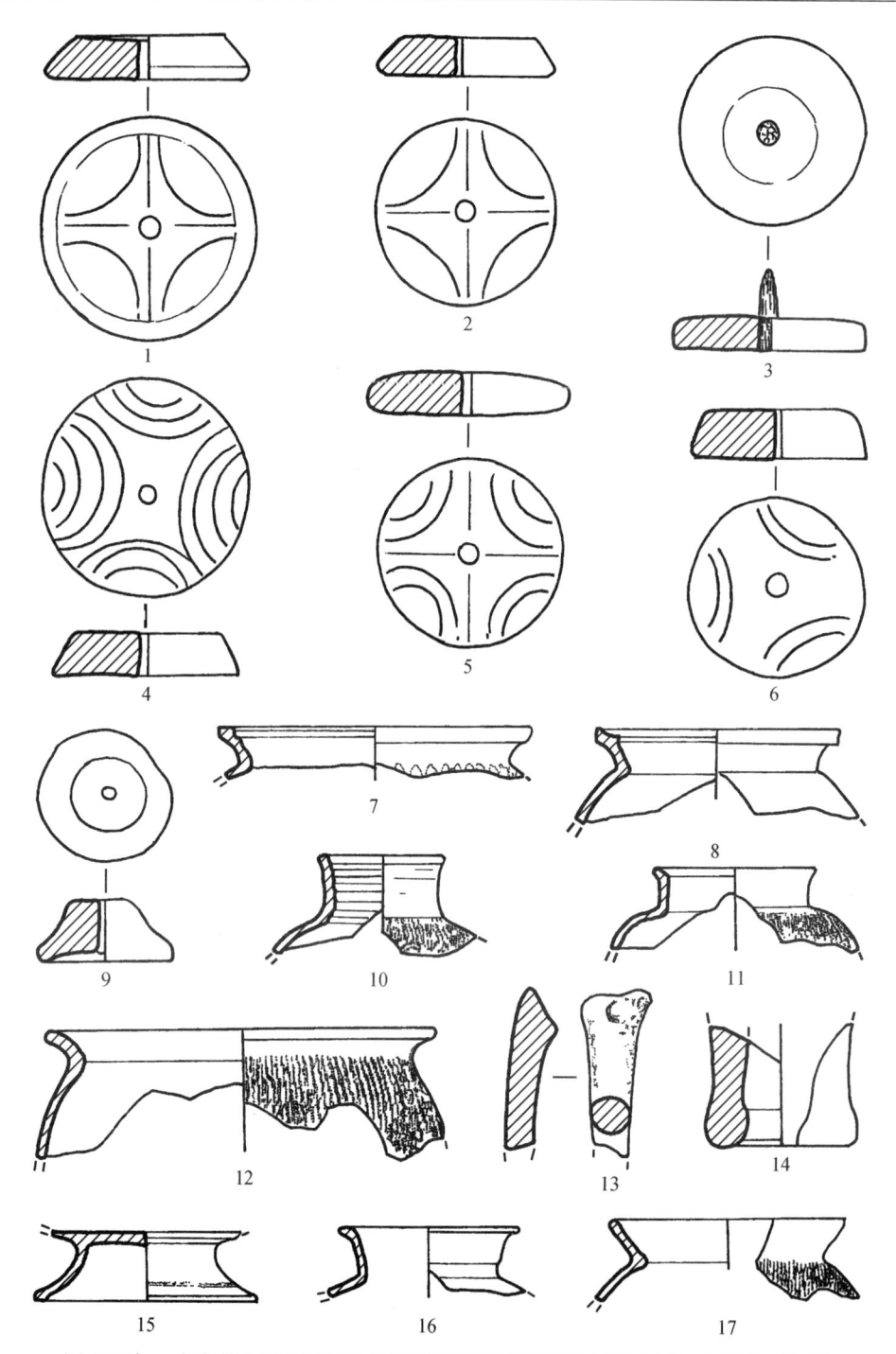

图五四九　广东佛山河宕遗址及肇庆高要县茅岗新石器时代晚期遗存同类型陶器

1. Ⅰ型纺轮（甲T9③）　2、4.Ⅲ型纺轮（2.甲T2③、4.甲T4—T12隔梁③）　3.高要茅岗纺轮（AT4⑥）　5、6.Ⅳ型纺轮（5.甲T11③、6.甲T10②）　7.ⅡA型釜（罐）（甲T9③）　8.ⅢA型罐（甲T2③H1）　9.Ⅶ型纺轮（甲T3②）　10.Ⅸ型罐（甲T9③：111）　11.Ⅵ型罐（甲T1③：102）　12.ⅠA型釜（甲T12③）　13.鼎足（采集品）　14.支座（甲T11③H6）　15.ⅣB型圈足盘（乙T7③：86）　16.Ⅲ型罐（甲T10②：72）　17.ⅠB型釜（甲T9②）

格纹、双线方格凸点纹、鱼鳞纹、圆窝纹等20余种，另外在70件陶器上还发现46种刻划符号或陶文。而罗家冲遗址中的釜以单纯绳纹装饰为主，鼎以瓦棱纹、附加堆纹、绳纹、刻槽、按窝为主，圈足豆以凸棱、圆形镂孔等为主，罐类也以绳纹及素面为主，纹饰多样的印纹硬陶基本不见，刻划符号仅在1件大口尊口沿（2013T1⑦：20）发现一处。

此外，河宕遗址中几何印纹硬陶非常发达，种类多达30种，印纹不仅拍印于泥质陶器上，也拍印于夹砂陶器上，一件陶器上盛行两种或两种以上的组合纹饰，同一种纹饰还富于变化，除了方格纹外、长方格纹、叶脉纹、曲折纹、编织纹、双线交叉凸点纹、重方格对角线交叉纹、梯子格纹、鱼鳞纹、篮纹、席纹、圆窝纹、凹凸锯齿交错纹、凸圆点纹、方形圆点勾连纹、重菱格纹+凸点纹等，器表纹饰非常丰富，这是与罗家冲遗址最大的区别，应该是体现了岭南地区早期印纹硬陶的传统及装饰特色。

到了第二期文化因素有了一定的变化，折沿釜、折沿罐、圈足豆、盘等同类型器依旧延续，而刻划纹纺轮则基本不见。

通过以上对比可知，河宕遗址出土的陶器主要与罗家冲遗址第一、三类器物形制相近，尤其是这种"十"字+四弧线构图的刻划纹纺轮最具代表性，代表着与罗家冲遗址早一期相同的文化因素。河宕遗址发掘报告推定该遗址第一期的文化年代在距今4300~4000年，第二期在距今4000~3500年，罗家冲遗址早一期主体年代与河宕遗址第一期大致相当。李伯谦先生曾将河宕遗址所代表的考古学文化定名为"河宕文化"[1]，从珠江三角洲区域出土此类弧线刻划纹纺轮的遗址分布情况分析，出土此类纺轮的遗址较多，而其他区域此类纺轮则较少，说明罗家冲遗址早一期时与珠江三角洲区域存在过一定的文化交流，应该代表着同一类文化因素。河宕遗址此类刻划纹纺轮主要出土于代表第一期的第3层，结合测年数据分析，推测可能是罗家冲遗址受到了河宕文化部分因素向北传播的影响所致，但罗家冲遗址的刻划纹纺轮数量及种类均较河宕遗址丰富，说明河宕遗址这种特色文化因素影响了罗家冲遗址，但被后者多样化。

从以上湖北、湖南、江西、广西及广东等地区与罗家冲早一期同类型器物分析可知，在当时主要有石家河文化向南及河宕文化向北影响了以罗家冲早一期为代表的湘中地区，从而导致罗家冲早一期遗址的文化多样性，其中以江汉平原为中心的石家河文化向南影响的范围较大，主要包含了鄂东南、湘中及赣西北地区，但由南向北逐渐减弱，而河宕文化向北目前可见主要影响了湘中地区，但由于目前罗家冲遗址与珠江三角洲之间的同时期遗址空白点较多，作为文化交流通常是循序渐进及相互影响的，两地之间跨越千里的文化交流是如何相互影响的？交流线路及通道在哪里？这些问题还有待日后考古工作的进一步探索。

---

[1] 李伯谦：《广东咸头岭一类遗存浅识》，《东南文化》1992年第3、4期。或广东省博物馆、佛山市博物馆：《佛山河宕遗址——1977年冬至1978年夏发掘报告》，广东人民出版社，2006年。

二、早一期本地土著文化因素溯源分析

通过对罗家冲遗址早一期遗物的对比分析及查阅相关资料可知，该遗址中第一类以釜、鼎及绳纹装饰为代表的土著文化因素在很大程度上继承了本地自大塘文化及堆子岭文化因素的影响而一脉相承，以下主要将各早期遗址同类型陶器对比如下。

1. 大塘文化时期

大塘文化以大塘遗址为代表，为长沙地区目前发现的最早的新石器时代文化遗存，距今7000年左右。

大塘遗址位于长沙市南约20千米的湘江东岸，地属长沙县南托乡三兴村大塘村，1986年2月~3月对该遗址进行了抢救性发掘，发掘面积90平方米。该遗址虽然发掘面积较小，但出土石器及陶器较为丰富。其中磨制石器有斧、锛、凿、刀、镰及砺石等。陶器以红陶为主，其次为灰陶、黑陶及白陶。陶质以夹砂陶为主，泥质陶次之，还有少量的夹炭陶，夹砂陶分夹细砂和夹粗砂两类。陶器的器类多圜底器、圈足器，少平底器，不见三足器，圜底器主要为釜、折沿双耳罐，圈足器为碗、盘等，平底器有盆和筒形器，以釜、碗数量最多，其次为圈足盘、高领罐、折沿罐和器盖等[①]。这种以釜、高领罐、圈足盘为主体的本地土著文化因素在历经数千年后至罗家冲遗址依然在延续，充分反映了本地土著文化较强的区域传承性及影响力。

2. 堆子岭文化时期

在湘中地区与大溪文化相当的考古学文化被称为堆子岭文化，在该时期与罗家冲遗址早一期有相同文化渊源的有湘潭堆子岭遗址、宁乡花草坪遗址、湘阴青山遗址、株洲磨山早期遗存、长沙竹山湾遗址等。

（1）与堆子岭遗址的比较

堆子岭遗址位于湖南省湘潭县锦石乡苍场村上湾组，地处湘江支流涓水旁一级阶地的小土岗上，现存面积3000平方米，遗址四周地势较平坦，1993年对其进行了发掘，发掘面积100平方米，遗物较为丰富。

遗址主体文化年代处于湘江流域大溪文化时段，该遗址分早、晚两期。早期陶器以夹砂陶为主，次为泥质陶；陶色以红褐陶为主，红陶次之，灰陶、白陶比例较小；纹饰以组合戳印纹为主，另有连珠纹、弦纹、小按窝、绳纹、镂孔等，总体纹饰图案繁缛复杂；主要器形有釜、鼎、罐、盘、碗、双腹器、器座等。晚期夹砂陶与泥质陶比例相近，陶色仍以红褐陶及红陶为主，纹饰较早期有所增加，但结构趋于简单，在早期纹饰的基础上出现了大按窝、划纹、附加堆纹、菱形水波纹等。早、晚两期虽有差别，但也是一脉相承。

---

① 长沙市博物馆：《长沙南托大塘遗址发掘报告》，《湖南考古辑刊》第8集，岳麓书社，2009年。

罗家冲早一期遗物中第一类陶器与堆子岭遗址出土陶器比较，无论是从陶器类型还是陶质陶色、纹饰等方面，都有较大的相似性，如以釜、鼎、罐为特色的本地土著文化因素显然被罗家冲早一期文化所继承。首先是以鼎为代表的三足器发达，鼎足数量多达627件，其中以宽扁形及锥状鼎足为代表，一般在足根、足外横向饰多个小按窝，少量竖向按窝，之外还饰戳印纹、凹槽或凸棱等，如E型及G型宽扁形足（T4⑤：31、H3：144）、B型外饰按窝的锥状足（T4⑥：62）等；釜鼎口沿中器身大多饰绳纹，相似的既有G型宽斜内凹沿（H5：21），也有BaⅡ式及BbⅡ式短折沿（T4⑥：53、T4⑤：23）；陶罐相似的有AⅡ式宽折沿罐（T1⑤：1）、AcⅡ式短折沿罐（H3：104）、平底罐（T4⑥：42）及CⅠ式、CⅡ式短折沿高领罐（T4⑦：22、H5：14）等；C型高圈足豆柄（H3：91）及C型圈足（H3：97）不但形制相近，且多在圈足部位饰圆形镂孔；圈足状纽器盖（H4：1）、B型凸棱罐（H5：11）、A型敛口瓮（T4⑦：5）等都与罗家冲遗址同类型器物形制或装饰接近[1]，A型"十"字形连珠纹纺轮（H3：71）虽然与罗家冲遗址这种四分弧线刻划纹不同，但至少构图及装饰手法已非常接近，这些都充分体现出了两者早晚之间地域的文化共性及继承性（图五五○）。

（2）与花草坪遗址的比较

花草坪遗址位于宁乡市老粮仓镇唐市村，地处流沙河北岸的一级阶地，距罗家冲遗址直线距离约16千米。该遗址于2001年及2014年进行过考古调查及发掘工作，从时代上分为早、晚两期，早期上限为公元前3700年或更早，与堆子岭文化晚期早段相当，晚期为公元前3000年或更晚，处于堆子岭文化晚期晚段。

该遗址出土陶器主要为夹砂陶，其次为泥质陶，少量夹炭陶，陶色以红色为主，其次为褐陶、黄陶及黑陶，另有少量灰陶和白陶。器表以素面为主，仅见少量绳纹、弦纹、镂孔、按窝、附加堆纹、刻划纹、压印纹等，镂孔主要见于圈足盘的圈足部分，鼎足根部多饰横向小按窝。器形种类主要以鼎、鼎釜口沿、罐、豆、圈足盘为主，另有少量大口缸、钵、甗、碗、杯、盆、纺轮、器盖、球、拍等，以三足器为主，圈足器、尖底器次之，平底器较少，这些都与罗家冲遗址早一期陶系及主要器类较为相似，显示出了两者之间的文化共性与渊源。

陶器形制中，该遗址出土的釜鼎口沿均为夹砂陶，以夹砂红陶及夹砂褐陶为主，其中AⅡ式鼎釜口沿（BT3④：2）与罗家冲遗址同类型器（T0402⑥：28）形制接近，鼎足大多为圆锥形或扁锥形，陶质多为夹砂红陶，多数在足根饰一至多个按窝，如Ad型鼎足（T2916⑤：2）、Bb型鼎足（T3924⑥：1）、Cb型鼎足（T2918④：1）、Aa型鼎足（T2914⑥：19）等、少量在足面饰一道刻槽的鼎足，如Ba型鼎足（T2917④：1），这些均与罗家冲遗址B型、C型鼎足形制相近，这些说明此类鼎足应为本地该时期的土著文化传统，延续至罗家冲遗址。Aa型束颈高领罐（H36：2、T4024⑤：2）与罗家冲遗址A型高领罐（2016H14：1）形制相近，Ba型折沿罐（H25：1）及E型罐（H40：1）分别与罗家冲遗址的A型矮领罐口沿（2014H55：1、T0304⑤：10、2016H14：2）等形制接近，但后者颈普遍加高。B型圈足盘（BT2③：1）与罗家冲遗址圈足盘（2016G4：8）形制接近，A型豆（T2914⑥：3）豆盘为折沿深腹，与罗家冲

---

[1] 湖南省文物考古研究所：《湖南湘潭县堆子岭遗址新石器时代遗址》，《考古》2000年第1期。

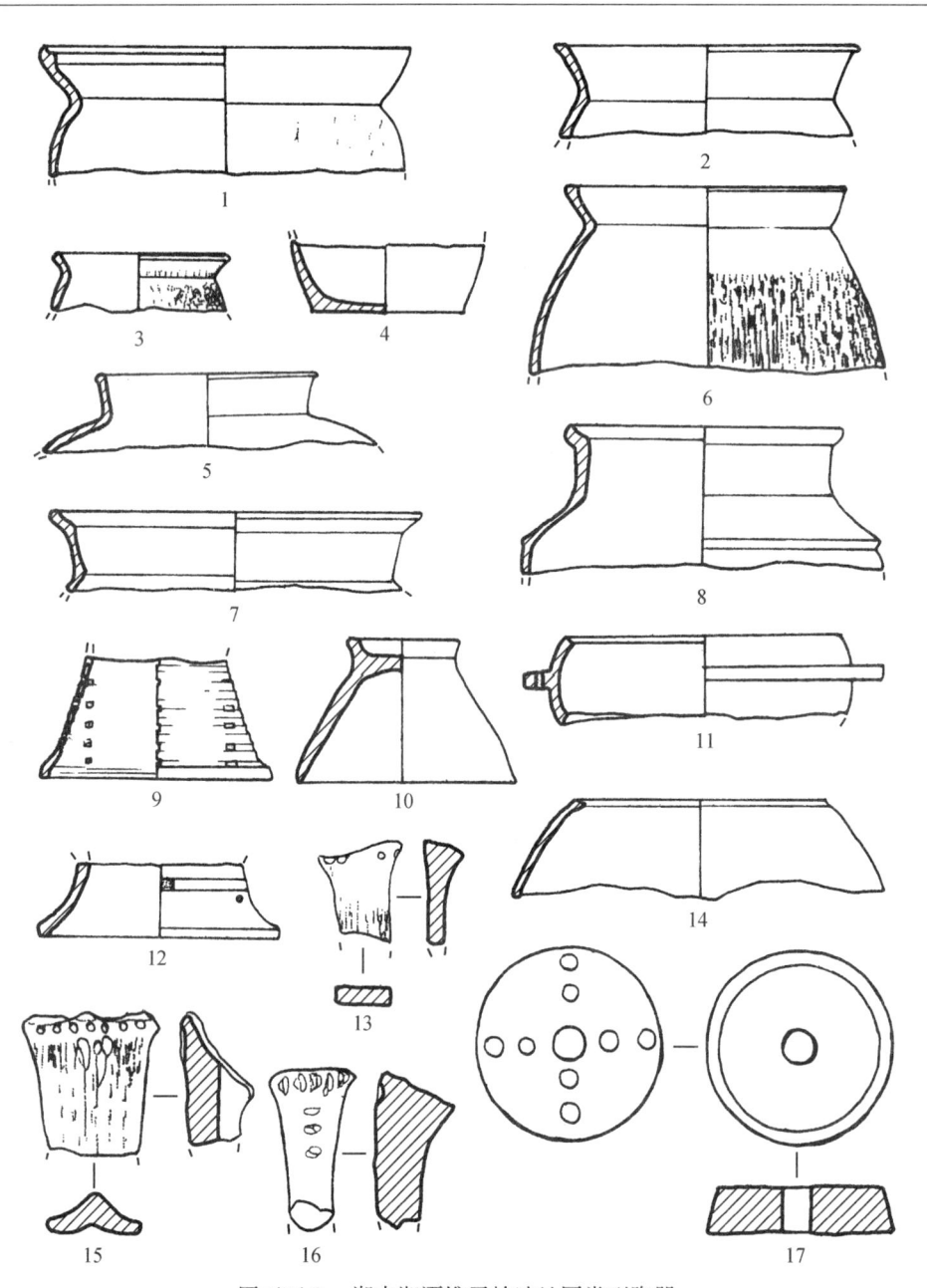

图五五〇 湖南湘潭堆子岭遗址同类型陶器

1. G型鼎釜口沿（H5：21） 2. BbⅡ式釜鼎口沿（T4⑤：23） 3. BaⅡ式釜鼎口沿（T4⑥：53） 4. 罐底（T4⑥：42）
5. AcⅡ式罐（H3：104） 6. AⅡ式罐（T1⑤：1） 7. CⅡ式罐（H5：14） 8. CⅠ式罐（T4⑦：22） 9. C型高圈足豆柄（H3：91）
10. 器盖（H4：1） 11. B型罐（H5：11） 12. C型圈足（H3：97） 13. E型鼎足（T4⑤：31） 14. A型敛口瓮（T4⑦：5）
15. G型鼎足（H3：144） 16. B型鼎足（T4⑥：62） 17. A型纺轮（H3：71）

遗址Aa型豆盘（2014G5∶52）形制接近，豆柄均为高喇叭形，与罗家冲遗址A型豆柄相近。圈足状器盖（H40∶13）与罗家冲遗址A型器盖（2014H43∶3）形制相同。杯（H26∶5）与罗家冲遗址圈足杯（G3②∶94）接近[①]（图五五一）。该遗址还出土纺轮，但均无晚期的各类刻划纹，这也正说明了在更晚的罗家冲遗址时期才受到了广东河宕文化的影响。

从以上陶器对比可知，罗家冲遗址中第一类土著文化因素陶器在花草坪遗址中基本都能找到其同类型器的早期形态，加之两者距离较近，说明罗家冲遗址很大程度上继承了本地以花草坪遗址为代表的堆子岭文化晚期的文化特征。

（3）与湘阴青山遗址的比较

青山遗址位于湘阴县西北部青山岛上，隶属于青潭乡上山村。遗址东临湘江，西靠洞庭湖平原，2008年对该遗址进行了发掘，面积356平方米，出土遗物较丰富，属于堆子岭文化。

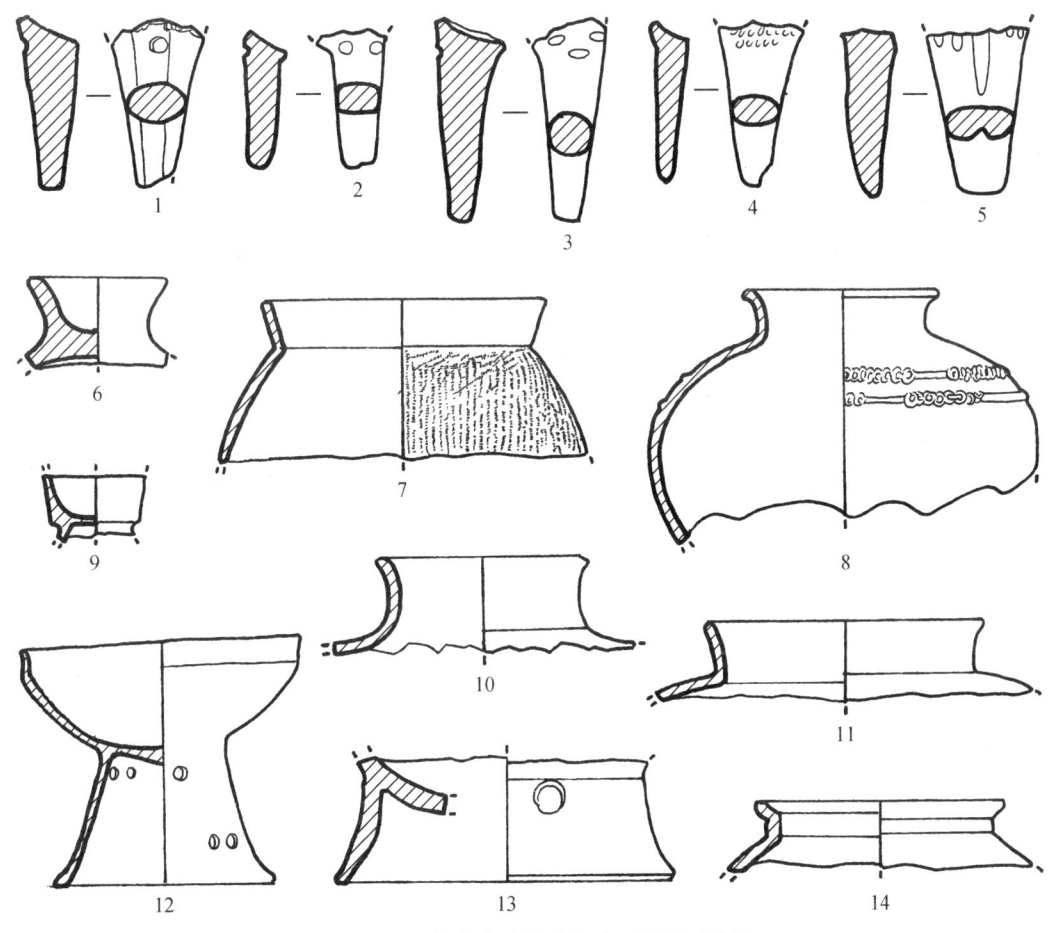

图五五一　湖南宁乡花草坪遗址同类型陶器

1.Ad型鼎足（T2916⑤∶2）　2.Bb型鼎足（T3924⑥∶1）　3.Cb型鼎足（T2918④∶1）　4.Aa型鼎足（T2914⑥∶19）　5.Ba型鼎足（T2917④∶1）　6.器盖（H40∶13）　7.AⅡ式鼎釜口沿（BT3④∶2）　8、10.Aa型陶罐（8.H36∶2、10.T4024⑤∶2）　9.杯（H26∶5）　11.Ba型罐（H25∶1）　12.A型豆（T2914⑥∶3）　13.B型圈足盘（BT2③∶1）　14.E型罐（H40∶1）

[①] 山东大学历史文化学院、湖南省文物考古研究所：《湖南宁乡花草坪遗址新石器时代遗存发掘简报》，《江汉考古》2021年第5期。

该遗址出土部分陶器特征与罗家冲遗址第一类陶器类型有较多共性，显然具有早晚继承关系，尤其是以釜、鼎类器物形制较为接近，如CⅠ式宽折沿釜形鼎（H73：76）、BⅡ式釜鼎口沿（T11③：19）及短折沿釜（H31：15）均与罗家冲同类型器相近，不同的是青山遗址此类釜鼎口沿腹部以弦纹或素面为主，而罗家冲遗址则以绳纹为主。

鼎足种类及装饰非常丰富，形制多圆锥形或扁锥形鼎足，也有少量宽扁形鼎足，其中除纹饰繁缛的刻划纹鼎足外，足根及足外饰横排及竖排按窝的锥形鼎足及饰竖向刻槽的宽扁形鼎足等都与罗家冲同类型鼎足形制及装饰风格一脉相承，如A型饰按窝带刻槽（H5：5）及饰竖向三道刻槽的宽扁鼎足（T3③：23），素面及带按窝的A型及E型锥形鼎足（H33：29、T9④：113、T12③：4）等与罗家冲遗址同类型鼎足极其相似。

另同类型器还有EⅠ式折沿浅腹豆盘（H62：7）、BⅠ式折沿深腹豆盘（T16④：66）、E型及F型喇叭状高柄豆（H73：94、H73：90、T6④：28）、饰圆形镂孔的B型圈足盘（T16④：23、T12④：188）、C型及H型短折沿罐（T16④：58、T13④：3）、EⅡ式宽折沿罐（T12③：3）、AⅠ式外折沿高领罐（T8④：31）、FⅠ式短折沿高领罐（T12④：116）、AⅡ式短折沿陶缸（T12④：201）及蘑菇状拍（T9④：57）等[①]，均与罗家冲遗址早一期具有极大的相似性（图五五二、图五五三）。

（4）与株洲磨山早期遗存的比较

株洲磨山早期遗存分前后三段，相当于洞庭湖区的大溪文化时期，该时段也有部分与罗家冲遗址早一期本地土著文化因素的陶器形制相近，早期一段相近器物较少，釜鼎口沿虽然形制部分相近，但相对于繁缛的刻划纹装饰图案，差别还是挺大，仅AⅢ式带按窝锥状鼎足（T1⑨：46）较为相近，到了早期二段，相近因素逐渐增多，如AⅣ式按窝锥形鼎足（T4③：9）、AⅤ式宽扁形瓦棱鼎足（T4③：4）、DⅠ式舌状鼎足（T4③：5）、Ⅲ式圆形镂孔圈足盘（T4③：27）、AⅤ式及BⅠ式绳纹宽折沿釜（T4③：22、T4③：35）、Ⅲ式短折沿罐（T4H3：20），早期三段中饰戳印纹及按窝的锥形鼎足（T4②：4）、AⅡ式饰瓦棱纹宽扁形鼎足（T4②：3）、F型带按窝的舌状鼎足（T4②：1）、Ⅰ式短折沿罐（T4F1：5）、GⅢ式敛口钵（T4F1：16）等器物形制也较为相近（图五五四）[②]。

（5）与长沙竹山湾遗址的比较

竹山湾遗址位于长沙市天心区暮云街道许兴村竹山湾组，地处湘江东岸的二级台地，距离湘江直线距离约1.5千米。该遗址系2021年长沙市文物考古研究所在开展长沙南郊史前及先秦时期遗址专项调查时发现，2022年7月～10月为配合天心区暮云新村与许兴村低洼田改造项目对其进行了考古发掘，发掘面积200平方米。

通过发掘，该遗址发现有房址、灰坑、沟等遗迹。出土遗物有石器及陶器。其中石器较少，种类有斧、锛、刀、穿孔钺等。陶器大多残碎，以夹砂红陶及泥质红陶为主，另有少量灰

---

① 湖南省文物考古研究所：《湘阴青山：新石器时代遗址发掘报告》，科学出版社，2015年。
② 湖南省文物考古研究所、株洲市博物馆：《株洲县磨山新石器时代遗址试掘报告》，《湖南考古辑刊》第6集，岳麓书社，1994年。

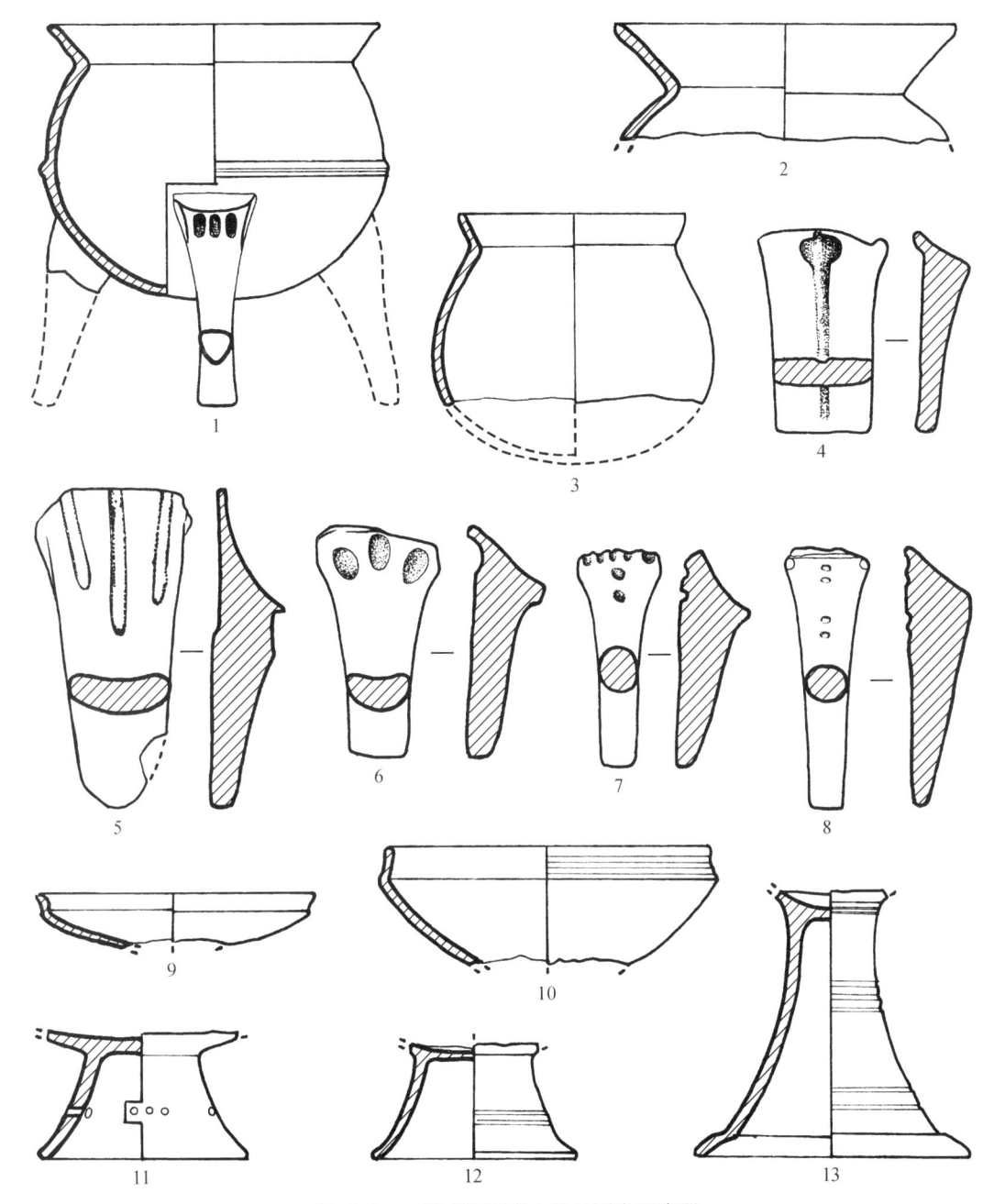

图五五二 湖南湘阴青山遗址同类型陶器

1. CⅠ式鼎（H73：76） 2、3. BⅡ式釜（2. T11③：19、3. H31：15） 4、5. A型鼎足（4. H5：5、5. T3③：23）
6. A型鼎足（H33：29） 7、8. 锥形鼎足（7. T12③：4、8. T9④：113） 9. EⅠ式豆盘（H62：7） 10. BⅠ式豆盘
（T16④：66） 11、12. F型豆柄（11. H73：90、12. T6④：28） 13. E型豆柄（H73：94）

白陶及橙黄陶等。夹砂陶胎体较厚，泥质陶胎体较薄，火候不高，胎心多呈碳化状，夹砂陶内壁多有捏制痕迹。陶器纹饰以素面为主，部分红陶器表有褐色陶衣。器形主要有鼎、釜、折沿罐、豆、圈足盘等，组合以三足器和圈足器为主，不见平底器。鼎釜类器物均为夹砂红陶，鼎足较多，以宽扁形及扁锥形鼎足为主，足根多饰横排按窝，另有少量圆锥型或舌状鼎足。罐多为泥质红陶，短直沿。豆均为泥质红陶，有折沿豆盘及中空豆柄等，部分豆柄上有凸棱。从器

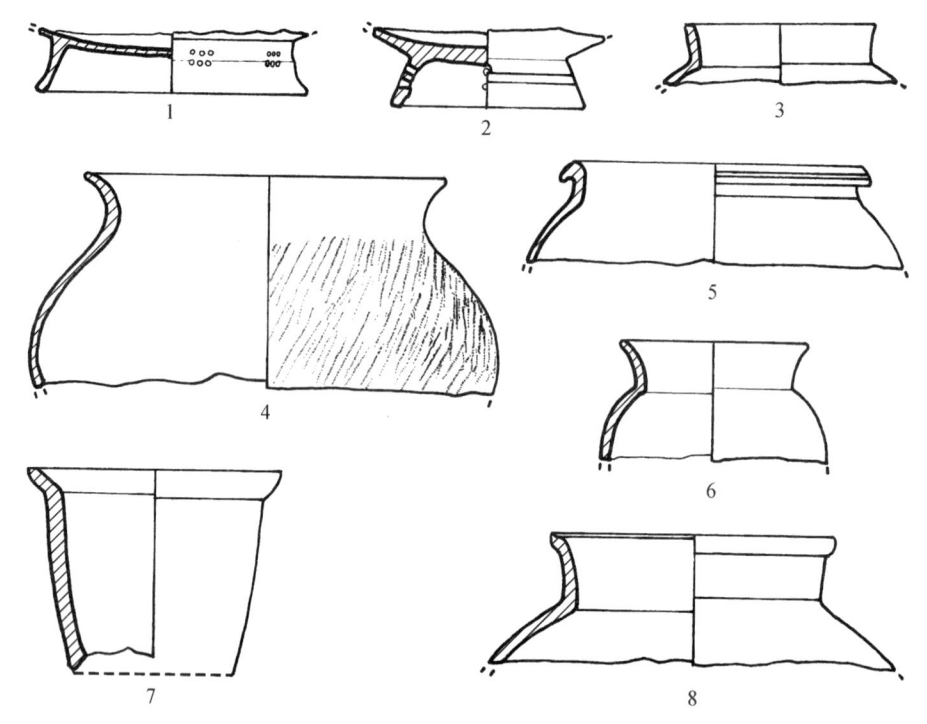

图五五三　湖南湘阴青山遗址同类型陶器

1. B型圈足（盘）（T16④:23）　2. 圈足盘（碗）（T12④:188）　3. C型罐（T16④:58）　4. EⅡ式罐（T12③:3）
5. H型鼎（罐）（T13④:3）　6. AⅠ式罐（T8④:31）　7. AⅡ式缸（T12④:201）　8. FⅠ式罐（T12④:116）

物形制分析，该遗址的器形与宁乡花草坪早期遗物有较多共性，时代应处于堆子岭文化晚期。

从具体器形分析，该遗址出土较多的宽扁形（F1:12、F1:21、F1:24、F1:40）及扁锥形鼎足（F1:23）多在足根部饰较多按窝，少量素面，也发现有外饰一周刻槽的圆锥形足（G2:5），出土的折沿豆盘（F1:6）、短直沿罐（F1:11、F1:13）、带凸棱的豆柄（F1:32）、圈足盘（F1:38）分别与罗家冲遗址Ab型浅腹折沿豆盘、C型短直沿罐、B型高细中空豆柄形制及圈足盘等形制接近（图五五五）。

从以上陶器对比可知，这两处遗址出土的陶器均以本地土著文化因素的夹砂及泥质红陶系为主，出土的同类型陶器形制大部分相近。这些均说明该遗址的文化因素与罗家冲遗址早一期中的本地土著文化有直接的继承关系[①]。

此外，还与湘东北岳阳华容车轱山遗址早一期、早二期大溪文化时期的部分陶器风格有一定的相似之处，如陶器以红陶为主，纹饰多刻划纹、按窝、锥刺纹、镂孔等，器形多三足器、圈足器，圜底器次之、平底器较少。具体器形中早一期的器盖（T1⑥:56、T2⑥:93）、折沿釜（T2⑥:50）、饰戳印纹的扁锥形鼎足（T2⑥:85、T2⑥:87）、饰按窝纹的锥形鼎足（T2⑥:88）及早二期在足跟饰按窝的锥形鼎足（T3⑤:63、T3⑤:65、T2⑤:89）等[②]，这些均显示了与罗家冲遗址早一期同类器之间的早晚继承之处。

---

① 长沙市文物考古研究所2022年发掘资料。
② 湖南省岳阳地区文物工作队：《华容车轱山新石器时代遗址第一次发掘简报》，《湖南考古辑刊》第3集，岳麓书社，1986年。

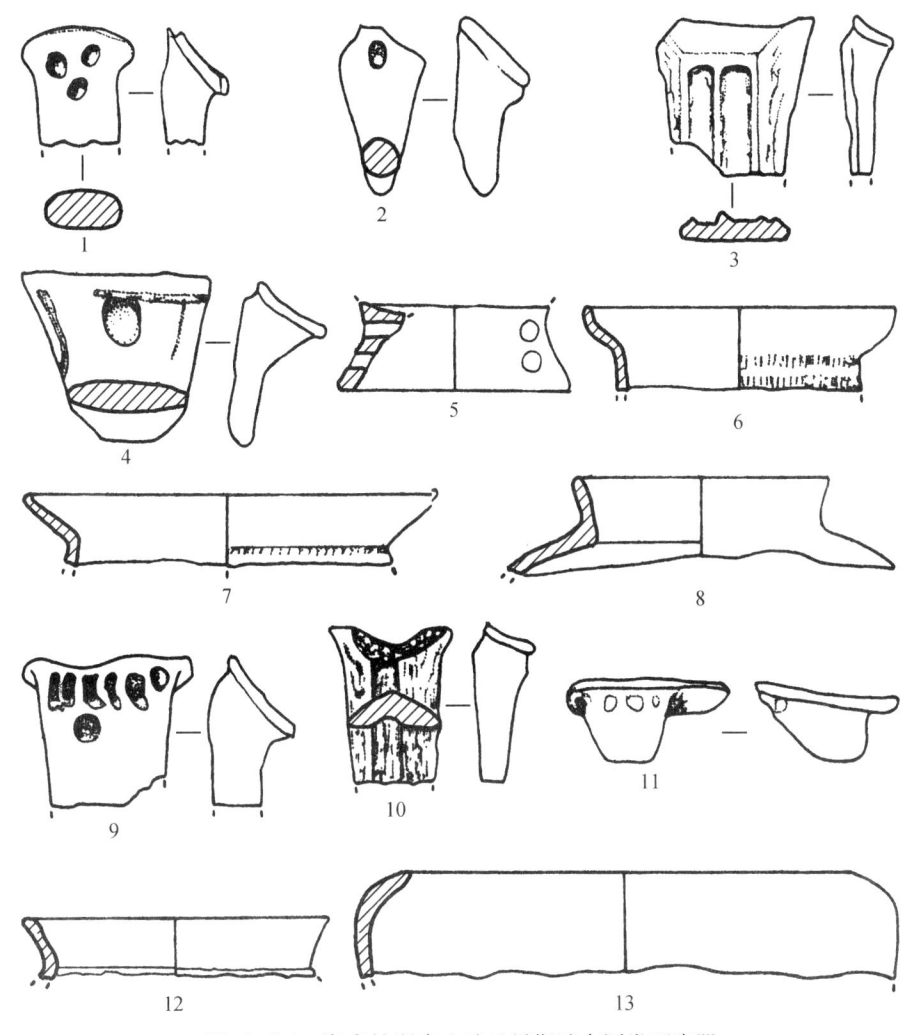

图五五四　湖南株洲磨山遗址早期遗存同类型陶器

1. 早期一段AⅢ式鼎足（T1⑨：46）　2～4. 早期二段AⅣ式、AⅤ式、DⅠ式鼎足（2.T4③：9、3.T4③：4、4.T4③：5）
5. 早期二段Ⅲ式罐圈足盘（T4③：27）　6、7. 早期二段AⅤ式、BⅠ式釜（6.T4③：22、7.T4③：35）　8. 早期二段Ⅲ式罐（T4H3：20）　9～11. 早期三段AⅠ式、AⅡ式、F型鼎足（9.T4②：4、10.T4②：3、11.T4②：1）　12. 早期三段Ⅰ式罐（T4F1：5）　13. 早期三段GⅢ式钵（T4F1：16）

3. 岱子坪一期文化时期

从目前考古资料可知，在湘中地区有一批较罗家冲遗址早一期略早的遗址，分别为湘乡岱子坪一期、长沙县腰塘早期遗存、长沙县月亮湾早期早段遗存等，比较如下。

（1）与湘乡岱子坪一期的比较

岱子坪第一期遗存出土陶器与罗家冲遗址第一期既有少量相近点，但又有所区别。其中器形相近的有BⅠ式带横排按窝的宽扁形鼎足［T1（六）：18］、BⅢ式带按窝及刻槽的锥状鼎足［T1（六）：15、T1（五）：5］、BⅠ式圈足状纽器盖（M43：5）、AⅤ式及AⅦ式高圈足折沿豆（M43：15、M43：14）等[①]（图五三五），这些分别与罗家冲遗址Aa型宽扁形鼎足、

---

① 湖南省博物馆：《湘乡岱子坪新石器时代遗址》，《湖南考古辑刊》第2集，岳麓书社，1984年。

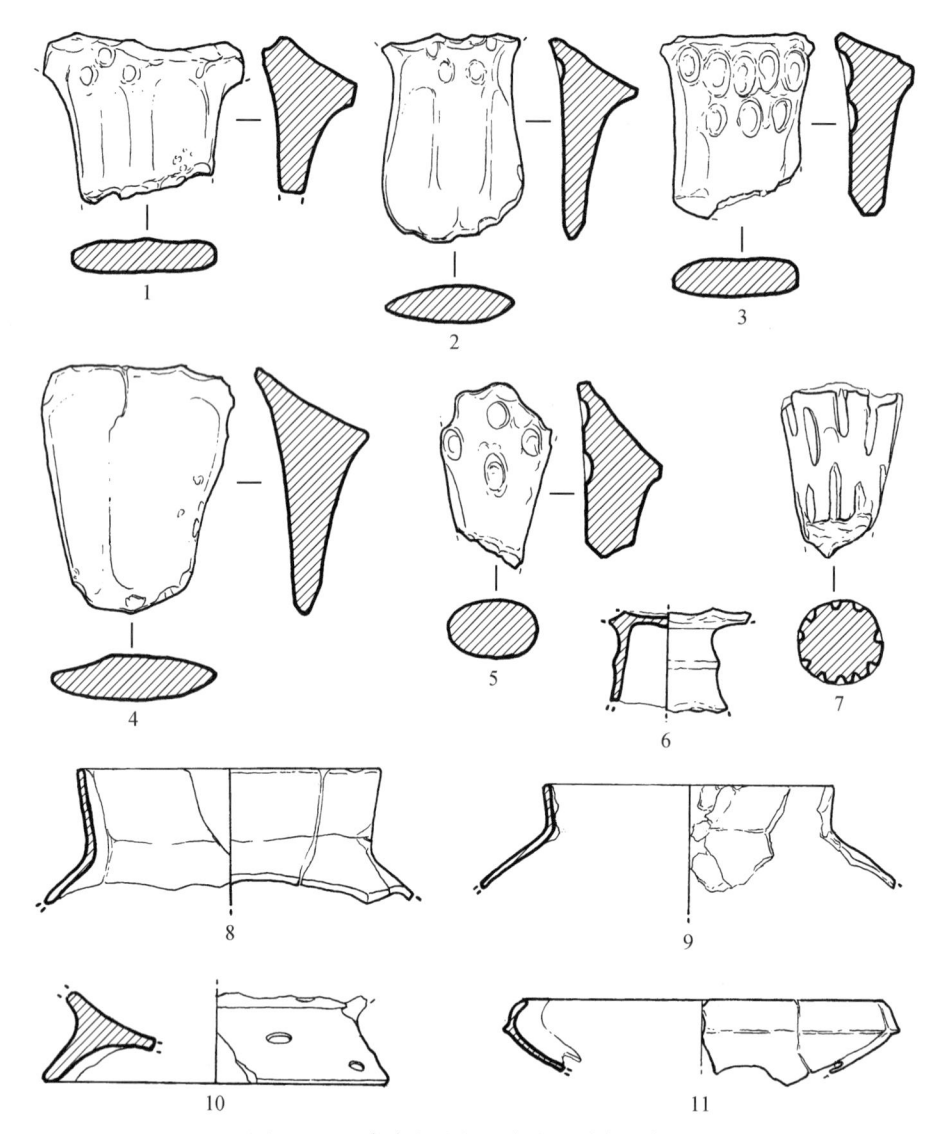

图五五五　湖南长沙竹山湾遗址同类型陶器

1~4. 宽扁形鼎足（1.F1:12、2.F1:21、3.F1:24、4.F1:40）　5. 扁锥形鼎足（F1:23）　6. 豆柄（F1:32）
7. 圆锥形鼎足（G2:5）　8、9. 短直沿罐（8.F1:11、9.F1:13）　10. 圈足盘（F1:38）　11. 豆盘（F1:6）

Ca型锥状带刻划纹鼎足、A型器盖及A型高喇叭圈足折沿豆及A型器盖等形制接近，代表的是本地土著文化因素。

相比而言，区别也很明显，该遗址第一期出土有瓦状足盘形鼎、钁形鼎足等，这与江西樊城堆下层、筑卫城中层、永丰县尹家坪及广东曲江石峡遗址第三期同类型器形制相近[1][2][3][4]，

---

① 江西省文物工作队、清江县博物馆、中山大学人类学系考古专业：《清江樊城堆遗址发掘简报》，《江西历史文物》1985年第2期。

② 江西省博物馆、清江县博物馆、厦门大学历史系考古专业：《江西清江筑卫城遗址第二次发掘》，《考古》1982年第2期。

③ 江西省文物工作队：《永丰县尹家坪遗址试掘简报》，《江西历史文物》1986年第2期。

④ 广东省博物馆、曲江县文化局石峡发掘小组：《广东曲江石峡墓葬发掘简报》，《文物》1978年第7期。

是具有江西樊城堆下层及广东石峡文化时期的典型遗物特征；圈足壶及部分豆、器盖、甗、罐，接近两湖地区屈家岭文化晚期某些因素[1]；双耳或无耳的直领鼓腹圈足壶、带盖四系篦、喇叭状高柄镂孔弦纹豆、折沿喇叭状柄豆、带盖扁腹壶等则具有良渚文化的造型风格，这些均说明岱子坪一期在本地土著文化因素的基础上受到了江西樊城堆、广东石峡、湖北屈家岭、浙江良渚等多种文化因素的共同影响，时代早于罗家冲早一期，应属于两个发展阶段受不同文化影响的结果，但从该期出土较多带按窝及刻槽的圆锥形鼎足等分析，显然两者之间又存在着本地土著文化发展的承袭关系[2]。也有研究者将岱子坪一期细分为两期，认为第一期主要接受了樊城堆文化的输入，但本地文化因素仍部分得以保留，至第二期樊城堆文化的因素大部分被良渚文化及屈家岭文化所替代[3]。

（2）与长沙县腰塘第一、二期遗存的比较

腰塘遗址第一期陶器以夹砂红陶为主，有部分夹砂褐胎陶，少量泥质红陶，器形有夹砂粗陶釜形鼎、泥质红陶矮柄豆，鼎足类型较多，有镘形鼎足、有上部饰按窝或竖斜划纹的圆锥形或扁平鸭嘴形鼎足，纹饰较简单，仅有锯齿状附加堆纹、弦纹、划纹、按窝纹等。第二期仍以夹砂陶为主，黑陶增加，多为泥质灰胎或红胎的内外施黑衣的黑陶，器形以釜形鼎最多，新出现宽扁瓦状足三足盘形鼎和双层平台式柄座豆（图五三八），口壁转折处形似子口的浅盘豆、卷沿罐、折沿罐、圈足碗、敛口盆等，陶器纹饰除继承第一期的外，新增加了绳纹、篮纹、镂孔等。发掘者认为第二期时代上与岱子坪一期同时[4]。从陶器形制分析，该遗址出土的双层柄豆、圆锥形竖排多按窝鼎足、宽扁瓦状足出棱盘形鼎等多与岱子坪一期同类器形制相近，其中后者还具有典型的江西樊城堆下层及广东石峡等文化因素，而这在罗家冲遗址中未见，说明腰塘遗址第一、二期时除有釜形鼎、圆锥形按窝或刻划纹鼎足等具有本地土著文化因素外，主要是受到了邻近江西樊城堆同时期文化因素的影响，而罗家冲遗址早一期应是在此基础上发展而来的。

（3）与长沙月亮山（鹿芝岭）遗址早期早段遗存的比较

从发表资料显示，该遗址出土的A型、B型鼎足及宽扁弯曲平足盘形鼎在罗家冲遗址中未见[5][6]，应为早期早段遗物，时代与岱子坪一期及腰塘遗址二期大致同时，同样受到了江西樊城堆下层文化因素的影响，时代应早于罗家冲遗址早一期，但由于该遗址发掘资料尚未整理发表，仅从调查资料尚不能具体区分其早晚器物的类别及形制。

除以上对比遗址外，另汨罗附山园中期遗址出土的带按窝鼎足、釜形鼎等与罗家冲遗址早

---

[1] 郭伟民：《湘江流域新石器文化序列及相关问题》，《华夏考古》1999年第3期。
[2] 湖南省博物馆：《湘乡岱子坪新石器时代遗址》，《湖南考古辑刊》第2集，岳麓书社，1984年。
[3] 洪猛、王菁：《岱子坪遗址新石器时代的文化归属及相关问题浅析》，《江汉考古》2015年第6期。
[4] 何强：《长沙县腰塘新石器时代遗址》，《中国考古学年鉴1989》，文物出版社，1990年，第206、207页。
[5] 长沙市文物工作队：《长沙县新石器时代遗址普查简报》，《湖南考古辑刊》第5集，岳麓书社，1989年。
[6] 长沙市志编纂委员会：《长沙市志》第十三卷《文物名胜》，1996年。

一期同类型也有渊源之处①。

通过以上罗家冲遗址早一期第一类陶器类型与本地大塘文化堆子岭文化及岱子坪一期同类型陶器对比可知，罗家冲遗址本地土著文化因素中的釜、圈足器、高领罐及器表装饰以绳纹为主的渊源可上溯至大塘文化，其后的堆子岭文化因素在罗家冲遗址继承得更明显，如陶质以红陶系为主，陶器类型绳纹折沿釜及釜形鼎、带按窝的锥形及舌状鼎足、折沿及折腹豆盘、高喇叭口豆柄、带圆形镂孔的矮圈足、短折沿罐、短折沿高领罐、卷口高领罐、短折沿陶缸、蘑菇状拍、敛口钵等器类均能在罗家冲遗址找到延续的同类型器。尤其是堆子岭第四期鼎数量增多，且形制多样，且出现了如豆、碗、器座、盆、瓮等新器类，器物形制及器表装饰的按窝、绳纹、刻划、附加堆纹等都与罗家冲遗址早一期具有更多的形似之处②。到了岱子坪一、二期时，虽然有少量屈家岭、石峡及良渚等文化因素存在，但本地文化因素进一步增加，相关资料显示，湘中地区的史前遗存中未见典型屈家岭文化遗存，目前在岳阳华容七星墩遗址中有所分布③，说明屈家岭文化的深度影响仅至洞庭湖地区，而湘中地区仅受到少量影响。

通过以上综合对比分析可知，罗家冲遗址早一期中像釜、圆锥形鼎足以及鼎足上按窝、斜划纹饰，都是本地传统文化的一种遗风④，是继承了自大塘文化以来、历经堆子岭文化、岱子坪一期等时期的早期土著文化因素，充分反映了在特定区域内文化较强的延续性。

此外，罗家冲遗址早一期器物特征还与皖北安徽蒙城尉迟寺遗址一期部分陶器的陶质及器形具有某些相似之处，如陶器分为夹砂陶及泥质陶两类，其中夹砂以夹砂红褐陶为主，其次为灰陶及灰褐陶，泥质陶多灰陶及黑陶，少量红陶及白陶。具体器物中鼎的数量最多，大部分为罐形鼎，虽然鸭嘴状鼎足形制与罗家冲遗址不同，但大部分鼎足足根多饰按窝，与罗家冲遗址C型鼎足装饰也有部分相似之处，但这些鼎足基本均为侧装，与罗家冲早一期明显有别。另形制相近的器物还有夹砂红陶细长颈鬶（T1101H02∶28）、四弧线纺轮（T1101H02∶18）、长颈壶（T1101H02∶27）、带镂孔高圈足豆（T1101H02∶30）、圈足状纽器盖（T3103⑩∶4）、夹砂红陶小杯（T1102⑥∶1）等，说明罗家冲遗址与皖北大汶口文化晚期遗存或许也有某些渊源之处⑤。

---

① 岳阳实物文物考古研究所：《湖南省汨罗市附山园新石器时代遗址第一次发掘简报》，《巴陵古文化探索》，华夏出版社，2003年。或郭胜斌、罗仁林：《附山园—黄家园遗址的考古发现与初步研究》，《长江中游史前文化暨第二届亚洲文明学术讨论会议文集》，岳麓书社，1996年。

② 郭伟民：《论堆子岭文化》，《江汉考古》2003年第2期。

③ 湖南省文物考古研究所：《湖南华容县七星墩遗址2018年调查、勘探和发掘简报》，《考古》2021年第2期。

④ 郭伟民：《湘江流域新石器文化序列及相关问题》，《华夏考古》1999年第3期。

⑤ 中国社会科学院考古研究所安徽工作队：《安徽蒙城尉迟寺遗址发掘简报》，《考古》1994年第1期。

三、早一期文化因素

通过以上罗家冲遗址早一期出土陶器与湖北、湖南、江西、广西及广东等地区同时期文化遗址出土同类型陶器形制的对比可以清晰地看出罗家冲遗址早一期所包含的各类文化因素。

从罗家冲遗址早一期出土遗物分析可知，该遗址以早一期文化遗物最为丰富，由于后期扰动原因，不但在早一期遗存中大量出土，而且在早二、早三期及晚期遗存也大量出现，说明早一期文化时期为罗家冲遗址最繁盛的阶段，通过以上与罗家冲遗址相近文化因素的同时期遗址对比分析可以看出，罗家冲遗址早一期文化因素至少包含了以下三类陶器所代表的三种文化因素，而且也可以看出文化因素的彼此消长情况。

第一种为本地土著文化因素，是以第一类陶器为典型代表。这是延续了本地自大塘文化及其后以湘潭堆子岭、湘阴青山为代表的堆子岭文化的传统，该传统是以釜、鼎文化最为特色，装饰以绳纹为主，代表了整个湘江流域史前文化因素的传统，其中釜的形制大小不一，数量较多，说明当时日常生活中对釜的应用非常广泛，可能不仅限于炊具，也可能部分兼具储藏功能或其他功能。

鼎按鼎足不同主要分三大类，本地因素是以B型及C型鼎足为代表的釜形鼎或罐形鼎，其中以C型圆锥形鼎足最为典型，足外常饰按窝及刻槽，此类鼎足在其他类型遗址中少见，而在湘乡岱子坪遗址从第一期延续到第三期[①]，应该是本地自堆子岭文化以来所形成的土著文化因素。B型鼎足为扁锥形，通常外饰绳纹及刻划纹，从形制分析，可能是本地因素与以宽扁鼎足盆形鼎为代表的石家河文化因素相融合的产物。

双沿坛也是具有本地土著文化之物，一般为泥质灰陶，少量泥质红陶，外饰绳纹，这在湖南乃至江西等地同时期遗址中多见，并延续至商周时期，甚至到历史时期的东周、两汉乃至于唐宋时期此类形制的双沿坛依旧存在，只是质地发展成了印纹硬陶、釉陶器及青瓷器等，充分说明了本地土著文化较强的延续性。

第二种为石家河文化因素，以第二类陶器为典型代表。从以上对比资料可知，在罗家冲遗址早一期出土的第二类陶器形制及组合与湖北石家河文化中心区域的谭家岭遗址、邓家湾遗址、肖家屋脊遗址；鄂东南的石板巷子遗址、尧家林遗址、阳新大路铺遗址；湘北地区的安乡划城岗遗址、澧县城头山遗址、湘中地区的湘乡岱子坪遗址、株洲磨山遗址第二期遗存；赣西北的湖口城墩坂遗址、湖口史家桥遗址、铜鼓平顶垴遗址、乐安县石田村遗址、江西修水山背遗址、江西靖安郑家坳等遗址同类型陶器具有较多的相似性，具有一批典型的石家河文化因素，说明在新石器时代晚期，随着石家河文化在原江汉平原及澧阳平原地区的衰落，开始向南不断迁移扩张及渗透，大量影响南方土著文化，影响至鄂东南、湘北、湘中及赣西北等区域，这些区域在该时期受到了石家河文化的强烈影响，在早期土著文化的基础上大量吸收了石家河

---

① 湖南省博物馆：《湘乡岱子坪新石器时代遗址》，《湖南考古辑刊》第2集，岳麓书社，1984年。

文化因素，出现了大量具有石家河文化因素的器类，如宽扁形足盆形鼎、细长颈鬶、折腹弧、盂形器、擂钵状器等，从而形成了以本地土著文化因素及石家河文化因素相结合的综合体文化，而且石家河文化这种外来文化因素的影响从北向南具有由强渐弱的趋势。

关于石家河文化向东南扩张的情况，据以往研究，石家河文化的东界已达赣西北及赣中地区，其传播途径除由鄂东南跨越长江天险，直抵赣西北外，另一条线路则是由湘江与赣江间的"醴萍走廊"传播至赣中地区[1]。从具体地形上分析，石家河文化向南扩张主要是沿两湖平原南侧丘陵地带中相对开阔的区域向丘陵内部延伸，直至赣西北及赣中地区，其具体路线可能有两条：第一条是从江汉平原向东到达武汉黄陂等汉东地区，再到鄂东南的丘陵地带阳新县、蕲春县等地，最后到达鄱阳湖周边的靖安、乐平等赣西北地区；第二条是从江汉平原、澧阳平原沿西侧的丘陵边缘地带向南经过常德、沅江、益阳到达丘陵边缘地带，再由该地区的河谷盆地进入包括湘中的宁乡、湘乡、株洲及湘东的浏阳等连绵丘陵地带，最后到达江西宜春、新余等赣西北地区，继而到达赣中地区，而罗家冲遗址则位于第二条线路上。由此石家河文化向南便与当地的原始土著文化充分融合，并在融合的过程中对部分典型器类进行了改制，如罗家冲遗址及岱子坪遗址的A型鬶，颈特别细长，应有地区特色[2]，最后形成了带有本地特色的石家河文化因素影响的地域性文化。

第三种为河宕文化因素，以第三类陶器为典型代表。是以四弧线刻划纹纺轮为典型代表的珠江三角洲区域文化因素，另折沿釜、锥形带按窝足罐形鼎、折沿罐及高领罐等具有本地土著文化因素的器物类型在该区域也能见到，说明两者之间在当时应存在较为密切的文化交流。

从文化因素及渊源分析可知，罗家冲早一期极大地继承了本地自大塘文化、堆子岭文化及岱子坪一期以来的土著文化传统，文化发展一脉相承，在岱子坪一期之后，随着江西樊城堆、广东石峡等文化因素消退之后，在石家河文化晚期，该区域又受到了石家河文化向南的强烈冲击及珠三角河宕文化北上等外来文化因素的影响。可以看出，罗家冲遗址不断与南北文化相互交流与影响，从而使该地区在罗家冲早一期形成了以本地土著文化为主体、外来文化并存的多元文化因素格局，由于该区域特有山地丘陵地形的密闭性，使得文化发展较两湖平原及中原地区滞后，虽然有外来文化因素的融合，但始终表现出了较强的自身特点[3]，以至于在早二期依然保留了部分早一期部分文化因素。

四、早一期文化属性及湘中地区新石器时代文化发展序列

如何分析确定一个遗址或区域的文化属性及定名，夏鼐先生认为要对一个文化定名，必须建立在对这一文化的内容有相当充分的认识，总结出一群能代表这一文化特征的类型品，而且

---

[1] 尹检顺：《湘江流域原始文化初论》，《南方文物》1999年第4期。
[2] 湖南省博物馆：《湘乡岱子坪新石器时代遗址》，《湖南考古辑刊》第2集，岳麓书院，1984年。
[3] 长沙市文物工作队：《长沙县新石器时代遗址普查简报》，《湖南考古辑刊》第5集，岳麓书社，1989年。

在这一区域有多个遗址出现①。应该是以主要文化因素来确定，定为某文化或某文化类型。

在该遗址整理初期，我们认为早一期属于石家河文化遗存②，但综合以上文化因素分析可知，罗家冲遗址早一期至少包含了三种文化因素，其中以本地土著文化因素为主，其次为石家河文化因素，最后为河宕文化因素，展现出了地域文化的多样性与复杂性。

关于湘江流域的文化发展序列问题，以往诸多学者曾进行过系统梳理研究，尹检顺先生认为该地区新石器时代从早到晚的文化谱系为：彭头山文化黄家园类型——大塘文化——堆子岭文化——岱子坪一期文化——石家河文化岱子坪类型、舵上坪类型——磨山晚期遗存③，郭伟民先生与尹检顺先生的观点在岱子坪一期之前的文化序列是相同的，但之后略有不同，为岱子坪一期文化——磨山晚期·舵上坪类型④，两者相比大体一致，其中关于以岱子坪二、三期及舵上坪为代表的两种类型文化属性，学术界存在争议，大部分学者认为属于石家河文化类型，如洪猛、王菁将岱子坪二、三期又细划分为三期，认为这三期明显体现出更多共性，文化因素一脉相承，其典型器物基本承袭自屈家岭文化，或受同时期环洞庭湖地区石家河文化的影响，属于湘中地区"石家河文化岱子坪类型"⑤。向桃初先生认为两类型陶器组合主要为鼎、豆、盘、罐、鬶、壶、澄滤器等，纹饰流行方格纹，与石家河文化基本一致。由此可见，无论这两类遗存的形制如何归属，均不妨碍我们对石家河文化曾大举进入湘江流域这一历史事实的认定⑥。何介钧先生认为属于长江中游龙山文化时期湘东北、鄂东及湘中地区不同的地方类型⑦，张绪球先生认为它们不属于石家河文化范畴⑧。

从原确定为该时期湘江流域石家河文化的岱子坪、舵上坪类型而言，研究确定的这两个类型所处时代应该是没有问题的，均为新石器时代晚期遗存，但这是建立在原来该区域同时期遗址考古工作相对匮乏的情况下得出的认识，其实不足以概括该区域此阶段的整个文化面貌，随着罗家冲遗址的发掘及丰富考古资料让我们重新全面认识该时期该区域的文化类型成为可能。

以往研究者也注意到了这两个类型与石家河文化的区别，如岱子坪遗址第二期中釜、长颈圈足或平底壶、钵等数量明显多于石家河文化其他类型，厚胎折壁直圈足盂较多，而筒形澄滤器较少，圆锥形上刻槽鼎足不见于其他类型，绳纹发达，明显多于篮纹与方格纹，流行二次葬，墓内充填草木炭渣和烧灼动物碎骨等，舵上坪类型中鼎的数量明显多于石家河文化其他类

---

① 夏鼐：《关于考古学上文化的文化定名问题》，《考古》1959年第4期。
② 长沙市文物考古研究所、宁乡市文化旅游广电体育局：《湖南宁乡市罗家冲遗址石家河文化遗存发掘简报》，《考古》2021年第5期。
③ 尹检顺：《湘江流域原始文化初论》，《南方文物》1999年第4期。或向桃初：《湘江流域商周青铜文化研究》，线装书局，2008年。
④ 郭伟民：《湘江流域新石器文化序列及相关问题》，《华夏考古》1999年第3期。
⑤ 洪猛、王菁：《岱子坪遗址新石器时代的文化归属及相关问题浅析》，《江汉考古》2015年第6期。
⑥ 向桃初：《湘江流域商周青铜文化研究》，线装书局，2008年。
⑦ 何介钧：《长江中游原始文化初论》，《湖南考古辑刊》第1集，岳麓书社，1982年。
⑧ 张绪球：《石家河文化的分期分布与类型》，《考古学报》1991年第4期。

型，豆和盘的数量和型式较多①。岱子坪二期文化遗存与江汉地区的石家河文化有着明显的差异，具有一定自身特色，前者的圈足器发达，在墓坑内遗留有炭渣、灰烬和烧烤动物骨骼的二次葬俗在石家河文化遗址中未见，这可能是洞庭湖以南地区另一种新文化的露头，当然也不排除可能是石家河文化的一个新类型②，像釜、圆锥形鼎足以及鼎足上按窝、斜划纹饰，都是本地传统文化的一种遗风③。张绪球先生认为，岱子坪遗址确有石家河文化的因素，但这类共同因素所占比例并不大，从总体来看，岱子坪明显占绝对优势的是其自有的特点，如该遗址的陶器纹饰始终是以绳纹为主，和石家河文化以篮纹为主不同，主要的器物如褐陶釜、折腹壶、带刻槽锥足鼎、深腹钵等，均为石家河文化不见或罕见，与岱子坪二、三期性质相似的还有长沙月亮湾、平江舵上坪等遗址，其分布范围以湘中为主，兼及湘东北，因此，岱子坪二、三期遗存可考虑单独命名④。另舵上坪遗址由于考古资料尚未发表，无法充分了解其文化内涵。其实从前文罗家冲遗址与典型石家河文化遗址的对比分析中已经可以看出，罗家冲遗址中虽然具有部分石家河文化因素，但遗址主体文化因素依然是以本地鼎、釜、高领罐等器类为主，其中以大量釜及以绳纹为主的装饰在石家河遗址中则少见，尤其是以Ba型及Ca型鼎足为代表的釜形鼎或罐形鼎、双沿坛、麻花状把手等器类在石家河遗址中基本不见，另外以四弧线纺轮为主的河宕文化因素也未见于石家河遗址，加之罗家冲遗址中石器的数量及种类也远比石家河文化遗址多，这些其实都是该地区与石家河文化因素的区别所在，所以不能单纯地以石家河文化类型所界定。

从以往各区域文化的分布情况分析，区域文化的划分大多是依地理单元分布的，如平原地带由于地形较为开阔，所以区域文化交流相对容易，同一种文化一般都是大范围分布，而南方地区由于多丘陵、山川、江河、湖泊等地理因素的限制与阻隔，文化交流相对闭塞，所以各区域不同文化通常是小范围分布，即使同一种文化中也多有地方因素差异，呈现出文化的多样性、复杂性及滞后性，尤其是像罗家冲这样处在南北文化过渡带上的山间台地遗址，也应该根据主体文化特点确定其文化属性。

从罗家冲遗址所处的地理位置及地形分析，该遗址处在南北文化的交接地带，北接两湖平原，东邻赣西北，南接湘南及岭南，从上述文化因素分析可知，该遗址所包含的三种文化因素，与鄂东南、赣西北及广东珠三角等地区有较多共性文化因素，体现了南北文化因素交流融合的复杂性，我们可将罗家冲遗址所在的湘中地区看作是南北诸种文化相接触或相交融的"漩涡地带"，呈现的是不同文化因素相互交融的共生关系，虽然有石家河文化南下及河宕文化北上等因素的融入，但这些文化因素始终是伴随着固有的本地土著文化继而发展及依存的，相互之间没有替代现象，始终是以本地土著文化为主导，甚至对外来文化进行了局部改造，并由此形成一种新的遗存作风，使得该"漩涡地带"的考古学文化的面貌显得更为纷杂⑤。

---

① 尹检顺：《湘江流域原始文化初论》，《南方文物》1999年第4期。
② 吴汝祚：《湖南湘乡岱子坪遗址第二期墓葬的初步剖析》，《江汉考古》1986年第2期。
③ 郭伟民：《湘江流域新石器文化序列及相关问题》，《华夏考古》1999年第3期。
④ 张绪球：《石家河文化的分期分布与类型》，《考古学报》1991年第4期。
⑤ 高蒙河：《试论"漩涡地带"的考古学文化研究》，《东南文化》1989年第1期。

从上述对比可以看出，罗家冲遗址早一期的文化因素虽然与湘中地区同时期其他遗址略有差异，但基本涵盖了岱子坪二、三期、舵上坪、长沙月亮湾早期晚段、腰塘第三期、株洲磨山晚期等遗存的文化内涵，部分文化因素甚至超出了以上同时期遗址，另从本所近年对罗家冲遗址所处的宁乡流沙河流域先秦遗址考古调查所知，该区域41处遗址中，有32处遗址所采集的遗物也与罗家冲遗址大体相同[①]，所处时代应与罗家冲早一期大致同时，甚至在前述江西湖口史家桥、城墩坂、铜鼓平顶垴、广丰社山头等遗址中也能看到罗家冲遗址早一期中的圆锥形按窝或刻槽鼎足等相同文化因素，充分反映了湘中地区及赣西北、赣中等地具有较多的文化共性。

鉴于此，并结合 ^{14}C 测年数据分析，为了能更清晰地梳理并完善湘中地区乃至于湘江流域的新石器时代文化发展序列，从各类文化因素的比重分析，可将以罗家冲遗址早一期为代表的湘中及周邻区域新石器时代末期至夏这一阶段的相同或相近的文化属性定名为罗家冲文化，以便更全面地构建该区域的文化序列研究，相信随着日后考古工作的深入开展，与罗家冲遗址早一期同类型的文化遗存的数量及文化内涵将会更加丰富、更加清晰。

通过上述对罗家冲遗址早一期文化内涵及文化渊源的分析，基本可以勾勒出长沙乃至湘中地区自大塘文化以来的新石器时代考古学文化序列，即大塘文化（以长沙大塘遗址为代表）——堆子岭文化（以湘潭堆子岭遗址为代表）——岱子坪一期文化（以湘乡岱子坪一期为代表）——罗家冲文化（以宁乡罗家冲遗址为代表），此后进入夏商时期。参考湘江流域史前文化谱系研究，目前湘中地区新石器时代文化序列中尚有较多缺环，主要为大塘文化之前的新石器时代早中期、介于大塘文化与堆子岭文化之间相当于汤家岗文化时期及介于堆子岭文化与岱子坪一期之间相当于大溪文化晚期至屈家岭文化时期等三个文化发展阶段，这些缺环在该区域是否存在？各时期文化与周边不同文化的交流如何？要构建该地区完整的史前考古学文化谱系还有待日后相关考古工作及研究的进一步加强。

从出土遗物分析，罗家冲遗址早一期的下限可能已进入夏纪年范围，文化的发展具有延续性，长沙地区处于夏商之际的文化遗址主要分布在长沙县、浏阳市等地，其中调查资料如下。

长沙县烟墩冲遗址：1955年湖南省文物管理委员会对长沙县龙头铺烟墩冲一带进行调查，采集了一批石器及陶器。其中石器有斧、锛、刀、纺轮、箭镞等。陶器均为残片，胎质可分夹砂粗红陶、夹砂粗灰陶、泥质红陶、泥质灰陶、青灰色硬陶等，其中以夹砂粗红陶为主，多在器表施黑衣，可辨器形多为器物口沿、腹部及底部，多为几何形印纹硬陶，器表纹饰有方格纹、凸弦纹、人字纹、曲折纹及绳纹等。整理者认为该遗址属于新石器时代遗址，但对整个文化的性质及遗址的年代，还不可能做出正确的推论[②]。

浏阳竹山岭遗址：位于浏阳县高坪乡小港村坪上组竹山岭，分布在12座小山坡上，总面积约40万平方米，1986年发现，现存文化层厚度0.2~0.3米，采集的标本有磨光穿孔石刀、双肩石锛、石斧、砺石及夹砂红陶和夹砂灰陶圆锥形鼎足、印纹硬陶片，陶系以印纹硬陶为主，

---

① 长沙市文物考古研究所、宁乡市文化旅游广电体育局：《湖南宁乡市楚江流域先秦遗址考古调查简报》，《考古学集刊》第23集，社会科学文献出版社，2020年。

② 湖南省文物管理委员会：《长沙烟墩冲新石器时代遗址调查简报》，《考古通讯》1957年第6期。

有泥质陶和夹砂陶。陶色以灰色为主，有少量红、黑、白陶。纹饰以方格纹为主，有绳纹、弦纹、戳印纹和水波纹。调查者认为该遗址年代相当于龙山文化晚期至商代[①]。

浏阳黄泥岭遗址：位于浏阳市青草乡毛田村视口组黄泥岭，是一处山坡遗址，面积约1000平方米，1986年发现，文化层厚约0.4米，采集的标本有磨制石斧、弓背形石锛、穿孔石刀、石箭镞、印纹硬陶釜、扁平状陶鼎足、圆锥形陶鼎足及各种陶片。陶质以印纹硬陶和夹砂红陶为主，有少量夹砂黑陶。纹饰有方格纹、弦纹、圆圈纹、方云雷纹、波纹等。调查者认为该遗址年代为龙山文化晚期至商代[②]。

由于以上调查资料尚未系统整理发表，从遗物概括分析，虽然这些遗址部分陶器与罗家冲早一期有部分相似之处，但考虑到均出现较多几何形的印纹硬陶的情况，所以推测其时代应晚于罗家冲遗址早一期，处于夏商时期。

该时期经过发掘的有浏阳城西的樟树塘遗址[③]，该遗址分上下两层，通过对比可知，该遗址下层虽然出土的陶器以夹砂红陶为主，约占陶器总数的87%，并与罗家冲遗址早一期陶器的陶质陶色有部分相似之处，但遗物形制却有较大差异，陶器多平底器及圜底器，而如罗家冲早一、二期常见的鼎类三足器、高领罐、双沿坛等在该遗址基本不见，仅在调查时采集1件饰两个按窝的鼎足[④]，另豆柄变细且凸棱下移，鬶（斝）的口及颈部增大，与罗家冲遗址的B型鬶有明显区别，而与中原地区二里头文化的陶鬶接近，二里头文化的典型陶礼器鬶曾经随二里头文化的南传在长江中游地区夏商时期文化遗存中发现很多[⑤]。此外还有少量印纹硬陶，器表纹饰除绳纹外，约有30%的几何形印纹，此水波纹及雷纹最具特色，方格纹所占比例也较大。报告编写者认为下层年代处于夏商之际，上层年代为商文化早期。向桃初先生认为该遗址上下两层是连续发展的，年代相当于中原地区的二里头文化晚期至二里岗早商文化时期，主体年代当在二里岗期[⑥]。

由于以上遗址均无测年数据，从发表的相关资料可以看出罗家冲遗址早一期的部分陶器形制虽然还在夏商时期部分延续，但文化面貌显然与其已有较大变化。

长沙及周边地区没有典型的夏时期文化遗址对比材料，以往学者对此也研究较少，所以湘中地区夏时期的文化面貌目前还比较模糊，但结合江西地区该时段文化内涵及关系的研究[⑦]，并从文化发展的延续性及滞后性考虑，罗家冲遗址早一期部分文化因素应该是延续到了夏商时期，正如邹衡先生所言："在夏代，江南广大地区似乎还处在新石器时代末期。"[⑧]

---

① 长沙市志编纂委员会：《长沙市志》第十三卷《文物名胜》，1996年。
② 长沙市志编纂委员会：《长沙市志》第十三卷《文物名胜》，1996年。
③ 湖南省文物考古研究所：《湖南浏阳城西樟树塘遗址发掘的主要收获》，《考古》1994年第11期。
④ 湖南省博物馆：《湖南浏阳樟树潭新石器时代遗址调查》，《考古》1965年第7期。
⑤ 向桃初：《湘江流域商周青铜文化研究》，线装书局，2008年。
⑥ 向桃初：《湘江流域商周青铜文化研究》，线装书局，2008年。
⑦ 彭适凡：《江西地区新石器时代末期文化与夏文化的南渐》，《南方文物》2007年第1期。
⑧ 邹衡：《江南地区诸印纹陶遗址与夏商周文化的关系》，《文物集刊》第三辑，文物出版社，1981年。

第二节　早二期文化因素分析

由于罗家冲遗址早二期典型陶器种类不多，所以在对比相关遗址中也涉及部分典型石器的对比。

罗家冲遗址早二期遗存中出土的遗物明显存在早、晚两个时期遗物。其中早期遗物大部分为该遗址早一期遗存的器物特征[①]，如三种类型的鼎足、擂钵状器、细长颈鬶、壶形器、圈足盘、高柄豆及斜腹杯等。出现这种早期遗物混杂现象可能主要有以下两个原因：首先是由于该遗址为典型的山前台地遗址，受地形限制，该时期先民在生产、生活过程中对早期文化遗存进行了大面积扰动，将早期遗物混扰至晚期遗存中所致，这也代表了当时这类小型山地遗址早晚文化遗物混杂的真实状况；其次是晚期可能部分延续了早期文化遗物的形制特征，由于目前本地区夏商时期考古工作及研究的滞后，导致未能有效辨别该时期延续早期遗物特征的具体情况。

通过对比周边地区同时期遗址，目前能有效辨别可以代表本期的器物类型主要有延续早一期文化因素陶器形制的宽折沿釜鼎、三类形制的鼎足、双沿罐、圈足盘、高柄豆、刻划纹纺轮等。

能代表罗家冲早二期典型文化因素的遗物中石器有马鞍形刀，陶器有第5层出土的甗形器（T0204⑤：89）、釜形鼎（T0202⑤：74），G1①层出土的锥形鬲足（G1①：17）、两件短折沿敛口罐（G1①：16、G1①：21）、G1④层出土的绳纹圜底罐（G1④：67）、F1①层出土的A型釜（F1①：133）、沿外饰按窝状附加堆纹的大口缸口沿（F1①：315）及大口尊口沿（F1①：326）、饰方格纹的折沿罐（F1①：325）、折肩罐（F1①：291）及平底罐（F1①：319）、盘口罐（F1①：320）、F1②层出土的宽双沿罐（F1②：141）、按窝连珠状附加堆纹陶瓮（F1②：72）、广肩罐口沿（F1②：136），F1北基槽出土的饰方格纹折沿圈足垂腹罐（F1北基槽：1）及两件柱状鬲足（F1北基槽：8、F1北基槽：11）等。这些器物形制虽然部分延续了早一期的器物特征，但器表多饰方格纹，与早一期的绳纹装饰相比有了较大的变化，这些均是本区域商至西周时期文化因素器物特征。

掌握以上早二期主要遗物特征器后，以下主要对湖北、湖南及江西等地同时期遗址出土同类型陶器形制比较如下。

[①] 长沙市文物考古研究所、宁乡市文化旅游广电体育局：《湖南宁乡罗家冲遗址1号建筑基址发掘简报》，《中原文物》2020年第4期。

一、与早二期文化因素相近遗址的比较

（一）湖北地区

与湖北阳新大路铺商周时期遗存的比较

阳新大路铺新石器时代遗物虽然与罗家冲遗址有较多相似之处，但商周时期的器物类别、形制及装饰风格与罗家冲遗址早二期相比差别较大，相近因素逐渐较少。

首先石器中不同点在于大路铺石器种类没有罗家冲遗址丰富，以扁平状石镞为主，基本未见三棱形镞，而罗家冲遗址在该时期则在扁平形石镞的基础上出现了大量三棱形石镞，相同点在于时代特征明显的AⅡ式马鞍型穿孔石刀（84WT16③：4）在两地均已出现。

陶器中相同点是两者陶器均以夹砂陶为主，泥质陶较少，陶色以红陶及各种褐陶为主，器表多装饰各类绳纹。均出现了该时期的典型器物甗腰形器，如大路铺D型甗腰（03ET2410④：42）与罗家冲的甗腰部位较为接近，所不同的是前者多饰方格纹或条纹，而后者饰绳纹。还有罗家冲遗址出土的方格纹折肩罐（F1①：291）从形制上分析，与大路铺遗址的EbⅠ式折肩瓮（03EH117：20）形制相近，两件带刻槽柱状鼎足（F1①：284、F1①：308）与大路铺AaⅢ式鬲足（03EH67：46）形制相似，另有Ea型瓮（罐）（03EH17：7）、HⅠ式罐及FbⅣ式瓮（罐）（03ET2410⑥：44、03ET2410④：14）、盂形器（03ET2508②：3）、A型圈足状器盖（03EH68：9）、DⅡ式四弧线纺轮及CcⅡ式戳点纹纺轮（03ET2512②：1、03EH5：1）等器形与罗家冲遗址同类型器相近[①]（图五五六），部分延续了早一期器物形制特征。

不同点是大路铺的鼎足及鬲足均以锥状足居多，足根多饰按窝，其中鼎足刻槽多饰在足内侧，如Ab型鼎足（03ET2507⑤：11）、Ac型鼎足（03EH18：1）、Ae型鼎足（03EH79：29）及B型鼎足（03EH120：16）等，鬲足刻槽多饰在足面，如AaⅡ式鬲足（03EH93：41）、AbⅡ式鬲足（03EH26：52）及CⅠ式鬲足（03EH120：17）等，部分圆柱状鬲足，足面饰刻槽，如AaⅢ式鬲足（03EH67：46），此类装饰风格与该遗址新石器时代的Ba型锥状按窝鼎足（03EH48：2）及罗家冲遗址C型鼎足较为接近。整体对比分析可以看出此类器足可能与罗家冲早一期这种装饰风格的鼎足具有某种渊源关系，据研究认为，大路铺这种刻槽足因素的形成更多地与南方湘赣地区史前至夏商时期的文化积淀有关，应源于湘东北史前时期的文化传统[②]。

与之相比，该时期罗家冲遗址的鬲足则多粗锥状，通体饰绳纹，无按窝及刻槽装饰，与大路铺鬲足区别较大。还有盘内底饰辐射状凹线纹的Bd型浅豆盘（03EH164：1）及饰方形镂孔

[①] 湖北省文物考古研究所、湖北省黄石市博物馆、湖北省阳新县博物馆：《阳新大路铺》，文物出版社，2013年。

[②] 罗运兵、陈斌、丁伟：《大路铺文化土著因素的形成与传播》，《江汉考古》2014年第6期。

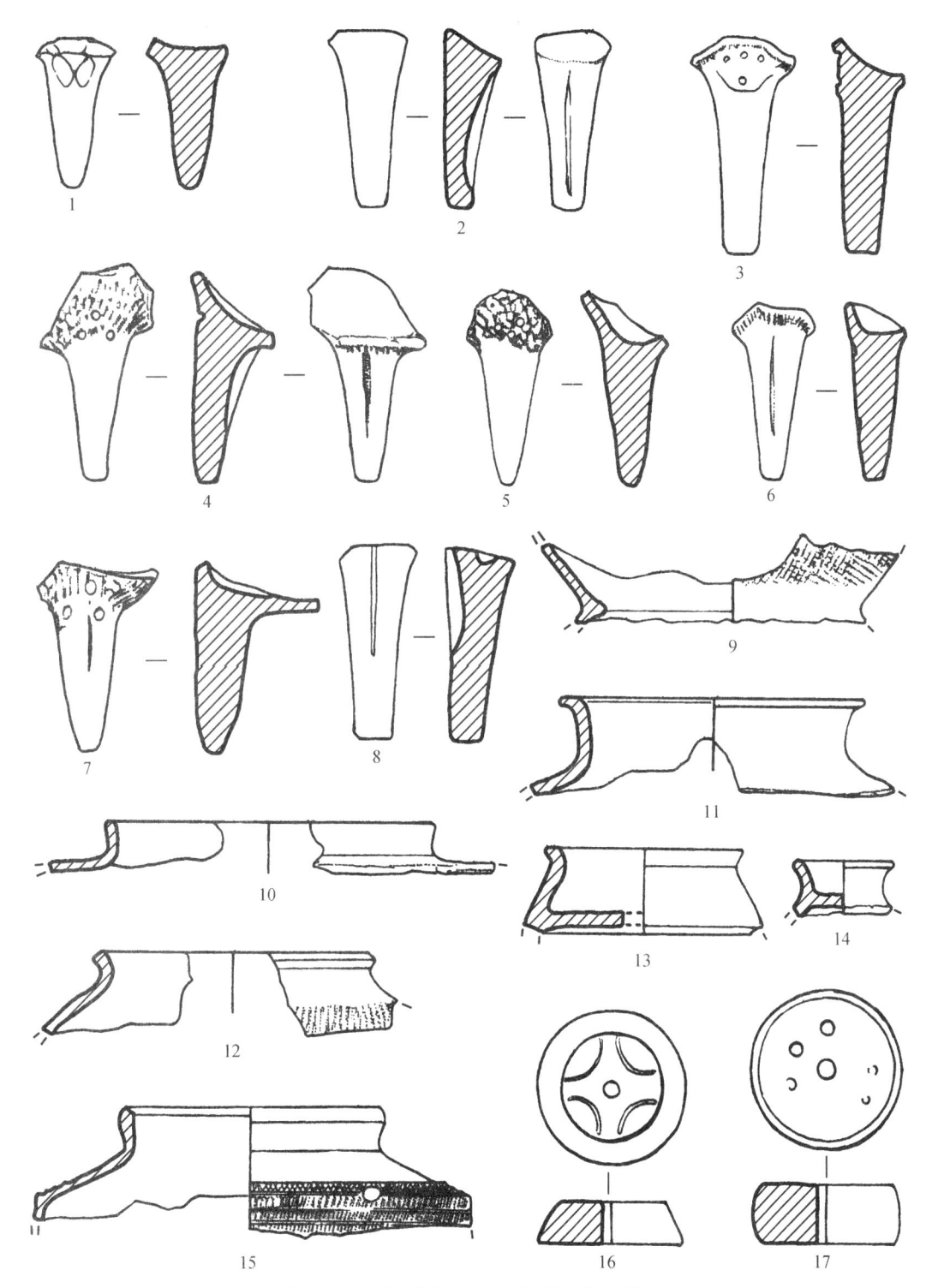

图五五六　湖北阳新大路铺商周时期类同陶器

1. B型鼎足（03EH120：16）　2. Ab型鼎足（03ET2507⑤：11）　3. Ae型鼎足（03EH79：29）　4. Ac型鼎足（03EH18：1）
5. CⅠ式鬲足（03EH120：17）　6. AaⅡ式鬲足（03EH93：41）　7. AbⅡ式鬲足（03EH26：52）　8. AaⅢ式鬲足（03EH67：46）
9. D型甗腰（03ET2410④：42）　10. Ea型瓮（罐）（03EH17：7）　11. HⅠ式罐（03ET2410⑥：44）　12. FbⅣ式瓮（罐）
（03ET2410④：14）　13. 盂形器（03ET2508②：3）　14. A型器盖（03EH68：9）　15. EbⅠ式瓮（03EH117：20）
16. DⅡ式纺轮（03ET2512②：1）　17. CcⅡ式纺轮（03EH5：1）

的A型豆柄（03EH164∶1）与罗家冲也有诸多不同，罗家冲的豆盘依然延续了早期特征，均为素面，且豆柄镂孔多为圆形。

通过以上两个遗址出土器物异同点的比较，说明大路铺商周时期以鼎、鬲足特殊的形制及装饰风格为代表的陶器风格，一方面继承了新石器时期的部分文化因素，另可能受到了罗家冲早一期文化因素的影响，最终形成了商周时期以湖北大冶、阳新和江西瑞昌为中心的地域特征浓郁的大路铺文化典型器物特征。另一方面也说明了两者存在地域文化或时间上的差别，报告整理者认为，从文化的总体面貌上考察，大路铺遗址新石器时代文化与商周时期遗存之间存在时间上的缺环，虽然没有直接继承关系，但有少量因素继承，如夹砂陶居多，新石器时代陶器上的按窝、刻槽、安耳（鋬）、镂孔的作风被大路铺文化所继承，两个时期的石器都以小型石斧为主，说明大路铺遗址新石器时代与商周时期的文化分布基本上在同一个区域，应属同一个文化圈，但两个不同时期的文化却存在时间上的缺环[①]。与此不同的是，罗家冲遗址早二期与早一期相比，虽然也存在时间上的缺环，但从遗物特征说明该时期更多地继承了早一期的文化因素，仅有以鬲、甗腰形器等少量商周时期典型器物为代表的外来文化植入。

（二）湖南地区

1. 与石门皂市商代文化遗存的比较（湘北地区）

石门皂市遗址位于石门县城西15千米处的皂市镇石家坪村，该遗址从早到晚可分为新石器时代遗存、商代文化遗存及东周楚文化遗存。罗家冲遗址早二期部分出土器物与商代文化遗存出土器物有少量相近之处。

该遗址商代遗存出土的陶器以夹砂红褐陶的釜（鼎）和鬲等炊器最多，纹饰方面一般在腹部饰细绳纹，鬲饰粗绳纹+弦纹，夹砂红陶多为大口缸，这些与罗家冲遗址该时期陶器风格较为接近。

出土的DⅢ式釜（T5③∶11）与罗家冲遗址A型釜（F1①∶133）形制接近，AⅠ式短平沿敛口釜鼎口沿（T17③∶31）与罗家冲遗址的E型罐口沿（G1①∶21）形制相近，不同的是前者饰绳纹，而后者饰方格纹。出土的釜鼎口沿大多也较相近，既有宽折沿，也有窄折沿，如DⅢ式宽折沿釜鼎口沿（T5③∶12）与罗家冲遗址的A型釜鼎口沿（G1④∶75）形制相近，这类釜鼎口沿沿面略凹，BⅣ式窄折沿釜鼎口沿（T7③∶11）与罗家冲第5层的釜鼎口沿（T0204⑤∶74）接近。AⅡ式扁锥形或圆锥形带扉棱的鼎足（T13③∶46）及C型饰刻划纹的宽扁形鼎足（H32∶5）与罗家冲遗址的Ba型鼎足（F1②∶169）及Aa型鼎足（H26∶31）等形制及装饰风格略为接近。出土的鬲大多为釜形口鬲，鬲足多为高锥状足，外饰绳纹，与罗家冲遗址该时期鬲足（G1①∶17）形制基本类同，但与F1东侧基槽出土的两件柱状鬲足形制

---

① 湖北省文物考古研究所、湖北省黄石市博物馆、湖北省阳新县博物馆：《阳新大路铺》，科学出版社，2013年。

略有不同，可能存在地域上或时代略晚的差别。AⅠ式高领罐（H23∶54）及EⅠ式釜（罐）（H23∶31）与罗家冲遗址的A型高领罐（G1④∶76、F1③∶56）等形制相近。大口尊口沿（T2③∶27）及BⅡ式大口缸（T19③∶72）与罗家冲大口尊口沿（F1①∶326）形制相近。圈足盘（TB9②∶36）及C型折肩罐（H13∶12）与罗家冲遗址同类型器（T0502东扩方⑤∶4、F1①∶291）较为接近（图五五七），仅纹饰装饰有差别[①]。

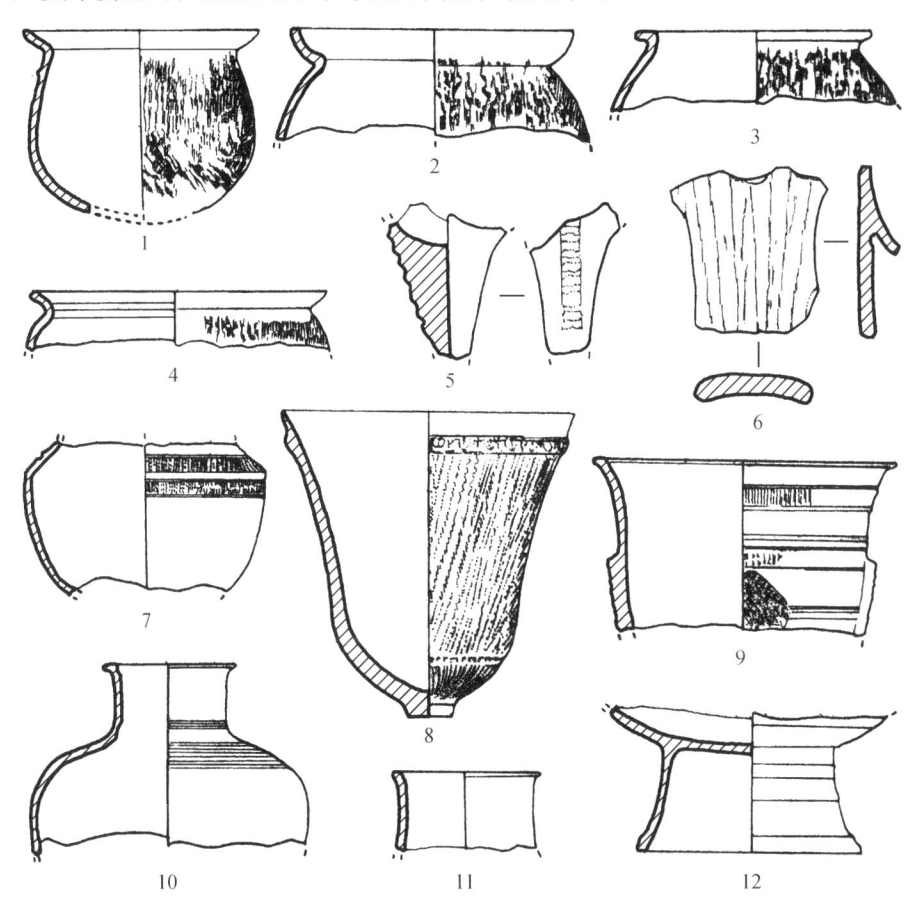

图五五七　湖南石门皂市商代遗址同类型陶器
1. DⅢ式釜（T5③∶11）　2. DⅢ式釜鼎口沿（T5③∶12）　3. AⅠ式釜鼎口沿（T17③∶31）　4. BⅣ式釜鼎口沿（T7③∶11）　5. AⅡ式鼎足（T13③∶46）　6. C型鼎足（H32∶5）　7. C型罐（H13∶12）　8. BⅡ式大口缸（T19③∶72）　9. 大口尊（T2③∶27）　10. AⅠ式罐（H23∶54）　11. EⅠ式釜（罐）（H23∶31）　12. 圈足盘（TB9②∶36）

2. 与岳阳地区商代遗址的同类型陶器的比较

罗家冲遗址早二期与岳阳地区对门山、温家山、玉笥山等商代遗址出土的部分同类型陶器形制较为接近[②]，具有典型商代晚期至西周早期遗物特征。

[①] 湖南省文物考古研究所：《湖南石门皂市商代遗存》，《考古学报》1992年第1期。
[②] 岳阳市文物工作队：《岳阳县对门山商代遗址发掘报告》，《湖南考古辑刊》第6集，岳麓书社，1994年。岳阳市文物考古研究所：《岳阳县温家山商代墓群发掘简报》，《巴陵古文化探索》，华夏出版社，2003年。岳阳市文物考古研究所：《湖南汨罗市玉笥山商代遗址发掘简报》，《巴陵古文化探索》，华夏出版社，2003年。

如温家山遗址与对门山的B型折沿垂腹釜（温M21：146、对M1：1）分别与罗家冲遗址A型釜（F1①：133）及第5层出土的釜形鼎（T0202⑤：74）器身形制较为接近，但对门山遗址的此类釜器表多以绳纹、弦断绳纹、方格纹、梯格纹等多种纹饰，而罗家冲则为单一绳纹装饰。

甗形器作为该期的典型器物，罗家冲遗址第5层的甗腰器（T0202⑤：89）分别与对门山、温家山、玉笥山等遗址出土的同类器（对H1③：15、温M12：52、玉T2H1：2）形制接近，但器表纹饰有所差别。

对门山遗址出土的锥状足鬲（T15F3：3）与罗家冲遗址A型鬲足（G1①：17）形制相近。温家山遗址的大口尊口沿（M21：158）与罗家冲遗址F1出土的大口尊口沿（F1①：326）形制较为接近。

加粗砂红陶大口缸在岳阳地区商代遗址中多见，一般器形较大，上部呈大敞口，深腹内收，管状底，整体形态类似"将军盔"，沿外饰凸棱或附加堆纹，腹部饰方格纹，管状底饰绳纹。罗家冲遗址仅发现几件大口缸底部分，外饰绳纹，如标本F1①：282分别与对门山遗址、温家山、玉笥山等遗址的大口缸底（对M4：4、温M12：15、玉T2H1：4）形制接近（图五五八）。整理者认为，此类大口缸"是长江中游土著文化之物，它源于龙山阶段时长江中游某一土著文化遗存，到二里岗阶段，由于它用途的广泛性，而成为一种具有时代标志的器物，在长江中游各个商代遗址中大量出现与各种来源互异的陶器共存"[①]。

温家山遗址的A型鼎足均为扁平梯形足，下端外撇，外饰方格纹，并加饰数道纵向刻槽，这与罗家冲遗址B型鼎足略有相似之处，但鼎身形制及纹饰却差别较大。

以上对比，说明罗家冲遗址此类器物的年代可能与之接近，但其他大部分器物形制有所不同，可能为不同区域文化差异所致。

3. 与宁乡炭河里遗址的比较

炭河里遗址位于湖南省宁乡市黄材镇栗山村（原寨子村），地处沩水上游黄材盆地的西部，黄材河、塅溪河、胜溪河三条河流交汇处的北岸一级阶地上，遗址南侧黄材河自西向东至横市与南来的流沙河合流后形成沩水。自1959年修建黄材水库以来，在盆地周围的台地、低山及河滩等地出土的商周青铜器已达250余件，为湖南境内出土商周青铜器最为集中的区域。

该遗址于1973年进行了小规模发掘，2001年～2005年湖南省文物考古研究所等单位对该遗址进行了连续发掘，发掘面积共计3163平方米。发掘结果证实该遗址为一处使用时间在西周早中期的古城遗址，该遗址的发掘，出土一批重要遗物，与罗家冲遗址早二期部分遗物形制较为接近，现对比两处遗址同类型陶器如下。

该遗址出土的陶器以夹砂陶为主，陶色以灰陶及褐陶居多，其次为红陶及灰白陶，少量黄陶，泥质陶以灰陶为主，红陶及黑皮陶次之，黄陶最少，黑皮陶多红胎及灰胎，陶器纹饰以各种方格纹最为流行，其次为弦纹、篮纹和绳纹。

---

① 岳阳市文物工作队：《岳阳县对门山商代遗址发掘报告》，《湖南考古辑刊》第6集，岳麓书社，1994年。

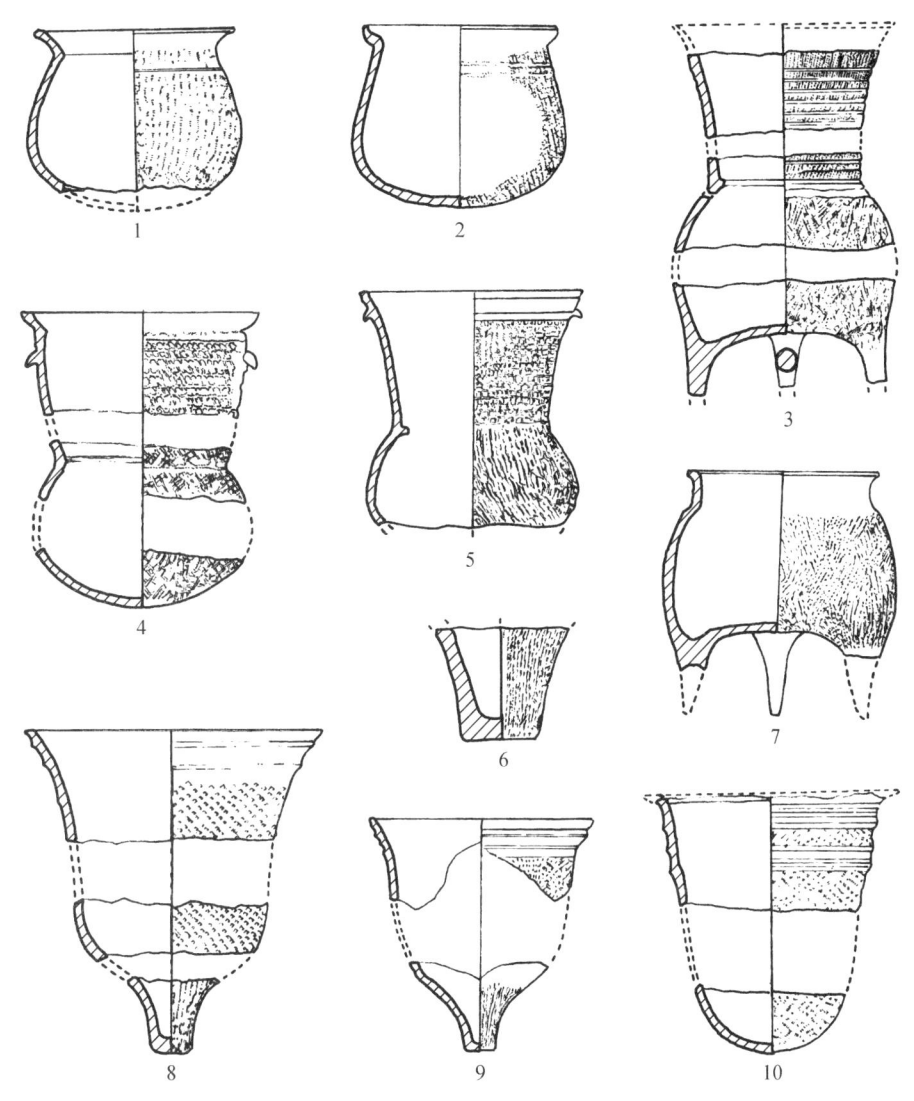

图五五八 湖南岳阳地区商代遗址同类型陶器
1. B型折沿釜（温M21：146） 2. 折沿釜（对M1：1） 3. 甗（对H1③：15） 4. B型甗形器（温M12：52）
5. 甗形器（玉T2H1：2） 6、8、9. A型大口缸（底）（6. 对M4：4、8. 温M12：15、9. 玉T2H1：4） 7. 鬲（对T15F3：3）
10. 大口尊（温M21：158）

具体到陶器形制，炭河里遗址出土的B型鬲（05G5⑦：3）为夹砂红陶，鬲足为高柱状，略带锥状风格，外饰绳纹，与罗家冲遗址2016H5、G1第1层、第4层（G1①：17、G1④：65）、F1第2层、F1北基槽出土的几件柱状鬲足形制相近；A型釜（05G5⑥：83）为垂腹釜，除口沿及颈部有少量凹弦纹外，基本通体饰绳纹，与罗家冲遗址F1出土的A型釜（F1①：133）形制基本相同，只是纹饰稍有差别，与第5层出土的釜形鼎（T0202⑤：74）的鼎身形制同样相近；A形圈足盘（05G5⑥：28）与罗家冲遗址F1出土的圈足盘（F1①：314）形制接近；A型高豆柄（05G5⑦：18）与罗家冲遗址第5层及H26出土的同类型豆柄（T0202⑤：57、H26：22）较为相似，装饰均为圆形镂孔及弦纹；A型豆盘（05G5⑥：153）与B型豆盘（05G5⑥：

71）分别与罗家冲遗址第5层出土的豆盘（T0205⑤∶58、T0205⑤∶75）形制相近[①]（图五五九），说明这两种豆盘在此时并行存在。

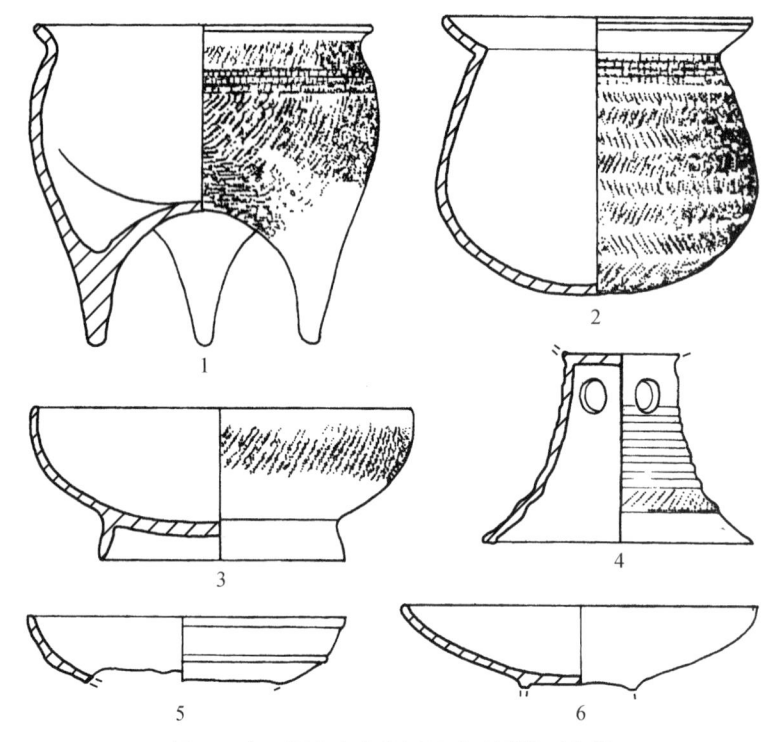

图五五九　湖南宁乡炭河里遗址同类型陶器

1. B型鬲（05G5⑦∶3）　2. C型釜（05G5⑥∶40）　3. A型圈足盘（05G5⑥∶28）　4. A型豆柄（05G5⑦∶18）　5. A型豆盘（05G5⑥∶153）　6. B型豆盘（05G5⑥∶71）

4. 与望城高砂脊遗址的比较

望城高砂脊遗址位于望城县（现望城区）高塘岭镇，南距望城县城4千米，为湘江下游西岸，沩水入湘江河口的一处条形沙洲，1996年及1999年，湖南省文物考古研究所等单位对该遗址进行考古发掘工作，发掘面积约350平方米。该遗址发掘出土的一批陶器部分与罗家冲早二期可作以下对比。

该遗址出土的陶器以软陶器为主，少量硬陶器；软陶以夹砂陶为主，泥质灰陶次之；夹砂陶以红陶和红褐陶为主，灰陶和灰褐陶也较多，还有少量红胎黑皮陶和褐陶；泥质陶以灰陶为主，红陶次之，黄陶和红胎黑皮陶数量较少。这些均与罗家冲遗址较为接近，但陶器主体纹饰有差别，高砂脊遗址陶器纹饰以方格纹和弦纹最为流行，还有少量篮纹、绳纹、刻划的网格纹、水波纹、梯格纹、乳钉等，而罗家冲遗址则以绳纹及各类刻划纹为主。陶器类型以釜、鼎数量最多，其次为罐、盆、钵、碗、器盖、尊、鬲等，这与罗家冲遗址基本相同，所不同的是，该遗址还出土有簋、罍形器等，这些在罗家冲遗址尚未出现。

[①] 湖南省文物考古研究所、长沙市考古研究所、宁乡县文物管理所：《湖南宁乡炭河里西周城址与墓葬发掘简报》，《文物》2006年第6期。

形制方面，该遗址出土的釜、鼎器身大多混合使用，且多为宽折沿，鼎足多A型圆锥形（如AH5∶32），少量B型宽扁形（如AG1∶21），器外多饰方格纹、篮纹及弦纹，而罗家冲遗址的釜鼎口沿相对较窄且下折，器身外一般饰绳纹，鼎足外多饰按窝及刻槽，仅有少量形制接近的同类型器，如高砂脊的A型釜（AM19∶12）及Aa型鼎（AH5∶15）的宽口沿与罗家冲遗址的釜鼎口沿（H36∶42）相似，这两件器身及B型釜（AT1②∶3）与罗家冲遗址A型釜（F1①∶133）形制相近，E型高领釜（AM20∶21）及Ab型罐（AM16∶5）分别与罗家冲遗址A型高领罐（G1④∶78、F1①∶313）形制较接近。B型器盖（AH5∶5）与C型器盖（AM20∶2）分别与罗家冲遗址的B型器盖（F1②∶177）及A型器盖（F1②∶118）形制相近（图五六〇）。商代晚期商文化撤退之后，鄂东南、赣北地区的土著文化曾乘机进入本地，不过又迅速被本地文化包容[①]。

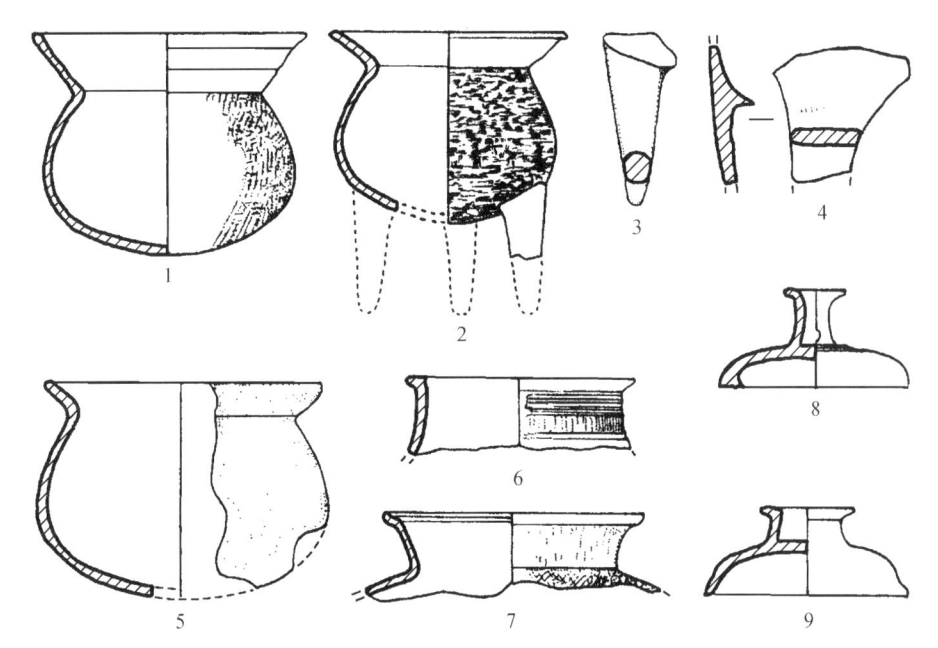

图五六〇　湖南望城高砂脊遗址同类型陶器

1. A型釜（AM19∶12）　2. Aa型鼎（AH5∶15）　3. A型鼎足（AH5∶32）　4. B型鼎足（如AG1∶21）　5. B型釜（AT1②∶3）
6. E型高领釜（AM20∶21）　7. Ab型罐（AM16∶5）　8. B型器盖（AH5∶5）　9. C型器盖（AM20∶2）

5. 与湖南攸县商周遗址的比较

1985年在文物普查时，在湘东地区的攸县发现42处商周遗址，这批遗址密集分布在两个区域，即盘陂江、珠莉江与攸水交汇地带和攸水与洣水的交汇地带，一般位于离河岸200米左右的二级台地的小山包上，与罗家冲遗址的分布情况大致相同。

遗址遗物只要为调查采集所得，整理者将遗物分为四大组，时代分别为商代早期、商代中期、商末至西周时期、东周时期四大段。

---

① 湖南省文物考古研究所、长沙市博物馆、长沙市考古研究所等：《湖南望城县高砂脊商周遗址的发掘》，《考古》2001年第4期。

出土遗物中，第一组中的大量宽凹沿釜，如AⅠ式釜（莲黄H1:4）、筒形器（莲黄H1:66、莲黄H1:17）、高柄豆等与罗家冲遗址早一期部分遗物形制较为接近，具有早期文化因素特征。

而第二、三组中依然有较多釜，形制接近，沿外饰分组竖向刻划纹的Ⅰ式高领罐（皇湖采:8）与罗家冲遗址的同类型器（2014G1④:78）的装饰风格接近，高柄豆（沙岭采:6）与罗家冲A型豆柄形制相同，Ⅴ式高领罐（沙张采:3）及Ⅱ式侈口罐（莲柘采:9）形制也与同类型器接近，另Ⅰ式大口尊（黄万采:1）与该期出土的大口尊残片较接近（图五六一），另该遗址器表流行曲折纹、方格纹等①，这都与罗家冲遗址该时期典型器物形制及装饰风格具有较多相似性，但具体形制略有差别，应为地域差别所致。

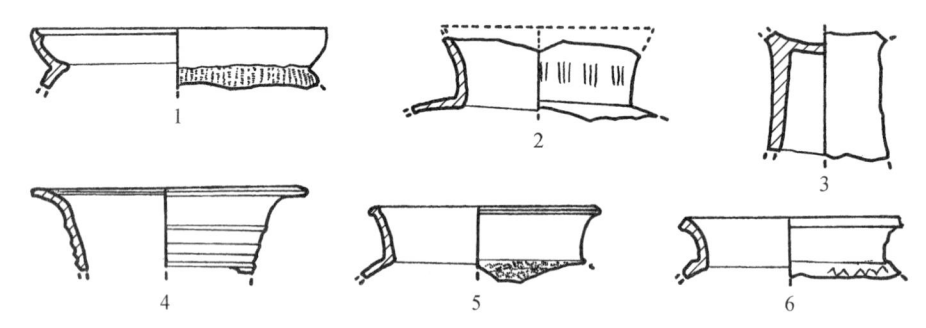

图五六一　湖南攸县商周遗址同类型陶器
1. AⅠ式釜（莲黄H1:4）　2. Ⅰ式高领罐（皇湖采:8）　3. 豆（沙岭采:6）　4. Ⅰ式大口尊（黄万采:1）　5. Ⅴ式高领罐（沙张采:3）　6. Ⅱ式侈口罐（莲柘采:9）

另根据1985~1988年株洲地区其他商周时期遗址调查情况可知，该时期遗址中遗物不管是石器还是陶器，均延续了大量早一期文化因素，器类主要有釜、罐、豆、鼎、盆、缸、擂钵等，罐的数量及形式多样，釜多呈盘口状，豆有高喇叭形圈足与粗矮圈足之分，鼎足有矮锥足与圆柱足之分，同时也出现了以附加堆纹厚胎大口缸、尊为代表的中原商文化因素的器物，这一陶器群体现了本地商周文化的基本面貌②。

6. 与永州山门脚遗址商周时期遗存的比较

山门脚遗址位于湘南地区的永州市宁远县冷水镇东城乡隔江村，地处冷水河西岸的二阶台地上。2003年湖南省文物考古研究所对该遗址进行了考古发掘，发掘面积300平方米。

该遗址主要发现三个时期的遗存，其中第一期以第5层下的灰坑为代表，时代为新石器时代末期至商代前期；第二期以第5层为代表，时代为商代后期至西周前期；第三期以第4层下的灰坑为代表，时代为西周后期至春秋初。

罗家冲遗址早二期基本与该遗址第二期时代略同，出土的陶器主要以夹砂红陶及夹砂褐陶居多，泥质陶中以泥质灰陶为主，纹饰方面绳纹占50%以上，素面占23%，方格纹占20%，器

---

① 株洲市博物馆、攸县文物管理所：《湖南攸县商周遗址调查报告》，《湖南考古辑刊》第6辑，岳麓书社，1994年。
② 株洲市文物管理处、株洲县文物管理所：《湖南株洲县商周遗址调查报告》，《江汉考古》1996年第1期。

类有釜、鼎、罐、豆、纺轮等，这些均与罗家冲遗址该时期陶器特点一致。

在具体器形方面，由于该遗址发掘报道资料中未将灰坑分属到每一期，鉴于各期出土器物的整体延续性与罗家冲遗址有较多相似性，所以在比较器物形制方面综合对比。出土的Ⅱ式及Ⅲ式宽折釜鼎口沿（H8：1、D84：1）分别与罗家冲遗址第5层及F1出土的A型釜鼎口沿（T0201⑤：42、F1①：126）形制相似，出土的F型卷沿罐（H13：3）与罗家冲遗址第5层出土的A型高领罐（T0201⑤：39）形制相近，出土的CⅠ式宽折沿罐（H33：1）与罗家冲遗址F1出土的B型罐口沿（F1①：297）相近，出土的A型鼎足（T2⑤：4）与罗家冲遗址出土的C型鼎足形制相近[1]，但足面未见按窝及刻槽（图五六二）。由此可以看出，该遗址地处湘南，遗物主要以土著文化因素为主，时代与罗家冲早二期接近。

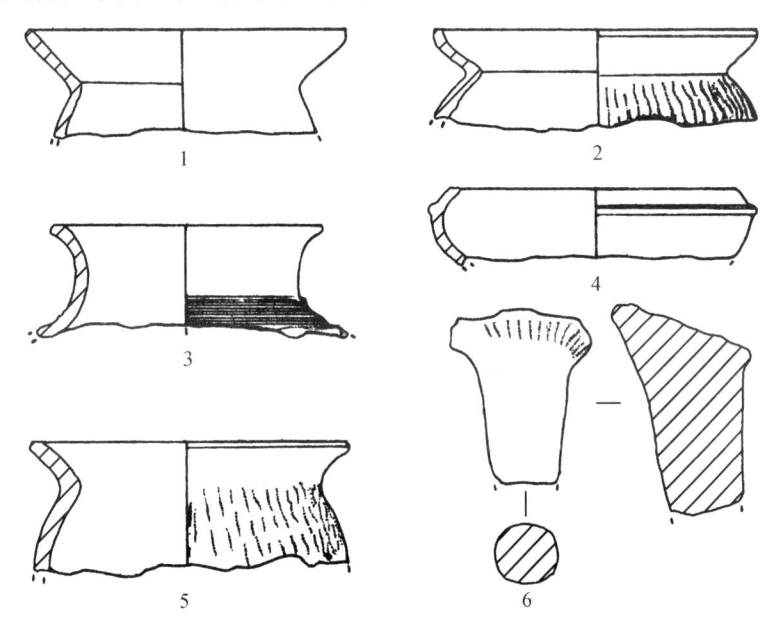

图五六二　湖南宁远山门脚遗址同类型陶器

1. Ⅱ式釜鼎口沿（H8：1）　2. Ⅲ式釜鼎口沿（D84：1）　3. F型罐（H13：3）　4. B型豆（带棱罐）（H23：1）　5. CⅠ式罐（H33：1）　6. A型鼎足（T2⑤：4）

7. 与坐果山遗址的比较

坐果山遗址位于永州市东安县大庙口镇南溪村肖家坝组的坐果山上，遗址分布在岩山的东北坡的山腰上。2008年对该遗址进行了考古发掘工作，发掘面积1000平方米。该遗址分早、晚两期，第一期为商代后期，第二期为西周至春秋时期。

该遗址出土大量石器，种类较多，似与罗家冲遗址有某些共性，但大多为打制，磨制较少，制作工艺没有罗家冲遗址精细。

陶器以夹砂陶为主，少量泥质陶，硬陶和夹细砂灰陶数量较少，以夹砂褐陶、夹砂黄陶及夹砂红陶为主，纹饰以方格纹及绳纹为主，另有席纹、刻划纹、弦纹、菱格纹、圆点纹、弦

---

[1] 湖南省文物考古研究所、湖南宁远县文物局：《湖南宁远县山门脚商周遗址发掘简报》，《南方文物》2006年第1期。

纹+小圆点纹、方格纹+凸点纹、云雷纹、曲折纹等。

主要器类有釜、罐、器盖、鬶（足）、鼎（足）、支脚及纺轮等，这些与罗家冲遗址器类大致相近。

具体器物形制中，该遗址中罐、釜不分，其中Ba型宽折沿罐（G1②：7）与罗家冲遗址B型矮领罐口沿（F1①：297）较为接近，器表均饰绳纹，同类型器（T6①：3）与罗家冲遗址釜鼎口沿（T0204⑤：83）形制接近，Fb型罐（G1②：105）与罗家冲遗址A型高领罐（T0201⑤：39）形制接近，豆盘（G1②：156、G1②：12）分别与罗家冲遗址的Ab型（T0202⑤：58）、B型（T0204⑤：75）豆盘形制相近，豆盘（G1②：174）与罗家冲遗址C型豆盘（F1①：281）均为折腹，可能为罗家冲遗址此类盘的后续演变形态，C型豆柄（G1②：168）与罗家冲遗址A型豆柄（F1③：50）接近，A型（G1②：201）及B型器盖（G1①：110）分别与罗家冲遗址同类型器盖（F1②：129、F1②：139）形制接近，另C型锥状鼎足（T6②：10、T1①：107、G5②：16）与罗家冲遗址C型鼎足整体形制接近（图五六三），但均为素面[①]，罗家冲遗址也有少量此类素面鼎足，时代可能接近，但与有早期风格的带按窝或刻划纹鼎足区别还是较大。

（三）江西地区

1. 与吴城遗址的比较

吴城遗址位于樟树市区西南方向河西部分之赣江支流萧江上游南岸的低丘岗上的一处商代土城，行政区划属吴城乡吴城村吴城组（俗称铜城村）。

该遗址于1973年发现，至今已科学发掘十余次，出土遗物非常丰富，并发现城垣、祭祀广场等大型城址遗存，整理者将吴城遗存分为三期，时代上从早商至晚商末，性质为殷商时期赣鄱流域一个重要的都邑遗存，由于文化的特殊性，李伯谦先生提出吴城文化，认为是一支有自己的分布区域和自身文化特征，又受到商文化强烈影响的独立考古学文化。

该遗址出土大量石器，如镞、斧、锛、矛、穿孔与未穿孔刀、钺、铲、镰、凿、璜、穿孔器、球、砺石、石范等，种类与形制多与罗家冲石器相近，不同点在于吴城遗址的石锛多为有段石锛，而罗家冲遗址此类锛则较少。其中最典型且具有时代特征的石器为马鞍形刀，如该遗址B型马鞍形刀（1974QSW采：16）与罗家冲遗址同类型器（T0204④A：16、2013采：11）形制接近，甚至还出现大量马鞍形原始瓷刀或硬陶刀（1986QSWT18③：18、1974QSW采：278），这在罗家冲遗址中未见，应属地方文化特色。出土的石范较多，多为半圆形工具类石范，其中锛范（1974QSWT6Z3：35、1975QSWT8②：615）与罗家冲遗址石范（2016H1：1）形制基本接近。

吴城遗址陶器中鬲的种类及数量较罗家冲遗址多，且形制有较大差别，其中分裆鬲及联

---

① 湖南省文物考古研究所：《坐果山与望子岗》，科学出版社，2010年。

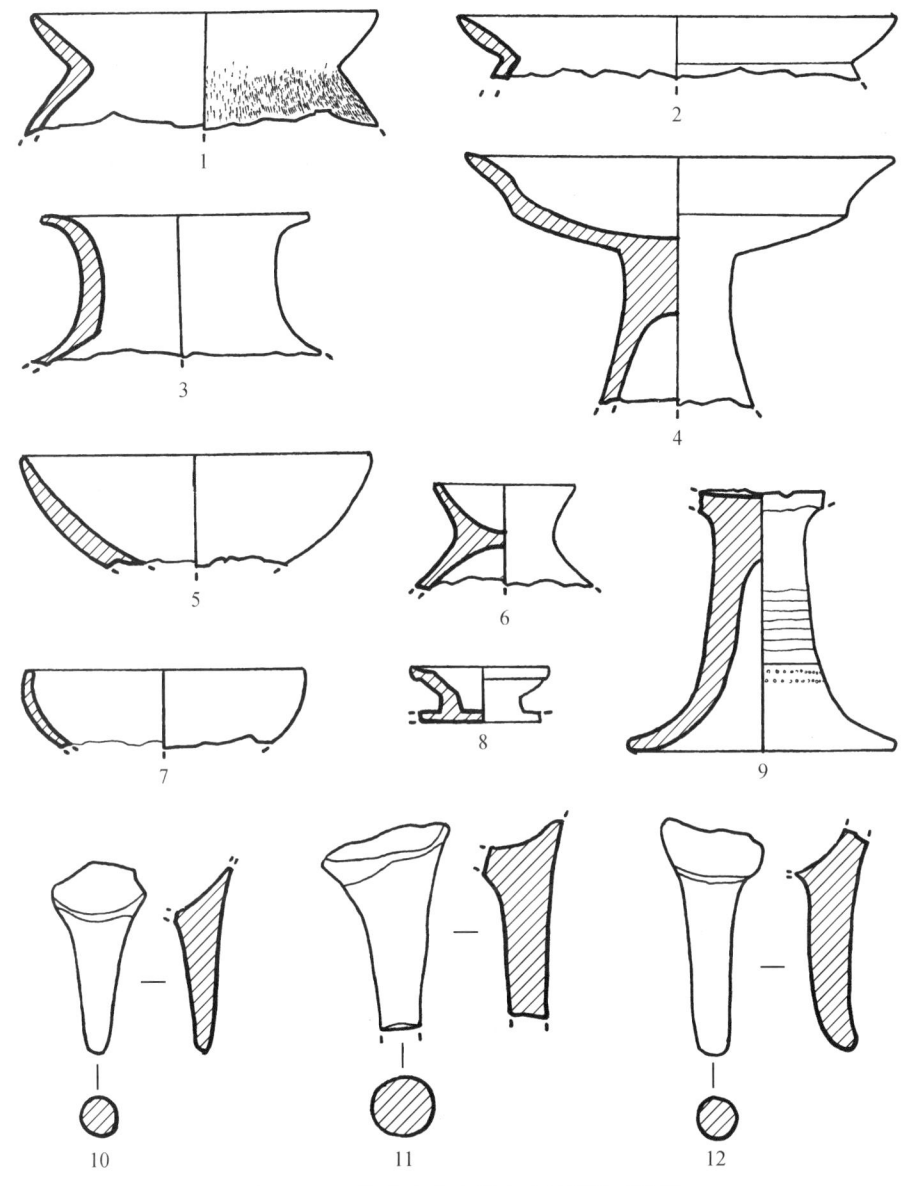

图五六三　湖南东安坐果山遗址同类型陶器

1、2. Ba型罐（1. G1②：7、2. T6①：3）　3. Fb型罐（G1②：105）　4、5、7. 豆盘（4. G1②：174、5. G1②：156、7. G1②：12）
6. A型器盖（G1②：201）　8. B型器盖（G1①：110）　9. C型豆柄（G1②：168）　10~12. C型鼎足（10. T6②：10、
11. T1①：107、12. G5②：16）

裆鬲在罗家冲遗址中未见，而罗家冲遗址该时期遗存仅发现少量鬲足，部分具有柱状鬲足特征，仅1件粗矮锥状鬲足（2014G1①：17）与吴城遗址的瘪裆鬲足略有相似之处。反之，吴城遗址鼎的数量较少，区别也较大，仅BⅡ式圆锥状鼎足（1973QSWT6③：2）外侧分戳一圆形凹窝，与罗家冲遗址Ca型按窝鼎足略有形似之处。出土的甗形器较多，但大多外饰方格纹，其中外饰绳纹的Ⅳ式甗形器（1974QSWT10C②：1）与罗家冲遗址同类型器（T0204⑤：89）较为接近。罗家冲遗址出土的方格纹折肩罐（F1①：291）虽然残存较少，但肩部与吴城遗址中的AⅡ式小口折肩罐（1974秋QSWT7⑤：29）形制较为接近，吴城遗址的Ⅴ式垂腹罐〔1974QSW秋（E）T4H1：4〕、AⅡ式小口长颈罐〔1974QSW秋（E）T2③：2〕分别与罗家冲遗址的垂腹釜（F1①：133）及A型高领罐整体形制大体相近，但区别也较明显，其中前者多为印纹硬陶，器表多饰方格纹，长颈壶颈部饰凸弦纹，而后者为软陶，器表饰绳纹，高领罐颈部以素面为主，应是早期文化的遗风。口外饰绳索状附加堆纹的BⅠ式大口缸（1986QSWT14③B：1）与罗家冲的大口缸口沿（F1①：315）较为接近（图五六四），而缸底没有罗家冲的缸底高。

除以上相近及区别外，不同点也是非常明显的，一是吴城遗址中出现大量硬纹硬陶则在罗家冲遗址中少见，二是部分器类如中空柱状鼎足、圜底甑、深腹盆、假腹豆、盂、网坠、蘑菇状纽伞状器盖、覆钵状器盖等均在罗家冲遗址中未见，该遗址纺轮虽然较多，但与罗家冲遗址的纺轮相比差别较大，这除了时代上略有早晚之别外，主要应该是地域及聚落等级差别所致[①]。

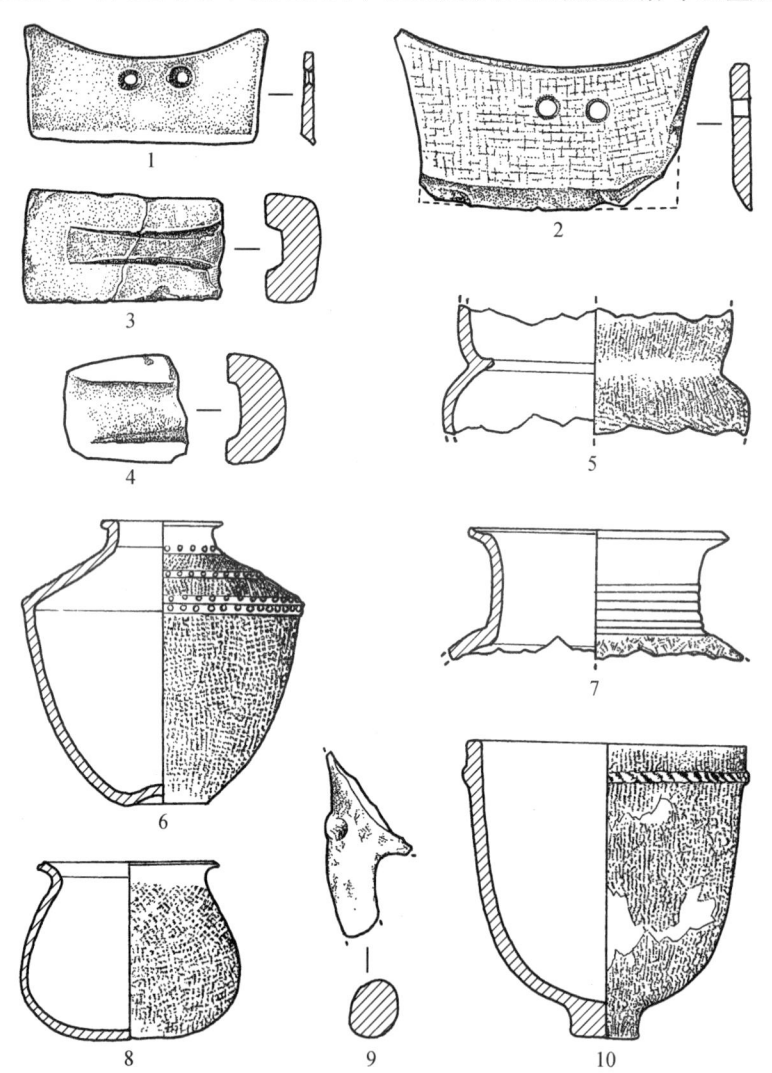

图五六四　江西吴城遗址同类型遗物
1. B型马鞍形石刀（1974QSW采：16）　2. A型马鞍形原始瓷刀（1986QSWT18③：18）　3、4. 铸范（3. 1974QSWT6Z3：35、4. 1975QSWT8②：615）　5. Ⅳ式陶甗形器（1974QSWT10C②：1）　6. AⅡ式陶小口折肩罐（1974秋QSWT7⑤：29）　7. AⅡ式陶小口长颈罐［1974QSW秋（E）T2③：2］　8. Ⅴ式陶垂腹罐［1974QSW秋（E）T4H1：4］　9. BⅡ式陶圆锥状鼎足（1973QSWT6③：2）　10. BⅠ式陶大口缸（1986QSWT14③B：1）

---

① 江西省文物考古研究所、樟树市博物馆：《吴城：1973～2002年考古发掘报告》，科学出版社，2005年。

2. 与江西铜鼓平顶垴遗址商周遗存的比较

铜鼓平顶垴遗址商周时期属于吴城文化三期类型，该时期石器种类较丰富，种类有镞、斧、锛、刀、刮削器、球、砺石、坯料等，以镞、锛、穿孔刀较为常见。其中镞的发展演变情况与罗家冲遗址相同，在新石器时代仅有截面呈菱形的扁平状镞，而到了商周时期，除A型石镞外，新出现了B型三棱形镞（T14①：6、H2：2），这充分说明该区域石镞的发展演变规律。此外，石锛中不但有形体较大的锛，而且还出现较多形体较小的石锛，长度3～4、宽度1～2厘米（如F3：1、T24①：1），各类穿孔刀，其中B型马鞍型刀最为典型（T28①：1）。

陶器中以硬陶为主，以原始瓷大口尊口沿为代表，这显然是受岭南印纹硬陶文化的影响，这与罗家冲遗址有所不同，但部分器物在形制上较为接近，如甗形器（T28①：5）与罗家冲遗址同类型器（T0204⑤：89）形制相似；B型罐（H13：1）与罗家冲遗址第5层出土的双沿坛口沿（T0304⑤：17）形制相近；另AⅠ式罐（T19①：3）、AⅡ式罐（T5①：1、H22：1）、CⅠ式罐（H3：8）以及豆柄（F2：3）、鬶足（H4：5、H17：2）等也与罗家冲同类型器形制接近；纺轮中不但有A型算珠状纺轮（T28①：6）、B型扁饼状纺轮（H2：4），还有一枚表面饰放射状线点纹的C型斗笠状纺轮（F2：1）（图五六五）[①]。

二、早二期文化因素

由以上早二期同时期遗址出土同类型器物对比分析可以看出，罗家冲遗址早二期仅有少量典型文化因素的遗物，如锥状鬲足、甗腰形器、大口尊、大口缸或大口缸底等，更多的还是混杂早期遗物居多，从整体分析，该时期从湖北至江西地区，除湘北、岳阳地区等地形开阔地带及吴城这类高等级遗址更多地受到了较多以盘龙城乃至中原商文化的影响以外，鄂东南及湘南等地区多为山地、丘陵地带，商周时期的器物形制更多地继承了早一期土著文化因素器物特征，具有浓厚的原始性，罗家冲遗址正好介于两者之间，与早一期相比，早二期文化因素较为单纯，更多的是继承了早一期以来的文化因素，融入了少量商文化因素。

从遗物形制分析，能代表罗家冲早二期典型遗物较少，可能主要有以下三方面原因。

（1）虽然该时期发现有以F1为代表的大型聚落公共建筑，普通居民区应该已经外迁至周边区域，这是导致该时期遗迹及典型遗物发现较少的主要原因。

（2）该时期文化较早一期迅速衰落，人口大量减少，聚落形态发生变化，从而使该期的遗物大量减少。据本所近年在罗家冲遗址所在的流沙河流域先秦时期遗址调查结果显示，大致与早一期同时代的遗址多达31处之多，而商周遗址仅有9处[②]，也充分说明这一点。

（3）在该期对应的文化遗存中保存大量与第一期形制相同或相近的器物类型，应是早期

---

① 江西省文物考古研究所、铜鼓县秋收起义纪念馆：《江西铜鼓平顶垴遗址发掘简报》，《文物》2012年第6期。

② 长沙市文物考古研究所、宁乡市文化旅游广电体育局：《湖南宁乡市楚江流域先秦遗址考古调查简报》，《考古学集刊》第23集，社会科学文献出版社，2020年。

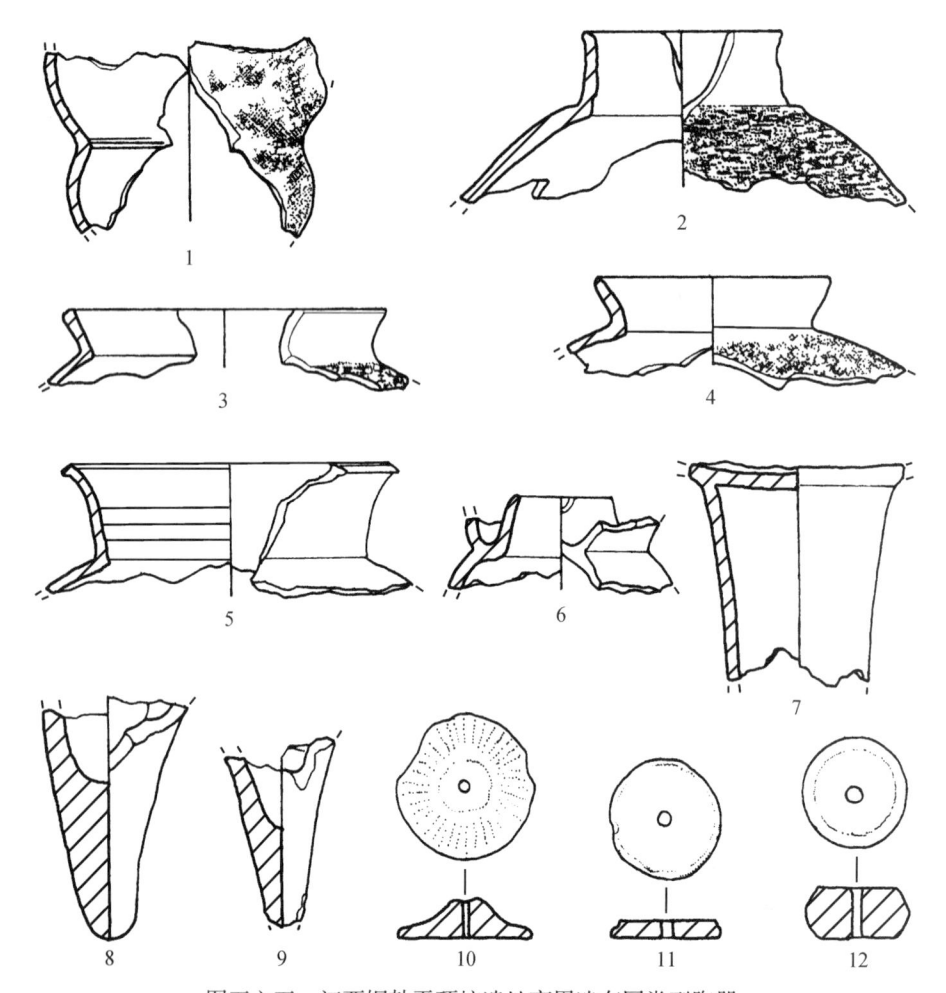

图五六五　江西铜鼓平顶垴遗址商周遗存同类型陶器
1.甗（T28①：5）　2.AⅠ式罐（T19①：3）　3、4.AⅡ式罐（3.T5①：1、4.H22：1）　5.CⅠ式罐（H3：8）
6.B型罐（H13：1）　7.豆柄（F2：3）　8、9.鬶足（8.H4：5、9.H17：2）　10.C型纺轮（F2：1）　11.B型纺轮（H2：4）
12.A型纺轮（T28①：6）

遗物混杂所致，但部分早期器物形态在该时期可能依旧沿用，如前所述，该遗址早一期继承了大塘文化及堆子岭文化以来的早期文化因素，从遗物对比、地域差异及文化传承的固化性等方面考虑，虽然罗家冲遗址早二期部分典型遗物表明已经到了商代晚期至西周早期，时代上限可能还会更早，部分早一期器类应该是延续到了早二期或之前，但由于该地区介于早一期至早二期之间的遗址发现及考古工作较少，目前长沙地区处于夏至早商之际的文化遗存仅在浏阳樟树塘遗址有所发现，有部分陶釜、大口缸、筒形支脚、刻划纹纺轮及马鞍型石刀等与罗家冲遗址出土同类型器形制较为接近[①]，可作为承上启下的中间环节进行研究，但介于罗家冲遗址早一、二期之间文化缺环依然存在，从而使得本地区该时段的整体文化内涵有较多模糊之处，这需要在日后考古工作中仔细辨别及研究。

据向桃初先生研究，湘江流域商周时期考古学文化与本地新石器晚期文化的关系非常密

---

① 湖南省文物考古研究所：《湖南浏阳城西樟树塘遗址发掘的主要收获》，《考古》1994年第11期。

切，从宏观层面上看，湘江流域商周时期的本地文化传统就是在本地新石器时代晚期文化的基础上不断吸收外来文化因素，不断融合发展的结果，虽然不同时期、不同小地理区域本地传统的具体文化因素略有差别，但总体特征是相同或相近的。由于该地区属于丘陵纵横区域，地理位置相对闭塞，受外来文化特别是中原文化的冲击程度较弱，湘江下游地区商时期的樟树塘类遗存与本地新石器时代晚期遗存的联系也非常紧密，与罗家冲遗址位置接近的西周炭河里文化不仅主要炊器为本地传统的釜鼎、主要纹饰也是新石器时代晚期开始盛行的方格纹、篮纹等，有一批新石器时代晚期的器类继续存在，甚至到春秋时期的桃江腰子仑墓葬及宁远山门脚四期遗存中还有与本地新石器时代晚期风格类似的陶器，这种长时间继承新石器时代晚期文化传统的现象直到楚文化统一湘江流域才最终终结①。

　　无论上述罗家冲早二期的时代从商代晚期向前追溯到何时，罗家冲早一、二期之间的缺环依然存在，这在湖南地区乃至邻近省份的同时期遗址也存在这种情况，如湖北阳新大路铺遗址、荆南寺遗址、江西铜鼓平顶垴遗址等，均是从新石器时代晚期直接跨越至商周时期，中间均有缺环。对于这种文化缺环的理解可能只能归结于如长江中游的史前城址几乎同时废弃于石家河文化晚期，这些或许说明只有当时社会结构及自然环境发生了重大变化，才会导致城址在短期内兴起而又差不多同时废弃②。所以自新石器时代晚期后南方大部分地区处于文化萧条期，直到商周时期文化才再次繁荣，罗家冲遗址应该也属于此种情况。

　　又如在商周时期湖南地区出现了一批海拔较高的岩山遗址及山坡遗址，如长沙黄材的九牯洞遗址③、出土四羊方尊的转耳仑遗址④、潇湘上游的坐果山及望子岗遗址等遗址⑤，这些遗址特殊的地形地貌或许说明了此时长江中游的文化大衰退与石家河文化末期至夏代的大洪水事件直接相关，石家河文化晚期的洪水给当时的人类社会造成的灾害也逐渐增大，聚落遗址从低地平原向高海拔区分布的趋势逐渐明显，这种社会发展过程和环境变化过程特别是与水文过程中的矛盾在石家河文化末期已特别突出，这是导致该期石家河文化最终走向衰落至灭亡的主要原因⑥⑦，所以这次大洪水事件导致了该区域众多遗址出现了本地文化发展过程中的缺环。

---

① 向桃初：《湘江流域商周青铜文化研究》，线装书局，2008年。
② 湖北省文物考古研究所、武汉市黄陂区文物管理所：《武汉市黄陂区张西湾新石器时代城址发掘简报》，《考古》2012年第8期。
③ 长沙市文物考古研究所：《湖南宁乡九牯洞遗址考古调查试掘简报》，《湖南考古集刊》第15辑，科学出版社，2021年。
④ 长沙市文物考古研究所：《湖南宁乡转耳仑遗址2012年调查简报》，《湖南省博物馆馆刊》第十五辑，岳麓书社，2019年。
⑤ 湖南省文物考古研究所：《坐果山与望子岗》，科学出版社，2010年。
⑥ 吴立、朱诚、李枫等：《江汉平原钟桥遗址地层揭示的史前洪水事件》，《地理学报》第70卷第7期，2015年。
⑦ 吴立：《江汉平原中全新世古洪水事件环境考古研究》，南京大学地理与海洋科学学院研究生毕业论文，2013年。

第三节　早三期文化因素分析

该期的代表堆积为第4层，出土遗物虽然较多，但从出土遗物形制分析，与早二期有共同点，即存在早晚遗物混杂现象，出土了大量早一期、早二期时期的遗物，这种现象的原因是该时期先民对整个遗址进行过大面积的开挖及平整导致，能代表早三期的遗物及遗迹较少，从第4层下的柱洞群分析，该时期遗址区仅有零散房址存在，在该期末，遗址区域已基本废弃，不再作为生活区存在。

经过辨别，能代表该时期的典型遗物主要有各类陶釜鼎口沿、绳纹圜底罐、印纹硬陶罐、浅盘实心细柄豆、绳纹鬲口沿、细柱状鬲足等，这些遗物均具有典型楚文化因素，结合前述对F1时代推断中遗物形制对比分析可知，早三期的时代为春秋晚期至战国早中期。据最新考古资料表明，楚文化人群最早在春秋中期已经进入湖南的岳阳罗城遗址[1]，战国时期在此地还设立了县城[2]。另据研究，至迟在春秋晚期楚人已经进入湘中地区，楚人也是在这一时期进入长沙一带[3]，徐少华先生根据包山二号墓出土楚简记载的"长沙正""长沙公之军""长沙之旦"等诸官分析，认为楚人势力于春秋晚期即达长沙一带，"长沙"之名的出现以及相应政区机构的设置，可能还在战国中期的楚怀王以前[4]。另据长沙市文物考古研究所于2020年~2021年在湘江西岸梅溪湖一带发现的春秋晚期至战国早期湄子滩遗址及2022年在宁乡流沙河南岸调查发现的战国中晚期向家洲遗址，出土的鼎口沿、夹砂红陶细高鼎足及灰陶细柄豆等都与罗家冲早三期同类型器基本相同[5][6]，这些均说明早三期楚势力已到达长沙地区。另结合该时期遗址北侧的祭祀台采集的^{14}C测年分析，测年校正数据为公元前429~前357年，这个测年数据与早三期的时代大致相符。

至此，该区域结束了本地文化与外来文化交融的多样性时代，被纳入楚文化版图，逐渐走向中央王朝的统一治理体系。

---

[1] 湖南省文物考古研究所、武汉大学历史学院：《湖南岳阳罗城遗址小洲罗地点2020年发掘简报》，《江汉考古》2021年第4期。

[2] 湖南省文物考古研究所、岳阳市文物考古研究所、汨罗市文物管理所等：《湖南岳阳罗城遗址2015年度发掘简报》，《江汉考古》2021年第2期。

[3] 湖南省博物馆、湖南省文物考古研究所、长沙市博物馆等：《长沙楚墓》，文物出版社，2000年。或高至喜：《从考古发现看楚人进占湖南的历程》，《湖南省博物馆馆刊》第十四辑，岳麓书社，2018年。

[4] 徐少华：《包山楚简释地八则》，《中国历史地理论丛》1996年第4期。

[5] 长沙市文物考古研究所2020~2021年度发掘资料。

[6] 长沙市文物考古研究所2022年度调查资料。

第三章 各期文化遗存埋藏特点及堆积成因分析

从上述罗家冲遗址早期文化因素分析可知，该遗址从新石器时代末期至商周时期的文化发展特征较为明显，遗址呈现由盛转衰的过程，此后遗址区不再作为聚落中心点及大规模居住点而存在，以下分析早晚各期遗存的埋藏特点。

第一节 早期文化遗存埋藏特点及堆积成因分析

一、早期遗存埋藏特点

从该遗址各期遗迹及出土遗物整体分析，早期遗存为该遗址的文化主体，其中早一期为遗址的繁盛时期，早二期次之，出土了丰富的遗迹及遗物，发现了以F1、F2为代表的大型建筑基址，显示了该遗址在当时聚落群中的中心位置，等级相对较高，早三期仅发现少量灰坑及小型房址等生活遗迹，说明该遗址开始衰退直到废弃并被进行大面积平整填埋。

从各期遗物埋藏有以下几个特点：首先从遗址类型分析，该遗址主体属于生活类遗存，所以发掘出土的各类遗迹大多遭后代破坏，尤其是早一期及早二期房址，均遭到大面积破坏，仅存柱洞（F2～F4）底部及房基部分（F1），出土的遗物也大多残碎，完整器及可修复器较少。其二，受遗址台地面积的限制，加之遗址在不同时期人类的反复使用及遭不同时代的扰动，各期遗存中出土的遗物有早晚混杂现象，为考古资料的整理及研究带来不便。

二、早期遗存堆积成因分析

从发掘出土的各层位、遗迹构建及保存状况、遗物对比等情况分析，可以从早到晚大致推测各文化层及大型遗迹的层位堆积成因。

从该遗址所在台地现存地势、断面及发掘情况分析，该遗址在人类未进入之前，地貌特征为一处南北向北高南低的二级狭长台地，北侧为一东西向山丘，中部较平坦，南侧较低，西侧为沟壑，东侧为由东向西的缓坡地带。以F4、F3、F2代表的早一期早晚各类建筑均是在台地的中部建造，其中最早的F4是在生土上直接建造，其后的F3在F4的基础上建造，这两个时期应该仅有少量人群生活，为普通的居民点，所以建筑相对简单，两次房址时间间隔不大。到了F2时随着外来文化的影响，周围聚落点及人口不断增加，该区域逐渐成了聚落中心，为了满足聚落统一管理的需要，F3被废弃并被平整，其上铺垫一层浅黄色土层，在此基础上通过精心规划而建造了大型礼制性回廊式建筑F2，该建筑的建造及使用时期应属于该遗址的文化繁荣期，产生了丰富的早一期各类遗址及遗物等遗存。随着早一期文化发展的衰退，F2被废弃，其后到了早二期。

早二期时随着生产生活及管理的需要将早一期遗存平整之后形成了第6层，并在遗址西侧开挖烧土坑作为丧葬区域，之后又被平整形成了第5层，该时期聚落又一次发展壮大，成为早二期聚落中心区，在F2的南侧及被破坏的洼地区域通过大面积开挖第6层及相关遗存堆积，铺垫形成F1的房基垫土层，以建造规模较大的F1，在此过程中导致第6层大部分遭破坏，此时文化是在早一期文化的基础上融入了少量商周时期的文化因素，文化同样发达，也产生了丰富的早二期各类遗存，此后，随着文化的衰退，F1逐渐被废弃。

早三期在发掘区未发现大型建筑基址，说明该时期聚落中心已外移，但该时期对遗址区域进行了大面积开挖及平整而形成了第4层，此次平整过程中导致早期文化遗存被大面积破坏，尤其是F1上部被破坏殆尽，仅存房基底部、少量灰坑及沟类遗存。

此后至晚一期，该遗址一直处于废弃状态。

第二节　晚期文化遗存埋藏特点及堆积成因分析

晚一期及晚二期仅发现零星的遗迹及遗物，说明晚期遗址区域已不再作为密集居民区存在，应已迁移至台地的周边区域，这与我们以往在遗址周边石家湾发现的西汉时期土坑墓、景德观发现的东汉时期砖室墓群等相关遗存调查结果也是相吻合的。

一、晚一期文化遗存特点及堆积成因分析

该期仅发现少量零星分布的灰坑，主要分布在发掘区南侧，主要以2014Z2、2014H1、2014H12、2014H23、2014G2等为代表。其中2014Z2未出土遗物，但从测年数据分析，推测时代处于两汉之交。其他遗存中除出土部分早期遗物外，另出土部分六朝时期遗物，如2014H1出土1件青瓷碗及青瓷碗残片、2014H12出土有青褐釉瓷残片、2014H23出土青瓷残片、2014G2出土青釉瓷碗残片等。

从以上遗存及出土遗物分析可知，该遗址从早三期以后便逐渐荒废了，直到两汉之交及六朝时期又有少量人群在此活动，遗留下少量灰坑及沟类等小型遗存。从第3层出土部分六朝时期遗物分析，其他区域的汉至六朝时期遗存可能已被明清时期平整土地时破坏殆尽，部分遗物混杂到了第3层。

二、晚二期文化遗存特点及堆积成因分析

首先是在2017TG1发掘时，在2017TG1④层出土4件青瓷碗、2件酱釉印花碗及1件酱黑釉罐，其中2件酱釉印花碗内壁碗底均模印圆形太阳花纹，中部模印四鱼纹及水草纹，上部饰一道凹弦纹及竖向刻划纹，这些都是典型的宋代遗物，从层位分布及遗址区发掘情况分析，宋代时期在该探沟的附近应该有居民点存在。

遗址区第3层除发掘区南侧少量区域未分布外，其余区域均有分布，出土遗物较杂乱，时代跨度较大，从六朝时期至明清时期，如第3A层出土有六朝时期的青瓷残片、唐代长沙窑釉下彩瓷残片、晚唐至五代的青瓷钵（T0401东扩方③A：1）、宋代的酱釉瓷片、部分未施釉的素胎瓷片及1枚绍圣元宝（T0406③A：1）等，第3B层出土六朝至唐宋时期的青瓷、酱釉、青灰釉、素胎瓷片及明清时期的青花瓷残片等，第3C层出土2件宋代青瓷碗（T0406③C：5、T0406③C：22）。

第2层晚期遗物有清代的康熙通宝（T0205②：1）、乾隆通宝（T0402②：1）及民国时期的双旗币（T0407②：1）。

第1层晚期遗物有金代的正隆元宝（T0205①：1）、清代乾隆通宝（T0406①：1）及明清时期的青花瓷残片等。

从以上层位关系及各层位出土遗物分析，该遗址在唐宋时期也有少量人群活动，最后在明清时期对遗址区域进行了整体平整，导致唐宋时期至明清时期遗存均被破坏而不存，直到近现代一直是作为农田在使用。

第四章 相关遗物研究

第一节 石器综合研究

一、石器特点

该遗址早期遗存出土石器数量非常丰富，通过整体分析，该遗址出土石器有以下四个特点。

1. 数量多

该遗址共出土石器标本2547件（见附页附表六），另有未编号的砺石、坯料及石片、石料等374件（附表五）。其中早期遗存出土各类石器数量较多，以第6、5、4层及F1、2014G1等主要文化层及遗迹出土石器标本为例，其中第6层共70件、第5层共222件、第4层共809件、F1共415件、2014G1共76件，共计1592件，占石器标本总量的62.5%，这是近年单个遗址出土石器较多的遗址之一，以往本地遗址中仅在夏商之际的浏阳樟树塘遗址中出土过较多石器[1]，而在其他同时期遗址中则少见。

2. 种类丰富

种类有镞、斧、锛、钺、矛、刀（含穿孔刀）、镰、铲、凿、犁、锥、钻芯、纺轮、环、玦、范、球、臼、磨棒、柱状石器、圆角形器、砺石共22种之多，基本涵盖了史前至商周时期大部分石器类型。另有大量制作石器过程中的半成品、坯料及剥离的石片废料等。其中以镞、斧、锛、刀（含穿孔刀）为主，数量分别为1163件、454件、347件、149件，占比各为45.66%、17.82%、13.62%、5.85%。其他石器数量相对较少。

从各类形制分析，石镞分A、B两大型，A型数量为1026件，占石镞总数的88.22%，依具体形制不同可分七亚型，以Aa型、Ab型、Ac型为主，分别占A型总数的31.29%、15.79%、12.67%；B型数量为137件，占石镞总数的11.78%，依具体形制不同可分三亚型，以Bb型、Ba型为主，分别占B型总数的54.74%、35.77%。石斧分四型，A型又分两亚型，以Aa型及C型为

---

[1] 湖南省文物考古研究所：《湖南浏阳城西樟树塘遗址发掘的主要收获》，《考古》1994年第11期。

主，分别占石斧总数的60.13%、18.72%。石锛分四型，其中A型又分三亚型、C型又分两亚型，以Aa型及Cb型为主，分别占石锛总数的25.36%、22.48%。穿孔石刀分六型，以B型为主，占穿孔石刀总数的52.13%。石刀分四型，以B型为主，占石刀总数的38.18%。

3. 部分器物发展有规律可循

如从早到晚可以看出，在早一期的石镞主要以A型扁平形石镞为主，而从早二期至早三期B型三棱形石镞数量逐渐增多。以各期典型层位为例，如第6层仅1件，而第5层18件，第4层达63件，这足以说明这种具有更大杀伤力的三棱形石镞在本地是在第一期末随着当地居民生产生活的需要、文化交流及石器制作水平的提高逐渐出现并被广泛使用，这也与其他地区三棱形石镞的发展演变规律基本相同，但与其他地区相比，产生时代具有一定的滞后性。

4. 石器制作及使用延续时间长

该遗址早期遗存均出土了大量石器，虽然有早晚遗物混杂的因素，但从大的层位关系上分析，该遗址从早到晚均有石器加工及使用的传统，另从石器的种类分析，从早到晚各时期石器种类不断增多，也体现了在石器加工方面不断创新与广泛使用。

二、石器加工工艺及石器"操作链"

石镞的制作工艺是个复杂的过程，在古代只有特定人群具备了石器加工技术才能制作出来。该遗址出土的成品石器以磨制为主，少量石器可见局部打制或改制痕迹，另出土了较多石器制作过程中产生的半成品、坯料、石片、砺石、卵石等加工工具及石器原料，可以展现石器制作工艺的各环节，大致分为选料、切割、打制、磨制、钻孔等工艺，这些基本可以完整复原该遗址的石器"操作链"全流程。

1. 选料

从出土的石器质地对比分析，一般制作一件石器先从选料开始，不同器物所选的石料各不相同，以石镞为例，A型石镞大多选择浅灰色石料，而B型石镞则大多选择深灰色石料。大型石器如斧、铲等均选择质地较粗且含砂量较多的石料，而制作精细的小型石器如小锛等则多选择色泽较深、质地细腻且较硬的石料。

从地理环境分析，该遗址位于流沙河北岸的二级台地上，河流经过处石块、卵石遍地，甚至部分非河流区域地下数米处也有大量石块、卵石等分布，石料资料非常丰富，从出土的石器及卵石与河滩周围石质对比，该遗址加工石器的原料应主要来源于附近河流等区域。

2. 打制及切割

从出土部分石器及坯料分析，选料后再根据所制作石器的形状对卵石等进行简单切割或打制，以形成石器的大致模型，如铲（T0306④A：26）的双面就残存有切割痕迹，另出土坯料中除打制过程中剥离的石片及不成形坯料外，也有较多打制略成形的长条形或锥状坯料，部分坯料上还存在局部磨制痕迹。

3. 磨制

这是石器制作的主要环节，即对基本成形的坯料进行磨制，一般器形较简单的石器如斧、锛、铲等是先磨制器身，再磨制边侧及刃部，而器形较复杂的镞、矛等需要在此基础上对曲折部位进行磨制，以致形成多个磨面重叠的现象，最后制作为成品石器。

4. 钻孔

部分石器有钻孔，如钺、穿孔锛等一般仅有一个钻孔，而穿孔刀有两至四个钻孔不等，钻孔可分单面钻孔及双面钻孔两种，其中以双面钻孔居多，该遗址出土了1件钻芯（2016H5：6），双面呈圆形，中部有对钻留下的凸棱。

5. 改制

该遗址出土部分石器有明显的改制痕迹，即原来的石器在使用过程中残断或刃部残损后，对其进行打制及局部磨制继续使用或磨制而成为具有其他使用功能的成品石器。这些可以从刃部或钻孔等部位辨别：如标本F1②：180，平面呈长方形，右侧边缘残存半个穿孔，孔为双面对钻，上下两端均为双面弧刃，似为铲改制成的斧；标本T0205④A：61，一侧磨光，另一侧打制，系斧改制成的锛；标本T0203⑤：9，器体扁薄，平顶，平刃，前面打制，表面粗糙，后背及刃部磨制，左侧中间有一半圆形孔，似为穿孔器改制而成的锛；标本T0503⑤：20，平面呈长方形，器身扁薄，双面弧刃，似为穿孔刀改制而成的穿孔小锛；标本T0407③A：1，斜顶，下端双面弧刃，顶部一角有一个对穿孔，应为穿孔刀改制而成。另有部分改制过程中的半成品，如标本F1①：23，下端打制弧刃，似为斧等残损器物改制的锛。

与罗家冲遗址相比，近年出土石器较多的遗址有1998年～2001年中美联合考古队发掘的两城镇遗址[①]及2016年苏州五峰北遗址[②]。

两城镇遗址时代为龙山时期，由于在发掘时采用了系统收集资料的精细发掘方法，包括筛选、水洗等方法，从而获取了大量的石制品。据统计，在该遗址三个发掘区990平方米的布方范围内，发掘出土石制品多达4153件之多，种类主要有斧、锛、凿、铲、镰、刀、钺、镞、

---

① 中美联合考古队：《两城镇——1998—2001年考古发掘报告》，文物出版社，2016年。
② 中国社会科学院考古研究所、苏州市考古研究所、浙江大学艺术与考古学院：《江苏苏州市五峰北遗址2016年发掘简报》，《考古》2020年第1期。

矛、磨棒、杵、拍子、纺轮、调色板、装饰品、锤、磨石、打磨器以及生产石器的备用石料、制作石器过程中产生的废料等。这些石制品主要位于该遗址西部的第一发掘区，当是以制作石器为主的手工业生产活动的区域。栾丰实先生认为，该遗址的石器生产已经脱离了家庭手工业的生产阶段，进入更为复杂的专业化生产时期，这些石器至少是供应两城镇整个聚落来使用，当然也不排除部分产品输出到遗址周边区域的同时期聚落，这种较高水平的石器专业化生产形态，应该广泛地存在于其他时期的龙山文化聚落遗址之中，特别是那些规模较大的中心性聚落[1]。

2016年苏州五峰北遗址出土了一批良渚文化中期的石制品，总数共计3805件，其中以石片和断块为大宗，有3414件，石器（含制作工具）及毛坯、半成品仅有367件，占总数的10%左右，另有石料24件，石器种类有凿、刀、斧、铲、镞、镖、矛、璧以及锤、磨石等加工工具。各类石器大都有毛坯、半成品、成品等不同生产阶段的制品。其余3292件为磨制石器加工过程中的石片和废片等，发掘者认为从出土的成品石器中石凿数量较多可知，该遗址可能存在一定程度的生产专门化，专注于某几类产品的生产与加工，结合在附近地面采集的大量类似器物，说明该遗址内应存在一处石器加工作坊[2]。陈虹团队通过对该遗址出土石器的级差动态分类研究，基本复原出该遗址出土磨制石器一般的完整"操作链"，并还原出良渚文化时期苏州地区制作石凿的工艺与完整生产流程[3]。

通过对比资料分析可知，该遗址作为该区域的聚落中心区，除日常聚落管理之外，其中最主要的一项职能就是石器加工，至少在早一期、早二期可能都存在有大型石器加工作坊。

三、石器用途分析

1. 普通石器用途

该遗址分布面积不大，但出土的石器数量多且种类齐全，不同的石器代表不同的用途，通过对石器的微痕检测，大体可以推断每类石器的大致用途，这些一方面能体现该遗址当时特定的生业模式及社会分工，另一方面从侧面也在一定程度上体现出了该遗址的聚落级别及性质。

该遗址各期遗存中出土的石器中以形制多样的镞占大宗，另有少量矛，这两类作为一种特定杀伤力的石器，最初功用是作为可远程射杀猎物的狩猎工具，是古代人类获取野生食物的必备武器之一，原始社会发展到一定阶段，为了保护一定级别的聚落首领及聚落的防卫安全，也逐渐具有了防御功能。通过对部分石器的微痕分析可知，"石镞和石矛都属于投射尖状器，主要功能就是穿刺动物性物质"（附录二）。所以该遗址的镞及矛应该兼具这两种功能，从聚落

---

[1] 栾丰实、武昊、王芬等：《山东日照两城镇遗址龙山文化的石器生产》，《考古》2021年第8期。
[2] 中国社会科学院考古研究所、苏州市考古研究所、浙江大学艺术与考古学院：《江苏苏州市五峰北遗址2016年发掘简报》，《考古》2020年第1期。
[3] 陈虹、孙明利、唐锦琼：《苏州五峰北遗址磨制石器的"操作链"及"生命史"研究》，《考古》2020年第11期。

等级分析，该遗址早一期及早二期的大型建筑F2及F1说明该遗址的聚落级别较高，应为该区域聚落群的中心所在，这些防御性武器当与聚落中心的防御有关。

斧、锛、凿数量也较多，其中斧及凿应与加工木质工具或建筑材料有关。锛大小不一，种类多样，其中形体较大的也为木材加工工具，尺寸较小者可能用于皮革加工。

铲中体型较大的主要用于掘土、翻土等，形体较小的与木材加工有关。

刀、镰及犁作为农业生产工具，遗址出土刀、镰较多，其功用为农作物收割工具。犁仅2件，虽然均为残件，但其功用却较明确，为农耕工具。

此外，作为磨制石器环节中重要的加工工具砺石在该遗址出土较多。砺石一般形体较大，从石质上分为粗糙砂岩及细密板岩两大类，以前者居多，从形制上可分为A型、B型两大类，其中以B型居多，砺石大多有一两个磨砺面，也有部分磨砺面达五六面之多，一般经过多次使用而磨砺面下凹，此类砺石应为磨制大面积接触面的石器，少量在大面积磨砺面上还留有细长下凹的磨痕或凹槽，应为磨制细长石器所致。

除生产工具以外，如前所述，在早二期出土了1件环（F1①：72），在早三期出土了1件心形穿孔器（2014G1④：32）、2件环（T0501④A：9、T0204④A：60）、1件玦（T0302④A：5），这些应具有装饰及礼制性用途。

2. 细小类石器用途

该遗址出土的石器中除较形体较大的石器外，还出土了以下四类形体细小的石器，由于其功能及属性不明确，在整理过程中均以锛定名。

第一类：平面呈小长梯形，体薄，下端双面刃，部分上端有穿孔，暂定为Ac型锛，如T0401④A：2，残长2.9、宽1.4、孔径0.2、厚0.2厘米。

第二类：平面呈小纵长方形，体薄，下端双面刃，部分上端有穿孔，暂定为Cb型锛，一般长3~4、宽1~2、厚0.2~0.3厘米。如标本F1①：66，长4、宽1.5、厚0.4厘米；标本T0501④A：14，长3.1、宽1.5、厚0.4厘米；标本F1①：101，上端有一个对穿孔，长5.1、宽3、穿径0.2、厚0.5厘米。

第三类：平面呈小横长方形，暂定为D型锛，刃不一般为斜刃。如标本F1②：34，青灰色石料，横长方形，平顶，下端一面斜刃，磨制精美，长2.1、宽2.9、厚0.6厘米。部分小型玉锛也为此种形态，如标本T0203④A：63，残长2~2.5、宽2.3~2.5、厚0.1~0.3厘米。此类石器磨制精细，其用途尚不明确，推测可能在使用时是安装在某类木质器物上，类似木工使用的刨子中的刀刃，应与制作精细的手工业相关。

第四类：形体呈圆角长方形，无刃。如标本T0501④A：24，有两个，一个呈锥状，一个呈棒状，长3.7、宽1厘米。标本T0501④A：58，长2.8、宽1.4、厚0.2厘米。此类石器的性质也不明确，推测可能为制作某种细小石器的坯料。

第二节　陶器制作工艺观察

罗家冲遗址出土的陶器主要集中在早期各类遗存，对陶器制作工艺的考察认识，也能在一定程度上了解一个遗址人类烧制陶器工艺的水平。上述报告正文中已对早期遗存陶器的陶系、类型、纹饰等做了简单的介绍，在此基础上，以下主要通过肉眼观察的方式对主要陶器类型的制坯成形及纹饰装饰两方面考察该遗址早期遗存出土部分陶器的制作工艺（纺轮纹饰除外）。

一、陶器坯体成形观察

从整体而言，该遗址出土的陶器坯体成形制作工艺主要有手工捏作、轮制、轮修、黏接、抹平、切割、刀削等不同方式及程序。

从不同类型的器物综合考察，首先是鼎及鼎足，从该遗址仅有的1件修复成形的盆形鼎（G3②∶33）及大量不同类型的鼎足综合分析，其鼎口沿、鼎身、鼎足均为分体制作后再黏接，最后经过局部轮制修整及手工抹平等工艺制作而成，其中鼎口沿及鼎身均为轮制而成，而鼎足均为手工借助小型工具制作而成，部分Ca型鼎足（如T0201⑤∶30）足跟部多有削痕，使足跟呈尖锥状，部分D型鼎足（如F1①∶308）足跟有四根手指向内的捏痕。釜口沿及器身均为轮制分制而成，再经黏接轮制修整而成，在交接处有黏接痕迹。高领罐的罐身为手工拉坯并经轮制修整而成，内壁有手窝痕迹，颈部为泥条盘筑拉坯轮制而成，内壁有轮制形成的凹凸弦纹，部分宽口沿部似有黏接痕迹，另在罐身与颈部交接的内壁有黏接及手窝纹，推测罐身、颈部及宽口沿部均为分体制作后黏接而成。矮领罐罐身也多为轮制而成，少量大型罐底与器身交接处有黏接痕迹，B型罐的凸棱及C型罐的把手均为分体制作后黏接而成。鬶也是分段制作而成，其中A型鬶颈为泥条盘筑并向上拉坯而成，外壁及内壁均有泥条向上拉伸及手捏痕迹，鬶足及颈部内壁交接处有黏接痕迹，把手为手工制作的宽条黏接而成，在把手两端与器身交接处有明显的黏接凸起痕迹，B型鬶口沿及鬶身内壁交接处也有黏接痕迹，鬶足多残断，未见明显的制作痕迹，推测均为手工捏制并经转动抹平而成，再与鬶身黏接成形。麻花状把手多为三泥条扭曲而成，少量两泥条及四泥条，大部分泥条融合不紧，致使泥条凸起明显，少量泥条融合紧密，把手两端与器身交接处有明显的黏接凸起痕迹。豆及圈足盘制作方法基本相同，其中豆盘均为轮制，豆柄及圈足均为泥条拉坯后轮制修整而成，内壁有轮制形成的凹凸旋转弦纹，部分豆盘与豆柄及圈足交接处有细弦纹或不规则刻划纹，应为黏接前刻划而成，这样可使得上下部分黏接得更为牢固。折腹壶的颈部为泥条盘筑并拉坯而成，内壁有向上盘旋的凹凸弦纹，器底为轮制，并与器身黏接而成。斜腹杯的器身为泥条盘筑后拉坯而成。盂形器为轮制而成。器盖的盖身为轮制而成，盖纽除A型、B型、F型略大均为轮制外，其余均为小型盖纽，从E型盖纽（2016G4∶3）上端由粗到细凹凸不平的规整程度分析，可能这些小型盖纽均为手工捏制而成，最后盖纽再与盖身黏接成形。瓮的口沿及器身均为手工拉坯制作并黏接而成，内壁有凹凸不平的痕迹。陶拍未见明显制作痕迹，推测可能为直接拉坯制作而成，拍面凸起光滑，应为手工成形并经抹平制作而成。大口尊的器身及口沿部交接处内壁存有黏接痕迹，应为分体制作后黏接而成，后经轮制修整。A型支座未见明显制作痕迹，由于为中空器座，推测为泥条盘筑并拉坯成形，B型、C型器座整体不规整，推测均为手工制作而成。陶球为不规则圆形，应为手工捏制而成。纺轮均为轮制，部分直边或斜边为切割形成，而弧边则为手工制作并经抹平，中部穿孔大部分为直孔，应为制作时单面穿孔，少量为双面对穿，孔内截面呈亚腰形，如Aa型纺轮T0204⑤：36、2014G1③：8等。

二、纹饰装饰工艺观察

纹饰装饰方面，不同器物上的装饰图案、工艺及作用各有不同。其中装饰图案在上篇已作介绍；制作工艺主要有刻划、按窝、戳点、拍印、滚压、指甲戳点、镂孔、黏贴等；纹饰作用大致可分两类，一类是作为器表装饰，主要作用是美观；一类是为了黏接牢固而制作的纹饰，主要位于黏接处的表面。以下从不同作用举例分析各类主要陶器纹饰装饰工艺。

1. 器表纹饰装饰工艺观察

为主要的器物纹饰类型，就具体器形上的纹饰分析，每类器物上的纹饰装饰工艺各有不同，其中各类型鼎足上的纹饰种类多寡不一，少则一种，如刻槽、按窝、瓦棱纹、绳纹等，多者有两种以上的组合纹饰。

对于鼎足上的单体纹饰而言，A型鼎足足面的瓦棱纹为手工捏制而成，按窝纹为制作时按压所致，部分按窝大小不一，大部分可能为手指直接按压，少量小型按窝可能为指尖或小型圆头工具按压，刻槽的线条宽窄、长短也大多不一，从线条纹理推测，可能为使用石刀或某种尖锐工具在胎体上刻划而成，少量刻槽由于刻划较深，如Aa型鼎足（T0502④A：64）由于中部刻槽较深而使得刻槽处烧制后出现较大的裂缝。对于组合纹饰而言，每种纹饰的装饰顺序先后有别，从纹饰叠压顺序上分析可知，所有带按窝及刻槽组合的鼎足，均是先饰按窝，再从每个按窝的底部向下刻槽，致使按窝底部被刻槽划穿，如Ba型鼎足（T0402⑥：32）在足根饰两道凸棱及三个按窝，其每个按窝底部各划一道刻槽，Ca型鼎足（T0402⑥：38）在足根饰一个按窝，在按窝底部划一道刻槽。Aa型鼎足（T0406④B：22），先是在足面饰八道浅凹槽，再在凹槽之间的七道凸起部位上饰间隔戳点纹。所有有绳纹的组合纹饰，均是先饰按压绳纹，再在绳纹的基础上饰其他纹饰，如Ba型鼎足（G3②：95、F1②：169）通体先饰绳纹，再在足面中间加饰二条纵向凹槽，凹槽较光滑，应为细棍一类的工具按压形成，最后在两凹槽中间凸起部位饰一排纵向按窝。又如Ba型鼎足（T0203⑤：63），是先通体饰绳纹，再在正中用指甲按压一排指甲纹，以上纹饰均是直接在器物表面装饰而成。部分鼎足上部的麻花状、锯齿状等附加堆纹则为分体制作好后再黏接而成，如Aa型鼎足（F1①：299），先在足面饰三道凸棱纹，再在足上端黏贴事先做好的麻花状附加堆纹，如Ba型鼎足（T0402⑥：36）先在足外饰绳纹，再在上部及足面正中各黏贴一道锯齿状附加堆纹。Ba型鼎足（F1③：55）是先在足面饰斜向细绳纹，再在足上部贴一圈附加堆纹，最后在足外饰三道竖向刻槽。釜及釜鼎口沿上大多为绳纹，一般是口沿及肩腹部的纹饰多为分体滚压形成，纹饰较规整，无错乱（如T0402⑥：27、T0402⑥：26）。B型高领罐（T0401东扩方④A：17）的领至器身先采用滚压的方式饰斜绳纹，从绳纹纹理上观察未有错乱，再在绳纹的基础上将领部的绳纹抹平，隐约可见绳纹，在肩上部饰数道细弦纹，将绳纹盖压，在肩下部至腹部饰采用抹断的方式形成间断绳纹，再在内壁口沿至肩部饰横向绳纹。其他罐类多饰绳纹，一般是口沿及肩部的纹饰为滚压形成，部分为拍印，如B型矮领罐（G3②：87），罐底多采用拍印的方式，纹饰多错乱。部分方格纹也多采用滚压及拍印的方式，如垂腹圈足罐（F1北基槽：1）、A型罐底（F1①：319）下腹部的方格纹及瓮口沿（F1②：72）的肩部方格纹为滚压，纹饰无杂乱，而A型罐底（G3②：96）下腹部的方格纹则为拍印，纹饰有错乱。其他纹饰如篮纹、菱形纹（或菱形填线纹）、叶脉纹、重回字纹、麻布纹等为带有不同纹饰的模板拍印而成，而刻划纹、曲折纹、水波纹等是采用尖锐工具刻划而成，圆圈纹为使用小型圆孔工具按压而成，连珠附加堆纹为泥条黏贴后使用手指按压而成，如瓮口沿（F1②：72、2014H64：8）等。镂孔基本位于豆柄或圈足盘柄上，均为小型圆形直壁穿孔，应为尖锐器具直接戳穿而成。另有1件A型豆柄（F1①：84），上部先使用尖锐工具刻划两组刻划重环纹，再在重环纹之间戳小戳点纹。大口尊口沿部的凸棱及器身附加堆纹为制作好后黏接而成，有明显的黏接痕迹。

2. 黏接部位纹饰装饰工艺观察

此类纹饰主要位于与鼎身黏接处的鼎足上端黏接面上及黏接面下端、豆盘底部与圈足的黏接处。在鼎足上端黏接面上的主要纹饰有绳纹（如Ba型鼎足F1②：169），数量较多，此类纹饰不知是黏印了鼎身上的绳纹后脱落所致还是有意装饰，还需后期进一步确定，另有按窝（如Ba型鼎足T0201⑤：43）、凹槽（如Ab型鼎足T0202⑤：40）、菱形纹（如Ca型鼎足T0402⑥：39）、戳点纹（如Aa型鼎足F1①：299）等，这些应该是在黏接前为使鼎足能更好地黏接到鼎身而特意制作的不同纹饰，是采用手按压、模板压印及利用尖锐工具戳点等工艺，另在1件Aa型鼎足（F1①：299）上端的黏接面下端有一排戳点纹，推测应为黏接鼎足时为使紧密而使用某种细长方形工具按压所致，应起加固作用。豆盘上的此类纹饰主要为数圈细凹弦纹，如B型豆盘（如2014H26：19、2014H26：20），是利用尖锐工具刻划工艺。

第三节 纺　　轮

纺轮作为古代与纺织相关的遗物，主要出土于新石器时代至商周遗址中，大部分为陶质纺轮，少量石质纺轮。早期一般为陶片改制而成，晚期多为陶土烧制而成，形制多为饼形，也有少量圆台形、斗笠形或其他形制，中有穿孔，孔内装柄，是利用重力作用旋转而纺线（纱），柄由于年代久远，大多出土时已朽烂不存，在广东肇庆市高要县茅岗遗址曾出土过一件穿孔残存木轴的纺轮[①]（图五四九，3），可了解其木轴装置形态。纺轮的形制及数量也能代表一个遗址的纺织手工业发展水平。罗家冲遗址出土的纺轮与本地及其他省份同时期遗址相比具有典型的代表性，主要出土于早期遗存，与其他遗物相同，存在早晚混杂现象。晚期遗存出土纺轮及采集纺轮均应为早期遗物。

罗家冲遗址出土纺轮共计147件（附表七），部分为采集品。从陶系分析，该遗址出土的纺轮以泥质或夹细砂灰陶及黑陶为主，少量泥质橙黄陶及泥质红陶。从形制分析，可分为A、B、C三型，其中A型及C型又根据细部特征分为两亚型。最具特色的为纺轮面上的各类刻划纹饰（附表八），其中素面45件，饰纹饰者102件，多饰在A型、少量B型及C型纺轮上。其中泥质红陶纺轮基本均为A型，且为素面，而有纹饰者多为其他质地纺轮。一般在纺轮的一面饰刻划纹、篦点纹、圆点纹等，个别两面均有纹饰，图案以四组对称弧线纹为主，弧线以一至三条不等，少量其他纹饰。

从制作工艺分析，纺轮上的各类纹饰均为烧制前在胎体上手工装饰，再烧制而成，从纹饰装饰工艺观察主要采用了刻划、戳点两种工艺，其中大部分四分弧线纹、羊角纹、卷云纹、弦纹等长线条的纹饰线条均较细，应是采用某种细小的尖锐工具手工刻划而成，少量四分弧线纹内侧平滑，可能是采用细小的平头工具刻划而成，戳点纹是使用尖锐工具的头戳点形成，圆点纹是使用细小圆头工具按压而成，由于均系手工完成，所以部分线条粗细及长短不一，线条有交叉，戳点大小不一，图案不规整。

早一期遗存共25件，可分为泥质陶与夹砂陶两大类，以夹砂黑陶、泥质黑陶为主，占早一期总数的32.26%、19.35%，另有夹砂灰陶、夹砂褐陶、夹砂红褐陶、泥质灰陶、泥质黑皮红陶等。形制上仅有A、B两型，其中以Aa型为主。有装饰者20件，占早一期总数的80%，仅有5件为素面，占比为20%。纺轮纹饰以四组对称的三弧线刻划纹为主，共11件，占总数的55%，另有羊角纹、卷云纹、重叶纹、弦纹、戳点纹、"十"字纹等，少量双面饰纹饰（T0302⑥：24）及组合纹饰。

早二期遗存共55件，陶质以泥质灰陶为主，占早二期总数的61.82%，其次为泥质黑陶、夹砂黑陶、泥质红陶，少量夹砂灰陶、夹砂红褐陶、泥质黄褐陶等。形制上与早一期相同。有装饰者39件，占早二期总数的70.9%，素面16件，占比为29.1%。该期仍以四组对称三弧线刻划纹为主，共18件，占有纹饰总数的46.2%，另在早一期各类刻划纹的基础上出现了新的装饰图案，如双角纹（T0201⑤：11）、数周凹弦纹+戳点纹（2014G1④：34、2014G1④：37）、花瓣纹（T0204⑤：36）、八角星纹（T0203⑤：61、F1①：169）、圆点纹（F1①：118）等多种刻划纹饰及组合纹饰，部分在纺轮侧边饰篦点纹（F1①：211）。

早三期遗存共42件，陶系较前两期多样，以泥质灰陶为主，泥质红陶增多，另有泥质黑皮

---

① 广东省博物馆：《广东高要县茅岗水上墓构建筑遗址》，《文物》1983年第12期。或广东省博物馆、佛山市博物馆：《佛山河宕遗址——1977年冬至1978年夏发掘报告》，广东人民出版社，2006年。

红陶、泥质灰白陶、泥质黄褐陶、夹砂黄褐陶等。形制上除A型、B型外，新出现了C型斗笠状纺轮（T0202④A∶17、T0503④A∶4、T0205④A∶38）以及边侧突出的D型纺轮，反映了纺轮形制的变化。有纹饰者25件，占总数的59.5%，素面17件，占总数的40.5%纹饰以四分弧线纹及弦纹+戳点纹为主，另出现了"十"字三短线刻划纹（T0202④A∶35）及分组扇形戳点纹（T0401东扩方④A∶4）等。

　　文化因素的比较中，"陶纺轮的形制和花纹，也是区别不同考古学文化的文化因素之一"①。从相关资料对比可知，同时期类似罗家冲遗址这种"十"字四分弧线纹纺轮则主要集中在以广东河宕遗址为代表的珠江三角洲及周边区域，在较早阶段的广东石峡第三期墓葬中也曾出土有刻划"米"字纹、"十"字纹、"漩涡纹"、"花瓣纹"及四组"圆窝纹"等纺轮②，说明该区域有在纺轮上刻划装饰的传统，但在罗家冲遗址周边及湖南本地、邻近的湖北、江西等地却发现较少，仅在湖北尧家林遗址、江西铜鼓平顶垴遗址中有少量发现，但基本均为单弧线刻划纹，另此类弧线刻划纹纺轮还在山东王因③、泗水尹家城④及江苏武进寺墩等遗址均有发现⑤，而湖北谭家岭、肖家屋脊、大路铺等遗址虽然也发现有"十"字戳点纹纺轮，江西湖口城墩板遗址有指甲纹纺轮，但均未见这种四弧线刻划纹纺轮。

　　这种以四分弧线刻划纹为代表的纺轮装饰手法从构图方式分析，应该体现的是同一类思维方式及制作工艺，而以上这些遗址中纺轮的种类及数量远不及罗家冲遗址及河宕遗址丰富，至于这种刻划纹纺轮的起源、传播路线、纹饰内涵及所代表的不同区域文化之间的相互影响关系还有待进一步研究。

---

① 广东省博物馆、佛山市博物馆：《佛山河宕遗址——1977年冬至1978年夏发掘报告》，广东人民出版社，2006年。
② 广东省博物馆、曲江县文化局石峡发掘小组：《广东曲江石峡墓葬发掘简报》，《文物》1978年第7期。
③ 山东省考古研究所：《山东王因——新石器时代遗址发掘报告》，科学出版社，2000年。
④ 山东大学历史系考古专业教研室：《泗水尹家城》，文物出版社，1990年。
⑤ 南京博物院：《江苏武进寺墩遗址的试掘》，《考古》1981年第3期。

第五章　聚落形态研究

一、罗家冲遗址群的聚落形态研究

　　罗家冲遗址地处面积约2.5万平方米的南北向二级台地上，其中北侧为东西向山包，南侧为断坎，其下为流沙河流经的东西向狭长盆地，西侧为沟壑断坎，东侧为缓坡地带，整体面积较小，并且与周边同时期遗址距离较近，这种遗址形态及地理环境与流沙河流域其他先秦遗址情况大体相同，从调查资料可知，流沙河流域分布的先秦文化遗址主要分布在流沙河及其大小支流沿岸背靠低矮山包、地势平坦的二级台地上，即山包向一级台地过渡的山前台地或岗地上，一般高出周围一级台地1～2米至5～7米，少量分布在一级台地上，该类遗址大多直线距离在500～900米，如罗家冲遗址与周边的石家湾遗址、月形山遗址、景德观遗址、兰玉山遗址、钦家墩遗址、仓上遗址等彼此之间的直线距离300～900米，这些遗址点距离相近，时代及文化内涵基本相同，应该为同时期的一处聚落群[1]，根据罗家冲遗址发现的早一期、早二期的大型建筑基址F2、F1分析，罗家冲遗址应该为该聚落群的中心聚落所在。结合上述对比材料及南方地区现代居民村落分布情况可知，当时南方大部分区域受丘陵、盆地交错的这种自然环境的制约，单个聚落分布主要以散居为主，一般小型聚落再围绕其中一个较大的聚落为中心而组成一个大的聚落群，从而形成了这种山地丘陵地带大分散、小聚居的典型聚落形态，而这个中心聚落通常有大型公共建筑并集中制作各种石制工具及陶质生活用器，再分发给周围小型聚落，罗家冲遗址即属于这种聚落形态。

　　从单个遗址居住方式考察，罗家冲遗址早一期、早二期发现的建筑基址说明该时期先民已经过着稳定的定居生活，在F4、F3时为无主次的散居小型建筑，在F2时聚落已经有了等级的差别，遗址中心出现了高等级建筑。

二、罗家冲遗址所反映的古居民生业模式

　　研究一个遗址或同时期区域性古居民的生业模式，现在主要是通过对遗址出土与生产、生

---

[1] 长沙市文物考古研究所、宁乡市文化旅游广电体育局：《湖南宁乡市楚江流域先秦遗址考古调查简报》，《考古学集刊》第23集，社会科学文献出版社，2020年。

活、废弃物、动植物等相关的遗迹、遗物的种类、数量及对古环境作科学检测综合分析。

罗家冲遗址古居民的生业模式，从发掘出土的遗迹、遗物及植物遗存等综合分析，主要体现在以下几个方面。

1. 狩猎

该遗址出土大量石镞及石矛，这类石器作为古代具有杀伤力的武器之一，从生业模式分析主要是用于狩猎，从地理环境上分析，该地区为山间丘陵地带，植被茂盛，平地少丘陵多，且多为沙性土壤，不太适合原始农业耕作，这应该反映出该遗址的生业模式是以狩猎为主。但作为狩猎经济，按道理动物骨骼遗存应该很多，但该遗址却未发现，仅发现1件骨棒，主要应是与该区域多酸雨的气候及沙性土壤等特性有关，使得动物骨骼难以保存下来。

2. 原始农业

该遗址出土的与原始农业有关的石器主要有石犁、石刀、石镰，其中石犁发现2件（T0503⑥：23、2014G1③：5），虽然均为残件，但其功用却比较明确，通过检测可知，是与土地整治行为相关，另石刀及石镰也较多，大多有使用残损痕迹，其功用为加工禾本科植物的收割工具（附录三）。

另从植物遗存分析可知，"新石器时代末期至早商时期，该遗址的先民已开始利用粟、黍、大麦类等旱作植物，很可能已经开始了旱稻混作的农业生产模式；东周时期在延续这种混作模式的同时，兼有对蓼科、黍亚科、稗属、果类等植物的利用、先民对植物认识和利用范围更为宽广"（附录一），这说明该遗址在狩猎经济的基础上，也产生了小规模的原始农业。

3. 手工业

石器的制作工艺是个复杂的过程，具有选料、打坯、磨制、钻孔、改制等多个环节，且生产出的石器都非常精致，这在当时聚落中只有特定人群才能制作出来，结合上述该遗址已具备上述石器"操作链"的情况，说明该遗址作为聚落中心具有管理功能外，部分人群具有生产不同石器的专门化职能，体现了发达的石器加工手工业。

该遗址还出土了大量陶质纺轮，形制及装饰各异，纺轮主要是用于纺纱，说明了当时已具有较发达的原始纺织手工业。

出土的大量陶器种类多样，装饰复杂，说明也有发达的制陶手工业。

4. 原始商品经济

该遗址出土数量如此多的石器，远远超出了一个遗址的正常使用量，从上述分析可知，生产出的石器被本遗址人群所使用外，很可能还供应给周边聚落或作为原始商品用于交换，具备了早期商品经济的因素。

从整体而言，该遗址的生业模式是以狩猎经济为主，以手工业及农业为辅的一种定居生活模式。

附 表

附表一 罗家冲遗址遗迹统计表

序号	编号	位置	层位关系	形制结构	填土	出土器物（标本/件）	期别
1	F1	位于T0301、T0302、T0303、T0401、T0402、T0403、T0501、T0502内	大部分区域开口于第2层下，局部开口于第4A层下，上部被部分晚期灰坑、柱洞及窑址打破，叠压第5层、第6层及F2等早期遗存	为东西向大型长方形三连间排房式建筑，北部遭大园塘破坏，方向5°，东西总长31米，南北残宽10米，总面积在310平方米以上	F1下部有2层房基垫土，上部遭破坏，仅存房基下部垫土及基槽部分，房基垫土分3层，西侧两间基槽内填红烧土，东侧一间基槽内未填红烧土	F1①层：石镞156、石斧36、石锛19、穿孔石刀10、石刀3、穿孔石钺1、石凿5、石环1、砺石1、磨棒1、残损不明石器及坯料7、陶纺轮27、陶鼎足24、陶棱领罐口沿及陶罐腹残片2、陶罐底2、陶高领罐（口沿）8、陶釜鼎口沿1、陶豆盘3、陶豆柄2、陶漏斗形器1、陶折腹壶1、陶圈足盘1、陶鬶1、陶鬲足1、陶杯1、陶器盖1、陶支座1、陶大口尊口沿1、陶大口缸口沿1、陶盆口沿2、陶甗1、陶长颈壶1、玉铲1 F1②层：石镞58、石斧21、石锛19、石凿1、穿孔石刀1、石刀3、穿孔石铲（钺）3、石矛2、石铲2、石锥1、石球1、砺石1、残损不明石器及坯料2、陶纺轮10、陶鼎足21、陶棱领罐1、陶高领罐口沿3、陶圈足盘2、陶盆口沿2、陶瓮口沿1、陶把手2、陶酒杯足座2、陶铲形状器1、陶支座1、陶双沿坛口沿1、陶器盖（纽）6 F1③层：石镞10、石锛3、石刀1、穿孔石铲（钺）6、残损不明石器及坯料3、陶纺轮1、陶鼎足3、陶罐肩腹残片1、陶高领罐口沿1、陶釜鼎口沿1、陶豆柄2 F1北基槽：石镞2、石锛1、穿孔石刀1、陶鼎足2、陶垂腹圈足罐1、陶棱领罐口沿1、板瓦1	早二期

续表

序号	编号	位置	层位关系	形制结构	填土	出土器物（标本/件）	期别
2	F2	位于发掘区的中北部	局部叠压于第6层下，在第6层缺失的区域直接被第4层、第5层或F1垫土所叠压。南部被G3、2014G5打破	由少量直径50~100厘米的大型柱洞及大部分直径为30~45厘米的柱洞所构成的回廊式大型建筑群		无	早一期
3	F3		叠压于第6层下，少量柱洞分布于2014H36、2014H39、2014H64和G3的底部，部分柱洞被F2柱洞打破	由大部分直径为20~30厘米的柱洞群所组成的房屋基址		无	早一期
4	F4		叠压于第6层下，分布于2014H27、2014H29、2014H39、2014H64和G3、2014G5的底部，部分柱洞被F2、F3柱洞打破	由大部分直径为10~20厘米的柱洞所组成的房屋基址		无	早一期
5	大型柱坑	位于T0302西北部、T0402西北角	除ZK1叠压在F1①层下外，其余均叠压在第6层下	ZK1~ZK5平面呈椭圆形，ZK6~ZK8平面呈圆形或不规则圆形，除ZK7、ZK8较小外，其余6个直径在1米以上，部分底部有中心柱坑或叠压石块		无	早一期

附 表

续表

序号	编号	位置	层位关系	形制结构	填土	出土器物（标本/件）	期别
6	2013H2	位于大园塘底部，跨T0304、T0305、T0405等探方，东部延伸至探方外	开口于第4A层下，北部破2014G1打破，打破F2及生土层	平面呈不规则形，东西长12.75、南北宽3.95～8.38、深0.3～0.5米	分两层：第1层为深褐色土层，土质致密，含炭屑、草木灰及大量卵石块等。第2层为黄褐色砂土层，局部呈灰褐色，质地较硬、板结，含白色砂石颗粒及卵石块等	第1层：石镞8、石斧1、石锛5、石球1、残损不明石器1、陶纺轮2、陶鼎足4、陶高领罐口沿3、陶釜鼎口沿1、陶罐底2、陶矮领罐口沿1、陶罐底2、陶鬶1 第2层：石刀2、陶纺轮1	早二期
7	2014H1	位于T0203东南部	开口于第2层下，打破第4A层、第5层及浅黄色土层	平面呈不规则长条形，弧壁，底部高低不平。长4.2、宽0.2～0.45米	深灰色黏土，土质结构疏松，含石块、烧土颗粒、炭屑等	残损不明石器1、陶釜鼎口沿1、青瓷杯1	晚一期
8	2014H2	位于T0204西北部	开口于第4A层下，打破第5层	平面呈椭圆形，口大底小，平底。口长2.6、口宽1.8、底长1.9、底宽1.25、深0.24米	深灰色土，土质较疏松，含红烧土颗粒、炭屑、石块等	石凿1、陶高领罐口沿1	早三期
9	2014H3	位于T0204东南部、延伸至T0203、T0304内，东侧局部遭破坏	开口于第4A层下，打破第5层	平面呈长椭圆形，口大底小，弧壁，平底。口长4.96、底长1.58、底宽1.16、深0.2米	填土为深灰色黏土，结构疏松，含红烧土颗粒、炭屑、石块等	石镞4、陶罐腹残片1	早三期
10	2014H4	位于T0302西南部、延伸至T0202内	开口于第4A层下，打破F1②层	平面呈不规则形，底小，弧壁，平底。长0.7～1.58、宽1.02、深0.22米	灰黑色黏土，结构疏松，含红烧土颗粒	石镞1	早三期

续表

序号	编号	位置	层位关系	形制结构	填土	出土器物（标本/件）	期别
11	2014H5	位于T0302西南部，延伸至T0202内	开口于第2层下，打破第4A层	平面呈不规则椭圆形，口大底小，平底。坑口东西长1.5，南北宽0.52~0.68，深0.46米	黑色黏土，结构疏松，含红烧土颗粒	无标本（少量碎陶片）	早三期
12	2014H6	位于T0302东北部	开口于第2层下，打破第4A层	平面呈圆角长条形，口大底小，平底。口长3.1，口宽1.02，底长2.96，底宽0.95，深0.2~0.26米	深灰色土，结构疏松，含红烧土颗粒、石块等	石镞1、石铲1、陶鼎足1	早三期
13	2014H7	位于T0302东中部	开口于第2层下，打破第4A层	平面呈长条形，口大底小，底部两端下凹。口长2.05，口宽0.55，底长1.86，底宽0.45，深0.46~0.6米	灰褐色黏土，结构疏松，含红烧土颗粒、石屑等	石镞1、穿孔石刀1、砺石1	早三期
14	2014H8	位于T0402东北部，延伸至东北隔梁内	开口于第2层下，打破第3层	平面呈不规则形，口大底小，底部一端下凹。口长1.12，口宽1.5，底长1.14，底宽0.32~0.48米	灰褐色砂质黏土，结构疏松。含红烧土颗粒、炭屑、石块等	石镞1、石斧1、残损不明石器1、陶鼎足1	晚二期
15	2014H9	位于T0402东北部，延伸至北隔梁	开口于第3层下，打破第4A层及2014H17	平面呈椭圆形，口大底小，坑壁斜收。口长1.05，口宽0.56，底长0.92，底宽0.46，深0.6米	灰褐色砂质黏土，结构疏松，含红烧土颗粒、石块等	无标本（少量陶片）	晚二期
16	2014H10	位于T0402西北部，延伸至T0302内	开口于第2层下，打破F1②层	平面呈椭圆形，坑壁呈锅底状。口长1.52，口宽1.26，深0.5米	灰褐色砂质黏土，结构疏松，含红烧土颗粒、石块等	穿孔石刀1、陶鼎足1	早三期

续表

序号	编号	位置	层位关系	形制结构	填土	出土器物（标本/件）	期别
17	2014H11	位于T0204东北部	开口于第4A层下，打破第5层	平面呈圆角梯形，口大底小、斜壁、平底。口长1.4~1.5，口宽1~1.3，底长1.2，底宽1.16，深0.22~0.26米	深灰色砂质黏土，结构疏松，含红烧土颗粒、炭屑、石块等	石镞1、石斧1、石锛1、石凿1、石钺1、陶鼎足2、陶釜鼎口沿2	早三期
18	2014H12	位于T0302东北部，延伸至T0303内	开口于第2层下，打破F1②层	平面呈椭圆形，弧壁、平底。长1.8，宽1.15，深0.25米	黄灰色黏土，结构疏松，含红烧土颗粒、炭屑、石块及陶片等	石镞1、石刀1	早三期
19	2014H13	位于T0402西中部，延伸至T0302内	开口于第2层下，被第4层下D1打破，打破F1①层，F1②层	平面呈不规则形，口大底小，底部不平。口长3.15，口宽1.23，底长1.94，底宽0.98，深0.38~0.58米	灰黑色砂质黏土，结构疏松，含红烧土颗粒、炭屑、石块等	石镞3、石锛1、陶鼎足2、陶钵1	早三期
20	2014H14	位于T0402东北部，延伸至T0403内	开口于第2层下，打破第4A层	平面呈长条椭圆形，口大底小、弧壁、平底。口长2.4，口宽0.48，底长2.26，底宽0.35，深0.1~0.14米	深灰色黏土，结构疏松，含红烧土颗粒、炭屑等	无标本（少量陶片）	早三期
21	2014H15	位于T0204西南部，延伸至T0203内	开口于第4A层下，打破第5层	平面呈长方形，口大底平。口长0.3~0.4，口宽1.45，底宽0.26~0.32，深0.12~0.22米	深灰色黏土，结构疏松，含红烧土颗粒、炭屑、石块等	无标本（少量陶片）	早三期
22	2014H16	位于T0403东南部	开口于第4A层下，打破F1②层	平面呈长方形，口大底小、弧壁、平底。口长0.68，口宽0.36，底长0.54，底宽0.27，深0.24米	灰褐色土，质软，结构疏松，含红烧土颗粒等	无标本（少量陶片）	早三期

续表

序号	编号	位置	层位关系	形制结构	填土	出土器物（标本/件）	期别
23	2014H17	位于T0402东北部，延伸至北隔梁	开口于第4A层下，东部被2014H9打破	平面呈圆角长方形，口大底小，斜壁，平底。口长0.65、口宽0.5、底长0.6、底宽0.4、深0.42~0.46米	黄褐色黏土，结构疏松，含红烧土颗粒	无标本（少量陶片）	早三期
24	2014H18	位于T0305西南部靠近断坎处	开口于第4B层下，打破2014G1①层	平面呈不规则形，底部近断坎处加深。残长0.86、宽0.68、深0.1~0.19米	黄灰色细沙土，质地略硬呈块状，含少量石块	无标本（少量陶片）	早三期
25	2014H19	位于T0305中部靠近断坎处	开口于第4B层下，打破2014G1①层	平面圆角长方形，口大底小，斜壁，平底。口长0.72、口宽0.4、底长0.74、底残宽0.38、深0.18米	灰黄色土，含少量卵石	无标本（少量陶片）	早三期
26	2014H20	位于T0305中部靠近断坎处	开口于第4B层下，打破2014G1①层	平面呈圆角长方形，口大底小，斜壁，平底。口长1.04、口残宽0.4、底长1、底残宽0.38、深0.12~0.2米	灰色沙土，结构疏松	无标本（少量陶片）	早三期
27	2014H21	位于T0402东扩方东南部，延伸至南壁	开口于第4A层下，打破第5层	平面呈半圆形，口大底小，斜壁，平底。口长0.8、口宽0.3、底长0.72、底残宽0.26、深0.22~0.3米	灰褐色黏土，结构疏松	无标本（少量陶片）	早三期
28	2014H22	位于T0302南部，并延伸至南壁	开口于第2层下，打破F1②层	平面呈长方形，口大底小，斜壁，平底。口长1、口宽0.36~0.4、底长0.8、底宽0.2~0.26、深0.28米	灰褐色黏土，结构较致密，含少量红烧土颗粒	石锛1	早三期

续表

序号	编号	位置	层位关系	形制结构	填土	出土器物（标本/件）	期别
29	2014H23	位于T0301东部和T0401西部	开口于第2层下，打破J1①层及浅黄色土层	平面呈不规则圆形，弧壁平底，坑壁及底部有一层红烧土夹杂草木灰的烧结面。口径1.3~1.5，深0.7米，烧结面厚0.05~0.2米	坑内填土分3层：第1层为黄褐色黏土，土质疏松，含烧土块、草木灰、卵石等，厚25厘米；第2层为浅灰土，土质疏松，含红烧土块、红烧土颗粒等，厚25厘米；第3层为红烧土，土质疏松，含灰土，厚5~20厘米	石锛1、残损不明石器及坯料2	晚一期
30	2014H25	位于T0203、T0303内	开口于第5层下，打破2014H39、2014H43及第6层	平面形状呈月形，坑壁陡直，底平。长2.15，宽0.45~0.55，深0.23~0.32米	浅灰色黏土，结构致密，含红烧土颗粒、炭屑等	无标本（少量陶片）	早二期
31	2014H26	位于T0203、T0204、T0303、T0304内	开口于第5层下，被大园塘打破，叠压2014H1、2014H25及2014H43、2014H44、2014H45、2014H51、2014H52、2014H72、打破2014H39、2014H40、2014H41及第6层	平面形状呈不规则形，坑壁呈不规则台阶状，向内斜收，底部不平。长10.6，宽4.5，深0.25~0.55米	灰褐色黏土，结构致密，含红烧土颗粒、炭屑、石块等	石镞8、石斧1、石锛1、砺石1、残损不明石器及坯料5、玉环1、陶鼎足6、陶釜鼎口沿1、陶矮领罐口沿1、陶盆口沿1、陶鬻1、陶鬲足1、陶豆盘2、陶豆柄4、陶长颈壶1、陶盂形器1、陶器盖纽1	早一期

续表

序号	编号	位置	层位关系	形制结构	填土	出土器物（标本/件）	期别
32	2014H27	位于T0203探方中部	开口于第5层下，东南部被2014H11打破，打破2014H28、2014H29、2014H40、2014H41、2014H42及浅黄色土层	平面形状呈不规则形，弧壁，坑底不平。长3.75，宽3.3，深0.2～0.42米	深灰色黏土，土质致密，含石块、红烧土颗粒、炭屑等	石锛1、石斧1、穿孔石刀2	早一期
33	2014H28	位于T0203中部偏北	开口于第5层下，南部被2014H27打破，打破2014H33及浅黄色土层	平面形状呈不规则形，坑壁倾斜内收，底部高低不平。残长1.5、宽1.4、深0.2米	深灰色黏土，土质结构致密，含石块、红烧土颗粒、炭屑、石块等	无标本（少量陶片）	早一期
34	2014H29	位于T0203中部偏西	开口于第5层下，南侧坑边被2014H27打破，打破浅黄色土层	平面形状呈不规则形，斜壁，平底略内弧。底部长2.08、宽1.6、深0.16～0.38米	深灰色黏土，结构致密，含红烧土颗粒、炭屑等	陶鼎足1	早一期
35	2014H31	位于T0401北中部	开口于第2层下，打破F1①层	平面呈长长方形，口大底小，斜壁，平底。底长1.04、口宽0.75、底宽0.96，深0.18米	灰褐色黏土，结构致密，含红烧土颗粒	无标本（少量陶片）	早二期
36	2014H32	位于T0401北部	开口于第2层下，上部被第4层下D19打破，打破F1①层	平面略呈长方形，口大底小，斜壁，平底。口长2.04、口宽0.38～0.5、底长1.96、底宽0.32～0.42、深0.2米	灰褐色黏土，结构致密，含红烧土颗粒、石块等	石镞1	早二期
37	2014H33	位于T0203中部	开口于第5层下，被2014H28打破，打破浅黄色土层	平面形状近似长方形，直壁，平底。长0.92、宽0.8，深0.34米	深灰色黏土，结构致密，含红烧土颗粒、炭屑、石块等	无标本（少量陶片）	早一期

续表

序号	编号	位置	层位关系	形制结构	填土	出土器物（标本/件）	期别
38	2014H34	位于T0203、T0204内	开口于第5层下，打破第6层及浅黄色土层	平面形状呈不规则形，斜壁，底部不平。长3、宽2、深0.16~0.32米	深灰色黏土，结构致密，含红烧土颗粒、炭屑等	无标本（少量陶片）	早二期
39	2014H35	位于T0203东部	开口于第5层下，打破第6层	平面形状为椭圆形，弧壁，圆底。长2.1、宽1.58、深0.32米	浅灰色黏土，结构致密，含红烧土颗粒、炭屑、石块等	石镞1	早一期
40	2014H36	位于T0204、T0304、T0305内	开口于第5层下，东部被大回塘破坏，打破2014H54、第6层及浅黄色土层	平面形状呈不规则形，斜壁，平底。长5.25、宽4、深0.26~0.35米	浅灰色黏土，结构致密，含红烧土颗粒、炭屑、石块等	石镞17、石斧3、石锛5、穿孔石刀1、不明形制石刀1、石镰1、砺石1、陶纺轮1、陶鼎足6、陶高领罐口沿1、陶矮领罐口沿1、陶釜鼎口沿3、陶鏊1、陶鬶足1、陶圈足盘2、陶大口缸底1	早一期
41	2014H37	位于T0204西南部	开口于第5层下，打破第6层	平面形状近椭圆形，斜壁，平底。长1.16、宽0.72、深0.25米	深灰色黏土，结构致密，含红烧土颗粒、炭屑等	无标本（少量陶片）	早一期
42	2014H38	位于T0204东部	开口于第5层下，叠压2014H47	平面形状近圆形，弧壁，圆底。长2.4、宽4.9、深0.12米	深灰色黏土，含烧土颗粒、炭屑、石块等	无标本（少量陶片）	早一期
43	2014H39	位于T0203北部，向北延伸至T0204南部	开口于第5层下，局部被2014H25、2014H26、2014H34打破，打破第6层及F2、F3	平面形状呈不规则形，坑壁倾斜内收，底部不平。长5.75、宽4.9、深0.5米	浅灰色黏土，结构致密，含红烧土及颗粒、炭屑、石块等	石镞4、石斧6、石锛1、砺石2、坯料2、玉刀1、陶纺轮2、陶鼎足5、陶釜鼎口沿3、陶矮领罐口沿1、陶器盖4、陶豆盘1、陶把手1、陶大口缸底1	早一期
44	2014H40	位于T0203东南部	开口于第5层下，上部被2014H26、2014H27打破，打破第6层、2014H41及浅黄色土层	平面形状呈长方形，直壁，平底。长1.9、宽0.6、深0.35~0.68米	浅灰色黏土，结构致密，含红烧土颗粒、炭屑、石块等	无标本（少量陶片）	早一期

续表

序号	编号	位置	层位关系	形制结构	填土	出土器物（标本/件）	期别
45	2014H41	位于T0203东南部	开口于第5层下，上部被2014H1、2014H26、2014H27、2014H40打破，打破第6层	平面形状为不规则形，斜壁，圜底。东西残长1.55，南北宽0.85，深0.14~0.3米	浅灰色黏土，结构致密，含红烧土颗粒、炭屑等	无标本（少量陶片）	早一期
46	2014H42	位于T0203南部，延伸至南壁内	开口于第5层下，北部坑边被2014H27打破，打破第6层及浅黄色土层	平面形状呈不规则长条形，直壁，底部高低不平。长2.4，宽0.7，深0.2~0.28米	浅灰色黏土，结构致密，含红烧土颗粒、炭屑等	无标本（少量陶片）	早一期
47	2014H43	位于T0203、T0303内	开口于第5层下，上部被2014H25、2014H26叠压，打破浅黄色土层	平面形状为圆形，弧壁，圜底。直径1.5，深0.36米	灰褐色黏土，结构致密，含石块、红烧土颗粒、炭屑等	石斧1，陶鼎足1，陶器盖1	早一期
48	2014H45	位于T0203东部	开口于第5层下，上部都被2014H26叠压，打破2014H72及浅黄色土层	平面形状为长方形，直壁，平底。长1.1，宽0.66，深0.26米	灰黑色草木灰，质地疏松，含红烧土颗粒、炭屑、骨渣等	无标本（少量陶片及骨渣）	早一期
49	2014H46	位于T0203西北部	开口于第5层下，打破浅黄色土层	平面形状为长方形，直壁，平底。长0.7，宽0.5，深0.28米	灰黑色草木灰，质地疏松，含红烧土颗粒、炭屑等	斜腹陶杯1（少量陶片）	早一期
50	2014H47	位于T0204中部偏东	开口于第5层下，被2014H38叠压，打破浅黄色土层	平面形状为长方形，直壁，平底。长0.88，宽0.6，残深0.06米	灰黑色灰烬土，含红烧土颗粒、炭屑等	无标本（少量陶片及骨渣）	早一期
51	2014H48	位于T0204北部	开口于第5层下，打破第6层及浅黄色土层	平面形状为长方形，直壁，平底。长1.02，宽0.56，残深0.06米	灰黑色草木灰夹黄褐色黏土，质地疏松，含红烧土颗粒、炭屑等	无标本（少量陶片）	早一期

附　表

续表

序号	编号	位置	层位关系	形制结构	填土	出土器物（标本/件）	期别
52	2014H49	位于T0204西北角	开口于第5层下，打破第6层及浅黄色土层	平面形状为长方形。直壁，平底。长0.88，宽0.56~0.64，残深0.07米	灰黑色草木灰夹夹褐色黏土，质地疏松，含红烧土颗粒、炭屑等	无	早一期
53	2014H50	位于T0205西南角	开口于第5层下，打破第6层	平面形状近长方形。直壁，底部不平。长1，宽0.4~0.5，残深0.1~0.2米	灰褐色黏土夹少量草木灰，质地疏松，含红烧土颗粒、炭屑等	陶折腹壶1，陶盏1，陶圈足1	早一期
54	2014H52	位于T0203东南部	开口于第5层下，局部被2014H26、2014H51打破，打破浅黄色土层	平面形状为长方形。直壁，平底。长0.96，宽0.56，深0.3米	深灰色黏土夹杂草木灰，结构致密，含红烧土颗粒、炭屑等	无	早一期
55	2014H53	位于T0203西北部	开口于第5层下，打破浅黄色土层及生土层	平面形状呈长方形。直壁，平底。长1.6，宽0.9，深0.3米	浅灰色黏土，结构致密，含红烧土颗粒、炭屑等	无标本（少量陶片）	早一期
56	2014H54	位于T0305西南角，西侧延伸至西壁中	开口于第4C层下，局部开口于第5层下，南部坑沿边被2014H36打破，叠压D174，打破第6层	平面形状为不规则形。弧壁，圆底。南北宽2.1，东西残长1.6，深0.2米	黄灰色土，含卵石块，红烧土块等	无标本（少量陶片及碎石器）	早一期
57	2014H55	位于T0205南部	开口于第5层下，打破浅黄色土层及生土层	平面形状呈椭圆形。直壁，短平底。长径0.65，径0.46，深0.32~0.48米	灰褐色黏土，结构致密，含石块	陶矮领罐口沿1，陶高领罐口沿1	早一期
58	2014H56	位于T0205西南部	开口于第6层下，局部被D188打破，打破D353及浅黄色土层	平面形状为不规则形。弧壁，平底。残长1.1，宽0.42，深0.18米	深灰色土，质地疏松，含石块、炭屑等	无标本（少量陶片）	早一期

· 767 ·

续表

序号	编号	位置	层位关系	形制结构	填土	出土器物（标本/件）	期别
59	2014H59	位于T0401、T0402东扩方西部	开口于F1②层下，打破第6层及浅黄色土层	平面形状近似长方形，直壁，底部北高南低。口长1.9、底部宽0.58、残深0.2~0.52米	灰黄色黏土，土质结构疏松，含红烧土颗粒	石锛1、陶把手1	早一期
60	2014H61	位于T0401东南角，东南两侧延伸至发掘区之外	开口于F1①层下，打破浅黄色土层	平面形状近长方形，斜壁，底略倾斜。口长1.76、口宽1.2、底长1.6、底宽1.04、深0.26~0.34米	黄褐色黏土，含较多红烧土块	无标本（少量陶片）	早一期
61	2014H63	位于T0402及T0402东扩方内，东侧延伸至T0502内	开口于第6层下，叠压2014H66及柱洞6处（D461~D464、D503、D504），打破浅黄色土层及生土层	平面形状为不规则形，弧壁，圆底。东西长3.6、南北宽2、残深0.12~0.28米	黄褐色黏土，土质结构疏松，含少量红烧土颗粒	石镞3、陶鼎足3、陶壶形器1、陶器盖1	早一期
62	2014H64	位于T0301、T0302内	南侧被坑边G3打破，北侧被ZK1打破，打破F2~F4及生土层	平面形状不规则形，斜壁，底部近平。长4.2、宽2.94、残深0.18~0.27米	灰褐色黏土，土质结构疏松，含烧土颗粒、石块等	石斧2、石锛1、砺石1、陶高领罐口沿1、陶罐1、陶盆口沿1	早一期
63	2014H65	位于T0202、T0302内	开口于G3下，打破生土层	平面形状近似椭圆形，弧壁，底部近平。长3、短1.74、残深0.3~0.42米	棕褐色黏土，土质结构疏松，含少量石块	石斧1、石矛1、砺石1、陶釜鼎口沿1、陶高领罐口沿1、陶罐1、陶鼎足3、陶罐底1	早一期
64	2014H66	位于T0402东扩方内	上部被2014H63叠压	平面形状近椭圆形，直壁，平底。长1.04、宽0.66、残深0.16~0.2米	黄褐色黏土，土质结构疏松，含少量烧土颗粒	无	早一期
65	2014H67	位于T0302东北部	开口于第6层下，打破浅黄色土层	平面形状近似椭圆形，斜壁，平底。东西长2.67、南北宽1.36、残深0.3米	浅灰色黏土，土质结构疏松，含少量红烧土块	无标本（少量陶片）	早一期

续表

序号	编号	位置	层位关系	形制结构	填土	出土器物（标本/件）	期别
66	2014H70	位于T0203西北角，延伸至西壁内	开口于第6层下，打破浅黄色土层	平面形状呈半椭圆形，斜壁，平底。南北长0.8，深0.1米	浅灰色土，质地疏松，包含红烧土颗粒、炭屑等	石镞2	早一期
67	2014H71	位于T0203南部，延伸至南壁内	开口于第6层下，打破浅黄色土层	平面形状呈不规则形，弧壁，底部平整。南北长1.28，东西宽0.65，深0.2米	黄灰色土，质地疏松，含红烧土颗粒、炭屑等	无	早一期
68	2014H72	位于T0203东部	开口于第6层下，南部被2014H45打破，打破浅黄色土层	平面形状近似半圆形，浅弧壁，平底。直径0.8，深0.15米	浅灰色土，土质疏松，含红烧土、炭屑等	无	早一期
69	2016H1	位于T0201中西部	开口于第4A层下，打破第5层	仅发掘1/2，平面呈半圆形，圜底。长3，宽1.2，深0.5米	浅灰色土，含红烧土颗粒等	石范1	早二期
70	2016H2	位于T0201西南部，延伸至南壁及西壁	开口于第4A层下，打破第5层	仅发掘1/4，平面呈不规则形，弧壁，口长4，口宽2.5，深0.45米	浅灰色土，结构疏松，含红烧土块状、炭屑、石块等	石镞1、石铲1、陶豆柄1	早三期
71	2016H3	位于T0201南中部，延伸至南壁	开口于第4A层下，打破F1②层及第5层	仅发掘1/2，平面呈半圆形，弧壁，平底。口长2.85，口宽1.4，深0.4米	灰黄色，含红烧土块、炭粒、炭屑、石块等	石镞1、石斧1、陶鼎足1	早三期
72	2016H4	位于T0502中北部	开口于第4A层下，打破F1	平面呈椭圆形，斜壁，平底。长2.4，宽1.04，深0.76米	灰黑色，结构疏松	无标本（少量陶片）	早三期

续表

序号	编号	位置	层位关系	形制结构	填土	出土器物（标本/件）	期别
73	2016H5	位于T0502西北部，延伸至T0402	开口于第4A层下，打破F1②层	平面呈不规则长条形，口大底小，底部不平。口长3.38~4.63，口宽0.8~1.4，底长3.1~4.24，底宽0.56~1，深0.46~0.6米	灰褐色，结构疏松，含少量红烧土颗粒	石镞6、钻芯1、陶高足1	早二期
74	2016H7	位于T0307西南部	开口于第4A层下，打破生土层	平面呈圆形，弧壁，圆底。口径0.5，深0.28米	灰褐色土，含卵石、红烧土块、炭屑等	石斧1	早二期
75	2016H8	位于T0202东南部	开口于第4A层下，打破浅黄色土层	平面形状呈不规则形，弧壁，圆底。长1.65，宽1.32，深0.16米	黄褐色土，含炭屑、红烧土颗粒、石块等	无标本（少量陶片）	早二期
76	2016H9	位于T0406东南部	开口于第4B层下，打破浅黄色土层	平面呈不规则形，坑壁陡直，底部高低不平。长2.1，宽1.65，深0.1~0.26米	灰黑色土，含烧土、炭屑等	石斧2	早二期
77	2016H10	位于T0406东北部，延伸至东壁	开口于第4B层下，打破第4B层、祭祀台及2016G4	平面呈不规则形，弧壁，底斜。长2.9，宽0.15~2.3，深0.15~0.48米	灰黑色，结构致密	无标本（少量陶片）	早二期
78	2016H11	位于T0306西部	开口于第4B层下，打破黄色粗沙土层	平面呈不规则椭圆形，弧壁，平底。长0.82，宽0.75，深0.16米	灰黑色土，结构致密	无	早二期
79	2016H12	位于T0406东南部，延伸至东壁	开口于第4B层下，打破黄色粗沙土层	平面呈不规则椭圆形，弧壁。长1.2，宽0.5~0.85，深0.2~0.55米	灰黑色土，结构致密	无	早二期

附　表

·771·

续表

序号	编号	位置	层位关系	形制结构	填土	出土器物（标本/件）	期别
80	2016H13	位于T0406东南部，延伸至东壁	开口于第4B层下，打破生土层	平面呈不规则形，坑壁较光滑，底部不平，呈西高东低。长1.44，宽0.6～1.4，深0.32～0.52米	灰黑色土，结构致密	无	早二期
81	2016H14	位于T0202西南角，延伸至西壁	开口于第5层下，打破浅黄色土层	平面形状近半圆形，弧壁，圜底，底部分布较为集中的卵石块，性质不明。口径2.46，深0.26米	黄灰色土，土质致密，含少量石块	陶高领罐口沿2	早一期
82	2016H15	位于T0202西北部，延伸至西壁	开口于第5层下，叠压D716、D719，打破浅黄色土层	平面形状为深圆形，弧壁，底部平整。长1.7，宽1.65，深0.36米	黄褐色土，局部为深褐色，土质致密，含红烧土颗粒、石块等	无	早一期
83	2016H16	位于T0201北部	开口于第5层下，打破浅黄色土层	平面形状近似不规则椭圆形，弧壁，圜底。长径2.2，短径1.34，深0.34米	浅灰色黏土，结构致密，含红烧土块、石块等	无标本（少量陶片）	早一期
84	2016H17	位于T0201北部，东南部被2016Z1叠压，打破浅黄色土层	开口于第5层下，东南部被2016Z1叠压，打破浅黄色土层	平面形状为不规则形，弧壁，圜底。东西长2.2，南北宽2，深0.34米	黄褐色土，结构致密，含红烧土颗粒、炭屑、石块等	石斧2，陶鼎足2，陶高领罐口沿1	早一期
85	2016H18	位于T0502扩方东北部	开口于第2层下，打破生土层	平面形状不规则形，坑壁较光滑，底部不平，呈中间高两端低。坑口长1.86，宽1.34～1.7，深0.23～0.4米	红褐色沙质黏土及青灰色黏土，土质较黏	无标本（少量陶片）	早二期
86	2016H19	位于T0307南部	开口于第4A层下，打破浅黄色土层	平面呈不规则形，弧壁，底部高低不平。长1.2，宽1.1～1.4，深0.1～0.14米	灰褐色土，含红烧土块、卵石等	陶鼎足2，陶豆柄1	早一期

续表

序号	编号	位置	层位关系	形制结构	填土	出土器物（标本/件）	期别
87	2016H20	位于T0501西部	开口于2014G5下，打破F2部分柱洞	平面呈不规则长方形，弧壁，圜底。长0.75~0.95，宽0.5，深0.16米	灰褐色土，含红烧土块、炭屑等	无标本（少量陶片）	早一期
88	2014G1	位于T0205、T0302、T0405内	开口于第4B层下，打破第5层、F2，浅黄色土层及生土层	平面形状略呈弧形，大致呈东西北走向。发掘长度13.5米，上部沟口不甚规整，局部被破坏，外侧沟边宽3.1~5.6，内侧沟边2.2~2.75，底宽1.1~1.4，深0.25~1.35米	沟内填土自上至下可分四层。第1层为褐色细沙土，质地疏松，含青石块、草木灰等。第2层为黄灰色沙土，质地略硬。第3层为灰褐色细沙，质地疏松，夹杂少量黄色粉沙土，夹杂少量黄色细沙土，黄褐色细沙土，局部为坚硬呈块状，土质致密，含草木灰等	第1层：石镞3、石锛1、穿孔石刀1、石斧5、残损不明石器及坯料2、陶鼎足1、陶鬶足1、陶器盖纽1、陶矮领罐口沿4、陶鬶足1、陶穿孔饼形器1、陶器残片 第2层：石镞2、石斧1、陶器残片 第3层：石镞1、穿孔石器3、石犁1、残损不明石器及坯料3、陶纺轮1、陶鼎足2 第4层：石镞13、石斧14、石锛5、穿孔石刀2、石刀2、穿孔石器3、石凿1、砺石3、残损不明石器及坯料4、陶纺轮4、陶鼎足6、陶矮领罐口沿1、陶高领罐口沿2、陶釜鼎足2、穿孔石器1、陶把手1、陶豆柄1、陶圈足盘1、陶支座1、陶器盖纽1、陶鬶足3、铜块1 2017TG1G1：石锛1、石斧1、穿孔石器1 2017TG2G1①：石镞1、陶鼎足3、陶矮领罐口沿1、陶鬶足1、陶器盖纽1、陶豆柄1 2017TG2G1②：石镞2、石斧1、石刀1、陶鼎足5、陶圈足盘1、陶釜鼎口沿2、陶高领罐口沿1、陶支座1、陶大口缸底1	早二期
89	2014G2	位于T0301、T0302、T0401、T0402内	开口于第2层下，打破F1①层	平面呈长条形，弧壁，圜底。东西长11.76，南北宽3.7，底宽0.5米	黄褐色土，土质略硬，含红烧土颗粒、炭屑等	石镞13、石斧3、石锛4、坯料1、陶纺轮3、陶鼎足4、陶高领罐口沿2、陶支座1、陶鼎足底1、陶大口缸口沿1	晚一期

附表

续表

序号	编号	位置	层位关系	形制结构	填土	出土器物（标本/件）	期别
90	G3	位于T0201、T0202、T0301、T0302、T0401、T0402内	开口于F1①层下，北侧沟边ZK11打破，打破F2～F4及生土层	平面形状呈不规则形，弧壁，沟底近平。东西长约16.5，南北宽4.5～9.5，深0.5米	沟内填土从上至下分两层。第1层为灰褐土堆积，夹红烧土堆积。第2层为灰土夹黄沙土堆积，土质结构致密，含少量烧土颗粒	第2层：石镞21、石斧18、石锛15、石刀6、石刀2、穿孔石刀2、穿孔饼形器1、砺石2、残损不明石器及坯料11、陶纺轮6、陶盆形鼎2、陶鼎足、陶罐口沿1、陶罐底1、陶杯1、陶豆柄1、陶矮领罐口沿1、陶圈足杯1、陶圈足座1、陶支座1、陶器盖2、陶拍1	早一期
91	2014G4	位于T0401、T0402、T0501及T0501东扩方内	开口于F1①层下，F1②层下。东南部被2016Y11打破，打破F3、F4及生土层	平面形状呈西北—东南走向的长条形，弧壁，圜底。东西长11，南北宽0.5～3.7，深0.2～0.5米	灰土夹杂黄沙土堆积，土质结构致密，含红烧土颗粒	石镞1、石斧1、残损不明石器1、陶鼎足2、陶釜鼎1、陶鬶1、陶圈足盘1	早一期
92	2014G5	位于T0401、T0501内，延伸至发掘区之外	上部被F1①、F1②层所叠压，东侧被2016Y11打破。叠压2016H20，柱洞D784～D799及浅黄色土层	平面形状呈东南—西北走向的长条形，上宽下窄。东西残长14.25，南北宽2～6.1，深0.45～0.63米	灰色沙土，土质结构致密，含红烧土颗粒	石镞23、石斧7、石锛3、砺石2、穿孔石刀1、石刀1、石钺1、石凿1、残损不明石器及坯料6、陶纺轮3、陶高领罐口沿3、陶豆盘1、陶盏形器1、陶拍1、陶大口缸口沿1	早一期
93	2016G1	位于T0201南部，东西两侧延伸至东壁和发掘区之外	开口于第3层下，打破第4A层	平面形状呈不规则长条形，直壁，平底，长9.85，宽0.65～1.5，深0.2米	浅灰色土，夹杂黄色土块，含少量石块	石镞2、石斧1、陶矮领罐口沿1	晚二期
94	2016G2	位于T0405、T0406、T0407内，南部被大园塘破坏，北部延伸至发掘区之外	开口于第2层下，向下打破第3A层	平面形状呈东北—西南走向的长方形，沟壁规整，直壁，平底，残长15，宽5.8，深0.3米	浅灰色黏土	无标本（少量瓷陶片）	晚二期
95	2016G4	位于T0406、T0407内。北侧延伸至发掘区之外	西北侧被祭祀台叠压，打破2016H10打破，打破浅黄色土层	平面呈长条形，弧壁，底部平。东西长6.5，南北宽4.5，深0.45～0.9米	深灰褐色土，土质结构疏松，含红烧土颗粒、炭屑等	石镞1、石斧2、陶纺轮3、陶鬶2、陶豆柄2、陶鼎足2、陶高领罐口沿1、陶器盖1	早一期

续表

序号	编号	位置	层位关系	形制结构	填土	出土器物（标本/件）	期别
96	2016G5	位于T0306、T0307内，北侧延伸至发掘区之外	开口于第4A层下，打破浅黄色土层	平面近长条形，弧壁，底部不平。南北残长11，口宽2.3~3.9，深0.25~0.65米	填土分2层：第1层为深褐色土，夹杂红烧土颗粒，土质结构疏松，仅分布于北部，厚0~0.35米。第2层浅灰色土，土质较板结，厚0~0.45米	第1层：石镞1、石斧1、陶大口缸口底1、盆1 第2层：石镞1、石斧1、陶鼎足3、陶把手1、陶双沿坛口沿1、陶器流1	早一期
97	2016G6	位于T0501、T0502东扩方东部，东侧延伸至发掘区之外	开口于第2层下，打破F1东侧基槽	平面呈不规则形，坑壁陡直，底部平整。长10.8，宽2.42，深0.6~0.8米	灰褐色土	石镞7、石斧1、石凿1	晚二期
98	2016G7	位于T0406、T0407内	北侧被祭祀台及浅黄色土层叠压。南部破2016G8打破，打破2016G7发生土层	平面呈不规则弧状条形，弧壁，圆底。南北长9.5~10.85，宽1.55~2.4，深0.4米	浅灰色黏土，含红烧土颗粒、炭屑等	陶釜鼎口沿1、陶钵1、陶鬶足2、陶把手1、陶豆柄2	早一期
99	2016G8	分布于T0405、T0406内	开口于第4B层下，北侧被浅黄色土层叠压，南部被2014G1打破，打破2016G7及生土层，其下叠压6个柱洞（D823~D828）	平面呈长条形，弧壁，底部北高南低。南北长6.2，东西宽3，深0.5~0.9米	浅黄色土，含红烧土颗粒	无标本（少量陶片）	早一期
100	2014J1	位于T0301东部和T0401探方西部	开口于第2层下，上部被2014H23打破，打破第4A层及浅黄色土层	平面呈圆形，直壁，口径1.9~2.2米。根据钻探可知井深6.9米，由于井内堆积大石块较多且部分井壁垮塌，故发掘至2.9米处停挖，底部形制不明	发掘部分填土分3层：第1层为灰褐色土，夹杂红烧土块，土质结构疏松。第2层为浅黄色土，夹杂红烧土块。第3层为灰褐色土，夹杂红烧土碎块	第1层：石镞2、石斧3、陶高足1 第2层：陶盆口沿1	早三期

附　表

续表

序号	编号	位置	层位关系	形制结构	填土	出土器物（标本/件）	期别
101	2014J2	位于T0401西南部	开口于第2层下，打破第4A层及浅黄色土层	平面呈圆形，直壁，平底。口径1.9，底径0.96，深7.8米	井内填土分七层：第1层为灰褐色土夹红烧土块，结构疏松。第2层为浅黄色土夹红烧土块，结构疏松。第3层为灰褐色土夹红烧土块，结构疏松。第4层为黄褐色土夹红烧土块，结构疏松。第5层为黄褐色土夹青灰色沙土及少量红烧土块，结构疏松。第6层为青灰色淤泥。第7层为深灰色淤泥。根据堆积性质分析，第1~5层为废弃堆积，第6层、第7层为J2使用时期形成的堆积	第1层：石磙3 第4层：砺石1 第7层：石砰1、陶鼎足2、陶釜鼎口沿2	早三期
102	2016Z1	位于T0201北中部偏西，方向275°	开口于第4A层下，打破F1①层及第5层	整体呈马蹄形，为四眼灶。火塘、火门、火道及火眼四部分组成。四侧内表面均有一层烧结面，其中火门在西，火眼在东。整体东西长1.1，宽0.85米	深灰色，结构致密。含红烧土颗粒、炭屑、石块、陶片等	无标本（少量陶片）	早三期

续表

序号	编号	位置	层位关系	形制结构	填土	出土器物（标本/件）	期别
103	2016Z2	位于T0405北部	开口于第3C层下，打破第4A层，南部被破坏	残存平面形状呈长方形，直壁，灶底。北壁及底部有一层厚0.04~0.05米的红烧壁。残长0.85，宽0.32~0.46，深0.16米	灰黑色土，含红烧土颗粒、炭屑等，北侧底部分布有一层黑色灰烬	无	晚一期
104	祭祀台	位于T0306、T0307、T0406、T0407内	开口于第4A层下，叠压在2016G4及浅黄色土层	平面大致呈南北向圆角长方形，东西两侧及南侧部分破坏，南北残长12，东西残宽8.2，厚0.7米	由上至下可分三层：第1层为浅黄色沙土层，含少量红烧土颗粒，四周堆积较薄，中部堆积较厚，与第2层形成互补。第2层为灰褐色土层，含少量红烧土及炭屑等，中部堆积较厚，四周堆积较薄。第3层为浅黄色细沙土层，局部夹青灰土	无标本（少量陶片）	早三期
105	红烧土堆积	位于T0204西侧	开口于第4A层下，打破第5层、第6层及生土层	平面呈不规则椭圆形	为大小不一的红烧土块堆积夹杂少量灰褐色土堆积而成	石镞8、石刀1、石斧2、石凿2、残损不明石器1、陶纺轮1、陶鼎足2、陶碗1、陶釜1、陶金鼎口沿1、陶鬶1、陶盆口沿2	早二期

续表

序号	编号	位置	层位关系	形制结构	填土	出土器物（标本/件）	期别
106	2016Y1	位于T0501东扩方南部	开口于第2层下，打破第3层、第4层、2014G4、2014G5及生土层	整体东西长6.52、南北长5.72米。由窑室、烟囱、火膛、窑门、操作间等五部分组成。由于破坏严重，窑顶已损毁，操作间仅残存局部。窑室：平面形状呈椭圆筒形。窑壁上部为局部。窑室用青砖平砌三层，下部呈青砖错缝平砌及用青砖砌有等距离四个砖柱，窑床底部为东高西低青灰色烧结面。烟囱分三组，分别位于窑壁外的北、东、西三面，在窑室内壁底部与烟囱对应处也有三组排烟孔直通烟囱内。火膛：位于窑床南侧，平面形状近半圆形，口大底小。窑门位于火膛之南侧的操作间与火壁之间，呈长方形。操作间位于窑门南侧，形状近长方形，由于破坏严重，均存一段	窑室内填土堆积由上至下分两层：第1层为黄褐色土，含有少量灰土块及红烧土块，土质较硬；第2层为灰褐色土，夹杂有红烧土块及散砖块。烟囱内填土灰为色黄色土，土质稍硬，夹杂有红烧土颗粒。火膛底部残存疏松。火膛底部灰烬有黑灰色灰烬，窑门内填土为灰黄色，夹杂有红烧土颗粒，土质疏松。操作间内填土由上至下分两层：第1层为灰褐色土，土质较松，包含物有残砖块；第2层为黑灰色灰烬及瓦砾	石斧1、陶器盖2	晚二期

·777·

续表

序号	编号	位置	层位关系	形制结构	填土	出土器物（标本/件）	期别
107	柱洞群	位于T0201、T0301、T0302、T0402、T0402东扩方、T0502东扩方内	开口于第4层下，打破F1	柱洞直径13～122厘米，由于后期破坏，柱洞无规律可循		无	早二期
108	2017TG1H1	位于2017TG1东部	开口于2017TG1④层下，打破2017TG1⑤层及2014G1延伸部分	平面呈不规则形，坑壁内弧，圜底，南北长2.65、东西宽1.25、深0.7米	黄灰色土，呈胶泥状，含有石块、红烧土块等	无标本（少量陶片）	晚二期
109	2017TG2H1	位于2017TG2中部	开口于2017TG2G1下，打破生土层	平面呈椭圆形，仅发掘东侧部分，斜壁，平底。坑口东西长2.3、南北长2.2、坑底东西宽2.1、坑底南北宽1.38、深0.5米	灰褐色，土质致密，含有砂粒	无标本（少量陶片）	早一期
110	2017TG2G2	位于2017TG2北部	开口于第6层下，打破2017TG2G1及生土层	平面呈西北—东南向长条形，沟壁向内斜收，底部不平。长3.7、宽1～1.65、深0.35～0.55米	青灰色淤土，土质细腻，结构致密，含少量石块	无标本（少量陶片）	早一期

注：其中2013H1为现代坑，2014H62、2014H68、2014H69、2014H73、2014H74、2014H75、2014H78、2014H81改编号为第6层下大型柱坑（ZK），2014H30、2014H44、2014H51、2016H21改编号为F2柱洞D838、D522、D837、D836。2014H24、2014H57、2014H58、2014H60、2014H76、2014H77、2014H79、2014H80、2016H6等在发掘及整理过程中销号。

附表二 罗家冲遗址F2～F4柱洞统计表

新编号	原编号	形制与结构	尺寸/厘米	填土	位置	所属房址
D1	2013D1	椭圆形，壁略斜，平底，底部有中心柱坑	口径42、深35	中部为灰色黏土，含红烧土颗粒、陶片等，外围为黄色黏土，夹少量灰色黏土，含陶片	大园塘塘底	F3
D2	2013D2	椭圆形，壁略斜，平底	口径33～37、深19	灰色黏土夹少量碎陶片，底部有一鼎足	大园塘塘底	F3
D3	2013D3	圆形，斜壁，底部近平	口径44、深28	灰色黏土，夹黄色沙土，含陶片	大园塘塘底	F2
D4	2013D4	椭圆形，斜壁，平底	口径36～40、残深13	灰色黏土，含红烧土颗粒、炭粒、陶片等	大园塘塘底	F2
D5	2013D6	圆形，斜壁，底部近平	口径38～40、深42	灰色黏土夹黄色黏土，中部土色较深，外围较浅，含陶片、炭屑、小石子等	大园塘塘底	F2
D6	2013D7	椭圆形，斜壁，平底	口径20～25、深28	灰色黏土，含夹红烧土颗粒、陶片等	大园塘塘底	F4
D7	2013D8	不规则椭圆形，直壁，平底	口径20～25、深30	灰色黏土，含陶片、小石子等	大园塘塘底	F2
D8	2013D10	不规则圆形，直壁，底部略斜	口径18～20、残深5	灰色黏土	大园塘塘底	F2
D9	2013D11	不规则椭圆形，直壁，底部近平	口径40～50、残深30	灰色黏土夹黄色黏土，夹细砂，含陶片、小石子等	大园塘塘底	F2
D10	2013D12	圆形，直壁，斜底，北低南高	口径76～80、深20～30	灰色黏土，含红烧土块、陶片等	大园塘塘底	F2
D11	2013D13	不规则圆形，壁略斜，底部近平	口径22～30、深19	灰色黏土，含陶片、小石子等	大园塘塘底	F2
D12	2013D14	不规则椭圆形，斜壁，平底，底部有柱础石	口径35～50、深22	灰色黏土，含红烧土块、砾石等	大园塘塘底	F2
D13	2013D15	圆形，直壁，平底	口径80、深30	灰色黏土，含陶片	大园塘塘底	F2
D14	2013D16	不规则圆形，直壁，底部微斜	口径40～50、深34	灰色黏土，含石块、一件鼎足及陶片等	大园塘塘底	F2
D15	2013D17	圆形，直壁，斜底，西高东低	口径30～33、深10	灰色黏土，夹细砂	大园塘塘底	F2
D16	2013D18	椭圆形，斜壁，圜底	口径18～23、深22	黄褐色黏土，夹细砂	大园塘塘底	F4
D17	2013D19	圆形，圜底	口径22、残深9	灰色黏土，夹细砂，含陶片	大园塘塘底	F4
D18	2013D20	圆形，斜壁，平底	口径38～42、深18	灰色黏土，夹细砂，含陶片、卵石等	大园塘塘底	F2
D19	2013D21	圆形，壁略斜，底微圜	口径28、深15	灰色黏土，夹青灰色细砂，含陶片	大园塘塘底	F3
D20	2013D22	椭圆形，圜底	口径14～19、深6	灰色黏土	大园塘塘底	F4
D21	2013D23	圆形，直壁，底部略斜	口径25～27、深27	灰色黏土，夹细砂，含陶片、石块等	大园塘塘底	F3

续表

新编号	原编号	形制与结构	尺寸/厘米	填土	位置	所属房址
D22	2013D24	圆形，直壁，平底	口径17、深15	灰色黏土	大园塘塘底	F3
D23	2013D25	圆形，壁略斜，平底	口径40~43、深31	中部为灰色黏土，外围为灰色夹黄色黏土，含陶片、石块等	大园塘塘底	F2
D24	2013D26	圆形，直壁，底部近平	口径35、深22	灰色黏土，夹黄褐色黏土，含陶片	大园塘塘底	F2
D25	2013D27	圆形，斜壁，平底	口径16~18、深3	灰色黏土，含红烧土颗粒	大园塘塘底	F4
D26	2013D28	圆形，斜壁，平底	口径27、深12	灰色黏土，含陶片	大园塘塘底	F4
D27	2013D29	圆形，壁略斜，平底	口径32~36、深26	灰色黏土，夹黄褐色黏土，含陶片	大园塘塘底	F2
D28	2013D30	圆形，斜壁，平底	口径22~24、深10	灰色黏土，含红烧土颗粒	大园塘塘底	F4
D29	2013D31	圆形，斜壁，平底	口径25、深35	灰色黏土，含陶片	大园塘塘底	F4
D30	2013D32	圆形，斜壁，平底	口径20、残深4	灰色黏土，夹细砂	大园塘塘底	F4
D31	2013D33	圆形，壁略斜，平底	口径40~42、深32	灰色黏土，含陶片	大园塘塘底	F3
D32	2013D35	椭圆形，壁略斜，平底	口径25~45、深20	灰色夹黄色黏土，含陶片	大园塘塘底	F3
D33	2013D36	椭圆形，直壁，底部微圆	口径26~48、深21	灰色夹黄色黏土、细砂，含陶片	大园塘塘底	F3
D34	2013D37	不规则圆形，直壁，平底	口径16、深20	灰色黏土	大园塘塘底	F4
D35	2013D38	圆形，壁略斜，平底	口径14、深6	灰色黏土	大园塘塘底	F4
D36	2013D39	圆形，壁略斜，平底	口径14、深10	灰色黏土	大园塘塘底	F4
D37	2013D40	圆形，壁略斜，平底	口径20、深7	灰色黏土	大园塘塘底	F4
D38	2013D42	圆角方形，直壁，底部中间有中心柱坑	口径55、深45、中心柱坑口径22~45、深5	灰褐色砂土，含石块	大园塘塘底	F2
D39	2013D43	圆形，直壁，平底	口径35、深32	黄褐色夹灰色黏土，含陶片	大园塘塘底	F3
D40	2013D44	圆形，直壁，平底	口径32、深20	灰色黏土	大园塘塘底	F3
D41	2013D45	不规则形，斜壁，平底	口径42~45、深30	灰色黏土，含红烧土块、陶片等	大园塘塘底	F2
D42	2013D46	圆形，壁略斜，平底	口径26、深13	黄褐色黏土，夹细砂	大园塘塘底	F3
D43	2013D51	圆形，斜壁，平底	口径28、深16	灰色黏土，夹细砂	2013TG1	F4
D44	2013D52	圆形，圜底	口径28、深5	灰色黏土，夹细砂	2013TG1	F3
D45	2013D53	圆形，斜壁，平底	口径26~30、深30	灰色黏土，夹细砂，含陶片	2013TG1	F3
D46	2013D54	圆形，斜壁，平底	口径22~24、深22	灰色黏土，夹细砂	2013TG1	F4
D47	2013D55	圆形，斜壁，平底	口径30、深30	灰色黏土，夹细砂，含陶片	2013TG1	F3
D48	2013D56	不规则圆形，斜壁，平底	口径36~42、深30	灰色砂土	2013TG1	F2
D49	2013D57	椭圆形，斜壁，平底	口径45~60、深28	灰色砂土	2013TG1	F2
D50	2013D58	圆形，斜壁，平底	口径32~34、深32	深灰褐色砂土，含小石子	2013TG1	F3
D51	2013D59	圆形，斜壁，平底	口径50、深35	黄褐色黏土，含陶片	2013TG1	F2
D52	2013D60	圆形，斜壁，底部有一凹坑	口径43~48、深26	灰色黏土，含红烧土颗粒	大园塘塘底	F2

续表

新编号	原编号	形制与结构	尺寸/厘米	填土	位置	所属房址
D53	2013D61	椭圆形，斜壁，圜底	口径20、深10	灰褐色黏土，含炭粒	大园塘塘底	F3
D54	2013D63	圆形，壁略斜，平底，底部有中心柱坑	口径55、深45	中部为灰色黏土，外围为黄褐色黏土夹砂土，含陶片	大园塘塘底	F2
D55	2013D64	圆形，斜壁，平底，底部有柱础石	口径32、深10	灰色黏土，夹细砂	大园塘塘底	F3
D56	2013D67	圆形，直壁，平底	口径20~22、深18	灰色黏土，含红烧土颗粒、炭粒等	大园塘塘底	F4
D57	2013D68	圆形，直壁，平底	口径25、深9	灰色黏土，土色略深	大园塘塘底	F4
D58	2013D70	圆形，斜壁，平底	口径22、残深5	灰色黏土，含红烧土颗粒	大园塘塘底	F4
D59	2013D71	圆形，平底	口径20、残深3	灰色黏土	大园塘塘底	F4
D60	2013D72	圆形，壁略斜，平底	口径24、深24	灰色黏土，夹细砂	大园塘塘底	F4
D61	2013D73	椭圆形，斜壁，平底	口径16~19、深7	灰色黏土，夹细砂	大园塘塘底	F4
D62	2013D74	圆形，平底	口径22、深5	灰色黏土	大园塘塘底	F4
D63	2013D75	圆形，斜壁，平底	口径20、深11	灰色黏土，夹细砂	大园塘塘底	F4
D64	2013D77	不规则椭圆形，直壁，平底	口径34~42、深32	黄褐色黏土，夹细砂	大园塘塘底	F2
D65	2013D78	圆形，平底	口径14、深4	灰色黏土	大园塘塘底	F4
D66	2013D79	椭圆形，斜壁，平底	口径10~12、深10	灰色黏土，含陶片	大园塘塘底	F4
D67	2013D80	圆形，平底	口径14、深5	灰色黏土	大园塘塘底	F4
D68	2013D81	椭圆形，斜壁，平底	口径14~18、深6	灰色黏土	大园塘塘底	F4
D69	2013D82	不规则椭圆形，斜壁，平底	口径14~17、深9	灰色黏土	大园塘塘底	F4
D70	2013D83	不规则形，斜壁，平底	口径15~30、深11	灰色黏土	大园塘塘底	F4
D71	2013D84	圆形，斜壁，平底	口径70、深33	灰色黏土	大园塘塘底	F2
D72	2013D85	圆形，直壁，平底	口径22、深14	灰色黏土	大园塘塘底	F4
D73	2013D86	椭圆形，圜底	口径18~20、深18	灰色黏土	大园塘塘底	F4
D74	2013D87	圆形，斜壁，平底	口径20、深10	红烧土，夹少量灰色黏土	大园塘塘底	F4
D75	2013D88	圆形，斜壁，平底	口径28~32、深15	黄褐色黏土，出土一件锥状鼎足	大园塘塘底	F3
D76	2013D89	不规则椭圆形，直壁，平底	口径65~72、深35	黄褐色黏土，夹细砂，含陶片	大园塘塘底	F2
D77	2013D90	不规则圆形，斜壁，斜底	口径36、深20	灰色黏土	大园塘塘底	F3
D78	2013D91	圆形，斜壁，圜底	口径17~20、深16	灰色黏土	大园塘塘底	F4
D79	2013D92	圆形，平底	口径20~22、深6	灰色黏土，夹细砂	大园塘塘底	F3
D80	2013D93	圆形，直壁，平底	口径16~18、深6	灰色黏土	大园塘塘底	F4
D81	2013D94	椭圆形，直壁，平底	口径55~62、深35	黄褐色沙土	大园塘塘底	F2
D82	2013D95	椭圆形，平底	口径12~16、深4	灰色砂土	大园塘塘底	F4
D83	2013D96	圆形，斜壁，平底	口径30~38、深17	灰色黏土	大园塘塘底	F3

续表

新编号	原编号	形制与结构	尺寸/厘米	填土	位置	所属房址
D84	2013D97	圆形，斜壁，平底	口径20~27、深15	灰色黏土，夹细砂	大园塘塘底	F3
D85	2013D98	圆形，直壁，平底	口径40~44、深47	灰色黏土，夹红烧土颗粒、陶片等	大园塘塘底	F2
D86	2013D99	椭圆形，直壁，平底	口径18~24、深10	灰色黏土	大园塘塘底	F3
D87	2013D101	圆形，直壁，平底	口径50、深40	灰色黏土，夹细砂	大园塘塘底	F2
D88	2013D102	圆形，直壁，平底	口径40、深38	灰色黏土	大园塘塘底	F2
D89	2013D103	不规则圆形，直壁，平底	口径42~44、深50	灰色黏土，含红烧土颗粒、炭粒等	大园塘塘底	F2
D90	2013D104	椭圆形，直壁，平底	口径36~40、深48	灰色黏土	大园塘塘底	F2
D91	2013D105	椭圆形，直壁，平底	口径28~34、深20	灰色黏土，夹细砂	大园塘塘底	F2
D92	2013D106	椭圆形，直壁，平底	口径30~36、深34	灰色黏土，夹细砂	大园塘塘底	F2
D93	2013D107	圆形，直壁，平底	口径36、深28	灰色黏土，夹细砂	大园塘塘底	F2
D94	2013D108	不规则圆形，斜壁，平底	口径38~52、深34	灰色黏土，夹细砂，含陶片	大园塘塘底	F2
D95	2013D109	椭圆形，直壁，平底	口径24~30、深20	灰色黏土，夹细砂	大园塘塘底	F2
D96	2013D110	椭圆形，直壁，平底	口径36~40、深36	灰色黏土，夹细砂，含红烧土颗粒	大园塘塘底	F3
D97	2013D111	椭圆形，直壁，平底	口径20~24、深18	灰色黏土，夹细砂	大园塘塘底	F4
D98	2013D112	椭圆形，直壁，平底	口径30~45、深24	灰色黏土，含红烧土颗粒、陶片等	大园塘塘底	F2
D99	2013D113	圆形，弧壁，平底	口径40、深18	灰色黏土，含红烧土颗粒	大园塘塘底	F2
D100	2013D114	椭圆形，斜壁，平底	口径24~30、深10	灰色黏土，夹细砂	大园塘塘底	F3
D101	2013D115	圆形，斜壁，平底	口径46~50、深28	灰色黏土，夹细砂	大园塘塘底	F2
D102	2013D116	圆形，圜底	口径20、深10	灰色黏土，夹细砂	大园塘塘底	F3
D103	2013D117	圆形，圜底	口径20、深10	灰色黏土，夹细砂	大园塘塘底	F4
D104	2013D118	不规则椭圆形，直壁，平底	口径26~34、深6	灰色黏土	大园塘塘底	F3
D105	2013D119	圆形，直壁，平底	口径24、残深4	灰褐色砂土	大园塘塘底	F4
D106	2013D120	圆形，斜壁，平底	口径46~50、深42	灰色黏土，夹细砂，含陶片	大园塘塘底	F2
D107	2013D121	椭圆形，直壁，平底	口径36~40、深15	深灰色黏土，含石块、陶片等	大园塘塘底	F2
D108	2013D122	圆形，斜壁，平底	口径20、深20	黄褐色黏土，夹细砂	大园塘塘底	F4
D109	2013D123	椭圆形，直壁，平底	口径20~34、深50	深灰色黏土，含陶片	大园塘塘底	F3
D110	2013D124	不规则形，圜底	口径20~24、深12	黄褐色黏土，夹细砂	大园塘塘底	F4
D111	2013D125	不规则椭圆形，斜壁，平底	口径24~28、深36	黄褐色黏土	大园塘塘底	F3
D112	2013D126	圆形，斜壁，平底	口径26、深34	青褐色黏土	大园塘塘底	F3
D113	2013D127	不规则圆角方形，直壁，平底，底部有中心柱坑	口径42~56、深22	灰色黏土，含陶片	大园塘塘底	F3

续表

新编号	原编号	形制与结构	尺寸/厘米	填土	位置	所属房址
D114	2013D128	圆形，直壁，底部不详	口径20、深40	深灰色黏土，夹细砂	大园塘塘底	F4
D115	2013D129	椭圆形，直壁，平底	口径20、深12	灰色黏土，含少量炭粒	大园塘塘底	F4
D116	2013D130	不规则椭圆形，壁略斜，平底	口径34~42、深32	灰色黏土，夹细砂	大园塘塘底	F2
D117	2014D3	圆形，斜壁，圜底	口径20~22、深10	灰褐色砂土，含红烧土颗粒	T0402	F3
D118	2014D4	圆形，斜壁，平底	口径32、深45	中心为灰褐色砂土，外围为浅红色砂土，含红烧土颗粒、陶片等	T0402	F2
D119	2014D10	不规则圆形，直壁，平底	口径27、深30	灰褐色黏土，含红烧土颗粒	T0302	F3
D120	2014D28	不规则椭圆形，斜壁，底部微圜	口径50~65、深25	灰褐色黏土，夹砂土	T0301	F2
D121	2014D29	圆形，直壁，圜底	口径30、深10	灰褐色黏土，含红烧土颗粒	T0301	F4
D122	2014D30	圆形，直壁，圜底	口径30、深6	灰褐色黏土，含红烧土颗粒	T0301	F4
D123	2014D31	圆形，壁略斜，底近平	口径45、深12	灰褐色黏土，含红烧土颗粒	T0301	F2
D124	2014D32	圆形，弧壁，底近平	口径26、深20	浅灰色土，土质较密，含红烧土、炭屑、石块等	T0203	F4
D125	2014D33	圆形，直壁，底近平	口径20、深26	深灰色土，土质较松，含红烧土、炭屑、陶片等	T0203	F4
D126	2014D34	圆形，直壁，平底	口径18、深18	浅灰色土，土质较松，含红烧土、炭屑、陶片等	T0203	F4
D127	2014D35	圆形，直壁，平底	口径24、深16	浅灰色土，土质较密，含红烧土、炭屑、陶片、石块等	T0203	F4
D128	2014D37	圆形，斜壁，平底	口径18、深16	深灰色土，土质较松，含红烧土、炭屑、陶片等	T0203	F4
D129	2014D38	圆形，斜壁，平底	口径22、深18	深灰色土，土质较松，含红烧土、炭屑、陶片等	T0203	F4
D130	2014D39	圆形，斜壁，平底	口径20、深16	深灰色土，土质较松，含红烧土、炭屑、陶片等	T0203	F4
D131	2014D40	圆形，斜壁，一边呈台阶式内收，平底	口径30、深38	深灰色土，土质较松，含红烧土、炭屑、陶片、石块等	T0203	F3
D132	2014D45	圆形，斜壁，平底	口径40~38、深34	浅灰色土，土质较密，含红烧土、炭屑、陶片、石块等	T0204	F2
D133	2014D46	近圆形，直壁，平底	口径34~30、深20	浅灰色土，土质较密，含红烧土、炭屑等	T0204	F3
D134	2014D47	椭圆形，弧壁，圜底	口径34~45、深30	浅灰色土，土质较密，含红烧土、炭屑、石块等	T0204	F3
D135	2014D48	圆形，弧壁，圜底	口径36~38、深30	浅灰色土，土质较密，含红烧土、炭屑、陶片、石块	T0204	F3

续表

新编号	原编号	形制与结构	尺寸/厘米	填土	位置	所属房址
D136	2014D49	圆形，斜壁，平底	口径38、深14	浅灰色土，土质较密，含红烧土、炭屑、陶片等	T0204	F3
D137	2014D52	近圆形，斜壁，平底	口径28~25、深32	浅灰色土，土质较密，含红烧土、炭屑、陶片、石块等	T0204	F4
D138	2014D53	圆形，弧壁，圜底	口径26、深22	浅灰色土，土质较密，含红烧土、炭屑、陶片等	T0204	F3
D139	2014D54	椭圆形，斜壁，平底	口径54~64、深54	浅灰色土，土质较密，含红烧土、炭屑、陶片、石块等	T0204	F2
D140	2014D56	圆形，斜壁，平底	口径25、深24	浅灰色土，土质较密，含红烧土、炭屑等	T0204	F4
D141	2014D57	圆形，斜壁，平底	口径35、深26	浅灰色土，土质较密，含红烧土、炭屑等	T0204	F3
D142	2014D58	圆形，斜壁，平底	口径35、深26	浅灰色土，土质较密，含红烧土、炭屑、陶片等	T0204	F3
D143	2014D59	圆形，直壁，平底	口径28、深20	浅灰色土，土质较密，含红烧土、炭屑、陶片等	T0204	F3
D144	2014D60	圆形，直壁，平底	口径22、深20	灰黄色土，土质较密，含红烧土、炭屑等	T0204	F4
D145	2014D61	圆形，直壁，平底	口径20、深22	浅灰色土，土质较密，含红烧土、炭屑等	T0204	F4
D146	2014D62	椭圆形，弧壁，圜底	口径35~24、深20	浅灰色土，土质较密，含红烧土、炭屑、陶片等	T0204	F3
D147	2014D63	圆形，直壁，平底	口径20、深16	浅灰色土，土质较密，含红烧土、炭屑等	T0204	F4
D148	2014D64	圆形，斜壁，平底	口径26、深20	浅灰色土，土质较密，含红烧土、炭屑、陶片等	T0204	F4
D149	2014D68	椭圆形，弧壁，圜底	口径65~50、深22	浅灰色土，土质较密，含红烧土、炭屑、陶片等	T0204	F2
D150	2014D72	圆形，直壁，平底	口径30、深10	浅灰色土，土质较密，含红烧土、炭屑等	T0204	F3
D151	2014D73	椭圆形，斜坡壁，平底	口径30、深20	浅灰色土，土质较密，含红烧土、炭屑、陶片等	T0304	F3
D152	2014D74	圆形，直壁，平底	口径30、深14	浅灰色土，土质较密，含红烧土、炭屑、石块等	T0304	F3
D153	2014D77	圆形，直壁，底部有中心柱坑	口径35、深32	灰褐色沙土，含红烧土颗粒、陶片等	T0305	F2
D154	2014D78	圆形，斜壁，平底	口径40、底径22、深40	灰色细沙土，含红烧土颗粒、陶片等，底部有卵石块	T0305	F2

续表

新编号	原编号	形制与结构	尺寸/厘米	填土	位置	所属房址
D155	2014D79	近椭圆形，斜壁，平底	口径40~64、深15	灰色细沙土，含红烧土颗粒	T0305	F2
D156	2014D80	近圆形，直壁，底部呈台阶状	口径20~50、深46~60	浅灰色土，土质较密，含红烧土、炭屑、陶片等	T0304	F2
D157	2014D81	圆形，直壁，底部呈斜坡状	口径42~45、深10~24	灰褐色细沙土，底部夹杂黄色粗砂土	T0205	F2
D158	2014D82	近椭圆形，斜壁，平底	口径50~64、底径16、深65	灰褐色细沙土，含红烧土颗粒、陶片等	T0205	F2
D159	2014D83	近圆形，斜壁，平底	口径50~52、底径30、深32	灰褐色细沙土，含红烧土颗粒、白色砂石颗粒等	T0205	F2
D160	2014D85	椭圆形，弧壁，圜底	口径22~36、深10~15	灰褐色细沙土，含红烧土颗粒、陶片等	T0205	F3
D161	2014D86	近圆形，弧壁，圜底	口径22~26、深9	灰褐色细沙土，含红烧土颗粒、陶片等	T0205	F4
D162	2014D87	椭圆形，直壁，平底	口径30~42、深26	灰褐色细沙土，含红烧土颗粒、陶片等	T0205	F2
D163	2014D88	近圆角方形，直壁，平底	口径36~48、深22	灰褐色细沙土，含红烧土颗粒、陶片等	T0205	F2
D164	2014D89	圆形，直壁，平底	口径40~46、深6~10	灰褐色细沙土，含红烧土颗粒、陶片等	T0205	F2
D165	2014D90	圆形，弧壁，平底	口径14~16、底径10、深6	灰褐色沙土	T0205	F4
D166	2014D91	圆形，弧壁，平底	口径18、底径12、深18	灰褐色细沙土，含陶片	T0205	F4
D167	2014D92	圆形，弧壁，平底	口径42~46、底径26、深26	灰褐色沙土，含红烧土颗粒、陶片等	T0205	F4
D168	2014D93	圆形，斜壁，平底	口径30~35、底径15、深20	灰褐色沙土，含陶片	T0205	F4
D169	2014D94	圆形，弧壁，圜底	口径22、底径12、深12	灰褐色沙土	T0205	F4
D170	2014D96	近圆形，直壁，平底	口径55~60、深18~28	灰褐色沙土，含陶片	T0205	F2
D171	2014D101	近椭圆形，斜壁，圜底	口径18~26、底径10、深20~24	黄灰色粉沙土，含红烧土颗粒	T0205	F3
D172	2014D102	近椭圆形，弧壁，圜底	口径26~32、深12	灰褐色沙土，含炭屑、陶片等	T0205	F3
D173	2014D103	圆形，弧壁，圜底	口径22~28、深14	灰褐色沙土，含烧土颗粒	T0205	F3
D174	2014D104	圆形，弧壁，圜底	口径43、残深8	灰褐色沙土，土质较硬	T0305	F2
D175	2014D105	圆形，弧壁，圜底	口径28~37、深18	灰褐色沙土，含陶片	T0205	F3
D176	2014D106	圆形，弧壁，平底	口径32~42、深16	灰褐色沙土，含炭屑、陶片等	T0205	F3
D177	2014D107	圆形，一侧直壁，一侧弧壁，底部呈斜坡状	口径28~30、深2~10	灰褐色沙土，含炭屑、红烧土颗粒等	T0205	F3

续表

新编号	原编号	形制与结构	尺寸/厘米	填土	位置	所属房址
D178	2014D108	圆形，斜壁，平底	口径30~38、底径18、深20	灰褐色土，含陶片	T0205	F3
D179	2014D109	近椭圆形，斜壁，平底	口径42~50、底径30、深40	黄色黏土，含红烧土块、炭屑、卵石块等	T0205	F2
D180	2014D110	圆形，斜壁，圜底	口径16、底径10、深10	灰褐色沙土，含红烧土颗粒	T0205	F4
D181	2014D114	圆形，弧壁，圜底	口径26~34、深15	灰褐色黏土	T0205	F4
D182	2014D115	近椭圆形，斜壁，平底	口径40~58、底径26、深16	黄褐色黏土	T0205	F2
D183	2014D116	圆形，弧壁，圜底	口径20、深10	灰褐色沙土，含陶片	T0205	F4
D184	2014D117	圆形，弧壁，圜底	口径20~24、底径10、深16	灰褐色沙土，含红烧土颗粒	T0205	F3
D185	2014D118	近椭圆形，直壁，底部有中心柱坑	口径26~60、深7~22	灰褐色沙土，含红烧土颗粒	T0205	F3
D186	2014D119	椭圆形，直壁，底部有中心柱坑	口径46~84、深36~60	灰褐色沙土	T0205	F2
D187	2014D120	近半圆形，直壁，平底	口径46、深16	灰褐色沙土	T0205	F2
D188	2014D127	圆形，斜壁，平底	口径50、底径38、深56	灰褐色细沙土，含陶片、炭屑、石块等	T0205	F2
D189	2014D128	椭圆形，弧壁，圜底	口20~25、深20	浅灰色土，土质较密，含红烧土颗粒	T0204	F4
D190	2014D129	圆形，弧壁，圜底	口径18、深10	灰黄色土，土质较密，含红烧土	T0204	F4
D191	2014D130	圆形，弧壁，圜底	口径20、深6	浅灰色土，土质较密，含红烧土、炭屑等	T0204	F4
D192	2014D131	圆形，弧壁，圜底	口径15、深6	浅灰色土，土质较密，含红烧土、炭屑等	T0204	F4
D193	2014D132	圆形，弧壁，圜底	口径15、深7	浅灰色土，土质较密，含红烧土、石块等	T0204	F4
D194	2014D133	圆形，弧壁，圜底	口径20、深5	灰黄色土，土质较密，含红烧土	T0204	F4
D195	2014D134	圆形，弧壁，圜底	口径25、深12	深灰色土，土质较密，含红烧土	T0204	F4
D196	2014D135	圆形，弧壁，圜底	口径10、深4	浅灰色土，土质较密，含炭屑	T0204	F4
D197	2014D137	圆形，弧壁，圜底	口径10、深4	浅灰色土，土质较密，含红烧土、炭屑等	T0204	F4
D198	2014D138	圆形，弧壁，圜底	口径20、深7	浅灰色土，土质较密，含红烧土、炭屑、石块等	T0204	F4
D199	2014D139	圆形，弧壁，圜底	口径15、深4	灰黄色土，土质较密，含红烧土、炭屑等	T0204	F4
D200	2014D140	圆形，弧壁，圜底	口径20、深5	浅灰色土，土质较密，含炭屑	T0204	F4
D201	2014D141	圆形，弧壁，圜底	口径15、深3	灰黄色土，土质较密，含炭屑	T0204	F4

续表

新编号	原编号	形制与结构	尺寸/厘米	填土	位置	所属房址
D202	2014D142	圆形，弧壁，圜底	口径12、深8	浅灰色土，土质较松，含红烧土、炭屑等	T0204	F4
D203	2014D143	圆形，弧壁，圜底	口径15、深8	灰黄色土，土质较松，含炭屑	T0204	F4
D204	2014D144	圆形，弧壁，圜底	口径20、深6	深灰色土，土质较密，含炭屑	T0204	F4
D205	2014D145	圆形，弧壁，圜底	口径20、深15	浅灰色土，土质较松，含炭屑	T0204	F4
D206	2014D146	椭圆形，弧壁，圜底	口径30~35、深14	黄灰色土，土质较密，含红烧土、陶片、石块等	T0204	F3
D207	2014D147	椭圆形，弧壁，圜底	口径25~34、深25	浅灰色土，土质较松，含红烧土、炭屑、陶片等	T0204	F3
D208	2014D148	圆形，弧壁，圜底	口径20、深18	浅灰色土，土质较松，含红烧土、炭屑等	T0204	F4
D209	2014D149	椭圆形，弧壁，圜底	口径30~35、深15	土色浅灰，土质较松，含烧土，炭屑等物	T0204	F3
D210	2014D150	圆形，弧壁，圜底	口径20、深12	浅灰色土，土质较松，含红烧土、炭屑等	T0204	F4
D211	2014D151	圆形，弧壁，圜底	口径20、深14	浅灰色土，土质较松，含红烧土、炭屑等	T0204	F4
D212	2014D152	圆形，弧壁，圜底	口径20、深4	灰黄色土，土质较松，含红烧土、炭屑等	T0204	F4
D213	2014D153	圆形，弧壁，圜底	口径15、深5	灰黄色土，土质较松，含炭屑	T0204	F4
D214	2014D154	椭圆形，弧壁，圜底	口径28~35、深18	浅灰色土，土质较松，含炭屑、石块等	T0204	F3
D215	2014D155	圆形，弧壁，圜底	口径25、深25	浅灰色土，土质较松，含炭屑	T0204	F3
D216	2014D156	圆形，弧壁，圜底	口径20、深6	灰黄色土，土质较松，含炭屑	T0204	F4
D217	2014D157	圆形，斜壁，平底	口径20、深14	浅灰色土，土质较松，含红烧土、炭屑等	T0204	F4
D218	2014D158	椭圆形，弧壁，圜底	口径25~35、深5	浅灰色土，土质较松，含炭屑	T0204	F3
D219	2014D159	圆形，弧壁，圜底	口径20、深15	浅灰色土，土质较松，含炭屑	T0204	F4
D220	2014D160	圆形，弧壁，圜底	口径25、深10	浅灰色土，土质较松，含红烧土、炭屑等	T0204	F4
D221	2014D161	圆形，弧壁，圜底	口径25、深4	浅灰色土，土质较松，含炭屑	T0204	F4
D222	2014D162	圆形，弧壁，圜底	口径20、深19	浅灰色土，土质较松，含红烧土、炭屑、陶片等	T0204	F4
D223	2014D163	圆形，弧壁，圜底	口径22、深4	灰黄色土，土质较松，含红烧土、炭屑等	T0204	F4
D224	2014D164	圆形，弧壁，圜底	口径20、深15	浅灰色土，土质较松，含炭屑、石块等	T0204	F4

续表

新编号	原编号	形制与结构	尺寸/厘米	填土	位置	所属房址
D225	2014D165	圆形，弧壁，圜底	口径18、深10	深灰色土，土质较松，含炭屑、陶片等	T0204	F4
D226	2014D166	椭圆形，斜壁，圜底	口径20~25、深15	浅灰色土，土质较松，含红烧土、炭屑等	T0204	F4
D227	2014D167	椭圆形，斜壁，圜底	口径20~25、深15	灰黄色土，土质较松，含红烧土、炭屑、陶片、石器等	T0204	F4
D228	2014D169	椭圆形，弧壁，圜底	口径20~35、深6	浅灰色土，土质较松，含红烧土、炭屑等	T0204	F3
D229	2014D170	椭圆形，弧壁，一侧有台，圜底	口径30~35、深12	浅灰色土，土质较松，含红烧土、炭屑等	T0204	F3
D230	2014D171	圆形，弧壁，圜底	口径20、深15	深灰色土，土质较松，含红烧土、炭屑、陶片、石块等	T0204	F4
D231	2014D172	圆形，弧壁，圜底	口径20、深8	灰黄色土，土质较松，含炭屑	T0204	F4
D232	2014D173	椭圆形，斜壁，圜底	口径22~30、深20	灰黄色土，土质较松，含红烧土、炭屑等	T0204	F3
D233	2014D174	椭圆形，斜壁，圜底	口径20~25、深10	浅灰色土，土质较松，含红烧土、炭屑等	T0204	F3
D234	2014D175	椭圆形，弧壁，圜底	口径25~45、深30	深灰色土，土质较松，含红烧土、炭屑等	T0204	F4
D235	2014D176	圆形，弧壁，圜底	口径50、深35	深灰色土，土质较松，含红烧土、炭屑等	T0204	F2
D236	2014D177	圆形，弧壁，圜底	口径15、深5	深灰色土，土质较松，含红烧土、炭屑等	T0204	F4
D237	2014D178	圆形，弧壁，圜底	口径12、深5	深灰色土，土质较松，含红烧土、炭屑等	T0204	F4
D238	2014D179	圆形，斜壁，圜底	口径30、深30	深灰色土，土质较松，含红烧土、炭屑、陶片等	T0204	F3
D239	2014D180	圆形，弧壁，圜底	口径25、深15	深灰色土，土质较松，含红烧土、炭屑等	T0204	F4
D240	2014D182	圆形，弧壁，圜底	口径35、深20	深灰色土，土质较松，含红烧土、炭屑等	T0204	F2
D241	2014D183	圆形，弧壁，圜底	口径40、深25	浅灰色土，土质较松，含红烧土、炭屑、陶片等	T0204	F2
D242	2014D184	圆形，弧壁，圜底	口径40、深12	浅灰色土，土质较松，含红烧土、炭屑、陶片等	T0204	F2
D243	2014D185	圆形，弧壁，圜底	口径35、深20	浅灰色土，土质较松，含红烧土、炭屑、陶片等	T0204	F3

续表

新编号	原编号	形制与结构	尺寸/厘米	填土	位置	所属房址
D244	2014D186	圆形，弧壁，圜底	口径30、深6	浅灰色土，土质较松，含红烧土、炭屑等	T0204	F3
D245	2014D187	圆形，弧壁，圜底	口径25、深10	浅灰色土，土质较松，含红烧土、炭屑等	T0204	F3
D246	2014D188	圆形，弧壁，圜底	口径22、深4	黄灰色土，土质较松，含红烧土、炭屑等	T0204	F4
D247	2014D189	圆形，弧壁，圜底	口径18、深8	浅灰色土，土质较松，含红烧土、炭屑、陶片等	T0204	F4
D248	2014D190	圆形，斜壁，圜底	口径15、深10	土色浅灰，土质较松，含炭屑等物	T0204	F4
D249	2014D191	椭圆形，弧壁，圜底	口径42~48、深15	土色深灰，土质较松，含烧土、炭屑、陶片、石块等	T0204	F2
D250	2014D192	椭圆形，弧壁，圜底	口径30~45、深20	黄灰色土，土质较松，含红烧土、炭屑等	T0204	F2
D251	2014D193	椭圆形，弧壁，圜底	口径25~30、深25	浅灰色土，土质较松，含炭屑	T0204	F3
D252	2014D194	圆形，弧壁，圜底	口径32、深20	黄灰色土，土质较松，含红烧土、炭屑、陶片等	T0204	F3
D253	2014D195	圆形，弧壁，圜底	口径40、深15	浅灰色土，土质较松，含红烧土、炭屑、陶片等	T0204	F2
D254	2014D196	圆形，弧壁，圜底	口径15、深5	浅灰色土，土质较松，含红烧土、炭屑等	T0204	F4
D255	2014D197	圆形，弧壁，圜底	口径30、深10	浅灰色土，土质较松，含红烧土、炭屑等	T0204	F3
D256	2014D198	圆形，弧壁，圜底	口径25、深15	浅灰色土，土质较松，含炭屑	T0204	F3
D257	2014D199	圆形，弧壁，圜底	口径25、深15	浅灰色土，土质较松，含红烧土、炭屑、陶片、石块等	T0204	F3
D258	2014D200	圆形，弧壁，圜底	口径25、深15	浅灰色土，土质较松，含红烧土、炭屑等	T0204	F3
D259	2014D201	椭圆形，弧壁，圜底	口径28~30、深10	浅灰色土，土质较松，含炭屑	T0204	F3
D260	2014D202	椭圆形，弧壁，圜底	口径20~30、深10	浅灰色土，土质较松，含红烧土、炭屑等	T0204	F3
D261	2014D203	圆形，弧壁，圜底	口径30、深20	浅灰色土，土质较松，含红烧土、炭屑等	T0204	F3
D262	2014D204	圆形，一侧斜壁，另一侧呈台阶式内收，平底	口径25、深10	浅灰色土，土质较松，含红烧土、炭屑等	T0204	F3
D263	2014D205	圆形，弧壁，圜底	口径20、深6	浅灰色土，土质较松，含炭屑	T0204	F4
D264	2014D206	圆形，弧壁，圜底	口径20、深7	浅灰色土，土质较松，含炭屑	T0204	F4
D265	2014D207	圆形，弧壁，圜底	口径20、深9	浅灰色土，土质较松，含红烧土、炭屑等	T0204	F4

续表

新编号	原编号	形制与结构	尺寸/厘米	填土	位置	所属房址
D266	2014D208	圆形，弧壁，圜底	口径20、深12	浅灰色土，土质较松，含红烧土、炭屑等	T0204	F4
D267	2014D209	椭圆形，平底	口径40~50、深40	浅灰色土，土质较松，含红烧土、炭屑、陶片等	T0204	F2
D268	2014D210	圆形，弧壁，圜底	口径30、深40	浅灰色土，土质较松，含红烧土、炭屑等	T0204	F2
D269	2014D211	圆形，弧壁，平底	口径50、深40	浅灰色土，土质较松，含红烧土、炭屑、陶片等	T0204	F2
D270	2014D212	圆形，弧壁，圜底	口径15、深10	浅灰色土，土质较松，含红烧土、炭屑、陶片等	T0204	F4
D271	2014D213	圆形，弧壁，圜底	口径20、深6	浅灰色土，土质较松，含红烧土、炭屑、陶片等	T0204	F4
D272	2014D214	圆形，弧壁，圜底	口径20、深10	浅灰色土，土质较松，含红烧土、炭屑等	T0204	F4
D273	2014D215	圆形，弧壁，圜底	口径45、深10	浅灰色土，土质较松，含红烧土、炭屑、陶片等	T0204	F2
D274	2014D216	圆形，弧壁，圜底	口径20、深10	浅灰色土，土质较松，含红烧土、炭屑等	T0204	F4
D275	2014D217	圆形，斜壁，圜底	口径20、深20	深灰色土，土质较松，含红烧土、炭屑等	T0204	F4
D276	2014D219	圆形，弧壁，圜底	口径20、深6	浅灰色土，土质较松，含红烧土、炭屑等	T0304	F4
D277	2014D220	圆形，弧壁，圜底	口径25、深15	浅灰色土，土质较松，含红烧土、炭屑、陶片等	T0304	F3
D278	2014D221	圆形，弧壁，圜底	口径18、深8	浅灰色土，土质较松，含红烧土、炭屑等	T0304	F4
D279	2014D222	圆形，弧壁，圜底	口径20、深15	浅灰色土，土质较松，含红烧土、炭屑、陶片、石块等	T0304	F4
D280	2014D223	圆形，弧壁，圜底	口径15、深6	深灰色土，土质较松，含红烧土、炭屑等	T0203	F4
D281	2014D224	圆形，弧壁，圜底	口径10、深8	深灰色土，土质较松，含红烧土、炭屑等	T0203	F4
D282	2014D225	圆形，弧壁，圜底	口径8、深6	深灰色土，土质较松，含红烧土、炭屑等	T0203	F4
D283	2014D226	圆形，弧壁，圜底	口径18、深15	深灰色土，土质较松，含红烧土、炭屑、陶片、石块等	T0203	F4
D284	2014D227	圆形，弧壁，圜底	口径12、深10	深灰色土，土质较松，含红烧土、炭屑等	T0203	F4

续表

新编号	原编号	形制与结构	尺寸/厘米	填土	位置	所属房址
D285	2014D228	圆形，弧壁，圜底	口径20、深14	深灰色土，土质较松，含红烧土、炭屑等	T0203	F4
D286	2014D229	圆形，弧壁，圜底	口径15、深8	浅灰色土，土质较松，含红烧土、炭屑等	T0203	F4
D287	2014D230	圆形，弧壁，圜底	口径15、深10	浅灰色土，土质较松，含红烧土、炭屑等	T0203	F4
D288	2014D231	圆形，弧壁，圜底	口径15、深8	浅灰色土，土质较松，含红烧土、炭屑等	T0203	F4
D289	2014D232	圆形，弧壁，圜底	口径20、深8	深灰色土，土质较松，含红烧土、炭屑等	T0203	F4
D290	2014D233	圆形，弧壁，圜底	口径20、深8	深灰色土，土质较松，含红烧土、炭屑、陶片、石块等	T0203	F4
D291	2014D234	圆形，斜壁，圜底	口径20、深18	深灰色土，土质较松，含红烧土、炭屑等	T0203	F4
D292	2014D235	圆形，斜壁，圜底	口径20、深15	深灰色土，土质较松，含红烧土、炭屑等	T0203	F4
D293	2014D236	圆形，斜壁，圜底	口径15、深18	深灰色土，土质较松，含红烧土、炭屑等	T0203	F4
D294	2014D237	圆形，斜壁，圜底	口径30、深18	深灰色土，土质较松，含红烧土、炭屑、陶片、石块等	T0203	F3
D295	2014D238	圆形，弧壁，圜底	口径15、深6	深灰色土，土质较松，含红烧土、炭屑等	T0203	F4
D296	2014D239	圆形，弧壁，圜底	口径20、深10	深灰色土，土质较松，含红烧土、炭屑等	T0203	F4
D297	2014D240	圆形，弧壁，圜底	口径20、深10	深灰色土，土质较松，含红烧土、炭屑、陶片等	T0203	F4
D298	2014D241	圆形，弧壁，圜底	口径30、深12	黄灰色土，土质较松，含红烧土、炭屑、陶片、石块等	T0203	F3
D299	2014D242	圆形，斜壁，圜底	口径10	深灰色土，土质较松，含红烧土、炭屑等	T0203	F4
D300	2014D245	圆形，弧壁，圜底	口径15	深灰色土，土质较松，含红烧土、炭屑等	T0203	F4
D301	2014D246	椭圆形，斜壁，圜底	口径10~30	深灰色土，含红烧土颗粒	T0203	F4
D302	2014D247	圆形，斜壁，圜底	口径15	深灰色黏土	T0203	F4
D303	2014D248	圆形，弧壁，圜底	口径15	深灰色黏土	T0203	F4
D304	2014D250	圆形，弧壁，圜底	口径25	深灰色土，土质较松，含红烧土、炭屑、陶片等	T0203	F3

续表

新编号	原编号	形制与结构	尺寸/厘米	填土	位置	所属房址
D305	2014D251	圆形，弧壁，圜底	口径18、深16	深灰色土，土质较松，含红烧土、炭屑、陶片等	T0203	F4
D306	2014D252	圆形，弧壁，圜底	口径10、深5	深灰色土，土质较松，含红烧土、炭屑、陶片等	T0203	F4
D307	2014D253	圆形，弧壁，圜底	口径15、深6	深灰色土，土质较松，含红烧土、炭屑、陶片等	T0203	F4
D308	2014D255	圆形，弧壁，圜底	口径15、深4	深灰色土，土质较松，含红烧土、炭屑等	T0203	F4
D309	2014D256	圆形，斜壁，圜底	口径12、深6	深灰色土，土质较松，含红烧土、炭屑等	T0203	F4
D310	2014D257	圆形，直壁，平底	口径30、深12	黄褐色黏土	T0205	F3
D311	2014D258	近椭圆形，弧壁，平底	口径44~56、深14	深灰褐色土	T0205	F2
D312	2014D259	圆形，直壁，平底	口径30、深16	黄褐色土	T0205	F3
D313	2014D261	圆形，直壁，平底	口径30、深18	黄褐色土	T0205	F3
D314	2014D262	近椭圆形，直壁	口径40~60、未发掘至底	灰褐色沙土，含红烧土颗粒	T0205	F2
D315	2014D263	近似圆形，直壁	口径54、未发掘至底	黄灰色土	T0205	F2
D316	2014D264	圆形，直壁，平底	口径49、深22	黄灰色土，含炭屑	T0205	F2
D317	2014D266	圆形，弧壁，圜底	口径24、深8	黄褐色土	T0205	F3
D318	2014D267	圆形，弧壁，圜底	口径30、深20	灰褐色土，含炭屑、陶片等	T0205	F4
D319	2014D268	圆形，弧壁，圜底	口径23、深7	灰褐色土，含红烧土颗粒、炭屑等	T0205	F3
D320	2014D269	圆形，弧壁，圜底	口径32、深24	黄灰色土，含红烧土颗粒	T0205	F3
D321	2014D270	圆形，弧壁，圜底	口径40、深8	灰褐色土	T0205	F4
D322	2014D271	圆形，弧壁，圜底	口径20、深10	灰褐色土	T0205	F4
D323	2014D273	圆形，弧壁，圜底	口径20、深12	灰褐色土，土质疏松，含炭屑	T0205	F4
D324	2014D274	圆形，直壁，平底	口径20、深10	灰褐色土，夹黄土	T0205	F4
D325	2014D275	圆形，直壁，平底	口径22、底径20、深12	灰褐色土，含炭屑	T0205	F4
D326	2014D276	圆形，弧壁，圜底	口径20、深8	灰褐色土	T0205	F4
D327	2014D277	圆形，弧壁，平底	口径35、深12	黄灰色土，含炭屑	T0205	F3
D328	2014D278	圆形，弧壁，圜底	口径32、深18	灰褐色土，含红烧土颗粒	T0205	F3
D329	2014D279	圆形，直壁，平底	口径25、底径23、深12	灰褐色土，夹黄土	T0205	F4
D330	2014D280	圆形，直壁，平底	口径30、底径24、深16	灰褐色土	T0205	F3
D331	2014D281	圆形，弧壁，圜底	口径26、深20	灰褐色土	T0205	F4
D332	2014D282	圆形，弧壁，圜底	口径50、深26	灰褐色土，含红烧土块、炭屑等	T0205	F2
D333	2014D283	圆形，直壁，平底	口径32、深10	灰褐色土，含红烧土块、炭屑等	T0205	F3
D334	2014D284	圆形，直壁	口径70、未发掘至底	灰褐色土，含炭屑、陶片、卵石块等	T0205	F2

续表

新编号	原编号	形制与结构	尺寸/厘米	填土	位置	所属房址
D335	2014D285	椭圆形，弧壁，平底	口径16~20、深12	灰褐色土，含炭屑、红烧土颗粒	T0205	F4
D336	2014D286	圆形，弧壁，圜底	口径42、底径36、深22	灰褐色土，含红烧土颗粒、炭屑等	T0205	F2
D337	2014D287	圆形，弧壁，圜底	口径20、深14	灰褐色土	T0205	F4
D338	2014D288	圆形，直壁，平底	口径26、底径22、深14	灰褐色土，含红烧土块、卵石块、炭屑等	T0205	F3
D339	2014D289	圆形，弧壁，圜底	口径26、深10	灰褐色土	T0205	F3
D340	2014D290	近椭圆形，弧壁，圜底	口径24~30、深15	灰褐色土，含红烧土块、炭屑等	T0205	F3
D341	2014D291	圆形，直壁，平底	口径20~23、底径18、深18	深灰色土	T0205	F3
D342	2014D292	圆形，弧壁，圜底	口径32、底径22、深26	灰褐色沙土，夹黄土，含红烧土块、红烧土颗粒、炭屑	T0305	F3
D343	2014D293	圆形，弧壁，圜底	口径32、深10	灰褐色沙土，夹黄土，含红烧土颗粒	T0305	F3
D344	2014D294	圆形，直壁，圜底	口径26、深29	灰褐色土，含炭屑	T0305	F3
D345	2014D295	圆形，弧壁，圜底	口径15、深8	灰褐色沙土	T0305	F4
D346	2014D296	圆形，弧壁，圜底	口径22、深6	黄沙土，含炭屑	T0305	F4
D347	2014D297	近椭圆形，弧壁，圜底	口径20~22、深8	灰褐色土，含炭屑	T0305	F4
D348	2014D298	圆形，弧壁，圜底	口径28~30、深6	灰褐色土，夹黄砂土	T0305	F3
D349	2014D299	椭圆形，弧壁，圜底	口径36、深12	灰褐色土，夹黄土，含红烧土颗粒、炭屑等	T0305	F2
D350	2014D300	圆形，弧壁，圜底	口径40、深10	灰褐色土	T0305	F2
D351	2014D301	圆形，直壁，平底	口径44、深28	灰褐色土，夹黄土，含红烧土颗粒	T0305	F2
D352	2014D302	圆形，弧壁，圜底	口径30、深8	深灰色土，含红烧土颗粒	T0205	F3
D353	2014D303	圆形，直壁，平底	口径36、底径18、深26	灰褐色土，夹黄土	T0205	F3
D354	2014D304	圆形，弧壁，圜底	口径25、深12	深灰色土，土质较松，含红烧土、炭屑等	T0203	F4
D355	2014D305	椭圆形，斜壁，圜底	口径32~35、深13	深灰色砂土，含少量红烧土颗粒	T0402东扩方	F3
D356	2014D307	不规则圆形，斜壁，圜底	口径25~30、深25	深灰色砂土，含少量红烧土颗粒	T0402东扩方	F3
D357	2014D308	圆形，斜壁，平底	口径25、深13	灰红褐色砂土，含少量红烧土颗粒	T0403	F3
D358	2014D309	椭圆形，斜壁，圜底	口径40~46、深28	黄色黏土，含少量红烧土颗粒	T0402	F2
D359	2014D310	椭圆形，斜壁，圜底	口径30~35、深20	黄色黏土	T0402	F3
D360	2014D311	椭圆形，弧壁，圜底	口径15~25、深7	浅灰色土，土质较松，含红烧土颗粒、炭屑等	T0203	F4
D361	2014D312	圆形，弧壁，圜底	口径18、深15	浅灰色土，土质较松，含红烧土颗粒、炭屑等	T0203	F4

续表

新编号	原编号	形制与结构	尺寸/厘米	填土	位置	所属房址
D362	2014D313	圆形，弧壁，圜底	口径25、深12	浅灰色土，土质较松，含红烧土颗粒、炭屑、陶片等	T0203	F4
D363	2014D314	圆形，弧壁，圜底	口径25、深20	浅灰色土，土质较松，含红烧土颗粒、炭屑、陶片等	T0203	F4
D364	2014D315	圆形，弧壁，圜底	口径20、深15	浅灰色土，土质较松，含红烧土颗粒、炭屑等	T0203	F4
D365	2014D316	圆形，斜壁，圜底	口径15、深22	浅灰色土，土质较松，含红烧土颗粒、炭屑等	T0203	F4
D366	2014D317	椭圆形，弧壁，圜底	口径18~22、深17	浅灰色土，土质较松，含红烧土颗粒、炭屑等	T0203	F4
D367	2014D318	圆形，弧壁，圜底	口径20、深24	浅灰色土，土质较松，含红烧土颗粒、炭屑等	T0203	F4
D368	2014D319	圆形，斜壁，圜底	口径20、深30	浅灰色土，土质较松，含红烧土颗粒、炭屑等	T0203	F4
D369	2014D320	椭圆形，弧壁，圜底	口径20~25、深16	浅灰色土，土质较松，含红烧土颗粒、炭屑等	T0203	F4
D370	2014D321	椭圆形，弧壁，圜底	口径15~20、深10	浅灰色土，土质较松，含红烧土颗粒、炭屑等	T0203	F4
D371	2014D322	圆形，弧壁，圜底	口径25、深24	浅灰色土，土质较松，含红烧土颗粒、炭屑等	T0203	F4
D372	2014D323	圆形，弧壁，圜底	口径40、深14	浅灰色土，土质较松，含红烧土颗粒、炭屑等	T0203	F2
D373	2014D324	圆形，弧壁，圜底	口径40、深14	浅灰色土，土质较松，含红烧土、炭屑、陶片等	T0203	F2
D374	2014D325	圆形，直壁，平底	口径30、深10	浅灰色土，土质较松，含红烧土、炭屑等	T0304	F2
D375	2014D326	圆形，斜壁，平底	口径36、深20	深灰色黏土，夹细砂	T0302	F3
D376	2014D327	不规则圆形，斜壁，圜底	口径26、深18	深灰色黏土，夹细砂	T0302	F3
D377	2014D328	不规则圆形，斜壁，圜底	口径35深26	深灰色黏土，夹细砂	T0302	F3
D378	2014D329	不规则圆形，斜壁，圜底	口径30、深14	深灰色黏土，夹细砂	T0302	F3
D379	2014D330	不规则圆形，斜壁，平底	口径55、深30	深灰色黏土，夹细砂	T0302	F2
D380	2014D331	圆形，斜壁，平底	口径30、深8	深灰色黏土，夹细砂	T0302	F4
D381	2014D332	圆形，斜壁，圜底	口径25、深14	深灰色黏土，夹细砂	T0302	F4
D382	2014D333	圆形，斜壁，平底	口径25、深10	深灰色黏土，夹细砂	T0302	F4

续表

新编号	原编号	形制与结构	尺寸/厘米	填土	位置	所属房址
D383	2014D334	不规则圆形，斜壁，圜底	口径22、深14	深灰色黏土，夹细砂	T0302	F4
D384	2014D335	不规则圆形，斜壁，圜底	口径24、深16	深灰色黏土，夹细砂	T0302	F4
D385	2014D336	不规则圆形，斜壁，平底	口径26、深12	深灰色黏土，夹细砂	T0302	F3
D386	2014D337	圆形，斜壁，圜底	口径30、深16	深灰色黏土，夹细砂	T0302	F3
D387	2014D338	圆形，斜壁，圜底	口径25、深16	深灰色黏土，夹细砂	T0302	F4
D388	2014D339	不规则圆形，斜壁，圜底	口径22、深6	深灰色黏土，夹细砂	T0302	F4
D389	2014D340	圆形，斜壁，平底	口径36、深16	深灰色黏土，夹细砂	T0302	F3
D390	2014D341	椭圆形，斜壁，平底	口径30~45、深18	深灰色砂土	T0303	F2
D391	2014D342	不规则圆形，斜壁，平底	口径35、深12	深灰色砂土	T0303	F3
D392	2014D343	圆形，斜壁，圜底	口径40、深26	灰色黏土	T0402	F2
D393	2014D344	不规则圆形，斜壁，平底	口径40、深20	灰色黏土	T0402	F2
D394	2014D345	不规则圆形，斜壁，圜底	口径20、深14	灰色黏土	T0402	F4
D395	2014D346	圆形，斜壁，平底	口径20、深12	灰色黏土	T0402	F4
D396	2014D347	不规则圆形，斜壁，圜底	口径28、深18	灰色黏土	T0402	F3
D397	2014D348	不规则圆形，直壁，平底	口径20、深18	灰色黏土	T0402	F4
D398	2014D349	不规则圆形，斜壁，圜底	口径28、深16	灰色黏土	T0402	F3
D399	2014D350	不规则圆形，斜壁，圜底	口径30、深12	灰色黏土	T0402	F3
D400	2014D351	不规则椭圆形，斜壁，平底	口径40~46、深26	灰色黏土	T0402	F4
D401	2014D352	圆形，斜壁，平底	口径30、深20	深灰色黏土	T0403	F3
D402	2014D353	圆形，斜壁，圜底	口径25、深16	深灰色黏土	T0403	F2
D403	2014D354	椭圆形，斜壁，平底	口径35~40、深20	深灰色黏土	T0403	F2
D404	2014D355	椭圆形，斜壁，圜底	口径20~25、深14	深灰色黏土	T0403	F4
D405	2014D356	圆形，斜壁，平底	口径35、深16	深灰色黏土	T0403	F2
D406	2014D357	圆形，直壁，平底	口径40、深28	深灰色黏土	T0403	F2
D407	2014D358	圆形，斜壁，圜底	口径25、深20	深灰色黏土	T0403	F4

续表

新编号	原编号	形制与结构	尺寸/厘米	填土	位置	所属房址
D408	2014D359	圆形，斜壁，平底	口径38、深20	深灰色黏土	T0403	F2
D409	2014D360	圆形，斜壁，平底	口径38、深24	深灰色黏土	T0403	F2
D410	2014D361	圆形，弧壁，圜底	口径30	灰褐色黏土	大园塘底	F2
D411	2014D362	圆形，弧壁，圜底	口径30	浅灰色黏土	T0402	F3
D412	2014D363	圆形，弧壁，圜底	口径25	浅黄色黏土	T0401东扩方	F4
D413	2014D364	圆形，弧壁，圜底	口径25	浅黄色黏土	T0401东扩方	F3
D414	2014D365	圆形，弧壁，圜底	口径25~30	浅灰色黏土	T0401东扩方	F3
D415	2014D366	圆形，斜壁，圜底	口径22	灰褐色黏土	T0401东扩方	F2
D416	2014D367	椭圆形，斜壁，圜底	口径45~52、深25	浅灰色黏土，夹细砂，含少量红烧土颗粒、炭屑、陶片等	T0303	F2
D417	2014D368	圆形，斜壁，平底	口径30、深4	浅灰色黏土，夹细砂，含少量红烧土颗粒、炭屑等	T0303	F2
D418	2014D369	圆形，斜壁，圜底	口径20、深4	浅灰色黏土，含少量红烧土颗粒、炭屑等	T0303	F4
D419	2014D370	圆形，斜壁，圜底	口径30、深10	浅灰色黏土，含少量红烧土颗粒、炭屑等	T0303	F3
D420	2014D371	椭圆形，斜壁，圜底	口径60~80、深30	浅灰色黏土，含少量红烧土颗粒、炭屑等	T0303	F2
D421	2014D372	椭圆形，斜壁，平底	口径40~45、深16	浅灰色黏土，含少量红烧土颗粒、炭屑等	T0303	F2
D422	2014D373	椭圆形，斜壁，平底	口径40~45、深18	浅灰色黏土，含少量红烧土颗粒、炭屑、石块等	T0303	F2
D423	2014D374	圆形，斜壁，平底	口径28、深10	浅灰色黏土，含少量红烧土颗粒、炭屑等	T0303	F3
D424	2014D375	圆形，斜壁，圜底	口径25、深14	浅灰色黏土，含少量红烧土颗粒、炭屑、陶片等	T0303	F2
D425	2014D376	椭圆形，斜壁，平底	口径45~65、深22	浅灰色黏土，含少量红烧土颗粒、炭屑、石块、陶片等	T0303	F2
D426	2014D377	椭圆形，斜壁，平底，有柱础石	口径40~45、深13	浅灰色黏土，含少量红烧土颗粒	T0302	F2
D427	014D378	圆形，斜壁，圜底	口径20、深16	浅灰色黏土，含少量红烧土颗粒	T0303	F4
D428	2014D379	圆形，斜壁，平底，有柱础石	口径30、深14	浅灰色黏土，含少量红烧土颗粒	T0303	F3

续表

新编号	原编号	形制与结构	尺寸/厘米	填土	位置	所属房址
D429	2014D380	不规则椭圆形，斜壁，平底	口径46~60、深12	浅灰色黏土，含少量红烧土颗粒、炭屑等	T0302	F2
D430	2014D381	圆形，斜壁，平底	口径25、深8	浅灰色黏土，含少量炭屑	T0403	F3
D431	2014D382	圆形，斜壁，平底	口径45、深20	浅灰色黏土，含少量红烧土颗粒、炭屑、小石块等	T0403	F2
D432	2014D383	不规则形，斜壁，平底	口径52~60、深28	浅灰色黏土，含少量红烧土颗粒、炭屑、陶片等	T0403	F2
D433	2014D384	圆形，斜壁，平底	口径24、深8	浅灰色黏土，含少量红烧土颗粒、炭屑等	T0403	F3
D434	2014D385	圆形，斜壁，平底	口径18、深4	浅灰色黏土，含少量红烧土颗粒、炭屑等	T0403	F4
D435	2014D386	椭圆形，斜壁，未发掘到底	口径长55~65、深36	浅灰色黏土，含少量红烧土颗粒、炭屑、陶片、小石块等	T0403	F2
D436	2014D387	圆形，斜壁，斜底	口径20、深10	浅灰色黏土，含少量红烧土颗粒、炭屑、陶片、小石块等	T0403	F4
D437	2014D388	圆形，斜壁，圜底	口径20、深14	深灰色黏土	T0403	F4
D438	2014D389	圆形，斜壁，圜底	口径30、深12	浅灰色黏土，含少量红烧土颗粒、炭屑等	T0403	F3
D439	2014D390	圆形，斜壁，平底	口径50、深30	浅灰色黏土，含少量红烧土颗粒、炭屑、陶片等	T0403	F2
D440	2014D391	圆形，斜壁，平底	口径35~40、深45	浅灰色黏土，含少量红烧土颗粒、炭屑、陶片等	T0302	F4
D441	2014D392	不规则椭圆形，斜壁，平底	口径35~40、深22	浅灰色黏土，含少量红烧土颗粒	T0402	F4
D442	2014D393	不规则椭圆形，斜壁，平底	口径30、深15	浅灰色黏土，含少量红烧土颗粒	T0402	F3
D443	2014D394	不规则圆形，斜壁，平底	口径36、深24	浅灰色黏土，含少量红烧土颗粒、炭屑等	T0402	F3
D444	2014D395	不规则圆形，斜壁，平底	口径26、深10	浅灰色黏土，含少量红烧土颗粒、炭屑等	T0402	F4
D445	2014D396	圆形，直壁，平底	口径40	浅灰色黏土，含少量红烧土颗粒	T0402	F4
D446	2014D397	不规则椭圆形，斜壁，平底	口径30~34、深16	浅灰色黏土，含少量红烧土颗粒	T0402	F4
D447	2014D398	不规则圆形，斜壁，平底	口径26、深10	浅灰色黏土，含少量红烧土颗粒、炭屑等	T0402	F4
D448	2014D399	不规则椭圆形，斜壁，斜底	口径30~34、深6	浅灰色黏土，含少量红烧土	T0402	F4

续表

新编号	原编号	形制与结构	尺寸/厘米	填土	位置	所属房址
D449	2014D400	不规则椭圆形，斜壁，平底	口径20~26、深6	浅灰色黏土，含少量红烧土颗粒、炭屑等	T0402	F4
D450	2014D401	不规则椭圆形，斜壁，平底	口径30~38、深16	浅灰色黏土，含少量红烧土	T0402	F3
D451	2014D402	不规则椭圆形，直壁，平底	口径长28~36、深14	浅灰色黏土，含少量红烧土颗粒、炭屑等	T0402	F3
D452	2014D403	不规则圆形，斜壁，平底	口径36、深20	浅灰色黏土，含少量红烧土颗粒、炭屑等	T0402	F3
D453	2014D404	圆形，斜壁，平底	口径20、深10	浅灰色黏土，含少量红烧土颗粒、炭屑等	T0402	F3
D454	2014D405	不规则椭圆形，斜壁，平底	口径20~32、深12	浅灰色黏土，含少量红烧土颗粒、炭屑等	T0402	F4
D455	2014D406	不规则圆形，直壁，平底	口径26、深12	浅灰色黏土，含少量红烧土	T0402	F4
D456	2014D407	不规则椭圆形，斜壁，圜底	口径22~26、深16	浅灰色黏土，含少量红烧土颗粒、炭屑等	T0402	F3
D457	2014D408	不规则圆形，直壁，平底	口径28、深10	浅灰色黏土，含少量红烧土颗粒、炭屑等	T0402	F3
D458	2014D409	椭圆形，斜壁，平底	口径24~40、深6	浅灰色黏土，含少量红烧土颗粒	T0402	F4
D459	2014D410	椭圆形，直壁，平底	口径长28~35、深20	浅灰色黏土，含少量红烧土颗粒	T0402	F2
D460	2014D411	不规则圆形，直壁，平底	口径18、深12	浅灰色黏土，含少量红烧土颗粒、炭屑等	T0402	F4
D461	2014D412	不规则椭圆形，斜壁，平底	口径36~38、深22	浅灰色黏土，含少量红烧土颗粒	T0402	F4
D462	2014D413	椭圆形，斜壁，平底	口径20~24、深14	浅灰色黏土，含少量红烧土颗粒	T0402	F4
D463	2014D414	不规则圆形，斜壁，平底	口径27、深14	浅灰色黏土，含少量红烧土颗粒	T0402	F4
D464	2014D415	不规则椭圆形，斜壁，平底	口径28~36、深26	浅灰色黏土，含少量红烧土	T0402	F4
D465	2014D416	不规则椭圆形，斜壁，圜底	口径44~56、深36	浅灰色黏土，含少量红烧土颗粒、炭屑等	T0302	F2
D466	2014D417	不规则椭圆形，斜壁，平底	口径40~46、深16	浅灰色黏土，含少量炭屑	T0302	F2
D467	2014D418	不规则椭圆形，斜壁，圜底	口径18~26、深8	浅灰色黏土，含少量炭屑	T0302	F4
D468	2014D419	不规则椭圆形，未发掘	口径40	浅灰色黏土，含少量炭屑	T0302	F2
D469	2014D420	不规则椭圆形，斜壁，平底	口径20~26、深8	浅灰色黏土，含少量红烧土颗粒、炭屑等	T0302	F3

续表

新编号	原编号	形制与结构	尺寸/厘米	填土	位置	所属房址
D470	2014D421	不规则椭圆形，斜壁，平底	口径35~38、深20	浅灰色黏土，含少量红烧土颗粒	T0302	F3
D471	2014D422	圆形，斜壁，圜底	口径18、深12	浅灰色黏土，含少量红烧土颗粒、炭屑等	T0302	F4
D472	2014D423	不规则圆形，斜壁，圜底	口径46、深20	浅灰色黏土，含少量红烧土颗粒	T0302	F2
D473	2014D424	不规则椭圆形，斜壁，平底	口径40~50、深10	浅灰色黏土，含少量红烧土颗粒、炭屑等	T0302	F2
D474	2014D425	不规则圆形，斜壁，圜底	口径30、深20	浅灰色黏土，含少量红烧土颗粒、炭屑等	T0302	F3
D475	2014D426	不规则圆形，斜壁，平底	口径40、深24	浅灰色黏土，含少量红烧土颗粒、炭屑等	T0302	F2
D476	2014D427	不规则圆形，斜壁，平底	口径22、深6	浅灰色黏土，含少量炭屑	T0302	F4
D477	2014D428	不规则形，斜壁，平底	口径45~52、深10	浅灰色黏土，含少量红烧土颗粒、炭屑等	T0302	F2
D478	2014D429	不规则椭圆形，斜壁，平底	口径35~40、深16	浅灰色黏土，夹细砂，含少量红烧土颗粒、炭屑等	T0302	F3
D479	2014D430	圆形	口径35~40、深16	深灰色黏土	T0302	F3
D480	2014D431	圆形，斜壁，平底	口径20、深6	浅灰色黏土，夹细砂，含少量红烧土颗粒、炭屑等	T0403	F4
D481	2014D432	不规则椭圆形，斜壁，圜底	口径30~36、深16	浅灰色黏土，夹细砂，含少量红烧土颗粒、炭屑、陶片、石块等	T0403	F3
D482	2014D433	椭圆形，斜壁，平底	口径20~25、深14	浅灰色黏土，夹细砂，含少量红烧土颗粒	T0303	F4
D483	2014D434	不规则椭圆形，直壁，圜底	口径36~40、深24	浅灰色黏土，夹细砂，含少量红烧土颗粒、炭屑等	T0403	F3
D484	2014D435	不规则圆形，斜壁，平底	口径40、深8	浅灰色黏土，夹细砂，含少量红烧土颗粒	T0403	F3
D485	2014D436	不规则椭圆形，斜壁，平底	口径长28~40、深46	浅灰色黏土，夹细砂，含少量红烧土颗粒、炭屑、陶片等	T0403	F2
D486	2014D437	不规则圆形，斜壁，斜底	口径22、深6	浅灰色黏土，夹细砂，含少量红烧土颗粒、炭屑等	T0403	F4
D487	2014D438	不规则椭圆形，直壁，平底	口径20~30、深14	浅灰色黏土，夹细砂，含少量红烧土颗粒	T0403	F4
D488	2014D439	不规则圆形，斜壁，平底	口径24、深6	浅灰色黏土，夹细砂，含少量炭屑	T0403	F4

续表

新编号	原编号	形制与结构	尺寸/厘米	填土	位置	所属房址
D489	2014D440	不规则圆形，斜壁，平底	口径20、深6	浅灰色黏土，夹细砂，含少量红烧土颗粒	T0402	F4
D490	2014D441	不规则椭圆形，斜壁，平底	口径20~30、深12	浅灰色黏土，夹细砂，含少量红烧土颗粒	T0402	F3
D491	2014D442	不规则椭圆形，斜壁，平底，有柱础石	口径20~26、深8	浅灰色黏土，夹细砂，含少量红烧土颗粒	T0403	F4
D492	2014D443	不规则圆形，斜壁，圜底	口径长56~60、深30	浅灰色黏土，夹细砂，含少量红烧土颗粒、炭屑等	T0403	F2
D493	2014D444	不规则椭圆形，斜壁，平底	口径32~35、深14	浅灰色黏土，夹细砂，含少量红烧土颗粒、炭屑等	T0403	F4
D494	2014D445	近椭圆形，斜壁，平底	口径20~24、深4	浅灰色黏土，夹细砂，含少量红烧土颗粒	T0403	F3
D495	2014D446	圆形，斜壁，圜底	口径16、深8	浅灰色黏土，夹细砂	T0403	F4
D496	2014D447	不规则椭圆形，直壁，平底	口径22~26、深12	浅灰色黏土，夹细砂，含少量红烧土颗粒、炭屑等	T0403	F3
D497	2014D448	不规则圆形，斜壁，圜底	口径26、深16	浅灰色黏土，夹细砂，含少量红烧土颗粒	T0403	F4
D498	2014D449	不规则圆形，斜壁，平底	口径70~72、深30	浅灰色黏土，夹细砂	T0302	F2
D499	2014D450	近似圆形，直壁，平底	口径45	黄褐色黏土，含红烧土颗粒	T0302	F2
D500	2014D451	圆形	口径40~50	浅灰色土	大园塘底部	F2
D501	2014D452	圆形	口径35	浅灰色土，含陶片	大园塘底部	F2
D502	2014D453	圆形	口径40	灰色黏土	大园塘底部	F2
D503	2014D454	圆形	口径45	浅灰色土，含红烧土颗粒	T0402	F2
D504	2014D455	圆形，斜壁，圜底	口径30	灰褐色土，含红烧土块	T0402	F2
D505	2014D456	圆形，弧壁，圜底	口径25	浅灰色黏土	T0402	F4
D506	2014D457	圆形，弧壁，圜底	口径25	浅灰色黏土	T0402	F4
D507	2014D458	圆形，直壁，平底	口径30	黄褐色黏土	T0401	F4
D508	2014D459	近圆形，直壁，平底	口径20	灰褐色土，含红烧土块	T0401	F4
D509	2014D460	圆形，直壁，平底	口径20	灰褐色土，含红烧土颗粒	T0402	F4
D510	2014D461	圆形，弧壁，圜底	口径15	灰褐色土，含红烧土颗粒	T0402	F4
D511	2014D462	圆形，弧壁，圜底	口径25	灰褐色黏土	T0402	F4
D512	2014D463	圆形，直壁，平底	口径20~25	浅灰色黏土	T0401	F4
D513	2014D465	圆形，直壁，底部有中心柱坑	口径76~80、深46	灰褐色黏土	T0302	F2
D514	2014D466	椭圆形，直壁，平底	口径25~50	灰褐色黏土，含红烧土颗粒	T0303	F2
D515	2014D472	圆形，直壁，平底	口径76~80、深14	灰褐色黏土，含红烧土颗粒	T0402	F2

续表

新编号	原编号	形制与结构	尺寸/厘米	填土	位置	所属房址
D516	2014D472	圆形	口径35	灰褐色黏土	T0302	F3
D517	2014D473	圆形	口径35	灰褐色黏土	T0302	F3
D518	2014D474	圆形	口径25	灰褐色黏土	T0302	F4
D519	2014D475	圆形	口径30	灰褐色黏土	T0302	F3
D520	2014D476	平面呈圆形，斜壁，平底	口径60、深15~24	灰褐色土，含陶片	T0302	F2
D521	2014D477	近似圆形，斜壁，平底	口径70、底径30~42、深26	浅灰色土，含石镞、陶片等	T0402	F2
D522	原2014H44	圆形，斜壁，平底	口径80、底径50~62、深24	灰褐色黏土，含红烧土颗粒、炭屑等	T0303	F2
D523	2016D13	近圆形，斜壁，平底	口径30、底径20、深9	灰褐色土，土质稍硬，含粗沙颗粒	T0306	F3
D524	2016D14	近圆形，斜壁，平底	口径20、底径12、深8~10	灰褐色土，土质稍硬，含粗沙颗粒	T0306	F4
D525	2016D15	近圆形，斜壁，平底	口径18、底径10、深8~10	灰褐色土，土质稍硬，含粗沙颗粒	T0306	F4
D526	2016D16	近椭圆形，斜壁，平底	口径20、底径12、深8	灰褐色土，土质稍硬，含粗沙颗粒	T0306	F4
D527	2016D17	近圆形，弧壁，圜底	口径50、深16~26	灰褐色土，土质稍硬，含粗沙颗粒	T0306	F2
D528	2016D18	近圆形，弧壁，圜底	口径40、深7~18	灰褐色土，土质稍硬，含粗沙颗粒	T0306	F2
D529	2016D19	近圆形，弧壁，圜底	口径20、底径12、深12	灰褐色土，土质稍硬，含粗沙颗粒	T0306	F4
D530	2016D20	近圆形，斜壁，平底	口径20、底径10、深18	灰褐色土，土质稍硬，含粗沙颗粒	T0306	F4
D531	2016D21	近椭圆形，斜壁，平底	口径20、底径16、深12	灰褐色土，土质稍硬	T0306	F4
D532	2016D22	近圆形，弧壁，平底	口径48、底径32、深10	灰褐色土，土质稍硬	T0306	F2
D533	2016D23	近圆形，弧壁，平底	口径28、底径12、深20	灰褐色土，土质稍硬	T0306	F4
D534	2016D24	近圆形，直壁，平底	口径20、底径18、深14	灰褐色土，土质稍硬	T0306	F4
D535	2016D25	近圆形，斜壁，平底	口径35、底径28、深12~14	灰褐色土，土质稍硬	T0306	F3
D536	2016D26	近圆形，直壁，平底	口径20、底径16、深18	灰褐色土，土质稍硬	T0306	F4
D537	2016D27	近圆形，斜壁，平底	口径20、底径14、深14	灰褐色土，土质稍硬	T0306	F4
D538	2016D28	近圆形，直壁，平底	口径40、深16	灰黄色土，土质稍硬，含小石块	T0306	F3
D539	2016D29	近圆形，斜壁，平底	口径36、底径28、深20	灰褐色土，土质稍硬	T0306	F3
D540	2016D30	近圆形，斜壁，平底	口径43、底径32、深28	灰褐色土，土质稍硬	T0306	F2
D541	2016D31	近圆形，斜壁，平底	口径45、底径34、深20	灰褐色土，土质稍硬	T0306	F2
D542	2016D32	近圆形，斜壁，平底	口径40、底径28、深20	灰褐色土，土质稍硬	T0306	F2
D543	2016D33	近圆形，斜壁，平底	口径36、底径22、深20	灰褐色土，土质稍硬	T0306	F3
D544	2016D34	近圆形，直壁，平底	口径24、底径20、深16	灰褐色土，土质稍硬	T0306	F4

续表

新编号	原编号	形制与结构	尺寸/厘米	填土	位置	所属房址
D545	2016D35	近圆形，斜壁，平底	口径16、底径10、深6~10	灰褐色土，土质稍硬	T0306	F4
D546	2016D36	近圆形，直壁，平底	口径46、深26~28	灰褐色土，土质稍硬，含粗沙颗粒	T0306	F2
D547	2016D45	近圆形，平底	口径20、底径16、深12	灰褐色土，土质稍硬	T0306	F4
D548	2016D48	近圆形，弧壁，平底	口径32、底径20、深10	灰褐色土，土质稍硬	T0306	F2
D549	2016D49	近圆形，弧壁，平底	口径28、底径16、深12	灰褐色土，土质稍硬	T0306	F3
D550	2016D50	近圆形，斜壁，平底	口径64、底径52、深50	灰褐色土，土质稍硬	T0306	F2
D551	2016D51	近圆形，平底	口径20、底径15、深18	灰褐色土	T0406	F4
D552	2016D52	近圆形，平底	口径20、底径8、深36	灰褐色土	T0406	F4
D553	2016D53	近圆形，平底	口径16、底径12、深8	灰褐色土	T0406	F4
D554	2016D54	近椭圆形，平底	口径20、底径12、深20	灰褐色土	T0406	F4
D555	2016D55	近圆形，平底	口径30、底径12、深13	灰褐色土	T0406	F3
D556	2016D56	近圆形，圜底	口径20、底径8、深15	灰褐色土	T0406	F4
D557	2016D57	近圆形，平底	口径16、底径8、深8	灰褐色土	T0406	F4
D558	2016D58	近圆形，平底	口径24、底径18、深10~18	灰褐色土	T0406	F3
D559	2016D59	近椭圆形，平底	口径20、底径15、深12~16	灰褐色土	T0406	F4
D560	2016D60	近圆形，斜壁，平底	口径40、底径32、深40	灰褐色土，土质稍硬	T0406	F2
D561	2016D61	近圆形，平底	口径20、底径15、深10	灰褐色土	T0406	F4
D562	2016D62	近圆形，平底	口径30、底径14、深9~12	灰褐色土	T0406	F3
D563	2016D63	近椭圆形，平底	口径20、底径15、深7~10	灰褐色土	T0406	F4
D564	2016D64	近圆形，一边直壁，一边斜壁，平底	口径40、底径18、深20	灰褐色土，土质稍硬	T0406	F2
D565	2016D65	近圆形，平底	口径24、底径10、深8~10	灰褐色土	T0406	F3
D566	2016D66	近圆形，圜底	口径24、底径8、深8	灰褐色土	T0406	F3
D567	2016D67	近圆形，弧壁，圜底	口径36、深20	灰褐色土，土质稍硬	T0406	F2
D568	2016D76	近圆形，弧壁，圜底	口径40、深11	灰褐色土，土质稍硬	T0306	F3
D569	2016D85	近圆形，平底	口径27、底径16、深10	灰褐色沙土，含少量红烧土颗粒	T0501	F3
D570	2016D86	近圆形，平底	口径12、底径6、深10	灰褐色沙土，土质稍硬，含少量红烧土颗粒	T0501	F4
D571	2016D87	近圆形，平底	口径16、底径10、深10	灰褐色沙土，土质稍硬，含少量红烧土颗粒	T0501	F4
D572	2016D88	近圆形，平底	口径26、底径20、深10	灰褐色沙土，含少量红烧土颗粒	T0501	F3

续表

新编号	原编号	形制与结构	尺寸/厘米	填土	位置	所属房址
D573	2016D89	近圆形，平底	口径18、底径12、深8	灰褐色沙土，土质稍硬，含少量红烧土颗粒	T0501	F4
D574	2016D90	近圆形，平底	口径12、底径10、深6	灰褐色沙土，土质稍硬，含少量红烧土颗粒	T0501	F4
D575	2016D91	近圆形，平底	口径14、底径10、深10	灰褐色沙土，土质稍硬，含少量红烧土颗粒	T0501	F4
D576	2016D92	近圆形，圜底	口径20、底径10、深8	灰褐色沙土，土质稍硬，含少量红烧土颗粒	T0501	F4
D577	2016D93	近圆形，圜底	口径22、底径8、深8	灰褐色沙土，土质稍硬，含少量红烧土颗粒	T0501	F4
D578	2016D94	近圆形，平底	口径30、底径24、深10	灰褐色沙土，含少量红烧土颗粒	T0501	F3
D579	2016D95	近圆形，圜底	口径27、底径16、深10	灰褐色沙土，含少量红烧土颗粒	T0501	F4
D580	2016D96	近圆形，平底	口径32、底径28、深26	灰褐色沙土，含少量红烧土颗粒，土质稍硬	T0501	F3
D581	2016D97	近圆形，平底	口径20、底径12、深8	灰褐色沙土，含少量红烧土颗粒	T0501	F4
D582	2016D98	近圆形，平底	口径20、底径16、深8	灰褐色沙土，含少量红烧土颗粒	T0501	F4
D583	2016D99	近圆形，平底	口径20、底径16、深10	灰褐色沙土，含少量红烧土颗粒	T0501	F4
D584	2016D100	近圆形，圜底	口径20、底径14、深12	灰褐色沙土，土质稍硬，含少量红烧土颗粒	T0501	F4
D585	2016D101	近圆形，平底	口径28、底径24、深10	灰褐色沙土，含少量红烧土颗粒	T0501	F3
D586	2016D102	近椭圆形，平底	口径30、底径28、深16	灰褐色沙土，土质稍硬，含少量红烧土颗粒	T0501	F3
D587	2016D103	近圆形，平底	口径10、底径8、深8	灰褐色沙土，含少量红烧土颗粒	T0501	F4
D588	2016D104	近圆形，平底	口径16、底径8、深10	灰褐色沙土，含少量红烧土颗粒	T0501	F4
D589	2016D105	近圆形，平底	口径20、底径16、深12	灰褐色沙土，含少量红烧土颗粒	T0501	F4
D590	2016D106	圆形，斜壁，平底	口径52、深12	灰褐色土，含红烧土颗粒	T0502	F2
D591	2016D108	近圆形，圜底	口径20、底径12、深12	灰褐色沙土，土质稍硬，含少量红烧土颗粒	T0502	F4
D592	2016D110	近圆形，圜底	口径20、底径10、深7	灰褐色沙土，土质稍硬，含少量红烧土颗粒	T0502	F4
D593	2016D111	近圆形，平底	口径20、底径16、深10	灰褐色沙土，土质稍硬，含少量红烧土颗粒	T0502	F4
D594	2016D113	近圆形，平底	口径20、底径12、深12	灰褐色沙土，土质稍硬，含少量红烧土颗粒	T0502	F4
D595	2016D114	近圆形，平底	口径20、底径12、深12	灰褐色沙土，土质稍硬，含少量红烧土颗粒	T0502	F4
D596	2016D115	近圆形，平底	口径20、底径16、深10	灰褐色沙土，含少量红烧土颗粒	T0502	F4

续表

新编号	原编号	形制与结构	尺寸/厘米	填土	位置	所属房址
D597	2016D116	近似于圆形，口大底小，平底	口径50、深12	灰褐色沙土，土质稍硬，含少量红烧土颗粒	T0502	F2
D598	2016D117	近圆形，弧壁，平底	口径30、底径20、深18	灰褐色沙土，土质稍硬，含少量红烧土颗粒	T0502	F3
D599	2016D118	近圆形，弧壁，圜底	口径20、底径12、深10	灰褐色沙土，土质稍硬，含少量红烧土颗粒	T0502	F4
D600	2016D120	近圆形，直壁，平底	口径24、底径22、深10	灰褐色沙土，含少量红烧土颗粒	T0502	F3
D601	2016D121	近圆形，斜壁，平底	口径25、底径10、深10	灰褐色沙土，含少量红烧土颗粒	T0502	F3
D602	2016D122	近圆形，斜壁，平底	口径20、底径16、深10	灰褐色沙土，含少量红烧土颗粒	T0502	F4
D603	2016D123	近圆形，斜壁，平底	口径25、底径16、深10	灰褐色沙土，含少量红烧土颗粒	T0502	F3
D604	2016D124	近圆形，平底	口径40、底径40、深18	灰褐色沙土，土质稍硬，含少量红烧土颗粒	T0502	F3
D605	2016D125	近圆形，斜壁，平底	口径22、底径20、深12	灰褐色沙土，含少量红烧土颗粒	T0502	F3
D606	2016D126	近圆形，斜壁，平底	口径20、底径17、深12	灰褐色沙土，含少量红烧土颗粒	T0502	F3
D607	2016D127	近似于圆形，直壁，平底	口径56、深20	灰褐色沙土，土质稍硬，含少量红烧土颗粒	T0502	F2
D608	2016D128	近圆形，弧壁，平底	口径30、底径20、深10	灰褐色沙土，含少量红烧土颗粒	T0502	F3
D609	2016D131	近圆形，平底	口径40、底径30、深20	灰褐色沙土，土质稍硬，含少量红烧土颗粒	T0502	F3
D610	2016D132	近圆形，平底	口径40、底径36、深14	灰褐色沙土，土质稍硬，含少量红烧土颗粒	T0502	F3
D611	2016D139	圆形，直壁，平底	口径16~25、深26	灰褐色土，含红烧土颗粒、炭屑等	T0502东扩方	F3
D612	2016D140	近似椭圆形，直壁，平底，底部有中心柱坑	口径20~45、深20	灰褐色黏土	T0502东扩方	F3
D613	2016D141	圆形，直壁，平底	口径12、深20	灰褐色黏土，含炭屑	T0502东扩方	F4
D614	2016D142	近圆形，圜底	口径20、底径10、深14	灰褐色土，土质稍硬	T0306	F3
D615	2016D143	近圆形，圜底	口径26、底径10、深8	灰褐色土，土质稍硬	T0306	F3
D616	2016D144	近圆形，平底	口径20、底径14、深10~14	灰褐色土，土质稍硬	T0306	F4
D617	2016D145	近圆形，斜壁，平底	口径25、底径20、深14	灰褐色土，土质稍硬	T0306	F3
D618	2016D146	近圆形，平底	口径20、底径12、深10	灰褐色土，土质稍硬	T0306	F4
D619	2016D147	近圆形，圜底	口径20、底径6、深6	灰褐色土，土质稍硬	T0306	F4
D620	2016D148	近圆形，平底	口径20、底径8、深20	灰褐色土，土质稍硬	T0306	F4
D621	2016D149	近圆形，圜底	口径10、底径5、深4	灰褐色土，土质稍硬	T0306	F4

续表

新编号	原编号	形制与结构	尺寸/厘米	填土	位置	所属房址
D622	2016D150	近圆形，圜底	口径25、底径8、深14	灰褐色土，土质稍硬	T0306	F3
D623	2016D151	近圆形，斜壁	口径27、深14	灰褐色土，土质稍硬	T0306	F3
D624	2016D152	近圆形，平底	口径33、底径22、深8~10	灰褐色土，土质稍硬	T0306	F3
D625	2016D153	近圆形，斜壁	口径12、深8	灰褐色土，土质稍硬	T0305	F4
D626	2016D154	近圆形，斜壁，平底	口径20、深8	灰褐色土，土质稍硬	T0305	F4
D627	2016D155	近圆形，圜底	口径12、底径5、深8	灰褐色土，土质稍硬	T0305	F4
D628	2016D156	近圆形，圜底	口径20、底径8、深8	灰褐色土，土质稍硬	T0305	F4
D629	2016D157	近圆形，平底	口径20、底径14、深12	灰褐色土，土质稍硬	T0306	F4
D630	2016D158	近圆形，平底	口径13、底径8、深6	灰褐色土，土质稍硬	T0306	F4
D631	2016D159	近圆形，弧壁，圜底	口径40、深17	灰褐色土，土质稍硬	T0306	F2
D632	2016D160	近圆形，弧壁，圜底	口径26、底径8、深7	灰褐色土，土质稍硬	T0306	F3
D633	2016D161	近圆形，平底	口径20、底径12、深8~10	灰褐色土，土质稍硬	T0306	F3
D634	2016D162	近圆形，平底	口径30、底径20、深4~9	灰褐色土，土质稍硬	T0306	F3
D635	2016D163	近圆形，平底	口径20、底径16、深14	灰褐色土，土质稍硬	T0306	F4
D636	2016D164	近圆形，平底	口径20、底径16、深22	灰褐色土，土质稍硬	T0306	F4
D637	2016D165	近圆形，平底	口径20、底径16、深12	灰褐色土，土质稍硬	T0306	F4
D638	2016D166	近圆形，直壁，平底	口径34、深12	灰褐色土，土质稍硬	T0305	F2
D639	2016D167	近圆形，直壁，平底	口径40、深14	灰褐色土，土质稍硬	T0305	F2
D640	2016D168	近圆形，弧壁，圜底	口径44、深10	灰褐色土，土质稍硬	T0305	F2
D641	2016D169	近圆形，直壁，平底	口径40、深22	灰褐色土，土质稍硬	T0306	F2
D642	2016D170	近圆形，平底	口径20、底径16、深14	灰褐色土，土质稍硬	T0306	F4
D643	2016D171	近圆形，平底	口径20、底径16、深7~10	灰褐色土，土质稍硬	T0306	F4
D644	2016D172	近圆形，平底	口径30、底径24、深12	灰褐色土，土质稍硬	T0306	F3
D645	2016D174	近圆形，直壁，平底	口径35、深10	灰褐色土，土质稍硬	T0406	F2
D646	2016D175	近圆形，弧壁，圜底	口径35、深13	灰褐色土，土质稍硬	T0406	F2
D647	2016D176	近圆形，平底	口径25、底径10、深8	灰褐色土	T0406	F3
D648	2016D177	近圆形，平底	口径25、底径9、深20	灰褐色土	T0406	F3
D649	2016D178	近圆形，平底	口径28、底径12、深13	灰褐色土	T0406	F3
D650	2016D179	近圆形，圜底	口径25、底径8、深10	灰褐色土	T0406	F3
D651	2016D180	近圆形，平底	口径24、底径16、深9	灰褐色土	T0406	F4
D652	2016D181	近圆形，圜底	口径18、底径6、深8	灰褐色土	T0406	F4
D653	2016D182	近圆形，斜壁平底	口径20、底径10、深18	灰褐色土	T0406	F4
D654	2016D183	近圆形，斜壁	口径16、底径10、深14	灰褐色土	T0406	F4

续表

新编号	原编号	形制与结构	尺寸/厘米	填土	位置	所属房址
D655	2016D184	近圆形，斜壁	口径16、底径10、深15	灰褐色土	T0406	F4
D656	2016D185	近圆形，圜底	口径16、底径10、深6	灰褐色土	T0406	F4
D657	2016D186	近圆形，平底	口径22、底径10、深10	灰褐色土	T0406	F3
D658	2016D187	近圆形，圜底	口径28、底径6、深8~10	灰褐色土	T0406	F3
D659	2016D188	近圆形，圜底	口径12、底径3、深6~10	灰褐色土	T0406	F4
D660	2016D189	近圆形，圜底	口径10、底径2、深5~10	灰褐色土	T0406	F4
D661	2016D190	近圆形，弧壁，圜底	口径30、深13	灰褐色土，土质稍硬	T0406	F2
D662	2016D191	圆形，直壁，平底	口径20~35、深12	灰褐色土	T0502东扩方	F3
D663	2016D192	圆形，直壁，平底	口径10、深8	灰褐色黏土	T0502东扩方	F4
D664	2016D193	圆形，直壁，平底	口径26、深14	黄褐色土，含陶片	T0502东扩方	F4
D665	2016D194	圆形，直壁，平底	口径20、深12	黄褐色黏土	T0502东扩方	F4
D666	2016D195	椭圆形，直壁，平底	口径20~25、深16	黄褐色黏土，含红烧土颗粒、炭屑等	T0502东扩方	F4
D667	2016D196	椭圆形，直壁，平底	口径20~30、深7	浅灰色黏土	T0502东扩方	F3
D668	2016D197	圆形，斜壁，平底	口径32、底径24、深35	灰褐色土，含红烧土颗粒	T0502东扩方	F3
D669	2016D198	椭圆形，直壁，平底	口径50、深53	灰褐色黏土	T0502	F2
D670	2016D199	椭圆形，直壁，底部有中心柱坑	口径25~30、深10	黄褐色黏土	T0502东扩方	F3
D671	2016D200	椭圆形，直壁，平底	口径20~30、深6	灰褐色黏土，含炭屑	T0502东扩方	F4
D672	2016D201	圆形，斜壁，平底	口径25、深12	浅灰色粉砂性黏土，较密，含红烧土颗粒	T0202	F4
D673	2016D202	近圆形，斜壁，平底	口径23~25、深12	浅灰色粉砂性黏土，较密，含红烧土颗粒	T0202	F3
D674	2016D203	圆形，斜壁，平底	口径20、深10	浅灰色粉砂性黏土，较密，含红烧土颗粒	T0202	F4
D675	2016D204	圆形，斜壁，平底	口径25、深10	浅灰色粉砂性黏土，较密，含红烧土颗粒	T0202	F4

续表

新编号	原编号	形制与结构	尺寸/厘米	填土	位置	所属房址
D676	2016D205	圆形，斜壁，平底	口径24、深24	黄灰色细砂性黏土，较密，含红烧土颗粒、石块等	T0202	F3
D677	2016D206	椭圆形，斜壁，斜底	口径28~32、深22	黄灰色细砂性黏土，较密，含红烧土颗粒	T0202	F3
D678	2016D207	圆形，斜壁，平底，底部有中心柱坑	口径22、深25	黄灰色细砂性黏土，较密	T0202	F2
D679	2016D208	椭圆形，斜壁，平底，底部有中心柱坑	口径25~30、深25	黄灰色细砂性黏土，较密，含红烧土颗粒	T0202	F2
D680	2016D209	圆形，斜壁，平底	口径25、深14	黄灰色细砂性黏土，较密，含红烧土颗粒	T0202	F3
D681	2016D210	圆形，斜壁，平底	口径27、深18	黄灰色细砂性黏土，较密，含红烧土颗粒	T0202	F3
D682	2016D211	椭圆形，斜壁，平底	口径45~60、深30	黄灰色细砂性黏土，较密，含红烧土颗粒、石块等	T0202	F2
D683	2016D212	椭圆形，斜壁，未清至底	口径25~30、深30	黄灰色细砂性黏土，较密，含红烧土颗粒、石块等	T0202	F3
D684	2016D213	不规则形，斜壁，平底	口径45~50、深45	黄灰色细砂性黏土，较密，含红烧土颗粒、炭屑、陶片等	T0202	F2
D685	2016D214	圆形，斜壁，平底	口径24、深22	黄灰色细砂性黏土，较密，含红烧土颗粒	T0202	F4
D686	2016D215	不规则形，斜壁，平底	口径35~40、深38	黄灰色细砂性黏土，较密，含红烧土颗粒	T0202	F2
D687	2016D216	圆形，斜壁，圜底	口径18、深10	黄灰色细砂性黏土，较密	T0202	F4
D688	2016D217	椭圆形，斜壁，平底	口径25~30、深40	浅灰色粉砂性黏土，较松，含红烧土颗粒、陶片等	T0202	F4
D689	2016D218	圆形，弧壁，圜底	口径20、深14	浅灰色粉砂性黏土，较松，含红烧土颗粒	T0202	F4
D690	2016D219	椭圆形，弧壁，圜底	口径20~25、深16	浅灰色粉砂性黏土，较松，含红烧土颗粒	T0202	F4
D691	2016D220	圆形，弧壁，圜底	口径22、深10	黄灰色细砂性黏土，较密，含红烧土颗粒、炭屑等	T0201	F3
D692	2016D221	圆形，斜壁，圜底	口径45、深46	浅灰色粉砂性黏土，含黄土块、红烧土颗粒、炭屑、陶片等	T0202	F2
D693	2016D222	圆形，弧壁，圜底	口径20、深18	浅灰色粉砂性黏土，含红烧土颗粒、炭屑等	T0202	F4
D694	2016D223	椭圆形，直壁，平底	口径35~40、深64	黄灰色细砂性黏土，含红烧土颗粒、陶片等	T0202	F2

续表

新编号	原编号	形制与结构	尺寸/厘米	填土	位置	所属房址
D695	2016D224	圆形，斜壁，平底	口径15、深6	浅灰色粉砂性黏土，较松，含红烧土颗粒	T0202	F4
D696	2016D225	椭圆形，斜壁，平底	口径46~50、深36	黄灰色细砂性黏土，含红烧土颗粒、陶片等	T0202	F2
D697	2016D226	圆形，斜壁，底近平	口径28、深26	黄灰色黏土，较密，含红烧土颗粒	T0202	F3
D698	2016D227	椭圆形，弧壁，圜底	口径28~34、深10	浅灰色粉砂性黏土，较松，含红烧土颗粒	T0202	F2
D699	2016D228	椭圆形，弧壁，圜底	口径17~20、深6	浅灰色粉砂性黏土，较松，含红烧土颗粒	T0202	F4
D700	2016D229	圆形，斜壁，平底，底部有柱坑	口径38、深38	褐灰色细砂性黏土，较密，含红烧土颗粒	T0202	F2
D701	2016D230	圆形，斜壁，平底	口径25、深50	浅灰色粉砂性黏土，较松，含红烧土颗粒、陶片等	T0202	F3
D702	2016D231	椭圆形，斜壁，平底	口径28~32、深18	浅灰色粉砂性黏土，较松，含红烧土颗粒	T0202	F3
D703	2016D232	椭圆形，弧壁，圜底	口径30~34、深20	浅灰色粉砂性黏土，较松，含红烧土颗粒、陶片等	T0202	F3
D704	2016D233	椭圆形，斜壁，平底	口径30~34、深30	浅灰色粉砂性黏土，较松，含红烧土颗粒、陶片等	T0202	F3
D705	2016D234	椭圆形，斜壁，平底	口径22~25、深16	浅灰色粉砂性黏土，较松，含红烧土颗粒	T0202	F3
D706	2016D235	圆形，斜壁，平底	口径20、深10	黄灰色细砂性黏土，较密，含红烧土颗粒、炭屑等	T0202	F3
D707	2016D236	椭圆形，斜壁，平底	口径20~24、深16	黄灰色细砂性黏土，较密，含红烧土颗粒、陶片等	T0202	F4
D708	2016D237	圆形，斜壁，平底	口径20、深22	黄灰色细砂性黏土，较密，含红烧土颗粒、炭屑等	T0202	F4
D709	2016D238	圆形，斜壁，平底	口径26、深38	黄灰色细砂性黏土，较密，含红烧土颗粒、炭屑等	T0202	F3
D710	2016D239	椭圆形，直壁，平底	口径20~24、深12	黄灰色细砂性黏土，较密，含红烧土颗粒	T0202	F4
D711	2016D240	圆形，弧壁，圜底	口径20、深16	浅灰色粉砂性黏土，较松，含红烧土颗粒	T0202	F3
D712	2016D241	圆形，弧壁，圜底	口径32、深8	黄灰色细砂性黏土，较密，含红烧土颗粒、炭屑等	T0202	F3
D713	2016D242	椭圆形，弧壁，圜底	口径20~24、深16	黄灰色细砂性黏土，较密，含红烧土颗粒、炭屑等	T0202	F4

续表

新编号	原编号	形制与结构	尺寸/厘米	填土	位置	所属房址
D714	2016D243	圆形，弧壁，圜底	口径16、深14	褐灰色细砂性黏土，较密，含红烧土颗粒	T0202	F4
D715	2016D244	圆形，弧壁，圜底	口径18、深8	黄灰色细砂性黏土，较密，含红烧土颗粒	T0202	F4
D716	2016D245	圆形，弧壁，圜底	口径30、深36	黄灰色细砂性黏土，较密，含红烧土颗粒、炭屑等	T0202	F3
D717	2016D246	圆形，弧壁，圜底	口径28、深30	深灰色粉砂性黏土，较松，含红烧土颗粒	T0202	F3
D718	2016D247	圆形，弧壁，圜底	口径26、深10	黄灰色细砂性黏土，较密，含红烧土颗粒	T0202	F3
D719	2016D248	圆形，弧壁，圜底	口径26、深8	黄灰色细砂性黏土，较密，含红烧土颗粒	T0202	F3
D720	2016D249	圆形，斜壁，平底	口径20、深40	浅灰色粉砂性黏土，较松，含红烧土颗粒	T0201	F3
D721	2016D250	椭圆形，斜壁，平底	口径24~28、深24	浅灰色粉砂性黏土，较松，含红烧土颗粒、陶片等	T0201	F3
D722	2016D251	圆形，斜壁，平底	口径25、深8	浅灰色粉砂性黏土，较松，含红烧土颗粒	T0201	F4
D723	2016D252	椭圆形，弧壁，圜底	口径24~28、深14	浅灰色粉砂性黏土，较松，含红烧土颗粒	T0201	F3
D724	2016D253	圆形，弧壁，圜底	口径20、深18	浅灰色粉砂性黏土，较松，含红烧土颗粒、陶片等	T0201	F4
D725	2016D254	椭圆形，斜壁，平底	口径34~38、深34	黄灰色细砂性黏土，较密，含红烧土颗粒、陶片等	T0201	F2
D726	2016D255	圆形，弧壁，圜底	口径25、深8	浅灰色粉砂性黏土，较松，含红烧土颗粒	T0201	F3
D727	2016D256	椭圆形，斜壁，平底	口径40~50、深28	黄灰色细砂性黏土，较密，含红烧土颗粒、陶片等	T0201	F2
D728	2016D257	圆形，弧壁，圜底	口径35、深6	黄灰色细砂性黏土，较密，含烧土、石块	T0201	F3
D729	2016D258	圆形，斜壁，平底	口径50、深30	黄灰色细砂性黏土，较密，含红烧土颗粒、陶片等	T0201	F2
D730	2016D259	圆形，斜壁，平底	口径40、深32	黄灰色细砂性黏土，较密，含红烧土颗粒、陶片等	T0201	F2
D731	2016D260	椭圆形，斜壁，平底	口径45~50、深12	浅灰色粉砂性黏土，较松，含红烧土颗粒、陶片等	T0201	F2
D732	2016D261	椭圆形，斜壁，平底	口径35~40、深40	浅灰色粉砂性黏土，较松，含红烧土颗粒、陶片等	T0201	F2

续表

新编号	原编号	形制与结构	尺寸/厘米	填土	位置	所属房址
D733	2016D262	不规则形，斜壁，平底	口径45~50、深18	浅灰色粉砂性黏土，较松，含红烧土颗粒、陶片等	T0201	F2
D734	2016D263	椭圆形，斜壁，平底，底部有中心柱坑	口径60~90、深58	黄灰色细砂性黏土，较松，含红烧土颗粒、陶片等	T0201	F2
D735	2016D264	圆形，弧壁，圜底	口径25、深8	浅灰色粉砂性黏土，较松，含红烧土颗粒、陶片等	T0201	F4
D736	2016D265	不规则形，斜壁，平底	口径35~40、深10	浅灰色粉砂性黏土，较松，含烧土粒	T0201	F2
D737	2016D266	不规则形，斜壁，平底，底部有中心柱坑	口径60~70、深30	黄灰色细砂性黏土，较密，含红烧土颗粒、陶片等	T0201	F2
D738	2016D267	椭圆形，弧壁，圜底	口径20~25、深16	浅灰色粉砂性黏土，较松，含红烧土颗粒、陶鼎足等	T0201	F4
D739	2016D268	圆形，斜壁，平底	口径40、深16	黄灰色细砂性黏土，较密，含红烧土颗粒、陶片等	T0201	F2
D740	2016D269	圆形，弧壁，圜底	口径22、深18	黄灰色细砂性黏土，较密，含红烧土颗粒	T0201	F4
D741	2016D270	圆形，斜壁，平底	口径22、深14	黄灰色细砂性黏土，较密，含红烧土颗粒	T0201	F4
D742	2016D271	圆形，弧壁，圜底	口径20、深20	黄灰色细砂性黏土，较密，含红烧土颗粒	T0201	F4
D743	2016D272	圆形，斜壁，平底	口径40、深40	黄灰色细砂性黏土，较密，含较多红烧土块、陶片等	T0201	F2
D744	2016D273	圆形，斜壁，平底	口径40、深20	黄灰色细砂性黏土，较密，含红烧土颗粒	T0201	F2
D745	2016D274	半圆形，斜壁，平底	口径70、深40	浅灰色粉砂性黏土，较松，含红烧土颗粒	T0201	F2
D746	2016D275	圆形，斜壁，平底	口径20、深8	黄灰色细砂性黏土，较密，含红烧土颗粒、陶片等	T0201	F4
D747	2016D276	不规则形，斜壁，平底	口径18~20、深12	浅灰色粉砂性黏土，较松，含红烧土颗粒	T0201	F4
D748	2016D277	圆形，斜壁，平底	口径20、深14	浅灰色粉砂性黏土，较松，含红烧土颗粒	T0201	F4
D749	2016D278	圆形，斜壁，平底	口径30、深12	浅灰色粉砂性黏土，较松，含红烧土颗粒	T0201	F3
D750	2016D279	椭圆形，弧壁	口径40~50、深25	浅灰色粉砂性黏土，较松，含红烧土颗粒、陶片等	T0201	F2
D751	2016D280	椭圆形，斜壁，平底	口径26~30、深22	黄灰色细砂性黏土，较密，含红烧土颗粒	T0201	F3

续表

新编号	原编号	形制与结构	尺寸/厘米	填土	位置	所属房址
D752	2016D281	椭圆形，直壁，平底	口径20~30、深20	灰褐色黏土	T0502东扩方	F3
D753	2016D282	圆形，直壁，平底	口径15、深28	黄褐色黏土	T0502东扩方	F4
D754	2016D283	圆形，斜壁，平底	口径40、底径20、深30	灰褐色黏土	T0502东扩方	F2
D755	2016D284	椭圆形，直壁，平底	口径15~20、深8	黄褐色黏土	T0502东扩方	F4
D756	2016D285	椭圆形，直壁，平底	口径15~22、深10	灰褐色黏土，含炭屑	T0502东扩方	F4
D757	2016D286	椭圆形，斜壁，平底	口径40、底径28、深25~40	黄褐色黏土，含红烧土颗粒	T0502东扩方	F2
D758	2016D287	圆形，直壁，平底	口径15~20、深25	黄褐色黏土	T0502东扩方	F4
D759	2016D288	圆形，斜壁，平底	口径50~60、底径42、深25	黄褐色黏土，含炭屑	T0502东扩方	F2
D760	2016D289	椭圆形，直壁，平底	口径24、深34	灰褐色土，含红烧土颗粒、炭屑等	T0502	F3
D761	2016D290	椭圆形，弧壁，圜底	口径36~48、底径24、深24	灰褐色黏土，含红烧土颗粒	T0502	F2
D762	2016D291	圆形，弧壁，圜底	口径22、深8	灰褐色黏土	T0502东扩方	F4
D763	2016D292	圆形，直壁，平底	口径45、深12	黄褐色黏土，含红烧土颗粒	T0502东扩方	F2
D764	2016D293	椭圆形，直壁，平底	口径20~30、深6	灰褐色黏土，含红烧土块	T0502东扩方	F3
D765	2016D294	圆形，直壁，平底	口径30、深6	灰褐色黏土，含红烧土块	T0502东扩方	F3
D766	2016D295	圆形，直壁，平底	口径25~30、深10	浅灰褐色土，含红烧土块	T0502东扩方	F3
D767	2016D296	圆形，直壁，平底	口径35、深10	灰褐色土，含红烧土颗粒	T0501	F3
D768	2016D297	圆形，直壁，平底	口径20、深12	灰褐色土，含大量烧土块	T0501	F3
D769	2016D298	圆形，直壁，平底	口径25、深20	灰褐色土，含大量烧土块	T0501	F3
D770	2016D301	近圆形，直壁，平底	口径20、底径16、深18	灰褐色土，土质稍硬	T0307	F4
D771	2016D302	近圆形，斜壁，圜底	口径35、深12	灰褐色土，土质稍硬	T0306	F2
D772	2016D303	近圆形，斜壁，圜底	口径20、底径2、深12	灰褐色土，土质稍硬	T0306	F4
D773	2016D304	近圆形，弧壁，圜底	口径35、深16	灰褐色土，土质稍硬	T0306	F2
D774	2016D305	近圆形，口大底小，平底	口径30、底径18、深2	灰褐色土，土质稍硬	T0306	F4

续表

新编号	原编号	形制与结构	尺寸/厘米	填土	位置	所属房址
D775	2016D306	近圆形，斜壁，平底	口径20、底径12、深16	灰褐色土，土质稍硬	T0307	F3
D776	2016D307	近圆形，弧壁，平底	口径30、底径16、深22	灰褐色土，土质稍硬	T0306	F3
D777	2016D308	近圆形，直壁，平底	口径30、底径28、深23	灰褐色土，土质稍硬	T0306	F3
D778	2016D309	近圆形，直壁，平底，底部有中心柱坑	口径45、深40	灰褐色土，土质稍硬	T0306	F2
D779	2016D310	近圆形，直壁，平底	口径15、底径12、深8	灰褐色土，土质稍硬	T0306	F4
D780	2016D311	近圆形，直壁平底	口径25、深22	灰褐色土，土质稍硬	T0306	F3
D781	2016D312	近圆形，斜壁，平底	口径32、底径24、深18	灰褐色土，土质稍硬	T0306	F3
D782	2016D313	近圆形，斜壁，平底	口径45~50、底径36、深24	灰褐色土，土质稍硬	T0306	F2
D783	2016D315	近椭圆形，西部较平，东部较斜	口径80~108、底径102、深15~30	灰褐色土，土质较松，含少量红烧土颗粒、陶片	T0501	F2
D784	2016D316	近圆形，壁略斜，底部呈斜坡状	口径90~110、深15~30	灰褐色土，含大块红烧土及少量陶片	T0501	F2
D785	2016D317	近圆形，直壁，平底	口径105、深12	灰褐色土，含少量红烧土颗粒、炭屑、动物骨骼渣、碎陶片、石块等	T0501	F2
D786	2016D318	圆形，弧壁，平底	口径40、深10	灰褐色土，含红烧土颗粒	T0501	F3
D787	2016D319	近圆形，圜底，向西斜	口径12、底径6、深8	灰褐色土，土质较松，含少量红烧土颗粒	T0501	F4
D788	2016D320	近圆形，圜底	口径12、底径6、深5	灰褐色土，土质较松，含少量红烧土颗粒	T0501	F4
D789	2016D321	近圆形，底部为圜底，向西斜	口径12、底径5、深10	灰褐色土，土质较松，含少量红烧土颗粒	T0501	F4
D790	2016D322	近圆形，圜底	口径14、底径5、深10	灰褐色土，土质较松，含少量红烧土颗粒	T0501	F4
D791	2016D323	近圆形，圜底	口径20、底径9、深12	灰褐色土，土质较松，含少量红烧土颗粒	T0501	F3
D792	2016D324	近圆形，平底	口径12、底径7、深18	灰褐色土，土质较松，含少量红烧土颗粒	T0501	F4
D793	2016D325	近椭圆形，平底	口径10、底径6、深14	灰褐色土，土质较松，含少量红烧土颗粒	T0501	F4
D794	2016D326	近圆形，平底	口径22、底径12、深25	灰褐色土，土质较松，含少量红烧土颗粒	T0501	F4
D795	2016D327	近圆形，圜底	口径10、底径6、深15	灰褐色土，土质较松，含少量红烧土颗粒、炭屑等	T0501	F4
D796	2016D328	近圆形，平底	口径10、底径6、深10	灰褐色土，土质较松，含少量红烧土颗粒	T0501	F4

续表

新编号	原编号	形制与结构	尺寸/厘米	填土	位置	所属房址
D797	2016D329	近圆形，平底	口径10、底径8、深6	灰褐色土，土质较松，含少量红烧土颗粒	T0501	F4
D798	2016D330	近圆形，平底	口径8、底径6、深8	灰褐色土，土质较松，含少量红烧土颗粒	T0501	F4
D799	2016D331	近圆形，圜底	口径10、底径6、深15	灰褐色土，土质较松，含少量红烧土颗粒	T0501	F4
D800	2016D332	圆形，斜壁，圜底	口径20	灰褐色黏土	T0306	F4
D801	2016D333	圆形，弧壁，圜底	口径20、底径10、深10	灰褐色黏土，含烧土颗粒	T0307	F4
D802	2016D334	圆形，斜壁，平底	口径15、底径10、深10	灰褐色土，含炭屑	T0306	F4
D803	2016D335	圆形，斜壁，平底	口径15、底径10、深8	灰褐色土	T0307	F4
D804	2016D336	近圆形，平底	口径24、底径22、深12	灰褐色土	T0307	F4
D805	2016D337	近圆形，平底	口径20~22、底径14、深10	灰褐色土	T0307	F4
D806	2016D338	近圆形，圜底	口径20、底径5、深10	灰褐色土	T0307	F4
D807	2016D339	近圆形，平底	口径18、底径10、深10	灰褐色土	T0307	F4
D808	2016D340	近圆形，平底	口径13、底径10、深6	灰褐色土	T0307	F4
D809	2016D341	近圆形，平底	口径15、底径10、深6	灰褐色土	T0307	F4
D810	2016D342	近圆形，斜壁，平底	口径30~40、底径20、深10	灰褐色土，土质稍硬	T0307	F2
D811	2016D343	近圆形，平底	口径18、底径15、深9	灰褐色土	T0307	F4
D812	2016D344	近圆形，平底	口径20、底径10、深6~10	灰褐色土	T0307	F4
D813	2016D345	近圆形，平底	口径25~28、底径16、深10	灰褐色土	T0307	F4
D814	2016D346	近圆形，平底	口径30、底径26、深10	灰褐色土	T0307	F3
D815	2016D347	近圆形，平底	口径28、底径14、深20	灰褐色土	T0307	F4
D816	2016D348	近圆形，圜底	口径20、底径14、深8	灰褐色土	T0307	F4
D817	2016D349	近椭圆形，斜壁，平底	口径45、底径20、深26	灰褐色土，土质稍硬	T0306	F2
D818	2016D350	近椭圆形，直壁，平底	口径25~40、深10	灰褐色土，土质稍硬	T0306	F3
D819	2016D351	近椭圆形，斜壁，平底	口径30~45、底径24、深12	灰褐色，土质稍硬	T0306	F2
D820	2016D352	近椭圆形，平底	口径28~34、深10	灰褐色土，土质稍硬	T0306	F3
D821	2016D353	近椭圆形，斜壁，平底	口径35~45、底径20、深10~16	灰褐色土，土质稍硬	T0306	F2
D822	2016D354	近圆形，斜壁，平底	口径20、底径16、深6	灰褐色土	T0306	F4
D823	2016D355	近圆形，直壁，平底	口径40、深13	灰褐色土，土质稍硬，含红烧土颗粒	T0406	F2

续表

新编号	原编号	形制与结构	尺寸/厘米	填土	位置	所属房址
D824	2016D356	近圆形，直壁，平底	上口径56、深16	青灰色土，土质稍硬，含少量陶片	T0406	F2
D825	2016D357	近圆形，平底	口径28、底径26、深10	青灰色土，土质稍硬，含少量陶片	T0405	F3
D826	2016D358	近圆形，平底	口径18、底径16、深14	青灰褐色土，土质稍硬	T0405	F4
D827	2016D359	近圆形，平底	口径15~28、底径20、深35	黄褐色土，土质稍硬	T0405	F3
D828	2016D360	近圆形，平底	口径26~30、底径22、深6	黄褐色土，土质稍硬	T0405	F3
D829	2016D361	圆形，直壁，平底	口径20、深9	灰褐色土，含烧土颗粒	T0501东扩方	F4
D830	2016D362	圆形，直壁，平底	口径15、深13	浅灰色黏土	T0501东扩方	F4
D831	2016D363	近圆形，直壁，圜底	口径25、深10	浅灰色黏土	T0501东扩方	F4
D832	2016D364	圆形，弧壁，圜底	口径15、深8	浅灰色黏土，含炭屑、烧土颗粒等	T0501东扩方	F4
D833	2016D365	圆形，直壁，圜底	口径25、深12~16	浅灰色黏土，含炭屑、烧土颗粒等	T0501东扩方	F4
D834	2016D366	圆形，弧壁，平底	口径30、底径20、深10	灰褐色土	T0501东扩方	F3
D835	2016D367	圆形，弧壁，平底	口径30、底径20、深15	黄褐色黏土	T0501东扩方	F3
D836	原2016H21	方形，直壁，平底	口径90~100、深20~40	黄褐色土，含烧土颗粒	T0501	F2
D837	原2014H51	圆形，直壁，平底	口径82、底径72、残深10~30	浅灰色黏土，含烧土颗粒、炭屑等	T0203	F2
D838	原2014H30	椭圆形，弧壁，圜底	口径78~96、深20	深灰色黏土，含烧土颗粒、炭屑、陶片等	T0203	F2

附表三　罗家冲遗址第6层下大型柱坑统计表

新编号	原编号	二次编号	层位	形制与结构	尺寸/厘米	填土	位置
ZK1	2014H62	2014D471	开口于F1①层下	平面近椭圆形，直壁，底部中间分布有中心柱础	口径165、深22~70	黄褐色土，含大量红烧土块	T0302西南部
ZK2	2014H68	2014D470	开口于第6层下	平面近椭圆形，直壁，平底，底部分布有石块	口径125、深36~66	灰褐色土	T0302北部
ZK3	2014H74	2014D469	开口于第6层下	平面近椭圆形，直壁，平底	口径115、深26~46	灰褐色土，含红烧土颗粒	T0302西北部
ZK4	2014H73	2014D468	开口于第6层下	平面近椭圆形，直壁，平底，底部一侧分布有柱础	口径150、深14~64	灰褐色黏土，含少量红烧土块	T0302东北部
ZK5	2014H69	2014D479	开口于第6层下	平面近椭圆形，直壁，平底	口径110、深48	灰褐色土	T0302东北部
ZK6	2014H78	2014D464	开口于第6层下	平面呈圆形，直壁，平底，底部分布有石块	口径100、深72~80	灰褐色黏土，含红烧土颗粒	T0402西北部
ZK7	2014H75	2014D467	开口于第6层下	平面呈圆形，直壁，平底，底部分布有中心木柱础	口径68、深40~50	灰褐色土，含红烧土块	T0302北部
ZK8	2014H81	2014D478	开口于第6层下	平面近似圆形，直壁，平底	口径74、残深10~22	灰褐色土，含红烧土块	T0402西北部

附表四　罗家冲遗址第4层下柱洞登记表

新编号	原编号	形状与结构	尺寸/厘米	土质、土色、包含物	位置
D1	14D1	近圆形，斜壁，底部正中有柱础石	口径50、深50	黄褐色砂土	T0302
D2	14D2	圆形，斜壁，圜底	口径20、深20	灰褐色砂土，含红烧土颗粒、陶片等	T0402
D3	14D5	椭圆形，直壁，平底	口径20~25、深20	灰褐色砂土	T0402
D4	14D6	圆形，直壁，平底	口径30、深13	灰褐色黏土，含红烧土颗粒、陶片等	T0402
D5	14D7	圆形，直壁，平底	口径40~45、深26	灰褐色黏土，含红烧土颗粒、红烧土块、陶片、小石子等	T0402
D6	14D8	椭圆形，直壁，平底	口径20~35、深15	灰褐色黏土，夹细砂，含红烧土颗粒	T0402
D7	14D9	圆形，直壁，平底	口径22、深20	灰褐色黏土，含红烧土块	T0402
D8	14D11	椭圆形，直壁，平底	口径18~26、深6	灰褐色黏土，含红烧土颗粒	T0302
D9	14D12	圆形，直壁，平底	口径18~20、深13	灰褐色黏土，含红烧土块	T0302
D10	14D13	圆形，斜壁，圜底	口径22、深18	黄褐色黏土，含红烧土块	T0301
D11	14D14	椭圆形，直壁，平底	口径15~20、深15	黄褐色黏土	T0301
D12	14D15	圆形，直壁，平底	口径20、深15	黄褐色黏土，含红烧土颗粒、炭灰等	T0301
D13	14D16	圆形，直壁，平底	口径16~19、深20	黄褐色黏土，含红烧土颗粒、陶片等	T0301
D14	14D17	椭圆形，直壁，平底	口径14~21、深22	黄褐色砂土	T0302
D15	14D18	圆形，直壁，平底	口径14、深18	黄褐色砂土	T0302
D16	14D19	椭圆形，直壁，平底	口径17~30、深28	黄褐色黏土	T0302
D17	14D20	不规则圆形，直壁，平底	口径25~30、深30	黄褐色砂土	T0302
D18	14D21	圆形，直壁，平底	口径20、深15	黄褐色砂土	T0302
D19	14D22	圆形，斜壁，平底	口径20、深10	灰褐色砂土，含红烧土颗粒	T0301
D20	14D23	圆形，直壁，平底	口径13、深13	黄褐色黏土，含红烧土颗粒	T0301
D21	14D24	圆形，直壁，平底	口径13、深10	黄褐色黏土，含红烧土颗粒	T0301
D22	14D25	圆形，直壁，平底	口径16、深10	黄褐色黏土	T0301
D23	14D26	圆形，直壁，平底	口径18、深20	黄褐色黏土，夹细砂，含红烧土颗粒	T0301
D24	14D27	圆形，直壁，平底	口径16、深12	黄褐色黏土，夹细砂	T0301
D25	14D123	圆形，斜壁，平底	内径20、外径35、深20	中部填土为红烧土块夹黄褐色黏土，外围填土为黄褐色砂土	T0302
D26	14D124	圆形，斜壁，平底	内径18、外径28、深25	中部填土为黄褐色砂黏土，含红烧土，外围填土为黄褐色砂土	T0302
D27	14D125	圆形，斜壁，平底	口径40、深25	灰褐色砂土，含红烧土	T0302
D28	14D126	圆形，斜壁，圜底	口径40、深18	黄褐色砂土，含红烧土	T0402
D29	16D1	圆形，直壁，平底	口径25、深18	浅灰色粉砂性黏土，含红烧土块颗粒，底部有石块	T0201
D30	16D2	椭圆形，直壁，平底	口径30~34、深20	浅灰色粉砂性黏土，较疏松，含炭屑、红烧土颗粒等	T0201
D31	16D3	圆形，直壁，平底	口径22、深15	浅灰色粉砂性黏土，较疏松，含红烧土颗粒等	T0201

续表

新编号	原编号	形状与结构	尺寸/厘米	土质、土色、包含物	位置
D32	16D4	椭圆形，直壁，平底	口径23~26、深18	浅灰色粉砂性黏土，较疏松，含炭屑、红烧土颗粒等	T0201
D33	16D5	圆形，直壁，平底	口径25、深15	浅灰色粉砂性黏土，较疏松，含红烧土、炭屑等，底部有烧土块	T0201
D34	16D6	圆形，直壁，平底	口径26、深18	浅灰色粉砂性黏土，较疏松，含炭屑、红烧土颗粒等	T0201
D35	16D7	椭圆形，直壁，圜底	口径40~45、深18	浅灰色粉砂性黏土，较疏松，含炭屑、红烧土颗粒等	T0201
D36	16D8	椭圆形，斜壁，	口径70~75、深5~15	浅灰色粉砂性黏土，较疏松，含红烧土、石块、陶片等	T0201
D37	16D9	圆形，弧壁，圜底	口径30、深6	浅灰色粉砂性黏土，较疏松，含炭屑、红烧土颗粒等	T0201
D38	16D10	椭圆形，斜壁	口径30~36、深8~13	黄灰色细砂性黏土，较致密，含炭屑、红烧土颗粒等	T0201
D39	16D11	圆形，斜壁，平底	口径25、深16	黄灰色细砂性黏土，含炭屑、红烧土颗粒等	T0201
D40	16D12	圆形，斜壁，平底	口径20、深30	黄灰色细砂性黏土，较致密，含炭屑、红烧土颗粒等	T0201
D41	16D81	近圆形，口大底小，圜底	口径15、底径8、深20	灰褐色沙质黏土，土质稍硬	T0502及东扩方
D42	16D82	近圆形，口大底小，平底	口径20、底径16、深10	灰褐色沙质黏土，土质稍硬	T0502及东扩方
D43	16D83	近圆形，口大底小，平底	口径25、底径24、深20	灰褐色沙质黏土，土质稍硬	T0502及东扩方
D44	16D133	近椭圆形，口大底小，平底	口径50、底径46、深25	灰褐色沙质黏土，土质稍硬	T0502及东扩方
D45	16D134	近圆形，口大底小，平底	口径40、底径34、深10	灰褐色沙质黏土，土质稍硬	T0502及东扩方
D46	16D135	近圆形，口大底小，平底	口径30、底径28、深12~25	灰褐色沙质黏土，土质稍硬	T0502及东扩方
D47	16D136	近圆形，口大底小，平底，有柱芯	内径28、外径50、底径50、深35~45	中部填土为黄褐色沙质黏土，外围填土为灰褐色沙质黏土，土质稍硬	T0502及东扩方
D48	16D137	近圆形，口大底小，平底	口径55、深10~20	灰褐色沙质黏土，土质稍硬	T0502东扩方
D49	16D138	近椭圆形，口大底小，圜底	口径122、底径80、深35	灰褐色沙质黏土，土质稍硬	T0502东扩方
D50	14D306	圆形，斜壁，圜底	口径22、深15	深灰色砂土，含红烧土颗粒	T0402东扩方

附表五　罗家冲遗址出土未编号石器（含砺石、坯料、石片及石料）统计表　　（单位：件）

单位 \ 类别	砺石	坯料	石片、石料	合计
2013TG1⑥A	10		1	11
2013TG2	6		3	9
2013TG3	1			1
2013H2①	2		3	5
2013H2②	2		1	3
2014H13	1		9	10
2014H39	1			1
2014H54			1	1
2014H64	2		7	9
2014H65	6		6	12
2014G1③	3		3	6
2014G1④	1			1
G3②	2			2
2014G5		6		6
F1①	10	44	50	104
F1②	10		28	38
ZK5			10	10
2013TG2	2	1	1	4
T0402②	1			1
T0205④A	6		21	27
T0302④A	1		2	3
T0405④A	1	7		8
T0405④B	2	12		14
T0406④A			1	1
T0407④A	3		6	9
T0203⑤		5		5
T0302⑥	4		9	13
T0402⑥	4	2	17	23
2013采集	6	24	4	34
2014采集	1			1
2015采集	1		1	2
合计	89	101	184	374

附表七 罗家冲遗址出土陶纺轮统计表　　　　　　　　　　（单位：件）

分期	单位编号	类型	陶系	素面	纹饰	小计	
早一期	第6层	Aa型	夹砂褐陶1、泥质黑陶1、夹砂黑陶3		5	8	25
		Ab型	泥质黑陶1、夹砂黑陶1	1	1		
		B型	夹砂褐陶1	1			
	2014H36	Ab型	泥质红褐陶1		1	1	
	2014H39	Aa型	夹砂红褐陶1		1	2	
		Ab型	夹砂黑陶1		1		
	G3②	Aa型	泥质红陶1、泥质黑陶1、夹砂黑陶1	1	2	6	
		Ab型	夹砂黑陶2		2		
		B型	夹砂黑陶1	1			
	2014G5	Aa型	泥质黑陶1		1	3	
		Ab型	泥质黑陶1		1		
		B型	泥质黑皮红陶1		1		
	2016G4	Aa型	夹砂黑陶1		1	3	
		B型	泥质灰陶1、泥质黑陶1	1	1		
	2016G5②	Aa型	夹砂灰陶2		2	2	
早二期	第5层	Aa型	泥质黑陶2、夹砂黑陶4	2	4	10	55
		Ab型	泥质黑陶1、泥质褐陶1、夹砂黑陶1		3		
		B型	夹砂红褐陶1	1			
	F1①	Aa型	泥质灰陶4、泥质红陶3、泥质黄褐陶1	2	6	36	
		Ab型	泥质灰陶16	3	13		
		B型	泥质灰陶1、夹砂灰陶1、泥质黄褐陶1	2	1		
	F1②	Aa型	泥质灰陶4、泥质红陶1、夹砂灰陶1	1	5		
		B型	泥质灰陶1、泥质黄褐陶1	2			
	F1③	Aa型	泥质红陶1	1			
	2013H2①	Aa型	泥质灰陶2		2	3	
	2013H2②	Aa型	泥质红陶1	1			
	2014G1③	Aa型	泥质灰陶1		1		
	2014G1④	Aa型	泥质灰陶3		3	5	
		Ab型	泥质灰陶1		1		
	红烧土堆积	Aa型	泥质灰陶1	1		1	

续表

分期	单位编号	类型	陶系	素面	纹饰	小计	
早三期	第4层	Aa型	泥质灰陶7、泥质红陶7、泥质黑皮红陶3、泥质黑皮褐陶1、泥质灰白陶2、泥质黄褐陶1	10	11	36	42
		Ab型	泥质灰陶3、泥质黄褐陶2、泥质黑皮褐陶1	1	5		
		B型	泥质灰陶1、泥质黄褐陶1、夹砂黄褐陶1	2	1		
		Ca型	泥质灰陶2	1	1		
		Cb型	泥质灰陶1、泥质红陶1、泥质黄褐陶2	2	2		
	2013TG1⑦	Aa型	泥质灰陶2		2	3	
	2013TG1⑧	Aa型	泥质灰陶1	1			
	2013TG2	Aa型	泥质红陶1		1	1	
	2013TG3	Aa型	泥质灰陶2		2	2	
晚期	2014G2	Aa型	夹砂黑陶1、夹砂灰陶1、夹砂褐陶1		3	3	16
	第1层	Aa型	夹砂黑陶2		2	2	
	第2层	Aa型	泥质黑陶1、泥质红褐陶1	1	1	2	
	第3层	Aa型	泥质灰陶2、泥质红陶2、夹砂灰陶1、夹砂黑陶1	1	5	9	
		Ab型	泥质黑陶1、泥质浅黄陶1、夹砂黑陶1	1	2		
采集品	采集品	Aa型	夹砂黑陶3、夹砂红陶3	2	4	9	9
		Ab型	夹砂黑陶1		1		
		B型	夹砂黑陶1	1			
		Cb型	夹砂黑陶1	1			
合计		Aa型88 Ab型37 B型15 Ca型2 Cb型5	泥质灰陶56、泥质红陶18、泥质黑陶11、泥质褐陶1、泥质黑皮红陶4、泥质黑皮褐陶2、泥质红褐陶2、泥质浅黄陶1、泥质黄褐陶9、泥质灰白陶2、夹砂黑陶26、夹砂灰陶6、夹砂红陶3、夹砂褐陶3、夹砂红褐陶2、夹砂黄褐陶1	45	102	147	

附表八　罗家冲遗址出土陶纺轮纹饰统计表

序号	器物编号	保存状况	陶系	纹饰	期别
1	T0302⑥：20	基本完整	夹砂褐陶	宽面饰四组对称三弧线刻划纹	早一期
2	T0302⑥：24	边侧残	夹砂黑陶	两面有纹饰，宽面饰一周戳点纹及四组对称三弧线刻划纹，窄面饰一周戳点纹及"十"字戳点纹，侧边饰一周戳点纹	早一期
3	T0304⑥：11	基本完整	泥质黑陶	宽面中部及边侧各饰一周凹弦纹＋"十"字刻划纹，分隔的四格中饰对称羊角刻划纹	早一期
4	T0402⑥：2	基本完整	夹砂黑陶	一面饰四组对称三弧线刻划纹	早一期
5	T0402⑥：8	边侧残	夹砂黑陶	宽面饰一条中分刻划纹及四组对称双弧线刻划纹	早一期
6	T0402⑥：15	仅存一半	夹砂黑陶	宽面饰对称双弧线刻划纹	早一期
7	2014H36：4	仅存一半	泥质红褐陶	宽面对称三弧线刻划纹	早一期
8	2014H39：5	残裂	夹砂红褐陶	宽面饰对称三弧线刻划纹	早一期
9	2014H39：9	仅存小半	夹砂黑陶	宽面饰羊角刻划纹	早一期
10	G3②：23	残	夹砂黑陶	宽面饰四组对称三弧线刻划纹	早一期
11	G3②：29	残	泥质黑陶	宽面饰四组对称三弧线刻划纹	早一期
12	G3②：38	残	夹砂黑陶	宽面饰四组对称三弧线刻划纹	早一期
13	G3②：69	残	夹砂黑陶	宽面饰四组对称三弧线刻划纹	早一期
14	2014G5：49	仅存一半	泥质黑陶	宽面饰对称双弧线刻划纹	早一期
15	2014G5：48	残	泥质黑陶	宽面饰四组对称三弧线刻划纹	早一期
16	2014G5：26	残裂	泥质黑皮红陶	一面饰戳点纹	早一期
17	2016G4：1	略残	泥质灰陶	窄面中部饰一周凹弦纹	早一期
18	2016G4：4	残裂	夹砂黑陶	宽面饰"十"字刻划纹分隔的四组对称卷云纹	早一期
19	2016G5②：1	边侧略残	夹砂灰陶	宽面外侧饰一周细凹弦纹，内侧饰四组对称三弧线刻划纹	早一期
20	2016G5②：3	边侧略残	夹砂灰陶	宽面饰"十"字刻划纹分隔的四组重叶状刻划纹	早一期
21	T0201⑤：10	基本完整	泥质褐陶	宽面饰四组对称三弧线刻划纹	早二期
22	T0201⑤：11	边侧残	泥质黑陶	宽面饰四组对称双角刻划纹	早二期
23	T0201⑤：12	残	泥质黑陶	宽面饰四组对称羊角刻划纹，内填戳点	早二期
24	T0201⑤：21	残	泥质黑陶	宽面饰四组对称三弧线刻划纹	早二期
25	T0203⑤：61	残裂	夹砂黑陶	宽面饰八角星纹和四花瓣刻划纹，内填戳点纹	早二期
26	T0203⑤：56	仅存一半	夹砂黑陶	宽面饰四组对称三弧线刻划纹	早二期
27	T0204⑤：36	边侧残	夹砂黑陶	宽面饰八花瓣刻划纹，内填戳点纹	早二期
28	F1①：5	局部残	泥质灰陶	宽面饰四组对称三弧线刻划纹	早二期
29	F1①：56	局部残	泥质灰陶	宽面饰四组对称三弧线刻划纹	早二期
30	F1①：57	仅存小半	泥质灰陶	宽面饰四组对称三弧线刻划纹	早二期
31	F1①：109	残存一半	泥质灰陶	宽面饰四组对称三弧线刻划纹	早二期
32	F1①：118	局部残	泥质灰陶	一面外侧饰一周细凹弦纹，内侧饰四个对称圆点纹	早二期
33	F1①：135	基本完整	泥质灰陶	宽面外侧饰一周细凹弦纹，内侧"十"字凹线隔成四格，每格内饰对称单弧线刻划纹	早二期

续表

序号	器物编号	保存状况	陶系	纹饰	期别
34	F1①:160	残裂	泥质灰陶	宽面饰四组对称三弧线刻划纹	
35	F1①:161	局部残	泥质灰陶	宽面饰四组对称三弧线刻划纹	
36	F1①:162	基本完整	泥质灰陶	宽面饰四组对称三弧线刻划纹	
37	F1①:166	局部残	泥质灰陶	宽面饰四组对称三弧线刻划纹	
38	F1①:167	两侧残	泥质灰陶	宽面饰四组对称三弧线刻划纹	
39	F1①:169	边缘残	泥质灰陶	宽面边侧饰一周凹弦纹，内饰八角星刻划纹，部分角内饰戳点纹	
40	F1①:185	仅存一半	泥质红陶	宽面边侧饰一周细凹线纹	
41	F1①:186	基本完整	泥质灰陶	宽面饰四组对称三弧线刻划纹	
42	F1①:190	仅存一半	泥质灰陶	宽面饰四组对称三弧线刻划纹	
43	F1①:211	局部残	泥质红陶	宽面侧边饰一圈细篦点纹	
44	F1①:212	局部残	泥质灰陶	宽面边侧饰一周凹弦纹，内饰四组对称三弧线刻划纹	
45	F1①:213	基本完整	泥质红陶	侧边饰一圈细篦点纹	
46	F1①:219	残存大半	泥质灰陶	宽面中间"十"字刻划纹将平面分成四等格，每格饰对称羊角刻划纹	
47	F1①:228	残存大半	泥质灰陶	宽面饰四组对称三弧线刻划纹	
48	F1②:73	局部残	泥质灰陶	宽面边侧饰一圈凹线纹，中间"十"字刻划纹将平面分成四等格，每格饰对称羊角刻划纹，其中对称一组羊角纹内饰戳点纹	早二期
49	F1②:85	局部残	泥质灰陶	宽面"十"字刻划纹将平面分成四等格，每格饰对称双弧线刻划纹	
50	F1②:104	残裂	泥质灰陶	一面边侧饰一周凹线纹，内饰四组对称三弧线刻划纹	
51	F1②:163	基本完整	泥质灰陶	宽面饰四组对称三弧线刻划纹	
52	F1②:182	边侧残	夹砂灰陶	宽面饰圆形戳点纹	
53	2013H2①:1	基本完整	泥质灰陶	宽面饰四组对称三弧线刻划纹	
54	2013H2①:2	局部残	泥质灰陶	宽面饰羊角状及几何刻划纹，部分内填戳点纹	
55	2014G1③:8	局部残	泥质灰陶	宽面边侧饰一周凹线纹，中间"十"字凹线纹将平面分成四等格，每格内饰对称羊角刻划纹	
56	2014G1④:16	局部残	泥质灰陶	窄面饰两周细凹弦纹	
57	2014G1④:18	局部残	泥质灰陶	一面边侧饰一周细凹弦纹，中部饰三周细凹弦纹，外侧两周凹弦纹内饰竖向戳点纹	
58	2014G1④:34	基本完整	泥质灰陶	一面饰四周等距细凹弦纹，第一、二周及第三、四周凹弦纹之间饰戳点纹	
59	2014G1④:37	边侧残	泥质灰陶	一面边侧及中部各饰一周细凹弦纹，弦纹之间饰戳点纹	

续表

序号	器物编号	保存状况	陶系	纹饰	期别
60	T0201④A∶6	略残	泥质灰陶	宽面饰四组对称三弧线刻划纹	
61	T0202④A∶15	基本完整	泥质黄褐陶	平面边侧饰两周细凹弦纹	
62	T0202④A∶17	局部残	泥质灰陶	凸面饰绳纹，平面边侧饰一周细凹弦纹，内部饰四组对称双弧线刻划纹	
63	T0202④A∶35	边缘残	泥质黑皮红陶	一面饰两周细凹弦纹，弦纹之间饰四组对称"十"字三短线刻划纹	
64	T0305④A∶22	一面边缘残	泥质灰陶	一面边侧饰一周细凹弦纹	
65	T0306④A∶32	仅存一半	泥质灰陶	一面饰几何状刻划纹	
66	T0307④A∶6	略残	泥质灰陶	宽面饰四组对称三弧线刻划纹	
67	T0307④A∶11	边缘略残	泥质灰陶	宽面饰四组对称三弧线刻划纹	
68	T0307④A∶16	基本完整	泥质灰陶	宽面边侧饰一周凹弦纹，内饰四组对称三弧线刻划纹	
69	T0401东扩方④A∶4	基本完整	泥质红陶	平面边侧饰两周戳点纹，中部饰六组戳点纹	
70	T0402④A∶1	基本完整	泥质黑皮红陶	一面饰四组对称三弧线刻划纹	
71	T0406④A∶20	局部残	泥质黑皮褐陶	一面中间"十"字凹线纹将平面分成四等格，每格饰一道弧线刻划纹	早三期
72	T0406④A∶45	局部残	泥质黑皮褐陶	一面边侧饰一周凹弦纹，内饰四组对称三弧线刻划纹	
73	T0406④A∶46	边缘残	泥质黑皮红陶	一面饰两周凹弦纹，凹弦纹之间饰小戳点纹	
74	T0406④B∶14	基本完整	泥质灰白陶	宽面饰三周凹弦纹	
75	T0501④A∶40	局部残	泥质灰陶	宽面饰四组对称三弧线刻划纹	
76	T0501④A∶69	残裂	泥质红陶	宽面饰一周凹弦纹	
77	T0502④A∶14	略残	泥质灰陶	宽面饰四组对称五至八道弧线刻划纹	
78	T0503④A∶13	局部残	泥质灰陶	宽面中间"十"字凹线纹将平面分成四等格，每格饰三弧线刻划纹	
79	T0503④A∶49	局部残	泥质灰陶	宽面饰两个对称羊角状及三角弧线刻划纹，内填戳点纹	
80	2013TG1⑦∶9	局部残	泥质灰陶	一面饰两周细凹弦纹，之间饰竖向戳点纹	
81	2013TG1⑦∶10	边侧残	泥质灰陶	一面边缘饰两周细凹弦纹，之间饰戳点纹，内侧以穿孔为中心分成六等扇形，其中三个扇形内饰戳点纹	
82	2013TG2∶1	基本完整	泥质红陶	一面中部饰一周浅凹弦纹，外饰竖状戳点纹	
83	2013TG3∶1	局部残	泥质灰陶	一面饰两周细凹弦纹，内饰竖状戳点纹	
84	2013TG3∶6	局部残	泥质灰陶	一面饰三周细凹弦纹，内侧两线之间饰斜状戳点纹	

续表

序号	器物编号	保存状况	陶系	纹饰	期别
85	2014G2：8	边侧残	夹砂黑陶	宽面饰四组对称三弧线刻划纹	晚期
86	2014G2：15	边侧残	夹砂灰陶	宽面饰"十"字分隔对称花瓣刻划纹	
87	2014G2：16	基本完整	夹砂褐陶	宽面饰四花瓣状戳点纹	
88	T0203①：1	残	夹砂黑陶	宽面饰四组对称羊角刻划纹	
89	T0405①：6	基本完整	夹砂黑陶	宽面饰四组对称三弧线刻划纹	
90	T0502东扩方②：24	基本完整	泥质红褐陶	窄面饰四组对称三弧线刻划纹	
91	T0205③A：15	边侧残	泥质红陶	一面饰一周凹弦纹	
92	T0205③A：22	边侧残	泥质黑陶	宽面边缘饰一道凹弦纹，弦纹至穿孔之间饰戳点纹	
93	T0205③A：25	仅存1/3	夹砂黑陶	宽面饰对称双弧线刻划纹	
94	T0205③A：27	仅存一半	夹砂灰陶	宽面饰对称内填戳点花瓣纹	
95	T0205③B：8	基本完整	夹砂黑陶	一面边缘饰一周凹弦纹，至边缘饰斜线纹	
96	T0306③C：26	基本完整	泥质灰陶	一面饰两周凹弦纹，内填斜线纹	
97	T0405③C：9	基本完整	泥质红陶	宽面饰四组对称单弧线刻划纹	
98	2013采：53	略残	夹砂黑陶	一面边侧饰一周凹弦纹，内饰双线"十"字刻划纹，内填戳点纹	采集品
99	2014采：42	基本完整	夹砂黑陶	窄面饰"十"字刻划纹及四组对称三弧线刻划纹	
100	2015采：27	边侧残	夹砂红陶	一面饰一周凹弦纹，其外至边饰斜向篦点纹	
101	2015采：31	基本完整	夹砂黑陶	宽面饰有对称三弧线刻划纹	
102	2016采：31	基本完整	夹砂黑陶	宽面饰"十"字刻划纹及四组对称三弧线刻划纹	

附　　录

附录一　罗家冲遗址炭化植物遗存分析

葛利花[1]　靳桂云[2]

（1.中国社会科学院大学历史学院　2.山东大学文化遗产研究院）

一、遗址概况

罗家冲遗址（112°03′35.69″，27°57′30.88″）位于湖南省长沙市宁乡县青山桥镇桥北村一组，地处楚江上游北岸的二级台地上，周围是低山丘陵环绕的狭长形山间盆地，属于典型的台地遗址。遗址地表为稻田、菜地，村民取土烧砖及现存水塘对其造成破坏，现存面积仅2.5万平方米，发掘面积1700平方米[①]。为配合沩水流域史前与商周时期考古调查课题组工作，长沙市文物考古研究所联合宁乡县文物局在2014年至2015年、2016年至2017年期间，两次对罗家冲遗址进行主动性发掘，发现一批自新石器时代末期至东周时期的遗存，主要为房址、灰坑、水井、灰沟、灶、红烧土堆积、柱洞群遗迹，出土了大量陶器、石器、玉器和小件青铜器，陶器主要器形有鼎、罐、盆、釜、杯、豆、鬶、缸、器盖、纺轮、陶垫、盉形器等，石器主要有斧、锛、钺、刀、穿孔器、镞等[②]。经过典型陶器形制分析，发掘者认为罗家冲遗址既有自己独特的地域特征，又与石家河文化中心区典型陶器存在部分共性。据^{14}C测年数据，该遗址早一期文化遗存年代为公元前2500～前2200年[③]。

---

① 长沙市文物考古研究所：《宁乡罗家冲遗址2014—2015年度发掘情况简报》，《湖南省博物馆馆刊》第十二辑，岳麓书社，2016年，第140～146页。

② 长沙市文物考古研究所、宁乡市文化旅游广电体育局：《湖南宁乡罗家冲遗址1号建筑基址发掘简报》，《中原文物》2020年第4期，第4～21页。

③ 长沙市文物考古研究所、宁乡市文化旅游广电体育局：《湖南宁乡市罗家冲遗址石家河文化遗存发掘简报》，《考古》2021年第5期，第3～26页。

二、材料与方法

为了解罗家冲遗址先民的生业经济状况，长沙市文物考古研究所工作人员在发掘的过程中采用"针对性采样法"对遗迹单位明确者，即层位关系确定的柱洞、灰坑、沟、地层、水井、红烧土堆积中采集浮选样品64份，土样共404升，每份样品平均容积为6.3升（表一）。

表一　罗家冲遗址取样单位统计表

时代＼遗迹	灰坑	沟	水井	地层	房址	柱洞	红烧土堆积	合计（份）
第一期（新石器时代末期至夏）	5	7		2		31		45
第二期（商晚至西周）	4	5		2	6		1	18
第三期（东周）			1					1
合计	9	12	1	4	6	31	1	64

工作人员在发掘驻地利用浮选设备开展浮选工作[①]，用20目、80目分样筛分别收集重浮、轻浮。样品阴干后送至山东大学植物考古实验室进行鉴定和分析工作。鉴定工具为尼康SMZ-645体视显微镜，拍照使用基恩士超景深三维显微系统（KEYENCE VHX-S90BE），炭化植物种属鉴定主要依据古今植物标本以及各类植物鉴定图谱[②]。炭化植物遗存分析常用的统计方法包括绝对数量、相对百分比、出土概率和标准密度等。凡保存种脐、胚区等可鉴定种属部位的均可计数，种属无法确定者归入未知类，破损严重难以判断种属者归入不可鉴定类。

三、结　　果

遗址炭化植物遗存出土数量少但保存状况较好，主要包括炭屑和种子果实两大类。

[①] 赵志军：《植物考古学的田野工作方法——浮选法》，《考古》2004年第3期，第83、84页。
[②] 刘长江、靳桂云、孔昭宸：《植物考古——种子和果实研究》，科学出版社，2010年，第262～271页。中国农田杂草原色图谱编委会：《中国农田杂草原色图谱》，农业出版社，1990年，第9、189～196页。关广清、张玉茹、孙国友等：《杂草种子图鉴》，科学出版社，2000年，第120～126页。郭琼霞：《杂草种子彩色鉴定图鉴》，中国农业出版社，1998年，第100、101页。李扬汉：《中国杂草志》，中国农业出版社，1998年，第760～763页。

（一）炭屑

炭屑是植物组织不完全燃烧或经高温而分解所产生的黑色无机碳化合物，在280~500℃的温度下即可形成[1]。本次浮选的64份样品中43份有炭屑，总体而言较为细碎，偶有尺寸较大者。对大于1毫米的炭屑进行称重统计，炭屑总重为5.807克，平均每升土样约有0.0144克出土。其中以第一期的2016G5①、第二期的2014G1④、2016H13、第三期的J2炭屑出土数量最为密集，其他时代遗迹出土炭屑含量均极低。通过炭屑尺寸以及形态特征[2]等初步分析，可判断该遗址炭屑为木炭和草炭，先民植物资源开发利用幅度较为宽泛。

（二）种子果实

罗家冲遗址64份样品中计有14份共出土炭化种子果实63粒，能够鉴定到科、属、种的种子果实有39粒。经鉴定，种子果实包括粟（*Setaria italica* L.）、稻（*Oryza sativa* L.）、黍（*Panicum miliaceum* L.）、大麦（*Hordeum vulgare* L.）农作物种子共计26粒，占出土种子的41.27%。其他可鉴定的非农作物有胡枝子（*Lespedeza bicolor* Turcz.）、铁苋菜（*Acalypha australis* L.）、稗属（*Echinochloa* Beauv.）、牡荆属（*Vitex* L.）、黍亚科（*Panicoideae*）、蓼科（*Polygonaceae*）、伞形科（*Umbelliferae*），以及果壳（shell）遗存共计17粒，占26.98%。另有9粒保存状况极差，难以鉴定。未确定种属的归入未知，共计11粒（表二）。

1. 农作物

（1）粟 *Setaria italica* L.

共计15粒，占农作物总数的57.69%，出土概率为4.69%，密度约为0.037粒/升，是该遗址主要农作物种类之一。粟粒保存情况较好，表面光滑，腹部呈圆球状，背部较平，胚区略长，呈"U"形，粒长在1~1.3毫米范围内，粟粒尺寸差异明显。6粒属于新石器时代末期至夏时期遗存，剩余9粒皆属于东周时期（图一，6）。

（2）稻 *Oryza sativa* L.

共计9粒，其中5粒稻，4粒水稻基盘，是仅次于粟的农作物类型，占农作物总数的34.62%，出土概率为6.25%，密度约为0.022粒/升。稻表面脉络被土覆盖，略显模糊，保存状况一般。由于缺失一端，难以测量长值，平均宽为2毫米。新石器时代末期至夏时期遗存有2粒

---

[1] Patterson W A, Edwards J, Maguire D J, "Microscopic Charcoal as a Fossil Indicator of Fire", *Quaternary Science Reviews*, 1987, Vol.6(1), pp3-23.

[2] 张健平、吕厚远：《现代植物炭屑形态的初步分析及其古环境意义》，《第四纪研究》2006年第5期，第857~863页。

表二 宁乡罗家冲遗址浮选结果一览表

(单位：粒)

时代	遗迹编号	容积(L)	炭屑重(g)	粟	稻	黍	大麦	胡枝子	铁苋菜	牡荆属	稗属	蓼科	黍亚科	伞形科	果壳	未知	不可鉴定	合计
第一期	T0302⑥	15	0.009															
	T0302⑥	12	0															
	2014H45	4	0.063															
	2014H47	5	0.002															
	2014H49	3	0															
	2014H50	6	0			1												
	2014H55	1	0								1							2
	2014G3	13	0.047															
	2014G3	10	0.021															
	2014G3	10	0.015														1	1
	2016G4	12	0.030															
	2016G5①	11	0.787	5	1		1						6					13
	2016G5②	6	0.054															
	2016G7	9	0.028															
	T0203ZD22	2	0															
	T0203ZD32	2	0															
	T0203ZD33	4	0.006															
	T0203ZD34	1	0.017															
	T0203ZD35	0.5	0															
	T0203ZD36	0.5	0															
	T0203ZD37	0.5	0															
	T0203ZD38	1	0															
	T0203ZD39	1	0															
	T0203ZD40	3.5	0.001															
	T0204ZD41	2	0															

续表

时代	遗迹编号	容积（L）	炭屑重（g）	粟	稻	黍	大麦	胡枝子	铁苋菜	牡荆属	椰属	蓼科	桑亚科	伞形科	果壳	未知	不可鉴定	合计
	T0204ZD42	5	0.002															
	T0204ZD43	10	0.014															
	T0204ZD44	6	0.002															
	T0204ZD45	6	0.002	1	1													2
	T0204ZD46	6.5	0															
	T0204ZD47	6.5	0.001															
	T0204ZD48	3	0.001															
	T0204ZD49	4	0.003															
	T0204ZD50	6	0.010															
第一期	T0204ZD52	6	0															
	T0204ZD53	6	0.001															
	T0204ZD54	9.5	0.001															
	T0204ZD56	4	0.017															
	T0204ZD57	3	0.006															
	T0204ZD58	4	0.001															
	T0304ZD66	2	0.009															
	T0304ZD74	4	0.009															
	T0304ZD74	3	0.009															
	T0304ZD75	1	0															
	T0304ZD76	9	0.052														1		1

·829·

续表

时代	遗迹编号	容积（L）	炭屑重（g）	粟	稻	黍	大麦	胡枝子	铁苋菜	牡荆属	稗属	蓼科	黍亚科	伞形科	果壳	未知	不可鉴定	合计
第二期	T0203⑤-1	12	0.032													1		1
	T0203⑤-2	13.5	0.012														1	1
	F1:1	7	0															
	F1:2	9	0															
	T0402F1-1	10	0															
	T0302F1-2	13	0															
	F1①	9	0.048													1		1
	F1①	10	0															
	2013H2	5	0.007															
	2016H13:1	6.5	0.792									1						
	2016H13:2	5	0.222															
	2016H13:3	6	0.228												1			2
	2014G1③-1	12.5	0.001		1													1
	2014G1③-2	8	0.008															1
	2014G1④-1	8	2.770						1	1	1					1		
	2017TG2G1:1	7	0															
	2017TG2G1:2	7	0.001															
	红烧土堆积	6	0.001					1	1	1	1	1	1	1	2	1		1
第三期	2014J2⑦	10	0.465	9	6								1		2	6	7	35
合计		404	5.807	15	9	1	1	1	2	1	1	1	7	1	3	11	9	63

注：2014J2⑦稻遗存为4粒基盘2粒稻。

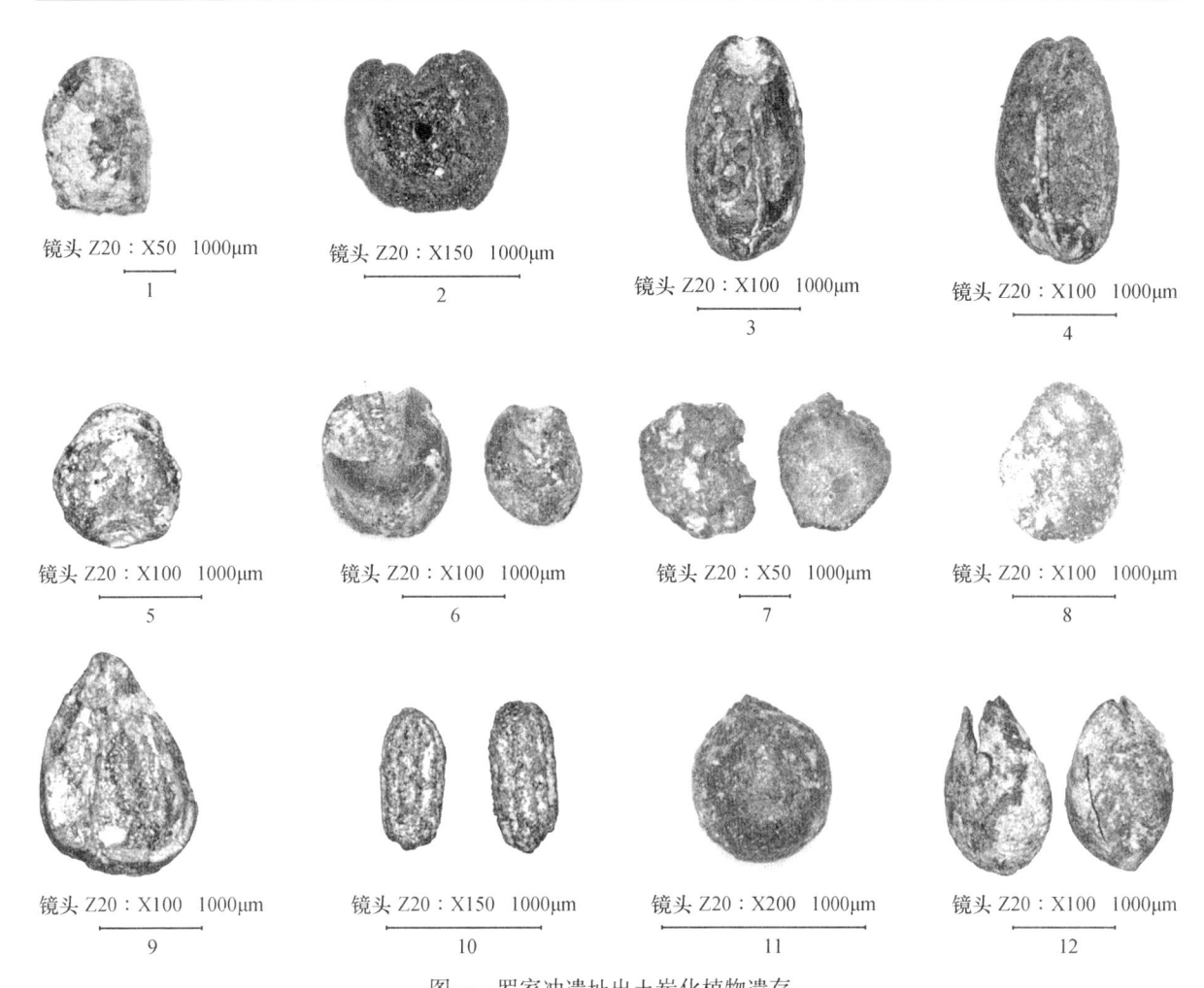

图一　罗家冲遗址出土炭化植物遗存

1. 稻　2. 稻基盘　3、4. 大麦　5. 黍　6. 粟　7. 果壳　8. 胡枝子　9. 牡荆属　10. 伞形科　11. 黍亚科　12. 铁苋菜

（比例尺均为1000微米）

稻，晚商至西周时期有1粒，东周时期有6粒。表明随着时间的推移，稻发现数量有明显增长趋势（图一，1、2）。

（3）大麦 *Hordeum vulgare* L.

仅出土1粒，占农作物总数的3.85%，出土概率为1.56%，密度约为0.002粒/升。大麦保存完整，麦粒两端较尖，整体呈梭形，背部隆起呈浅弧状，腹部突起，腹沟较浅，胚区明显，长4.9、宽3.5毫米。属新石器时代末期至夏时期（图一，3、4）。

（4）黍 *Panicum miliaceum* L.

仅出土1粒，占农作物总数的3.85%，出土概率为1.56%，密度约为0.002粒/升。黍保存情况一般，表面较光滑，籽粒形态较饱满，背部圆鼓，胚区较短，呈"V"形，长1.31、宽1.06毫米。属新石器时代末期至夏时期（图一，5）。

2. 非农作物

非农作物种子占种子总数的26.98%，包括胡枝子（*Lespedeza bicolor Turcz.*）1粒（图一，8），牡荆属（*Vitex* L.）1粒（图一，9），伞形科（*Umbelliferae*）1粒（图一，10），黍亚科（*Panicoideae*）7粒（图一，11），铁苋菜（*Acalypha australis* L.）2粒（图一，12），蓼科（*Polygonaceae*）1粒，稗属（*Echinochloa Beauv.*）1粒。稗属植物种子属于新石器时代末期至夏时期、2粒铁苋菜分属于商晚至西周和东周时期，蓼科属于商晚至西周时期，黍亚科种子有6粒属于新石器时代末期至夏时期，1粒为东周时期，胡枝子、牡荆属、伞形科均属于东周时期。此外，罗家冲遗址还发现果壳3块（图一，7），1块属于商晚至西周时期，2块属于东周时期，均较破碎，难以鉴定种属。未知种子11粒，分属于新石器时代末期至夏时期2粒、商晚至西周时期3粒、东周6粒。不可鉴定者有9粒，商晚至西周时期2粒、东周7粒。

四、分析与讨论

尽管罗家冲遗址出土的植物遗存极少，新石器时代末期至夏时期、商晚至西周时期、东周时期种子数量分别为19、9、35粒，所能提供的信息有限，难以探究相关问题。但针对性采样法及其结果仍可为探究该遗址植物开发利用提供线索，根据植物遗存种类、数量及比例情况对其生业经济进行初步探讨。

1. 农作物组合

就目前浮选结果来看，新石器时代末期至东周时期农作物数量、出土概率有不同程度的提高，商晚至西周时期种子标准密度有所降低（图二、图三，表三）。新石器时代末期至夏时期即发现粟（6粒）、黍（1粒）、稻（2粒）、大麦（1粒）作物遗存，表现出当时稻作农业与旱作农业兼有的混作农业模式。商晚至西周时期，仅发现有1粒稻米农作物遗存。自此以降，东周时期农作物以粟为主（9粒），稻次之（6粒），表现出与新石器时代末期至夏时期相同的稻、粟混作模式。生产的延续性使得新石器时代末期至夏时期、东周时期所表现的粟稻混作的农业模式或也同样适应于商晚至西周时期，但植物遗存总体数量较少，且几乎出土于同一遗迹中，因而未能有充分证据研究该时间段内的农业状况及演变。

表三 罗家冲遗址各期植物标准密度

	样品/份	土样体积/升	种子、果壳数量粒/块	标准密度粒/升	作物种子/粒	标准密度	非农作物种子/粒	标准密度
一期	45	239.5	19	0.079	10	0.042	7	0.029
二期	18	154.5	9	0.058	1	0.006	2	0.013
三期	1	10	35	3.5	15	1.5	5	0.5
共计	64	404	63	0.156	26	0.064	14	0.035

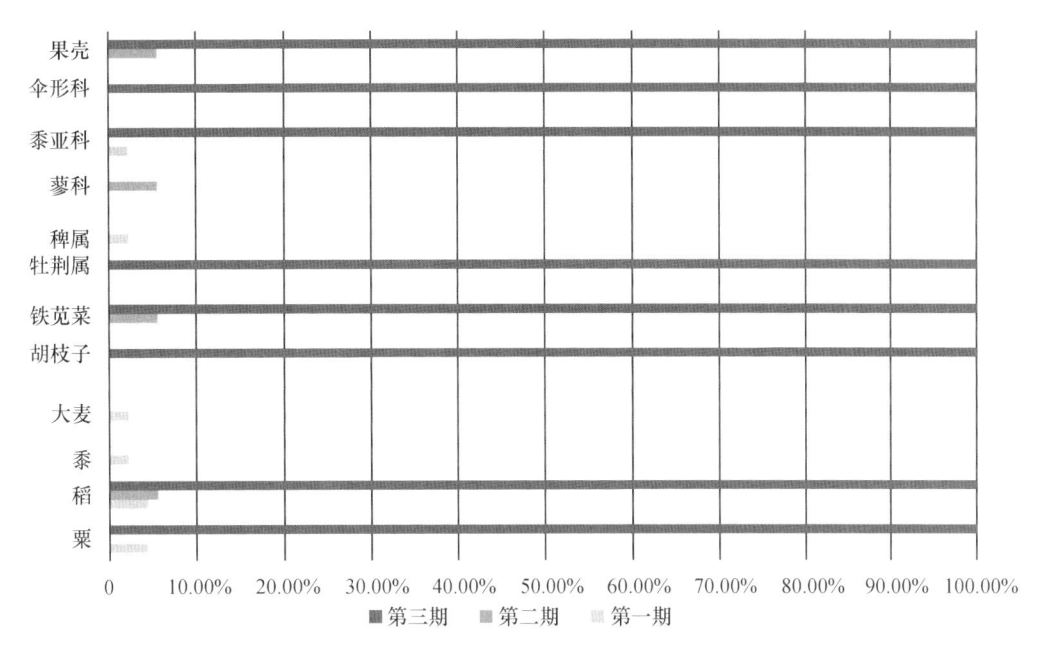

图二 罗家冲遗址各期植物遗存出土概率

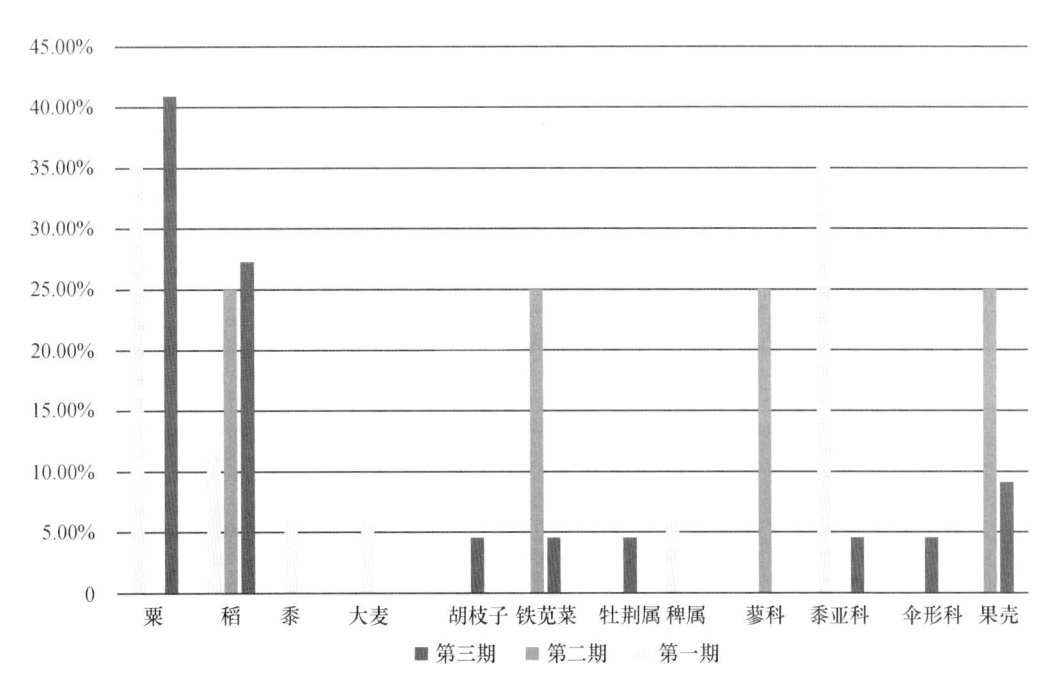

图三 罗家冲遗址各期植物遗存比重

目前城子山[①]、走马岭[②]、屈家岭[③]、谭家岭[④]等遗址均发现石家河文化时期粟作遗存，考虑到新石器时代末期气候逐渐转向干凉，旱作农业可以越过长江，罗家冲遗址发现新石器时代末期至夏时期粟、黍、大麦旱作物遗存也在情理之中，至迟在新石器时代末期罗家冲所在区域就成粟稻混作的农业结构。

2. 非农作物植物利用

非农作物遗存共有17粒，新石器时代末期至夏时期、商晚至西周时期、东周时期数量分别为7、3、7粒，集中发现于新石器时代末期至夏时期、东周时期，各占已鉴定非农作物植物种属比例的41.18%。

非农作物种子以黍亚科（7粒）发现最多，其中6粒是与粟、稻、大麦同出于同一遗迹2016G5①中，其他遗迹单位基本没有黍亚科的发现，可排除是现代植物混入的可能，应与农作物收割加工致使非农作物遗存混入其中，或者是直接作为生活垃圾埋藏于此有关。此外，还有极少量的胡枝子、铁苋菜、牡荆属、稗属、蓼科、伞形科以及果壳，表现出较丰富的植物性食物种类。

3. 水井中植物遗存的考古内涵

作为供水系统，水井与先民聚落生活密切相关，井体相对封闭、井口相对开拓导致其在使用和废弃的过程中容易埋藏周围环境以及先民在水井周边活动遗留下来的各种遗存，对研究先民生产生活、居住址微观环境提供线索。

J2中水稻基盘数量多于稻粒，不仅是当时稻米脱壳加工程序的反映，还暗示先民清洗稻米用具和打水工具相同，换言之，除了风媒传播外，水井中的植物很有可能是来源于先民食用植物性食材残留遗存。考虑到扁鹊等名医事迹的流传，以及成书于东周时期《内经》[⑤]、出土于长沙马王堆汉墓的《养生方》《却谷食气》[⑥]等帛书中的相关医学理论、针灸方药治疗、药物和食疗法等记录，我们认为东周医药学较为发达，利用多种野生植物资源制药较为普遍。罗家冲遗址东周时期的水井中发现粟、稻、胡枝子、铁苋菜、牡荆属、黍亚科、伞形科、果壳，共计35粒。植物种类均可食用，部分兼有药用功效，以胡枝子为例，茎、叶、秆可作绿肥及饲料，根可清热解毒，种子和嫩叶富含碳水化合物和纤维素，可供食用，全株可入药。

---

① 唐丽雅、罗运兵、赵志军：《湖北鄂州城子山遗址炭化植物遗存研究》，《江汉考古》2017年第2期，第108~115页。

② 唐丽雅、刘嘉祺、单思伟等：《湖北石首走马岭遗址史前植物遗存鉴定与研究》，《江汉考古》2021年第3期，第109~115页。

③ 姚凌、陶洋、张德伟等：《湖北荆门屈家岭遗址炭化植物遗存分析》，《江汉考古》2019年第6期，第116~124页。

④ 邓振华、刘辉、孟华平：《湖北天门市石家河古城三房湾和谭家岭遗址出土植物遗存分析》，《考古》2013年第1期，第91~99页。

⑤ 黄帝、歧伯著，王冰注：《内经》，科学技术文献出版社，1996年，第127~130页。

⑥ 裘锡圭：《长沙马王堆汉墓简帛集成》柒，中华书局，第232~256页。

五、结　　语

　　罗家冲遗址植物遗存出土数量较少，应与遗址中心区域分布水塘、取土烧砖遭到破坏，遗址现存面积仅有2.5万平方米，发掘面积为1700平方米，占总面积6.8%有关；而且该遗址聚落等级较高，该聚落可直接购入、流通的并非原粮，而是加工粮，因此作物遗存及相关加工废弃物发现较少；此外，不排除遗址植物利用程度及方式的分区差异、取样地点差异等可能性。商代晚期至西周早中期提取种子数量极少，可能与发掘区聚落布局变化，区域房址特殊功能、先民不在此饮食，很难残留植物遗存有关。总而言之，新石器时代末期至早商时期，罗家冲遗址的先民已开始利用粟、黍、大麦类旱作植物，很可能已经开始了旱稻混作的农业生产模式；东周时期在延续这种混作模式的同时，兼有对蓼科、黍亚科、稗属、果类等植物的利用，先民对植物认识和利用范围更为宽广；虽然商晚至西周早中期植物遗存信息不足，但这种混作的农业模式应不会有太大变化。由于相关的植物遗存发现较少，且样品时代分布不均，对该遗址农业种植历史、旱作农业传播、生业经济及其演变等问题尚待新的材料加以补充。

附录二　罗家冲遗址出土石器岩性鉴定报告

范梓浩

（中国社会科学院考古研究所）

一、石器石料鉴定原则与方法

一般来说，石器的石料鉴定尽可能以不破坏石器为原则。因此，本文采用的方法以10×-50×放大镜辅助下的肉眼鉴定为主。根据肉眼观察各类岩石制成的石器，按造岩矿物及其组合，以及可观察到的岩石的结构构造，进行描述、分类与定名。

鉴定结果如下表所示。

二、石器岩性鉴定表

序号	编号	器名	岩性鉴定（颜色、结构、构造及主要矿物）	定名	备注
1	2013TG1⑦:1	石锛	整体呈灰色，明显水平层理构造	砂质泥岩	有明显平行层理
2	2013TG1⑦:5	石锛	灰白色，隐晶质结构，块状构造	燧石	
3	2013TG1⑧:1	石斧	深灰色，断面处有明显页状层理构造	页岩	
4	T0201⑤:27	石斧	灰绿色，中细粒结构，块状构造，矿石种类有辉石、长石、石英、云母	辉绿岩	
5	T0202⑤:6	石锛	灰色，细粒结构，块状构造，矿石种类有角闪、长石、石英	闪长岩	
6	T0202⑤:13	石镞	青灰色，隐晶质结构，细密坚硬	燧石	
7	T0202⑤:15	石铲	深灰色，分层有明显褶皱，侧边断面有明显板状劈理，板状构造	板岩	
8	T0202⑤:17	石矛	黑色，可见不明显层理构造	砂质泥岩	
9	T0202⑤:18	穿孔石刀	深灰色，变余结构，可见板状劈理，板状构造，质地细腻坚硬	板岩	
10	T0202⑤:27	石斧	整体呈灰色，明显水平层理构造	砂质泥岩	有明显平行层理
11	T0202⑤:30	穿孔石刀	黑色，隐晶质结构，块状构造，细密坚硬	燧石	表面有白色斑点（石英、磨石）
12	T0202⑤:38	石锛	青灰色	砂质泥岩	

续表

序号	编号	器名	岩性鉴定（颜色、结构、构造及主要矿物）	定名	备注
13	T0204⑤：4	石铲	青灰色	泥质砂岩	
14	T0204⑤：18	石镞	灰色，明显水平层理构造	砂质泥岩	
15	T0204⑤：23	石锛	浅灰色，有明显水平层理构造	砂质泥岩	
16	T0204⑤：29	石镞	棕色，有较明显的弧状层理	砂质泥岩	
17	T0204⑤：30	石锛	青灰色，可见明显交错层理构造	砂质泥岩	
18	T0204⑤：32	石斧	深灰色，隐晶质结构，可见不明显水平层理	燧石	水平层理间黑灰相间
19	T0204⑤：34	石斧	灰黑色，颗粒肉眼不可见，可见水平层理构造	泥质砂岩	有不明显的水平层理
20	T0204⑤：37	石镞	青灰色，具明显水平层理构造	砂质泥岩	
21	T0204⑤：40	石镞	深灰色，隐晶质结构，细密坚硬，具不明显层理构造	燧石	
22	T0204⑤：44	石锛	灰色，块状结构，有明显层理构造，石英占比较大	石英砂岩	
23	T0204⑤：59	石镞	深灰色，隐约可见层理构造	砂质泥岩	
24	T0204⑤：63	石锛	浅灰色，石锛侧面有明显水平层理构造，较粗糙	泥质砂岩	
25	T0304⑤：7	穿孔石刀	灰绿色，可见明显水平页理构造，各层均小于1毫米	页岩	
26	T0201④A：5	石凿	灰黑色，有明显水平层理构造	砂质泥岩	
27	T0201④A：7	石锛	深灰色，可见明显水平层理构造	泥质砂岩	
28	T0201④A：8	石凿	灰黑色，有明显板状构造	板岩	
29	T0201④A：16	石刀	青灰色，有明显水平页理构造，断面可见清晰页理	页岩	
30	T0201④A：18	石斧	深灰色，可见黑灰相间的波浪形层构造	砂质泥岩	
31	T0201④A：26	石球	浅黄色，具斑晶结构；斑晶为钾长石，肉红色；有明显结晶，主要结晶颗粒为钾长石、石英、云母；石英具油脂光泽	花岗斑岩	
32	T0201④A：27	穿孔石铲	青灰色，有明显板状劈理，板状构造	板岩	
33	T0201④A：33	石镞	深灰色，可见明显水平页理构造，各层均小于1毫米	页岩	
34	T0201④A：36	石镞	黑色，隐晶质结构，细密坚硬，具不明显层理构造	燧石	
35	T0202④A：2	玉璜	黄白色	石英岩	
36	T0202④A：12	石凿	灰色，有鳞状变晶结构，矿物有黑云母、柱状角闪石、石英，片理构造	片岩	
37	T0202④A：25	石镞	黑色，隐晶质结构，细密坚硬，具不明显层理构造	燧石	
38	T0202④A：28	石镞	深灰色，有明显弧形层理	砂质泥岩	

续表

序号	编号	器名	岩性鉴定（颜色、结构、构造及主要矿物）	定名	备注
39	T0202④A：29	石钺	深灰色，可见板状劈理，板状构造	板岩	表面有条状较多条状
40	T0202④A：32	石斧	深灰绿色，中细粒结构，块状构造，矿石种类有石英、辉石、长石	辉绿岩	
41	T0202④A：36	石斧	灰黑色	砂质泥岩	
42	T0202④A：37	柱状石器	灰色夹肉红色，分选一般，磨圆较好，有明显水平层理构造	砂岩	
43	T0202④A：42	穿孔石刀	灰白色，颗粒肉眼不可见，断面较粗糙，具明显水平层理构造，灰白相间	砂质泥岩	
44	T0202④A：51	石斧	整体呈灰色，中粒结构，块状构造，主要结晶有长石、角闪石、石英	闪长岩	
45	T0202④A：52	残损石器	整体呈灰白色，变余泥质结构，可见板状劈理，板状构造	板岩	
46	T0202④A：67	石斧	整体呈灰色，明显水平层理构造	砂质泥岩	有明显平行层理
47	T0203④A：2	石锛	深灰色，可见明显水平层理构造	砂质泥岩	
48	T0203④A：10	石锛	黑色，隐晶质结构	燧石	器物极小，磨光
49	T0203④A：12	穿孔石刀	灰绿色，可见深浅相间的水平层理构造	砂质泥岩	
50	T0203④A：17	石刀	青灰色，有明显水平层理构造	泥质砂岩	
51	T0203④A：63	玉锛	灰黄色，侧面似有水平层理构造	砂质泥岩	
52	T0203④A：44	石锛	灰白色，可见明显弧形层理构造	砂质泥岩	层理呈弧形
53	T0203④A：53	石斧	整体呈灰色，中粒结构，块状构造，辉长结构，主要结晶为辉石、长石、石英	闪长岩	
54	T0203④A：58	石刀	黑色，可见不明显水平页理构造，断面有明显层状构造	页岩	
55	T0203④A：62	石锛	青灰色，变余结构，可见明显板状劈理，板状构造	板岩	
56	T0203④A：65	柱状石器	深灰色，可见水波状起伏的不明显层理	砂质泥岩	
57	T0204④A：8	石镞	浅灰色，具明显水波状层理构造	砂质泥岩	
58	T0204④A：16	穿孔石刀	青灰色，有明显水平页理构造，断面可见清晰页理，各层厚度均小于1毫米	页岩	
59	T0204④A：20	石镞	灰白色，可见明显水平层理构造	砂质泥岩	
60	T0204④A：21	圆角长方形器	灰色，颗粒分选好，磨圆好	粉砂岩	
61	T0204④A：23	石锛	浅灰色，可见明显水平层理构造	砂质泥岩	
62	T0204④A：26	石镞	灰色，有明显水平层理构造	砂质泥岩	
63	T0204④A：28	石锛	灰白色，颗粒肉眼不可见，有明显水平层理构造	砂质泥岩	
64	T0204④A：58	石刀	浅灰色，变余结构，有明显板状劈理，板状构造	板岩	

续表

序号	编号	器名	岩性鉴定（颜色、结构、构造及主要矿物）	定名	备注
65	T0204④A：60	石环	黑色，隐晶质结构，细密坚硬	燧石	
66	T0205④A：6	石镞	灰白色，断口处可见板状构造	板岩	
67	T0205④A：15	柱状石器	灰色，分选不好，磨圆好，有不明显层理构造，砂粒略粗	砂岩	
68	T0205④A：33	石锛	深灰色，变余泥质结构，可见板状劈理，板状构造，质地细腻	板岩	侧面可见板状结构
69	T0205④A：46	石锛	浅绿灰色，颗粒肉眼不可见，可见皱褶层理	板岩	可见明显皱褶
70	T0205④A：54	石纺轮	灰白色，可见明显水平层理构造	砂质泥岩	
71	T0205④A：61	石斧	灰白色，颗粒极小，肉眼基本不可见	砂质泥岩	
72	T0301④A：5	石锛	深灰色，可见明显水平层理构造	砂质泥岩	
73	T0301④A：6	水晶（2件）	透明，断面有油脂光泽	石英（水晶）	
74	T0302④A：5	石玦	黑色，隐晶质结构，块状构造，细密坚硬，断口呈贝壳状	燧石	
75	T0302④A：24	石锛	灰黑色，隐晶质结构，具不明显水平层理构造	燧石	
76	T0305④A：3	玉片	白色，石英颗粒基本不可见	石英岩	
77	T0305④A：12	石镞	灰紫色，灰色与紫色相间，明显水平层理构造，颗粒肉眼不可见	砂质泥岩	
78	T0305④A：34	石镞	深灰色，有明显弧形层理	砂质泥岩	
79	T0307④A：18	石镞	青灰色，侧面可见明显水平层理构造	砂质泥岩	
80	T0401④A：1	穿孔石刀	浅灰绿色，可见深浅相间的水平层理构造	砂质泥岩	
81	T0402④A：5	石锛	灰色，侧面可见明显水平层理构造	砂质泥岩	侧面可见分层
82	T0405④A：17	水晶	透明，有油脂光泽	石英（水晶）	
83	T0405④A：18	石斧	深灰色，隐晶质结构，细密坚硬，具不明显层理构造	燧石	
84	T0405④B：1	石锛	浅灰色，有明显水平层理构造	砂质泥岩	
85	T0405④B：7	石斧	深灰色，细粒结构，块状构造，矿物种类以角闪石为主（放大镜下可见长柱状），其次为长石、石英	闪长岩	
86	T0406④A：2	石锛	灰色，颗粒肉眼不可见，可见水平层理构造	泥质砂岩	
87	T0406④A：4	石锛	浅灰色，可见鳞状变晶结构（云母、柱状角闪石），千枚构造	千枚岩	
88	T0406④A：39	石镞	青灰色，质地细腻	砂质泥岩	
89	T0406④A：40	石镞	青灰色，有水平层理构造，石英颗粒粒径较小	砂质泥岩	
90	T0406④B：9	石斧	深灰色，触感略粗糙，各类颗粒小于1毫米，有不明显层理构造	泥质粉砂岩	

续表

序号	编号	器名	岩性鉴定（颜色、结构、构造及主要矿物）	定名	备注
91	T0407④A：19	石镰	深灰色，细粒结构，块状构造，有辉长结构，矿物种类有辉石、长石、石英	辉长岩	
92	T0501④A：16	石镞	深灰色，隐晶质，箭镞顶部可见较不明显水平层理构造，其他位置打磨严重	燧石	
93	T0501④A：9	石环	黑色，隐晶质结构，块状构造，细密、坚硬	燧石	
94	T0501④A：66	石凿	青灰色，可见明显水平层理构造	砂质泥岩	
95	T0503④A：1	石凿	深灰色，隐晶质结构，细密坚硬，具不明显层理构造	燧石	
96	T0503④A：2	石凿	深灰色，具明显水平层理构造	砂质泥岩	
97	T0503④A：27	石镞	青灰色，隐晶质结构，块状构造，细密坚硬	燧石	
98	T0503④A：46	石镞	青灰色，细密坚硬，可见水平层理构造	砂质泥岩	
99	T0203③：3	残损石器	灰色，分选一般，磨圆较好	泥质砂岩	未见明显分层
100	T0203③：4	石斧	灰色，侧面可见明显水平层理构造	泥质砂岩	
101	T0306③B：15	石锛	肉红灰色，可见明显水平构造	砂质泥岩	层面呈弧形
102	T0502③：27	穿孔石刀	灰色，侧边可见明显水平层理构造	砂质泥岩	
103	2014H26：1	石镞	灰白色，可见明显水平层理构造	砂质泥岩	一期
104	2014H26：7	玉环	白色，粒状变晶结构	石英岩	
105	2014H36：5	石镞	灰白色，明显水平层理构造	砂质泥岩	
106	2014H36：11	石锛	灰白色，可见起伏的弧形层理构造	砂质泥岩	
107	2014H36：15	石镰	灰黑色，有明显水平层理构造	砂质泥岩	
108	2014H36：19	石斧	深灰色	砂质泥岩	
109	2014H36：24	穿孔石刀	青灰色	砂质泥岩	
110	2014H36：27	石镞	黑灰色，隐晶质结构，有不明显水平层理构造	燧石	
111	2014H39：13	玉刀	白色，板状构造	板岩	
112	2014H39：14	石斧	灰色，细粒结构，块状构造，矿石种类有辉石、长石、石英	辉绿岩	
113	2014G5：6	石镞	青灰色，有不明显水平层理构造	泥质砂岩	
114	2014G5：7	石镞	深灰色，隐晶质结构，细密坚硬，具不明显层理构造	燧石	
115	2014G5：9	石镞	灰色，可见不明显弧状层理构造	砂质泥岩	
116	2014G5：11	石镞	深灰色，有明显弧形层理	砂质泥岩	有明显弧形层理
117	2014G5：14	石镞	浅灰色，断口处有明显水平层理构造	砂质泥岩	
118	2014G5：23	石镞	深灰色，有明显高低起伏的层理	砂质泥岩	
119	2014G5：24	石锛	青灰色，水平页理构造，各层小于1毫米	页岩	
120	2014G5：25	石镞	黑色，断面有不明显层理	砂质泥岩	断面有不明显层理
121	2014G5：27	石镞	深灰色，隐晶质结构，细密坚硬，具不明显层理构造	燧石	

续表

序号	编号	器名	岩性鉴定（颜色、结构、构造及主要矿物）	定名	备注
122	2014G5∶30	石刀	灰绿色，千枚构造，断面处有丝绢光泽	千枚岩	有细微层理
123	2014G5∶42	石镞	青灰色，有不明显水平层理构造	泥质砂岩	
124	2014G5∶47	石镞	青灰色，隐晶质，有不明显水平层理构造	燧石	
125	F1①∶13	石镞	青绿色，有明显水平层理结构	泥质砂岩	二期
126	F1①∶31	石锛	灰黑色，具不明显层理	泥质砂岩	
127	F1①∶47	石镞	浅灰色，隐晶质结构，细密坚硬	燧石	
128	F1①∶68	石矛	灰色，有明显水平层理构造	泥质砂岩	
129	F1①∶72	石环	深灰色，隐晶质结构，细密坚硬，具不明显层理构造	燧石	
130	F1①∶75	石刀	浅灰色，有明显水平层理构造	泥质砂岩	
131	F1①∶88	石斧	灰色夹肉红色，颗粒较细，断面处可辨别出石英颗粒和长英颗粒	泥质砂岩	
132	F1①∶95	穿孔石钺	灰色杂肉红色，中细粒结构，块状构造，矿石种类有角闪石、长石、石英	闪长岩	
133	F1①∶96	棒状石器	浅灰色，细粒结构，块状构造，矿石种类有角闪石、长石、石英	花岗岩	
134	F1①∶117	石斧	黑色，可见不明显深浅相间水平层理构造，颗粒极细，肉眼较难分辨	砂质泥岩	
135	F1①∶214	石镞	青灰色，表面有明显细柱状角闪石，断面处可见绢云母，千枚状构造	千枚岩	
136	F1①∶217	石镞	黑色，隐晶质结构，块状构造，细密坚硬	燧石	
137	F1①∶247	石镞	青灰色，隐晶质结构，块状构造，细密坚硬	燧石	
138	F1①∶264	石镞	黑色，隐晶质结构，块状构造，有不明显水平层理构造	燧石	
139	F1①∶276	石镞	深灰色，有明显水平层理构造	砂质泥岩	
140	F1②∶1	石球	白色，中细粒结构，矿物种类有角闪石、斜长石、石英	斜长花岗岩	
141	F1②∶82	石镞	黑色，隐晶质结构，块状构造，有不明显水平层理构造，细密坚硬	燧石	
142	F1北基槽∶3	石锛	灰绿色，细粒结构，块状构造，可辨矿石种类有石英、辉石	辉绿岩	
143	F1北基槽∶4	穿孔石刀	青灰色，有明显水平层理构造	砂质泥岩	层理间灰黄相间
144	2014H11∶5	石凿	浅灰色，似有水平层理构造（不明显）	砂质泥岩	器物较小，肉眼较难分辨层理
145	2014G1①∶6	石锛	黑色，隐晶质结构，块状构造，细密坚硬	燧石	
146	2014G1③∶1	穿孔石器	浅灰绿色，可见深浅相间的水平层理构造，质较软	泥岩	
147	2014G1③∶5	石犁	灰白色，可见明显水平层理构造	砂质泥岩	

续表

序号	编号	器名	岩性鉴定（颜色、结构、构造及主要矿物）	定名	备注
148	2014G1③：10	石锛	灰白色，颗粒肉眼不可见，具明显水平层理构造	砂质泥岩	
149	2014G1④：11	石锛	黑色，隐晶质结构，细密坚硬	燧石	
150	2014G1④：29	石锛	黑色	砂质泥岩	
151	2014G1④：41	石镞	深灰色	燧石	
152	2014G1④：51	石镞	黑色，隐晶质结构，块状构造，细密坚硬	燧石	
153	2014H2：1	石凿	紫红色，颗粒间胶结物呈紫红色，具不明显水平层理	铁质砂岩	三期
154	2014H6：1	石锛	深灰色，隐晶质结构，细密坚硬	燧石	
155	2014H13：3	石锛	灰黑色，隐晶质结构，细密坚硬，具不明显层理构造	燧石	
156	2016H5：4	石镞	黑色，隐晶质结构，细密坚硬	燧石	
157	2016H5：6	钻芯	灰白色，中粒结构，放大镜下可见矿石种类有长石、石英、辉石、角闪石	花岗岩	
158	2014H23①：1	石锛	深灰色，变余结构，断口处见明显板状劈理，板状构造	板岩	晚期
159	2017TG1④：4	石镞	灰白色，侧面可见明显水平层理构造	砂质泥岩	
160	2013采：11	穿孔石刀	灰色，可见明显水平层理构造	泥质砂岩	
161	2013采：13	石镰	灰黑色，隐晶质结构，块状构造，有不明显层理构造	燧石	
162	2013采：27	石铲	灰黑色，断面有按序排列的颗粒特征	泥质砂岩	
163	2013采：32	穿孔石刀	灰绿色，有明显水平层理构造	泥质砂岩	
164	2013采：121	石锛	黑色，隐晶质结构，块状构造	燧石	
165	2014采：9	石锛	红灰色	页岩	侧面有不明显的分层页理
166	2015采：1	石纺轮	灰色夹肉红色，有明显水平层理构造	砂质泥岩	
167	2015采：9	穿孔石铲	黑色，隐晶质结构，块状构造，有不明显层理构造	燧石	
168	2015采：43	穿孔石锛	灰绿色，有明显水平层理构造	砂质泥岩	
169	2016采：13	石环	黑色，隐晶质结构，块状构造	燧石	
170	2016采：21	玉环	乳白色，粒状变晶结构，断面有明显油脂光泽	石英岩	

三、结　　论

根据鉴定所得的结果，可以认为罗家冲遗址石器的石料应主要为沉积岩，只有少数的侵入性火成岩和变质岩。具体与罗家冲遗址的地质及自然环境关系，更多的石器岩性信息则有待更进一步的研究。

附录三　罗家冲遗址出土石器微痕分析报告

陈　虹　薛理平　金　瑶　唐伊雪

（浙江大学文物与博物馆学系）

石器使用痕迹的显微观察，即微痕研究，是石器分析的一种方法。同一种工具，以不同使用方式加工同一种对象时，产生的痕迹是不同的；以相同使用方式加工不同对象时，产生的痕迹也是不同的[1]。微痕分析作为一种实证方法，在解决石器功能方面具有自身的优势，开展对磨制石器的微痕研究是很有必要的。

本研究尝试运用微痕分析方法，对罗家冲出土的部分磨制石器进行功能考察，判断这些石器是否经过使用，以及可能的使用方式和加工对象。本文系对本遗址微痕分析的第一期报告，解释仅适用于此次研究涉及的标本与数据。

一、研究方法

针对本研究中的磨制石器，在观察和记录微痕时，以有刃的一面为B面，反面则为A面，侧刃为C面。当磨制石器为双面刃或者刃的位置不明时，以写有器物编号的一面为A面，反面为B面，侧刃为C面。

根据观察设备和倍数的不同，微痕分析一般分为"高倍法"[2,3]和"低倍法"[4,5]两种技术。这两种技术各有优势和不同，经过长期的实践，学界基本达成共识，认为两种方法相结合效果更佳[6]。本研究采用"高倍法"与"低倍法"相结合的观察方式，先使用体式显微镜Nikon SMZ800对所有石器进行低倍观察，观察倍数为10-63倍，然后使用超景深三维显微镜KEYENCE VHX-5000同时进行低倍和高倍观察并拍摄显微图像，观察倍数主要为20-1000倍，

---

[1] Semenov S A (translated by Thompson M W), *Prehistoric Technology: An Experiment Study of the Oldest Tools and Artifacts from Traces of Manufacture and Wear*, London: Cory, Adams & Mackay, 1964.

[2] Keeley L H, *Experimental Determination of Stone Tool Uses*, Chicago: The University of Chicago Press, 1980.

[3] 王小庆：《石器使用痕迹显微观察的研究》，文物出版社，2008年。

[4] Odell G H, "Toward a more Behavioral Approach to Archaeological Lithic Concentration", *America Antiquity*, 1980, 45(2), pp404-431.

[5] 高星、沈辰：《石器微痕分析的考古学实验研究》，科学出版社，2008年。

[6] Shea J J, "On accuracy and Relevance in Lithic Use-wear Analysis", *Lithic Technology*, 1987, 16(2-3), pp44-50.

拍摄相机型号为KEYENCE VHX-5010。在观察前，所有样本经过超声清洗三分钟。

微痕观察的主要项目一般有片疤、光泽、磨圆和擦痕。

石器刃缘受到力的作用时即会崩坏而形成破损，针对片疤进行观察分析的要素有大小、分布以及终止形态（图一）。片疤大小可根据显微镜放大倍数分为超大型V（肉眼可见）、大型L（10倍以下可观察到）、中型M（10-20倍可观察到）、小型S（20倍以上可观察到）、极小型T（40倍以上可观察到）[1]。片疤分布模式指片疤之间的关系（图二），可分为连续式C、丛簇式R、分散式S、间隔式D、不均匀式U、层叠式P[2]。片疤终止形态指其在终端的形状，可分为羽翼状F、卷边状H、阶梯状S、折断状B[3]。

当石器加工其他材料时，二氧化硅的显微颗粒与周围工作环境中的二氧化硅颗粒一起分散地被压在石器表面，这会使石器工作面上产生细微的变化，以至于能反射更多的光[4]。光泽的分布形态可分为零星分布OP、散漫分布DP、线状分布LP、片状分布SP，其光亮程度可分为初始光泽IP、微亮光泽WP、毛糙光泽MP、明亮光泽BP。

磨圆程度可分为零磨圆AR、轻度磨圆LR、中度磨圆MR、严重磨圆HR。

线状痕是因摩擦产生的磨痕，一般可以指示工具的运动方向。根据其与刃缘的位置及程度可分为零线状痕AS、平行线状痕LS、垂直线状痕RS、斜交线状痕DS。

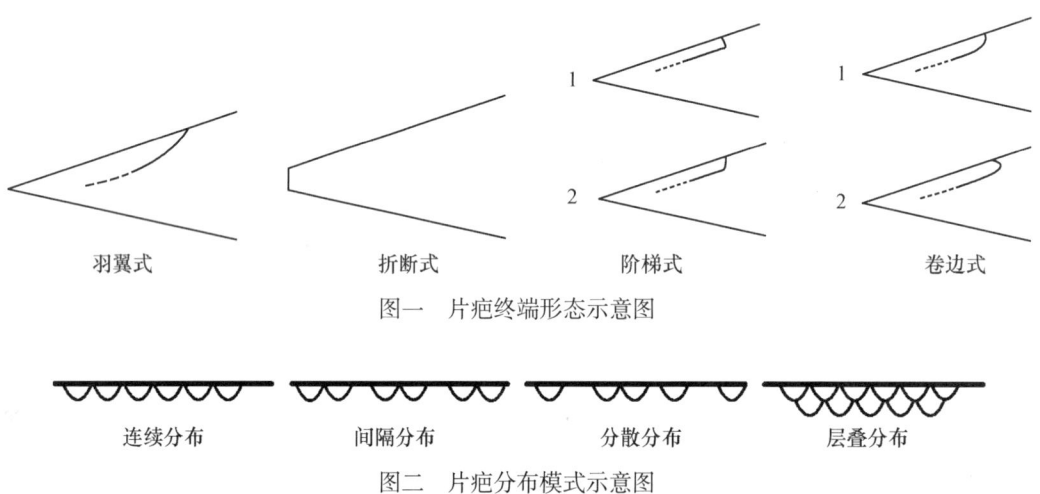

羽翼式　　折断式　　阶梯式　　卷边式

图一　片疤终端形态示意图

连续分布　　间隔分布　　分散分布　　层叠分布

图二　片疤分布模式示意图

---

[1] 陈虹：《华北细石叶工艺的文化适应研究——晋冀地区部分旧石器时代晚期遗址的考古学分析》，浙江大学出版社，2011年。

[2] Chen H., Wang J., Lian H. R., Fang M. X., Hou Y. M., Hu Y., "An Experimental Case of Bone-working Usewear on Quartzite Artifacts", *Quaternary International*, 2017, Vol.434, pp129-137.

[3] Ho Ho Committee, "The Ho Ho Classification and Nomenclature Committee Report", in Hayden B eds., *Lithic Use-wear Analysis*, New York: Academic Press, 1979, pp133-135.

[4] Shea J J, "Lithic Microwear Analysis in Archeology", *Evolutionary Anthropology*, 1992, pp143-150.

二、微痕观察结果与初步分析

此次微痕分析共涉及磨制石器12种器型，包括锛、斧、铲、刀、镰、凿、犁、矛、镞、磨棒、砺石及石球，共计50件。由于大部分器型都是装柄后使用，此次仅对装柄痕迹做大致描述，暂不进行详细分析。

（一）石锛

本次观察并分析的石锛共计11件，器型基本完整，其中包括1件采集的有段石锛。微痕结果见附录四之表一。

分析结果显示，大多数石锛刃缘较为平滑，使用时间和使用强度不大，不少刃缘经过维修后尚未进入再次使用流程。4件石锛刃缘处的片疤上覆盖有新的磨制痕迹，疑似经过使用破损后对刃缘进行维修，之后未有再次使用。其中有1件（F1②：34）值得注意，除维修痕迹外，还发现零星与加工木材相关的痕迹，推测系维修之前用于加工木材的残存痕迹。

与加工木材有关的石锛共计3件，包括明亮光泽、典型的"翻越状"片疤，以及与刃缘近垂直的线状痕等[①]，其中1件（T0406④A：2）的底部可见明显的装柄痕迹。

石锛2014H22：1刃缘大部分较平滑，边缘分布的少量片疤尺寸很小，靠近刃缘处有毛糙光泽及线状痕，推测与加工皮革有关，可能同时涉及切与刮两种动作。

（二）石斧

本次共观察石斧7件，微痕结果见附录四之表一。

多数石斧刃缘两面表现出明显的层叠状破损，以及典型的"翻越状"片疤，推测该类石器的主要功能就是加工木材，使用强度个体差异较大。

石斧T0201④A：18刃缘连续分布尺寸较大的阶梯状片疤，可见典型的翻越现象，表面有垂直线状痕零星分布，明亮光泽，侧刃严重磨圆；刃缘同时可见维修痕迹，器型侧边分布有装柄捆绑痕迹。推测该石斧用于劈砍木材，使用过程中至少经过一次维修，之后继续使用。

[①] 陈福友、曹明明、关莹等：《木质加工对象实验与微痕分析报告》，《石器微痕分析的考古学实验研究》，科学出版社，2008年，第41～60页。

（三）石刀与石镰

本次共观察石刀6件，石镰2件。微痕结果见附录四之表一。

2件石刀（T0502③A∶27、F1北基槽∶4）靠近刃缘的表面可见明确的明亮圆顶状光泽，指示与加工软性禾本科植物有关，动作可能为"掐穗"[1]；刃缘两面的片疤和光泽情况相似，可能系翻面使用所致。穿孔石刀G3②∶71近刃缘处表面可见零星与加工禾本科植物相关的初始光泽，刃脊上有典型的"翻越状"片疤，推测该石刀先用于加工禾本科植物，使用强度不高，后续改为加工木材，导致之前业已生成的部分光泽被去除。

有2件石刀经过维修，其中1件（F1①∶75）表面除维修痕迹外，还可见残留部分有方向的片疤，推测曾被用来切割某种中性硬度物质，维修后未再次进入使用流程。石刀（或为石锛）2014G1①∶6的形状比较特殊，未发现明显的使用痕迹，但是器表连续、均匀地分布有毛糙光泽，且覆盖于磨制痕迹之上，推测在制作过程中使用动物皮毛或卵石进行了抛光。

2件石镰（F1②∶158、T0407④A∶19）呈半月形，形状与石刀接近，近刃缘表面与侧刃都显现出较为发育的明亮圆顶状光泽以及明确的平行线状痕，指示与收割禾本科植物有关，且使用强度较高。

（四）石铲

本次共观察并分析石铲4件，均为穿孔石铲。微痕结果见附录四之表一。

石铲2016采∶15刃缘的破损情况较为严重，表现为层叠状破损和明显的垂直线痕，推测与加工硬性无机物有关，疑似为掘土[2]，而且使用强度较大。石铲（或为石锛）G3②∶7体型较薄，刃缘可见丛簇分布阶梯状片疤，可见典型的翻越现象以及垂直线状痕，推测用于加工木头。

另外两件石铲痕迹不十分明显，其中1件（2014G5∶24）疑似经过使用，但用途不能确定。另1件（T0201④A∶27）刃缘磨圆轻微，局部可见少许破损与垂直线状痕，但被维修痕迹覆盖，推测曾经加工过木头，经维修后未再次进入使用流程。

（五）石凿

本次观察石凿仅1件，微痕结果见附录四之表一。

---

[1] 谢礼晔：《二里头遗址石斧和石刀的微痕分析——微痕分析在磨制石器功能研究中的初步尝试》，《中国早期青铜文化——二里头文化专题研究》，科学出版社，2008年，第355~469页。

[2] 王小庆：《石器使用痕迹显微观察的研究》，文物出版社，2008年。

石凿T0503④A：2刃缘仅一侧角有轻微破损，可见分散式分布的小型羽翼状片疤，其间有一处典型的"翻越状"片疤。使用刃脊分布有垂直线状痕，磨圆程度较低，推测与加工木材有关，使用强度较低。

（六）石犁

本次观察石犁仅1件，微痕结果见附录四之表一。

石犁2014G1③：5尾部整体断裂。尖部严重崩损，层叠分布有大量阶梯状和卷边状片疤，轻度磨圆，并可见垂直线状痕。侧刃连续分布中、小型纵向片疤，推测使用时以尖部为前端向前运动，触碰硬性物质，可能与土地整治行为相关，使用强度较高。

（七）石镞与矛头

本次共观察11件石镞和2件石矛，根据截面形态的不同，石镞基本可分为扁平镞、三棱镞和圆形镞三个亚类。微痕结果见附录四之表二。

有10件石镞呈现出和投射功能相关的"典型投射撞击破损痕迹（Diagnostic Impact Fracture, DIF）"[1]，主要涉及阶梯状或折断状的"弯曲型"破裂（bending fracture），以及侧刃丛簇分布的纵向破裂片疤[2]，指示该遗址出土石镞的功能高度一致。

值得注意的是，除尖部常见的弯曲型破裂外，纵向破裂片疤的分布与石镞形态关系密切。三棱镞（T0204⑤：28、T0203④A：8、T0203④A：43）的每条侧刃都会出现CLS，侧刃所在平面的角度越小，片疤分布越连续；圆形镞（或为石锥）2017TG1③：1由于周身圆滑，未见此类痕迹。另外，石镞上亦可见维修痕迹（2014H26：1、T0501东扩方④A：6），反映出石镞在使用过程中的回收现象。

2件石矛头的尖部可见程度不同的明显破损，侧刃有丛簇式分布的纵向破裂片疤，符合投掷尖状器的使用破损特征。其中，石矛T0202⑤：17尖部可见阶梯状弯曲型破裂和"雕刻器型"破裂（burination）[3]，侧刃有丛簇式分布的纵向破裂片疤，还可见油脂状光泽，其上覆盖平行线状痕，表明确系反复穿刺动物性物质所致。尖部的磨制线状痕表明存在对该件石矛头进行回收维修的行为。

---

① Dochall J E, "Wear Traces and Projectile Impact: A Review of the Experimental and Archaeological Evidence", *Journal of Field Archaeology*, 1997 (24): 321-331.

② 陈虹、孙明利、唐锦琼：《苏州五峰北遗址磨制石器的"操作链"及"生命史"研究》，《考古》2020年第11期，第72~82页。

③ Macdonald D A, *Interpreting Variability Through Multiple Methodologies: The Interplay of form and Function in Epipalaeolithic Microliths by Interpreting Variability Through Multiple Methodologies*, University of Toronto, 2013.

（八）其他石器

除定型器外，本次还观察分析了3件磨棒（T0503⑤：18、F1①：96、T0205④A：15）、1件砺石（2013TG1⑥A：14）和1件石球（T0201④A：26）。微痕结果见附录四之表三。

3件磨棒身较为平整光滑，表面均表现出方向杂乱的线状痕，与一般使用产生的擦痕或磨制石器过程中产生的磨痕有所不同，推测可能用于碾磨功能，但加工对象不明确。

砺石凹面可见较粗的垂直线状痕，以及白色不明物质，判断确系作为砺石使用。

石球表面包裹结壳，不易观察微痕，仅见一处片状分布的毛糙光泽，具体功能难以判断。

三、初步结论

综上所述，对罗家冲遗址出土磨制石器功能主要有以下几点认识：

（1）石锛、石斧、石凿主要都作为木作工具。石锛的主要功能系向下向内砍削木材，个别尺寸较小者可能用于加工皮革。石斧主要用于劈砍木材，石凿则主要用于加工木材。

（2）穿孔石铲的功能可能因器型不同而有所区别，体型较厚者主要用于掘土、翻土等，体型较薄者则与加工木材有关，功能可能类似于薄刃斧。

（3）石刀和石镰主要是用来加工禾本科植物的收割工具。

（4）石犁可能用于土地整治工作。

（5）石镞和石矛都属于投射尖状器，主要功能就是穿刺动物性物质。

（6）磨棒、砺石主要用于碾磨，但具体对象可能不同。

（7）维修现象明显，表明该遗址存在原料的循环利用和节约现象。

要注意的是，虽然此次经过微痕观察的石器类型比较多，几乎涵盖了罗家冲遗址出土石器的所有类型，但是数量仅占罗家冲出土石器总数的1.7%左右。一方面，这些证据能够帮助我们管窥罗家冲遗址先民的部分行为，更多的是为下一步分析提供线索；另一方面，本报告仅是第一期报告，后续工作可能提供更多有关石器功能和人类行为的证据。

附录四 罗家冲遗址部分石器微痕观察记录

表一 罗家冲遗址部分石器微痕观察记录

器物编号	器物名称	位置	片疤 分布	片疤 尺寸	片疤 终端	片疤 方向	光泽 形态	光泽 程度	线状痕	磨圆	功能判断	使用强度	备注
2014G1④:11	石锛	A	—	—	—	—	—	—	—	—	无	无	一侧角有破损，刃缘基本平滑，有磨制痕迹
		B	—	—	—	—	—	—	—	—			
		C	—	—	—	—	—	—	—	—			
2014采:9	石锛	A	P	L/M/S	F	—	SP	IP	RS	—	不明	不明	两侧边有超大、大型阶梯状片疤，后埋藏痕迹严重
		B	S	M/S	F	—	—	—	—	—			
		C	—	—	—	—	—	—	—	HR			
F1②:34	石锛	A	S	M	F	—	—	—	—	—	加工木材	不明	疑似经过维修，未经二次使用；维修前曾加工木材
		B	S/C	M/T	F	—	—	—	—	—			
		C	—	—	—	—	—	—	—	AR			
2014H22:1	石锛	A	R	M/T	F/H	—	—	—	DS	—	加工皮革	中度	一侧角崩损较明显，刃缘大部分较平滑；切和刮兼具
		B	C	M/S/V	F/S	S	SP	MP	RS	—			
		C	—	—	—	—	OP	IP	RS	LR			
2014G1③:10	石锛	A	S	M/S	S/F	—	—	—	—	—	无	无	一侧角破损严重，疑似经过维修，未经二次使用
		B	S	S/T	F	—	—	—	—	—			
		C	—	—	—	—	—	—	—	AR			
T0202④A:67	石锛(斧)	A	—	—	—	—	—	—	—	—	无	无	几乎无崩损，疑似经过维修，未经二次使用
		B	—	—	—	—	—	—	—	—			
		C	—	—	—	—	—	—	—	AR			
T0202⑤:6	石锛	A	C	S/L	F/S	—	—	—	—	—	无	无	经过维修，无二次使用
		B	C/S	S/L	F/S	—	—	—	—	LR			
		C	—	—	—	—	—	—	—	LR			
T0204④A:23	石锛	A	—	—	—	—	—	—	—	—	无	无	
		B	—	—	—	—	—	—	—	—			
		C	—	—	—	—	—	—	—	—			
T0204④A:28	石锛	A	P	V/L	S/H	—	SP	BP	RS	—	加工木材	较大	两侧角有严重磨圆，推测以两侧角为使用刃
		B	—	—	—	—	—	—	DS	—			
		C	—	—	—	—	LP	WP	—	MR			

续表

器物编号	器物名称	位置	微痕描述							功能判断	使用强度	备注
			片疤				光泽		线状痕	磨圆			
			分布	尺寸	终端	方向	形态	程度					
T0302④A：24	石锛	A	C	M/S	F	—	—	—	—	LR	不明	无	
		B	C	M/S	F	—	—	—	—	LR			
		C	—	—	—	—	—	—	RS	MR			
T0406④A：2	石锛	A	C	M/S	F/H	S	—	—	RS	LR	加工木材	较小	B面可见片状光泽，伴随斜交线状痕，推测为装柄捆绑痕迹
		B	C	M/S	F/H	—	—	—	RS	MR			
		C	—	—	—	—	OP	BP	RS/LS	MR			
F1①：199	石斧	A	—	—	—	—	—	—	RS	—	无	无	经过维修，无二次使用；前一次功能为加工木材
		B	P	V/S	S/F	—	—	—	—	—			
		C	—	—	—	—	SP	WP	—	LR			
F1②：70	石斧	A	C/P	V/L/M	S	—	OP	IP	RS	HR	加工木头	较大	有典型的翻越现象
		B	C/P	L/M	S/B	—	—	—	RS	HR			
		C	—	—	—	—	—	—	—	HR			
F1②：108	石斧	A	S	V/L/S	F	—	—	—	—	—	加工木头	不明	后埋藏痕迹明显
		B	S	S	F	—	—	—	—	—			
		C	—	—	—	—	—	—	—	—			
F1③：1	石斧	A	—	—	—	—	—	—	—	—	不明	不明	
		B	—	—	—	—	—	—	—	—			
		C	—	—	—	—	—	—	—	—			
T0201④A：18	石斧	A	C/P	V/L/M	S	—	—	—	RS	HR	加工木头	中度	至少经过一次维修
		B	C/P	V/L/M	S	—	OP	BP	—	HR			
		C	—	—	—	—	—	—	—	HR			
T0202④A：51	石斧	A	S	L/M	S/F/H	—	—	—	OS/RS	—	加工木头	较小	中部有翻越状片疤
		B	—	M	—	—	—	—	—	—			
		C	—	—	—	—	—	—	—	—			
T0503④A：1	石斧（凿）	A	C	M/S	F	—	LP	BP	—	—	加工木头	中度	刃缘多处有新茬；发掘过程中的干扰痕迹较明显
		B	C	L/M/S	F	—	—	—	—	—			
		C	—	—	—	—	—	—	—	MR			
2016采：15	穿孔石铲	A	C/P	V/L	S	—	—	—	RS	—	加工硬性物质	严重	器身表面有大面积黄色黏土壳；可能为掘土
		B	C/P	V/L	S	—	—	—	RS	—			
		C	—	—	—	—	—	—	—	LR			
G3②：7	穿孔石铲（石锛）	A	P/R	L/M	S	—	—	—	—	—	加工木头	中等	刃缘有个别新茬
		B	C/P	V/L	S	—	—	—	—	—			
		C	—	—	—	—	—	—	RS	—			

续表

器物编号	器物名称	位置	微痕描述							功能判断	使用强度	备注
			片疤			光泽		线状痕	磨圆			
			分布	尺寸	终端	方向	形态	程度					
T0201④A：27	穿孔石铲	A	—	V	B	—	—	—	RS	—	无	无	经过维修，无二次使用；前一次功能为加工木材
		B	S	V	—	—	—	—	RS	—			
		C	—	—	—	—	—	—	—	LR			
2014G5：24	穿孔石铲（石锛）	A	S	L/M	S/F	—	—	—	—	—	不明	不明	
		B	—	—	—	—	—	—	RS	—			
		C	—	—	—	—	—	—	—	LR			
F1北基槽：4	穿孔石刀	A	U	S/M	F	—	OP	BP	—	—	加工软性植物	中度	动作可能为掐穗
		B	—	—	—	—	OP	BP	—	—			
		C	—	—	—	—	DP	BP	—	LR			
F1①：75	石刀	A	S/C	M/S/L	F/S/H	—	—	—	—	—	无	无	经过维修，无二次使用；前一次功能为切中等硬度物质
		B	R/P	M/S/L/V	H/F/S	—	—	—	—	—			
		C	—	—	—	—	—	—	—	HR			
2014G1①：6	石刀（石锛）	A	S	S/T	F	—	SP	MP	LS	—	不明	不明	疑似经过抛光
		B	S	S/T	F	—	SP	MP	LS	—			
		C	—	—	—	—	LP	MP	—	—			
G3②：71	穿孔石刀	A	C	V/M	S/F	—	OP	BP	—	MR	加工软性植物/加工木材	中等	先加工禾本科植物，但使用强度不高；后刮木
		B	—	—	—	—	OP	BP	—	—			
		C					—	—	RS	MR			
T0302⑥：12	穿孔石刀	A	D	M/S	F	—	—	—	—	LR	加工软性植物	较小	后埋藏痕迹明显；刮为主，兼具切
		B	—	—	—	—	—	—	—	LR			
		C	—	—	—	—	OP	WP	RS	LR			
T0502③A：27	穿孔石刀	A	S	V/L	S/F	—	OP	BP	—	—	加工软性植物	较小	经过维修
		B	S	V/L	S/F	—	OP	BP	—	—			
		C	—	—	—	—	OP	BP	—	LR			
F1②：158	石镰	A	—	—	—	—	SP	BP	—	—	加工软性植物	中等	光泽密集分布
		B	S	L/M	S/F	—	SP	BP	—	—			
		C	—	—	—	—	SP	BP	—	LR			
T0407④A：19	石镰	A	—	—	—	—	SP	BP	—	LR	加工软性植物	较大	光泽非常发育
		B	—	—	—	—	SP	BP	—	—			
		C	—	—	—	—	SP	BP	—	LR			

续表

器物编号	器物名称	位置	微痕描述							功能判断	使用强度	备注
			片疤			光泽		线状痕	磨圆			
			分布	尺寸	终端	方向	形态	程度					
T0503④A：2	石凿	A	S	S	F	—	—	—	—	—	加工木头	较小	使用时器身有角度地倾斜
		B	S	S	F	—	—	—	—	—			
		C	—	—	—	—	—	—	RS	LR			
2014G1③：5	石犁	A	C/D/P	V/L/M/S	F/H/S/B	S	—	—	RS	LR	加工硬性物质	严重	以尖部为前端向前运动，可能触碰硬性无机质
		B	C/R/P	V/L/M/S	S/F/H/B	S	—	—	RS	LR			
		C	—	—	—	—	—	—	RS	LR/MR/HR			

表二　罗家冲遗址石矛、石镞微痕观察记录

器物编号	器物名称	位置	微痕描述							功能判断	使用强度	备注
			片疤			光泽		擦痕	磨圆			
			分布	尺寸	终端	方向	形态	程度					
T0202⑤：17	石矛	T	—	L	S	—	—	—	RS	—	穿刺动物性物质	较大	尖部经过维修
		B	—	—	—	—	—	—	—	—			
		S	C/R/P	V/L	S/F	—	SP	BP	LS	MR			
T0203⑤：48	石矛	T	—	L	S	—	—	—	—	—	穿刺动物性物质	较小	尖部接触硬性物质后破碎
		B	—	—	—	—	—	—	—	—			
		S	P/R	L/M	S/F	—	—	—	—	LR			
2014H26：1	石镞	T	—	M	B	—	—	—	—	—	穿刺动物性物质	不明	石料质地较疏松
		B	—	M/S	S/F	—	—	—	—	—			
		S	S	M/S	F	—	—	—	—	LR			
2017TG1③：1	石镞（锥）	T	—	S	S	—	—	—	—	—	穿刺动物性物质	较小	
		B	—	S	S	—	—	—	—	—			
		S	—	—	—	—	—	—	—	—			
2014G5：47	石镞	T	P	M	S	—	—	—	—	LR	穿刺动物性物质	较大	中部脊上有小的弯曲型破裂
		B	—	—	—	—	—	—	—	—			
		S	C/R	S	F	S	—	—	—	LR			
2016H5：7	石镞	T	—	S	F/S	—	—	—	—	LR	穿刺动物性物质	较小	经过维修
		B	—	—	—	—	—	—	—	—			
		S	S	S	F	—	—	—	—	—			
T0203④A：43	石镞	T	—	S	S	—	—	—	—	LR	穿刺动物性物质	中等	
		B	—	—	—	—	—	—	—	—			
		S	D	S	F	S	—	—	—	—			

续表

器物编号	器物名称	位置	片疤 分布	片疤 尺寸	片疤 终端	片疤 方向	光泽 形态	光泽 程度	擦痕	磨圆	功能判断	使用强度	备注
T0204⑤:28	石镞	T	—	S	S	—	—	—	—	—	穿刺动物性物质	较小	可能触碰骨
		B	—	—	—	—	SP	MP	—	LR			
		S	D	S	F	—	—	—	LS	LR			
T0203④A:8	石镞	T	—	M	B	—	—	—	—	—	穿刺动物性物质	中等	尖部曾接触坚硬物质，可能为骨
		B	—	S	S	—	SP	WP	—	—			
		S	C/S	M/S	F/S	—	—	—	—	LR			
T0501东扩方④A:6	石镞	T	C/R	M/S	S/F	—	—	—	—	MR	穿刺动物性物质	较大	器身下部有为了装柄修理的片疤；或可定名为镖头
		B	—	—	—	—	—	—	—	—			
		S	C/R	M/S	S/F	—	—	—	RS	MR			
T0501④A:12	石镞	T	—	—	—	—	—	—	—	—	无	无	经过维修，无二次使用
		B	—	S	S/F	—	—	—	—	—			
		S	D	S	F	—	—	—	—	—			
T0503④A:40	石镞	T	—	S	F	—	—	—	—	LR	穿刺动物性物质	较小	尾部的羽翼状大片疤为新茬
		B	—	—	—	—	—	—	—	MR			
		S	R	S	F	S	—	—	—	—			
T0503④A:46	石镞	T	—	—	—	—	—	—	—	—	穿刺动物性物质	较小	尖部有新茬
		B	—	—	—	—	—	—	—	—			
		S	D/C	M/S	S/H/F	S	—	—	—	—			

注：T指尖部，B指底部，S指侧刃。

表三 罗家冲遗址石球、磨棒、砺石微痕观察记录

器物编号	器物名称	位置	片疤 分布	片疤 尺寸	片疤 终端	片疤 方向	光泽 形态	光泽 程度	擦痕	磨圆	功能判断	使用强度	备注
T0201④A:26	石球	表面	—	—	—	—	—	—	—	—	不明	不明	器身包裹风化结壳
			—	—	—	—	—	—	—	—			
			—	—	—	—	SP	MP	—	—			
F1①:96	磨棒	顶部	—	—	—	—	—	—	—	—	碾磨	不明	器身整体平整光滑
		中部	—	—	—	—	OP	WP	RS	—			
		尾部	—	—	—	—	—	—	—	—			
T0205④A:15	磨棒（柱状器）	顶部	—	—	—	—	—	—	—	—	碾磨	不明	
		中部	—	—	—	—	—	—	RS/OS	—			
		尾部	—	—	—	—	—	—	—	—			

续表

器物编号	器物名称	位置	微痕描述							功能判断	使用强度	备注
			片疤				光泽		擦痕	磨圆			
			分布	尺寸	终端	方向	形态	程度					
T0503⑤：18	磨棒	顶部	—	—	—	—	—	—	—	—	碾磨	不明	
		中部	—	—	—	—	OP	MP	OS	—			
		尾部	—	—	—	—	—	—	—	—			
2013TG1⑥A：14	砺石	A	—	—	—	—	—	—	RS	—	碾磨	不明	凹面部分发现白色不明残留物，待研究
		B	—	—	—	—	—	—	—	—			
		C	—	—	—	—	—	—	—	—			

附录五　罗家冲遗址出土磨制石器微痕检测照片

石锛（2014G1④∶11）
上：A面100×刃缘轮廓、片疤；下：B面侧角30×片疤

石锛（2014采∶9）
左上：A面50×片疤；右上：A面200×线状痕；左下：A面200×光泽；右下：B面30×片疤

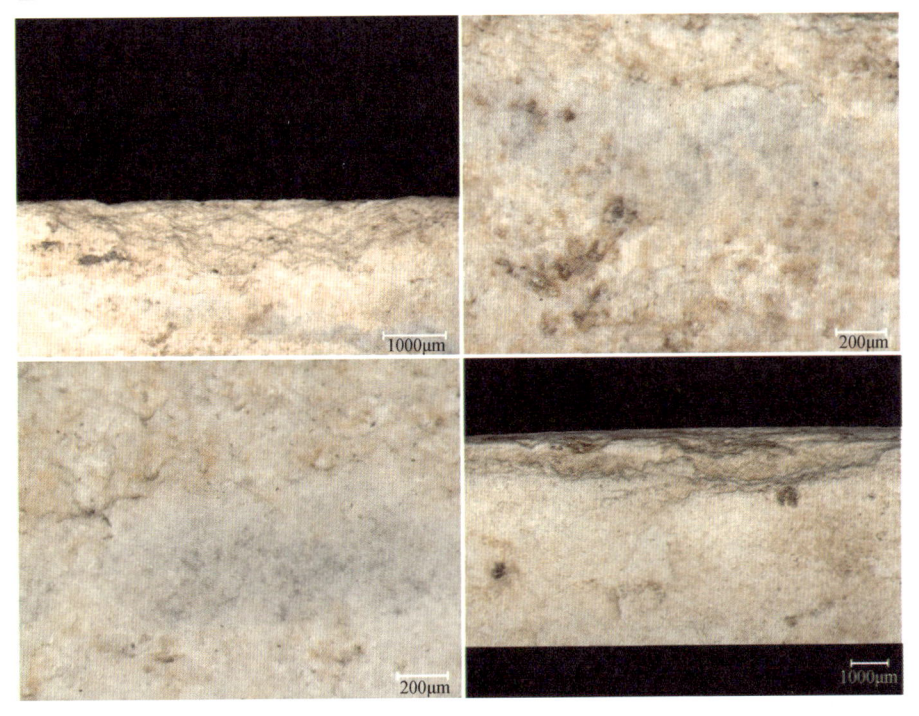

石锛（F1②：34）
左上：A面60×片疤；右上：B面60×片疤；左下：C面60×片疤；右下：刃脊3D效果

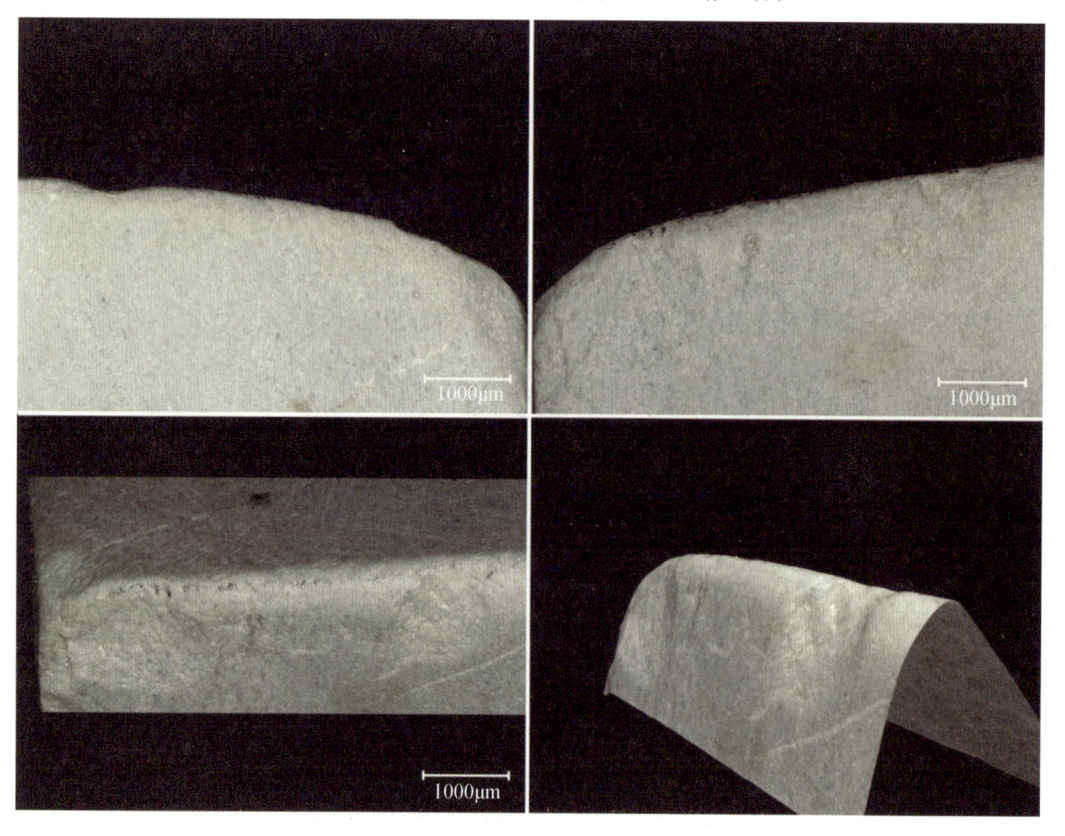

石锛（2014H22：1）
左上：A面40×片疤；右上：C面100×垂直线状痕；左下：B面150×斜交线状痕片疤；右下：B面200×片状毛糙光泽

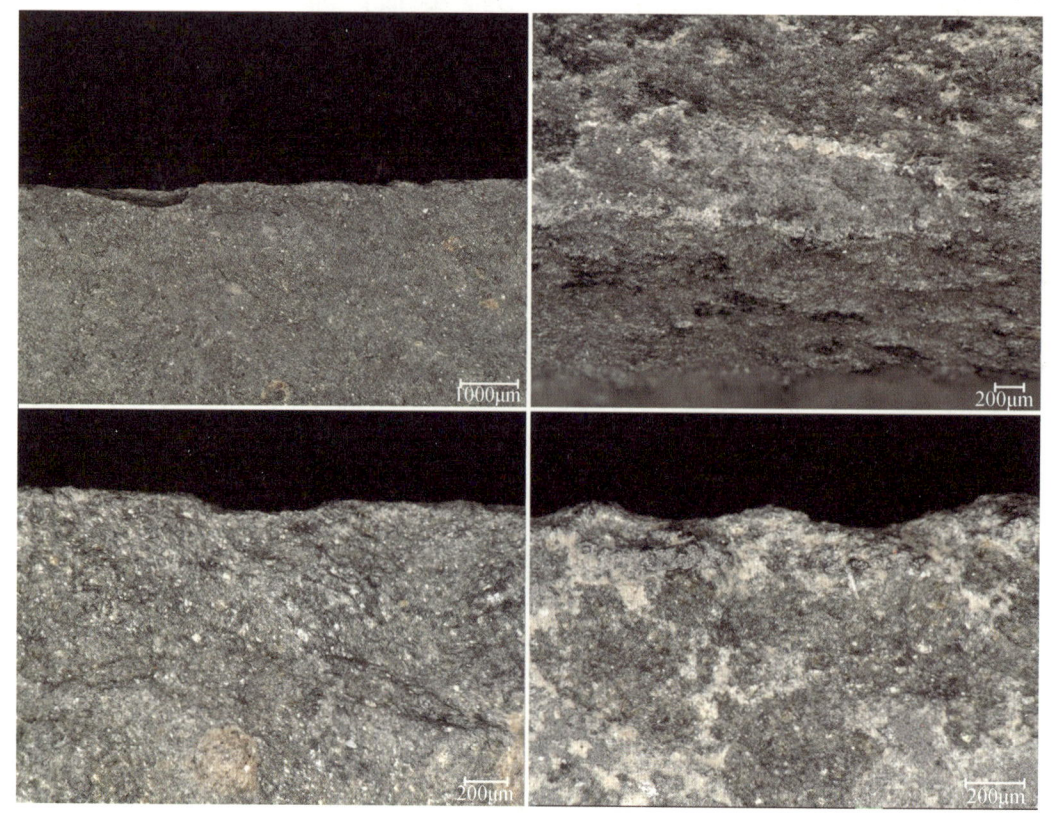

石锛（2014G1③：10）
左上：A面100×片疤；右上：B面100×片疤；左下：C面100×片疤；右下：C面50×崩损

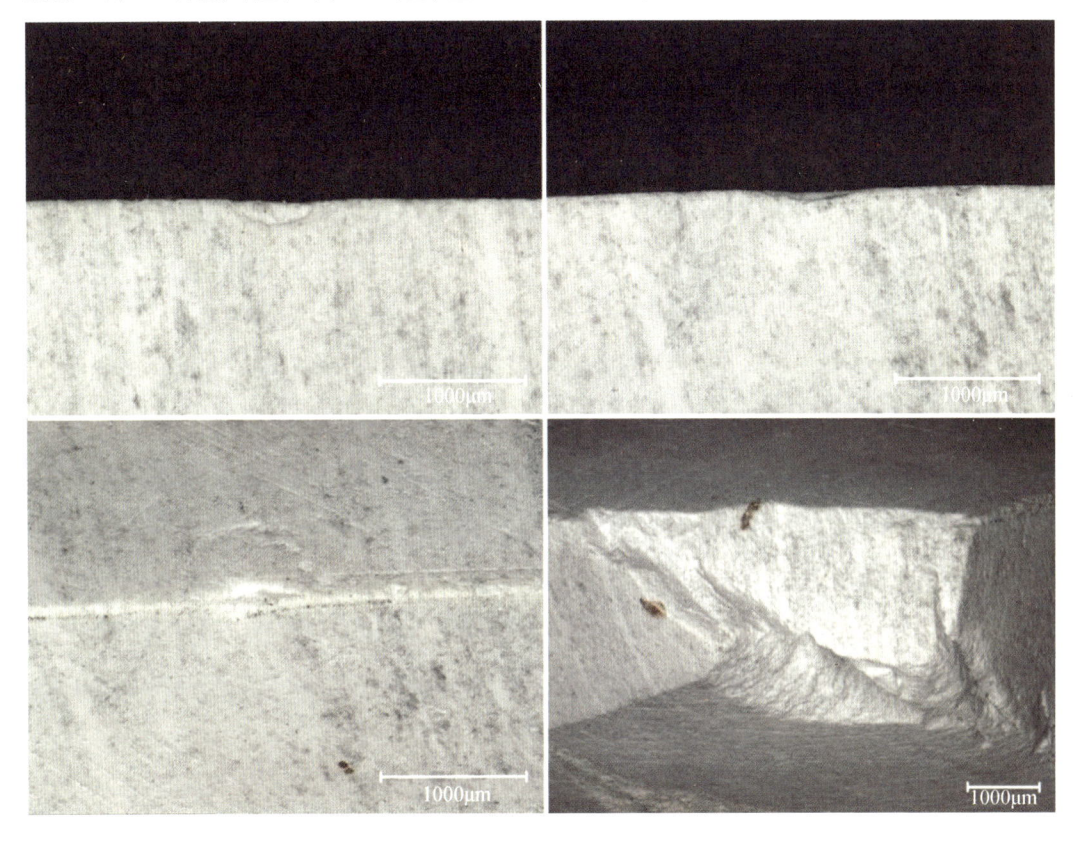

石锛（斧）（T0202④A：67）
左：A面20×片疤；右：3D效果

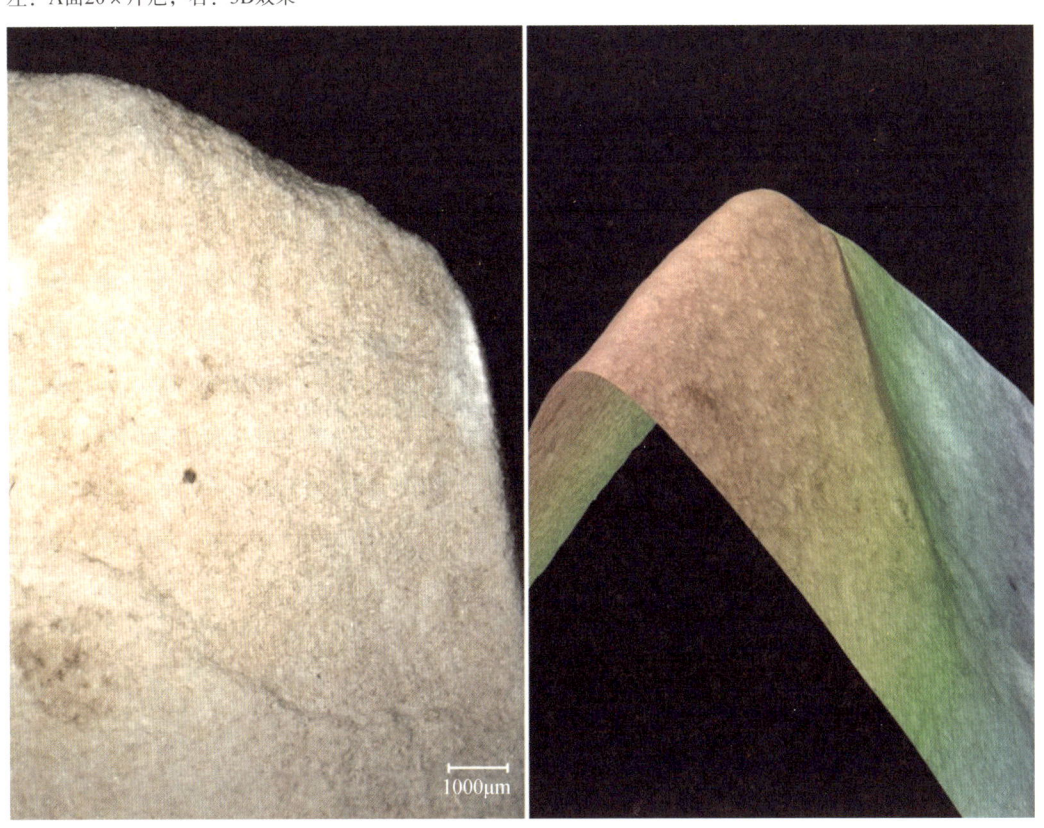

石锛（T0202⑤：6）
左上：A面20×刃缘轮廓；右上：B面20×刃缘轮廓；左下：C面50×片疤、磨圆；右下：3D效果

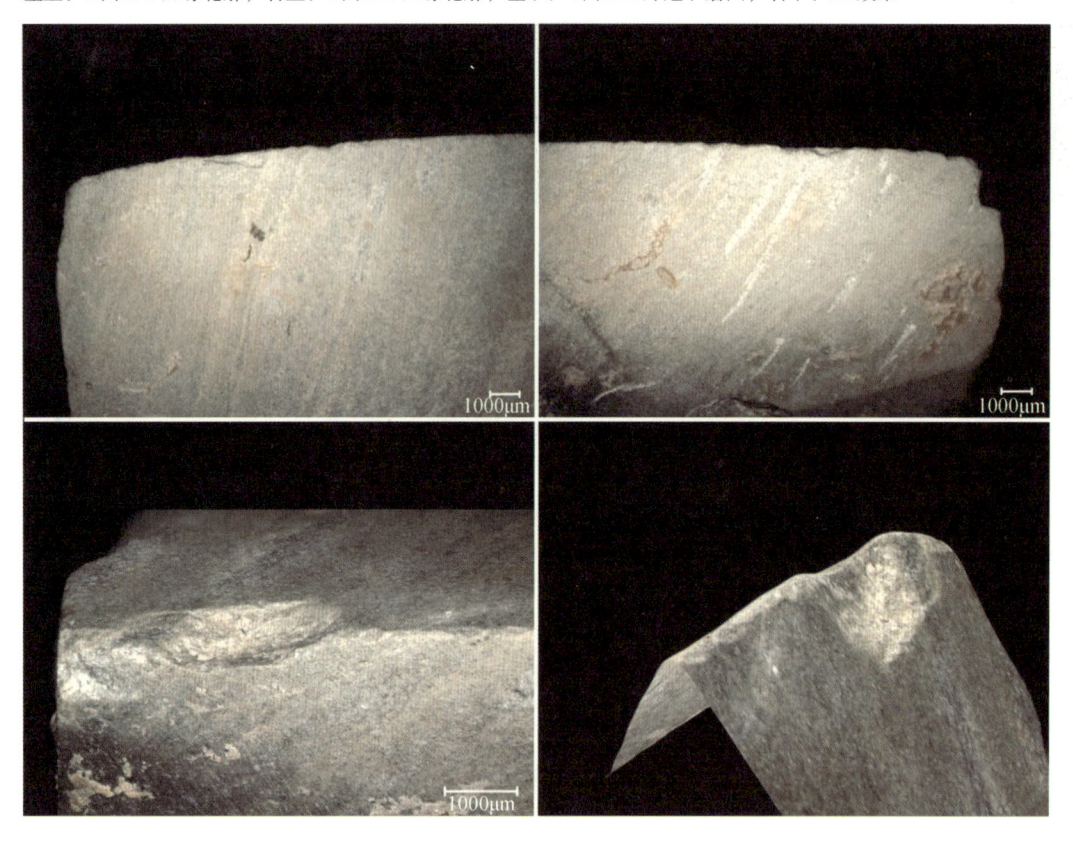

石锛（T0204④A：23）
左上：A面50×刃缘轮廓；右上：B面50×新片疤；左下：C面50×新片疤；右下：底部50×崩损

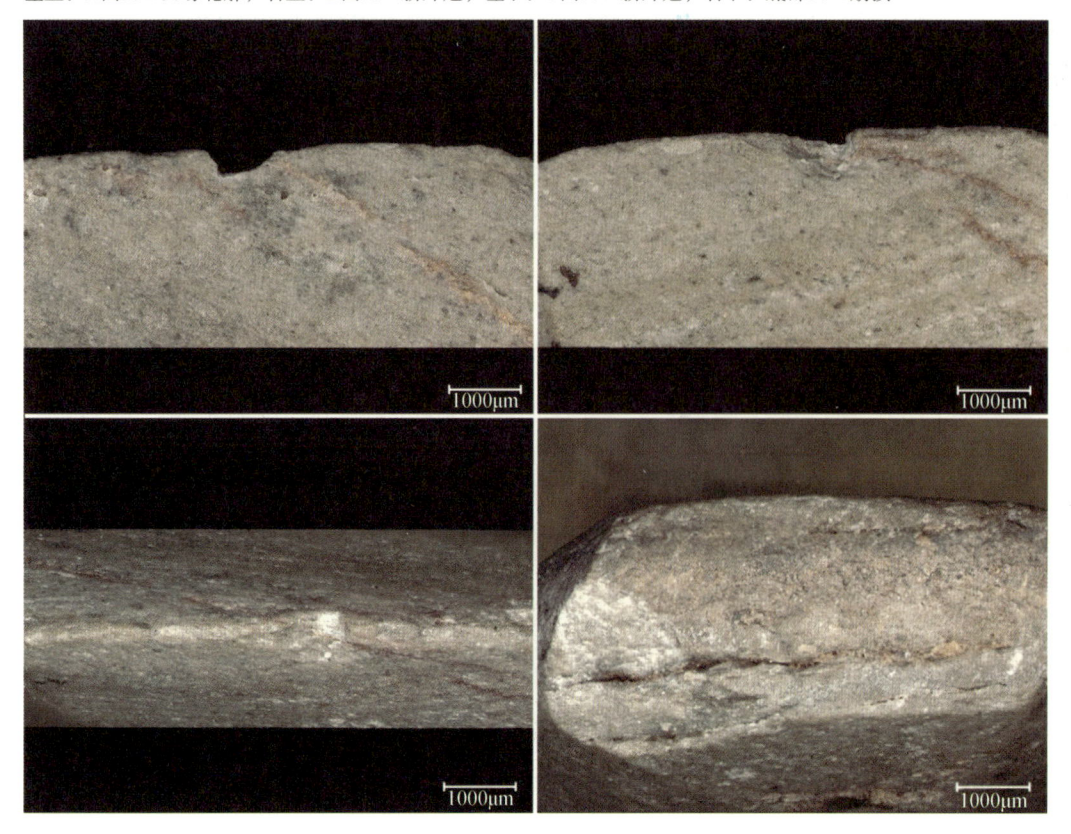

石锛（T0204④A：28）
左上：A面60×片疤崩损；右上：A面100×明亮光泽；左下：B面200×磨制光泽；右下：C面100×片疤、磨圆、光泽

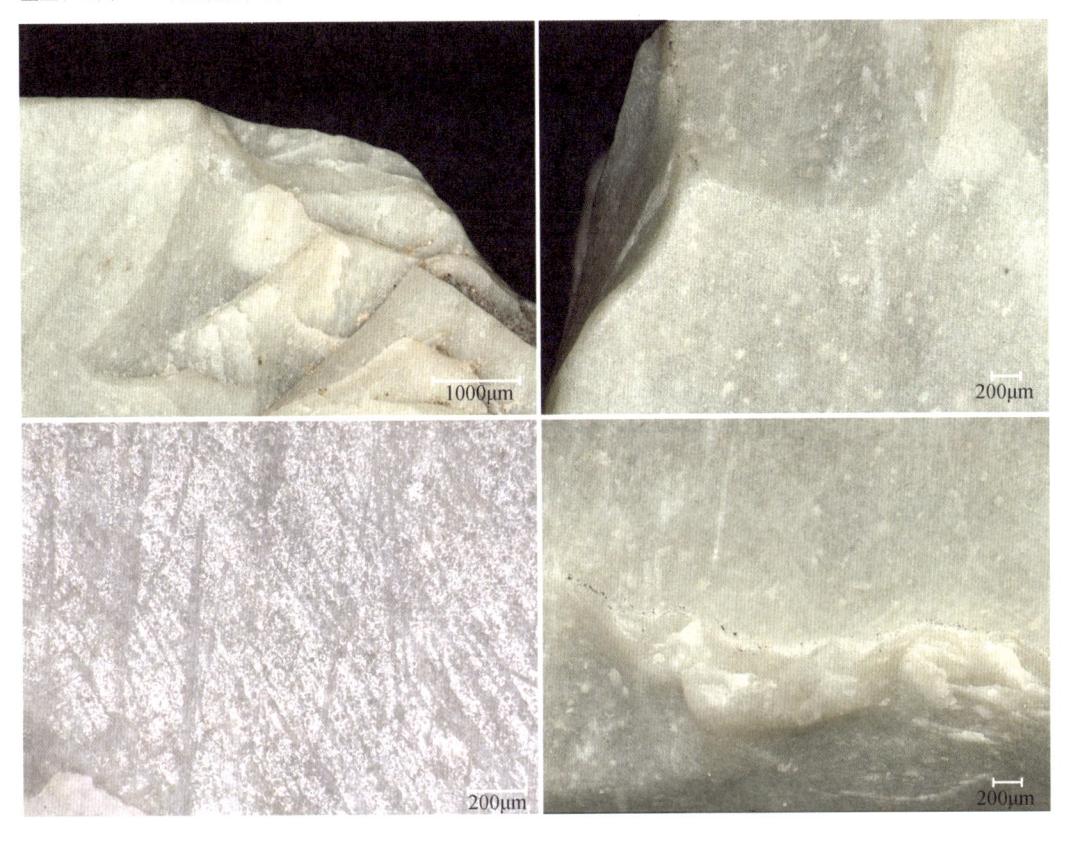

石锛（T0302④A：24）
上：A面100×刃缘轮廓、片疤；下：C面100×磨圆、线状痕

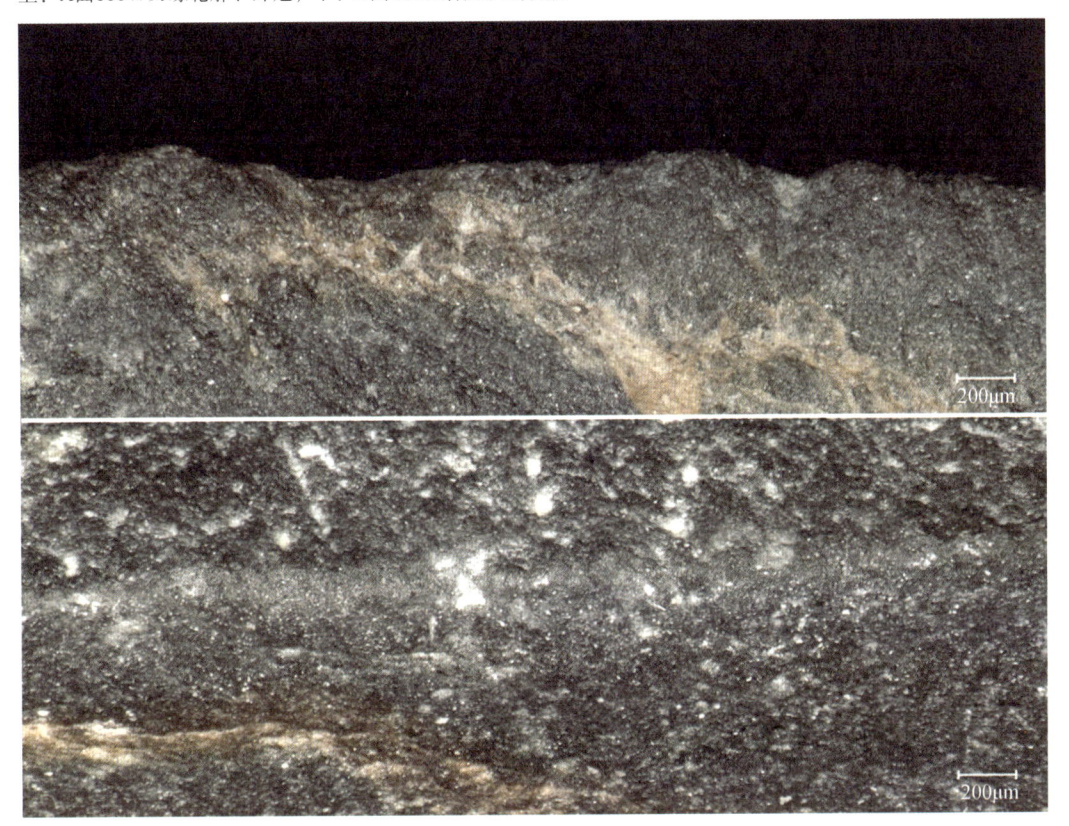

石锛（T0406④A∶2）

左上：A面100×"翻越状"片疤、垂直线状痕；右上：3D效果；左下：C面150×明亮光泽；右下：B面底部300×装柄光泽

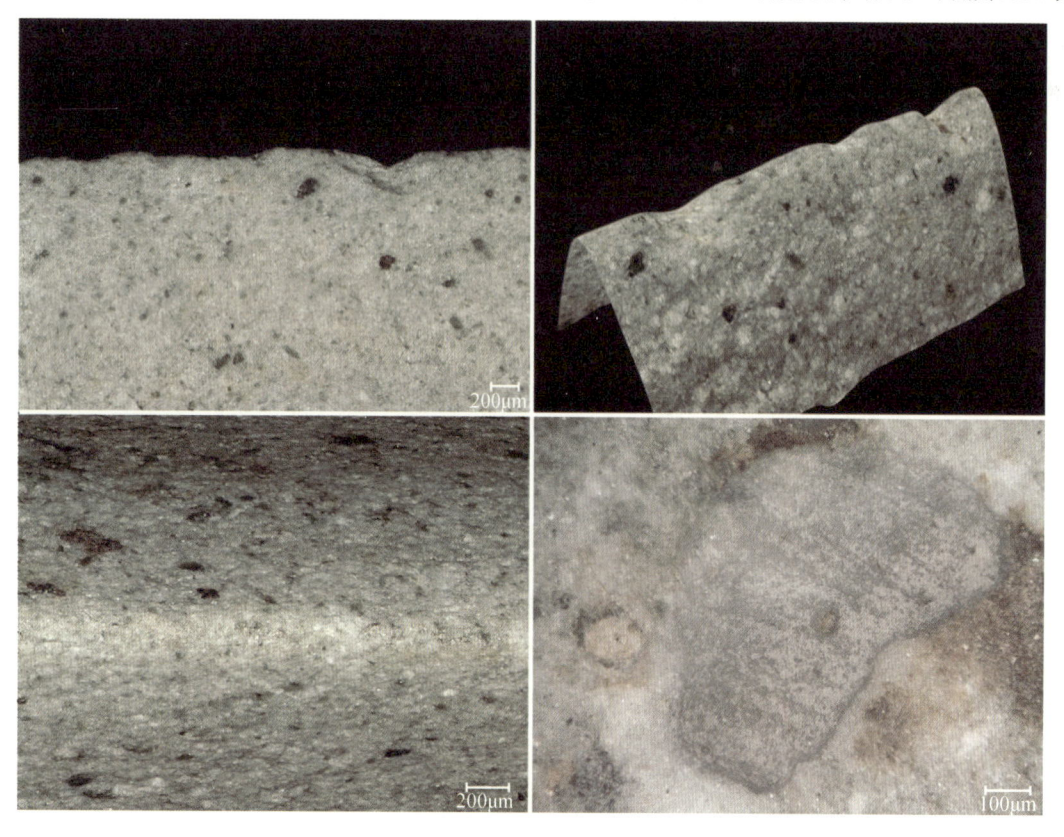

石斧（F1①∶199）

左上：B面20×片疤；右上：C面200×光泽、磨圆；左下：B面15×刃缘轮廓；右下：3D效果

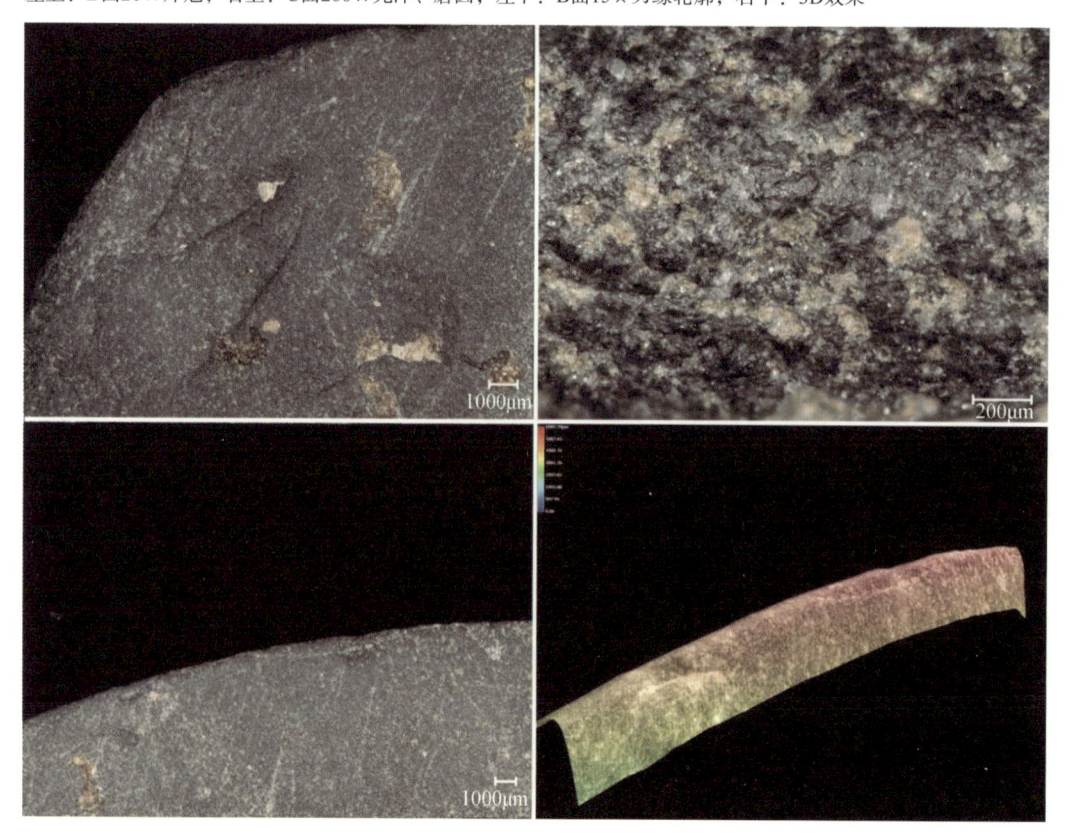

附　录

石斧（F1②：70）
上：A面30×片疤、磨圆；中：B面30×片疤、磨圆；左下：A面100×线状痕；右下：C面30×片疤、磨圆

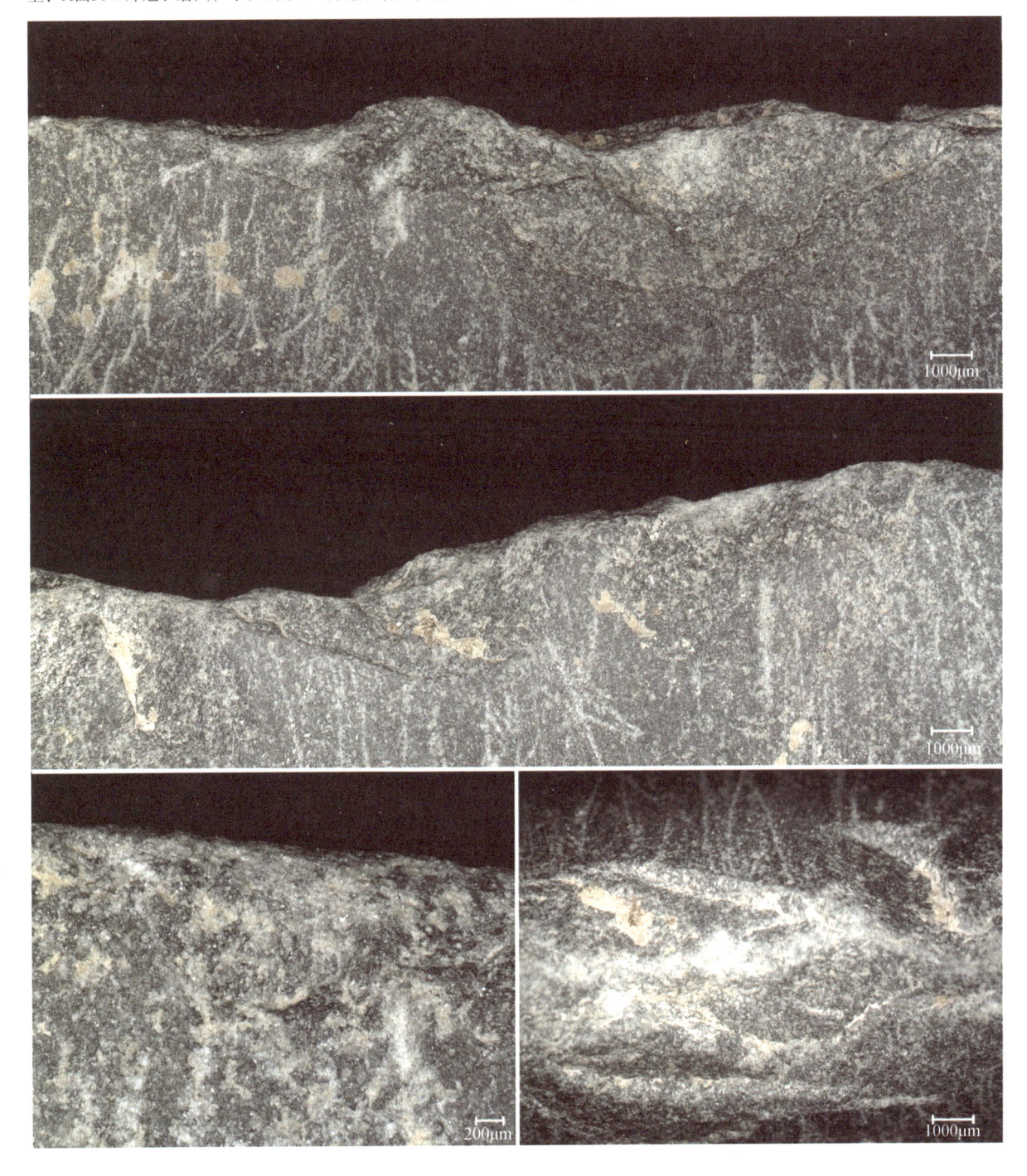

石斧（F1②：108）
上：A面50×刃缘轮廓、片疤；下：B面50×刃缘轮廓、片疤

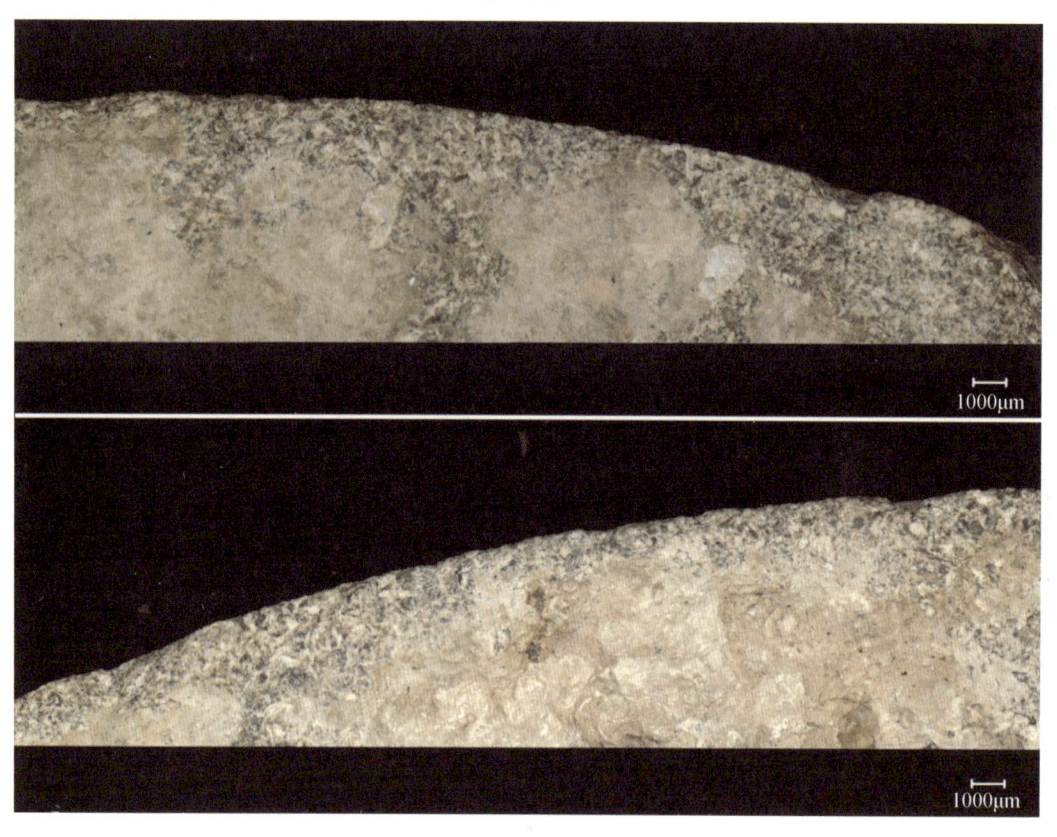

石斧（F1③：1）
左上/右上：A面100×刃缘轮廓；左下/右下：B面50×/100×刃缘轮廓

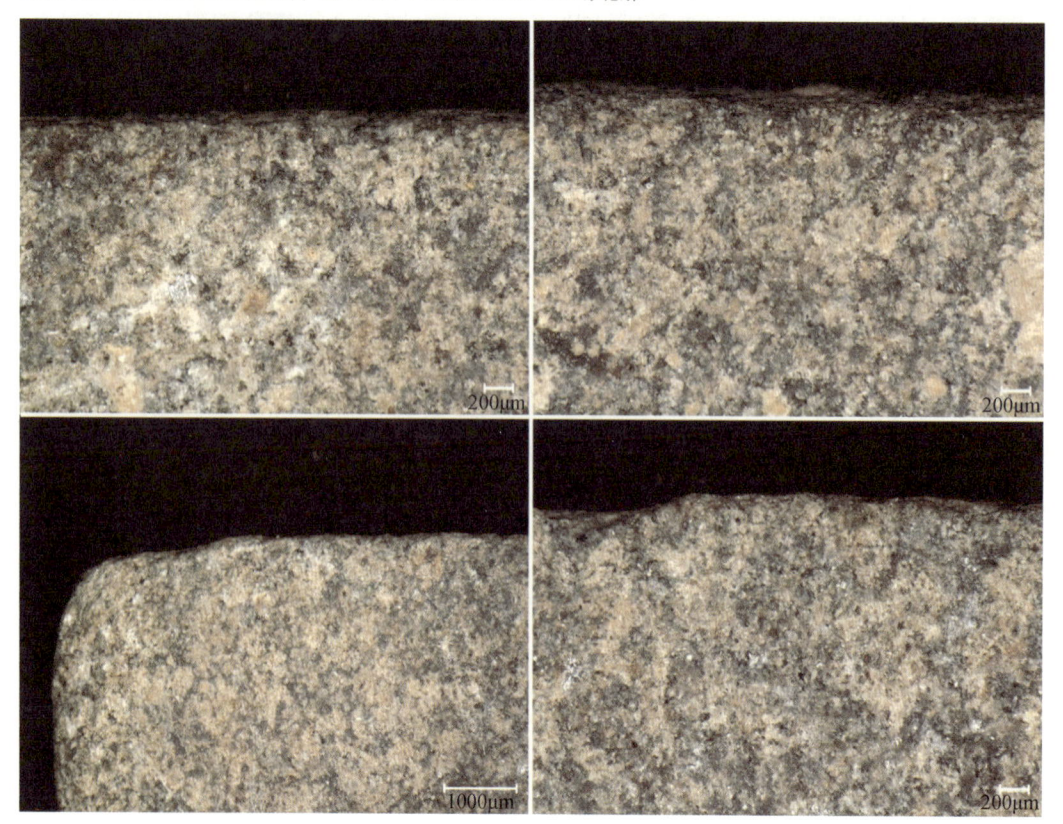

附　录　·863·

石斧（T0201④A：18）
左上：A面20×片疤、磨圆；右上：B面20×片疤、磨圆；左下：C面20×片疤、磨圆；右下：A面20×维修痕迹

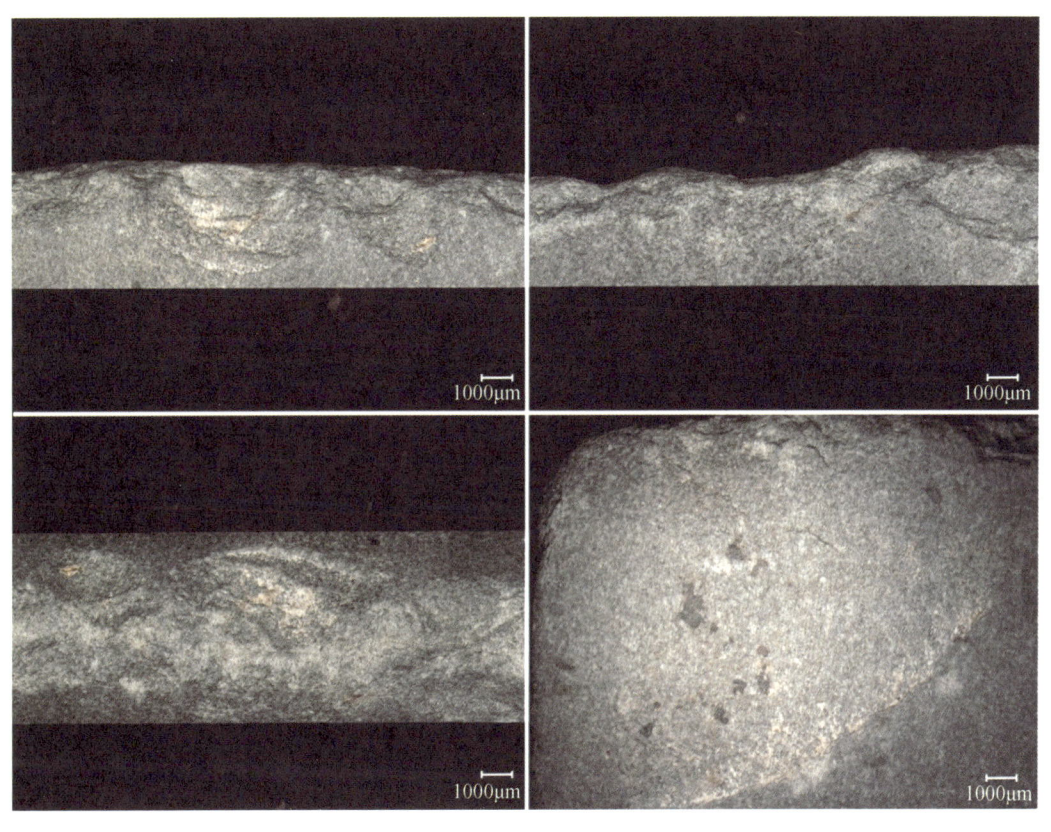

石斧（T0202④A：51）
左上/右上：A面20×/30×片疤；左下：A面100×片疤；右下：B面20×片疤

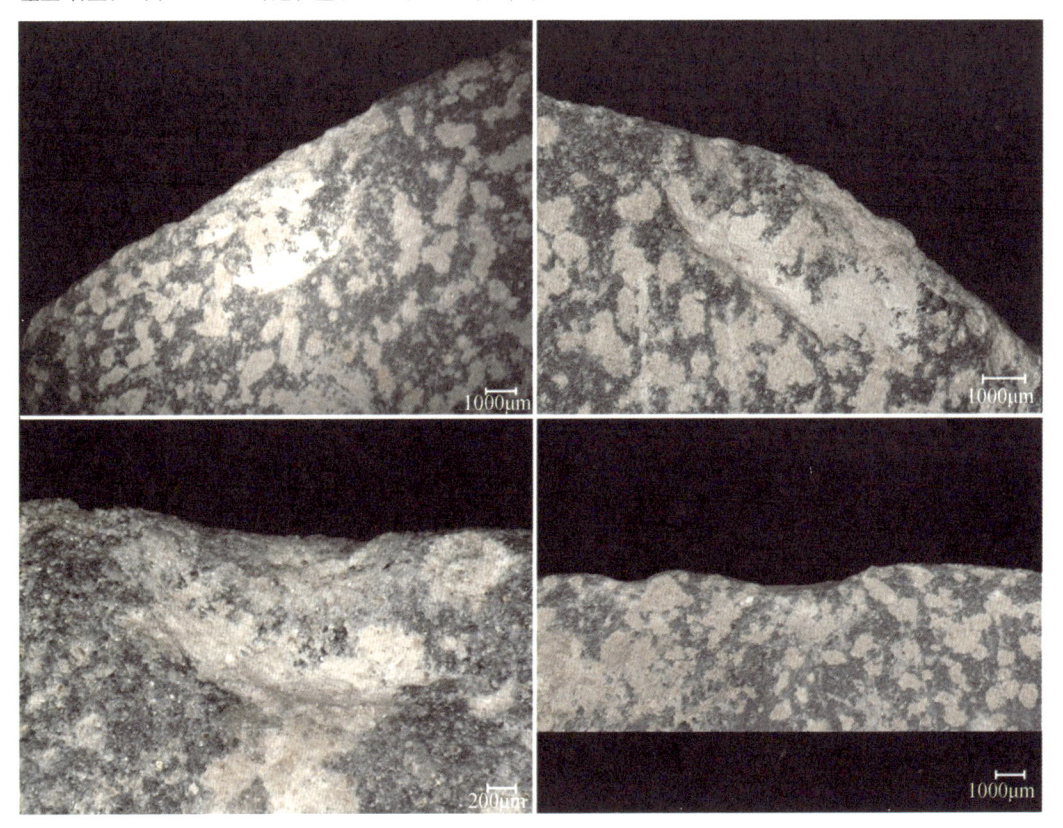

石斧（凿）（T0503④A∶1）
左上：A面30×刃缘轮廓；右上：B面30×刃缘轮廓；左下：C面50×片疤、磨圆；右下：B面100×金属光泽

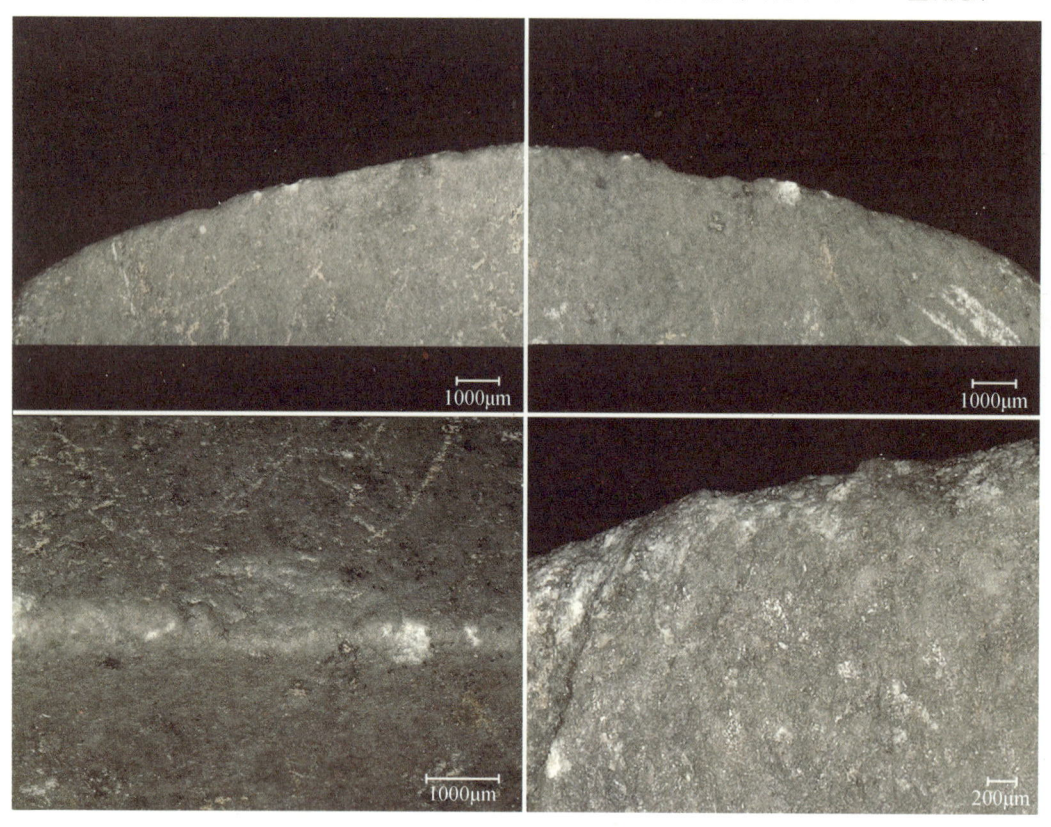

穿孔石铲（2016采∶15）
左上：A面20×片疤；右上：A面150×线状痕；左下：B面20×片疤；右下：B面50×线状痕

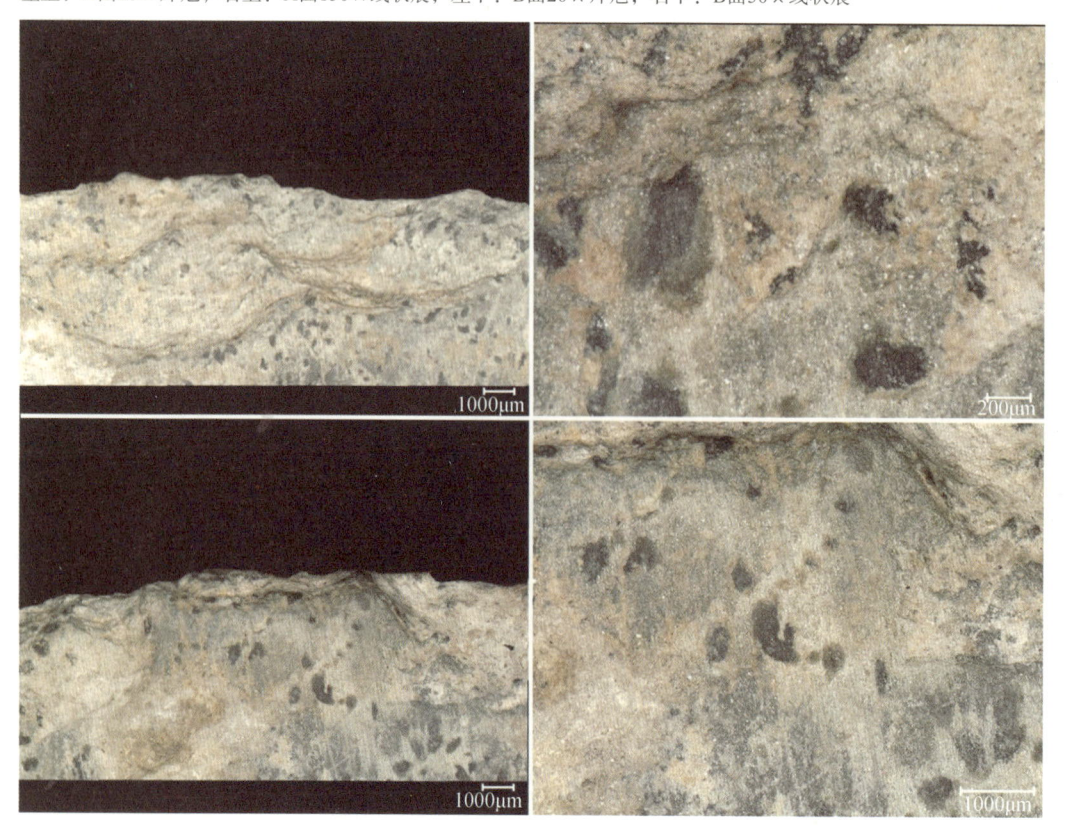

穿孔石铲（石锛）（G3②：7）
左上：A面30×片疤；右上：B面30×片疤；左下：B面40×穿孔螺旋纹；右下：C面30×片疤

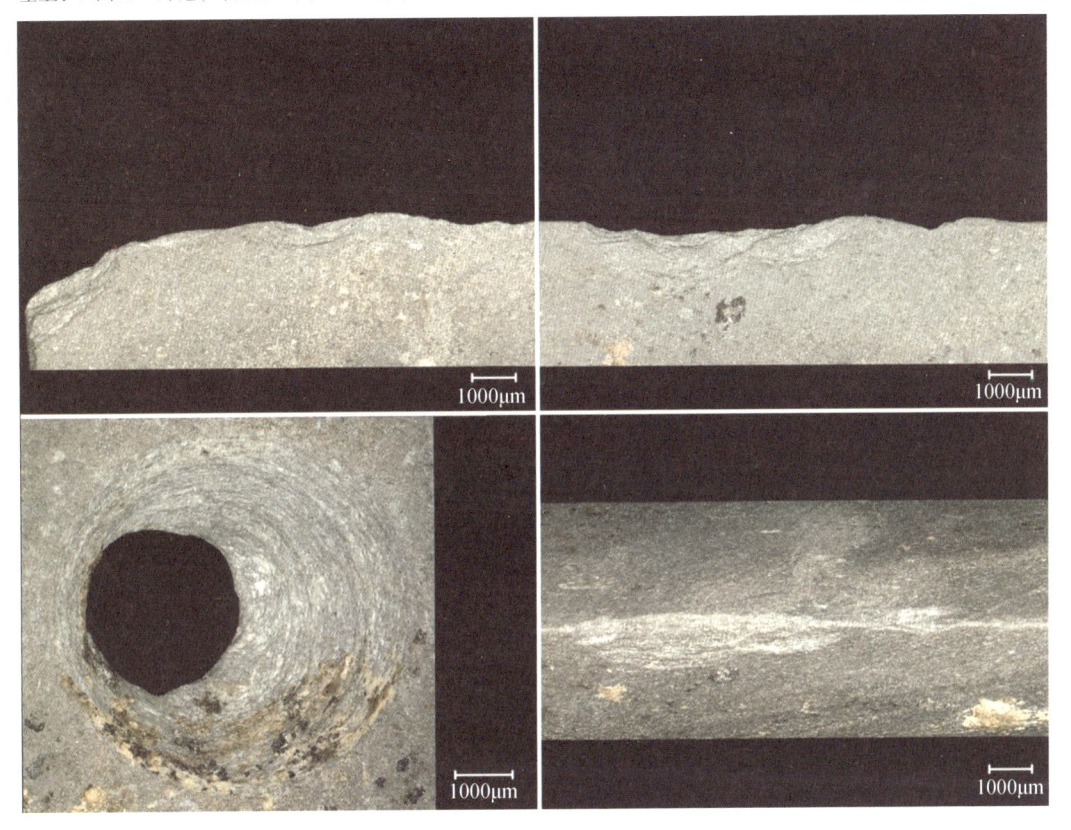

穿孔石铲（T0201④A：27）
左上：A面50×片疤；右上：B面50×片疤；左下：B面50×维修痕迹；右下：3D效果

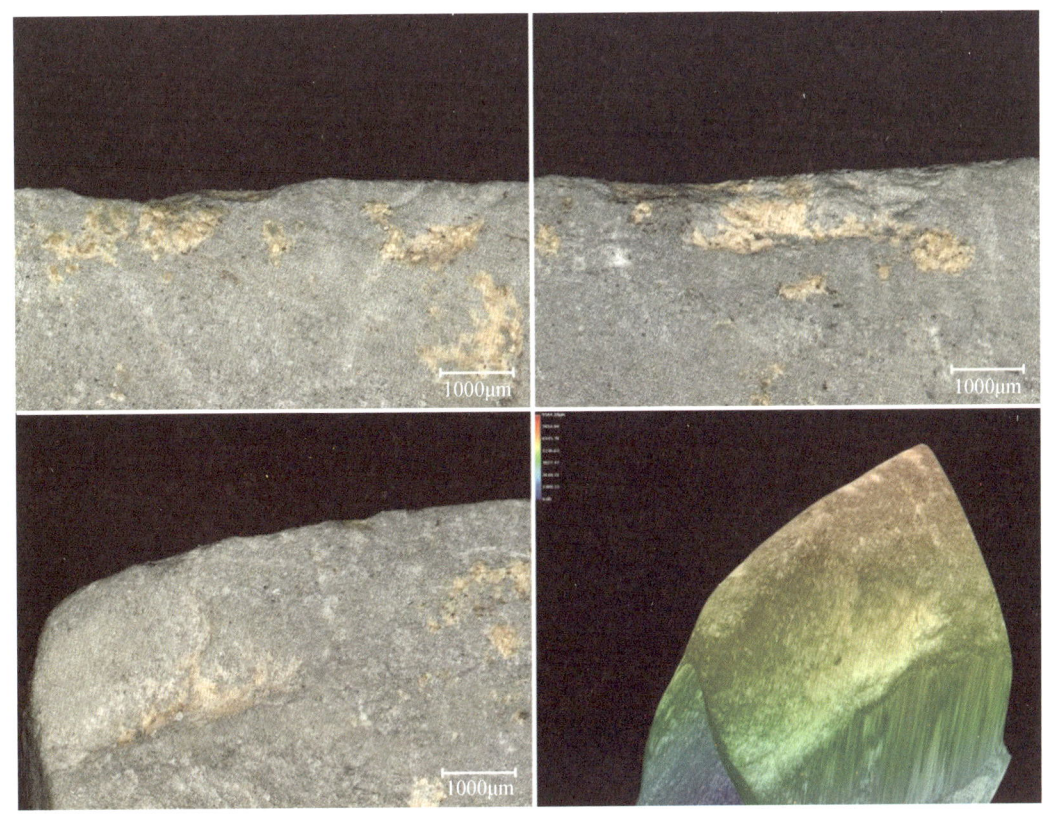

穿孔石铲（石锛）（2014G5∶24）
左上：A面50×片疤；右上：A面50×片疤；左下：B面100×片疤；右下：C面50×片疤、磨圆

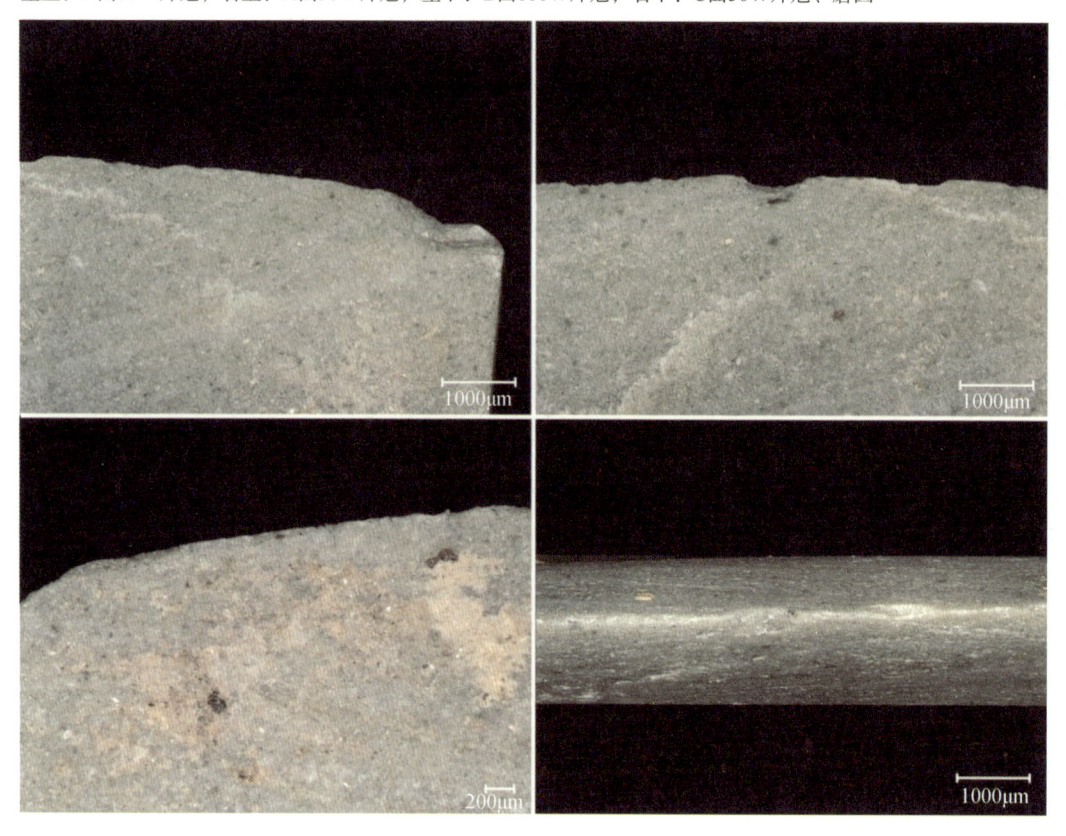

穿孔石刀（F1北基槽∶4）
左上/左下/右下：A面100×/250×/1000×光泽；右上：B面50×穿孔螺旋纹

石刀（F1①：75）

左上：A面50×刃缘轮廓；右上：B面50×维修痕迹；左下：C面20×维修痕迹；右下：3D效果

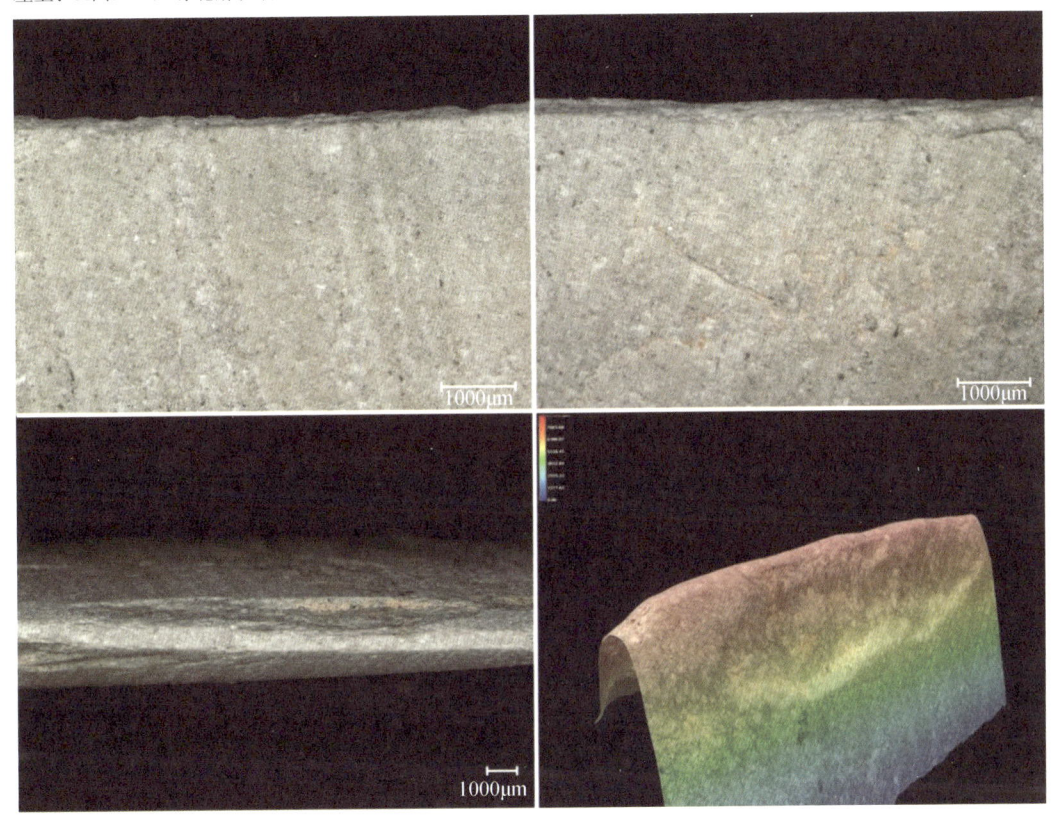

石刀（石镰）（2014G1①：6）

左上：A面150×片疤；右上：A面300×磨制光泽、线状痕；

左下：A面200×磨制光泽、线状痕；右下：B面200×磨制光泽、线状痕

穿孔石刀（G3②：71）
左上：A面30×片疤、磨圆；右上：C面30×片疤、磨圆；左下/右下：A面1000×光泽

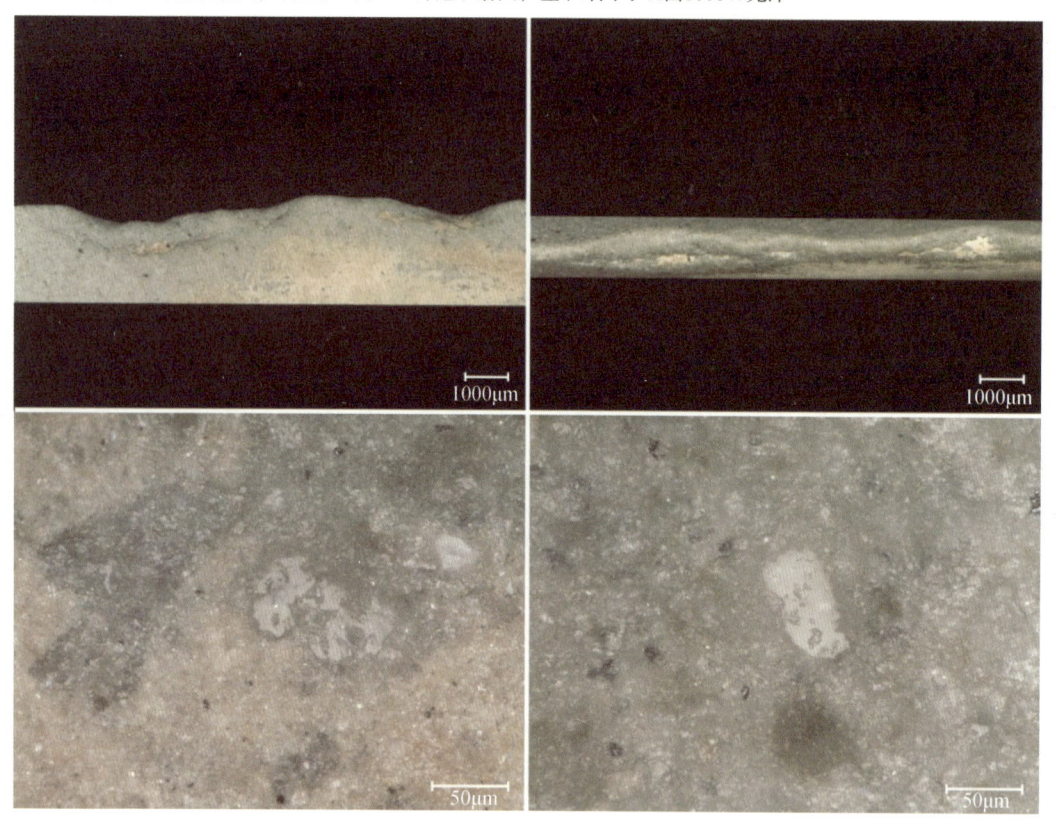

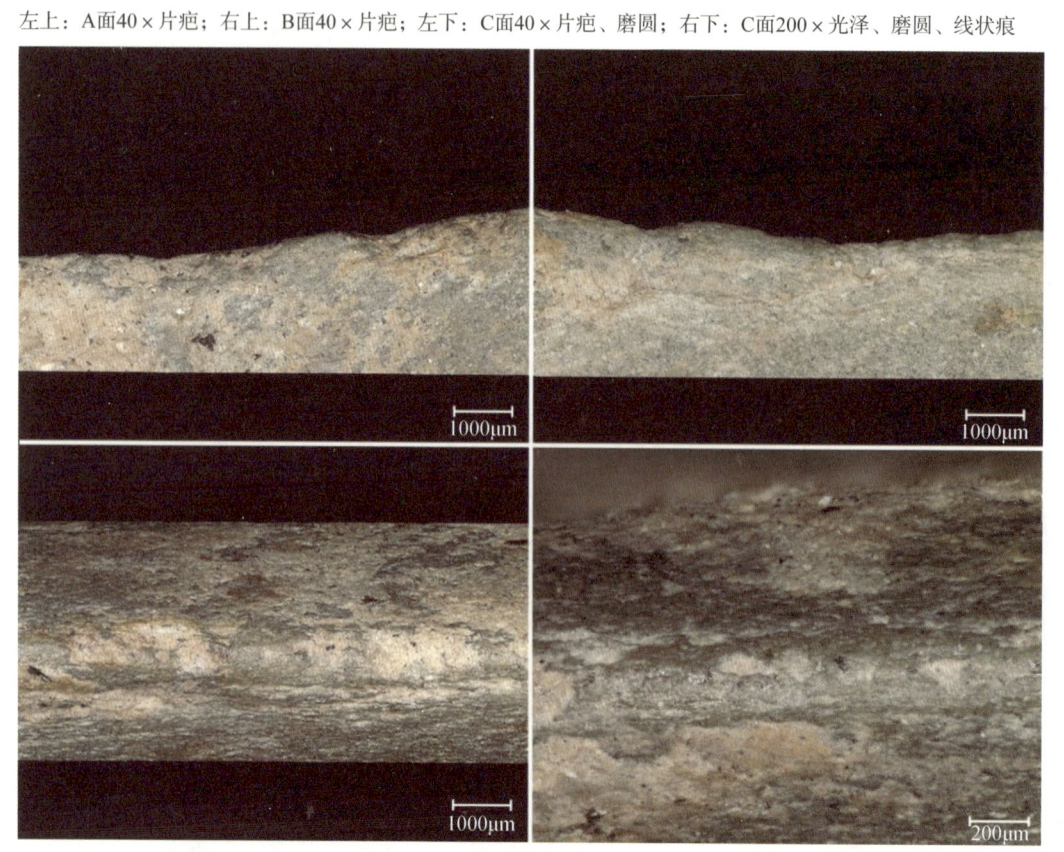

穿孔石刀（T0302⑥：12）
左上：A面40×片疤；右上：B面40×片疤；左下：C面40×片疤、磨圆；右下：C面200×光泽、磨圆、线状痕

穿孔石刀（T0502③A∶27）
上：A面300×光泽；下：B面50×维修痕迹

石镰（F1②∶158）
左上/右上：A面200×/1000×光泽；左下：C面1000×光泽；右下：3D效果

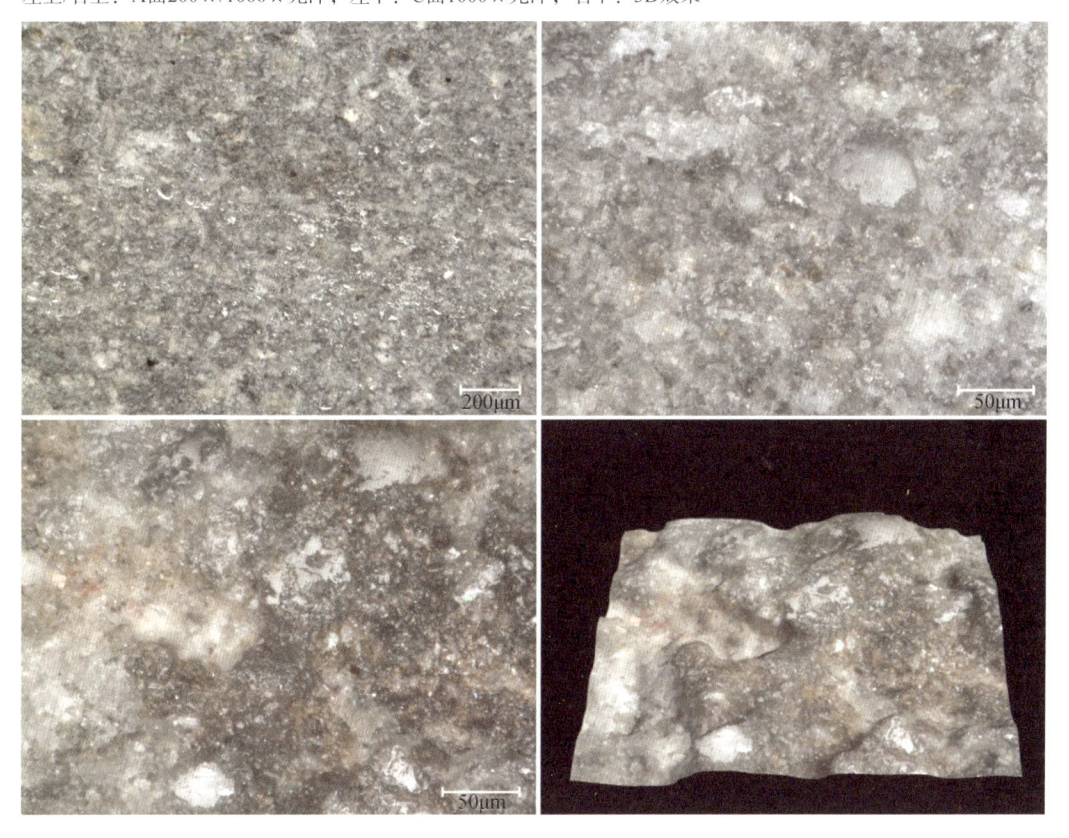

石镰（T0407④A∶19）

左上：A面100×光泽；右上：B面200×光泽；左下：A面1000×光泽、线状痕；右下：C面1000×光泽

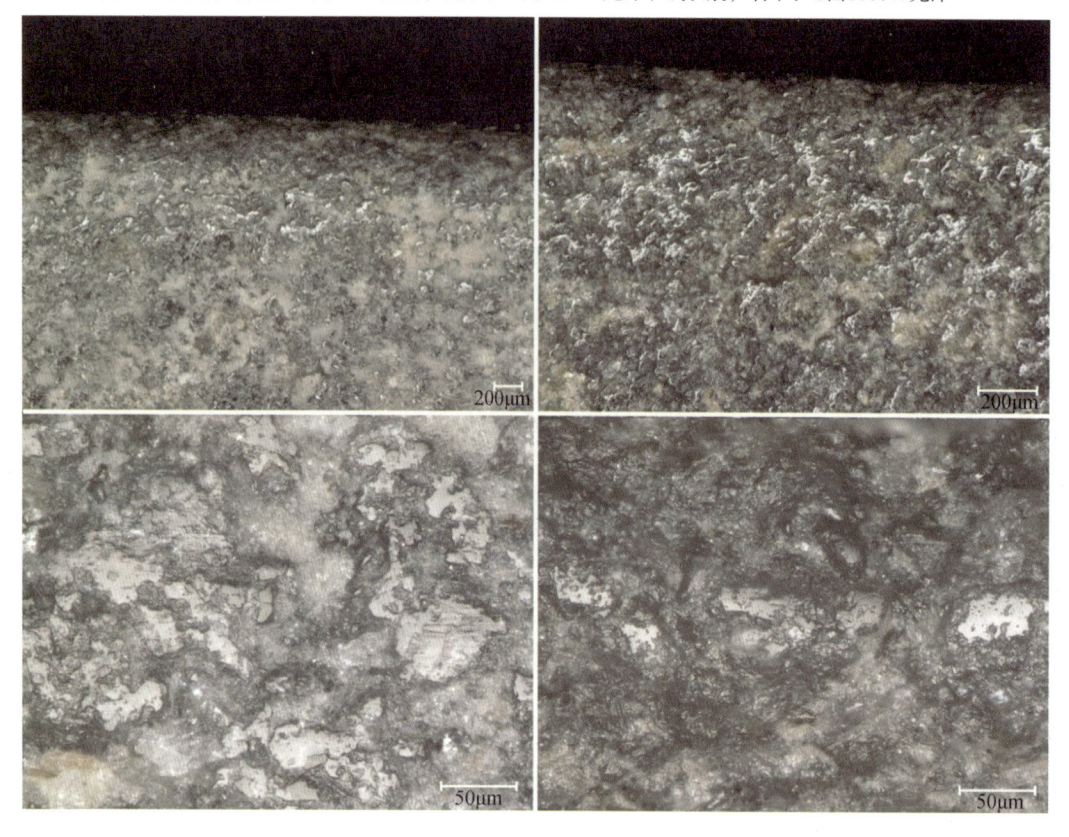

石凿（T0503④A∶2）

左上/右上：A/B面70×片疤；左下：C面70×片疤、磨圆；右下：C面200×磨圆、线状痕

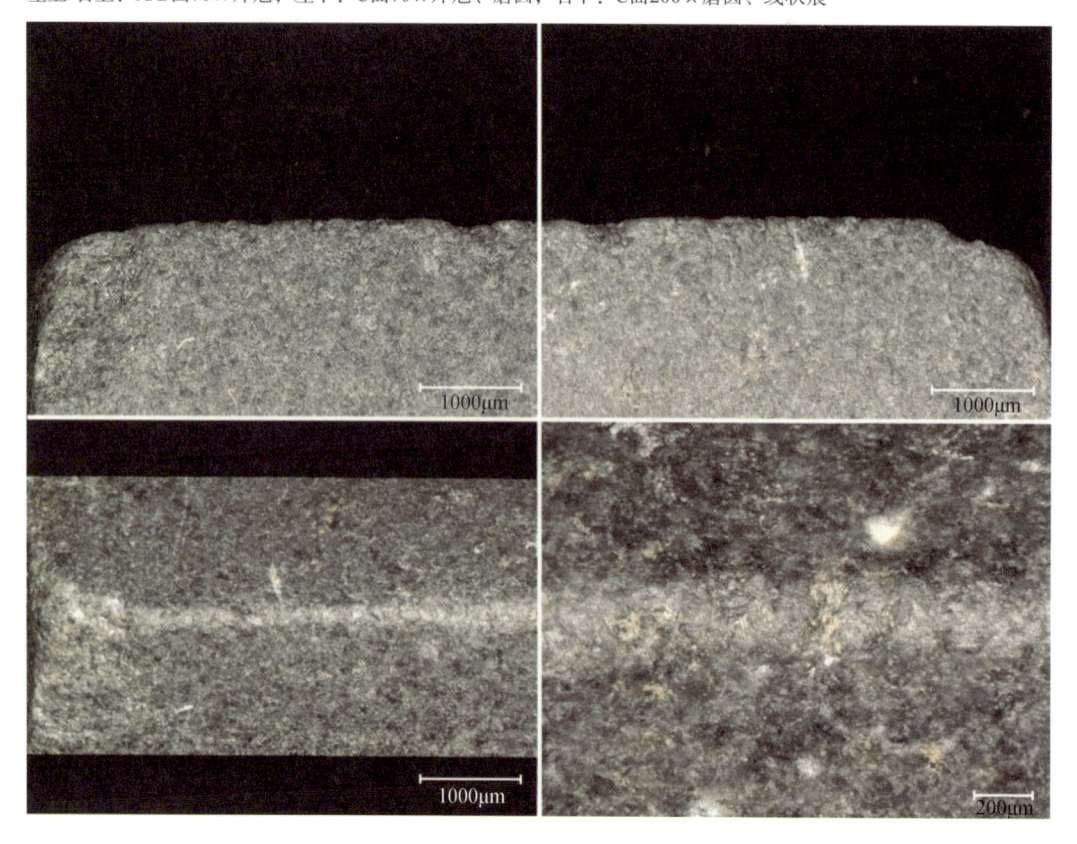

石犁（2014G1③：5）

左上：A面15×片疤、线状痕；右上：B面15×片疤、线状痕；左中：A面侧刃15×刃缘轮廓；右中：B面15×刃缘轮廓；左下：尖部3D效果；右下：侧刃3D效果

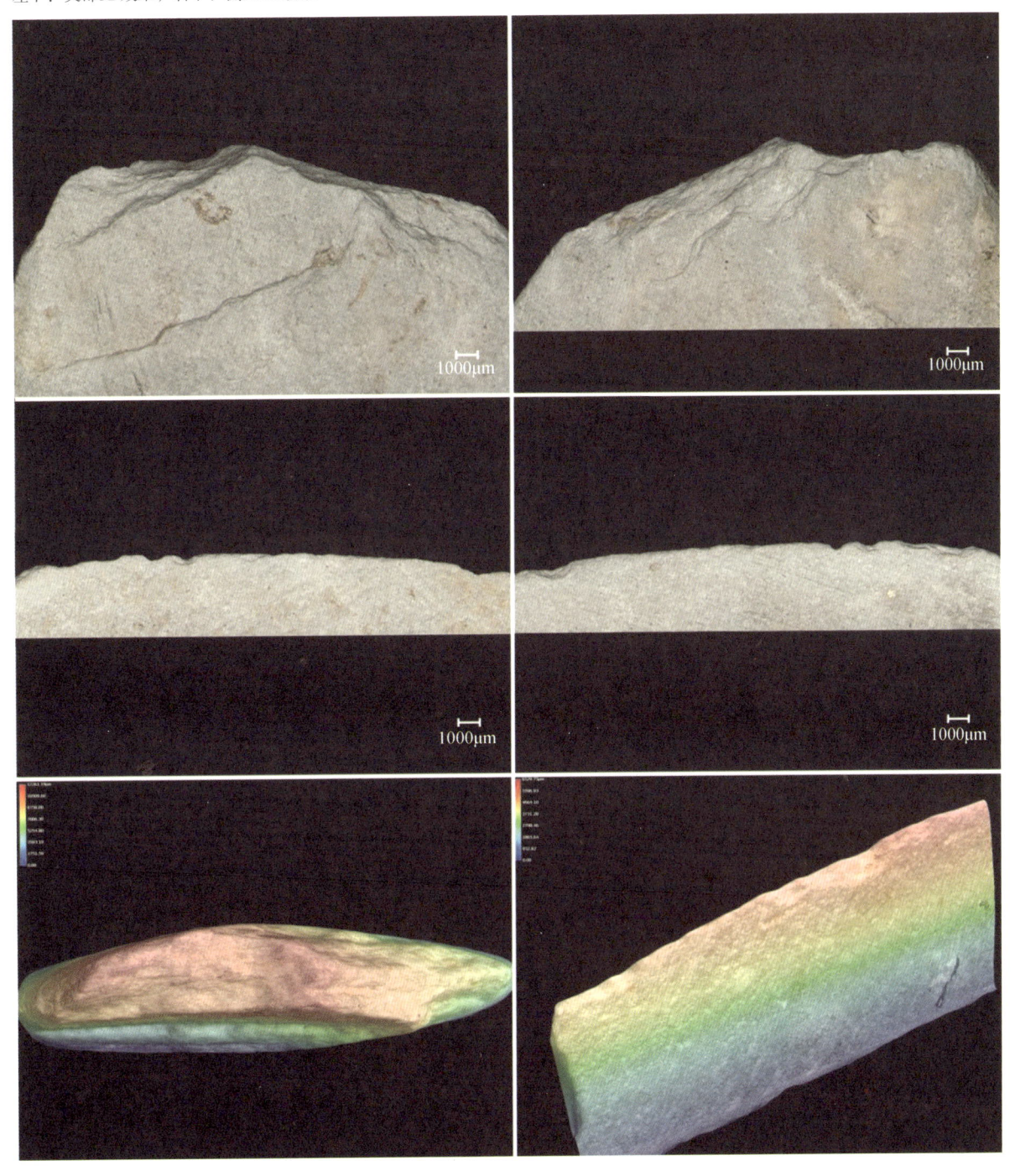

石矛（T0202⑤：17）
左上：尖部A面30×阶梯状弯曲型破裂、维修痕迹；右上：侧刃A面30×片疤；
左下：尖部B面40×雕刻器型破裂；右下：侧刃500×光泽、磨圆

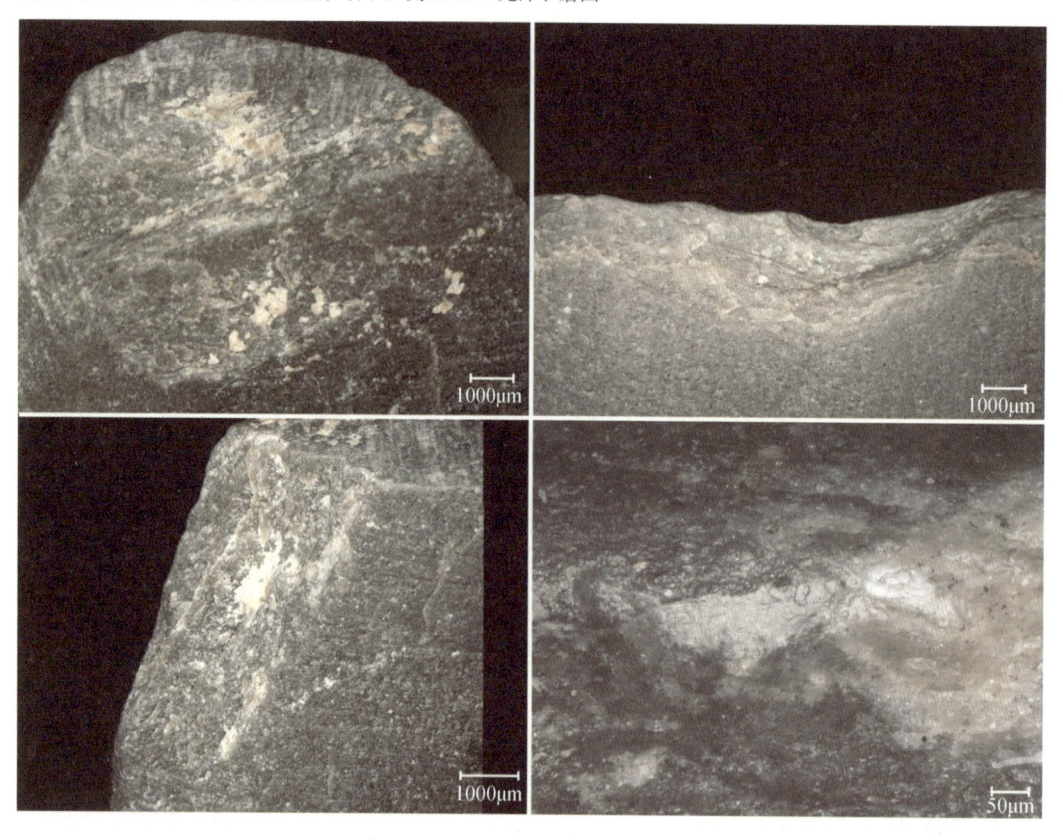

石矛（T0203⑤：48）
左上：尖部A面50×粉碎型破裂；右上：尖部B面50×轮廓；左下：侧刃25×片疤；右下：3D效果

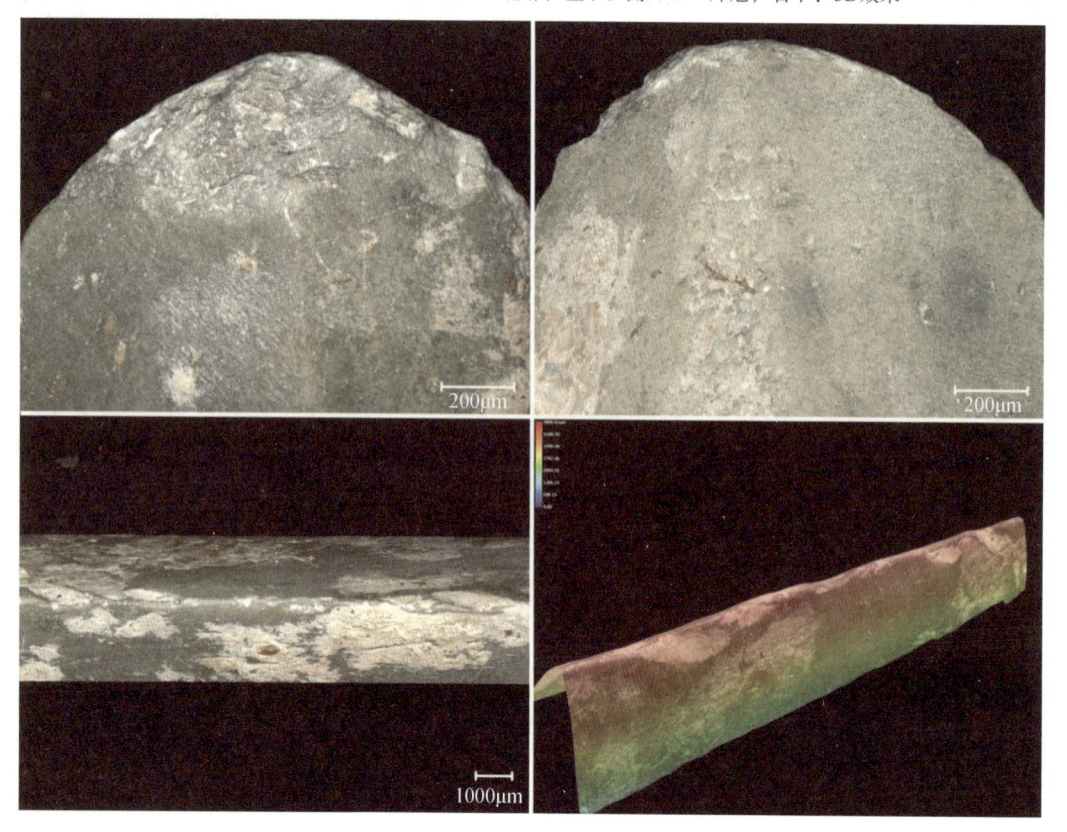

石镞（2014H26∶1）
左上：尖部30×折断状弯曲型破裂；右上：3D效果；左下：尖部50×阶梯状弯曲型破裂；右下：侧刃A面30×片疤

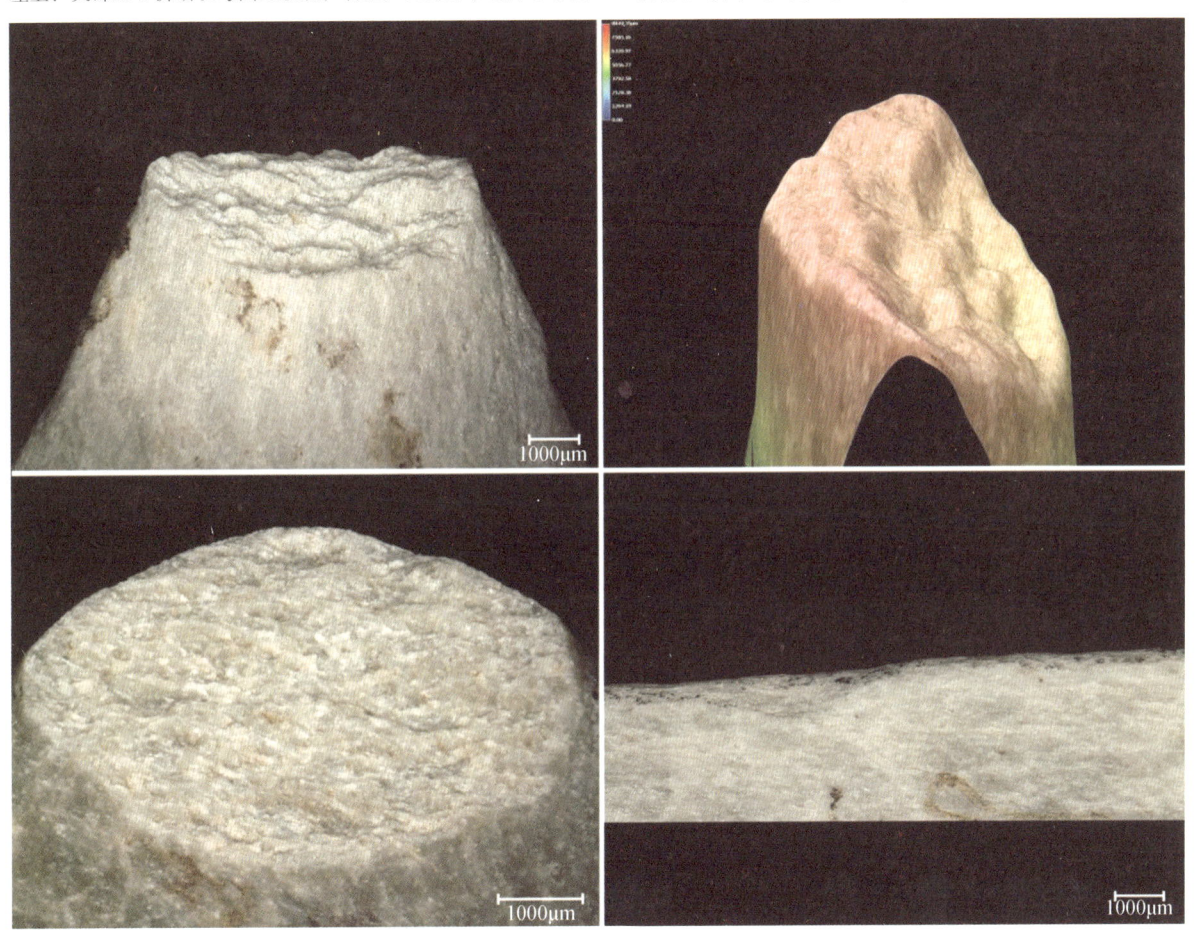

石镞（锥）（2017TG1③∶1）
左：尖部50×弯曲型破裂；右：3D效果

石镞（2014G5：47）
左上：尖部50×粉碎型破裂；右上：3D效果；左下：侧刃A面50×片疤；右下：侧刃C面50×片疤

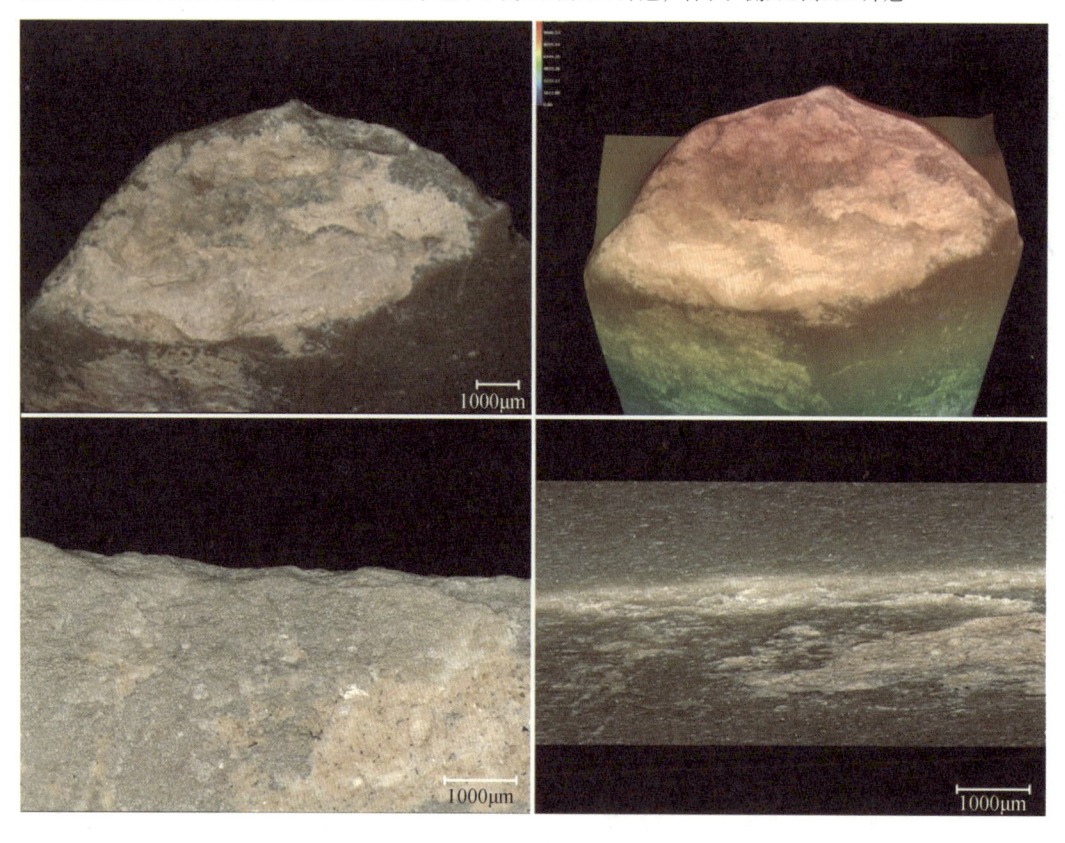

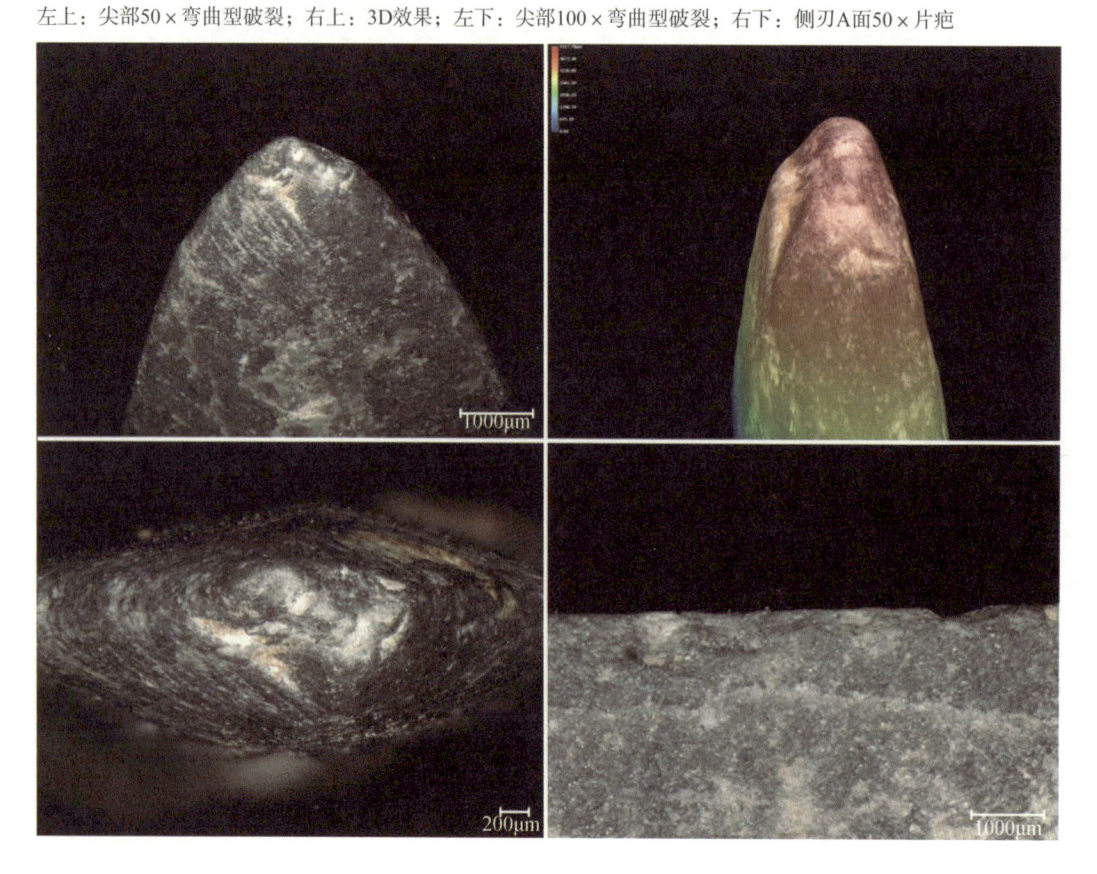

石镞（2016H5：7）
左上：尖部50×弯曲型破裂；右上：3D效果；左下：尖部100×弯曲型破裂；右下：侧刃A面50×片疤

附　录

石镞（T0203④A∶43）
左上：尖部50×阶梯状弯曲型破裂；右上：3D效果；左下：侧刃A面50×片疤；右下：3D效果

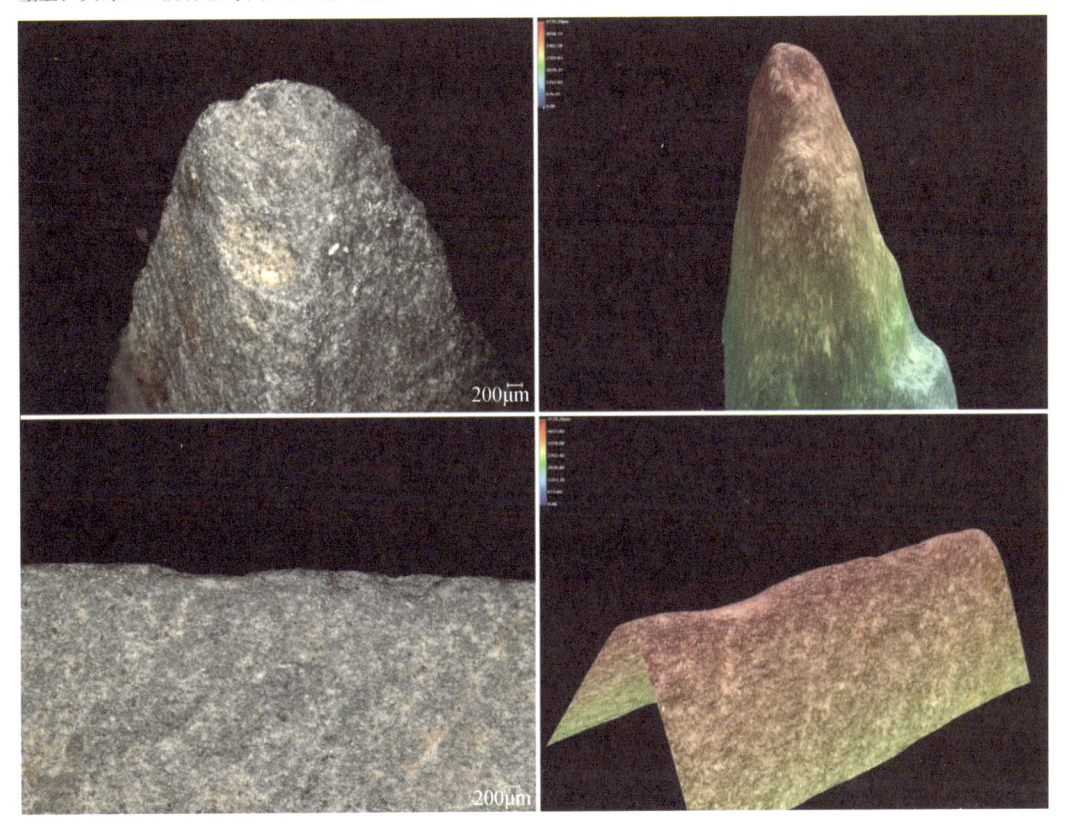

石镞（T0204⑤∶28）
左上：尖部100×阶梯状弯曲型破裂；右上：3D效果；左下：侧刃80×片疤；右下：C侧刃面80×片疤、线状痕、磨圆

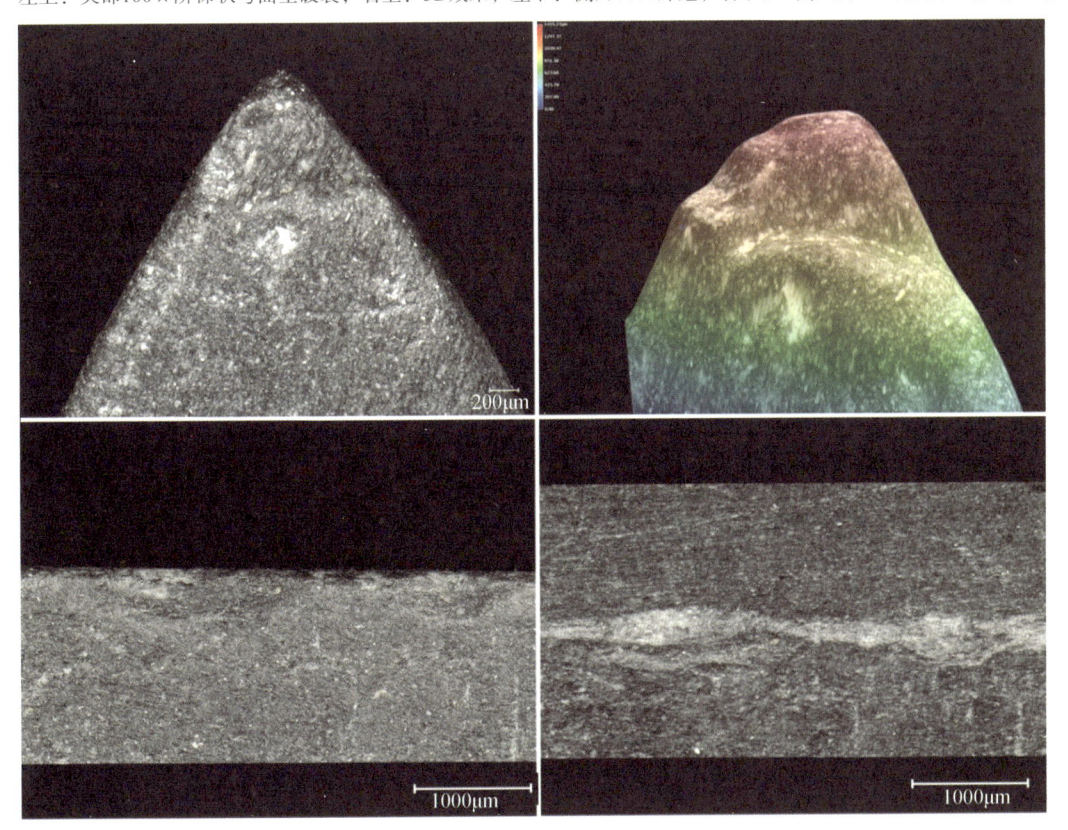

石镞（T0203④A：8）
左上：尖部30×折断状破裂；右上：3D效果；左下：侧刃A面60×片疤；右下：侧刃C面60×片疤

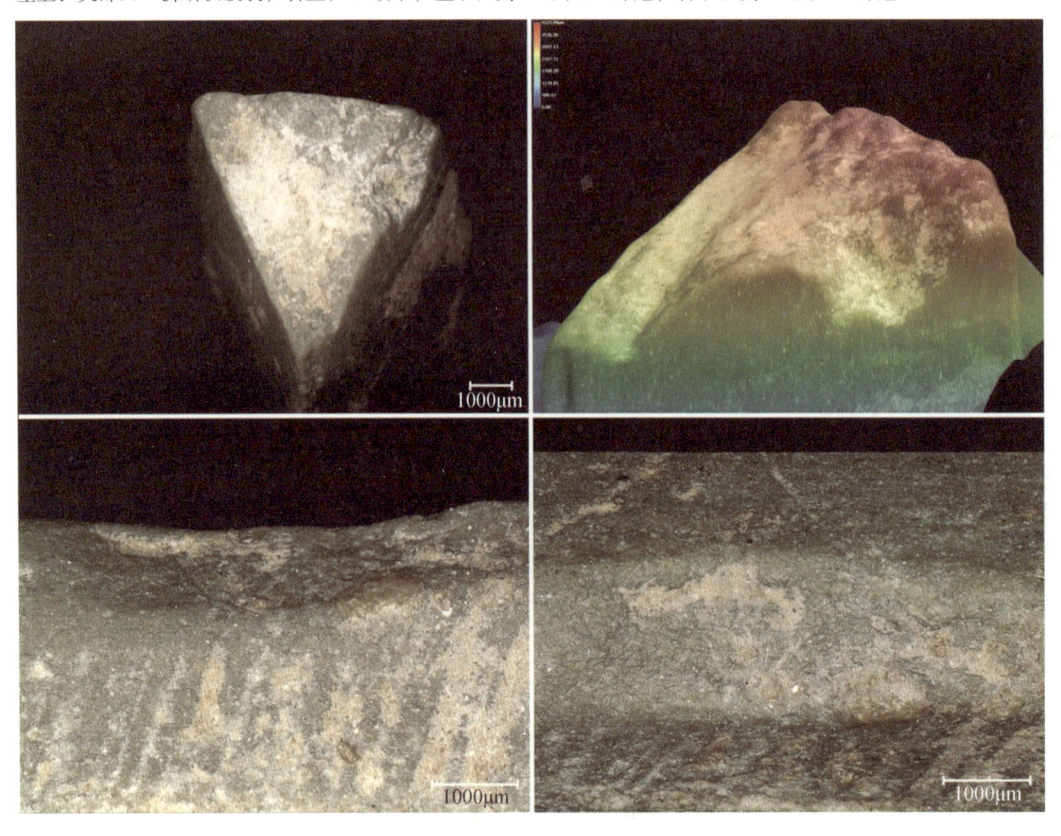

石镞（T0501东扩方④A：6）
左上/右上：尖部30×/50×片疤、磨圆；左下：侧刃35×片疤、磨圆；右下：侧边C面15×片疤、磨圆、线状痕

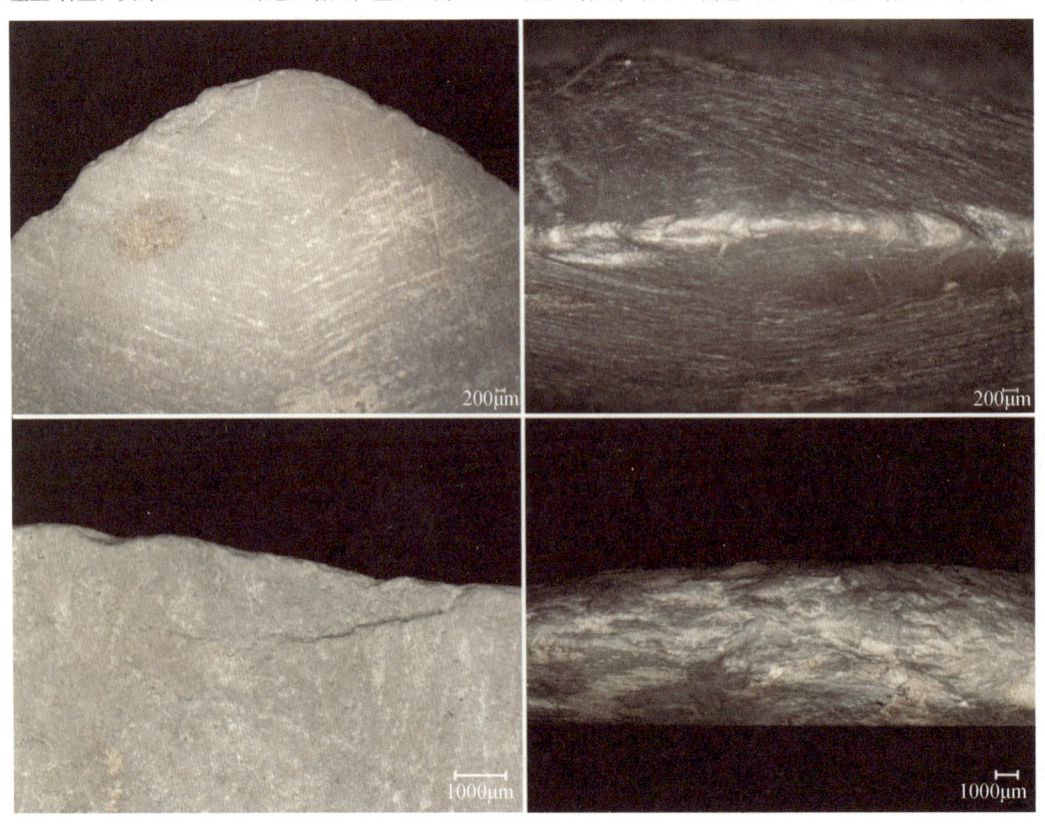

石镞（T0501④A∶12）
左上：尖部50×；右上：尖部100×；左下：侧刃A面80×片疤；右下：侧刃C面80×片疤

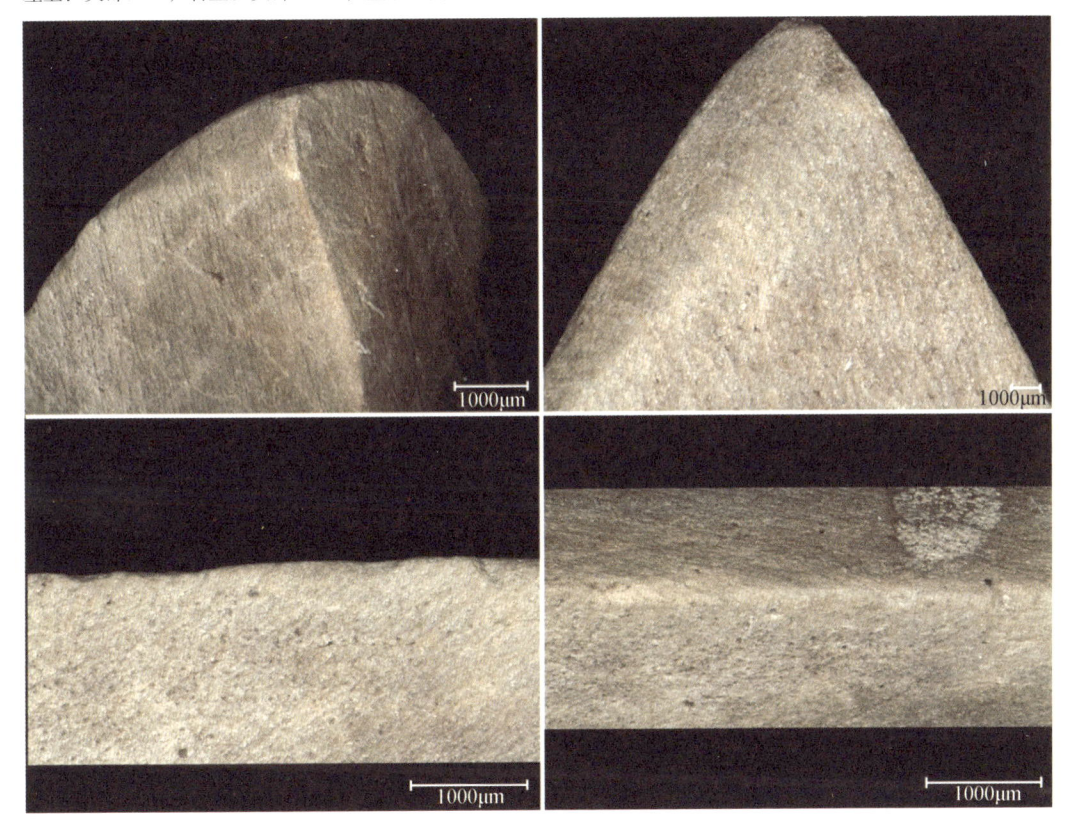

石镞（T0503④A∶40）
左上：尖部40×弯曲型破裂；右上：3D效果；左下：侧刃40×片疤；右下：3D效果

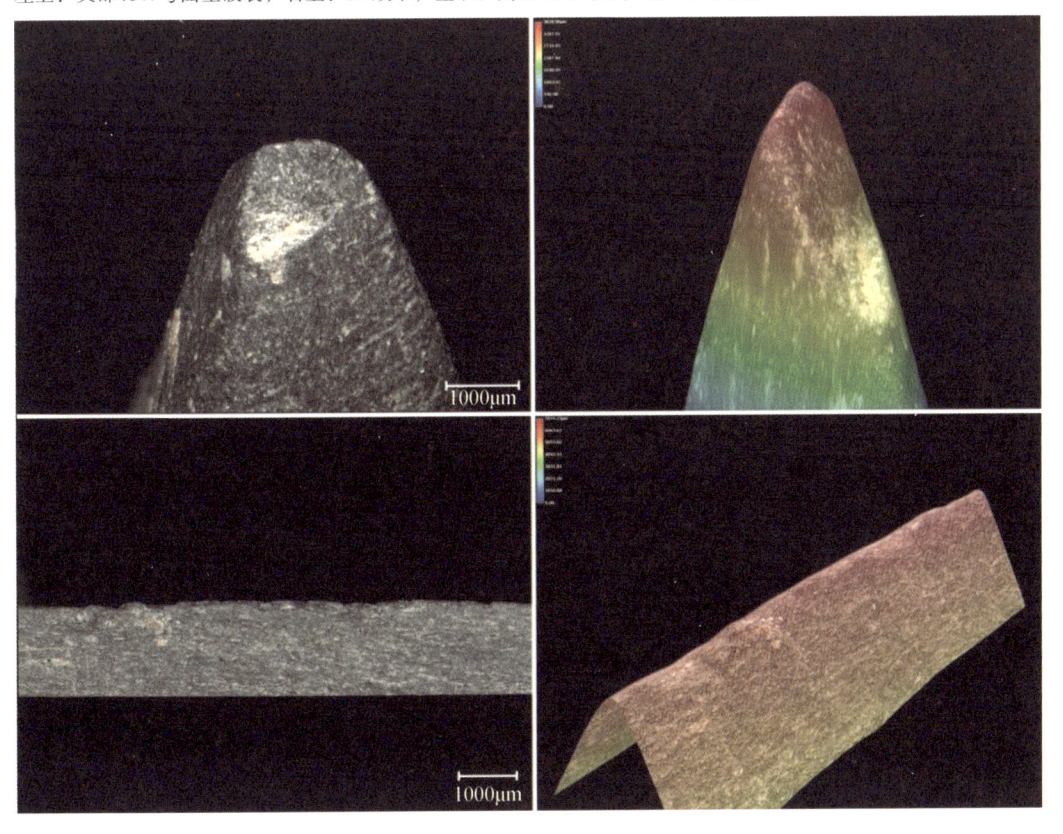

石镞（T0503④A∶46）
左：侧刃A面30×片疤；右：侧刃C面30×片疤

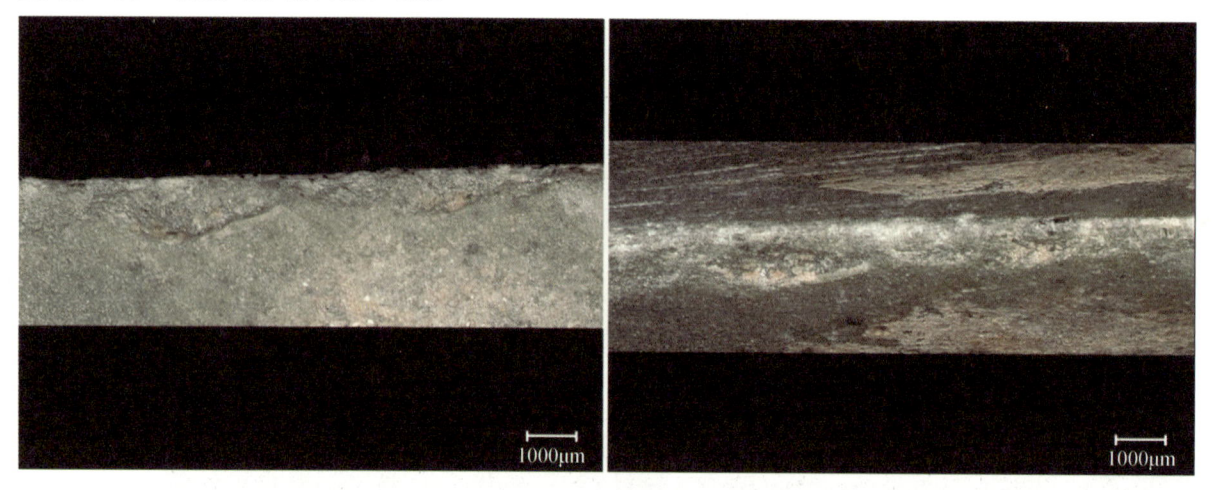

石球（T0201④A∶26）
150×光泽

磨棒（F1①：96）
上：20×器表形态；下：150×线状痕、光泽

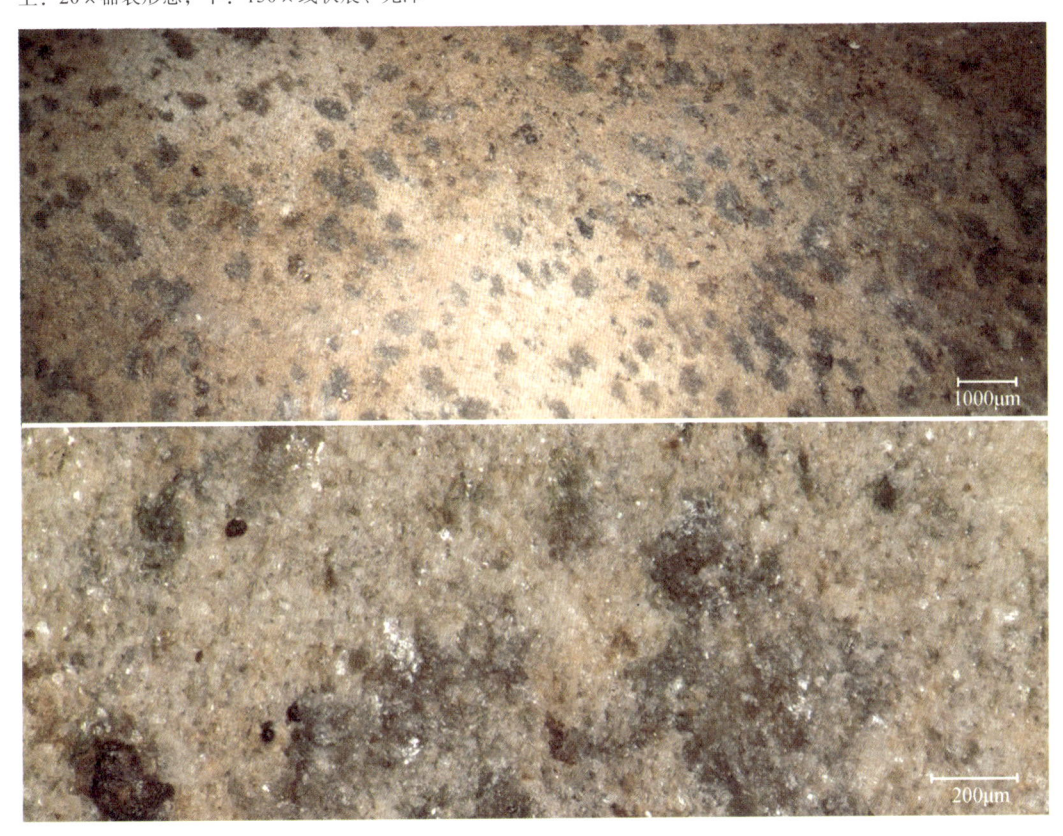

磨棒（柱状器）（T0205④A：15）
左：50×线状痕；右：50×线状痕

磨棒（T0503⑤：18）
上：250×光泽、线状痕；下：100×线状痕

砺石（2013TG1⑥A：14）
上：20×线状痕；下：200×线状痕、白色残留物

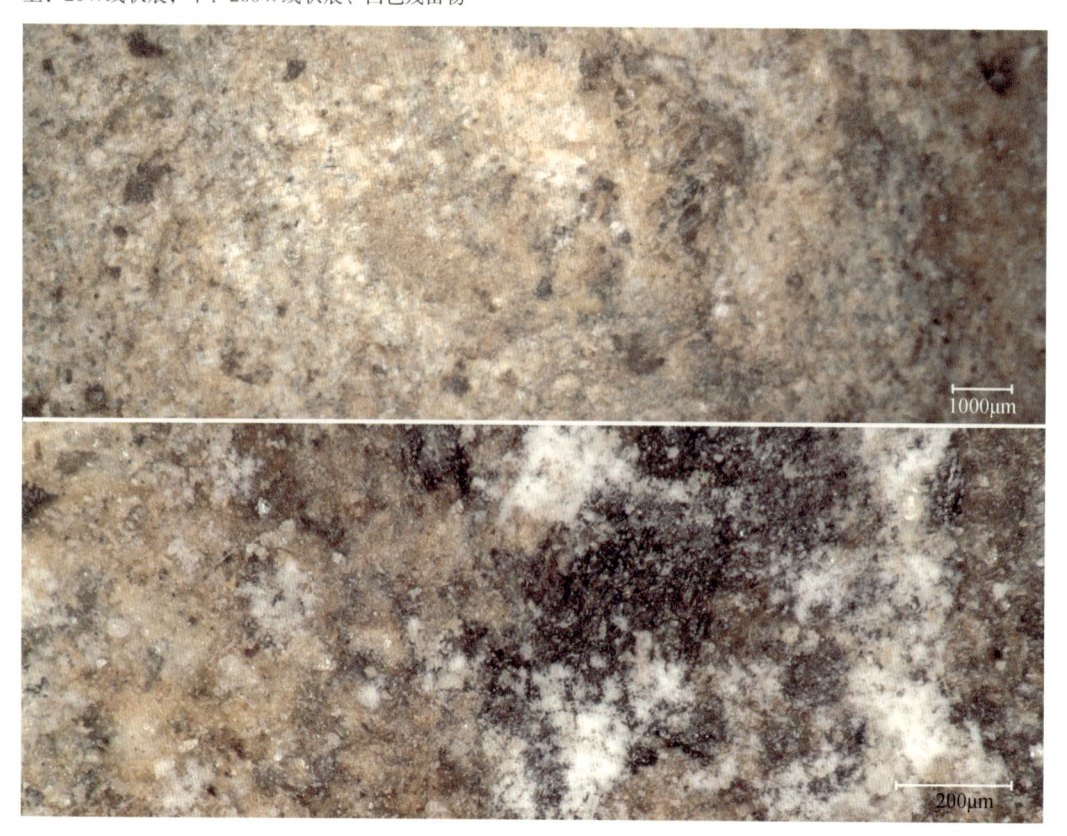

附录六　罗家冲遗址出土遗物的科技检测报告

潘莉莉　张斌斌　郭立新

（中山大学人类学系）

一、遗址及测试标本简介

　　罗家冲遗址位于湖南省长沙市宁乡县青山桥镇桥北村，位于狭长形山间盆地之中，周围为低山、丘陵，楚江支流从盆地中部穿过。遗址海拔高程161米，相对高度约14米，现存面积约2.5万平方米。

　　2013年，长沙市文物考古研究所对罗家冲遗址进行抢救性发掘；之后在2014~2015年、2016~2017年分别对该遗址进行了两次主动性考古发掘。该遗址地层堆积从上至下可分为6层，发现的遗迹有灰坑、烧土堆积、沟、水井、大型建筑遗迹等；出土遗物有陶器、石器、玉器和小件青铜器等。根据地层堆积及出土遗物判断，遗址从早到晚分别为新石器晚期、商周时期、六朝、唐、宋、清代及民国时期，以前两个时期的遗存最为丰富[1]。

　　罗家冲遗址新石器晚期遗存与岱子坪二、三期遗存大致同时；商周时期的遗存具有浓厚的地域特征，与邻近的江西赣鄱地区及江汉平原东部鄂东南地区同时期文化之间存在着一定的交流和互动，可能与商周时期存在于湘东地区的一支较为发达的土著文化有关[2]。

　　在罗家冲遗址各期遗存中，出土了一批夹砂厚胎红陶片，是该遗址同期遗存中颇具代表性的遗物。为了解其用途，并进一步判断遗址的性质，长沙市文物考古研究所从发掘出土的遗物中挑选了10件标本（图一）送至中山大学测试中心进行检测，分别编号为L1~L10（表一）。

　　这10件标本中包括石器2件。标本L1为青灰色凝灰岩，质地较硬，器形不规整，内有一凹窝，似剖开一半的果核（图一，1）；标本L2为石范，红色粉砂岩，外形呈半圆柱体，部分已残，圆柱体内空，其形状似为铸造斧的范腔，有明显的型腔边线和轮廓（图一，2、3）。

---

[1] 长沙市文物考古研究所：《宁乡罗家冲遗址2014—2015年发掘情况简报》，《湖南省博物馆馆刊》第十二辑，岳麓书社，2016年。

[2] 长沙市文物考古研究所：《宁乡罗家冲遗址2014—2015年发掘情况简报》，《湖南省博物馆馆刊》第十二辑，岳麓书社，2016年。

表一　罗家冲遗址测试标本及测试编号

测试编号	原编号	名称	规格（尺寸）	图号
L1	T0204⑤：50	石范（白）	长13.5、宽7、边厚1.6、底厚2厘米	图一，1
L2	2016H1：1	石范	高7、直径5.2、槽宽3.2、槽深0.8厘米	图一，2、3
L3	2013TG1⑦：14	炼缸（大口缸底）	残高4.8、残宽9、厚1.5厘米	图一，4、5
L4	T0502④A：65	炼缸（高领罐）	残高7.8、残宽11.2、厚1.5厘米	图一，6
L5	T0501东扩方④A：20	器座	残高7.8、底外径9.6、底内径7.8、厚1.5厘米	图一，7、8
L6	F1①：315	大口缸	残高9.8、复原口径34、厚1.3厘米	图一，9
L7	2013TG1⑦：15	炼缸	残高14.6、上径8.8、下径7.6、厚0.7厘米	图一，10
L8	2016G5①：7	炼缸（大口缸底）	复原底径8、残高6.6厘米	图一，11、12
L9	T0203⑤：66	炼缸（大口缸底）	残高8.6、底径8厘米	图一，13
L10	T0306④A：17	炼缸（大口缸底）	残高11、底径8.2、壁厚1.2厘米	图一，14、15

陶器标本8件，多为夹粗砂厚胎红陶或褐陶，陶胎内夹杂有白色石英小颗粒。其中6件标本L3、L4（图一，4~6）、L7~L10（图一，10~15），皆夹粗砂，胎厚，器形皆为圆柱体，其中L7两端皆空，L4底部残缺，其余4件均在一端有平底，这一类遗物与七星墩遗址石家河至后石家河文化层中出土的所谓"平底筒形器"[①]、车轱山遗址石家河文化层中出土的"陶柱形器"[②]形状相似，其上部应与更大的陶缸相连，是大型陶缸底部的构成部分。如L4略大的一端就有外撇的弧形，L10上部也有外撇趋势，显示其可能与缸身相连。已有学者指出此类遗物实为炼缸，是石家河文化先民发明的冶炼用具，并因此也被大量当作礼器使用[③]。这些遗物的表面，特别是内壁表面有或多或少的烟熏痕迹，或许与此有关，如L4和L8内壁的黑色熏痕就特别醒目（图一，6、11）。

L5（图一，7、8）器形不明，虽总体上颇似前述圆柱形缸底，但其口部却呈喇叭形，或为一器座。L6（图一，9）红胎黑皮，为一大口缸的口沿，此类在口沿处饰有附加堆纹的大口缸在石家河文化至后石家河文化的遗存中亦较为常见。

在罗家冲遗址的发掘报告中，从层位关系判断这10件标本皆属于石家河文化至商周时期[④]。

[①] 湖南省文物考古研究所：《湖南华容县七星墩遗址2018年调查、勘探和发掘简报》，《考古》2021年第2期。王良智：《华容七星墩遗址》，《大众考古》2019年第5期。

[②] 湖南省文物考古研究所：《湖南华容县七星墩遗址2018年调查、勘探和发掘简报》，《考古》2021年第2期。

[③] 郭静云、郭立新：《邓家湾屈家岭文化祭坛上的冶炼遗迹考辨》，《南方文物》2020年第6期。郭静云、邱诗萤、郭立新：《石家河文化：东亚自创的青铜文明》，《南方文物》2019年第4期。郭静云、邱诗萤、郭立新：《石家河文化：东亚自创的青铜文明（二）》，《南方文物》2020年第3期。

[④] 长沙市文物考古研究所、宁乡市文化旅游广电体育局：《湖南宁乡罗家冲遗址1号建筑基址发掘简报》，《中原文物》2020年第4期。

图一　罗家冲遗址检测遗物照

1~3.疑似石范（1.L1，2、3.L2）　4~6、10~15.陶缸（4、5.L3，6.L4，10.L7，11、12.L8，13.L9，14、15.L10）
7、8.器座？（L5）　9.大口缸口沿（L6）

不过，从绝对年代来看，有3个^{14}C测年样本出自L6所在的F1①层[①]，经过校正后，这些炭样的年代为公元前2820~前2460年，属于石家河文化时期，通过与上文从遗物类型学判断结果相比较，可判断这些缸片应是石家河文化至后石家河文化时期的遗物。

本次检测的主要目的在于通过对标本器表残留物的检测与分析，了解其真正用途。此次检测仅对标本特定部位提取粉末样品，然后使用粉末压片机进行压片后再进行测试。共从10件标本中提取粉末样品14份。测试项目包括热场发射扫描电镜和能谱仪（SEM-EDS）、X射线衍射仪（XRD）、X射线微区荧光光谱仪（XRF）。取样位置及测试编号详见表二。

表二　罗家冲遗址标本测试项目及编号

测试编号	原编号	器类	取样部位	XRD	XRF	SEM-EDS
L1	T0204⑤：50	石范（白）	内壁	L1-1		L1-1
L2	2016H1：1	石范	内壁	L2-1		L2-1
L3	2013TG1⑦：14	炼缸（大口缸底）	内底	L3-1		L3-1
			外底	L3-2		
L4	T0502④A：65	炼缸（高领罐）	内壁上部	L4-1		L4-1
L5	T0501东扩方④：20	器座？	内壁口沿	L5-1		L5-1
L6	F1①：315	大口缸	口沿内壁中部	L6-1		L6-1
L7	2013TG1⑦：15	炼缸	内壁上部	L7-1		L7-1
L8	2016G5①：7	炼缸（大口缸底）	外壁左中部黑色	L8-1	L8-1-1	
					L8-1-2	
			内部底部右侧	L8-2	L8-2-1	L8-2
L9	T0203⑤：66	炼缸（大口缸底）	次高峰下内测	L9-1		
			高峰下内测	L9-2		L9-2
			底部	L9-3		
L10	T0306④A：17	炼缸（大口缸底）	内壁	L10	L10-1-1	L10-1
					L10-1-2	

二、检 测 结 果

1. EVO扫描电镜观察结果

使用EVO MA10钨灯丝扫描电镜，对石器及陶器标本器表粉末样品的显微结构进行观察，该仪器可用于观察样品表面的微米级形貌和结构。

通过对测试样品的观察及从显微照片来看，罗家冲遗址此次检测陶器表面大多为灰红色，

[①] 长沙市文物考古研究所、宁乡市文化旅游广电体育局：《湖南宁乡罗家冲遗址1号建筑基址发掘简报》，《中原文物》2020年第4期。

有少数样品为灰黑色,陶土较为纯净,应该经过淘洗。陶胎内部夹杂较多小砂粒,形状、大小及其在陶胎中的分布均匀,应该是人为添加的羼和料(图二)。

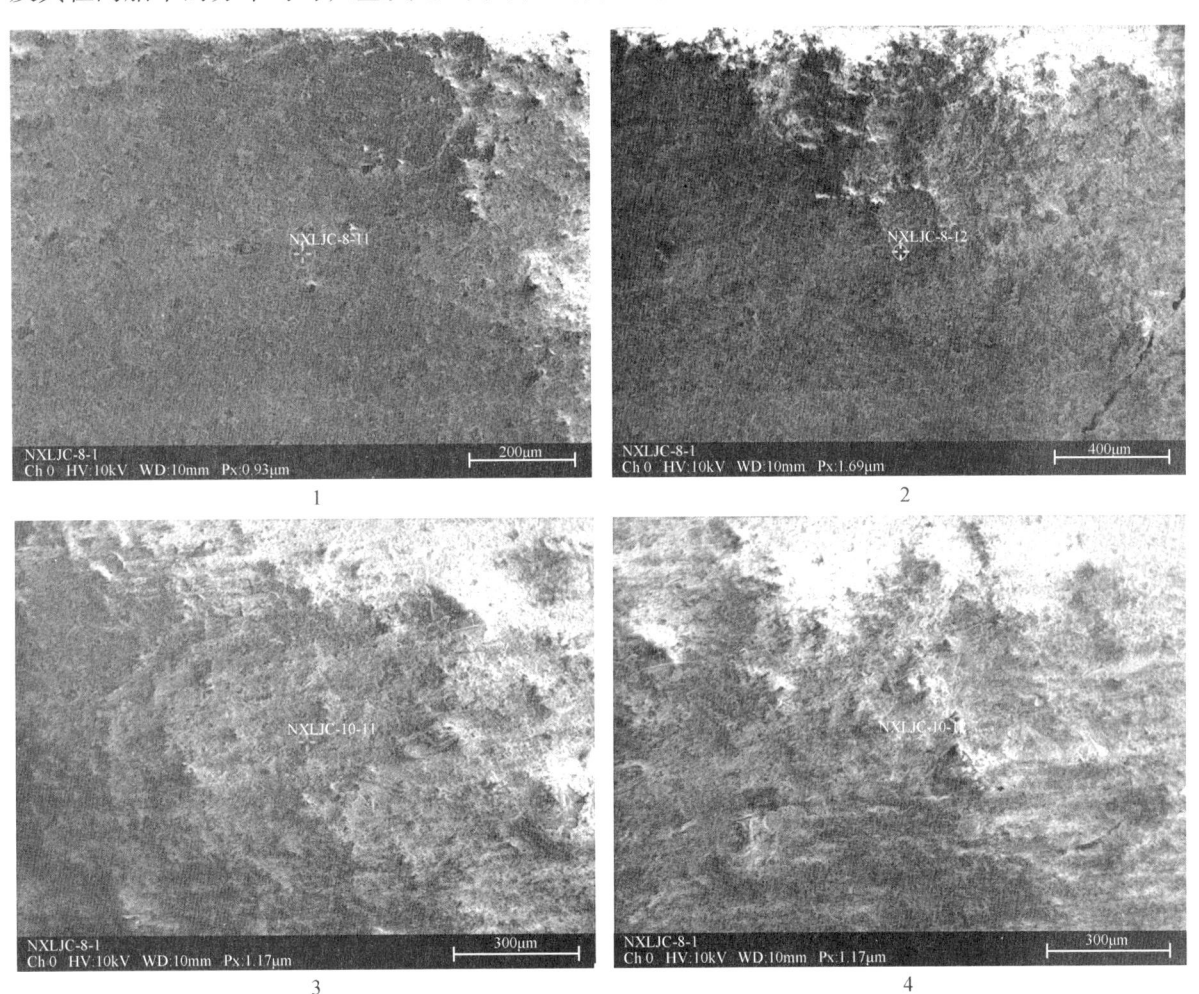

图二 罗家冲样品EVO扫描电镜图像
1. L8-1-1 2. L8-1-2 3. L10-1-1 4. L10-1-2

2. X射线微区荧光光谱仪检测结果(XRF)

XRF主要用于微区内微量元素的检测分析,本次检测使用的仪器为EVO MA10(W)扫描电镜内置的X射线微区荧光光谱仪,元素分析范围为5B～92U,光管管电压为50kV,光管管电流为600μA。测试结果如表三、表四:

表三 XRF测试结果-主体元素表(MassNorm%)

Element	Si	Al	Fe	K	P	Ca	Ti	Na	Mg
L8-1-1	51.509	13.621	18.537	7.161	2.061	2.241	1.838	0.009	0.445
L8-1-2	47.85	14.914	19.913	9.12	1.885	2.42	1.909	0.172	0.272
L8-2-1	55.26	15.959	12.225	10.653	1.857	1.416	1.259	0.015	0.336
L10-1-1	60.717	14.112	9.372	9.643	1.104	0.961	2.292	0.542	0.188
L10-1-2	55.168	14.895	10.199	14.275	0.945	0.799	1.039	0.01	0.475

表四 XRF测试结果-微量元素表（MassNorm%）

Element	Zn	Cu	Mn	Ar	Cr	Ni	Rb	Sr	Zr	Sn	S
L8-1-1	0.2	0.206	0.126	0.754	0.052	0.053	0.06	0.035	0.086	1.002	0.009
L8-1-2	0.254	0.18	0.08	0.378	0.022	0.035	0.122	0.066	0.062	0.335	0.01
L8-2-1	0.032	0.012	0.201	0.511	0.019	0.011	0.055	0.024	0.137	0.009	0.009
L10-1-1	0.057	0.041	0.147	0.676	0.011	0.019	0.058	0.023	0.017	0.01	0.01
L10-1-2	0.074	0.045	0.18	1.703	0.015	0.025	0.058	0.021	0.052	0.01	0.01

在对元素分析时，可以借鉴分析化学对元素含量的定义，将所测元素分为常量元素和微量元素。根据测试结果，可知本次检测的样品常量元素包括硅、铝、铁、钾、磷、钙、钛、钠、镁。微量元素包括锌、铜、锰、氩、铬、镍、锶、锆、铷、锌、硫。这些元素均为土壤中常见的元素，而此次检测陶器与石器所包含的化学元素也基本一致。

3. 扫描电镜和能谱测试结果（SEM-EDS）

本次检测使用的仪器为Quanta400F热场发射环境扫描电镜所附带的INCA X-射线能谱仪，检测条件为加速电压为20kV，工作距离为10mm，物镜光阑30μm。检测依据为扫描电子显微镜分析方法通则JY/T0584-2020。检测结果为表五、表六：

表五 SEM-EDS测试结果-主要化学元素（Weight%）

Element	O	Si	Al	Fe	K	Mg	Ca	Ti	P	Na	C	S
L1-1	57.15	23.98	6.72	1.89	1.6	0.44	0.41	0.37			7.44	
L2-1	54.23	25.8	7.13	2.05	2.42	0.68		0.33	0.27	1.29	5.86	
L3-1	54.76	22.52	9.16	4.92	2.54	0.64	0.24	0.55	0.54		4.13	
L4-1	55.21	26.69	9.26	3.69	2.19	0.49	0.79	0.51	0.59	0.58		
L5-1	56.28	24.23	8.95	3.27	2.74	0.67	1.43	0.51	0.58	0.3		1.03
L6-1	56.22	27.9	7.87	3.44	1.65	0.33	0.71	0.58	0.91	0.39		
L7-1	55.61	27.32	8.1	3.44	2.04	0.22	0.44	0.52	1.98	0.32		
L8-2	56.5	25.59	8.43	4.32	2.16	0.54	0.51	0.4	1.04	0.52		
L9-2	57.96	22.49	8.06	2.5	1.8	0.45	0.34	0.31	0.58	0.4	5.11	
L10-1	56.25	28.35	7.67	3	2.38	0.52	0.31	0.37	0.65	0.55		

李文杰先生把陶胎中的化学组成分为三类，第一类是SiO_2，第二类是Al_2O_3，第三类包括Fe_2O_3、CaO、MgO、K_2O、Na_2O、TiO_2等，可以用$RXOY$表示，是助溶剂[1]。根据陶胎中SiO_2、Al_2O_3的含量以及助溶剂总和的高低，可将新石器时代至汉代制陶所用的黏土分为普通黏土、高镁质黏土、高铝质黏土和高硅质土或磁石四个类型[2]。

---

[1] 李文杰：《中国古代制陶工艺研究》，科学出版社，2016年，第329页。
[2] 李文杰：《中国古代制陶工艺研究》，科学出版社，2016年，第329页。

表六 SEM-EDS测试结果-主要氧化物（Compd%）

Element	SiO$_2$	Al$_2$O$_3$	Na$_2$O	MgO	P$_2$O$_5$	K$_2$O	CaO	TiO$_2$	Fe$_2$O$_3$	SO$_3$
L1-1	73.3	17.33		0.98		2.83	0.84	0.88	3.83	
L2-1	70.68	16.74	2.11	1.39	0.86	3.8		0.71	3.72	
L3-1	61.37	21.31		1.29	1.67	3.93	0.43	1.17	8.83	
L4-1	65.58	19.64	0.86	0.91	1.62	3.07	1.28	0.97	6.07	3.15
L5-1	61.17	19.43	0.45	1.27	1.64	3.95	2.39	1.02	5.52	
L6-1	69.1	16.83	0.58	0.62	2.52	2.34	1.16	1.14	5.71	
L7-1	66.52	17.07	0.48	0.4	5.37	2.85	0.72	0.99	5.61	
L8-2	64.78	18.38	0.79	1.02	2.95	3.13	0.85	0.8	7.31	
L9-2	66.78	20.17	0.7	0.98	2	3.08	0.66	0.71	4.92	
L10-1	70.4	16.36	0.82	0.97	1.8	3.39	0.51	0.73	5.01	

两个石质标本的二氧化硅含量总体上高于陶片。8件陶片标本（L3~L10）虽然均为从陶片表面刮取的粉末，但大体可以反映用以制胎的陶土的化学成分：其二氧化硅数值范围为61.17~70.4，平均值为65.7125，氧化铝的数值范围是16.36~21.31，平均值为18.64875，助溶剂的数值范围在13.05~17.32，平均值为15.245。根据其数值指标判断，用来制作这些标本的陶土属于普通易熔黏土。

普通易熔黏土以低SiO_2、低Al_2O_3、高助溶剂为特征，用普通黏土制作的陶器，烧制的温度在850~1050℃之间。此类陶土由于含有较高的Fe_2O_3，在氧化环境烧成的陶器为橙黄色或红色，还原环境烧成的陶器为浅灰、灰或深灰色[①]。罗家冲遗址本次检测的陶器标本多为红色，应是在氧化环境下烧成。

4. X射线衍射仪测试结果（XRD）

本次检测所使用的仪器为锐影（Empyrean）X射线衍射仪，检测条件为Cu靶Kα射线，电压40kV，电流40mA，发射狭缝1/8°，防散射狭缝1/4°，防散射狭缝7.5mm，2θ范围：3°~60°，步长0.02°，每步停留时间40s，检测依据为JY/T0587-2020多晶体X射线衍射方法通则。

利用XRD数据，使用JADE6及Origin2021软件对测试结果进行物象分析，在物象分析时亦参考了XRF数据。结果如下：

从测试结果（图三~图八）来看，这些样品主要物相组成基本一致，以石英（SiO_2）为主，还有一定数量的钾长石（$KAl_3Si_3O_8$）、钠长石[$Na(AlSi_3O_8)$]、白云母[$KAl_3Si_3O_{10}(OH)_2$]、块磷铝矿（$AlPO_4$）以及非晶相等。其中部分样本含有微量的氧化铜（CuO）、氧化亚铜

---

① 李文杰：《中国古代制陶工艺研究》，科学出版社，2016年，第329页。周仁、张富康、郑永圃：《我国黄河流域新石器时代和殷周时代制陶工艺的科学总结》，《考古学报》1964年第1期，第12页。

图三　L6-1XRD分析结果

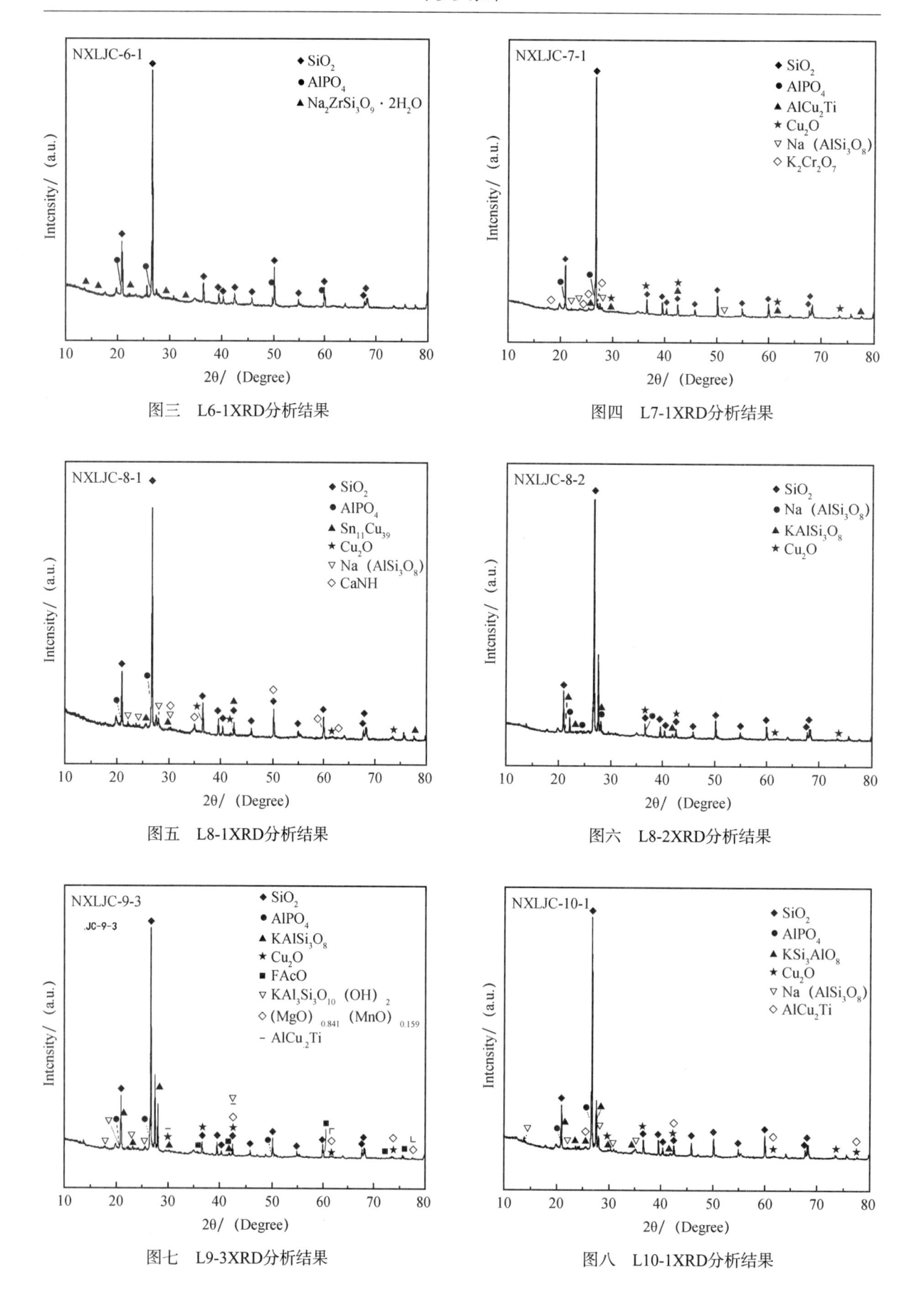

图四　L7-1XRD分析结果

图五　L8-1XRD分析结果

图六　L8-2XRD分析结果

图七　L9-3XRD分析结果

图八　L10-1XRD分析结果

（Cu_2O）、铝铜钛（$AlCu_2Ti$）等。由于氧化铜、氧化亚铜往往跟人工炼铜密切相关[①]，所以此类化合物在陶缸表面的存在，表明相关的陶缸很可能与冶炼有关。

三、结　　语

从检测结果来看，罗家冲遗址本次所检测的10件遗物所含化学元素基本一致。制陶所用之陶土属于普通易熔黏土，陶土经过淘洗，夹杂有人工羼入的小沙砾。石器与陶器的主要物相组成是石英。陶缸器表多含有微量氧化铜、氧化亚铜、铝铜钛等残留物，表明部分陶缸可能是人工冶炼用具。

[①] 郭静云、邱诗萤、郭立新：《石家河文化：东亚自创的青铜文明》，《南方文物》2019年第4期，第67～82页。

附录七　北京大学 ^{14}C 测年报告

北京大学 Peking University　　　　　　　　　　　　　　　　　　　　　　　　　　NO.2017071

加速器质谱（AMS）碳—14 测试报告

送样单位　长沙市文物考古研究所

送样人　曹栋洋

测定日期　2017-6

Lab 编号	样品	样品原编号	出土地点	碳十四年代（BP）	树轮校正后年代 1σ(68.2%)	树轮校正后年代 2σ(95.4%)
BA170319	含炭土样	H13:1	湖南宁乡罗家冲遗址	3930±25	2474BC (33.4%) 2436BC 2421BC (13.0%) 2404BC 2379BC (21.8%) 2349BC	2547BC (0.3%) 2544BC 2489BC (93.6%) 2338BC 2321BC (1.4%) 2309BC
BA170320	含炭土样	H47:1		3810±25	2286BC (68.2%) 2206BC	2340BC (88.5%) 2195BC 2174BC (6.9%) 2145BC
BA170321	含炭土样	H49:1		4090±30	2836BC (12.0%) 2816BC 2671BC (56.2%) 2577BC	2860BC (19.3%) 2808BC 2754BC (6.6%) 2721BC 2703BC (66.1%) 2568BC 2519BC (3.4%) 2499BC
BA170322	含炭土样	H50:1		现代碳		
BA170323	木炭	T0302F1①:1		现代碳		
BA170324	木炭	T0302F1①:2		现代碳		
BA170325	木炭	2014G1②:1		950±25	1030AD (18.0%) 1049AD 1084AD (38.1%) 1125AD 1137AD (12.1%) 1150AD	1025AD (95.4%) 1154AD
BA170326	含炭土样	2014T0203⑤:2		4035±35	2617BC (3.1%) 2611BC 2581BC (24.1%) 2546BC 2541BC (41.1%) 2488BC	2834BC (2.6%) 2818BC 2661BC (1.5%) 2648BC 2636BC (91.3%) 2471BC

北京大学 Peking University　　　　　　　　　　　　　　　　　　　　　　　　　　NO.2017071

BA170327	木炭	2016T0302④:1	湖南宁乡罗家冲遗址	现代碳		
BA170328	木炭	2016T0307④:1		24730±100	26931BC (68.2%) 26686BC	27065BC (95.4%) 26548BC
BA170329	木炭	2016T0501F1①: 1		14580±45	15906BC (68.2%) 15721BC	15991BC (95.4%) 15644BC
BA170330	木炭	2016G4②:2		4240±25	2901BC (68.2%) 2875BC	2909BC (78.7%) 2864BC 2806BC (16.7%) 2759BC
BA170331	木炭	2016NQLZ2		2020±30	50BC (68.2%) 22AD	107BC (95.4%) 59AD

注：所用碳十四半衰期为 5568 年，BP 为距 1950 年的年代。
树轮校正所用曲线为 IntCal13 atmospheric curve (Reimer et al 2013)，所用程序为 OxCal v4.2.4 Bronk Ramsey (2013); r:5

1. Reimer, P.J., Bard, E., Bayliss, A., Beck, J.W., 2013. IntCal13 and Marine13 radiocarbon age calibration curves 0–50,000 years cal BP, Radiocarbon 55, 1869-1887.
2. Christopher Bronk Ramsey 2015，https://c14.arch.ox.ac.uk/oxcal/OxCal.html

北京大学　加速器质谱实验室
第四纪年代测定实验室
2017 年 7 月 5 日

附录八　BETA实验室^{14}C测年报告

Beta Analytic Inc
4985 SW 74 Court
Miami, Florida 33155
Tel: 305-667-5167
Fax: 305-663-0964
info@betalabservices.com

Beta Analytic TESTING LABORATORY

ISO/IEC 17025:2005-Accredited Testing Laboratory

January 22, 2019

Jia He
Changsha Institute of Cultural Relics and Archaeology
74 Zhongshan Road
Kaifu District
Changsha City, Hunan Province 410005
China

RE: Radiocarbon Dating Results

Dear Mr. He,

　　Enclosed are the radiocarbon dating results for ten samples recently sent to us. As usual, the method of analysis is listed on the report with the results and calibration data is provided where applicable. The Conventional Radiocarbon Ages have all been corrected for total fractionation effects and where applicable, calibration was performed using 2013 calibration databases (cited on the graph pages).

　　The web directory containing the table of results and PDF download also contains pictures, a cvs spreadsheet download option and a quality assurance report containing expected vs. measured values for 3-5 working standards analyzed simultaneously with your samples.

　　Reported results are accredited to ISO/IEC 17025:2005 Testing Accreditation PJLA #59423 standards and all chemistry was performed here in our laboratory and counted in our own accelerators here. Since Beta is not a teaching laboratory, only graduates trained to strict protocols of the ISO/IEC 17025:2005 Testing Accreditation PJLA #59423 program participated in the analyses.

　　As always Conventional Radiocarbon Ages and sigmas are rounded to the nearest 10 years per the conventions of the 1977 International Radiocarbon Conference. When counting statistics produce sigmas lower than +/- 30 years, a conservative +/- 30 BP is cited for the result. The reported d13C values were measured separately in an IRMS (isotope ratio mass spectrometer). They are NOT the AMS d13C which would include fractionation effects from natural, chemistry and AMS induced sources.

　　When interpreting the results, please consider any communications you may have had with us regarding the samples.

　　Our invoice will be emailed separately. Please forward it to the appropriate officer or send a credit card authorization. Thank you. As always, if you have any questions or would like to discuss the results, don't hesitate to contact us.

Sincerely,

Digital signature on file

Ronald E. Hatfield Director

Beta Analytic
TESTING LABORATORY

Beta Analytic Inc
4985 SW 74 Court
Miami, Florida 33155
Tel: 305-667-5167
Fax: 305-663-0964
info@betalabservices.com

ISO/IEC 17025:2005-Accredited Testing Laboratory

REPORT OF RADIOCARBON DATING ANALYSES

Jia He

Changsha Institute of Cultural Relics and Archaeology

Report Date: January 22, 2019

Material Received: December 19, 2018

Laboratory Number	Sample Code Number	Conventional Radiocarbon Age (BP) or Percent Modern Carbon (pMC) & Stable Isotopes	
		Calendar Calibrated Results: 95.4 % Probability High Probability Density Range Method (HPD)	
Beta - 513877	T0406(4):1	4080 +/- 30 BP	IRMS δ13C: -27.2 o/oo

(68.0%)   2699 - 2565 cal BC   (4648 - 4514 cal BP)
(15.9%)   2857 - 2811 cal BC   (4806 - 4760 cal BP)
(7.8%)   2532 - 2496 cal BC   (4481 - 4445 cal BP)
(3.7%)   2748 - 2724 cal BC   (4697 - 4673 cal BP)

Submitter Material: Charcoal
Pretreatment: (charred material) acid/alkali/acid
Analyzed Material: Charred material
Analysis Service: AMS-Standard delivery
Percent Modern Carbon: 60.18 +/- 0.22 pMC
Fraction Modern Carbon: 0.6018 +/- 0.0022
D14C: -398.25 +/- 2.25 o/oo
Δ14C: -403.25 +/- 2.25 o/oo(1950:2,019.00)
Measured Radiocarbon Age: (without d13C correction): 4120 +/- 30 BP
Calibration: BetaCal3.21: HPD method: INTCAL13

Results are ISO/IEC-17025:2005 accredited. No sub-contracting or student labor was used in the analyses. All work was done at Beta in 4 in-house NEC accelerator mass spectrometers and 4 Thermo IRMSs. The "Conventional Radiocarbon Age" was calculated using the Libby half-life (5568 years), is corrected for total isotopic fraction and was used for calendar calibration where applicable. The Age is rounded to the nearest 10 years and is reported as radiocarbon years before present (BP), "present" = AD 1950. Results greater than the modern reference are reported as percent modern carbon (pMC). The modern reference standard was 95% the 14C signature of NIST SRM-4990C (oxalic acid). Quoted errors are 1 sigma counting statistics. Calculated sigmas less than 30 BP on the Conventional Radiocarbon Age are conservatively rounded up to 30. d13C values are on the material itself (not the AMS d13C). d13C and d15N values are relative to VPDB-1. References for calendar calibrations are cited at the bottom of calibration graph pages.

Beta Analytic
TESTING LABORATORY

Beta Analytic Inc
4985 SW 74 Court
Miami, Florida 33155
Tel: 305-667-5167
Fax: 305-663-0964
info@betalabservices.com

ISO/IEC 17025:2005-Accredited Testing Laboratory

REPORT OF RADIOCARBON DATING ANALYSES

Jia He

Changsha Institute of Cultural Relics and Archaeology

Report Date: January 22, 2019

Material Received: December 19, 2018

Laboratory Number	Sample Code Number	Conventional Radiocarbon Age (BP) or Percent Modern Carbon (pMC) & Stable Isotopes / Calendar Calibrated Results: 95.4 % Probability High Probability Density Range Method (HPD)
Beta - 513878	T0501F1(1):2	3940 +/- 30 BP IRMS δ13C: -27.8 o/oo

(85.2%) 2496 - 2338 cal BC (4445 - 4287 cal BP)
(8.9%) 2565 - 2532 cal BC (4514 - 4481 cal BP)
(1.4%) 2321 - 2309 cal BC (4270 - 4258 cal BP)

Submitter Material: Charcoal
Pretreatment: (charred material) acid/alkali/acid
Analyzed Material: Charred material
Analysis Service: AMS-Standard delivery
Percent Modern Carbon: 61.23 +/- 0.23 pMC
Fraction Modern Carbon: 0.6123 +/- 0.0023
D14C: -387.67 +/- 2.29 o/oo
Δ14C: -392.76 +/- 2.29 o/oo(1950:2,019.00)
Measured Radiocarbon Age: (without d13C correction): 3990 +/- 30 BP
Calibration: BetaCal3.21: HPD method: INTCAL13

Results are ISO/IEC-17025:2005 accredited. No sub-contracting or student labor was used in the analyses. All work was done at Beta in 4 in-house NEC accelerator mass spectrometers and 4 Thermo IRMSs. The "Conventional Radiocarbon Age" was calculated using the Libby half-life (5568 years), is corrected for total isotopic fraction and was used for calendar calibration where applicable. The Age is rounded to the nearest 10 years and is reported as radiocarbon years before present (BP), "present" = AD 1950. Results greater than the modern reference are reported as percent modern carbon (pMC). The modern reference standard was 95% the 14C signature of NIST SRM-4990C (oxalic acid). Quoted errors are 1 sigma counting statistics. Calculated sigmas less than 30 BP on the Conventional Radiocarbon Age are conservatively rounded up to 30. d13C values are on the material itself (not the AMS d13C). d13C and d15N values are relative to VPDB-1. References for calendar calibrations are cited at the bottom of calibration graph pages.

Beta Analytic
TESTING LABORATORY

Beta Analytic Inc
4985 SW 74 Court
Miami, Florida 33155
Tel: 305-667-5167
Fax: 305-663-0964
info@betalabservices.com

ISO/IEC 17025:2005-Accredited Testing Laboratory

REPORT OF RADIOCARBON DATING ANALYSES

Jia He

Changsha Institute of Cultural Relics and Archaeology

Report Date: January 22, 2019

Material Received: December 19, 2018

Laboratory Number	Sample Code Number	Conventional Radiocarbon Age (BP) or Percent Modern Carbon (pMC) & Stable Isotopes
		Calendar Calibrated Results: 95.4 % Probability High Probability Density Range Method (HPD)
Beta - 513879	T0501F1(1):3	4220 +/- 30 BP IRMS δ13C: -23.9 o/oo

(42.8%)	2905 - 2853 cal BC	(4854 - 4802 cal BP)
(42.8%)	2813 - 2743 cal BC	(4762 - 4692 cal BP)
(9.9%)	2727 - 2696 cal BC	(4676 - 4645 cal BP)

Submitter Material: Charcoal
Pretreatment: (organic sediment) acid washes
Analyzed Material: Organic sediment
Analysis Service: AMS-Standard delivery
Percent Modern Carbon: 59.14 +/- 0.22 pMC
Fraction Modern Carbon: 0.5914 +/- 0.0022
D14C: -408.64 +/- 2.21 o/oo
Δ14C: -413.56 +/- 2.21 o/oo(1950:2,019.00)
Measured Radiocarbon Age: (without d13C correction): 4200 +/- 30 BP
Calibration: BetaCal3.21: HPD method: INTCAL13

Results are ISO/IEC-17025:2005 accredited. No sub-contracting or student labor was used in the analyses. All work was done at Beta in 4 in-house NEC accelerator mass spectrometers and 4 Thermo IRMSs. The "Conventional Radiocarbon Age" was calculated using the Libby half-life (5568 years), is corrected for total isotopic fraction and was used for calendar calibration where applicable. The Age is rounded to the nearest 10 years and is reported as radiocarbon years before present (BP), "present" = AD 1950. Results greater than the modern reference are reported as percent modern carbon (pMC). The modern reference standard was 95% the 14C signature of NIST SRM-4990C (oxalic acid). Quoted errors are 1 sigma counting statistics. Calculated sigmas less than 30 BP on the Conventional Radiocarbon Age are conservatively rounded up to 30. d13C values are on the material itself (not the AMS d13C). d13C and d15N values are relative to VPDB-1. References for calendar calibrations are cited at the bottom of calibration graph pages.

Beta Analytic
TESTING LABORATORY

Beta Analytic Inc
4985 SW 74 Court
Miami, Florida 33155
Tel: 305-667-5167
Fax: 305-663-0964
info@betalabservices.com

ISO/IEC 17025:2005-Accredited Testing Laboratory

REPORT OF RADIOCARBON DATING ANALYSES

Jia He

Changsha Institute of Cultural Relics and Archaeology

Report Date: January 22, 2019

Material Received: December 19, 2018

Laboratory Number	Sample Code Number	Conventional Radiocarbon Age (BP) or Percent Modern Carbon (pMC) & Stable Isotopes Calendar Calibrated Results: 95.4 % Probability High Probability Density Range Method (HPD)	
Beta - 513880	2014G1(1):1	2780 +/- 30 BP	IRMS δ13C: -26.3 o/oo
	(95.4%) 1004 - 844 cal BC	(2953 - 2793 cal BP)	

Submitter Material: Charcoal
Pretreatment: (charred material) acid/alkali/acid
Analyzed Material: Charred material
Analysis Service: AMS-Standard delivery
Percent Modern Carbon: 70.75 +/- 0.26 pMC
Fraction Modern Carbon: 0.7075 +/- 0.0026
D14C: -292.54 +/- 2.64 o/oo
Δ14C: -298.42 +/- 2.64 o/oo(1950:2,019.00)
Measured Radiocarbon Age: (without d13C correction): 2800 +/- 30 BP
Calibration: BetaCal3.21: HPD method: INTCAL13

Results are ISO/IEC-17025:2005 accredited. No sub-contracting or student labor was used in the analyses. All work was done at Beta in 4 in-house NEC accelerator mass spectrometers and 4 Thermo IRMSs. The "Conventional Radiocarbon Age" was calculated using the Libby half-life (5568 years), is corrected for total isotopic fraction and was used for calendar calibration where applicable. The Age is rounded to the nearest 10 years and is reported as radiocarbon years before present (BP), "present" = AD 1950. Results greater than the modern reference are reported as percent modern carbon (pMC). The modern reference standard was 95% the 14C signature of NIST SRM-4990C (oxalic acid). Quoted errors are 1 sigma counting statistics. Calculated sigmas less than 30 BP on the Conventional Radiocarbon Age are conservatively rounded up to 30. d13C values are on the material itself (not the AMS d13C). d13C and d15N values are relative to VPDB-1. References for calendar calibrations are cited at the bottom of calibration graph pages.

![Beta Analytic Testing Laboratory]

Beta Analytic Inc
4985 SW 74 Court
Miami, Florida 33155
Tel: 305-667-5167
Fax: 305-663-0964
info@betalabservices.com

ISO/IEC 17025:2005-Accredited Testing Laboratory

REPORT OF RADIOCARBON DATING ANALYSES

Jia He

Changsha Institute of Cultural Relics and Archaeology

Report Date: January 22, 2019

Material Received: December 19, 2018

Laboratory Number	Sample Code Number	Conventional Radiocarbon Age (BP) or Percent Modern Carbon (pMC) & Stable Isotopes	
		Calendar Calibrated Results: 95.4 % Probability High Probability Density Range Method (HPD)	
Beta - 513881	2014G1(2):2	2720 +/- 30 BP	IRMS δ13C: -25.1 o/oo

(95.4%) 918 - 811 cal BC (2867 - 2760 cal BP)

Submitter Material: Charcoal
Pretreatment: (charred material) acid/alkali/acid
Analyzed Material: Charred material
Analysis Service: AMS-Standard delivery
Percent Modern Carbon: 71.28 +/- 0.27 pMC
Fraction Modern Carbon: 0.7128 +/- 0.0027
D14C: -287.24 +/- 2.66 o/oo
Δ14C: -293.16 +/- 2.66 o/oo(1950:2,019.00)
Measured Radiocarbon Age: (without d13C correction): 2720 +/- 30 BP
Calibration: BetaCal3.21: HPD method: INTCAL13

Results are ISO/IEC-17025:2005 accredited. No sub-contracting or student labor was used in the analyses. All work was done at Beta in 4 in-house NEC accelerator mass spectrometers and 4 Thermo IRMSs. The "Conventional Radiocarbon Age" was calculated using the Libby half-life (5568 years), is corrected for total isotopic fraction and was used for calendar calibration where applicable. The Age is rounded to the nearest 10 years and is reported as radiocarbon years before present (BP), "present" = AD 1950. Results greater than the modern reference are reported as percent modern carbon (pMC). The modern reference standard was 95% the 14C signature of NIST SRM-4990C (oxalic acid). Quoted errors are 1 sigma counting statistics. Calculated sigmas less than 30 BP on the Conventional Radiocarbon Age are conservatively rounded up to 30. d13C values are on the material itself (not the AMS d13C). d13C and d15N values are relative to VPDB-1. References for calendar calibrations are cited at the bottom of calibration graph pages.

Beta Analytic Inc
4985 SW 74 Court
Miami, Florida 33155
Tel: 305-667-5167
Fax: 305-663-0964
info@betalabservices.com

ISO/IEC 17025:2005-Accredited Testing Laboratory

REPORT OF RADIOCARBON DATING ANALYSES

Jia He

Changsha Institute of Cultural Relics and Archaeology

Report Date: January 22, 2019

Material Received: December 19, 2018

Laboratory Number	Sample Code Number	Conventional Radiocarbon Age (BP) or Percent Modern Carbon (pMC) & Stable Isotopes
		Calendar Calibrated Results: 95.4 % Probability High Probability Density Range Method (HPD)

Beta - 513882   2016T0307 loess platform (1):1   2320 +/- 30 BP   IRMS δ13C: -25.9 o/oo

(90.1%) 429 - 357 cal BC (2378 - 2306 cal BP)
(5.3%) 286 - 235 cal BC (2235 - 2184 cal BP)

Submitter Material: Charcoal
Pretreatment: (charred material) acid/alkali/acid
Analyzed Material: Charred material
Analysis Service: AMS-Standard delivery
Percent Modern Carbon: 74.92 +/- 0.28 pMC
Fraction Modern Carbon: 0.7492 +/- 0.0028
D14C: -250.85 +/- 2.80 o/oo
∆14C: -257.07 +/- 2.80 o/oo(1950:2,019.00)
Measured Radiocarbon Age: (without d13C correction): 2330 +/- 30 BP
Calibration: BetaCal3.21: HPD method: INTCAL13

Results are ISO/IEC-17025:2005 accredited. No sub-contracting or student labor was used in the analyses. All work was done at Beta in 4 in-house NEC accelerator mass spectrometers and 4 Thermo IRMSs. The "Conventional Radiocarbon Age" was calculated using the Libby half-life (5568 years), is corrected for total isotopic fraction and was used for calendar calibration where applicable. The Age is rounded to the nearest 10 years and is reported as radiocarbon years before present (BP), "present" = AD 1950. Results greater than the modern reference are reported as percent modern carbon (pMC). The modern reference standard was 95% the 14C signature of NIST SRM-4990C (oxalic acid). Quoted errors are 1 sigma counting statistics. Calculated sigmas less than 30 BP on the Conventional Radiocarbon Age are conservatively rounded up to 30. d13C values are on the material itself (not the AMS d13C). d13C and d15N values are relative to VPDB-1. References for calendar calibrations are cited at the bottom of calibration graph pages.

Beta Analytic
TESTING LABORATORY

Beta Analytic Inc
4985 SW 74 Court
Miami, Florida 33155
Tel: 305-667-5167
Fax: 305-663-0964
info@betalabservices.com

ISO/IEC 17025:2005-Accredited Testing Laboratory

REPORT OF RADIOCARBON DATING ANALYSES

Jia He
Changsha Institute of Cultural Relics and Archaeology

Report Date: January 22, 2019
Material Received: December 19, 2018

Laboratory Number	Sample Code Number	Conventional Radiocarbon Age (BP) or Percent Modern Carbon (pMC) & Stable Isotopes
		Calendar Calibrated Results: 95.4 % Probability High Probability Density Range Method (HPD)

Beta - 513883   T0203H46:1   3840 +/- 30 BP   IRMS δ13C: -27.1 o/oo

(87.0%) 2409 - 2202 cal BC   (4358 - 4151 cal BP)
(8.4%) 2457 - 2417 cal BC   (4406 - 4366 cal BP)

Submitter Material: Charcoal
Pretreatment: (charred material) acid/alkali/acid
Analyzed Material: Charred material
Analysis Service: AMS-Standard delivery
Percent Modern Carbon: 62.00 +/- 0.23 pMC
Fraction Modern Carbon: 0.6200 +/- 0.0023
D14C: -380.00 +/- 2.32 o/oo
Δ14C: -385.15 +/- 2.32 o/oo(1950:2,019.00)
Measured Radiocarbon Age: (without d13C correction): 3880 +/- 30 BP
Calibration: BetaCal3.21: HPD method: INTCAL13

Results are ISO/IEC-17025:2005 accredited. No sub-contracting or student labor was used in the analyses. All work was done at Beta in 4 in-house NEC accelerator mass spectrometers and 4 Thermo IRMSs. The "Conventional Radiocarbon Age" was calculated using the Libby half-life (5568 years), is corrected for total isotopic fraction and was used for calendar calibration where applicable. The Age is rounded to the nearest 10 years and is reported as radiocarbon years before present (BP), "present" = AD 1950. Results greater than the modern reference are reported as percent modern carbon (pMC). The modern reference standard was 95% the 14C signature of NIST SRM-4990C (oxalic acid). Quoted errors are 1 sigma counting statistics. Calculated sigmas less than 30 BP on the Conventional Radiocarbon Age are conservatively rounded up to 30. d13C values are on the material itself (not the AMS d13C). d13C and d15N values are relative to VPDB-1. References for calendar calibrations are cited at the bottom of calibration graph pages.

Beta Analytic TESTING LABORATORY

Beta Analytic Inc
4985 SW 74 Court
Miami, Florida 33155
Tel: 305-667-5167
Fax: 305-663-0964
info@betalabservices.com

ISO/IEC 17025:2005-Accredited Testing Laboratory

REPORT OF RADIOCARBON DATING ANALYSES

Jia He

Changsha Institute of Cultural Relics and Archaeology

Report Date: January 22, 2019

Material Received: December 19, 2018

Laboratory Number	Sample Code Number	Conventional Radiocarbon Age (BP) or Percent Modern Carbon (pMC) & Stable Isotopes	
		Calendar Calibrated Results: 95.4 % Probability High Probability Density Range Method (HPD)	
Beta - 513884	T0204H48:1	3820 +/- 30 BP	IRMS δ13C: -26.6 o/oo

(84.9%) 2350 - 2193 cal BC   (4299 - 4142 cal BP)
(5.3%) 2177 - 2144 cal BC   (4126 - 4093 cal BP)
(3.5%) 2405 - 2378 cal BC   (4354 - 4327 cal BP)
(1.4%) 2436 - 2420 cal BC   (4385 - 4369 cal BP)
(0.2%) 2448 - 2446 cal BC   (4397 - 4395 cal BP)

Submitter Material: Charcoal
Pretreatment: (charred material) acid/alkali/acid
Analyzed Material: Charred material
Analysis Service: AMS-Standard delivery
Percent Modern Carbon: 62.15 +/- 0.23 pMC
Fraction Modern Carbon: 0.6215 +/- 0.0023
D14C: -378.45 +/- 2.32 o/oo
Δ14C: -383.62 +/- 2.32 o/oo (1950:2,019.00)
Measured Radiocarbon Age: (without d13C correction): 3850 +/- 30 BP
Calibration: BetaCal3.21: HPD method: INTCAL13

Results are ISO/IEC-17025:2005 accredited. No sub-contracting or student labor was used in the analyses. All work was done at Beta in 4 in-house NEC accelerator mass spectrometers and 4 Thermo IRMSs. The "Conventional Radiocarbon Age" was calculated using the Libby half-life (5568 years), is corrected for total isotopic fraction and was used for calendar calibration where applicable. The Age is rounded to the nearest 10 years and is reported as radiocarbon years before present (BP), "present" = AD 1950. Results greater than the modern reference are reported as percent modern carbon (pMC). The modern reference standard was 95% the 14C signature of NIST SRM-4990C (oxalic acid). Quoted errors are 1 sigma counting statistics. Calculated sigmas less than 30 BP on the Conventional Radiocarbon Age are conservatively rounded up to 30. d13C values are on the material itself (not the AMS d13C). d13C and d15N values are relative to VPDB-1. References for calendar calibrations are cited at the bottom of calibration graph pages.

![Beta Analytic Testing Laboratory]

Beta Analytic Inc
4985 SW 74 Court
Miami, Florida 33155
Tel: 305-667-5167
Fax: 305-663-0964
info@betalabservices.com

ISO/IEC 17025:2005-Accredited Testing Laboratory

REPORT OF RADIOCARBON DATING ANALYSES

Jia He

Changsha Institute of Cultural Relics and Archaeology

Report Date: January 22, 2019

Material Received: December 19, 2018

Laboratory Number	Sample Code Number	Conventional Radiocarbon Age (BP) or Percent Modern Carbon (pMC) & Stable Isotopes / Calendar Calibrated Results: 95.4 % Probability High Probability Density Range Method (HPD)
Beta - 513885	T0501D317:1	3980 +/- 30 BP IRMS $\delta^{13}C$: -27.1 o/oo

(95.4%)　2578 - 2457 cal BC　(4527 - 4406 cal BP)

Submitter Material: Charcoal
Pretreatment: (charred material) acid/alkali/acid
Analyzed Material: Charred material
Analysis Service: AMS-Standard delivery
Percent Modern Carbon: 60.93 +/- 0.23 pMC
Fraction Modern Carbon: 0.6093 +/- 0.0023
D14C: -390.71 +/- 2.28 o/oo
∆14C: -395.77 +/- 2.28 o/oo (1950:2,019.00)
Measured Radiocarbon Age: (without d13C correction): 4010 +/- 30 BP
Calibration: BetaCal3.21: HPD method: INTCAL13

Results are ISO/IEC-17025:2005 accredited. No sub-contracting or student labor was used in the analyses. All work was done at Beta in 4 in-house NEC accelerator mass spectrometers and 4 Thermo IRMSs. The "Conventional Radiocarbon Age" was calculated using the Libby half-life (5568 years), is corrected for total isotopic fraction and was used for calendar calibration where applicable. The Age is rounded to the nearest 10 years and is reported as radiocarbon years before present (BP), "present" = AD 1950. Results greater than the modern reference are reported as percent modern carbon (pMC). The modern reference standard was 95% the 14C signature of NIST SRM-4990C (oxalic acid). Quoted errors are 1 sigma counting statistics. Calculated sigmas less than 30 BP on the Conventional Radiocarbon Age are conservatively rounded up to 30. d13C values are on the material itself (not the AMS d13C). d13C and d15N values are relative to VPDB-1. References for calendar calibrations are cited at the bottom of calibration graph pages.

![Beta Analytic Testing Laboratory logo]

Beta Analytic Inc
4985 SW 74 Court
Miami, Florida 33155
Tel: 305-667-5167
Fax: 305-663-0964
info@betalabservices.com

ISO/IEC 17025:2005-Accredited Testing Laboratory

REPORT OF RADIOCARBON DATING ANALYSES

Jia He

Changsha Institute of Cultural Relics and Archaeology

Report Date: January 22, 2019

Material Received: December 19, 2018

Laboratory Number	Sample Code Number	Conventional Radiocarbon Age (BP) or Percent Modern Carbon (pMC) & Stable Isotopes / Calendar Calibrated Results: 95.4 % Probability High Probability Density Range Method (HPD)	
Beta - 513888	T0307(4):1	4100 +/- 30 BP	IRMS δ13C: NA

(62.3%)	2707 - 2571 cal BC	(4656 - 4520 cal BP)
(22.0%)	2863 - 2807 cal BC	(4812 - 4756 cal BP)
(9.9%)	2759 - 2717 cal BC	(4708 - 4666 cal BP)
(1.1%)	2513 - 2503 cal BC	(4462 - 4452 cal BP)

Submitter Material: Charcoal
Pretreatment: (charred material) acid/alkali/acid
Analyzed Material: Charred material
Analysis Service: AMS-Micro-sample Analysis; Standard delivery
Percent Modern Carbon: 60.03 +/- 0.22 pMC
Fraction Modern Carbon: 0.6003 +/-
D14C: -399.74 +/- 2.24 o/oo
Δ14C: -404.73 +/- 2.24 o/oo(1950:2,019.00)
Measured Radiocarbon Age: (without d13C correction): NA
Calibration: BetaCal3.21: HPD method: INTCAL13

Results are ISO/IEC-17025:2005 accredited. No sub-contracting or student labor was used in the analyses. All work was done at Beta in 4 in-house NEC accelerator mass spectrometers and 4 Thermo IRMSs. The "Conventional Radiocarbon Age" was calculated using the Libby half-life (5568 years), is corrected for total isotopic fraction and was used for calendar calibration where applicable. The Age is rounded to the nearest 10 years and is reported as radiocarbon years before present (BP), "present" = AD 1950. Results greater than the modern reference are reported as percent modern carbon (pMC). The modern reference standard was 95% the 14C signature of NIST SRM-4990C (oxalic acid). Quoted errors are 1 sigma counting statistics. Calculated sigmas less than 30 BP on the Conventional Radiocarbon Age are conservatively rounded up to 30. d13C values are on the material itself (not the AMS d13C). d13C and d15N values are relative to VPDB-1. References for calendar calibrations are cited at the bottom of calibration graph pages.

BetaCal 3.21

Calibration of Radiocarbon Age to Calendar Years

(High Probability Density Range Method (HPD): INTCAL13)

(Variables: d13C = -27.2 o/oo)

Laboratory number   Beta-513877

Conventional radiocarbon age   4080 ± 30 BP

95.4% probability

(68%)	2699 - 2565 cal BC	(4648 - 4514 cal BP)
(15.9%)	2857 - 2811 cal BC	(4806 - 4760 cal BP)
(7.8%)	2532 - 2496 cal BC	(4481 - 4445 cal BP)
(3.7%)	2748 - 2724 cal BC	(4697 - 4673 cal BP)

68.2% probability

(56.3%)	2665 - 2572 cal BC	(4614 - 4521 cal BP)
(9.8%)	2835 - 2817 cal BC	(4784 - 4766 cal BP)
(2.1%)	2511 - 2506 cal BC	(4460 - 4455 cal BP)

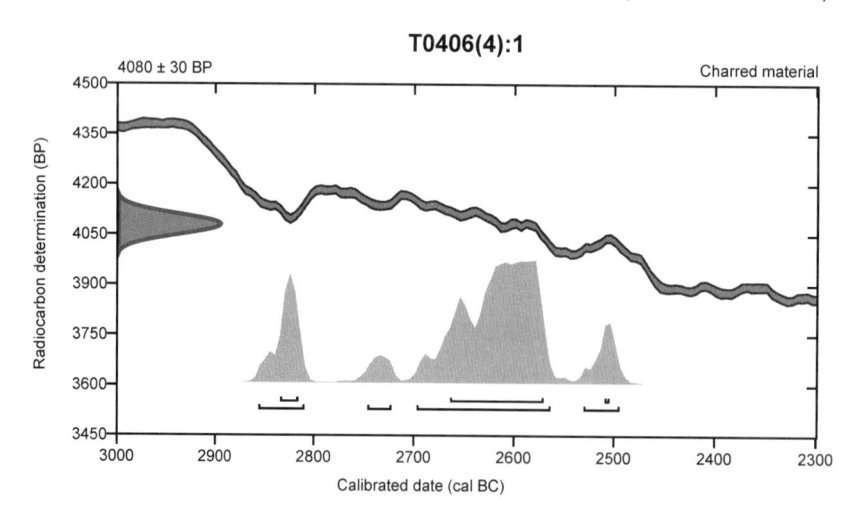

T0406(4):1

Database used
INTCAL13

References
References to Probability Method
  Bronk Ramsey, C. (2009). Bayesian analysis of radiocarbon dates. Radiocarbon, 51(1), 337-360.
References to Database INTCAL13
  Reimer, et.al., 2013, Radiocarbon55(4).

Beta Analytic Radiocarbon Dating Laboratory
4985 S.W. 74th Court, Miami, Florida 33155 • Tel: (305)667-5167 • Fax: (305)663-0964 • Email: beta@radiocarbon.com

BetaCal 3.21

Calibration of Radiocarbon Age to Calendar Years

(High Probability Density Range Method (HPD): INTCAL13)

(Variables: d13C = -27.8 o/oo)

Laboratory number Beta-513878

Conventional radiocarbon age 3940 ± 30 BP

95.4% probability

(85.2%)	2496 - 2338 cal BC	(4445 - 4287 cal BP)
(8.9%)	2565 - 2532 cal BC	(4514 - 4481 cal BP)
(1.4%)	2321 - 2309 cal BC	(4270 - 4258 cal BP)

68.2% probability

(39.3%)	2488 - 2435 cal BC	(4437 - 4384 cal BP)
(17.9%)	2380 - 2349 cal BC	(4329 - 4298 cal BP)
(11%)	2421 - 2403 cal BC	(4370 - 4352 cal BP)

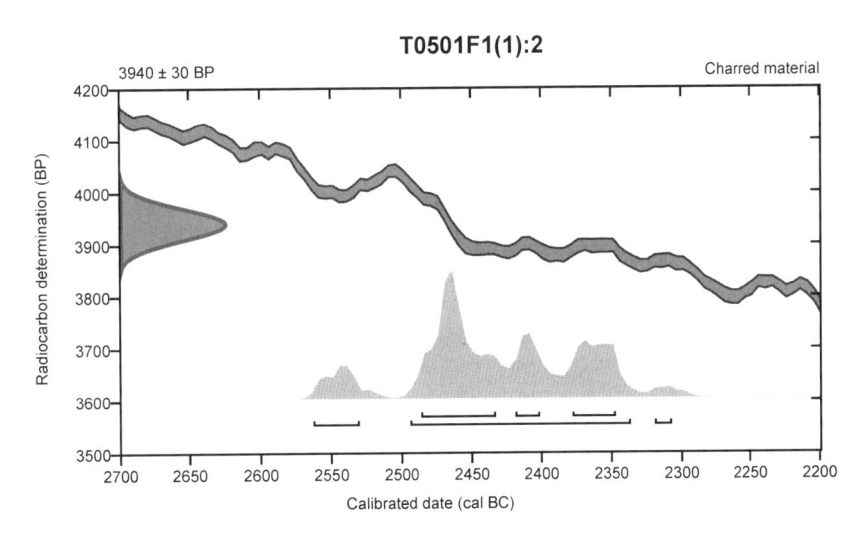

T0501F1(1):2

Database used
INTCAL13

References
References to Probability Method
Bronk Ramsey, C. (2009). Bayesian analysis of radiocarbon dates. Radiocarbon, 51(1), 337-360.
References to Database INTCAL13
Reimer, et.al., 2013, Radiocarbon55(4).

Beta Analytic Radiocarbon Dating Laboratory
4985 S.W. 74th Court, Miami, Florida 33155 • Tel: (305)667-5167 • Fax: (305)663-0964 • Email: beta@radiocarbon.com

BetaCal 3.21

Calibration of Radiocarbon Age to Calendar Years

(highest probability ranges: INTCAL13)

(Variables: d13C = -23.9 o/oo)

Laboratory number   Beta-513879

Conventional radiocarbon age   4220 ± 30 BP

95.4% probability

(42.8%)	2905 - 2853 cal BC	(4854 - 4802 cal BP)
(42.8%)	2813 - 2743 cal BC	(4762 - 4692 cal BP)
(9.9%)	2727 - 2696 cal BC	(4676 - 4645 cal BP)

68.2% probability

(34.5%)	2894 - 2866 cal BC	(4843 - 4815 cal BP)
(33.7%)	2805 - 2762 cal BC	(4754 - 4711 cal BP)

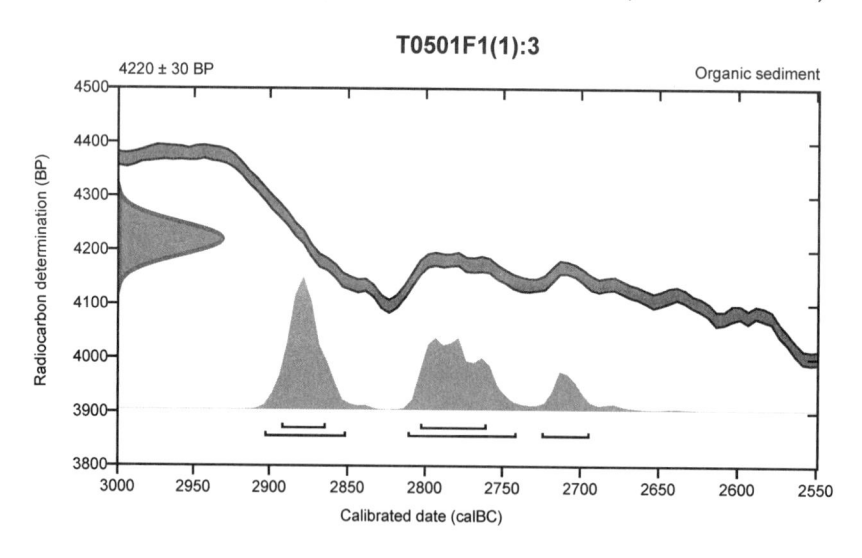

T0501F1(1):3

Database used
INTCAL13

References
References to Probability Method
Bronk Ramsey, C. (2009). Bayesian analysis of radiocarbon dates. Radiocarbon, 51(1), 337-360.
References to Database INTCAL13
Reimer, et.al., 2013, Radiocarbon55(4).

Beta Analytic Radiocarbon Dating Laboratory
4985 S.W. 74th Court, Miami, Florida 33155 • Tel: (305)667-5167 • Fax: (305)663-0964 • Email: beta@radiocarbon.com

BetaCal 3.21

Calibration of Radiocarbon Age to Calendar Years

(High Probability Density Range Method (HPD): INTCAL13)

(Variables: d13C = -26.3 o/oo)

Laboratory number　Beta-513880

Conventional radiocarbon age　2780 ± 30 BP

95.4% probability

(95.4%)　1004 - 844 cal BC　(2953 - 2793 cal BP)

68.2% probability

(68.2%)　980 - 896 cal BC　(2929 - 2845 cal BP)

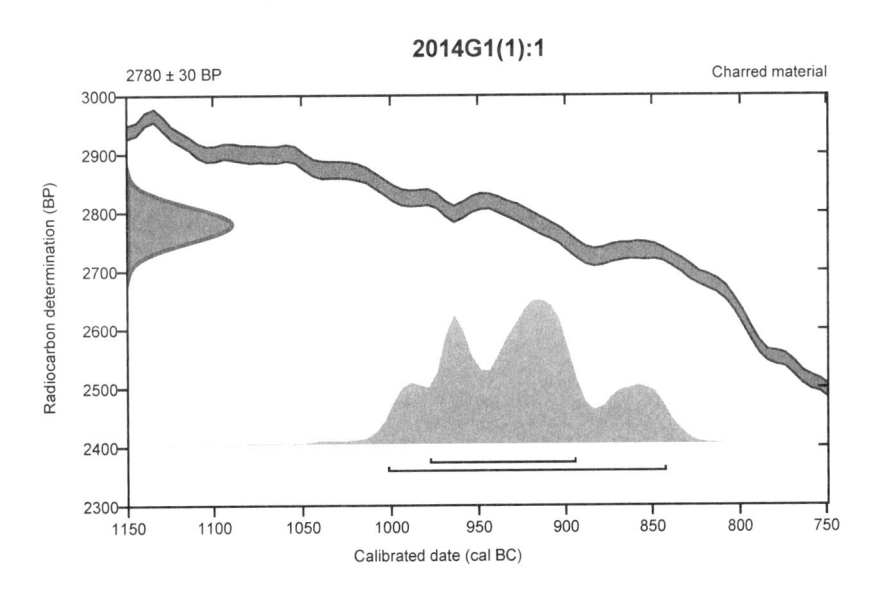

2014G1(1):1

Database used
  INTCAL13

References
  References to Probability Method
    Bronk Ramsey, C. (2009). Bayesian analysis of radiocarbon dates. Radiocarbon, 51(1), 337-360.
  References to Database INTCAL13
    Reimer, et.al., 2013, Radiocarbon55(4).

Beta Analytic Radiocarbon Dating Laboratory
4985 S.W. 74th Court, Miami, Florida 33155 • Tel: (305)667-5167 • Fax: (305)663-0964 • Email: beta@radiocarbon.com

BetaCal 3.21

Calibration of Radiocarbon Age to Calendar Years

(High Probability Density Range Method (HPD): INTCAL13)

(Variables: d13C = -25.1 o/oo)

Laboratory number Beta-513881

Conventional radiocarbon age 2720 ± 30 BP

95.4% probability

(95.4%)　918 - 811 cal BC　　(2867 - 2760 cal BP)

68.2% probability

(68.2%)　896 - 833 cal BC　　(2845 - 2782 cal BP)

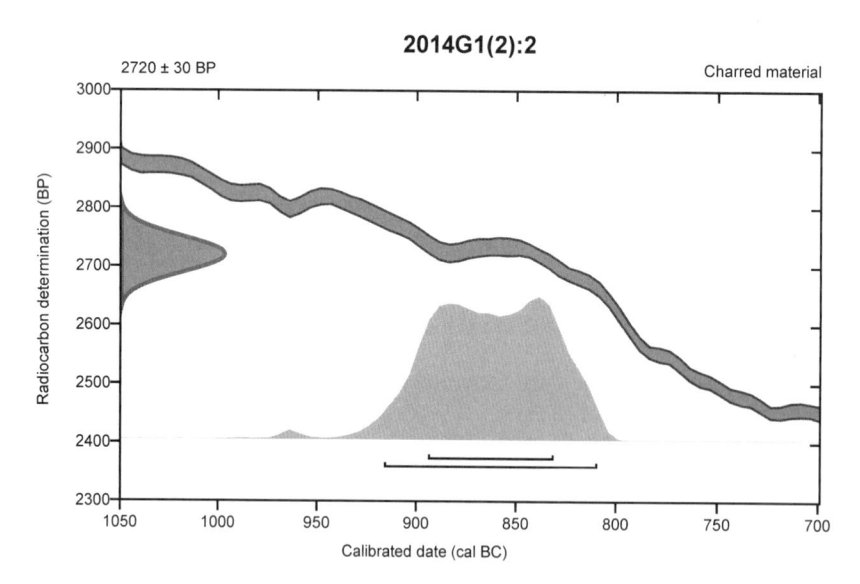

2014G1(2):2

Charred material

Database used
INTCAL13

References
References to Probability Method
　Bronk Ramsey, C. (2009). Bayesian analysis of radiocarbon dates. Radiocarbon, 51(1), 337-360.
References to Database INTCAL13
　Reimer, et.al., 2013, Radiocarbon55(4).

Beta Analytic Radiocarbon Dating Laboratory
4985 S.W. 74th Court, Miami, Florida 33155 • Tel: (305)667-5167 • Fax: (305)663-0964 • Email: beta@radiocarbon.com

BetaCal 3.21

Calibration of Radiocarbon Age to Calendar Years

(highest probability ranges: INTCAL13)

(Variables: d13C = -25.9 o/oo)

Laboratory number　　Beta-513882

Conventional radiocarbon age　　2320 ± 30 BP

95.4% probability

　　(90.1%)　　429 - 357 cal BC　　(2378 - 2306 cal BP)
　　(5.3%)　　286 - 235 cal BC　　(2235 - 2184 cal BP)

68.2% probability

　　(68.2%)　　406 - 378 cal BC　　(2355 - 2327 cal BP)

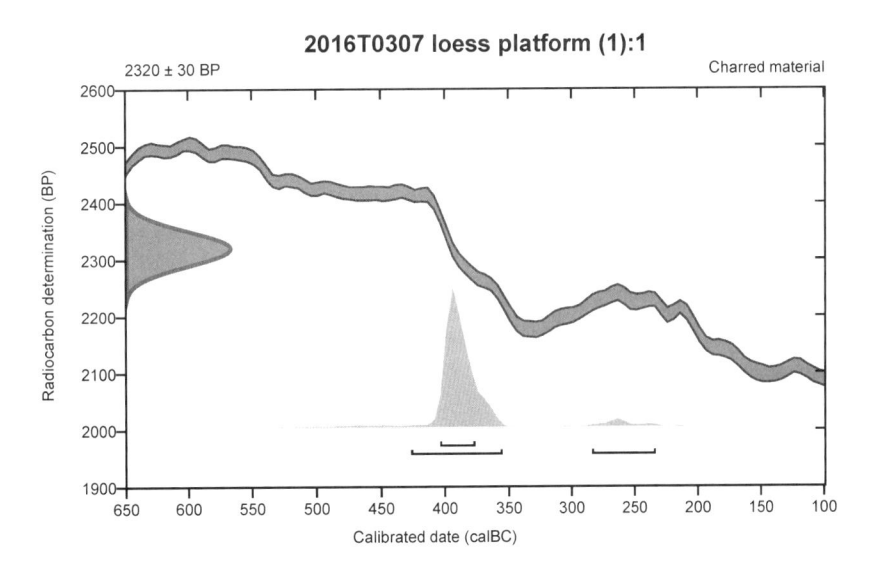

2016T0307 loess platform (1):1

Database used
INTCAL13

References
References to Probability Method
Bronk Ramsey, C. (2009). Bayesian analysis of radiocarbon dates. Radiocarbon, 51(1), 337-360.
References to Database INTCAL13
Reimer, et.al., 2013, Radiocarbon55(4).

Beta Analytic Radiocarbon Dating Laboratory
4985 S.W. 74th Court, Miami, Florida 33155 • Tel: (305)667-5167 • Fax: (305)663-0964 • Email: beta@radiocarbon.com

BetaCal 3.21

Calibration of Radiocarbon Age to Calendar Years

(High Probability Density Range Method (HPD): INTCAL13)

(Variables: d13C = -27.1 o/oo)

Laboratory number   **Beta-513883**

Conventional radiocarbon age   **3840 ± 30 BP**

95.4% probability

    (87%)   2409 - 2202 cal BC   (4358 - 4151 cal BP)
    (8.4%)   2457 - 2417 cal BC   (4406 - 4366 cal BP)

68.2% probability

    (40.4%)   2346 - 2272 cal BC   (4295 - 4221 cal BP)
    (26.5%)   2258 - 2207 cal BC   (4207 - 4156 cal BP)
    (1.4%)   2390 - 2386 cal BC   (4339 - 4335 cal BP)

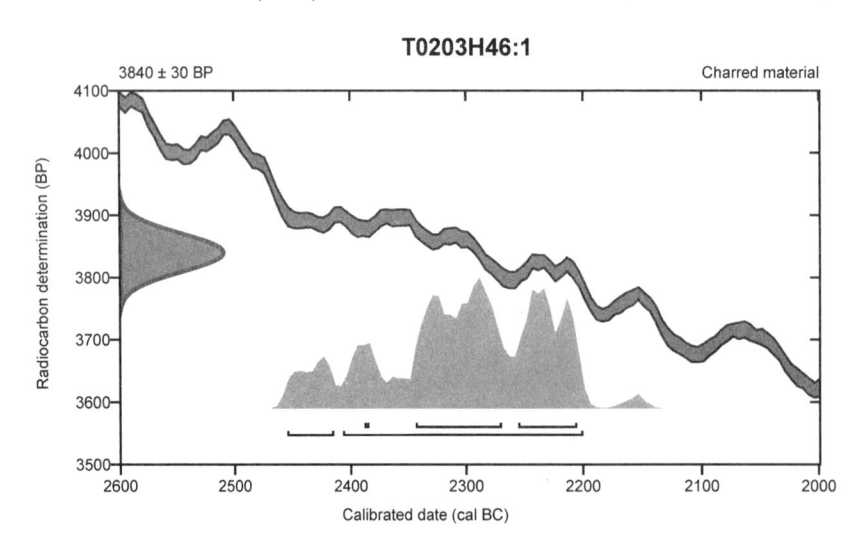

T0203H46:1

Database used
INTCAL13

References
References to Probability Method
Bronk Ramsey, C. (2009). Bayesian analysis of radiocarbon dates. Radiocarbon, 51(1), 337-360.
References to Database INTCAL13
Reimer, et.al., 2013, Radiocarbon55(4).

Beta Analytic Radiocarbon Dating Laboratory
4985 S.W. 74th Court, Miami, Florida 33155 • Tel: (305)667-5167 • Fax: (305)663-0964 • Email: beta@radiocarbon.com

BetaCal 3.21

Calibration of Radiocarbon Age to Calendar Years

(highest probability ranges: INTCAL13)

(Variables: d13C = -26.6 o/oo)

Laboratory number　　Beta-513884

Conventional radiocarbon age　　3820 ± 30 BP

95.4% probability

(84.9%)	2350 - 2193 cal BC	(4299 - 4142 cal BP)
(5.3%)	2177 - 2144 cal BC	(4126 - 4093 cal BP)
(3.5%)	2405 - 2378 cal BC	(4354 - 4327 cal BP)
(1.4%)	2436 - 2420 cal BC	(4385 - 4369 cal BP)
(0.2%)	2448 - 2446 cal BC	(4397 - 4395 cal BP)

68.2% probability

(68.2%)　　2299 - 2203 cal BC　　(4248 - 4152 cal BP)

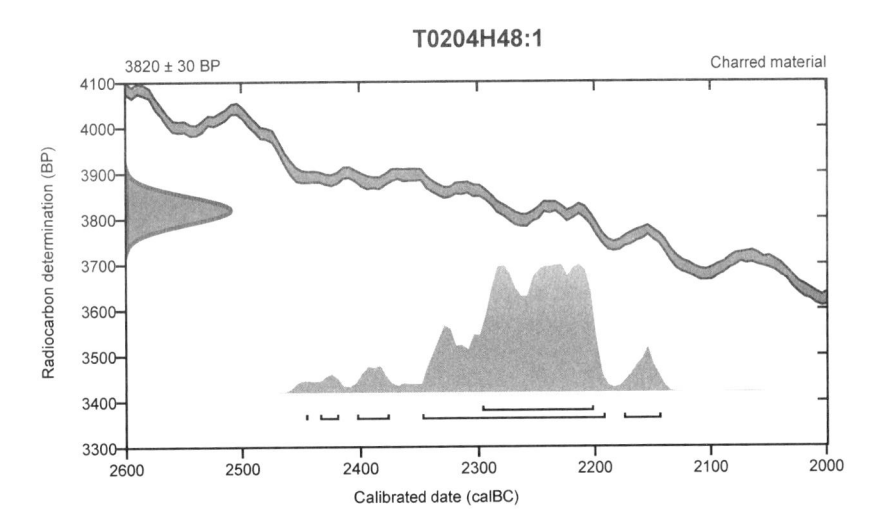

T0204H48:1

Database used
INTCAL13

References
References to Probability Method
Bronk Ramsey, C. (2009). Bayesian analysis of radiocarbon dates. Radiocarbon, 51(1), 337-360.
References to Database INTCAL13
Reimer, et.al., 2013, Radiocarbon55(4).

Beta Analytic Radiocarbon Dating Laboratory
4985 S.W. 74th Court, Miami, Florida 33155 • Tel: (305)667-5167 • Fax: (305)663-0964 • Email: beta@radiocarbon.com

BetaCal 3.21

Calibration of Radiocarbon Age to Calendar Years

(High Probability Density Range Method (HPD): INTCAL13)

(Variables: d13C = -27.1 o/oo)

Laboratory number Beta-513885

Conventional radiocarbon age 3980 ± 30 BP

95.4% probability

(95.4%) 2578 - 2457 cal BC (4527 - 4406 cal BP)

68.2% probability

(36.8%) 2565 - 2526 cal BC (4514 - 4475 cal BP)
(31.4%) 2496 - 2469 cal BC (4445 - 4418 cal BP)

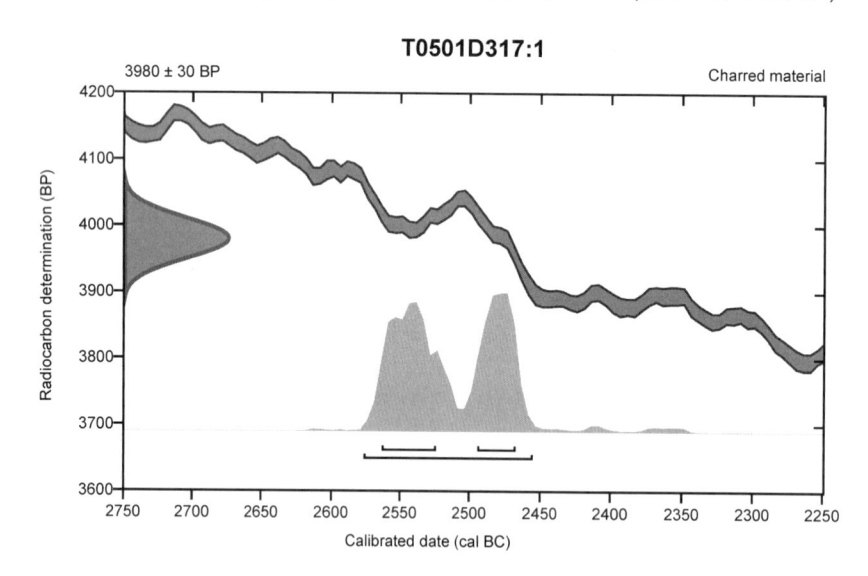

T0501D317:1

Database used
INTCAL13

References
References to Probability Method
Bronk Ramsey, C. (2009). Bayesian analysis of radiocarbon dates. Radiocarbon, 51(1), 337-360.
References to Database INTCAL13
Reimer, et.al., 2013, Radiocarbon55(4).

Beta Analytic Radiocarbon Dating Laboratory
4985 S.W. 74th Court, Miami, Florida 33155 • Tel: (305)667-5167 • Fax: (305)663-0964 • Email: beta@radiocarbon.com

BetaCal 3.21

Calibration of Radiocarbon Age to Calendar Years

(High Probability Density Range Method (HPD): INTCAL13)

(Variables: d13C = N/A)

Laboratory number　　Beta-513888

Conventional radiocarbon age　　4100 ± 30 BP

95.4% probability

(62.3%)　2707 - 2571 cal BC　　(4656 - 4520 cal BP)
(22%)　　2863 - 2807 cal BC　　(4812 - 4756 cal BP)
(9.9%)　 2759 - 2717 cal BC　　(4708 - 4666 cal BP)
(1.1%)　 2513 - 2503 cal BC　　(4462 - 4452 cal BP)

68.2% probability

(53.6%)　2678 - 2579 cal BC　　(4627 - 4528 cal BP)
(14.6%)　2840 - 2814 cal BC　　(4789 - 4763 cal BP)

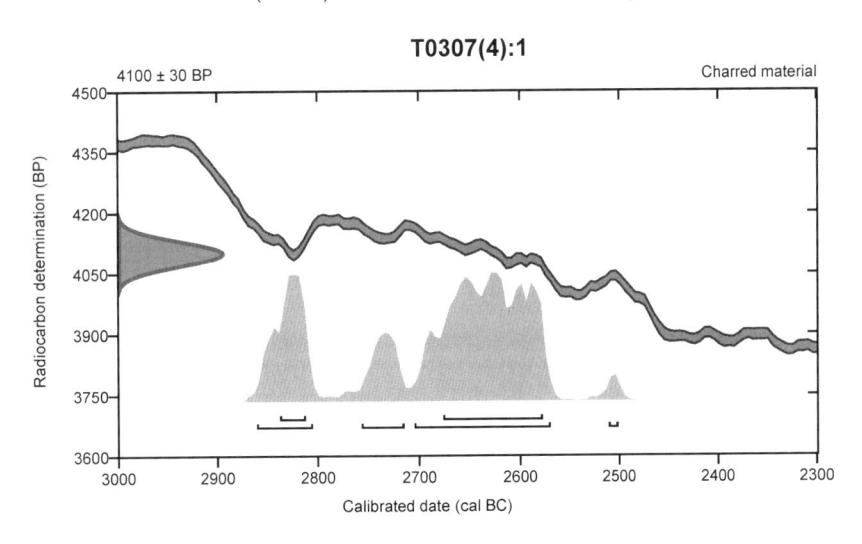

T0307(4):1

4100 ± 30 BP　　　　　　　　　　　　　　　Charred material

Database used
INTCAL13

References
References to Probability Method
　Bronk Ramsey, C. (2009). Bayesian analysis of radiocarbon dates. Radiocarbon, 51(1), 337-360.
References to Database INTCAL13
　Reimer, et.al., 2013, Radiocarbon55(4).

Beta Analytic Radiocarbon Dating Laboratory
4985 S.W. 74th Court, Miami, Florida 33155 • Tel: (305)667-5167 • Fax: (305)663-0964 • Email: beta@radiocarbon.com

Beta Analytic Inc
4985 SW 74 Court
Miami, Florida 33155
Tel: 305-667-5167
Fax: 305-663-0964
info@betalabservices.com

ISO/IEC 17025:2005-Accredited Testing Laboratory

February 06, 2019

Jia He
Changsha Institute of Cultural Relics and Archaeology
74 Zhongshan Road
Kaifu District
Changsha City, Hunan Province 410005
China

RE: Radiocarbon Dating Results

Dear Mr. He,

Enclosed is the radiocarbon dating result for one sample recently sent to us. As usual, specifics of the analysis are listed on the report with the result and calibration data is provided where applicable. The Conventional Radiocarbon Age has been corrected for total fractionation effects and where applicable, calibration was performed using 2013 calibration databases (cited on the graph pages).

The web directory containing the table of results and PDF download also contains pictures, a cvs spreadsheet download option and a quality assurance report containing expected vs. measured values for 3-5 working standards analyzed simultaneously with your samples.

The reported result is accredited to ISO/IEC 17025:2005 Testing Accreditation PJLA #59423 standards and all pretreatments and chemistry were performed here in our laboratories and counted in our own accelerators here in Miami. Since Beta is not a teaching laboratory, only graduates trained to strict protocols of the ISO/IEC 17025:2005 Testing Accreditation PJLA #59423 program participated in the analysis.

As always Conventional Radiocarbon Ages and sigmas are rounded to the nearest 10 years per the conventions of the 1977 International Radiocarbon Conference. When counting statistics produce sigmas lower than +/- 30 years, a conservative +/- 30 BP is cited for the result. The reported d13C was measured separately in an IRMS (isotope ratio mass spectrometer). It is NOT the AMS d13C which would include fractionation effects from natural, chemistry and AMS induced sources.

When interpreting the result, please consider any communications you may have had with us regarding the sample. As always, your inquiries are most welcome. If you have any questions or would like further details of the analysis, please do not hesitate to contact us.

Our invoice will be emailed separately. Please forward it to the appropriate officer or send a credit card authorization. Thank you. As always, if you have any questions or would like to discuss the results, don't hesitate to contact us.

Sincerely,

Chris Patrick
Digital signature on file

Chris Patrick Director

Beta Analytic
TESTING LABORATORY

Beta Analytic Inc
4985 SW 74 Court
Miami, Florida 33155
Tel: 305-667-5167
Fax: 305-663-0964
info@betalabservices.com

ISO/IEC 17025:2005-Accredited Testing Laboratory

REPORT OF RADIOCARBON DATING ANALYSES

Jia He

Changsha Institute of Cultural Relics and Archaeology

Report Date: February 06, 2019

Material Received: January 17, 2019

Laboratory Number	Sample Code Number	Conventional Radiocarbon Age (BP) or Percent Modern Carbon (pMC) & Stable Isotopes Calendar Calibrated Results: 95.4 % Probability High Probability Density Range Method (HPD)
Beta - 516104	T0402F1(1):4	4100 +/- 30 BP IRMS δ13C: -24.1 o/oo

(62.3%) 2707 - 2571 cal BC   (4656 - 4520 cal BP)
(22.0%) 2863 - 2807 cal BC   (4812 - 4756 cal BP)
(9.9%) 2759 - 2717 cal BC   (4708 - 4666 cal BP)
(1.1%) 2513 - 2503 cal BC   (4462 - 4452 cal BP)

Submitter Material: Charcoal
Pretreatment: (charred material) acid/alkali/acid
Analyzed Material: Charred material
Analysis Service: AMS-Standard delivery
Percent Modern Carbon: 60.03 +/- 0.22 pMC
Fraction Modern Carbon: 0.6003 +/- 0.0022
D14C: -399.74 +/- 2.24 o/oo
Δ14C: -404.73 +/- 2.24 o/oo(1950:2,019.00)
Measured Radiocarbon Age: (without d13C correction): 4090 +/- 30 BP
Calibration: BetaCal3.21: HPD method: INTCAL13

Results are ISO/IEC-17025:2005 accredited. No sub-contracting or student labor was used in the analyses. All work was done at Beta in 4 in-house NEC accelerator mass spectrometers and 4 Thermo IRMSs. The "Conventional Radiocarbon Age" was calculated using the Libby half-life (5568 years), is corrected for total isotopic fraction and was used for calendar calibration where applicable. The Age is rounded to the nearest 10 years and is reported as radiocarbon years before present (BP), "present" = AD 1950. Results greater than the modern reference are reported as percent modern carbon (pMC). The modern reference standard was 95% the 14C signature of NIST SRM-4990C (oxalic acid). Quoted errors are 1 sigma counting statistics. Calculated sigmas less than 30 BP on the Conventional Radiocarbon Age are conservatively rounded up to 30. d13C values are on the material itself (not the AMS d13C). d13C and d15N values are relative to VPDB-1. References for calendar calibrations are cited at the bottom of calibration graph pages.

BetaCal 3.21

Calibration of Radiocarbon Age to Calendar Years

(High Probability Density Range Method (HPD): INTCAL13)

(Variables: d13C = -24.1 o/oo)

Laboratory number   Beta-516104

Conventional radiocarbon age   4100 ± 30 BP

95.4% probability

(62.3%)	2707 - 2571 cal BC	(4656 - 4520 cal BP)
(22%)	2863 - 2807 cal BC	(4812 - 4756 cal BP)
(9.9%)	2759 - 2717 cal BC	(4708 - 4666 cal BP)
(1.1%)	2513 - 2503 cal BC	(4462 - 4452 cal BP)

68.2% probability

(53.6%)	2678 - 2579 cal BC	(4627 - 4528 cal BP)
(14.6%)	2840 - 2814 cal BC	(4789 - 4763 cal BP)

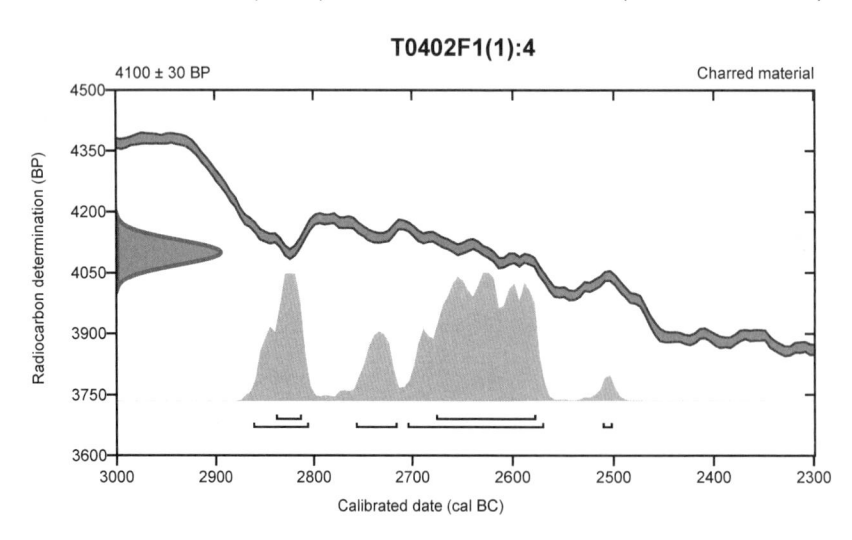

T0402F1(1):4

Database used
INTCAL13

References
References to Probability Method
Bronk Ramsey, C. (2009). Bayesian analysis of radiocarbon dates. Radiocarbon, 51(1), 337-360.
References to Database INTCAL13
Reimer, et.al., 2013, Radiocarbon55(4).

Beta Analytic Radiocarbon Dating Laboratory
4985 S.W. 74th Court, Miami, Florida 33155 • Tel: (305)667-5167 • Fax: (305)663-0964 • Email: beta@radiocarbon.com

后　　记

本报告从田野调查、发掘、资料整理到报告编写、出版，都是集体劳动的结果，也是本所"沩水流域史前至商周时期文化遗址调查"课题成果之一。

罗家冲遗址自2013年调查，2014~2017年进行了连续两次考古发掘工作，由何佳担任项目负责人，曹栋洋为现场负责人。2013年调查的人员有何佳、曹栋洋、孙明、胡明武、李义红、何再光、何晓亮。2014~2015年发掘人员有何佳、曹栋洋、孙明、王传明、李强、胡明武、尚金山、李义红、何再光、何晓亮。2016~2017年发掘人员有何佳、曹栋洋、王传明、李强、胡明武、尚金山、李义红、何晓亮、曾尚录、许红利。

本报告编写由项目领队何佳任主编，执行领队曹栋洋任副主编，报告初稿完成后，由何佳统稿。具体章节撰写分工如下：报告上篇第一章第一节、第二节由何佳、喻立新共同执笔，第三章第四节、第六章、第七章第二节、第九章、第十章由曹栋洋执笔，上篇其余章节由何佳执笔。下篇发掘资料研究部分由何佳执笔。附录检测报告由相关检测人员执笔。上篇报告插图由何佳、曹栋洋负责各自章节的插图排版，后期由黄柏睿、何洪远、李强、金银、周保冬协助修改了部分器物、遗迹插图的电子版，下篇报告插图由何佳完成。各类统计表由何佳、曹栋洋完成。现场照片由何佳、曹栋洋、孙明、李强等拍摄，器物摄影由何佳、曹栋洋、莫泽等完成。图版由何佳完成。田野绘图工作由尚金山、曾尚录、许红利完成，室内器物绘图由尚金山、曾心鑫、高铁、杨雅静、曾令斌等完成。

在田野考古发掘期间，承蒙国家文物局、湖南省文物局、湖南省文物考古研究所（院）、长沙市文化旅游广电局（原长沙市文化广电新闻出版局）、长沙市文物局、宁乡县文物管理局、青山桥镇相关领导及桥北村村民的大力支持。

在资料整理及报告编写期间，得到了长沙市文化旅游广电局及本所领导的高度重视，长沙市博物馆领导及相关同仁在查看腰塘遗址出土器物中给予了诸多便利，同时也得到了本所全体同志的关心与支持。报告整理后期阶段，正值我所与炭河里遗址管理处共建的炭河里考古工作站建成并投入使用，炭河里遗址管理处领导为报告编写提供了诸多便利，另外还要感谢报告编写组的各位家人，有了他们的理解与支持，报告才能如期整理完成。

报告出版过程中，科学出版社的王光明先生、编辑王钰老师及其他编辑人员付出了大量心血。

从遗址调查之初的2013年至现在2023年正值十载，在整理期间又遇三年新冠疫情，但整理组一直将报告整理作为主要工作并挂于心头，时时不敢怠慢，现今刊印在即，总算了却一桩心事！

在此，对支持和帮助过我们的有关单位、领导、专家及同仁们表示衷心的感谢！

鉴于下篇对比的部分考古资料尚未完全发表以及限于编者学识、能力的局限，报告当中定有不少欠妥或疏漏之处，敬请学界同仁批评指正！

编　者

2023年1月

图版一

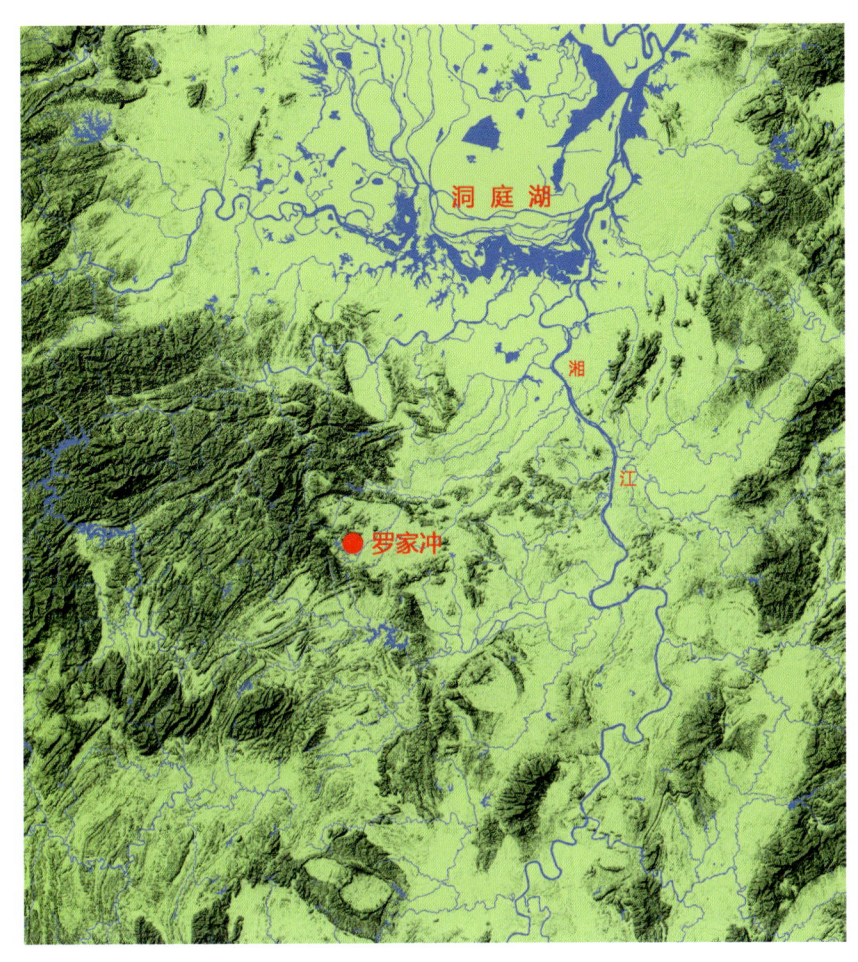

1. 罗家冲遗址位置图

2. 罗家冲遗址远景（东北—西南）

罗家冲遗址位置及远景

图版二

1. 2014年度罗家冲遗址发掘执照

2. 2016年度罗家冲遗址发掘执照

2014年、2016年考古发掘证照

图版三

1. 发掘前钻探

2. 2013年清理探沟

2013年调查及探沟开设工作照

图版四

1. 2013年探沟分布情况

2. 发掘前大园塘底部柱洞分布情况（西—东）

2013年探沟及大园塘底部柱洞分布情况

图版五

1. 2014年探方分布（东北—西南）

2. 2016年探方分布

2014年、2016年探方分布

图版六

1. 罗家冲遗址航拍

2. F2~F4发掘完后航拍

罗家冲遗址航拍图片及F2~F4航拍图片

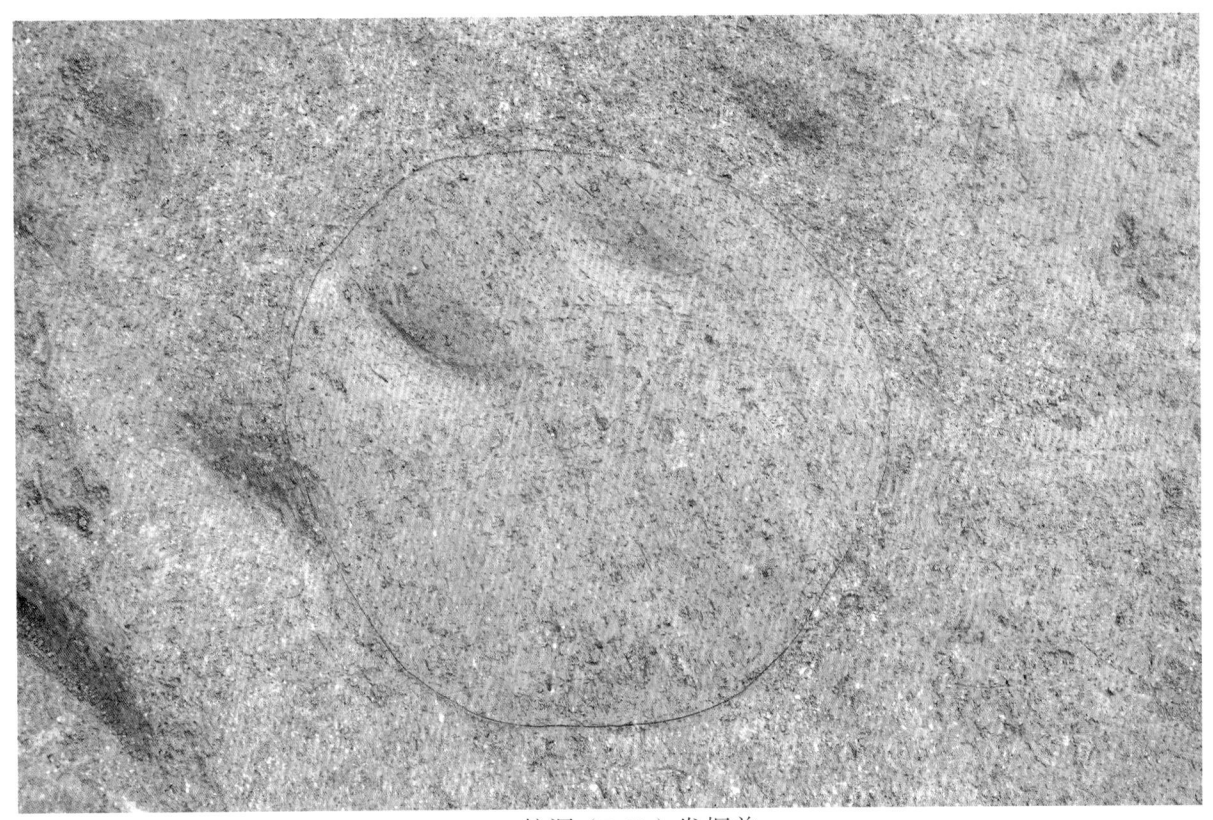

1. F2柱洞（D10）发掘前

2. F2柱洞（D10）发掘后

F2典型柱洞D10

图版八

1. F2柱洞（D113）发掘前

2. F2柱洞（D113）发掘后

F2典型柱洞D113

图版九

1. F3柱洞（D55）
2. F2柱洞（D377）
3. F2柱洞（D743）
4. F2柱洞（D784）

F2、F3典型柱洞

图版一〇

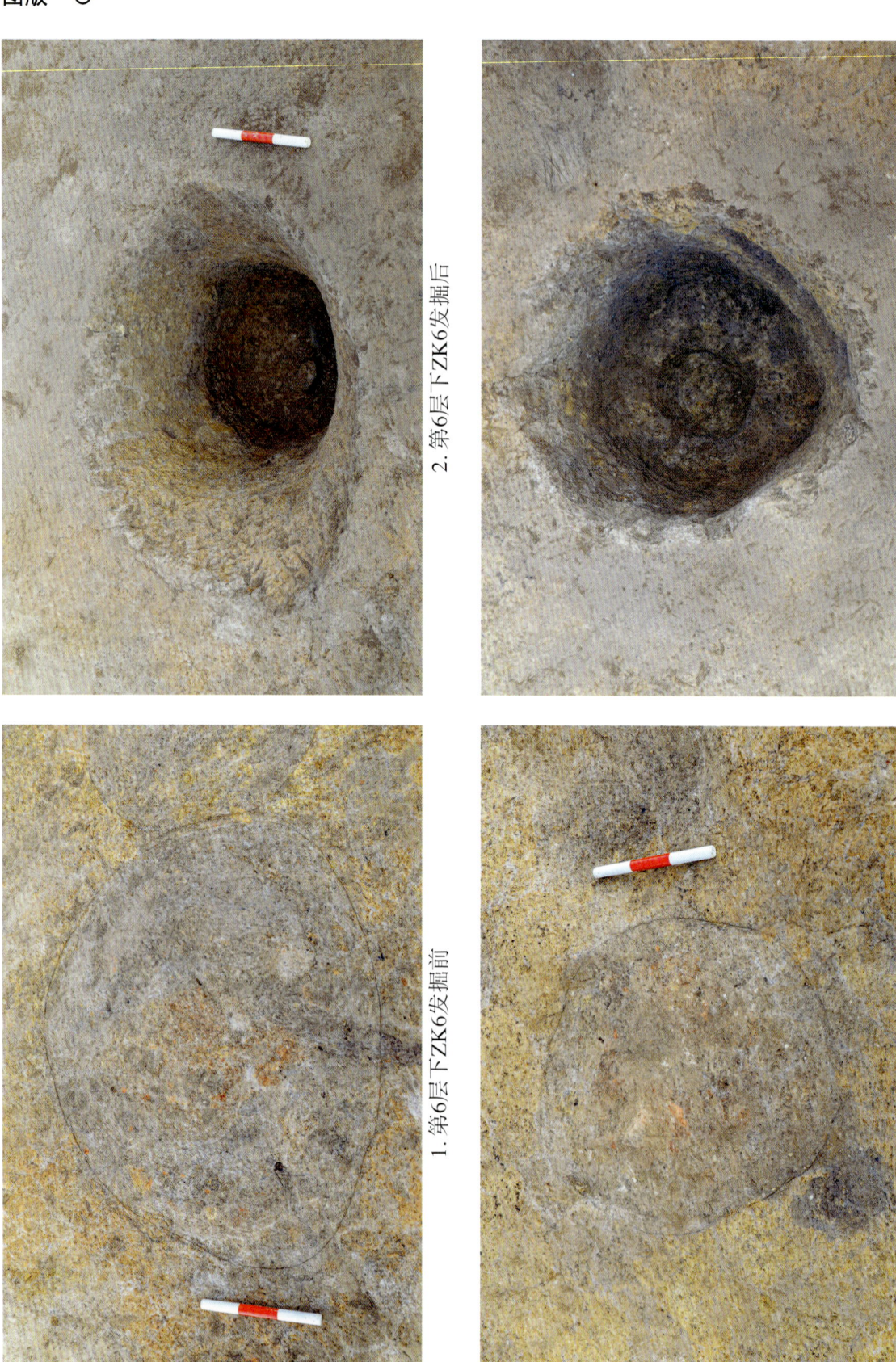

1. 第6层下ZK6发掘前
2. 第6层下ZK6发掘后
3. 第6层下ZK7发掘前
4. 第6层下ZK7发掘后

第6层下大型柱坑

图版一一

1. 2014H47发掘前

2. 2014H47发掘后

2014H47

图版一二

1. 2014H48发掘前

2. 2014H48发掘后

2014H48

1. 2014H26长颈壶出土情况

2. 2014H55

2014H26、2014H55

图版一四

1. 2014年F1西侧部分（东—西）

2. 2014年F1西侧部分（西—东）

F1西侧整体情况

图版一五

1. F1西侧解剖后整体情况（西—东）

2. F1西侧F1第1层清理后（西—东）

F1西侧解剖后及F1第1层清理后情况

图版一六

1. F1西侧东西向解剖沟（西—东）

2. F1西侧基槽内红烧土堆积剖面（南—北）

F1西侧东西向解剖沟及层位堆积

图版一七

1. F1西侧南北向解剖沟（西北—东南）

2. F1北侧层位堆积剖面（北—南）

F1西侧南北向解剖沟及北侧层位堆积

图版一八

1. F1东侧基槽未清理前（南—北）

2. F1东侧北基槽（东—西）

F1东侧及北基槽堆积

图版一九

1. F1东侧北基槽清理后（西—东）

2. F1东侧北基槽出土圈足罐

F1东侧北基槽及出土器物

图版二〇

1. F1东侧东基槽及层位堆积（北—南）

2. 2016年F1东侧基槽清理后（俯视）

F1东侧及基槽

1. 2014G1清理情况（西—东）

2. 2014G1清理后（东—西）

图版二二

1. 2014G1层位堆积

2. 2014G1层位堆积

2014G1层位堆积

1. 2017TG1

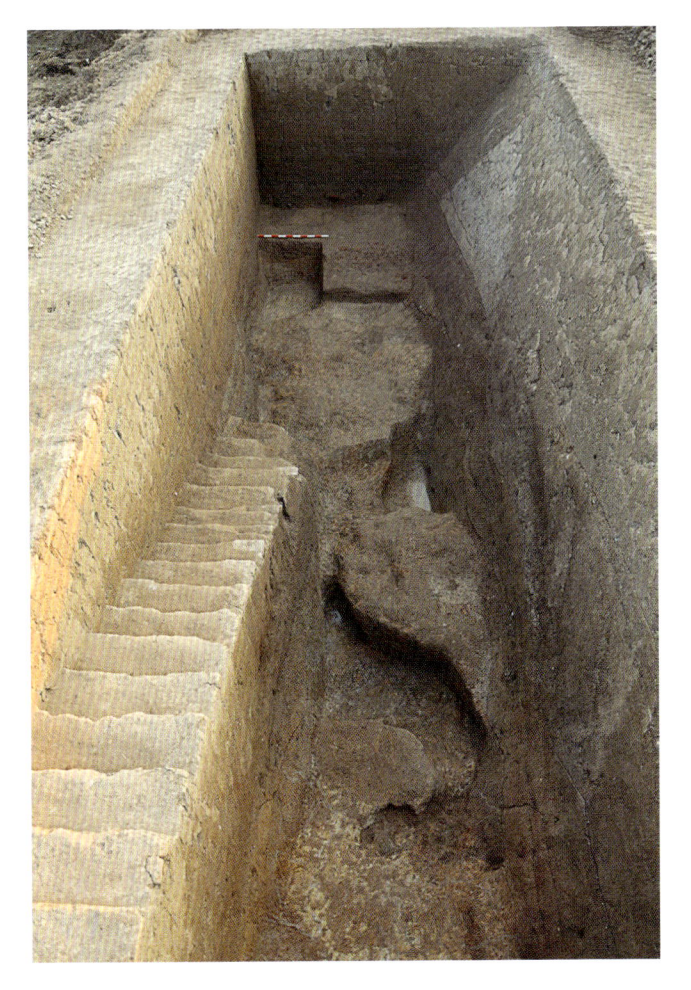

2. 2017TG2

2017TG1、2017TG2

图版二四

1. 2014H13发掘前（南—北）

2. 2014H13发掘后（西—东）

2014H13

图版二五

1. 2016Z1南侧灶眼

2. 2016Z1北侧灶眼

2016Z1

图版二六

1. 2014J1

2. 2014J2

2014J1、2014J2

图版二七

1. 祭祀台全景（东—西）

2. 祭祀台层位堆积（东—西）

祭祀台及层位堆积

图版二八

1. 祭祀台解剖情况

2. 祭祀台出土器物

祭祀台解剖及出土器物

图版二九

1. 2014H23发掘前

2. 2014H23发掘后

2014H23

图版三〇

1. 2016Y1发掘情况

2. 2016Y1整体

2016Y1

图版三一

1. 2014年发掘工作照

2. 2014年发掘工作照

发掘工作照

图版三二

1. 2014年发掘工作照

2. 2016年现场测量

发掘及测量工作照

1. 2016年发掘工作照

2. 2016年发掘工作照

发掘工作照

图版三四

1. 采样工作照

2. 浮选工作照

采样及浮选工作照

1. 公众考古活动

2. 公众考古活动

公众考古活动

图版三六

1. 挑选岩性检测石器

2. 出土器物拓片工作照

资料整理工作照

图版三七

1. 张忠培先生现场指导

2. 张忠培先生与发掘人员合影

张忠培先生现场检查指导工作

图版三八

1. 张忠培先生听取罗家冲遗址发掘汇报

2. 省、市专家现场指导发掘工作

专家检查指导工作

图版三九

1. Aa型石斧（2013TG1⑥A：4）

2. Aa型石斧（2013TG1⑥A：6）

3. Aa型陶纺轮（2013TG1⑦：9）

4. A型陶豆柄（2013TG1⑦：18）

5. 陶大口尊残片（2013TG1⑦：20）

6. 陶大口尊残片上刻划符号（2013TG1⑦：20）

2013TG1出土器物

图版四〇

1. Ab型石镞（2013TG2：10）

2. Ca型陶鼎足（2013TG2：57）

3. 陶釜鼎口沿（2013TG2：51）

4. A型陶高领罐口沿（2013TG2：48）

5. A型陶豆柄（2013TG2：40）

2013TG2出土器物

图版四一

1. A型陶鬶足（2013TG2：43、2013TG2：44）

2. A型陶把手（2013TG2：53）

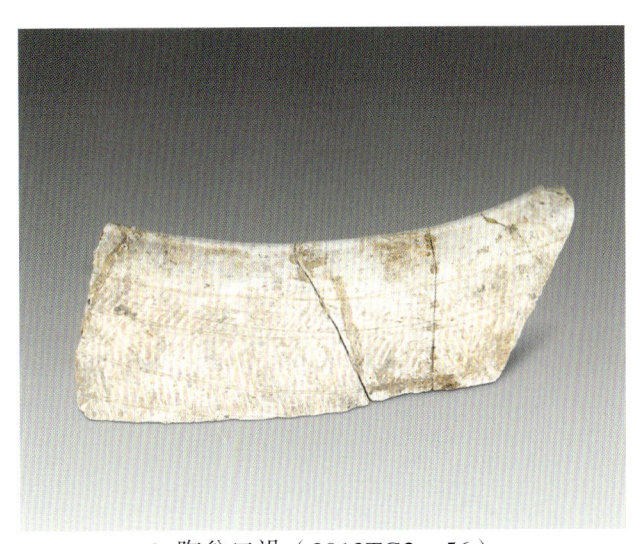

3. 陶瓮口沿（2013TG2：56）

4. Ba型石镞（2013TG3：4）

5. Aa型陶纺轮（2013TG3：6）

2013TG2、2013TG3出土器物

图版四二

1. Aa型镞（T0503⑥：7）

2. Ae型镞（T0302⑥：8）

3. Aa型斧（T0302⑥：2）

4. Aa型斧（T0302⑥：16）

5. C型斧（T0302⑥：15）

6. Aa型锛（T0402⑥：17）

第6层出土石器

图版四三

1. Aa型锛（T0503⑥：1）

2. Ab型锛（T0503⑥：24）

3. Ca型锛（T0203⑥：7）

4. B型凿（T0302⑥：21）

5. 钺（T0402⑥：14）

6. 犁（T0503⑥：23）

第6层出土石器

图版四四

1. Aa型（T0302⑥：20）

2. Aa型（T0304⑥：11）

3. Aa型（T0302⑥：24）宽面

4. Aa型（T0302⑥：24）窄面

5. Aa型（T0402⑥：8）

6. B型（T0304⑥：16）

第6层出土陶纺轮

图版四五

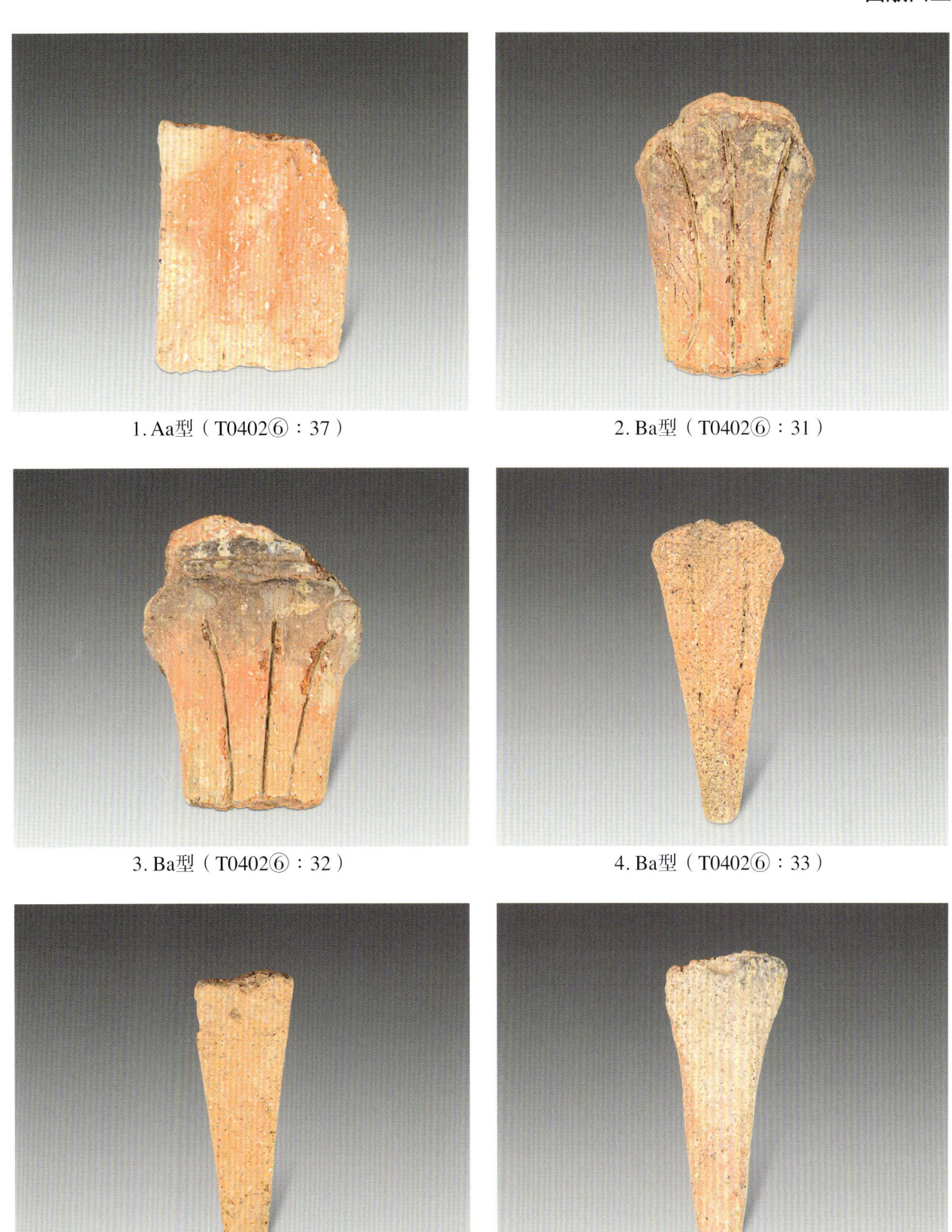

1. Aa型（T0402⑥：37）

2. Ba型（T0402⑥：31）

3. Ba型（T0402⑥：32）

4. Ba型（T0402⑥：33）

5. Ba型（T0402⑥：34）

6. Ba型（T0402⑥：35）

第6层出土陶鼎足

图版四六

1. Ba型鼎足（T0402⑥：36）

2. Ca型鼎足（T0402⑥：39）

3. Ca型鼎足（T0402⑥：40）

4. A型高领罐口沿（T0302⑥：34）

5. B型高领罐口沿（T0402⑥：19）

6. G型盖纽（T0402⑥：5）

第6层出土陶器

图版四七

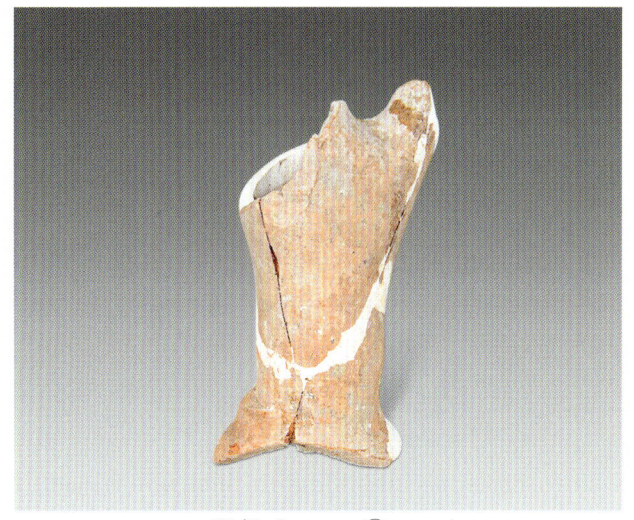

1. A型鬶（T0402⑥：20）

2. B型鬶（T0503⑥：12）

3. B型鬶（T0402⑥：21）

4. B型鬶（T0503⑥：11）

5. C型支座（T0302⑥：27）

6. 球（T0302⑥：1）

第6层出土陶器

图版四八

1. C型陶杯（2014H46：1）

2. 陶釜（2014H50：2）

3. 陶折腹壶（2014H50：1）

4. Aa型石斧（2014H43：1）

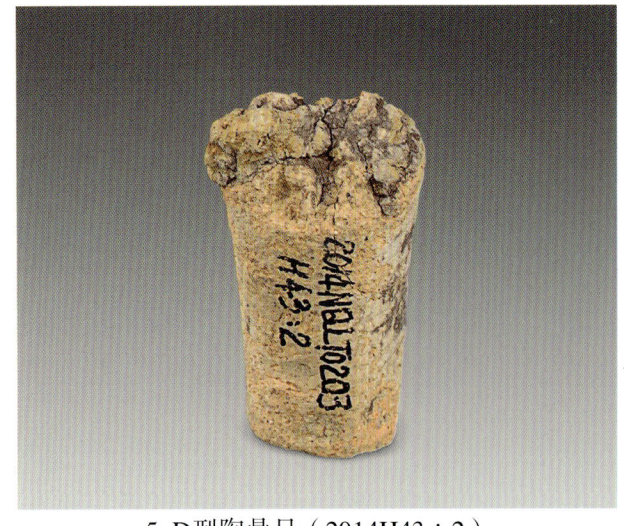

5. D型陶鼎足（2014H43：2）

6. A型陶高领罐口沿（2016H14：1）

早一期坑状遗迹及灰坑出土器物

图版四九

1. A型高领罐口沿（2016H14：2）

2. B型矮领罐口沿（2014H55：1）

3. A型高领罐口沿（2014H55：2）

4. Ca型鼎足（2014H65：4）

5. A型高领罐口沿（2014H65：5）

早一期灰坑出土陶器

图版五〇

1. Ae型石镞（2014H26：1）

2. Aa型石斧（2014H26：11）

3. 玉环（2014H26：7）

4. Aa型陶鼎足（2014H26：29）

5. Aa型陶鼎足（2014H26：30）

6. 陶盂形器（2014H26：25）

2014H26出土器物

图版五一

1. B型豆盘（2014H26：19）

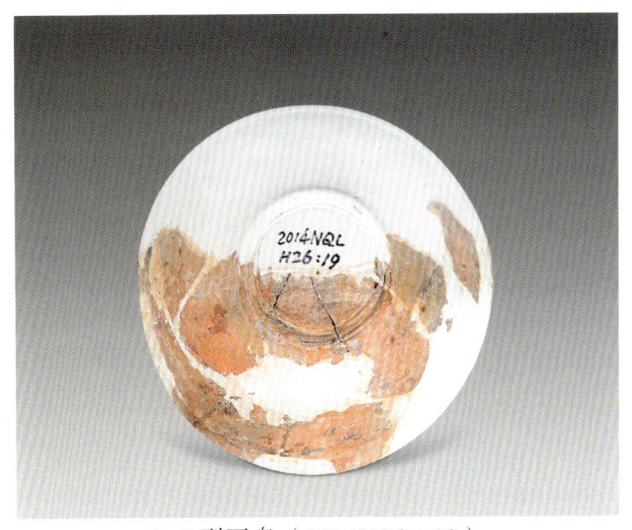

2. B型豆盘（2014H26：19）

3. B型豆盘（2014H26：20）

4. B型豆盘（2014H26：20）

5. 长颈壶（2014H26：5）

6. 长颈壶（2014H26：5）

2014H26出土陶器

图版五二

1. D型穿孔石刀（2014H27∶4）

2. 玉刀（2014H39∶13）

3. 陶大口缸底（2014H39∶18）

4. Aa型石斧（2014H64∶2）

5. Aa型石锛（2014H64∶3）

6. A型陶鬻（2014H64∶7）

早一期灰坑出土器物

图版五三

1. Ca型陶鼎足（2014H29：1）

2. Ae型石镞（2014H36：27）

3. C型石斧（2014H36：22）

4. Ca型石锛（2014H36：12）

5. B型穿孔石刀（2014H36：24）

6. 石镰（2014H36：15）

早一期灰坑出土器物

图版五四

1. Ac型镞（G3②：47）

2. Af型镞（G3②：17）

3. Aa型斧（G3②：27）

4. Aa型斧（G3②：43）

5. Aa型斧（G3②：50）

6. C型斧（G3②：62）

G3第2层出土石器

图版五五

1. Aa型锛（G3②：14）

2. Aa型锛（G3②：26）

3. Aa型锛（G3②：64）

4. Ac型锛（G3②：7）

5. Ac型锛（G3②：39）

6. 穿孔饼器（G3②：72）

G3第2层出土石器

图版五六

1. C型穿孔刀（G3②：2）

2. C型穿孔刀（G3②：31）

3. E型穿孔刀（G3②：71）

4. 刀坯料（G3②：10）

5. 钺（G3②：19）

6. 钺（G3②：44）

G3第2层出土石器

图版五七

1. Aa型纺轮（G3②：3）

2. Ab型纺轮（G3②：38）

3. B型纺轮（G3②：37）

4. 盆形鼎（G3②：33）

5. B型矮领罐口沿（G3②：87）

6. A型豆柄（G3②：88）

G3第2层出土陶器

图版五八

1. 盆形鼎（G3②：97）

2. Ba型鼎足（G3②：95）

3. A型器盖（G3②：59）

4. C型杯（G3②：91）

5. 圈足杯（G3②：94）

6. 拍（G3②：51）

G3第2层出土陶器

图版五九

1. Aa型镞（2014G5∶7）

2. Aa型镞（2014G5∶47）

3. Ac型镞（2014G5∶27）

4. Ad型镞（2014G5∶9）

5. Ac型锛（2014G5∶24）

6. A型刀（2014G5∶30）

2014G5出土石器

图版六〇

1. 拍（2014G5：10）

2. 盂形器（2014G5：46）

3. 大口缸底（2016G5①：7）

4. Aa型纺轮（2016G5②：3）

5. E型鼎足（2016G5②：5）

6. 双沿坛口沿（2016G5②：9）

早一期沟出土陶器

图版六一

1. Ab型石锛（2016G4：5）

2. D型陶鼎足（2016G4：11）

3. A型陶鬶（2016G4：13）

4. A型陶把手（2016G7：1）

5. 陶器盖（2016G4：3）

6. 陶器盖（2016G4：3）

早一期沟出土器物

图版六二

1. Ba型镞（T0204⑤：19）
2. Bb型镞（T0204⑤：28） 
3. Aa型斧（T0204⑤：34） 
4. Aa型斧（T0204⑤：55） 
5. Aa型锛（T0203⑤：11） 
6. C型斧（T0202⑤：10） 

第5层出土石器

图版六三

1. Aa型锛（T0503⑤：17）

2. Ac型锛（T0204⑤：38）

3. Ca型锛（T0201⑤：13）

4. Ca型锛（T0503⑤：16）

5. C型穿孔刀（T0203⑤：41）

6. 形制不明穿孔刀（T0503⑤：20）

第5层出土石器

图版六四

1. T0201⑤:23
2. T0201⑤:24
3. T0202⑤:17
4. T0203⑤:15
5. T0203⑤:48
6. T0204⑤:13

第5层出土石矛

图版六五

1. 铲（T0202⑤：15）

2. 范（臼）（T0204⑤：50）

3. 磨棒（T0503⑤：18）

4. 坯料（T0203⑤：44）

5. 坯料（T0503⑤：6）

第5层出土石器

图版六六

1. Aa型纺轮（T0203⑤：61）

2. Aa型纺轮（T0204⑤：36）

3. Aa型鼎足（T0202⑤：43）

4. Aa型鼎足（T0304⑤：8）

5. Ab型鼎足（T0202⑤：40）

6. Aa型鼎足（T0202⑤：42）

第5层出土陶器

图版六七

1. Ba型鼎足（T0201⑤：43）	2. Ba型鼎足（T0202⑤：46）
3. 釜形鼎（T0202⑤：47）	4. 釜形鼎（T0202⑤：74）
5. Ca型鼎足（T0201⑤：28）	6. Bb型鼎足（T0202⑤：39）

第5层出土陶器

图版六八

1. Cb型鼎足（T0204⑤:68）

2. C型矮领罐口沿（T0203⑤:69）

3. B型高领罐口沿（T0202⑤:59）

4. C型高领罐口沿（T0503⑤:39）

5. 釜鼎口沿（T0201⑤:42）

6. 折腹壶（T0201⑤:20）

第5层出土陶器

图版六九

1. 圈足盘（T0502东扩方⑤：4）

2. 鬶鋬（T0201⑤：37）

3. 鬶鋬（T0203⑤：91）

4. A型鬶足（T0202⑤：49）

5. B型鬶足（T0202⑤：50）

6. D型鬶足（T0202⑤：48）

第5层出土陶器

图版七〇

1. 双沿坛口沿（T0201⑤：38）

2. 双沿坛口沿（T0304⑤：13）

3. 大口缸底（T0203⑤：66）

4. 大口缸底（T0203⑤：66）

5. Aa型豆柄（T0204⑤：87）

6. 拍（T0204⑤：27）

第5层出土陶器

图版七一

1. Aa型（F1①：47）

2. Aa型（F1①：82）

3. Aa型（F1①：104）

4. Aa型（F1①：247）

5. Aa型（F1②：9）

6. Aa型（F1③：8）

F1出土石镞

图版七二

1. Ab型（F1①：11）
2. Ab型（F1①：147）
3. Ab型（F1③：39）
4. Ac型（F1①：13）
5. Ac型（F1①：83）
6. Ac型（F1①：107）

F1出土石镞

图版七三

1. Ac型（F1①：234）

2. Ac型（F1①：257）

3. Ac型（F1③：24）

4. Ad型（F1②：84）

5. Ae型（F1①：180）

6. Ae型（F1①：214）

F1出土石镞

图版七四

1. Af型（F1①：146）
2. Af型（F1③：20）
3. Ag型（F1①：276）
4. Ag型（F1②：74）
5. Ba型（F1①：264）
6. Bc型（F1①：350）

F1出土石镞

图版七五

1. Bb型镞（F1①：266）

2. Bc型镞（F1①：227）

3. Bc型镞（F1①：251）

4. Af型镞（F1③：35）

5. Aa型斧（F1①：88）

6. Aa型斧（F1①：144）

F1出土石器

图版七六

1. Aa型（F1①：156）

2. Aa型（F1①：197）

3. Aa型（F1①：231）

4. Aa型（F1②：28）

5. Aa型（F1③：1）

6. Aa型（F1③：45）

F1出土石斧

图版七七

1. Ab型石斧（F1①：114）
2. C型石斧（F1②：180）
3. Ab型石锛（F1①：193）
4. Ab型石锛（F1①：256）
5. Ab型石锛（F1③：17）
6. 玉铲（F1①：64）

F1出土器物

图版七八

1. Cb型锛（F1①：101）
2. Cb型锛（F1②：97）
3. D型锛（F1②：34）
4. 矛（F1①：44）
5. 矛（F1①：68）
6. 穿孔钺（F1①：95）

F1出土石器

图版七九

1. A型穿孔刀（F1①：164）

2. A型穿孔刀（F1北基槽：4）

3. C型穿孔刀（F1①：249）

4. B型穿孔刀（F1②：44）

5. E型穿孔刀（F1②：45）

6. A型刀（F1①：75）

F1出土石器

图版八〇

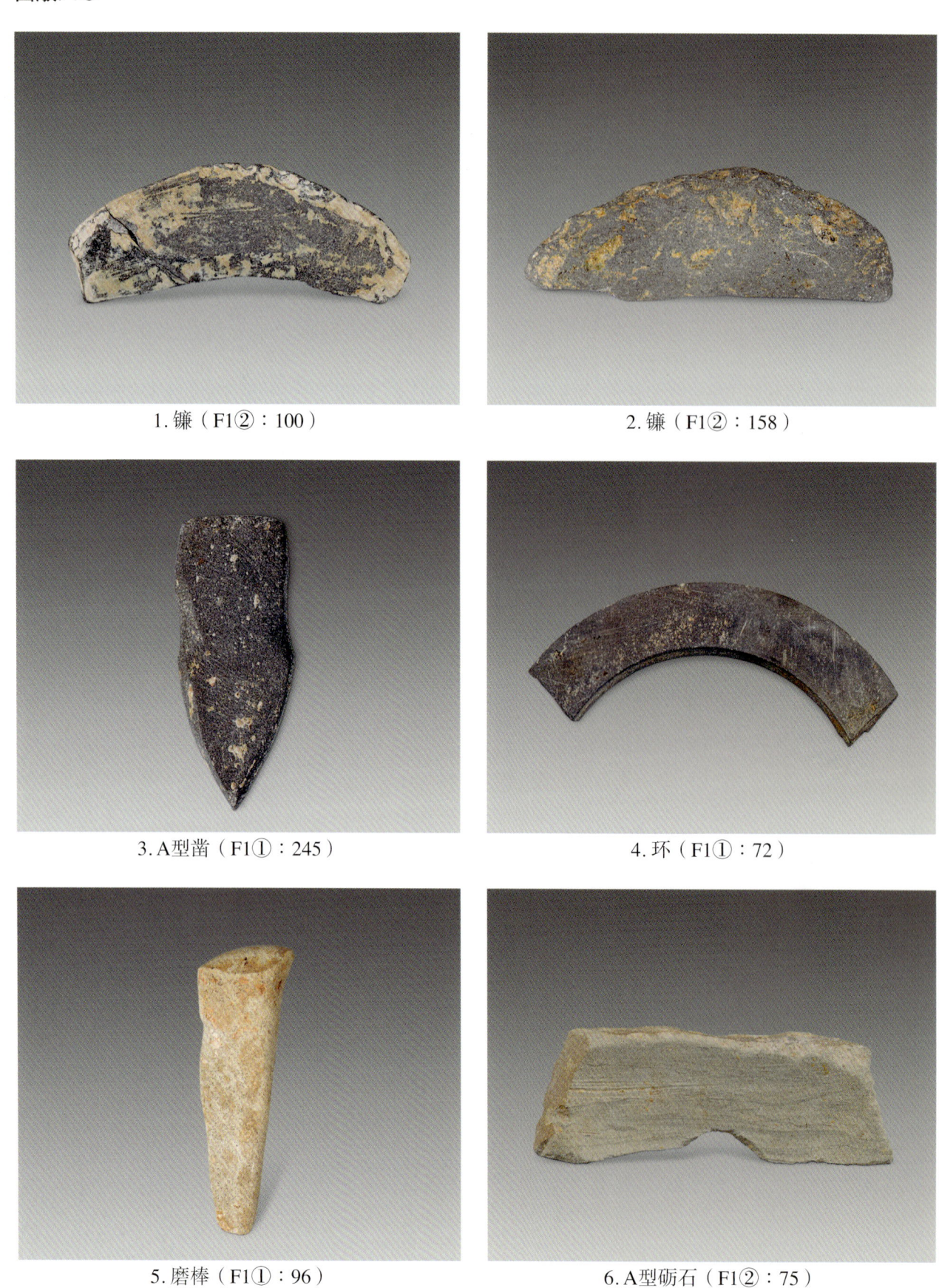

1. 镰（F1②：100）

2. 镰（F1②：158）

3. A型凿（F1①：245）

4. 环（F1①：72）

5. 磨棒（F1①：96）

6. A型砺石（F1②：75）

F1出土石器

图版八一

1. Aa型（F1①：5）

2. Aa型（F1②：73）

3. Aa型（F1②：163）

4. Aa型（F1②：164）

5. Aa型（F1②：182）

6. Ab型（F1①：135）

F1出土陶纺轮

图版八二

1. Ab型纺轮（F1①：169）

2. B型纺轮（F1①：118）

3. Aa型鼎足（F1①：302）

4. Aa型鼎足（F1①：306）

5. Aa型鼎足（F1①：323）

6. Aa型鼎足（F1②：117）

F1出土陶纺轮、鼎足

图版八三

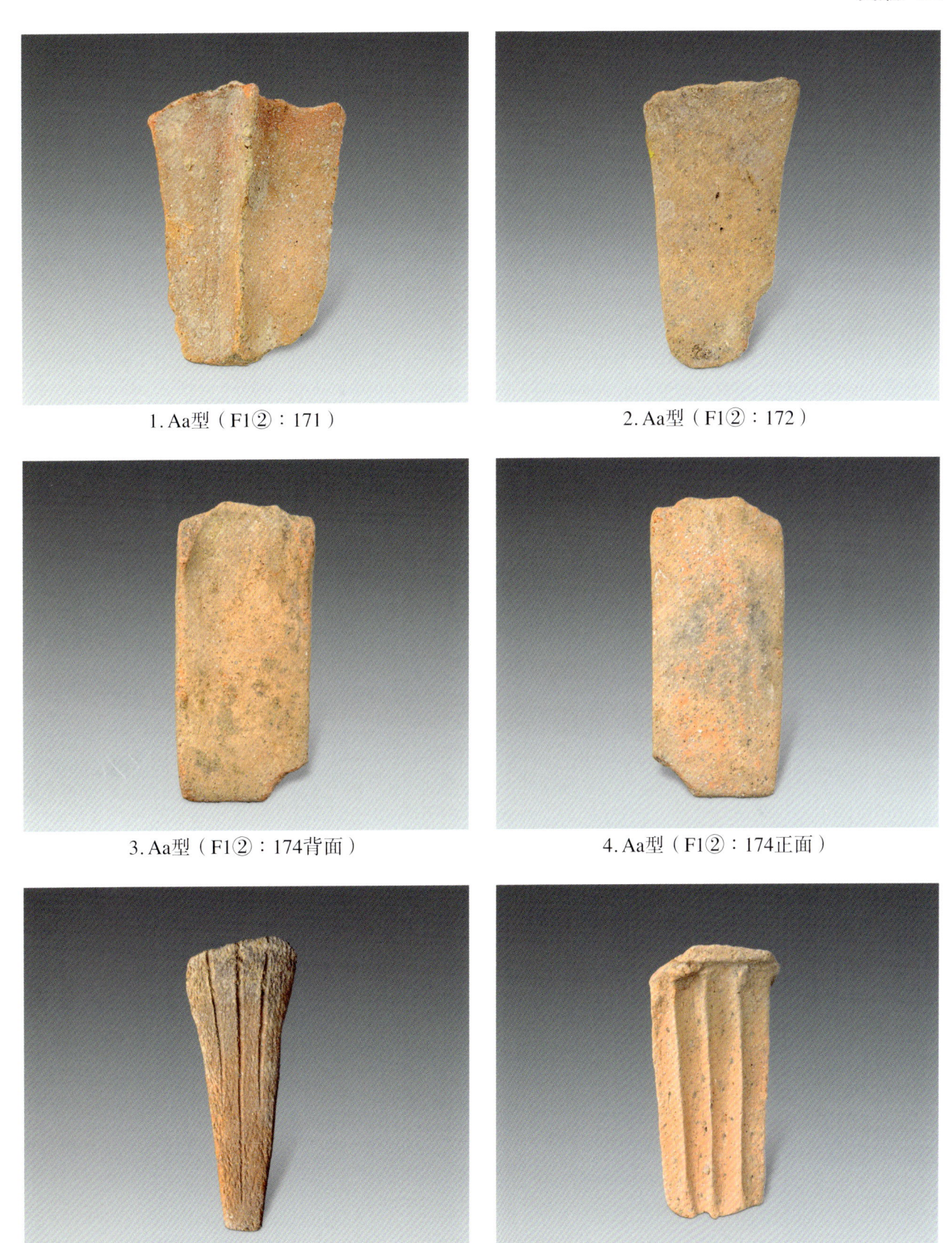

1. Aa型（F1②：171）

2. Aa型（F1②：172）

3. Aa型（F1②：174背面）

4. Aa型（F1②：174正面）

5. Ba型（F1②：125）

6. Aa型（F1③：54）

F1出土陶鼎足

图版八四

1. Ba型（F1②：127）

2. Ba型（F1②：130）

3. Ba型（F1②：169）

4. Ba型（F1③：55）

5. Ba型（F1③：57）

6. E形（F1①：305）

F1出土陶鼎足

图版八五

1. Ca型鼎足（F1①：307）
2. D型鼎足（F1①：308）
3. Ca型鼎足（F1②：124）
4. A型鬲足（F1②：126）
5. 釜鼎口沿（F1①：126）
6. 釜鼎口沿（F1③：53）

F1出土陶器

图版八六

1. B型矮领罐口沿（F1①：297）

2. A型罐肩腹残片（F1①：291）

3. C型罐肩腹残片（F1③：52）

4. A型盆口沿（F1①：296）

5. A型把手（F1②：122）

6. A型把手（F1②：123）

F1出土陶器

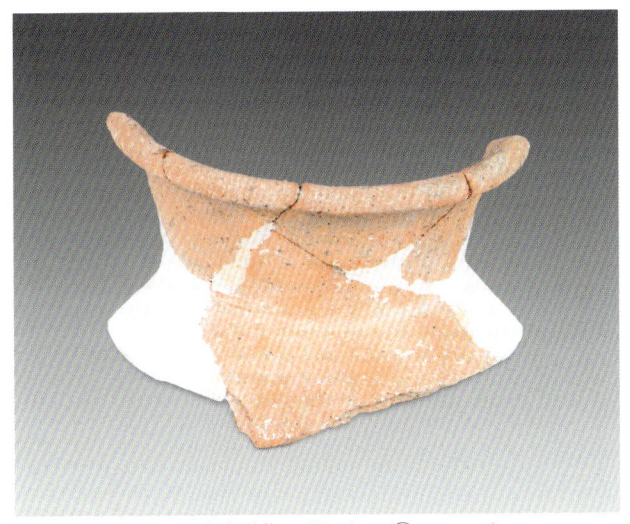

图版八七

1. A型高领罐口沿（F1①：280）

2. A型高领罐口沿（F1①：321）

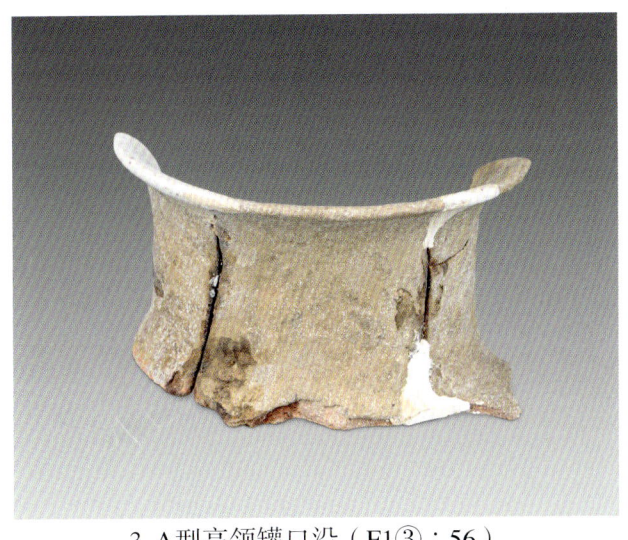

3. A型高领罐口沿（F1③：56）

4. B型高领罐口沿（F1①：163）

5. C型高领罐口沿（F1①：320）

6. 长颈壶（F1①：121）

F1出土陶器

图版八八

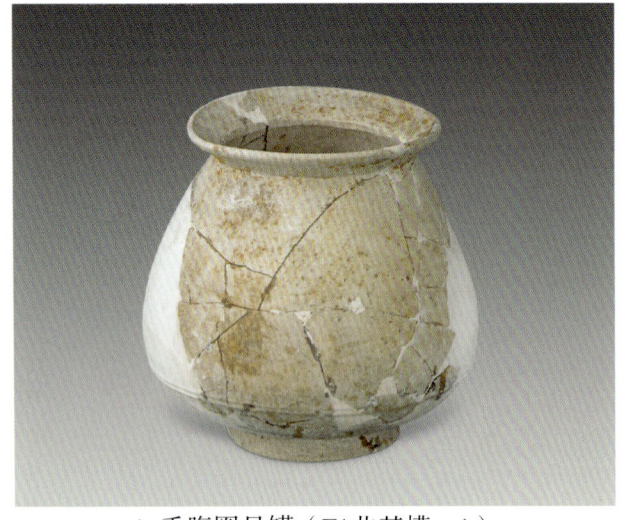

1. 垂腹圈足罐（F1北基槽：1）

2. A型高领罐（F1①：115）

3. 釜（F1①：133）

4. 擂钵状器（F1①：196）

5. 折腹壶（F1①：1）

6. A型鬶足（F1①：304）

F1出土陶器

图版八九

1. C型豆盘（F1①：143）
2. A型豆柄（F1③：50） 
3. A型豆柄（F1③：51） 
4. A型器盖纽（F1②：118） 
5. A型器盖（F1②：129） 
6. C型器盖纽（F1①：151） 

F1出土陶器

图版九〇

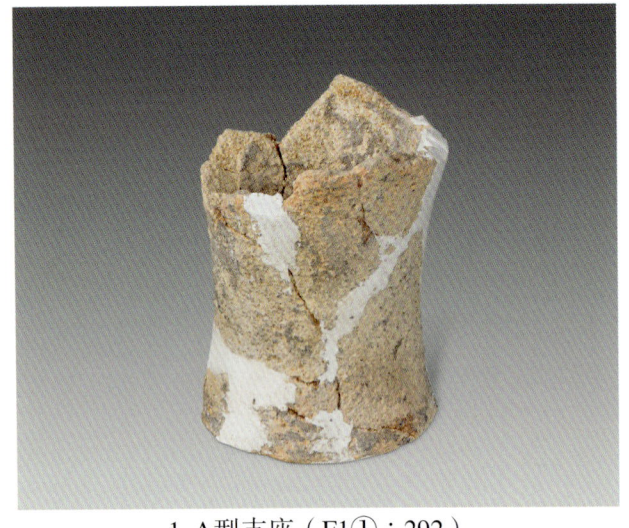

1. A型支座（F1①：292）

2. C型杯（F1①：301）

3. 瓮口沿（F1②：72）

4. 大口尊口沿（F1①：326）

5. 大口缸底（F1①：290）

6. 球（F1①：157）

F1出土陶器

图版九一

1. 石范（2016H1∶1）
2. 石范（2016H1∶1） 
3. Ca型陶鼎足（2013H2①∶18） 
4. Ca型陶鼎足（2013H2①∶19） 
5. B型陶鬲足（2013H2①∶20） 
6. 石刀（2013H2②∶2） 

早二期灰坑出土器物

图版九二

1. Aa型镞（2014G1④：25）

2. Ae型镞（2014G1④：41）

3. Ae型镞（2014G1④：51）

4. Aa型斧（2014G1④：47）

5. C型斧（2014G1①：7）

6. A型凿（2014G1④：23）

2014G1出土石器

图版九三

1. Ab型（2014G1①：6）

2. Ab型（2014G1③：10）

3. Ab型（2014G1④：11）

4. Ab型（2014G1④：20）

5. Ab型（2014G1④：29）

6. Ab型（2014G1④：42）

2014G1出土石锛

图版九四

1. 石犁（2014G1③：5）

2. 穿孔石器（2014G1④：32）

3. A型砺石（2014G1④：27）

4. Aa型陶纺轮（2014G1④：34）

5. A型陶豆柄（2014G1④：74）

6. 陶圈足盘（2014G1④：71）

2014G1出土器物

图版九五

1. D型陶器盖纽（2014G1①:13）

2. A型陶鬲足（2014G1④:62）

3. A型陶鬲足（2014G1④:65）

4. A型陶鬶足（2014G1④:70）

5. 陶穿孔饼形器（2014G1①:14）

6. 铜块（2014G1④:14）

2014G1出土器物

图版九六

1. A型青瓷碗（2017TG1④：7）

2. 酱釉印花碗（2017TG1④：8）

3. 酱釉印花碗（2017TG1④：9）

4. 酱黑釉罐（2017TG1④：10）

5. A型青瓷碗（2017TG1④：11）

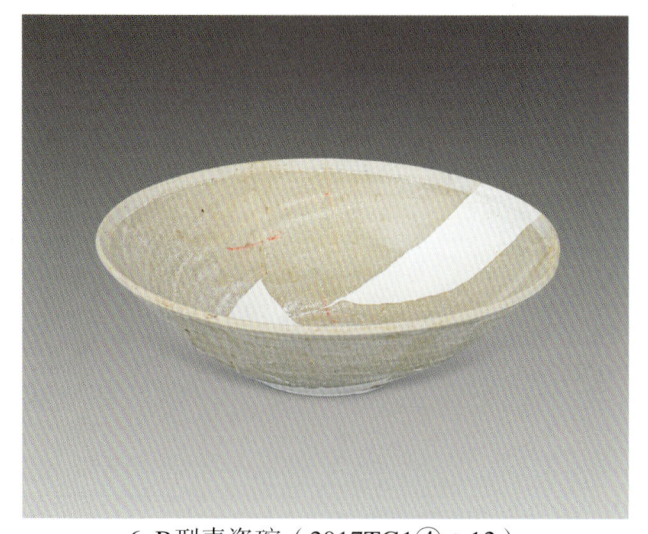

6. B型青瓷碗（2017TG1④：12）

2017TG1第4层出土瓷器

图版九七

1. Aa型（T0202④A∶39）

2. Aa型（T0305④B∶18）

3. Aa型（T0401东扩方④A∶1）

4. Aa型（T0402④A∶17）

5. Aa型（T0501④A∶64）

6. Aa型（T0502④A∶24）

第4层出土石镞

图版九八

1. Aa型（T0502④A：28）

2. Ab型（T0201④A：35）

3. Ab型（T0205④A：7）

4. Ab型（T0306④A：18）

5. Ab型（T0405④B：19）

6. Ab型（T0501④A：30）

第4层出土石镞

图版九九

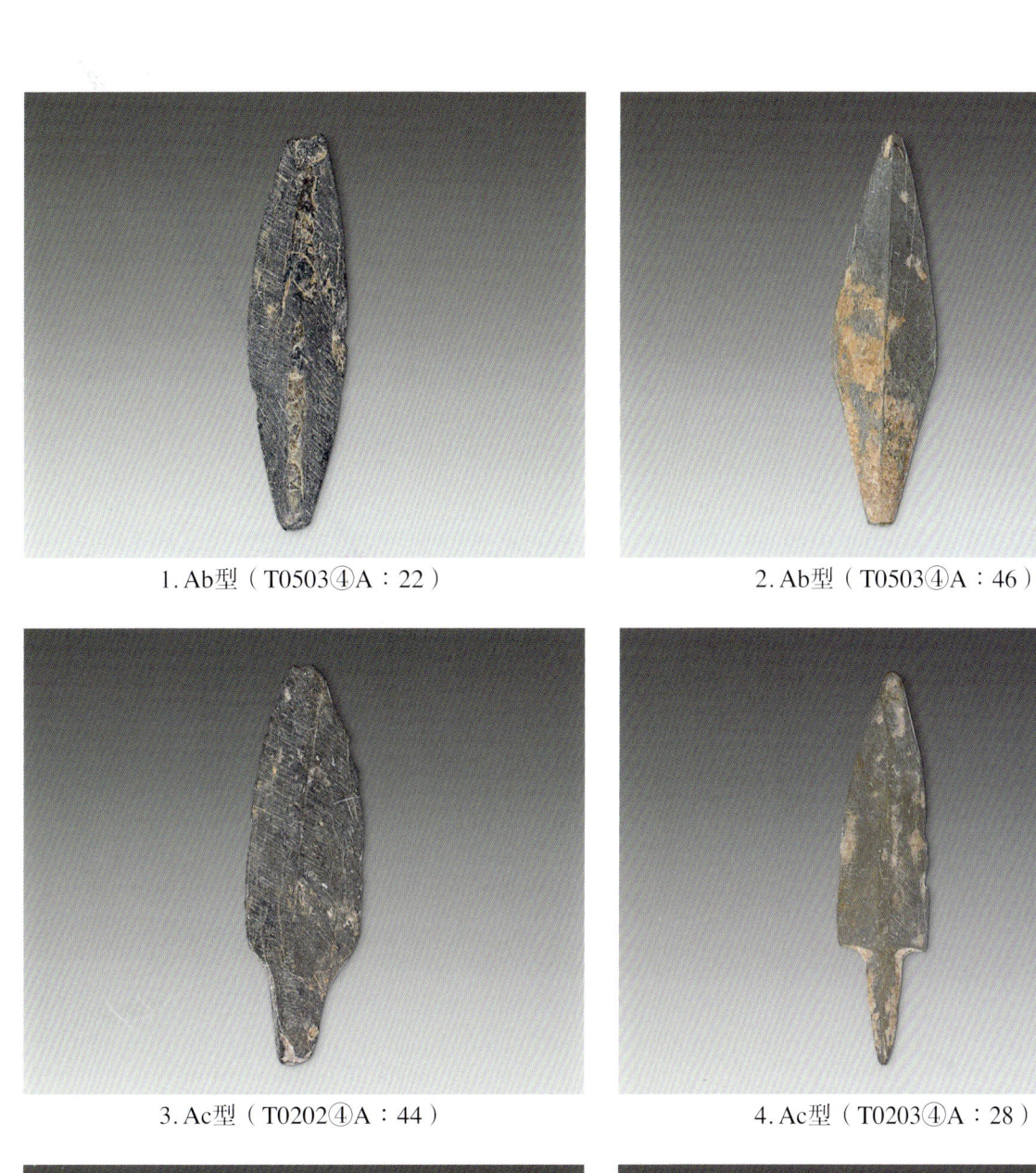

1. Ab型（T0503④A：22）

2. Ab型（T0503④A：46）

3. Ac型（T0202④A：44）

4. Ac型（T0203④A：28）

5. Ac型（T0203④A：32）

6. Ac型（T0501④A：67）

第4层出土石镞

图版一〇〇

1. Ac型（T0503④A：27）

2. Ac型（T0503④A：40）

3. Ad型（T0204④A：17）

4. Ad型（T0406④A：38）

5. Ae型（T0202④A：28）

6. Ae型（T0202④A：47）

第4层出土石镞

图版一〇一

1. Ae型（T0203④A：51）

2. Ae型（T0501东扩方④A：18）

3. Ae型（T0502④A：36）

4. Ag型（T0403④A：10）

5. Ag型（T0406④B：1）

6. Ag型（T0501东扩方④A：6）

第4层出土石镞

图版一〇二

1. Af型（T0205④C：3）
2. Ba型（T0202④A：33）
3. Ba型（T0203④A：8）
4. Ba型（T0203④A：26）
5. Ba型（T0203④A：43）
6. Ba型（T0205④A：49）

第4层出土石镞

图版一〇三

1. Ba型（T0305④B：4）

2. Ba型（T0502④A：48）

3. Ba型（T0503④A：36）

4. Ba型（T0503④A：41）

5. Bb型（T0201④A：36）

6. Bb型（T0202④A：13）

第4层出土石镞

图版一〇四

1. Bb型（T0204④A：36）

2. Bc型（T0305④A：4）

3. Bc型（T0305④A：32）

4. Bb型（T0501④A：23）

5. Bc型（T0501东扩方④A：12）

第4层出土石镞

图版一〇五

1. Bc型镞（T0502④A：57）
2. Aa型斧（T0202④A：60） 
3. Aa型斧（T0202④A：67） 
4. Aa型锛（T0203④A：1） 
5. Aa型斧（T0203④A：20） 
6. Aa型斧（T0203④A：53） 

第4层出土石器

图版一〇六

1. Aa型（T0305④A：35）

2. Aa型（T0306④A：1）

3. Aa型（T0306④A：16）

4. Aa型（T0306④A：21）

5. Aa型（T0405④A：1）

6. Aa型（T0406④A：34）

第4层出土石斧

图版一〇七

1. Aa型（T0201④A：18）

2. Aa型（T0406④B：12）

3. Aa型（T0502④A：9）

4. Aa型（T0502④A：13）

5. Aa型（T0502④A：42）

6. Aa型（T0502④A：62）

第4层出土石斧

图版一〇八

1. Aa型（T0503④A：11）

2. Aa型（T0503④A：31）

3. Ab型（T0202④A：31）

4. Ab型（T0203④A：3）

5. Ab型（T0203④A：46）

6. Ab型（T0205④A：45）

第4层出土石斧

图版一〇九

1. Ab型斧（T0305④A：27）

2. Ab型斧（T0405④B：7）

3. Ab型斧（T0406④A：13）

4. C型斧（T0406④A：51）

5. Aa型锛（T0204④A：28）

6. Aa型锛（T0306④A：22）

第4层出土石器

图版一一〇

1. Aa型（T0306④A：33）

2. Aa型（T0406④A：4）

3. Aa型（T0406④A：5）

4. Aa型（T0502④A：10）

5. Aa型（T0503④A：5）

6. Aa型（T0503④A：44）

第4层出土石锛

1. Aa型（T0503④A：51）

2. Ab型（T0205④A：24）

3. Ab型（T0302④A：24）

4. Ab型（T0306④A：12）

5. Ab型（T0402④A：5）

6. Ab型（T0406④A：2）

第4层出土石锛

图版一一二

1. Ab型斧（T0406④B：9）

2. Ab型锛（T0502④A：25）

3. Ab型锛（T0502④A：61）

4. B型锛（T0204④A：23）

5. Cb型锛（T0205④A：22）

6. Cb型锛（T0501④A：14）

第4层出土石器

图版一一三

1. Cb型锛（T0502④A∶46）

2. Cb型锛（T0503④A∶33）

3. Ac型锛（T0401④A∶2）

4. A型穿孔刀（T0307④A∶22）

5. B型穿孔刀（T0501④A∶51）

6. C型穿孔刀（T0203④A∶12）

第4层出土石器

图版一一四

1. C型穿孔刀（T0501④A：7）

2. D型穿孔刀（T0204④A：16）

3. 矛（T0306④A：23）

4. 矛（T0306④A：31）

5. 矛（T0406④A：41）

6. 矛（T0406④A：1）

第4层出土石器

图版一一五

1. 钺（T0202④A：29）

2. A型凿（T0201④A：5）

3. A型凿（T0503④A：2）

4. B型凿（T0503④A：1）

5. 镰（T0306④A：5）

6. 镰（T0407④A：19）

第4层出土石器

图版一一六

1. 穿孔铲（T0201④A：27）

2. 环（T0501④A：9）

3. 球（T0201④A：26）

4. 玦（T0302④A：5）

5. 圆角长方形器（T0204④A：21）

6. 柱状器（T0205④A：15）

第4层出土石器

图版一一七

1. Aa型（T0202④A：35）

2. Aa型（T0406④B：14）

3. Aa型（T0502④A：14）

4. Aa型（T0503④A：49）

5. Ab型（T0202④A：15）

6. Ca型（T0202④A：17）

第4层出土陶纺轮

图版一一八

1. Cb型纺轮（T0401东扩方④A：4）

2. Aa型鼎足（T0406④B：22）

3. Aa型鼎足（T0502④A：64）

4. Ab型鼎足（T0202④A：7）

5. Ba型鼎足（T0201④A：37）

6. Ba型鼎足（T0405④B：21）

第4层出土陶器

图版一一九

1. Ba型（T0502④A：3）
2. Ca型（T0203④A：66）
3. Ca型（T0203④A：68）
4. Ca型（T0204④A：65）
5. Ca型（T0306④A：4）
6. Ca型（T0405④B：23）

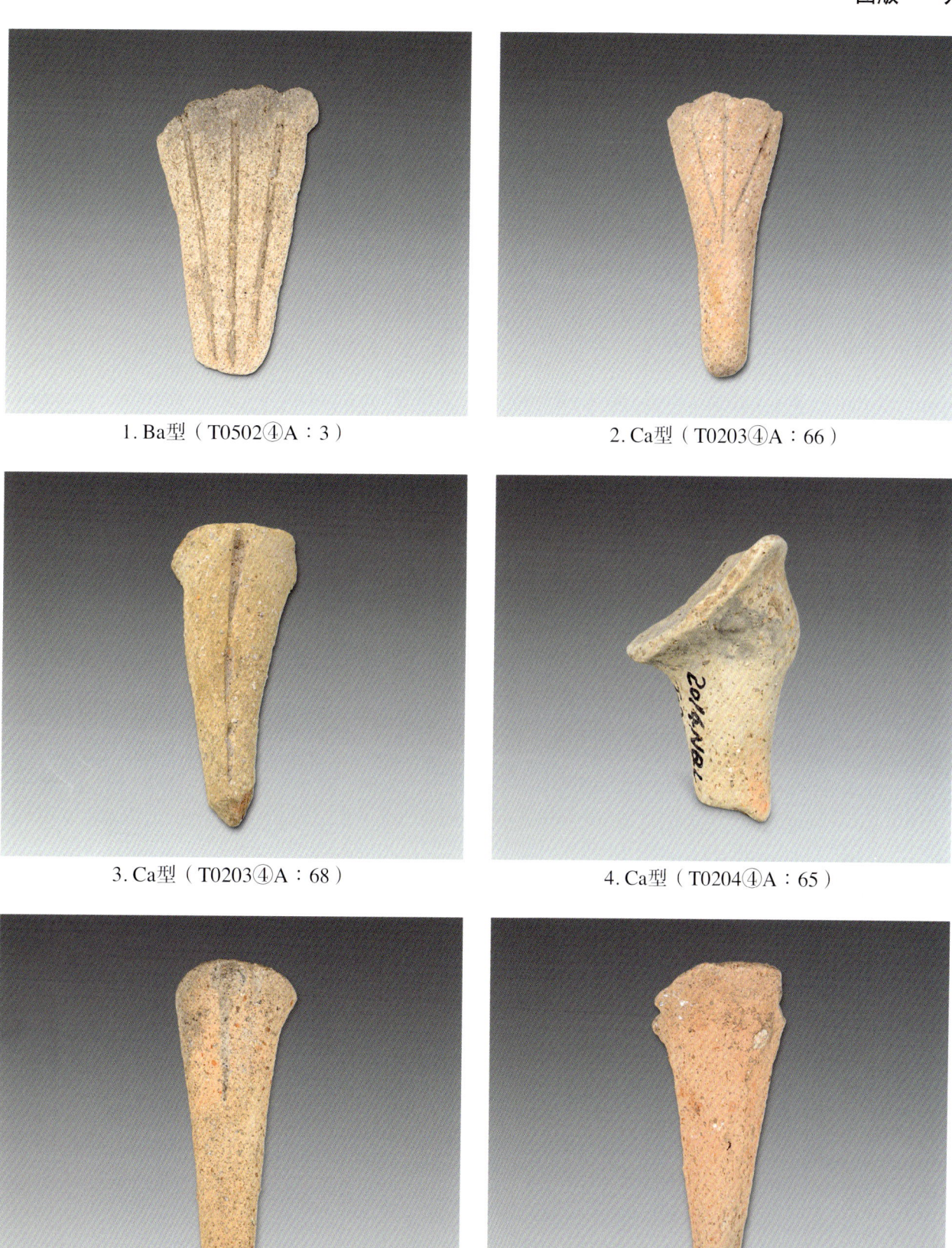

第4层出土陶鼎足

图版一二〇

1. Ca型鼎足（T0407④A：5）

2. Ca型鼎足（T0407④A：6）

3. Cb型鼎足（T0202④A：61）

4. 鬲口沿（T0501④A：75）

5. 鬲口沿（T0502④A：67）

6. 釜鼎口沿（T0407④A：9）

第4层出土陶器

图版一二一

1. A型（T0201④A：42）

2. B型（T0501④A：53）

3. C型（T0205④B：6）

4. C型（T0305④B：21）

5. C型（T0305④B：22）

6. D型（T0406④A：64）

第4层出土陶鬲足

图版一二二

1. A型矮领罐口沿（T0406④A：61）

2. B型矮领罐口沿（T0406④B：23）

3. B型矮领罐口沿（T0501④A：74）

4. E型矮领罐口沿（T0503④A：59）

5. A型高领罐口沿（T0307④A：7）

6. B型高领罐口沿（T0401东扩方④A：17）

第4层出土陶器

图版一二三

1. A型豆柄（T0406④A：71）

2. A型豆柄（T0503④A：50）

3. B型豆柄（T0406④A：60）

4. C型豆柄（T0203④A：77）

5. C型豆柄（T0203④A：78）

6. 擂钵状器（T0502④A：5）

第4层出土陶器

图版一二四

1. B型盆口沿（T0405④B：26）

2. 圈足盘（T0203④A：67）

3. A型圈足（T0501④A：63）

4. A型杯（T0302④A：42）

5. D型杯（T0502④A：55）

第4层出土陶器

图版一二五

1. B型支座（T0302④A：40）

2. C型支座（T0501东扩方④A：19）

3. A型把手（T0204④A：73）

4. B型鬶足（T0405④B：28）

5. B型鬶足（T0503④A：57）

6. C型鬶足（T0406④B：28）

第4层出土陶器

图版一二六

1. F型陶器盖纽（T0406④A：59）

2. 陶猪首（T0405④B：20）

3. 陶拍（T0201④A：21）

4. 陶柱状器（T0407④A：7）

5. 石英石（T0405④A：17）

6. 骨棒（T0201④A：13）

第4层出土器物

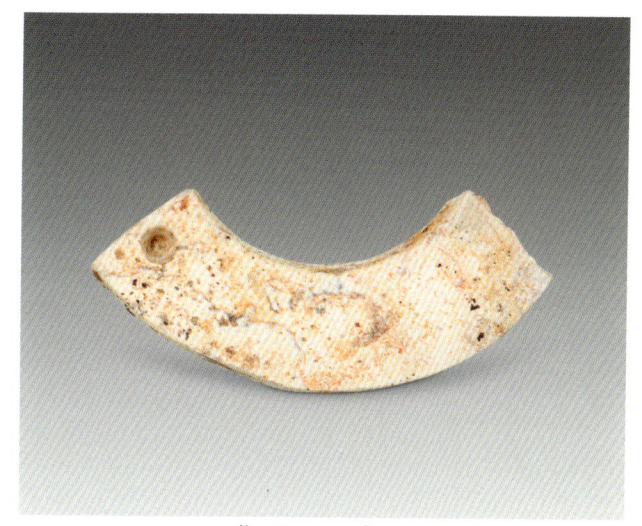

图版一二七

1. 玉璜（T0202④A∶2） 　　2. 玉锛（T0203④A∶63）

3. 玉锛（T0406④A∶56） 　　4. 铜镞（T0204④A∶40）

5. 铜镞（T0501④A∶25） 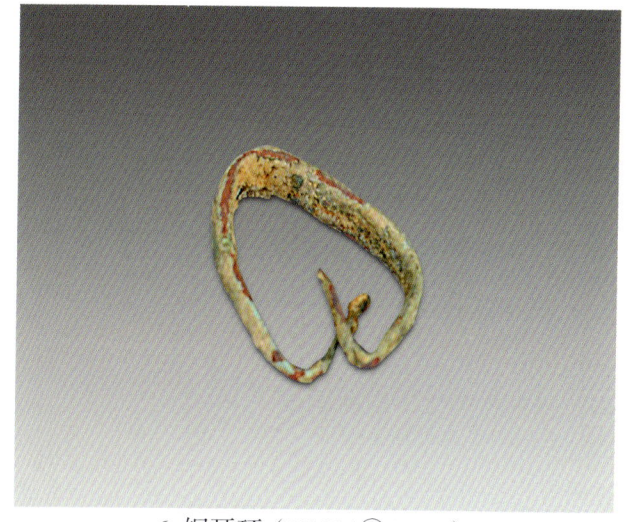　　6. 铜耳环（T0301④A∶1）

第4层出土器物

图版一二八

1. A型凿（2014H2：1）

2. Ab型锛（2014H6：1）

3. B型砺石（2014H7：4）

4. Aa型镞（2016H5：7）

5. 钻芯（2016H5：6）

6. Aa型锛（2014H13：3）

早三期灰坑出土石器

图版一二九

1. Cb型石锛（2014H23①：1）

2. 陶大口缸口沿（2014G2：33）

3. Bb型石镞（T0401东扩方②：6）

4. Ac型石镞（T0205③A：9）

5. Ac型石镞（T0306③C：5）

6. Aa型石锛（T0406③B：4）

晚期遗存出土器物

图版一三〇

1. Ab型石锛（T0306③B：14）

2. Ca型石锛（T0306③B：12）

3. Ca型石锛（T0306③C：17）

4. Cb型石锛（T0407③A：1）

5. B型穿孔石刀（T0502③A：27）

6. D型陶杯（T0503③A：9）

第3层出土器物

图版一三一

1. 陶器座（T0305③A：10）

2. 青瓷钵（T0401东扩方③A：1）

3. A型青瓷碗（T0406③C：5）

4. B型青瓷碗（T0406③C：22）

5. 陶器盖（2016Y1②：2）

6. 陶器盖（2016Y1②：3）

第3层、2016Y1出土器物

图版一三二

1. Ac型石镞（2014采：45）

2. D型穿孔石刀（2013采：11）

3. E型穿孔石刀（2013采：32）

4. 石环（2016采：13）

5. 石纺轮（2015采：1）

6. 铜镞（2016采：34）

采集器物